LÉXICO

Kenkyusha
Nuevo diccionario estándar español-japonés

研究社

レクシコ
新標準スペイン語辞典

編者　上田博人

研究社

LÉXICO. Nuevo diccionario estándar español-japonés

研究社 レクシコ新標準スペイン語辞典

2020 年

編　者

上田博人

協　力

Antonio Moreno Sandoval, Guillermo Rojo
Carlos Rubio, 上田早苗, Elena Zamora

組　版

魏 成波　宮原直也　濱田眞男　沼尾麻里子　星 葉月

制　作

加藤益己

装　丁

亀井昌彦

編集部

川田秀樹　松原 悟　濱倉直子　市川しのぶ　望月羔子

はじめに

『レクシコ新標準スペイン語辞典』(レクシコ)は，2006年に出版された『プエルタ新スペイン語辞典』(プエルタ)の縮約版として企画され，研究社と協力者の多大な支援のもとにようやく完成しました。

レクシコの目的は，単にプエルタ(多くの例句・例文・図・表・写真・地図・参照項目を含む多面的な構成)の縮約版(語形・発音・語義を並べたシンプルな構成)を作成することではなく，新語・新語義を加えた上で，スペイン王立アカデミーによる正書法の大改訂(2010)に準拠した標準形を提示することでした。したがってレクシコとプエルタは相補的な関係をなしています。

現在，世界中の学生がスペイン語を学習しています。とくにスペイン語を話す人が多いアメリカ合衆国では，履修者数が最大の外国語です。日本でもスペイン語の学習者は増加しています。また，観光・音楽・美術・映画・スポーツ・料理など多くの分野でスペイン語に触れる機会が増えました。スペイン語は文字と発音の関係がとても規則的なので，初級レベルでは比較的やさしい言語だと言われていますが，中級レベルの動詞変化形や用法の習得にはかなりの練習が必要です。

スペイン語はラテン語から分岐した後，千年以上にわたる歴史をもち，現在は四大陸にまたがる広大な地域で数億の人に使われています。この状況の中で生まれた多くの変異形(バリアント)は，その地域・階層・文体・個人に属する特徴なので大切にしなければなりません。しかし，変異形を尊重するだけでなく，同時に統一された標準形も知っておくべきなので，学習にはわかりやすい表記と説明のある標準的な辞書が必要になります。

レクシコは，とくにスペイン語を学んでいなくても，その標準的な語形・発音・意味を知りたい人，はじめてスペイン語を学ぶ人，上級者，教師，翻訳者，専門家のどなたにも役立つはずです。多くの方に新標準のレクシコをお使いいただければ幸いです。　(編者)

■**レクシコ**専用データ検索システム

次のサイトに**レクシコ**のデータをさまざまな方法で検索できるシステムをアップロードしました。

https://lecture. ecc.u-tokyo.ac.jp/~cueda/lyneal/lexico.htm

この辞典の説明

1. 見出し語

1. 1. 収録語数

見出し語(各項目の最初に載せられた語)のうち標準語は約 39,000 語, 変異語(⇧, ⇩, ⇦, ⇨ で示した)は約 1,900 語である。語義の中の品詞変化語(見出し語と異なる品詞)は約 7,000 語, 成句は約 3,200 語となる。計 51,100 語。語義区分(セミコロン「;」で区分)の数は約 78,000, 語義(コンマ「,」で区分)の数は約 138,000。

1. 2. 収録範囲

普通に使われる語, 派生語, 合成語, 外来語のほかに重要な地名, 人口の多い姓と名, よく使われる外国語, 短縮形, 略語を載せた。さらに, 動詞の高頻度活用形, 形容詞の高頻度変化形の中で, 見出し語から遠く離れた位置にある語形を含めた。

1. 3. 分綴

行末で, 単語の一部にハイフンがつけられ, その後の部分を次の行のはじめに書かれることがある。これを分綴(ぶんてつ)という。分綴には次の規則がある。

(1) 分綴する位置は原則として音節の切れ目と一致する。その記号としてハイフン(-)を用いた。

例: **ab-sol-'ver**

(2) よく使われる接頭辞や合成語を分綴することがある。その記号として縦棒(|)を用いた。

例: **bi-s|a-'bue-lo, -la**

上の例は bi-sa-bue-lo と bis-a-bue-lo のどちらも分綴できることを示す。

(3) 音節の切れ目にありながら分綴できない位置にプラス記号(+)をつけた。分綴できない位置は, 母音と母音の間, h の前, 語頭の単母音, 4 文字以下の短い語, 略語, 切れ目の前後が sí, no, culo などの語になる場合である。

例: **co+e-'tá-ne+o, ad+he-'rir, a+ba-lan-'zar, 'ca+sa, go-'bier+no, ar-'tí+cu-lo**

この辞典では略語に分綴記号を示していない。

例: **teléf.**

(4) 母音と母音の間と, h の前であっても, 前後が接頭辞と独立した語であれば分綴することができる。

例: **co-ha-bi-'tar**

1. 4. 強勢音節

強勢(アクセント)がある音節の前に, 縦のくさびの記号(')をつけた。

例: **a+'bue-lo**

1. 5. 配列

ABC 順とし, 2 語以上の見出しは空白を無視して ABC 順になるように配列した。たとえば El Salvador は Eloy と elucidación の間にある。

2. 発　音

2. 1. カナ表記

綴り字に ce, ci, ge, gi, gu, h, j, l, qu, r, v, z がある語にはスペイン語独特の規則があるので, その発音を [ ] の中にカナ表記(カタカナとひらがな)で示した。

例: **gus-'tar** [グス.'タる]

例外的な発音をする語にもカナ表記を示した。

例: **'Mé-xi-co** ['メ.ひ.コ]

2. 2. 子音と母音

子音+母音はカナで示し, 子音だけの音は明朝体のカナの下の点をつけて示した。音節主音にあたるカナはゴチック体で示し, 音節副音に対応するカナは明朝体で示した。

a+ba-'lo-rio [ア.バ.'ロ.りオ] 名 男

2. 3. アクセント

アクセントのある音節の前にくさびの記号(')をつけた。

3. 累積パーセント

広範囲のスペイン語の頻度調査を参照し(→ 参考文献), 見出し語を頻度順に並べ替えた資料を作成した。頻度が最大である単語は定冠詞 (el, los, la, las, lo) で, この単語だけで全資料の11% を占める。次に続くのは前置詞の de であり, これらの2語を合わせると, 全体の17% を占めることになる。

このようして, 次に続く y (接続詞), que (接続詞), a (前置詞), en (前置詞), …を頻度順に累積すると, 累積パーセント(11%, 17%, 20%, 23%, 25%, 28%, …) が得られる。

累積パーセントは, 単なる順位 (1, 2, 3, …)とは異なり, その頻度の重要性の大きさが量的に表現される。

累積パーセントが 90% までの見出し語を高頻度語として * を2個つけて示した(⁑)。それに続く累積パーセントが 93% までの見出し語を中頻度語として*を1個つけて示した。

スペイン王立アカデミーの正書法によれば数字とパーセント(%) の間に空白を置かなければならない(例: 20 %)。この辞書では, スペースの問題があるために, 数字とパーセントは日本語表記としてつなげた(例: 20%)。

4. 品　詞

4. 1. 略語

次の略語を用いて品詞とその下位分類を示した。

名	名詞	再	再帰動詞
男	男性名詞	形	形容詞
女	女性名詞	副	副詞
共	男女共通名詞	接	接続詞
固	固有名詞	前	前置詞
代	代名詞	感	感嘆詞
動	動詞	冠	冠詞
自	自動詞	数	数詞
他	他動詞	略	略語

4. 2. 動詞の活用変化

不規則動詞の変化は番号を○で囲み, 変化の型を(　)で示した。番号は巻末の動詞変化表に対応する。

⁑**to-'car** [ト.'カる] 74% 動 他 ⑥⑨ (c|qu)

動詞の個々の変化形を説明するために, 次のような略語を用いた。

直	直説法	線	線過去
接	接続法	男	男性
現	現在	女	女性
過	過去	命	命令
未	未来	過分	過去分詞
点	点過去	現分	現在分詞
1	1人称	単	単数
2	2人称	複	複数
3	3人称		

たとえば〔直現1単〕は「直説法·現在·1人称·単数」を示す。

4. 3. 名詞と形容詞の複数形

名詞と形容詞の複数形のうち特殊な形を〔　〕の中に示した。

es-'tand 名 男〔複 estands〕〔商〕**屋台**, 露店, 売店, スタンド

5. 語義

5. 1. 配列

基本的な語義を先に配列した。語義の大区分は「;」を使って示した。その小区分として「,」を使った。

5. 2. 意味分野

語の意味分野(専門用語を含む)を〔　〕で示した。意味の分野には次のものがある。

〔衣〕…衣料, 履物, 服飾, 布, 糸	〔言〕…言語(学), 文法
〔医〕…医学, 病気, 薬	〔鉱〕…鉱物, 鉱業, 岩石
〔印〕…印刷	〔昆〕…昆虫
〔飲〕…飲み物	〔写〕…写真
〔映〕…映画	〔車〕…自動車
〔演〕…演劇, 演芸	〔宗〕…宗教
〔音〕…音声, 音声学	〔修〕…修辞(学)
	〔商〕…商業, ビジネス
〔化〕…化学	
〔海〕…海, 海事, 河川	〔情〕…情報技術, コンピューター
〔絵〕…絵画	
〔貝〕	〔食〕…食品, 料理
〔楽〕…音楽	〔植〕…植物(学)
〔架空〕…架空名	〔女性名〕
〔機〕…機械	〔心〕…心理(学)
〔気〕…気象	〔数〕…数学
〔技〕…技術	〔政〕…政治, 行政
〔ギ神〕…ギリシャ神話	〔姓〕
	〔生〕…生物(学)
〔牛〕…闘牛	〔聖〕…聖書
〔魚〕	〔体〕…人体の部位, 解剖(学)
〔競〕…競技, スポーツ	〔男性名〕
〔菌〕…菌類	〔地〕…地理, 地形
〔空〕…航空	〔畜〕…家畜, ペット, 牛, 馬
〔軍〕…軍事, 戦争	
〔経〕…経済(学)	
〔芸〕…芸術	〔地質〕…地質(学)
〔建〕…建築, 建築学	〔地名〕
	〔鳥〕

〘哲〙…哲学 〘文〙…文学
〘鉄〙…鉄道 〘放〙…放送
〘天〙…天文(学) 〘法〙…法律, 犯罪
〘電〙…電気 〘遊〙…遊び
〘動〙…動物(学) 〘歴〙…歴史
〘農〙…農業, 農学 〘ロ神〙…ローマ神話
〘美〙…美術
〘物〙…物理(学) 〘論〙…論理(学)

5. 3. 動詞の語義

動詞の語義の説明で，主語が限定される場合はそれを《 》で示した。また，他動詞が格助詞「を」に対応しない場合はそれを〈 〉で示した。日本語の助詞と対応する前置詞の使い方を (a: に) のように示した。

***man-'char** [マン.'チャる] 93% 動 他 (de, con: で)汚す, 〈に〉しみをつける, 変色させる **~se** 動 再 〈自分の体[服]を〉**汚す**, 汚れる; 《名誉などが》**傷がつく**

形容詞が修飾する語を《 》で示した。

tra-'ba-do, -da [トら.'バ.ド, ダ] 形〘畜〙《馬などが》**足かせをはめられた**, つながれた; **力のある**, 強靱な, たくましい; 《話が》**まとまりのある**; 〘音〙《音節が》**閉じた**, 閉音節の

5. 4. 語義のカタカナ表記

スペイン語圏の地名・人名・事物で日本語に定着した表記があれば，それを使った。

例: Cuba キューバ, Ciudad de México メキシコシティー, Ecuador エクアドル

それ以外は，日本語の外来語文字の傾向(パターン)にしたがって次のように表記した。

(1) 原則としてスペイン語の強勢音節に対応するカタカナが語末から2番目の文字になるときには「ー」をつける。

例: Conchita コンチータ, Pastor パストール, Piedad ピエダード

(2) 2文字以下のカナには「ー」をつけない。

例: Ana アナ, José ホセ

(3) ア行には「ー」をつけない。

例: Aranjuez アランフエス, Pascual パスクアル, zarzuela サルスエラ

(4) ア行と「ン」で終わる語には「ー」をつけない。

例: Amadeo アマデオ, Martín マルティン

(5) スペイン語が s で終わる語であるときも以上の規則を適用する。

例: Iquitos イキートス, soleares ソレアレス

5. 5. 単独の数字

1, 2, …, 10, 20, …, 100, 200 などを単独で示すときは uno, dos, diez, veinte, cien, doscientos のように単語で書かれる。これを〔◇単独の200〕のように示した。215 のように単独でないときは単語ではなく数字が書かれる。

6. 文体・用法上の指示

6. 1. 使用地域

語や語義の使用地域を各国名と，次の地域に分けて示した。

《ラ米》(ラテンアメリカ全域)
《中米》(グアテマラ・ホンジュラス・エルサルバドル・ニカラグア・コスタリカ・パナマ)
《カリブ》(キューバ・ドミニカ共和国・プエルトリコ)
《南米》(南米北・アンデス・チリ・ラプラタ)
《南米北》(コロンビア・ベネズエラ)
《アンデス》(エクアドル・ペルー・ボリビア)
《ラプラタ》(パラグアイ・ウルグアイ・アルゼンチン)

'pi+be, +ba 名 男 女 pibe《ラプラタ》《話》**子供**, 若者 感《ラプラタ》《話》**やあ!**《親しみをこめた呼びかけ》

6. 2. スピーチレベル

次のスピーチレベルを示した。

《話》…口語，話し言葉。くだけた感じの使い方でとくに友人や家族のように親しい間柄の会話や手紙で使う。目上の人や改まった場合には使わない。
《俗》…俗語。くだけた品のない言葉でふつうは限られた仲間うちで用いる。
《格》…格式語。改まった場面や公式の文書などで用いる格式ばった言葉。
《古》…古語。今ではあまり使われない古風な語句で年輩の人の言葉や古い文章などで見られる。
《詩》…詩語。詩的なイメージのある文学的な言葉。
《児》…幼児・小児語。おもに幼児や子供が使う語句。
《まれ》…まれに使用される。
《誤用》…誤用とされる。

6. 3. ニュアンス

次の言葉のニュアンスを示した。

〔集合〕 …集合的な意味。
〔全体〕 …全体をさす。
〔一般〕 …一般的な意味。
〔個別〕 …個別的な意味。
〔笑〕 …冗談半分にこっけいな意味合いで用いる。
〔皮肉〕 …皮肉を込めて用いる。
〔軽蔑〕 …軽蔑の意味を込める。
〔親愛〕 …愛情・親しみを込めて用いる。
〔遠回し〕…聞き手に不快感を与える内容を和らげるために用いる間接的な言い方。

6. 4. 外国語

外国語をそのままスペイン語としても使うときは〔英語〕〔ラテン語〕〔日本語〕などのようにして示した。

amateur [ア.マ.'テる] 形 amateur〔英語〕**素人の**, アマチュアの 名 共 **素人**, アマチュア

スペイン王立アカデミーの新正字法に従い, 外国語の表記をイタリック体にした。

7. 標準形と変異形

原則としてスペイン王立アカデミーの新正字法に準拠し, 私たちの調査結果も参照して標準形と変異形を区別した。変異形から標準形を白色の矢印 (⇧, ⇩, ⇦, ⇨) で結んで示した。

'cinc ['すぃン(ク)] 名 男〔複 cincs〕〖化〗**亜鉛**《元素》
'zinc 名 男 ⇧ cinc

これは cinc が標準形であり, zinc が変異形であることを示す。

単語の一部だけが変異する場合は, 該当する音節を示した。

bu-me-'rán⇦**'bú-** [ブ.メ.'らン⇦'ブ.] 名 男〔単複同〕ブーメラン

これは, bu-me-'rán が標準形であり, 'bú-me-ran が変異形であることを示す。

8. 成句

成句は品詞の別にかかわりなく見出し語の項目の終わりにまとめてアルファベット順で載せた。…と—を使って, スペイン語と日本語を対応させた。

****'jui-cio** ['ふイ.すぃオ] 82% 名 男 ***a ~ de*** … …の考えでは, …の意見では

スペイン語の正書法で…は前の語につなげて書かれるが, ここでは, 日本語と対応する記号して, 前の語から離して示した。

9. 記号の特別な用法

[ ] …発音
( ) …省略, 動詞がとる前置詞
[ ] …言い換え
《 》 …説明
« » …動詞の主語, 形容詞が修飾する語
〈 〉 …動詞の目的語
〔 〕 …語形の注意
〖 〗 …語義の意味分野
⇧⇩⇦⇨ …変異形から標準形を結ぶ。
⬆⬇ …辞書の本文への参照。
⇧⬆は現在の位置より前の位置, ⇩⬇は現在の位置より後の位置を示す。
~ …見出し語(の一部)

参考文献

この辞典の基となった『プエルタ新スペイン語辞典』で示した参考文献の他に, 新しい資料として次を使用した。

(略) RAE: Real Academia Española
(略) ASALE: Asociación de Academias de la Lengua Española

Almela, Ramón / Cantos, Pascual / Sánchez, Aquilino / Sarmiento, Ramón / Almela, Moisés. 2005. *Frecuencias del español. Diccionario y estudios léxicos y morfológicos*, Madrid. Editorial Universitas.

Ávila Muñoz, Antonio Manuel. 1999. *Léxico de frecuencia del español hablado en la ciudad de Málaga*, Málaga. Universidad de Málaga.

Davies, Mark. 2006. *A Frequency Dictionary of Spanish. Core Vocabulary for*

Learners, New York. Routledge.

García Hoz, Víctor. 1953. *Vocabulario usual, vocabulario común y vocabulario fundamental*. Madrid. Consejo Superior de Investigaciones Científicas.

Juilland, Alphonse / Chang-Rodríguez, E. 1964. *Frequency Dictionary of Spanish Words*. Mouton. The Hague.

RAE / ASALE. 2005. *Diccionario panhispánico de dudas*. Madrid. Santillana.

RAE / ASALE. 2010. *Ortografía de la lengua española*. Madrid. Espasa Libros.

RAE. 2018. *Libro de estilo de la lengua española según la norma panhispánica*. Barcelona. Editorial Planeta.

RAE. 2019. *Diccionario de la lengua española*, 23.ª ed. [versión 23.3 en línea]. <https://dle.rae.es> [28 de diciembre de 2019].

RAE. 2019: Banco de datos [en línea]. *Corpus del español del siglo XXI* (*CORPES*). <http://www.rae.es> [28 de diciembre de 2019]

スペイン王立アカデミーの新正書法

18 世紀の初め (1713 年) にスペイン語の標準を定める組織として発足した**スペイン王立アカデミー** (Real Academia Española) は, 以来スペイン語の辞書・正書法・文法を連綿と発行してきた。近年はラテンアメリカ諸国の言語アカデミーと連携し, 広い視野からスペイン語の実態を記述し, それを基にスペイン語のあるべき姿を提示している。

スペイン語の正書法(正しい書き方)については, これまでも大きな改訂がなされてきたが, 現在最新のものは『スペイン語の正書法』(2010, 745 ページ) による大改訂である。その重要なポイントを挙げておこう。

◆新語: (例) hispanoparlante ◆新語義: (例) ignorar の語義「無視する」◆主要形と変異形の区別: (例) cinc⇦zinc ◆アクセント記号の除去: (例) sólo (副詞)＞solo ◆語形の分綴規則: (例) co+e-'tá-ne+o ◆大文字・小文字の弁別: (例) océano Pacífico ◆固有名詞(地名)の表記: (例) Irak ◆外国語のイタリック表記: (例) *amateur* ◆単独の数字の文字表記: (例) cien personas, 125 personas ◆数字のスペースによる 3 桁区切り: (例) 18 136 388

アカデミーは「主要形」(forma principal) と「副次変異形」(variante secundaria) を区別している。例: cinc / zinc. そして, 私たちがアカデミーの辞書編纂部門の主幹である Elena Zamora 氏から直接教示された同義語の優先順位 (preferencia) という基準も加えなければならない。例: pi-re-nei-co⇦pi-ri-nei-co. この辞典では主要形と優先形を「標準形」とした。

もちろん, この「標準形」は絶対的な規範ではなく,「変異形」もさまざまな条件で使用され, アカデミーも《誤用》とするものを除けば, その有効性を認めている。これは「どちらが正しい」という単純な比較の問題ではなく, 広く使われている標準形をアカデミーが推薦している, ということにすぎない。一方, 各地域の個性は尊重されなければならない。その個性の姿を知るためにも, 標準形と変異形を区別し, どちらも客観的に観察し続けなければならない。

スペイン語はスペイン, アフリカ, 南北アメリカ大陸の広大な地域で数億の人たちに共有された言語である。それにもかかわらず, 安定した統一性を保っている。教室で学習したスペイン語を使えば意志の疎通に不便を感じることはない。その信頼性はアカデミーを中心とする知識人たちの努力と, スペイン語話者がアカデミーの「標準形」を参照する習慣に基づいている。

A a *a a*

A, a ['ア] [名] [女]〔言〕ア《スペイン語の文字》

⁑**a** [ア] 25% [前]〔弱勢〕《a と el は結合して al となる》 **1**《場所》(1) …に, …で, …の近くに; …に(離れずについて), …の前で, (体の一部に)つけて《場所・位置》: El banco está **al** final de esta calle. 銀行はこの通りの突き当たりにあります。(2) …へ, …に, …まで, …の方向を[へ]《目的地・到達点・方向》: Voy **a** España. 私はスペインへ行きます。 **2**《時》(1) …に, …のときに: ¿Va a salir usted **a** estas horas? あなたはこんな時間に出かけるのですか? (2) …たったときに: **Al** mes de estar en México, mi amigo ya hablaba bien español. 私の友人はメキシコにひと月いるうちにもうスペイン語を上手に話すようになった。(3) …前の時点で: **A** una semana del examen, todavía no lo he preparado. 試験の 1 週間前になったが私はまだ準備をしていない。 **3**《目的語》(1) …を, …に《直接目的語の人》: Invitamos **al** Sr. (señor) Fernández. 私たちはフェルナンデスさんを招待します。(2) …に, …から《間接目的語》: Elena le regaló un pañuelo **a** José. エレーナはホセにハンカチをプレゼントした。《この le は a José に対応する》 **4**《様態》(1) …によって, …にしたがって, …風に《準拠・方法》: Ella viste **a** la moda de París. 彼女はパリ風のおしゃれをする。(2) …で, …ずつ, …ごとに, …に(つき)《数量・程度・値段・配分》: El tren marchaba **a** gran velocidad. 列車は高速で進んで行った。(3) …で, …によって《手段・材料》: Mi hermana ha bordado este vestido **a** mano. 姉はこの服に手で刺繍(ししゅう)しました。 **5**《比較・対比》(1) …よりも《superior, inferior, anterior, posterior などの形容詞や動詞 preferir とともに用いる》: Prefiero el campo **a** la ciudad. 私は都会よりも田舎の方が好きだ。(2) …に対して, …対…: Nuestro equipo ganó al suyo por dos **a** uno. 私たちのチームは 2 対 1 で彼らのチームを破った。 **6** …の味・風味・においの: sabor **a** chocolate チョコレートの味 **7**〔a＋不定詞〕(1) …するために, …しに《目的》: Vengo **a** recoger las fotos. 写真を受け取りに来ました。(2) …であれば, …すれば《条件》: **A** decir verdad, no quiero hacer eso. 本当のことを言うと, 私はそれをしたくないのです。(3) …のはずの, …べき《未来・予定》: Hay muchos temas **a** tratar. 扱うべき問題がたくさんある。(4) …しなさい《命令》: ¡**A** trabajar todos! さあ, みなさん仕事です!　***al*** …(不定詞) …のとき, …したとき　***a la*** …(形容詞の女性形) …風に, …式に　***a la(s)***(数詞) …時に　***a lo*** …(形容詞) …のように　***a por*** … 《ｽﾍﾟｲﾝ》 …を探しに, …を求めて　***a que*** … きっと…だろう

a~〔接頭辞〕⬇a(d)–, a(n)–, atto–

a [略] ＝área アール[100 m²]

(a) [略] ⬇alias

A [略] ⬇amperio

@ [ア.'ろ.バ] [略] ＝arroba〔情〕アットマーク《メールのアドレスに使う @ の記号》

a/a [略] ＝aire acondicionado〔機〕空調, エアコン

AA [略] ＝automatización administrativa オフィスオートメーション[**OA**]

A/A [略] ＝a la atención …気付《郵便の宛名で》

aa. vv.; AA. VV. [略] ＝autores varios 複数著者《文献リストで》

ab~〔接頭辞〕⬇ab(s)–

a+ba-'cá [名] [男]〔複 –cás〕〔植〕マニライトバショウ;〔衣〕マニラ麻, マニラ麻の織物

a+ba-ce-'rí+a [ア.バ.せ.'り.ア] [名] [女]〔商〕食料品店, 乾物屋

a+ba-'ce-ro, -ra [ア.バ.'せ.ろ, ら] [名] [男] [女]〔商〕食料品店の店主;〔人〕乾物屋

'á+ba-co [名] [男] そろばん;〔建〕(円柱頭の)冠(かむり)板, アバクス

a+ba-co-'ra-do, -da [ア.バ.コ.'ら.ド, ダ] [形]《ｶﾘﾌﾞ》《話》とても忙しい

a+'bad [名] [男]〔宗〕修道院長

a+ba-'de-jo [ア.バ.'デ.ほ] [名] [男]〔魚〕タラ

a+ba-'de-sa [名] [女]〔宗〕女子修道院長

a+ba-'dí+a [名] [女]〔宗〕大修道院;〔宗〕修道院長の職[位]

⁑**a+'ba-jo** [ア.'バ.ほ] 79% [副] 下に, 下へ, 下で; 下方へ; 下記に(示す), 後述する; 階下で;〔名詞＋abajo〕(坂・川などを)下って [感] …を倒せ!　***~ de*** … 《ﾗ米》⇩ debajo de …　***los de ~***〔集合〕下層民, 貧乏人　***venirse [irse] ~*** 崩壊する, くずれる; 挫折(ざせつ)する, 失敗する

***a+ba-lan-'zar** [ア.バ.ラン.'さる] 94% [動] [他] ㉞ (z|c) 〈の〉平衡[釣り合い]を保たせる; 投げる, 投げつける　**~se** [動] [再] (a, con-

a

tra, hacia, sobre: に)飛び込む, 飛びかかる, 襲いかかる, 駆け込む; 無茶な行為をする

a+ba-le+'ar [ア.バ.レ.'アる] 動 他〔農〕〈穀物を〉(くま手で)掃(は)き分ける

a+ba-'lo-rio [ア.バ.'ロ.りオ] 名 男 ビーズ, ガラス玉, ガラス玉の数珠

a+bal-se-'rar [アバル.セ.'らる] 動 他《中米》山積みにする

a+ban-de-'ra-do, -da [ア.バン.デ.'ら.ド, ダ] 名 男 女 旗手; リーダー, 指揮者;《メキシコ》〔競〕〔サッカー〕線審

a+ban-de-'rar [ア.バン.デ.'らる] 動 他〈の〉先頭に立つ; 指揮する;〔海〕〈船の〉船籍を登録する

a+ban-do-'na-do, -da 形 捨てられた, 身寄りのない; 捨てばちの, やけの, いいかげんの

a+ban-do-'nar [ア.バン.ド.'ナる] 83% 動 他 捨てる, 置き去りにする; 去る, 離れる; やめる, 中止する; なくなる; 〈仕事・義務などを〉怠る, 無視する 動 自 引き下がる, 身を引く, あきらめる;〔競〕棄権する **~se 動 再 (a, en: に)身をゆだねる, ふける; だらしなくなる, 自堕落になる; (a, en: を)信頼する, (a, en: に)頼りきる

*a+ban-'do-no 91% 名 男 放棄, 見捨てること, 捨て去ること; 自堕落, 投げやり, 自暴自棄; 退役;〔法〕放棄, 遺棄, 棄権

a+ba-ni-'car [ア.バ.ニ.'カる] 動 他 69 (c|qu) 扇[うちわ]であおぐ **~se** 動 再 扇[うちわ]で(自分を)あおぐ;《ボリ》(con: を)軽視する

a+ba-'ni-co 名 男 扇, うちわ, 扇子; 扇状のもの

a+ba-ni-'que+o [ア.バ.ニ.'ケ.オ] 名 男 扇であおぐこと;《話》大げさなふるまい;《俗》ナイフ

a+'ban-to 名 男〔鳥〕ハゲワシ, エジプトハゲワシ ***hecho[cha] un ~*** 《話》ぼろをまとった

a+ba-ra-ta-'mien-to [ア.バ.ら.タ.'ミエン.ト] 名 男〔商〕値下げ, 値引き

a+ba-ra-'tar [ア.バ.ら.'タる] 動 他〔商〕〈コストを〉下げる; 〔商〕値下げする **~(-se)** 動 自 (再)〔商〕値段[コスト]が下がる

a+'bar-ca [ア.'バる.カ] 名 女〔複〕〔衣〕(革の)サンダル;〔複〕〔衣〕《スペイン》木靴

*a+bar-'car [ア.バる.'カる] 92% 動 他 69 (c|qu) 抱く, 抱きしめる; 〈木などに〉手を回す; 囲む; 含む, 包含する, 扱う;《格》見渡す **~se** 動 再 見渡せる

a+bar-'qué, -que(~) 動《直点1単, 接現》⬆abarcar

a+bar-qui-'llar [ア.バる.キ.'ジャる] 動 他 巻く; 曲げる, 反らせる **~se** 動 再 反り返る, 丸くなる

a+ba-rran-'car [ア.バ.らン.'カる] 動 他 69 (c|qu) 崖(がけ)から落とす **~(se)** 動 自 (再)〔海〕座礁する; «事業などが»頓挫(とんざ)する, 動きがとれなくなる

a+ba-rro-'ta-do, -da [ア.バ.ろ.'タ.ド, ダ] 形 (de: で)いっぱいの

a+ba-rro-'tar [ア.バ.ろ.'タる] 動 他〈に〉(de: を)詰め込む; 棒で補強する **~-se** 動 再 (de: で)いっぱいになる

a+ba-'rro-te [ア.バ.'ろ.テ] 名 男〔複〕《ラ米》食料品, 乾物

a+ba-rro-te-'rí+a [ア.バ.ろ.テ.'り.ア] 名 女《ラ米》〔商〕食料品店, 乾物屋

a+ba-rro-'te-ro, -ra [ア.バ.ろ.'テ.ろ, ら] 名 男 女《ラ米》〔商〕食料品店主

a+ba-'si-da 形 名 共〔歴〕アッバース朝の(人)⬇Abasidas

A+ba-'si-das 名 固〔複〕〔歴〕アッバース朝《750–1258, イスラム王朝》

a+bas-te-ce-'dor, -'do-ra [ア.バス.テ.せ.'ドる, 'ド.ら] 形 供給する 名 男 女 供給者, 下請け業者;《ラ米》〔商〕〔人〕肉屋

a+bas-te-'cer [ア.バス.テ.'せる] 動 他 45 (c|zc)〈に〉(con, de: 食料などを)供給する

*a+bas-te-ci-'mien-to [ア.バス.テ.すい.'ミエン.ト] 93% 名 男 供給, 補給, 調達; 糧食

a+'bas-to 名 男 供給, 調達; 多量, 豊富, 十分, たくさん;《ベネズエラ》〔商〕食料品店 ***dar ~*** (a: を)満たす ***darse ~*** 十分に用が足りる

a+ba-ta-'nar [ア.バ.タ.'ナる] 動 他〈毛織物を〉密にする, 縮絨(しゅくじゅう)する; 殴る

a+ba-'tí 名 男〔複 -tíes⇦-tís〕《中米》《ラプラタ》トウモロコシ(の芯)

a+ba-'ti-ble [ア.バ.'ティ.ブレ] 形 折りたたみ式の, «座席などが»リクライニングの

a+ba-'ti-do, -da 形 気落ちした, 意気消沈した;〔食〕«食物が»傷んだ

a+ba-ti-'mien-to 名 男 落胆, 意気消沈; 衰弱, 憔悴(しょうすい)

*a+ba-'tir [ア.バ.'ティる] 94% 動 他 倒す, 崩す, 破壊する; 降ろす, 下げる; 撃ち落とす, 射止める; 〈テントなどを〉たたむ; 落胆させる, 気落ちさせる, 意気消沈させる, くじく; 〈心を〉沈ませる; 殺す **~se** 動 再 (sobre: に)(上から)襲いかかる; 倒される, 倒れる; 落胆する

ab-di-ca-'ción [アブ.ディ.カ.'すぃオン] 名 女 退位, 譲位; 放棄, 断念

ab-di-'car [アブ.ディ.'カる] 動 他 69 (c|qu) 譲位する; 放棄する, 断念する; 〈権利・職などを〉捨てる 動 自 退位する; (de: を)断念する, やめる

ab-'do-men 名 男〔体〕腹, 腹部;《話》太鼓腹

a

ab-do-mi-'nal [アブ.ド.ミ.'ナル] 形 〘体〙腹の, 腹部の

ab-duc-'ción [アブ.ドゥク.'すぃオン] 名 女 誘拐(ゆうかい); 〘医〙(筋肉の)外転

ab-duc-'tor [アブ.ドゥク.'トる] 名 男 〘体〙外転筋

a+be-'cé [ア.べ.'せ] 名 男 〘言〙ABC, アルファベット; 初歩, 基礎, 基本

a+be-ce-'da-rio [ア.べ.せ.'ダ.りオ] 名 男 〘言〙アルファベット(表); 文字練習帳

a+be-'dul [ア.べ.'ドゥル] 名 男 〘植〙カバ, カバの木, カバ材

*__a+'be-ja__ [ア.'べ.は] 92% 名 女 〘昆〙ミツバチ[蜜蜂], ハチ[蜂]

a+be-ja-'ru-co [ア.べ.は.'る.コ] 名 男 〘鳥〙ハチクイ; うわさ好きの人

a+be-'jón [ア.べ.'ほン] 名 男 〘昆〙(ミツバチの)雄バチ; 〘昆〙マルハナバチ

a+be-'jo-rro [ア.べ.'ほ.ろ̃] 名 男 〘昆〙マルハナバチ; 《話》わずらわしい人, うるさい人

a+be-mo-'lar [ア.べ.モ.'ラる] 動 他 〘楽〙〈に〉フラットをつける, 半音下げる; 〈声を〉和らげる

a+be-rra-'ción [ア.べ.ら̃.'すぃオン] 名 女 とんでもないこと; 逸脱; 〘生〙異常(型); 〘天〙光行差; 〘物〙(レンズの)収差

a+be-'rran-te [ア.べ.'ら̃ン.テ] 形 常軌を逸した, 異常な

a+be-'rrar [ア.べ.'ら̃る] 動 自 常軌を逸する

*__a+ber-'tu-ra__ [ア.べる.'トゥ.ら] 93% 名 女 開口部, すき間, 割れ目, 穴; 〘衣〙ベンツ, スリット; 開ける[開く]こと; 率直さ; 〘地〙狭間, 山あい; 〘地〙入り江; 〘建〙窓, 戸; 〘写〙開口度, (カメラの)絞り

a+ber-'za-le⇔ **-'tza-** [ア.べる.'さ.レ⇔.'チャ/ツァ.] 形 名 共 《スペイン》〘政〙バスク過激愛国主義の[主義者]

a+'be-to 名 男 〘植〙モミ, モミの木, モミ材

Abg.; Abg.[do], Abg.[da] 略 ↓abogado, -da

a+'bier-t~ 動 《過分》↓abrir

__a+'bier-to, -ta__ [ア.'ビエる.ト, タ] 75% 形 開いている, 開いた; 覆い[屋根, 囲い]のない; «店などが»開いている; 広々とした, さえぎるものがない; 公開の, 自由に参加できる; 率直な, 隠しだてのない, 公然の, 心を開いた; 明白な, あからさまな; «都市が»無防備の; 〘競〙〔サッカーなど〕フリーな, マークされていない; 〘音〙開母音の, 開… 名 男 〘競〙オープン競技, 公開選手権大会 **-tamente 副 隠さずに, 率直に

a+bi-ga-'rra-do, -da [ア.ビ.ガ.'ら̃.ド, ダ] 形 ごてごてした色の; 寄せ集めの

a+bi-ga-rra-'mien-to [ア.ビ.ガ.ら̃.'ミエン.ト] 名 男 不統一, 混成; 寄せ集め

a+bi-ga-'rrar [ア.ビ.ガ.'ら̃る] 動 他 〈に〉ごてごてと色を塗る; 〈に〉いろいろと詰め込む

a+bi-'sal 形 ⇩ abismal

A+bi-'si-nia 名 固 〘歴〙〘地名〙アビシニア《エチオピア Etiopía の旧称》

a+bi-'si-nio, -nia 形 名 男 女 〘歴〙〘地名〙アビシニア(人)の; アビシニア人 ↑Abisinia; 〘歴〙〘言〙アビシニア語の 名 男 〘歴〙〘言〙アビシニア語; 〘動〙〔猫〕アビシニアン

a+bis-'mal [ア.ビス.'マル] 形 計り知れない, 大変大きな; 深淵(しんえん)の, 深海の, 底の知れない

a+bis-'mar [ア.ビス.'マる] 動 他 混乱させる, 惑わせる, (en: に)突き落とす; 深淵(しんえん)に突き落とす, 深海に沈める **~se** 動 再 (en: に)ふける; (en: 深淵に)落ちる

*__a+'bis-mo__ 93% 名 男 深淵(しんえん), 深海, 底の知れない深い穴; (二者間の)距離, 大きな違い, 対立, 壁, 溝; (悲しみなどの)どん底; 地獄

ab-ju-ra-'ción [アブ.ふ.ら.'すぃオン] 名 女 (祖国・主義・信仰などの)放棄

ab-ju-'rar [アブ.ふ.'らる] 動 他 〈祖国・主義・信仰などを〉放棄すると誓う 動 自 (de: を)捨てる, 放棄する

a+bla-'ción [ア.ブラ.'すぃオン] 名 女 〘地質〙侵食, 風化(作用)

a+blan-da-'mien-to [ア.ブラン.ダ.'ミエン.ト] 名 男 柔軟化; 軽減; 沈静化

a+blan-'dar [ア.ブラン.'ダる] 動 他 柔らかくする; 軽減する, 和らげる, 穏やかにする; 〈怒りを〉鎮(しず)める 動 自 〘気〙«寒さなどが»和らぐ **~se** 動 再 «心が»動かされる; 和らぐ, 穏やかになる; ひるむ, おじける

a+bla-'ti-vo, -va [ア.ブラ.'ティ.ボ, バ] 形 名 男 〘言〙奪格(の)

a+blu-'ción [ア.ブル.'すぃオン] 名 女 〘宗〙沐浴(もくよく)《宗教的儀式のために体・手を洗い清めること》; 〘宗〙洗浄式, 清めの水[ぶどう酒]

*__ab-ne-ga-'ción__ [アブ.ネ.ガ.'すぃオン] 94% 名 女 克己, 自制, 自己犠牲

ab-ne-'ga-do, -da 形 献身的な, 自己を犠牲にする

ab-ne-'gar-se [アブ.ネ.'ガる.セ] 動 再 ㊻ (e|ie; g|gu) 自制する, 自己を犠牲にする

a+bo-'bar [ア.ボ.'バる] 動 他 呆然(ぼうぜん)とさせる **~se** 動 再 呆然とする; ぼける

a+bo-'ca-do, -da 形 (a: の)危険にさらされている

a+bo-'car [ア.ボ.'カる] 動 他 ㊾ (c|qu) (口に)くわえる; (容器の口を近づけて)〈水などを〉移す, 注ぐ; 近づける **~se** 動 再 (商談などで)会う, 集まる; (a: に)近寄る

a+bo-ce-'tar [ア.ボ.せ.'タる] 動 他 〘絵〙素描する, スケッチする

a+bo-chor-'nar [ア.ボ.チョる.'ナる] 動 他 当惑させる, 辱める; 蒸し暑くする, 暑さで

のぼせあがらせる ~se [動] [再] (de, por: を)恥ずかしがる, 顔を赤らめる

a+bo-ci-'na-do, -da [ア.ボ.すぃ.'ナ.ド, ダ] [形] ラッパ形の, 口を広げた

a+bo-ci-'nar [ア.ボ.すぃ.'ナる] [動] [他] 〈管などを〉(口を広げて)ラッパ形にする [動] [自] 《話》うつ伏せに倒れる

a+bo-fe-te+'ar [ア.ボ.フェ.テ.'アる] [動] [他] 〈に〉平手打ちをくらわせる, ぶつ

a+bo-ga-'cí+a [ア.ボ.ガ.'すぃ.ア] [名] [女] 〔法〕弁護士職[業]

a+bo-'ga-do, -da 86% [名] [男] [女] 〔法〕弁護士; 法学士, 法律家; 〔宗〕守護聖人; 擁護者 *~do[da] del diablo* (議論で)あえて異を唱える人

a+bo-'gar [ア.ボ.'ガる] [動] [自] 41 (g|gu) 〔法〕(法廷で)弁護する; 〔一般〕擁護する, 守る; 仲裁する

a+bo-'len-go [ア.ボ.'レン.ゴ] [名] [男] 名門; 家系, 血筋, 家柄; 〔法〕世襲財産

a+bo-li-'ción [ア.ボ.リ.'すぃオン] [名] [女] (法令などの)廃止, 撤廃

a+bo-li-cio-'nis-mo [ア.ボ.リ.すぃオ.'ニス.モ] [名] [男] 廃止論; 〔歴〕奴隷制廃止論

a+bo-li-cio-'nis-ta [ア.ボ.リ.すぃオ.'ニス.タ] [形] [名] [共] 廃止論の[論者]; 〔歴〕奴隷制廃止論の[論者]

a+bo-'lir [ア.ボ.'リる] [動] [他] 〈法律などを〉廃止する, 〈習慣を〉なくす

a+bo-'lla-do, -da [ア.ボ.'ジャ.ド, ダ] [形] へこんだ; 《ベネズエラ》〔商〕《商品が》売れ残った, 売れない

a+bo-lla-'du-ra [ア.ボ.ジャ.'ドゥ.ら] [名] [女] へこみ, でこぼこ

a+bo-'llar [ア.ボ.'ジャる] [動] [他] へこませる, でこぼこにする ~se [動] [再] へこむ, でこぼこになる

a+bom-'bar [ア.ボン.'バる] [動] [他] 凸状にする; 《話》呆然(ぼうぜん)とさせる, 当惑させる ~se [動] [再] 凸状になる

a+bo-mi-'na-ble [ア.ボ.ミ.'ナ.ブレ] [形] 忌(い)まわしい, 不快な

a+bo-mi-na-'ción [ア.ボ.ミ.ナ.'すぃオン] [名] [女] 忌まわしいもの[こと]; 憎悪, 嫌悪

a+bo-mi-'nar [ア.ボ.ミ.'ナる] [動] [他] 忌(い)み嫌う, ひどく嫌う [動] [自] (de: を)のろう, 嫌う, 憎む

a+bo-'na-do, -da [名] [男] [女] 申し込み者, (電話などの)加入者, 定期購読者, 定期会員, シーズン会員; (一定期間の催し物の)入場券を持っている人 [形] (a: を)購読している; 〔農〕肥料を施された

a+bo-nan-'zar [ア.ボ.ナン.'さる] [動] [自] 34 (z|c) 〔海〕《海が》なぐ; 〔気〕《天候が》穏やかになる

***a+bo-'nar** [ア.ボ.'ナる] 92% [動] [他] 払う, 払い込む, 支払う; 〔農〕〈に〉肥料をやる, 〈に〉施肥する; 保証する, 請け合う, 〈の〉保証人になる; 改善する, 改良する; 〈のために〉(a: の)購読を申し込む ~se [動] [再] (a, en: に)加入する, 申し込む, (a, en: 新聞などを)購読する, 予約する, (a, en: シーズンチケットを)買う; 〔商〕(en: の)貸方に記入される

a+bo-na-'ré [ア.ボ.ナ.'れ] [名] [男] 〔商〕約束手形, 借用証書

***a+'bo+no 93%** [名] [男] 予約申し込み, 購読契約; 支払い, (月賦の)支払い分, 払込金; 定期券, シーズンチケット, 加入者証, 会員証; 〔農〕肥料; 〔農〕(地味を)肥やすこと, 施肥 *en ~ de* ... …を支持して

a+bor-'da-ble [ア.ボる.'ダ.ブレ] [形] 可能な, 《問題などが》取り組みやすい, 《場所が》到達できる; 《人が》気さくな; 《値段が》手ごろな

a+bor-'da-je [ア.ボる.'ダ.へ] [名] [男] 〔軍〕〔海〕(海戦中の船の)接舷(せつげん), 触舷戦; 〔海〕乗船

****a+bor-'dar** [ア.ボる.'ダる] 90% [動] [他] 〈仕事・困難などに〉立ち向かう, 取り組む; 〔海〕〈船を〉衝突させる, 《船が》襲う; 近づく; 〔海〕〈接舷(せつげん)した敵艦に〉乗り込む [動] [自] (a: に)上陸する, 乗り込む

a+bo-'ri-gen [ア.ボ.'り.ヘン] [形] 土着の, 先住民の [名] [共] 土着民, 先住民

a+bo-rras-'car-se [ア.ボ.らス.'カる.セ] [動] [再] 69 (c|qu) 〔気〕天候が荒れ模様になる

***a+bo-rre-'cer** [ア.ボ.れ.'せる] 94% [動] [他] 45 (c|zc) 憎む, 嫌悪する, ひどく嫌う; 《動物が》〈巣・子を〉捨てる; あきあきさせる, 嫌いにさせる, いらいらさせる ~se [動] [再] 《話》あきあきする, 嫌いである

a+bo-rre-'ci-ble [ア.ボ.れ.'すぃ.ブレ] [形] 大嫌いな, とてもいやな

a+bo-rre-ci-'mien-to [ア.ボ.れ.すぃ.'ミエン.ト] [名] [男] 憎しみ, 嫌悪, 不快; 退屈, 倦怠(けんたい)

a+bo-rre-'ga-do, -da [ア.ボ.れ.'ガ.ド, ダ] [形] 〔気〕《空が》ふわふわした雲で覆われている

a+bo-rre-'gar-se [ア.ボ.れ.'ガる.セ] [動] [再] 41 (g|gu) 〔気〕《空が》ふわふわした雲で覆われる

a+bo-'rrez-co, -ca(~) [動] 《直現1単, 接現》 ↑aborrecer

a+bor-'tar [ア.ボる.'タる] [動] [自] 〔医〕流産する; 《計画などが》失敗する; 〔医〕中絶する, 堕胎する; 〔植〕《花が》(実を結ばずに)枯れる [動] [他] 〔医〕中絶手術をする

a+bor-'ti-vo, -va [ア.ボる.'ティ.ボ, バ] [形] 〔医〕中絶の, 堕胎の; 〔医〕流産の; 〔医〕早産の, 月足らずの [名] [男] 〔医〕人工妊娠中絶薬

a+'bor-to [ア.'ボる.ト] [名] [男] 〘医〙流産, 中絶; 〘医〙流産[中絶]した胎児; 失敗; 出来損ない
a+bo-ta-'gar-se [ア.ボ.タ.'ガる.セ] [動] [再] 41 (g|gu) 〘医〙«体が»むくむ, 腫(は)れる
a+bo-to-'nar [ア.ボ.ト.'ナる] [動] [他] 〘衣〙〈の〉ボタンをかける [動] [自] 〘植〙«植物が»芽を出す, つぼみを出す **~se** [動] [再] 〘衣〙(自分の服の)ボタンをかける
a+bo-ve-'dar [ア.ボ.ベ.'ダる] [動] [他] 〘建〙丸天井で覆う, 丸屋根の形にする
a+bo-'yar [ア.ボ.'ジャる] [動] [自] 浮かぶ, ただよう
abr. [略] ↓abril
'a+bra ['ア.ブら] [名] [女] 〔el/un⇦una ~〕〘地〙小さい入り江; 〘地〙谷間; 〘地〙(大地の)割れ目, 亀裂; 《ラ米》〘地〙平地, 開けた土地; 《ラ米》〘地〙小道, 細道↓abrir
a+bra-ca-'da-bra [ア.ブら.カ.'ダ.ブら] [名] [男] アブラカダブラ《病気よけの呪文(じゅもん)》; まじない, 呪文
a+bra-'cé, -ce(~) [動] 《直点1単, 接現》↓abrazar
A+bra+'ham [名] [固] 〘男性名〙アブラアム
A+bra+'hán [ア.ブら.'アン] [名] [固] 〘男性名〙アブラアン
A+'bram [ア.'ブらム] [名] [固] 〘男性名〙アブラム
a+bra-sa-'dor, -'do-ra [ア.ブら.サ.'ドる, 'ド.ら] [形] 焼けるような
a+bra-'san-te [形] ⇧abrasador
a+bra-'sar [ア.ブら.'サる] [動] [他] 燃やす, 焼く, 焦がす; 苦しませる; 〘農〙〈植物を〉枯らす; 恥ずかしい思いをさせる [動] [自] 熱くなっている **~se** [動] [再] 燃える, 焼ける, 焦げる; 燃えるように[熱く]感じる; (de, en: に)焦がれる
a+bra-'sión [ア.ブら.'スィオン] [名] [女] すり減り, 摩耗, 摩損; 〘地質〙侵食作用; 〘医〙(皮膚の)すりむけ, 剝離(はく)
a+bra-'si-vo, -va [ア.ブら.'スィ.ボ, バ] [形] 研磨の [名] [男] 研磨剤[材], 磨き粉
a+bra-za-'de-ra [ア.ブら.さ.'デ.ら] [名] [女] 〘技〙留め具, 締め具; 〘技〙大のこぎり; 〘印〙かっこ《[ ]などの記号》
a+bra-'zar [ア.ブら.'さる] 89% [動] [他] 34 (z|c) 抱く, 抱きしめる, 抱擁する; 囲む, 包む; 〈主義・信仰などを〉奉じる, 信じる; 含む, 包含する, 扱っている; 〈仕事・任務を〉引き受ける, 〈仕事に〉つく **~se** [動] [再] (a, con: に)抱きつく, しがみつく; «が»抱き合う
a+'bra-zo [ア.'ブら.そ] 86% [名] [男] 抱きしめること, 抱擁 ***Un ~. / ~s.*** ごきげんよう《親しい人へのメール・手紙の結語》
'a+bre [動] 《直現3単/命》↓abrir
a+bre-'bo-ca [ア.ブれ.'ボ.カ] [名] [男] 《話》〘飲〙食前酒, アペリティフ
a+bre-bo-'te-llas [ア.ブれ.ボ.'テ.ジャス] [名] [男] 〔単複同〕〘飲〙栓抜き
a+bre-'car-tas [ア.ブれ.'カる.タス] [名] [男] 〔単複同〕ペーパーナイフ
'á+bre-go ['ア.ブれ.ゴ] [名] [男] 〘気〙南風
a+bre-'la-tas [ア.ブれ.'ラ.タス] [名] [男] 〔単複同〕缶切り
'a+bren [動] 《直現3複》↓abrir
a+bre-va-'de-ro [ア.ブれ.バ.'デ.ろ] [名] [男] 〘畜〙(家畜の)水飲み場
a+bre-'var [ア.ブれ.'バる] [動] [他] 〘畜〙〈家畜に〉〈に〉水を飲ませる; 〈皮を〉なめす; 〈に〉水などを飲ませる [動] [自] 〘畜〙«家畜が»水を飲む
a+bre-via-'ción [ア.ブれ.ビア.'すぃオン] [名] [女] 縮めること, 短縮; 縮刷版, 簡約, 抜粋; 〘言〙略語, 略号
a+bre-'via-do, -da [ア.ブれ.'ビア.ド, ダ] [形] 縮めた, 簡約の, 省略した
a+bre-'viar [ア.ブれ.'ビアる] [動] [他] 縮める, 短縮する; 要約する; 急ぐ, 早く済ませる; 略語にする [動] [自] 急ぐ, 急いで(en 不定詞: …)する **~se** [動] [再] 《ラ米》急ぐ
a+bre-via-'tu-ra [ア.ブれ.ビア.'トゥ.ら] [名] [女] 省略形, 短縮形略号; 要約, 短縮 ***en ~*** 省略して, はしょって; 要約して, 急いで
a+'brí+a [動] 《直線1/3単》↓abrir
a+bri-'dor [ア.ブり.'ドる] [名] [男] 缶切り; 栓抜き
a+'brien-do [動] 《現分》↓abrir
a+'brie-ron [動] 《直点3複》↓abrir
a+bri-'ga-da [ア.ブり.'ガ.ダ] [名] [女] 《中米》《話》隠れ場所
a+bri-'gar [ア.ブり.'ガる] [動] [他] 41 (g|gu) (de: 寒さ・風から)守る, 保護する; 暖かくする, 暖かく包む; 〈考え・感情などを〉持つ, 抱(いだ)く [動] [自] 〘衣〙«衣服が»暖かい **~se** [動] [再] 〘衣〙身を包む, 服を着る; 避難する, 隠れる, (de: 日光・風・雨などを)避ける
a+'bri-go [ア.'ブり.ゴ] 89% [名] [男] 〘衣〙オーバー, コート, 外套(がいとう); 避難所, 隠れ場, 待避所, シェルター; 〘海〙〘地〙(船が待避する)入り江; 防寒; 保護, 援助, 庇護(ひご) ***al ~ de ...*** …に包まれて, 守られて ***de ~*** 《話》恐るべき, ひどい, 危険な; 大変な, 最高の
a+bri-'gué, -gue(~) [動] 《直点1単, 接現》↑abrigar
a+'bril [ア.'ブりル] 83% [名] [男] 4月; 青年期, 青春; (若い女性の)年, 年齢
a+bri-'le-ño, -ña [ア.ブり.'レ.ニョ, ニャ] [形] 4月の
a+bri-llan-'tar [ア.ブり.ジャン.'タる] [動] [他] 磨く, 光らせる; 〈の〉価値を高める
a+'brió [動] 《直点3単》↓abrir
a+'brir [ア.'ブりる] 70% [動] [他] 〔過分

a

abierto] 開ける, 開(ひら)く, 広げる, 切り開く; 開始する, 始める;〘商〙〈店などを〉開ける,〈営業・事業を〉始める; 〈の〉先頭に立つ; 〈本のページを〉切る; 裂く, 割る, 切る;〈気持ち・食欲を〉そそる, 起こさせる [動] [自] 開く, 割れる, 広がる;〘気〙空が晴れる **~se** [動] [再] 開く, 割れる, 広がる; (a: に)向いている; 開かれる; (a, con: に)心を開く, 秘密などを打ち明ける;〘気〙《空が》晴れる;《話》立ち去る, 行ってしまう ***a medio*** ~ 半開きの[で] ~ ***cancha*** 《メキシコ》道を空ける[譲る] ***¡Ábrase!*** 《コロンビア》《話》いいかげんにして, もうやめなさい ~ ***de par en par*** いっぱいに開ける, 開け放つ, 全開する

a+bro-'char [ア.ブろ.'チャる] [動] [他]〘衣〙〈の〉ボタン[ホック]を留める, かける, 閉じる;《ラ米》つかむ, とらえる **~se** [動] [再]〘衣〙(自分の服の)ボタン[ホック]をかける

a+bro-ga-'ción [ア.ブろ.ガ.'すぃオン] [名] [女]〘法〙(法律などの)廃止

a+bro-'gar [ア.ブろ.'ガる] [動] [他] [41] (g|gu)〘法〙〈法律などを〉廃止する;〈習慣を〉やめる

a+bro-'jal [ア.ブろ.'はル] [名] [男]〘植〙アザミの生い茂った場所

a+'bro-jo [ア.'ブろ.ほ] [名] [男]〘植〙アザミ;〘歴〙〘軍〙鉄びし《地面にまいて敵の進撃を阻んだ》;〘海〙岩礁

a+bron-'car [ア.ブろン.'カる] [動] [他] [69] (c|qu)《話》やじる, ののしる;《話》厳しく叱(しか)る, 叱りつける;《話》〈に〉恥をかかせる,〈に〉恥ずかしい思いをさせる **~se** [動] [再] (de: が)いやになる, 怒る, うんざりする; 恥じる

a+'bró-ta+no [ア.'ブろ.タ.ノ] [名] [男]〘植〙ヨモギ

a+bru-ma-'dor, -'do-ra [ア.ブる.マ.'ドる, 'ド.ら] [形] 圧倒的な; ひどい, 大変な

a+bru-'mar [ア.ブる.'マる] [動] [他] (con: で)当惑させる; 圧倒する, くじく **~se** [動] [再]〘気〙霧[もや]が立ちこめる

a+'brup-to, -ta [ア.'ブるプ.ト, タ] [形] 切り立った, 険しい; 不意の, 突然の, 唐突な ***ex*** ~〔ラテン語〕突然に, 唐突に

ab(s)~〔接頭辞〕「分離・逸脱・否定」を示す

abs-'ce-so [アブ(ス).'せ.ソ] [名] [男]〘医〙膿瘍(のうよう)

abs-'ci-sa [アブ(ス).'すぃ.サ] [名] [女]〘数〙横座標, X 座標

ab-sen-'tis-mo [名] [男]《スペイン》不在地主制, 地主の長期不在; (常習の)欠勤, 欠席

'áb-si-de [名] [男]〘建〙アプス, アプシス, 後陣《教会の祭壇の後ろの部分》;〘天〙軌道極点, アプシス

ab-so-lu-'ción [アブ.ソ.ル.'すぃオン] [名] [女]〘法〙無罪宣告, 赦免;〘宗〙告解の秘跡

ab-so-'lu-ta-'men-te [アブ.ソ.'ル.タ.'メン.テ] 84% [副] まったく, 完全に; 絶対的に [感] いや, 全然《否定の返事》

ab-so-lu-'tis-mo [アブ.ソ.ル.'ティス.モ] [名] [男]〘政〙絶対主義, 専制[独裁]主義

ab-so-lu-'tis-ta [アブ.ソ.ル.'ティス.タ] [形] [名] [共]〘政〙絶対主義の[主義者], 専制主義の[主義者], 独裁主義の[主義者]

ab-so-'lu-to, -ta [アブ.ソ.'ル.ト, タ] 83% [形] 絶対の; 無制約の, 完全な;〘政〙絶対主義の, 専制[独裁]主義の;《話》ひどい, まったくの ***en*** ~ いや, 全然《否定の返事》; まったく, 完全に

ab-sol-'ver [アブ.ソル.'べる] [動] [他] [76] (o|ue)〔過分 absuelto〕免除する, 解除する;〘法〙〈に〉無罪を言い渡す, 赦免する;〘宗〙〈罪を〉許す, (de: の罪を)許す;〈問題を〉解決する

ab-sor-'ben-cia [アブ.ソる.'ベン.すぃア] [名] [女] 吸収, 吸収性

ab-sor-'ben-te [アブ.ソる.'ベン.テ] [形] 吸収性の;《仕事などが》時間をとる; 夢中にさせる [名] [男] 吸収剤; 脱脂綿

***ab-sor-'ber** [アブ.ソる.'べる] 92% [動] [他] 吸収する, 吸い込む; 注意を奪う, 夢中にさせる; 使い尽くす, 消費する **~se** [動] [再] 吸収される; (en: に)夢中になる

ab-sor-'bi-do, -da [アブ.ソる.'ビ.ド, ダ] [形] (en: に)夢中になった

ab-sor-bi-'mien-to [名] [男] ⇩ absorción

ab-sor-'ción [アブ.ソる.'すぃオン] [名] [女] 吸収, 吸い込み; 熱中, 没頭

ab-'sor-to, -ta [アブ.'ソる.ト, タ] [形] (en: に)夢中になった, 心を奪われた, 没頭している; (ante: に)驚いた, 呆然(ぼうぜん)としている

abs-'te-mio, -mia [形] 節酒の, 禁酒の [名] [男] [女] 節酒家, 禁酒家

abs-ten-'ción [ア(ブ)ス.テン.'すぃオン] [名] [女] 慎むこと, 節制, 禁欲;〔特に〕〘政〙棄権

abs-ten-cio-'nis-mo [ア(ブ)ス.テン.すぃオ.'ニス.モ] [名] [男]〘政〙棄権主義

abs-ten-cio-'nis-ta [ア(ブ)ス.テン.すぃオ.'ニス.タ] [形] [名] [共]〘政〙棄権主義の[主義者]

abs-ten-dr~ [動]《直未/過未》⬇ abstenerse

***abs-te-'ner-se** [ア(ブ)ス.テ.'ネる.セ] 94% [動] [再] [68] (tener) (de: を)慎む, 節制する, 控える, やめる

abs-'ten-go, -ga(~) [動]《直現 1 単, 接現》⬆ abstenerse

abs-'ten-te [動]《命》+ [代] ⬆ abstenerse

abs-'tie-n~ [動]《直現/接現》⬆ abstenerse

abs-ti-'nen-cia [ア(ブ)ス.ティ.'ネン.

すぃア] 名 女 (ある習慣を)断つこと, 節制, 禁欲, 禁酒; 〔宗〕 小斎(しょうさい) 《金曜日などの定められた日に肉を食べないこと》

abs-ti-'nen-te 形 名 共 節制する(人), 禁欲の, 禁酒の

abs-trac-'ción [ア(ブ)ス.トらク.'すぃオン] 名 女 抽象, 抽象作用, 捨象; 抽出, 抜き取り; 専心, 没頭, 精神の集中

*__abs-'trac-to, -ta__ [ア(ブ)ス.'トらク.ト, タ] 93% 形 抽象的な, 観念的な; 〔美〕 抽象(派)の, アブストラクトの; 理論的な, 難解な *en* ~ 抽象的に, 抽象して

abs-tra+'er [ア(ブ)ス.トら.'エる] 動 他 ⑦⓪ (traer) 抽象化する; 抽出する 動 自 (de: を)考慮に入れない ~se 動 再 (de: を)忘れる; (en: に)専念する, 没頭する

abs-tra+'í-do, -da [ア(ブ)ス.トら.'イ.ド, ダ] 形 (en, por: に)熱中した, 没頭した; 放心した, ぼんやりした

abs-'trai-go, -ga(~) 動 《直現 1 単, 接現》 ⬆abstraer

abs-'tra-j~ 動 《直点/接過》 ⬆abstraer

abs-'tru-so, -sa [ア(ブ)ス.'トる.ソ, サ] 形 《格》 難解な, 深遠な

abs-tu-v~ 動 《直点/接過》 ⬆abstenerse

ab-suel-t~ 動 《過分》 ⬆absolver

ab-sur-di-'dad [アブ.スる.ディ.'ダド] 名 女 ばかばかしさ, 不合理, 不条理

⁑**ab-'sur-do, -da** [アブ.'スる.ド, ダ] 90% 形 ばかげた, ばかばかしい; 不条理な, 不合理な 名 男 ばかばかしさ, ばかげたこと; 不条理, 不合理 **-damente** 副 ばかげて, ばかばかしく ***reducción al*** ~ 〔数〕〔論〕 背理法

a+bu-'bi-lla [ア.ブ.'ビ.ジャ] 名 女 〔鳥〕 ヤツガシラ

a+bu-che+'ar [ア.ブ.チェ.'アる] 動 他 やじる, 〈に向かって〉(足踏みや口笛などで)騒ぐ

a+bu-'che+o 名 男 やじ, 騒ぎ

'A+bu 'Da+bi 名 固 〔地名〕 アブダビ《アラブ首長国連邦 Emiratos Árabes Unidos の首都; アラビア半島, ペルシア湾沿岸に位置するアラブ首長国連邦に属する首長国; その首都》

⁑**a+'bue-la** [ア.'ブエ.ラ] 86% 名 女 祖母, おばあさん; 〔一般〕 おばあさん, 老婆; 最長老の女性 ***¡Cuéntaselo a tu ~!*** 《話》 うそつけ!, そんなこと誰が信じるものか! ***¡Éramos pocos y parió la ~!*** 《俗》〔皮肉〕 もうたくさんだ! ***no tener [necesitar]*** ~ 《スペイン》《話》〔皮肉〕 自慢し過ぎる

a+bue-'li-ta [ア.ブエ.'リ.タ] 名 女 《話》 おばあちゃん

a+bue-'li-to [ア.ブエ.'リ.ト] 名 男 《話》 おじいちゃん

⁑**a+'bue-lo** [ア.'ブエ.ロ] 77% 名 男 祖父, おじいさん; 〔複〕 祖父母; 先祖(の人々); 〔一般〕 おじいさん

a+bu-'len-se [ア.ブ.'レン.セ] 形 名 共 〔地名〕 《スペイン》 アビラの(人) ⬇Ávila

a+'bu-lia [ア.'ブ.リア] 名 女 無気力, 意志喪失

a+'bú-li-co, -ca [ア.'ブ.リ.コ, カ] 形 名 男 女 無気力な(人), 意志喪失の; 〔医〕 無意志症の(症患者)

a+bul-'ta-do, -da [ア.ブル.'タ.ド, ダ] 形 かさばった, 大きな; ふくれた, 腫(は)れた

a+bul-ta-'mien-to [ア.ブル.タ.'ミエン.ト] 名 男 かさばらせること, ふくれること, 腫(は)れ, 増大

a+bul-'tar [ア.ブル.'タる] 動 他 誇張する, 大げさに話す; かさばらせる, ふくらませる, 大きくする; 〔医〕 腫(は)れさせる 動 自 かさばる, ふくらむ, 大きくなる, 場所を取る

a+bun-da-'mien-to 名 男 豊富, 多数, 多量 ***a mayor*** ~ さらに, その上

*__a+bun-'dan-cia__ [ア.ブン.'ダン.すぃア] 92% 名 女 豊富, 多数, 多量; 裕福 ***en*** ~ たくさん, 豊富に; 裕福に ***nadar [vivir] en la*** ~ 裕福に暮らす

⁑**a+bun-'dan-te** 90% 形 豊富な, 多数の, 多量の, あり余るほどの; (en: が)多い, (en: を)多く産する

*__a+bun-'dar__ [ア.ブン.'ダる] 92% 動 自 《物が》豊富にある, 多い; 《場所が》(de, en: に)富む, 満ちている; (en: に)賛同する

A+'bun-dio 名 固 〔男性名〕 アブンディオ ***ser más tonto[ta] que*** ~ 《話》 とんでもないばかだ

a+'bur [ア.'ブる] 感 ⇩ agur

a+bur-gue-'sar-se [ア.ブる.ゲ.'サる.セ] 動 再 ブルジョアになる, ブルジョア化する

a+bu-rri-'dí-si-mo, -ma 〔最上級〕 ⬇aburrido

*__a+bu-'rri-do, -da__ [ア.ブ.'り.ド, ダ] 93% 形 退屈な, いやになる, うんざりさせる; (de, con: に)退屈している, うんざりしている

*__a+bu-rri-'mien-to__ [ア.ブ.り.'ミエン.ト] 94% 名 男 退屈, 嫌気(いや); 退屈なこと[物]

⁑**a+bu-'rrir** [ア.ブ.'りる] 89% 動 他 退屈させる, いやにさせる, うんざりさせる ~se 動 再 (con, de: で)退屈する, いやになる, うんざりする

a+bu-'sa-do, -da 形 名 男 女 《メキシコ》 抜け目のない(人), 頭のよい(人)

*__a+bu-'sar__ [ア.ブ.'サる] 94% 動 自 (de: 才能・地位・人の好意などを)悪用する, 乱用する; (de: を)使い過ぎる, 食べ過ぎる, 飲み過ぎる; (de: 弱い立場の人を)いじめる, 虐待する; (de: 女性に)乱暴する, 暴行する

a+bu-'si-vo, -va [ア.ブ.'スィ.ボ, バ] 形 法外な, 不当な, 途方もない

a

**a+'bu-so 92% 名 男 (de: 才能・地位・人の好意などの)悪用, 乱用; 使い過ぎ, 食べ過ぎ, 飲み過ぎ; (弱い立場の人を)いじめること, 虐待, 乱暴

a+bu-'són, -'so-na 名 男 女《話》自分の権利を悪用する人

A+'bu-ya 名 固〔地名〕アブジャ《ナイジェリア Nigeria の首都》

ab-yec-'ción [アブ.ジェク.'すぃオン] 名 女《格》卑しさ, 卑劣; 屈辱(感)

ab-'yec-to, -ta [アブ.'ジェク.ト, タ] 形 卑しい, さもしい, 卑劣な; 屈辱的な

ac 略 ↓acre

a/c 略 =al cuidado de …気付, …方《宛名の住所に用いる》

a. C. 略 =antes de Cristo《西暦》紀元前…年

**a+'cá 85% 副 ここへ, ここで, ここまで; (de, desde: から)今まで, 今日まで; この世に, 現世に;《話》こちらでは, 私たちは ~ *y allá* あちらこちらに *de ~ para allá* あちこちに *No es tan ~ como crees.*《話》それほどうまくはいかない

**a+ca-'ba-do, -da 90% 形 完全な, 完成した, 完了した; すり切れた, 使い果たした, もう使えない, 健康を損ねた; (de 不定詞: …)したばかりの;《ｱﾝﾃﾞｽ》《話》病気の 名 男 仕上がり, 完成

a+ca-ba-'llar [ア.カ.バ.'ジャる] 動 他〔畜〕《馬が》‹雌馬に›交尾する; (sobre: に)載せる

a+ca-ba-'mien-to 名 男 仕上げ, 完成; 終わり, 終結; 死

**a+ca-'bar [ア.カ.'バる] 68% 動 他 終える, 完成する, 完了する; 使い果たす, 食べてしまう; ‹物を›壊す, ‹生き物を›殺す 動 自 終わる, 終わっている, (形容詞, 副詞: …となって)終わる; (con: を)壊す, なくす, 殺す, 終わらせる; (de 不定詞: …した)ばかりである; 結局(con, en, por: …)になる; (de 不定詞: …し)終える;〔否定形で〕どうしても(de 不定詞: …)できない; ついに[最後には](por 不定詞/現在分詞)…することになる; 先が[端が](en: に)なっている; 死ぬ;《俗》オーガズムに達する, いく ~se 動 再 終わる, 終わっている; (使って)なくなる; 完成する; 死ぬ *¡Acabáramos!*《話》(これで)わかった! *a medio ~* 中途の, 未完の *de nunca ~* きりがない, 延々と続く *¡Y se acabó!*《話》それでおしまい

a+ca-'bo-se 名 男《話》ひどい結果

a+'ca-cia [ア.'カ.すぃア] 名 女〔植〕アカシア, アカシアの木

**a+ca-'de-mia 87% 名 女 学会, 学士院, アカデミー; 専門学校, 学院, 塾; (文芸・芸術・科学の)協会;〔歴〕(プラトンの)アカデメイア(学派);〔美〕裸体画[像]の習作

**a+ca-'dé-mi-co, -ca 89% 形 学会の, 学士院の, アカデミーの; 大学の, (専門)学校の, 学校教育の; 学問の, 学術的な, アカデミックな; 伝統的な, 古風な 名 男 女 アカデミー会員

a+ca+e-'cer [ア.カ.エ.'せる] 動 自 ㊺ (c|zc) 起こる, 生じる

a+ca+e-ci-'mien-to [ア.カ.エ.すぃ.'ミエン.ト] 名 男 出来事, 事件

a+ca+'ez-ca(~) 動《接現》↑acaecer

a+ca-lam-'brar-se [ア.カ.ラン.'ブら.セ] 動 再〔医〕《筋肉が》けいれんする, 収縮する,《足などが》つる

a+ca-'llar [ア.カ.'ジャる] 動 他 黙らせる, 静かにさせる; なだめる, 和らげる, 鎮める ~-se 動 再 黙る, 静かになる

a+ca-lo-'ra-do, -da [ア.カ.ロ.'ら.ド, ダ] 形 激烈な, 猛烈な, 興奮した, 怒った -damente 副 激烈に, 興奮して, 怒って

a+ca-lo-ra-'mien-to [ア.カ.ロ.ら.'ミエン.ト] 名 男 熱気, 灼熱(しゃくねつ), 焼けるような感じ; 激烈, 猛烈, 興奮, 怒り

a+ca-lo-'rar [ア.カ.ロ.'らる] 動 他 燃え立たせる, 励ます; 熱する, 暖[温]める; 激しくする; 熱中させる ~se 動 再 (con, por: に)熱中する, 興奮する, 怒る;《議論が》白熱する

a+ca-'mar [ア.カ.'マる] 動 他〔農〕《雨・風が》‹穀物を›なぎ倒す, 横倒しにする

a+cam-'pa-da 名 女 キャンプ(場)

a+cam-pa-'na-do, -da 形〔衣〕《スカートなどが》すそが広がった

a+cam-'par [ア.カン.'パる] 動 他 野営させる ~(se) 動 自 (再) 野営する, 露営する, キャンプ(生活)をする

a+ca-na-'la-do, -da [ア.カ.ナ.'ラ.ド, ダ] 形 溝状の; 狭い場所[溝]を流れる

a+ca-na-la-'du-ra [ア.カ.ナ.ラ.'ドゥ.ら] 名 女 溝

a+ca-na-'lar [ア.カ.ナ.'ラる] 動 他 ‹に›溝を掘る[つける]

a+ca-na-'llar-se [ア.カ.ナ.'ジャる.セ] 動 再 ろくでなしになる

a+can-ti-'la-do, -da [ア.カン.ティ.'ラ.ド, ダ] 形 切り立った, 絶壁の 名 男 絶壁; 急坂

a+can-ti-'lar [ア.カン.ティ.'ラる] 動 他 ‹海底を›さらう, 浚渫(しゅんせつ)する;〔海〕‹船を›暗礁に乗り上げさせる

a+'can-to 名 男〔植〕ハアザミ, アカンサス;〔建〕アカンサス葉飾り《コリント式柱頭などの装飾》

a+can-to-na-'mien-to 名 男〔軍〕宿営, 野営部隊

a+can-to-'nar [ア.カン.ト.'ナる] 動 他〔軍〕‹兵を›宿営させる ~se 動 再〔軍〕《兵が》宿営する

a+ca-pa-ra-'dor, -'do-ra [ア.カ.パ.ら.'ドる,'ド.ら] 名 男 女〔経〕独占者, 独占業者 形〔経〕独占的な, 専売の

a+ca-pa-ra-'mien-to [ア.カ.パ.ら.'ミエン.ト] 名 男〔経〕独占, 専売, 買い占め

a+ca-pa-'rar [ア.カ.パ.'らる] 動 他〔経〕独占する, 独り占めにする;〔経〕専売する, 買い占める

A+ca-'pul-co [ア.カ.'ブル.コ] 名 固〔地名〕アカプルコ《メキシコ南部, 太平洋岸の観光都市》

a+ca-ra-'ja-do, -da [ア.カ.ら.'は.ド, ダ] 形 名 男 女《コロンビア》《話》ばか(な)

a+ca-ra-me-'la-do, -da [ア.カ.ら.メ.'ラ.ド, ダ] 形 甘い;〔食〕カラメルに包んだ, カラメル状の

a+ca-ra-me-'lar [ア.カ.ら.メ.'ラる] 動 他〔食〕カラメルで包む, 甘くする ~**se** 動 再〔食〕カラメルで包まれる;《話》やさしくなる;《男女が》いちゃつく

***a+ca-ri-'ciar** [ア.カ.り.'すぃア.る] 91% 動 他 愛撫(あいぶ)する, なでる, かわいがる; ‹希望を›抱く, ‹計画を›温める, 夢見る, 期待する

a+'cá-ri-do 名 男 ⇩ ácaro

'á+ca-ro ['ア.カ.ろ] 名 男〔動〕ダニ

***a+ca-rre+'ar** [ア.カ.れ.'アる] 94% 動 他 運ぶ, 運送する; 引き起こす, もたらす 動 自《メキシコ》〔政〕政治集会をする

a+ca-'rre+o [ア.カ.'れ.オ] 名 男 運ぶこと, 運送, 運搬; 運送費;〔地質〕堆積(たいせき), 沖積

a+car-to-'na-do, -da [ア.カる.ト.'ナ.ド, ダ] 形 名 男 女《メキシコ》《話》やせた(人)

a+car-to-'nar-se [ア.カる.ト.'ナる.セ] 動 再 (ボール紙のように)固くなる;《話》しおれる, (年老いて)かさかさになる

****a+'ca-so** 87% 副 たぶん, おそらく; 偶然に, たまたま, もしかしたら 名 男 偶然(の出来事) ***al ~*** 行き当たりばったりに ***por si ~*** もしもの場合に, 万が一のために, 念のため ***si ~*** 万一,〔付加〕もしかしたら…かもしれないが

a+ca-ta-'mien-to 名 男 遵守(じゅんしゅ), 尊重; 尊敬, 崇敬, 敬意

a+ca-'tar [ア.カ.'タる] 動 他 遵守(じゅんしゅ)する; 尊敬する, ‹に›敬意を払う

a+ca-ta-'rrar-se [ア.カ.タ.'らる.セ] 動 再〔医〕風邪をひく

a+'ca-to 名 男 ⇧ acatamiento

a+cau-da-'la-do, -da [ア.カウ.ダ.'ラ.ド, ダ] 形 裕福な, 富んだ

a+cau-da-'lar [ア.カウ.ダ.'ラる] 動 他 ‹金を›ためる, 蓄財する; 積む, 蓄積する

a+cau-di-'llar [ア.カウ.ディ.'ジャる] 動 他 指揮する, 導く, 指導する, 指令する

****ac-ce-'der** [アク.せ.'デる] 89% 動 自 (a: に)同意する, 応じる, 受け入れる; (a: 王位を)継承する, (a: に)就任する; (a: に)到達する;〔情〕(a: に)アクセスする ~**se** 動 再 (a: に)通じている

ac-ce-'sar 動 自《誤用》⇧ acceder

ac-ce-si-bi-li-'dad [アク.せ.スィ.ビ.リ.'ダド] 名 女 親しみやすさ

ac-ce-'si-ble [アク.せ.'スィ.ブレ] 形 《人が》親しみやすい, 話しやすい; 《物が》(para: に)向いた, 適当な;《場所が》近づきやすい, 行きやすい, (a: 人に)開放されている; 手に入る

ac-ce-'sión [アク.せ.'スィオン] 名 女《格》同意, 承認;《格》付属物;〔医〕(熱の)発作;〔法〕(権利・財産の)取得

ac-'cé-sit [アク.'せ.スィト] 名 男〔複 -sits〕(コンクールなどの)努力賞, 選外

****ac-'ce-so** [アク.'せ.ソ] 84% 名 男 接近, 立ち入り, 出入り, 入(はい)れること;〔建〕入口, 門, 通路, 道;〔医〕(病気の)発作, (感情の)激発;〔情〕アクセス; (人の)近づきやすさ, 親しみやすさ;《格》性交

***ac-ce-'so-rio, -ria** [アク.せ.'ソ.りオ, りア] 93% 形 付属の, 補助的な, 二次的な, 副次的な 名 男〔複〕〔機〕付属品, 部品;〔衣〕(服装の)アクセサリー **-ria** 名 女〔建〕別館

ac-ci-den-'ta-do, -da [アク.すぃ.デン.'タ.ド, ダ] 形〔地〕《土地が》でこぼこした, 起伏に富んだ, 平らでない; 事故にあった, けがをした; 波乱に富んだ, 多難な;《ベネズエラ》故障した

***ac-ci-den-'tal** [アク.すぃ.デン.'タル] 93% 形 偶然の, 思いがけない; 本質的でない, 付随的な, 一時的な; 臨時の, 代わりの, 代理の 名 男〔楽〕臨時記号《♯(シャープ), ♭(フラット), ♮(ナチュラル)の記号》 ~**-mente** 副 偶然に, 思いがけなく; 付随的に, 一時的に; 臨時に

ac-ci-den-'tar [アク.すぃ.デン.'タる] 動 他 ‹に›事故を起こす ~**se** 動 再 事故にあう

****ac-ci-'den-te** [アク.すぃ.'デン.テ] 85% 名 男 事故, 災難; 思いがけない出来事, 偶然;〔地〕土地の起伏, でこぼこ;〔言〕語形変化;〔楽〕臨時記号《♯(シャープ), ♭(フラット), ♮(ナチュラル)の記号》;〔医〕気絶, 失神;〔哲〕偶有性, 偶然 ***por ~*** 偶然に; 事故で

****ac-'ción** [アク.'すぃオン] 74% 名 女 行動, 活動, 実行; 作用, 働き, 影響力;〔演〕演技;〔商〕証券, 株, 株式;〔法〕訴訟; 身ぶり, 様子, 態度;〔軍〕戦闘, 作戦;〔文〕展開 感〔映〕スタート!《撮影の開始の合図》 ***~ de gracias***〔宗〕神への感謝のしるし ***Día de A~ de Gracias***〔宗〕感謝の日, 感謝祭 ***entrar en ~*** 登場する ***poner en ~*** 実行する

ac-cio-'nar [アク.すぃオ.'ナる] 動 他 動

かす, 運転する, 作動させる 動 自 身ぶり手ぶりで話す

ac-cio-'nis-ta [アク.すぃオ.'ニス.タ] 名 共〔商〕株主, 株券所有者

a+'ce-bo [ア.'せ.ボ] 名 男〔植〕セイヨウヒイラギ

a+ce-'bu-che [ア.せ.'ブ.チェ] 名 男〔植〕野生オリーブの木

a+ce-'chan-za 名 女 ⇩ acecho

a+ce-'char [ア.せ.'チャる] 動 他 待ち伏せる; 観察する, 注意して見る, 見張る; 〈に〉忍び寄る

a+'ce-cho [ア.'せ.チョ] 名 男 待ち伏せ; 観察, 注意, 見張り ***estar al [en] ~*** 待ち伏せている; 注意深くうかがっている

a+ce-ci-'nar [ア.せ.すぃ.'ナる] 動 他〔食〕〈肉を〉(燻製にして)保存する, いぶす **~se** 動 再 (年をとって)やせこける

a+ce-'dar [ア.せ.'ダる] 動 他〔食〕すっぱくする, にがくする; 不機嫌にする, いらだたせる **~se** 動 再〔食〕すっぱくなる, にがくなる; 不機嫌になる, いらだつ;〔植〕枯れる, しおれる

a+ce-'de-ra [ア.せ.'デ.ら] 名 女《スペイン》〔植〕スイバ

a+ce-'dí+a [ア.せ.'ディ.ア] 名 女 酸味, 酸性度, すっぱさ;〔医〕胃酸過多(症); 無愛想, とげとげしさ;〔魚〕ツノガレイ

a+'ce-do, -da [ア.'せ.ド, ダ] 形〔食〕酸味がある, すっぱい; 無愛想な, つっけんどんな

a+ce-'fa-lia [ア.せ.'ファ.リア] 名 女 頭がないこと, 無頭; 首領がいないこと, リーダー不在

a+ce-fa-'lí-a 名 女《ラ米》⇧ acefalia

a+'cé-fa-lo, -la [ア.'せ.ファ.ロ, ラ] 形〔動〕頭がない, 無頭の《軟体動物》; 首領がいない, リーダー不在の 名 男〔動〕弁鰓(べんさい)類の軟体動物

a+cei-'tar [ア.せイ.'タる] 動 他〈に〉油をさす[塗る, 入れる];〔食〕〈に〉油を入れる;《チリ》《話》買収する, 〈に〉賄賂(わいろ)を送る

****a+'cei-te** [ア.'せイ.テ] 87% 名 男〔食〕油, オリーブ油;〔機〕石油, 鉱物油, オイル ***echar ~ al fuego*** 火に油を注ぐ, 扇動する

a+cei-te-'rí+a [ア.せイ.テ.'リ.ア] 名 女〔商〕油の販売店, 油屋

a+cei-'te-ro, -ra [ア.せイ.'テ.ろ, ら] 形 名 男 女 油の, オリーブ油の;〔商〕油業者 **-ra** 名 女〔食〕オリーブ油を入れる瓶(びん), 油差し;〔食〕(酢や油の小瓶を入れる)食卓用薬味立て

a+cei-'to-so, -sa [ア.せイ.'ト.ソ, サ] 形 油性の, 油を多く含んだ; 脂ぎった

***a+cei-'tu-na** [ア.せイ.'トゥ.ナ] 94% 名 女〔植〕オリーブの実

a+cei-tu-'na-do, -da [ア.せイ.トゥ.'ナ.ド, ダ] 形 オリーブ色の, 黄緑色の

a+cei-'tu+no [ア.せイ.'トゥ.ノ] 名 男〔植〕オリーブの木

a+ce-le-ra-'ción [ア.せ.レ.ら.'すぃオン] 名 女 加速, 促進

a+ce-le-'ra-do, -da [ア.せ.レ.'ら.ド, ダ] 形《速度・運動などが》速い, 急速な 名 男〔映〕高速度撮影 **-damente** 副 速く, 急いで, 加速して

a+ce-le-ra-'dor [ア.せ.レ.ら.'ドる] 名 男〔機〕〔車〕アクセル, 加速装置 **~, -dora** 形 速める, 加速の, 加速された

a+ce-le-ra-'mien-to 名 男 ⇧ aceleración

***a+ce-le-'rar** [ア.せ.レ.'らる] 92% 動 他 速める, 加速する, 〈の〉スピードを上げる 動 自〔車〕アクセルを踏む, スピードを上げる;《話》興奮する, いらいらする **~se** 動 再 急ぐ, あわてる, 急いで(a 不定詞: …)する

a+'cel-ga [ア.'せル.ガ] 名 女〔植〕フダンソウ

a+'cé-mi-la [ア.'せ.ミ.ラ] 名 女〔畜〕ラバ, (荷物運搬用の)家畜; ばか者, ろくでなし

a+ce-'mi-te [ア.せ.'ミ.テ] 名 男〔食〕小麦粉入りふすま

a+cen-'dra-do, -da [ア.せン.'ドら.ド, ダ] 形 純潔の, けがれのない, 汚点のない

a+cen-dra-'mien-to [ア.せン.ドら.'ミエン.ト] 名 男《格》(金属の)精製, 精錬;《格》純化, 洗練, 浄化

a+cen-'drar [ア.せン.'ドらる] 動 他〈金属を〉精製する, 精錬する; 純化する, 洗練させる, 浄化する

***a+'cen-to** [ア.'せン.ト] 91% 名 男〔音〕アクセント(記号), 強勢;〔言〕(言葉の)なまり; 強調点, 力点;〔言〕抑揚, 語調, 口調; 特徴, 特色

a+cen-tua-'ción [ア.せン.トゥア.'すぃオン] 名 女〔音〕アクセント(を置くこと), アクセントの置き方; 強調

a+cen-'tua-do, -da [ア.せン.'トゥア.ド, ダ] 形〔音〕アクセントが置かれた, 強勢のある; 目立った, 顕著な **-damente** 副 目立って, 顕著に

a+cen-'tual [ア.せン.'トゥアル] 形〔音〕アクセントに関する, 強勢の

***a+cen-'tuar** [ア.せン.'トゥアる] 92% 動 他 ⑰ (u|ú)〔音〕〈に〉アクセントを置く, 〈に〉アクセント符号をつける; 強調する, 際立たせる; 強める **~se** 動 再〔音〕(en: に)アクセントが置かれている; 目立つ

a+'ce-ña [ア.'せ.ニャ] 名 女 水車場, 粉ひき場; 水車, 水揚げ車

a+cep-'ción [ア.せプ.'すぃオン] 名 女〔言〕(語の)意味, 語義; ひいき, 偏愛

a+ce-pi-lla-'du-ra [ア.せ.ピ.ジャ.'ドゥ.ら] 名 女〔技〕かんながけ

a+ce-pi-'llar [ア.せ.ピ.'ジャる] 動 他

〔技〕〈に〉かんなをかける, 削る, 滑らかにする; 〈に〉ブラシをかける; 磨く; 《話》上品にする, あか抜けさせる

acept. 略 ↓aceptación

a+cep-ta-bi-li-'dad [ア.セプ.タ.ビ.リ.'ダド] 名 女 《格》受け入れられること, 受容性

*__a+cep-'ta-ble__ [ア.セプ.'タ.ブレ] 93% 形 受け入れられる, 満足できる, まずまずの

*__a+cep-ta-'ción__ [ア.セプ.タ.'すぃオン] 92% 名 女 受け入れること; 賛同, 受諾, 容認; 評判, 好評, 成功; 〔商〕(手形などの)引き受け

**__a+cep-'tar__ [ア.セプ.'タる] 77% 動 他 受け取る, 受け入れる; 賛同する, 受諾する, 容認する, 受理する; 〈仕事を〉引き受ける, 〈不定詞: …することを〉引き受ける; 〔商〕〈手形などを〉引き受ける

a+'ce-quia [ア.'セ.キア] 名 女 〔建〕用水路, 灌漑(かんがい)用水路; 《ラ米》〔地〕小川

*__a+'ce-ra__ [ア.'セ.ら] 93% 名 女 歩道; 〔建〕壁面の石, (外壁の)表面仕上げ ***ser de la ~ de enfrente*** 《話》〔遠回しに〕ホモセクシャルである

a+ce-'ra-do, -da [ア.セ.'ら.ド, ダ] 形 鋼(はがね)の, 鋼鉄製の, 鋼鉄のような; 強い, 丈夫な; 辛辣(しんらつ)な; 鋭い, よく切れる

a+ce-'rar [ア.セ.'らる] 動 他 〈鉄を〉鋼鉄にする, 鋼鉄で覆(おお)う; 鍛(きた)える, 強くする; 〈道に〉歩道をつける

a+'cer-bo, -ba [ア.'セる.ボ, バ] 形 〔食〕渋い, すっぱい; 厳しい, 辛辣(しんらつ)な; ひどい, 残酷な

**__a+'cer-ca__ [ア.'セる.カ] 80% 副 (de: に)ついて, 関して

a+cer-ca-'mien-to [ア.セる.カ.'ミエン.ト] 名 男 〔政〕親善, 友好的接近, 和解; 近づくこと, 接近

__a+cer-'car__ [ア.セる.'カる] 76% 動 他 69 (c|qu) (a: に)近づける, 接近させる; (a: に)手渡す, (食卓などで)回す; 〈人を〉(車から)降ろす, (a: まで)〈人を〉乗せる **~se 動 再 (a: に)近づく, 接近する, 近くなる; 《話》(a: に)(立ち)寄る

a+ce-re-'rí+a 名 女 ⇩ acería

a+ce-'rí+a [ア.セ.'リ.ア] 名 女 製鋼所

a+ce-'ri-co [ア.セ.'リ.コ] 名 男 針山, 針差し

*__a+'ce-ro__ [ア.'セ.ろ] 92% 名 男 鋼鉄, はがね, 鉄; 剣, 刃物, 刀剣類; 勇気, 元気, 大胆; 食欲; 《メキシコ》フライパン

a+ce-'ro-la [ア.セ.'ろ.ラ] 名 女 〔植〕アセロラ, バルバドスサクラ(の実)

a+cer-'qué, -que(~) 動 《直点 1 単, 接現》 ↑acercar

a+'cé-rri-mo, -ma 〔最上級〕 ↓acre

a+cer-'ta-do, -da [ア.セる.'タ.ド, ダ] 形 適当な, 適切な, ふさわしい, 賢明な, よい; 的を外さない, 正確な

a+cer-'tan-te [ア.セる.'タン.テ] 形 当たりの, 当選した 名 共 当選者, 正解者

*__a+cer-'tar__ [ア.セる.'タる] 91% 動 自 50 (e|ie) (con, en: 答え・方法が)わかる, (問題を)解く; (con: を)見つける; たまたま(a 不定詞: …)する[になる]; 〔過去形で〕…してよかった; (a, en: に)命中する; (a, al, en 不定詞/現在分詞)…するのが正しい, うまく…する 動 他 〈答え・方法が〉わかる, 〈問題を〉解く; 当てる, 的中させる; 見つける, 見い出す

a+cer-'ti-jo [ア.セる.'ティ.ほ] 名 男 なぞなぞ

a+'cer-vo [ア.'セる.ボ] 名 男 積み重ね, 蓄積, 堆積(たいせき); 資産, 共有資産; 遺産, …財

a+ce-'ta-to [ア.セ.'タ.ト] 名 男 〔化〕酢酸塩, 酢酸エステル; アセテート《繊維》

a+'cé-ti-co, -ca [ア.'セ.ティ.コ, カ] 形 〔化〕酢酸の, 酢酸を生じる

a+ce-ti-'le+no [ア.セ.ティ.'レ.ノ] 名 男 〔化〕アセチレン

a+ce-'to-na [ア.セ.'ト.ナ] 名 女 〔化〕アセトン《溶剤の一種》

a+'ce-tre [ア.'セ.トれ] 名 男 〔宗〕聖水桶

a+ce-'zar [ア.セ.'さる] 動 自 34 (z|c) あえぐ, 息をはずませる

*__a+cha-'car__ [ア.チャ.'カる] 94% 動 他 69 (c|qu) 〈罪を〉(a: の)せいにする, (a: に)帰する, 負わせる

a+cha-'chay 感 《コロンビア》《アンデス》《チリ》寒い!; 暑い!; いいぞ!

a+cha-'co-so, -sa 形 〔医〕病身の, 病弱の; 欠点がある, 不完全な

a+cha-fla-'nar [ア.チャ.フラ.'ナる] 動 他 〔技〕〈に〉斜角をつける, 〈に〉面取りをする, 〈の〉角(かど)をとる

a+cha-'lay [ア.チャ.'ライ] 感 《アンデス》《ラプラタ》おやまあ!; (…し)たい!

a+cham-pa-'ña-do, -da [ア.チャン.パ.'ニャ.ド, ダ] 形 〔飲〕《酒が》発泡性の, シャンパン風の

a+chan-'cha-do, -da 形 名 男 女 《ラプラタ》《話》気楽な生活の(人)

a+chan-'char-se [ア.チャン.'チャる.セ] 動 再 《ペルー》《ラプラタ》とても太る

a+chan-'tar [ア.チャン.'タる] 動 他 《話》おどす, 怖がらせる **~se** 動 再 《話》びくびくする, おじける

a+cha-pa-'rra-do, -da [ア.チャ.パ.'ら.ド, ダ] 形 《人・物が》ずんぐりした, ずんぐりむっくりの; 《植物が》低く広がった, 低木の

a+cha-pa-'rrar-se [ア.チャ.パ.'らる.セ] 動 再 低く広がる, こんもり茂る; ずんぐりする

*__a+'cha-que__ [ア.'チャ.ケ] 94% 名 男 (軽

a

い)病気, 持病, (体の)不調, 悩み; 口実; 短所; 事, 事柄; 《話》生理, メンス; 《話》妊娠

a+'char [ア.'チャる] 名 男 〔複〕《スペイン》《話》嫉妬, ねたみ

a+cha-'ta-do, -da 形 平らな

a+cha-ta-'mien-to 名 男 平らにすること

a+cha-'tar [ア.チャ.'タる] 動 他 平らにする

a+chi-ca-'du-ra [ア.チ.カ.'ドゥ.ら] 名 女 減少, 縮小

a+chi-ca-'mien-to 名 男 ⇧ achicadura

a+chi-'car [ア.チ.'カる] 動 他 69 (c|qu) 小さくする, 縮める; 排水する, 〈水を〉抜く; おじけさせる, ひるませる; 《話》殺す ~se 動 再 小さくなる, 縮む; おじける, ひるむ

a+chi-cha-'rra-do, -da [ア.チ.チャ.'ら.ド, ダ] 形 名 男 女 《中米》《話》〔医〕やけどをした(人)

a+chi-cha-'rran-te [ア.チ.チャ.'らン.テ] 形 《話》焦がす, ひどく熱い

a+chi-cha-'rrar [ア.チ.チャ.'らる] 動 他 悩ます, うるさがらせる; 焦がす; 過度に熱する ~se 動 再 焦げる; «人が»うだる, 汗だくになる; «人が»日に焼ける

a+chi-'chin-cle [ア.チ.'チン.クレ] 名 男 《メキシコ》おべっか使い; 子分

a+chi-'chin-que 名 男 ⇧ achichincle

a+chi-'co-ria [ア.チ.'コ.りア] 名 女 〔植〕チコリー, キクニガナ

a+chi-me-'rí+a [ア.チ.メ.'り.ア] 名 女 《中米》〔商〕安物を売る店

a+chi-'me-ro, -ra [ア.チ.'メ.ろ, ら] 名 男 女 《中米》《話》〔軽蔑〕〔商〕安物売り, 行商人

a+chi-'na-do, -da 形 名 男 女 東洋人風の(人); 《ラプラタ》先住民の顔つきをした(人)

a+'chio-te 名 男 〔植〕ベニノキ《種皮から赤色の染料を得る》

a+'chi-que [ア.'チ.ケ] 名 男 〔海〕水のかい出し, 排水; 〔競〕〔サッカー〕ディフェンスの前進守備

a+'chís 感 ハクション! 《くしゃみ》

a+chis-'pa-do, -da 形 名 男 女 ほろ酔い気分の(人)

a+chis-'par-se [ア.チス.'パる.セ] 動 再 酔う, ほろ酔いになる

a+cho-'lar [ア.チョ.'ラる] 動 他 《アンデス》《チリ》《話》〈に〉恥ずかしい思いをさせる

a+chu-'cha-do, -da 形 《スペイン》《話》難しい, 困難な

a+chu-'char [ア.チュ.'チャる] 動 他 《スペイン》〈犬などを〉けしかける, そそのかす; 《話》押す, 押しつぶす, もみくしゃにする

a+chu-'chón 名 男 《話》ひと押し, ひと突き, 押しつぶすこと

a+chu-'la-do, -da [ア.チュ.'ラ.ド, ダ] 形 《話》気取った, うぬぼれた; 《話》粋な, ハイカラな; 《話》無骨な, 野卑な

a+chu-'mar-se [ア.チュ.'マる.セ] 動 再 《ラプラタ》《話》酔っぱらう

a+'chún 名 男 《中米》〔商〕行商人

a+'cia-go, -ga [ア.'すぃア.ゴ, ガ] 形 不幸をもたらす, 不吉な, 不運な

a+'cial [ア.'すぃアル] 名 男 〔畜〕鼻ばさみ《蹄鉄(ていてつ)を打つときなどに鼻の先をねじって馬が暴れるのを防ぐ器具》; 《中米》《アンデス》むち

a+'cí-bar [ア.'すぃ.バる] 名 男 〔植〕〔食〕アロエの果汁; つらさ, 苦しみ *más amargo[ga] que el* ~ とてもにがい

a+ci-ba-'rar [ア.すぃ.バ.'らる] 動 他 〔食〕(アロエで)にがくする; 苦しめる, 不快にさせる

a+ci-ca-'la-do, -da [ア.すぃ.カ.'ラ.ド, ダ] 形 着飾った, おめかしした

a+ci-ca-'lar [ア.すぃ.カ.'ラる] 動 他 磨く, 研ぐ, 〈の〉つや出しをする; 美しくする, 磨き上げる, 飾りたてる; 〈精神・知力を〉研ぎ澄ます ~se 動 再 着飾る

a+ci-'ca-te [ア.すぃ.'カ.テ] 名 男 拍車; 刺激, 刺激するもの, 励み

a+ci-cu-'lar [ア.すぃ.ク.'ラる] 形 針状の

a+ci-'dar-se [ア.すぃ.'ダる.セ] 動 再 《コロンビア》すっぱくなる

a+ci-'de-mia [ア.すぃ.'デ.ミア] 名 女 〔医〕酸性血

a+ci-'dez [ア.すぃ.'デす] 名 女 〔食〕酸味, すっぱさ; 〔化〕酸性度; 〔医〕胃酸過多

'á-ci-do, -da ['ア.すぃ.ド, ダ] 87% 形 〔食〕すっぱい, 酸味がある; 〔化〕酸の, 酸性の; «言葉・口調が»辛辣(しんらつ)な, とげのある; «人・性格が»不機嫌な, 気難しい; 《カリブ》《チリ》《話》うんざりさせる, 無礼な 名 男 〔化〕酸; 《スペイン》《俗》麻薬, LSD

a+ci-'do-sis [ア.すぃ.'ド.スィス] 名 女 〔単複同〕〔医〕アシドーシス, 酸性血症

a+'cí-du-lo, -la [ア.'すぃ.ドゥ.ロ, ラ] 形 〔食〕少しすっぱい, やや酸味のある

a+cien-'tí-fi-co, -ca [ア.すぃエン.'ティ.フィ.コ, カ] 形 非科学的な

a+'cier-t~ 動 《直現/接現/命》⬆acertar

*****a+'cier-to** [ア.'すぃエる.ト] 92% 名 男 的中, 命中, 図星; 成功; 慎重さ, 思慮分別, 先見の明, 正しい判断; 能力, 器用さ, 巧妙さ; 偶然 *con* ~ 正しく, 適切に, 巧妙に; 正鵠(せいこく)を得て, 正しく

'á-ci-mo ['ア.すぃ.モ] 形 《男》〔食〕«パンが»パン種[酵母]の入っていない

a+ci-'mut [ア.すぃ.'ムト] 名 男 〔複 -muts〕〔天〕方位角

a+cla-ma-'ción [ア.クラ.マ.'すぃオン] 名 女 喝采(かっさい)して迎えること, 拍手; 歓迎

の叫び, 歓呼 *por* ～ 賛成の拍手による[よって], (投票によらず)賛成多数の[で]

a+cla-'mar [ア.クラ.'マる] 動 他 喝采(かっさい)して迎える, 〈に〉拍手する, 歓迎する, 歓呼する; 拍手によって任命する

*__a+cla-ra-'ción__ [ア.クラ.ら.'すぃオン] 94% 名 女 明らかにする[なる]こと, 言明, 説明, 注, 注記

a+cla-'ra-do [ア.クラ.'ら.ド] 名 男 (洗濯の)ゆすぎ, すすぎ

__a+cla-'rar__ [ア.クラ.'らる] 87% 動 他 明らかにする, 説明する, 〈que: と〉はっきりと述べる; 薄める, まびく; 〈洗濯物を〉ゆすぐ, すすぐ 動 自 明らかになる, はっきりする; 〘気〙 空が晴れ上がる; 夜が明ける ～se** 動 再 明らかになる, はっきりする; 自分の考えを説明する; 理解する; «濁った水が»澄む; 〘気〙 空が晴れ上がる; 夜が明ける

a+cla-ra-'to-rio, -ria [ア.クラ.ら.'ト.りオ, りア] 形 明解な, 説明的な

a+cli-ma-ta-'ción [ア.クリ.マ.タ.'すぃオン] 名 女 順応, 順化, 適応

a+cli-ma-'tar [ア.クリ.マ.'タる] 動 他 (a: 異なった気候に)慣らす, 適応[順化, 順応]させる; (a: 異なった環境に)なじませる ～**se** 動 再 (a: に)慣れる, 適応[順化, 順応]する, なじむ

ac+'mé [アク.'メ] 名 男 [女] 絶頂期, 最盛期; 〘医〙(病気の)峠, 危機

ac+'né [アク.'ネ] 名 男 [女] 〘医〙 にきび, アクネ

a+co-bar-'dar [ア.コ.バる.'ダる] 動 他 恐れさせる, 怖がらせる, 脅(おど)かす ～**se** 動 再 (ante, de, en, por: を)怖がる, (ante, de, en, por: に)おじける, 気おくれする

a+co-ce+'ar [ア.コ.せ.'アる] 動 他 蹴(け)飛ばす

a+co-'cil [ア.コ.'すぃル] 名 男 《メキシコ》《中米》〘動〙 カワエビ

a+co-'co-te 名 男 《メキシコ》 ひょうたんの容器

a+co-'da-do, -da 形 L 字形の; 肘(ひじ)をついた

a+co-'dar [ア.コ.'ダる] 動 他 (L 字型に)折る, 曲げる; 〘農〙 取り木する ～**se** 動 再 肘(ひじ)をつく

a+co-di-'llar [ア.コ.ディ.'ジャる] 動 他 (L 字形に)折り曲げる

a+'co-do 名 男 〘農〙(園芸の)取り木

a+co-ge-'dor, -'do-ra [ア.コ.へ.'ドる, 'ド.ら] 形 温かいもてなしの, 歓待する, 友好的な; «場所が»居心地がよい

__a+co-'ger__ [ア.コ.'へる] 90% 動 他 ⑭ (g|j) もてなす, 歓待する; 受け入れる, 認める, 承認する; 保護する, かくまう, 守る ～se** 動 再 (a, bajo, en: に)避難する, 隠れる; (a, en: 法律に)頼る, 基づく

*__a+co-'gi-da__ [ア.コ.'ひ.ダ] 93% 名 女 もてなし, 歓待; 評判; 受け入れ, 容認; 保護, 庇護; 避難所, 隠れ家

a+co-gi-'mien-to 名 男 ⇧ acogida

a+co-go-'llar [ア.コ.ゴ.'ジャる] 動 他 〘農〙(むしろなどで)保護する

a+co-go-'tar [ア.コ.ゴ.'タる] 動 他 〈の〉首筋を殴って[傷つけて]殺す; 《話》〈の〉えり首をつかんで倒す; 《話》 ひるませる, 威圧する; 《ラプラタ》《話》 大声で叫ぶ[呼ぶ]

a+'co-ja(～) 動 《接現》 ⬆acoger

a+co-ji-'nar [ア.コ.ひ.'ナる] 動 他 〘衣〙〈に〉綿などを詰める

a+'co-jo 動 《直現 1 単》 ⬆acoger

a+co-jo-'nan-te [ア.コ.ほ.'ナン.テ] 形 《スペイン》《俗》 すごい, 信じられない

a+co-jo-'nar [ア.コ.ほ.'ナる] 動 他 《スペイン》《俗》 怖がらせる, 驚かす ～**se** 動 再 《スペイン》《俗》(de: を)怖がる, 驚く

a+col-'char [ア.コル.'チャる] 動 他 〘衣〙〈布地に〉キルティングをする; 〈音を〉消す

a+'có-li-to [ア.'コ.リ.ト] 名 男 〘宗〙 侍祭; 〔軽蔑〕 追従者, 取り巻き, 子分

a+co-me-te-'dor, -'do-ra [ア.コ.メ.テ.'ドる, 'ド.ら] 形 意欲的な, 積極的な; 攻撃的な

*__a+co-me-'ter__ [ア.コ.メ.'テる] 93% 動 他 襲う, 襲撃する, 攻める; 企てる; «病気・感情などが»不意に襲う

a+co-me-'ti-da 名 女 ⇩ acometimiento

a+co-me-ti-'mien-to [ア.コ.メ.ティ.'ミエン.ト] 名 男 攻撃, 襲撃; 〘技〙 引き込み線[口], 接点

a+co-me-ti-vi-'dad [ア.コ.メ.ティ.ビ.'ダド] 名 女 積極性; 攻撃性, 闘争心

a+co-mo-da-'ción [ア.コ.モ.ダ.'すぃオン] 名 女 快適さ; 配置; (a: への)適応, 順応; 調停, 和解; 〘生〙(視力の)調節(作用)

a+co-mo-da-'di-zo, -za [ア.コ.モ.ダ.'ディ.そ, さ] 形 «人が»従順な, 協調的な; 融通のきく, いろいろに使える

a+co-mo-'da-do, -da 形 豊かな, 裕福な; «値段が»手ごろな, 格好の; 快適な; (a: に)ふさわしい, 適当な, 好都合の 名 男 女 《ラ米》《話》 コネで職に就いた人

a+co-mo-da-'dor, -'do-ra [ア.コ.モ.ダ.'ドる, 'ド.ら] 名 男 女 (劇場・映画館などの)案内係

a+co-mo-da-'mien-to 名 男 妥協, 和解, 取り決め; 快適さ, 気楽さ, 便利さ, 好都合; 調節, 調整

*__a+co-mo-'dar__ [ア.コ.モ.'ダる] 93% 動 他 (a: に)うまく合うように整える, 調和させる; (en: 適切な場所に)配置する; (en: 職に)就ける, (en: を)担当させる; 調整する, 準

a

備する; はめる, 合わせる; (a: に)適応[順応]させる; 和解させる, 〈に〉折り合いをつける [動] [自] (a: が)気に入る, (a: に)都合がよい ～se [動] [再] 座る, 落ち着く; (a, con: に)順応する, 適合する, 応じる; (en: に)泊まる, 宿泊する; 就職する, 仕事につく; (con: と)和解する

a+co-mo-da-'ti-cio, -cia [ア.コ.モ.ダ.'ティ.すぃオ, すぃア] [形] 順応性のある, 万能の; (異なる意見の)どちらにもつく, 日和見の; 〔軽蔑〕《言葉・意味が》どちらともとれる; 親切な, やさしい

a+co-'mo-do [名] [男] 就職, 働き口; 住む場所, 落ち着く所; 調整, 合意, 取り決め; 配置; 便宜, 都合; 《ラ米》《話》コネで得た職

a+com-pa-'ña-do, -da [ア.コン.パ.'ニャ.ド, ダ] [形] (de: に)付き添われた; 〔楽〕(a: の)伴奏で; 人通りの多い [名] [男] [女] 助手, 補佐

a+com-pa-ña-'mien-to [ア.コン.パ.ニャ.'ミエン.ト] [名] [男] 同伴, 一緒にある[いる]こと; 同伴者, 随員, (葬儀の)参列者; 付随して起こること; 〔食〕付け合わせ; 〔楽〕伴奏, 伴奏部; 〔演〕〔映〕エキストラ, 端役

a+com-pa-'ñan-te [ア.コン.パ.'ニャン.テ] [名] [共] 同伴者, 随員, 同席者; (葬儀の)参列者; 〔楽〕伴奏者 [形] 同伴の, 付添いの

****a+com-pa-'ñar** [ア.コン.パ.'ニャる] 77% [動] [他] 〈に〉同行する, 同伴する, 随行する, 付き添う; (a: に)添える, 加える, 同封する; 付随する, (同時に)存在する; 〈に〉同情する, 同調する, (en: 感情を)共にする; 〈に〉続く, 〈の〉後につく; 調和する; 〔楽〕(con: で)伴奏する ～se [動] [再] (con, de: と)同じ行動をとる, 一緒に行く; (con, de: に)付き添われる; 〔楽〕(con: に)合わせて歌う[演奏する], 伴奏する

a+com-pa-'sa-do, -da [形] リズミカルな, 規則正しい, 正確な; ゆっくりとした, 単調な

a+com-pa-'sar [ア.コン.パ.'サる] [動] [他] (a: に)合わせる; 整える, 調整する; 〈の〉リズムを測る; 〈時間を〉正確に配分する; 〔楽〕〈楽譜を〉小節に分ける; 〈に〉リズムを与える

a+com-ple-'ja-do, -da [ア.コン.プレ.'は.ド, ダ] [形] (de, por: に)劣等感を持った

a+com-ple-'jar [ア.コン.プレ.'はる] [動] [他] 〈に〉劣等感を持たせる ～se [動] [再] (de, por: に)劣等感を持つ

A+con-'ca-gua [ア.コン.'カ.グア] [名] [固] 〔地名〕アコンカグア山《アルゼンチン西部にあるアンデス山脈の最高峰, 6960m》

a+con-di-cio-'na-do, -da [ア.コン.ディ.すぃオ.'ナ.ド, ダ] [形] 条件にかなった, 調整してある, 質のよい, よい条件の

a+con-di-cio-na-'dor [ア.コン.ディ.すぃオ.ナ.'ドる] [名] [男] 〔機〕エアコン

a+con-di-cio-na-'mien-to [ア.コン.ディ.すぃオ.ナ.'ミエン.ト] [名] [男] (空気などの)調節, 空調; 準備, 整備

a+con-di-cio-'nar [ア.コン.ディ.すぃオ.'ナる] [動] [他] 調節する, 準備する, 整備する; 改善する ～se [動] [再] (para: の)仕事ができるようになる

a+con-go-'ja-do, -da [ア.コン.ゴ.'は.ド, ダ] [形] (de, por: を)悲しんでいる

a+con-go-'jar [ア.コン.ゴ.'はる] [動] [他] 悲しませる, 苦しめる, 悩ます ～se [動] [再] (de, por: を)悲しむ, 苦しむ, 悩む

a+'có-ni-to [名] [男] 〔植〕トリカブト

a+con-se-'ja-ble [ア.コン.セ.'は.ブレ] [形] 勧められる, 当を得た

****a+con-se-'jar** [ア.コン.セ.'はる] 90% [動] [他] 〈que 接続法: …するように〉助言する, (a: に)勧める, 勧告する ～se [動] [再] (con: に)意見を聞く, 相談する, 助言を求める, (con: と)協議する

a+con-so-nan-'tar [ア.コン.ソ.ナン.'タる] [動] [自] 〔文〕同じ子音で韻を踏む

***a+con-te-'cer** [ア.コン.テ.'せる] 93% [動] [自] 45 (c|zc) 起こる, 生じる, 《災害が》降りかかる; (que: という)事態になる [名] [男] 出来事, 事件

****a+con-te-ci-'mien-to** [ア.コン.テ.すぃ.'ミエン.ト] 87% [名] [男] 出来事, 事件, 大変なこと; 行事, 催し物

a+con-'tez-ca(~) [動] 《接現》 ↑acontecer

a+co-'piar [ア.コ.'ピアる] [動] [他] かき集める, 寄せ集める

a+'co-pio [名] [男] かき集め, 蓄え; たくさん, 大量

a+co-'pla-do, -da [ア.コ.'プラ.ド, ダ] [形] 仲のよい [名] [男] 《チ》《ラプラタ》〔車〕トレーラー

a+co-pla-'du-ra [名] [女] ⇩acoplamiento

a+co-pla-'mien-to [ア.コ.プラ.'ミエン.ト] [名] [男] 〔機〕組み立て, 結合; 〔動〕交尾, 交接

a+co-'plar [ア.コ.'プラる] [動] [他] (a, para: に)合わせる, はめる, ぴったりさせる; 〔畜〕〈2頭の牛・馬を〉くびきにつなぐ; 連結する, 接続する, 編成する; (a: に)転用する ～se [動] [再] (a: に)慣れる, 適応する; つながる, 接続される; 《話》仲直りする; 《動物が》交尾する

a+co-qui-'nar [ア.コ.キ.'ナる] [動] [他] 《話》驚かす, びっくりさせる, 怖がらせる ～se [動] [再] 《話》(de, por: を)怖がる, おじけづく

a+co-ra-'za-do, -da [ア.コ.ら.'さ.ド, ダ] [形] 〔軍〕装甲した [名] [男] 〔軍〕戦艦

a+co-ra-'zar [ア.コ.ら.'さる] [動] [他] (34) (z|c) 〔軍〕装甲する; 防備する, 防護する 〜**se** [動] [再] 〔軍〕防備する; 〔歴〕〔軍〕よろいを着る

a+co-ra-zo-'na-do, -da [ア.コ.ら.そ.'ナ.ド, ダ] [形] 心臓の形をした, ハート型の

a+cor-'cha-do, -da [ア.コる.'チャ.ド, ダ] [形] 《手足が》しびれた; ふかふかした

a+cor-'char-se [ア.コる.'チャる.セ] [動] [再] 《手足が》しびれる; ふかふかになる

a+cor-'dar [ア.コる.'ダる] 73% [動] [他] (16) (o|ue) 〈名詞/不定詞: を〉協定する, 取り決める, 合意する; 決心する; (con: と)調和させる, 一致させる; 〈賞を〉(a: に)授与する [動] [自] (con: と)一致する, 調和する 〜**se** [動] [再] (de: を)覚えている, 思い出す; 一致する, 合意する ***Si mal no me acuerdo*** 私の記憶違いでなければ… ***¡Te vas a 〜!*** 《話》覚えていろ!, 今に見ていろ!

a+'cor-de [ア.'コる.デ] [形] (a, con: と)一致した, 調和した [副] (a, con: と)一致して, 調和して [名] [男] 〔楽〕和音, コード ***a [con] los 〜s de ...*** …(の音楽)に合わせて

a+cor-de+'ón [ア.コる.デ.'オン] [名] [男] 〔楽〕アコーディオン

a+cor-de+o-'nis-ta [ア.コる.デ.オ.'ニス.タ] [名] [共] 〔楽〕アコーディオン奏者

a+cor-'dó [動] 《直点 3 単》 ⬆acordar

a+cor-do-'nar [ア.コる.ド.'ナる] [動] [他] 〈の〉交通を遮断する, 包囲する, 〈に〉非常線を張る; ひもで縛る, 〈の〉ひもを結ぶ; 〈硬貨に〉辺刻[縁のぎざぎざ]をつける

a+cor-ne+'ar [ア.コる.ネ.'アる] [動] [他] 〔牛〕角(つの)で突く

a+co-rra-'lar [ア.コ.ら.'ラる] [動] [他] 閉じ込める, 窮地に追い込む; おどす, おびえさせる; 〔畜〕〈家畜・動物を〉柵[囲い]に入れる

a+co-'rrer [ア.コ.'れる] [動] [他] 救う, 救いに駆けつける

a+'co-rro [ア.'コ.ろ] [名] [男] 援助, 救助, 救い

a+cor-ta-'mien-to [ア.コる.タ.'ミエン.ト] [名] [男] 縮小, 縮減, 短縮

a+cor-'tar [ア.コる.'タる] [動] [他] 縮小する, 短縮する, 短くする [動] [自] 近道を行く; 短くなる 〜**se** [動] [再] 縮小する, 短縮する; 気兼ねする, おどおどする

A Co-'ru-ña [名] [固] ⬇Coruña

a+co-sa-'mien-to [名] [男] ⇩ acoso

a+co-'sar [ア.コ.'サる] [動] [他] 悩ませる, 困らせる, 責めたてる; 追跡する, 追いかける; 迫害する; 〔畜〕〈馬などを〉走らせる

a+'co-so [名] [男] 追跡, 迫害; 悩ませること, うるさくせがむこと, いやがらせ

A+'cos-ta [名] [固] 〔姓〕アコスタ

a+cos-'tar [ア.コス.'タる] 85% [動] [他] (16) (o|ue) 寝かせる, 床[ベッド]に寝かせる; 横にする, 倒す; 近づける; 〔海〕〈船を〉横づけにする, 岸につける [動] [自] 《船が》(a: 岸に)着く, 近づく 〜**se** [動] [再] 寝る, 床につく; 横になる, 倒れる; (con: 異性と)寝る

a+cos-tum-'bra-do, -da [ア.コス.トゥン.'ブら.ド, ダ] 89% [形] 習慣的な, いつもの; (a: に)慣れた

a+cos-tum-'brar [ア.コス.トゥン.'ブらる] 87% [動] [他] 習慣づける, 慣らす, 慣れさせる [動] [自] (不定詞: …の)習慣をもつ; (不定詞: …)することになっている 〜**se** [動] [再] (a: に)慣れる; (a: の)習慣をつける; 流行する

a+co-ta-'ción [ア.コ.タ.'すぃオン] [名] [女] 注, 傍注; 境界の画定, 境界線; 〔演〕ト書き; 〔地〕(地図の)標高

a+co-'tar [ア.コ.'タる] [動] [他] 〈土地を〉禁猟区にする; 〈土地の〉境界を示す; (塀で)囲む, 〈の〉立ち入りを禁じる; 証言する, 立証する; 〈に〉注をつける; 〈地図に〉標高をつける

a+co-te-'jar [ア.コ.テ.'はる] [動] [他] 並べる; 用意する 〜**se** [動] [再] 同意する

'A+cra [名] [固] 〔地名〕アクラ《ガーナ Ghana の首都》

'á+cra-ta ['ア.クら.タ] [形] [名] [共] 〔政〕反権力主義の[主義者], 無政府主義の[主義者]

'a+cre ['ア.クれ] [形] 《味・においが》舌を刺すような, 辛辣(しんらつ)な; 腐食性の [名] [男] エーカー《面積の単位; 約 4047 平方メートル》

a+cre-'cen-cia [名] [女] ⇩ acrecentamiento

a+cre-cen-ta-'mien-to [ア.クれ.セン.タ.'ミエン.ト] [名] [男] 増加, 増大, 成長

a+cre-cen-'tar [ア.クれ.セン.'タる] 93% [動] [他] (50) (e|ie) 増加させる, 成長させる 〜(**se**) [動] [自] ([再]) 増加する, 増える, 富む

a+cre-'cer [ア.クれ.'せる] [動] [他] (45) (c|zc) 増加させる, 成長させる 〜(**se**) [動] [自] ([再]) 増加する, 成長する

a+cre-di-ta-'ción [ア.クれ.ディ.タ.'すぃオン] [名] [女] 信用; 証明書

a+cre-di-'ta-do, -da [ア.クれ.ディ.'タ.ド, ダ] [形] 評判のよい, 立派な

a+cre-di-'tar [ア.クれ.ディ.'タる] 93% [動] [他] 信用する, 信任する, 〈大使などを〉信任状を与えて派遣する; 〔商〕(en: 貸方勘定に)記入する; 証明する, 証拠立てる, (de: であることを)立証する, (はっきりと)示す; 保証する, 請け合う; 〈に〉(良い)評判を与える, 有名にする; 許可する 〜**se** [動] [再] (de: の)評判を得る, 有名になる; 信用を得る, 信用がある

a+cre+e-'dor, -'do-ra [ア.クれ.エ.'ドる, 'ド.ら] [名] [男] [女] 〔商〕債権者, 貸し主 [形] (a: の)価値がある, (a: に)値する, ふさわしい; 〔商〕貸主の, 貸方の

a

a+cre+'en·cia [ア.クれ.'エン.すぃア] 名 女 《(コロンビア)》《(アンデス)》〔商〕負債

a+cri·bi·'llar [ア.クり.ビ.'ジャる] 動 他 (刃物・銃などで)めった刺し[撃ち]にする; (a, con: で)責めたてる, 悩ませる; 穴だらけにする

a+'crí·li·co, -ca [ア.'クり.リ.コ, カ] 形 〔化〕アクリルの

a+cri·mi·na·'ción [ア.クり.ミ.ナ.'すぃオン] 名 女 《格》〔法〕告訴, 告発

a+cri·mi·'nar [ア.クり.ミ.'ナる] 動 他 《格》〔法〕〈の〉犯罪を告発する; 責める

a+cri·'mo·nia 名 女 ⇩ acritud

a+cri·mo·'nio·so, -sa [ア.クり.モ.'ニオ.ソ, サ] 形 《格》〔食〕《におい・味が》きつい, 激しい; 《格》《態度・気質・言葉などが》激しい, 厳しい, 辛辣(しんらつ)な

a+crio·'llar·se [ア.クりオ.'ジャる.セ] 動 再 《外国人, 特にスペイン人が》現地[ラテンアメリカ]の習慣に慣れる

a+cri·so·'la·do, -da [ア.クり.ソ.'ラ.ド, ダ] 形 精製された, 純化された; 確かな

a+cri·so·'lar [ア.クり.ソ.'ラる] 動 他 〈の〉価値[愛情, 真実]を確かめる, 培(つちか)う, 養う; 〈金属を〉(るつぼで)精製する, 純化する

a+cri·'tud [ア.クり.'トゥド] 名 女 《格》(態度・気質・言葉などの)激しさ, 厳しさ, 辛辣(しんらつ)さ; (におい・味の)きつさ, 激しさ

acro~〔接頭辞〕「最高点」という意味を示す

a+cro·'ba·cia [ア.クろ.'バ.すぃア] 名 女 アクロバット, 曲芸; 〔空〕曲芸飛行

a+'cró·ba·ta [ア.'クろ.バ.タ] 名 共 アクロバット, 曲芸師, 軽業師

a+cro·'bá·ti·co, -ca [ア.クろ.'バ.ティ.コ, カ] 形 アクロバットの, 曲芸の; 〔機〕上昇機の

a+cro·ba·'tis·mo [ア.クろ.バ.'ティス.モ] 名 男 アクロバット, 曲芸, 軽業, 曲乗り

a+cro·'fo·bia [ア.クろ.'フォ.ビア] 名 女 〔医〕高所恐怖(症)

a+cro·'má·ti·co, -ca [ア.クろ.'マ.ティ.コ, カ] 形 〔物〕収色的な, 色消し性の; 〔生〕非染色性の; 無色の

a+cro·ma·'tis·mo [ア.クろ.マ.'ティス.モ] 名 男 〔物〕色消し性

a+cro·ma·ti·'zar [ア.クろ.マ.ティ.'さる] 動 他 ㉞ (z|c) 〔物〕〈レンズを〉色消しにする

a+cro·ma·'top·sia [ア.クろ.マ.'トプ.スィア] 名 女 〔医〕色覚異常

a+cro·me·'ga·lia [ア.クろ.メ.'ガ.リア] 名 女 〔医〕末端肥大症

a+'cró·ni·mo [ア.'クろ.ニ.モ] 名 男 頭字語

a+'cró·po·lis [ア.'クろ.ポ.リス] 名 女 〔単複同〕〔歴〕〔建〕アクロポリス《古代ギリシャの高丘城砦(じょうさい)》

a+'crós·ti·co, -ca [ア.'クろス.ティ.コ, カ] 形 〔文〕アクロスティックの, 沓冠(くつかぶり)体の《各行頭の文字をつないで意味を伝える詩》 名 男 〔文〕沓冠体の詩

a+cro·'te·ra [ア.クろ.'テ.ら] 名 女 〔建〕(屋根の上の)彫像台, アクロテリオン

*'**ac+ta** ['アク.タ] 92% 名 女 〔el/un⇦una ~〕議事録, 覚書, 控え; 証明書; 文書, …状; 公文書; 〔複〕(学会の)会議録, 論集; 《(ラ米)》法, 法律; 〔複〕〔宗〕聖人の記録, 殉教録

ac·'ti·nia [アク.'ティ.ニア] 名 女 〔動〕イソギンチャク

ac·'ti·nio [アク.'ティ.ニオ] 名 男 〔化〕アクチニウム《元素》

‡**ac·ti·'tud** [アク.ティ.'トゥド] 78% 名 女 態度, 心構え; 姿勢, ポーズ, 様子 ***en ~ de*** ... (今にも)…する様子で

ac·ti·va·'ción [アク.ティ.バ.'すぃオン] 名 女 加速, 速めること; 〔化〕活性化; 発火, 点火

ac·ti·va·'dor [アク.ティ.バ.'ドる] 名 男 〔化〕活性剤

ac·ti·'var [アク.ティ.'バる] 動 他 活発にする, 促進する, 推進する; 動かす, 操作する; 〔化〕活性化する; スピード[能率]を上げる; 〔情〕〈プログラムを〉実行する, 有効にする **~se** 動 再 活発になる; 急ぐ

‡**ac·ti·vi·'dad** [アク.ティ.ビ.'ダド] 74% 名 女 活動, 働き, 作用; 〔複〕(特定の領域での)活動, 活躍, 運動, 分野, 領域; 活発なこと, にぎやかなこと; 〔化〕活性 ***en ~*** 活動中の[で]; 現役の[で]

ac·ti·'vis·mo [アク.ティ.'ビス.モ] 名 男 〔哲〕活動主義

ac·ti·'vis·ta [アク.ティ.'ビス.タ] 形 行動的な; 〔哲〕活動主義(者)の 名 共 (運動などの)活動家; 〔哲〕活動主義者

‡**ac·'ti·vo, -va** [アク.'ティ.ボ, バ] 86% 形 活動的な, 活発な, 積極的な; (現に)活動中の, 現在働いている; 効き目のある; 〔言〕能動態の 名 男 〔商〕(貸借対照表の)資産 ***en ~*** 活動中の, 現役の **-vamente** 副 活動的に

*'**ac+to** ['アク.ト] 76% 名 男 行い, 行為, しわざ; 〔演〕幕; 儀式, 式典, 行事 ***~ continuo*** [***seguido***] 直ちに, すぐに ***en el ~*** その場で, すぐに

‡**ac·'tor** [アク.'トる] 84% 名 男 〔演〕〔映〕俳優, 役者, 男優; 行為者; 〔法〕原告, 告訴人 **~, -tora** 形 〔法〕原告の

ac·'to·ra [アク.'ト.ら] 名 女 〔法〕(女性の)原告, 告訴人

‡**ac·'triz** [アク.'トりす] 89% 名 女 〔演〕〔映〕女優

ac·'tú+a 動 《直現3単/命》⬇ actuar

‡**ac·tua·'ción** [アク.トゥア.'すぃオン]

84% [名] [女]〘演〙演技, 上演, 公演; 行為, ふるまい; 活躍;〔複〕〘法〙訴訟手続き, 弁論

‡ac-'tual [アク.'トゥアル] 76% [形] 現在の, 今の, 現代の; 現行の; 今話題となっている, 今日的な [名] [男] 今月

‡ac-tua-li-'dad [アク.トゥア.リ.'ダド] 86% [名] [女] 現在, 現代, 今日; 話題性, 今の話題, 現在の関心事; ニュース, 時事 ***en la ～*** 現在においては, 今日では

ac-tua-li-za-'ción [アク.トゥア.リ.さ.'すぃオン] [名] [女] 現代化, 近代化; 更新, 現状に合わせること;〘哲〙(思想などの)具体化, 現実化

ac-tua-li-'zar [アク.トゥア.リ.'さる] [動] [他] ㉞ (z|c) 現代化する, 最新のものにする; 実現する, 現実化する;〘情〙更新する, アップグレードする;〘情〙〈画面を〉リフレッシュする

‡ac-'tual-'men-te [アク.'トゥアル.'メンテ] 84% [副] 現在は, 目下

‡ac-'tuar [アク.'トゥアる] 80% [動] [自] ⑰ (u|ú) 作用する, 働く, «薬が»効く; 行動する, 動く, ふるまう;〘演〙演技する, (de, como: の)役をする; (en: 試験を)受ける;〘法〙訴訟手続きをとる [動] [他]〈機械を〉動かす, 操縦する

ac-'tua-rio [アク.'トゥア.りオ] [名] [男]〘法〙(裁判所の)書記; 保険計理士

a+cua-'re-la [ア.クア.'れ.ラ] [名] [女]〘絵〙水彩画, 水彩画法;〔複〕水彩絵の具

a+cua-re-'lis-ta [ア.クア.れ.'リス.タ] [名] [共]〘絵〙水彩画家

a+'cua-rio [ア.'クア.りオ] [名] [男] 水族館; 養魚池, (ガラスの)水槽;〔A～〕〘天〙みずがめ座 [名] [共] みずがめ座生まれの人《1月20日–2月18日生まれの人》

a+cuar-te-la-'mien-to [ア.クアる.テ.ラ.'ミエン.ト] [名] [男]〘軍〙兵の宿営, 宿営地

a+cuar-te-'lar [ア.クアる.テ.'ラる] [動] [他]〘軍〙〈兵を〉宿営させる, 待機させる;〈土地を〉(4分の1に)区切る **～se** [動] [再]〘軍〙«兵が»宿営する

a+'cuá-ti-co, -ca [形] 水の, 水中の, 水上の, 水生の, 水に住む

a+cua-ti-'za-je [ア.クア.ティ.'さ.へ] [名] [男]〘空〙(水上飛行機の)着水

a+cua-ti-'zar [ア.クア.ティ.'さる] [動] [自] ㉞ (z|c)〘空〙着水する

a+cu-chi-'lla-do, -da [ア.ク.チ.'ジャ.ド, ダ] [形]〘衣〙細長い切り込みをつけた

a+cu-chi-'llar [ア.ク.チ.'ジャる] [動] [他] 小刀で切る, 短刀で刺す, 刺し殺す;〘衣〙〈に〉細長い切り込み[スリット]を入れる;〈床・家具の〉表面を滑らかにする[削る]

a+'cu-cia [ア.'ク.すぃア] [名] [女] 急ぎ, 緊急; 切望

a+cu-cia-'mien-to [ア.ク.すぃア.'ミエント] [名] [男]《格》急がせること, せき立てること;《格》熱望, 切望

a+cu-'cian-te [ア.ク.'すぃアン.テ] [形] 急ぎの, 緊急の

a+cu-'ciar [ア.ク.'すぃアる] [動] [他] 責め立てる, しつこく追う; 急がせる, せき立てる, 促す, 刺激する; 熱望する, 切望する

a+cu-'cio-so, -sa [ア.ク.'すぃオ.ソ, サ] [形] 熱心な, 一所懸命な; 差し迫った, 緊急の, 切実な

a+cu-cli-'llar-se [ア.ク.クリ.'ジャる.セ] [動] [再] しゃがむ, うずくまる

‡a+cu-'dir [ア.ク.'ディる] 82% [動] [自] (a: 必要な場所へ)行く, 来る; (a: に)集まってくる, 駆けつける; (a: の手段に)訴える, 頼る; (a: に)援助などを求める; (a: に)相談に行く; (a: を)助けに向かう, (a: に)馳(は)せつける; (一時期に)起こる, 襲う

a+cue-'duc-to [ア.クエ.'ドゥク.ト] [名] [男] 水路, 水道, 水道橋

a+'cuer-d~ [動]《直現/接現/命》↑acordar

‡a+'cuer-do [ア.'クエる.ド] 73% [名] [男] 同意, (意見の)一致, 承諾, 合意; 協定, 契約, 約束, 取り決め; 調和; 決心, 決意, 決定; 記憶; 意識, 正気, 分別, 思慮 ***De ～.*** 承知しました, 賛成です, オーケー ***¿De ～?*** よろしいですか?, いいかい? ***de ～ a [con]*** ... …に同意して, …に従って《a は次の語が「人」を示さないとき》 ***de común ～*** 両者の合意によって ***estar de ～*** 賛成である ***ponerse de ～*** 同意[合意, 承諾]する ***volver en su ～***〘医〙意識を取り戻す

a+'cues-t~ [動]《直現/接現/命》↑acostar

a+cui-'dad [名] [女]《格》鋭さ, 鋭敏さ, 機敏さ, 明敏さ

a+cu-'llá [ア.ク.'ジャ]〔成句〕 ***acá y ～*** あちらこちらに

a+cul-tu-ra-'ción [ア.クル.トゥ.ら.'すぃオン] [名] [女] 文化変容, 文化的融合, 異文化への適応

a+cu-mu-la-'ción [ア.ク.ム.ラ.'すぃオン] [名] [女] 蓄積, 集積, 山

a+cu-mu-la-'dor, -'do-ra [ア.ク.ム.ラ.'ドる, 'ド.ら] [形] [名] [男] [女] 蓄積する(人), 蓄財する(人) [名] [男]〘電〙蓄電池, バッテリー

‡a+cu-mu-'lar [ア.ク.ム.'ラる] 90% [動] [他] ためる, 蓄積する, 積み重ねる **～se** [動] [再] たまる, 蓄積する, 集まる

a+cu-mu-la-'ti-vo, -va [ア.ク.ム.ラ.'ティ.ボ, バ] [形] 蓄積する, 蓄財する, 累積的な

a+cu-'nar [ア.ク.'ナる] [動] [他]〈子供を〉(揺りかごをゆすって)あやす

a

A+'cu-ña [ア.'ク.ニャ] 名 固〔姓〕アクーニャ

a+cu-ña-'ción [ア.ク.ニャ.'すぃオン] 名 女 (貨幣の)鋳造;〔言〕造語

a+cu-'ñar [ア.ク.'ニャる] 動 他 〈貨幣を〉鋳造する;〈に〉くさびを入れる;〈新語を〉作り出す

a+cuo-si-'dad 名 女 水性, 水っぽいこと

a+'cuo-so, -sa 形 水の多い, 水の, 水のような;〔食〕«果物が»水分が多い

a+cu-pun-'tu-ra [ア.ク.プン.'トゥ.ら] 名 女〔医〕鍼(はり)治療, 鍼(しん)術

a+cu-rru-'car-se [ア.ク.る.'カる.セ] 動 再 69 (c|qu) 身をすぼめる, うずくまる, 縮こまる, 丸くなって寝る

‡a+cu-sa-'ción [ア.ク.サ.'すぃオン] 90% 名 女 非難, 言いがかり;〔法〕(por: の)容疑;〔法〕告発, 告訴; 起訴状;〔法〕検察

a+cu-'sa-do, -da 形 目立った, 明確な;〔法〕(de: の)容疑を受けた 名 男 女〔法〕被告(人)

a+cu-sa-'dor, -'do-ra [ア.ク.サ.'ドる, 'ド.ら] 形 非難する(人);〔法〕告発者の, 告訴の 名 男 女〔法〕告発者, 告訴人

‡a+cu-'sar [ア.ク.'サる] 87% 動 他 非難する, 責める;〔法〕告発する, 告訴する; 見せる, 示す, 表す;《格》通知する **~se** 動 再 (de: を)告白する, 白状する, (de: 自分の非を)認める; 明らかになる, はっきりとしてくる

a+cu-sa-'ti-vo, -va [ア.ク.サ.'ティ.ボ, バ] 形〔言〕対格の, 直接目的格の 名 男〔言〕対格, 直接目的格

a+'cu-se 名 男 (手紙の)受け取り; 受け取りの証明書;〔遊〕〔トランプ〕勝ち, 上がりのカード(を見せること)

a+cu-'se-te, -ta 名 男 女《アンデス》《チリ》《ラプラタ》《話》告げ口屋

a+cu-'si-ca 名 共《スペイン》《話》告げ口屋

a+cu-'són, -'so-na 形 名 男《話》告げ口する(人), 告げ口屋(の)

a+'cús-ti-co, -ca 形 音響学の, 音響効果の; 聴覚の **-ca** 名 女 音響効果; 音響学

a+cu-'tán-gu-lo, -la [ア.ク.'タン.グ.ロ, ラ] 形〔数〕鋭角の

a(d)~〔接頭辞〕「傾向, 近接, 付加, 方向」を示す

A. D. 略 =〔ラテン語〕*anno Domini*《西暦》紀元前…年

a+'da-gio [ア.'ダ.ひオ] 副〔楽〕アダージョで 名 男〔楽〕アダージョの曲[楽章・楽節]; 金言, 格言

A+'da-ja [ア.'ダ.は] 名 固〔el ~〕〔地名〕アダハ川《スペイン中央部を流れるドゥエロ Duero 川の支流》

a+da-'lid [ア.ダ.'リド] 名 共〔軍〕指揮官;(軍・党などの)首領, 指導者

a+da-'ma-do, -da 形 «男が»女のような; «女性が»優雅な, 上品な; «女性が»上品ぶった

a+da-man-'ti+no, -na 形《格》〔鉱〕ダイヤモンドのような

a+da-'mar [ア.ダ.'マる] 動 他《格》〈女性に〉言い寄る, 口説く **~se** 動 再 めめしくなる;〔体〕やせる

a+'dán 名 男《話》ぼろを着た汚い男, だらしのない男 **A~** 名 固〔男性名〕アダン

a+dap-ta-bi-li-'dad [ア.ダプ.タ.ビ.リ.'ダド] 名 女 適応性, 融通性, 改作[脚色, 翻案]できること

a+dap-'ta-ble [ア.ダプ.'タ.ブレ] 形 適応できる, 融通のきく; 改作[脚色, 翻案]できる

***a+dap-ta-'ción** [ア.ダプ.タ.'すぃオン] 91% 名 女 (a: への)順応, 適応; 改造, 改作, 翻案, 脚色, 編曲

a+dap-ta-'dor, -'do-ra [ア.ダプ.タ.'ドる, 'ド.ら] 形 適合する, 順応する 名 男〔電〕アダプター

‡a+dap-'tar [ア.ダプ.'タる] 88% 動 他 (a: に)適合させる, 合うようにする, 順応させる; (a: に)取り付ける; 改造[改作, 翻案, 脚色, 編曲]する **~se** 動 再 (a: に)適応する, 順応する; 合う

a+'dar-ga [ア.'ダる.ガ] 名 女〔歴〕〔軍〕(卵型の)革製盾

a+'dar-me [ア.'ダる.メ] 名 男 わずかなもの[こと]

a+'dar-ve [ア.'ダる.ベ] 名 男〔建〕城壁の後ろの通路

a. de C. 略 =año de Cristo 紀元…, 西暦…; antes de Cristo 紀元前…年

a+de-cen-'tar [ア.デ.セン.'タる] 動 他 きれいにする, きちんとする **~se** 動 再 身だしなみをよくする, きちんとする

a+de-cua-'ción [ア.デ.クア.'すぃオン] 名 女 適合, 順応; 妥当性

‡a+de-'cua-do, -da 84% 形 適当な, 適切な, ふさわしい **-damente** 副 適当に, 適切に; 十分に

***a+de-'cuar** [ア.デ.'クアる] 92% 動 他 17 (u|ú) (a: に)適合させる, 一致させる

a+de-'fe-sio 名 男《話》(外見が滑稽な)動物[人]; (けばけばしい)服;《話》くだらないこと, ばかげたこと

a. de J. C. 略 =antes de Jesucristo《西暦》紀元前…年

A+'de-la [ア.'デ.ラ] 名 固〔女性名〕アデーラ

a+de-lan-'ta-do, -da [ア.デ.ラン.'タ.ド, ダ] 形 (程度が)進んだ, 先進的な; «人が»優秀な, 優れた; (時期が)早い, 先の, 前もっての; «時計が»進んでいる; «子供が»早熟な;

a

《植物が》早熟の; 大胆な, 向こう見ずな 名 男〘商〙前払い 名 男 女 上級者;〘歴〙前線総督《昔の国境地域の司政官》

a·de·lan·ta·'mien·to [ア.デ.ラン.タ.'ミエン.ト] 名 男 追い越し; 前進, 進歩; 成長, 改善, 改良;〘歴〙《スペイン》前線総督の職

a·de·lan·'tar [ア.デ.ラン.'タる] 86% 動 他 進める, 前進させる, 前へ出す; 〈仕事を〉はかどらせる, 〈時間・日程などを〉早める, 繰り上げる; 追い越す; 前払いする; 前もって言う 動 自 進む, 前進する; 進歩する, よくなる, 上達する; 《時計が》進む; 得る, 得をする; 早く行く **~se** 動 再 早くなる, 早まる; (a: を)抜く, (a: より)先にする, 先に…する, 先に行く; 前へ出る, 前進する; 《時計が》進む

a·de·'lan·te [ア.デ.'ラン.テ] 80% 副 前へ, 先へ; あとで, のちほど; 〔場所を示す名詞のあとで〕…を先へ, …を進んで; 《ラ米》 (de: の)前で, 前に⇩ delante 感 お入り!, どうぞ!; 進め!, がんばれ!, 行け!, 続けて! ***de … en ~*** …から先へ, …以上 ***sacar ~*** 育て上げる, 教育を与える; 切り盛りする ***salir ~*** 暮らしていく, やっていく

a·de·'lan·to [ア.デ.'ラン.ト] 93% 名 男 前進, 進むこと, 進行; 進歩, 上達; 発明品, 改良されたもの;〘商〙前払い, 前金;〔tener ~〕(時計の)進み; (競争での)優位, リード

a·'del·fa [ア.'デル.ファ] 名 女〘植〙キョウチクトウ

a·del·ga·'cé, -ce(~) 動《直点 1 単, 接現》⬇adelgazar

a·del·ga·za·'mien·to [ア.デル.ガ.さ.'ミエン.ト] 名 男 やせること, すらりとしていること, 細くなること

a·del·ga·'zar [ア.デル.ガ.'さる] 92% 動 他 ㉞ (z|c) 細くする; 〈体重を〉減らす; 細く見せる; 切り詰める, 節約する; 〈木などを〉削る; 精製する, 浄化する **~(se)** 動 自 (再) 細くなる, やせる

A·de·'li·na [ア.デ.'リ.ナ] 名 固〘女性名〙アデリーナ《Adela の愛称》

a·de·'mán 92% 名 男 身ぶり, しぐさ, 態度; 合図;〔複〕行儀, ふるまい ***en ~ de …*** …のつもりで, …するかのように

a·de·'más 65% 副 その上, さらに; (de: に)加えて, (de: の)他に

A·'dén 名 固〘地名〙アデン《イエメン Yemen 南部の都市, 海港》

a·'den·da 名 女 [男] 追加, 補遺

a·de·'ni·tis 名 女〔単複同〕〘医〙リンパ炎, 腺炎(せんえん)

a·de·no·car·ci·'no·ma [ア.デ.ノ.カる.すぃ.'ノ.マ] 名 男〘医〙腺癌(せんがん)

a·de·'noi·de 名 女〔複〕〘医〙アデノイド, 腺様(せんよう)増殖症

a·de·'no·ma 名 男〘医〙アデノーマ, 腺腫(せんしゅ)

a·de·no·'mio·sis 名 女〔単複同〕〘医〙腺(せん)筋症

a·de·'no·sis 名 女〔単複同〕〘医〙腺(せん)疾患

a·den·'sar [ア.デン.'サる] 動 他 濃縮する, 濃くする

a·den·te·'llar [ア.デン.テ.'ジャる] 動 他〘技〙〈に〉歯を立てる, 〈に〉歯形をつける

a·den·'trar·se [ア.デン.'トらる.セ] 動 再 (en: に)(深く)入り込む; (en: を)深く研究する, 探究する

a·'den·tro [ア.'デン.トろ] 91% 副 中に[へ], 内側に[へ], 屋内に[へ]; 《ラ米》中で, 内側で, 屋内で⇩ dentro;〔名詞のあとで〕…の中に; 奥に入り込んで 名 男〔複〕内面, 心 感 どうぞ!, お入り!; 《ラ米》さあ歌って![踊って!]

a·'dep·to, -ta 形 (a: 秘密結社などに)加盟している; (a, de: 人・考えなどの)シンパの 名 男 女 加盟者, 会員, 支持者, 後援者

a·de·re·'zar [ア.デ.れ.'さる] 動 他 ㉞ (z|c)〘食〙〈に〉味をつける, 調味する, 〈に〉ドレッシングをかける;〘食〙調理する, 料理する; 用意する; 〈の〉飾りつけをする **~se** 動 再 用意ができる, 身支度をする; 正装する

a·de·'re·zo [ア.デ.'れ.そ] 名 男〘食〙調味, 味つけ, ドレッシング;〘衣〙装身具《ネックレス, ブローチ, イヤリング, ブレスレットなど》

a·deu·'dar [ア.デウ.'ダる] 動 他 (a: に)〈の〉借金がある;〘商〙(en: 借方に)記入する, 貸し付ける **~se** 動 再〘商〙(en: 借方)に記入される; 借金をする

a·'deu·do 名 男 借金, 負債;〘商〙借方;〘法〙関税

ad·he·'ren·cia [ア.デ.'れン.すぃア] 名 女〘車〙(車輪の)安定性; 付着, 接着, 粘着; 執着, 固執;〘医〙癒着; 付着物, 付属物, 付加物

ad·he·'ren·te [ア.デ.'れン.テ] 形 付着性の, 接着性の, 粘着性の; (a: に)付着した 名 共 支持者, 信奉者 名 男 付着物, 付属物, 付加物; 道具, 装具, 備品

ad·he·'rir [ア.デ.'りる] 94% 動 他 ㊰ (e|ie|i)《格》貼る, くっつける, 接着する 動 自 (a: に)くっつく **~se** 動 再 くっつく; (a: に)従う, 組する; (a: に)賛成する, (a: を)信奉する, 支持する

ad·he·'sión [ア.デ.'スィオン] 名 女 加入, 加盟, 参加; 付着, 粘着; 支持, 信奉; 《チリ》入会金

ad·he·'si·vo, -va [ア.デ.'スィ.ボ, バ] 形 粘着性の, 接着性の 名 男 接着剤

ad·'hie·r~; ad·hi·r~ 動《活用》⬆ adherir

ad hoc ['アドク] 副 形〔ラテン語〕アドホックに[な], その場限りで[の]

a

ad honorem [ア.ド.'ノ.レム] 副 形 〔ラテン語〕名誉の, 名誉職として

a+dic-'ción [ア.ディク.'すぃオン] 名 女 嗜癖(しへき); 〖医〗中毒

***a+di-'ción** [ア.ディ.'すぃオン] 94% 名 女 追加; 付け加えたもの, 足したもの; 〖数〗足し算, 加法

***a+di-cio-'nal** [ア.ディ.すぃオ.'ナル] 92% 形 追加の, 付加的な

***a+di-cio-'nal-'men-te** [ア.ディ.すぃオ.'ナル.'メン.テ] 94% 副 さらに, 加えて

a+di-cio-'nar [ア.ディ.すぃオ.'ナる] 動 他 (a: に)加える, 付け足す; 〖数〗加算する

a+dic-'ti-vo, -va [ア.ディク.'ティ.ボ, バ] 形 〖医〗中毒性の, 中毒になる

a+'dic-to, -ta [ア.'ディク.ト, タ] 形 献身的な(人), (a: に)傾倒している(人); (a: に)ふける(人) 名 男 女 〖医〗(麻薬などの)常用者; 信奉者, 支持者

a+dies-'tra-do, -da [ア.ディエス.'トら.ド, ダ] 形 訓練された, 教育を受けた

a+dies-tra-'mien-to [ア.ディエス.トら.'ミエン.ト] 名 男 訓練, 教育, トレーニング

a+dies-'trar [ア.ディエス.'トらる] 動 他 訓練する, 〈に〉(en: を)教育する **~se** 動 再 (自分を)訓練する, 練習する, 訓練を受ける

a+di-ne-'ra-do, -da [ア.ディ.ネ.'ら.ド, ダ] 形 名 男 女 金持ち(の), 裕福な(人)

ad infinitum [ア.ディン.フィ.'ニ.トゥム] 副 形 〔ラテン語〕無限の, 無限に

a+din-te-'la-do, -da [ア.ディン.テ.'ラ.ド, ダ] 形 〖建〗平屋根の

‡**a+'diós** 87% 感 さようなら《別れの挨拶》; あれ!, まあ! 《不慮のこと・失望など》; 《(ﾁﾘ)》《(中米)》《話》まさか! 《信じられないこと》名 男 別れの挨拶, いとまごい, 別れ ***decir*** ~ 《話》 (a: に)お別れを言う; (a: を)あきらめる

a+dio-'si-to 感 《(中米)》《話》さよなら, バイバイ

a+di-po-si-'dad 名 女 〖医〗(過)脂肪症, 脂肪過多(症); 肥満

a+di-'po-so, -sa 形 〖医〗脂肪(過多)の, 脂肪質の; 肥満した, 太りすぎの

A+'dís A+'be-ba 名 固 〖地名〗アジスアベバ《エチオピア Etiopía の首都》

a+di-ta-'men-to 名 男 付加, 追加, 添加; 付属物, 付帯物

a+di-'tar [ア.ディ.'タる] 動 他 《(ﾁﾘ)》合計する

a+di-'ti-vo, -va [ア.ディ.'ティ.ボ, バ] 形 付加的な 名 男 添加剤[物]

a+di-vi-na-'ción [ア.ディ.ビ.ナ.'すぃオン] 名 女 予言, 予見, 推測

a+di-vi-'nan-za [ア.ディ.ビ.'ナン.さ] 名 女 なぞなぞ, パズル

***a+di-vi-'nar** [ア.ディ.ビ.'ナる] 91% 動 他 〈未来を〉占う; 見抜く, 推測する, あてる; 〈謎を〉解く; 〈遠くを〉うかがう **~se** 動 再 (遠くに)見える; 《格》予想される

a+di-vi-na-'to-rio, -ria [ア.ディ.ビ.ナ.'ト.りオ, りア] 形 占いの; 推量の, 予見の

a+di-'vi+no, -na [ア.ディ.'ビ.ノ, ナ] 名 男 女 占い師; 予言者, 予見者

adj. 略 ↓adjetivo

ad-je-ti-va-'ción [アド.ヘ.ティ.バ.'すぃオン] 名 女 〖言〗形容詞化

ad-je-ti-'val [アド.ヘ.ティ.'バル] 形 〖言〗形容詞の 名 男 〖言〗形容詞類, 形容詞句

ad-je-ti-'var [アド.ヘ.ティ.'バる] 動 他 〖言〗〈に〉形容詞をつける, 形容する; 〖言〗〈名詞などを〉形容詞化する **~se** 動 再 〖言〗《名詞などが》形容詞化する

‡**ad-je-'ti-vo** [アド.ヘ.'ティ.ボ] 87% 名 男 〖言〗形容詞 **~, -va** 形 〖言〗形容詞の, 形容詞の働きをする

ad-ju-di-ca-'ción [アド.ふ.ディ.カ.'すぃオン] 名 女 〖商〗競売, せり; 落札; 〖法〗判決, 裁決; (賞などの)授与

ad-ju-di-'car [アド.ふ.ディ.'カる] 動 他 69 (c|qu) 〈賞などを〉与える, (審査して)認める; 〖商〗(競売・入札で)落札させる **~se** 動 再 得る, 取得する

ad-ju-di-ca-'ta-rio, -ria [アド.ふ.ディ.カ.'タ.りオ, りア] 名 男 女 受賞者; 〖商〗(競売の)落札者

ad-jun-'tar [アド.ふン.'タる] 動 他 (a: に)添付する, 同封する; (a: に)付け加える, 添える; (a: に)〈助手などを〉つける, 同行させる; 〖情〗〈ファイルを〉添付する

***ad-'jun-to, -ta** [アド.'ふン.ト, タ] 92% 形 同封された, 添付された; 補佐の, 助…, 副…; 付加の, (a: に)付け加えられた 名 男 女 助手 名 男 添付書類 副 同封して

ad-'lá-te-re [ア.'ドラ.テ.れ] 名 男 〔軽蔑〕側近, 取り巻きの人

ad-mi-'ní+cu-lo [アド.ミ.'ニ.ク.ロ] 名 男 《格》仕掛け, 付属品; 《格》予備, 補助するもの; 〔複〕〖医〗《格》救急用品

‡**ad-mi-nis-tra-'ción** [アド.ミ.ニス.トら.'すぃオン] 80% 名 女 管理, 運営, 経営, 執行, 施行; 行政(機関), 統治, 管理部門, 執行部; 〖医〗(薬の)投与

ad-mi-nis-tra-'dor, -'do-ra [アド.ミ.ニス.トら.'ドる, 'ド.ら] 名 男 女 管理者[人], 運営者, 支配人, …長; 行政官 形 管理する, 処理する ~[***dora***] ***web*** 〖情〗ウェブマスター

***ad-mi-nis-'trar** [アド.ミ.ニス.'トらる] 92% 動 他 管理する, 経営する, 治める; 〖宗〗(a: に) 〈秘跡を〉授ける; 〖医〗(a: に) 〈薬を〉与える, 投与する; 《話》〔笑〕〈打撃を〉与える; 施行する, 執行する; 施す, 授ける ~-

se [動] [再] 暮らす, うまくやっていく; 薬を飲む, 薬を服用する

⁑**ad-mi-nis-tra-'ti-vo, -va** [アド.ミ.ニス.トら.'ティ.ボ, バ] 86% [形] 管理の, 経営の, 行政(上)の [名] [男] [女] 事務職員

⁑**ad-mi-'ra-ble** [アド.ミ.'ら.ブレ] 90% [形] 称賛に値する, あっぱれな, 見事な **～-mente** [副] 見事に, 立派に, すばらしく

*__ad-mi-ra-'ción__ [アド.ミ.ら.'すぃオン] 91% [名] [女] 感嘆, 称賛; 称賛の的; 驚き; 〔言〕感嘆符《¡..! の記号》

*__ad-mi-ra-'dor, -'do-ra__ [アド.ミ.ら.'ドる, 'ド.ら] 93% [名] [男] [女] 称賛者, 崇拝者, 愛好者; 思いを寄せる人, 好意を抱く人, (熱烈な)ファン [形] 称賛する

*__ad-mi-'rar__ [アド.ミ.'らる] 91% [動] [他] 感嘆する, 〈に〉感心する, 敬服する, 賛美する; 感心して眺める, ほめる, 見とれる; 驚かせる, 不思議がらせる, 感嘆させる **～se** [動] [再] (de, por: に)驚嘆する, 驚く; (de que 接続法: …を)不思議に思う

ad-mi-ra-'ti-vo, -va [アド.ミ.ら.'ティ.ボ, バ] [形] 称賛に値する, 見事な, 立派な; 感嘆の, 感嘆した **-vamente** [副] 見事に, 立派に

ad-mi-'si-ble [アド.ミ.'スィ.ブレ] [形] 許容できる, 許される, 認められる

*__ad-mi-'sión__ 93% [名] [女] 入場, 入会, 入学; 入るのを許す[が許される]こと; 入場料, 入会金; 認めること, 承認; 〔機〕(混合気のシリンダーへの)吸入

⁑**ad-mi-'tir** [アド.ミ.'ティる] 86% [動] [他] (en: 場所などに)入れる, 通す, 〈に〉入場[入会, 入学]を認める; 〈que 直説法: …を〉認める, 承認する; 〈que 接続法: …することを〉許す, 容認する; «事実などが»余地を与える, 許す; 収容できる; 仮定する **～se** [動] [再] 許される, 認められる

admón. [略] ↑administración

ad-mo-ni-'ción [アド.モ.ニ.'すぃオン] [名] [女] 訓戒, 説諭, 非難

adm.^{or}, adm.^{ora}; admr. [略] ↑administrador, -ra

ADN [略] =ácido desoxirribonucleico 〔化〕デオキシリボ核酸 (**DNA**)

a+do-'bar [ア.ド.'バる] [動] [他] 〔食〕〈肉・魚を〉漬け汁[マリネ]に漬ける; 調理する; 〔畜〕〈馬に〉蹄鉄(ていてつ)を打つ; 〈皮を〉なめす; 自分に都合のいいように言う, 歪曲(わいきょく)する

a+'do-be [名] [男] 〔建〕日干しれんが, アドベ

a+'do-bo [名] [男] 〔食〕漬け汁, たれ; 〔食〕肉を汁に漬けること; 皮なめし剤

a+do-ce-'na-do, -da [ア.ド.せ.'ナ.ド, ダ] [形] ありふれた, 平凡な

a+do-ce-'nar [ア.ド.せ.'ナる] [動] [他] **1** ダースごとに分ける **～se** [動] [再] «人が»平凡である, 名を成さない

a+doc-tri-'nar [ア.ドク.トリ.'ナる] [動] [他] 〈に〉(en, sobre: を)教え込む, 教育する

a+do-le-'cer [ア.ド.レ.'せる] [動] [自] ㊺ (c|zc) 〔医〕病気になる, 患(わずら)う; (de: という)欠点を持つ; (de: に)苦しむ

*__a+do-les-'cen-cia__ [ア.ド.レ(ス).'せン.すぃア] 93% [名] [女] 青年期; 思春期, 青春

⁑**a+do-les-'cen-te** [ア.ド.レ(ス).'せン.テ] 89% [形] 青年期の [名] [共] 青年, 若者

A+'dol-fo [ア.'ドル.フォ] [名] [固] 〔男性名〕アドルフォ

*__a+'don-de__ 91% [副] 《関係》(…する)ところへ《方向》: Este museo es **adonde** pensábamos ir el otro día. この美術館は先日私たちが行こうとしていたところです。

*__a+'dón-de__ 93% [副] 《疑問》〔a dónde と分けて書くこともある〕どこへ《方向》: ¿**Adónde** va usted? あなたはどちらへいらっしゃるのですか。; 《誤用》どこに⇩ dónde

a+don-de-'quie-ra [ア.ドン.デ.'キエ.ら] [副] 《関係》(接続法: …する)どこへでも《方向》

A+'do-nis [名] [固] 〔ギ神〕アドニス《ビーナス神 Venus に愛された美少年》; 〔a～〕〔一般〕美少年

a+dop-'ción [ア.ドプ.'すぃオン] [名] [女] 帰化; 養子縁組; 採用, 採択

⁑**a+dop-'tar** [ア.ドプ.'タる] 85% [動] [他] 〈計画・方針などを〉採用する, 〈意見などを〉用いる, 〈議案などを〉採択する; 養子[養女]にする; 〈国籍を〉取得する; 〈習慣を〉つける, 〈態度を〉とる **～se** [動] [自] 採用される

a+dop-'ti-vo, -va [ア.ドプ.'ティ.ボ, バ] [形] 養子関係の; 採用の, (自ら)選んだ

a+do-'quín [ア.ド.'キン] [名] [男] 〔建〕(舗装用)敷石; 《話》ばか, ぼんくら

a+do-qui-'na-do, -da [ア.ド.キ.'ナ.ド, ダ] [形] 〔建〕(敷石で)舗装された [名] [男] 〔建〕(道路の敷石による)舗装; 〔建〕〔集合〕敷石

a+do-qui-'nar [ア.ド.キ.'ナる] [動] [他] 〔建〕〈道路を〉(敷石で)舗装する

a+do-'ra-ble [ア.ド.'ら.ブレ] [形] すばらしい, 魅力的な, かわいい; 崇拝すべき

*__a+do-ra-'ción__ [ア.ド.ら.'すぃオン] 94% [名] [女] 〔宗〕参拝, 礼拝, 祈り; 崇拝; 熱愛, あこがれ

a+do-ra-'dor, -'do-ra [ア.ド.ら.'ドる, 'ド.ら] [名] [男] [女] 〔宗〕礼拝者, 参拝者; 崇拝者; 熱愛する人 [形] 〔宗〕礼拝の, 礼拝する; 崇拝する; 熱愛する

*__a+do-'rar__ [ア.ド.'らる] 92% [動] [他] 〔宗〕あがめる, 崇拝する, 礼拝する; 熱愛する, 〈が〉大好きである [動] [自] 〔宗〕祈る

a+do-ra-'to-rio [ア.ド.ら.'ト.リオ] [名] [男] 〔宗〕移動式の祭壇; 《ラ米》(先住民[インディオ]の)神殿

a

a+dor-me-'cer [ア.ドる.メ.'せる] [動] [他] ㊺ (c|zc) 眠くする, 眠らせる; 〖医〗〈痛みを〉和らげる　**~se** [動] [再] 〖医〗«手足などが» しびれる; うとうとする, 眠り始める

a+dor-me-ci-'mien-to [ア.ドる.メ.すぃ.'ミエン.ト] [名] [男] 眠気; 静けさ; 〖医〗しびれ; 〖医〗麻酔

a+dor-mi-'de-ra [ア.ドる.ミ.'デ.ら] [名] [女] 〖植〗ケシ

a+dor-mi-'tar-se [ア.ドる.ミ.'タる.セ] [動] [再] うとうとする, 居眠りする

*__a+dor-'nar__ [ア.ドる.'ナる] 92% [動] [他] (con, de: で)飾る, 装飾する, 引き立てる; 〈人の〉品位を高める; 〈物語などを〉潤色する, 〈に〉尾ひれをつける　**~se** [動] [再] 〖衣〗〈身を〉飾る, おめかしする; (con: で)飾られる

a+dor-'nis-ta [ア.ドる.'ニス.タ] [名] [共] 〖建〗(室内)装飾家

*__a+'dor+no__ [ア.'ドる.ノ] 92% [名] [男] 飾り, 装飾; 〔複〕〖植〗ホウセンカ　*de* ~ お飾りで, 何もしないで

a+do-'sa-do, -da [形] 〖建〗棟続きの [名] [男] 〖建〗棟続きの家

a+do-'sar [ア.ド.'サる] [動] [他] (a: に)もたせ掛ける, 立て掛ける, 寄せ掛ける; (a: の)そばに置く

a+do-ve-'la-do, -da [ア.ド.ベ.'ラ.ド, ダ] [形] 〖建〗(アーチに)迫石(せりいし)がついた

ad-'quie-r~ [動] 《直現/接現/命》 ↓adquirir

ad-qui-'ri-do, -da [アド.キ.'り.ド, ダ] [形] 獲得した; 後天性の

**__ad-qui-'rir__ [アド.キ.'りる] 81% [動] [他] ① (i|ie) 獲得する, 手に入れる, 得る; 買う, 購入する; 〈習慣などを〉身につける

**__ad-qui-si-'ción__ [アド.キ.スィ.'すぃオン] 85% [名] [女] 獲得, 入手, 購入; 獲得[入手]されたもの, 購入品; 掘出し物; 習得

ad-qui-si-'ti-vo, -va [アド.キ.スィ.'ティ.ボ, バ] [形] 購買の, 購買力のある; 取得の, 取得力のある

a+'dral [ア.'ドらル] [名] [男] 〔複〕〖車〗(荷車の)横囲い, 横板

*__a+'dre-de__ [ア.'ドれ.デ] 94% [副] わざと, 故意に, 意図的に; わざわざ(そのために)

a+dre-na-'li-na [ア.ドれ.ナ.'リ.ナ] [名] [女] 〖生〗アドレナリン《副腎髄質から分泌されるホルモン》

A+'drián [ア.'ドりアン] [名] [固] 〖男性名〗アドリアン

A+'dria-na [ア.'ドりア.ナ] [名] [固] 〖女性名〗アドリアナ

A+'dria+no [ア.'ドりア.ノ] [名] [固] 〖男性名〗アドリアノ

a+'driá-ti-co, -ca [ア.'ドりア.ティ.コ, カ] [形] [名] [男] [女] 〖地名〗アドリア海の; アドリア海沿岸に住む人; 〔mar A~〕アドリア海《イタリア半島とバルカン半島の間の海域》

ads-cri-'bir [ア(ド)ス.クり.'ビる] [動] [他] 〔過分 adscrito〕《格》(a: に)あてがう, 任命する, 差し向ける; 《格》〈原因などを〉(a: に)帰する, (a: の)せいにする　**~se** [動] [再] 《格》(a: に)入会[入党]する, 加入する

ads-crip-'ción [ア(ド)ス.クリプ.'すぃオン] [名] [女] 《格》任命, 割り当て, 配属; 《格》原因などを(a: に)帰すること, 責任の追及

ads-'cri-to, -ta [ア(ド)ス.'クり.ト, タ] [形] 《格》(a: に)任命された; 《格》«原因などが» (a: に)帰せられた

*__a+'dua-na__ 92% [名] [女] 〖法〗税関; 〖法〗関税; 〖遊〗すごろくの一種

a+dua-'ne-ro, -ra [ア.ドゥア.'ネ.ろ, ら] [形] 〖法〗税関の [名] [男] 〖法〗税関吏, 税関の役人

a+'duar [ア.'ドゥアる] [名] [男] アドゥアル《ベドウィン族の集落》; (ロマ[ジプシー]などの)居住地

a+du-'cir [ア.ドゥ.'すぃる] [動] [他] ⑮ (c|zc; j) 〈証拠・説明などを〉提示する; 〈que: を〉申し立てる

a+duc-'tor [ア.ドゥク.'トる] [名] [男] 〖医〗内転筋

a+due-'ñar-se [ア.ドゥエ.'ニャる.セ] [動] [再] (de: を)自分のものにする, 奪う; «恐怖などが» (de: に)取りつく, (de: の)心を奪う

a+'du-fe [名] [男] 〖歴〗(ムーア人の)太鼓

a+du-la-'ción [ア.ドゥ.ラ.'すぃオン] [名] [女] 追従(ついしょう), お世辞, へつらい

a+du-la-'dor, -'do-ra [ア.ドゥ.ラ.'ドる, 'ド.ら] [名] [男] [女] お世辞屋, ごますり [形] お世辞の, へつらいの

a+du-'lar [ア.ドゥ.'ラる] [動] [他] 追従(ついしょう)する, 〈に〉お世辞を言う, へつらう; 喜ばせる

a+du-la-'to-rio, -ria [ア.ドゥ.ラ.'ト.りオ, りア] [形] お世辞の, へつらいの

a+du-'lón, -'lo-na [ア.ドゥ.'ロン, 'ロ.ナ] [名] [男] [女] 《話》お世辞屋, ご機嫌取り [形] 《話》おべっかの, お世辞の, へつらいの

a+dul-te-ra-'ción [ア.ドゥル.テ.ら.'すぃオン] [名] [女] 混ぜ物, (混ぜ物による)粗悪品, 偽造; 姦通(かんつう)

a+dul-te-'rar [ア.ドゥル.テ.'らる] [動] [自] 姦通する [動] [他] 混ぜ物をする, 偽造する; 歪曲(わいきょく)する　**~se** [動] [再] 品質が落ちる

a+dul-te-'ri+no, -na [ア.ドゥル.テ.'り.ノ, ナ] [形] 不義によって生まれた; 偽の, 偽造の

a+dul-'te-rio [ア.ドゥル.'テ.りオ] [名] [男] 姦通(かんつう), 密通, 不義, 不倫; 偽造

a+'dúl-te-ro, -ra [ア.'ドゥル.テ.ろ, ら] [形] 姦通(かんつう)の, 不倫の [名] [男] [女] 姦通者

**__a+'dul-to, -ta__ [ア.'ドゥル.ト, タ] 88% [形] [名] [男] [女] 成人(の); 成熟した(人) [名] [男] 〖動〗成体

a+dum-'brar [ア.ドゥン.'ブらる] 動 他 〔絵〕暗くする, 〈に〉陰をつける

a+dus-'tez [ア.ドゥス.'テす] 名 女《格》厳しさ, 厳格; 無愛想

a+'dus-to, -ta 形《人・性質が》がさつな, 無愛想な; 《人・表情が》厳しい, 厳格な; 焼けた, 焦げた, 燃え立つ

a+'duz-co, -ca(~) 動《直現1単, 接現》⬆aducir

adv. 略 ⬇adverbio

ad-ve-ne-'di-zo, -za [アド.ベ.ネ.'ディ.そ, さ] 名 男 女〔軽蔑〕成り上がり者, 成金;〔軽蔑〕よそ者, 流れ者, 外人 形〔軽蔑〕よそから来た, よそ者の, 流れ者の, 外部の, 外来の;〔軽蔑〕成り上がりの, 成金の

ad-ve-ni-'mien-to [アド.ベ.ニ.'ミエン.ト] 名 男 (時代・事件の)到来, 出現; 即位;〔宗〕(キリストの)降臨 ***esperar (como) el santo ~***〔皮肉〕何もしないで手をこまねいている

ad-ve-'nir [アド.ベ.'ニる] 動 自 ⑦③ (venir)《格》《重要な人物が》出現する; 《事件が》起こる; 即位する

ad-ven-'ti-cio, -cia [アド.ベン.'ティ.すぃオ, すぃア] 形 偶然の, 偶発的な

ad-ven-'tis-mo [アド.ベン.'ティス.モ] 名 男〔宗〕(キリストの)再臨説

ad-ven-'tis-ta [アド.ベン.'ティス.タ] 形 名 共〔宗〕再臨派の(人)

ad-ver-'bial [アド.べる.'ビアル] 形〔言〕副詞の, 副詞的な 名 男〔言〕副詞類, 副詞句[節]

****ad-'ver-bio** [アド.'べる.ビオ] 90% 名 男〔言〕副詞

***ad-ver-'sa-rio, -ria** [アド.べる.'サ.りオ, りア] 92% 形 名 男 女 敵(の), 反対の(者);〔軍〕敵, 敵軍;〔競〕相手選手

ad-ver-sa-'ti-vo, -va [アド.べる.サ.'ティ.ボ, バ] 形〔言〕反意の, 逆接の

ad-ver-si-'dad [アド.べる.スィ.'ダド] 名 女 逆境, 不運, 災難; 厳しさ

ad-'ver-so, -sa [アド.'べる.ソ, サ] 形 敵の, 反対の; 反対側の; 不利な, 不都合な

***ad-ver-'ten-cia** [アド.べる.'テン.すぃア] 92% 名 女 忠告, 警告; 注, 注意(書き); (本の)はしがき, 前文

ad-ver-'ti-do, -da [アド.べる.'ティ.ド, ダ] 形 (de: を)知っている, 気づいている; 能力のある, 熟練した **-damente** 副 知っていて, 知っていながら

****ad-ver-'tir** [アド.べる.'ティる] 83% 動 他 ⑥⑤ (e|ie|i) 〈que 接続法: …するよう〉忠告する, 警告する; (a: に)〈que 直説法: …を〉指摘する, 知らせる, 示す; 〈に〉指摘する, 示す; 気がつく, 認める **~se** 動 再 (de: に)気づく, 注意を払う, (de: を)気に留める

Ad-'vien-to [アド.'ビエン.ト] 名 男〔宗〕待降節《クリスマス前の約4週間》

ad-'vier-t~; ad-vir-t~ 動《活用》⬆advertir

ad-vo-ca-'ción [アド.ボ.カ.'すぃオン] 名 女〔宗〕(神・聖母・守護聖人の)名, 御名(みな);〔宗〕(神への)祈り, 祈願

ad-ya-'cen-te [アド.ジャ.'セン.テ] 形 (a: に)隣接する, 近接する, 付近の, 隣の

a. e. c. 略 =antes de la era común《西暦》紀元前…年

a+e-ra-'ción [ア.エ.ら.'すぃオン] 名 女 換気, 風通し

****a+'é-re+o, +a** [ア.'エ.れ.オ, ア] 87% 形 空中の;〔空〕航空の, 航空機の; 空気の, 大気の, 気体の; 軽やかな, ふわふわした, 実態のない;〔軍〕空軍の

a+e-'ró-bic⇦-ro- [ア.エ.'ろ.ビク⇦.ろ.'ビク] 名 男〔複 -cs〕〔競〕エアロビクス

a+e-'ró-bi-co, -ca [ア.エ.'ろ.ビ.コ, カ] 形 有酸素(系)の

a+e-'ro-bio, -bia [ア.エ.'ろ.ビオ, ビア] 形 名 男〔生〕好気性の;〔生〕好気性生物

a+e-ro-'bis-mo [ア.エ.'ろ.ビス.モ] 名 男《ラプラタ》〔競〕ジョギング

a+e-ro-'bús [ア.エ.ろ.'ブス] 名 男〔空〕《商標》エアバス

a+e-ro-'club [ア.エ.ろ.'クルブ] 名 男〔複 -clubes⇦-clubs〕〔空〕飛行クラブ

a+e-ro-des-li-za-'dor [ア.エ.ろ.デス.り.さ.'ドる] 名 男〔海〕ホバークラフト

a+e-ro-di-'ná-mi-co, -ca [ア.エ.ろ.ディ.'ナ.ミ.コ, カ] 形〔物〕空気力学上の, 航空力学上の; 流線型の **-ca** 名 女〔物〕空気力学, 航空力学

***a+e-'ró-dro-mo** [ア.エ.'ろ.ドろ.モ] 94% 名 男〔空〕飛行場, 飛行場設備

a+e-ro-'fa-gia [ア.エ.ろ.'ファ.ひア] 名 女〔医〕呑気(どんき)(症), 空気嚥下(えんげ)(症)

a+e-ro-fo-to-gra-'fí+a [ア.エ.ろ.フォ.ト.グら.'フィ.ア] 名 女〔空〕〔写〕航空写真

a+e-ro-'gra-ma [ア.エ.ろ.'グら.マ] 名 男 航空書簡

a+e-ro-'lí-ne+a [ア.エ.ろ.'リ.ネ.ア] 名 女 航空路; 航空会社

a+e-ro-'li-to [ア.エ.ろ.'リ.ト] 名 男〔地質〕石質隕石(いんせき), エアロライト

a+e-ro-mo-de-'lis-mo [ア.エ.ろ.モ.デ.'リス.モ] 名 男 模型飛行機の趣味

a+e-ro-'mo-zo, -za [ア.エ.ろ.'モ.そ, さ] 名 男 女《ラ米》〔空〕客室乗務員⇩azafato

a+e-ro-'nau-ta [ア.エ.ろ.'ナウ.タ] 名 共〔空〕(航空機・飛行船などの)飛行士, 操縦士, 乗務員

a+e-ro-'náu-ti-co, -ca [ア.エ.ろ.'ナウ.ティ.コ, カ] 形〔空〕航空学の, 航空術の

a

-ca 名 女 航空学, 航空術
a+e-ro-'na-ve [ア.エ.ろ.'ナ.ベ] 名 女 〘空〙飛行船; 飛行機
a+e-ro-'pla+no [ア.エ.ろ.'プラ.ノ] 名 男 〘空〙飛行機
⁑**a+e-ro-'puer-to** [ア.エ.ろ.'プエる.ト] 87% 名 男 〘空〙〔全体〕空港, 飛行場
a+e-ros-'fe-ra [ア.エ.ろス.'フェ.ら] 名 女 〘天〙大気圏
a+e-ro-'sol [ア.エ.ろ.'ソル] 名 男 〘化〙エアゾール, 気膠(きょう)質, 煙霧質; (香水・フィクサティブのような)煙霧性の液体, エアゾール, 噴霧器, スプレー
a+e-ros-'tá-ti-co, -ca [ア.エ.ろス.'タ.ティ.コ, カ] 形 〘物〙空気静力学の **-ca** 名 女 〘物〙空気静力学
a+e-ros-'ta-to ⇔ -'rós- [ア.エ.ろス.'タ.ト⇔.'ろス.] 名 男 〘空〙軽飛行体《軽気球・軽飛行船など》
a+e-ro-trans-por-'ta-ble [ア.エ.ろ.トら(ン)ス.ポる.'タ.ブレ] 形 〘空〙空輸できる
a+e-ro-trans-por-'tar [ア.エ.ろ.トら(ン)ス.ポる.'タる] 動 他 〘空〙空輸する
a+e-ro-'trén [ア.エ.ろ.'トれン] 名 男 〘鉄〙エアロトレイン《プロペラ推進式浮上列車》
a+e-ro-'ví+a [ア.エ.ろ.'ビ.ア] 名 女 〘空〙航空路
a+fa-bi-li-'dad [ア.ファ.ビ.リ.'ダド] 名 女 愛想(のよさ), やさしさ, 親切
***a+'fa-ble** [ア.'ファ.ブレ] 94% 形 愛想がよい, 人好きのする, (con: に)やさしい, «性格が»穏やかな
a+'fa-gia [ア.'ファ.ひア] 名 女 〘医〙嚥下(えんげ)不能症
a+fa-'ma-do, -da 形 有名な, 名高い
a+fa-'mar [ア.ファ.'マる] 動 他 有名にする, 〈に〉名声を与える **~se** 動 再 有名になる, 名声を得る
***a+'fán** 91% 名 男 熱意, 熱心, 勤勉, 努力, 骨折り; 切望, 熱望; 〔複〕心配, 不安, 苦労
a+fa-'na-do, -da 形 勤勉な, 骨身を惜しまない; 熱望して, 切望して; 熱中している
a+fa-'nar [ア.ファ.'ナる] 動 他 悩ませる, 苦しませる, 困らせる; 《俗》(a: から)盗む; 《コロンビア》せかす **~(se)** 動 自 (再) (en, por 不定詞: …に)努力する, 骨を折る, がんばる, 熱心に働く
a+fa-'no-so, -sa 形 骨の折れる, 困難な, 苦しい, つらい; 熱心な, 熱意のある **-samente** 副 熱心に, 勤勉に; 骨を折って, 苦労して
a+'fa-sia 名 女 〘医〙失語症
a+'fá-si-co, -ca 形 〘医〙失語症の 名 男 女 失語症患者

a+fe+'ar [ア.フェ.'アる] 動 他 醜くする; 悪く言う, 非難する, (精神的に)傷つける **~-se** 動 再 醜くなる
a+fec-'ción [ア.フェク.'すぃオン] 名 女 〘医〙疾患, 不調, 病気; 愛好, 愛着
a+fec-ta-'ción [ア.フェク.タ.'すぃオン] 名 女 気取り; ふり, 見せかけ
a+fec-'ta-do, -da [ア.フェク.'タ.ド, ダ] 形 気取った; (por: に)取り乱した, 動転した, 苦しんだ, 悲しんだ; 見せかけの; (悪い)影響を受けた; 〘医〙(de: 病気などに)冒された **-damente** 副 わざとらしく
a+fec-'tan-te [ア.フェク.'タン.テ] 形 (a: に)影響を与える
⁑**a+fec-'tar** [ア.フェク.'タる] 83% 動 他 «病気・災害などが»襲う, 見舞う, 傷つける, 害する; 悲しませる, 〈の〉気を動転させる; 関与する, (a: に)関わる; 気取る, 装う; ふりをする, 見せかける; 〘言〙修飾する; 熱望する; (a: に)併合する 動 自 (a: に)関わる, 影響する **~se** 動 再 (por: に)感動する; 気が動転する
a+fec-'tí-si-mo, -ma [ア.フェク.'ティ.スィ.モ, マ] 形 〔成句〕 ***Afectísimo señor*** … / ***Afectísima señora*** … 親愛なる…様 ***Su afectísimo servidor*** 敬具
a+fec-ti-vi-'dad [ア.フェク.ティ.ビ.'ダド] 名 女 情緒, 情緒性, 感受性
a+fec-'ti-vo, -va [ア.フェク.'ティ.ボ, バ] 形 やさしい, 愛情深い; 情緒的な, 情にもろい, 感情に動かされやすい; 敏感な, 感じやすい
⁑**a+'fec-to** [ア.'フェク.ト] 88% 名 男 感情, 情緒, 情愛, 愛着 **~, -ta** 形 愛情深い; 好きな; 親愛なる; (a: 仕事・義務などを)負うべき; (de: 病気に)かかった
a+fec-tuo-si-'dad [ア.フェク.トゥオ.スィ.'ダド] 名 女 愛情, やさしさ, 情愛
***a+fec-'tuo-so, -sa** [ア.フェク.'トゥオ.ソ, サ] 93% 形 愛情深い **-samente** 副 愛情深く, 親愛をこめて
a+fei-'ta-do, -da 形 ひげをそった; 〘牛〙«牛が»角の先を削った 名 男 ひげそり
***a+fei-'tar** [ア.フェイ.'タる] 94% 動 他 そる, 〈の〉ひげをそる; 《古》飾る, 美しくする, 化粧する; 〘牛〙〈牛の〉角を削る; 刈り込む **~-se** 動 再 (自分の)ひげをそる; 化粧する
a+'fei-te 名 男 (大げさな)装飾, 装飾品; 《古》化粧品
a+'fe-lio [ア.'フェ.リオ] 名 男 〘天〙遠日点
a+fel-'par [ア.フェル.'パる] 動 他 〘衣〙ビロード状にする
a+fe-mi-na-'ción [ア.フェ.ミ.ナ.'すぃオン] 名 女 めめしさ, 柔弱, 優柔不断
a+fe-mi-'na-do, -da 形 «人・態度・

話し方などが》女性っぽい; めめしい, 優柔不断な [名] [男] 女性っぽい男

a+fe-mi-na-'mien-to [名] [男] ⇧ afeminación

a+fe-mi-'nar [ア.フェ.ミ.'ナる] [動] [他] 女っぽくする, めめしくする ~se [動] [再] 女っぽくなる, 柔弱になる

a+fe-'ren-te [ア.フェ.'れン.テ] [形] 〖体〗(血管が)輸入の; 〖体〗(神経が)求心性の

a+'fé-re-sis [ア.'フェ.れ.スィス] [名] [女] 〔単複同〕〖言〗語頭音の脱落

a+fe-'rra-do, -da [ア.フェ.'ら.ド, ダ] [形] 頑固な, 強情な, (a: に)しがみついた; 定着した

a+fe-rra-'mien-to [ア.フェ.ら.'ミエン.ト] [名] [男] (しっかりと)つかむこと; 固執; 〖海〗係留, 投錨(とうびょう)

a+fe-'rrar [ア.フェ.'ら る] [動] [他] (しっかりと)つかむ, つかまえる ~se [動] [再] (a, en: に)固執する; (a, en: に)つかまる

affaire [ア.'フェる] [名] [男] 〔フランス語〕(世間が注目する不正な)事件, 出来事, スキャンダル; 情事

Af-ga-nis-'tán [名] [固] 〔(el) ~〕〔República Islámica de ~〕〖地名〗アフガニスタン《アジア南西部の共和国; 正式名はアフガニスタンイスラム共和国》

af-'ga+no, -na [形] 〖地名〗アフガニスタン(人)の [名] [男] [女] アフガニスタン人 ⬆Afganistán

a+fian-za-'mien-to [ア.フィアン.さ.'ミエン.ト] [名] [男] 請け合うこと, 保証; 抵当, 保証; 補強, 強化; 確立

a+fian-'zar [ア.フィアン.'さる] [動] [他] [34] (z|c) 補強する, 強化する; 請け合う, 保証する; 確立する; つかむ, 確実に手に入れる ~se [動] [再] 確立される, 定着する; (a: を)つかむ, 握る; (a: に)固執する

a+'fi-che [名] [男] 《南米》ポスター

*__a+fi-'ción__ [ア.フィ.'すぃオン] 91% [名] [女] (a, por: への)愛情, 好意, 愛着; 好み, 趣味; 《話》〔集合〕ファン; 熱中, 熱心

⁑__a+fi-cio-'na-do, -da__ [ア.フィ.すぃオ.'ナ.ド, ダ] 90% [形] アマチュアの, 趣味の, 愛好家の; (a: が)好きな, ひいきの [名] [男] [女] 愛好家; アマチュア; 〔特に〕〖牛〗闘牛の愛好家

*__a+fi-cio-'nar__ [ア.フィ.すぃオ.'ナる] 92% [動] [他] 〈に〉(a: を)好きにさせる, 〈に〉(a: を)熱中させる ~se [動] [再] (a: が)好きになる, (a: を)好む, 〈に〉気にいる, (a: に)熱中する

a+fie-'bra-do, -da [ア.フィエ.'ブら.ド, ダ] [形] 〖医〗熱がある, 熱っぽい

a+'fi-jo, -ja [ア.'フィ.ほ, は] [形] 〖言〗接辞の [名] [男] 〖言〗接辞

a+fi-'la-do, -da [ア.フィ.'ラ.ド, ダ] [形] とがった, 鋭い; やせた, ほっそりした

a+fi-la-'dor [ア.フィ.ラ.'ドる] [名] [男] 〖技〗研磨器; (かみそりの)革砥(かわと), グラインダー

a+fi-la-'lá-pi-ces [ア.フィ.ラ.'ラ.ピ.せス] [名] [男] 〔単複同〕〖機〗鉛筆削り

a+fi-'lar [ア.フィ.'ラる] [動] [他] 研ぐ, とがらせる, 細くする; 《ラプラタ》準備する ~se [動] [再] 細くなる, とがる; やせる

a+fi-lia-'ción [ア.フィ.リア.'すぃオン] [名] [女] (a, en: …への)入会, 加入; 団体; 会員であること, メンバーシップ

a+fi-'lia-do, -da [ア.フィ.'リア.ド, ダ] [形] 会員の, (a: に)加入した, 加盟した [名] [男] [女] 会員, 加盟者

a+fi-'liar [ア.フィ.'リアる] [動] [他] (a, en: に)加入させる, 会員にする ~se [動] [再] ([自]) (a: に)入会[入党]する, 加入する

a+fi-li-gra-'na-do, -da [ア.フィ.リ.グら.'ナ.ド, ダ] [形] 〖技〗線条細工の; 繊細な; 洗練された

a+fi-li-gra-'nar [ア.フィ.リ.グら.'ナる] [動] [他] 〖技〗線条細工にする; 精巧に作る, 丹念に仕上げる; 磨く; 飾る

'á-fi-lo, -la ['ア.フィ.ロ, ラ] [形] 〖植〗葉のない

a+fi-'lón [ア.フィ.'ロン] [名] [男] 革砥(かわと); やすり

*__a+'fín__ 93% [形] 同類の, 同系の; 関連した; 近接の, 隣り合った, 隣接の

a+fi-na-'ción [ア.フィ.ナ.'すぃオン] [名] [女] 精製, 精錬; 洗練; 〖楽〗(楽器の)調律, 調音

a+fi-na-'dor, -'do-ra [ア.フィ.ナ.'ドる, 'ド.ら] [名] [男] [女] 〖楽〗調律師 [名] [男] 〖楽〗調律鍵(けん)

a+fi-na-'mien-to [名] [男] ⇧ afinación

a+fi-'nar [ア.フィ.'ナる] [動] [他] 〖楽〗調律する, 調音する, 〈の〉音程を合わせる; 洗練する, 上品にする; 仕上げる; よくする, 磨く; 〈金属を〉精錬する [動] [自] 〖楽〗音を合わせて歌う[演奏する] ~se [動] [再] 洗練される, 上品になる; やせる, 細くなる

a+fin-'car [ア.フィン.'カる] [動] [自] [69] (c|qu) 不動産を手に入れる [動] [他] (en: に)定住させる ~se [動] [再] (en: に)住みつく, 定住する

a+fi-ni-'dad [名] [女] (entre: の)類似性, 相似性; 姻戚関係; 〖化〗親和力[性]

⁑__a+fir-ma-'ción__ [ア.フィる.マ.'すぃオン] 90% [名] [女] 断言, 肯定, 意見; 固定

⁑__a+fir-'mar__ [ア.フィる.'マる] 78% [動] [他] 肯定する; 〈que: を〉確約する, 確言する; 取りつける, 固定する ~se [動] [再] (en: 自分の立場を)守る, 保持する; 体を固定する

a+fir-ma-'ti-vo, -va [ア.フィる.マ.'ティ.ボ, バ] [形] 肯定的な, 肯定の; 確信的な, 断定的な -va [名] [女] 承諾, 賛成, 肯定の言葉

a+fla-'tar-se [ア.フラ.'タる.セ] [動] [再]

a

《ﾒｷｼｺ》〘医〙下痢をする; 《中米》(de: を)苦しむ, 嘆き悲しむ

a+flau-'ta-do, -da [ア.フラウ.'タ.ド, ダ] 形 《声が》笛のような, かん高い

a+fle-'cha-do, -da [ア.フレ.'チャ.ド, ダ] 形 矢の形をした

a+flic-'ción [ア.フリク.'すぃオン] 名 女 悩み, 苦悩, 悲しみ

a+flic-'ti-vo, -va [ア.フリク.'ティ.ボ, バ] 形 《格》苦悩の, 苦悩に満ちた, 痛々しい, つらい, 悲惨な; 〘法〙体罰の

a+fli-'gi-do, -da [ア.フリ.'ひ.ド, ダ] 形 (con, por: を)悩む, 悲しむ; 〘医〙(de: を)病んだ; 困った, 困窮した; 先立たれた, 死別した 名 男 女 受難者; 遺族

a+fli-'gir [ア.フリ.'ひる] 動 他 ㉜ (g|j) 苦しめる, 悲嘆にくれさせる; 悩ます, 困らせる ～**se** 動 再 (por, con, de: を)深く悲しむ, 苦しむ

a+'fli-jo, -ja(~) 動 《直現1単, 接現》 ↑ afligir

a+flo-ja-'mien-to [ア.フロ.は.'ミエン.ト] 名 男 (ひもなどを)緩めること; 気晴らし, 娯楽; 緩むこと; 減退, 弱まること

***a+flo-'jar** [ア.フロ.'はる] 94% 動 他 緩める, 弱くする, 〈緊張を〉緩和する; 《話》〔笑〕〈金を〉渡す, あげる 動 自 《ﾁﾘ》《ﾗﾌﾟﾗﾀ》《話》譲る, へりくだる ～(**se**) 動 自 (再) 緩む, 弱くなる, 《緊張が》緩和する; 怠ける, 怠る, だれる; 〈自分が身につけているものを〉緩める; (en: に)関心を失う

a+flo-ra-'mien-to [ア.フロ.ら.'ミエン.ト] 名 男 〘鉱〙(鉱脈の)露出

a+flo-'rar [ア.フロ.'らる] 動 自 〘鉱〙《鉱脈などが》地表に出る; 表にあらわれる 動 他 〘農〙〈穀物を〉ふるいにかける

a+'fluen-cia [ア.'フルエン.すぃア] 名 女 群衆, 人だかり, ひしめき合い, 殺到; 流入; 《格》豊富; 《格》雄弁, 能弁; 〘医〙充血

a+'fluen-te [ア.'フルエン.テ] 形 《格》流れる, 流入する; 《格》雄弁な, 多弁な 名 男 〘地〙支流

a+'fluir [ア.'フルイる] 動 自 ㊲ (-y-) (a: に)集結する, 群がる; 《川が》(a, en: 海・湖に)注ぐ, 流入する; 《川・道が》(a: に)合流する

afmo., afma.; af.^{mo}, af.^{ma} 略 = afectísimo 親愛なる…

a+fo-'ní+a 名 女 〘医〙失声症

a+'fó-ni-co, -ca 形 声が出ない; 〘医〙失声症の

'á+fo+no, -na 形 〘音〙無音の

a+fo-'rar [ア.フォ.'らる] 動 他 〘商〙〈商品の〉値段を評価する, 値踏みする, 査定する; 〈の〉容積[排水量]を計算する

a+fo-'ris-mo [ア.フォ.'リス.モ] 名 男 警句, 格言, 金言

a+fo-'rís-ti-co, -ca [ア.フォ.'リス.ティ.コ, カ] 形 警句の, 格言の, 金言の

a+'fo-ro [ア.'フォ.ろ] 名 男 (劇場などの)収容力, 座席数; (川の)流水量; 〘商〙値踏み, 評価, 査定; 測定, 計算

a+fo-'rrar [ア.フォ.'ら̃る] 動 他 (con, de: で)裏打ちする, 〈に〉カバーをする, 〈に〉上張りをする

a+'fo-rro [ア.'フォ.ろ̃] 名 男 裏打ち, カバー, 上張り

***a+for-tu-'na-da-'men-te** [ア.フォる.トゥ.'ナ.ダ.'メン.テ] 91% 副 《文修飾》幸運にも, 幸いに

***a+for-tu-'na-do, -da** [ア.フォる.トゥ.'ナ.ド, ダ] 93% 形 (en: に)幸運な, 運のよい, 幸せな; 成功した, うまくいった

a+fran-ce-'sa-do, -da [ア.フらン.せ.'サ.ド, ダ] 形 フランスびいき(の) 名 男 女 〘歴〙フランス賛同者 《特に独立戦争(1808–14)のときにナポレオンに従った人々》

a+fran-ce-'sar [ア.フらン.せ.'サる] 動 他 フランス風にする ～**se** 動 再 フランス風になる

a+'fre-cho [ア.'フれ.チョ] 名 男 〘食〙(穀類の)ふすま 《小麦などの製粉でできる皮のくず》

a+'fren-ta [ア.'フれン.タ] 名 女 侮辱, 無礼, 無礼な言動; 不名誉, 恥

a+fren-'tar [ア.フれン.'タる] 動 他 侮辱する, 辱(はずかし)める, 〈の〉感情を害する ～**se** 動 再 (de, por: を)恥と思う, 恥ずかしく思う

a+fren-'to-so, -sa [ア.フれン.'ト.ソ, サ] 形 侮辱的な, 無礼な, 不名誉な

***'Á+fri-ca** ['ア.フり.カ] 92% 名 固 〔(el) ～〕〘地名〙アフリカ

a+fri-'ca-do, -da [ア.フり.'カ.ド, ダ] 形 〘音〙破擦音の -**da** 名 女 〘音〙破擦音

a+fri-ca-'nis-mo [ア.フり.カ.'ニス.モ] 名 男 〘政〙(汎)アフリカ主義; アフリカ学

a+fri-ca-'nis-ta [ア.フり.カ.'ニス.タ] 形 名 共 〘政〙(汎)アフリカ主義の[主義者]; アフリカ学の[学者]

***a+fri-'ca+no, -na** [ア.フり.'カ.ノ, ナ] 91% 形 〘地名〙アフリカ(人)の 名 男 女 アフリカ人 ↑ África

a+fri-'ka+ans [ア.フり.'カン(ス)] 名 男 〘言〙アフリカーンス語 《英語と並ぶ南アフリカ共和国の公用語》

'a+fro ['ア.フろ] 名 男 アフロ(スタイル)

afro~ 〔接頭辞〕「アフリカ」を示す

a+fro-a-me-ri-'ca+no, -na [ア.フろ.ア.メ.り.'カ.ノ, ナ] 形 アフリカ系アメリカ(人)の 名 男 女 アフリカ系アメリカ人

a+fro-a-'siá-ti-co, -ca [ア.フろ.ア.'スィア.ティ.コ, カ] 形 アジア・アフリカの

a+fro-cu-'ba+no, -na [ア.フろ.ク.

'バ.ノ, ナ] 形 アフリカ系キューバ(人)の 名 男 女 アフリカ系キューバ人

a+fro-di-'sí+a-co, -ca ⇔ -sia- [ア.フろ.ディ.'スィ.ア.コ, カ⇔.スィ.'ア.] 形 性欲を起こさせる, 催淫(さいいん)性の 名 男 性欲促進剤, 媚薬(びやく)

A+fro-'di-ta [ア.フろ.'ディ.タ] 名 固 〘ギ神〙アフロディテ《愛・美・豊穣の女神》

a+fro-eu-ro-'pe+o, +a [ア.フろ.エウ.ろ.'ペ.オ, ア] 形 〘地名〙 アフリカ・ヨーロッパの

a+fron-ta-'mien-to [ア.フろン.タ.'ミエン.ト] 名 男 立ち向かうこと, 直面; 対抗, 対決, 攻撃, 取り組み

a+fron-'tar [ア.フろン.'タる] 動 他 〈に〉立ち向かう; 対抗させる, 対決させる; 向き合わせる ～**se** 動 再 (con: と)向かい合う

'af+ta 名 女 〔el/un⇔una ～〕〘医〙 アフタ, 鵞口瘡(がこうそう)《口腔・咽頭・喉頭の粘膜にできる白色の斑点》

af-'to-sis 名 女 〔単複同〕〘医〙 アフタ症

af-'to-so, -sa 形 〘医〙 アフタ性の[にかかった]

⁑**a+'fue-ra** [ア.'フエ.ら] 90% 副 外に[へ], 外部に[へ], 屋外に[へ]; 《ラ米》 外で, 屋外で ⇩ fuera; 表に, 外側に; 郊外で 名 女 〔複〕郊外, 近郊 感 出て行け!, どけ!

a+fue-'ri+no, -na [ア.フエ.'り.ノ, ナ] 形 《チリ》 よその, 見知らぬ(人)

a+'fus-te 名 男 〘軍〙 砲車, 砲架

a+ga-'cha-da 名 女 〔複〕《話》 ごまかし; 〔複〕《話》 言い抜け, 口実; かがむこと, しゃがむこと; 《話》 逃げ腰, 卑怯(ひきょう)な行為

a+ga-'char** [ア.ガ.'チャる] 94% 動 他 〈体・頭を〉かがめる, 曲げる, 下げる, 倒す ～**se** 動 再 かがむ, しゃがむ; 《話》 負ける, 屈する; 身を隠す, 人里を離れる; 《カリブ》《話》(con: を)横領する; 《メキシコ》 へりくだる; 臆病(おくびょう)になる ～ ***las orejas 《話》(議論で)降参する

a+ga-'chón, -'cho-na 名 男 女 《メキシコ》 卑怯者, 臆病(おくびょう)者

a+'ga-lla [ア.'ガ.ジャ] 名 女 〔複〕《話》 勇気, 根性, 決断力; 〘魚〙 えら; 〔複〕〘医〙 扁桃腺炎; 《コロンビア》 貪欲; 略奪; 《アンデス》《話》 勇者, 勇敢な

a+ga-'lla-do, -da [ア.ガ.'ジャ.ド, ダ] 形 名 男 女 《カリブ》《チリ》《ラプラタ》《話》 勇敢な(人)

a+ga-'llar-se [ア.ガ.'ジャる.セ] 動 再 《カリブ》《話》 勇気を持つ, 勇敢にふるまう

a+ga-lle-'ga-do, -da [ア.ガ.ジェ.'ガ.ド, ダ] 形 ガリシア風の; 《ラプラタ》 スペイン人なまりのある

a+ga-'llón [ア.ガ.'ジョン] 名 男 数珠(じゅず)の玉

a+ga-'llu-do, -da [ア.ガ.'ジュ.ド, ダ] 形 名 男 女 《南米北》《アンデス》《話》 けち(な), しみったれた(人)

A+ga-me(m)-'nón 名 固 〘ギ神〙 アガメムノン 《トロイ戦争におけるギリシャ軍の総指揮官》

'á+ga-pe 名 男 《格》〘歴〙〘宗〙 愛餐(あいさん), アガペー 《初期キリスト教徒が同胞愛の印とした会食》; 《格》〔一般〕 会食, 宴会

a+ga-'re+no, -na [ア.ガ.'れ.ノ, ナ] 形 名 男 女 〘歴〙《スペイン》(中世スペインの)イスラム教徒(の)

a+'gá-ri-co [ア.'ガ.り.コ] 名 男 〘菌〙 ハラタケ《きのこ》; 〘鉱〙 蕈状(じんじょう)石

a+ga-rra-'de-ra [ア.ガ.ら.'デ.ら] 名 女 〔複〕《話》 コネ, 縁故

a+ga-rra-'de-ro [ア.ガ.ら.'デ.ろ] 名 男 取っ手, 柄; 〔複〕《話》 後援, 引き立て, コネ; 《話》 口実, 言いわけ; 〘海〙 投錨(とうびょう)地, 停泊地

a+ga-'rra-do, -da [ア.ガ.'ら.ド, ダ] 形 (a: に)(しっかりと)つかまっている; 《話》 けちな, しみったれた 名 男 《話》 チークダンス **-da** 名 女 《話》 激しい口論, けんか, 取っ組み合い

⁑**a+ga-'rrar** [ア.ガ.'らる] 90% 動 他 (しっかりと)つかむ, 握る; 《話》 押さえる, とらえる; 《ラ米》 取る, 得る, つかまえる; 《話》〘医〙〈病気に〉かかる; 《ラ米》《スペイン》《話》 理解する, 解釈する 動 自 《事が》うまくいく, よい結果となる; 〘植〙 《植物が》根をおろす; くっつく, こびりつく; 《ラ米》(por: 道を)行く ～**se** 動 再 (a, de: に)つかまる, しがみつく; 〘食〙 《料理が》焦げつく, こびりつく; 《話》 (つかみ合いの)けんかをする; 《話》 《病気が》 (a: に)取りつく; 《話》 (a: を)口実にする, (a: に)頼る ～ ***y*** … 《話》 すぐに…する ～***la*** 《話》 酔っぱらう

a+'ga-rre [ア.'ガ.れ] 名 男 《話》 コネ, 後押し

a+ga-'rrón [ア.ガ.'ろン] 名 男 ひっつかむこと, わしづかみ; けんか ***a agarrones y empujones*** 押し合いへし合いで

a+ga-'rro-so, -sa [ア.ガ.'ろ.ソ, サ] 形 《メキシコ》 《刃などが》鋭い

a+ga-rro-'tar [ア.ガ.ろ.'タる] 動 他 きつく縛る; 押す, 詰める; 絞首刑にする ～**se** 動 再 (寒さなどで)固まる, 硬直する, しびれる; 《機械が》(部品が固くなって)止まる, 動かなくなる

a+ga-sa-'jar [ア.ガ.サ.'はる] 動 他 もてなす, 歓待する; (贈り物などで)喜ばす, 〈に〉ちやほやする

a+ga-'sa-jo [ア.ガ.'サ.ほ] 名 男 もてなし, 歓待; 贈り物

'á+ga-ta 名 女 〔el/un⇔una ～〕〘鉱〙 瑪瑙(めのう); 〔複〕《メキシコ》〘遊〙 ビー玉(遊び)

a+'ga-ve [ア.'ガ.ベ] 名 男 〘植〙 リュウゼツラン

a+ga-vi-'llar [ア.ガ.ビ.'ジャる] 動 他 〈麦を〉束ねる; 〈人を〉集める, 一団にする ～**-**

se 動 再 徒党を組む

a·ga·za·'par·se [ア.ガ.さ.'パる.セ] 動 再 (隠れるために)しゃがむ, うずくまる, かがむ

**a·'gen·cia [ア.'ヘン.すぃア] 83% 名 女 〖商〗代理店, 取次店, 斡旋所, サービス会社; 通信社; 支店, 出張所; 代理業務; 〖政〗(政府の)機関, 部局

a·gen·'ciar [ア.ヘン.'すぃアる] 動 他 提供する, 与える, 世話する; (努力して·巧妙に)手に入れる, うまくせしめる ～se 動 再 手に入れる; やりくりする, 工面する *agenciárselas* 《話》巧妙な手を使う, うまくやりとげる

*a·'gen·da [ア.'ヘン.ダ] 92% 名 女 手帳, メモ帳, 予定表; 日程, 予定

a·gen·'dar [ア.ヘン.'ダる] 名 女 手帳に記入する; 〈会議·催しなどを〉準備する, 予定する; 議題に含める

**a·'gen·te [ア.'ヘン.テ] 84% 名 共 〖商〗代理業者, 代理権者, 代理人; 警官, 刑事; 元になる力, 働き, 作因; 情報員, スパイ; 事務官, …官, …吏; 〖言〗動作主, 行為者; 〖医〗病原体 形 作用する, 作因の; 〖言〗動作主の

a·'geu·sia [ア.'ヘウ.スィア] 名 女 〖医〗無味覚症

a·gi·gan·'ta·do, -da [ア.ひ.ガン.'タ.ド, ダ] 形 巨大な, とてつもなく大きい; 抜きんでた, 突出した

a·gi·gan·'tar [ア.ひ.ガン.'タる] 動 他 巨大にする, とてつもなく大きくする; 誇張する ～se 動 再 巨大になる

*'á·gil ['ア.ひル] 93% 形 (de, en: が)軽快な, 敏捷(びんしょう)な, 機敏な, すばしこい, すばやい; 《感覚が》鋭敏な, するどい; 《文体が》軽妙な

a·gi·li·'dad [ア.ひ.リ.'ダド] 名 女 軽快さ, 敏捷(びんしょう)さ, 機敏さ, すばしこいこと; (頭の)鋭敏さ, 才能, 才覚; 〖競〗〔サッカーなど〕アジリティー《スピード, バランスなどを含む素早い動き》

a·gi·li·po·'lla·do, -da [ア.ひ.リ.ポ.'ジャ.ド, ダ] 形 《俗》ばかになった, ぼけた

a·gi·li·'tar [ア.ひ.リ.'タる] 動 他 敏捷にする; 早める ～se 動 再 敏捷になる, 活発になる

a·gi·li·'zar [ア.ひ.リ.'さる] 動 他 ㉞ (z|c) 活発にする

'a·gio ['ア.ひオ] 名 男 〖商〗プレミアム, 打歩(うちぶ), 利ざや, 両替料; 〖商〗投機

a·gio·'ta·je 名 男 ⇧agio

a·gio·'tar [ア.ひオ.'タる] 動 自 〖商〗投機をする

a·gio·'tis·mo 名 男 ⇧agio

a·gio·'tis·ta [ア.ひオ.'ティス.タ] 名 共 〖商〗相場師, 投機者

a·gi·ta·'ción [ア.ひ.タ.'すぃオン] 名 女 《水面が》荒れること, 波立ち, 騒ぎ; 心配, 不安, (心の)動揺, 狼狽(ろうばい); 〖気〗《風などが》激しいこと, 荒れ狂うこと; 〖政〗扇動, アジテーション; 興奮, 騒乱

*a·gi·'ta·do, -da [ア.ひ.'タ.ド, ダ] 93% 形 《水面などが》荒れる, 騒ぐ; 激しい, 荒れ狂う; 心配した, 狼狽(ろうばい)した; 興奮した

a·gi·ta·'dor, -'do·ra [ア.ひ.タ.'ドる, 'ド.ら] 形 名 男 女 扇動する 名 男 〖化〗攪拌(かくはん)器, 攪拌棒; 扇動者

a·gi·ta·'na·do, -da [ア.ひ.タ.'ナ.ド, ダ] 形 ロマ[ジプシー]のような

a·gi·ta·'nar [ア.ひ.タ.'ナる] 動 他 ロマ[ジプシー]のようにする ～se 動 再 ロマ[ジプシー]のようになる

*a·gi·'tar [ア.ひ.'タる] 92% 動 他 振る, 揺り動かす, 揺さぶる; 攪拌(かくはん)する, かき混ぜる; 〈水面を〉波立てる; 扇動する, アジる, 社会的不安をあおる; 心をかき乱す, 不安にする ～se 動 再 興奮する, 動揺する, 狼狽する, 心配する; 《水面が》荒れる, 波立つ; (激しく)揺れる; 〖海〗《船が》揺れる

*a·glo·me·ra·'ción [ア.グロ.メ.ら.'すぃオン] 94% 名 女 群衆, 人だかり; 塊(かたまり)になる[する]こと, 塊

a·glo·me·'ra·do, -da [ア.グロ.メ.'ら.ド, ダ] 形 集められた, ひと塊(かたまり)になった 名 男 寄せ集め; 練炭; 〖地質〗集塊岩

a·glo·me·'rar [ア.グロ.メ.'らる] 動 他 積む, 寄せ集める, 塊(かたまり)にする; 結ぶ, 一緒にする ～se 動 再 (en: に)群がる, 集まる

a·glu·ti·na·'ción [ア.グル.ティ.ナ.'すぃオン] 名 女 膠着(こうちゃく), 接合, 粘着

a·glu·ti·'nan·te [ア.グル.ティ.'ナン.テ] 形 膠着(こうちゃく)性の 名 男 接合剤, 接着剤

a·glu·ti·'nar [ア.グル.ティ.'ナる] 動 他 接合する, 膠着(こうちゃく)させる; 〈人を〉結束させる; 〖言〗膠着させる; 〖医〗癒着(ゆちゃく)させる

ag·'no·sia [アグ.'ノ.スィア] 名 女 〖医〗失認(症)

ag·nos·ti·'cis·mo [アグ.ノス.ティ.'すぃス.モ] 名 男 〖哲〗不可知論

ag·'nós·ti·co, -ca [アグ.'ノス.ティ.コ, カ] 形 〖哲〗不可知論の, 不可知論者の 名 男 女 不可知論者

ag·nus·'déi [アグ.ヌス.'デイ] 名 男 〖宗〗神の小羊《キリストのこと》; 神羊誦(しんようしょう)《Agnus Dei の句で始まる祈り》

ago. 略 ⬇agosto

a·go·'bia·do, -da 形 (de, con, por: で)疲れた, 疲れきった; (por: で)圧倒された, 苦しんでいる; 曲がった; 猫背の, かがんだ

a·go·bia·'dor, -'do·ra [ア.ゴ.ビア.'ドる, 'ド.ら] 形 骨が折れる, 疲れる; やっかいな, うるさい; 《俗》打ちひしがれた

a·go·'bian·te 形 《暑さが》ひどい, 耐えがたい; 疲れる

a+go-'biar [ア.ゴ.'ビアる] 86% [動] [他] 打ちのめす, 苦しめる, 気落ちさせる; 曲げる, かがめる　**~se** [動] [再] 《スペイン》(con, por, de: に)屈する, 苦しむ, あえぐ; 上体を曲げる, かがむ

a+'go-bio [名] [男] 消耗, 憔悴(しょうすい); 苦労; 圧迫感, 憂鬱(ゆううつ)

a+gol-pa-'mien-to [ア.ゴル.パ.'ミエン.ト] [名] [男] 集中; 殺到

a+gol-'par-se [ア.ゴル.'パる.セ] [動] [再] (en: に)群がる, 殺到する; 一度に押し寄せる, 襲う

a+go-'ní+a [名] [女] (今わの際の)苦しみ, 断末魔; 苦悶, 苦痛, 激痛, (精神的な)苦しみ, 悩み; 切望, 熱望, 渇望; 《格》戦い, 闘争　**~s** [名] [共] 《単複同》《話》悲観主義者

a+'gó-ni-co, -ca [形] 死期の; 断末魔の

a+go-ni-'zan-te [ア.ゴ.ニ.'さン.テ] [形] 死期の; 死期の苦しみに満ちた, 断末魔の [名] [共] 瀕死の人 [名] [男] 〔宗〕臨終の儀を行う司祭

a+go-ni-'zar [ア.ゴ.ニ.'さる] [動] [自] [34] (z|c) 死にかけている, 死に瀕(ひん)している; 消えかかっている, 消滅する; (por: に)こがれる, (por: を)欲しがる; 苦悩する, 苦悶する [動] [他] 〔宗〕臨終の儀を行う; 《話》わずらわす, 困らせる

a+'go-ra [形] 《古》↓ahora

'á-go-ra ['ア.ゴ.ら] [名] [女] 〔el/un⇦una ~〕〔歴〕(古代ギリシャの)集会所, 広場, 市場, アゴラ; 〔歴〕(古代ギリシャの)市民集会

a+go-ra-'fo-bia [ア.ゴ.ら.'フォ.ビア] [名] [女] 〔医〕広場恐怖(症)

a+go-'rar [ア.ゴ.'らる] [動] [他] [2] (o|üe) 予言する, 占う

a+go-'re-ro, -ra [ア.ゴ.'れ.ろ, ら] [形] 虫が知らせる, 前兆の; 不吉な [名] [男] [女] 易者, 占い師; 予言者

a+gos-'tar [ア.ゴス.'タる] [動] [他] 〔植〕〈植物を〉暑さで枯らす; 〈人から〉元気[若さ]を奪う　**~se** [動] [再] 〔畜〕《家畜が》乾期に放牧地で過ごす; 〔植〕《植物が》暑さで枯れる

a+'gos-to 85% [名] [男] 8月; 収穫期, 収穫　*hacer su ~* 《話》荒稼ぎする, チャンスを利用してもうける

a+go-'ta-do, -da [形] 疲れはてた; 〔商〕売り切れの, 絶版の; 空(から)になった

a+go-ta-'dor, -'do-ra [ア.ゴ.タ.'ドる, 'ド.ら] [形] 消耗する, 疲れさせる; 使い尽くす

a+go-ta-'mien-to [名] [男] 消耗, 極度の疲労; 使い尽くすこと, 枯渇; 〔商〕絶版, 品切れ; 〔情〕アンダーフロー

a+go-'tar [ア.ゴ.'タる] 92% [動] [他] 使い果たす, 空にする; 疲れさせる; 〈忍耐などを〉すっかりなくさせる; 余すところなく研究する[述べる]; 干す　**~se** [動] [再] 疲労困憊(こんぱい)する; 空になる, なくなる; 〔商〕売り切れる, 《本が》絶版になる

a+gra-'ce-jo [ア.グら.'せ.ほ] [名] [男] 《スペイン》〔植〕メギ; 熟していないブドウ

a+gra-'cia-do, -da [ア.グら.'すぃア.ド, ダ] [形] 愛想のよい, かわいい; 当選した; 運がよい, 幸運な [名] [男] [女] (くじの)当選者

a+gra-'ciar [ア.グら.'すぃアる] [動] [他] 愛らしくする, 優美にする; 《神・王などが》〈に〉恵みを与える

a+gra-'da-ble [ア.グら.'ダ.ブレ] 88% [形] 快い, 心地よい, 楽しい; 《人が》気持ちがよい, 感じがよい　**~mente** [副] 快く, 心地よく

a+gra-'dar [ア.グら.'ダる] 92% [動] [自] (a: に)気に入る, (a: を)喜ばせる, 満足させる, (…が)好きだ　**~se** [動] [再] (de: を)楽しむ, 喜ぶ

a+gra-de-'cer [ア.グら.デ.'せる] 85% [動] [他] [45] (c|zc) 感謝する, 〈に〉感謝の意を表す; 〈の〉おかげでよくなる　**~se** [動] [再] 喜ばれる, うれしい　*¡Se agradece!* どうもありがとう

a+gra-de-'ci-do, -da [ア.グら.デ.'すぃ.ド, ダ] 93% [形] (de, por: を)感謝している, ありがたく思う　*Muy ~[da].* どうもありがとう, 感謝します

a+gra-de-ci-'mien-to [ア.グら.デ.すぃ.'ミエン.ト] 92% [名] [男] 感謝(の気持ち), 謝意

a+gra-'dez-co, -ca(~) [動] 《直現1単, 接現》↑agradecer

a+'gra-do [ア.'グら.ド] 94% [名] [男] 好み; 喜び, 楽しみ, うれしさ; 愛想のよさ

a+'gra-fia ⇦ -fí-a [ア.'グら.フィア ⇦ .'フィ.ア] [名] [女] 〔医〕失書(症)

a+gra-'mar [ア.グら.'マる] [動] [他] 〈麻・亜麻を〉打ちさばく, 打ちほぐす; むち打つ, たたく

a+gra-ma-ti-'cal [ア.グら.マ.ティ.'カル] [形] 〔言〕非文法的な, 文法的に正しくない

a+gran-da-'mien-to [ア.グらン.ダ.'ミエン.ト] [名] [男] 拡大, 増大, 拡張

a+gran-'dar [ア.グらン.'ダる] 94% [動] [他] 大きくする, 拡張する; 誇張する; 大きく見せる　**~se** [動] [再] 大きくなる, 増す

a+'gra-rio, -ria [ア.'グら.りオ, りア] 91% [形] 〔農〕耕地の, 農地に関する; 農業の

a+gra-va-'ción [名] [女] ⇩agravamiento

a+gra-va-'mien-to [ア.グら.バ.'ミエン.ト] [名] [男] 悪化, 深刻化; 〔法〕(税・罰の)強化

a+gra-'van-te [ア.グら.'バン.テ] [形] 悪化する, 低下する; 〔法〕加重の [名] [女] ([男]) 〔法〕加重情状

a+gra-'var [ア.グら.'バる] [動] [他] 悪化さ

a

せる; 重くする, ‹に›重量をかける; 〘法〙‹税・罰などを›重くする ～se 動 再 悪化する

a+gra-'viar [ア.グら.'ビアる] 動 他 ‹の›気持ちを傷つける, 侮辱する; ‹に›負担をかける ～se 動 再 (por: で)感情を害する; «病気が»重くなる

a+'gra-vio [ア.'グら.ビオ] 名 男 侮辱, 無礼; 害, 損害, 不正; 〘法〙不法, 不当, 不公平, 不正(行為)

a+gra-'vio-so, -sa [ア.グら.'ビオ.ソ, サ] 形 《格》侮辱的な, 無礼な

a+'graz [ア.'グらす] 名 男 〘飲〙熟していないブドウ(のジュース); 《話》不快, 嫌気 ***en ～*** 未熟な; 時期尚早に, 早まって

a+gre-'dir [ア.グれ.'ディる] 動 他 襲う, 攻撃する

a+gre-ga-'ción [ア.グれ.ガ.'すぃオン] 名 女 集合, 集成; 付加, 追加, 付着

a+gre-'ga-do, -da [ア.グれ.'ガ.ド, ダ] 名 男 女 〘政〙(大使・公使の)随行員, (専門分野を受け持つ)大使館員, 担当官; 《スペイン》准教授 名 男 骨材; 集合体; 付加物 形 付属の; 補佐の

a+gre-ga-du-'rí+a [ア.グれ.ガ.ドゥ.'り.ア] 名 女 大使館員のオフィス

⁑**a+gre-'gar** [ア.グれ.'ガる] 89% 動 他 ㊶ (g|gu) (a: に)加える; (a: に)配属する, 任命する; (a: に)併合する ～se 動 再 加えられる; (a: に)参加する, 加入する

a+gre-'miar [ア.グれ.'ミアる] 動 他 組合に加入させる ～se 動 再 組合に加入する

a+gre-'sión [ア.グれ.'スィオン] 名 女 侵略, 侵略行為; 攻撃, 襲撃; 〘軍〙奇襲攻撃

a+gre-si-vi-'dad [ア.グれ.スィ.ビ.'ダド] 名 女 攻撃性, 闘争性, けんか腰; 積極性

a+gre-'si-vo, -va [ア.グれ.'スィ.ボ, バ] 形 攻撃的な, 挑戦的な, けんか腰の; 積極的な

a+gre-'sor, -'so-ra [ア.グれ.'ソる, 'ソ.ら] 形 攻撃の, 攻撃する, 侵略の 名 男 女 侵略者, 攻撃者, 侵入者

a+'gres-te [ア.'グれス.テ] 形 田舎の, 田園の; 険しい, 荒れた; 無骨な, 粗野な

a+'gria-do, -da [ア.'グりア.ド, ダ] 形 〘食〙すっぱい; «人が»とげのある, 気難しい

a+'griar [ア.'グりアる] 動 他 〘食〙すっぱくする; ‹人を›いらだたせる, いらいらさせる; 気難しくさせる ～se 動 再 «食品が»すっぱくなる; «人が»いらいらする, 気難しくなる

⁑**a+'grí-co-la** [ア.'グり.コ.ラ] 89% 形 〘農〙農業の, 農芸の, 農学上の

***a+gri-cul-'tor, -'to-ra** [ア.グり.クル.'トる, 'ト.ら] 92% 名 男 女 〘農〙農民, 農夫

⁑**a+gri-cul-'tu-ra** [ア.グり.クル.'トゥ.ら] 88% 名 女 〘農〙農業, 農芸, 農学

a+gri-'dul-ce [ア.グり.'ドゥル.せ] 形 甘ずっぱい 名 男 甘ずっぱさ

a+grie-'tar [ア.グりエ.'タる] 動 他 ひび割れさせる ～se 動 再 ひび割れる, 裂け目ができる

a+gri-men-'sor, -'so-ra [ア.グり.メン.'ソる, 'ソ.ら] 名 男 女 土地測量技師

a+gri-men-'su-ra [ア.グり.メン.'ス.ら] 名 女 土地測量学[技術]

a+gri-'mo-nia [ア.グり.'モ.ニア] 名 女 〘植〙キンミズヒキ

a+grin-'gar-se [ア.グりン.'ガる.セ] 動 再 ㊶ (g|gu) 〔軽蔑〕ヤンキーのようになる

⁑**'a+grio, -gria** ['ア.グりオ, グりア] 94% 形 〘食〙すっぱい, 渋い, ツンとする, 酸味をおびた; 辛辣(しんらつ)な, とげとげしい; «色彩などが»不釣合いな, 見た目が悪い, 不快な; «金属が»もろい 名 男 酸味; 〘飲〙サワージュース; 〔複〕〘食〙柑橘(かんきつ)類

a+gri-'sar [ア.グり.'サる] 動 他 灰色にする

'a+gro ['ア.グろ] 名 男 《格》〘農〙農地, 耕地

a+gro-am-bien-'tal [ア.グろ.アン.ビエン.'タル] 形 〘農〙農業環境の

a+gro-ne-'go-cio [ア.グろ.ネ.'ゴ.しオ] 名 男 〘農〙アグロビジネス, 農業事業

a+gro-no-'mí+a [ア.グろ.ノ.'ミ.ア] 名 女 〘農〙農学

a+gro-'nó-mi-co, -ca [ア.グろ.'ノ.ミ.コ, カ] 形 〘農〙農学の

a+'gró-no-mo, -ma [ア.'グろ.ノ.モ, マ] 名 男 女 〘農〙農学者

a+gro-pe-'cua-rio, -ria [ア.グろ.ペ.'クア.りオ, りア] 形 〘農〙〘畜〙農牧の, 農業と牧畜の

⁑**a+gru-pa-'ción** [ア.グる.パ.'すぃオン] 90% 名 女 集合, 集まる[集める]こと; 集まり, グループ, 団体, 組織, 集合体; 〔集合〕集まった人々, グループのメンバー; 〘軍〙連隊

a+gru-pa-'mien-to [ア.グる.パ.'ミエン.ト] 名 男 集合, 集まる[集める]こと; 集まり

⁑**a+gru-'par** [ア.グる.'パる] 90% 動 他 集める, 集合させる; グループ分けする, 分類する ～se 動 再 集まる, グループになる

⁑**'a+gua** ['ア.グア] 68% 名 女 〔el/un⇔una ～〕水; (植物・果物の)汁, 水分; 〔複〕〘気〙雨, 雨水; 雨漏り; 〔複〕便, 〔特に〕小便, 小水; 〘建〙(屋根の)斜面; 〔複〕〘海〙海, 海域; 〔複〕〘海〙航跡; 〘海〙水の流れ, 海流; 〔複〕涙; 〔複〕(布・金属などの)つや, 光沢, きらめき 感 (水の中へ)飛び込め!; 人が海に落ちたぞ!; 《メキシコ》気をつけて! ***～s abajo*** 流れに沿って ***～s arriba*** 流れに逆らって ***bailar el ～*** 《スペイン》(a: に)取り入る, おべっかを使う ***entre dos ～s*** どちらの組にも加わらな

いで, 決断できないで ***estar con el ~ hasta el cuello*** 動きがとれない, 苦境に陥る ***estar hecho[cha] un ~*** 汗びっしょりである ***hacer ~*** 水が漏れる; 〔海〕浸水する, 沈没する ***hacer ~s*** 小便をする; 〔海〕浸水する, 沈没する; 失敗する ***hacerse ~ la boca*** 《話》(おいしそうな食べ物を見て)口につばがたまる ***llevar el ~ a su molino*** 《話》自分に都合よくする, 我田引水をする ***más claro[ra] que el ~*** 明々白々の, 火を見るより明らかな ***perro de ~s*** 〔動〕〔犬〕ウォータースパニエル

a+gua-'ca-te [ア.グア.'カ.テ] 名 男〔植〕アボカド(の実); 《メキシコ》《話》元気がない人; 《ベネズエラ》〔植〕食用にならない実をつける木

a+gua-'ce-ro [ア.グア.'せ.ろ] 名 男〔気〕にわか雨, 豪雨; (非難・攻撃などの)集中

a+gua-'cha-da [ア.グア.'チャ.ダ] 名 女《中米》《話》〔飲〕まずい飲み物

a+gua-'char [ア.グア.'チャる] 動 他《チリ》〈動物を〉飼いならす; 《チリ》《話》〈に〉お世辞を言う

a+gua-chi-'nar-se [ア.グア.チ.'ナる.セ] 動 再《中米》《話》〔気〕洪水になる

a+gua-'chir-le [ア.グア.'チる.レ] 名 女《スペイン》〔飲〕まずい飲み物, 安い酒; つまらないこと

a+gua-'cho-so, -sa [ア.グア.'チョ.ソ, サ] 形《カリブ》水を含んだ; 〔食〕味気ない

a+'gua-da [ア.'グア.ダ] 名 女 水飲み場; 〔海〕水の補給, 給水; 〔鉱〕出水, 浸水; 〔絵〕水彩絵の具, グアッシュ; 〔絵〕水彩画, グアッシュ画

a+gua-'de-ro, -ra [ア.グア.'デ.ろ, ら] 形〔衣〕防水の 名 男 水桶; 水飲み場

A+gua-'di-lla [ア.グア.'ディ.ジャ] 名 固〔地名〕アグアディージャ《プエルトリコ北西部の都市》

a+'gua-do, -da [ア.'グア.ド, ダ] 形《酒が》水っぽい, 水で薄めた; 《メキシコ》《中米》退屈な

a+gua-'dor, -'do-ra [ア.グア.'ドる, 'ド.ら] 名 男 女 水売り; 水の運搬者

a+gua-'du-cho [ア.グア.'ドゥ.チョ] 名 男〔商〕水売り, 水の売店, 飲み物の屋台; 〔気〕大水, 洪水; 〔建〕水路, 水道, 水道橋; (揚水用の)水車

a+gua-'dul-ce [ア.グア.'ドゥル.せ] 名 男《中米》〔飲〕水と蜂蜜で作る飲み物

a+gua-'fies-tas [ア.グア.'フィエス.タス] 名 共〔単複同〕《話》座をしらけさせる人[物]

a+gua-'fuer-te [ア.グア.'フエる.テ] 名 男[女]〔絵〕エッチング, 食刻法, 腐食銅版術; 〔絵〕エッチングの作品, 食刻版画, 腐食銅版刷り

a+guai-'ta-da [ア.グアイ.'タ.ダ] 名 女 待ち伏せ

a+'gua-je [ア.'グア.へ] 名 男 水飲み場; 水の供給, 給水; 〔海〕海流, 潮流; 〔海〕航跡; 〔海〕高潮; 《ラ米》〔気〕土砂降り; 《中米》叱責, 懲戒

a+gua-ji-'rar-se [ア.グア.ひ.'らる.セ] 動 再《カリブ》田舎家風の生活に慣れる

a+gua-lo-'tal [ア.グア.ロ.'タル] 名 男《中米》〔地〕沼, 沼地; 水たまり; 《中米》〔気〕大雨

a+gua-ma-'nil [ア.グア.マ.'ニル] 名 男 (手を洗うための)水差し; 洗面器, 洗面器台

a+gua-'ma-nos [ア.グア.'マ.ノス] 名 男〔単複同〕(手を洗う)水; 水差し, 水がめ

a+gua-ma-'ri-na [ア.グア.マ.'り.ナ] 名 女〔鉱〕アクアマリン

a+gua-'miel [ア.グア.'ミエル] 名 女〔飲〕蜂蜜水; 《ラ米》〔飲〕砂糖水; 《メキシコ》〔飲〕リュウゼツランのしぼり汁《プルケ酒 pulque の原料》; 《ベネズエラ》〔飲〕サトウキビの焼酎

a+gua-'nie-ve [ア.グア.'ニエ.ベ] 名 女〔気〕みぞれ; 〔~s〕《単複同》〔鳥〕セキレイ

a+gua-'no-so, -sa [ア.グア.'ノ.ソ, サ] 形 水っぽい, 味がない; とても湿った, じめじめした

a+guan-'ta-ble [ア.グアン.'タ.ブレ] 形 耐えられる, 我慢できる

a+guan-ta-'de-ra [ア.グアン.タ.'デ.ら] 名 女〔複〕《話》忍耐力, 我慢強さ

a+guan-ta-'de-ro [ア.グアン.タ.'デ.ろ] 名 男《ラプラタ》悪人の隠れ場所

a+guan-'tar [ア.グアン.'タる] 88% 動 他 我慢する, 辛抱する, 耐える; しっかりと持っている, 持ちこたえる; 〈息・笑いを〉止める, こらえる; 〔競〕〔サッカーなど〕〈ボールを〉キープする; 〔牛〕(不動の姿勢で)〈牛に〉挑みをかける 動 自 我慢する; «物が»長持ちする ~se 動 再 我慢する; (con: で)あきらめる; 長持ちする; 黙っている

a+'guan-te [ア.'グアン.テ] 名 男 我慢, 辛抱, 忍耐; 力, 気力, はねつける力

a+guan-'tón, -'to-na [ア.グアン.'トン, 'ト.ナ] 名 男 女《カリブ》《話》我慢強い人

a+gua-pa-'ne-la [ア.グア.パ.'ネ.ラ] 名 女《南米北》〔飲〕アグアパネーラ《水・レモン・パネラ panela で作る飲み物》

a+gua-'pié [ア.グア.'ピエ] 名 男〔飲〕〔軽蔑〕水っぽいワイン

a+gua-pi-'rin-ga [ア.グア.ピ.'りン.ガ] 名 女《カリブ》〔飲〕味気のないソフトドリンク

a+'guar [ア.'グアる] 動 他 ⑨ (u|ü) 〈に〉水を混ぜる, 薄める; だいなしにする; 《中米》〔畜〕〈家畜に〉水をやる ~se 動 再 水浸しになる; だいなしになる

a+gua-ra-'pa-do, -da [ア.グア.ら.'パ.ド, ダ] 形《南米北》《話》グアラポ色の, 薄茶色の

a+guar-'dar [ア.グアる.'ダる] 89% 動 他 待つ, 期待する; 待ち受ける, 待ちかまえる;

〈に〉時間を与える, 〈の〉期間を延ばす [動] [自] (a que 接続法: …するのを)待つ　~se [動] [再] 待つ, 待っている

a+guar-den-te-'rí+a [ア.グアる.デン.テ.'リ.ア] [名] [女] 《ラ米》〖商〗酒屋

*__a+guar-'dien-te__ [ア.グアる.'ディエン.テ] 94% [名] [男] 〖飲〗焼酎, 蒸留酒

a+'guar-do [ア.'グアる.ド] [名] [男] 待ち伏せ

a+gua-'rrás [ア.グア.'らス] [名] [男] テレペンチン, テレビン油《マツ科植物の樹脂》

A+guas-ca-'lien-tes [ア.グアス.カ.'リエン.テス] [名] [固] 〖地名〗アグアスカリエンテス《メキシコ中部の州, 州都》

a+gua-'te-ro, -ra [ア.グア.'テ.ろ, ら] [名] [男] [女] 《ﾁﾘ》《ﾗﾌﾟﾗﾀ》〖商〗水売り

a+gua-'vien-to [ア.グア.'ビエン.ト] [名] [男] 〖気〗風雨, 雨風

a+gua-'zal [ア.グア.'さル] [名] [男] 水たまり, ぬかるみ

a+gu-'de-za [ア.グ.'デ.さ] [名] [女] (感覚の)鋭さ, 明敏, 鋭敏; 機知, エスプリ, ユーモア; (刃物などの)鋭さ, 鋭利; (痛みなどの)激しさ, 激烈

a+gu-'dí-si-mo, -ma 〔最上級〕⬇ agudo

a+gu-di-'zar [ア.グ.ディ.'さる] [動] [他] [34] (z|c) 鋭くする, 〈の〉先をとがらす; 悪化させる, 深刻化する　~se [動] [再] 鋭くなる; 悪化する, 重くなる, 深刻になる

**__a+'gu-do, -da__ [ア.'グ.ド, ダ] 90% [形] 《刃物などが》鋭い, 鋭利な, よく切れる, とがった; 《痛み・感覚が》鋭い; 鋭敏な, 才気のある, ユーモアのある, 機知に富む; 辛辣(しんらつ)な; 《においが》鼻をつく, 刺すような; 《声・音が》高い, 鋭い; 《痛みが》鋭い, 突き刺すような; 〖医〗《病気が》急性の; 〖数〗鋭角の; 〖言〗アクセントが語末の音節にある; 〖音〗鋭音の

'a+güe ['ア.グエ] [名] [男] 〔複〕《ﾒｷｼｺ》〖遊〗ビー玉(遊び)

'Á+gue-da ['ア.ゲ.ダ] [名] [固] 〖女性名〗アゲダ

a+güe-'ris-ta [ア.グエ.'リス.タ] [形] [名] [共] 《ｺﾛﾝﾋﾞｱ》迷信深い(人)

a+'güe-ro [ア.'グエ.ろ] [名] [男] 前兆, 兆し, 縁起; 予言

A+'güe-ro [ア.'グエ.ろ] [名] [固] 〖姓〗アグエロ

a+gue-'rri-do, -da [ア.ゲ.'り.ド, ダ] [形] 《兵士が》鍛えられた, 百戦錬磨の

a+gue-'rrir [ア.ゲ.'りる] [動] [他] 〖軍〗〈新兵を〉訓練する, 鍛える

a+gui-'ja-da [ア.ギ.'は.ダ] [名] [女] 〖畜〗突き棒《家畜を追うために使う》

a+gui-'jar [ア.ギ.'はる] [動] [他] 〖畜〗〈家畜を〉突き棒で追う; つつく, 急がせる; 刺激する, 扇動する [動] [自] 急ぐ

a+gui-'jón [ア.ギ.'ほン] [名] [男] 〖昆〗(昆虫の)針; 刺激, 拍車; (植物の)とげ; (突き棒の先の)釘; とげ, 辛辣(しんらつ)さ; 衝動, あこがれ

a+gui-jo-ne+'ar [ア.ギ.ほ.ネ.'アる] [動] [他] 刺激する, 励ます, せかす; 〖畜〗〈家畜を〉突き棒で突く; 刺す, 突く

*__'á+gui-la__ ['ア.ギ.ラ] 92% [名] [女] 〔el/un ⇦ una ~〕〖鳥〗ワシ; 〖歴〗アギラ貨《カルロス5世が発行した金貨》

A+gui-'lar [ア.ギ.'ラる] [名] [固] 〖姓〗アギラール

a+gui-'le-ño, -ña [ア.ギ.'レ.ニョ, ニャ] [形] 〖鳥〗ワシの; ワシのような; わし鼻の; (ワシのように)長くて細い顔の

a+gui-'lón [ア.ギ.'ロン] [名] [男] 〖建〗切妻

a+gui-'lu-cho [ア.ギ.'ル.チョ] [名] [男] 〖鳥〗ワシのひな, 子ワシ

a+gui-'nal-do [ア.ギ.'ナル.ド] [名] [男] (クリスマスや主顕節の)贈り物, 祝儀; 〖楽〗クリスマスキャロル

A+'gui-rre [ア.'ギ.れ] [名] [固] 〖姓〗アギーレ

a+'güi-ta [ア.'グイ.タ] [名] [女] 〔複〕《ﾒｷｼｺ》〖遊〗ビー玉(遊び)

*__a+'gu-ja__ [ア.'グ.は] 92% [名] [女] 針; 注射針, 縫い針, 編み針; (時計の)針; (針のように)とがっているもの; 〖植〗針葉; 〖衣〗ヘアピン; 〖医〗(針治療用の)針; レコード針; 〖食〗あばら肉; 〖鉄〗ポイント, 転轍(てんてつ)機; 〖海〗羅針盤; 〖建〗尖塔; 〖魚〗マカジキ　***buscar una ~ en un pajar*** 〔ことわざ〕わらの中に針を探す《見つけることが困難なこと》 ***meter ~ y sacar reja*** 〔ことわざ〕針を入れて鉄格子を引き出す《「海老(えび)で鯛(たい)を釣る」にあたる》

a+gu-je-'rar [動] [他] ⇩ agujerear

a+gu-je-re+'ar [ア.グ.へ.れ.'アる] [動] [他] 〈に〉穴をあける, 貫く, 突き刺す

*__a+gu-'je-ro__ [ア.グ.'へ.ろ] 92% [名] [男] 穴; 欠損, 穴, 赤字; 針入れ, 針刺し　~, -ra [名] [男] [女] 針職人, 針売り

a+gu-'je-ta [ア.グ.'へ.タ] [名] [女] 〔複〕〖医〗(筋肉の)疲労感, 痛み, こり; 〖衣〗(靴・胴着などの)ひも, 編みひも; 〔複〕《ﾒｷｼｺ》靴ひも

a+'guo-so, -sa [ア.'グオ.ソ, サ] [形] 水っぽい, 水を含んだ

a+'gur [ア.'グる] [感] 《話》さよなら!, バイバイ!

a+gu-sa-'nar-se [ア.グ.サ.'ナる.セ] [動] [再] 虫がつく, うじがわく

A+gus-'tín [ア.グス.'ティン] [名] [固] 〖男性名〗アグスティン

a+gus-ti-'nia+no, -na [ア.グス.ティ.'ニア.ノ, ナ] [形] 〖宗〗聖アウグスティヌス(主義)の

a+gus-'ti+no, -na [ア.グス.'ティ.ノ, ナ] [形] 〖宗〗アグスティノ修道会の [名] [男] [女] 〖宗〗アグスティノ会修道士[修道女]

a+gu-za-'nie-ves [ア.グ.さ.'ニエ.ベス] [名] [女]〔単複同〕〘鳥〙セキレイ

a+gu-'zar [ア.グ.'さる] [動] [他] 34 (z|c) 〈の〉先をとがらす, 研ぐ; 刺激する, かき立てる

**'ah ['ア] 64% [感]《話》ああ!, おや!, まあ!, あれ!《苦痛・感嘆・驚きなど》; ええ?, 何ですか?《聞き返すとき》

a+he-cha-'du-ra [ア.エ.チャ.'ドゥ.ら] [名] [女]〔複〕〘農〙もみ殻, ふるいかす

a+he-'char [ア.エ.'チャる] [動] [他] ふるいにかける, 〈もみ殻を〉あおぎ分ける

a+he-rro-'jar [ア.エ.ろ.'はる] [動] [他] 鎖につなぐ, 〈に〉足かせ[手かせ]をする; 圧迫する, 抑圧する

**a+'hí [ア.'イ] 62% [副] そこに, その場所に《相手に近い場所》;〔前置詞の後〕そこ; その時に *ahí no más*《ラ米》ちょうどそこに *Ahí nos vemos.*《話》また, 会いましょう *¡Ahí va!*《スペイン》《話》⇩ ahivá *de ahí que* …(接続法) その結果…となる *de por ahí* ありふれた, 凡庸な … *o por ahí*《話》…かそのくらい *por* ~ その辺で, そこらで, すぐそこで

a+hi-'ja-do, -da [アイ.'は.ド, ダ] [名] [男] [女] 名づけ子; 養子, 養女

a+hi-'jar [アイ.'はる] [動] [他] 4 (i|í) 養子[養女]にする; 《動物が》〈他の子を〉育てる; (a: の)せいにする, 〈に〉(a: の)罪をなすりつける

a+hi-'ju-na [アイ.'ふ.ナ] [感]《ラ米》ええ!, くそっ!

a+hi-'lar-se [アイ.'ラる.セ] [動] [再] 4 (i|í)〘医〙(病気で)やせる, ひょろひょろになる; 《食物が》腐る;〘植〙《植物が》伸びてしまう; 気を失う, ふらふらになる

a+hin-'car [アイン.'カる] [動] [他] 3 (i|í; c|qu) 催促する, せきたてる ~se [動] [再] 急ぐ, あわてる

a+'hín-co [ア.'イン.コ] [名] [男] 熱心さ, 懸命さ, 激しさ, 本気

a+'hí-to, -ta [ア.'イ.ト, タ] [形] 飽食の, 満腹の; (de: に)あきあきした, うんざりした; (de: で)いっぱいの [名] [男]〘医〙消化不良

a+hi-'vá [アイ.'バ] [感] あれ!, へえ! まあ!《驚きを表す》

a+ho-ga-'di-lla [ア.オ.ガ.'ディ.ジャ] [名] [女] 他人の頭を水に突っ込むこと

a+ho-'ga-do, -da [ア.オ.'ガ.ド, ダ] [形] [名] [男] [女] 溺死(できし)した, おぼれた; 息がつまった, 首を絞められた; (de: で)いっぱいの, こみ合った; 《部屋などが》風通しが悪い; (de: に)困りはてた; 溺死(できし)者; 窒息者 [名] [男]《コロンビア》〘食〙ドレッシングソース

a+ho-ga-'mien-to [ア.オ.ガ.'ミエン.ト] [名] [男] 息づまること, 窒息; 溺死(できし); 悩み, 苦しみ

*a+ho-'gar [ア.オ.'ガる] 92% [動] [他] 41 (g|gu) 窒息させる, 息苦しくさせる, 〈の〉息をつまらせる; 絞め殺す, 〈の〉首を絞める;〔一般〕苦しめる; 〈火・音を〉消す; 〈感情・声などを〉抑える, 押し殺す, こらえる; 抑止する, 抑圧する;〘植〙(水をやりすぎて)〈植物を〉だめにする; おぼれさせる, 溺死(できし)させる ~se [動] [再] 溺死する, おぼれる; 窒息する, (de, en, por: で)息がつまる, 息苦しい; 《火・音が》消える *~se en un vaso de agua* ささいなことでくよくよする

a+'ho-go [ア.'オ.ゴ] [名] [男] 不安, 苦悩; 経済的な困難, 苦境;〔一般〕困難, 苦しみ; 息がつまること, 窒息; 呼吸困難

a+ho-'gué, -gue(~) [動]《直点 1 単, 接現》↑ahogar

a+hom-'bra-do, -da [ア.オン.'ブら.ド, ダ] [形]《話》《女性が》男のような;《話》《男の子が》大人びた

a+hon-da-'mien-to [ア.オン.ダ.'ミエン.ト] [名] [男] 深く掘ること, 掘り下げ; 徹底調査, 究明

a+hon-'dar [ア.オン.'ダる] [動] [他] 突きとめる, きわめる; 深くする, 深く掘る, 掘り下げる; 〈に〉突っ込む, 〈に〉深く入り込む ~-(se) [動] [自] ([再]) (en: に)深く入る; (en: を)きわめる

**a+'ho-ra [ア.'オ.ら] 59% [副] 今, 現在, 目下, 当面; このごろは; すぐに, 間もなく, 次に; 今しがた, たった今; さて, ところで《話題を変える》; 一方… [名] [男] 今, 現在 ~ …(直説法), ~ …(直説法) …したり…したり, (de que 接続法: する)時には…時には… ~ …(接続法), ~ …(接続法) …でも, …でも; あるいは…, またあるいは… ~ *bien* さて, そこで; しかし ~ *mismo* 今すぐ, ちょうど今 ~ *que* … …した今; しかし, けれども… ~ *sí que* … 今こそ…, これで… *de [desde]* ~ *en adelante* 今後は *¡Hasta ~!* またね!, じゃあね!, また近いうちに(会いましょう)!《別れの挨拶(あいさつ)》 *por* ~ 今のところ…, さしあたって

a+hor-'ca-do, -da [ア.オる.'カ.ド, ダ] [名] [男] [女] 絞首刑囚

a+hor-ca-'jar-se [ア.オる.カ.'はる.セ] [動] [再] (en: に)またがる, 馬乗りになる

a+hor-'car [ア.オる.'カる] [動] [他] 69 (c|qu) 絞首刑にする, 縛り首にする; 〈僧衣を〉脱ぐ, 〈僧衣を〉脱いで還俗する; 〈学業を〉放棄する ~se [動] [再] 首つり自殺する

*a+ho-'ri-ta [ア.オ.'り.タ] 94% [副]《*国》|《ラ米》《話》今すぐに;《中米》《話》ちょうど今

a+ho-ri-'ti-ca [ア.オ.り.'ティ.カ] [名] [女]《中米》《カリブ》《話》ちょうど今

a+ho-ri-'ti-ta [ア.オ.り.'ティ.タ] [名] [女]《メキシコ》《中米》《話》ちょうど今

a+hor-'mar [ア.オる.'マる] [動] [他] 型に合わせる; (a: 条件に)合わせる, 従わせる ~-se [動] [再] (a: に)順応する, 従う

a+hor-qui-'llar [ア.オる.キ.'ジャる] 動 他 〈枝を〉股木(また)で支える; フォークの形にする, 二股にする ～**se** 動 再 フォークの形になる

***a+ho-'rrar** [ア.オ.'ら̃る] 90% 動 他 〈金を〉蓄える, 貯蓄する; (en: …代を)節約する, 切り詰める, 倹約する; 〈危険・困難を〉避ける, よける, 〈…せずに〉済ます, 〈努力などを〉惜しむ, 〈手間を〉省く; 《アンデス》《話》〈仕事を〉避ける, 拒む 動 自 (en: …代を)節約する; 金をためる ～**se** 動 再 節約する, 切り詰める, 倹約する; 〈…せずに〉すます; (de: 危険・困難を)避ける, よける; 努力などを惜しむ

a+ho-rra-'ti-vo, -va [ア.オ.ら̃.'ティ.ボ, バ] 形 つましい, 倹約の

a+'ho-rro** [ア.'オ.ろ̃] 89% 名 男 貯蓄, 貯金; 節約, 切り詰め, 倹約 ～ ***de chicha y nabo 《話》けちくさい節約

A+hua-cha-'pán [ア.ウア.チャ.'パン] 名 固 〔地名〕アワチャパン《ウルグアイ北西部の県, 県都》

a+hue-'ca-do, -da [ア.ウエ.'カ.ド, ダ] 形 空洞の, 中がえぐれた; 《声が》こもった, 重々しい

a+hue-ca-'mien-to [ア.ウエ.カ.'ミエン.ト] 名 男 くりぬくこと, えぐること; (土を)柔らかくすること; ふくらませること; 思い上がり, 自負, うぬぼれ

a+hue-'car [ア.ウエ.'カる] 動 他 ㊾ (c|qu) くりぬく, えぐる, 〈に〉穴をあける; 柔らかくする; (ふんわりと)ふくらませる; 〈声を〉重々しくする, こもらせる ～**se** 動 再 へこむ, 穴があく; 柔らかくなる, ほぐれる; (ふんわりと)ふくらむ; 《話》思い上がる, 自負する, うぬぼれる

a+hue+'hue-te [ア.ウエ.'ウエ.テ] 名 男 〔植〕アウエウエテ《メキシコ産の針葉樹》

a+hui-'zo-te [ア.ウイ.'そ.テ] 名 男 《メキシコ》《中米》妖術, 魔法

a+hu-'ma-do, -da [アウ.'マ.ド, ダ] 形 〔食〕燻製(くんせい)の; つや消しの; 《話》ほろ酔いの 名 男 〔食〕燻製 **-da** 名 女 のろし

a+hu-'mar [アウ.'マる] 動 他 ㊿ (u|ú) けむらす, 煙でいっぱいにする; 〔食〕燻製(くんせい)にする, いぶす; 煙で黒くする, すすけさせる 動 自 煙る, くすぶる, 煙が出る ～**se** 動 再 煙る, くすぶる; (煙で)黒ずむ; 〔食〕燻製(くんせい)になる; 《話》ほろ酔いになる

a+hu-'sar [アウ.'サる] 動 他 ㊼ (u|ú) 紡錘形にする, 〈の〉先を細くする ～**se** 動 再 紡錘形になる

a+hu-yen-'tar [アウ.ジェン.'タる] 動 他 追い払う; 〈苦しいことを〉一掃する, 振り払う ～**se** 動 再 逃げる

a. i. 略 =〔ラテン語〕*ad interim* 臨時の[に]

A. I. 略 =alteza imperial 《尊称》殿下

ai-'ma-ra [アイ.'マ.ら] 形 名 共 アイマラ族の(人)《南米ティティカカ湖 Titicaca の周辺に住む民族》; 〔言〕アイマラ語の 名 男 〔言〕アイマラ語

a-in-'dia-do, -da 形 《ラ米》先住民[インディオ]のような

ai-'ra-do, -da [アイ.'ら.ド, ダ] 形 怒った, 激した; だらしのない, 《生活が》乱れた, 品行の悪い ***morir a mano airada*** 暴行を受けて死ぬ ***vida airada*** 売春 **-damen-te** 副 (激しく)怒って

ai-'rar [アイ.'らる] 動 他 ④ (i|í) 怒らせる, 立腹させる ～**se** 動 再 (de, por: に)怒る, 腹を立てる

airbag [アイる.'バグ] 名 男 〔複 -bags〕〔英語〕〔車〕エアバッグ

'ai+re** ['アイ.れ] 75% 名 男 空気, 外気; 空中; 〔気〕風, 空気の流れ; 様子, 外観, 外見, 雰囲気; 見かけ(だけのもの), 中身のないこと; 虚栄心, うぬぼれ; 〔空〕航空; 〔楽〕歌, 調べ, 調子, テンポ, 曲, 踊り, 旋律, 節; 優雅さ, すばらしさ; 〔畜〕馬の歩み, 歩調; 〔車〕空気吸い込み調節器, チョーク, 絞り; 〔医〕発作 感 《話》出て行け! ～ ***acondicionado 空調, エアコン ***al*** ～ 〔放〕放送されて; あらわにして, 外へ見せて; 中身のない, むだな ***al ～ libre*** 戸外で[の] ***a su*** ～ 自分のやり方で ***beber los ～s*** (por: を)熱烈に愛する, …に恋いこがれる, 夢中になる ***cambiar [mudar] de ～s*** 〔医〕転地療養する ***darse ～s*** うぬぼれる ***de buen*** ～ 上機嫌な[で]; 喜んで ***de mal*** ～ 不機嫌な[で]; いやいやながら ***dejar en el*** ～ 未解決のままにしておく ***en el*** ～ 懸案中の[で], 未決定の[で], あてにならない; 〔放〕放送中の[で]; 宙に浮いて, 宙ぶらりんの ***hacer*** ～ 風が吹く; (a: に)風を送る ***tomar el*** ～ 外の空気に当たる ***¡Vete a tomar el ～!*** 出て行け! ***vivir del*** ～ 少ししか食べない, 霞(かすみ)を食って生きる; あてにならないことを頼む, 夢を見る

ai-re+a-'ción [アイ.れ.ア.'すぃオン] 名 女 換気, 通気

ai-re+'ar [アイ.れ.'アる] 動 他 〈に〉風を通す, 風に当てる, 空気にさらす; 公表する, 発表する, 明るみに出す ～**se** 動 再 風に当たる, 外気に触れてさわやかな気分になる; 〔医〕寒けがする, 悪寒がする, 風邪をひく

ai-'rón [アイ.'ろン] 名 男 〔鳥〕アオサギ; 〔鳥〕(鳥の)冠毛; 羽根飾り; 《話》〔気〕強風

ai-'ro-so, -sa [アイ.'ろ.ソ, サ] 形 うまくいった, 成功した; すらりとした; 風通しのよい, 吹きさらしの; 優雅な, 立派な, 見事な, さっそうとした

Ai-'sén 名 固 〔地名〕アイセン《チリ南部の州; 正式には Aisén del General Carlos Ibáñez del Campo》

ais-la-'ción [アイス.ラ.'すぃオン] 名 女 《ラ米》絶縁, 断熱

ais-la-cio-'nis-mo [アイス.ラ.すぃオ.'ニス.モ] 名 男 〔政〕孤立主義

ais-la-cio-'nis-ta [アイス.ラ.すぃオ.'ニス.タ] 形 名 共 〔政〕孤立主義の[主義者]

ais-'la-do, -da [アイス.'ラ.ド, ダ] 形 孤立した, 隔離された, 別々の; 一人きりの, 離れた; 〔電〕絶縁した

ais-la-'dor, -'do-ra [アイス.ラ.'ドる, 'ド.ら] 形 〔電〕絶縁の 名 男 〔電〕絶縁体[器]

ais-la-'mien-to [アイス.ラ.'ミエン.ト] 名 男 隔離, 分離, 孤立; 孤独; 〔電〕絶縁

ais-'lan-te [アイス.'ラン.テ] 形 〔電〕〔機〕絶縁する 名 男 〔電〕〔機〕絶縁体, 断熱材, 遮音材

*__ais-'lar__ [アイス.'ラる] 92% 動 他 ④ (i|í) 孤立させる, 離す; 〔電〕絶縁する　~**se** 動 再 (de: から)孤立する, 離れる; 絶縁される; 離される

a+'já [ア.'は] 感 《話》そのとおり!, なるほど!, いいよ! 《是認・賛成》

a+'ja-do, -da [ア.'は.ド, ダ] 形 よれよれの, しわのある; 老けた; やつれた

a+ja-'já [ア.は.'は] 感 《話》なるほど!

A+'jan-ta [ア.'はン.タ] 名 固 〔地名〕アジャンタ 《インド西部の仏教遺跡》

a+'jar [ア.'はる] 動 他 やつれさせる; しわくちゃにする, くしゃくしゃにする; だいなしにする, 汚す, 損なう　~**se** 動 再 しわくちゃになる, くしゃくしゃになる; 〔植〕《花が》しぼむ 名 男 〔農〕ニンニク畑

a. J. C. 略 =antes de Jesucristo 《西暦》紀元前…年

a+je-'dre+a [ア.へ.'ドれ.ア] 名 女 〔植〕キダチハッカ, シソ

a+je-dre-'cis-ta [ア.へ.ドれ.'すぃス.タ] 名 共 チェスをする人, チェスの選手, チェス愛好家

*__a+je-'drez__ [ア.へ.'ドれす] 93% 名 男 〔遊〕チェス, (西洋)将棋; チェスのセット

a+je-dre-'za-do, -da [ア.へ.ドれ.'さ.ド, ダ] 形 チェックの, 市松模様の

a+'jen-jo [ア.'へン.ほ] 名 男 〔植〕ニガヨモギ; 〔飲〕アブサン酒 《ニガヨモギを香料の主成分とした緑色のリキュール》

**__a+'je+no, -na__ [ア.'へ.ノ, ナ] 87% 形 他人の, ほかの人の, 誰かの; (a: に)無縁の, (a: と)性質の違う, 異質の, 相容れない; (de, a: を)知らないで, 気がつかないで; 不適当な, (a, de: に)一致しない, ふさわしくない; (de: が)ない; (de, a: と)無関係の; よそよそしい, 離れた, とらわれない　*lo* ~ 《中性》他人の財産

a+je-tre+'a-do, -da [ア.へ.トれ.'ア.ド, ダ] 形 せわしない, 忙しい

a+je-tre+'ar [ア.へ.トれ.'アる] 動 他 疲れさせる, せかす, せわしなく働かす　~**se** 動 再 せわしなく働く[動き回る]

a+je-'tre+o [ア.へ.'トれ.オ] 名 男 せわしなく働く[動き回る]こと, あわただしいこと; 奔走; (大)騒ぎ, ざわめき, 雑踏

a+'jí [ア.'ひ] 名 男 〔複 -jíes⇔-jís〕《ラ米》〔植〕トウガラシ, チリ; 〔食〕チリソース; 《カリブ》〔植〕青ピーマン 形 《コロンビア》刺激的な; 《コロンビア》《話》いやな, 面倒な

a+ji-a-'cei-te [ア.ひア.'セイ.テ] 名 男 ⇩ alioli

a+'jia-co [ア.'ひア.コ] 名 男 《コロンビア》《アンデス》《チリ》〔食〕アヒアコ 《チリソース・ジャガイモなどを材料とした料理》; 《カリブ》〔植〕青ピーマン

a+ji-li-'mo-je 名 男 ⇩ ajilimójili

a+ji-li-'mó-ji-li [ア.ひ.り.'モ.ひ.り] 名 男 〔食〕ニンニクとコショウのソース; 〔複〕《話》余分なもの, がらくた

a+ji-'mez [ア.ひ.'メす] 名 男 〔建〕(縦仕切りのある)アラビア式窓

Aj-'mán [アふ.'マン] 名 固 〔地名〕アジュマーン首長国 《アラビア半島, ペルシア湾沿岸に位置するアラブ首長国連邦に属する首長国; その首都》

*__'a+jo__ ['ア.ほ] 92% 名 男 〔植〕ニンニク; 《話》秘密, たくらみ; 《スペイン》汚い言葉, 卑語; 〔食〕ニンニク入りソース 感 《話》ああ, よしよし 《赤ちゃんをあやすとき》　***estar harto[ta] de*** ~***s*** 《話》育ちが悪い, 礼儀知らずである　***revolver el*** ~ 《話》火に油を注ぐ

a+jo-a-'cei-te [ア.ほ.ア.'セイ.テ] 名 男 ⇩ alioli

a+jo+a-'rrie-ro [ア.ほ.ア.'りエ.ろ] 名 男 〔食〕アホアリエロ 《バスク地方とアラゴン地方のタラ・卵・ニンニクの煮込み料理》

a+jo-'bar [ア.ほ.'バる] 動 他 背負う

a+jo-'lo-te [ア.ほ.'ロ.テ] 名 男 〔動〕アホロートル, ウーパールーパー 《両生類》

a+'jon-je [ア.'ほン.へ] 名 男 鳥もち; 〔植〕アザミ

a+jon-jo-'lí [ア.ほン.ほ.'り] 名 男 〔複 -líes⇔-lís〕〔植〕ゴマ, ゴマの種

a+jo-'ra-do, -da [ア.ほ.'ら.ド, ダ] 形 名 男 女 《カリブ》《話》急いでいる(人); 忙しい(人)

a+'jor-ca [ア.'ほる.カ] 名 女 腕輪; 足輪

a+'juar [ア.'ふアる] 名 男 嫁入り道具; 家財道具, 家庭用品

a+ju-'ma-do, -da [ア.ふ.'マ.ド, ダ] 形 名 男 女 《中米》《カリブ》《話》酒に酔った(人), 酔っぱらった

a+jun-'tar [ア.ふン.'タる] 動 他 《話》一緒にする, 仲間に入れる　~**se** 動 再 《話》一緒になる, 仲間になる; 《話》同棲する

A+'ju-ria E+'ne+a [ア.'ふ.りア エ.'ネ.ア] 名 固 〔政〕バスク政庁

a+jus-'ta-do, -da [ア.ふス.'タ.ド, ダ] 形 きつい, ぴったりした; 正当な, 適当な, 正しい

a+jus-ta-'dor [ア.ふス.タ.'ドる] 名 男 《ｶﾘﾌﾞ》〔衣〕ブラジャー

a+jus-ta-'mien-to 名 男 ⇩ ajuste

*__a+jus-'tar__ [ア.ふス.'タる] 91% 動 他 (a: に)適合させる, 順応させる, 合わせる; 調整する; 取り決める, まとめる; しっかり締める, 縛る, 固定する; 調停する, とりなす; 〔商〕〈勘定を〉清算する; 〔印〕製版する; 《話》〈打撃を〉加える 動 自 締まる; (con: と)一致する, 合う, ぴったりする ~se 動 再 (a: に)一致する, 合う, 順応する; (a: に)従う, 賛成する; (en que: に)合意する, 決める; (ベルトなどを)締める

a+'jus-te [ア.'ふス.テ] 名 男 調整, 調節, 適合; 同意, 合意, 取り決め; 〔商〕価格の決定; 雇用; 〔商〕決算, 清算; 〔印〕製版, 組み版 ~ *de cuentas* 〔商〕収支決算; 《話》仕返し

a+jus-ti-cia-'mien-to [ア.ふス.ティ.すぃア.'ミエン.ト] 名 男 処刑

a+jus-ti-'ciar [ア.ふス.ティ.'すぃアる] 動 他 処刑する

al [アル] 前 + 冠《定》〔弱勢〕前置詞 a と冠詞 el の結合形⬆a; ⬇el

*__'a+la__ ['ア.ラ] 91% 名 女 〔el/un⇦una ~〕(鳥・飛行機・風車などの)翼(つばさ), 翼(よく), 羽; 〔衣〕(帽子の)つば; 党派, …派, 派閥; 〔建〕(建物などの)翼, そで, 翼部《主要部の横に伸びた部分》; 〔複〕勇気, 度胸; 列, 並んだもの; 保護, 庇護; 〔競〕翼, ウイング; 〔軍〕側面部隊, 空軍部隊, 飛行大隊; 《俗》内ポケット 感 《話》⇩ hala *ahuecar el ~* 《話》立ち去る, 帰る *~ delta* 〔競〕ハンググライダー *caerse las ~s* 気落ちする, しょげる *cortar las ~s* (a: の)やる気を失わせる *dar ~s* (a: に)自由にやらせる, (a: を)励ます

a+'lá 感 ⇩ hala

A+'lá [ア.'ラ] 名 固 アラー《イスラム教の神》

a+la-'ba-do, -da [ア.ラ.'バ.ド, ダ] 形 名 男 女 《ｶﾘﾌﾞ》《話》大胆な(人), 度胸のある(人)

*__a+la-'ban-za__ [ア.ラ.'バン.さ] 94% 名 女 称賛, 賛辞, ほめ言葉; 自慢 *en ~ de ...* …をたたえて

*__a+la-'bar__ [ア.ラ.'バる] 93% 動 他 ほめる, 称賛する ~se 動 再 (de, por: を)自慢する, 誇る; (de: を)喜ぶ

a+la-'bar-da [ア.ラ.'バる.ダ] 名 女 〔歴〕〔軍〕矛槍(ほこやり)《ほことやりを合わせた武器》

a+la-bar-'de-ro [ア.ラ.バる.'デ.ろ] 名 男 〔軍〕矛槍(ほこやり)兵⬆alabarda; 〔演〕〔人〕さくら《劇場に雇われて拍手をする人》

a+la-bas-'tri+no, -na [ア.ラ.バス.'ト.リ.ノ, ナ] 形 雪花石膏(せっかせっこう)(色)の

a+la-'bas-tro [ア.ラ.'バス.トろ] 名 男 〔鉱〕雪花石膏(せっかせっこう), 縞(しま)大理石

'á+la-be ['ア.ラ.ベ] 名 男 〔機〕(風車・水車の)翼, かい; 〔機〕(歯車の)歯

a+la-be+'ar [ア.ラ.ベ.'アる] 動 他 反らせる, ねじる, 曲げる ~se 動 再 反る, ゆがむ, 曲がる

a+la-'be+o [ア.ラ.'ベ.オ] 名 男 反り, ねじれ

a+la-ca-mu-ne-'rí+a [ア.ラ.カ.ム.ネ.'リ.ア] 名 女 《ﾍﾞﾈｽﾞｴﾗ》スキャンダル; うわさ話

a+la-'ce-na [ア.ラ.'せ.ナ] 名 女 〔建〕(壁をくりぬいた)戸棚

a+'la-co, -ca [ア.'ラ.コ, カ] 形 《中米》《話》役に立たない

a+la-'crán [ア.ラ.'クらン] 名 男 〔動〕サソリ; (S 字形の)留め具 *~ marinero* 〔魚〕アンコウ

a+la-cra-'nar [ア.ラ.クら.'ナる] 動 他 《ﾗﾌﾟﾗﾀ》《話》中傷する, 〈の〉悪口を言う

a+la-cra-'ne+o [ア.ラ.クら.'ネ.オ] 名 男 《ﾗﾌﾟﾗﾀ》中傷, 悪口

a+'la-cre [ア.'ラ.クれ] 形 《格》敏速な, 敏捷(びんしょう)な, 快活な

a+la-cri-'dad [ア.ラ.クリ.'ダド] 名 女 《格》敏速, 敏捷(びんしょう)さ, 快活さ

A+la-'di+no [ア.ラ.'ディ.ノ] 名 固 〔架空〕アラジン《『アラビアン・ナイト』中の人物, 魔法のランプでいろいろな望みをかなえた》

a+'la-do, -da [ア.'ラ.ド, ダ] 形 翼のある; 迅速な, 敏捷(びんしょう)な; 〔植〕翼状の, 翼の形をした -da 名 女 羽ばたき

a+la-gar-'tar-se [ア.ラ.ガる.'タる.セ] 動 再 《中米》《話》ずる賢く立ち回る

A+la-'jue-la [ア.ラ.'ふエ.ラ] 名 固 〔地名〕アラフエラ《コスタリカ西部の県》

a+la-'lá [ア.ラ.'ラ] 感 《中米》《ﾗﾌﾟﾗﾀ》おやまあ!, あれあれ!《驚き》

a+'la-lia [ア.'ラ.リア] 名 女 〔医〕構音障害《言葉の発音の障害》

'á+la-lo, -la ['ア.ラ.ロ, ラ] 形 名 男 女 〔医〕構音障害の[障害者]

a+la-'mar [ア.ラ.'マる] 名 男 〔衣〕飾りボタン; 〔衣〕縁飾り, 飾りふさ; 〔複〕《話》〔軽蔑〕ごてごてした(服の)飾り

a+lam-bi-'ca-do, -da [ア.ラン.ビ.'カ.ド, ダ] 形 繊細な, 洗練された, 凝った

a+lam-bi-'car [ア.ラン.ビ.'カる] 動 他 69 (c|qu) 蒸留する; 細かく調べる, 吟味する; 〈文章などを〉洗練させる, 磨く; 《話》〈値段を〉できるだけ安くする

a+lam-'bi-que [ア.ラン.'ビ.ケ] 名 男 蒸留器, ランビキ; 蒸留所 *pasar por el ~* 吟味する

a+lam-'bra-da [ア.ラン.'ブら.ダ] 名 女 (有刺)鉄条網

a+lam-'bra-do [ア.ラン.'ブら.ド] 名 男 金網; 鉄条網, 有刺鉄条網; 〔電〕配線, 架線

a+lam-'brar [ア.ラン.'ブらる] 動 他 〈に〉金網で柵をめぐらす, 〈に〉鉄条網をめぐらす

*a+'lam-bre [ア.'ラン.ブれ] 94% 名 男 針金, 電線, ワイヤー; 《話》 やせた人

a+lam-'bre-ra [ア.ラン.'ブれ.ら] 名 女 網戸, 金網; 炉格子, (炉前の)囲い金網; (食べ物を覆う)金網, 蝿帳(はいちょう)

a+lam-'bris-ta [ア.ラン.'ブリス.タ] 名 共 《メキシコ》 米国への不法入国者

*a+la-'me-da [ア.ラ.'メ.ダ] 94% 名 女 ポプラ並木通り; 〔一般〕 並木道; ポプラ林

*'á+la-mo ['ア.ラ.モ] 94% 名 男 〔植〕 ポプラ, ポプラ材

a+lan-ce+'ar [ア.ラン.せ.'アる] 動 他 (槍(やり)で)突く, 刺す; 非難する, とがめる

a+'la+no, -na [ア.'ラ.ノ, ナ] 形 名 男 女 アラーノ族の(人) 《5 世紀にイベリア半島に侵入した民族》; 〔動〕〔犬〕 マスチフの 名 男 〔動〕〔犬〕 マスチフ

A+'la+no [ア.'ラ.ノ] 名 固 〔男性名〕 アラーノ

a+la-'ra-co, -ca [ア.ラ.'ら.コ, カ] 形 名 男 女 《チリ》《話》 大げさな(人)

a+'lar-de [ア.'ラる.デ] 名 男 見せびらかし, 誇示, 見え; 〔軍〕 閲兵, 観閲(式); 〔軍〕 兵員名簿

a+lar-de+'ar [ア.ラる.デ.'アる] 動 自 (de: を)自慢する, 見せびらかす, 誇示する, ひけらかす

a+lar-'ga-do, -da [ア.ラる.'ガ.ド, ダ] 形 長い

a+lar-ga-'mien-to [ア.ラる.ガ.'ミエン.ト] 名 男 長くのばすこと, 延長, 拡張, 拡大

*a+lar-'gar [ア.ラる.'ガる] 94% 動 他 41 (g|gu) 長くする, 延ばす, 拡張する; 延期する, 引き延ばす, 〈時間を〉延長する; 〈手足などを〉伸ばす; (a: に)取ってやる, 渡す; 〈ひもを〉緩める; 〈給料を〉上げる, 増やす ～se 動 再 長くなる, 延びる, 広がる; 長くする; 《話》 (a, hasta: の)近くまで行く, 足を運ぶ

a+'lar-gue [ア.'ラる.ゲ] 名 男 〔衣〕 付け足した部分; 長くなった部分

a+lar-'gué, -gue(～) 動 《直点 1 単, 接現》 ⬆alargar

a+la-'ri-do [ア.ラ.'り.ド] 名 男 悲鳴, 叫び声, 金切り声

*a+'lar-ma [ア.'ラる.マ] 92% 名 女 警報, 非常警報; 警報機; 警戒, 非常事態; 驚き, 恐怖, 不安; 〔軍〕 非常召集

a+lar-'ma-do, -da [ア.ラる.'マ.ド, ダ] 形 警戒した, おびえた

*a+lar-'man-te [ア.ラる.'マン.テ] 93% 形 警戒すべき, 大変な, 危ない

*a+lar-'mar [ア.ラる.'マる] 94% 動 他 〈に〉警報を発する, 〈に〉急を告げる, 警戒させる; 驚かす, 不安にさせる, 恐れさせる ～se 動 再 (de, por: に)驚く, 不安になる, 恐れる

a+lar-'mis-ta [ア.ラる.'ミス.タ] 形 名 共 人騒がせな(人)

'a+las 名 女 《複》 ⬆ala

A+'las-ka [ア.'ラス.カ] 名 固 〔地名〕 アラスカ 《米国の州》

a+las-'ke-ño, -ña ⇦-'que- [ア.ラス.'ケ.ニョ, ニャ] 形 名 男 女 〔地名〕 アラスカ(の|人) ⬆Alaska

a+'las-te [ア.'ラス.テ] 形 《中米》 べとべとした

'Á+la-va ['ア.ラ.バ] 名 固 〔地名〕 アラバ 《スペイン北部の県》

a+la-'vés, -'ve-sa [ア.ラ.'ベス, 'ベ.サ] 形 名 男 女 〔地名〕 アラバの(人) ⬆Álava

a+la-'zán, -'za-na [ア.ラ.'さン, 'さ.ナ] 形 栗色の, 赤褐色の, 〔畜〕 《馬が》栗毛の 名 男 〔畜〕 栗毛の馬

a+la-'zor [ア.ラ.'そる] 名 男 〔植〕 ベニバナ

'al+ba ['アル.バ] 名 女 〔el/un⇦una ～〕 夜明け, 曙(あけぼの), 曙光(しょこう), 初光; 〔宗〕〔衣〕 アルバ, 白衣 《白麻の長い祭服》

al-ba-'ce+a [アル.バ.'せ.ア] 名 共 〔法〕 (指定)遺言執行人

Al-ba-'ce-te [アル.バ.'せ.テ] 名 固 〔地名〕 アルバセーテ 《スペイン南東部の県, 県都》

al-ba-ce-'ten-se 形 ⇩albaceteño

al-ba-ce-'te-ño, -ña [アル.バ.せ.'テ.ニョ, ニャ] 形 名 男 女 〔地名〕 アルバセーテの(人) ⬆Albacete

al-'ba-da [アル.'バ.ダ] 名 女 〔楽〕 朝の曲[歌], オバド

al-ba+'ha-ca [アル.バ.'ア.カ] 名 女 〔植〕 メボウキ, バジル

al-ba-'lá [アル.バ.'ラ] 名 男 [女] 〔複 -laes〕 〔歴〕〔法〕 (王の)勅許状; 証明書

Al-'bán ⬇Monte Albán

al-ba-'ne-ga [アル.バ.'ネ.ガ] 名 女 〔歴〕〔衣〕 (昔の)ヘアネット

al-ba-'nés, -'ne-sa [アル.バ.'ネス, 'ネ.サ] 形 名 男 女 〔地名〕 アルバニア(人)の; アルバニア人; ⬇Albania; 〔言〕 アルバニア語の 名 男 〔言〕 アルバニア語

*Al-'ba-nia [アル.'バ.ニア] 94% 名 固 〔República de ～〕 〔地名〕 アルバニア 《バルカン半島西部の共和国》

al-ba-'ñal [アル.バ.'ニャル] 名 男 下水, 下水本管; 汚い場所

al-ba-'ñil [アル.バ.'ニィル] 名 男 〔建〕 石工, れんが職人, 左官

al-ba-ñi-le-'rí+a [アル.バ.ニィ.レ.'り.ア] 名 女 〔建〕 石造建築, れんが建築, 左官工事; 〔建〕 石[れんが]工術

al-'bar [アル.'バる] 形 〔動〕〔植〕 《動物・植物が》白い

al-ba-'rán [アル.バ.'らン] 名 男 証文, 証書; 〔商〕 送り状

a

al-'bar-da [アル.'バる.ダ] [名] [女] 荷鞍(にぐら); (ラ米) 〔畜〕(乗馬用の)鞍; 〔食〕ベーコンの薄切り, ベーコンスライス

al-bar-de+'ar [アル.バる.デ.'アる] [動] [他] (中米) 《話》〈に〉迷惑をかける

al-bar-'dón [アル.バる.'ドン] [名] [男] 大きな荷鞍(にぐら)

al-ba-ri-'co-que [アル.バ.り.'コ.ケ] [名] [男] (スペイン) 〔植〕アンズ(の実)

al-ba-ri-co-'que-ro [アル.バ.り.コ.'ケ.ろ] [名] [男] 〔植〕アンズの木

al-ba-'ri-llo [アル.バ.'り.ジョ] [名] [男] 〔植〕白アンズの木; 〔楽〕ギターの速弾き

al-ba-'ri-zo, -za [アル.バ.'り.そ, さ] [形] «土地が»白く乾いた

al-ba-'rra-da [アル.バ.'ら.ダ] [名] [女] 〔建〕石の壁, 石垣; (石壁に囲まれた)土地; 〔農〕段々畑; 〔建〕囲い, 柵, 壁

al-'ba-tros [アル.'バ.トろス] [名] [男] 〔単複同〕〔鳥〕アホウドリ

al-ba-'yal-de [アル.バ.'ジャル.デ] [名] [男] 〔鉱〕白鉛, 鉛白, 炭酸鉛

al-'ba-zo [アル.'バ.そ] [名] [男] (メキシコ) 〔楽〕早朝のセレナード

al-be-'drí+o [アル.ベ.'ドり.オ] [名] [男] 意志, 自由意志; 気まぐれ, むら気, 移り気, 思いつき; (従来の)慣例, 慣習

***al-'ber-ca** [アル.'べる.カ] 94% [名] [女] 貯水池, 水槽; (メキシコ) (中米) プール

al-'bér-chi-go [アル.'べる.チ.ゴ] [名] [男] 〔植〕モモ[桃]の一種

***al-ber-'gar** [アル.べる.'ガる] 93% [動] [他] ㊶ (g|gu) 泊める, 宿泊させる; 収容する, 〈に〉家をあてがう; 保護する, かくまう; 〈の気持ちを〉持つ, 抱く ~(se) [動] [自] ([再]) 泊まる, 宿泊する; 避難する

****al-'ber-gue** [アル.'べる.ゲ] 87% [名] [男] 宿泊, 宿泊所, ロッジ; 避難所, 隠れ場; (動物がすむ)ほら穴, 巣, 穴

Al-'ber-to [アル.'べる.ト] [名] [固] 〔男性名〕アルベルト

al-bi-'gen-se [アル.ビ.'ヘン.セ] [形] [名] [共] 〔歴〕〔宗〕アルビ派の(人) 《11–13 世紀に広まったキリスト教の異端的分派, カタリ派の一派》

al-'bi-llo [アル.'ビ.ジョ] [名] [男] 〔植〕白ブドウの一種; 〔飲〕アルビージョ《白ワイン》

al-bi-'nis-mo [アル.ビ.'ニス.モ] [名] [男] 〔医〕皮膚色素欠乏症; 〔植〕白変種

al-'bi+no, -na [アル.'ビ.ノ, ナ] [形] [名] [男] [女] 〔医〕〔動〕皮膚色素欠乏症の(人・動物); 〔植〕色素が欠乏した, 白っぽい(植物); (メキシコ) 《話》(黒人の血の混じった人と白人との)混血(の) [名] [男] 〔医〕白色種

albis ['アル.ビス] 〔成句〕 ***in*** ~ 〔ラテン語〕わからずに, 白紙状態で

'al+bo, +ba ['アル.ボ, バ] [形] 《格》白い

al-'bón-di-ga [アル.'ボン.ディ.ガ] [名] [女] 〔食〕肉団子, ミートボール, フィッシュボール; 《話》ずんぐりした人, 太っちょ; (ラプラタ) 《話》うすのろ, でぶ; おんぼろ

al-bon-di-'gui-lla 〔縮小語〕 ↑albóndiga

al-'bor [アル.'ボる] [名] [男] 《詩》《格》白さ, 純白, 真白; 〔複〕《詩》《格》夜明けの光; 〔複〕《格》始まり, 兆し

al-bo-'ra-da [アル.ボ.'ら.ダ] [名] [女] 夜明け, 曙(あけぼの), 暁; 〔楽〕朝の曲[歌], オバド; 〔軍〕夜明けの攻撃, 起床ラッパ

al-bo-re+'ar [アル.ボ.れ.'アる] [動] [自] 《格》夜が明ける; «の»兆しが見える[現れる]

al-bor-'noz [アル.ボる.'ノす] [名] [男] 〔衣〕バスローブ; 〔衣〕フード付きマント, バーヌース

al-bo-ro-ta-'di-zo, -za [アル.ボ.ろ.タ.'ディ.そ, さ] [形] 興奮しやすい

al-bo-ro-'ta-do, -da [アル.ボ.ろ.'タ.ド, ダ] [形] あわただしい; 騒がしい; いきり立った; «髪が»もつれた; 〔海〕«海が»荒れ模様の

al-bo-ro-ta-'dor, -'do-ra [アル.ボ.ろ.タ.'ドる, 'ド.ら] [形] 不穏な, 反抗的な; 落ち着きのない, 騒がしい [名] [男] [女] 不穏分子, 扇動者; 騒がしい人; わんぱく小僧

al-bo-ro-ta-'pue-blos [アル.ボ.ろ.タ.'プエ.ブロス] [名] [共] 扇動者; 《話》陽気な人, はしゃぐ人

al-bo-ro-'tar [アル.ボ.ろ.'タる] [動] [他] 狼狽(ろうばい)させる, あわてさせる, 〈の〉気持ちを動揺させる; 乱す, かき乱す; 刺激する, そそのかす, 騒がせる; ひっくり返す [動] [自] 騒ぐ, 大騒ぎする ~**se** [動] [再] 騒ぐ; 取り乱す, 狼狽する; 騒動[暴動]を起こす; 興奮する

al-bo-'ro-to [アル.ボ.'ろ.ト] [名] [男] 騒ぎ, 騒動, 暴動; がやがや声, 騒ぎ声, 喧騒(けんそう); 驚き, 不安, 恐怖; (メキシコ) 大喜び; 〔複〕(中米) (コロンビア) ポップコーン

al-bo-ro-'za-do, -da [アル.ボ.ろ.'さ.ド, ダ] [形] 大喜びの

al-bo-ro-'zar [アル.ボ.ろ.'さる] [動] [他] 大喜びさせる; 笑わせる ~**se** [動] [再] 大喜びする, 狂喜する

al-bo-'ro-zo [アル.ボ.'ろ.そ] [名] [男] 大喜び, 狂喜

al-'bri-cias [アル.'ブり.すぃアス] [感] よかった, おめでとう, 万歳 《話し相手が達成したことを祝う》

al-bu-'fe-ra [アル.ブ.'フェ.ら] [名] [女] (スペイン) 〔地〕潟(かた), 沼

Al-bu-'fe-ra [アル.ブ.'フェ.ら] [名] [固] 〔地名〕アルブフェーラ 《スペイン東部, バレンシア地方の潟》

***'ál-bum** ['アル.ブム] 94% [名] [男] アルバム, 写真帳; 切手帳, 収集帳; 〔文〕〔楽〕〔絵〕文学[音楽, 名画]選集; 〔集合〕LP レコード

al-'bu-men [アル.'ブ.メン] [名] [男] 〔動〕

卵白; 〘植〙 胚乳(はいにゅう)

al-'bú-mi-na [アル.'ブ.ミ.ナ] [名] [女] 〘化〙 アルブミン《タンパク質の一種》

al-bu-mi-'nu-ria [アル.ブ.ミ.'ヌ.りア] [名] [女] 〘医〙 タンパク尿症

Al-bu-quer-que [アル.ブ.'ケる.ケ] [名] [固] 〘地名〙 アルバカーキ《米国ニューメキシコ州の都市》

al-'bur [アル.'ブる] [名] [男] 危険, 冒険, 賭(か)け; 成り行き, 運まかせ; 〔複〕 トランプ遊びの一種 [名] [男] 〘魚〙 ボラ科の魚; 〔複〕 《カリブ》 うそ *al* ～ 成り行きにまかせて

al-bu-re+'ar [アル.ブ.れ.'アる] [動] [自] 《メキシコ》 裏の意味をこめて言う, 二重の意味で言う

al-bu-'re-ro, -ra [アル.ブ.'れ.ろ, ら] [名] [男] [女] 《メキシコ》 言葉遊びが好きな人

Alc. [略] ↓alcalde

al-ca-'ba-la [アル.カ.'バ.ラ] [名] [女] 〘歴〙 〘法〙 売上税

al-ca-'cho-fa [アル.カ.'チョ.ファ] [名] [女] 〘植〙 アーティチョーク, チョウセンアザミ; 散水口, シャワーロ; (スプリンクラーの)ノズル

al-ca+'hue-te, -ta [アル.カ.'ウエ.テ, タ] [名] [男] [女] 売春の仲介者, ポン引き; 《話》 うわさ好きの人; 《話》 でしゃばり; 《ラプラタ》 《話》 おべっか使い, ごますり

al-cai-ce-'rí+a [アル.カイ.せ.'り.ア] [名] [女] 《スペイン》 〘商〙 絹問屋街

al-'cai-de [アル.'カイ.デ] [名] [男] 〘歴〙 要塞指令官, 城代; (刑務所の)看守; (穀物取引所の)監査人

Al-ca-'lá de He-'na-res [アル.カ.'ラ デ 'エナ.れス] [名] [固] 〘地名〙 アルカラ・デ・エナーレス《スペイン中部の歴史的都市》

al-ca-la+'í+no, -na [アル.カ.ラ.'イ.ノ, ナ] [形] [名] [男] [女] 〘地名〙 アルカラ・デ・エナーレスの(人) ↑Alcalá de Henares

al-cal-'da-da [アル.カル.'ダ.ダ] [名] [女] 職権乱用, 横暴

‡**al-'cal-de** [アル.'カル.デ] 83% [名] [男] 市長, 町長, 村長; 行政長官, 裁判官, 治安判事; トランプ遊びの一種

***al-cal-'de-sa** [アル.カル.'デ.サ] 94% [名] [女] 女性市長[町長, 村長]; 市長[町長, 村長]の妻

al-cal-'dí+a [アル.カル.'ディ.ア] [名] [女] 市長[町長, 村長]の職; 市長[町長, 村長]の管轄区, 市役所, 町[村]役場

'ál-ca-li ['アル.カ.リ] [名] [男] 〘化〙 アルカリ

al-ca-li-ni-'dad [アル.カ.リ.ニ.'ダド] [名] [女] 〘化〙 アルカリ性[度]

al-ca-'li+no, -na [アル.カ.'リ.ノ, ナ] [形] 〘化〙 アルカリ性の

al-ca-li-'zar [アル.カ.リ.'さる] [動] [他] ㉞ (z|c) 〘化〙 アルカリ性にする

al-ca-'loi-de [アル.カ.'ロイ.デ] [名] [男] 〘化〙 アルカロイド, 植物塩基《植物中にある, 窒素を含む塩基性物質; ニコチン nicotina, モルヒネ morfina, コカイン cocaína など》

‡**al-'can-ce** [アル.'カン.せ] 90% [名] [男] 範囲, (手が)(a: に)届く範囲; 〔複〕 見通し, 展望; 〔複〕 才能, 能力, 知性; 重要性, 意義, 影響力; 最新のニュース, 最終版; 追いつくこと; 〘軍〙 射程距離; 〘商〙 欠損, 不足額, 赤字 *al* ～ *de* … …の届く所に *dar* ～ (a: に)届く, 追いつく *ir a* [*en*] *los* ～*s* (de: の)手が届く所にいる[ある]

al-can-'cé, -ce(～) [動] 《直点 1 単, 接現》 ↓alcanzar

al-can-'cí+a [アル.カン.'すぃ.ア] [名] [女] 貯金箱; 《ラ米》 (教会の)献金箱, 慈善箱

al-'cán-da-ra [アル.'カン.ダ.ら] [名] [女] (鳥の)とまり木; 洋服掛け, ハンガー

al-can-'for [アル.カン.'フォる] [名] [男] 樟脳(しょうのう)

al-can-fo-'rar-se [アル.カン.フォ.'らる.セ] [動] [再] 《中米》 《ベネズエラ》 《話》 消える, 隠れる

al-can-fo-'re-ro [アル.カン.フォ.'れ.ろ] [名] [男] 〘植〙 クスノキ

Al-'cán-tara [アル.'カン.タら] [名] [固] 〘地名〙 アルカンタラ《スペイン西部カセレス県 Cáceres の町》

al-can-ta-'ri-lla [アル.カン.タ.'り.ジャ] [名] [女] 下水溝; (小さな)橋; 《メキシコ》 (給水用の)水槽, タンク

al-can-ta-ri-'lla-do [アル.カン.タ.り.'ジャ.ド] [名] [男] 下水設備

‡**al-can-'zar** [アル.カン.'さる] 78% [動] [他] ㉞ (z|c) 〈に〉追いつく, 〈と〉一緒になる, 〈に〉間に合う; 〈に〉届く, 〈に〉手が届く, 〈に〉達する, 〈に〉及ぶ; 完成する, 達成する; 手を伸ばして取る, 手渡す; 理解する, わかる; 見る[かぐ, 聞く]ことができる; 《数量が》届く, 達する; 得る, 手に入れる; 時代に生きる [動] [自] (para 不定詞: …するに)足りる, 十分である; (a 不定詞: …)することができる; (a: に)届く, 達する ～**se** [動] [再] 理解できる, わかる; 一緒になる

al-ca-'pa-rra [アル.カ.'パ.ら] [名] [女] 〘植〙 フウチョウボク; 〘食〙 ケーパー《薬味》

al-ca-pu-'rrí+a [アル.カ.プ.'り.ア] [名] [女] 《カリブ》 〘食〙 アルカプリア《バナナ・ユカ芋・肉・カニなどの揚げ物》

al-ca-ra-'ván [アル.カ.ら.'バン] [名] [男] 〘鳥〙 イシチドリ

al-ca-'rre-ño, -ña [アル.カ.'れ.ニョ, ニャ] [形] [名] [男] [女] 〘地名〙 ラ・アルカリアの(人) ↓Alcarria

Al-'ca-rria [アル.'カ.りア] [名] [固] 〔la ～〕 〘地名〙 ラ・アルカリア《スペインのカスティーリャの一地方》

al-ca-'traz [アル.カ.'トらす] [名] [男] 〘鳥〙 シロカツオドリ

a

al-cau-'dón [アル.カウ.'ドン] [名] [男] 〖鳥〗モズ

al-ca-'ya-ta [アル.カ.'ジャ.タ] [名] [女] 曲がり釘(くぎ)

al-ca-'za-ba [アル.カ.'さ.バ] [名] [女] (町の中の)城, 砦, 要塞

*__al-'cá-zar__ [アル.'カ.さる] 94% [名] [男] 王宮, 居城; 城塞(じょうさい), 砦; 〖海〗(船の中央または船尾の)船楼

'al+ce ['アル.せ] [名] [男] 〖動〗オオシカ《アジア・欧州産》; 〖遊〗〔トランプ〕(カードの)カット, カットした札

al+'cé, -ce(~) [動] 《直点 1 単, 接現》 ↓ alzar

al-'cis-ta [アル.'すぃス.タ] [名] [共] 〖商〗(証券の)買方, 強気筋 [形] 〖商〗上昇の

*__al-'co-ba__ [アル.'コ.バ] 92% [名] [女] 寝室

⁑**al-co+'hol** [アル.コ.'オル] 90% [名] [男] 〖飲〗アルコール飲料, 酒; アルコール, 酒精; コール墨《アラブ女性などがまぶたの縁を黒く染めるのに用いるアンチモンの粉》

al-co+ho-'lar [アル.コ.オ.'ラる] [動] [他] 〈まゆ毛・まつ毛を〉コール墨で塗る; 〖医〗アルコールで消毒する

*__al-co+'hó-li-co, -ca__ [アル.コ.'オ.リ.コ, カ] 91% [形] アルコール性の; 〖医〗アルコール依存症の [名] [男] [女] 〖医〗アルコール依存症(患者)

al-co+ho-'lí-me-tro [アル.コ.オ.'リ.メ.トろ] [名] [男] アルコール計

al-co+ho-'lis-mo [アル.コ.オ.'リス.モ] [名] [男] 〖医〗アルコール依存症

al-co+ho-li-'za-do, -da [アル.コ.オ.リ.'さ.ド, ダ] [形] 酒を飲んだ(人); 〖医〗アルコール依存症の [名] [男] [女] 〖医〗アルコール依存症患者

al-co+ho-li-'zar-se [アル.コ.オ.リ.'さる.セ] [動] [再] [34] (z|c) 〖医〗アルコール依存になる

al-'cor [アル.'コる] [名] [男] 〖地〗丘, 小山

Al-co-'rán [アル.コ.'らン] [名] [固] 〖宗〗コーラン《イスラム教の根本聖典》

al-cor-'no-que [アル.コる.'ノ.ケ] [名] [男] 〖植〗コルクガシ, コルク材; 《話》ばか, あほ

al-'cor-za [アル.'コる.さ] [名] [女] 〖食〗(菓子の)砂糖衣, アイシング

al-'cur-nia [アル.'クる.ニア] [名] [女] 血統, 家系, 一族

al-'cu-za [アル.'ク.さ] [名] [女] 〖食〗油壺(つぼ), 油入れ; 《(アンデス)》〖食〗(卓上用の)薬味瓶(びん)

al-cuz-'cuz [アル.クす.'クす] [名] [男] 〖食〗クスクス《北アフリカの小麦の蒸し料理》

al-'da-ba [アル.'ダ.バ] [名] [女] ドアノッカー; かんぬき, 掛け金; 《話》コネ, 後ろ盾(だて); 〖畜〗馬を杭につなぐ環

al-da-'bi-lla [アル.ダ.'ビ.ジャ] [名] [女] (窓などの)小型の掛け金

al-da-'bón [アル.ダ.'ボン] [名] [男] 大型のドアノッカー; 大型の取っ手

al-da-bo-'na-zo [アル.ダ.ボ.'ナ.そ] [名] [男] ドアノッカーをたたくこと, ドアノッカーの音; 急な知らせ

⁑**al-'de+a** [アル.'デ.ア] 90% [名] [女] 小村, 村落

al-de+'a+no, -na [アル.デ.'ア.ノ, ナ] [形] 村の, 村落の, 村出身の; 田舎の, 粗野な [名] [男] [女] 村人, 村民; 田舎者

al-de+'hí-do [アル.デ.'イ.ド] [名] [男] 〖化〗アルデヒド

'a+le ['ア.レ] [感] ⇩ hala

a+le+a-'ción [ア.レ.ア.'すぃオン] [名] [女] 〖技〗合金(をつくること)

a+le-'ar [ア.レ.'アる] [動] [他] 〖技〗(con: と)合金にする [動] [自] 羽ばたく; 回復する

a+le+a-'to-rio, -ria [ア.レ.ア.'ト.りオ, りア] [形] 偶然による, 偶発的な, チャンスにたよる, 運まかせの; 射倖(しゃこう)的な; 〖数〗乱数の; 〖情〗ランダムの

a+lec-cio-na-'dor, -'do-ra [ア.レク.すぃオ.ナ.'ドる, 'ド.ら] [形] 教訓的な

a+lec-cio-'nar [ア.レク.すぃオ.'ナる] [動] [他] 〈に〉(en, para, sobre: を)教育する, 教授する, 教える, 訓練する; 説教する **~se** [動] [再] 学ぶ

a+le-'da-ño, -ña [ア.レ.'ダ.ニョ, ニャ] [形] 隣接する; 付属した [名] [男] 〔複〕近郊, 付属地, 隣接地; 境界; 〔一般〕周囲

a+le-ga-'ción [ア.レ.ガ.'すぃオン] [名] [女] 主張, 申し立て; 〖法〗弁証, 弁論

a+le-'gar [ア.レ.'ガる] [動] [他] [41] (g|gu) 強く主張する, 断言する, 理由として述べる; 〈証拠などを〉提出する; 〖法〗争う, 論争する [動] [自] (con: と)議論する, 言い争う

a+le-'ga-to [ア.レ.'ガ.ト] [名] [男] 申し立て, 主張, 陳述; けんか, 言い争い

a+le-go-'rí+a [ア.レ.ゴ.'り.ア] [名] [女] 〖文〗寓意(ぐうい), アレゴリー; 寓話(ぐうわ); 〖絵〗寓意画

a+le-'gó-ri-co, -ca [ア.レ.'ゴ.り.コ, カ] [形] 〖文〗寓意の, アレゴリーの

a+le-go-ri-'zar [ア.レ.ゴ.り.'さる] [動] [他] [34] (z|c) 〖文〗寓話(ぐうわ)化する, 寓意的に解釈する

⁑**a+le-'grar** [ア.レ.'グらる] 84% [動] [他] 喜ばせる; 活気づける, 華やかにする, 陽気にする, 楽しくする; ほろ酔い気分にする; 〈火を〉かき立てる; 〖牛〗〈牛を〉興奮させる **~se** [動] [再] (de que 接続法/de 不定詞: …であることを)喜ぶ; 《話》ほろ酔い気分になる

⁑**a+'le-gre** [ア.'レ.グれ] 88% [形] 愉快な, 陽気な, 快活な; (con, de: を)喜んでいる, うれしい, 喜ばしい, 楽しい; 《人が》明るい, 気持ちのよい; 《色が》明るい, 生き生きとしている; ほろ酔い気分の; 《話》みだらな, ふしだらな, い

かがわしい; 《話》 向こう見ずな, 大胆な *de vida* ～ 《女性が》生活が乱れている, 身持ちが悪い *estar más ～ que unas pascuas* とても陽気だ, とてもうれしそうだ

*a+'le-gre-'men-te [ア.'レ.グれ.'メン.テ] 94% [副] 愉快に, 陽気に, 快活に, 明るく, 楽しく; 軽率に, 無邪気に

**a+le-'grí+a [ア.レ.'グリ.ア] 84% [名] [女] 愉快, 陽気, 楽しさ, 快活さ; 上機嫌, 喜び; 明るさ; 〔植〕 ゴマ; 〔食〕 (ゴマで作った)ヌガー; 〔楽〕 アレグリア 《フラメンコの歌と踊り》; 〔複〕 祭り

a+'le-gro [ア.'レ.グろ] [副] 〔楽〕 アレグロで, 急速に [名] [男] 〔楽〕 アレグロの曲[楽章・楽節]

a+le-'grón [ア.レ.'グろン] [名] [男] 《話》 (突然の)大きな喜び; 《話》 パッと燃え上がる炎

a+le-'ja-do, -da [ア.レ.'は.ド, ダ] [形] (de: から)離れた, 遠い; (de: に)関心のない, (de: から)超然としている

a+le-ja-'mien-to [ア.レ.は.'ミエン.ト] [名] [男] 遠ざけること, 遠のくこと, 隔たり, 間隔; 撤退, 撤回, 移動; 不仲, 仲たがい

A+le-'jan-dra [ア.レ.'はン.ドら] [名] [固] 〔女性名〕 アレハンドラ

A+le-jan-'drí+a [ア.レ.はン.'ドリ.ア] [名] [固] 〔地名〕 アレクサンドリア 《エジプト北部の港湾都市》

a+le-jan-'dri+no, -na [ア.レ.はン.'ドリ.ノ, ナ] [形] [名] [男] [女] 〔地名〕 アレクサンドリアの(人) ⬆Alejandría; 〔歴〕 アレキサンダー[アレクサンドロス]大王の 《Alejandro el Magno, 前 356–323》; 〔文〕 アレクサンドル格の [名] [男] 〔文〕 アレクサンドル格の詩句 《2つの半句に分かれる 14 音節の詩句》

A+le-'jan-dro [ア.レ.'はン.ドろ] [名] [固] 〔男性名〕 アレハンドロ

**a+le-'jar [ア.レ.'はる] 88% [動] [他] (de: から)遠ざける, 引き離す; 〈考えなどを〉捨てる, 払いのける ～se [動] [再] (de: から)遠ざかる; (de: と)疎遠になる

A+'le-jo [ア.'レ.ほ] [名] [固] 〔男性名〕 アレーホ 《Alejandro の愛称》

a+le-'la-do, -da [ア.レ.'ラ.ド, ダ] [形] [名] [男] [女] 頭がぼうっとした(人), 呆然(ぼうぜん)とした(人); ばか(な)

a+le-'lar [ア.レ.'ラる] [動] [他] 愚かにする, ぼうっとさせる ～se [動] [再] 愚かになる, ぼうっとする

a+le-'lí [名] [男] 〔複 -líes⇦-lís〕 ⇩ alhelí

a+le-'lu-ya [ア.レ.'ル.ジャ] [感] 万歳! 《喜び》; 〔宗〕 ハレルヤ! 《神を賛美する叫び》 [名] [女] 《話》 喜び, 歓喜; 〔宗〕 ハレルヤ 《神を賛美する歌・叫び》; 〔宗〕 聖画; 〔複〕 《話》 へたな詩 [名] [男] 〔宗〕 復活祭の時期

**a+le-'mán, -'ma-na [ア.レ.'マン, 'マ.ナ] 81% [形] 〔地名〕 ドイツ(人)の ⬇Alemania; 〔言〕 ドイツ語の [名] [男] [女] ドイツ人 [名] [男] 〔言〕 ドイツ語

**A+le-'ma-nia [ア.レ.'マ.ニア] 84% [名] [固] 〔República Federal de ～〕 〔地名〕 ドイツ 《正式名はドイツ連邦共和国》

a+len-'ta-do, -da [ア.レン.'タ.ド, ダ] [形] 〔医〕 (病気の後で)元気になった, 回復した -da [名] [女] ひと息, (中断しない)呼吸 *de una alentada* ひと息で

a+len-ta-'dor, -'do-ra [ア.レン.タ.'ドる, 'ド.ら] [形] 元気づける, 明るい

*a+len-'tar [ア.レン.'タる] 93% [動] [他] 50 (e|ie) 激励する, 励ます; 応援する; 〈に〉 (a 不定詞: …することを)勧める, 奨励する; 〈気持ち・感情を〉引き起こす, 与える [動] [自] 《感情が》わく, 燃える; 呼吸する ～se [動] [再] 生気を帯びる, 活気づく; 《ラ米》 〔医〕 (病気から)回復する, 直る

a+le+o-'nar [ア.レ.オ.'ナる] [動] [他] 《チリ》 《話》 励ます, 元気づける

a+le-pan-'ta-do, -da [ア.レ.パン.'タ.ド, ダ] [形] 《アンデス》 《話》 思いにふけった, 夢中になった

a+le-'pa-te [ア.レ.'パ.テ] [名] [男] 《中米》 〔昆〕 シラミ

a+'lér-ge+no, -na⇦+ler- [ア.'レる.へ.ノ, ナ⇦.レる.'へ.] [形] 〔医〕 アレルギーを起こす [名] [男] アレルゲン 《アレルギーを起こす物質》

a+'ler-gia [ア.'レる.ひア] [名] [女] 〔医〕 アレルギー; 反感, 毛嫌い

a+'lér-gi-co, -ca [ア.'レる.ひ.コ, カ] [形] アレルギー(体質)の; 大嫌いの [名] [男] [女] (a: …)アレルギーの人

a+'le-ro [ア.'レ.ろ] [名] [男] 〔建〕 軒(のき), ひさし; 保護; 〔車〕 泥よけ, フェンダー *estar en el* ～ 実現するかはっきりしていない

a+le-'rón [ア.レ.'ろン] [名] [男] 〔空〕 補助翼, フラップ

*a+'ler-ta [ア.'レる.タ] 93% [副] 注意して, 見張って [形] 警戒している [名] [女] 警戒 [感] 警戒せよ!

a+ler-'tar [ア.レる.'タる] [動] [他] 警告する, 〈に〉警報を出す, 警戒させる [動] [自] 警戒している

a+'le-ta [ア.'レ.タ] [名] [女] 〔魚〕 ひれ; 〔車〕 泥よけ; 〔空〕 (飛行機の)補助翼; (プロペラ・スクリューの)羽根; (潜水用の)足ひれ, フィン; 〔体〕 (鼻の)両側, 鼻翼, 小鼻

a+le-tar-'gar [ア.レ.タる.'ガる] [動] [他] 41 (g|gu) 〈に〉眠気を起こさせる ～se [動] [再] まどろむ, 眠くなる

a+le-'ta-zo [ア.レ.'タ.そ] [名] [男] 《中米》 《話》 詐欺

a+le-te+'ar [ア.レ.テ.'アる] [動] [自] 〔鳥〕 《鳥が》羽ばたきする; 〔魚〕 《魚が》ひれを動かす; はためく

a

a+le-'te+o [ア.レ.'テ.オ] [名] [男] 〘鳥〙羽ばたき; 〘魚〙ひれの動き; はためき; 動悸(どうき)

A+leu-'tia-nas [ア.レウ.'ティア.ナス] [形] [名] [固] 〔islas ～〕〘地名〙アリューシャン列島《アラスカ半島の西に連なる火山列島》

a+le-'vín [ア.レ.'ビン] [名] [男] 稚魚(ちぎょ); 〘競〙子供クラス

a+le-vo-'sí+a [ア.レ.ボ.'スィ.ア] [名] [女] 〘法〙予謀, 前もって計画すること; 裏切り行為, 背信

a+le-'vo-so, -sa [ア.レ.'ボ.ソ, サ] [形] 〘法〙予謀の, 計画的な; 裏切りの, 背信の

a+'le-xia [ア.'レク.スィア] [名] [女] 〘医〙失読症

'al+fa ['アル.ファ] [名] [女] 〔la/una ～〕〘言〙アルファ《ギリシャ語の文字 A, α》; 《格》始め, 第一歩

al-fa-'bé-ti-co, -ca [アル.ファ.'ベ.ティ.コ, カ] [形] アルファベットの, アルファベット順の **-camente** [副] アルファベット順に

al-fa-be-ti-za-'ción [アル.ファ.ベ.ティ.さ.'すぃオン] [名] [女] 読み書きの教育, 識字教育; アルファベット順の配列

al-fa-be-ti-'zar [アル.ファ.ベ.ティ.'さる] [動] [他] ㉞ (z|c) 〈に〉読み書きを教える; アルファベット順に並べる

*__al-fa-'be-to__ [アル.ファ.'ベ.ト] 94% [名] [男] 〘言〙アルファベット, 字母, 文字, ABC

al-fa-'jor [アル.ファ.'ほる] [名] [男] 〘食〙アルファホール《特にクリスマスに食べるアーモンド・クルミ・蜂蜜入りの菓子》

al-'fal-fa [アル.'ファル.ファ] [名] [女] 〘植〙ムラサキウマゴヤシ, アルファルファ

al-'fan-je [アル.'ファン.へ] [名] [男] 〘歴〙(アラブ人・ペルシャ人などの)新月刀; 〘魚〙メカジキ

al-fa-nu-'mé-ri-co, -ca [アル.ファ.ヌ.'メ.リ.コ, カ] [形] 〘情〙文字数字式の, 英数字の

al-fa-'nú-me-ro [アル.ファ.'ヌ.メ.ろ] [名] [男] 〘情〙文字数字式, 英数字

al-fa-'quí [アル.ファ.'キ] [名] [男] 〔複 -quíes⇦-quís〕イスラム法学者, ファキーフ

al-'far [アル.'ファる] [名] [男] 〔しばしば複〕〘技〙製陶所, 窯元(かまもと); 粘土

al-fa-re-'rí+a [アル.ファ.れ.'り.ア] [名] [女] 〘技〙〘商〙製陶所, 陶器店; 陶器製造, 陶芸

al-fa-'re-ro, -ra [アル.ファ.'れ.ろ, ら] [名] [男] [女] 〘技〙陶工, 焼物師

al-far-'jí+a [アル.ファる.'ひ.ア] [名] [女] 〘建〙窓[扉]枠用の木材

al-'féi-zar [アル.'フェイ.さる] [名] [男] 〘建〙(窓の)水切り, 窓敷居

al-fe-'ñi-que [アル.フェ.'ニィ.ケ] [名] [男] 〘食〙(砂糖の)練り菓子; 《話》弱々しい人; 《話》気取り, ふり, てらい; 《(ベネズエラ)》アフェニーケ《パネラ panela で作る菓子》

al-'fé-rez [アル.'フェ.れす] [名] [女] 〘歴〙〘軍〙旗手; 〘軍〙少尉; 《(ラ米)》祭の出資者; 《(中米)》信頼できる人物

al-'fil [アル.'フィル] [名] [男] 〘遊〙〔チェス〕ビショップ

*__al-fi-'ler__ [アル.フィ.'レる] 94% [名] [男] ピン, 留め針 ***de veinticinco ～es*** 《話》着飾って, おめかしして ***no caber un ～*** 《話》(人で)いっぱいになる, 立錐(りっすい)の余地もない ***para ～es*** 《話》チップ[こづかい]として, 何かの足しに ***pegado[da] [prendido[da], preso[sa]] con ～es*** 《話》いいかげんな

al-fi-le-'te-ro [アル.フィ.レ.'テ.ろ] [名] [男] 〘衣〙針箱; 針山, 針刺し

*__al-'fom-bra__ [アル.'フォン.ブら] 93% [名] [女] じゅうたん, カーペット, 敷物, もうせん; (花・草などの)じゅうたん, 一面に覆うもの

al-fom-'bra-do, -da [アル.フォン.'ブら.ド, ダ] [形] じゅうたんが敷かれた; (de: で)一面が覆われた [名] [男] 〔集合〕じゅうたん(を敷くこと)

al-fom-'brar [アル.フォン.'ブらる] [動] [他] 〈に〉じゅうたんを敷く

al-fom-'bri-lla [アル.フォン.'ブり.ジャ] [名] [女] マット, 敷物 ***～ del ratón*** 〘情〙マウスパッド

al-fon+'sí [アル.フォン.'スィ] [形] 〔複 -síes⇦-sís〕〘歴〙アルフォンソ **10** 世(賢王)の《Alfonso X [décimo] (el Sabio), カスティーリャ・レオン王, 在位 1252–84》

al-fon-'si+no, -na [アル.フォン.'スィ.ノ, ナ] [形] 〘歴〙アルフォンソ王の《Alfonso という名の歴代の国王》

Al-'fon-so [アル.'フォン.ソ] [名] [固] 〘男性名〙アルフォンソ

al-for-'fón [アル.フォる.'フォン] [名] [男] 〘植〙ソバ

al-'for-ja [アル.'フォる.は] [名] [女] 〔複〕鞍(くら)袋, 荷物袋; 〔複〕(旅行用の)食料; 《話》だぶだぶの服

al-'foz [アル.'フォす] [名] [女] [男] 郊外; 隣接地, 付属地

Al-'fre-do [アル.'フれ.ド] [名] [固] 〘男性名〙アルフレード

Alfz. [略] ↑alférez

*__'al+ga__ ['アル.ガ] 91% [名] [女] 〔el/un⇦una ～〕〘植〙海草, 海苔(のり), 藻(も)

al-'ga-lia [アル.'ガ.リア] [名] [女] 麝香(じゃこう)《香料》; 〘植〙トロロアオイモドキ《アオイ科トロロアオイ属, 熱帯アジア原産》; 〘医〙カテーテル

al-'ga-ra [アル.'ガ.ら] [名] [女] 〘歴〙〘軍〙騎馬による襲撃, 騎馬襲撃隊

al-ga-ra-'bí+a [アル.ガ.ら.'ビ.ア] [名] [女] 《話》ざわめき, 喧騒(けんそう), 騒音; わけのわからない言葉; アラビア語

al-ga-'ra-da [アル.ガ.'ら.ダ] [名] [女] 〘軍〙

騎馬襲撃隊, 騎馬隊の叫び声; 急襲; 騒音, 喧騒

al-ga-'ra-za [アル.ガ.'ら.さ] 名 女 《中米》ざわめき

al-ga-'rro-ba [アル.ガ.'ろ.バ] 名 女〔植〕イナゴマメ, イナゴマメの実

Al-'gar-ve [アル.'ガる.ベ] 名 女〔(el) ~〕〔地名〕アルガルベ《ポルトガル本土の最南端の地方》

al-ga-'za-ra [アル.ガ.'さ.ら] 名 女 どよめき, 喜びの声, 叫び声, わめき声;〔歴〕〔軍〕(ムーア人の戦闘の)ときの声

*'**ál-ge-bra** ['アル.ヘ.ブら] 94% 名 女〔el/un⇔una ~〕〔数〕代数学;〔医〕接骨術

al-ge-'brai-co, -ca [アル.ヘ.'ブらイ.コ, カ] 形 代数の, 代数学上の

al-'gé-bri-co, -ca 形 ⇧ algebraico

al-ge-'bris-ta [アル.ヘ.'ブリス.タ] 名 共 代数学者;〔医〕接骨医

Al-ge-'ci-ras [アル.ヘ.'すぃ.らス] 名 固〔地名〕アルヘシーラス《スペイン南西部の港湾都市》

al-ge-ci-'re-ño, -ña [アル.ヘ.すぃ.'れ.ニョ, ニャ] 形 名 男 女〔地名〕アルヘシーラスの(人)⬆Algeciras

'**ál-gi-do, -da** ['アル.ひ.ド, ダ] 形〔医〕悪寒がする, ぞくぞくする; 頂点の, 絶頂の, 最高潮の, クライマックスの;《政治・社会的動向が》重大な, 危機的な

'al+go ['アル.ゴ] 63% 代《不定》**1** 何か, あるもの, あること: Quiero preguntar **algo** a María. 私はマリーアに聞きたいことがあります。《形容詞は必ず後につく》 **2** いくらか, 少し, 幾分: Sé **algo** de mecánica. 私は機械のことは少しは知っている。名 男 かなりのもの, 重要なこと[人]; 似ているところ; 体の不調; (何か)食べるもの 副 やや, 幾分, 多少, 少し; かなり, だいぶ ***~ así*** 何かそのようなもの, そのくらい ***~ así como*** ... およそ… ***A~ habrá [debe de haber].*** 何かわけがあるのだろう ***por ~*** 何かわけがあって ***tener (un) ~ de*** ...(形容詞) 少し…のところがある

*__al-go-'dón__ [アル.ゴ.'ドン] 92% 名 男 綿(わた), 綿花, くず綿, 脱脂綿;〔植〕ワタ(の木);〔衣〕木綿, 綿布, 綿織物;〔食〕綿菓子 ***criado[da] entre algodones*** 大事にされた, 甘やかされた

al-go-do-'ne-ro, -ra [アル.ゴ.ド.'ネ.ろ, ら] 形〔植〕ワタ[綿]の 名 男 女〔農〕綿の栽培者,〔商〕綿商人 名 男〔植〕ワタの木

al-go-do-'no-so, -sa [アル.ゴ.ド.'ノ.ソ, サ] 形 綿のような, ふわふわした

al-go-'rit-mia [アル.ゴ.'りト.ミア] 名 女〔数〕アラビア記数法

al-go-'rit-mo [アル.ゴ.'りト.モ] 名 男〔数〕〔情〕アルゴリズム, 算法, 演算規則《問題を解くのに必要な手順》

al-gua-'cil [アル.グア.'すぃル] 名 男〔歴〕警吏, 警官, 巡査; 町役人;〔昆〕ハエトリグモ;《ラプラタ》〔昆〕トンボ

al-gua-ci-'li-llo [アル.グア.すぃ.'リ.ジョ] 名 男〔牛〕アルグアシリージョ《入場行進の騎馬先導役》

'al-guien ['アル.ギエン] 76% 代《不定》**1** ある人, 誰か: ¿Hay **alguien** que sepa chino? — No, no hay nadie. 誰か中国語がわかる人はいますか。—いいえ, 誰もいません。 **2** ひとかどの人物, 偉い人

al-'gún 形 ⬇alguno

al-'gu+no, -na [アル.'グ.ノ, ナ] 63% 形《不定》《男性名詞単数形の前では algún となる》**1** 何か(の), ある… 《人・物を指す》: ¿Desea usted dejar **algún** recado? 何か伝言をなさりたいですか。 **2** いくらかの, 多少の, 少しの: ¿Queda **alguna** cerveza en la nevera? — No, no queda ninguna. 冷蔵庫には少しビールが残っているかな? —いいえ, 全然残ってませんよ。 **3**〔否定文で名詞の後で〕 何も…ない, 少しも…ない: No tiene dinero **alguno**. 彼はお金を少しも持っていない。 **4** かなりの, 重要な: Todavía le falta **alguna** experiencia para poder hacer ese trabajo. 彼はその仕事をするのにはまだかなり経験不足だ。代《不定》**1** 誰か, どなたか: ¿Tiene **alguno** de ustedes información? あなたがたのうちでどなたか事情を知っていますか? **2** どれか, あるもの, 何か: Aquí hay libros. Voy a leer algunos. ここに本があります。何冊か読んでみようと思います。 ***algún[guna] que otro[tra]*** **1,2** の, 数個の, 数人の ***algún tanto*** 少し, 少々, いくらか ***algunas veces*** 時々 ***~[na] que otro[tra]*** **1** 人か **2** 人, 1 つか 2 つ, 数人, 数個 ***hacer alguna de las suyas [tuyas]*** 何か悪いことをする

al+ha-'ce-na 名 女 ⇧ alacena

al+'ha-ja [ア.'ラ.は] 名 女 宝石(類), 高価な飾り[装飾品, 家具]; 高価なもの, 大切なもの[人], 珠玉;《話》優秀な人物;〔皮肉〕大した人物; かわいい人《呼びかけに用いる》

al+ha-'jar [ア.ラ.'はる] 動 他 宝石で飾る;〔一般〕装飾する

Al+'ham-bra [ア.'ラン.ブら] 名 固〔地名〕アルハンブラ, アランブラ《スペイン南部, グラナダ市 Granada の丘上にあるムーア時代の遺跡》

al+ha-'ra-ca [ア.ラ.'ら.カ] 名 女 大げさ, 大げさな表現[言い方]

al+he-'lí [ア.レ.'リ] 名 男〔複 -líes⇔-lís〕〔植〕アラセイトウ

al+'he-ña [ア.'レ.ニャ] 名 女《スペイン》〔植〕イボタノキ ***estar [quedar] hecho[cha]***

una ～《話》くたくたになる

al+'hón-di-ga [ア.'ロン.ディ.ガ] 名 女 穀物市場; 公設穀物倉庫

a+li+a-'bier-to, -ta [ア.リア.'ビエる.ト, タ] 形〔鳥〕翼を広げた

a+'lia-do, -da [ア.'リア.ド, ダ] 形〔政〕同盟している, 同盟国の, 連合の 名 男〔政〕同盟国, 盟友; [los Aliados]〔歴〕〔政〕連合国《第一次, 第二次世界大戦における連合国》

a+'lian-za [ア.'リアン.さ] 89% 名 女〔政〕同盟; 契約, 条約;《格》姻戚(いんせき)関係, 縁組; 結婚[婚約]指輪;〔宗〕(神とイスラエル人の間の)聖約

a+'liar [ア.'リアる] 89% 動 他 ㉙ (i|í) (con|と)結ぶ, 集める, 合わせる ～**se** 動 再 (con: と)同盟する, 団結する; 縁組する; 結ぶ, 結合する

'a+lias ['ア.リアス] 副 一名…, 別名は…, またの名は《普通は悪人に用いる》名 男《単複同》あだ名, 別名, ニックネーム

a+'li-bi [ア.'リ.ビ] 名 男〔法〕アリバイ, 現場不在証明 ⇩coartada

a+li-ca+'í-do, -da [ア.リ.カ.'イ.ド, ダ] 形《話》元気がない, 弱った, 衰弱した; がっかりした; 翼[羽]が垂(た)れた

A+li-'can-te [ア.リ.'カン.テ] 名 固〔地名〕アリカンテ《スペイン南東部, 地中海に面した県, 県都》

a+li-can-'ti+no, -na [ア.リ.カン.'ティ.ノ, ナ] 形〔地名〕アリカンテの(人)⬆Alicante

a+li-ca-'ta-do, -da [ア.リ.カ.'タ.ド, ダ] 形《ｽﾍﾟｲﾝ》〔建〕タイルを張った 名 男〔建〕タイル張り

a+li-ca-'tar [ア.リ.カ.'タる] 動 他《ｽﾍﾟｲﾝ》〈に〉タイルを張る

a+li-'ca-te [ア.リ.'カ.テ] 名 男〔複〕やっとこ, ペンチ;《ｶﾘﾌﾞ》《話》親友

a+li-ca-'te-ro, -ra [ア.リ.カ.'テ.ろ, ら] 名 男 女《ﾁﾘ》〔技〕電気工, 電気技師

A+'li-cia [ア.'リ.すぃア] 名 固〔女性名〕アリシア

a+li-'cien-te [ア.リ.'すぃエン.テ] 名 男 誘惑, 魅力, 刺激; 誘惑する物[人]

a+li-cor-'tar [ア.リ.コる.'タる] 動 他〔鳥〕〈鳥の〉羽を切る;〈人を〉自由にさせない

a+li-'cor-to, -ta [ア.リ.'コる.ト, タ] 形〔鳥〕«鳥が»羽を切られた; 元気がない, 気落ちした

a+'lí-cuo-ta [ア.'リ.クオ.タ] 形〔数〕割り切れる, 整除数の;〔数〕等分した

a+lie-na-'ción [ア.リエ.ナ.'すぃオン] 名 女 疎外, 疎外感; 疎隔, 離間, 隔てること;〔法〕譲渡;〔医〕精神錯乱

a+lie-'na-do, -da [ア.リエ.'ナ.ド, ダ] 形 疎外された(人), 離された(人);〔医〕精神障害の 名 男 女〔医〕精神障害者

a+lie-'nar [ア.リエ.'ナる] 動 他 疎外する;〔法〕譲渡する; 発狂させる, ぼんやりさせる ～**se** 動 再 発狂する

a+lie-'ní-ge-na [ア.リエ.'ニ.へ.ナ] 形《格》地球外の;《格》火星の 名 共《格》地球外生物;《格》火星人

a+'lien-t~ 動《直現/接現/命》⬆alentar

a+'lien-to [ア.'リエン.ト] 92% 名 男 呼吸, 息をすること; 息, 呼気;〔しばしば複〕勇気づけるもの, 元気, 活力, 精力 *de un* ～ ひと息に[で], 続けて, 休むことなく

a+li-'fa-fe [ア.リ.'ファ.フェ] 名 男《話》〔医〕軽い病気, 持病

a+li-ga-'ción [ア.リ.ガ.'すぃオン] 名 女 結合, 結びつき

a+li-'gá-tor [ア.リ.'ガ.トる] 名 男 ⇩ caimán

a+li-ge-ra-'mien-to [ア.リ.へ.ら.'ミエン.ト] 名 男 (荷物・義務などを)軽くすること, 軽減; 縮小, 削減; 安心; 急ぐこと

a+li-ge-'rar [ア.リ.へ.'らる] 94% 動 他 軽くする, 軽減する;〈苦痛などを〉軽くする, 緩和する; 短くする, 縮める; 速める, 速くする 動 自《話》急ぐ ～**se** 動 再 軽くなる; 身を軽くする;《話》急ぐ

a+li-'gus-tre [ア.リ.'グス.トれ] 名 男〔植〕イボタノキ

a+li-'jar [ア.リ.'はる] 動 他 密輸する;〔海〕陸揚げする;〔農〕〈綿を〉綿繰り機にかける 名 男 荒れ地;〔農〕農園;〔畜〕放牧地

a+'li-jo [ア.'リ.ほ] 名 男 密輸, 密輸品;〔海〕(船の)荷揚げ;〔農〕綿繰り

a+li-'ma-ña [ア.リ.'マ.ニャ] 名 女〔動〕害獣《キツネ・ヤマネコなど》;〔軽蔑〕人でなし, けだもの

a+li-men-ta-'ción [ア.リ.メン.タ.'すぃオン] 91% 名 女〔集合〕食料, 食物, 栄養物; 食料供給, 栄養状態; 給水, 給油, 給電

a+li-men-ta-'dor, -'do-ra [ア.リ.メン.タ.'ドる, 'ド.ら] 形 供給する, 補給する 名 男〔機〕給水[給油・給電]装置

a+li-men-'tar [ア.リ.メン.'タる] 90% 動 他〔食〕〈に〉食料を与える, 養う;〈感情を〉あおる, 起こす, かき立てる;〔機〕〈機械に〉(con, de: 原料・燃料を)送る, 与える,〔情〕〈に〉(con, de: データを)入力する 動 自〔食〕栄養になる ～**se** 動 再〔食〕(con, de: を食べて)生きる

a+li-men-'ta-rio, -ria [ア.リ.メン.'タ.りオ, りア] 形〔食〕食品の, 食物の

a+li-men-'ti-cio, -cia [ア.リ.メン.'ティ.すぃオ, すぃア] 形〔食〕滋養物の, 栄養のある; ⇧ alimentario

a+li-'men-to [ア.リ.'メン.ト] 83% 名 男〔食〕食物, 食料, 糧(かて), 食糧, 滋養物, 栄

養; (精神の)糧, (思考・反省の)資料, 材料; 燃料, 材料
a-li-'món [ア.リ.'モン] 〔成句〕 *al* ~ 《スペイン》 二人で, 協力して, 一緒に
a-lin-'dar [ア.リン.'ダる] [動] [他] 〈の〉境界を定める [動] [自] 隣同士である; (con: と)境を接する
a-li-ne-a-'ción [ア.リ.ネ.ア.'すぃオン] [名] [女] 整列; 〔競〕 (チームの)ラインナップ, メンバー; 〔政〕 同盟, 連合
a-li-ne-'ar [ア.リ.ネ.'アる] [動] [他] 整列させる; 〔競〕 〈選手を〉チームに入れる, 〈チームの〉ラインナップを決める; 〔政〕 協力させる, 同盟させる ~**se** [動] [再] 整列する, 一直線になる; (en: に)参加する, 属する; 〔政〕 (con: と)同盟を結ぶ
a-li-'ña-do, -da [ア.リ.'ニャ.ド, ダ] [形] [名] [男] [女] 《コロンビア》《話》 上品な(人); 《メキシコ》《話》 きちんとした身なりの(人)
a-li-'ñar [ア.リ.'ニャる] [動] [他] 〔食〕 〈に〉味をつける, 〈の〉味を整える; 飾る, 美しくする; 用意する ~**se** [動] [再] 身づくろいをする, 化粧をする; 〔食〕 味つけされる
a-'li-ño [ア.'リ.ニョ] [名] [男] 〔食〕 調味, 味つけ; 調味料; 着飾ること, 化粧, 身ぎれい
a-'lio-li [ア.'リオ.リ] [名] [男] 《スペイン》 〔食〕 アリオリソース 《ニンニクにオリーブ油を加えたソース》
a-li-'pe-go [ア.リ.'ペ.ゴ] [名] [男] 《中米》 押しかけ客
a-li-'rón [ア.リ.'ろン] [名] [男] 〔競〕 (サッカーの)声援 [感] 万歳!
a-li-'sar [ア.リ.'サる] [動] [他] 滑らかにする, 削る; 〔体〕 〈髪を〉とかす[なでつける] ~**se** [動] [再] 〈自分の髪を〉とかす, なでつける
a-'li-sio, -sia [ア.'リ.スィオ, スィア] [形] 〔複〕 〔海〕 〔気〕 貿易風の [名] [男] 〔複〕 〔海〕 〔気〕 貿易風
a-'li-so [ア.'リ.ソ] [名] [男] 〔植〕 ハンノキ
a-lis-ta-'mien-to [ア.リス.タ.'ミエン.ト] [名] [男] 〔軍〕 徴兵; 〔集合〕 〔軍〕 (徴兵された)新兵; 〔軍〕 名簿への記入, 入隊
a-lis-'tar [ア.リス.'タる] [動] [他] 名簿に記入する, 登録する ~**se** [動] [再] 〔軍〕 兵籍に入る, 入隊する; (en: に)入党する, 参加する
a-li-te-ra-'ción [ア.リ.テ.ら.'すぃオン] [名] [女] 〔修〕 頭韻(法) 《同じ音で始まる語を繰り返して効果を出すこと》
a-li-te-ra-'ti-vo [ア.リ.テ.ら.'ティ.ボ, バ] [形] 〔修〕 頭韻(法)の[による] ↑aliteración
a-li-via-'dor, -'do-ra [ア.リ.ビア.'ドる, 'ド.ら] [名] [男] [女] 《俗》 泥棒
***a-li-'viar** [ア.リ.'ビアる] 93% [動] [他] (con, en: 荷物などを除いて)楽にする, 助ける; 〈病気を〉直す, 〈苦痛を〉除く, 軽くする; 軽くする; 速める, 急ぐ; 《俗》 盗む ~**se** [動] [再] 〔医〕 病気が治る; (de: 自分の苦痛を)除く, 軽くする, ほっとする; 子供を産む
***a-'li-vio** [ア.'リ.ビオ] 93% [名] [男] (苦痛などの)軽減, 緩和, ほっとすること; 助け, 援助; 半喪服, 半忌服 *de* ~ 《スペイン》《話》 大変な, やっかいな, ひどい
al-'ja-ba [アル.'は.バ] [名] [女] 〔歴〕 〔軍〕 矢筒, 箙(えびら)
al-'ja-ma [アル.'は.マ] [名] [女] 《スペイン》 〔歴〕 ムーア人[ユダヤ人]の集会; 〔宗〕 ユダヤ教寺院; 〔宗〕 イスラム教寺院, モスク; ムーア人街; ユダヤ人街
al-ja-'mí-a [アル.は.'ミ.ア] [名] [女] 〔文〕 アルハミア 《中世にアラビア文字で書かれたスペイン語文》; ムーア人の話す[書く]スペイン語
al-ja-'mia-do, -da [アル.は.'ミア.ド, ダ] [形] 〔歴〕 〔文〕 《スペイン》 《スペイン語が》アラビア文字で書かれた
al-je-'ri-fe [アル.へ.'り.フェ] [名] [男] 〔魚〕 (大きな)漁網
al-'ji-be [アル.'ひ.べ] [名] [男] 〔建〕 天水溜(だ)め, 水槽; 〔海〕 タンカー, 給水船
al-'jó-far [アル.'ほ.ファる] [名] [男] 小粒で不揃(ぞろ)いの真珠; 《詩》 露; 《詩》 涙
****a-'llá** [ア.'ジャ] 76% [副] あそこに[で] 《話し手からも相手からも遠い場所》; かなたに, あちらに; 昔, 以前, あのころ; 死後に, あの世で [感] …は勝手にしなさい!, 知りませんよ! ~ ~ (2つの物を比較して)大体同じ, そこそこ *el más* ~ あの世, 来世 *hacerse más* ~ 場所を離れる, どく *más* ~ *de* … …の向こうに[で], …より以上に[で] *no muy* ~ 《話》《スペイン》 それほどでもない
a-lla-na-'mien-to [ア.ジャ.ナ.'ミエン.ト] [名] [男] 〔法〕 強盗, 家宅侵入; 〔建〕 平らにすること, 滑らかにすること, 地ならし; (障害などの)除去, 克服
***a-lla-'nar** [ア.ジャ.'ナる] 94% [動] [他] 〈土地などを〉平らにする, 平坦(たん)にする; 〈困難に〉打ち勝つ, 乗り越える; 静める, 抑える, 平定する; 《スペイン》 〔法〕 〈に〉家宅侵入する ~**se** [動] [再] (a 不定詞: …に)甘んじる, 妥協する, 同意する; 転落する, ずしんと落ちる; 分け隔てをしない, 対等につきあう ~ *el camino* 道を開く
a-lle-'ga-do, -da [ア.ジェ.'ガ.ド, ダ] [名] [男] [女] (近い)親族, 親戚; 〔複〕 党派, 支持者; 側近; 《カリブ》《チリ》《ラプラタ》 (一時期)よその家に住む人 [形] 近い; 党派の *de* ~ 居候をして
a-lle-'gar [ア.ジェ.'ガる] [動] [他] [41] (g|gu) 集める, かき集める; (a: に)近づける, 近くに置く [動] [自] 《古》 (a: に)到着する
allegretto [副] 〔イタリア語〕 〔楽〕 アレグレットで, やや速く [名] [男] 〔楽〕 アレグレットの曲[楽章, 楽節]

a

allegro 副〔イタリア語〕⇧ alegro

a+'llen-de[ア.'ジェン.デ] 前《格》…の向こう側に, あちら側に 副《格》(de: の)向こう側に

****a+'llí**[ア.'イ] 63% 副 そこで[に], あそこで[に]《話し手と聞き手から離れた遠い場所》; その時, あの時 *aquí …, ～ …* …, また… *aquí y ～* あちらこちらに *por ～* あのあたりに

****'al+ma**['アル.マ] 79% 名 女〔el/un⇦una ～〕霊魂, 魂, 心, 精神, 精神力; 人, 人間, 人口, 住民; 主役, 中心人物, 花形, リーダー, 音頭取り; 活発さ, 生き生きとしていること, 力強さ; 中心, 真髄, 心棒; 生命, 命, 命の素(もと);〔建〕足場, 支柱, 支え; (銃の)空洞部分, 銃腔(じゅうこう); (刀・刃物の)つか *～ máter* 母校 *¡～ mía! / ¡mi ～!* (かわいい)おまえ《愛情をこめた呼びかけ》; まあ!, なんということか!《驚き》 *arrancar el ～* (a: を)ひどく悲しませる *con toda el ～* 心から *de mi ～*《話》私の好きな…《愛情の表現》 *en el ～* 心から *entregar el ～ (a Dios)*〔遠回し〕死ぬ, 亡くなる *estar con el ～ en un hilo [en vilo]* 心配している, 気をもんでいる *no poder con su ～* ひどく疲れている *partir el ～* 悲しませる *sin ～* 薄情な *volver el ～ al cuerpo* 安心する, ほっとする

'Al-ma A+'tá['アル.マ ア.'タ] 名 固〔地名〕アルマアタ《カザフスタン Kazajstán の旧首都》

***al-ma-'cén**[アル.マ.'せン] 92% 名 男 倉庫, 貯蔵庫;〔複〕〔商〕デパート, 卸売店; (連発銃の)弾倉;《アンデス》《チリ》《ラプラタ》食料品店

al-ma-ce-'na-je[アル.マ.せ.'ナ.へ] 名 男〔商〕貯蔵, 保管;〔商〕保管料

al-ma-ce-na-'mien-to[アル.マ.せ.ナ.'ミエン.ト] 名 男〔商〕貯蔵, 保管;〔集合〕〔商〕在庫品, 貯蔵品, ストック;〔情〕ストレージ

al-ma-ce-'nar[アル.マ.せ.'ナる] 動 他〔商〕貯蔵する, 倉庫に入れる; 集める, ため込む;〔情〕〈データを〉入力する

al-ma-ce-'ne-ro, -ra[アル.マ.せ.'ネ.ろ, ら] 名 男 女《チリ》〔商〕倉庫業者

al-ma-ce-'nis-ta[アル.マ.せ.'ニス.タ] 名 共〔商〕倉庫業者;〔商〕卸売商

al-'má-ci-ga[アル.'マ.すぃ.ガ] 名 女〔農〕苗床;〔植〕乳香《樹脂で香料となる》

al-'má-ci-go[アル.'マ.すぃ.ゴ] 名 男〔植〕ニュウコウジュ《南欧産》

al-'má-de-na[アル.'マ.デ.ナ] 名 女 大槌(おおつち)

al-ma-'dra-ba[アル.マ.'ドら.バ] 名 女〔魚〕マグロ定置網漁

al-ma-'dra-que[アル.マ.'ドら.ケ] 名 男 枕(まくら); クッション

al-ma-'dre-ña[アル.マ.'ドれ.ニャ] 名 女〔複〕〔衣〕木靴

al-'má-ga-na[アル.'マ.ガ.ナ] 名 女《中米》《話》怠け者, ものぐさ

al-ma-'gral[アル.マ.'グらル] 名 男〔地〕赤鉄鉱の豊富な土地, 赭土(しゃど)床

al-ma-'grar[アル.マ.'グらる] 動 他 赭土(しゃど)で色づけする;《俗》傷つける;〈に〉烙印を押す

al-'ma-gre[アル.'マ.グれ] 名 男 赭土(しゃど); 印, 刻印

***al-ma-'na-que**[アル.マ.'ナ.ケ] 94% 名 男 暦(こよみ), カレンダー, 年鑑

al-'ma-rio 名 男 ⇩ armario

'al-mas 名 女《複》⬆alma

al-ma-'za-ra[アル.マ.'さ.ら] 名 女 (オリーブの)搾油機

al-'me-ja[アル.'メ.は] 名 女〔貝〕アサリ, ハマグリ;〔一般〕二枚貝

al-'me-na[アル.'メ.ナ] 名 女〔建〕(城の)銃眼間の凸壁(とつへき)

al-me-'na-do, -da[アル.メ.'ナ.ド, ダ] 形〔建〕銃眼間の凸壁(とつへき)のある; 鋸(のこぎり)形の

***al-'men-dra**[アル.'メン.ドら] 93% 名 女〔植〕アーモンド;〔一般〕果物の種, 種の芯(しん)[核]

al-men-'dra-do, -da[アル.メン.'ドら.ド, ダ] 形 アーモンドの形をした 名 男〔食〕アーモンドクッキー

al-'men-dro[アル.'メン.ドろ] 名 男〔植〕アーモンドの木

al-men-'dru-co[アル.メン.'ドる.コ] 名 男 熟していないアーモンド; 大きなアーモンド

Al-me-'rí+a[アル.メ.'リ.ア] 名 固〔地名〕アルメリア《スペイン南部の県, 県都》

al-me-'rien-se[アル.メ.'りエン.セ] 形 名 共〔地名〕アルメリアの(人)⬆Almería

al-'me-te[アル.'メ.テ] 名 男〔歴〕〔軍〕兜(かぶと)

al-'mez[アル.'メす] 名 女〔植〕ハックベリー

al-'me-za[アル.'メ.さ] 名 女〔植〕ハックベリーの実

al-'miar[アル.'ミアる] 名 男〔農〕干し草の山

al-'mí-bar[アル.'ミ.バる] 名 男〔食〕糖蜜(とうみつ), シロップ; (性格・態度が)度を超してやさしいこと

al-mi-ba-'ra-do, -da[アル.ミ.バ.'ら.ド, ダ] 形 とても甘い;《話》とてもやさしい, 猫なで声の

al-mi-ba-'rar[アル.ミ.バ.'らる] 動 他 シロップに漬ける, 〈に〉シロップをかける; 〈言葉・態度を〉やさしくする

al-mi-'dón[アル.ミ.'ドン] 名 男 澱粉(でんぷん), 糊(のり)

al-mi-do-'na-do, -da [アル.ミ.ド.'ナ.ド, ダ] 形〔衣〕«布・服が»糊(のり)のついた, 糊づけした;《話》めかしこんだ, すました, つんとした;《ラプラタ》《話》〔軽蔑〕くそまじめな 名 男〔衣〕(布, 服の)糊づけ

al-mi-do-'nar [アル.ミ.ド.'ナる] 動 他〔衣〕‹布・服を›糊(のり)づけする

al-mi-'nar [アル.ミ.'ナる] 名 男〔宗〕〔建〕(イスラム教寺院の)光塔, ミナレット《祈りの時刻を知らせる》

al-mi-ran-'taz-go [アル.ミ.らン.'タす.ゴ] 名 男〔軍〕海軍大将の職;〔歴〕〔海〕〔法〕港税

al-mi-'ran-te [アル.ミ.'らン.テ] 名 共〔軍〕海軍大将, 海軍将官, 提督, 司令長官

al-mi-'rez [アル.ミ.'れす] 名 男 (金属製の)乳鉢

al-miz-'clar [アル.ミす.'クラる] 動 他 ‹に›じゃこうの匂いをつける

al-'miz-cle [アル.'ミす.クレ] 名 男 じゃこう, じゃこうの匂い[香り]

al-miz-'cle-ro, -ra [アル.ミす.'クレ.ろ, ら] 形 じゃこうの匂いがする 名 男〔動〕ジャコウジカ

al-mo-'cá-ra-be [アル.モ.'カ.ら.ベ] 名 男〔建〕鍾乳(しょうにゅう)石飾り

al-'mó-far [アル.'モ.ファる] 名 男〔歴〕〔軍〕(かぶとの下にかぶる)鎖頭巾(ずきん)

*__al-mo+'ha-da__ [アル.モ.'ア.ダ] 93% 名 女 枕(まくら); クッション, 座布団 ***aconsejarse [consultar] con la ～*** ひと晩じっくり考える, 熟考する

al-mo+ha-'da-zo [アル.モ.ア.'ダ.そ] 名 男 枕(まくら)で殴ること

al-mo+'ha-de [アル.モ.'ア.デ] 名 男〔複〕〔歴〕〔政〕《スペイン》アルモアデ族, ムワッヒド朝《1146 年にイベリア半島に侵入し, ムラービト朝 almorávides を滅ぼしたイスラム教徒; 王朝 1147–1269》

al-mo+ha-'di-lla [アル.モ.ア.'ディ.ジャ] 名 女 小さなクッション, 座布団; スタンプ台; 針山, 針刺し;〔情〕シャープ記号(#) ***～ para ratón***〔情〕マウスパッド

al-mo+ha-'dón [アル.モ.ア.'ドン] 名 男 クッション, 座布団

al-mo+ha-do-'na-zo [アル.モ.ア.ド.'ナ.そ] 名 男 クッションで殴ること

al-mo+'ha-za [アル.モ.'ア.さ] 名 女〔畜〕馬ぐし

al-mo+ha-'zar [アル.モ.ア.'さる] 動 他 ㉞ (z|c)〔畜〕‹に›馬ぐしをかける

al-mo-ja-'ri-fe [アル.モ.は.'り.フェ] 名 男〔歴〕〔法〕収税役人

al-mo-'ne-da [アル.モ.'ネ.ダ] 名 女〔歴〕〔商〕競売; 大安売り

al-mo-'rá-vi-de [アル.モ.'ら.ビ.デ] 名 男〔複〕〔歴〕《スペイン》アルモラビデ族, ムラービト朝《1086 年, イベリア半島に侵入したイスラム教徒; 王朝 1055–1147 年》

al-mo-'rra-na [アル.モ.'ｒ̃ら.ナ] 名 女〔複〕〔医〕痔疾(じしつ)

al-'mor-ta [アル.'モる.タ] 名 女〔植〕レンリソウ

al-mor-'za-da [アル.モる.'さ.ダ] 名 女 両手ですくえる量

*__al-mor-'zar__ [アル.モる.'さる] 93% 動 自 ㉝ (o|ue; z|c) 昼食をとる 動 他 昼食に食べる

Almte. 略 ⬆almirante

al-'mud [アル.'ムド] 名 男 アルムード《穀物の量の単位, 1/2 ファネーガ fanega に相当する》

al-mue-'cín 名 男 ⇩ almuédano

al-'mué-da+no [アル.'ムエ.ダ.ノ] 名 男 (イスラム教寺院の)勤行時報係

al-'muer-c~, -z~ 動《直現/接現/命》⬆almorzar

**__al-'muer-zo__ [アル.'ムエる.そ] 90% 名 男 昼食;《スペイン》(午前の)軽食, 中食(ちゅうじき), おやつ;〔地方によって〕朝食

al-'mu-nia [アル.'ム.ニア] 名 女〔農〕農場, 果樹園

*__a+'ló__ [ア.'ロ] 94% 感《南米》もしもし《電話などでの呼びかけ》

a+lo-'ca-do, -da [ア.ロ.'カ.ド, ダ] 形 無分別な, 軽率な, 抜けている; 狂った, 狂気の

a+lo-'car [ア.ロ.'カる] 動 他 ㊴ (c|qu) ‹の›頭をおかしくする **～se** 動 再 取り乱す, うろたえる; (por: で)頭がおかしくなる, 気が狂う

a+lo-cu-'ción [ア.ロ.ク.'すぃオン] 名 女《格》演説, 訓話, 訓示

a+lo-'dial [ア.ロ.'ディアル] 形〔歴〕〔法〕(領主への税を免除された)自由地の

a+'lo-dio [ア.'ロ.ディオ] 名 男〔歴〕〔法〕(領主への税を免除された)自由地

'á-lo+e ⇔ a+ ['ア.ロ.エ⇔ア.'ロ.エ] 名 男〔植〕アロエ, ロカイ

a+'lo-ja [ア.'ロ.は] 名 女《アンデス》〔飲〕アロハ《水・蜂蜜・香辛料を混ぜた発酵酒》

a+lo-'ja-do, -da [ア.ロ.'は.ド, ダ] 名 男 女《チリ》客

*__a+lo-ja-'mien-to__ [ア.ロ.は.'ミエン.ト] 93% 名 男 宿泊, 泊まること; 宿泊施設, 宿屋;〔軍〕野営場

*__a+lo-'jar__ [ア.ロ.'はる] 93% 動 他 泊める, ‹に›宿を提供する; (en: 空いている所に)置く, 入れる, 収納する;〔軍〕宿営させる **～se** 動 再 (en: に)泊まる, 宿泊する; «弾丸などが» (en: 体内に)入る, 入り込む;〔軍〕«部隊が»部所につく;〔軍〕宿営する

a+'lo-jo [ア.'ロ.ほ] 名 男《メキシコ》宿泊施設

a+'lon-dra [ア.'ロン.ドら] 名 女 〘鳥〙ヒバリ

a+lon-'gar [ア.ロン.'ガる] 動 他 61 (o|ue; g|gu) 《格》 伸ばす; 遠ざける ～se 動 再 伸びる; 遠ざかる

A+'lon-so [ア.'ロン.ソ] 名 固 〘男性名〙〘姓〙アロンソ

a+'ló-pa-ta [ア.'ロ.パ.タ] 形 〘医〙逆症療法の 名 共 〘医〙逆症療法医

a+lo-pa-'tí+a [ア.ロ.パ.'ティ.ア] 名 女 〘医〙逆症療法, アロパチー療法

a+lo-'pá-ti-co, -ca [ア.ロ.'パ.ティ.コ, カ] 形 〘医〙逆症療法の

a+lo-'pe-cia [ア.ロ.'ペ.すぃア] 名 女 〘医〙脱毛症

a+'lo-que [ア.'ロ.ケ] 形 明るい赤の, 薄赤色の; 〘飲〙《ワインが》ロゼの 名 男 〘飲〙ロゼワイン

a+lo-tro-'pí+a [ア.ロ.トろ.'ピ.ア] 名 女 〘化〙同質異形, 同素体

a+lo-'tró-pi-co, -ca [ア.ロ.'トろ.ピ.コ, カ] 形 〘化〙同質異形の, 同素体の

al-'pa-ca [アル.'パ.カ] 名 女 〘動〙〘畜〙アルパカ《ペルー産の家畜》; 〘衣〙アルパカの毛[服, 織物]; 洋銀《銅・ニッケル・亜鉛の合金》

al-par-'ga-ta [アル.パる.'ガ.タ] 名 女 〔複〕〘衣〙アルパルガータ《麻製の履物》

al-par-ga-'tón, -'to-na [アル.パる.ガ.'トン, 'ト.ナ] 名 男 女 《コロンビア》《話》貧乏人, 下層民

al-par-ga-'tu-do, -da [アル.パる.ガ.'トゥ.ド, ダ] 形 《コロンビア》《話》貧しい, 貧乏な

*'Al-pes ['アル.ペス] 94% 名 固 〔los ～〕〘地名〙アルプス山脈

al-'pes-tre [アル.'ペス.トれ] 形 〘植〙《植物が》アルプスの, 高山性の; 〘地〙山の多い, 山地の

al-pi-'nis-mo [アル.ピ.'ニス.モ] 名 男 〔一般〕登山; アルプス登山

al-pi-'nis-ta [アル.ピ.'ニス.タ] 名 共 〔一般〕登山家; アルプス登山家, アルピニスト 形 登山の, アルプス登山の

al-'pi+no, -na [アル.'ピ.ノ, ナ] 形 アルプス山脈の; アルプス登山の, 高山登山の; 〔一般〕高山性の, 山の

al-'pis-te [アル.'ピス.テ] 名 男 〘植〙クサヨシ, クサヨシの種子; 《話》〔軽蔑〕酒

Al-pu-'ja-rras [アル.プ.'は.らス] 名 固 〔las ～〕〘地名〙アルプハーラス《スペイン南部の地方》

al-pu-ja-'rre-ño, -ña [アル.プ.は.'れ.ニョ, ニャ] 形 名 男 女 〘地名〙アルプハーラスの(人) ⬆Alpujarras

al-que-'rí+a [アル.ケ.'リ.ア] 名 女 《スペイン》〘農〙農場; 小村落

al-qui-la-'dor, -'do-ra [アル.キ.ラ.'ドる, 'ド.ら] 名 男 女 家主, 貸し主; 借家人, 小作, 借り手

*al-qui-'lar [アル.キ.'ラる] 91% 動 他 貸す, 賃貸しする; 雇用する, 契約する; 借りる, 賃借りする ～se 動 再 貸し出される; 仕事をする, (como: として)働く, 雇われる

*al-qui-'ler [アル.キ.'レる] 92% 名 男 〘商〙賃貸し; 賃貸料, 地代, 家賃, 部屋代

al-'qui-mia [アル.'キ.ミア] 名 女 〘歴〙錬金術

al-qui-'mis-ta [アル.キ.'ミス.タ] 名 共 〘歴〙錬金術師

al-qui-'ta-ra [アル.キ.'タ.ら] 名 女 蒸留器, ランビキ

al-qui-ta-'rar [アル.キ.タ.'らる] 動 他 蒸留する

al-qui-'trán [アル.キ.'トらン] 名 男 タール, ピッチ; 《中米》アスファルト

al-qui-tra-'nar [アル.キ.トら.'ナる] 動 他 〈に〉タールを塗る

**al-re-de-'dor [アル.れ.デ.'ドる] 82% 副 まわりに[を], あたりに[を] 名 男 〔複〕郊外, 周辺, 付近; 周囲, まわり ～ *de* ... およそ..., 約..., ほとんど...

Al-'sa-cia [アル.'サ.すぃア] 名 固 〘地名〙アルザス地方《フランス北東部のドイツに接する地方》

al-sa-'cia+no, -na [アル.サ.'すぃア.ノ, ナ] 形 名 男 女 〘地名〙アルザス地方の(人) ⬆Alsacia; 〘言〙(ドイツ語の)アルザス方言の 名 男 〘言〙(ドイツ語の)アルザス方言

'ál-si-ne ['アル.スィ.ネ] 名 女 〔el/un⇦una ～〕〘植〙ハコベ

alt. 略 ⬇altitud; ⬇altura

'al+ta ['アル.タ] 名 女 〔el/un⇦una ～〕〘医〙退院の許可, 退院許可証; 《スペイン》(組織への)参加, 加入; 〘軍〙(前線部隊への)復隊[入隊]許可; 〘法〙税務署への申告 形 《女》 ⬇alto *causar* ～ 〘軍〙復隊[入隊]する *dar de* ～ 〘医〙《医師が》全快を証明する[言い渡す] *darse de* ～ (en: に)加入する

Al-ta-'gra-cia [アル.タ.'グら.すぃア] 名 固 〔La ～〕〘地名〙ラ・アルタグラシア《ドミニカ共和国東部の県》

Al-'tái [アル.'タイ] 名 固 〔montes ～〕〘地名〙アルタイ山脈《モンゴル・中国・カザフスタン・ロシアにまたがる山脈》

al-'tai-co, -ca [アル.'タイ.コ, カ] 形 アルタイ山脈の; 〘言〙アルタイ語族の 名 男 〘言〙アルタイ語族

'al-ta-'men-te ['アル.タ.'メン.テ] 副 高く, とても, 高度に

Al-ta-'mi-ra [アル.タ.'ミ.ら] 名 固 〘地名〙アルタミラ《スペイン北部の遺跡; 旧石器時代の洞窟壁画で有名》

al-ta-ne-'rí+a [アル.タ.ネ.'リ.ア] 名 女

尊大さ, 傲慢(ごうまん); タカ(鷹)狩り; 高さ, 高度

al-ta-'ne-ro, -ra [アル.タ.'ネ.ろ, ら] 形 尊大な, 横柄な; «鳥が»高く飛ぶ

*__al-'tar__ [アル.'タる] 92% 名 男 〔宗〕祭壇, 聖餐(せいさん)台; 〔建〕火堰(ひせき) 《火格子の後ろを仕切る耐火れんがの低い壁》 *llevar al ~* 結婚する *poner [tener] en un ~* ほめちぎる, 祭り上げる *quedarse para adornar ~es* «女性が»婚期を逸する

'al-tas 形 《女複》 ↓alto

'Al-ta Ve-ra-'paz [アル.タ べ.ら.'パす] 名 固 〔地名〕 アルタ・ベラパス 《グアテマラ中部の県》

al-ta-'voz [アル.タ.'ボす] 名 男 拡声器; スピーカー

al-te+'ar [アル.テ.'アる] 動 他 《ラプラタ》 停止する, 〈に〉停止を命じる

al-te-'ra-ble [アル.テ.'ら.ブレ] 形 変わりやすい; «食品が»いたみやすい; «人が»動揺しやすい

al-te-ra-'ción [アル.テ.ら.'すぃオン] 名 女 変更, 改変, 改造; (心の)動揺, 怒り, いらだち; 動乱, 動揺, 乱れ; 論争, 論議

al-te-'ra-do, -da [アル.テ.'ら.ド, ダ] 形 変わった, 変化した, 変質した; 乱れた, 混乱した; (心が)動揺した, 怒った

*__al-te-'rar__ [アル.テ.'らる] 91% 動 他 変える, 改める, 変質させる; 動揺させる, 怒らせる; 乱す, 壊す, 害する, 腐らせる; 〈真実を〉ゆがめる **~se** 動 再 変わる, 改まる; 動揺する, 怒る; 乱れる, 壊れる, 腐る

al-ter-ca-'ción 名 女 ⇩altercado

al-ter-'ca-do [アル.テる.'カ.ド] 名 男 口論, 激論, 論争

al-ter-'car [アル.テる.'カる] 動 自 69 (c|qu) (con: と)口論する, 論争する

alter ego ['アル.テる 'エ.ゴ] 名 男 別人格, もう一人の自分, オルターエゴ

al-ter-na-'ción [アル.テる.ナ.'すぃオン] 名 女 交互, 交替

al-ter-na-'dor [アル.テる.ナ.'ドる] 名 男 〔電〕交流(発電)機

al-ter-'nan-cia [アル.テる.'ナン.すぃア] 名 女 交互, 交替; 〔生〕世代交番

al-ter-'nan-te [アル.テる.'ナン.テ] 形 交互の, 交替する

*__al-ter-'nar__ [アル.テる.'ナる] 93% 動 他 交替でする, (con: と)交互にする 動 自 次々と起こる, (con: と)交互に起こる; (con: と)交際する; (con: 有力者を)接客する **~se** 動 再 〔複〕(en, para: を)交替でする; 次々と起こる, 交互に起こる

__al-ter-na-'ti-vo, -va__ [アル.テる.ナ.'ティ.ボ, バ] 86% 形 交替の, 交互の, 交互に[交替で]する; (a: に)代替できる **-va 名 女 他に取りうる方法, 代案, 選択; 交互, 交替; 交替勤務; 〔牛〕闘牛士への進級 **-vamente** 副 交替で, 交替して

al-'ter-ne [アル.'テる.ネ] 名 男 《話》(バーなどの)接客 *ir [salir] de ~* 《話》遊びに出かける

al-'ter+no, -na [アル.'テる.ノ, ナ] 形 交互の, 交替の; 一つおきの; 隔年[隔月, 隔日]の; 〔電〕交流の

al-'te-za [アル.'テ.さ] 名 女 高さ; 荘厳, 雄大, 高尚; 〔su ~〕殿下 《王子・王女に用いる称号》

al-ti-'ba-jo [アル.ティ.'バ.ほ] 名 男 起伏; 〔地〕起伏のある土地; 運不運, (経済・健康などの)変化, 浮沈; 〔歴〕〔衣〕錦織りのビロード

al-'ti-llo [アル.'ティ.ジョ] 名 男 〔地〕小山, 塚; 《南米》〔建〕屋根裏部屋

al-ti-lo-'cuen-cia [アル.ティ.ロ.'クエン.すぃア] 名 女 《格》大言壮語, 豪語

al-ti-lo-'cuen-te [アル.ティ.ロ.'クエン.テ] 形 《格》大言壮語する, 雄弁な; «言葉が»おおげさな

al-ti-me-'trí+a [アル.ティ.メ.'トり.ア] 名 女 高度測量[測定]

al-'tí-me-tro [アル.'ティ.メ.トろ] 名 男 高度計, 高度測定器

al-ti-pla-'ni-cie [アル.ティ.プラ.'ニ.すぃエ] 名 女 〔地〕高原, 高地

al-ti-'pla+no 名 女 ⇧altiplanicie

al-'tí-si-mo, -ma [アル.'ティ.スィ.モ, マ] 形 〔最上級〕 ↓alto; 〔el A~〕 名 固 〔宗〕神, 全能者

al-ti-so-'nan-cia [アル.ティ.ソ.'ナン.すぃア] 名 女 (話し方が)朗々たる様子, 大言壮語

al-ti-so-'nan-te [アル.ティ.ソ.'ナン.テ] 形 仰々しい, もったいぶった; 朗々たる, 声高らかな

*__al-ti-'tud__ [アル.ティ.'トゥド] 94% 名 女 高さ, 高度; 海抜, 標高

al-ti-'vez [アル.ティ.'べす] 名 女 傲慢(ごうまん)さ, 横柄さ

al-'ti-vo, -va [アル.'ティ.ボ, バ] 形 傲慢(ごうまん)な, 横柄な; 非常に高い, そびえ立つ

**__'al+to, +ta__ ['アル.ト, タ] 70% 形 高い, 背が高い; 〔一般〕 «程度が»高い; 上の, 上部の, 上級の, 上流の, 上位の, 上層の, 高い方の; 縦長の; «声・音が»大きい; 〔地〕上流の, 川上の, 高地の; 前期の; 〔海〕 «海が»荒海の, 沖合の; «人格・思想が»気高い, 気品のある, 優れた, 洗練された; 〔法〕罪が重い, 重大な; «時間が»遅い, 夜がふけた; «川が»水量が増した; 進んだ, 上級の; 〔楽〕アルトの 名 男 高さ; 〔地〕小山, 塚, 丘, 高原; 〔建〕二階, 上階; 〔楽〕アルト 《女声の最低音域》; 天上, 天空; 神; 〔楽〕ビオラ; 《ラ米》大量, たくさん, 山 副 上の方に[で], 高所に[で]; 大きな声[音]で 名 男 止まれの命令; 休憩 感 止

まれ! ～ ***el fuego***《スペイン》〖軍〗停戦 ***dar el*** ～ 停止命令を下す ***en*** ～ 高い所で, 高い所へ向かって ***lo*** ～《中性》一番高い所, 頂上 ***pasar por*** ～ 大目に見る, 見逃す ***por lo*** ～ ざっと, おおざっぱに ***por todo lo*** ～ すばらしく, 豪華に[な], 盛大に[な]

al-to-'cú-mu-lo [アル.ト.'ク.ム.ロ] [名] [男]〖気〗高積雲

al-to-es-'tra-to [アル.ト.エス.'トら.ト] [名] [男]〖気〗高層雲

'Al-to Pa-ra-'guay ['アル.ト パ.ら.'グアイ] [名] [固]〖地名〗アルト・パラグアイ《パラグアイ北東部の県》

'Al-to Pa-ra-'ná ['アル.ト パ.ら.'ナ] [名] [固]〖地名〗アルト・パラナ《パラグアイ南東部の県》

al-to-par-'lan-te [アル.ト.パる.'ラン.テ] [名] [男]《ラ米》⇩ parlante

al-to-rre-'lie-ve [アル.ト.れ.'リエ.ベ] [名] [男]〖美〗高浮き彫り⇦alto relieve

'Al-to 'Vol-ta ['アル.ト 'ボル.タ] [名] [固]〖歴〗〖地名〗(旧)オートボルタ《ブルキナファソ Burkina Faso の旧称》

al-to-'za-no [アル.ト.'さ.ノ] [名] [男]〖地〗小山, 塚, 高台;《南米》(教会の)前廊

al-tra-'muz [アル.トら.'ムす] [名] [男]〖植〗ルピナス, ハウチワマメ

al-'truis-mo [アル.'トるイス.モ] [名] [男] 利他[愛他]主義

al-'truis-ta [アル.'トるイス.タ] [形] [名] [共] 利他的な(人), 利他[愛他]主義の; 利他[愛他]主義者

al-'truís-ti-co, -ca [アル.'トるイス.ティ.コ, カ] [形] 利他主義の

****al-'tu-ra** [アル.'トゥ.ら] 83% [名] [女] 高さ, 高度, 海抜; 身長; 高所, 高地; 頂上; 水準, レベル;〖宗〗天国, 天界;〖海〗外洋, 外海; 崇高, 高尚, 高潔, 美点, 価値; (水の)深さ;〖地〗緯度;〖音〗〖楽〗(音の)高さ, ピッチ; (建物の)階数 ***a estas ～s*** 今になって, 今ごろは, この時点で, 現在のところ ***a la ～ de*** … …の位置で[に] ***estar a la ～ de*** … …に即して行動する

al-tu-'ra-do, -da [アル.トゥ.'ら.ド, ダ] [形]《アンデス》《話》威厳のある, 落ち着いた

a-'lu-bia [ア.'ル.ビア] [名] [女]〖植〗インゲンマメ

a-lu-ci-na-'ción [ア.ル.すぃ.ナ.'すぃオン] [名] [女] 幻覚, 眩惑(げんわく), 錯覚

a-lu-ci-na-'dor, -'do-ra [ア.ル.すぃ.ナ.'ドる, 'ド.ら] [形] 幻覚の; 魅了する

a-lu-ci-'nan-te [ア.ル.すぃ.'ナン.テ] [形]《話》幻覚を起こす;《スペイン》《話》すばらしい, 魅力的な, めくるめくような

a-lu-ci-'nar [ア.ル.すぃ.'ナる] [動] [他]〈に〉幻覚を起こす, 混乱させる, 惑わす;《スペイン》感動させる, 魅了する ～***se*** [動] [再] 幻覚を経験する, 惑わされる, 錯覚する;《スペイン》《話》感動する

a-lu-ci-'nó-ge-no, -na [ア.ル.すぃ.'ノ.ヘ.ノ, ナ] [形] 幻覚作用のある [名] [男] 幻覚剤

a-'lud [ア.'ルド] [名] [男] なだれ; 押し寄せるもの, 殺到

a-lu-'dir** [ア.ル.'ディる] 91% [動] [自] (a: を) ほのめかす; (a: に)言及する, 引き合いに出す, 述べる; 記載する ***darse [sentirse] por aludido[da] 自分のことが言われていると思う

a-lum-'bra-do, -da [ア.ルン.'ブら.ド, ダ] [形] 照らされた, 点火された;〖歴〗〖宗〗《スペイン》(16–17 世紀のスペインの)照明派の《祈りによってのみ完徳に至ると信じた異端派》;《ベネズエラ》《話》頭が悪い; 麻薬で錯乱した [名] [男] 照明;〖歴〗〖宗〗《スペイン》照明派;《ベネズエラ》魔術師

a-lum-bra-'mien-to [ア.ルン.ブら.'ミエン.ト] [名] [男] 照明, 点火;〖医〗出産, 分娩

a-lum-'brar** [ア.ルン.'ブらる] 93% [動] [他] 照らす, 照明する, 明るくする, 〈灯を〉ともす; 生む, もたらす; 啓発する, 教化する;〖医〗〈子を〉産む;《話》ぶつ, ひどい目にあわせる, 手荒に扱う [動] [自] 光る, 灯をともす;〖医〗出産する ～se*** [動] [再]《話》ほろ酔いになる

a-'lum-bre [ア.'ルン.ブれ] [名] [男]〖化〗明礬(みょうばん)

a-'lú-mi-na [ア.'ル.ミ.ナ] [名] [女]〖化〗アルミナ, 礬土(ばんど)

***a-lu-'mi-nio** [ア.ル.'ミ.ニオ] 92% [名] [男]〖化〗アルミニウム《元素》

a-lu-'mi-ta [ア.ル.'ミ.タ] [名] [女] アルマイト《耐食性のアルミニウムの商標》

a-lum-'na-do [ア.ルム.'ナ.ド] [名] [男]〔集合〕生徒, 寄宿生

****a-'lum-no, -na** [ア.'ルム.ノ, ナ] 78% [名] [男] [女] 生徒; 弟子, 教え子, 門弟

a-lu-'nar-se [ア.ル.'ナる.セ] [動] [再]《肉が》腐る;《コロンビア》《話》正気を失う

a-lu-ni-'za-je [ア.ル.ニ.'さ.へ] [名] [男] 月面着陸

a-lu-ni-'zar [ア.ル.ニ.'さる] [動] [自] ㉞ (z|c) 月面着陸する

***a-lu-'sión** [ア.ル.'スィオン] 93% [名] [女] (a: への)言及, 示唆, ほのめかし, (a: 事柄に)触れること

a-lu-'si-vo, -va [ア.ル.'スィ.ボ, バ] [形] 暗示的な, (a: を)ほのめかす

a-lu-'vial [ア.ル.'ビアル] [形] 洪水の;〖地質〗沖積層の

a-lu-'vión [ア.ル.'ビオン] [名] [男] 洪水, 氾濫(はんらん);〖地質〗沖積層; 群衆, 大量のもの

'Ál-va-rez ['アル.バ.れす] [名] [固]〖姓〗アルバレス

'**Ál-va-ro** ['アル.バ.ろ] [名] [固]〖男性名〗アルバロ

al-ve-o-'lar [アル.ベ.オ.'ラる] [形]〖体〗歯茎の;〖音〗歯茎音の;〖体〗肺胞の [名] [女]〖音〗歯茎音

al-ve-o-'li-tis [アル.ベ.オ.'リ.ティス] [名] [女]〔単複同〕〖医〗肺胞炎

al-'vé-o-lo ⇦-ve- [アル.'ベ.オ.ロ⇦.'オ.ロ] [名] [男]〖体〗歯槽, 歯茎;〖体〗肺胞

al-'ver-ja [アル.'べる.は] [名] [女]《ラ米》〖植〗エンドウ, エンドウ豆

al-ver-'jón [アル.べる.'ほン] [名] [男]《メキシコ》〖植〗エンドウ, エンドウ豆

*'**al-za** ['アル.さ] 92% [名] [女]〔el/un⇦una ～〕(価格の)上昇, 高騰, 値上がり; (気温の)上昇 ***en ～*** 〖商〗《価格が》上昇中の;《話》人気がある, 人気上昇中の, 新進気鋭の

al-za-'cue-llo [アル.さ.'クエ.ジョ] [名] [男]〖宗〗〖衣〗(聖職者の服の)襟(えり), カラー

al-'za-do, -da [アル.'さ.ド, ダ] [形] [名] [男] [女] 上げた, 掲げた; 背いた, 反乱を起こした; 反乱者; 横柄な(人), 傲慢(ごうまん)な(人);《ラ米》〖動〗《動物が》発情した;《メキシコ》《カリブ》《チリ》《ラプラタ》欲情した [名] [男] 正面図, 立面図 **-da** [名] [女]〖法〗控訴, 上告 ***trabajo a alzado*** 請負仕事

al-za-'fue-lle [アル.さ.'フエ.ジェ] [名] [共]〔複〕《コロンビア》《話》おべっか使い

al-za-'mien-to [アル.さ.'ミエン.ト] [名] [男] 上げる[上がる]こと, 上昇; 蜂起(ほうき)

al-za-'pa-ño [アル.さ.'パ.ニョ] [名] [男] カーテンの留めひも

al-za-'piés [アル.さ.'ピエス] [名] [男] 足載せ台, 足台

al-za-'pri-ma [アル.さ.'プリ.マ] [名] [女] かなてこ, バール; くさび

al-'zar [アル.'さる] 88% [動] [他] 34 (z|c) 上げる, 持ち上げる, 立てる; 建てる, 建造する, 設ける, 設立する; (高く)上げる, 揚げる; 高くする, 上げる; 外す, 取る, 片づける;〖農〗収穫する;〈図を〉描く, 作成する **～se** [動] [再] 上がる, 持ち上がる; 立ち上がる; 高くそびえる; 建てられる, 建つ; (contra: に)背く, 反乱する; ふくらむ; (con: を)占有する, 持ち逃げする; (ベッドから)飛び起きる; 逃げる; 目立つ, 抜きんでる;〖商〗(計画的に)倒産する;《ラプラタ》《話》盗む, 勝手に持って行く ***～ velas*** 〖海〗帆を上げる, 出発する; 逃げ出す ***～se de hombros*** 肩をすくめる

alz-'héi-mer [アル.'せイ.メる] [名] [男]〖医〗アルツハイマー病⇦enfermedad [mal] de A～

a. m. [略] =〔ラテン語〕*ante meridiem* 午前

AM [略] =〔英語〕*Amplitude Modulation*〖電〗振幅変調;〖放〗AM 放送

*'**a-ma** 91% [名] [女]〔el/un⇦una ～〕主婦, 奥さん; 乳母; (女性の)雇い主, 主人, 所有者, 持ち主, 経営者; (聖職者・独身者の)家政婦 [動]《直現 3 単/命》⬇amar

a-'má [名] [女]〔複 -más〕《メキシコ》《中米》《ベネズエラ》《話》母, お母さん

a-'ma-ba [動]《直線 1/3 単》⬇amar

*'**a-ma-bi-li-'dad** [ア.マ.ビ.リ.'ダド] 94% [名] [女] 親切, 親切な行為; やさしさ, 愛らしさ ***tener la ～ de*** ...(不定詞) …してくださる;〔命令形, 依頼の文で〕どうぞ(不定詞: …)してください

a-ma-bi-'lí-si-mo, -ma〔最上級〕⬇amable

a-'ma-ble [ア.'マ.ブレ] 90% [形] (con, para: に)親切な, やさしい; 愛すべき, 愛想がよい ***¿Sería usted tan ～ de*** ...(不定詞)? …していただけますでしょうか《丁寧な依頼の表現》

*'**a-'ma-ble-'men-te** [ア.'マ.ブレ.'メン.テ] 94% [副] 親切に, やさしく

a-ma-'cha-da [名] [女]《カリブ》《話》男まさりの女性, 男のような女

a-ma-'char-se [ア.マ.'チャる.セ] [動] [再]《メキシコ》《話》頑固である, 言うことを聞かない

a-ma-chi-'nar [ア.マ.チ.'ナる] [動] [自]《ベネズエラ》《話》同棲(どうせい)する **～se** [動] [再]《中米》《話》気落ちする, 悲しむ

a-ma-co-'la-do, -da [ア.マ.コ.'ラ.ド, ダ] [形]《カリブ》《話》ふさぎこんだ

a-'ma-da [動]《過分女単》⬇amar

A-ma-'de-o [名] [固]〖男性名〗アマデオ

a-'ma-do, -da [形] 愛された; いとしい, 親愛なる

A-'ma-do [名] [固]〖男性名〗アマード

a-ma-es-tra-'mien-to [ア.マ.エス.トら.'ミエン.ト] [名] [男] 訓練, 調教

a-ma-es-'trar [ア.マ.エス.'トらる] [動] [他]〈に〉(en, para: を)しつける;〈動物を〉訓練[調教]する;〈人を〉教育する

a-ma-'gar [ア.マ.'ガる] [動] [他] 41 (g|gu)〈の〉そぶりをみせる, ふりをする;〈の〉気配がする, 恐れがある [動] [自]《の》気配がする, 兆候がある; (con, de: の)気配がする, 恐れがある;《病気が》兆候を見せる; (a 不定詞: …の)そぶりを見せる;〖競〗〔サッカーなど〕〈に〉フェイントをかける ***～ y no dar*** ぶつまねをする

a-'ma-go [名] [男] 威嚇, おどし; そぶり; しるし, 兆候;〖競〗〔サッカーなど〕フェイント

a-'ma-gue [ア.'マ.ゲ] [名] [男]《メキシコ》《ボリビア》《ラプラタ》(実現に至らない)兆し, 兆候

a-mai-'nar [ア.マイ.'ナる] [動] [他]〖海〗〈帆を〉降ろす [動] [自]〖気〗《風が》穏やかになる; 静まる; (en: を)控えめにする, 加減する

a-ma-'la-ya [ア.マ.'ラ.ジャ] [感]《ラ米》そうでありますように!, そうだといいのに!

a-ma-la-'yar [ア.マ.ラ.'ジャる] [動] [他]

《メキシコ》《中米》《南米北》欲しがる, 強く望む

a+mal-'ga-ma [ア.マル.'ガ.マ] 名 女〖化〗アマルガム《水銀と他の金属との合金》;混合物;〖医〗(歯に詰める)アマルガム

a+mal-ga-ma-'ción [ア.マル.ガ.マ.'すぃオン] 名 女〖化〗融合, 結合;〖鉱〗アマルガム法《貴金属抽出法》;〔一般〕混合, 融合, 結合

a+mal-ga-'mar [ア.マル.ガ.'マる] 動 他〖化〗アマルガムにする, 水銀と化合する;〔一般〕(con: と)混ぜる, 混ぜ合わせる, 合併する 動 自〖化〗(con: と)混ざる, 融合する;〔一般〕(con: と)混ざる

A+'ma-lia [ア.'マ.リア] 名 固〖女性名〗アマリア

a+ma-'llar-se [ア.マ.'ジャる.セ] 動 再《チリ》《話》借金を払わない

a+ma-man-ta-'mien-to 名 男 授乳

a+ma-man-'tar [ア.マ.マン.'タる] 動 他〈に〉乳を飲ませる, 授乳する

A+mam-'bay 名 固〖地名〗アマンバイ《パラグアイ東部の県》

A+'mán 名 固〖地名〗アンマン《ヨルダン Jordania の首都》

a+man-ce-ba-'mien-to [ア.マン.せ.バ.'ミエン.ト] 名 男 同棲, 内縁関係

a+man-ce-'bar-se [ア.マン.せ.'バる.セ] 動 再 (con: と)同棲(どうせい)する

a+man-ci-'llar [ア.マン.すぃ.'ジャる] 動 他《格》〈人・名声を〉汚す, 傷つける;《格》中傷する, そしる

A+'man-cio [ア.'マン.すぃオ] 名 固〖男性名〗アマンシオ

****a+ma-ne-'cer** [ア.マ.ネ.'せる] 90% 動 自 ㊺ (c|zc) 夜が明ける, 朝になる;《人が》目覚める, 夜明けを迎える; 現れる, 出始める;《アンダルシア》《ラ米》徹夜する 名 男 夜明け; 始まり, 黎明(れいめい)

a+ma-ne-'ra-do, -da [ア.マ.ネ.'ら.ド, ダ] 形 気取った, きざな; 型にはまった, 同じ形式の, マンネリの

a+ma-ne-ra-'mien-to [ア.マ.ネ.ら.'ミエン.ト] 名 男 気取り, わざとらしいこと, 見せかけ; 型にはまっていること, マンネリズム

a+ma-ne-'rar-se [ア.マ.ネ.'らる.セ] 動 再 気取る; 飾る, 技巧を凝らす; マンネリになる

a+ma-'nez-co, -ca(~) 動《直現1単, 接現》↑amanecer

a+man-ga-'luar [ア.マン.ガ.'ルアる] 動 他《コロンビア》《話》〈に〉悪事をたくらむ

a+ma-no-'jar [ア.マ.ノ.'はる] 動 他 束にする

a+man-'sar [ア.マン.'サる] 動 他 鎮(しず)める, 和らげる, なだめる;〖畜〗〈動物を〉飼いならす　**~se** 動 再《性質が》穏やかになる, 柔和になる, 落ちつく;〖畜〗《動物が》飼いならされる

****a+'man-te** 90% 名 共 愛人, 情夫, 情婦;《格》恋人; 愛好家 形 (de: を)好む, 愛する; 愛情深い, やさしい

a+ma-'nuen-se 名 共〖歴〗書記, 筆記者

a+ma-'ña-do, -da [ア.マ.'ニャ.ド, ダ] 形 巧みな, 巧妙な; でっちあげの, 偽造された

a+ma-'ñar [ア.マ.'ニャる] 動 他 (不正に)工作[操作]する, でっちあげる, 偽造する　**~se** 動 再 (con, para: に)熟練している, 慣れている;《コロンビア》《アンデス》《話》好きになる, 気に入る　***amañárselas*** (para: を)うまくやる, 工夫する

a+'ma-ño [ア.'マ.ニョ] 名 男 巧妙さ, 器用さ; 陰謀, 策略;〔複〕道具, 工具

a+ma-'po-la [ア.マ.'ポ.ラ] 名 女〖植〗ケシ, ヒナゲシ

a+ma-pu-'char [ア.マ.プ.'チャる] 動 自《チリ》《話》真実を隠す

****a+'mar** [ア.'マる] 79% 動 他 愛する, 慈しむ

a+ma-'ra-je [ア.マ.'ら.へ] 名 男〖空〗(水上飛行機・宇宙船の)着水

a+ma-'ran-to [ア.マ.'らン.ト] 名 男〖植〗ハゲイトウ, アマランス

a+ma-'rar [ア.マ.'らる] 動 自〖空〗《水上飛行機・宇宙船が》着水する

a+mar-chan-'tar-se [ア.マる.チャン.'タる.セ] 動 再《ベネズエラ》得意客になる

a+mar-'ga-do, -da [ア.マる.'ガ.ド, ダ] 形 苦しんだ, 落ち込んだ, 世をすねた

a+mar-'gar [ア.マる.'ガる] 動 他 ㊶ (g|gu)〖食〗にがくする; 苦しめる, 不快にさせる, 〈に〉つらい思いをさせる 動 自〖食〗にがい, にがくなる　**~se** 動 再 自分を苦しめる, 落ち込む;〖食〗にがい, にがくなる　***~se la vida*** 自分の人生をつらくする

***a+'mar-go, -ga** [ア.'マる.ゴ, ガ] 92% 形 にがい; つらい, 苦しい, 厳しい, 不快な; 無愛想な, つっけんどんな; 苦しんでいる, 悲しんでいる;《アンデス》《話》怒った, 不機嫌な 名 男 にがみ;《ラプラタ》〖飲〗砂糖を入れないマテ茶[飲み物]　**-gamente** 副 つらそうに, さめざめと

a+mar-'gor [ア.マる.'ゴる] 名 男 にがみ; 苦しみ, 苦痛, 不快

***a+mar-'gu-ra** [ア.マる.'グ.ら] 93% 名 女 苦しさ, 悲痛, 悲しみ; にがみ

a+ma-ri-'ca-do, -da [ア.マ.り.'カ.ド, ダ] 形《俗》《男・しぐさなどが》女っぽい

a+ma-ri-co-'na-do, -da 形 ⇧amaricado

a+ma-'ri-lis [ア.マ.'り.リス] 名 女〔単複同〕〖植〗アマリリス

a+ma-ri-lle+'ar [ア.マ.り.ジェ.'アる] 動

[自] 黄色になる, 黄ばむ; «顔色などが»青ざめる; 衰える, 輝きを失う

a+ma-ri-'llen-to, -ta [ア.マ.り.'ジェン.ト, タ] [形] 黄色がかった, 黄色っぽい; «顔色などが»青ざめた

a+ma-ri-'llez [ア.マ.り.'ジェす] [名] [女] 黄色いこと; «皮膚が»土気色をしていること

****a+ma-'ri-llo, -lla** [ア.マ.'り.ジョ, ジャ] 86% [形] 黄色の; 黄色人種の; 《カリブ》〔食〕油で揚げたバナナ [名] [男] 黄色

A+ma-'ri-llo [ア.マ.'り.ジョ] [形] [名] [固] 〔río ~〕〔地名〕黄河《中国第二の大河》; 〔mar ~〕〔地名〕黄海《中国東岸の海》

a+ma-ri-po-'sa-do, -da [ア.マ.り.ポ.'サ.ド, ダ] [形] 〔植〕«特に花冠が»蝶(ちょう)型の

a+ma-ri-'za-je [名] [男] ⇧ amaraje

a+ma-ri-'zar [動] [自] [34] (z|c) ⇧ amarar

a+'ma-rra [ア.'マ.ら] [名] [女] 〔複〕《話》保護, 援助, 支援者, コネ; 〔海〕もやい綱; (馬具の)むながい *cortar* [*soltar*] *las* ~*s* 自由になる, 束縛から抜け出す

a+ma-rra-'de-ro [ア.マ.ら.'デ.ろ] [名] [男] 〔海〕(もやい綱をつなぐ)杭

a+ma-'rra-do, -da [ア.マ.'ら.ド, ダ] [形] [名] [男] [女] 《ラ米》けちな(人)

a+ma-'rrar [ア.マ.'ら る] [動] [他] (a: に)結ぶ, 縛(しば)る, つなぐ, くくりつける; 〔海〕‹船を›つなぐ; 束ねる, まとめて縛る; ‹人を›拘束する, 縛りつける [動] [自] 《話》詰め込みの勉強をする ~**se** [動] [再] (身につけているものを)縛る, きつくする, 結ぶ; 《メキシコ》《中米》《カリブ》《コロンビア》結婚する; 《中米》《話》酔う, 酔っぱらう; 《ベネズエラ》《話》 行動の準備をする *amarrárselas* 《中米》《コロンビア》《話》(酒に)酔う, 酔っぱらう

a+'ma-rre [ア.'マ.れ] [名] [男] 〔海〕係留, (船を)つなぐこと, (船が)もやうこと

a+ma-'rre-te [ア.マ.'れ.テ] [形] 《チリ》《ラプラタ》《話》けちな, しみったれた

a+ma-'rro-so, -sa [ア.マ.'ろ.ソ, サ] [形] 《中米》とがった, 鋭利な [名] [男] 《中米》〔食〕すっぱい果物

a+mar-te-'la-do, -da [ア.マる.テ.'ラ.ド, ダ] [形] 恋に夢中になった

a+mar-te-'lar-se [ア.マる.テ.'ラる.セ] [動] [再] 恋する, «恋人たちが»いちゃつく

a+mar-ti-'llar [ア.マる.ティ.'ジャる] [動] [他] 槌(つち)で打つ; ‹銃の打ち金を›起こす; ‹契約を›取り決める

a+ma-sa-'di-to, -ta [形] [名] [男] [女] 《カリブ》《話》太った(人)

a+ma-sa-'du-ra [ア.マ.サ.'ドゥ.ら] [名] [女] 〔食〕(パンを)こねること

a+ma-sa-'mien-to [名] [男] 〔食〕(パンを)こねること; マッサージ

a+ma-san-de-'rí+a [ア.マ.サン.デ.'り.ア] [名] [女] 《チリ》〔商〕小さなパン屋

a+ma-'sar [ア.マ.'サる] [動] [他] こねる, 練る; 〔食〕‹パンを›こねる; 《話》たくらむ; 積む, 蓄積する, ためる

a+ma-'si-jo [ア.マ.'スィ.ほ] [名] [男] 《話》ごたまぜ; 〔食〕(パンを)こねること, (パンをこねた)生地の塊; 〔建〕モルタル; 《話》たくらみ

a+'ma-te [名] [男] 〔植〕アマーテ《メキシコイチジクの木》

amateur [ア.マ.'テる] [形] 〔英語〕素人の, アマチュアの [名] [共] 素人, アマチュア

a+ma-'tis-ta [名] [女] 〔鉱〕紫水晶, アメジスト

a+ma-'to-rio, -ria [ア.マ.'ト.りオ, りア] [形] 恋愛の; 愛欲の

a+'mau-ta [名] [男] 《アンデス》〔歴〕賢人, (村の)長老

a+ma-yo-'ra-do, -da [ア.マ.ジョ.'ら.ド, ダ] [形] 《アンデス》«子供が»ませた

a+ma-za-co-'ta-do, -da [ア.マ.さ.コ.'タ.ド, ダ] [形] ぎっしり詰まった, 固くなった; «食べ物が»重い, もたれる; «文章が»多くを盛り込みすぎた, ごてごてした

a+ma-'zo-na [ア.マ.'そ.ナ] [名] [女] 女傑, 女丈夫; 〔畜〕女性騎手 *montar a la* ~ 〔畜〕«女性が»(馬に)横乗りする

***A+ma-'zo-nas** [ア.マ.'そ.ナス] 94% [名] [固] 〔el ~〕〔地名〕アマゾン川; 〔地名〕アマソーナス《コロンビア南東部の県; ベネズエラ南東部の州; ペルー北部の県》

A+ma-'zo-nia [ア.マ.'そ.ニア] [名] [固] 〔地名〕アマゾン熱帯雨林《南米大陸アマゾン川 Amazonas 流域に広がる世界最大の熱帯雨林》

A+ma-zo-'ní+a [ア.マ.そ.'ニ.ア] [名] [固] 《ラ米》〔各地〕⇧ Amazonia

a+ma-'zó-ni-co, -ca [ア.マ.'そ.ニ.コ, カ] [形] 〔地名〕アマゾン川の, アマゾン地方の ⬆Amazonas; アマゾン族のような, 勇ましい

am-'ba-ges [アン.'バ.ヘス] [名] [男] 《複》回りくどい言い方, 遠回し

'ám-bar ['アン.バる] [名] [男] 琥珀(こはく) ~ *negro* 〔鉱〕黒玉

am-ba-'ri+no, -na [アン.バ.'り.ノ, ナ] [形] 《格》琥珀(こはく)の, こはく色の

Am-'ba-to [名] [固] 〔地名〕アンバート《エクアドル中部の都市》

Am-'be-res [アン.'べ.れス] [名] [固] 〔地名〕アントワープ《ベルギーの海港》

***am-bi-'ción** [アン.ビ.'すぃオン] 91% [名] [女] 大望, 功名心, 野心, 野望, 望み

am-bi-cio-'nar [アン.ビ.すぃオ.'ナる] [動] [他] 切望する, 渇望する

am-bi-'cio-so, -sa [アン.ビ.'すぃオ.ソ, サ] [形] 野心的な, 大望[野心]のある; (de: を)切望[熱望]する; 自己主張の強い [名] [男] [女] 野心家

a

am-bi-'dex-tro, -tra ⇦-'dies- [アン.ビ.'デ(ク)ス.トろ, トら⇦.'ディエス.] [形] [名] [男] [女] 両手のきく(人)

am-bien-ta-'ción [アン.ビエン.タ.'すぃオン] [名] [女] 雰囲気, 雰囲気作り; 〔演〕音響効果; 〔演〕舞台設定, 背景描写

am-bien-'tal [アン.ビエン.'タル] [形] 大気の, 環境の; «音楽が»ムードの, バックグラウンドの

am-bien-'tar [アン.ビエン.'タる] [動] [他] 〈の〉雰囲気を作る; 〔演〕〈の〉舞台を設定する **~se** [動] [再] (a, en: 環境に)順応する

****am-'bien-te** 81% [名] [男] 環境, 外界; (好意的な・よい)雰囲気, 受け入れ, (独特な)雰囲気, ムード; 大気, 空気; 活気, にぎわい, 盛り上がり; 階層, 社会階級; 《アンデス》《チリ》《ラプラタ》〔建〕部屋 [形] 周囲の; 環境の

am-bi-'gú [アン.ビ.'グ] [名] [男] 〔複 -gúes ⇦-gús〕〔食〕軽い食事, 軽食; 〔商〕簡易食堂, ビュッフェ

am-bi-güe-'dad [アン.ビ.グエ.'ダド] [名] [女] あいまいさ, 不明瞭, 両義性

***am-'bi-guo, -gua** [アン.'ビ.グオ, グア] 93% [形] あいまいな, 不明瞭な, 両義の; 態度がはっきりしない, 不確かな, 疑いのある; 《話》女みたいな, めめしい; 〔言〕両性の

****'ám-bi-to** 83% [名] [男] 区域, 区画, 場内, 領域, 範囲, 環境; (活動の)分野, 領分, 世界; グループ, 一派

am-bi-va-'len-cia [アン.ビ.バ.'レン.すぃア] [名] [女] 両面性, 両義性

am-bi-va-'len-te [アン.ビ.バ.'レン.テ] [形] 両面性のある, 両義的な

am-bla-'du-ra [アン.ブラ.'ドゥ.ら] [名] [女] 〔畜〕(馬の)側対歩

am-'blar [アン.'ブラる] [動] [自] 〔畜〕«馬が»側対歩で歩む

am-blio-'pí+a [アン.ブリオ.'ピ.ア] [名] [女] 〔医〕弱視

'am+bo [名] [男] 《チリ》《ラプラタ》〔衣〕男性用の上下色違いのツーピース

****'am-bos, -bas** 78% [形] 〔複数〕両方の, 双方の, どちらの, 2つ[二人]とも《普通, 対になるものについて用いる》 [代] 《複》 両方とも, 2つとも ~ ***a dos*** 2つとも

am-bro-'sí+a [アン.ブろ.'スィ.ア] [名] [女] 神々の食物, 神饌(しんせん), アンブロシア《食べると不老不死になるという》; 〔食〕美味芳香なもの

Am-'bro-sio [アン.'ブろ.スィオ] [名] [固] 〔男性名〕アンブロシオ

****am-bu-'lan-cia** [アン.ブ.'ラン.すぃア] 90% [名] [女] 〔医〕救急車; 〔医〕担架; 〔医〕救急病院, 救急診療所, 野戦病院, 移動病院; 〔鉄〕郵便車

am-bu-'lan-te [アン.ブ.'ラン.テ] [形] 移動する, 巡回する

am-bu-la-'to-rio, -ria [アン.ブ.ラ.'ト.りオ, りア] [形] 〔医〕外来の, 歩行できる [名] [男] 《スペイン》診療所

a+'me-ba [名] [女] 〔動〕アメーバ

a+me-'bia-sis [名] [女] 〔単複同〕〔医〕アメーバ症

a+me-dren-'tar [ア.メ.ドれン.'タる] [動] [他] 恐れさせる, 驚かす, 怖がらせる **~se** [動] [再] (de, por: を)恐れる, (de, por: で)びくびくする, 驚く

a+mel-co-'cha-do, -da [ア.メル.コ.'チャ.ド, ダ] [形] 《ラ米》金色の; 金髪の

a+mel-co-'char [ア.メル.コ.'チャる] [動] [他] 〔食〕甘くする **~se** [動] [再] 《メキシコ》《カリブ》《話》恋をする

A+'me-lia [ア.'メ.リア] [名] [固] 〔女性名〕アメリア

a+me-'llar-se [ア.メ.'ジャる.セ] [動] [再] 《チリ》《話》(ゲーム・勝負で)勝ち逃げする; けちくさいことをする

a+'mén [副] (de:の)ほかに, (de: を)除けば [感] 〔宗〕アーメン, かくあらせたまえ《キリスト教の祈禱(きとう)の終わりの言葉》 ***decir a todo ~*** 《話》何にでも賛成する ***en un (decir) ~*** 《話》またたく間に, すぐに

a+me-na-'cé, -ce(~) [動] 《直点1単, 接現》 ⬇amenazar

****a+me-'na-za** [ア.メ.'ナ.さ] 90% [名] [女] 脅迫, 威嚇(いかく), おどし

a+me-na-za-'dor, -'do-ra [ア.メ.ナ.さ.'ドる, 'ド.ら] [形] おどす(ような), 脅迫的な

****a+me-na-'zar** [ア.メ.ナ.'さる] 87% [動] [他] ㉞ (z|c) (con 不定詞: …と言って)おどす, 威嚇(いかく)する; 〈の〉前兆を示す, 〈不定詞: …〉しそうである [動] [自] 今にも起こりそうである

a+men-'guar [ア.メン.'グアる] [動] [他] ⑨ (u|ü) 中傷する, そしる; 減らす, 少なくする, 小さくする

a+me-ni-'dad [名] [女] 心地よさ, 快適さ, 楽しさ

a+me-ni-'zar [ア.メ.ニ.'さる] [動] [他] ㉞ (z|c) 楽しくする; 〈に〉活気を与える, にぎやかにする

***a+'me+no, -na** 94% [形] 心地よい, 快適な, 気持ちのよい; 愉快な, 楽しい

a+me-no-'rre+a [ア.メ.ノ.'れ̃.ア] [名] [女] 〔医〕無月経

****A+'mé-ri-ca** [ア.'メ.り.カ] 78% [名] [固] 〔地名〕アメリカ(大陸); 《誤用》アメリカ合衆国, 米国 ~ ***Central*** ⇩Centroamérica ~ ***del Norte*** ⇩Norteamérica ~ ***del Sur*** ⇩Sudamérica ~ ***Latina*** ⇩Latinoamérica

a+me-ri-ca-'nis-mo [ア.メ.り.カ.'ニス.モ] [名] [男] 〔言〕アメリカスペイン語(法); ア

メリカ先住民語(法); アメリカ人気質, アメリカ精神; アメリカびいき, 親米主義; アメリカ研究

a·me-ri-ca-'nis-ta [ア.メ.り.カ.'ニス.タ] [名] [共] アメリカ研究者, ラテンアメリカ研究者

a·me-ri-ca-ni-za-'ción [ア.メ.り.カ.ニ.さ.'すぃオン] [名] [女] アメリカ[米国]化; 米国帰化

a·me-ri-ca-ni-'zan-te [ア.メ.り.カ.ニ.'さン.テ] [形] アメリカ化した

a·me-ri-ca-ni-'zar [ア.メ.り.カ.ニ.'さる] [動] [他] 34 (z|c) アメリカ化する, 米国風にする　**~se** [動] [再] アメリカ化する, アメリカ風になる

⁑**a·me-ri-'ca·no, -na** [ア.メ.り.'カ.ノ, ナ] 84% [形] [名] [男] [女] 〘地名〙ラテンアメリカ(人)の, ラテンアメリカ人; 〘地名〙米国(人)の, 米国人 ⇩ norteamericano; アメリカ成金(の)　**-na** [名] [女] 《ｽﾍﾟｲﾝ》〘衣〙(短い)上着, (男性用)ジャケット(＝chaqueta, saco)

a·me-'ri-cio [ア.メ.'り.すぃオ] [名] [男] 〘化〙アメリシウム《元素》

a·me-'rin-dio, -dia [ア.メ.'りン.ディオ, ディア] [形] [名] [男] [女] アメリカ先住民(の)

a·me-ri-'tar [ア.メ.り.'タる] [動] [他] 《ﾗ米》〈に〉値する

a·me-ri-'za-je [ア.メ.り.'さ.へ] [名] [男] ⇧ amaraje

a·me-ri-'zar [ア.メ.り.'さる] [動] [自] 34 (z|c) ⇧ amarar

a·me-tra-lla-'dor [ア.メ.トら.ジャ.'ドる] [名] [男] 〘軍〙機関銃兵

a·me-tra-lla-'do-ra [ア.メ.トら.ジャ.'ド.ら] [名] [女] 〘軍〙機関銃

a·me-tra-'llar [ア.メ.トら.'ジャる] [動] [他] 〘軍〙機関銃で打つ; (a: …)攻めにする

a·'mian-to [名] [男] 〘鉱〙アミアンタス《石綿の一種》

a·'mi-ba [名] [女] ⇧ ameba

a·mi-boi-'de·o, ·a [形] 〘動〙アメーバのような

a·mi-'cal [ア.ミ.'カる] [形] 《格》友好的な, 親しい

⁑**a·'mi-ga** 89% [名] [女] (女性の)友人, 女友だち; 恋人; 愛人, 情婦

a·mi-'ga-ble [ア.ミ.'ガ.ブレ] [形] 友好的な, 好意的な; 調和した, 和合する

a·mi-'ga-cho, -cha [名] [男] [女] 《話》〔軽蔑〕仲間, 悪友

a·mi-'gar-se [ア.ミ.'ガる.セ] [動] [再] 41 (g|gu) 《話》仲よくなる; 《話》同棲する

a·'míg-da-la [ア.'ミグ.ダ.ラ] [名] [女] 〘体〙扁桃(へんとう); 〔~s〕《誤用》〘医〙扁桃(へんとう)炎

a·mig-da-'li-tis [ア.ミグ.ダ.'り.ティス] [名] [女] 〔単複同〕〘医〙扁桃(へんとう)炎

⁑**a·'mi-go** 67% [名] [男] 友, 友人, 男友だち; 恋人; 愛人, 情夫; 〘軍〙友軍, 味方　**~, -ga** [形] 親しい, 友好的な, 友人の; (de: を)好む, 愛好する; 《詩》恵み深い, 親切な; 〘軍〙味方の, 友軍の　*~[ga] de lo ajeno* 〔皮肉〕泥棒, 盗賊　*cara de pocos ~s* 無愛想な顔　*hacerse ~[ga]* (con: と)友人になる

a·mi-'go-te [名] [共] 《話》友人, 仲間, 仲よし; 《話》悪友

a·mi-'gue-ro, -ra [ア.ミ.'ゲ.ろ, ら] [形] 《ﾗ米》《話》友だちづきあいのよい, 友人が多い

a·mi-'gue-te 〔縮小語〕⬆amigo

a·mi-'gui-to, -ta 〔縮小語〕⬆amigo

a·mi-'lá-ce·o, ·a [ア.ミ.'ラ.せ.オ, ア] [形] 〘化〙澱粉(でんぷん)質[状]の

a·mi-la-na-'mien-to [ア.ミ.ラ.ナ.'ミエン.ト] [名] [男] 恐怖, おびえ, 落胆

a·mi-la-'nar [ア.ミ.ラ.'ナる] [動] [他] 〈の〉気力をくじく, 落胆させる; おびやかす, おどす　**~se** [動] [再] (por, ante: に)おびえる, 怖がる

a·mi-lla-'rar [ア.ミ.ジャ.'らる] [動] [他] 〈土地の〉台帳を作る

a·'mi-na [名] [女] 〘化〙アミン

a·mi-no-'á-ci-do [ア.ミ.ノ.'ア.すぃ.ド] [名] [男] 〘化〙アミノ酸

a·mi-no-ra-'ción [ア.ミ.ノ.ら.'すぃオン] [名] [女] 縮小, 減少, 削減

a·mi-no-ra-'mien-to [名] [男] ⇧ aminoración

a·mi-no-'rar [ア.ミ.ノ.'らる] [動] [他] 減らす, 少なくする

a·mio-'tro-fia [ア.ミオ.'トろ.フィア] [名] [女] 〘医〙筋萎縮症

⁑**a·mis-'tad** 84% [名] [女] 友情, 友愛, 友好; 〔複〕友だち, 友人, 知己　*hacer ~* (con: と)親しくなる　*hacer ~es* 仲直りする　*romper (con) las ~es* 仲たがいする, 絶交する

a·mis-'tar [ア.ミス.'タる] [動] [他] 親しくさせる; 和解させる　**~se** [動] [再] 〔複〕親しくなる; 〔複〕和解する, 仲直りする

a·mis-'to-so, -sa [形] 友好的な, 好意的な, 親切な; 親善の

a·'mi-to [名] [男] 〘衣〙〘宗〙アミクトゥス, 肩布《司祭が祭服とともに用いる襟あて》

am-'ne-sia [名] [女] 〘医〙記憶喪失, 健忘症; 〔一般〕忘却

am-'né-si-co, -ca [形] 〘医〙記憶喪失にかかった, 健忘症の [名] [男] [女] 〘医〙記憶喪失者, 健忘症患者

'am-nios [名] [男] 〔単複同〕〘体〙羊膜

am-'nió-ti-co, -ca [形] 〘体〙羊膜の

am-nis-'tí·a [名] [女] 〘法〙恩赦, 大赦, 特赦

am-nis-'tiar [アム.ニス.'ティアる] [動] [他] 29 (i|í) 〘法〙〈に〉恩赦を与える

*'**a+mo** 91% [名] [男] 所有者, 持ち主, オーナー; 主人, 雇い主; 家長; 支配する人, 操る人, 労働者の頭, 親方, 監督; 権力者 *hacerse el* ～ 取り仕切る, わがものにする [動]《直現 1 単》↑amar

a+mo-'blar [動] [他] ⑯ (o|ue) ⇩ amueblar

a+mo-do-rra-'mien-to [ア.モ.ド.ら.'ミエン.ト] [名] [男] 眠気(を催すこと), まどろみ

a+mo-do-'rran-te [ア.モ.ド.'らン.テ] [形] 眠くなるような, まどろませる, うとうとさせる

a+mo-do-'rrar-se [ア.モ.ド.'らる.セ] [動] [再] 眠る, まどろむ, うとうとする

a+mo+hi-'na-do, -da [ア.モイ.'ナ.ド, ダ] [形] ふさぎこんでいる; いらいらしている

a+mo+hi-'nar [ア.モイ.'ナる] [動] [他] ④ (i|í) いらいらさせる, 怒らせる ～**se** [動] [再] (de, por: に)いらいらする, 怒る

a+mo+ho-'sa-do, -da [ア.モ.オ.'サ.ド, ダ] [形]《チリ》さびた, さびついた

a+mo-ja-'mar [ア.モ.は.'マる] [動] [他]〈マグロを〉日干しにする ～**se** [動] [再] やせる

a+mo-jo-'nar [ア.モ.ほ.'ナる] [動] [他]〈の〉境界を定める,〈に〉境界石を置く

a+mo-la-'de-ra [ア.モ.ラ.'デ.ら] [名] [女] 砥石(といし), 回転砥石

a+mo-'lar [ア.モ.'ラる] [動] [他] ⑯ (o|ue)《話》悩ませる, 困らせる; 研ぐ, とがらす, 磨く;《ベネズエラ》《話》盗む; だます

a+mol-'dar [ア.モル.'ダる] [動] [他] 型に合わせる, 鋳る, 型に入れて作る; (a: に)適合させる ～**se** [動] [再] (a: に)適合する, 合う

a+mo-nes-ta-'ción [ア.モ.ネス.タ.'すぃオン] [名] [女]《格》説諭, 訓戒, 警告, 忠告;《格》〔宗〕(教会での)結婚の発表;〔競〕〔サッカーなど〕警告

a+mo-nes-'tar [ア.モ.ネス.'タる] [動] [他]《格》〈に〉訓戒する,〈に〉諭(さと)す,〈に〉注意する;〔宗〕(教会で)〈結婚を〉予告する, 発表する;〔競〕〔サッカーなど〕〈に〉警告する ～**se** [動] [再]〔宗〕(教会で)結婚を発表する

a+mon-'ga-do, -da [形]《カリブ》悲しい

a+mo-nia-'cal [ア.モ.ニア.'カル] [形]〔化〕アンモニア(ゴム)(性)の

a+mo-'nia-co ⇦-'ní+a- [名] [男]〔化〕アンモニア(ガス); アンモニアゴム

a+'mo-nio [名] [男]〔化〕アンモニウム

a+mo-'ni-ta [名] [女]〔生〕アンモナイト

a+mon-ti-'lla-do [ア.モン.ティ.'ジャ.ド] [名] [男]《スペイン》〔飲〕アモンティジャード酒《シェリー酒の一種》 ～, **-da** [形]〔飲〕アモンティジャード風にした

a+mon-to-na-'mien-to [名] [男] 積み上げること; 山積み; (人の)押し寄せ, 殺到

a+mon-to-'nar [ア.モン.ト.'ナる] [動] [他] 積み上げる, 積み重ねる; 集める, 寄せ集める, かき集める;〈人·動物を〉詰め込む, 押し込む ～**se** [動] [再] 集まる, 群がる; 山積みになる; «事件が»集中して起こる;《話》(de: に)怒る;《俗》(con: と)同棲する;《アンデス》《話》侮辱する

**a+'mor [ア.'モる] 73% [名] [男]〔一般〕(a: への)愛, 愛情, 愛着, 愛好, 慈悲, やさしさ; (異性に対する)愛, 恋, 恋愛, 好意; 恋人, 愛する人, 愛人;〔複〕恋愛, 情事, 恋愛事件, 肉体関係; 丹精, 熱心, 丁寧さ *al ～ de ...* …のそばに ～ *mío* / *mi* ～ ねえ, おまえ [あなた, きみ]《愛情をこめた呼びかけ》 *de mil ～es* 大変喜んで *hacer el ～* セックスをする *por ～ de Dios* どうかお願いですから

a+mo-'ral [ア.モ.'らル] [形] 道徳観念のない

a+mo-ra-li-'dad [ア.モ.ら.リ.'ダド] [名] [女] 不道徳

a+mo-ra-'ta-do, -da [ア.モ.ら.'タ.ド, ダ] [形] 紫色の

a+mo-ra-'tar-se [ア.モ.ら.'タる.セ] [動] [再] 紫色になる;〔医〕〔特に〕あざになる

a+mor-'ci-llo [ア.モる.'すぃ.ジョ] [名] [男] キューピー人形

a+mor-'ci-to, -ta [ア.モる.'すぃ.ト, タ] [名] [男] [女] かわいい子《呼びかけ》

a+mor-da-'zar [ア.モる.ダ.'さる] [動] [他] ㉞ (z|c)〈に〉さるぐつわをはめる,〈動物に〉口輪をかける; 口止めする

a+'mor-fo, -fa [ア.'モる.フォ, ファ] [形] 無定形の; 個性のない, 特徴のない

a+mo-'rí+o [ア.モ.'り.オ] [名] [男]《話》〔しばしば複〕かりそめの情事, 戯れの恋

a+mo-ro-'cha-do, -da [ア.モ.ろ.'チャ.ド, ダ] [形]《ベネズエラ》《話》仲良しの(人)

a+mo-'ro-so, -sa [ア.モ.'ろ.ソ, サ] 90% [形] 愛情深い, 愛する, 愛の, 恋の, 情のこもった, (con, para: に)やさしい;〔気〕«天候などが»穏やかな, のどかな;〔農〕«土地などが»柔らかい, 耕作しやすい

a+mo-'rrar [ア.モ.'らる] [動] [他]〈顔を〉(a: へ)近づける ～**se** [動] [再] (a: へ)(前かがみになって)顔を近づける

a+mor-ta-'jar [ア.モる.タ.'はる] [動] [他]〔衣〕〈に〉経帷子(きょうかたびら)[屍衣]を着せる

a+mor-te-'cer [ア.モる.テ.'せる] [動] [他] ㊺ (c|zc) 和らげる, 弱める ～**se** [動] [再] 気絶する, 卒倒する

a+mor-ti-gua-'ción [ア.モる.ティ.グア.'すぃオン] [名] [女] 和らげること, 緩和, 軽減

a+mor-ti-gua-'dor, -'do-ra [ア.モる.ティ.グア.'ドる, 'ド.ら] [形] 和らげる, 弱める [名] [男]〔機〕緩衝装置, ショックアブソーバー; マフラー, 消音装置

a+mor-ti-'guar [ア.モる.ティ.'グアる] 動 他 ⑨ (u|ü) 弱める, 和らげる; 鈍らせる ～se 動 再 弱まる, 和らぐ, 消える

a+mor-ti-'za-ble [ア.モる.ティ.'さ.ブレ] 形〘商〙«負債が»償却できる, 償還できる

a+mor-ti-za-'ción [ア.モる.ティ.さ.'すぃオン] 名 女〘商〙(負債の)償却, 償還; 減価償却;〘法〙(不動産の)譲渡

a+mor-ti-'zar [ア.モる.ティ.'さる] 動 他 ㉞ (z|c)〘商〙‹負債を›償却する, 完済する;〘商〙減価償却する;〘法〙‹不動産を›法人に譲渡する; よく使う, 最大限に利用する; ‹に› 取って代わる

a+mos-'car-se [ア.モス.'カる.セ] 動 再 ⑲ (c|qu)《話》(por: に)怒る, 腹を立てる

a+mos-ta-'zar [ア.モス.タ.'さる] 動 他 ㉞ (z|c)《話》怒らせる, いらだたせる;《(中米)》《(アンデス)》《話》恥ずかしい思いをさせる ～se 動 再《話》怒る, いらだつ

a+mo-ti-'nar [ア.モ.ティ.'ナる] 動 他 扇動する, 反乱に駆り立てる; かき乱す, 不安にする ～se 動 再 (contra: に対して)暴動を起こす, 反逆する

a+mo-'ver [ア.モ.'べる] 動 他 ㊹ (o|ue) 解雇する

a+mo-'vi-ble [ア.モ.'ビ.ブレ] 形《格》移転[移動]できる, 取り外し可能な; 免職できる, 臨時雇いの

am-pa-la-'go-so, -sa [アン.パ.ラ.'ゴ.ソ, サ] 形《(チリ)》《話》甘ったるい

*__am-pa-'rar__ [アン.パ.'らる] 93% 動 他 保護する, 庇護(ひご)する ～se 動 再 (de, contra: から)身を守る, 避難する; (bajo, en: に)保護[援助]を求める

*__am-'pa-ro__ [アン.'パ.ろ] 92% 名 男 保護; 保護物; 避難場所 *al ～ de* … …に守られて, …に隠れて *ni para un ～*《話》《否定》少しも…ない

Am-'pa-ro [アン.'パ.ろ] 名 固〘女性名〙アンパーロ

am-pe-'ra-je [アン.ペ.'ら.へ] 名 男〘電〙アンペア数

am-pe-'rí-me-tro [アン.ペ.'り.メ.トろ] 名 男〘機〙〘電〙電流計, アンペア計

am-'pe-rio [アン.'ペ.りオ] 名 男〘物〙〘電〙アンペア《電流の強さの単位》

'am-plia 形《女》↓amplio

am-'plia-ble [アン.'プリア.ブレ] 形 拡大できる

*__am-plia-'ción__ [アン.プリア.'すぃオン] 91% 名 女 拡大, 拡張, 増大;〘建〙(家の)増築;〘写〙引き伸ばし; 詳述, 敷衍(ふえん)

am-plia-'dor, -'do-ra [アン.プリア.'ドる, 'ド.ら] 形 拡大する -dora 名 女 拡大器;〘写〙引き伸ばし機

**__am-'pliar__ [アン.'プリアる] 89% 動 他 広げる, 拡大する;〘写〙引き伸ばす; ‹の›期間を延長する; 詳述する, 敷衍(ふえん)する;〘情〙ズームする

am-pli-fi-ca-'ción [アン.プリ.フィ.カ.'すぃオン] 名 女 拡大;〘電〙〘物〙増幅

am-pli-fi-ca-'dor, -'do-ra [アン.プリ.フィ.カ.'ドる, 'ド.ら] 形 拡大する;〘電〙増幅する 名 男〘電〙増幅器, アンプ

am-pli-fi-'car [アン.プリ.フィ.'カる] 動 他 ⑲ (c|qu) 拡大する, 大きくする; 敷衍(ふえん)する, 詳述する;〘電〙〘物〙増幅する

**__am-plio, -plia__ ['アン.プリオ, プリア] 81% 形 広い, 広々とした, 広大な;〘衣〙«衣服が»ゆったりした, 大きめな; «心・態度が»広い, 寛大な, 屈託のない; 広範な, 多方面にわたる -iamente 副 広く, ゆったりと, 十分に; 広い範囲にわたって; 詳しく, 詳述して

am-'plí-si-mo, -ma〔最上級〕↑amplio

*__am-pli-'tud__ [アン.プリ.'トゥド] 92% 名 女 広さ, 大きさ, 規模; スペース;〘物〙振幅 *con ～* 十分に, ゆったりと

'am+po 名 男《格》輝くような白さ;《格》雪片

am-'po-lla [アン.'ポ.ジャ] 名 女〘医〙水疱(すいほう), 水ぶくれ;〘医〙(注射液の入った)アンプル; (とっくり型の)瓶(びん), 水差し; (沸騰した水の)泡, 気泡;〘宗〙聖油入れ

am-po-'llar [アン.ポ.'ジャる] 動 他〘医〙水ぶくれにする ～se 動 再〘医〙水ぶくれができる

am-po-'lle-ta [アン.ポ.'ジェ.タ] 名 女 砂時計; 砂時計の砂が落ちる時間;《(チリ)》電球

am-pu-lo-si-'dad [アン.プ.ロ.スィ.'ダド] 名 女 誇張, もったいぶり, 仰々しさ

am-pu-'lo-so, -sa [アン.プ.'ロ.ソ, サ] 形 «表現・文体などが»大げさな, もったいぶった, 仰々しい

Am-pur-'dán [アン.プる.'ダン] 名 固〘地名〙アンプルダン《スペイン北東部, カタルーニャの一地方》

am-pur-da-'nés, -'ne-sa [アン.プる.ダ.'ネス, 'ネ.サ] 形 名 男 女〘地名〙アンプルダン地方の(人)↑Ampurdán

am-pu-ta-'ción [アン.プ.タ.'すぃオン] 名 女〘医〙切断手術; (文章の)削除; (費用の)削減

am-pu-'tar [アン.プ.'タる] 動 他〘医〙切断する; 削除する, カットする

*__Áms-ter-'dam__ ['ア(ム)ス.テる.ダム] 94% 名 固〘地名〙アムステルダム《オランダ Holanda の首都》

a+mu-cha-'cha-do, -da 形 少年[少女]のような, 子供っぽい

a+mue-'bla-do, -da [ア.ムエ.'ブラ.ド, ダ] 形 «家・部屋が»家具付きの;《(ラプラタ)》ラブホテル

a+mue-'blar [ア.ムエ.'ブラる] [動] [他] 〈家・部屋に〉家具を置く[備える]

a+mu-je-'ra-do, -da [ア.ム.へ.'ら.ド, ダ] [形] 女のような, 女っぽい

a+mu-'le-to [ア.ム.'レ.ト] [名] [男] お守り, 魔除(よ)け

a+mu-ni-cio-'nar [ア.ム.ニ.すぃオ.'ナる] [動] [他] 〔軍〕〈に〉軍需品[弾薬]を供給する

a+mu-ñu-'ñar [ア.ム.ニュ.'ニャる] [動] [他] 《ベネズエラ》押す, 押し込む

A+'mur [ア.'ムる] [名] [固] 〔el ~〕〔地名〕アムール川, 黒竜江《ロシア連邦と中国の国境を流れる川》

a+'mu-ra [ア.'ム.ら] [名] [女] 〔海〕タック帆の下隅(かぐう)索; 〔海〕船首, 艦首, へさき

a+mu-ra-'llar [ア.ム.ら.'ジャる] [動] [他] 〔建〕壁で囲う, 〈に〉城壁を巡らす

a+mu-'rar [ア.ム.'らる] [動] [他] 〔海〕〈帆を〉たぐり寄せる

a+mu-'rrar-se [ア.ム.'ら̃る.セ] [動] [再] 《中米》悲しむ; 《チリ》《話》気乗りがしない

a+mu-rru-'ga-do, -da [ア.ム.る̃.'ガ.ド, ダ] [形] 《ベネズエラ》悲しい

a+mus-'gar [ア.ムス.'ガる] [動] [他] ㊶ (g|gu) 〔畜〕《馬・牛などが》〈耳を〉後ろに反らす《怒りを示す》

a(n)~ 〔接頭辞〕「無・否定」を示す

'a+na [名] [女] 〔el/un ⇦ una ~〕アナ《長さの単位, 約1メートル》

a+na~ 〔接頭辞〕「否定・逆」を示す; 「上へ, 後ろへ, 再び, すべて」という意味を示す

'A+na [名] [固] 〔女性名〕アナ

a+na-bo-'lis-mo [ア.ナ.ボ.'リス.モ] [名] [男] 〔生〕同化(作用)

a+na-ca-'ra-do, -da [ア.ナ.カ.'ら.ド, ダ] [形] らでんで飾った, らでんのような

a+na-co-'lu-to [ア.ナ.コ.'ル.ト] [名] [男] 〔言〕破格構文

a+na-'con-da [名] [女] 〔動〕アナコンダ《南米産の大蛇》

a+na-co-'re-ta [ア.ナ.コ.'れ.タ] [名] [共] 隠者, 仙人, 世捨て人

a+na-co-'re-tis-mo [ア.ナ.コ.れ.'ティス.モ] [名] [男] 隠者の生活, 世捨て人の生活

a+na-'cre+ón-ti-co, -ca [ア.ナ.'クれ.オン.ティ.コ, カ] [形] 〔文〕《詩が》アナクレオン体の [名] [男] 〔文〕アナクレオン体の詩

a+na-'cró-ni-co, -ca [ア.ナ.'クろ.ニ.コ, カ] [形] 時代錯誤の, 時代遅れの

a+na-cro-'nis-mo [ア.ナ.クろ.'ニス.モ] [名] [男] 時代錯誤; 時代遅れのもの

'á+na-de [名] [男] 〔el/un ⇦ una ~〕〔鳥〕カモ

a+na+e-'ró-bi-co, -ca [ア.ナ.エ.'ろ.ビ.コ, カ] [形] 無酸素(系)の

a+na+e-'ro-bio, -bia [ア.ナ.エ.'ろ.ビオ, ビア] [形] 〔生〕《生物が》嫌気[無気]性の [名] [男] 〔生〕嫌気性生物

a+'na-fe ⇦ -fre [ア.'ナ.フェ ⇦ .フれ] [名] [男] 小型の(携帯用)こんろ

a+na-fi-'la-xia [ア.ナ.フィ.'ラク.スィア] [名] [女] 〔医〕アナフィラキシー, 過敏症

a+na-fi-'la-xis [名] [女] 〔単複同〕⇧ anafilaxia

a+'ná-fo-ra [ア.'ナ.フォ.ら] [名] [女] 〔言〕前方照応《代名詞などが前に出ている語句を指すこと》; 〔修〕首句反復《文頭の語句を繰り返すこと》; 〔宗〕アナフォラ《東方教会で聖餐(せいさん)式の中心的な祈り》

a+na-'fó-ri-co, -ca [ア.ナ.'フォ.り.コ, カ] [形] 〔言〕前方照応の; 〔修〕首句反復の

a+na-go-'gí+a [ア.ナ.ゴ.'ひ.ア] [名] [女] (聖書の語句などの)神秘的解釈; 〔宗〕宗教的法悦

a+na-'gra-ma [ア.ナ.'グら.マ] [名] [男] 〔言〕字なぞ, 語句の綴り換え, アナグラム

A+'ná+huac [ア.'ナ.ウアク] [名] [固] 〔歴〕〔地名〕アナワク高原《メキシコ中部の高原; アステカ王国の首都テノチティトラン Tenochtitlán があった》

a+'nal [ア.'ナル] [名] [男] 〔複〕年代記, 年史; 〔複〕年報, 紀要 [形] 〔体〕肛門の

a+na-'lec-ta [ア.ナ.'レク.タ] [名] [女] 〔複〕選集, 語録

a+n|a+'lér-gi-co, -ca [ア.ナ.'レる.ひ.コ, カ] [形] 〔医〕アレルギーを起こさない

a+n|al-fa-be-'tis-mo [ア.ナル.ファ.ベ.'ティス.モ] [名] [男] 読み書きができないこと

a+n|al-fa-'be-to, -ta [ア.ナル.ファ.'ベ.ト, タ] [形] 読み書きができない(人) [名] [男] [女] 非識字者; 無知[無学]の(人)

a+nal-'ge-sia [ア.ナル.'へ.スィア] [名] [女] 〔医〕無痛覚(症), 無痛

a+nal-'gé-si-co, -ca [ア.ナル.'へ.スィ.コ, カ] [形] 〔医〕無痛覚の, 痛みを感じない; 〔医〕鎮痛の [名] [男] 〔医〕鎮痛剤

a+na-li-'cé, -ce(~) [動] 《直点1単, 接現》⬇ analizar

＊＊**a+'ná-li-sis** [ア.'ナ.リ.スィス] 82% [名] [男] 〔単複同〕分析, 分解; 〔医〕検査, 分析; 分析的研究; 〔数〕解析, 分析

a+na-'lis-ta [ア.ナ.'リス.タ] [名] [共] 分析者, アナリスト; 〔数〕解析学者; 〔医〕精神分析医; 年代記編者

a+na-'lí-ti-co, -ca [ア.ナ.'リ.ティ.コ, カ] [形] 分析的な, 分解の, 解析の

a+na-li-'za-ble [ア.ナ.リ.'さ.ブレ] [形] 分析できる

a+na-li-za-'dor, -'do-ra [ア.ナ.リ.さ.'ドる, 'ド.ら] [形] 分析する [名] [男] 分析器

＊＊**a+na-li-'zar** [ア.ナ.リ.'さる] 84% [動] [他] ㉞ (z|c) 分析する; 〔医〕検査する

a+na-lo-'gí+a [ア.ナ.ロ.'ひ.ア] [名] [女] 類似, 類似点; 類推; 〔生〕相似; 〔言〕類推作

用, アナロジー; 〔言〕 形態論

a+na-'ló-gi-co, -ca [ア.ナ.'ロ.ひ.コ, カ] [形] 類似の, 類似的な; 〔言〕 アナロジーの, 類推の; 〔技〕 アナログの

a+'ná-lo-go, -ga [ア.'ナ.ロ.ゴ, ガ] [形] (a: に)類似した, 似かよった; 〔技〕 アナログの

a+nam-'ne-sia [名] [女] ⇩ anamnesis

a+nam-'ne-sis [名] [女] 〔単複同〕 〔医〕 既往症, 病歴

a+na-'mú [名] [男] 〔複 -múes⇦-mús〕 《カリブ》 〔宗〕 〔植〕 アナムー 《呪術師が使う草》

a+na-'nás⇦-'ná [名] [男] 〔植〕 パイナップル

a+na-'nay [感] 《アンデス》 ああ!, きれいだ!

a+na-'pes-to [名] [男] 〔文〕 短短長格, 弱弱強格

A+na-'pur-na [ア.ナ.'プる.ナ] [名] [固] 〔地名〕 アンナプルナ 《ネパールの高峰, 8091m》

a+na-'quel [ア.ナ.'ケル] [名] [男] 棚(たな), 棚板

a+na-ran-'ja-do, -da [ア.ナ.らン.'は.ド, ダ] [形] オレンジ色の, だいだい色の [名] [男] オレンジ色, だいだい色

a+nar-co-sin-di-ca-'lis-mo [ア.ナる.コ.スィン.ディ.カ.'リス.モ] [名] [男] 〔政〕 アナルコサンジカリスム 《労働組合を中心とする無政府主義》

a+nar-co-sin-di-ca-'lis-ta [ア.ナる.コ.スィン.ディ.カ.'リス.タ] [形] [名] [共] 〔政〕 アナルコサンジカリスムの(信奉者)

a+nar-'quí+a [ア.ナる.'キ.ア] [名] [女] 無政府状態; 無秩序, 混乱

a+'nár-qui-co, -ca [ア.'ナる.キ.コ, カ] [形] 無政府状態の; 無秩序の, 混乱した

a+nar-'quis-mo [ア.ナる.'キス.モ] [名] [男] 〔政〕 無政府主義, アナーキズム

a+nar-'quis-ta [ア.ナる.'キス.タ] [形] [名] [共] 〔政〕 無政府主義の[主義者], アナーキスト(の)

a+'nar-tria [ア.'ナる.トリア] [名] [女] 〔医〕 構音不能

A+nas-'ta-sio [名] [固] 〔男性名〕 アナスタシオ

a+nas-to-'mo-sis [名] [女] 〔単複同〕 〔医〕 吻合(ふんごう)(術) 《臓器を結合する手術》

a+na-'te-ma [名] [男] 呪(のろ)い; 非難, 糾弾; 〔宗〕 破門

a+na-te-ma-ti-'zar [ア.ナ.テ.マ.ティ.'さる] [動] [他] 34 (z|c) 〔宗〕 破門する; 呪(のろ)う, 〈に〉悪口を言う, 罵倒する; 非難する, 責める

***a+na-to-'mí+a** 94% [名] [女] 〔医〕 解剖学; 解剖, 分解; (動植物・人体などの)組織, 構造; 詳細な検査, 研究

a+na-'tó-mi-co, -ca [形] 〔医〕 解剖の, 解剖学的な, 解剖学上の [名] [男] 《ラプラタ》 〔衣〕 ブリーフ

a+na-to-'mis-ta [名] [共] 〔医〕 解剖学者

'an+ca [名] [女] 〔el/un⇦una ~〕 〔動〕 (動物の)股(こ)関節部; 〔畜〕 (馬の)尻; 〔複〕 《俗》 〔体〕 (人の)尻, 腰

'Án-cash ['アン.カス] [名] [固] 〔地名〕 アンカス 《ペルー北西部の県》

an-ces-'tral [アン.せス.'トらル] [形] 先祖(代々)の; 遺伝の

an-'ces-tro [アン.'せス.トろ] [名] [男] 先祖, 家系

an-'che-ta [名] [女] 《メキシコ》 《ベネズエラ》 《話》 ジョーク, 冗談; 《メキシコ》 《ベネズエラ》 《話》 〔商〕 小さな商売; 《コロンビア》 食品を詰めたかご; 《コロンビア》 《アンデス》 《話》 もうけ話; 《ベネズエラ》 《話》 ほうび

****'an-cho, -cha** 88% [形] 広い, 広々とした, 大きい; 厚い; ゆったりとした; だぶだぶの, 大きすぎる; 《スペイン》 のびのびとした, 自由な, ゆとりのある; 《スペイン》 《話》 気取った, すました, うぬぼれた [名] [男] 広さ, 幅 ***a lo ~ de*** ……の幅いっぱいに広がって ***a sus anchas*** のびのびとして, 思う存分 ***~ [anchura] de banda*** 〔情〕 帯域幅 ***tener manga [conciencia] ancha*** 寛大である ***venir ~[cha]*** (a: の)手にあまる

an-'cho+a [名] [女] 〔魚〕 カタクチイワシ; 〔食〕 アンチョビー 《塩漬けにしたカタクチイワシ ⬇boquerón》

An-cho-'ra-ge [アン.チョ.'ら.へ] [名] [固] 〔地名〕 アンカレジ 《米国, アラスカ州の港湾都市》

an-cho-'ve-ta [アン.チョ.'べ.タ] [名] [女] 《アンデス》 《チリ》 〔魚〕 〔食〕 アンチョベータ 《南米の太平洋岸でとれるアンチョビー》

an-'chu-ra [アン.'チュ.ら] [名] [女] 幅, 横幅; サイズ, 大きさ; 広さ, 広がり; 〔複〕 気まま; あつかましさ; 〔印〕 行末揃(そろ)え ***a sus ~s*** のびのびと, 思う存分に

an-chu-'ro-so, -sa [アン.チュ.'ろ.ソ, サ] [形] 広い, 広大な

an-cia-ni-'dad [アン.すぃア.ニ.'ダド] [名] [女] 《格》 老年, 老齢

****an-'cia+no, -na** [アン.'すぃア.ノ, ナ] 88% [名] [男] [女] 老人, 老婦人 [形] 老いた, 老年の, 高齢の

***'an-cla** ['アン.クラ] 94% [名] [女] 〔el/un⇦una ~〕 錨(いかり); 〔情〕 アンカー

an-'cla-je [アン.'クラ.へ] [名] [男] 〔海〕 停泊, 投錨(とうびょう); 停泊地; 〔海〕 〔法〕 停泊料, 停泊税

an-'clar [アン.'クラる] [動] [自] 〔海〕 《船が》 錨(いかり)を下ろす, 停泊する

an-'cón [名] [男] 〔海〕 入り江; 〔建〕 肘木(ひじき), 渦型持送り; 《カリブ》 平底の貨物用ボート

'án-co-ra ['アン.コ.ら] [名] [女] 〔el/un⇦una ~〕 《格》 〔海〕 錨(いかり); 《格》 よりどころ,

隠れ場;〔建〕留め金
an-co-'rar 動 自 ⇧ anclar
'an+da ⇔ an+dá 感《話》あれ!, まあ!《驚き》;《話》さあ!《元気づける》;《話》なんだ!《失望》;《話》ね!, お願い!《依頼》 **～s** 名 女〔複〕〔宗〕(聖像などの)かつぎ台;〔複〕〔医〕担架 ***llevar en ～s*** 大切に扱う
an-'da-ba(～) 動《直線》⬇andar
an-da-'de-ra [アン.ダ.'デ.ら] 名 女〔複〕歩行器
an-'da-do, -da 形 歩いた; 人通りの多い; 着古した 名 男《ラ米》歩き方 **-da** 名 女 (長い)道のり;〔複〕(獲物の)足跡;〔食〕堅パン ***volver a las andadas***《話》昔の悪い癖が出る
an-da-'dor, -'do-ra [アン.ダ.'ドる, 'ド.ら] 形 名 男 女 たくさん歩く, 健脚の; 放浪する, あちこち歩き回る, 出歩くのが好きな; 健脚の人, 出歩くのが好きな人 名 男 (畑の)通り道, 細道; 歩行器;〔複〕手引きひも《よちよち歩きの子供を支えるひも》
an-da-'du-ra [アン.ダ.'ドゥ.ら] 名 女 歩くこと, 歩きぶり, 歩き方;〔畜〕(馬の)足なみ; 行程, 道のり, 距離
An-da-lu-'cí+a [アン.ダ.ル.'すぃ.ア] 名 固〔地名〕アンダルシア《スペイン南部の地方, 自治州: Almería, Cádiz, Córdoba, Granada, Huelva, Jaén, Málaga, Sevilla》
an-da-lu-'cis-mo [アン.ダ.ル.'すぃス.モ] 名 男〔言〕アンダルシア風の言い回し; アンダルシアへの郷土愛, アンダルシアびいき
an-da-lu-'cis-ta [アン.ダ.ル.'すぃス.タ] 形 アンダルシア主義の 名 男 女 アンダルシア主義者
'Án-da-lus ['アン.ダ.ルす] 名 固〔Al-～〕〔地名〕アルアンダルス《イスラム勢力が統治した中世のイベリア半島》
****an-da-'luz, -'lu-za** [アン.ダ.'ルす, 'ル.さ] 87% 形 名 男 女〔地名〕アンダルシアの(人)⬆Andalucía;〔言〕アンダルシア方言の 名 男〔言〕アンダルシア方言
an-da-lu-'za-da [アン.ダ.ル.'さ.ダ] 名 女《話》大げさな表現, 誇張, 大ぼら
an-da-'mia-je [アン.ダ.'ミア.へ] 名 男〔集合〕〔建〕(建築現場などの)足場
an-'da-mio 名 男 (建築現場などの)足場; 仮設観覧席[舞台];《話》〔衣〕履物, 靴
an-'da-na 名 女 列, 層; (蚕の)繭棚(まゆだな)
an-da-'na-da 名 女《話》叱りつけ, 小言;〔牛〕最上部の観覧席《一番安い席》;〔海〕〔軍〕舷側砲の一斉射撃
an-'dan-te 形 遍歴の; 歩くことのできる 副〔楽〕ゆるやかに, 歩くように, アンダンテ 名 男〔楽〕アンダンテの曲[楽章, 楽節]
an-'dan-za [アン.'ダン.さ] 名 女〔複〕事件, 出来事;〔複〕冒険, 珍事

****an-'dar** [アン.'ダる] 73% 動 自 ⑤〔直点1単 anduve〕歩く, 歩いて行く; 散歩をする; 行く, 移動する; 動く, 作動する;《話》(形容詞・副詞: …で)ある, …になる;《話》(en, por: に)ある, いる; (現在分詞: …)している; (con: を)手に持つ, 手で持ってくる, いじる; (con: と)つき合う; (en 数詞: …歳ぐらいに)なるところである; (tras: を)探す, 追跡する; だいたい(por: …)ぐらいである;《時間が》過ぎる, 流れる 動 他 行く, 歩き通す **～se** 動 再 (con, en: を)使う, 費やす;《事態が》進む; 歩く, 歩き通す; (con, en: に)首を突っこむ 名 男 歩き方, 足取り, 歩調; ふるまい, 態度, 様子 ***a más [todo] ～*** 大急ぎで, 全速力で, せいぜい ***Ándale./Ándele.***《メキシコ》《話》ごきげんよう!, さようなら!, がんばれ!; それ急げ!; そうだ!, そのとおり! ***¡Andando!***《話》さあ行こう, さあ ***～ a la que salta*** その日暮らしをする
an-da-'rie-go, -ga [アン.ダ.'りエ.ゴ, ガ] 形 歩くのが好きな; さまよう, 放浪する 名 男 女 歩くのが好きな人, よく歩く人; 放浪者
an-da-'rín, -'ri-na [アン.ダ.'りン, 'り.ナ] 形 名 男 女 よく歩く(人), 健脚の(人)
an-da-ri-'vel [アン.ダ.り.'ベル] 名 男 ケーブルフェリー;〔複〕《キューバ》《コロンビア》(女性の)ごてごてした装身具
***an-'dén** 94% 名 男 (駅の)プラットホーム; (橋の)歩道; 桟橋, 埠頭(ふとう);〔複〕〔農〕段々畑
***'An-des** 93% 名 固《複》〔los ～〕〔地名〕アンデス山脈《南アメリカ西部に連なる世界最長の山脈》
an-di-'nis-mo 名 男《南米》アンデス登山;〔一般〕登山
an-di-'nis-ta 名 共《南米》アンデス登山家;〔一般〕登山家
***an-'di+no, -na** 91% 形 名 男 女〔地名〕アンデス地方の(人), アンデス山系の⬆Andes
an-'do-bo, -ba 名 男 女《話》〔軽蔑〕名乗らない人
an-'dón, -'do-na 名 男 女《南米北》《話》健脚の人
an-'dor-ga [アン.'ドる.ガ] 名 女《話》〔体〕おなか, 腹
An-'do-rra [アン.'ド.ら] 名 固〔Principado de ～〕〔地名〕アンドラ公国《フランスとスペインの国境にある公国》;〔～ la Vieja〕アンドラ・ラ・ベリャ《アンドラの首都》
an-do-'rra+no, -na [アン.ド.'ら.ノ, ナ] 形〔地名〕アンドラ(人)の 名 男 女 アンドラ人⬆Andorra
an-do-'rre-ro, -ra [アン.ド.'れ.ろ, ら] 形 名 男 女〔しばしば軽蔑〕歩き回るのが好きな(人)

an-'dra-jo [アン.'ドら.ほ] [名] [男] ぼろ, ぼろ切れ; つまらない人, ろくでなし, つまらないもの

an-dra-'jo-so, -sa [アン.ドら.'ほ.ソ, サ] [形] ぼろぼろの, ぼろを着た

An-'dre+a [アン.'ドれ.ア] [名] [固] 〔男性名〕〔女性名〕 アンドレア

An-'drés [アン.'ドれス] [名] [固] 〔男性名〕 アンドレス

an-dro-'ce+o [アン.ドろ.'せ.オ] [名] [男] 〔集合〕〔植〕 雄しべ

an-'dró-ge+no [アン.'ドろ.へ.ノ] [名] [男] 〔生〕 アンドロゲン, 男性ホルモン

an-dro-'gi-nia [アン.ドろ.'ひ.ニア] [形] [名] [男] [女] 〔生〕 雌雄同体, 〔医〕 (男女)両性具有性

an-'dró-gi+no [アン.'ドろ.ひ.ノ] [形] [名] [男] [女] 〔生〕 雌雄同体の(生物), 〔医〕 (男女)両性を具有する(人)

an-'droi-de [アン.'ドろイ.デ] [名] [男] アンドロイド《人間の形をしたロボット》

An-'dró-me-da [アン.'ドろ.メ.ダ] [名] [固] 〔ギ神〕 アンドロメダ《ペルセウス Perseo が海の怪物から救った美しい王女》; 〔天〕 アンドロメダ座

an-'dró-mi-na [アン.'ドろ.ミ.ナ] [名] [女] 〔複〕《話》 うそ, 偽り, いんちき話, かたり

an-dro-'pau-sia [アン.ドろ.'パウ.シア] [名] [女] 〔医〕 男性更年期

an-dro-'páu-si-co, -ca [アン.ドろ.'パウ.シ.コ, カ] [形] 〔医〕 男性更年期の

an-du-'rrial [アン.ドゥ.'りアル] [名] [男] 〔複〕〔軽蔑〕 へんぴな場所

an-du-v~ [動]《直点/接過》 ↑andar

a. n. e. [略] =antes de nuestra era《西暦》紀元前…年

a+'ne+a [名] [女] 〔植〕 ガマ

*__a+'néc-do-ta__ [ア.'ネク.ド.タ] 92% [名] [女] 〔文〕 逸話, 逸事

a+nec-do-'ta-rio [ア.ネク.ド.'タ.りオ] [名] [男] 〔文〕 逸話集

a+nec-'dó-ti-co, -ca [ア.ネク.'ド.ティ.コ, カ] [形] 逸話の; 本質的でない, 付随的な, 二次的な

a+ne-ga-'di-zo, -za [ア.ネ.ガ.'ディ.そ, さ] [形]《土地が》洪水の起きやすい

a+ne-'gar [ア.ネ.'ガる] [動] [他] [41] (g|gu) おぼれさせる, 溺死(できし)させる; 水でいっぱいにする, 氾濫(はんらん)させる; 圧倒する, 押さえつける, うんざりさせる **~se** [動] [再] おぼれる; 氾濫する; (de, en: で)いっぱいになる

a+ne-'jar [ア.ネ.'はる] [動] [他] (a: に)付加する, 添付する; 〈土地を〉併合する

a+'ne-jo, -ja [ア.'ネ.ほ, は] [形] (a: に)付加[添付]された, 付属の, 隣接する, 付近の [名] [男] 付録; (本・雑誌の)別巻; 付属建築物; 付属物

a+'né-li-do, -da [ア.'ネ.リ.ド, ダ] [形] [名] [男] 〔動〕 環形動物(の)《ミミズ・ヒルなど》

a+'ne-mia [名] [女] 〔医〕 貧血(症)

a+'né-mi-co, -ca [形] [名] [男] [女] 〔医〕 貧血症の(人)

a+ne-'mó-fi-lo, -la [ア.ネ.'モ.フィ.ロ, ラ] [形] 〔植〕 風媒の

a+ne-'mó-me-tro [ア.ネ.'モ.メ.トろ] [名] [男] 〔気〕 風力計, 風速計

a+'né-mo-na [名] [女] 〔植〕 アネモネ; 〔動〕 イソギンチャク

a+ne-'mo-ne [名] [女] ⇧ anémona

a+ne-'roi-de [ア.ネ.'ろイ.デ] [形] 〔物〕 液体[水銀]を用いない [名] [男] 〔気〕 アネロイド気圧計[晴雨計]

a+nes-'te-sia [名] [女] 〔医〕 麻酔

a+nes-te-'siar [ア.ネス.テ.'スィアる] [動] [他] 〔医〕 〈に〉麻酔をかける, 麻痺(まひ)させる

a+nes-'té-si-co, -ca [形] 〔医〕 麻酔の, 麻酔剤の [名] [男] 〔医〕 麻酔薬

a+nes-te-sio-lo-'gí+a [ア.ネス.テ.スィオ.ロ.'ひ.ア] [名] [女] 〔医〕 麻酔学

a+nes-te-sio-'ló-gi-co, -ca [ア.ネス.テ.スィオ.'ロ.ひ.コ, カ] [形] 〔医〕 麻酔学の

a+nes-te-'sió-lo-go, -ga [ア.ネス.テ.'スィオ.ロ.ゴ, ガ] [名] [男] [女] 〔医〕 麻酔医, 麻酔学者

a+nes-te-'sis-ta [名] [共] 〔医〕 麻酔専門医

A+'ne-to [名] [固] 〔pico ~〕〔地名〕 アネト山《スペイン北東部の山; ピレネー山脈 Pirineos の最高峰, 3404m》

a+neu-'ris-ma [ア.ネウ.'りス.マ] [名] [男] 〔医〕 動脈瘤(りゅう)

a+ne-'xar [ア.ネク.'サる] [動] [他] 合併する, まとめる, 繋げる

a+ne-'xión [ア.ネ.ク.'スィオン] [名] [女] 併合; 付加物

a+ne-xio-'nar [ア.ネク.スィオ.'ナる] [動] [他] 〔政〕 〈国・領土を〉併合する

a+ne-xio-'nis-mo [ア.ネク.スィオ.'ニス.モ] [名] [男] 〔政〕 (領土の)併合論

a+ne-xio-'nis-ta [ア.ネク.スィオ.'ニス.タ] [形] [名] [共] 〔政〕 併合論の[論者]

a+'ne-xo, -xa [ア.'ネク.ソ, クサ] [形] ⇧ anejo

an-fe-ta-'mi-na [名] [女] 〔医〕 アンフェタミン《中枢神経刺激剤》

an-fi~ 〔接頭辞〕「両方・周囲」という意味を示す

an-'fi-bio, -bia [形] 〔動〕 両生類の, 水陸両生の; 水陸両用の [名] [男] 〔動〕 両生類

an-fi-bo-lo-'gí+a [アン.フィ.ボ.ロ.'ひ.ア] [名] [女] (言語の)曖昧さ; 〔修〕 曖昧な語[表現]

an-fi-bo-'ló-gi-co, -ca [アン.フィ.ボ.'ロ.ひ.コ, カ] [形] 〔修〕 文意不明の, 曖昧な

an-'fis-cio, -cia [アン.'フィ(ス).すぃオ,

a

すぃア] 形 名 男 女 《格》〔地〕熱帯地方の(住民)

an-fi-te+'a-tro [アン.フィ.テ.'ア.トろ] 名 男 〔建〕円形劇場; 階段教室

an-fi-'trión, -'trio-na [アン.フィ.'トりオン, 'トりオ.ナ] 名 男 女 (客をもてなす)主人役, 接待役; 〔情〕ホスト

'án-fo-ra ['アン.フォ.ら] 名 女 〔el/un⇦una ~〕〔歴〕(古代ギリシャ・ローマの)(両取っ手つきの)壺(つぼ); 〔複〕〔宗〕聖油入れ; 《メキシコ》《中米》《アンデス》投票箱

an-frac-tuo-si-'dad [アン.フらク.トゥオ.スィ.'ダド] 名 女 〔複〕《格》起伏, でこぼこ; 〔複〕《格》曲折; 〔体〕(大脳の)裂溝

an-frac-'tuo-so, -sa [アン.フらク.'トゥオ.ソ, サ] 形 《格》起伏の多い; 《格》曲折の多い, 曲がりくねった

an-ga-'ri-llo, -lla [アン.ガ.'リ.ジョ, ジャ] 形 《コロンビア》《話》やせた(人), やせ細った(人) -lla 名 女 〔複〕担架; 〔複〕荷かご; 〔複〕手押し車; 〔複〕〔食〕薬味瓶(びん)立て

an-'ga-rrio [アン.'ガ.ῆオ] 名 男 《コロンビア》《話》〔軽蔑〕老人; 老いた動物 形 《南米北》《話》やせた, やせ細った

an-ge+'í-tis [アン.ヘ.'イ.ティス] 名 女 〔単複同〕〔医〕脈管炎

****'án-gel** ['アン.ヘル] 88% 名 男 天使; 魅力 *pasar un ~* 沈黙が流れる, 場がしらける *salto del ~* (頭から体を伸ばして行なう)飛び込み

'Án-gel ['アン.ヘル] 名 固 〔男性名〕アンヘル

'Án-ge-la ['アン.ヘ.ラ] 名 固 〔女性名〕アンヘラ *¡~ María!* まあ!, どうして!, いったいなぜ? 《驚きや抗議を示す》

an-ge-'lar [アン.ヘ.'ラる] 動 自 《中米》《話》ため息をつく

'Án-ge-les ['アン.ヘ.レス] 名 固 〔女性名〕アンヘレス

an-'gé-li-ca [アン.'ヘ.リ.カ] 名 女 〔植〕アンゼリカ《セリ科の多年草》 **A~** 名 固 〔女性名〕アンヘリカ

an-ge-li-'cal [アン.ヘ.リ.'カル] 形 天使のような

an-'gé-li-co, -ca 形 ⇧ angelical

An-ge-'li-na [アン.ヘ.'リ.ナ] 名 固 〔女性名〕アンヘリーナ

an-ge-'li-to 〔縮小語〕⬆ángel

an-ge-'lo-te [アン.ヘ.'ロ.テ] 名 男 《話》まるまる太った子供; 《話》お人よし, 善人

'án-ge-lus ['アン.ヘ.ルス] 名 男 〔単複同〕〔宗〕お告げの祈り, アンジェラス《キリスト降誕を記念して朝・昼・夜に行う; ラテン語の Angelus Domini で始まる》

an-'gi-na [アン.'ひ.ナ] 名 女 〔医〕急性扁桃炎, アンギーナ; 〔体〕⇧ amígdala

an-gio-ma-'to-sis [アン.ひオ.マ.'ト.スィス] 名 女 〔単複同〕〔医〕血管腫症

an-gio-neu-'ro-sis [アン.ひオ.ネウ.'ろ.スィス] 名 女 〔単複同〕〔医〕血管神経症

an-gio-pa-'tí+a [アン.ひオ.パ.'ティ.ア] 名 女 〔医〕血管障害

an-gios-'per-mas [アン.ひオス.'ぺる.マス] 名 女 《複》〔植〕被子植物

an-gli-ca-'nis-mo [アン.グリ.カ.'ニス.モ] 名 男 〔宗〕英国国教会主義

an-gli-'ca+no, -na [アン.グリ.'カ.ノ, ナ] 形 名 男 女 〔宗〕英国国教徒(の)

an-gli-'cis-mo [アン.グリ.'すぃス.モ] 名 男 〔言〕英語借用語《外国語における英語の語句[語法]》

an-glo-a-me-ri-'ca+no, -na [アン.グロ.ア.メ.リ.'カ.ノ, ナ] 形 英米の; イギリス系アメリカ人の; 北米の, 米国の 名 男 女 イギリス系アメリカ人; アメリカ(合衆国)人

an-glo-'fi-lia [アン.グロ.'フィ.リア] 名 女 イギリスびいき

an-'gló-fi-lo, -la [アン.'グロ.フィ.ロ, ラ] 形 名 男 女 イギリスびいきの(人)

an-glo-'fo-bia [アン.グロ.'フォ.ビア] 名 女 イギリス嫌い

an-'gló-fo-bo, -ba [アン.'グロ.フォ.ボ, バ] 形 名 男 女 イギリス嫌いの(人)

an-'gló-fo+no, -na [アン.'グロ.フォ.ノ, ナ] 形 名 男 女 〔言〕英語を話す(人), 英語圏の(人)

an-glo-ha-'blan-te [アン.グロ.ア.'ブラン.テ] 形 名 共 英語を話す(人), 英語を母語とする(人)

an-glo-ma-'ní+a [アン.グロ.マ.'ニ.ア] 名 女 (外国人の)英国心酔, イギリスかぶれ

an-'gló-ma+no, -na [アン.'グロ.マ.ノ, ナ] 形 名 男 女 英国に心酔する(人)

an-glo-nor-'man-do, -da [アン.グロ.ノる.'マン.ド, ダ] 名 男 女 〔歴〕アングロノルマン人《イングランドを征服して移住したノルマン人(の子孫)》 形 〔歴〕ノルマン朝の; イングランドとノルマンディーの 名 男 〔言〕アングロノルマン語《ノルマン王朝で用いられたフランス語の方言》

an-glo-par-'lan-te 形 名 共 ⇧ anglohablante

an-glo-sa-'jón, -'jo-na [アン.グロ.サ.'ほン, 'ほ.ナ] 形 名 男 女 アングロサクソンの; アングロサクソン人; 英国人の 形 アングロサクソン語の 名 男 〔言〕アングロサクソン語《古英語》

An-'gol [アン.'ゴル] 名 固 〔地名〕アンゴル《チリ中部の都市》

an-'go-la [アン.'ゴ.ラ] 名 女 《中米》〔飲〕すっぱくなった牛乳 **A~** 〔República de ~〕名 固 〔地名〕アンゴラ《アフリカ南西部の共和国》

a

an-go-'le-ño, -ña [アン.ゴ.'レ.ニョ, ニャ] 形 名 男 女 〘地名〙アンゴラの(人) ↑Angola

an-'go-lo, -la [アン.'ゴ.ロ, ラ] 名 男 女 《ｶﾘﾌﾞ》《話》黒人

An-'go-ra [アン.'ゴ.ら] 名 固 〘歴〙〘地名〙アンゴラ《トルコの首都アンカラ Ankara の旧称》

*__an-'gos-to, -ta__ 94% 形 «場所が»幅の狭い, 窮屈な

an-gos-'tu-ra [アン.ゴス.'トゥ.ら] 名 女 〘地〙狭間(はざま), 狭い道[通り]; 狭いこと

an-'gui-la [アン.'ギ.ラ] 名 女 〘魚〙ウナギ;〔複〕〘海〙進水台

an-'gu-la [アン.'グ.ラ] 名 女 〘魚〙ウナギの稚魚, シラスウナギ

an-gu-'lar [アン.グ.'ラる] 形 角(かど)の, アングルの 名 男 〘技〙山形(やまがた)鋼鉄, アングル《L字形の鋼材》

'án-gu-lo ['アン.グ.ロ] 88% 名 男 角(かく), 角度; 隅(すみ); (物を見る)角度, 観点, 見方; 〘映〙アングル《カメラの方向》; 〘競〙〔サッカーなど〕アングル

an-gu-'lo-so, -sa [アン.グ.'ロ.ソ, サ] 形 角(かど)のある, 折れ曲がった

an-'gus-tia [アン.'グス.ティア] 88% 名 女 苦悶, 苦悩, 苦痛; 不安, 心配, 悲しみ; 《ｽﾍﾟｲﾝ》吐き気

an-gus-'tia-do, -da [アン.グス.'ティア.ド, ダ] 形 不安な, 心配な; 苦しむ, 苦痛の

an-gus-'tiar [アン.グス.'ティアる] 動 他 苦しめる, 悩ます, 悲しませる **~se** 動 再 (de: を)苦しむ, 悩む; (por 不定詞: …しようと)やっきになる

An-'gus-tias [アン.'グス.ティアス] 名 固 〘女性名〙アングスティアス; 〔Virgen de las ~〕苦悩の聖母《聖母の呼び名の一つ》

an-gus-'tio-so, -sa [アン.グス.'ティオ.ソ, サ] 形 悩ませる, 苦しめる; 苦悩に満ちた, 悩んだ, 苦しんだ

an+he-'lan-te 形 ⇩ anheloso

an+he-'lar [ア.ネ.'ラる] 動 他 (por: を)切望する 動 自 〘医〙あえぐ; 切望する

an+'hé-li-to [ア.'ネ.リ.ト] 名 男 《格》〘医〙息切れ, あえぎ

*__an+'he-lo__ [ア.'ネ.ロ] 93% 名 男 あこがれ, 熱望, 思慕

an+he-'lo-so, -sa [ア.ネ.'ロ.ソ, サ] 形 あこがれる, 熱望する, 切なる; 息切れしている, あえいでいる

an-'hí-dri-do [ア.'ニ.ドり.ド] 名 男 〘化〙無水物

an-'hi-dro, -dra [ア.'ニ.ドろ, ドら] 形 〘化〙無水の, 無水物の, 結晶水のない

an-hi-'dro-sis [ア.ニ.'ドろ.スィス] 名 女 〔単複同〕〘医〙無汗症

a+ni-'dar(-se) [ア.ニ.'ダる(.セ)] 動 自 (再) 巣を作る, 巣ごもる; «ある気持ちが»宿る, 潜在する 動 他 〘情〙ネストする

a+ni-'li-na [ア.ニ.'リ.ナ] 名 女 〘化〙アニリン

a+'ni-lla [ア.'ニ.ジャ] 名 女 輪, 環, リング; 〘鳥〙(鳥の)脚輪; 〔複〕〘競〙つり輪(競技); 〘競〙〔バスケットボール〕リング

a+ni-'llar [ア.ニ.'ジャる] 動 他 〈に〉環をはめる, 環で押さえる[閉じる]; 〘鳥〙〈鳥に〉脚輪をはめる; 環の形にする

*__a+'ni-llo__ [ア.'ニ.ジョ] 92% 名 男 (台座のない)指輪; 〔一般〕輪, 環; とぐろ; ドーナツ形; 〘牛〙闘牛場の砂場; 〘動〙(ヒル類の)体環; 〘植〙年輪; 〔複〕〘歴〙足かせ ***caerse los ~s*** 《話》(a: の)体面を傷つける ***venir como ~ al dedo*** 《話》ぴったり合う, おあつらえむきだ

'á+ni-ma 名 女 〔el/un⇔una ~〕魂, 霊魂, 心; 〔特に〕苦行の魂, 煉獄の魂; 口径; 〔複〕〘宗〙晩鐘, アニマの鐘; 日没の時間

*__a+ni-ma-'ción__ [ア.ニ.マ.'すぃオン] 93% 名 女 にぎわい, 人の動き, 活気; «行動・言葉が»生き生きしていること; 〘映〙動画, アニメーション制作, アニメ

*__a+ni-'ma-do, -da__ 93% 形 生命のある, 生きた; 生気のある, 元気のある; 愉快な, 楽しい; 活気のある, にぎわっている; 鼓舞(こぶ)された, 勢いづいた; 〘映〙動画の 〔言〕有生の

a+ni-ma-'dor, -'do-ra [ア.ニ.マ.'ドる, 'ド.ら] 形 活気を与える, 元気づける 名 男 女 (余興などの)芸人, エンタテイナー; 司会者

a+ni-mad-ver-'sión [ア.ニ.マド.べる.'スィオン] 名 女 (a, hacia: への)敵意, 憎悪; 批評, 非難

*__a+ni-'mal__ [ア.ニ.'マル] 74% 名 男 〘動〙動物; 《話》けだもの, 人でなし, 乱暴者, ろくでなし 形 〘動〙動物の; 動物的な, 本能の; 《話》乱暴な, ろくでなしの

a+ni-ma-'la-da [ア.ニ.マ.'ラ.ダ] 名 女 《話》ばかげた言動, とんでもないこと

a+ni-ma-'le-jo [ア.ニ.マ.'レ.ほ] 名 男 〔しばしば軽蔑〕〘動〙小さな動物, 生き物

a+ni-ma-li-'dad [ア.ニ.マ.リ.'ダド] 名 女 動物性, 獣性

a+ni-ma-'li-to 〔縮小語〕↑animal

a+ni-ma-'lu-cho [ア.ニ.マ.'ル.チョ] 名 男 〔軽蔑〕〘動〙気味の悪い動物

*__a+ni-'mar__ [ア.ニ.'マる] 87% 動 他 〈に〉活気を与える, 明るくする; 〈に〉(a 不定詞: …するように)誘う; 元気づける, 刺激する, かきたてる, 励ます; 〘競〙応援する; 〈に〉生命を吹き込む **~se** 動 再 生気を帯びる, 活気づく, にぎやかになる; (a 不定詞: …)する気になる, やってみる; 元気を出す

a+'ní-mi-co, -ca 形 精神の, 魂の

a+ni-'mis-mo 名 男 〘宗〙アニミズム,

物活論《木・石などにも生物と同じく霊魂があるとする信仰》

a+ni-'mis-ta [形][名] [共]〔宗〕アニミズムの(信仰者)

a+ni-'mi-ta [名] [女]《ﾁﾘ》〔宗〕(道路脇の)祠(ほこら)《交通事故の犠牲者を悼み道路脇に置いた供え物》

'á-ni-mo 87% [名] [男] 気分, 機嫌, 心; 元気, 生命力, 活力; 意志, 意向; 勇気 [感] がんばれ!《励まし》 *con ~ de* …(不定詞) …するつもりで *hacer el ~ de* …(不定詞) …する決心をする *hacerse el* [*al*] *~ de que* … …だと考える, …したものと思う

a+ni-mo-si-'dad [名] [女] (contra: への)敵意, (強い)憎しみ

a+ni-'mo-so, -sa [形] 元気のある, 精気のある; 勇ましい, 大胆な

a+ni-'ña-do, -da [ア.ニ.'ニャ.ド, ダ] [形] 子供のような; 子供っぽい, 幼稚な;《ﾁﾘ》《話》けんか早い, 怒りっぽい

a+'nión [名] [男]〔化〕陰イオン

a+ni-qui-la-'ción [ア.ニ.キ.ラ.'すぃオン] [名] [女] 全滅, 絶滅, 破滅

a+ni-qui-la-'mien-to [名] [男] ⇧aniquilación

a+ni-qui-'lar [ア.ニ.キ.'ラる] [動] [他] 全滅させる, 完全に破壊する **~se** [動] [再] 全滅する; 体をこわす

a+'nís [名] [男]〔植〕アニス《セリ科の一年草; 実は香味料》;〔飲〕アニス酒

a+ni-'sa-do, -da [形]〔食〕アニス酒で香りをつけた [名] [男]〔飲〕アニス酒

a+ni-'se-te [名] [男]〔飲〕アニス酒

a+ni-so-'co-ria [ア.ニ.ソ.'コ.りア] [名] [女]〔医〕瞳孔不同

A+'ni-ta [名] [固]〔女性名〕アニータ《Ana の愛称》

***a+ni-ver-'sa-rio** [ア.ニ.べる.'サ.りオ] 91% [名] [男] 記念日[祭], …周年祭; 年忌, 命日 **~, -ria** [形] 記念日の; 例年の

***An-'ka-ra** [アン.'カ.ら] 94% [名] [固]〔地名〕アンカラ《トルコ Turquía の首都》

'a+no [名] [男]〔体〕肛門

a+'no-che 87% [副] 昨晩, 昨夜 *antes de ~* 一昨晩

***a+no-che-'cer** [ア.ノ.チェ.'せる] 94% [動] [自] (45) (c|zc) 夜になる;《人が》(en: で) 夜を迎える [名] [男] たそがれ, 夕暮れ時

a+no-che-'ci-do [ア.ノ.チェ.'すぃ.ド] [副] 夜になって

a+no-'chez-co, -ca(~) [動]《直現1単, 接現》⬆anochecer

a+no-'di+no, -na [形] つまらない, 退屈な;〔医〕鎮痛の [名] [男]〔医〕鎮痛剤

'á-no-do [名] [男]〔物〕陽極

a+no-'fe-les [ア.ノ.'フェ.レス] [名] [男]〔単複同〕〔昆〕アノフェレス《マラリアを媒介する蚊》

a+no-ma-'lí+a [ア.ノ.マ.'リ.ア] [名] [女] 変則, 例外, 異例(の事態)

a+'nó-ma-lo, -la [ア.'ノ.マ.ロ, ラ] [形] 変則的な, 例外的な, 異例の

a+'no-na [名] [女]〔植〕バンレイシ《熱帯アメリカ原産の果樹》

a+no-na-da-'ción [ア.ノ.ナ.ダ.'すぃオン] [名] [女]《格》破壊, 全滅, 圧倒; 呆然(ぼうぜん), 落胆

a+no-na-'da-do, -da [形] 呆然とした

a+no-na-da-'mien-to [名] [男] ⇧anonadación

a+no-na-'dar [ア.ノ.ナ.'ダる] [動] [他] 圧倒する, 屈服させる, 気落ちさせる; 全滅[絶滅]させる, 破壊する; びっくり仰天させる, 面くらわせる **~se** [動] [再] 圧倒される, 意気消沈する; 絶滅する

a+no-ni-'ma-to [名] [男] 匿名(とくめい)性, 無名, 作者不明

***a+'nó-ni-mo, -ma** 91% [形]《書物が》作者不明の, 匿名(とくめい)の, 無名の, 無記名の;〔商〕株式会社の; 名が知られていない [名] [男] 作者不明の著作; 匿名の手紙[電話]; 匿名の人; 作者[筆者]不明 **-mamen-te** [副] 匿名で

a+no-'rak [ア.ノ.'らク] [名] [男]〔複 -raks〕〔衣〕アノラック, ヤッケ

a+no-'re-xia [ア.ノ.'れク.スィア] [名] [女]〔医〕食欲不振, 無食欲

***a+nor-'mal** [ア.ノる.'マル] 94% [形] 異常な, 例外的な, 変則の, 変態の;〔医〕精神障害の [名] [共] 障害者;〔特に〕精神[知的]障害者

a+nor-ma-li-'dad [ア.ノる.マ.リ.'ダド] [名] [女] 異常, 変則, 変態; 精神障害

a+no-ta-'ción [ア.ノ.タ.'すぃオン] [名] [女] 注釈, 注; メモ, 書き込み;〔競〕得点

a+no-ta-'dor, -'do-ra [ア.ノ.タ.'ドる, 'ド.ら] [名] [男] [女]〔競〕記録係, スコアラー [名] [男]〔競〕得点表, スコア

***a+no-'tar** [ア.ノ.'タる] 92% [動] [他] 〈本などに〉注釈をつける, 〈注釈を〉つける; 書き留める, 書きつける; 記帳する, 登録する;〔競〕得点する, シュートする **~se** [動] [再] (自分を) (en: に)登録する

a+no-vu-la-'ción [ア.ノ.ブ.ラ.'すぃオン] [名] [女]〔医〕無排卵

an-qui-lo-'sar [アン.キ.ロ.'サる] [動] [他]〔医〕〈関節を〉強直(きょうちょく)させる **~se** [動] [再]〔医〕《関節が》強直する; 固くなる, 停止する, 止まる, 麻痺する

an-qui-'lo-sis [アン.キ.'ロ.スィス] [名] [女]〔単複同〕〔医〕(関節の)強直(きょうちょく), 関節強直症

'an+sa [名] [女] ⇩hansa

'**án-sar** ['アン.サる] 名 男 〔鳥〕(野生の)ガチョウ

An-'sel-mo [アン.'セル.モ] 名 固 〔男性名〕アンセルモ

*'**an-sia** 93% 名 女 〔el/un⇔una ~〕心配, 懸念, 不安; 〔ときに複〕切望, 熱望; 〔複〕苦しみ, 苦悩; 《カリブ》《ベネズエラ》〔複〕吐き気 *con* ~ 渇望して, むさぼるように; 切に

an-'siar [アン.'スィアる] 動 他 ㉙ (i|í) 切望する, 熱望する; 無性(むしょう)に〈不定詞: …〉したい

*__an-sie-'dad__ 92% 名 女 心配, 不安, 懸念; 熱望, 切望

*__an-'sio-so, -sa__ 93% 形 (de, por: を) 切望して; 貪欲な, 欲張りの; 心配な, 気がかりな

'**an+ta** 名 女 〔el/un⇔una ~〕〔動〕ヘラジカ; 〔建〕壁端柱

an-ta-'gó-ni-co, -ca 形 敵対する, 相反する

an-ta-go-'nis-mo 名 男 敵対, 敵意, 反対, 対立

an-ta-go-'nis-ta 名 共 敵対者, 競争者; 〔体〕拮抗(きっこう)筋 形 敵対する

An-ta-na-na-'ri-vo [アン.タ.ナ.ナ.'り.ボ] 名 固 〔地名〕アンタナナリボ《マダガスカル Madagascar の首都》

an-'ta-ño [アン.'タ.ニョ] 副 はるか昔(に)

an-ta-'ñón, -'ño-na [アン.タ.'ニョン, 'ニョ.ナ] 形 とても古い

an-'tár-ti-co, -ca [アン.'タる.ティ.コ, カ] 形 南極の, 南極地方の

An-'tár-ti-da [アン.'タる.ティ.ダ] 名 固 〔地名〕南極大陸

****an+te** [アン.テ] 69% 前 〔弱勢〕 **1** …を前にして, …に直面して, …を目(ま)のあたりにして: Me rendí **ante** sus razones. 私は彼の理屈に降参した。 **2** …の前に, …の前方に《場所を示す》: El locutor se sentó **ante** el micrófono. アナウンサーはマイクの前にすわった。 **3** …と比べて《比較を示す》: No somos nada **ante** la naturaleza. 自然に比べれば私たちは取るに足らないものだ。 **4** …よりも前に, …に優先して《優先を示す》: **Ante** cualquier otra cosa, lo que yo quiero es hacer un buen trabajo. なによりまして私はよい仕事がしたい。 名 男 〔動〕ヘラジカ; ヘラジカの革 ~ *todo* まず初めに, 第一に; なによりも優先して

an-te~ 〔接頭辞〕「前」を示す

an-te-a-'no-che 副 一昨日[おととい]の晩

an-te-an-te-a-'no-che 副 一昨々日[先おととい]の晩

an-te-an-te-a-'yer [アン.テ.アン.テ.ア.'ジェる] 副 一昨々日, 先おととい

*__an-te-a-'yer__ [アン.テ.ア.'ジェる] 94% 副 一昨日, おととい, おとつい

an-te-'bra-zo [アン.テ.'ブら.そ] 名 男 前腕, 腕《肘(ひじ)から手首まで》

an-te-'cá-ma-ra [アン.テ.'カ.マ.ら] 名 女 〔建〕(宮殿などの)控えの間, (応接室の)控えの部屋 *hacer* ~ 面会を待つ

****an-te-ce-'den-te** [アン.テ.せ.'デン.テ] 89% 名 男 〔複〕経歴, 素性, 前歴, 前科; 背景; 〔言〕(関係詞の)先行詞; 〔論〕前件; 〔数〕(比例式の)前項 形 先立つ, 先行する *estar en ~s* これまでの経過を知っている *poner en ~s* (a: に)これまでの経過を話す

an-te-ce-'der [アン.テ.せ.'デる] 動 自 (a: の)先に立つ, 先んじる, 前にある

an-te-ce-'sor, -'so-ra [アン.テ.せ.'ソる, 'ソ.ら] 名 男 女 前任者; 〔複〕祖先, 先祖

an-te-'da-ta 名 女 〔法〕前日付

an-te-'di-cho, -cha 形 前述の, 上記の

an-te-di-lu-'via+no, -na [アン.テ.ディ.ル.'ビア.ノ, ナ] 形 ノアの大洪水以前の; 《話》太古の, 古くなった, すたれた

an-te-'fir-ma [アン.テ.'フィる.マ] 名 女 (儀礼的な手紙などの)結辞; サインの前に書く称号[役職] 《El presidente, El tesorero など》

an-te-'gue-rra [アン.テ.'ゲ.ら] 名 女 戦前

*__an-te-la-'ción__ [アン.テ.ラ.'すぃオン] 94% 名 女 (時間・順序などで)先立つこと, 先[前]であること *con* ~ 前もって, あらかじめ, 事前に

an-te-'ma+no 〔成句〕 *de* ~ 事前に, あらかじめ, 前もって

an-te-me-ri-'dia+no, -na [アン.テ.メ.り.'ディア.ノ, ナ] 形 午前の, 午前に起こる

*__an-'te-na__ 92% 名 女 アンテナ; 〔動〕触角; 〔海〕帆桁(ほげた)

an-te-'no-che 副 《ラ米》⇧ anteanoche

an-te-o-'je-ra [アン.テ.オ.'へ.ら] 名 女 眼鏡ケース; (馬の)側面目隠し, 遮眼帯

*__an-te-'o-jos__ [アン.テ.'オ.ほス] 94% 名 男 《複》めがね, 眼鏡; 双眼鏡; (馬の)遮眼帯

an-te-'pal-co [アン.テ.'パル.コ] 名 男 〔演〕(劇場のボックス席の)控えの間

*__an-te-pa-'sa-do, -da__ 94% 形 過ぎ去った, 過去の; 前の前の, 前々… 名 男 〔複〕先祖, 祖先

an-te-'pe-cho 名 男 〔建〕手すり, 欄干; 〔建〕窓台; 小さいバルコニー, 出窓; 〔畜〕(馬の)胸あて, むながい

an-te-pe-'núl-ti-mo, -ma [アン.テ.ペ.'ヌル.ティ.モ, マ] 形 終わりから 3 番目の

a

an-te-po-'ner [アン.テ.ポ.'ネる] 動 他 ⑤③〔poner; 命 -pón〕(a: より)前に置く; (a: に)優先させる, より好む

an-te-pro-'yec-to [アン.テ.プろ.'ジェク.ト] 名 男 草案, 青写真

an-'te-ra [アン.'テ.ら] 名 女〔植〕葯(やく)

***an-te-'rior** [アン.テ.'りオる] 74% 形 (a: より)前の, 前にある, 前面の; 以前の, 先立つ, 前に起こった

an-te-rio-ri-'dad [アン.テ.りオ.り.'ダド] 名 女 先[前]であること, 先行 ***con*** ~ 前に, 以前に; 前もって ***con*** ~ ***a*** ... …より前に

***an-te-'rior-'men-te** [アン.テ.'りオる.'メン.テ] 87% 副 (時間的に)前に, 以前は; 先立って; 前の部分に

'an-tes** 65% 副 以前に, 前もって; 昔は, 以前は, かつて; (de 不定詞/de que 接続法: …より)前に, …に先行して, 先に; (que: より)以前に; むしろ, かえって ~ ***bien むしろ ~ ***de anoche*** 一昨日の晩 ~ ***de ayer*** 一昨日 ~ ***de*** [***que***] ***nada*** 何よりもまず, とにかく ***cuanto*** ~ なるべく早く, 早ければ早いほど ***lo*** ~ ***posible*** なるべく早く

an-te-'sa-la [アン.テ.'サ.ラ] 名 女 (医院などの)待合室 ***hacer*** ~ 待つ, 待たされる

an-t(i)~ 〔接頭辞〕「反対・嫌い・対抗・予防」という意味を示す

an-ti-'á-ci-do, -da [アン.ティ.'ア.すぃ.ド, ダ] 形〔医〕制酸の 名 男〔医〕制酸剤

an-ti-a+'é-re+o, +a [アン.ティ.ア.'エ.れ.オ, ア] 形〔軍〕対航空機用の, 防空(用)の 名 男〔軍〕高射砲

an-ti-al-co+'hó-li-co, -ca [アン.ティ.アル.コ.'オ.リ.コ, カ] 形 飲酒反対の, 禁酒の

an-ti-al-co+ho-'lis-mo [アン.ティ.アル.コ.オ.'リス.モ] 名 男 飲酒反対, 禁酒

an-ti-a-'tó-mi-co, -ca 形 放射能を防ぐ;〔政〕核兵器反対の, 反核の

an-ti-be-li-'cis-ta [アン.ティ.ベ.リ.'すぃス.タ] 形 名 共〔政〕反戦主義の[主義者]

an-ti-'bió-ti-co, -ca 形〔医〕抗生(作用)の, 抗生物質の 名 男〔医〕抗生物質

an-ti-can-ce-'ro-so, -sa [アン.ティ.カン.せ.'ろ.ソ, サ] 形〔医〕抗癌(がん)の

an-ti-'ca-rro [アン.ティ.'カ.ろ̃] 形〔軍〕対戦車用の 名 男〔軍〕対戦車砲

an-ti-ci-'clón [アン.ティ.すぃ.'クロン] 名 男〔気〕高気圧

an-ti-cien-'tí-fi-co, -ca [アン.ティ.すぃエン.'ティ.フィ.コ, カ] 形 非科学的な

an-ti-ci-pa-'ción** [アン.ティ.すぃ.パ.'すぃオン] 93% 名 女 先行, 先に起こること, 繰り上げ, 先手(を打つこと);〔商〕前金, 前払い;〔修〕予弁法《反論を予期して反駁(はんばく)しておく法》;〔競〕〔サッカーなど〕予測 ***con ~ 前もって; 早く

an-ti-ci-'pa-do, -da [アン.ティ.すぃ.'パ.ド, ダ] 形 前もっての, あらかじめの; 早められた ***por*** ~ 前もって

***an-ti-ci-'par** [アン.ティ.すぃ.'パる] 93% 動 他 繰り上げる, 早める, 前もって言う, 前もって処理する, 先に与える; 予想する; 〈支払いを〉早める, 前払いする; 予告する;〔競〕〔サッカーなど〕〈プレーを〉予測する, 読む ~**-se** 動 再 早く起こる, 早まる, 早めに来る; (a: に)先んじる, (a: の)先を越す; (a: を)予想する

an-ti-'ci-po [アン.ティ.'すぃ.ポ] 名 男 前払い(金); 前兆, 前触れ

an-ti-cle-ri-'cal [アン.ティ.クレ.り.'カル] 形〔政〕反教権の 名 共 教権反対者

an-ti-cle-ri-ca-'lis-mo [アン.ティ.クレ.り.カ.'リス.モ] 名 男〔政〕反教権主義

an-ti-co+a-gu-'lan-te [アン.ティ.コ.ア.グ.'ラン.テ] 形〔医〕凝血を防ぐ 名 男〔医〕抗凝血剤

an-ti-co-lo-nia-'lis-mo [アン.ティ.コ.ロ.ニア.'リス.モ] 名 男〔政〕反植民地主義

an-ti-co-lo-nia-'lis-ta [アン.ティ.コ.ロ.ニア.'リス.タ] 形 名 共〔政〕反植民地主義の[主義者]

an-ti-co-mu-'nis-mo 名 男〔政〕反共産主義

an-ti-co-mu-'nis-ta 形 名 共〔政〕反共産主義の[主義者]

an-ti-con-cep-'ti-vo, -va [アン.ティ.コン.セプ.'ティ.ボ, バ] 形〔医〕避妊の 名 男〔医〕避妊薬[具]

an-ti-con-ge-'lan-te [アン.ティ.コン.ヘ.'ラン.テ] 形〔機〕凍結防止剤 名 男〔機〕凍結防止の

an-ti-cons-ti-tu-cio-'nal [アン.ティ.コ(ン)ス.ティ.トゥ.すぃオ.'ナル] 形〔政〕違憲の, 憲法違反の

an-ti-cons-ti-tu-cio-na-li-'dad [アン.ティ.コ(ン)ス.ティ.トゥ.すぃオ.ナ.リ.'ダド] 名 女〔政〕違憲性

an-ti-co-rro-'si-vo, -va [アン.ティ.コ.ろ.'スィ.ボ, バ] 形〔機〕さび止めの 名 男〔機〕さび止め剤

an-ti-cris-'tia+no, -na [アン.ティ.クリス.'ティア.ノ, ナ] 形 反キリスト教的な

an-ti-'cris-to [アン.ティ.'クリス.ト] 名 男 反キリスト, キリストの敵

***an-ti-'cua-do, -da** 94% 形 古くなった, 古くさくなった, 古風な, 時代遅れの

an-ti-'cua-rio [アン.ティ.'クア.りオ] 名

男 古物収集家, 古物研究家; 〔商〕 古物商, 骨董(こっとう)商, 骨董品店

an-ti-'cuar-se [アン.ティ.'クアる.セ] 動 再 ⑰ (u|ú) すたれる; 廃語となる

an-ti-'cu-cho 名 男 《アンデス》《チリ》〔食〕牛の心臓の串焼き

an-ti-'cuer-po [アン.ティ.'クエる.ポ] 名 男 〔医〕抗体

an-ti-de-por-'ti-vo, -va [アン.ティ.デ.ポる.'ティ.ボ, バ] 形 スポーツマンらしくない

an-ti-des-li-'zan-te [アン.ティ.デス.リ.'さン.テ] 形 滑り止めの, 滑らないように設計した[加工した] 名 男 〔車〕 (タイヤの)滑り止め防止器具

an-ti-de-to-'nan-te 形 〔機〕 制爆性の, ノッキング防止の 名 男 〔機〕 アンチノック剤 《内燃機関の爆焼を防ぐために用いる》

an-ti-do-'pa-je [アン.ティ.ド.'パ.へ] 形 〔競〕〔医〕 ドーピング検査の, ドーピング行為に反対する

antidoping [アン.ティ.'ド.ピン(グ)] 形 〔英語〕 ⇧ antidopaje

an-'tí-do-to 名 男 〔医〕 解毒剤; 対抗策, 予防措置

antidumping [アン.ティ.'ドゥン.ピン(グ)] 形 〔単複同〕〔英語〕〔経〕 ダンピング防止の

an-ti-e-co-'nó-mi-co, -ca 形 経済(の原理)に合わない, 不経済な

an-'tier 副 《ラ米》 ⇧ anteayer

an-ti-es-'té-ti-co, -ca 形 美的でない, 不格好な

an-ti-'faz [アン.ティ.'ファす] 名 男 仮面, 覆面, マスク; 目を覆う布

an-'tí-fo-na 名 女 〔宗〕 交唱聖歌

an-ti-fo-'na-rio, -ria [アン.ティ.フォ.'ナ.りオ, りア] 形 〔宗〕 交唱(聖歌)の 名 男 〔宗〕 交唱聖歌集

an-'tí-fra-sis [アン.'ティ.フら.スィス] 名 女 〔単複同〕〔修〕 反語 《通常とは反対の意味で用いられる表現》

an-ti-'gás 形 防毒ガス用の

an-ti-ge-'ne-mia [アン.ティ.へ.'ネ.ミア] 名 女 〔医〕 抗原血症

an-'tí-ge+no [アン.'ティ.へ.ノ] 名 男 〔医〕 抗原 **~, -na** 形 〔医〕 抗原性の

An-'tí-go-na 名 固 〔ギ神〕 アンティゴネ 《テーベ王オイディプス Edipo の娘, ソフォクレス Sófocles の同名の悲劇の主人公》

an-ti-'gua-lla [アン.ティ.'グア.ジャ] 名 女 〔軽蔑〕 古道具, がらくた, 古物, 古器, 骨董(こっとう)品; 〔軽蔑〕 古いスタイル, すたれた因習; 〔軽蔑〕 昔話, 古い話

***an-'ti-gua-'men-te** [アン.'ティ.グア.'メン.テ] 94% 副 昔, かつて

an-ti-'gua+no, -na [アン.ティ.'グア.ノ, ナ] 形 〔地名〕 アンティグア・バーブーダ(人)の 名 男 女 アンティグア・バーブーダ人 ⬇ Antigua y Barbuda

An-'ti-gua y Bar-'bu-da [アン.'ティ.グア イ バる.'ブ.ダ] 名 固 〔地名〕 アンティグア・バーブーダ 《西インド諸島の島国》

an-ti-gu-ber-na-men-'tal [アン.ティ.グ.べる.ナ.メン.'タル] 形 〔政〕 反政府の

***an-ti-güe-'dad** [アン.ティ.グエ.'ダド] 92% 名 女 古さ, 古色; 大昔; 勤続年数, 年功; 〔複〕 骨董(こっとう)品, 古美術品; 〔A~〕〔歴〕 古代

****an-'ti-guo, -gua** [アン.'ティ.グオ, グア] 75% 形 〔普通名詞の後で〕 昔に起こった[存在した], 古…, 古くなった; 古い, 昔からの, 古代の 《名詞の前につくことが多い》; 古参の, 長く勤めた; 前の, 以前の, 元の 名 男 〔複〕 昔の人々, 古代人 ***a la antigua*** 昔風に ***desde muy*** ~ 大昔から

an-ti-hel-'mín-ti-co, -ca [アン.ティエル.'ミン.ティコ, カ] 形 〔医〕 駆虫の 名 男 〔医〕 駆虫剤

an-ti-'hé-ro+e [アン.'ティエ.ろ.エ] 名 男 アンチヒーロー

an-ti-hi-'gié-ni-co, -ca [アン.ティイ.'ひエ.ニ.コ, カ] 形 非衛生的な

an-ti-his-ta-'mí-ni-co, -ca [アン.ティイス.タ.'ミ.ニ.コ, カ] 形 〔医〕 抗ヒスタミン性の 名 男 〔医〕 抗ヒスタミン剤

an-ti-hu-'ma+no, -na [アン.ティウ.'マ.ノ, ナ] 形 非人間的な

an-ti-im-pe-ria-'lis-mo [アン.ティ.イン.ペ.りア.'リス.モ] 名 男 〔政〕 反帝国主義

an-ti-im-pe-ria-'lis-ta [アン.ティ.イン.ペ.りア.'リス.タ] 形 名 共 〔政〕 反帝国主義の[主義者]

an-ti-in-fla-cio-'na-rio, -ria [アン.ティ.イン.フラ.すぃオ.'ナ.りオ, りア] 形 〔経〕 インフレ抑制の

an-ti-le-'gal [アン.ティ.レ.'ガル] 形 〔法〕 法律違反の

an-ti-'lla+no, -na [アン.ティ.'ジャ.ノ, ナ] 形 名 男 女 〔地名〕 アンティル諸島の(人) ⬇ Antillas

***An-'ti-llas** [アン.'ティ.ジャス] 94% 名 固 〔Grandes ~〕〔地名〕 大アンティル諸島 《西インド諸島中部の島群》; 〔Pequeñas ~〕〔地名〕 小アンティル諸島 《西インド諸島南東部の島群》

an-ti-lo-'gí+a [アン.ティ.ロ.'ひ.ア] 名 女 (自己)矛盾

an-ti-'ló-gi-co, -ca [アン.ティ.'ロ.ひ.コ, カ] 形 矛盾した

an-'tí-lo-pe [アン.'ティ.ロ.ペ] 名 男 〔動〕 アンテロープ, レイヨウ

an-ti-mi-li-ta-'ris-mo [アン.ティ.ミ.リ.タ.'リス.モ] 名 男 〔政〕 反軍国主義

a

an-ti-mi-li-ta-'ris-ta [アン.ティ.ミ.リ.タ.'リス.タ] 形 名 共 〔政〕反軍国主義の[主義者]

an-ti-mo-'nár-qui-co, -ca [アン.ティ.モ.'ナる.キ.コ, カ] 形〔政〕反君主制の, 反王制の

an-ti-'mo-nio 名 男〔化〕アンチモン《元素》

an-ti-mo-no-po-'lis-ta [アン.ティ.モ.ノ.ポ.'リス.タ] 形 名 共〔経〕独占禁止の(主張者)

an-ti-na-cio-na-'lis-mo [アン.ティ.ナ.すぃオ.ナ.'リス.モ] 名 男〔政〕反民族主義

an-ti-na-cio-na-'lis-ta [アン.ティ.ナ.すぃオ.ナ.'リス.タ] 形 名 共〔政〕反民族主義の[主義者]

an-ti-na-tu-'ral [アン.ティ.ナ.トゥ.'らル] 形 反自然的な

an-ti-'nie-bla [アン.ティ.'ニエ.ブラ] 形 濃霧警戒用の

an-ti-'no-mia 名 女《格》二律背反, 自己矛盾

an-ti-'nó-mi-co, -ca 形《格》二律背反の, 矛盾した

An-'tio-quia [アン.'ティオ.キア] 名 固〔地名〕アンティオキア《コロンビア北西部の県》

An-tio-'quí+a [アン.ティオ.'キ.ア] 名 固〔歴〕〔地名〕アンティオキア《古代シリア王国の首都; 現在トルコ南部の市 Antakya》

an-ti-o-xi-'dan-te [アン.ティ.オク.スィ.'ダン.テ] 形〔機〕酸化防止の, さび止めの 名 男〔機〕酸化防止剤

an-ti-'pa-pa 名 男〔歴〕対立教皇《正統の教皇に対立して教皇を僭称(せんしょう)した者》

an-ti-'pa-ra [アン.ティ.'パ.ら] 名 女 ついたて, びょうぶ;〔複〕〔衣〕ゲートル, すね当て

an-ti-'pa-rra [アン.ティ.'パ.ら̃] 名 女〔複〕《話》めがね, 眼鏡

***an-ti-pa-'tí+a** 94% 名 女 (a, contra, hacia: への)反感, 嫌悪

***an-ti-'pá-ti-co, -ca** 94% 形 感じの悪い; 嫌いな, 虫の好かない, 性に合わない

an-ti-pa-'trio-ta [アン.ティ.パ.'トりオ.タ] 形 名 共 愛国心のない(人)

an-ti-pa-'trió-ti-co, -ca 形 ⇧ antipatriota

an-ti-per-'so-na [アン.ティ.ぺる.'ソ.ナ] 形《無変化》〔軍〕対人の

an-ti-pes-pi-'ran-te [アン.ティ.ペス.ピ.'らン.テ] 名 男《コロンビア》デオドラント, 脱臭剤

an-ti-pi-'ré-ti-co, -ca [アン.ティ.ピ.'れ.ティ.コ, カ] 形〔医〕解熱(性)の 名 男〔医〕解熱剤

an-ti-pi-'ri-na [アン.ティ.ピ.'リ.ナ] 名 女〔医〕アンチピリン《解熱・鎮痛剤》

an-'tí-po-da 形 対蹠(たいせき)的な, 正反対の; 対蹠地の, 地球の反対側の 名 共 対蹠地に住む人 名 女 対蹠地《地球上の正反対の側にある 2 つの地点》; 正反対のもの *vivir en las ~s* とても遠くに住む

an-ti-'quí-si-mo, -ma 〔最上級〕⬆ antiguo

an-ti-'rrá-bi-co, -ca [アン.ティ.'ら̃.ビ.コ, カ] 形〔医〕狂犬病予防の

an-ti-rre-gla-men-'ta-rio, -ria [アン.ティ.れ̃.グラ.メン.'タ.りオ, りア] 形 規則違反の, 不法な

an-ti-rre-li-'gio-so, -sa [アン.ティ.れ̃.リ.'ひオ.ソ, サ] 形 反宗教的な

an-ti-rre-vo-lu-cio-'na-rio, -ria [アン.ティ.れ̃.ボ.ル.すぃオ.'ナ.りオ, りア] 形〔政〕反革命の 名 男 女〔政〕反革命主義者

an-ti-'rro-bo [アン.ティ.'ろ̃.ボ] 名 男 盗難よけ, 防犯装置

an-ti-se-'mi-ta 形 名 共〔政〕反ユダヤ主義の[主義者]

an-ti-se-mi-'tis-mo 名 男〔政〕反ユダヤ主義, ユダヤ人排斥運動

an-ti-'sép-ti-co, -ca 形 防腐性の, 殺菌した 名 男 防腐剤, 消毒剤

an-ti-so-'cial [アン.ティ.ソ.'すぃアル] 形 反社会的な, 社会秩序を乱す

an-ti-sub-ma-'ri+no, -na [アン.ティ.スブ.マ.'リ.ノ, ナ] 形〔軍〕対潜水艦の

an-ti-'tan-que [アン.ティ.'タン.ケ] 形〔軍〕対戦車用の

an-ti-tau-'ri-no, -na [アン.ティ.タウ.'リ.ノ, ナ] 形〔牛〕反闘牛の, 闘牛に反対する

an-ti-te-rro-'ris-mo [アン.ティ.テ.ろ̃.'リス.モ] 名 男〔政〕反テロリズム

an-ti-te-rro-'ris-ta [アン.ティ.テ.ろ̃.'リス.タ] 形〔政〕反テロリズムの 名 共〔政〕反テロリズム運動家

an-'tí-te-sis 名 女〔単複同〕〔哲〕反対命題, アンチテーゼ;〔一般〕正反対, 対立, 対照;〔修〕対照法, 対句法

an-ti-'té-ti-co, -ca 形 正反対の, 対立の, 対照の

an-ti-'tó-xi-co, -ca [アン.ティ.'トク.スィ.コ, カ] 形〔医〕抗毒性の

an-ti-to-'xi-na [アン.ティ.トク.'スィ.ナ] 名 女〔医〕抗毒素

an-ti-trans-pi-'ran-te ⇦ **-tras-** [アン.ティ.トら(ン)ス.ピ.'らン.テ⇦.トらス.] 形〔医〕制汗の, 汗止めの

an-ti-tu-ber-cu-'lo-so, -sa [アン.ティ.トゥ.べる.ク.'ロ.ソ, サ] 形〔医〕結核予防の

An-to-fa-'gas-ta 名 固〘地名〙アントファガスタ《チリ北部の州, 州都》
an-to-ja-'di-zo, -za [アン.ト.は.'ディ.そ, さ] 形 移り気な, 気まぐれな
an-to-'jar [アン.ト.'はる] 動 他 (不定詞:…)させたくなる　**～se** 動 再 気まぐれにしたくなる, …したい; (que: だと)思う, (que: のような)気がする
*__an-'to-jo__ [アン.'ト.ほ] 94% 名 男 気まぐれ, 思いつき; 衝動;〔特に〕妊婦が示す変わった嗜好(しこう); あざ, しみ　*a su* ～ 好きなように, 自分の望みどおりに
an-to-lo-'gar 動 他 ⇩ antologizar
*__an-to-lo-'gí+a__ [アン.ト.ロ.'ひ.ア] 94% 名 女〘文〙アンソロジー, 詞華集, 詩文集　*de* ～《話》すごい, すばらしい
an-to-'ló-gi-co, -ca [アン.ト.'ロ.ひ.コ, カ] 形〘文〙アンソロジーの, 詞華集の, 詩文集の;《話》すごい, すばらしい
an-to-lo-gi-'zar [アン.ト.ロ.ひ.'さる] 動 他 ㉞ (z|c)〘文〙アンソロジーに入れる
An-'tón 名 固〘男性名〙アントン
An-'to-nia 名 固〘女性名〙アントニア
an-'tó-ni-mo 名 男〘言〙反義語, 反意語, 反対語　**～, -ma** 形〘言〙反義語の
An-'to-nio 名 固〘男性名〙アントニオ
an-to-no-'ma-sia 名 女〘修〙換称(かんしょう)《著名な個人の名前の代わりに普通名詞を用いること, またはその逆; たとえば el Filósofo で Sócrates を指す》　*por* ～ …すぐれて…, (中でも)特に…
an-'tor-cha [アン.'トる.チャ] 名 女 たいまつ, トーチ;《格》(de: の)光, 導き手　*llevar la* ～ 指導者になる
an-tra-'ci-ta [アン.トら.'すぃ.タ] 名 女〘鉱〙無煙炭
an-tra-'co-sis [アン.トら.'コ.スィス] 名 女〔単複同〕〘医〙炭粉症
'án-trax ['アン.トら(ク)ス] 名 男〔単複同〕〘医〙炭疽(たんそ)熱, 脾脱疽(ひだっそ)
'an-tro ['アン.トろ] 名 男 洞窟, (小さな)洞穴;《話》〔軽蔑〕穴蔵(あなぐら)のような場所
an-tro-po-'fa-gia [アン.トろ.ポ.'ファ.ひア] 名 女 人食い(の風習)
an-tro-'pó-fa-go, -ga [アン.トろ.'ポ.ファ.ゴ, ガ] 形 人食いの 名 男 女 人肉を食う人
an-tro-po-gra-'fí+a [アン.トろ.ポ.グら.'フィ.ア] 名 女 人類誌, 記述的人類学
an-tro-'poi-de [アン.トろ.'ポイ.デ] 形 人類に似た, 類人猿の 名 男 類人猿
*__an-tro-po-lo-'gí+a__ [アン.トろ.ポ.ロ.'ひ.ア] 93% 名 女 人類学
an-tro-po-'ló-gi-co, -ca [アン.トろ.ポ.'ロ.ひ.コ, カ] 形 人類学の
an-tro-'pó-lo-go, -ga [アン.トろ.'ポ.ロ.ゴ, ガ] 名 男 女 人類学者
an-tro-po-me-'trí+a [アン.トろ.ポ.メ.'トり.ア] 名 女 人体測定法
an-tro-po-mor-'fis-mo [アン.トろ.ポ.モる.'フィス.モ] 名 男〘宗〙神人同形論
an-tro-po-mor-'fis-ta [アン.トろ.ポ.モる.'フィス.タ] 形〘宗〙神人同形論の 名 共〘宗〙神人同形論者
an-tro-po-'mor-fo, -fa [アン.トろ.ポ.'モる.フォ, ファ] 形 人間の形をした
an-tro-po-pi-'te-co [アン.トろ.ポ.ピ.'テ.コ] 名 男 猿人
__a+'nual__ [ア.'ヌアル] 89% 形 一年ごとの, 例年の; 一年の, 一年間の; 年刊の 名 男〘植〙一年生植物　**～mente 副 毎年, 一年ごとに
a+nua-li-'dad [ア.ヌア.リ.'ダド] 名 女 一年ごとの催し, 例年の行事; 分割払いの一年分, 年賦; 年会費; 年金
a+'nua-rio [ア.'ヌア.りオ] 名 男 年鑑, 年報
a+nu-ba-'rra-do, -da [ア.ヌ.バ.'ら.ド, ダ] 形〘気〙《空が》曇った, 雲で覆われた
a+nu-'blar [ア.ヌ.'ブラる] 動 他〘気〙〈空を〉雲で覆う;〈名誉などを〉汚す, 傷つける　**～se** 動 再〘気〙《空が》曇る, 雲で覆われる;〘農〙《作物が》しおれる, 枯れる;《希望が》消える,《意欲が》薄れる;《名誉などが》汚される
a+nu-'da-do, -da 形 (a: に)結ばれた, つながれた 名 男 結ぶこと; 結び目
a+nu-da-'du-ra [ア.ヌ.ダ.'ドゥ.ら] 名 女 結び目(を作ること)
a+nu-'dar [ア.ヌ.'ダる] 動 他 結ぶ, 結わえる,〈に〉結び目をつける; つなぐ, 結合する;〈中断していたものを〉(再び)続ける　**～se** 動 再 結ぶ, 結び目を作る;〘植〙〘動〙《植物・動物が》生育が止まる;《舌・のど・言葉が》ひっかかる,《声が》詰まる;《2つが》結合する, 結び合わされる
a+'nuen-cia [ア.'ヌエン.すぃア] 名 女《格》同意, 承諾
a+'nuen-te 形《格》同意する, 承諾する
a+nu-la-'ción [ア.ヌ.ラ.'すぃオン] 名 女 取り消し, 失効, 廃止, 破棄
*__a+nu-'lar__ [ア.ヌ.'ラる] 92% 動 他 取り消す, 無効にする;〈の〉影を薄くさせる,〈の〉力を奪う; 相殺する 形 環の, 環状の, 輪の; 指輪の 名 男 薬指　**～se** 動 再 取り消される, 無になる, 無効になる; すべてをあきらめる, 絶望する; 力を奪われる, 力がなくなる
a+nun-cia-'ción [ア.ヌン.すぃア.'すぃオン] 名 女 告知, 告示, 通知　**A～** 名 固〘女性名〙アヌンシアシオン;〘宗〙受胎告知;〘宗〙お告げの祝日《3月25日》
a+nun-cia-'dor, -'do-ra 形 ⇩ anunciante
a+nun-'cian-te [ア.ヌン.'すぃアン.テ]

形〔商〕広告の 名 共〔商〕スポンサー, 広告主

****a+nun-'ciar** [ア.ヌン.'すぃアる] 80% 動 他 知らせる, 伝える, 公表する, 発表する; 〔商〕‹の›広告をする, ‹の›宣伝をする; ‹客などの›名[到着]を告げる; ‹の›知らせとなる, ‹の›兆しとなる ~**se** 動 再 公表される, 知らされる; 予想される, «の»気配がする, «に»なりそうである

****a+'nun-cio** [ア.'ヌン.すぃオ] 88% 名 男 発表, 告知, アナウンス; 広告, 宣伝, 貼り紙; 前触れ, 先触れ, 前兆; 〔情〕バナー

'a+nuo, +nua 形〔植〕一年生の

an-'ver-so [アン.'べる.ソ] 名 男 (メダル・貨幣・紙などの)表面

An-zo+'á-te-gui [アン.そ.'ア.テ.ギ] 名 固〔地名〕アンソアテギ《ベネズエラ北東部の州》

an-'zue-lo [アン.'すエ.ロ] 名 男〔魚〕釣針; おとり, 餌(えさ), 魅力, 刺激; 〔情〕クッキー *caer en* [*morder*] *el* ~ 《話》だまされる, わなにかかる *echar el* ~ 《話》(a: を)だます, わなにかける

a+ña-'di-do, -da [ア.ニャ.'ディ.ド, ダ] 形 つけ加えられた, 追加された 名 男 入れ毛, かもじ; 付加, 追加, 加筆

***a+ña-di-'du-ra** [ア.ニャ.ディ.'ドゥ.ら] 94% 名 女 付加, 追加; 計り売りのおまけ *por* ~ その上, さらに

****a+ña-'dir** [ア.ニャ.'ディる] 78% 動 他 (a: に)加える, つけ足す; つけ加えて言う ~**se** 動 再 (a: に)加わる; 増える

a+ña-'ga-za [ア.ニャ.'ガ.さ] 名 女 おとり, 餌; おとり用の鳥; たくらみ, 策略, おとり

a+'ñal [ア.'ニャル] 形 1年の; 〔畜〕«家畜が»1歳の 名 男〔畜〕満1年の家畜; (死者への一周忌の)奉納物

a+'ñar [ア.'ニャる] 名 男〔複〕《ラプラタ》長い年月

a+ñe-'jar [ア.ニェ.'はる] 動 他 古くする, 熟成させる, ‹ワインなどを›寝かす ~**se** 動 再 熟成する

a+'ñe-jo, -ja [ア.'ニェ.ほ, は] 形〔飲〕«酒が»年数を経た, 年代ものの, 熟成した; 《話》古びた, 新鮮でない, 昔からの

a+'ñi-co [ア.'ニィ.コ] 名 男〔複〕小破片, かけら, 粉々

a+'ñil [ア.'ニィル] 形 藍(あい)色の 名 男〔植〕インド藍; 藍色

a+'ñi-to〔縮小語〕↓año

****'a+ño** ['ア.ニョ] 57% 名 男 年; 学年, 年度; 年齢, …歳, 年(とし); 〔複〕何年もの間, 長年 *del ~ del caldo* 《メキシコ》《話》とても古い *en sus ~s mozos* 若い時分に *en los ~s que corren* 最近, 今どきは *entrado*[*da*] *en ~s* 年をとって *estar de buen ~* ふくよかで健康である *¡Feliz ~ Nuevo!* 新年おめでとう(ございます) *ganar ~* 《話》受かる, 進級する *perder ~* 《話》落ちる, 落第する; 《話》結婚を逃す *quitarse ~s* 年齢をごまかす, (本当の年よりも)若く見せる *ser del ~ de Maricastaña* 大昔のものだ

a+ño-'ñar [ア.ニョ.'ニャる] 動 他 《カリブ》《話》甘やかす

a+ño-'ran-za [ア.ニョ.'らン.さ] 名 女 (de, por: の)懐かしさ, 懐旧の念, 寂しさ; 深い悲しみ, 悲嘆

a+ño-'rar [ア.ニョ.'らる] 動 他 懐かしむ, 思いこがれる 動 自 思いこがれる, 懐旧の念にかられる

a+'ño-so, -sa [ア.'ニョ.ソ, サ] 形 «樹木などが»年老いた, 年とった

a+'ñu-blo [ア.'ニュ.ブロ] 名 男〔植〕胴枯れ病, うどん粉病, べと病

a+o-ja-'mien-to 名 男 ⇩aojo

a+o-'jar [ア.オ.'はる] 動 他 (目で)のろいをかける; だめにする, だいなしにする

a+'o+jo [ア.'オ.ほ] 名 男 のろい(の目), 呪文(じゅもん)

a+o-'ris-to [ア.オ.'りス.ト] 名 男〔言〕(ギリシャ語の)過去形, アオリスト

a+'or-ta [ア.'オる.タ] 名 女〔体〕大動脈

a+o-'va-do, -da [ア.オ.'バ.ド, ダ] 形 卵の形をした, 長円形の

a+o-'var [ア.オ.'バる] 動 自〔動〕〔魚〕卵を産む, 産卵する

ap. 略 ↓*apud*

ap. 略 ↓aparte

a+'pá [ア.'パ] 動 他 《米国》《メキシコ》《中米》《南米北》《チリ》《話》お父さん, パパ

a+pa-bu-'llar [ア.パ.ブ.'ジャる] 動 他 《話》つぶす, ぺちゃんこにする; 《話》圧倒する, 黙らせる

a+pa-cen-ta-'de-ro [ア.パ.せン.タ.'デ.ろ] 名 男〔畜〕牧草地, 牧場

a+pa-cen-ta-'mien-to [ア.パ.せン.タ.'ミエン.ト] 名 男〔畜〕放牧

a+pa-cen-'tar [ア.パ.せン.'タる] 動 他 50 (e|ie)〔畜〕‹家畜に›‹に›草を食わせる, 放牧する; 育む, 育てる; 教える, 導く ~**se** 動 再 «家畜が»草を食(は)む; (con, de: を)食べる, 糧(かて)とする

a+'pa-che 形 名 共 アパッチ族(の)《北米南西部の先住民》名 男 凶漢, ごろつき

a+pa-'che-ta 名 女 《アンデス》アパチェータ《インカ文明の石の祭壇》

a+pa-chu-'rra-do, -da [ア.パ.チュ.'ら.ド, ダ] 形 《カリブ》《話》小さな, 背の低い; 成長しない

a+pa-chu-'rrar [ア.パ.チュ.'らる] 動 他 押しつぶす, ぺちゃんこにする; 《メキシコ》《中米》《アンデス》《話》ぶつける, 破壊する; 抱きしめる

a+pa-ci-bi-li-'dad [ア.パ.すぃ.ビ.リ.'ダ

ド][名][女] 温厚, 温和, 穏やかさ, やさしさ

a+pa-'ci-ble [ア.パ.'すぃ.ブレ] [形] 温和な, やさしい, おとなしい; 穏やかな, 静かな

a+pa-ci-'guar [ア.パ.すぃ.'グアる] [動][他] [9] (u|ü) 静める, なだめる　～**se** [動][再] 静まる, 和らぐ, 穏やかになる

a+pa-dri-'nar [ア.パ.ドり.'ナる] [動][他] 〈の〉教父になる; 〈の〉後援者となる, 後援する, 保護する; (精神的に)支える, 支持する　～-**se** [動][再] (a, bajo: に)身を寄せる, 保護を願う

a+pa-'ga-do, -da [形] «火・明かりが»消えている; «人が»元気がない, 気弱な; «声が»低い, 押し殺した; «色が»くすんだ; «電源が»入っていない [名][男] 〔飲〕味気ないワイン; 〔情〕シャットダウン

a+pa-ga-'dor [ア.パ.ガ.'ドる] [名][男] ろうそく消し; 〔楽〕(ピアノの)ダンパー, 弱音器; 《メキシコ》(電気の)スイッチ

⁑**a+pa-'gar** [ア.パ.'ガる] 89% [動][他] [41] (g|gu) 〈火を〉消す, 消火する; 〈電気・スイッチを〉切る, 消す; 〈の色を〉あせさせる, 薄くする; 〈空腹・興奮・怒りなどを〉静める, いやす, なだめる, 抑える; 〈石灰を〉消化する, 消和する; 〔情〕シャットダウンする　～**se** [動][再] 消える; «色が»あせる; «空腹・興奮・怒りなどが»静まる, いえる, おさまる; 〔一般〕弱まる, 静まる ***¡Apaga y vamos [vámonos]!*** 《スペイン》《話》もうたくさんだ

a+pa-ga-'ve-las [ア.パ.ガ.'ベ.ラス] [名][男] 〔単複同〕ろうそく消し

a+pa-'gón [名][男] 〔電〕停電

a+pa-'gué, -gue(～) [動] 《直点 1 単, 接現》 ⬆apagar

a+pai-'sa-do, -da [形] «長方形が»横長の

a+pa-jua-'ta-do, -da [ア.パ.ふア.'タ.ド, ダ] [形] 《カリブ》(寝過ぎて)目が腫れている

a+pa-la-'brar [ア.パ.ラ.'ブらる] [動][他] (口で)約束する　～**se** [動][再] (con: と)(口で)約束する

A+pa-'la-ches [ア.パ.'ラ.チェス] [名][固] 〔montes ～〕〔地名〕アパラチア山脈《北アメリカ大陸東部の山脈》

a+pa-lan-'car [ア.パ.ラン.'カる] [動][他] [69] (c|qu) てこで動かす; コネで援助する; 《俗》隠す

a+pa-le+a-'mien-to [名][男] ⇩ apaleo

a+pa-le+'ar [ア.パ.レ.'アる] [動][他] (棒で)打つ, たたく; 〔農〕〈果物を〉棒でたたいて取る; 〔農〕脱穀する, 〈穀物・もみがらを〉からざおで打つ

a+pa-'le+o [ア.パ.'レ.オ] [名][男] 〔農〕脱穀する時期; 棒で打つ[たたく]こと

a+pa-'nar [ア.パ.'ナる] [動][他] 《アンデス》大勢で攻撃する; 《チリ》〔食〕〈肉などを〉パン粉で包む

a+pan-'dar [ア.パン.'ダる] [動][他] 《話》盗む, くすねる

a+pan-di-'llar [ア.パン.ディ.'ジャる] [動][他] 〈悪者を〉仲間に入れる, 一味にする　～-**se** [動][再] 徒党を組む, 一味になる

a+pan-dron-'gar-se [ア.パン.ドろン.'ガる.セ] [動][再] [41] (g|gu) 《ラ米》怠ける

a+pan-ta-'llar [ア.パン.タ.'ジャる] [動][他] 《メキシコ》驚かせる, 驚嘆させる

a+pa-'ña-do, -da [ア.パ.'ニャ.ド, ダ] [形] 《話》慣れた, 熟練した, うまい; 《話》困った, 間違えている; 《話》ちょうどよい, おあつらえ向きの; 《話》着飾った

a+pa-'ñar [ア.パ.'ニャる] [動][他] 《話》修繕する, 繕(つくろ)う, 直す; 《話》とっちめる, 〈に〉お仕置きをする; 《話》取る, つかむ; 《話》くすねる, 盗む; 《話》〈に〉都合がよい; 《話》きれいにする, 整える, 着飾る; 《話》くるむ, 包む; 《メキシコ》逮捕する; 《ラプラタ》〈罪人を〉かばう, かくまう　～-**se** [動][再] うまくことを運ぶ, (con: で)やりくりする《無意味の las がつくことがある》

a+'pa-ño [ア.'パ.ニョ] [名][男] 《話》修繕; 《話》熟練, 巧みさ, こつ; 《話》一時しのぎ, その場のがれ; 《俗》情事; 愛人; 《話》手でつかむこと; 《話》盗み　***hacer el ～*** 《話》役に立つ　***no tener ～*** 《話》どうしようもない　***ser de gran ～*** 《話》とても役に立つ

a+pa-pa-'char [ア.パ.パ.'チャる] [動][他] 《メキシコ》愛撫(あいぶ)する

a+pa-ra-'dor [ア.パ.ら.'ドる] [名][男] 食器棚; 〔商〕ショーウインドー

a+pa-'rar [ア.パ.'らる] [動][他] 取って渡す; 〔衣〕着飾る; (物を受け取るために)〈手・スカートを〉広げる; 〔食〕〈果物の〉皮をむく

⁑**a+pa-'ra-to** [ア.パ.'ら.ト] 83% [名][男] 装置, 機械, 器具; 電話器; 〔体〕…器官; 華やかさ, 壮観; 《話》大騒ぎ; 〔医〕医療補助具; 飛行機

a+pa-ra-'to-so, -sa [ア.パ.ら.'ト.ソ, サ] [形] 華々しい, けばけばしい, 派手な, 大げさな

⁑**a+par-ca-'mien-to** [ア.パる.カ.'ミエン.ト] 88% [名][男] 〔車〕駐車; 駐車場

＊**a+par-'car** [ア.パる.'カる] 91% [動][他] [69] (c|qu) 〔車〕駐車する; 〔軍〕〈砲車・弾薬を〉配置する, 集積する [動][自] 〔車〕駐車する

a+par-ce-'rí+a [ア.パる.せ.'り.ア] [名][女] 〔農〕分益小作制; 〔農〕農地所有者と小作人との契約

a+par-'ce-ro, -ra [ア.パる.'せ.ろ, ら] [名][男][女] 〔農〕小作人, 分益農夫; 《ラ米》友人

a+pa-re+a-'mien-to [ア.パ.れ.ア.'ミエン.ト] [名][男] 2 つずつ[対]にすること; 〔畜〕家畜をつがわせること, 交配

a+pa-re+'ar [ア.パ.れ.'アる] [動][他] 2 つずつにする, 対にする; 〔畜〕〈家畜を〉つがわせる

~se 動 再 2 つずつ組む; «動物が»つがう

⁑a+pa-re-'cer [ア.パ.れ.'せる] 72% 動 自 ㊺ (c|zc) 現れる, 出現する, 姿を見せる; 出る, 出ている; 公になる, 出版される; «なくしたものが»見つかる, 出てくる; (como: のように)見える; 出る, 出演する, 出場する ~se 動 再 (a, ante: 人の前に)現れる, 姿を見せる

a+pa-re-'ci-do, -da [ア.パ.れ.'すぃ.ド, ダ] 形 名 男 女 《アンデス》 成り上がり者(の) 名 男 幽霊, 亡霊

a+pa-re-'ja-do, -da [ア.パ.れ.'は.ド, ダ] 形 準備のできた; 適当な, 適切な, ふさわしい *ir ~[da]* (con: と)密接な関係がある

a+pa-re-ja-'dor [ア.パ.れ.は.'ドる] 名 男 〔建〕 建築施工士, 現場監督

a+pa-re-'jar [ア.パ.れ.'はる] 動 他 準備する, 用意する; 〔畜〕 ‹馬に›引き具をつける, ‹に›鞍を置く; 〔海〕 ‹船に›索具を装備する, 艤装(ぎそう)する 動 自 用意する ~se 動 再 準備が整う, 用意ができる; 対になる, ペアになる

a+pa-'re-jo [ア.パ.'れ.ほ] 名 男 準備, 用意; 馬具; 〔複〕 用具, 材料, 器材; 道具; 〔海〕 索具; 〔機〕 滑車装置; 〔建〕 (石・れんがなどの)組積み; 〔絵〕 下塗り, 下地

a+pa-ren-'cial 形 ⇩ apariencial

*a+pa-ren-'tar [ア.パ.れン.'タる] 94% 動 他 ‹名詞/不定詞/que: の›ふりをする, 見せかける, 装う; ‹の›様子である 動 自 格好よく見せる, 見えを張る

*a+pa-'ren-te [ア.パ.'れン.テ] 92% 形 見せかけの, 外見だけの; 明らかな, 明白な; «外見が»見栄えのする; 《話》 かっこいい, すてきな

*a+pa-'ren-te-'men-te [ア.パ.'れン.テ.'メン.テ] 92% 副 《文修飾》 (実際はともかく)見たところは, 外見上は, …らしい

a+pa-'rez-co, -ca(~) 動 《直現 1 単, 接現》 ⬆aparecer

A+pa-'ri-cio [ア.パ.'り.すぃオ] 名 固 〔男性名〕 アパリシオ

⁑a+pa-ri-'ción [ア.パ.り.'すぃオン] 88% 名 女 現れること, 出現; 出版; 幻影, 幽霊

⁑a+pa-'rien-cia [ア.パ.'りエン.すぃア] 89% 名 女 外見, 外観, 様子; 見かけ, 体裁; 容貌(ようぼう), 風采(ふうさい); 豪華さ, 派手さ, 出来栄え, 見栄え; 〔複〕 気配, 形勢, 情勢 ***cubrir** [**guardar, salvar**] **las ~s*** 体裁をつくろう, 体面を保つ ***en ~*** 一見, 見たところ ***tener** (**la**) **~ de** ...* …のように見える

a+pa-rien-'cial [ア.パ.りエン.'すぃアル] 形 外見の, 外観の; 見かけだけの, 体裁の; 容貌(ようぼう)の, 風采(ふうさい)の

a+par-'qué, -que(~) 動 《直点 1 単, 接現》 ⬆aparcar

a+pa-rra-'gar-se [ア.パ.ら.'ガる.セ] 動 再 ㊶ (g|gu) 《中米》 《話》 かがむ, しゃがむ

a+par-ta-'de-ro [ア.パる.タ.'デ.ろ] 名 男 〔車〕 (道路わきの)待避所; 〔鉄〕 (鉄道の)側線, 待避線; 〔畜〕 放牧地; 〔畜〕 羊の仕分け場所; 〔牛〕 牛の囲い場

a+par-'ta-do, -da [ア.パる.'タ.ド, ダ] 形 遠く離れた, へんぴな, (一人で)さびしい; 離れた, 関心のない, 超然としている; 《中米》 《話》 人づきあいの悪い, 引きこもる 名 男 私書箱; 章, 条, 段落; 別室; 離れた場所; 〔鉱〕 精錬; 〔牛〕 牛を囲い場に入れること

*a+par-ta-'men-to [ア.パる.タ.'メン.ト] 93% 名 男 アパート, マンション, 集合住宅

a+par-ta-'mien-to [ア.パる.タ.'ミエン.ト] 名 男 分離, 別にすること, 分けること; 離れた場所; アパート; 〔法〕 (権利の)放棄, 棄権, (訴訟の)取り下げ

⁑a+par-'tar [ア.パる.'タる] 90% 動 他 別にする, 外す, どける; (引き)離す, 分ける, 遠ざける; (別にして)取っておく; ‹注意・視線などを›そらす; 《話》 始める, 突然しだす; ‹の›考えを捨てさせる, あきらめさせる ~se 動 再 (de: から)離れる, 別になる, 外れる, 行ってしまう; けんかする, 仲たがいする; 引き下がる, 身を引く, 引っ込む; (de: を)怠る; 離婚する

⁑a-'par-te [ア.'パる.テ] 84% 副 別にして, 離して, のけて; 離れて, 別に; その上, さらに, ほかに; (de: の)ほかに 《de がないことがある》; (de: を)別にすれば, 除外して; 〔演〕 傍白(ぼうはく)で 《観客には聞こえるが相手役には聞こえない心中のせりふ》 形 内緒の, 人目につかない; 別の, 付加の 名 男 〔演〕 傍白, わきぜりふ; 段落, 改行; (他の人から離れてする)会話 ***bromas ~*** 冗談はさておき… ***dejar ~*** わきに置く, 当面は扱わない

a+par-'ti-do [ア.パる.'ティ.ド] 副 《アンデス》 等しく, 公平に

*a+pa-sio-'na-do, -da 94% 形 情熱的な, 激しい; (por: に)大変熱心な, 熱中している, 夢中になっている 名 男 女 熱列なファン, 愛好家 **-damente** 副 情熱的に; 大変熱心に

a+pa-sio-na-'mien-to 名 男 熱中, 情熱, 熱心さ; 興奮

a+pa-sio-'nan-te 形 刺激的な, 興奮させる

*a+pa-sio-'nar [ア.パ.スィオ.'ナる] 93% 動 他 熱中させる, 興奮させる, ‹は›«が»大好きである ~se 動 再 (con, en, por: に)熱中する

a+'pas-te 名 男 《メキシコ》 《中米》 洗面器, たらい

A+pas-te-'pe-que [ア.パス.テ.'ペ.ケ] 名 固 〔地名〕 アパステペーケ 《エルサルバドル El Salvador の観光都市》

a+pa-'tí+a 名 女 無気力, 無頓着; 無感動, 無関心, 冷淡

a

a+'pá-ti-co, -ca [形] (a, en: に)無関心の, 冷淡な

a+'pá-tri-da [ア.'パ.トリ.ダ] [形][名] [共] 国[国籍]を失った(人), 無国籍の(人)

a+pa-tro-'na-do, -da [ア.パ.トろ.'ナ.ド, ダ] [形] 《チリ》雇用主の利益を優先する

apdo. [略] ⬆apartado

a+pe+a-'de-ro [ア.ペ.ア.'デ.ろ] [名] [男] (乗馬用)踏み台; (歩行者の)休憩所; (電車の)停車場; 仮の宿, 仮住まい; 麻薬売買所

a+pe+'ar [ア.ペ.'アる] [動] [他] (de: から)降ろす, 下げる; 《話》〈に〉(de: を)思いとどまらせる; 〈人を〉ひきずり降ろす; (de: 馬車などから)降ろす, (de: 馬・車などから)降りるのを助ける; 〈木を〉切り倒す; 乗り越える, 克服する, 切り抜ける; 〔畜〕〈馬の〉足を縛る; 〈車を〉止める, 輪止めする; 〈土地を〉測量する ～**se** [動] [再] (de: 馬・車などから)降りる; 《話》引き下がる, 自らの過ちを認める, (de: を)あきらめる ～ ***el tratamiento*** 敬称を省略する

a+pe-chu-'gar [ア.ペ.チュ.'ガる] [動] [自] ㊶ (g|gu) 《話》立ち向かう; 《話》(con: を)我慢する; 胸を押しつける; 《コロンビア》《チリ》《話》行動力がある; すべての責任をとる

a+pe-da-'zar [ア.ペ.ダ.'さる] [動] [他] ㉞ (z|c) 繕(つくろ)う, 直す, 〈に〉継ぎを当てる

a+pe-dre+'a-do, -da [ア.ペ.ドれ.'ア.ド, ダ] [形] まだらな, 斑点のある; «顔が»あばたのある; 石をぶつけられた

a+pe-dre+'ar [ア.ペ.ドれ.'アる] [動] [他] 〈に〉石を投げる; 〔歴〕石たたきの刑に処する; 〔気〕«あられ[ひょう]が»〈に〉降る ～**se** [動] [再] 〔農〕«作物が»あられ[ひょう]で被害を受ける

a+pe-'ga-do, -da [形] (a: に)愛着がある; 執着した

a+pe-'gar-se [ア.ペ.'ガる.セ] [動] [再] ㊶ (g|gu) (a: に)愛着がある; 執着する

*__a+'pe-go__ 94% [名] [男] (a: への)愛情, 愛着; (a, por: への)関心, 興味

a+pe-la-'ción [ア.ペ.ラ.'すぃオン] [名] [女] 〔法〕上訴, 控訴, 上告, 抗告; 〔医〕診察, 立会い; 呼びかけ, アピール

*__a+pe-'lar__ [ア.ペ.'ラる] 93% [動] [自] 〔法〕上訴[控訴, 上告, 抗告]する; (a: に)(助け・同情などを)求める, 懇願する; (a: 援助・武力などに)訴える

a+pe-la-'ti-vo, -va [ア.ペ.ラ.'ティ.ボ, バ] [形] 〔言〕呼称の, 呼び名の [名] [男] 〔言〕呼称, 呼び名, 呼びかけ語

a+pe-lli-'dar [ア.ペ.ジ.'ダる] [動] [他] あだ名で呼ぶ; (…と)名づける; 大声で呼ぶ, 召集する, 〈に〉号令をかける; 言う ～**se** [動] [再] …という名字である

*__a+pe-'lli-do__ [ア.ペ.'ジ.ド] 91% [名] [男] 姓, 名字

a+pel-ma-'za-do, -da [ア.ペル.マ.'さ.ド, ダ] [形] 〔食〕«パンが»生焼けの; つぶされた, ぺちゃんこになった

a+pel-ma-'zar [ア.ペル.マ.'さる] [動] [他] ㉞ (z|c) 圧縮する, 固める, 密にする ～**se** [動] [再] 圧縮される, 固まる, 密になる

a+pe-lo-to-'nar [ア.ペ.ロ.ト.'ナる] [動] [他] (丸めて)玉にする ～**se** [動] [再] 集まる, 固まる; 玉[ボール]になる

a+pe-'na-do, -da [形] 悲しい, 悲しんだ; はにかんだ

a+pe-'nar [ア.ペ.'ナる] [動] [他] 悲しませる, 嘆き悲しませる ～**se** [動] [再] (de, ante: を)悲しむ, 嘆く; 《チリ》《ラプラタ》恥ずかしがる

****a+'pe-nas** 81% [副] **1** ほとんど…ない: Desde hace un año **apenas** me escribe. 1年前から彼はほとんど私に手紙を書いてくれません。 **2** 〔数量を示す語句の前で〕ほんの…しか～ない, かろうじて…, …そこそこで: Estuvo **apenas** unos días con nosotros. 彼は私たちとほんの数日しか一緒にいませんでした。 **3** やっと, どうにかこうにか, 苦労して: Entonces **apenas** empezabas a andar. 当時君はやっと歩き始めたばかりだった。 **4** ちょうど今: **Apenas** hemos llegado. 私たちはちょうど今到着しました。 [接] 《弱勢》…するやいなや, すぐに: **Apenas** salí, se puso a nevar. 私が家を出るとすぐ雪が降り始めた。 ～ … ***cuando*** ～ …するとすぐに～ ～ ***si*** … …がやっとである

a+pen-'car [ア.ペン.'カる] [動] [自] ㊾ (c|qu) 《スペイン》《話》(con: 仕事を)引き受ける, (con: の)責任をとる; 《話》(con: を)我慢する

a+pen-de-'ja-do, -da [ア.ペン.デ.'は.ド, ダ] [形] 《カリブ》《コロンビア》《話》呆(ほう)けた, ばかな

a+pen-de-'jar-se [ア.ペン.デ.'はる.セ] [動] [再] 《メキシコ》《中米》《カリブ》《ベネズエラ》《話》脅す, 怖がらせる ～**se** [動] [再] 怖がる, おじけづく

a+'pén-di-ce [ア.'ペン.ディ.セ] [名] [男] (本の)付録, 追加, 補遺; 〔体〕虫垂, 虫様突起; 付加物, 付属物; 《話》子分, 取り巻き

a+pen-di-'ci-tis [ア.ペン.ディ.'すぃ.ティス] [名] [女] 〔単複同〕〔医〕虫垂炎

a+pen-di-cu-'lar [ア.ペン.ディ.ク.'ラる] [形] 〔体〕虫垂の

A+pe-'ni+no [形][名] [固] 〔montes ～s〕アペニン山脈《イタリア半島に連なる山脈》

a+pen-sio-'na-do, -da [形] 《ラプラタ》悲嘆にくれている

a+pen-sio-'nar-se [ア.ペン.スィオ.'ナる.セ] [動] [再] 《メキシコ》《コロンビア》《アンデス》《チリ》悲しむ, 悲しくなる

a+'pe+o [名] [男] 測量; 木を切り倒すこと, 伐採; 支柱で支えること

a+'pep-sia [名] [女] 〔医〕消化不良

a+pe-'rar [ア.ペ.'らる] [動] [他] 〈農具などを〉

用意する; (de: を)つける, 装備する　**〜se** 動 再 (de: 農具などを)用意する, 準備する

a+per-ci-bi-'mien-to [ア.ペる.すぃ.ビ.'ミエン.ト] 名 男 用意, 準備; 気づき; 警告; 〔哲〕知覚

a+per-ci-'bir [ア.ペる.すぃ.'ビる] 動 他 用意する, 準備する; (de: を)与える, 支給する; 〈に〉(de: を)警告する; 〔哲〕知覚する, 認める, 気づく　**〜se** 動 再 (para: を)整える, (de [a]不定詞: …するための)準備をする; 気がつく, 認める

a+pe-re+'á [ア.ペ.'れア] 名 男 〔複 -ás〕《ラプラタ》〔動〕テンジクネズミ, モルモット

a+per-ga-mi-'nar-se [ア.ペる.ガ.ミ.'ナる.セ] 動 再《話》しわになる, しおれる

*__a+pe-ri-'ti-vo__ [ア.ペ.リ.'ティ.ボ] 94% 名 男 〔飲〕アペリチフ, 食前酒; 〔食〕食事の前の軽い食べ物, つまみ; 食欲を増進する物; 〔医〕緩下剤　**〜, -va** 形 〔医〕食欲増進の; 〔医〕緩下作用のある

a+'pe-ro [ア.'ペ.ろ] 名 男 〔複〕〔農〕農具, 道具; 〔畜〕(耕作用の)家畜

a+pe-rre+'ar [ア.ペ.れ.'アる] 動 他 〈に〉犬をけしかける; 《話》うんざりさせる, 悩ませる　**〜se** 動 再《話》(en: を)しつこく言い張る, (en: に)固執する; 《話》うんざりする, 疲れ果てる

a+pe-'rre+o [ア.ペ.'れ.オ] 名 男《話》いらだたしさ, 迷惑, 腹立ち; 《話》骨折り, 苦労

a+per-so-'na-do, -da [ア.ペる.ソ.'ナ.ド, ダ] 形 〔bien 〜〕風采のよい, 見た目のよい; 〔mal 〜〕風采のあがらない

a+per-so-'nar-se [ア.ペる.ソ.'ナる.セ] 動 再《ラ米》出頭する; 面会する ⇩ personarse

**__a+per-'tu-ra__ [ア.ペる.'トゥ.ら] 88% 名 女 開くこと, 開始, 開会, 初め, 冒頭; すき間, 空き間; 開放

a+pe-sa-dum-'bra-do, -da [ア.ペ.サ.ドゥン.'ブら.ド, ダ] 形 悲しんでいる

a+pe-sa-dum-'brar [ア.ペ.サ.ドゥン.'ブらる] 動 他 苦しませる, 悩ます, 悲しませる　**〜se** 動 再 (con, por, de: に)苦しむ, 悩む, 悲しむ

a+pes-'ta-do, -da 形 悪臭のある, くさい; (de: が)はびこる; 〔医〕ペストにかかった 名 男 女 〔医〕ペスト患者

a+pes-'tar [ア.ペス.'タる] 動 他《話》(con: で)困らせる, うるさがらせる, 悩ます; (de: で)いっぱいにする; 〔医〕〈人に〉ペストを感染させる; 汚す, 腐敗させる 動 自《話》悪臭を放つ, においがする; 《話》(de: で)あふれる　**〜se** 動 再 〔医〕ペスト・悪疫に感染する; 《南米》〔医〕風邪を引く

a+pes-'to-so, -sa 形 悪臭のある, 臭(くさ)い; 迷惑な, いらいらさせる

a+'pé-ta-lo, -la [ア.'ペ.タ.ロ, ラ] 形 〔植〕花弁のない, 無弁の

**__a+pe-te-'cer__ [ア.ペ.テ.'せる] 87% 動 自 ㊺ (c|zc) (a: に)欲しがらせる, 欲しがる; (a: に)(不定詞: …)したくさせる, (a: が)(不定詞: …)したい; 《物事が》うれしい, 好ましい, よろしい; 食欲をそそる 動 他《スペイン》望む, 欲しいと思う, 待ちこがれる

a+pe-te-'ci-ble [ア.ペ.テ.'すぃ.ブレ] 形 食欲をそそる, 好ましい, 望まれる

a+pe-'ten-cia [ア.ペ.'テン.すぃア] 名 女 食欲; 欲求, 欲望, 望み, 切望

a+pe-'tez-co, -ca(〜) 動《直現1単, 接現》↑apetecer

a+pe-ti-'ti-vo, -va [ア.ペ.ティ.'ティ.ボ, バ] 形 食欲の, 食欲をそそる

*__a+pe-'ti-to__ 92% 名 男 食欲, おなかがすくこと; 願望, 欲望　*¡Buen 〜!* どうぞ(たくさん)召し上がってください《食事をする人への挨拶(あいさつ)》

a+pe-ti-'to-so, -sa 形 食欲をそそる, おいしそうな; 《話》人をひきつける, 魅力的な

'a+pi 名 男《ラプラタ》〔飲〕アピ《トウモロコシで作る飲み物》

API ['ア.ピ] 略 =agente de propiedad inmobiliaria 〔商〕不動産業者

'A+pia 名 固 〔la vía 〜〕〔地名〕アッピア街道《古代ローマの街道》; 〔地名〕アピア《サモア Samoa の首都》

a+pia-'dar [ア.ピア.'ダる] 動 他 気の毒がらせる, 哀れに思わせる　**〜se** 動 再 (de: を)気の毒に[かわいそうに]思う

a+pi-'cal [ア.ピ.'カル] 形 〔音〕舌尖(ぜっせん)(音)の; 頂点の, 頂上の 名 女 〔音〕舌尖音

a+pi-ca-'rar-se [ア.ピ.カ.'らる.セ] 動 再 悪の道に染まる

'á+pi-ce ['ア.ピ.せ] 名 男 頂き, 先端, 尖頭; 絶頂; 〔言〕(文字につける)符号《ñ の波印, アクセント記号など》; 〔否定文で〕微少, ほんの少し, みじん; 《話》難問, 重大局面, やま; 〔体〕舌先

a+'pí-co-la [ア.'ピ.コ.ラ] 形 養蜂(ようほう)の

a+pi-cul-'tor, -'to-ra [ア.ピ.クル.'トる, 'ト.ら] 名 男 女 養蜂(ようほう)家

a+pi-cul-'tu-ra [ア.ピ.クル.'トゥ.ら] 名 女 養蜂(ようほう)(業)

a+pi-la-'mien-to [ア.ピ.ラ.'ミエン.ト] 名 男 積み重ね, 山

a+pi-'lar [ア.ピ.'ラる] 動 他 積み重ねる, 積み上げる　**〜se** 動 再 積み重なる, 山積みになる

a+pi-ña-'mien-to [ア.ピ.ニャ.'ミエン.ト] 名 男 詰め込み, ぎゅうぎゅう詰め

a+pi-'ñar [ア.ピ.'ニャる] 動 他 詰め込む, 詰める　**〜se** 動 再 いっぱいになる, ぎっしり詰まる

'a+pio 名 男 〔植〕セロリ

a+pi-so-na-'do-ra [ア.ピ.ソ.ナ.'ド.ら]

名 女〘機〙ローラー車, 地ならし機

a+pi-so-'nar [ア.ピ.ソ.'ナる] 動 他 〈道路・床を〉打ち固める, 突き固める; ローラーでならす

a+pi-tu-'tar-se [ア.ピ.トゥ.'タる.セ] 動 再《チリ》《話》仕事がうまくいく, よい地位につく

a+pla-ca-'mien-to [ア.プラ.カ.'ミエン.ト] 名 男 鎮静, 緩和, いやされること

a+pla-'car [ア.プラ.'カる] 動 他 69 (c|qu) 静める, 和らげる; 〈渇き・飢えを〉満たす, いやす ~se 動 再 静まる, 和らぐ

a+pla-'cé, -ce(~) 動《直点 1 単, 接現》↓aplazar

a+pla-na-'ca-lles [ア.プラ.ナ.'カ.ジェス] 名 共〔単複同〕《中米》《アンデス》放浪者

a+pla-'na-do, -da [ア.プラ.'ナ.ド, ダ] 形〘飲〙《ワインが》香りがしない

a+pla-na-'do-ra [ア.プラ.ナ.'ド.ら] 名 女〘機〙地ならし機, 道ならし機, ローラー

a+pla-na-'mien-to [ア.プラ.ナ.'ミエン.ト] 名 男 地ならし, ローラーをかけること; 倒壊, 崩壊;《話》意気消沈, 気落ち

a+pla-'nar [ア.プラ.'ナる] 動 他 平らにする, ならす; 〈人を〉打ちのめす, 呆然(ぼうぜん)とさせる;《ラ米》ぶらつく, 歩き回る ~se 動 再《ビルなどが》崩壊する, 崩れる;《話》元気を失う, しょげる, 意気消沈する

a+plan-'char [ア.プラン.'チャる] 動 他《コロンビア》《話》きつく叱る, とがめる;《ラ米》⇩planchar

a+'plan-che [ア.'プラン.チェ] 名 男《コロンビア》《話》気落ち; 憂鬱

a+'pla-sia [ア.'プラ.スィア] 名 女〘医〙形成不全

a+plas-'ta-do, -da [ア.プラス.'タ.ド, ダ] 形《ラプラタ》《話》やる気[元気]がない

a+plas-ta-'mien-to [ア.プラス.タ.'ミエン.ト] 名 男 押しつぶすこと; 圧倒すること

a+plas-'tan-te [ア.プラス.'タン.テ] 形 圧倒的な

a+plas-'tar [ア.プラス.'タる] 動 他 押しつぶす, ぺちゃんこにする; 〈敵などを〉粉砕する, 壊滅する; あぜんとさせる ~se 動 再 つぶれる, ぺちゃんこになる; 体を伏せる; くたくたになる, 元気をなくす

a+pla-ta-'nar [ア.プラ.タ.'ナる] 動 他《話》呆然(ぼうぜん)とさせる, 〈に〉やる気をなくさせる ~se 動 再《話》呆然とする; やる気がなくなる

a+pla-'tar-se [ア.プラ.'タる.セ] 動 再《カリブ》しゃがむ

*__a+plau-'dir__ [ア.プラウ.'ディる] 92% 動 他 〈に〉拍手喝采(かっさい)する; 認める, 〈に〉賛同する; 称賛する

*__a+'plau-so__ [ア.'プラウ.ソ] 92% 名 男 拍手, 喝采(かっさい)

a+pla-za-'mien-to [ア.プラ.さ.'ミエン.ト] 名 男 延期, 遅らせること

*__a+pla-'zar__ [ア.プラ.'さる] 93% 動 他 34 (z|c) 延期する, 遅らせる;《ラ米》落第させる

a+pli-'ca-ble [ア.プリ.'カ.ブレ] 形 (a, en: に)適用できる, 応用できる

**__a+pli-ca-'ción__ [ア.プリ.カ.'すぃオン] 83% 名 女 (a: への)適用, 応用, 使用; (心の)集中, 勤勉; (de: 薬などを)塗ること, 貼ること; 申請(書), 出願, 応募;〘衣〙アップリケ; 飾り, 付属物;〘情〙ソフトウェア, アプリ(ケーション)

a+pli-'ca-do, -da [ア.プリ.'カ.ド, ダ] 形 勤勉な, 熱心な; 応用の

**__a+pli-'car__ [ア.プリ.'カる] 81% 動 他 69 (c|qu) (a: に)当てる, 〈薬などを〉つける; (a: に)〈法則などを〉適用する, 応用する, (a: ある目的に)当てる; (a: に)帰属させる;《ラ米》申請する, 出願する, 〈に〉応募する 動 自 (a: に)適用される, あてる ~se 動 再 (a: に)適用される, 利用される; (en: に)精を出す, 従事する; 当てられる, つけられる; (自分の)体につける[貼る, 塗る] *~se el cuento* 戒(いまし)めとする, 他山の石とする

a+'pli-que [ア.'プリ.ケ] 名 男 壁掛け照明器具

a+pli-'qué, -que(~) 動《直点 1 単, 接現》↑aplicar

a+plo-'ma-do, -da [ア.プロ.'マ.ド, ダ] 形 鉛(製)の, 鉛色の; 冷静な, 落ち着いた; 垂直な

a+plo-'mar [ア.プロ.'マる] 動 他 〈が〉垂直かどうかを調べる, 垂直にする; 重くする ~se 動 再 垂直になる; 崩壊する, 崩れる; 自信を持つ, 落ち着く

a+'plo-mo [ア.'プロ.モ] 名 男 沈着, 冷静, 落ち着き; 垂直性[状態]; 〔複〕(馬の)脚つき

ap-'ne+a 名 女〘医〙無呼吸

a+po~ 〔接頭辞〕「分離・源」という意味を示す

a+po-'ca-do, -da 形 自信がない, 内気な, おずおずした; 卑しい, 低い

a+po-ca-'lip-sis [ア.ポ.カ.'リプ.スィス] 名 男 〔単複同〕〔A~〕〘聖〙ヨハネの黙示録; 黙示, 啓示; 地獄絵図, この世の終わり

a+po-ca-'líp-ti-co, -ca [ア.ポ.カ.'リプ.ティ.コ, カ] 形 黙示録の; 恐ろしい, 身の毛がよだつ, この世の終わりのような

a+po-ca-'mien-to 名 男 臆病(おくびょう)さ, 内気, 意気地のなさ; 意気消沈

a+po-'car [ア.ポ.'カる] 動 他 69 (c|qu) 小さくする, 減らす; さげすむ, 卑しめる; おじけさせる ~se 動 再 おじけづく; 卑下する

a+po-co-'par [ア.ポ.コ.'パる] 動 他〘言〙〈の〉〈語尾(の文字・音・音節)を〉落とす

a+'pó-co-pe 名 女〘言〙語尾脱落

a+'pó-cri-fo, -fa [ア.'ポ.クリ.フォ, ファ] 形 出所の怪しい, 偽作の
a+po-'dar [ア.ポ.'ダる] 動 他 〈に〉あだ名をつける, 愛称で呼ぶ
a+po-de-'ra-do, -da [ア.ポ.デ.'ら.ド, ダ] 形 名 男 女 権限を与えられた, 委任された; 代理人; 〔商〕 差配人, マネージャー, エージェント 名 男 〔情〕 プロキシー
*a+po-de-'rar [ア.ポ.デ.'らる] 92% 動 他 〈に〉権限を与える, 代行させる ～se 動 再 (de: を)奪う, 没収する, 占領する; (de: を)つかむ, とりこにする, (de: に)取りつく
a+po-'díc-ti-co, -ca [ア.ポ.'ディク.ティ.コ, カ] 形 必然的な, 明白な
*a+'po-do 94% 名 男 あだ名, ニックネーム
'á+po-do, -da 形 〔動〕 無足の 名 男 〔動〕 無足類
a+'pó-do-sis 名 女 〔単複同〕〔言〕(条件文の)帰結, 帰結節
a+'pó-fi-sis 名 女 〔単複同〕〔体〕 骨端, 骨突起(こつとっき)
a+po-fo-'ní+a 名 女 〔言〕(語形変化の)母音交替, アプラウト
a+po-'ge+o [ア.ポ.'へ.オ] 名 男 〔天〕 遠地点; 最高点, 極点, 絶頂
a+po-li-'llar [ア.ポ.リ.'ジャる] 動 他 《虫が》食う 動 自 《ﾗﾌﾟﾗﾀ》《話》 眠る ～se 動 再 虫に食われる
a+po-'lí-ne+o, +a [ア.ポ.'リ.ネ.オ, ア] 形 アポロンの ⬇Apolo; 美男の
a+po-lis-'mar(-se) [ア.ポ.リス.'マる(.セ)] 動 自 (再) 《中米》《ｺﾛﾝﾋﾞｱ》 小さくなる; 《ﾍﾞﾈｽﾞｴﾗ》 おじけづく; 《ｶﾘﾌﾞ》 壊れる, だめにする
a+po-'lí-ti-co, -ca [ア.ポ.'リ.ティ.コ, カ] 形 名 男 女 〔政〕 ノンポリの(人)
a+po-li-'tis-mo [ア.ポ.リ.'ティス.モ] 名 男 〔政〕 非政治性, ノンポリであること
a+po-liz-'ma-do, -da [ア.ポ.リす.'マ.ド, ダ] 形 《ｺﾛﾝﾋﾞｱ》《話》 成長が遅い
A+'po-lo [ア.'ポ.ロ] 名 固 〔ギ神〕 アポロン 《オリンポス十二神の一; 詩歌・音楽・予言などをつかさどる; 太陽の神ともされる》
a+po-lo-'gé-ti-co, -ca [ア.ポ.ロ.'へ.ティ.コ, カ] 形 弁明の, 弁護の; 〔宗〕 護教の
a+po-lo-'gí+a [ア.ポ.ロ.'ひ.ア] 名 女 礼賛, 称賛, 礼賛演説; 弁護, 擁護論, 弁明
a+po-lo-'gis-ta [ア.ポ.ロ.'ひス.タ] 名 共 弁護者, 弁明者; 支持者, 称賛者
a+'pó-lo-go [ア.'ポ.ロ.ゴ] 名 男 〔文〕 寓話
a+pol-tro-'nar-se [ア.ポル.トろ.'ナる.セ] 動 再 (en: 椅子に)ゆったりすわる, くつろぐ
a+po-ple-'jí+a [ア.ポ.プレ.'ひ.ア] 名 女 〔医〕(脳)卒中
a+po-'plé-ti-co, -ca [ア.ポ.'プレ.ティ.コ, カ] 形 〔医〕 卒中の, 卒中性の 名 男 女 〔医〕 卒中患者, 卒中に襲われた人
a+po-qui-'nar [ア.ポ.キ.'ナる] 動 他 《ｽﾍﾟｲﾝ》《話》(しぶしぶ)払う, 〈金を〉出す
a+por-'car [ア.ポる.'カる] 動 他 69 (c|qu) 〔農〕〈木の根・野菜などに〉土をかぶせる
a+po-rre+'a-do, -da [ア.ポ.れ̃.'ア.ド, ダ] 形 みじめな, ひどい
a+po-rre+'ar [ア.ポ.れ̃.'アる] 動 他 打つ, たたく; うるさがらせる, 困らせる ～se 動 再 (互いに)殴り合う; 《古》 あくせく働く
a+po-'rre+o [ア.ポ.'れ̃.オ] 名 男 打つこと, たたくこと, 打撃
‡a+por-ta-'ción [ア.ポる.タ.'すぃオン] 89% 名 女 貢献, 寄与; 分担(金), 出資(金), 持参金
a+por-'tan-te [ア.ポる.'タン.テ] 形 供与する, 提供する
‡a+por-'tar [ア.ポる.'タる] 85% 動 他 もたらす, 与える, 供与する, 提供する; 寄与する, 寄付する, 分担する, 貢献する; 〔特に〕〈持参金を〉持ってくる 動 自 〔海〕《船が》(en: 港に)入港する; (por: に)よく顔を出す; 《ﾁﾘ》《ﾗﾌﾟﾗﾀ》 現れる
a+'por-te [ア.'ポる.テ] 名 男 寄付, 寄与
a+po-'sar [ア.ポ.'サる] 動 自 《ﾁﾘ》 水たまりになる
a+po-sen-'tar [ア.ポ.セン.'タる] 動 他 泊める, 宿泊させる ～se 動 再 (en: に)宿泊する
*a+po-'sen-to 94% 名 男 《格》 部屋, 室; 宿泊, 泊まること; 〔歴〕〔演〕(劇場の)桟敷
a+po-si-'ción [ア.ポ.スィ.'すぃオン] 名 女 〔言〕 同格
a+po-si-'ti-vo, -va [ア.ポ.スィ.'ティ.ボ, バ] 形 〔言〕 同格の
a+'pó-si-to 名 男 〔医〕 外傷医薬材料, 貼り薬
a+'pos-ta 副 《ｽﾍﾟｲﾝ》 故意に, わざと ⇦a posta
a+pos-ta-'de-ro [ア.ポス.タ.'デ.ろ] 名 男 〔軍〕 駐屯地; 〔軍〕〔海〕 海軍補給地, 軍港
‡a+pos-'tar [ア.ポス.'タる] 89% 動 他 16 (o|ue) 〈金を〉賭(か)ける, 〈金などを〉賭けて(a, sobre: を)主張する; 配置する ～(se) 動 自 (再) (金を)賭ける; 持ち場につく
a+pos-ta-'sí+a 名 女 〔宗〕 背教, 背信
a+'pós-ta-ta 名 共 〔宗〕 背教者, 背信者; 転向者
a+pos-ta-'tar [ア.ポス.タ.'タる] 動 自 〔宗〕 信仰を捨てる, 背教者となる
a+pos-'ti-lla [ア.ポス.'ティ.ジャ] 名 女 注記, 注
a+pos-ti-'llar [ア.ポス.ティ.'ジャる] 動 他 〈本などに〉注をつける ～se 動 再 〔医〕 かさぶたができる

*a+'pós-tol [ア.'ポス.トル] 92% [名] [男] 〘宗〙使徒《キリストの 12 人の弟子》; (政策・主義などの)主唱者, 唱導者; 〘宗〙(ある地域の最初のキリスト教の)伝道者, 布教者 A～ [名] [固] 〘宗〙聖パウロ

a+pos-to-'la-do [ア.ポス.ト.'ラ.ド] [名] [男] 〘宗〙使徒の任務; 〘宗〙布教, 伝道; 〔集合〕〘宗〙十二使徒, 使徒像

a+pos-'tó-li-co, -ca [ア.ポス.'ト.リ.コ, カ] [形] 〘宗〙使徒の; 〘宗〙教皇の [名] [男] 〘歴〙《スペイン》使徒党《1820 年の革命後の王党派》

a+pos-tro-'far [ア.ポス.トろ.'ファる] [動] [他] 《格》〈文字を〉略する, 〈に〉アポストロフィをつける; 〘修〙〈に〉頓呼(とんこ)法で呼びかける

a+'pós-tro-fe [ア.'ポス.トろ.フェ] [名] [男] 〘修〙頓呼(とんこ)法《文の途中で急転してその場にいない人または擬人化した物に呼びかける表現方法》; 〔複〕罵倒(ばとう), 痛罵(つうば)

a+'pós-tro-fo [ア.'ポス.トろ.フォ] [名] [男] 〘言〙アポストロフィ, 省略記号《' の記号》

a+pos-'tu-ra [ア.ポス.'トゥ.ら] [名] [女] 優雅なふるまい[挙動], たしなみ, 気品

a+po-'teg-ma [ア.ポ.'テグ.マ] [名] [男] 《格》警句, 格言

a+po-'te-ma [名] [女] 〘数〙(正多角形の)辺心距離《中心から辺までの距離》

a+po-te+'ó-si-co, -ca [形] 熱烈な, 熱狂的な; 驚くべき, すさまじい

a+po-te+'o-sis [名] [女] 〔単複同〕神格化, 神聖視; 〘演〙大詰め, 大団円, フィナーレ

⁑a+po-'yar [ア.ポ.'ジャる] 80% [動] [他] 支える, (en, sobre: に)もたせ掛ける, 立て掛ける; 〈人・主義などを〉支持する, 後援する, 援助する; (con, en, sobre: を)〈の〉証拠とする; 〘競〙〔サッカーなど〕サポートする [動] [自] (en, sobre: に)支えられている, 載っている ～-se [動] [再] (en: に)寄り掛かる, もたれる; (en: を)頼りにする, 当てにする, 支えられる; (en: を)証拠[裏付け]とする, (en: に)依拠する; 支えられている, 載っている

a+po-ya-'tu-ra [ア.ポ.ジャ.'トゥ.ら] [名] [女] 〘楽〙前打音, 倚(い)音《装飾音の一種》

⁑a+'po-yo 82% [名] [男] 支えとなるもの, 支柱; 支える[支えられる]こと, 支え; 支持, 援助, 賛助, 擁護; 裏付け, 証拠; 〘競〙〔サッカーなど〕サポート; 〘情〙サポート *en ～ de ...* …を支持して *punto de ～* 基点, 根拠, 足がかり; 〘物〙支点

a+po-'zar-se [ア.ポ.'さる.セ] [動] [再] ㉞ (z|c) 《カリブ》《話》立ち止まる; 《コロンビア》水たまりになる

a+'pre-cia [動] 《直現 3 単/命》↓apre-ciar

*a+pre-'cia-ble [ア.プれ.'すぃア.ブレ] 93% [形] 目に見えるほどの, 感知できる; かなりの, 相当な; 立派な, 価値のある

*a+pre-cia-'ción [ア.プれ.すぃア.'すぃオン] 93% [名] [女] 評価, 鑑定, 真価を認めること

⁑a+pre-'ciar [ア.プれ.'すぃアる] 88% [動] [他] 大事にする, 尊重する; 評価する, 〈の〉真価を認める, 〈芸術・文学などを〉鑑賞する, 〈の〉良さを味わう; 認識する, 理解する, 識別する; 診察する; 《計器が》示す, 記録する, 測定する ～se [動] [再] 認められる, 観察する

a+pre-cia-'ti-vo, -va [ア.プれ.すぃア.'ティ.ボ, バ] [形] 評価の; 好意的な, 価値を認める

*a+'pre-cio [ア.'プれ.すぃオ] 94% [名] [男] 尊敬, 敬意; 評価, 真価を認めること; 関心, 好意

a+pre+hen-'der [ア.プれ.エン.'デる] [動] [他] 差し押さえる, 押収する; 逮捕する; 理解する, 把握する

a+pre+hen-'sión [ア.プれ.エン.'スィオン] [名] [女] 逮捕, 捕縛; 理解, 感知

a+pre-'mian-te [ア.プれ.'ミアン.テ] [形] 急ぎの, 緊急の

a+pre-'miar [ア.プれ.'ミアる] [動] [他] せきたてる, 駆り立てる; 強いる, 強制する, 〈に〉無理に(a [para] que 接続法: …)させる; 急がせる; 〘法〙〈に〉追徴金を課す [動] [自] 緊急である, 差し迫っている, 切迫している

a+'pre-mio [ア.'プれ.ミオ] [名] [男] 切迫, 急迫; 〘法〙追徴金; せきたてること, 督促; 〘情〙プロンプト

⁑a+pren-'der [ア.プれン.'デる] 76% [動] [他] 学ぶ, 習得する, 習い覚える, 習う, 教わる, 身につける; 覚える, 記憶する [動] [自] (a 不定詞: …することを)学ぶ, (a 不定詞: …が)できるようになる ～se [動] [再] 習う, 覚える, 身につける, 暗記する *～(se) de memoria* 暗記する

*a+pren-'diz, -di-za [ア.プれン.'ディす, 'ディ.さ] 93% [名] [男] [女] 徒弟, 見習い; 初心者, 初学者; 駆け出し, 新米

⁑a+pren-di-'za-je [ア.プれン.ディ.'さ.ヘ] 90% [名] [男] 習得, 学習, 学ぶこと; 徒弟の身分[年季]; 見習い期間

a+pren-'sar [ア.プれン.'サる] [動] [他] 圧搾する, 圧縮する, 押し込む; 圧迫する, 苦しめる

a+pren-'sión [ア.プれン.'スィオン] [名] [女] 懸念, 恐れ, 心配; 〔複〕奇妙な考え, 妄想, 気のせい; 逮捕, 押収; 気配り, 配慮

a+pren-'si-vo, -va [ア.プれン.'スィ.ボ, バ] [形] 気づかっている, 懸念している, 心配性の, 神経質な

a+pre-sa-'mien-to [ア.プれ.サ.'ミエン.ト] [名] [男] 逮捕; 拿捕(だほ)

a+pre-'sar [ア.プれ.'サる] [動] [他] (かぎ・つめ・歯で)捕まえる, つかむ; 捕らえる

a+pres-'tar [ア.プれス.'タる] 動 他 用意する, 準備する; 〈織り物を〉糊(のり)づけして仕上げる ～se 動 再 (de: のための)用意をする, 準備をする

a+'pres-to [ア.'プれス.ト] 名 男 (織物の)仕上げ糊, 箔下糊(はくしたのり); 用意, 準備

*__a+pre-su-'ra-do, -da__ [ア.プれ.ス.'ら.ド, ダ] 94% 形 名 男 女 あわてている, 急いでいる; あわて者 **-damente** 副 急いで, あわてて

a+pre-su-ra-'mien-to [ア.プれ.ス.ら.'ミエン.ト] 名 男 あわてること; 急ぐこと, 急がせること

*__a+pre-su-'rar__ [ア.プれ.ス.'らる] 92% 動 他 せかす, 急がせる; 速める ～se 動 再 急ぐ; 急いで(a, en 不定詞: …)する

a+pre-'ta-do, -da [ア.プれ.'タ.ド, ダ] 形 きつい, きっちりした, 固く結んだ, 窮屈な; 詰まった, いっぱいの; 難しい, 困難な, 無理な; 《話》金づまりの; 《話》締まり屋の, けちな **-damente** 副 きつく, かたく, しっかりと, 詰まって; ちょうど, ぎりぎりで

*__a+pre-'tar__ [ア.プれ.'タる] 92% 動 他 ㊿ (e|ie) 強く押す, 圧迫する; 握りしめる, 抱きしめる; 〈ボタンを〉押す; 〈に〉(a, para que 接続法: …するように)強制する, 無理に…させる, 強いる; 厳しくする, 締め上げる; 締めつける, 詰め込む, 押し込める; 〈手を〉握る; 急がせる, せかす 動 自 ひどくなる, きつくなる, 重くなる; 努力する, がんばる; (a 不定詞: …し)始める; 急ぐ ～se 動 再 詰まる, 群がる, いっぱいになる

a+pre-'tón [ア.プれ.'トン] 名 男 強い握手; 抱擁; 群衆が押し寄せること; 《話》突進, 突撃, スパート; 《話》困難, 窮地; 《話》便意; 〔絵〕(濃い色による)陰影

a+pre-tu-'jar [ア.プれ.トゥ.'はる] 動 他 《話》押しつぶす ～se 動 再 《話》押し合いへし合いする

a+pre-tu-'jón [ア.プれ.トゥ.'ほン] 名 男 《話》ぎゅうぎゅう詰め, 押し合いへし合い

a+pre-'tu-ra [ア.プれ.'トゥ.ら] 名 女 ぎゅうぎゅう詰め, 満員; 限られた[狭い]スペース; 《話》困難, 窮地; (食料・お金の)不足, 欠乏

a+'prie-t~ 動 《直現/接現/命》⬆apretar

a+'prie-to [ア.'プりエ.ト] 名 男 困った立場[状況], 窮地; 金づまり, 金不足

a priori [ア 'プりオ.り] 副 〔ラテン語〕先験的に

a+prio-'ris-mo [ア.プりオ.'りス.モ] 名 男 先験説; 演繹(法)

*__a+'pri-sa__ [ア.'プり.サ] 94% 副 速く, 急いで, すばやく; すぐに, 直ちに 感 急いで!

a+'pris-co [ア.'プりス.コ] 名 男 〔畜〕(家畜用の)おり, 囲い場

a+pri-sio-'nar [ア.プり.スィオ.'ナる] 動 他 つかまえる, つかむ, 押さえる, 拘束する; 刑務所に入れる, 収監する

a+'pris-mo [ア.'プりス.モ] 名 男 〔歴〕〔政〕アプラ主義 《ペルー人 Víctor Raúl Haya de la Torre が 1924 年アメリカ革命人民同盟 (APRA) を結成して以後発展した政治運動》

a+'pris-ta [ア.'プりス.タ] 形 名 共 〔歴〕〔政〕アプラ主義の[主義者]⬆aprismo

*__a+pro-ba-'ción__ [ア.プろ.バ.'すぃオン] 91% 名 女 賛成, 認可, 承認, 可決; 合格

**__a+pro-'ba-do, -da__ [ア.プろ.'バ.ド, ダ] 90% 形 合格した; 承認された 名 男 (成績の)可 《A. と略される》

**__a+pro-'bar__ [ア.プろ.'バる] 80% 動 他 ⑯ (o|ue) 〈行為・計画などを〉認可[許可, 承認]する; 〈に〉賛成する; 合格させる, 認定する; 〈試験に〉合格する 動 自 (en: 試験に)合格する, 受かる

a+'pro-che [ア.'プろ.チェ] 名 男 〔複〕《アンデス》付近, 近郊

a+pron-'ta-do, -da [ア.プろン.'タ.ド, ダ] 形 《カリブ》《話》おせっかいな

a+pron-'tar [ア.プろン.'タる] 動 他 取り急ぎ処置する, 急いで準備する; 即金で払う; 《チリ》《ラプラタ》準備する

a+'pron-te [ア.'プろン.テ] 名 男 《チリ》《ラプラタ》準備

a+pro-pia-'ción [ア.プろ.ピア.'すぃオン] 名 女 私物化, 占有; 適用, 適合, 適応

*__a+pro-'pia-do, -da__ [ア.プろ.'ピア.ド, ダ] 92% 形 (para: に)適当な, 適切な, ふさわしい

a+pro-'piar [ア.プろ.'ピアる] 動 他 (a: に)適合させる, 適応させる; 〈に〉所有権を渡す, 〈の〉所有者にする ～se 動 再 (de: を)所有する, 自分のものにする, 取る; (a: に)適合する, ぴったりする

a+pro-'pó-si-to [ア.プろ.'ポ.シ.ト] 名 男 〔演〕コント, スキット, 寸劇

a+pro-ve-'cha-ble [ア.プろ.ベ.'チャ.ブレ] 形 利用できる

a+pro-ve-'cha-do, -da [ア.プろ.ベ.'チャ.ド, ダ] 形 勤勉な, 勉強熱心な; やりくりが上手な; 抜け目がない, 世渡りがうまい, ずるい, 人を利用する; がめつい, 金に汚い 名 男 女 居候(いそうろう)

a+pro-ve-cha-'mien-to [ア.プろ.ベ.チャ.'ミエン.ト] 名 男 利用, 開発; 上達, 向上; 〔複〕産物, 資源

**__a+pro-ve-'char__ [ア.プろ.ベ.'チャる] 80% 動 他 利用する, 活用する, 機会を生かす; 開発する, 開拓する 動 自 (a, para: に)役に立つ, 有用である; 機会を利用する; 進歩する, 上達する ～se 動 再 (de: を)利用する, うまく使う; 機会をつかまえる; 《俗》(de: 女性の体に)さわる *¡Que aprove-*

che! どうぞお召し上がりください, どうぞごゆっくり《食事中の人に対する挨拶(あいさつ)》

a+pro-ve-'chón, -'cho-na [ア.プろ.ベ.'チョン, 'チョ.ナ] 形 名 男 女 《スペイン》《話》要領がいい(人), ずうずうしい(人)

a+pro-vi-sio-na-'mien-to [ア.プろ.ビ.スィオ.ナ.'ミエン.ト] 名 男 供給, 支給, 補給; 供給品, 支給物, 糧食

a+pro-vi-sio-'nar [ア.プろ.ビ.スィオ.'ナる] 動 他 〈に〉(de: を)供給する, 支給する, 補給する

aprox. 略 ↓aproximado, -da; ↓aproximadamente

a+pro-xi-ma-'ción [ア.プろク.スィ.マ.'すぃオン] 名 女 友好的接近, 親善, 親交回復, 歩み寄り; 概算, 近似値; 接近, 近寄り; (宝くじの)1 等前後賞

⁑**a+pro-xi-'ma-da-'men-te** [ア.プろク.スィ.'マ.ダ.'メン.テ] 88% 副 おおよそ…, ほぼ…, 約…

a+pro-xi-'ma-do, -da [ア.プろク.スィ.'マ.ド, ダ] 形 おおよその, 近似の, (a: に)ごく近い; 似た, ほぼ等しい

⁑**a+pro-xi-'mar** [ア.プろク.スィ.'マる] 90% 動 他 (a: に)近づける, 接近させる; 手渡す ～se 動 再 (a: に)近づく, (a: の)そばに寄る; «時期が»〈に〉近づく

a+pro-xi-ma-'ti-vo, -va [ア.プろク.スィ.マ.'ティ.ボ, バ] 形 おおよその, だいたいの, 概算の

a+'prue-b~ 動《直現/接現/命》↑aprobar

'áp-te-ro, -ra ['アプ.テ.ろ, ら] 形〔昆〕〔鳥〕無翅(むし)の, 翼のない

***ap-ti-'tud** 93% 名 女 (para: への)適性, 素質, 才能; 適合性

***'ap+to, +ta** 93% 形 (para: に)向いた, 適格な, 才能のある, 有能な; (para: に)適した, 適当な, ふさわしい

a+'pu-cha 感《メキシコ》《話》え!, まさか!

a+pu-'char [ア.プ.'チャる] 動 他《俗》言う, 話す, しゃべる

a+pu-chun-'gar [ア.プ.チュン.'ガる] 動 他 ㊶ (g|gu)《ベネズエラ》《話》抱きしめる, 抱擁する

apud 前〔ラテン語〕…の著作で《間接的な引用で用いる》

a+puer-'ca-do, -da [ア.プエる.'カ.ド, ダ] 形 名 男 女《メキシコ》《話》みすぼらしい(人)

a+'pues-t~ 動《直現/接現/命》↑apostar

⁑**a+'pues-ta** 90% 名 女 賭(か)け; 賭けた金[物]

a+'pues-to, -ta 形 身なりが美しい, きちんとした, さっそうとした, りりしい

a+pu-na-'mien-to 名 男《アンデス》〔医〕高山病

a+pu-'nar-se [ア.プ.'ナる.セ] 動 再《アンデス》高山病にかかる

a+pun-ta-'ción [ア.プン.タ.'すぃオン] 名 女 記入, 書き留めること; ノート, メモ; 〔楽〕記譜法; ねらいを定めること

a+pun-'ta-do, -da 形 先がとがった

a+pun-ta-'dor, -'do-ra [ア.プン.タ.'ドる, 'ド.ら] 名 男 女 記録係; 〔演〕せりふの付け役, プロンプター; 〔軍〕砲手, 照準手

a+pun-ta-'lar [ア.プン.タ.'ラる] 動 他 支柱で支える; 支える, 助ける

⁑**a+pun-'tar** [ア.プン.'タる] 81% 動 他 〈銃などを〉(a, en, hacia: に)向ける, ねらう; (en: に)書き留める, メモする, 書き記す, 記入する, 〈本に〉印をつける, マークする; 指す, 示す, 指さす, 見せる; 指摘する; 鋭くする, とがらせる; 賭ける; 固定する, 打ちつける, とめる; 〔競〕得点する; 〔演〕〈俳優に〉忘れたせりふを思い出させる; こっそりと教える, ささやく; 〔衣〕縫いつける, かがる 動 自 «夜が»明ける; (a, para: を)ねらう, (a, para: に)向いている; (a 不定詞: …)しようとする; 始まる, 出始める; 〔植〕芽を出す ～se 動 再 (en, para: に)参加する, 加わる, 顔を出す, 一枚加わる; 会員になる; 入学する; 〔競〕得点する; 《話》酔う; 〔飲〕«ワインが»酸化する, すっぱくなる

***a+'pun-te** 92% 名 男 〔複〕ノート, 筆記帳, 帳面; 書き留め, メモ, 覚書; 〔絵〕スケッチ, 素描; 賭け金; 〔演〕(プロンプターが持つ)台本

a+pun-ti-'llar [ア.プン.ティ.'ジャる] 動 他 〔牛〕〈牛に〉(短剣で)とどめを刺す

a+pu-ña-'lar [ア.プ.ニャ.'ラる] 動 他 (ナイフで)刺す, 傷つける

a+pu-'ñar [ア.プ.'ニャる] 動 他 つかむ, 握る

***a+pu-'ra-do, -da** [ア.プ.'ら.ド, ダ] 94% 形 貧乏な, (金に)困っている; 急いでいる; 窮地にある; 正確な, 精密な, 入念な **-damente** 副 貧乏して, 困って; かろうじて; 《ラ米》大急ぎで; 正確に, きちょうめんに

***a+pu-'rar** [ア.プ.'らる] 93% 動 他 (最後まで)使い尽くす, 飲み干す; 苦しめる, 困らせる, 困惑させる; 責めたてる, 苦しめる, うんざりさせる; 徹底的に調べる, 調べ尽くす, 究明する; せきたてる, 急がせる; 浄化する, 純粋にする 動 自 我慢できないほどひどい ～se 動 再 (por: に)心配する, 悩む, 苦しむ; 《ラ米》急ぐ; (por 不定詞: …することに)努める, 努力する

A+'pu-re [ア.'プ.れ] 名 固 〔地名〕アプーレ《ベネズエラ南西部の州》

A+pu-'rí-mac [ア.プ.'り.マク] 名 固 〔地名〕アプリマク《ペルー南部の県》

***a+'pu-ro** [ア.'プ.ろ] 93% 名 男 困惑, きまり悪さ, 困った立場, 窮地; 苦難, 難儀, 困

a

苦;《ﾗ米》大急ぎ, 急ぐ必要 *dar* ~ (a: に) きまりの悪い思いをさせる

a+pu-rru-'ña-do, -da [ア.プ.る.'ニャ.ド, ダ] 形 《ﾍﾞﾈｽﾞｴﾗ》満員の, ぎゅうぎゅうの

a+pu-rru-'ñar [ア.プ.る.'ニャる] 動 他 《ﾍﾞﾈｽﾞｴﾗ》《話》押す, 押し込む

a+que-'jar [ア.ケ.'はる] 動 他 (de, por: で)悩ます, 苦しめる, 心配させる

a+que-'jo-so, -sa [ア.ケ.'ほ.ソ, サ] 形 悩んでいる, 悲しんでいる

a+'quel, a+'que-lla [ア.'ケル, 'ケ.ジャ] 66% 形《指示》〔男単 aquel 男複 aquellos / 女単 aquella 女複 aquellas / 中↓aquello〕 **1**〔名詞の前〕あの《話し手と聞き手から空間的・時間的・概念的に遠いものを指す》: En **aquella** casa vive mi tío. あの家に私の叔父が住んでいる。 **2**〔名詞の後で〕その, あの《強調・怒り・軽蔑などの感情が含まれることがある》: No me gusta el tío **aquel**. 私はあいつが気に入らない。 **3** 前者の《先に述べたものを指す》 代《指示》《指示形容詞と区別するためにアクセント記号をつけることがある: aquél, aquélla, aquéllos, aquéllas》 **1** あれ, あの人《話し手と聞き手から空間的・時間的・概念的に遠いものを指す》: No me gusta éste. Voy a comprar **aquél**. 私はこっちは気に入らない, あっちを買おう。 **2** 前者《先に述べたものを指す》: He comprado un libro y una pluma. Esta me costó poco, pero **aquel** me costó mucho. 私は本とペンを買った。ペンは安かったが, 本は高かった。

a+que-'la-rre [ア.ケ.'ラ.れ] 名 男 魔法使いの夜の集まり; ばか騒ぎ

a+'que-llo [ア.'ケ.ジョ] 83% 代《指示》〔中性形〕あれ, あのこと, 例のこと《抽象的なことや, はっきり示さないときに用いられる》: ¿Qué hay de **aquello**? あれはどうなりましたか。 ~**s** 形《指示》 代《指示》《男複》↑aquel

a+'quen-de [ア.'ケン.デ] 前《格》《古》…のこちら側で

a+'que-nio [ア.'ケ.ニオ] 名 男〔植〕痩果(そうか)

a+que-ren-'ciar [ア.ケ.れン.'すぃアる] 動 他《ﾗﾌﾟﾗﾀ》〈に〉しばしば通う ~**se** 動 再 «〔特に〕動物が» (a, por: 場所に)住み着く, 慣れる

a+'quí [ア.'キ] 59% 副 ここで, ここに, ここへ《近くの場所を示す》; ここで, この時点で, 今, 現在《時間・順序を示す》;〔文頭で〕(ほら)ここに[へ]《人や物を提示する》 *~ y allá* あちこちに《不定の場所を示す》 *de ~ a [en]* … 今から…で *de ~ en adelante* 今後は *de ~ que* …(接続法) この結果… ~ …,~ … …しだい, すぐに…する

a+quies-'cen-cia [ア.キエ(ス).'せン.すぃア] 名 女《格》同意, 承認, 承諾

a+quies-'cen-te [ア.キエ(ス).'せン.テ] 形《格》同意する, 承認の

a+quie-'tar [ア.キエ.'タる] 動 他〈怒り・興奮を〉静める; 〈苦痛を〉和らげる ~**se** 動 再 «怒り・興奮が»おさまる, 落ち着く, 和らぐ, 静まる

a+qui-la-'tar [ア.キ.ラ.'タる] 動 他 試す, 証明する; (カラットで)〈宝石の〉値踏みをする;〔鉱〕試金する《金鉱の品質や合金, 鉱石の金属含有量を調べる》; 浄化する, 清める; 精錬する, 洗練する;〈の〉値段をできるだけ下げる

A+'qui-les [ア.'キ.レス] 名 固〔ギ神〕アキレウス, アキレス《ホメロス Homero 作イリアス Ilíada の主人公, トロイ戦争のギリシャ軍の英雄》

a+qui-'li+no, -na [ア.キ.'リ.ノ, ナ] 形〔鳥〕ワシ(鷲)の(ような)

a+qui-'lón [ア.キ.'ロン] 名 男《詩》〔気〕北風

A+quis-'grán [ア.キス.'グらン] 名 固〔地名〕アーヘン《ドイツ中西部の都市》

A+qui-'ta-nia [ア.キ.'タ.ニア] 名 固〔地名〕アキテーヌ《フランス南西部の地方》;〔歴〕〔地名〕アクイタニア《古代ローマの属州》

A. R. 略 =alteza real《尊称》殿下

'a+ra ['ア.ら] 名 女〔宗〕祭壇, 供物台, 祭台, いけにえ台;〔天〕さいだん座《南天の星座》;〔鳥〕コンゴウインコ *en ~s de* …《格》…のために 動《直現 3 単/命》↓arar

'á+ra-be ['ア.ら.べ] 86% 形 アラブの, アラビアの; アラブ文化の;〔言〕アラビア語の 名 共 アラブ人, アラビア民族 名 男〔言〕アラビア語;〔動〕アラブ馬

a+ra-'bes-co, -ca [ア.ら.'ベス.コ, カ] 形 アラブの, アラブ人の;〔美〕アラベスク, アラビア風意匠;〔演〕〔バレー〕アラベスク《ポーズの一つ》 名 男 アラビア風意匠, 唐草模様

'Á+ra-bes U-'ni-dos ↓Emiratos Árabes Unidos

A+'ra-bia [ア.'ら.ビア] 94% 名 固〔地名〕アラビア;〔península de ~〕〔地名〕アラビア半島

A+'ra-bia Sau-'dí [ア.'ら.ビア サウ.'ディ] 94% 名 固〔地名〕サウジアラビア《西アジア中部の王国》

A+'ra-bia Sau-'di-ta [ア.'ら.ビア サウ.'ディ.タ] 名 固《ﾗ米》⇧ Arabia Saudí

a+'rá-bi-co, -ca [ア.'ら.ビ.コ, カ] 形 アラビアの

a+'rá-bi-go, -ga [ア.'ら.ビ.ゴ, ガ] 形 アラブ[アラビア]の, アラブ人の↑Arabia 名 男 アラビア語;〔mar ~〕〔地名〕アラビア海《インド洋北西部の海》;〔península ~ga〕〔地名〕アラビア半島

a+ra-'bis-mo [ア.ら.'ビス.モ] 名 男

〔言〕アラビア語風の表現, アラビア語起源の語

a+ra-'bis-ta [ア.ら.'ビス.タ] [名] [共] アラビア(語)学者

a+ra-bi-za-'ción [ア.ら.ビ.さ.'すぃオン] [名] [女] アラブ[アラビア]化

a+ra-bi-'zar [ア.ら.ビ.'さる] [動] [他] [34] (z|c) アラビア化する

a+'ra-ble [ア.'ら.ブレ] [形] 〔農〕《土地が》耕作に適した

A+ra-'ce-li [ア.ら.'せ.リ] [名] [固] 〔女性名〕アラセーリ

a+'rác-ni-do, -da [ア.'らク.ニ.ド, ダ] [形] 〔動〕クモ形類の [名] [男] 節足動物

a+'ra-da [ア.'ら.ダ] [名] [女] 〔農〕耕作; 〔農〕耕地

a+'ra-do, -da [ア.'ら.ド, ダ] [形] [名] [男] [女] 《カリブ》《話》ばか(な) [名] [男] 〔農〕すき《馬・牛・トラクターが引く》; 《ラ米》〔農〕農業, 耕作

a+ra-'dor, -'do-ra [ア.ら.'ドる, 'ド.ら] [形] 〔農〕耕す, すく [名] [男] [女] 〔農〕耕す人, 農夫[婦] [名] [男] 〔動〕ヒゼンダニ

A+ra-'gón [ア.ら.'ゴン] [名] [固] 〔地名〕アラゴン《スペイン北東部の地方; 自治州: Huesca, Zaragoza, Teruel》

a+ra-go-'nés, -'ne-sa [ア.ら.ゴ.'ネス, 'ネ.サ] [形] [名] [男] [女] 〔地名〕アラゴンの(人)⬆Aragón; 〔言〕アラゴン方言 [名] [男] アラゴン方言

A+'ra-gua [ア.'ら.グア] [名] [固] 〔地名〕アラグア《ベネズエラ中北部の州》

a+ra-'gua-to, -ta [ア.ら.'グア.ト, タ] [名] [男] 《南米北》〔動〕ホエザル

A+'ral [ア.'らル] [名] [固] 〔mar de ~〕〔地名〕アラル海《中央アジアの塩湖》

a+ram-'bel [ア.らン.'ベル] [名] [男] 掛け物, 掛け布; ぼろ, ぼろきれ

a+ra-'me+o, +a [ア.ら.'メ.オ, ア] [形] [名] [男] [女] 〔歴〕アラム民族(の)《古代メソポタミア北部からシリアにかけて住んでいた遊牧民族》; 〔歴〕〔言〕アラム語の; 〔歴〕アラム人 [名] [男] 〔歴〕〔言〕アラム語

a+ran-'cel [ア.らン.'せル] [名] [男] 〔経〕〔法〕関税, 税(金), 関税率

a+ran-ce-'la-rio, -ria [ア.らン.せ.'ラ.りオ, りア] [形] 〔経〕〔法〕関税の, 税の

a+'rán-da+no [ア.'らン.ダ.ノ] [名] [男] 〔植〕コケモモ, ココモモの実

a+ran-'de-la [ア.らン.'デ.ラ] [名] [女] 〔機〕座金, ワッシャー; ろう受け皿; 〔歴〕(槍(やり)の)鍔(つば); 虫よけ《アリが木に登るのを防ぐじょうご形の仕掛け》; 《ラ米》〔衣〕へり飾り, ひだ, フリル

A+ran-'juez [ア.らン.'ふエす] [名] [固] 〔地名〕アランフエス《マドリードの南東にある町; スペイン王家の離宮がある》

*__a+'ra-ña__ [ア.'ら.ニャ] 93% [名] [女] 〔動〕クモ; シャンデリア; 〔植〕クロタネソウ; かすみ網; 《話》ずる賢い人; 《俗》売春婦

a+ra-'ñar [ア.ら.'ニャる] [動] [他] ひっかく, 〈に〉かき傷をつける; こする, こすって音をたてる, 傷つける; 〈金・物を〉かき集める; 〈弦楽器を〉かき鳴らす　~se [動] [再] (互いに)ひっかく; (自分の体を)ひっかく

a+ra-'ña-zo [ア.ら.'ニャ.そ] [名] [男] かき傷, かすり傷

*__a+'rar__ [ア.'らる] 94% [動] [他] 〔農〕耕す, 〈に〉すきを入れる; 〈に〉しわを寄せる, 〈に〉しわをつくる　~ *en el mar* むだなことをする

A+'rau-ca [ア.'らウ.カ] [名] [固] 〔地名〕アラウカ《コロンビア中東部の県》; 〔el ~〕〔地名〕アラウカ川《コロンビア・ベネズエラを流れて, オリノコ Orinoco 川に合流する》

A+rau-ca-'ní+a [ア.らウ.カ.'ニ.ア] [名] [固] 〔歴〕〔地名〕アラウカニア《チリ中南部のアラウカーノ人が住んだ地域》

a+rau-'ca+no, -na [ア.らウ.'カ.ノ, ナ] [形] [名] [男] [女] アラウカーノの; アラウカーノ人 ⬆Araucanía; 〔言〕アラウカーノ語の [名] [男] アラウカーノ語《チリ中部の先住民の言語》

A+'rau-co [ア.'らウ.コ] [名] [固] 〔地名〕アラウコ《チリ中部の都市》

a+ra-'vi-co [ア.ら.'ビ.コ] [名] [男] 《アンデス》インカの詩人

ar-bi-'tra-je [アる.ビ.'トら.へ] [名] [男] 仲裁, 審判, 調停; 〔法〕仲裁(裁判); 〔競〕〔サッカーなど〕審判

ar-bi-'tral [アる.ビ.'トらル] [形] 〔法〕仲裁する, 調停の; 〔競〕審判の

*__ar-bi-'trar__ [アる.ビ.'トらる] 94% [動] [他] 〔法〕仲裁[調停]する; 〔競〕審判する; 〈手段を〉見つける, 考える; 〈寄付・金を〉集める　~se [動] [再] 処理する, 処置する, 工夫する　*arbitrárselas* どうにかやっていく

ar-bi-tra-rie-'dad [アる.ビ.トら.りエ.'ダド] [名] [女] 専断, (権力の)濫用, 不法; 気まま, 勝手, 恣意(しい)

*__ar-bi-'tra-rio, -ria__ [アる.ビ.'トら.りオ, りア] 93% [形] 任意の, 勝手な, 気まぐれの; 独断的な, 専横な, 恣意(しい)的な, 不当な　**-riamente** [副] 気ままに, 恣意(しい)的に

ar-'bi-trio [アる.'ビ.トりオ] [名] [男] 〔法〕判決, 裁決; 自由裁量, 自由意志, 任意; 手段, 方法, 便法; 〔複〕〔法〕税金; 恣意(しい), 気まま

**__'ár-bi-tro, -tra__ ['アる.ビ.トろ, トら] 86% [名] [男] [女] 〔競〕審判員, アンパイア, レフェリー; 仲裁者, 調停者; 権威者, 支配者; 自分の意志で行動できる人

**__'ár-bol__ ['アる.ボル] 77% [名] [男] 〔植〕木, 樹木, 高木, 喬木(きょうぼく)《地面から多少離れた所で幹から枝が出ているもの》; 枝状のもの, 枝分かれ図, 系統図, 家系図; 〔機〕軸, 心

a

棒, シャフト; 〔建〕(らせん階段の)親柱; 〔海〕マスト, 帆柱 ～ *de la ciencia* [*del bien y del mal*] 〔聖〕善悪を知る知識の木《アダムとイブが食べた果実の木》

ar-bo-'la-do, -da [アる.ボ.'ラ.ド, ダ] 形〔植〕木が植えられた 名 男〔植〕〔集合〕木, 林, 木立

ar-bo-la-'du-ra [アる.ボ.ラ.'ドゥ.ら] 名 女〔海〕〔集合〕(船の)帆柱

ar-bo-'lar [アる.ボ.'ラる] 動 他〔海〕〈船に〉マストを立てる; 高く上げる, 〈旗などを〉掲げる; 〈武器を〉振り回す ～**se** 動 再《馬が》後ろ脚で立つ

ar-bo-'la-rio, -ria [アる.ボ.'ラ.りオ, りア] 形 名 男 女《ベネズエラ》《話》おせっかいな(人), でしゃばりな(人)

ar-bo-'le-da [アる.ボ.'レ.ダ] 名 女〔植〕木立, 林, 小さな森

ar-bo-'li-to 〔縮小語〕↑árbol

ar-'bó-re+o, +a [アる.'ボ.れ.オ, ア] 形〔植〕木の, 樹木の; 〔動〕樹上生活をする

ar-bo-ri-'ci-dio [アる.ボ.り.'し.ディオ] 名 男〔植〕樹木の不正伐採

ar-bo-ri-cul-'tor, -'to-ra [アる.ボ.り.クル.'トる, 'ト.ら] 名 男 女〔植〕樹木栽培者

ar-bo-ri-cul-'tu-ra [アる.ボ.り.クル.'トゥ.ら] 名 女〔植〕養樹, 樹木栽培

ar-bo-'tan-te [アる.ボ.'タン.テ] 名 男〔建〕飛び控え(壁); 〔海〕舷(げん)外材, 舷外浮材

ar-'bus-to [アる.'ブス.ト] 名 男〔植〕低木, 灌木(かんぼく)《根元から多くの枝が出ている低い木》

*'**ar+ca** ['アる.カ] 94% 名 女〔el/un⇦una ～〕箱, 櫃(ひつ)《ふたのついた大きくて頑丈なもの》; 金庫; 棺(ひつぎ); 〔体〕(体の)胴部, わき腹; 箱舟; 《メキシコ》〔体〕脇(わき)の下 ～ *cerrada*《話》口の堅い人, 秘密を必ず守る人 ～ *de la Alianza*〔聖〕契約の箱 ～ *de Noé*〔聖〕ノアの箱船

ar-ca-'buz [アる.カ.'ブす] 名 男〔歴〕〔軍〕火縄銃; 火縄銃兵

ar-'ca-da [アる.'カ.ダ] 名 女〔建〕拱廊(きょうろう), アーケード; 〔建〕(橋の)径間(けいかん); 〔複〕〔医〕むかつき

Ar-'ca-dia [アる.'カ.ディア] 名 固〔la ～〕〔歴〕〔地名〕アルカディア《古代ギリシャの理想郷》; 〔a～〕理想郷

ar-ca-'duz [アる.カ.'ドゥす] 名 男 導管; つるべ, (揚水器の)バケット

*ar-'cai-co, -ca** [アる.'カイ.コ, カ] 94% 形 古代の; 古風な, 時代遅れの, すたれた; 〔言〕古語の, 《言葉が》古めかしい

ar-ca+'ís-mo [アる.カ.'イス.モ] 名 男〔言〕古語, 擬古体, 古風なこと; 擬古主義

ar-cai-'zan-te [アる.カイ.'さン.テ] 形 古風な, 擬古的な, 懐古趣味の

ar-'cán-gel [アる.'カン.ヘル] 名 男〔宗〕大天使

ar-'ca+no, -na [アる.'カ.ノ, ナ] 形 秘密の, 神秘的な, 秘められた 名 男 秘密, 奥義(おうぎ), 神秘

'**ar+ce** ['アる.せ] 名 男〔植〕カエデ

'**Ar+ce** ['アる.せ] 名 固〔姓〕アルセ

ar-ce-dia-'na-to⇦-'naz-go [アる.せ.ディア.'ナ.ト⇦.'ナす.ゴ] 名 男 司教座聖堂助祭[助祭長]の職

ar-ce-'dia+no [アる.せ.'ディア.ノ] 名 男〔宗〕司教座聖堂助祭, 助祭長

ar-'cén [アる.'セン] 名 男 (道路の)路肩(ろかた), 縁(ふち)

arch. 略 ↓archivo

ar-chi～ 〔接頭辞〕「主たる, 第一の, 多い」という意味を示す; 《話》「強調」を示す

ar-chi-co-no-'ci-do, -da [アる.チ.コ.ノ.'すぃ.ド, ダ] 形《話》よく知られた

ar-chi-'dió-ce-sis [アる.チ.'ディオ.せ.スィス] 名 女〔単複同〕〔宗〕(カトリックの)大司教区; (プロテスタントの)大監督区; (東方正教会の)大主教区

ar-chi-du-'ca-do [アる.チ.ドゥ.'カ.ド] 名 男〔政〕大公領, 大公国, 大公の地位

ar-chi-du-'cal [アる.チ.ドゥ.'カル] 形〔政〕大公の

ar-chi-'du-que [アる.チ.'ドゥ.ケ] 名 男〔政〕大公《特に旧オーストリア国皇子の称》

ar-chi-du-'que-sa [アる.チ.ドゥ.'ケ.サ] 名 女〔政〕大公妃; 〔歴〕〔政〕オーストリア国皇女

ar-chi-man-'dri-ta [アる.チ.マン.'ドり.タ] 名 男〔宗〕(東方正教会の)修道院長

ar-chi-mi-llo-'na-rio, -ria [アる.チ.ミ.ジョ.'ナ.りオ, りア] 名 男 女 大富豪, 億万長者

ar-chi-'pám-pa+no [アる.チ.'パン.パ.ノ] 名 男《話》お偉方, 大物 ～ *de las Indias*〔皮肉〕偉大な王様

⁑**ar-chi-'pié-la-go** [アる.チ.'ピエ.ラ.ゴ] 89% 名 男〔地〕群島, 列島; 多島海

ar-chi-va-'dor, -'do-ra [アる.チ.バ.'ドる, 'ド.ら] 形 記録する, 文書保管の 名 男 女 記録[公文書]保管人 名 男 書類用キャビネット, 書類棚

ar-chi-'var [アる.チ.'バる] 動 他 ファイルする, 項目別にとじ込む, とじ込んで整理する; 記録[公文書]保管所に入れる; 記憶する; 棚上げする, 握りつぶす ～**se** 動 再 棚上げにされる, 握りつぶされる; 〔情〕〈ファイルを〉保存する

ar-chi-'ve-ro, -ra [アる.チ.'べ.ろ, ら] 名 男 女 記録[公文書]保管係

⁑**ar-'chi-vo** [アる.'チ.ボ] 90% 名 男 記録

[公文書]保管所, 古文書館; 書類用キャビネット; 〔集合〕公文書, 古文書; 文書, 書類, ファイル; 〖情〗ファイル, アーカイブ; お手本, 模範, 典型; 泉, 宝庫; 口の堅い人, 秘密を守る人 *guardar en* ～ 〖情〗〈ファイルを〉保存する

ar-chi-'vol-ta [名] [女] ⇩ arquivolta

ar-'ci-lla [アる.'すぃ.ジャ] [名] [女] 粘土

ar-ci-'llo-so, -sa [アる.すぃ.'ジョ.ソ, サ] [形] 粘土質[状]の, 粘土の多い

ar-'ción [アる.'すぃオン] [名] [男] 《メキシコ》《コロンビア》〖畜〗(鞍(くら)の)前橋

ar-ci-pres-'taz-go [アる.すぃ.プれス.'タす.ゴ] [名] [男] 〖宗〗首席司祭の職

ar-ci-'pres-te [アる.すぃ.'プれス.テ] [名] [男] 〖宗〗首席司祭

⁑**'ar+co** ['アる.コ] 89% [名] [男] 〖建〗アーチ, 弓形門; 弓; アーチ型; 〖数〗弧, 円弧, 弧形; 〖電〗アーク, 電弧; 〖楽〗(楽器の)弓; (樽(たる)の)たが ～ *iris* ⬇arcoíris

ar-co-'í-ris [アる.コ.'イ.りス] [名] [男] 〔単複同〕虹

ar-'cón [アる.'コン] [名] [男] 大櫃(ひつ), 大箱

*__ar-'der__ [アる.'デる] 91% [動] [自] 燃える, 火がつく; 燃えるように熱く感じる; (en: 激しい思いに)駆られる; (por 不定詞: …したくて)たまらない; 興奮する, 沸き立つ ～**se** [動] [再] 燃える, 焦がす; 〖植〗しなびる, 枯れる, 干からびる *estar que arde* 《話》とても熱い; 《話》白熱している; 《話》怒っている, 腹を立てている *y va [vas] que ardes* 《話》それで十分である

ar-'did [アる.'ディド] [名] [男] 策略, 計略, たくらみ

*__ar-'dien-te__ [アる.'ディエン.テ] 92% [形] 情熱的な, 熱心な, 熱烈な; 燃えている, 熱い, 焼けるような; 燃えるような色の, 赤い, 真紅の ～**mente** [副] 燃えるように, 激しく, 情熱的に, 熱烈に

ar-'di-lla [アる.'ディ.ジャ] [名] [女] 〖動〗リス; 《話》機敏な人

ar-'di-te [アる.'ディ.テ] [名] [男] 〖歴〗〖経〗アルディーテ《昔のスペインの小額の貨幣》 *no valer un* ～ びた一文の値打ちもない

*__ar-'dor__ [アる.'ドる] 94% [名] [男] 〖気〗酷暑, 暑熱; 〖医〗(体の)熱; 紅潮, 上気, 興奮; 熱情, 熱烈さ *con* ～ 熱心に

ar-do-'ro-so, -sa [アる.ド.'ろ.ソ, サ] [形] 熱烈な, 情熱的な; 燃える, 熱い, 焼ける

'ar-duo, -dua ['アる.ドゥオ, ドゥア] [形] 困難な, 至難の, 骨の折れる

⁑**'á+re+a** ['ア.れ.ア] 81% [名] [女] 〔el/un⇦una ～〕地域, 地帯, 地方, 区域, 部, 圏; 範囲, 領域, 分野; 〖競〗エリア; 〖体〗野(や); 面積; アール《面積の単位, 100 平方メートル》

A+re-'ci-bo [ア.れ.'すぃ.ボ] [名] [固] 〖地名〗アレシーボ《プエルトリコ中部の県》

a+'rei-to [ア.'れイ.ト] [名] [男] 《中米》《カリブ》アレイト《先住民の歌・踊り》

⁑**a+'re-na** [ア.'れ.ナ] 88% [名] [女] 砂, 砂粒; 〖地〗砂地, 砂浜; 〖牛〗闘牛場; 〔複〕〖医〗(腎臓などの)結石; 〖歴〗(古代ローマの)闘技場; 〔一般〕試合場 *edificar sobre* ～ 砂上に楼閣を築く

a+re-'nal [ア.れ.'ナル] [名] [男] 〖地〗砂地; 流砂, 浮砂

a+'ren-ga [ア.'れン.ガ] [名] [女] 熱弁, 大演説, 長広舌

a+ren-'gar [ア.れン.'ガる] [動] [自] ㊶ (g|gu) 熱弁をぶつ, 大演説をする, 長広舌をふるう

a+re-'ni-lla [ア.れ.'ニ.ジャ] [名] [女] 〖医〗結石; 細かい砂

a+re-'nis-co, -ca [ア.れ.'ニス.コ, カ] [形] 〖地質〗砂のまじった, 砂質の **-ca** [名] [女] 〖鉱〗砂岩

a+re-'no-so, -sa [ア.れ.'ノ.ソ, サ] [形] 砂の, 砂質の, 砂のような

a+'ren-que [ア.'れン.ケ] [名] [男] 〖魚〗ニシン; 《カリブ》《話》やせた人

a+re+'o-la⇦+'ré+ [ア.れ.'オ.ラ⇦.'れ.] [名] [女] 〖医〗皮疹(ひしん); 〖体〗乳輪

a+'re-pa [ア.'れ.パ] [名] [女] 《中米》《南米北》〖食〗アレーパ《揚げたトルティージャ tortilla; トルティージャを焼いた料理》

A+re-'qui-pa [ア.れ.'キ.パ] [名] [固] 〖地名〗アレキーパ《ペルー南部の県, 県都》

a+re-qui-'pe-ño, -ña [ア.れ.キ.'ペ.ニョ, ニャ] [形] [名] [男] [女] 〖地名〗アレキーパの(人)⬆Arequipa

'A+res ['ア.れス] [名] [固] 〖ギ神〗アーレス神《戦いの神》

a+'re-te [ア.'れ.テ] [名] [男] 〔複〕イヤリング, ピアス; 小さい指輪

ar-'fa-da [アる.'ファ.ダ] [名] [女] 〖海〗(船の)縦揺れ, ピッチング

ar-'far [アる.'ファる] [動] [自] 〖海〗«船が»縦に揺れる

ar-ga-'di-llo [アる.ガ.'ディ.ジョ] [名] [男] 糸巻き, 糸車; 騒がしくおせっかいな人

ar-ga-'ma-sa [アる.ガ.'マ.サ] [名] [女] 〖建〗モルタル, 漆喰(しっくい)

'ár-ga-na ['アる.ガ.ナ] [名] [女] 〔el/un⇦una ～〕クレーン, 起重機

ar-'gel [アる.'ヘル] [名] [男] 《ラプラタ》《話》不機嫌

Ar-'gel [アる.'ヘル] [名] [固] 〖地名〗アルジェ《アルジェリア Argelia の首都》

Ar-'ge-lia [アる.'へ.リア] [名] [固] 〖地名〗アルジェリア《アフリカ北西部の共和国; 正式名はアルジェリア民主人民共和国 República Argelina Democrática y Popular》

ar-ge-'li+no, -na [アる.へ.'リ.ノ, ナ] [形]

〔地名〕アルジェリア(人)の;〔地名〕アルジェ(の人)の 名 男 女 アルジェリア人⬆Argelia; アルジェの人⬆Argel

ar-gen-'ta-do, -da [アる.ヘン.'タ.ド, ダ] 形 銀めっきの;《格》銀色の *voz argentada* 美声

ar-gen-'tar [アる.ヘン.'タる] 動 他〈に〉銀をかぶせる,〈に〉銀めっきをする; 銀で装飾する, 銀色にする

ar-gen-te-'rí+a [アる.ヘン.テ.'リ.ア] 名 女〔技〕〔商〕銀細工師の店[職]; 銀[金]糸刺繍(ししゅう)

ar-gen-'tí-fe-ro, -ra [アる.ヘン.'ティ.フェ.ろ, ら] 形 銀を含む, 銀を産する

Ar-gen-'ti-na [アる.ヘン.'ティ.ナ] 78% 名 固〔(la) ~〕〔República ~〕〔地名〕アルゼンチン《南米の共和国》

ar-gen-ti-'nis-mo [アる.ヘン.ティ.'ニス.モ] 名 男〔言〕アルゼンチン特有のスペイン語用法

ar-gen-'ti+no, -na [アる.ヘン.'ティ.ノ, ナ] 81% 形〔地名〕アルゼンチン(人)の 名 男 女 アルゼンチン人⬆Argentina;《音色などが》澄んだ, さえた;《格》銀のような, 銀色の

ar-'go-lla [アる.'ゴ.ジャ] 名 女 たが, 金輪; ネックレス, 首飾り; 腕輪;〔歴〕〔競〕クロケットに似たスポーツ;〔歴〕首枷(くびかせ), さらし刑; 束縛, 拘束;《(コロンビア)》《(チリ)》結婚指輪 *tener* ~《(中米)》有力な縁故関係[コネ]がある

ar-go-'lle-ro, -ra [アる.ゴ.'ジェ.ろ, ら] 形 名 男 女《(コロンビア)》《話》うまく立ち回る(人)

ar-'gón [アる.'ゴン] 名 男〔化〕アルゴン《元素》

ar-go-'nau-ta [アる.ゴ.'ナウ.タ] 名 男〔ギ神〕アルゴ船の船員《金の羊毛を探しに遠征した》;〔動〕カイダコ

ar-'got [アる.'ゴト] 名 男〔複 -gots〕(盗賊などの)隠語, 符牒(ふちょう), 仲間内の言葉

ar-'gu-cia [アる.'グ.すぃア] 名 女 こじつけ, 詭弁(きべん); 機知

ar-'güen-da [アる.'グエン.ダ] 名 女《(メキシコ)》祭り; 騒ぎ;《(メキシコ)》《話》うそ; 大げさな話; うわさ話, ゴシップ

ar-güen-'de-ro, -ra [アる.グエン.'デ.ろ, ら] 形 名 男 女《(メキシコ)》祭り好きな(人);《(メキシコ)》《話》うそつきの; うわさ好きの

ar-'güir [アる.'グイる] 動 他 ⑥ (ü|uy) 強く主張する, 申し立てる; 説きつける,〈に〉理を説く; 推し量る, 推論する; 論じる, 論証する, 証明する; 非難する, 責める; 示す 動 自 論議する, 論じる

ar-gu-men-ta-'ción [アる.グ.メン.タ.'すぃオン] 名 女 論争, 弁論, 論述; 議論, 理屈, 立証

ar-gu-men-'tar [アる.グ.メン.'タる] 動 他〈que: と〉結論を下す, 推断する; 立証する, 証明する; 主張する, 申し立てる 動 自 論じる, 考えを述べる, 議論する

ar-gu-'men-to [アる.グ.'メン.ト] 86% 名 男 論点, 論旨, 論拠; 要旨, (物語りなどの)筋, 梗概(こうがい)

'a+ria ['ア.りア] 名 女〔el/un⇔una ~〕〔楽〕アリア, 詠唱《オペラなどの伴奏のある独唱曲》形《女》⬇ario

'A+rias ['ア.りアス] 名 固〔姓〕アリアス

a+'ri-be [ア.'り.ベ] 名 男《(中米)》《話》頭のよい子供, 優等生

A+'ri-ca [ア.'り.カ] 名 固〔地名〕アリーカ《チリ北部の港町》

a+ri-'dez [ア.り.'デす] 名 女 乾燥(状態); 困難, 難しさ; 不毛; 無味乾燥

'á+ri-do, -da ['ア.り.ド, ダ] 93% 形〔地〕〔気〕《土地・気候が》乾燥した, 乾ききった;〔農〕《土地が》不毛な, やせた;《思想・研究などが》貧弱な, 無意味な;《話などが》無味乾燥な, つまらない ~s 名 男《複》〔商〕穀類, 豆類

'a+ries ['ア.りエス] 名 男 おひつじ座生まれの人《3 月 21 日–4 月 19 日生まれの人》 A~ 名 男〔天〕おひつじ座

a+'rie-te [ア.'りエ.テ] 名 男〔軍〕破城槌(はじょうつち), 衝角(しょうかく);《話》〔競〕〔サッカーなど〕センターフォワード

a+ri-'mez [ア.り.'メす] 名 男〔建〕突出部, 張り出し

'a+rio, +ria ['ア.りオ, りア] 形 名 男 女〔歴〕アーリア人の, アーリア語[文化]の;〔歴〕アーリア人;《まれ》〔言〕インドヨーロッパ祖語

a+'ris-co, -ca [ア.'りス.コ, カ] 形 不機嫌な, 不親切な, 無愛想な; 内気な, 引っ込みがちな;《動物が》人に馴れない

a+'ris-ta [ア.'りス.タ] 名 女 出っ張り, 角(かど);〔植〕(麦などの)のぎ; (麻の)きりわら;〔数〕稜(りょう);〔建〕(城の)突角;〔地質〕グラート, 鋭い岩山稜;〔複〕困難;〔複〕無愛想

A+'rís-ti-des [ア.'りス.ティ.デス] 名 固〔男性名〕アリスティデス

a+ris-to-'cra-cia [ア.りス.ト.'クら.すぃア] 名 女〔集合〕貴族, 貴族社会, 上流[特権]階級;〔政〕貴族政治;〔集合〕一流の人々, エリート

a+ris-'tó-cra-ta [ア.りス.'ト.クら.タ] 94% 名 共〔一人の〕貴族;〔政〕貴族政治主義者; 一流の人

a+ris-to-'crá-ti-co, -ca [ア.りス.ト.'クら.ティ.コ, カ] 94% 形 貴族の, 貴族的な, 貴族らしい;〔政〕貴族政治の, 貴族主義の

a+ris-to-'té-li-co, -ca [ア.りス.ト.'テ.リ.コ, カ] 形 名 男 女〔哲〕アリストテレス(哲学)の;〔哲〕アリストテレス哲学の学徒《Aristóteles, 前 384–322, 古代ギリシャの哲学者》

a+ris-to-te-'lis-mo [ア.りス.ト.テ.'りス.モ] 名 男〔哲〕アリストテレス哲学

a+rit-'mé-ti-co, -ca [ア.リト.'メ.ティ.コ, カ] [形]〔数〕算数の, 算術の [名][男][女]〔数〕算術家 **-ca** [名][女]〔数〕算数, 算術, 計算

a+'ri-to [ア.'リ.ト] [名][男]〔複〕《中米》〔衣〕イヤリング

ar-le-'quín [アる.レ.'キン] [名][男]〔演〕(イタリア喜劇の)道化役, アルレッキーノ; おかしな人, ふざけた人

ar-le-qui-'na-da [アる.レ.キ.'ナ.ダ] [名][女]〔演〕道化芝居

'Ar-les ['アる.レス] [名][固]〔地名〕アルル《フランス南東部の観光都市》

ar-le-'sia+no, -na [アる.レ.'スィア.ノ, ナ] [形][名][男][女]〔地名〕アルルの(人)⬆Arles

'ar+ma ['アる.マ] 83% [名][女]〔el/un⇦una ~〕武器, 兵器, 凶器, 武具; 対抗手段, 強み, 効き目のあるもの, 武器;〔複〕〔軍〕軍, 軍隊, 部隊 *¡A las ~s!*〔軍〕武器をとれ!, 戦闘準備!《号令》 *~ de doble filo* 両刃(もろは)の剣 *de ~s tomar* 注意すべき, 危険な; 大胆な, 行動力のある *hacer sus primeras ~s* 登場する *llegar a las ~s* 戦いを始める *medir las ~s* 剣を交える, 戦う *pasar por las ~s*〔軍〕(a: を)銃殺する

ar-ma-'dí+a [アる.マ.'ディ.ア] [名][女] いかだ(舟)

ar-ma-'di-jo [アる.マ.'ディ.ほ] [名][男] わな, 落とし穴

ar-ma-'di-llo [アる.マ.'ディ.ジョ] [名][男]〔動〕アルマジロ, ヨロイネズミ《南米産》

ar-'ma-do, -da [アる.'マ.ド, ダ] 90% [形] 武装した; 補強した; 《ラ米》頑固な, 強情な [名][男] (聖週間の行進で)ローマ兵の格好をした男; 《ラ米》手巻きタバコ **-da** [名][女]〔軍〕〔海〕海軍;〔軍〕艦隊

ar-ma-'dor [アる.マ.'ドる] [名][男]〔海〕船主, 船舶所有者;〔歴〕〔衣〕胴着, チョッキ

ar-ma-'du-ra [アる.マ.'ドゥ.ら] [名][女]〔歴〕〔軍〕甲冑(かっちゅう), よろいかぶと, 具足; 枠(わく), 縁(ふち), フレーム; (家屋などの)骨組み, 枠組み; 骨格, 骸骨;〔電〕電機子;〔楽〕調子記号, 調号

ar-ma-men-'tis-ta [アる.マ.メン.'ティス.タ] [形] 軍拡の, 兵器の, 武器の [名][共] 軍拡論者

*__ar-ma-'men-to__ [アる.マ.'メン.ト] 93% [名][男] 軍備, 装備, 備砲, 武装; 兵器, 武器

Ar-'man-do [アる.'マン.ド] [名][固]〔男性名〕アルマンド

*__ar-'mar__ [アる.'マる] 91% [動][他] (de, con: で)武装する, 武装させる; (de, con: 必要なものを)備えさせる, 身につけさせる; 備える, 組み立てる, 〈テントを〉張る; 《話》引き起こす; 〈銃に〉弾丸を込める, 装塡(そうてん)する; 用意する;〔歴〕勲爵士に叙する; 〈金銀を〉かぶせる; 企てる, たくらむ, しかける [動][自] (a: に)合う, 似合う **~se** [動][再] 武装する, 武器を取る; (de, con: を)持つ, 身につける; 《騒ぎなどが》起こる, 突発する *~ la [una] buena* 騒ぎを起こす, けんかを始める

*__ar-'ma-rio__ [アる.'マ.りオ] 93% [名][男] 洋服だんす, 衣装だんす; 戸棚, 押し入れ; 食器棚

ar-ma-'tos-te [アる.マ.'トス.テ] [名][男] かさばるもの; 《話》〔軽蔑〕でくのぼう

ar-ma-'zón [アる.マ.'そン] [名][男] [[女]] 枠組み, 下部構造, 骨組み; 基盤

ar-'me-lla [アる.'メ.ジャ] [名][女]〔技〕アイボルト, 輪つきボルト, ヒートン

Ar-'me-nia [アる.'メ.ニア] [名][固]〔República de ~〕〔地名〕アルメニア《カフカス山脈の南方の共和国》;〔地名〕アルメニア《コロンビア中西部の都市》

ar-'me-nio, -nia [アる.'メ.ニオ, ニア] [形]〔地名〕アルメニア(人)の ⬆Armenia;〔言〕アルメニア語の [名][男][女] アルメニア人 [名][男]〔言〕アルメニア語

ar-me-'rí+a [アる.メ.'り.ア] [名][女]〔商〕銃砲店; 兵器博物館

ar-'me-ro [アる.'メ.ろ] [名][男]〔技〕〔商〕武具師, 兵器製造[販売]者, 武器保管係;〔軍〕兵器棚

ar-'mi-ño [アる.'ミ.ニョ] [名][男]〔動〕アーミン, シロテン, シロイタチ《白い毛皮が珍重される》;〔衣〕テン[アーミン]の毛皮; 清浄, 純粋, 純白

ar-mis-'ti-cio [アる.ミス.'ティ.すぃオ] [名][男]〔軍〕休戦, 停戦; 休戦条約

*__ar-mo-'ní+a__ [アる.モ.'ニ.ア] 92% [名][女] 調和, (意見・利害などの)一致, 和合;〔楽〕ハーモニー, 和声 *en ~ con ...* …と調和して, …と一致して

*__ar-'mó-ni-co, -ca__ [アる.'モ.ニ.コ, カ] 93% [形] 調和した, 調和のとれた;〔楽〕和音の [名][男]〔楽〕倍音 **-ca** [名][女]〔楽〕ハーモニカ

ar-'mo-nio [アる.'モ.ニオ] [名][男]〔楽〕ハルモニウム《最も代表的なリードオルガン》

*__ar-mo-'nio-so, -sa__ [アる.モ.'ニオ.ソ, サ] 94% [形] 調和した, 釣合いのとれた; 耳に快い, 響きのよい; 仲のよい, むつまじい

ar-mo-ni-'zar [アる.モ.ニ.'さる] [動][他] ㉞ (z|c) (con: と)調和させる, 和合させる;〔楽〕〈旋律に〉和音をつける [動][自] (con: と) 一致する, 和合する, 調和する

ar-'nés [アる.'ネス] [名][男]〔歴〕〔軍〕具足, 甲冑(かっちゅう);〔複〕馬具; 必要な備品, 道具

'ár-ni-ca ['アる.ニ.カ] [名][女]〔el/un⇦una ~〕〔植〕アルニカ, ウサギギク;〔医〕アルニカチンキ《外用鎮痛剤》

a

'a+ro ['ア.ろ] 名 男 たが, わく, 金輪;〘遊〙輪回し遊び(の輪), フラフープ;《(スペ)(イン)》イヤリング, 耳輪;《(チ)(リ)》クエカ cueca の踊りの小休止 *pasar* [*entrar*] *por el* ~《話》屈服する *pasar por el* ~《話》(a: を)だます 動《直現 1 単》⬆arar

*a+'ro-ma [ア.'ろ.マ] 92% 名 男 芳香, (よい)香り; (食品の)味と香り;〔皮肉〕悪臭

*a+ro-'má-ti-co, -ca [ア.ろ.'マ.ティ.コ, カ] 94% 形 芳香がある, 香りのよい

a+ro-ma-ti-'zan-te [ア.ろ.マ.ティ.'さン.テ] 名 男〘食〙香料《食品添加物》

a+ro-ma-ti-'zar [ア.ろ.マ.ティ.'さる] 動 他 ㉞ (z|c) 香らせる, 匂わせる, 〈に〉芳香をつける

'ar+pa ['アる.パ] 名 女〔el/un⇔una ~〕〘楽〙ハープ, 竪琴(たてごと)

ar-'pa-do, -da [アる.'パ.ド, ダ] 形 のこぎり歯状の;《詩》〘鳥〙«鳥が»美しい声でさえずる

ar-'par [アる.'パる] 動 他 (爪で)ひっかく

ar-'pe-gio [アる.'ペ.ひオ] 名 男〘楽〙アルペッジオ

ar-'pí+a [アる.'ピ.ア] 名 女 意地の悪い女, 性悪女;〘ギ神〙ハルピュイア《女面化身で鳥の翼と爪を持った貪欲な怪物》

ar-pi-'lle-ra [アる.ピ.'ジェ.ら] 名 女〘衣〙粗製麻布, ズック《上着の材料になる》

ar-'pis-ta [アる.'ピス.タ] 名 共〘楽〙ハープ奏者

ar-'pón [アる.'ポン] 名 男〘魚〙(魚を突く)もり, やす;〘牛〙(闘牛用の)もり;〘建〙かすがい

Arq. 略 ⬇arquitecto, -ta

ar-que+'a-do, -da [アる.ケ.'ア.ド, ダ] 形 弓形の, 湾曲した

ar-que+'ar [アる.ケ.'アる] 動 他 アーチ形に曲げる;〘商〙〈金庫の金を〉数える;〘海〙〈船の〉容積トン数を測る;《古》〘畜〙〈羊毛を〉たたいて打つ 動 自《まれ》〘医〙むかつく, 吐き気がする

ar-'que+o [アる.'ケ.オ] 名 男 アーチ形にする[なる]こと, 湾曲;《話》〘医〙嘔吐(おう と), 吐き気, むかつき; 現金を数えること;〘海〙船の容積トン数(の測定);《古》〘畜〙羊毛を打ちたたくこと

*ar-que+o-lo-'gí+a [アる.ケ.オ.ロ.'ひ.ア] 94% 名 女 考古学

*ar-que+o-'ló-gi-co, -ca [アる.ケ.オ.'ロ.ひ.コ, カ] 93% 形 考古学の

*ar-que+'ó-lo-go, -ga [アる.ケ.'オ.ロ.ゴ, ガ] 94% 名 男 女 考古学者

ar-'que-ro, -ra [アる.'ケ.ろ, ら] 名 男 女〘商〙出納係;〘歴〙〘軍〙(弓の)射手;《(ラ)(米)》〘競〙〔サッカー〕ゴールキーパー; たがを掛ける人,〘商〙〔人〕桶屋(おけや);《(チ)(リ)》《(ラプ)(ラタ)》(刑務所の)看守

ar-que-'ti-po [アる.ケ.'ティ.ポ] 名 男 原型, 典型, 模型

*ar-qui-'tec-to, -ta [アる.キ.'テク.ト, タ] 91% 名 男 女〘建〙建築家, 建築技師

ar-qui-tec-'tó-ni-co, -ca [アる.キ.テク.'ト.ニ.コ, カ] 形〘建〙建築学[技術]の, 建築の, 建築上の

‡ar-qui-tec-'tu-ra [アる.キ.テク.'トゥ.ら] 90% 名 女〘建〙建築(学), 建築技術, 建築様式, 構造;〔集合〕建築物, 建造物

ar-qui-'tra-be [アる.キ.'トら.ベ] 名 男〘建〙台輪《古代建築の長押(なげし)の最低部》

ar-qui-'vol-ta [アる.キ.'ボル.タ] 名 女〘建〙飾り縁, アーキボルト

'a+rra ['ア.ら] 名 女〔複〕アラス《結婚式に花婿が花嫁に贈る 13 枚の硬貨》;〔複〕〘商〙内金, 手付け金;〔複〕〘歴〙寡婦給与財産

*a+rra-'bal [ア.ら.'バル] 94% 名 男 町[村]外れ, 場末;〔しばしば複〕郊外

a+rra-ba-'le-ro, -ra [ア.ら.バ.'レ.ろ, ら] 形〔しばしば軽蔑〕場末の, 町外れの 名 男 女《(スペ)(イン)》〔しばしば軽蔑〕場末に住む人

a+rra-'ca-da [ア.ら.'カ.ダ] 名 女 (下げ飾りのある)イヤリング

a+rra-ci-'ma-do, -da [ア.ら.すぃ.'マ.ド, ダ] 形 群がっている

a+rra-ci-'mar-se [ア.ら.すぃ.'マる.セ] 動 再 房の形になる; 集まる, 固まる

a+'rrá+ez [ア.'ら.エす] 名 男〘歴〙ムーア人の頭領;〘海〙アラビア船の船長

a+rrai-'ga-do, -da [ア.らイ.'ガ.ド, ダ] 形 根強い, 根深い; 不動の地位がある, 尊敬されている, 影響力のある 名 男 土地所有者, 地主;〘海〙停留, 停泊

*a+rrai-'gar(-se) [ア.'らイ.ガる(.セ)] 94% 動 自 (再) ㊶ (g|gu)〘植〙«植物が»根づく; 定住する, 定着する

a+'rrai-go [ア.'らイ.ゴ] 名 男〘植〙根を下ろすこと;〔一般〕定着; 不動産, 地所 *orden de* ~〘法〙出国禁止命令 *tener* ~ 不動の地位を占めている, 影響力がある

a+rram-'blar [ア.らン.'ブラる] 動 他 «洪水が»〈土地を〉土砂で覆う 動 自《話》(con: を)持ち逃げする, 奪い取る ~se 動 再 «土地が» (洪水で)砂や泥で覆われる

a+rra-'na-do, -da [ア.ら.'ナ.ド, ダ] 形 名 男 女《(チ)(リ)》《話》怠け者(の), 怠惰な(人)

a+rran-ca-'cla-vos [ア.らン.カ.'クラ.ボス] 名 男〔単複同〕〘技〙釘抜き

a+rran-'ca-do, -da [ア.らン.'カ.ド, ダ] 形 根こそぎにされた;《話》無一文の, 破産した -da 名 女 急発進;〘競〙〔重量挙げ〕スナッチ

a+rran-ca-'dor [ア.らン.カ.'ドる] 名 男 根[株]を掘り起こす道具;〘機〙起動装置, スターター

‡a+rran-'car [ア.らン.'カる] 87% 動 他

[69] (c|qu) 〈草・木・杭などを〉引き抜く; (de: から)はがす, 外す, 取り除く, もぎ取る, 裂く; (a: から)奪う, 奪い取る; 〈物や答えを〉(a: 人から)(無理に)引き出す, 手に入れる; 〈自動車の〉エンジンをかける, スタートさせる; 引き起こす; (de: を)やめさせる; (苦しそうに)〈声・息を〉出す; (de: から)追い出す [動] [自] 《エンジンが》かかる; 発車する, 出発する, 出かける; (a, contra: に)襲いかかる, 突撃する; (de: から)発している, (de: を)起点としている; (de: が)原因となっている, (de: から)生じる; (a 不定詞: …し)始める; 〔情〕ブートする [動] [自] 《メキシコ》《チリ》逃げる ~se [動] [再] (de: を)去る, 後にする; 突然(a 不定詞: …)する, 思いがけず(a 不定詞: …)しだす; 突然(con: を)くれる; 襲いかかる, 突撃する

a+rran-'cha-do, -da [ア.ら̃ン.'チャ.ド, ダ] [形] 《コロンビア》《話》頑固な, 強情な

a+rran-'char [ア.ら̃ン.'チャる] [動] [自] 《アンデス》宿泊する

*__a+'rran-que__ [ア.'ら̃ン.ケ] 93% [名] [男] 始め, 発端, 発動, 始動; (激情などの)爆発, 衝動; 決断力, 決心, ふんぎり; 〔機〕起動機, スターター; 引き抜くこと; 急な押し, 突進, 推進力, 精力; 〔競〕〔サッカーなど〕爆発的なダッシュ; 機知, 思いつき, アイデア; 根源, 起源; 〔植〕基部; 〔建〕最下[低]部, 基部; 《ラ米》貧乏, どん底; 〔情〕ブート *estar en el* ~ 《メキシコ》金がない, 一文無しである

a+rran-'qué, -que(~) [動] 《直点1単, 接現》 ⬆arrancar

a+rran-'que-ra [ア.ら̃ン.'ケ.ら] [名] [女] 《ラ米》貧乏, どん底

a+rra-'pie-zo [ア.ら̃.'ピエ.そ] [名] [男] 《話》ぼろ, ぼろ切れ; 《話》いたずらっ子

a+rra-'sar [ア.ら̃.'サる] [動] [他] ならす, 平らにする; (器の縁まで)いっぱいにする; 破壊する, 荒廃させる ~se [動] [再] 〔気〕空が晴れる; (de, en: で)いっぱいになる

a+rras-'tra-do, -da [ア.ら̃ス.'トら.ド, ダ] [形] 《スペイン》《話》貧乏な; 悲惨な; 《話》悪党の [名] [男] [女] 《話》ならず者

**__a+rras-'trar__ [ア.ら̃ス.'トらる] 89% [動] [他] 引く, 引きずる, 引きずって行く; 無理やり連れて行く; 運び去る, 押し流す, 吹き飛ばす; 〈に〉至る, 〈結果などを〉もたらす, 招く; 〈の〉心を引きつける; 〈の生活を〉過ごす, 暮らす; 〔情〕ドラッグする ~se [動] [再] はう, 腹ばいで進む; 引きずられる, 引っ張られて行く; 屈服する, ひれふす, 卑下する *~ y soltar* 〔情〕ドラッグ・アンド・ドロップをする *dejarse* ~ (por: に)夢中になる

a+'rras-tre [ア.'ら̃ス.トれ] [名] [男] 引きずること, 引くこと *estar para el* ~ 《話》(疲れて・老いて)役に立たない

a+rra-'yán [ア.ら̃.'ジャン] [名] [男] 〔植〕テンニンカ

'a+rre ['ア.れ̃] [感] 《話》〔畜〕それ!, はいどう! 《家畜を歩かせるときに言う》

a+'rre+a [ア.'れ̃.ア] [感] 《俗》うわ!, すごい! 《驚きを示す》; 《俗》急げ!, 早く!

a+rre+'a-do, -da [ア.れ̃.'ア.ド, ダ] [形] 《中米》《話》怠け者の, 怠惰な

a+rre+'ar [ア.れ̃.'アる] [動] [他] 〔畜〕〈馬などを〉駆り立てる, 追い立てる; 《話》(a: に)〈げんこつなどを〉食らわせる; 〔畜〕〈馬に〉引き具をつける; 飾る [動] [自] 《話》急ぐ

a+rre-ba-'ñar [ア.れ̃.バ.'ニャる] [動] [他] ⇩ rebañar

a+rre-ba-ta-'di-zo, -za [ア.れ̃.バ.タ.'ディ.そ, さ] [形] 短気な, 怒りっぽい

a+rre-ba-'ta-do, -da [ア.れ̃.バ.'タ.ド, ダ] [形] 性急な, 衝動的な, 血気にはやる; 《顔が》赤らんだ, ほてった; 憤激した, 激怒した; 《カリブ》《話》麻薬中毒の **-damente** [副] 性急に, あわただしく

a+rre-ba-ta-'dor, -'do-ra [ア.れ̃.バ.タ.'ドる, 'ド.ら] [形] 魅惑的な, 人の心を引きつける; 激しい

*__a+rre-ba-'tar__ [ア.れ̃.バ.'タる] 93% [動] [他] (a: から)奪い取る, もぎ取る, ひったくる; 吹き飛ばす, 押し流す; 心を奪う, 引きつける, 魅了する; 破る, ちぎる; 激怒させる; (強火で)〈食べ物の〉外を焦がす; 《ラ米》《車が》ひく ~se [動] [再] 興奮する, 怒る, かっとなる

a+rre-ba-'ti-ña [ア.れ̃.バ.'ティ.ニャ] [名] [女] ひっつかむこと, つかみ合い, 奪い合い

a+rre-'ba-to [ア.れ̃.'バ.ト] [名] [男] 憤激, 激怒, 激昂(げっこう); 無我夢中, 有頂天

a+rre-'bol [ア.れ̃.'ボル] [名] [男] 〔複〕《詩》《格》夕焼け, 朝焼け, 赤く染まった雲; 赤; 〔歴〕頬(ほお)紅

a+rre-bo-'lar [ア.れ̃.ボ.'ラる] [動] [他] 《格》赤くする ~se [動] [再] 《格》赤くなる, 赤らめる; 《カリブ》《話》活気づく

a+rre-bo-'zar [ア.れ̃.ボ.'さる] [動] [他] [34] (z|c) 覆う ~se [動] [再] 〔衣〕(en, con: で)身を包む, 身にまとう; 〔昆〕《虫が》群がる, 密集する

a+rre-bu-'jar [ア.れ̃.ブ.'はる] [動] [他] 押し込む, くしゃくしゃにして入れる; 包む, 覆う; 《コロンビア》乱雑にする ~se [動] [再] (en: 毛布などで)身を包む, くるまる

a+rre-'char-se [ア.れ̃.'チャる.セ] [動] [再] 《南米北》《話》怒る, 不機嫌になる

a+rre-'che-ra [ア.れ̃.'チェ.ら] [名] [女] 《コロンビア》《話》怒り; 不機嫌

a+'rre-cho [ア.'れ̃.チョ] [名] [男] 《中米》《話》よい物, すてきな物; 《ベネズエラ》《話》勇気 **~, -cha** [形] 《中米》《話》とてもよい, すばらしい, 最高の; 《ベネズエラ》《話》怒りやすい

a+rre-'chu-cho [ア.れ̃.'チュ.チョ] [名] [男] 《話》〔医〕(病気の)発作; 《話》(感情などの)爆発

a

a-rre-'ciar(-se) [ア.れ.'すぃアる(.セ)] [動] [自] ([再]) 〘気〙 《雨・風・感情などが》激しくなる, 強くなる

a-rre-'ci-fe [ア.れ.'すぃ.フェ] [名] [男] 石だたみの道; 〘海〙(暗)礁, 岩礁

a-rre-'cir-se [ア.れ.'すぃる.セ] [動] [再] (寒さで)かじかむ, 感覚がなくなる

a-rre-'drar [ア.れ.'ドらる] [動] [他] のける, 離す; ひるませる, 驚かす　**~se** [動] [再] (por: で)びっくりする, 驚く, (ante: を前に)しりごみする

a-rre-ga-'zar [ア.れ.ガ.'さる] [動] [他] [34] (z|c) 〈すそを〉まくり上げる, たくし上げる　**~se** [動] [再] (自分の服の)すそをまくり上げる[たくし上げる]

***a-rre-'gla-do, -da** [ア.れ.'グラ.ド, ダ] 94% [形] 整頓された, さっぱりした, きちんとした; 準備ができた, 身なりを整えた, できあがった; 片づいた, 解決された; 規則正しい, 規律正しい; 適度の, 穏当な; (a: に)従った; 《話》見当違いである, 期待外れである

****a-rre-'glar** [ア.れ.'グラる] 84% [動] [他] 整える, 整頓(せいとん)する, きちんと並べる, 配列する; 片づける, 掃除する; 修理する, 修繕する, 直す; 取り決める, まとめる, 準備する; 調停する; 〈a: の〉支度をする; 〈問題を〉解決する, 処理する; 〘楽〙 編曲する; 〘文〙 〈作品を〉脚色する; 〘食〙 調味する, 〈の〉味を調製する　**~se** [動] [再] 解決する, 片づく; 身支度する, 用意する, 服を着る; 回復する, よくなる; なんとかやっていく, 切り抜ける; (con: と)合意に達する; (con: で)満足する, 我慢する; (para: …)できるようにする; (con: と)仲よくする　***~se por las buenas*** うまく調整がつく, 話し合いがまとまる　***arreglárselas*** 《話》なんとかやっていく, 切り抜ける　***¡Ya te arreglaré!*** 《話》覚えていろ!

****a-'rre-glo** [ア.'れ.グロ] 90% [名] [男] 調整, 修理; 打ち合わせ, 取り決め, 協定, 合意; 化粧, 身支度; 解決, 決着; 〘楽〙 編曲, アレンジ, (詩に合わせた)作曲; 《話》恋愛関係; 八百長, 不正　***~ floral*** 生け花　***con ~ a ...*** …に従って　***no tener ~*** どうにもならない

a-rre-gos-'tar-se [ア.れ.ゴス.'タる.セ] [動] [再] 《話》(de: が)好きになる, 気に入る

a-rre-'jar-se [ア.れ.'はる.セ] [動] [再] 《ベネズ》《エラ》《話》着飾る, めかし込む

a-rre-lla-'nar [ア.れ.ジャ.'ナる] [動] [他] 〈土地を〉平らにする　**~se** [動] [再] (en: に)ゆったりと座る, 体を楽にする

a-rre-man-'gar [ア.れ.マン.'ガる] [動] [他] [41] (g|gu) 〘衣〙 〈の〉そで[すそ]をまくる　**~se** [動] [再] 〘衣〙 そで[すそ]をまくる; 《話》(つらい仕事への)覚悟を決める

a-rre-me-'ter [ア.れ.メ.'テる] [動] [他] 襲う, 襲撃する, 襲いかかる; 〘畜〙 〈馬を〉急に走らせる [動] [自] (a, con, contra: を)攻撃する, (a, con, contra: に)突撃する

a-rre-me-'ti-da [ア.れ.メ.'ティ.ダ] [名] [女] 攻撃, 襲撃

a-rre-mo-li-'nar-se [ア.れ.モ.リ.'ナる.セ] [動] [再] ぐるぐる回る, 《水などが》渦巻く; 《人が》ひしめく, 群がる

a-rre-'mue-co [ア.れ.'ムエ.コ] [名] [男] 《ラ米》 突飛な飾り

a-rren-da-'ción [名] [女] ⇩ arrendamiento

a-rren-da-'dor, -'do-ra [ア.れン.ダ.'ドる, 'ド.ら] [名] [男] [女] 借家人, 借地人; 家主, 地主 [名] [男] 〘畜〙 (馬をつなぐ)輪

a-rren-'da-jo [ア.れン.'ダ.ほ] [名] [男] 《スペイン》 〘鳥〙 カケス; 《話》人まね, 模倣者

a-rren-da-'mien-to [ア.れン.ダ.'ミエン.ト] [名] [男] (契約による)賃貸借, 借りる[貸す]こと; 賃借料, 小作料

a-rren-'dar [ア.れン.'ダる] [動] [他] [50] (e|ie) 〈土地・家屋を〉賃貸する; 〈土地・家屋を〉賃借する; 〘畜〙 〈馬を〉つなぐ

a-rren-da-'ta-rio, -ria [ア.れン.ダ.'タ.りオ, りア] [形] 《土地が》賃貸借の [名] [男] [女] 借地人, 借家人

a-'rre-o [ア.'れ.オ] [名] [男] 飾り, 装飾(品); 〔複〕〘畜〙 馬具

a-rre-pan-chi-'gar-se [ア.れ.パン.チ.'ガる.セ] [動] [再] [41] (g|gu) 《話》(椅子に)深々と腰を下ろす

a-rre-pen-'ti-do, -da [ア.れ.ペン.'ティ.ド, ダ] [形] (de: を)後悔している

***a-rre-pen-ti-'mien-to** [ア.れ.ペン.ティ.'ミエン.ト] 94% [名] [男] 後悔; 加筆, 修正, 修正箇所

***a-rre-pen-'tir-se** [ア.れ.ペン.'ティる.セ] 91% [動] [再] [65] (e|ie|i) (de: を)後悔する, 悔やむ, 残念に思う

a-rre-'pien-t~; a-rre-pin-t~ [動] 《活用》 ⬆arrepentirse

a-rre-que-so-'nar-se [ア.れ.ケ.ソ.'ナる.セ] [動] [再] 〘食〙 《牛乳が》固まる, 凝乳になる

a-rre-'quín, -'qui-na [ア.れ.'キン, 'キ.ナ] [名] [男] [女] 《ラ米》 同伴者; 援助する人

a-rre-quin-'ta-do, -da [ア.れ.キン.'タ.ド, ダ] [形] 《ベネズ》《エラ》《話》きつい, 締めつける

a-rre-'qui-ve [ア.れ.'キ.ベ] [名] [男] 〔複〕《話》晴れ着; 〔複〕《話》よけいな飾り; 〘歴〙〘衣〙 縁飾り; 《話》細かいことをうるさく言う形式主義, お役所仕事

***a-rres-'tar** [ア.れス.'タる] 93% [動] [他] 逮捕する, 拘引する　**~se** [動] [再] 思いきって[向こう見ずに](a 不定詞: …)する

a-'rres-to [ア.'れス.ト] [名] [男] 拘引, 逮捕; 投獄, 監禁; 〔複〕 勇気, 大胆さ, ずぶとさ

a+rre-za-'gar [ア.れ.さ.'ガる] [動] [他] 41 (g|gu) まくり上げる, たくし上げる, まくる; 〈腕を〉上げる

a+rria-'nis-mo [ア.りア.'ニス.モ] [名] [男] 〔宗〕アリウス主義《キリストの神性を否認して異端とされた; Arrio, 256 頃-336, アレクサンドリアの神学者》

a+'rriar [ア.'りアる] [動] [他] 29 (i|í) 降ろす; 〔海〕〈索を〉解き放つ, 緩める　～(se) [動] [自] ([再]) 出水する; 〔気〕洪水になる

a+'rria-te [ア.'りア.テ] [名] [男] (細長い)花壇, 植え込み; 道, 通路

a+'rri-ba [ア.'り.バ] 77% [副] 上に, 上へ; 上の階で[へ]; 先述の, 先に述べた; (de: より)上で; (流れの)上流へ[に], 高い方へ; 高い地位へ[に] [感] …万歳!; 起きなさい; さあ, 元気を出して!, がんばれ!　*de* ～ 上から, 上層部から　*de* ～ *abajo* 上から下に; まったく, 完全に　*de* …(*para*) ～ …か, それ以上の[へ, で]

a+rri-'ba-da [ア.り.'バ.ダ] [名] [女] 〔海〕入港

a+rri-'bar [ア.り.'バる] [動] [自] 〔海〕《船が》(a: に)入港する; 《格》到着する, 着く; 〔海〕風に流される, 漂流する　～ *a buen puerto* 無事到着する

a+rri-ba-'zón [ア.り.バ.'そン] [名] [男] 〔海〕魚群が岸に押し寄せること

a+rri-'be-ño, -ña [ア.り.'ベ.ニョ, ニャ] [名] [男] [女] 《コロンビア》よそ者

a+rri-'bis-ta [ア.り.'ビス.タ] [形] [名] [共] 利己的な, 身勝手な; 出世主義の[主義者]; 成り上がり者, 野心家

a+'rri-bo [ア.'り.ボ] [名] [男] 到着; 〔海〕(船の)到着, 入港

a+'rrien-d~ [動] 《直現/接現/命》 ↑ arrendar

a+'rrien-do [名] [男] ⇧ arrendamiento

a+'rrie-ro [ア.'りエ.ろ] [名] [男] 馬引き, ラバ追い

a+rries-'ga-do, -da [ア.りエス.'ガ.ド, ダ] [形] 危険な, 無謀な; 大胆な, ずぶとい

＊a+rries-'gar [ア.りエス.'ガる] 94% [動] [他] 41 (g|gu) 〈の〉危険を冒す; あえてする, 思い切ってやってみる　～*se* [動] [再] 危険を冒す　～ *el pellejo* 《話》命を賭ける, 危険を冒す

a+rri-ma-'de-ro [ア.り.マ.'デ.ろ] [名] [男] 支え

a+rri-'ma-do, -da [ア.り.'マ.ド, ダ] [形] (con: と)愛人関係にある [名] [男] [女] 《ラ米》居候(いそうろう)

a+rri-'mar [ア.り.'マる] [動] [他] (a: へ)近づける, (a: の)そばに置く; (a: に)もたせ掛ける, 寄り掛からせる; 無視する, 除外する; 片づける; 《俗》〈打撃を〉与える, 食らわせる　～*se* [動] [再] (a: に)近づく, 寄る; 〈に〉居候(いそうろう)する, 〈の〉世話になる; 寄り掛かる; 集まる; (a: を)頼りにする; 《ラプラタ》《話》同棲(どうせい)する　～ *un golpe* 《俗》(a: を)殴る, たたく　～*se al sol que más calienta* 強い者に従う

a+'rri-mo [ア.'り.モ] [名] [男] 支え, 支持, 保護, 援助; 境界壁; 愛着, 好み; 接近　*al* ～ *de* … …に支持されて

a+rrin-co-'na-do, -da [ア.りン.コ.'ナ.ド, ダ] [形] 隅(すみ)に置かれた; 忘れられた, 見放された

a+rrin-co-'nar [ア.りン.コ.'ナる] [動] [他] 追いつめる, 追い込む; 捨てる, 処分する; 隅(すみ)に置く; 〈人を〉無視する, 除外する　～*se* [動] [再] 《話》閉じこもる, つきあいを避ける, 隠遁(いんとん)する

a+rri-'quín [ア.り.'キン] [名] [男] 《中米》《話》いつも一緒にいる人, そばを離れない人

a+rris-'ca-do, -da [ア.りス.'カ.ド, ダ] [形] 《土地が》岩の多い; 大胆な, 不敵の; 勇敢な, 雄々しい; 《ラ米》《鼻が》上を向いた

a+rris-'car [ア.りス.'カる] [動] [他] 69 (c|qu) 危険にさらす　～*se* [動] [再] 危険を冒す; 得意になる, うぬぼれる; 腹を立てる, 激怒する; 《アンデス》身なりをきちんとする

a+'rris-co [ア.'りス.コ] [名] [男] 危険

a+'rrit-mia [ア.'りト.ミア] [名] [女] 〔医〕不整脈

a+'rrít-mi-co, -ca [ア.'りト.ミ.コ, カ] [形] 〔医〕不整脈の; リズムのない

a+'rro-ba [ア.'ろ.バ] [名] [女] 〔情〕アットマーク《@ の記号》; アローバ《重量単位 11.5 kg; 容量の単位; ワイン 16.1 リットル, 油 12.5 リットル, 地方や国によって異なる》　*por* ～*s* たくさん, ずいぶん

a+rro-'ba-do, -da [ア.ろ.'バ.ド, ダ] [形] うっとりとしている, ぼうっとしている

a+rro-ba-'mien-to [ア.ろ.バ.'ミエン.ト] [名] [男] 無我夢中, 魅了, 恍惚(こうこつ), 忘我の境地

a+rro-'bar [ア.ろ.'バる] [動] [他] うっとりさせる, 魅了する　～*se* [動] [再] (con, de: に)うっとりする, 魅せられる

a+'rro-bo [名] [男] ⇧ arrobamiento

a+rro-'ce-ro, -ra [ア.ろ.'せ.ろ, ら] [形] 米の [名] [男] [女] 米生産者; 《ベネズエラ》《話》パーティーが好きな人; 押しかけ客

a+rro-da-'jar-se [ア.ろ.ダ.'はる.セ] [動] [再] 《中米》足を組んで座る

a+rro-di-'llar [ア.ろ.ディ.'ジャる] [動] [他] ひざまずかせる　～*se* [動] [再] ひざまずく

a+rro-dri-'gar [ア.ろ.ドり.'ガる] [動] [他] 41 (g|gu) 〈植物に〉添え木を立てる

a+rro-ga-'ción [ア.ろ.ガ.'すぃオン] [名] [女] 《格》横領, 不正取得; 《格》養子の入籍, 養子縁組

a+rro-'gan-cia [ア.ろ.'ガン.すぃア] [名]

a

[女] 横柄さ, 傲慢(ごうまん); 勇敢, 勇気, 堂々とした様子, 大胆さ; 自尊心, 誇り, プライド

*a+rro-'gan-te [ア.ろ.'ガン.テ] 94% [形] 横柄な, 傲慢(ごうまん)な; 見事な, 堂々とした, りりしい, さっそうとした; 勇敢な, 大胆な

a+rro-'gar [ア.ろ.'ガる] [動] [他] 41 (g|gu) 養子にする ~se [動] [再] わがものとする, 横領する, 詐称する

a+rro-ja-'di-zo, -za [ア.ろ.は.'ディ.そ, さ] [形] 簡単に投げられる, 投げる

a+rro-'ja-do, -da [ア.ろ.'は.ド, ダ] [形] 勇気のある, 勇敢な; 向こう見ずな, 無謀な

**a+rro-'jar [ア.ろ.'はる] 89% [動] [他] 投げる, 放る, 投下する; 〈人を〉追い出す, つまみ出す; 吐く, 噴出する, 放つ, 発する; 投げかける; (計算の結果)〈と〉なる; 〔植〕〈芽・根などを〉出す ~se [動] [再] (a, en: に)飛び込む, 飛び降りる; (a, sobre, contra: に)飛びかかる; 思い切って(a 不定詞: …)する, 挑む ~-*se a los pies de* … …の足元にひれ伏す, …にすがる

a+'rro-jo [ア.'ろ.ほ] [名] [男] 勇気, 大胆さ

a+rro-'lla-do [ア.ろ.'ジャ.ド] [名] [男] 《チリ》《ラプラタ》 アロジャード《肉を巻いた料理》

a+rro-lla-'dor, -'do-ra [ア.ろ.ジャ.'ドる, 'ド.ら] [形] やりこめる, 有無を言わせぬ, 圧倒的な; 破壊的な, 投げ倒す

a+rro-'llar [ア.ろ.'ジャる] [動] [他] 巻く, 巻き上げる; «車が»〈人を〉ひく; やりこめる, 黙らせる; 踏みにじる, 無視する; 破る, 負かす

a+rro-'par [ア.ろ.'パる] [動] [他] 〔衣〕 衣服を着せる, くるむ, 包む; 保護する; 〔飲〕〈ワインに〉アローペを入れる ⬇arrope ~se [動] [再] 洋服を着る, (con: に)くるまる, (con: を)まとう

a+'rro-pe [ア.'ろ.ペ] [名] [男] 〔食〕 アローペ《発酵前のブドウ液を煮詰めたもの》; 〔食〕 糖蜜, シロップ

a+rros-que-'ta-do, -da [ア.ろス.ケ.'タ.ド, ダ] [形] 《ベネズエラ》《話》 色黒の

a+rros-'trar [ア.ろス.'トらる] [動] [他] 〈に〉直面する, 〈に〉立ち向かう, 〈に〉真正面から迫る ~se [動] [再] (con: … に)立ち向かう, 対抗する

a+rro-'ta-do, -da [ア.ろ.'タ.ド, ダ] [形] 《チリ》《話》 下層の, 卑しい; 行儀が悪い

*a+'rro-yo [ア.'ろ.ジョ] 92% [名] [男] 〔地〕 小川; (道端の)下水, 溝(みぞ); 流れ, 流出, あふれること; 〔軽蔑〕 (家の中に対して)外, 通り *criarse en el* ~ 庶民の家庭で育つ *llevar al* ~ 《話》 こらしめる *recoger del* ~ 〈捨子を〉引き取る

a+rro-'yue-lo [ア.ろ.'ジュエ.ロ] [名] [男] 〔地〕 小川, 水の流れ

**a+'rroz [ア.'ろす] 90% [名] [男] 〔食〕 米, 飯, ごはん; 〔植〕 イネ[稲]; 《カリブ》《話》 ややこしいこと, 複雑なこと; 《ベネズエラ》《話》 小さなパーティー

a+rro-'zal [ア.ろ.'さル] [名] [男] 〔農〕 水田, 稲田

a+rru-'far [ア.る.'ファる] [動] [自] 《ベネズエラ》《話》 いらいらする, 怒る

*a+'rru-ga [ア.'る.ガ] 93% [名] [女] 〔体〕 (顔・皮膚の)しわ; 〔衣〕 (布・服などの)しわ; 《ラ米》 詐欺, ペテン, いんちき, いかさま

a+rru-ga-'mien-to [ア.る.ガ.'ミエン.ト] [名] [男] しわ, しわを作ること

a+rru-'gar [ア.る.'ガる] [動] [他] 41 (g|gu) 〈に〉しわを作る, くしゃくしゃにする; 〈に〉しわを寄せる; 萎縮(いしゅく)させる, おじけづかせる; 《俗》 殺す ~se [動] [再] しわになる, くちゃくちゃになる; 萎縮する, おじけづく; 《ラプラタ》《話》 びくびくする

*a+rrui-'nar [ア.るイ.'ナる] 94% [動] [他] 破滅させる; だいなしにする, だめにする; 破産させる, 没落させる ~se [動] [再] 破産する; 破滅する, だいなしになる

a+rru-'llar [ア.る.'ジャる] [動] [他] «雄バトが»〈雌バトに〉クークーと鳴く; 〈子供を〉(子守歌で)寝かしつける; 《話》 (やさしい言葉で)喜ばせる; 《話》 «恋人が»〈に〉甘い言葉をささやく; 心地よい音でうっとりとさせる

a+'rru-llo [ア.'る.ジョ] [名] [男] 子守歌; (恋人どうしが)甘い言葉をささやくこと; (ハトが)クークー鳴くこと; 快い音

a+rru-'ma-co [ア.る.'マ.コ] [名] [男] 〔複〕 《話》 甘言, おっべか, へつらい; 《話》 安っぽい装飾品

a+rrum-'bar [ア.るン.'バる] [動] [他] 捨てる, 片づける; 無視する, 締め出す; 〔海〕〈船を〉進路に向ける [動] [自] 〔海〕 航路を定める ~se [動] [再] 〔海〕 «船が»現在の位置を確かめる

a+'rru-me [ア.'る.メ] [名] [男] 《ベネズエラ》《話》 乱雑な山積み

ar-se-'nal [アる.セ.'ナル] [名] [男] 《スペイン》〔軍〕 海軍工廠(こうしょう); 〔海〕 造船所; 蓄え, 宝庫

ar-'sé-ni-co [アる.'セ.ニ.コ] [名] [男] 〔化〕 ヒ素《元素》

ar-se-'nio-so, -sa [アる.セ.'ニオ.ソ, サ] [形] 〔化〕 ヒ素の

art.; art.º [略] ⬇artículo

**'ar-te ['アる.テ] 75% [名] [男] [女] 《単数では[男], 複数では[女] / arte poética のような例外もある》 〔芸〕 芸術; 〔美〕 美術, 〔全体〕 美術作品; 術, 技術, 技芸, こつ; 人工, 技巧; 〔複〕 学芸, 学術, 人文科学; 〔しばしば複〕 ずるさ, 策略, 術策; 〔文〕 詩型 *~s marciales* 〔競〕 武道 *con malas ~s* 策略を使って *no tener ~ ni parte* (en: と) なんの関係もない, 縁もゆかりもない *por amor al ~* 好きで, 趣味で, ただで *sin ~* へたに, ぎこちなく

ar-te-'fac-to [アる.テ.'ファク.ト] [名] [男] 装置, 仕掛け, からくり; 〔軍〕 兵器; 〔歴〕 文

化遺物;〔軽蔑〕おんぼろ, ぽんこつ

ar-'te-jo [アる.'テ.ほ] 名 男〔体〕指間節, 指節(ゆびふし);〔動〕体節

Ar-'te-mis ⇔ **-mi-sa** [アる.'テ.ミス⇔.'ミ.サ] 名 固〔ギ神〕アルテミス《月と狩猟の女神》

ar-te-'mi-sa [アる.テ.'ミ.サ] 名 女〔植〕ヨモギ

ar-'te-ria [アる.'テ.りア] 名 女〔体〕動脈;〔地〕幹線(道路), 主要河川

ar-te-'rí+a [アる.テ.'り.ア] 名 女《格》狡猾(こうかつ), 抜けめなさ, ずるさ

ar-te-'rial [アる.テ.'りアル] 形〔体〕動脈の, 動脈性の

ar-te-rio-pa-'tí+a [アる.テ.りオ.パ.'ティ.ア] 名 女〔医〕動脈症

ar-te-rios-cle-'ro-sis [アる.テ.りオス.クレ.'ろ.スィス] 名 女〔単複同〕〔医〕動脈硬化(症)

ar-te-rios-cle-'ró-ti-co, -ca [アる.テ.りオス.クレ.'ろ.ティ.コ, カ] 形〔医〕動脈硬化性の

ar-te-'ri-tis [アる.テ.'り.ティス] 名 女〔単複同〕〔医〕動脈炎

ar-'te-ro, -ra [アる.'テ.ろ, ら] 形《格》狡猾(こうかつ)な, ずるい

ar-'te-sa [アる.'テ.サ] 名 女 桶(おけ); (パンなどの)こね鉢, こね箱; 飼い葉桶;〔地〕くぼ地, 谷

ar-te-sa-'na-do [アる.テ.サ.'ナ.ド] 名 男〔集合〕職人(階級);〔集合〕手工芸品

ar-te-sa-'nal [アる.テ.サ.'ナル] 形 手工芸の, 職人の

ar-te-sa-'ní+a [アる.テ.サ.'ニ.ア] 名 女 工芸(品), 手芸(品); (職人の)技能, 熟練

⁑**ar-te-'sa+no, -na** [アる.テ.'サ.ノ, ナ] 89% 名 男 女 職人, 職工, 手工芸家

ar-te-'són [アる.テ.'ソン] 名 男 たらい, 桶(おけ);〔建〕(天井の)格間(ごうま)

ar-te-so-'na-do, -da [アる.テ.ソ.'ナ.ド, ダ] 形〔建〕格間(ごうま)で飾った 名 男〔建〕格天井, 格間で飾られた天井

*'**ár-ti-co, -ca** ['アる.ティ.コ, カ] 94% 形〔地名〕北極の, 北極地方の **Á〜** 名 固〔地名〕北極(地方)

ar-ti-cu-la-'ción [アる.ティ.ク.ラ.'すぃオン] 名 女〔体〕関節, 関節による接合;〔音〕調音, 発音;〔機〕連結, 連結部

ar-ti-cu-'la-do, -da [アる.ティ.ク.'ラ.ド, ダ] 形 連結した;〔体〕関節でつながった;〔動〕有関節の, 節のある 名 男〔動〕体節動物《ミミズ・ムカデなど》;〔全体〕〔法〕条項;〔集合〕訴訟当事者の証言

ar-ti-cu-'lar [アる.ティ.ク.'ラる] 動 他 〈言葉を〉発する, 発音する; 関節でつなぐ;〔法〕〈論述を〉項目別に分ける;〔音〕調音する;〈証言を〉申し述べる 形〔体〕関節の

ar-ti-cu-'lis-ta [アる.ティ.ク.'リス.タ] 名 共 論説委員[記者]; 投稿者

⁑**ar-'ti+cu-lo** [アる.'ティ.ク.ロ] 75% 名 男 (新聞・雑誌の)記事, 論説; 論文; 物品, 品物, 品目;〔商〕商品;〔法〕条項, 箇条, 項目;〔言〕冠詞; (辞書の見出し語の)項目

ar-'ti-fi-ce [アる.'ティ.フィ.せ] 名 共〔一般〕作った人, 創始者, 創造者; 芸術家, 職人; 策略家, 策士, やり手

*__ar-ti-fi-'cial__ [アる.ティ.フィ.'すぃアル] 92% 形 人造の, 人工の, 人為的な; 不自然な, 無理に作った, 気取った **〜mente** 副 人工的に; 不自然に, わざとらしく

ar-ti-fi-'cie-ro, -ra [アる.ティ.フィ.'すぃエ.ろ, ら] 名 男 女〔技〕爆発物処理の専門家;〔技〕花火師

ar-ti-'fi-cio [アる.ティ.'フィ.すぃオ] 名 男 策略, ごまかし, ペテン; 巧みなやり方, 工夫, 巧妙さ; 装置, からくり

ar-ti-fi-'cio-so, -sa [アる.ティ.フィ.'すぃオ.ソ, サ] 形 巧みな, 熟練した; 技巧を弄(ろう)する, ずるい; 人為的な, 不自然な, わざとらしい

Ar-'ti-gas [アる.'ティ.ガス] 名 固〔地名〕アルティーガス《ウルグアイ北西部の県, 県都》

ar-ti-lle-'rí+a [アる.ティ.ジェ.'り.ア] 名 女〔集合〕〔軍〕砲, 大砲;〔軍〕砲兵隊

ar-ti-'lle-ro [アる.ティ.'ジェ.ろ] 名 男〔軍〕砲兵, 砲手

ar-ti-'lu-gio [アる.ティ.'ル.ひオ] 名 男 策略, ごまかし;《話》〔軽蔑〕ちょっとした装置, からくり, ちゃちな仕掛け

ar-ti-'ma-ña [アる.ティ.'マ.ニャ] 名 女 わな, 仕掛け; 策略, 陰謀

⁑**ar-'tis-ta** [アる.'ティス.タ] 83% 名 共〔芸〕芸術家, 美術家, 作家, 画家; 名人, 熟練家;〔芸〕芸能人, タレント《俳優・歌手・楽器奏者・ダンサーなど》

⁑**ar-'tís-ti-co, -ca** [アる.'ティス.ティ.コ, カ] 85% 形〔芸〕芸術的な, 美術的な; 趣(おもむき)のある, 風雅な, 美しい; 芸術の, 美術の, 芸術家の **-camente** 副〔芸〕芸術的に, 美術的に

'**ar+to** ['アる.ト] 名 男〔植〕クコ

ar-'to-la [アる.'ト.ラ] 名 女〔複〕(2人乗りの)鞍(くら)

ar-'tral-gia [アる.'トらル.ひア] 名 女〔医〕関節痛

ar-'trí-ti-co, -ca [アる.'トり.ティ.コ, カ] 形〔医〕関節炎の 名 男 女〔医〕関節炎患者

ar-'tri-tis [アる.'トり.ティス] 名 女〔単複同〕〔医〕関節炎

ar-tro-pa-'tí+a [アる.トろ.パ.'ティ.ア] 名 女〔医〕関節症

ar-'tró-po-do, -da [アる.'トろ.ポ.ド, ダ] 形〔動〕節足動物(門)の 名 男〔動〕節

足動物；〔複〕〘動〙節足動物門

ar-'tro-sis [アる.'トろ.スィス] 名 女 〔単複同〕〘医〙関節症

ar-'tú-ri-co, -ca [アる.'トゥ.り.コ, カ] 形 〘架空〙アーサー王の ↓Arturo

Ar-'tu-ro [アる.'トゥ.ろ] 名 固 〘男性名〙アルトゥーロ；〘架空〙アーサー王《6世紀頃のブリタニアの伝説上の王，『アーサー王物語』の主人公》；〘天〙アルクトゥルス《うしかい座の α 星》

a-'rús-pi-ce [ア.'るス.ピ.せ] 名 男 〘歴〙〘宗〙(古代ローマの)腸卜(ちょうぼく)僧《いけにえの獣の腸を調べて神意を占った》

ar-'ve-ja [アる.'べ.は] 名 女 〘植〙ヤハズエンドウ，エンドウマメ《マメ科》

ar-ve-'ja-na 名 女 ⇧ arveja

Arz. 略 ↓arzobispo

ar-zo-bis-'pa-do [アる.そ.ビス.'パ.ド] 名 男 〘宗〙《カトリック》大司教区，《プロテスタント》大監督区，《東方正教会》大主教区

ar-zo-bis-'pal [アる.そ.ビス.'パル] 形 〘宗〙《カトリック》大司教職の，《プロテスタント》大監督職の，《東方正教会》大主教職の

ar-zo-'bis-po [アる.そ.'ビス.ポ] 名 男 〘宗〙《カトリック》大司教，《プロテスタント》大監督，《東方正教会》大主教

ar-'zón [アる.'そン] 名 男 〘畜〙鞍橋(くらはし)，鞍

'as 名 男 〘遊〙(トランプ・さいころの) 1，エース；エース，第一人者；〘歴〙〘経〙アス《古代ローマの青銅貨》

A. S. 略 =Alteza Serenísima《尊称》殿下

'a-sa 名 女 〔el/un⇦una ～〕柄，取っ手，ハンドル；取っ手の形；〘植〙(セリ科の植物の)樹液 動《直現3単/命》↓asar

a-'sá 〔成句〕 *así o [que]* ～《話》どちらにしても

a-'sa-do, -da 形 〘食〙焼いた；《ﾁﾘ》怒った，腹を立てた 名 男 〘食〙焼き肉；《ﾗ米》〘食〙バーベキュー

a-sa-'dor [ア.サ.'ドる] 名 男 〘食〙焼き串；〘食〙(肉をあぶる)焼き串回転器

a-sa-'du-ra [ア.サ.'ドゥ.ら] 名 女 〔複〕(動物の)内臓，はらわた；レバー，肝臓；《話》ものぐさ，怠惰

a-sa-e-te-'ar [ア.サ.エ.テ.'アる] 動 他 悩ませる，困らせる，苦しめる；矢を射る

a-sa-la-'ria-do, -da [ア.サ.ラ.'りア.ド, ダ] 形 月給取りの，賃金労働の，サラリーマンの 名 男 女 月給生活者，賃金労働者，サラリーマン

a-sa-la-'riar [ア.サ.ラ.'りアる] 動 他 〈に〉賃金[給料]を支払う，雇う

a-sal-ta-'cu-nas [ア.サル.タ.'ク.ナス] 名 共 〔単複同〕《ﾒｷｼｺ》子供を非行に走らせる者

a-sal-'tan-te [ア.サル.'タン.テ] 形 襲撃する 名 共 襲撃者

***a-sal-'tar** [ア.サル.'タる] 94% 動 他 襲う，襲撃する，襲って奪う；《考えが》〈に〉浮かぶ，〈に〉ふと思いつく

***a-'sal-to** [ア.'サル.ト] 91% 名 男 襲撃，攻撃，強襲；〘競〙〔ボクシングなど〕ラウンド，回；《ｶﾘﾌﾞ》家の前で歌うクリスマスソング；《中米》不意打ちのパーティー《主賓に内緒で準備する》；《ﾗﾌﾟﾗﾀ》各自が飲食物を持ち寄るパーティー

****a-sam-'ble-a** [ア.サン.'ブレ.ア] 87% 名 女 (公式の)集まり，会議，大会，集会，会合；〘政〙国会，議会；〘軍〙集合(の合図)

a-sam-ble-'a-rio, -ria [ア.サン.ブレ.'ア.りオ, りア] 形 議事の，会議の

a-sam-ble-'ís-ta [ア.サン.ブレ.'イス.タ] 名 共 〘政〙国会[議会]議員；会議[集会]のメンバー，参会者，出席者

***a-'sar** [ア.'サる] 94% 動 他 〘食〙〈肉などを〉焼く，あぶる；とても熱くさせる；いらいらさせる，悩ませる　～se 動 再 熱く感じる，(我慢できないほど)暑い；焼ける；《ﾁﾘ》怒る，腹を立てる

'á-sa-ro ['ア.サ.ろ] 名 男 〘植〙カンアオイ属の多年草

a-'saz [ア.'サす] 副 《詩》《格》かなり，大変

as-'bes-to 名 男 〘鉱〙石綿，アスベスト

as-bes-'to-sis 名 女 〔単複同〕〘医〙石綿沈着症

as-ca-'ria-sis [アス.カ.'りア.スィス] 名 女 〔単複同〕〘医〙回虫症

as-'cá-ri-de [アス.'カ.り.デ] 名 女 〘動〙カイチュウ

as-cen-'den-cia [ア(ス).せン.'デン.すぃア] 名 女 〔集合〕先祖，祖先；家系；支配権，影響力

as-cen-'den-te [ア(ス).せン.'デン.テ] 形 上がって行く，上昇的な

****as-cen-'der** [ア(ス).せン.'デる] 89% 動 自 51 (e|ie) 上がる，登る；(上がって)(a: という)数字[金額]になる，達する，上(のぼ)る；(a: に)昇進する，昇格する 動 他 昇進させる，昇格させる

as-cen-'dien-te [ア(ス).せン.'ディエン.テ] 形 上がって行く，上昇的な ⇧ ascendente 名 共 先祖，祖先 名 男 勢力，(sobre: への)影響力；〘法〙尊属

as-cen-'sión [ア(ス).せン.'スィオン] 名 女 上昇；昇進，昇任，昇格；〔la A～〕〘宗〙キリスト昇天，昇天祭《復活祭の40日後》 A～ 名 固 〘女性名〙アスセンシオン

as-cen-sio-'nal [ア(ス).せン.スィオ.'ナル] 形 上昇する，押し上げる

***as-'cen-so** [ア(ス).'せン.ソ] 91% 名 男 上昇，向上；昇進，昇任，昇格；登山

***as-cen-'sor** [ア(ス).せン.'ソる] 94% 名 男 エレベーター，昇降機，リフト

a

as-cen-so-ˈris-ta [ア(ス).セン.ソ.ˈリス.タ] 名 共 エレベーター係
as-ˈce-ta [ア(ス).ˈセ.タ] 名 共 苦行者, 行者(ぎょうじゃ); 禁欲主義者
as-ˈcé-ti-co, -ca [ア(ス).ˈセ.ティ.コ, カ] 形 苦行の, 禁欲的な
as-ce-ˈtis-mo [ア(ス).セ.ˈティス.モ] 名 男 禁欲(主義), 禁欲生活, 苦行
as-ˈcien-d~ 動 《直現/接現/命》 ↑ascender
*ˈ**as+co** 93% 名 男 嫌悪, 嫌気, 気持ち悪さ; 反感, 大嫌い; ひどいもの, 気味悪いもの; ひどい汚れ, 汚い場所; 吐き気, むかつき *morirse de* ~ 《話》 退屈する
ˈ**as-cua** 名 女 〔el/un⇦una ~〕 真っ赤な炭火, 燃えた石炭, おき *arrimar el ~ a su sardina* 自分だけ得をしようとする, 我田引水をする *estar en [sobre] ~s* 《話》 気をもんでいる
a+se+ˈa-do, -da 形 清潔な; さっぱりした, きちんとした
a+se+ˈar [ア.セ.ˈアる] 動 他 きれいにする, 整頓する, 片づける **~se** 動 再 身づくろいをする, 支度をする
a+se-ˈchan-za [ア.セ.ˈチャン.さ] 名 女 わな, 落し穴
a+se-ˈchar [ア.セ.ˈチャる] 動 他 〈に〉わなを仕掛ける, 陥(おとしい)れる; 待ち伏せる
a+se-ˈdiar [ア.セ.ˈディアる] 動 他 〔軍〕 〈町・要塞を〉包囲[攻囲]する, 封鎖する; 〔一般〕 取り囲む; 悩ませる, 苦しめる
a+ˈse-dio 名 男 〔軍〕 包囲(戦), 攻囲, 封鎖; 迷惑, やっかいなこと, 攻めたてること
a+se-gu-ˈra-do, -da [ア.セ.グ.ˈら.ド, ダ] 形 保険が掛かっている; 確実な 名 男 女 保険契約者 名 男 《メキシコ》 安全ピン
a+se-gu-ra-ˈdor, -ˈdo-ra [ア.セ.グ.ら.ˈドる, ˈド.ら] 形 保証する, 保険の 名 男 女 保険業者, 保険会社
a+se-gu-ra-ˈmien-to [ア.セ.グ.ら.ˈミエン.ト] 名 男 固定, 取り付け; 保証, 確約; 保険
a+se-gu-ˈrar [ア.セ.グ.ˈらる] 77% 動 他 保証する, 請け合う, (que/不定詞: …を)確約する; (しっかり)固定する, 閉める, 掛ける; (contra: の)保険を掛ける; 確実にする, 確保する **~se** 動 再 (de: を)確かめる, 確認する; (contra: に備えて)保険を掛ける; 〔気〕 《天候が》よくなる, 持ちなおす
a+se-me-ˈjar [ア.セ.メ.ˈはる] 動 他 (a: に)似せる; (a: に)なぞらえる, (a: に)たとえる **~(se)** 動 自 (再) (a: に)似る
a+sen-de-re+ˈa-do, -da [ア.セン.デ.れ.ˈア.ド, ダ] 形 《道路などが》踏みつけられた, 踏み固められた, 人通りが多い; へとへとになった, 疲れきった; 老練な, 経験を積んだ
a+sen-de-re+ˈar [ア.セン.デ.れ.ˈアる] 動 他 〈に〉道を開く[つける]; 悩ませる, 疲れさせる; 追う, 追跡する
a+ˈsen-so 名 男 《格》 同意, 承諾, 是認, 賛同
a+sen-ta-ˈde-ra [ア.セン.タ.ˈデ.ら] 名 女 〔複〕 《話》 尻(しり)
a+sen-ˈta-do, -da 形 思慮分別のある, 賢明な; (a, en: に)位置している, ある; 安定した, 固定した, 確立した
a+sen-ta-ˈmien-to 名 男 固定, 設置; 着席; 定住, 定着; 〔商〕 店, 店舗
*__a+sen-ˈtar__ [ア.セン.ˈタる] 92% 動 他 ⑩ (e|ie) (en: 職・地位に)就かせる, 任命する; 設ける, 設置する, 建てる, 設立する, 創設する; 着席させる, 座らせる; 定住させる, 落ち着かせる; 固定させる, 定着させる; 平らにする, ならす; 〔衣〕 プレスする, 〈に〉アイロンをかける; 〈げんこつを〉くらわす; 保証する, 断言する; 〔商〕 (帳簿に)記入する; 決める, 取り決める; 心に刻む 動 自 安定する; 〔衣〕 《服が》 (a: に)合う, ぴったりする **~se** 動 再 (en: に)位置する; 落ち着く, 定住する; 座る; 確立する, 定着する; 〔鳥〕 《鳥が》 (木に)止まる; 《ほこりなどが》とどまる, 降りる; 〔食〕 《食べ物が》胃に残る, もたれる
a+sen-ti-ˈmien-to 名 男 同意, 承諾, 承認
*__a+sen-ˈtir__ [ア.セン.ˈティる] 94% 動 自 ⑮ (e|ie|i) (a: に)同意する, 賛成する; うなずく
a+sen-ˈtis-ta 名 共 〔商〕 (公的機関の) 御用商人, 指定業者; 契約者
a+ˈse+o 名 男 整理, 片づけ; 身じまい, 化粧; 〔複〕 《スペイン》 トイレ, 便所; 清潔
a+ˈsé-pa-lo, -la [ア.ˈセ.パ.ロ, ラ] 形 〔植〕 無萼片(むがくへん)の
a+ˈsep-sia 名 女 〔医〕 無菌(状態); 無菌法
a+ˈsép-ti-co, -ca 形 〔医〕 無菌の
a+se-ˈqui-ble [ア.セ.ˈキ.ブレ] 形 得られる, 入手できる; 《値段が》手ごろな, 手が届く; 親しみやすい, 人好きのする; わかりやすい; 《計画が》実行可能な
a+ser-ˈción [ア.セる.ˈすぃオン] 名 女 《格》 断言, 断定, 主張; 〔言〕 断定
a+se-rra-ˈde-ro [ア.セ.ら.ˈデ.ろ] 名 男 製材所
a+se-rra-ˈdi-zo, -za [ア.セ.ら.ˈディ.そ, さ] 形 《木材が》のこぎりで切れる
a+se-ˈrrar [ア.セ.ˈらる] 動 他 ⑩ (e|ie) のこぎりで切る
a+se-ˈrrín 名 男 ⇩ serrín
a+ser-ˈti-vo, -va [ア.セる.ˈティ.ボ, バ] 形 《格》 断定の, 断定的な; 〔言〕 断定の, 平叙文の
a+ˈser-to [ア.ˈセる.ト] 名 男 《格》 断定, 断言, 主張

a

*a+se-si-'nar [ア.セ.スィ.'ナる] 91% 動 他 暗殺する; 〖法〗(計画的に)殺害する, 殺す, 謀殺する; だいなしにする, ぶちこわす; ひどく悩ます

a+se-si-'na-to 名 男 暗殺; 〖法〗(計画的な)殺人, 謀殺

*a+se-'si+no, -na 92% 名 男 女 暗殺者, 刺客; 〖法〗(計画的な)殺人者, 謀殺者[犯人] 形 残忍な; 悩ませる; (計画的)殺人の

*a+se-'sor, -'so-ra [ア.セ.'ソる, 'ソ.ら] 92% 形 助言を与える, 忠告する, 顧問の 名 男 女 顧問, 相談相手, カウンセラー, 補佐, コンサルタント, 顧問弁護士

a+se-so-ra-'mien-to [ア.セ.ソ.ら.'ミエン.ト] 名 男 助言, 勧告, コンサルティング; 〖情〗アセスメント

a+se-so-'rar [ア.セ.ソ.'らる] 動 他 忠告する, 助言する ～se 動 再 (con, de: に) 相談する, 助言を求める

a+se-so-'rí+a [ア.セ.ソ.'り.ア] 名 女 コンサルタント[顧問弁護士]の職, コンサルタント[顧問弁護士]の事務所; 相談手数料; 〖情〗サポート

a+ses-'tar [ア.セス.'タる] 動 他 〈げんこつを〉くらわす, 〈攻撃を〉加える; 〈武器の〉先を向ける, 〈武器を〉構える; 発射する

a+se-ve-ra-'ción [ア.セ.ベ.ら.'すぃオン] 名 女 《格》断言, 断定, 証言

a+se-ve-'rar [ア.セ.ベ.'らる] 動 他 《格》断言する, 断定する, 証言する, 主張する

a+se-'xual [ア.セク.'スアル] 形 〖生〗無性の, 無性生殖の

as-fal-'ta-do, -da [アス.ファル.'タ.ド, ダ] 形 〖建〗アスファルトで舗装した 名 男 〖建〗アスファルト舗装

as-fal-'tar [アス.ファル.'タる] 動 他 〖建〗アスファルト舗装する

as-'fál-ti-co, -ca [アス.'ファル.ティ.コ, カ] 形 アスファルトの

*as-'fal-to [アス.'ファル.ト] 93% 名 男 アスファルト

as-'fi-xia [アス.'フィク.スィア] 名 女 〖医〗窒息, 気絶, 仮死; 息詰まるような気持ち

as-fi-'xian-te [アス.フィク.'スィアン.テ] 形 息詰まるような, むっとする; 〖医〗窒息させる, 窒息性の

as-fi-'xiar [アス.フィク.'スィアる] 動 他 〖医〗窒息させる; 抑えつける, 苦しめる ～se 動 再 窒息する

'as+go, -ga(～) 動 《直現1単, 接現》 ⬇asir

a+'sí 58% 副 **1 このように, そのように, そんなふうに: **Así** es la vida. 人生とはこのようなものだ。 **2**〔形容詞的に名詞を修飾〕 このような, そのような, あのような: Una película **así** no se ve todos los días. このような映画は毎日見られるものではない。 **3** 《ラ米》《話》 まあまあである **4**〔文頭で〕どうか(接続法: …)でありますように ***así … como —*** …だけでなく—も, …も—も; —するとすぐに…; ちょうど—のように… ***así … como —*** …も—も ***así como así*** 大したことでもないかのように, 軽い気持ちで ***así de …*** (形容詞) 《話》 それほど… ***Así es.*** そうだ, そのとおりだ《肯定の返事》 ***así mismo*** ⇩asimismo ***así o [que] asá*** どうであっても, どちらでも, とにかく ***así que …*** …するとすぐに; であるから…, それだから…《結果》; 〔文頭で〕それで ***así … que ～*** ～のように…, そんなに…なので; …して, その結果～となる ***¡Así sea!*** そうなりますように! ***así y todo …*** そうであっても…, それにもかかわらず… ***… o así*** およそ… ***tan [tanto] es así que …*** それで… ***y así*** そして…, その結果…

*'A+sia 92% 名 固 〖地名〗アジア

*a+'siá-ti-co, -ca 93% 形 〖地名〗アジア(人)の 名 男 女 アジア人 ⬆Asia

a+si-bi-'lar [ア.スィ.ビ.'ラる] 動 他 〖音〗歯擦音で発音する, 歯擦音に変える

a+si-'de-ro [ア.スィ.'デ.ろ] 名 男 握り, 柄(え), 取っ手; 口実, 弁解; 《スペイン》〔しばしば複〕後援, 援護, コネ, 後ろだて

a+'si-do, -da 形 しっかりと握った

a+si-dui-'dad 名 女 勉励, 精励; 頻発, 頻繁

*a+'si-duo, -dua 94% 形 根気のよい, 精励の; 頻繁な, いつもの 名 男 女 常客, 常連 **-duamente** 副 勤勉に, 懸命に

a+'sien-t~ 動 《直現/接現/命》 ⬆asentar; ⬆asentir

*a+'sien-to 91% 名 男 席, シート, 座席; 所在地; 良識, 常識, 分別; 落ち着き; 支配力, 影響力; 契約, 条項; 底, 台; 〖建〗(建物の)基礎, 基盤; 〖商〗(帳簿などの)記載, 記入, 記載事項; 〖商〗納入請負, 調達契約; 沈澱物, おり; (食べたもの)もたれ, 消化不良 ***hacer ～*** 安定する, 座りがよい ***pegarse el ～*** (a: が)居座る, 長居する ***tomar ～*** 席につく

a+sig-na-'ción [ア.スィグ.ナ.'すぃオン] 名 女 手当; 給与; (会合の)約束; 割り当て, 配分

*a+sig-'nar [ア.スィグ.'ナる] 92% 動 他 指定する, 割り当てる, 配分する; あてがう, 任命する, 選任する

*a+sig-na-'tu-ra [ア.スィグ.ナ.'トゥ.ら] 91% 名 女 (学校の)学科, 科目, 学科

a+si-'la-do, -da [ア.スィ.'ラ.ド, ダ] 名 男 女 被収容者, 避難者

a+si-'lar [ア.スィ.'ラる] 動 他 保護する, 擁護する, かくまう; 収容施設に入れる ～se 動 再 避難する

*a+'si-lo [ア.'スィ.ロ] 92% 名 男 (孤児・病人などの)収容施設, ホーム; 保護, 庇護(ひご); 避難, 避難所, 安らぎの場所

a+si-me-'trí+a [ア.スィ.メ.'トリ.ア] 名 女 非対称性

a+si-'mé-tri-co, -ca [ア.スィ.'メ.トリ.コ, カ] 形 非対称的な

a+si-'mien-to 名 男 つかむこと, 握ること

a+si-mi-'la-ble [ア.スィ.ミ.'ラ.ブレ] 形 (a: に)同化できる; (a: と)同一と見なせる

a+si-mi-la-'ción [ア.スィ.ミ.ラ.'すぃオン] 名 女 同化, 同化作用; 〚音〛同化現象

a+si-mi-'lar [ア.スィ.ミ.'ラる] 動 他 消化吸収する; 〈知識を〉吸収する; (a: に)合体させる, 合同させる, 同化させる; 〚音〛〈音を〉同化する ~se 動 再 (a: に)同化する; (a: に)似ている; 消化吸収する; 〚音〛《音が》(a: に)同化する

a+si-mi-la-'ti-vo, -va [ア.スィ.ミ.ラ.'ティ.ボ, バ] 形 同化の, 同化する; 〚音〛同化現象の

**a+si-'mis-mo 85% 副 同様に, …もまた; 同じに, そのままに, そのようにして; 同様に

a+sin-'cró-ni-co, -ca [ア.スィン.'クろ.ニ.コ, カ] 形 非同時的な, 非周期の *modo de transferencia* ~ 〚情〛非同期転送モード (ATM)

a+sin-'dé-ti-co, -ca 形 〚修〛〚言〛連辞[接続詞]省略の

a+'sín-de-ton 名 男 〚修〛〚言〛連辞[接続詞]省略

a+sin-t~ 動 《活用》 ↑asentir

a+'sín-to-ta 名 女 〚数〛漸近線

a+'sir [ア.'スィる] 動 他 ⑦ 〔直現1単 asgo; 接現 asga〕 つかむ, つかまえる, 捕らえる ~se 動 再 (a, en, de: に)つかまる

A+'si-ria [ア.'スィ.りア] 名 固 〚歴〛〚地名〛アッシリア《西部アジアの古代帝国; 前8世紀にオリエントを統一, 前612年に滅亡》

a+'si-rio, -ria [ア.'スィ.りオ, りア] 形 名 男 女 〚歴〛〚地名〛アッシリア(人)の, アッシリア人 ↑Asiria; 〚歴〛〚言〛アッシリア語の 名 男 〚歴〛〚言〛アッシリア語

A+'sís 名 固 〚地名〛アッシジ《イタリア中部の都市》

a+sis-te-'má-ti-co, -ca 形 非体系的な

**a+sis-'ten-cia [ア.スィス.'テン.すぃア] 88% 名 女 出席, 参列; 〔集合〕出席者, 参列者, 聴衆, 観衆, 観客; 出席者数, 観客者数; 付き添い, 看護, 世話, 援助; 〚競〛〔サッカーなど〕アシスト; 〚情〛サポート, ヘルプ; 《コロンビア》〚食〛安食堂 ~ *en línea* 〚情〛オンラインヘルプ ~ *pública* 診療所, 保健所 ~ *técnica* 〚情〛技術サポート

a+sis-ten-'cial [ア.スィス.テン.'すぃアル] 形 付き添いの; 援助の

a+sis-'ten-ta 名 女 (通いの)お手伝いさん, 家政婦, 派出婦

*a+sis-'ten-te 92% 名 共 助手, 補助者; 〔複〕出席者, 聴衆, 観客; 〚競〛〔サッカー〕線審, ラインズマン 名 男 〚軍〛当番兵《将校の従卒》; 〚情〛ウィザード 形 出席している; 援助している, 付き添いの

**a+sis-'tir [ア.スィス.'ティる] 83% 動 他 助ける, 援助する; 看護する, 診療する, 付き添う, 世話をする; 味方である, 有利となる; 随行する, 付き添う 動 自 (a: に)出席する; (a: を)見に出かける; (a: に)参加する; (a: に)居合わせる, (a: を)目撃する

a+sis-'to-lia [ア.スィス.'ト.リア] 名 女 〚医〛(心臓の)不全収縮(期)

As-ja-'bad [アス.は.'バド] 名 固 〚地名〛アシガバート《トルクメニスタン Turkmenistán の首都》

as-ke-na-'zí ⇔ -nazi [アス.ケ.ナ.'すぃ ⇔ .'ナ.すぃ] 形 〔複 -zíes ⇔ -zís〕 アシュケナジの 名 共 アシュケナジ《中欧・東欧出身のユダヤ人》

'as+ma 名 女 〔el/un ⇔ una ~〕〚医〛喘息(ぜんそく)

As-'ma-ra [アス.'マ.ら] 名 固 〚地名〛アスマラ《エリトリア Eritrea の首都》

as-'má-ti-co, -ca 形 〚医〛喘息(ぜんそく)の 名 男 女 〚医〛喘息患者

as-'nal [アス.'ナル] 形 〚動〛ロバの(ような); 《話》愚かな, 愚鈍な

as-'ni-lla [アス.'ニ.ジャ] 名 女 支柱, 支え; 〚技〛木挽(こび)き台

'as+no 名 男 〚動〛ロバ; 《話》ばか者, まぬけ

Asoc. 略 ↓asociación

**a+so-cia-'ción [ア.ソ.すぃア.'すぃオン] 81% 名 女 協会, 組合, 連合, 学会, 会; 関連, 関係; 連想, 連想される物

a+so-'cia-do, -da [ア.ソ.'すぃア.ド, ダ] 形 連合した, 仲間の, 共同の; 準… 名 男 女 会員, 組合員, 同僚, 仲間

**a+so-'ciar [ア.ソ.'すぃアる] 88% 動 他 仲間に加える, (a: 団体・会・事業などに)関係させる, 連合させる, 入会させる; (a, con: から)連想する, (a, con: と)結びつけて考える ~se 動 再 (a, con: と)連合する, 共同する, 合併する; 交際する, 仲間となる, 一緒になる; 共に分かち合う, 共有する; (con: で)思い出される

a+so-cia-'ti-vo, -va [ア.ソ.すぃア.'ティ.ボ, バ] 形 連合の, 連想の

a+so-la-'ción 名 女 ⇩ asolamiento

a+so-la-'mien-to [ア.ソ.ラ.'ミエン.ト] 名 男 荒すこと, 破壊

a+so-'lar[1] [ア.ソ.'ラる] 動 他 ⑯ (o|ue) 破壊する, 大損害を与える

a+so-'lar[2] [ア.ソ.'ラる] 動 他 〚植〛《太

陽・熱が»〈植物を〉枯らす

a-so-le-'ar [ア.ソ.レ.'アる] 動 他 日にさらす, 日干しにする ～**se** 動 再 日光浴をする, 日に焼ける; 〔畜〕«家畜が»日射病にかかる

a-so-'ma-da 名 女 姿を見せること; 様子が見られる場所; 見晴らし台

a-so-'mar [ア.ソ.'マる] 89% 動 他 (a, por: 外へ)出す, 見せる, (a, por: から)のぞかせる 動 自 現れる, 出てくる, のぞいている; 《アンデス》《カリ》近づく ～se** 動 再 (a, por: から)のぞく; 姿を見せる, 現れる, ちょっと顔を出す; (a: に)目を通す

a-som-bra-'di-zo, -za [ア.ソン.ブら.'ディ.そ, さ] 形 驚きやすい, 怖がりの

a-som-'bra-do, -da [ア.ソン.'ブら.ド, ダ] 形 驚いた, びっくりした

a-som-bra-'mien-to [ア.ソン.ブら.'ミエン.ト] 名 男 《格》驚き, 驚愕(きょうがく)

*__a-som-'brar__ [ア.ソン.'ブらる] 93% 動 他 驚かせる, びっくりさせる, 怖がらせる, ぎょっとさせる; 陰にする, 暗くする ～**se** 動 再 (de, por, con: に)驚く, びっくりする; (de: を)怖がる, 恐れる

*__a-'som-bro__ [ア.'ソン.ブろ] 93% 名 男 驚嘆, 感嘆; 仰天; 《話》恐ろしいもの, ぞっとさせるような人[物]; おばけ

*__a-som-'bro-so, -sa__ [ア.ソン.'ブろ.ソ, サ] 93% 形 驚くべき, びっくりするような; 驚かされる, あきれさせる

a-'so-mo 名 男 様子, 現れ, 兆候; のぞき見, かいま見; 疑い, 怪しみ, 憶測 ***ni por ～*** 《話》少しも…でない

a-so-'na-da 名 女 暴動, 反乱

a-so-'nan-cia [ア.ソ.'ナン.すぃア] 名 女 〔文〕類音韻

a-so-'nan-te 形 〔文〕類音韻の

a-so-'nar [ア.ソ.'ナる] 動 自 ⑯ (o|ue) 〔文〕類音韻を踏む《2 つの語の間で強勢母音とその後の母音が同じになる; 最後の音節に強勢がある場合はその母音だけが同じになる》

a-so-'pa-do, -da 形 《カリ》《話》ばかな, 愚かな

a-so-'pa-o 名 男 《カリ》アソパオ《米・肉の料理》; 《カリ》《話》簡単なこと

a-so-ro-'char-se [ア.ソ.ろ.'チャる.セ] 動 再 《アンデス》〔医〕高山病にかかる

'as-pa 名 女 〔el/un⇔una ～〕(X型の)十字; 〔複〕(風車などの)羽根; 糸巻き, 糸車

as-'par [アス.'パる] 動 他 X型十字にはりつける; 〈糸を〉巻く, 巻きつける ～**se** 動 再 身をよじって叫ぶ; (por: を得ようと)懸命になる, 苦しむ

as-pa-ven-'tar [アス.パ.ベン.'タる] 動 他 恐れさせる, 驚かせる

as-pa-'vien-to [アス.パ.'ビエン.ト] 名 男 から騒ぎ, 仰々しい態度, 大げさな表現

as-pe-'ar-se [アス.ペ.'アる.セ] 動 再 〔医〕足をけがする

**as-'pec-to [アス.'ペク.ト] 76% 名 男 外観, 様子, 見かけ; 健康状態, 様子, 顔色; 見方, 視点, 局面; 〔言〕相, アスペクト

as-pe-'re-za [アス.ペ.'れ.さ] 名 女 無作法, 粗野, 無礼, 無愛想; 粗さ, ざらざらしていること; (土地が)でこぼこしていること; 〔食〕(果物などの)渋み, すっぱさ; (声が)がらがらなこと, しゃがれ声; 〔気〕(天候の)厳しさ

as-'per-ges [アス.'ぺる.ヘス] 名 男 〔単複同〕〔宗〕灌水(かんすい)(式)《聖歌》; 散布

as-per-'jar [アス.ぺる.'はる] 動 他 〈に〉水を振りかける, まき散らす; 〔宗〕〈に〉聖水を振りかける, 洗礼する

*__'ás-pe-ro, -ra__ ['アス.ペ.ろ, ら] 93% 形 «手触りが»粗(あら)い, ざらざらした; «土地が»でこぼこの, 平らでない, 荒れた; «人柄・言葉・態度が»気難しい, 無愛想な, とっつきにくい; 〔気〕«天候が»厳しい; «声などが»しわがれた; 〔食〕«味が»渋みのある, 渋い **-ramente** 副 «人柄・言葉が»粗野に, 無作法に, がさつに; «声などが»しわがれて

as-pe-'rón [アス.ペ.'ろン] 名 男 〔地質〕砂岩

as-'pé-rri-mo, -ma [アス.'ペ.り.モ, マ] 形 〔最上級〕《格》《まれ》↑áspero

as-per-'sión [アス.ぺる.'スィオン] 名 女 散水, 散布; 〔宗〕灌水(かんすい)

as-per-'so-rio [アス.ぺる.'ソ.りオ] 名 男 〔宗〕灌水(かんすい)器《小さなはけ, または小穴のついた球形の容器》; じょうろ, スプリンクラー; 〔車〕散水車

'ás-pid 名 男 〔動〕(小さな)毒蛇

'ás-pi-de 名 男 ⇧áspid

as-pi-'dis-tra [アス.ピ.'ディス.トら] 名 女 〔植〕ハラン

as-pi-'lle-ra [アス.ピ.'ジェ.ら] 名 女 〔建〕〔軍〕(城壁の)銃眼, 狭間(はざま)

as-'pi-ra 動 《直現 3 単/命》↓aspirar

*__as-pi-ra-'ción__ [アス.ピ.ら.'すぃオン] 91% 名 女 〔しばしば複〕野望, 野心, 功名心, あこがれ, 希望; 呼吸, 吸気; 〔機〕吸引, 吸い込み; 〔音〕気息音; 〔楽〕息つぎ, 短い休止

as-pi-ra-'dor, -'do-ra [アス.ピ.ら.'ドる, 'ド.ら] 形 吸入する, 吸い上げる 名 男 〔機〕電気掃除機; 吸入器; ポンプの吸入管 ～**dora** 名 女 〔機〕電気掃除機

as-pi-'ran-te [アス.ピ.'らン.テ] 形 名 共 吸引の, 吸い上げの; 〔音〕気息(音)の; (a: の)応募者, 申し込み者, 志願者; 熱望する人

*__as-pi-'rar__ [アス.ピ.'らる] 91% 動 他 吸う, 吸い込む; «機械が»吸引する, 吸い上げる; 〔音〕気息音化する 動 自 息を吸う; (a:

を)熱望する, 欲しがる, (a: に)あこがれる

*as-pi-'ri-na [アス.ピ.'リ.ナ] 94% 名 女 〖医〗アスピリン《解熱鎮痛剤》

as-que+'a-do, -da [アス.ケ.'ア.ド, ダ] 形 嫌気がさしている, うんざりした

as-que+'ar [アス.ケ.'アる] 動 他 〈に〉吐き気を催させる, 〈の〉胸を悪くさせる; 〈に〉嫌悪を感じさせる 動 自 ひどく嫌う, 胸が悪くなる ～se 動 再 (de: に)うんざりする; むかつく

as-que-na-'zí⇔-zi 形 ⇧ askenazí

as-que-ro-si-'dad [アス.ケ.ろ.スィ.'ダド] 名 女 不潔, 汚らしい状態; 胸がむかつくこと, いやな気持ち, 忌まわしさ; 下劣, 下品

*as-que-'ro-so, -sa [アス.ケ.'ろ.ソ, サ] 93% 形 不快を催させる, 実にいやな, ひどい, うんざりする; 汚い, 汚れた, むさくるしい; 下劣な, 下品な, 卑しい, 恥ずべき 名 男 女 下品な人, 卑しい人, いやな人間

'as+ta 名 女 [el/un⇔una ～] 〖歴〗〖軍〗槍(やり), 投げ槍; (槍・矛などの)柄(え); 旗ざお; 船舶の肋材(ろくざい); 〔複〕〖動〗角(つの); シカ[鹿]の枝角; (道具の)柄(え), 軸 *a media* ～ 《旗が》半旗の[で] *dejar en las* ～*s del toro* 《話》(a: を)見殺しにする, 見捨てて苦境に置く

as-'ta-do, -da 形 〖動〗角(つの)がある 名 男 〖牛〗雄牛; 〖歴〗〖軍〗槍兵(そうへい), 矛兵

as-ta-'men-ta 名 女 〖動〗角(つの); シカ[鹿]の枝角

As-ta-'ná 名 固 〖地名〗アスタナ《カザフスタン Kazajistán の首都》

'ás-ta-to 名 男 〖化〗アスタチン《元素》

as-'te-nia 名 女 〖医〗無気力, 無力症

as-'té-ni-co, -ca 形 名 男 女 〖医〗無気力の(人), 無力型の(人)

as-te-no-'pí+a 名 女 〖医〗眼精疲労

as-te-'ris-co [アス.テ.'リス.コ] 名 男 星印, アステリスク《*の印》

as-te-'roi-de [アス.テ.'ろイ.デ] 形 〖天〗星状の 名 男 〖天〗小惑星

as-tig-'má-ti-co, -ca [アス.ティグ.'マ.ティ.コ, カ] 形 〖医〗乱視(用)の 名 男 女 〖医〗乱視者

as-tig-ma-'tis-mo [アス.ティグ.マ.'ティス.モ] 名 男 〖医〗乱視; 〖機〗(レンズの)非点収差

as-'til [アス.'ティル] 名 男 (鍬(くわ)・斧(おの)などの)柄; さお; (矢の)軸; 〖鳥〗羽の軸

as-'ti-lla [アス.'ティ.ジャ] 名 女 (木・木材・骨・石などの)破片, かけら, 木くず; 《隠》分捕り品 *hacer* ～*s* 完全に壊す, 粉々にする

as-ti-'llar [アス.ティ.'ジャる] 動 他 粉砕する, 打ちこわす, 粉々にする; 《隠》〈分捕り品を〉分配する ～se 動 再 裂ける, 割れる, 砕ける

as-ti-'lle-ro [アス.ティ.'ジェ.ろ] 名 男 〖海〗造船所; 槍架(そうか), 槍掛け; 木材置場

as-tra-'cán [アス.トら.'カン] 名 男 〖衣〗アストラカン毛皮《アストラカン地方産子羊の黒巻毛皮》 A～ 名 固 〖地名〗アストラハン《ロシア南西部の都市》

as-'trá-ga-lo [アス.'トら.ガ.ロ] 名 男 〖建〗玉縁; 〖体〗距骨(きょこつ); 〖植〗トラガカントゴム

as-'tral [アス.'トらル] 形 星の(ような), 天体の

as-tre-'ñir [アス.トれ.'ニィる] 動 他 59 (e|i; 〈i〉) 〖医〗収縮させる, 収斂(しゅうれん)させる

as-tric-'ción [アス.トリク.'すぃオン] 名 女 〖医〗収縮, 収斂(しゅうれん), 便秘

as-trin-'gen-cia [アス.トリン.'ヘン.すぃア] 名 女 〖医〗収斂(しゅうれん)性, 秘結性

as-trin-'gen-te [アス.トリン.'ヘン.テ] 形 〖医〗収斂(しゅうれん)性の, 秘結性の, 便秘を起こす 名 男 〖医〗収斂剤, アストリンゼン

as-trin-'gir [アス.トリン.'ヒる] 動 他 32 (g|j) 〖医〗収縮させる, 収斂(しゅうれん)させる, 便秘させる

*'as-tro ['アス.トろ] 93% 名 男 〖天〗天体, 星; スター, 人気俳優[選手], 花形

as-tro-'fí-si-co, -ca [アス.トろ.'フィ.スィ.コ, カ] 形 〖天〗〖物〗天体[宇宙]物理学の 名 男 女 天体[宇宙]物理学者 -ca 名 女 〖天〗〖物〗天体[宇宙]物理学

as-tro-'la-bio [アス.トろ.'ラ.ビオ] 名 男 〖歴〗〖天〗アストロラーベ《18 世紀まで用いられた天体観測儀》

*as-tro-lo-'gí+a [アス.トろ.ロ.'ひ.ア] 94% 名 女 占星学[術], 星占い

as-tro-'ló-gi-co, -ca [アス.トろ.'ロ.ひ.コ, カ] 形 占星学[術]の, 星占いの

as-'tró-lo-go, -ga [アス.'トろ.ロ.ゴ, ガ] 名 男 女 占星家, 星占い師

*as-tro-'nau-ta [アス.トろ.'ナウ.タ] 94% 名 共 宇宙飛行士

as-tro-'náu-ti-co, -ca [アス.トろ.'ナウ.ティ.コ, カ] 形 宇宙飛行[航行]の -ca 名 女 宇宙航行学

as-tro-'na-ve [アス.トろ.'ナ.ベ] 名 女 宇宙船

*as-tro-no-'mí+a [アス.トろ.ノ.'ミ.ア] 93% 名 女 〖天〗天文学

*as-tro-'nó-mi-co, -ca [アス.トろ.'ノ.ミ.コ, カ] 94% 形 〖天〗天文学の, 星学の, 天文学上の; 《数字などが》天文学的な, 莫大な, 膨大な

as-'tró-no-mo, -ma [アス.'トろ.ノ.モ, マ] 名 男 女 〖天〗天文学者, 天体観測者

as-'tro-so, -sa [アス.'トろ.ソ, サ] 形 みすぼらしい, みじめな; ぼろ姿の, ぼろぼろの; 卑しむべき, 見下げはてた, 恥ずべき

*as-'tu-cia [アス.'トゥ.すぃア] 94% 名 女

a

抜け目なさ, ずる賢いこと; 卑劣な行為, 計略, 策略, 手管, 悪だくみ; 機敏さ, 利口さ

as-tu-'ria+no, -na [アス.トゥ.'りア.ノ, ナ] 形 名 男 女 〘地名〙アストゥリアスの(人) ⬇Asturias; 〘言〙(スペイン語の)アストゥリアス方言の 名 男 〘言〙(スペイン語の)アストゥリアス方言

As-'tu-rias [アス.'トゥ.りアス] 名 固 〘地名〙アストゥリアス《スペイン北西部の地方, 州, 県》 ***Principado de*** ~ アストゥリアス自治州

*__as-'tu-to, -ta__ 94% 形 抜け目のない, ずるい, 狡猾(こうかつ)な; 機敏な, 鋭い, 頭の切れる **-tamente** 副 抜け目なく, ずる賢く, 狡猾に; 機敏に

a+'sue-to 名 男 (短い)休み, 休み時間, (半日または 1 日の)休み

**__a+su-'mir__ [ア.ス.'ミる] 86% 動 他 〈役目などを〉引き受ける, 〈責任などを〉とる; 〈様子を〉帯びる, 呈する; 《ラ米》仮定する, 推定する

'A+sun 名 固 〘女性名〙アスン《Asunción の愛称》

a+sun-'ce+no, -na [ア.スン.'せ.ノ, ナ] 形 名 男 女 〘地名〙アスンシオンの(人) ⬇Asunción

*__a+sun-'ción__ [ア.スン.'すぃオン] 92% 名 女 《格》就任, 引き受け; 即位式

*__A+sun-'ción__ [ア.スン.'すぃオン] 92% 名 固 〘地名〙アスンシオン《パラグアイの首都》; 〘女性名〙アスンシオン; 〔la A~〕〘宗〙聖母マリアの被昇天; 〔La ~〕〘地名〙ラ・アスンシオン《ベネズエラ北部の都市》

__a+'sun-to__ 76% 名 男 事, 事態, 問題; 事務, 業務, 仕事, 用事; 恋愛事件, 情事; (小説の)主題, 筋, (絵画の)題材; 《ラプラタ》《話》(女性の)生理, 月経 *¡A~ concluido!*** それでよし!, 決まり!, 一件落着! ***El ~ es que ...*** 問題は…ということです, 実は…です ***mal ~*** やっかいな問題 ***¡Vamos al ~!*** 《話》本題に入ろう

a+sus-ta-'di-zo, -za [ア.スス.タ.'ディ.そ, さ] 形 すぐに驚く, 驚きやすい; 臆病(おくびょう)な, 気の弱い

a+sus-'ta-do, -da 形 びっくりした, 怖がっている

__a+sus-'tar__ [ア.スス.'タる] 88% 動 他 おどす, 怖がらせる, ぞっとさせる; びっくりさせる; (驚かして)追い払う; 〘食〙〈に〉差し水をする《沸騰している時に水を入れる》 **~se 動 再 (de, con, por: に)怖がる, ぞっとする; (de, con, por: に)驚く, びっくりする

A. T. 略 =Antiguo Testamento 〘聖〙旧約聖書

a+ta-'bal [ア.タ.'バル] 名 男 〘楽〙小太鼓, ティンパニー

a+ta-'ba-que [ア.タ.'バ.ケ] 名 男 《カリブ》〘楽〙太鼓

a+ta-'ca-ble [ア.タ.'カ.ブレ] 形 攻撃できる, 取り組める

A+ta-'ca-ma 名 固 〘地名〙アタカマ《チリ北部の州》; 〔desierto de ~〕アタカマ砂漠

a+ta-'can-te 形 攻撃する 名 共 攻撃者; 〘競〙〔サッカーなど〕フォワード; アタッカー

__a+ta-'car__ [ア.タ.'カる] 86% 動 他 69 (c|qu) 攻撃する, 攻める, 襲う; «病気などが»冒す, 襲う, 悩ます; (激しく)非難する; 腐食させる, 痛める; 〈仕事に〉取り組む, 〈に〉着手する, アタックする; 《まれ》〈物を〉(de: を)詰め込む **~se 動 再 《まれ》(de: で)いっぱいにする, 詰め込む

a+ta-'ché 名 男 書類かばん

a+ta-'de-ro [ア.タ.'デ.ろ] 名 男 縄, ロープ, ひも; 鉤(かぎ), フック, ものを引っかける輪

a+ta-'di-jo [ア.タ.'ディ.ほ] 名 男 《話》小さな包み; ひも, 縄

a+'ta-do, -da 形 制限されている, 縛られている; はにかみ屋の, 内気な 名 男 包み, 束

a+ta-'du-ra [ア.タ.'ドゥ.ら] 名 女 縛ること, くくること, 結ぶこと; ひも, 綱; 〔複〕束縛, 制限, 拘束; 結束, 団結

a+ta-fa-'gar [ア.タ.ファ.'ガる] 動 他 41 (g|gu) (強いにおいで)苦しめる, 窒息させる

a+tai-'for [ア.タイ.'フォる] 名 男 〘食〙深皿

a+ta-'ja-da [ア.タ.'は.ダ] 名 女 〘競〙〔サッカーなど〕セーブ

a+ta-'jar [ア.タ.'はる] 動 自 (por: を通って)近道をする, 近道を通る 動 他 さえぎる, 阻止する; 途中で捕らえる, (先回りして)さえぎる; 〈土地などを〉分割する **~se** 動 再 困惑する, どぎまぎする; 《ベネズエラ》〔各地〕酔う; 《ラプラタ》《話》自制する, 我慢する

*__a+'ta-jo__ [ア.'タ.ほ] 94% 名 男 近道, 近回り; 分割, 仕切り, 一部; 削除部分, カット; ⇩hatajo

a+ta-'jo-na [ア.タ.'ほ.ナ] 名 女 《中米》むち

a+ta-'la-ya [ア.タ.'ラ.ジャ] 名 女 〘歴〙〘建〙望楼, 見張り台, 監視塔; (自然の)見晴らし台 名 男 〘歴〙〘軍〙見張り番, 監視兵

a+ta-'ñer [ア.タ.'ニェる] 動 自 67 (〈i〉) (a: に)関係する, 関わる; (a: の)義務である, 責任である ***por [en] lo que atañe a ...*** …に関しては

a+'ta+o 名 男 《ナリ》《話》混乱, 騒ぎ

a+ta-pu-'zar [ア.タ.プ.'さる] 動 他 34 (z|c) 《ベネズエラ》詰め込む **~se** 動 再 飲み込む, 丸呑みする

__a+'ta-que__ [ア.'タ.ケ] 86% 名 男 攻撃, 襲撃; 〘医〙(病気の)発作; ヒステリー, かんしゃく; (激しい)非難; «笑いなどが»突然生じること; (仕事の)着手, 開始; 〘競〙〔サッカーなど〕オフェンス, 攻撃 *¡Al ~!*** 〘軍〙攻撃開

始; 〔一般〕始め!, かかれ!

a-ta-'qué, -que(~) 動《直点 1 単, 接現》↑atacar

***a-'tar** [ア.'タる] 92% 動 他 結ぶ, 縛りつける, つなぐ; くくる, 束ねる; 身動きできなくする, 押さえつける; 拘束する, 束縛する; 関連させる, 結びつける　~**se** 動 再 〈自分の靴・服のひもを〉結ぶ, 縛る; 拘束される, 身動きがとれない; (a: に)しがみつく, 固執する　~ *corto[ta]* (a: を)厳しく抑制する, しっかりと支配する　~ *la lengua* (a: を)黙らせる　*loco[ca] de* ~ 完全に頭がおかしくなっている　*ni* ~ *ni desatar* 何もしない, 何の解決もはかろうとしない

a-ta-ran-'tar [ア.タ.らン.'タる] 動 他 (衝撃などで)くらくらさせる, 茫然とさせる　~**se** 動 再《ﾁﾘ》あわてる; いらいらする; 《ﾒｷｼｺ》(de: で)いっぱいにする, (de: を)詰め込む

a-ta-'ra-xia [ア.タ.'らク.スィア] 名 女《格》心の平静状態

a-ta-ra-'za-na [ア.タ.ら.'さ.ナ] 名 女〔海〕造船所; ロープ[綱]工場

***a-tar-de-'cer** [ア.タる.デ.'せる] 93% 動 自 ㊺ (c|zc) 夕方になる, 日が暮れる 名 男 夕方, たそがれ, 日暮れ　*al* ~ 夕方に

a-ta-re-'a-do, -da [ア.タ.れ.'ア.ド, ダ] 形 忙しい, 多忙な

a-ta-re-'ar-se [ア.タ.れ.'アる.セ] 動 再 (con, en: 仕事に)精を出す

a-ta-rri-'llar-se [ア.タ.り.'ジャる.セ] 動 再《ﾍﾞﾈｽﾞｴﾗ》〔医〕熱射病になる

a-ta-ru-'gar [ア.タ.る.'ガる] 動 他 ㊶ (g|gu) 〈に〉釘(くさび)を打つ, 釘で留める; 〈に〉(木栓で)栓をする, 塞ぐ; 《話》〈に〉詰めものをする, 詰め込む; 《話》〈に〉たくさん食べさせる; 《話》黙らせる　~**se** 動 再《話》黙る; 《話》困惑する, 混乱する, あたふたする; 《話》腹いっぱい食べる

a-tas-ca-'de-ro [ア.タス.カ.'デ.ろ] 名 男 泥沼, ぬかるみ; じゃまもの, 障害

a-tas-'ca-do, -da 形 動きがとれない, 詰まった

a-tas-ca-'mien-to 名 男 ⇩ atasco

***a-tas-'car** [ア.タス.'カる] 91% 動 他 ⑲ (c|qu) 〈流れなどを〉塞ぐ, 詰まらせる; 妨げる, じゃまする　~**se** 動 再 詰まる, 滞る, つかえる; 動きがとれなくなる

***a-'tas-co** 94% 名 男 交通渋滞; 妨害, 妨げること, 滞ること; 〔機〕《機械が》動かなくなること, 故障, 停止; 〔情〕ジャム

a-ta-'úd 名 男 棺, ひつぎ

a-tau-'jí-a [ア.タウ.'ひ.ア] 名 女 象眼細工

a-tau-'ri-que [ア.タウ.'り.ケ] 名 男 浮き彫り細工

a-ta-'viar [ア.タ.'ビアる] 動 他 ㉙ (i|í) (con, de: を)着させる, 飾る, (con, de: で)装う　~**se** 動 再 装う, 盛装する

a-'tá-vi-co, -ca [ア.'タ.ビ.コ, カ] 形〔生〕隔世遺伝的な; とても古い, 先祖からの

a-ta-'ví-o [ア.タ.'ビ.オ] 名 男 装い, 身なり, 装飾品; 〔複〕美しい衣装, 装身具; 〔皮肉〕ひどい身なり

a-ta-'vis-mo [ア.タ.'ビス.モ] 名 男〔生〕隔世遺伝

a-'ta-xia [ア.'タク.スィア] 名 女〔医〕運動失調症

a-'tá-xi-co, -ca [ア.'タク.スィ.コ, カ] 形 名 男 女〔医〕運動失調症の; 〔医〕運動失調症患者

a-te-'ís-mo 名 男 無神論

a-te-'la-je [ア.テ.'ラ.へ] 名 男〔畜〕〔集合〕馬具(一式); 〔畜〕〔集合〕(車などを引く)馬

a-te-'má-ti-co, -ca 形〔言〕語幹母音がない

a-te-mo-ri-'zan-te [ア.テ.モ.り.'さン.テ] 形 恐ろしい, 怖い

a-te-mo-ri-'zar [ア.テ.モ.り.'さる] 動 他 ㉞ (z|c) 恐れさせる, 怖がらせる　~**se** 動 再 (de, por: を)怖がる, (de, por: に)おじけづく

a-tem-pe-'rar [ア.テン.ペ.'らる] 動 他 和らげる, 穏やかにする

a-tem-po-'ral [ア.テン.ポ.'らル] 形 時間に影響されない

a-tem-po-ra-li-'dad [ア.テン.ポ.ら.り.'ダド] 名 女 時間に影響されないこと

a-te-na-ce-'ar 動 他 ⇩ atenazar

***A-'te-nas** 93% 名 固〔地名〕アテネ《ギリシャ Grecia の首都》

a-te-na-'zar [ア.テ.ナ.'さる] 動 他 ㉞ (z|c) 苦しめる, 悩ませる; (やっとこで)締めつける; 強くつかむ

****a-ten-'ción** [ア.テン.'すぃオン] 77% 名 女 注意, 留意, 注目, 関心, 興味; 〔複〕親切, 世話, 手当て, 心づくし, 配慮, 気くばり; 尊敬, 敬意; 〔複〕仕事, 業務 感 お知らせします《放送などで注意を引くとき》; 〔軍〕気をつけ!《号令》; 〔映〕用意!《撮影をスタートする前の合図》　*a la* ~ *de* ……様宛(あて)に《郵便で》　*deshacerse en atenciones* (con, para: に)親切を尽くす, (con, para: を)丁重にもてなす　*en* ~ *a* … …を考慮[配慮]して　*llamar la* ~ 注意を引く, 目立つ; (a: に)注意する

****a-ten-'der** [ア.テン.'デる] 82% 動 他 ㊿ (e|ie) 〈に〉付き添う, 〈の〉世話をする, 受け持つ; 治療する; 接客する, 〈に〉応対する; 〈忠告などを〉聞く, 〈に〉注意を払う; 〈要求などを〉受け入れる, 承諾する; 《古》待つ 動 自 (a, con: に)注意を払う, 留意する; (a: 電話などに)答える, 出る; (por: という)名前である

A-te-'ne-a 名 固〔ギ神〕アテナ, アテー

ナー《知恵・学芸・工芸・戦争の女神, アテネの守護神》

a+te-ne+'ís-ta [名] [共]〔文〕文芸クラブの会員

a+te-'ne+o [名] [男]〔文〕文芸クラブ, 学芸協会

a+te-'ner-se [ア.テ.'ネる.セ] [動] [再] [68] (tener) (a: 規則・法令などを)守る, (a: に)従う; (a: を)待つ, 覚悟して待つ, 甘んじて受ける; (a: に)頼る; (a: 前に言ったことに)言及する

a+te-'nien-se [形] [名] [共]〔地名〕アテネの(人)⬆Atenas

a+'ten-ta [名] [女] お手紙《商業文で相手の手紙を指す》

a+ten-'ta-do, -da [形] 節制[節度]のある, 分別のある [名] [男] 謀殺; 侵害; 非合法; テロ行為, 襲来, 襲撃;〔法〕違反, 違法, 不法行為

a+ten-'tar [ア.テン.'タる] [動] [自] (a, contra: を)襲う, 襲撃する; (contra: を)害する, 侵す; (contra: 人を)侮辱する

***a+'ten-to, -ta** 91% [形] 丁寧な, いんぎんな, (con: に)親切な; (a: に)注意深い, 気を配る, 気を使う, 注意して聞く[見る] **-tamente** [副] 丁寧に, 丁重に, 親切に; 注意深く

a+te-nua-'ción [ア.テ.ヌア.'すぃオン] [名] [女] 和らぐこと, 和らげること; 衰弱, 希釈, 減衰

a+te-'nuan-te [名] [男] [[女]]〔法〕酌量すべき事情, 情状酌量 [形]〔法〕罪過を軽くする

a+te-'nuar [ア.テ.'ヌアる] [動] [他] [17] (u|ú) 和らげる, 緩和する, 軽減する, 弱くする;〔法〕〈犯罪などを〉酌量する **~se** [動] [再] 弱まる, 静かになる

a+'te+o, +a [形] [名] [男] [女]〔宗〕無神論の[論者]

a+ter-cio-pe-'la-do, -da [ア.テる.すぃオ.ペ.'ラ.ド, ダ] [形] ビロードの(ような); 滑らかな

a+te-'ri-do, -da [ア.テ.'り.ド, ダ] [形] 凍えた, かじかんだ

a+te-'rir-se [ア.テ.'りる.セ] [動] [再] 凍える, かじかむ

a+te-'ro-ma [ア.テ.'ろ.マ] [名] [男]〔医〕アテローム, 粉瘤(ふんりゅう)

a+te-rra-'dor, -'do-ra [ア.テ.ら̃.'ドる, 'ド.ら] [形] 恐ろしい, ぞっとする

a+te-rra-'jar [ア.テ.ら̃.'はる] [動] [他]〈に〉筋をつける;〔技〕〈に〉ねじを切る

a+te-'rrar¹ [ア.テ.'ら̃る] [動] [他] 怖がらせる, おびえさせる **~se** [動] [再] (de, por: に)おびえる, 怖がる

a+te-'rrar² [ア.テ.'ら̃る] [動] [他] [50] (e|ie) 打ち[殴り]倒す; 破壊する;〈に〉(石くず[荒石]を)投げ捨てる;《ラ米》〈に〉土をかぶせる [動] [自] 上陸する; 着陸する **~se** [動] [再] 海岸に近づく

a+te-rri-'cé, -ce(~) [動]《直点1単, 接現》⬇aterrizar

a+te-rri-'za-do, -da [ア.テ.り̃.'さ.ド, ダ] [形] [名] [男] [女]《アンデス》現実的な(人), 実践的な(人)

a+te-rri-'za-je [ア.テ.り̃.'さ.へ] [名] [男]〔空〕着陸, 着地

***a+te-rri-'zar** [ア.テ.り̃.'さる] 93% [動] [自] [34] (z|c)〔空〕《飛行機が》着陸する, (飛行機で)到着する

a+te-rro-ri-'zar [ア.テ.ろ̃.り.'さる] [動] [他] [34] (z|c) 恐れさせる, 怖がらせる **~se** [動] [再] (de, por: を)恐れる, 怖がる, 驚く

a+te-'sar [ア.テ.'サる] [動] [他] [50] (e|ie)《ラ米》ピンと張る **~se** [動] [再]〈自分のひげを〉ピンとさせる

a+te-so-ra-'mien-to [ア.テ.ソ.ら.'ミエン.ト] [名] [男] 秘蔵, 所蔵

a+te-so-'rar [ア.テ.ソ.'らる] [動] [他] 貯蔵する, 秘蔵する;〈能力・特質などを〉持つ

a+tes-ta-'ción [ア.テス.タ.'すぃオン] [名] [女] 証明, 証言

a+tes-'ta-do, -da [形] 混み合った, 満員の, (de: で)いっぱいの [名] [男]〔法〕宣言書; 口述; 口述書, 証明書, 調書; 陳述, 供述

a+tes-'tar [ア.テス.'タる] [動] [他] [50] (e|ie)〈に〉(de, con: を)詰め込む, 押し込む; 群がる, 詰めかける; 腹いっぱい食べさせる;〔法〕証明する, 証拠立てる, 立証する **~se** [動] [再]《話》(de: を)腹いっぱい食べる

a+tes-ti-'guar [ア.テス.ティ.'グアる] [動] [他] [9] (u|ü) 証明する, 証拠立てる, 立証する;〔法〕証言する

a+te-'za-do, -da [ア.テ.'さ.ド, ダ] [形] 日焼けした; 黒い, 黒ずんだ, 黒光りした

a+te-'zar [ア.テ.'さる] [動] [他] [34] (z|c) 滑らか[艶やか]にする, つやを出す; 日に焼けさせる, 褐色にする **~se** [動] [再] 日焼けする, 小麦色の肌になる; 褐色になる

a+ti-bo-rra-'mien-to [ア.ティ.ボ.ら̃.'ミエン.ト] [名] [男] 詰め込み, ぎゅう詰め

a+ti-bo-'rrar [ア.ティ.ボ.'ら̃る] [動] [他] 詰め込む, いっぱいにする **~se** [動] [再] (de: を)腹いっぱいに食べる

'Á+ti-ca [名] [固]〔歴〕〔地名〕アッティカ《古代ギリシャ南東部の地方》

a+ti-'cis-mo [ア.ティ.'すぃス.モ] [名] [男]《格》簡潔典雅な表現

'á+ti-co, -ca [形] [名] [男] [女]〔歴〕〔地名〕アッティカ(人)の, アッティカ人⬆Ática;〔言〕(ギリシャ語の)アッティカ方言の [名] [男]〔言〕(ギリシャ語の)アッティカ方言;〔建〕屋根裏部屋

a+'tien-d~ [動]《直現/接現/命》⬆atender

a+'tien-de 動《直現3単/命》⬆atender

a+tie-'sar [ア.ティエ.'サる] 動 他 固くする, 緊張させる ~**se** 動 再〈自分のひげなどを〉固める; 固くなる, 緊張する

a+ti-'gra-do, -da [ア.ティ.'グら.ド, ダ] 形 虎の毛のような(模様の), 縞模様の

a+til-'da-do, -da [ア.ティル.'ダ.ド, ダ] 形 めかしこんだ; «文章などが»凝った, 凝りすぎた

a+til-'dar [ア.ティル.'ダる] 動 他〘言〙〈に〉エニェの符号をつける, 〈に〉アクセント符号をつける; (de: で)非難する, とがめる; 〈に〉おしゃれをさせる, 〈に〉おめかしさせる ~**se** 動 再 めかしこむ, 着飾る

a+ti-'na-do, -da 形 適切な, 賢明な, 的確な

*__a+ti-'nar__ [ア.ティ.'ナる] 94% 動 自 (con, en: で)正しい判断をする, (al 不定詞・現在分詞: …して)正しい, よかった; (a, con: を)偶然発見する; (a 不定詞: …)できる; 的に当たる

a+tin-'gen-tia [ア.ティン.'ヘン.ティア] 名 女《アンデス》責任, 担当

a+'tí-pi-co, -ca 形 異常な

a+ti-'pla-do, -da [ア.ティ.'プラ.ド, ダ] 形 «声が»高い, かん高い, 金切り声の

a+ti-'plar [ア.ティ.'プラる] 動 他〘楽〙〈声・楽器の音を〉高音域に上げる ~**se** 動 再〘楽〙«声・楽器の音が»高くなる

a+ti-ran-'tar [ア.ティ.らン.'タる] 動 他 (ピンと)張る; 〈関係を〉緊張させる

a+tis-'bar [ア.ティス.'バる] 動 他 のぞく, うかがう; 〈が〉かすかに見える, かろうじて見える; 見張る, 偵察する ~**se** 動 再 かすかに[ぼんやり]見える

a+'tis-bo 名 男 しるし, 兆候, 兆し; のぞくこと, うかがうこと, 見張ること

A+tit-'lán; -ti-'tlán [ア.ティト.'ラン; .ティ.'トラン] 名 固〔lago de ~〕〘地名〙アティトラン湖《グアテマラ南西部の湖》

a+'ti-za [ア.'ティ.さ] 感《話》おや!, まあ!《驚き》

a+ti-za-'dor, -'do-ra [ア.ティ.さ.'ドる, 'ド.ら] 形 あおり立てる, 扇動する 名 男 火かき棒

a+ti-'zar [ア.ティ.'さる] 動 他 ㉞ (z|c)〈火を〉かき立てる; 《話》〈一撃を〉加える; 奮起させる, あおる 動 自《メキシコ》《俗》マリファナを吸う ~**se** 動 再《話》がぶ飲みする, がつがつ食う

at-'lan-te; a+'tlan- [アト.'ラン.テ; ア.'トラン] 名 男 (一本の)男像柱; 〘建〙主柱, 大黒柱; 〘架空〙アトランティス島の人 ⬇Atlántida

At-'lan-te; A+'tlan- 名 固 ⇩Atlas

at-'lán-ti-co, -ca; a+'tlán- [アト.'ラン.ティ.コ, カ; ア.'トラン.] 90% 形〘地名〙大西洋の; 〘地名〙アトラス山脈の ⬇Atlas **A~** 名 固〘地名〙アトランティコ《コロンビア北部の県》

At-'lán-ti-da [アト.'ラン.ティ.ダ] 名 固〔la ~〕〘架空〙アトランティス島《ジブラルタル海峡の西方にあったが神罰によって沈没したといわれる楽土》; 〘地名〙アトランティダ《ホンジュラス北部の県》

*__'at-las; 'a+tlas__ ['アト.ラス; 'ア.トラス] 94% 名 男〔単複同〕地図帳; 図解書, 図版集

'At-las; 'A+tlas ['アト.ラス; 'ア.トラス] 名 固〘ギ神〙アトラス《地球を両肩にかつぐ巨人神》; 〔cordillera de ~〕〘地名〙アトラス山脈《アフリカ北西部の大山脈》

*__at-'le-ta__ [アト.'レ.タ] 92% 名 共〘競〙選手, スポーツマン; 〔特に〕陸上選手; 体のがっちりした人 *pie de ~*〘医〙水虫

*__at-'lé-ti-co, -ca; a+'tlé-__ [アト.'レ.ティ.コ, カ; ア.'トレ.] 91% 形〘競〙競技[選手]の, 陸上競技の; (体が)運動選手らしい, がっしりとした, 強健な

at-le-'tis-mo; a+tle- [アト.レ.'ティス.モ; ア.トレ.] 名 男〘競〙陸上競技

*__at-'mós-fe-ra__ ⇔**-mos-** [アト.'モス.フェ.ら ⇔ アト.モス.'フェ.ら] 91% 名 女 大気, 大気圏; (ある場所の)空気; 雰囲気, 気分, ムード; 〘物〙気圧(単位)

at-mos-'fé-ri-co, -ca [アト.モス.'フェ.り.コ, カ] 形 大気(中)の; 気圧の

a+'to-cha 名 女〘植〙アフリカハネガヤ, エスパルト草

a+to-cha-'mien-to 名 男《チリ》交通渋滞

a+to-'char [ア.ト.'チャる] 動 他 (de: で)いっぱいにする

a+to-'la-da [ア.ト.'ラ.ダ] 名 女《中米》アトーレが出されるパーティー ⬇atole

a+'to-le [ア.'ト.レ] 名 男《メキシコ》《中米》〘食〙アトーレ《トウモロコシ粉と牛乳から作る飲み物》 *dar ~ con el dedo*《メキシコ》《中米》だます, うそをつく

a+to-lla-'de-ro [ア.ト.ジャ.'デ.ろ] 名 男 難局, 行き詰まり, 窮地; ぬかるみ, 泥沼

a+to-'llar(-se) [ア.ト.'ジャる(.セ)] 動 自 (再) 動きがとれなくなる; 泥沼に沈む[はまる]

a+to-'lón [ア.ト.'ロン] 名 男〘海〙環状サンゴ島, 環礁

a+to-lon-'dra-do, -da [ア.ト.ロン.'ドら.ド, ダ] 形 当惑した, うろたえた, ぼうっとした

a+to-lon-dra-'mien-to [ア.ト.ロン.ドら.'ミエン.ト] 名 男 当惑, うろたえ, あわてること, ぼうっとしていること

a+to-lon-'drar [ア.ト.ロン.'ドらる] [動] [他] 〈の〉目をくらます; 当惑させる, うろたえさせる, ぼうっとさせる　**~se** [動] [再] 当惑する, うろたえる, あわてる, 面くらう

*__a+'tó-mi-co, -ca__ 91% [形] 原子の, 原子力の

a+to-mi-za-'dor [ア.ト.ミ.さ.'ドる] [名] [男] スプレー, 噴霧器

a+to-mi-'zar [ア.ト.ミ.'さる] [動] [他] ㉞ (z|c) 霧状にする; 粉砕する

'á-to-mo 90% [名] [男] 〔物〕〔化〕 原子; 《話》〔否定文で〕少しも(…ない)

a+to-'ní+a [名] [女] 〔医〕(収縮性器官の)アトニー, 弛緩(しかん)症; 無気力, 脱力感

a+'tó-ni-co, -ca [形] 〔医〕 アトニーの, 弛緩(しかん)症の

a+'tó-ni-to, -ta [形] (con, de, por: に) びっくりした

'á-to+no, -na [形] 〔音〕 アクセントのない, 弱勢の

a+ton-'ta-do, -da [形] ぼんやりした, ポカンとした

a+ton-ta-'mien-to [名] [男] ぼうっとすること, 呆然(ぼうぜん)とすること, 茫然自失

a+ton-'tar [ア.トン.'タる] [動] [他] 呆然(ぼうぜん)とさせる, ぼうっとさせる, 麻痺(まひ)させる, 気絶[失神]させる　**~se** [動] [再] ぼうっとする, ポカンとする; 麻痺する; 気絶する

a+ton-to-li-'nar [ア.トン.ト.リ.'ナる] [動] [他] 《話》 ⇧ atontar

a+'to-pia [名] [女] 〔医〕 アトピー

a+'tó-pi-co, -ca [形] 〔医〕 アトピー性の

a+to-'rar [ア.ト.'らる] [動] [他] ふさぐ, 詰まらせる　**~se** [動] [再] ふさがる, 詰まる

a+tor-men-ta-'dor, -'do-ra [ア.トる.メン.タ.'ドる, 'ド.ら] [形] [名] [男] [女] 苦しめる(人); 拷問者

a+tor-men-'tar [ア.トる.メン.'タる] [動] [他] 苦しめる, 悩ます, 〈に〉不快を催させる; 責める, 拷問にかける　**~se** [動] [再] (con, de, por: を)心配する, くよくよする, 悩む; 苦しむ

a+tor-ni-lla-'dor [ア.トる.ニ.ジャ.'ドる] [名] [男] 《南米》 ねじ回し, ドライバー

a+tor-ni-'llar [ア.トる.ニ.'ジャる] [動] [他] ねじ釘(くぎ)で取りつける, ねじで締める

a+'to-ro [ア.'ト.ろ] [名] [男] 詰まること, ふさがること

a+to-'rran-te [ア.ト.'らン.テ] [名] [共] 《南米》 浮浪者; 《ボリ》《ラプラタ》〔人〕 恥じ知らず

a+to-si-ga-'mien-to [名] [男] せきたてること, 強要; あせり, 急ぐこと

a+to-si-'gar [ア.ト.スィ.'ガる] [動] [他] ㊶ (g|gu) 苦しめる, せきたてる, 強いる; 〈に〉毒を盛る　**~se** [動] [再] あせる, あわてる

a+to-tu-'mar-se [ア.ト.トゥ.'マる.セ] [動] [再] 《コロンビア》《話》 驚く, どぎまぎする

a+tra-bi-'lia-rio, -ria [ア.トら.ビ.'リア.りオ, りア] [形] [名] [男] [女] 《格》 怒りっぽい(人), かんしゃく持ち(の)

a+tra-'bi-lis [ア.トら.'ビ.リス] [名] [女] 〔単複同〕〔歴〕〔医〕 黒胆汁 《中世に憂鬱(ゆううつ)の原因と考えられていた》; 憂鬱, 不機嫌

a+tra-ca-'de-ra [ア.トら.カ.'デ.ら] [名] [女] 《アンデス》 交通渋滞

a+tra-ca-'de-ro [ア.トら.カ.'デ.ろ] [名] [男] 〔海〕 停泊地, 桟橋, 船着き場

a+tra-ca-'dor, -'do-ra [ア.トら.カ.'ドる, 'ド.ら] [名] [男] [女] 強盗

a+tra-'car [ア.トら.'カる] [動] [他] ㊾ (c|qu) 襲う, 強奪する; 〔海〕 〈船を〉着岸させる; 《メキシコ》《カリブ》 押す, 押しつける; 殴る; 《カリブ》〔食〕 食べ過ぎる; 《中米》 縛る; 規則で縛る; 《話》〔食〕 いやになるまで食べさせる [動] [自] (de: を) いやになるまで[満足するまで]する[食べる] [動] [自] 〔海〕 《船が》着岸する; 殴り合う　**~se** [動] [再] 《ラ米》 (a: に)賛成する; 《南米》 (a: に)近づく, 近寄る

*__a+trac-'ción__ [ア.トらク.'すぃオン] 92% [名] [女] 魅力, 魅惑; 人を引きつけるもの, 魅力あるもの, 呼び物, アトラクション; 引きつけること, 誘引; 〔物〕 引力

a+'tra-co [ア.'トら.コ] [名] [男] 強盗, 強奪

a+tra-'cón [ア.トら.'コン] [名] [男] 《話》 たらふく食べること, 満腹

a+trac-'ti-vo, -va [ア.トらク.'ティ.ボ, バ] 90% [形] 魅力的な, 人を引きつける; 〔物〕 引力のある, 引力の [名] [男] 魅力的なこと[もの], 人目を引くこと, 魅力

a+tra+'er [ア.トら.'エる] 88% [動] [他] ⑳ (traer) (魅力で)引きつける, 魅惑する; 《磁性などが》引きつける, 引き寄せる　**~se** [動] [再] (a: の)注意[関心]を引く

a+tra-fa-'gar(-se) [ア.トら.ファ.'ガる(.セ)] [動] [自] ([再]) ㊶ (g|gu) 忙しく動き回る

a+tra-gan-'tar [ア.トら.ガン.'タる] [動] [他] 窒息させる, ふさぐ, 息を詰まらせる; (のどに)ひっかかる　**~se** [動] [再] (con: で)のどが詰まる, つかえる; 《話》 我慢できない; 息が詰まる, 窒息する, むせぶ; 口ごもる, 言葉に詰まる; 《話》 当惑する, 混乱する

a+tra-gan-'tón [ア.トら.ガン.'トン] [名] [男] 《話》 困窮, 困難

a+'trai-go, -ga(~) [動] 《直現1単, 接現》 ⬆atraer

a+trai-'llar [ア.トらイ.'ジャる] [動] [他] ④ (i|í) 〔動〕 〈犬を〉革ひもでつなぐ

a+'tra-j~ [動] 《直点/接過》 ⬆atraer

a+tran-'car [ア.トらン.'カる] [動] [他] ㊾ (c|qu) 〔建〕 〈戸・窓に〉かんぬきをさす; 〈管を〉ふさぐ, 遮断する　**~se** [動] [再] 管が詰まる, ふさがる; 〔機〕 《機械が》動かなくなる; 口ごもる; 《ラ米》 頑固になる, 強情を張る

a+'tran-co [ア.'トらン.コ] [名] [男] 障害, 難局

a+tra-'pa-da [ア.ト̣ら.'パ.ダ] 名 女〘競〙〔サッカーなど〕(ボールの)セーブ

a+tra-pa-'mos-cas [ア.ト̣ら.パ.'モス.カス] 名 男〔単複同〕〘植〙ハエトリソウ

a+tra-'par [ア.ト̣ら.'パる̣] 動 他 (すばやく)捕らえる, つかまえる;《話》手に入れる, 獲得する; あざむく, わなにかける;〘競〙〔サッカーなど〕〈ボールを〉セーブする, 止める

⁂a+'trás [ア.'ト̣らス] 81% 副《場所が》後ろに[へ], 後に, 背後に;《仕事・勉強などが》遅れて;(時間的に)前に, 以前に 感 下がれ!, 後退!, バック! ***cuenta ~*** 秒読み, カウントダウン《ロケットの打ち上げなど》 ***marcha ~*** バック, 後退

***a+tra-'sa-do, -da** [ア.ト̣ら.'サ.ド, ダ] 94% 形 (時間に)遅れた, 遅刻した;《進行・進歩が》遅れた,《仕事・勉強・時計が》遅れている;《支払いが》遅れている, 滞納の; バックナンバーの 名 男 女 時代遅れの人;(知能が)遅れた人

a+tra-'sar [ア.ト̣ら.'サる̣] 動 他 遅らせる, 延期する, 延ばす;〈時計の針を〉遅らせる 動 自《時計が》遅れる **~se** 動 再 遅れる;《時計が》遅れる

***a+'tra-so** [ア.'ト̣ら.ソ] 94% 名 男 (時間・進度の)遅れ;〔複〕〘商〙(支払いの)遅れ, 滞納金

a+tra-ve-'sa-do, -da [ア.ト̣ら.ベ.'サ.ド, ダ] 形 横たわっている; 斜視の, やぶにらみの; 意地が悪い, 悪意のある;〘動〙《動物が》雑種の, 交配種の ***tener ~[da]*** (a: に)反感を持つ, (a: を)嫌う

⁂a+tra-ve-'sar [ア.ト̣ら.ベ.'サる̣] 87% 動 他 ㊿ (e|ie) 横切る, 横断する, 通り越す; 突き抜ける, 突き通す, 貫通する;〈の〉時期にある,〈の〉状況にある; 横に渡す,〈橋などを〉渡す, かける 動 自 (por: の時期・状況に)ある **~se** 動 再 横になる, 横切っている, 横たわる; 引っかかる, (のどに)詰まる; (en: の)中に入る, 割り込む,《じゃまが》入る; (a: と)けんかする ***~se en el camino*** (de: の)じゃまをする

a+tra-'vie-s~ 動《直現/接現/命》⬆atravesar

a+tra-'yen-te [ア.ト̣ら.'ジェン.テ] 形 魅力的な

a+'tre-cho [ア.'ト̣れ.チョ] 名 男《カリブ》近道; 細道

a+'tre-sia [ア.'ト̣れ.スィア] 名 女〘医〙閉鎖症

⁂a+tre-'ver-se [ア.ト̣れ.'べる̣.セ] 86% 動 再 思い切って(a 不定詞: …)する, 恐れず…する, …する勇気[ずうずうしさ]がある, あえて…する; 思い切ったことを言う, (con: に)大きな態度をとる; 勇気を持つ, 思い切って行動する; (con: に)挑む, 立ち向かう

a+tre-'vi-do, -da [ア.ト̣れ.'ビ.ド, ダ] 形 大胆な, 向こう見ずな, 無謀な; 横柄な, ずうずうしい, 無遠慮な; 派手な,〘衣〙《服装が》あらわな, 大胆な; 勇敢な, 思い切った

***a+tre-vi-'mien-to** [ア.ト̣れ.ビ.'ミエン.ト] 94% 名 男 大胆さ, ずぶとさ, あつかましさ, ずうずうしさ; あつかましい言動; 横柄, 傲慢(ごうまん), 無礼, 生意気

a+tre-'vió 動《直点 3 単》⬆atrever

a+'tre-zo [ア.'ト̣れ.そ] 名 男〘演〙〘映〙小道具

a+tri-bu-'ción [ア.ト̣リ.ブ.'すぃオン] 名 女〔複〕属性, 職権, 権限; (de: 結果・原因などを)(a: に)帰すること, 帰属, (作者の)特定

a+tri-'bui-ble [ア.ト̣リ.'ブイ.ブレ] 形 (a: に)帰着できる

⁂a+tri-'buir [ア.ト̣リ.'ブイる̣] 88% 動 他 ㊲ (-y-)〈の性質が〉(a: に)あるとする, (a: が)〈の性質を〉持っているとする;〈結果を〉(a: の)せいにする, (a: に)〈の〉原因があるとする;〈作品などを〉(a: の)作と考える **~se** 動 再 (a: の)もの[作]とされる; (de: を)自分の手柄にする, 自分のものだとする

a+tri-bu-'lar [ア.ト̣リ.ブ.'ラる̣] 動 他 苦しめる, 悩ます, 悲しませる **~se** 動 再 (con, de: を)悩む, 苦しむ, 心配する

a+tri-bu-'ti-vo, -va [ア.ト̣リ.ブ.'ティ.ボ, バ] 形〘言〙限定的な, 修飾的な;〘言〙属性を表す

a+tri-'bu-to [ア.ト̣リ.'ブ.ト] 名 男 属性《本来備えている性質》, 特質; (地位などを象徴する)持ち物, 象徴;〘言〙限定語(句)《属性・性質を表す語句; 形容詞など》

a+tri-'bu-y~ 動《活用》⬆atribuir

a+tri-'bu-ye 動《直現 3 単/命》⬆atribuir

a+tri-'ción [ア.ト̣リ.'すぃオン] 名 女〘宗〙痛悔, 悔罪;〘医〙挫傷(ざしょう), 打撲傷

a+'tril [ア.'ト̣リル] 名 男 書見台;〘楽〙譜面台;〘宗〙聖書台

a+trin-'car [ア.ト̣リン.'カる̣] 動 他 ㊴ (c|qu)《ラ米》きつく縛る, 固定する;《ラ米》〈に〉厳しい規則を課す

a+trin-che-'rar [ア.ト̣リン.チェ.'らる̣] 動 他〘軍〙塹壕(ざんごう)で囲む[固める] **~se** 動 再〔一般〕(en, tras: で)身を守る, 防御する;〘軍〙塹壕にたてこもる

'a+trio ['ア.ト̣リオ] 名 男〘建〙(修道院などの)中庭

a+'tri-quia [ア.'ト̣リ.キア] 名 女〘医〙無毛症, 無毛

a+tro-ci-'dad [ア.ト̣ろ.すぃ.'ダド̣] 名 女 暴虐, 非道, 残虐, 虐殺;《話》愚行, ばかげた考え, でたらめ;《話》大変な量;〔una ~〕《話》〔副詞的に〕すごく, ひどく

a+'tro-fia [ア.'ト̣ろ.フィア] 名 女〘医〙萎縮(いしゅく)症

a

a+tro-'fia-do, -da [ア.トろ.'フィア.ド, ダ] 形 〘医〙萎縮(いしゅく)した

a+tro-'fiar [ア.トろ.'フィアる] 動 他 〘医〙萎縮(いしゅく)させる ~**se** 動 再 〘医〙萎縮する, 〘生〙退化する

a+tro-'jar [ア.トろ.'はる] 動 自 《メキシコ》《話》とまどう, 困る

a+tro-na-'dor, -'do-ra [ア.トろ.ナ.'ドる, 'ド.ら] 形 《声・音が》耳を聾(ろう)する, 雷のような

a+tro-'nar [ア.トろ.'ナる] 動 他 ⑯ (o|ue) 〈の〉耳をつんざく[聾する]

a+tro-pe-'lla-do, -da [ア.トろ.ペ.'ジャ.ド, ダ] 形 急いでいる, あわてている

***a+tro-pe-'llar** [ア.トろ.ペ.'ジャる] 94% 動 他 《車・運転手が》〈人を〉ひく; 無視する, なおざりにする, 抑圧する, しいたげる, 傷つける, 踏みつける ~**se** 動 再 あわてふためく, 急いで(a 不定詞: …)する

a+tro-'pe-llo [ア.トろ.'ペ.ジョ] 名 男 《車が》ひくこと; 急ぐこと; 不法行為, 非道, 侵害, 蹂躙(じゅうりん); 踏みつけ, ひき倒し; 侮辱

a+tro-'pi-na [ア.トろ.'ピ.ナ] 名 女 〘化〙アトロピン《ベラドンナなどの根や茎から採る有毒アルカロイド》

***a+'troz** [ア.'トろす] 93% 形 残虐な; とても苦しい; 《話》とてもひどい, 大変な, 異常な; とてつもなく大きい ~**mente** 副 ひどく, 残酷に

a+tru-'cha-do, -da [ア.トる.'チャ.ド, ダ] 形 《鋳造した金属が》ニジマス模様の; 〘畜〙《馬が》毛色に赤い斑点(はんてん)がある

atte. 略 ↑atentamente 敬具《手紙で用いる》

atto., atta. 略 ↑atento, -ta 丁重な《手紙で用いる》

atto~ 〔接頭辞〕〘数〙「10 の -18 乗」を示す

a+tu-cu-'ñar [ア.トゥ.ク.'ニャる] 動 他 《中米》詰める, 詰め込む

a+'tuen-do 名 男 装い, 服装, 飾り

a+tu-'far [ア.トゥ.'ファる] 動 自 悪臭を放つ; 《アンデス》《話》とまどう, 困る 動 他 いらいらさせる, 怒らせる; (において)息を詰まらせる, むかつかせる ~**se** 動 再 (において)息が詰まる, 気分が悪くなる; (con, de, por: に)怒る, 腹を立てる; 〘飲〙《ワインが》すっぱくなる; 《中米》《話》自慢する

a+'tu-fo 名 男 怒り, 立腹

***a+'tún** 94% 名 男 〘魚〙マグロ; 〘食〙ツナ

a+tu-'ne-ro, -ra [ア.トゥ.'ネ.ろ, ら] 形 〘海〙マグロ(漁)の 名 男 〘海〙マグロ漁船

a+tur-'di-do, -da [ア.トゥる.'ディ.ド, ダ] 形 そそっかしい; 呆然(ぼうぜん)とした; 驚いた

a+tur-di-'mien-to [ア.トゥる.ディ.'ミエン.ト] 名 男 困惑, 呆然(ぼうぜん)自失

a+tur-'dir [ア.トゥる.'ディる] 動 他 《打撃などが》ぼうっとさせる; 驚かせる ~**se** 動 再 (de: に)驚く, 呆然(ぼうぜん)とする; 気をまぎらわせる

a+tu-ru-'llar [ア.トゥ.る.'ジャる] 動 他 《話》混乱させる, 困惑させる ~**se** 動 再 《話》混乱する, まごつく, 困惑する

a+tu-'sar [ア.トゥ.'サる] 動 他 〈に〉手ぐしをする, なでつける, くしですく ~**se** 動 再 〈自分のひげを〉整える

a+tu-v~ 動 《直点/接過》↑atenerse

au-'da-cia [アウ.'ダ.すぃア] 名 女 大胆不敵; ずうずうしさ, あつかましさ

***au-'daz** [アウ.'ダす] 93% 形 名 共 大胆な(人), 勇敢な(人); ずうずうしい(人), あつかましい(人)

au-'di-ble [アウ.'ディ.ブレ] 形 聞きとれる, 聞こえる

au-di-'ción [アウ.ディ.'すぃオン] 名 女 聞くこと, 聴取; 〘楽〙コンサート, リサイタル; 聴力, 聴覚; オーディション; 《ラプラタ》ラジオ番組

au-'dien-cia [アウ.'ディエン.すぃア] 名 女 謁見, 接見; 裁判所; 〘歴〙《スペイン》《ラ米》アウディエンシア《16 世紀にラテンアメリカで設立された司法・行政・財政機関》

au-'dí-fo+no 名 男 補聴器; 《ラ米》イヤホン; 《ラ米》(電話の)受話器

'au-dio 名 男 オーディオ

au-dio-fre-'cuen-cia [アウ.ディオ.フれ.'クエン.すぃア] 名 女 〘電〙可聴周波(数), 低周波

au-'dió-me-tro [アウ.'ディオ.メ.トろ] 名 男 聴力計, オージオメーター

au-dio-vi-'sual [アウ.ディオ.ビ.'スアル] 形 視聴覚の

au-di-'tar [アウ.ディ.'タる] 動 他 〈企業・組織の〉会計監査をする

au-di-'ti-vo, -va [アウ.ディ.'ティ.ボ, バ] 形 耳の, 聴覚の, 聴力の

au-di-'tor, -'to-ra [アウ.ディ.'トる, 'ト.ら] 名 男 女 会計検査官, 監査役; 〘法〙司法官

au-di-to-'rí+a [アウ.ディ.ト.'り.ア] 名 女 会計検査機関; 〘法〙司法官の事務所

***au-di-'to-rio** [アウ.ディ.'ト.りオ] 93% 名 男 聴衆, 観衆, 観客; 講堂, 大講義室

au-di-'tó-rium 名 男 ⇧auditorio

***'au+ge** ['アウ.へ] 93% 名 男 頂点, 絶頂; ブーム

Augs-'bur-go [アウ(グ)ス.'ブる.ゴ] 名 固 〘地名〙アウクスブルク《ドイツ南部, バイエルン州の都市》

au-'gur [アウ.'グる] 名 男 〘歴〙卜占(ぼくせん)官《古代ローマで鳥の挙動で公事の吉凶を判断した神官》

au-gu-'rar [アウ.グ.'らる] 動 他 占う, 予知する, 予言する; 〈の〉前兆となる

au-'gu-rio [アウ.'グ.りオ] 名 男 前兆, 兆し; 占い判断, 予言

au-'gus-to, -ta [アウ.'グス.ト, タ] 形 王族の; 高貴な; 威厳のある, 荘厳な 名 男 (サーカスの)ピエロ, 道化師

Au-'gus-to [アウ.'グス.ト] 名 固 〖男性名〗アウグスト

*'**au+la** ['アウ.ラ] 93% 名 女 〔el/un⇦una ~〕教室, 大教室; 《詩》宮殿

au-'la-ga [アウ.'ラ.ガ] 名 女 〖植〗ハリエニシダ *estar en ~s* 《コロンビア》困っている

au-'la-rio [アウ.'ラ.リオ] 名 男 教育棟, 〔集合〕教室

'**áu-li-co, -ca** ['アウ.リ.コ, カ] 形 〖歴〗宮廷の 名 男 女 〖歴〗宮廷人

au-'llar [アウ.'ジャる] 動 自 60 (u|ú) 〖動〗《動物が》遠吠(とお)えする; 〖気〗《風が》うなる

au-'lli-do [アウ.'ジ.ド] 名 男 〖動〗遠吠(とお)えの声, 吠え声, わめき声; 〖気〗(風の)うなり

au-men-'tar [アウ.メン.'タる] 80% 動 他 増やす, 増加させる, 増大させる, 拡大する, 大きくする ~(**se**) 動 自 (再) 増える, 増加する, 上昇する; (de, en: を)増やす; 〖情〗ズームする

au-men-ta-'ti-vo, -va [アウ.メン.タ.'ティ.ボ, バ] 形 〖言〗指大辞の 名 男 〖言〗指大辞, 指大語

au-'men-to 85% 名 男 増加, 増大, 上昇, 増加量; 拡大, 倍率

aun 86% 副 〔弱勢〕 **1** …でさえ, ですら; …であっても: Es muy fácil. **Aun** este niño lo puede hacer. それはとてもやさしくてこの子でもできる。 **2** …であっても: En Málaga **aun** en invierno no hace frío. マラガでは冬でも寒くない。 **3** それどころか, また…までも: Me dio consejo y **aun** dinero. 彼は私に助言してくれてその上お金までくれた。 *~ cuando* …(接続法) …だけれど, …だとしても *ni ~* …(現在分詞) 《否定》 …であっても(~ない), たとえ…しても(~ない)

'**a+ún** 73% 副 (今でも)まだ, 今なお, やはり; 〔比較級を強めて〕なおいっそう, さらに…

au-'nar [アウ.'ナる] 動 他 60 (u|ú) 合わせる, 合一する ~**se** 動 再 一体になる, 合体する, 団結する

aun-que [アウン.ケ] 65% 接 〔弱勢〕 **1** (実際に)…であるけれども: **Aunque** es joven, sabe mucho. 彼は若いがたくさん知識がある。 **2** たとえ(接続法現在: …)でも, …であるかもしれないが《譲歩》: **Aunque** no te guste, tienes que aceptarlo. 君はそれが気に入らなくても承諾しなくてはいけない。 **3** たとえ(接続法過去・過去完了: …)だったとしても 《非現実的な仮定, 帰結節は過去未来形・過去未来完了形》: **Aunque** yo fuera rico, no podría vivir una eternidad. たとえ私が金持ちだったとしても永遠には生きられないだろう。 **4** 〔追加・補足〕とは言っても, …ではあるが: Quizá llueva mañana, **aunque** no me gustaría. ひょっとすると明日は雨になるかもしれない, 僕は望まないけれども。 *ni ~* …(接続法) たとえ…であっても《仮定文》

a+'ú+pa 感 《話》がんばれ!, さあさあ!, いけいけ! 《人を元気づける言葉》; さあたっち!, よいしょ! 《子供を起こす[立たせる]時のかけ声》; だっこして《子供が言う》 *de ~* 《スペイン》《話》すばらしい, すごい, とんでもない

au-'par [アウ.'パる] 動 他 60 (u|ú) 《話》〈子供などを〉持ち上げる, 起こす; 《話》ほめる ~**se** 動 再 《話》起き上がる; 《話》偉くなる

'**au+ra** ['アウ.ら] 名 女 〔el/un⇦una ~〕霊気, オーラ, 特殊な雰囲気; 《格》そよ風; 〖医〗(ヒステリー・てんかんなどの)前兆; 〖鳥〗ヒメコンドル; 《ラ米》〖鳥〗クロコンドル

Au-'re-lia [アウ.'れ.リア] 名 固 〖女性名〗アウレリア

Au-'re-lio [アウ.'れ.リオ] 名 固 〖男性名〗アウレリオ

'**áu-re+o, +a** ['アウ.れ.オ, ア] 形 全盛の; 《詩》金(きん)の, 黄金の, 金製の, 金色の 名 男 〖歴〗〖経〗アウレウス《カエサルからコンスタンティヌス1世までの古代ローマの金貨》

au-re+'o-la [アウ.れ.'オ.ラ] 名 女 〖宗〗(聖者・殉教者の頂く)天上の宝冠, 栄光; (聖像の)後光, 光輪; 名声, 評判, 名望; 〖天〗(皆既日食の)光冠, コロナ

au-re+o-mi-'ci-na [アウ.れ.オ.ミ.'すぃ.ナ] 名 女 〖医〗オーレオマイシン《抗生物質》

au-'rí-cu-la [アウ.'リ.ク.ラ] 名 女 〖体〗(心臓の)心耳; 〖体〗外耳, 耳郭(じかく); 〖植〗耳状部

*__au-ri-cu-'lar__ [アウ.リ.ク.'ラる] 94% 形 〖体〗耳の, 聴覚の, 聴覚による 名 男 受話器, 受話口; 〔複〕イヤホン, ヘッドホン; 〖体〗小指

au-'rien-se [アウ.'リエン.セ] 形 名 共 〖地名〗オレンセの(人)⬇Orense

au-'rí-fe-ro, -ra [アウ.'リ.フェ.ろ, ら] 形 金を含む, 金を産する

au-'ri-ga [アウ.'リ.ガ] 名 男 《詩》御者; 〔A~〕〖天〗ぎょしゃ座

au-ri-ña-'cien-se [アウ.リ.ニャ.'すぃエン.セ] 形 〖歴〗オーリニャック文化の

*__au-'ro-ra__ [アウ.'ろ.ら] 93% 名 女 夜明け, 曙(あけぼの), 暁(あかつき); オーロラ; 黎明(れいめい)期, 始まり, 兆し; 〖宗〗暁の祈り; あかね色

Au-'ro-ra [アウ.'ろ.ら] 名 固 〖女性名〗アウローラ; 〖ロ神〗アウロラ《曙の女神》

aurrescu; aurresku [アウ.'れス.ク] 名 男 〔バスク語〕アウレスク《バスク地方の踊り》

aus-cul-ta-'ción [アウス.クル.タ.'すぃオン] 名 女 〖医〗聴診

a

aus-cul-'tar [アウス.クル.'タる] 動 他 〘医〙聴診する

‡au-'sen-cia [アウ.'セン.すぃア] 86% 名 女 欠席, 不在, 留守, 欠勤; ないこと, 欠乏; 上の空, 放心(状態); 〘医〙欠神(けっしん) ***brillar por su ~*** いないことで目立つ ***en ~ de ...*** …がいない[ない]ときに, …がないために

au-sen-'tar-se [アウ.セン.'タる.セ] 動 再 (de: に)欠席する, 欠勤する, (その場に)いない; (de: を)去る, 離れる

***au-'sen-te** 92% 形 (de: に)いない, 欠席の, 欠勤の, 不在の, 留守の; 離れている 名 共 (その場に)いない人, 欠席者

au-sen-'tis-mo 名 男 ⇧ absentismo

au-'sol [アウ.'ソル] 名 男 〔複〕《ラ米》火山の裂け目

aus-pi-cia-'dor, -'do.ra [アウス.ピ.すぃア.'ドる,.'ド.ら] 動 他 《ラ米》⇩ patrocinador

aus-pi-'ciar [アウス.ピ.'すぃアる] 動 他 《ラ米》後援する, 援助する; 占う, 予言する

aus-'pi-cio [アウス.'ピ.すぃオ] 名 男 〔複〕兆し, 前兆; 〔複〕後援, 援助

aus-pi-'cio-so, -sa [アウス.ピ.'すぃオ.ソ, サ] 形 《ラ米》吉兆の, さい先のよい

aus-te-ri-'dad [アウス.テ.り.'ダド] 名 女 厳格さ, 厳粛; 質素

***aus-'te-ro, -ra** [アウス.'テ.ろ, ら] 94% 形 質素な, 地味な; 厳しい, 厳格な, 厳粛な

aus-'tral [アウス.'トらル] 名 男 〘歴〙〘経〙アウストラル《アルゼンチンの旧通貨》形 南(から)の, 南方の; 〘地〙南極の

***Aus-'tra-lia** [アウス.'トら.リア] 91% 名 固 〘地名〙オーストラリア連邦《オーストラリア大陸と付近の島々からなる国》

***aus-tra-'lia+no, -na** [アウス.トら.'リア.ノ, ナ] 94% 形 〘地名〙オーストラリア(人)の 名 男 女 オーストラリア人 ⬆Australia

Aus-'tra-sia [アウス.'トら.スィア] 名 固 〘歴〙アウストラシア《メロビング朝フランク王国の東分国》

***'Aus-tria** ['アウス.トりア] 93% 名 固 〔República de ~〕〘地名〙オーストリア《ヨーロッパ中部の共和国》

***aus-'tria-co, -ca ⇦-'trí+a-** [アウス.'トりア.コ, カ⇦.'トり.ア.] 94% 形 〘地名〙オーストリア(人)の 名 男 女 オーストリア人 ⬆Austria

'aus-tro ['アウス.トろ] 名 男 《格》《詩》南風; 《格》南

aus-tro~ 〔接頭辞〕「オーストリア」を示す

au-tar-'quí+a [アウ.タる.'キ.ア] 名 女 〘経〙自給自足経済, 経済自立国家; 〘政〙独裁制, 専制政治

au-'tár-qui-co, -ca [アウ.'タる.キ.コ, カ] 形 〘経〙自給自足の, 経済自立国家の; 〘政〙独裁制の, 専制政治の

au-ten-ti-ca-'ción [アウ.テン.ティ.カ.'すぃオン] 名 女 〘情〙認証

au-ten-ti-'car [アウ.テン.ティ.'カる] 動 他 69 (c|qu) ⇩ autentificar

au-ten-ti-ci-'dad [アウ.テン.ティ.すぃ.'ダド] 名 女 出所の正しさ, 真正, 信頼性, 真憑(しんぴょう)性

‡au-'tén-ti-co, -ca 86% 形 真正の, 本物の; 〘法〙認証された, 正式の, 公認の **-ca** 名 女 証明書 **-camente** 副 真正に

au-ten-ti-fi-'car [アウ.テン.ティ.フィ.'カる] 動 他 69 (c|qu) 認証する, 〈が〉本物であることを証明する

au-'ti-llo [アウ.'ティ.ジョ] 名 男 〘歴〙(宗教裁判所の)秘密裁判

au-'tis-mo 名 男 〘医〙自閉症

au-'tis-ta 形 名 共 〘医〙自閉症の; 自閉症患者

‡'au+to 88% 名 男 〘車〙自動車; 〘法〙(刑事上の)宣告, 判決, 処刑, 訴訟手続き, 〘歴〙宗教裁判の判決; 〔複〕〘法〙〔集合〕訴訟記録; 〘歴〙宗教裁判; 〘文〙《スペイン》宗教劇 ***día de ~s*** 〘法〙犯行日 ***estar en ~s*** (de, sobre: を)知っている, (de, sobre: の)事情に通じている ***lugar de ~s*** 〘法〙犯行現場 ***poner en ~s*** 知らせる

au-to~ 〔接頭辞〕「自身・自動」という意味を示す

au-to-a-bas-te-'cer-se [アウ.ト.ア.バス.テ.'せる.セ] 動 再 45 (c|zc) 自給(自足)する

au-to-a-bas-te-ci-'mien-to [アウ.ト.ア.バス.テ.すぃ.'ミエン.ト] 名 男 自給(自足)

au-to-ad+he-'si-vo, -va [アウ.ト.ア.デ.'スィ.ボ, バ] 形 接着剤つきの

au-to-a-'ler-gia [アウ.ト.ア.'レる.ひア] 名 女 〘医〙自己アレルギー

au-to-a-'yu-da 名 女 自助, 自己啓発

au-to-bio-gra-'fí+a [アウ.ト.ビオ.グら.'フィ.ア] 名 女 〘文〙自叙伝, 自伝

au-to-bio-'grá-fi-co, -ca [アウ.ト.ビオ.'グら.フィ.コ, カ] 形 〘文〙自叙伝体の, 自叙伝的な

au-to-'bom-ba 名 女 《ラプラタ》〘車〙消防車, ポンプ車

au-to-'bom-bo 名 男 《スペイン》《話》自画自賛, 手前みそ

‡au-to-'bús 84% 名 男 〘車〙バス

au-to-ca-'mión 名 男 〘車〙トラック, 貨物自動車

au-to-'car [アウ.ト.'カる] 名 男 《スペイン》〘車〙長距離[観光]バス, 大型バス

au-to-ca-'rril [アウ.ト.カ.'リル] [名] [男] 《ラ米》〔車〕幹線道路, ハイウェイ; 《チリ》〔鉄〕気動車

au-to-'ci-ne [アウ.ト.'すぃ.ネ] [名] [男] 〔映〕ドライブインシアター

au-to-'cla-ve [アウ.ト.'クラ.ベ] [名] [男] [[女]] 〔医〕高圧蒸気滅菌器, オートクレーブ

au-to-'cra-cia [アウ.ト.'クら.すぃア] [名] [女] 〔政〕独裁権力, 独裁政治, 専制

au-'tó-cra-ta [アウ.'ト.クら.タ] [名] [共] 〔政〕専制君主, 独裁者

au-to-'crá-ti-co, -ca [アウ.ト.'クら.ティ.コ, カ] [形] 独裁者の, 独裁的な, 専制の

au-to-'crí-ti-ca [アウ.ト.'クリ.ティ.カ] [名] [女] 自己批判; 自己評価, 自評

au-'tóc-to+no, -na [アウ.'トク.ト.ノ, ナ] [形] 土着の, 土地固有の, 自生の

au-to-cul-'par-se [アウ.ト.クル.'パる.セ] [動] [再] 自己責任とする, (de: を)自分の責任とする

au-to-de-ci-'sión [アウ.ト.デ.すぃ.'スィオン] [名] [女] 自己決定

au-to-de-'fen-sa [名] [女] 自己防衛, 自衛

au-to-de-ter-mi-na-'ción [アウ.ト.デ.テる.ミ.ナ.'すぃオン] [名] [女] 自決(権), 自発的決定

au-to-di-'dac-ta [アウ.ト.ディ.'ダク.タ] [形] 独学の [名] [共] 独学者

au-to-di-'dac-to, -ta [形] ⇧ autodidacta

au-to-di-ri-'gi-do, -da [アウ.ト.ディ.り.'ひ.ド, ダ] [形] 〔機〕自動制御の

au-to-dis-ci-'pli-na [アウ.ト.ディ(ス).すぃ.'プリ.ナ] [名] [女] 自己鍛錬, 自己訓練; 自制

au-'tó-dro-mo [アウ.'ト.ドろ.モ] [名] [男] 〔競〕〔自動車レース〕サーキット

au-to-es-'cue-la [アウ.ト.エス.'クエ.ラ] [名] [女] 〔車〕自動車学校, 教習所

au-to-es-'té-re+o [アウ.ト.エス.'テ.れ.オ] [名] [男] カーステレオ

au-to-es-'ti-ma [名] [女] 自尊心

au-to-fi-nan-cia-'mien-to [アウ.ト.フィ.ナン.すぃア.'ミエン.ト] [名] [男] 〔経〕自己資本導入

au-to-fi-nan-'ciar [アウ.ト.フィ.ナン.'すぃアる] [動] [他] 〔経〕〈に〉自己資本を導入する

au-to-'fo-to [アウ.ト.'フォ.ト] [名] [男] 〔写〕自撮り, スマホによる自分を含めた写真

au-to-'ga-mia [名] [女] 〔生〕自家生殖, 自家受粉

au-'tó-ge+no, -na [アウ.'ト.へ.ノ, ナ] [形] 〔技〕自生溶接の《溶接剤を使用しない》

au-to-'gi-ro [アウ.ト.'ひ.ろ] [名] [男] 〔空〕オートジャイロ

au-to-go-'bier+no [アウ.ト.ゴ.'ビエる.ノ] [名] [男] 自治, 自主管理

au-to-'gol [アウ.ト.'ゴル] [名] [男] 〔競〕〔サッカーなど〕自殺点, オウンゴール

au-to-gra-'fí+a [アウ.ト.グら.'フィ.ア] [名] [女] 〔印〕石版印刷

au-'tó-gra-fo, -fa [アウ.'ト.グら.フォ, ファ] [形] 自筆の [名] [男] 自筆(原稿), 肉筆; (有名人などの)サイン

au-to-in-cul-'par-se [アウ.トイン.クル.'パる.セ] [動] [再] 自己告発する

au-to-in-duc-'ción [アウ.トイン.ドゥク.'すぃオン] [名] [女] 〔電〕自己誘導[感応]

au-to-in-fec-'ción [アウ.トイン.フェク.'すぃオン] [名] [女] 〔医〕自己感染

au-to-in-mu-ni-'dad [名] [女] 〔医〕自己免疫

au-to-in-to-xi-ca-'ción [アウ.トイン.トク.スィ.カ.'すぃオン] [名] [女] 〔医〕自家中毒(症)

au-'tó-li-sis [アウ.'ト.リ.スィス] [名] [女] 〔単複同〕〔生〕自己分解

au-'tó-ma-ta [名] [女] 〔機〕ロボット, 自動人形, からくり人形; 機械的に行動する人, 他人のいいなりになる人

*__au-to-'má-ti-ca-'men-te__ 94% [副] 〔機〕自動的に, 自動で; 無意識に, 機械的に; 必然的に

**__au-to-'má-ti-co, -ca__ 90% [形] 〔機〕自動式の, 自動の; 無意識的な, 習慣的な, 機械的な; 必然的な [名] [男] 〔電〕ブレーカー; 〔衣〕スナップ; 《カリ》緊急, 急ぎの用事

au-to-ma-'tis-mo [名] [男] 自動作用; 無意識の行為; 〔生〕自律運動

au-to-ma-ti-za-'ción [アウ.ト.マ.ティ.さ.'すぃオン] [名] [女] 〔機〕オートメーション, オートメーション化

au-to-ma-ti-'zar [アウ.ト.マ.ティ.'さる] [動] [他] [34] (z|c) 〔機〕オートメーション化する, 自動化する

au-to-mo-'ción [アウ.ト.モ.'すぃオン] [名] [女] 〔機〕自動; 〔車〕自動車産業

au-to-mo-'tor, -'to-ra [アウ.ト.モ.'トる, 'ト.ら] [形] 自動推進の; 自動車の [名] [男] 〔鉄〕気動車, ディーゼルカー; 《ラ米》〔車〕自動車

au-to-mo-'triz [アウ.ト.モ.'トりす] [形] ⇧ automotor

**__au-to-'mó-vil__ [アウ.ト.'モ.ビル] 88% [名] [男] 〔車〕自動車 [形] 自動の; 〔車〕自動車の

au-to-mo-vi-'lis-mo [アウ.ト.モ.ビ.'リス.モ] [名] [男] 〔車〕自動車運転, ドライブ; 〔車〕自動車産業; 〔競〕カーレース

au-to-mo-vi-'lis-ta [アウ.ト.モ.ビ.'リス.タ] [名] [共] 〔車〕自動車運転手, ドライバー; 〔競〕カーレーサー [形] 〔車〕自動車の

au-to-mo-vi-'lís-ti-co, -ca [ア

ウ.ト.モ.ビ.'リス.ティ.コ, カ] [形]〔車〕自動車の

⁑**au-to-no-'mí+a** 87% [名] [女] 自治, 自治権; 自治体, 自治団体; 航続[走行]距離 《飛行機[自動車]が給油しないで飛べる[走れる]距離》;〔情〕バッテリー駆動時間

au-to-'nó-mi-co, -ca [形]〔政〕自治の, 自主の;《ｽﾍﾟｲﾝ》〔政〕自治州の

au-to-no-'mis-ta [形] [名] [共]〔政〕自治権を主張する(人)

⁑**au-'tó-no-mo, -ma** 88% [形]〔政〕自治権のある

***au-to-'pis-ta** 93% [名] [女]〔車〕高速道路, ハイウェイ ～ *de información*〔情〕情報ハイウェイ

au-to-'plas-tia [アウ.ト.'プラス.ティア] [名] [女]〔医〕自己形成《自家移植による形成》

au-to-pre-sen-ta-'ción [アウ.ト.プれ.セン.タ.'すぃオン] [名] [女] 自己紹介

au-to-pro-pul-'sa-do, -da [アウ.ト.プろ.プル.'サ.ド, ダ] [形] 自動推進型の

au-'top-sia [名] [女]〔医〕死体解剖, 検死解剖

au-to-'pull-man [アウ.ト.'プル.マン] [名] [男]〔車〕デラックス観光バス

⁑**au-'tor, -'to-ra** [アウ.'トる, 'ト.ら] 75% [名] [男] [女]〔文〕著者, 作家; (悪事などの)張本人;〔法〕犯人, 主犯; 創始者, 発案者, 発明者, 発見者

au-to-'rí+a [アウ.ト.'り.ア] [名] [女]〔文〕作者であること

au-to-ri-'cé, -ce(～) [動]《直点1単, 接現》⬇autorizar

⁑**au-to-ri-'dad** [アウ.ト.り.'ダド] 77% [名] [女] 権限, 職権;〔la ～〕当局, 官憲, 警察; 権威, 権力, 影響力; 権威のある人[物], 大家; 典拠, よりどころ, 出典

***au-to-ri-'ta-rio, -ria** [アウ.ト.り.'タ.りオ, りア] 94% [形] 権力の, 権力による, 官憲の, 権威の, 権威主義的な

au-to-ri-ta-'ris-mo [アウ.ト.り.タ.'りス.モ] [名] [男] 権威主義, 権力の乱用, 専横

***au-to-ri-za-'ción** [アウ.ト.り.さ.'すぃオン] 91% [名] [女] 公認, 許可; 授権, 委任, 権限を授けること; 委任状, 認定書, 許可書

au-to-ri-'za-do, -da [アウ.ト.り.'さ.ド, ダ] [形] 公認の, 認可を受けた; 当局の; 権威のある

⁑**au-to-ri-'zar** [アウ.ト.り.'さる] 90% [動] [他] [34] (z|c) 認定する, 公認する, 許可する; 権限を与える, (a, para 不定詞: …することを)許す; (正当と)認める; 〈に〉権威を持たせる

au-to-rre-gu-'la-ble [アウ.ト.れ̃.グ.'ラ.ブレ] [形]〔機〕自動調節が可能な

au-to-rre-gu-la-'ción [アウ.ト.れ̃.グ.ラ.'すぃオン] [名] [女]〔機〕自動調節

au-to-rre-gu-'lar(-se) [アウ.ト.れ̃.グ.'ラる(.セ)] [動] [自] ([再])〔機〕《機械が》自動調節する

au-to-rre-'tra-to [アウ.ト.れ̃.'トら.ト] [名] [男]〔絵〕自画像

au-to-'rriel [アウ.ト.'り̃エル] [名] [男]《ﾗ米》〔鉄〕気動車, レールバス

'au-tos [名] [男]《複》⬆auto

***au-to-ser-'vi-cio** [アウ.ト.セる.'ビ.すぃオ] 94% [名] [男]〔商〕セルフサービス

autostop [名] [男]〔英語〕ヒッチハイク

au-tos-to-'pis-ta [名] [共] ヒッチハイカー

au-to-su-fi-'cien-cia [アウ.ト.ス.フィ.'すぃエン.すぃア] [名] [女]〔経〕自給自足

au-to-su-fi-'cien-te [アウ.ト.ス.フィ.'すぃエン.テ] [形]〔経〕自給自足の, 経済的に独立した

au-to-su-ges-'tión [アウ.ト.ス.へス.'ティオン] [名] [女] 自己暗示

au-to-'ven-ta [アウ.ト.'ベン.タ] [名] [女]〔商〕車による販売

***au-to-'ví+a** [アウ.ト.'ビ.ア] 94% [名] [女]〔車〕幹線道路, ハイウェイ;〔鉄〕気動車

⁑**au-xi-'liar** [アウク.スィ.'リアる] 90% [形] [名] [共] 補助の, 助手の, 補佐の;〔言〕助動詞の; 助手, 補助者;〔言〕助動詞 [動] [他] 助ける, 手伝う, 援助する;〔宗〕《司祭が》〈a: の〉死を見取る

***au-'xi-lio** [アウク.'スィ.リオ] 92% [名] [男] 援助, 補助, 救援, 手伝い; 助けになるもの, 補助器具 *en ～ de* … …の助けとして

av. [略] ⬇avenida

a+'val [ア.'バル] [名] [男]〔商〕保証[担保]人の署名; 保証[担保]書類

a+va-'lan-cha [ア.バ.'ラン.チャ] [名] [女] なだれ; 殺到

a+va-'lar [ア.バ.'ラる] [動] [他]〔商〕請け合う, 保証する, 〈に〉責任を負う; 保証する, 〈の〉裏付け[理由]となる

a+va-lo-'rar [ア.バ.ロ.'らる] [動] [他] (金銭的に)評価する; 〈の〉価値を高める; 励ます, 激励する

a+va-'luar [ア.バ.'ルアる] [動] [他]《ﾗ米》評価する, 査定する

a+va-'lú+o [ア.バ.'ル.オ] [名] [男]《ﾗ米》評価, 査定

⁑**a+'van-ce** [ア.'バン.せ] 88% [名] [男] 前進, 進むこと, 進行; 進歩, 上達;《ｽﾍﾟｲﾝ》〔放〕〔映〕予告, 予告編; 前払い, 前金; 暗示, ほのめかし; 予算案

a+van-'cé, -ce(～) [動]《直点1単, 接現》⬇avanzar

a+'van-te [ア.'バン.テ] [副]〔海〕(船の)前に, 前へ

a+van-za-'di-lla [ア.バン.さ.'ディ.ジャ] [名] [女]〔軍〕尖兵(せんぺい);〔海〕(上陸用の)桟橋

***a+van-'za-do, -da** [ア.バン.'さ.ド, ダ] 88% [形] 進んだ, 進歩した; «時間が»遅くなった; 高齢の [名] [男] [女] 高齢者; 進歩的な人 -da [名] [女] 〔軍〕 前哨(ぜんしょう)

***a+van-'zar** [ア.バン.'さる] 82% [動] [自] 34 (z|c) 進む, 前進する; «仕事・計画が»進む, はかどる, (en: で)はかどっている; 〔競〕 (大会などで)勝ち進む; 進歩する, 地位が上がる, 昇進する; «時間・日時が»進行する, たつ [動] [他] 進める, 前進させる, 前へ出す; 進歩させる, 進行させる; 〈仕事を〉はかどらせる; 〈時間・目標などを〉早める, 繰り上げる; 初めに伝える; 昇進させる; 〔商〕 〈金を〉前払いする, 前貸しする

a+va-'ri-cia [ア.バ.'り.すぃア] [名] [女] 強欲, 貪欲(どんよく)

a+va-ri-'cio-so, -sa [ア.バ.り.'すぃオ.ソ, サ] [形] 欲の深い, 強欲な; (de: が)少ない, …しない [名] [男] [女] 〔人〕 欲張り, 守銭奴

a+va-'rien-to, -ta [形] ⇧ avaricioso

a+'va-ro, -ra [形] ⇧ avaricioso

A+'va-rua [ア.'バ.るア] [名] [固] 〔地名〕 アバルア 《クック諸島 Islas Cook の首都》

a+va-sa-lla-'dor, -'do-ra [ア.バ.サ.ジャ.'ドる, 'ド.ら] [形] 圧倒的な, 威圧的な

a+va-sa-'llar [ア.バ.サ.'ジャる] [動] [他] 《スペイン》 服従させる, 従属させる, 威圧する ~-se [動] [再] 《スペイン》 服従する, 家来[家臣]になる

a+va-'tar [ア.バ.'タる] [名] [男] 〔複〕 生活の変化, 出来事, (人生の)浮き沈み; 〔情〕 アバター

avd.; avda. [略] ⬇avenida

***'a+ve** ['ア.ベ] 89% [名] [女] 〔el/un⇦una ~〕 〔鳥〕 鳥

AVE ['ア.ベ] [略] ＝Alta Velocidad Española 〔鉄〕 スペイン高速鉄道

Ave. [略] ⬇avenida

a+ve-ci-'nar(-se) [ア.ベ.すぃ.'ナる(.セ)] [動] [自] ([再]) (a: に)近づく, 接近する; (en: に)居を定める, 住みつく

a+ve-cin-'dar [ア.ベ.すぃン.'ダる] [動] [他] (en: に)定住させる ~se [動] [再] (en: に)居を定める, 住みつく

a+ve-'frí+a [ア.ベ.'フリ.ア] [名] [女] 〔鳥〕 タゲリ

a+ve-jen-'tar [ア.ベ.ヘン.'タる] [動] [他] ふけて見せる, ふけさせる ~(se) [動] [自] ([再]) 年をとる, 老いる, ふける

a+ve-'lla-na [ア.ベ.'ジャ.ナ] [名] [女] 〔植〕 ハシバミの実, ヘーゼルナッツ

a+ve-lla-'nar [ア.ベ.ジャ.'ナる] [動] [他] 〔技〕 円錐形に開ける [名] [男] 〔農〕 ハシバミの果樹園 ~se [動] [再] しぼむ

a+ve-'lla+no [ア.ベ.'ジャ.ノ] [名] [男] 〔植〕 ハシバミ(の木)

a+ve-ma-'rí+a [ア.ベ.マ.'り.ア] [名] [女] 〔宗〕 天使祝詞, アベマリア 《聖母マリアに捧げる祈り》; 〔宗〕 (祈りの)数珠, ロザリオの玉; 〔宗〕 お告げの祈り[鐘] [感] おや!, まあ! 《驚き》 *al ~* 夕暮れ時に *en un ~* あっという間に, 瞬時に *saber(se) … como el ~* …を熟知している, 完全に知っている

a+'ve-na [ア.'ベ.ナ] [名] [女] 〔植〕 オートムギ, エンバク; 《詩》《格》 麦笛

a+ve-'nal [ア.ベ.'ナル] [名] [男] 〔農〕 オートムギ畑

a+ven-dr~ [動] 《直未/過未》 ⬇avenir

a+ve-'nen-cia [ア.ベ.'ネン.すぃア] [名] [女] 一致, 同意, 妥協; 〔商〕 取引, 売買 *en buena ~* 調和して

a+'ven-go, -ga(~) [動] 《直現 1 単, 接現》 ⬇avenir

***a+ve-'ni-da** [ア.ベ.'ニ.ダ] 89% [名] [女] 大通り, …街, 並木道; 大勢の人, 人出; 増大; 出水, 洪水, 氾濫(はんらん); 〔複〕 《カリブ》 (さまざまな)解決法

a+ve-'ni-do [ア.ベ.'ニ.ド, ダ] [形] 〔成句〕 *bien avenido[da]* 仲が良い *mal avenido[da]* 仲が悪い

a+ve-ni-'mien-to [ア.ベ.ニ.'ミエン.ト] [名] [男] 合意, 同意, 一致

a+ve-'nir [ア.ベ.'ニる] [動] [他] 73 (venir) 和解させる, 調停する [動] [自] 起こる, 生じる, 発生する ~se [動] [再] (con: と)(en: で)意見が一致する, 同意する; (a: に)従う, 適合する; (con: と)調和する, 協調する

a+ven-'ta-do, -da [ア.ベン.'タ.ド, ダ] [形] 《中米》《コロンビア》《アンデス》 勇敢な, 冒険好きな

a+ven-ta-'ja-do, -da [ア.ベン.タ.'は.ド, ダ] [形] 抜きんでた, 顕著な; 有利な, 都合のよい

a+ven-ta-'jar [ア.ベン.タ.'はる] [動] [他] 〈に〉まさる, しのぐ, リードする; 前進させる, 優先させる; 有利にする ~(se) [動] [自] ([再]) しのぐ, 抜きんでる, 卓越する; 前進する, 進歩する

a+ven-'tar [ア.ベン.'タる] [動] [他] 50 (e|ie) «風が»吹き払う, 吹き飛ばす; 風にさらす; 〔農〕 〈穀物を〉あおぎ分ける; 《話》 追い払う, 追い出す; 《ラ米》 〈砂糖を〉日にさらす, 日干しにする; 《メキシコ》 投げ捨てる, 放り投げる; 《コロンビア》 飛びかかる; 《コロンビア》《話》 密告する, 告発する ~se [動] [再] (風で)ふくらむ, 膨張する; 《話》 逃げる, 逃れる

a+ven-'tón [ア.ベン.'トン] [名] [男] 《メキシコ》 押すこと; 《メキシコ》《中米》《話》 ヒッチハイク; 車に乗せること *a aventones* 押し合いへし合いで

***a+ven-'tu-ra** [ア.ベン.'トゥ.ら] 86% [名] [女] 冒険, 珍しい経験, 変わった出来事; (冒険的な)恋愛, 火遊び, アバンチュール *a la ~* 成り行きにまかせて

a+ven-tu-'ra-do, -da [ア.ベン.トゥ.'ら.ド, ダ] [形] 冒険的な, 危険な; 大胆な, 勇敢な, 無謀な

a+ven-tu-'rar [ア.ベン.トゥ.'らる] [動] [他] 危険にさらす; 思いきって行う[述べる] **～-se** [動] [再] 思い切って進む, 危険を冒して行く; 思い切って(a 不定詞: …)する

*__a+ven-tu-'re-ro, -ra__ [ア.ベン.トゥ.'れ.ろ, ら] 94% [名] [男] [女] 冒険家; 投機者, 山師 [形] 冒険好きな, 冒険的な, 大胆な; 《メキシコ》《カリブ》 «米などの作物が»季節外れの

a+ven-tu-'ris-mo [ア.ベン.トゥ.'りス.モ] [名] [男] 冒険主義; 〔競〕 アドベンチャースポーツ

a+ver-gon-'za-do, -da [ア.べる.ゴン.'さ.ド, ダ] [形] 恥じている; 困惑した

a+ver-gon-'zar [ア.べる.ゴン.'さる] [動] [他] ⑧ (o|üe; z|c) 〈に〉恥をかかせる, 〈の〉面目をつぶす, 侮辱する; 困惑させる **～se** [動] [再] (de, por: を)恥じる

a+ver-'güen-c~, -z~ [動] 《直現/接現/命》 ⬆avergonzar

*__a+ve-'rí+a__ [ア.べ.'り.ア] 94% [名] [女] 故障, 破損, 崩壊; 〔海〕 海損; 《メキシコ》《話》 いたずら

a+ve-'ria-do, -da [ア.べ.'りア.ド, ダ] [形] 故障した, 破損した

a+ve-'riar [ア.べ.'りアる] [動] [他] ㉙ (i|í) 故障させる, 壊す; 〈に〉損害を与える, 傷つける **～se** [動] [再] 故障する, 壊れる; 損害を受ける, 傷つく

a+ve-ri-gua-'ción [ア.べ.り.グア.'すぃオン] [名] [女] 調べること, 調査; 確認, 点検

*__a+ve-ri-'guar__ [ア.べ.り.'グアる] 91% [動] [他] ⑨ (u|ü) 調査する; 調べる, 確かめる, 確認する [動] [自] 《メキシコ》《中米》 口論する

a+ve-'rí+o [ア.べ.'り.オ] [名] [男] 〔集合〕 家禽(かきん)

a+'ver+no [ア.'べる.ノ] [名] [男] 《詩》《格》 地獄

a+ver-'sión [ア.べる.'スィオン] [名] [女] (a, hacia, por: への)嫌悪(の情)

a+'ves-ta [ア.'べス.タ] [名] [女] 〔宗〕 アベスタ 《ゾロアスター教の聖典》

a+ves-'truz [ア.べス.'トるす] [名] [男] 〔鳥〕 ダチョウ; 《話》〔軽蔑〕 非社交的な人

a+ve-'to-ro [ア.べ.'ト.ろ] [名] [男] 〔鳥〕 サンカノゴイ

a+ve-'za-do, -da [ア.べ.'さ.ド, ダ] [形] (a, en: に)慣れた, 習熟した

a+ve-'zar [ア.べ.'さる] [動] [他] ㉞ (z|c) (a, en: に)慣れさせる **～se** [動] [再] (a, en: に) 慣れる

*__a+via-'ción__ [ア.ビア.'すぃオン] 93% [名] [女] 〔空〕 飛行, 航空; 航空術, 航空学; 〔軍〕 空軍, 航空隊

a+'via-do, -da [ア.'ビア.ド, ダ] [形] 《スペイン》《話》 困った; 用意ができた

a+via-'dor, -'do-ra [ア.ビア.'ドる, 'ド.ら] [名] [男] [女] 〔空〕 飛行家, 飛行士, パイロット, 操縦士; 〔軍〕 航空兵; 《メキシコ》《話》 働かないで給料を得る人

a+'viar [ア.'ビアる] [動] [他] ㉙ (i|í) 《話》 片づける, 整頓する; 《話》 用意する, 準備する; (de: を)供給する, 与える [形] 《格》 〔鳥〕 鳥の **～se** [動] [再] 《話》 用意する, 準備する; 《話》 急ぐ

a+'ví-co-la [ア.'ビ.コ.ラ] [形] 〔畜〕 家禽(かきん)飼養の, 養禽(ようきん)の

a+vi-cul-'tor, -'to-ra [ア.ビ.クル.'トる, 'ト.ら] [名] [男] [女] 〔畜〕 家禽(かきん)飼養家, 養禽(ようきん)家

a+vi-cul-'tu-ra [ア.ビ.クル.'トゥ.ら] [名] [女] 〔畜〕 鳥類飼養, 養禽(ようきん), 〔特に〕 養鶏(ようけい)

a+vi-'dez [ア.ビ.'デす] [名] [女] 熱心さ; 欲望, 貪欲(どんよく)

*__'á+vi-do, -da__ ['ア.ビ.ド, ダ] 94% [形] 貪欲(どんよく)な, 欲張りの; (de: に)熱心な

a+'vie-n~ [動] 《直現/接現/命》 ⬆avenir

a+'vie-so, -sa [ア.'ビエ.ソ, サ] [形] つむじ曲がりの, ひねくれた, 意地の悪い; ゆがんだ

'Á+vi-la ['ア.ビ.ラ] [名] [固] 〔地名〕 アビラ 《スペイン中部の県, 県都》

a+vi-'lés, -'le-sa [ア.ビ.'レス, 'レ.サ] [形] [名] [男] [女] 〔地名〕 アビラの(人) ⬆Ávila

a+vi-n~ [動] 《直点/接過》 ⬆avenir

a+vi-na-'gra-do, -da [ア.ビ.ナ.'グら.ド, ダ] [形] 気難しい, 意地の悪い, つむじ曲がりの, 無愛想な; すっぱい, 酸味のある

a+vi-na-'grar [ア.ビ.ナ.'グらる] [動] [他] すっぱくする; 無愛想にする **～se** [動] [再] すっぱくなる; 気難しくなる, ひねくれる

A+vi-'ñón [ア.ビ.'ニョン] [名] [固] 〔地名〕 アヴィニヨン 《南フランスの都市》

a+'ví+o [ア.'ビ.オ] [名] [男] 〔複〕 《話》 備品, 設備, 道具; 準備, 用意; 〔複〕 糧食, 弁当; 食料, 貯蔵品; 《ラ米》 (農家などへの)貸し付け *hacer* ～ 役立つ

**__a+'vión__ [ア.'ビオン] 80% [名] [男] 〔空〕 飛行機; 《メキシコ》〔遊〕 石蹴り遊び *por* ～ 航空便で[の]; 〔鳥〕 イワツバメ

a+vio-'ne-ta [ア.ビオ.'ネ.タ] [名] [女] 〔空〕 小型飛行機, 軽飛行機

a+vi-'ro-te [ア.ビ.'ろ.テ] [形] 《メキシコ》《話》 裸の

a+vi-'sa-do, -da [ア.ビ.'サ.ド, ダ] [形] 頭のよい, 抜け目のない *mal* ～[*da*] 無思慮な, 思慮のない

**__a+vi-'sar__ [ア.ビ.'サる] 88% [動] [他] 〈に〉知らせる, (a: に)〈を〉知らせる, 教える, 告げる; 《スペイン》 呼ぶ, 呼びにやる; 警告する, 注意する; (a: に)〈que 接続法: …するように〉勧める

*__a+'vi-so__ [ア.'ビ.ソ] 91% [名] [男] 知らせ, 発表, 通知, 告知; 警告, 注意, 戒め; 〔海〕 通達船, 公文書送達船; 《ラ米》 広告, 宣伝 *conferencia telefónica con* ～ 指名通話 *estar sobre* ～ (de: を)知らされて

いる; (de: を)待ち受けている ***poner sobre*** ~ (a: に)前もって知らせる, 警告する

a+'vis-pa [ア.'ビス.パ] 名 女 〔昆〕スズメバチ; 《ベネズエラ》《話》頭が切れる人

a+vis-'pa-do, -da [ア.ビス.'パ.ド, ダ] 形《話》賢い, 才気のある, 敏感な; 《アンデス》《話》動作が速い, 迅速な行動をとる

a+vis-'par [ア.ビス.'パる] 動 他 〔畜〕〈馬に〉拍車を当てる; 《話》〈に〉知恵をつける

a+vis-'pe-ro [ア.ビス.'ペ.ろ] 名 男 〔昆〕スズメバチの巣, (巣別れする)ハチ[蜂]の群れ; (物事の)もつれ, ごたごた, 粉糾; 〔医〕(顔などにできる質(たち)の悪い)できもの

a+vis-'pón [ア.ビス.'ポン] 名 男 〔昆〕モンスズメバチ

a+vis-'tar [ア.ビス.'タる] 動 他 遠くに認める, 見つける

a+vi-ta-mi-'no-sis [ア.ビ.タ.ミ.'ノ.スィス] 名 女 〔単複同〕〔医〕ビタミン欠乏症

a+vi-tua-'llar [ア.ビ.トゥア.'ジャる] 動 他 〈に〉糧食[食料]を供給する

a+vi-'var [ア.ビ.'バる] 動 他 〈に〉活気を与える, 〈に〉生命を吹き込む, 生き生きとさせる, 励ます; 〈火を〉かき立てる, 〈色を〉鮮やかにする; 〈情熱を〉かき立てる, 〈精神を〉鼓舞する; 〈足取りを〉早める **~se** 動 再 よみがえる, 生き返る; 元気になる; 《話》急ぐ; 《蚕が》卵からかえる

a+vi-'zor, -'zo-ra [ア.ビ.'そる, 'そ.ら] 形 注意深い ***estar ojo*** ~ 目を光らせている

a+vul-'sión [ア.ブル.'スィオン] 名 女 〔医〕摘出

a+vu-'tar-da [ア.ブ.'タる.ダ] 名 女 〔鳥〕ノガン

a+'xial [アク.'スィアル] 形 軸の

a+'xi-la [アク.'スィ.ラ] 名 女 〔体〕脇の下, 腋窩(えきか)

a+xi-'lar [アク.スィ.'ラる] 形〔体〕脇の下の

a+'xio-ma [アク.'スィオ.マ] 名 男 原理, 公理; 格言

a+xio-'má-ti-co, -ca [アク.スィオ.'マ.ティ.コ, カ] 形 公理の, 自明な; 格言的な

⁑**'ay** 76% 感 あっ!, 痛い!, あっちっち! 《突然鋭い痛みなどを感じたときの叫び》; ああ! 《悲しみ, 驚きなどの叫び》; (de: は)かわいそうだ!, かわいそうな…! 《同情》 名 男 悲しみ[苦しみ]の声, うめき

A+ya-'cu-cho 名 固 〔地名〕アヤクーチョ《ペルー南部の県, 県都》

a+'ya-te 名 男 《メキシコ》リュウゼツランの繊維(で織った布)

a+ya-to-'lá ⇔ **-'to-la** [ア.ジャ.ト.'ラ⇔.'ト.ラ] 名 男 〔複 -lás〕〔宗〕アヤトラ《イスラム教シーア派の最高指導者》

a+ye+'ar [ア.ジェ.'アる] 動 自 ああ! と嘆く

⁑**a+'yer** [ア.'ジェる] 68% 副 きのう(は), 昨日(は); 近ごろ, 最近; 以前に[は], 過去に[は] 名 男 きのう, 昨日; 過去

'a+yo, -ya 名 男 女 家庭教師, 養育係

a+yo-'co-te 名 男 《メキシコ》〔植〕大インゲンマメ

a+'yo-te 名 男 《メキシコ》《中米》〔植〕カボチャ; 《メキシコ》《中米》〔植〕ヒョウタン

a+yo-'te-ra [ア.ジョ.'テ.ら] 名 女 《メキシコ》《中米》〔植〕ヒョウタンの木

Ay-'sén 名 固 〔地名〕アイセン《チリ南部の州》

ayte. 略 ↓ayudante

Ayto. 略 ↓ayuntamiento

⁑**a+'yu-da** 80% 名 女 助け, 手伝い, 援助; 助けになる人, 役立つもの, 援助金; 〔医〕浣腸(かんちょう), 浣腸剤[液, 器] 名 男 〔歴〕従者, 召使い, 執事

a+yu-'dan-ta 名 女 (女性の)助手, アシスタント

***a+yu-'dan-te** 93% 名 共 助手, アシスタント, 補助者; 店員 名 男 〔軍〕副官

a+yu-dan-'tí+a 名 女 助手[店員]の仕事

⁑**a+yu-'dar** [ア.ジュ.'ダる] 77% 動 他 手伝う, (con: の)手助けをする, 〈が〉(a 不定詞: …するのを)手助けする; 〈困っている人を〉助ける, 救う, 援助する 動 自 《物事が》(a: に)役立つ, (a: を)促進する **~se** 動 再 〔複〕助け合う; (con, de: を)利用する, (con, de: の)援助を得る; (自分で)努力する

a+yu-'nar [ア.ジュ.'ナる] 動 自 〔食〕断食する, 精進する

a+'yu+no, -na 形 〔食〕絶食の, 食物を与えられていない; (de, en: に)欠けている, 恵まれない 名 男 〔食〕断食, 絶食 ***en ~-nas*** 〔食〕断食して; 〔食〕朝から何も食べないで; 《話》(何も)知らないで, わからないで

⁑**a+yun-ta-'mien-to** 81% 名 男 〔政〕市庁舎, 町[村]役場; 〔政〕市議会, 市参事会, 町会; 会合, 集会, 大会; 交尾, 交接

a+yun-'tar [ア.ジュン.'タる] 動 他 《話》⇩juntar

a+za-'ba-che [ア.さ.'バ.チェ] 名 男 〔鉱〕黒玉(くろだま)《褐色褐炭の一種》; 〔鳥〕ヒガラ

a+za-'cán, -'ca-na [ア.さ.'カン, 'カ.ナ] 名 男 女 苦労をする人; 奴隷; 水売り ***estar hecho[cha] un*** ~ 一生懸命働いている

a+'za-da [ア.'さ.ダ] 名 女 〔農〕鍬(くわ)

a+za-'dón [ア.さ.'ドン] 名 男 〔農〕大鍬(くわ) **~, -dona** 形 名 男 女 《中米》《話》自分勝手な(人)

***a+za-'fa-to, -ta** [ア.さ.'ファ.ト, タ] 93% 名 男 女 〔空〕客室乗務員, フライトアテンダント; 接待係, コンパニオン 名 女 〔歴〕女官, 侍女

a

a+za-ˈfrán [ア.さ.ˈフらン] [名] [男] 〔植〕 サフラン

a+za-fra-ˈna-do, -da [ア.さ.フら.ˈナ.ド, ダ] [形] サフラン色の; 〔食〕 サフランで風味をつけた

a+za+ˈhar [ア.さ.ˈアる] [名] [男] 〔植〕 オレンジ[レモン]の花

a+za-ˈle+a [ア.さ.ˈレ.ア] [名] [女] 〔植〕 ツツジ

*__a+ˈzar__ [ア.ˈさる] 91% [名] [男] 偶然, 運, 巡り合わせ; 不慮の出来事, 事故 *al* ～ 手当たりしだいに, でたらめに, 無作為に *por* ～ 偶然に

a+za-ˈrar [ア.さ.ˈらる] [動] [他] 困惑させる, まごつかせる, 恥ずかしがらせる ～**se** [動] [再] 赤面する

a+za-re+ˈar-se [ア.さ.れ.ˈアる.セ] [動] [再] 《(中米)》《話》 おじけづく; 恥ずかしがる

a+za-ˈro-so, -sa [ア.さ.ˈろ.ソ, サ] [形] 危険な, 冒険的な; 困った, 不運な; 困難な, 面倒な; 《(コロンビア)》《話》 せかせかした, あわただしい

A+zer-bai-ˈyán [ア.せる.バイ.ˈジャン] [名] [固] 〔República de ～〕〔地名〕 アゼルバイジャン《カフカス山脈南方の共和国; 首都バクー Bakú》

a+zi-do-ti-mi-ˈdi-na [ア.すぃ.ド.ティ.ミ.ˈディ.ナ] [名] [女] 〔医〕 アジドチミジン《HIV などのレトロウイルスの複製を抑止する抗ウイルス薬》

a+zi-ˈlien-se [ア.すぃ.ˈリエン.セ] [形] 〔歴〕 アジール文化の《西ヨーロッパの中石器時代の文化》

ˈá+zi-mo, -ma [形] ⇧ ácimo

a+zi-ˈmut [名] [男] ⇧ acimut

a+zo-ca-ˈrar-se [ア.そ.カ.ˈらる.セ] [動] [再] 《(中米)》《話》 驚く, 怖がる

a+ˈzó-far [ア.ˈそ.ファる] [名] [男] 真鍮

a+zo-ˈgar [ア.そ.ˈガる] [動] [他] [41] (g|gu) 〈に〉水銀を塗る; 〈石灰を〉消和する ～**se** [動] [再] 〔医〕 水銀中毒になる

a+ˈzo-gue [ア.ˈそ.ゲ] [名] [男] 〔化〕 水銀 *ser un* ～ 落ち着かない, (始終)動き回っている

A+ˈzo-gues [ア.ˈそ.ゲス] [名] [固] 〔地名〕 アソーゲス《エクアドル中南部の都市》

a+ˈzol [ア.ˈそル] [名] [男] 〔化〕 アゾール

a+zo+os-ˈper-mia [ア.そ.オス.ˈペる.ミア] [名] [女] 〔医〕 無精子症

a+ˈzor [ア.ˈそる] [名] [男] 《(スペイン)》〔鳥〕 オオタカ

a+zo-ˈrar [ア.そ.ˈらる] [動] [他] びっくりさせる, 当惑させる ～**se** [動] [再] びっくりする, まごつく, 当惑する, 取り乱す

A+ˈzo-res [ア.ˈそ.れス] [名] [固] 〔islas ～〕〔地名〕 アゾレス諸島《ポルトガル領; 北大西洋中東部の諸島》

a+zo-ta-ˈca-lles [ア.そ.タ.ˈカ.ジェス] [名] [共] 〔単複同〕《話》 ぶらぶら出歩く人, 遊び回る人

a+zo-ˈtai-na [ア.そ.ˈタイ.ナ] [名] [女] 《話》 むち打ち

a+zo-ˈtar [ア.そ.ˈタる] [動] [他] むち打つ, たたく; 打つ, たたく; 襲う, 苦しめる, 〈に〉被害をもたらす

*__a+ˈzo-te__ [ア.ˈそ.テ] 94% [名] [男] むち, むち打ち; 天災, 災難; (波・風の)激しい打ちつけ, 吹きつけ; 〔複〕〔歴〕 むち打ちの刑

*__a+zo-ˈte+a__ [ア.そ.ˈテ.ア] 94% [名] [女] 〔建〕 屋上, 陸(ろく)屋根, 平屋根 *estar mal de la* ～ 《話》 頭がおかしい

AZT [略] ⬆azidotimidina

*__az-ˈte-ca__ [アす.ˈテ.カ] 93% [形] [名] [男] [女] 〔歴〕 アステカ族[文化, 語](の)《メキシコの先住民; 1519 年コルテス Cortés に征服された》 [名] [男] 〔複〕〔歴〕 アステカ族

ˈA+zua [ˈア.すア] [名] [固] 〔地名〕 アスア《ドミニカ共和国西部の県》

‡**a+ˈzú-car** [ア.ˈす.カる] 89% [名] [男] [女] 砂糖 *tener* ～ 糖尿病を患う

a+zu-ca-ˈra-do, -da [ア.す.カ.ˈら.ド, ダ] [形] 砂糖の入った, 砂糖でできた; 甘美な, 甘ったるい

a+zu-ca-ˈrar [ア.す.カ.ˈらる] [動] [他] 〔食〕 〈に〉砂糖を入れる; 〔食〕 砂糖で包む; 甘くする, 甘美にする ～**se** [動] [再] 〔食〕 甘くなる, 砂糖漬けになる; 甘くなる, やさしくなる

a+zu-ca-ˈre-ro, -ra [ア.す.カ.ˈれ.ろ, ら] [形] 砂糖の, 製糖の [名] [男] 〔食〕 砂糖壺, 砂糖入れ; 砂糖職人, 製糖技術者; 〔鳥〕 ミツドリ

a+zu-ca-ˈri-llo [ア.す.カ.ˈり.ジョ] [名] [男] 〔飲〕 アスカリージョ《砂糖・蜜・卵の白身・レモンを練ってクリーム状にしたもの; 飲み物に入れる》

a+zu-ˈce-na [ア.す.ˈせ.ナ] [名] [女] 〔植〕 シロユリ, フランスユリ

a+ˈzu-da [ア.ˈす.ダ] [名] [女] 水揚車; 堰(せき)

a+ˈzue-la [ア.ˈすエ.ラ] [名] [女] 〔技〕 手斧(ちょうな)

a+zu-ˈfai-fa [ア.す.ˈファイ.ファ] [名] [女] 〔植〕 ナツメの実

a+zu-ˈfai-fo [ア.す.ˈファイ.フォ] [名] [男] 〔植〕 ナツメの木

a+zu-ˈfrar [ア.す.ˈフらる] [動] [他] 硫黄で処理する, 硫黄でいぶす[漂白する]; 〈植物に〉硫黄をかける《病虫害から守るため》

*__a+ˈzu-fre__ [ア.ˈす.フれ] 94% [名] [男] 〔化〕 イオウ(硫黄)《元素》

‡**a+ˈzul** [ア.ˈすル] 81% [形] 青い, 藍(あい)色の, 紺色の [名] [男] 青, 藍, 紺

a+zu-ˈla-do, -da [ア.す.ˈラ.ド, ダ] [形] 青みを帯びた, 青の, 青みがかった

a+zu-ˈlar [ア.す.ˈラる] [動] [他] 青に染める, 青くする

a+zu-le+ˈar [ア.す.レ.ˈアる] [動] [自] 青みがかる, 青に見える

a+zu-le-je-'rí+a [ア.す.レ.へ.'り.ア] [名] [女]〘技〙タイル製造, タイル張り; タイル工場

*__a+zu-'le-jo__ [ア.す.'レ.ほ] 94% [名] [男]〘建〙(うわ薬をかけた)タイル, 艶(つや)出しタイル;〘植〙ヤグルマソウ;〘鳥〙ハチクイ

a+zu-'le-te [ア.す.'レ.テ] [名] [男] 洗濯用の青みづけ《洗濯で黄ばみをとるための染料》; 藍(あい)色染料

a+zu-ma-'gar-se [ア.す.マ.'ガる.セ] [動] [再] [41] (g|gu)《チリ》カビが生える, さびる

a+'zum-bre [ア.'すン.ブれ] [名] [女] [[男]] アスンブレ《液量の単位; 約2リットル》

a+zu-rum-'bar-se [ア.す.るン.'バる.セ] [動] [再]《中米》《話》混乱する, 当惑する

a+zu-rum-'bra-do, -da [ア.す.るン.'ブら.ド, ダ] [形]《中米》《話》頭がおかしい, 混乱した

a+zu-'zar [ア.す.'さる] [動] [他] [34] (z|c)〈犬などを〉(a, contra: に)けしかける;〈の〉闘争心をかきたてる

B b *B b*

B, b ['ベ] [名] [女]〘言〙ベ《スペイン語の文字, be》;〘楽〙(音階の)シ

b [略] ↓bit

b. [略] ↓bajo

B [略] ↓byte

B. [略] ↓beato, -ta

*__'ba+ba__ 94% [名] [女] よだれ, 唾(つば);〘動〙(動物の)口の泡, (カタツムリなどの)粘液, 分泌液 *caerse la* ~ (a: が)うれしくてたまらない *mala* ~ 悪意

Ba-ba+'ho-yo [バ.バ.'オ.ジョ] [名] [固]〘地名〙ババオジョ《エクアドルの中西部にある都市》

Ba-'ba-ne [バ.'バ.ネ] [名] [固]〘地名〙ムババーネ《エスワティニ Esuatini, 旧スワジランド Suazilandia の首都》

ba-'ba-za [バ.'バ.さ] [名] [女] (カタツムリなどの)粘液, 分泌液;〘動〙ナメクジ

ba-be+'ar [バ.ベ.'アる] [動] [自] よだれをたらす, 唾(つば)を出す; (con, por: を)うっとりとして眺める

ba-'bel [バ.'ベル] [名] [男] [[女]] がやがや, 話し声, 騒音と混乱(の場所)

Ba-'bel [バ.'ベル] [名] [固]〘歴〙〘地名〙バベル《古代バビロニアの都市》

ba-'bé-li-co, -ca [バ.'ベ.リ.コ, カ] [形]〘歴〙〘地名〙バベルの↑Babel; がやがやした, 騒音と混乱の, わけのわからない

ba-be-'lis-mo [バ.ベ.'リス.モ] [名] [男]〘言〙言語の混同, 混乱

ba-'be-ra [バ.'ベ.ら] [名] [女]〘歴〙〘軍〙(かぶとの)あご当て;〘衣〙よだれ掛け

ba-'be-ro [バ.'べ.ろ] [名] [男] よだれ掛け, 胸当て;《スペイン》〘衣〙上っ張り, スモック

'ba+bi [名] [男]〘衣〙(子供用)作業服

'Ba-bia [名] [固]〘地名〙バビア地方《スペインのレオン地方 León の山岳地帯》 *estar en* ~《話》気をとられている, ぼうっとしている

ba-'bie-ca [形] 愚かな, ばかな, まぬけな [名] [共] 愚か者, ばか, まぬけ

Ba-'bie-ca [名] [固]〘架空〙バビエカ《エル・シド el Cid の馬の名》

Ba-bi-'lo-nia [バ.ビ.'ロ.ニア] [名] [固]〘歴〙〘地名〙バビロニア《前2300年頃のメソポタミアの王国》;〘歴〙〘地名〙バビロン《バビロニアの首都》

ba-bi-'ló-ni-co, -ca [バ.ビ.'ロ.ニ.コ, カ] [形]〘歴〙〘地名〙バビロニア(人)の [名] [男] [女] バビロニア人↑Babilonia; 奢侈(しゃし)の, 荘厳な

ba-bi-'lo-nio, -nia [バ.ビ.'ロ.ニオ, ニア] [形]〘歴〙〘地名〙バビロニア(人)の [名] [男] [女] バビロニア人↑Babilonia

'ba-ble ['バ.ブレ] [名] [男]〘言〙バブレ《スペイン, アストゥリアス地方 Asturias の方言》

ba-'bor [バ.'ボる] [名] [男]〘海〙左舷(げん)

ba-bo-se+'ar [バ.ボ.セ.'アる] [動] [他] よだれでぬらす [動] [自]《話》女性におぼれる, べたべたする;《メキシコ》《中米》《コロンビア》《話》ばかなことをする[言う]

ba-'bo-so, -sa [形] よだれをたらす;《話》女々しい, ふぬけの, ほれやすい;《ラ米》《話》ばかな, 愚かな;《チリ》《ラプラタ》《人が》甘すぎる, 優しすぎる [名] [男] [女]《話》よだれをたらす子;《話》青二才 [名] [男]〘魚〙イソギンポ **-sa** [名] [女]《スペイン》〘動〙ナメクジ

ba-'bu-cha [名] [女]〔複〕〘衣〙(つっかけの)上履き;〔複〕《コロンビア》〘衣〙スリッパ

ba-'bui+no [名] [男]〘動〙ヒヒ

'ba+ca [名] [女]〘車〙(車上の)ラック, 荷台

ba-ca-la-'de-ro, -ra [バ.カ.ラ.'デ.ろ, ら] [形]〘魚〙タラ(鱈)の

ba-ca-la+'í-to [バ.カ.ラ.'イ.ト] [名] [男]《カリブ》〘食〙タラの揚げ物

ba-ca-'la+o [バ.カ.'ラ.オ] [名] [男]〘魚〙タラ(鱈);〘食〙干しダラ *cortar el* ~《話》支配する, 長になる

ba-'cán, -'ca-na [形]《カリブ》《アンデス》《チリ》《話》

b

すばらしい, すてきな, 最高の, すごい 名 男《ｶﾘﾌﾞ》〘食〙 バカン (豚肉・トマトをバナナの皮で包んだ料理); 《ﾗﾌﾟﾗﾀ》《話》 女性や金に恵まれた男

ba-ca-'nal [バ.カ.'ナル] 形 〘歴〙〘宗〙 酒神バッカスの 名 女 〔複〕〘歴〙〘宗〙(古代ローマの)バッカス祭; どんちゃん騒ぎ

ba-'ca+no, -na 形《ｺﾛﾝﾋﾞｱ》《話》 すばらしい, すてきな, 最高の

ba-'can-te 名 女 〘歴〙 バッカス神の巫女(みこ)

ba-ca-'rá [バ.カ.'ら] 名 男 〔複 -ás〕〘遊〙〔トランプ〕 バカラ《ゲーム》

'ba-cha 名 女《ﾒｷｼｺ》 タバコの吸い殻; 《ﾒｷｼｺ》 平底舟

ba-'cha-co, -ca 形 名 男 女《ﾍﾞﾈｽﾞｴﾗ》《話》 縮れた髪の(人)

ba-'cha-ta 名 女《ｶﾘﾌﾞ》《話》 お祭り騒ぎ; 《ｶﾘﾌﾞ》《話》 ごみ; 《ｶﾘﾌﾞ》《話》 卑猥(ひわい)な言葉

ba-cha-te+'ar [バ.チャ.テ.'アる] 動 自 《ｶﾘﾌﾞ》《話》 冗談を言う, ふざける

'ba-che 名 男 (路面の)くぼみ, へこみ; 〘空〙 エアポケット《局部的な乱気流状態》; 一時的不調[不振], 難局

ba-'chi-cha 名 共《ｱﾝﾃﾞｽ》《ﾁﾘ》《ﾗﾌﾟﾗﾀ》《話》 イタリア人; 《ﾗﾌﾟﾗﾀ》《話》 太った人

ba-chi-'ller, -'lle-ra [バ.チ.'ジェる, 'ジェ.ら] 形 形 知ったかぶりの; おしゃべりの 名 男 女 高等教育終了者; 高等教育; 〘歴〙(昔の)学士, 得業士

ba-chi-lle-'ra-to [バ.チ.ジェ.'ら.ト] 名 男 高等学校教育課程(の終了証); 〘歴〙(昔の)学士[得業士]の学位

ba-'cí+a [バ.'すぃ.ア] 名 女 〘畜〙(家畜の)餌箱(えさばこ); 〘歴〙(床屋の)ひげそり用受け皿

ba-ci-'lar [バ.すぃ.'ラる] 形 〘医〙 バチルスの, 桿菌(かんきん)の, 桿状の 動 他《ﾁﾘ》《話》 ばかにする

ba-'ci-lo [バ.'すぃ.ロ] 名 男 〘医〙 桿菌(かんきん), バチルス

ba-ci-'lón [バ.すぃ.'ロン] 名 男《ｶﾘﾌﾞ》《話》 おしゃれな男; プレイボーイ

ba-ci-'lo-sis [バ.すぃ.'ロ.スィス] 名 女 〔単複同〕〘医〙 桿菌症

ba-'cín [バ.'すぃン] 名 男 施し用の入れ物, 献金皿; 寝室用便器, 溲瓶(しびん); 《話》 卑しむべき人, げす, ろくでなし

ba-ci-'ni-lla [バ.すぃ.'ニ.ジャ] 名 女 小型の溲瓶(しびん)

'Ba+co 名 固 〘ロ神〙 バッカス《酒の神》

ba-'cón [バ.'コン] 名 男 ⇩ beicon

bac-'te-ria [バク.'テ.りア] 名 女 〘生〙 バクテリア, 細菌

bac-te-'ria+no, -na [バク.テ.'りア.ノ, ナ] 形 〘生〙 バクテリアの, 細菌の

bac-te-ri-'ci-da [バク.テ.り.'すぃ.ダ] 形 〘医〙 殺菌の 名 男 〘医〙 殺菌剤

bac-te-'rió-fa-go [バク.テ.'りオ.ファ.ゴ] 名 男 〘生〙 バクテリオファージ

bac-te-rio-lo-'gí+a [バク.テ.りオ.ロ.'ひ.ア] 名 女 〘医〙 細菌学

bac-te-rio-'ló-gi-co, -ca [バク.テ.りオ.'ロ.ひ.コ, カ] 形 〘医〙 細菌学の, 細菌学上の, 細菌の

bac-te-'rió-lo-go, -ga [バク.テ.'りオ.ロ.ゴ, ガ] 名 男 女 〘医〙 細菌学者

bac-te-'riu-ria [バク.テ.'りウ.りア] 名 女 〘医〙 細菌尿症

'bá+cu-lo ['バ.ク.ロ] 名 男 ステッキ, 杖; 頼り, 支え

ba-'da-jo [バ.'ダ.ほ] 名 男 (鐘の)舌; 《話》 おしゃべりな人

ba-da-jo-'cen-se [バ.ダ.ほ.'せン.セ] 形 名 共 〘地名〙 バダホスの(人) ⬇ Badajoz

Ba-da-'joz [バ.ダ.'ほす] 名 固 〘地名〙 バダホス《スペイン南西部の県, 県都》

ba-'da-na 名 女 (裏打ち用の)質の悪い革 名 共 なまけ者 *zurrar la* ～《話》(a: を)殴る

ba-'dén 名 男 下水溝, 水路, 溝; 路面のくぼ地, でこぼこ

ba-'dil [バ.'ディル] 名 男 石炭すくい; 火かき棒

ba-'di-la 名 女 ⇧ badil

'bád-min-ton 名 男 〘競〙 バドミントン

ba-du-'la-que [バ.ドゥ.'ラ.ケ] 名 男 ばか, とんま; 〘歴〙 化粧品の一種

Ba+'e-za [バ.'エ.さ] 名 固 〘地名〙 バエサ《スペイン中南部の都市》

'ba-fle ['バ.フレ] 名 男 (スピーカーボックスの)バッフル《低音用隔壁》

ba-'ga-je [バ.'ガ.へ] 名 男 〘軍〙 軍用行李(こうり); 知識(の蓄え); 〘畜〙 運搬用家畜, 荷獣; 《ﾗ米》 手荷物

ba-ga-'te-la [バ.ガ.'テ.ラ] 名 女 つまらないもの, 些細(ささい)な事柄

ba-'ga-yo 名 男《ﾗﾌﾟﾗﾀ》 面倒; 醜い女性

ba-'ga-zo [バ.'ガ.そ] 名 男 (砂糖キビ・オリーブなどの)しぼり殻[かす]

***Bag-'dad** [バグ.'ダド] 93% 名 固 〘地名〙 | バグダッド《イラク Irak の首都》

'ba-gre ['バ.グれ] 名 男《ﾗ米》〘魚〙 ナマズ 名 共《ﾗ米》 不愉快な人, ずるい人; 《ﾍﾞﾈｽﾞｴﾗ》《ｱﾝﾃﾞｽ》《ﾁﾘ》《ﾗﾌﾟﾗﾀ》《話》 醜(みにく)い人; 《ｱﾝﾃﾞｽ》《話》 上品ぶった人; 感じが悪い人

ba-'gual [バ.'グアル] 名 男《ﾗﾌﾟﾗﾀ》〘楽〙 バグアル《アルゼンチンの民謡》

ba-'gue-ta [バ.'ゲ.タ] 名 女 〘食〙 バゲット《棒状のフランスパン》

***'bah** ['バ] 92% 感《話》 ふふん!, ばかな!《軽 | 蔑・不信》; 《話》 ああ!, だめだ!《あきらめ》

Ba+'ha-mas [バ.'ア.マス] 名 固 〔las ～〕〘地名〙 バハマ《中央アメリカ, 西インド諸島北西部のバハマ諸島の島々からなる国》;

〔islas ～〕〖地名〗バハマ諸島《西インド諸島北西部の島々》

ba+ha-'me-ño, -ña [バ.ア.'メ.ニョ, ニャ] 形〖地名〗バハマ(人)の 名 男 女 バハマ人 ⬆Bahamas

*__ba+'hí+a__ [バ.'イ.ア] 93% 名 女〖地〗湾, 入り江

Ba+'hí+a 'Blan-ca [バ.'イ.ア 'ブラン.カ] 名 固〖地名〗バイア・ブランカ《アルゼンチン東部の都市》

bai-'la-ble [バイ.'ラ.ブレ] 形〖楽〗踊りに適した, ダンス[ディスコ]向きの 名 男〖楽〗ダンス音楽, 舞踊曲

bai-la-'dor, -'do-ra [バイ.ラ.'ドる, 'ド.ら] 形 踊り[ダンス]の(好きな) 名 男 女〖演〗ダンサー, 踊り子, フラメンコダンサー

bai-la+'or, -'o-ra [バイ.ラ.'オる, 'オ.ら] 名 男 女〖演〗フラメンコダンサー

bai-'lar [バイ.'ラる] 84% 動 自 踊る, ダンスする;《話》揺れる, ぐらぐらする, ぶかぶかである;《こまなどが》回る 動 他〈踊りなどを〉踊る;〖遊〗〈こまを〉回す;《俗》盗む ～ ***con la más fea***《話》いやな役に回る ***¡Otro [tra] que tal baila!*** 似たり寄ったりだ ***¡Que me quiten lo bailado!***《話》一度手に入れたらもうこっちのものだ!

*__bai-la-'rín, -'ri-na__ [バイ.ラ.'リン, 'リ.ナ] 93% 名 男 女〖演〗ダンサー, 踊り子, 舞踊家; バレリーナ 形 踊りの, 舞踊の

'bai-le ['バイ.レ] 87% 名 男 踊り, ダンス, バレエ; ダンスパーティー, 舞踏会; 舞踏会場;〖楽〗ダンス音楽, 舞曲; 数字の逆記入《52 が 25 となるなど》;《隠》盗み, 強盗

bai-'lon-go [バイ.'ロン.ゴ] 名 男《ラ米》庶民の踊り

bai-lo-te+'ar [バイ.ロ.テ.'アる] 動 自《話》踊りまくる

bai-'pás 名 男〖医〗バイパス手術;〖車〗バイパス道路

'ba+ja ['バ.は] 89% 名 女 降下, 下落, 減少; 退会(者), 退職(者);〖軍〗死者・行方不明者; 損害; 引潮 形《女》⬇bajo ***a la*** ～〖経〗(株が)弱気で ***darse de*** ～ 退会[退職]する ***estar de*** ～ (病気などで)欠勤する

ba+'já [バ.'は] 名 男〔複 bajaes〕パシャ《エジプト・トルコの州知事, 軍司令官》

ba-'ja-ca [バ.'は.カ] 名 女《アンデス》(髪を飾る)リボン

'Ba-ja Ca-li-'for-nia ['バ.は カ.リ.'フォる.ニア] 名 固〖地名〗バハ・カリフォルニア《メキシコ北西部の州》

'Ba-ja Ca-li-'for-nia 'Sur ['バ.は カ.リ.'フォる.ニア 'スる] 名 固〖地名〗バハ・カリフォルニア・スル《メキシコ北西部の州》

ba-'ja-da [バ.'は.ダ] 名 女 下り坂[勾配]; 降下, 降ろすこと ～ ***de pantalones***《俗》屈辱的な譲歩 ～ ***del telón*** 閉幕 ***ir de*** ～ 減少する

ba-ja-'mar [バ.は.'マる] 名 女〖海〗干潮

ba-'jan-te [バ.'はン.テ] 名 男 [女] 下水道;《ラ米》水位の低下

ba-ja-'o-llas [バ.は.'オ.ジャス] 名 男〔単複同〕《コロンビア》〖食〗鍋(なべ)つかみ

ba-'jar [バ.'はる] 75% 動 自 下がる, 低くなる, 沈む; (de: から)降りる; 弱まる, 静まる, 小さくなる;《潮が》引く 動 他 降ろす, 下げる; 降りる, 下る; 下げる, 低くする, 弱める **～se** 動 再 降りる; かがむ, おじぎする;《タイヤが》パンクする;〖情〗下にスクロールする;〖情〗ダウンロードする

'Ba-ja Ve-ra-'paz ['バ.は ベ.ら.'パす] 名 固〖地名〗バハ・ベラパス《グアテマラ中部の県》

ba-'jel [バ.'へル] 名 男《詩》《格》〖海〗船

ba-'je-ro, -ra [バ.'へ.ろ, ら] 形 下の

ba-'je-za [バ.'へ.さ] 名 女 下品, 卑劣, 下劣な行為; 身分の低いこと, 卑しさ

ba-'ji-nes ⇔**-ni** [バ.'ひ.ネス⇔.ニ]〔成句〕 ***por lo*** ～《話》小声で

ba-'jí+o [バ.'ひ.オ] 名 男〖地〗砂洲(す), 浅瀬;《ラ米》〖地〗低地

ba-'jí-si-mo, -ma〔最上級〕⬇bajo

ba-'jis-ta [バ.'ひス.タ] 形〖商〗値下がりの;〖商〗(株式で)弱気の売り方をする 名 共〖商〗弱気筋, (相場を)売りくずす人

ba-'ji-to, -ta〔縮小語〕⬇bajo

'ba+jo, +ja ['バ.ほ, は] 68% 形 (高さが)低い, 低い所にある; (背が)低い; **1** 階の; 下品な, 粗末な, 下等の; (地位・身分などが)低い, 下層の, 卑しい; (値段が)安い; (程度・速度などが)低い;《音・声が》低い, 低い調子の, 小声の; 後期の; 下流の; (色が)くすんだ, 鈍い; (金属が)混ざり物のある, 劣位の;《中米》バホ《塩肉・野菜をバナナの皮で包み蒸した料理》 前《弱勢》…の下に; …の(下で)支配を受けて; …に従って, …によれば;《年齢・時間・数量などが》…未満で; (重荷を)負って 副 低い調子で; (高さを)低く, 低い所に;〖商〗(値段が)安く 名 男 **1** 階; 低地;〖楽〗チェロ;〖楽〗バス《男声の最低音域》, ベース;〔しばしば複〕〖衣〗下着;〖衣〗(ズボン・スカートの)裾(すそ), 縁(へり), 折り返し 名 共〖楽〗チェロ奏者 ***echando por*** ～ 少なく見積もって, 少なくとも ***por lo*** ～ 小声で, 秘密に

ba-'jón [バ.'ほン] 名 男〖商〗暴落, 急な落ち込み, 下落, がた落ち;〖楽〗バスーン《低音木管楽器》 名 共〖楽〗バスーン奏者

ba-jo-'nis-ta [バ.ほ.'ニス.タ] 名 共〖楽〗バスーン奏者

ba-jo-rre-'lie-ve [バ.ほ.れ.'リエ.ベ] 名 男〖美〗浅浮き彫り

ba-ka-'la+o [バ.カ.'ラ.オ] 名 男〖楽〗バカラオ《テンポの早いディスコ音楽》

Ba+'kú 名 固〘地名〙バクー《アゼルバイジャン共和国 Azerbaiyán の首都》

b

*'**ba-la** ['バ.ラ] 92% 名 女 弾丸, 小銃弾, 弾丸状のもの, 小球;《話》ろくでなし, ごろつき, 抜け目のない人;〘商〙(船積み用商品の)梱(こり), 俵, 梱包 名 共《話》すぐれた人;《メキシコ》《話》頭が働く人, 機転がきく人 *~ perdida* 無鉄砲な人, 放蕩(ほうとう)者, ろくでなし

ba-la-'ce-ra [バ.ラ.'せ.ら] 名 女《ラ米》銃撃(戦), 発砲

ba-'la-da [バ.'ラ.ダ] 名 女〘楽〙〘文〙バラード

ba-la-'dí [バ.ラ.'ディ] 形〔複 -díes ⇔ -dís〕つまらない, 些細(ささい)な, 平凡な

ba-la-'drón, -'dro-na [バ.ラ.'ドろン, 'ドろ.ナ] 形 自慢する, ほらふきの 名 男 女 自慢家, ほらふき

ba-la-dro-'na-da [バ.ラ.ドろ.'ナ.ダ] 名 女 自慢話, ほら

ba-la-dro-ne+'ar [バ.ラ.ドろ.ネ.'アる] 動 自 (de: の)自慢をする, ほらを吹く

'**bá-la-go** ['バ.ラ.ゴ] 名 男 (長い)わら; (せっけんの)泡 *zurrar el ~*《話》(a: を)殴る

ba-la-'lai-ca [バ.ラ.'ライ.カ] 名 女〘楽〙バラライカ《ロシアの3弦の撥弦楽器》

*'**ba-'lan-ce** [バ.'ラン.せ] 91% 名 男〘商〙(貸借の)差し引き, (収支の)差額, 収支; 貸借対照表; 結果(の報告); 比較検討; 揺れ

ba-lan-ce+'an-te [バ.ラン.せ.'アン.テ] 形 均衡を保っている

ba-lan-ce+'ar [バ.ラン.せ.'アる] 動 他 はかりにかける;〘商〙清算する, 決算する; 揺する, 揺り動かす 動 自〘海〙揺れる, 横揺れする; 躊躇(ちゅうちょ)する, ためらう **~se** 動 再 揺れる, 振れる

ba-lan-'ce+o [バ.ラン.'せ.オ] 名 男〘海〙(船の)横揺れ; 揺れる[揺らす]こと

ba-lan-'cín [バ.ラン.'すぃン] 名 男〘遊〙シーソー; 揺り椅子;〘畜〙(馬具の引き皮を結びつける)横木, (ばねを支える)車の横木; (綱渡り用の)平衡棒;〘機〙ビーム;〘海〙舷外浮材《船のバランスを保つもの》

ba-'lan-dra [バ.'ラン.ドら] 名 女〘海〙スループ型の船《1本マストの帆船》

'**bá-la+no** ⇔ **ba-'la-** ['バ.ラ.ノ ⇔ バ.'ラ.] 名 男〘体〙亀頭;〘動〙フジツボ

*'**ba-'lan-za** [バ.'ラン.さ] 93% 名 女 天秤(てんびん), はかり; 比較, 対照;〘商〙収支, 清算;〔B~〕〘天〙てんびん座, 天秤宮 *poner en la ~* はかりにかける, 比較検討する

ba-la-que+'ar [バ.ラ.ケ.'アる] 動 自《ラプラタ》《話》自慢する

ba-'lar [バ.'ラる] 動 自〘動〙«ヤギ・ヒツジ・シカが»(メーと)鳴く; (por: を)しきりに欲しがる, 切望する

ba-la-'rra-sa [バ.ラ.'ら̃.サ] 名 男《話》放蕩(ほうとう)者, 道楽者;《話》安酒, 焼酎

'**ba-las** 名 女《複》↑bala

ba-'las-to [バ.'ラス.ト] 名 男〘鉄〙〘建〙(鉄道・道路の)バラスト, 砂利

ba-laus-'tra-da [バ.ラウス.'トら.ダ] 名 女〘建〙(手すり子のある)手すり, 欄干(らんかん)

ba-'laus-tre ⇔ **-la+'ús-** [バ.'ラウス.トれ ⇔ .ラ.'ウス.] 名 男〘建〙手すり子《手すり・欄干(らんかん)の小柱》

ba-'la-zo [バ.'ラ.そ] 名 男 命中の一発, 弾丸; 銃傷

bal-'bo+a [バル.'ボ.ア] 名 男〘経〙バルボア《パナマの通貨》

bal-bu-ce+'ar 動 自 ⇩ balbucir

bal-bu-'ce+o [バル.ブ.'せ.オ] 名 男 口ごもること; 片言で言うこと, 喃語(なんご); 歴史的発端, 初期段階

bal-bu-'cien-te [バル.ブ.'すぃエン.テ] 形 片言の; 口ごもる; 初期の, 黎明期の

bal-bu-'cir [バル.ブ.'スィる] 動 自 ㊷ (c|zc)〔直現1単 -ceo; 接現 -cea〕口ごもる; «幼児が»片言を言う

Bal-'ca-nes [バル.'カ.ネス] 名 固〘地名〙バルカン諸国《ヨーロッパ南東部の諸国; スロベニア, クロアチア, ボスニア・ヘルツェゴビナ, コソボ, 北マケドニア》;〔península de los ~〕〘地名〙バルカン半島《ヨーロッパ南東部の半島》

bal-'cá-ni-co, -ca [バル.'カ.ニ.コ, カ] 形 名 男 女〘地名〙バルカン半島[山脈, 諸国]の(人) ↑Balcanes;〔península ~ca〕〘地名〙バルカン半島

bal-ca-ni-za-'ción [バル.カ.ニ.さ.'すぃオン] 名 女〘歴〙〘政〙バルカン化, 小国分割

'bal-'cón** [バル.'コン] 88% 名 男〘建〙バルコニー, 露台; 見晴らし台, 展望所

bal-co-'na-da [バル.コ.'ナ.ダ] 名 女〘建〙連続したバルコニー

bal-co-ne+'ar [バル.コ.ネ.'アる] 動 他《メキシコ》ひやかす, ばかにする

'**bal-da** ['バル.ダ] 名 女《スペイン》(本棚や戸棚の)棚(たな), 棚板

bal-'da-do, -da [バル.'ダ.ド, ダ] 形 名 男 女〘医〙身体障害の[障害者], 手足が不自由な(人);《スペイン》《話》疲れきった(人)

bal-da-'du-ra [バル.ダ.'ドゥ.ら] 名 女 身体障害

bal-da-'quín [バル.ダ.'キン] 名 男 天蓋(てんがい)

bal-'dar [バル.'ダる] 動 他 不具にする; 〈に〉不便を感じさせる, 〈に〉迷惑をかける;《話》さんざん殴る, ひどい目にあわせる **~se** 動 再《話》くたくたになる, 疲れ果てる; (de: が)きかなくなる, 不随になる

'**bal-de** ['バル.デ] 名 男 手桶(ておけ), バケツ *de ~* 無料で *en ~* むだに, …してもむだで

ある *estar de* ~ 何もしないでいる

bal-de+'ar [バル.デ.'アる] [動] [他] 〘海〙〈甲板を〉バケツの水で洗う, 掃除する; 〈水を〉バケツでくみ出す

bal-'de+o [バル.'デ.オ] [名] [男] 〘海〙 甲板掃除 《バケツの水で甲板をきれいにすること》

bal-'dés [バル.'デス] [名] [男] 〘衣〙 羊の革 《手袋用》

bal-'dí-o, +a [バル.'ディ.オ, ア] [形] 〘農〙 耕されていない, 荒れた; 実りのない, 不毛の; むだな [名] [男] 〘農〙 不毛の土地, 荒れ地; 〘建〙 建設用地

bal-'dón [バル.'ドン] [名] [男] (人格・名声の)傷, 汚点, 汚名; 侮辱(ぶじょく), 面罵(めんば)

bal-'do-sa [バル.'ド.サ] [名] [女] 〘建〙 (床・中庭などの)化粧れんが, 舗石, タイル; 〘歴〙 〘楽〙 バルドーサ 《昔の弦楽器》

bal-do-'sín [バル.ド.'スィン] [名] [男] 〘建〙 (風呂場の壁などの)小さなタイル

bal-do-'són [バル.ド.'ソン] [名] [男] 〘建〙 大きな舗石

bal-'du-que [バル.'ドゥ.ケ] [名] [男] 面倒な書類手続き, お役所的な形式主義

ba-'lé [バ.'レ] [名] [男] ⇩ ballet

ba-le+'ar [バ.レ.'アる] [形] [名] [共] 〘地名〙 バレアレス諸島の(人) ⬇ Baleares

Ba-le+'a-res [バ.レ.'ア.れス] [名] [固] 〔islas ~〕〘地名〙 バレアレス諸島 《地中海西部の諸島 *Islas* ~ イスラス・バレアレス 《スペイン, 地中海に位置する自治州, 県》

ba-'li-do [バ.'リ.ド] [名] [男] 〘動〙 《羊などが》メーと鳴くこと, 鳴き声

ba-'lín [バ.'リン] [名] [男] 散弾; 小口径の銃弾

ba-'lis-ta [バ.'リス.タ] [名] [女] 〘歴〙 〘軍〙 (昔の)投石器

ba-'lís-ti-co, -ca [バ.'リス.ティ.コ, カ] [形] 〘軍〙 弾道(学)の

ba-'li-za [バ.'リ.さ] [名] [女] 〘海〙 ブイ, 浮標; 〘空〙 (滑走路の)標識灯

ba-li-'zar [バ.リ.'さる] [動] [他] (34) (z|c) 〈に〉標識[ブイ, 浮標]を設ける

***ba-'lle-na** [バ.'ジェ.ナ] 94% [名] [女] 〘動〙 クジラ[鯨]; 《話》 太った人; 〔B~〕〘天〙 くじら座

ba-lle-'na-to [バ.ジェ.'ナ.ト] [名] [男] 〘動〙 子クジラ

ba-lle-'ne-ro, -ra [バ.ジェ.'ネ.ろ, ら] [形] 〘海〙 捕鯨の [名] [男] 〘海〙 捕鯨者; 〘海〙 捕鯨船 -ra [名] [女] 〘海〙 (捕鯨船の)キャッチャーボート

ba-'lles-ta [バ.'ジェス.タ] [名] [女] 〘歴〙 石弓, 弩(おおゆみ); 板ばね

ba-lles-'te-ro [バ.ジェス.'テ.ろ] [名] [男] 〘歴〙 弩(おおゆみ)手

ba-lles-'trin-que [バ.ジェス.'トリン.ケ] [名] [男] 〘海〙 巻き結び, 二重結び

***ballet** [バ.'レ] 92% [名] [男] 〔複 -llets〕〔フランス語〕 バレエ, バレエ劇; バレエ団; 〘楽〙 バレエ曲

ba-'lli-co [バ.'ジ.コ] [名] [男] 〘植〙 〘畜〙 ライグラス 《飼料用の麦》

ba-'llue-ca [バ.'ジュエ.カ] [名] [女] 〘植〙 カラスムギ

bal-ne+'a-rio, -ria [バル.ネ.'ア.りオ, りア] [形] 鉱泉の, 温泉の [名] [男] 温泉場

bal-ne+o-te-'ra-pia [バル.ネ.オ.テ.'ら.ピア] [名] [女] 〘医〙 鉱泉[温泉]療法, 湯治

ba-lom-'pié [バ.ロン.'ピエ] [名] [男] 〘競〙 サッカー

***ba-'lón** [バ.'ロン] 91% [名] [男] 〘遊〙 ボール, 玉, 球; 〘競〙 〔特に〕 サッカーボール; サッカー; 気球; 球形のもの, 丸くふくらんだもの; 風船 ~ *de oxígeno* 酸素バッグ; 頼みの綱

ba-lo-'na-zo [バ.ロ.'ナ.そ] [名] [男] ボールの一撃

ba-lon-ces-'tis-ta [バ.ロン.せス.'ティス.タ] [形] 〘競〙 バスケットボールの [名] [共] 〘競〙 バスケットボール選手

***ba-lon-'ces-to** [バ.ロン.'せス.ト] 91% [名] [男] 〘競〙 バスケットボール

ba-lon-'ma+no [バ.ロ(ン).'マ.ノ] [名] [男] 〘競〙 ハンドボール

ba-lon-vo-'le+a [バ.ロン.ボ.'レ.ア] [名] [男] 〘競〙 バレーボール

ba-'lo-ta [バ.'ロ.タ] [名] [女] 無記名投票球

ba-lo-'ta-je [バ.ロ.'タ.へ] [名] [男] 決選投票

ba-lo-'tar [バ.ロ.'タる] [動] [自] (無記名投票球で)選ぶ, 投票する

'bal-sa ['バル.サ] [名] [女] 水たまり, 池, ため池; 搾油かすの捨て場; 《カリブ》 山積み; いかだ; 〘植〙 バルサ; 〘建〙 バルサ材 ~ *de aceite* 静かな場所

bal-'sá-mi-co, -ca [バル.'サ.ミ.コ, カ] [形] 〘気〙 《天候が》とても穏やかな; バルサムのような, バルサム質の

bal-sa-'mi-na [バル.サ.'ミ.ナ] [名] [女] 〘植〙 ホウセンカ

'bál-sa-mo ['バル.サ.モ] [名] [男] バルサム, 香膏(こうこう), 香油 《芳香性樹脂》; 慰め

bal-se+'ar [バル.セ.'アる] [動] [他] いかだで渡る

bal-'sis-mo [名] [男] ⇩ rafting

Bal-ta-'sar [バル.タ.'サる] [名] [固] 〘聖〙 バルタザール 《東方の三博士の一人》

'bál-ti-co, -ca ['バル.ティ.コ, カ] [形] [名] [男] [女] 〘地名〙 バルト海沿岸の(人) ⬇ Báltico; 〘言〙 バルト語派の [名] [男] 〘言〙 バルト語派

'Bál-ti-co ['バル.ティ.コ] [名] [固] 〔mar ~〕 〘地名〙 バルト海 《北ヨーロッパの海》

ba-'luar-te [バ.'ルアる.テ] [名] [男] 〘軍〙 稜

堡(りょうほ), 砦(とりで), 堡塁(ほうるい); 拠点, 支柱

ba-'lu-ma [バ.'ル.マ] 名 女 《アンデス》《話》 混乱, 騒ぎ

ba-'lum-ba [バ.'ルン.バ] 名 女 集まり, 山積み; 《ラ米》 混乱, 騒ぎ

ba-lu-'mo-so, -sa [バ.ル.'モ.ソ, サ] 形 《中米》 大量の, かさばる

ba-'lur-do [バ.'ルる.ド] 形 《ベネズエラ》《話》 場違いな, 不適切な; 嫌な, 不快な

Ba-'ma-ko 名 固 〔地名〕 バマコ 《マリ Mali, Malíの首都》

'bam-ba 名 女 《ラ米》 バンバ 《メキシコの民族舞踊》; 〔競〕〔ビリヤード〕 まぐれ当たり, フロック

bam-ba-'li-na [バン.バ.'リ.ナ] 名 女 〔演〕 (舞台装置の上部にある)縁飾り幕; 〔一般〕 舞台 *detrás de* [*tras*] *~s* 舞台裏で, 陰で

bam-'ba-rria [バン.'バ.りア] 形 名 共 《話》 おろかな, ばかな; 《話》 おろか者, ばか者 名 女 〔競〕〔ビリヤード〕 フロック 《球のまぐれ当たり》

bam-bo-le+'ar(-se) [バン.ボ.レ.'アる(.セ)] 動 自 (再) 揺れる, 揺らめく, ぐらつく

bam-bo-'le+o [バン.ボ.'レ.オ] 名 男 揺れ, ぐらつき

bam-'bo-lla [バン.'ボ.ジャ] 名 女 《話》 見栄; 見せかけ

bam-bo-'lle-ro, -ra [バン.ボ.'ジェ.ろ, ら] 形 名 男 女 《話》 見せかけの, 派手な, けばけばしい; 《話》 見栄っ張りの(人), 派手な(人)

*__bam-'bú__ 94% 名 男 〔複 -búes⇔-bús〕 | 〔植〕 タケ[竹]

ba-'nal [バ.'ナル] 形 陳腐な, ありふれた, 表面的な

*__ba-'na-na__ 94% 名 女 《ラ米》 〔植〕 バナナ

ba-na-'nal [バ.ナ.'ナル] 名 男 《ラ米》 〔農〕 バナナ畑

ba-na-'ne-ro, -ra [バ.ナ.'ネ.ろ, ら] 形 〔植〕〔農〕 バナナの

ba-'na+no 名 男 《ラ米》 〔植〕 バナナの木

ba-'nas-ta 名 女 大きなかご; 《カリブ》 大きな靴; カヌー

ba-'nas-to 名 男 深い丸かご

'ban-ca 名 女 〔商〕〔集合〕 銀行, 銀行業界; 〔商〕 銀行業務; ベンチ, 長椅子; 〔商〕 屋台店, 露店; 〔遊〕〔トランプ〕 胴元, 親; (フィリピンの)カヌー *tener ~* 《ラ米》 コネがある, 顔がきく

ban-'ca-da 名 女 (漕ぎ手の)ベンチ; (工場の)作業台; 足場; 《南米》〔集合〕 席, 議席

ban-'cal [バン.'カル] 名 男 〔農〕 (畑の)区画; 〔農〕 段々畑

ban-'car [バン.'カる] 動 他 69 (c|qu) 《ラプラタ》《話》 我慢する

ban-'ca-rio, -ria [バン.'カ.りオ, りア] 形 〔商〕 銀行の 名 男 女 〔商〕 銀行員

ban-ca-'rro-ta [バン.カ.'ろ̃.タ] 名 女 破産, 倒産; 完全な失敗, 破綻(はたん)

**'ban-co 77% 名 男 〔商〕 銀行; 蓄えておく所, 貯蔵所, …銀行; ベンチ, 長椅子; (教会などの)座席; 作業台; 〔海〕 (海中の)堆(たい), 浅堆(せんたい), 洲(す), 浅瀬; 〔魚〕 魚群; 〔法〕 陪審席, 証人席; 〔地質〕 地層, 層; 《メキシコ》 穀物の山 *herrar* [*quitar*] *el ~* 決心する *sentarse* [*estar*] *en el ~ de la paciencia* じっと我慢する, 耐える

**'ban-da 88% 名 女 〔楽〕 楽団, 楽隊, バンド; 一団, (悪人などの)一味; 群, 団, グループ, 派閥; 側面, 面; 〔競〕 サイドライン; 〔衣〕 帯; 縞状のもの, ひも, リボン; (揺れ・変動の)幅, …帯; 〔衣〕 飾り帯; 懸章 *cerrarse en ~* 強情を張る

ban-'da-da 名 女 〔鳥〕〔魚〕 群れ, 一群; 《ラ米》 群衆, 烏合(うごう)の衆

Ban-'dar 'Se-ri Be-'ga-wan [バン.'ダる 'セ.り ベ.'ガ.ウアン] 名 固 〔地名〕 バンダル・スリ・ブガワン 《ブルネイ Brunéi の首都》

ban-'da-zo [バン.'ダ.そ] 名 男 〔海〕 (船の)急な傾き; (態度・方向などの)急変; (車の)急な方向転換; 《話》 散歩

ban-de+'ar [バン.デ.'アる] 動 他 激しく揺さぶる; 《中米》《話》 しつこく追い回す *~-se* 動 再 激しく揺れる; 難局を切り抜ける

*__ban-'de-ja__ [バン.'デ.は] 93% 名 女 盆(ぼん); (トランクなどの)仕切り板, 懸子(かけご); 《ラ米》〔食〕 大皿, 配食皿; 《メキシコ》 椀(わん), ボウル; 洗面器 *~ de entrada* 〔情〕 受信トレイ *servir* [*poner*] *en ~* (*de plata*) 《話》 (人に)お膳立てをして与える, 便宜をはかる

ban-de-'jón [バン.デ.'ほン] 名 男 《ペルー》《チリ》 〔車〕 中央分離帯

ban-'de-ra [バン.'デ.ら] 87% 名 女 旗; 〔歴〕〔軍〕 一隊; 〔情〕 フラグ *a ~s desplegadas* のびのびと, 自由に *bajo la ~ de* … …の旗の下に, …の指揮下で *de ~* 《話》 すばらしい, すごい *lleno*[*na*] *hasta la ~* 《話》 《大きな施設が》いっぱいになった, すし詰めの

ban-de-'ra-zo [バン.デ.'ら.そ] 名 男 《メキシコ》《南米北》 (タクシーの)初乗り料金

ban-de-'rí+a [バン.デ.'り.ア] 名 女 党派, 徒党

ban-de-'ri-lla [バン.デ.'り.ジャ] 名 女 〔牛〕 バンデリージャ 《牛の首・肩に突き刺す装飾のついた銛(もり)》; 〔印〕 校正用の付箋(ふせん) *poner* [*clavar, plantar*] *~s* (a: を)あざける, ののしる

ban-de-ri-'lle-ro [バン.デ.り.'ジェ.ろ] 名 男 〔牛〕 バンデリジェーロ 《バンデリージャ banderilla を使う銛(もり)士》

ban-de-'rín [バン.デ.'りン] 名 男 小旗,

ペナント; 〖競〗〔サッカー〕コーナーフラッグ; 〖軍〗(銃の筒先につける)三角形の小旗
ban-de-'ri-ta 〔縮小語〕↑bandera
ban-de-'ro-la [バン.デ.'ろ.ラ] 名 女 〖軍〗(槍の先につける)小旗; 〖競〗旗, フラッグ; 《ラプラタ》(ドアの)側柱
ban-di-'da-je [バン.ディ.'ダ.へ] 名 男 山賊行為
ban-'di-do 名 男 山賊, 追いはぎ; 悪党, 悪漢, ならず者, お尋ね者, ペテン師; 《話》〔親愛〕こいつ
'ban-do 名 男 布告, 発布, 法令, 命令; 党派; 〖魚〗〖鳥〗(魚・鳥の)群れ
ban-'do-la [バン.'ド.ラ] 名 女 〖楽〗マンドリン; 《ベネズエラ》〖音楽〗バンドーラ (4 対の弦がある楽器); 〖海〗応急のマスト
ban-do-le-'ris-mo [バン.ド.レ.'りス.モ] 名 男 山賊行為
ban-do-'le-ro, -ra [バン.ド.'レ.ろ, ら] 名 男 女 山賊, 追いはぎ; 《ベネズエラ》〖楽〗バンドラ奏者 **-ra** 名 女 弾薬帯, 負い革 ***en bandolera*** 肩から斜めに掛けて
ban-do-'li-na [バン.ド.'リ.ナ] 名 女 〖楽〗マンドリン
ban-do-li-'nis-ta [バン.ド.リ.'ニス.タ] 名 共 〖楽〗マンドリン奏者
ban-do-ne+'ón 名 男 〖楽〗バンドネオン 《アルゼンチンタンゴで弾くアコーディオンに似た楽器》
ban-'du-llo [バン.'ドゥ.ジョ] 名 男 《話》〖体〗腹, 内臓, はらわた
ban-'du-rria [バン.'ドゥ.りア] 名 女 〖楽〗大型マンドリン
***Bang-'kok** [バン(グ).'コク] 94% 名 固 〖地名〗バンコク《タイ Tailandia の首都》
Ban-gla-'dés [バン.グラ.'デス] 名 固 〔República Popular de ～〕〖地名〗バングラデシュ《南アジア東部の人民共和国》
ban-gla-de+'sí [バン.グラ.デ.'スィ] 形 〔複 -síes⇦-sís〕〖地名〗バングラデシュ(人)の 名 共 バングラデシュ人
'ban-go 名 男 すき間, 空間
'Ban-gui ['バン.ギ] 名 固 〖地名〗バンギ《中央アフリカ共和国 República Centroafricana の首都》
'ban-jo ['バン.ほ] 名 男 〖楽〗バンジョー《弦楽器》
Ban-'jul [バン.'ふル] 名 固 〖地名〗バンジュール《ガンビア Gambia の首都》
ban-'que-ro, -ra [バン.'ケ.ろ, ら] 名 男 女 〖商〗銀行家, 銀行経営者; 〖遊〗(賭博の)胴元, 胴親
ban-'que-ta [バン.'ケ.タ] 名 女 (背のない)腰掛け; 踏み台; 《メキシコ》《中米》歩道
***ban-'que-te** [バン.'ケ.テ] 93% 名 男 宴会, 招宴, 晩餐(ばんさん)会; 〖食〗ごちそう
ban-que-te+'ar [バン.ケ.テ.'アる] 動 他 宴会を開いてもてなす, 饗応する **～se** 動 再 宴に列する
ban-'qui-llo [バン.'キ.ジョ] 名 男 ベンチ, 背のない腰掛け, 踏み台; 〖法〗(刑事法廷の)被告席 ***calentar el ～ [～s]*** 〖競〗ベンチを温める, 予備の選手である
ban-'qui-sa [バン.'キ.サ] 名 女 〖海〗氷原, 浮氷, 流氷
'bán-tam 名 男 〔複 -tams〕〖競〗〔ボクシング〕バンタム級
ban-'tú 形 名 共 〔複 -túes⇦-tús〕バントゥー族(の)《アフリカ南部の民族》; 〖言〗バントゥー語の 名 男 〖言〗バントゥー語
ba-ña-'de-ra [バ.ニャ.'デ.ら] 名 女 《ラ米》バスタブ, 浴槽
ba-'ña-do, -da [バ.'ニャ.ド, ダ] 形 (de, en: で)びっしょりの, ぬれた; (por: 海に)面した; 〖食〗(con, de, en: を)かけた 名 男 〖地〗湿地, 沼地
***ba-ña-'dor** [バ.ニャ.'ドる] 94% 名 男 《スペイン》〖衣〗水着, 海水パンツ **～, -dora** 名 男 女 海水浴客; 入浴する人
****ba-'ñar** [バ.'ニャる] 90% 動 他 入浴させる; (con, de, en: に)浸す, 漬ける, 水で洗う; «波が»〈岸などを〉洗う, 打ち寄せる; «光・暖かさなどが»〈に〉いっぱいに注ぐ; (de: で)覆う; 《ベネズエラ》《話》〈に〉まさる, 〈より〉優れている **～se** 動 再 入浴する; 海水浴に行く, 水遊びをする
ba-'ñe-ro, -ra [バ.'ニェ.ろ, ら] 名 男 女 (海水浴場・プールの)監視員 **-ra** 名 女 浴槽; 《話》蒸し暑い場所
***ba-'ñis-ta** [バ.'ニィス.タ] 94% 名 共 海水浴客; 湯治(とうじ)客
****'ba+ño** ['バ.ニョ] 84% 名 男 入浴, 水[湯]を浴びること, 湯浴み, 海水浴; 浴室, 風呂場; 〖商〗風呂屋; 浴槽, 湯船; トイレ, 便所; 温泉場; 上塗り; 〖食〗コーティング, ころも; 薬液槽, 溶液槽, 薬液容器; 《話》なまかじりの知識; (de: の)気配, 気味 ***～ (de) María*** 〖食〗湯煎(ゆせん)なべ, 蒸しなべ ***dar un ～*** 《話》(a: に)勝つ ***darse un ～*** (de: を)磨く, (de: に)磨きをかける
'ba+o 名 男 〖海〗(船の)横梁(よこはり), ビーム
ba+o-'bab 名 男 〔複 -babs〕〖植〗バオバブ《アフリカ産の巨木》; 《南米》〖植〗オンブーの木
Ba+o-'ru-co [バ.オ.'る.コ] 名 固 〖地名〗バオルコ《ドミニカ共和国 República Dominicana 西部の県》
bap-'tis-mo 名 男 〖宗〗バプテスト派, 浸礼主義
bap-'tis-ta 形 名 共 〖宗〗バプテスト派の(信徒)
bap-tis-'te-rio [バプ.ティス.'テ.りオ] 名 男 〖宗〗洗礼場; 〖宗〗洗礼用の水槽, 洗礼盤

b

'ba-que ['バ.ケ] 名 男 連打, 強打, 倒れること, 転倒

ba-que+'a+no, -na [バ.ケ.'ア.ノ, ナ] 形《アンデス》《チリ》《ラプラタ》⇩ baquiano

ba-que-'li-ta [バ.ケ.'リ.タ] 名 女《商標》ベークライト《合成樹脂》

ba-'que-ta [バ.'ケ.タ] 名 女〔複〕〔楽〕(太鼓の)ばち; (銃の)槊杖(さくじょう), 洗い矢; 〔建〕玉縁(たまぶち)飾り *tratar a la* ～《話》つらくあたる, 厳しく扱う

ba-que-'ta-zo [バ.ケ.'タ.そ] 名 男 (激しい)転倒, しりもち

ba-que-te+'ar [バ.ケ.テ.'アる] 動 他 虐待する, 痛めつける;《話》悩ます, うるさがらせる, 困らせる;《話》鍛(きた)える, 鍛錬する

ba-que-'te+o [バ.ケ.'テ.オ] 名 男 虐待;《話》悩ますこと;《話》しごき, 鍛錬

ba-que-'tón, -'to-na [バ.ケ.'トン, 'ト.ナ] 形 名 男 女 無関心な(人)

ba-'quia+no, -na [バ.'キア.ノ, ナ] 形 名 男 女 土地の事情に通じている(人), 土地勘のある(人);《ラ米》熟練した(人), ベテラン(の)

'bá-qui-co, -ca ['バ.キ.コ, カ] 形 バッカス神の⬆Baco; お祭り騒ぎの

**'bar [バる] 82% 名 男 バル, カフェ, 酒場, スナックバー, バー;〔物〕バール《圧力の単位》

ba-ra-cu-'tey [バ.ら.ク.'テイ] 名 男《カリブ》《話》怠け者, ものぐさ

Ba-ra+'ho-na [バ.ら.'オ.ナ] 名 固〔地名〕バラオナ《ドミニカ共和国西部の県》

ba-ra+'ún-da ⇦+'hún- [バ.ら.'ウン.ダ] 名 女 騒ぎ, 喧噪, 混乱

*ba-'ra-ja [バ.'ら.は] 93% 名 女〔遊〕〔全体〕トランプ;〔複〕《話》口論, 口げんか *jugar con dos ～s*《話》だます, いんちきをする, 二枚舌を使う *romper la* ～ 交渉を打ち切る, ご破算にする

*ba-ra-'jar [バ.ら.'はる] 94% 動 他〈名前・数字を〉挙げる;〔遊〕〔トランプ〕〈札を〉切る, 混ぜる;〔一般〕混ぜる, ごたまぜにする;《チリ》《ラプラタ》〈投げたものを〉つかむ, 空中で受け止める;〔畜〕〈馬を〉停止させる, 制止する 動 自 (con: と)けんかする ～se 動 再《可能性が》ある; 名が挙げられる

Ba-'ra-jas [バ.'ら.はス] 名 固《スペイン》〔地名〕バラーハス《マドリード市東部の国際空港の所在地》

ba-ra-jus-'tar [バ.ら.ふス.'タる] 動 他《ベネズエラ》猛然と攻撃する

ba-ra-'jus-te [バ.ら.'ふス.テ] 名 男《ベネズエラ》混乱, 騒ぎ; 大急ぎの逃亡

ba-'ran-da [バ.'らン.ダ] 名 女〔建〕手すり, 欄干(らんかん);〔遊〕(玉突台の)クッション;《ラプラタ》《話》悪臭

ba-ran-'dal [バ.らン.'ダル] 名 男〔建〕手すり, 欄干(らんかん);〔建〕(手すりの)横木

ba-ran-'di-lla [バ.らン.'ディ.ジャ] 名 女《スペイン》〔建〕手すり, 欄干(らんかん)

ba-'ra-ta [バ.'ら.タ] 名 女《メキシコ》《コロンビア》〔商〕バーゲンセール, 大売り出し;《アンデス》《話》混乱, 騒ぎ;《チリ》〔昆〕ゴキブリ 形《女》⬇ barato

ba-ra-te+'ar [バ.ら.テ.'アる] 動 自〔商〕安売りする

ba-ra-te-'rí+a [バ.ら.テ.'り.ア] 名 女〔法〕訴訟教唆罪;〔法〕詐欺, 不正行為

ba-ra-'te-ro [バ.ら.'テ.ろ] 名 男《メキシコ》《コロンビア》《話》〔軽蔑〕〔商〕安物を売る店;《チリ》ゴキブリがはびこる場所

ba-ra-'tie-ri [バ.ら.'ティエ.り] 名 男《チリ》《ラプラタ》《話》〔商〕〔軽蔑〕安物

ba-ra-'ti-ja [バ.ら.'ティ.は] 名 女〔商〕安物

ba-ra-'ti-llo [バ.ら.'ティ.ジョ] 名 男〔商〕〔集合〕安物;〔商〕安物店, 露店;〔商〕大安売り;《中米》《カリブ》《話》〔商〕バーゲンセール;《チリ》《話》〔商〕〔軽蔑〕小間物店

**ba-'ra-to, -ta [バ.'ら.ト, タ] 85% 形〔商〕《品・店などが》安い, 安く売る; 安っぽい, 安物の, くだらない 副〔商〕安く; 安っぽく, 軽々しく 名 男〔商〕安売り, バーゲンセール, 大売り出し;〔複〕《ラプラタ》《話》〔商〕〔軽蔑〕安物 *de* ～ ただで, 無利子で

**'bar-ba ['バる.バ] 90% 名 女〔体〕あごひげ, ひげ;〔植〕ひげ根; (紙の)繊維, ほつれ;〔体〕顎(あご);〔畜〕(鶏などの)肉垂(にくすい);〔魚〕〔動〕(魚・鯨の)ひげ 名 男〔演〕老人役 名 男《単複同形》ひげ面の男 *en las ～s de* … …の面前で, …に向かい合って *en sus propias ～s* 面と向かい合って, 面前で *hacer la* ～ ひげを剃(そ)る; へつらう, おせじを言う *por* ～《話》一人あたり《特に男性が払う場合に言う》 *subírsele a las ～s* (a: が)侮る, 礼を欠く

bar-ba-'ca-na [バる.バ.'カ.ナ] 名 女〔建〕(城の)銃眼, 狭間(はざま); (都市・城の)物見やぐら, 城門塔

bar-ba-'co+a [バる.バ.'コ.ア] 名 女《ラ米》〔食〕バーベキュー(の串);《アンデス》〔建〕屋根裏部屋

bar-ba-'den-se [バる.バ.'デン.セ] 形〔地名〕バルバドス(人)の 名 共 バルバドス人 ⬇Barbados

bar-'ba-do, -da [バる.'バ.ド, ダ] 形 ひげが生えた 名 男〔農〕苗木, 若木; 実生(みしょう), 種から育った若枝 -da 名 女〔畜〕(馬の)下顎(あご);〔動〕(馬具の)はみ

Bar-'ba-dos [バる.'バ.ドス] 名 固〔地名〕バルバードス《西インド諸島の島国》

bar-'bar [バる.'バる] 動 自 ひげを生やす;〔植〕根づく

'Bár-ba-ra ['バる.バ.ら] 名 固〔女性名〕バルバラ

*bar-ba-ri-'dad [バる.バ.り.'ダド] 93% [名] [女] 野蛮, 蛮行, 残虐行為; ばかげたこと, ひどいこと; 〔una ~〕《話》大変な数[量, 値段] *¡Qué ~!* 《話》なんてひどい!, まあ!, あきれた!, すごい! 《驚き・不快》

*bar-'ba-rie [バる.'バ.りエ] 93% [名] [女] 野蛮, 未開状態

bar-ba-'ris-mo [バる.バ.'りス.モ] [名] [男] 〖言〗破格的な用法, 正しくない語[構文]; 野蛮, 残酷

bar-ba-ri-'zar [バる.バ.り.'さる] [動] [他] (34) (z|c) 野蛮にする; 〖言〗〈国語を〉(外来語によって)乱す [動] [自] でたらめを言う

*'bár-ba-ro, -ra ['バる.バ.ろ, ら] 92% [形] 残忍な, 残酷な; 下品な, 無教養な, 粗野な, 乱暴な; 野蛮な, 未開の, 蛮族の; 《話》すごい, とてもすばらしい; 《ラプラタ》《話》大きな, でかい [副] 《話》すばらしく, 最高に; 大変な人, すごい人; 蛮族, 外夷(がいい) [名] [男] [女] 粗野な人, ぶこつ者 *¡Qué ~!* 《話》なんてひどい!, まあ!, あきれた!, すごい! 《驚き・不快を表す; 逆に称賛を表すこともある》

bar-be+'ar [バる.ベ.'アる] [動] [他] 《中米》《話》叱る, とがめる; 《ラプラタ》ひげをそる

bar-be-'char [バる.ベ.'チャる] [動] [他] 〖農〗〈土地を〉すき返しただけで休ませる

bar-'be-cho [バる.'ベ.チョ] [名] [男] 〖農〗休閑(地), 休耕(地) *estar en ~* 〖農〗《土地が》休耕中である

bar-be-'rí+a [バる.ベ.'り.ア] [名] [女] 〖商〗理髪店, 床屋

*bar-'be-ro, -ra [バる.'ベ.ろ, ら] 94% [名] [男] [女] 〖商〗〔人〕床屋, 理髪師, 理容師; 《中米》《話》怒りん坊; 叱(しか)ってばかりいる人 [形] 理髪用の

bar-'bián, -'bia-na [バる.'ビアン, 'ビア.ナ] [形] 《話》陽気な [名] [男] [女] 《話》陽気者, だて者

bar-bies-'pe-so, -sa [バる.ビエス.'ペ.ソ, サ] [形] [名] [男] [女] ひげが濃い(人)

bar-bi-lam-'pi-ño, -ña [バる.ビ.ラン.'ピ.ニョ, ニャ] [形] [名] [男] [女] ひげがうすい[生えていない](人)

bar-bi-'lin-do, -da [バる.ビ.'リン.ド, ダ] [形] [名] [男] [女] 気取った(人), きざな(人)

bar-'bi-lla [バる.'ビ.ジャ] [名] [女] 〖体〗あご(先); 〖技〗ほぞ; 〖魚〗(魚の)ひげ

bar-bi-'tú-ri-co, -ca [バる.ビ.'トゥ.り.コ, カ] [形] 〖化〗〖医〗バルビツール酸塩[エステル](の) [名] [男] 〖化〗〖医〗バルビツール薬《鎮痛・睡眠薬》

'bar-bo ['バる.ボ] [名] [男] 〖魚〗ニゴイ

bar-bo-'que-jo [バる.ボ.'ケ.ほ] [名] [男] 〖衣〗(帽子の)あごひも

bar-bo-'tar [バる.ボ.'タる] [動] [他] つぶやく [動] [自] ぶつぶつ言う

bar-'bu-do, -da [バる.'ブ.ド, ダ] [形] [名] [男] [女] ひげもじゃの(人), ひげが濃い(人)

bar-bu-'llar [バる.ブ.'ジャる] [動] [自] 早口でもごもごしゃべる

*'bar-ca ['バる.カ] 94% [名] [女] 〖海〗小舟, ボート

'Bar-ça ['バる.さ] [名] [固] 《スペイン》〖競〗〔サッカー〕バルサ《バルセロナのチーム F. C. Barcelona の愛称》

bar-'ca-da [バる.'カ.ダ] [名] [女] 一回の渡し, 航行; (1 隻の船全体の)船荷

bar-'ca-je [バる.'カ.へ] [名] [男] (船の)渡し; 船賃, 渡し賃

bar-ca-'ro-la [バる.カ.'ろ.ラ] [名] [女] 〖楽〗(ゴンドラの船頭が歌う)舟歌

bar-'ca-za [バる.'カ.さ] [名] [女] 〖海〗大型ボート

**Bar-ce-'lo-na [バる.せ.'ロ.ナ] 74% [名] [固] 〖地名〗バルセロナ《スペイン北東部の県, 県都; ベネズエラ北東部の都市》

bar-ce-lo-'nen-se [バる.せ.ロ.'ネン.セ] [形] [名] [共] 〖地名〗(ベネズエラの)バルセロナの(人) ⬆ Barcelona

bar-ce-lo-'nés, -'ne-sa [バる.せ.ロ.'ネス, 'ネ.サ] [形] [名] [男] [女] 〖地名〗(スペインの)バルセロナの(人) ⬆ Barcelona

**'bar-co ['バる.コ] 83% [名] [男] 〖海〗船, 大型船, 艦; 〖空〗宇宙船のカプセル; 《メキシコ》《話》甘い先生, 仏(ほとけ)

'bar-da ['バる.ダ] [名] [女] 〖歴〗〖畜〗(中世の)馬よろい; 〖建〗小枝やわらなどで作った屋根

bar-'da-na [バる.'ダ.ナ] [名] [女] 〖植〗ゴボウ

'bar-do ['バる.ド] [名] [男] 〖歴〗(ケルト族の)楽人; 《詩》《格》〖文〗歌人, 詩人

Ba-'réin [バ.'れイン] [名] [固] 〖地名〗バーレーン《中東の王国》

ba-rei-'ní [バ.れイ.'ニ] [形] 〖地名〗バーレーン(人)の [名] [共] 〖地名〗バーレーン人 ⬆ Baréin

ba-'re-mo [バ.'れ.モ] [名] [男] 基準, 指標; 価格早見表, 計算表

'Ba-rents ['バ.れン(ツ)] [名] [固] 〔mar de ~〕バレンツ海《北極海の一部》

'ba-res [名] [男] 《複》⬆ bar

bar-'gue-ño [バる.'ゲ.ニョ] [名] [男] 脚付き飾り戸棚《多くの引き出しがある》

ba-ri-'cen-tro [バ.り.'セン.トろ] [名] [男] 重心

Ba-ri-'lo-che [バ.り.'ロ.チェ] [名] [固] 〔San Carlos de ~〕〖地名〗(サン・カルロス・デ・)バリローチェ《アルゼンチン中南部の町》

Ba-'ri-nas [バ.'り.ナス] [名] [固] 〖地名〗バリーナス《ベネズエラ Venezuela 中西部の州, 州都》

'ba-rio ['バ.りオ] [名] [男] 〖化〗バリウム《アルカリ土類金属元素》

ba-ris-'fe-ra [バ.リス.'フェ.ら] [名] [女] 〔天〕(地球の)重圏

ba-'rí-to+no [バ.'リ.ト.ノ] [名] [男]〔楽〕バリトン《テノールとバスの中間の男声音》

bar-lo-'ven-to [バる.ロ.'ベン.ト] [名] [男]〔海〕風上

'bar-man ['バる.マン] [名] [共] バーテン

Barna. [略] ↑Barcelona

*__bar-'niz__ [バる.'ニす] 94% [名] [男] ニス, ワニス; うわべ, 見せかけ; マニキュア; (焼物の)うわぐすり ～ ***del Japón***〔植〕ウルシ(の木)

bar-ni-'zar [バる.ニ.'さる] [動] [他] (34) (z|c) 〈に〉ニス[ワニス]を塗る

ba-ro-'mé-tri-co, -ca [バ.ろ.'メ.トり.コ, カ] [形] 気圧(計)の

ba-'ró-me-tro [バ.'ろ.メ.トろ] [名] [男]〔気〕気圧計, バロメーター, 晴雨計;〔一般〕指標, バロメーター

ba-'rón [バ.'ろン] [名] [男] 男爵; 命令を下す人, 幹部

ba-ro-'ne-sa [バ.'ろ.'ネ.サ] [名] [女] 女男爵; 男爵夫人

ba-ro-'ní+a [バ.ろ.'ニ.ア] [名] [女] 男爵の位, 男爵領

ba-ro-'trau-ma [バ.ろ.'トらウ.マ] [名] [男]〔医〕気圧障害, 気圧性外傷

bar-'que-ro, -ra [バる.'ケ.ろ, ら] [名] [男] [女] (ボートの)漕ぎ手, 船頭, 舟人

bar-'qui-lla [バる.'キ.ジャ] [名] [女] 小舟;〔食〕ロールウエハースの型, ソフトクリームコーンの型;〔海〕(船の速力を測る)測程器; (気球の)つりかご;〔空〕ナセル《エンジンのカバー》

bar-qui-'lle-ro, -ra [バる.キ.'ジェ.ろ, ら] [名] [男] [女]〔商〕ロールウエハース[ソフトクリームコーン]職人[売り] [名] [男]〔食〕ロールウエハース[ソフトクリームコーン]の型

bar-'qui-llo [バる.'キ.ジョ] [名] [男]〔食〕ロールウエハース, (ソフトクリームの)コーン

bar-'quín [バる.'キン] [名] [男] (大型の)ふいご

bar-qui-'na-zo [バる.キ.'ナ.そ] [名] [男] (乗り物の)激しい揺れ, 転覆

Bar-qui-si-'me-to [バる.キ.スィ.'メ.ト] [名] [固]〔地名〕バルキシメート《ベネズエラ北西部の都市》

bar-'qui-to〔縮小語〕↑barco

'ba-rra ['バ.ら] 90% [名] [女] 棒, 延べ棒; 棒状(の物), バー;〔食〕棒型パン, バゲット; 棒線, 縦線;〔商〕(酒類・料理などの)売り場, 売り台, カウンター;〔競〕〔体操〕棒, 鉄棒; てこ, レバー;〔法〕(法廷と傍聴人席の)仕切り, 傍聴人;《ラ米》グループ, 人の集まり, 観衆;〔競〕〔サッカーなど〕フーリガン;〔地〕砂洲(す);《コロンビア》《話》〔集合〕若者のグループ ～ ***de herramientas*〔情〕ツールバー ～ ***oblicua***〔情〕スラッシュ(/) ～ ***oblicua invertida***〔情〕バックスラッシュ (\) ***código de ～s*** バーコード

ba-rra-'bás [バ.ら.'バス] [名] [男]《話》ならず者;《話》いたずらっ子, 腕白坊主;〔B～〕〔聖〕バラバ《イエスに代わり放免された盗賊》

ba-rra-ba-'sa-da [バ.ら.バ.'サ.ダ] [名] [女] 卑怯な手口, 悪質ないたずら; 無礼なふるまい, ばかげた言動

*__ba-'rra-ca__ [バ.'ら.カ] 94% [名] [女]〔建〕小屋, (粗末な)家, バラック;〔建〕バラーカ《バレンシア地方特有の家; アシでふいた急な屋根が特徴》; (巡業の劇団などの)興行地, 仮設小屋;〔建〕納屋(なや);《ラ米》〔畜〕家畜小屋;〔軍〕兵舎;《チリ》材木倉庫;〔商〕材木店

ba-rra-'ga-na [バ.ら.'ガ.ナ] [名] [女] 内縁の妻, 愛人

ba-'rran-ca [バ.'らン.カ] [名] [女]〔地〕崖(がけ), 絶壁, 峡谷

ba-'rran-co [バ.'らン.コ] [名] [男]〔地〕崖(がけ), 絶壁, 峡谷;《話》障害, 困難 ***salir del*** ～《話》困難を切り抜ける, 克服する

Ba-rran-'qui-lla [バ.らン.'キ.ジャ] [名] [固]〔地名〕バランキージャ《コロンビア北部の都市》

ba-'rrar [バ.'らる] [動] [他] 〈に〉泥を塗る

ba-rre+'ar [バ.れ.'アる] [動] [他] バリケードを築いて防ぐ, 柵で遮る ～**se** [動] [再] 塹壕(ざんごう)を掘る

ba-rre-'de-ro, -ra [バ.れ.'デ.ろ, ら] [形] 一掃する, さらう; 掃く, 掃除の

ba-rre-'du-ra [バ.れ.'ドゥ.ら] [名] [女] 掃除;〔複〕掃き寄せたもの, ごみくず

ba-'rre-na [バ.'れ.ナ] [名] [女] 錐(きり), 穿孔(せんこう)機, ドリル;〔空〕(飛行機の)きりもみ降下

ba-rre-'nar [バ.れ.'ナる] [動] [他] (錐(きり)などで)〈に〉穴をあける, くりぬく; 〈に〉妨害をする, じゃまする; 〈法律・規則などを〉破る, 侵す

ba-rren-'de-ro, -ra [バ.れン.'デ.ろ, ら] [名] [男] [女] 道路清掃員, 清掃作業員

ba-'rre+no [バ.'れ.ノ] [名] [男] らせん状の錐(きり), ドリル; (錐・ドリルの)穴; うぬぼれ, 虚栄

ba-'rre-ño [バ.'れ.ニョ] [名] [男]《スペイン》(土器製の)おけ, 洗い鉢

*__ba-'rrer__ [バ.'れる] 94% [動] [他] 掃く, 掃除する, 〈ごみを〉掃いてのける; (掃くように)運び去る, 持っていく, 一掃する, «風が»吹き飛ばす; 〈床・地面を〉引きずる ～**se** [動] [再]《メキシコ》«車が»スリップする ～ ***con todo*** 一掃する, きれいに片づける; すべて持ち去る ～ ***para dentro*** 自分に都合のいいようにする, 我田引水をする

ba-'rre-ra [バ.'れ.ら] 90% [名] [女] 障壁, 柵; 障害, 妨げ; 壁, 限界;〔牛〕最前列席, 闘牛場の柵;〔軍〕バリケード; 陶土採掘場

ba-'rre-ta [バ.'れ.タ] [名] [女] 小さな棒, てこ;〔食〕(菓子の)バー

b

ba-rre-'ti-na [バ.れ.'ティ.ナ] 名 女 〘衣〙バレティーナ《カタルーニャ地方の帽子》

ba-'rria-da[バ.'りア.ダ] 名 女 〘地〙(都市の)地区, 街, 地域; 《アンデス》スラム地区

ba-'rri-ca[バ.'り.カ] 名 女 樽(たる)

ba-rri-'ca-da [バ.り.'カ.ダ] 名 女 バリケード, 防塞(ぼうさい), 障害(しょうがい)物

ba-'rri-da[バ.'り.ダ] 名 女 (警察による)一斉検挙, 一斉捜査

ba-'rri-do[バ.'り.ド] 名 男 掃くこと, 掃除

ba-'rri-ga[バ.'り.ガ] 名 女 《話》〘体〙おなか, 腹; 〘体〙〔軽蔑〕〔笑〕大きなおなか, 太鼓腹; 出っ張り, ふくらみ; (樽(たる)の)胴 ***echar*** ~ おなかが出る, 太る ***rascarse*** [***tocarse***] ***la*** ~《話》のらくらと暮らす

ba-rri-'gón, -'go-na 形 ⇩ barrigudo

ba-rri-'gu-do, -da [バ.り.'グ.ド, ダ] 形《話》〘体〙腹が出た, 太鼓腹の

ba-'rril[バ.'りル] 名 男 樽(たる); バレル《石油の体積単位: 約 160 リットル》; (陶器製の)大瓶(びん), 土瓶, 水がめ

ba-'rri-la[バ.'り.ラ] 名 女《話》口論, 口げんか ***dar la*** ~《話》うんざりさせる, じゃまをする

ba-rri-'le-te [バ.り.'レ.テ] 名 男 小樽(こだる); (銃の)弾倉; 〘技〙(材木を固定するための)留め金

ba-'rri-lla[バ.'り.ジャ] 名 女 〘植〙オカヒジキ

ba-'rri-llo [バ.'り.ジョ] 名 男 にきび

⁑**'ba-rrio**['バ.りオ] 80% 名 男 (行政上の)地区, 管区, 区; 〔一般〕…地域, …区, …街; 町内(の人々) ***el otro*** ~《話》あの世

ba-rrio-ba-'je-ro, -ra [バ.りオ.バ.'へ.ろ, ら] 形 名 男 女 貧困地区の(住民); 無教養な(人), 粗野な(人)

'Ba-rrios ['バ.りオス] 名 固 〘姓〙バリオス

ba-rri-'tar[バ.り.'タる] 動 自 〘動〙《ゾウが》鳴く

ba-rri-'zal [バ.り.'さル] 名 男 〘地〙ぬかるみ, 泥沼

*'**ba-rro** ['バ.ろ] 91% 名 男 泥, ぬかるみ; 粘土, 土, 陶土; 陶器, 土器; つまらない物, ささいなこと; 不名誉, 恥; 《メキシコ》にきび, 吹出物; 《ラプラタ》失敗, へま ***estar comiendo*** [***mascando***] ~《俗》くたばる, 死んで埋葬されている ***mancharse de*** ~ 泥で汚れる; 汚辱にまみれる

⁑**ba-'rro-co, -ca** [バ.'ろ.コ, カ] 89% 形 〔芸〕バロック様式の; 装飾過剰の, 《趣味などが》くどい 名 男 〔芸〕バロック様式, バロック時代; 〔楽〕バロック音楽; 装飾過剰

ba-rro-'quis-mo [バ.ろ.'キス.モ] 名 男 〔芸〕バロック様式

ba-'rro-te[バ.'ろ.テ] 名 男 太い棒; (補強用の)棒; 横木; (はしごの)横木

ba-'rrue-co [バ.'るエ.コ] 名 男 くず真珠, ゆがんだ真珠

ba-rrun-'tar [バ.るン.'タる] 動 他 推量する, 予感する, 予知する, 気のせいか〈que: と〉思う ~**se** 動 再 推量する

ba-'rrun-to [バ.'るン.ト] 名 男 推量, 推測, 気のせい, 予感; 兆候, 兆し

bar-'to-la[バる.'ト.ラ]〔成句〕 ***a la*** ~ 《話》気楽に, 無頓着(むとんちゃく)に, のらくらと

bar-to-le+'ar [バる.ト.レ.'アる] 動 自 《ラプラタ》《話》怠ける

Bar-to-lo-'mé [バる.ト.ロ.'メ] 名 固 〔男性名〕バルトロメ

'bár-tu-lo ['バる.トゥ.ロ] 名 男 〔複〕〔集合〕道具類, 用具類; 〔複〕〔集合〕身の回り品 ***liar los*** ~***s*** 《話》荷物をまとめる, 旅行[引っ越し]の用意をする

ba-'ru-llo[バ.'る.ジョ] 名 男《話》混乱, 大騒ぎ, 騒動; 騒音 ***a*** ~《話》たくさん, どっさり

'ba+sa 名 女 〔建〕基礎, 土台, 礎(いしずえ); (柱の)基部, 台座; 起源, もと

ba-'sál-ti-co, -ca [バ.'サル.ティ.コ, カ] 形 〘地質〙玄武岩の[を含む]

ba-'sal-to[バ.'サル.ト] 名 男 〘地質〙玄武岩

ba-sa-'men-to 名 男 〔建〕柱脚, 台座; 〔建〕列柱を支える壁

⁑**ba-'sar**[バ.'サる] 84% 動 他 (en, sobre: に)基礎を置く ~**se** 動 再 (en: に)基礎が築かれる[置かれる], 基づく

'bas-ca 名 女 〔複〕吐き気, むかつき; 〘動〙(犬などの)猛(たけ)り; 《話》激情, 衝動; 《スペイン》《話》〔集合〕遊び仲間; 《メキシコ》吐くこと; 吐瀉(としゃ)物

bas-co-si-'dad 名 女 汚物, 不潔物; むかつき

bas-'co-so, -sa 形 汚い, むかつくような; 《アンデス》《話》みだらな, 卑猥(ひわい)な

'bás-cu-la['バス.ク.ラ] 名 女 台秤(だいばかり)

bas-cu-'lan-te [バス.ク.'ラン.テ] 形 上下に動く

bas-cu-'lar[バス.ク.'ラる] 動 自 上下に動く

⁑**'ba+se** 74% 名 女 〔建〕土台, 底, 基部, 台石, 台; 基礎, 基盤, 根拠, 論拠, 根底; 〘軍〙基地; 〔一般〕根拠地; 〘競〙〔野球〕塁, ベース; 〘数〙基線; (三角形などの)底辺, 底面; 〘化〙主成分, 基剤, 塩基 形 基本の, 基本… ***a*** ~ ***de*** … …によって, …を基にして ***a*** ~ ***de bien*** 《スペイン》《話》とてもよく ~ ***de datos*** 〘情〙データベース ***caer por su*** ~ 根拠がない ***con*** ~ ***en*** … …に基づいて ***en*** ~ ***a*** … / ***sobre la*** ~ ***de*** … …によって, …を基にして

b

***'bá-si-co, -ca** 82% 形 基礎の, 基本的な, 根本的な; 〘化〙 塩基(性)の **-ca-mente** 副 基本的に, 根本的に; 《文修飾》基本的には, 本来は

Ba-si-'le+a [バ.スィ.'レ.ア] 名 固 〘地名〙 バーゼル《スイス北部の都市》

***ba-'sí-li-ca** [バ.'スィ.リ.カ] 93% 名 女 〘宗〙 聖堂, 大教会堂, バシリカ教会堂; 王宮

Ba-'si-lio [バ.'スィ.リオ] 名 固 〘男性名〙 バシリオ

ba-si-'lis-co [バ.スィ.'リス.コ] 名 男 〘動〙 バシリスク《とさかのような飾りのある熱帯アメリカ産の大トカゲ》; 〔B~〕〘架空〙 バシリスク《アフリカの砂漠に住み, 人をにらんで殺したという伝説上の怪物》 ***hecho[cha] un*** ~ 怒り狂って, 激怒して

'bás-quet-bol; bas- 名 男 ⇧baloncesto

bas-quet-bo-'lis-ta 名 共 ⇧baloncestista

bas-'qui-ña [バス.'キ.ニャ] 名 女 〘衣〙 (黒い)スカート

Ba-sse-'te-rre [バ.セ.'テ.れ] 名 固 〘地名〙 バセテール《セント・クリストファー・ネビス San Cristóbal y Nieves の首都》

'bas-ta 名 女 〘衣〙 しつけ縫い, しつけ糸; (ふとん・クッションの)とじ縫い 形 《女》 ⬇basto

bas-'ta-ba 動 《直線 1/3 単》 ⬇bastar

***bas-'tan-te** 71% 形 (para: に)十分な, (para: に)足りる, (para: …する)だけの; かなりの, 多くの 副 十分に, 必要なだけ; 〔~形容詞・副詞〕 かなり…《lo を直前につけることがある》

bas-'tar** [バス.'タる] 83% 動 自 十分である, 足りる; (con 不定詞: …すれば)足りる, (con: …があれば)十分である; (de: は)もうたくさんである **~se** 動 再 自分でまかなう, 自給自足する ***¡Basta! もうたくさんだ!, もうやめてくれ!; (de: は)やめなさい! ***~ y sobrar*** 十二分にある, 必要以上にある

bas-tar-de+'ar [バス.タる.デ.'アる] 動 自 悪くなる, 堕落する 動 他 堕落させる

bas-tar-'dí+a [バス.タる.'ディ.ア] 名 女 退歩, 堕落; 庶出, 庶子であること

bas-tar-'di-lla [バス.タる.'ディ.ジャ] 名 女 〘印〙 イタリック体

bas-'tar-do, -da [バス.'タる.ド, ダ] 形 〔軽蔑〕 庶子の, 私生児の; 〘動〙 雑種の; 〘植〙 交配種の; まがいの, 偽の 名 男 女 〔軽蔑〕 庶子, 私生児; 〘動〙 (動物の)雑種; 〘植〙 (植物の)交配種 **-da** 名 女 大刀

bas-te-'dad 名 女 粗悪さ; 粗野

bas-ti-'dor [バス.ティ.'ドる] 名 男 〘建〙 (建造物の)骨組, 枠(わく); 〔一般〕 枠, 型枠, フレーム; 〔複〕 〘演〙 舞台脇, そで ***entre ~es*** 《話》 舞台裏で, ひそかに

bas-'ti-lla [バス.'ティ.ジャ] 名 女 〘衣〙 (布・服の)縁縫い, かがり縫い **B~** 名 固 〘歴〙 〘地名〙 バスティーユ牢獄(ろうごく)《1789 年 7 月 14 日民衆が襲撃, 占領し, これがフランス革命の発端となった》

bas-ti-'men-to 名 男 《ベネズ》 弁当

bas-'tión 名 男 〘軍〙 〘建〙 (城の)稜堡(りょうほ), 要塞

***'bas-to, -ta** 94% 形 粗雑な, ざらざらした, 粗い; «言動が»粗野な, がさつな, 無作法な 名 男 〘遊〙 〔スペイントランプ〕 バスト, 棍棒(こんぼう); 〘遊〙 〔トランプ〕 クラブのエース; (馬などの)荷鞍(にぐら); 〘畜〙 (馬の)鞍敷き

bas-'tón** 92% 名 男 杖(つえ), ステッキ; 指揮棒, (官位や権力を象徴する)杖(じょう); 権力, 権威 ***empuñar el ~ 指揮をとる, 支配する

bas-to-'na-zo [バス.ト.'ナ.そ] 名 男 杖の一撃[一打]

bas-to-'ne-ra [バス.ト.'ネ.ら] 名 女 傘[ステッキ]立て; バトントワラー

ba-'su-ra** [バ.'ス.ら] 90% 名 女 ごみ, くず, ちり, 汚物; ごみ箱, くず入れ; つまらないもの; 〘畜〙 (牛馬の)糞(ふん) ***bono ~ 〘商〙 ジャンクボンド《格付けが低く, 利回りは高いがリスクも大きい債券》 ***contrato ~*** 《話》 ろくでもない仕事《短期間・低賃金の仕事》

ba-su-'re-ro, -ra [バ.ス.'れ.ろ, ら] 名 男 女 ごみ収集係, ごみ回収人 名 男 ごみ箱, ごみ捨て場

ba-su-'rien-to, -ta [バ.ス.'りエン.ト, タ] 形 《チリ》《ラプラタ》 不潔な, 汚れた

'ba+ta 名 女 〘衣〙 ガウン, 部屋着; 〘衣〙 作業着; 〘医〙 〘衣〙 (医療用の)白衣; 《チリ》 〘競〙 バット ***~ de cola*** 〘衣〙 バタ・デ・コラ《長いフラメンコ衣裳》

ba-ta-'ca-zo [バ.タ.'カ.そ] 名 男 急な落下, ドスンと落ちる[倒れる]こと

ba-ta+'ho-la [バ.タ.'オ.ラ] 名 女 《話》 騒音, 騒々しさ

ba-'ta-lla** [バ.'タ.ジャ] 87% 名 女 〘軍〙 戦闘, 戦い, 会戦; 〘軍〙 戦闘隊形; 葛藤(かっとう), 迷い; (車の)軸距, ホイールベース《前後の車軸間の距離》; 鞍壺(くらつぼ)《鞍の座る部分》 ***dar ~ 困らせる, 面倒を起こす ***dar la ~*** 戦う, 戦いを挑む ***de ~*** 《話》 普段の, 日常の ***quedarse en el campo de ~*** 死ぬ

ba-ta-lla-'dor, -'do-ra [バ.タ.ジャ.'ドる, 'ド.ら] 形 戦う, 戦闘の, 好戦的な; 闘う, 奮闘する; 論争する, 言い争う 名 男 女 戦士, 兵士, 闘士

ba-ta-'llar [バ.タ.'ジャる] 動 自 (con, contra: と)戦う, 闘う, 戦争する; 骨折る, 奮闘する; 議論する, 論争する

ba-ta-'llón, -'llo-na [バ.タ.'ジョン,

'ジョ.ナ] [形]《話》けんか好きな, 短気な;《話》《子供が》手に負えない;《話》普段の, 日常の [名] [男]〔軍〕(歩兵)大隊;《話》大勢, たくさんの人 ***cuestión batallona*** 論争点, 議論の白熱する問題点

ba-'tán [名] [男] (毛織物の)縮絨(しゅくじゅう)機

ba-ta-'nar [動] [他] ⇧ abatanar

ba-ta-ne+'ar [バ.タ.ネ.'アる] [動] [他]《コロンビア》《話》盗む

ba-ta+'o-la [名] [女] ⇧ batahola

ba-ta-'su+no, -na [形] [名] [男] [女] [形]〔政〕エリ・バタスナの(党員) (Herri Batasuna, 1978 年に結成されたバスクの政党)

ba-'ta-ta [名] [女]〔植〕サツマイモ;《カリブ》《話》うまみのある仕事;《ラプラタ》内気, はにかみ, 人見知り;《ラプラタ》《話》おんぼろの車 [名] [共] 臆病者, 意気地なし;《カリブ》《話》怠け者, ものぐさ

'ba+te [名] [男]〔競〕〔野球〕バット

ba-'te+a [名] [女]〔食〕お盆(ぼん);〔海〕平底小舟, 箱舟;〔鉄〕平台型貨車 (無蓋(むがい)で側面がついている)); 鉢, たらい;《アンデス》バスタブ, 浴槽

ba-te+a-'dor, -'do-ra [バ.テ.ア.'ドる, 'ド.ら] [名] [男] [女]〔競〕〔野球〕バッター

ba-te+'ar [バ.テ.'アる] [動] [他]〔競〕(バットで)打つ, 当てる;《カリブ》《話》〔食〕たくさん食べる, 食べ過ぎる

ba-'tel [バ.'テル] [名] [男] 小舟, 小型ボート

ba-'te+o [名] [男]《話》〔宗〕洗礼(式);〔競〕〔野球〕バッティング;《キューバ》《話》激しい口論

ba-te-'rí+a** [バ.テ.'り.ア] 92% [名] [女]〔電〕(一組の)電池, バッテリー;〔集合〕〔軍〕砲台, 砲列, 砲兵隊, 砲撃; 一列に並んだもの, 一式;〔楽〕打楽器, ドラムス;〔演〕(舞台の)フットライト, 脚光; (温水と冷水の)両用蛇口, 混合水栓;〔集合〕台所用品一式, 炊事セット [名] [共]〔楽〕打楽器奏者, ドラマー ***dar ~《メキシコ》強く抵抗する ***en*** ~ 横列に, 並べて

ba-te-'ris-ta [バ.テ.'りス.タ] [名] [共]〔楽〕ドラム奏者, ドラマー

ba-'te-ya [名] [女]《中米》盆; 飼い葉桶(おけ)

ba-ti-bo-'le+o [バ.ティ.ボ.'レ.オ] [名] [男]《メキシコ》《カリブ》《話》騒ぎ, 混乱

ba-ti-bu-'rri-llo [バ.ティ.ブ.'り.ジョ] [名] [男]《スペイン》ごたまぜ, 寄せ集め

ba-'ti-do, -da [形]〔食〕泡立てた, ホイップした;《道が》踏み固められた, 踏みならされた, よく人が通る;《絹が》玉虫色になる織り方の [名] [男]〔食〕(ミルク)シェイク;〔食〕かき卵; 練り粉; 攪拌(かくはん)(したもの); 目の粗いくし **-da** [名] [女] 獲物の狩り出し; (警察の)手入れ, 捜索, 追跡

ba-ti-'dor, -'do+ra [バ.ティ.'ドる, 'ド.ら] [形] かき混ぜる, 攪拌する; 打つ, 打ちたたく [名] [男]〔軍〕斥候(せっこう), 偵察兵; 勢子(せこ); 泡立て器, 攪拌(かくはん)器; ミキサー **-dora** [名] [女]〔食〕ミキサー

ba-'tien-te [名] [男]〔建〕(戸や窓の)だき;〔建〕(入り口や窓の)扉板;〔地〕波打ち際;〔楽〕(ピアノの)消音装置 [形] 打つ, たたく ***reírse a mandíbula*** ~ 高笑いする

ba-'tik [名] [男]〔複 -tiks〕〔衣〕(インドネシアの)蠟(ろう)染め(布), ろうけつ染め

ba-ti-'mien-to [名] [男] 打つこと, たたくこと; 攪拌(かくはん)

ba-'tín [名] [男]〔衣〕短いガウン, 部屋着

ba-'tir** [バ.'ティる] 91% [動] [他] (棒などで)打つ, たたく, 〈金属などを〉打ち延ばす, 平らにする; 〈相手・敵を〉負かす, 倒す, 勝つ, 〈記録を〉破る;〔食〕〈卵などを〉よくかき混ぜる, 攪拌(かくはん)する, 泡立てる, ホイップする; 〈羽などを〉上下に動かす, ばたばたさせる; 〈場所を〉調べる, 捜索する; 〈テントを〉たたむ; 〈髪に〉(逆毛にして)くしをあてる, 〈髪に〉逆毛を立てる; 〈手を〉たたく;〔技〕鋳造する **~se** [動] [再] 戦う, 戦い合う;《記録が》破られる ***~se en retirada 〔軍〕退却する

ba-tis-'ca-fo [名] [男]〔海〕深海潜水艇, バチスカーフ

ba-'tis-ta [名] [女]〔衣〕(薄地の)白亜麻[綿, 麻]布

ba+'tó [名] [男]〔複 -tós〕《中米》カヌー

ba-'tra-cio, -cia [バ.'トら.すぃオ, すぃア] [形]〔動〕両生類の [名] [男]〔動〕両生類

Ba-'tue-cas [名] [固]〔地名〕バトゥエカス《スペイン, サラマンカ県の地方》 ***estar en las*** ~ うわの空である

ba-tu-'rri-llo [バ.トゥ.'り.ジョ] [名] [男] ごたまぜ, 寄せ集め

ba-'tu-rro, -rra [バ.'トゥ.ろ, ら] [形] [名] [男] [女]《話》アラゴン **Aragón** の田舎の[田舎者]

ba-'tu-ta [名] [女]〔楽〕指揮棒 ***llevar la*** ~《話》指揮する, 牛耳る

***ba+'úl** [バ.'ウル] 93% [名] [男] (大型)トランク;《南米》〔車〕トランク;《俗》〔体〕(大きな)おなか, 太鼓腹

bau-ti-'cé, -ce(~) [動]《直点 1 単, 接現》⬇bautizar

bau-tis-'mal [バウ.ティス.'マル] [形]〔宗〕洗礼の

***bau-'tis-mo** 94% [名] [男]〔宗〕洗礼(式), バプテスマ; 命名(式); 初めての経験;《俗》〔体〕頭

bau-'tis-ta [名] [共]〔宗〕洗礼を施す人;〔el B~〕〔聖〕洗礼者ヨハネ

***bau-ti-'zar** [バウ.ティ.'さる] 92% [動] [他] (34) (z|c)〔宗〕〈に〉洗礼を行う, 〈に〉洗礼を施して命名する; 〈に〉名をつける, 〈に〉あだ名をつける;《話》〔飲〕〈酒を〉(水を混ぜて)薄める; 〈に〉水をかける

bau-'ti-zo [バウ.'ティ.そ] [名] [男]〔宗〕洗礼

bau-'xi-ta [バウク.'スィ.タ] 名 女〘鉱〙ボーキサイト《アルミニウム・アルミナの原料となる鉱石》

'bá-va-ro, -ra ['バ.バ.ろ, ら] 形 名 男 女〘地名〙バイエルンの(人)

Ba-'vie-ra [バ.'ビエ.ら] 名 固〘地名〙バイエルン《ドイツ南東部の州》

ba-'ye-ta 名 女 モップ, (床用の)ぞうきん; 〘衣〙ベーズ《ラシャの毛織物》

'ba+yo, +ya 形〘畜〙«馬が»鹿毛(かげ)の, 黄色がかった白色の 名 男〘畜〙鹿毛の馬; 〘昆〙カイコ[蚕], カイコガ[蛾] **-ya** 名 女 (水分の多い)果実, 漿果(しょうか); 《(チリ)》グレープジュース

ba-yo-'ne-ta 名 女〘軍〙銃剣

'ba+za ['バ.さ] 名 女〘遊〙〘トランプ〙強いカード; 利点, メリット, 長所 ***meter*** **~** (en: に)干渉する, おせっかいする, (en: を)詮索(せんさく)する

ba-'zar [バ.'さる] 名 男〘商〙(中東の)市場, 市, バザール; バザー, 慈善市

'ba+zo, +za ['バ.そ, さ] 形 黄色がかった褐色の 名 男〘体〙脾臓(ひぞう)

ba-'zo-fia [バ.'そ.フィア] 名 女〘軽蔑〙〘食〙まずい食べ物; 〘食〙残飯, 台所のごみ

ba-'zu-ca [バ.'す.カ] 名 女〘軍〙バズーカ砲

Bco. 略 =banco〘商〙銀行

*'**be** 94% 名 女〘言〙べ《文字 B, b の名称》 ***tener las tres ~s*** 三拍子そろっている, 完全な《bueno (よい), bonito (美しい), barato (安い)》

'Be+a 名 固〘短縮形〙⬇Beatriz

be+a-te-'rí+a [べ.ア.テ.'り.ア] 名 女 偽善, 見せかけの信心; 強い[かたくなな]信仰

be+a-'te-rio [べ.ア.'テ.りオ] 名 男〘宗〙女子修道院

be+a-ti-fi-ca-'ción [べ.ア.ティ.フィ.カ.'すぃオン] 名 女〘宗〙授福, 列福(式)

be+a-ti-fi-'car [べ.ア.ティ.フィ.'カる] 動 他 69 (c|qu)〘宗〙〈死者を〉列福する《死者を天国の福者の列に加える》

be+a-'tí-fi-co, -ca 形 穏やかな, 邪気のない; 至福の, 幸福な

be+a-'ti-to, -ta〘縮小語〙⬇beato

be+a-ti-'tud 名 女〘宗〙至福, 天福; 幸福, 平安; [su ~] 聖下《教皇に与えられる称号》

be+'a-to, -ta 形 祝福された, 神の恩恵を受けた; 幸福な; 信心深い, 信仰が厚い, 敬虔(けいけん)な; 〘宗〙列福された; 《話》偽善者の, 信心家ぶった 名 男 女〘宗〙福者; 信心深い人, 信仰が篤い人; 《話》偽善者, 見せかけの信心家 **-ta** 名 女 《(コロンビア)》年をとった未婚女性

Be+a-'triz [べ.ア.'トりす] 名 固〘女性名〙ベアトリス

'be+be, +ba 名 男 女 《(プエルトリコ)》《(中米)》《(アンデス)》《(ラプラタ)》赤ちゃん

be+'bé 名 共 (男) 赤ちゃん

be-be-'de-ro, -ra [べ.べ.'デ.ろ, ら] 形〘飲〙飲用の, 飲むことができる, 飲用の 名 男〘動〙〘鳥〙(動物・鳥用の)水桶(おけ), 水飲み場; (土瓶(どびん)などの)口, 飲み口

be-be-'di-zo, -za [べ.べ.'ディ.そ, さ] 形〘飲〙飲用の, 飲める 名 男 毒薬; 水薬; 媚薬(びやく)

be-be-'dor, -'do-ra [べ.べ.'ドる, 'ド.ら] 形〘飲〙酒飲みの 名 男 女〘飲〙酒飲み

'be-'ber [べ.'べる] 81% 動 他 〈飲み物を〉飲む; (注意深く)見る, (夢中になって)聞き入る; 〈知識を〉吸収する 動 自 酒を飲む; (a, por: のために)乾杯する, 祝杯をあげる; (de: を)飲む **~se 動 再 (ひと息に)飲んでしまう, 飲み干す **~ *como un cosaco [una cuba, una esponja]*** 大酒を飲む ***como quien se bebe un vaso de agua*** なんでもないことのように ***dar de ~*** 飲み物を与える

be-'bi-ble [べ.'ビ.ブレ] 形《話》飲める, まあまあ[まずくなく]飲める

be-'bi-da 90% 名 女〘飲〙飲み物, 飲料; 〘飲〙飲むこと, 飲酒; 《(アンデス)》《(チリ)》《(ラプラタ)》炭酸飲料 ***darse a la ~*** 酒浸りになる ***dejar la ~*** 酒をやめる ***tener mala ~*** 酒癖が悪い

be-'bi-do, -da 形 酔った, ほろ酔いの

be-bis-'tra-jo [べ.ビス.'トら.ほ] 名 男 《話》〘植〙混ぜものの飲み物, 不快な飲み物

*'**be+ca** 91% 名 女 奨学金, 補助金, 給費; 〘歴〙〘衣〙(学生が肩から胸につける)V字型のたれ布

be-'ca-do, -da 名 男 女 奨学生 形 奨学金を受けている **-da** 名 女〘鳥〙ヤマシギ

be-'car [べ.'カる] 動 他 69 (c|qu) 〈に〉奨学金を与える

be-'ca-rio, -ria [べ.'カ.りオ, りア] 名 男 女 奨学金受給者, 奨学生

be-ce-'rra-da [べ.せ.'ら̃.ダ] 名 女〘牛〙子牛の闘牛

be-'ce-rro, -rra [べ.'せ.ろ̃, ら̃] 名 男 女〘牛〙子牛 名 男 子牛の革; 〘歴〙(寺院・貴族の)特許状台帳 **~ *de oro*** (物質的な)富, 金銭《精神的なものに対立するものとして用いられる》

be-cha-'mel 名 男 ⇩ besamel

be-'cua-dro [べ.'クア.ドろ] 名 男〘楽〙本位記号, ナチュラル《♮の記号》

be-'del [べ.'デル] 名 共《⇦bedela 女 も使われる》(学校・大学の)用務員

be-'dui+no, -na 形 ベドウィン(の)《アラビアの遊牧民》; 野蛮な 名 男 女 野蛮人, 悪漢

b

'**be+e** 感《擬音》〔畜〕メエー《ヒツジ・ヤギの鳴き声》

be-'far [ベ.'ファる] 動 自〔畜〕《馬が》口を伸ばす, 舌なめずりをする

'**be+fo, +fa** 形 名 男 女〔体〕(下)唇が厚い(人);〔体〕X脚の(人) 名 男〔体〕厚い(下)唇;〔動〕(ウマ[馬]・サル[猿]・イヌ[犬]の)唇;〔動〕オナガザル **-fa** 名 女 やじ, あざけり ***hacer befa*** あざける, ばかにする

be-'go-nia 名 女〔植〕ベゴニア

be+he-'trí+a [ベ.エ.'トり.ア] 名 女〔歴〕(中世の)自由都市

'**bei-con** 名 男〔食〕ベーコン

beige 形 名 男〔フランス語〕⇩ beis

*__Bei-'jing__ 94% 名 固 ⇩ Pekín

Bei-'rut [ベイ.'るト] 名 固〔地名〕ベイルート《レバノン Líbano の首都》

'**beis** ['ベイス] 形 名 男〔単複同〕ベージュ(の)

*__beis-'bol__ [ベイス.'ボル] 93% 名 男《メキシコ》|《中米》《カリブ》⇩ beisbol

'**béis-bol** ['ベイス.ボル] 名 男〔競〕野球, ベースボール

be-'ju-co, -ca [ベ.'ふ.コ, カ] 形《ベネズエラ》《話》老いた, 年寄りの 名 男〔植〕ヨシ, カズラ, トウ(籐)

'**bel** 名 男 ⇩ belio

bel-'dad [ベル.'ダド] 名 女 (特に女性の)美しさ, 美貌(びぼう); 美; 絶世の美女

be-'lén [ベ.'レン] 名 男〔宗〕ベレン《キリスト生誕の場面を表現した模型》;《話》やっかいなこと, 危険な仕事;《話》混乱, 取り散らかし **B～** 名 固〔地名〕ベツレヘム《パレスチナの古都, キリストの生誕地》;〔女性名〕ベレン

be-'le-ño [ベ.'レ.ニョ] 名 男〔植〕ヒヨス

'**bel-fo, -fa** ['ベル.フォ, ファ] 形 名 男 女〔体〕(下)唇が厚い; (下)唇が厚い人 名 男〔動〕(馬・犬・猿などの)たれ下がった唇

*'__bel-ga__ ['ベル.ガ] 92% 形〔地名〕ベルギー|(人)の 名 共 ベルギー人 ⬇ Bélgica

*'__Bél-gi-ca__ ['ベル.ひ.カ] 93% 名 固〔地|名〕ベルギー《ヨーロッパ北西部の王国》

Bel-'gra-do [ベル.'グら.ド] 名 固〔地名〕ベオグラード《セルビア Serbia の首都》

Be-'li-ce [ベ.'リ.せ] 名 固〔地名〕《中央アメリカの国》

be-li-'cis-mo [ベ.リ.'すぃス.モ] 名 男〔政〕主戦論

be-li-'cis-ta [ベ.リ.'すぃス.タ] 形〔政〕主戦論の 名 共 主戦論者

'**bé-li-co, -ca** ['ベ.リ.コ, カ] 形 戦争の, 軍事の

be-li-co-si-'dad [ベ.リ.コ.スィ.'ダド] 名 女 攻撃性, 好戦的気質

be-li-'co-so, -sa [ベ.リ.'コ.ソ, サ] 形 好戦的な, 戦闘的な

be-li-ge-'ran-cia [ベ.リ.へ.'らン.すぃア] 名 女《格》交戦状態, 戦争;《格》交戦国であること ***dar*** [***conceder***] ～ (a: を) …を重視する

be-li-ge-'ran-te [ベ.リ.へ.'らン.テ] 形 交戦中の 名 男 交戦国; 戦闘員

'**be-lio** ['ベ.リオ] 名 男〔物〕ベル《音の強さの単位》

'**be-lla** ['ベ.ジャ] 名 女 美女, 美人

be-'lla-co, -ca [ベ.'ジャ.コ, カ] 形 悪漢の, ならず者の, 悪党の; ずる賢い, 抜け目のない;《ラプラタ》〔畜〕《馬が》扱いにくい, 御しがたい 名 男 女 悪党, ならず者, ごろつき

be-lla-'do-na [ベ.ジャ.'ド.ナ] 名 女〔植〕ベラドンナ

be-lla-que-'rí+a [ベ.ジャ.ケ.'り.ア] 名 女 狡猾(こうかつ)さ, ずるさ; かたり, ペテン, 悪事

**__be-'lle-za__ [ベ.'ジェ.さ] 87% 名 女 美し|さ, 美; 美しい人, 美人, 美しい物; 美容

be-'llí-si-mo, -ma〔最上級〕⬇ bello

'__be-llo, -lla__ ['ベ.ジョ, ジャ] 84% 形《格》美しい, きれいな; 立派な, 信頼できる ***bellas artes* 美術 ～ ***sexo*** 女性 ***lo*** ～《中性》美

be-'llo-ta [ベ.'ジョ.タ] 名 女〔植〕ドングリの実; (ドングリの形をした)玉房;《俗》〔体〕(陰茎の)亀頭

Bel-'mo-pán [ベル.モ.'パン] 名 固〔地名〕ベルモパン《ベリーズ Belice の首都》

bel-ve-'de-re [ベル.ベ.'デ.れ] 名 男 見晴らし台, 展望台

'**bem-ba** 名 女《中米》《カリブ》《南米北》〔体〕厚ぼったい唇;《カリブ》《話》騒ぎ, 混乱

bem-be-'te+o 名 男《カリブ》《アンデス》おしゃべり, うわさ話

be-'mol [ベ.'モル] 名 男〔楽〕変音, フラット《半音低い音》 形〔楽〕変音の, 半音下の, フラットの ***tener*** ～***es***《話》とても困難である

ben-'ce+no [ベン.'せ.ノ] 名 男〔化〕ベンゼン《コールタールからとる無色の液体》

ben-'ci-na [ベン.'すぃ.ナ] 名 女〔化〕ベンジン;《アンデス》ガソリン

ben-ci-'ne-ro, -ra [ベン.すぃ.'ネ.ろ, ら] 名 男 女《アンデス》ガソリンスタンドの従業員 **-ra** 名 女《アンデス》ガソリンスタンド

ben-de-'cir [ベン.デ.'すぃる] 動 他 ⑳ (decir)〔過分 bendecido; 未 bendeciré; 命 bendice〕〔宗〕祝福する, 〈のために〉神の恵みを祈る, 〈の〉幸福を祈る;《神が》恵みをたれる; 神に捧げる, 神聖化する, 清める ～ ***la mesa*** 食前の祈りをする

*__ben-di-'ción__ [ベン.ディ.'すぃオン] 92% 名 女〔宗〕神の恵み, 祝福;〔一般〕祝福, 祝い; 食前の祈り; ありがたいもの[こと], 幸せなもの[こと], すばらしいこと ***echar la*** ～

b

|《話》(a: を)やめる, (a: から)手を引く

ben-'di-go, -ga(~) 動《直現1単, 接現》⬆bendecir

ben-'di-j~ 動《直点/接過》⬆bendecir

*__ben-'di-to, -ta__ 93% 形〔宗〕神聖な, 清められた; 祝福された, 恵まれた; ありがたい, 喜ばしい; お人よしの 名 男 女〔宗〕聖人; 《話》お人よし, ばか 名 男〔宗〕祈り ***¡B~ sea Dios!*** 《話》ああなんということか!, ああ困った!《不快感》; 《話》ああ助かった!, ありがたい! ***dormir como un ~ [una bendita]*** 《話》すやすや眠る ***reír como un ~ [una bendita]*** 《話》大笑いする

be-ne-dic-'ti+no, -na [べ.ネ.ディク.'ティ.ノ, ナ] 形〔宗〕ベネディクト会の; 〔飲〕ベネディクティンの 名 男 女〔宗〕ベネディクト会士 名 男〔飲〕ベネディクティン《フランス産リキュールの一種》

Be-ne-'dic-to [べ.ネ.'ディク.ト] 名 固〔男性名〕ベネディクト

be-ne-fac-'tor, -'to-ra [べ.ネ.ファク.'トる, 'ト.ら] 形 慈善心に富む 名 男 女 慈善家

be-ne-fi-'cen-cia [べ.ネ.フィ.'せン.すぃア] 名 女 福祉, 福利; 善行, 慈善

__be-ne-fi-'ciar__ [べ.ネ.フィ.'すぃアる] 90% 動 他《物事が》〈に〉役に立つ, 〈の〉ためになる; 《ラ米》〔畜〕〈牛などを〉畜殺(ちくさつ)する, 解体する; 〈土地を〉開発する; 耕作する; 〔商〕〈証券を〉額面価値以下で売る, 割り引く **~(se) 動 自 (再) (con, de: で)利益を得る, 恩恵を受ける; (de: を)利用する

be-ne-fi-'cia-rio, -ria [べ.ネ.フィ.'すぃア.りオ, りア] 形 受益の, 受給の 名 男 女〔商〕受取人; 受益者

__be-ne-'fi-cio__ [べ.ネ.'フィ.すぃオ] 84% 名 男〔商〕利益, もうけ, 得; 親切(な行い), 世話, 好意; 慈善興行, チャリティー; 利点, 効用; (土地の)開発, 耕作; 〔宗〕聖職禄; 《ラ米》〔畜〕食肉処理, 肉の解体; 《ラ米》農産物加工所; 《中米》コーヒー加工所; 《チリ》〔鉱〕採掘 ***a ~ de ...* …のために, …を援助して ***en ~ de ...*** …の(利益の)ために, …になるように

be-ne-fi-'cio-so, -sa [べ.ネ.フィ.'すぃオ.ソ, サ] 形 有益な, 利益をもたらす

be-'né-fi-co, -ca 形 慈善の; 慈善心に富む; (a, para: に)よい, 好都合な, ありがたい

be-ne-'mé-ri-to, -ta [べ.ネ.'メ.り.ト, タ] 形 価値のある, 功績のある, 称賛に値する **Benemérita** 名 男 スペイン治安警察

be-ne-'plá-ci-to [べ.ネ.'プラ.すぃ.ト] 名 男 賛成, 是認, 許可, 協賛

be-ne-vo-'len-cia [べ.ネ.ボ.'レン.すぃア] 名 女 善意, 慈善心, 慈悲心; 親切心, 思いやり, 好意

be-ne-vo-'len-te [べ.ネ.ボ.'レン.テ] 形 思いやりのある, 親切な

be-'né-vo-lo, -la [べ.'ネ.ボ.ロ, ラ] 形 (con, hacia: に)やさしい, 情け深い, 親切な, 好意的な **-lamente** 副 やさしく, 情け深く

ben-'ga-la [ベン.'ガ.ラ] 名 女 ベンガル花火《あざやかな青白色の持続性花火》; 〔植〕(インドの)トウ **B~** 名 固〔歴〕〔地名〕ベンガル《インド亜大陸北東部の地方; インドとバングラデシュに分割されている》; 〔golfo de B~〕〔地名〕ベンガル湾《インド洋北東部の湾》

ben-ga-'lí [ベン.ガ.'リ] 形〔複 -líes⇦-lís〕〔地名〕ベンガル(人)の 名 共 ベンガル人 ⬆Bengala; 〔言〕ベンガル語の 名 男〔言〕ベンガル語

'Be+ni 名 固〔地名〕ベニ《ボリビア北部の県》; [el ~]〔地名〕ベニ川《ボリビアの川; アマゾン川の支流》

Be-ni-car-'ló [べ.ニ.カる.'ロ] 名 固〔地名〕ベニカルロ《スペイン西部の港町》

Be-ni-'dorm [べ.ニ.'ドる(ム)] 名 固〔地名〕ベニドルム《スペイン南東部の地中海に臨むリゾート都市》

be-nig-ni-'dad [べ.ニグ.ニ.'ダド] 名 女 慈悲, 優しさ, 温情; 〔医〕(疾患の)良性

be-'nig+no, -na [べ.'ニグ.ノ, ナ] 形 恵み深い, (con: に)親切な, 慈悲深い; 穏やかな, 温和な; 〔医〕《疾患が》良性の

Be-'nig+no [べ.'ニグ.ノ] 名 固〔男性名〕ベニグノ

Be-'nín 名 固 [República de ~]〔地名〕ベナン《アフリカ西部の共和国, 旧称ダホメー Dahomey》

be-ni-'nés, -'ne-sa 形〔地名〕ベナン(人)の 名 男 女 ベナン人 ⬆Benín

Be-'ní-tez [べ.'ニ.テす] 名 固〔姓〕ベニテス

Be-'ni-to 名 固〔男性名〕ベニート

ben-ja-'mín, -'mi-na [ベン.は.'ミン, 'ミ.ナ] 名 男 女 末っ子; 愛児

Ben-ja-'mín [ベン.は.'ミン] 名 固〔男性名〕ベンハミン; 〔聖〕ベニアミン《創世紀, ヤコブが最もかわいがった末子》

ben-'juí [ベン.'ふイ] 名 男〔複 -juíes⇦-juís〕〔化〕ベンゾイン, 安息香

ben-'zi-na 名 女 ⇧bencina

ben-'zoi-co, -ca [ベン.'そイ.コ, カ] 形〔化〕ベンゾインの

ben-'zol [ベン.'そル] 名 男〔化〕ベンゾール

be+o-'dez [べ.オ.'デす] 名 女《格》酔い, 酩酊(めいてい)

be+'o-do, -da 形《格》酔っている 名 男 女 酔客

be+o-'rí [べ.オ.'り] 名 男〔複 -ríes⇦-rís〕〔動〕アメリカバク

ber-be-'re-cho [べる.べ.'れ.チョ] 名 男〔貝〕ザルガイ《食用》
ber-be-'ris-co, -ca 形 ⇩ bereber
ber-bi-'quí [べる.ビ.'キ] 名 男〔複 -quíes⇦-quís〕回し錐(ぎり), ハンドドリル
be-re-'ber⇦-'ré- [べ.れ.'べる⇦.'れ.べる] 形 ベルベルの 名 共 ベルベル人《北アフリカからサハラ砂漠にかけて住む》
be-re-'be-re 形 ⇧ bereber
*__be-ren-'je-na__ [べ.れン.'へ.ナ] 94% 名 女〔植〕ナス;《ベネズエラ》《話》それ, なんとか《名前のない物》
be-ren-je-'nal [べ.れン.へ.'ナル] 名 男〔農〕ナス畑;《話》面倒, ごたごた ***meterse en otro ~*** やっかいなこと[ごたごた]に巻き込まれる
ber-ga-'mo-ta [べる.ガ.'モ.タ] 名 女〔植〕ベルガモット
ber-'gan-te, -ta [べる.'ガン.テ, タ] 名 男 女《話》ならず者, ごろつき
ber-gan-'tín [べる.ガン.'ティン] 名 男〔海〕ベルガンチン船《二本マストの帆船》
'Ber-gen ['べる.へン] 名 固〔地名〕ベルゲン《ノルウェー南西部の都市》
be-ri-'be-ri [べ.り.'べ.り] 名 男〔医〕脚気(かっけ)
be-'ri-lio [べ.'り.リオ] 名 男〔化〕ベリリウム《元素》
be-'ri-lo [べ.'り.ロ] 名 男〔鉱〕緑柱石
Be-'ring [べ.'りン(グ)] 名 固〔mar de ~〕〔地名〕ベーリング海《太平洋北部の海域》;〔estrecho de ~〕〔地名〕ベーリング海峡《ベーリング海と北極海を結ぶ海峡》
ber-'ke-lio [べる.'ケ.リオ] 名 男〔化〕バークリウム《元素》
ber-'lan-ga [べる.'ラン.ガ] 名 女〔遊〕〔トランプ〕ベルランガ《ゲーム》
*__Ber-'lín__ [べる.'リン] 91% 名 固〔地名〕ベルリン《ドイツ Alemania の首都》
ber-'li-na [べる.'リ.ナ] 名 女 四輪箱馬車;〔車〕セダン車
ber-li-'nés, -'ne-sa [べる.リ.'ネス, 'ネ.サ] 形 名 男 女〔地名〕ベルリンの(人) ⬆Berlín
ber-me-'jal [べる.メ.'はル] 名 男〔地〕赤土の大地
ber-'me-jo, -ja [べる.'メ.ほ, は] 形 朱色の, 赤い
ber-me-'llón [べる.メ.'ジョン] 名 男 朱, 辰砂(しんしゃ); 朱色
ber-'mu-da [べる.'ム.ダ] 名 男〔複〕〔衣〕バミューダパンツ
Ber-'mu-da [べる.'ム.ダ] 名 固〔islas ~〕〔地名〕バミューダ諸島《北大西洋にあるイギリス領の諸島》
*__'Ber-na__ ['べる.ナ] 94% 名 固〔地名〕ベルン《スイス Suiza の首都》
Ber-na-'bé [べる.ナ.'べ] 名 固〔男性名〕ベルナベ
Ber-'nal [べる.'ナル] 名 固〔男性名〕ベルナール
Ber-'nar-da [べる.'ナる.ダ] 名 固〔女性名〕ベルナルダ
Ber-nar-'di+no [べる.ナる.'ディ.ノ] 名 固〔男性名〕ベルナルディーノ
ber-'nar-do, -da [べる.'ナる.ド, ダ] 形〔宗〕聖ベルナルド会の, シトー会の 名 男 女〔宗〕聖ベルナルド会[シトー会]修道士[修道女] 名 男〔動〕〔犬〕セントバーナード
Ber-'nar-do [べる.'ナる.ド] 名 固〔男性名〕ベルナルド ***como la espada de ~***〔皮肉〕«物が»役に立たない
ber-'nés, -'ne-sa [べる.'ネス, 'ネ.サ] 形 名 男 女〔地名〕ベルンの(人) ⬆Berna
be-rre+'ar [べ.れ.'アる] 動 自〔畜〕«子牛が»鳴く;《話》«子供が»泣き叫ぶ, 金切り声をあげる;《アンデス》《話》泣く;《チリ》《話》叫ぶ 動 他《アンデス》《話》怒らせる, いらだたせる
be-'rren-do, -da [べ.'れン.ド, ダ] 形 ぶちの, まだらの
be-'rri-do [べ.'り.ド] 名 男〔畜〕(子牛の)鳴き声;《話》金切り声, 叫び声
be-'rrín [べ.'りン] 名 男《話》怒りっぽい人, 短気な人
be-'rrin-che [べ.'りン.チェ] 名 男《話》むかっ腹, 激怒;《ベネズエラ》《話》騒ぎ, 混乱
be-rrin-'chu-do, -da [べ.りン.'チュ.ド, ダ] 形 名 男 女《ラ米》《話》怒りっぽい(人)
'be-rro ['べ.ろ] 名 男〔植〕クレソン, オランダガラシ
be-rro-'cal [べ.ろ.'カル] 名 男〔地質〕花崗(かこう)岩の土地
be-rro-'que-ño, -ña [べ.ろ.'ケ.ニョ, ニャ] 形〔地質〕花崗(かこう)岩の
be-'rrue-co [べ.'るエ.コ] 名 男〔地質〕花崗(かこう)岩の大岩
'Ber-ta ['べる.タ] 名 固〔女性名〕ベルタ
'ber-za ['べる.さ] 名 女〔植〕キャベツ
'ber-zas 名 共 ⇩ berzotas
ber-'zo-tas [べる.'そ.タス] 名 共〔単複同〕《スペイン》《話》ばか, まぬけ
be-sa-'ma-nos 名 男〔単複同〕(王侯貴族の)謁見; (挨拶としての)手の甲への接吻(せっぷん)
be-sa-'mel [べ.サ.'メル] 名 男〔食〕ベシャメルソース, ホワイトソース
be-'sa-na 名 女〔農〕畝(うね)あげ; 耕作予定地
be-sa-'piés⇦-'pié 名 男〔単複同〕〔宗〕(聖像の)足への接吻(せっぷん);〔宗〕聖像の足への接吻の儀式
__be-'sar__ [べ.'サる] 89% 動 他〈に〉キスする, 接吻(せっぷん)する;〈に〉触れる, 接触する, ぶつかる **~se 動 再 (互いに)キスをする, キスを交す;

| «2 つの物が»接触する, ぶつかる
be-'si-to〔縮小語〕⬇beso
'be+so** 83% 名 男 キス, 口づけ, 接吻(せっぷん);〔複〕愛情をこめて《愛する人への手紙の末尾におく言葉》; 接触, 衝突 *~ de Judas* ユダの接吻, 裏切り者のへつらい *comerse a ~s* キスの雨を降らせる
*'**bes-tia** 92% 名 女〔動〕〔一般〕動物, 獣, 四つ足動物;〔畜〕(荷役用の)家畜《牛, 馬など》名 共《話》ろくでなし, 人でなし
bes-'tial [ベス.'ティアル] 形 獣の, 動物的な;《話》ものすごい, とんでもない
bes-tia-li-'dad [ベス.ティア.リ.'ダド] 名 女 獣性, 凶暴性;《話》ひどいこと, むちゃなこと;《話》ばか, 愚かさ;《話》膨大な量; 獣姦(じゅうかん)
bes-tia-'lis-mo [ベス.ティア.'リス.モ] 名 男 蛮行, 野蛮な行為, ひどいこと; 獣姦(じゅうかん)
bes-'tia-rio [ベス.'ティア.りオ] 名 男〔文〕(中世ヨーロッパの)動物寓話集
best seller ['ベス(ト) 'セ.ジェる] 名 男〔複 sellers〕〔英語〕ベストセラー
be-su-'cón, -'co-na 形 名 男 女《話》やたらにキスをする(人)
be-'su-go 名 男《(スペイン)》〔魚〕タイ;《話》まぬけ, とんま
be-su-que+'ar [ベ.ス.ケ.'アる] 動 他《話》〈に〉キスを浴びせる
be-su-'que+o [ベ.ス.'ケ.オ] 名 男《話》キスを浴びせること
'**be+ta** 名 女〔言〕ベータ《ギリシャ語の文字 *B*, ß》;〔物〕ベータ粒子《高速度の電子》名 女〔海〕綱; 索
be-ta-'trón [ベ.タ.'トろン] 名 男〔物〕ベータトロン《磁気誘導電子加速装置》
'**Bé-ti-ca** 名 固〔歴〕〔地名〕ベティカ《古代のアンダルシア地方 Andalucía》
'**bé-ti-co, -ca** 形〔歴〕〔地名〕ベティカ(人)の 名 男 女〔歴〕〔地名〕ベティカ人, 古代アンダルシア人
bet-le-'mi-ta; be-tle- [ベト.レ.'ミ.タ; ベ.トレ.] 形 名 共〔地名〕ベツレヘムの(人)⬆Belén
be-'tún 名 男 アスファルト, タール; 靴墨 *negro[gra] como el ~* 真っ黒の, 黒々としている *quedar a la altura del ~*《(スペイン)》《話》最下位になる, ひどい状態になる *tener menos gracia que una caja de ~*《話》〔笑〕ぜんぜんおもしろくない
'**be+zo** ['ベ.そ] 名 男 厚い唇;〔医〕(傷跡の)肉芽
be-'zu-do, -da [ベ.'す.ド, ダ] 形 名 男 女 厚い唇の(人)
bi-a-'nual [ビア.'ヌアル] 形 1 年に 2 回の
biat-'lón; bia-'tlón [ビアト.'ロン; ビア.'トロン] 名 男〔競〕バイアスロン
bi-be-'lot [ビ.ベ.'ロト] 名 男〔複 -lots〕飾り物, 置物
bi-be-'rón [ビ.ベ.'ろン] 名 男 哺乳瓶(びん)
Bibl. 略 ⬇biblioteca
*'**Bi-blia** ['ビ.ブリア] 91% 名 女〔宗〕聖書, バイブル;〔b~〕〔印〕上質の紙, インディア紙 *saber más que la ~* 何でも知っている, 博識である
'**bí-bli-co, -ca** ['ビ.ブリ.コ, カ] 形〔宗〕聖書の, 聖書のような, ありがたい
bi-blio-'bús [ビ.ブリオ.'ブス] 名 男《(スペイン)》巡回移動図書館
bi-blio-'fi-lia [ビ.ブリオ.'フィ.リア] 名 女 蔵書癖, 愛書
bi-'blió-fi-lo, -la [ビ.'ブリオ.フィ.ロ, ラ] 名 男 女 愛書家, 蔵書道楽家
bi-blio-gra-'fí+a [ビ.ブリオ.グら.'フィ.ア] 名 女 参考文献, 関係書目, 著作目録; 図書; 書誌学, 書籍解題
bi-blio-'grá-fi-co, -ca [ビ.ブリオ.'グら.フィ.コ, カ] 形 参考文献の, 書誌学の, 書籍解題の, 図書目録の
bi-'blió-gra-fo, -fa [ビ.'ブリオ.グら.フォ, ファ] 名 男 女 参考文献作成者, 書籍解題者, 書誌学者
bi-blio-ma-'ní+a [ビ.ブリオ.マ.'ニ.ア] 名 女 蔵書癖, 書籍狂
bi-'blió-ma+no, -na [ビ.'ブリオ.マ.ノ, ナ] 名 男 女〔人〕書籍狂, 蔵書狂
****bi-blio-'te-ca** [ビ.ブリオ.'テ.カ] 87% 名 女 図書館, 図書室; (個人の)書斎; (個人の)蔵書; 本棚, 書棚; …文庫, 叢書 *~ ambulante* 生き字引
***bi-blio-te-'ca-rio, -ria** [ビ.ブリオ.テ.'カ.りオ, りア] 94% 名 男 女 図書館員, 司書
'**bi+ca** 名 女《(メキシコ)》《話》わずかな金
bi-ca-me-'ral [ビ.カ.メ.'らル] 形〔政〕(上下)二院制の
bi-ca-me-ra-'lis-mo [ビ.カ.メ.ら.'リス.モ] 名 男〔政〕(上下)二院制
bi-car-bo-'na-to [ビ.カる.ボ.'ナ.ト] 名 男〔化〕重炭酸塩
bi-'cé-fa-lo, -la [ビ.'せ.ファ.ロ, ラ] 形 双頭の
bi-cen-te-'na-rio [ビ.せン.テ.'ナ.りオ] 名 男 200 年記念, 200 年祭
'**bí-ceps** ['ビ.せ(プ)ス] 名 男〔単複同〕〔体〕二頭筋,〔俗に〕力こぶ
'**bi-cha** 名 女《(ベネズエラ)》《話》事, 用件
bi-'char [ビ.'チャる] 動 他《(ベネズエラ)》直す;《(ベネズエラ)》《話》かき回す, 混乱させる; 傷つける, 壊す
bi-cha-'ran-go [ビ.チャ.'らン.ゴ] 名 男《(ベネズエラ)》乱暴に扱うこと
bi-'che-ro [ビ.'チェ.ろ] 名 男〔海〕(舟の)鉤ざお;《(中米)》〔農〕(農場の)見張り, 番人

bi-chi-'co-me 名 ㊥《ﾗﾌﾟﾗﾀ》《話》放浪者
bi-'chi-to〔縮小語〕↓bicho
*'**bi-cho** 93% 名 男〔一般〕虫, 昆虫;《話》人, やつ;《ｽﾍﾟｲﾝ》〖動〗小動物,〔特に〕〖畜〗家畜;《話》〖牛〗牛;《ｶﾘﾌﾞ》《ﾗﾌﾟﾗﾀ》《話》〖体〗陰茎, ペニス;《中米》《話》泣き虫;《ｶﾘﾌﾞ》《話》頭のよい人 ～ *viviente* 人, 生きている人
'**bi+ci** ['ビ.すぃ] 名 女《話》自転車
bi-ci-'cle-ta [ビ.すぃ.'クレ.タ] 87% 名 女 自転車
bi-ci-cle-'ta-da [ビ.すぃ.クレ.'タ.ダ] 名 女 自転車大行進
bi-clo-'ru-ro [ビ.クロ.'る.ろ] 名 男〖化〗二塩化物
bi-'co-ca 名 女《話》ささいなもの, くだらないもの;《話》掘出し物
bi-co-'lor [ビ.コ.'ロる] 形 二色の, ツートンカラーの;〖印〗二色刷りの
bi-'cón-ca-vo, -va [ビ.'コン.カ.ボ, バ] 形 両凹(りょうおう)の
bi-con-'ve-xo, -xa [ビ.コン.'ベク.ソ, クサ] 形 両凸(りょうとつ)の
bi-'cor-nio [ビ.'コる.ニオ] 名 男〖衣〗二角帽, ビコーン
bi-cro-'mí+a [ビ.クろ.'ミ.ア] 名 女〖印〗二色刷り
bi+'dé 名 男 ビデ
bi-'dón 名 男 (液体用の)大型[金属製]容器, 缶
'**bie-la** ['ビエ.ラ] 名 女〖機〗連接棒, ロッド;《ｱﾝﾃﾞｽ》《話》〖飲〗ビール
'**biel-da** ['ビエル.ダ] 名 女〖農〗(六またの)さすまた;〖農〗あおぎ分け
biel-'dar [ビエル.'ダる] 動 他〖農〗〈穀物・もみがらを〉あおぎ分ける
'**biel-do** ['ビエル.ド] 名 男〖農〗(干し草などをすくう)さすまた
Bie-lo-'rru-sia [ビエ.ロ.'る.スィア] 名 固〔República de ～〕〖地名〗ベラルーシ《東ヨーロッパの共和国》
bie-lo-'rru-so, -sa [ビエ.ロ.'る.ソ, サ] 形〖地名〗ベラルーシ(人)の 名 男 女 ベラルーシ人 ↑Bielorrusia
*'**bien** 57% 副 上手に, よく, うまく, 適切に; 元気である, 気分がいい, 上々である, うまくいっている; 十分である, うんと;〔～形容詞・副詞〕かなり…, とても…, 十分に…;〔文頭で〕確かに, まったく 感 よろしい!, オーケー! 名 男 利益, 幸福, ため; 善, よいこと; (人の)徳, よい点;〔複〕家財, 所有物, 財産;〔複〕〖商〗商品, 製品, 品物, 積荷 形 よい, 立派な ～ … ～ … …でも…でも, …も…も(両方とも), …か…か ～ *sea* … *o* … …であろうと…であろうと *¡～ por …!* …はいいなあ! *de* ～ 正しい, 正直な *en* ～ *de* … …のために *¡Está ～!* よろしい!, オーケー!; もういい, もう結構 *estar* ～ *de* … …がよい; …で満足している *ir* ～ 都合がよい; うまくいっている *más* ～ むしろ *mi bien* ねえ, あなた[お前, 君]《愛情をこめた呼びかけ》 *¡Muy bien!* 大変よろしい!, そのとおりだ!; 承知しました!, わかりました! *no* ～ … …するやいなや *o* ～ または *para* [*por*] *el* ～ *de* … …のために *por el* ～ *de* … …のためを思って, …のために *pues* ～ それでは, さて *¡Qué ～!* それはすばらしい!, 大したもんだ *tener a* ～ …(不定詞) …してくださる *tomar*(*se*) *a* ～ よい意味にとる, 善意に解釈する *y* ～ それでは, それはそうと
bie-'nal [ビエ.'ナル] 形 2年に1度の, 2年ごとの; 2年続く 名 女 2年に1度の催し, ビエンナーレ
bie-n|an-'dan-za [ビエ.ナン.'ダン.さ] 名 女《格》幸運, 幸福; 繁栄
bie-n|a-ven-tu-'ra-do, -da [ビエ.ナ.ベン.トゥ.'ら.ド, ダ] 形 幸せな, 幸福な;〖宗〗祝福された, 恵みを受けた 名 男 女 幸福な人, 恵まれた人; 単純な人, お人よし
bie-n|a-ven-tu-'ran-za [ビエ.ナ.ベン.トゥ.'らン.さ] 名 女〖宗〗至福, 至上の幸福;〔B～〕〖聖〗山上の垂訓中の八福; 平安, 幸福
*'**bie-n|es-'tar** [ビエ.ネス.'タる] 90% 名 男 福祉, 繁栄; 楽, 心地よさ, 健康; 幸福, 満足; 生活の豊かさ, 物質的な豊かさ
bien-ha-'bla-do, -da [ビエ.ナ.'ブラ.ド, ダ] 形 うまくしゃべる, はっきりとしゃべる
bien-he-'chor, -'cho-ra [ビエ.ネ.'チョる, 'チョ.ら] 形 やさしい, 情け深い 名 男 女 恩恵を施す人, 慈善家
bie-n|in-ten-cio-'na-do, -da [ビエ.ニン.テン.すぃオ.'ナ.ド, ダ] 形 好意の, 善意の
'**bie-nio** 名 男 2年間
bien-man-'da-do, -da 形 素直な, 従順な
bien-me-'sa-be 名 男〖食〗卵黄菓子;《ｶﾘﾌﾞ》〖食〗牛乳・ココナッツ・シナモン・卵・砂糖で作るシロップ;《中米》〖食〗バナナ・砂糖で作るジャム;《ｺﾛﾝﾋﾞｱ》〖食〗牛乳・ココナッツ・ジャガイモ・砂糖で作る菓子;《ﾍﾞﾈｽﾞｴﾗ》〖食〗卵・砂糖・ココナッツジュースで作るジャム
bien-que-'ren-cia [ビエン.ケ.'れン.すぃア] 名 女 友好, 親切, 好意
bien-que-'rer [ビエン.ケ.'れる] 動 他 ⑸⑸ (e|ie) 尊重する, 尊敬する, 〈に〉好感を持つ 名 男 友好, 親切, 厚情; 愛情, 尊敬, 尊重
bien-quis-'tar [ビエン.キス.'タる] 動 他 (con: と)仲よくさせる ～**se** 動 再 (con: と)仲よくなる
bien-'quis-to, -ta [ビエン.'キス.ト, タ] 形 尊ばれる, 尊重される, 気に入られる
*'**bien-ve-'ni-da** [ビエン.ベ.'ニ.ダ] 94%

名 女 歓迎 *dar la* ～ (a: を)歓迎する, 喜んで迎える

b

*__bien-ve-'ni-do, -da__ [ビエン.ベ.'ニ.ド, ダ] 94% 形《人が》歓迎されている, 喜んで迎えられる 感 (a: へ)ようこそ! **-da** 名 女 歓迎, 歓迎の言葉

'Bier-zo 名 固 〔El ～〕《地名》エル・ビエルソ《レオン州西部の地域》

'bies 〔成句〕 *al* ～ 斜めに

bi-'fá-si-co, -ca [ビ.'ファ.シ.コ, カ] 形 《電》二相の

'bí-fi-do, -da 形《動》2 つに分かれた 名 男 《菌》ビフィズス菌

bi-fi-do-bac-'te-ria [ビ.フィ.ド.バク.'テ.りア] 名 女 《菌》ビフィズス菌

bi-fo-'cal [ビ.フォ.'カル] 形《レンズが》二焦点の, 遠近両用の

bi-fur-ca-'ción [ビ.フる.カ.'すぃオン] 名 女 分岐; 分岐点; 《情》ブランチ

bi-fur-'car-se [ビ.フる.'カる.セ] 動 再 ⑥⑨ (c|qu) 分岐する

'bi+ga 名 女 《歴》《畜》(ギリシャ・ローマ時代の)二頭立ての馬車; 《格》二頭立て馬車を引く馬

bi-'ga-mia 名 女 《法》二重結婚, 重婚; 《法》重婚罪

'bí-ga-mo, -ma 形《法》重婚の 名 男 女 《法》重婚者

bi-'gar-do, -da [ビ.'ガる.ド, ダ] 名 男 女 放蕩(ほうとう)者, なまけ者

'bí-ga-ro ['ビ.ガ.ろ] 名 男 《貝》タマキビガイ

*__bi-'go-te__ 93% 名 男 口ひげ; 〔複〕《動》(動物の)ひげ *de* ～《ス゚ペイン》《話》大変な, すばらしい *hombre de ～s* 《話》立派な男, 男らしい男

bi-go-'te-ra [ビ.ゴ.'テ.ら] 名 女 《技》スプリングコンパス; (口のまわりの)飲み物の跡; (折り畳み式)補助椅子

bi-go-'tón 名 男 《メキシコ》ひげを生やした男

bi-go-'tu-do, -da 形 口ひげが豊かな

bi-'ki-ni 名 男 ⇔女 《ラ米》〔各地〕《衣》ビキニ《水着》

bi-la-'bial [ビ.ラ.'ビアル] 形《音》両唇(りょうしん)音の 名 女 《音》両唇音 《[p], [b], [m]》

bi-la-te-'ral [ビ.ラ.テ.'らル] 形 相互的な, 互恵の, 二者間の

bi-la-te-ra-'lis-mo [ビ.ラ.テ.ら.'リス.モ] 名 男 《政》互恵主義

bi-la-te-ra-'lis-ta [ビ.ラ.テ.ら.'リス.タ] 形《政》互恵主義の 名 男 女 《政》互恵主義者

bil-ba+'í-no, -na [ビル.バ.'イ.ノ, ナ] 形 名 男 女 《地名》ビルバオの↓Bilbao

Bil-'ba+o [ビル.'バ.オ] 名 固 《地名》ビルバオ《スペイン北部の都市》

bi+'lí [ビ.'リ] 名 男 〔複 -líes⇔-lís〕《カリブ》《話》たやすいこと

bi-'liar [ビ.'リアる] 形《医》胆汁の

bi-'lin-güe [ビ.'リン.グエ] 形《言》二言語を話す, 二言語併用の, 対訳の 名 共 《言》二言語を話す人, バイリンガル, 二言語で書いたもの

bi-lin-'güis-mo [ビ.リン.'グイス.モ] 名 男 《言》二言語使用

bi-'lio-so, -sa [ビ.'リオ.ソ, サ] 形《医》胆汁質の; 怒りっぽい, 気難しい

'bi-lis ['ビ.リス] 名 女 《医》胆汁; かんしゃく, 不機嫌

'bi-lla ['ビ.ジャ] 名 女 《遊》(ビリヤードで)ポケットに入った球

*__bi-'llar__ [ビ.'ジャる] 94% 名 男 《遊》ビリヤード, 玉突き; 〔複〕《遊》ビリヤード場, 玉突き室

bi-lle-'ta-je [ビ.ジェ.'タ.へ] 名 男 〔集合〕切符, 入場料

‡__bi-'lle-te__ [ビ.'ジェ.テ] 89% 名 男 《ス゚ペイン》切符, 入場券, 乗車券, くじの券; 紙幣, 札(さつ); 短い手紙, 短信, 伝言; 《カリブ》パッチ, 継ぎはぎ

bi-lle-'te-ra [ビ.ジェ.'テ.ら] 名 女 札入れ, 財布

bi-'llón [ビ.'ジョン] 名 男 1 兆《100 万の 100 万倍》

bi-llo-'né-si-mo, -ma [ビ.ジョ.'ネ.スィ.モ, マ] 形 名 男 1 兆分の 1(の); 1 兆番目(の)

bi-'ma-no, -na⇔**bí-** [ビ.'マ.ノ, ナ⇔'ビ.マ.] 形《動》二手の 名 男 女 《動》二手類の動物, ヒト

bim-'ba-zo [ビン.'バ.そ] 名 男 《カリブ》《話》げんこつ, 殴打

bi-'mem-bre [ビ.'メン.ブれ] 形 2 つの手[足]を持つ; 2 つの部分からなる

bi-men-'sual [ビ.メン.'スアル] 形 1 か月に 2 回の

bi-mes-'tral [ビ.メス.'トらル] 形 2 か月ごとの, 隔月の 名 男 2 か月間

bi-'mes-tre 形 ⇧ bimestral

bi-mo-'tor [ビ.モ.'トる] 形《機》(エンジンが)双発の 名 男 《空》双発(飛行)機

bi-'nar [ビ.'ナる] 動 他 《農》〈畑を〉2 回耕す, 〈畑に〉2 回鍬(くわ)を入れる; 〔一般〕2 回する, 2 度行う

bi-'na-rio, -ria [ビ.'ナ.りオ, りア] 形 2 つの, 2 つの項からなる; 《数》2 進法の

'bin-go 名 男 《遊》ビンゴ, 数あて遊び

bi-no-cu-'lar [ビ.ノ.ク.'ラる] 名 男 〔複〕双眼鏡 形 両眼の, 2 つのレンズの

bi-'nó+cu-lo [ビ.'ノ.ク.ロ] 名 男 鼻めがね

bi-'no-mio 名 男 《数》二項式; コンビ, 二人組

'bin-za ['ビン.さ] 名 女 (卵・タマネギなどの)膜, 薄膜, 薄皮
'bí+o 形 環境にやさしい, 自然の《化学物質ではない》;〔食〕自然食の 名 男〔情〕(ソーシャルネットワーク参加者の)短い自己紹介
'Bí+o 'Bí+o 名 固〔地名〕ビオビオ《チリ Chile 中部の州》
bio-de-gra-'da-ble [ビオ.デ.グら.'ダ.ブレ] 形 生分解性の《微生物などによって通例無害な物質に分解できる》
bio-de-gra-da-'ción [ビオ.デ.グら.ダ.'すぃオン] 名 女〔生〕生分解
bio-di-'ná-mi-ca 名 女〔生〕生物[生態](動)力学
bio-di-'ná-mi-co, -ca 形〔生〕生物[生態](動)力学の
bio-di-ver-si-'dad [ビオ.ディ.べる.スィ.'ダド] 名 女〔生〕生物多様性
bio-e-'léc-tri-co, -ca [ビオ.エ.'レク.トり.コ, カ] 形 生物組織の電気エネルギーの, 生体電気の
bio-'é-ti-co, -ca 形 生命倫理(学)の 名 男 女 生命倫理学者 -ca 名 女 生命倫理(学)
bio-'fí-si-co, -ca 形〔生〕生物物理(学)の 名 男 女〔生〕生物物理学者 -ca 名 女〔生〕生物物理学
bio-'gé-ne-sis [ビオ.'へ.ネ.スィス] 名 女〔単複同〕〔生〕生物発生(説)
bio-ge-'né-ti-co, -ca [ビオ.へ.'ネ.ティ.コ, カ] 形〔生〕生物発生説の -ca 名 女〔生〕生物発生説
**bio-gra-'fí+a [ビオ.グら.'フィ.ア] 90% 名 女〔文〕伝記, 伝記文学
bio-'grá-fi-co, -ca [ビオ.'グら.フィ.コ, カ] 形〔文〕伝記(体)の
'bió-gra-fo, -fa ['ビオ.グら.フォ, ファ] 名 男 女〔文〕伝記作者[作家] 名 男《ラ米》〔遊〕映画館
bio-in-ge-nie-'rí+a [ビオイン.へ.ニエ.'り.ア] 名 女〔生〕生体[生物]工学
bio-in-ge-'nie-ro, -ra [ビオイン.へ.'ニエ.ろ, ら] 名 男 女〔生〕生体[生物]工学者
*bio-lo-'gí+a [ビオ.ロ.'ひ.ア] 91% 名 女〔生〕生物学
**bio-'ló-gi-co, -ca [ビオ.'ロ.ひ.コ, カ] 89% 形〔生〕生物学(上)の
'bió-lo-go, -ga ['ビオ.ロ.ゴ, ガ] 名 男 女〔生〕生物学者
'biom-bo 名 男 (折りたたみ式の)ついたて, 屏風(びょうぶ);《中米》〔遊〕パチンコ, 投石機
bio-me-'trí+a [ビオ.メ.'トり.ア] 名 女〔生〕生物測定[統計]学
'bió-ni-co, -ca 形〔生〕生体工学の -ca 名 女〔生〕生体工学, バイオニクス
'biop-sia 名 女〔医〕生検, バイオプシー《生体から組織片を取り出して病気の診断を行うこと》
biop-'siar [ビオプ.'スィアる] 動 他〔医〕〈に〉生検を実施する
bio-'quí-mi-co, -ca [ビオ.'キ.ミ.コ, カ] 形〔生〕生化学の, 生化学的な 名 男 女〔生〕生化学者 -ca 名 女〔生〕生化学
bio-'rrit-mo [ビオ.'りト.モ] 名 男〔医〕バイオリズム, 生体リズム《ほぼ規則的に繰り返される生理的・精神的現象の周期》
bios-'fe-ra ⇔ 'biós- [ビオス.'フェ.'ら ⇔ ビオス.フェ.] 名 女〔生〕生物圏, 生活圏
bio-'sín-te-sis 名 女〔単複同〕〔生〕生合成《生体内の化学的物質合成》
bio-tec-no-lo-'gí+a [ビオ.テク.ノ.ロ.'ひ.ア] 名 女〔生〕生物工学, バイオテクノロジー
'bió-ti-co, -ca 形〔生〕生物の, 生命の
'bió-xi-do ['ビオク.スィ.ド] 名 男〔化〕二酸化物
bi-par-'ti-do, -da [ビ.パる.'ティ.ド, ダ] 形 二分された
bi-par-'ti-to, -ta [ビ.パる.'ティ.ト, タ] 形〔政〕2 党間の; 2 部[2 通]に分かれた
'bí-pe-do, -da 形〔動〕二本足の 名 男〔特に〕人間
bi-'pla+no [ビ.'プラ.ノ] 名 男〔歴〕〔空〕複葉機
bi-po-'lar [ビ.ポ.'ラる] 形 二極(式)の
bi-po-la-ri-'dad [ビ.ポ.ラ.り.'ダド] 名 女 二極性
bi-po-la-ri-za-'ción [ビ.ポ.ラ.り.さ.'すぃオン] 名 女 二極化
bi-po-la-ri-'zar [ビ.ポ.ラ.り.'さる] 動 他 ㉞ (z|c) 二極化する
bi-'qui-ni 名 男 [女] ⇧ bikini
bi-rim-'ba+o [ビ.りン.'バ.オ] 名 男〔楽〕ビリンバウ《ブラジルの一弦の民族楽器》
bir-'lar [ビる.'ラる] 動 他《話》(a: から)盗む, くすねる;《話》一撃のもとに殺す 動 自〔競〕〔ボウリング〕二度目のボールを転がす
bir-li-bir-'lo-que [ビる.リ.ビる.'ロ.ケ]〔成句〕 *por arte de* ~ 魔法のように, 手品みたいに
bir-'lo-cho [ビる.'ロ.チョ] 名 男〔歴〕(四人乗りの)無蓋(むがい)四輪馬車
Bir-'ma-nia [ビる.'マ.ニア] 名 固〔歴〕〔地名〕(旧)ビルマ ⬇ Myanmar
bir-'ma+no, -na [ビる.'マ.ノ, ナ] 形 名 男 女〔歴〕〔地名〕(旧)ビルマの; (旧)ビルマ人 ⬆ Birmania;〔言〕ビルマ語の 名 男〔言〕ビルマ語
Bir-'min-gham [ビる.'ミン.ガム] 名 固〔地名〕バーミンガム《イギリス, イングランド中西部の都市》;《ㇱ゙》《話》〔飲〕ビール
bi-'ro-te [ビ.'ろ.テ] 名 男〔成句〕 *dar*

b

〜《(中米)》《話》混乱させる; 《(中米)》《話》酒に酔わせる

bi-rre+ac-'tor, -'to-ra [ビ.れ.アク.'トる, 'ト.ら] 形 〔空〕双発ジェットエンジンの 名 男 〔空〕双発ジェット機

bi-'rre-ta [ビ.'れ.タ] 名 女 〔宗〕〔衣〕(枢機卿や司教がかぶる)四角帽子

bi-'rre-te [ビ.'れ.テ] 名 男 〔衣〕ふちなし帽子; 〔衣〕角帽《大学礼装用の帽子》; 〔宗〕〔衣〕⬆birreta

'bi-rria ['ビ.りア] 名 女 《話》取るに足りないもの, くだらないもの; みっともない人, 醜い人; 《(メキシコ)》《(中米)》《話》ビール; 《(メキシコ)》《(ボリビア)》〔食〕ビリア《ヤギを蒸し焼きにしたバーベキューの一種》; 《(コロンビア)》《話》こだわり; 気まぐれ; 憎しみ

bi-rri-'ña-que [ビ.り.'ニャ.ケ] 名 男 《(中米)》《話》ひどい出来

'bis 副 **2**, …の2《同一番地, 番号の下位区分》; 〔楽〕もう一度, 繰り返し, 再び 感 アンコール!

bi(s)~, biz~ 〔接頭辞〕「2・2倍・二重」という意味を示す

bi-s|a-'bue-lo, -la [ビ.サ.'ブエ.ロ, ラ] 名 男 女 曾祖父(そうそふ), 曾祖母(そうそぼ), ひいおじいさん, ひいおばあさん; 〔複〕曾祖父母

bi-'sa-gra [ビ.'サ.グら] 名 女 蝶番(ちょうつがい); (靴底用の)つや出し器

bi-'sar [ビ.'サる] 動 他 〔演〕〔楽〕(アンコールに応じて)再演[再奏]する

Bi-'sáu [ビ.'サウ] 名 固 〔地名〕ビサウ《ギニアービサウ Guinea-Bisáu の首都》

bis-bi-se+'an-te 形 《話》ささやく[つぶやく]ような

bis-bi-se+'ar [ビス.ビ.セ.'アる] 動 自 《話》ささやく, つぶやく

bis-bi-'se+o 名 男 《話》ささやく[つぶやく]こと

bis-'co-cho 名 男 ⇩ bizcocho

bi-se-'car [ビ.セ.'カる] 動 他 ⑲ (c|qu) 〔数〕2等分する

bi-sec-'ción [ビ.セク.'すぃオン] 名 女 〔数〕2分, 2等分

bi-sec-'tor, -'triz [ビ.セク.'トる, 'トりす] 形 〔数〕2等分する 名 男 〔数〕2等分線 -triz 名 女 〔数〕2等分線

bi-'sel [ビ.'セル] 名 男 〔技〕斜面, 傾斜面《木材などの稜角(りょうかく)を削り取った部分》

bi-se-'lar [ビ.セ.'ラる] 動 他 〔技〕〈に〉斜面をつける, 〈の〉面取りをする

bi-se-ma-'nal [ビ.セ.マ.'ナル] 形 週に2回の; 2週に1回の

bi-se-'xual [ビ.セク.'スアル] 形 〔生〕両性の, 雌雄同体の 名 共 両性愛者(の)

bi-se-xua-li-'dad [ビ.セク.スア.リ.'ダド] 名 女 〔生〕両性具有性; 両性愛

bi-'sies-to, -ta 形 閏(うる)年の 名 男 閏年

bi-'sí-la-bo, -ba [ビ.'スィ.ラ.ボ, バ] 形 〔音〕2音節の

Bis-'kek [ビス.'ケク] 名 固 〔地名〕ビシュケク《キルギスタン Kirguistán の首都》

Bis-'marck [ビス.'マる(ク)] 名 固 〔archipiélago de ~〕〔地名〕ビスマルク諸島《南西太平洋の諸島》

bis-'mu-to 名 男 〔化〕ビスマス《元素》

bis-'nie-to, -ta 名 男 女 ひ孫, 曾孫(そうそん)

bi-'so-jo, -ja [ビ.'ソ.ほ, は] 形 (内)斜視の, やぶにらみの

bi-'son-te 名 男 〔動〕バイソン

bi-so-'ñé [ビ.ソ.'ニェ] 名 男 かつら

bi-'so-ño, -ña [ビ.'ソ.ニョ, ニャ] 名 男 女 新米, 未熟者; 〔軍〕新米, 新兵 形 新米の, 未熟な; 〔軍〕新兵の

bis-'tec ⇦ **-'té** [ビス.'テク ⇦ .'テ] 名 男 〔複 -tecs〕〔食〕ビフテキ, ステーキ

bis-'tró [ビス.'トろ] 名 男 〔商〕ビストロ《フランス料理の小レストラン, 居酒屋》

bistrot 名 男 〔フランス語〕⇧ bistró

bis-tu-'rí [ビス.トゥ.'り] 名 男 〔複 -ríes ⇦-rís〕〔医〕(外科用)メス

bi-sul-'fa-to [ビ.スル.'ファ.ト] 名 男 〔化〕硫酸水素塩, 重硫酸塩

bi-su-te-'rí+a [ビ.ス.テ.'り.ア] 名 女 模造宝石, 人造装身具, イミテーション

'bit 名 男 〔複 bits〕〔情〕ビット《情報量の単位》 ***mapa de ~s*** 〔情〕ビットマップ ***~s por segundo*** 〔情〕ビット/毎秒, bps

'bi+ta 名 女 〔海〕(船の甲板の)係柱, ビット

bi-'tá-co-ra [ビ.'タ.コ.ら] 名 女 〔海〕羅針箱

'bí-ter ['ビ.テる] 名 男 〔飲〕ビタース

bi-tu-mi-'no-so, -sa 形 アスファルトの[を含む], タールの

bi-va-'len-cia [ビ.バ.'レン.すぃア] 名 女 〔化〕二価

bi-va-'len-te [ビ.バ.'レン.テ] 形 〔化〕二価の

bi-'val-vo, -va [ビ.'バル.ボ, バ] 形 〔動〕両弁の, 二枚貝の

Bi-'zan-cio [ビ.'さン.すぃオ] 名 固 〔歴〕〔地名〕ビザンティウム《イスタンブール Istanbul の旧称》

bi-zan-ti-'nis-mo [ビ.さン.ティ.'ニス.モ] 名 男 ビザンティン文化研究; ささいな問題の議論に明け暮れること

bi-zan-'ti+no, -na [ビ.さン.'ティ.ノ, ナ] 形 名 男 女 〔歴〕〔地名〕ビザンティウムの(人) ⬆ Bizancio ***discusiones bizantinas*** ささいなことにこだわる議論

bi-za-'rrí+a [ビ.さ.'り.ア] 名 女 勇気, 勇敢, 武勇; 寛大, おうようさ, 心の広いこと

bi-'za-rro, -rra [ビ.'さ.ろ, ら] 形 勇気のある, 勇敢な; 寛大な, おうような

b

biz-'car 動 他 69 (c|qu) ⇩ bizquear
'biz-co, -ca ['ビす.コ, カ] 形 名 男 女 〖体〗斜視の(人)
*__biz-'co-cho__ [ビす.'コ.チョ] 94% 名 男 〖食〗カステラ, スポンジケーキ; 素焼の器; 〖海〗(保存用)乾パン; 《(カリブ)》《話》 とても簡単なこと; 《(コロンビア)》《話》 エレガントな人, きれいな女性
biz-co-'te-la [ビす.コ.'テ.ラ] 名 女 〖食〗砂糖の衣をかけたカステラ
'biz-ma ['ビす.マ] 名 女 〖医〗パップ, 湿布剤, 膏薬(こうやく)
biz-'mar [ビす.'マる] 動 他 〖医〗〈に〉パップ[膏薬(こうやく)]を張る
biz-'na-ga [ビす.'ナ.ガ] 名 女 《(メキシコ)》〖植〗タマサボテン
biz-'nie-to, -ta 名 男 女 ⇧ bisnieto
biz-que+'ar [ビす.ケ.'アる] 動 他 〈目を〉細める; 〈に〉ウインクする, 〈に〉目くばせする 動 自 斜視である; 横目で見る
'blan-ca ['ブラン.カ] 名 女 〖歴〗〖経〗ブランカ《スペインの古い硬貨, 銀貨》; 〖楽〗**2** 分音符 ***sin ~*** 《(スペイン)》《話》 一文無しの[で] **B~** 名 固 〖女性名〗ブランカ
Blan-ca-'nie-ves [ブラン.カ.'ニエ.ベス] 名 固 〖架空〗白雪姫
'blan-co, -ca ['ブラン.コ, カ] 73% 形 白い; (皮膚の色の)白い; 純白の 名 男 白, 白色; (書き込みのない)空所, 空白, 余白, ブランク; 的(まと), 目標; 白の絵の具; 〖飲〗白ワイン; 〖体〗白目(の部分); 〖体〗(爪の)半月 名 男 女 白人 名 固 〖姓〗ブランコ 名 固 〔mar B~〕〖地名〗白海《ロシア連邦北西部の海》 ***arma blanca*** 刀剣類, ナイフ ***dar carta blanca*** (a: に)まかせる, 好きなようにさせる ***dar en el ~*** 弾を命中させる ***dejar en ~*** 何も書かないでおく ***espacio en ~*** 空欄 ***mente en ~*** 何もわからないこと ***pasar una noche en ~*** 徹夜する, 眠れないで夜を過ごす
*__blan-'cu-ra__ [ブラン.'ク.ら] 94% 名 女 白さ, 純白; 潔癖, 純粋さ
blan-'cuz-co, -ca [ブラン.'クす.コ, カ] 形 白っぽい
blan-de+'ar [ブラン.デ.'アる] 動 他 和らげる, 穏和にする; 納得させる; 〈刃物などを〉振り回す 動 自 屈服する, 譲る **~se** 動 再 (con: に)屈服する, 譲る
blan-'den-gue [ブラン.'デン.ゲ] 形 《話》〔軽蔑〕軟弱な, 腰抜けの, おどおどした
blan-'dir [ブラン.'ディる] 動 他 〈剣や刃物を〉振り回す
blan-'di-to, -ta 〔縮小語〕⬇blando
*__'blan-do, -da__ ['ブラン.ド, ダ] 92% 形 《物体が》やわらかい; 《性質・言動などが》(con: に)やさしい, 穏やかな, 甘い, 柔和な, 寛大な; 穏やかな, 心地よい, のんびりした, 安楽な, 気ままな; 《力・意志が》弱い 副 やさしく, 穏やかに
blan-'du-ra [ブラン.'ドゥ.ら] 名 女 柔軟さ, やわらかさ; やさしさ, 寛大さ; 穏やかさ, 心地よさ, 安逸; 優柔不断, 軟弱; お世辞, へつらい, 甘言, 追従; (気候の)温暖さ, 寒さの緩(ゆる)み; (筋肉の)たるみ, 弛緩(しかん); 〖医〗湿布
blan-que+'a-da [ブラン.ケ.'ア.ダ] 名 女 《(メキシコ)》相手チームが無得点の勝利, 完勝
blan-que+'ar [ブラン.ケ.'アる] 動 他 白くする, 白く塗る; 漂白する; 〈ブラックマネーを〉洗浄する **~(se)** 動 自 (再) 白くなる, 白みがかる
blan-que-'cer [ブラン.ケ.'せる] 動 他 45 (c|zc) 白くする, 漂白する; 磨く
blan-que-'ci+no, -na [ブラン.ケ.'すぃ.ノ, ナ] 形 白っぽい, やや白い
blan-'que+o [ブラン.'ケ.オ] 名 男 白くすること, 白塗り; 漂白, ブリーチ; (ブラックマネーの)洗浄, マネーロンダリング; 《(ベネズエラ)》〖競〗相手チームが無得点の勝利, 完勝
blan-'qui-llo [ブラン.'キ.ジョ] 名 男 《(メキシコ)》《(中米)》《(アンデス)》〖食〗鶏卵; 《(アンデス)》《(チリ)》〖食〗白桃; 《(チリ)》〖魚〗チリアマダイ
'Blas ['ブラス] 名 固 〖男性名〗ブラス
blas-fe-'mar [ブラス.フェ.'マる] 動 自 (contra, de: 神・神聖なものに)〖宗〗不敬な言葉を吐く; 呪(のろ)う, ののしる
blas-'fe-mia [ブラス.'フェ.ミア] 名 女 〖宗〗冒瀆(ぼうとく), 不敬, 不遜(ふそん); 悪口, 罵詈雑言(ばりぞうごん); 悪態
blas-'fe-mo, -ma [ブラス.'フェ.モ, マ] 形 〖宗〗不敬な, 冒瀆(ぼうとく)的な 名 男 女 〖宗〗不敬な言葉を発する人, 冒瀆者
bla-'són [ブラ.'ソン] 名 男 紋章; (盾形の)紋章; 栄光, 名誉; 〔複〕高貴な家柄, 由緒ある先祖
bla-so-'nar [ブラ.ソ.'ナる] 動 自 (de: を)自慢する, 誇る 動 他 紋章で飾る
'blás-tu-la ['ブラス.トゥ.ラ] 名 女 〖生〗胞胚(ほうはい)
blazer 名 男 〔英語〕〖衣〗ブレザー(コート)
'ble-do ['ブレ.ド] 名 男 《話》 少しも…ない; 〖植〗アリタソウ《ヒユ属》
ble-fa-ros-'pas-mo [ブレ.ファ.ろス.'パス.モ] 名 男 〖医〗眼瞼(がんけん)痙攣(けいれん)
'blen-da ['ブレン.ダ] 名 女 〖鉱〗閃(せん)亜鉛鉱
ble-no-'rre+a [ブレ.ノ.'れ.ア] 名 女 〖医〗淋病(りんびょう)
blin-'da-do, -da [ブリン.'ダ.ド, ダ] 形 〖軍〗装甲した
blin-'da-je [ブリン.'ダ.へ] 名 男 〖軍〗(塹壕(ざんごう)内の)防弾壁, 装甲(板)
blin-'dar [ブリン.'ダる] 動 他 〖軍〗装甲する, 〈に〉鋼鉄を張る

b

'bloc ['ブロク] 名 男 〔複 blocs〕(はぎ取り式の)メモ帳[便箋, 画集]

blo-'ca-je [ブロ.'カ.へ] 名 男 〔競〕ブロック, 妨害

blo-'ca+o [ブロ.'カ.オ] 名 男 〔軍〕小要塞(ようさい), トーチカ

blo-'car [ブロ.'カる] 動 他 69 (c|qu) 〔競〕ブロックする, 妨害する

blog ['ブログ] 名 男 〔複 blogs〕〔英語〕〔情〕ブログ

'blon-do, -da ['ブロン.ド, ダ] 形 《格》金髪の, ブロンドの **-da** 名 女 〔衣〕絹レース

**'blo-que ['ブロ.ケ] 90% 名 男 (木·石などの)大きな塊; 〔建〕建築用石[木]材, ブロック; 〔地〕(市街の)ブロック, 街区《四方を道路に囲まれた一区画》; 〔建〕(大きな建物の)一棟; 一組, 一そろい, 一塊, 一団, グループ; 〔政〕圏, 陣営《政治·経済上の特殊な利益のために結ばれたいくつかの国民や団体の一団》; はぎ取り帳, (はぎ取り式の)つづり帳 *en* ~ 全体で, 一団となって, ひとまとまりにして; 《文修飾》全体として見れば

*__blo-que+'ar__ [ブロ.ケ.'アる] 93% 動 他 〔軍〕封鎖する, 阻止する, 遮断する; 妨げる, じゃまする, 妨害する; 〔経〕〈資産や物価などを〉凍結する, 封鎖する; 〔機〕〈機械を〉止める, 停止する; 〔競〕ブロックする, 押さえる **~-se** 動 再 動かなくなる, 麻痺する; «機械が»止まる; «思考が»停止する

blo-'que+o [ブロ.'ケ.オ] 名 男 封鎖, 遮断, 阻止; 〔経〕(資産などの)凍結, 封鎖; 〔競〕ブロック

*__'blu-sa__ ['ブル.サ] 94% 名 女 〔衣〕ブラウス《婦人·子供用》; 〔衣〕作業衣, オーバーオール

blu-'són [ブル.'ソン] 名 男 〔衣〕スモック, ブルゾン

blu-'yín [ブル.'ジン] 名 男 《${}^{ラ}_{米}$》⇩ vaquero

blvr. 略 ⬇bulevar

B/N 略 =blanco y negro 白黒(の)

Bo.; B.º 略 ⬆barrio

'bo+a 名 女 〔動〕ボア《熱帯アメリカ産の大蛇》; 〔衣〕ボア《毛皮[羽毛]の婦人用襟(えり)巻き》

Bo+'a-co 名 固 〔地名〕ボアコ《ニカラグア中南西部の県》

bo+ar-'di-lla 名 女 ⇩ buhardilla

bo+'a-to 名 男 (豊かさの)見せびらかし, 誇示, 見え

bo-'ba-da 名 女 ばかなこと, いかれた言動

bo-'bal [ボ.'バル] 名 女 〔植〕ブドウの一種

bo-ba-li-'cón, -'co-na [ボ.バ.リ.'コン, 'コ.ナ] 形 《話》ばかな, 愚かな 名 男 女 《話》ばか, 愚か者

bo-be+'ar [ボ.ベ.'アる] 動 自 ばかなことをする

bo-be-'rí+a [ボ.ベ.'リ.ア] 名 女 ばかげたこと

'bó-bi-lis ['ボ.ビ.リス] 〔成句〕 ***de ~ ~*** 《話》たやすく, 努力しないで; ただで

bo-'bi-na 名 女 ボビン, (筒状の)糸巻き; リール; 〔電〕コイル

bo-bi-'nar [ボ.ビ.'ナる] 動 他 (糸巻きに)巻き取る

*'__bo+bo, +ba__ 94% 形 〔軽蔑〕愚かな, ばかな 名 男 女 〔軽蔑〕愚か者, ばか; 〔親愛〕おばかさん 名 男 〔演〕道化; 《${}^{中}_{米}$》《${}^{カリ}_{ブ}$》(赤ちゃんの)おしゃぶり ***hacer el ~*** ばかなことをする

bo-'bo-te, -ta 形 〔軽蔑〕とてもばかな 名 男 女 〔軽蔑〕大ばか者, とんでもないばか

bobsleigh ['ボ(ブ)ス.レイ] 名 男 〔英語〕〔競〕ボブスレー

'bo+ca 78% 名 女 〔体〕〔動〕(人·動物の)口; 養う人の数, 被扶養者数; 口の形をしたもの[部分], 穴, 入口, 出口; 〔複〕〔地〕河口; 銃口, 砲口; (金槌(かなづち)の)頭; (のみなどの)刃先; (カニなどの)はさみ; 〔食〕口当たり, 風味; 《${}^{カリ}_{ブ}$》消火栓 ***a ~ de* ... …の初めに ***a ~ llena*** あからさまに ***~ a ~*** 口移しの[で]; マウス·ツー·マウス式の人工呼吸 ***~ abajo*** ⬇bocabajo ***~ arriba*** ⬇bocarriba ***¡Calla la ~!*** 《俗》だまれ! ***con la ~ abierta*** あぜんとして ***de ~*** 口先だけで ***de ~ en ~*** 口伝えで ***hacer ~*** 〔食〕〔飲〕食事前に軽いものを食べる[飲む] ***hacerse la ~ agua*** (a: に)よだれが出る ***no decir esta ~ es mía*** 《話》押し黙ったままである ***¡Punto en ~!*** 黙れ!

'Bo+ca 名 固 〔La ~〕〔地名〕ボカ《アルゼンチン, ブエノスアイレスの地区》

bo-ca-'ba-jo [ボ.カ.'バ.ほ] 副 うつ伏せに; 下向きにして, 裏にして, 伏せて

bo-ca-'ca-lle [ボ.カ.'カ.ジェ] 名 女 曲がり角, (街路の)入口; わき道, 枝道; 《${}^{カリ}_{ブ}$》《${}^{コロン}_{ビア}$》《${}^{チ}_{リ}$》《${}^{ラプ}_{ラタ}$》交差点

*__bo-ca-'di-llo__ [ボ.カ.'ディ.ジョ] 94% 名 男 《${}^{スペ}_{イン}$》〔食〕ボカディージョ《小型フランスパンのサンドイッチ》; 〔食〕午前のおやつ, 間食, 軽食; 《${}^{ラ}_{米}$》〔食〕グアバ[ココナッツ]の菓子; (漫画の)吹き出し

bo-'ca-do 名 男 ひと口(の分量); かみつくこと; 〔食〕軽食, スナック, おやつ; 〔畜〕(馬具の)くつわ; はみ; 《${}^{チ}_{リ}$》〔食〕バニラアイスクリーム ***~ de Adán*** 《話》〔体〕のどぼとけ ***~ sin hueso*** 《話》閑職 ***buen ~*** うまい話

bo-ca-'ja-rro [ボ.カ.'は.ろ] 名 男 〔成句〕 ***a ~*** 至近距離で; だしぬけに, 急に

bo-'cal [ボ.'カル] 名 男 (広口の)水差し, 細い壺(つぼ); 〔海〕水路, 水道

bo-ca-'lla-ve [ボ.カ.'ジャ.ベ] 名 女 鍵穴

bo-ca-'man-ga 名 女 〔衣〕そで口

bo-ca-'na-da [名] [女] (煙・息などの)ひと吹き(の量); 〔食〕〔飲〕(食べ物や飲み物の)ひと口(の量); (風・煙などの)ひと吹き

bo-ca-'rri-ba [ボ.カ.'り.バ] [副] あお向けに; 上向きにして, 表にして

'Bo-cas del 'To-ro ['ボ.カス デル 'ト.ろ] [名] [固] 〔地名〕ボカス・デル・トロ《パナマ Panamá 西部の県, 県都》

bo-'ca-ta [名] [女] 《話》飢え, 空腹; 《スペイン》《話》〔食〕小さなボカディージョ

bo-'ca-zas [ボ.'カ.さス] [名] [共] 〔単複同〕《スペイン》《話》よけいなことを言う人, おしゃべり

bo-'cel [ボ.'せル] [名] [男] 〔建〕大玉縁(おおたまぶち), トーラス

bo-'ce-ra [ボ.'せ.ら] [名] [女] 〔しばしば複〕(口のまわりにつく)食べ物の汚れ　**~s** [名] [共] 《単複同》《話》おしゃべり; 《話》ばか

bo-'ce-to [ボ.'せ.ト] [名] [男] 〔絵〕スケッチ, 下絵, 習作; 概略, 概要, 構図

'bo-cha [名] [女] 〔複〕〔遊〕玉転がし遊び, 玉転がし遊び用の玉

bo-'char [ボ.'チャる] [動] [他] 《ラプラタ》試験で落とす, 落第にする; 《ベネズエラ》拒絶する, 拒否する

'bo-che [名] [男] 〔遊〕ビー玉遊び用の穴; 《カリブ》《ベネズエラ》《話》叱責(しっせき), 非難; 《ベネズエラ》〔競〕〔ボーリング〕ストライク; 《アンデス》《チリ》《話》口論, けんか; 騒ぎ, 騒動, 混乱; 《ラプラタ》《話》ドイツ人《あだ名》

bo-'chin-che [名] [男] 《話》騒ぎ, 騒動; 《話》〔商〕飲み屋, 居酒屋; 《カリブ》《話》うわさ話, ゴシップ

bo-chin-'che-ro, -ra [ボ.チン.'チェ.ろ, ら] [形] [名] [男] [女] 《話》騒動を引き起こす(人); 《カリブ》《話》うわさ好きな(人)

'bo-cho, -cha [形] [名] [男] [女] 《ラプラタ》《話》頭がいい(人)

bo-'chor-no [ボ.'チョる.ノ] [名] [男] 暑苦しさ, 灼熱(しゃくねつ); 恥ずかしさ, 恥; 赤面(すること)

bo-chor-'no-so, -sa [ボ.チョる.'ノ.ソ, サ] [形] 蒸し暑い, うっとうしい; 恥ずかしい

bo-'ci-na [ボ.'すぃ.ナ] [名] [女] クラクション, 警笛; メガホン; 角笛(つのぶえ)

'bo-cio ['ボ.すぃオ] [名] [男] 〔医〕甲状腺腫

bo-'cón, -'co-na [形] [名] [男] [女] 《メキシコ》《アンデス》おしゃべりな(人); からいばりをする(人)

bo-'coy [名] [男] 大樽(おおだる)

'bo+da 85% [名] [女] 〔しばしば複〕結婚式, 婚礼; 〔複〕結婚記念日, …式

bo-'de-ga 93% [名] [女] 〔食〕食料貯蔵室; 〔飲〕ワイン貯蔵室[所]; ワイン醸造所[醸造場]; 〔商〕ワインショップ, 酒屋, 酒場; 《ラ米》〔商〕食料雑貨店; 〔農〕(一期の)ブドウの収穫; 〔飲〕ワインの生産; 〔農〕穀物倉; 〔海〕船倉, 倉内

bo-de-'gón [名] [男] 〔絵〕静物画, 厨房(ちゅうぼう)画; 〔商〕居酒屋, 安料理店

bo-de-'gue-ro, -ra [ボ.デ.'ゲ.ろ, ら] [名] [男] [女] 〔商〕ワイン醸造所のオーナー, 酒蔵主, 酒屋の主人; 《ラ米》〔商〕食料品店主

'bo+di ['ボ.ディ] [名] [男] 〔複 bodis〕〔衣〕(女性用下着の)ボディースーツ

bo-'di-go [名] [男] 〔宗〕供物(くもつ)のパン

bo-'di-jo [ボ.'ディ.ほ] [名] [男] 《話》〔軽蔑〕貧しい結婚式; 《話》不釣合いな結婚

bo-'do-que [ボ.'ド.ケ] [名] [男] (土を丸めた)小球, 小弾丸; 《話》ばか, まぬけ; 《メキシコ》こぶ, はれもの

bo-do-'que-ro, -ra [ボ.ド.'ケ.ろ, ら] [名] [男] [女] 《ラ米》密輸業者

bo-'do-rrio [ボ.'ド.りオ] [名] [男] 《話》⇧ bodijo

'bo-drio ['ボ.ドりオ] [名] [男] 〔食〕(修道院で出される)施しのスープ; 《話》〔食〕まずい食事; 〔食〕(モルシージャソーセージ morcilla に入れる)豚の血とタマネギ; 《話》失敗作, 出来損ない; 《話》ごたまぜ

BOE ['ボ.エ] [略] =Boletín Oficial del Estado 官報

'bó+er ['ボ.エる] [形] [名] [共] ブール人(の), ボーア人(の) 《南アフリカのオランダ移民の子孫》

'bo+fe [名] [男] 〔複〕〔食〕肺　***echar el ~*** 《話》たゆまず働く, 精を出す, がんばる; 《話》はあはあ言う, へとへとになる

bo-fe-'ta-da [名] [女] 平手打ち, ぴしゃりとたたくこと; 侮辱, 恥辱　***darse de ~s*** 《話》(con: と)合わない, 調和しない

bo-fe-'tón [名] [男] 強くぴしゃりと打つこと; 〔演〕回り舞台

'bo+ga [名] [女] 流行, はやり; 〔海〕漕(こ)ぐこと; 〔魚〕コイ科の淡水魚《ヨーロッパ産》 [名] [共] 〔集合〕〔海〕漕ぎ手

bo-'gar [ボ.'ガる] [動] [自] 41 (g|gu) 漕(こ)ぐ

bo-ga-'van-te [ボ.ガ.'バン.テ] [名] [男] 〔歴〕〔海〕(ガレー船の)漕手(そうしゅ); 〔動〕ウミザリガニ, ロブスター

bogey ['ボ.ギ] [名] [男] 〔英語〕〔競〕〔ゴルフ〕ボギー《基準打数より一打多いスコア》

Bo-go-'tá 87% [名] [固] 〔地名〕ボゴタ《コロンビア Colombia の首都》

bo-go-'ta+no, -na [形] [名] [男] [女] 〔地名〕ボゴタの(人)↑Bogotá

bo+har-'di-lla [名] [女] ⇩ buhardilla

Bo+'he-mia [ボ.'エ.ミア] [名] [固] 〔地名〕ボヘミア《チェコ西部の地域》

bo+'he-mio, -mia [ボ.'エ.ミオ, ミア] [形] [名] [男] [女] 放浪的な, 奔放な; 〔地名〕ボヘミアの↑Bohemia; ロマの, ジプシーの; 放浪者; ボヘミアの; ロマ, ジプシー; ボヘミアの人; 〔言〕ボヘミア語の [名] [男] 〔言〕ボヘミア語, チェコ語

bo+'hí+o [ボ.'イ.オ] 名 男 《カリブ》《南米》〔建〕小屋

bo+'hor-do [ボ.'オる.ド] 名 男 〔歴〕(試合で使われた騎士の)投げ槍(やり);〔植〕花茎

boi-'cot 名 男 〔複 -cots〕ボイコット, 不買運動

boi-co-te+'ar [ボイ.コ.テ.'アる] 動 他 ボイコットする, 排斥する, 〈の〉不買運動をする, 放棄する

boi-co-'te+o 名 男 ⇧ boicot

'boi-na 名 女 〔衣〕ベレー帽 ***pasar la ~*** 《話》(見せ物などの後で)お金を集める

boiserie [ブア.セ.'り] 名 女 〔フランス語〕〔建〕壁のはめ板, 鏡板;〔建〕壁面家具

'boi-te ['ブアト] 名 女 ナイトクラブ

'boj ['ボほ] 名 男 〔植〕ツゲ, ツゲ材

bo-'jar [ボ.'はる] 動 他 〔海〕〈島・岬の〉周囲を航行する

bo-'jo-te [ボ.'ほ.テ] 名 男 《ベネズエラ》《話》包み, 袋;《ベネズエラ》《話》たくさん, 大量

'bol ['ボル] 名 男 〔食〕どんぶり, 椀(わん), ボウル;〔海〕地引網, 底引網

bol. 略 ⬇boletín

'bo+la ['ボ.ラ] 90% 名 女 〔競〕玉, 球, まり, (球技用の)ボール;〔一般〕球状(のもの), 丸くふくらんだもの;《話》嘘(うそ), デマ;〔技〕ボールベアリング; 靴墨(くつずみ);〔複〕《俗》〔体〕睾丸(こうがん);〔複〕《中米》《カリブ》〔遊〕ビー玉(遊び);《ベネズエラ》〔食〕トウモロコシ粉の団子;《メキシコ》《話》騒がしい集会 ***~ del mundo*** 《話》地球 ***dejar que ruede la ~*** 成り行きにまかせる ***en ~s*** 《俗》丸裸の[で] ***no dar (pie) con ~*** 《話》へまをする, うまくいかない ***pedir ~*** 《カリブ》《話》ヒッチハイクをする ***¡Ruede la ~!*** あとは運を天にまかせよう!, なんとでもなれ!

bo-'la-zo [ボ.'ラ.そ] 名 男 〔競〕ボールを当てること, ボールによる一撃; うそ, いいかげん;《ラプラタ》とんでもないこと ***de ~*** 《話》急いで, あわてて

bol-che-'vi-que [ボル.チェ.'ビ.ケ] 形 名 共 〔歴〕〔政〕ボリシェビキの(一員)《ロシア社会民主労働党過激派の多数派》

bol-che-'vis-mo [ボル.チェ.'ビス.モ] 名 男 〔歴〕〔政〕ボリシェビキの政策[思想]

bo-'le+a [ボ.'レ.ア] 名 女 〔競〕ボレー

bo-le+a-'do-ra [ボ.レ.ア.'ド.ら] 名 女 〔複〕《ラプラタ》ボレアドーラ《縄の先にいくつかの鉄玉をつけ狩猟や武器に用いる道具》

bo-le+'ar [ボ.レ.'アる] 動 他 ボレアドーラで狩猟する⬆boleadora;《中米》否決する;《話》投げる;《メキシコ》〈靴を〉磨く;《ラプラタ》《話》巻き込む, 引き入れる 動 自 〔遊〕〔ビリヤード〕球を突く;〔競〕ボールを投げる;《カリブ》ヒッチハイクする

bo-'le+o [ボ.'レ.オ] 名 男 投げること, ボール投げ

bo-'le-ro, -ra [ボ.'レ.ろ, ら] 形 《話》うそつきの, ずるい 名 男 女 ボレロ舞踊家;《話》うそつき, ずる 名 男 〔楽〕ボレロ《軽快なスペイン舞曲・舞踊》;〔衣〕(婦人用の)短い上衣, ボレロ;《メキシコ》《中米》山高帽子;《メキシコ》〔人〕靴磨き;《中米》〔遊〕けん玉遊び;《アンデス》〔遊〕ボウリング -ra 名 女 〔遊〕ボウリング場

bo-'le-ta [ボ.'レ.タ] 名 女 切符, 入場券, チケット, クーポン; 札, 票;《スペイン》クレジットカードの支払い票, 領収書

bo-le-te-'rí+a [ボ.レ.テ.'リ.ア] 名 女 《ラ米》切符[入場券, チケット]売り場

bo-le-'te-ro, -ra [ボ.レ.'テ.ろ, ら] 名 男 女 《ラ米》切符[入場券]売り

'bo-le-'tín [ボ.レ.'ティン] 89% 名 男 (官庁の)公報, 告示, 掲示, 報告; 小新聞, 小雑誌, ニュース番組; (学会などの)会報, 紀要; 申し込み用紙, 注文用紙; 切符, 入場券, 引換券

bo-'le-to [ボ.'レ.ト] 93% 名 男 《ラ米》(乗り物の)切符;《ラ米》(興行の)入場券, チケット; (宝くじの)券

'bo+li ['ボ.リ] 名 男 《スペイン》《略》⇩ bolígrafo

bo-'li-che [ボ.'リ.チェ] 名 男 《ラ米》〔競〕ボウリング; ボウリング場; (玉転がし用の)小球, ボール;〔遊〕けん玉(遊び);《チリ》《ラプラタ》〔商〕居酒屋, 飲み屋;〔海〕小さい地引き網

'bó-li-do ['ボ.リ.ド] 名 男 〔天〕火球, 隕石, 大流星; 競技用自動車, レーシングカー

bo-'lí-gra-fo [ボ.'リ.グら.フォ] 94% 名 男 ボールペン

bo-'li-llo, -lla [ボ.'リ.ジョ, ジャ] 名 男 女 《メキシコ》《話》白人 名 男 〔複〕〔衣〕(レース編み用の)ボビン, 糸巻き;〔複〕〔食〕ペロペロキャンディー;〔複〕《ラ米》〔楽〕(太鼓の)スティック, ばち;《メキシコ》〔食〕小型のフランスパン;《コロンビア》警棒

bo-'li-na [ボ.'リ.ナ] 名 女 〔海〕(帆船の)はらみ綱, ボウライン;〔海〕測鉛線, 鉛線;《話》騒音, 騒ぎ

bo-'li-ta [ボ.'リ.タ] 名 女 〔複〕《メキシコ》《カリブ》《アンデス》《チリ》《ラプラタ》〔遊〕ビー玉(遊び)

bo-'lí-var [ボ.'リ.バる] 名 男 〔経〕ボリバル《ベネズエラの通貨》 **B~** 名 固 〔地名〕ボリバル《コロンビア北部の県; ベネズエラ南東部の州; エクアドル中部の州》

Bo-'li-via [ボ.'リ.ビア] 86% 名 固 〔República de ~〕〔地名〕ボリビア《南アメリカ中央部の国, 正式名はボリビア多民族国 Estado Plurinacional de Bolivia, 首都ラパス La Paz》

bo-li-'via+no, -na [ボ.リ.'ビア.ノ, ナ] 91% 形 〔地名〕ボリビア(人)の 名 男 女 ボリビア人⬆Bolivia 名 男 〔経〕ボリビアノ《ボリビアの通貨》

bo-lla-'du-ra [ボ.ジャ.'ドゥ.ら] 名 女

へっこみ, くぼみ, 出っ張り

bo-lle-'rí+a [ボ.ジェ.'リ.ア] 名 女 〔商〕パン屋; 〔食〕〔集合〕パン

'bo-llo ['ボ.ジョ] 名 男 〔食〕ロールパン, 菓子パン; (ぶつかってできた)こぶ; 《スペイン》《話》混乱, 騒動, けんか; へこみ, 傷; 《ラ米》げんこつ, パンチ

bo-'llón [ボ.'ジョン] 名 男 飾り鋲(びょう)

'bo+lo ['ボ.ロ] 名 男 〔複〕〔遊〕ボウリング, ボウリングのピン; 《話》まぬけ, 愚鈍, のろま; 〔建〕(らせん階段の)軸, 柱; 〔演〕地方巡業の一座 ~ ***alimenticio*** 噛(か)んで一度に飲み込む食物

Bo-'lo-nia [ボ.'ロ.ニア] 名 固 〔地名〕ボローニャ《イタリア中北部の都市》

bo-lo-'ñés, -'ñe-sa [ボ.ロ.'ニェス, 'ニェ.サ] 形 名 男 女 〔地名〕ボローニャの(人) ⬇Bolonia

'bol-sa ['ボル.サ] 77% 名 女 袋, かばん, 手さげ, ハンドバッグ, 袋状の物; 財布; 〔商〕証券取引(所), 商品取引, 取引所; 〔鉱〕鉱嚢(こうのう), 鉱脈瘤(こうみゃくりゅう); 〔体〕包, 嚢(のう); 《メキシコ》《中米》〔衣〕ポケット ~ ***de aire*** 〔空〕エアポケット ~ ***de estudios*** 奨学金 ~ ***de trabajo*** 職業紹介所 ~ ***en el pantalón*** 〔衣〕ズボンの膝(ひざ)の抜けた部分 ***dar como en*** ~ 《ラプラタ》きつく叱(しか)る, 叱責(しっせき)する ***estar hecho[cha]*** ~ 《ラプラタ》《話》くたくたにくたびれている ~ ***negra*** 《チリ》ブラックマーケット

bol-se+'ar [ボル.セ.'アる] 動 他 《チリ》《話》ただでせしめる; <に>居候をする

bol-'si-llo [ボル.'スィ.ジョ] 90% 名 男 〔衣〕ポケット; 所持金, こづかい銭; 財布 ***de*** ~ ポケットサイズの, 小型の ***echarse la mano al*** ~ 金を払う, 財布のひもを緩める ***meterse en el*** ~ 《話》(a: を)自分の味方にする, 引き込む ***rascarse el*** ~ 《話》財布の底をはたく

bol-'sis-ta [ボル.'スィス.タ] 名 共 〔商〕株式仲買人, 株屋; 《メキシコ》《中米》すり

bol-'si-ta 〔縮小語〕⬆bolsa

'bol-so ['ボル.ソ] 91% 名 男 《スペイン》ハンドバッグ; 手さげ袋[かばん]; 財布

bol-'són [ボル.'ソン] 名 男 大袋

bo-lu-'dez [ボ.ル.'デス] 名 女 《ラプラタ》ばかなこと, まぬけなこと

bo-'lu-do, -da [ボ.'ル.ド, ダ] 形 名 男 女 《コロンビア》《アンデス》《ラプラタ》《話》ばかな(人), 愚かな(人); 《メキシコ》《話》こぶだらけの(人)

'bom-ba 88% 名 女 〔軍〕爆弾; 大ニュース, 突発事件; (ランプの)ほや; (酒宴での)即興詩; 《中米》《アンデス》《話》酩酊, 酒酔い; 《メキシコ》《話》批判, 皮肉; 《メキシコ》〔遊〕(丸い)凧(たこ); 《中米》《コロンビア》《アンデス》《話》デマ, うそ; 《コロンビア》《話》うんざりする人; ポンプ; 〔楽〕(トロンボーンなどの) U 字管スライド; 《ラ米》ガソリンスタンド; 《カリブ》《コロンビア》《アンデス》消火栓; 《カリブ》〔楽〕(アフリカ起源の)太鼓; 《メキシコ》《カリブ》《コロンビア》風船; 《中米》《カリブ》《コロンビア》泡, あぶく ***pasarlo*** ~ 《話》最高に楽しく過ごす

bom-'ba-cho, -cha 形 〔衣〕だぶだぶした, ふくれた 名 男 〔複〕〔衣〕バギーズボン《膝(ひざ)下を絞ったズボン》 **-cha** 名 女 〔複〕《ラ米》〔衣〕バギーズボン《膝下を絞ったゆったりしたズボン》

bom-'bar-da [ボン.'バる.ダ] 名 女 〔楽〕(オルガンの)ボンバルドン(低音)ストップ; 〔歴〕〔軍〕射石砲; 〔歴〕〔軍〕〔海〕臼砲(きゅうほう)を積んだ 2 本マストの帆船

bom-bar-de+'ar [ボン.バる.デ.'アる] 94% 動 他 〔軍〕砲撃する, 爆撃する; 爆破する; 攻める, 攻めたてる; 〔物〕<原子などに>衝撃を与える

bom-bar-'de+o [ボン.バる.'デ.オ] 名 男 〔軍〕砲撃, 爆撃; 〔物〕衝撃 ~ ***postal*** 〔情〕メール爆撃

bom-bar-'de-ro, -ra [ボン.バる.'デ.ろ, ら] 形 〔軍〕爆撃(用)の 名 男 〔軍〕爆撃機; 〔軍〕爆撃手

bom-'bás-ti-co, -ca 形 大げさな, もったいぶった

Bom-'bay 名 固 〔地名〕ボンベイ《インド西部の都市ムンバイ Mumbay の旧称》

bom-'ba-zo [ボン.'バ.そ] 名 男 〔軍〕(爆弾の)爆発; 《話》衝撃, ショック, ビッグニュース; 《カリブ》《話》げんこつ, 殴打

bom-be+'ar [ボン.ベ.'アる] 動 他 〔軍〕爆撃する, 砲撃する, <に>爆弾を投下する; 《話》<に>お世辞を言う; 〔競〕<ボールを>ロブで送る, 高く打ち上げる; <水を>ポンプでくみ上げる 動 自 《カリブ》《話》物乞いをする **~se** 動 再 反る, ひずむ, 曲がる ~ ***el pecho*** いばる

bom-'be+o 名 男 曲げること, 反らせること; ふくらみ

bom-'be-ro, -ra [ボン.'ベ.ろ, ら] 92% 名 男 女 消防士, 消防隊員[団員]; ポンプ係; 《ラプラタ》〔軍〕スパイ, 偵察兵 名 男 〔軍〕迫撃砲

bom-'bi-lla [ボン.'ビ.ジャ] 94% 名 女 〔電〕電球; 《ラプラタ》〔飲〕(マテ茶用の)パイプ, 管; 〔海〕船上灯; 《メキシコ》〔食〕おたま, 大さじ; 小型ポンプ

bom-'bi-llo [ボン.'ビ.ジョ] 名 男 防臭弁, トラップ; (水を吸い上げる)管, ピペット; 小型ポンプ[吸水器]; 《ラ米》電球; 《カリブ》《話》知能, 頭

bom-'bín 名 男 《話》〔衣〕山高帽子

bom-'bi-ta 名 女 《ラプラタ》電球

'bom-bo, -ba 形 《話》驚いた, ぼうっとした, 呆然とした; 《メキシコ》《話》太った 名 男 (抽選のくじを入れる)回転式ドラム; 〔楽〕大太鼓; 《話》妊婦の大きなおなか; 派手な宣伝,

大げさな賛辞;《メキシコ》《話》見せびらかし *a ~ y platillo* 大げさに, 誇大に

bom-'bón 名 男〔食〕ボンボン《チョコレート》;《話》かわいい女の子, 魅力的な女の子

bom-'bo-na 名 女 (ガス用の)ボンベ, ガスボンベ; 細首の大型瓶(びん)

bom-bo-'ne-ra [ボン.ボ.'ネ.ら] 名 女〔食〕ボンボン入れ

bo-na-'chón, -'cho-na 形《話》お人よしの, 気のいい 名 男 女《話》お人よし, 親切な人

bo-na-cho-ne-'rí+a [ボ.ナ.チョ.ネ.'リ.ア] 名 女《話》人のよさ, 気だてのよさ

bo-na+e-'ren-se [ボ.ナ.エ.'れン.セ] 形 名 共〔地名〕ブエノスアイレスの(人)↓Buenos Aires

bo-nan-'ci-ble [ボ.ナン.'すぃ.ブレ] 形 穏やかな, 静かな;〔海〕«海が»凪(な)いだ

bo-'nan-za [ボ.'ナン.さ] 名 女〔海〕〔気〕穏やかな天気, (海上の)凪(なぎ); 繁栄, 成功, 繁盛

bo-na-par-'tis-mo [ボ.ナ.パる.'ティス.モ] 名 男〔歴〕〔政〕ナポレオン支持, ボナパルティズム

bo-na-par-'tis-ta [ボ.ナ.パる.'ティス.タ] 形 名 共〔歴〕〔政〕ナポレオン支持の[支持者], ボナパルティズムの

'bon-che 名 男《南米北》《話》騒ぎ, 混乱

bon-'chón, -'cho-na 形《ベネズエラ》《話》祭り好きな

***bon-'dad** 91% 名 女 親切, 好意; (質・人柄の)よさ, 優良, 美点, 長所 *tener la ~ de* ...(不定詞)《格》親切にも…する;〔依頼の文で〕《格》どうぞ…してください

***bon-da-'do-so, -sa** 94% 形 (con: に)親切な, やさしい, 思いやりのある **-samente** 副 親切に, やさしく

bo-'ne-te 名 男〔衣〕(神父・学者の)四角帽;〔食〕菓子皿;《カリブ》〔車〕ボンネット *a tente ~* 過度に *tirarse los ~s* けんかする

'bon-go 名 男《ラ米》小舟, カヌー; (屋根がない)ランチ

bon-'gó 名 男〔複 -gós〕〔楽〕ボンゴ

bon+ho-'mí+a [ボ.ノ.'ミ.ア] 名 女《格》人のよさ, 温厚な性格

bo-'nia-to 名 男〔植〕サツマイモ

Bo-ni-'fa-cio [ボ.ニ.'ファ.すぃオ] 名 固〔男性名〕ボニファシオ

bo-ni-fi-ca-'ción [ボ.ニ.フィ.カ.'すぃオン] 名 女 改良, 改善;〔商〕割引, 値引き, 値下げ; ボーナス, 特別賞与

bo-ni-fi-'car [ボ.ニ.フィ.'カる] 動 他 69 (c|qu) 改良する, 改善する;〔商〕値引きする, 割引する

bo-'ní-si-mo, -ma 形 とてもよい, 最高の

bo-ni-te+'ar [ボ.ニ.テ.'アる] 動 自〔魚〕カツオを釣る

bo-ni-'te-ro, -ra [ボ.ニ.'テ.ろ, ら] 形〔魚〕カツオ釣りの

****bo-'ni-to, -ta** 73% 形 かわいい, きれいな, すばらしい;《話》かなりの, すごい, 相当な;〔皮肉〕ひどい, すごい, 大変な 副《ラ米》《話》よく, うまく 名 男〔魚〕カツオ; ビンナガマグロ *por tu [su] cara bonita* やすやすと, まんまと **-tamente** 副 巧妙に, ずるく, 狡猾(こうかつ)に

'Bonn 名 固〔地名〕ボン《ドイツ西部の都市, 旧西ドイツの首都》

'bo+no 名 男 クーポン券, 配給券, 引換券, 回数券;〔商〕債券, 公債, 証券

bo-no-'bús 名 男《スペイン》バス回数券

bo-no-'lo-to [ボ.ノ.'ロ.ト] 名 男《スペイン》国営連続宝くじ《1 週間に数回抽選がある》

bo-no-'me-tro [ボ.ノ.'メ.トろ] 名 男 地下鉄回数券

bon-'sái 名 男〔植〕盆栽

'bo-nus ['ボ.ヌス] 名 男 ボーナス, 特別手当 *~ malus* 運転手の過失の度合いによって賠償額が変わる自動車保険

'bon-zo ['ボン.そ] 名 男 (仏教の)僧侶, 坊主

bo-'ñi-ga [ボ.'ニィ.ガ] 名 女 (牛・馬などの)糞(ふん)

bo-'ñi-go [ボ.'ニィ.ゴ] 名 男 糞(ふん)のかたまり, 牛糞

boom ['ブム] 名 男〔複 booms〕〔英語〕ブーム

boomerang [ブ.メ.'らン] 名 男〔複 -rangs〕〔英語〕ブーメラン

bo-que+'a-da [ボ.ケ.'ア.ダ] 名 女 (臨終の)あえぎ, (死に際の)息切れ *dar las (últimas) ~s* 今わの際(きわ)にいる, 死にかけている

bo-que+'ar [ボ.ケ.'アる] 動 自 口をパクパクあける; (死に際(きわ)で)あえぐ, 最後の時を迎える;《話》終わろうとしている 動 他 〈言葉を〉発する, 言う

bo-'que-ra [ボ.'ケ.ら] 名 女〔農〕(用水路の)水門, 堰(せき);〔医〕口角炎《唇の裂け目の炎症》

bo-que-'rón [ボ.ケ.'ろン] 名 男〔魚〕カタクチイワシ《アンチョビー anchoa の材料》; 大きな裂け目, 開き口 **B~** 名 固〔地名〕ボケロン《パラグアイ北西部の県》

bo-'que-te [ボ.'ケ.テ] 名 男 裂け目, 亀裂, 割れ目; 狭い入口

bo-quia-'bier-to, -ta [ボ.キア.'ビエる.ト, タ] 形 口をぽかんとあける

bo-'qui-lla [ボ.'キ.ジャ] 名 女〔楽〕マウスピース, (楽器の)歌口; (パイプ・タバコの)吸い口; (タバコの)フィルター; (哺乳瓶の)乳首; (ズボンの)すそ穴; (爆弾の火薬をつめる)口;

(木材の)ほぞ穴; (ホースなどの)吹き口, ノズル; (ガス・バーナーなどの)火口, 燃焼部; (バッグ・財布の)留め金 *de* ～ 口先だけの[で]

bo-'qui-que [ボ.'キ.ケ] 名 共 《アンデス》《話》おしゃべりな人

bo-qui-'rro-to, -ta [ボ.キ.'ろ̃.ト, タ] 形 名 男 女 口が軽い(人), べらべらしゃべる(人)

bo-qui-'su-cio, -cia [ボ.キ.'ス.すぃオ, すぃア] 形 名 男 女 《カリブ》《話》口汚い(人)

bo-'qui-ta 〔縮小語〕⬆boca

bor-bo-'llar [ボる.ボ.'ジャる] 動 自 煮えたぎる, 泡立つ

bor-bo-lle-'ar 動 自 ⇧borbollar

bor-bo-'llón [ボる.ボ.'ジョン] 名 男 沸騰, 煮えたぎること, 泡立ち ***a borbollones*** とぎれとぎれに, 息を切らせて; どくどくとあふれるように; ぐらぐらと, 煮えたぎって

Bor-'bo-nes [ボる.'ボ.ネス] 名 固 〔los ～〕ブルボン家《フランスとスペインの王家》

bor-'bó-ni-co, -ca [ボる.'ボ.ニ.コ, カ] 形 ブルボン家の(人); 〖政〗ブルボン王家の 名 男 女 ブルボン王家の支持者

bor-bo-'rig-mo [ボる.ボ.'リグ.モ] 名 男 〔複〕〖医〗腹がごろごろ鳴ること, 腹鳴

bor-bo-'tar [ボる.ボ.'タる] 動 自 泡立つ, 煮えたぎる, ぐらぐら沸騰する

bor-bo-'tón 名 男 ⇧borbollón

bor-ce-'guí [ボる.せ.'ギ] 名 男 〔複 -guíes⇦-guís〕〔複〕〖歴〗ハーフブーツ

'bor-da ['ボる.ダ] 名 女 〖海〗舷縁, ガンネル《舷よりの上縁》, 船べり; 〖海〗(ガレー船の)主帆; 〖建〗小屋 ***echar [tirar] por la ～*** 《話》追い払う, 振り切る; 取り逃がす, むだにする

bor-'da-da [ボる.'ダ.ダ] 名 女 〖海〗斜航路, 間切り《風に向かってジグザグに進むこと》 ***dar ～s*** 〖海〗間切る

bor-'da-do [ボる.'ダ.ド] 名 男 〖衣〗刺繍(ししゅう), 縫い取り 形 刺繍した; 完成した, 完璧の

bor-da-'du-ra [ボる.ダ.'ドゥ.ら] 名 女 〖衣〗刺繍(ししゅう), 縫い取り

*__bor-'dar__ [ボる.'ダる] 92% 動 他 〖衣〗〈布に〉刺繍(ししゅう)する, (en: 布に)刺繍する; 仕上げる, 完璧(かんぺき)に行う, 遂行する

'__bor-de__ ['ボる.デ] 88% 名 男 へり, 端, 縁(ふち); (道の)端; 〖衣〗(布・服の)縁, へり, 縁縫い, 縁飾り; 岸辺, 水際; 〖海〗舷の上縁, 船べり; 〖競〗〔サッカーなど〕サイド 名 共 《スペイン》《話》意地悪な人, 無愛想な人 形 野生の, 自生の; 私生児の; 《スペイン》《話》ばかな; 《スペイン》《話》意地悪な, 無愛想な ***al ～ de ...* …の端に; …の際(きわ)に, …の寸前に

bor-de+'ar [ボる.デ.'アる] 動 他 〈と〉境界を接している, 〈に〉隣接する, 囲む; 〈に〉間近である, 〈に〉なろうとしている; 〖海〗〈の〉沿岸を進む; 〈の〉縁を(de, con: で)飾る, 縁取る 動 自 縁までいっぱいになる, あふれそうになる; 〖海〗ジグザグに進む, 斜航する

bor-de-'lés, -'le-sa [ボる.デ.'レス, 'レ.サ] 形 名 男 女 〖地名〗ボルドーの(人) ⬇Burdeos

bor-de-'rí-a [ボる.デ.'リ.ア] 名 女 《スペイン》《話》意地悪, 無愛想

bor-'di-llo [ボる.'ディ.ジョ] 名 男 (歩道の)縁石(ふちいし)

'bor-do ['ボる.ド] 名 男 〖海〗舷側(げんそく), 船上, 船内; 〖海〗斜航路, 間切り《風上に向かってジグザグに進むこと》; 《中米》〖農〗堰(せき) ***a ～*** 〖海〗〖空〗船上に, 機内に; 〖海〗〖空〗(de: 船・飛行機に)乗って ***de alto ～*** 〖海〗遠洋航海の; 大きな, なかなかの, 第一級の ***subir a ～*** 船[飛行機]に乗る

bor-'dó [ボる.'ド] 名 男 ⇩burdeos

bor-'dón [ボる.'ドン] 名 男 〖宗〗(巡礼用の)長い杖(つえ); 繰り返しの文句; 何回も繰り返す言葉, 口ぐせ; 〖楽〗低音弦; 〖印〗脱落, 脱字

bor-do-ne+'ar [ボる.ド.ネ.'アる] 動 自 杖(つえ)で地面を探りながら歩く; 物乞いをしながらさまよい歩く; 〖楽〗ギターの低音弦を鳴らす; 〖昆〗《スズメバチなどが》ぶんぶん音をたてる

bor-do-'ne+o [ボる.ド.'ネ.オ] 名 男 杖(つえ)で地面を探りながら歩くこと

bo-re+'al [ボ.れ.'アル] 形 《格》《詩》北の, 北部の, 北方の; 〖気〗北風の

'bó-re+as ['ボ.れ.アス] 名 男 〔単複同〕《格》《詩》〖気〗北風

bor-'go-ña [ボる.'ゴ.ニャ] 名 男 〖飲〗ブルゴーニュ地方産のワイン

Bor-'go-ña [ボる.'ゴ.ニャ] 名 固 〖地名〗ブルゴーニュ《フランス中東部の地方》

bor-go-'ñón, -'ño-na [ボる.ゴ.'ニョン, 'ニョ.ナ] 形 名 男 女 〖地名〗ブルゴーニュの(人)⬆Borgoña

'bó-ri-co, -ca ['ボ.リ.コ, カ] 形 〖化〗ホウ素の[を含む]

bo-'ri-cua [ボ.'リ.クア] 名 共 《カリブ》《話》生粋のプエルトリコ人

bo-rin-'ca+no, -na 形 名 男 女 ⇩borinqueño

bo-rin-'que-ño, -ña [ボ.リン.'ケ.ニョ, ニャ] 形 《カリブ》プエルトリコの 名 男 女 《カリブ》プエルトリコ人

'bor-la ['ボる.ラ] 名 女 〖衣〗飾り房; パフ, 化粧ぱけ; 〔複〕〖植〗ハゲイトウ, アマランス ***tomar la ～*** 博士号を取得する

'bor-ne ['ボる.ネ] 名 男 〖電〗端子, 電極, ターミナル; 〖軍〗(槍(やり)の)先端

bor-ne+'ar [ボる.ネ.'アる] 動 他 ねじる, 曲げる ***～se*** 動 再 曲がる, 反る

Bor-'ne+o [ボる.'ネ.オ] 名 固 〖地名〗ボル

ネオ島《マレー諸島中北部の島》

'**bo+ro** ['ボ.ろ] 名 男 〖化〗ホウ素《元素》

b

bo-'ro-na [ボ.'ろ.ナ] 名 女 〖植〗キビ; 〖植〗トウモロコシ; 《(スペイン)》〖食〗トウモロコシパン; 《(ラ米)》パンくず

'**bo-rra** ['ボ.ら] 名 女 〖畜〗(1歳の)雌ヤギ; 毛くず, (粗い)羊毛; 綿ぼこり, 綿くず, 綿ごみ; おり, 沈殿物, かす; 《話》むだ話, よけいなおしゃべり 動 《直現3単/命》↓borrar

bo-rra-'che-ra [ボ.ら.'チェ.ら] 名 女 酔っていること, 酔い; 有頂天, 狂喜, 歓喜

bo-rra-'chín, -'chi-na [ボ.ら.'チン, 'チ.ナ] 名 男 女 《話》酒飲み, 飲んだくれ

bo-rra-'chi-to, -ta 〔縮小語〕↓borracho

****bo-'rra-cho, -cha** [ボ.'ら.チョ, チャ] 90% 形 (酒に)酔った, 酔っぱらった; 酒飲みの, 飲んだくれの; 夢中になって, うっとりして, われを忘れて; 〖食〗〔菓子〕酒に浸した, 酒入りの 名 男 女 酔っぱらい, 飲んだくれ

bo-rra-'dor [ボ.ら.'ドる] 名 男 草案, 草稿, 下書き, 文案; メモ帳, メモ用紙; 《(ラ米)》消しゴム; 黒板消し; 〖商〗取引日記帳 ***sacar de ～*** (a: に)まともな服を着せる

bo-rra-'du-ra [ボ.ら.'ドゥ.ら] 名 女 消去, 削除; (線で)消すこと, 抹消

bo-'rra-ja [ボ.'ら.は] 名 女 〖植〗ルリヂシャ ***quedar(se) en agua de ～s*** 水泡に帰す

bo-rra-je+'ar [ボ.ら.へ.'アる] 動 他 〈の〉ためし書き[いたずら書き]をする

***bo-'rrar** [ボ.'らる] 92% 動 他 消す, 削除する, 抹消する; 薄くする, ぼんやりさせる **～-se** 動 再 消える, ぼんやりする, (記憶から)消える, 忘れる; 《話》(de: を)やめる, 退会する

bo-'rras-ca [ボ.'らス.カ] 名 女 〖気〗嵐, 大しけ, 暴風雨; 危険, 冒険, 波乱; 《話》大騒ぎ, お祭り騒ぎ; 《話》けんか, 口論

bo-rras-'co-so, -sa [ボ.らス.'コ.ソ, サ] 形 〖気〗(天候が)荒れ狂う, 荒れ模様の, 嵐の; 波乱に満ちた, (人生が)激動の

bo-'rre-go, -ga [ボ.'れ.ゴ, ガ] 名 男 女 〖畜〗子ヒツジ[羊]; 《話》お人よし, ばか 名 男 《(メキシコ)》《(カリブ)》でっちあげ, デマ, うわさ

bo-rri-'ca-da [ボ.り.'カ.ダ] 名 女 〖畜〗ロバの群れ; 〖畜〗ロバに乗ること; 《話》愚行, ナンセンス

bo-'rri-co, -ca [ボ.'り.コ, カ] 名 男 女 〖動〗ロバ; 《話》ばか, のろまな人 名 男 〖技〗木びき台

bo-rri-'que-te [ボ.り.'ケ.テ] 名 男 〖技〗木びき台

bo-'rrón [ボ.'ろン] 名 男 (インクなどの)しみ, 汚れ; 欠点, 汚点, 傷; 草稿, 草案, 下書き **～ *y cuenta nueva*** 《話》帳消しにして, 白紙(の状態)に戻って

bo-rro-ne+'ar [ボ.ろ.ネ.'アる] 動 自 走り[なぐり]書きをする

***bo-'rro-so, -sa** [ボ.'ろ.ソ, サ] 94% 形 ぼんやりした, ぼやけた; 濁った, 汚い, どろっとした; 〖印〗不鮮明な

bo-'ru-jo [ボ.'る.ほ] 名 男 〖食〗(粉を練ってできる)だま, つぶつぶ

bos-'ca-je [ボス.'カ.へ] 名 男 小さい森, 林, 木立ち; 〖絵〗森の風景

bos-'co-so, -sa 形 〖地〗樹木の茂った, 森の多い

'**Bós-fo-ro** ['ボス.フォ.ろ] 名 固 〔estrecho de ～〕〖地名〗ボスポラス海峡《トルコ北西部の海峡; 黒海とマルマラ海を結ぶ》

'**bos-go** 名 男 《(メキシコ)》《話》食いしん坊, 大食漢, 大食い

'**Bos-nia-Her-ze-go-'vi-na** ['ボス.ニア.エる.せ.ゴ.'ビ.ナ] 名 固 〔República de ～〕〖地名〗ボスニア・ヘルツェゴビナ《バルカン半島北西部の共和国》

'**bos-nio, -nia** 形 〖地名〗ボスニア・ヘルツェゴビナ(人)の 名 男 女 ボスニア・ヘルツェゴビナ人 ↑Bosnia-Herzegovina

'**bo+so** 名 男 《(カリブ)》《話》〖体〗ロひげ

****'bos-que** ['ボス.ケ] 85% 名 男 森, 森林, 林; もじゃもじゃのひげ

bos-que-'jar [ボス.ケ.'はる] 動 他 〖絵〗スケッチする, 〈の〉輪郭を描く; 〈の〉輪郭を述べる, 〈の〉概略を示す; 〖情〗アウトラインする

bos-'que-jo [ボス.'ケ.ほ] 名 男 スケッチ, デッサン, 下書き; 概略, 草案; 〖情〗アウトライン

bos-qui-'ma+no, -na [ボス.キ.'マ.ノ, ナ] 形 名 男 女 ブッシュマン(の)《南アフリカの民族》

bossa nova ['ボ.サ'ノ.バ] 名 女 〔ポルトガル語〕〖楽〗ボサノバ《ブラジルで生まれたサンバの形態》

'**bos-ta** 名 女 《(チリ)》《(ラプラタ)》〖畜〗(家畜の)糞

bos-te-'zar [ボス.テ.'さる] 動 自 ㉞ (z|c) あくびをする

bos-'te-zo [ボス.'テ.そ] 名 男 あくび

'**Bos-ton** 名 固 〖地名〗ボストン《米国北東部, 大西洋に臨む都市》

'bo+ta** 93% 名 女 〔複〕〖衣〗長靴, (くるぶしの上までくる)編み上げ靴, ブーツ; 〖競〗〔サッカー〕〖衣〗スパイクシューズ; 〖飲〗(ワインを入れる)革袋; 〖飲〗(シェリー酒などの)樽(たる) 動 《直現3単/命》↓botar ***estar con las ～s puestas 旅の用意ができている ***morir con las ～s puestas*** 急死する ***ponerse las ～s*** ふところを暖める, 私腹を肥やす

bo-ta-'dor, -'do-ra [ボ.タ.'ドる, 'ド.ら] 形 名 男 女 《(ラ米)》金遣いの荒い(人), 浪費家(の)

bo-ta-'du-ra [ボ.タ.'ドゥ.ら] 名 女 〖海〗

(船の)進水, 進水式
bo-ta-'fan-go 名 男 《カリブ》〔車〕泥よけ, フェンダー
bo-ta-fu-'mei-ro [ボ.タ.フ.'メイ.ろ] 名 男 《スペイン》〔宗〕(教会の天井からつり下げる)香炉 *manejar el* ~ 《スペイン》《話》こびる, へつらう
bo-'ta-go, -ga 形 《カリブ》《話》醜い, 器量の悪い
bo-ta-'lón [ボ.タ.'ロン] 名 男 〔海〕帆桁, ブーム; 《南米》〔畜〕(動物をつなぐ)杭
bo-'ta-na 名 女 栓, ふた; 《メキシコ》《中米》〔食〕酒のつまみ; 《メキシコ》《話》簡単なこと *agarrar de* ~ 《メキシコ》(a: を)からかう, ばかにする
bo-ta-ne+'ar [ボ.タ.ネ.'アる] 動 自 《メキシコ》〔食〕おつまみを食べる
***bo-'tá-ni-co, -ca** 94% 形 〔植〕植物の, 植物学上の 名 男 女 〔植〕植物学者 | **-ca** 名 女 〔植〕植物学; 《カリブ》〔商〕薬草店
bo-ta-'nis-ta 名 共 〔植〕植物学者
bo-'tar [ボ.'タる] 動 他 投げる, 放り出す, 放り投げる; 《話》(de: から)追い出す, 解雇する; 《南米》投げ捨てる, 捨てる; 〔海〕〈船を〉進水させる; 〈船の〉進路を変える; 〔競〕〈ボールを〉バウンドさせる, キックする 動 自 《スペイン》〔競〕《ボールが》はずむ, バウンドする; 跳びはねる, 跳び上がる, ジャンプする; 〔畜〕《馬が》飛び跳ねる ~**se** 動 再 〔畜〕《馬が》後ろ足で立つ[反り返る]; 《アンデス》急ぐ *estar que bota* 《話》怒っている
bo-ta-'ra-ta [ボ.タ.'ら.タ] 名 共 《コロンビア》《チリ》《話》浪費家, 金を浪費する人
bo-ta-'ra-te [ボ.タ.'ら.テ] 名 男 《話》とっぴな人, ばか者; 《ラ米》浪費家
bo-'tar-ga [ボ.'タる.ガ] 名 女 〔演〕〔衣〕(仮装のときや道化師が着る)まだら模様の服; 〔演〕道化師
bo-ta-'va-ra [ボ.タ.'バ.ら] 名 女 〔海〕スパンカーブーム《帆船の帆を張る水平の桁(けた)》
*'**bo+te** 93% 名 男 (ふたの付いた円筒形の)容器, 瓶(びん), 缶; (地面の)穴, でこぼこ; (バルなどにある)チップを入れる容器; (次回のくじへの)積立金; ボート, 小舟; 弾(はず)み, 跳ね返り, バウンド, 跳躍; 飛び上がること; (槍による)突き刺し *a ~ pronto* その場で, 臨機応変に *chupar del* ~ 《話》うまい汁を吸う *de ~ en* ~ 《話》ぎゅうぎゅう詰めで *estar en el* ~ 《話》確実である *darse el* ~ 《話》(急いで)行く, 逃げる
⁑**bo-'te-lla** [ボ.'テ.ジャ] 89% 名 女 瓶(びん); ボンベ; 《メキシコ》《カリブ》哺乳瓶 *cuello de* ~ 隘路(あいろ), ネック *dar* ~ 《カリブ》《話》ヒッチハイクをする, (ヒッチハイカーを)車に乗せる
bo-te-'lla-zo [ボ.テ.'ジャ.そ] 名 男 瓶(びん)での殴りつけ
bo-te-'llín [ボ.テ.'ジン] 名 男 小瓶(びん)
bo-te-'lli-ta 〔縮小語〕↑botella
bo-te-'llón [ボ.テ.'ジョン] 名 男 大瓶(びん), 特大瓶
bo-'ti-ca 名 女 〔商〕薬局, 薬屋; 〔医〕〔集合〕薬, 薬品, 薬剤; 〔商〕雑貨店, よろず屋
bo-ti-'ca-rio, -ria [ボ.ティ.'カ.りオ, りア] 名 男 女 〔医〕薬剤師
bo-'ti-ja [ボ.'ティ.は] 名 女 (素焼の)つぼ, かめ, 水差し; 《メキシコ》《話》大きな人
bo-'ti-jo [ボ.'ティ.ほ] 名 男 (取っ手つきで素焼の)水がめ, 水差し《水を冷やす効果がある》
bo-'tín 名 男 〔軍〕戦利品, 略奪品, 分捕り品; (盗みの)獲物, 金品, 窃盗品; 〔複〕〔競〕〔サッカーなど〕スパイクシューズ; 〔複〕〔衣〕ハーフブーツ, ショートブーツ; 〔複〕〔衣〕オーバーシューズ; 〔衣〕スパッツ
bo-ti-'quín [ボ.ティ.'キン] 名 男 〔医〕救急箱; 〔医〕(学校などの)医務室
bo-ti-qui-'ne-ro, -ra [ボ.ティ.キ.'ネ.ろ, ら] 名 男 女 《ベネズエラ》〔商〕(酒場の)ウェイター, ウェイトレス
'**Bot-nia** 名 固 〔golfo de ~〕〔地名〕ボスニア湾《バルト海北部の湾》
'**bo+to, +ta** 形 鈍い, 愚鈍な; 先端が丸い 名 男 〔複〕〔衣〕乗馬用ブーツ; 〔飲〕ワイン用革袋
***bo-'tón** 91% 名 男 〔衣〕(服の)ボタン; (ベルなどの)押しボタン, つまみ; つまみ, 取っ手, 握り; 〔植〕芽, つぼみ; 《チリ》《ラプラタ》《話》おまわり, 警官 ~ *de muestra* 見本, サンプル
bo-ton-'ci-to 〔縮小語〕↑botón
bo-'to-nes 名 男 〔単複同〕(ホテル・銀行の)ボーイ, ベルボーイ
Bot-'sua-na [ボ.'ツア.ナ] 名 固 〔República de ~〕〔地名〕ボツワナ《アフリカ南部の共和国》
bot-sua-'nia+no, -na 形 〔地名〕ボツワナ(人)の 名 男 女 ボツワナ人↑Botsuana
bo-tu-'lis-mo [ボ.トゥ.'リス.モ] 名 男 〔医〕ボツリヌス中毒
'**bou** 名 男 〔海〕引き網漁
boutique [ブ.'ティク] 名 女 〔フランス語〕〔商〕ブティック, 高級洋装店
*'**bó-ve-da** ['ボ.ベ.ダ] 94% 名 女 〔建〕(アーチ形の)天井, 丸天井, ボールト, 丸天井のある部屋; 〔建〕地下貯蔵室; 地下納骨室; (銀行の)金庫; 〔体〕…蓋(がい); 《格》《詩》大空
bo-ve-'di-lla [ボ.ベ.'ディ.ジャ] 名 女 〔建〕(小さい)丸天井, (小型の)穹窿(きゅうりゅう); 〔海〕船尾のカーブ(した部分)
'**bó-vi-do, -da** ['ボ.ビ.ド, ダ] 形 〔動〕ウシ科の 名 男 〔複〕〔動〕ウシ科の動物
bo-'vi+no, -na [ボ.'ビ.ノ, ナ] 形 〔動〕ウシの 名 男 〔動〕ウシ科の動物

b

'**box** 名 男 ⇩ boxeo

***bo-xe+a-'dor, -'do-ra** [ボク.セ.ア.'ドる, 'ド.ら] 94% 名 男 女 〔競〕ボクサー

bo-xe+'ar [ボク.セ.'アる] 動 自 〔競〕ボクシングをする

***bo-'xe+o** [ボ.ク.'セ.オ] 93% 名 男 〔競〕ボクシング, 拳闘

'**bó-xer** ['ボク.セる] 名 男 〔動〕〔犬〕ボクサー; 〔衣〕ボクサーパンツ

boy 名 男 〔英語〕男娼(だんしょう); 〔演〕男性のストリップダンサー

'**bo+ya** 名 女 〔海〕ブイ, 浮標; (魚網の)浮き

Bo-ya-'cá 名 固 〔地名〕ボジャカ《コロンビア中部の県》

bo-'ya-da 名 女 〔畜〕雄牛の群れ

bo-'yan-te 形 〔海〕(物が)浮く, 浮揚性のある; (船が)浮き過ぎの; 景気がよい, 繁盛している; 〔牛〕«牛の»攻め方が単純な, «牛が»扱いやすい

bo-'yar [ボ.'ジャる] 動 自 浮く, 浮かぶ

bo-'ye-ro, -ra [ボ.'ジェ.ろ, ら] 名 男 女 牛飼い; 〔B～〕〔天〕うしかい座

bo-'yu+no, -na 形 〔動〕ウシ属の, 牛の

bo-'zal [ボ.'さル] 形 《話》未経験の, 未熟な, 不慣れな; 《話》無知な, ばかな, 愚かな; 〔畜〕«馬が»野生の, 慣らされていない 名 男 〔畜〕(動物用)はめ口具, 口輪; 《ラ米》〔畜〕端綱(はづな) 名 共 《話》新米, 未熟者, 初心者; 《話》ばか者, 愚か者; 〔歴〕連れて来られたばかりの黒人奴隷

'**bo+zo** ['ボ.そ] 名 男 (上唇の上に生える)薄いひげ; 口のまわり; 〔畜〕(馬の)端綱(はづな)

Br. 略 ⬆bachiller

bra-ce+'ar [ブら.せ.'アる] 動 自 (腕を)振る, (腕を)振り動かす; クロール[抜き手]で泳ぐ; 努力する, 奮闘する, 苦闘する; 〔畜〕«馬が»前足を高く上げる; 〔海〕帆桁(ほげた)を回す

bra-'ce+o [ブら.'せ.オ] 名 男 〔競〕(水泳の)ひとかき, ストローク; 腕を振ること

bra-'ce-ro, -ra [ブら.'せ.ろ, ら] 名 男 女 労働者, 肉体労働者, 日雇い人夫

bra-'ce-te [ブら.'せ.テ] 〔成句〕 ***de ～*** 《話》腕を組んで

bra-'ci-to 〔縮小語〕⬇brazo

'**bra-co, -ca** ['ブら.コ, カ] 名 男 女 〔動〕〔犬〕セッター

'**brác-te+a** ['ブらク.テ.ア] 名 女 〔植〕包葉(ほうよう), 苞(ほう)

'**bra-ga** ['ブら.ガ] 名 女 〔複〕《スペイン》〔衣〕パンツ, パンティー, ショーツ; 〔複〕〔歴〕〔衣〕ニッカー(ボッカー), 半ズボン; おむつ, おしめ; つり綱, 張り綱 ***estar en ～s*** 《話》何も知らない, 無一文である ***estar hecho[cha] una ～*** 《話》とても疲れている ***pillar en ～s*** 《話》不意をつく

bra-'ga-do, -da [ブら.'ガ.ド, ダ] 形 《話》勇敢な, 果敢な 名 男 女 《カリブ》《話》いじめっ子

bra-ga-'du-ra [ブら.ガ.'ドゥ.ら] 名 女 (身体の)股(また); 〔衣〕股(の部分)

bra-'ga-zas [ブら.'ガ.さス] 形 名 男 〔単複同〕《話》妻に言いなりの夫, 恐妻家

bra-'gue-ro [ブら.'ゲ.ろ] 名 男 〔医〕ヘルニア[脱腸]帯

bra-'gue-ta [ブら.'ゲ.タ] 名 女 〔衣〕(ズボンの)チャック, 前開き ***estar como ～ de fraile*** 《ラプラタ》《話》くそまじめである

bra-gue-'ta-zo [ブら.ゲ.'タ.そ] 名 男 《スペイン》《俗》(男が)金目当ての結婚をすること

brah-'mán [ブら.'マン] 名 男 〔宗〕バラモン《インドにおける四姓中の最高階級である司祭者層》

brah-'má-ni-co, -ca [ブら.'マ.ニ.コ, カ] 形 〔宗〕バラモン教の

brah-ma-'nis-mo [ブら.マ.'ニス.モ] 名 男 〔宗〕バラモン教

'**brai-lle** ['ブらイ.ジェ] 名 男 (盲人用の)点字(法)《フランスの発明家 Braille (1809–52)が考案》

bra-ma-'de-ra [ブら.マ.'デ.ら] 名 女 《スペイン》うなり板《穴にひもを通し回して音をたてるおもちゃ》

bra-ma-'de-ro [ブら.マ.'デ.ろ] 名 男 〔動〕(野生動物の)交尾場所; 《ラ米》〔畜〕(動物をつなぐ)杭

bra-'man-te [ブら.'マン.テ] 形 ほえる, うなる 名 男 (荷物用の)麻ひも; 亜麻布

bra-'mar [ブら.'マる] 動 自 〔畜〕«牛が»大声で鳴く; 〔気〕«風などが»うなる, ヒューヒューいう; 怒号する, わめく

bra-'mi-do [ブら.'ミ.ド] 名 男 〔畜〕(動物の)うなり声, ほえる声; 〔気〕(風などの)うなり声, とどろき; 《話》怒号, 叫び声

'**bran-di** ['ブらン.ディ] 名 男 〔飲〕ブランデー

brandy ['ブらン.ディ] 名 男 〔英語〕⇧brandi

'**bran-quia** ['ブらン.キア] 名 女 〔魚〕えら

bran-'quial [ブらン.'キアル] 形 〔魚〕えらの, えらに関する

bra-'ñal [ブら.'ニャル] 名 男 〔畜〕山の牧草地

bra-'quial [ブら.'キアル] 形 〔体〕腕の

bra-qui-'cé-fa-lo, -la [ブら.キ.'せ.ファ.ロ, ラ] 形 〔医〕短頭症の

'**bra-sa** ['ブら.サ] 名 女 燠(おき), 赤くおこった炭火; 燃えさし ***a la ～*** 〔食〕焼いた, あぶった

bra-'se-ro [ブら.'セ.ろ] 名 男 (金属製の)火鉢《テーブルの下に入れ, こたつのように使う》

***bra-'sil** [ブら.'スィル] 88% 名 男 〔植〕ブラ

b

| ジルスオウ; 口紅, 頬(ほお)紅

Bra-'sil [ブら.'スィル] 81% [名] [固] 〔(el) ～〕〔República Federativa de ～〕〖地名〗ブラジル《南アメリカ東部の連邦共和国》

bra-si-'le-ño, -ña [ブら.スィ.'レ.ニョ, ニャ] 88% [形] 〖地名〗ブラジル(人)の [名] [男] [女] ブラジル人 ↑Brasil

bra-si-'le-ro, -ra [形] ⇧ brasileño

***Bra-'si-lia** [ブら.'スィ.リア] 94% [名] [固] 〖地名〗ブラジリア《ブラジル Brasil の首都》

***Bra-tis-'la-va** [ブら.ティス.'ラ.バ] 94% [名] [固] 〖地名〗ブラチスラバ《スロバキア Eslovaquia の首都》

'Brau-lio ['ブらウ.リオ] [名] [固] 〖男性名〗ブラウリオ

bra-'va-ta [ブら.'バ.タ] [名] [女] おどし, 空いばり, 怒号

bra-ve+'ar [ブら.ベ.'アる] [動] [自] いばりちらす, どなりつける, おどす

bra-'ve-za [ブら.'ベ.さ] [名] [女] 獰猛(どうもう)さ, 残忍性; 勇敢, 勇壮; 〖気〗(嵐・暴風雨の)猛威

bra-'ví+o, +a [ブら.'ビ.オ, ア] [形] 野生の, 荒々しい [名] [男] 野生, 凶暴性

bra-'ví-si-mo [ブら.'ビ.スィ.モ] [感] 万歳!, うまいぞ!, でかした!, ブラボー!

bra-'vi-to, -ta [ブら.'ビ.ト, タ] [形] 《カリブ》《話》怒った, 不機嫌な

*'**bra-vo, -va** ['ブら.ボ, バ] 91% [形] 勇敢な, 勇気のある; 獰猛(どうもう)な, 激しい, 荒れた, 乱暴な; 野生の, 自然のままの; 《話》すばらしい; 《話》自慢げな, 空いばりの; 《話》«性格が»乱暴な, 荒っぽい; 《話》〖食〗«味が»辛(から)い; 《メキシコ》《中米》《アンデス》《チリ》《話》怒った, 不機嫌な [名] [男] 喝采(かっさい), 歓呼, 応援 [感] 万歳!, うまいぞ!; ブラボー! *pisar* ～ 荒々しい足取りで進む *toro* ～〖牛〗(闘牛用の)牛 *-vamente* [副] 勇敢に, 勇気を持って; 獰猛(どうもう)に, たけだけしく, 激しく; 見事に, すばらしく

'Bra-vo ['ブら.ボ] [名] [固] 〔río ～〕〖地名〗リオブラボ川《メキシコと米国の国境を流れる川; 米国ではリオグランデ川 río Grande と呼ばれる》

bra-vu-'cón, -'co-na [ブら.ブ.'コン, 'コ.ナ] [形] 《話》自慢する, ほら吹きの, 空いばりの [名] [男] [女] ほら吹き, 空いばりする人

bra-vu-co-'na-da [ブら.ブ.コ.'ナ.ダ] [名] [女] 空いばり, 虚勢, 強がり

bra-'vu-ra [ブら.'ブ.ら] [名] [女] 〖動〗(動物の)獰猛(どうもう)さ, 荒々しさ, 勇猛さ; 勇気, 勇敢

'bra-za ['ブら.さ] [名] [女] 《スペイン》〖競〗平泳ぎ, ブレスト; 〖海〗尋(ひろ)《水の深さを測る単位; 約 1.67m》; 〖海〗帆桁(ほげた)用の操桁(そうこう)索

bra-'za-da [ブら.'さ.ダ] [名] [女] 〖競〗(泳ぎの)ひとかき, ストローク; 腕いっぱい, ひとかかえ; 《ラ米》〖海〗尋(ひろ)《約 1.67m》

bra-'zal [ブら.'さル] [名] [男] (よろいの)腕甲; 腕章; 〖農〗(灌漑(かんがい)用の)水路

bra-za-'le-te [ブら.さ.'レ.テ] [名] [男] ブレスレット, 腕輪; 腕章; (甲冑の)腕あて

*'**bra-zo** ['ブら.そ] 79% [名] [男] 〖体〗腕; 〔複〕人手, 労働力; 腕木; ハンドル, アーム; 〖技〗(木などの)枝; 〖動〗(動物の)前足; (はかりの)さお; (椅子の)肘(ひじ)掛け; (十字架の)横木; 〖地〗(川の)支流; 部門, 部, 課; 腕力, 力, 力量, 勇気; 《キューバ》〖電〗(電話の)受話器; 《コロンビア》《話》(有力な)コネ *a* ～ (機械によらずに)手で, 手動で *a ～ partido* (武器など使わないで)素手で; 大変な努力をして, 全力で *abandonarse* [*echarse*] *en ～s* (de: に)頼りきる *～ de mar* 〖地〗入り江 *con los ～s abiertos* 大歓迎で *con los ～s cruzados* 腕を組んで, 何もしないで, 腕をこまねいて *cruzarse de ～s* 腕を組む, 腕組みして何もしない *del ～ con* [*de*] ... …と一緒に, …と腕を組んで *huelga de ～s caídos* 座り込みのストライキ *no dar su ～ a torcer* 《話》頑として受けつけない

bra-'zue-lo [ブら.'すエ.ロ] [名] [男] 〖動〗前肢, 肩

Bra-zza-'ville [ブら.サ.'ビル] [名] [固] 〖地名〗ブラザビル《コンゴ共和国 República del Congo の首都》

'bre+a ['ブれ.ア] [名] [女] タール, ピッチ; タール塗り防水布, 防水シート; 《カリブ》《コロンビア》アスファルト

bre+'ar [ブれ.'アる] [動] [他] 《話》ひどい目にあわせる, ぶつ

bre-'ba-je [ブれ.'バ.へ] [名] [男] 〖飲〗まずい飲み物, 安い飲み物

'bre-cha ['ブれ.チャ] [名] [女] 〖軍〗(壁・砦などの)裂け目, 突破口; 突破口, チャンス; 〖地質〗角礫(かくれき)岩 *estar en la ～* 常に攻撃に対して身構えている *hacer ～* (en: に)感銘を与える *morir en la ～* 戦死する, 仕事中に死ぬ, 殉職する

'bré-col [名] [男] ⇩ brócoli

'Bre-da ['ブれ.ダ] [名] [固] 〖地名〗ブレダ《オランダ南部の都市》

'bre-ga ['ブれ.ガ] [名] [女] 闘争, 戦闘; いさかい, けんか, 口論; がんばること, 精を出すこと, 苦闘; 《ベネズエラ》《話》恋, 恋愛

bre-ga-'dor, -'do-ra [ブれ.ガ.'ドる, 'ド.ら] [形] 《ベネズエラ》《話》恋に陥りやすい

bre-'gar [ブれ.'ガる] [動] [自] [41] (g|gu) 闘う, 闘争する; けんかする, (con: と)争う; 奮闘する, 努力する, がんばる, (en, por: に)精を出す [動] [他] 〖食〗‹パン生地を›こねる; 《ベネズエラ》《話》‹女性に›言い寄る

bre-je-'te-ro, -ra [ブれ.へ.'テ.ろ, ら] [名] [男] [女] 《ベネズエラ》《話》気むずかしい人; 《ベネズエラ》

《話》〔軽蔑〕うぬぼれた人, 思い上がった人; 《ベネズエラ》《話》おせっかいな人, でしゃばり

'Bre-ma⇔-men ['ブれ.マ⇔.メン] 名 固〘地名〙ブレーメン《ドイツ北部の都市》

'bren-ca ['ブれン.カ] 名 女 (用水路などの)水門を支える柱

'bre-ña ['ブれ.ニャ] 名 女〘地〙荒れ地, 石ころばかりの土地

bre-'ñal 名 女 ⇧ breña

bre-'ño-so, -sa [ブれ.'ニョ.ソ, サ] 形 険しい, 傾斜が急な

bre-que-'ar [ブれ.ケ.'アる] 動 他《米国》《中米》〈に〉ブレーキをかける

Bre-'ta-ña [ブれ.'タ.ニャ] 90% 名 固〘地名〙ブルターニュ地方《フランス北西部の地方》;〘歴〙ブリタニア《古代ローマの属州》;〔Gran ～〕〘地名〙グレートブリテン《英国のイングランド, ウェールズ, スコットランド》

'bre-te ['ブれ.テ] 名 男〘歴〙足かせ, 足鎖; 窮地, 苦境, 窮状;《メキシコ》《中米》《話》仕事, 職;《ラプラタ》〘畜〙家畜の囲い場

bre-'tón, -'to-na [ブれ.'トン, 'ト.ナ] 形 名 男 女〘地名〙ブルターニュの(人)⬆ Bretaña;〘言〙ブルターニュ語の 名 男〘言〙ブルターニュ語

'bre-va ['ブれ.バ] 名 女《スペイン》〘植〙(初狩りの)イチジク;《話》もうけ話, 降って沸いた幸運; ブレーバ《葉巻の一種》 ***más blando [da] que una ～*** 《話》非常におとなしい

'bre-ve ['ブれ.ベ] 84% 形 手短な, 簡潔な; 短時間の 名 女〘楽〙2 全音符 ***en ～*** すぐに **～mente** 副 手短に, 簡潔に; 短時間で

bre-ve-'dad [ブれ.ベ.'ダド] 94% 名 女 短さ, 簡潔さ, 簡単 ***a [con] la mayor ～ (posible)*** できるだけ早く

bre-'vet [ブれ.'ベト] 名 男〔複 -vets〕《チリ》《ラプラタ》運転免許証

bre-'ve-te [ブれ.'ベ.テ] 名 男《アンデス》運転免許証

bre-'via-rio [ブれ.'ビア.りオ] 名 男〘宗〙聖務日課書, 日課祈禱(きとう)書; 概説, 要約;〘印〙ブレビア《9 ポイント活字》

bre-'ví-si-mo, -ma〔最上級〕⬆ breve

'bre-zo ['ブれ.そ] 名 男〘植〙ヒース

'brial ['ブりアル] 名 男〘歴〙〘衣〙中世の女性の絹製マント;〘歴〙〘衣〙よろいの下ばき

'bri-ba ['ブり.バ] 名 女 不良生活, 放浪生活 ***andar [vivir] a la ～*** ぶらぶら暮らす

bri-'bón, -'bo-na [ブり.'ボン, 'ボ.ナ] 形 ぶらぶらしている(人), なまけ者(の); 悪党(の), 不良(の) 名 男 女〔親愛〕こいつ, いたずらっ子

bri-bo-'na-da [ブり.ボ.'ナ.ダ] 名 女 非道, 極道, 悪党のしわざ

bric-'bar-ca [ブりク.'バる.カ] 名 女〘海〙(三本マストの)帆船, バーク

bri-co-'la-je [ブり.コ.'ラ.へ] 名 男 (家庭の)大工仕事, 日曜大工

'bri-da ['ブり.ダ] 名 女〘畜〙馬勒(ばろく)《おもがい・くつわ・手綱の総称》;〘衣〙(帽子の)あごひも ***a toda ～*** 全速力で

bridge ['ブりジ] 名 男〔英語〕〘遊〙〔トランプ〕ブリッジ

'Bridge-town ['ブりジ.タウン] 名 固〘地名〙ブリッジタウン《バルバドス Barbados の首都》

brie ['ブり] 名 男〔フランス語〕〘食〙ブリーチーズ《カマンベールに似た白カビチーズ》

Brig. 略 ⬇brigada

bri-'ga-da [ブり.'ガ.ダ] 名 女〘軍〙旅団;〘軍〙(軍隊式編成の)隊, 分隊, 組 名 男〘軍〙(陸・空軍の)曹長;〘軍〙(海軍の)上等兵曹

bri-ga-'dier [ブり.ガ.'ディエる] 名 共〘軍〙准将, 代将, 少将

'Brí-gi-da ['ブり.ひ.ダ] 名 固〘女性名〙ブリヒダ

bri-'llan-te [ブり.'ジャン.テ] 87% 形《宝石・星などが》光輝く, きらびやかな, 明るい; 立派な, 華々しい, 才気ある, 優れた 名 男 (ブリリアントカットの)ダイヤモンド

bri-llan-'tez [ブり.ジャン.'テす] 名 女 輝き, 明るさ, 光明; 壮麗, 華やかさ, きらびやかさ, すばらしさ, 優れていること

bri-llan-'ti-na [ブり.ジャン.'ティ.ナ] 名 女 整髪料, ヘアリキッド

bri-'llar [ブり.'ジャる] 91% 動 自 輝く, 光る, 照る; (優れていて)際立つ, 異彩を放つ

'bri-llo ['ブり.ジョ] 92% 名 男 輝き, 光沢, つや, (靴の)磨き; 華々しさ, 華麗;〘写〙つやのある仕上がり, 光沢

'brin ['ブりン] 名 男《チリ》〘衣〙裏地用の布

brin-'car [ブりン.'カる] 動 自 69 (c|qu) 跳びはねる; (de: の)感情を激しく表す;《メキシコ》〘遊〙縄跳び遊びをする;《ベネズエラ》《話》ふざける ***estar que brinca*** 《話》興奮する, 怒り狂う ***～ a la cuerda*** 《カリブ》《話》警戒している

'brin-co ['ブりン.コ] 名 男 跳躍, 跳ぶこと, ジャンプ

brin-'dar [ブりン.'ダる] 92% 動 自 (por: のために)祝杯をあげる, 乾杯する 動 他 差し出す, 提供する, 与える **～se** 動 再 (a 不定詞: …することを)申し出る

'brin-dis ['ブりン.ディス] 93% 名 男〔単複同〕乾杯, 祝杯; 乾杯の挨拶[言葉]

'brí+o ['ブり.オ] 名 男〔複〕精力, 勇ましさ, 力強さ, 気迫, がんばり, 元気; 気品, りりしさ ***cortar los ～s*** (a: の)精力を奪う, 意気込みを抑える

'brio-che ['ブりオ.チェ] 名 男 [女]〘食〙ロールパン

'brio-so, -sa ['ブりオ.ソ, サ] 形 元気に満ちた, 力強い, 勇ましい, 意気込んだ

brio-'zo+o [ブりオ.'そ.オ] 名 男 〔動〕 コケムシ

*'**bri-sa** ['ブり.サ] 93% 名 女 〔気〕 そよ風, 微風; 〔気〕 北東の風

'bris-ca ['ブりス.カ] 名 女 《ｽﾍﾟｲﾝ》〔トランプ〕 ブリスカ《ゲーム》

bri-'tá-ni-co, -ca [ブり.'タ.ニ.コ, カ] 87% 形 〔地名〕 イギリス(人)の, 英国(人)の 名 男 女 イギリス人, 英国人

'briz-na ['ブりす.ナ] 名 女 〔通例否定文で〕 わずか, 少量, 微量; 〔植〕 (サヤエンドウなどの)筋; 植物の繊維

'bro-ca ['ブろ.カ] 名 女 〔技〕 ドリル(の穂先), 錐(きり)(先); (靴のかかと用の)鋲(びょう); 糸巻き, ボビン

bro-'ca-do [ブろ.'カ.ド] 名 男 〔衣〕 にしき, 金襴(きんらん), 紋織り《金糸と銀糸で模様を織る織物》

bro-'cal [ブろ.'カル] 名 男 井筒, (井戸の)縁石; 刀のさや口; 盾の縁; (酒用革袋の)吸い口; 〔鉱〕 坑口

bro-ca-'tel [ブろ.カ.'テル] 名 男 (錦[縞(しま)]模様の)大理石; 〔衣〕 錦織り, 紋織り

bro-ce+'ar-se [ブろ.せ.'アる.セ] 動 再 《南米》〔鉱〕 《鉱山が》掘り尽くされる

'bro-cha ['ブろ.チャ] 名 女 はけ, ブラシ; (ひげそり用)ブラシ *dar* ~ (a: に)へつらう *de* ~ *gorda* 《絵が》へたな

'bro-che ['ブろ.チェ] 名 男 〔衣〕 締め金, 留め金; かぎホック; スナップ; ブローチ; 《ラ米》 クリップ; 〔複〕〔衣〕《ラ米》 カフスボタン ~ *de oro* フィナーレ, 有終の美

'bró-co-li ⇔-col ['ブろ.コ.り⇔.コル] 名 男 〔複 brócolis〕〔植〕 ブロッコリー

'bró-cul; -cu-li 名 男 ⇧ brócoli

'bro-ma ['ブろ.マ] 88% 名 女 冗談, いたずら, ふざけ; 〔貝〕 フナクイムシ; 《ﾍﾞﾈｽﾞｴﾗ》《話》 物事 *de* [*en*] ~ 冗談のつもりで, ふざけて *entre* ~*s y veras* 冗談半分で *fuera de* ~ [~ *aparte*] 冗談はさておき *ni en* ~ 《否定》 決して…でない *salir por la* [*una*] ~ とても高くつく[かかる] *tomar* [*echar*] *en* ~ 本気にしない

bro-ma-to-lo-'gí+a [ブろ.マ.ト.ロ.'ひ.ア] 名 女 〔食〕 食品科学

bro-ma-to-'ló-gi-co, -ca [ブろ.マ.ト.'ロ.ひ.コ, カ] 形 〔食〕 食品科学の

bro-ma-'tó-lo-go, -ga [ブろ.マ.'ト.ロ.ゴ, ガ] 名 男 女 〔食〕 食品科学者

bro-'ma-zo [ブろ.'マ.そ] 名 男 きつい冗談, 悪ふざけ

*__bro-me+'ar(-se)__ [ブろ.メ.'アる(.セ)] 94% 動 自 (再) 冗談を言う, からかう

bro-'mis-ta [ブろ.'ミス.タ] 形 名 共 冗談を言う(人), ふざける(人); 冗談好きな(人)

'bro-mo ['ブろ.モ] 名 男 〔化〕 臭素《ハロゲン元素》

bro-'mu-ro [ブろ.'ム.ろ] 名 男 〔化〕 臭化物, 〔特に〕 臭化カリ

*'**bron-ca** ['ブろン.カ] 94% 名 女 けんか, 騒動, 口論; 《ｽﾍﾟｲﾝ》 叱責(しっせき), 叱(しか)りつけること; やじ, ひやかし, ブーイング *buscar* ~ (a: を)挑発する, (a: に)けんかを売る

*'**bron-ce** ['ブろン.せ] 92% 名 男 ブロンズ, 青銅; ブロンズ像, ブロンズ製品; (メダルの)銅 *de* ~ 無情な; 冷淡な; 頑強な

bron-ce+'a-do, -da [ブろン.せ.'ア.ド, ダ] 形 青銅[ブロンズ]色の; 日焼けした 名 男 〔技〕 青銅仕上げ; 日焼けした肌, 日焼け

bron-ce+a-'dor, -'do-ra [ブろン.せ.ア.'ドる, 'ド.ら] 形 日焼け用の 名 男 日焼け用オイル, サンオイル

bron-ce+'ar [ブろン.せ.'アる] 動 他 ブロンズ[青銅]色にする; 褐色に焼く, 日に焼けさせる ~**se** 動 再 (皮膚を)褐色に焼く, 日焼けする

'bron-co, -ca ['ブろン.コ, カ] 形 粗い, ざらざらの, ごわごわした; 《金属が》壊れやすい, もろい; 音が耳ざわりな, 喘鳴(ぜんめい)音の; 〔畜〕 《馬が》手に負えない, 馴(な)れない; 無愛想な, つっけんどんな, ぶっきらぼうな

bron-co-neu-mo-'ní+a [ブろン.コ.ネウ.モ.'ニ.ア] 名 女 〔医〕 気管支肺炎

bron-cos-'co-pio [ブろン.コス.'コ.ピオ] 名 男 〔医〕 気管支鏡

bron-'quial [ブろン.'キアル] 形 〔体〕 気管支の

'bron-quio ['ブろン.キオ] 名 男 〔体〕 気管支

bron-'quio-lo ⇔-'quí-o- [ブろン.'キ.オ.ロ⇔.'キ.オ.] 名 男 〔体〕 細気管支

bron-'qui-tis [ブろン.'キ.ティス] 名 女 〔単複同〕〔医〕 気管支炎

bro-'quel [ブろ.'ケル] 名 男 〔軍〕 (木・革製の)盾, 小型の盾; 保護, 防備

bro-que-'lar-se [ブろ.ケ.'ラる.セ] 動 再 盾で防御する

bro-'que-ta [ブろ.'ケ.タ] 名 女 〔食〕 焼き串

*__bro-'tar__ [ブろ.'タる] 93% 動 自 〔植〕 芽[つぼみ]を出す, 生える, 生じる; 流れ出る, 吹き出る, 噴出する, 湧(わ)き出る, 生じる 動 他 〔植〕 (芽吹かせて)発生させる, 噴出させる

*'**bro-te** ['ブろ.テ] 93% 名 男 〔植〕 芽, 新芽, つぼみ; 〔植〕 発芽, 出芽; 兆し, 兆候, 始まり

'bro-za ['ブろ.さ] 名 女 〔植〕 やぶ, 茂み; 〔植〕 枯葉, 落ち葉; 廃物, かす, ごみ, くず, むだな部分; 〔印〕 (植字用)はけ

bru-ce-'ló-si-co, -ca [ブる.せ.'ロ.スィ.コ, カ] 形 〔医〕 ブルセラ病の 名 男 女 ブルセラ病患者

bru-ce-'lo-sis [ブる.せ.'ロ.スィス] 名 女〔単複同〕〖医〗ブルセラ病

'bru-ces ['ブる.せス]〔成句〕 ***darse de ~*** (con: と)正面衝突する; 出会う ***de ~*** うつ伏せに

*'**bru-ja** ['ブる.は] 94% 名 女 魔女, 魔法使い; 醜い老婆, 鬼ばば; 《中米》《コロンビア》〖昆〗ガ(蛾) ***la hora de las ~s*** 真夜中, 丑三(うしみ)つ時 ***estar ~*** 《メキシコ》《話》お金がない

'Bru-jas ['ブる.はス] 名 固〖地名〗ブルッヘ, ブリュージュ《ベルギー北西部の都市》

bru-je-'rí+a [ブる.へ.'り.ア] 名 女 魔法, 妖(よう)術

bru-'jes-co, -ca [ブる.'へス.コ, カ] 形 魔法の, 妖(よう)術の; 魔女の, 魔法使いの

'bru-jo ['ブる.ほ] 名 男 魔法使い, 妖術師; 呪医, まじない師 **~, -ja** 形 魅する, 魅力的な; 《メキシコ》《カリブ》お金がない, 貧乏な; 《コロンビア》《話》おせっかいな, でしゃばりな

'brú-ju-la ['ブる.ふ.ラ] 名 女〖海〗羅針盤, コンパス; (方位を測る)磁石; 磁針 ***perder la ~*** 方向を見失う, 何をしてよいのかわからなくなる

bru-ju-le+'ar [ブる.ふ.レ.'アる] 動 他 《話》たくらむ, ねらう 動 自 《カリブ》放浪する; 《ベネズエラ》《話》悪巧みをする; 《ベネズエラ》《話》一時的な仕事をする

'bru-ma ['ブる.マ] 名 女〖海〗〖気〗(海にかかる)霧, もや, かすみ;〔複〕もやもや, 混沌, 混乱

bru-'mar [ブる.'マる] 動 他 もみくちゃにする, 押しつぶす; くたくたにする

bru-'mo-so, -sa [ブる.'モ.ソ, サ] 形〖海〗〖気〗«海が»霧のかかった

bru-ne+'a+no, -na [ブる.ネ.'ア.ノ, ナ] 形〖地名〗ブルネイ(・ダルサラーム)(人)の 名 男 女 ブルネイ(・ダルサラーム)人 ⬇Brunéi

Bru-'néi [ブる.'ネイ] 名 固〖地名〗;〔~ Darusalam〕ブルネイ・ダルサラーム国《ボルネオ島北西部の国》

'Bru+no ['ブる.ノ] 名 固〖男性名〗ブルノ

bru-'ñir [ブる.'ニィる] 動 他 ⑩ (‹i›) 磨く, 光沢を出す; 化粧する, メーキャップする; 《ラ米》不快にする, 困らせる

bru-'que-na [ブる.'ケ.ナ] 名 女 《カリブ》〖動〗カワエビ

*'**brus-ca-'men-te** ['ブるス.カ.'メン.テ] 93% 副 不意に, 突然に, あわただしく; ぶっきらぼうに, 無愛想に

*'**brus-co, -ca** ['ブるス.コ, カ] 93% 形 不意の, 突然の, 出し抜けの; «性格が»無愛想な, ぶっきらぼうな, 不作法な

*__Bru-'se-las__ [ブる.'セ.ラス] 93% 名 固〖地名〗ブリュッセル《ベルギー Bélgica の首都》

bru-se-'len-se [ブる.セ.'レン.セ] 形 名 共〖地名〗ブリュッセルの(人)⬆Bruselas

brus-que-'dad [ブるス.ケ.'ダド] 名 女 ぶっきらぼう, 無愛想; 唐突, だしぬけ, 突然

*__bru-'tal__ [ブる.'タル] 93% 形 乱暴な, 野蛮な, 下品な; 《話》ひどい, すごい, 大変な, 巨大な; 《話》急な, 突然の **~mente** 副 乱暴に, 野蛮に, 下品に; 《話》すごく, ひどく, えらく

bru-ta-li-'dad [ブる.タ.リ.'ダド] 名 女 乱暴, 野蛮, 下品; 《話》ひどいこと, ばかげたこと

*'**bru-to, -ta** ['ブる.ト, タ] 91% 形 野蛮な, 獣のような, 乱暴な, 粗野な; 愚鈍な, 愚かな, 無知の; 総体の, 総計の; 生のままの, 加工していない, 天然の 名 男 女 人でなし; 愚か者, 愚鈍 名 男〖動〗獣, 畜生, 動物 ***en ~*** 総体の, 風袋(ふうたい)と内容の; 未完成のままの ***noble ~***〖畜〗ウマ[馬]

'bruz ⬆bruces

'bru-za ['ブる.さ] 名 女〖畜〗(馬などに用いる)ブラシ

Bs. As. 略 ⬇Buenos Aires

Bto, Bta 略 ⬆beato, -ta

'bu 名 男〔複 búes〕《小児》おばけ, 化け物

bu+ar-'di-lla 名 女 ⇩ buhardilla

'bu+ba 名 女〖医〗横痃(おうげん), 横根(よこね)

bu-'ban-go 名 男〖植〗《スペイン》〔カナリアス諸島〕ブバンゴ《ズッキーニの一種》

'bu+bi 形 名 共 ブビ人(の)《アフリカ, ギニア湾に臨む赤道ギニアのビオコ島の先住民》 名 男〖言〗ブビ語

bu-'bón 名 男〔複〕〖医〗横痃(おうげん), 横根(よこね)

bu-'bó-ni-co, -ca 形〖医〗横根(よこね)の

'bu+ca 名 女 《メキシコ》《話》女の子

bu-'cal [ブ.'カル] 形〖体〗口の, 口内の

bu-ca-'ne-ro [ブ.カ.'ネ.ろ] 名 男〖歴〗ブカネーロ《17–18 世紀にアメリカ大陸スペイン領沿岸を荒らした海賊》

Bu-ca-ra-'man-ga [ブ.カ.ら.'マン.ガ] 名 固〖地名〗ブカラマンガ《コロンビア北東部の都市》

*__Bu-ca-'rest__ [ブ.カ.'れス(ト)] 94% 名 固〖地名〗ブカレスト《ルーマニア Rumanía, Rumania の首都》

'bú-ca-ro ['ブ.カ.ろ] 名 男 芳香性粘土; (芳香性粘土の)壺(つぼ), 花瓶(びん)

bu-ce+'ar [ブ.せ.'アる] 動 自 水中へもぐる, 潜水する; (en: を)探求する, 研究する

bu-'cé-fa-lo [ブ.'せ.ファ.ロ] 名 男 《話》あほう, のろま **B~** 名 固 ブケパロス《アレクサンドロス大王 Alejandro el Grande の愛馬》

bu-'ce+o [ブ.'せ.オ] 名 男 潜水, ダイビング;〖競〗スキューバダイビング

'bu-che 名 男〖鳥〗嗉嚢(そのう), 餌(えさ)袋《食道に続く膨らんだ部分で, 食べ物を一時的に蓄えておく場所》; 《話》〖体〗胃; (水など

の)ひと口分;《話》胸中, 胸の内;〔衣〕(服の)ひだ, たるみ *llenar(se) el ~*《話》〔食〕腹いっぱい食う

bu-'chón, -'cho-na 名 男 女《コロンビア》〔体〕腹の大きな, 太鼓腹の

'bu-cle ['ブ.クレ] 名 男〔体〕巻き毛, カール;〔情〕ループ

bu-'có-li-co, -ca [ブ.'コ.リ.コ, カ] 形《格》牧歌的な, 田園生活の, 田舎の 名 男 女《格》〔文〕牧歌詩人 **-ca** 名 女〔文〕牧歌, 田園詩;《話》〔食〕食事, 食べ物

'Bu+da 名 固〔宗〕仏陀(ぶっだ)《前 563?–?483; 仏教の開祖》

*__Bu-da-'pest__ 94% 名 固〔地名〕ブダペスト《ハンガリー Hungría の首都》

'bú-di-co, -ca 形〔宗〕仏教の, 仏教徒の, 仏陀の

*__bu-'dis-mo__ 94% 名 男〔宗〕仏教

*__bu-'dis-ta__ 94% 形〔宗〕仏教の, 仏教徒の 名 共 仏教徒

'buen 形〔男性単数名詞の前で用いられる〕⬇bueno

'Bue-na Es-pe-'ran-za ['ブエ.ナ エス.ペ.'ラン.さ] 名 固〔cabo de ~〕〔地名〕喜望峰《南アフリカ南西部の岬》

bue-nan-'dan-za [ブエ.ナン.'ダン.さ] 名 女 幸運, 幸福

bue-na-ven-'tu-ra [ブエ.ナ.ベン.'トゥ.ら] 名 女 幸運; 運勢, 運, 占(うらな)い

Bue-na-ven-'tu-ra [ブエ.ナ.ベン.'トゥ.ら] 名 固〔地名〕ブエナベントゥーラ《コロンビア西部の都市》

bue-'na-zo, -za [ブエ.'ナ.そ, さ] 形 名 男 女《話》お人よし(の)

bue-'ní-si-mo, -ma〔最上級〕⬇bueno

'bue+no, -na 54% 形《男性単数名詞の前では buen になる》よい, 立派な, 上等な, けっこうな; 適した, 好都合な; 親切な, 思いやりのある, 善良な; 上手な, 巧みな, うまい; とても親しい;〔食〕«食品などが»うまい, おいしい;《スペイン》丈夫な, 健全な; 役立つ, 有用な, まだ使える; 楽しい, 愉快な, 快適な, 快い;《話》十分な, たっぷりの, かなりの;《話》人のよい, お人よしの;〔皮肉〕大変な, とんでもない, ひどい;《スペイン》《俗》セクシーな 名 男 女 よい人, 善人 名 男 よいこと, 善 感《相手の言葉を受けて》そうですね; オーケー, よし, わかった, 了解, 承知しました;《話題や気分を変えて》さて, ええと, ところで;《驚きや安心, あきらめの気持ちを表して》まあ!, おや!, えっ!;《メキシコ》(電話で)もしもし!《語尾を上げる》 *¿Adónde ~?* どちらへ(お出かけですか)? *a buenas* 喜んで, 進んで, いそいそとして *a la buena de Dios* 行き当たりばったり, その場限りで *¡Buena es ésa!*《話》あれ!, まあ!《驚き》 *¡Buen día!*《ラ米》⇩ ¡Buenos días! *¡Buenas!*《話》やあ!, こんにちは! *¡Buenas noches!* こんばんは!《夜の挨拶》; おやすみ(なさい)《就寝の挨拶》; さようなら!《別れの挨拶》 *¡Buenas tardes!* こんにちは!《午後, 日暮れまでの挨拶》; さようなら!《別れの挨拶》 *¡Buenos días!* おはよう(ございます)!《午前, 昼食前の挨拶》; さようなら!《別れの挨拶》 *de buenas a buenas*《話》容易に, たやすく, 楽々と *de las buenas* 最上の, 一流の *de buenas a primeras* すぐに, 早速, 突然; 最初に, 手始めに *¿De dónde ~?* 出身はどちらですか? *estar a buenas* (con: と)仲よしだ *estar de buenas*《話》機嫌がよい *hacer ~*〔気〕天気がよい, 晴れている *hacerla buena*《話》取り返しがつかないことをする *lo ~ es* … 一番よいのは… *poner ~* (a: を)強く非難する *por las buenas* 進んで, 喜んで, いそいそとして *¡Qué ~!*《話》よし!, いいぞ! *¿Qué hay [dice] de ~?*《話》元気?, (調子は)どう? *un día ~* ある日(突然);〔気〕天気がよい日 *ver lo que es ~* すばらしいものを見る **-namente** 副 容易に, らくらくと, 気楽に; 自ら, すすんで, 自発的に

'Bue-nos 'Ai-res ['ブエ.ノス 'アイ.れス] 84% 名 固〔地名〕ブエノスアイレス《アルゼンチン Argentina の首都》

*__'buey__ 94% 名 男〔畜〕(去勢された)雄ウシ; 流れ出る水;《メキシコ》《話》寝取られ男 *ojo de ~*〔建〕丸窓

'buf 感《話》やれやれ!《不快や嫌悪》

'bu+fa 名 女 冗談, しゃれ, ジョーク 形《女》⬇bufo

'bú-fa-lo, -la ['ブ.ファ.ロ, ラ] 名 男 女〔動〕水牛, バッファロー 形《中米》《話》すばらしい, すてきな

*__bu-'fan-da__ 94% 名 女〔衣〕マフラー, 襟(えり)巻き

bu-'far [ブ.'ファる] 動 自〔動〕«動物が»鼻を鳴らす;《話》«人が»(軽蔑・立腹・不満などを表して)鼻を鳴らす;《メキシコ》ふくらむ *estar que bufa*《話》とても怒っている

bu-'fé 名 男 立食用テーブル, 立食台, ビュッフェ; 食器棚

bu-'fe+o 名 男《カリブ》《話》醜(みにく)い

bu-'fet 名 男〔複 -fets〕⇧ bufé

bu-'fe-te 名 男 書き物机, ライティングデスク; 弁護士事務所;〔集合〕弁護士依頼人;《中米》食器棚

bu-'fi-do 名 男 (荒い)鼻息, 鼻を鳴らすこと *dar ~s* 鼻息を荒くする; 激しく怒る

'bu+fo, +fa 形 滑稽(こっけい)な, おどけた; 粗野な, 下品な;〔演〕喜劇の 名 男 女〔演〕道化役者

bu-'fón, -'fo-na 形 道化じみた, 滑稽(こっけい)な 名 男 女〔演〕〔人〕道化

bu-fo-'na-da 名 女 冗談, 悪ふざけ, おどけること

b

bu-fo-ne+'ar-se [ブ.フォ.ネ.'アる.セ] 動 再 ふざける, おどける; (de: を)からかう, ひやかす

bu-gan-'vi-lla [ブ.ガン.'ビ.ジャ] 名 女 〖植〗ブーゲンビレア

'bu-gui ['ブ.ギ] 名 男 《話》〖車〗車, 自動車

bu+har-'di-lla [ブ.アる.'ディ.ジャ] 名 女 〖建〗屋根裏(部屋); (屋根の)明かり窓

'bú+ho ['ブ.オ] 名 男 〖鳥〗フクロウ, ミミズク; 《話》無愛想な人, 人嫌い

bu+ho-ne-'rí+a [ブ.オ.ネ.'リ.ア] 名 女 〖商〗〔集合〕行商の品

bu+ho-'ne-ro, -ra [ブ.オ.'ネ.ろ, ら] 名 男 女 〖商〗(安物雑貨の)行商人, 呼び売り商人

'bui-do, -da 形 鋭い, とがった; 溝のある

'bui-tre ['ブイ.トれ] 名 男 〖鳥〗ハゲワシ, ハゲタカ; 《スペイン》強欲非情の人, 人を食い物にする人

bu-'jar-da [ブ.'はる.ダ] 名 女 〖技〗(石の表面を滑らかにする)槌(つち)

bu-jar-de+'ar [ブ.はる.デ.'アる] 動 他 〖技〗(槌(つち)で)〈石を〉滑らかにする

'bu+je ['ブ.へ] 名 男 〖機〗軸箱

bu-'je-ta [ブ.'へ.タ] 名 女 木の小箱; 香水瓶(びん)

bu-'jí+a [ブ.'ひ.ア] 名 女 ろうそく; 燭(しょく)台, ろうそく立て; 〖物〗燭, 燭光《電灯などの光度の単位》; 〖機〗(内燃機関の)点火プラグ, スパークプラグ; 〖医〗ブジー《尿道・食道狭窄(きょうさく)を広げる器具》

'bul ['ブル] 名 男 《話》お尻(しり)

'bu+la ['ブ.ラ] 名 女 〖歴〗ブラ《古代ローマ人が首から下げた金属または革製の魔除(よ)け入れの丸い小箱》; 〖宗〗ローマ教皇印, (ローマ教皇の)教書 ***no poder con las ~s*** 《話》(疲れて)何をする力もない ***tener ~*** 《話》特に目をかけられている

'bul-bo ['ブル.ボ] 名 男 〖植〗球根; 〖体〗球, 延髄

bul-'bo-so, -sa [ブル.'ボ.ソ, サ] 形 〖植〗球根の, 球根のある

bul-'dó-cer [ブ.'ルド.せる] 名 男 ブルドーザー

bu-le-'rí+as [ブ.レ.'リ.アス] 名 女 《複》〔複〕〖楽〗ブレリアス《アンダルシア地方の民謡, 手拍子に合わせて踊る舞踊》

bu-le-'var [ブ.レ.'バる] 名 男 (広い)並木路, 遊歩道

***Bul-'ga-ria** [ブル.'ガ.りア] 94% 名 固 〔República de ~〕〖地名〗ブルガリア《ヨーロッパ南東部の共和国》

'búl-ga-ro, -ra ['ブル.ガ.ろ, ら] 形 〖地名〗ブルガリア(人)の ⬆Bulgaria; 〖言〗ブルガリア語の 名 男 女 ブルガリア人 名 男 〖言〗ブルガリア語

bu-'li-mia [ブ.'リ.ミア] 名 女 〖医〗過食(症), 多食(症), 大食(症)

bu-'lín [ブ.'リン] 名 男 《ラプラタ》独身寮; 住居; 《アンデス》売春宿

'bu-lla ['ブ.ジャ] 名 女 騒音, 物音, ざわめき; 群衆, 人だかり, 人ごみ

bu-'llan-ga [ブ.'ジャン.ガ] 名 女 騒ぎ, 騒音, がやがや

bu-llan-'gue-ro, -ra [ブ.ジャン.'ゲ.ろ, ら] 形 名 男 女 騒がしい(人); 不穏な(人物)

bulldog [ブル.'ドグ] 名 男 〔複 -doggs〕〔英語〕〖動〗〔犬〕ブルドッグ

bulldozer [ブル.'ド.せる] 名 男 〔英語〕⇧ buldócer

bu-lle-'bu-lle [ブ.ジェ.'ブ.ジェ] 名 共 おせっかい焼き

bu-'lli-cio [ブ.'ジ.すぃオ] 名 男 騒音, 騒ぎ, ざわめき, 喧噪(けんそう); 雑踏, 混雑, 人の波

bu-lli-'cio-so, -sa [ブ.ジ.'すぃオ.ソ, サ] 形 名 男 女 騒がしい(人), 騒々しい(人), やかましい(人); にぎやかな, 雑踏の, 混雑した

bu-lli-'dor, -'do-ra [ブ.ジ.'ドる, 'ド.ら] 形 動き回る; 活動的な

bu-'llir [ブ.'ジる] 動 自 ⑩ (i) «液体が»沸騰する, 沸く, 煮える, ゆだる; 泡立つ; «人・動物が»群がる, 群れる, ひしめき合う; «アイデアなどが»わき出る, わき起こる; 興奮する, かっとなる 動 他 〈体の一部を〉動かす

'bu+lo ['ブ.ロ] 名 男 《スペイン》《話》デマ, 流言

'bul-to** ['ブル.ト] 93% 名 男 荷物, 小包; こぶ, はれ, ふくらみ; (おぼろげな)姿, 人影; 問題点, 重要な点; (大きな)量, 容積, かさ; 本体, 胴体; 一かたまり, 一束; 〖美〗胸像; 《中米》《コロンビア》〖植〗カボチャ ***a ~ ざっと, 目分量て, だいたい ***de ~*** 明らかな, 目立つ ***estar de ~*** 頭数をそろえる ***hacer ~*** かさばる, じゃまになる; 増やす

bu-lu-'lú [ブル.'ル] 名 男 〔複 -lúes⇔-lús〕《ベネズエラ》混乱, 騒ぎ

bu-me-'rán⇔'bú- [ブ.メ.'らン⇔'ブ.] 名 男 〔単複同〕ブーメラン

'bun-ga 名 女 《カリブ》わな, だますこと; 小さな楽団

bun-ga-'ló [ブン.ガ.'ロ] 名 男 〖建〗バンガロー

bungalow [ブン.ガ.'ロウ] 名 男 〔英語〕⇧ bungaló

'bún-ker ['ブン.ケる] 名 男 防空壕(ごう); (ゴルフの)バンカー; 〖政〗(スペインの)極右派

bu-ño-le-'rí+a [ブ.ニョ.レ.'リ.ア] 名 女 〖商〗ブニュエロ店

bu-ño-'le-ro, -ra [ブ.ニョ.'レ.ろ, ら] 名 男 女 〖商〗ブニュエロを売る人

bu-'ñue-lo [ブ.'ニュエ.ロ] 名 男 〔食〕ブニュエロ《小麦粉を水で溶いて揚げたパン》; 《話》できそこない, へま, やっつけ仕事

BUP ['ブプ] 略 = 《スペイン》Bachillerato Unificado Polivalente 統一総合中等教育《14–16 歳の中等教育》

'bu-que ['ブ.ケ] 89% 名 男 〔海〕(大型)船, 船舶, 艦船

'bu-qué [ブ.'ケ] 名 男 花束; 〔飲〕(ワインなどの)香り

bu-'ra-co [ブ.'ら.コ] 名 男 《話》穴, 孔

bur-'bu-ja [ブる.'ブ.は] 名 女 泡, あぶく

bur-bu-je+'ar [ブる.ブ.へ.'アる] 動 自 泡立つ, 沸騰する, たぎる

bur-'del [ブる.'デル] 名 男 売春宿

bur-'de+os [ブる.'デ.オス] 名 男〔単複同〕〔飲〕(ボルドー産)ワイン; ワインレッド

Bur-'de+os [ブる.'デ.オス] 名 固〔地名〕ボルドー《フランス南西部の都市》

'bur-do, -da ['ブる.ド, ダ] 形 粗雑な, 粗悪な, 粗製の; 無作法な, 教養のない

bu-'re+o [ブ.'れ.オ] 名 男 《スペイン》《話》娯楽, 楽しみごと, 余興, 気晴らし

bur-ga-'lés, -'le-sa [ブる.ガ.'レス, 'レ.サ] 形 名 男 女〔地名〕ブルゴスの(人) ⬇Burgos

'bur-go ['ブる.ゴ] 名 男 城市; 小村落, 村

bur-go-ma+'es-tre [ブる.ゴ.マ.'エス.トれ] 名 男〔政〕(オランダ・オーストリア・ドイツ・ベルギーなどの)市長

'Bur-gos ['ブる.ゴス] 名 固〔地名〕ブルゴス《スペイン中北部の県, 県都》

*__bur-'gués, -'gue-sa__ [ブる.'ゲス, 'ゲ.サ] 93% 形 中産階級の, ブルジョアの, 資本主義の; 小市民的な, 俗物的な 名 男 女 中産階級の市民, ブルジョア

bur-gue-'sí+a [ブる.ゲ.'スィ.ア] 名 女 ブルジョア階級, 有産階級; 〔歴〕〔商〕(中世の)商工業者

bu-'riel [ブ.'りエル] 形 褐色の

bu-'ril [ブ.'りル] 名 男〔技〕たがね, 彫刻刀

bu-ri-'lar [ブ.り.'ラる] 動 他〔技〕たがねで彫る

Bur-'ki-na 'Fa-so [ブる.'キ.ナ 'ファ.ソ] 名 固〔地名〕ブルキナファソ《アフリカ中西部の共和国》

bur-ki-'nés, -'ne-sa [ブる.キ.'ネス, 'ネ.サ] 形〔地名〕ブルキナファソ(人)の 名 共 ブルキナファソ人 ⬆Burkina Faso

*__'bur-la__ ['ブる.ラ] 93% 名 女 ばかにすること, 愚弄, あざけり, からかい; 冗談 ~ *burlando* 知らぬ間に; 冗談で; ずるく, しらばくれて *de ~s* 冗談に, 遊びに *entre ~s y veras* 冗談半分に *hacer ~ con la mano* 手を鼻にあててからかう

bur-la-'de-ro [ブる.ラ.'デ.ろ] 名 男〔牛〕待避場《柵で区切られた避難所》

bur-la-'dor [ブる.ラ.'ドる] 名 男 女たらし, ドン・ファン, 誘惑者 **~, -dora** 形 からかう, 愚弄(ぐろう)する

*__bur-'lar__ [ブる.'ラる] 93% 動 他 うまくかわす, 避ける; 〈女性を〉だます, 裏切る, 〈に〉浮気する; からかう, だます, ごまかす **~se** 動 再 (de: を)ばかにする, 愚弄(ぐろう)する, からかう

bur-'les-co, -ca [ブる.'レス.コ, カ] 形 おどけた, 戯作の, 道化の; ひやかしの, 茶番の; 《話》おかしな, こっけいな **-camente** 副 こっけいに, おどけて

bur-'le-ta [ブる.'レ.タ] 名 女 《話》ちょっとした冗談, 軽いひやかし

bur-'le-te [ブる.'レ.テ] 名 男〔建〕(窓・ドアの)目張り

bur-'lón, -'lo-na [ブる.'ロン, 'ロ.ナ] 形 名 男 女 からかう, 愚弄(ぐろう)する, ふざけた; ふざける人, あざける人 **-lonamente** 副 からかうように, ふざけて

bu+'ró [ブ.'ろ] 名 男〔複 -rós〕事務机; 事務局; 《メキシコ》ナイトテーブル

bu-ro-'cra-cia [ブ.ろ.'クら.すぃア] 名 女〔政〕官僚政治[主義, 制度, 支配]; お役所的な煩瑣(はんさ)な手続き, 官僚的形式主義; 〔集合〕官僚

bu-'ró-cra-ta [ブ.'ろ.クら.タ] 名 共〔政〕官僚, 役人

bu-ro-'crá-ti-co, -ca [ブ.ろ.'クら.ティ.コ, カ] 形〔政〕官僚の; お役所的な, 官僚主義の

'bu-rra ['ブ.ら] 名 女 《コロンビア》《話》自転車; 《チリ》《話》〔車〕ぽんこつ車

bu-'rra-da [ブ.'ら.ダ] 名 女 《話》愚行, ばかげた言動; 〔畜〕ロバの大群 *una ~* 《話》たくさん, 大量

bu-'rra-jo [ブ.'ら.ほ] 名 男〔畜〕(燃料用の)乾燥馬糞(ばふん)

bu-'rre-ro, -ra [ブ.'れ.ろ, ら] 名 男 女 《ラプラタ》〔遊〕競馬ファン

bu-'rrión [ブ.'りオン] 名 男 《中米》〔鳥〕ハチドリ

*__'bu-rro, -rra__ ['ブ.ろ, ら] 91% 名 男 女〔畜〕ロバ; 《話》ばか者, とんま, 粗野な人 名 男〔技〕木(こ)びき台; 《メキシコ》アイロン台; 《ラプラタ》競馬; 《チリ》〔飲〕(ビールの)ジョッキ 形 ばかな, まぬけな *apearse* [*caerse*] *del ~* 納得する, 承服する, 譲歩する *~ cargado de libros* [*letras*] 知ったかぶりをする人 *hacer el ~* 《話》ばかなことをする *no ver tres en un ~* 《話》ほとんど何も見えない

bu-rru-'na-zo [ブ.る.'ナ.そ] 名 男 《カリブ》《話》げんこつ, 殴打

bur-'sá-til [ブる.'サ.ティル] 形〔商〕株式取引の

b

bu-'ru-jo [ブ.'る.ほ] 名 男 (小さな)塊(かたまり), つぶつぶ, 球(たま); 〔畜〕油かす《家畜の飼料・肥料》

bu-run-'dan-ga [ブ.るン.'ダン.ガ] 名 女 《カリブ》《コロンビア》がらくた

bu-run-'dés, -'de-sa [ブ.るン.'デス, 'デ.サ] 形 〔地名〕ブルンジ(人)の 名 男 女 ブルンジ人 ⬇Burundi

Bu-'run-di [ブ.'るン.ディ] 名 固 〔República de ～〕〔地名〕ブルンジ《アフリカ東部の共和国》

bu-ru-'que-na [ブ.る.'ケ.ナ] 名 女 《カリブ》〔動〕カニ

bu-'ru-za [ブ.'る.さ] 名 女 《ベネズエラ》《話》わずかなもの

*'**bus** 92% 名 男 〔車〕バス

'**Bu-san** 名 固 〔地名〕釜山(プサン)《韓国南東部の都市》

'bus-ca** 87% 名 女 捜索, 追求; 狩猟隊 名 男 ポケットベル 動 《直現3単/命》⬇buscar ***en ～ de*** ... …を求めて, …を探して ***ir a la ～*** (de: を)探しに行く; ごみあさりをする

bus-ca-'dor [ブス.カ.'ドる] 名 男 〔機〕検索機 ***～ de información*** 〔情〕検索エンジン

bus-ca-per-'so-nas [ブス.カ.ぺる.'ソ.ナス] 名 女 〔単複同〕ポケットベル

bus-ca-'pié 名 男 (会話の中での)ほのめかし, 探り; 〔複〕〔遊〕ねずみ花火

bus-ca-'plei-tos [ブス.カ.'プレイ.トス] 名 共 〔単複同〕《ラ米》けんか好きな人

****bus-'car** [ブス.'カる] 69% 動 他 69 (c|qu) 探す; 求める, 得ようと努める; 迎えに行く, 取りに行く, 会いに行く; 《話》怒らせる, 挑発する, 〈けんかを〉しかける ***～se*** 動 再 求められる, 求人する ***buscársela*** 《話》自ら災いを招く, 墓穴を掘る

bus-ca-'rrui-dos [ブス.カ.'るイ.ドス] 名 共 〔単複同〕《話》悶着(もんちゃく)を起こす人, けんか好き

bus-ca-'vi-das [ブス.カ.'ビ.ダス] 名 共 〔単複同〕《話》おせっかいな人, でしゃばり, 世話焼き; 《話》世慣れた人, やり手

bus-'cón, -'co-na 形 詮索(せんさく)する, 探る 名 男 女 詮索する人, 追求する人; 詐欺師, ペテン師; すり, こそ泥 ***-cona*** 名 女 《俗》売春婦, 街娼(がいしょう)

bus-co-ne-'ar [ブス.コ.ネ.'アる] 動 自 《カリブ》《話》〔商〕小さな商売をする; 《カリブ》《話》探し回る, かぎ回る

'**bu-ses** 名 男 《複》⬆bus

bu-'si-lis [ブ.'スィ.リス] 名 男 〔単複同〕《スペイン》困難, 障害, 壁 ***dar en el ～*** 核心を突く ***tener mucho ～*** 問題点が多い

bu-'si-to 名 男 《中米》小型バス

bus-'qué, -que(~) 動 《直点1単, 接現》⬆buscar

'bús-que-da** ['ブス.ケ.ダ] 85% 名 女 捜索, 探求, 追求, 探索; 〔情〕サーチ ***en ～ de*** ... …を求めて, …を探して

'**bus-to** 名 男 〔体〕胸(部), バスト; 〔美〕半身像, 胸像; 上半身

***bu-'ta-ca** 93% 名 女 〔演〕(劇場などの)シート, 座席, 入場券, 切符; 《スペイン》肘(ひじ)掛け椅子

Bu-'tán 名 固 〔地名〕ブータン《ヒマラヤ山脈中の王国》

bu-ta-'nés, -'ne-sa 形 〔地名〕ブータン(人)の 名 男 女 ブータン人 ⬆Bután

bu-'ta+no 名 男 〔化〕ブタン

'**bu+te** 形 《話》すばらしい, とてもよい

bu-ti-'fa-rra [ブ.ティ.'ファ.ら] 名 女 《スペイン》〔食〕ブティファーラ《カタルーニャ・バレンシア・バレアレス地方の腸詰めソーセージ》

bu-ti-'le+no [ブ.ティ.'レ.ノ] 名 男 〔化〕ブチレン

bu-'ti-lo [ブ.'ティ.ロ] 名 男 〔化〕ブチル(基)

bu-'trón [ブ.'トろン] 名 男 《スペイン》(壁や天井の)穴《泥棒が侵入するために開ける》

bu-tro-ne+'ar [ブ.トろ.ネ.'アる] 動 他 〈建物に〉(穴を開けて)盗みをはたらく

bu-tro-'ne-ro, -ra [ブ.トろ.'ネ.ろ, ら] 名 男 女 (建物に穴を開け侵入する)泥棒

bu-'tu-co, -ca 形 《中米》《話》小太りの 名 男 《中米》〔植〕(コスタリカ産の)バナナ

bu-'tu-te 名 男 《中米》〔音楽〕トランペット

Bu-yum-'bu-ra [ブ.ジュン.'ブ.ら] 名 固 〔地名〕ブジュンブラ《ブルンジ Burundi の首都》

'**bu+zo** ['ブ.そ] 名 男 〔衣〕潜水夫, ダイバー; 〔競〕〔サッカーなど〕スエット(ジャージ)

***bu-'zón** [ブ.'そン] 94% 名 男 ポスト, 郵便ポスト; 郵便受け; 水門, 排水口; 止め栓

bypass 名 男 〔英語〕⇧baipás

byte ['バイト] 名 男 〔英語〕〔情〕バイト《情報の単位》

C c *C c*

C, c ['せ] [名] [女]〔言〕セ《スペイン語の文字》;〔楽〕(音階の)ド;〔C〕(ローマ数字の)**100**

c. [略] ↓calle; capítulo; céntimo; compañía; cuenta

c- [略] =centi-《接頭辞》[10^{-2}]

c/ [略] ↓calle; cargo; cuenta

℃ [略] ↓Celsius

'ca [感]《話》決して, いやいや, まさか《否定》

ca. [略] ↓circa

c. a. [略] =corriente alterna〔電〕交流

C.ª [略] ↓carretera; compañía

C. A. [略] =compañía anónima〔商〕株式会社; comunidad autónoma《スペイン》〔政〕自治州

Ca+a-cu-'pé [名] [固]〔地名〕カアクペ《パラグアイ中部の都市》

Ca+a-gua-'zú [カ.ア.グア.'す] [名] [固]〔地名〕カアグアス《パラグアイ中東部の県》

Ca+a-za-'pá [カ.ア.さ.'パ] [名] [固]〔地名〕カアサパ《パラグアイ中南部の県, 県都》

***ca-'bal** [カ.'バル] 94% [形] 完全な, まったくの; 正確な, ちょうどの; 申し分ない, 立派な *estar en sus ~es* 正気である《おもに否定文で用いられる》 *por sus ~es* 厳密に, 過不足なく

'cá-ba-la ['カ.バ.ラ] [名] [女]〔宗〕カバラ, ユダヤ教神秘主義;〔複〕推量, 推測, 憶測;〔複〕《話》陰謀; 占い

ca-bal-'ga-da [カ.バル.'ガ.ダ] [名] [女]〔軍〕騎馬隊, 騎兵隊;〔軍〕騎兵隊の襲撃

ca-bal-ga-'du-ra [カ.バル.ガ.'ドゥ.ら] [名] [女]〔畜〕荷物運搬用[騎乗用]の家畜《馬・ロバ》

ca-bal-'gar [カ.バル.'ガる] [動] [自] 41 (g|gu)〔畜〕馬に乗る; 股(また)を広げて座る, 馬乗りになる [動] [他]〔畜〕《種馬が》‹雌馬に›交尾する;〔畜〕‹馬に›乗る

ca-bal-'ga-ta [カ.バル.'ガ.タ] [名] [女] 騎馬行進, パレード

ca-ba-'lis-ta [カ.バ.'リス.タ] [名] [共]〔哲〕カバラ学者 ↑cábala

ca-ba-'lís-ti-co, -ca [カ.バ.'リス.ティ.コ, カ] [形] 神秘的な, 秘密の, 難解な;〔宗〕カバラの, ユダヤ教神秘主義の ↑cábala

ca-'ba-lla [カ.'バ.ジャ] [名] [女]〔魚〕サバ

ca-ba-'lla-da [カ.バ.'ジャ.ダ] [名] [女]〔畜〕馬の群れ;《ラ米》《話》ばかげたこと, でたらめ, 粗野な言動

ca-ba-'llar [カ.バ.'ジャる] [形]〔畜〕馬の, 馬に関する; 馬のような

ca-ba-'lla-zo [カ.バ.'ジャ.そ] [名] [男]《メキシコ》《アンデス》《チリ》《話》人がぶつかること

ca-ba-lle-'res-co, -ca [カ.バ.ジェ.'れス.コ, カ] [形]〔歴〕騎士(道)の

ca-ba-lle-'re-te [カ.バ.ジェ.'れ.テ] [名] [男]《話》〔軽蔑〕きざな若者, 生意気な若造

***ca-ba-lle-'rí+a** [カ.バ.ジェ.'り.ア] 93% [名] [女]〔畜〕(乗用の)馬, ラバ, ロバ;〔軍〕騎兵隊;〔歴〕騎士道;〔歴〕騎士団; カバジェリーア《面積の単位: スペイン 3863 アール, キューバ 1343 アール, プエルトリコ 7858 アール》 *andarse en ~s* 慇懃(いんぎん)無礼である *~ andante* 武者修業;〔集合〕遍歴の騎士

ca-ba-lle-'ri-zo, -za [カ.バ.ジェ.'り.そ, さ] [名] [男] [女]〔畜〕馬丁, 馬の飼育係 **-za** [名] [女]〔畜〕馬[ラバ, ロバ]小屋, 厩舎(きゅうしゃ);〔畜〕〔集合〕馬, ラバ, ロバ;〔畜〕〔集合〕馬丁, 別当

****ca-ba-'lle-ro** [カ.バ.'ジェ.ろ] 84% [名] [男]《丁寧語》男の方, 殿方; 紳士, (人格の)立派な男;〔女性と区別して〕男性;《丁寧語》だんなさま《敬意をこめて相手を指す》;〔歴〕騎士;〔軍〕騎兵; 貴族 **~, -ra** [形]〔畜〕(en, sobre: 馬などに)乗った, 騎乗の; (en: に)執着した **C~** [名] [固]〔姓〕カバジェーロ

ca-ba-lle-ro-si-'dad [カ.バ.ジェ.ろ.スィ.'ダド] [名] [女] 紳士的な態度, 紳士らしさ; 騎士道精神

ca-ba-lle-'ro-so, -sa [カ.バ.ジェ.'ろ.ソ, サ] [形] 紳士的な, 紳士らしい;〔歴〕騎士道の **-samente** [副] 紳士らしく, 紳士にふさわしく

ca-ba-'lle-te [カ.バ.'ジェ.テ] [名] [男]〔建〕(屋根の)棟(むね); 架台, 木びき台; (煙突の頂上につける)煙突帽; 鼻ばしら;〔美〕画架, イーゼル;〔歴〕拷問台;〔農〕畝(うね);《メキシコ》〔昆〕コオロギ

ca-ba-'llis-ta [カ.バ.'ジス.タ] [名] [共] 乗馬の名手, 名騎手

ca-ba-'lli-to [カ.バ.'ジ.ト] [名] [男]〔畜〕小馬, ポニー;〔複〕〔遊〕メリーゴーラウンド, 回転木馬;〔複〕〔遊〕(回転式の)競馬ゲーム(機) *~ de mar*〔動〕タツノオトシゴ *~ del diablo*〔昆〕トンボ;《メキシコ》〔昆〕コオロギ

****ca-'ba-llo** [カ.'バ.ジョ] 80% [名] [男]〔動〕ウマ[馬], 雄ウマ;〔機〕馬力;〔遊〕(チェスの)

ナイト;〔遊〕〔スペイントランプ〕馬の札; 木(こ)びき台;〔鉱〕岩の塊;〔軍〕騎兵;《カリブ》《話》不器用な人; 乱暴者;《ベネズエラ》《話》仲間, 相棒 *a* ～ 馬に乗って[た]; 2 つにまたがって[た], 中間の *a mata* ～《話》大急ぎで⇨a matacaballo, ⬇ matacaballo ～ *de mar*〔動〕タツノオトシゴ ～ *de vapor*〔技〕馬力 ～ *del diablo*〔昆〕トンボ

ca-ba-'llón, -'llo-na [カ.バ.'ジョン, 'ジョ.ナ] 名 男 女《メキシコ》《話》背の高い人, 大きな人

ca-ba-'llu+no, -na [カ.バ.'ジュ.ノ, ナ] 形〔動〕ウマ[馬]の, 馬のような

ca-'bal-'men-te [カ.'バル.'メン.テ] 副 ちょうど, 正確に; 完全に

ca-'ban-ga 名 女《中米》《話》恋; 失恋

*__ca-'ba-ña__ [カ.'バ.ニャ] 92% 名 女〔建〕小屋, 丸太小屋, 掘っ立て小屋, あばら屋;《スペイン》〔集合〕〔畜〕家畜, 家畜の群れ《牛・馬・羊など》;《メキシコ》〔競〕〔サッカー〕ゴール

ca-ba-'ñal [カ.バ.'ニャル] 形〔畜〕家畜の, 牧畜の 名 男 村落

Ca-'ba-ñas [カ.'バ.ニャス] 名 固〔地名〕カバーニャス《エルサルバドル中部の県》

ca-ba-'ñue-la [カ.バ.'ニュエ.ラ] 名 女〔複〕天気占い《翌年の天気を占う》;〔複〕《アンデス》夏期の最初の雨

ca-ba-'ré [カ.バ.'れ] 名 男 キャバレー, ナイトクラブ

ca+be [カ.ベ] 前〔弱勢〕《古》《詩》…のそばに, 近くに

ca-be-ce+'a-da [カ.ベ.せ.'ア.ダ] 名 女《ラ米》昼寝

ca-be-ce+'ar [カ.ベ.せ.'アる] 動 自 頭を(上下[左右]に)振る, 振り動かす; うとうとする, こっくりする;〔海〕《船が》傾く,《船が》縦[前後]に揺れる;《荷物などが》ずれる;〔競〕〔サッカー〕ヘディングする 動 他〔飲〕〈ワインを〉ブレンドする;〔印〕〈本に〉花ぎれ[ヘッドバンド]をつける; 〈マットなどの〉縁を縫う;〔競〕〔サッカー〕〈ボールに〉ヘディングする;〔農〕〈枕地(まくら)を〉耕す, すく;《チリ》《話》考える

ca-be-'ce+o [カ.ベ.'せ.オ] 名 男 大きな揺れ

ca-be-'ce-ra [カ.ベ.'せ.ら] 名 女 枕元, 頭板, ヘッドボード; 先頭, 頭(かしら), 首位; 上座, 上位, 首座;〔地〕(川などの)水源, 源; (本などの)題, 表題, 見出し;〔政〕(地方の)県庁所在地; 頭(かしら), 長, トップ, 指揮者;〔農〕枕地(まくら)《畑のへり》;〔複〕〔印〕花ぎれ, ヘッドバンド;〔情〕ヘッダー ～ *de puente*〔軍〕橋頭堡(きょうとうほ) *médico de* ～ かかりつけの医師, 主治医

ca-be-'ce-ro [カ.ベ.'せ.ろ] 名 男 ベッドの頭部

ca-be-'ci-lla [カ.ベ.'すぃ.ジャ] 名 共 首謀者, 頭目; みすぼらしい人, 愚かな人

ca-be-'ci-ta 〔縮小語〕⬇cabeza

ca-be-'lle-ra [カ.ベ.'ジェ.ら] 名 女〔体〕〔全体〕頭髪; かつら, 入れ毛;〔天〕(彗星の)尾

*__ca-'be-llo__ [カ.'ベ.ジョ] 91% 名 男〔体〕髪の毛, 頭髪;〔植〕トウモロコシのひげ ～ *de ángel*〔食〕カボチャ菓子 *estar en* ～*s* 帽子をかぶっていない *traído[da] por los* ～*s* 無理な, こじつけの

ca-be-'llu-do, -da [カ.ベ.'ジュ.ド, ダ] 形 毛の多い, 毛深い, 毛むくじゃらの;〔植〕繊維状の, 毛でおおわれた

**__ca-'ber__ [カ.'べる] 84% 動 自 ⑪ (en, por: 場所に)入る, 入りうる, 収まる; (不定詞/que 接続法: …が)可能である, ありうる;《栄誉・満足・責任が》(a: に)かかる, もたらされる, くる;《割り算の結果が》(a: に)なる *en [dentro de] lo que cabe* できる限り, 可能な範囲で *no* ～ *en la cabeza* 信じられない, 理解できない *no* ～ *en sí* (de: で)有頂天である, 大喜びしている *si cabe* できることなら, 可能ならば

ca-bes-'tri-llo [カ.ベス.'トり.ジョ] 名 男〔医〕つり包帯, 三角巾

ca-'bes-tro [カ.'ベス.トろ] 名 男〔畜〕端綱(はづな)《牛馬の口につける綱》;〔畜〕(牛の群れを導く)先頭の牛;《メキシコ》綱, ロープ, ひも;《ベネズエラ》《話》乱暴者, 田舎者

ca-'be-te 名 男〔複〕《カリブ》〔衣〕靴ひも

**__ca-'be-za__ [カ.'ベ.さ] 73% 名 女〔体〕〔動〕(人・動物の)頭, 頭部; (物の)頭部, 先端; 最上位, てっぺん, 頂上, 先頭; 長, 頭, 最高位, 首席; 頭脳, 頭の働き, 理性, 正気; 頭数(あたまかず), …人, …頭(とう);〔機〕(テープレコーダー・ビデオデッキの)ヘッド; 一つ, 一かけら; 首, 命; 項目, 題目; (新聞の)見出し;〔長さとしての〕首(の差);《メキシコ》(時計の)竜頭(りゅうず) 名 男 頭目, 首領, 家長 *a la* ～ *de* … …の先頭に[で] *alzar la* ～ 堂々とふるまう; 苦境から脱する, 立ち去る *bajar la* ～《話》屈服する ～ *a pájaros* 空っぽの頭, 軽薄 ～ *abajo* 上下を逆さにして ～ *rapada* スキンヘッドの人 ～ *de turco* スケープゴート, 他人の罪を着せられる人, 身代わり *calentarse la* ～ よく考える, 思いめぐらす *con la* ～ *alta* 堂々として *de* ～ 頭から(突っ込んで) *de pies a* ～ 全身が…で, 頭からつま先まで; 完全に, まったく *ir de* ～ とても忙しい *ir de* ～ (por: を)とても欲しがる *levantar* ～ 困難を切り抜ける, 立ち直る *meter en la* ～ …(a: に)…を納得させる, 説得する *no levantar* ～ 没頭している;〔医〕(病気が)回復しない; 立ち直れない *perder la* ～ 夢中になる, かっとなる, 冷静さを失う *sacar la* ～ 出始める, 気配を見せる *sentar* ～ 分別をつける *subirse a la*

~ (a: を)思い上がらせる; (a: を)酔わせる *tocado[da] de la* ~ 《話》頭がおかしい, 気がふれている *traer de* ~ (a: を)てんてこ舞いさせる, 心配させる

ca-be-'za-da [カ.ベ.'さ.ダ] 名 女 頭突き; 頭をぶつけること; うなずき, 会釈; 居眠り; 〔海〕(船の)縦揺れ, ピッチング; 〔畜〕(馬具の)おもがい; (本の)花ぎれ, ヘッドバンド

ca-be-'zal [カ.ベ.'さル] 名 男 〔機〕(器具の)磁気ヘッド; 長まくら[クッション]

ca-be-'za-zo [カ.ベ.'さ.そ] 名 男 頭(ず)突き, 頭をぶつけること; 〔競〕〔サッカー〕ヘディング; 《話》すばらしいアイデア

ca-'be-zo [カ.'ベ.そ] 名 男 〔地〕小山, 丘; 〔海〕岩礁(がんしょう); 〔衣〕シャツの襟

ca-be-'zón, -'zo-na [カ.ベ.'そン, 'そ.ナ] 形 名 男 女 《話》頑固な, 強情な, 石頭の; 頑固者, 強情っ張り, 石頭; 《話》頭が大きい(人), 頭でっかち(の) 名 男 《話》〔体〕大きな頭

ca-be-'zo-ta 名 女 《話》大きな頭 名 共 《話》頑固者

ca-be-'zu-do, -da [カ.ベ.'す.ド, ダ] 形 頭が大きい, 頭でっかちの; 《話》強情な, 頑固な; 〔飲〕《ワインの》アルコール度が強い 名 男 (カーニバル用の)大頭(のかぶり物), 大張り子, 張りぼて; 〔魚〕ボラ

ca-be-'zue-la [カ.ベ.'すエ.ラ] 名 女 小さな頭; 〔食〕粗びきの小麦粉; 〔植〕頭状花; (バラの)つぼみ

ca-'bí+a(~) 動 《直線》 ↑caber

ca-'bi-da 名 女 容量, 容積, 収容能力; 空間, スペース, 場所 *dar* ~ (a: に)余地を残す; (a: の)収容力がある

ca-bil-de+'ar [カ.ビル.デ.'アる] 動 自 (組織内で)立ち回る, 画策する, 根回しする

ca-bil-'de+o [カ.ビル.'デ.オ] 名 男 たくらみ, 陰謀; 暗躍, 根回し

ca-'bil-do [カ.'ビル.ド] 名 男 〔政〕市[町, 村]議会, 役場; 〔宗〕聖堂参事会

Ca-'bi-mas 名 固 〔地名〕カビーマス《ベネズエラ北西部の都市》

***ca-'bi-na** 93% 名 女 (仕切られた)小部屋, ボックス; 〔空〕コックピット, (飛行機の)操縦室; 〔海〕船室, キャビン; 〔鉄〕運転席

ca-biz-'ba-jo, -ja [カ.ビす.'バ.ほ, は] 形 うつむいた, うなだれた, しょんぼりした

****'ca-ble** ['カ.ブレ] 90% 名 男 太綱(ふとづな), 大索(たいさく), ロープ; 電信, 電報; 外電; (電話・電力・通信用の)ケーブル; 〔海〕ケーブル《海上の距離の単位; 185.9 メートル》 *cruzársele los ~s* 《話》分別[判断力]を失う *echar un* ~ 《話》手を貸す, 助ける *tener los ~s pelados* 《チリ》《話》頭がおかしい

ca-ble-gra-'fiar [カ.ブレ.グら.'フィアる] 動 他 ㉙ (i|í) 〈外電を〉打つ, 通信する

ca-ble-'grá-fi-co, -ca [カ.ブレ.'グら.フィ.コ, カ] 形 海底電信の[に関する]

ca-ble-'gra-ma [カ.ブレ.'グら.マ] 名 男 海外電報; 海底電信

****'ca+bo** 79% 名 男 端, 先, 末端; 〔地〕岬; 短いひも, (ひもの)切れはし; 細目, 細部; 問題点, 懸案; (器具の)取っ手, 柄(え); 〔海〕ロープ, 索具; 〔体〕くるぶし; 〔体〕手首; 〔複〕〔畜〕(馬の)脚と鼻面とたてがみ 名 共 〔軍〕(陸軍)兵長 *al* ~ しまいに, ついに *al* ~ *de* ... …の後ろに, 後に *atar ~s* 結論を引き出す *atar los ~s* 確かめる, 突き合わせる ~ *suelto* あやふやな点, 未解決の問題 *dar* ~ (a: を)完成する *de* ~ *a rabo* 端から端まで, 全部 *estar al* ~ *de la calle* 全部わかる, 知りつくす, 精通している *llevar a [al]* ~ *[efecto]* 実行する, 成し遂げる

'Ca+bo 名 固 ⇩ Ciudad del Cabo

ca-bo-'ta-je [カ.ボ.'タ.へ] 名 男 〔海〕近海[国内]航行, 沿岸貿易

'Ca+bo 'Ver-de ['カ.ボ 'べる.デ] 名 固 〔República de ~〕〔地名〕カボベルデ《アフリカ大陸西岸沖のベルデ岬諸島を占める共和国》

ca-bo-ver-'dia+no, -na [カ.ボ.べる.'ディア.ノ, ナ] 形 〔地名〕カボベルデ(人)の 名 男 女 カボベルデ人 ↑Cabo Verde

ca-br~ 動 《直未/過未》 ↑caber

***'ca-bra** ['カ.ブら] 92% 名 女 〔動〕〔畜〕ヤギ; 《話》オートバイ; 《ラ米》二輪の荷車; 《コロンビア》はけ, ブラシ; 《アンデス》《話》汚れた膝; 《チリ》《話》女の子 ~ *montés* 〔動〕野生ヤギ, アイベックス 〔複: cabras monteses〕 *estar como una* ~ 《話》頭がおかしい

ca-bra+'hí-go [カ.ブら.'イ.ゴ] 名 男 〔植〕カプリイチジク

ca-'bra-les [カ.'ブら.レス] 名 男 〔単複同〕〔食〕カブラレスチーズ《牛乳にヤギの乳を混ぜたものを原料にしたチーズ》

ca-bre+'a-do, -da [カ.ブれ.'ア.ド, ダ] 形 《俗》腹を立てている; 《コロンビア》《話》疑い深い

ca-bre+'ar [カ.ブれ.'アる] 動 他 《スペイン》《俗》怒らせる; うんざりさせる **~se** 動 再 《スペイン》《俗》腹を立てる, 頭にくる

ca-'bre+o [カ.'ブれ.オ] 名 男 《スペイン》《俗》立腹, 激怒

Ca-'bre-ra [カ.'ブれ.ら] 名 固 〔地名〕カブレラ島《スペイン本土の東, マジョルカ Mallorca 島の南にある》

ca-'bre-ro, -ra [カ.'ブれ.ろ, ら] 名 男 女 〔畜〕ヤギ飼い, ヤギの番人

ca-bres-'tan-te [カ.ブれス.'タン.テ] 名 男 〔海〕車地(しゃち)《錨や円材を巻き揚げる大きな滑車》

'ca-bria ['カ.ブりア] 名 女 〔機〕起重機, クレーン

C

ca-'bria-do, -da [カ.'ブリア.ド, ダ] 形 名 男 女 《チリ》《話》うんざりしている(人)

ca-'bri-lla [カ.'ブリ.ジャ] 名 女 〔魚〕カブリラニラミ;〔技〕木(こ)びき台;〔複〕白波;〔複〕低温やけど;〔las Cabrillas〕〔天〕すばる ***salta*** ～〔遊〕馬飛び

ca-bri-lle+'ar [カ.ブリ.ジェ.'アる] 動 自 白波[波頭]が立つ;(水面が)きらきら輝く

'ca-brio ['カ.ブリオ] 名 男 〔建〕垂木(たるき)

ca-'brí+o, +a [カ.'ブリ.オ, ア] 形 〔畜〕ヤギの(ような) 名 男 〔畜〕ヤギの群れ

ca-'brio-la [カ.'ブリオ.ラ] 名 女 跳びはね, 跳躍;〔競〕〔馬術〕カブリオール《垂直の跳躍》

ca-brio-'lé [カ.ブリオ.'レ] 名 男 幌付き馬車;〔車〕コンバーティブル《畳み込み幌付き自動車》

ca-'bri-ta [カ.'ブリ.タ] 名 女 〔複〕《チリ》〔食〕ポップコーン

ca-bri-'ti-lla [カ.ブリ.'ティ.ジャ] 名 女 子ヤギの革, キッド革

ca-'bri-to [カ.'ブリ.ト] 名 男 〔畜〕子ヤギ;〔複〕《チリ》ポップコーン;《スペイン》《俗》野郎, いやなやつ, ろくでなし

ca-'brón [カ.'ブろン] 名 男 〔畜〕雄ヤギ;《スペイン》《俗》妻を寝取られた夫;《俗》悪党, くそ野郎; やつ, 野郎;《ラ米》《俗》ポン引き, 取り持ち男 感《俗》くそったれ!, 馬鹿野郎!

ca-bro-'na-da [カ.ブろ.'ナ.ダ] 名 女 (夫による)妻の不倫の黙認;《俗》汚い手, ひどいやり口

ca-'bru+no, -na [カ.'ブる.ノ, ナ] 形 〔畜〕ヤギの(ような)

ca-bu-'jón [カ.ブ.'ほン] 名 男 カボション《頂部を丸く磨きあげた宝石》

ca-'bús 名 男 《メキシコ》〔鉄〕(貨物列車の)乗務員用車両

ca-'bu-ya 名 女 〔植〕リュウゼツラン(の繊維);〔一般〕ひも;《カリブ》細ひも

'ca+ca 名 女 《話》うんち;《俗》くだらないもの, がらくた;《俗》汚い物, 汚物

ca-ca+'hua-te [カ.カ.'ウア.テ] 名 男 《メキシコ》《カリブ》⇩ cacahuete

*__ca-ca+'hue-te__ [カ.カ.'ウエ.テ] 93% 名 男 〔植〕ラッカセイ; その実, ピーナツ

ca-ca+'lo-ta [カ.カ.'ロ.タ] 名 女 《中米》《話》借金

ca-'ca-na 名 女 《コロンビア》《話》大便, 糞(ふん)

ca-'ca+o 名 男 〔植〕カカオ(の木・実・豆);〔食〕ココア《カカオ豆の粉末, チョコレートの原料》;《ラ米》〔食〕チョコレート ***armar un*** ～《話》大騒ぎを起こす ***valer un*** ～《中米》《話》全然かまわない

ca-ca+que+'ar [カ.カ.ケ.'アる] 動 自 《コロンビア》《話》田舎の人の話し方をする

ca-ca+re+'ar [カ.カ.れ.'アる] 動 自 〔畜〕«ニワトリ[鶏]が»コッコッと鳴く;《メキシコ》《話》うわさ話をする 動 他 《話》自慢する, 大ぶろしきを広げる

ca-ca+'re+o [カ.カ.'れ.オ] 名 男 〔畜〕ニワトリ[鶏]が鳴く声;《話》自慢(話), 吹聴すること

ca-ca+'ri-co, -ca [カ.カ.'り.コ, カ] 形 名 男 女 《中米》《話》弱々しい(人), 病弱な(人) 名 男 《中米》〔動〕カニ

ca-ca+'tú+a 名 女 〔鳥〕バタンインコ 名 共 《カリブ》《話》役に立たない人, 無能な人

ca-'cé, -ce(～) 動 《直点1単, 接現》⬇ cazar

ca-'ce+a [カ.'せ.ア] 名 女 〔魚〕釣り漁

ca-ce+'ar [カ.せ.'アる] 動 自 〔魚〕釣り漁をする

ca-'ce-ra [カ.'せ.ら] 名 女 〔農〕用水路

ca-ce-'re-ño, -ña [カ.せ.'れ.ニョ, ニャ] 形 名 男 女 〔地名〕カセレスの(人)⬇ Cáceres

'Cá-ce-res ['カ.せ.れス] 名 固 〔地名〕カセレス《スペイン中西部の県, 県都》

ca-ce-'rí+a [カ.せ.'り.ア] 名 女 狩猟, 狩り, ハンティング;〔集合〕獲物

ca-ce-'ro-la [カ.せ.'ろ.ラ] 名 女 〔食〕シチュー鍋, 平鍋, キャセロール

'ca-cha 名 女 取っ手, 柄(え);(ナイフなどの)柄(つか), (ピストルの)握り;〔複〕《話》尻;《南米》角(つの);《南米》お金;〔複〕《話》たくましい男;《コロンビア》《話》親友, 仲よし ***hasta las ～s*** 《話》最後まで, すっかり

ca-'cha-co, -ca 形 名 男 女 《コロンビア》《アンデス》《話》田舎っぽい(人);《ベネズエラ》《話》着飾った(人), おしゃれな(人);《アンデス》《話》〔軽蔑〕軍人, 兵士

ca-cha-'lo-te [カ.チャ.'ロ.テ] 名 男 〔動〕マッコウクジラ

ca-'char [カ.'チャる] 動 他 (粉々に)砕く;〔農〕‹畝を›すき起こす;《ラ米》からかう, ばかにする; つかむ, 捕える, 押さえる; 見抜く, 気づく, わかる

ca-char-pe+'ar-se [カ.チャる.ペ.'アる.セ] 動 再 《チリ》《話》着飾る, めかし込む

ca-'cha-rra [カ.'チャ.ら] 名 女 《ベネズエラ》《話》ぼんこつ車

ca-cha-'rra-zo [カ.チャ.'ら.そ] 名 男 《話》強打, 衝突

ca-cha-rre-'rí+a [カ.チャ.れ.'り.ア] 名 女 〔商〕陶器店, 瀬戸物屋;〔集合〕陶器類;《話》〔商〕金物屋

ca-cha-'rre-ro, -ra [カ.チャ.'れ.ろ, ら] 名 男 女 〔商〕陶器[瀬戸物]商;《コロンビア》《話》〔商〕安物売り, 行商人

*__ca-'cha-rro__ [カ.'チャ.ろ] 94% 名 男 皿, 小鉢, 陶器, 瀬戸物容器; がらくた, くず;《話》〔車〕ぼんこつ車;〔複〕陶器の破片[かけら];《話》〔一般〕〔しばしば軽蔑〕もの;《中米》刑務所

ca-'cha-za [カ.'チャ.さ] 名 女《話》のろま, ぐず, 悠長さ;〔飲〕サトウキビ酒, ラム酒;《カリブ》サトウキビ酒製造の残りかす;《カリブ》〔食〕野菜の表皮;《中米》《コロンビア》《話》破廉恥, 恥ずかしい行為;《コロンビア》《話》〔飲〕安物のサトウキビ酒

ca-cha-'zu-do, -da [カ.チャ.'す.ド, ダ] 形 名 男 女《話》のろい, のんびりした, のんきな; 不精者, ぐず

ca-'ché 名 男〔演〕(芸能人の)出演料, ギャラ; 気品, 上品;〔情〕キャッシュメモリー ⇨memoria caché, ⬇memoria

ca-che+'ar [カ.チェ.'アる] 動 他 〈に〉ボディーチェックをする

ca-che-'mir [カ.チェ.'ミる] 形〔地名〕カシミールの⬇Cachemira〔言〕カシミール語の 名 男〔言〕カシミール語;〔衣〕カシミア織り《カシミール地方産のヤギの毛を紡いで作られた毛織物》 **C**～ 名 固 ⬇Cachemira

Ca-che-'mi-ra [カ.チェ.'ミ.ら] 名 固〔地名〕カシミール《インド北西部とパキスタン北東部にまたがる地方》

ca-'che+o 名 男 身体検査, ボディーチェック

ca-'che-ro [カ.'チェ.ろ] 名 男《中米》《ベネズエラ》《話》うそつき;《中米》《話》望み, 期待

ca-che-'ta-da 名 女《話》平手打ち, びんた

ca-'che-te 名 男《スペイン》《話》平手打ち, びんた;《話》(ぽっちゃりした)頬(ほお); 短剣, 短刀;《話》お尻 *de* ～《コロンビア》《話》ただ乗りをして

ca-che-'te+o 名 男《チリ》《ラプラタ》《話》楽な暮らし

ca-che-'te-ro [カ.チェ.'テ.ろ] 名 男 短剣, 短刀;〔牛〕カチェテーロ《牛に短刀 (cachete) でとどめを刺す闘牛士》

ca-che-'tón, -'to-na 形 名 男 女《チリ》《話》見栄を張る(人), うぬぼれた(人);《チリ》《話》ほっぺたの大きな(人)

ca-'chi-cha 名 女《中米》《話》怒り

ca-chi-'flín [カ.チ.'フリン] 名 男《中米》《話》逃走

ca-'chi-fo, -fa 名 男 女《コロンビア》《話》子供, 少年, 少女;《ベネズエラ》《話》召使い; お手伝いさん

ca-chi-fo-'llar [カ.チ.フォ.'ジャる] 動 他《話》ぶちこわす;《話》〈人を〉やりこめる

ca-'chim-ba 名 女 パイプ, キセル

ca-'chim-bo 名 男《中米》《話》げんこつ, 殴打

ca-chi-'pil [カ.チ.'ピル] 名 男《中米》《話》幸運, 財産

ca-chi-'po-lla [カ.チ.'ポ.ジャ] 名 女〔昆〕カゲロウ

ca-chi-'po-rra [カ.チ.'ポ.ら] 名 女 (先が丸い)棍棒 形 名 共《チリ》《話》〔軽蔑〕うぬぼれた(人), 思い上がった(人)

ca-chi-'ru-lo, -la [カ.チ.'る.ロ, ラ] 名 男 女《メキシコ》《話》異母兄弟[姉妹] 名 男《メキシコ》《話》いんちき, ごまかし, トリック

ca-'chi-to 名 男《話》かけら, 小片 *a ～s* 細かく(して)

ca-chi-'va-che [カ.チ.'バ.チェ] 名 男〔複〕がらくた, くず, ごみ;〔複〕(古い)つぼ, 鉢;《話》役立たず, ろくでなし

*'**ca-cho** 92% 名 男《話》一片, 一つ, 一かけら;《メキシコ》宝くじ券;《中米》バナナの房;《中米》《話》泥棒;〔複〕《中米》《アンデス》《チリ》〔動〕(動物の)角(つの);《チリ》がらくた, 役に立たないもの ～ *de pan*《話》とてもいい人

'**ca-cho, -cha** 形 ⇩ gacho

ca-'cho-la [カ.'チョ.ラ] 名 女《カリブ》《話》〔体〕頭

ca-cho-'lón, -'lo-na [カ.チョ.'ロン, 'ロ.ナ] 名 男 女《カリブ》《話》〔体〕頭の大きな人

ca-chon-de+'ar-se [カ.チョン.デ.'アる.セ] 動 再《スペイン》《話》(de: を)からかう

ca-chon-'de+o 名 男《スペイン》《話》悪ふざけ, からかい;《話》どんちゃん騒ぎ, ばか騒ぎ

ca-chon-'dez [カ.チョン.'デす] 名 女《俗》肉欲, 色情; 発情, さかり

ca-'chon-do, -da 形《俗》(性的に)興奮した, 欲情した;《俗》〔動〕〔畜〕《動物が》発情した, さかりがついた;《スペイン》《話》冗談好きな, おもしろい 名 男 女《話》おもしろい人, 冗談好きな人

ca-cho-'rri-llo [カ.チョ.'り̃.ジョ] 名 男《話》小型ピストル

ca-'cho-rro, -rra [カ.'チョ.ろ̃, ら̃] 名 男 女〔動〕〔畜〕動物の子, 幼獣; 子犬;《カリブ》《ベネズエラ》《話》頑固者 形《ラ米》粗野な, 不作法な 名 男《話》小型銃

ca-'chu-be 名 男《ベネズエラ》《話》〔体〕へそ

ca-'chu-cha 名 女〔海〕小型のボート, 小船;〔衣〕(ひさし付き)帽子;〔楽〕カチューチャ《アンダルシア地方の民族舞踊》

ca-chu-'cha-zo [カ.チュ.'チャ.そ] 名 男《チリ》《話》平手打ち, びんた

ca-'chu-do, -da 形 名 男 女《メキシコ》角が大きな(動物);《メキシコ》《話》まじめくさった(人);《南米》ずるい(人);《チリ》《話》嫉妬深い(人); 疑い深い(人)

ca-chum-bam-'bé 名 男《カリブ》〔遊〕シーソー

ca-ci-'ca-to [カ.すぃ.'カ.ト] 名 男〔政〕ボス支配, ボスの権力

ca-ci-'caz-go 名 男 ⇧ cacicato

***ca-'ci-que** [カ.'すぃ.ケ] 94% 名 男〔cacica 女 が使われることがある〕〔政〕(地方政界の)ボス, ドン, 有力者;〔政〕(中南米先住民の)族長; 暴君, 横暴な人

ca-ci-'quil [カ.すぃ.'キル] 形〔政〕(地方

の)ボス[有力者]の; 族長の

ca-ci-'quis-mo [カ.すぃ.'キス.モ] 名 男 〘政〙 地方のボスによる支配[政治]

'ca+co 名 男 《話》 泥棒, すり

ca-co-fo-'ní+a 名 女 〘楽〙 不協和音; 〘言〙 不快な音調, ごろの悪さ

ca-co-'fó-ni-co, -ca 形 〘楽〙 不協和音の; 〘言〙 同音が反復する, ごろが悪い

ca-'cre-co, -ca [カ.'クれ.コ, カ] 形 名 男 女 《(中米)》《話》〘医〙 病み上がりの(人)

cac-'tá-ce+o, +a [カク.'タ.せ.オ, ア] 形 〘植〙 サボテン科の **+a** 名 女 〔複〕〘植〙 サボテン科

'cac-to 名 男 ⇩ cactus

'cac-tus ['カク.トゥス] 名 男 〔単複同〕 〘植〙 サボテン

ca-'cu-men 名 男 《話》(頭の)切れ, 明敏さ

‡**'ca+da** 63% 形 名 共 〔単複同〕 **1** それぞれの, ひとつずつの, 各…: **Cada** invitado recibió su regalo. 招待客はそれぞれプレゼントをもらった。 **2** 〔数詞とともに副詞〕 毎…, …ごとに: El médico viene **cada** dos semanas. 医師は2週間ごとに来ます。 **3** 〔比較級とともに〕 次第に, ますます: El enfermo está **cada** vez mejor. 病人はだんだんよくなっている。 **4** 《話》〔感嘆文で〕 すごい, あまりの ~ ***cual*** [***uno, una***] 各人, それぞれ, めいめい ~ ***dos por tres*** しょっちゅう, 頻繁に ~ ***vez que*** … …の度ごとに ~ ***que*** … 《各地方言》 ⇧ ~ vez que

ca-'dal-so [カ.'ダル.ソ] 名 男 絞首台; 演壇

‡**ca-'dá-ver** [カ.'ダ.べる] 89% 名 男 死体, 死骸

ca-da-'vé-ri-co, -ca [カ.ダ.'べ.り.コ, カ] 形 青ざめた, 死人のような; 死体の

‡**ca-'de-na** 82% 名 女 鎖, チェーン; ひと続き, 連続, 連鎖; 系列, チェーン; 束縛, 拘束; 〘放〙 (テレビ局の)チャンネル; 〘法〙 禁固刑, 留置; ステレオコンポ; 《話》 人の輪, 人間の鎖

ca-'den-cia [カ.'デン.すぃア] 名 女 〘文〙 韻律; 〘楽〙 拍子, リズム; 〘楽〙 カデンツァ 《楽曲の終わりで独奏者が無伴奏で演奏する技巧的な部分》

ca-den-'cio-so, -sa [カ.デン.'すぃオ.ソ, サ] 形 律動的な, リズミカルな, 抑揚のある

ca-de-'ne-ta 名 女 〘衣〙 チェーンステッチ, 鎖編み

ca-de-'ni-lla [カ.デ.'ニ.ジャ] 名 女 短い鎖

***ca-'de-ra** [カ.'デ.ら] 93% 名 女 〘体〙 尻, 腰, 臀部(でんぶ); 〘動〙 (動物の)尻[もも]の部分; 〘衣〙 ペチコート

ca-'de-te 名 男 〘軍〙 将校生徒, 士官候補生

'ca+di 名 共 〘競〙〔ゴルフ〕 キャディー

ca+'dí 名 男 〔複 -díes⇔-dís〕〘法〙 (イスラム教国の)裁判官

'Cá-diz ['カ.ディす] 名 固 〘地名〙 カディス 《スペイン南部の県, 県都》

'cad-mio 名 男 〘化〙 カドミウム 《元素》

ca-du-'car [カ.ドゥ.'カる] 動 自 ㊄ (c|qu) 期限切れになる, (権利が)消滅する; 〘法〙 《法が》失効する; 古くなる, 古びる; 老いる, もうろくする

ca-du-'ce+o [カ.ドゥ.'せ.オ] 名 男 〘ロ神〙 マーキュリー[メルクリウス]の杖 《商業・医術・平和の表象》

ca-du-ci-'dad [カ.ドゥ.すぃ.'ダド] 名 女 〘法〙 取り消し, 無効, 失効; 老衰, もうろく

ca-'du-co, -ca 形 〘植〙 (葉などが)脱落性の; 《話》〔軽蔑〕 老いぼれた, 老衰した; 期限切れの, 無効になった; 過去の, すたれた, 時代遅れの, 古くさい; 《格》 はかない, 束の間の, 一時的な

ca+e-'di-zo, -za [カ.エ.'ディ.そ, さ] 形 倒れやすい, 落ちやすい; 〘植〙 落葉性の

‡**ca+'er** [カ.'エる] 72% 動 自 ⑫ 〔直現1単 caigo; -y-〕 落ちる, 倒れる, 《家などが》倒壊する; 〘気〙 《雨・雪などが》降る; 《人が》倒れる, 転ぶ; 《人が》死ぬ, 命を落とす; 《政府などが》崩壊する, 《都市などが》陥落する, 《人が》失脚する; 垂れる, 《幕などが》降りる, 下がる; (上から降りてくるように)《闇・静けさなどが》やって来る, 降りる; 弱くなる, 衰弱する, 衰える, 衰退する; 《不幸が》 (a, en, sobre: に)襲い[降り]かかる; 《幸運が》当たる, めぐり合う; わかる, 理解する, 思い出す, 思い当たる; (en, por: に)(突然)姿を現す, (不意に)やって来る; 《休日・誕生日などが》 (en: に)当たる, かち合う; 〔~ bien [mal]〕 《服などが》似合う[似合わない]; …にある; 〘建〙 《窓などが》 (a: に)向いている; (形容詞・副詞: …に)思える, (形容詞・副詞: …と)感じる; 失敗する; 〘気〙 《風が》弱くなる; 《色などが》あせる, うすくなる **~se** 動 再 (自分の手・体から)落ちる; ころぶ, 倒れる; (de: で)死にそうになる; 《家などが》倒壊する; 〘空〙 《飛行機が》墜落する; 《(チリ)》 間違える ~ ***a mano*** 近くにある ~ ***bien*** 気に入る, 感じがよい ~ ***de perlas*** ちょうどよい, 適切である ***dejar*** ~ それとなく言う; (うっかり)落とす ***estar al*** ~ 間近(まぢか)である

‡**ca+'fé** 81% 名 男 〘飲〙 コーヒー; 〘商〙 カフェ, コーヒー店, 喫茶店; コーヒー色; 〘植〙 コーヒーノキ 形 コーヒー色の ***estar de mal*** ~ 《話》 機嫌が悪い ***estratega de*** ~ 〔皮肉〕 机上の戦略家

ca-fe-'ci-to [カ.フェ.'すぃ.ト] 名 男 《話》〘飲〙 コーヒー

ca-fe+'í-na 名 女 〘化〙 カフェイン

ca-fei-'nis-mo [名] [男]〔医〕カフェイン中毒

ca-fe-'tal [カ.フェ.'タル] [名] [男]〔農〕コーヒー農園

*__ca-fe-te-'rí+a__ [カ.フェ.テ.'リ.ア] 93% [名] [女]〔商〕カフェテリア, 喫茶店, スナック, コーヒーハウス

ca-fe-'te-ro, -ra [カ.フェ.'テ.ろ, ら] [形]〔飲〕コーヒーの;《ズペイン》《話》〔飲〕コーヒー好きの [名] [男] [女]〔商〕喫茶店主, コーヒー商人 **-ra** [名] [女]〔飲〕コーヒーポット, コーヒー沸かし

ca-fe-'tín [名] [男]《話》〔商〕簡易コーヒー店, 小さなコーヒー店

ca-fe-'ti-to [名] [男]《話》〔商〕コーヒースタンド

ca-'fe-to [名] [男]〔植〕コーヒーノキ

'cá-fi-la ['カ.フィ.ラ] [名] [女]《話》たくさんの人;《話》行列; 1 列のもの, ひと続き

'ca-fre ['カ.フれ] [形] カフィルの [名] [共] カフィル人《南アフリカのバントゥー族》; 野蛮な(人), 残忍な(人)

caf-'tán [名] [男]〔衣〕カフタン《中近東で着るすその長い上衣》

ca-'ga-do, -da [形]《ズペイン》《俗》臆病な;《俗》くそをした [名] [男] [女]《俗》臆病(おくびょう)者;《メキシコ》おかしな人; 陽気な人 **-da** [名] [女]《俗》くそ;《俗》失敗, へま

ca-ga-'fie-rro [カ.ガ.'フィエ.ろ̃] [名] [男]〔鉱〕鉱滓(こうさい), スラグ

ca-ga-'jón [カ.ガ.'ほン] [名] [男]〔畜〕(牛馬などの)糞(ふん)

ca-ga-'le-ra [カ.ガ.'レ.ら] [名] [女]《俗》〔医〕腹下し, 下痢

ca-'gar [カ.'ガる] [動] [自] 41 (g|gu)《俗》くそをする;《俗》しくじる, へまをする [動] [他] だめにする **~se** [動] [再]《俗》くそをする;《俗》(de, en: に)おじけづく, びくつく, ひるむ *~la* だいなしになる *~se de miedo*《俗》びくつく, ビビる *~se la pata abajo*《俗》うんこを漏らす *¡Me cago en diez (en la mar)!*《俗》くそ!, くそったれ!

ca-ga-'rru-ta [カ.ガ.'る̃.タ] [名] [女]〔動〕(ウサギなどの)ころころした糞(ふん)

ca-ga-'tin-ta(s) [名] [男]〔単複同〕《話》〔軽蔑〕事務員

ca-'gón, -'go-na [形] [名] [男] [女]《俗》何度も大便をする(人);《俗》臆病(おくびょう)な(人), 意気地なし(の)

ca+'huín [カ.'ウイン] [名] [男]《チリ》《話》不正(な仕事), 不道徳; 問題, 紛糾

ca+hui-'ne-ro, -ra [カ.ウイ.'ネ.ろ, ら] [形] [名] [男] [女]《チリ》《話》問題を起こす(人)

ca+'í(~) [動]《直点》⬆caer

ca+'í+a(~) [動]《直線》⬆caer

__ca+'í-do, -da__ 87% [形] 倒れた, 落ちた; 元気のない, しょげた [動]《過分》⬆caer [名] [男] 戦没者; (習字帳などの)斜線, 罫線 **-da [名] [女] 落ちること, 落下, 降下, 転倒; 低下, (物価・賃金の)下落, 下降; 没落, 滅亡, 陥落, 転落, 堕落, 失脚; 下り坂, 斜面, スロープ *a la caída de la tarde* 日暮れに *ir de caída* 衰える; 勢力を失う, 落ち目になる, おちぶれる

'cai-go, -ga(~) [動]《直現 1 単, 接現》⬆caer

cai-'mán [名] [男]〔動〕カイマン《中米・南米産のワニ》; ずるい人, 狡猾(こうかつ)な人

'Ca+ín [名] [固]〔聖〕カイン《アダム Adán とエバ Eva の子, 弟アベル Abel を殺した》 *las de ~* 悪意 *pasar las de ~* 大変な苦労をする

cai-'rel [カイ.'れル] [名] [男] 入れ毛, かもじ, かつら;〔衣〕房飾り

*__'Cai-ro__ ['カイ.ろ] 94% [名] [固]〔El ~〕〔地名〕カイロ《エジプト Egipto の首都》

cai-'ro-ta [カイ.'ろ.タ] [形] [名] [共]〔地名〕カイロの(人)⬆Cairo

caj. [略] ⬇caja; ⬇cajón

**__'ca+ja__ ['カ.は] 82% [名] [女] 箱, ケース; キャッシャー, レジ, 出納係; 金庫; (銀行の)貸金庫, 銀行, 金融機関; 棺(ひつぎ); 箱状のもの, ケース, ボックスキャビネット; ボディー, 車体, 枠;〔楽〕(ギター・バイオリンの)胴部;〔軍〕兵営, 徴兵所;《コロンビア》入れ歯 *~ de ahorros*〔商〕貯蓄銀行 *~ negra*〔空〕フライトレコーダー, ブラックボックス *~ tonta*《話》テレビ *entrar en ~*〔軍〕軍隊に入る, 応召する *hacer ~*〔商〕売り上げる

Ca-ja-'mar-ca [カ.は.'マる.カ] [名] [固]〔地名〕カハマルカ《ペルー北部の県, 県都》

*__ca-'je-ro, -ra__ [カ.'へ.ろ, ら] 94% [名] [男] [女]〔商〕(食堂などの)会計係, レジ, (銀行・商店の)出納係 [名] [男]〔機〕キャッシャー;〔商〕現金自動預払機 (ATM)

ca-'je-ta [カ.'へ.タ] [名] [女]《メキシコ》〔食〕ヤギ乳のカスタードクリーム;《中米》ミルクキャンディー

ca-je-'ti-lla [カ.へ.'ティ.ジャ] [名] [女]《ズペイン》(タバコなどの)1 箱, 1 包み

ca-je-'tón [カ.へ.'トン] [名] [男]《カリブ》《話》すてきな男性

ca-'jis-ta [カ.'ひス.タ] [名] [共]〔印〕植字工, 組版作業員

ca-'ji-ta [カ.'ひ.タ] [名] [女] 小箱

*__ca-'jón__ [カ.'ほン] 92% [名] [男] (たんす・机などの)引き出し; 大型収納箱, 大箱;〔商〕店, 売店, 屋台店; (本箱の)棚 *~ de sastre* 散らかった場所, ごちゃごちゃになった状態 *ser de ~*《話》明らかである, 当たり前だ

ca-'jue-la [カ.'ふエ.ラ] [名] [女]《メキシコ》大きなスーツケース, トランク;〔車〕トランク

'cal ['カル] [名] [女] 石灰 *a [de] ~ y canto* 頑丈に, しっかりと *dar una de ~*

y otra de arena 一長一短である
cal 略 ↓caloría
'ca+la ['カ.ラ] 名 女 〖地〗小さな入り江, 小湾;〖食〗(試食用の)一切れ, スライス;〖鉱〗試掘用の孔;〖医〗座薬; さぐり針;〖海〗船倉;〖魚〗漁場;〖植〗オランダカイウ, カラー
ca-la-ba-ce+'ar [カ.ラ.バ.せ.'アる] 動 他《話》落第させる;《話》«女が»‹男を›ふる, ‹男に›肘鉄をくらわせる
ca-la-ba-'cín [カ.ラ.バ.'すぃン] 名 男〖植〗ズッキーニ
***ca-la-'ba-za** [カ.ラ.'バ.さ] 94% 名 女〖植〗カボチャ;〖植〗ヒョウタン;《話》うすのろ, まぬけ;《話》不可, 落第;《話》肘鉄
ca-la-ba-'za-da [カ.ラ.バ.'さ.ダ] 名 女《話》頭突き, 頭を打つこと
ca-la-ba-'zar [カ.ラ.バ.'さる] 名 男〖農〗カボチャ畑
ca-la-ba-'za-zo [カ.ラ.バ.'さ.そ] 名 男 カボチャをぶつけること;《話》頭を打つこと
ca-la-'ba-zo [カ.ラ.'バ.そ] 名 男〖植〗カボチャの実;〖植〗ヒョウタン
ca-la-'bo-bos [カ.ラ.'ボ.ボス] 名 男〔単複同〕《話》〖気〗ぬか雨, 霧雨
ca-la-'bo-zo [カ.ラ.'ボ.そ] 名 男〖法〗牢獄, 刑務所, 拘置所;〖農〗鎌(かま)
ca-la-'bro-te [カ.ラ.'ブろ.テ] 名 男〖海〗大索, 係船索
ca-'la-ca [カ.'ラ.カ] 名 女《メキシコ》髑髏(どくろ)のマーク《死を示す》
ca-'la-da [カ.'ラ.ダ] 名 女 ずぶぬれ, 水びたし, びしょぬれ;〖鳥〗(猛禽などの)急降下, 急襲;《スペイン》タバコの一服 *dar una* ~《話》叱りつける
ca-'la-do [カ.'ラ.ド] 名 男〖衣〗(刺繍(しゅう)の)透かし模様;〔複〕レースの縁飾り;〖美〗透かし細工;〖海〗喫水, 水深; 真相, 真理; 深さ, 深淵 ~, -da 形 水に浸(つ)かった, ずぶぬれの ~[da] *hasta los huesos* 水にどっぷり浸かっている
ca-la-'fa-te [カ.ラ.'ファ.テ] 名 男〖海〗(板のすき間に)槙皮(まいはだ)を詰める人
ca-la-fa-te+'ar [カ.ラ.ファ.テ.'アる] 動 他〖海〗‹船の›板のすき間に槙皮(まいはだ)を詰める
'Ca-lais ['カ.ライス] 名 固〔paso de ~〕〖地名〗ドーバー海峡《英仏間の海峡》
ca-la-'mar [カ.ラ.'マる] 名 男〖動〗イカ
ca-'lam-bre [カ.'ラン.ブれ] 名 男〖医〗痙攣(けいれん), 引きつけ;〖医〗さしこみ; 電気ショック, 感電によるしびれ
ca-lam-'bur [カ.ラン.'ブる] 名 男 (言葉の)しゃれ, かけ言葉
ca-la-mi-'dad [カ.ラ.ミ.'ダド] 名 女 不幸, 災難;《話》ひどいこと, ひどいしろもの
ca-la-'mi-na [カ.ラ.'ミ.ナ] 名 女〖鉱〗異極鉱, カラマイン
ca-la-mi-'to-so, -sa [カ.ラ.ミ.'ト.ソ, サ] 形 災難の, 不幸な, いたましい
'cá-la-mo ['カ.ラ.モ] 名 男〖植〗ヨシ, アシ;《格》《詩》(羽根つき)ペン;〖楽〗あし笛, 牧笛
ca-lan-'chún [カ.ラン.'チュン] 名 男《コロンビア》《話》(人を指して)身代わり, 隠れみの
ca-lan-'drar [カ.ラン.'ドらる] 動 他 ‹紙・布を›カレンダー[つや出し機]にかける
ca-'lan-dria [カ.'ラン.ドりア] 名 女〖鳥〗ヒバリ;〖機〗カレンダー《布や紙のつや出し用ロール機》;〖機〗足踏み車
ca-'lan-go, -ga [カ.'ラン.ゴ, ガ] 形 名 男 女《メキシコ》《話》野心的な(人)
ca-'la-ña [カ.'ラ.ニャ] 名 女〔普通軽蔑〕性質, 気質, たち; 見本, 型; (ヨシで作られた)安い扇
***ca-'lar** [カ.'ラる] 94% 動 他 «水などが»染み通る; 刺し[突き]通す, 貫く;〖食〗(味見のために)薄く切る;《話》評価する, ‹物事の真相を›突きとめる, 見抜く;〖衣〗‹帽子を›深くかぶる; ‹布・紙などに›透かし模様を施す;〖海〗‹帆を›降ろす;《ラ米》‹に›恥をかかせる;《ベネズエラ》《話》‹いやなことを›我慢する 動 自 (en: に)染みこむ 形〖鉱〗石灰質の 名 男〖鉱〗(石灰岩の)石切り場 ~se 動 再 (en: に)どっぷり浸かる, ずぶぬれになる;〖衣〗帽子を深くかぶる;《スペイン》〖機〗«機械が»動かなくなる, 故障する;〖車〗«車が»エンストを起こす;〖鳥〗«鳥が»空から舞い降りて襲う
Ca-la-ta-'yud [カ.ラ.タ.'ジュド] 名 固〖地名〗カラタジュード《スペイン北東部の都市》
ca-'la-to, -ta [カ.'ラ.ト, タ] 形 名 男 女《アンデス》裸の(人); 文無しの(人)
Ca-la-'tra-va [カ.ラ.'トら.バ] 名 固〔orden de ~〕〖歴〗《スペイン》カラトラーバ騎士団《1158 年に設立された宗教騎士団》
ca-la-'tra-vo, -va [カ.ラ.'トら.ボ, バ] 形 名 男 女〖歴〗《スペイン》カラトラーバ騎士団の[騎士団員] ↑Calatrava
ca-la-'ve-ra [カ.ラ.'べ.ら] 名 女〖体〗頭蓋(ずがい)骨;《メキシコ》〖車〗テールランプ 名 男 無分別な男, 放蕩(ほうとう)者, 不良
ca-la-ve-'ra-da [カ.ラ.べ.'ら.ダ] 名 女 向こう見ずな行為, ばか騒ぎ, 乱行
cal-'ca-do, -da [カル.'カ.ド, ダ] 形 透写した, 複写した, トレースした; «人が»そっくりの, 同じの 名 男 透写, 複写
cal-ca-'ñar ⇦-'ñal [カル.カ.'ニャる ⇦.'ニャル] 名 男〖体〗かかと
cal-'car [カル.'カる] 動 他 69 (c|qu) トレースする, 透写[複写]する, 敷写する; (そっくり)まねする; (足で)踏みつける
cal-'cá-re+o, +a [カル.'カ.れ.オ, ア] 形〖鉱〗石灰石の, 石灰質の
'cal-ce ['カル.せ] 名 男 くさび;〖車〗外輪,

リム; 《ﾗ米》(文書の)余白
cal-ce-'do-nia [カル.せ.'ド.ニア] 名 女 〔鉱〕玉髄
cal-'ce-ta [カル.'せ.タ] 名 女 〔複〕〔衣〕靴下, ストッキング; 編物; 〔歴〕(囚人につけた)足かせ
cal-ce-'tín [カル.せ.'ティン] 90% 名 男 〔複〕〔衣〕(短い)靴下, ソックス; 《話》コンドーム
'cál-ci-co, -ca ['カル.すぃ.コ, カ] 形 〔化〕カルシウムの, 石灰の
cal-ci-fi-'car [カル.すぃ.フィ.'カる] 動 他 69 (c|qu) 〔化〕石灰化する ～**se** 動 再 〔化〕石灰化する
cal-'ci-na [カル.'すぃ.ナ] 名 女 〔建〕漆喰(しっくい); 〔建〕コンクリート
cal-ci-na-'ción [カル.すぃ.ナ.'すぃオン] 名 女 〔化〕石灰焼成; 焼け焦げ
cal-ci-'nar [カル.すぃ.'ナる] 動 他 灰にする, 焼く; 〔化〕焼いて石灰にする
cal-ci-'no-sis [カル.すぃ.'ノ.スィス] 名 女 〔単複同〕〔医〕石灰沈着症
'cal-cio ['カル.すぃオ] 名 男 〔化〕カルシウム《元素》
cal-ci-'pe-nia [カル.すぃ.'ペ.ニア] 名 女 〔医〕カルシウム欠乏症
cal-'ci-ta [カル.'すぃ.タ] 名 女 〔鉱〕方解石
'cal-co ['カル.コ] 名 男 透写(物), 複写(物), トレーシング; 模倣, まね; 〔言〕翻訳借用《たとえば英語の *hotdog* が perro caliente になること》
cal-co-gra-'fí+a [カル.コ.グら.'フィ.ア] 名 女 〔美〕銅版彫刻術; 〔美〕版画工房
cal-'có-gra-fo, -fa [カル.'コ.グら.フォ, ファ] 名 男 女 〔美〕銅版彫刻家
cal-co-ma-'ní+a [カル.コ.マ.'ニ.ア] 名 女 〔美〕デカルコマニア《特殊な用紙に描いた図案をガラスなどに移しつける技法》, 写し絵; デカルコマニアの図案[印刷紙]
cal-cu-'la-ble [カル.ク.'ラ.ブレ] 形 計算できる; 予想できる
cal-cu-la-'dor, -'do-ra [カル.ク.ラ.'ドる, 'ド.ら] 形 名 男 女 打算的な(人); 計算する(人) **-dora** 名 女 〔機〕計算機
cal-cu-'lar [カル.ク.'ラる] 85% 動 他 計算する, 見積もる; 推定する, 予想する; 〈que 直説法: …と〉思う
cal-cu-'lis-ta [カル.ク.'リス.タ] 形 計算上の, 見積もりの 名 共 計算する人
'cál+cu-lo ['カル.ク.ロ] 84% 名 男 計算, 計算の結果; 推定, 予想; 〔数〕計算; 〔複〕〔医〕結石
cal-cu-'lo-sis [カル.ク.'ロ.スィス] 名 女 〔単複同〕〔医〕結石症
'cal-da ['カル.ダ] 名 女 加熱(すること), 暖めること; (燃料を)加えること; 〔複〕温泉
'Cal-das ['カル.ダス] 名 固 〔地名〕カルダス《コロンビア中西部の県》
cal-de+'ar [カル.デ.'アる] 動 他 熱する, 暖かくする, 暖める; 熱中させる, 興奮させる, 活気づける ～**se** 動 再 熱くなる, 暖かくなる; 興奮する, 熱中する, 白熱する
cal-'de+o [カル.'デ.オ] 名 男 〔機〕加熱(作用), 暖房
cal-'de-ra [カル.'デ.ら] 93% 名 女 〔機〕ボイラー, 蒸気釜; 〔食〕大鍋, 大釜; 《ﾗﾌﾟﾗﾀ》〔飲〕コーヒー[ティー]ポット, 湯沸かし ***las ～s de Pedro Botero*** 《話》地獄
cal-de-'ra-da [カル.デ.'ら.ダ] 名 女 〔食〕鍋 1 杯の量
cal-de-'re-ro, -ra [カル.デ.'れ.ろ, ら] 名 男 ボイラー製造者, 釜職人; 鍋製造者
cal-de-'re-ta [カル.デ.'れ.タ] 名 女 小型の釜; 〔食〕魚の煮込み料理; 〔食〕羊肉の煮込み料理
cal-de-'ri-lla [カル.デ.'り.ジャ] 名 女 〔集合〕小銭, コイン; 〔宗〕聖水器
cal-'de-ro [カル.'デ.ろ] 名 男 〔食〕鍋, 釜; 釜の中味, 鍋一杯分; 手桶
cal-de-'rón [カル.デ.'ろン] 名 男 〔食〕大きな鍋[釜]; 〔楽〕フェルマータ, 延音記号; 段落標, 行替えを示すマーク《¶の記号》
cal-de-ro-'nia+no, -na [カル.デ.ろ.'ニア.ノ, ナ] 形 〔歴〕〔文〕カルデロンの[に関する]《Pedro Calderón de la Barca, 1600–81, スペインの劇作家・詩人》
'cal-do ['カル.ド] 92% 名 男 〔食〕(肉・魚・野菜などの)だし汁, 煮出し汁, ブイヨン; 〔複〕〔食〕植物性の液体食品《酢・油・ワイン・シードルなど》; 〔食〕ドレッシング; 《ﾒｷｼｺ》〔飲〕サトウキビジュース ***～ de cultivo*** 培養基; 温床 ***hacer el ～ gordo*** 《話》(a: に)有利になる ***poner a ～*** 《ｽﾍﾟｲﾝ》《俗》悪口を言う
cal-'do-so, -sa [カル.'ド.ソ, サ] 形 〔食〕汁気の多い, 水っぽい
cal-'du-cho [カル.'ドゥ.チョ] 名 男 《話》〔軽蔑〕まずいスープ; 《ﾁﾘ》《話》パーティー
'ca+le ['カ.レ] 名 男 手で軽くたたくこと
ca-le-fac-'ción [カ.レ.ファク.'すぃオン] 93% 名 女 〔建〕(建物の)暖房(装置); 加熱(作用)
ca-le-fac-cio-'nar [カ.レ.ファク.すぃオ.'ナる] 動 他 《ﾁﾘ》《ﾗﾌﾟﾗﾀ》暖める, 暖房する
ca-le-fac-'tor, -'to-ra [カ.レ.ファク.'トる, 'ト.ら] 形 暖房の 名 男 暖房器具[装置]
ca-lei-dos-'có-pi-co, -ca [カ.レイ.ドス.'コ.ピ.コ, カ] 形 万華鏡のような
ca-lei-dos-'co-pio [カ.レイ.ドス.'コ.ピオ] 名 男 万華鏡
ca-'len-da [カ.'レン.ダ] 名 女 〔複〕〔歴〕(古代ローマや教会暦の)月の 1 日(ついたち); 〔宗〕

殉教者録; 〔複〕遠い日々[過去] ~s *griegas* 絶対に訪れない日

*ca-len-'da-rio [カ.レン.'ダ.りオ] 92% 名 男 カレンダー, 暦; 暦法; 年中行事表, 予定表 *hacer ~s* ぼんやりと考えごとをする; 当てにならないことを予想する

ca-'lén-du-la [カ.'レン.ドゥ.ラ] 名 女 〔植〕キンセンカ

ca-len-ta-'di-ta [カ.レン.タ.'ディ.タ] 名 女 《メキシコ》《話》殴打, 殴りつけ

ca-len-ta-'dor, -'do-ra [カ.レン.タ.'ドる, 'ド.ら] 形 熱する, 暖める 名 男 〔電〕ヒーター, 加熱機, 電熱器; 〔電〕湯沸かし器; 〔衣〕レッグウォーマー

ca-len-ta-'mien-to [カ.レン.タ.'ミエン.ト] 名 男 加熱; 温暖化; 〔競〕ウォーミングアップ

*ca-len-'tar [カ.レン.'タる] 92% 動 他 ⑩ (e|ie) 熱する, 熱くする, 暖める, 温める; 《話》興奮させる, 怒らせる; 〔競〕ウォーミングアップさせる; 《話》ぶつ, 殴る; 《俗》(性的に)興奮させる, 欲情させる 動 自 暖める, 暖かい; 〔競〕ウォーミングアップする ~se 動 再 体を温める; 《話》怒る, 興奮する; 熱くなる, 暖かくなる; «動物が»さかりがつく; 《話》いらだつ, 腹を立てる; 《俗》(性的に)興奮する ~ *la cabeza* [*los cascos*] (a: に)うるさくする, (a: を)悩ませる, 困らせる ~ *el asiento* [*la silla*] 《話》(訪問して)長居をする

ca-len-'te-ra [カ.レン.'テ.ら] 名 女 《ベネズエラ》《話》怒り

ca-len-'ti-to, -ta [カ.レン.'ティ.ト, タ] 形 暖かい; 《話》できたての, ほやほやの; 最近の

ca-len-'tón, -'to-na [カ.レン.'トン, 'ト.ナ] 形 《俗》性的に興奮した 名 男 〔機〕オーバーヒート

ca-len-'tu-ra [カ.レン.'トゥ.ら] 名 女 〔医〕(病気の)熱, 発熱; 《ラプラタ》怒り ~ *de pollo* 《話》〔笑〕仮病

ca-len-tu-'rien-to, -ta [カ.レン.トゥ.'りエン.ト, タ] 形 〔医〕熱がある; 熱しやすい, かっとなる 名 男 女 〔医〕熱のある人

ca-len-tu-'rón [カ.レン.トゥ.'ろン] 名 男 〔医〕高熱, 大熱

ca-'le-ra [カ.'レ.ら] 名 女 〔鉱〕石灰岩の石切り場; 石灰焼きかまど

ca-'le-sa [カ.'レ.サ] 名 女 〔歴〕幌つき軽二輪馬車

ca-'le-ta [カ.'レ.タ] 名 女 〔地〕(小さな)入り江; 《コロンビア》《話》隠れ場所, 隠し場所

ca-'le-tre [カ.'レ.トれ] 名 男 《話》分別, 常識, 判断力

ca-le-'tu-do, -da [カ.レ.'トゥ.ド, ダ] 形 名 男 女 《コロンビア》《話》金のある, 金持ち(の), 裕福な(人)

'ca+li ['カ.リ] 名 男 〔化〕アルカリ

'Ca+li ['カ.リ] 名 固 〔地名〕カリ《コロンビア西部の都市》

ca-li-bra-'dor [カ.リ.ブら.'ドる] 名 男 〔技〕口径[目盛り]測定器, ゲージ

ca-li-'brar [カ.リ.'ブらる] 動 他 〈計器の〉口径を測定する, 〈の〉目盛りをさだめる; 評価する, 判断する

ca-'li-bre [カ.'リ.ブれ] 名 男 (銃身の)口径; (弾丸の)直径; (針金や鉄板などの)厚み, 太さ; 〔機〕計器, ゲージ; 重要性

ca-li-'can-to [カ.リ.'カン.ト] 名 男 〔建〕石れんが工術, 石造建築

**ca-li-'dad [カ.リ.'ダド] 80% 名 女 質, 品質, 資質; (人の)品性, 性質; 資格, 身分; 重要性 *a ~ de que* …(接続法) …という条件で *de ~* 高級な, 品質のよい, 一流の, 立派な, 重要な *en ~ de* … …として, …の資格で *voto de ~* 決定票, キャスティングボート

*'cá-li-do, -da ['カ.リ.ド, ダ] 93% 形 暑い; «人・態度・気持ちが»温かい, 熱い, やさしい, 温かみのある; «色が»暖かい, 暖色の

ca-li-dos-'có-pi-co, -ca 形 ⇧ caleidoscópico

ca-li-dos-'co-pio 名 男 ⇧ caleidoscopio

ca-'lien-t~ 動 《直現/接現/命》 ⬆ calentar

ca-lien-ta-'piés [カ.リエン.タ.'ピエス] 名 男 〔単複同〕湯たんぽ, 足温器

ca-lien-ta-'pla-tos [カ.リエン.タ.'プラ.トス] 名 男 〔単複同〕〔食〕ホットプレート

ca-lien-ta-'si-llas [カ.リエン.タ.'スィ.ジャス] 名 共 〔単複同〕長居をする人

**ca-'lien-te [カ.'リエン.テ] 87% 形 熱い, 暑い, 暖かい; 熱烈な, 激しい, 激した, 興奮した, 怒った, 怒りっぽい; 《俗》«人が»性的に興奮した, むらむらした; «色が»暖かい, 暖色の 感 もう少し!, あとちょっと!, 近い!, いい線です! *en ~* その場で, 即座に *vino ~* 〔飲〕ホットワイン; 〔飲〕アルコール含有量の高いワイン

ca-'li-fa [カ.'リ.ファ] 名 男 〔歴〕〔政〕カリフ, ハリハ《イスラム教の教主兼国王の称号》; 〔歴〕〔政〕《スペイン》カリフ《929 年以降に後ウマイヤ朝アブデラマン 3 世 Abderramán III が用いた称号》

ca-li-'fa-to [カ.リ.'ファ.ト] 名 男 〔歴〕〔政〕カリフ王国, カリフの位[統治, 統治領]

ca-li-fi-'ca-ble [カ.リ.フィ.'カ.ブレ] 形 形容できる

*ca-li-fi-ca-'ción [カ.リ.フィ.カ.'すぃオン] 93% 名 女 成績, 評点; 評価; 資格, 能力; 形容, 修飾

ca-li-fi-'ca-do, -da [カ.リ.フィ.'カ.ド, ダ] 形 資格のある, 適任の; 能力のある, 熟

練した; 証明された; 一流の

ca-li-fi-ca-'dor, -'do-ra [カ.リ.フィ.カ.'ドる, 'ド.ら] 形 審査の, 試験の 名 男 女 審査員, 試験官

****ca-li-fi-'car** [カ.リ.フィ.'カる] 88% 動 他 69 (c|qu) (de, como: と)みなす, 評価する, 呼ぶ; 〈試験の〉点数をつける; 〔言〕修飾する　~**se** 動 再 評価される; 自らの貴族の身分を証明する

ca-li-fi-ca-'ti-vo, -va [カ.リ.フィ.カ.'ティ.ボ, バ] 形 〔言〕意味を限定する, 修飾する, 品質の 名 男 〔言〕修飾語句《形容詞(句)など》

***Ca-li-'for-nia** [カ.リ.'フォる.ニア] 91% 名 固 〔地名〕カリフォルニア《米国西部の州》; 〔golfo de ~〕〔地名〕カリフォルニア湾

ca-li-for-'nia+no, -na [カ.リ.フォる.'ニア.ノ, ナ] 形 名 男 女 〔地名〕カリフォルニアの(人)↑California

ca-li-'for-nio [カ.リ.'フォる.ニオ] 名 男 〔化〕カリホルニウム《元素》

ca-li-gi-'no-so, -sa [カ.リ.ひ.'ノ.ソ, サ] 形 暗い

ca-li-gra-'fí+a [カ.リ.グら.'フィ.ア] 名 女 習字, 書道, 能書

ca-li-gra-'fiar [カ.リ.グら.'フィアる] 動 他 29 (i|í) きれいな字で書く, 〈の〉習字をする

ca-li-'grá-fi-co, -ca [カ.リ.'グら.フィ.コ, カ] 形 習字の, 書道の, 能書の, 達筆の

ca-'lí-gra-fo, -fa [カ.'リ.グら.フォ, ファ] 名 男 女 能書家, 書家

ca-'li-lla [カ.'リ.ジャ] 名 女 〔複〕《チリ》《話》借金; 《メキシコ》せっけんの残り

ca-'lim-ba [カ.'リン.バ] 名 女 《ラ米》〔畜〕焼き印《家畜に押す》

ca-li-'me-te [カ.リ.'メ.テ] 名 男 《カリブ》〔飲〕ストロー

ca-li-'mo-cho [カ.リ.'モ.チョ] 名 男 〔飲〕カリモーチョ《赤ワインとコーラを混ぜた飲み物》

ca-'li-na [カ.'リ.ナ] 名 女 〔気〕霞(かすみ), もや

ca-'lip-so [カ.'リプ.ソ] 名 男 〔楽〕カリプソ《西インド諸島の民謡風の即興的な歌・踊り》

ca-lis-'te-nia [カ.リス.'テ.ニア] 名 女 徒手[柔軟, 美容]体操

Ca-'lix-to [カ.'リス.ト] 名 固 〔男性名〕カリスト

'cá-liz ['カ.リす] 名 男 〔宗〕カリス, 聖杯《ミサに用いる銀製の杯》; 〔植〕(花の)萼(がく); 《詩》《格》(脚つきの)杯

ca-'li-zo, -za [カ.'リ.そ, さ] 形 〔鉱〕石灰質の　**-za** 名 女 〔鉱〕石灰岩, 石灰石

ca-'lla-do, -da** [カ.'ジャ.ド, ダ] 93% 形 沈黙を守る, 無口な, 静かな; 打ち解けない, 無口な, 内気な　**-da** 名 女 沈黙, 無言; 静けさ; 〔海〕〔気〕なぎ　***a las calladas / ***de callada*** 《話》黙って, こっそりと　***dar la callada por respuesta*** (黙って)答えない　***más ~[da] que un muerto [una muerta]*** 死人のようにおし黙る, 一言もしゃべらない

ca-lla+'hua-ya [カ.ジャ.'ウア.ジャ] 名 女 《アンデス》まじない師, 呪術医

ca-'llam-pa [カ.'ジャン.パ] 名 女 バラック, あばら家; 《チリ》スラム街, 貧困地区

ca-llam-pe-'rí+o [カ.ジャン.ペ.'リ.オ] 名 男 スラム街, 貧困地区

ca-llam-'pe-ro, -ra [カ.ジャン.'ペ.ろ, ら] 名 男 女 スラムの住民

ca-'lla-na⇔-'ya- [カ.'ジャ.ナ] 名 女 〔食〕《ペルー》《チリ》土器のフライパン

Ca-'lla+o [カ.'ジャ.オ] 名 固 〔地名〕カジャオ《ペルー西部の都市, カヤオ特別県の県都, リマの外港》

****ca-'llar(-se)** [カ.'ジャる(.セ)] 81% 動 自 (再) 黙る; «音が»静まる, 止まる 動 他 黙らせる; 伏せておく, 言わないでおく　***¡Calla!*** 静かに!, 黙れ!; おや, なんだって?, まさか!, すごい!; 静かに!, 黙れ!

****'ca-lle** ['カ.ジェ] 70% 名 女 通り, 街路, 道; …通り, …街; (家の中に対して)外, 町中; 町内の人々; (道路の)車線; 〔競〕〔陸上・水泳〕コース, レーン; 〔遊〕〔チェス・将棋〕(盤の)列　~ ***abajo*** 通りを下って, 通りをこちらへ　~ ***arriba*** 通りを上って, 通りを向こうへ　***dejar en la*** ~ (a: を)解雇する, やめさせる, (a: を)追い出す　***echarse a la*** ~ 反乱を起こす　***estar en la*** ~ 貧窮している, 路頭に迷う　***hacer la*** ~ 街娼をする　***llevarse de*** ~ (a: の)心をとらえる　***plantar en la*** ~ (a: を)解雇する; 《話》(a: を)追い出す　***quedarse en la*** ~ 職を失う; 家を失う　***traer por la ~ de la amargura*** つらい目にあわせる

ca-'lle-ja [カ.'ジェ.は] 名 女 路地, 細道, 裏道　***tener más cuento que*** ~ 大うそつきである

ca-lle-je+'ar [カ.ジェ.へ.'アる] 動 自 のんびり歩く, ぶらつく; ぶらぶらする

ca-lle-'je+o [カ.ジェ.'へ.オ] 名 男 ぶらぶら歩き, ぶらつくこと

ca-lle-'je-ro, -ra [カ.ジェ.'へ.ろ, ら] 形 通りの; ぶらつくのが好きな; 通俗の, ありふれた 名 男 《スペイン》市街図

***ca-lle-'jón** [カ.ジェ.'ほン] 93% 名 男 細道, 路地, 小道; 〔牛〕柵と観覧席最前列の間の通路

ca-lle-'jue-la [カ.ジェ.'ふエ.ラ] 名 女 路地, 裏道; 口実, かこつけ, 言い逃れ, 逃げ口上

ca-lli-'ci-da [カ.じ.'すい.ダ] 名 男 〔医〕うおのめ[まめ, たこ]の薬

C

ca-'llis-ta [カ.'ジス.タ] [名] [共]〘医〙足専門医

'ca-llo ['カ.ジョ] [名] [男]〘医〙うおのめ, (足指の)まめ; 〔複〕〘食〙(牛や羊の臓物の)煮込み料理; 〘畜〙(蹄鉄の)とがり金; ((俗))〔軽蔑〕醜い女

ca-llo-si-'dad [カ.ジョ.スィ.'ダド] [名] [女]〘医〙皮膚肥厚, たこ, まめ; 〘医〙(潰瘍による)皮膚組織の硬結

ca-'llo-so, -sa [カ.'ジョ.ソ, サ] [形] ≪皮膚が≫硬く肥厚した, たこ[まめ]ができた

*'**cal-ma** ['カル.マ] 91% [名] [女] 静けさ, 平穏; 平静, 落ち着き, 沈着, 冷静さ; 〘海〙なぎ; 〘医〙(病気の)小康(しょうこう)状態, (痛みが)和らぐこと; 〘経〙不振, 不景気 ***con*** ~ 落ち着いて, 冷静に ***en*** ~ 静まって, 穏やかに

cal-'man-te [カル.'マン.テ] [名] [男]〘医〙鎮痛剤 [形]〘医〙鎮痛(作用)の

*__cal-'mar__ [カル.'マる] 93% [動] [他] 静める, なだめる, 落ち着かせる; 〘医〙〈痛みを〉和らげる ~(**se**) [動] [自] ([再]) 静まる, 落ち着く; 〘気〙≪風が≫おさまる; 〘海〙≪海が≫なぐ

cal-'mo-so, -sa [カル.'モ.ソ, サ] [形] 穏やかな, 静かな; ((話)) のろい, 怠惰な, 怠けた **-samente** [副] 穏やかに, 静かに

ca+'ló [カ.'ロ] [名] [男] 〔複 -lós〕〘言〙((スペイン)) ロマ[ジプシー]の言語[方言]; 〘言〙スラング; ((メキシコ))〘言〙学生言葉

ca-lo-'frí+o [カ.ロ.'フリ.オ] [名] [男] ⇩ escalofrío

ca-'lor [カ.'ロる] 81% [名] [男] ⇦[女] ((ラ米)) 〔各地〕熱さ, 暑さ; 暖かさ, ぬくもり; 熱; (感情の)熱烈さ, 激しさ; 体温, 温度; 紅潮, 上気, 興奮; (雰囲気などの)温かみ, ぬくもり; 〘物〙熱; ((ラプラタ)) 恥ずかしさ, とまどい ***al*** ~ ***de*** ... …に守られて ***asarse*** [***morirse***] ***de*** ~ 焼けつくように暑い ***dar*** ~ (a: を) 暖かくする; (a: を)元気づける ***en el*** ~ ***de*** ... …の真っ最中に ***entrar en*** ~ 温まる; 〘競〙ウォーミングアップする; ≪議論などが≫白熱する ***hacer*** ~ 〘気〙(気温が)暑い

ca-lor-'ci-to 〔縮小語〕 ⬆calor

ca-lo-'rí+a [カ.ロ.'り.ア] [名] [女]〘物〙カロリー((熱量の単位))

ca-'ló-ri-co, -ca [カ.'ロ.り.コ, カ] [形]〘物〙熱の, カロリーの

ca-lo-'rí-fe-ro, -ra [カ.ロ.'り.フェ.ろ, ら] [形]〘物〙熱を生じる, 熱を伝える [名] [男]〘電〙電熱器, 放熱器, 暖房器

ca-lo-'rí-fi-co, -ca [カ.ロ.'り.フィ.コ, カ] [形]〘物〙熱を生じる, 熱の, カロリーの

ca-los-'frí+o [カ.ロス.'フリ.オ] [名] [男] ⇩ escalofrío

ca-'los-tro [カ.'ロス.トろ] [名] [男]〘医〙(分娩後の)初乳

ca-'lo-te [カ.'ロ.テ] [名] [男] ((ラプラタ)) ((俗)) 詐欺, ペテン

*__ca-'lum-nia__ [カ.'ルム.ニア] 94% [名] [女] 中傷, 誣告(ぶこく), 罪人呼ばわり; ((アンデス)) ((チリ)) うそ

ca-lum-nia-'dor, -'do-ra [カ.ルム.ニア.'ドる, 'ド.ら] [形] 中傷の [名] [男] [女] 中傷者

ca-lum-'niar [カ.ルム.'ニアる] [動] [他] そしる, 中傷する

ca-lum-'nio-so, -sa [カ.ルム.'ニオ.ソ, サ] [形] 中傷的な

*__ca-lu-'ro-so, -sa__ [カ.ル.'ろ.ソ, サ] 94% [形]〘気〙暑い; ≪雰囲気・歓迎などが≫温かい, 温かみのある

'cal-va ['カル.バ] [名] [女] はげ, はげ頭; (毛布・ビロード・草地などの)すり切れた[はげた]部分; 〘地〙(森林の)空き地, 草地

cal-'va-rio [カル.'バ.りオ] [名] [男] 試練, 受難; 〔C~〕〘宗〙されこうべの場((エルサレムの丘, キリストはりつけの地))

cal-'ve-ro [カル.'べ.ろ] [名] [男]〘地〙(森林の)開けた場所, 空き地

cal-'vi-cie [カル.'ビ.すぃエ] [名] [女]〘体〙はげ頭, はげ, 脱毛

cal-vi-'nis-mo [カル.ビ.'ニス.モ] [名] [男]〘歴〙〘宗〙カルバン主義((プロテスタント思想, Juan Calvino ジャン・カルバン, 1509–64, フランス生まれのスイスの宗教改革者))

cal-vi-'nis-ta [カル.ビ.'ニス.タ] [形] [名] [共]〘歴〙〘宗〙カルバン主義の[主義者]

*'**cal-vo, -va** ['カル.ボ, バ] 92% [形] [名] [男] [女]〘体〙≪頭が≫はげた, ≪人が≫はげ頭の; (土地が)不毛の, むき出しの, 裸の; ≪布地・衣服などが≫すり切れた; ((話)) 頭がはげた人 ***hacer un*** ~ ((俗)) 尻(しり)を見せる((侮辱する動作)) ***ni tanto ni tan*** ~ ((話)) ほどほどに

'Cal-vo ['カル.ボ] [名] [固]〘姓〙カルボ

'cal-za ['カル.さ] [名] [女] 〔複〕((話))〘衣〙靴下; 〔複〕〘歴〙〘衣〙半ズボン; くさび, 歯止め, すべり止め ***verse en ~s prietas*** ((話)) 苦境に立つ

cal-'za-do, -da [カル.'さ.ド, ダ] [形]〘衣〙靴を履いた; 〘宗〙靴履きの((カトリック宗派)); 〘鳥〙脚に毛が生えた [名] [男] 〔複〕〘衣〙〔集合〕靴 **-da** [名] [女]〘建〙道路, 舗装道路, …通り; ((スペイン)) (歩道に対して)車道; 〘歴〙〘建〙古代ローマ人の築いた道路, 街道

cal-za-'dor [カル.さ.'ドる] [名] [男]〘衣〙靴べら

cal-'zar [カル.'さる] [動] [他] 34 (z|c)〘衣〙〈靴を〉履く; 〘衣〙〈に〉靴を履かせる; 〘畜〙〈拍車を〉靴につける; 〘衣〙〈手袋・靴下を〉つける, 履く; (固定するために)〈物を〉かませる; 〈弾丸を〉装填する; ((コロンビア)) ((アンデス))〘医〙〈歯に〉セメントを詰める ~**se** [動] [再]〘衣〙〈靴などを〉履く; ((話)) 〈人を〉支配する, 〈より〉上位に立つ; ((話)) 獲得する, 身につける

'cal-zo ['カル.そ] [名] [男] くさび, 止め木

cal-'zón [カル.'そン] [名] [男] 〔複〕〘衣〙(闘

牛士や民族衣装の)ズボン;〖競〗〖衣〗〔サッカー・ボクシング〕トランクス, 半ズボン;〖歴〗〖衣〗(昔の)半ズボン ***hablar a ~ quitado*** 《話》ずばずば言う ***llevar los calzones bien puestos*** 《話》亭主関白である ***ponerse los calzones*** 《話》取り仕切る, 指図する

cal-zo-'na-zos [カル.そ.'ナ.そス] 名 男〔単複同〕《話》軟弱な男, 妻の尻に敷かれた男

cal-zon-'ci-llo [カル.そン.'すぃ.ジョ] 名 男〔複〕〖衣〗(男性用の)パンツ, ブリーフ;〔複〕《メキシコ》水着

cal-zo-'nu-do [カル.そ.'ヌ.ド] 名 男 《チリ》《話》妻の言いなりになった夫

‡**'ca+ma** 77% 名 女 ベッド, 寝台;〖動〗(動物の)巣, ねぐら;〖動〗(動物の)一腹の子; 層 ***caer en ~*** 〖医〗床に臥(ふ)す, 病気になる ***estar en [guardar] ~*** 〖医〗病気で寝ている ***hacer la ~*** ベッドの用意をする, ベッドメーキングする;《話》(a: を)陥れる, (a: に)悪事をたくらむ ***ir(se) a la ~*** 寝る;《話》一緒に寝る, セックスをする

ca-'ma-da 名 女〖動〗一腹の子; 層, 積み重ね, 段;《話》(悪党の)一味, 一団

ca-ma-'fe+o 名 男 カメオ, カメオ細工

ca-'ma-gua [カ.'マ.グア] 名 女 《メキシコ》《中米》〖農〗実り始めたトウモロコシ

Ca-ma-'güey [カ.マ.'グエイ] 名 固〖地名〗カマグエイ《キューバ中部の県, 県都》

ca-ma-le+'ón [カ.マ.'レオン] 名 男〖動〗カメレオン;《話》無節操な人, ご都合主義者

ca-man-'cha-ca 名 女 《アンデス》《チリ》〖気〗濃霧

ca-'mán-du-la [カ.'マン.ドゥ.ラ] 名 女〖宗〗数珠(じゅず), ロザリオ;《話》猫かぶり, 偽善, ずる, ごまかし

ca-man-du-le+'ar [カ.マン.ドゥ.レ.'アる] 動 自 《ラ米》ずる賢く立ち回る

ca-man-du-'le-ro, -ra [カ.マン.ドゥ.'レ.ろ, ら] 形 名 男 女《話》ずるい(人), 狡猾(こうかつ)な(人);《話》偽善的な; 偽善者

‡**'cá-ma-ra** ['カ.マ.ら] 82% 名 女〖写〗〖映〗カメラ;〖建〗部屋, 室; 会議所, 会館;〖政〗議院;〖体〗〖植〗小室, 腔, 房; (タイヤの)チューブ;〖軍〗(銃の)薬室, 弾倉;〖歴〗(王侯の)寝室, 私室;〖医〗〔複〕下痢 名 共〖映〗カメラマン ***a [en] ~ lenta*** 〖映〗スローモーションで ***pintor de ~*** 〖絵〗宮廷画家

‡**ca-ma-'ra-da** [カ.マ.'ら.ダ] 90% 名 共〖軍〗戦友; (共産党などの)党員, 同志; 仲間, 同僚, クラスメート

ca-ma-ra-de-'rí+a [カ.マ.ら.デ.'り.ア] 名 女 仲間意識, 友情

***ca-ma-'re-ra** [カ.マ.'れ.ら] 94% 名 女 ウェイトレス, メイド;〖歴〗女官; 女中頭;《カリブ》女性客室乗務員, スチュワーデス

‡**ca-ma-'re-ro** [カ.マ.'れ.ろ] 90% 名 男 《スペイン》ボーイ, ウェイター; (王の)付き人, 従者, 侍従, 世話係

ca-ma-'ri-lla [カ.マ.'り.ジャ] 名 女〖政〗(政治的な)陰謀団, 黒幕; 派閥, 徒党

ca-ma-'rín [カ.マ.'りン] 名 男〖演〗楽屋;〖宗〗(教会の)聖像を祭る壁のくぼみ;〖宗〗付属礼拝室;〖宗〗聖像装飾品の保管室

ca-mar-'len-go [カ.マる.'レン.ゴ] 名 男〖宗〗カメルレンゴ《教皇庁の会計および法王代理を務める最高枢機卿》

***ca-ma-'rón** [カ.マ.'ろン] 94% 名 男〖動〗エビ, 小エビ;《カリブ》《話》うわさ好きな人;《中米》チップ;《アンデス》《話》裏切り者, 変節者

ca-ma-'ro-te [カ.マ.'ろ.テ] 名 男〖海〗(船の)客室, キャビン

'ca-mas 名 女《複》↑cama

ca-'mas-tro [カ.'マス.トろ] 名 男 (当座しのぎの)粗末なベッド, 簡易ベッド

ca-mas-'trón, -'tro-na [カ.マス.'トろン, 'トろ.ナ] 形 名 男 女《話》二心のある(人), 不誠実な(人)

cam-ba-'la-che [カン.バ.'ラ.チェ] 名 男《話》交換, 取り替えっこ

cam-ba-la-che+'ar [カン.バ.ラ.チェ.'アる] 動 他《話》交換する, 取り替えっこする

'cám-ba-ro ['カン.バ.ろ] 名 男〖動〗ウミガニ

***Cam-'be-rra** ⇦**Can-** [カン.'べ.ら] 94% 名 固〖地名〗キャンベラ《オーストラリア Australia の首都》

cam-'bia-ble [カン.'ビア.ブレ] 形 変わりやすい; 取り替えられる

cam-bia-'di-zo, -za [カン.ビア.'ディ.そ, さ] 形 変わりやすい

cam-'bian-te 形 変化する, 変わる, 変わりやすい 名 男〖商〗両替商;〔複〕(真珠や織物の)光による色の変化, 光沢

‡**cam-'biar** [カン.'ビアる] 71% 動 他 変える, 変化させる, 変える, 改める; 交換する, 交す, (por: と)取り替える;〖商〗〈金を〉両替する, くずす, 替える; 着替えさせる 動 自 変わる, 変化する; (de: を)変える **~se** 動 再 (en: に)変わる; (de: を)着替える; 転居する, 引っ越す;〔複〕(互いに)(de: を)交換する

cam-'bia-rio, -ria [カン.'ビア.りオ, りア] 形〖商〗為替の

cam-bia-'ví+a [カン.ビア.'ビ.ア] 名 共《メキシコ》《カリブ》《コロンビア》〖鉄〗転轍(てんてつ)手

cam-'bia-zo [カン.'ビア.そ] 名 男《話》すり替え

‡**'cam-bio** 72% 名 男 変化, 変更, 変遷; 小銭, つり銭; 取り替え, 交換, 交替;〖商〗

貿易, 交易;〘商〙為替相場[レート], 為替;〘車〙〘機〙(自動車の)ギア, 変速レバー, 変速装置;〘商〙両替; 乗り換え; 移動, 引っ越し;〘競〙(選手の)交替 ***a ~ de*** ... …の代わりに, …と交換で ***en ~*** それにひきかえ, 一方;(それと)交換で ***en ~ de*** ... …の代わりに, …と交換で

C

cam-'bis-ta 名 共〘商〙両替屋, 両替商

*__Cam-'bo-ya__ 94% 名 固〘地名〙カンボジア《東南アジア中部の王国》

cam-bo-'ya+no, -na 形〘地名〙カンボジア(人)の ⬆Camboya;〘言〙カンボジア[クメール]語の 名 男 女 カンボジア人 名 男〘言〙カンボジア[クメール]語

cam-'bray [カン.'ブらイ] 名 男〘衣〙キャンブリック《薄く白い木綿地》

cam-'bria+no, -na [カン.'ブりア.ノ, ナ] 形〘地質〙カンブリア紀の

cam-'brón [カン.'ブろン] 名 男〘植〙クロウメモドキ

cam-'bur [カン.'ブる] 名 男《ラ米》〘植〙バナナ;《ベネズエラ》仕事

cam-bu-rre+'ar [カン.ブ.れ.'アる] 動 他《ラプラタ》混ぜる

cam-'bu-te 名 男《中米》〘動〙大カタツムリ《食用》

ca-me-'lar [カ.メ.'ラる] 動 他《話》〈に〉おべっかを使う, 〈に〉取り入る;《スペイン》《話》〈女性を〉口説く, 〈女性に〉言い寄る ***~se*** 動 再 (a: に)取り入る, へつらう

ca-me-le+'ar [カ.メ.レ.'アる] 動 自《ラプラタ》うそをつく

ca-'me-lia [カ.'メ.リア] 名 女〘植〙ツバキ

ca-me-'llar [カ.メ.'ジャる] 動 自《コロンビア》《話》一所懸命に働く, 精を出す

ca-me-lle+'ar [カ.メ.ジェ.'アる] 動 自 少量の麻薬を密売する

ca-me-'lle+o [カ.メ.'ジェ.オ] 名 男 少量の麻薬密売

*__ca-'me-llo__ [カ.'メ.ジョ] 94% 名 男《camella 女 も使われる》〘畜〙(フタコブ)ラクダ;《スペイン》《俗》麻薬密売人;《メキシコ》《話》仕事, 職

ca-me-'llón [カ.メ.'ジョン] 名 男〘農〙畝(うね);〘農〙浮き島の耕地;〘車〙(道路の)中央分離帯

ca-'me-lo [カ.'メ.ロ] 名 男《話》ごまかし, うそ;《話》(女性への)言い寄り;《話》おべっか ***dar el ~***《話》(a: を)だます

ca-me-'lo-te [カ.メ.'ロ.テ] 名 男〘衣〙カムロ《厚手の毛織物》

cameraman 名 男〘映〙〘放〙カメラマン

ca-me-'ri+no [カ.メ.'り.ノ] 名 男〘演〙楽屋

ca-'me-ro, -ra [カ.'メ.ろ, ら] 形 セミダブル(ベッド)の, セミダブル用の

Ca-me-'rún [カ.メ.'るン] 名 固〔(el) ~〕〔República de ~〕〘地名〙カメルーン《アフリカ中部の共和国》

ca-me-ru-'nés, -'ne-sa [カ.メ.る.'ネス, 'ネ.サ] 形〘地名〙カメルーン(人)の 名 男 女 カメルーン人 ⬆Camerún

Ca-'mi-la [カ.'ミ.ラ] 名 固〘女性名〙カミラ

ca-'mi-lla [カ.'ミ.ジャ] 名 女〘医〙担架, ストレッチャー; 長椅子, 寝椅子;(足元に火鉢をはめた)丸テーブル

ca-'mi-lo [カ.'ミ.ロ] 名 男〘宗〙カミロ修道院の修道士 ***C~*** 名 固〘男性名〙カミロ

ca-mi-'nan-te 形 歩く, 旅行する 名 共 歩く人, 通行人, 旅人

⁑__ca-mi-'nar__ [カ.ミ.'ナる] 85% 動 自 歩く; 行く, 移動する, 進む, 旅行する; (a: に)向かう 動 他〈距離を〉歩く, 行く

*__ca-mi-'na-ta__ 94% 名 女 (長い)散歩, 歩き, ハイキング, 遠足; 道のり, 距離

ca-mi-'ne-ro, -ra [カ.ミ.'ネ.ろ, ら] 形 道の, 道路に関する 名 男 女 道路作業員

ca-mi-'ni-to 〔縮小語〕⬇camino

⁑__ca-'mi+no__ 72% 名 男 道, 通路, 道筋; 道のり, 距離; (a, de: へ行く)道, 方法, やり方, 手段 ***a medio ~*** 途中で ***abrir ~*** (a: を)始める, (a: に)道を開く ***~ a [de]*** ... …へ行く途中に, …に向かって ***~ de mesa*** テーブルに載せた細長い敷物 ***~ de rosas***《話》気楽な生き方 ***C~ de Santiago***〘宗〙サンティアゴ巡礼路 ⬇Santiago de Compostela;〘天〙銀河 ***de ~*** 途中に[で] ***en ~ de*** ... …の途上で ***en el ~*** 途中に[で] ***llevar buen [mal] ~*** 正しい[誤った]道を進む, やり方が正しい[間違っている] ***llevar ~ de*** ... …らしい, …のようである, …しそうである ***ponerse en ~*** 旅立つ, 出発する

⁑__ca-'mión__ 87% 名 男〘車〙トラック, ローリー;《メキシコ》〘車〙バス

ca-mio-'na-je [カ.ミオ.'ナ.へ] 名 男 トラック輸送; 運送料

*__ca-mio-'ne-ro, -ra__ [カ.ミオ.'ネ.ろ, ら] 94% 名 男 女 トラック運転手

*__ca-mio-'ne-ta__ 93% 名 女〘車〙小型トラック, バン

⁑__ca-'mi-sa__ 87% 名 女〘衣〙ワイシャツ; シャツ, 下着;〘衣〙シュミーズ;〘印〙(本の)カバー; 紙ばさみ, ホルダー;〘植〙(果物・種子の)外皮;〘動〙(ヘビ[蛇]の)抜け殻 ***cambiar de ~*** シャツを変える;《話》意見を変える, 迎合する ***~ azul***〘政〙青シャツ《ファランヘ党員》⬇Falange ***dejar sin ~***《話》(a: を)一文無しにする ***meterse en ~ de once varas***《話》おせっかいをする, 口出し

をする *no llegarle a … la ~ al cuello* 《話》…がとても怖がる *quedarse sin ~* 《話》一文無しになる, 破産する

ca-mi-se-'rí+a [カ.ミ.セ.'リ.ア] 名 女 〔商〕ワイシャツ店[工場]

ca-mi-'se-ro, -ra [カ.ミ.'セ.ろ, ら] 形 〔衣〕シャツ型の 名 男 女 〔商〕ワイシャツ業者

****ca-mi-'se-ta** 89% 名 女 〔衣〕シャツ, 肌着; 〔衣〕Tシャツ; 〔競〕チームシャツ

ca-mi-'so-la [カ.ミ.'ソ.ラ] 名 女 〔衣〕キャミソール《婦人用下着》; 〔衣〕(男性用) シャツ

ca-mi-'són 名 男 〔衣〕ネグリジェ; 《メキシコ》〔衣〕ナイトガウン

ca-'mi-ta 形 名 共 ハム人(の)《アフリカ北部・東部の先住民族》; 《メキシコ》乳児用ベッド

ca-mo-'char [カ.モ.'チャる] 動 他 《中米》剪定(せんてい)する

ca-mo-'mi-la [カ.モ.'ミ.ラ] 名 女 〔植〕カミツレ, カモミール

ca-'món 名 男 〔建〕ガラス張りのベランダ

ca-'mo-rra [カ.'モ.ら] 名 女 《話》けんか, 口論

ca-mo-rre+'ar [カ.モ.れ.'アる] 動 自 けんかをする, 騒ぎを起こす

ca-mo-'rre-ro, -ra 形 ⇩ camorrista

ca-mo-'rris-ta [カ.モ.'りス.タ] 形 名 共 《話》けんか好きな(人), けんかっ早い(人)

ca-'mo-te 名 男 《ラ米》〔植〕サツマイモ; 《ラ米》《話》ほれこみ, 夢中, 恋愛; 《メキシコ》《話》恋人, 愛人; 《メキシコ》《南米》《話》ばか, まぬけ; ろくでなし; 《チリ》うそ *tomar ~* 《ラ米》(a: 異性を) 好きになる

cam-'pal [カン.'パル] 形 野の, 野外の

***cam-pa-'men-to** 91% 名 男 キャンプ, キャンプ場; 〔軍〕野営, 野営地, 野営の部隊 *levantar el ~* 《チリ》《ラプラタ》出発する

***cam-'pa-na** 92% 名 女 鐘(かね), つり鐘, ベル; 〔宗〕(教会の)教区; マントルピース; 鐘形 *dar la vuelta de ~* ひっくり返る, 宙返りをする *echar las ~s a vuelo* 鐘を打ちまくる; 皆に知らせる, 触れてまわる; 大喜びする *oír ~s y no saber dónde* 真相を知らない, 本質がわかっていない, 誤解している

cam-pa-'na-da 名 女 鐘のひと突き; 鐘の音, (時計などの)時を打つ音; 大騒ぎ, センセーション

***cam-pa-'na-rio** [カン.パ.'ナ.りオ] 94% 名 男 〔宗〕鐘楼(しょうろう)

cam-pa-ne+'ar [カン.パ.ネ.'アる] 動 自 鐘(かね)を鳴らす **~se** 動 再 腰を振って歩く

cam-pa-'ne+o 名 男 鐘(かね)が鳴り響く音

cam-pa-'ne-ro [カン.パ.'ネ.ろ] 名 男 鐘(かね)つき番

cam-pa-ni-'for-me [カン.パ.ニ.'フォる.メ] 形 釣り鐘状の

***cam-pa-'ni-lla** [カン.パ.'ニ.ジャ] 94% 名 女 小さい鈴, ベル; 泡, あぶく; 〔体〕のどひこ, 口蓋垂(こうがいすい); 〔植〕ホタルブクロ *de (muchas) ~s* 《話》評判のいい, すぐれた, 一流の

cam-pa-ni-lle+'ar [カン.パ.ニ.ジェ.'アる] 動 自 しつこく鈴[ベル]を鳴らす

cam-pa-ni-'lle+o [カン.パ.ニ.'ジェ.オ] 名 男 しつこく鈴[ベル]を鳴らすこと

cam-'pa+no 名 男 〔畜〕(牛の首につけた)鈴, カウベル; 《ラ米》〔植〕カンパーノ《マホガニーに似た木》

cam-'pan-te 形 《話》冷静な, 落ち着いた; 《話》得意になった, 喜んだ

cam-pa-'nu-do, -da 形 鐘(かね)のような, 鐘の形をした; «言葉・演説が»仰々しい, 大げさな

****cam-'pa-ña** [カン.'パ.ニャ] 80% 名 女 〔政〕(政治的・社会的な)運動, キャンペーン; 〔軍〕(一連の)軍事行動, 野戦, 出陣, 出征; 〔地〕平野, 平地; 《ラ米》野, 郊外, 田舎

cam-pa-'ñol [カン.パ.'ニョル] 名 男 〔動〕ハタネズミ, ノネズミ

cam-'par [カン.'パる] 動 自 野営する, キャンプする; 抜きんでる, 目立つ *~ por sus respetos* 好きなようにやる

cam-pe+a-'dor [カン.ペ.ア.'ドる] 名 男 闘士, 闘将

cam-pe+'ar [カン.ペ.'アる] 動 自 〔畜〕«家畜が»牧場で草を食(は)む; 目立つ, たくさんある; «野が»緑色になる; 《ラ米》〔軍〕敵地を偵察する, 捜索する

cam-pe-'cha+no, -na 形 名 男 女 《話》親切な(人), 人のよい; 《話》率直な(人), つつみ隠しのない(人); カンペーチェの(人) ⬇ Campeche

Cam-'pe-che 名 固 〔地名〕カンペーチェ《メキシコ南東部の州, 州都》

****cam-pe+'ón** 89% 名 男 〔競〕(男性の)優勝者, チャンピオン; (主義・主張の)擁護者, 闘士, (強い)支持者; 〔歴〕(古代の)闘士《闘技場で戦った》; (戦争の)英雄

***cam-pe+'o-na** 94% 名 女 〔競〕女性チャンピオン[優勝者]

****cam-pe+o-'na-to** 90% 名 男 〔競〕選手権, 選手権大会, 競技会; 〔競〕優勝, 選手権 *de ~* 《スペイン》《話》ものすごい

cam-'pe-ro, -ra [カン.'ペ.ろ, ら] 形 野の, 野外の; 田舎(いなか)の, 田園の; 《ラプラタ》農業に熟練した **-ra** 名 女 〔衣〕上着, ジャンパー

cam-pe-si-'na-do 名 男 〔集合〕農民, 農民階級

***camˑpeˑ'si+no, -na** 88% 名 男 女 農民, 農夫; 田舎(いなか)の人, 田舎者 形 田舎の; 農民の; 野の, 畑の

camˑ'pesˑtre [カン.'ペス.トれ] 形 田舎(いなか)の, 田園の; 野の

C

camping ['カン.ピン] 名 男 〔英語〕 キャンプ場, キャンプ生活 ⇧ campamento

camˑ'piˑña [カン.'ピ.ニャ] 名 女 〖農〗 耕地, 畑

camˑ'pisˑmo 名 男 キャンピング, 野宿

camˑ'pisˑta 名 共 キャンプをする人, キャンパー

'camˑpo** 70% 名 男 田舎, 田園, 地方, 郊外, 農村; 〖地〗 野, 野原, 平原, 平地; 〖農〗 畑, 田畑; 場所, 場, 空間; (研究・活動の)分野, 範囲, 領域; 〖競〗 競技場, グラウンド; 〖物〗 場, 野; 〖軍〗 陣地, 陣営; 〖政〗 陣営; 〖絵〗 (図案・模様などの)地, 背景 ***a ～ raso 野天で, 野外で ***a ～ traviesa*** (野を)横切って ***dejar el ～ libre*** 戦闘[競技]をやめる, 撤退する ***quedar en el ～*** 戦死する

'Camˑpo de Cripˑ'taˑna ['カン.ポ デ クリプ.'タ.ナ] 名 固 〖地名〗 カンポ・デ・クリプタナ《スペイン中央部の町; 風車群で有名》

'Camˑpos 名 固 〖姓〗 カンポス

camˑpoˑ'sanˑto 名 男 墓地, 墓場

'Camˑpos E+líˑseˑos ['カン.ポス エ.'リ.セ.オス] 名 固 〖ギ神〗 永遠の花が咲く天国; 〖地名〗 シャンゼリゼ《パリ París 市北西部の大通り》

'camˑpus 名 男 〔単複同〕 (大学の)キャンパス, 構内

caˑmuˑ'flaˑje [カ.ム.'フラ.へ] 名 男 〖軍〗 カムフラージュ, 偽装; ごまかし

caˑmuˑ'flar [カ.ム.'フラる] 動 他 〖軍〗 カムフラージュする; ごまかす, 隠す

caˑ'muˑña [カ.'ム.ニャ] 名 女 〔複〕 (麦以外の)穀物 ***el tío ～s*** こわいおじさん《子供をおどすときに使う》

'can 名 男 《詩》《格》 〖動〗 イヌ[犬]; 〔C～ Mayor〕 〖天〗 おおいぬ座; 〔C～ Menor〕 〖天〗 こいぬ座; 〖建〗 (コリント様式の)軒(のき)持送り

'ca+na** 94% 名 女 〖体〗 しらが, 白髪, 灰色の髪 ***～s verdes 《メキシコ》 苦労 ***echar una ～ al aire*** 《話》 はめを外して楽しむ ***peinar ～s*** 老境に入る, 老ける

Caˑna+'án 名 固 〖歴〗〖聖〗 カナン《パレスチナ西部の地方》

ca'naˑca 名 共 《アンデス》《チリ》《話》〔軽蔑〕 中国人; 売春宿の主人

***Caˑnaˑ'dá** 90% 名 固 〔(el) ～〕 〖地名〗 カナダ《北アメリカ北部の国》

***caˑnaˑ'dienˑse** 93% 形 〖地名〗 カナダ(人)の 名 共 カナダ人 ⬆Canadá 名 女 〖衣〗 ランバージャケット

ca'nal** [カ.'ナル] 87% 名 男 運河, 水路; 〖地〗 (広い)海峡; 〖放〗 (テレビの)チャンネル, 回路; 〔一般〕 溝, 堀, 用水路; 〖建〗 (屋根の)雨どい; 〖商〗 販売ルート; 〖体〗 管《食道・気管など》; 《話》 のど; 《ベネズエラ》《話》 〖車〗 車線 名 女 〖食〗 (内臓をとった)肉; 〖建〗 瓦の溝の部分 ***abrir en ～ 真っ二つにする, からたけ割りにする

caˑnaˑ'leˑte [カ.ナ.'レ.テ] 名 男 〖競〗 〔カヌー〕 オール

caˑnaˑ'lí [カ.ナ.'リ] 名 男 〔複 -líes⇦-lís〕 《カリブ》 (カヌーの)オール《椰子(やし)の木で作る》

caˑnaˑliˑzaˑ'ción [カ.ナ.リ.さ.'すぃオン] 名 女 運河開設, 運河化; 〖建〗 水路を開くこと, 溝を掘ること, 道を開くこと; 〖技〗 配管; 《ラ米》 下水

caˑnaˑliˑ'zar [カ.ナ.リ.'さる] 動 他 34 (z|c) 〈に〉道を開く, 誘導する, 方向づける; 〖建〗 〈に〉運河を開く, 〈に〉水路を開く; 〖技〗 〈に〉管をつける

ca'naˑlla [カ.'ナ.ジャ] 名 共 ひどい人, ならず者, ろくでなし 名 女 《話》 〔集合〕 ならず者, ろくでなし 感 《話》 こいつめ!, このろくでなし!

caˑnaˑ'llaˑda [カ.ナ.'ジャ.ダ] 名 女 ならず者のしわざ, 下劣な[恥ずべき]行為, いたずら

caˑnaˑ'llesˑco, -ca [カ.ナ.'ジェス.コ, カ] 形 ならず者の, 下劣な, 下品な, 堕落した

caˑnaˑ'lón [カ.ナ.'ロン] 名 男 《スペイン》 ⇩ canelón

ca'naˑna 名 女 〖軍〗 弾薬帯

caˑnaˑ'pé 名 男 寝椅子, 長椅子; 〖食〗 カナッペ, 前菜

ca'nar [カ.'ナる] 動 自 《コロンビア》 しらがになる

Ca'naˑrias [カ.'ナ.りアス] 名 固 〖地名〗 カナリアス《アフリカ大陸北西方に位置するスペインの自治州: Las Palmas, Santa Cruz de Tenerife》; 〔islas ～〕 〖地名〗 カナリア諸島

ca'naˑrio, -ria [カ.'ナ.りオ, りア] 形 名 男 女 〖地名〗 カナリア諸島の(人) ⬆Canarias 名 男 〖鳥〗 カナリア

***ca'nasˑta** 93% 名 女 かご, バスケット; 〖競〗 〔バスケットボールの〕 ゴール, シュート, 得点; 〖遊〗 〔トランプ〕 カナスタ《ゲーム》

caˑnas'tiˑlla [カ.ナス.'ティ.ジャ] 名 女 小さいバスケット, かご; 〖衣〗 (新生児の)産着(うぶぎ)

caˑnas'tiˑllo [カ.ナス.'ティ.ジョ] 名 男 小さいかご; 花かご

ca'nasˑto 名 男 (大きい)バスケット, かご ***¡～s!*** 《話》 おや!, まあ! 《驚き・不快》

'cánˑcaˑmo 名 男 〖機〗 アイボルト, 輪つきボルト

can-ca-'mu-sa 名 女 《話》〔軽蔑〕いやなこと, つまらないこと

can-'cán 名 男〔楽〕カンカン《踊り》

can-ca-ne+'ar [カン.カ.ネ.'アる] 動 自 《メキシコ》《中米》《カリブ》どもる

can-ca-'ne+o 名 男 《メキシコ》《中米》《カリブ》どもること

can-'cel [カン.'せル] 名 男〔建〕(雪・寒風を防ぐための)雨戸, 内扉; ついたて, 仕切り; 《メキシコ》〔建〕(門の)鉄柵

can-'ce-la [カン.'せ.ラ] 名 女〔建〕(鉄格子の)扉

can-ce-la-'ción [カン.せ.ラ.'すぃオン] 名 女 取り消し, 解約, キャンセル; 〔情〕アボート

***can-ce-'lar** [カン.せ.'ラる] 93% 動 他 〈約束・決定などを〉取り消す, 無効にする, キャンセルする; 〈借金を〉全部支払う, 精算する; 〔情〕アボートする

can-ce-'la-rio, -ria [カン.せ.'ラ.りオ, りア] 名 男 《アンデス》(大学の)学長

****'cán-cer** ['カン.せる] 85% 名 男〔医〕癌(がん); 弊害, 悪弊; 《コロンビア》化膿した傷; [C〜]〔天〕かに座 名 共 かに座生まれの人《6月22日–7月22日生まれの人》

can-ce-'rar [カン.せ.'らる] 動 他〔医〕〈に〉癌(がん)を引き起こす 〜se 動 再〔医〕癌になる

can-ce-'rí-ge+no, -na [カン.せ.'り.へ.ノ, ナ] 形〔医〕発癌(がん)性の

can-ce-ro-lo-'gí+a [カン.せ.ろ.ロ.'ひ.ア] 名 女〔医〕癌(がん)研究

can-ce-ro-'ló-gi-co, -ca [カン.せ.ろ.'ロ.ひ.コ, カ] 形〔医〕癌(がん)研究の

can-ce-'ró-lo-go, -ga [カン.せ.'ろ.ロ.ゴ, ガ] 名 男 女〔医〕癌(がん)研究者

can-ce-'ro-so, -sa [カン.せ.'ろ.ソ, サ] 形〔医〕癌(がん)の, がんにかかった, がん性の 名 男 女〔医〕癌患者

****'can-cha** 90% 名 女〔競〕グラウンド, 運動場, 競技場; 〔競〕〔スキー〕ゲレンデ; 〔競〕〔テニスなど〕コート,; 〔競〕(競馬場などの)コース; 〔畜〕闘鶏場; 空き地, 置き場 感 《ベネズエラ》通路をあけてください!, どいてください!《人混みの中で用いる》 *abrir* [*hacer*] 〜 《ラ米》道をあける *estar en su* 〜 《ペルー》自分の本領とする場にいる

can-che+'ar [カン.チェ.'アる] 動 自 《チリ》《ラプラタ》仕事をいいかげんにする

can-'chi-ta 名 女〔複〕《アンデス》ポップコーン

'can-cho 名 男 大岩; 岩場

can-'ci-lla [カン.'すぃ.ジャ] 名 女〔建〕格子戸

can-ci-'ller [カン.すぃ.'ジェる] 名 共〔政〕(ドイツなどの)首相, 宰相(さいしょう); 《アルゼンチン》外務大臣; 大使館の一等書記官; 〔歴〕国璽尚書(こくじしょうしょ)《国の印章を保管した大臣》

can-ci-lle-'res-co, -ca [カン.すぃ.ジェ.'れス.コ, カ] 形〔政〕(ドイツなどの)首相の地位[職, 官邸]の; 《ラ米》外務省の; 〔歴〕国璽尚書(こくじしょうしょ)の ↓cancillería

can-ci-lle-'rí+a [カン.すぃ.ジェ.'り.ア] 名 女〔政〕(ドイツなどの)首相の地位[職, 官邸]; 大使館[領事館]の事務所; 《ラ米》外務省; 〔歴〕国璽尚書の職《国の印章を保管した大臣の職》

****can-'ción** [カン.'すぃオン] 85% 名 女〔楽〕歌, 歌曲; 〔文〕(中世の)詩 *la misma* 〜 いつも同じことばかり言うこと *ser otra* 〜 話が違う, 話が違ってくる

can-cion-'ci-lla 〔縮小語〕↑canción

can-cio-'ne-ro [カン.すぃオ.'ネ.ろ] 名 男〔歴〕〔文〕詞華集, 歌集, 詩歌のアンソロジー

can-cio-'nis-ta [カン.すぃオ.'ニス.タ] 名 共〔楽〕作曲家; 〔楽〕歌手

'can-co 名 男 《アンデス》《チリ》《話》〔体〕尻; 《メキシコ》《話》殴り合いのけんか

can-'co-na 名 女 《チリ》《話》尻が大きな女

'can-cro ['カン.クろ] 名 男〔医〕癌(がん); 〔植〕(果樹の)癌腫(がんしゅ)病, 根瘤(こんりゅう)病

can-'da-do 名 男 南京錠; 《南米》《話》(あごの)やぎひげ

can-de+'al [カン.デ.'アル] 形〔食〕《麦・パンなどが》白い 名 男〔食〕白い小麦[パン]

can-'de-la [カン.'デ.ラ] 名 女 ろうそく; ろうそく立て; 《話》火; 〔物〕カンデラ《光度の単位》; 《カリブ》《話》迷惑, うんざりさせること *acabarse la* 〜 《話》死ぬ *ser* [*estar*] 〜 《ベネズエラ》困難である *echar* 〜 《ベネズエラ》激怒する

can-de-'la-bro [カン.デ.'ラ.ブろ] 名 男 (枝つき)燭台; 〔植〕ハシラサボテン

can-de-'la-ria [カン.デ.'ラ.りア] 名 女〔宗〕聖燭節《2月2日, 聖母の清めの祝日; ろうそく行列を行う》

can-de-'le-ja [カン.デ.'レ.は] 名 女 《アンデス》〔機〕(ボルトの)座金, ワッシャー

can-de-'le-ro [カン.デ.'レ.ろ] 名 男 燭台, ろうそく立て; 釣り用の明かり, カンテラ; 〔海〕柱, 支柱 *estar en el* 〜 人気がある, 脚光を浴びている; 高い地位にいる *poner en el* 〜 高い地位につける

can-de-'li-lla [カン.デ.'リ.ジャ] 名 女 小ろうそく; 〔医〕ブジー《尿道などを探る器具》; 《ラ米》〔昆〕ホタル

can-'den-te 形 盛んに論じられている, 《議論が》白熱した; 赤熱の, 赤く焼けた

can-'di-da 名 女〔菌〕カンジダ菌

can-di-da-'tar 動 他 立候補させる 〜se 動 再 立候補する

****can-di-'da-to, -ta** 84% 名 男 女 候補者, (a, para: への)立候補者, 志願者

C

C

can-di-da-'tu-ra [カン.ディ.ダ.'トゥ.ら] 名 女 立候補; 《スペイン》〔集合〕立候補者, 立候補者名簿

can-di-'dez [カン.ディ.'デす] 名 女 純真さ, 率直さ; 愚かさ, 単純さ

can-di-'dia-sis 名 女〔単複同〕〘医〙カンジダ症

*'**cán-di-do, -da** 93% 形 純真な, あどけない, 天真爛漫な, 率直な;〔軽蔑〕単純な, うぶな, ナイーブな;《詩》白い, 純白の

'**Cán-di-do** 名 固〘男性名〙カンディド

can-'dil [カン.'ディル] 名 男 ランプ, カンテラ;《メキシコ》シャンデリア *buscar con un* ~ くまなく探す

can-di-'le-ja [カン.ディ.'レ.は] 名 女〔複〕〘演〙フットライト, 脚光《舞台前端の照明装置》; 石油ランプ; (ランプの)油皿

can-'dio-ta 名 女 (素焼の)壺(つぼ), かめ; 酒樽

can-'dom-be 名 男〘楽〙カンドンベ《南アメリカの黒人の踊り》; カンドンベの踊り用の細長い太鼓

can-'don-go, -ga 形 名 男 女《話》ずるい(人), 悪賢い(人);《話》なまけ者(の) **-ga** 名 女《話》からかい, 冗談

can-'dor [カン.'ドる] 名 男 純真さ, あどけなさ, 素朴さ, 率直さ;《詩》《格》白さ, 純白

can-do-'ro-so, -sa [カン.ド.'ろ.ソ, サ] 形 清純な, 無垢の, 純真な

can-'dun-go 名 男《カリブ》容器, 入れ物

ca-'ne-ca 名 女《コロンビア》ごみ箱, ごみ容器

ca-'ne-lo, -la [カ.'ネ.ロ, ラ] 形 肉桂色の 名 男〘植〙ニッケイの木;《スペイン》《話》ばか **-la** 名 女〘植〙ニッケイ, シナモン; 宝, 貴重な人[もの], 逸品 *canela fina* すばらしいもの, 逸品; 美人

ca-ne-'lón [カ.ネ.'ロン] 名 男〔複〕〘食〙カネローニ《パスタ》;〘建〙(屋根の)樋(とい); つらら, 氷柱

Ca-ne-'lo-nes [カ.ネ.'ロ.ネス] 名 固〘地名〙カネローネス《ウルグアイ南部の県》

ca-ne-'sú 名 男〔複 -súes⇔-sús〕〘衣〙(婦人服の)胴部, 婦人用胴着;〘衣〙(シャツ・ブラウスなどの)えり肩, ヨーク

ca-'ney 名 男《カリブ》〘建〙〘政〙先住民の族長の家, 屋敷

can-ga-'lle-ro, -ra [カン.ガ.'ジェ.ろ, ら] 名 男 女《ラ米》鉱山の泥棒

'**Can-gas de O-'nís** 名 固〘地名〙カンガス・デ・オニス《スペイン北部の都市》

can-gi-'lón [カン.ひ.'ロン] 名 男 ひしゃく, つるべ; バケツ; 土製の壺(つぼ), かめ;〘衣〙(襟の)ひだ飾り, ゴーファー;《ラ米》〘車〙わだち, 車の跡

*can-'**gre-jo** [カン.'グれ.ほ] 94% 名 男〘動〙カニ;〘動〙ザリガニ;〘海〙縦帆上部の斜桁(しゃこう), 帆げた;〔C~〕〘天〙かに座;《ベネズエラ》《話》やっかいな問題, 面倒

can-gri-'mán [カン.グリ.'マン] 名 男《カリブ》《話》重要人物

can-'gue-lo [カン.'ゲ.ロ] 名 男《スペイン》《俗》恐れ

can-'guil [カン.'ギル] 名 男《アンデス》〘食〙炒り豆;《アンデス》〘食〙ポップコーン

can-'gu-ro [カン.'グ.ろ] 名 男〘動〙カンガルー 名 共《スペイン》《話》子守り, ベビーシッター

ca-'ní-bal [カ.'ニ.バル] 形 名 共 人を食う(人間);《話》野蛮な(人), 残忍な(人)

ca-ni-ba-'lis-mo [カ.ニ.バ.'リス.モ] 名 男 人肉を食うこと[風習]; 残忍, 蛮行

ca-'ni-ca 名 女〔複〕〘遊〙ビー玉(遊び)

ca-'ni-che 名 男〘動〙〔犬〕プードル

ca-'ni-cie [カ.'ニ.すぃエ] 名 女 しらが, 白髪(まじり)

ca-'ní-cu-la [カ.'ニ.ク.ラ] 名 女〘気〙暑中, 土用, 大暑;〔C~〕〘天〙シリウス, 天狼(てんろう)星《おおいぬ座のα星》

ca-ni-cu-'lar [カ.ニ.ク.'ラる] 形〘気〙真夏の, 土用の, 大暑の;〘天〙シリウスの, 天狼(てんろう)星の 名 男〔複〕暑中, 土用, 大暑

ca-'ni-jo, -ja [カ.'ニ.ほ, は] 形《話》小さくて虚弱な;《メキシコ》いたずらの 名 男 女《メキシコ》いたずら者

ca-'ni-lla [カ.'ニ.ジャ] 名 女〔複〕〘体〙すねの骨; 腕の骨;〘鳥〙翼の骨; 細い足; (織物などの)うね;〘技〙(ミシンの)糸巻き, ボビン;〘植〙ベンケイソウ;《ラ米》(樽の)飲み口, 栓;《中米》新聞売り;《チリ》《ラプラタ》〘体〙(脚の)すね;《ラプラタ》(水道などの)蛇口 *irse de* ~《話》べらべらしゃべる *ver las ~s*《話》ばかだと思う

ca-ni-'lle-ra [カ.ニ.'ジェ.ら] 名 女《チリ》《ラプラタ》〘競〙〔サッカーなど〕すね当て

ca-ni-'llu-do, -da [カ.ニ.'ジュ.ド, ダ] 名 男 女《中米》足の長い人

Ca-nin-de-'yú 名 固〘地名〙カニンデジュ《パラグアイ東部の県》

ca-'ni+no, -na 形〘動〙イヌ科の; 犬の, 犬のような 名 男〘体〙犬歯, 糸切り歯 *tener un hambre canina* ひどく空腹である

'**can-je** ['カン.へ] 名 男 交換

can-je+'a-ble [カン.へ.'ア.ブレ] 形 交換可能な

can-je+'ar [カン.へ.'アる] 動 他 (por: と)交換する

can-'ju-ra [カン.'ふ.ら] 名 女《中米》猛毒

can-'na-bis [カ(ン).'ナ.ビス] 名 男〔単複同〕〘植〙インド大麻, カンナビス

*'**ca+no, +na** 93% 形〘体〙«ひげが»白い, 白髪頭の;《格》《詩》〔一般〕白い;《カリブ》《話》金髪の, ブロンドの(人)

'**Ca+no** [名] [固] 〔姓〕カノ
*__ca-'no+a__ 94% [名] [女] カヌー, 丸木舟; 軽ボート; 《ラ米》 木製の水路
ca-'nó-dro-mo [カ.'ノ.ドろ.モ] [名] [男] ドッグレース場
'**ca-non** [名] [男] 規範, 基準, 規則; 〔宗〕(教会の)法規, 教理, 戒律; (聖書の)正典; (ミサの本体である)典文; 模範; 〔法〕税金; 〔商〕地代, 小作料; 〔楽〕カノン, 追復曲; 〔印〕24 ポイント活字
ca-'nó-ni-co, -ca [形] 〔宗〕正典と認められた教会法に基づく, 戒律に従った; 規準の, 標準の
ca-'nó-ni-go [名] [男] 〔宗〕司教座聖堂参事会員 *vida de* ~ 《話》快適な生活 *vivir como un* ~ 《話》快適な生活を送る
ca-no-ni-za-'ción [カ.ノ.ニ.さ.'すぃオン] [名] [女] 〔宗〕列聖(式)
ca-no-ni-'zar [カ.ノ.ニ.'さる] [動] [他] 34 (z|c) 〔宗〕列聖する, 聖者の列に加える; 賛美する, 称賛する
ca-non-'jí+a [カ.ノン.'ひ.ア] [名] [女] 〔宗〕聖堂参事会職; 《話》閑職; 割のいい仕事
ca-'no-ro, -ra [カ.'ノ.ろ, ら] [形] 音色[音調]のよい; 抒情的な, 音楽的な, 調子[音色]の美しい
ca-'no-so, -sa [形] 〔体〕しらがの, 白髪の
ca-no-'tié [名] [男] 〔衣〕(麦わらの)かんかん帽
__can-'sa-do, -da__ 89% [形] (de, por: で) 疲れた, くたびれた; «仕事などが»疲れさせる, 骨の折れる, 退屈な; (de, por: に)あきあきした, うんざりした; «人が»退屈な *a las cansadas* 《ラプラタ》ついに, とうとう **-da-mente [副] 疲れて, くたびれて; あきあきして, うんざりして
*__can-'san-cio__ [カン.'サン.すぃオ] 92% [名] [男] 疲労, 疲れ; 退屈, うんざりすること
__can-'sar__ [カン.'サる] 86% [動] [他] 疲れさせる, くたびれさせる; あきあきさせる, うんざりさせる [動] [自] 疲れさせる, くたびれさせる; あきる ~se** [動] [再] (con, de: に)疲れる, くたびれる; あきあきする, うんざりする
can-'si+no, -na [形] 疲れた; のろまの, のろのろした
can-'són, -'so-na [形] 《カリブ》《話》うんざりする, 退屈な
can-'tá-bi-le [カン.'タ.ビ.レ] [副] 〔楽〕歌うように, カンタービレで [名] [男] 〔楽〕カンタービレの曲[楽章・楽節]
can-'ta-ble [カン.'タ.ブレ] [形] 歌える, 歌いやすい [名] [男] 〔楽〕(サルスエラで)歌の部分 ↓zarzuela; 〔楽〕カンタービレ様式(の曲)
Can-'ta-bria [カン.'タ.ブりア] [名] [固] 〔地名〕カンタブリア《スペイン北部のカンタブリア海に臨む地方; 自治州, 県》
can-'tá-bri-co, -ca [カン.'タ.ブり.コ, カ] [形] 〔地名〕カンタブリア海[地方]の ↑Cantabria; 〔mar C~〕〔地名〕カンタブリア海, ビスケー湾; 〔cordillera Cantábrica〕〔地名〕カンタブリア山脈《スペイン北部の山脈》
'**cán-ta-bro, -bra** ['カン.タ.ブろ, ブら] [形] [名] [男] [女] 〔地名〕カンタブリアの(人) ↑Cantabria
can-ta-'le-ta [カン.タ.'レ.タ] [名] [女] からかい, いやがらせ; うるさい音楽, 鳴り物; 《中米》〔楽〕(歌の)繰り返し, リフレーン; 《中米》《コロンビア》繰り返される動作, しつこさ
can-ta-'lu-po [カン.タ.'ル.ポ] [名] [男] 〔植〕カンタループ《南ヨーロッパ原産のメロン》
can-ta-ma-'ña-nas [カン.タ.マ.'ニャ.ナス] [名] [共] 〔単複同〕《話》〔軽蔑〕信用できない人
*__can-'tan-te__ 91% [名] [共] 〔楽〕歌手 [形] 歌う, 歌の, 歌声の
can-ta+'or, -'o-ra [カン.タ.'オる, 'オ.ら] [名] [男] [女] フラメンコ歌手
**__can-'tar__ [カン.'タる] 80% [動] [他] 〔楽〕歌う; 称賛する, たたえる; 吹聴する, 自慢する; 〈詩を〉朗読する; 大きな声で(節をつけて)言う; 〔宗〕«司祭が»〈ミサを〉執り行う [動] [自] 〔楽〕歌を歌う; «鳥・虫などが»鳴く, さえずる; «物が»音を立てる, 鳴る; 《話》白状する, どろを吐く; (a: をたたえて)歌う, 詩を作る; 《話》悪臭がする [名] [男] 〔楽〕歌, 詩; 俗謡, 民謡 *al ~ el gallo* 夜明けに *~ de plano* 《話》«犯人が»全部白状する, 自白する *¡Eso es otro ~!* 《話》それは別の話だ!
'**cán-ta-ra** ['カン.タ.ら] [名] [女] かめ, 壷(つぼ); カンタラ《容量の単位, 16.13 リットル》
can-ta-'re-ra [カン.タ.'れ.ら] [名] [女] かめ[壷(つぼ)]の台
can-'tá-ri-da [カン.'タ.り.ダ] [名] [女] 〔昆〕ゲンセイ《ハンミョウ科の甲虫》
can-ta-'rín, -'ri-na [カン.タ.'りン, 'り.ナ] [形] 歌の, 歌う; 《話》歌好きの
'**cán-ta-ro** ['カン.タ.ろ] [名] [男] 壺(つぼ), かめ; 《スペイン》カンタロ《ワインを計る容量単位, 地方によって異なる》 *alma de* ~ 《話》ばか者 *llover a ~s* 《話》〔気〕大雨が降る
can-'ta-ta [名] [女] 〔イタリア語〕〔楽〕カンタータ《声楽曲》
can-tau-'tor, -'to-ra [カン.タウ.'トる, 'ト.ら] [名] [男] [女] 〔楽〕シンガーソングライター
can-'ta-zo [カン.'タ.そ] [名] [男] 《話》石つぶて, 投石; 《カリブ》《話》衝突; 殴打
'**can-te** [名] [男] 〔楽〕民謡; 歌, 歌うこと *dar el* ~ 《話》注意をひく
can-te-'gril [カン.テ.'グりル] [名] [男] 《ラプラタ》貧困地区
can-'te-ra [カン.'テ.ら] [名] [女] 石切り場, 採石所; 養成所; 泉, 宝庫, 豊富な場所

C

can-te-ˈrí+a [カン.テ.ˈリ.ア] 名 女 採石, 石細工; 〔集合〕 石造り, 加工した石; 〔集合〕 切り出した石

can-ˈte-ro [カン.ˈテ.ろ] 名 男 〔技〕 石工; 〔商〕〔人〕 石屋; 〔食〕 (パンなどの)堅い皮; 〔農〕 細長い畑

ˈcán-ti-co 名 男 〔宗〕 カンティクム, 賛歌 《詩編以外の聖書の文句に基づく聖歌》; 〔楽〕 小歌曲

****can-ti-ˈdad** 78% 名 女 量, 数量, 分量; 金額, 総額; たくさん, ずいぶん 副 《話》 たくさん, ずいぶん, 多く ***en*** ~ たくさん, 多く

can-ˈti-ga ⇨ **ˈcán-ti-** 名 女 〔歴〕〔文〕 カンティーガ 《中世の叙情詩》

can-ˈtil [カン.ˈティル] 名 男 〔海〕 海底棚; (海岸の)段々; 〔地〕 (海岸の)崖, 絶壁

can-ti-ˈle-na 名 女 ⇩ cantinela

can-tim-ˈplo-ra [カン.ティン.ˈプロ.ら] 名 女 水筒; サイフォン; 《ラ米》 〔医〕 甲状腺腫, はれもの

can-ˈti-na 名 女 〔商〕 (駅構内などの)簡易食堂, 喫茶室, 酒保; ワイン貯蔵所, 酒蔵; 《ラ米》 〔商〕 居酒屋; 《ラプラタ》 イタリアンレストラン

can-ti-ˈne-la 名 女 《話》 繰り言, 同じ言葉の繰り返し; 〔楽〕 カンティレーナ, バラード, 叙情歌[曲]

can-ti-ˈne-ro, -ra [カン.ティ.ˈネ.ろ, ら] 名 男 女 〔商〕 (酒場・簡易食堂の)店員

can-ti-ˈzal [カン.ティ.ˈさル] 名 男 〔地〕 石ころだらけの土地

****ˈcan-to** 90% 名 男 〔楽〕 歌, 歌うこと, 歌声, 鳴き声; 称賛, 賛歌, 聖歌; 〔文〕 詩, 詩歌, 詩連; 縁(ふち), へり, 先端; 小石; (刀の)峰; 〔建〕 (建物の)角(かど); (車輪の)外縁(そとぶち); 厚さ ***al*** ~ 《話》 必ず ***darse con un ~ en los pechos [dientes]*** 《話》 ささやかな恵みに満足する ***de*** ~ 縦にして, 立てて ***por el ~ de un duro*** ごくわずかな差で, 間一髪で ***al ~ del gallo*** 夜明けに ***~ del cisne*** (退陣・死の前の)最後の言葉 ***agarrarse a ~s*** 《メキシコ》 《話》 けんかする

can-ˈtón 名 男 〔建〕 (建物の)角(かど); (スイスなどの)州; 〔軍〕 宿営地, 分営地

Can-ˈtón 名 固 〔地名〕 広州 《中国, 広東省の省都 Guangzhou》

can-to-ˈna-da 名 女 〔建〕 (建物の)角(かど)

can-to-ˈnal [カン.ト.ˈナル] 形 州の

can-to-na-ˈlis-mo [カン.ト.ナ.ˈリス.モ] 名 男 〔歴〕〔政〕 (19世紀の)地方分立主義

can-to-na-ˈlis-ta [カン.ト.ナ.ˈリス.タ] 形 名 共 〔歴〕〔政〕 (19世紀の)地方分立主義の[主義者]

can-to-ˈne-ro, -ra [カン.ト.ˈネ.ろ, ら] 形 ぶらぶらしている(人), なまけている 名 男 女 なまけ者 **-ra** 名 女 (本の表紙の)補強材; コーナーキャビネット 《部屋の隅に置く家具》; 《話》 売春婦, 街娼

can-to-ˈnés, -ˈne-sa 形 名 男 女 〔地名〕 広東[広州]の(人) ↑Cantón; 〔言〕 広東語の 名 男 〔言〕 広東語

can-ˈtor, -ˈto-ra [カン.ˈトる, ˈト.ら] 形 歌う; 〔鳥〕 鳴く, 鳴鳥の 名 男 女 〔楽〕 歌手, 歌う人; 〔文〕 詩人, 歌人, 賛歌を歌う人 名 男 〔鳥〕 鳴鳥, 鳴禽(めいきん) **-tora** 名 女 《チリ》 しびん

can-to-ˈral [カン.ト.ˈらル] 名 男 〔宗〕 聖歌集

can-ˈtue-so 名 男 〔植〕 ラベンダーの一種

can-tu-rre+ˈar [カン.トゥ.れ.ˈアる] 動 自 鼻歌を歌う

can-tu-ˈrre+o [カン.トゥ.ˈれ.オ] 名 男 鼻歌, ハミング

ˈcá-nu-la [ˈカ.ヌ.ラ] 名 女 〔医〕 カニューレ 《患部に入れて液の抽出や薬の注入に用いる》

ca-nu-ˈte-ro [カ.ヌ.ˈテ.ろ] 名 男 ピン[針]入れ

ca-nu-ˈti-llo [カ.ヌ.ˈティ.ジョ] 名 男 〔衣〕 (刺繍(ししゅう)用の)ガラスビーズ; 〔衣〕 金糸, 銀糸

ca-ˈnu-to 名 男 くだ, 管; 〔植〕 (竹・葦などの)節間; 《スペイン》 《俗》 マリファナ ***no saber hacer la "o" con un ~*** 《スペイン》 簡単なこともできない, 頭が悪い

ˈca+ña** [ˈカ.ニャ] 92% 名 女 〔植〕 (サトウキビなどの)茎, 麦わら; 〔飲〕 (細長い)コップ; 〔飲〕 生ビール(のグラス); 〔植〕 アシ, ヨシ; 〔植〕 トウ[籐], トウの茎; 〔体〕 (腕, 脚の)骨; 〔体〕 向こうずね; 〔体〕 骨髄; 釣りざお; 〔軍〕 銃床; 〔楽〕 笛, リード; 〔海〕 舵柄(だへい); 《チリ》 《話》 二日酔い ***andar con la ~ 酒に酔っている ***bajar la ~*** 叱(しか)る ***darle [arrearle, meterle] ~*** 《話》 車のアクセルを踏む ***hablar ~*** 《コロンビア》 うそをつく

ca-ˈña-da [カ.ˈニャ.ダ] 名 女 〔地〕 谷間, 峡谷; 《スペイン》 〔畜〕 (移動する家畜の)通り道

ca-ña-ˈfís-to-la [カ.ニャ.ˈフィス.ト.ラ] 名 女 〔植〕 カシア

ca-ña-ˈma-zo [カ.ニャ.ˈマ.そ] 名 男 麻くず; 〔衣〕 目の粗い麻布; カンバス

ˈcá-ña-mo [ˈカ.ニャ.モ] 名 男 〔植〕 アサ[麻], 大麻; 麻繊維

ca-ña-ˈmón [カ.ニャ.ˈモン] 名 男 〔植〕 アサ[麻]の実

Ca-ˈñar [カ.ˈニャる] 名 固 〔地名〕 カニャル 《エクアドル中南部の州》

ca-ña-ve-ˈral [カ.ニャ.ベ.ˈらル] 名 男 〔農〕 サトウキビ畑; 〔地〕 アシ原; 〔Cabo C~〕 〔地名〕 ケープカナベラル 《フロリダ半島東岸の岬, アメリカ航空宇宙局 (NASA) のケネディ宇宙センターがある》

ca-'ña-zo [カ.'ニャ.そ] 名 男 《ラ米》〔飲〕サトウキビの焼酎

ca-ñe-'rí+a [カ.ニェ.'リ.ア] 名 女 〔集合〕導管, 管

ca-'ñe-ro, -ra [カ.'ニェ.ろ, ら] 形 〔植〕サトウキビの 名 男 女 《ラ米》〔農〕サトウキビ栽培者

ca+'ñí [カ.'ニィ] 形 名 共 〔複 -ñíes ⇔ -ñís〕《スペイン》ロマ[ジプシー](の)

ca-'ñi-ta [カ.'ニィ.タ] 名 女 《アンデス》〔飲〕ストロー

ca-ñi-'zal 名 男 ⇧ cañaveral

ca-'ñi-zo [カ.'ニィ.そ] 名 男 よしず

'ca+ño ['カ.ニョ] 名 男 管, 導管; (池などの)噴水口; 〔鉱〕坑道; 地下室, 穴蔵; 《アンデス》飲み口, 蛇口, 栓

*__ca-'ñón__ [カ.'ニョン] 93% 名 男 〔軍〕大砲, 砲身, 機関砲; 銃身; パイプ, 筒; 管, (煙突の)煙道; (鳥の)羽軸, 羽ペン; 《話》(木の)幹; 〔体〕短いひげ; 〔地〕(大)渓谷 形 《話》大変な, ものすごい 副 《話》すばらしく, とても楽しく *carne de* ~ 〔軍〕危険な場所につく兵士; いかがわしい人間 *estar al pie del* ~ 任務に忠実である *morir al pie del* ~ 任務を忠実に果たして死ぬ

ca-ño-'na-zo [カ.ニョ.'ナ.そ] 名 男 〔軍〕砲撃, 砲弾; 〔競〕〔サッカー〕強烈なシュート; 《チリ》《話》大酒を飲むこと

ca-ño-ne+'a-do, -da [カ.ニョ.ネ.'ア.ド, ダ] 形 名 男 女 《チリ》《話》酒に酔った(人)

ca-ño-ne+'ar [カ.ニョ.ネ.'アる] 動 他 〔軍〕砲撃する; 攻める

ca-ño-'ne+o [カ.ニョ.'ネ.オ] 名 男 〔軍〕砲撃

ca-ño-'ne-ro, -ra [カ.ニョ.'ネ.ろ, ら] 形 〔軍〕《船が》大砲を積んだ 名 男 〔軍〕〔海〕砲艦 -ra 名 女 〔軍〕銃眼, 砲眼; 〔軍〕砲座; 〔軍〕野営テント

ca-'ñue-la [カ.'ニュエ.ラ] 名 女 〔複〕《チリ》〔体〕ふくらはぎ

ca+'o-ba 名 女 〔植〕マホガニー(材)

ca+o-'lín [カ.オ.'リン] 名 女 高陵土, (白)陶土

*__'ca+os__ 92% 名 男 〔単複同〕無秩序, 大混乱; 《詩》カオス; 〔聖〕(天地創造前の)混沌

ca+'ó-ti-co, -ca 形 無秩序の, 大混乱の, 混沌とした

cap. 略 ⬇capítulo

Cap. 略 ⬇capital; ⬇capitán, -tana

'ca+pa 87% 名 女 〔衣〕(袖なしの)外套(がいとう), コート, マント, ケープ; 仮面, 表向き, 口実; 層, 膜, 上から覆っているもの; (社会の)層, 階層; 〔牛〕カパ《闘牛士のケープ》; 〔食〕糖衣, ころも *bajo* [*so*] ~ *de* ... …を口実にして, …を装って *de* ~ *caída* 《話》落ちぶれて, 落ち込んで *defender a* ~ *y espada* (a: を)必死に守る, 死守する *hacer de su* ~ *un sayo* 《話》好き勝手に行動する, 思いのままにやる 形 《女》⬇capo

ca-'pa-ces 形 《複》⬇capaz

ca-'pa-cha 名 女 買物かご; (果物用の)かご; 《エクアドル》《俗》刑務所

ca-'pa-cho 名 男 果物用かご

⁑**ca-pa-ci-'dad** [カ.パ.すぃ.'ダド] 79% 名 女 収容力, 容積, 定員; (para: の)才能, 力量, 手腕, 能力; 〔法〕資格, 能力

ca-pa-ci-ta-'ción [カ.パ.すぃ.タ.'すぃオン] 名 女 養成, 訓練; 資格, 適性

ca-pa-ci-'ta-do, -da [カ.パ.すぃ.'タ.ド, ダ] 形 (para 不定詞: …する)能力のある, 資格がある

ca-pa-ci-'tar [カ.パ.すぃ.'タる] 動 他 訓練する, 養成する, 仕込む; 〈に〉(para: の)資格を与える ~se 動 再 (para 不定詞: …する)資格がある, 資格を得る; (自分を)訓練する

ca-pa-'du-ra [カ.パ.'ドゥ.ら] 名 女 去勢

ca-'par [カ.'パる] 動 他 去勢する; 《話》切る, 削除する

ca-pa-ra-'zón [カ.パ.ら.'そン] 名 男 〔貝〕殻, 貝殻; 覆い, カバー, 包む物 *meterse* [*esconderse*] *en el* [*su*] ~ 殻に閉じこもる

ca-pa-'rro-sa [カ.パ.'ろ.サ] 名 女 〔化〕硫酸塩, 礬(ばん)類

'ca-pas 形 《女複》⬆capa

ca-pa-'taz, -'ta-za [カ.パ.'タす, 'タ.さ] 名 男 女 《男性複数は capataces》労働者の頭(かしら), 監督(官)

⁑**ca-'paz** [カ.'パす] 79% 形 **1** (de: の)能力がある, (de: が)できる: María no es **capaz** de comer pescado crudo. マリアは生の魚が食べられない。 **2** 有能な, 腕利きの, 頭のいい: Para este trabajo necesitamos un hombre **capaz**. この仕事には私たちは有能な人材が必要だ。 **3** 〔悪い意味で〕(de 不定詞: …を)やりかねない: Si lo deja su novia, será **capaz** de hacer una locura. 彼は恋人に捨てられたりしたら, ばかなことをやりかねないだろう。 **4** (para: の)収容力がある: una sala **capaz** para cien personas 100 人収容できるホール 副 《南米》《話》たぶん, おそらく

cap-cio-si-'dad [カプ.すぃオ.スィ.'ダド] 名 女 《格》揚げ足とり, 欺瞞(ぎまん)(性), ごまかし; 《格》ずるさ, 狡猾(こうかつ)さ

cap-'cio-so, -sa [カプ.'すぃオ.ソ, サ] 形 《格》揚げ足とりの, (相手の)あら探しをする

ca-'pe+a 名 女 〔牛〕カペーア《子牛を相手にする素人の闘牛》

ca-pe+'a-da 名 女 〔牛〕カパで牛をあしらうこと ⬆capa

C

ca-pe+'ar [カ.ペ.'アる] [動] [他] 〔牛〕〈牛を〉カパ **capa** であしらう; 《話》(うそや口実で)逃れる, だます; (ﾁﾘ*) (ﾁﾘ) 《話》ずる休みする ～ *el temporal* 〔海〕悪天候を避ける; うまく逃れる, やりすごす

ca-pe-'llán [カ.ペ.'ジャン] [名] [男] 〔宗〕(礼拝堂つき)司祭

ca-pe-lla-'ní+a [カ.ペ.ジャ.'ニ.ア] [名] [女] 〔宗〕司祭の職

ca-'pe-lo [カ.'ペ.ロ] [名] [男] 〔宗〕〔衣〕枢機卿のつば広の赤い帽子; 〔宗〕枢機卿の権威[職]

ca-pe-ru-'ci-ta [カ.ペ.る.'すぃ.タ] [名] [女] 〔衣〕小さなずきん

ca-pe-'ru-za [カ.ペ.'る.さ] [名] [女] 〔衣〕とがったずきん; (ペンの)キャップ; 煙突帽, フード

Ca-'pe-tos [名] [固] 〔los ～〕〔歴〕カペー朝《987–1328, フランスの王朝》

ca-pi-'ba-ra [カ.ピ.'バ.ら] [名] [女] 〔動〕カピバラ《南米の川辺にすみ体長が 1m 以上になる齧歯(げっ)動物》

ca-pi-'cú+a [名] [男] 左右どちらから読んでも同じ数字

ca-pi-'lar [カ.ピ.'ラる] [形] 〔体〕毛の, 毛髪の; 〔体〕毛状の, 毛細管の [名] [男] 〔体〕毛細血管

ca-pi-la-ri-'dad [カ.ピ.ラ.り.'ダド] [名] [女] 毛細状; 〔物〕毛(細)管現象

*__ca-'pi-lla__ [カ.'ピ.ジャ] 91% [名] [女] 〔建〕〔宗〕(付属)礼拝堂, チャペル; 〔宗〕聖歌隊, 楽隊; 〔衣〕ずきん, フード; 〔しばしば軽蔑〕徒党, 一団 *estar en* ～ 死刑の宣告を受けている; やきもきしている, 気をもんでいる *ser de la misma* ～ 仲間である

ca-pi-'lli-ta [カ.ピ.'ジ.タ] [名] [女] 〔しばしば軽蔑〕徒党, 一団; 〔宗〕(教会の活動に)熱心な信奉者

ca-'pi-llo [カ.'ピ.ジョ] [名] [男] 〔衣〕ずきん, ずきん状の覆い; 〔衣〕ボンネット, 帽子; 〔飲〕(リンネルの)コーヒー濾(こ)し; 〔植〕芽, つぼみ; 〔昆〕(蚕などの)繭(まゆ)

ca-pi-ro-'ta-da [カ.ピ.ろ.'タ.ダ] [名] [女] (ﾗ*) 〔食〕カピロターダ《肉・トウモロコシ・チーズの煮込み料理》

ca-pi-ro-'ta-zo [カ.ピ.ろ.'タ.そ] [名] [男] 頭を軽く指ではじくこと

ca-pi-'ro-te [カ.ピ.'ろ.テ] [名] [男] 〔衣〕とんがりずきん《聖週間のときにかぶる》; 〔衣〕(大学教授が儀式のときに着る)肩衣, 礼装用ケープ; 〔車〕幌(ほろ) *tonto*[*ta*] *de* ～ [女] 《話》まったくのばか者, のろまな人

ca-pi-'sa-yo [名] [男] 〔衣〕フードのついたケープ; 〔宗〕〔衣〕マンテレッタ《司教などが着る袖のないひざまでの上衣》

'cá-pi-ta 〔成句〕 *per* ～〔ラテン語〕一人当たり(の)

ca-pi-ta-'ción [カ.ピ.タ.'すぃオン] [名] [女] 〔法〕人頭税

**__ca-pi-'tal__ [カ.ピ.'タル] 75% [名] [女] 〔政〕首都, 首府, 政[県]庁所在地; 大文字, 頭文字 [名] [男] 〔商〕〔経〕資本, 資金, 元金, 資産 [形] 最も重要な, 重大な, 主要な; 〔法〕死刑の; 〔言〕大文字の

ca-pi-ta-li-'dad [カ.ピ.タ.り.'ダド] [名] [女] 首都であること, 首都の機能

ca-pi-ta-'li+no, -na [カ.ピ.タ.'リ.ノ, ナ] [形] [名] [男] [女] 首都の(住民), 首府の(住民), 首都市民

*__ca-pi-ta-'lis-mo__ [カ.ピ.タ.'リス.モ] 93% [名] [男] 〔政〕〔経〕資本主義

*__ca-pi-ta-'lis-ta__ [カ.ピ.タ.'リス.タ] 91% [形] [名] [共] 〔政〕〔経〕資本主義の[主義者]; 〔商〕資本家

ca-pi-ta-li-za-'ción [カ.ピ.タ.リ.さ.'すぃオン] [名] [女] 〔商〕資本化; 〔商〕(利益の)元金への組み入れ; 〔商〕増資; 利用

ca-pi-ta-li-'zar [カ.ピ.タ.り.'さる] [動] [他] [34] (z|c) 〔商〕資本化する; 〔商〕〈利益を〉元金に組み入れる; 〔商〕増資する; 利用する

**__ca-pi-'tán, -'ta-na__ 86% [名] [男] [女] 〔海〕〔軍〕船長, 艦長; 〔軍〕海軍大佐, 陸軍大尉; 〔競〕キャプテン, 主将; 指導者, ボス

ca-pi-'ta-na [名] [女] 〔軍〕〔海〕旗艦; 《話》船長の妻

ca-pi-ta-ne+'ar [カ.ピ.タ.ネ.'アる] [動] [他] 〔軍〕指揮する, 率いる; 〈の〉主将になる, 統率する; 〔競〕〈の〉首位にある, 〈の〉トップを走る

ca-pi-ta-'ní+a [名] [女] 指揮者[主将, 長]の地位[職]; 〔軍〕司令本部, 司令部 ～ *general* 〔歴〕(ﾗ*) (旧スペイン領の)副王の管区; 〔軍〕司令部; 〔軍〕総司令部

ca-pi-'tel [カ.ピ.'テル] [名] [男] 〔建〕柱頭

ca-pi-'to-lio [カ.ピ.'ト.リオ] [名] [男] 〔歴〕〔宗〕〔建〕カピトリウム《古代ローマのジュピターの神殿》; 〔建〕堂々とした建物, 殿堂

ca-pi-'tos-te [名] [男] 《話》首領, 頭目, ボス

ca-pi-tu-la-'ción [カ.ピ.トゥ.ラ.'すぃオン] [名] [女] 協定, 約束, 契約, 条約; 〔軍〕降伏, 陥落, 開城; 〔複〕婚約, 婚約契約

ca-pi-tu-'lar [カ.ピ.トゥ.'ラる] [形] 〔宗〕司教座聖堂参事会の; 〔印〕大文字の, (文頭の)飾り文字の [名] [女] 〔印〕大文字, (文頭の)飾り文字 [名] [共] 〔宗〕司教座聖堂参事会員 [動] [他] 弾劾する; 義務を負わせる [動] [自] 〔軍〕降伏する, 陥落する, 明け渡す

**__ca-'pí-tu-lo__ [カ.'ピ.トゥ.ロ] 83% [名] [男] (本・論文などの)章; 重要なひと区切り, 一章; (修道会・騎士団などの)総会, 参事会; 契約, 約束 *llamar a* ～ 叱責(しっせき)する, (a: …)に問いただす *ser* ～ *aparte* 別の話である

'ca+po, +pa [形][名] [男] [女] 《チリ》《話》有能な(人), 頭がいい(人)

ca+'pó [名] [男] 〔複 -pós〕〔車〕ボンネット

cap.º [略] ↑capítulo

ca-'pón [形] 〔畜〕去勢された [名] [男] 〔畜〕(去勢された)食用鶏[動物]; げんこつでたたくこと, 殴打

ca-po-'ral [カ.ポ.'らル] [名] [男] 〔農〕(農場の)監督; 〔軍〕伍長

ca-'po-ta [名] [女] 〔車〕(自動車の)フード, 幌(ほろ); 〔衣〕(婦人用)ボンネット, 帽子, 短いマント

ca-po-'tar [カ.ポ.'タる] [動] [自] 〔空〕《飛行機が》機首から地面に突っ込む; 〔車〕《自動車が》ひっくり返る; 《チリ》失敗する, しくじる

ca-po-'ta-zo [カ.ポ.'タ.そ] [名] [男] 〔牛〕カポーテの技《カポーテ capote を使って牛を操る》

ca-'po-te [名] [男] 〔衣〕(ずきんのついた長い)外套(がいとう); 〔軍〕〔衣〕(厚地の)長外套; 〔牛〕カポーテ《牛をけしかけるケープ》; 〔遊〕〔トランプ〕全勝(の手), 一人勝ち; 《話》〔気〕一面に覆う雲, 雨雲; 《中米》〔衣〕レインコート; 《コロンビア》腐植土 ***de*** ～ 《メキシコ》秘密に ***decir(se) para su*** ～ 独り言を言う ***dar*** ～ 《ベネズエラ》《話》(a: を)だます ***echar un*** ～ (a: を)助ける

ca-po-te+'ar [カ.ポ.テ.'アる] [動] [他] 〔牛〕〈牛を〉カポーテであしらう; 切り抜ける, うまく逃げる

ca-'pri-cho** [カ.'プり.チョ] 92% [名] [男] 気まぐれ, むら気, 移り気; (奇抜な)飾り, 装飾品; 〔絵〕空想的な作品, 幻想画; 〔楽〕カプリッチョ, 奇想曲 ***a ～ 気ままに ***al*** ～ ***de*** … …の趣味で, …が好きなように ***tener*** ～ (気まぐれで)(por; を)欲しがる

***ca-pri-'cho-so, -sa** [カ.プり.'チョ.ソ, サ] 93% [形] 気まぐれな, 勝手な; 幻想的な, 空想の; 奇抜な

ca-pri-'chu-do, -da [カ.プり.'チュ.ド, ダ] [形] 気まぐれな, 勝手な

ca-pri-'cor-nio [カ.プり.'コる.ニオ] [名] [共] やぎ座生まれの人《12 月 22 日-1 月 19 日生まれの人》 **C～** [名] [男] 〔天〕やぎ座

ca-'pri+no, -na [カ.'プり.ノ, ナ] [形] 〔動〕ヤギの(ような)

***'cáp-su-la** ['カプ.ス.ラ] 94% [名] [女] 〔医〕(薬の)カプセル; 〔空〕(ロケットの)カプセル, 乗員室; 〔体〕被膜, 嚢包(のうほう); (瓶(びん)の)口金, ふた

cap-su-'lar [カプ.ス.'ラる] [動] [他] 〈瓶を〉口金で締める

cap-ta-'ción [カプ.タ.'すぃオン] [名] [女] 《格》把握, 理解; 水の利用, 動力化; 引きつけること, 吸引; 受信; 住宅販売の委託

cap-ta-'dor, -'do-ra [カプ.タ.'ドる, 'ド.ら] [名] [男] [女] 〔商〕不動産業者

***cap-'tar** [カプ.'タる] 91% [動] [他] 把握する, 〈が〉わかる; 〈注意などを〉引く, 引きつける; 受信する; つかむ; 〈信頼などを〉得る, 獲得する; 〈水を〉引き込んで動力に利用する **～-se** [動] [再] 〈注意などを〉引く, (自分に)引きつける

cap-'tor, -'to-ra [カプ.'トる, 'ト.ら] [形] 〔機〕受信の [名] [男] [女] 獲得者, 捕獲者

cap-'tu-ra [カプ.'トゥ.ら] [名] [女] 逮捕; 捕獲, 生け捕り; 〔海〕漁獲物

cap-tu-'rar [カプ.トゥ.'らる] [動] [他] 捕らえる, 捕虜にする, 逮捕する; 〔情〕キャプチャーする

ca-'pu-cha [名] [女] 〔衣〕フード, ずきん; (万年筆などの)キャップ

ca-pu-'chi+no, -na [形] 〔飲〕(コーヒーが)カプチーノの; 〔宗〕カプチン会の [名] [男] [女] 〔宗〕カプチン会の修道士[修道女]《フランシスコ会の一派》 [名] [男] 〔飲〕カプチーノコーヒー **-na** [名] [女] 〔植〕キンレンカ; 小さなランプ

ca-'pu-cho [名] [男] 〔衣〕とがりずきん, フード

ca-pu-'chón [名] [男] (万年筆などの)キャップ; 〔衣〕(婦人用)フード付きコート; 〔衣〕囚人服 ***ponerse el*** ～ 《話》刑務所に入る

ca-'pul [カ.'プル] [名] [男] 《中米》《コロンビア》〔体〕前髪, 切り下げ髪

ca-pu-'lín [カ.プ.'リン] [名] [男] 《メキシコ》〔植〕サクランボ

ca-'pu-llo [カ.'プ.ジョ] [名] [男] 〔植〕つぼみ, 〔特に〕バラのつぼみ; 〔昆〕繭(まゆ); 〔植〕(どんぐりの)ちょく; 《俗》〔体〕(陰茎の)包皮 ***ser un*** ～ 《俗》間が抜けている

ca-'puz [カ.'プす] [名] [男] 〔衣〕とがりずきん, フード

ca-pu-'zar [カ.プ.'さる] [動] [他] 34 (z|c) 頭から水に投げ込む

Ca-que-'tá [カ.ケ.'タ] [名] [固] 〔地名〕カケタ《コロンビア中南部の県》

ca-'que-xia [カ.'ケク.スィア] [名] [女] 〔医〕悪液質, (慢性的)不健全状態

'ca-qui ['カ.キ] [名] [男] カーキ[黄土]色の布; 〔植〕カキ[柿](の木)

'ca+ra ['カ.ら] 74% [名] [女] 〔体〕顔; 顔つき, 表情; 表面, 面, 表側, 表, 正面; 《話》あつかましさ, 生意気(なふるまい), 厚顔; 様子, 状態; 《スペイン》(硬貨の)表(おもて) [副] (a: に)向かって, 向いて, (a: の)方へ [名] [共] 《話》ずうずうしい人, 恥知らず ***a*** ～ ***descubierta*** 堂々と, 公然と ***a la*** ～ 面と向かって ***caerse la*** ～ ***de vergüenza*** (a: が)恥ずかしいと思う ～ ***a*** ～ (面と)向かい合って ～ ***abajo*** うつぶせになって, 下向きに ～ ***adelante*** 前向きに ～ ***arriba*** あお向けに ～ ***atrás*** 後ろ向きに ～ ***dura*** 《話》あつかましさ; 《話》あつかましい人 ～ ***larga*** 困っ

C

た顔, 浮かぬ顔 *dar la* ~ (a: に)面と向かう, 立ち向かう; (por: を)…をかばう *de* ~ 正面から *de* ~ *a* … …に向けて, …を目指して, …のために; …について *echar en* ~ (a: に)非難する; (a: に)恩着せがましく言う *guardar la* ~ 隠れて行動する, こそこそする *hacer* ~ 立ち向かう, 直面する *lavar la* ~ (a: に)へつらう, (a: を)ほめそやす *no mirar la* ~ (a: を)無視する *perder* (*la*) ~ 面目を失う *plantar* (*la*) ~ 挑む, 挑戦する *romper la* ~ 《話》(a: の)顔を殴る *saltar a la* ~ 明らかである; 怒って答える *tener mala* ~ 顔色が悪い 形《女》⬇caro

ca-'ra-ba [カ.'ら.バ] 名 女 《話》ひどいこと, すごいこと

ca-ra-'be-la [カ.ら.'ベ.ラ] 名 女 〘歴〙〘海〙カラベラ船《15-16 世紀ごろスペイン, ポルトガルなどで用いた 3 本マストの帆船》

ca-ra-'bi-na [カ.ら.'ビ.ナ] 名 女 〘軍〙カービン銃; 《話》(若い女性の)付添いの婦人 *ser como la* ~ *de Ambrosio* 《話》まったく役に立たない

ca-ra-bi-'ne-ro [カ.ら.ビ.'ネ.ろ] 名 男 〘軍〙騎銃兵; 密輸監視警察官; 〘動〙テナガエビ; 《チリ》警察官

'cá-ra-bo ['カ.ら.ボ] 名 男 〘海〙(ムーア人の)小船; 〘昆〙オサムシ; 〘鳥〙アオバズク

Ca-ra-'bo-bo [カ.ら.'ボ.ボ] 名 固 〘地名〙カラボーボ《ベネズエラ北部の州》

‡**Ca-'ra-cas** [カ.'ら.カス] 89% 名 固 〘地名〙カラカス《ベネズエラ Venezuela の首都》

ca-'ra-cha [カ.'ら.チャ] 名 女 《ラ米》〘医〙疥癬(かいせん)

ca-'ra-ches [カ.'ら.チェス] 感 《話》わあ!, ええ? 《驚き》

ca-'ra-cho [カ.'ら.チョ] 名 男 《チリ》《話》不機嫌な顔

***ca-ra-'col** [カ.ら.'コル] 94% 名 男 〘動〙カタツムリ, (カタツムリの)殻; 螺旋(らせん)形, 渦巻形; 〘体〙(内耳の)蝸牛殻(かぎゅうかく); 《話》(額にかかる)巻き毛; 〘畜〙半旋回; 〔複〕カラコレス《アンダルシア地方の民謡》感〔複〕《話》やれやれ!, おやまあ!, なんてこった! 《驚き・怒り・喜びなど》

ca-ra-'co-la [カ.ら.'コ.ラ] 名 女 〘貝〙ホラガイ, 巻き貝

ca-ra-co-'la-da [カ.ら.コ.'ラ.ダ] 名 女 〘食〙エスカルゴ《カタツムリの料理》

ca-ra-co-le+'ar [カ.ら.コ.レ.'アる] 動 自 〘畜〙«馬が»半旋回する

‡**ca-'rác-ter** [カ.'らク.テる] 76% 名 男 〔複 caracteres〕(人の)性格, 人格, 人柄; 性質, 特質, 特性; 性質, 資格; 文字, 活字; 気骨, しっかりしていること; (小説・劇などの)登場人物, キャラクター; 印, 焼き印, 刻印 〘情〙コントロール文字 *con* ~ *de* … …の資格で, …として

‡**ca-rac-te-'rís-ti-co, -ca** [カ.らク.テ.'りス.ティ.コ, カ] 78% 形 特有の, 特質のある, 独特の 名 男 女 〘演〙性格俳優; 〘演〙老け役 **-ca** 名 女 特質, 特性, 特色, 特徴; 〘数〙(対数の)指標; 《ラプラタ》(電話の)局番

ca-rac-te-ri-za-'ción [カ.らク.テ.り.さ.'すぃオン] 名 女 性格づけ, (性格の)描写, 記述; 〘演〙〘映〙演技, 役作り

‡**ca-rac-te-ri-'zar** [カ.らク.テ.り.'さる] 87% 動 他 ㉞ (z|c) 描く, 表現する; 〘演〙〘映〙〈の〉役をうまく演じる, 〈の〉役作りをする; 〈の〉特性を記述する, 特徴づける **~se** 動 再 (por: によって)特徴づけられる; 〘演〙〈に〉(de: ある役の)メーキャップをする

ca-ra-'cú [カ.ら.'ク] 名 男 〔複 -cúes⇔-cús〕《ラプラタ》〘食〙(動物の)骨髄

ca-'ra-do, -da [カ.'ら.ド, ダ] 〔成句〕 *buen* [*mal*] ~[*da*] 人相がよい[悪い]

ca-ra-'du-ra [カ.ら.'ドゥ.ら] 名 共 《話》ずうずうしい人, 恥知らず

ca-ra-'jal [カ.ら.'はル] 名 男 《話》混乱, 紛糾; 《ラ米》《話》大勢の人, たくさんの物

ca-ra-'ji-llo [カ.ら.'ひ.ジョ] 名 男 〘飲〙ブランデー入りのコーヒー

ca-'ra-jo [カ.'ら.ほ] 感 《俗》ちくしょう!, くそ! 《怒り・いまいましさ・驚きなど》名 男 《俗》陰茎, ペニス **~, -ja** 形 《チリ》ひどい, 最悪の *del* ~ 《俗》すばらしい; 《俗》つまらない *importar un* ~ 《俗》全然かまわない *irse al* ~ 《俗》だめになる *mandar al* ~ 《俗》冷たくする

***ca-'ram-ba** [カ.'らン.バ] 94% 感 《話》おや!, まあ!, これは大変!, しまった! 《驚き・怒り・嫌悪など》

ca-'rám-ba+no [カ.'らン.バ.ノ] 名 男 つらら, 氷柱

ca-ram-'bo-la [カ.らン.'ボ.ラ] 名 女 〘遊〙〔ビリヤード〕キャノン《手球を 2 つの球に続けて当てること》; 《話》たくらみ, 策略, ごまかし *por* [*de*] ~ 偶然に, まぐれで

***ca-ra-'me-lo** [カ.ら.'メ.ロ] 93% 名 男 〘食〙キャンディー, あめ; 〘食〙カラメル《食品の味付けや着色に使う》; 《中米》〘食〙棒つきキャンディー *a punto de* ~ 〘食〙カラメル状に; 《話》ちょうどよい時に *de* ~ 《話》すばらしい

ca-ra-'mi-llo [カ.ら.'ミ.ジョ] 名 男 〘歴〙〘楽〙縦笛, カラムス; 《話》から騒ぎ, ごたごた, 悪口; 山積み; 〘植〙オカヒジキ

ca-'ran-ga [カ.'らン.ガ] 名 女 《中米》〘昆〙ノミ

ca-'rán-ga+no [カ.'らン.ガ.ノ] 名 男 《南米北》〘楽〙カランガノ《弦を使う打楽器》

ca-ran-'to-ña [カ.らン.'ト.ニャ] 名 女 〔複〕《話》甘言, おべっか; 《話》厚化粧の醜いばあさん

ca-ra+'o-ta [カ.ら.'オ.タ] [名] [女] 〔複〕《ベネズエラ》〘植〙インゲンマメ

ca-ra-'pa-cho [カ.ら.'パ.チョ] [名] [男] 〘動〙(カメ[亀]類の)背甲, こうら; 《ベネズエラ》枠組み

ca-ra-'que-ño, -ña [カ.ら.'ケ.ニョ, ニャ] [形] [名] [男] [女] 〘地名〙カラカスの(人)⬆Caracas

'ca-ras [名] [女] 《複》⬆cara, ⬇caro

ca-'rá-tu-la [カ.'ら.トゥ.ラ] [名] [女] 仮面, 面, マスク; 〘演〙演劇, 芝居, 演劇活動; 《メキシコ》《中米》(時計の)文字盤; 《ラ米》表紙

ca-ra-tu-'lar [カ.ら.トゥ.'ラる] [動] [他] 《ラプラタ》〈に〉題名をつける, 〈に〉表紙をつける

ca-ra-'va-na** [カ.ら.'バ.ナ] 94% [名] [女] 〘商〙(砂漠の)隊商, キャラバン; (車などの)一隊, 一行; 〘車〙交通渋滞; 〘車〙トレーラー《自動車で引く移動住宅》; 〔複〕《南米》〘衣〙耳飾り, イヤリング; 《メキシコ》《中米》礼儀, 挨拶(あいさつ) ***en ~ 1 列縦隊の[で]; 隊列を組んだ[で]

ca-'ray [カ.'らイ] [感] 《話》おや!, まあ!, しまった!《驚き・怒りなど》

Ca-'ra-zo [カ.'ら.そ] [名] [固] 〘地名〙カラーソ《ニカラグア西部の県》

***car-'bón** [カる.'ボン] 91% [名] [男] 〘鉱〙石炭; 炭, 木炭; カーボン紙; 〘電〙炭素棒

car-bo-'na-rio, -ria [カる.ボ.'ナ.りオ, りア] [形] [名] [男] [女] 〘歴〙〘政〙カルボナーリ党の[員]⬇carbonarismo

car-bo-na-'ris-mo [カる.ボ.ナ.'りス.モ] [名] [男] 〘歴〙〘政〙カルボナーリ党《19 世紀初めのイタリアの急進的共和主義者の結社》

car-bo-'na-to [カる.ボ.'ナ.ト] [名] [男] 〘化〙炭酸塩[エステル]

car-bon-'ci-llo [カる.ボン.'すぃ.ジョ] [名] [男] 〘絵〙(デッサン用の)木炭

car-bo-ne+'ar [カる.ボ.ネ.'アる] [動] [他] 《メキシコ》《話》〈の〉鼻をへし折る; 《チリ》けしかける, あおり立てる

car-bo-ne-'rí+a [カる.ボ.ネ.'り.ア] [名] [女] 〘商〙炭屋, 石炭店

car-bo-'ne-ro, -ra [カる.ボ.'ネ.ろ, ら] [形] 石炭の; 炭の [名] [男] [女] 〘商〙石炭商, 〔人〕炭屋; 《チリ》《話》けしかける人 **-ra** [名] [女] 石炭入れ[貯蔵所]; 《南米》〘鉱〙炭坑

car-'bó-ni-co, -ca [カる.'ボ.ニ.コ, カ] [形] 〘化〙炭素の

car-bo-'ní-fe-ro, -ra [カる.ボ.'ニ.フェ.ろ, ら] [形] 〘鉱〙石炭を産する[含む]; 〘地質〙石炭紀の [名] [男] 〘地質〙石炭紀

car-bo-'ni-lla [カる.ボ.'ニ.ジャ] [名] [女] 石炭の粉, 炭塵(たんじん)

car-bo-ni-'zar [カる.ボ.ニ.'さる] [動] [他] [34] (z|c) 焼き焦がす; 炭化する **~se** [動] [再] 炭化する

car-'bo+no [カる.'ボ.ノ] [名] [男] 〘化〙炭素《非金属元素の一つ》

car-bo-'run-do [カる.ボ.'るン.ド] [名] [男] カーボランダム《炭化ケイ素の研磨剤; 金剛砂など》

car-'bun-co ⇔-clo [カる.'ブン.コ⇔.クロ] [名] [男] 〘医〙癰(よう), 疔(ちょう); 〘歴〙〘鉱〙紅玉, 紅水晶, ルビー

car-'bún+cu-lo [カる.'ブン.ク.ロ] [名] [男] 〘鉱〙ルビー

car-bu-ra-'ción [カる.ブ.ら.'すぃオン] [名] [女] 〘機〙(ガソリンの)気化

car-bu-ra-'dor [カる.ブ.ら.'ドる] [名] [男] 〘車〙〘機〙キャブレター, (発動機の)気化器

car-bu-'ran-te [カる.ブ.'らン.テ] [形] 〘化〙炭化水素を含む [名] [男] 燃料, ガソリン

car-bu-'rar [カる.ブ.'らる] [動] [他] 炭素と化合させる, 〈に〉炭素(化合物)を混入する; 〈ガソリンを〉気化する [動] [自] 《話》《機械が》働く, (よく)動く

car-'bu-ro [カる.'ブ.ろ] [名] [男] 〘化〙カーバイド; 〘化〙炭化物

'car-ca ['カる.カ] [名] [共] 《話》〘政〙〔軽蔑〕カルリスタ⬇carlista; 〔一般〕《話》〘政〙反動的な人, 保守的な人

car-'caj [カる.'カふ] [名] [男] 矢筒, えびら; 十字架受け《行進する人が十字架を支える帯》

car-ca-'ja-da** [カる.カ.'は.ダ] 92% [名] [女] 高笑い, (突然の)大笑い ***reír a ~s 大笑いする, 腹をかかえて笑う

car-ca-je+'ar(-se) [カる.カ.へ.'アる(.セ)] [動] [自] ([再]) 大笑いする, 高笑いする; (de: を)ばかにする

car-ca-'mal [カる.カ.'マル] [名] [男] 《話》〔軽蔑〕老いぼれ, よぼよぼの老人

car-'can-cha [カる.'カン.チャ] [名] [女] 《アンデス》骨組み

car-'ca-sa [カる.'カ.サ] [名] [女] 枠組み; 〘軍〙焼夷弾; 《ラ米》〘車〙タイヤチューブ

'cár-ca-va ['カる.カ.バ] [名] [女] 洪水でできた溝, 水たまり; 穴, 窪み

****'cár-cel** ['カる.せル] 85% [名] [女] 刑務所, 牢獄, 監獄, 拘置所; 閉じ込められた場所; 監禁, 禁固; 〘技〙締め金; 〘建〙(水門の)溝

car-ce-'la-rio, -ria [カる.せ.'ラ.りオ, りア] [形] 刑務所の, 監獄の

car-ce-'le-ro, -ra [カる.せ.'レ.ろ, ら] [形] 刑務所の, 監獄の [名] [男] [女] 看守

'Car-chi ['カる.チ] [名] [固] 〘地名〙カルチ《エクアドル北部の州》

car-ci-'nó-ge+no, -na [カる.すぃ.'ノ.へ.ノ, ナ] [形] 〘医〙発癌(がん)性の

car-ci-'no-ma [カる.すぃ.'ノ.マ] [名] [男] 〘医〙癌腫

car-ci-no-ma-'to-sis [カる.すぃ.ノ.マ.'ト.スィス] [名] [女] 〔単複同〕〘医〙癌腫症

car-'co-ma [カる.'コ.マ] [名] [女] 〘昆〙キク

イムシ; (キクイムシが食べた後の)木くず; 《話》心配, 懸念; 《話》寄生生活者, すねかじり, 浪費家

car-co-'mer [カる.コ.'メる] [動] [他] «キクイムシが»‹木を›食う; むしばむ; 苦しめる **～-se** [動] [再] «木が»キクイムシに食われる

Card. [略] ↓cardenal

'car-da ['カる.ダ] [名] [女] (くしで)すくこと, けばを立てること, 梳毛(そもう); 〔植〕オニナベナ, ラシャカキグサ; すきぐし, けば立て機; 《話》叱りつけ, 小言

car-da-'dor, -'do-ra [カる.ダ.'ドる, 'ド.ら] [名] [男] [女] 〔技〕梳毛(そもう)職人 [名] [男] 〔動〕ヤスデの一種 《節足動物》; 〔技〕梳毛機, けば立て機

car-da-'mo-mo [カる.ダ.'モ.モ] [名] [男] 〔植〕カルダモン 《ショウガ科の多年草; 種子を香辛料に用いる》

car-'dar [カる.'ダる] [動] [他] 〔畜〕‹羊毛などを›すく; ‹毛織物の›けばを立てる

car-de-'nal [カる.デ.'ナル] [名] [男] 〔宗〕枢機卿; 〔鳥〕カージナル, コウカンチョウ; 《ﾁﾘ》〔植〕ゼラニウム; 〔医〕あざ, 打ちあと

car-de-na-'la-to [カる.デ.ナ.'ラ.ト] [名] [男] 〔宗〕枢機卿の職[地位, 権威]

car-de-na-'li-cio, -cia [カる.デ.ナ.'リ.すぃオ, すぃア] [形] 〔宗〕枢機卿の

car-de-'ni-llo [カる.デ.'ニ.ジョ] [名] [男] 緑青(ろくしょう)

'cár-de+no, -na ['カる.デ.ノ, ナ] [形] 紫がかった; 〔畜〕«牛が»白黒の; «液体が»乳白色の

car-'dí+a-co, -ca⇔-'dia- [カる.'ディ.ア.コ, カ⇔.'ディア.] [形] 〔医〕心臓(病)の [名] [男] [女] 〔医〕心臓病患者

car-'dial-gia [カる.'ディアル.ひア] [名] [女] 〔医〕心臓痛

'car-dias ['カる.ディアス] [名] [男] 〔単複同〕〔体〕(胃の)噴門 《食道と胃の接合部》

'cár-di-gan ['カる.ディ.ガン] [名] [男] 〔単複同〕《単複同》〔英語〕〔衣〕カーディガン

car-'di-llo [カる.'ディ.ジョ] [名] [男] 〔植〕キバナアザミ

car-di-'nal [カる.ディ.'ナル] [形] 基本的な, 主要の; 基本方位の; 〔言〕基数の ***virtudes ～es*** 〔宗〕枢要徳 《賢明 prudencia, 正義 justicia, 勇気 fortaleza, 節制 templanza》

car-dio-gra-'fí+a [カる.ディオ.グら.'フィ.ア] [名] [女] 〔医〕心拍記録(法), カルジオグラフ

car-dio-'grá-fi-co, -ca [カる.ディオ.'グら.フィ.コ, カ] [形] 〔医〕心拍記録法の

car-'dió-gra-fo [カる.'ディオ.グら.フォ] [名] [男] 〔医〕心電図装置, 心臓運動記録計

car-dio-'gra-ma [カる.ディオ.'グら.マ] [名] [男] 〔医〕心拍曲線

car-dio-lo-'gí+a [カる.ディオ.ロ.'ひ.ア] [名] [女] 〔医〕心臓病学

car-dio-'ló-gi-co, -ca [カる.ディオ.'ロ.ひ.コ, カ] [形] 〔医〕心臓学の

car-'dió-lo-go, -ga [カる.'ディオ.ロ.ゴ, ガ] [名] [男] [女] 〔医〕心臓学者, 心臓医

car-dio-me-'ga-lia [カる.ディオ.メ.'ガ.リア] [名] [女] 〔医〕心肥大

car-dio-mio-pa-'tí+a [カる.ディオ.ミオ.パ.'ティ.ア] [名] [女] 〔医〕心筋症

car-'dió-pa-ta [カる.'ディオ.パ.タ] [形] [名] [共] 〔医〕心臓病の, 心臓病患者

car-dio-pa-'tí+a [カる.ディオ.パ.'ティ.ア] [名] [女] 〔医〕心疾患, 心臓病

car-dio-'ple-jia⇔-ple-'jí+a [カる.ディオ.'プレ.ひア⇔.プレ.'ひ.ア] [名] [女] 〔医〕心臓麻痺

car-dio-rres-pi-ra-'to-rio, -ria [カる.ディオ.れ̃ス.ピ.ら.'ト.りオ, りア] [形] 〔医〕心肺機能の

car-dio-vas-cu-'lar [カる.ディオ.バス.ク.'ラる] [形] 〔体〕心臓血管の

car-'di-tis [カる.'ディ.ティス] [名] [女] 〔単複同〕〔医〕心炎

'car-do ['カる.ド] [名] [男] 〔植〕アザミ; 《話》無愛想な人

car-'dón [カる.'ドン] [名] [男] 《ﾗﾌﾟﾗﾀ》〔植〕カルドン 《大型のサボテン》

Car-'do-zo [カる.'ド.そ] [名] [固] 〔姓〕カルドソ

car-'du-men [カる.'ドゥ.メン] [名] [男] 魚群; 《ﾁﾘ》豊富, たくさんあること

ca-re+'ar [カ.れ.'アる] [動] [他] 〔法〕(法廷で)対決[対面]させる

⁑**ca-re-'cer** [カ.れ.'せる] 89% [動] [自] [45] (c|zc) (de: に)不足している, (de: が)ない

ca-'re-na [カ.'れ.ナ] [名] [女] 〔海〕船底の修理

ca-re-'nar [カ.れ.'ナる] [動] [他] 〔海〕‹の›船底を修理する

ca-'ren-cia [カ.'れン.すぃア] [名] [女] 不足, 欠乏; 〔医〕(栄養分, とくにビタミンの)欠乏, 不足

ca-'ren-te [カ.'れン.テ] [形] (de: が)ない, 不足した, 欠如した

ca-'re+o [カ.'れ.オ] [名] [男] 対照, 照合

ca-'re-ro, -ra [カ.'れ.ろ, ら] [形] [名] [男] [女] 《話》高く売りつける(人)

ca-res-'tí+a [カ.れス.'ティ.ア] [名] [女] 不足, 欠乏; 〔経〕高価, 高値, 高騰

ca-'re-ta [カ.'れ.タ] [名] [女] 仮面, 面, マスク; ふり, 見せかけ ***ponerse una ～*** 正体を隠す, 仮面をかぶる ***quitar la ～*** (a: の)仮面をはぐ, 正体を暴く ***quitarse la ～*** 仮面をとる, 本性を現す

ca-'rey [カ.'れイ] [名] [男] 〔動〕ウミガメ; べっこう

ca-'rez-co, -ca(~) 動《直現1単, 接現》⬆carecer

⁑**'car-ga** ['カる.ガ] 88% 名 女 荷積み, 積み込み, 船積み, 荷役; 装塡(そうてん), 充塡(じゅうてん), 充電, 投入; 積み荷, 荷; 重さ, 重量, 負荷, 荷重, 積載量; (精神的な)負担, (心の)重荷, 苦労, 心配, 責任; (経済的な)負担, 出費, 費用;〔法〕税, 税金, 年貢; 詰め替え用品《ボールペン・万年筆のカートリッジなど》;〔軍〕〔競〕突撃, 攻撃;〔競〕〔サッカーなど〕チャージ *~ de profundidad*〔軍〕爆雷 *llevar la ~* (de: の)責任を持つ *volver a la ~* 攻撃を再開する, 執拗に攻める

car-ga-'de-ro [カる.ガ.'デ.ろ] 名 男〔鉄〕貨物駅, 発着所;〔海〕波止場;〔建〕まぐさ《入口・窓などの上の横木》

car-'ga-do, -da [カる.'ガ.ド, ダ] 形 蒸し暑い, うっとうしい; (de: で)いっぱいの, (de: を)積んだ;〔飲〕«飲み物が»濃い, 強い; «頭が»重い; (de: を)背負った;〔電〕充電した *~[da] de espaldas [hombros]* 猫背の

car-ga-'dor [カる.ガ.'ドる] 名 男〔農〕干し草用みつまた;〔軍〕(銃の)薬室;〔電〕充電機; (ボールペン・万年筆用)カートリッジ;〔複〕《(コロンビア)》〔衣〕サスペンダー, ズボンつり;〔情〕ローダー **~, -dora** 名 男 女 荷を積む人, 運搬人, 荷かつぎ人

car-ga-'men-to [カる.ガ.'メン.ト] 名 男〔集合〕〔海〕船荷; 荷, 積荷

car-'gan-te [カる.'ガン.テ] 形《話》うっとうしい, うるさい, 悩ます; 負担の重い

⁑**car-'gar** [カる.'ガる] 85% 動 他 ㊶ (g|gu)〈車・船などに〉(de: 荷を)積む,〈荷を〉載せる;〈に〉(de: を)詰め込む, どっさり載せる, 入れる, いっぱいにする;〈に〉中味を入れる;〈銃に〉弾丸を込める,〈銃を〉装塡(そうてん)する;〔電〕〈電池を〉充電する; «容器などが»〈の〉容量がある,〈ある量を〉入れることができる;〈代金・料金などを〉請求する;〈に〉(sobre, a: に)負わせる, 課する;〈義務・責任・仕事などを〉(a: に)託す, 頼む; (a: の)せいにする;《話》悩ませる;〔商〕借方に記入する; (激しく)襲う, 攻撃する;〈に〉(de: を)入れすぎる;〔情〕〈プログラムを〉ロードする,〈ファイルを〉アップロードする;〔競〕〔サッカーなど〕〈相手選手を〉チャージする 動 自 (sobre: に)乗っている, 支えられている; (sobre, en: に)負担をかける; (con: を)負う, 背負う, 運ぶ, (con: を)引き受ける; «果物が»多く実る; のしかかる; 荷を積む, 乗客を乗せる **~se** 動 再 (de: で)いっぱいになる, 詰めこまれる;《(スペイン)》《話》こわす, つぶす, 倒す;《(スペイン)》《話》殺す, やっつける;《(スペイン)》《話》落第させる;〔気〕«空が»曇る; 引き受ける, 受け持つ;《話》(de: に)うんざりする *cargársela[las]*《話》大変なことになる

car-ga-'zón [カる.ガ.'そン] 名 女 荷, 重荷;〔海〕船荷;〔医〕(頭・胃の)重苦しい感じ, 疲れ;〔気〕厚い雲, 雨雲

⁑**'car-go** ['カる.ゴ] 80% 名 男 地位, 職, 仕事; 費用, 負担; 責任, 任務, 職務, 担当;〔複〕非難, 告発, 告訴;〔商〕借金, 借り;〔海〕貨物船; 荷積み, 積載 *a ~ de ...* …を預かって, …の責任を持って, …を管理して *altos ~s* 要職の人;〔政〕政府高官 *~ de conciencia* 良心の呵責(かしゃく) *con ~ a ...* …の負担[払い]で *hacerse ~* (de: を)受け持つ, 預かる; (de: に)気づく, (de: を)理解する, わきまえている *tener a su ~* 面倒をみる, 担当する

car-'go-so, -sa [カる.'ゴ.ソ, サ] 形 名 男 女《(アンデス)》《話》しつこい(人), 強情な(人)

car-'gué, -gue(~) 動《直点1単, 接現》⬆cargar

car-'gue-ro, -ra [カる.'ゲ.ろ, ら] 形 輸送用の 名 男〔海〕輸送船;〔空〕輸送機

ca-ria-con-te-'ci-do, -da [カ.りア.コン.テ.'すぃ.ド, ダ] 形《話》意気消沈した; びっくりした

ca-'ria-do, -da [カ.'りア.ド, ダ] 形〔医〕虫歯にかかった

ca-'riar [カ.'りアる] 動 他〔医〕虫歯にする **~se** 動 再〔医〕虫歯になる

ca-'riá-ti-de [カ.'りア.ティ.デ] 名 女〔建〕女人像柱

⁑**ca-'ri-be** [カ.'り.ベ] 90% 形 名 共〔地名〕カリブの, カリブ海[地域]の;〔歴〕カリブ族の; カリブの人;〔歴〕カリブ族の人; 残酷な人;〔歴〕〔言〕カリブ語の 名 男〔歴〕〔言〕カリブ語 形《(カリブ)》辛い, 刺激のある

⁑**Ca-'ri-be** [カ.'り.ベ] 88% 名 固〔mar ~〕〔地名〕カリブ海《西インド諸島・中央アメリカ・南アメリカに囲まれた海域》

***ca-ri-'be-ño, -ña** [カ.り.'ベ.ニョ, ニャ] 94% 形 名 男 女〔地名〕カリブの(人), カリブ海[地域]の(人)

ca-ri-be-'rí+a [カ.り.ベ.'り.ア] 名 女《(ベネズエラ)》《話》うまい手, ずるい手口

ca-ri-'bú [カ.り.'ブ] 名 男〔複 -búes⇦-bús〕〔動〕カリブー《北米のトナカイ》

ca-ri-'ca-to [カ.り.'カ.ト] 名 男〔演〕道化, 道化師

ca-ri-ca-'tu-ra [カ.り.カ.'トゥ.ら] 名 女 風刺漫画, 風刺文

ca-ri-ca-tu-'res-co, -ca [カ.り.カ.トゥ.'れス.コ, カ] 形 風刺の利いた, 風刺漫画の(ような)

ca-ri-ca-tu-'ris-ta [カ.り.カ.トゥ.'りス.タ] 名 共〔文〕〔絵〕風刺作家[画家]

ca-ri-ca-tu-ri-'zar [カ.り.カ.トゥ.り.'さる] 動 他 ㉞ (z|c) 風刺する, 滑稽に描く

***ca-'ri-cia** [カ.'り.すぃア] 94% 名 女 なでること, さすること, 愛撫(あいぶ)

***ca-ri-'dad** [カ.り.'ダド] 92% 名 女 (他人への)思いやり, 寛容, 親切; (貧しい者への)慈

善, 施し物, 布施, お恵み, 援助の金; 慈善団体; キリスト教的愛, 博愛; 《ﾒｷｼｺ》囚人の食事 *¡Por ~!* どうぞお願いですから!, 後生ですから! *su* [*vuestra*] ~ あなた様《聖職者の間で用いられる敬称》

Ca-ri-'dad [カ.り.'ダド] 名 固〔女性名〕カリダード

ca-ri-'du-ro, -ra [カ.り.'ドゥ.ろ, ら] 形 名 男 女 《ｶﾘﾌﾞ》《話》頑固な(人), 強情な(人); 恥知らずの(人)

'ca-ries ['カ.りエス] 名 女〔単複同〕〔医〕カリエス, 虫歯

ca-'ri-fo [カ.'り.フォ] 名 男 《ﾗ米》わあ!, へえ!《驚き》

ca-ri-'lar-go, -ga [カ.り.'ラる.ゴ, ガ] 形《話》浮かない顔をした, 不機嫌な顔をした

ca-'ri-lla [カ.'り.ジャ] 名 女 (紙の)面, ページ; (養蜂家の)マスク, 面布(めんぷ)

ca-ri-'llón [カ.り.'ジョン] 名 男〔楽〕(一組の)鐘, チャイム; 〔集合〕鐘, チャイム付きの時計; 大晦日(おおみそか)の鐘の音

ca-'rim-ba [カ.'りン.バ] 名 女 《ｶﾘﾌﾞ》《ｱﾝﾃﾞｽ》烙印(らくいん)

ca-'ri-ño [カ.'り.ニョ] 86% 名 男 愛, 愛情, 愛着; 気をつかうこと, 丹念さ, 真心, 注意; 〔複〕(仕事への)熱意; 愛撫(あいぶ) 感 ねえ, おまえ, あなた《恋人・夫・妻への愛情をこめた呼びかた》; 〔複〕《ﾗ米》(a: に)よろしく《手紙で》

ca-ri-'ño-so, -sa [カ.り.'ニョ.ソ, サ] 89% 形 (con, hacia: に)愛情のこもった, やさしい **-samente** 副 愛情をこめて, やさしく

ca-'rio-ca [カ.'りオ.カ] 形 名 共〔地名〕リオ・デ・ジャネイロの(人) ↓Río de Janeiro

ca-ri-pe-'la-do, -da [カ.り.ペ.'ラ.ド, ダ] 形 名 男 女 《ｶﾘﾌﾞ》《話》恥知らずな(人), ずうずうしい(人), あつかましい(人)

ca-ri-rre-'don-do, -da [カ.り.れ.'ドン.ド, ダ] 形 丸顔の

ca-'ris-ma [カ.'りス.マ] 名 男 カリスマ

ca-ris-'má-ti-co, -ca [カ.りス.'マ.ティ.コ, カ] 形 カリスマ的な

ca-'ri-ta 〔縮小語〕↑cara

ca-ri-ta-'ti-vo, -va [カ.り.タ.'ティ.ボ, バ] 形 (con, para: に)慈悲深い, 思いやりのある, 寛大な

ca-'riz [カ.'りす] 名 男 様子, 状況, 局面; 空模様

car-'lan-ca [カる.'ラン.カ] 名 女 (とげつきの)犬の首輪; 〔複〕ずるさ, 巧妙さ; 《話》うんざりさせる人

car-'lin-ga [カる.'リン.ガ] 名 女〔海〕檣座(しょうざ)《マストを支える受け穴》; 〔空〕(飛行機の)機内

car-'lis-mo [カる.'リス.モ] 名 男〔歴〕《ｽﾍﾟｲﾝ》カルロス主義, カルロス党支持

car-'lis-ta [カる.'リス.タ] 形〔歴〕《ｽﾍﾟｲﾝ》カルロス党の 名 共 カルロス党党員 *Guerras Carlistas* カルリスタ戦争《1833–40年, 1846–49年, 1872–76年; カルロス・デ・ボルボン Carlos de Borbón がイサベル2世 Isabel II の即位に反対して起こした内乱》

Car-'li-tos [カる.'リ.トス] 名 固〔男性名〕カルリートス《カルロス Carlos の愛称》

'Car-los ['カる.ロス] 名 固〔男性名〕カルロス

Car-'lo-ta [カる.'ロ.タ] 名 固〔女性名〕カルロータ

Car-'me-la [カる.'メ.ラ] 名 固〔女性名〕カルメーラ《Carmen の愛称》

car-me-'li-ta [カる.メ.'リ.タ] 形〔宗〕カルメル会の 名 共〔宗〕カルメル会修道士[修道女]

car-me-li-'ta-no, -na [カる.メ.リ.'タ.ノ, ナ] 形〔宗〕カルメル会の

Car-'me-lo [カる.'メ.ロ] 名 固〔男性名〕カルメーロ; 〔monte ~〕〔地名〕カルメル山《イスラエル北西部の山》

'car-men ['カる.メン] 名 男〔文〕行, 詩句; (グラナダの)別荘; 〔C~〕〔女性名〕カルメン

car-me-'nar [カる.メ.'ナる] 動 他 〈絹・羊毛などを〉すく; 〔体〕〈髪を〉とかす; 《話》〔体〕〈の〉髪を引っ張る; 《話》だまし取る, 巻き上げる

car-me-'sí [カる.メ.'スィ] 形〔複 -síes⇔-sís〕深紅色の 名 男 深紅色; コチニール染料; 深紅色の絹

car-'mín [カる.'ミン] 形 洋紅色の, 深紅色の 名 男 洋紅色, 深紅色; 口紅

Car-'mi-na [カる.'ミ.ナ] 名 固〔女性名〕カルミーナ《Carmen の愛称》

car-mi-na-'ti-vo, -va [カる.ミ.ナ.'ティ.ボ, バ] 形〔医〕腸内のガスを出す, 駆風の 名 男〔医〕駆風剤

Car-'mo-na [カる.'モ.ナ] 名 固〔姓〕カルモーナ

car-'na-da [カる.'ナ.ダ] 名 女 餌(えさ); 《話》わな, 落とし穴

car-'nal [カる.'ナル] 形 肉体の, 肉感的な, 肉欲的な; 血縁の, 血を分けた; 現世的な, 浮世の

car-na-'val [カる.ナ.'バル] 93% 名 男〔宗〕謝肉祭, カーニバル《カトリック教会暦で灰の水曜日 Miércoles de Ceniza の前の3日間の祭》; 《ﾒｷｼｺ》〔遊〕メリーゴーラウンド, 回転木馬

car-na-va-'la-da [カる.ナ.バ.'ラ.ダ] 名 女〔宗〕カーニバルのお祭り騒ぎ

car-na-va-'les-co, -ca [カる.ナ.バ.'レス.コ, カ] 形〔宗〕謝肉祭の, カーニバルの

car-'na-za [カる.'ナ.さ] 名 女 ぜい肉, 肥満 *echar de ~* 《ﾗ米》犠牲にする

'car-ne ['カる.ネ] 82% 名 女〔食〕肉, 食

用肉;〚食〛(果物などの)身, 果肉;〚体〛〚動〛(人・動物の)肉; 肉欲, 情欲 *~ de gallina* 鳥肌 *~ de perro* 頑丈なもの *de ~ y hueso* 普通の人の[で], 生身の *de muchas ~s* 太った *de pocas ~s* やせた *echar ~s* 太る *echar* [*poner*] *toda la ~ en el asador* あらゆる手を尽くす *en ~ (s) viva(s)* 赤むけの[で]; 生身の[で]; 裸の[で]; 生々しい[く]; 個人的に; 直接的に *hacerse ~* 〚宗〛《神が》イエス・キリストに化身する *metido[da] en ~s* ふくよかな, 太り気味の *no ser ni ~ ni pescado* どちらでもない, どちらともつかない, あいまいである *temblar las ~s* (a: を)ひどく驚く, こわがる

car-'né [カ̣る.'ネ] 90% 名 男〔複 carnés〕証明書, カード; 手帳; 会員証

car-ne-ce-'rí+a 名 女《古》《誤用》⇩ carnicería

car-'ne-ro [カ̣る.'ネ.ろ] 名 男〚食〛羊肉;〔一般〕〚動〛雄羊; おとなしい人;《南米》〚動〛リャマ

car-nes-to-'len-da [カ̣る.ネ̣ス.ト.'レン.ダ] 名 女〔複〕謝肉祭, カーニバル

carnet [カ̣る.'ネ] 名 男〔複 -nets〕〔フランス語〕⇧ carné

***car-ni-ce-'rí+a** [カ̣る.ニ.せ.'り.ア] 94% 名 女〚商〛肉屋, 食肉店; 大虐殺, 殺戮; 荒療治;《話》大量の裁き, 大量の落第;《アンデス》食肉処理場

car-ni-'ce-ro, -ra [カ̣る.ニ.'せ.ろ, ら] 名 男 女〚商〛〔人〕肉屋 名 男〚動〛肉食動物 形 肉食性の;《話》《人が》肉好きの

'cár-ni-co, -ca ['カ̣る.ニ.コ, カ] 形 食肉の

car-ni-'se-co, -ca [カ̣る.ニ.'セ.コ, カ] 形 やせた, 肉がついていない

car-'ni-ta [カ̣る.'ニ.タ] 名 女〔複〕《メキシコ》〚食〛カルニータ《豚の焼き肉》;〔複〕《ベネズエラ》〚食〛カルニータ《油で揚げたミートボール》

car-'ní-vo-ro, -ra [カ̣る.'ニ.ボ.ろ, ら] 形〚動〛肉食(性)の 名 男〚動〛肉食動物

car-no-si-'dad [カ̣る.ノ.スィ.'ダ̣ド] 名 女 肥満, 肥大; 贅肉(ぜいにく);〚医〛肉芽《傷の回りの肉の盛り上がり》

car-'no-so, -sa [カ̣る.'ノ.ソ, サ] 形 肉の, 肉質の, 多肉質の; 太った

****'ca+ro, +ra** ['カ.ろ, ら] 85% 形《品物などが》高い, 高価な, 費用のかかる;《格》親愛な, 大好きな, いとしい 副 高く, 高価に *costar* [*salir*] *~* [*cara*] 高くつく, 悪い結果を招く

Ca-'ro-la [カ.'ろ.ラ] 名 固〚女性名〛カローラ

Ca-ro-'li-na [カ.ろ.'リ.ナ] 名 固〚女性名〛カロリーナ;〔~ del Norte〕〚地名〛ノースカロライナ州《米国東部の州》;〔~ del Sur〕〚地名〛サウスカロライナ州《米国東南部, ノースカロライナの南の州》

Ca-ro-'li-nas [カ.ろ.'リ.ナス] 名 固〔islas ~〕〚地名〛カロリン諸島《西太平洋, ミクロネシアの諸島》

ca-ro-'lin-gio, -gia [カ.ろ.'リン.ひオ, ひア] 形〚歴〛カロリング王朝の

ca-ro-'li+no, -na [カ.ろ.'リ.ノ, ナ] 形 名 男 女〚地名〛カロリン諸島の(人)⬆Carolinas

Ca-ro-'ní [カ.ろ.'ニ] 名 固〔el ~〕〚地名〛カロニ川《ベネズエラ東部の川》

ca-'ro-ta [カ.'ろ.タ] 名 共《話》ずうずうしいやつ, 鉄面皮

ca-'ró-ti-da [カ.'ろ.ティ.ダ] 名 女〚体〛頸(けい)動脈

ca-ro-'ti-na [カ.ろ.'ティ.ナ] 名 女〚化〛カロチン《ニンジン・卵などに含まれる色素》

'car-pa ['カ̣る.パ] 名 女〚魚〛コイ; ブドウの房;《南米》天幕, テント, 日除け, 屋台

car-'pan-ta [カ̣る.'パン.タ] 名 女《話》ひどい空腹

'Cár-pa-tos ['カ̣る.パ.トス] 名 固〔cordillera de los ~〕〚地名〛カルパチア山脈《ポーランドとスロバキアの国境からウクライナを経てルーマニアに至る山脈》

car-'pe-ta [カ̣る.'ペ.タ] 名 女 書類かばん, 紙ばさみ, とじ込み; テーブルクロス;〚商〛証票《収支取引を証明する伝票・領収書など》;《アンデス》机;〚情〛フォルダー

car-pe-'ta-zo [カ̣る.ペ.'タ.そ]〔成句〕*dar (el) ~* (a: を)棚上げする, 握りつぶす, 中止する

car-pe-te+'ar [カ̣る.ペ.テ.'ア̣る] 動 他《ラプラタ》観察する, じっと見る

car-pe-to-ve-'tó-ni-co, -ca [カ̣る.ペ.ト.ベ.'ト.ニ.コ, カ] 形 名 男 女《話》《スペイン人が》国粋主義的な[主義者]

car-'pin-cho [カ̣る.'ピン.チョ] 名 男〚動〛カピバラ

car-pin-te-'rí+a [カ̣る.ピン.テ.'り.ア] 名 女 大工職, 大工仕事; 大工の仕事場;〔集合〕建材, 建具類

***car-pin-'te-ro, -ra** [カ̣る.ピン.'テ.ろ, ら] 94% 名 男 女 大工; 指物(さしもの)師, 建具職人 *pájaro ~*〚鳥〛キツツキ

'car-po ['カ̣る.ポ] 名 男〚体〛手首(の骨)

ca-'rra-ca [カ.'ȓ̃ら.カ] 名 女《話》〔軽蔑〕役に立たないもの, がらくた;《歴》〚海〛カラック船《スペイン・ポルトガルの武装商船》;《話》〚海〛〔軽蔑〕ぼろ船;〚海〛造船所;〚宗〛カラーカ《カラカラという音を出す道具; 聖木曜日から聖土曜日に鳴らされる》

ca-rram-'plón [カ.ȓ̃らン.'プロン] 名 男《メキシコ》《南米北》銃

ca-'rra+o [カ.'ȓ̃ら.オ] 名 男〔複〕《カリブ》《コロンビア》〚衣〛ずた靴, ぼろ靴

ca-rra-'pla-na [カ.ら.'プラ.ナ] 名 女 《ベネズエラ》《話》貧乏, 悲惨

ca-'rras-ca [カ.'らス.カ] 名 女 〔植〕トキワガシ, カシ

ca-rras-'cal [カ.らス.'カル] 名 男 〔植〕カシ林

ca-rras-ca-'lo-so, -sa [カ.らス.カ.'ロ.ソ, サ] 形 《メキシコ》不機嫌な, ぶつぶつ文句を言う

Ca-'rras-co [カ.'らス.コ] 名 固 〔姓〕カラスコ

ca-rras-pe-'ar [カ.らス.ペ.'アる] 動 自 咳払(せきばら)いをする; 声がしゃがれる

ca-rras-'pe-o [カ.らス.'ペ.オ] 名 男 咳払(せきばら)い; しゃがれ声

ca-rras-'pe-ra [カ.らス.'ペ.ら] 名 女 〔医〕《話》のどのいがらっぽさ

ca-rras-'po-so, -sa [カ.らス.'ポ.ソ, サ] 形 声がかすれた

**ca-'rre-ra [カ.'れ.ら] 80% 名 女 〔競〕競走, レース; 走ること, ランニング; 競争; 経歴, 履歴, 職業, キャリア; 生涯, 一生; (学習の)課程, 学業; 〔機〕(ピストンの)ひと突き, ストローク, 行程; 並木, 並木道; 道, 行程, ルート, 道筋, 軌道; (ストッキングの)伝線; 《俗》オーガズム *a la* ～ 急いで, 走り回って ～*s de caballos* 〔競〕競馬 *de* ～ すらすらと *en una* ～ すぐに, 一気に, あっという間に *hacer* ～ 成功する *hacer la* ～ «売春婦が»通りで客を探す *no poder hacer* ～ 《話》(con, de: が)手に負えない, 思うようにならない

ca-rre-'ri-lla [カ.れ.'リ.ジャ] 名 女 〔楽〕ルラード《2つの旋律にはさまれた早い連続の装飾音》 *saber de* ～ よく知っている *tomar* ～ 助走する

ca-rre-'ris-ta [カ.れ.'リス.タ] 名 共 〔遊〕競馬ファン; 〔競〕競走の選手, レーサー

ca-'rre-ta [カ.'れ.タ] 名 女 (二輪の)荷車; 《コロンビア》うそ; 《チリ》《ラプラタ》うすのろ; のろい乗り物 *andar como una* ～ のろのろ行く

ca-rre-'ta-da [カ.れ.'タ.ダ] 名 女 荷車1台の荷; 《話》たくさんの量, どっさり *a* ～*s* 《話》たくさん, あり余るほど

ca-rre-'ta-zo [カ.れ.'タ.そ] 名 男 《メキシコ》車の衝突事故

ca-'rre-te [カ.'れ.テ] 名 男 《スペイン》フィルムの巻き枠, (巻き)フィルム; 糸巻き, ボビン, 糸車; (釣り用の)リール; 〔電〕コイル *tener* ～ 《話》べらべらしゃべる

ca-rre-te-'ar [カ.れ.テ.'アる] 動 他 荷車で運ぶ

**ca-rre-'te-ra [カ.れ.'テ.ら] 82% 名 女 道路, 車道, (都市間の)街道, ハイウェイ; 道路の景色

ca-rre-'te-ro [カ.れ.'テ.ろ] 名 男 車大工; 荷車引き, 馬方, 馬子 *hablar* [*jurar*] *como un* ～ 口汚くののしる

ca-rre-'ti-lla [カ.れ.'ティ.ジャ] 名 女 (一輪の)手押し車; (幼児用)歩行器; 爆竹; 《南米》〔体〕あご; 《コロンビア》《話》うそ, でたらめ *de* ～ 暗記して, そらで

ca-'rre-to, -ta [カ.'れ.ト, タ] 形 名 男 女 《コロンビア》《話》おしゃべりな(人)

ca-rre-'tón [カ.れ.'トン] 名 男 小さな荷車; 研磨機, 砥石車(といしぐるま); 《ラ米》糸巻き, ボビン; 〔鉄〕ボギー《車軸が転向する台車》

ca-rre-to-'ne-ro, -ra [カ.れ.ト.'ネ.ろ, ら] 形 名 男 女 《チリ》《話》乱暴な, 乱暴者, 粗野な(人)

ca-rri-'co-che [カ.り.'コ.チェ] 名 男 〔歴〕幌(ほろ)馬車; 《話》おんぼろ車, ぽんこつ車

ca-rri-'cu-ba [カ.り.'ク.バ] 名 女 〔車〕散水車

*ca-'rril [カ.'りル] 94% 名 男 (道路の)車線; わだち, 車輪の跡; 〔複〕〔鉄〕レール, 軌条; 〔農〕すじ, 溝, あぜ溝; 《コロンビア》《チリ》《話》うそ, でたらめ; 《チリ》《話》〔鉄〕電車, 鉄道

ca-rril-'bús [カ.りル.'ブス] 名 男 〔車〕バス専用レーン

ca-rri-'le-ro, -ra [カ.り.'レ.ろ, ら] 名 男 女 《チリ》《話》うそつき; 〔競〕〔サッカーなど〕ウイング, サイドミッドフィールダー

ca-rri-'lle-ra [カ.り.'ジェ.ら] 名 女 〔動〕(動物の)あご; 〔衣〕(帽子の)あごひも

ca-'rri-llo [カ.'り.ジョ] 名 男 〔体〕頬(ほお); 〔技〕ベルト車, 滑車 *comer a dos* ～*s* 《話》〔食〕暴飲暴食する; (有利な)仕事をかけもちする

ca-'rri-to [カ.'り.ト] 名 男 (運搬用)カート; 〔メキシコ〕〔鉄〕市街電車

ca-rri-'zal [カ.り.'さル] 名 男 〔植〕アシの原

ca-'rri-zo [カ.'り.そ] 名 男 〔植〕アシ, ヨシ; 《メキシコ》釣りざお; 《中米》ストロー

Ca-'rri-zo [カ.'り.そ] 名 固 〔姓〕カリーソ

**'ca-rro ['カ.ろ] 88% 名 男 (二輪の)荷馬車, 馬車, 荷車, カート; 《ラ米》〔車〕自動車; 《ラ米》〔鉄〕路面電車; 〔機〕(タイプライターの)キャリッジ《文字送り台》 *C～ Mayor* [*Menor*] 〔天〕おおぐま[こぐま]座 *parar el* ～ (a: の)話をやめさせる *poner el* ～ *delante de las mulas* 順序を逆にする, 本末を転倒する *untar el* ～ (a: に)賄賂(わいろ)を贈る

ca-rro-ce-'rí-a [カ.ろ.せ.'り.ア] 名 女 車体; 馬車製造[販売]所

ca-rro-'ma-to [カ.ろ.'マ.ト] 名 男 幌(ほろ)馬車

ca-'rro-ño, -ña [カ.'ろ.ニョ, ニャ] 形 腐った, 腐敗した -ña 名 女 腐肉, 死肉

ca-'rro-za [カ.'ろ.さ] 名 女 〔歴〕(四頭立て四輪の)大型馬車, 豪華馬車; (パレード用の)飾り付き台車, 山車(だし); 《ラ米》霊柩

(れいきゅう)車 名 共《話》考え方[趣味]が古い人

ca-'rrua-je [カ.'ゕア.へ] 名 男 馬車, 車, (旅行用の)乗り物, 車両;〔集合〕〔車〕車, 車の列

ca-rru-'sel [カ.ゕ.'セル] 名 男〔遊〕メリーゴーラウンド; 騎馬パレード; 一連のもの, 連続

'car-ta ['カゥ.タ] 74% 名 女 手紙, 封書, 書状; 証明書, 文書, …状;〔遊〕トランプ(の札), カード;〔食〕メニュー; 憲章, 特許状, 免許状;〔海〕海図;〔地〕地図; 図 ***a ~ cabal*** 完璧に, 完全に; 真の, 非のうちどころのない ***a la ~***〔食〕(定食によらず)お好みの料理を選んで, アラカルトで(の) ***echar las ~s*** トランプ占いをする ***jugarse todo a una ~*** すべてを賭(か)ける ***poner las ~s boca arriba*** 手の内を見せる ***poner todas las ~s sobre la mesa*** 包み隠さずにすべてを話す ***tener [tomar] ~s*** (en: に)関わる, 参加する, 干渉する

car-ta-'bón [カゥ.タ.'ボン] 名 男 L 字定規, 三角定規; (靴屋の)足の寸法の標準規; 測量器

Car-ta-'ge-na [カゥ.タ.'へ.ナ] 名 固〔地名〕カルタヘーナ《スペイン南東部の港湾都市; コロンビア北部の港湾都市; チリ中央部の温泉都市》

car-ta-ge-'ne-ro, -ra [カゥ.タ.へ.'ネ.ろ, ら] 形 名 男 女〔地名〕カルタヘーナの(人) ↑Cartagena

car-ta-gi-'nen-se 形 ⇩ cartaginés

car-ta-gi-'nés, -'ne-sa [カゥ.タ.ひ.'ネス, 'ネ.サ] 形〔地名〕カルタゴ(人)の 名 男 女 カルタゴ人 ↓Cartago

Car-'ta-go [カゥ.'タ.ゴ] 名 固〔歴〕〔地名〕カルタゴ《アフリカ北岸の古代都市国家》;〔地名〕カルタゴ《コスタリカ中部の県, 県都; コロンビア西部の都市》

car-ta-'pa-cio [カゥ.タ.'パ.すぃオ] 名 男 覚書, 手帳, 筆記帳, ノート; 紙ばさみ, 折りかばん, ファイル

car-te+'ar-se [カゥ.テ.'アゥ.セ] 動 再 (con: と)文通する

*__car-'tel__ [カゥ.'テル] 91% 名 男 ポスター, 広告ビラ, 貼紙; (教室などで使う)図表, チャート;〔経〕カルテル, 企業連合; 麻薬組織 ***de ~*** 有名な, 第一線の, 一流の ***tener (buen [mucho]) ~***《話》有名である, 人気がある

'cár-tel ['カゥ.テル] 名 男〔経〕カルテル, 企業連合; 麻薬組織 ⇧cartel

car-'te-la [カゥ.'テ.ラ] 名 女〔建〕持ち送り, モディリオン

car-te-'le-ra [カゥ.テ.'レ.ら] 名 女 (新聞などの)番組表, 芸能娯楽欄, 映画演劇案内; 広告掲示板

car-te-'li-to〔縮小語〕↑cartel

car-'te+o [カゥ.'テ.オ] 名 男 文通

'cár-ter ['カゥ.テゥ] 名 男〔機〕〔車〕(自動車などの)クランク室

car-te-'ris-ta [カゥ.テ.'りス.タ] 名 共 すり

car-'te-ro, -ra [カゥ.'テ.ろ, ら] 84% 名 男 女 郵便配達員[集配員] **-ra** 名 女 札入れ, 財布; かばん, 書類かばん; 書類入れ, 紙ばさみ; 大臣の職[地位];〔商〕ポートフォリオ, 有価証券;〔衣〕(ポケットの)ふた, フラップ;《カリブ》運転免許証 ***en cartera*** 計画中の[で] ***tener en cartera*** …(不定詞)…を計画している

car-te-sia-'nis-mo [カゥ.テ.スィア.'ニス.モ] 名 男〔哲〕デカルト主義

car-te-'sia+no, -na [カゥ.テ.'スィア.ノ, ナ] 形 名 男 女〔哲〕デカルトの, デカルト主義の[主義者]《René Descartes, 1596–1650, フランスの哲学者・数学者》

car-ti-la-gi-'no-so, -sa [カゥ.ティ.ラ.ひ.'ノ.ソ, サ] 形〔体〕軟骨(質)の

car-'tí-la-go [カゥ.'ティ.ラ.ゴ] 名 男〔体〕軟骨(組織)

car-'ti-lla [カゥ.'ティ.ジャ] 名 女 綴(と)じ込み帳, 帳簿, 通帳; 初歩読本, 入門書;〔宗〕(カトリック教会で毎年発行される)年間祭式規程書 ***leer la ~*** きつく叱(しか)る, (面と向かって)非難する

car-'tis-mo [カゥ.'ティス.モ] 名 男〔歴〕チャーティスト運動《19 世紀前半のイギリスの労働者の選挙権獲得運動》

car-'ti-ta〔縮小語〕↑carta

car-to-gra-'fí+a [カゥ.ト.グら.'フィ.ア] 名 女〔地〕地図作成(法)

car-to-'grá-fi-co, -ca [カゥ.ト.'グら.フィ.コ, カ] 形〔地〕地図作成(法)の;〔地〕地図学の

car-'tó-gra-fo, -fa [カゥ.'ト.グら.フォ, ファ] 名 男 女〔地〕地図作成者;〔地〕地図学者

car-to-'man-cia⇔-'**cí+a** [カゥ.ト.'マン.すぃア⇔.'すぃ.ア] 名 女 トランプ占い

car-to-'mán-ti-co, -ca [カゥ.ト.'マン.ティ.コ, カ] 形 名 男 女 トランプ占いの[占い師]

*__car-'tón__ [カゥ.'トン] 93% 名 男 厚紙, ボール紙; 免状, 卒業証書; ケース, パック, (タバコの)カートン;〔絵〕(厚紙に施す)下絵

car-tu-'che-ra [カゥ.トゥ.'チェ.ら] 名 女〔軍〕弾薬帯;〔軍〕弾薬筒入れ[箱]

car-'tu-cho [カゥ.'トゥ.チョ] 名 男〔軍〕弾薬筒, 薬包, 薬莢(やっきょう); (硬貨を筒状に重ねて包んだ)一巻き; 円錐形の紙袋 ***quemar el último ~***《話》最後の切り札を使う

Car-'tu-ja [カゥ.'トゥ.は] 名 女〔宗〕カルトゥジオ修道会《1084 年フランスで聖ブルー

／San Bruno が創立した》
car-'tu-jo, -ja [カる.'トゥ.ほ, は] 形〘宗〙カルトゥジオ修道会の⬆Cartuja 名 男 女〘宗〙カルトゥジオ修道士[修道女];《話》人とつきあわない人, 世捨て人
car-tu-'la-rio [カる.トゥ.'ラ.りオ] 名 男 証書記録簿
car-tu-'li-na [カる.トゥ.'リ.ナ] 名 女 (上質の)厚紙
ca-'rún-cu-la [カ.'るン.ク.ラ] 名 女〘鳥〙とさか, 肉冠
*'**ca+sa** 60% 名 女〘建〙家, 家屋, 住宅; 家庭, 家族; 家系, 〔特に〕(王族・貴族の)一家, …家(け); (特別な目的のための)建物, 施設, …所, …場;〘商〙商社, 会社, 支社, 支店; 宿泊;〘競〙ホームグラウンド;〘遊〙(チェス盤などの)ます目 ***C～ Blanca***〘遊〙ホワイトハウス《米国大統領官邸》 ***～ de tócame Roque***《話》混乱した場所 ***de entre ～***《(ラプ)(ラタ)》〘衣〙普段着の[で] ***echar [tirar] la ～ por la ventana*** 金を浪費する, 散財する ***estar de ～*** 普段着を着ている ***levantar la ～*** 引っ越す ***llevar la ～*** 家を切り盛りする ***mujer [hombre] de su ～*** 家事が上手な女性[男性]
ca-'sa-be 名 男〘食〙キャッサバ《タピオカ tapioca の原料》
Ca-sa-'blan-ca [カ.サ.'ブラン.カ] 名 固〘地名〙カサブランカ《モロッコ中西部の港湾都市》
ca-'sa-ca 名 女〘歴〙〘衣〙(昔の)燕尾服;〘衣〙(女性用の)短い上衣;《話》結婚;《(中)(米)》おしゃべり;《(アン)(デス)》《(チ)(リ)》〘衣〙コート;《(ボリ)(ビア)》《(ラプ)(ラタ)》〘競〙〘衣〙運動シャツ,〔特に〕サッカーシャツ ***cambiar de [volver la] ～*** 意見を変える
ca-sa-'ción [カ.サ.'すぃオン] 名 女〘法〙(判決の)破棄, 廃棄
ca-sa-'de-ro, -ra [カ.サ.'デ.ろ, ら] 形 結婚適齢期の, 年ごろの
*'**ca-'sa-do, -da** 91% 形 結婚した, 妻[夫]のある, 既婚の 名 男 女 既婚者
ca-sa-'ma-ta 名 女〘軍〙(塁壁上の)砲台
ca-sa-men-'te-ro, -ra [カ.サ.メン.'テ.ろ, ら] 形 名 男 女 仲人をするのが好きな(人)
***ca-sa-'mien-to** 94% 名 男 結婚, 婚姻; 結婚式
ca-'sar [カ.'サる] 75% 動 他 結婚させる;〘宗〙《司祭が》〈の〉結婚式を執り行う; (con: と)調和させる 動 自 (con: と)調和する;《収支が》釣り合う,《勘定が》合う ***～se*** 動 再 (con: と)結婚する ***no ～se con nadie*** 誰とも与(くみ)しない
'**cas-ca** 名 女 ブドウの皮, ブドウのしぼりかす
cas-ca-'bel [カス.カ.'ベル] 名 男 鈴, (小さな)鐘;〘軍〙砲尾部 ***de ～ gordo***《話》《作品が》洗練されていない, 粗削りの ***poner el ～ al gato*** 猫に鈴をつける, 進んで難事に当たる
cas-ca-be-le+'ar [カス.カ.ベ.レ.'アる] 動 自《鈴が》鳴る;《話》軽率なふるまいをする 動 他《話》たぶらかす, そそのかす
cas-ca-be-'le+o [カス.カ.ベ.'レ.オ] 名 男 鈴の音
cas-ca-'bi-llo [カス.カ.'ビ.ジョ] 名 男 鈴, 呼び鈴(りん);〘植〙殻, さや;〘植〙(どんぐりの)殻斗(かくと), へた, ちょく
***cas-'ca-da** 93% 名 女〘地〙滝; 滝状のもの;〘電〙縦続
***cas-'ca-do, -da** 93% 形《人が》疲れた, やつれた, 衰弱した;《声が》かすれた, しゃがれた; 使い古した, すり切れた, 消耗した;《食器などが》ひびが入った, 割れた
cas-ca-'jal [カス.カ.'はル] 名 男〘地〙小石・砂利(じゃり)の多い場所
cas-'ca-jo [カス.'カ.ほ] 名 男《話》衰弱, もうろく, 消耗;《話》(れんが・花瓶などの)割れたかけら;《話》がらくた; 砂利(じゃり);〘食〙〔集合〕ナッツ, 堅果《クルミ, アーモンドなど》
cas-ca-'nue-ces [カス.カ.'ヌエ.せス] 名 男〔単複同〕くるみ割り器;〘鳥〙ホシガラス
cas-'car** [カス.'カる] 92% 動 他 ⑲ (c|qu) 割る, 砕く;《話》一生懸命勉強する;《話》ぶつ, 殴る, 打つ;《話》(口論・論争で)攻撃する;《話》〈金を〉使い果たす, なくす 動 自《話》ペチャクチャしゃべる;《話》死ぬ ***～se 動 再 割れる, 裂ける
*'**cás-ca-ra** ['カス.カ.ら] 94% 名 女 殻(から), さや, (木・果物の)皮 ***～s*** 感〔複〕ああ!, なんということか!《驚き》 ***～ amarga***《話》同性愛者
cas-ca-'ri-lla [カス.カ.'リ.ジャ] 名 女 さや, 皮《穀物などの薄い皮》; 金属の薄片, 箔(はく);〘飲〙カスカリージャ《炒ったカカオの殻(から), 茶に用いる》
cas-ca-'rón [カス.カ.'ろン] 名 男 卵の殻(から);〘建〙小ドームの内部, 丸天井 ***～ de nuez***《話》小さくて壊れやすいボート ***recién salido[da] del ～*** 世間知らずの
cas-ca-'rra-bias [カス.カ.'ら.ビアス] 名 共〔単複同〕〔軽蔑〕怒りっぽい人, かんしゃく持ち
cas-'ca-rria [カス.'カ.りア] 名 女 服のすそについた泥[汚れ]
*'**cas-co** 91% 名 男 ヘルメット, かぶと;〘地〙町の中心, 密集地; 住宅街, 地区;〘畜〙(馬の)ひづめ; 瓶(びん), 樽, 容器; (壊れた)かけら, 破片;〘海〙骨組み, 船体;《話》〘体〙〔軽蔑〕頭, おつむ;〘体〙頭蓋(ずがい)骨;〘電〙ヘッドホン;〘動〙(動物の)頭;《(メキ)(シコ)》《(コロン)(ビア)》《(アン)(デス)》

〔食〕果物のかけら, 一切れ; ((アンデス))〔建〕農場の母屋, 本館 *levantar de ～s* ((話)) 誤った夢を抱かせる, だます *romperse* [*calentarse*] *los ～s* ((話)) あれこれ考える, 頭を悩ます, 熱心に勉強する *sentar los ～s* ((話)) 落ち着く

cas-'cor-vo, -va [カス.'コる.ボ, バ] 形 ((メキシコ)) ((中米)) ((カリブ))〔体〕X脚の

cas-'co-te 名 男〔複〕(破壊物の)破片, 石くず, がらくた

ca-se+'í-na 名 女〔化〕カゼイン ((乳汁に含まれるタンパク質, チーズの原料))

ca-se-'rí+a [カ.セ.'り.ア] 名 女 田舎の一軒家, 農場; 家計, 家政, 所帯

ca-se-'rí+o [カ.セ.'り.オ] 名 男 小村落; 農場と屋敷

ca-'ser-na [カ.'セる.ナ] 名 女〔軍〕兵舎, 防空陣地

ca-'se-ro, -ra [カ.'セ.ろ, ら] 形 手製の, 自家製の; 家族の, 家庭の; 出不精の, 外出嫌いの, 家にいるのが好きな;〔競〕《審判が》ホームチームびいきの;〔畜〕《家畜が》飼いならされた;〔衣〕普段着の 名 男 女 家主; (地所の)管理人

ca-se-'rón [カ.セ.'ろン] 名 男〔建〕大邸宅, 館(やかた)

ca-'se-ta 名 女〔建〕小さな家, 田舎家, 別荘, 山小屋, 小屋;〔商〕スタンド, 屋台店, 露店; (海水浴場などの)更衣所 *～ de derrota*〔海〕海図室 *mandar a la ～*〔競〕(a: に)退場を命じる

ca-'se-te 名 男 [女]〔電〕(テープの)カセット 名 男〔電〕カセットデッキ

ca-se-'te-ra [カ.セ.'テ.ら] 名 女 ((ラ米))〔電〕ラジオカセット

'ca+si** 67% 副 **1** ほとんど, だいたい, …に近い, …くらいだ, ほとんど…と同じだ: Mi abuelo ya tiene **casi** cien años. 私の祖父はもう 100 歳に近い。 **2**〔否定文で〕ほとんど(…ない)]: No comió **casi** nada. 彼はほとんど何も食べなかった。 **3** どちらかと言えば…: **Casi** me gusta más este vestido. どちらかと言えば私はこの服のほうが好きです。 **4** もう少しで…するところだった: ¡Ah, **casi** me caigo! ああ, もう少しでころぶところだった! *¡C～ nada!* ((話))〔皮肉〕なんと! *sin* (*el*) *～* ((話)) ほとんどどころか…そのものだ

ca-'si-lla [カ.'スィ.ジャ] 名 女〔建〕小屋, 番小屋; ((ラ米)) 私書箱;〔商〕売店, 露店;〔遊〕(チェス盤などの)ます目; (箱・家具の)仕切り; (劇場などの)切符売り場;〔情〕チェックボックス *sacar de sus ～s* ((話)) 怒らす *salir de sus ～s* ((話)) 怒る, かっとなる

ca-si-'lle-ro [カ.スィ.'ジェ.ろ] 名 男〔競〕スコアボード, 得点掲示板; 分類棚, 整理棚; ロッカー, コインロッカー

ca-si-'mir [カ.スィ.'ミる] 名 男〔衣〕カシミヤ織り ((インド, カシミール地方産ヤギの毛織物))

Ca-si-'mi-ro [カ.スィ.'ミ.ろ] 名 固〔男性名〕カシミロ

***ca-'si+no** 93% 名 男〔遊〕カジノ, 賭博場; クラブ, 会, 交友会, 同業者の会

Ca-sio-'pe+a 名 固〔ギ神〕カシオペア;〔天〕カシオペア座

ca-'si-ta 名 女 小さな家; ((話)) 自分の家; ((ラ米)) 愛人の家;〔縮小語〕↑casa

ca-'si-to 副 ((中米)) ((コロンビア)) ((アンデス)) ほんの少しで

'ca+so** 64% 名 男 場合, 実例, 問題; 事情, 事, 状況; 立場; 機会, 時期, チャンス; 大事な点, 本題; (犯罪などの)事件;〔医〕病気, 病状, 症例; (de: 病の)患者;〔言〕格 動 ((直現 1 単)) ↑casar *～ de conciencia* 良心にかかわる問題 *～ de fuerza mayor* 不可抗力の事態, 他に手だての考えられない場合 *～ perdido* 立ち直る見込みのない人, 絶望的な人 *dado el ～* (*de*) *que* …(接続法) …の場合には *El ～ es que* … 実は…なのです, 大切なのは…です, つまり… *en cualquier* [*todo*] *～* いずれにしても, 何が起きても *en* (*el*) *～ de* … …の場合には *en el mejor de los ～s* せいぜい, たかだか *en tal ～* そのような場合は *en todo ～* いずれにしても *¡... es un ～!* ((話)) …は大したものだ!, …は困ったものだ! *hacer* [*venir*] *al ～* 関連がある, 当てはまる *hacer ～* (a, de: を)考慮する, 気にかける *hacer ～ omiso* (de: を)無視する *ir al ～* 本題に入る *No hay ～.* ((ラプラタ)) 無理である; 仕方がない *para el ～* どうでもよい *poner por ～* 仮定する, 推量する

ca+'só 動 ((直点 3 単)) ↑casar

ca-'so-na 名 女〔建〕(古い)大きな屋敷

ca-so-'plón [カ.ソ.'プロン] 名 男 ((スペイン)) ((話)) 豪邸, 邸宅

ca-'so-rio [カ.'ソ.りオ] 名 男 ((話))〔軽蔑〕結婚; ((話)) 結婚式のにぎやかさ

'cas-pa 名 女〔体〕(頭の)ふけ

'Cas-pio 名 固 [mar ～]〔地名〕カスピ海 ((アジア大陸西部の湖))

'cás-pi-ta 感 おやまあ! ((驚き・うろたえなどを表す))

cas-'po-so, -sa 形 ふけ性の, ふけの多い

cas-'que-ro, -ra [カス.'ケ.ろ, ら] 名 男 女〔商〕〔人〕牛の臓物売り

cas-'que-te [カス.'ケ.テ] 名 男 ずきん, 縁無し帽;〔歴〕〔軍〕ヘルメット, かぶと; ((俗)) セックス, 性行為 *～ glaciar*〔地〕氷冠 ((山頂の万年雪))

cas-'qui-jo [カス.'キ.ほ] 名 男〔建〕砂利(じゃり), 砕石(さいせき), バラス

cas-'qui-llo [カス.'キ.ジョ] 名 男 〔技〕はめ輪; (空の)薬莢(やっきょう); 鏃(やじり); (『南米』)〔畜〕蹄鉄 *reírse a ~ quitado* 大声をだして笑う

cas-qui-'va+no, -na [カス.キ.'バ.ノ, ナ] 形 《話》軽率な, 軽はずみな

*'**cas-ta** 94% 名 女 血統, 系統, 血筋; 階級制, カースト制; 一族, 一味, 派閥; (動物などの)種, 種類 *de ~* 《動物が》純血種の; 《人が》生まれながらの 形 《女》 ⬇casto

cas-'ta-do, -da 形 (『カリブ』) 《話》勇敢な, 勇ましい(人)

*__cas-'ta-ña__ [カス.'タ.ニャ] 93% 名 女 〔植〕クリの実; 細口大瓶(びん); (女性の)束髪; 《話》パンチ, 強打; 衝撃, 衝突; 《話》酔い; 《俗》女性器 *¡Toma ~!* 《話》さまあ見ろ

cas-ta-'ñar [カス.タ.'ニャる] 名 男 〔植〕栗林

cas-ta-'ña-zo [カス.タ.'ニャ.そ] 名 男 衝突

cas-ta-'ñe-ta [カス.タ.'ニェ.タ] 名 女 〔楽〕カスタネット; 指をはじくこと

cas-ta-ñe-te+'ar [カス.タ.ニェ.テ.'アる] 動 自 〔楽〕カスタネットを鳴らす; 《歯が》ガタガタ鳴る; 指を鳴らす; 《骨が》ボキボキ鳴る 動 他 〔楽〕〈カスタネットを〉鳴らす; 〈指を〉鳴らす

cas-ta-ñe-'te+o [カス.タ.ニェ.'テ.オ] 名 男 〔楽〕カスタネットを鳴らすこと; (歯が)ガタガタ鳴ること; 指を鳴らすこと

cas-'ta-ño, -ña [カス.'タ.ニョ, ニャ] 形 栗(くり)色の, 薄茶色の 名 男 〔植〕クリの木 *~ de Indias* 〔植〕マロニエ *pasar de ~ oscuro* 《話》やりすぎである, 行きすぎだ; 状況が悪くなる, 重大である

cas-ta-'ñue-la [カス.タ.'ニュエ.ラ] 名 女 〔楽〕カスタネット *estar alegre como unas ~s* 《話》とても陽気である

cas-te-lla-ni-'zar [カス.テ.ジャ.ニ.'さる] 動 他 ㉞ (z|c) 〔言〕カスティーリャ化する ⬇Castilla; 〔言〕カスティーリャ語化する ⬇castellano

‡**cas-te-'lla+no, -na** [カス.テ.'ジャ.ノ, ナ] 83% 形 名 男 女 〔地名〕カスティーリャの(人) ⬇Castilla; 城主, 城主の妃; 〔言〕(スペイン語の)カスティーリャ方言の 名 男 〔言〕カスティーリャ語, スペイン語; 〔言〕(スペイン語の)カスティーリャ方言

cas-te-lla-no-ha-'blan-te [カス.テ.ジャ.ノ.ア.'ブラン.テ] 形 名 共 〔言〕(スペイン語の)カスティーリャ方言を話す(人), スペイン語を話す(人)

cas-te-'ller, -'lle-ra [カス.テ.'ジェる, 'ジェ.ら] 形 《スペイン》人間の塔の 名 男 女 人間の塔を構成する人 《カタルーニャ地方の伝統的な行事; 上の人が下の人の肩に乗り, 次々と積み上げていく》

Cas-te-'llón [カス.テ.'ジョン] 名 固 [~ de la Plana] 〔地名〕カステジョン(・デ・ラ・プラナ) 《スペイン東部の都市》

cas-te-llo-'nen-se [カス.テ.ジョ.'ネン.セ] 形 名 共 〔地名〕カステジョンの(人) ⬆Castellón

cas-ti-'cis-mo [カス.ティ.'すぃス.モ] 名 男 (言語・習慣などの)純粋主義

cas-ti-'cis-ta [カス.ティ.'すぃス.タ] 形 名 共 (言語・習慣などの)純粋主義の[主義者]

cas-ti-'dad 名 女 貞節, 純潔

*__cas-ti-'gar__ [カス.ティ.'ガる] 91% 動 他 ㊶ (g|gu) 罰する, お仕置きする, 懲(こ)らしめる; 《自然が》損害を与える; 〔競〕〈反則者に〉ペナルティーを科す; 苦しめる, 傷つける; 〔畜〕〈馬に〉拍車をかける, むちでたたく; 〈経費などを〉減らす, 切り詰める; 〈文章を〉直す, 訂正する; 〔牛〕《闘牛士が》〈牛を〉誘導する

*__cas-'ti-go__ 91% 名 男 処罰, 刑罰, 懲罰, 懲(こ)らしめ; 悩みの種, 苦しみ; 〔競〕ペナルティー 《反則に対する罰》; 損害; (文章の)訂正 *levantar el ~* (a: を)赦免する

cas-ti-'gué, -gue(~) 動 《直点 1 単, 接現》 ⬆castigar

Cas-'ti-lla [カス.'ティ.ジャ] 名 固 〔地名〕カスティーリャ 《スペイン中北部の地方》 *¡Ancha es ~!* さあ!, これで思うままだ!, 自由にやれ!

Cas-'ti-lla-La 'Man-cha [カス.'ティ.ジャ ラ 'マン.チャ] 名 固 〔地名〕カスティーリャ・ラ・マンチャ 《スペインの自治州: Albacete, Ciudad Real, Cuenca, Guadalajara, Toledo》

Cas-'ti-lla la Nueva [カス.'ティ.ジャ ラ 'ヌエ.バ] 名 固 〔歴〕〔地名〕(旧)カスティーリャ・ラ・ヌエバ地方 《旧地方名: Ciudad Real, Cuenca, Guadalajara, Madrid, Toledo》

Cas-'ti-lla la Vieja [カス.'ティ.ジャ ラ 'ビエ.は] 名 固 〔歴〕〔地名〕(旧)カスティーリャ・ラ・ビエハ地方 《旧地方名: Ávila, Burgos, Logroño, Palencia, Santander, Segovia, Soria, Valladolid》

Cas-'ti-lla y Le+'ón [カス.'ティ.ジャ イ レ.'オン] 名 固 〔地名〕カスティーリャ・イ・レオン 《スペインの自治州: Ávila, Burgos, León, Palencia, Salamanca, Segovia, Soria, Valladolid, Zamora》

‡**cas-'ti-llo** [カス.'ティ.ジョ] 85% 名 男 〔建〕城, 城郭 *~ de fuego* 仕掛け花火 *~ de naipes* おぼつかない計画, 机上の空論 *hacer [levantar] ~s en el aire* 夢のようなことを考える

Cas-'ti-llo [カス.'ティ.ジョ] 名 固 〔姓〕カスティージョ

casting ['カス.ティン] 名 男 〔英語〕〔映〕

〔演〕配役, キャスティング
*cas-'ti-zo, -za [カス.'ティ.そ, さ] 94% [形] 真の, 生粋の, 純粋の; «文章が»正しい, 正当の, 上品な; 純血の, 生(は)え抜きの
'cas-to, -ta [形] 純潔な, 貞節な
cas-'tor [カス.'トる] [名] [男] 〔動〕ビーバー
'Cás-tor ['カス.トる] [名] [男] 〔天〕カストル《ふたご座のα星》
cas-tra-'ción [カス.トら.'すぃオン] [名] [女] 去勢; 〔農〕枝の刈り込み; 採蜜
cas-'trar [カス.'トらる] [動] [他] 去勢する; 〈の〉気力を弱める, 〈の〉力を奪う; 〔農〕〈余分の枝を〉下ろす, 〈木を〉刈り込む; 採蜜する
cas-'tren-se [カス.'トれン.セ] [形] 〔軍〕軍事の[に関する]
'Cas-tries ['カス.トりエス] [名] [固] 〔地名〕カストリーズ《カリブ海にあるセントルシア Santa Lucía の首都》
cas-'tris-mo [カス.'トりス.モ] [名] [男] 〔政〕カストロ主義《キューバのフィデル・カストロ Fidel Castro の思想》
cas-'tris-ta [カス.'トりス.タ] [形] [名] [共] 〔政〕カストロ主義の[主義者] ↑castrismo
'cas-tro ['カス.トろ] [名] [男] 〔歴〕〔建〕(スペインの)古城, 城跡; 〔遊〕石けり遊び C~ [名] [固] 〔姓〕カストロ
'Cas-tro Ur-'dia-les ['カス.トろ ウる.'ディア.レス] [名] [固] 〔地名〕カストロ・ウルディアレス《スペイン北部の港湾都市》
*ca-'sual [カ.'スアル] 94% [形] 偶然の, 思いがけない; 〔言〕格の, 格を表す ~mente [副] 偶然に, たまたま, ひょっとして, もしかして
**ca-sua-li-'dad [カ.スア.リ.'ダド] 90% [名] [女] 偶然, 偶然の出来事, 偶然の出会い *dar la ~ (de) que* ... 偶然…ということが起こる *por [de] ~* 偶然に, たまたま, もしかして
ca-'su-ca [名] [女] ⇩ casucha
ca-'su-cha [カ.'ス.チャ] [名] [女] 〔建〕〔軽蔑〕小さなぼろ家
ca-'suis-ta [名] [共] 〔哲〕決疑論者
ca-'suís-ti-ca [名] [女] 〔哲〕決疑論; 〔集合〕事例; 事例研究
ca-'suís-ti-co, -ca [形] 《格》決疑論的な, 詭弁的な; 《格》個別的な, 個々の事例に即した
ca-'su-lla [カ.'ス.ジャ] [名] [女] 〔宗〕〔衣〕カズラ, 上祭服《ミサの式服》
'ca-ta [名] [女] 〔食〕試食; 〔飲〕試飲; 〔商〕試供品, 見本, サンプル
ca-ta-bo-'lis-mo [カ.タ.ボ.'リス.モ] [名] [男] 〔生〕異化[分解]作用
ca-ta-'cal-dos [カ.タ.'カル.ドス] [名] [共] 〔単複同〕《話》あきっぽい人, ちょっとかじるだけの人; 《話》おせっかい, でしゃばり
ca-ta-'clis-mo [カ.タ.'クリス.モ] [名] [男] 地殻の激変, 天変地異; 〔政〕政治的[社会的]大変動, 大変革
ca-ta-'cre-sis [カ.タ.'クれ.スィス] [名] [女] 〔単複同〕〔修〕〔言〕(語の)転義
ca-ta-'cum-ba [名] [女] 〔複〕〔歴〕カタコンベ《(特に古代ローマの)地下墓地》
ca-ta-'dor, -'do-ra [カ.タ.'ドる, 'ド.ら] [名] [男] [女] 〔飲〕味利き, (ワインなどの)鑑定家[師]
ca-ta-'du-ra [カ.タ.'ドゥ.ら] [名] [女] 《話》外見, 見かけ, 顔つき, 様子; 〔食〕試食; 〔飲〕試飲
ca-ta-'fal-co [カ.タ.'ファル.コ] [名] [男] 棺台(ひつぎだい)
ca-'tá-fo-ra [カ.'タ.フォ.ら] [名] [女] 〔言〕後方照応《代名詞などが後続の語句を指す》
ca-ta-'fó-ri-co, -ca [カ.タ.'フォ.り.コ, カ] [形] 〔言〕後方照応の
ca-ta-'ja-rra [カ.タ.'は.ら] [名] [女] 《ベネズエラ》《話》多くの人[もの]
**ca-ta-'lán, -'la-na [カ.タ.'ラン, 'ラ.ナ] 85% [形] 〔地名〕カタルーニャ(人)の ↓Cataluña; 〔言〕カタルーニャ語の [名] [男] [女] カタルーニャ人 [名] [男] 〔言〕カタルーニャ語
ca-ta-la-'nis-mo [カ.タ.ラ.'ニス.モ] [名] [男] 〔言〕カタルーニャ語法, カタルーニャ語からの借用語; 〔政〕カタルーニャ分離主義[運動]; カタルーニャ人気質
ca-ta-la-'nis-ta [カ.タ.ラ.'ニス.タ] [形] [名] [共] 〔政〕カタルーニャ分離主義の; カタルーニャ分離主義者
ca-ta-'le-jo [カ.タ.'レ.ほ] [名] [男] 望遠鏡
ca-ta-'lep-sia [カ.タ.'レプ.スィア] [名] [女] 〔医〕カタレプシー, 強硬症《急に意識と感覚を失い筋肉が硬直する病気》
ca-ta-'lép-ti-co, -ca [カ.タ.'レプ.ティ.コ, カ] [形] 〔医〕カタレプシーの, 強硬症の [名] [男] [女] 〔医〕カタレプシー患者, 強硬症患者
Ca-ta-'li-na [カ.タ.'リ.ナ] [名] [固] 〔女性名〕カタリーナ
ca-'tá-li-sis [カ.'タ.リ.スィス] [名] [女] 〔単複同〕〔化〕触媒作用, 接触反応
ca-ta-'lí-ti-co, -ca [カ.タ.'リ.ティ.コ, カ] [形] 〔化〕触媒作用の
ca-ta-li-za-'dor, -'do-ra [カ.タ.リ.さ.'ドる, 'ド.ら] [形] 〔化〕触媒作用の [名] [男] 〔化〕触媒
ca-ta-li-'zar [カ.タ.リ.'さる] [動] [他] 34 (z|c) 〔化〕〈に〉触媒作用を及ぼす
ca-ta-lo-ga-'ción [カ.タ.ロ.ガ.'すぃオン] [名] [女] 目録の作成, 分類
ca-ta-lo-'gar [カ.タ.ロ.'ガる] [動] [他] 41 (g|gu) 〈の〉目録を作る, 目録に載せる; 分類する; (de, como: と)特徴づける
*ca-'tá-lo-go [カ.'タ.ロ.ゴ] 92% [名] [男] カタログ, 目録
**Ca-ta-'lu-ña [カ.タ.'ル.ニャ] 90% [名] [固]

〔地名〕カタルーニャ《スペイン北東部の地方, 自治州; Barcelona, Gerona, Lérida, Tarragona》

Ca-ta-'mar-ca [カ.タ.'マる.カ] 名 固 〔San Fernando del Valle de ~〕〔地名〕カタマルカ《アルゼンチン北西部の州, 州都》

ca-ta-'plas-ma [カ.タ.'プラス.マ] 名 女 〔医〕パップ; 《話》退屈な人, じゃま者, 足手まとい

ca-ta-'plum [カ.タ.'プルム] 感《擬音》ドタン, バタン, ガタン《落下や衝突の音》

ca-ta-'pul-ta [カ.タ.'プル.タ] 名 女 〔歴〕〔軍〕(昔の)石弓(いしゆみ), 投石機; (有名になる)跳躍台, 飛躍への足がかり

ca-ta-pul-'tar [カ.タ.プル.'タる] 動 他 一躍有名にする

ca-'tar [カ.'タる] 動 他 〔食〕試食する; 〔飲〕試飲する; 《スペイン》《話》(少し)食べる; 考察する, 調べる; 試験する, 調べる; 《古》見る

Ca-'tar [カ.'タる] 名 固 〔地名〕カタール《アジア南西部の国》

***ca-ta-'ra-ta** [カ.タ.'ら.タ] 94% 名 女 〔地〕(大きな)滝, 瀑布(ばくふ) ⬆cascada; 〔医〕白内障; 〔気〕大雨, 豪雨, 土砂降り

ca-ta-'rí [カ.タ.'り] 形 名 男 女 〔複 -ríes⇦-rís〕〔地名〕カタール **Catar** の; カタール人

'cá-ta-ro, -ra ['カ.タ.ろ, ら] 形 名 男 女 〔歴〕〔宗〕カタリ派の(人)《フランス中世の異端》

ca-ta-'rral [カ.タ.'ら̃ル] 形 〔医〕カタル性の

ca-ta-'rrien-to, -ta [カ.タ.'り̃エン.ト, タ] 形 名 男 女 《メキシコ》〔医〕風邪(かぜ)を引いた(人)

***ca-'ta-rro** [カ.'タ.ろ̃] 94% 名 男 〔医〕カタル, 〔一般〕風邪(かぜ), 感冒

ca-'tar-sis [カ.'タる.スィス] 名 女 〔単複同〕カタルシス, 浄化作用; 〔心〕〔医〕カタルシス療法; 〔医〕(下剤による)便通

ca-'tár-ti-co, -ca [カ.'タる.ティ.コ, カ] 形 〔医〕カタルシスの 名 男 〔医〕下剤

ca-tas-'tral [カ.タス.'トらル] 形 〔法〕土地台帳の, 地籍の; 〔法〕固定資産税

ca-'tas-tro [カ.'タス.トろ] 名 男 土地台帳

***ca-'tás-tro-fe** [カ.'タス.トろ.フェ] 92% 名 女 大災害, (突然の)大変動, 大事故; 大きな悲しみ; 《話》ひどい出来ばえ, 大変な代物; 〔演〕(悲劇の)大詰め, 破局

ca-tas-'tró-fi-co, -ca [カ.タス.'トろ.フィ.コ, カ] 形 大変動の, 大災害の; 破局的な; 《話》ひどい, とんでもない

ca-ta-'té 名 共 《カリブ》うぬぼれた人, 虚栄心の強い人

ca-ta-to-'ní+a 名 女 〔医〕緊張病, カタトニー

ca-ta-'vi+no [カ.タ.'ビ.ノ] 名 男 〔飲〕利き酒用の杯; 樽の穴《ワインの利き酒用》 **~s** 名 共 《単複同》〔飲〕ワインの鑑定人, 利き酒人

'ca+te 名 男 ぶつこと, 平手打ち; 《話》落第 動《接現 1/3 単》⬆catar

ca-te+a-'dor [カ.テ.ア.'ドる] 名 男 〔鉱〕試掘者, 採鉱者; 〔鉱〕採鉱用ハンマー

ca-te+'ar [カ.テ.'アる] 動 他 《話》落第させる, 落とす; 探す, 求める; 〔鉱〕試掘する, 採鉱する

ca-te-'cis-mo [カ.テ.'すぃス.モ] 名 男 〔宗〕カトリック要理, 教理問答; 問答式教科書

ca-te-'cú-me+no, -na 名 男 女 〔宗〕洗礼志願者; 〔一般〕入門者, 初心者

'cá-te-dra ['カ.テ.ドら] 名 女 大学教授の職; 講座; 教室, 講義室, 教壇; 〔宗〕高位聖職者の座 ***hablar ex ~*** 《話》権威をもって話す; 権威を笠に着て言う ***sentar ~*** 独善的に話す

‡**ca-te-'dral** [カ.テ.'ドらル] 89% 名 女 〔宗〕〔建〕司教座聖堂, 大聖堂; 〔一般〕〔宗〕〔建〕大教会堂 形 〔宗〕〔建〕大聖堂の ***como una ~*** 《話》大きい, でかい

ca-te-dra-'li-cio, -cia [カ.テ.ドら.'り.すぃオ, すぃア] 形 〔宗〕司教座聖堂の

***ca-te-'drá-ti-co, -ca** [カ.テ.'ドら.ティ.コ, カ] 91% 形 名 男 女 大学講座担当教授(の)

Ca-te-'gat [カ.テ.'ガト] 名 固 〔estrecho de ~〕〔地名〕カテガット海峡《バルト海と北海を結ぶ海峡》

‡**ca-te-go-'rí+a** [カ.テ.ゴ.'り.ア] 85% 名 女 等級, 階級, 階層; 高い身分, 上流, 高級, 上等; 部門, 部類; 〔哲〕〔論〕範疇(はんちゅう), カテゴリー, ランク ***dar (mucha) ~*** (a: を)立派にする[見せる], (a: に)箔(はく)をつける ***de (gran) ~*** 一流の, 上等の; 上流の, 豪華な; 《話》〔笑〕大変な, すごい ***tener ~*** 優れている, 立派である

ca-te-'gó-ri-co, -ca [カ.テ.'ゴ.り.コ, カ] 形 断言的な, きっぱりとした; 範疇に属する **-camente** 副 断定的に, きっぱりと

ca-te-go-ri-za-'ción [カ.テ.ゴ.り.さ.'すぃオン] 名 女 類別, 分類

ca-te-go-ri-'zar [カ.テ.ゴ.り.'さる] 動 他 ㉞ (z|c) 類別する, 分類する

ca-te-'que-sis [カ.テ.'ケ.スィス] 名 男 〔単複同〕〔宗〕公教要理, カテキズム

ca-te-'quis-mo 名 男 ⇧ catequesis

ca-te-'quis-ta [カ.テ.'キス.タ] 名 共 〔宗〕伝道師, 問答式教授者《教理問答によって教義を授ける人》

ca-te-qui-'zar [カ.テ.キ.'さる] 動 他 ㉞ (z|c) 問答式に教える; 〔宗〕伝道する, 説教する

catering ['カ.テ.りン] [名] [男] 〔単複同〕〔英語〕 ケータリング《飛行機・客車などの食事の用意; 催しの場所などに出向いて料理を用意すること》

ca-'ter-va [カ.'テる.バ] [名] [女] 〔軽蔑〕 暴徒, 群衆; 寄せ集め, たくさん, 山

ca-'te-te [形] 《チリ》《話》 やっかいな, 迷惑な

ca-'té-ter [カ.'テ.テる] [名] [男] 〔医〕 カテーテル

ca-'te-to, -ta [形][名] [男] [女] 《話》 無知な(人); 《話》 田舎者(の) [名] [男] 〔数〕 直角三角形の直角をなす **2** 辺の一つ

ca-ti-li-'na-ria [カ.ティ.リ.'ナ.りア] [名] [女] 《格》 痛烈な批判, 弾劾演説

ca-'tin-ga [名] [女] 《ラ米》 悪臭, 体臭

ca-'tión [名] [男] 〔化〕 カチオン, 陽イオン

ca-ti-'rru-cio, -cia [カ.ティ.'る.すぃオ, すぃア] [形][名] [男] [女] 《ベネズエラ》〔体〕 金髪の(人)

ca-'tó-di-co, -ca [形] 〔物〕 陰極の

'cá-to-do [名] [男] 〔物〕 陰極

ca-to-'don-te [名] [男] 〔動〕 マッコウクジラ

***ca-to-li-'cis-mo** [カ.ト.リ.'すぃス.モ] | 93% [名] [男] 〔宗〕 カトリック信仰

****ca-'tó-li-co, -ca** [カ.'ト.リ.コ, カ] 82% [形] 〔宗〕 カトリックの; 《話》〔笑〕 正しい, よい, まともな, 元気な, まじめな [名] [男] [女] 〔宗〕 カトリック教徒[信者]

****ca-'tor-ce** [カ.'トる.せ] 87% [数] 〔⇨単独の 14〕 **14**(の); 第 **14**(番目)(の)

ca-tor-ce+'a-vo, -va [カ.トる.せ.'ア.ボ, バ] [形] **14** 等分の [名] [男] **14** 分の **1**

ca-tor-'ce+no, -na [カ.トる.'せ.ノ, ナ] [形] **14** 番目の

ca-tor-'za-vo, -va [カ.トる.'さ.ボ, バ] [形] 《分数詞》《古》 ⇧ catorceavo

ca-'tra-cho, -cha [カ.'トら.チョ, チャ] [形] 《中米》《話》 ホンジュラスの(人)《自称》

'ca-tre ['カ.トれ] [名] [男] 簡易寝台

ca-'trín, -'tri-na [カ.'トりン, 'トり.ナ] [名] [男] [女] 《メキシコ》《中米》 気取り屋, しゃれ者

'Cau-ca [名] [固] 〔地名〕 カウカ《コロンビア南西部の県》; 〔el ～〕〔地名〕 カウカ川《コロンビア北部の川》

Cau-'ca-sia [名] [固] 〔地名〕 カフカス[コーカサス]地方《黒海とカスピ海の間の地域》

cau-'cá-si-co, -ca [形][名] [男] [女] 白人種の(人), コーカソイド; 〔地名〕 カフカス[コーカサス]の(人)

'Cáu-ca-so [名] [固] 〔地名〕 カフカス山脈

'cau-ce ['カウ.せ] [名] [男] 〔地〕 河床, 川底; 道, 方法, 手段 ***volver el agua a su ～*** もとの状態に戻る

cau-'che-ro, -ra [カウ.'チェ.ろ, ら] [形] ゴム(栽培)の [名] [男] [女] ゴム栽培者, ゴム園労働者; 〔商〕 ゴム商人

*'**cau-cho** 94% [名] [男] ゴム; 《カリブ》《アンデス》〔車〕 | タイヤ

cau-'ción [カウ.'すぃオン] [名] [女] 〔法〕 担保, 保証(金), 保証契約

cau-'dal [カウ.'ダル] [名] [男] (川・泉の)水量; 量, 多量; 〔しばしば複〕 財産, 富 [形] 〔動〕 尾の, 尾部の

cau-da-'lo-so, -sa [カウ.ダ.'ロ.ソ, サ] [形] (川・池などの)水量が豊富な; 富裕な, 裕福な

cau-'di-llo [カウ.'ディ.ジョ] [名] [男] 指導者, 首領, (ゲリラの)リーダー, ボス, 軍事独裁者, 総統

Cau-'que-nes [カウ.'ケ.ネス] [名] [固] 〔地名〕 カウケーネス《チリ中部の都市》

'cau-sa** 76% [名] [女] 原因, 原因となる人[物]; (正当な)理由, 根拠; 〔法〕 (訴訟の)動機, 言い分; 大義, 主義, 大目的, 理想; 〔法〕 訴訟, 訴訟事件 ***a ～ de*** … …という理由で, …のために ***hacer ～ común*** (con: と)協力する, 連帯する ***sin ～*** わけもわからず, でたらめに; 正当な理由なく, 不当に

cau-'sal [カウ.'サル] [形] 原因の, 因果関係の; 〔言〕 理由の [名] [女] 原因, 理由, 動機

cau-sa-li-'dad [カウ.サ.リ.'ダド] [名] [女] 《格》〔哲〕 因果関係, 因果律, 作因

cau-'san-te [形] 原因となる, 引き起こす [名] [共] 原因となる人, 原因

****cau-'sar** [カウ.'サる] 85% [動] [他] 〈の〉原因 | となる, 引き起こす

cau-se+'ar [カウ.セ.'アる] [動] [自] 《チリ》〔食〕 間食をする

caus-ti-ci-'dad [カウス.ティ.すぃ.'ダド] [名] [女] 〔化〕 腐食性, 苛性(かせい)度; 《格》 辛辣(しんらつ)さ

'cáus-ti-co, -ca [形] 〔化〕 腐食性の, 焼灼(しょうしゃく)性の; 辛辣(しんらつ)な [名] [男] 〔化〕〔医〕 腐食剤, 焼灼剤

cau-'te-la [カウ.'テ.ラ] [名] [女] 用心, 慎重; 抜けめなさ, ずるさ

cau-te-'lar-se [カウ.テ.'ラる.セ] [動] [再] (de: に)用心する

cau-te-'lo-so, -sa [カウ.テ.'ロ.ソ, サ] [形] 用心深い, 注意深い, 慎重な, 抜け目ない **-samente** [副] 用心深く, 慎重に, 抜け目なく

cau-'te-rio [名] [男] ⇩ cauterización

cau-te-ri-za-'ción [カウ.テ.り.さ.'すぃオン] [名] [女] 〔医〕 焼灼(しょうしゃく)療法

cau-te-ri-'zar [カウ.テ.り.'さる] [動] [他] ㉞ (z|c) 〔医〕 焼灼(しょうしゃく)する; 根こそぎにする, 撲滅する

cau-'tín [名] [男] 〔技〕 はんだごて

Cau-'tín [名] [固] 〔地名〕 カウティン《チリ中部アラウカニア Araucanía の一部》

cau-ti-va-'dor, -'do-ra [カウ.ティ.バ.'ドる, 'ド.ら] [形] 魅力的な, うっとりさせる

cau-ti-'var [カウ.ティ.'バる] [動] [他] 捕らえる, 捕虜にする; 心を迷わせる, うっとりさせる; 引きつける, 引き留める

cau-ti-'ve-rio [カウ.ティ.'ベ.りオ] [名] [男] 捕らわれ(の状態), 虜囚生活

cau-ti-vi-'dad [カウ.ティ.ビ.'ダド] [名] [女] 監禁状態

*__cau-'ti-vo, -va__ [カウ.'ティ.ボ, バ] 93% [名] [男] [女] 捕虜; (恋・恐怖などの)とりこ [形] 捕らわれた, 捕虜の; (恋・恐怖などの)とりこになった

'cau-to, -ta [形] 用心深い, 慎重な

'ca+va ['カ.バ] [名] [女] 掘ること; (地下の)酒蔵(さかぐら); 〔体〕 大静脈 [名] [男] 《スペイン》〔飲〕 カバ《カタルーニャ産のスパークリングワイン》

ca-'va-da [カ.'バ.ダ] [名] [女] 〔農〕 すき起こし, 掘ること

ca-va-'dor, -'do-ra [カ.バ.'ドる, 'ド.ら] [名] [男] [女] 掘る人, 穴掘り人夫

ca-'van-ga [カ.'バン.ガ] [名] [女] 《中米》《話》 昔をなつかしむ気持ち

*__ca-'var__ [カ.'バる] 94% [動] [他] 掘る; <井戸などを>掘り抜く[下げる] [動] [自] (en: を)探求する, 掘り下げて考察する; (en: を)黙想する, 熟慮する

ca-va-'ti-na [カ.バ.'ティ.ナ] [名] [女] 〔楽〕 カバティーナ《アリアより短い詠唱曲》

ca-'ver-na [カ.'べる.ナ] [名] [女] ほら穴, 洞窟; 〔医〕 (肺などの)空洞

ca-ver-'ní-co-la [カ.べる.'ニ.コ.ラ] [形] 洞窟に住む [名] [共] 穴居人

ca-ver-'no-so, -sa [カ.べる.'ノ.ソ, サ] [形] «声が»低くこもった; 洞窟の

ca-'viar [カ.'ビアる] [名] [男] 〔食〕 キャビア《チョウザメのはらこの塩漬け》

ca-vi-'dad [カ.ビ.'ダド] [名] [女] 空洞, 穴, うつろ

ca-vi-la-'ción [カ.ビ.ラ.'すぃオン] [名] [女] くよくよ考えること, 取り越し苦労; 沈思黙考, 黙想

ca-vi-'lar [カ.ビ.'ラる] [動] [他] 思い悩む, くよくよ考える; 黙想する, 熟考する

ca-vi-'lo-so, -sa [カ.ビ.'ロ.ソ, サ] [形] 気に病む, 心配症の, くよくよ考える

ca-'ya-do [名] [男] 杖; 〔宗〕 司教杖

ca-'yak [名] [男] 《誤用》 ⇩ kayak

Ca-'yam-be [名] [固] 〔volcán ～〕〔地名〕 カジャンベ山《エクアドル北部の火山》

ca-'yan-co [名] [男] 《中米》〔医〕 薬草の湿布, パップ

'ca-ye~ [動] 《活用》 ⬆caer

ca-'ye-na [名] [女] 〔食〕 唐辛子スパイス

Ca-ye-'ta+no [名] [固] 〔男性名〕 カジェターノ

'ca+yo [名] [男] 〔地〕 キー《海面からわずかに出た小島, 砂州》

ca+'yó [動] 《直点 3 単》 ⬆caer

ca-'yu-co [名] [男] 《ラ米》 (小型の)カヌー, 丸木舟

*__'ca+za__ ['カ.さ] 92% [名] [女] 狩猟, 狩り; (狩りの)獲物; 追害, (de: …)狩り; 探求, 追求, (de: …)探し; 〔競〕 狩猟 [名] [男] 〔空〕〔軍〕 戦闘機 ***a (la) ～ de*** … …を追い求めて, …を探して ***dar ～*** (a: を)捕らえる, つかまえる ***espantar la ～*** 《話》 急いでしそんじる

ca-'za-be [カ.'さ.べ] [名] [男] 〔食〕 キャッサバ粉のパン

ca-za-bom-bar-'de-ro [カ.さ.ボン.バる.'デ.ろ] [名] [男] 〔空〕〔軍〕 戦闘爆撃機

ca-za-'de-ro [カ.さ.'デ.ろ] [名] [男] 狩り場, 猟場

ca-za-'dor, -'do-ra [カ.さ.'ドる, 'ド.ら] [形] 狩猟の; 狩りをする人 [名] [男] [女] 猟師, ハンター; 〔軍〕 追撃兵 **-dora** [名] [女] 〔衣〕 狩猟用のジャケット, ジャンパー

ca-za-for-'tu-na [カ.さ.フォる.'トゥ.ナ] [名] [共] 《チリ》《話》〔軽蔑〕 金目当ての結婚をする人

*__ca-'zar__ [カ.'さる] 93% [動] [他] 34 (z|c) 狩る, 狩猟する; 《話》 つかまえる, 捕らえる; だまし取る; 《話》 <の>秘密を見つける, 見破る

ca-za-ta-'len-tos [カ.さ.タ.'レン.トス] [名] [共] 〔単複同〕 ヘッドハンター, 人材スカウト

caz-'ca-rria [名] [女] ⇧ cascarria

caz-'cor-vo, -va [カす.'コる.ボ, バ] [形] [名] [男] [女] 《南米北》《話》〔体〕 X脚の(人), 足が曲がった(人)

'ca+zo ['カ.そ] [名] [男] 〔食〕 ソースパン, 片手鍋; 〔食〕 ひしゃく, お玉; 《メキシコ》 大椀(わん)

ca-zo-'le-ta [カ.そ.'レ.タ] [名] [女] 〔食〕 小型片手鍋; パイプの火皿

ca-'zón [カ.'そン] [名] [男] 〔食〕 黒砂糖; 〔魚〕 ツノザメ

*__ca-'zue-la__ [カ.'すエ.ラ] 93% [名] [女] 〔食〕 鍋, シチュー鍋; 〔食〕 煮込み料理; 〔歴〕〔演〕 天井桟敷, 高桟敷

ca-'zu-rro, -rra [カ.'す.ろ̃, ら̃] [形] [名] [男] [女] 頑固な(人), 強情な(人); 無口な(人), むっつりした(人)

ca-'zu-zo, -za [カ.'す.そ, さ] [形] [名] [男] [女] 《チリ》 空腹の(人)

c. c. [略] =centímetro cúbico 〔機〕 立方センチ(メートル) (CC); con copia 〔情〕 カーボン・コピー (CC)

c/c [略] =cuenta corriente 当座預金

C. C. [略] =casilla de correo 《郵便》 私書箱

c. c. o. [略] =con copia oculta 〔情〕 ブラインド・カーボン・コピー (BCC)

c. c. p. [略] =con copia para 〔情〕 カーボン・コピー (CC)

Cd. [略] ⬇ciudad

CD [せ.'デ] 名 男〔英語〕〘情〙〘楽〙コンパクトディスク ⇨disco compacto, ⬇disco
Cdad. 略 ⬇ciudad
C. de J. 略 =Compañía de Jesús〘宗〙イエズス会.
CD-'ROM [せ.デ.'ろム] 名 男〔複 -Roms〕〔英語〕〘情〙シーディーロム (CD-Rom)
'ce ['せ] 名 女〘言〙セ《文字 C, c の名称》 ***por ~ o por be***《話》ともかくも, どちらにしても 感《古》ちょっと!, もし!《人の注意を引く発声》
c. e. 略 =correo electrónico〘情〙電子メール
CE [せ.'エ] 略 =Comunidad Europea〘歴〙〘政〙欧州共同体《欧州連合の旧称 ⬇UE; 1967 年に成立, スペインは 1986 年に加盟》
ce+'á-ti-ca 名 女 ⇩ciática
ce-ba-'dal [せ.バ.'ダル] 名 男〘農〙オオムギ[大麦]畑
ce-ba-'de-ro, -ra [せ.バ.'デ.ろ, ら] 名 男 女〘商〙麦商人 名 男 炉の口; 先導のラバ
ce-'ba-do, -da [せ.'バ.ド, ダ] 形〘畜〙《家畜が》太った, よく肥えた;《話》とても太った, 肥満した **-da** 名 女〘植〙オオムギ, オオムギの実
ce-'bar [せ.'バる] 動 他〘畜〙〈家畜を〉太らせる, 〈家畜に〉(con: 餌(え)を)やる; 〈感情を〉かき立てる, 〈に〉火をつける; 〈釣針に〉餌をつける; 〈に〉燃料を供給する; 〈爆発物などに〉雷管[導火線]をつける; 〈炉に〉火をたく;《ラプラタ》〘飲〙〈マテ茶を〉入れる 動 自《釘が》しっかり打たれる **~se** 動 再 (en, con: を)猛攻撃する; (en: を)存分にする, (en: に)専念する, ふける;〘医〙《病気などが》猛威をふるう
ce-be+'ís-ta [せ.ベ.'イス.タ] 名 共〘放〙市民ラジオ (**CB**) 使用者, CB 無線通信者《CB は英語 citizen's band の略》
ce-'bi-che [せ.'ビ.チェ] 名 男《ラ米》〘食〙セビーチェ《魚のマリネ》
'ce+bo ['せ.ボ] 名 男 餌(え), 飼料; (釣り・狩りの)餌, おとり; おびき寄せるもの, 引きつけるもの, 誘惑; (火器の)導火線, 点火薬
ce-'bo-lla** [せ.'ボ.ジャ] 91% 名 女〘植〙タマネギ;〘植〙球根; (シャワーなどの)散水口, ノズル ***agarrar la ~《ラ米》権力を握る ***~ albarrana***〘植〙カイソウ
ce-bo-'lle-ta [せ.ボ.'ジェ.タ] 名 女〘植〙エゾネギ, チャイブ《ネギの一種》;〘植〙春タマネギ
ce-bo-'lli+no [せ.ボ.'ジ.ノ] 名 男〘植〙小さなタマネギ;《話》ばか, まぬけ ***mandar a escardar ~s***《話》(a: を)追い払う, (a: に)冷たくする
ce-'bón, -'bo-na [せ.'ボン, 'ボ.ナ] 形 太った;〘畜〙《家畜が》肥えた 名 男〘畜〙(太った)豚
'ce-bra ['せ.ブら] 名 女〘動〙シマウマ, ゼブラ ***paso (de) ~*** 横断歩道
ce-'bra-do, -da [せ.'ブら.ド, ダ] 形〘畜〙《馬が》縞(しま)模様の
ce+'bú [せ.'ブ] 名 男〔複 -búes⇦-bús〕〘動〙ゼブ, コブウシ
'ce+ca ['せ.カ] 名 女〘歴〙造幣所
'Ce+ca ['せ.カ]〔成句〕***de la ~ a la Meca***《話》あちらこちらと
ce-'cal [せ.'カル] 形〘体〙盲腸の
ce-ce+'ar [せ.せ.'アる] 動 自〘言〙セセオで発音する《s [s] (歯音)を c, z [θ] (歯間音)で発音する》
ce-'ce+o [せ.'せ.オ] 名 男〘言〙セセオ《s [s](歯音)を c, z [θ](歯間音)で発音すること》
ce-ce+'o-so, -sa [せ.せ.'オ.ソ, サ] 形 名 男 女〘言〙セセオの(人)《s [s] (歯音)を c, z [θ] (歯間音)で発音する》
Ce-'ci-lia [せ.'すぃ.リア] 名 固〘女性名〙セシリア
Ce-'ci-lio [せ.'すぃ.リオ] 名 固〘男性名〙セシリオ
ce-'ci-na [せ.'すぃ.ナ] 名 女〘食〙塩漬け肉;《ラ米》〘食〙干し肉
ce-'da-zo [せ.'ダ.そ] 名 男 ふるい, 網;〘海〙魚網
****ce-'der** [せ.'デる] 89% 動 他 譲る, 譲歩する 動 自 (de: を)譲る, 譲歩する; 放棄する, 手放す; 弱まる, ゆるむ, ゆるくなる, 静まる; (a, ante, en: に)屈する, 負ける; たわむ, 曲がる, ゆがむ; 崩れる, 崩壊する; なる, 変化する
ce-de-'rrón [せ.デ.'ろン] 名 男 ⇧CD-ROM
ce-'di-do, -da 形 レンタルの
ce-'di-lla [せ.'ディ.ジャ] 名 女〘言〙セディージャ, セディーユ《ç のように c の下に添えた符号》
***'ce-dro** ['せ.ドろ] 94% 名 男〘植〙スギ[杉], セイヨウスギ; 杉材
***'cé-du-la** ['せ.ドゥ.ラ] 93% 名 女 公文書, 証書; 索引カード; 票, 券, 札
ce-fa-'lal-gia [せ.ファ.'ラル.ひア] 名 女〘医〙頭痛
ce-'fá-li-co, -ca [せ.'ファ.リ.コ, カ] 形〘体〙頭部の
ce-fa-'li-tis [せ.ファ.'リ.ティス] 名 女〔単複同〕〘医〙脳炎
ce-fa-'ló-po-do, -da [せ.ファ.'ロ.ポ.ド, ダ] 形〘動〙頭足類の《タコ, イカなど》名 男〔複〕〘動〙頭足類
'cé-fi-ro ['せ.フィ.ろ] 名 男《格》〘気〙(西からくる)暖かいそよ風;《格》 **C~** 名 固〘ギ神〙ゼピュロス《西風の神》
ce-ga-'dor, -'do-ra [せ.ガ.'ドる, 'ド.ら] 形 目をくらませる, まばゆい

C

ce-'gar [せ.'ガる] 動 他 ㊻ (e|ie; g|gu) 〈の〉目を見えなくする; 盲目にする, 〈の〉判断力を失わせる; 〈の〉穴[すき間]を埋める, 封鎖する 動 自 視力を失う, 目が不自由になる **～se** 動 再 判断力を失う; (de: に)目がくらむ

ce-'ga-to, -ta [せ.'ガ.ト, タ] 形 名 男 女 《話》近視の(人)

ce-ge-si-'mal [せ.へ.スィ.'マル] 形 CGS 単位系の《centímetro, gramo, segundo》

ce-'gué, -gue(~) 動 《直点1単, 接現》⬆cegar

ce-gue-'dad 名 女 ⇩ ceguera

ce-'gue-ra [せ.'ゲ.ら] 名 女 盲目; 無分別

'cei-ba ['せイ.バ] 名 女 〘植〙カポックノキ, パンヤノキ《熱帯産》

'Cei-ba ['せイ.バ] 名 固 [La ～]〘地名〙ラ・セイバ《ホンジュラス北部の港湾都市》

Cei-'lán [せイ.'ラン] 名 固 〘歴〙〘地名〙(旧)セイロン《スリランカ Sri Lanka の旧称》

cei-la-'nés, -'ne-sa [せイ.ラ.'ネス, 'ネ.サ] 形 名 男 女 〘歴〙〘地名〙(旧)セイロン(人)の, セイロン人⬆Ceilán; ⇩ esrilanqués

*'**ce+ja** ['せ.は] 93% 名 女 〘体〙まゆ(毛); (物の)突き出た部分, 出っ張り; (本の)縁(ち); 〘楽〙(ギターなどの)カポタスト《指板の上を移動する上駒》; 〘楽〙セハ《ギターなどで左人差し指で同一フレットの数本の弦を同時に押さえる動作》 ***arquear* [*enarcar*] *las* ～*s*** まゆをつり上げる《驚きの表情》 ***estar hasta las* ～*s*** 《話》(de: で)うんざりする ***fruncir las* ～*s*** まゆをひそめる《困惑・不機嫌の表情》 ***llevar* [*tener, meterse*] *entre* ～ *y* ～** 《話》〈考えが〉頭にこびりついて離れない, 固執する ***quemarse las* ～*s*** 《話》猛勉強する

ce-'jar [せ.'はる] 動 自 [否定文で] (en: を)断念しない, 譲らない; 後ずさりする

ce-ji-'jun-to, -ta [せ.ひ.'ふン.ト, タ] 形 名 男 女 不機嫌な(人), まゆが寄った(人), しかめ面をした(人)

ce-'ji-lla [せ.'ひ.ジャ] 名 女 〘楽〙カポタスト《ギターなどの指板の上を移動する上駒》

ce-'ju-do, -da [せ.'ふ.ド, ダ] 形 まゆが濃い

ce-la-'can-to [せ.ラ.'カン.ト] 名 男 〘魚〙シーラカンス

ce-'la-da [せ.'ラ.ダ] 名 女 〘歴〙〘軍〙(昔の)面つきかぶと, 鉄かぶと; わな, 落し穴; 〘軍〙待ち伏せ

ce-la-'dor, -'do-ra [せ.ラ.'ドる, 'ド.ら] 形 見張りの 名 男 女 見張り人, 監視人

ce-'la-je [せ.'ラ.へ] 名 男 《詩》〘気〙さまざまな色に染まった雲, 薄雲; 〘建〙天窓, 明かり採り; 前兆, 予感

ce-'lar [せ.'ラる] 動 他 監督する, 管理する; 隠す 動 自 (por, sobre: を)監視する, 見張る

*'**cel-da** ['せル.ダ] 92% 名 女 (刑務所の)独房; 仕置き部屋; 〘建〙小部屋; 〘建〙〘宗〙(修道院の)独居室, 僧房; 〘昆〙蜂の巣の穴

cel-'di-lla [せル.'ディ.ジャ] 名 女 〘昆〙ハチ[蜂]の巣の穴; 〘建〙壁龕(へきがん); 〘植〙細胞

ce-le-'bé-rrimo, -ma [最上級] 《格》⬇celebre

'Cé-le-bes ['せ.レ.ベス] 名 固 [isla de ～]〘地名〙セレベス島, スラウェシ島《インドネシアの島》

⁑**ce-le-bra-'ción** [せ.レ.ブら.'すぃオン] 90% 名 女 祝賀, 祝典, 儀式; (会の)開催

ce-le-'bra-do, -da [せ.レ.'ブら.ド, ダ] 形 有名な, 人気のある

ce-le-'bran-te [せ.レ.'ブらン.テ] 名 男 〘宗〙ミサ司式司祭

⁑**ce-le-'brar** [せ.レ.'ブらる] 75% 動 他 (式を挙げて)〈物事を〉祝う, 〈儀式・祝典を〉行う, 催す, 〈に〉祝いの言葉を言う; たたえる, ほめる, 称賛する; 〈会議を〉開く, 〈試合などを〉行う; 喜ぶ, うれしく思う; 〘宗〙«司祭が»〈ミサを〉行う 動 自 〘宗〙«司祭が»ミサを行う **～se** 動 再 «会議・祭り・儀式が»行われる, 開催される

*'**cé-le-bre** ['せ.レ.ブれ] 91% 形 有名な, 名高い; 《話》おもしろい, おかしな, 滑稽な

ce-le-bri-'dad [せ.レ.ブり.'ダド] 名 女 名士, 有名人; 名声, 令名

ce-le-'mín [せ.レ.'ミン] 名 男 セレミン《容積の単位, 約 4.6 リットル》; 〘歴〙セレミン《面積の単位, 約 537 平方メートル》

ce-len-'té-re+o [せ.レン.'テ.れ.オ] 名 男 〘動〙腔腸(こうちょう)動物《クラゲなど》

ce-'le-que [せ.'レ.ケ] 名 男 《(中米)》〘食〙熟していない果物

ce-le-ri-'dad [せ.レ.り.'ダド] 名 女 敏速, 急速, 敏捷(びんしょう) ***con* ～** 急速に, 急いで

ce-'les-te [せ.'レス.テ] 形 空の, 天の; 空色の 名 男 空色 ***C～ Imperio*** 〘歴〙(昔の)中国

ce-les-'tial [せ.レス.'ティアル] 形 天の, 空の; 天来の, 絶妙な; 《話》大ばかな

ce-les-'ti-na [せ.レス.'ティ.ナ] 名 女 恋の取り持ちをする老婆 **la C～** 名 固 〘架空〙セレスティーナ《フェルナンド・デ・ロハス Fernando de Rojas 作の『カリストとメリベーアの悲喜劇』(1499)の登場人物》

ce-les-ti-'nes-co, -ca [せ.レス.ティ.'ネス.コ, カ] 形 〘文〙セレスティーナの[らしい]⬆celestina, la C～

'Ce-lia ['せ.リア] 名 固 〘女性名〙セリア

C

ce-'lí-a-co, -ca⇦-'**lia-** [せ.'リ.ア.コ, カ⇦.'リア.] 形〔体〕腹腔の;〔医〕セリアック病の, 脂肪便症の 名 男 女〔医〕セリアック病患者

ce-li-'ba-to [せ.リ.'バ.ト] 名 男 独身(生活)

'cé-li-be ['せ.リ.ベ] 形 名 共 独身生活者(の)

ce-'lin-da [せ.'リン.ダ] 名 女〔植〕バイカウツギ

ce-'llis-ca [せ.'ジス.カ] 名 女〔気〕雨雪まじりの嵐

*'**ce+lo** ['せ.ロ] 91% 名 男〔複〕嫉妬, ねたみ; 熱心, 熱中; (動物の)発情期, さかり *dar ~s* (a: に)嫉妬心を起こさせる *estar en ~* 《動物が》さかりがついている

ce-lo-'fán [せ.ロ.'ファン] 名 男《商標》セロハン

ce-lo-'sí+a [せ.ロ.'スィ.ア] 名 女 格子窓; 組格子

***ce-'lo-so, -sa** [せ.'ロ.ソ, サ] 92% 形 嫉妬深い, ねたんでいる, (de: に)嫉妬する; (de, en: に)熱心な; 油断[抜け目]ない, (de: を)失うまいと用心する, 気を配る **-samente** 副 熱心に; 嫉妬して

ce-lo-'ti-pia [せ.ロ.'ティ.ピア] 名 女《格》ねたみ, そねみ, やきもち

'**Cel-sius** ['せル.スィウス] 名 固〔物〕摂氏(せっし)

'**cel-ta** ['せル.タ] 形〔歴〕ケルト(族)の, ケルト文化の 名 共 ケルト人;〔歴〕〔言〕ケルト語の 名 男〔歴〕〔言〕ケルト語

cel-ti-'bé-ri-co, -ca 形 ⇩ celtíbero

cel-'tí-be-ro, -ra⇦**-ti-'be-ro, -ra** [せル.'ティ.ベ.ろ, .ティ.'ベ.ろ] 形〔歴〕古代ケルト・イベリアの 名 男 女〔歴〕古代ケルト・イベリア人

'**cél-ti-co, -ca** 形 ⇧ celta

'cé-lu-la** ['せ.ル.ラ] 81% 名 女〔生〕細胞; (共産党・ゲリラなどの組織の)細胞, 支部;〔電〕電池

ce-lu-'lar [せ.ル.'ラる] 形〔生〕細胞の; 独房の 名 男《ラ米》携帯電話

ce-lu-'li-tis [せ.ル.'リ.ティス] 名 女〔単複同〕〔医〕蜂巣炎(ほうそうえん)

ce-lu-'loi-de [せ.ル.'ロイ.デ] 名 男《商標》セルロイド;〔映〕フィルム, 映画; 映画界

ce-lu-'lo-so, -sa [せ.ル.'ロ.ソ, サ] 形 細胞質[状]の **-sa** 名 女〔化〕セルロース, 繊維素

ce-men-'tar [せ.メン.'タる] 動 他〔技〕〈鋼鉄などに〉表面硬化を施す

***ce-men-'te-rio** [せ.メン.'テ.りオ] 91% 名 男 (共同)墓地, 墓場; 廃棄物置き場;《ラ米》接着剤

***ce-'men-to** [せ.'メン.ト] 93% 名 男〔建〕セメント, コンクリート, 接合材;〔医〕(歯科の)セメント *cara de ~ armado*《話》鉄面皮, 恥知らず, 厚顔無恥

Cem-po+'a-la [せン.ポ.'ア.ラ] 名 固〔地名〕センポアラ《メキシコ, ベラクルス州 Veracruz の遺跡》

'ce+na** ['せ.ナ] 88% 名 女 夕食, 晩ごはん; 晩餐(ばんさん)会, ディナー

ce-'na-cho [せ.'ナ.チョ] 名 男 かご, バスケット

ce-'ná+cu-lo [せ.'ナ.ク.ロ] 名 男 同好会, サロン, 親睦会; [C~]〔聖〕キリストとその使徒が最後の晩餐をとった部屋

ce-na-'dor, -'do-ra [せ.ナ.'ドる, 'ド.ら] 名 男 女〔食〕夕食をとる人 名 男〔建〕あずまや, 園亭

ce-na-'gal [せ.ナ.'ガル] 名 男〔地〕ぬかるみ, 泥地, 泥沼, じめじめした土地;《話》苦境, 窮地

ce-na-'go-so, -sa [せ.ナ.'ゴ.ソ, サ] 形〔地〕ぬかるんだ, じめじめした

ce-'nar [せ.'ナる] 84% 動 自〔食〕夕食をとる, 晩餐(ばんさん)をする 動 他〔食〕夕食に食べる

ce-'na-ta [せ.'ナ.タ] 名 女《話》〔食〕豪華な夕食;〔食〕夕食会

cen-'ce-ño, -ña [せン.'せ.ニョ, ニャ] 形〔体〕〔動〕〔植〕《人・動物・植物が》ほっそりした, 細長い

cen-ce-'rra-da [せン.せ.'ら.ダ] 名 女 鈴の鐘, 鈴などではやしたてること

cen-'ce-rro [せン.'せ.ろ] 名 男〔畜〕(牛などにつける)鈴, カウベル *a ~s tapados* こそこそと, 秘密に *estar como un ~*〔笑〕正気の沙汰ではない

cen-ci-'bel [せン.すぃ.'ベル] 名 男〔植〕センシベル《ラ・マンチャ地方産のブドウの品種》

cen-'ci-do, -da [せン.'すぃ.ド, ダ] 形《草地・土地が》人跡未踏の

cen-'dal [せン.'ダル] 名 男〔衣〕薄絹地;〔衣〕ベール, かぶり物;〔宗〕〔衣〕僧侶の肩衣(かたぎぬ);〔海〕ムーア人の 3 本マスト帆船

ce-'ne-fa [せ.'ネ.ファ] 名 女 (じゅうたん・タオルなどの)縁飾り;〔建〕フリーズ, 小壁

ce-nes-'te-sia [せ.ネス.'テ.スィア] 名 女〔心理的な〕体感;〔医〕一般感覚

***ce-ni-'ce-ro** [せ.ニ.'せ.ろ] 94% 名 男 灰皿; (かまどの)灰受け

ce-ni-'cien-to, -ta [せ.ニ.'すぃエン.ト, タ] 形 灰色の **Cenicienta~** 名 女〔架空〕シンデレラ姫《いじめられたまま子が王妃になった童話の主人公》

ce-'nit⇦'**cé-** [せ.'ニト⇦'せ.ニト] 名 男〔複 -nits〕〔天〕天頂; (名声・栄光などの)頂点, 絶頂

ce-'ni-ta〔縮小語〕⬆cena

ce-ni-'tal [せ.ニ.'タル] 形〔天〕天頂の; 頂点の, 絶頂の *luz* ～〔建〕天窓からの光

***ce-'ni-za** [せ.'ニ.さ] 92% 名 女 灰, 燃え殻;〔複〕遺骨; 灰色 *Miércoles de C*～〔宗〕灰の水曜日, 大斎始日《四旬節 Cuaresma の第 1 日》

C

ce-ni-'zal [せ.ニ.'さル] 名 男 灰皿; 灰の集積地

ce-'ni-zo, -za [せ.'ニ.そ, さ] 形 灰色の; 《話》縁起の悪い 名 男《話》不運, 縁起が悪いこと;《話》縁起の悪い人

ce-'no-bio [せ.'ノ.ビオ] 名 男〔宗〕修道院

ce-no-'bi-ta [せ.ノ.'ビ.タ] 名 共〔宗〕共住修道者

ce-no-'ta-fio [せ.ノ.'タ.フィオ] 名 男《格》慰霊塔[碑]

ce-'no-te [せ.'ノ.テ] 名 男《ﾒｷｼｺ》セノーテ《ユカタン Yucatán 半島に多い深い天然井戸・泉; かつてマヤ Maya 族がいけにえを捧げた》

cen-'sar [せン.'サる] 動 自 人口を調査する, 国勢調査を行う

*'**cen-so** ['せン.ソ] 91% 名 男 人口調査, 国勢調査;〔集合〕選挙民; 地代, 借地料;〔法〕税;〔歴〕〔法〕(古代ローマの)人頭税;《話》負担, 面倒

cen-'sor, -'so-ra [せン.'ソる, 'ソ.ら] 名 男 女 (出版物などの)検閲官; 批評[非難]者;〔歴〕(古代ローマの)監察官《戸口調査・風紀取り締まりなどを行った》

***cen-'su-ra** [せン.'ス.ら] 92% 名 女 検閲; 非難, 叱責(しっせき), とがめ

cen-su-'ra-ble [せン.ス.'ら.ブレ] 形 非難されるべき, とがめられる

cen-su-'rar [せン.ス.'らる] 動 他 検閲する; 非難する, 酷評する, とがめる

cent., cts. 略 ↓centavo, -vos; ↓centésimo, -mos

cént., cts. 略 ↓céntimo, -mos

Cen-'tau-ro [せン.'タウ.ろ] 名 固〔ギ神〕ケンタウロス《上半身が人間, 下半身が馬の怪物》;〔天〕ケンタウロス座《南半球の星座》

***cen-'ta-vo** [せン.'タ.ボ] 93% 名 男〔経〕センターボ《中南米諸国・フィリピンの通貨; 1 ペソ peso の 100 分の 1》;〔否定文で〕《話》一銭も, びた一文も(…ない); セント《1 ドル dólar の 100 分の 1》; **100 分の 1** ～, -va 形《分数詞》**100 分の 1 の**

cen-'te-lla [せン.'テ.ジャ] 名 女 閃光(せんこう), 稲妻, 稲光; 電気火花, スパーク, 発火

cen-te-'llar 動 自 ⇩ centellear

cen-te-lle+'an-te [せン.テ.ジェ.'アン.テ] 形 火花を出す, 光る

cen-te-lle+'ar [せン.テ.ジェ.'アる] 動 自 火花を出す, 光る

cen-'te+na [せン.'テ.ナ#] 名 女 **100 個のまとまり**

cen-te-'na-da [せン.テ.'ナ.ダ] 名 女 **100 個のまとまり** *a* ～*s* 何百も

cen-te-'nal [せン.テ.'ナル] 名 男〔農〕ライムギ畑

***cen-te-'nar** [せン.テ.'ナる] 92% 名 男 **100 個のまとまり**; 百年祭 名 男〔農〕ライ麦畑

***cen-te-'na-rio, -ria** [せン.テ.'ナ.りオ, りア] 93% 形 **100 歳の**, 100 の, 100 ずつの 名 男 女 **100 歳(以上)の人** 名 男 百年祭, 100 年間

cen-'te+no [せン.'テ.ノ#] 名 男〔植〕ライ麦

cen-te-si-'mal [せン.テ.スィ.'マル] 形 **100 分の 1 の**

cen-'té-si-mo, -ma [せン.'テ.スィ.モ, マ] 形 名 男 女《序数》第 **100** 番目の(人・物); **100 分の 1**(の);〔経〕センテシモ《ウルグアイ Uruguay とパナマ Panamá の通貨》

cen-ti~〔接頭辞〕〔数〕「10 の −2 乗」を示す

***cen-'tí-gra-do, -da** [せン.'ティ.グら.ド, ダ] 94% 形《気温が》摂氏の

cen-ti-'gra-mo [せン.ティ.'グら.モ] 名 男 センチグラム《100 分の 1 グラム》

cen-ti-'li-tro [せン.ティ.'リ.トろ] 名 男 センチリットル《100 分の 1 リットル》

***cen-'tí-me-tro** [せン.'ティ.メ.トろ] 91% 名 男 センチメートル

*'**cén-ti-mo, -ma** 94% 形 **100 分の 1 の** 名 男 センチモ《1 ユーロの 100 分の 1》;〔否定文で〕一銭も, びた一文も(…ない)

cen-ti-'ne-la [せン.ティ.'ネ.ラ] 名 男〔軍〕歩哨(ほしょう), 哨兵 名 共 観察者, 見張り人

cen-'to-la 名 女 ⇩ centollo

cen-'to-lla 名 女 ⇩ centollo

cen-'to-llo [せン.'ト.ジョ] 名 男〔動〕ケアシガニ

cen-'tón [せン.'トン] 名 男〔衣〕パッチワークキルト;〔文〕寄せ集めの詩文

cen-'tra-do, -da [せン.'トら.ド, ダ] 形 中心にある; 分別がある, 良識がある

****cen-'tral** [せン.'トらル] 77% 形 名 共 中心の, 中央の; 中心となる, 主要な;〔音〕中舌の 名 女 本社, 本店, 本局; 発電所; 工場, プラント;〔電〕配電盤, 分電盤, 交換機; (電話)交換台 名 男《ｶﾘﾌﾞ》砂糖工場;〔競〕〔サッカーなど〕センターバック

Cen-'tral [せン.'トらル] 名 固〔地名〕セントラル《パラグアイ南部の県》

cen-tra-'lis-mo [せン.トら.'リス.モ] 名 男〔政〕中央集権主義

cen-tra-'lis-ta [せン.トら.'リス.タ] 形

[名] [共]〖政〗中央集権主義の[主義者]

cen-tra-'li-ta [せン.トら.'リ.タ] [名] [女] 電話交換台[交換機]

cen-tra-li-za-'ción [せン.トら.リ.さ.'すぃオン] [名] [女]〖政〗中央集権化; (中央)集中化

cen-tra-li-za-'dor, -'do-ra [せン.トら.リ.さ.'ドる, 'ド.ら] [形]〖政〗中央集権(主義)の [名] [男] [女] 中央集権主義者

cen-tra-li-'zar [せン.トら.リ.'さる] [動] [他] 34 (z|c) 中心に集める, 集中化する;〖政〗中央集権制にする **～se** [動] [再] 一点に集まる;〖政〗中央集権制になる

cen-'trar [せン.'トらる] 87% [動] [他] (en: に)集中させる, 中心に集める, 中心におく; 〈の〉焦点を(en: に)合わせる; 〈気持ちなどを〉集中させる; 〈銃の〉照準を合わせる;〖競〗〔サッカーなど〕〈ボールを〉センタリングする, センターにパスする [動] [自]〖競〗〔サッカーなど〕センタリングする **～se** [動] [再] (en: に)集まる, 集中する; 慣れる, 一人立ちする

*'**cén-tri-co, -ca** ['せン.トリ.コ, カ] 91% [形] 中心の, 中央の, 中部の

cen-tri-fu-ga-'do-ra [せン.トり.フ.ガ.'ド.ら] [名] [女]〖機〗遠心分離装置

cen-tri-fu-'gar [せン.トり.フ.'ガる] [動] [他] 41 (g|gu)〖技〗〈に〉遠心力を作用させる, 遠心分離する

cen-'trí-fu-go, -ga [せン.'トり.フ.ゴ, ガ] [形] 遠心性の, 中心を離れようとする

cen-'trí-pe-to, -ta [せン.'トり.ペ.ト, タ] [形] 求心性の, 中心に集まろうとする

cen-'tris-ta [せン.'トりス.タ] [形] [名] [共]〖政〗中道(派)の(人)

*'**cen-tro** ['せン.トろ] 71% [名] [男] 中心, 中央, 真ん中; 施設, センター, 研究所; (活動の)中心地, …地; 繁華街, 都心, 町の中心; (興味などの)中心, (事件の)核心, 中心人物;〔複〕…界, …社会, (活動の)範囲;〖競〗〔球技〕中堅, センター;〖競〗センタリング;〖政〗中道(派);〖体〗中枢;《メキシコ》《中米》〖衣〗上着とズボンのセット **～ *de mesa*** テーブルセンター 《テーブルの真ん中に置く装飾》 ***estar en su ～*** 得意の領域にある

cen-tro-a-fri-'ca-no, -na [せン.トろ.ア.フり.'カ.ノ, ナ] [形]〖地名〗中央アフリカ(人)の [名] [男] [女] 中央アフリカ人 ⇩ República Centroafricana]

*'**Cen-tro-a-'mé-ri-ca** [せン.トろ.ア.'メ.り.カ] 92% [名] [固]〖地名〗中央アメリカ, 中米《北米大陸のうちグアテマラ以南の地域》

*'**cen-tro-a-me-ri-'ca-no, -na** [せン.トろ.ア.メ.り.'カ.ノ, ナ] 92% [形] [名] [男] [女]〖地名〗中央アメリカの(人), 中米の(人) ⬆Centroamérica

cen-tro-a-'siá-ti-co, -ca [せン.トろ.ア.'スィア.ティ.コ, カ] [形] [名] [男] [女]〖地名〗中央アジアの(人)

cen-tro-cam-'pis-mo [せン.トろ.カン.'ピス.モ] [名] [男]〖競〗〔サッカーなど〕ミッドフィールダーの動き, ミッドフィールドの攻防

cen-tro-cam-'pis-ta [せン.トろ.カン.'ピス.タ] [名] [共]〖競〗〔サッカーなど〕ミッドフィールダー

Cen-tro-eu-'ro-pa [せン.トろ.エウ.'ろ.パ] [名] [固]〖地名〗中央ヨーロッパ, 中欧

cen-tro-eu-ro-'pe-o, -a [せン.トろ.エウ.ろ.'ペ.オ, ア] [形] [名] [男] [女]〖地名〗中央ヨーロッパの(人)

cen-tu-pli-'car [せン.トゥ.プリ.'カる] [動] [他] 69 (c|qu) 100 倍する **～se** [動] [再] 100 倍になる

'**cén-tu-plo, -pla** ['せン.トゥ.プロ, プラ] [形] 100 倍の [名] [男] 100 倍

cen-'tu-ria [せン.'トゥ.りア] [名] [女] 100 年, 1 世紀;〖歴〗(ローマ時代の)百人隊

cen-tu-'rión [せン.トゥ.'りオン] [名] [男]〖歴〗(ローマ時代の)百人隊の隊長

ce-'ñi-do, -da [せ.'ニィ.ド, ダ] [形]〖衣〗«洋服が»ぴったりとした

ce-ñi-'dor [せ.ニィ.'ドる] [名] [男]〖衣〗ベルト, バンド, 帯, 腰帯

*'**ce-'ñir** [せ.'ニィる] 93% [動] [他] 59 (e|i; 〈i〉) 囲む, 巡らす; 帯で締める, 帯状に囲む;〖衣〗«洋服が»ぴったりと締めつける; 縮める, 略する **～se** [動] [再] (a: だけに)する, 限る, 慎む, 控えめにする; 身につける, 帯びる;〖牛〗(a: 牛に)近づく; (a: に)ぴったりつく; (a: に)合わせる, 従う

'**ce-ño** ['せ.ニョ] [名] [男] しかめ面;〖気〗荒れ模様の天候; たが, 金輪

ce-'ñu-do, -da [せ.'ニュ.ド, ダ] [形] しかめ面の

'**ce-pa** ['せ.パ] [名] [女]〖植〗根茎, 株;〖植〗〔特に〕ブドウの木[株]; (柄・尾・柱などの)根; 生まれ, 祖先, 家系 ***de buena ～*** 品質のよい, 家柄のよい ***de pura ～*** 生粋の, 生え抜きの

'**CEPAL** [せ.'パル] [略] =Comisión Económica para la América Latina y el Caribe〖政〗〖経〗(国連)ラテンアメリカ・カリブ経済委員会《1948 年設立》

ce-pe-'ar [せ.ペ.'アる] [動] [他] 〈に〉わなを仕掛ける

ce-pe-'llón [せ.ペ.'ジョン] [名] [男]〖農〗根につけておく土

ce-pi-'lla-do [せ.ピ.'ジャ.ド] [名] [男]《ベネズエラ》〖食〗かき氷

ce-pi-'llar [せ.ピ.'ジャる] [動] [他] 〈に〉ブラシをかける, はけで払う;〖技〗〈に〉かんなをかける, なめらかにする;《俗》〈から〉金を巻き上げる **～se** [動] [再] 〈自分の髪を〉とかす; 〈歯を〉磨く; 〈自分の服に〉ブラシをかける;《話》すばやく

仕上げる;《俗》殺す;《俗》〈と〉寝る

*ce-'pi-llo [せ.'ピ.ジョ] 94% 名 男 ブラシ, はけ;〔技〕かんな; 献金箱, 救貧箱, 慈善箱

'ce+po ['せ.ポ] 名 男 (動物の)わな;〔技〕かすがい, 締め金;〔植〕枝, 太枝;〔技〕(金床の)台;(刑具・拷問用の)さらし台, 手かせ, 足かせ; 献金箱[袋, 皿]

ce-'po-rro [せ.'ポ.ろ] 名 男 ブドウの木の枯れ枝《燃料用》;《話》のろま

ce-'quión [せ.'キオン] 名 男 《アンデス》《チリ》〔建〕大用水路

**'ce+ra ['せ.ら] 90% 名 女 ろう; ろう状のもの, ワックス; 蜜ろう;《話》従順な人, おとなしい人;〔体〕耳あか;〔集合〕ろうそく *sacar la* ~ (ワックスをかけて)磨く

*ce-'rá-mi-co, -ca [せ.'ら.ミ.コ, カ] 93% 形 陶器の -ca 名 女〔集合〕陶磁器(類);〔個別〕陶器; 窯業(ようぎょう)

ce-ra-'mis-ta [せ.ら.'ミス.タ] 名 共 陶工, 陶芸家

cer-ba-'ta-na [せる.バ.'タ.ナ] 名 女〔歴〕〔軍〕吹き矢;〔歴〕らっぱ式補聴器

**'cer-ca ['せる.カ] 75% 副 (de: の)近くに[で, へ];〔~ de〕ほとんど…, 約…; …に介入して, …との間に立って 名 男〔複〕前景 名 女 囲い, 柵;〔軍〕方陣 *de* ~ 近くから, 間近に *estar* ~ *de* ...(不定詞) 今にも…しそうである

cer-'ca-do [せる.'カ.ド] 名 男〔地〕囲い地; 囲い, 柵;《アンデス》〔地〕首都圏

cer-ca-'ní+a [せる.カ.'ニ.ア] 名 女〔複〕近郊, 郊外, 周辺, 近く; 近いこと, 接近

**cer-'ca+no, -na [せる.'カ.ノ, ナ] 87% 形 (a: に)近い, 近くの; 近親の, 親しい; およそ, 近い

cer-'car [せる.'カる] 動 他 69 (c|qu)〔軍〕〈町・要塞を〉包囲する, 包囲して戦う;〔建〕(塀・壁で)囲む, 囲いをする; 取り囲む, 取り巻く

cer-'cén [せる.'セン]〔成句〕 *cortar a* ~ 根元から切る

cer-ce-'nar [せる.せ.'ナる] 動 他 切り離す, 切り払う; 切り取る, 摘み取る; 切り詰める, 縮める, 削減する

'cer-cha ['せる.チャ] 名 女〔技〕曲がり尺《湾曲面を計る物差し》;〔建〕(アーチの)迫(せ)り枠

cer-cio-'rar [せる.すぃオ.'らる] 動 他 確信させる, 請け合う ~se 動 再 (de: を)確かめる

'cer-co ['せる.コ] 名 男〔建〕囲い, 柵, 壁;〔軍〕包囲(戦); 柵をめぐらすこと; 輪, 円陣; 輪状のしみ, 汚れ;〔建〕(戸・窓の)枠組み, 枠;〔天〕日, 月などのかさ, 暈輪(うんりん);〔技〕たが, 金輪;〔技〕(車輪の)枠, リム;《中米》生け垣

'cer-da ['せる.ダ] 名 女 剛毛, 荒毛;〔畜〕馬の毛;〔畜〕雌ブタ[豚];(シャコを捕らえる)わな *ganado de* ~〔畜〕〔集合〕ブタ[豚]

cer-'da-da [せる.'ダ.ダ] 名 女《話》卑劣な行い, きたない手;《話》ちらかし

cer-de+'ar [せる.デ.'アる] 動 自 «機械が»がたつく, 調子が悪い

Cer-'de-ña [せる.'デ.ニャ] 名 固〔地名〕サルデーニャ《イタリア半島の西方, 地中海上のイタリア領の島》

*'cer-do ['せる.ド] 91% 名 男〔動〕ブタ[豚], 雄ブタ;《話》〔軽蔑〕うす汚い人;《話》〔軽蔑〕意地汚い人, 欲深な人

ce-re+'al [せ.れ.'アル] 名 男 穀物, 穀類 形〔集合〕穀物の;〔宗〕ケレス神の

ce-re+a-'lis-ta [せ.れ.ア.'リス.タ] 形 穀物の, 穀物生産の

ce-re-'be-lo [せ.れ.'ベ.ロ] 名 男〔体〕小脳

ce-re-'bral [せ.れ.'ブラル] 形〔医〕〔体〕大脳の, 脳の; 知的な, 頭脳的な

**ce-'re-bro [せ.'れ.ブロ] 90% 名 男〔体〕脳, 頭脳, 知力; 優れた頭脳の持ち主, 知的指導者;〔体〕脳, 大脳 *secarse el* ~《話》頭がおかしくなる *torturarse el* ~《話》知恵を絞る

ce-re-bro-es-pi-'nal [せ.れ.ブろ.エス.ピ.'ナル] 形〔体〕脳脊髄の, 中枢神経の

*ce-re-'mo-nia [せ.れ.'モ.ニア] 91% 名 女 儀式, 式典; 社交上の儀礼, 礼儀; ぎょうぎょうしさ, 堅苦しさ *andarse con* [*hacer*] ~*s* 他人行儀にする, 格式ばる *sin* ~ 格式ばらずに, 気軽に

ce-re-mo-'nial [せ.れ.モ.'ニアル] 形 儀式上の, 格式ばった 名 男 儀典, 礼典; 作法

ce-re-mo-'nio-so, -sa [せ.れ.モ.'ニオ.ソ, サ] 形 形式的な, おごそかな, 礼儀正しい -samente 副 おごそかに, 礼儀正しく, 格式ばって

'cé-re+o, +a ['せ.れ.オ, ア] 形 ろう製の, ろうのような

ce-re-'rí+a [せ.れ.'リ.ア] 名 女〔技〕〔商〕ろうそく店, ろうそく製造所; ろうそくの製造

ce-'re-ro, -ra [せ.'れ.ろ, ら] 名 男 女〔技〕〔商〕ろうそく製造[販売]者

'Ce-res ['せ.れス] 名 固〔天〕セレス, ケレス《小惑星》;〔ロ神〕ケレス《豊作の女神》

ce-'re-za [せ.'れ.さ] 94% 名 女〔植〕サクランボ;《"》〔植〕コーヒー豆の殻, コーヒーの実 ~ *gordal*〔植〕ビガロー ~ *silvestre*〔植〕ハナミズキ

ce-'re-zo [せ.'れ.そ] 名 男〔植〕サクラ[桜]の木

*ce-'ri-lla [せ.'リ.ジャ] 94% 名 女 マッチ; 小さな[細い]ろうそく;〔体〕耳あか;《コロンビア》〔植〕つる植物

ce-ri-'lle-ro, -ra [せ.リ.'ジェ.ろ, ら] 名

男 女〘商〙マッチ売り
ce-'ri-llo [せ.'り.ジョ] 名 男 《ﾒｷｼｺ》マッチ
'ce-rio ['せ.りオ] 名 男〘化〙セリウム《希土類元素》
cer-'ner [せ̣.'ネ̣る] 動 他 51 (e|ie) ふるいにかける; つくづく見る, 観察する ～**se** 動 再《鳥が》空を舞う; おどす,《不幸・災害が》(en, sobre: に)迫る; 腰を振って歩く
cer-'ní-ca-lo [せ̣.'ニ.カ.ロ] 名 男《話》無骨者, 田舎者, 野人;〘鳥〙チョウゲンボウ《欧州産の小型ハヤブサ》 *coger un* ～《話》酔っぱらう
cer-ni-'di-llo [せ̣.ニ.'ディ.ジョ] 名 男〘気〙霧雨; 気取って歩くこと
cer-'nir 動 他 ⇧ cerner
⁑**'ce+ro** ['せ.ろ] 81% 名 男〘数〙零; ゼロの数字; (温度計などの)零度, 零点; 原点; 〔las ～〕(時間の)零時; 無, 皆無, 最下点 形 ゼロの *partir de* ～ ゼロから始める, 初めからやり直す *ser un* ～ *a la izquierda*《話》取るに足りない
ce-'ro-te [せ.'ろ.テ] 名 男 (靴職人用の)ろう;《話》恐怖, 恐れ
cer-'qué, -que(～) 動《直点1単, 接現》⬆cercar
cer-'qui-llo [せ̣.'キ.ジョ] 名 男〘体〙前髪, おさげ髪;〘宗〙(修道士の)剃冠(ていかん);〘衣〙(靴底と甲との)継目皮
cer-'qui-ta〔縮小語〕⬆cerca
⁑**ce-'rra-do, -da** [せ.'ら̃.ド, ダ] 84% 形 閉められた, 閉じた, 囲まれた; 強情な, 頑固な, かたくなな, 非社交的な, 排他的な;《夜・空などが》暗い, 暗闇の;〘体〙《ひげが》濃い;《カーブが》急の; きわだった, 特徴的な, 典型的な;〘音〙閉じた, 閉母音の *a ojos* ～*s* (考えもせずに)めちゃくちゃに, やみくもに; 目隠しして
*__ce-rra-'du-ra__ [せ.ら̃.'ドゥ.ら] 94% 名 女 錠, 錠前; 閉じること
ce-'rra-ja [せ.'ら̃.は] 名 女 錠, 錠前;〘植〙ノゲシ *volverse* [*quedar en*] *agua de* ～*s* 水泡に帰す, むだに終わる
ce-rra-je-'rí+a [せ.ら̃.へ.'り.ア] 名 女〘技〙錠前師の職;〘商〙錠前師の店, 錠前屋
ce-rra-'je-ro, -ra [せ.ら̃.'へ.ろ, ら] 名 男 女〘技〙錠前師
⁑**ce-'rrar** [せ.'ら̃る̣] 79% 動 他 50 (e|ie) 閉じる, 閉じこめる, 閉める, ふさぐ;〈店などを〉閉める,〈事業・営業などを〉やめる,〈工場・通路などを〉閉鎖する; 終わらせる, 締めくくる; 密集させる, 間隔を狭くする 動 自 閉じる, 閉まる, ふさがる;〘商〙《店などが》閉店する, 休業する;《会などが》終わる, 閉会になる;〘軍〙(con: を)攻撃する, 攻める;《夜が》来る, 夜になる ～**se** 動 再 閉じる, しまる, ふさがる, 閉じこもる; (a: を)頑固に拒む; (en: に)固執する, あくまでも通す; 集まる, 密集する;〘気〙《空が》雲で覆われる ～ *con siete llaves*《話》念入りに鍵をかける, 厳重に閉める ～ *el pico*《話》黙る, 口を閉ざす
ce-rra-'zón [せ.ら̃.'そン] 名 女〘気〙暗雲, 雲に覆われた荒れ模様の空; 頑固, 強情
ce-'rre-ro, -ra [せ.'れ̃.ろ, ら] 形 野育ちの, 粗野な;〘地〙山の
ce-'rril [せ.'り̃ル] 形〘地〙《土地が》平らでない, でこぼこした;〘動〙《馬などが》野生の, 飼いならされていない;《話》無骨な, 粗野な
*__'ce-rro__ ['せ.ろ̃] 93% 名 男〘地〙丘, 小山, 丘陵;〘動〙(動物の)背骨 *en* ～〘畜〙裸馬に乗って, 鞍をつけない(で) *irse* [*salir, echar*] *por los* ～*s de Úbeda*《話》わき道にそれる, 本題から外れる
'Ce-rro de 'Pas-co ['せ.ろ̃ デ 'パス.コ] 名 固〘地名〙セロ・デ・パスコ《ペルー中部の都市》
ce-rro-'ja-zo [せ.ろ̃.'は.そ] 名 男 (音をたてて)錠を降ろすこと, 施錠, 戸を閉めること; 中断, 中止
ce-'rro-jo [せ.'ろ̃.ほ] 名 男 かんぬき, 掛け金
'Ce-rro 'Lar-go ['せ.ろ̃ 'ラる̣.ゴ] 名 固〘地名〙セロ・ラルゴ《ウルグアイ北東部の県》
cer-'ta-men [せ̣.'タ.メン] 名 男 コンテスト, コンクール, 競技会, 試合; 競争, 争い
cer-'te-ro, -ra [せ̣.'テ.ろ, ら] 形 的を外さない, 的確な, 精密な; (判断が)正しい, 適切な, 確かな
*__cer-'te-za__ [せ̣.'テ.さ] 92% 名 女 確実性, 確実なこと, 確信; 正確さ
cer-ti-'dum-bre 名 女 ⇧ certeza
cer-ti-fi-'ca-ble [せ̣.ティ.フィ.'カ.ブレ] 形 保証できる, 証明できる
cer-ti-fi-ca-'ción [せ̣.ティ.フィ.カ.'すぃオン] 名 女 証明, 検定, 認定; 証明書; 書留
*__cer-ti-fi-'ca-do__ [せ̣.ティ.フィ.'カ.ド] 92% 名 男 証明書, 認可書; 書留郵便
*__cer-ti-fi-'car__ [せ̣.ティ.フィ.'カる̣] 94% 動 他 69 (c|qu) 証明する, 保証する;〈郵便物を〉書留にする
cer-ti-'fi-'qué, -que(～) 動《直点1単, 接現》⬆certificar
ce-'rú-le+o, +a [せ.'る.レ.オ, ア] 形《格》紺青(こんじょう)の, 紺碧(こんぺき)の
ce-'ru-men [せ.'る.メン] 名 男〘体〙耳あか
cer-'val [せ̣.'バル] 形〘動〙シカ[鹿]の *miedo* ～ 驚愕, ひどく恐れること
cer-van-'tes-co, -ca 形 ⇩ cervantino
cer-van-'ti+no, -na [せ̣.バン.'ティ.

ノ, ナ] 形 〖文〗 セルバンテスの[ような] 《Miguel de Cervantes Saavedra, 1547-1616, スペインの小説家・劇作家》

cer-van-'tis-mo [せる.バン.'ティス.モ] 名 男 〖文〗 セルバンテス研究

cer-van-'tis-ta [せる.バン.'ティス.タ] 名 共 〖文〗 セルバンテスの研究者

cer-'va-to [せる.'バ.ト] 名 男 〖動〗 子ジカ[鹿]

***cer-ve-ce-'rí+a** [せる.べ.せ.'り.ア] 94% 名 女 〖飲〗 ビヤホール; ビール工場

cer-ve-'ce-ro, -ra [せる.べ.'せ.ろ, ら] 形 名 男 女 〖飲〗 ビールの; 〖商〗 ビヤホールの(主人); ビール好き(の)

cer-ve-'ci-ta 〔縮小語〕 ⬇cerveza

***cer-'ve-za** [せる.'べ.さ] 91% 名 女 〖飲〗 ビール

cer-vi-'cal [せる.ビ.'カル] 形 〖体〗 頸部(けいぶ)の

'cér-vi-do, -da ['せる.ビ.ド, ダ] 形 〖動〗 シカ[鹿]科の 名 男 〔複〕 〖動〗 シカ[鹿]科の動物

Cer-'vi+no [せる.'ビ.ノ] 名 固 〔monte ~〕 〖地名〗 マッターホルン, モンテ・チェルビーノ 《スイスとイタリアの国境にある高峰, 4478 m》

cer-'viz [せる.'ビす] 名 女 〖体〗 首, 頸部(けいぶ) ***bajar [doblar] la ~*** 服従する ***levantar la ~*** えらそうにする, 思い上がる ***ser de dura ~*** 頑固者である

cer-'vu+no, -na [せる.'ブ.ノ, ナ] 形 シカ[鹿]の, シカ革の

ce-sa-'ción 名 女 ⇩cese

ce-'san-te [せ.'サン.テ] 形 免職になった, 解雇された; 仕事のない, 失業した, 休職中の 名 共 休職者, 失業者

ce-san-'tí+a [せ.サン.'ティ.ア] 名 女 失業, 休職, 失業状態; (休職中の)臨時手当

‡**ce-'sar** [せ.'サる] 87% 動 自 やむ, 止まる, 終わる; (de 不定詞: …を)やめる, 終える; 退く, 去る, (en: を)退職する 動 他 解雇する, 解任する; やめる, 止める, 停止する

'cé-sar ['せ.サる] 名 男 〖政〗 皇帝 **C~** 名 固 〖男性名〗 セサル; 〖地名〗 セサル 《コロンビア北部の県》

ce-'sá-re+o, +a [せ.'サ.れ.オ, ア] 形 〖医〗 帝王切開の; カエサルの, シーザーの 《ガイユス・ユリウス・カエサル Cayo Julio César: 前102頃-44, ローマの政治家》 +a 名 女 〖医〗 帝王切開手術

ce-sa-'ris-mo [せ.サ.'りス.モ] 名 男 〖政〗 専制政治, 独裁制

***'ce+se** ['せ.セ] 93% 名 男 停止, 休止; 給与の支給停止, 解雇通知

'ce-sio ['せ.スィオ] 名 男 〖化〗 セシウム 《アルカリ金属元素》

ce-'sión [せ.'スィオン] 名 女 (領土の)割譲, (権利の)譲渡, (財産などの)譲与; 〖法〗 譲渡; 〖競〗 〔サッカーなど〕 レンタル移籍

***'cés-ped** 93% 名 男 芝生(しば), 芝地; 《スペイン》 〖植〗 シバ[芝]

‡**'ces-ta** ['せス.タ] 86% 名 女 かご, バスケット; 〖競〗 〔ハイアライ〕 セスタ 《ボールを受け, 投げるバスケット》; 〖競〗 〔バスケットボール〕 バスケット ***hacer la ~*** 《話》 食料品の買物をする

ces-te-'rí+a [せス.テ.'り.ア] 名 女 〖技〗 〖商〗 かご細工工場; かご販売店; 〔集合〕 かご細工

***'ces-to** ['せス.ト] 92% 名 男 (取っ手がない)かご; 〖競〗 〔バスケットボール〕 バスケット, シュート

ce-'su-ra [せ.'ス.ら] 名 女 〖文〗 行間休止

'ce+ta ['せ.タ] 名 女 《誤用》 ⇩zeta

ce-'tá-ce+o, +a [せ.'タ.せ.オ, ア] 形 〖動〗 クジラ類の 名 男 〖動〗 クジラ類の動物

ce-tre-'rí+a [せ.トれ.'り.ア] 名 女 〖畜〗 タカの訓練法; 鷹(たか)狩り

ce-'tre-ro, -ra [せ.'トれ.ろ, ら] 名 男 女 〖畜〗 鷹匠(たかじょう), タカ使い

ce-'tri+no, -na [せ.'トり.ノ, ナ] 形 黄ばんだ, レモン色の; 憂鬱な, 陰気な, もの悲しい

'ce-tro ['せ.トろ] 名 男 〖政〗 (帝王の)笏(しゃく); 〖政〗 主権, 統治権; 権力, 力, 支配 ***empuñar el ~*** 支配[統治]する

'ceug-ma ['せウグ.マ] 名 女 〖修〗 くびき語法 《繰り返される語句の省略》

'Ceu-ta ['せウ.タ] 名 固 〖地名〗 セウタ 《スペイン領, アフリカ北西端の自治都市》

ceu-'tí [せウ.'ティ] 形 名 共 〔複 -tíes⇦-tís〕 〖地名〗 セウタの(人) ⬆Ceuta

ce-'vi-che 名 男 ⇧cebiche

cf.; cfr. 略 =〔ラテン語〕 *confer* …を参照せよ

C. F. 略 =capital federal 州都; club de fútbol 〖競〗 サッカークラブ

c. f. s. 略 ⬇coste, flete y seguro

cg; cgr 略 ⬆centigramo

cgo. 略 ⬆cargo

CGS 略 =centímetro-gramo-segundo CGS 単位系 《センチメートル, グラム, 秒を単位とする; ⬆cegesimal》

CGT 略 =Confederación General de Trabajadores 〖政〗 労働者総連合 《1977年に結成されたスペインの労働組合》

ch. 略 ⬇cheque

***Ch, ch** 94% 名 女 チェ 《スペイン語の旧文字名》

cha-ba-ca-'na-da 名 女 ⇩chabacanería

cha-ba-ca-ne-'rí+a [チャ.バ.カ.ネ.'り.ア] 名 女 悪趣味, 卑俗さ

cha-ba-'ca+no, -na 形 下品な, 下

卑た;〔言〕チャバカノ語の 名 男〔言〕チャバカノ語《フィリピンのスペイン語と現地の諸言語が混交したクレオール語》;〔植〕モモ[桃]の一種

cha-'bo-la [チャ.'ボ.ラ] 名 女《スペイン》〔建〕小屋, あばら屋, バラック;〔複〕スラム街, 貧困地区

cha-bo-'lis-mo [チャ.ボ.'リス.モ] 名 男《スペイン》〔集合〕スラム街, 貧困地区

cha-bo-'lis-ta [チャ.ボ.'リス.タ] 名 共《スペイン》〔集合〕スラム街[貧困地区]の住人

cha-'cal [チャ.'カル] 名 男〔動〕ジャッカル

'chá-ca-ra ['チャ.カ.ら] 名 女《コロンビア》小銭入れ

cha-ca-'ri-ta [チャ.カ.'り.タ] 名 女《ラプラタ》墓地, 墓場

'cha-cha 名 女《児》子守り女

cha-cha-'chá 名 男〔複 -chás〕〔楽〕チャチャチャ《キューバの早いリズムの舞踊曲》

cha-cha-la-'que-ro, -ra [チャ.チャ.ラ.'ケ.ろ, ら] 形 名 男 女《メキシコ》《話》おしゃべりな(人), 話好きな(人)

Cha-cha-'po-yas 名 固〔地名〕チャチャポージャス《ペルー北部の都市》

'chá-cha-ra ['チャ.チャ.ら] 名 女《話》おしゃべり, むだ話

cha-'ci-na [チャ.'すぃ.ナ] 名 女〔食〕塩漬け肉, ソーセージ

cha-ci-ne-'rí+a [チャ.すぃ.ネ.'り.ア] 名 女〔商〕塩漬け肉の店, ソーセージ店

'Chac 'Mool ['チャク モ.'オル] 名 固 チャック・モール《トルテカ人・マヤ人の雨の神》

'cha-co 名 男《ベネズエラ》〔植〕サツマイモ

'Cha-co 名 固〔地名〕チャコ《アルゼンチン北部の州》;〔Gran ~〕〔地名〕グラン・チャコ《ボリビア・パラグアイ・アルゼンチンにわたる乾燥地帯》

cha-co-'lí [チャ.コ.'リ] 名 男〔複 -líes⇔-lís〕《スペイン》〔飲〕チャコリ《スペイン北部産のワイン》;《チリ》〔飲〕チャコリ《出来たての甘いワイン》

cha-co-'lín [チャ.コ.'リン] 名 男《中米》〔動〕エビ

cha-co-lo-te+'ar [チャ.コ.ロ.テ.'アる] 動 自〔畜〕《馬の蹄鉄が》(ゆるんで)カツカツ音をたてる

cha-'cón 名 男《アンデス》(先住民の)長

cha-'co-na 名 女〔楽〕チャコーナ, シャコンヌ《16–17 世紀スペインの舞踊》

cha-'co-ta 名 女 ひやかし, 冗談, からかい; 大騒ぎ;《チリ》《ラプラタ》《話》パーティー ***echar a*** ~《話》ひやかす ***tomar a*** ~《話》冗談ととる

cha-co-te+'ar(-se) [チャ.コ.テ.'アる(.セ)] 動 自 (再) からかう, おちょくる

'cha-cra ['チャ.クら] 名 女《ラ米》〔農〕小さな農場, 野菜畑

cha-'cua-co 名 男《ラ米》溶鉱炉;《メキシコ》〔建〕煙突, ダクト

'Chad 名 固〔(el) ~〕〔República del ~〕〔地名〕チャド《アフリカ中北部の共和国》

cha-'dia+no, -na 形〔地名〕チャド(人)の 名 男 女 チャド人 ↑Chad

cha-fa-'llar [チャ.ファ.'ジャる] 動 他《話》へたに繕う, 〈に〉へたな修理をする

cha-'fa-llo [チャ.'ファ.ジョ] 名 男《話》へたな修理, 繕い

cha-'far [チャ.'ファる] 動 他《話》〈提案・計画を〉つぶす, だいなしにする; 平らにする, つぶす, ぺちゃんこにする, しわくちゃにする, もみくしゃにする;《話》やりこめる ~**se** 動 再 ぺちゃんこになる, つぶれる

cha-fa-rri-'nón [チャ.ファ.り.'ノン] 名 男 よごれ, 汚点

cha-'flán [チャ.'フラン] 名 男 (角をそいだ)斜断面, 面取り;〔建〕建物の角を切り取った平面

'Cha-go 名 固 =Santiago de Chile

'chai-ra ['チャイ.ら] 名 女〔技〕靴直し用ナイフ;〔技〕鋼砥(はがね)と), ナイフとぎ

cha-'jal [チャ.'はル] 名 共《アンデス》家政婦, 召使い

*'**chal** ['チャル] 94% 名 男〔衣〕肩掛け, ショール

'cha-la ['チャ.ラ] 名 女《アンデス》《チリ》《ラプラタ》トウモロコシの皮[芯];〔複〕《チリ》サンダル

cha-'la-do, -da [チャ.'ラ.ド, ダ] 形《話》(por: に)熱狂した, 夢中の; 狂喜した

cha-la-'du-ra [チャ.ラ.'ドゥ.ら] 名 女 突飛なこと; 熱狂, 夢中, 恋

cha-'lán, -'la-na [チャ.'ラン, 'ラ.ナ] 名 男 女〔商〕馬商人, 博労(ばくろう);《話》口先のうまい人, ずるい人, 詐欺師;《コロンビア》上手な騎手 名 男〔複〕《メキシコ》〔衣〕靴 **-lana** 名 女〔海〕平底船, はしけ

cha-la-ne+'ar [チャ.ラ.ネ.'アる] 動 自《話》〔商〕抜け目なく商売する 動 他《ラ米》〔畜〕〈馬を〉しつける, 調教する

cha-la-'ne+o [チャ.ラ.'ネ.オ] 名 男《話》〔商〕抜け目ない商売

cha-'lar [チャ.'ラる] 動 他〈に〉うつつを抜かさせる, 夢中にさせる ~**se** 動 再《話》(por: に)うつつを抜かす, ほれこむ, のぼせ上がる, 熱を上げる

Cha-la-te-'nan-go [チャ.ラ.テ.'ナン.ゴ] 名 固〔地名〕チャラテナンゴ《エルサルバドル中部の県》

'chal-cha ['チャル.チャ] 名 女《チリ》〔体〕二重あご

chal-'cha-zo [チャル.'チャ.そ] 名 男《ラプラタ》《話》平手打ち, びんた

chal-'chu-do, -da [チャル.'チュ.ド, ダ] 形 名 男 女《チリ》《話》〔体〕二重あごの(人), 頬が大きな(人)

'**cha-le** ['チャ.レ] 名 共 《メキシコ》 東洋人
*__cha-'lé__ [チャ.'レ] 94% 名 男 〔複 chalés〕 | 〔建〕 別荘
cha-'le-ca [チャ.'レ.カ] 名 女 《チリ》 〔衣〕 カーディガン
*__cha-'le-co__ [チャ.'レ.コ] 94% 名 男 〔衣〕 | ベスト, チョッキ
cha-'let [チャ.'レ] 名 男 〔複 -lets〕 ⇧ chalé
cha-'li-na [チャ.'リ.ナ] 名 女 《カリブ》 〔衣〕 ネクタイ
cha-'lun-go, -ga [チャ.'ルン.ゴ, ガ] 形 名 男 女 《カリブ》 《話》 動きが鈍い(人); 病弱な(人)
cha-'lu-pa [チャ.'ル.パ] 名 女 〔海〕 小船, ボート, 艦載ボート; 《メキシコ》 カヌー; 〔複〕 《チリ》 《話》 〔衣〕 古靴
cha-'ma-co, -ca 名 男 女 《中米》 《カリブ》 《メキシコ》 子供, 少年, 少女
cha-ma-'go-so, -sa 形 きたない, よごれた
cha-'mán 名 男 〔宗〕 シャーマン, 呪術(じゅじゅつ)師, まじない師
cha-'man-to 名 男 《チリ》 〔衣〕 農民の着るポンチョ
cha-ma-'qui-to, -ta [チャ.マ.'キ.ト, タ] 名 男 女 《中米》 《話》 子供, 少年, 少女
cha-ma-'ras-ca [チャ.マ.'らス.カ] 名 女 柴(しば); (柴の)炎
cha-ma-'riz [チャ.マ.'りす] 名 男 〔鳥〕 アオカワラヒワ
cha-'ma-rra [チャ.'マ.ら] 名 女 《メキシコ》 《中米》 〔衣〕 上着, ジャケット; 《ベネズエラ》 毛布
'**cham-ba** 名 女 《話》 まぐれ, 偶然; 《話》 (ビリヤードの)まぐれ当たり; 《メキシコ》 《話》 仕事; 《ベネズエラ》 出来高払いの仕事
cham-be+a-'dor, -'do-ra [チャン.ベ.ア.'ドる, 'ド.ら] 形 名 男 女 《メキシコ》 勤勉な(人)
cham-be-'lán [チャン.ベ.'ラン] 名 男 〔歴〕 式部官, 侍従
cham-be-'lo-na [チャン.ベ.'ロ.ナ] 名 女 《カリブ》 〔食〕 棒つきキャンディー
cham-'ber-go, -ga [チャン.'べる.ゴ, ガ] 形 〔歴〕 チャンベルゴ禁衛隊の 《カルロス2世下に編成された禁衛隊》 名 男 〔歴〕 〔衣〕 チャンベルゴ禁衛隊の制帽
cham-be-'rí [チャン.ベ.'リ] 名 共 〔複 -ríes⇔-rís〕 《アンデス》 《話》 見せびらかす人
cham-'bón, -'bo-na 形 名 男 女 《話》 へたな(人), 不器用な(人); 《話》 (ゲームなどで)ついている(人), 運のよい(人)
cham-bo-ne+'ar [チャン.ボ.ネ.'アる] 動 自 《南米》 いいかげんな仕事をする
'**cham-bra** ['チャン.ブら] 名 女 〔衣〕 (女性や子供用の)ゆったりした肌着; 〔衣〕 ブラウス
cha-'mi-za [チャ.'ミ.さ] 名 女 〔植〕 柴(しば), そだ, たきぎ
cha-'mi-zo [チャ.'ミ.そ] 名 男 半焦げの木, 燃えさし; 〔建〕 あばら屋; 《話》 (悪漢などの)巣窟
'**cha-mo, -ma** 名 男 女 《カリブ》 《話》 若者, 青年
*__cham-'pán__ ⇔-'**pa-ña** [チャン.'パン⇔.'パ.ニャ] 94% 名 男 〔飲〕 シャンパン; 〔海〕 サンパン 《中国・東南アジアの小型木造平底船》
cham-pa-ña 94% 名 男 《メキシコ》 《南米北》 ⇧ champán
*__cham-pi-'ñón__ [チャン.ピ.'ニョン] 94% | 名 男 〔食〕 マッシュルーム
cham-'pión 名 男 《商標》 〔複〕 《カリブ》 《ラプラタ》 〔衣〕 運動靴, スニーカー, スポーツシューズ
*__cham-'pú__ 94% 名 男 〔複 -pús〕 シャンプー; 〔複〕 《コロンビア》 〔飲〕 チャンプー 《トウモロコシ・レモンの葉・砂糖などを入れた飲み物》
cham-pu-'rria-do [チャン.プ.'りア.ド] 名 男 《チリ》 《話》 ごたまぜ
cham-'puz [チャン.'プす] 名 男 《アンデス》 〔食〕 トウモロコシの粥(かゆ)
cha-mu-'llar [チャ.ム.'ジャる] 動 他 《チリ》 《ラプラタ》 《話》 説きつける, くどくどと説得する
cha-mus-'car [チャ.ムス.'カる] 動 他 69 (c|qu) 〈の〉表面を焼く, 焦がす　~**se** 動 再 表面が焦げる, 〈自分の体を〉焦がす
cha-mus-'qui-na [チャ.ムス.'キ.ナ] 名 女 〔食〕 表面を焼く[焦がす]こと; 《話》 口論, けんか　*oler a* ~ 《話》 よくないことが起こりそうである
chan-'ca-co, -ca 形 名 男 女 《アンデス》 《話》 〔体〕 金髪の(人), ブロンドの(人)　**-ca** 名 女 《アンデス》 《チリ》 《ラプラタ》 〔食〕 シロップケーキ; 《チリ》 《話》 たやすいこと; 《ラプラタ》 〔食〕 粗糖蜜
chan-'car [チャン.'カる] 動 他 69 (c|qu) 《中米》 《アンデス》 《チリ》 ひき割る, 砕く
'**chan-ce** ['チャン.せ] 名 男 [女] チャンス, 機会
chan-ce+'ar [チャン.せ.'アる] 動 他 からかう, 〈に〉冗談を言う
chan-'ce-ro, -ra [チャン.'せ.ろ, ら] 形 名 男 女 からかい好きな(人), ひょうきん者(の)
'**chan-cha** 名 女 《チリ》 《話》 ずる休み
chan-'cha-da 名 女 《チリ》 《ラプラタ》 《話》 汚い手, ずる
chan-cha-'rre-ta [チャン.チャ.'れ.タ] 名 女 〔複〕 《アンデス》 《話》 〔衣〕 古靴
'**chan-cho, -cha** 形 《ラ米》 汚い, 不潔な 名 男 《ラ米》 〔動〕 ブタ; 《ラプラタ》 《話》 〔鉄〕 車掌, 検札係　*irse al* ~ 《チリ》 《話》 大げさに言う
chan-chu-'lle-ro, -ra [チャン.チュ.

'ジェ.ろ, ら] [形] [名] [男] [女] 《話》 不正なことをする(人), ずるい(やつ)

chan-'chu-llo [チャン.'チュ.ジョ] [名] [男] 《話》 ペテン, いんちき, 詐欺, かたり; 《話》 不正な金もうけ

'chan-cla ['チャン.クラ] [名] [女] 〔複〕 《メキシコ》 〖衣〗 スリッパ; 〔複〕 《コロンビア》 〖衣〗 サンダル

chan-'cle+o [チャン.'クレ.オ] [名] [男] 《メキシコ》 《話》 パーティー

chan-'cle-ta [チャン.'クレ.タ] [名] [女] 〔複〕 〖衣〗 部屋履き, スリッパ; 《ラ米》 《話》 〔軽蔑〕 (女の)赤ちゃん; 〔複〕 《チリ》 《話》 〖衣〗 古靴

'chan-clo ['チャン.クロ] [名] [男] 〔複〕 〖衣〗 木靴; 〔複〕 〖衣〗 (ゴムの)オーバーシューズ

'chan-cro ['チャン.クろ] [名] [男] 〖医〗 下疳(げかん) 《性病性の潰瘍(かいよう)》

chan-'croi-de [チャン.'クろイ.デ] [名] [男] 〖医〗 軟性下疳(げかん)

chan-'cu-co [名] [男] 《コロンビア》 アルコール・タバコの密輸

chan-cu-que+'ar [チャン.ク.ケ.'アる] [動] [自] 《コロンビア》 《話》 アルコール・タバコを密輸する

'chán-dal ['チャン.ダル] [名] [男] 〖競〗 〖衣〗 トレーニングウェア; 〖衣〗 スウェット(ジャージ)

'cha-ne [名] [共] 《中米》 土地に詳しい人

cha-'nel [チャ.'ネル] [名] [男] 〖衣〗 女性用の襟のない上着; 〖衣〗 ロングスカート

cha-'ne-que [チャ.'ネ.ケ] [名] [共] 《中米》 土地に詳しい人; 《中米》 《話》 愉快な人

chan-'fai-na [名] [女] 〖食〗 臓物のシチュー; 《コロンビア》 《話》 (コネで得た)楽な仕事

chan-ga-'dor, -'do-ra [チャン.ガ.'ドる, 'ド.ら] [名] [男] [女] 《ラプラタ》 一時的な仕事をする人

chan-'gar [チャン.'ガる] [動] [自] 41 (g|gu) 《アンデス》 《ラプラタ》 《話》 その日暮らしの生活をする

chan-'ga-rro [チャン.'ガ.ろ̃] [名] [男] 《メキシコ》 〖商〗 食料品店

'chan-gle ['チャン.グレ] [形] 《メキシコ》 《話》 役に立たない

'chan-go, -ga [名] [男] [女] 《ラ米》 〖動〗 (小さな)サル[猿]; 《カリブ》 《話》 冗談好きな(人); 《チリ》 チリ南部に住む先住民; 《ラプラタ》 《話》 若者, 青年

chan-gue+'ar [チャン.ゲ.'アる] [動] [他] 《メキシコ》 《話》 〈の〉まねする

chan-gue-'rí+a [チャン.ゲ.'り.ア] [名] [女] 《カリブ》 《話》 冗談

chan-'gui-to [チャン.'ギ.ト] [名] [男] 《ラプラタ》 ショッピングカート; 乳母車

chan-'que-te [チャン.'ケ.テ] [名] [男] 〖魚〗 チャンケーテ 《食用の小魚》

'chan-ta ['チャン.タ] [形] ぼんやりした; 不作法な; うそつきの

chan-'ta-je [チャン.'タ.へ] [名] [男] 恐喝, ゆすり, おどし

chan-ta-'jis-ta [チャン.タ.'ひス.タ] [名] [共] 恐喝[ゆすり]を働く者, 恐喝者

chan-'tar [チャン.'タる] [動] [他] 《コロンビア》 《話》 〈恋人を〉捨てる; 《チリ》 《話》 放っておく, 〈に〉待ちぼうけを食わせる; 《チリ》 《話》 急に止める, 〈に〉(打撃などを)与える

'chan-te [名] [男] 《メキシコ》 家, 家庭

chan-ti-'llí [チャン.ティ.'ジ] [名] [男] 〖食〗 ホイップクリーム; 〖衣〗 (六角形の)ボビンレース

chan-'tún, -'tu-na [名] [男] [女] 《ラプラタ》 《話》 空いばり屋

'chan-za ['チャン.さ] [名] [女] 冗談, おどけ, からかい

chan-zo-'ne-ta [チャン.そ.'ネ.タ] [名] [女] 《話》 冗談, しゃれ

'cha+o [感] 《南米》 《話》 さよなら, バイバイ

'cha-pa 89% [名] [女] 金属板, 板金, 化粧板合板, ベニヤ板; 札(ふだ), 合い札; 《話》 常識; まじめさ; 《ラ米》 錠, 錠前; メッキ; (頬の)赤み, 頬紅(ほおべに); 《カリブ》 瓶(びん)のふた, キャップ; 《ベネズエラ》 《話》 冗談; 《メキシコ》 〖食〗 豚肉 *hacer ~s* 《話》 売春をする

cha-'pa-do, -da [形] 美しい, りりしい; (de: を)張った, 上張りした, めっきした [名] [男] 〖建〗 化粧板, ベニヤ板 *chapado[da] a la antigua* 《話》 古風な, 古めかしい

cha-pa-le+'ar [チャ.パ.レ.'アる] [動] [自] 水をはね返す, バシャバシャ音を立てる; ガラガラ[ガタガタ]鳴らす

cha-pa-'po-te [名] [男] アスファルト; 重油の塊

cha-'par [チャ.'パる] [動] [他] 〖技〗 〈に〉めっきをする, (de, con: 板金で)覆う; 〖技〗 〈木に〉化粧張りをする; 〈壁を〉タイル張りにする; 《アンデス》 《話》 見る; 待ち伏せする

cha-pa-'rral [チャ.パ.'らル] [名] [男] 〖植〗 トキワガシの林

cha-'pa-rro, -rra [チャ.'パ.ろ̃, ら̃] [形] [名] [男] [女] 《話》 ずんぐりした(人); 〖植〗 トキワガシ; 《ベネズエラ》 (枝の)むち

cha-pa-'rrón [チャ.パ.'ろ̃ン] [名] [男] 〖気〗 (激しい)にわか雨, 土砂降り; 《話》 雨あられと襲うこと

cha-pe+'ar [チャ.ペ.'アる] [動] [他] 〖技〗 〈に〉めっきをする, 板金で覆う; 《中米》 《カリブ》 〈土地を〉除草する

cha-'pe-la [チャ.'ペ.ラ] [名] [女] 〖衣〗 (バスク地方の)ベレー帽

cha-'pe-ro [チャ.'ペ.ろ] [名] [男] 《俗》 男娼

cha-'pe-ta [名] [女] 《メキシコ》 おむつ, おしめ; 〔複〕 《メキシコ》 〖衣〗 イヤリング

cha-pe-te+'ar [チャ.ペ.テ.'アる] [動] [自] 《メキシコ》 《話》 顔を赤らめる, 赤面する

cha-pe-'tón, -'to-na [形] [名] [男] [女] 《ラ米》 《話》 アメリカ大陸に渡来したばかりの(スペイン人); 《アンデス》 《話》 新米 *pasar el ~* 《話》 逆境を乗り越える

C

cha-'pín, -'pi-na [形] [名] [男] [女] 《中米》《話》 グアテマラ市の(出身者); 《コロンビア》《話》〘体〙 X脚の(人), 足が曲がった(人) [名] [男]〔複〕〘衣〙(コルクなどで底を厚くした)高靴

'chá-pi-ro ['チャ.ピ.ろ]〔成句〕 ***¡Por vida del ~ (verde)!*** いまいましい!, くそ!

cha-'pis-ta [名] [共] 板金職人

cha-pi-'tel [チャ.ピ.'テル] [名] [男] 〘建〙 尖塔(せんとう), 塔の尖頂; 柱頭

cha-'pó [感] 《話》 わあ!, すごい! 《驚き》

cha-po-'dar [チャ.ポ.'ダる] [動] [他] 〘農〙 ‹余分な枝を›おろす, ‹木の›枝打ちをする, ‹木を›刈り込む

cha-'po-te [名] [男] 《メキシコ》〘植〙 オーク, カシ

cha-po-te+'ar [チャ.ポ.テ.'アる] [動] [自] 水をはねかえす, バシャバシャ音をたてる [動] [他] 湿らせる, 潤す, ぬらす

cha-po-'te+o [名] [男] 水はね, 水をばしゃばしゃさせること; 湿らせること

cha-pu-ce+'ar [チャ.プ.せ.'アる] [動] [他] ‹仕事を›いいかげんにやる, やっつける

cha-pu-ce-'rí+a [チャ.プ.せ.'り.ア] [名] [女] (いいかげんな)やっつけ仕事, ぞんざい[ずさん]な仕事

cha-pu-'ce-ro, -ra [チャ.プ.'せ.ろ, ら] [形] [名] [男] [女] 仕事がいいかげんな(人); 《メキシコ》《話》 ずるい(人), 悪賢い(人) **-ramente** [副] いいかげんに, ずさんに

cha-'pul [チャ.'プル] [名] [共] 《メキシコ》《話》 子供, 少年, 少女

cha-pu-'lín [チャ.プ.'リン] [名] [男] 《メキシコ》《中米》〘昆〙 イナゴ, バッタ 《食用》

Cha-pul-te-'pec [チャ.プル.テ.'ペク] [名] [固] 〘地名〙 チャプルテペーク 《メキシコ, メキシコシティーの西部にある公園》

cha-pu-'rrar [動] [他] ⇩ chapurrear

cha-pu-rre+'ar [チャ.プ.れ.'アる] [動] [他] 《話》 ‹外国語を›片言で話す

cha-pu-'rre+o [チャ.プ.'れ.オ] [名] [男] 《話》 外国語を片言で話すこと

cha-'puz [名] [女] ⇩ chapuza

cha-'pu-za [チャ.'プ.さ] [名] [女] 《話》 いいかげんな仕事, 半端な仕事; 《話》 アルバイト, 臨時の仕事

cha-pu-'zar [チャ.プ.'さる] [動] [他] ㉞ (z|c) 頭から水に放り込む; 《メキシコ》《話》 だます, ごまかす **~se** [動] [再] 頭から水にもぐる

cha-pu-'zón [チャ.プ.'そン] [名] [男] ひと泳ぎ; 頭から水に飛び込むこと, 飛び込み

cha-'qué [チャ.'ケ] [名] [男] 〘衣〙 モーニングコート

cha-'que-ño, -ña [チャ.'ケ.ニョ, ニャ] [形] 〘地名〙 《アルゼンチン》 チャコの(人) ⬆Chaco

****cha-'que-ta** [チャ.'ケ.タ] 87% [名] [女] 〘衣〙 上着, ジャケット ***cambiar de ~*** 《話》 思想を変える, (政治的に)鞍替えする ***ser más vago[ga] que la ~ de un guarda [caminero]*** まったくのなまけ者だ

cha-'que-te [チャ.'ケ.テ] [名] [男] 〘遊〙 バックギャモン 《西洋すごろく》

cha-que-te+'ar [チャ.ケ.テ.'アる] [動] [自] 《話》 意見を変える, 変節する, 寝返る

cha-que-'te-ro, -ra [チャ.ケ.'テ.ろ, ら] [名] [男] [女] 《話》 すぐ意見を変える人, 変わり身の早い人

cha-que-'tón [チャ.ケ.'トン] [名] [男] 〘衣〙 ショートコート

cha-qui-'ñán [チャ.キ.'ニャン] [名] [男] 《アンデス》 近道

cha-'qui-ra [チャ.'キ.ら] [名] [女] 《中米》 潰瘍(かいよう), ただれ

cha-'ra-da [チャ.'ら.ダ] [名] [女] 〘遊〙 言葉当て遊び; 《中米》《話》 あれ 《名前がわからない物》; 《中米》《話》 ばかなこと

cha-'ral [チャ.'らル] [名] [男] 《メキシコ》〘魚〙 軟鰭(なんき)類の魚; 《メキシコ》 とてもやせた人

cha-'ran-ga [チャ.'らン.ガ] [名] [女] 〘楽〙 (金管楽器中心の)吹奏楽団, ブラスバンド; 《コロンビア》 家庭の(ダンス)パーティー

cha-'ran-go [チャ.'らン.ゴ] [名] [男] 《南米》〘楽〙 チャランゴ 《アルマジロの甲羅を胴にした弦楽器》

char-'bas-ca [チャる.'バス.カ] [名] [女] 《中米》 ごみ

'char-ca ['チャる.カ] [名] [女] 池, ため池, 貯水池 [名] [男]〔複〕(インカの)チャルカ族

char-'chi-na [チャる.'チ.ナ] [名] [女] 《メキシコ》《話》〘車〙 おんぼろの車

'char-co** ['チャる.コ] 94% [名] [男] 水たまり ***atravesar [cruzar, pasar] el ~ 海を渡る, 海を渡って新大陸へ行く

char-'cón, -'co-na [チャる.'コン, 'コ.ナ] [形] [名] [男] [女] 《ラプラタ》《話》 やせた(人), やせ細った(人)

char-cu-te-'rí+a [チャる.ク.テ.'り.ア] [名] [女] 〘商〙 ハム・ソーセージ店

***'char-la** ['チャる.ラ] 92% [名] [女] 《話》 (くつろいだ)おしゃべり, 世間話, 雑談; (短い非公式の)談話, 話, スピーチ; 〘情〙 チャット

***char-'lar** [チャる.'ラる] 91% [動] [自] 《話》 雑談する, 世間話をする; 《話》 ペチャクチャしゃべる; 〘情〙 チャットする

char-la-'tá-da [チャる.ラ.'タ.ダ] [名] [女] 〘牛〙 道化闘牛

char-la-'tán, -'ta-na [チャる.ラ.'タン, 'タ.ナ] [形] [名] [男] [女] 〔軽蔑〕 よくしゃべる(人), 口数の多い(人), おしゃべり(の); 〔軽蔑〕 うわさ話をする(人), 言いふらす(人) [名] [男] 〘商〙 行商人, 香具師(やし), てき屋, ペテン師; 〘医〙 もぐりの医者

char-la-ta-ne-'rí+a [チャる.ラ.タ.ネ.'り.ア] [名] [女] おしゃべり, 饒舌(じょうせつ); 呼び売り(の言葉), 客寄せの口上

char-la-ta-'nis-mo [チャる.ラ.タ.'ニ

ス.モ] 名 男 大ぼら, いんちき, でまかせ

char-lo-te+'ar [チャる.ロ.テ.'アる] 動 自《話》おしゃべりをする

char-lo-'te+o [チャる.ロ.'テ.オ] 名 男《話》おしゃべり

char-'ne-la [チャる.'ネ.ラ] 名 女 蝶番(ちょうつがい);〔貝〕(二枚貝の)蝶番

'Cha-ro ['チャ.ろ] 名 固〔女性名〕チャロ《Rosario の愛称》

cha-'rol [チャ.'ろル] 名 男 (皮革用の)ワニス, ラッカー, 漆, エナメル; エナメル革

'char-qui ['チャる.キ] 名 男〔食〕干し肉, ジャーキー

cha-'rrán, -'rra-na [チャ.'らン, 'ら.ナ] 形 名 男 女 悪党(の), ならず者(の)

cha-rra-'na-da [チャ.ら.'ナ.ダ] 名 女《話》悪事, ペテン, 下劣な行為

cha-rre-'te-ra [チャ.れ.'テ.ら] 名 女〔軍〕〔衣〕(将校の礼服の)肩章;〔衣〕靴下留め, ガーター

'cha-rro, -rra ['チャ.ろ, ら] 形 名 男 女《スペイン》《話》サラマンカ地方の農民(の), 田舎者(の);《話》無骨な(人);《話》派手な, けばけばしい;《コロンビア》《話》おもしろい(人), おかしな(人) 名 男《メキシコ》〔畜〕カウボーイ, 牧童;《メキシコ》《中米》〔衣〕ソンブレロ, メキシカンハット

'chár-ter ['チャるテる] 名 男〔空〕チャーター便, チャーター機

'chas-ca 名 女〔植〕柴(しば), そだ

chas-'car [チャス.'カる] 動 自 69 (c|qu)《むちなどが》ピシッと鳴る, 《木が》パシッと折れる, 《まきが》パチパチと鳴る; 舌・指などを鳴らす 動 他〈舌・指などを〉鳴らす;〈むちなどを〉ピシッと鳴らす

chas-ca-'rri-llo [チャス.カ.'り.ジョ] 名 男《話》笑い話, とんち話

'chas-co 名 男 冗談, かつぐこと, いたずら; 失望, 期待外れ;《チリ》《話》恥 ***dar un ~***《話》(a: を)かつぐ, からかう; (a: を)がっかりさせる ***llevarse un ~***《話》がっかりする, 失望する

chas-'cón 名 男《チリ》《話》〔体〕乱れ髪, もつれ毛

'cha-sis 名 男〔単複同〕〔車〕シャーシー, 車台;〔写〕感光板ホルダー

chas-que+'ar [チャス.ケ.'アる] 動 他 からかう, 侮辱する;〈むちなどを〉ピシッと鳴らす;〈指を〉鳴らす;〈約束を〉破る 動 自《まきなどが》パチパチ音をたてる;《歯が》ガチガチ鳴る **~se** 動 再 失望する; 失敗する

'chas-qui ['チャス.キ] 名 男《アンデス》〔歴〕(インカの)飛脚, 急使

chas-'qui-do [チャス.'キ.ド] 名 男 パチパチ鳴る音; むちでたたく鋭い音; 舌を鳴らす音

chas-'qui-lla [チャス.'キ.ジャ] 名 女《チリ》〔体〕前髪

chat 名 男〔複 chats〕〔英語〕〔情〕チャット

'cha-ta 名 女《カリブ》《話》ねえ, 君, あなた《愛情をこめて女性に呼びかけるとき》 形《女》↓chato

cha-'ta-rra [チャ.'タ.ら] 名 女 くず鉄;《俗》がらくた, くずもの;《話》〔集合〕勲章, メダル

cha-ta-'rre-ro, -ra [チャ.タ.'れ.ろ, ら] 名 男 女〔商〕くず鉄商

cha-te+'ar [チャ.テ.'アる] 動 自〔情〕(con: と)チャットをする

cha-te-'dad 名 女 平らなこと, ぺちゃんこ

cha-'te+o 名 男〔情〕チャット

cha-'ti+no 名 男《カリブ》〔食〕揚げバナナ

'cha-to, -ta 形《鼻が》低い, 《人が》鼻ぺちゃの; 平たい, 短い, 低い;《ラプラタ》《話》ばかな, 愚かな 感〔親愛〕お前, あなた《呼びかけ》 名 男〔飲〕(高さが低く口が広い)ワイングラス ***dejar ~[ta]***《話》…を驚かせる ***quedarse ~***《話》驚く, 唖然とする

'chau 感 ⇧chao

'chau-cha 名 女《ラプラタ》〔植〕サヤインゲン

chau-vi-'nis-mo 名 男 ⇩chovinismo

chau-vi-'nis-ta 形 名 共 ⇩chovinista

cha-'val, -'va-la [チャ.'バル, 'バ.ラ] 名 男 女《スペイン》《話》若者; 少年, 少女, 子供;《メキシコ》《話》ボーイフレンド, ガールフレンド, 恋人

cha-'var [チャ.'バる] 動 他《カリブ》《話》〈に〉迷惑をかける, うんざりさせる **~se** 動 再《カリブ》《話》傷つく

cha-'ve-ta [チャ.'ベ.タ] 名 女〔機〕コッター, くさび栓; 割りピン, コッターピン ***estar ~***《話》頭がおかしい ***perder la ~***《話》気が狂う

'Chá-vez ['チャ.べす] 名 固〔姓〕チャベス

'cha-vo, -va ['チャ.ボ, バ] 名 男 女《メキシコ》《中米》子供; 若者 名 男《カリブ》《話》お金, 小銭

cha-'vón, -'vo-na [チャ.'ボン, 'ボ.ナ] 形 名 男 女《カリブ》《話》面倒な(人), やっかいな(人)

cha-'yo-te 名 男《メキシコ》《中米》〔植〕ハヤトウリ《メキシコ原産》;《中米》《話》ばか, まぬけ;《中米》《話》臆病者

'che 名 女〔言〕チェ《スペイン語 Ch, ch の旧文字名》 感《南米》《話》おい, ねえ《呼びかけ》 名 共《アンデス》《チリ》《話》アルゼンチン人

che-'car [チェ.'カる] 動 他 69 (c|qu)《米国》《メキシコ》《中米》《南米北》《プエルトリコ》⇩chequear

'che-che 名 男《カリブ》《話》物知りな人

Che-'che-nia 名 固〔República de ~〕〔地名〕チェチェン《北カフカス地方の北東部に位置するロシア連邦内の共和国》

C

che-'che-no, -na 形〖地名〗チェチェン(人)の 名 男 女 チェチェン人 ⬆Chechenia

*'**che-co, -ca** 93% 形〖地名〗チェコ(人)の ⬇Chequia, República Checa;〖言〗チェコ語の 名 男 女 チェコ人 名 男〖言〗チェコ語 ***República Checa***〖地名〗チェコ共和国

che-cos-lo-'va-co, -ca [チェ.コス.ロ.'バ.コ, カ] 形〖歴〗〖地名〗(旧)チェコスロバキア(人)の 名 男 女 (旧)チェコスロバキア人 ⬇Checoslovaquia

Che-cos-lo-'va-quia [チェ.コス.ロ.'バ.キア] 名 固〖歴〗〖地名〗(旧)チェコスロバキア《1993 年に連邦を解体, チェコ共和国 República Checa とスロバキア共和国 República Eslovaca に分離》

'**chef** 名 共〖食〗シェフ, 料理長

'**che-je** ['チェ.ヘ] 名 男《中米》鎖のつなぎ

'**che-le** ['チェ.レ] 名 共《中米》《話》金髪の人, 肌の色が白い人

che-'lín [チェ.'リン] 名 男〖歴〗〖経〗シリング《英国・オーストリアの旧通貨》

'**che-lo, -la** ['チェ.ロ, ラ] 名 男 女《メキシコ》《話》金髪の(人) 名 男〖楽〗チェロ

'**chen-che** 名 共《カリブ》《話》物知りな人

'**che-pa** 名 女《話》背のこぶ, 猫背 名 共《話》背にこぶがある人

'**che-pe** 名 男《メキシコ》《話》偽善者

*'**che-que** ['チェ.ケ] 93% 名 男〖商〗小切手

che-que-'ar [チェ.ケ.'アる] 動 他 点検する, 調べる, 検査する; 照合する; 監視する;〖医〗健康診断する

che-'que-o [チェ.'ケ.オ] 名 男 点検, 検査; 照合; 監視;〖医〗健康診断; 照合

che-'que-ra [チェ.'ケ.ら] 名 女 小切手帳; 小切手帳ケース

*'**Che-quia** ['チェ.キア] 94% 名 固〖地名〗チェコ《正式名はチェコ共和国 República Checa》

'**cher-cha** ['チェる.チャ] 名 女《中米》《話》騒ぎ, ごった返し;《ベネズエラ》《話》からかい, 嘲笑; 騒々しい会話

che-'re-que [チェ.'れ.ケ] 名 男〔複〕《中米》《話》(漠然と)もの, こと

'**che-ro** ['チェ.ろ] 名 男《スペイン》悪臭

'**che-to, -ta** 形 名 男 女《ラプラタ》《話》着飾った(人), おしゃれな(人)

'**ché-ve-re** ['チェ.ベ.れ] 形《ラ米》《話》かわいい, 美しい; すごい, すばらしい

'**chi**〔成句〕 ***hacer ~***《メキシコ》《話》おしっこをする

'**Chia-pas** 名 固〖地名〗チアパス《メキシコ南東部の州》

'**chi-ba** 名 女《コロンビア》リュックサック;《コロンビア》知らせ

'**chib-cha** 形 名 共〖歴〗チブチャ族(の)《コロンビアに住んでいた部族》;〖歴〗〖言〗チブチャ語の 名 男〖歴〗〖言〗チブチャ語

'**chic** 形 名 共〔複 chics⇦chic〕シックな(人), 粋な(人) 名 男 上品さ, 粋

'chi-ca** 88% 名 女 女の子;《話》〔親愛〕あの娘(こ);《話》小銭; お手伝いさん, 家政婦 名 女 形《女》⬇chico

Chi-'ca-go 名 固〖地名〗シカゴ《米国中北部の都市》

chi-'can-glo [チ.'カン.グロ] 名 男《メキシコ》米国人のようにふるまうメキシコ系人;《メキシコ》《話》メキシコ系人をかばう米国人

chi-'ca-no, -na 形 名 男 女 メキシコ系アメリカ人(の), チカーノ

chi-ca-'rrón, -'rro-na [チ.カ.'ろン, 'ろ.ナ] 名 男 女《話》体の大きな子供

chi-'ca-to, -ta 形 名 男 女《ラプラタ》《話》近視の(人), 近眼の(人);《ラプラタ》《話》まわりのことがわかっていない(人)

'**chi-cha** 名 女《南米》〖飲〗チチャ《南米産のトウモロコシ酒》;〖飲〗果実酒;《児》お肉 ***de ~ y nabo***《話》ありふれた ***estar ~***《南米》《話》おもしろい ***no ser ni ~ ni limonada***《話》役に立たない; えたいが知れない ***~ fresca***《チリ》《話》恥知らず

chi-'char [チ.'チャる] 動 他《コロンビア》《話》〈に〉不平を言う,〈に〉文句を言う

'**chí-cha-ro** ['チ.チャ.ろ] 名 男〔複〕《メキシコ》《カリブ》〖植〗グリンピース

chi-'cha-rra [チ.'チャ.ら] 名 女〖昆〗セミ;〖遊〗笛; ブザー;《カリブ》《チリ》〖昆〗バッタ;《コロンビア》〖電〗ポータブルラジオ;《チリ》《話》〖楽〗ひどい音を出す楽器 ***cantar la ~***《話》すごく暑い

chi-cha-'rri-ta [チ.チャ.'り.タ] 名 女〔複〕《カリブ》〖食〗揚げバナナ

chi-'cha-rro [チ.'チャ.ろ] 名 男〖魚〗アジ

chi-cha-'rrón [チ.チャ.'ろン] 名 男〖食〗チチャロン《豚の皮の空揚げ》;〖食〗豚の脂身からラードを取った揚げかす; 焦げた肉;《話》日に焼けて真っ黒な人;〔複〕《ラプラタ》《話》お金, 銭

'**chi-che** 名 男《ラ米》《話》小さい装身具, 小間物;《中米》《話》簡単なこと;《アンデス》《チリ》《ラプラタ》《話》繊細[すてき]な物; 着飾った人 形《中米》簡単な, たやすい ***tener como un ~***《チリ》小ぎれいにしている

Chi-'chén I-'tzá [チ.'チェン 'イ.ツァ] 名 固〖地名〗チチェーン・イツァー《メキシコ南東部のマヤ文化の遺跡》

chi-'chí 名 男〔複 -chíes⇦-chís〕《メキシコ》《中米》《カリブ》《話》赤ちゃん;《コロンビア》《話》子供のおちんちん;《コロンビア》《話》おしっこ

chi-chi-gua-'te-ro, -ra [チ.チ.グア.'テ.ろ, ら] 形 名 男 女《コロンビア》けちな(人)

chi-chi-'me-ca 形〔歴〕チチメカの 名 共 チチメカ人《10 世紀以降メキシコ中央部へ侵入し, アステカ文化を生み出した》

chi-chi-'me-co 名 男《メキシコ》《話》みすぼらしい男, 小さな男

'chi-cho 名 男〔複〕《アンデス》《話》(体の)脂肪

chi-'chón 名 男 (ぶつかってできた)こぶ, たんこぶ

Chi-'cla-yo [チ.'クラ.ジョ] 名 固〔地名〕チクラージョ《ペルー北西部の都市》

*'**chi-cle** ['チ.クレ] 94% 名 男 チューインガム; チクル《アカテツ科サポジラの樹皮から得るゴム状物質; チューインガムの原料》; 《ベネズエラ》《話》うんざりする人, つきまとう人; 《メキシコ》《話》アスファルト; 《メキシコ》《話》招かれなかった客

chi-'cle-ro, -ra [チ.'クレ.ろ, ら] 名 男 女〔商〕ガム製造業者

'chi-co 69% 名 男 男の子, 少年; 息子, (家の)子供;〔親愛〕あいつ, あの子; 使い走りの子 ~, -ca 形《話》小さな, 短い *dejar* ~[*ca*] (a: の)影を薄くする

chi-'co-co, -ca 形 名 男 女《チリ》《話》小さな(人), ちび(の)

chi-co-le+'ar [チ.コ.レ.'アる] 動 他《話》〈女性に〉甘い言葉を言う, 〈に〉言い寄る

chi-co-'le+o [チ.コ.'レ.オ] 名 男《話》(女性への)お世辞, おべっか, 甘い言葉

chi-'co-ria 名 女 ⇧ achicoria

chi-co-'ta-zo [チ.コ.'タ.そ] 名 男 むち打ち

chi-'co-te, -ta 名 男 女《話》体格のよい少年[少女] 名 男《話》葉巻; 《ラ米》むち; 《コロンビア》タバコの吸い殻; 安タバコ; 《ラプラタ》〔衣〕ベルト;〔海〕ロープの端

chi-co-te+'ar [チ.コ.テ.'アる] 動 他《ラ米》むちで打つ 動 自《コロンビア》《話》タバコの煙を吐く

chi-cue-'li-na [チ.クエ.'リ.ナ] 名 女〔牛〕ケープでかわす技

'chi-fla ['チ.フラ] 名 女 やじ, 鋭い口笛; シッシという音(をたてること);〔技〕革を削るナイフ

chi-'fla-do, -da [チ.'フラ.ド, ダ] 形 名 男 女《話》頭が変な(人), 狂気の(人), 気がふれた(人); (con, por: に)夢中の

chi-fla-'du-ra [チ.フラ.'ドゥ.ら] 名 女《話》気がふれていること, 狂気; 口笛, 口笛などでやじること; 夢中, 熱中

chi-'flar [チ.'フラる] 動 自 口笛を吹く 動 他《話》夢中にさせる; ブーイングをする, あざける, けなす; ぐいぐい飲む, あおる ~**se** 動 再《話》(con, por: に)夢中になる, 熱狂する

'chi-fle ['チ.フレ] 名 男 呼び子, 笛; (鳥寄せの)鳥笛; 角製火薬入れ; 《アンデス》〔食〕揚げバナナ;〔複〕《ラプラタ》〔歴〕角製の器

chi-'fle-ta [チ.'フレ.タ] 名 女《中米》愚弄(ぐろう), 皮肉がこめられた冗談

chi-'fli-do [チ.'フリ.ド] 名 男 呼び子の音, 笛の音

'chi-flis ['チ.フリス] 形 名 共〔単複同〕《コロンビア》《話》頭がおかしい(人)

'chi-flo ['チ.フロ] 名 男 口笛を吹くこと

chi-fo-'nier [チ.フォ.'ニエる] 名 男 トールチェスト, タワーチェスト《高く細長い引き出し家具》

chi-'fur-nia [チ.'フる.ニア] 名 女《中米》さびれた場所

chi+'hua+hua [チ.'ウア.ウア] 名 男〔動〕〔犬〕チワワ 感《メキシコ》おや!, まあ!, あれ!《驚き・不快など》

Chi+'hua+hua [チ.'ウア.ウア] 名 固〔地名〕チワワ《メキシコ北部の州, 州都》

chi+'í 形 名 共〔複 -íes⇔-ís〕〔宗〕(イスラム教の)シーア派(の)

chi+'í-ta 形 ⇧ chií

chi-'la-ba [チ.'ラ.バ] 名 女〔衣〕(アラブ人の)フード付きローブ(長衣)

chi-'lan-go, -ga [チ.'ラン.ゴ, ガ] 形 名 男 女《メキシコ》《話》メキシコシティー生まれの(人)

chi-la-'qui-la [チ.ラ.'キ.ラ] 名 女《中米》〔食〕チラキラ《チーズ, 野菜, チリソースなどを入れたトルティージャ》⬇tortilla

'chi-le ['チ.レ] 名 男〔植〕チリ, チリソース《トウガラシの一種》 *estar hecho*[*cha*] *un* ~《中米》かんかんに怒っている

'Chi-le ['チ.レ] 78% 名 固〔República de ~〕〔地名〕チリ《南アメリカ南西部の共和国》

chi-le-'nis-mo [チ.レ.'ニス.モ] 名 男〔言〕チリのスペイン語の表現[語法]

chi-'le+no, -na [チ.'レ.ノ, ナ] 85% 形〔地名〕チリ(人)の 名 男 女 チリ人⬆Chile -**na** 名 女〔競〕〔サッカー〕オーバーヘッドキック

chi-'li-llo [チ.'リ.ジョ] 名 男《中米》むち

chi-lin-'dri-na [チ.リン.'ドリ.ナ] 名 女《話》つまらない物, くだらない物; 笑い話, おもしろいエピソード; (悪意のない)冗談, ひやかし

chi-lin-'drón [チ.リン.'ドろン] 名 男〔遊〕〔トランプ〕チリンドロン《ゲーム》;〔食〕チリンドロン《野菜を炒めて煮たソース》

chi-'lin-go [チ.'リン.ゴ] 名 男《コロンビア》《話》小さな物

chi-'li-to [チ.'リ.ト] 名 男《アンデス》〔遊〕凧(たこ)

'chi-lla ['チ.ジャ] 名 女 おとりの笛《動物をおびき寄せる笛》;〔建〕薄い板; 《メキシコ》貧しさ

Chi-'llán [チ.'ジャン] 名 固〔地名〕チジャン《チリ中部の都市》

chi-'llan-te [チ.'ジャン.テ] 形 けばけばしい, 派手な

*__chi-'llar__ [チ.'ジャる] 94% 動 自 金切り声を上げる, 叫ぶ, 泣き声を上げる; «ドア・ブレー

キなどが»きしむ, ギイギイ[キイキイ]音をたてる; 大声で言う, 声を上げる, どなる; やじる, あざける; 〖鳥〗《鳥が»ガアガア[ピイピイ]鳴く; 〖動〗《ネズミが»チューチュー鳴く; «色・配色が»目につく, どぎつい; (狩猟で)おとりの笛を吹く; 《ラプラタ》《話》不平を言う **～se** [動] [再] 《メキシコ》《話》怒る, 不機嫌になる

chi-'lli-do [チ.'ジ.ド] [名] [男] 鋭い叫び声, 金切り声, 悲鳴, きしむ音

'chi-llo ['チ.ジョ] [名] [男] 《カリブ》《話》浮気, 不倫

chi-'llón, -'llo-na [チ.'ジョン, 'ジョ.ナ] [形] [名] [男] [女] 金切り声を出す(人), 騒々しい(人); «音が»鋭い, かん高い; «色が»けばけばしい, 派手な

chil-'mo-le [チル.'モ.レ] [名] [男] 《メキシコ》《中米》〖食〗チルモーレ, チリソース《トウガラシとトマトをベースにしたソース》

Chi-lo+'é [チ.'ロエ] [名] [固] 〖地名〗チロエ島《チリ南部の島》

chi-'lo-te [チ.'ロ.テ] [名] [男] 《チリ》チロエ島民 ⬆Chiloé

Chil-pan-'cin-go [チル.パン.'すぃン.ゴ] [名] [固] 〖地名〗チルパンシンゴ《メキシコ南部の都市》

Chi-mal-te-'nan-go [チ.マル.テ.'ナン.ゴ] [名] [固] 〖地名〗チマルテナンゴ《グアテマラ南部の県》

'chim-bo [名] [男] 《コロンビア》《話》うそつき(の); 《ベネズエラ》《話》〖商〗小さな商売; 粗悪品

Chim-bo-'ra-zo [チン.ボ.'ら.そ] [名] [固] 〖地名〗チンボラーソ《エクアドル中部の州》; 〖地名〗チンボラーソ山《エクアドルの最高峰, 6310m》

*__chi-me-'ne+a__ 93% [名] [女] 煙突; 暖炉

chi-men-'tar [チ.メン.'タる] [動] [他] 《ラプラタ》《話》〈の〉うわさをする

chi-'men-to [名] [男] 〔複〕《ラプラタ》《話》うわさ話, ゴシップ

chim-pan-'cé [名] [男] 〖動〗チンパンジー

'Chin [名] [固] 〖歴〗〖地名〗秦(しん) (?–前 207, 中国最初の統一王朝》

'chi-na [名] [女] 石ころ, 小石; 〖遊〗チナ《片方の手に小石を握って左右どちらの手にあるかを当てる遊び》; 《話》お金; 磁器, 陶磁器; 絹; 《ラ米》先住民[インディオ]の娘, 混血の娘; 召使い; 〔軽蔑〕卑しい家庭の娘; 《カリブ》〖植〗オレンジ; 《中米》《話》子守; 《南米》《話》メイド; 《ラプラタ》《話》愛人 [形] 《女》⬇chino ***poner ～s*** 《話》(a: の)じゃまをする, (a: を)妨げる, 困難に陥れる ***tocar la ～*** 《話》(a: が)貧乏くじを引く ***tropezar en [con] la ～*** 《話》つまらないことに関わり合う

**'Chi-na 85% [名] [固] 〔(la) ～〕〔República Popular de ～〕〖地名〗中国, 中華人民共和国《アジア東部の人民共和国》; 〔mar de la ～ Meridional〕〖地名〗南シナ海《中国南東の海域》; 〔mar de la ～ Oriental〕〖地名〗東シナ海《中国東方の海域》

chi-'nam-pa [名] [女] 《メキシコ》〖農〗チナンパ《湖の水草の上に土を積んだ畑》

Chi-nan-'de-ga [名] [固] 〖地名〗チナンデーガ《ニカラグア西部の県, 県都》

'Chin-cha [名] [固] 〔islas ～〕〖地名〗チンチャ諸島《ペルー南西岸沖の小島群》

chin-'char [チン.'チャる] [動] [他] 《話》悩ませる, うんざりさせる **～se** [動] [再] 《話》我慢する, 辛抱する ***¡Chínchate!*** 《話》それ見ろ, ざまあ見ろ

'chin-che [名] [女] 〖昆〗ナンキンムシ; 画鋲(がびょう) [名] [共] 《話》厄介な人, うるさい人

chin-che-'rí+a [チン.チェ.'り.ア] [名] [女] 《メキシコ》《話》きたない場所

chin-'che-ro [チン.'チェ.ろ] [名] [男] 《メキシコ》《話》きたない場所

chin-'che-ta [名] [女] 画鋲(がびょう)

chin-'chi-lla [チン.'チ.ジャ] [名] [女] 《ラ米》〖動〗チンチラ《南米産》; 〖衣〗チンチラの毛皮《ねずみ色で柔らかい高級品》

chin-'chín [名] [男] 《カリブ》《話》小片, かけら; 少々; 《ベネズエラ》《話》少額の金

chin-cho-rre-'rí+a [チン.チョ.れ̃.'り.ア] [名] [女] 《話》小うるさいこと, 口やかましいこと, 細かいこと; 《話》うわさ話, むだ話

chin-cho-'rre-ro, -ra [チン.チョ.'れ̃.ろ, ら] [形] [名] [男] [女] 《話》小うるさい(人), 口やかましい(人); 《話》うわさ好きな(人)

chin-'cho-rro [チン.'チョ.ろ̃] [名] [男] 小舟; ハンモック

chin-'cho-so, -sa [形] [名] [男] [女] 《話》退屈な(人), つまらない(人); 《ラ米》こびを売る(人), コケティッシュな(人)

chin-'chu-do, -da [形] [名] [男] [女] 《ラプラタ》《話》怒りっぽい(人)

chin-chu-'lín [チン.チュ.'リン] [名] [男] 〔複〕《ラプラタ》〖食〗腸の焼き肉

chi-'ne-la [チ.'ネ.ラ] [名] [女] 〔複〕《カリブ》〖衣〗スリッパ

chi-'ne-ro [チ.'ネ.ろ] [名] [男] 〖食〗食器棚; 《チリ》卑しい女とつきあう男

chi-'nes-co, -ca [形] 中国の, 中国風の

'chin-ga [名] [女] 《ラ米》〖動〗スカンク

chin-ga-'de-ra [チン.ガ.'デ.ら] [名] [女] 《メキシコ》《中米》《俗》ばかげたこと, 失敗, へま

chin-'ga-do, -da [形] 《ラ米》《俗》打ちのめされた, 疲れている, まいった [感] 《ラ米》《俗》くそったれ!

chin-'gar [チン.'ガる] [動] [他] ㊶ (g|gu) 《俗》うんざりさせる, 悩ませる; 《俗》〈女性を〉犯す, 〈女性に〉乱暴する; 《メキシコ》《中米》《アンデス》《話》〈に〉迷惑をかける, 〈に〉嫌なことをする; 《メキシコ》《話》やっつける, 〈に〉仕返しをする; 《メキシコ》《話》

だます, たぶらかす **～se** 動 再 《ラ米》《俗》失敗する, うまく働かない[動かない] *¡Chinga a tu madre!* 《メキシコ》《俗》こんちくしょう! 《侮辱の言葉》

'chin-go, -ga 形 名 男 女 《中米》《話》短い; 《ベネズエラ》《話》〔体〕鼻が小さな[鼻ぺちゃな](人)

chin-'gón, -'go-na [チン.'ゴン, 'ゴ.ナ] 形 名 男 女 《メキシコ》《話》すてきな(人), すばらしい(人)

chin-gue+'ar [チン.ゲ.'アる] 動 他 《中米》《話》〈に〉迷惑をかける, うんざりさせる

chin-'gui-to [チン.'ギ.ト] 名 男 《カリブ》《話》かけら, 少々; パンくず

chi-'ni-to, -ta 〔縮小語〕↓chino

'chi+no, -na 82% 形 〖地名〗中国(人)の ↑China; 〖言〗中国語の; 《ラ米》先住民[インディオ]の; 混血の; 〔親愛〕かわいい, いとしい; 《ラ米》怒った; 《ラ米》《髪の毛が》縮れた 名 男 女 中国人; 混血の人; 《ラ米》子供, 若者; 《ラ米》召使い, お手伝いさん 名 男 〖言〗中国語; わけのわからない言葉; 《スペイン》〖食〗シノワ《円錐形の濾(こ)し器》; 《ラ米》巻き毛, カール *engañar como a un ～* 《話》まんまとだます *trabajar como un ～* 《話》あくせく働く, 馬車馬のように働く *trabajo de ～s* 丹念な仕事

'chip 名 男 〔複 chips〕〖情〗チップ *cambiar de ～* 《話》考え方を変える *～ de almacenamiento de memoria* 〖情〗メモリーチップ

'chi-pe 形 名 共 《中米》《話》他人にくっついて離れない(人)

chi-'pén 形 《話》すばらしい, すごい

chi-'piar [チ.'ピアる] 動 自 《中米》《話》うんざりする; 《チリ》《話》金を払う

chi-'pín, -'pi-na 名 男 女 《中米》《話》グアテマラ人《自称》

chi-pi-'rón [チ.ピ.'ろン] 名 男 〖動〗(カンタブリア海の)小型イカ

chi-'pón, -'po-na 形 名 男 女 《メキシコ》《話》甘やかされた(子), 行儀が悪い(子)

chi-'po-te 名 男 《中米》《話》頭脳, 知力

'Chi-pre ['チ.プれ] 名 固 〔República de ～〕〖地名〗キプロス《地中海東部の共和国》

chi-'prio-ta [チ.'プりオ.タ] 形 〖地名〗キプロス(人)の 名 共 キプロス人 ↑Chipre

chi-'que-ro [チ.'ケ.ろ] 名 男 〖牛〗牛の囲い場《闘牛の試合の前に牛を入れておく場所》; 豚小屋

chi-qui-li-'cua-tro [チ.キ.リ.'クア.トろ] 名 男 《話》生意気な若者, 若造

chi-qui-'lín, -na [チ.キ.'リン, ナ] 名 男 女 《ラ米》子供

chi-qui-'lla-da [チ.キ.'ジャ.ダ] 名 女 子供っぽい行為, 子供じみたこと

chi-qui-lle-'rí+a [チ.キ.ジェ.'り.ア] 名 女 〔集合〕子供, 子供たち

***chi-'qui-llo, -lla** [チ.'キ.ジョ, ジャ] 93% 名 男 女 子供, 若者 形 子供じみた, 大人げない, 幼稚な; 〔縮小語〕↑chico

Chi-qui-'mu-la [チ.キ.'ム.ラ] 名 固 〖地名〗チキムーラ《グアテマラ南部の県》

chi-qui-'ti-co, -ca 〔縮小語〕↑chico

chi-qui-'tín, -'ti-na [チ.キ.'ティン, 'ティ.ナ] 形 名 男 女 《話》ちっちゃな, ちっぽけな, とても小さい; 《話》小さな子供, おちびちゃん, かわいいもの[動物]; 〔縮小語〕↑chico

chi-'qui-to, -ta [チ.'キ.ト, タ] 形 名 男 女 《話》小さい; 子供 名 男 《話》〖飲〗1杯のワイン *andarse con chiquitas* 《話》ぐずぐずする, 回りくどいことを言う; 〔縮小語〕↑chico

chi-ri-'bi-ta [チ.り.'ビ.タ] 名 女 火花; 〔複〕目にちらつくもの; 〖植〗ヒナギク *echar ～s* 《話》プリプリする, かっかする

chi-ri-bi-'til [チ.り.ビ.'ティル] 名 男 〖建〗狭い部屋

chi-ri-'go-ta [チ.り.'ゴ.タ] 名 女 《話》からかい, しゃれ, 冗談

chi-'ri-gua [チ.'り.グア] 名 女 《ベネズエラ》水の容器

chi-rim-'bo-lo [チ.りン.'ボ.ロ] 名 男 《話》〔軽蔑〕ごたごたしたもの, がらくた; 道具, 用具, 器具; 《カリブ》容器, ボウル

chi-ri-'mí+a [チ.り.'ミ.ア] 名 女 〖歴〗〖楽〗カラムス《中世の竪笛》

chi-ri-'mi-ri [チ.り.'ミ.り] 名 男 〖気〗霧雨

chi-ri-'mo-ya [チ.り.'モ.ジャ] 名 女 《ラ米》〖植〗チェリモヤ《果実》; 《コロンビア》《話》〖体〗頭

chi-ri-'mo-yo [チ.り.'モ.ジョ] 名 男 《ラ米》〖植〗チェリモヤの木《熱帯アメリカの高地原産》

chi-ri-'na-da [チ.り.'ナ.ダ] 名 女 《ラプラタ》失敗

chi-'rin-ga [チ.'りン.ガ] 名 女 《メキシコ》《カリブ》〖遊〗凧(たこ)

chi-'rin-go [チ.'りン.ゴ] 名 男 《中米》ぼろきれ, ぼろ

chi-rin-'gui-to [チ.りン.'ギ.ト] 名 男 〖商〗(飲み物・食べ物の)屋台, 売店

chi-ri-'no-la [チ.り.'ノ.ラ] 名 女 〖遊〗(子供の)ボウリング; つまらないこと, ささいなこと; 口げんか; 《メキシコ》《話》うわさ好きな人; 《コロンビア》《話》けんか, 騒ぎ

chi-'ri-pa [チ.'り.パ] 名 女 〖遊〗〔ビリヤード〕フロック《球のまぐれ当たり》; 《話》まぐれ当たり; 《カリブ》《話》片手間の仕事 *de [por] ～* 《話》まぐれで, 偶然に

Chi-ri-'quí [チ.り.'キ] 名 固 〖地名〗チリ

キ《パナマ西部の県》;〔volcán de ～〕〚地名〛チリキー火山《パナマ西部の火山》

'chir-la ['チる.ラ] 名 女〚貝〛ヨーロッパザルガイ

C

chir-'la-ta [チる.'ラ.タ] 名 女《話》いかがわしい賭博場

'chir-le ['チる.レ] 形《話》風味のない, まずい 名 男〚畜〛(ヤギ・羊の)糞(ふん)

'chir-lo ['チる.ロ] 名 男 顔の傷(跡)

chir-mo-'lo-so, -sa [チる.モ.'ロ.ソ, サ] 名 男 女《(中米)》策士

chi-'ro-la [チ.'ろ.ラ] 名 女《(ラプラタ)》《話》わずかな金(かね), 小銭

chi-'ro-na [チ.'ろ.ナ] 名 女《話》刑務所

chi-'ro-te [チ.'ろ.テ] 形 名 共《(中米)》《話》大きな; きれいな; 《(アンデス)》《話》ばか, まぬけ; 《(中米)》《話》いたずらっ子, わんぱく

chi-'rriar [チ.'り̃アる] 動 自 ㉙ (i|í) きしる, きしむ; 〚食〛《油などが》ジュージューという音をたてる; 〚鳥〛〚昆〛《鳥・虫などが》チーチー鳴く; 《話》〚楽〛調子を狂わせて歌う

chi-'rri-do [チ.'り̃.ド] 名 男〚鳥〛《鳥が》チーチー鳴く声; 〚昆〛虫の鳴く声; きしむ音; キーキー鳴る音; 金切り声; 《油などが》ジュージューいう音

chi-'rrin-go, -ga [チ.'り̃ン.ゴ, ガ] 名 男 女《(コロンビア)》《話》とても小さな子

chi-rri-qui-'ti-co, -ca [チ.り̃.キ.'ティ.コ, カ] 名 男 女《(コロンビア)》《話》とても小さな子

chi-rri-qui-'tín, -'ti-na [チ.り̃.キ.'ティン, 'ティ.ナ] 名 男 女《(コロンビア)》《話》とても小さな子

chi-'ru-men [チ.'る.メン] 名 男《話》気のきくこと, 判断力, 常識

'chis 感 シーッ!, 静かに!; 《話》〔繰り返して〕ねえ, もしもし《人を呼び止めるときに用いる》

chis-ga-ra-'bís [チス.ガ.ら.'ビス] 名 男《話》おせっかい者, でしゃばり, おっちょこちょい

chis-'gue-te [チス.'ゲ.テ] 名 男《話》〚飲〛(酒の)ひと口, 一杯

Chi-si-'náu 名 固〚地名〛キシナウ, キシニョフ《モルドバ Moldavia の首都》

'chis-me 名 男 うわさ話, 陰口; 《話》〔漠然と〕もの, それ, あれ; 《話》(名前のわからない)道具, 装置, そのなんとかいうもの; 《話》(小さな)仕掛け, 小道具, がらくた

chis-me+'ar [チス.メ.'アる] 動 自 うわさ話をする

chis-mo-gra-'fí+a [チス.モ.グら.'フィ.ア] 名 女《話》〔笑〕うわさをふれ歩くこと; 《話》〔笑〕うわさ話

chis-mo-rre+'ar [チス.モ.れ̃.'アる] 動 自 うわさ話をする, むだ話をする

chis-mo-'rre+o [チス.モ.'れ̃.オ] 名 男 うわさ話

chis-'mo-so, -sa 形 うわさ好きの, おしゃべりの 名 男 女〔人〕うわさ好き, おしゃべり

*'**chis-pa** 94% 名 女 火花, 火の粉, (電気などの)スパーク, 閃光; 輝き, きらめき; 雨粒, 細雨; 〔おもに否定文で〕《話》わずか(のもの); 《話》(才気などの)ひらめき, 才能, 生気, 活気, おもしろ味; 《話》ほろ酔い; (小さな)ダイヤモンド 感 おや!, まあ! 《驚き》 ***echar ～s*** 《話》怒り狂う, かっかとしている ***estar ～*** 《話》ほろ酔い気分である ***ni ～*** 《否定》《話》少しも(…ない)

chis-'pa-zo [チス.'パ.そ] 名 男 火の粉, 火花が散ること, 燃え上がり; (紛争などの)前触れ, 最初の火花; 焼け跡; (才能の)ひらめき; 《話》うわさ話, 陰口; 〚飲〛ジンとコーラのカクテル

chis-pe+'an-te 形 輝く, きらきらする; 火花が散る

chis-pe+'ar [チス.ペ.'アる] 動 自 火花が散る; (de: で)輝く; 輝かしい, すばらしい; 〚気〛小雨が降る

'chis-po, -pa 形《話》ほろ酔い機嫌の 名 男《話》〚飲〛ひと口の酒

chis-po-rro-te+'ar [チス.ポ.ろ̃.テ.'アる] 動 自《火が》パチパチ音をたてる; 《油などが》ジュージュー音をたてて飛び散る

chis-po-rro-'te+o [チス.ポ.ろ̃.'テ.オ] 名 男《火が》パチパチ音をたてること; 《油が》ジュージュー音をたてること, 飛び散ること

'chist 感 ⇧ chis

chis-'tar [チス.'タる] 動 自〔否定文で〕言う, 話す, 口をひらく ***sin ～ ni mistar*** 《話》一言もしゃべらずに

*'**chis-te** 92% 名 男 笑い話, 冗談, しゃれ; 冗談事; おもしろみ; 〔複〕《(アンデス)》漫画, コミック ***tener ～*** おもしろい

chis-'te-ra [チス.'テ.ら] 名 女《俗》シルクハット; 〚魚〛(魚釣りで使う)びく, 魚を入れるかご; 〚競〛チステーラ《ハイアライ用のかご》↓jai alai

chis-'to-so, -sa 形 滑稽な, おかしな, おもしろい; 〔皮肉〕変な, おかしな 名 男 女 おかしな人, 愉快な人, 冗談好きな人

'chi-ta 名 女〚体〛くるぶし; 〚体〛距骨(きょこつ), 脚踝(きゃく); 《話》〚遊〛チタ《羊の距骨を使った遊び》 ***a la ～ callando*** 《話》黙って, 内緒で

chi-ti-ca-'llan-do [チ.ティ.カ.'ジャン.ド] 副《話》秘密に

'chi-to 名 男〚遊〛チト《羊の距骨を使った遊び》 感《話》シッー!, 静かに!

chi-'tón 名 男〚貝〛ヒザラガイ 名 男 ⇑ chito

'chi-va ['チ.バ] 名 女《(カリブ)》《話》こびを売る女; 〔複〕《(メキシコ)》《話》がらくた, くず, 半端物; 《(中米)》《(コロンビア)》《話》〚車〛(乗り合い)バス; 《(コロンビア)》

《話》うわさ, 興味深いニュース; 《ベネズエラ》《話》わな, だまし; 貸衣装; 中古品; 《チリ》《話》うそ, 詐欺

chi-'var [チ.'バる] 動 他 《コロンビア》《話》密告する, 告げ口する ～**se** 動 再 《話》密告する, 言いつける

chi-va-'ta-zo [チ.バ.'タ.そ] 名 男 《話》告げ口, 密告

chi-va-te+'ar [チ.バ.テ.'アる] 動 自 《コロンビア》《話》密告する

chi-'va-to, -ta [チ.'バ.ト, タ] 名 男 女 《話》告げ口屋, 密告者; 《カリブ》《コロンビア》《話》うわさ好きの(人); 〔畜〕子ヤギ

chi-ve+'ar [チ.ベ.'アる] 動 自 《カリブ》《話》(試験で)カンニングする

chi-'ve-ro, -ra [チ.'ベ.ろ, ら] 名 男 女 《ベネズエラ》中古品業者

chi-'vi-ta [チ.'ビ.タ] 名 女 《中米》《話》〔車〕小型バス

'chi-vo, -va ['チ.ボ, バ] 形 《メキシコ》《グアテマラ》密告する; 卑怯な 名 男 女 〔動〕《南米》〔動〕ヤギ; 密告者; 卑怯者 名 男 〔動〕子ヤギ; 《カリブ》《話》カンニングペーパー; 《メキシコ》《話》あれ《名前がわからない物》

'cho-ca 名 女 《中米》クッキー; 《チリ》《話》〔飲〕牛乳

cho-'can-te 形 《話》(不快なことで)びっくりさせる, 驚くべき; 《話》いやな, 不快な, 無礼な, 侮辱的な

cho-'car** [チョ.'カる] 93% 動 自 69 (c|qu) (con, contra, en: と)衝突する, ぶつかる; (con: と)意見を異にする, けんかする, 言い争う; 驚かせる, 変に思わせる; 《話》いらいらさせる, 怒らせる; 〔軍〕戦闘する, «両軍が»ぶつかる 動 他 (乾杯のときに)〈グラスを〉触れ合わせる; 〈手を〉握る; 〔一般〕(contra: に)ぶつける ～**se** 動 再 (con: と)衝突する ***¡Chócala! 《話》さあ握手しよう!

cho-ca-rre-'rí+a [チョ.カ.れ.'り.ア] 名 女 《話》下品な[きわどい]冗談, 露骨な言葉

cho-ca-'rre-ro, -ra [チョ.カ.'れ.ろ, ら] 形 名 男 女 《俗》下品な(人), いやらしい(人), 露骨な(人)

'cho-cha 名 女 〔鳥〕ヤマシギ; 〔複〕《中米》《話》小銭, ばら銭 形 《女》⬇chocho

cho-che+'ar [チョ.チェ.'アる] 動 自 よぼよぼする, 老いぼれる; (por: の)愛におぼれる, (por: に)目がない, 夢中だ

cho-'che-ra [チョ.'チェ.ら] 名 女 ぼけ, もうろく

'cho-cho, -cha 形 《話》(con, por: に)夢中の; 《話》もうろくした 名 男 〔植〕ルピナス[ハウチワマメ](の実); 〔食〕シナモンキャンディー; 〔複〕〔食〕菓子; 《俗》〔体〕女性器

'cho-clo ['チョ.クロ] 名 男 〔複〕木靴(きぐつ); 《南米》〔植〕トウモロコシ; 《ラプラタ》《話》やっかいなこと, 面倒

cho-'clón [チョ.'クロン] 名 男 《チリ》《話》烏合(うごう)の衆, 群衆; 集会

'cho-co, -ca 形 名 男 女 《ラ米》〔体〕片足の(人); 片手の(人); 《中米》《話》斜視の(人); 《チリ》《話》尾のない[短い](動物)

Cho-'có 名 固 〔地名〕チョコ《コロンビア西部の県》

⁑**cho-co-'la-te** [チョ.コ.'ラ.テ] 90% 名 男 チョコレート; 〔飲〕ココア; チョコレート色; 《俗》ハシッシュ《麻薬》 形 チョコレート色の ***economías del ～ del loro*** けちくさい節約

cho-co-la-te-'rí+a [チョ.コ.ラ.テ.'り.ア] 名 女 チョコレート工場; 〔商〕チョコレート飲料店

cho-co-la-'te-ro, -ra [チョ.コ.ラ.'テ.ろ, ら] 形 名 男 女 チョコレートが好きな; 〔食〕〔商〕チョコレート職人[売り] **-ra** 名 女 〔飲〕ココア用ポット; 《話》〔海〕ポンコツ船

cho-co-la-'ti-na [チョ.コ.ラ.'ティ.ナ] 名 女 〔食〕(小さな)板チョコ

cho-'co-lo [チョ.'コ.ロ] 名 男 《コロンビア》〔植〕トウモロコシ(の穂)

cho-co-'lón [チョ.コ.'ロン] 名 男 《中米》〔遊〕ビー玉(遊び)

cho-co-'zue-la [チョ.コ.'すエ.ラ] 名 女 《コロンビア》《話》〔体〕膝(ひざ)

***cho-'fer** ⇦ **'chó-fer** [チョ.'フェる ⇦ 'チョ.フェる] 94% 名 共 《choferesa 女 もまれに使われる》(車の)運転手; お抱え[雇われ]運転手

cho-'fe-re-sa 名 女 《まれ》⇧chofer

cho-'fe-ro, -ra [チョ.'フェ.ろ, ら] 名 男 女 《メキシコ》(車の)運転手

'cho-glo ['チョ.グロ] 名 男 《コロンビア》トウモロコシ(の穂)

'cho-la ['チョ.ラ] 名 女 《カリブ》《話》頭 名 女 ⬇cholla

'chol-co, -ca ['チョル.コ, カ] 形 名 男 女 《中米》《話》歯が抜けた, 歯のない(人); 手・足を失った(人)

cho-'le-ta [チョ.'レ.タ] 名 女 《チリ》〔衣〕服の裏地

cho-'li-to, -ta [チョ.'リ.ト, タ] 形 名 男 女 《チリ》《話》黒人(の)

'cho-lla ['チョ.ジャ] 名 女 《話》〔体〕頭

'cho-llo ['チョ.ジョ] 名 男 《話》楽でもうかる仕事, うまみのある仕事

'cho-lo, -la ['チョ.ロ, ラ] 形 《ラ米》(白人と先住民[インディオ]の)混血(の); 《チリ》《話》〔軽蔑〕〔地名〕ペルー(人)の 名 男 女 ペルー人

Cho-lu-'te-ca [チョ.ル.'テ.カ] 名 固 〔地名〕チョルテカ《ホンジュラス西部の県》

'chom-bo, -ba 形 名 男 女 《中米》《話》黒人(の) **-ba** 名 女 《チリ》〔衣〕セーター

'chom-pa 名 女 《メキシコ》《話》頭

chom-'pi-pe 名 男 《中米》〔鳥〕シチメンチョウ

chon-'ca-co 名 男 《ラプラタ》〔動〕ヒル

chon-'chón 名 男 《チリ》〔遊〕(新聞紙で作った)凧(たこ); 《チリ》石油ランプ

Chong-'king [チョン(グ).'キン(グ)] 名 固〔地名〕重慶(じゅうけい)(チョンチン)《中国, 四川省域内の政府直轄市》

chon-'tal [チョン.'タル] 形 名 共 チョンタール族の(人)《メキシコ南東部のマヤ系の先住民》

Chon-'ta-les [チョン.'タ.レス] 名 固〔地名〕チョンターレス《ニカラグア中部の県》

cho-'pe-ra [チョ.'ペ.ら] 名 女〔植〕ポプラ林

cho-'pi-to 名 男〔動〕小型のイカ

'cho-po 名 男〔植〕ポプラ; 《話》ライフル銃; 〔複〕《メキシコ》スリッパ; 《メキシコ》《話》鼻

*'**cho-que** ['チョ.ケ] 91% 名 男 ぶつかること, 衝突; (精神的な)打撃, 衝撃, ショック; 言い争い, 口論, けんか; 〔軍〕(両軍の)衝突, 戦闘; (食器などの)ぶつかる音; (衝突・爆発などの)衝撃, ショック; 〔医〕ショック

cho-'qué, -que(~) 動《直点 1 単, 接現》↑chocar

cho-que-'zue-la [チョ.ケ.'すエ.ラ] 名 女〔体〕膝蓋骨(しつがいこつ), ひざがしら

'chor ['チョる] 名 男〔衣〕ショートパンツ

'chor-cha ['チョる.チャ] 名 女 《中米》《話》〔医〕腫れもの; あざ

cho-re+'a-do, -da [チョ.れ.'ア.ド, ダ] 形 《チリ》《話》うんざりしている

cho-re+'ar [チョ.れ.'アる] 動 他 《チリ》《話》〈に〉挑む

cho-re-te+'ar [チョ.れ.テ.'アる] 動 他 《ベネズエラ》《話》傷つける

cho-'re-to, -ta [チョ.'れ.ト, タ] 形 《ベネズエラ》《話》ゆがんだ, 壊れた 名 男 《カリブ》《話》大量, 多数, たくさん

cho-ri-ce+'ar [チョ.り.せ.'アる] 動 他 《話》盗む

cho-ri-ce-'rí+a [チョ.り.せ.'り.ア] 名 女〔商〕ソーセージの店

cho-ri-'ce-ro, -ra [チョ.り.'せ.ろ, ら] 名 男 女〔商〕ソーセージ職人[売り]; 《話》泥棒

cho-ri-'pán [チョ.り.'パン] 名 男 《ラプラタ》〔食〕ソーセージのサンドイッチ

cho-'ri-zo [チョ.'り.そ] 名 男〔食〕チョリーソ《香辛料を効かせたポークソーセージ》; 《話》こそ泥; 《メキシコ》硬貨の筒型の包み; 《チリ》一列に並んだ物; 《チリ》《話》変わり者

chor-'li-to [チョる.'り.ト] 名 男〔鳥〕チドリ *cabeza de* ~ 《話》落ち着きのない人, 気の散る人

'cho-ro, -ra ['チョ.ろ, ら] 形 名 男 女 《チリ》《話》変わった(人), おもしろい(人) 名 男 《アンデス》《チリ》〔貝〕ムール貝; 《ベネズエラ》《アンデス》《ラプラタ》《話》泥棒, こそ泥

cho-'ro-ta [チョ.'ろ.タ] 名 女 《カリブ》〔食〕ソース; 《カリブ》《話》どろどろした物

cho-'ro-te [チョ.'ろ.テ] 名 男 《カリブ》焼きトウモロコシ・牛乳で作る飲み物

'cho-rra ['チョ.ら] 名 女 《話》幸運

cho-'rra-da [チョ.'ら.ダ] 名 女 (牛乳などの量り売りの)おまけ分; 《話》ばかげたこと

cho-rre+'ar [チョ.れ.'アる] 動 自 «液体が»したたる; 流れ出る, 噴き出る, わき出る

cho-'rre+o [チョ.'れ.オ] 名 男 したたり; 流れ

cho-'rre-ra [チョ.'れ.ら] 名 女 水がしたたり落ちる所, 流れた跡; 〔地〕(川の)急流; 〔衣〕(襟の)フリル; 《カリブ》下水溝; 《カリブ》〔遊〕滑り台

cho-rre-'ta-da [チョ.れ.'タ.ダ] 名 女 《話》噴き出ること, 噴出 *hablar a ~s* 《話》まくしたてる

cho-'rri-llo [チョ.'り.ジョ] 名 男 したたり, しずく; ほとばしり, 噴出

cho-'rri-to 〔縮小語〕↓chorro

*'**cho-rro** ['チョ.ろ] 93% 名 男 (水の)ほとばしり, 噴出; ジェット; 〔一般〕あふれること, ほとばしり; 《メキシコ》《話》たくさんの物; 《コロンビア》〔地〕(川の)急流 *a ~s* たくさん, 大量に *como los ~s de oro* とてもきれいに *hablar a ~s* ペチャクチャしゃべる, とめどなくしゃべる

cho-ta-'ca-bras [チョ.タ.'カ.ブらス] 名 男 [女] 〔単複同〕〔鳥〕ヨタカ

cho-te+'ar [チョ.テ.'アる] 動 他 《話》(de: を)ばかにする, からかう, おちょくる; 《メキシコ》《話》告発する; 《中米》《話》使い古す, 酷使する 動 自 《メキシコ》《中米》《話》散歩する; 怠ける, ぶらぶらする ~*se* 動 再 《話》ばかにする, (de: に)悪ふざけをする

cho-'te+o 名 男 《話》からかい, ばかにすること, おちょくること

'cho-tis 名 男〔単複同〕〔楽〕チョティス, ショティシュ《20 世紀の初めマドリードで流行した音楽・舞踊》 *más agarrado[da] que un* ~ 《話》どけちの

'cho-to, -ta 名 男 女〔畜〕子ヤギ; 《スペイン》〔畜〕子ウシ

cho-'tu+no, -na 形 やせた, 病弱の *oler a* ~ 汗くさい

cho-vi-'nis-mo 名 男〔政〕排他主義, 狂信的愛国主義

cho-vi-'nis-ta 形 名 共〔政〕排他主義の[主義者], 狂信的愛国主義の[主義者]

'cho-ya 名 女 《中米》《話》怠惰, 面倒くささ

*'**cho-za** ['チョ.さ] 94% 名 女〔建〕(丸太)小屋, あばら屋, 掘っ立て小屋, バラック

'cho-zo ['チョ.そ] 名 男〔建〕(石造・日干しれんがの)小屋

christmas ['クリス.マス] 名 男〔英語〕⇨ tarjeta de Navidad, ⬇Navidad
chu-'bas-co 名 男〔気〕にわか雨, スコール, 豪雨, 土砂降り; 困難, 逆境, 不運
chu-bas-'que-ro [チュ.バス.'ケ.ろ] 名 男〔衣〕レインコート
Chu-'but 名 固〔地名〕チュブート《アルゼンチン南部の州》
chu-ca-ne+'ar [チュ.カ.ネ.'アる] 動 自《中米》《話》冗談を言う, ふざける
'chu-cha 名 女〔動〕フクロネズミ, オポッサム; 《南米》《俗》女性器
chu-'cha-zo [チュ.'チャ.そ] 名 男《ベネズエラ》むち打ち
'chu-che 名 女《話》⇩ chuchería
chu-che+'ar [チュ.チェ.'アる] 動 他《ベネズエラ》《話》ひっかく
chu-che-'rí+a [チュ.チェ.'り.ア] 名 女 つまらないもの, ささいなもの, つまらないが大事な物;〔食〕軽い食物, おつまみ; わな
'chu-chin 形《カリブ》《話》よい, すてきな, すばらしい
chu-chi-'plu-ma [チュ.チ.'プル.マ] 形 名 男 女《カリブ》《話》臆病(おくびょう)な(人), 気の弱い(人);《カリブ》《話》信用できない(人)
'chu-cho, -cha 名 男 女《話》〔軽蔑〕〔畜〕(雑種の)イヌ[犬] 感《話》しっ!, あっちへ行け!《犬を追い払うときに使う》 名 男《南米》〔医〕マラリア;《南米》〔医〕悪寒;《カリブ》スイッチ, 電源
chu-'cho-ca 名 女《チリ》《ラプラタ》〔食〕トウモロコシ粉
chu-'cu-to 名 男《ベネズエラ》悪魔
'chue-co, -ca 形 名 男 女《メキシコ》《中米》ねじれた, 曲がった;《メキシコ》《中米》不法な;《ラ米》〔体〕«脚が»がにまたの(人);《中米》《話》〔体〕斜視の(人);《南米》《話》いたずら好きの(人) 名 男《中米》《話》がらくた, くず, 半端物
chue-que+'ar [チュエ.ケ.'アる] 動 自《ベネズエラ》《話》〔体〕足を引きずる, 片足で歩く
'chu-fa 名 女〔植〕(食用)カヤツリグサ;〔飲〕カヤツリグサの地下茎《飲み物のオルチャータを作る; ⬇horchata》
'chu-fla ['チュ.フラ] 名 女《話》冗談
chu-'la-da [チュ.'ラ.ダ] 名 女《話》すばらしいこと[もの]; うぬぼれ, 自慢; 無礼, あつかましさ
chu-le+'ar [チュ.レ.'アる] 動 自 (de: を)自慢する, うぬぼれる 動 他《コロンビア》《話》添削する, チェックする **~se** 動 再 (de: を)からかう
chu-le-'rí+a [チュ.レ.'り.ア] 名 女《話》生意気, ずうずうしさ, からいばり
chu-'le-ta [チュ.'レ.タ] 名 女〔食〕(骨付きの)あばら肉, チョップ;《話》平手打ち, ぴしゃりと打つこと;《話》カンニングペーパー;〔複〕《話》(髪の)もみ上げ 名 共《話》ずうずうしいやつ, あつかましいやつ
'chu-lo, -la ['チュ.ロ, ラ] 形 名 男 女《話》生意気な(人), ずうずうしい(人), あつかましい(人);《話》きれいな(人), すてきな(人), かっこいい(人), いかした(人);《スペイン》マドリードの下町の;《話》ごろつき, よた者;《スペイン》マドリードの庶民, 下町の人;《俗》女を取り持つ人 名 男〔牛〕チューロ《闘牛士の助手》 名 男《メキシコ》刷毛(はけ);《コロンビア》添削の印;《コロンビア》〔鳥〕ハゲワシ
'chu-ma 名 女《ラプラタ》《話》酒酔い
chu-ma-'ce-ra [チュ.マ.'せ.ら] 名 女〔機〕軸受け, ベアリング;〔海〕オール受け
chu-'mar [チュ.'マる] 動 自《アンデス》《ラプラタ》《話》〔飲〕酒を飲む
chum-'be-ra [チュン.'べ.ら] 名 女〔植〕ウチワサボテン, オプンチア《サボテンの一種》
'chum-bo, -ba 形〔植〕ウチワサボテンの, オプンチアの ***higo ~***〔植〕ウチワサボテンの実
chu-'mi+no 名 男《俗》〔体〕女性器
'chum-pa 名 女《中米》〔衣〕セーター
chum-'pi-pe 名 男《中米》〔鳥〕シチメンチョウ
'chun-che 名 男〔複〕《中米》《話》(漠然と)もの, こと; 安物, がらくた
chun-'chul [チュン.'チュル] 名 男〔複〕《チリ》〔食〕食用の臓物, もつ
chun-'chu-llo [チュン.'チュ.ジョ] 名 男〔複〕《コロンビア》〔食〕食用の臓物, もつ;〔複〕《コロンビア》役人の横領物
chun-'chu-rria [チュン.'チュ.り ア] 名 女《コロンビア》〔食〕食用の臓物, もつ
'chun-ga 名 女《話》冗談, からかい ***estar de ~***《話》からかう ***tomarse a [en] ~***《話》冗談にとる
chun-gue+'ar-se [チュン.ゲ.'アる.セ] 動 再 (de: を)からかう
'chu-ño ['チュ.ニョ] 名 男《南米》〔食〕チュニョ《保存用に凍結乾燥したジャガイモ》
'chu-pa 名 女〔衣〕(革の)ジャンパー;《中米》酔い ***poner como ~ de dómine*** (a: を)厳しくしかる
chu-pa-'ci-rios [チュ.パ.'すぃ.りオス] 名 共〔単複同〕《話》〔軽蔑〕〔宗〕教会に通う人
chu-'pa-do, -da 形 やせこけた, 細い, やつれた;《話》やさしい, 簡単な **-da** 名 女 (タバコの)一服; ひと吸い, 吸うこと, すすること, しゃぶること
chu-pa-'dor, -'do-ra [チュ.パ.'ドる, 'ド.ら] 形 吸う, 吸うための 名 男 おしゃぶり; (哺乳瓶(びん)の)乳首;《ラ米》酒飲み
chu-pa-'me-dias 名 共〔単複同〕《チリ》《話》おべっか使い, ごますり;《ラプラタ》《話》おとなしい人
chu-pa-'mir-to [チュ.パ.'ミる.ト] 名

男《ﾒｷｼｺ》〔鳥〕ハチドリ

*chu-'par [チュ.'パる] 93% 動 他 吸う, 吸い込む, すする; 吸収する; 〈あめ・指などを〉しゃぶる, なめる;《話》〈財産などを〉奪う, (やすやすと)手に入れる;《ｶﾘﾌﾞ》《話》〔飲〕〈強い酒を〉飲む;《中米》《話》〈タバコを〉吸う ～se 動 再 しゃぶる, なめる; 時を過ごす, 耐え忍ぶ; やせ細る, 衰える;《ｱﾝﾃﾞｽ》《話》おじけづく, 怖がる ～ *la sangre*《話》(a: を)絞る, こき使う *¡Chúpate ésa!*《話》すごいだろう, わかったか?

chu-pa-'rro-sa [チュ.パ.'ろ.サ] 名 女《ﾒｷｼｺ》〔鳥〕ハチドリ

chu-pa-'san-gre [チュ.パ.'サン.グれ] 名 共《ﾗ米》無慈悲な人, 冷酷な人間

chu-pa-'tin-tas 名 共〔単複同〕《話》〔軽蔑〕事務員

'chu-pe 名 男《ｱﾝﾃﾞｽ》《ﾗﾌﾟﾗﾀ》〔食〕チュペ《トウモロコシ・肉・ジャガイモの料理》;《ﾁﾘ》〔食〕クリームスープ

chu-'pe-ta 名 女《ｺﾛﾝﾋﾞｱ》〔食〕ペロペロキャンディー

chu-'pe-te 名 男 (赤ちゃんの)おしゃぶり; (哺乳瓶(びん)の)乳首

chu-pe-te+'ar [チュ.ペ.テ.'アる] 動 自 (少しずつ)吸う, しゃぶる

chu-pe-'tín 名 男《ﾗﾌﾟﾗﾀ》〔食〕ペロペロキャンディー

chu-pe-'tón 名 男 強い吸い込み

'chu-pi 形《話》楽しい, 最高の 副《話》楽しく, 最高に

chu-pi-'na-zo [チュ.ピ.'ナ.そ] 名 男《話》〔競〕強烈なシュート[キック]

'chu-po 名 男《ｺﾛﾝﾋﾞｱ》(哺乳瓶の)乳首, おしゃぶり

chu-'pón, -'po-na 形 吸う; 寄生的な, 居候の, たかる 名 男 女 吸う人; 居候, 食客, たかり屋 名 男〔植〕若枝, 吸枝(きゅうし); (鳥の)綿毛;〔機〕(ポンプの)吸子(すいこ), 吸い込み管;〔食〕ペロペロキャンディー; おしゃぶり; (哺乳瓶の)乳首;《ｶﾘﾌﾞ》《話》熱烈なキス;《ｺﾛﾝﾋﾞｱ》哺乳瓶

Chu-qui-'sa-ca [チュ.キ.'サ.カ] 名 固〔地名〕チュキサーカ《ボリビア南部の県》

chu-'rras-co [チュ.'ら$ス$.コ] 名 男《ﾁﾘ》《ﾗﾌﾟﾗﾀ》〔食〕シュラスコ, バーベキュー

chu-rras-que-'rí+a [チュ.ら$ス$.ケ.'リ.ア] 名 女《ﾁﾘ》《ﾗﾌﾟﾗﾀ》〔商〕シュラスコ料理店, バーベキューハウス

'chu-rre ['チュ.れ] 名 男《話》汚れ, あか, 汚物;〔技〕羊毛脂

chu-rre-'rí+a [チュ.れ.'リ.ア] 名 女〔商〕チューロ店↓churro

chu-'rre-ro, -ra [チュ.'れ.ろ, ら] 名 男 女〔商〕チューロ店の主人↓churro

chu-'rre-te [チュ.'れ.テ] 名 男 (〔特に〕顔の)汚れ

'chu-rria ['チュ.リア] 名 女〔複〕《ｺﾛﾝﾋﾞｱ》《話》下痢

chu-'rrien-to, -ta [チュ.'リエン.ト, タ] 形 とても汚い

chu-rri-gue-'res-co, -ca [チュ.リ.ゲ.'れス.コ, カ] 形〔建〕チュリゲレスクの;〔軽蔑〕悪趣味の, けばけばしい

chu-rri-gue-'ris-mo [チュ.リ.ゲ.'リス.モ] 名 男〔建〕チュリゲレスク建築, 誇飾建築《スペインの建築家チュリゲラ José Churriguera (1665–1725)が作り出した様式》

*'chu-rro ['チュ.ろ] 94% 名 男〔食〕チューロ《小麦粉を練って細長くして揚げたもの》;《話》へま, 失敗, 失敗作;《話》まぐれ, まぐれ当たり ～, -rra 形《毛が》粗い, きめが粗い 形 名 男 女《ｺﾛﾝﾋﾞｱ》《ﾁﾘ》《ﾗﾌﾟﾗﾀ》《話》魅力的な(人) *¡Vete a freír ～s!*《話》出て行け!

chu-rrus-'car [チュ.るス.'カる] 動 他 ⑥⑨ (c|qu) 〈の〉表面を焦がす ～se 動 再 表面が焦げる

chu-rum-'bel [チュ.るン.'ベル] 名 男《話》〔笑〕子供

chus-'ca-da 名 女 おかしなこと, おもしろいこと

'chus-co, -ca 形 おもしろい, おかしな 名 男 女 冗談を言う人 名 男〔食〕硬くなったパン(のかけら);《ﾗ米》〔畜〕〔犬〕雑種犬

'chus-ma 名 女〔集合〕〔歴〕漕刑囚(そうけいしゅう);〔集合〕やじ馬, 烏合の衆

'chut 名 男〔複 chuts〕〔競〕〔サッカー〕シュート

chu-'tar [チュ.'タる] 動 自〔競〕〔サッカー〕シュートする;《話》うまくやる -se 動 再 麻薬を注射する

'chu-te 名 男《俗》麻薬の注射;《中米》虫に刺されること;《ﾁﾘ》《話》きざな; 着飾った

'chu-to, -ta 形 名 男 女《ｱﾝﾃﾞｽ》《話》手・足を失った(人)

chu-'zar [チュ.'さる] 動 他 ③④ (z|c)《ｺﾛﾝﾋﾞｱ》《話》刺す

'chu-zo, -za ['チュ.そ, さ] 名 男 女《ﾁﾘ》《話》役に立たない人; 劣等生 名 男 先がとがった棍棒《夜警などが用いる》;《ﾁﾘ》つるはし *caer ～s de punta*〔気〕土砂降りになる *echar ～s* ひどく怒る *llover a ～s*〔気〕ざあざあ雨が降る *meter un ～*《南米》だます

C. I. 略 =cédula de identidad 身分証

'cí+a 名 女〔体〕座骨, 無名骨

Cía. 略 ↓compañía

'cian ['すィアン] 名 男〔化〕シアン色, 青緑色

cia-na-'mi-da [すィア.ナ.'ミ.ダ] 名 女〔化〕シアナミド

cian-'hí-dri-co, -ca [すィア.'ニ.ドり.コ, カ] 形〔化〕シアン化水素の

cia-'nó-ge+no [すぃア.'ノ.ヘ.ノ] [名] [男] 〘化〙シアン《可燃性有毒ガス》

cia-'no-sis [すぃア.'ノ.スィス] [名] [女] 〔単複同〕〘医〙チアノーゼ《血液中の酸素欠乏のため皮膚などが暗紫色になる状態》

cia-'nó-ti-co, -ca [すぃア.'ノ.ティ.コ, カ] [形] [名] [男] [女] 〘医〙チアノーゼの(患者)

cia-no-'ti-po [すぃア.ノ.'ティ.ポ] [名] [男] 青写真

cia-'nu-ro [すぃア.'ヌ.ろ] [名] [男] 〘化〙シアン化物

'ciar ['すぃアる] [動] [自] 29 (i|í) 〔直現 2 複 ciais; 直点 1 単 cie; 直点 3 単 cio; 接現 2 複 cieis〕(en: 事業を)やめる, 断念する; 後退する, 後ろ向きに進む; 〘海〙逆漕(ぎゃくそう)する

'ciá-ti-co, -ca ['すぃア.ティ.コ, カ] [形] 〘体〙座骨の **-ca** [名] [女] 〘医〙座骨神経痛

Ci-'ba+o [すぃ.'バ.オ] [名] [固] 〘地名〙シバオ《ドミニカ共和国中部の地域》

Ci-'be-les [すぃ.'ベ.レス] [名] [固] 〘ギ神〙キュベレー《小アジアの大地の女神》; 〘地名〙シベレスの交差点 《マドリードの中央郵便局の前, 大きな噴水がある》

ci-be-'li-na [すぃ.ベ.'リ.ナ] [名] [女] 〘動〙クロテン

ci-be-r|a-'co-so [すぃ.ベ.ら.'コ.ソ] [名] [男] 〘情〙サイバーハラスメント, サイバー暴力《インターネット上の掲示板やブログなどで行われる誹謗中傷・名誉毀損》

ci-be-r|es-'pa-cio [すぃ.ベ.れス.'パ.すぃオ] [名] [男] 〘情〙サイバースペース

ci-be-r|e-ti-'que-ta [すぃ.ベ.れ.ティ.'ケ.タ] [名] 〘情〙ネチケット

ci-ber-'nau-ta [すぃ.べる.'ナウ.タ] [名] [共] 〘情〙サイバースペース使用者

ci-ber-'né-ti-co, -ca [すぃ.べる.'ネ.ティ.コ, カ] [形] 〘情〙サイバネティックスの [名] [男] [女] 〘情〙サイバネティックス専門家 **-ca** [名] [女] 〘情〙サイバネティックス《人間および機械における制御と通信を扱う総合科学》

ci-bo-'fo-bia [すぃ.ボ.'フォ.ビア] [名] [女] 〘医〙拒食症

ci-ca-te-'rí+a [すぃ.カ.テ.'リ.ア] [名] [女] けち, しみったれ, 吝嗇(りんしょく)

ci-ca-'te-ro, -ra [すぃ.カ.'テ.ろ, ら] [形] [名] [男] [女] けちな(人), しみったれ(の)

***ci-ca-'triz** [すぃ.カ.'トりす] 93% [名] [女] 〘医〙(皮膚の)傷跡, 手術の跡; 心の傷

ci-ca-tri-za-'ción [すぃ.カ.トり.さ.'すぃオン] [名] [女] 〘医〙(傷の)癒着

ci-ca-tri-'zar [すぃ.カ.トり.'さる] [動] [他] 34 (z|c) 〘医〙〈傷を〉癒(いや)す [動] [自] 〘医〙«傷が»癒(い)える **~se** [動] [再] 〘医〙(傷口がふさがって)癒える, 癒着する

'cí-ce-ro ['すぃ.せ.ろ] [名] [男] 〘印〙パイカ活字

ci-ce-'rón [すぃ.せ.'ろン] [名] [男] 雄弁家

ci-ce-'ro-ne [すぃ.せ.'ろ.ネ] [名] [共] 観光案内人, ガイド

ci-ce-ro-'nia+no, -na [すぃ.せ.ろ.'ニア.ノ, ナ] [形] キケロの《マルクス・トゥリウス・キケロ Marco Tulio Cicerón: ローマの政治家・雄弁家, 前 106–43》

'ci-cla ['すぃ.クラ] [名] [女] 《コロンビア》《話》自転車

ci-'cla-men [すぃ.'クラ.メン] [名] [男] 〘植〙シクラメン

ci-cla-'mor [すぃ.クラ.'モる] [名] [男] 〘植〙ハナズオウ

'cí-cli-co, -ca ['すぃ.クリ.コ, カ] [形] 周期的な, 循環的な

ci-'clis-mo [すぃ.'クリス.モ] [名] [男] サイクリング, 自転車乗り; 〘競〙自転車競走, 自転車競技, サイクリングレース **~ *de montaña*** 〘競〙マウンテンバイク

ci-'clis-ta [すぃ.'クリス.タ] [形] 〘競〙自転車(競技)の [名] [共] 自転車に乗る人; 〘競〙自転車競技選手

****'ci-clo** ['すぃ.クロ] 86% [名] [男] ひと巡り(の時間), 周期, 循環期; (同じ主題の)連続講演; 〘映〙連続上映; 〘文〙(同じ主題の)一群の史詩[伝説], 作品群; 〘歴〙一時代, 一時期; 〘物〙周波, サイクル; 課程; 《カリブ》自転車; 〘情〙ループ

ci-clo-'crós [すぃ.クロ.'クろス] [名] [男] 〘競〙サイクロクロス《自転車のクロスカントリーレース》

ci-clo-mo-'tor [すぃ.クロ.モ.'トる] [名] [男] モーターバイク, 原動機つき自転車

ci-'clón [すぃ.'クロン] [名] [男] 〘気〙サイクロン《インド洋に発生する熱帯低気圧》

ci-'cló-ni-co, -ca [すぃ.'クロ.ニ.コ, カ] [形] 〘気〙サイクロンの

'Cí-clo-pe ['すぃ.クロ.ペ] [名] [固] 〘ギ神〙キュクロプス《シチリア島に住んでいたという一つ目の巨人》

ci-'cló-pe+o, +a [すぃ.'クロ.ペ.オ, ア] [形] キュクロプスのような; 巨大な, 大きな

ci-clo-'ra-ma [すぃ.クロ.'ら.マ] [名] [男] 円形パノラマ

ci-clos-'ti-lo [すぃ.クロス.'ティ.ロ] [名] [男] 〘印〙サイクロスティール《謄写板の一種》

ci-clo-'trón [すぃ.クロ.'トろン] [名] [男] 〘物〙サイクロトロン《陽子やイオンの加速装置》

ci-clo-tu-'rís-ti-co, -ca [すぃ.クロ.トゥ.'リス.ティ.コ, カ] [形] 自転車旅行の

ci-co-'tu-do, -da [すぃ.コ.'トゥ.ド, ダ] [形] [名] [男] [女] 《カリブ》《話》足がくさい(人)

ci-'cu-ta [すぃ.'ク.タ] [名] [女] 〘植〙ドクニンジン

'ci-dra ['すぃ.ドら] [名] [女] 〘植〙シトロンの実

'ci-dro ['すぃ.ドろ] [名] [男] 〘植〙シトロンの木

C

'**cie-g**~ 動《活用》⬆cegar

‡'**cie-go, -ga** ['すぃエ.ゴ, ガ] 89% 形 名 男 女 盲目の(人), 盲人; 盲目的な(人), やみくもな(人), 理性を失った(人); 見る目のない(人), (a, de, para: が)わからない(人); (con, de: に)夢中の(人); ふさがれた, 栓を詰めた; 〘体〙盲腸の; 《ラプラタ》〘遊〙〔トランプ〕悪い札を持った 名 男 〘体〙盲腸 **-gamente** 副 盲目的に, やみくもに, むやみに ***a ciegas*** 盲目的に, やみくもに, あまり考えずに ***punto*** ~〘体〙(眼球の)盲点, 死角; 当人の気がつかない弱点, 盲点

cie-'gui-to, -ta〔縮小語〕⬆ciego

cie-'li-to [すぃエ.'リ.ト] 名 男 《ラプラタ》〘楽〙シエリート《アルゼンチンの民謡・舞踊》

‡'**cie-lo** ['すぃエ.ロ] 80% 名 男 空, 天; 〔しばしば複〕天国; 〔C~〕神; すばらしい物, かわいい人; 天気, 気候; 〘建〙天井; 天蓋(てんがい) 感〔複〕なんということか!, ああ! 《驚き》 ***a ~ raso*** [***abierto***] 天井のない; 戸外の[で], 露天の[で] ***caído***[***da***] ***del*** ~《話》ちょうどよい, 思いがけない, 偶然の, 棚ぼたの ***~ de la boca***〘体〙口蓋 ***clamar al*** ~ 天罰に値する ***ganarse el*** ~ (善行によって)天国へ行く ***llovido***[***da***] ***del*** ~ ⬆ caído del ~ ***mi*** ~ ねえ, あなた[君・おまえ]《愛情のこもった呼び方》 ***mover ~ y tierra*** あらゆる手段を尽くす, 奮闘する ***ver el ~ abierto***《話》希望の光を見る

'**cie-lo-rra-so** [すぃエ.ロ 'ら̃.ソ] 名 男 〘建〙張り天井

ciem-'piés [すぃエン.'ピエス] 名 男〔単複同〕〘動〙ムカデ; 《話》つじつまの合わないたわごと

‡'**cien** ['すぃエン] 74% 数 名 男《ciento が名詞や mil, millones の前で語尾が脱落した形; 口語では単独でも用いられる⬇ciento》100(の); 第100(番目)(の) ***por*** ~《誤用》⇨por ciento, ⬇ciento

'**cié-na-ga** ['すぃエ.ナ.ガ] 名 女 〘地〙沼, 沼沢地, 湿地

‡'**cien-cia** ['すぃエン.すぃア] 74% 名 女 科学, 科学研究, 学問; 〔特に〕自然科学, 理学, 理科; 知識, 知恵, 技術 ***a ~ cierta*** 確実に ***~ ficción***〘文〙空想科学小説, S.F. ***tener poca ~***《話》やさしい, 簡単だ

Cien-'fue-gos [すぃエン.'フエ.ゴス] 名 固〘地名〙シエンフエゴス《キューバ中部の都市》

cien-mi-'lé-si-mo, -ma [すぃエ(ン).ミ.'レ.スィ.モ, マ] 形 10万分の1の 名 男 10万分の1

'**cie-no** ['すぃエ.ノ] 名 男 〘地〙泥, ぬかるみ, 泥沼

cien-ti-fi-'cis-mo [すぃエン.ティ.フィ.'すぃス.モ] 名 男 科学(万能)主義

‡**cien-'tí-fi-co, -ca** [すぃエン.'ティ.フィ.コ, カ] 76% 形 科学の, 科学的な; (自然)科学上の; (科学的に)厳密な, 系統立った 名 男 女 科学者, (科学)研究者, 自然科学者 **-camente** 副 科学[学問]的に

cien-ti-'fis-mo 名 男 ⇧cientificismo

‡'**cien-to, -cien** ['すぃエン.ト, すぃエン] 71% 数〔⇦単独の100〕100(の)《名詞や mil, millones の前で cien となる, 口語では名詞としても cien が用いられる》 ***a ~s*** 多く, 何百も ***~ en viento*** ときどき, たまに ***cien***(***to***) ***por cien***(***to***) 100パーセント, 完全に ***el ~ y la madre***《話》多くの ***por*** ~ パーセント

'**cier-n**~ 動《直点/接過》⬆cernir, cerner

'**cier-ne** ['すぃエる.ネ] 名 男 〘植〙花ざかり, 開花(期) ***en ~***(***s***) (職業で)駆け出しの, 始めたばかりの; 初期の ***estar en ~*** 〘植〙《ブドウ・オリーブ・コムギが》開花している

'**cie-rr**~ 動《直現/接現/命》⬆cerrar

*'**cie-rre** ['すぃエ.れ̃] 91% 名 男 閉めること, 閉鎖; 閉店, 休業; 終止, 終結, 終わり; 〘衣〙ファスナー; 締切り; 留め金; バックル; 〘車〙チョーク; 〘情〙シャットダウン

'**cie-rro** ['すぃエ.ろ̃] 名 男 〘畜〙(家畜用の)柵の囲い場

‡'**cier-ta-'men-te** ['すぃエる.タ.'メン.テ] 90% 副 確かに; 〔単独で〕その通りです

‡'**cier-to, -ta** ['すぃエる.ト, タ] 68% 形〔ser ~〕確かである, 真実である, 事実である, 必ず…になる[…する]; (de: を)確信している; 〔名詞の後で〕確かな, 確実な; 〔名詞の前で〕(あまり多くではないが)ある程度の, いくらかの; 〔名詞の前で〕ある…, 某… 感 確かに, もちろん ***de*** ~ 確かに, 確実に ***estar en lo ~*** 正しい ***lo ~ es que*** … ただ…ということがある, 実は…である《前の文の一部を訂正する》 ***por*** ~ もちろん, 当然, 確実に; ところで, 話は変わりますが (***por***) ***~ que*** … 当然…である, 確かに…である ***Si bien es ~ que*** … …は確かだが

*'**cier-vo, -va** ['すぃエる.ボ, バ] 94% 名 男 女 〘動〙シカ[鹿] ***~ volante***〘昆〙クワガタムシ

'**cier-zo** ['すぃエる.そ] 名 男 〘気〙北風

c. i. f. 略 =costo, seguro y flete pagados〘商〙保険料・運賃込みの価格

‡'**ci-fra** ['すぃ.フら] 85% 名 女 数字《0から9までの数字》; 暗号; 数, 量; 要約, 概要

ci-'fra-do, -da [すぃ.'フら.ド, ダ] 形 暗号になった, 暗号(文)の 名 男 〘情〙暗号化

ci-'frar [すぃ.'フら̃る] 動 他 暗号にする, 暗号で書く; (en: に)置く, 〈が〉(en: に)あると考える; 要約する; 〘情〙暗号化する **~-se** 動 再 (en: に)要約される, 縮小される

C

ci-'ga-la [すぃ.'ガ.ラ] 名 女〔動〕アカザエビ《食用》
ci-'ga-rra [すぃ.'ガ.ら] 名 女〔昆〕セミ
ci-ga-'rral [すぃ.ガ.'らル] 名 男《スペイン》(トレド地方の)別荘
ci-ga-'rre-ra [すぃ.ガ.'れ.ら] 名 女 タバコ入れ
ci-ga-rre-'rí+a [すぃ.ガ.れ.'り.ア] 名 女《ラ米》〔商〕タバコ屋
**ci-ga-'rri-llo [すぃ.ガ.'り.ジョ] 89% 名 男 紙巻きタバコ
*ci-'ga-rro** [すぃ.'ガ.ろ] 93% 名 男 葉巻, シガー;《話》紙巻きタバコ *echar un* ～《話》タバコを吸う
cig-'na-to [すぃグ.'ナ.ト] 名 男《ベネズエラ》〔食〕腐った食品
ci-go-'ñal [すぃ.ゴ.'ニャル] 名 男 (井戸の)はねつるべ; (可動橋を支える)桁
ci-'go-to [すぃ.'ゴ.ト] 名 男〔生〕接合子, 接合体
***ci-'güe-ña** [すぃ.'グエ.ニャ] 94% 名 女〔鳥〕コウノトリ, シュバシコウ;〔機〕クランク, 曲がり柄, 接合子 *esperar a la* ～《話》子供が生まれるのを待つ *venir la* ～《話》子供が生まれる
ci-güe-'ñal [すぃ.グエ.'ニャル] 名 男〔機〕クランク軸, クランクシャフト
ci-'lan-tro [すぃ.'ラン.トろ] 名 男〔植〕コエンドロ, コリアンダー, パクチー《セリ科》
ci-'liar [すぃ.'リアる] 形〔体〕まゆ毛の;〔体〕(目の)毛様体の
ci-'li-cio [すぃ.'リ.すぃオ] 名 男〔歴〕苦行衣
ci-lin-'dra-da [すぃ.リン.'ドら.ダ] 名 女〔機〕排気量, シリンダー容積
ci-'lín-dri-co, -ca [すぃ.'リン.ドリ.コ, カ] 形 円筒形の, シリンダー状の
***ci-'lin-dro** [すぃ.'リン.ドろ] 94% 名 男 円筒, 円柱, 円筒形の物, 円筒状;〔機〕シリンダー, 気筒;〔印〕ローラー, インキローラー ～ *compresor* ロードローラー
'ci-lio ['すぃ.リオ] 名 男〔体〕繊毛
'ci-lla ['すぃ.ジャ] 名 女 穀物貯蔵所
*'**ci+ma** ['すぃ.マ] 93% 名 女〔地〕(山などの)頂上, 頂き; 絶頂, 頂点, 極点;〔植〕(木の)こずえ *dar* ～ (a: を)終える, 完成する *mirar por* ～ ざっと目を通す
ci-'ma-cio [すぃ.'マ.すぃオ] 名 男〔建〕波繰形(なみくりがた)
ci-'ma-rra [すぃ.'マ.ら]〔成句〕*hacer* ～《チリ》《ラプラタ》学校をサボる
ci-ma-'rrón, -'rro-na [すぃ.マ.'ろン, 'ろ.ナ] 形《ラ米》野生の;《ラ米》怠惰な, なまけ者の 名 男〔飲〕シマロン《砂糖の入っていないマテ茶; ⬇mate》;〔歴〕逃亡奴隷
'cím-ba-lo ['すぃン.バ.ロ] 名 男〔楽〕シンバル; 小さい鐘[鈴]
'cím-bel ['すぃン.ベル] 名 男 (狩りの)おとりの鳥
cim-'bo-rrio ⇔-rio [すぃン.'ボ.りオ⇔.りオ] 名 男〔建〕ドーム, 丸屋根
'cim-bra ['すぃン.ブら] 名 女〔建〕(アーチなどを作るときの)仮枠, 迫(せ)り枠;〔建〕(アーチの)内側面, 内弧面
cim-'brar [すぃン.'ブらる] 動 他 振る, 揺する; 〈細い枝などを〉しなわせる ～**se** 動 再 揺さぶられる; 曲がる, ゆがむ
cim-bre+'an-te [すぃン.ブれ.'アン.テ] 形 曲げやすい, しなやかな, 柔軟な
cim-bre+'ar [すぃン.ブれ.'アる] 動 他 振る; 曲げる, しなわせる ～**se** 動 再 曲がる, しなう; 揺れる; 優雅に歩く
cim-'bre-ño, -ña [すぃン.'ブれ.ニョ, ニャ] 形《格》すらりとした, しなやかな
cim-'bre+o [すぃン.'ブれ.オ] 名 男 振ること; 曲げること, しなわせること
cim-bro-'na-zo [すぃン.ブろ.'ナ.そ] 名 男《コロンビア》激しい振動
ci-men-ta-'ción [すぃ.メン.タ.'すぃオン] 名 女〔建〕基礎工事; 建設, 創設, 創建
ci-men-'tar [すぃ.メン.'タる] 動 他〔㊿ (e|ie)の変化をすることがある〕〔建〕〈建物の〉土台を築く, 〈の〉基礎工事をする;〔鉱〕〈金を〉精錬する, 磨く; 強固にする, 固める, 確固たるものにする ～**se** 動 再 (en: に)基づく, (en: を)土台とする; 強固になる, 確固としたものになる
ci-'me-ro, -ra [すぃ.'メ.ろ, ら] 形 頂上の, 最上の, 最高の, トップの, 抜きんでた **-ra** 名 女〔歴〕〔軍〕(かぶとの)前立て
***ci-'mien-to** [すぃ.'ミエン.ト] 94% 名 男〔複〕〔建〕(建物の)基礎, 土台; (考えなどの)根拠, 根底, 出発点, 基盤
ci-mi-'ta-rra [すぃ.ミ.'タ.ら] 名 女〔歴〕〔軍〕(アラブ人・ペルシャ人などの)偃月刀(えんげつとう)
ci-'na-brio [すぃ.'ナ.ブりオ] 名 男〔鉱〕辰砂(しんしゃ)
'cinc ['すぃン(ク)] 名 男〔複 cincs〕〔化〕亜鉛《元素》
cin-'car [すぃン.'カる] 動 他 ㊴ (c|qu)〔技〕亜鉛に浸す
cin-'cel [すぃン.'せル] 名 男〔技〕のみ, たがね
cin-ce-la-'du-ra [すぃン.せ.ラ.'ドゥ.ら] 名 女〔技〕彫ること, 刻むこと
cin-ce-'lar [すぃン.せ.'ラる] 動 他〔技〕(のみで)彫る, 刻む
'cin-cha ['すぃン.チャ] 名 女〔畜〕(馬などの)腹帯 *a revienta* ～*s* 全速力で *a raja* ～《ラプラタ》過度に, 途方もなく
cin-'char [すぃン.'チャる] 動 他〔畜〕〈馬に〉腹帯を着ける, 腹帯で締める; 〈に〉たがをは

める, たがで締める; 《ﾗﾃﾝｱﾒﾘｶ》 熱望する, 強く望む; 熱烈に応援する

'cin-cho ['すぃン.チョ] 名 男 たが, 金輪; 〔衣〕 帯, ベルト; 《ﾒｷｼｺ》〔畜〕 (馬などの)腹帯

＊'cin-co ['すぃン.コ] 67% 数 〔⇔単独の 5〕 5 (の); 《話》 手 *no tener ni* ～ 一文もない

cin-co-'nis-mo [すぃン.コ.'ニス.モ] 名 男 〔医〕 キニーネ中毒

＊cin-'cuen-ta [すぃン.'クエン.タ] 79% 数 〔⇔単独の 50〕 50(の); 第 50(番目)の

cin-cuen-tai-'cin-co 数 ⇨cincuenta y cinco

cin-cuen-tai-'cua-tro 数 ⇨cincuenta y cuatro

cin-cuen-tai-'dós 数 ⇨cincuenta y dos

cin-cuen-tai-'nue-ve 数 ⇨cincuenta y nueve

cin-cuen-tai-'o-cho 数 ⇨cincuenta y ocho

cin-cuen-tai-'séis 数 ⇨cincuenta y seis

cin-cuen-tai-'sie-te 数 ⇨cincuenta y siete

cin-cuen-tai-'trés 数 ⇨cincuenta y tres

cin-cuen-tai-'u-no, -na 数 ⇨cincuenta y uno

cin-cuen-ta-'ñe-ro, -ra [すぃン.クエン.タ.'ニェ.ろ, ら] 形 名 男 女 50 歳代の(人)

cin-cuen-'ta-vo, -va [すぃン.クエン.'タ.ボ, バ] 形 50 分の 1 の 名 男 50 分の 1

cin-cuen-'te-na [すぃン.クエン.'テ.ナ] 名 女 〔集合〕 50, 50 組

cin-cuen-te-'na-rio, -ria [すぃン.クエン.テ.'ナ.りオ, りア] 形 50 周年の 名 男 50 周年

cin-cuen-'te+no, -na 形 《古》 ⇩quincuagésimo

cin-cuen-'tón, -'to-na [すぃン.クエン.'トン, 'ト.ナ] 形 名 男 女 《話》 50 歳代の(人)

＊'ci+ne ['すぃ.ネ] 77% 名 男 〔映〕 映画館; 〔映〕 映画 *de* ～ 《話》 すばらしい

ci-ne+'as-ta [すぃ.ネ.'アス.タ] 名 共 〔映〕 映画制作者, 映画制作関係者; 〔映〕 映画スター[俳優]

ci-ne-'club [すぃ.ネ.'クルブ] 名 男 〔複 -clubs; -clubes〕 〔映〕 映画同好会

ci-'né-fi-lo, -la [すぃ.'ネ.フィ.ロ, ラ] 名 男 女 〔映〕 映画ファン

ci-ne-'gé-ti-co, -ca [すぃ.ネ.'ヘ.ティ.コ, カ] 形 〔畜〕 (犬を使った)狩猟の -ca 名 女 〔畜〕 (犬を使った)狩猟術

ci-'ne-ma 名 男 ⇧cine

ci-ne-mas-'co-pe [すぃ.ネ.マス.'コ.ペ] 名 男 〔映〕 《商標》 シネマスコープ

ci-ne-ma-'te-ca [すぃ.ネ.マ.'テ.カ] 名 女 〔映〕 フィルムライブラリー

ci-ne-'má-ti-co, -ca [すぃ.ネ.'マ.ティ.コ, カ] 形 〔物〕 運動学の -ca 名 女 〔物〕 運動学

ci-ne-ma-to-gra-'fí+a [すぃ.ネ.マ.ト.グら.'フィ.ア] 名 女 〔映〕 映画撮影法, 映画撮影技術

ci-ne-ma-to-'grá-fi-co, -ca [すぃ.ネ.マ.ト.'グら.フィ.コ, カ] 形 〔映〕 映画の, 映画撮影の

ci-ne-ma-'tó-gra-fo [すぃ.ネ.マ.'ト.グら.フォ] 名 男 〔映〕 映写機; 〔映〕 映画撮影法; 〔映〕 映画館

ci-ne-'ra-ma [すぃ.ネ.'ら.マ] 名 男 〔映〕 シネラマ《商標; 立体効果をつけた映画》

ci-ne-'ra-rio, -ria [すぃ.ネ.'ら.りオ, りア] 形 納骨用の

ci-nes-te-'sí+a [すぃ.ネス.テ.'スィ.ア] 名 女 運動感覚

ci-'né-ti-co, -ca [すぃ.'ネ.ティ.コ, カ] 形 〔物〕 運動の, 動く -ca 名 女 〔物〕 動力学

cin-ga-'lés, -'le-sa [すぃン.ガ.'レス, 'レ.サ] 形 名 男 女 シンハラ族の(人) 《スリランカの民族》 ⬇Sri Lanka; 〔言〕 シンハラ語の 名 男 〔言〕 シンハラ語

'cín-ga-ro, -ra ['すぃン.ガ.ろ, ら] 形 名 男 女 (中央ヨーロッパの)ロマ[ジプシー](の)

cin-'glar [すぃン.'グラる] 動 他 〔海〕 艫櫂(ともがい)で〈船を〉こぐ; 〔技〕 〈溶鉄を〉攪錬(かくれん)する

'cín-gu-lo ['すぃン.グ.ロ] 名 男 〔宗〕 (司祭の白服を締める)帯; 〔軍〕 飾り帯

'cí-ni-co, -ca 形 名 男 女 皮肉な, 皮肉屋, 冷笑的な, 冷笑家, 世をすねた(人); 厚顔な(人), 恥知らずの(人); 〔歴〕 〔哲〕 キュニコス派の(人), 犬儒学派の(人)

'cí-ni-fe 名 男 〔昆〕 カ[蚊]

ci-'nis-mo [すぃ.'ニス.モ] 名 男 恥知らず, あつかましさ, 鉄面皮; 冷笑, 皮肉; 皮肉な言葉; 〔歴〕 〔哲〕 キュニコス派[犬儒学派]哲学

ci-no-'cé-fa-lo [すぃ.ノ.'せ.ファ.ロ] 名 男 〔動〕 ヒヒ

ci-no-lo-'gí+a [すぃ.ノ.ロ.'ひ.ア] 名 女 〔動〕 犬の研究, 犬学

ci-no-'ló-gi-co [すぃ.ノ.'ロ.ひ.コ, カ] 形 〔動〕 犬の研究の, 犬学の

cin-'que-ño, -ña [すぃン.'ケ.ニョ, ニャ] 形 〔遊〕 〔トランプ〕 シンケーニョ《5 人でするゲーム》

＊'cin-ta ['すぃン.タ] 89% 名 女 リボン, ひも; 帯状のもの, テープ, タイプライター用リボン; 〔衣〕 ベルト, バンド, 帯; (録音用・ビデオ用の)テープ; 〔映〕 フィルム; (歩道の)縁石

cin-ta-'ra-zo [すぃン.タ.'ら.そ] [名] [男] 剣の平打ち; 帯でたたくこと

cin-ti-'lar [すぃン.ティ.'ラる] [動] [自]《格》きらきら輝く

'cin-to ['すぃン.ト] [名] [男]〔衣〕ベルト, 帯;〔体〕腰, 腰部

*__cin-'tu-ra__ [すぃン.'トゥ.ら] 92% [名] [女] 腰, 腰部;〔衣〕(衣服の)胴部, ウエスト;〔一般〕胴体のくびれた部分 ***meter en ~***《話》厳しくしつける

*__cin-tu-'rón__ [すぃン.トゥ.'ろン] 93% [名] [男]〔衣〕ベルト, バンド, 帯, 安全ベルト; (ある特色を持った)地帯 ***apretarse el ~*** ひもじい思いをする, 耐乏生活をする

ci-ñ~ [動]《活用》↑ceñir

'ci+pe ['すぃ.ペ] [名] [男]《(中米)》《話》乳児; 泣いてばかりいる赤ん坊; 虚弱な赤ん坊

ci-'po-te [すぃ.'ポ.テ] [名] [共]《(中米)》《話》小太りの人;《(ベネズエラ)》《話》ばか, まぬけ [名] [男]《(スペイン)》〔軽蔑〕ばか, まぬけ; でぶ;《(中米)》少年, 青年;《俗》ペニス

ci-'prés [すぃ.'プれス] [名] [男]〔植〕イトスギ

cir-'cen-se [すぃる.'せン.セ] [形] サーカスの

*'__cir-co__ ['すぃる.コ] 93% [名] [男] サーカス; サーカスのリング;〔歴〕(古代ローマの)円形劇場, 円形競技場;〔地〕圏谷(けんこく);《話》混乱 ***de ~***《話》おもしろい

cir-'cón [すぃる.'コン] [名] [男]〔鉱〕ジルコン

cir-'co-nio [すぃる.'コ.ニオ] [名] [男]〔化〕ジルコニウム《元素》

cir-'cuir [すぃる.'クイる] [動] [他] ㊲ (-y-)《格》取り巻く, 囲む

cir-cui-te-'rí+a [すぃる.クイ.テ.'り.ア] [名] [女]〔電〕〔集合〕回路;〔遊〕(玩具の)自動車サーキット

‡**cir-'cui-to** [すぃる.'クイ.ト] 90% [名] [男] 一周, 一巡, 巡回;〔電〕回路, 回線, 配線;〔競〕〔自動車レースなど〕コース, サーキット; (道路・鉄道の)環状道路, …網

‡**cir-cu-la-'ción** [すぃる.ク.ラ.'すぃオン] 89% [名] [女] 循環, 流通, 運行; 交通(量), 通行; (新聞・雑誌の)発行部数

cir-cu-'lan-te [すぃる.ク.'ラン.テ] [形] 巡回の, 循環の, 流通の

‡**cir-cu-'lar** [すぃる.ク.'ラる] 87% [動] [自]《血液・水・空気などが》循環する, 《貨幣が》流通する; 《知らせなどが》伝わる, 配布される;《人が》通行する,《車が》走る,《水などが》流れる [動] [他]〈書状などを〉回覧させる,〈うわさなどを〉広める, 〈命令を〉伝える, 発令する [形] 円形の, 丸い, 環状の; 巡回の, 循環の, 回覧の [名] [女] 回状, 通達, サーキュラー

cir-cu-la-'to-rio, -ria [すぃる.ク.ラ.'ト.りオ, りア] [形] 循環の;〔体〕循環系の

‡'__cír+cu-lo__ ['すぃる.ク.ロ] 87% [名] [男] 円, 円周, 円形のもの, 環, 輪; 仲間, サークル, …界, …社会, (交際・活動などの)範囲; 周期, 循環;〔地〕緯度(圏);〔競〕サークル

cir-cum-pa-'cí-fi-co, -ca [すぃる.クン.パ.'すぃ.フィ.コ, カ] [形] 環太平洋の

cir-cum-po-'lar [すぃる.クン.ポ.'ラる] [形]〔地〕周極の, 南極[北極]付近の

cir-cun~, cir-cum~〔接頭辞〕「周囲・周回」という意味を示す

cir-cun-'cen-tro [すぃる.クン.'せン.トろ] [名] [男]〔数〕外心

cir-cun-ci-'dar [すぃる.クン.すぃ.'ダる] [動] [他]〔宗〕〈に〉割礼をする,〈の〉包皮を除く

cir-cun-ci-'sión [すぃる.クン.すぃ.'スィオン] [名] [女]〔宗〕割礼, 包皮切除;〔宗〕キリスト割礼祭《1月1日》

cir-cun-'ci-so, -sa [すぃる.クン.'すぃ.ソ, サ] [形]〔宗〕割礼を受けた [名] [男]〔宗〕割礼を受けた人

cir-cun-'dan-te [すぃる.クン.'ダン.テ] [形] 周囲の, 囲んでいる, 取り巻いている

cir-cun-'dar [すぃる.クン.'ダる] [動] [他]《格》囲む,〈の〉まわりを一周する

cir-cun-fe-'ren-cia [すぃる.クン.フェ.'れン.すぃア] [名] [女] 周辺, 周囲, 境界線;〔数〕円周

cir-cun-fe-'rir [すぃる.クン.フェ.'りる] [動] [他] ⑥⑤ (e|ie|i) (a: に)限る, 制限する

cir-cun-'fle-jo, -ja [すぃる.クン.'フレ.ほ, は] [形]〔言〕曲折アクセントの [名] [男]〔言〕曲折アクセント《フランス語 *pâte* の ^ の印》

cir-cun-lo-cu-'ción [スィる.クン.ロ.ク.'スィオン] [名] [女] 回りくどい言い方, 遠回しの表現

cir-cun-'lo-quio [すぃる.クン.'ロ.キオ] [名] [男] 回りくどい言い方, 遠回しの表現

cir-cun-na-ve-ga-'ción [すぃる.ク(ン).ナ.ベ.ガ.'すぃオン] [名] [女]〔海〕周航

cir-cun-na-ve-'gar [すぃる.ク(ン).ナ.ベ.'ガる] [動] [他] ④① (g|gu) 周航する

cir-cuns-cri-'bir [すぃる.ク(ン)ス.クり.'ビる] [動] [他]〔過分 circunscrito〕〈の〉限界を画する, 制限する, 限定する;《格》(a: に)限る;〔数〕外接させる **~se** [動] [再] (a: に)限る, とどめる

cir-cuns-crip-'ción [すぃる.ク(ン)ス.クりプ.'すぃオン] [名] [女] 地区, 地域; 限界, 範囲;〔数〕外接

cir-cuns-'cri-to, -ta [すぃる.ク(ン)ス.'クり.ト, タ] [形]〔数〕外接した; 限定された

cir-cuns-pec-'ción [すぃる.ク(ン)ス.ペク.'すぃオン] [名] [女]《格》慎重さ, 用心深さ

cir-'cuns-pec-to, -ta [すぃる.'ク(ン)ス.ペク.ト, タ] [形]《格》用心深い, 慎重な, 用意周到な

‡**cir-'cuns-tan-cia** [すぃる.'ク(ン)ス.タン.すぃア] 82% [名] [女] 事情, 状況, 環境; 条件, 要因;〔法〕理由, 事情 ***de ~s*** 応急

の, 当座の, 間に合わせの; «顔の表情·動作が»神妙な, 真剣な, もっともらしい; 一時的な, 偶然の

cir-cuns-tan-'cial [すぃる.ク(ン)ス.タン.'すぃアル] 形 状況の, 場合[事情]による, 状況を説明する; 一時的な

cir-'cuns-tan-te [すぃる.'ク(ン)ス.タン.テ] 形 《格》まわりにある[いる], 局外の 名 共 傍観者, 局外者, その場にいた人

cir-cun-va-la-'ción [すぃる.クン.バ.ラ.'すぃオン] 名 女 (城壁·道路などで)まわりを囲むこと

cir-cun-va-'lar [すぃる.クン.バ.'ラる] 動 他 《格》(城壁などで)囲む

cir-cun-vo-lu-'ción [すぃる.クン.ボ.ル.'すぃオン] 名 女 旋転, 周転, 回転

ci-'rial [すぃ.'りアル] 名 男 〔宗〕(教会の儀式·行列で使う)高い燭台

ci-'rí-li-co, -ca [すぃ.'り.り.コ, カ] 形 〔言〕キリル文字の(で書かれた)

ci-ri-'ne+o, +a [すぃ.り.'ネ.オ, ア] 名 男 女 《話》援護者

'ci-rio ['すぃ.りオ] 名 男 (長くて太い)大ろうそく *armar un* ~ 《話》大騒ぎをする

'ci-rro ['すぃ.ろ̃] 名 男 〔医〕硬性癌(がん); 〔気〕巻雲; 〔植〕つる, 巻きひげ; 〔動〕毛状突起, 触毛

ci-rro-'cú-mu-lo [すぃ.ろ̃.'ク.ム.ロ] 名 男 〔気〕絹積雲

ci-rro-es-'tra-tos [すぃ.ろ̃.エス.'トら.トス] 名 男 〔単複同〕〔気〕絹層雲

ci-'rro-sis [すぃ.'ろ̃.スィス] 名 女 〔単複同〕〔医〕(肝臓などの)硬変(症)

ci-'rue-la** [すぃ.'るエ.ラ] 94% 名 女 〔植〕セイヨウスモモ, プラム ~ ***claudia 〔植〕クラウディアスモモ ~ ***damascena*** 〔植〕ダムソンスモモ

ci-'rue-lo [すぃ.'るエ.ロ] 名 男 〔植〕セイヨウスモモの木, ウメ[梅]の木

***ci-ru-'gí+a** [すぃ.る.'ひ.ア] 93% 名 女 〔医〕外科, 外科学, 外科術, 手術

***ci-ru-'ja+no, -na** [すぃ.る.'は.ノ, ナ] 93% 名 男 女 〔医〕外科医

cis~ 〔接頭辞〕「こちら側」という意味を示す

ci-s|al-'pi+no, -na [すぃ.サル.'ピ.ノ, ナ] 形 (ローマから見て)アルプスのこちら側の

ci-s|an-'di+no, -na [すぃ.サン.'ディ.ノ, ナ] 形 アンデス山脈のこちら側の

'cis-ca ['すぃス.カ] 名 女 《ｷｭｰﾊﾞ》《ﾒｷｼｺ》《話》驚き

cis-'car [すぃス.'カる] 動 他 69 (c|qu) 《話》汚す ~***se*** 動 再 《俗》大便をする

'cis-co ['すぃス.コ] 名 男 粉炭; 《ｽﾍﾟｲﾝ》《話》がやがや, 騒ぎ; 《ｽﾍﾟｲﾝ》《話》粉々の状態

Cis-jor-'da-nia [すぃス.ほる.'ダ.ニア] 名 固 〔地名〕ヨルダン川西岸地区

cis-jor-'da+no, -na [すぃス.ほる.'ダ.ノ, ナ] 形 〔地名〕ヨルダン川西岸地区の

'cis-ma ['すぃス.マ] 名 男 〔宗〕(教会の)分派, 分立; 意見の相違[衝突], 不一致, 不和, 対立, 分裂

cis-'má-ti-co, -ca [すぃス.'マ.ティ.コ, カ] 形 分裂の, 分派した 名 男 女 〔宗〕離教者; 《ｺﾛﾝﾋﾞｱ》《話》おじけづいた(人), びくびくしている(人)

cis-mon-'ta+no, -na [すぃス.モン.'タ.ノ, ナ] 形 山のこちら側の

*'**cis-ne** ['すぃス.ネ] 94% 名 男 〔鳥〕ハクチョウ; 〔el C~〕〔天〕はくちょう座; 《格》すぐれた詩人[音楽家]

cis-'ne-ro, -ra [すぃス.'ネ.ろ, ら] 形 名 男 女 《ﾒｷｼｺ》《話》うそつき(な), 当てにならない(人)

ci-'so-ria [すぃ.'ソ.りア] 〔成句〕 ***arte*** ~ 肉を切り分ける技術

'Cís-ter ['すぃス.テる] 名 固 〔宗〕シトー会 《11 世紀フランス東部のシトーに創設された修道会》

cis-ter-'cien-se [すぃス.テる.'すぃエン.セ] 形 〔宗〕シトー会の 名 共 〔宗〕シトー会修道士[修道女] ↑Císter

cis-'ter-na [すぃス.'テる.ナ] 名 女 〔建〕雨水だめ, 水槽, タンク

cis-ti-'no-sis [すぃス.ティ.'ノ.スィス] 名 女 〔単複同〕〔医〕シスチン症

cis-ti-'nu-ria [すぃス.ティ.'ヌ.りア] 名 女 〔医〕シスチン尿症

cis-'ti-tis [すぃス.'ティ.ティス] 名 女 〔単複同〕〔医〕膀胱(ぼうこう)炎

ci-'su-ra [すぃ.'ス.ら] 名 女 《格》裂け目, 亀裂, 切り口, 傷口

'ci+ta** ['すぃ.タ] 90% 名 女 (会合·面会などの)約束, 取り決め, (診察などの)予約; 引用, 引用文[語句]; デート, (異性との)待ち合わせの約束 ***casa de ~s*** 売春宿 ***darse*** ~ 会う約束をする; デートする

ci-ta-'ción [すぃ.タ.'すぃオン] 名 女 引証, 引用; 〔法〕召喚, 召喚状

****ci-'tar** [すぃ.'タる] 80% 動 他 〈と〉会う約束をする; 〔法〕召喚する, 〈に〉(裁判所へ)出頭を命じる; 引用する, 引き合いに出す; 〈のことを〉話す, 話題にする; 〔牛〕〈牛を〉けしかける ~***se*** 動 再 (con: と)会う約束をする; 引用される

'cí-ta-ra ['すぃ.タ.ら] 名 女 〔楽〕チター 《弦楽器》

ci-ta-'ris-ta [すぃ.タ.'りス.タ] 名 共 〔楽〕チター奏者

ci-ta-'to-rio, -ria [すぃ.タ.'ト.りオ, りア] 形 〔法〕召喚の **-ria** 名 女 〔法〕召喚状, 出頭命令書

ci-te-'rior [すぃ.テ.'りオる] 形 《格》こちら側の, 手前の, 近い

ci-to-lo-'gí+a [すぃ.ト.ロ.'ひ.ア] 名 女 〔生〕細胞学

ci-to-'ló-gi-co, -ca [すぃ.ト.'ロ.ひ.コ, カ] [形]〘生〙細胞学の

ci-'tó-lo-go, -ga [すぃ.'ト.ロ.ゴ, ガ] [名] [男] [女]〘生〙細胞学者

ci-to-'plas-ma [すぃ.ト.'プラス.マ] [名] [男]〘生〙細胞質

'cí-tri-co, -ca ['すぃ.トリ.コ, カ] [形]〘化〙クエン性[酸]の; 柑橘(かんきつ)類の [名] [男]〔複〕〘植〙柑橘類

‡ciu-'dad [すぃウ.'ダド] 67% [名] [女] 都市, 都会, 市; 町 ***C~ Eterna*** 永遠の都《ローマ Roma の異称》 ***C~ Imperial*** 帝王の都《トレド Toledo の異称》 ***C~ Santa*** 聖なる都《エルサレム Jerusalén の異称》

ciu-da-da-'ní+a [すぃウ.ダ.ダ.'ニ.ア] [名] [女]〘政〙市民権, 公民権, 公民の身分[資格], 国籍; (個人の)公民精神, 公徳心; [集合] 市民, 国民

‡ciu-da-'da+no, -na [すぃウ.ダ.'ダ.ノ, ナ] 82% [形] 町の, 都市の [名] [男] [女] 国民, 公民, 人民, 市民; 町民, 市民, 住民 ~ ***[na] de la Red***〘情〙ネチズン

Ciu-'dad Bo-'lí-var [すぃウ.'ダド ボ.'リ.バる] [名] [固]〘地名〙シウダ・ボリバル《ベネズエラ中東部の都市》

Ciu-'dad del 'Ca-bo [すぃウ.'ダド デル 'カ.ボ] [名] [固]〘地名〙ケープタウン《南アフリカ Sudáfrica 南西部の都市, 首都(行政府)》

***Ciu-'dad de 'Mé-xi-co** [すぃウ.'ダド デ 'メ.ひ.コ] 93% [名] [固]〘地名〙メキシコシティー《メキシコ México の首都》

ciu-da-'de-la [すぃウ.ダ.'デ.ラ] [名] [女] 城, 要砦(ようさい)

Ciu-'dad Ho Chi Minh [すぃウ.'ダド 'ほ 'チ 'ミン] [名] [固]〘地名〙ホチミン市《ベトナム南部の都市; 旧称サイゴン Saigón》

Ciu-'dad Re+'al [すぃウ.ダド れ.'アル] [名] [固]〘地名〙シウダ・レアル《スペイン中南部の県, 県都》

ciu-dad-re+a-'le-ño, -na [すぃウ.ダ.ドれ.ア.'レ.ニョ, ナ] [形] [名] [男] [女]〘地名〙シウダ・レアルの(人) ↑Ciudad Real

Ciu-'dad Ro-'dri-go [すぃウ.ダド ろ.'ドリ.ゴ] [名] [固]〘地名〙シウダ・ロドリゴ《スペイン西部の都市》

'cí-vi-co, -ca ['すぃ.ビ.コ, カ] [形] 市民[公民]の, 市の, 都市の; 公共的な, 公徳心のある [名] [男] [女]《ラ米》警官

‡ci-'vil [すぃ.'ビル] 78% [形] 市民の, 国民の, 公民の, 公民としての; 市民(間)の, 国内の;〘軍〙(軍人に対して)文官の, 民間人の;〘宗〙在俗の, 一般人の; 礼儀正しい, 丁寧な [名] [男] 民間人, 市民;《スペ》《話》国家警備隊

ci-vi-li-'dad [すぃ.ビ.リ.'ダド] [名] [女] 丁寧(ていねい)さ, 礼儀, 正しさ, 親切

‡ci-vi-li-za-'ción [すぃ.ビ.リ.さ.'すぃオン] 90% [名] [女] 文明; 文明社会, 文明諸国; 文明化, 開化, 教化

ci-vi-li-'za-do, -da [すぃ.ビ.リ.'さ.ド, ダ] [形] [名] [男] [女] 文明化した, 開花した, 教化された; 礼儀正しい(人); 教養のある(人), 洗練された(人)

***ci-vi-li-'zar** [すぃ.ビ.リ.'さる] 94% [動] [他] ㉞ (z|c) 文明国[社会]にする, 開化する, 教化する; 洗練する, しつける,〈に〉教養を身につけさせる **~se** [動] [再] 文明国[社会]になる, 開化する; «人が»洗練される, 教養を身につける

ci-'vis-mo [すぃ.'ビス.モ] [名] [男] 公共心, 公民精神; 丁寧さ, 礼儀正しさ

ci-'za-lla [すぃ.'さ.ジャ] [名] [女]〘機〙金属切断機

ci-'za-ña [すぃ.'さ.ニャ] [名] [女]〘植〙ドクムギ;《話》悪徳, 堕落行為; 不和(の種) ***meter [sembrar] ~*** トラブルを起こす, 問題を起こす, 不和の種をまく

ci-za-'ñe-ro, -ra [すぃ.さ.'ニェ.ろ, ら] [名] [男] [女] 不和の種をまく人

ci-'zo-te [すぃ.'そ.テ] [名] [男]《メキシコ》傷; 潰瘍, 炎症

cje. [略] ↓corretaje

cl. [略] ↑calle

'clac ['クラク] [名] [男]〔複 clacs〕〘衣〙オペラハット《たたみ込み式シルクハット》[感]《擬音》ボキッ, バリッ《物が折れたり, 割れたりするときの音》

cla-'mar [クラ.'マる] [動] [他] 叫ぶ, 叫んで要求する, 訴える [動] [自] (por: を)叫んで要求する, 哀願する, 訴える; «物が» (por: を)要求する

'clá-mi-de ['クラ.ミ.デ] [名] [女]〘歴〙〘衣〙(古代ギリシャ・ローマの)肩衣(かたぎぬ)《肩で留める短い外套》

cla-'mor [クラ.'モる] [名] [男] 叫び, 騒ぎ, けたたましい音; 嘆き; 抗議の声; 弔いの鐘

cla-mo-re+'ar [クラ.モ.れ.'アる] [動] [他] 求めて泣き叫ぶ, 絶叫する, 声をあげて要求する [動] [自] 鐘を鳴らして人の死を告げる

cla-mo-'re+o [クラ.モ.'れ.オ] [名] [男] 叫ぶこと, 騒ぎたてること, 声をあげて要求すること

cla-mo-'ro-so, -sa [クラ.モ.'ろ.ソ, サ] [形] 並外れた, すばらしい, 熱烈な; 騒々しい; 泣き叫ぶ, 哀願する

'clan ['クラン] [名] [男] 一族, 一門; クラン《スコットランド高地の氏族》

clan-des-ti-ni-'dad [クラン.デス.ティ.ニ.'ダド] [名] [女] 秘密;〘法〙非合法性, 非合法活動

clan-des-'ti+no, -na [クラン.デス.'ティ.ノ, ナ] [形] 内々の, 秘密の;〘法〙非合法の; 影の, 隠れた, 目に見えない **-na-**

mente [副] 内々に, 秘密裏に; 〖法〗非合法に

'cla-que ['クラ.ケ] [名] [女] 《話》〖演〗〔集合〕さくら《劇場に雇われて拍手喝采する》

C

cla-'qué [クラ.'ケ] [名] [男] 〖演〗タップダンス

cla-'que-ta [クラ.'ケ.タ] [名] [女] 〖映〗カチンコ《カメラの前で打ち鳴らすボード付きの拍子木》

'cla-ra ['クラ.ら] [名] [女] 〖食〗(卵の)白身, 卵白; 〖体〗(頭の)はげ; 〖気〗(雨の)晴れ間; 《スペイン》〖飲〗クララ《ビールとレモネードまたは炭酸水を混ぜたもの》 C～ [名] [固] 〔女性名〕クララ [形] 《女》↓claro

cla-ra-'bo-ya [クラ.ら.'ボ.ジャ] [名] [女] 〖建〗天窓, 明かり採り

*'cla-ra-'men-te ['クラ.ら.'メン.テ] 87% [副] はっきりと, 明白に, 明瞭に; 明るく, 輝いて

cla-re+'ar [クラ.れ.'アる] [動] [他] 照らす, 明るくする [動] [自] 《夜が》明ける; 空が白んでくる, 明るくなる, 晴れてくる ～se [動] [再] 透ける, 透けて見える; すり減る, 薄くなる; 《話》正体をあらわす

cla-re-'cer [クラ.れ.'せる] [動] [自] 45 (c|zc) 夜が明ける

cla-'re-te [クラ.'れ.テ] [名] [男] 〖飲〗クラレット《ボルドー産の赤ワイン》 [形] 〖飲〗《ワインが》クラレットの

*cla-ri-'dad [クラ.り.'ダド] 90% [名] [女] 明るさ, 光; (説明・思想などの)明晰さ; 光っているもの, 明るいもの, 明晰さ; (あからさまになった)不愉快な事実[真実]

cla-ri-fi-ca-'ción [クラ.り.フィ.カ.'すぃオン] [名] [女] 解明, 説明; 浄化, 清めること

cla-ri-fi-'car [クラ.り.フィ.'カる] [動] [他] 69 (c|qu) 明らかにする; 〈液体などを〉浄化する, 〈から〉不純物を除く; 照らす, 照明する; 《話》〈ワイン・牛乳などに〉水を混ぜる

cla-'rín [クラ.'りン] [名] [男] 〖楽〗ラッパ; 〖楽〗クラリオン; 〖衣〗薄地の上質亜麻布 [名] [共] 〖楽〗ラッパ奏者

cla-ri-'ne-te [クラ.り.'ネ.テ] [名] [男] 〖楽〗クラリネット《木管楽器》 [名] [共] 〖楽〗クラリネット奏者

cla-'rión [クラ.'りオン] [名] [男] チョーク, 白墨

cla-'ri-sa [クラ.'り.サ] [形] 《女》 名[女] 〖宗〗クララ修道会の, クララ修道女

cla-'rí-si-mo, -ma 〔最上級〕↓claro

cla-'ri-to, -ta 〔縮小語〕↓claro

cla-ri-vi-'den-cia [クラ.り.ビ.'デン.すぃア] [名] [女] 千里眼, 洞察力, 先見の明

cla-ri-vi-'den-te [クラ.り.ビ.'デン.テ] [形] 千里眼の, 洞察力のある

*'cla-ro, -ra ['クラ.ろ, ら] 58% [形] 明るい, 輝いている; はっきりとした, わかっている, 明白な, 明瞭な, 鮮明な; 澄みきった, 透明な; (色が)薄い; まばらな; 《液体・気体が》希薄な, 薄い; 〖気〗《空が》晴れた, 晴れわたった; 《人柄・行いが》正しい, まっすぐな, 正直な, 率直な; 《格》有名な, 名高い [名] [男] すき間, 空間, 空白; 明るい部分, 光; 〖地〗(森の)開けた所, 空き地; 〖体〗(頭の)はげ; 〖気〗(雨・雷の)やんだ時間, 晴れ間 [副] 明らかに, はっきりと [感] もちろんです!, 当然だ!; なるほど! ***a las claras*** はっきりと, 明白に ～ ***que*** ...(直説法) …は明らかです, もちろん…します ***poner*** [***sacar***] ***en*** ～ 明らかにする ***tenerlo*** [***llevarlo***] ～ 《話》〔皮肉〕大したものだ, そうはいかない

cla-ros-'cu-ro [クラ.ろス.'ク.ろ] [名] [男] 〖絵〗キアロスクーロ, 明暗法《明暗や濃淡の配合による表現》

*'cla-se ['クラ.セ] 69% [名] [女] 授業, 講義, 講習(会); クラス, 学級, 組; 教室; (同じような性質の)部類, 種類; (乗り物などの)等級; (社会の)階級, 階層; 上流, 高級, 上品さ; 〖生〗(分類の)綱(こう)

cla-si-'cis-mo [クラ.スィ.'すぃス.モ] [名] [男] 古典主義, 擬古主義

cla-si-'cis-ta [クラ.スィ.'すぃス.タ] [形] [名] [共] 古典風の, 古典主義の[主義者], 古典研究の[研究者]

*'clá-si-co, -ca ['クラ.スィ.コ, カ] 82% [形] 古典の, 古典的な; 歴史で名高い, 由緒のある, 伝統的な; (芸術の分野などで)一流の, 優れた; 《話》いつもの, お決まりの, 典型的な [名] [男] 古典, 古典作品 [名] [男] [女] 古典の作家[芸術家]

*cla-si-fi-ca-'ción [クラ.スィ.フィ.カ.'すぃオン] 89% [名] [女] 分類, 分類法; 〖競〗リーグ, 部; 順位, ランク, ランキング; 〖競〗予選の通過

cla-si-fi-'ca-do, -da [クラ.スィ.フィ.'カ.ド, ダ] [形] 分類された; 〖競〗資格を得た, 予選を通過した

cla-si-fi-ca-'dor, -'do-ra [クラ.スィ.フィ.カ.'ドる, 'ド.ら] [形] 分類の [名] [男] [女] 分類する人 [名] [男] 整理用ファイル; 切手帳

*cla-si-fi-'car [クラ.スィ.フィ.'カる] 91% [動] [他] 69 (c|qu) (por, según: で)分類する, 組み分けする, 等級に分ける, ランクづけする ～se [動] [再] (en: の)順位となる; 〖競〗(en, para: の)資格を得る, 予選を通過する; 〖情〗ソートする, 並べ替える

cla-si-fi-ca-'to-rio, -ria [クラ.スィ.フィ.カ.'ト.りオ, りア] [形] 分類の

cla-'sis-mo [クラ.'スィス.モ] [名] [男] 階級差別

cla-'sis-ta [クラ.'スィス.タ] [形] [名] [共] 階級を差別する, 階級差別主義の[主義者]

'**clau-dia** ['クラウ.ディア] 名 女 〔植〕クラウディアスモモ **C～** 名 固〔女性名〕クラウディア

clau-di-ca-'ción [クラウ.ディ.カ.'すぃオン] 名 女 義務の不履行, 放棄, 怠慢; 屈服, 断念

clau-di-'car [クラウ.ディ.'カる] 動 自 ⑥⑨ (c|qu) (ante: に)屈する; (de: を)放棄する, 怠る

'**Clau-dio** ['クラウ.ディオ] 名 固〔男性名〕クラウディオ

claus-'tral [クラウス.'トらル] 形〔宗〕修道院(住まい)の 名 共〔宗〕修道士, 修道女

'**claus-tro** ['クラウス.トろ] 名 男〔建〕(修道院などの中庭の周囲の)歩廊, 回廊;〔宗〕修道院生活;〔集合〕教授(会) **～ materno**〔体〕子宮

claus-tro-'fo-bia [クラウス.トろ.'フォ.ビア] 名 女〔医〕密室[閉所]恐怖症

claus-tro-'fó-bi-co, -ca [クラウス.トろ.'フォ.ビ.コ, カ] 形 名 男 女〔医〕密室[閉所]恐怖症の(患者); 部屋に閉じこもることが嫌いな(人)

*'**cláu-su-la** ['クラウ.ス.ラ] 92% 名 女 (条約・法律の)箇条, 条項;〔言〕節, 文

***clau-'su-ra** [クラウ.'ス.ら] 92% 名 女 閉鎖, 閉会, 終結, 終了;〔宗〕(修道院での)隠遁, 修道院生活

clau-su-'rar [クラウ.ス.'らる] 動 他 〈討論の〉終結を宣言する, 〈議会などを〉閉会する; 閉鎖する

'**cla-va** ['クラ.バ] 名 女 棍棒;〔海〕甲板排水口

cla-'va-do, -da [クラ.'バ.ド, ダ] 形 正確な, ちょうど; (en: に)固定された;《話》ちょうどいい, ぴったりの;《話》(a: に)そっくりの, うりふたつの 名 男《メキシコ》(水への)飛び込み ***dejar ～[da]*** 呆然とさせる ***quedarse ～[da]*** 呆然とする

***cla-'var** [クラ.'バる] 92% 動 他 〈釘・杭などを〉打ち込む, 突き刺す; (釘で)打ちつける[留める]; 〈視線・注意などを〉(en: に)注ぐ, 釘づけにする;《話》だます, 〈から〉金を余計に取る;《話》〈試験に〉うまく答える, 〈問題を〉解く;《コロンビア》《話》困難な立場に追いやる **～-se** 動 再 (自分の体に)刺してしまう; (en: 心に)焼き付く

*'**cla-ve** ['クラ.ベ] 86% 名 女 (問題・謎を解く)鍵, 手がかり, 手引き, 秘訣; 暗号, コード, 暗証番号;〔建〕かなめ石, くさび石;〔楽〕(長・短の)調, 音部記号 名 男〔楽〕チェンバロ, ハープシコード 形 重要な, (重要な)ポイントとなる ***dar con la ～*** 解決を見い出す

***cla-'vel** [クラ.'ベル] 94% 名 男〔植〕カーネーション

cla-ve-'lli-na [クラ.ベ.'ジ.ナ] 名 女〔植〕(一重(ひとえ)の)カーネーション

cla-'ve-ta [クラ.'ベ.タ] 名 女〔技〕木釘

cla-ve-te+'ar [クラ.ベ.テ.'アる] 動 他 〈に〉飾り鋲(びょう)を散りばめる; 完成する, 〈の〉始末をつける

cla-vi-'cém-ba-lo [クラ.ビ.'せン.バ.ロ] 名 男〔楽〕(クラビ)チェンバロ, ハープシコード

cla-vi-'cor-dio [クラ.ビ.'コる.ディオ] 名 男〔楽〕クラビコード《ピアノの前身》

cla-'ví-cu-la [クラ.'ビ.ク.ラ] 名 女〔体〕鎖骨

cla-'vi-ja [クラ.'ビ.は] 名 女 釘(くぎ), 栓(せん), くさび;〔電〕プラグ, 差し込み;〔楽〕(楽器の弦を張る)糸巻き ***apretar las ～s*** 《話》(a: を)締めつける, 強制する

cla-vi-'je-ro [クラ.ビ.'へ.ろ] 名 男〔楽〕(弦楽器の)糸倉(いとぐら);〔電〕プラグ, 差し込み;〔衣〕洋服掛け

*'**cla-vo** ['クラ.ボ] 93% 名 男 釘(くぎ), 鋲(びょう);〔植〕チョウジの木;〔食〕丁字, クローブ《チョウジのつぼみを干した香料》;〔医〕うおのめ, たこ; 吹出物; 頭痛の種, 悲嘆;《話》借金, つけ;《コロンビア》《話》驚き;《チリ》《ラプラタ》《話》やっかいな問題 ***agarrarse a un ～ ardiendo*** 《話》熱い釘につかまる(「溺れる者はわらをもつかむ」にあたる) ***capaz de clavar un ～ con la cabeza*** 頑固である ***como un ～*** 正確に, 時間通りに ***dar en el ～*** 図星である, 言い当てる ***¡Por los ～s de Cristo!*** 《話》お願いですから

'**cla-xon** ['クラク.ソン] 名 男〔複 cláxones〕〔車〕クラクション, 警笛

cla-xo-'na-zo [クラク.ソ.'ナ.そ] 名 男〔車〕クラクションを鳴らすこと[音]

clearing ['クレ.ア.リン] 名 男〔英語〕〔商〕清算

cle-'má-ti-de [クレ.'マ.ティ.デ] 名 女《スペイン》〔植〕クレマチス

cle-'men-cia [クレ.'メン.すぃア] 名 女 (con, hacia: への)慈悲, 仁愛, 哀れみ, 情け, 寛大さ **C～** 名 固〔女性名〕クレメンシア

cle-'men-te [クレ.'メン.テ] 形 (con, hacia: に)慈悲深い, 情け深い **C～** 名 固〔男性名〕クレメンテ

cle-men-'ti-na [クレ.メン.'ティ.ナ]〔成句〕 ***naranja ～***〔植〕クレメンタインオレンジ《小粒のオレンジ》

clep-'si-dra [クレプ.'スィ.ドら] 名 女 水時計

clep-to-ma-'ní+a [クレプ.ト.マ.'ニ.ア] 名 女《格》(病的)盗癖

clep-to-ma-'ní+a-co, -ca 形 ⇩ cleptómano

clep-'tó-ma+no, -na [クレプ.'ト.マ.ノ, ナ] 形 名 男 女《格》盗癖のある(者), 窃盗狂(の)

C

cle-re-'cí+a [クレ.れ.'すぃ.ア] 名 女〔宗〕僧職, 聖職;〔集合〕聖職者

cle-ri-'cal [クレ.り.'カル] 形〔宗〕聖職(者)の 名 共〔政〕〔宗〕教権主[主義者], 聖職権尊重主義者

cle-ri-ca-'lis-mo [クレ.り.カ.'リス.モ] 名 男〔政〕〔宗〕教権主義, 聖職権尊重主義

cle-ri-'ga-lla [クレ.り.'ガ.ジャ] 名 女《俗》〔集合〕〔軽蔑〕坊主, 司祭

'clé-ri-go ['クレ.り.ゴ] 名 男〔宗〕司祭, 牧師, 聖職者;〔歴〕(中世の)学者, 学生

cle-ri-'zon-te [クレ.り.'そン.テ] 名 男〔軽蔑〕〔宗〕司祭, 坊主

'cle-ro ['クレ.ろ] 名 男〔集合〕〔宗〕聖職者

cle-ro-'fo-bia [クレ.ろ.'フォ.ビア] 名 女〔宗〕聖職者嫌い, 反聖職者主義

cle-'ró-fo-bo, -ba [クレ.'ろ.フォ.ボ, バ] 形 名 男 女〔宗〕聖職者嫌いの(人)

'clic ['クリク] 名 男〔複 clics〕〔情〕クリック *hacer* ~ (en: に)クリックする

cli-'car [クリ.'カる] 動 自 69 (c|qu)〔情〕⇨hacer clic, ⬆clic

cli-'ché [クリ.'チェ] 名 男 (陳腐な)決まり文句;〔印〕クラッチ版《ステロ版・電気板の一種》

click ['クリク] 名 男《誤用》⇧clic

'clien-ta 名 女 ⇩cliente

**'clien-te ['クリエン.テ] 80% 名 共《clienta 女 も使われる》〔商〕(商店などの)客, 得意先, 取引先;〔医〕(医師の)患者;〔法〕(弁護士の)依頼人

clien-'te-la [クリエン.'テ.ラ] 名 女〔集合〕顧客, 得意先, 客筋, 患者, 依頼人; ひいき, 愛顧

**'cli-ma ['クリ.マ] 88% 名 男〔気〕気候;〔気〕(気候からみた)地方, 風土; 環境, 雰囲気, 情勢

cli-ma-'té-ri-co, -ca [クリ.マ.'テ.り.コ, カ] 形〔医〕更年期の; 危機の, 転換期の

cli-ma-'te-rio [クリ.マ.'テ.りオ] 名 男〔医〕更年期

cli-'má-ti-co, -ca [クリ.'マ.ティ.コ, カ] 形〔気〕気候上の, 風土的な

cli-ma-ti-za-'ción [クリ.マ.ティ.さ.'すぃオン] 名 女 空気調節, 空調設備

cli-ma-ti-'za-do, -da [クリ.マ.ティ.'さ.ド, ダ] 形 空調が完備された

cli-ma-ti-za-'dor, -'do-ra [クリ.マ.ティ.さ.'ドる, 'ド.ら] 形 空調をする 名 男〔機〕空調機, エアコン

cli-ma-ti-'zar [クリ.マ.ティ.'さる] 動 他 34 (z|c) 空調する,〈に〉エアコンをつける

cli-ma-to-lo-'gí+a [クリ.マ.ト.ロ.'ひ.ア] 名 女〔気〕気候学, 風土学

cli-ma-to-'ló-gi-co, -ca [クリ.マ.ト.'ロ.ひ.コ, カ] 形〔気〕気候(学)の, 風土(学)の

cli-ma-'tó-lo-go, -ga [クリ.マ.'ト.ロ.ゴ, ガ] 名 男 女〔気〕気候学者, 風土学者

'clí-max ['クリ.マ(ク)ス] 名 男〔単複同〕クライマックス, 絶頂, 最高点

cli-'ne-ro, -ra [クリ.'ネ.ろ, ら] 名 男 女《ラ米》〔商〕〔人〕街頭のティッシュ売り

'clí-nex ['クリ.ネ(ク)ス] 名 男〔単複同〕《商標》クリネックス《ティッシュペーパー》

*'**clí-ni-co, -ca** ['クリ.ニ.コ, カ] 91% 形〔医〕臨床の, 病床の 名 男〔医〕臨床医 **-ca** 名 女〔医〕医院, 病院, 診療所;〔医〕臨床医学;〔医〕検査室, 医務室 **-ca-mente** 副 臨床的に *tener ojo clínico para*... …でよい仕事をする

'clip ['クリプ] 名 男〔複 clips〕クリップ; ヘアピン

'cli-pe 名 男 ⇧clip

cli-que-'ar [クリ.ケ.'アる] 動 自〔情〕⇨hacer clic, ⬆clic

cli-'sé 名 男 ⇧cliché

'clí-to-ris ['クリ.ト.りス] 名 男〔体〕クリトリス, 陰核

cli-'vo-so, -sa [クリ.'ボ.ソ, サ] 形《格》傾いた, 斜めの

clo+'a-ca [クロ.'ア.カ] 名 女 下水溝, 排水渠(きょ), 放水路;〔動〕排泄(はいせつ)腔, 排出腔; 汚い場所; (悪の)巣窟

'cloc ['クロク] 感《擬音》ゴツン, ガツン《ぶつかった時の音》

'cloch ['クロチ] 名 男〔複 cloches〕《ラ米》〔車〕クラッチ

'clon ['クロン] 名 男〔生〕クローン, 複製生物

clo-na-'ción [クロ.ナ.'すぃオン] 名 女〔生〕クローニング《クローンを作る技術》

clo-'nar [クロ.'ナる] 動 他〔生〕クローンとして発生させる

clo-'ni-co, -ca [クロ.'ニ.コ, カ] 形〔生〕クローンの, クローニングの;〔情〕クローン

clo-que+'ar [クロ.ケ.'アる] 動 自〔畜〕《鶏が》コッコッと鳴く

clo-'que+o [クロ.'ケ.オ] 名 男〔畜〕(鶏の)コッコッと鳴く声

clo-'ral [クロ.'らル] 名 男〔化〕クロラール

clo-'ra-to [クロ.'ら.ト] 名 男〔化〕塩素酸塩

clor+'hí-dri-co, -ca [クロ.'り.ドり.コ, カ] 形〔化〕塩化水素の

'cló-ri-co, -ca ['クロ.り.コ, カ] 形〔化〕塩素の

*'**clo-ro** ['クロ.ろ] 94% 名 男〔化〕塩素《元素》

clo-ro-'fi-la [クロ.ろ.'フィ.ラ] 名 女〔植〕葉緑素

clo-ro-'fí-li-co, -ca [クロ.ろ.'フィ.リ.コ, カ] 形〘植〙葉緑素の, 葉緑素を含む
clo-ro-for-'mar [クロ.ろ.フォる.'マる] 動 他《メキシコ》⇩ cloroformizar
clo-ro-for-mi-'zar [クロ.ろ.フォる.ミ.'さる] 動 他 ㉞ (z|c)〘医〙クロロホルムで麻酔する[処理する]
clo-ro-'for-mo [クロ.ろ.'フォる.モ] 名 男〘化〙クロロホルム《麻酔薬》
clo-'ro-sis [クロ.'ろ.スィス] 名 女〔単複同〕〘医〙萎黄(いおう)病;〘植〙緑色部分の白化
clo-'ró-ti-co, -ca [クロ.'ろ.ティ.コ, カ] 形〘医〙萎黄(いおう)病の 名 男 女〘植〙白化した;〘医〙萎黄病患者
clo-'ru-ro [クロ.'る.ろ] 名 男〘化〙塩化物
'cló-set ['クロ.セト] 名 男〘建〙作り付けの収納ダンス, クローゼット
clown ['クロウ(ン)] 名 男〔英語〕〘演〙道化役者, ピエロ
‡'club ['クルブ] 82% 名 男〔複 clubs; clubes〕クラブ, 会, 同好会, サークル;〘建〙クラブの建物[会館, 部屋]
clu-'bis-ta [クル.'ビス.タ] 名 共 クラブのメンバー, 同好会の会員
'clue-ca ['クルエ.カ] 形《女》〘鳥〙卵を抱いている;《話》(con: を)自慢している 名 女〘鳥〙卵を抱いている雌鶏(めんどり)
clu-nia-'cen-se [クル.ニア.'セン.セ] 形〘宗〙クリュニー修道院の 名 共〘宗〙クリュニー修道士[女]
'Clu-ny ['クル.ニ] 名 固〘宗〙クリュニー修道院《910 年フランス中東部のクリュニーに建設されたベネディクト派の修道院》
cm 略 ⬆centímetro(s)
cm² 略 =centímetro(s) cuadrado(s) 平方センチメートル
cm³ 略 =centímetro(s) cúbico(s) 立方センチメートル
Cmdt.; Cmte. 略 ⬇comandante
Cnel. 略 ⬇coronel
co~ 〔接頭辞〕⬇co(n)-
Co. 略 ⬇compañía, cobalto
'co+a 名 女《ラ米》〘農〙鍬(くわ);《チリ》隠語
co-ac-'ción [コ.アク.'すぃオン] 名 女 強制, 強要
co-ac-cio-'nar [コ.アク.すぃオ.'ナる] 動 他 〈に〉(a que 接続法: …を)強制する, 強いる 動 自《チリ》協力する
co-a-cer-'var [コ.ア.せる.'バる] 動 他《格》積み上げる
coach ['コチ] 名 女〔英語〕指導者;〘競〙コーチ⇩ entrenador
co-ac-'ti-vo, -va [コ.アク.'ティ.ボ, バ] 形《格》強制的な
co-ad-ju-'tor [コ.アド.ふ.'トる] 名 男〘宗〙助任司祭
co-ad-yu-'van-te [コ.アド.ジュ.'バン.テ] 形《格》協力する, 寄与する, 共同する
co-ad-yu-'var [コ.アド.ジュ.'バる] 動 自《格》(a, en: に)協力する, 寄与する 動 他《格》助ける, 協力する
co-a-'gen-te [コ.ア.'ヘン.テ] 名 男 助手, 協力者
co+a-gu-la-'ción [コ.ア.グ.ラ.'すぃオン] 名 女 凝固, 凝結; 凝血
co+a-gu-'lan-te [コ.ア.グ.'ラン.テ] 形 凝固性の 名 男 凝固剤
co+a-gu-'lar [コ.ア.グ.'ラる] 動 他 凝固させる; 凝血させる ~se 動 再 凝固する; 凝血する
co+'á-gu-lo [コ.'ア.グ.ロ] 名 男 凝結物, 凝固物, 凝血
Co+a+'hui-la [コ.ア.'ウイ.ラ] 名 固〘地名〙コアウイラ《メキシコ北部の州》
co+a-li-'ción [コ.ア.リ.'すぃオン] 名 女 連合, 合同, 同盟
co+a-li-cio-'nis-ta [コ.ア.リ.すぃオ.'ニス.タ] 形〘政〙(政党の)同盟の 名 共〘政〙政党同盟論者
co+a-li-'gar [コ.ア.リ.'ガる] 動 他 ㊶ (g|gu) 連合させる ~se 動 再 連合する
co+ar-'ta-da [コ.アる.'タ.ダ] 名 女〘法〙アリバイ, 現場不在証明
co+ar-'tar [コ.アる.'タる] 動 他 制限する, 限定する, 縮小する; 妨げる, 阻止する
co-au-'tor, -'to-ra [コ.アウ.'トる, 'ト.ら] 名 男 女 共著者;〘法〙共犯者
co-au-to-'rí+a [コ.アウ.ト.'リア] 名 女 共著(者)であること; 共働;〘法〙共犯
co-a-'xial [コ.アク.'スィアル] 形〘機〙同軸の, 同軸を有する
'co+ba 名 女《話》お世辞, 追従(ついしょう);《ベネズエラ》《話》うそ; わな
co-'ba-cha 名 女《チリ》物置き場
co-'bal-to [コ.'バル.ト] 名 男〘化〙コバルト《元素》
***co-'bar-de** [コ.'バる.デ] 93% 形 臆病な, 卑怯(ひきょう)な 名 共 臆病者, 卑怯者
***co-bar-'dí+a** [コ.バる.'ディ.ア] 94% 名 女 臆病, 卑怯(ひきょう)
co-'ba-ya 名 男 [女]《女性名詞としても使われる》〘動〙テンジクネズミ《俗称モルモット》
co-'ba-yo [コ.'バ.ジョ] 名 男〘動〙テンジクネズミ《俗称モルモット》
co-ber-'te-ra [コ.べる.'テ.ら] 名 女 (鍋などの)ふた
co-ber-'ti-zo [コ.べる.'ティ.そ] 名 男〘建〙ひさし, 雨よけ, 屋根, 保護物;〘建〙差し掛け小屋, 小屋, 家畜小屋, 物置き
co-ber-'tor [コ.べる.'トる] 名 男 ベッドカバー; 毛布
co-ber-'tu-ra [コ.べる.'トゥ.ら] 名 女

C

覆うこと, 被覆; 覆い, カバー; 〘商〙ヘッジ; (保険金などの)保証限度額; 〘競〙〔サッカーなど〕カバーリング; 電波の届く範囲

co-'bi-ja [コ.'ビ.は] 名 女 《ラ米》 毛布; 〘建〙棟瓦(むなかわら) **C～** 名 固 〘地名〙コビハ 《ボリビア北西部の都市》

co-bi-'jar [コ.ビ.'はる] 動 他 保護する, かばう, かくまう; 〈考えを〉抱く; 隠す, 覆う; 宿泊させる **～se** 動 再 (de: 雨・風を)避ける; (a, con, en: に)避難する, 隠れる; 身をつつむ

co-'bi-jo [コ.'ビ.ほ] 名 男 避難所, 宿; 保護, 庇護

co-'bis-ta 名 共 《スペイン》《話》おせじ屋

Co-'blen-za [コ.'ブレン.さ] 名 固 〘地名〙コブレンツ 《ドイツ中西部の都市》

'co-bra ['コ.ブら] 名 女 〘動〙コブラ; 〘農〙くびき綱

co-bra-'dor, -'do-ra [コ.ブら.'ドる, 'ド.ら] 名 男 女 集金係; (乗り物の)車掌

co-'bran-za [コ.'ブらン.さ] 名 女 集金; 〘法〙徴税

****co-'brar** [コ.'ブらる] 80% 動 他 稼ぐ, 〈金を〉働いて得る, 〈給料を〉受け取る; 集金する, 取り立てる, 徴収する; 〈感情を〉持つ; 得る, 獲得する, 持つようになる; 〘商〙〈小切手を〉現金に換える; (狩りで)射止める, 〈獲物を〉捕まえる, 回収する; 《ラ米》〘競〙〔サッカーなど〕《審判が》〈の〉反則をとる 動 自 金を取る; 《話》ひどいめにあう, 殴られる; 給料を受け取る **～se** 動 再 勘定を取る; 意識が戻る, 気がつく

'co-bre ['コ.ブれ] 名 男 〘化〙銅 《元素》; 銅製の台所用品; 〘楽〙金管楽器 ***batir el ～*** 《話》懸命に働く, 努力する

co-'bri-zo, -za [コ.'ブり.そ, さ] 形 銅色の, 銅を含んだ

'co-bro ['コ.ブろ] 名 男 (金などの)徴収, 取り立て, 入金; (給料の)受け取り; 〘商〙(小切手を)現金に換えること; (狩りで)仕留めた獲物の回収 ***ponerse en ～*** 安全な場所に隠れる

'co+ca 名 女 〘植〙コカ 《南米原産の低木》; 〘飲〙コカの葉; 《話》〘飲〙コーラ; 〘体〙束髪(そくはつ)まげ; 《スペイン》〘食〙(細長い)カステラ; 《話》〘体〙頭

co-ca+'í-na 名 女 〘化〙コカイン 《コカの葉から得られるアルカロイド; 局所麻酔薬, 麻薬》

co-cai-no-ma-'ní+a [コ.カイ.ノ.マ.'ニ.ア] 名 女 コカイン中毒

co-cai-'nó-ma+no, -na 名 男 女 コカイン中毒者

coc-'cí-ge+o, +a [コク.'すぃ.へ.オ, ア] 形 〘体〙尾骨の

coc-'ción [コク.'すぃオン] 名 女 〘食〙料理; 〘食〙煮ること; 〘食〙(パンなどを)焼くこと

'cóc-cix ['コク.すぃ(ク)ス] 名 男 〔単複同〕⇩ coxis

co-ce+'ar [コ.せ.'アる] 動 自 〘畜〙《馬などが》蹴る, 蹴とばす; 抵抗する, 強情を張る

co-ce-'de-ro [コ.せ.'デ.ろ] 名 男 海産物の調理室・食堂; 《話》〔皮肉〕とても暑い場所

***co-'cer** [コ.'せる] 92% 動 他 ⑬ (o|ue; c|z) 〘食〙煮る, うでる, ゆでる; 〘食〙料理する; 焼く 動 自 〘食〙煮える, 《湯が》沸く, 焼ける **～se** 動 再 たくらむ; 〘食〙料理される; 《チリ》酒に酔う

'co-ces 名 女 《複》⬇coz

Co-cha 略 ⬇Cochabamba

Co-cha-'bam-ba 名 固 〘地名〙コチャバンバ 《ボリビア中部の県, 県都》

co-'cham-bre [コ.'チャン.ブれ] 名 女 [男] 《話》汚れ, 汚ない物

co-cham-'brien-to, -ta [コ.チャン.'ブりエン.ト, タ] 形 名 男 女 《アンデス》《話》脂ぎってくさい(人)

co-cham-'bro-so, -sa [コ.チャン.'ブろ.ソ, サ] 形 《話》汚れた, 汚い

co-cha-'yu-yo 名 男 《アンデス》海草 ***estar como ～*** 《アンデス》《チリ》とても日に焼けている

co-'cha-zo [コ.'チャ.そ] 名 男 《話》デラックスな車, すごい車

****'co-che** 71% 名 男 〘車〙自動車, 車; 〘鉄〙車両, 客車; (運搬用の)車, 荷車; 馬車 ***en el ～ de San Fernando*** 《話》歩いて

co-che-'ci-to [コ.チェ.'すぃ.ト] 名 男 おもちゃの自動車; 乳母車, ベビーカー; 車椅子(いす)

co-'che-ra [コ.'チェ.ら] 名 女 〘車〙ガレージ, 車庫; 馬車置き場; 《コロンビア》《話》汚い場所

co-'che-ro [コ.'チェ.ろ] 名 男 御者; 〔el C～〕〘天〙ぎょしゃ座 ***hablar como un ～*** 毒づく, ののしる

co-chi-'fri-to [コ.チ.'フり.ト] 名 男 《スペイン》〘食〙コチフリート 《子ヤギ・羊の肉などを揚げた料理》

co-chi-'na-da 名 女 《話》卑しい[さもしい]行為; 《話》汚物, 不潔な物

co-chi-ne-'rí+a 名 女 ⇧ cochinada

co-chi-'ni-lla [コ.チ.'ニ.ジャ] 名 女 〘昆〙コチニールカイガラムシ, エンジムシ 《紅色の染料を得る》

co-chi-'ni-llo [コ.チ.'ニ.ジョ] 名 男 〘動〙子豚(料理)

***co-'chi+no, -na** 94% 名 男 女 〘動〙ブタ[豚]; 《話》うす汚い人, 無神経な人, 欲深な人 形 《話》ひどい, いやな, ろくでもない; 汚い; 〔bahía de Cochinos〕〘地名〙コチノス湾 《キューバ南西部の湾》

co-'cho-te 名 共 《メキシコ》《話》大好きな親; パパ, ママ
co-'chu-ra [コ.'チュ.ら] 名 女 〔食〕料理; 〔食〕パン焼き; 〔集合〕(陶器の)ひとかまど分; 〔集合〕〔食〕(パンの)ひと焼き分
co-'ci-do, -da [コ.'すぃ.ド, ダ] 形 煮た, ふかした, 炊いた, ゆでた; «れんがなどが»焼けた; 《チリ》《話》酔った 名 男 《スペイン》〔食〕コシード《煮込み料理》
co-'cien-te [コ.'すぃエン.テ] 名 男 〔数〕商《割り算の結果》; 率, 指数
co-ci-'mien-to [コ.すぃ.'ミエン.ト] 名 男 料理; 煮ること; 焼くこと; 煎じること
**co-'ci-na [コ.'すぃ.ナ] 79% 名 女 台所, 炊事場, キッチン; 〔食〕料理, 料理法; 《スペイン》レンジ, かまど
**co-ci-'nar [コ.すぃ.'ナる] 87% 動 自 料理する; 《話》(en: 余計なことに)口を出す, 鼻を突っ込む 動 他 料理する
*co-ci-'ne-ro, -ra [コ.すぃ.'ネ.ろ, ら] 93% 名 男 女 コック, 料理人, 料理をする人; (前に形容詞をつけて)料理が…の人 *haber sido ~ antes que fraile* 〔ことわざ〕昔鍛えた腕に今も自信がある
co-ci-'ne-ta [コ.すぃ.'ネ.タ] 名 女 《コロンビア》小さなレンジ
co-ci-'ni-lla [コ.すぃ.'ニ.ジャ] 名 女 携帯用コンロ 名 男 《話》家事に口出しする男
co-ci-'nol [コ.すぃ.'ノル] 名 男 《コロンビア》石油
Co-'clé [コ.'クレ] 名 固 〔地名〕コクレ《パナマ中部の県》
'có-cle+a ['コ.クレ.ア] 名 女 〔機〕らせん揚水機; 〔体〕(内耳の)蝸牛(かぎゅう)
*'co+co 93% 名 男 〔植〕ココヤシ(の実), ココナッツ, ココヤシの木; 《スペイン》《話》〔体〕頭; 顔, 表情; 〔菌〕球菌; 〔昆〕(果物につく)幼虫, うじ; 〔宗〕(ロザリオの)数珠; 《児》おばけ *ser un ~* 《話》とても醜い; 《ベネズエラ》《話》しつこさ *comer el ~* 《話》(a: を)うまく丸め込む, だます; 誘惑する *hacer ~s* 《話》«恋人同士が»目で合図を送る *comerse el ~* 《スペイン》ひどく心配する *como ~* 《カリブ》《話》すごい, すばらしい
*co-co-'dri-lo [コ.コ.'ドり.ロ] 94% 名 男 〔動〕アフリカワニ, クロコダイル *lágrimas de ~* そら涙
co-'col [コ.'コル] 名 男 《メキシコ》〔食〕菱形パン; 〔複〕《メキシコ》〔植〕インゲンマメ
co-co-'li-che [コ.コ.'リ.チェ] 名 男 《ラプラタ》〔言〕イタリア語なまりのスペイン語
co-co-pe-'la-do, -da [コ.コ.ペ.'ラ.ド, ダ] 形 《カリブ》《話》頭がはげた(人)
co-co-'ro-co, -ca [コ.コ.'ろ.コ, カ] 名 男 女 《チリ》《話》重要人物
co-co-'ta-zo [コ.コ.'タ.そ] 名 男 《話》頭へのげんこつ
co-'co-te 名 男 《カリブ》《話》〔体〕首
co-co-'te-ro [コ.コ.'テ.ろ] 名 男 〔植〕ココヤシ
'cóc-tel ⇔ coc-'tel ['コク.テル ⇔ コク.'テル] 名 男 〔飲〕カクテル; カクテルパーティー
coc-te-'le-ra [コク.テ.'レ.ら] 名 女 〔飲〕(カクテル用の)シェーカー
co-'cu-yo 名 男 〔昆〕ホタルコメツキ
cód. 略 ↓código
'co+da 名 女 〔楽〕コーダ, 終結部; 〔建〕(留めの)くさび
co-'da-zo [コ.'ダ.そ] 名 男 肘(ひじ)で突く[押す]こと
co-de+'ar [コ.デ.'アる] 動 他 肘(ひじ)で突く[押す]; 《南米》たかる, ねだる ~se 動 再 (con: と)親しい, (対等に)つきあう
co-de+'í-na 名 女 〔医〕コデイン《鎮痛剤・鎮咳薬》
co-'de+o 名 男 《ラ米》肘鉄砲
co-'de-ra [コ.'デ.ら] 名 女 肘(ひじ)当て; 〔海〕船尾索
'có-dex 名 男 〔単複同〕⇩ códice
'có-di-ce ['コ.ディ.せ] 名 男 (聖書・古典の)写本, 古文書
*co-'di-cia [コ.'ディ.すぃア] 94% 名 女 欲, 欲張り, 貪欲; 熱望, 熱意, 熱心; 〔競〕気力, ファイト, 闘志; 〔牛〕闘争心
co-di-'ciar [コ.ディ.'すぃアる] 動 他 むやみに欲しがる, 切望する
co-di-'ci-lo [コ.ディ.'すぃ.ロ] 名 男 〔法〕遺言補足書
co-di-'cio-so, -sa [コ.ディ.'すぃオ.ソ, サ] 形 名 男 女 (de: を)非常に欲しがる, 貪欲な(人), 欲張り(の); 《話》勤勉な(人), 骨身を惜しまない(人)
co-di-fi-ca-'ción [コ.ディ.フィ.カ.'すぃオン] 名 女 〔法〕法典編集, 法典化; 符号化, コード化
co-di-fi-ca-'dor [コ.ディ.フィ.カ.'ドる] 名 男 〔情〕エンコーダー
co-di-fi-'car [コ.ディ.フィ.'カる] 動 他 ⑥⑨ (c|qu) 〔法〕法典に編む; 符号化する, コード化する; 〔情〕エンコードする
**'có-di-go 87% 名 男 〔法〕法, 法典; 規則(集); 暗号, 符号; 〔情〕コード
co-'di-llo [コ.'ディ.ジョ] 名 男 〔体〕前膊(ぜんぱく), 前腕《肘から手首まで》; 〔動〕(動物の)膝から上の部分; 〔食〕肩肉; 〔植〕瘤(こぶ), 節(ふし), 枝株; 〔技〕L 字継手; あぶみ
*'co+do 91% 名 男 〔体〕肘(ひじ); 〔動〕(動物の)前足の膝; 〔地〕(道・川などの)曲がり角; 〔機〕L 字継手, 肘継手, エルボ; 〔歴〕腕尺《肘から手までの長さ; 約 42cm》 形 名 共 《メキシコ》《中米》《話》けちな(人) *alzar [empinar] el ~* 《話》大酒を飲む *~ a [con] ~* 一緒にくっついて, 並んで *dar con el ~* 《話》肘で突く *desgastarse los ~s*

猛烈に勉強する *hablar por los ~s* 《話》よくしゃべる *hasta los ~s* 《話》深くかかわって，どっぷり浸って *morderse los ~s* 我慢する，こらえる

C

co-dor-'niz [コ.ドる.'ニす] 名 女 〘鳥〙ウズラ

co-e-du-ca-'ción [コ.エ.ドゥ.カ.'すぃオン] 名 女 男女共学制

co-e-fi-'cien-te [コ.エ.フィ.'すぃエン.テ] 名 男 〘数〙係数，率

co+er-'cer [コ.エる.'せる] 動 他 ⑦② (c|z) 《格》抑制する，抑圧する，制圧する

co+er-'ción [コ.エる.'すぃオン] 名 女 抑制，抑圧，制圧

co+er-ci-'ti-vo, -va [コ.エる.すぃ.'ティ.ボ，バ] 形 《格》強制的な，威圧的な

co+e-'tá-ne+o, +a 形 名 男 女 (a: と)同時代の(人)；(a: と)同年齢の(人)

co-e-xis-'ten-cia [コ.エク.スィス.'テン.すぃア] 名 女 共存

co-e-xis-'ten-te [コ.エク.スィス.'テン.テ] 形 共存する

co-e-xis-'tir [コ.エク.スィス.'ティる] 動 自 (con: と)共存する，同時に[同一場所に]存在する

'co+fa 名 女 〘海〙(帆船の)檣楼(しょうろう)

co-fac-'tor [コ.ファク.'トる] 名 男 〘数〙余因子

'co-fia 名 女 〘衣〙ヘアネット；〘歴〙〘軍〙兜下(かぶとした)，密着ずきん；〘植〙さや，殻(から)，種皮

co-'fra-de [コ.'フら.デ] 名 共 (団体・協会などの)会員，メンバー，組合員

co-fra-'dí+a [コ.フら.'ディ.ア] 名 女 〘宗〙団体，結社；信徒団；連合，組合，協会；同業組合，ギルド；《話》〔笑〕グループ，…クラブ

'co-fre ['コ.フれ] 名 男 大型の箱，櫃(ひつ)，トランク，金庫；〘魚〙ハコフグ

co-ge-'dor, -'do-ra [コ.へ.'ドる，'ド.ら] 名 男 女 取る人，集める人，採取者 名 男 シャベル

co-'ger [コ.'へる] 70% 動 他 ⑭ (g|j) つかむ，手にする，持つ，取る，選ぶ；勝手に使う，持って行く；捕らえる，捕まえる；〈乗り物に〉乗る；〘医〙〈病気などに〉かかる，〈に〉感染する；身につける，習慣にする；〘植〙〈草花・実などを〉摘(つ)む，もぎとる；占領する，占める，〈に〉入る；〈感情・意見などを〉持つ，抱く；«自動車が»ひく；わかる，理解する；〈が〉(現在分詞：…しているのを)見つける；〈の〉不意をうつ，突然襲う；追いつく；〘牛〙«牛が»〈闘牛士を〉襲う，(角で)突き刺す；《メキシコ》《ベネズエラ》《ラプラタ》《俗》〈と〉セックスをする 動 自 (a: へ)曲がる，カーブする；《話》(en: に)入る，収まる；(en: に)ある；«植物が»根づく **~se** 動 再 〈指などを〉はさむ；(de: に)つかまる；盗む；《ラ米》(con: と)うまくいく，気が合う *~ en flagrante* [*in fraganti*] 〘法〙(a: を)(悪事の)現場でおさえる *~ y ...* 《話》決心して…する

co-ges-'tión [コ.へス.'ティオン] 名 女 共同管理，経営参加

co-'gi-do, -da [コ.'ひ.ド，ダ] 形 (腕を)組んで；縛られている，拘束されている，忙しい 名 男 〘衣〙プリーツ，ひだ，ギャザー **-da** 名 女 〘牛〙牛が角(つの)で突き刺すこと；(果物などの)摘(つ)み取り

co-gi-ta-'bun-do, -da [コ.ひ.タ.'ブン.ド，ダ] 形 《格》考えこんだ，物思わしげな

co-gi-ta-'ción [コ.ひ.タ.'すぃオン] 名 女 《格》熟考，沈思

co-gi-ta-'ti-vo, -va [コ.ひ.タ.'ティ.ボ，バ] 形 《格》思考能力のある

cog-na-'ción [コグ.ナ.'すぃオン] 名 女 (女系)親族

cog-'na-do, -da [コグ.'ナ.ド，ダ] 形 名 男 女 祖先を同じくする，同血族の；〘言〙同語源の；血族者，親類，〔特に〕女系親族

cog-ni-'ción [コグ.ニ.'すぃオン] 名 女 〘哲〙認識(行為)

cog-ni-'ti-vo, -va [コグ.ニ.'ティ.ボ，バ] 形 〘哲〙〘言〙認知の，認知的な

cog-nos-'ci-ble [コグ.ノ(ス).'すぃ.ブレ] 形 〘哲〙認識可能な，認識されうる

cog-nos-ci-'ti-vo, -va [コグ.ノ(ス).すぃ.'ティ.ボ，バ] 形 〘哲〙認識の

co-'go-llo [コ.'ゴ.ジョ] 名 男 〘植〙(キャベツなどの)芯；〘植〙若枝，若芽，新芽；《話》核心，中心；《話》最良の部分，選り抜き

co-'gor-za [コ.'ゴる.さ] 〔成句〕 *agarrar* [*coger, pescar*] *una ~* 《スペイン》《話》酔っぱらう

co-'go-te 名 男 《話》〘体〙首筋，えり首 *tieso[sa] de ~* 《話》いばった，高慢な

co-go-te+'ar [コ.ゴ.テ.'アる] 動 他 《チリ》《話》襲う

co-gu-'ja-da [コ.グ.'は.ダ] 名 女 〘鳥〙カンムリヒバリ

co-'gu-lla [コ.'グ.ジャ] 名 女 〘衣〙〘宗〙修道服；〘衣〙〘宗〙(僧の)ずきん

co-ha-bi-ta-'ción [コ.ア.ビ.タ.'すぃオン] 名 女 同棲，同居

co-ha-bi-'tar [コ.ア.ビ.'タる] 動 自 同棲する，同居する

co+he-'char [コ.エ.'チャる] 動 他 〘法〙賄賂(わいろ)で誘惑する，買収する；〘農〙(種まきの前に)〈土を〉起こす

co+'he-cho [コ.'エ.チョ] 名 男 〘法〙賄賂(わいろ)，買収

co-he-re-'de-ro, -ra [コ.エ.れ.'デ.ろ，ら] 名 男 女 〘法〙共同相続人

co-he-'ren-cia [コ.エ.'れン.すぃア] 名 女 関連性，統一性，一貫性，まとまり；凝集性，結合力，粘着力

co+he-'ren-te [コ.エ.'れン.テ] 形 関連

のある, 一貫した, まとまりのある; 凝集性の, 密着した ~**mente** 副 関連させて, 一貫して

co+he-'sión[コ.エ.'スィオン] 名 女 まとまり, つながり; 〘物〙(分子の)凝集

co+he-sio-'nar [コ.エ.スィオ.'ナる] 動 他 〈の〉まとまりをつける, 〈に〉一貫性を与える; 〘物〙〈分子を〉凝集させる ~**se** 動 再 まとまる, 一貫性を得る; 〘物〙《分子が》凝集する

co+he-'si-vo, -va [コ.エ.'スィ.ボ, バ] 形 結合力のある, 粘着性の

*__co+'he-te__[コ.'エ.テ] 94% 名 男 ロケット; 打ち上げ花火 *salir como un* ~ 勢いよく出る, 飛び出す

co+he-'te-ro, -ra[コ.エ.'テ.ろ, ら] 名 男 女 花火職人

co+hi-'bir[コイ.'ビる] 動 他 54 (i|í) ものおじさせる, おどおどさせる; 抑える, 妨げる ~**se** 動 再 ものおじする, おどおどする

co+'hom-bro[コ.'オン.ブろ] 名 男 〘植〙 キュウリ; 揚げ物 ~ *de mar*〘動〙ナマコ

co+ho-nes-ta-'ción [コ.オ.ネス.タ.'すぃオン] 名 女 《格》取りつくろい, 正当化

co+ho-nes-'tar [コ.オ.ネス.'タる] 動 他 《格》うまく言い抜ける, ごまかす, 取りつくろう; 《格》(con: と)調和させる

co+'hor-te[コ.'オる.テ] 名 女 〘歴〙〘軍〙(古代ローマの)歩兵隊; (動物・人の)群れ, 大群, 大勢

'coi-ma 名 女 《話》情婦, めかけ; 《ラ米》賄賂(わいろ)

'Coim-bra ['コイン.ブら] 名 固 〘地名〙 コインブラ《ポルトガル中西部の都市》

*__co-in-ci-'den-cia__ [コイン.すぃ.'デン.すぃア] 93% 名 女 偶然の一致; (偶然の)出会い; 一致, 合致, 符合; 同時発生

co-in-ci-den-'cial [コイン.すぃ.デン.'すぃアル] 形 《コロンビア》偶然の ~**mente** 副 《コロンビア》偶然に

co-in-ci-'den-te [コイン.すぃ.'デン.テ] 形 一致した, 同時の

⁑**co-in-ci-'dir** [コイン.すぃ.'ディる] 84% 動 自 (con: と)同時に起こる, 偶然一緒になる; (con: と)一致する, 同じになる; (con: と)(en: の点で)意見を同じくする

'coi-né 名 男 ⇩ koiné

'coi-to 名 男 交接, 性交

'co+ja 動 《接現 1/3 単》⬆coger

co-je+'ar[コ.へ.'アる] 動 自 〘体〙 足を引きずる, 不自由な足[脚]で歩く; 《家具が》ぐらつく, ガタガタする; 《話》間違う, 誤る, 失敗する, うまくいかない *saber de qué pie cojea* ... …の弱点を知る

Co-'je-des[コ.'へ.デス] 名 固 〘地名〙 コヘーデス《ベネズエラ中部の州》

co-'je-ra[コ.'へ.ら] 名 女 〘体〙 足を引きずること, 不自由な歩行

co-ji-'jo-so, -sa[コ.ひ.'ほ.ソ, サ] 形 だだをこねる, すねた, 文句の多い, 怒りっぽい

*__co-'jín__[コ.'ひン] 94% 名 男 クッション, 座布団; 〘海〙 防舷材; 《メキシコ》《話》浮気をする人

co-ji-'ne-te[コ.ひ.'ネ.テ] 名 男 〘機〙 軸受け, ベアリング; 小さいクッション[座布団]

co-ji-'tran-co, -ca [コ.ひ.'トらン.コ, カ] 形 名 男 女 《話》〔軽蔑〕足が悪い(人)

*'__co+jo, +ja__ ['コ.ほ, は] 94% 形 〘体〙 足[脚]の不自由な; 《机などが》脚がぐらぐらする; 不完全な, 不十分な, まずい; 《理由・意見などが》偏(かた)った, 偏頗(へんぱ)な *andar a la pata coja* 片足でぴょんぴょん跳ぶ *no ser* ~[*ja*] *ni manco*[*ca*] 自分でやっていける 動 《直現 1 単》⬆coger

co-'jón[コ.'ほン] 名 男 〔複〕《スペイン》《俗》睾丸(こうがん) 感 《俗》ええっ, こんちくしょう, うわあ 《驚き・怒り・喜び》 *estar hasta los cojones* 《俗》(de: に)うんざりしている *no haber más cojones que* ... 《俗》…するしか仕方がない *pasarse por los cojones* 《俗》意に介しない *ponérsele los cojones en la garganta*《俗》(a: が)ひどく恐れる, 肝を冷やす *tener cojones* 《俗》勇気がある

co-jo-'nu-do, -da[コ.ほ.'ヌ.ド, ダ] 形 《俗》すごい, すごくいい

Co-ju-te-'pe-que [コ.ふ.テ.'ぺ.ケ] 名 固 〘地名〙コフテペーケ《エルサルバドル中部の都市》

'cok 名 男 〔複 coks〕〘鉱〙 コークス

*'__col__ ['コル] 93% 名 女 〘植〙 キャベツ ~ *de Bruselas*〘植〙芽キャベツ

col. 略 =⬇colección; colonia 《メキシコ》 地区; ⬇columna

Col. 略 ⬇colegio; ⬇coronel

⁑'**co+la** ['コ.ラ] 85% 名 女 〘動〙 尾, しっぽ; 尾部, 後部, 終わり; 列, 行列, 並び; 〘衣〙 (長い)すそ; 《ベネズエラ》《話》ヒッチハイク; 糊(のり), にかわ *a la* ~ 後ろに, 最後に, 後列に ~ *de caballo* ポニーテール; 〘植〙 トクサ; 〘植〙 コーラの木[実] ~ *de milano*〘技〙 蟻(あり)ほぞ ~ *de zorra* 〘植〙 ヒモゲイトウ *comer* ~ 《南米》《話》びりになる *llevar la* ~ びりになる *no pegar ni con* ~ まったく関係がない, 調和しない *piano de* ~ 〘楽〙グランドピアノ *tener*[*traer*] ~ 大きな影響を与える, 重大な結果を招く

⁑**co-la-bo-ra-'ción** [コ.ラ.ボ.ら.'すぃオン] 87% 名 女 共同, 共同研究, 協力; 寄稿, 投稿 *en* ~ *con* ... …と共同の; …と協力して

co-la-bo-ra-cio-'nis-mo [コ.ラ.ボ.ら.すぃオ.'ニス.モ] 名 男 〘政〙 (占領国への)協力(政策)

co-la-bo-ra-cio-'nis-ta [コ.ラ.ボ.

ら.すぃオ.'ニス.タ] [形] [名] [共] 〔政〕(占領国に)協力する(者)

co-la-bo-ra-'dor, -'do-ra [コ.ラ.ボ.ら.'ドる, 'ド.ら] [形] [名] [男] [女] 共同して働く, 合作する, 投稿する; 協力者, 共編者, 合作者, 共著者, 共同執筆者; 投稿者

⁑co-la-bo-'rar [コ.ラ.ボ.'らる] 89% [動] [自] 協力する, 共同して働く, 共同研究する; (en: に)寄稿する

co-la-'ción [コ.ラ.'すぃオン] [名] [女] 《格》軽食, おやつ; 比較, 照合, 対照; 〔法〕(権利の)照査; 〔宗〕聖職授任; 学位授与 *traer* [*sacar*] *a* ～ 話題にする, 引き合いに出す

co-la-cio-'nar [コ.ラ.すぃオ.'ナる] [動] [他] 《格》対照する, 照合する; 〔宗〕〈に〉聖職を授ける

co-'la-da [コ.'ラ.ダ] [名] [女] 《スペイン》洗濯, 洗浄; 洗濯物; 漂白; 漂白剤; 濾(こ)すこと, 濾過(ろか); 〔畜〕家畜が通る道; 〔地〕(山間の)難所; 〔地質〕溶岩流 *salir en la* ～ 《話》見つかる, 明るみに出る

co-la-'de-ra [コ.ラ.'デ.ら] [名] [女] 水濾(こ)し器; 《メキシコ》放水路, 下水溝

co-la-'de-ro [コ.ラ.'デ.ろ] [名] [男] 水濾(こ)し器, 濾過(ろか)器, フィルター; 〔地〕狭い道, 難所; 〔鉱〕杭井(こうせい); 《話》やさしい試験

co-'la-do, -da [コ.'ラ.ド, ダ] [形] (por: に)夢中の; 濾(こ)した, 濾過した *de* ～ 《話》まぎれこんで

co-la-'dor [コ.ラ.'ドる] [名] [男] 水濾(こ)し器, 濾過(ろか)器; 茶こし

co-la-'du-ra [コ.ラ.'ドゥ.ら] [名] [女] 濾(こ)すこと, 濾過(ろか); 《話》間違い, 失敗

co-'lá-ge+no, -na [コ.'ラ.ヘ.ノ, ナ] [形] 〔生〕〔化〕コラーゲン(の) [名] [男] 〔生〕〔化〕コラーゲン, 膠原質

co-lan-gio-pa-'tí+a [コ.ラン.ひオ.パ.'ティ.ア] [名] [女] 〔医〕胆管症

co-lan-'gi-tis [コ.ラン.'ひ.ティス] [名] [女] 〔単複同〕〔医〕胆管炎

co-'lap-so [コ.'ラプ.ソ] [名] [男] 〔医〕虚脱, 意気消沈; 止まること, 停止, 麻痺

***co-'lar** [コ.'ラる] 93% [動] [他] ⑯ (o|ue) 〈液体を〉濾(こ)す, 濾過する; 《話》ごまかして通す; さらす, 漂白する; 洗濯する; 〔鉱〕鋳造する [動] [自] 《話》信じられる, 通用する; «液体が»しみこむ, 濾(こ)されて出てくる; 《話》ワインを飲む ～**se** [動] [再] (en: 列に)割り込む; 《話》間違える, へまをする; 《話》(en: パーティーなどに)(招待を受けないで)押しかける; (サッカーなどを)ただで見物する; くぐり抜ける; 《スペイン》《話》(con, por: に)ほれこむ, 夢中になる

co-la-te-'ral [コ.ラ.テ.'らル] [形] わきに並んだ, 平行した; 傍系の [名] [共] 傍系の親族

'col-cha ['コル.チャ] [名] [女] ベッドカバー; 《中米》《カリブ》毛布

col-'chón** [コル.'チョン] 92% [名] [男] マットレス; ふとん; 救いの手, 経済的援助 ***dormir en un ～ de plumas 安楽に暮らす

col-cho-ne-'rí+a [コル.チョ.ネ.'り.ア] [名] [女] 〔商〕マットレス販売店, 寝具店

col-cho-'ne-ro, -ra [コル.チョ.'ネ.ろ, ら] [形] マットレスの [名] [男] [女] 〔商〕マットレスの販売業者

col-cho-'ne-ta [コル.チョ.'ネ.タ] [名] [女] 小型のマットレス, クッション

'co+le ['コ.レ] [名] [男] 《話》学校

co-le+'ar [コ.レ.'アる] [動] [自] 〔動〕«動物などが»尾を振る, 振り動かす; 《話》尾を引く, «ある結果が»続いている; 《ベネズエラ》列に割り込む [動] [他] 〔牛〕〈牛の〉尾をつかんで倒す

⁑co-lec-'ción [コ.レク.'すぃオン] 89% [名] [女] (de: の)収集品, コレクション; 集めること, 収集, 採集; 〔衣〕コレクション, (洋服の)新作; たくさん, (de: の)山; 叢書, 全集

co-lec-cio-'na-ble [コ.レク.すぃオ.'ナ.ブレ] [形] 収集用の

***co-lec-cio-'nar** [コ.レク.すぃオ.'ナる] 94% [動] [他] 集める, 収集する

co-lec-cio-'nis-ta [コ.レク.すぃオ.'ニス.タ] [名] [共] 収集家, 集める人

co-le-cis-'ti-tis [コ.レ.すぃス.'ティ.ティス] [名] [女] 〔単複同〕〔医〕胆嚢炎

co-'lec-ta [コ.'レク.タ] [名] [女] 募金, 寄付金集め; 〔宗〕(ミサの)集禱(しゅうとう)文; 〔法〕徴税, 税の取り立て

co-lec-'tar [コ.レク.'タる] [動] [他] 集める, 収集する; 〔法〕〈税などを〉徴収する

co-lec-ti-vi-'dad [コ.レク.ティ.ビ.'ダド] [名] [女] 集合性, 共同体, 集団

co-lec-ti-'vis-mo [コ.レク.ティ.'ビス.モ] [名] [男] 〔政〕集産主義《土地・生産手段などを国家が管理する》

co-lec-ti-'vis-ta [コ.レク.ティ.'ビス.タ] [形] [名] [共] 〔政〕集産主義の[主義者] ⬆colectivismo

co-lec-ti-vi-za-'ción [コ.レク.ティ.ビ.さ.'すぃオン] [名] [女] 〔政〕集産化, 共有化, 国有化

co-lec-ti-vi-'zar [コ.レク.ティ.ビ.'さる] [動] [他] ㉞ (z|c) 〔政〕集産化する, 共有化する, 国有化する

⁑co-lec-'ti-vo, -va [コ.レク.'ティ.ボ, バ] 85% [形] 集合的な, 集団の, 共同の, 共有の; 〔言〕集合名詞の [名] [男] 〔言〕集合名詞; 《スペイン》集団, 共同体; 《メキシコ》乗り合いタクシー; 《ラプラタ》《アンデス》乗り合いバス **-vamente** [副] 集合的に

co-lec-'tor, -'to-ra [コ.レク.'トる, 'ト.ら] [名] [男] [女] 〔法〕収税吏, 集金人; 収集家 [名] [男] 〔電〕集電器, コレクター; 下水本管; 〔機〕管

*co-'le-ga [コ.'レ.ガ] 90% 名 共〔おもに〕(仕事上の)同僚, 仲間; 同じ官職[職務]の人;《話》友人

co-le-'gia-do, -da [コ.レ.'ひア.ド, ダ] 形 同業組合に入っている 名 男《スペイン》(プロサッカーの)審判

*co-le-'gial [コ.レ.'ひアル] 94% 形 学校の[に関する] ~, -giala 名 男 女 生徒, 学生, 寮生;《話》未熟者, 初心者

co-le-'giar-se [コ.レ.'ひアる.セ] 動 再 学籍簿に登録する; 同業組合に加入する

co-le-'gia-ta [コ.レ.'ひア.タ] 名 女〔宗〕参事会教会

*co-'le-gio [コ.'レ.ひオ] 74% 名 男 学校; (特殊な)専門学校;《スペイン》中学校《小中一貫教育をする》; 団体, 組合, 協会, 会; (医師などの)同業組合 ~ *electoral*〔集合〕(1 選挙区の)全有権者

co-le-'gir [コ.レ.'ひる] 動 他 ⑱ (e|i; g|j)《格》(de, por: から)推論する, 推断する

co-le-li-'tia-sis [コ.レ.リ.'ティア.スィス] 名 女〔単複同〕〔医〕胆石症

co-'le+o [コ.'レ.オ] 名 男〔動〕尾を振ること

co-le+'óp-te-ro, -ra [コ.レ.'オプ.テ.ろ, ら] 形〔昆〕鞘翅(しょうし)目の, 甲虫(こうちゅう)類の 名 男〔複〕〔昆〕鞘翅目, 甲虫類

*'có-le-ra ['コ.レ.ら] 92% 名 女 怒り, 激怒, 憤怒;〔医〕胆汁 名 男〔医〕コレラ *descargar su* ~ (en, sobre: に)八つ当たりする *montar en* ~ 激怒する

co-'lé-ri-co, -ca [コ.'レ.リ.コ, カ] 形 怒りっぽい, かんしゃくもちの; 怒った, 腹を立てた;〔医〕コレラ性の; かんしゃくもちの人 名 男 女〔医〕コレラ患者

co-'le-ro, -ra [コ.'レ.ろ, ら] 名 男 女《ベネズエラ》《話》ヒッチハイカー; ただ乗りをする人

'co-les 名 女《複》↑col

co-les-te-'rol [コ.レス.テ.'ろル] 名 男〔医〕コレステロール

co-'le-ta [コ.'レ.タ] 名 女 (闘牛士や昔の中国人の)弁髪; 頭の後ろで束ねた髪, ポニーテール; (書籍の)あとがき, 補注, 追記 *cortarse la* ~〔牛〕«闘牛士が»引退する

co-le-'ta-zo [コ.レ.'タ.そ] 名 男 尾で打つこと *últimos ~s* 最後のあがき, 断末魔

co-le-'ti-lla [コ.レ.'ティ.ジャ] 名 女 あとがき, 補注, 追記

co-'le-to [コ.'レ.ト] 名 男〔衣〕(革製の)胴着;《ベネズエラ》モップ *decir* [*hablar*] *para su* ~《話》独り言を言う, 内心で言う *echarse* ... *al* ~《話》…を一気に食べる[飲む];《話》…を一気に読む

col-ga-'de-ro, -ra [コル.ガ.'デ.ろ, ら] 形 つるすことのできる;〔食〕«果物などが»つるして保存する 名 男 掛け釘, フック; ハンガー

col-'ga-do, -da [コル.'ガ.ド, ダ] 形 ぶらさがった; 絞首刑になった;《話》だまされた;《話》不合格の, 落第の;《話》(por: に)恋している 名 男 女 麻薬常習中毒者 *dejar ~do*[*da*]《話》裏切る, 失望させる -da 名 女《コロンビア》中断された仕事; 賃金の不払い

col-ga-'du-ra [コル.ガ.'ドゥ.ら] 名 女 掛け布, カーテン, とばり, 垂れ幕, 壁掛け

col-'ga-jo [コル.'ガ.ほ] 名 男 たれさがったぼろ, ほつれ, ぼろ(切れ);〔食〕(つり干しの)果物;〔医〕(皮膚・組織の)弁状片

col-'gan-te [コル.'ガン.テ] 形 ぶらさがった 名 男 恐れ, 驚き; ペンダント

*col-'gar [コル.'ガる] 88% 動 他 ⑥① (o|ue; g|gu) (de, en: に)掛ける, つるす; つるし首にする, 絞首刑にする;《話》落第させる, 落とす; 〈道具を〉捨てて仕事[学業]を辞める; 〈受話器などを〉置く; 〈罪・責任などを〉(a: の)せいにする, (a: に)押しつける;〔情〕アップロードする 動 自 (en, de: に)掛かる, ぶらさがっている; 電話を切る ~se 動 再 首つり自殺をする;《カリブ》《コロンビア》《話》落第する, 落ちこぼれる

co-li-ba-'ci-lo [コ.リ.バ.'すぃ.ロ] 名 男〔医〕大腸菌

co-li-ba-ci-'lo-sis [コ.リ.バ.すぃ.'ロ.スィス] 名 女〔単複同〕〔医〕大腸菌による敗血症

co-li-'brí [コ.リ.'ブリ] 名 男〔複 -bríes ⇦-brís〕〔鳥〕ハチドリ

'có-li-co, -ca ['コ.リ.コ, カ] 形〔体〕結腸の 名 男〔医〕疝痛(せんつう);〔一般〕腹痛

co-li-'cuar [コ.リ.'クアる] 動 他《格》(共に)溶かす, 液化する

co-li-'flor [コ.リ.'フロる] 名 女〔植〕カリフラワー, 花キャベツ

co-'li-g~, -j~ 動《活用》↑colegir

co-li-ga-'ción [コ.リ.ガ.'すぃオン] 名 女 同盟, 連合, 結束

co-li-'gar-se [コ.リ.'ガる.セ] 動 再 ④① (g|gu) 同盟を結ぶ, 連合する

co-'li-lla [コ.'リ.ジャ] 名 女 (タバコの)吹いさし, 吸い殻

Co-'li-ma [コ.'リ.マ] 名 固〔地名〕コリーマ《メキシコ南西部の州, 州都》

co-li-ma-'ción [コ.リ.マ.'すぃオン] 名 女〔技〕視準

co-li-ma-'dor [コ.リ.マ.'ドる] 名 男〔技〕視準器

co-li-'mar [コ.リ.'マる] 動 他〔技〕視準する; 〈レンズ・光線を〉平行にする

*co-'li-na [コ.'リ.ナ] 93% 名 女〔地〕丘, 小山

co-li-'na-bo [コ.リ.'ナ.ボ] 名 男〔植〕コールラビ《サラダ用野菜》

co-lin-'dan-te [コ.リン.'ダン.テ] 形 «土

地などが» (con: に)隣接の, 隣り合った, 近接した

co-lin-'dar [コ.リン.'ダる] 動 自 (con: に)隣接する, 面する; «2 つが»隣り合う

co-'li-rio [コ.'リ.りオ] 名 男 〘医〙 点眼薬, 目薬

co-li-'se+o [コ.リ.'セ.オ] 名 男 劇場, 大体育館, スタジアム; 〘歴〙 コロセウム

co-li-'sión [コ.リ.'スィオン] 名 女 《格》 衝突; 対立, あつれき

co-li-sio-'nar [コ.リ.スィオ.'ナる] 動 自 《格》 (con: と)衝突する; (con: と)対立する

co-'lis-ta [コ.'リス.タ] 名 共 〘競〙 最後(の人・チーム), 最下位, びり

co-'li-tis [コ.'リ.ティス] 名 女 〔単複同〕 〘医〙 大腸炎, 結腸炎

co-'lla-do [コ.'ジャ.ド] 名 男 〘地〙 丘

co-'lla-ge [コ.'ジャ.へ] 名 男 〘美〙 コラージュ

*__co-'llar__ [コ.'ジャる] 93% 名 男 〘衣〙 ネックレス, 首飾り; 〘畜〙 (犬などの)首輪; 〘動〙 (動物の)首のまわりの変色部, 輪; 〘機〙 環, リング

co-lla-'rín [コ.ジャ.'リン] 名 男 〘衣〙 立ち襟(えり)

co-'lle-ja [コ.'ジェ.は] 名 女 《話》 後頭部を軽くたたくこと; 〘植〙 シマタラソウ 《ナデシコ科》

co-'lle-ra [コ.'ジェ.ら] 名 女 〘畜〙 (馬の)首輪; 〔複〕 《ラ米》 〘衣〙 カフスボタン; 〘鳥〙 小鳥のつがい; (囚人の)鎖, 一つの鎖につながれた囚人たち *andar en* ～ 《チリ》 協力する

co-lle-'rón [コ.ジェ.'ろン] 名 男 〘畜〙 (馬の豪華な)首輪

collie ['コ.リ] 名 男 〔英語〕 〘動〙 〔犬〕 コリー

co-'llón, -'llo-na [コ.'ジョン, 'ジョ.ナ] 形 《話》 臆病(おくびょう)な

col-'ma-do, -da [コル.'マ.ド, ダ] 形 (de: で)いっぱいの, 充満した 名 男 〘商〙 食料品店

*__col-'mar__ [コル.'マる] 93% 動 他 (de: で)いっぱいにする; (de: を)浴びせる; (de: で)圧倒する, 閉口させる

col-'me-na [コル.'メ.ナ] 名 女 (ミツバチの)巣箱; がやがやした場所, 人々が忙しく行き交う場所, せわしない場所

col-me-'nar [コル.メ.'ナる] 名 男 養蜂(ようほう)場

col-me-'ne-ro, -ra [コル.メ.'ネ.ろ, ら] 名 男 女 養蜂(ようほう)家, ミツバチを飼う人

col-mi-'lla-da [コル.ミ.'ジャ.ダ] 名 女 牙(きば)でかむこと

col-'mi-llo [コル.'ミ.ジョ] 名 男 〘体〙 犬歯, 糸切り歯; 〘動〙 (肉食動物の)牙(きば) *enseñar los ～s* 威嚇する *escupir por el ～* 《話》 虚勢を張る, ほらを吹く *tener el ～ retorcido* [*mucho ～*] 《話》 ずる賢い, 知恵がある

*'__col-mo__ ['コル.モ] 92% 名 男 山盛り, 大盛り; 頂, 頂上; 全盛, 極致, 絶頂; 《話》 我慢の限界 **～, -ma** 形 充満している, いっぱいの; あふれんばかりの, 山盛りの *a* [*al*] *～* たくさん, あふれるばかりに *para ～* 《話》 その上, さらに悪いことには

*__co-lo-ca-'ción__ [コ.ロ.カ.'すぃオン] 93% 名 女 配置, 配列, 置き方; 職業, 職, 就職口; 〘競〙 〔サッカーなど〕 ポジショニング

co-lo-'ca-do, -da [コ.ロ.'カ.ド, ダ] 形 位置している; (競馬で)2 番手の; 新米の, 初心者の; 《話》 (酒・麻薬に)酔った *estar bien ～[da]* よい職業についている; 〘競〙 よい位置にいる; 《スペイン》 《話》 酔っぱらっている; 麻薬を飲んでいる

__co-lo-'car__ [コ.ロ.'カる] 78% 動 他 69 (c|qu) 置く, 配置する; 仕事につかせる, 〈に〉職を与える; 《話》 〈いやなことを〉押しつける; 〘商〙 投資する; 結婚させる, 嫁がせる **～-se 動 再 (en: に)就職する, (en: の)仕事につく; (en: の)位置につく, (en: に)位置する; 《話》 酒に酔う, 酔っぱらう *～ en la calle* 追い出す, 解雇する

co-lo-'cón [コ.ロ.'コン] 〔成句〕 *tener un ～* 《スペイン》 《話》 酔っぱらっている, 麻薬を飲んでいる

co-lo-'dión [コ.ロ.'ディオン] 名 男 〘化〙 コロジオン 《傷口の保護, 写真感光膜に用いる液》

co-lo-'dri-llo [コ.ロ.'ドリ.ジョ] 名 男 《話》 〘体〙 頭の後ろ, 後頭部

co-lo-'fón [コ.ロ.'フォン] 名 男 〘印〙 (本の)奥付; (公演などの)締めくくり, フィナーレ; 〘演〙 呼び物, 主役; 付記, 付録, 追加

co-lo-'fo-nia [コ.ロ.'フォ.ニア] 名 女 〘化〙 ロジン, コロホニウム

co-loi-'dal [コ.ロイ.'ダル] 形 〘化〙 コロイド状の

co-'loi-de [コ.'ロイ.デ] 形 〘化〙 コロイド状の 名 男 〘化〙 コロイド, 膠状(こうじょう)体, 膠質(こうしつ)

**__Co-'lom-bia__ [コ.'ロン.ビア] 78% 名 固 〔República de ～〕 〘地名〙 コロンビア 《南米北西部の共和国》

co-lom-bia-'nis-mo [コ.ロン.ビア.'ニス.モ] 名 男 〘言〙 コロンビアのスペイン語法

**__co-lom-'bia+no, -na__ [コ.ロン.'ビア.ノ, ナ] 90% 形 名 男 女 〘地名〙 コロンビア(人)の, コロンビア人 ↑Colombia

co-lom-'bi+no, -na [コ.ロン.'ビ.ノ, ナ] 形 コロンブスの 《Cristóbal Colón クリストファー・コロンブス, 1451–1506》 **-na** 名 女 《カリブ》 《コロンビア》 〘食〙 ペロペロキャンディー; 《カリブ》 〘遊〙 ぶらんこ

Co-'lom-bo [コ.'ロン.ボ] [名] [固]〘地名〙コロンボ《スリランカの旧首都》

'co-lon ['コ.ロン] [名] [男]〘体〙結腸; コロン《: の記号》; セミコロン《; の記号》;〘経〙コロン《コスタリカとエルサルバドルの通貨》

Co-'lón [コ.'ロン] [名] [固]〘地名〙コロン《キューバ中西部の都市; ホンジュラス東部の県; パナマ中北部の県, 県都》 **archi-piélago de C~** [名] [固]〘地名〙コロン[ガラパゴス]諸島

⁑**co-'lo-nia** [コ.'ロ.ニア] 89% [名] [女] 植民地, 開拓地;〔集合〕移民, 居留民; …人街;〘生〙生活集団, 居住区, 群落, コロニー, 集落, 群体;《メキシコ》(都市の)…区; オーデコロン;《カリブ》〘農〙サトウキビ農園 **C~** [名] [固]〘地名〙コロニア《ウルグアイ南西部の県》;〘地名〙ケルン《ドイツ中西部の都市》 **~ *penitenciaria*** 少年院

co-lo-'nia-je [コ.ロ.'ニア.へ] [名] [男]《ラ米》〘歴〙植民地時代, スペインの植民地統治

⁑**co-lo-'nial** [コ.ロ.'ニアル] 90% [形] 植民地の;〘美〙コロニアル様式の;〘商〙海外からの, 輸入した [名] [男]〔複〕〘商〙輸入食料品;〘食〙〔一般〕食料品

co-lo-nia-'lis-mo [コ.ロ.ニア.'リス.モ] [名] [男]〘政〙植民地主義

co-lo-nia-'lis-ta [コ.ロ.ニア.'リス.タ] [形] [名] [共]〘政〙植民地主義の[主義者]

co-lo-ni-za-'ción [コ.ロ.ニ.さ.'すぃオン] [名] [女] 植民, 開拓, 拓殖, 植民地化

co-lo-ni-'zar [コ.ロ.ニ.'さる] [動] [他] 34 (z|c) 植民地にする, 〈に〉植民地を作る

co-'lo+no [コ.'ロ.ノ] [名] [男] 植民者, 移民, 開拓者;〘農〙小作人;《カリブ》〘農〙サトウキビ農園主

co-lo-'qué, -que(~) [動]《直点 1 単, 接現》⬆colocar

*__co-lo-'quial__ [コ.ロ.'キアル] 93% [形]〘言〙口語(体)の, 話し言葉の, 日常会話の; くだけた

co-'lo-quio [コ.'ロ.キオ] [名] [男] 話し合い, 会話; 討議, 論議

⁑**co-'lor** [コ.'ロる] 74% [名] [男] [まれに [女]] 色, 色彩; 絵の具, 塗料, 染料;〘体〙(皮膚の)色, 有色; 傾向, 様子;〔複〕旗, 国旗; チーム; 声の調子; 精彩, 輝き ***a ~*** カラーの ***a todo ~*** 色あざやかな[に] ***dar ~*** (a: を)盛り上げる ***de ~*** (白・黒でない)色の, 色柄の ***(de) ~ de rosa*** ばら色の, 有望な ***en ~*** カラーの ***mudar [cambiar] de ~*** 《顔色が》青ざめる, 顔色を変える ***ponerse de mil ~es*** 《話》顔を赤らめる ***sacar los ~es (a la cara)*** (a: に)恥ずかしい思いをさせる ***so ~ de ...*** …を口実にして, …のふりをして ***subido[da] de ~*** 《話が》きわどい, わいせつな ***tomar ~*** 色づく; 格好がつく

co-lo-ra-'ción [コ.ロ.ら.'すぃオン] [名] [女] 着色(法), 彩色; 色調, 色合い; 特徴

co-lo-'ra-do, -da [コ.ロ.'ら.ド, ダ] [形] 赤い; 《顔色が》赤い, 赤らんだ; 着色した, 彩色してある; きわどい, わいせつな [名] [男] 赤色 ***ponerse más ~[da] que un tomate [pavo]*** 真っ赤になる

Co-lo-'ra-do [コ.ロ.'ら.ド] [名] [固]〘地名〙コロラド州《米国西部の州》; 〔el río ~〕〘地名〙コロラド川《米国南西部とメキシコ北西部を流れる川》

co-lo-'ran-te [コ.ロ.'らン.テ] [形] 着色の [名] [男] 着色剤, 染料

co-lo-'rar [コ.ロ.'らる] [動] [他] (de: 色に) 彩色する, 着色する; 染める

co-lo-re+'ar [コ.ロ.れ.'アる] [動] [他] (de: 色に)彩色する, 着色する; 〈過失を〉ごまかす, こじつける, 取りつくろう [動] [自]〘農〙《果物が》熟する, 色づく; 赤くなる

co-lo-'re-te [コ.ロ.'れ.テ] [名] [男] 頬紅(ほおべに), チーク

co-lo-'ri-do [コ.ロ.'り.ド] [名] [男] 色, 色彩, 彩色, 着色; にぎわい, 活気

co-lo-'rín [コ.ロ.'リン] [名] [男]〔複〕極彩色, 明るく目のさめるような色;〘鳥〙ゴシキヒワ;《メキシコ》ソンパントレの木 ***Y, ~ colorado, este cuento se ha acabado.*** めでたし, めでたし, これでおしまい《物語の終わりに言う》

co-lo-'ris-mo [コ.ロ.'リス.モ] [名] [男]〘美〙色彩派

co-lo-'ris-ta [コ.ロ.'リス.タ] [形]〘美〙色彩派 [名] [共] 色彩派の芸術家

co-lo-'sal [コ.ロ.'サル] [形] 巨大な;《話》すばらしい, すてきな, 驚くべき, すごい ***pasarlo ~*** 《話》楽しく過ごす

co-'lo-so [コ.'ロ.ソ] [名] [男] 巨大なもの, 巨人; 巨匠, 抜群の者; 巨像

co-lum-'brar [コ.ルン.'ブらる] [動] [他] (遠くに)認める, (遠くに)見える; 〈が〉わかってくる, 見え始める **~se** [動] [再] (遠くに)認められる, 見える

⁑**co-'lum-na** [コ.'ルム.ナ] 87% [名] [女]〘建〙円柱, 柱; (新聞の)欄; 支え, 支柱;〘軍〙縦隊; 縦の行; 山, 積み重ね ***~ vertebral***〘体〙脊柱, 背骨, 脊椎骨; 支え, 支柱, 屋台骨

co-lum-'na-ta [コ.ルム.'ナ.タ] [名] [女]〘建〙列柱, 柱廊

co-lum-'nis-ta [コ.ルム.'ニス.タ] [名] [共] (新聞の)コラムニスト

co-lum-'piar [コ.ルン.'ピアる] [動] [他] ブランコに乗せる, 揺する, 揺り動かす **~se** [動] [再] ブランコに乗る, 揺れる, 振動する; 体を揺らす, 体を揺らして歩く

co-'lum-pio [コ.'ルン.ピオ] [名] [男]〘遊〙ブランコ;《ラ米》揺り椅子

co-lu-'sión [コ.ル.'スィオン] 名 女 〖法〗共謀
co-lu-'so-rio, -ria [コ.ル.'ソ.りオ, りア] 形 〖法〗共謀による, 共謀した
'col-za ['コル.さ] 名 女 〖植〗アブラナ, ナタネ(菜種)
com~ 〔接頭辞〕 ⬆co(n)-
*'co+ma 87% 名 女 コンマ《, の記号》; 小数点 *sin faltar (ni) una* ~ 《話》完全に, 正確に 名 男 〖医〗昏睡(状態) 動 《接現 1/3 単》 ⬇comer
co-'ma-dre [コ.'マ.ドれ] 名 女 《話》助産婦, 産婆; (女性の)名づけ親, 代母《子の両親にとっての女性の名づけ親》; 《話》…さん《女性がお互いに呼び合う》; 《話》〔笑〕(おしゃべりな)女友だち; 《古》《話》男女の仲を取り持つ女
co-ma-dre+'ar [コ.マ.ドれ.'アる] 動 自 うわさ話をする, おしゃべりをする
co-ma-'dre-ja [コ.マ.'ドれ.は] 名 女 〖動〗イタチ
co-ma-'dre+o [コ.マ.'ドれ.オ] 名 男 うわさ話, おしゃべり
co-ma-'drón [コ.マ.'ドろン] 名 男 《話》〖医〗産科医, 助産師
co-ma-'dro-na [コ.マ.'ドろ.ナ] 名 女 助産婦, 産婆
co-'mal [コ.'マル] 名 男 《ﾒｷｼｺ》《ﾁｭ米》〖食〗(トルティージャを焼く)フライパン ⬇tortilla
co-'man-che 形 名 共 コマンチ族の(人)《北米の先住民》
co-man-'dan-cia [コ.マン.'ダン.すぃア] 名 女 〖軍〗司令部; 〖軍〗司令官の職[地位]; 〖軍〗支配地, 管下の兵[船, 地区]
co-man-'dan-te 名 共 〖軍〗指揮官, 司令官; 陸軍少佐
co-man-'dar [コ.マン.'ダる] 動 他 〖軍〗〈に〉命令する, 指揮する
co-man-'di-ta 名 女 〖商〗有限責任組合, 合資会社
co-man-di-'tar [コ.マン.ディ.'タる] 動 他 〖商〗合資会社にする, 〈に〉出資する
co-man-di-'ta-rio, -ria [コ.マン.ディ.'タ.りオ, りア] 形 〖商〗合資会社の
co-'man-do 名 男 司令, 命令, 指揮; 〖軍〗コマンド, 特別奇襲隊(員); 〖軍〗コマンドの急襲, 奇襲
*co-'mar-ca [コ.'マる.カ] 92% 名 女 地区, 地域, 地方
co-mar-'cal [コ.マる.'カル] 形 地区の, 地域の, 地方の
co-mar-'ca+no, -na [コ.マる.'カ.ノ, ナ] 形 近隣の
co-mar-'car [コ.マる.'カる] 動 自 ⑥⑨ (c|qu) (con: に)隣接する
co-ma-'to-so, -sa 形 〖医〗昏睡性の, 昏睡状態の

Co-ma-'ya-gua [コ.マ.'ジャ.グア] 名 固 〖地名〗コマジャグア《ホンジュラス中西部の県, 県都》
'com-ba 名 女 (鉄・木などの)湾曲, 曲がり, 反り, ゆがみ; 《ｽﾍﾟｲﾝ》〖遊〗縄跳び遊び; 縄跳びの縄 *no perder* ~ 《話》チャンスを逃さない
com-ba-'du-ra [コン.バ.'ドゥ.ら] 名 女 湾曲, 反り
com-'bar [コン.'バる] 動 他 曲げる, 反らせる ~se 動 再 曲がる, たわむ, 反る
*com-'ba-te 89% 名 男 〖軍〗戦闘, 戦い; 〔一般〕戦い, 闘争, 勝負; 〖競〗試合 *fuera de* ~ 〖競〗〔ボクシング〕ノックアウト, KO
com-ba-'tien-te 形 戦いの, 戦う 名 共 戦士, 兵士
*com-ba-'tir [コン.バ.'ティる] 91% 動 他 戦う, 争う; 〈に〉立ち向かう, 〈に〉対抗する ~(se) 動 自 (再) (con, contra: と)戦う, 争う, けんかする; 奮闘する, 努力する
com-ba-ti-vi-'dad [コン.バ.ティ.ビ.'ダド] 名 女 闘争心, 戦闘意欲
com-ba-'ti-vo, -va [コン.バ.'ティ.ボ, バ] 形 闘争的な
'com-bi 名 女 《話》〖衣〗(女性用の)スリップ
*com-bi-na-'ción [コン.ビ.ナ.'すぃオン] 90% 名 女 結合, 組合せ, 配合; ダイヤル錠, (錠の)数字の組合せ; 〖衣〗スリップ; 〖化〗化合; 〖数〗組合せ; 《話》計画, 企て; 悪巧み, 計略; (交通の)接続, 連結
com-bi-'na-do, -da 形 共同の; 〖食〗盛り合わせの 名 男 〖飲〗カクテル -da 名 女 〖競〗複合競技
*com-bi-'nar [コン.ビ.'ナる] 89% 動 他 (con: と)結合する, 合同する, 組み合わせる; (con: と)調整する, 〈に〉都合をつける; (con: と)調和させる; 〖化〗(con: と)化合させる 動 自 (con: と)調和する, 合う; 〖競〗味方にパスする ~se 動 再 結合する, 組み合わされる; 〖化〗化合する
com-bi-na-'to-rio, -ria [コン.ビ.ナ.'ト.りオ, りア] 形 組合せの, 結合の
com-'ble-za [コン.'ブレ.さ] 名 女 愛人, 不倫相手
'com-bo 名 男 〖楽〗バンド, 楽団
com-bu-'ren-te [コン.ブ.'れン.テ] 形 〖化〗支燃性の 名 男 〖化〗支燃性物質
*com-bus-'ti-ble [コン.ブス.'ティ.ブレ] 92% 形 燃える, 可燃性の 名 男 燃料
com-bus-'tión 名 女 燃焼; 〖化〗(有機体の)酸化
'co+me 動 《直現 3 単/命》 ⬇comer
co-me-'co-cos 名 男 〔単複同〕《話》パズル
co-me-'co-me 名 男 《話》かゆみ

co-me-'de-ro, -ra [コ.メ.'デ.ろ, ら] 形〔食〕食べられる, 食用の 名 男〔食〕食堂;〔畜〕飼葉おけ, えさ場

‡co-'me-dia 90% 名 女〔演〕〔文〕演劇(作品), 芝居;〔歴〕〔演〕〔文〕〔特に〕(黄金世紀の)演劇; 喜劇;《話》茶番, お芝居, うそ, 見せかけ;《話》滑稽な出来事, おもしろい事件

co-me-'dian-te, -ta 名 男 女〔映〕〔放〕俳優, 女優; 偽善者, ねこかぶり

co-me-'di-do, -da 形 遠慮した, 節度のある; 礼儀正しい, 丁寧な

co-me-di-'mien-to 名 男《格》節制, 慎み, 遠慮; 礼儀, 丁重

co-me-'dió-gra-fo, -fa [コ.メ.'ディオ.グら.フォ, ファ] 名 男 女〔演〕劇作家

co-me-'dir-se [コ.メ.'ディる.セ] 動 再 ㊾ (e|i)《格》節制する, 慎む

‡co-me-'dor [コ.メ.'ドる] 86% 名 男〔食〕食堂, 食事室;〔食〕(食堂の)家具 ～, -dora 形 大食いの, 食欲のある

co-mei-'ve-te [コ.メイ.'ベ.テ] 名 男《ｶﾘﾌﾞ》〔商〕ファーストフード店

co-me-'jén [コ.メ.'ヘン] 名 男〔昆〕シロアリ

co-men-'cé, -ce~ 動《活用》↓comenzar

co-men-da-'dor [コ.メン.ダ.'ドる] 名 男〔歴〕騎士団長;〔宗〕修道院長

co-men-da-'do-ra [コ.メン.ダ.'ド.ら] 名 女〔宗〕女性修道院長

co-men-'sal [コ.メン.'サル] 名 共〔食〕会食者, 食事仲間

‡co-men-'tar [コ.メン.'タる] 80% 動 他 論評する, 批評する, 解説する; うわさする, 取りざたする

‡co-men-'ta-rio [コ.メン.'タ.りオ] 87% 名 男 解説, 説明, 注釈; 論評, 批評, 短評, 意見, コメント;〔複〕うわさ, 取りざた

co-men-ta-'ris-ta [コ.メン.タ.'りス.タ] 名 共 注釈者, 解説者

‡co-men-'zar [コ.メン.'さる] 73% 動 他 ㉗ (e|ie; z|c) 始める, 〈に〉着手する 動 自 始まる; (a 不定詞: …し)始める, (a 不定詞: …に)着手する; (con, por 不定詞/現在分詞: …から)始める, まず(con, por 不定詞/現在分詞)する

‡co-'mer [コ.'メる] 67% 動 他〔食〕食べる;〔食〕〔特に〕昼食に食べる; 使う, 使いつくす:〔昆〕《虫などが》食い荒す, 〈に〉穴をあける, 腐食させる, 侵食する; さいなむ, 苦しめる, 消耗させる; 〈燃料を〉食う, 消費する;〔遊〕〔チェス〕〈相手の駒を〉とる; かゆくする; 〈の〉色をあせさせる; 小さく見せる 動 自〔食〕食べる, 食事する;〔食〕昼食をとる **～se** 動 再〔食〕食べつくす, 平らげる; 言い抜かす, 〈ある音を〉発音しない; 飲みこむ; 使い尽くす; 色をあせさせる;《嫉妬などが》苦しめる 名 男〔食〕食事, 食べること ***～ con la mirada*** 見つめる ***～ por cuatro***〔食〕腹いっぱいに食べる ***～ vivo[va]***《話》…をひどく憎む ***dar de ～***〔食〕(a: に)食べ物を与える, 餌をやる;〔食〕食事を出す ***Ni come ni deja ～*** 自分で使わないのに人に使わせない ***ser de buen ～***〔食〕(いつも)食欲がある ***sin ～lo ni beberlo*** 自分には関係[責任・罪]がないのに, 何もしないで… ***¿Y eso con qué se come?***《話》一体それは何?, 何の役に立つの?

‡co-mer-'cial [コ.メる.'すぃアル] 83% 形〔商〕商業的な, 営利的な;〔商〕貿易の, 通商の;〔商〕買物の, 商店の 名 男 女〔商〕代理販売者;《ﾗ米》〔放〕(テレビ・ラジオの)コマーシャル **～mente** 副 商業的に, 営利的に

co-mer-cia-li-za-'ción [コ.メる.すぃア.リ.さ.'すぃオン] 名 女〔商〕商品化

co-mer-cia-li-'zar [コ.メる.すぃア.リ.'さる] 動 他 ㉞ (z|c)〔商〕商品化する

***co-mer-'cian-te** [コ.メる.'すぃアン.テ] 91% 名 共〔商〕商人, 業者;〔商〕店主 形〔商〕商業の, 商人の;〔軽蔑〕計算高い

co-mer-'ciar [コ.メる.'すぃアる] 動 自〔商〕(en: を)売買する, 商う, 取引する, (con: と)貿易する

‡co-'mer-cio [コ.'メる.すぃオ] 83% 名 男〔商〕商業, 取引, 通商, 貿易;〔集合〕〔商〕店, 商店; 商業界, 業界;《格》交際

***co-mes-'ti-ble** [コ.メス.'ティ.ブレ] 94% 形〔食〕食べられる, 食用の 名 男〔複〕〔食〕食料, 食料品

***co-'me-ta** 94% 名 男〔天〕彗星(すいせい), ほうき星 名 女《ｽﾍﾟｲﾝ》〔遊〕凧(たこ), 紙だこ

‡co-me-'ter [コ.メ.'テる] 86% 動 他 〈罪・過ちなどを〉犯す, 行う;〔商〕委託する, 委ねる

co-me-'ti-do 名 男 目的, 課題, 仕事; 義務, 使命, 責任

co-me-'zón [コ.メ.'そン] 名 女 かゆいこと; むずむず[うずうず]すること, 切望

'có-mic 名 男〔複 comics〕《ｽﾍﾟｲﾝ》漫画, コミック

co-mi-'cas-tro [コ.ミ.'カス.トろ] 名 男〔演〕〔軽蔑〕大根役者

co-mi-ci-'dad [コ.ミ.すぃ.'ダド] 名 女 滑稽(こっけい)さ, おかしさ

co-'mi-cio [コ.'ミ.すぃオ] 名 男〔複〕〔政〕選挙;〔複〕〔歴〕〔政〕(古代ローマの)民会《立法・司法・選挙をつかさどった平民議会》

***'có-mi-co, -ca** 91% 形〔演〕喜劇の, コメディーの; 滑稽(こっけい)な, おかしな 名 男 女〔演〕喜劇俳優, コメディアン; おかしな人, ひょうきん者 **-ca** 名 女《中米》《ｶﾘﾌﾞ》漫画, コ

| ミック -camente 副 滑稽に, おかしく

‡co-'mi-da 77% 名 女 食事, 食べること; | 《ｽﾍﾟｲﾝ》昼食; 食べ物, 食物

co-mi-'di-lla [コ.ミ.'ディ.ジャ] 名 女 《話》(悪い)うわさの種, もの笑いの種; 《話》道楽, 娯楽, 趣味

co-'mi-do, -da 形 (すでに)食べた; (por, de: で)さいなまれた, やつれた; 《話》«洋服が»使い古された, すり切れた *~[da] y bebido[da]* 《話》養われた *lo ~ por lo servido* 食べることがやっとの収入

co-'mien-c~, -z~ 動 《直現/接現/命》 ⇑comenzar

co-'mien-do 動 《現分》 ⇑comer

‡co-'mien-zo [コ.'ミエン.そ] 85% 名 男 | 初め, 最初, 始まり *a ~s de* ... …の初めに *al ~* 初めは, 当初 *~ gradual* 〔情〕フェードイン *dar ~* (a: を)始める

***co-'mi-lla** [コ.'ミ.ジャ] 92% 名 女 〔複〕 | 引用符 《« … », " … ", ' … 'の記号》

co-mi-'lón, -'lo-na [コ.ミ.'ロン, 'ロ.ナ] 形 名 男 女 《話》食いしん坊(の), 大食漢(の) **-lona** 名 女 《話》ごちそう, 豪勢な食事 *darse una comilona* 大盤ぶるまいをする

co-mi-'ne-ro, -ra [コ.ミ.'ネ.ろ, ら] 形 《話》つまらないことで騒ぎ立てる, 小うるさい 名 男 《話》女性の仕事に口を出す男

co-'mi+no 名 男 〔植〕クミン《実は薬味・薬用》; 《話》価値のないもの *no importar un ~* 《話》(a: にとって)まったくかまわない *no valer un ~* 《話》何の価値もない

Co-'min-tern [コ.'ミン.テる(ン)] 名 固 〔歴〕〔政〕第三インターナショナル, コミンテルン 《1919–43, モスクワで組織された Communist International の略》

co-mi-'qui-lla [コ.ミ.'キ.ジャ] 名 女 〔複〕《(中米)》《(カリブ)》漫画, コミック

co-mi-'qui-ta [コ.ミ.'キ.タ] 名 女 〔複〕《(ベネズエラ)》漫画, コミック

‡co-mi-sa-'rí+a [コ.ミ.サ.'り.ア] 90% 名 女 警察署; 代表者[委員]の職[地位, 管轄範囲, 事務所]; 直轄区

co-mi-'sa-rio, -ria [コ.ミ.'サ.りオ, りア] 名 男 女 警察署長, 警視; 代表者, 長官, 代理

co-mis-'car [コ.ミス.'カる] 動 他 69 (c|qu) 〔食〕少しずつ食べ続ける

‡co-mi-'sión 78% 名 女 〔商〕手数料; | 委員会; (任務などの)委任, 委託, (仕事などの)依頼

co-mi-sio-'na-do, -da 形 名 男 女 委任された; 委員, コミッショナー

co-mi-sio-'nar [コ.ミ.スィオ.'ナる] 動 他 〈に〉権限を委任する

co-mi-sio-'nis-ta 名 共 〔商〕委託販売人, 問屋(業者), 仲買人

co-'mi-so 名 男 〔法〕没収, 押収; 没収品, 押収品

co-mis-que+'ar 動 他 ⇧comiscar

co-mis-'tra-jo [コ.ミス.'トら.ほ] 名 男 《話》〔食〕ごたまぜのまずい料理

co-mi-'su-ra [コ.ミ.'ス.ら] 名 女 合わせ目, 口の隅, 目尻, 目頭; 〔体〕(骨の)縫合線, 接合線[面], 神経連鎖

‡co-mi-'té 86% 名 男 委員会; 〔全体〕委 | 員

co-mi-'ti-va [コ.ミ.'ティ.バ] 名 女 〔集合〕従者, 随員; 行列

'có-mi-tre ['コ.ミ.トれ] 名 男 〔歴〕〔海〕漕刑囚の監督

‡co+mo [コ.モ] 48% 接 〔弱勢〕 **1** …(する)ように, …(する)とおりに: Haz **como** te he dicho. 私が君に言ったとおりにしなさい。 **2** 〔主節の前で〕 …なので: **Como** ayer llovía mucho, no quise salir. 昨日は雨が激しかったので出かけたくなかった。 **3** もし(接続法: …)ならば: **Como** lo hagas otra vez, te castigaré. またこんなことをしたら, お仕置きをしますからね。 **4** (形容詞: …)だが: Pobre **como** es, parece feliz. 彼は貧乏だが幸せそうだ。 前 **1** …として: Pablo Neruda es conocido **como** un gran poeta. パブロ・ネルーダは偉大な詩人として知られている。 **2** (たとえば)…のような: Algunos animales, **como** los leones, comen carne. いくつかの動物, たとえばライオンなどは肉食だ。 **3** 《古》 …するとすぐに 副 約…: Vinieron **como** treinta personas. およそ 30 人が来ました。 副 《関係》 **1** …である…: El alumno imitaba la manera **como** habla el profesor. 生徒が先生の話し方のまねをしていた。 **2** (…不定詞)する…: Esta es la forma **como** embellecer el edificio. これが建物を美しくする方法です。 **3** …の方法は一である《強調構文》: Preguntando es **como** se aprende. 質問することによって人は学ぶ。 動 《直現1単》 ⇑comer *~ no sea que* …(接続法) …でなければ *~ para* …(不定詞) …するに値する *~ que* …(直説法) まるで…のように; 《ｽﾍﾟｲﾝ》《話》だから… *~ quiera que* …(直説法) …なので *~ quiera que* …(接続法) …であっても *~ si* …(接続法過去) あたかも…であるかのように…する *~ si* …(接続法過去完了) あたかも…であったかのように…する *hacer ~ que* …(直説法) …のふりをする *no hay ~* … …にまさるものはない, …が最高だ

‡'có+mo 61% 副 《疑問》 **1** どのように, いかに 《様子, 方法をたずねる》: ¿**Cómo** está usted? お元気ですか。 **2** 〔反語〕 どうして…なことがあろうか: ¿**Cómo** es posible? そんなことがあろうか。 **3** なぜ, どうして 《理由

をたずねる》: ¿**Cómo** puedes pensar tal cosa? どうして君はそんなことが考えられるのか。 **4**〔＋不定詞〕どのように…すべきか, どのように…できるか, …すべき方法: No sé **cómo** agradecerle tanta cordialidad. あなたのご親切にどう感謝してよいかわかりません。 **5**〔感嘆文で〕どんなに…なことか: ¡**Cómo** me gustaría ir a Guatemala! グアテマラに行ってみたいものだなあ。 感 **1** なんだって!《驚き, 怒り》: ¡**Cómo**! ¿Has perdido la llave? なんだって! 鍵をなくしただって? **2** 何ですか《繰り返しを求める》: ¿**Cómo**? ¿Puede repetir, por favor? 何ですか? もう一度おっしゃっていただけますか。 名 男 方法; 原因 ***¿A ～?***《疑問》いくら ***¿C～ es que ...?***《疑問》なぜ ***¡C～ no!***《話》もちろんです, いいですよ ***¿C～ que ...?*** …とはなんだ ***¡Y ～!***《話》まったくそのとおりだ!

'Co+mo 名 固〔lago de ～〕〖地名〗コモ湖《イタリア北部の湖》

Comod. 略 ↓comodoro

'có-mo-da 名 女 整理だんす

*__co-mo-di-'dad__ 93% 名 女 快適さ, 安楽; 便利さ, 好都合, 便利な物

co-mo-'dín 名 男 小さいたんす; 〖遊〗(トランプの)ジョーカー; 《話》口実, 言いわけ; 何でも屋, 何にでも役に立つもの

⁑**'có-mo-do, -da** 90% 形 《物が》心地よい, くつろいだ気分の, 気楽な, 快適な; 《物が》使いやすい, 役に立つ; 《人・性格が》のんきな, 気楽な **-damente** 副 心地よく, くつろいだ気分で, 気楽に, 快適に; 使いやすく; のんきに

co-mo-'dón, -'do-na 形 名 男 女 《話》安楽を好む(人)

co-mo-'do-ro [コ.モ.'ド.ろ] 名 男 〖軍〗准将

com.[ón] 略 ↑comisión

co-mo-'quie-ra [コ.モ.'キエ.ら]〔成句〕 ***～ que*** ...(直説法) …なので ***～ que*** ...(接続法) …にせよ, …であっても ***～ que sea*** いずれにしても, とにかく

Co-'mo-ras [コ.'モ.らス] 名 固〔(las) ～〕〖地名〗コモロ《アフリカ大陸南東部, インド洋の島国》

co-mo-'ren-se [コ.モ.'れン.セ] 形 〖地名〗コモロ(人)の 名 共 コモロ人 ↑Comoras

Comp. 略 ↓compañía

com-pa-ci-'dad [コン.パ.すぃ.'ダド] 名 女 ぎっしり詰まっていること

com-pac-'tar [コン.パク.'タる] 動 他 ぎっしり詰める, 密にする

*__com-'pac-to, -ta__ 94% 形 ぎっしり詰まった, 密な 名 男 コンパクトディスク, CD ***disco ～*** 〖楽〗〖情〗コンパクトディスク, CD

*__com-pa-de-'cer__ [コン.パ.デ.'せる] 94% 動 他 ㊺ (c|zc) 同情する, 哀れむ **～se** 動 再 (de: に)同情する

com-pa-'dra-je [コン.パ.'ドら.へ] 名 男 共謀, 陰謀; 〔悪い意味で〕一味, ぐる

com-pa-'draz-go [コン.パ.'ドらす.ゴ] 名 男 コンパドラスゴ《実の両親と名づけ親の間の関係》; 共謀, 陰謀, 一味

com-'pa-dre [コン.'パ.ドれ] 名 男 (男性の)名づけ親, 代父, 教父《子の両親にとっての名づけ親》; 友人, 仲間

com-pa-gi-na-'ción [コン.パ.ひ.ナ.'すぃオン] 名 女 調和, 調整, 一致; 両立; 〖印〗ページ組み

com-pa-gi-'nar [コン.パ.ひ.'ナる] 動 他 調和させる, 調整する, (con: と)一致させる; 〖印〗〈の〉ページを組む **～se** 動 再 (con: と)両立する, 調和する

com-'pa-ña [コン.'パ.ニャ] 名 女 《話》〔集合〕同伴者, 連れの人

com-pa-ñe-'ris-mo [コン.パ.ニェ.'りス.モ] 名 男 仲間意識, 友情, 仲間づきあい

⁑**com-pa-'ñe-ro, -ra** [コン.パ.'ニェ.ろ, ら] 75% 名 男 女 仲間, 友人; 仕事仲間, 同僚; (一組の)片方, 対になる一方; 話し相手; 同棲している相手 ***mi compañera*** 家内, 妻

⁑**com-pa-'ñí+a** [コン.パ.'ニ.ア] 79% 名 女 会社; 仲間, 友人; 交際, 交わり; 同伴, 同席, 一緒にいること; 一緒にいる人, 同席の人; 〖宗〗宗派, 宗教団体, …会; 〖演〗一座, 劇団; 〖軍〗中隊 ***en ～ de ...*** …と一緒に

com-pa-'ra-ble [コン.パ.'ら.ブレ] 形 (a, con: に)比較できる, 匹敵する

⁑**com-pa-ra-'ción** [コン.パ.ら.'すぃオン] 90% 名 女 比較, 対照; 比喩, たとえること; 〖言〗比較 ***en ～ con ...*** …と比較すると, …に比べると ***sin ～*** 比較にならないほどに

com-pa-'ra-do, -da [コン.パ.'ら.ド, ダ] 形 比較の

⁑**com-pa-'rar** [コン.パ.'らる] 87% 動 他 (con: と)比較する, 比べる; (a: に)たとえる, (a: に)なぞらえる **～se** 動 再 (con: と)比べられる

com-pa-ra-'ti-vo, -va [コン.パ.ら.'ティ.ボ, バ] 形 比較の, 比較に関する; 〖言〗比較級の, 比較の 名 男 〖言〗比較級 **-vamente** 副 比較して, 割合に

com-pa-re-'cen-cia [コン.パ.れ.'せン.すぃア] 名 女 〖法〗出廷, 出頭

com-pa-re-'cer [コン.パ.れ.'せる] 動 自 ㊺ (c|zc) 〖法〗(ante: に)出廷する, 出頭する; 現れる, 出現する

com-'par-sa [コン.'パる.サ] 名 女 仮装者の集まり, 仮装行列; 〔集合〕〖演〗端役, エキストラ 名 共 〖演〗端役, エキストラ

com-par-ti-'men-to ⇔ **-'mien-** [コン.パる.ティ.'メン.ト ⇔ .'ミエン.-] 名 男 分

割，分配；区画，仕切り；コンパートメント，仕切り客室

***com-par-'tir** [コン.パる.'ティる] 86% 動 他 (con: と)分け合う，共有する，共同で使う；〈意見・感情を〉同じくする

com-'pás** 92% 名 男 〘技〙 コンパス《円を描くための道具》；〘楽〙 拍子，リズム；〘技〙 羅針盤，羅針儀，磁石；〘楽〙 小節；節度，規則正しい生活　***a ～ リズムに乗って，拍子に合わせて　***al*** ～ ***de*** ... …に合わせて

com-pa-'sa-do, -da 形 穏やかな，穏健な，節度のある

com-pa-'sar [コン.パ.'サる] 動 他 コンパスで測る；調整する；〘楽〙 小節に分ける

***com-pa-'sión** 94% 名 女 同情，哀れみ

com-pa-'si-vo, -va [コン.パ.'スィ.ボ，バ] 形 哀れみ深い，情け深い，(con: に)同情的な

com-pa-ti-bi-li-'dad [コン.パ.ティ.ビ.リ.'ダド] 名 女 両立性，適合性；〘技〙 互換性

com-pa-ti-bi-li-'zar [コン.パ.ティ.ビ.リ.'さる] 動 他 ㉞ (z|c) 両立させる；〘技〙 互換性を与える

com-pa-'ti-ble [コン.パ.'ティ.ブレ] 形 (con: と)両立できる，矛盾のない；〘技〙〘情〙 互換性がある，(con: に)準拠している

com-pa-'trio-ta [コン.パ.'トりオ.タ] 名 共 同国人，同胞

com-pe-'ler [コン.ペ.'レる] 動 他 《格》 無理に(a 不定詞，a que 接続法: …)させる，強要する

com-pen-'diar [コン.ペン.'ディアる] 動 他 〈書物・話などを〉要約する，抄録する，短縮する

com-'pen-dio 名 男 大要，要約，概論

com-pen-'dio-so, -sa 形 簡明な，簡潔な

com-pe-ne-tra-'ción [コン.ペ.ネ.トら.'すぃオン] 名 女 共感，相互理解；〘化〙 相互浸透，入り込むこと

com-pe-ne-'tra-do, -da [コン.ペ.ネ.'トら.ド，ダ] 形 (con: と)意思がよく通じた，仲がよい

com-pe-ne-'trar-se [コン.ペ.ネ.'トらる.セ] 動 再 (con: と)共感する，同じ考えをもつ；〘化〙 浸透する

com-pen-sa-'ción [コン.ペン.サ.'すぃオン] 名 女 償(つぐな)い，賠償；補償[賠償]金；補塡(ほてん)金；〘法〙 相殺；〘商〙 手形交換；〘写〙 補正　***en*** ～ その代わりに

***com-pen-'sar** [コン.ペン.'サる] 89% 動 他 〈損失などを〉償(つぐな)う，補償する，〈の〉埋め合わせする；〈努力に〉報いる，する価値がある　**～se** 動 再 (de: の)埋め合わせをする，努力に報いる；相殺される

com-pen-sa-'ti-vo, -va 形 ⇩ compensatorio

com-pen-sa-'to-rio, -ria [コン.ペン.サ.'ト.りオ，りア] 形 償(つぐな)いの，賠償の，代償の

***com-pe-'ten-cia** [コン.ペ.'テン.すぃア] 85% 名 女 競争，張り合うこと，拮抗；能力，才能；権能，権限，責任(範囲)；《ラ米》〘競〙 ⇩ competición

***com-pe-'ten-te** 93% 形 能力のある，(en: に)有能な；(要求を満たすのに)十分な，適当な；〘法〙 (para: の)権限のある，資格のある

com-pe-'ter [コン.ペ.'テる] 動 自 (a: の)責任[分野]である，管轄である

***com-pe-ti-'ción** [コン.ペ.ティ.'すぃオン] 93% 名 女 《スポ》 試合，競技，コンテスト；競争

com-pe-'ti-do, -da 形 《試合・競争が》激しい

com-pe-ti-'dor, -'do-ra [コン.ペ.ティ.'ドる，'ド.ら] 形 競争する，競争的な 名 男 女 競争者

***com-pe-'tir** [コン.ペ.'ティる] 92% 動 自 ㊾ (e|i) (con: と)競争する；競う，張り合う　**～se** 動 再 競争する，匹敵する

com-pe-ti-ti-vi-'dad [コン.ペ.ティ.ティ.ビ.'ダド] 名 女 競争力

com-pe-ti-'ti-vo, -va [コン.ペ.ティ.'ティ.ボ，バ] 形 競争の，競争力のある

'com-pi 名 共 《話》 友だち，友人

com-pi-la-'ción [コン.ピ.ラ.'すぃオン] 名 女 編集，編纂；編集物，収集物；〘情〙 コンパイル

com-pi-la-'dor, -'do-ra [コン.ピ.ラ.'ドる，'ド.ら] 名 男 女 編集者，編者 形 編集の 名 男 〘情〙 コンパイラー

com-pi-'lar [コン.ピ.'ラる] 動 他 〈書物・地図などを〉編集する，編纂(へんさん)する；〘情〙 コンパイルする

com-'pin-che 名 男 《スペ》 《話》 悪友，相棒

com-pi-t~ 動 《活用》 ⬆competir

com-pla-'cen-cia [コン.プラ.'セン.すぃア] 名 女 楽しみ，喜び，満足；寛容，甘やかし

***com-pla-'cer** [コン.プラ.'せる] 91% 動 他 ㊺ (c|zc) 喜ばせる，満足させる，楽しませる　**～se** 動 再 (con, de, en, por: を)喜ぶ，(en 不定詞: …するのを)うれしく思う，(con, de, en, por: で)満足する

com-pla-'cien-te [コン.プラ.'すぃエン.テ] 形 (con: に)親切な，愛想のよい；寛容な，寛大な

com-ple-ji-'dad [コン.プレ.ひ.'ダド] 名 女 複雑さ

‡**com-'ple-jo, -ja** [コン.'プレ.ほ, は] 84% 形 〖心〗 複雑な, 入り組んだ, 理解[説明]しにくい; いろいろな要素からなる, 複合の 名 男 コンプレックス; 劣等感; コンビナート; 複合体, 集団; 複合施設

com-ple-men-'tar [コン.プレ.メン.'タる] 動 他 (con: で)補う, 完全にする ～**se** 動 再 (con: と)補い合う

com-ple-men-'ta-rio, -ria [コン.プレ.メン.'タ.りオ, りア] 形 補足的な, 相補的な; 補色の

com-ple-'men-to [コン.プレ.'メン.ト] 名 男 補い, 補足物, 付き物; 〖言〗 補語; 完了, 完成; 〖数〗 補数, 余角

‡**com-'ple-ta-'men-te** [コン.'プレ.タ.'メン.テ] 85% 副 完全に, 全部(そろって)

‡**com-ple-'tar** [コン.プレ.'タる] 90% 動 他 完了する, 終える, 仕上げる, 完全にする, 揃(そろ)える ～**se** 動 再 補い合う

com-ple-'ti-vo, -va [コン.プレ.'ティ.ボ, バ] 形 〖言〗 補文の

‡**com-'ple-to, -ta** [コン.'プレ.ト, タ] 80% 形 完全な, 完備した, 全部の, 全部揃(そろ)った; 完璧(かんぺき)な, 欠点のない; 満員の, いっぱいの; «宿泊などが»全食つきの 名 男 〔集合〕 全員, 全部 ***por*** ～ 完全に

com-ple-'xión [コン.プレク.'スィオン] 名 女 体格, 体質

com-'ple-xo, -xa 形 ⇧ complejo

com-pli-ca-'ción [コン.プリ.カ.'すぃオン] 名 女 ややこしさ, やっかいなこと; 複雑(化), 複雑さ; 〔複〕 〖医〗 合併症

‡**com-pli-'ca-do, -da** [コン.プリ.'カ.ド, ダ] 86% 形 複雑な, 込み入った, わかりにくい; 難しい, やっかいな; (en: に)関連した, 関わった, 巻き込まれた

‡**com-pli-'car** [コン.プリ.'カる] 90% 動 他 ⑮ (c|qu) 複雑にする, 込み入らせる, わかりにくくする; (en: に)巻き込む ～**se** 動 再 複雑になる, 難しくなる; (en: に)関係している, 巻き込まれている ～***se la vida*** やっかいなことを引き起こす, やっかいなことになる

'cóm-pli-ce ['コン.プリ.せ] 名 共 (en: をした)共犯者, 従犯人, ぐる

com-pli-ci-'dad [コン.プリ.すぃ.'ダド] 名 女 共謀, 共犯

com-pli-'qué, -que(~) 動 《直点 1 単, 接現》 ⬆complicar

com-'plot [コン.'プロト] 名 男 〔複 -ts〕 陰謀, (秘密の)計画, たくらみ

com-plo-'tar [コン.プロ.'タる] 動 自 陰謀をたくらむ

com-plu-'ten-se [コン.プル.'テン.セ] 形 名 共 〖地名〗 アルカラ・デ・エナレスの(人) ⬆Alcalá de Henares; 《(スペ)(イン)》 マドリード大学の

com-'plu-vio [コン.'プル.ビオ] 名 男 〖建〗 屋根の四角い窓

com-pon-dr~ 動 《直未/過未》 ⬇componer

com-po-ne-'dor, -'do-ra [コン.ポ.ネ.'ドる, 'ド.ら] 名 男 女 調停者, 仲裁者; 〖印〗 植字工

com-po-'nen-da 名 女 《話》 間に合わせの手段, 一時しのぎの措置

‡**com-po-'nen-te** 86% 形 構成している, 成分の 名 男 成分, 構成要素; (機械の)部品, コンポーネント 名 共 構成員

‡**com-po-'ner** [コン.ポ.'ネる] 86% 動 他 ⑬ 〔poner; 命 -pón〕 構成する, 組み立てる; 〖文〗 ‹文・詩などを›作る; 〖楽〗 作曲する; 静める, 和らげる, 落ちつかせる, なだめる, ‹争いなどを›調停する; 飾る; 用意する, 準備する; 直す, 修理する; 〖印〗 ‹活字を›組む, 植字する; 〖食〗 味つけする 動 自 文[詩など]を作る; 作曲する ～**se** 動 再 (de: から)なる, 構成される; 準備する, 用意する, 身なりを整える; (con: と) 妥協する, 示談にする ***componérselas*** 《話》 うまくやる, 首尾よくやる

com-'pon-go, -ga(~) 動 《直現 1 単, 接現》 ⬆componer

‡**com-por-ta-'mien-to** [コン.ポる.タ.'ミエン.ト] 86% 名 男 ふるまい, 行儀, 品行; 行動, 行為

com-por-'tar [コン.ポる.'タる] 動 他 伴う, もたらす, 含む, 意味する; 我慢する, 耐える ～**se** 動 再 ふるまう, 行動する

‡**com-po-si-'ción** [コン.ポ.スィ.'すぃオン] 87% 名 女 構成, 構造, 組み立て, 成分; 作文; 作品; 〖楽〗 作詞, 作曲; 〖絵〗 (絵の)構図; 〖印〗 (活字の)組み, 植字; 構成物, 合成物; 〖医〗 混合薬; 〖言〗 (語の)合成 ***composiciones libres*** 〖競〗 〔体操など〕 自由演技 ***hacer*** [***formar***] ***la*** ～ ***de lugar*** (決定の前に)状況を把握する

‡**com-po-si-'tor, -'to-ra** [コン.ポ.スィ.'トる, 'ト.ら] 90% 名 男 女 〖楽〗 作曲家; 《(ラ)(米)》 〖畜〗 (馬の)調教師

com-'post 名 男 〔単複同〕 《単複同》 コンポスト, 堆肥

com-pos-te-'la-no, -na [コン.ポス.テ.'ラ.ノ, ナ] 形 名 男 女 〖地名〗 サンティアゴ・デ・コンポステラの(人) ⬇Santiago de Compostela

com-pos-'tu-ra [コン.ポス.'トゥ.ら] 名 女 修理, 修繕; ふるまい, 行儀, 身だしなみ; 平静, 沈着; 構成, 構造; 〖食〗 調味; 協定, 取り決め

com-'po-ta 名 女 〖食〗 コンポート 《砂糖漬け[煮]の果物》

com-po-'te-ra [コン.ポ.'テ.ら] 名 女 〖食〗 果物皿

****'com-pra** ['コン.プら] 84% 名 女〔しばしば複〕買物, 購入; 《スペイン》買った物, 購入品 ***hacer la*** ～(食料品の)買物をする ***ir de ～s*** 買物に行く[出かける]

com-pra-'dor, -'do-ra [コン.プら.'ドる, 'ド.ら] 形 買う, 購入する, 買い手の 名 男 女 買い手, 購買者, バイヤー

****com-'prar** [コン.'プらる] 71% 動 他 買う, 購入する; 買収する **～se** 動 再 〈自分のものを〉買う

com-pra-'ven-ta [コン.プら.'ベン.タ] 名 女〔商〕古物商;〔商〕売買

com-pre+hen-'der 動 他 《古》⇩ comprender

com-pre+hen-'si-ble 形 《古》⇩ comprensible

com-pre+hen-'sión 名 女 《まれ》 ⇩ comprensión

****com-pren-'der** [コン.プれン.'デる] 76% 動 他 わかる, 理解する; 含む, 包含する **～se** 動 再 (互いに)理解する; 理解される ***¡Comprendido!*** わかりました ***hacerse ～*** 自分の言うことをわかってもらう

com-pren-'si-ble [コン.プれン.'スィ.ブレ] 形 理解できる, わかる

***com-pren-'sión** [コン.プれン.'スィオン] 92% 名 女 (人への)理解, 思いやり; 理解, 了解, 会得, 理解力; 意味の範囲;〔論〕内包

com-pren-'si-vo, -va⇦-pre+hen- [コン.プれン.'スィ.ボ, バ⇦.プれ(.エ)ン.] 形 理解のある, ものわかりのよい; 包括的な, 包含する **-vamente** 副 理解を示して; 包括的に

com-'pre-sa [コン.'プれ.サ] 名 女〔医〕圧定布, 圧迫ガーゼ, パップ, 湿布; 生理用ナプキン

com-pre-'si-ble [コン.プれ.'スィ.ブレ] 形 圧縮できる

com-pre-'sión [コン.プれ.'スィオン] 名 女 圧縮, 圧搾;〔言〕合音

com-pre-'sor [コン.プれ.'ソる] 名 男〔機〕圧縮機

com-pri-'mi-do [コン.プり.'ミ.ド] 名 男〔医〕錠剤; 《コロンビア》《話》カンニングペーパー

com-pri-'mir [コン.プり.'ミる] 動 他 圧搾する, 押しつぶす; 押し込む, 詰め込む;〔情〕〈データを〉圧縮する **～se** 動 再 圧縮される; 詰め込まれる; 抑制する; 〈笑いなどを〉こらえる

com-pro-ba-'ción [コン.プろ.バ.'すぃオン] 名 女 確認, 照合, 証明; 《コロンビア》試験, テスト

com-pro-'ban-te [コン.プろ.'バン.テ] 形 実証する, 証明になる 名 男〔商〕証明書, 受領書, レシート;〔法〕証拠

****com-pro-'bar** [コン.プろ.'バる] 84% 動 他 ⑯ (o|ue) 確かめる, 調べる, 確認する; 証明する

com-pro-me-te-'dor, -'do-ra [コン.プろ.メ.テ.'ドる, 'ド.ら] 形 危険にさらす(人), 要注意の 名 男 女 要注意人物

****com-pro-me-'ter** [コン.プろ.メ.'テる] 89% 動 他 危険にさらす, 危うくする; (a 不定詞: …する)立場に置く, 〈に〉責任を負わせる; (en: に)巻き込む; 〈に〉裁定を委託する, 任せる, 委ねる; 買う, 予約する **～se** 動 再 (a 不定詞: …する)約束をする, (a: を)引き受ける; (en: に)かかわる, 関係している, 手を出す, 巻き込まれている; 身を危険にさらす

com-pro-me-'ti-do, -da [コン.プろ.メ.'ティ.ド, ダ] 形 困った, やっかいな; (con: 社会や政治の問題に)関わっている; 約束している; 婚約している; 巻き込まれている

com-pro-me-ti-'mien-to [コン.プろ.メ.ティ.'ミエン.ト] 名 男 約束, 引き受け; 関わりを持つこと

****com-pro-'mi-so** [コン.プろ.'ミ.ソ] 86% 名 男 誓約, 言質, 契約, 約束; 婚約; 責任; (会合などの)約束; 困った立場[はめ], 苦境, 窮地;〔法〕仲裁, 調停, 示談 ***por ～*** 義理で, 儀礼的に ***sin ～*** 何の束縛[義務]もなしに ***soltero y sin ～*** 独身で自由な; 気ままな独身貴族

com-'prue-b~ 動 《直現/接現/命》⬆ comprobar

com-'puer-ta [コン.'プエる.タ] 名 女 水門;〔情〕ゲートウェイ

****com-'pues-to, -ta** 88% 形 合成の, 複合の, 混合の; 身なりをきちんとした, 着飾った; 修理した, 整った; 行儀がよい;〔植〕キク科の 名 男〔化〕化合物 動 《過分》⬆ componer

com-'pul-sa [コン.'プル.サ] 名 女〔法〕写し, 謄本(とうほん);〔法〕(原本と謄本の)照合

com-pul-sa-'ción [コン.プル.サ.'すぃオン] 名 女〔法〕(原本と謄本の)照合

com-pul-'sar [コン.プル.'サる] 動 他 〈の〉謄本を制作する, 〈の〉写しをとる; (con: と)照合する

com-pul-'sión [コン.プル.'スィオン] 名 女 《格》強制

com-pul-'si-vo, -va [コン.プル.'スィ.ボ, バ] 形 《格》強制の, 強制的な

com-pun-'ción [コン.プン.'すぃオン] 名 女 《格》良心の呵責(かしゃく), 悔恨, 自責; 《格》憐れみ, 同情

com-pun-'gi-do, -da [コン.プン.'ひ.ド, ダ] 形 《格》悔やんだ, 後悔した

com-pun-'gir [コン.プン.'ひる] 動 他 ㉜ (g|j) 《格》〈の〉良心に訴える, さいなむ, 悔やませる **～se** 動 再 自責の念にかられる, 良心の呵責(かしゃく)を感じる; (por: を)悲しむ

com-'pu-s~ [動]《直点/接過》⬆compo-ner

com-pu-'ta-ble [コン.プ.'タ.ブレ] [形] 計算できる, 可算の

com-pu-ta-'ción [コン.プ.タ.'すぃオン] [名] [女] 計算 *ciencias de la* ~〔情〕コンピューターサイエンス

com-pu-ta-cio-'nal [コン.プ.タ.すぃオ.'ナル] [形]〔情〕計算の; コンピューターによる

***com-pu-ta-'dor, -'do-ra** [コン.プ.タ.'ドる, 'ド.ら] 93% [形] [名] [男] [女]〔情〕コンピューター(の); 計算(のため)の, 計算する [名] [男]《コロンビア》《チリ》〔情〕コンピューター **-dora** [名] [女]《ラ米》〔情〕コンピューター

com-pu-'tar [コン.プ.'タる] [動] [他] 計算する, 算定する, 見積もる

com-pu-ta-ri-za-'ción [コン.プ.タ.り.さ.'すぃオン] [名] [女]〔情〕コンピューター化, 電算化

com-pu-ta-ri-'zar [コン.プ.タ.り.'さる] [動] [他] [34] (z|c)〔情〕コンピューター化する, 電算化する

'cóm-pu-to [名] [男] 計算, 算定

Comte. [略] ⬆comandante

co-mul-'gan-te [コ.ムル.'ガン.テ] [名] [共]〔宗〕聖体拝領者

co-mul-'gar [コ.ムル.'ガる] [動] [他] [41] (g|gu)〔宗〕〈に〉聖体拝領を行う [動] [自]〔宗〕聖体を拝領する; (con: を)分かつ, 共にする ~ *con ruedas de molino*《話》だまされやすい, 信じこみやすい

⁑**co-'mún** 78% [形] 普通の, 並の, ありふれた, 平凡な; (a: に)共通の, 共同の; 公共の, 公衆の, 世間の, 一般の;〔軽蔑〕品のない, 下品な, 粗末な;〔軽蔑〕ありふれた, 並の [名] [男] 共同体, 一般の人々;〔宗〕共通典礼; トイレ, 便所 ~ *y corriente* ごく普通の, あたりまえの *de* [*por*] ~ *acuerdo* 合意で *en* ~ 共通に, 共同で, 共同の *fuera de lo* ~ 並み外れた *por lo* ~ 一般に, 普通は

co-'mu-na [名] [女]〔政〕コミューン, 自治体, 共同体

co-mu-'nal [コ.ム.'ナル] [形] 共有の;〔政〕自治体の [名] [男] 共同生活体; 住民

Co-mu-'ne-ros [コ.ム.'ネ.ろス] [名] [男]〔歴〕《スペイン》コムネーロス《カール5世(カルロス1世)のスペイン統治に反対した反王権勢力》

co-mu-ni-'ca-ble [コ.ム.ニ.'カ.ブレ] [形] 伝達可能な, 通信可能な; 社交的な

⁑**co-mu-ni-ca-'ción** [コ.ム.ニ.カ.'すぃオン] 78% [名] [女] (情報・意見などの)伝達, 情報交換, 意思疎通, 心の通じ合い, 連絡; 通信, 交信; 情報, 通報, 便り; 交通(機関), 通路; (学会での)発表, 報告; 刊行物, 論文; 通信機関《無線・電話・ラジオなど》 *en* ~ *con* ... …と連絡[通信]して

co-mu-ni-'ca-do [名] [男]〔政〕コミュニケ, 外交上などの公式発表, 公式声明 *bien* [*mal*] ~ 交通の便がよい[悪い]

co-mu-ni-ca-'dor, -'do-ra [コ.ム.ニ.カ.'ドる, 'ド.ら] [形] 伝達の, 通信の; わかりやすい話し方をする, 意思が伝わりやすい

co-mu-ni-'can-te [形] 通じている [名] [共] 伝達者, 報告者

⁑**co-mu-ni-'car** [コ.ム.ニ.'カる] 82% [動] [他] [69] (c|qu)〈情報・意見などを〉(a: に)伝達する, 伝える, 知らせる; (a: に)移す [動] [自] (con: と)連絡する, 電話する; (con: と)つなぐ, つながっている;《スペイン》〔進行形で〕《電話が》話し中である **~se** [動] [再] 連絡する, 交信する, 話をする; (con: と)通じ合う;〔医〕《病気などが》(a: に)広がる, 蔓延(まんえん)する

co-mu-ni-ca-'ti-vo, -va [コ.ム.ニ.カ.'ティ.ボ, バ] [形] 話好きな, うちとけた;《笑いなどが》うつりやすい, 伝染性の; 通信の, 伝達の;《教育が》コミュニカティブな《コミュニケーションを重視する》

⁑**co-mu-ni-'dad** 77% [名] [女] 共同社会, 共同体; 共通, 共有, 共通性, 一致;〔宗〕修道院;〔Guerra de las Comunidades〕〔歴〕《スペイン》コムニダーデスの反乱《カルロス1世の時代のカスティーリャ諸都市の反乱(1520–22)》 ~ *autónoma*《スペイン》〔政〕自治州 *en* ~ 一緒に, 共同で

⁑**co-mu-'nión** 90% [名] [女] 一致, 合一;〔宗〕聖体拝領;〔宗〕宗教団体, 講社; 親交, 親睦

co-mu-ni-'qué, -que(~) [動]《直点1単, 接現》⬆comunicar

***co-mu-'nis-mo** 92% [名] [男]〔政〕共産主義

⁑**co-mu-'nis-ta** 86% [形] [名] [共]〔政〕共産主義の[主義者], 共産党の[党員]

co-mu-nis-'toi-de [形]《話》〔政〕〔軽蔑〕共産党に同調する, 共産党の [名] [共]〔政〕共産党員

co-mu-ni-'ta-rio, -ria [コ.ム.ニ.'タ.りオ, りア] [形] 共同体の, 共同生活の

co-'mún-'men-te [副] 普通に, 一般に; いつも, しばしば

⁑**con** [コン] 40% [前]〔弱勢〕**1**〔随伴・共同〕(1) …と, …と一緒に《相手・衝突・混合・混同》: María pasea todas las mañanas **con** el perro. マリアは毎朝犬を連れて散歩します。(2) …を持った, …のある, …がついている, …を身につけた《付属・内容物》: Yo tomaré café **con** leche. 私はカフェオレを飲もう。(3) …で, …を使って《道具・手段・材料》: **Con** esta medicina, mejorarás pronto. この薬ですぐよくなりますよ。(4) …がある《状態》: Juan no puede venir a clase porque está **con** fiebre. フアンは熱があるので授業に来られません。(5) …点…

《小数点》: Mido un metro **con** setenta centímetros. 私の身長は1メートル70センチです。 **2**〔時・原因・条件・譲歩〕(1)…のときに, …と同時に: Se despertaron **con** la luz del día. 彼らは朝の光とともに目を覚ました。(2)…で, …のために《原因・理由》: **Con** esta lluvia no podemos salir. この雨では私たちは出かけられない。(3)…すれば, …であるならば《条件》: **Con** asistir a clase, aprobarás el curso. 授業に出ていれば君は進級できる。(4)…であっても, …しても, …にもかかわらず《譲歩》: **Con** llorar no logramos nada. 泣いても私たちは何もできない。 **3**〔一致・対象〕(1)…に, …と《一致》: Estoy de acuerdo **con** usted. 私はあなたに賛成です。(2)…に, …を, …に対して《感情や態度, 動作の対象》: El tío Lucas es muy cariñoso **con** sus sobrinas. ルカスおじさんは姪たちにとてもやさしい。 ***con lo*** …(形容詞・副詞) ***que*** … とても…なのに ***¡Con*** … ***que*** …***!*** …であるのに!, …するのに!《譲歩》

co(n)~, com~〔接頭辞〕「共同・共通」という意味を示す;「強意」を示す

Co-'na-kri [コ.'ナ.クリ] [名] [固]〔地名〕コナクリ《ギニア Guinea の首都》

co-na-'ti-vo, -va [形]〔言〕**動能的な, 動能作用の**《動作を促す》

co-'na-to [名] [男] **未遂**, 意図しただけのこと; **始まりだけ**, 中途

con-ca-de-'nar [動] [他] ⇩ concatenar

con-ca-te-na-'ción [コン.カ.テ.ナ.'すぃオン] [名] [女] **連携**, 連鎖, 結合, 次々に起こること

con-ca-te-'nar [コン.カ.テ.'ナる] [動] [他] つなぐ, 結ぶ **~se** [動] [再] (con: と)つながる, 連携する

con-'cau-sa [名] [女]《格》原因(のひとつ)

con-ca-vi-'dad [コン.カ.ビ.'ダド] [名] [女] **凹面**, くぼみ, 陥没部; **凹状**

'cón-ca-vo, -va ['コン.カ.ボ, バ] [形] **凹の**, 凹状の, 中くぼの

con-ce-'bi-ble [コン.せ.'ビ.ブレ] [形] **考えられる**

*__con-ce-'bir__ [コン.せ.'ビる] 91% [動] [他] 49 (e|i)〈子を〉**宿す**, 妊娠する;〈考え・恨みなどを〉**心に抱く**; **想像する**, 考えつく, **理解する**;〈計画などを〉**考案[構想]する**, 考え出す [動] [自] **子を宿す**, 妊娠する; **考える**, 考えを抱く

__con-ce-'der__ [コン.せ.'デる] 85% [動] [他]《格》〈権利・特権・価値などを〉与える**, 許す, 認める;〈不定詞/que 接続法: …することを〉**認める**, 許す ~ ***la mano*** (de: 娘を)嫁にやる

con-ce-'jal, -'ja-la [コン.せ.'はル, 'は.ラ] [名] [男] [女]《concejal[共]も使われる》〔政〕**市[町, 村]議会議員**

con-ce-ja-'lí+a [コン.せ.は.'リ.ア] [名] [女]〔政〕**市[町, 村]議会議員の職**

con-ce-'jil [コン.せ.'ひル] [形]〔政〕**市[町, 村]議会の**

con-'ce-jo [コン.'せ.ほ] [名] [男]〔政〕**市[町, 村]議会; 市役所, 町村役場**

con-ce-le-'brar [コン.せ.レ.'ブらる] [動] [他]〔宗〕《複数の司祭が》〈ミサを〉**共同で行う**

con-cen-tra-'ción [コン.セン.トら.'すぃオン] [名] [女](注意力などの)**集中**, (仕事などへの)**専念**; **集結**, **集団**, (抗議)**集会**;〔化〕**濃縮**, **濃度**;〔競〕〔サッカーなど〕**キャンプ**《試合日前に宿舎に入ること》

con-cen-'tra-do, -da [コン.セン.'トら.ド, ダ] [形] **濃縮された; 気持ちを集中した, 専念した** [名] [男] **濃縮液[物]**

con-cen-tra-'dor [コン.セン.トら.'ドる] [名]〔情〕**ハブ**

__con-cen-'trar__ [コン.セン.'トらる] 90% [動] [他]〈注意・努力などを〉集中させる**, 一点に注ぐ; **集める**, 集結させる;〈液体を〉**濃縮する**, 濃くする **~se** [動] [再] (en: に)**集中する**, 一点に集まる; **心を集中する**, 専念する;〔競〕**キャンプ入りする**, 合宿する; **濃くなる**

con-'cén-tri-co, -ca [コン.'セン.トり.コ, カ] [形] **同心の**

__con-cep-'ción__ [コン.セプ.'すぃオン] 88% [名] [女] **概念, 着想;〔医〕**妊娠**, 受胎;〔C~〕〔宗〕**処女懐胎**, 無原罪懐胎の祝日《12月8日》[名] [固]〔女性名〕**コンセプシオン**;〔地名〕**コンセプシオン**《チリ中南部ビオビオ州の州都; パラグアイ中東部の県, 県都》

con-cep-'tis-mo [コン.セプ.'ティス.モ] [名] [男]〔文〕《スペイン》**コンセプティスモ**, 奇知主義《17世紀にグラシアン Gracián やケベード Quevedo が生んだバロックの文学形式》

con-cep-'tis-ta [コン.セプ.'ティス.タ] [形] [名] [共]〔文〕《スペイン》**奇知主義の[主義者]** ⬆conceptismo

__con-'cep-to__ [コン.'セプ.ト] 78% [名] [男] **概念, **観念**; **考え**, 意見; **評価**, 判断;〔商〕**品目**, 細目 ***en*** [***por***] ***~ de*** … …として ***por*** [***bajo***] ***ningún ~***《否定》決して(…ない) ***por todos ~s*** あらゆる点で

con-cep-'tual [コン.セプ.'トゥアル] [形] **概念の**, 概念上の

con-cep-tua-'lis-mo [コン.セプ.トゥア.'リス.モ] [名] [男]〔哲〕**概念論**

con-cep-tua-'lis-ta [コン.セプ.トゥア.'リス.タ] [形] [名] [共]〔哲〕**概念論の[論者]**

con-cep-tua-li-za-'ción [コン.セプ.トゥア.リ.さ.'すぃオン] [名] [女] **概念化**

con-cep-tua-li-'zar [コン.セプ.トゥア.リ.'さる] [動] [他] 34 (z|c) **概念化する**

con-cep-'tuar [コン.セプ.'トゥアる] [動]

[他] 17 (u|ú) (de, por: と)見なす, 思う

con-cep-'tuo-so, -sa [コン.セプ.'トゥオ.ソ, サ] [形] «表現などが»ウイットのある, 風刺のきいた; «表現などが»きざな, 不自然な, 凝りすぎの

con-cer-'nien-te [コン.せる.'ニエン.テ] [形] (a: に)関する *en lo ~ a* ... …に関して

con-cer-'nir [コン.せる.'ニる] [動] [自] 23 (e|ie) (a: に)関係する, 関わる *en cuanto concierne a* ... …に関しては *por [en] lo que concierne a* ... …に関しては

con-cer-ta-'ción [コン.せる.タ.'すぃオン] [名] [女] «格» 協定, 取り決め, 協議; 協調

con-cer-'ta-do, -da [コン.せる.'タ.ド, ダ] [形] 整然とした

*__con-cer-'tar__ [コン.せる.'タる] 93% [動] [他] 50 (e|ie) (con: と)一致させる, 調和させる, まとめる; 〈の〉手はずを決める, 約束する; 〈条約などを〉結ぶ; (con: に)合わせる; 〔楽〕〈楽器を〉合わせる; 〔言〕〈性・数・格・人称を〉一致させる [動] [自] (con: と)意見が合う, 一致する; (en: で)和解する, まとまる; 〔言〕«性・数・格・人称が»一致[呼応]する; 〔楽〕和声[和音]になる, 楽器の調子が合う **~-se** [動] [再] 一致する, 合意する, 同意する, 和解する

con-cer-'ti-na [コン.せる.'ティ.ナ] [名] [女] 〔楽〕コンサーティーナ, コンチェルティーナ «六角形のアコーディオンに似た楽器»

con-cer-'tis-ta [コン.せる.'ティス.タ] [名] [共] 〔楽〕独奏[唱]者, ソリスト

**__con-ce-'sión__ [コン.せ.'スィオン] 89% [名] [女] 譲歩, 譲与; 〔政〕(政府の与える)権利, 利権, 採掘権, 払い下げ; (賞の)授与; 租借地, 租界

con-ce-sio-'na-rio [コン.せ.スィオ.'ナ.りオ] [名] [男] 〔商〕販売特約店, 総代理店, ディーラー **~, -ria** [形] 特権を持った, 営業を許可された [名] [男] [女] (特権などの)持ち主

con-ce-'si-vo, -va [コン.せ.'スィ.ボ, バ] [形] 〔言〕譲歩の; 譲歩の, 譲れる

*'__con-cha__ 91% [名] [女] 〔貝〕貝殻, 貝; 〔動〕(カメ[亀]などの)甲羅(こうら), べっこう; 〔地〕入り江, 小さな湾; «コロンビア» «話» ずうずうしさ; «アンデス» «チリ» «ラプラタ» «俗» 女性器 *meterse en su ~* 自分の殻に閉じこもる, 人と交わらない *tener muchas ~s* «話» いかがわしい, ずるい, 油断ならない

'Con-cha [名] [固] 〔女性名〕コンチャ «Concepción の愛称»

con-cha-'bar [コン.チャ.'バる] [動] [他] 寄せ集める, 混ぜる; 〈に〉悪い羊毛を混ぜる; «ラ米» 雇う, 契約する [動] [自] «メキシコ» «話» 同棲する **~se** [動] [再] (con: と)徒党を組む, 共謀する

'Con-chi [名] [固] 〔女性名〕コンチ «Concepción の愛称»

Con-'chi-ta [名] [固] 〔女性名〕コンチータ «Concepción の愛称»

con-'chi-to, -ta [名] [男] [女] «アンデス» «チリ» 末っ子

'con-cho [感] くそ!, ええい! «怒り・不快感»

con-'chu-do, -da [形] «動物が»貝殻のある, 甲羅(こうら)のある; «ラ米» «話» ばかな; «ベネズエラ» «話» 破廉恥な

con-ci-b~ [動] «活用» ↑concebir

**__con-'cien-cia__ [コン.'すぃエン.すぃア] 83% [名] [女] 良心, 道義心, 善悪の観念[判断力]; 意識, 自覚 *a ~* 念入りに; 意識して, 自覚して *a ~ de que* ...(直説法) …を知っていて[知りながら] *en ~* «文修飾» 良心的に, 正直言って, 率直に言えば

con-cien-cia-'ción [コン.すぃエン.すぃア.'しオン] [名] [女] 自覚, 意識化

con-cien-'cia-do, -da [コン.すぃエン.'すぃア.ド, ダ] [形] «話» (sobre: を)意識した, 自覚した

con-cien-'ciar [コン.すぃエン.'すぃアる] [動] [他] 〈に〉(de: を)自覚させる, 意識させる

con-cien-ti-za-'ción [コン.すぃエン.ティ.さ.'しオン] [名] [女] «ラ米» ⇧concienciación

con-cien-ti-'zar [コン.すぃエン.ティ.'さる] [動] [他] 34 (z|c) «ラ米» ⇧concienciar

con-cien-'zu-do, -da [コン.すぃエン.'す.ド, ダ] [形] 念入りな, 良心的な, まじめな, 誠実な

**__con-'cier-to__ [コン.'すぃエる.ト] 88% [名] [男] 〔楽〕音楽会, 演奏会, コンサート; 〔楽〕協奏曲, コンチェルト; (意見などの)一致, 協定, 同意, 調和 *de ~* 協力して, 一緒に; 〔楽〕コンサートの

con-ci-'liá-bu-lo [コン.すぃ.'リア.ブ.ロ] [名] [男] 〔宗〕秘密会議, 宗教会議; 〔悪い意味で〕秘密の集まり, 密談

con-ci-lia-'ción [コン.すぃ.リア.'すぃオン] [名] [女] 和解, 調停

con-ci-lia-'dor, -'do-ra [コン.すぃ.リア.'ドる, 'ド.ら] [形] [名] [男] [女] 調停の, 和解の, なだめる; 調停者, 仲裁者

con-ci-'liar [コン.すぃ.'リアる] [動] [他] (con: と)調停する, 和解させる, なだめる; (con: と)調和[和合]させる, 両立させる **~se** [動] [再] (con: と)和解する; 〈悪意・尊敬・反感などを〉得る, 獲得する [形] [名] [共] 〔宗〕宗教会議の(出席者) *~ el sueño* 眠る, 夢を結ぶ

con-ci-lia-'to-rio, -ria [コン.すぃ.リア.'ト.りオ, りア] [形] 和解[調停]の, なだめる(ような), 懐柔的な

con-'ci-lio [コン.'すぃ.リオ] [名] [男] 会議,

評議;〘宗〙教会会議, 宗教会議, 公会議; 公会議で決定した制令

con-ci-'sión [コン.すぃ.'スィオン] 名 女 簡潔さ, 簡明さ

con-'ci-so, -sa [コン.'すぃ.ソ, サ] 形 簡潔な, 簡明な, 手短な

con-ci-'tar [コン.すぃ.'タる] 動 他《格》〈闘争心・怒りなどを〉かき立てる, あおる, 奮起させる

con-ciu-da-'da-no, -na [コン.すぃウ.ダ.'ダ.ノ, ナ] 名 男 女 同郷人, 同国人

'cón-cla-ve ['コン.クラ.ベ] 名 男〘宗〙(枢機卿による)教皇選挙会議(の会場); 秘密会議

con-'cluir [コン.'クルイる] 86% 動 他 ㊲ (-y-) 〈に〉結論を下す, 〈que: …という〉結論を出す; 〈に〉結末をつける, 終える, 仕上げる; (de: …であると)決める, 決めつける, 断定する 動 自 終わる; (結局)(por 不定詞: …に)決める, なる ~se 動 再 終わる *¡Hemos concluido!* さあ!, これで話は決まりだ!

con-clu-'sión [コン.クル.'スィオン] 86% 名 女 結論, 断定, 決定; 終わり, 結び, 結末, 終結, 閉会 *en* ~ 結局, とどのつまり

con-clu-'si-vo, -va [コン.クル.'スィ.ボ, バ] 形 結論の, 結論的な

con-'clu-so, -sa [コン.'クル.ソ, サ] 形〘法〙結審した

con-clu-y~ 動《活用》↑concluir

con-clu-'yen-te [コン.クル.'ジェン.テ] 形 決定的な, 断固たる, 争う余地のない, 説得力のある ~**mente** 副 決定的に, 最終的に

con-co-'mer [コン.コ.'メる] 動 他 いらいらさせる, もどかしがらせる

con-'co-mio 名 男 焦燥, いらだち

con-co-mi-'tan-cia [コン.コ.ミ.'タン.すぃア] 名 女《格》共謀, 共犯;《格》付随, 並存

con-co-mi-'tan-te 形《格》付随の, 並存する, 随伴の, 同時の

con-cor-'dan-cia [コン.コる.'ダン.すぃア] 94% 名 女 一致, 同意;〘言〙(性・数・格・人称などの)一致, 呼応;〘楽〙和声, 和音, 協和音;〔複〕コンコーダンス, 用語索引 *en* ~ *con* … …と一致して, …と調和して

con-cor-'dan-te [コン.コる.'ダン.テ] 形 (con: と)一致した, 調和した

con-cor-'dar [コン.コる.'ダる] 94% 動 他 ⑯ (o|ue) 〈争いなどを〉和解させる, 調停する;〘言〙〈性・数・格・人称などを〉一致させる 動 自 (con: と)一致する; (con: に)賛成する, 同意する;〘言〙(性・数・格・人称などで: en)一致する

con-cor-'da-to [コン.コる.'ダ.ト] 名 男〘政〙コンコルダート《ローマ教皇と国王[政府]との協約, 政教条約》

con-'cor-de [コン.'コる.デ] 形 (en: の点で)意見が一致している

con-'cor-dia [コン.'コる.ディア] 名 女 一致, 調和, 融和;〘政〙協定, 協約 *de* ~ 一致して, 一緒に

con-cre-'ción [コン.クれ.'すぃオン] 名 女 具体化, 実現; 凝固, 凝固物;〘医〙結石, 石

con-'cre-ta-'men-te [コン.'クれ.タ.'メン.テ] 90% 副 具体的に, はっきりと; 特に, とりわけ; 正確に, 厳密に

con-cre-'tar [コン.クれ.'タる] 91% 動 他 具体化する, 実現させる; 明確に記す, はっきりと述べる; 決める, 決定する; (a: に)制限する, 限定する 動 自 はっきりさせる, 具体的に見る ~se 動 再 (a: に)制限する, 限る; 具体化する, はっきりする

con-'cre-to, -ta [コン.'クれ.ト, タ] 84% 形 具体的な, 形のある; 特定の 名 男 凝固;〘医〙結石;《ラ米》〘建〙コンクリート *en* ~ 具体的には; 要するに

con-cu-'bi-na 名 女 内縁の妻, 内妻; めかけ

con-cu-bi-'na-to 名 男 内縁関係, 同棲関係

con-cul-'car [コン.クル.'カる] 動 他 ⑲ (c|qu)《格》〘法〙〈法律などを〉破る, 犯す, 侵害する, 違反する

con-cu-'ña-do, -da [コン.ク.'ニャ.ド, ダ] 名 男 女 配偶者の兄弟姉妹の配偶者; 兄弟姉妹の配偶者の兄弟姉妹

con-'cu-ño, -ña [コン.'ク.ニョ, ニャ] 名 男 女《スペイン》〔カナリア諸島〕《メキシコ》《中米》《カリブ》《ボリビア》⇧concuñado

con-cu-pis-'cen-cia [コン.ク.ピ(ス).'セン.すぃア] 名 女 色欲, 情欲; 貪欲(どんよく), 欲張り

con-cu-pis-'cen-te [コン.ク.ピ(ス).'セン.テ] 形 好色な; 欲の深い, 強欲な

con-cu-pis-'ci-ble [コン.ク.ピ(ス).'すぃ.ブレ] 形 好ましい, 望ましい

con-cu-'rren-cia [コン.ク.'れン.すぃア] 名 女〔集合〕出席者, 参加者, 聴衆, 観衆; (事件の)同時発生, 併発;〘商〙競合

con-cu-'rren-te [コン.ク.'れン.テ] 形 集まる, 会集する, 参加する; 同時(発生)の, 伴う; 競争する 名 共 (競技会の)観戦者; 競争者, (コンクールの)参加者

con-cu-'rri-do, -da [コン.ク.'り.ド, ダ] 形 人が集まる, 盛況である

con-cu-'rrir [コン.ク.'りる] 92% 動 自 (a: に)集まる, 集合する; (a: に)出席する, 参加する; (a: に)影響する, 作用する; 同時に起こる, 併発する

con-cur-'san-te [コン.クる.'サン.テ] 名 共 (コンクールの)参加者, 出場者
con-cur-'sar [コン.クる.'サる] 動 自 (コンクールで)競う; (en: の)採用[選抜]試験を受ける
***con-'cur-so** [コン.'クる.ソ] 86% 名 男 コンテスト, コンクール, 競技会; 採用試験, 選抜審査; 援助, 手助け, 協力; (人・物の)集まり, 群衆; (事件の)同時発生; 〔商〕競争入札 *fuera de* ～ 競争に加わらない, 特別出品の
con-cu-'sión 名 女 〔法〕(公務員の)横領
con-cu-sio-'na-rio, -ria [コン.ク.スィオ.'ナ.りオ, りア] 形 名 男 女 〔法〕横領した(公務員)
con-'da-do 名 男 伯爵の地位[権限, 身分]; 伯爵の領地
con-'dal [コン.'ダル] 形 伯爵(領土・権限)の, 伯爵の地位の *Ciudad C*～ バルセロナ《かつてバルセロナ伯爵領の首都であった》
***'con-de** 87% 名 男 伯爵; 〔複〕伯爵夫妻; ロマ[ジプシー]の長
con-de-co-ra-'ción [コン.デ.コ.ら.'すぃオン] 名 女 勲章; 表彰式, 勲章の授与式
con-de-co-'rar [コン.デ.コ.'らる] 動 他 〈に〉勲章を授ける
con-'de-na 名 女 〔法〕有罪の判決, 罪の宣告; 非難, とがめ
con-de-'na-ble [コン.デ.'ナ.ブレ] 形 罰されるべき, 非難されるべき
con-de-na-'ción [コン.デ.ナ.'すぃオン] 名 女 〔法〕有罪の判決, 罪の宣告; 〔宗〕地獄に落とすこと, 天罰; 〔一般〕非難, とがめ
con-de-'na-do, -da 形 〔法〕(有罪の)判決を受けた; 《話》いまいましい, いやな, わんぱくの; «ドアが»塞(ふさ)がれた 名 男 女 〔法〕(有罪の)判決を受けた人, 既決囚; 《話》いまいましい人, いやなやつ; いたずらっ子; 〔宗〕神に見放された者, 地獄に落ちた人間 *sufrir como un(a)* ～*[da]* 《話》ひどく苦しむ, 地獄の苦しみを味わう *trabajar como un(a)* ～*[da]* 《話》懸命に働く
***con-de-'nar** [コン.デ.'ナる] 89% 動 他 〔法〕(a: 有罪と)宣告する, 〈に〉(a: の刑を)宣告する; 非難する, 責める, とがめる, 糾弾する; 〈穴・戸を〉塞(ふさ)ぐ, 閉鎖する; 《ラ米》悩ます, 困らせる ～**se** 動 再 地獄に落ちる; いらいらする; 自責する, 自分の罪を認める
con-de-na-'to-rio, -ria [コン.デ.ナ.'ト.りオ, りア] 形 〔法〕断罪の, 有罪判決の
con-den-sa-'ción [コン.デン.サ.'すぃオン] 名 女 凝縮, 濃縮; 〔化〕縮合, 液化, 凝縮状態; (思想・表現の)要約, 簡約化
con-den-'sa-do, -da 形 凝縮された, 濃縮された 名 男 凝縮液
con-den-sa-'dor, -'do-ra [コン.デン.サ.'ドる, 'ド.ら] 形 凝縮する 名 男 〔電〕蓄電器, コンデンサー; 凝縮装置
con-den-'sar [コン.デン.'サる] 動 他 〈表現・思想などを〉圧縮する, 要約する; 〈密度を〉濃くする, 濃縮させる; 液化する ～**se** 動 再 密度が濃くなる, 凝縮される
***con-'de-sa** 93% 名 女 伯爵夫人, 女伯爵
con-des-cen-'den-cia [コン.デ(ス).せン.'デン.すぃア] 名 女 謙虚さ, 丁寧(な態度), 慇懃(いんぎん); 承諾, 承認, 許可
con-des-cen-'der [コン.デ(ス).せン.'デる] 動 自 51 (e|ie) (a, en 不定詞: …して)くださる, あげる; (a: に)妥協する, 従う, 応じる
con-des-cen-'dien-te [コン.デ(ス).せン.'ディエン.テ] 形 謙虚な, 腰の低い; 世話好きな, 親切な
con-des-'ta-ble [コン.デス.'タ.ブレ] 名 男 〔歴〕〔軍〕総司令官, 元帥; 〔海〕砲兵長
***con-di-'ción** [コン.ディ.'すぃオン] 73% 名 女 条件, 必要条件; 状態, (体・機械などの)コンディション; 〔医〕健康状態; (周囲の)状況, 事情; 性格, 性質; 素質, 才能, 適性; 身分, 階級 *a [con la]* ～ *de que* ...(接続法) …という条件で, もし…ならば *estar en condiciones* よい状態である
***con-di-cio-'nal** [コン.ディ.すぃオ.'ナル] 94% 形 条件つきの, 暫定的な; 〔言〕条件の 名 男 〔言〕条件法
con-di-cio-na-'mien-to [コン.ディ.すぃオ.ナ.'ミエン.ト] 名 男 調節, 条件づけ
con-di-cio-'nan-te [コン.ディ.すぃオ.'ナン.テ] 形 調節の, 条件づける 名 男 条件, 制約
con-di-cio-'nar [コン.ディ.すぃオ.'ナる] 動 他 (a: に)適応させる, 合わせる, 条件づける
con-'dig+no, -na [コン.'ディグ.ノ, ナ] 形 《格》相当の, 相応の
'cón-di-lo ['コン.ディ.ロ] 名 男 〔体〕顆(か)
con-di-'lo-ma [コン.ディ.'ロ.マ] 名 男 〔医〕コンジローム, 湿疣(しつゆう)
con-di-men-ta-'ción [コン.ディ.メン.タ.'すぃオン] 名 女 〔食〕調味, 味つけ
con-di-men-'tar [コン.ディ.メン.'タる] 動 他 〔食〕〈に〉味をつける, 調味する
***con-di-'men-to** 94% 名 男 調味料, 薬味, 香辛料
con-dis-'cí-pu-lo, -la [コン.ディ(ス).'すぃ.プ.ロ, ラ] 名 男 女 学友, 同窓生
con-do-'len-cia [コン.ド.'レン.すぃア] 名 女 《格》哀悼, 憐れみ, 同情

con-do-'ler-se [コン.ド.'レる.セ] 動 再 ㊹ (o|ue) 《格》(de: に)同情する, 慰める, 悔やみを言う

con-do-'mi-nio 名 男 〖法〗共同所有[管理]; 《(メキシコ)》アパート, マンション

con-'dón 名 男 コンドーム

con-do-na-'ción [コン.ド.ナ.'すぃオン] 名 女 (罰・借金などの)免除, 帳消し

con-do-'nar [コン.ド.'ナる] 動 他 〈罰・借金などを〉免除する

'cón-dor ['コン.ドる] 名 男 〖鳥〗コンドル《南米産; 飛ぶ鳥の中では最大》

*__con-duc-'ción__ [コン.ドゥク.'すぃオン] 93% 名 女 《(スペイン)》運転; 〔集合〕管, 導管; 輸送, 運送; 案内, 導くこと, 指導, 指揮; 〖電〗〖物〗伝導; 〖競〗〔サッカーなど〕ドリブル

con-du-'cen-te [コン.ドゥ.'せン.テ] 形 (a: に)導く

‡**con-du-'cir** [コン.ドゥ.'すぃる] 82% 動 他 ⑮ (c|zc; j) 導く, 案内する, 連れていく; 《道などが》(a: に)導く, 通じている; 《(スペイン)》〈車などを〉運転する, 操縦する; 伝える, 通す; 〖競〗〔サッカーなど〕〈ボールを〉ドリブルする; 〖放〗〈番組を〉指揮する, 進行させる 動 自 運転する; 導く; (a: 結果などを)もたらす ~**se** 動 再 ふるまう, 行動する, 態度をとる

‡**con-'duc-ta** 85% 名 女 行い, 行為, ふるまい, 品行; 運営, 経営, 指導

con-duc-ti-vi-'dad [コン.ドゥク.ティ.ビ.'ダド] 名 女 〖電〗伝導性, 伝導力

con-duc-'ti-vo, -va [コン.ドゥク.'ティ.ボ, バ] 形 〖電〗伝導性の, 伝導力のある

con-'duc-to 名 男 導管, パイプ; 〖体〗導管, 管; 経路, 手段, ルート ***por ~ de*** … …を通して, …によって

‡**con-duc-'tor, -'to-ra** [コン.ドゥク.'トる, 'ト.ら] 89% 名 男 女 運転手; 〔前に形容詞をつけて〕運転が…の人; 操縦者, 操作手; 指揮者, 指導者; 《(ラ米)》(バスの)車掌; 《(南米)》(オーケストラの)指揮者; 〖放〗(番組の)ディレクター 名 男 〖電〗〖物〗伝導体 形 運転の, 運転する; 〖電〗伝導性の; 導く, 指揮する

con-du-j~ 動 《直点/接過》↑conducir

con-'du-mio 名 男 《話》〖食〗おかず, パンと食べる食べ物; 《格》〔誇張〕〔皮肉〕日々の糧(かて), 食べ物

con-du-'tal [コン.ドゥ.'タル] 名 男 〖建〗排水溝

con-'duz-co, -ca(~) 動 《直現1単, 接現》↑conducir

co-nec-'ta-do, -da 形 (con: と)つながっている, 接続している; (人との)つきあいが広い, 顔が広い; 〖情〗有線の

‡**co-nec-'tar** [コ.ネク.'タる] 89% 動 他 (con: と)つなぐ, 結合する, 接続する; (電源に)つなぐ, 〈の〉スイッチを入れる, 〈コンセントに〉差し込む; 〖情〗リンクする; 〖競〗〔ボクシング〕〈一撃を〉くわえる 動 自 (con: と)つながる, 連絡する; (con: と)つきあう, 関係する ~-**se** 動 再 (con: と)つながる, 連絡する

co-nec-'ti-vo, -va [コ.ネク.'ティ.ボ, バ] 形 接続の, 結合[連接]性の

co-nec-'tor, -'to-ra [コ.ネク.'トる, 'ト.ら] 形 接続の, 連結する 名 男 〖機〗連結器, コネクター; 〖情〗プラグイン

co-ne-je+'ar [コ.ネ.へ.'アる] 動 自 《(コロンビア)》《話》無銭飲食をする, だます, 詐取する

co-ne-'je-ro, -ra [コ.ネ.'へ.ろ, ら] 形 《犬が》ウサギ狩りの 名 男 女 〖畜〗ウサギの飼育者[販売者]; 《(コロンビア)》《話》いかさま師, 詐欺師 **-ra** 名 女 〖建〗〖畜〗ウサギ小屋; 〖動〗ウサギの巣[穴]

co-ne-'ji-llo [コ.ネ.'ひ.ジョ] 名 男 〖動〗子ウサギ ~ ***de Indias*** 〖動〗テンジクネズミ, モルモット

co-ne-'ji-to, -ta 〔縮小語〕↓conejo

‡**co-'ne-jo** [コ.'ネ.ほ] 90% 名 男 〖動〗ウサギ; 《俗》女性器

‡**co-ne-'xión** [コ.ネク.'スィオン] 90% 名 女 関係, 関連, つながり; 〔複〕縁故, コネ; (船・列車などの)乗継ぎ, 連絡, 接続; 〖情〗リンク ~ ***remota*** 〖情〗リモートログイン ***hacer*** ~ 〖情〗ログインする

co-ne-xio-'nar [コ.ネク.スィオ.'ナる] 動 他 (con: と)つなげる, 連結する ~**se** 動 再 (con: と)関係を結ぶ, つながる

co-'ne-xo, -xa [コ.'ネク.ソ, クサ] 形 関係のある, 関連する

conf.; confr. 略 =〔ラテン語〕*confer* …を参照せよ

con-fa-bu-la-'ción [コン.ファ.ブ.ラ.'すぃオン] 名 女 陰謀, 謀議, 共謀

con-fa-bu-'lar [コン.ファ.ブ.'ラる] 動 自 〔悪い意味で〕共謀する, 一緒にたくらむ ~**se** 動 再 共謀する, 謀る

con-fa-'lón [コン.ファ.'ロン] 名 男 旗, 軍旗

con-fec-'ción [コン.フェク.'すぃオン] 名 女 〖衣〗(洋服の)仕立て, 縫製; 作成, 製作; 〖衣〗既製服; 〖食〗菓子, 糖菓; 〖医〗調合薬 ***de*** ~ 〖衣〗既製服の

con-fec-cio-'nar [コン.フェク.すぃオ.'ナる] 動 他 〖衣〗〈洋服を〉仕立てる; 〖食〗〈料理などを〉準備する; 〖飲〗〈飲み物を〉つくる; 〈リストを〉作成する; 〖医〗〈薬を〉調合する; 〔悪い意味で〕でっちあげる

con-fec-cio-'nis-ta [コン.フェク.すぃオ.'ニス.タ] 名 共 〖商〗(洋服の)仕立屋

con-fe-de-ra-'ción [コン.フェ.デ.ら.'すぃオン] 名 女 連合, 同盟; 同盟国

con-fe-de-'ra-do, -da [コン.フェ.デ.'ら.ド, ダ] 形 同盟の, 連邦の

con-fe-de-'rar [コン.フェ.デ.'らる] 動 他 (con: と)同盟させる **〜se** 動 再 (con: と)同盟を結ぶ

'cónfer ['コン.フェる] …を参照せよ ⇧ *cf.*; *cfr.*

‡**con-fe-'ren-cia** [コン.フェ.'れン.すぃア] 83% 名 女 協議, 会議, 会見; 講演; 《スペイン》長距離電話, 市外電話

con-fe-ren-'cian-te [コン.フェ.れン.'すぃアン.テ] 名 共 講演者, 講師; (会議の)参加国

con-fe-ren-'ciar [コン.フェ.れン.'すぃアる] 動 自 協議する, 討論する

con-fe-ren-'cis-ta [コン.フェ.れン.'すぃス.タ] 名 共 《ラ米》講演者, 講師

con-fe-'rir [コン.フェ.'りる] 動 他 65 (e|ie|i) 〈称号・学位などを〉(a: に)授与する; 〈性質などを〉(a: に)与える 動 自 協議する

‡**con-fe-'sar** [コン.フェ.'サる] 89% 動 他 50 (e|ie) 〘法〙自白する, 白状する; (que: であると)告白する, (実は)〈que: …だと〉認める; 〘宗〙〈罪を〉懺悔(ざんげ)する, 告白する, (司祭に)告解する, 〈信仰を〉告白する; 〘宗〙《司祭が》〈の〉告解を聞く 動 自 〘法〙自白する, 白状する **〜se** 動 再 自分が…であると認める; 〘宗〙(de: 罪を)懺悔する, 告解する

***con-fe-'sión** 92% 名 女 自白, 白状; 〘宗〙懺悔(ざんげ), 告解; 〘宗〙(信仰の)告白

con-fe-sio-'nal [コン.フェ.スィオ.'ナル] 形 〘宗〙信仰の, 宗教の; 〘宗〙告解の

con-fe-sio-'na-rio 名 男 ⇩ confesonario

con-'fe-so, -sa 形 〘法〙自白した; 〘宗〙告白した; 〘歴〙〘宗〙《ユダヤ人が》キリスト教に改宗した 名 男 女 〘歴〙〘宗〙改宗したユダヤ人; 〘宗〙平修道士

con-fe-so-'na-rio [コン.フェ.ソ.'ナ.りオ] 名 男 〘宗〙(教会の)告解室

con-fe-'sor [コン.フェ.'ソる] 名 男 〘宗〙聴罪司祭

con-'fe-ti 名 男 〔複 -tis〕(カーニバルなどの)紙吹雪, 色紙片

con-fia-bi-li-'dad [コン.フィア.ビ.リ.'ダド] 名 女 信頼性

con-'fia-ble [コン.'フィア.ブレ] 形 信頼[信用]できる, 当てになる

con-'fia-do, -da 形 信じている, 人を疑わない, 信頼した; 自信のある, うぬぼれが強い **-damente** 副 信頼して

‡**con-'fian-za** [コン.'フィアン.さ] 85% 名 女 (en: への)信頼, 信任, 信用; 自信, 確信; 親しみ, 気を許すこと; 〔複〕なれなれしさ ***con** 〜* 親しく, 気がねなく ***en** 〜* 内緒で, 秘密に ***voto de** 〜* 〘政〙信任投票

con-fian-'zu-do, -da [コン.フィアン.'す.ド, ダ] 形 信じやすい, 警戒しない, 不用心な; なれなれしい

‡**con-'fiar** [コン.'フィアる] 88% 動 他 29 (i|í) (信頼して)(a: に)任せる, 委託する; 〈秘密などを〉(a: に)打ち明ける 動 自 (en: を)信頼する, 信じる; (en: を)確信する **〜se** 動 再 自信を持つ, 自信を持ちすぎる; (a, en: に)任せる, (a, en: を)信頼する; (a: に)(秘密を)打ち明ける; (en: に)身をゆだねる

con-fi-'den-cia [コン.フィ.'デン.すぃア] 名 女 秘密, 内緒事; 信頼

***con-fi-den-'cial** [コン.フィ.デン.'すぃアル] 94% 形 内密の, 内々の **〜mente** 副 内密に, 内緒で, 内々で

con-fi-'den-te 形 名 共 《confidenta 女 も使われる》《人が》信義に厚い(人), 誠実な(人), 信頼に足る(人); 相談相手; 密告者, 告発者, スパイ 名 男 二人掛けの椅子[ソファー]

con-'fie-r〜 動 《直現/接現/命》 ⬆conferir

con-'fie-s〜 動 《直現/接現/命》 ⬆confesar

con-fi-gu-ra-'ción [コン.フィ.グ.ら.'すぃオン] 名 女 外形, 形状

con-fi-gu-'rar [コン.フィ.グ.'らる] 動 他 形成する, 形づくる, 作る **〜se** 動 再 形をとる, 形をなす, 形成される

con-'fín 名 男 〔しばしば複〕境界, 境界線; 国境地帯; 〔しばしば複〕果て, 遠方, はるかかなた

con-fi-na-'ción 名 女 ⇩ confinamiento

con-fi-na-'mien-to 名 男 追放, 流刑; 監禁

con-fi-'nar [コン.フィ.'ナる] 動 他 (en: に)閉じこめる, 監禁する; (en: に)追放する 動 自 (con: に)接する, 面する **〜se** 動 再 (en: に)閉じこもる, 閉居する

con-fi-r〜 動 《活用》 ⬆conferir

***con-fir-ma-'ción** [コン.フィる.マ.'すぃオン] 94% 名 女 確認, 確証; 〘宗〙堅信礼

con-fir-'man-do, -da [コン.フィる.'マン.ド, ダ] 名 男 女 〘宗〙堅信志願者《堅信礼を受ける者》

‡**con-fir-'mar** [コン.フィる.'マる] 84% 動 他 確かめる, 確証する, 確実にする, 確認する; 〈考えなどを〉強める, 固めさせる; (en: を)確信させる; 〘宗〙〈に〉堅信礼を施す **〜se** 動 再 確認される, 確かになる; (en: を)堅持する, 曲げない

con-fir-ma-'to-rio, -ria [コン.フィる.マ.'ト.りオ, りア] 形 確認の, 追認の

con-fis-ca-'ción [コン.フィス.カ.'すぃオン] 名 女 没収, 押収

con-fis-'car [コン.フィス.'カる] 動 他 69 (c|qu) 没収する, 押収する

con-fi-'tar [コン.フィ.'タる] 動 他 〘食〙〈果物を〉砂糖漬けにする, 〈に〉砂糖[シロップ]

をかける; 和らげる, なだめる

con-'fi-te [コン.'フィ.テ] [名] [男] 〘食〙糖衣菓子

con-'fí-te-or [コン.'フィ.テ.オる] [名] [男] 〘宗〙懺悔(ざんげ), 告白の祈り

con-fi-te-'rí+a [コン.フィ.テ.'リ.ア] [名] [女] 〘商〙菓子屋, ケーキ屋

con-fi-'te-ro, -ra [コン.フィ.'テ.ろ, ら] [名] [男] [女] 菓子職人,〘商〙菓子商　-ra [名] [女] 〘食〙糖衣菓子の箱

con-fi-'tu-ra [コン.フィ.'トゥ.ら] [名] [女] 砂糖漬け, ジャム

con-fla-gra-'ción [コン.フラ.グら.'すぃオン] [名] [女] 大火; (戦争などの)勃発(ぼっ), 暴動, 反乱

con-flic-ti-vi-'dad [コン.フリク.ティ.ビ.'ダド] [名] [女] 衝突(の可能性)

con-flic-'ti-vo, -va [コン.フリク.'ティ.ボ, バ] [形] 争いの, 紛争の, 闘争の, 対立している

⁑**con-'flic-to** [コン.'フリク.ト] 84% [名] [男] 争い, 紛争, 闘争; (意見·利害などの)衝突, 不一致, 対立; 板ばさみ, 葛藤(かっとう)

con-flic-'tuar [コン.フリク.'トゥアる] [動] [他] 《メキシコ》《中米》《アンデス》《チリ》《アルゼンチン》〈に〉争い[紛争]を引き起こす; 衝突させる; 板ばさみにする ～se 争い[紛争]になる; 衝突する; 板ばさみになる

con-'fluen-cia [コン.'フルエン.すぃア] [名] [女] 〘地〙(川·道の)合流, 合流点; 集合

con-'fluen-te [コン.'フルエン.テ] [形] 合流する [名] [男] 〘地〙(川·道の)合流点

con-'fluir [コン.'フルイる] [動] [自] ㊲ (-y-)〘地〙《川·道が》(en: に)集まる, (con: と)交わる, 合流する; 《人が》集まる, 集合する, 会合する

con-for-ma-'ción [コン.フォる.マ.'すぃオン] [名] [女] 形成, 形態, 構造; 地形; 体格

con-for-ma-'di-zo, -za [コン.フォる.マ.'ディ.そ, さ] [形] 適合しやすい, 一致しやすい

⁑**con-for-'mar** [コン.フォる.'マる] 89% [動] [他] (a, con: に)適合させる, 順応させる, 一致させる; (con: と)和解させる, (con: で)我慢させる; 形づくる, 形成する; 《ベネズエラ》〈カードの計算書を〉チェックする [動] [自] (con: と)同意である, 意見が一致する ～**se** [動] [再] (con: で)あきらめる, 我慢する; (con: に)応じる, 従う, 同意する *ser de buen ～* 《人が》気安い

⁑**con-'for-me** [コン.'フォる.メ] 89% [形] (en: の点で)(con: に)賛成している, 一致している; (con: に)満足している; (con: を)あきらめて我慢している; 〘情〙(con: に)準拠している [副] (a: に)従って, 応じて [接]《弱勢》…のように; …に従って, …のときに, …しながら; …するとすぐに [名] [男] 同意; 承認の署名 [感] よろしい《同意》

con-for-mi-'dad [コン.フォる.ミ.'ダド] [名] [女] 同意, 承諾; 服従, 忍従, あきらめ; 一致, 調和 *en [de] ～ con* ……に同意して, …に従って

con-for-'mis-mo [コン.フォる.'ミス.モ] [名] [男] 順応主義; 〘宗〙英国国教会の擁護論

con-for-'mis-ta [コン.フォる.'ミス.タ] [形] [名] [共] 順応主義の[主義者]; 〘宗〙英国国教徒(の)

con-'fort [コン.'フォる(ト)] [名] [男] 〔複 -forts〕生活を楽にするもの, 快適な設備

***con-for-'ta-ble** [コン.フォる.'タ.ブレ] 94% [形] 心地よい, ゆったりした; 快適な, 気楽な, くつろいだ気分の

con-for-'tar [コン.フォる.'タる] [動] [他] 慰める, 励ます, 元気づける ～**se** [動] [再] (con: で)心を慰める, 元気になる, 元気を取り戻す

con-fra-ter-'nar [コン.フら.テる.'ナる] [動] [自] (con: と)(兄弟のように)親しくなる

con-fra-ter-ni-'dad [コン.フら.テる.ニ.'ダド] [名] [女] 仲間であること, 友愛, 親交

con-fra-ter-ni-'zar [コン.フら.テる.ニ.'さる] [動] [自] ㉞ (z|c) (con: と)仲間になる; (con: と)友好関係を結ぶ

con-fron-ta-'ción [コン.フろン.タ.'すぃオン] [名] [女] 対抗, 対面, 対決, 直面; 対比, 比較

***con-fron-'tar** [コン.フろン.'タる] 94% [動] [他] (con: と)比較する, 対照する; (con: に)直面させる, 立ち向かわせる, 対決させる; 〈に〉直面する, 〈に〉立ち向かう [動] [自] (con: に)面する ～**se** [動] [再] (con: と)直面する; (con: と)対決する, 対立する

con-fu-cia-'nis-mo [コン.フ.すぃア.'ニス.モ] [名] [男] 〘哲〙儒教《孔子 Confucio, 前 552–479, 中国古代の思想家, 儒教の創始者》

con-fu-'cia+no, -na [コン.フ.'すぃア.ノ, ナ] [形] 〘哲〙儒教の, 孔子の ⬆confucianismo [名] [男] [女] 〘哲〙儒者

con-fu-cio-'nis-mo [名] [男] ⇧ confucianismo

con-fun-'di-ble [コン.フン.'ディ.ブレ] [形] 混同されやすい

con-fun-'di-do, -da [形] 誤った, 誤解した, 混同した; 当惑した, まごついた

⁑**con-fun-'dir** [コン.フン.'ディる] 88% [動] [他] (con: と)混同する, 間違える; 困惑させる, まごつかせる, 狼狽(ろうばい)させる, 恐縮させる; ぼやけさせる; (con: と)混ぜる, 〈の〉場所をわからなくする ～**se** [動] [再] (con: と)混じり合う, ごちゃごちゃになる; (de: を)間違える; ぼやける; とまどう, 困惑する

*con-fu-'sión 91% 名 女 混乱, 紛糾, 騒ぎ; 誤解, 間違い, 混同, ごちゃごちゃになること, 不明瞭; 困惑, 狼狽(ろうばい)

*con-'fu-so, -sa 92% 形 混乱した, ごたまぜの; はっきりしない, 不明瞭な, ぼやけた; 困った, 途方に暮れた, まごついた

con-fu-'tar [コン.フ.'タる] 動 他 《格》論駁(ろんばく)する, 論破する

'con-ga 名 女 〔楽〕コンガ《キューバの踊り・音楽》; 〔楽〕コンガの太鼓; 《メキシコ》〔飲〕ミックスジュース

con-ge-la-'ción [コン.へ.ラ.'すぃオン] 名 女 凍結, 冷凍; 〔経〕(物価・賃金などの)凍結

*con-ge-'la-do, -da [コン.へ.'ラ.ド, ダ] 93% 形 凍(こお)った, 冷凍された; «体が»冷えきっている

con-ge-la-'dor [コン.へ.ラ.'ドる] 名 男 冷凍装置, フリーザー, (冷蔵庫の)冷凍室; 冷凍庫

*con-ge-'lar [コン.へ.'ラる] 91% 動 他 凍(こお)らせる; 〔食〕冷凍する, 冷蔵する; 〔商〕〈資産・物価・賃金などを〉凍結する ～se 動 再 凍(こお)る, 凍結する; 凍(こご)える

con-'gé-ne-re [コン.'へ.ネ.れ] 形 同種の, 同類の 名 共 〔しばしば軽蔑〕(de: と)同じ輩(やから), 仲間

con-ge-'niar [コン.へ.'ニアる] 動 自 (con: と)性格[気性, うま]が合う

con-'gé-ni-to, -ta [コン.'へ.ニ.ト, タ] 形 生まれつきの, 先天的な

con-ges-'tión [コン.へス.'ティオン] 名 女 〔医〕充血, 鬱血(うっけつ); 渋滞, 密集, 雑踏

con-ges-tio-'nar [コン.へス.ティオ.'ナる] 動 他 〔医〕充血させる, 鬱血(うっけつ)させる; 混雑させる, 渋滞させる ～se 動 再 〔医〕充血する, 鬱血する, «顔が»赤くなる; 混雑する, 渋滞する

con-ges-'ti-vo, -va [コン.へス.'ティ.ボ, バ] 形 〔医〕鬱血(うっけつ)の, 充血の

con-glo-me-ra-'ción [コン.グロ.メ.ら.'すぃオン] 名 女 塊(かたまり), 集団

con-glo-me-'ra-do, -da [コン.グロ.メ.'ら.ド, ダ] 形 丸く固まった, 密集した 名 男 〔商〕巨大複合企業, コングロマリット, 複合体; 塊(かたまり), 集団; 〔地質〕礫岩(れきがん); 密集体, 塊, 寄せ集め

con-glo-me-'rar [コン.グロ.メ.'らる] 動 他 寄せ集める, 団塊状に集める, 塊にする ～se 動 再 塊になる, 凝集する

*'Con-go 94% 名 固 〔(el) ～〕〔República Democrática del ～〕〔地名〕コンゴ民主共和国《アフリカ中央部の共和国, 旧ザイール》; 〔República del ～〕〔地名〕コンゴ共和国《アフリカ南西部の共和国》; 〔río Congo〕コンゴ川《コンゴ民主共和国を流れ大西洋に注ぐ川》

con-'go-ja [コン.'ゴ.は] 名 女 (心身の)痛み, 苦悶; 深い悲しみ, 悲嘆

con-go-'le-ño, -ña [コン.ゴ.'レ.ニョ, ニャ] 形 コンゴの 名 男 女 コンゴ人

con-gra-'ciar [コン.グら.'すぃアる] 動 他 〈の〉気持ち[心]をつかむ ～se 動 再 (con: に)取り入る, (con: の)機嫌をとる, 好意を得る

con-gra-tu-la-'ción [コン.グら.トゥ.ラ.'すぃオン] 名 女 〔複〕《格》祝い, 祝賀, 祝いの言葉, 祝辞

con-gra-tu-'lar [コン.グら.トゥ.'ラる] 動 他 《格》祝う, 〈に〉喜びを述べる ～se 動 再 (de, por: を)喜ぶ, 祝う, うれしがる

con-gra-tu-la-'to-rio, -ria [コン.グら.トゥ.ラ.'ト.りオ, りア] 形 祝いの, 祝賀の

con-gre-ga-'ción [コン.グれ.ガ.'すぃオン] 名 女 集合, 会合; 〔宗〕信徒団, 会衆; 〔宗〕(ローマ教皇庁内の)聖省

con-gre-'gar [コン.グれ.'ガる] 動 他 ㊶ (g|gu) 〈人を〉集める ～se 動 再 «人が»集まる

con-gre-'sis-ta [コン.グれ.'スィス.タ] 名 共 〔政〕評議員, 代議員

**con-'gre-so [コン.'グれ.ソ] 82% 名 男 〔政〕国会, 議会; 〔政〕国会議事堂; (専門家による正式の)会議, 大会, 学会

con-'grí [コン.'グリ] 名 男 〔複 -gríes⇔-grís〕《カリブ》〔食〕コングリ《豆・米の料理》

'con-grio ['コン.グりオ] 名 男 〔魚〕アナゴ

'con-grua ['コン.グるア] 名 女 (公務員の)調整手当

con-'gruen-cia [コン.'グるエン.すぃア] 名 女 適合(性), 一致(点), 整合(性); 〔数〕合同(式)

con-'gruen-te [コン.'グるエン.テ] 形 ふさわしい, 適切な; (con: と)一致する, 整合した, (con: に)即した

'con-gruo, -grua ['コン.グるオ, グるア] 形 〔法〕調整の; 〔数〕合同の

'có-ni-co, -ca 形 〔数〕円錐形の

co-'ní-fe-ro, -ra [コ.'ニ.フェ.ろ, ら] 形 〔植〕球果を結ぶ, 針葉樹類の -ra 名 女 〔複〕〔植〕針葉樹類

co-ni-'for-me [コ.ニ.'フォる.メ] 形 〔数〕円錐形の

*con-je-'tu-ra [コン.へ.'トゥ.ら] 94% 名 女 推量, 推測, 憶測

con-je-tu-'ral [コン.へ.トゥ.'らル] 形 推測による

con-je-tu-'rar [コン.へ.トゥ.'らる] 動 他 推量する, 推測する, 憶測する

*con-ju-ga-'ción [コン.ふ.ガ.'すぃオン] 93% 名 女 〔言〕(動詞の)活用, 変化; 結合, 連合, 連携, 調和; 〔生〕接合

*con-ju-'gar [コン.ふ.'ガる] 94% 動 他 ㊶ (g|gu) 〔言〕〈動詞を〉活用[変化]させる;

(con: と)結合させる, 連合させる, 両立させる　～se [動] [再]〔言〕《動詞が》活用する

⁑con-jun-'ción [コン.ふン.'すぃオン] 89% [名] [女]〔言〕接続詞; 結合, 連合, 合同;〔天〕(天体の)合(ごう)

con-jun-'tar [コン.ふン.'タる] [動] [他] まとめる, 結集させる　～se [動] [再] まとまる

con-jun-ti-'vi-tis [コン.ふン.ティ.'ビ.ティス] [名] [女]〔単複同〕〔医〕結膜炎

con-jun-'ti-vo, -va [コン.ふン.'ティ.ボ, バ] [形] 接続の, 結合の;〔言〕接続詞の　-va [名] [女]〔体〕(眼球の)結膜

⁑con-'jun-to, -ta [コン.'ふン.ト, タ] 79% [形] 共同の, 共有の, 結束した, ひとつになった [名] [男] 集合, 集まり; 全体, 総体;〔楽〕アンサンブル, グループ, バンド;〔衣〕(婦人服などの)アンサンブル;〔数〕集合　*en ～*《文修飾》全体として(は); (con: と)一緒に　-tamente [副] 一緒に

con-'ju-ra [名] [女] ⇩ conjuración

con-ju-ra-'ción [コン.ふ.ら.'すぃオン] [名] [女] 共謀, 陰謀

con-ju-'ra-do, -da [コン.ふ.'ら.ド, ダ] [形] 共謀した, 陰謀に加わった [名] [男] [女] 陰謀者, 共謀者

con-ju-'rar [コン.ふ.'らる] [動] [他] 〈危険を〉避ける, 防ぐ; 共謀する, 〈陰謀を〉企てる; 〈悪魔を〉追い払う; 〈que 接続法: …を〉頼む, 懇願する　～(se) [動] [自] ([再]) 共謀する, 陰謀を企てる

con-'ju-ro [コン.'ふ.ろ] [名] [男] 懇願, 嘆願; まじない, 呪文; 悪魔払い, 悪魔よけ　*al ～ de …* …の力で, …のせいで

con-lle-'var [コン.ジェ.'バる] [動] [他] 耐える, 我慢する; 伴う; 意味する

con-me-mo-'ra-ble [コ(ン).メ.モ.'ら.ブレ] [形] 記念すべき

con-me-mo-ra-'ción [コ(ン).メ.モ.ら.'すぃオン] [名] [女] 祝賀, 記念(祭)

***con-me-mo-'rar** [コ(ン).メ.モ.'らる] 94% [動] [他] (祝辞・儀式をもって)記念する　～se [動] [再] 祝われる, 記念される

con-me-mo-ra-'ti-vo, -va [コ(ン).メ.モ.ら.'ティ.ボ, バ] [形] 記念の

con-men-su-'ra-ble [コ(ン).メン.ス.'ら.ブレ] [形] 同量の, (a: と)釣り合った;〔数〕同じ数で割りきれる, 約分できる

con-men-su-'rar [コ(ン).メン.ス.'らる] [動] [他] 同一単位で測る;〔数〕約分する

⁑con-'mi-go 86% [前] ＋ [代]《前置詞 con と人称代名詞 míの結合形》**1** 私と(ともに): Ven **conmigo**. 私と一緒に来て。 **2** 私に対して: Sus padres son muy buenos **conmigo**. 彼の両親は私にとても親切にしてくれる。

con-mi-na-'ción [コ(ン).ミ.ナ.'すぃオン] [名] [女]《格》威嚇(いかく), おどし

con-mi-'nar [コ(ン).ミ.'ナる] [動] [他]《格》威嚇(いかく)する, おどす

con-mi-na-'to-rio, -ria [コ(ン).ミ.ナ.'ト.りオ, りア] [形]《格》威嚇(いかく)的な, おどしの

con-mi-se-ra-'ción [コ(ン).ミ.セ.ら.'すぃオン] [名] [女]《格》憐れみ, 同情

***con-mo-'ción** [コ(ン).モ.'すぃオン] 94% [名] [女] (心の)動揺; 騒動, 政治[社会]不安, 動乱; 地震　～ *cerebral*〔医〕脳震盪(のうしんとう)

con-mo-cio-'nar [コ(ン).モ.すぃオ.'ナる] [動] [他] 〈の〉心を動揺させる, 〈に〉衝撃を与える

con-mo-ve-'dor, -'do-ra [コ(ン).モ.ベ.'ドる, 'ド.ら] [形] 人を感動させる, 驚かす

***con-mo-'ver** [コ(ン).モ.'べる] 93% [動] [他] ㊹ (o|ue) 〈の〉心を動揺させる, 驚かす, 感動させる, 興奮させる; 揺らす, 揺さぶる　～se [動] [再] 心を動かす, 動揺する, 感動する, 悲しむ

con-'mue-v~ [動]《直現/接現/命》⬆ conmover

con-mu-'ta-ble [コ(ン).ム.'タ.ブレ] [形] 転換できる;〔法〕減刑されうる

con-mu-ta-'ción [コ(ン).ム.タ.'すぃオン] [名] [女] 交換, 変換, 切り替え;〔法〕減刑

con-mu-ta-'dor, -'do-ra [コ(ン).ム.タ.'ドる, 'ド.ら] [形] 取り替える, 切り替えの [名] [男]〔電〕電流転換器, 整流子, 交換機;〔情〕スイッチ

con-mu-'tar [コ(ン).ム.'タる] [動] [他]〔法〕〈刑を〉軽くする, 減刑する; (con: と)取り替える, 交換する, 変換する;〔電〕〈電流を〉整流する

con-mu-ta-'ti-vo, -va [コ(ン).ム.タ.'ティ.ボ, バ] [形] 交換の, 切り替えの, 変換の;〔法〕減刑の

con-mu-ta-'triz [コ(ン).ム.タ.'トりす] [名] [女]〔電〕変換器, コンバーター

con-na-tu-'ral [コ(ン).ナ.トゥ.'らル] [形] (a: に)生まれつきの, 生得の, 固有の

con-na-tu-ra-li-'zar [コ(ン).ナ.トゥ.ら.リ.'さる] [動] [他] ㉞ (z|c)《格》(con: に)慣らす　～se [動] [再] (con: に)慣れる, 適応[順応]する

con-ni-'ven-cia [コ(ン).ニ.'ベン.すぃア] [名] [女] 共謀, 共犯; 黙過, 見て見ぬふり, 黙認

con-ni-'ven-te [コ(ン).ニ.'ベン.テ] [形] (con: と)共謀した

con-no-ta-'ción [コ(ン).ノ.タ.'すぃオン] [名] [女]〔言〕(言外の)暗示的意味, 含蓄, ニュアンス;〔論〕内包

con-no-'tar [コ(ン).ノ.'タる] [動] [他]〔言〕《語句が》〈別の意味を〉暗示する;〔論〕内包する

con-no-ta-'ti-vo, -va [コ(ン).ノ.タ.'ティ.ボ, バ] 形 〔言〕暗示的な; 〔論〕内包する

con-'nu-bio 名 男 《格》結婚, 婚姻

'co+no 名 男 〔数〕円錐, 円錐形, 円錐体; 〔植〕球果, 球花, まつかさ; 《メキシコ》《カリブ》〔食〕コーンに載せたアイスクリーム ***países del C～ Sur*** 〔地名〕コノスル諸国 《アルゼンチン, チリ, ウルグアイの 3 か国》

co-no-ce-'dor, -'do-ra [コ.ノ.せ.'ドる, 'ド.ら] 形 (de: を)よく知っている; 物知りの, 熟練した 名 男 女 熟練者, 達人, 通(つう)

‡co-no-'cer [コ.ノ.'せる] 65% 動 他 45 (c|zc) 知っている, 〈と〉知り合いになる[である]; (理解して)知る, (経験によって)知っている, わかっている; 〈場所に〉行ったことがある; 識別する, 見分ける; 〈異性を〉知る, 〈と〉関係を持つ; (por: と)呼ぶ 動 自 (de: を)理解する, わかる, わかっている **～se** 動 再 知り合いになる; 〈自分自身を〉知る; (que: だと)わかる ***dar a ～*** 知らせる ***darse a ～*** デビューする, (自分の)名を揚げる ***Se conoce que...*** 明らかに…である, …に違いない

co-no-'ci-ble [コ.ノ.'すぃ.ブレ] 形 知ることのできる

‡co-no-'ci-do, -da [コ.ノ.'すぃ.ド, ダ] 79% 形 知られた, 有名な, 評判の高い 名 男 女 知人, 知り合い

‡co-no-ci-'mien-to [コ.ノ.すぃ.'ミエン.ト] 76% 名 男 知識, 知っていること, 熟知, 理解, 知性, 知力, 学問; 意識, 知覚, 認識; 賢明さ, わきまえ, 分別, 知恵; 知人, 友人, 知己; つきあい, 親交; 身分証明書 ***con ～*** 賢明に, 思慮深く ***con ～ de causa*** 事情を理解した上で ***dar ～ de ... a —*** …について一に知らせる ***estar en ～*** (de: について)知っている, 知らされている ***poner ... en ～ de —*** …を一に伝える

co-noi-'dal [コ.ノイ.'ダル] 名 女 〔数〕円錐(すい)に似た, 円錐形の

co-'noi-de 名 男 〔数〕円錐(すい)曲線体

co-noi-'de+o, +a 名 男 ⇧ conoidal

co-no-'pial [コ.ノ.'ピアル] 形 〔建〕反曲線の

co-'noz-co, -ca(～) 動 《直現 1 単, 接現》⬆conocer

***con-que** [コン.ケ] 94% 接 〔弱勢〕 **1** 《話》そこで, それで: Tú no estabas allí y no lo sabes; ¡**conque** cállate! 君はそこにいなくてそれを知らないのだから, 黙っていなさい。 **2** 《話》〔文頭で〕では…, それじゃ…, さて…: **Conque**, ¿te vienes conmigo o te quedas en casa? それじゃあ, お前は一緒に来るかい, それともお留守番かい?

con-'qué [コン.'ケ] 名 男 《話》生活手段

con-'quen-se [コン.'ケン.セ] 形 名 共 〔地名〕クエンカの(人)⬇Cuenca

***con-'quis-ta** [コン.'キス.タ] 91% 名 女 征服, 征服された土地[国]; 《話》女性を口説き落とすこと, 愛情の獲得; くどき落とした相手; 〔la C～〕〔歴〕スペインによるアメリカ大陸の征服

***con-quis-ta-'dor** [コン.キス.タ.'ドる] 93% 名 男 征服者, 勝利者; 《話》色男, 女たらし **～, -dora** 形 征服者の[らしい]

‡con-quis-'tar [コン.キス.'タる] 89% 動 他 〈国・敵・山などを〉征服する, 征服して支配する; 勝ち取る, 獲得する, 手に入れる; 〈異性の〉気持ちをつかむ, 〈異性を〉口説き落とす

Con-'ra-do [コン.'ら.ド] 名 固 〔男性名〕コンラード

con-sa-'bi-do, -da 形 《話》いつもの, お決まりの; よく知られた, 周知の; 上述の, 前述の

con-sa-gra-'ción [コン.サ.グら.'すぃオン] 名 女 〔宗〕聖別化 《ミサでパンとぶどう酒を聖体化すること》; 献身, 専念, 献上(品), 奉納(品); 神聖化, 浄化

con-sa-'gra-do, -da [コン.サ.'グら.ド, ダ] 形 認められた, 有名な; 〔宗〕神聖化した, 神聖な; 献身的な, (a: に)身を捧げた; (a: に)捧げられた

con-sa-'gran-te [コン.サ.'グらン.テ] 形 〔宗〕聖別する

***con-sa-'grar** [コン.サ.'グらる] 91% 動 他 〔宗〕(ミサで)〈パンとぶどう酒を〉聖別する; 〈身を〉(a: に)捧げる; 奉納[献納]する; 〔一般〕(a: に)捧げる; (como: として)確立させる; 〔宗〕神聖にする, 清める; 叙階する; 《ローマ人が》〈皇帝を〉神格化する; (a: に)当てる, 充当する; 認める **～se** 動 再 (自分の身を)(a: に)捧げる; (自分の地位を)確立する, 不動のものにする; (como: として)認められる

con-san-'guí-ne+o, +a [コン.サン.'ギ.ネ.オ, ア] 形 血族の, 血を分けた, 同族の 名 男 女 血族, 肉親

con-san-gui-ni-'dad [コン.サン.ギ.ニ.'ダド] 名 女 血族(関係), 血縁, 親族(関係), 同族

cons-'cien-cia [コン(ス).'すぃエン.すぃア] 名 女 《格》⇧ conciencia

‡cons-'cien-te [コン(ス).'すぃエン.テ] 89% 形 (de: に)気づいて, (de: を)意識[自覚]して; 意識のある, 知覚のある; 責任感のある, 分別のある, 良心的な **～mente** 副 自覚して, 意識して, 故意に, 知りながら

cons-crip-'ción [コ(ン)ス.クリプ.'すぃオン] 名 女 《ラ米》徴兵(制度)

cons-'crip-to [コ(ン)ス.'クリプ.ト] 形 《男》徴兵された, 徴集された ***padre ～*** 〔歴〕〔政〕(古代ローマの)元老院議員

con-se-cu-'ción [コン.セ.ク.'すぃオン] 名 女 得ること, 獲得, 取得; 到達, 達成,

C

実現, 成就; 連続, 続発

⁑con-se-'cuen-cia [コン.セ.'クエン.すぃア] 79% 名 女 結果, なりゆき, 影響; (結果・影響などの)重要さ, 重大さ; (言行・思想などの)一貫性; 結論 *a* [*como*] *~ de* … …の結果として, …によって *en* [*por*] *~* よって, 従って *ser de ~* 重要である

con-se-'cuen-te 形 (a: の)結果の, 結果として生じる; (de: に)由来する; 言行一致した, 堅実な, (con: と)首尾一貫した, 矛盾しない; 必然的な, 当然の 名 男 結果, 帰結; 〔論〕後件; 〔数〕後項 **~mente** 副 結果として, 必然的に, その結果; 首尾一貫して, 変わることなく

con-se-cu-'ti-vo, -va [コン.セ.ク.'ティ.ボ, バ] 形 連続的な, (a: に)引き続く; 〔言〕結果の[を表す], 帰結の **-vamente** 副 連続的に, 引き続いて

con-se-'gui-do, -da [コン.セ.'ギ.ド, ダ] 形 達成された, 完成した *dar* … *por ~* …を当然のこととする

con-se-gui-'mien-to 名 男 ⇧ consecución

⁑con-se-'guir [コン.セ.'ギる] 72% 動 他 ㊿ (e|i; gu|g) 得る, 手に入れる, 買う; (努力の結果)〈不定詞/que 接続法: …することが〉できる; 成就する, 達成する

con-'se-ja [コン.'セ.は] 名 女 昔話, 物語, 伝説

con-se-je-'rí+a [コン.セ.へ.'リ.ア] 名 女 審議会, 理事会, 評議会; 〔政〕(大使館の)参事官職; 《(ｽﾍﾟｲﾝ)》〔政〕(自治政府の)省, 大臣

⁑con-se-'je-ro, -ra [コン.セ.'へ.ろ, ら] 89% 名 男 女 助言者, 相談相手, 顧問; 顧問官, 相談役, 参議, 理事, 評議員, 参与, 取締役; 閣僚

⁑con-'se-jo [コン.'セ.ほ] 77% 名 男 助言, 忠告, 勧告; 会議, 協議会, 審議会, 理事会; 指示, 教え, ヒント *C~ de Indias* 〔歴〕〔政〕インディアス諮問会議《1524 年設立, スペインの海外植民地の諸問題を扱った国王直属の官僚機関》

***con-'sen-so** 92% 名 男 《格》(意見などの)一致, 同意, 合意, コンセンサス

con-sen-'sual [コン.セン.'スアル] 形 〔法〕合意による

con-sen-'suar [コン.セン.'スアる] 動 他 ⑰ (u|ú) 〔法〕合意する

con-sen-'ti-do, -da 形 甘やかされた(子), わがままな(子); 寛大すぎる, 甘い; 夫[妻]の不貞を許す

***con-sen-ti-'mien-to** 93% 名 男 同意, 承諾; 同意書

***con-sen-'tir** [コン.セン.'ティる] 92% 動 他 ㊿ (e|ie|i) 許す, 容認する; (a: 子供に)自由にさせる, (甘やかして)許す; 〈重さに〉耐える 動 自 ((en) que 接続法: …に)同意する, 承諾する **~se** 動 再 (重みで)ひびが入る, がたがたする, へこむ, 曲がる

con-'ser-je [コン.'セる.へ] 名 共 守衛; 門番; (ホテルの)ボーイ長; (マンションの)管理人

con-ser-je-'rí+a [コン.セる.へ.'リ.ア] 名 女 守衛所, 門番の詰め所; (ホテルの)受付, フロント

***con-'ser-va** [コン.'セる.バ] 94% 名 女 〔食〕缶詰, 瓶詰; 保存; 缶詰にすること

⁑con-ser-va-'ción [コン.セる.バ.'すぃオン] 90% 名 女 保存, 貯蔵; (資源・環境の)保護, 保全; (建物の)維持; 節約

⁑con-ser-va-'dor, -'do-ra [コン.セる.バ.'ドる, 'ド.ら] 86% 形 〔政〕保守的な; 地味な, 控えめな, おとなしい 名 男 女 〔政〕保守主義者, 保守党員; (博物館・美術館の)学芸員

con-ser-va-du-'rí+a [コン.セる.バ.ドゥ.'リ.ア] 名 女 (博物館などの)学芸員の職[身分]; 学芸員の事務所

con-ser-va-du-'ris-mo ⇦-do- [コン.セる.バ.ドゥ.'リス.モ⇦.ド.] 名 男 〔政〕保守主義

con-ser-'van-te [コン.セる.'バン.テ] 形 防腐の, 保存する 名 男 防腐剤, 保存料

⁑con-ser-'var [コン.セる.'バる] 82% 動 他 (con, en: を)保つ, 保存する; とっておく, 大事にしまっておく; 〈習慣などを〉続ける, 守る **~se** 動 再 ずっと(形容詞・副詞: ある状態で)いる; 若さを保つ; 保つ, 維持する

con-ser-va-'tis-mo [コン.セる.バ.'ティス.モ] 名 男 ⇧ conservadurismo

con-ser-va-'ti-vo, -va [コン.セる.バ.'ティ.ボ, バ] 形 名 男 女 《(ﾒｷｼｺ)》《話》けち(な), しみったれた(人)

con-ser-va-'to-rio, -ria [コン.セる.バ.'ト.りオ, りア] 形 保存に役立つ, 保存性の 名 男 〔楽〕音楽学校, 音楽院; 〔美〕美術学校; 《(南米)》温室

con-ser-ve-'rí+a [コン.セる.べ.'リ.ア] 名 女 〔技〕缶詰製造業

con-ser-'ve-ro, -ra [コン.セる.'べ.ろ, ら] 形 〔技〕缶詰の, 瓶詰の, 缶詰[瓶詰]製造業の 名 男 女 〔技〕缶詰[瓶詰]製造業者

***con-si-de-'ra-ble** [コン.スィ.デ.'ら.ブレ] 91% 形 《量・程度・大きさなどが》かなりの, 少なからぬ, 相当な; 考慮[注目]に値する, 重要な **~mente** 副 かなり, 相当に

⁑con-si-de-ra-'ción [コン.スィ.デ.ら.'すぃオン] 88% 名 女 考慮, 熟慮; 思いやり, 配慮; 注目, 注意 *de ~* かなりの, 相当な, 重要な *en ~ a* … …を考慮して *por*

| ～ *a* … …をおもんばかって, …に免じて
| *tomar en* ～ 考慮する, 考慮に入れる

con-si-de-'ra-do, -da[コン.スィ.デ.'ら.ド, ダ] 形 (con: を)敬う, (con: に)理解[思いやり]のある *bien* ～ よく思われている, 尊敬されている, 人望が高い

con-si-de-'rar[コン.スィ.デ.'らる] 70% 動 他 よく考える, 熟考する, 考慮する, 検討する; 〈que: と〉思う, 考える; (名詞・形容詞: …だと)思う, みなす; 考慮に入れる, 〈事情を〉斟酌(しんしゃく)する; 敬う, 〈に〉思いやりを持つ ～**se** 動 再 思われる; 自らが(形容詞・名詞: …であると)思う, …のつもりになる

con-'sien-t~ 動 《直現/接現/命》 ⬆consentir

con-si-g~ 動 《活用》 ⬆conseguir

con-'sig-na[コン.'スィグ.ナ] 名 女 (駅の)手荷物一時預かり所; 標語, スローガン, モットー; 〔軍〕 訓令, 指令, 指図

con-sig-na-'ción [コン.スィグ.ナ.'すぃオン] 名 女 〔商〕 委託, 信託; 配分, 割当; 記入, 明記; 〔商〕 供託金

con-sig-'nar [コン.スィグ.'なる] 動 他 (a, en: に)委託する, 預ける, 供託する; 配分する, 割り当てる, 計上する; 記録する, 明記する

con-sig-na-'ta-rio, -ria[コン.スィグ.ナ.'タ.りオ, りア] 形 〔商〕 (商品の)荷受人; 〔法〕 受託者, 受諾者; 〔海〕 船主代理人

***con-'si-go** 88% 前 ＋ 代 《前置詞 con と人称代名詞 sí の結合形》 自分自身と, 自分自身に 《主語と同じ人・物を指す》: Adela está muy satisfecha **consigo** misma. アデーラは自分自身にとても満足している。 動 《直現 1 単》 ⬆conseguir

****con-si-'guien-te** [コン.スィ.'ギエン.テ] 89% 形 必然的な, 当然の; (a: の)結果として生じる 名 男 (必然的な)結果 *por* ～ その結果…, したがって, それゆえに ～**-mente** 副 《接続》 その結果, したがって, それゆえに

con-sin-t~ 動 《活用》 ⬆consentir

con-'sis-te 動 《直現 3 単/命》 ⬇consistir

***con-sis-'ten-cia** [コン.スィス.'テン.すぃア] 93% 名 女 堅さ, 堅固, ねばり; 密度, 濃度; 内容; 耐久性, 安定性

***con-sis-'ten-te** 92% 形 堅い, 堅固な; (en: から)なる; 〔食〕 《ソース・クリームなどが》濃い, 粘りのある

****con-sis-'tir**[コン.スィス.'ティる] 82% 動 自 (en: から)なる[成り立っている]; (en: に)存する, ある

con-sis-to-'rial [コン.スィス.ト.'りアル] 形 〔政〕 市[町]議会の; 〔宗〕 枢機卿会議の

con-sis-'to-rio [コン.スィス.'ト.りオ] 名 男 〔宗〕 (ローマ教皇庁の)枢機卿会議; 〔政〕 市議会, 市役所

con-'so-cio, -cia [コン.'ソ.すぃオ, すぃア] 名 男 女 〔商〕 共同出資組合員, 共同出資者; 仲間; 会員

con-'so-la[コン.'ソ.ラ] 名 女 (壁に取り付けた)テーブル, 小机; 〔楽〕 (パイプオルガンの)演奏台 《鍵盤とペダルを含む》; 〔情〕 コンソール

con-so-la-'ción [コン.ソ.ラ.'すぃオン] 名 女 慰(なぐさ)め, 慰藉(いしゃ)

con-so-la-'dor, -'do-ra [コン.ソ.ラ.'ドる, 'ド.ら] 形 慰(なぐさ)めの, 慰めとなる 名 男 《俗》 バイブレーター

***con-so-'lar** [コン.ソ.'ラる] 93% 動 他 ⑯ (o|ue) 慰(なぐさ)める ～**se** 動 再 (de: という悲しみを)忘れる, 自らを慰める

con-so-li-da-'ción [コン.ソ.リ.ダ.'すぃオン] 名 女 強化, 補強; 〔商〕 長期負債の借り替え

con-so-li-'da-do, -da [コン.ソ.リ.'ダ.ド, ダ] 形 強固な

con-so-li-'dar[コン.ソ.リ.'ダる] 動 他 固める, 強化する; 〔商〕 〈一時借入金を〉長期の負債[公債]に借り替える ～**se** 動 再 固まる, 強固になる

con-so-'mé 名 男 〔食〕 コンソメ

con-so-'nan-cia[コン.ソ.'ナン.すぃア] 名 女 〔文〕 《詩》 子音韻 《アクセントのある最後の母音から後の母音と子音の同韻, たとえば canto と llanto》; 音の類似, 類音; 〔楽〕 協和音 *en* ～ *con* … …と一致して, …と調和して

con-so-'nan-te 名 女 〔音〕 子音; 子音字 形 〔音〕 子音の; (con: と)一致する, 調和する; 〔文〕 《詩》 子音韻の[がある]

con-so-'nán-ti-co, -ca 形 〔音〕 子音の, 子音的な

con-so-'nar[コン.ソ.'ナる] 動 自 ⑯ (o|ue) 〔文〕 (con: と)韻を踏む; 一致する; 〔楽〕 協和音となる

con-'sor-cio [コン.'ソる.すぃオ] 名 男 協会, 組合, 財団; 夫婦の仲; 〔商〕 債権国会議, (国際)借款団; (事件・事情の)結びつき, 重なり

con-'sor-te [コン.'ソる.テ] 名 共 配偶者; 仲間, 相棒, 共犯者; 〔複〕 〔法〕 共同訴訟当事者, 原告団

cons-'pi-cuo, -cua 形 《格》 著名な

cons-pi-ra-'ción [コ(ン)ス.ピ.ら.'すぃオン] 名 女 陰謀, 共謀

cons-pi-ra-'dor, -'do-ra [コ(ン)ス.ピ.ら.'ドる, 'ド.ら] 名 男 女 陰謀家, 共謀者

***cons-pi-'rar** [コ(ン)ス.ピ.'らる] 94% 動 自 (contra: に対して)陰謀を企てる, 共謀す

る; «物事が»一緒に作用する, «要因が»重なって(a, para: という)結果になる

*cons-'tan-cia ['コ(ン)ス.タン.すぃア] 93% 名 女 根気, がんばり; 証拠; 恒常性, 耐久性, 不変; 志操堅固, 誠実さ, 信義; 記録, 記入; 《ラ米》証明書

**cons-'tan-te 84% 形 絶えず続く, 不断の, 頻繁な; 不変の, 一定の; 根気よい, ねばり強い; 忠実な, 誠実な 名 女 不変のもの; 〔数〕〔物〕定数, 定量

**cons-'tan-te-'men-te 90% 副 一定して, いつも, 何度も; 不変に, 一定のまま

Cons-tan-ti-'no-pla [コ(ン)ス.タン.ティ.'ノ.プラ] 名 固 〔歴〕〔地名〕コンスタンティノープル《イスタンブール Estambul の旧称》

cons-tan-ti-no-po-li-'ta+no, -na [コ(ン)ス.タン.ティ.ノ.ポ.リ.'タ.ノ, ナ] 形 名 男 女 〔地名〕コンスタンティノープルの(人)↑Constantinopla

Cons-'tan-za [コ(ン)ス.'タン.さ] 名 固 〔女性名〕コンスタンサ; 〔地名〕コンスタンツ《ボーデン湖に臨むドイツの都市》

cons-'tar [コ(ン)ス.'タる] 88% 動 自 (que: は)明らかである, 確かである; (en: に)載せられている, 記録されている; (de: から)なる, 構成されている ***conste que* ... …のことは明らかにしておくように, …のことは確かである ***hacer*** ~ (que 直説法: …を)証明する, 指摘する, 明らかにする

cons-ta-'ta-ble [コ(ン)ス.タ.'タ.ブレ] 形 確認できる, 証明できる, 立証できる

cons-ta-ta-'ción [コ(ン)ス.タ.タ.'すぃオン] 名 女 確認, 証明, 立証

cons-ta-'tar [コ(ン)ス.タ.'タる] 動 他 確認する, 証明する, 立証する

cons-te-la-'ción [コ(ン)ス.テ.ラ.'すぃオン] 名 女 〔天〕星座; 錚々(そうそう)たる名士たち

cons-te-'la-do, -da [コ(ン)ス.テ.'ラ.ド, ダ] 形 〔天〕星が多い; 《格》(星のように)散りばめた

cons-te-'lar [コ(ン)ス.テ.'ラる] 動 他 《格》〔天〕星で覆う; 散りばめる

cons-ter-na-'ción [コ(ン)ス.テる.ナ.'すぃオン] 名 女 狼狽(ろうばい), 落胆, 愕然(がくぜん)とすること

cons-ter-'nar [コ(ン)ス.テる.'ナる] 動 他 うろたえさせる, 狼狽(ろうばい)させる, 仰天させる, 落胆させる ~**se** 動 再 (con: で)うろたえる, 狼狽する, 仰天する, 落胆する

cons-ti-pa-'ción [コ(ン)ス.ティ.パ.'すぃオン] 名 女 〔医〕風邪, 感冒

cons-ti-'pa-do, -da 形 〔医〕風邪をひいている 名 男 《スペイン》〔医〕風邪, カタル

cons-ti-'par-se [コ(ン)ス.ティ.'パる.セ] 動 再 《スペイン》〔医〕風邪をひく

**cons-ti-tu-'ción [コ(ン)ス.ティ.トゥ.'すぃオン] 84% 名 女 〔しばしば C~〕〔政〕憲法; 構成, 構造, 組織; 設立, 制定; 〔体〕体格, 体質; 規約, 定款(ていかん)

**cons-ti-tu-cio-'nal [コ(ン)ス.ティ.トゥ.すぃオ.'ナル] 89% 形 〔政〕憲法の, 護憲の, 立憲派の; 〔体〕体格の, 体質の

cons-ti-tu-cio-na-li-'dad [コ(ン)ス.ティ.トゥ.すぃオ.ナ.リ.'ダド] 名 女 〔政〕合憲性

cons-ti-tu-cio-na-'lis-mo [コ(ン)ス.ティ.トゥ.すぃオ.ナ.'リス.モ] 名 男 〔政〕護憲精神, 立憲政治

cons-ti-'tuir [コ(ン)ス.ティ.'トゥイる] 77% 動 他 ㊲ (-y-) 構成する, 作り上げる, ‹の›構成要素となる; ‹に›なる, …である; 制定する, 設立する; (en: に)任命する, 指定する; 定める ~se** 動 再 (en: に)なる; (de: で)構成される; (en: に)出向く, 立ち会う; (en, por: を)引き受ける

cons-ti-tu-'ti-vo, -va [コ(ン)ス.ティ.トゥ.'ティ.ボ, バ] 形 構成している, 要素である; 本質的な, 重要な

cons-ti-tu-'yen-te 形 〔政〕憲法制定の; 構成する, 要素の 名 男 構成要素, 要素

cons-tre-ñi-'mien-to [コ(ン)ス.トれ.ニィ.'ミエン.ト] 名 男 《格》強制, 束縛; 《格》制限, 限定

cons-tre-'ñir [コ(ン)ス.トれ.'ニィる] 動 他 ㊾ (e|i; ‹i›) ‹に› (a 不定詞, a que 接続法: …を)強要する, 無理に従わせる; (a: に)限る, 制限する, 制止する; 〔医〕圧縮する, 閉ざす ~**se** 動 再 (a: に)限られる, 制限される; 限る, とどめる

cons-tric-'ción [コ(ン)ス.トりク.'すぃオン] 名 女 《格》緊縮, 圧縮

cons-tric-'ti-vo, -va [コ(ン)ス.トりク.'ティ.ボ, バ] 形 《格》締める, 収縮性の

cons-tric-'tor [コ(ン)ス.トりク.'トる] 名 男 〔体〕括約筋

cons-truc-'ción [コ(ン)ス.トるク.'すぃオン] 81% 名 女 建設, 建造, 建設工事, 建設業; 建造物, 建築物, ビル; 〔言〕構文, (文・語句の)組み立て; 仕組み, 構成 ***en* ~ 建築中の, 工事中の ***en vías de*** ~ 建築中の[で], 工事中の[で]

*cons-truc-'ti-vo, -va [コ(ン)ス.トるク.'ティ.ボ, バ] 94% 形 建設的な

cons-truc-'tor, -'to-ra [コ(ン)ス.トるク.'トる, 'ト.ら] 形 建造[建築]の, 建設上の 名 男 女 建設者, 建造者, 建設業者, メーカー -**ra** 名 女 建設会社

cons-'truir [コ(ン)ス.'トるイる] 79% 動 他 ㊲ (-y-) 建造する, 建設する; 構成する, 作成する; 〔数〕作図する ~se** 動 再 建設される; 構成される

con-ˈtru-y(~) [動] 《活用》 ↑construir

con-subs-tan-ˈcial [形] ⇩ consustancial

con-subs-tan-cia-li-ˈdad [名] [女] ⇩ consustancialidad

con-ˈsue-gro, -gra [コン.ˈスエ.グろ, グら] [名] [男] [女] 嫁[婿]の親 《夫婦の親どうしの呼び名》

con-ˈsue-l~ [動] 《直現/接現/命》 ↑consolar

‡**con-ˈsue-lo** [コン.ˈスエ.ロ] 90% [名] [男] 慰(なぐさ)め, 慰藉(いしゃ); 慰めとなるもの **C~** [名] [固] 〔女性名〕 コンスエロ *sin* ~ 慰めようもなく

con-ˈsue-ta [名] [女] 〔複〕〔宗〕(聖人に捧げる)祈禱式 [名] [男] 〔歴〕〔演〕 プロンプター

con-sue-tu-di-ˈna-rio, -ria [コン.スエ.トゥ.ディ.ˈナ.りオ, りア] [形] 慣習の, 慣例上の **-riamente** [副] 慣例的に

*ˈ**cón-sul** [ˈコン.スル] 93% [名] [共] 《consulesa[女] も使われる》〔政〕 領事 [名] [男] 〔歴〕〔政〕(古代ローマの)執政官, コンスル

***con-su-ˈla-do** [コン.ス.ˈラ.ド] 94% [名] [男] 〔政〕 領事館; 〔歴〕〔政〕(古代ローマの)執政官職

con-su-ˈlar [コン.ス.ˈラる] [形] 〔政〕 領事の; 〔歴〕〔政〕(古代ローマの)執政官の, コンスルの

con-su-ˈle-sa [名] [女] ⇧ cónsul

‡**con-ˈsul-ta** [コン.ˈスル.タ] 89% [名] [女] 相談, 協議, コンサルティング; 参照, 参考; 〔医〕(医師の)診察, 診察室; 〔法〕(弁護士の)相談; 意見書

con-sul-ta-ˈción [コン.スル.タ.ˈすぃオン] [名] [女] 相談, 協議

‡**con-sul-ˈtar** [コン.スル.ˈタる] 88% [動] [他] 〈辞書を〉引く, 〈参考書などを〉調べる, 見る; 〈a: 専門家などに〉意見を聞く; 〔医〕〈a: 医師の〉診察を受ける; 〔法〕〈a:弁護士などに〉相談する [動] [自] (con: と)相談[協議]する, 話し合う

con-sul-ˈti-vo, -va [コン.スル.ˈティ.ボ, バ] [形] 相談の, 評議の, 協議の, 諮問の

con-sul-ˈtor, -ˈto-ra [コン.スル.ˈトる, ˈト.ら] [形] 相談[協議]の, 諮問の [名] [男] [女] 相談相手, コンサルタント; 顧問, 相談役; 〔宗〕 ローマ聖省顧問

con-sul-to-ˈrí+a [コン.スル.ト.ˈり.ア] [名] [女] コンサルタント業; コンサルタント会社

con-sul-ˈto-rio [コン.スル.ˈト.りオ] [名] [男] 診療室; 相談所[室], 案内所; 〔法〕(弁護士の)事務所, オフィス

con-su-ma-ˈción [コン.ス.マ.ˈすぃオン] [名] [女] 仕上げ, 完成, 成就, 完遂; 消耗, 消滅 *hasta la ~ de los siglos* この世の終わりまで

con-su-ˈma-do, -da [形] 完全な, 申し分のない, 完璧(かんぺき)な

con-su-ˈmar [コン.ス.ˈマる] [動] [他] 〈犯罪を〉犯す; 完成する, 完遂する; 〔法〕〈契約などを〉履行(りこう)する ~ *un matrimonio* (結婚後)床入りをする

con-su-mi-ˈción [コン.ス.ミ.ˈすぃオン] [名] [女] 飲食費, 食事代; 消費, 消耗

con-su-ˈmi-do, -da [形] やせ衰えている, やつれた, 衰弱した, 消耗した, 疲れきった, へとへとになった; 心配している, どぎまぎした

‡**con-su-mi-ˈdor, -ˈdo-ra** [コン.ス.ミ.ˈドる, ˈド.ら] 85% [名] [男] [女] 消費者 [形] 消耗する, 消費する

‡**con-su-ˈmir** [コン.ス.ˈミる] 90% [動] [他] 消費する, 使い尽くす, 浪費する; 疲れさせる, くたくたにする, 消耗させる; «火災・病気などが»消滅させる, 破壊する; «嫉妬・憎しみ・好奇心・悲しみなどが»〈に〉身が細る思いをさせる, さいなむ **~se** [動] [再] 消費される, なくなる, 尽きる; (de: に)身を焼く[焦がす]; (de, en: で)くたくたになる, 疲労困憊(こんぱい)する

con-su-ˈmis-mo [名] [男] 消費主義

con-su-ˈmis-ta [形] 消費型の

‡**con-ˈsu-mo** 83% [名] [男] 消費, 消耗; 消費高[額]; 〔複〕〔法〕 物品入市税

con-sun-ˈción [コン.スン.ˈすぃオン] [名] [女] 消費, 消耗; やせ衰え, 衰弱

con-ˈsu+no 〔成句〕 *de* ~ 共に, 一致して

con-sun-ˈti-vo, -va [コン.スン.ˈティ.ボ, バ] [形] 消費可能な

con-sus-tan-ˈcial [コン.スス.タン.ˈすぃアル] [形] (a: に)固有の, 本質的な

con-sus-tan-cia-li-ˈdad [コン.スス.タン.すぃア.リ.ˈダド] [名] [女] 固有性, 本質性

con-ta-bi-li-ˈdad [コン.タ.ビ.リ.ˈダド] [名] [女] 簿記, 会計(法); 計算; 会計の職[事務], 会計[経理]課

con-ta-bi-li-ˈzar [コン.タ.ビ.リ.ˈさる] [動] [他] (34) (z|c) 〔商〕 記帳する

con-ˈta-ble [コン.ˈタ.ブレ] [形] 数えられる, 可算の [名] [共] 《スペイン》 帳簿係, 会計係

con-tac-ˈtar [コン.タク.ˈタる] [動] [自] (con: と)接触する

‡**con-ˈtac-to** 81% [名] [男] 触れること, 接触; (人と人の)触れ合い, 交渉, 関係, 交際, 連絡, 交信; 〔電〕 接触, 接点 *ponerse en ~* (con: と)接触[連絡]する

***con-ˈta-do, -da** 94% [形] まれな, わずかな, 限られた; 数えた *al ~* 現金で

con-ta-ˈdor, -ˈdo-ra [コン.タ.ˈドる, ˈド.ら] [形] 数える, 計算する [名] [男] [女] 会計係, 簿記係; 会計検査官; 会計士, 計理士 [名] [男] 計量器, メーター, カウンター; 〔情〕 カウンター

[C]

con-ta-du-'rí+a [コン.タ.ドゥ.'リ.ア] [名] [女] 会計課[部]; 会計事務所; 会計の職[事務]; (映画館・劇場の)チケット売り場

*__con-ta-'giar__ [コン.タ.'ひアる] 94% [動] [他] 〘医〙〈病気を〉(a: に)うつす, 感染させる; 〈に〉影響を与える, うつす ~**se** [動] [再] 〘医〙(de: 病気に)感染する, うつる; 〘医〙《人が》感染する; (de: 悪習などに)染まる

*__con-'ta-gio__ [コン.'タ.ひオ] 94% [名] [男] 〘医〙(接触)伝染, 感染; 〘医〙(接触)伝染病; 伝染力, 感化力

*__con-ta-'gio-so, -sa__ [コン.タ.'ひオ.ソ, サ] 94% [形] 〘医〙伝染性の, 伝染病の, うつりやすい; うつりやすい, 染まりやすい

‡**con-ta-mi-na-'ción** [コン.タ.ミ.ナ.'すぃオン] 90% [名] [女] 汚染, 公害; 堕落

con-ta-mi-na-'dor, -'do-ra [コン.タ.ミ.ナ.'ドる, 'ド.ら] [形] 汚染する, 汚す; 〘医〙伝染する

con-ta-mi-'nan-te [形] 汚染する, 汚す [名] [男] 汚染物質

*__con-ta-mi-'nar__ [コン.タ.ミ.'ナる] 92% [動] [他] (con, de: で)汚染させる; 〈に〉(con, de: を)うつす, 〈に〉影響を与える; 〈原文を〉改悪する; 堕落させる, 腐敗させる ~**se** [動] [再] (con, de: で)汚れる, 腐敗する, (con, de: 悪に)染まる

con-'tan-te [形] 現金の *en dinero ~ y sonante* 現金で

‡**con-'tar** [コン.'タる] 66% [動] [他] ⑯ (o|ue) (ひとつずつ)数える, 勘定する, 計算する; 数[勘定]に入れる, 含める, 考慮に入れる; 話す, 伝える; (por: と)思う, みなす [動] [自] 数を数える, 計算する; (con: を)当てにする; (con: を)考慮に入れる; 数[勘定]に入る, 物の数に入る; 重要である; (con: を)備える, 持っている, (con: が)ある, 使える ~**se** [動] [再] (que: …という)話である; (entre: の中に)入る[入っている], 数えられる; 語られる, 話が伝わっている *a ~ de* … …から(数えて) *¿Qué (me) cuentas [cuenta usted]?* 《話》何か変わったことある? 《挨拶(あいさつ)》 *¿Qué (te) cuentas?* 《話》どうだい?, 元気かい? 《挨拶》 *sin ~ con que* … …のことはさておいても

con-tem-pla-'ción [コン.テン.プラ.'すぃオン] [名] [女] 〔複〕ほしいままにさせること, 大目に見ること, 甘やかし; 〘宗〙瞑想(めいそう), 黙想; 熟視, 凝視; 〔複〕遠慮, 丁寧さ

‡**con-tem-'plar** [コン.テン.'プラる] 82% [動] [他] 見つめる, 熟視する, 眺める; 考慮する, 検討する; 沈思黙考する, 熟考する, 思案する; 〈人を〉大切に扱う, 〈が〉気に入るようにする [動] [自] (en: を)熟考する, 黙想する ~**se** [動] [再] 見られる, 眺められる; (鏡で)自分を見る; (互いに)見つめ合う

con-tem-pla-'ti-vo, -va [コン.テン.プラ.'ティ.ボ, バ] [形] 瞑想(めいそう)的な, 観想の; 寛大な, 甘やかす, 甘い

con-tem-po-ra-nei-'dad [コン.テン.ポ.ら.ネイ.'ダド] [名] [女] 同時代性, 同時性; 現代性

‡**con-tem-po-'rá-ne+o, +a** [コン.テン.ポ.'ら.ネ.オ, ア] 90% [形] 現代の; その当時の, (a, de: と)同時代の [名] [男] [女] 同時代の人[もの]

con-tem-po-ri-za-'ción [コン.テン.ポ.り.さ.'すぃオン] [名] [女] 妥協, 歩み寄り, 迎合

con-tem-po-ri-za-'dor, -'do-ra [コン.テン.ポ.り.さ.'ドる, 'ド.ら] [形] 妥協的な, 歩み寄る [名] [男] [女] 妥協する人, 迎合する人

con-tem-po-ri-'zar [コン.テン.ポ.り.'さる] [動] [自] ㉞ (z|c) (con: に)妥協する, 従う, 迎合する

con-ten-'ción [コン.テン.'すぃオン] [名] [女] 抑えること, 抑制, 抑止, 制止; 〘法〙訴訟

con-ten-'cio-so, -sa [コン.テン.'すぃオ.ソ, サ] [形] 争いを好む, 論争好きな; 〘法〙訴訟の, 係争の [名] [男] 〘法〙上訴

con-ten-'der [コン.テン.'デる] [動] [自] 51 (e|ie) (con: と)争う, 抗争する, 競う; 論争する

con-ten-'dien-te [形] 争う, 競う [名] [共] 競争者, 論争者

con-ten-dr~ [動] 《直未/過未》 ↓contener

con-te-ne-'dor, -'do-ra [コン.テ.ネ.'ドる, 'ド.ら] [形] (de: を)入れた, 含む [名] [男] (輸送用の)コンテナ

‡**con-te-'ner** [コン.テ.'ネる] 82% [動] [他] 68 (tener) (内に)含む, (中に)入れている; 〈感情などを〉抑える, 我慢する, 封じ込める; 持ちこたえる, 止める, 止めておく; 《ｶﾘ》意味する ~**se** [動] [再] 気持ち[感情]を抑える, (de, en: を)慎む, 我慢する

con-'ten-go, -ga(~) [動] 《直現 1 単, 接現》 ↑contener

‡**con-te-'ni-do** 83% [名] [男] 内容, 主旨, 要旨; 中味, 含有物(量); 〘言〙意味 ~, -**da** [形] 自制した; 押し殺された

con-ten-ta-'di-zo, -za [コン.テン.タ.'ディ.そ, さ] [形] 満足しやすい

*__con-ten-'tar__ [コン.テン.'タる] 94% [動] [他] 満足させる, 喜ばせる ~**se** [動] [再] (con: で)満足する, 喜ぶ; (con: で)我慢する, (con: に)甘んじる; 《ﾗ米》和解する, 仲直りする

‡**con-'ten-to, -ta** 81% [形] (con, de: に)満足した, 喜んでいる, うれしい [名] [男] 満足, 喜び, うれしさ *darse por ~[ta]* 満足する *más ~[ta] que un niño con*

zapatos nuevos (新品の靴をはいた子供よりも)喜んでいる, はしゃいでいる　*no caber en sí de* ~[*ta*] うれしくてたまらない

con-'te-ra [コン.'テ.ら] [名] [女] (杖・こうもり傘などの)石突き, こじり, 砲尾; 終わり, 終止; 〔文〕6 行連の最後の 3 行, 折返し句, リフレーン　*por* ~ おまけに, その上; 最後に

con-ter-'tu-lio, -lia [コン.テる.'トゥ.リオ, リア] [名] [男] [女] (寄り合いの)仲間, 常連, メンバー

*__con-tes-ta-'ción__ [コン.テス.タ.'すぃオン] 93% [名] [女] 答え, 回答, 返事, 応答; 口論, けんか; 〔法〕(被告の)反訴, 抗弁　*en* ~ *a* ... …に答えて, …の返事として

con-tes-ta-'dor, -do-ra [コン.テス.タ.'ドる, 'ド.ら] [形] [名] [男] [女] 応答する(人); 《ラ米》口答えする(人)　~ *automático* 〔電〕留守番電話 ⇨contestador

‡con-tes-'tar [コン.テス.'タる] 80% [動] [自] (a: に)答える, 返事をする, 回答する; (a: に)返事を書く; (a: 電話に)出る; (a: に)口答えする [動] [他] 答える; 〈que: と〉答える; 返事を書く; 反論する, 反対する; 《古》支持する, 保証する, 裏付ける

con-tes-ta-'ta-rio, -ria [コン.テス.タ.'タ.りオ, りア] [形] 異議を唱える, 抗議の, 批判的な

con-tes-'tón, -'to-na [形] [名] [男] [女] 《話》口答えする(人)

‡con-'tex-to [コン.'テ(ク)ス.ト] 86% [名] [男] 〔言〕文脈, (文章の)前後関係; (出来事の)背景

con-tex-'tual [コン.テ(ク)ス.'トゥアル] [形] 〔言〕文脈の, 文脈による, 前後関係の

con-tex-tua-li-'zar [コン.テ(ク)ス.トゥア.リ.'さる] [動] [他] ㉞ (z|c) 〔言〕文脈の中で解釈する

con-tex-'tu-ra [コン.テ(ク)ス.'トゥ.ら] [名] [女] 組織, 仕組み, 構造; 織り合わせ, 織り方; 〔体〕体格; 〔言〕文脈, 前後関係

con-'tien(~) [動] 《直現》 ⬆contener

con-'tien-da [名] [女] 戦い, 争い, 闘争

‡con-'ti-go 86% [前] + [代] 《前置詞 con と人称代名詞 ti の結合形》 **1** 君[あなた, おまえ]と, 君[あなた, おまえ]と一緒に: Quiero ir **contigo**. 僕は君と一緒に行きたい。 **2** 君[あなた, おまえ]に(対して): Tienes que ser honesto **contigo** mismo. 君は自分に正直でなければならない。

con-ti-güi-'dad [コン.ティ.グイ.'ダド] [名] [女] 隣接, 接触

*__con-'ti-guo, -gua__ [コン.'ティ.グオ, グア] 94% [形] (a: に)隣接する, 接する

con-ti-'nen-cia [コン.ティ.'ネン.すぃア] [名] [女] 自制, 克己; 禁欲, 節制; (ダンスの際の)優雅な会釈

*__con-ti-nen-'tal__ [コン.ティ.ネン.'タル] 93% [形] 大陸の, 大陸性の

‡con-ti-'nen-te 89% [名] [男] 〔地〕大陸; 《格》表情, 顔つき, 容貌(ようぼう); 容器, 箱, 入れ物 [形] 克己心のある, 自制心のある, 慎み深い　*el Nuevo C*~ 〔地名〕新大陸《アメリカ大陸・オーストラリア》　*el Vuejo C*~ 〔地名〕旧大陸《ヨーロッパ・アジア・アフリカ》

con-tin-'gen-cia [コン.ティン.'ヘン.すぃア] [名] [女] 起こりうること, 不測の事件, 偶発事件; 偶然性; 危険, 冒険; 臨時出費

con-tin-'gen-te [コン.ティン.'ヘン.テ] [形] 不測の, 起こりうる, 偶発的な [名] [男] 〔軍〕分遣隊[艦隊], 一隊; 起こりうること, 不測の事件; 〔経〕輸出入割当量

‡con-ti-nua-'ción [コン.ティ.ヌア.'すぃオン] 86% [名] [女] 続行, 継続, 存続; (話などの)続き, 続編　*a* ~ 引き続き…, それに続いて, 以下に　*a* ~ *de* ... …に続いて

con-ti-nua-'dor, -'do-ra [コン.ティ.ヌア.'ドる, 'ド.ら] [形] 引き継ぐ [名] [男] [女] 継承者, 引き継ぐ者

*__con-'ti-nua-'men-te__ 93% [副] 絶えず, 切れ目なく; 頻繁に, しきりに

‡con-ti-'nuar [コン.ティ.'ヌアる] 76% [動] [他] ⑰ (u|ú) 続ける, 継続する; (中途からまた)継続する, (前に)引き続いてする [動] [自] 続く, 続いている, 継続する, 存続する; (現在分詞: …し)続ける; 引き続き(形容詞: …)である, 依然として…だ; (en: に)い続ける; 延びている, 広がっている　*a* ~ つづく《続き物の話の一部の終わりに》

con-ti-nua-'ti-vo, -va [コン.ティ.ヌア.'ティ.ボ, バ] [形] 継続的な, 引き継ぐ

con-ti-nui-'dad [名] [女] 連続(状態), 連続性

con-ti-'nuis-mo [名] [男] 現状維持主義

con-ti-'nuis-ta [形] [名] [共] 現状維持主義の[主義者]

‡con-'ti-nuo, -nua 87% [形] 切れ目なく続く, 途切れない, 連続的な, ひっきりなしの; 〔電〕直流の [名] [男] 一連のもの, 途切れなく続くもの, 連続体　*a la continua* 頻繁に, しきりに　*de* ~ 頻繁に, しきりに, 絶えず

con-'tó [動] 《直点 3 単》 ⬆contar

con-to-ne+'ar-se [コン.ト.ネ.'アる.セ] [動] [再] (気取って)肩や腰を揺らして振って歩く; 自慢する

con-to-'ne+o [名] [男] (気取って)肩や腰を揺らして歩くこと

con-tor-ne+'ar [コン.トる.ネ.'アる] [動] [他] めぐる, 回る; 〈の〉略図をかく, 〈の〉おおまかなスケッチをする

con-tor-'ne+o [コン.トる.'ネ.オ] [名] [男] めぐる[回る]こと; スケッチ, 略図をかくこと

*__con-'tor+no__ [コン.'トる.ノ] 93% [名] [男]

輪郭線, アウトライン, 周囲;〔複〕郊外, 近郊;(硬貨の)ふち, へり

con-tor-'sión [コン.トる.'スィオン] 名 女 ねじれ, ひきつり, 捻転(ねんてん); 顔をゆがめること

con-tor-sio-'nar-se [コン.トる.スィオ.'ナる.セ] 動 再 身をねじる[よじる], 身もだえする

con-tor-sio-'nis-ta [コン.トる.スィオ.'ニス.タ] 名 共 曲芸師, 軽業師

****con-tra** [コン.トら] 67% 前〔弱勢〕**1**〔位置・方向〕(1) …に対して, …に反対して, …に逆らって, …と逆に《反対・敵対》: Los incas se levantaron varias veces **contra** los españoles. インカの人々はスペイン人に対して何度も蜂起した。(2) …に(向かって)《方向》: Las gotas de lluvia golpean **contra** los cristales de la ventana. 雨粒が窓ガラスにあたる。(3) …の前に, …の向かいに, …と向き合って, …に面して《対面》: El cine está **contra** el hotel. 映画館はホテルの向かいにある。(4) …にもたれて, …に寄りかかって: El anciano se apoyaba **contra** la barandilla. 老人は手すりに寄りかかっていた。 **2**〔反対・対抗・比較・交換〕(1) …に反して, …に従わないで《違反・不服従》: Actuaron **contra** la ley. 彼らは法に反する行動をとった。(2) …に備えて, …を防いで, …用の: Como creímos que se había intoxicado, le dimos una medicina **contra** venenos. 彼は中毒にかかっていると思い解毒剤を与えました。(3) …に比べれば《比較・対比》: Somos cinco **contra** diez. 相手 10 人に対し私たちは 5 人だ。(4) …と引き換えに: Entregamos la mercancía **contra** el pago. 代金と引き換えに商品をお渡しします。[コン.トら] 名 女《強勢》《話》難点, 障害; 反対(の意見);《ベネズエラ》お守り;〔医〕解毒剤 名 男《強勢》反対, 害, 障害; 損得, プラスとマイナス 名 共《強勢》〔政〕〔軍〕コントラ《ニカラグアの革命政権の打倒を策したゲリラ》 ***a la*** ～ 逆らって, 異議を唱えて ***en*** ～ ***de*** ... …に逆らって, …とは逆に ***llevar la*** ～ (a: に)反対する

con-tra-al-mi-'ran-te- [コン.トら.アル.ミ.'らン.テ] 名 男〔軍〕海軍少将

con-tra-ar-gu-men-ta-'ción [コン.トら.アる.グ.メン.タ.'すぃオン] 名 女 反論, 反論すること

con-tra-ar-gu-men-'tar [コン.トら.アる.グ.メン.'タる] 動 他〈に〉反論する

con-tra-ar-gu-'men-to ⇦ -trar- [コン.トら.アる.グ.'メン.ト⇦.トらる.] 名 男 反論

con-tra-a-ta-'car [コン.トら.ア.タ.'カる] 動 他 ⑥⑨ (c|qu)〔軍〕〔競〕〈に〉反撃する, 逆襲する,〈に〉カウンターアタックする

con-tra-a-'ta-que ⇦ -tra-'ta- [コン.トら.ア.'タ.ケ⇦.トら.'タ.] 名 男〔軍〕〔競〕反撃, 逆襲, カウンターアタック

con-tra-'ba-jo [コン.トら.'バ.ほ] 名 男〔楽〕コントラバス, ダブルベース;〔楽〕最低音部, バス 名 共〔楽〕コントラバス奏者;〔楽〕バス歌手

con-tra-ba-'jón [コン.トら.バ.'ほン] 名 男〔楽〕コントラバスーン 名 共〔楽〕コントラバスーン奏者

con-tra-ba-lan-ce-'ar [コン.トら.バ.ラン.せ.'アる] 動 他 (con: と)釣り合わせる, 平衡させる; 埋め合わせる,〈の〉不足を補う

con-tra-ba-lan-'ce-o [コン.トら.バ.ラン.'せ.オ] 名 男 均衡, 平衡

con-tra-ban-de-'ar [コン.トら.バン.デ.'アる] 動 自 密輸する

con-tra-ban-'dis-ta [コン.トら.バン.'ディス.タ] 名 共 密輸業者, 密輸商, 密売人

con-tra-'ban-do** [コン.トら.'バン.ド] 93% 名 男 密輸, 密売買; 密造; 密輸品, 密売品 ***de ～ 密輸で; こっそりと;《話》秘密の, 内緒の

con-tra-ba-'rre-ra [コン.トら.バ.'れ.ら] 名 女〔牛〕コントラバレーラ《闘牛場の前から 2 列目の席》

con-trac-'ción [コン.トらク.'すぃオン] 名 女 短縮, 収縮;〔しばしば複〕〔医〕陣痛; 収縮;〔言〕縮約《たとえば punta arenas → Putarenas》;〔言〕合音

con-tra-cep-'ti-vo, -va 形 ⇩ contraconceptivo

con-tra-cha-'pa-do [コン.トら.チャ.'パ.ド] 名 男 合板, ベニヤ

con-tra-con-cep-'ti-vo, -va [コン.トら.コン.せプ.'ティ.ボ, バ] 形 避妊用の 名 男 避妊具

con-tra-co-'rrien-te [コン.トら.コ.'りエン.テ] 名 女 逆流 ***ir a*** ～ 流れに逆らって行く; 時流に逆らう

con-'trác-til [コン.'トらク.ティル] 形 収斂(しゅうれん)する, 収斂性の

con-'trac-to, -ta [コン.'トらク.ト, タ] 形〔言〕縮約の

con-trac-'tual [コン.トらク.'トゥアル] 形 契約の

con-trac-'tu-ra [コン.トらク.'トゥ.ら] 名 女〔医〕痙攣(けいれん);〔建〕円柱の上部が細いこと

con-tra-cu-'bier-ta [コン.トら.ク.'ビエる.タ] 名 女〔印〕(本の)裏表紙; 背表紙

con-tra-cul-'tu-ra [コン.トら.クル.

'トゥ.ら] 名 女 対抗文化, カウンターカルチャー

con-tra-cul-tu-'ral [コン.トら.クル.トゥ.'らル] 形 対抗文化の, カウンターカルチャーの

con-tra-'dan-za [コン.トら.'ダン.さ] 名 女 〔楽〕コントルダンス, 対舞(曲)

*__con-tra-de-'cir__ [コン.トら.デ.'すぃる] 94% 動 他 ⑳ (decir)〔命 contradice〕否定する, 〈に〉反論する; «事実・言葉が»〈と〉矛盾する, 一致しない ~se 動 再 (con: と) 矛盾する, 一致しない

con-tra-de-cla-ra-'ción [コン.トら.デ.クラ.ら.'すぃオン] 名 女 反対声明

con-tra-'di-c~ 動 《活用》 ↑contradecir

**__con-tra-dic-'ción__ [コン.トら.ディク.'すぃオン] 90% 名 女 矛盾, 不両立; 反対, 対立, 否認, 係争 *espíritu de* ~ あまのじゃく, つむじまがり

con-tra-dic-'to-rio, -ria [コン.トら.ディク.'ト.りオ, りア] 形 矛盾した, 両立しない

con-tra-'di-go, -ga(~) 動 《直現1単, 接現》 ↑contradecir

con-tra-di-j~ 動 《直点/接過》 ↑contradecir

*__con-tra+'er__ [コン.トら.'エる] 92% 動 他 ⑦⓪ (traer) 《格》〈病気などに〉かかる, 〈借金を〉つくる, 〈よくないものを〉しょい込む; 〈関係・親交などを〉結ぶ; 〈筋肉などを〉引き締める, 収縮させる; 〈顔・まゆを〉しかめる, ゆがめる; 契約する; 縮小する; (a: に)限る, 限って適用させる; 〔言〕〈語句を〉短縮する ~se 動 再 (a: に)限られる; «顔が»ゆがむ, しかめ面をする; 引き締まる, 縮小する, 縮む, 短縮する; 《ラ米》(a, en: に)専念する, 熱中する

con-tra-es-pio-'na-je [コン.トら.エス.ピオ.'ナ.へ] 名 男 対スパイ活動, 防諜(ぼうちょう)

con-tra-'fue-ro [コン.トら.'フエ.ろ] 名 男 〔法〕特権の侵害

con-tra-'fuer-te [コン.トら.'フエる.テ] 名 男 〔建〕控え壁, バットレス; 〔畜〕(馬具の)革帯; 〔衣〕(靴のかかとの)補強革; 〔地〕(山の)支脈

con-tra-'gol-pe [コン.トら.'ゴル.ペ] 名 男 〔軍〕〔競〕反撃, 逆襲, 打ち返し, カウンターアタック; 〔機〕キックバック

con-tra-gue-'rri-lla [コン.トら.ゲ.'り.ジャ] 名 女 〔軍〕対ゲリラ兵[部隊], 対ゲリラ戦

con-tra-ha-'cer [コン.トら.ア.'せる] 動 他 ㊱ (hacer) 模倣する, まねる; 装う, 〈の〉ふりをする; 偽造する; 〈他人の文章などを〉盗む ~se 動 再 装う, (de: の)ふりをする

con-tra-'haz [コン.トら.'アす] 名 女 〔衣〕(布などの)裏

con-tra-'he-cho, -cha [コン.トら.'エ.チョ, チャ] 形 偽造した, 模倣した; 猫背の; ゆがんだ 名 男 女 〔体〕猫背の人

con-tra-'hue-lla [コン.トら.'ウエ.ジャ] 名 女 〔建〕(階段の)蹴(け)込み, 蹴上げ

con-'trai-go, -ga(~) 動 《直現1単, 接現》 ↑contraer

con-tra-in-'cen-dios [コン.トらイン.'せン.ディオス] 形 〔単複同〕防火の, 火災予防の

con-tra-in-di-ca-'ción [コン.トらイン.ディ.カ.'すぃオン] 名 女 〔医〕禁忌(きんき) 《普通なら適切な療法なのにそれを適用できないこと》

con-tra-j(~) 動 《直点/接過》 ↑contraer

con-tral-mi-'ran-te 名 男 ⇧ contraalmirante

Contralmte. 略 ↑contraalmirante

con-'tral-to [コン.'トらル.ト] 名 男 〔楽〕コントラルト 《女声の最低音域》

con-tra-'luz [コン.トら.'ルす] 名 女 [男] 逆光 *a* ~ 〔写〕逆光で

con-tra-ma+'es-tre [コン.トら.マ.'エス.トれ] 名 男 〔海〕甲板長, 水夫長; (労働者の)頭(かしら), 親方, 職長, 現場監督

con-tra-ma-ni-fes-ta-'ción [コン.トら.マ.ニ.フェス.タ.'すぃオン] 名 女 対抗デモ

con-tra-ma-ni-fes-'tan-te [コン.トら.マ.ニ.フェス.'タン.テ] 形 名 共 対抗デモの(参加者)

con-tra-'ma+no [コン.トら.'マ.ノ] 〔成句〕 *a* ~ 進行方向とは逆に

con-tra-'mar-cha [コン.トら.'マる.チャ] 名 女 〔車〕バック, バックギア; 〔軍〕背進, 反対行進, 回れ右前進; 〔海〕方向転換

con-tra-mi-'nar [コン.トら.ミ.'ナる] 動 他 〔軍〕〈に〉対敵坑道を設ける; (裏をかいて)〈計画などを〉失敗させる

con-tra-o-fen-'si-va [コン.トら.オ.フェン.'スィ.バ] 名 女 〔軍〕反撃, 反攻

con-tra-o-'fer-ta [コン.トら.オ.'フェる.タ] 名 女 反対提案, カウンターオファー

con-tra-'or-den [コン.トら.'オる.デン] 名 女 命令[注文]の撤回, 変更

con-tra-'par-te [コン.トら.'パる.テ] 名 女 (対の)一方, 片方, 反対側, 対応物; 同等の立場にある人, 同資格者

con-tra-par-'ti-da [コン.トら.パる.'ティ.ダ] 名 女 代償, 埋め合わせ

con-tra-'pe-lo [コン.トら.'ペ.ロ] 〔成句〕 *a* ~ 逆方向に, 逆らって, 場違いに; 逆毛に, 生えている方向とは逆の

con-tra-pe-'sar [コン.トら.ペ.'サる]

動 他 〈と〉釣り合う; 償う, 埋め合わせをする

con-tra-'pe-so [コン.トら.'ペ.ソ] 名 男 釣り合いおもり; 重し; (綱渡りの)平衡棒; 平衡力, 他と釣り合う力, 反対に働く力

con-tra-'pié [コン.トら.'ピエ] 〔成句〕 *a* ～〔競〕〔サッカー〕逆サイドで, 利き脚とは逆の脚で

con-tra-po-'ner [コン.トら.ポ.'ネる] 動 他 53 (poner; 命 -pón) 対照[対比]させる ～**se** 動 再 (con: と)対抗する, 反対する, 対立する

con-tra-por-'ta-da [コン.トら.ポる.'タ.ダ] 名 女 (本の)裏表紙

con-tra-po-si-'ción [コン.トら.ポ.スィ.'すぃオン] 名 女 対置, 対立; 比較, 対照, 対比

con-tra-pro-du-'cen-te [コン.トら.プろ.ドゥ.'せン.テ] 形 逆効果の, 自滅的な

con-tra-pro-'pues-ta [コン.トら.プろ.'プエス.タ] 名 女 代案, 反対提案

con-tra-'prue-ba [コン.トら.'プるエ.バ] 名 女 〔印〕再校刷り; 《ラ米》反証

con-tra-'puer-ta [コン.トら.'プエる.タ] 名 女 〔建〕雨戸; 〔建〕(城塞の)内門

con-tra-'pues-to, -ta [コン.トら.'プエス.ト, タ] 形 反対の, 対立する

con-tra-'pun-to [コン.トら.'プン.ト] 名 男 〔楽〕対位法; 対位旋律 《対位法で, ある旋律に対立して独立的に動く旋律》

con-trar-gu-men-ta-'ción 名 女 ⇧ contraargumentación

con-trar-gu-men-'tar 動 他 ⇧ contraargumentar

con-trar-gu-'men-to 名 男 ⇧ contraargumento

con-tra-'ria-do, -da [コン.トら.'りア.ド, ダ] 形 不機嫌で, いらだって

con-tra-'riar [コン.トら.'りアる] 動 他 29 (i|í) いらだたせる; 妨げる, じゃまをする; 〈に〉対抗する; 〈に〉反対する; 否定する, 反駁する

***con-tra-rie-'dad** [コン.トら.りエ.'ダド] 94% 名 女 障害, 妨害, 事故; 不快な気持ち, 迷惑, いらだち; 災害, 不幸

****con-'tra-rio, -ria** [コン.'トら.りオ, りア] 78% 形 (a: に)反対の, 逆の; (a: に)害のある, 都合の悪い, 不利な; 対立する, 敵の, 相手の; 不運な 名 男 女 (競技・争いなどの)相手, 敵, 対立者 *al* ～ 逆に, それどころか; とんでもない *de lo* ～ そうでなければ *en* ～ 反対の, 反対して *llevar la contraria* (a: に)反対のことを言う[する], 逆らう *por el* [*lo*] ～ 逆に, 反対に, それどころか **-riamente** 副 逆に, 反対に

Con-tra-rre-'for-ma [コン.トら.れ.'フォる.マ] 名 女 〔歴〕〔宗〕対抗宗教改革, 反宗教改革 《宗教改革によって誘発されたカトリック教会内部の自己改革運動》

con-tra-rre-'loj [コン.トら.れ.'ロほ] 形 〔競〕〔自転車競技など〕タイムトライアルの

con-tra-rres-'tar [コン.トら.れス.'タる] 動 他 〈効果・影響を〉中和する, 無効にする; 妨げる, 阻止する

con-tra-rre-vo-lu-'ción [コン.トら.れ.ボ.ル.'すぃオン] 名 女 〔政〕反革命

con-tra-rre-vo-lu-cio-'na-rio, -ria [コン.トら.れ.ボ.ル.すぃオ.'ナ.りオ, りア] 形 〔政〕反革命の 名 男 女 〔政〕反革命家

con-tra-sen-'ti-do [コン.トら.セン.'ティ.ド] 名 男 意味のないこと, 矛盾, ばかげたこと; 誤訳, 誤解

con-tra-'se-ña [コン.トら.'セ.ニャ] 名 女 合い言葉, 符丁, 符号, 合い札; 応答信号, 対号; 〔情〕パスワード

con-tras-'tar [コン.トらス.'タる] 動 自 (con: と)対照的である, 好対照をなす; (con: と)(著しく)違う; (a, con, contra: に)対抗させる, 反対させる 動 他 試す, 確かめる; 対抗する, 耐える, 抵抗する; 〈貴金属の〉純度を証明する

***con-'tras-te** [コン.'トらス.テ] 91% 名 男 対照, 対比, コントラスト, 差異; (貴金属の)純度認証刻印; 〔一般〕品質優良の証明; 試金, 分析評価 *en* ～ *con* ... …と対照的に, …とは著しく違って

con-tras-'ti-vo, -va [コン.トらス.'ティ.ボ, バ] 形 対照的な

con-'tra-ta [コン.'トら.タ] 名 女 契約(書), 請負, 下請け

con-tra-ta-'ción [コン.トら.タ.'すぃオン] 名 女 (雇用)契約

con-tra-'tan-te [コン.トら.'タン.テ] 形 契約の 名 共 契約者

****con-tra-'tar** [コン.トら.'タる] 86% 動 他 契約する, 契約して雇う

***con-tra-'tiem-po** [コン.トら.'ティエン.ポ] 94% 名 男 あいにくな出来事, 災難, 障害, 事故, 悪条件, 窮境; 〔楽〕切分音, シンコペーション *a* ～ 折悪く

con-tra-'tis-ta [コン.トら.'ティス.タ] 名 共 契約者, 請負人

****con-'tra-to** [コン.'トら.ト] 80% 名 男 (売買などの)契約, 請負; 契約書

con-tra-tor-pe-'de-ro [コン.トら.トる.ペ.'デ.ろ] 名 男 〔軍〕〔海〕駆逐艦

con-tra-'tuer-ca [コン.トら.'トゥエる.カ] 名 女 〔機〕ロックナット

con-tra-ven-'ción [コン.トら.ベン.'すぃオン] 名 女 〔法〕違反, 違背

con-tra-ven-dr~ 動 《直未/過未》 ⬇ contravenir

con-tra-ve-'ne-no [コン.トら.ベ.'ネ.ノ] 名 男 〔医〕解毒剤

con-tra-'ven-go, -ga(~) 動《直現1単, 接現》⬇contravenir

con-tra-ve-'nir [コン.トら.ベ.'ニる] 動 他 ⑦③ (venir)〔自動詞として a をとることもある〕〈命令に〉背く; 〈法律などに〉違反する, 違背する

con-tra-ven-'ta-na [コン.トら.ベン.'タ.ナ] 名 女〔建〕雨戸, よろい戸

con-tra-ven-'tor, -'to-ra [コン.トら.ベン.'トる, 'ト.ら] 名 男 女 違反者

con-tra-vi-'drie-ra [コン.トら.ビ.'ドりエ.ら] 名 女〔建〕(二重窓の)内側の窓

con-tra-'vie-n~; -vi-n~ 動《活用》⬆contravenir

con-tra-'yen-te [コン.トら.'ジェン.テ] 形 婚約の, 婚約した 名 共 婚約者, 新郎, 新婦

'con-tre ['コン.トれ] 名 男《チリ》《ラプラタ》(動物の)砂嚢(さのう)

con-'tre-cho, -cha [コン.'トれ.チョ, チャ] 形《メキシコ》《話》矛盾する

*****con-tri-bu-'ción** [コン.トり.ブ.'すぃオン] 91% 名 女 (a: への)貢献, 寄与; 寄付, 寄贈; 税金; 分担金, 寄付金; 寄稿, 投稿 *poner a* ～ 用いる

con-tri-bui-'dor, -'do-ra 形 ⬇contribuyente

⁑con-tri-'buir [コン.トり.'ブイる] 85% 動 自 ③⑦ (-y-) (a, en: に)貢献する, (援助などを)与える, 力を貸す; (a, en: に)寄与する, 役立つ; (a: に)(con: を)寄付する; (a: の)原因となる, 一因となる, (a: を)引き起こす;〔法〕納税する 動 他〔法〕納税する, 寄付する

con-tri-bu-'ti-vo, -va [コン.トり.ブ.'ティ.ボ, バ] 形〔法〕納税の, 租税の

con-tri-'bu-y~ 動《活用》⬆contribuir

con-tri-bu-'yen-te [コン.トり.ブ.'ジェン.テ] 形〔法〕納税(者)の;〔法〕納税者; 貢献する, 寄付する 名 共 貢献者, 寄付者

con-tri-'ción [コン.トり.'すぃオン] 名 女〔宗〕悔恨, 悔悟

con-trin-'can-te [コン.トりン.'カン.テ] 名 共 競争相手, 敵手, ライバル

con-tris-'tar [コン.トりス.'タる] 動 他《格》悲しませる, 悲しみに沈ませる ～**se** 動 再《格》(de, por: を)悲しむ

con-'tri-to, -ta [コン.'トり.ト, タ] 形 罪を深く悔いている

⁑con-'trol [コン.'トろル] 81% 名 男 統制, 管理, 監督, 支配; 抑制, 制御, 制限, 拘束; 検査所, 検問所; 統制手段, (機械の)操縦装置; 検査, 検定; (実験の)対照区〔群〕 *bajo* [*en*] ～ *de* ... …の管理下に

con-tro-'la-ble [コン.トろ.'ラ.ブレ] 形 制御できる, コントロールできる

con-tro-la-'dor, -'do-ra [コン.トろ.ラ.'ドる, 'ド.ら] 名 男 女 統制者, 管理者, 監督;〔空〕管制官;〔情〕ドライバー

⁑con-tro-'lar [コン.トろ.'ラる] 79% 動 他 統制する, 管理する, 監督する; 制御する, コントロールする; 〈感情などを〉抑える, 抑制する;〔一般〕抑える, 止める; 検査する;〔情〕モニターする ～**se** 動 再 自分の欲望[感情]を抑える, 自制する, 落ち着く

con-tro-'ver-sia [コン.トろ.'べる.スィア] 名 女 論争, 論議, 論戦

con-tro-ver-'ti-ble [コン.トろ.べる.'ティ.ブレ] 形 論争になる, 議論の余地がある

con-tro-ver-'tir [コン.トろ.べる.'ティる] 動 他 ⑥⑤ (e|ie|i) 〈問題を〉争う, 論争する 動 自 論争する

con-tro-'vier-t~ 動《直現/接現/命》⬆controvertir

con-tro-vir-t~ 動《活用》⬆controvertir

con-tu-'ber-nio [コン.トゥ.'べる.ニオ] 名 男 共同生活, 同棲; 共謀, 結託; 利害の一致

con-tu-'ma-cia [コン.トゥ.'マ.すぃア] 名 女《格》頑迷, 頑固; 命令不服従;〔法〕(被告の)出廷拒否

con-tu-'maz [コン.トゥ.'マす] 形《格》頑迷な, 反抗的な;〔法〕(裁判所の)出廷命令に応じない 名 共〔法〕(裁判の)出廷拒否者

con-tu-'me-lia [コン.トゥ.'メ.リア] 名 女《格》ののしり, 無礼

con-tun-'den-cia [コン.トゥン.'デン.すぃア] 名 女 打撃, 打撲; (論述の)説得力

con-tun-'den-te 形 決定的な, 争う余地のない, 説得力のある; 打撲傷を負わせる

con-tun-'dir [コン.トゥン.'ディる] 動 他《格》たたく, 打つ

con-tur-ba-'ción [コン.トゥる.バ.'すぃオン] 名 女 混乱, 動揺

con-tur-'bar [コン.トゥる.'バる] 動 他 かき乱す, 混乱させる ～**se** 動 再 (de, por: に)かき乱される, 混乱する, 動揺する

con-tu-'sión 名 女〔医〕挫傷, 打撲傷

con-tu-sio-'nar [コン.トゥ.スィオ.'ナる] 動 他〔医〕〈に〉打撲傷を負わせる

con-'tu-so, -sa 形〔医〕打撲傷を負った

con-tu-v~ 動《直点/接過》⬆contener

con-va-le-'cen-cia [コン.バ.レ.'せン.すぃア] 名 女〔医〕快方に向かうこと, 回復, 回復期 *casa de* ～〔医〕サナトリウム, 療養所

con-va-le-'cer [コン.バ.レ.'せる] 動 自 ④⑤ (c|zc)〔医〕(病後に)健康を回復する, 回復しつつある;〔一般〕回復する

con-va-le-'cien-te [コン.バ.レ.'すぃエン.テ] 形 名 共〘医〙回復期の(患者)

con-va-li-da-'ción [コン.バ.リ.ダ.'すぃオン] 名 女〔一般〕認定, 許可;〔特に〕授業単位互換流用(の認定)

con-va-li-'dar [コン.バ.リ.'ダる] 動 他 認定する, 確認する; 〈授業単位の〉流用を認定する

con-vec-'ción [コン.ベク.'すぃオン] 名 女〘物〙(熱・電気の)対流, 環流

con-ve-'ci-no, -na [コン.ベ.'すぃ.ノ, ナ] 形 近所の, 近隣の 名 男 女 近所の人, 隣人

***con-ven-'cer** [コン.ベン.'せる] 83% 動 他 72 (c|z) 〈に〉(que 直説法: …を)納得させる, 確信させる, 悟らせる; 〈に〉(para [de] que 接続法: …するよう)説得する; 〔おもに否定文で〕満足させる, 〈の〉気に入らせる 動 自 納得させる ～se 動 再 (de: を)納得する, 確信する, 悟る, 確かめる *¡Convéncete!*《話》本当だよ! *dejarse* ～ 説得される

con-ven-'ci-do, -da [コン.ベン.'すぃ.ド, ダ] 形 (de: を)信じている, 確信している

con-ven-ci-'mien-to [コン.ベン.すぃ.'ミエン.ト] 名 男 確信, 信念, 自信; 納得, 自覚; 説得

***con-ven-'ción** [コン.ベン.'すぃオン] 91% 名 女 世間のしきたり, 慣習; (政治・宗教団体などの)大会, 代表者会議; 協定, 条約; 申し合わせ

con-ven-cio-'nal [コン.ベン.すぃオ.'ナル] 形 慣例の; 協定の 名 共 大会の出席者, 代議員

con-ven-cio-na-'lis-mo [コン.ベン.すぃオ.ナ.'リス.モ] 名 男 慣例尊重(主義), 因襲主義

con-ven-cio-na-'lis-ta [コン.ベン.すぃオ.ナ.'リス.タ] 形 名 共 慣例尊重の, 因襲主義の[主義者]

con-ven-dr~ 動《直未/過未》⬇convenir

con-'ven-ga(~) 動《接現》⬇convenir

con-ve-'ni-do, -da [コン.ベ.'ニ.ド, ダ] 形 同意した, 取り決めた

con-ve-'nien-cia [コン.ベ.'ニエン.すぃア] 名 女 好都合, 便宜, 便利; 望ましいこと, 好ましいこと; 〔複〕(社会の)慣習, しきたり; 礼儀作法; (使用人・召使いの)職, 働き口

***con-ve-'nien-te** [コン.ベ.'ニエン.テ] 87% 形 便利な, 重宝な, 都合のよい; (para: に)適した, 向いた, 適切な, ふさわしい ～**-mente** 副 便利に, 都合よく; 適切に, ふさわしく, ぴったり合って

***con-'ve-nio** [コン.'ベ.ニオ] 89% 名 男 協定, 協約, 取り決め, 合意

***con-ve-'nir** [コン.ベ.'ニる] 83% 動 自 73 (venir) (a: に)都合がよい, 便利である; (a: に)適している, 向いている, 合う; (con: と)一致する, 賛成する, (en: に)合意する; (不定詞/que 接続法: …)したほうがよい, …すべきである 動 他 〈に〉合意する, 取り決める ～se 動 再 (en: の点で)意見が一致する, 合意する

con-ven-ti-lle-'ar [コン.ベン.ティ.ジェ.'アる] 動 自《チリ》《ラプラタ》《話》うわさ話をする

con-ven-ti-'lle-o [コン.ベン.ティ.'ジェ.オ] 名 男《チリ》《ラプラタ》《話》うわさ話, ゴシップ

con-ven-ti-'lle-ro, -ra [コン.ベン.ティ.'ジェ.ろ, ら] 形 名 男 女《チリ》《ラプラタ》《話》うわさ好きの(人)

con-ven-'ti-llo [コン.ベン.'ティ.ジョ] 名 男《南米》共同住宅, 安アパート, 長屋群

***con-'ven-to** [コン.'ベン.ト] 88% 名 男〔宗〕修道院, 僧院

con-ven-'tual [コン.ベン.'トゥアル] 形〔宗〕修道院の 名 共〔宗〕修道士, 修道女

con-'ven-zo, -za(~) 動《直現1単, 接現》⬆convencer

con-ver-'gen-cia [コン.べる.'ヘン.すぃア] 名 女 集合, 集中;〘数〙収束, 収斂(しゅうれん)

con-ver-'gen-te [コン.べる.'ヘン.テ] 形 収束する, 収斂(しゅうれん)性の

con-ver-'ger 動 自 14 (g|j) ⇩convergir

con-ver-'gir [コン.べる.'ひる] 動 自 32 (g|j) (en, a: 一点に)集まる, 交わる; 結合する

con-'ver-sa [コン.'べる.サ] 名 女《話》会話, おしゃべり

***con-ver-sa-'ción** [コン.べる.サ.'すぃオン] 82% 名 女 会話, 談話, 対話, おしゃべり; 〔複〕会談, 会見, 交渉

con-ver-sa-cio-'nal [コン.べる.サ.すぃオ.'ナル] 形〘言〙会話の, 対話の, 会話調の, 日常語の

con-ver-sa-'dor, -'do-ra [コン.べる.サ.'ドる, 'ド.ら] 形 名 男 女 話し好きな(人)

***con-ver-'sar** [コン.べる.'サる] 92% 動 自 (de, sobre, acerca de: について)会話する, おしゃべりをする; 会談する;〘軍〙旋回する, 方向を変える

con-ver-'sión [コン.べる.'スィオン] 名 女 転換, 変換;〘宗〙改心, 改宗, 転向;〘軍〙旋回, 方向転換

con-'ver-so, -sa [コン.'べる.ソ, サ] 形〘宗〙〔特に〕キリスト教へ改宗した;〘宗〙改宗した; 転向した 名 男 女〘宗〙(〔特に〕キリス

ト教への)改宗者; 〘歴〙〘宗〙コンベルソ《15世紀の迫害の時期, キリスト教に改宗したユダヤ人・ムーア人》; (思想の)転向者 -sa 名 女《話》会話

con-ver-'ti-ble [コン.べる.'ティ.ブレ] 形 転換[交換, 変換]できる 名 男〘車〙コンバーチブル

con-ver-'ti-da 動《過分女単》↓convertir

con-ver-'ti-do 動《過分男単》↓convertir

con-ver-ti-'dor [コン.べる.ティ.'ドる] 名 男〘電〙〘情〙変換器, コンバーター; 〘技〙(冶金の)転炉

****con-ver-'tir** [コン.べる.'ティる] 74% 動 他 ⑥⑤ (e|ie|i) (en: に)変える, 変換する, 改造する, 転換する; 〘宗〙(a: に)改宗させる, 改心させる ~se 動 再 (en: に)変わる, 変化する; 〘宗〙(a: に)改宗する, 改宗してキリスト教徒になる

con-ve-xi-'dad [コン.ベク.スィ.'ダド] 名 女 凸(とつ)状, 凸面(体)

con-'ve-xo, -xa [コン.'ベク.ソ, クサ] 形 凸(とつ)状の, 凸面(体)の

***con-vic-'ción** [コン.ビク.'すぃオン] 92% 名 女 確信, 信念, 信条, 自覚

con-'vic-to, -ta [コン.'ビク.ト, タ] 形 名 男 女〘法〙有罪を宣告された(罪人)

con-vi-'da-do, -da [コン.ビ.'ダ.ド, ダ] 名 男 女 客, 来客 *como un ~ de piedra* 無口で, 物を言わないで

con-vi-'dar [コン.ビ.'ダる] 動 他 招待する, 招く; (a: に)誘う, 促す; 〈に〉(con: を)提供する ~se 動 再《話》招待なしに出席する, 押しかける

con-'vie-n~ 動《直現/接現/命》↑convenir

con-'vier-t~ 動《直現/接現/命》↑convertir

con-vi-n~ 動《直点/接過/現分》↑convenir

con-vin-'cen-te [コン.ビン.'セン.テ] 形 説得力のある, 納得できる

con-vir-t~ 動《活用》↑convertir

con-'vi-te [コン.'ビ.テ] 名 男 招宴, 宴会; 招待

****con-vi-'ven-cia** [コン.ビ.'ベン.すぃア] 90% 名 女 共同生活, 同棲

con-'vi-vio [コン.'ビ.ビオ] 名 男《格》招宴, 宴会

***con-vi-'vir** [コン.ビ.'ビる] 93% 動 自 (con: と)一緒に住む, 共同生活をする; (con: と)同棲する; (con: と)共存する

con-vo-ca-'ción [コン.ボ.カ.'すぃオン] 名 女 (会議・議会の)招集

con-vo-'can-te [コン.ボ.'カン.テ] 形 名 共 招集する(人)

****con-vo-'car** [コン.ボ.'カる] 88% 動 他 ⑥⑨ (c|qu) 呼び出す, 召喚する, 招集する; 〈の〉開催を発表する

con-vo-ca-'to-rio, -ria [コン.ボ.カ.'ト.りオ, りア] 形 募集の, 招集の -ria 名 女 召喚, 呼び出し, 招集; (大学の)試験期間; (試験などの)公示, 募集要項; (会の)開催通知

con-vo-'qué, -que(~) 動《直点1単, 接現》↑convocar

con-'voy [コン.'ボイ] 名 男 護送, 護衛; 〘海〙〔集合〕護送船, 警護艦; 〘鉄〙列車; 〘食〙薬味瓶(びん)立て; 〔集合〕従者, 随行員

con-vul-'sión [コン.ブル.'スィオン] 名 女〘医〙痙攣(けいれん), ひきつけ; (社会などの)大変動, 激変, 動乱; 地震, 震動

con-vul-sio-'nar [コン.ブル.スィオ.'ナる] 動 他 動揺させる; 〘医〙〈に〉痙攣(けいれん)をおこさせる

con-vul-'si-vo, -va [コン.ブル.'スィ.ボ, バ] 形〘医〙痙攣(けいれん)性の, 発作的な

con-'vul-so, -sa [コン.'ブル.ソ, サ] 形〘医〙痙攣(けいれん)している; (笑い・怒りなどで)引きつった, 体が震えた

con-yu-'gal [コン.ジュ.'ガル] 形 夫婦の, 婚姻(上)の

'cón-yu-ge ['コン.ジュ.へ] 名 共 配偶者

'co+ña ['コ.ニャ] 名 女《スペイン》《俗》冗談, おふざけ; 《俗》退屈(なもの), うんざりすること *decir [hablar] de ~* 《俗》冗談で言う *estar de ~* 《俗》ふざけている *ni de ~* 《否定》《俗》絶対に…でない; とんでもない, 冗談じゃない

co-'ñac [コ.'ニャク] 名 男〔複 coñacs〕〘飲〙コニャック

co-'ña-zo [コ.'ニャ.そ] 名 男《スペイン》《俗》くだらない人[もの], 退屈な人[もの]; 《俗》ひどいこと; 《ベネズエラ》《話》強打 *dar el ~* (a: を)いらだたせる, (くだらなくて)うんざりさせる

co-ñe+'ar-se [コ.ニェ.'ア.セ] 動 再《俗》ふざける, からかう

'co+ño ['コ.ニョ] 感《スペイン》《俗》くそ!, くそったれ!, 畜生!《怒り》; 《俗》あれ!, わあ!, おや!《驚き》 名 男《スペイン》《俗》女性器 *en el quinto ~* 《俗》へんぴな所に *estar hasta el mismísimo ~* 《俗》まったくうんざりしている *no sé qué ~s* 《俗》何かわからないこと *tomar por el ~ de la Bernarda* 《俗》からかう

coop. 略 ↓cooperativa

****co-o-pe-ra-'ción** [コ(.オ).ぺ.ら.'すぃオン] 89% 名 女 協力, 協同, 支援

co-o-pe-ra-'dor, -'do-ra [コ(.オ).ぺ.ら.'ドる, 'ド.ら] 形 協力する 名 男 女 協力者

co-o-pe-'rar [コ(.オ).ぺ.'らる] 動 自 一

緒に仕事をする, 協力する, 協同で(en, para, a que 接続法: …)する; (a: に)役立つ, 貢献する; (con: を)出資する, 援助する

co-o-pe-ra-ti-'vis-mo [コ(.オ).ペ.ら.ティ.'ビス.モ] 名 男 共同組合運動

****co-o-pe-ra-'ti-vo, -va** [コ(.オ).ペ.ら.'ティ.ボ, バ] 87% 形 協力的な, 協同の, 協同組織の, 協同組合の **-va** 名 女 生協, 生活協同組合

coord.; coord.ª 略 ↓coordinador, -dora

co-or-de-'na-do, -da [コ(.オ)る.デ.'ナ.ド, ダ] 形〔数〕座標の **-da** 名 女〔数〕座標

co-or-di-na-'ción [コ(.オ)る.ディ.ナ.'すぃオン] 名 女 連携, チームワーク; 同等にすること; 調整, 整理;〔言〕等位, 同格

co-or-di-'na-do, -da [コ(.オ)る.ディ.'ナ.ド, ダ] 形 統合された, 調整された, 連携した;〔言〕等位の

co-or-di-na-'dor, -'do-ra [コ(.オ)る.ディ.ナ.'ドる, 'ド.ら] 形 配列の; 調整の 名 男 女 調整者, コーディネーター

co-or-di-'nar [コ(.オ)る.ディ.'ナる] 動 他 統合する, 統制する, 統御する; 調整する, 整理する; 連携させる **～se** 動 再 統合される, 調整される, 連携される

co-or-di-na-'ti-vo, -va [コ(.オ)る.ディ.ナ.'ティ.ボ, バ] 形〔言〕等位の, 等位的な

****'co+pa** 86% 名 女〔飲〕カップ, ワイングラス;〔飲〕グラス 1 杯分;〔飲〕酒;〔競〕優勝杯, 賞杯, カップ; 賞杯の争奪戦, カップ戦;〔衣〕(帽子の)山;〔衣〕(ブラジャーの)カップ;〔植〕木のてっぺん, こずえ;〔遊〕〔スペイントランプ〕コパ《聖杯の札》;〔C～〕〔天〕コップ座 ***tener [llevar] una ～ de más*** 酒を飲み過ぎる; 酔っている

co-'pa-do, -da 形《話》困った, 苦しい

co-'pal [コ.'パル] 名 男 コーパル《天然樹脂の一種》

Co-'pán 名 固〔地名〕コパン《ホンジュラス西部のマヤ遺跡; ホンジュラス西部の県》

co-'par [コ.'パる] 動 他 (選挙や試合などで)〈に〉圧倒的に勝ち取る, 独占する; (ギャンブルで)〈親と同じ額を〉賭ける;〔軍〕〈の〉退路を断つ

co-par-'tí-ci-pe [コ.パる.'ティ.すぃ.ペ] 名 共《格》仲間, 協力者, 関係者

co-pe+'ar [コ.ペ.'アる] 動 自《話》酒を飲み歩く

co-'pec 名 男 ⇩ kopek

Co-pen+'ha-gue [コ.ペ.'ナ.ゲ] 名 固〔地名〕コペンハーゲン《デンマーク Dinamarca の首都》

co-'pe+o 名 男《話》〔飲〕飲酒, 飲み歩き

co-per-ni-'ca+no, -na [コ.ぺる.ニ.'カ.ノ, ナ] 形 コペルニクスの《Nicolás Copérnico, 1473–1543, ポーランドの天文学者, 地動説を唱えた》

co-'pe-ro, -ra [コ.'ペ.ろ, ら] 形〔競〕《競技が》優勝杯を賭けた 名 男 女 酌をする係 名 男〔飲〕(グラスを収納する)戸棚 **-ra** 名 女《ｺﾛﾝﾋﾞｱ》ウェイトレス

co-'pe-te 名 男〔鳥〕冠毛, とさか;〔畜〕(〔特に〕馬の)前髪;〔体〕前髪, ひたい髪; (家具などの)上部の飾り;〔衣〕(靴の)舌革;〔食〕(アイスクリームなどの)盛ってある部分;〔地〕(山の)頂き, 頂上; 傲慢さ, 横柄 ***de (alto)*** ～《話》名門の

co-pe-'tín 名 男 立ち飲みパーティー;〔飲〕《ﾗ米》食前酒; カクテル

co-pe-'tu-do, -da 形〔鳥〕とさか[冠毛]がある;《話》傲慢な, 横柄な;《ﾗﾌﾟﾗﾀ》《話》《人が》えらい, 重要な

****'co-pia** 90% 名 女 写し, 複写, 模写, コピー; (同じ本・新聞・手紙・写真などの)部, 冊, 通, 枚; プリント; そっくりなもの[人], 生き写し; 再現, 復元;《格》多量, 豊富;〔情〕カーボンコピー (Cc) ～ ***de respaldo [seguridad]*** 〔情〕バックアップ ～ ***oculta*** 〔情〕ブラインドカーボンコピー (**Bcc**)

co-pia-'dor, -'do-ra [コ.ピア.'ドる, 'ド.ら] 形 複写(用)の, 謄写用の 名 男 女 写字生, 複写する人 名 男〔機〕複写機, コピー機; 信書控え帳 **-dora** 名 女〔機〕複写機, コピー機

Co-pia-'pó 名 固〔地名〕コピアポ《チリ北部の都市》

co-'piar** [コ.'ピアる] 93% 動 他 写す, 複写する, 模写する; まねる; カンニングする; 書き留める ～ ***y pegar 〔情〕コピーアンドペーストする

co-'pi+hue [コ.'ピ.ウエ] 名 男《南米》〔植〕ツバキカズラ《チリの国花》

co-pi-'lo-to [コ.ピ.'ロ.ト] 名 共〔空〕副操縦士;〔車〕レースの交替要員

co-'pión, -'pio-na 名 男 女《話》まねばかりする人, まねっ子;《話》カンニングをする人

co-'pio-so, -sa 形 豊富な, おびただしい, たくさんの **-samente** 副 豊富に, おびただしく, たくさん

co-'pis-ta 名 共 写字生, 写本者

co-'pi-ta 〔縮小語〕⬆copa

'co-pla ['コ.プラ] 名 女〔文〕連, 節; コプラ, 俗謡, 歌謡《4 行の短い詩・民謡》 ***andar en ～s*** 《話》うわさの的になる ～ ***de arte mayor*** 〔文〕12 音節 8 行詩 ～ ***de arte menor*** 〔文〕8 音節 8 行詩 ～ ***de ciego*** 《話》へたな歌 ***quedarse con la*** ～ 言ったことを忘れない

co-'ple-ro, -ra [コ.'プレ.ろ, ら] 名 男 女〔商〕俗謡を作って売る人, 歌売り; へぼ

詩人, 三文詩人, へたな詩人
'co+po [名] [男] 雪片; 〔食〕薄片, フレーク; (麻・綿などの)束, 玉; (血液・牛乳などの)凝固物; 〔魚〕きんちゃく網の底, きんちゃく網漁
co-'pón [名] [男] 大きいコップ, カップ; 〔宗〕聖体器《ミサのパンを入れる容器》
co-pro-duc-'ción [コ.プろ.ドゥク.'すぃオン] [名] [女] 共同制作[製作], 合作
co-pro-du-'cir [コ.プろ.ドゥ.'すぃる] [動] [他] ⑮ (c|zc; j) 共同制作する
co-pro-duc-'tor, -'to-ra [コ.プろ.ドゥク.'トる, 'ト.ら] [形] 共同制作の, 合作の [名] [男] [女] 共同制作者, 合作者
co-pro-pie-'dad [コ.プろ.ピエ.'ダド] [名] [女] 共同所有, 共有物
co-pro-pie-'ta-rio, -ria [コ.プろ.ピエ.'タ.りオ, りア] [形] 共同所有の, 共有の [名] [男] [女] 共同所有者, 共有者
co-pro-ta-go-ni-'zar [コ.プろ.タ.ゴ.ニ.'さる] [動] [自] ㉞ (z|c) (con: と)主役を分け合う
'cóp-ti-co, -ca [形] ↓copto
'cop-to, -ta [形] [名] [男] [女] コプトの; コプト人《古代エジプト人の子孫》; 〔宗〕コプト教の; コプト教徒; 〔歴〕〔言〕コプト語の《古代エジプト語》 [名] [男] 〔歴〕〔言〕コプト語《古代エジプト語》
co-'pu-do, -da [形] 〔植〕《木が》こずえのこんもり茂った
'có-pu-la ['コ.プ.ラ] [名] [女] 結合, 連結; 性交, 交接, 交尾; 〔言〕〔論〕連辞, 繋辞(けいじ); 〔建〕小丸屋根, 半球状の丸屋根
co-pu-'lar [コ.プ.'ラる] [動] [他] (con: と)結合させる, 連結する ~se [動] [再] 交接する, 交尾する
co-pu-la-'ti-vo, -va [コ.プ.ラ.'ティ.ボ, バ] [形] つなぎの, 連結の; 〔言〕繋辞(けいじ)の
copyright ['コ.ピ.らイ(ト)] [名] [男] 〔複 -rights〕〔英語〕著作権, 版権
'co-que ['コ.ケ] [名] [男] コークス《燃料》
co-que-'lu-che [コ.ケ.'ル.チェ] [名] [男] 〔医〕百日咳(ぜき)
co-'que-ra [コ.'ケ.ら] [名] [女] (暖炉の近くに置く)コークス入れ
*co-'que-ta [コ.'ケ.タ] 94% [形] なまめかしい, コケティッシュな [名] [女] こびを売る女; (姿見つきの)化粧台, 鏡台
co-que-te+'ar [コ.ケ.テ.'アる] [動] [自] (con: と)いちゃつく, ふざける; 《女性が》こびを売る[見せる]; 恋をもてあそぶ; 〔一般〕もてあそぶ, (con: に)手を出す
co-que-'te+o [コ.ケ.'テ.オ] [名] [男] 《女性が》こびを売ること, こび
co-que-te-'rí+a [コ.ケ.テ.'り.ア] [名] [女] 《女性が》こびを売ること, なまめかしさ, こび
co-que-'tón, -'to-na [コ.ケ.'トン, 'ト.ナ] [形] 《スペイン》《話》しゃれた, 小粋な, 魅力的な; 《話》愛敬のある, かわいらしい, コケティッシュな [名] [男] [女] 《話》〔軽蔑〕色男, 女たらし; あだっぽい女, 男遊びをする女
co-'quí [コ.'キ] [名] [男] 〔複 -quíes⇔-quís〕《カリブ》〔動〕コキガエル《プエルトリコ産の小さなカエル》
Co-'quim-bo [コ.'キン.ボ] [名] [固] 〔地名〕コキンボ《チリ中部の州》
co-qui-'pe-la [コ.キ.'ペ.ラ] [名] [女] 《カリブ》《話》頭がはげた
co-'qui-to [コ.'キ.ト] [名] [男] おどけ顔, 赤ちゃんをあやすための作り顔; 《ラ米》ハト(鳩)
co-'rá-ce+o, +a [コ.'ら.せ.オ, ア] [形] 皮のような, 丈夫な
co-ra-'ce-ro [コ.ら.'せ.ろ] [名] [男] 〔歴〕〔軍〕胸甲騎兵
co-'ra-da [コ.'ら.ダ] [名] [女] 〔食〕(牛・羊などの)臓物
*co-'ra-je [コ.'ら.へ] 93% [名] [男] 勇気, 勇敢さ, 闘志; 《スペイン》怒り, 立腹, 激怒 *dar* ~ 《スペイン》《話》(a: を)怒らせる, (a: が)頭にくる *poner* ~ (a: で)がんばる, (a: に)馬力をかける; (a: を)元気づける *¡Qué ~!* 《スペイン》《話》腹が立つ!, 頭にくるなあ!
co-ra-'ji-na [コ.ら.'ひ.ナ] [名] [女] 《話》怒り, かんしゃく, 発作 *dar* ~ 《話》(a: を)怒らせる, (a: が)頭にくる
co-ra-'jo-so, -sa [コ.ら.'ほ.ソ, サ] [形] 怒った
co-ra-'ju-do, -da [コ.ら.'ふ.ド, ダ] [形] 勇敢な; 怒りっぽい
*co-'ral [コ.'らル] 91% [名] [男] 〔動〕サンゴ; 〔複〕〔衣〕サンゴのネックレス [名] [男] 〔楽〕合唱曲; 〔宗〕〔楽〕聖歌, 賛美歌 [名] [女] 〔宗〕〔楽〕聖歌隊, 合唱団; 《南米》〔動〕サンゴヘビ [形] 〔楽〕合唱隊[曲]の, 合唱の *mar del C~* 〔地名〕珊瑚(サンゴ)海《オーストラリア大陸北東の海》
co-ra-'li+no, -na [コ.ら.'リ.ノ, ナ] [形] サンゴの
co-'ram-bre [コ.'らン.ブれ] [名] [女] 〔集合〕革, 皮革; 〔飲〕(ワインを入れる)革袋
Co-'rán [コ.'らン] [名] [男] 〔宗〕コーラン《イスラム教の根本聖典》
co-'rá-ni-co, -ca [コ.'ら.ニ.コ, カ] [形] 〔宗〕コーランの ↑Corán
co-'ra-za [コ.'ら.さ] [名] [女] 〔歴〕〔軍〕胴よろい, 胸当て; 〔軍〕(軍艦・戦車などの)装甲鉄板; 〔動〕(カメ[亀]などの)甲羅(こうら); 保護, 擁護
**co-ra-'zón [コ.ら.'そン] 77% [名] [男] 心, 胸, 感情; 〔体〕心臓; 愛情, 同情, 親切心; 勇気, 元気, 熱意, 興味; 中心, 核心, 芯, 奥; ハート形; 〔遊〕〔トランプ〕ハートの札; 愛する人; 〔体〕中指 [感] ねえ, あなた[君, おまえ]《恋人などに呼びかけて》 *abrir su* ~ (a: に)本心をうちあける, 率直に話す *con el*

～ *en la mano* 率直に, 腹を割って *de* ～ 誠実に; 心から *anunciar* [*decir*] *el* ～ 虫が知らせる, 予感がする *no caber el* ～ *en el pecho* とても親切である, とてもよい人である; うれしくて[心配で, いやで]たまらない *partirse* [*romperse*] *el* ～ (a: が) 胸の張り裂けるような思いをする *ser todo* ～ 心のやさしい人である

co-ra-zo-'na-da [コ.ら.そ.'ナ.ダ] 名 女 予感, 虫の知らせ, 感じ; (心の)衝動, はずみ

*__cor-'ba-ta__ [コる.'バ.タ] 92% 名 女 〔衣〕 ネクタイ; 《コロンビア》《話》コネで得た職

cor-ba-te-'rí+a [コる.バ.テ.'り.ア] 名 女 〔商〕 ネクタイ店

cor-ba-'te-ro, -ra [コる.バ.'テ.ろ, ら] 名 男 女 〔商〕 ネクタイ製造者, ネクタイ販売者

cor-ba-'tín [コる.バ.'ティン] 名 男 〔衣〕 蝶ネクタイ *irse* [*salirse*] *por el* ～ やせて首が長い

cor-'be-la [コる.'ベ.ラ] 名 女 〔農〕 肥料用海草

cor-'be-ta [コる.'ベ.タ] 名 女 〔海〕〔軍〕 コルベット艦

'Cór-ce-ga ['コる.せ.ガ] 名 固 〔地名〕 コルシカ, コルス《地中海にあるフランス領の島》

cor-'cel [コる.'せル] 名 男 《詩》〔畜〕(乗馬用の)馬, 駿馬(しゅんめ)

'cor-cha ['コる.チャ] 名 女 《話》コルク

cor-'char [コる.'チャる] 動 自 《コロンビア》《話》失敗する, 試験に落ちる

cor-'che+a [コる.'チェ.ア] 名 女 〔楽〕 8分音符

cor-'che-ro, -ra [コる.'チェ.ろ, ら] 形 コルクの

cor-'che-ta [コる.'チェ.タ] 名 女 〔衣〕 (ホックの)留め金

cor-'che-te [コる.'チェ.テ] 名 男 〔衣〕 ホック; 鉤(かぎ); 角かっこ《[…]の記号》; 留め木《材料が後にずれないように作業台につけられた木片》; 《話》〔歴〕 捕吏, 治安官

*__'cor-cho__ ['コる.チョ] 94% 名 男 コルク, コルク質; (瓶の)コルク栓; (コルク製の)浮き; (ミツバチの)巣箱

cor-cho-'la-ta [コる.チョ.'ラ.タ] 名 女 《メキシコ》(瓶の)キャップ, 王冠, ふた, 栓

'cór-cho-lis ['コる.チョ.リス] 感 《話》 ええ!, まあ!, なんだって! 《驚き・怒り》

cor-'cho-so, -sa [コる.'チョ.ソ, サ] 形 コルクのような, コルク質の

cor-co-re+'ar [コる.コ.れ.'アる] 動 自 《カリブ》うがいをする

cor-'co-va [コる.'コ.バ] 名 女 〔体〕 隆肉, こぶ

cor-co-'va-do, -da [コる.コ.'バ.ド, ダ] 形 名 男 女 〔体〕 猫背の(人)

cor-co-ve+'ar [コる.コ.ベ.'アる] 動 自 〔畜〕《馬などが》跳びはねる

cor-'co-vo [コる.'コ.ボ] 名 男 〔畜〕 (馬などの)跳びはね, 跳躍; 曲げること, 曲がっていること

cor-'da-je [コる.'ダ.へ] 名 男 〔集合〕 綱, 縄類; 〔集合〕〔海〕 索具《帆・帆柱・ロープ類一式》

cor-'dal [コる.'ダル] 名 男 〔体〕 知恵歯, 親知らず; 〔楽〕 (弦楽器の)緒止め

*__cor-'del__ [コる.'デル] 91% 名 男 縄, 細引き, ひも; コルデル《5 歩の長さ》; 《スペイン》〔畜〕 家畜が通る道 *a* ～ 一直線に *a hurta* ～ 裏切って, ずるく

cor-de-'le-jo [コる.デ.'レ.ほ] 名 男 《話》からかい

cor-de-le-'rí+a [コる.デ.レ.'り.ア] 名 女 〔商〕 ひも製造業[販売店]; 〔集合〕〔海〕 索具

cor-de-'le-ro, -ra [コる.デ.'レ.ろ, ら] 名 男 女 ひも製造業者; 〔商〕 ひも販売者

*__cor-'de-ro__ [コる.'デ.ろ] 93% 名 男 〔食〕 子羊の肉; 〔畜〕 (一歳未満の)子羊; 子羊の革 *C～ de Dios* 〔宗〕 神の子羊《イエス・キリスト》

*__cor-'dial__ [コる.'ディアル] 93% 形 心からの, 誠意のある, なごやかな; 〔医〕《医薬などが》強壮作用のある, 元気づける 名 男 〔医〕 強壮剤, 強精剤, 強心剤 *Saludos* ～*es.* 敬具《手紙の末尾に書く言葉》 ～**-mente** 副 心から, 誠意をこめて; 敬具《手紙の末尾におく言葉》

cor-dia-li-'dad [コる.ディア.リ.'ダド] 名 女 真心, 誠実, 暖かい友情

*__cor-di-'lle-ra__ [コる.ディ.'ジェ.ら] 93% 名 女 〔地〕 山脈, 大連山 **C～** 名 固 〔地名〕 コルディジェーラ《パラグアイ中部の県》

cor-di-lle-'ra+no, -na [コる.ディ.ジェ.'ら.ノ, ナ] 形 〔地〕 山脈の; 《アンデス》アンデス地方の

'cór-do-ba ['コる.ド.バ] 名 男 〔経〕 コルドバ《ニカラグアの通貨》

'Cór-do-ba ['コる.ド.バ] 名 固 〔地名〕 コルドバ《スペイン南部の都市; コロンビア北部の県; アルゼンチン中北部の州》; 〔姓〕 コルドバ

cor-do-'bán [コる.ド.'バン] 名 男 〔衣〕 コードバン革, ヤギのなめし革

cor-do-'bés, -'be-sa [コる.ド.'ベス, 'ベ.サ] 形 名 男 女 〔地名〕 コルドバの(人) ↑Córdoba

*__cor-'dón__ [コる.'ドン] 93% 名 男 ひも, リボン; 〔電〕 コード; (警察・軍隊による)非常線, 警戒線, 交通遮断線; 〔体〕 帯(たい), 索, 緒(お)

cor-do-'na-zo [コる.ド.'ナ.そ] 名 男 ひもでぶつこと

cor-don-'ci-llo [コる.ドン.'すぃ.ジョ] 名 男 短いひも; (硬貨の)縁のぎざぎざ

cor-'du-ra [コる.'ドゥ.ら] 名 女 分別, 良識; 正気

co-'re+a [コ.'れ.ア] 名 女 《ス゚ペイン》〔歴〕〔楽〕 コレーア《舞踊》; 〔医〕 舞踏病

*****Co-'re+a** [コ.'れ.ア] 94% 名 固 〔~ del Sur〕〔地名〕 韓国《正称は大韓民国 República de Corea》; 〔~ del Norte〕〔地名〕 北朝鮮《正称は朝鮮民主主義人民共和国 República Popular Democrática de Corea》

*****co-re+'a+no, -na** [コ.れ.'ア.ノ, ナ] 93% 形 名 男 女 〔地名〕 韓国(人)の; 北朝鮮の; 韓国人; 北朝鮮人 ↑Corea; 〔言〕 朝鮮語の, 韓国語の 名 男 〔言〕 朝鮮語, 韓国語; 〔península ~na〕〔地名〕 朝鮮半島

co-re+'ar [コ.れ.'アる] 動 他 〈に〉口をそろえて賛同する; (後について)口をそろえて言う; 〔楽〕 合唱する, 〈合唱曲を〉作る

co-'re+o [コ.'れ.オ] 名 男 〔楽〕 合唱

co-re+o-gra-'fí+a [コ.れ.オ.グら.'フィ.ア] 名 女 〔演〕 (バレエの)振り付け

co-re+o-'grá-fi-co, -ca [コ.れ.オ.'グら.フィ.コ, カ] 形 〔演〕 振り付けの

co-re+'ó-gra-fo, -fa [コ.'れオ.グら.フォ, ファ] 名 男 女 〔演〕 振り付け師

co-'riá-ce+o, +a [コ.'りア.せ.オ, ア] 形 革のような, 丈夫な

co-'riam-bo [コ.'りアン.ボ] 名 男 〔文〕 (古典ギリシャ語・ラテン語の詩の)韻脚

co-'rian-dro 名 男 《まれ》 ⇧ cilantro

co-ri-'fe+o [コ.り.'フェ.オ] 名 男 〔歴〕〔楽〕 (ギリシャ悲劇の)合唱隊首席歌手; まとめ役, 中心人物

co-'ri-llo [コ.'り.ジョ] 名 男 《カリブ》《話》 不良グループ

co-rin-'dón [コ.りン.'ドン] 名 男 〔鉱〕 鋼玉

co-'rín-ti-co, -ca [コ.'りン.ティ.コ, カ] 形 〔歴〕〔地名〕 (古代ギリシャの)コリントの

co-'rin-tio, -tia [コ.'りン.ティオ, ティア] 形 〔歴〕〔地名〕 (古代ギリシャの)コリントの; 〔歴〕〔言〕 (古代ギリシャの)コリント方言の 名 男 女 コリント人 ↓Corinto; 〔美〕〔建〕 コリント式の 名 男 〔歴〕〔言〕 (古代ギリシャの)コリント方言

Co-'rin-to [コ.'りン.ト] 名 固 〔歴〕 コリント《古代ギリシャの都市国家》; 〔istmo de ~〕〔地名〕 コリント地峡《ギリシャ南部, 本土とペロポネソス半島を結ぶ地峡》

co-'ris-ta [コ.'りス.タ] 名 共 〔楽〕 合唱団員; 〔宗〕 (教会の)聖歌隊員

co-'ri-to, -ta [コ.'り.ト, タ] 形 《話》 裸の

co-'ri-za [コ.'り.さ] 名 女 〔医〕 鼻カタル, 鼻風邪, 鼻炎

cor-'na-da [コる.'ナ.ダ] 名 女 〔牛〕 角(つの)による突き, 角に突かれた傷

cor-na-'li-na [コる.ナ.'リ.ナ] 名 女 〔鉱〕 紅玉髄

cor-na-'lón [コる.ナ.'ロン] 形 《男》 《牛が》大きな角(つの)の

cor-na-'men-ta [コる.ナ.'メン.タ] 名 女 〔全体〕〔動〕 (1頭の動物の)角(つの), 枝角

cor-na-'mu-sa [コる.ナ.'ム.サ] 名 女 〔楽〕 ホルン; 〔楽〕 バグパイプ; 〔海〕 索止め, クリート

cor-ne+'ar [コる.ネ.'アる] 動 他 〔牛〕 角(つの)で突く

cor-'ne-ja [コる.'ネ.は] 名 女 〔鳥〕 ハイイロガラス; 〔鳥〕 オナガフクロウ

'cór-ne+o, +a ['コる.ネ.オ, ア] 形 角質の; 角(つの)のような(形をした) **+a** 名 女 〔体〕 角膜

'cór-ner ['コる.ネる] 名 男 〔競〕〔サッカー〕 コーナーキック; 〔競〕〔ボクシング〕 コーナー

cor-'ne-ta [コる.'ネ.タ] 名 女 〔楽〕 コルネット; 〔軍〕 (軍隊などの)ラッパ; 〔楽〕 角笛, ホルン; 〔軍〕 騎兵隊の旗; 《カリブ》《話》 ばか, まぬけ; 《ベネズエラ》〔電〕 アンプ; 〔車〕 クラクション 名 共 〔楽〕 コルネット奏者 名 男 〔軍〕 ラッパ手 ***toque de ~*** 〔軍〕 召集ラッパ

cor-ne-'tín [コる.ネ.'ティン] 名 男 〔楽〕 コルネット

cor-ne-'zue-lo [コる.ネ.'すエ.ロ] 名 男 〔菌〕 麦角(ばっかく)菌《麦角エキスをとる》; 〔植〕 (三日月形の)オリーブ

cor-ni-'jal [コる.ニ.'はル] 名 男 角(かど), 隅, 端

cor-'ni-sa [コる.'ニ.サ] 名 女 〔建〕 コルニス《壁や柱の上部に取り付けた装飾の突起》

cor-ni-sa-'men-to [コる.ニ.サ.'メン.ト] 名 男 〔建〕 エンタブレチュア《柱の上部の装飾的な部分》

Cor-'nua-lles [コる.'ヌア.ジェス] 名 固 〔地名〕 コーンウォール《英国, イングランド南西部の州》

cor-nu-'co-pia [コる.ヌ.'コ.ピア] 名 女 豊饒(ほうじょう)の角(つの)《角の中に花・果物・穀類を盛って物の豊かさを象徴する》

cor-'nu-do, -da [コる.'ヌ.ド, ダ] 形 角(つの)のある, 角状の; 《俗》 妻が不義をした 名 男 《俗》 寝取られ男, 不貞な妻をもった夫 ***encima de ~, apaleado*** 《夫が》まったくのお人よしの, おめでたい

cor-'nú-pe-to [コる.'ヌ.ペ.ト] 名 男 〔牛〕 ウシ

******'co+ro** ['コ.ろ] 89% 名 男 〔楽〕 合唱団, 合唱隊; 〔楽〕 合唱曲, (歌の)合唱部, 合唱, コーラス; 〔宗〕 (教会の)聖歌隊, 聖歌隊席; 一団の人; 口をそろえて言うこと; 〔歴〕〔楽〕〔演〕 (古代ギリシャ劇の)合唱隊, コロス ***a ~*** 声をそろえて, 同時に; 〔楽〕 合唱で ***hacer ~*** 〔楽〕 合唱する; 口をそろえて言う,

異口同音に言う *hacer* ~ (a: を)後押しする, 支持する

'Co+ro ['コ.ろ] [名] [固] 〔地名〕 コロ《ベネズエラ北西部の都市》

co-ro-gra-'fí+a [コ.ろ.グら.'フィ.ア] [名] [女] 〔地〕 地形図作成法, 地誌, 地勢図

co-ro-'grá-fi-co, -ca [コ.ろ.'グら.フィ.コ, カ] [形] 〔地〕 地形図作成法の, 地誌の, 地勢図の

co-'ró-gra-fo, -fa [コ.'ろ.グら.フォ, ファ] [名] [男] [女] 〔地〕 地誌学者

co-'roi-des [コ.'ろイ.デス] [名] [男] 〔単複同〕 〔体〕 脈絡膜

co-roi-'di-tis [コ.ろイ.'ディ.ティス] [名] [女] 〔医〕 脈絡膜炎

co-'ro-la [コ.'ろ.ラ] [名] [女] 〔植〕 花冠(かかん)

co-ro-'la-rio [コ.ろ.'ラ.りオ] [名] [男] 〔論〕 当然の結果, 必然的な帰結; 〔数〕 系

**co-'ro-na [コ.'ろ.ナ] 88% [名] [女] 冠(かんむり), 王冠; 〔政〕 王位, 帝位, 王権, 王室; 〔医〕 歯冠; 栄冠, 栄誉; 〔競〕 勝利, 選手権; 花冠, 花輪; 《話》〔体〕 頭, 脳天; 〔宗〕 (聖像の)後光, 光背; 〔天〕 (太陽・月のまわりの)光冠, コロナ《皆既日食のときに見える光冠》; 〔宗〕 (冠形の)剃髪(ていはつ); 〔歴〕〔経〕 コローナ貨《昔のスペインの硬貨》; 〔経〕 (スウェーデンの)クローナ貨; 〔経〕 (デンマーク, ノルウェーの)クローネ貨; 〔経〕 (チェコの)コルナ貨; 〔歴〕〔経〕 (イギリスのかつての)クラウン銀貨

co-ro-na-'ción [コ.ろ.ナ.'すぃオン] [名] [女] 戴冠, 戴冠式, 即位; 最高潮, 全盛, 極み, 頂点; 最後の仕上げ, 完成; 〔建〕 冠飾り

co-ro-na-'mien-to [コ.ろ.ナ.'ミエン.ト] [名] [男] 〔建〕 笠石, 冠石; 〔海〕 船尾の上部; 完成; 冠飾り

*__co-ro-'nar__ [コ.ろ.'ナる] 94% [動] [他] 王位につかせる, <に>冠をいただかせる; <に>栄冠を与える, (名誉・光栄などで)<に>報いる; 頂にのせる, <の>上を覆(おお)う; 〔医〕 <歯に>歯冠をかぶせる; <の>最後を飾る; 完成する **~se** [動] [再] (de: を)上につける, いただく; (de: の)頂点に達する; 載冠する; 〔医〕 《胎児が》産道から頭を出す *para ~lo* 《話》〔しばしば皮肉〕 そのうえさらに, あげくのはてに

co-ro-'na-rio, -ria [コ.ろ.'ナ.りオ, りア] [形] 〔体〕 冠状の

**co-ro-'nel [コ.ろ.'ネル] 87% [名] [共] 〔軍〕 (陸軍・空軍の)大佐

Co-ro-'nel O-'vie-do [コ.ろ.'ネル オ.'ビエ.ド] [名] [固] 〔地名〕 コロネル・オビエド《パラグアイ中東部の都市》

co-ro-'ni-lla [コ.ろ.'ニ.ジャ] [名] [女] 頭, 頭のてっぺん, 脳天 *andar de* ~ 《話》 熱心にする, 手をつくす *dar de* ~ 《話》 頭を地面にぶつける *estar hasta la* ~ 《話》 (de: で)うんざりする, あきあきする

co-'ro-to [コ.'ろ.ト] [名] [男] 《カリブ》《話》 たわごと; がらくた; 《南米北》《話》 政治的権力; 高い社会的地位; 《南米北》《話》 物, 道具; 事, 事柄; 秘密; 《南米北》《話》〔食〕 割った木の実; 《俗》 女性器

co-'ro-zo [コ.'ろ.そ] [名] [男] 〔植〕 アメリカゾウゲヤシ

cor-pa-'chón [コる.パ.'チョン] [名] [男] 《話》 巨体, 大きな体

cor-'pi-ño [コる.'ピ.ニョ] [名] [男] 〔衣〕 (婦人用の)胴衣; 《ラプラタ》〔衣〕 ブラジャー

*__cor-po-ra-'ción__ [コる.ポ.ら.'すぃオン] 92% [名] [女] 法人, 団体, 同業組合, 公社; 有限会社

*__cor-po-'ral__ [コる.ポ.'らル] 91% [形] 身体の, 肉体の [名] [男] 〔宗〕 聖餐布(せいさんふ), 聖体布《ミサでパンとぶどう酒をのせる布》

cor-po-ra-'ti-vo, -va [コる.ポ.ら.'ティ.ボ, バ] [形] 法人の, 団体の, 法人組織の [名] [男] 《メキシコ》《中米》 吸収合併企業《大企業が中小企業を合併する》

cor-po-rei-za-'ción [コる.ポ.れイ.さ.'すぃオン] [名] [女] 有形化, 具体化

cor-po-rei-'zar [コる.ポ.れイ.'さる] [動] [他] 34 (z|c) <考えなどを>有形化する

cor-'pó-re+o, +a [コる.'ポ.れ.オ, ア] [形] 有形の, 物質的な; 〔体〕 体の, 肉体の, 肉体的な

'corps ['コる(プ)ス] [名] [男] 〔軍〕 (国王の)護衛隊

cor-pu-'len-cia [コる.プ.'レン.すぃア] [名] [女] 巨大, 肥満, 肥大

cor-pu-'len-to, -ta [コる.プ.'レン.ト, タ] [形] 太った, 肥満した, 巨大な

'cor-pus ['コる.プス] [名] [男] 〔単複同〕 (文書・法典などの)集成, 全文献, 全集; 〔言〕 コーパス《言語資料体》; 〔C~ (Christi)〕 〔宗〕 キリスト聖体の祝日

cor-pus-cu-'lar [コる.プス.ク.'ラる] [形] 〔物〕 微粒子の; 〔体〕 血球の

cor-'pús+cu-lo [コる.'プス.ク.ロ] [名] [男] 〔物〕 微粒子, 粒子; 〔医〕 小体, 血球

*__co-'rral__ [コ.'らル] 93% [名] [男] 〔農〕 (農家に隣接する)庭, 囲い場, 飼育場; 〔歴〕〔演〕 (16 世紀の劇場用の)中庭, 劇場; 〔牛〕 コラール《闘牛場内の牛を入れておく囲い場》; 汚い場所[部屋] *hacer ~es* 《話》 (学校を)ずる休みする

co-rra-'li-za [コ.ら.'リ.さ] [名] [女] 〔建〕 囲った地面, 庭, 中庭, 構内

'co-rre [動] 《直現 3 単/命》 ↓correr

*__co-'rre+a__ [コ.'れ.ア] 93% [名] [女] (細長い)革ひも; 〔衣〕 ベルト, バンド, 革帯; (刃物研ぎ用の)革砥(かわと); 〔建〕 母屋(もや)げた《屋根の垂木(たるき)を支える棟木》; 《話》 柔軟性, 融通性, 順応性; 《メキシコ》〔衣〕 靴ひも *tener* ~ 《話》 我慢強い, 体力がある

co-rre+'a-je [コ.れ.'ア.へ] [名] [男] 〔集合〕

皮革類, ベルト類; 〘軍〙革装具

co-rre+'a-zo [コ.ȓ.'ア.そ] 名 男 革ベルトで打つこと

co-rre-ca-'mi-nos [コ.ȓ.カ.'ミ.ノス] 名 共 〔単複同〕《話》よく旅をする人

*__co-rrec-'ción__ [コ.ȓク.'すぃオン] 92% 名 女 訂正, 修正, 補正; 〘印〙校正; 正しいこと, 正確さ; こらしめ, 矯正, 叱責(しっせき); 礼儀, たしなみ

co-rrec-cio-'nal [コ.ȓク.すぃオ.'ナル] 形 訂正の, 修正の; 矯正の(ための) 名 男 感化院, 教護院

co-rrec-'ti-vo, -va [コ.ȓク.'ティ.ボ, バ] 形 矯正的な; 〘医〙中和の, 中和する 名 男 矯正物[策]; 〘医〙中和剤, 調整薬; 懲罰

‡**co-'rrec-to, -ta** [コ.'ȓク.ト, タ] 86% 形 正しい, 正確な, 間違いのない; 礼儀正しい; 当を得た **-tamente** 副 正確に, 正しく; 品行方正に, 礼儀正しく

co-rrec-'tor, -'to-ra [コ.ȓク.'トる, 'ト.ら] 形 訂正する, 矯正する 名 男 女 〘印〙校正者; 訂正者, 矯正者

co-rre-'de-ra [コ.ȓ.'デ.ら] 名 女 〘建〙(扉・窓の)溝; 〘技〙(ひき臼の)回転石, 動滑車; 〘昆〙ゴキブリ; 〘競〙トラック, 競走路; 《俗》売春の周旋をする女; 《(中米)》《(ベネズエラ)》《話》大忙し

co-rre-'di-zo, -za [コ.ȓ.'ディ.そ, さ] 形 滑る, 緩む, ほどける

‡**co-rre-'dor, -'do-ra** [コ.ȓ.'ドる, 'ド.ら] 90% 名 男 女 〘競〙走者, ランナー; 〘商〙仲買人, ブローカー, 不動産業者 名 男 廊下, 通路; 〘軍〙斥候(せっこう), 偵察隊 形 走る; 競走の, レースの; 〘鳥〙走鳥類の《ダチョウなどの飛べない鳥》 **-dora** 名 女 〘鳥〙走鳥類の鳥

co-rre-'gi-ble [コ.ȓ.'ひ.ブレ] 形 矯正できる, 改正[修正]できる[しやすい]

co-rre-gi-'dor [コ.ȓ.ひ.'ドる] 名 男 〘歴〙コレヒドール, 代官《昔のスペインの行政長官・王室代理官》

‡**co-rre-'gir** [コ.ȓ.'ひる] 90% 動 他 ⑱ (e|i; g|j) 〈間違いを〉訂正する, 〈欠点などを〉直す; 〘印〙校正する; 矯正(きょうせい)する, こらしめる, (欠点を直すために)叱る; 〘機〙〈機械などを〉調整する, 修正する **~se** 動 再 自分の過ちを直す, 改める; 直る, 矯正される

co-rre+'hue-la ⇦**-güe-** [コ.ȓ.'ウエ.ラ⇦.'グエ.] 名 女 〘植〙サンシキヒルガオ

co-rre-la-'ción [コ.ȓ.ラ.'すぃオン] 名 女 相互関係, 相関

co-rre-la-'ti-vo, -va [コ.ȓ.ラ.'ティ.ボ, バ] 形 相関的な; 〘言〙相関の

co-rre-'la-to [コ.ȓ.'ラ.ト] 名 男 相関物, 相互関係のあるもの

co-rre-li-gio-'na-rio, -ria [コ.ȓ.り.ひオ.'ナ.りオ, りア] 形 〘宗〙同じ宗教を信じる 名 男 女 〘宗〙同じ宗教の信者

co-rren-'tón, -'to-na [コ.ȓン.'トン, 'ト.ナ] 形 名 男 女 ぶらぶら出歩く(人), 遊び回る(人); 冗談好き(の)

‡**co-'rre+o** [コ.'ȓ.オ] 87% 名 男 郵便; 〔集合〕郵便物; 郵便ポスト; 郵便配達員; 〔複〕郵便局; 急使, 特使, 使者, 伝令; 〘鉄〙郵便列車; 〘情〙メール, メールアドレス ***~ basura*** [***no deseado***] 〘情〙迷惑メール, スパム ***~ de voz*** 〘情〙ボイスメール ***~ electrónico*** 〘情〙**E** メール

co-rre+'o-so, -sa [コ.ȓ.'オ.ソ, サ] 形 〘食〙《パンなどが》生焼けの, 《肉などが》硬い; しなやかで丈夫な

‡**co-'rrer** [コ.'ȓる] 75% 動 自 走る, 駆ける; 《川・湖・液体などが》流れる, したたる, 湧(わ)き出る; 《時が》過ぎて行く; 《うわさ・ニュース・水・電気などが》流れる, 伝わる; 急ぐ, 速くする; 〘気〙《風が》吹く; 《空気が》流れる; 〘車〙車を運転する; (con, de, por: の)責任を負う, (con, de, por: を)引き受ける; 《道路・線路・運河などが》通じている, 走っている, 延びている; 〘経〙《貨幣が》通用する, 使われる; 《戸などが》よく滑る; 〘地〙《山脈などが》走っている, 延びている; 支払われる 動 他 〈距離・道などを〉走る, 行く, 旅行する; 動かす, 移動する; 〈カーテンなどを〉引く; 〈鍵などを〉掛ける; 〈運命・危険などに〉会う, 〈の〉状況におかれる, 〈危険を〉冒す; 〈馬・犬・車などを〉走らせる; 〈獲物などを〉追う, 追いつめる; 〘衣〙〈ボタン・ジッパーなどを〉外す; 《話》当惑させる, 赤面させる; 《話》襲う, 奪う, かっぱらう; 〘軍〙〈敵地を〉偵察する, 捜索する; 〈天秤を〉傾ける; 〈結び目を〉ほどく **~se** 動 再 席をずらす, 席を詰める; よく滑る; 溶ける, 溶けて流れる; 《話》やりすぎる, 度を超す, 大げさにやる; 《話》恥ずかしい思いをする, 赤面する; 〘医〙《ストッキングが》伝線する; 《インク・色が》にじむ; 《(スペイン)》《俗》オーガズムに達する, いく; 《(コロンビア)》《話》あきらめる ***a todo ~*** 大急ぎで ***~la*** 《話》大騒ぎをする, はめを外す, 遊びまわる ***dejar ~ las cosas*** そのままにしておく ***el mes que corre*** 今月(に) ***en los tiempos que corren*** 最近は

co-rre-'rí+a [コ.ȓ.'り.ア] 名 女 侵入, 襲撃; 〔複〕旅行, 遠足, 歩き回ること

*__co-rres-pon-'den-cia__ [コ.ȓス.ポン.'デン.すぃア] 91% 名 女 文通, 通信; 〔集合〕手紙類, 書簡, 郵便物; 一致, 対応, 調和; 対応するもの; (交通機関の)乗り換え, 接続

‡**co-rres-pon-'der** [コ.ȓス.ポン.'デる] 79% 動 自 (a: に)相当する, 対応する, 合う, 該当する; (a: 親切・思い・愛情に)報いる, お返しをする, (a: に)応える; (a: の)担当[仕事]である; (a: の)ものである, 属する; (a: の)取り

分となる; (a: に)ふさわしい, …らしい; (con: と)一致する　～se [動] [再] 対応する, 調和する, 一致する, 合う; 愛し合う

co-rres-pon-'dien-te [コ.れス.ポン.'ディエン.テ] 83% [形] (a: に)一致する, 相応する, 該当する; それぞれの, 各自の; (学会などの)通信係の, 通信の; 適当な, 好都合な [名] [共] 通信員, 通信会員

co-rres-pon-'sal [コ.れス.ポン.'サル] 88% [名] [共] (新聞社などの)通信員, 特派員; (商社などの)海外駐在員

co-rres-pon-sa-'lí+a [コ.れス.ポン.サ.'リ.ア] [名] [女] (海外の)支局; (新聞社などの)通信員[特派員]の仕事

co-rre-'ta-je [コ.れ.'タ.へ] [名] [男] 〔商〕仲買, 周旋; 〔商〕仲買手数料; 《中米》物納による小作料

co-rre-te+'ar [コ.れ.テ.'アる] [動] [自] 《話》駆け回る; 《話》ぶらつく

co-rre-'tón, -'to-na [コ.れ.'トン, 'ト.ナ] [形] 《話》遊び好きな; 《話》じっとしていない

co-rre-vei-'di-le [コ.れ.ベイ.'ディ.レ] [名] [共] 《話》おしゃべり, うわさ好き, 金棒引き; 《俗》女を取り持つ者

co-'rrí+a(~) [動] 《直線》 ↑correr

*__co-'rri-da__ [コ.'り.ダ] 91% [名] [女] 〔牛〕闘牛; 一走り; 《俗》精液　*de* ～ 暗記して; すらすらと, 流暢に; 急いで; (ひと目)見ただけで　*en una* ～ あっという間に, 急いで

co-'rri-do, -da [コ.'り.ド, ダ] [形] 位置[配置]がずれた; 超過した, たっぷりの; 続いている, くっついている; 当惑した, 恥ずかしがった; 経験を積んだ; ずる賢い; 続き書きの 《ペルー》逃亡した [名] [男] 〔楽〕コリード《民謡の一種》; 〔建〕差し掛け屋根　*de* ～ 暗記して; 流暢(りゅうちょう)に, すらすらと

co-'rrien-te [コ.'りエン.テ] 80% [形] 流れている; 普通の, 当たり前の, 平凡な; 現在の, 今の; «貨幣が»現在通用している; 流れるような, 流麗な [名] [女] (空気・水などの)流れ; 気流, 海流, 潮流, 水流; 〔電〕電流; 時勢の流れ, 傾向, 風潮, 推移 [名] [男] 今月; 今年　～**mente** [副] 普通に, 一般に　～ *y moliente* 《話》ありふれた, 陳腐な　*de-jarse llevar de la* ～ 大勢(たいせい)に従う, 状況に流される　*estar al* ～ (de: に)よく通じている, 知っている　*poner al* ～ (de: を)知らせる, 報告する

Co-'rrien-tes [コ.'りエン.テス] [名] [固] 〔地名〕コリエンテス《アルゼンチン北東部の州, 州都》

co-'rri-g~, -j~ [動] 《活用》 ↑corregir

co-'rri-llo [コ.'り.ジョ] [名] [男] 小さなグループ; ひそひそ話

co-rri-'mien-to [コ.り.'ミエン.ト] [名] [男] 滑ること, 滑り落ちること; 〔地質〕地すべり, 山くずれ; 〔医〕(膿(うみ)・目やになどの)分泌物; 当惑, 困惑; 《カリブ》《チリ》〔医〕リウマチ

co-'rrió [動] 《直点 3 単》 ↑correr

'co-rro ['コ.ろ] [名] [男] 人の輪, 円陣, 円形, 環; 〔遊〕輪になって歌いながら回る子供の遊び [動] 《直現 1 単》 ↑correr

co-rro-bo-ra-'ción [コ.ろ.ボ.ら.'すぃオン] [名] [女] 確実にすること, 確証, 裏付け; 強化

co-rro-bo-'rar [コ.ろ.ボ.'らる] [動] [他] 〈所信・陳述などを〉裏付ける, 確証する; 強くする, 強化する, 確実にする

co-rro-bo-ra-'ti-vo, -va [コ.ろ.ボ.ら.'ティ.ボ, バ] [形] 裏付ける, 確証する; 強くする, 強化する, 確実にする

co-rro+'er [コ.ろ.'エる] [動] [他] ⑫〔直現 1 単 -go; -y-〕腐食させる, 侵食する; «嫉妬・憎悪などが»やつれさせる, 〈の〉心に食い入る　～se [動] [再] 腐食する, 浸食する; 身を削る, さいなまれる

*__co-rrom-'per__ [コ.ろン.'ぺる] 94% [動] [他] 〈品性などを〉堕落させる, だめにする; 腐らせる, 損なわせる; 買収する; 《話》うんざりさせる, 怒らせる [動] [自] (腐って)いやなにおいがする, 悪臭を放つ　～se [動] [再] 腐る, 腐敗する; 堕落する

co-rro-'si-vo, -va [コ.ろ.'スィ.ボ, バ] [形] 腐食性の [名] [男] 腐食剤

co-rru-'gar [コ.る.'ガる] [動] [他] ㊶ (g|gu) 〈しわを〉寄せる, 縮ませる

co-rrup-'ción [コ.るプ.'すぃオン] 86% [名] [女] 買収, 汚職; 腐敗, 腐乱; 堕落, 退廃

co-rrup-'te-la [コ.るプ.'テ.ラ] [名] [女] 堕落, 弊風, 悪徳, 悪習, 悪弊

co-rrup-'ti-ble [コ.るプ.'ティ.ブレ] [形] 堕落させる, 腐敗性の

co-'rrup-to, -ta [コ.'るプ.ト, タ] [形] 腐敗した, 腐った; 賄賂のきく, 汚職の; 堕落した; «言葉が»くずれた; «原本が»改作された

co-rrup-'tor, -'to-ra [コ.るプ.'トる, 'ト.ら] [形] 腐敗させる, 堕落させる [名] [男] [女] 堕落させる人; 贈賄者

co-'rrus-co [コ.'るス.コ] [名] [男] 《話》〔食〕固くなったパン, パンの端[耳]

cor-'sa-rio, -ria [コる.'サ.りオ, りア] [形] 〔海〕私掠(しりゃく)船の, 海賊の [名] [男] 〔海〕私掠船, 海賊

cor-'sé [コる.'セ] [名] [男] 〔衣〕コルセット

cor-se-te-'rí+a [コる.セ.テ.'り.ア] [名] [女] 〔商〕コルセット店[工場]

'cor-so, -sa ['コる.ソ, サ] [形] [名] [男] [女] 〔地名〕コルシカ島の(人) ↑Córcega [名] [男] 〔海〕私掠(しりゃく)行為, 海賊行為; 《アンデス》《チリ》《ラプラタ》(カーニバルの)仮装行列, パレード

'cor-ta ['コる.タ] [名] [女] 伐採, 枝打ち [形] 《女》 ↓corto

cor-ta-'cés-ped [コる.タ.'せス.ペド] 名 男 〘機〙 芝刈り機

cor-ta-cir-'cui-tos [コる.タ.すぃる.'クイ.トス] 名 男 〔単複同〕 〘電〙 回路遮断器, 安全器, ブレーカー

cor-ta-'de-ra [コる.タ.'デ.ら] 名 女 〘技〙 たがね

cor-ta-'di-llo [コる.タ.'ディ.ジョ] 名 男 〘飲〙 ワイン用グラス, タンブラー; コルタディージョ《液量単位, 約コップ一杯分》

cor-'ta-do, -da [コる.'タ.ド, ダ] 形 切れた; 当惑[困惑]した; 断片的な; 短文が多い; 〘飲〙《牛乳が》腐った ***dejar ~[da]*** 遮る, 中断する; 動揺させる, 困惑させる 名 男 《スペイン》 〘飲〙 ミルクを少し入れたコーヒー; (ダンスで)跳ね回ること ***dejar cortado [da]*** 遮る; 動揺させる

cor-ta-'dor, -'do-ra [コる.タ.'ドる, 'ド.ら] 形 切る, 切断の; 切る人 名 男 女 裁断師; 肉屋, 肉を切る人 名 男 〘体〙 切歯, 門歯 **-dora** 名 女 切断機, カッター

cor-ta-'du-ra [コる.タ.'ドゥ.ら] 名 女 切ること, 切断, 切り口, 亀裂; 〘医〙 切り傷; 〘地〙 峡谷, 山あい; 〔複〕(新聞・雑誌の)切り抜き

cor-ta-'frí+o [コる.タ.'フリ.オ] 名 男 〘技〙 冷(ひや)たがね

cor-ta-'fue-go [コる.タ.'フエ.ゴ] 名 男 (山林・草原の)防火帯; 〘情〙 ファイアウォール

cor-'tan-te [コる.'タン.テ] 形 よく切れる, 鋭利な; 〘気〙《寒さ・風が》痛烈な, 身を切るような; 辛辣(しんらつ)な 名 男 〘食〙 肉切り包丁; 〘商〙〔人〕 肉屋

cor-ta-'pi-cos [コる.タ.'ピ.コス] 名 男 〔単複同〕 〘昆〙 ハサミムシ

cor-ta-'pi-sa [コる.タ.'ピ.サ] 名 女 条件, 規定, 制約; ふち飾り, 装飾 ***sin ~s*** 自由に, 遠慮なく

cor-ta-'plu-ma 名 男 《ラ米》 ⇩ cortaplumas

cor-ta-'plu-mas [コる.タ.'プル.マス] 名 男 〔単複同〕 ペンナイフ, 小刀, 懐中ナイフ

‡cor-'tar [コる.'タる] 79% 動 他 切る, 切り分ける; 削除する, 切り取る, 切り抜く, 短くする, カットする; 分ける, 切り開く, 切って進む; 〈流れを〉止める; 妨げる, 遮(さえぎ)る; 〈鉛筆を〉削る; 〈肌を〉刺す; 〘遊〙〔トランプ〕〈カードを〉切る; 〘競〙〈ボールを〉カットする; 〘食〙〈牛乳を〉凝乳にする, 分離させる; 横切る, 〈を通って〉近道をする 動 自 《刃物などが》切れる; 身にしみる, 刺すように痛い; 近道をする, 横切る; 絶交する; 《電話が》切れる; 〘遊〙〔トランプ〕 カードを切る; 《チリ》 出発する **~se** 動 再 切れる, 分かれる; (切って)けがをする; 〈髪を〉切ってもらう, 床屋へ行く; 〈自分の…を〉切る; 《スペイン》 どぎまぎする, 言いよどむ; 〘食〙《牛乳などが》凝乳になる ***¡Corta (el rollo)!*** 《話》 長話をやめなさい! ***cortar y pegar*** 〘情〙 カットアンドペーストする

cor-ta-'ú-ñas [コる.タ.'ウ.ニャス] 名 男 〔単複同〕 爪切り

‡'cor-te ['コる.テ] 83% 名 女 〘政〙 宮廷, 朝廷, 王室; 〘法〙 法廷, 裁判所; タイプ, 型, スタイル; 王都, 首都; 〔集合〕 廷臣; 従者; 〔Cortes〕《スペイン》〘政〙 議会, 議事堂 名 男 切ること; 〘衣〙 (衣服の)裁ち方, 洋裁, 裁断; 切断, 削除; (刃物の)刃; 切口, 断面; 《話》 驚き; 失望; 切り傷; (髪の)刈り方, 髪型, カット; 切った部分, 一切れ; 〘衣〙 布地, 服地; 〘遊〙〔トランプ〕 カット; 中断, 打ち切り; 《ラ米》〘農〙 収穫, 刈り取り, 伐採; 〘建〙 階, 部屋割り, 縦断面図 ***~ celestial*** 〘宗〙 天国の天使と聖人たち ***~ de mangas*** 左手で右の力こぶを持ち右手を上に曲げる侮辱のジェスチュア ***dar ~*** (a: に)気おくれを感じさせる; (a: を)やりこめる; (a: を)急に遮る ***hacer la ~*** (a: 女性に)求愛する, 言い寄る; (a: 有力者などの)機嫌をうかがう

cor-te-'dad [コる.テ.'ダド] 名 女 短さ, 簡潔さ; (技量・才能の)不足, 欠乏, 貧弱; 小心, 内気, 気おくれ

cor-te-'jar [コる.テ.'はる] 動 他 〈女性に〉言い寄る, 口説く; 〈の〉ご機嫌を取る; 〈に〉付き添う, 〈に〉同行する

cor-'te-jo [コる.'テ.ほ] 名 男 〔集合〕(行事の)参加者, 人の列, 一同; 〔集合〕(王侯・貴族の)従者たち, 随行員; 《古》 女性に言い寄ること, 口説くこと

***cor-'tés** [コる.'テス] 91% 形 礼儀正しい, 丁重な, 思いやりのある

Cor-'tés [コる.'テス] 名 固 〘地名〙 コルテス《ホンジュラス西部の県》; 〘姓〙 コルテス

cor-te-'sa+no, -na [コる.テ.'サ.ノ, ナ] 形 宮廷の, 宮廷風の 名 男 女 廷臣 **-na** 名 女 娼婦, 売春婦

***cor-te-'sí+a** [コる.テ.'スィ.ア] 93% 名 女 礼儀(正しさ), 丁重さ; 丁重な行為[言葉], 親切な行い; 敬称; (de: からの)提供; 〘商〙 支払い猶予期間; 〘印〙 章末の空白

cor-'tés-'men-te [コる.'テス.'メン.テ] 副 礼儀正しく, 丁重に

'cór-tex ['コる.テ(ク)ス] 名 男 〔単複同〕 〘体〙 皮質; 〘植〙 皮層

cor-'te-za [コる.'テ.さ] 名 女 〘植〙 樹皮, (果物の)皮, 外皮; 皮層; 表面, 見かけ, 外観; 〘体〙 皮質, 外皮; 〘食〙 パンの皮; 〘食〙 チーズの皮; 無骨さ, 粗野 ***~ terrestre*** 〘地質〙 地殻

cor-ti-'ja-da [コる.ティ.'は.ダ] 名 女 〘農〙〔集合〕 農場, 荘園

cor-ti-'je-ro, -ra [コる.ティ.'へ.ろ, ら] 名 男 女 〘農〙 (農園の)農夫, 人夫頭

cor-'ti-jo [コる.'ティ.ほ] 名 男 〘農〙 農

C

場, 農園, 荘園; (アンダルシア地方の)別荘

*cor-'ti-na [コる.'ティ.ナ] 93% 名 女 カーテン; 幕状のもの, さえぎるもの; 天蓋; 〘地〙岸壁, 護岸 *correr la* ~ カーテンを引く; 隠す, 隠蔽する

cor-ti-'na-je [コる.ティ.'ナ.へ] 名 男 〔集合〕(一式の)カーテン

cor-ti-'so-na [コる.ティ.'ソ.ナ] 名 女 〘医〙コルチゾン《リウマチ・関節炎の治療薬》

**'cor-to, -ta ['コる.ト, タ] 81% 形 《寸法・距離が》短い; 《時間が》短い; 内気な, 臆病(おくびょう)な; 《分量・重さが》不足している; 《話》(de: が)足りない, 弱い 名 男 《スペイン》〘飲〙濃いめのコーヒー; 〘映〙短編映画; 《スペイン》〘飲〙(小型の)コップ *a la corta o a la larga* 遅かれ早かれ ~[*ta*] *de alcances* [*luces*] 頭の悪い, ばかな *ir de* ~ 半ズボンをはいている, まだ子供である *ni* ~[*ta*] *ni perezoso*[*sa*] いきなり, さっさと *quedarse* ~[*ta*] 少なく計算する; 少なくなる, 足りなくなる

cor-to-cir-'cui-to [コる.ト.すぃる.'クイ.ト] 名 男 〘電〙ショート, 短絡

cor-to-me-'tra-je [コる.ト.メ.'トら.へ] 名 男 〘映〙短編映画

Co-'ru-ña [コ.'る.ニャ] 名 固 〔La ~〕〘地名〙ラ・コルーニャ《スペイン北西部の県, 県都》

co-ru-'ñés, -'ñe-sa [コ.る.'ニェス, 'ニェ.サ] 形 名 男 女 〘地名〙ラ・コルーニャの(人)⬆Coruña

'cor-va ['コる.バ] 名 女 〘体〙(足の)ひかがみ, 膝(ひざ)のうしろ

cor-va-'du-ra [コる.バ.'ドゥ.ら] 名 女 湾曲部

cor-ve-'jón [コる.ベ.'ほン] 名 男 〘畜〙(馬・犬などの後脚の)膝; 〘畜〙(鶏などの)蹴爪(けづめ)

cor-'ve-ta [コる.'ベ.タ] 名 女 〘競〙〘馬術〙クルベット, 騰躍《前足が地に着かぬうちに後脚から躍進する馬の優美な跳躍》

cor-'vi-na [コる.'ビ.ナ] 名 女 〘魚〙コルビーナ, ニベ

'cor-vo, -va ['コる.ボ, バ] 形 曲がっている, 屈曲した 名 男 鉤(かぎ); 〘魚〙ニベ科の魚, コルビーナ

'cor-zo, -za ['コる.そ, さ] 名 男 女 〘動〙ノロジカ

**'co+sa 59% 名 女 〔漠然と〕物, こと, 事物, 事柄, 事項, 事件, 問題, 物事, 事情, 事態, 状態; 〔複〕持ち物, 身の回りの物, 所持品, 所有物, 家財, 財産; 特徴, 性格, …らしいこと *¡Ahí está la ~!* そこが問題だ!, そこが肝心だ! *como quien no quiere la* ~ 《話》いつの間にか, 知らないうちに ~ *de* … 約… 《単数扱い》 *La ~ es que* … 実は[つまりは]…なのです *no sea ~ que* …(接続法) …しないように, …にならないように … *o* (*alguna*) ~ *así* …かそのあたり, 大体… *¡Qué ~s!* 《話》ああ, すばらしい!; ああ, 驚いた! *ser ~ de* …(不定詞) …すべきだ, …するとよい *¡Vaya* (*una*) *~!* 《話》おやおや!, それはそれは!

co-'sa-co, -ca 形 コサックの 名 男 女 コサック人《ロシア南部に住む民族》 *beber como un* ~ 大酒を飲む

co-'sa-rio, -ria [コ.'サ.りオ, りア] 名 男 女 運搬係, 配達人

cos-'co-ja [コス.'コ.は] 名 女 〘植〙ケルメスナラ; ケルメスナラの枯葉

cos-co-'rrón [コス.コ.'ろ̃ン] 名 男 頭部への一撃; 《話》失敗, 挫折; 〔複〕《チリ》白インゲン豆

co-se-'can-te 名 女 〘数〙コセカント

*co-'se-cha 91% 名 女 〘農〙(穀物の)収穫, 取り入れ; 〘農〙収穫期; 〘農〙収穫物, 収穫高, 取り入れ量; 考え出したもの, 創作; (努力・行為の)結果, 報い, 報酬

co-se-cha-'dor, -'do-ra 名 男 女 ⬇cosechero

co-se-cha-'do-ra [コ.セ.チャ.'ド.ら] 名 女 〘農〙コンバイン

*co-se-'char [コ.セ.'チャる] 94% 動 他 〘農〙取り入れる, 収穫する; 〈行為の結果を〉手に入れる 動 自 〘農〙収穫する ~se 動 再 〘農〙生産される

co-se-'che-ro, -ra [コ.セ.'チェ.ろ, ら] 名 男 女 〘農〙収穫をする人

co-se-'le-te [コ.セ.'レ.テ] 名 男 〘軍〙胴鎧(どうよろい); 〘昆〙胸甲部

co-'se+no 名 男 〘数〙コサイン

**co-'ser [コ.'セる] 83% 動 他 縫う, 縫いつける, 縫い合わせる; とじる 動 自 縫い物をする ~se 動 再 (a: に)くっついている, (a: 人に)ついて回る, 離れない ~ *a balazos* 銃弾で穴だらけにする, 蜂の巣にする ~ *a puñaladas* 剣でめった突きにする ~ *y cantar* 《話》とてもたやすいこと

co-'si-do, -da 形 (a: に)くっついている

co-si-fi-ca-'ción [コ.スィ.フィ.カ.'すぃオン] 名 女 《格》〘哲〙擬物化《物と見なすこと》

co-si-fi-'car [コ.スィ.フィ.'カる] 動 他 69 (c|qu) 《格》〘哲〙擬物化する《物と見なす》

co-'si-ta 〔縮小語〕⬆cosa

cos-'mé-ti-co, -ca 形 化粧用の, 美顔[整髪]用の 名 男 化粧品

'cós-mi-co, -ca 形 〘天〙宇宙の

cos-mo-go-'ní+a 名 女 〘天〙宇宙発生[創造]論, 宇宙進化論

cos-mo-'gó-ni-co, -ca 形 〘天〙宇宙発生[創造]の, 宇宙進化論の

C

cos-mo-gra-'fí+a [コス.モ.グら.'フィ.ア] 名 女 〔天〕宇宙形状誌, 宇宙構造論, 宇宙学

cos-mo-'grá-fi-co, -ca [コス.モ.'グら.フィ.コ, カ] 形 〔天〕宇宙形状誌の, 宇宙構造論の, 宇宙学の

cos-'mó-gra-fo, -fa [コス.'モ.グら.フォ, ファ] 名 男 女 〔天〕宇宙構造論者, 宇宙学者

cos-mo-lo-'gí+a [コス.モ.ロ.'ひ.ア] 名 女 〔天〕宇宙論; 世界形状学

cos-mo-'ló-gi-co, -ca [コス.モ.'ロ.ひ.コ, カ] 形 〔天〕宇宙論の; 世界形状学の

cos-mo-'nau-ta 名 共 〔天〕宇宙飛行士

cos-mo-po-'li-ta [コス.モ.ポ.'リ.タ] 形 国際色豊かな, 世界的な, 世界主義の[主義者]; 〔生〕全世界に分布する 名 共 国際人, コスモポリタン, 世界主義者

'cos-mos 名 男 〔単複同〕(秩序と調和の現れとしての)宇宙; 〔植〕コスモス

cos-mo-vi-'sión [コス.モ.ビ.'スィオン] 名 女 宇宙観

'co+so 名 男 (一部の都市で)大通り; 〔牛〕闘牛場; ((カリ)) ((話)) (漠然と)もの, こと; 〔昆〕キクイムシ

cos-'qui-lla [コス.'キ.ジャ] 名 女 〔複〕くすぐり, むずがゆさ, くすぐったい心地 ***buscar las ~s*** ((話)) (a: を)うるさがらせる, いらいらさせる ***hacer ~s*** (a: の)興味をそそる, 好奇心をくすぐる, (a: を)わくわくさせる; くすぐる

cos-qui-lle+'an-te [コス.キ.ジェ.'アン.テ] 形 くすぐったい

cos-qui-lle+'ar [コス.キ.ジェ.'アる] 動 他 くすぐる; 喜ばせる, 満足させる, うずうずさせる, 楽しませる

cos-qui-'lle+o [コス.キ.'ジェ.オ] 名 男 くすぐり, くすぐったさ; うずうずすること, 楽しみ

cos-qui-'llo-so, -sa [コス.キ.'ジョ.ソ, サ] 形 くすぐったがり屋の; 怒りっぽい, 気難しい

'cos-ta 81% 名 女 〔地〕海岸, 沿岸, 沿岸地方; 〔地〕川岸; 〔複〕費用; (時間・労力などの)犠牲; 〔C~ Azul〕〔地名〕コートダジュール ((フランス南東部の地中海沿岸地帯)); 〔C~ Blanca〕〔地名〕コスタ・ブランカ ((スペイン南東部, アリカンテ Alicante 付近の海岸線)); 〔C~ Brava〕〔地名〕コスタ・ブラバ ((スペイン北東部, バルセロナ Barcelona の北の海岸線)); 〔C~ de la Luz〕〔地名〕コスタ・デ・ラ・ルス ((スペイン南部, カディス Cádiz の海岸線)); 〔C~ del Azahar〕〔地名〕コスタ・デル・アサル ((スペイン東部, バレンシア Valencia の海岸線)); 〔C~ del Sol〕〔地名〕コスタ・デル・ソル ((スペイン南部, マラガ Málaga の海岸線)); 〔C~ Dorada〕〔地名〕コスタ・ドラダ ((スペイン北東部, タラゴーナ Tarragona の海岸線)) ***a ~ de*** ... …を犠牲にして; …の費用で ***a toda ~*** どんなに犠牲を払っても

'Cos-ta de Mar-'fil ['コス.タ デ マる.'フィル] 名 固 〔República de ~〕〔地名〕コートジボアール ((アフリカ西部の共和国))

cos-'ta-do 名 男 〔体〕わき腹, 横腹; 側, 方面, 側面, 面; (問題などの)側面, 面, 方面; 〔複〕父方と母方の祖父母 ***de ~*** 横向きに ***por los cuatro ~s*** 完全に[な]; 四方を[で, から]

cos-'tal [コス.'タル] 形 〔体〕肋骨の, 肋骨のある 名 男 大袋 ***el ~ de los pecados*** ((話)) 人間の体 ***no parecer ~ de paja*** ((話)) (異性に対して)魅惑的である

cos-ta-'la-da [コス.タ.'ラ.ダ] 名 女 ひっくり返った衝撃, 横倒しになったときの打ち身

cos-ta-'le-ro, -ra [コス.タ.'レ.ろ, ら] 名 男 女 〔宗〕(聖週間の行列で)像をかつぐ人

cos-ta-'ne-ro, -ra [コス.タ.'ネ.ろ, ら] 形 岸の, 沿岸の; 傾斜している, (急)勾配の

cos-ta-'ni-lla [コス.タ.'ニ.ジャ] 名 女 短い急な坂道

****cos-'tar** [コス.'タる] 78% 動 自 ⑯ (o|ue) (費用が)かかる, 出費がかかる, 値段は…である; 〈時間・労力などが〉かかる; (a: 人に)〈貴重なものを〉犠牲にさせる, (a: にとって)高くつく; (不定詞: …することが)難しい, 困難である ***cueste lo que cueste*** どんなに犠牲を払っても

***'Cos-ta 'Ri-ca** ['コス.タ 'ŗ̃.カ] 94% 名 固 〔República de ~〕〔地名〕コスタリカ ((中米南部の共和国))

***cos-ta-rri-'cen-se** [コス.タ.ŗ̃.'セン.セ] 93% 形 〔地名〕コスタリカ(人)の 名 共 コスタリカ人 ↑Costa Rica

cos-ta-rri-'que-ño, -ña 形 ((まれ)) ⇧ costarricense

****'cos-te** 87% 名 男 費用, 原価

cos-te+'ar [コス.テ.'アる] 動 他 〈の〉費用を支払う, 〈に〉出資する; ((アンデス)) ((話)) からかう, ばかにする; 〔海〕〈の〉海岸に沿って進む ***~-se*** 動 再 利益になる; (自分のために)買う

cos-'te-ño, -ña [コス.'テ.ニョ, ニャ] 形 海岸の, 沿岸の; 《人が》海岸に住む 名 男 女 海岸の住民

cos-'te-ro, -ra [コス.'テ.ろ, ら] 形 海岸の, 沿岸の 名 男 〔海〕沿岸航行船

cos-'ti-lla** [コス.'ティ.ジャ] 94% 名 女 〔体〕肋骨(ろっこつ), あばら骨; 〔食〕あばら骨付きの肉, リブ; 〔複〕((話)) 背中, 肩; (椅子の背の)横木; 棒, さお; 〔海〕(船舶の)肋材; ((話)) 妻 ***a las ~s de ... …の費用で ***medir***

| *las* ~*s* (a: を)打つ, 殴る

cos-ti-'llar [コス.ティ.'ジャる] [名] [男] 〔体〕〔集合〕肋骨(ろっこつ), あばら骨

'cos-to 89% [名] [男] 費用, 出資, コスト

C

cos-'tó [動] 《直点 3 単》 ↑costar

cos-'to-so, -sa 93% [形] 高価な, 費用のかかる, ぜいたくな; 多くの犠牲を払う, 骨の折れる, 困難な

'cos-tra ['コス.トら] [名] [女] 〔医〕かさぶた, 痂皮(かひ); 物の外側の固い部分, 外皮; ろうそくの芯の黒く燃え残った部分

cos-'tum-bre [コス.'トゥン.ブれ] 84% [名] [女] (社会の)風習, 習慣, しきたり; (個人の)習慣, 習性, 癖

cos-tum-'bris-mo [コス.トゥン.'ブリス.モ] [名] [男] 〔文〕風俗写生主義《19 世紀前半のスペイン文学の一傾向》

cos-tum-'bris-ta [コス.トゥン.'ブリス.タ] [形][名] [共] 〔文〕風俗写生主義の[主義者], 風俗を題材とする(作家); 風俗の, 習慣の ↑costumbrismo

cos-'tu-ra [コス.'トゥ.ら] 93% [名] [女] 〔衣〕裁縫, 針仕事, 縫い物; 〔衣〕縫い目, 継ぎ目, とじ目, 合わせ目; 〔衣〕洋裁, (婦人[子供]服の)仕立て; 〔海〕(船板などの)合わせ目, はぎ目 *sentar las* ~*s* 〔衣〕縫い目をアイロンで押さえる; 《話》(a: に)厳しくする

cos-tu-'re-ro, -ra [コス.トゥ.'れ.ろ, ら] [名] [男] [女] 〔技〕仕立て屋, 裁縫師, 洋裁師 [名] [男] 〔衣〕裁縫箱, 針箱; 〔衣〕裁縫台

cos-tu-'rón [コス.トゥ.'ろン] [名] [男] 粗い縫い目; 《話》目立つ傷跡

'co+ta [名] [女] 〔歴〕〔軍〕イノシシの皮《防御用》; 《カリブ》《話》首・耳の垢(あか); 《ベネズエラ》〔衣〕ブラウス; 〔歴〕(中世の)鎖かたびら; (紋章入りの)陣羽織; 〔地〕(地形図の)標高, 海抜, 水準基標, 水準点; 水準, レベル

co-tan-'gen-te [コ.タン.'ヘン.テ] [名] [女] 〔数〕コタンジェント

co-'ta-rro [コ.'タ.ろ] [名] [男] 〔歴〕簡易宿泊所 *alborotar el* ~ 《スペイン》《話》大騒ぎを引き起こす *dirigir el* ~ 《スペイン》《話》牛耳る, 先頭に立つ

co-te-'jar [コ.テ.'はる] [動] [他] (con: と)比較する, 対照する, 照合する

co-'te-jo [コ.'テ.ほ] [名] [男] 比較, 照合

co-te-'rrá-ne+o, +a [コ.テ.'ら.ネ.オ, ア] [形][名] [男] [女] 同国の(人), 同郷の(人)

co-ti-dia-ni-'dad [名] [女] 毎日のこと, 日常性

co-ti-'dia+no, -na 90% [形] 毎日の, 日常の

co-ti-le-'dón [コ.ティ.レ.'ドン] [名] [男] 〔植〕子葉《胚の初葉》

co-'ti-lla [コ.'ティ.ジャ] [名] [女] 〔衣〕コルセット《婦人用胴着》 [名] [共] 《スペイン》《話》うわさ好きの人, 陰口屋

co-ti-lle+'ar [コ.ティ.ジェ.'アる] [動] [自] 《話》うわさ話をする, 陰口をきく

co-ti-'lle+o [コ.ティ.'ジェ.オ] [名] [男] 《スペイン》《話》うわさ話をすること, 陰口をきくこと

co-ti-'llón [コ.ティ.'ジョン] [名] [男] ダンスパーティー, 舞踏会; 紙吹雪, 紙テープ

co-ti-tu-'lar [コ.ティ.トゥ.'ラる] [名] [共] 共同名義人

co-ti-'za-ble [コ.ティ.'さ.ブレ] [形] 〔経〕相場が決められる, 上場されている

co-ti-za-'ción [コ.ティ.さ.'すぃオン] 92% [名] [女] 〔経〕相場, 時価, 値段, (為替の)交換比率, レート

co-ti-'za-do, -da [コ.ティ.'さ.ド, ダ] [形] 〔経〕相場がつけられた, 高くなっている; 評価された, 人気のある

co-ti-'zar [コ.ティ.'さる] [動] [他] ㉞ (z|c) 〔商〕〈商品に〉相場[値段]をつける; 〈会費を〉払う ~**se** [動] [再] 〔商〕値段[相場]がつけられる; 評価される

'co+to [名] [男] 囲い地; 禁猟区, 保護区; 境界石; 終わり, 端; 価格, 代価; 《ベネズエラ》《チリ》〔医〕甲状腺腫(しゅ); 《ラ米》〔魚〕カジカ

co-'tón [名] [男] 〔衣〕木綿のプリント地

co-to-ne+'ar [コ.ト.ネ.'アる] [動] [他] 《中米》《話》(下心があって)〈に〉取り入る

Co-to-'nú [コ.ト.'ヌ] [名] [固] 〔地名〕コトヌー《ベナン Benín の首都》

Co-to-'pa-xi [コ.ト.'パク.スィ] [名] [固] 〔地名〕コトパクシ《エクアドル中部の州》; [volcán ~] 〔地名〕コトパクシ山《エクアドルにある世界最高の活火山, 5897m》

co-'to-rra [コ.'ト.ら] [名] [女] 〔鳥〕オウム; 〔鳥〕カササギ; 《話》おしゃべりな人; 《ベネズエラ》《話》うんざりする長話

co-to-rre+'ar [コ.ト.れ.'アる] [動] [自] 《話》よくしゃべる; おしゃべりをする

co-to-'rre+o [コ.ト.'れ.オ] [名] [男] 《話》よくしゃべること, おしゃべり

co-to-'rrón, -'rro-na [コ.ト.'ろン, 'ろ.ナ] [形][名] [男] [女] 《話》〔笑〕〔軽蔑〕若者ぶっている(老人)

co-'tu-fa [名] [女] 〔食〕ごちそう, おいしいもの; 〔植〕カヤツリの塊茎 *pedir* ~*s en el golfo* ないものねだりをする

co-'tur+no [コ.'トゥる.ノ] [名] [男] 〔複〕〔歴〕〔衣〕(古代ギリシャの悲劇俳優が履いた)半長靴, 厚底の靴 *de alto* ~ 高尚な

co-'va-cha [コ.'バ.チャ] [名] [女] 〔地〕〔軽蔑〕小さな洞穴; 《話》〔建〕仮小屋, 掘っ立て小屋; がらくた置き場, 押し入れ; 《アンデス》〔商〕八百屋

co-va-'chue-la [コ.バ.'チュエ.ラ] [名] [女] 《話》〔軽蔑〕役所, 官庁; 〔商〕(教会などの)小さな売店

co-va-chue-'lis-ta [コ.バ.チュエ.'リス.タ] [名] [共] 《話》〔軽蔑〕役人

Co-va-'don-ga [コ.バ.'ドン.ガ] [名] [固]〘地名〙コバドンガ《スペイン北部の町; ここから国土回復運動 Reconquista が始まった》

co-'xal [コク.'サル] [形]〘体〙腰の, 股関節の

co-'xal-gia [コク.'サル.ひア] [名] [女]〘医〙股関節痛

'co-xis ['コク.スィス] [名] [男]〔単複同〕〘体〙尾骨

co-'yol [コ.'ジョル] [名] [男]《(ﾒｷｼｺ)》《(中米)》〘植〙コヨールヤシ

co-'yo-te [名] [男]〘動〙コヨーテ《北米産のオオカミに似た哺乳類》;《(ﾒｷｼｺ)》《(中米)》《話》仲介者, 代理人, フィクサー; 米国への密入国の手配師;《(ﾒｷｼｺ)》《話》混血の人, メスティーソ

co-'yun-da [名] [女]〘農〙牛をつなぐ革ひも, くびき綱;〘衣〙靴ひも, わらじのひも; 苦役, 束縛;《話》〔笑〕夫婦のきずな

co-yun-'tu-ra [コ.ジュン.'トゥ.ら] [名] [女] 機会, 好機; 状況, 情勢;〘体〙関節

co-yun-tu-'ral [コ.ジュン.トゥ.'らル] [形] 状況の, 応急の, 状況に応じた; 好機の, 絶好の

'coz ['コす] [名] [女]〘動〙(馬などが)蹴ること, 蹴とばし;《(ｽﾍﾟｲﾝ)》《話》乱暴な言葉, 悪態, 荒っぽい返事; (発射した銃の)反動; (水の)逆流;〘軍〙(銃の)床尾 ***dar coces contra el aguijón*** むだな抵抗をする ***tratar a coces*** 酷使する, こき使う

'coz-co ['コす.コ] [名] [男]《(ﾒｷｼｺ)》《話》悪魔

cp. [略] =compárese 比較せよ

C. P. [略] =código postal 郵便番号; contador público〘商〙公認会計士

C. P. N. [略] =contador público nacional〘商〙国家公認会計士

C. por A. [略] =compañía por acciones〘商〙株式会社

cra. [略] ↑carrera

'crac ['クらク] [名] [男]〔複 cracs〕〘商〙破産, 倒産;〘経〙株価の大暴落;〘医〙息切れ, 体をこわすこと [感]《擬音》バリッ, パリッ, ポキン, メリメリ《物が割れる音, 折れる音》

crack ['クらク] [名] [男]〔英語〕〘競〙〔サッカー〕クラック《最上級の選手》; クラック《コカインからつくる強力な麻薬》;〘商〙破産, 倒産;〘経〙株価の大暴落

Cra-'co-via [クら.'コ.ビア] [名] [固]〘地名〙クラクフ《ポーランド南部の都市》

cra-ne+'al [クら.ネ.'アル] [形]〘体〙頭蓋の

'crá-ne+o ['クら.ネ.オ] [名] [男]〘体〙頭蓋, 頭蓋骨 ***ir de*** ~《話》むだだ, 間違っている ***tener seco el*** ~《話》頭がおかしい

'crá-pu-la ['クら.プ.ラ] [名] [女]《格》飲み過ぎ, 酩酊(めいてい);《格》放蕩(ほうとう), 遊興

cra-pu-'lo-so, -sa [クら.プ.'ロ.ソ, サ] [形] [名] [男] [女]《格》飲み過ぎた(者), 酩酊(めいてい)した(者);《格》堕落した(人), 放縦(ほうしょう)な(人); 放蕩者, 道楽者

cra-que-'la-do [クら.ケ.'ラ.ド] [名] [男] (陶器・磁器の)ひび割れ

cras-ci-'tar [クら(ス).すぃ.'タる] [動] [自]《格》〘鳥〙《カラスが》カアカア鳴く

cra-si-'tud [クら.スィ.'トゥド] [名] [女]《格》肥満;〘体〙(内臓の)脂肪

'cra-so, -sa ['クら.ソ, サ] [形]《格》脂肪性の, 脂の多い;《格》肥満した; ひどい, はなはだしい

'crá-ter ['クら.テる] [名] [男] 噴火口;〔C~〕〘天〙コップ座

crau-'ro-sis [クらウ.'ろ.スィス] [名] [女]〔単複同〕〘医〙萎縮(いしゅく)症

cra-'yón [クら.'ジョン] [名] [男] クレヨン

‡cre+a-'ción [クれ.ア.'すぃオン] 82% [名] [女] 創造, 創出, 創作, 考案, 建設, 創設; 創造物, 創作品;〔C~〕〘宗〙(神の)創造, 天地創造, 創世, (神の創造した)世界, 宇宙, 森羅万象

cre+a-cio-'nis-mo [クれ.ア.すぃオ.'ニス.モ] [名] [男] 霊魂創造説

cre+a-cio-'nis-ta [クれ.ア.すぃオ.'ニス.タ] [形] [名] [共] 霊魂創造説の(論者)

‡cre+a-'dor, -'do-ra [クれ.ア.'ドる, 'ド.ら] 89% [名] [男] [女] 創造者, 創作者, 創設者;〔El C~〕〘宗〙(創造主としての)神 [形] 創造的な, 創造力のある, 独創的な

‡cre+'ar [クれ.'アる] 71% [動] [他]〈新しい物・独創的な物を〉作り出す, 創出する, 考え出す;《神・自然などが》創造する; 創設する, 設ける, 設立する;〘演〙〘映〙演じる **~se** [動] [再] 想像して作る, (自分から)起こす, 作り出す; できあがる, 作り出される

cre+a-ti-vi-'dad [クれ.ア.ティ.ビ.'ダド] [名] [女] 創造性

cre+a-'ti-vo, -va [クれ.ア.'ティ.ボ, バ] [形] 創造的な, 創造力のある

cre-a-'tu-ra [名] [女] ⇩ criatura

crec. [略] ↓creciente

cre-ce-'de-ro, -ra [クれ.せ.'デ.ろ, ら] [形]〘衣〙大きくなっても着られる; 成長する

cre-ce-'pe-lo [クれ.せ.'ペ.ロ] [名] [男] 養毛剤, 育毛剤

‡cre-'cer [クれ.'せる] 79% [動] [自] ㊺ (c|zc)《人が》育つ, 大きくなる, 成長する;〘植〙《植物が》生える, 生育する;《物事が》発達する, 発展する, 大きくなる; 増える, 増大する;〘天〙《月が》満ちる;《川が》増水する **~-se** [動] [再] 大胆になる, 勢いを得る; 態度が大きくなる, いばる, 増長する

'cre-ces ['クれ.せス] [名] [女]《複》増加, 増大, 成長, 伸び; 利益, 利子 ***con*** ~ 広々と, 十分に, 大幅に; おまけをつけて

cre-'ci-do, -da [クれ.'すぃ.ド, ダ] [形] 成長[生育]した; あふれる, 氾濫した; かなりの, 相当な; 得意になった, うぬぼれた;〔-da〕(川

の)増水, 氾濫, 大水 名 男〖衣〗(編物の)増やし目

cre-'cien-te [クれ.'すぃエン.テ] 形 増大する, 成長する 名 女 (川の)増水, 氾濫, 大水

cre-ci-'mien-to [クれ.すぃ.'ミエン.ト] 83% 名 男 成長, 生長; 増加, 増大; 発展, 発達;〖天〗《月が》満ちること; (川の)増水, 氾濫, 大水

cre-den-'cial [クれ.デン.'すぃアル] 形 保証する, 信任する 名 女 信任状

cre-di-bi-li-'dad [クれ.ディ.ビ.リ.'ダド] 名 女 信頼性

cre-di-'ti-cio, -cia [クれ.ディ.'ティ.すぃオ, すぃア] 形 信用の

'cré-di-to ['クれ.ディ.ト] 86% 名 男 信用, 信頼;〖商〗つけ, 掛け売り, 信用貸し, クレジット, ローン, 借款;〖商〗資産; 信用状; 名声, 評判; (授業の)単位 *de* ~ 信用できる

'cre-do ['クれ.ド] 名 男〔宗〕クレド, 使徒信条;《格》信条, 主義, 綱領 *en un* ~ すぐに, あっという間に *quedar con el* ~ *en la boca* ひどく驚いている

cre-du-li-'dad [クれ.ドゥ.リ.'ダド] 名 女 信じやすいこと, 軽信, だまされやすいこと

'cré-du-lo, -la ['クれ.ドゥ.ロ, ラ] 名 男 女 だまされやすい人, お人よし 形 (軽々しく)信じやすい, だまされやすい, お人よしの

cre+e-'de-ra [クれ.エ.'デ.ら] 名 女〔複〕《話》信じやすいこと, だまされやすいこと

cre+'en-cia [クれ.'エン.すぃア] 90% 名 女 信じていること, 確信; 所信, 考え;〔しばしば複〕〖宗〗信仰, 信心;〔しばしば複〕信奉, 信条, 信念 *en la* ~ *de que* ... …と信じて

cre+'er [クれ.'エる] 60% 動 他 ㊵ (-y-) 〈que 直説法: …と〉思う;〔否定文で〕〈接続法: …とは〉思わない; (…だと)考える, 思う; 信じる, 信用する 動 自〖宗〗信仰する; (en: の)存在を信じる; 思う; (en: の)価値を信じる; (en: を)信頼する ~**se** 動 再 信じる, 信じてしまう; 自分が…だと思う *dar en* ~ 信じて疑わない, 固く信じる *¡Que te crees tú eso!* そんなばかな!, そんなはずはない! *¡Y a lo creo!*《話》もちろんだ!, そのとおりです!

cre+'í-ble [クれ.'イ.ブレ] 形 信用できる, 確かな

cre+'í-do, -da [クれ.'イ.ド, ダ] 形 思い上がった, うぬぼれた; 確信している

'cre-ma ['クれ.マ] 92% 名 女〖食〗クリーム, 乳脂《牛乳の中の脂肪分》;〖食〗クリーム状の食品, ピューレ, ポタージュ;〔一般〕クリーム(状のもの);〔集合〕エリート, 名士, 錚々(そうそう)たる人;〔皮肉〕一人前, 立派な人;〖言〗変母音記号《ü の ¨ の記号》⇩ diéresis; クレーマ《バレンシア Valencia の火祭り Falla で人形を焼くこと》

cre-ma-'ción [クれ.マ.'すぃオン] 名 女 火葬; 焼却

cre-ma-'lle-ra [クれ.マ.'ジェ.ら] 94% 名 女〖衣〗チャック, ファスナー, ジッパー;〖機〗(歯車とかみ合う)歯ざお, ラック

cre-ma-'tís-ti-co, -ca [クれ.マ.'ティス.ティ.コ, カ] 形《格》〖商〗理財の -**ca** 名 女《格》〖商〗理財学;《話》〔笑〕金銭の問題

cre-ma-'to-rio, -ria [クれ.マ.'ト.りオ, りア] 形 火葬にする, 火葬の 名 男 火葬場

cre-'mo-so, -sa [クれ.'モ.ソ, サ] 形 クリーム状の

'cren-cha ['クれン.チャ] 名 女 (髪の)分け目, 分けられた髪

cre-no-te-'ra-pia [クれ.ノ.テ.'ら.ピア] 名 女〖医〗温泉治療

cre-no-te-'rá-pi-co, -ca [クれ.ノ.テ.'ら.ピ.コ, カ] 形〖医〗温泉治療の

'cre+o 動《直現 1 単》↑crear, creer

cre+'ó 動《直点 3 単》↑crear

cre+o-'sol [クれ.オ.'ソル] 名 男〖化〗クレオソール

cre+o-'so-ta [クれ.オ.'ソ.タ] 名 女〖化〗クレオソート

cre+o-so-'tar [クれ.オ.ソ.'タる] 動 他〔技〕〈木材に〉クレオソート(防腐剤)を染み込ませる

'crep ⇦ cre-pe ['クれプ⇦クれ.ペ] 名 女 [男]〖食〗クレープ

'cre-pa ['クれ.パ] 名 女《(メキシコ)》《(中米)》《(コロンビア)》〖食〗クレープ

cre-'pé [クれ.'ペ] 名 男 クレープゴム;〖衣〗クレープ, ちりめん; 入れ毛, ヘアピース

cre-pi-ta-'ción [クれ.ピ.タ.'すぃオン] 名 女 パチパチ[ピチピチ]音を立てること;〖医〗捻髪(ねんぱつ)音《肺の水泡音》

cre-pi-'tar [クれ.ピ.'タる] 動 自 パチパチ[ピチピチ]音を立てる

cre-pus-cu-'lar [クれ.プス.ク.'ラる] 形 薄暗い, 薄暮の, 夕暮れの, たそがれの(ような); 明け方の

cre-'pús+cu-lo [クれ.'プス.ク.ロ] 名 男 薄明かり, たそがれ, 薄暮; 明け方;《格》晩年, 末期

'cre-sa ['クれ.サ] 名 女〔集合〕〖昆〗女王バチが産んだ卵;〔集合〕〖昆〗昆虫の卵;〖昆〗ウジ, 幼虫

cres-'cen-do [クれ(ス).'せン.ド] 副〖楽〗クレッシェンド(で), しだいに強く *in* ~ しだいに強く

'cre-so ['クれ.ソ] 名 男 大金持ち, 大富豪

'cres-po, -pa ['クれス.ポ, パ] 形 縮れ毛

の; «葉が»縮れている; «文体が»入り組んだ, 難解な; «人が»いらいらした
'Cres-po ['クれス.ポ] 名 固 〔姓〕クレスポ
cres-'pón [クれス.'ポン] 名 男 〔衣〕クレープ, ちりめん, うすぎぬ; (ちりめんの)喪章
'cres-ta ['クれス.タ] 名 女 〔鳥〕とさか, 冠毛; 〔地〕〔集合〕峰, 山頂; 波頭(なみがしら) ***alzar la ~*** 《話》いばりくさる, えらそうにする ***~ de gallo*** 〔植〕ケイトウ ***dar en la ~*** 《話》やりこめる, 鼻をへし折る ***sacar la ~*** 《話》(a: を)ぶん殴る, ひっぱたく
cres-to-ma-'tí+a [クれス.ト.マ.'ティ.ア] 名 女 〔文〕(教育用の)諸家名文集, 模範文集
cres-'tón [クれス.'トン] 名 男 〔歴〕〔軍〕(かぶとの)前立て
'cre-ta ['クれ.タ] 名 女 〔地質〕白亜質の石灰
'Cre-ta ['クれ.タ] 名 固 〔isla de ~〕〔地名〕クレタ島 《地中海東部, ギリシャ本土の南方にあるギリシャ領の島》
cre-'tá-ce+o, +a [クれ.'タ.せ.オ, ア] 形 〔地質〕白亜質の, 白亜紀の 名 男 〔地質〕白亜紀
cre-'ten-se [クれ.'テン.セ] 形 名 共 〔地名〕クレタ島の(人) ↑Creta
cre-ti-'nis-mo [クれ.ティ.'ニス.モ] 名 男 〔医〕クレチン病
cre-'ti+no, -na [クれ.'ティ.ノ, ナ] 形 《話》〔軽蔑〕ばかな, まぬけな, 低能な 名 男 女 ばか者, まぬけ; 〔医〕クレチン病の; クレチン病患者
cre-'to-na [クれ.'ト.ナ] 名 女 〔衣〕クレトン 《大きな花柄などをプリントした綿織物》
'Creus ['クれウス] 名 固 〔cabo de ~〕〔地名〕クレウス岬 《スペイン最北東部の岬》
cre-y~ 動 《活用》 ↑creer
cre-'yen-te [クれ.'ジェン.テ] 形 信仰心のある 名 共 信じる人, 信者
'crez-co, -ca(~) 動 《直現 1 単, 接現》 ↑crecer
'crí+a ['クリ.ア] 名 女 〔畜〕飼育; 養育; 〔動〕〔集合〕(動物の)ひと腹の子
'cria-da ['クリア.ダ] 名 女 お手伝いさん
cria-'de-ro [クリア.'デ.ろ] 名 男 〔畜〕(動物の)飼育場; 〔魚〕(魚の)養殖場; 〔農〕苗床, 苗木畑; 〔鉱〕鉱脈, 岩脈, 鉱層 **~, -ra** 形 子を産む, 実を結ぶ, 多産の
cria-'di-lla [クリア.'ディ.ジャ] 名 女 〔食〕(牛の)睾丸(こうがん) 《食用》; 〔食〕トリュフ, フランス松露(しょうろ)
⁑**'cria-do** ['クリア.ド] 89% 名 男 (男性の) 使用人, 召使い
cria-'dor, -'do-ra [クリア.'ドる, 'ド.ら] 名 男 女 〔畜〕飼育係; 〔農〕ブドウ栽培家; 〔飲〕ワインの醸造家 形 〔畜〕飼育する; 実り豊かな, 肥沃な
'crian-za ['クリアン.さ] 名 女 〔畜〕飼育; 教育, しつけ; 育児; 授乳(期)
*'**criar** ['クリアる] 91% 動 他 ㉙ (i|í) 〔現 2 複 criais; 点 1 単 crie; 点 3 単 crio; 接 2 複 crieis〕 〈子供を〉育てる; 授乳する; 〔畜〕〈動物を〉飼育する, 世話をする, 育てる; 〈虫などを〉寄せる, 集める, 発生させる; 生やす; 〔植〕〈植物を〉育てる, 栽培する; 〔飲〕〈ワインを〉寝かす; 〈希望などを〉持つ, 抱く 動 自 〔動〕子を産む **~se** 動 再 成長する, 育つ ***bien criado[da]*** しつけがよい ***mal criado[da]*** しつけが悪い
⁑**cria-'tu-ra** [クリア.'トゥ.ら] 89% 名 女 《話》子供; 子供っぽい人; 被造物, 創造物, 森羅万象; 生き物, 動物, 人間; 赤子, 乳児, 胎児 感 《話》まあ!, なんと!, 気をつけて! 《驚き・注意》
'cri-ba ['クリ.バ] 名 女 ふるい, ざる; 選別の手段, きびしい試験 ***estar como una ~*** 穴だらけである
cri-'ba-do [クリ.'バ.ド] 名 男 ふるいにかけること, ふるい分け, 選別
cri-'bar [クリ.'バる] 動 他 ふるいにかける; より分ける, 選別する
'cri-bo 名 男 ⇧criba
'cric ['クリク] 名 男 〔複 crics〕〔機〕ジャッキ, 押し上げ万力
cricket [クリ.'ケト] 名 男 〔英語〕⇩críquet
'crie 動 《直点 1 単》 ↑criar
Cri-'me+a [クリ.'メ.ア] 名 固 〔地名〕〔península de ~〕クリミア半島 《ウクライナ南部の半島》
⁑**'cri-men** ['クリ.メン] 88% 名 男 〔法〕(法律上の)重罪, 犯罪(行為); 《話》ひどいこと, 非難すべきこと
***cri-mi-'nal** [クリ.ミ.'ナル] 92% 形 犯罪の; 〔法〕刑事上の 名 共 犯罪者, 犯人
cri-mi-na-li-'dad [クリ.ミ.ナ.リ.'ダド] 名 女 〔法〕犯罪, 犯罪性, 犯罪行為; 犯罪発生件数
cri-mi-na-'lis-ta [クリ.ミ.ナ.'リス.タ] 名 共 〔法〕刑法学者, 刑法の専門家; 〔法〕犯罪学者
cri-mi-no-lo-'gí+a [クリ.ミ.ノ.ロ.'ひ.ア] 名 女 〔法〕犯罪学
cri-mi-no-'ló-gi-co, -ca [クリ.ミ.ノ.'ロ.ひ.コ, カ] 形 〔法〕犯罪学上の
cri-mi-'nó-lo-go, -ga [クリ.ミ.'ノ.ロ.ゴ, ガ] 名 男 女 〔法〕犯罪学者
cri-mi-'no-so, -sa [クリ.ミ.'ノ.ソ, サ] 形 〔法〕犯罪の 名 男 女 〔法〕犯罪者
'crin ['クリン] 名 女 〔畜〕(馬などの)たてがみ; (クッション用の)詰め物 ***~ vegetal*** (ヤシなどの)植物繊維 《クッションなどに用いる》
'crio 動 《直点 3 単》 ↑criar

*'**crí+o, +a** ['クリ.オ, ア] 93% [名] [男] [女] 子供; 《話》子供っぽい人; 《話》若者

*'**crio-llo, -lla** ['クりオ.ジョ, ジャ] 94% [形] [名] [男] [女] クリオージョ(の), クレオール(の) 《中南米に生まれたスペイン人[ヨーロッパ人]》; 《ラ米》その国に特有の, 現地の, 自国の; 〖食〗クレオール風の; 《アルゼンチン》生粋のアルゼンチン人

crio-pre-ser-va-'ción [クりオ.プれ.セる.バ.'すぃオン] [名] [女] 〖医〗低温保存

crio-pre-ser-'var [クりオ.プれ.セる.'バる] [動] [他] 〖医〗〈細胞・組織を〉低温で保存する

crio-te-'ra-pia [クりオ.テ.'ら.ピア] [名] [女] 〖医〗寒冷[冷凍]療法

'**crip-ta** ['クりプ.タ] [名] [女] (地下の)納骨室; (教会の)地下礼拝室; 〖体〗隠窩(いんか), 小嚢(しょうのう)腺

'**críp-ti-co, -ca** ['クりプ.ティ.コ, カ] [形] 《格》難解な; 《格》秘密の, 謎の; 暗号(文)の

crip-'tó-ga-mo, -ma [クりプ.'ト.ガ.モ, マ] [形] 〖植〗隠花植物の **-ma** [名] [女] 〔複〕〖植〗隠花植物

crip-to-gra-'fí+a [クりプ.ト.グら.'フィ.ア] [名] [女] 暗号文, 暗号法

crip-to-'grá-fi-co, -ca [クりプ.ト.'グら.フィ.コ, カ] [形] 暗号(文)の

crip-'tó-gra-fo, -fa [クりプ.'ト.グら.フォ, ファ] [名] [男] [女] 暗号文作成者

crip-to-'gra-ma [クりプ.ト.'グら.マ] [名] [男] 暗号文; 暗号〖遊〗クロスワードパズルの一種

crip-to-ju-da+'ís-mo [クりプ.ト.ふ.ダ.'イス.モ] [名] [男] 〖歴〗隠れユダヤ教

crip-to-ju-'dí+o, +a [クりプ.ト.ふ.'ディ.オ, ア] [名] [男] [女] 〖歴〗〖宗〗隠れユダヤ人 《1492 年ユダヤ人追放令以後もスペインとアメリカ大陸に残った人たち》

crip-'tón [クりプ.'トン] [名] [男] 〖化〗クリプトン《元素》

crip-tor-'qui-dia [クりプ.トる.'キ.ディア] [名] [女] 〖医〗停留睾丸(こうがん)

'**crí-quet** ['クり.ケト] [名] [男] 〔複 -quets〕〖競〗クリケット

cri-'sá-li-da [クり.'サ.リ.ダ] [名] [女] 〖昆〗サナギ

cri-san-'te-mo [クり.サン.'テ.モ] [名] [男] 〖植〗キク[菊]

'cri-sis** ['クり.スィス] 81% [名] [女] 〔単複同〕危機, 難局; 〖医〗(病気の)峠, 危険な状態, 発作; (重大な)分かれ目, 山場, 転機; 《話》金詰まり, 金欠

'**cris-ma** ['クりス.マ] [名] [男] [女] 〖宗〗聖油 《キリスト教の儀式に用いるもの》; 《スペイン》《話》頭; 《スペイン》〖宗〗⇨ tarjeta de Navidad, ↓Navidad *romper la ～* 《俗》(a: の)頭をかちわる

'**cris-mas** [名] [男] [女] 〔単複同〕〖宗〗⇨ tarjeta de Navidad, ↓Navidad

cri-'sol [クり.'ソル] [名] [男] るつぼ; 炉, 炉床; 人種のるつぼ

cri-so-'pe-ya [クり.ソ.'ペ.ジャ] [名] [女] 〖歴〗錬金術

cris-'par [クりス.'パる] [動] [他] 〈筋肉を〉収縮させる, 緊張させる; 〈顔を〉ゆがめる, 引きつらせる; いらいらさせる **～se** [動] [再] «筋肉が»緊張する; «顔が»ゆがむ, 引きつる; いらいらする, «神経が»ピリピリする

****cris-'tal** [クりス.'タル] 86% [名] [男] 結晶, 結晶体; 《スペイン》《カリブ》ガラス, ガラス板; 〔複〕窓; レンズ; 鏡; 《詩》水 *pantalla de ～ líquido* 〖情〗液晶ディスプレイ (**LCD**)

cris-ta-'le-ra [クりス.タ.'レ.ら] [名] [女] 〖建〗ガラス窓[ドア]; ガラス戸棚

cris-ta-le-'rí+a [クりス.タ.レ.'り.ア] [名] [女] 〖商〗ガラス店; ガラス工場; 〔集合〕ガラス製品, ガラス器

cris-ta-'li+no, -na [クりス.タ.'リ.ノ, ナ] [形] 水晶のような; 〖体〗結晶(質)の; 《格》澄んだ, 透明な [名] [男] 〖体〗(眼球の)水晶体

cris-ta-li-'zar(-se) [クりス.タ.リ.'さる(.セ)] [動] [自] ([再]) 34 (z|c) «思想・計画などが»具体化する; 結晶する, 晶化する [動] [他] 結晶させる, 晶化させる

cris-ta-lo-gra-'fí+a [クりス.タ.ロ.グら.'フィ.ア] [名] [女] 結晶学

cris-tia-'nar [クりス.ティア.'ナる] [動] [他] 《話》〖宗〗(洗礼を施して)キリスト教徒にする

cris-tian-'dad [クりス.ティアン.'ダド] [名] [女] 〖宗〗キリスト教, キリスト教の信仰, キリスト教的精神; 〖宗〗〔集合〕キリスト教徒, キリスト教界

*__cris-tia-'nis-mo__ [クりス.ティア.'ニス.モ] 94% [名] [男] 〖宗〗キリスト教; 〖宗〗〔集合〕キリスト教徒, キリスト教界

cris-tia-ni-'zar [クりス.ティア.ニ.'さる] [動] [他] 34 (z|c) 〖宗〗キリスト教化する, 〈に〉キリスト教を布教する

****cris-'tia+no, -na** [クりス.'ティア.ノ, ナ] 82% [形] [名] [男] [女] 〖宗〗キリスト教(の), キリスト教徒(の); 《話》«ワインが»水の入っていない, 純粋な; 〔否定文で〕誰も(…ない); 《話》〔笑〕(わかりやすい)スペイン語 **-namente** [副] 〖宗〗キリスト教式に, キリスト教にしたがって, キリスト教徒らしく

Cris-'ti-na [クりス.'ティ.ナ] [名] [固] 〖女性名〗クリスティーナ

cris-'ti+no, -na [クりス.'ティ.ノ, ナ] [形] [名] [男] [女] 〖歴〗《スペイン》クリスティーナ派の(人), イサベル 2 世の党派(の) 《カルリスタ戦争時にイサベル 2 世 Isabel II とその母マリア・クリスティーナ María Cristina の側についた人; ↑carlista》

'**cris-to** ['クりス.ト] [名] [男] 〖宗〗キリストの

十字架像 *hecho[cha] un (santo) ~* 《話》みすぼらしい, 哀れな姿の

'Cris-to ['クリス.ト] 名 固 〔宗〕イエス・キリスト《前 04?-後 30, 救世主》 *antes de ~* 紀元前 *como a un ~ dos pistolas* 《話》ひどく, めちゃめちゃで, ちぐはぐで *después de ~* 紀元後 *donde ~ perdió el gorro [dio las tres voces]* 《話》遠く離れたさびしいところで, へんぴな所で *ni ~* 《否定》《話》誰も…ない *¡Ni ~ que lo fundó!* 《話》そんなばかな!《否定》 *No hay ~ que* …(接続法) …する者は誰もいない *poner como a un ~* 《ｽﾍﾟｲﾝ》手ひどく扱う *¡Voto a ~!* 《話》ええい! いまいましい!《怒り》

Cris-'tó-bal [クリス.'ト.バル] 名 固 〔男性名〕クリストバル

cris-to-lo-'gí+a [クリス.ト.ロ.'ひ.ア] 名 女 〔宗〕キリスト論

cris-to-'ló-gi-co, -ca [クリス.ト.'ロ.ひ.コ, カ] 形 〔宗〕キリスト論の

cris-'tó-lo-go, -ga [クリス.'ト.ロ.ゴ, ガ] 名 男 女 〔宗〕キリスト論学者

‡cri-'te-rio [クリ.'テ.りオ] 84% 名 男 (批判・判断の)基準, 尺度, 観点, 見方; 識別, 判断力, 良識, 見識; 意見, 見解

‡'crí-ti-ca ['クリ.ティ.カ] 86% 名 女 (文芸・美術などの)批評, 評論; 〔一般〕批判, 非難; あら探し, 悪口; 〔集合〕批評家

cri-ti-'ca-ble [クリ.ティ.'カ.ブレ] 形 批判の余地のある, 非難されるべき

‡cri-ti-'car [クリ.ティ.'カる] 88% 動 他 ⑥⑨ (c|qu) 批判する, 非難する; 批評する, 評論する; あらを探す, 〈の〉悪口を言う

cri-ti-'cas-tro, -tra [クリ.ティ.'カス.トろ, トら] 名 男 女 〔軽蔑〕へぼ評論家

cri-ti-'cis-mo [クリ.ティ.'すいス.モ] 名 男 〔哲〕(カントの)批判哲学; 批判主義

cri-ti-'cis-ta [クリ.ティ.'すいス.タ] 形 〔哲〕(カントの)批判哲学の; 批判主義の 名 共 〔哲〕(カントの)批判哲学の研究者; 批判主義者

‡'crí-ti-co, -ca ['クリ.ティ.コ, カ] 82% 形 批評の, 評論の; 危機的な, 重大な, 危急の; 〔医〕危篤の, 生死の危機にある; 〔物〕臨界の 名 男 女 〔文〕〔芸〕(文学・芸術などの)批評家, 評論家

cri-ti-'cón, -'co-na [クリ.ティ.'コン, 'コ.ナ] 形 批評好きな, やかましい, あら探しする 名 男 女 批評好き, うるさがた

cri-ti-'qué, -que(~) 動 《直点 1 単, 接現》 ↑criticar

Cro+'a-cia [クろ.'ア.すぃア] 名 固 〔República de ~〕〔地名〕クロアチア《東ヨーロッパの共和国》

cro+'ar [クろ.'アる] 動 自 〔動〕《カエルが》鳴く

cro+'a-ta [クろ.'ア.タ] 形 〔地名〕クロアチア(人)の ↑Croacia; 〔言〕クロアチア語の 名 共 クロアチア人 名 男 〔言〕クロアチア語

'crol ['クろル] 名 男 〔競〕〔水泳〕クロール

cro-'mar [クろ.'マる] 動 他 〔技〕クロム化合物で処理する, クロムめっきする

cro-'má-ti-co, -ca [クろ.'マ.ティ.コ, カ] 形 〔楽〕半音階の; 色彩の, 着色の, 彩色の

cro-ma-'tis-mo [クろ.マ.'ティス.モ] 名 男 彩色, 着色; 〔物〕色度, 色(い)収差; 〔楽〕半音階主義

'cró-mi-co, -ca ['クろ.ミ.コ, カ] 形 〔化〕クロムの

'cro-mo ['クろ.モ] 名 男 〔化〕クロム《元素》; 〔印〕着色石版術[画]; 〔遊〕絵札, カード *ir [estar] hecho[cha] un ~* 《話》(身なりが)きちんとしている

cro-mo-li-to-gra-'fí+a [クろ.モ.リ.ト.グら.'フィ.ア] 名 女 〔印〕着色石版術; 着色石版画

cro-mos-'fe-ra [クろ.モス.'フェ.ら] 名 女 〔天〕彩層《太陽光球面の外側の白熱ガス層》

cro-mo-'so-ma [クろ.モ.'ソ.マ] 名 男 〔生〕染色体

‡'cró-ni-ca ['クろ.ニ.カ] 89% 名 女 〔歴〕年代記, 編年史; (新聞の)記事, ニュース, 欄; 新聞

cro-ni-ci-'dad [クろ.ニ.すぃ.'ダド] 名 女 長期にわたること; 常習; 〔医〕(病気の)慢性

***'cró-ni-co, -ca** ['クろ.ニ.コ, カ] 94% 形 〔医〕《病気が》慢性の; 長期にわたる

cro-ni-'cón [クろ.ニ.'コン] 名 男 〔歴〕略年代記

cro-'nis-ta [クろ.'ニス.タ] 名 共 〔歴〕年代記作者[編者]; 《ﾗ米》新聞記者, ジャーナリスト; 時事解説者

cro-no-lo-'gí+a [クろ.ノ.ロ.'ひ.ア] 名 女 〔歴〕年代学; 〔歴〕年代記; 〔歴〕年表, 年代順配列

cro-no-'ló-gi-co, -ca [クろ.ノ.'ロ.ひ.コ, カ] 形 年代順の **-camente** 副 年代順に

cro-no-me-tra-'dor, -'do-ra [クろ.ノ.メ.トら.'ドる, 'ド.ら] 名 男 女 〔競〕計時係

cro-no-me-'tra-je [クろ.ノ.メ.'トら.へ] 名 男 計時, 時間計測

cro-no-me-'trar [クろ.ノ.メ.'トらる] 動 他 〔競〕〈競走などの〉時間を計る

cro-no-'mé-tri-co, -ca [クろ.ノ.'メ.トリ.コ, カ] 形 (時間的に)精密な; 〔機〕クロノメーターによる

cro-'nó-me-tro [クろ.'ノ.メ.トろ] 名 男 〔競〕ストップウオッチ; 〔機〕クロノメーター

《経度測定などに使う精度の高い時計》

'**cró-quet**⇔**cro-'quet** ['クろ.ケト⇔クろ.'ケト] 名 男 〔競〕クローケー《木槌で木球をたたき, 一連のアーチ形の鉄門をくくらせる競技》

cro-'que-ta [クろ.'ケ.タ] 名 女〔食〕コロッケ

'**cro-quis** ['クろ.キス] 名 男〔単複同〕〔絵〕スケッチ, 下絵; 略図, 見取図

cro-ta-'lis-ta [クろ.タ.'リス.タ] 名 共〔楽〕クロタロの演奏家

'**cró-ta-lo** ['クろ.タ.ロ] 名 男〔楽〕クロタロ《カスタネットに似た楽器》;〔動〕ガラガラヘビ;〔複〕《詩》《格》カスタネット

cro-ta-lo-'gí-a [クろ.タ.ロ.'ひ.ア] 名 女〔楽〕カスタネット奏法

'**cro-to, -ta** ['クろ.ト, タ] 形 名 男 女《ラプラタ》《話》だらしのない(人); 怠け者(の), 怠惰な(人)

cro-to-'rar [クろ.ト.'らる] 動 自〔鳥〕《コウノトリが》くちばしでたたく

cro-to-'re+o [クろ.ト.'れ.オ] 名 男〔鳥〕(コウノトリがくちばしで)カタカタ鳴らす音

crua-'sán [クるア.'サン] 名 男《スペイン》〔食〕クロワッサン

*'**cru-ce** ['クる.せ] 91% 名 男 (道路の)交差点, 十字路; すれ違い, 行き違い; 横断, 横切ること, 交差; 横断歩道; (電話の)混線;〔電〕ショート;〔生〕(異種)交配; 雑種

cru-'cé, -ce(~) 動《直点1単, 接現》↓cruzar

cru-ce-'rí+a [クる.せ.'り.ア] 名 女〔建〕交差リブ

cru-'ce-ro [クる.'せ.ろ] 名 男〔海〕巡航船;〔海〕〔軍〕巡洋艦;〔海〕巡洋, 巡航;〔建〕〔宗〕袖廊(そでろう)《十字形教会堂の左右の翼部》;〔宗〕(儀式や行列の先頭の)十字架の持ち手; (道路の)交差点;〔建〕横木, 横材;〔印〕折り目;《メキシコ》踏切

'**cru-ces** 名 女《複》↓cruz

cru-'ce-ta [クる.'せ.タ] 名 女〔衣〕クロス・ステッチ, 十字縫い

cru-'cial [クる.'すぃアル] 形 決定的な, 重大な; 十字形の

cru-'cí-fe-ro, -ra [クる.'すぃ.フェ.ろ, ら] 形〔宗〕十字架を担った;〔植〕アブラナ科の 名 男 十字架の持ち手 **-ra** 名 女〔複〕〔植〕アブラナ科の植物

cru-ci-fi-'car [クる.すぃ.フィ.'カる] 動 他 ⑥⑨ (c|qu)〔歴〕十字架にかける, はりつけにする;《話》苦しめる, 悩ます

cru-ci-'fi-jo [クる.すぃ.'フィ.ほ] 名 男〔宗〕キリスト受難の像, (キリスト像のついた)十字架

cru-ci-fi-'xión [クる.すぃ.フィク.'スィオン] 名 女〔歴〕十字架にかけること, はりつけの刑;〔宗〕〔美〕キリストのはりつけ(の図)

cru-ci-'for-me [クる.すぃ.'フォる.メ] 形 十字架の形をした

cru-ci-'gra-ma [クる.すぃ.'グら.マ] 名 男〔遊〕クロスワードパズル

cru-de-'lí-si-mo, -ma [クる.デ.'リ.スィ.モ, マ] 形《格》きわめて残酷な, 過酷な, 陰惨な

cru-'de-za [クる.'デ.さ] 名 女 厳しさ, 過酷さ; 粗雑さ, ぞんざいさ, 下品, ぶっきらぼう;〔食〕生(なま), 半煮えであること;〔食〕熟していないこと; どぎつさ, 露骨

*'**cru-do, -da** ['クる.ド, ダ] 92% 形〔食〕生(なま)の, 煮えていない; 加工していない, 原料[天然]のままの; 未熟な, 経験の浅い, 不慣れな; 厳しい, つらい;《文章が》どぎつい, 生々しい; 残酷な, むごたらしい, ひどい;《人・態度が》粗野な; 生成りの, 無漂白の, ベージュの;《食物が》消化の悪い;《果物が》熟していない, 青い;《メキシコ》《中米》《話》二日酔いの 名 男 原油 **-da** 名 女《メキシコ》《中米》二日酔い *en* ~ 生の, 加工していない; ぶっきらぼうに, ずけずけと

*'**cruel** ['クるエル] 91% 形《人・行為などが》残酷な, むごい, 残虐な;《状況が》悲惨な, 無残な, つらい,《物事が》苦痛を与える, ひどい ~**mente** 副 残酷に, むごく, 残虐に; 悲惨に, 無残に

*'**cruel-'dad** [クるエル.'ダド] 93% 名 女 残酷さ, むごさ, 残虐さ, 無残; 残虐行為, 虐待行為

'**cruen-to, -ta** ['クるエン.ト, タ] 形 血なまぐさい, 血だらけの; 殺伐とした, むごたらしい, 残虐な

cru-'jí+a [クる.'ひ.ア] 名 女〔建〕柱間(はしら)《柱と柱の間の空間》;〔建〕(両側に部屋のある)廊下, 通廊;〔医〕病棟; 共同病室;〔宗〕〔建〕(大聖堂の)側廊;〔海〕船の中央歩廊, タラップ *pasar* ~《話》つらい目にあう

cru-'ji-do [クる.'ひ.ド] 名 男 きしむ音, キイキイ鳴る音; こすれる音(をたてること); 衣ずれの音

cru-'jien-te [クる.'ひエン.テ] 形 パリパリした, カリカリした

cru-'jir [クる.'ひる] 90% 動 自 こすれる, ギシギシいう, きしむ;《木の葉・紙・布などが》サラサラ[カサカサ]と鳴る; (燃えて)パチパチ音をたてる

cru-'pier [クる.'ピエる] 名 共〔遊〕(賭博場の)ゲーム進行係, クルピエ

cru-'ral [クる.'らル] 形〔体〕大腿(だいたい)の

crus-'tá-ce+o, +a [クるス.'タ.せ.オ, ア] 形〔動〕甲殻類の 名 男〔動〕甲殻類の動物

'**cruz** ['クるす] 84% 名 女 十字形, 十字記号《×や+などの形》;〔宗〕十字架;《スペイン》(旧)硬貨の裏《十字の形が記されていた》; 苦しみ, 苦難, 試練; ×印, バツ印; (故人を示

す)十字印《✝の記号》;〔畜〕(馬などの)背;〔植〕(木の)二股(ふたまた);〔衣〕(ズボンの)股(また);〔la C～〕〔宗〕(キリストがはりつけになった)十字架, キリストの受難;〔C～ del Sur〕〔天〕南十字星 ***con los brazos en ～*** 両手を横に広げて ***～ Roja*** 赤十字 ***¡～ y raya!***《話》きっぱりやめる, もうごめんだ ***de la ～ a la fecha***《話》最初から最後まで ***hacer(se) cruces [la ～]*** 仰天する, 驚いて十字を切る ***hacerse la señal de la ～*** 十字を切る

'Cruz [ˈクるす] [名] [固]〔姓〕クルス

*__cru-'za-do, -da__ [クる.ˈさ.ド, ダ] 94% [形] 十文字に置いた, 交差した; 雑種の, 交配種の;〔衣〕両前の, ダブルの;〔商〕《小切手が》横線を引いた, 線引きの;〔衣〕綾織りの **-da** [名] [男]〔歴〕十字軍(戦士);〔歴〕〔経〕クルザード《ブラジルの旧通貨; 現在はレアル real》;〔歴〕クルサード《カスティーリャ, ポルトガルの旧通貨》[名] [女]〔歴〕十字軍; 運動, キャンペーン, 遊説 ***～[da] de brazos*** 腕組みして, 何もしないで, 腕をこまねいて

cru-za-'mien-to [クる.さ.ˈミエン.ト] [名] [男] 横断, 交差;〔畜〕異種交配

⁑**cru-'zar** [クる.ˈさる] 83% [動] [他] [34] (z|c) 横切る, 渡る;〈言葉・意見・挨拶(あいさつ)を〉交わす, やりとりする;〔畜〕(con: 異種と)交配させる;〔経〕〈小切手を〉線引きにする; 交差する, 交差させる;〈の〉横に線などを引く, 横に渡す [動] [自]〔衣〕《服が》前が合う; 交わる; (en, por: を)行き交う, 通る;〔海〕《船が》巡航する **～se** [動] [再] (con: と)交差する, 交わる; (con: と)出会う, すれ違う;《手紙が》行き違いになる; (de: 腕・足を)組む; (互いに)やりとりする ***～ la cara***《話》(a: の)顔を平手でぶつ ***～ la espada*** (con: と)剣を交える ***～se en el camino*** (de: の)じゃまをする

cs. [略] =⬆centavos; ⬆céntimos; ⬆cuartos

C. S. [略] =costos y seguro〔商〕保険料込みの価格

C. S. F. [略] =costo, seguro y flete〔商〕保険料・運賃込みの価格

C. S. F. C. e I. [略] =costo, seguro, flete, comisión e interés〔商〕保険料・運賃・手数料・利子込みの価格

C. S. F. e I. [略] =costo, seguro, flete e interés〔商〕保険料・運賃・利子込みの価格

ct. [略] ⬆centavo(s), céntimo(s)

cta. [略] ⬇cuenta

cta. cte. [略] =cuenta corriente 当座預金

cte. [略] ⬆corriente (今の, 今月の)

Cte. [略] ⬆comandante

ctra. [略] ⬆carretera

ctv.; ctvo. [略] ⬆centavo

'cu [名] [女]〔複 cus; cúes〕〔言〕ク《文字 Q, q の名称》

c/u [略] =cada uno[na] 各, それぞれ

'cua-che [名] [共]《(中米)》《話》双子(ふたご), 双生児

'cua-co [名] [男]《(ラ米)》〔食〕ユカイモの粉;〔複〕《(メキシコ)》〔動〕動物の角(つの)

cua-'der-na [クア.ˈデる.ナ]〔成句〕***～ vía***《(スペイン)》〔文〕クアデルナ・ビーア《1行14音節の四行詩》

cua-der-'ni-llo [クア.デる.ˈニ.ジョ] [名] [男] 小冊子;〔印〕5 枚重ね折り;〔宗〕教会暦

⁑**cua-'der-no** [クア.ˈデる.ノ] 90% [名] [男] ノート, 筆記帳, 帳面;〔印〕四つ折り判の紙

*__'cua-dra__ [ˈクア.ドら] 91% [名] [女]〔畜〕馬小屋, 厩舎(きゅうしゃ);《(ラ米)》街区, ブロック;〔畜〕〔集合〕(ある厩舎に属する)馬; 汚い家[部屋];〔建〕(病院や兵舎の)大部屋; クアドラ《長さの単位; 国によって約 80m から約 130 m の違いがある》

cua-dra-'di-llo [クア.ドら.ˈディ.ジョ] [名] [男]〔技〕直定規, 四角定規;〔衣〕(ワイシャツの)まち; 鉄の角棒; 角砂糖

⁑**cua-'dra-do, -da** [クア.ˈドら.ド, ダ] 88% [形] 四角の, 正方形の;〔数〕2 乗の, 平方の; 角ばった,《体格が》いかつい, ごつごつした, がっちりした, 肩の張った [名] [男] 正方形, 四角形, 四角なもの;〔数〕2 乗, 平方;〔技〕直定規 ***tener la cabeza cuadrada*** 頑固である, 強情である

cua-dra-ge-'na-rio, -ria [クア.ドら.へ.ˈナ.りオ, りア] [形] [名] [男] [女] 40 歳代の; 40 歳代の人

cua-dra-'gé-si-mo, -ma [クア.ドら.ˈへ.スィ.モ, マ] [形] [名] [男] [女]《序数》第 40 番目の(人・物); 40 分の 1(の)

cua-dra-ge-si-mo-'cuar-to, -ta [形] [名] [男] [女]《序数》⇨ cuadragésimo[ma] cuarto[ta]

cua-dra-ge-si-mo-no-'ve-no, -na [形] [名] [男] [女]《序数》⇨ cuadragésimo[ma] noveno[na]

cua-dra-ge-si-mo-oc-'ta-vo, -va [形] [名] [男] [女]《序数》⇨ cuadragésimo[ma] octavo[va]

cua-dra-ge-si-mo-pri-'me-ro, -ra [形] [名] [男] [女]《序数》⇨ cuadragésimo[ma] primero[ra]

cua-dra-ge-si-mo-'quin-to, -ta [形] [名] [男] [女]《序数》⇨ cuadragésimo[ma] quinto[ta]

cua-dra-ge-si-mo-se-'gun-do, -da [形] [名] [男] [女]《序数》⇨ cuadragésimo[ma] segundo[da]

cua-dra-ge-si-mo-'sép-ti-

mo, -ma 形 名 男 女 《序数》⇨ cuadragésimo[ma] séptimo[ma]

cua-dra-ge-si-mo-'sex-to, -ta 形 名 男 女 《序数》⇨ cuadragésimo[ma] sexto[ta]

cua-dra-ge-si-mo-ter-'ce-ro, -ra 形 名 男 女 《序数》⇨ cuadragésimo[ma] tercero[ra]

cua-dran-gu-'lar [クア.ドらン.グ.'ラる] 形 四角形の 名 男 〔競〕4 チームの試合

cua-'drán-gu-lo, -la [クア.'ドらン.グ.ロ, ラ] 形 四角形の 名 男 四角形, 四辺形

cua-'dran-te [クア.'ドらン.テ] 名 男 〔数〕四分円, 象限(しょうげん); 日時計; 〔建〕トラス《屋根・橋などを支える桁(けた)構え》; (ラジオなどの)ダイヤル, 表示盤; (時計の)文字盤; 〔技〕象限儀, 四分儀; 四方位《北・東・南・西の順》

cua-'drar [クア.'ドらる] 動 他 正方形にする, 四角にする; 〈材木を〉四角[直角]にする; 〔数〕2 乗する; (バランスシートで)〈の〉帳尻を合わせる; (線を引いて)碁盤割りにする, 〈に〉方眼を引く 動 自 (con: と)一致する; (con: に)適合する, (con: と)調和する; (a: に)都合がよい **～se** 動 再 〔軍〕気をつけの姿勢で立つ; 《話》硬くなる, 動こうとしない

cua-dra-'tu-ra [クア.ドら.'トゥ.ら] 名 女 方形にすること; 〔数〕求積法 ***～ del círculo*** 円積問題, 不可能なこと

cua-'drí-cu-la [クア.'ドリ.ク.ラ] 名 女 方眼, 碁盤目; 〔情〕グリッド

cua-dri-cu-'la-do, -da [クア.ドリ.ク.'ラ.ド, ダ] 形 方眼の

cua-dri-cu-'lar [クア.ドリ.ク.'ラる] 形 方眼の, 碁盤の目の

cua-'dri-ga [クア.'ドリ.ガ] 名 女 〔歴〕(古代ローマの)四頭立て二輪戦車

cua-dri-'lá-te-ro, -ra [クア.ドリ.'ラ.テ.ろ, ら] 形 名 男 四辺形(の); 〔競〕〔ボクシングなど〕リング

cua-'dri-lla [クア.'ドリ.ジャ] 名 女 一団, 組, 仲間; 〔軽蔑〕(悪漢の)一団, 一味; 〔牛〕クアドリージャ《闘牛場でマタドールを助ける闘牛士の一団》

cua-drin-gen-'té-si-mo, -ma [クア.ドリン.ヘン.'テ.スィ.モ, マ] 形 名 男 女 《序数》第 400 番目(の); 400 分の 1(の)

cua-dri-pli-'car 動 他 ⑥⑨ (c|qu) ⇩ cuadruplicar

cua-'dri-to [クア.'ドリ.ト] 名 男 〔食〕さいの目; 〔縮小語〕↓cuadro

cua-'dri-vio [クア.'ドリ.ビオ] 名 男 〔歴〕四学《中世の大学の算術・音楽・幾何学・天文学》; 四つ辻

'cua-dro ['クア.ドろ] 77% 名 男 〔絵〕絵, 絵画; 図, 表, 描写; 光景, 情景; 〔全体〕職員, スタッフ, 部(局)員; 板, (計器)盤, 台, パネル; 正方形, 四角形, 四角なもの; 〔絵〕額(がく), 額縁; 〔建〕(窓などの)枠, フレーム; 車体, 骨組み; 〔演〕(劇の)場; 花壇, 苗床; 〔軍〕〔集合〕参謀, 幕僚; 〔軍〕隊形, 方陣; 《ラプラタ》〔競〕スポーツチーム ***a ～s* チェックの, 格子縞(こうしじま)の ***en ～*** 四角に(並べて) ***estar [quedarse] en ～*** ひとりぼっちになる, とり残される

cua-dru-'ma+no, -na ⇨ **-'drú-** [クア.ドる.'マ.ノ, ナ ⇨ .'ドる.] 形 〔動〕四手(しゅ)の 名 男 〔動〕四手類の動物《サル[猿]など》

cua-'drú-pe-do, -da [クア.'ドる.ペ.ド, ダ] 形 〔動〕四足を有する 名 男 〔動〕四足獣《通例哺乳類》

'cuá-dru-ple ['クア.ドる.プレ] 形 4 倍の, 四重の, 4 部分[単位]からなる

cua-dru-pli-'car [クア.ドる.プリ.'カる] 動 他 ⑥⑨ (c|qu) 4 倍にする **～se** 動 再 4 倍になる

'cuá-dru-plo, -pla ['クア.ドる.プロ, プラ] 形 4 倍の 名 男 4 倍の額[量]

cua-'ja-do, -da [クア.'は.ド, ダ] 形 固まった; (de: で)いっぱいの; 《コロンビア》《話》かっぷくのよい **-da** 名 女 〔食〕凝乳(ぎょうにゅう), カード; 〔食〕カッテージチーズ

*__cua-'jar__ [クア.'はる] 94% 動 他 〔食〕凝乳(ぎょうにゅう)に固める, 凝結させる; (de: で)いっぱいにする, 満たす; 〈溶液を〉凝固させる 動 自 固まる; 《話》《計画などが》成就する, 実現する **～se** 動 再 (de: で)いっぱいになる; 固まる, 凝固する; 〔食〕凝乳になる 名 男 〔動〕皺胃(しゅうい)《反芻(はんすう)動物の第四胃》

'cua-jo ['クア.ほ] 名 男 〔食〕凝乳(ぎょうにゅう), 凝乳状の食品; 〔食〕凝乳にすること; 《話》辛抱強さ, 悠長さ, 冷静, 沈着; 〔動〕皺胃(しゅうい)《反芻(はんすう)動物の第四胃》; 〔食〕レンネット《チーズ製造用に調整した子牛の第四胃の内膜》; 《メキシコ》むだ話, おしゃべり ***de ～*** 根こそぎの[に] ***tener ～*** 辛抱強い; のろのろしている, ものぐさである

'cual ['クアル] 70% 代 《関係》《強勢》〔男単 el cual/男複 los cuales/女単 la cual/女複 las cuales/中性 lo cual〕 **1 〔制限的用法〕…である…, …する…《前置詞や複数の語が前につく場合》: Estas son las razones por **las cuales** se declaró la guerra entre las dos naciones. これが両国間に宣戦が布告された理由だ。 **2** 〔説明的用法〕そしてそれは…, しかしそれは…, ところでそれは…なのだが, それは…なので《直説法》: He sacado de la biblioteca unos libros, sin **los cuales** no puedo preparar los exámenes. 私は図書館から数冊の本を借り出したがそれらがなければ試験の準備ができません。 **3** 〔lo cual〕それは…, そのことは…《前

の文全体を先行詞とする》: Tenemos que pasar el examen, **lo cual** no será fácil. 私たちは試験に合格しなければならないが，それはたやすくはないだろう。 接 《弱勢》《格》…のように: El accidente ocurrió **cual** se lo cuento. 事故は私がお話しするようなかたちで起こりました。 前 《弱勢》《格》…のような: Los labios de la princesa eran **cual** rubíes encendidos. 王女の唇は真っ赤なルビーのようでした。 ***a ~ más*** いずれ劣らず ***allá cada ~ con …*** 各人にはそれぞれ…がある ***cada ~*** それぞれ, 各自 ***~ … tal —*** …であるように— ***por lo ~*** そのために ***sea ~ fuere*** どのようであろうとも ***tal ~ …*** ちょうど…のように ***tal para ~*** ぴったりのもの, お似合いのもの

‡'cuál [ˈクアル] 69% 代 《疑問》 **1** 何, 誰, どんなもの, どんなこと《説明を求める》: ¿**Cuál** es su apellido? あなたの苗字は何ですか。 **2** 〔一般動詞とともに〕どれ, どちら《全体のなかの一部を選択する》: Aquí hay dos camisas. ¿**Cuál** te gusta más? — La de rayas. ここにシャツが2枚あるけれど，君はどちらが好き?—ストライプのがいい。 **3** 〔~ 不定詞〕どちらに…すべきか, どちらが…できるか, …すべきこと: No sabía **cuál** camino elegir. 私はどの道を選んだらよいかわからなかった。 **4** 《格》〔感嘆文で〕なんと, どんなに: ¡**Cuál** se verán los infelices! 不幸な人々はどんな様子だろう! 形 《疑問》どの, どちらの: ¿**Cuál** coche gasta menos gasolina? どちらの車の方がガソリンの消費が少ないですか。《現代ではあまり用いられず，代わりに qué が使われる》 ***cuál … cuál …*** …やら…やら, ある人は…またある人は…

cua-les-'quier 形 ⬇cualquiera

cua-les-'quie-ra 形 《女》 ⬇cualquiera

‡cua-li-'dad [クア.リ.ˈダド] 88% 名 ㊛ 質, 品質, 資質; 特質, 特性; (人の)品性, 長所

cua-li-fi-'ca-do, -da [クア.リ.フィ.ˈカ.ド, ダ] 形 熟練した, 有能な, (para: に)向いた

cua-li-fi-'car [クア.リ.フィ.ˈカる] 動 他 ⑲ (c|qu) 〈に〉専門の課程を終わらせる; 〈に〉資格を与える

cua-li-ta-'ti-vo, -va [クア.リ.タ.ˈティ.ボ, バ] 形 〖化〗定性の; 性質上の, 質的な

cual-'quier 形 《不定》《cualquiera が名詞の前で変化した形》 ⬇cualquiera

‡cual-'quie-ra [クアル.ˈキエ.ら] 83% 形 《不定》《〔複〕cualesquiera》《名詞の前では cualquier となる》 **1** どんな…でも《任意の人・物》: ¿A qué hora puedo visitarte mañana? — A **cualquier** hora por la tarde. 明日何時に君の所へ行っていいかい? —午後ならば何時でもいいよ。 **2** 平凡な, 普通の 代 《不定》 **1** どんな人[もの]でも: ¿Necesita algún papel en especial? — No, **cualquiera** me sirve. 何か特別な紙が必要ですか。—いいえ，何でもけっこうです。 **2** 〔感嘆文で〕 誰が…などするだろうか **3** 取るに足らない人; **4** 《話》売春婦 ***cualquier cosa*** 何でも; つまらないもの ***en cualquier caso*** いずれにしても, とにかく ***en cualquier sitio*** どこでも

'cuan 〔成句〕 ***~ largo*** 大の字になって, 長々と ***tan … ~ —*** —であるだけ…

'cuán 副 《疑問》《cuánto が形容詞や副詞の前で変化した形》 ⬇cuánto

‡'cuan-do [クアン.ド] 56% 接 〔弱勢〕 **1** …するとき, …であるとき: En casa, **cuando** comemos, nunca vemos la televisión. 家では食事をするときけっしてテレビを見ません。 **2** (…que 接続法: の)ときには《未来の時間》: **Cuando** vaya a Madrid, visitaré el Museo del Prado. マドリードに行ったらプラド美術館を訪れよう。 **3** …ならば《理由》: **Cuando** todos lo dicen habrá algo de verdad. 皆がそう言うのなら少しは本当のこともあるのだろう。 **4** …だとしても, …なのに《譲歩》: Está enfadado **cuando** soy yo el que debería enfadarme con él. 怒るべきなのは私の方なのに彼の方が怒っている。 副 《関係》 **1** …である…, …する[した]…: Nunca olvidaré el día **cuando** nació Pedro. 私はペドロが生まれた日をけっして忘れないだろう。《この場合, en que や que を用いる方が普通である》 **2** 〔… es cuando —〕—である[する]時は…である《強調構文》: Ayer es **cuando** lo supe por primera vez. それを初めて知ったのは昨日のことです。 前 …のときに: Cuando la guerra, los japoneses no podían leer libros ingleses. 戦時中日本人は英語の本が読めませんでした。 ***aun ~ …*** …であっても ***~ más [mucho]*** 多くても…, 遅くても… ***~ menos [poco]*** 少なくとも… ***de ~ en ~*** 時々

‡'cuán-do 66% 副 《疑問》《無変化》 **1** いつ《時をたずねる》: ¿**Cuándo** va usted a España? あなたはいつスペインに行きますか。 **2** 〔~ 不定詞〕いつ…すべきか, いつ…ができるか, …すべきとき: No sabíamos **cuándo** empezar. 私たちはいつ始めてよいかわからなかった。 名 ㊚ 《強勢》時, 時期 ***cada ~*** 《疑問》どれだけの間隔で ***de ~ acá*** …とはおかしい

'cuan-ta 名 ㊚ 《複》《単数は⬇cuanto》 〖物〗量子 形 《関係》 ⬇cuanto

cuan-'tí+a 名 ㊛ 量, 程度, 金額; (人の)重要性, 真価, 個性

'cuán-ti-co, -ca 形〘物〙量子の, 量子論の

cuan-ti-fi-ca-'ción [クアン.ティ.フィ.カ.'すぃオン] 名 女 定量化;〘物〙量子化

C

cuan-ti-fi-'car [クアン.ティ.フィ.'カる] 動 他 69 (c|qu) 定量化する, 量であらわす;〘物〙量子化する

cuan-ti-'más 副《話》なおさら, さらに

cuan-'tio-so, -sa 形 たくさんの, 豊富な, かなりの, おびただしい

cuan-ti-ta-'ti-vo, -va [クアン.ティ.タ.'ティ.ボ, バ] 形 量的な, 定量の

‡'cuan-to, -ta 72% 形《関係》〔弱勢〕《先行詞は人でも物でもよい》: …するかぎりの～は, …するすべての～は Su mujer tiene la costosa manía de comprar **cuantos** sombreros raros encuentra. 彼の奥さんには変わった帽子が見つかると何でも買ってしまうという金のかかる趣味がある。副《関係》…なだけ…: ¡Ahora grita todo **cuanto** gustes! さあ, 今好きなだけ大声を出しなさい。代《関係》…するかぎりのもの, …するすべてのもの: Tengo **cuanto** necesito. 私は必要なものはすべて持っている。副 できる限り…《強調》: Tú tienes que marcharte **cuanto** antes. 君はできる限りはやく出かけなければいけない。接 …の間ずっと 名 男〘物〙量子《複数形に cuanta が使われることがある》 *～ más ..., tanto (más)* …すればするほど— *～ más que* … まして…, なおさら… *en ～ ...* …するとすぐ *en ～ a ...* …に関しては; …として *por ～ ...* …だから, …のゆえに *unos [unas] ～s[tas]* いくつかの, 数人の

‡'cuán-to, -ta 72% 代《疑問》**1** いくつ, いく人, いくら: ¿**Cuánto** cuesta este cuadro? この絵はいくらしますか? **2**〔不定詞を従えて〕いくら…すべきか, いくら…できるか: No sabía **cuánto** pagar por el servicio. 私はそのサービスにいくら払ったらよいかわからなかった。形《疑問》**1** どれだけの…《量についてたずねる》: ¿**Cuántas** naranjas quieres? いくつオレンジがいりますか? **2**〔感嘆文で〕なんと多くの…: ¡**Cuánta** gente hay en Tokio! 東京にはなんと多くの人がいることだろう! 副《疑問》**1** どれほど: ¿**Cuánto** dista el lago de aquí? ここから湖までどのくらいありますか。**2**〔感嘆文で〕どれほど…であることか: ¡**Cuánto** me alegro de verte! 君に会えてとてもうれしいよ!《形容詞や副詞の前で cuán となる》名 男 数量, 数, 値段 *¿A ～?*《疑問》(金額は)いくら? *¿A ～s estamos?* 今日は何日ですか

'cuán-tum ['クアン.トゥム] 名 男〔複 -tums〕〘物〙量子

'cua-pe 名 男〔複〕《(中米)》《話》双子(ふたご), 双生児

cua-que-'ris-mo [クア.ケ.'りス.モ] 名 男〘宗〙クエーカー派の教義[習慣]

'cuá-que-ro, -ra ⇦-ke- ['クア.ケ.ろ, ら] 名 男 女〘宗〙クエーカー派の信徒

cuar-'ci-ta [クアる.'すぃ.タ] 名 女〘鉱〙珪岩(けいがん)

‡cua-'ren-ta [クア.'れン.タ] 77% 数〔⇦単独の 40〕**40**(の); 第 **40**(番目)(の); 多くの *cantar las ～*《話》(a: に)耳の痛い話をする *¡Esas son otras ～!*《(南米)》それはまた別の話だ!

cua-ren-tai-'cin-co 数 ⇨cuarenta y cinco

cua-ren-tai-'cua-tro 数 ⇨cuarenta y cuatro

cua-ren-tai-'dós 数 ⇨cuarenta y dos

cua-ren-tai-'nue-ve 数 ⇨cuarenta y nueve

cua-ren-tai-'o-cho 数 ⇨cuarenta y ocho

cua-ren-tai-'séis 数 ⇨cuarenta y seis

cua-ren-tai-'sie-te 数 ⇨cuarenta y siete

cua-ren-tai-'trés 数 ⇨cuarenta y tres

cua-ren-tai-'u-no, -na 数 ⇨cuarenta y uno

cua-ren-ta-'ñe-ro, -ra [クア.れン.タ.'ニェ.ろ, ら] 形 名 男 女 **40** 歳台の(人)

cua-ren-'ta-vo, -va [クア.れン.'タ.ボ, バ] 形 名 男 **40** 分の **1**(の)

cua-ren-'te-na [クア.れン.'テ.ナ] 名 女 **40** 歳代; **40** 日[月, 年];〘海〙検疫停泊期間;〘医〙(伝染病患者の)隔離(期間) *poner en ～* 検疫する; 疑ってかかる, すぐには信じない

cua-ren-'tón, -'to-na [クア.れン.'トン, 'ト.ナ] 形 名 男 女 **40** 歳ぐらいの(人)

cua-'res-ma [クア.'れス.マ] 名 女〘宗〙四旬節《復活祭の前の 40 日間》

cua-res-'mal [クア.れス.'マル] 形〘宗〙四旬節の

'cuark ['クアる(ク)] 名 男〔複 cuarks〕〘物〙クォーク

'cuar-ta ['クアる.タ] 名 女 **4** 分の **1** バーラ《およそ 21cm》; むち;〘海〙羅針方位, ポイント《32 方位の一つ》;〘楽〙**4** 度音程;〘遊〙〔トランプ〕同組の **4** 枚続きの札

cuar-'ta-da [クアる.'タ.ダ] 名 女《(メキシコ)》《話》尻(しり)のむち打ち

cuar-'ta-na [クアる.'タ.ナ] 名 女〘医〙四日熱

cuar-'ta-zo [クアる.'タ.そ] 名 男《(メキシコ)》尻(しり)のむち打ち

cuar-te+'ar [クアる.テ.'アる] 動 他〈坂

道を〉ジグザグに進ませる; 〔畜〕〈動物の体を〉解体する ～se 動 再 ひびが入る
cuar-'tel [クアる.'テル] 90% 名 男 〔軍〕宿舎, 宿営, 兵舎; 4 分の 1, 四半分; 〔軍〕(降伏者への)厚遇, 寛大な処置, 助命; (都市の)地区, 街; 1 区画の土地, 地所, 敷地; 苗床, 花壇 ～ *general* 〔軍〕総司令部, 本営 *dar* ～ (a: を)寛大に扱う *golpe de* ～ 《ラ米》〔軍〕(軍部の)反乱, 暴動 *sin* ～ 容赦なく[ない]
cuar-te-'la-da 名 女 ⇩ cuartelazo
cuar-te-'la-zo [クアる.テ.'ラ.そ] 名 男 〔軍〕(軍部の)反乱, 暴動
cuar-'te+o [クアる.'テ.オ] 名 男 八つ裂き; 裂け目, 割れ目, ひび; 〔牛〕クアルテーオ《闘牛士が身をかわすこと》
cuar-te-'rón, -'ro-na [クアる.テ.'ろン, 'ろ.ナ] 形 名 男 女 〔歴〕4 分の 1 の混血の[混血児] 《白人とムラート mulato またはメスティーソ meztino の混血》 名 男 4 分の 1; 4 分の 1 ポンド 《およそ 110 グラム》; 〔建〕雨戸, よろい戸
cuar-'te-ta [クアる.'テ.タ] 名 女 〔文〕クアルテータ 《8 音節の四行詩》
cuar-'te-to [クアる.'テ.ト] 名 男 〔楽〕四重奏[唱](曲), 四重奏[唱]団, カルテット; 〔文〕クアルテート 《11 音節の四行詩》
cuar-'ti-lla [クアる.'ティ.ジャ] 名 女 紙の一枚, 四つ切りの紙, 原稿用紙; クアルティージャ 《重量の単位, およそ 3kg; 液量の単位, およそ 14 リットル》; 〔畜〕(馬・牛の)足首
cuar-'ti-llo [クアる.'ティ.ジョ] 名 男 クアルティージョ 《液量の単位, およそ 0.5 リットル》
cuar-'ti-za [クアる.'ティ.さ] 名 女 《メキシコ》《話》尻(しり)のむち打ち
'cuar-to, -ta ['クアる.ト, タ] 74% 形 《序数》4 番目の; 4 分の 1 の 名 男 女 4 番目の人[物] 名 男 部屋, 室; 15 分(間); 4 分の 1; 〔天〕弦 《月の満ち欠けの周期の 4 分の 1; 約 7 日に相当する》; 〔複〕《話》金, 現金; 先祖, 家系; 賃貸アパート[マンション]; 〔軍〕歩哨(ほしょう); 〔食〕(動物の肉の)四分割体, 4 分の 1 の部分; 〔印〕四つ折り版 《紙・本の大きさ》 ～*s de final* 〔競〕〔サッカーなど〕準々決勝, ベスト 8 *cuatro ～s* 《話》わずかの金 *dar un ～ al pregonero* 《話》秘密をばらす *de tres al ～* 《話》安い, 下等な, 価値のない *echar su ～ a espadas* 《話》他人の話にくちばしを入れる *poner ～* 家を建てる, 居を構える
cuar-to-fi-na-'lis-ta [クアる.ト.フィ.ナ.'リス.タ] 名 共 〔競〕準々決勝出場者, ベスト 8
'cuar-zo ['クアる.そ] 名 男 〔鉱〕石英; 〔鉱〕水晶
'cuá-sar ['クア.サる] 名 男 〔天〕準星, クエーサー
cua-si～ 〔接頭辞〕「準…, ほとんど…」という意味を示す
Cua-si-'mo-do 〔成句〕 *Domingo de ～* 〔宗〕白衣の主日 《復活祭直後の日曜日》
'cua-te, -ta 形 《メキシコ》双生児の; 《メキシコ》よく似た 名 男 女 《メキシコ》《話》友人, 仲間; 《メキシコ》双生児, 双子; 似たもの
cua-ter-'na-rio, -ria [クア.テる.'ナ.りオ, りア] 形 4 要素からなる; 〔地質〕第四紀の 名 男 4 部一組のもの
cua-tre+'ar [クア.トれ.'アる] 動 他 〈家畜を〉盗む
cua-'tre-ro, -ra [クア.'トれ.ろ, ら] 名 男 女 〔畜〕馬[家畜]泥棒
cua-tri-bor-le+'a-do, -da [クア.トり.ボる.レ.'ア.ド, ダ] 形 名 男 女 《ベネズエラ》《話》多彩な(人), 各方面で活躍する(人)
cua-'trie-nio [クア.'トりエ.ニオ] 名 男 4 年間
cua-tri-'lli-zo, -za [クア.トり.'ジ.そ, さ] 名 男 女 四つ子
cua-tri-mes-'tral [クア.トり.メス.'トらル] 形 4 か月の, 季刊の
cua-tri-'mes-tre [クア.トり.'メス.トれ] 形 4 か月ごとの 名 男 4 か月
cua-tri-mo-'tor [クア.トり.モ.'トる] 形 〔空〕《飛行機が》4 エンジンの 名 男 〔空〕4 エンジン飛行機, 4 発ジェット機
cua-tri-pli-'car 動 他 69 (c|qu) ⇩ cuadruplicar
cua-tri-'sí-la-bo, -ba [クア.トり.'スィ.ラ.ボ, バ] 形 4 音節の 名 男 4 音節語
'cua-tro ['クア.トろ] 66% 数 4(の); 少しの, わずかな; (数字の) 4; 《南米》〔楽〕クアトロ 《4 弦のギター》 ～ *ojos* 《単複同》〔軽蔑〕眼鏡をかけた人 *más de ～* 《話》多くの[かなりの]人
cua-tro-'cien-tos, -tas [クア.トろ.'すぃエン.トス, タス] 89% 数 400(の); 第 400(番目)(の)
'cu+ba 名 女 樽(たる), 桶(おけ); 《話》〔体〕おなかの出た人, 太鼓腹の人 *beber como una ～* 《話》大酒を飲む *estar como una ～* 《話》すっかり酔っぱらっている
'Cu+ba 81% 名 固 〔República de ～〕〔地名〕キューバ 《カリブ海の共和国》
cu-ba-'li-bre [ク.バ.'リ.ブれ] 名 男 〔飲〕クーバリブレ 《ラム酒[ジン]をコーラで割ったもの》
cu-'ba+no, -na 86% 形 名 男 女 〔地名〕キューバ(人)の, キューバ人 ⬆Cuba
cu-'ba-ta 名 女 《スペイン》《話》⇧ cubalibre
cu-ber-te-'rí+a [ク.べる.テ.'り.ア] 名 女 〔食〕〔集合〕(食卓用の)食器類

cu-ber-'tu-ra [ク.べる.'トゥ.ら] 名 女 覆い

cu-'be-ta 名 女 小さい桶(おけ)[たらい]; バケツ; 〔写〕現像用受け皿; 〔楽〕ハープの台座

cu-bi-ca-'ción [ク.ビ.カ.'すぃオン] 名 女 体積[容積]の算出

cu-bi-'ca-je [ク.ビ.'カ.へ] 名 男 〔機〕(エンジンの)排気量

cu-bi-'car [ク.ビ.'カる] 動 他 ⑲ (c|qu) 〔数〕3 乗する; 〈の〉体積[容積]を求める

'cú-bi-co, -ca 形 〔数〕立方の; 3 次の, 3 乗の; 立方体の

cu-'bí+cu-lo [ク.'ビ.ク.ロ] 名 男 小部屋; 《ラ米》書斎

*__cu-'bier-ta__ [ク.'ビエる.タ] 92% 名 女 覆(おお)い, 包み紙, カバー, ふた; 〔印〕(本の)表紙; 〔海〕(船の)デッキ, 甲板; 見せかけ, 口実, 隠れみの; 〔建〕屋根; (タイヤの)被覆, 外皮; 《ラ米》封筒

__cu-'bier-to, -ta__ [ク.'ビエる.ト, タ] 84% 形 覆(おお)われた, 屋根のある, 覆いをかぶせられた; (de: で)いっぱいの, 覆われている; 〔気〕《空が》雲で覆われた, 曇りの; ふさがった, 満たされた; 〔衣〕帽子をかぶった; 〔衣〕(de: を)着た 名 男 (レストランの)定食; 〔全体〕(食事のときの) 一人前の食器; 覆い, 屋根 **-tamente 副 ひそかに, 隠れて ***a ~*** 屋根の下で; 守られて ***a ~ de ...*** …から守られて

cu-'bil [ク.'ビル] 名 男 (獣の住む)巣, 穴, 洞穴; 隠れ場

cu-bi-'le-te [ク.ビ.'レ.テ] 名 男 〔食〕(料理用の)型; さい筒, (さいころの)壺(つぼ), ダイスカップ; (冷蔵庫でできる)角氷

'cú-bi-lo ['ク.ビ.ロ] 名 男 《コロンビア》〔衣〕山高帽子

cu-'bis-mo 名 男 〔美〕立体派, キュービスム

cu-'bis-ta 形 名 共 〔美〕立体派の(芸術家, 画家, 彫刻家), キュービスト(の)

cu-'bi-to 名 男 〔食〕角氷; 《メキシコ》〔食〕角砂糖

'cú-bi-to 名 男 〔体〕尺骨, ひじ骨

**__'cu+bo__ 89% 名 男 《スペイン》《カリブ》バケツ; 桶(おけ), 手桶(ておけ); (車輪の)こしき, (自転車の)ハブ; 水車用貯水池; (時計の)ぜんまい箱; (城の)円塔; 〔数〕3 乗, 立方; 立方体

cu-bre-bo-'tón [ク.ブれ.ボ.'トン] 名 男 〔衣〕(シャツの)ボタンカバー

cu-bre-ca-'de-na [ク.ブれ.カ.'デ.ナ] 名 男 (自転車の)チェーンカバー

cu-bre-'ca-ma [ク.ブれ.'カ.マ] 名 男 ベッドカバー

cu-bre-'fue-go [ク.ブれ.'フエ.ゴ] 名 男 (戦時下の)消灯令, 外出禁止令

cu-bre-ob-'je-tos [ク.ブれ.オブ.'へ.トス] 名 男 〔単複同〕(顕微鏡の)カバーガラス

cu-bre-'piés [ク.ブれ.'ピエス] 名 男 〔単複同〕足掛け布団

cu-bre-rra-'dia-dor [ク.ブれ.ら.ディア.'ドる] 名 男 ラジエーターカバー

cu-bri-'mien-to [ク.ブり.'ミエン.ト] 名 男 覆(おお)う[隠す]こと, 隠蔽(いんぺい); 隠蔽物

__cu-'brir__ [ク.'ブりる] 83% 動 他 〔過分 cubierto〕覆(おお)う, 包む, 〈に〉(con: を)かける, かぶせる; 隠す, 覆い隠す; 〈ある距離を〉行く, 通過する, 踏破する; 〈費用・損失などを〉払う, 補う, 償うに足る, まかなう; 〈空きを〉埋める; 〔軍〕かばう, 援護する, 守る; 《新聞記者などが》取材する, 報道する; 〈に〉雨あられと注ぐ, 〈に〉たくさん注ぐ, (de: で)いっぱいにする; (水の中で)〈が〉背が届かない, 〈が〉足がつかない; 〔動〕《動物の雄が》〈雌に〉かかる, 交尾する; 〔競〕〔サッカー〕〈ボールを〉(体を使って)キープする **~se 動 再 隠れる, うずまる, (de: を)かぶる; (con: で)身を覆う; 〈自分の体を〉包む; 〔衣〕(帽子などを)かぶる; (de: で)いっぱいになる, 包まれる; 《空きが》埋まる; 〔気〕《空が》雲で覆われる ***~ aguas*** 〔建〕(建設中の家に)屋根をつける ***~ el expediente*** 仕事をいいかげんにする

'cu+ca 名 女 〔植〕カヤツリグサ; 〔昆〕毛虫, 青虫; 菓子 ***tener muchas ~s*** 《俗》金持ちである 形 《女》 ↓cuco

cu-ca-'mo-nas 名 女 《複》《話》甘言, おだて, おべっか

cu-'ca-ña [ク.'カ.ニャ] 名 女 〔遊〕クカーニャ《油を塗った棒に登って賞品を取る遊び; その油を塗った棒》; 《話》もうけもの, 思わぬ幸運

cu-ca-'ra-cha [ク.カ.'ら.チャ] 名 女 〔昆〕ゴキブリ; 《メキシコ》《話》〔車〕ぽんこつ車; かぎタバコ

*__cu-'cha-ra__ [ク.'チャ.ら] 93% 名 女 〔食〕スプーン, さじ; 〔食〕おたま, ひしゃく; 〔機〕(浚渫(しゅんせつ)機などの)ショベル部; 《ラ米》〔技〕(左官の)こて; 《中米》女性器 ***hacer ~*** 《中米》《カリブ》《チリ》《話》泣きべそをかく, 泣き出しそうな顔をする ***media ~*** 《話》芸がへたな人, 愚か者 ***meter con ~*** 懇切丁寧に教える ***meter (su) ~*** (en: に)よけいな世話を焼く

cu-cha-'ra-da [ク.チャ.'ら.ダ] 名 女 〔食〕スプーン 1 杯(の量), ひとさじ

cu-cha-ra-'di-ta [ク.チャ.ら.'ディ.タ] 名 女 小さじ 1 杯(の量); 〔縮小語〕↑cucharada

cu-cha-re-'ar [ク.チャ.れ.'アる] 動 他 スプーンで取り出す 動 自 ↓cucharetear

cu-cha-re-te+'ar [ク.チャ.れ.テ.'アる] 動 自 《話》スプーンでかき回す; おせっかいをする, 口を出す

cu-cha-'ri-lla [ク.チャ.'り.ジャ] 名 女 〔食〕小さじ, 小さなスプーン

cu-cha-'rón [ク.チャ.'ろン] 名 男 〔食〕

ひしゃく, おたま;〘食〙大さじ, 給仕用スプーン

cu-'chí 名 男〔複 -chíes⇦-chís〕《アンデス》〘動〙ブタ[豚]

cu-chi-che+'ar [ク.チ.チェ.'アる] 動 他 ささやく, こっそり話す

cu-chi-'che+o 名 男 ささやき, ひそひそ話

cu-chi-'fri-to [ク.チ.'フリ.ト] 名 男《カリブ》〘食〙豚の内臓の揚げ物;〘一般〙〘食〙揚げ物

cu-'chi-lla [ク.'チ.ジャ] 名 女 (肉屋の)肉切り包丁; (スケート靴の)ブレード; 刃, 刀身; かみそり;《詩》《格》刀, 剣;〘地〙険しい山, 峰

cu-chi-'lla-da [ク.チ.'ジャ.ダ] 名 女 ナイフで切りつけること, 突き刺し; 刺し傷, 突き傷;〘衣〙(衣服の)切れ込み, スリット;〔複〕けんか, 口論 *andar a ~s* 憎みあう, 敵対している

cu-chi-'lla-zo [ク.チ.'ジャ.そ] 名 男 ナイフによる傷, けが

cu-chi-lle-'rí+a [ク.チ.ジェ.'り.ア] 名 女〘技〙ナイフ[刃物]製造;〘商〙ナイフ店

cu-chi-'lle-ro, -ra [ク.チ.'ジェ.ろ, ら] 名 男 女〘技〙ナイフ[刃物]職人;〘商〙〔人〕ナイフ[刃物]屋

***cu-'chi-llo** [ク.'チ.ジョ] 90% 名 男 ナイフ, 小刀, 短剣;〘食〙ナイフ; (ナイフのように)尖ったもの;〘衣〙三角布, ゴア;〘海〙三角帆;〘建〙破風(はふ), 切妻(きりづま);〘動〙(イノシシなどの)下顎の牙(きば); すきま風 *pasar a ~* 〘軍〙〈捕虜・敵兵を〉処刑する *tener el ~ en la garganta* 脅迫されている

cu-chi-'pan-da 名 女《話》宴会, パーティー, ばか騒ぎ;《話》ごちそう

cu-chi-'tril [ク.チ.'トリル] 名 男 小さくて汚い部屋, あばら屋;〘農〙〘建〙豚小屋

'cu-cho, -cha 形 名 男 女《メキシコ》《俗》〘体〙みつくちの(人);《中米》《俗》〘体〙猫背の(人)《コロンビア》《話》《親愛》パパ, ママ, お父さん, お母さん, 先生 名 男《チリ》〘畜〙ネコ;《コロンビア》《アンデス》穴, 巣窟, 不潔な場所, 部屋の隅

cu-chu-'fle-ta [ク.チュ.'フレ.タ] 名 女《話》冗談, からかい

cu-'cli-llas [ク.'クリ.ジャス] 〔成句〕 *en ~* しゃがんで, かがんで, うずくまって

cu-'cli-llo [ク.'クリ.ジョ] 名 男〘鳥〙カッコウ;《話》不貞な妻をもった夫, 寝とられ男

'cu+co, +ca 形 名 男 女《話》きれいな(人);《スペイン》《話》腹黒い(人), ずるい(人) 名 男〘鳥〙カッコウ;〘昆〙青虫, 毛虫, (チョウの)幼虫;〔複〕《コロンビア》〘衣〙パンティー, ショーツ;《チリ》《話》(子供をおどす)おばけ *reloj de ~* はと時計

cu+'cú 名 男〔複 -cúes⇦-cús〕〘鳥〙カッコウ 感《擬声》カッコー, クックー《カッコウの鳴き声》 *estar ~* 《チリ》《話》頭がおかしい

cu-cu-'fa-to, -ta 形 名 男 女《チリ》《話》ほろ酔い気分の(人)

cu-cu-'ru-cho [ク.ク.'る.チョ] 名 男 円錐形の紙袋《菓子などを入れる》;〘宗〙〘衣〙(聖週間にかぶる)円錐形の帽子;《中米》頂上, 丘;《カリブ》〘食〙(アイスクリームを載せる)コーン; (コーンに載せた)アイスクリーム

'Cú-cu-ta 名 固〘地名〙ククタ《コロンビア北東部の都市》

'cue-c~, -z~ 動《直現/接現/命》⬆cocer

'cue-ca 名 女《南米》〘楽〙クエカ《南米の民族舞踊》

'cue-cho 名 男〔複〕《中米》《話》かけら, 小片, 端切れ

'cue-l~ 動《直現/接現/命》⬆colar

'cuel-g~ 動《直現/接現/命》⬆colgar

'cuel-ga ['クエル.ガ] 名 女〘食〙(果物を)つるして干すこと

***'cue-llo** ['クエ.ジョ] 87% 名 男〘体〙首;〘衣〙襟(えり), カラー; 首の形をしたもの[部分], くびれた部分;《チリ》《話》不満, 失望 *cortar el ~* (a: に)ひどい目にあわせる; …の首をはねる *~ de botella* ネック, 隘路(あいろ), 窮地 *estar metido[da] en ... hasta el ~* …にすっかりはまり込んでいる, …で手が離せない *hablar para el ~ de la camisa* ひとり言を言う *jugarse el ~* (a que: に)命を賭ける, 誓う *levantar el ~* 立ち直る

cue-'llón, -'llo-na [クエ.'ジョン, 'ジョ.ナ] 形《コロンビア》《話》実現不可能な, 高望みの

***'cuen-ca** 92% 名 女〘地〙盆地; 谷, 渓谷, 流域; 海盆; (木の)椀(わん);〘体〙(目の)くぼみ, 眼窩(がんか);〘鉱〙鉱床, 埋蔵地帯

'Cuen-ca 名 固〘地名〙クエンカ《スペイン中東部の県, 県都; エクアドル南部の都市》

'cuen-co 名 男 ボウル, どんぶり, (土器・陶器の)鉢(はち); くぼみ

'cuen-t~ 動《直現/接現/命》⬆contar

***'cuen-ta** 69% 名 女 数えること, 計算, 勘定;〘商〙勘定(書), 会計, 請求書;〘商〙(銀行などの)取引, 口座; 収支; 仕事, 任務, 責任; 数珠(じゅず)玉, ビーズ; 数に入ること, 重要性; 考慮; 根拠, 理由; 説明, 弁明, 申し開き;〘競〙〔ボクシング〕カウント *a ~* 内金で, 先払いで *a ~ de ...* …の費用で, …の勘定で *caer en la ~* 《話》(de: に)気づく, 合点がいく, (de: が)わかる⇦caer en *~* 《ラ米》 *con ~ y razón* 慎重に *correr de su ~* …の勘定である, …の分である *dar ~* (de: の)報告をする;《話》(de: 食事を)すばやく片づける, すませる *darse ~* (de: に)気づく *de ~* 立派な, えらい, 重要な *echar ~s* 計算する *estar fuera de ~* «女性が»臨月を過ぎている

C

habida ~ de que … …を考慮して *hacer las ~s de la lechera* 皮算用をする *hacerse la ~* (de: と)思う, 想像する *no querer ~s.* 《話》(con: と)関わりたくない *perder la ~* (de: の)数を忘れる, 数がわからなくなる *por la ~ que le trae* [*tiene*] 彼自身のために *tener en ~* 考慮に入れる *tomar en ~* 気にかける *traer ~* (a: に)都合がよい, 利益になる *venir a ~s* 了解する

cuen-ta-ˈgo-tas 名 男〔単複同〕スポイト;〔医〕(目薬などの)滴瓶(てきびん), 点眼瓶 *con* [*a*] *~* ほんの少しずつ

cuen-ta-ki-ˈló-me-tros [クエン.タ.キ.ˈロ.メ.トろス] 名 男〔単複同〕〔車〕走行距離計

cuen-ta-ˈmu-sas 形 名 共〔単複同〕《ラプラタ》《話》うそつき(の)

cuen-ta-ˈpa-sos 名 男〔単複同〕歩数計

cuen-ta-rre-vo-lu-ˈcio-nes [クエン.タ.れ.ボ.ル.ˈすぃオ.ネス] 名 男〔単複同〕〔機〕(エンジンの)回転計, タコメーター

cuen-ˈta-zo [クエン.ˈタ.そ] 名 男《メキシコ》《中米》《話》大うそ, 大ぼら

cuen-ˈtis-ta 名 共《話》はったり屋, ほらふき;〔文〕短編作家;《話》おしゃべり, うわさ好き 形《話》大げさな, はったりの;〔文〕短編を書く;《話》おしゃべりな, うわさ好きな

cuen-ˈtís-ti-co, -ca 形〔文〕短編小説の, 物語の

⁑**ˈcuen-to** 85% 名 男〔文〕物語, 短編小説, 小話; (子供のための)おとぎ話, 童話;《話》作り話, ほら話, 信じられない話; うわさ話; 数えること, 計算;《話》面倒なこと, もめごと;《話》教訓;《メキシコ》笑い話, ジョーク; (傘・ステッキなどの)先, 石突き *~ chino* [*tártaro*] たわいもない話, まゆつばもの, でたらめな話 *dejarse de ~s* よけいなことを言わない, すぐに本題に入る *ir con el ~* (a: に)告げ口をする *mucho ~* 大げさなこと, たくさんのこと *no venir a ~* 関連[関係]がない *sin ~* 多くの, 数々の *vivir del ~* 《話》(仕事をしないで)楽な生活を送る

⁑**ˈcuer-da** [ˈクエる.ダ] 89% 名 女 縄, 網, ロープ;〔楽〕(楽器の)弦, (弓の)つる;〔機〕(時計の)ねじ, ぜんまい;〔楽〕声域, 音域;〔楽〕和音;〔複〕〔競〕〔ボクシングなど〕(リングの)ロープ; 導火線; 巻き尺;〔体〕帯(たい);〔複〕〔体〕腱(けん); (つながれた)囚人の列;〔数〕(円の)弦;《ベネズエラ》《話》不良グループ *a ~* 一直線に *acabarse la ~* (a: の)能力[財力など]が精いっぱいである, (a: が)万策尽きはてる, 途方に暮れている *aflojar la ~* 規則[法律など]を緩める *andar* [*bailar*] *en la ~ floja* 《話》微妙な立場にある; どちらにもいい顔をする *apretar la ~* 規則[法律など]を強化する *bajo* [*por debajo de*] *~* 秘密に, こっそりと *contra las ~s* 逼迫(ひっぱく)して, 困難な状況にあって *dar ~* (a: を)励ます, 励まして続けさせる *tener mucha ~* 《話》元気である *tocar la ~ sensible* 痛いところをつく 形《女》⬇cuerdo

*ˈ**cuer-do, -da** [ˈクエる.ド, ダ] 91% 形 名 男 女 賢明な(人), 賢い(人), 慎重な(人), 分別のある(人); 正気の(人)

cue-re+ˈar [クエ.れ.ˈアる] 動 他《ラ米》むち打つ;《ラ米》皮をはぐ

ˈcuer-na [ˈクエる.ナ] 名 女〔動〕〔集合〕(動物の)角(つの); 鹿の枝角; 角製の器; 角笛(つのぶえ), 狩猟用ラッパ

Cuer-na-ˈva-ca [クエる.ナ.ˈバ.カ] 名 固〔地名〕クエルナバーカ《メキシコ中南部の都市》

*ˈ**cuer+no** [ˈクエる.ノ] 93% 名 男〔動〕(動物・カタツムリなどの)角(つの); (材料としての)角, 角製品;〔楽〕ホルン《金管楽器》, 角笛;〔昆〕触角; (三日月の)先端;〔複〕《話》(人差し指と小指を)立てたこぶし《妻を寝とられた男を示す侮辱のジェスチャー》;〔軍〕側面部隊 感《話》おや!, まあ!, なんと!《驚き, 怒り》 *¡Al ~!* 《話》出て行け! *estar en los ~s del toro* 《話》危険な目にあう *importar un ~* 《話》まったくかまわない *irse al ~* 《話》失敗する, だめになる *levantar hasta los ~s de la luna* 《話》ほめそやす *mandar al ~* 《俗》放っておく, うち捨てておく, 追い払う *oler* [*saber*] *a ~ quemado* 《話》いやな予感がする, うさんくさい *poner los ~s* 《俗》(a: に)浮気をする, (a: 夫[妻]を)だます *¡Qué ~s (ni qué nada)!* / *¡Y un ~!* 《話》いやだ! *romperse los ~s* 《俗》骨を折る *¡Vete* [*Váyase*] *al ~!* 《俗》なんだと!, とっととうせろ!《怒りを表す句》

*ˈ**cue-ro** [ˈクエ.ろ] 92% 名 男 革, なめし革;〔体〕皮膚;〔食〕(ワインを入れる)革袋;《ラ米》むち;《カリブ》〔食〕揚げた豚の皮 *en ~s* (*vivos*) 《話》裸の[で]; 無一文で *estar hecho*[*cha*] *un ~* 《話》酔っぱらっている, 酔いつぶれる *¡Qué ~!* 《チリ》《俗》いい女だ!

cuer-pe-ˈci-to 〔縮小語〕⬇cuerpo

⁑**ˈcuer-po** [ˈクエる.ポ] 72% 名 男〔体〕体, 身体, 肉体;〔体〕〔動〕胴体; 物体, 物;〔集合〕一団, 一群, 集まり, 一隊; 部分, 室;〔衣〕(衣服の)胴の部分; (物の)本体, 主要部, ボディー; (本, 手紙, 演説などの)本文;〔飲〕(酒の)こく;〔食〕(スープなどの)濃さ;〔体〕体; 死体, 遺体;〔空〕(ロケットの)段;〔印〕(本の)冊, 部数;〔印〕活字の大きさ, ポイント;〔競〕胴の長さ, 馬身, 艇身; (本の)集大成, 全書, 大全 *a ~* コート[外套(がいとう)]なしで *a ~ de rey* 王様のように *a ~*

descubierto 裸の[で], 武器を持たず, 丸腰で, 無防備で　～ *a* ～〖軍〗白兵戦で, 取っ組み合って, 格闘して　～ *a tierra* 地面に身を伏せて　～ *cortado* 《チリ》《話》二日酔い　*dar con el* ～ *en tierra* (地面に)倒れる　*dar* ～ (a: を)実現する; (a: スープなどを)濃くする　*de* ～ *entero* 完全無欠の, 申し分のない; 全身の　*de* ～ *presente* 遺体が安置されて　*echarse al* ～ 食べ尽くす, 平らげる　*hacer de* ～《話》大便をする　*pedir el* ～《話》欲しくて[したくて]たまらない　*tomar* ～ 実現する, 具体化する, 確実になる

*'**cuer-vo** ['クエる.ボ] 94% 名 男〖鳥〗カラス; 《メキシコ》《話》〖軽蔑〗黒人

'**cú+es** 名 女《複》↑cu

'**cues-co** 名 男〖植〗(果実の)芯, 核; 《俗》(音の出る)屁(へ), おなら

'**cues-t~** 動《直現/接現/命》↑costar

*'**cues-ta** 91% 名 女〖地〗坂, 坂道, 斜面, スロープ;〖地〗ケスタ《一方が険しく他方がゆるやかな尾根》　*a* ～*s* 背負って, おぶって; 負担に耐えて, 背負い込んで; 任されて, 肩にかかって　～ *abajo* [*arriba*] 坂を下って[上って]　～ *de enero*《話》1月の金づまり《クリスマスと正月に金を使って1月に金欠になること》　*hacerse* ～ *arriba* 困難である, 大変である, 気分が乗らない

cues-ta-'ción [クエス.タ.'すぃオン] 名 女《格》募金

'cues-'tión** 75% 名 女 問題, 事柄; 口論, 係争, トラブル; 尋問, 拷問　～ *de* ... 約…, およそ…　*en* ～ 問題の, 問題になっている　*en* ～ *de* ... …に関する, …に関して言えば　*La* ～ *es que* ...(直説法) 問題は…である　*no sea* ～ (*de*) *que* ...(接続法) …になると困るので, …のことを考えて

cues-tio-'na-ble [クエス.ティオ.'ナ.ブレ] 形 疑わしい, 不審な

cues-tio-na-'mien-to 名 男 問題提起

cues-tio-'nar [クエス.ティオ.'ナる] 動 他 疑わしいと思う, 不審に思う; 問題にする

cues-tio-'na-rio [クエス.ティオ.'ナ.りオ] 名 男 質問事項, 質問表, アンケート用紙; (試験の)問題用紙

cues-'tor, -'to-ra [クエス.'トる, 'ト.ら] 名 男 女〖歴〗〖政〗(ローマ時代の)財務官

'**cue-te** 名 男《メキシコ》《中米》《アンデス》花火; 《メキシコ》酒酔い, 酩酊　*como* ～《チリ》《話》とても速く

'cue-va** ['クエ.バ] 89% 名 女〖地〗ほら穴, 洞窟; 《話》悪者の巣窟; 地下室

'**cué-va+no** ['クエ.バ.ノ] 名 男 大きいかご; 背負いかご

'**cue-zo** ['クエ.そ] 名 男〖技〗(しっくいの)こね箱　*meter el* ～《話》(en: に)口をはさむ, よけいなおせっかいをする

'**cue-z~** 動《直現/接現》↑cocer

'**cú-fi-co, -ca** 形〖言〗クーフィー体の《アラビア文字の最古の書体》

cu-'fi-fo, -fa 形 名 男 女《チリ》《話》酒に酔った(人)

'**cui** 名 男 ⇩cuy

'**cui-co, -ca** 名 男 女《ラ米》よそ者; 《メキシコ》〖歴〗巡査, 警察官; 《チリ》《話》おせっかい屋, でしゃばりな人; 《チリ》《話》きざな人, 上品ぶった人; 《ラプラタ》《話》小太りの人

cui-da-'di-to 〔縮小語〕↓cuidado

'cui-'da-do** 85% 名 男 用心, 注意, 配慮; 心配, 心づかい, 気苦労, 悩み; 管理, 責任, 役目, 問題; 世話, 保護;〖医〗介護, 看護, 治療 感 危ない!, (con: に)気をつけて!, (con: の)やつめ!　*al* ～ *de* ... …に管理されて, …に任されて, …の世話になって, …に育てられて; …気付, …方《宛名》　*¡Allá* ～*s!*《話》勝手にしろ!　*con* ～ 注意深く, 慎重に　*de* ～ 重大な, 大変な; 注意[用心]すべき, 危険な　*tener* [*poner*] ～ 注意する, 用心する　*tener* [*traer*] *sin* ～《話》かまわない

cui-da-'dor, -'do-ra [クイ.ダ.'ドる, 'ド.ら] 形 注意[用心]深い 名 男 女 世話人, 管理人;〖競〗訓練者, トレーナー;〖競〗〔ボクシング〕セコンド

*__cui-da-'do-sa-'men-te__ 93% 副 注意深く, 入念に, 慎重に

*__cui-da-'do-so, -sa__ 93% 形 注意深い, 注意する, 気にかける, (con, de: を)大切にする; 念入りな, 苦心の, 綿密な; (de: が)心配な, 気にかかる

'cui-'dar** [クイ.'ダる] 81% 動 他 〈の〉世話をする, 面倒を見る; 〈に〉気をつける, 気をつけて使う 動 自 (de: の)世話をする, 面倒を見る; (de que 接続法: …になるように)気をつける; (con: に)気をつける, 注意する　～*se* 動 再 体を大事にする; (de: に)専念する; (de: を)気にかける, (de: に)気をつける

'**cui-ja** ['クイ.は] 名 女《メキシコ》〖動〗トカゲ

'**cuil-ca** ['クイ.ル.カ] 名 女《メキシコ》毛布

'**cui-ta** 名 女 苦しみ, 悲痛, 苦悩; 《カリブ》〖遊〗(縄跳びの)縄

cui-'ta-do, -da 形《格》哀れな, 薄幸の

cui-te+'ar [クイ.テ.'アる] 動 自〖鳥〗«鳥が»排泄(はいせつ)する, 糞(ふん)をする

'**cu+ja** ['ク.は] 名 女《ラ米》寝台, ベッド

cu-'la-da [ク.'ラ.ダ] 名 女《話》しりもち

cu-'lan-tro 名 男 ⇧cilantro

cu-'la-ta [ク.'ラ.タ] 名 女 (銃の)床尾, 銃尾;〖畜〗(馬の)臀部(でんぶ); 後部, 後尾;〖機〗シリンダーヘッド　*salir el tiro por la* ～ 失敗する, 裏目に出る, 期待外れに終わる

cu-la-'ta-zo [ク.ラ.'タ.そ] 名 男 銃尾に

よる一撃; (発射した銃の)反動

*cu-'le-bra [ク.'レ.ブら] 94% 名 女 〖動〗(小型・中型の)ヘビ[蛇]; (蛇のように)悪賢い人 *hacer la ~* 蛇行する *matar la ~* 《中米》暇つぶしをする *saber más que las ~s* ずる賢い, 抜け目ない

cu-le-bre+'ar [ク.レ.ブれ.'アる] 動 自 (蛇のように)くねる, ジグザグに進む, 蛇行する

cu-le-'bri-na [ク.レ.'ブり.ナ] 名 女 〖気〗稲妻

cu-le-'brón [ク.レ.'ブろン] 名 男 《話》〖軽蔑〗〖放〗長編連続テレビドラマ

cu-'le-ro, -ra [ク.'レ.ろ, ら] 形 怠惰な, ものぐさな, 尻が重い 名 男 女 《俗》腸に麻薬を隠す密売人 名 男 《カリブ》おむつ, おしめ -ra 名 女 〖衣〗(ズボンの尻の)継ぎ当て

'cu-li ['ク.リ] 形 名 共 〖歴〗苦力(クーリー)《中国・インドの下層労働者》

Cu-lia-'cán [ク.リア.'カン] 名 固 〖地名〗クリアカン《メキシコ西部の都市》

cu-'li-che [ク.'リ.チェ] 形 名 共 《中米》《話》臆病な(人), 気の弱い(人)

cu-'li-llo [ク.'リ.ジョ] 名 男 (指小語) ↓ culo

cu-li-'llu-do, -da [ク.リ.'ジュ.ド, ダ] 形 名 男 女 《ベネズエラ》《話》臆病な(人), 気の弱い(人)

cu-li-'na-rio, -ria [ク.リ.'ナ.りオ, りア] 形 〖食〗調理の, 料理の

cu-li-pen-de+'ar-se [ク.リ.ペン.デ.'アる.セ] 動 再 《コロンビア》《話》おじけづく

cu-li-'rro-to, -ta [ク.リ.'ろ.ト, タ] 形 《コロンビア》《話》ぼろぼろの

cu-li-'sa-do, -da [ク.リ.'サ.ド, ダ] 形 《中米》カールした, 縮れた

cul-mi-na-'ción [クル.ミ.ナ.'すぃオン] 名 女 頂点, 絶頂; 〖天〗子午線通過, 南中

cul-mi-'nan-te [クル.ミ.'ナン.テ] 形 頂点の, 絶頂の

cul-mi-'nar [クル.ミ.'ナる] 動 自 ついに (en: に)なる; 最高点[極点, 絶頂]に達する, 全盛をきわめる; 〖天〗最高度[子午線]に達する, 南中する

**'cu+lo ['ク.ロ] 89% 名 男 《話》〖体〗尻(しり); 《話》底; 底に残ったもの; 《俗》〖体〗肛門; 《話》かす, おり; 《話》端, 末端; 《俗》同性愛者 *con el ~ a rastras* 《俗》無一文で, 金づまりで *~ de pollo* 《話》〖笑〗(服の)へたにかがってある場所 *~ de vaso* 《話》〖笑〗イミテーションの宝石 *ir de ~* 《スペイン》《俗》くそ忙しい, あわただしい *¡Métetelo en el ~!* 《俗》くそくらえ! *perder el ~* 《俗》(por 不定詞: したくて)たまらない *poner el ~* 《俗》しょげる, 落ちぶれる *¡Que te den por (el) ~!* 《俗》くそくらえ! *ser ~ de mal asiento* 《話》腰が落ちつかない *¡Vete a tomar por el ~!* 《俗》くそくらえ!, とっとと消え失せろ!

cu-'lom-bio [ク.'ロン.ビオ] 名 男 〖電〗クーロン《電気量の単位》

cu-'lón, -'lo-na [ク.'ロン, 'ロ.ナ] 形 《話》尻(しり)の大きい

cu-'lo-te [ク.'ロ.テ] 名 男 《古》〖衣〗キュロットパンツ《女性用下着》; 〖競〗〖衣〗(自転車)レーシングパンツ

culotte [ク.'ロト] 名 男 〔フランス語〕 ⇧ culote

**'cul-pa ['クル.パ] 86% 名 女 (過失の)責任, せい; 誤り, 過失, 落ち度, 罪 *echar a ... la ~* …の責任にする *pagar ~s ajenas* 他人の罪をかぶる, ぬれぎぬを着せられる *por ~ de ...* …のせいで

cul-pa-bi-li-'dad [クル.パ.ビ.リ.'ダド] 名 女 過失のあること, とがむべきこと; 〖法〗有罪

cul-pa-bi-li-'zar 動 他 ㉞ (z|c) ⇩ culpar

**cul-'pa-ble [クル.'パ.ブレ] 88% 形 〖法〗有罪の, (de: の)罪を犯した; 身に覚えのある, やましい, 責任のある; 非難すべき, とがめるべき, けしからぬ 名 共 〖法〗犯人, 罪人; (過失の)責任者

*cul-'par [クル.'パる] 94% 動 他 とがめる, 〈に〉(de: を)非難する, 責める; 〈に〉(de: 罪などを)負わせる, 〈の〉せいにする; 〖法〗告訴する *~se* 動 再 (de: を)自分の責任にする, 自分の非を認める

cul-'po-so, -sa [クル.'ポ.ソ, サ] 形 非がある, 責任がある

cul-te-ra-'nis-mo [クル.テ.ら.'ニス.モ] 名 男 〖文〗《スペイン》誇飾主義《16–17 世紀のゴンゴラ Góngora を中心とする詩風》; 気取った華麗な文体

cul-te-'ra+no, -na [クル.テ.'ら.ノ, ナ] 形 《スペイン》〖文〗誇飾主義の; 美辞麗句の 名 男 女 誇飾体作家; 華麗な文体を好む文章家[詩人]

cul-'tis-mo [クル.'ティス.モ] 名 男 〖言〗教養語《ギリシャ語・ラテン語から直接スペイン語に入った語》; 〖文〗《スペイン》誇飾主義; 〖文〗気取った華麗な文体

cul-ti-'va-ble [クル.ティ.'バ.ブレ] 形 〖農〗«土地が»耕作できる, 耕作に向いた

cul-ti-va-'dor, -'do-ra [クル.ティ.バ.'ドる, 'ド.ら] 形 〖農〗耕作する 名 男 女 耕作者; (a: の)作成者, 従事者, 活動家 名 男 〖農〗耕耘(こううん)機

**cul-ti-'var [クル.ティ.'バる] 90% 動 他 〖農〗〈土地を〉耕す, 耕作する; 〖農〗〈作物を〉栽培する; 〈才能・品性・習慣などを〉養う, 修養する, 伸ばす; 〈親交を〉深める, あたためる *~se* 動 再 栽培される, 耕される; 教養を高める

**cul-'ti-vo [クル.'ティ.ボ] 88% 名 男 〖農〗

耕すこと, 耕作, 栽培; 作物; 養殖; 〘生〙 培養; 養成, 訓練, 促進, 奨励; 育成, 発展させること

⁑'cul-to ['クル.ト] 87% 名 男 〘宗〙 信仰, 宗教; 崇拝, 礼賛, 賛美, 傾倒 **～, -ta** 形 教養[学問]のある, 博学な; 学術的な, 教養の; 気取った; 〘農〙 «土地が»耕された; 〘言〙 教養語の↑cultismo *rendir* ～ (a: を)崇拝する, 崇(あが)める

⁑cul-'tu-ra [クル.'トゥ.ら] 75% 名 女 文化; 教養, (知的)洗練; 修養, 鍛錬

⁑cul-tu-'ral [クル.トゥ.'らル] 81% 形 文化の, 文化的な; 教養の, 教養を得るための

cul-tu-'re-ta [クル.トゥ.'れ.タ] 名 共 《話》 文化活動に熱中している人

Cu-ma-'ná 名 固 〘地名〙 クマナ《ベネズエラ北部の港湾都市》

cum-ban-che+'ar [クン.バン.チェ.'アる] 動 自 《カリブ》《話》 酒盛りをする, どんちゃん騒ぎをする

cum-be+'ar-se [クン.ベ.'アる.セ] 動 再 《中米》《話》 互いにほめ合う

'cum-bia 名 女 〘楽〙 クンビア《コロンビアの民族舞踊》

'cum-bo 名 男 《中米》 ヒョウタンから作った容器, 水入れ

⁑'cum-bre ['クン.ブれ] 90% 名 女 〘地〙 (山などの)頂上, 頂; 絶頂, 頂点, 極点; 〘政〙 (政府の)首脳; (先進国)首脳会談, サミット

'cú-mel ['ク.メル] 名 男 〘飲〙 キュンメル酒

cu-mi-'nar [ク.ミ.'ナる] 動 他 《中米》《話》 盗む, 横取りする

cum laude [クム 'ラウ.デ] 副 名 男 〔ラテン語〕 優秀(で)《とくに博士論文の最高評価》

'cúm-pla-se ['クン.プラ.セ] 名 男 〘法〙 公的承認, 了承《発布される法令の署名の前に書かれる言葉》

'cum-ple ['クン.プレ] 名 男 《話》 誕生日

⁑cum-ple+'a-ños [クン.プレ.'ア.ニョス] 88% 名 男 〔単複同〕 誕生日; 誕生パーティー

cum-ple-'més [クン.プレ.'メス] 名 男 生まれてから 1 月たった日

***cum-'pli-do, -da** [クン.'プリ.ド, ダ] 94% 形 果たした, 履行した, 完了した; 完全な; 丁寧な, 礼儀正しい; 大きい, たっぷりした 名 男 礼儀, 丁重さ, 丁寧; 賛辞, お世辞, 愛想; 進物, 贈物 *por* ～ 礼儀として, 義理を尽くすために *sin* ～*s* 形式ばらない(で)

cum-pli-'dor, -'do-ra [クン.プリ.'ドる, 'ド.ら] 形 名 男 女 (de: 義務を)果たす(人), 実行する(人); 信用できる(人)

cum-pli-men-'tar [クン.プリ.メン.'タる] 動 他 ⑸⓪ (e|ie) ‹に›敬意を表す, 表敬訪問する; 祝う, ‹に›喜びを述べる; 実行する, 遂行する; ‹書類などに›記入する

cum-pli-'mien-to [クン.プリ.'ミエン.ト] 名 男 (職務などの)遂行, 果たすこと, (命令・計画などの)実行, (約束の)履行; 礼儀(正しさ), 丁重さ; 丁重な行為, 親切な行い; 賛辞, お世辞; 完了, 完成, (期限の)満了

⁑cum-'plir [クン.'プリる] 75% 動 他 ‹命令・計画などを›実行する, ‹職務などを› (con: を)果たす; ‹約束を›守る, 果たす; ‹年を›とる, ‹…歳に›なる; ‹法律・規則などを›守る, 遵守(じゅんしゅ)する; 《スペイン》〘軍〙 ‹兵役・服役などを›終える 動 自 仕事[約束]を果たす, 果たす; (con: 条件を)満たす; (con: 規則・法規を)守る, 遵守する; (con: に)礼儀[義理]を尽くす; (不定詞: …)すべきである, 都合がよい; 《スペイン》〘軍〙 兵役を終える; 期限になる, 期限が切れる, 満期になる **～se** 動 再 実現する, 本当になる; (時が)«に»なる; 実行される, 果たされる *para* [*por*] ～ 礼儀として, 挨拶(あいさつ)として, 義理で

'cú-mu-lo ['ク.ム.ロ] 名 男 多数, たくさん; 積み重ね, 塊, 山; 〔複〕〘気〙 積雲, 入道雲 ～ *estelar* 〘天〙 星団

cu-mu-lo-'nim-bo [ク.ム.ロ.'ニン.ボ] 名 男 〘気〙 積乱雲, 入道雲

***'cu+na** 93% 名 女 ベビーベッド, 乳幼児用のベッド; 揺りかご; (文化・民族などの)揺籃(ようらん)の地, 発祥地; 家系, 血筋, 家柄; 乳児期, 幼年時代; 養護施設, 孤児院; つり橋; 牛の 2 つの角(つの)の間 *juego de la* ～ 〘遊〙 あや取り遊び

cun-'cu+no, -na 形 《コロンビア》〘動〙 尾のない[短い]

Cun-di-na-'mar-ca [クン.ディ.ナ.'マる.カ] 名 固 〘地名〙 クンディナマルカ《コロンビア中部の県》

***cun-'dir** [クン.'ディる] 91% 動 自 広がる, 広まる, 及ぶ; ふくれる, 大きくなる, 増す, 増える, 増大する; «仕事などが»はかどる; 役に立つ

cu-ne+'ar [ク.ネ.'アる] 動 他 ‹子供を›ゆすってあやす **～se** 動 再 体をゆする; «揺りかごが»揺れる

cu-nei-'for-me [ク.ネイ.'フォる.メ] 形 くさび形の, 楔形(せっけい)(けっけい)の

cu-'ne-ne, -na 名 男 女 《ベネズエラ》《話》 末っ子

cu-'ne-ro, -ra [ク.'ネ.ろ, ら] 形 «子供が»孤児の; 〘商〙 «商品が»無印の, ノーブランドの, 二流の, B 級の 名 男 女 孤児

cu-'ne-ta 名 女 (道路わきなどの)溝, どぶ

cu-ni-cul-'tor, -'to-ra [ク.ニ.クル.'ト.る, 'ト.ら] 名 男 女 〘畜〙 ウサギの飼育者, 養兎(ようと)業者

cu-ni-cul-'tu-ra [ク.ニ.クル.'トゥ.ら] 名 女 〘畜〙 ウサギの飼育, 養兎(ようと)業

'cu+ña ['ク.ニャ] 名 女 くさび, 支(か)いも

の;《話》勢力, 権勢, 影響力, 顔;〔放〕コマーシャル;〔建〕(ピラミッド型の)敷石;〔体〕楔状(けつじょう)骨;《チリ》《ラプラタ》《話》影響力のある人の援助

*cu-'ña-do, -da [ク.'ニャ.ド, ダ] 92% 名 男 女 義理の兄弟姉妹《配偶者の兄弟姉妹; 兄弟姉妹の配偶者》

'cu+ño ['ク.ニョ] 名 男 (貨幣・メダルなどの)刻印; 印, 痕跡;《カリブ》印, スタンプ; 切手 *de nuevo* ~ 新造の, 新しく作られた

'cuó-rum 名 男 ⇩ quorum

**'cuo-ta 90% 名 女 料金, 会費; 割り当て, 分担分;《ラ米》〔商〕分割払い込み金, 賦払(ぶばらい)金

'cu+pe 動《直点 1 単》⬆caber

cu+'pé 名 男〔車〕クーペ型自動車《2 人乗り 2 ドア》;〔歴〕クーペ型馬車《2 人乗り四輪馬車》

cu-pi~ 動《直点, 接過》⬆caber

cu-'pi-do 名 男《話》色男, プレーボーイ C~ 名 固〔ロ神〕キューピッド《ビーナス Venus の子で, 恋愛の神》

cu-'plé [ク.'プレ] 名 男〔楽〕クプレ《1930 年代に流行した歌謡》

cu-ple-'tis-ta [ク.プレ.'ティス.タ] 名 共〔楽〕クプレ歌手

'cu+po 名 男 分け前, 分担, 割り当て 動《直点 3 単》⬆caber

cu-'pón 名 男 券, 半券, クーポン;〔商〕(公債証書・債券などの)利札

'cú-pri-co, -ca ['ク.プリ.コ, カ] 形〔化〕第二銅の, 銅の

cu-'prí-fe-ro, -ra [ク.'プリ.フェ.ろ, ら] 形〔化〕銅を含む

cu-'pri-ta [ク.'プリ.タ] 名 女〔鉱〕赤銅鉱

cu-pro-'ní-quel [ク.プろ.'ニ.ケル] 名 男〔化〕ニッケル銅

'cú-pu-la ['ク.プ.ラ] 名 女〔建〕(小)丸屋根, 半球天井, ドーム;〔植〕(どんぐりなどの)殻斗(かくと), へた;〔鉄〕(機関車の)鐘型汽室

cu-que+'ar [ク.ケ.'アる] 動 他《カリブ》《話》〈に〉迷惑をかける, うんざりさせる

cu-'qui-llo 名 男 ⇧ cuclillo

**'cu+ra ['ク.ら] 87% 名 女〔医〕治療, 手当て, 療法; 治ること, 治癒, 回復 名 男〔宗〕司祭 *alargar la* ~《話》引き延ばし戦術をとる ~ *de almas*〔宗〕魂の救済《司祭の仕事》 *este* ~《スペイン》《話》〔笑〕わが輩 *tener* ~〔医〕《病気が》治る, 治る見込みがある

cu-'ra-ble [ク.'ら.ブレ] 形〔医〕治癒できる, 治せる

cu-'ra-ca [ク.'ら.カ] 名 男《アンデス》〔歴〕クラーカ《インカの村落共同体の首長》

cu-ra-'ción [ク.ら.'すぃオン] 名 女〔医〕治療, 手当て; 治ること, 治癒, 回復

cu-'ra-do, -da [ク.'ら.ド, ダ] 形〔医〕《病気が》治った;《人が》慣れた, 平気な, 驚かない;〔食〕《肉・魚が》保存加工された;《南米》酔った *estar* ~[*da*] *de espanto* 何事にも動じない, 驚かない

cu-ra-'dor, -'do-ra [ク.ら.'ドる, 'ド.ら] 形 治療の 名 男 女 管理人, 管理者;〔法〕後見人, 保護者;〔医〕治癒者, 医師; 干物[燻製]製造者, 保存加工業者

cu-ra-du-'rí+a [ク.ら.ドゥ.'リ.ア] 名 女〔法〕後見(職権), 保護

cu-ra-lo-'to-do [ク.ら.ロ.'ト.ド] 名 男〔話〕〔医〕万能薬

cu-ran-de-'ris-mo [ク.らン.デ.'リス.モ] 名 男 祈禱(きとう)師の活動; にせ[もぐり]医者の活動

cu-ran-'de-ro, -ra [ク.らン.'デ.ろ, ら] 名 男 女 祈禱(きとう)師; にせ[もぐり]医者

cu-'ran-to [ク.'らン.ト] 名 男《チリ》〔食〕クラント《シーフード・肉・チーズの鍋料理》

**cu-'rar [ク.'らる] 88% 動 他〔医〕治療する, 治す, 効く;〔食〕〈肉・魚を〉(乾燥・燻製・塩漬けなどにして)保存する;〈皮を〉なめす;〈布・糸を〉漂白する;〈木材を〉乾燥させる;〈鉄・陶器の鍋などを〉硬化する 動 自 治る, (de: から)回復する;《チリ》《ラプラタ》《話》酒に酔う ~se 動 再 (再)〔医〕《傷・病気が》治る, 治癒する;《南米》酔う, 酔っぱらう

cu-'ra-re [ク.'ら.れ] 名 男《南米》クラーレ《南米の先住民が矢の先につけた毒》

cu-ra-'ti-vo, -va [ク.ら.'ティ.ボ, バ] 形〔医〕病気に効く, 治療用の, 治癒力のある

cu-'ra-to [ク.'ら.ト] 名 男〔宗〕教区司祭職; 教区

Cu-ra-'za+o [ク.ら.'さ.オ] 名 固〔地名〕キュラソー島《カリブ海南部, ベネズエラの北にある島; オランダの自治領》

'cur-co, -ca ['クる.コ, カ] 形 名 男 女《アンデス》〔体〕猫背の(人)

cur-'cun-cho, -cha [クる.'クン.チョ, チャ] 形 名 男 女《ラ米》〔体〕背にこぶのある(人), 背中の曲がった(人)

cur-cu-'si-lla [クる.ク.'スィ.ジャ] 名 女〔体〕尾骨

cur-de+'a-do, -da [クる.デ.'ア.ド, ダ] 形 名 男 女《南米北》《話》酒に酔った(人)

Cur-dis-'tán 名 固 ⇩ Kurdistán

'cur-do, -da ['クる.ド, ダ] 形 名 男 女 ⇩ kurdo;《話》酔った(人) -da 名 女《話》酔い, 酔っぱらい;《ベネズエラ》《話》酒

cu-'re-ña [ク.'れ.ニャ] 名 女〔軍〕砲車, 砲架;〔軍〕銃床

cu-'re-pa [ク.'れ.パ] 名 共《ラプラタ》《話》アルゼンチン人《あだ名》

'cu-ria ['ク.りア] 名 女〔集合〕〔法〕法曹《司法官や弁護士など法律事務に従事する者》;〔法〕裁判所, 法廷;〔宗〕ローマ教皇

庁; 〔歴〕クリア《古代ローマの社会組織の単位》

cu-'rial [ク.'りアル] 形 〔法〕法曹の, 裁判所の, 法廷の; 〔宗〕ローマ教皇庁の 名 共 〔法〕裁判所の職員

Cu-ri-'có [ク.り.'コ] 名 固 〔地名〕クリコー《チリ中部の都市》

cu-'riel [ク.'りエル] 名 男 《ｷｭｰﾊﾞ》〔動〕テンジクネズミ, モルモット

'cu-rio ['ク.りオ] 名 男 〔化〕キュリウム《元素》; 〔物〕キュリー《放射能の強さの単位》

cu-rio-se+'ar [ク.りオ.セ.'アる] 動 他 かぎ回る, のぞく, 見て歩く, 詮索(せんさく)する 動 自 かぎ回る, のぞく, あたりを見て回る, 詮索する

cu-rio-si-'dad [ク.りオ.スィ.'ダド] 89% 名 女 好奇心, 詮索(せんさく)好き; 〔複〕骨董(こっとう)品; 珍しい物; 入念さ, 注意, 丹念; きれい[清潔]にすること

cu-'rio-so, -sa [ク.'りオ.ソ, サ] 85% 形 名 男 女 好奇心の強い(人), (de: を)知りたがる(人); (por 不定詞: …)したがる(人); 〔悪い意味で〕詮索(せんさく)好きな(人), 物見高い(人); 好奇心をそそる, 興味深い, おかしな; (en: に)気をつかう(人); きれい好きな(人); やじ馬, 見物人 **-samente** 副 《文修飾》奇妙なことに, 不思議にも; もの珍しそうに, 好奇心を持って; 注意深く, 入念に, 慎重に

cu-'rran-te [ク.'らン.テ] 名 共 《ｽﾍﾟｲﾝ》《話》働く人, 労働者

cu-'rrar [ク.'らる] 動 自 《ｽﾍﾟｲﾝ》《話》働く

cu-rre-'lar [ク.れ.'ラる] 動 自 《話》働く, 精を出す

'cu-rri ['ク.り] 名 男 〔複 curris〕〔食〕カレー

cu-rri-'cán [ク.り.'カン] 名 男 〔魚〕一本釣り用の釣り具

cu-'rrí+cu-lo [ク.'り.ク.ロ] 名 男 カリキュラム; シラバス; 履歴(書) (=currículum)

cu-'rrí-cu-lum [ク.'り.ク.ルム] 名 男 〔複 -lums〕履歴書, 経歴

curriculum vitae [ク.'り.ク.ルム.'ビ.タ.エ] 名 男 〔単複同〕〔ラテン語〕⇧ currículum

'cu-rro, -rra ['ク.ろ, ら] 形 めかしこんだ, すました; うぬぼれた, 鼻持ちならない 名 男 《ｽﾍﾟｲﾝ》《話》仕事

'Cu-rro ['ク.ろ] 名 固 〔男性名〕クロ《Francisco の愛称》

cu-rru-'ta-co, -ca [ク.る.'タ.コ, カ] 形 名 男 女 《話》おしゃれ(の), 気取り屋(の)

curry ['ク.り] 名 男 〔英語〕⇧ curri

cur-'sa-do, -da [クる.'サ.ド, ダ] 形 経験を積んだ, (en: に)精通した

cur-'sar [クる.'サる] 動 他 〈の〉授業をとる, 履修する, 〈の〉課程を修める; (a: に)渡す, 送る, 回送する, 伝える

'cur-si ['クる.スィ] 形 名 共 《話》きざな(人), 気取った(人); もったいぶった(人), うぬぼれた(人)

cur-si-'la-da [クる.スィ.'ラ.ダ] 名 女 きざな言動, きざなもの

cur-si-le-'rí+a 名 女 ⇧ cursilada

cur-si-'llis-ta [クる.スィ.'ジス.タ] 名 共 受講生

cur-'si-llo [クる.'スィ.ジョ] 名 男 短期講座; 連続講演

cur-'si-vo, -va [クる.'スィ.ボ, バ] 形 〔印〕イタリック体の; 草書の, 走り書きの **-va** 名 女 〔印〕イタリック体

'cur-so ['クる.ソ] 76% 名 男 (学習の)課程, (ひと続きの)講義, 講座, 授業, コース; 学年, 年度; (時などの)経過, 進行, 推移, 成り行き; (進む)方向, 進路; 〔地〕(川の)流れ; (貨幣などの)流通, 流布, 広まり ***dar libre*** ～ (a: を)自由にする, (a: に)身をまかせる ***en*** ～ 進行中で[の]; 今の ***seguir su*** ～ 順調に運ぶ

cur-'sor [クる.'ソる] 名 男 〔情〕カーソル; 〔技〕(計算尺などの)カーソル

cur-'ti-do, -da [クる.'ティ.ド, ダ] 形 日に焼けた; 経験を積んだ, 慣れている; «革が»なめされた; 《ｺﾛﾝﾋﾞｱ》ほこりまみれの, よごれた, 色あせた; 《ｷｭｰﾊﾞ》《話》汚い, 不潔な 名 男 なめし革; 製革, 革をなめすこと

cur-ti-'dor, -'do-ra [クる.ティ.'ドる, 'ド.ら] 名 男 女 皮なめし職人

cur-'tir [クる.'ティる] 動 他 〈獣皮を〉なめす; 日に焼けさせる; 慣れさせる, 鍛える; 《ｺﾛﾝﾋﾞｱ》汚す, ほこりまみれにする ～**se** 動 再 日に焼ける; 慣れる

cu-ru-cu-te+'ar [ク.る.ク.テ.'アる] 動 自 《ｺﾛﾝﾋﾞｱ》《話》心をつかむ; 《ﾍﾞﾈｽﾞｴﾗ》《話》移動する

cu-'ru-ro, -ra [ク.'る.ろ, ら] 名 男 女 《ﾁﾘ》《話》〔軽蔑〕黒人

'cur-va ['クる.バ] 88% 名 女 曲線, 曲線グラフ; 曲がった箇所[部分], 湾曲部, カーブ; 〔複〕《話》〔体〕(とくに女性の)体の曲線, 体型

cur-'var [クる.'バる] 動 他 曲げる ～**se** 動 再 曲がる; 身をかがめる

cur-va-'tu-ra [クる.バ.'トゥ.ら] 名 女 湾曲, ひずみ, 曲率; 曲げること

cur-vi-'lí-ne+o, +a [クる.ビ.'リ.ネ.オ, ア] 形 曲線の; 〔体〕«女性が»曲線美の

'cur-vo, -va ['クる.ボ, バ] 形 曲がった, たわんだ, 曲線状の

'cus-ca 名 女 《ｺﾛﾝﾋﾞｱ》タバコの吸い殻 ***hacer la*** ～ いやがらせをする

Cus-cat-'lán; -ca-'tlán [クス.カト.'ラン; .カ.'トラン] 名 固 〔地名〕クスカトラン《エルサルバドル中部の県》

'**Cus-co** 名 固 ⇩ Cuzco
cus-'cu-rro [クス.'ク.ろ] 名 男〘食〙パンの硬い皮
cus-'cús 名 男〘食〙クスクス《北アフリカの小麦の蒸し料理》
'**cús-pi-de** 名 女〘地〙(山の)頂(いただき), 頂上; 絶頂, 頂点;〘数〙(三角形・円錐形の)頂点
cus-'que-ño, -ña 形 名 男 女 ⇩ cuzqueño
cus-'to-dia 名 女 保護, 管理;〘宗〙聖体顕示台;〘宗〙聖櫃(せいひつ)
cus-to-'diar [クス.ト.'ディアる] 動 他 見張る, 警戒する; 保護する, 世話をする
cus-'to-dio 名 男 保護者, 守護者
Cus-'to-dio 名 固〘男性名〙クストディオ
cu-'su-co 名 男《中米》〘動〙アルマジロ ⬆armadillo
cu-'tá-ne+o, +a 形 皮膚に関する
'**cú-ter** ['ク.テる] 名 男 (替え刃つきの)カッター(ナイフ)
cu-'tí-cu-la [ク.'ティ.ク.ラ] 名 女〘動〙〘植〙表皮, 外皮
cu-'ti-na 名 女〘植〙角皮素, クチン
'**cu-tis** 名 男〔単複同〕〘体〙(〔特に〕顔の)皮膚, 肌
'**cu-tre** ['ク.トれ] 形《話》汚い; けちな
'**cuy** 名 男《ラ米》〘動〙テンジクネズミ, モルモット
'cu+yo, +ya 70% 形《関係》〔弱勢〕《次に続く名詞の性数と一致する》 **1**《格》その…が…である[する]…, それの, その人の《制限的用法》: Quiero que ustedes conozcan el país **cuya** lengua están aprendiendo. あなたがたが学んでいる言語の話されている国を知ってもらいたいと思います。 **2**《格》そしてその…は…《説明的用法》: Fui a visitar la basílica de la Virgen de Guadalupe, **cuya** historia había leído hacía muchos años. 私はグアダルーペ聖母寺院を訪れましたが, その歴史について何年も昔に読んだことがありました。 ***en ~ caso***《格》その場合には
'**cuz-co** ['クす.コ] 名 男〘動〙小犬
'**Cuz-co** ['クす.コ] 名 固〘地名〙クスコ《ペルー南部の県, 県都; 16 世紀までのインカ帝国の首都》
cuz-'cuz 名 男《まれ》⇧ cuscús
cuz-'que-ño, -ña [クす.'ケ.ニョ, ニャ] 形 名 男 女〘地名〙クスコの(人)⬆Cuzco
CV 略 =caballo de vapor〘機〙馬力
C. y F. 略 =costo y flete〘商〙運賃込みの価格
C. y S. 略 =costo y seguro〘商〙保険料込みの価格

D d 𝒟 𝒹

D, d ['デ] 名 女〘言〙デ《スペイン語の文字》;〔D〕ローマ数字の 500
d 略 ⬇día
d- 略 =deci-《接頭辞》10 の −1 乗
D. 略 ⬇don
'**da** 動《直現 3 単/命》⬇dar
da- 略 =deca-《接頭辞》10 の 1 乗
D.ª 略 ⬇doña
'**da+ba(~)** 動《直線》⬇dar
'**da-ble** ['ダ.ブレ] 形 可能な, 実行できる
da-'bu-ti 副《俗》すばらしい, すごい
'**Da+ca** 名 固〘地名〙ダッカ《バングラデシュ Bangladés の首都》
da-'crón [ダ.'クろン] 名 男《商標》ダクロン《合成繊維》
dac-ti-'lar [ダク.ティ.'ラる] 形 指の
dac-'tí-li-co, -ca [ダク.'ティ.リ.コ, カ] 形〘文〙長短短格の, 強弱弱格の
'**dác-ti-lo** ['ダク.ティ.ロ] 名 男〘文〙長短短格, 強弱弱格
dac-ti-lo-gra-'fí+a 名 女《格》⇩ mecanografía
dac-ti-lo-gra-'fiar 動 他 ㉙ (i|í)《格》⇩ mecanografiar
dac-ti-lo-'grá-fi-co, -ca 形《格》⇩ mecanográfico
dac-ti-'ló-gra-fo, -fa 名 男 女《格》⇩ mecanógrafo
dac-ti-lo-'gra-ma [ダク.ティ.ロ.'グら.マ] 名 男〘法〙指紋
dac-ti-lo-lo-'gí+a [ダク.ティ.ロ.ロ.'ひ.ア] 名 女 手話術[法]
dac-ti-los-'co-pia [ダク.ティ.ロス.'コ.ピア] 名 女〘法〙指紋鑑定
dac-ti-los-'có-pi-co, -ca [ダク.ティ.ロス.'コ.ピ.コ, カ] 形〘法〙指紋鑑定の
'**da+da(s)** 動《過分女》⬇dar
da-da+'ís-mo 名 男〘芸〙ダダイスム《20 世紀初めの文学・芸術運動, 伝統的形式美を否定する》
da-da+'ís-ta 形〘芸〙ダダイスムの 名 男 女 ダダイスト

'**dá-di-va** ['ダ.ディ.バ] 名 女 贈り物, 寄付

da-di-'vo-so, -sa [ダ.ディ.'ボ.ソ, サ] 形 気前のよい, 物惜しみしない

'**da+do, +da** 形 (a: に)ふけった, (a: を)常用する, (a: が)好きな; …と仮定すれば《dado は次の名詞の性と数に一致する》; 《ﾗﾌﾟﾗﾀ》感じがよい 名 男 〔遊〕さいころ; さいころ形 ~ *que* …〔直説法〕…なので; 〔接続法〕…を仮定すれば *ir* ~[*da*] 《ｽﾍﾟｲﾝ》《話》間違えている

'**da-do(s)** 動 《過分男》 ↓dar

'**Daf-ne** 名 固 〔ギ神〕ダフネ《アポロン Apolo に追われて月桂樹に化した》

'**da+ga** 名 女 短剣, 短刀

da-gue-rro-'ti-po [ダ.ゲ.ろ.'ティ.ポ] 名 男 〔写〕銀板写真

Da+ho-'mey 名 固 〔旧称〕⇧Benín

dai-'qui-ri ⇔-'rí [ダイ.'キ.り⇔.'り] 名 男 《ｶﾘﾌﾞ》〔飲〕ダイキーリ《ラム・ライム果汁・砂糖を混ぜた飲み物》

'**da+is** 動 《直現 2 複》 ↓dar

Da-ja-'bón [ダ.は.'ボン] 名 固 〔地名〕ダハボン《ドミニカ共和国北西部の県》

Da-'kar [ダ.'カる] 名 固 〔地名〕ダカール《セネガル Senegal の首都》

da-'lái 'la-ma [ダ.'ライ 'ラ.マ] 名 男 〔宗〕〔政〕ダライラマ《チベット Tíbet の精神的・政治的最高指導者》

'**da+le** 動 《命》+代 ↓dar+le

'**da-lia** ['ダ.リア] 名 女 〔植〕ダリア

Dal-'ma-cia [ダル.'マ.すぃア] 名 固 〔地名〕ダルマチア《クロアチア南部のアドリア海沿岸地方》

'**dál-ma-ta** ['ダル.マ.タ] 形 〔地名〕ダルマチア(人)の↑Dalmacia; 〔歴〕〔言〕ダルマチア語の 名 共 ダルマチア人 名 男 〔動〕ダルメシアン《中型犬》; 〔歴〕〔言〕ダルマチア語

dal-'má-ti-ca [ダル.'マ.ティ.カ] 名 女 〔衣〕〔宗〕ダルマティカ《法衣の一種》; ダルマティカ《(国王の)戴冠式衣》; 〔歴〕テュニック《古代ローマ人の衣服》

'**dal-ton** ['ダル.トン] 名 男 〔物〕ダルトン《原子の質量を表す単位》

dal-to-'nia+no, -na [ダル.ト.'ニア.ノ, ナ] 形 〔医〕(先天性)色覚異常の 名 男 女 色覚異常者

dal-'tó-ni-co, -ca 形 ⇧daltoniano

dal-to-'nis-mo [ダル.ト.'ニス.モ] 名 男 〔医〕(先天性)色覚異常

'da+ma** 88% 名 女 〔一般〕婦人, 女の方《敬語的に用いられる》; 淑女, 貴婦人, 家柄のよい婦人; 〔遊〕〔複〕チェッカー; 〔遊〕〔チェス〕クイーン; (女王・王女の)侍女, 女官 ~ *de honor* (コンテストの)準ミス; 〔歴〕(女王・王女の)侍女, 女官 *primera* ~ ファーストレディー《大統領[首相]夫人》

da-ma-'jua-na [ダ.マ.'ふア.ナ] 名 女 (編みかごで包んだ)大瓶(びん)

da-mas-'ce+no, -na [ダ.マ(ス).'せ.ノ, ナ] 形 名 男 女 〔地名〕ダマスカスの(人) ↓Damasco

da-'mas-co 名 男 〔衣〕ダマスク織り; 紋どんす; 《ｱﾝﾃﾞｽ》《ﾁﾘ》《ﾗﾌﾟﾗﾀ》〔植〕アンズ, アプリコット **D~** 名 固 〔地名〕ダマスカス《シリア Siria の首都》

'**Dá-ma-so** 名 固 〔男性名〕ダマソ

da-mas-qui-'na-do [ダ.マス.キ.'ナ.ド] 名 男 〔技〕金銀象眼(術)

da-mas-'qui+no, -na [ダ.マス.'キ.ノ, ナ] 形 名 男 女 ダマスカスの(人)↑Damasco

'**da+me** 動 《命》+代 ↓dar·me

Da-'mián 名 固 〔男性名〕ダミアン

da-mi-'se-la [ダ.ミ.'セ.ラ] 名 女 《格》おとめ, 少女, 若い娘; 《話》〔笑〕お嬢さん

dam-ni-fi-'ca-do, -da 名 男 女 被災者, 罹災者, 犠牲者, 被害者

dam-ni-fi-'car [ダム.ニ.フィ.'カる] 動 他 69 (c|qu) 傷つける, 害する, 痛める

'**da-mos** 動 《直現 1 複》 ↓dar

'**dan** 動 《直現 3 複》 ↓dar

dan-'cai-re [ダン.'カイ.れ] 名 男 《俗》代理, 替え玉

'**dan-di** 名 男 しゃれ者, ダンディー

dan-'dis-mo 名 男 (男性の)おしゃれ, ダンディズム

'**dan-do** 動 《現分》 ↓dar

'**dán-do-le** 動 《現分》+代 ↓darle

*__da-'nés, -'ne-sa__ 94% 形 〔地名〕デンマーク(人)の↓Dinamarca; 〔言〕デンマーク語の 名 男 女 デンマーク人 名 男 〔言〕デンマーク語; 〔動〕〔犬〕グレートデーン《大型犬》

Da-'niel [ダ.'ニエル] 名 固 〔男性名〕ダニエル; 〔聖〕ダニエル《旧約聖書『ダニエル書』の主人公》; 〔聖〕ダニエル書

dan-'tes-co, -ca 形 地獄のような; 〔文〕ダンテ風の, 荘重な《Dante, 1265–1321, イタリアの詩人》

Da-'nu-bio 名 固 〔el ~〕〔地名〕ドナウ[ダニューブ]川《ヨーロッパ南東部を流れる川》

'dan-za** ['ダン.さ] 89% 名 女 踊り, ダンス, 舞踊; 〔楽〕舞踊曲, ダンス音楽; 舞踊団, バレエ団; 《話》ごたごた, やっかい, 事件, なりゆき *estar en danza* 《話》《問題が》持ち上がる

dan-'zan-te, -ta [ダン.'さン.テ, タ] 名 男 女 〔演〕ダンサー, 踊り子, 舞踊家; 《話》おせっかい焼き, でしゃばり 形 ダンスの, 踊りの, 踊る, 踊りながらの

*__dan-'zar__ [ダン.'さる] 94% 動 自 34 (z|c) 踊る, ダンスをする; 《話》飛び回る, 揺れる; 《話》(en: に)いらぬおせっかいをする, 首を突っ込む 動 他 〈踊りを〉踊る

d

dan-za-'rín, -'ri-na [ダン.さ.'リン, 'り.ナ] 名 男 女 〘演〙ダンサー, 踊り子; 〔人〕おせっかい

dan-'zón [ダン.'そン] 名 男 《カリブ》〘楽〙ダンソン《キューバの踊り》

***da-'ñar** [ダ.'ニャる] 93% 動 他 〈に〉損害を与える, 害する; 傷つける, 損なう **~se** 動 再 傷つく, 損害をこうむる, 傷む

da-'ñe-ro, -ra [ダ.'ニェ.ろ, ら] 名 男 女 《ベネズエラ》《話》人を呪う人, 呪術師

***da-'ñi+no, -na** [ダ.'ニィ.ノ, ナ] 94% 形 有害な, 危害を加える; 害虫の, 害獣の

****'da+ño** ['ダ.ニョ] 86% 名 男 害, 危害, 害悪, 損害, 被害; 痛み, 苦痛; 病気; 《メキシコ》《ベネズエラ》呪い; 《コロンビア》〘車〙故障

da-'ño-so, -sa [ダ.'ニョ.ソ, サ] 形 有害な, 体に悪い

****'dar** ['ダる] 55% 動 他 ⑲ **1** (a: に)与える, (a: 他人に)あげる, (a: 自分に)くれる, 授ける, 供給する, 寄付する; 手渡す, 渡す, 差し出す; 〈喜び・苦痛などを〉与える, 〈損害などを〉被らせる, 及ぼす, 〈罰・課題などを〉課する **2** 示す, 提示する, 伝える, 述べる, 見せる **3** 〈ある動作を〉する **4** ぶつ, たたく, (a: に)加える, くらわせる **5** 催す, 開催する **6** 産む, 産出する; 〘植〙〈花を〉咲かせる, 〈実を〉つける **7** 〈音を〉たてる, 〈声などを〉出す, 〈光を〉発する, «時計が»〈時を〉打つ **8** 〈挨拶(あいさつ)を〉する, 言う, 〈言葉を〉伝える **9** (como, por: と)見なす, 考える **10** 〘演〙〈劇を〉上演する; 〘映〙〈映画を〉上映する; 〘放〙放映する **11** «風が»〈に〉当たる; **12** 〘医〙«病気などが»襲う, 見舞う 動 自 **1** (1) (a: を)打つ, (a: に)ぶつかる, 当たる (2) (a: ボタン・スイッチを)押す; (a: 機械を)始動する; (a: ドアのノブなどを)回す (3) 〘気〙«日光が» (a: を)照らす; «風が»当たる (4) (a: に)向いている, 面している **2** (1) (de: を)塗る (2) (de: を)与える **3** (1) (en: に)取りつかれている, 固執する (2) (en: に)落ちる, 沈む (3) (en: に)命中する **4** (1) (con, contra: に)ぶつける (2) (con: と)出会う, 出くわす (3) (con, en: を)見つける, 理解する (4) (contra: に)ぶつかる (5) (con: を)(en: に)落とす, 倒す **5** (por, en 不定詞: に)夢中にさせる, とりつかせる, 固執させる **6** (para: に)十分である, 足りる **7** (que 不定詞: …をする)材料を与える **8** 〘遊〙〔トランプ〕札を配る **~se** 動 再 生じる, 起こる; 〘農〙産出される, 生産される, «作物が»育つ; (a: に)ふける, 熱中する; (a: に)身をささげる, 専念する; ぶつかる, 出くわす; 自分を(por: だと)思う, 見なす; 〔否定文で〕問題となる, 重大である; 屈服する, 降伏する; 《ラプラタ》社交的である ***¡Dale!*** 《話》ええい!, いまいましい! 《頑固さ・執拗さ》 ***dale que dale*** [***te pego***] うんざりさせて, だらだらと ***~ consigo en el suelo*** 床[地面]に倒れる ***~ de comer*** えさ[食べ物]を与える ***~ de lado*** 捨てる, 見捨てる, 無視する ***~ igual*** [***lo mismo***] どちらでもよい ***~ prestado*** [***da***] 貸す ***~ tierra*** (a: を)埋葬する ***~se bien*** (a: にとって)得意である ***~se por contento***[***ta***] (con: で)満足する ***dárselas*** (de: だと)うぬぼれる; (de: の)ふりをする ***no ~ una*** 《話》うまくいかない, へまをする ***¿Qué más da?*** 《話》かまわない, どうでもいい

Dar-da-'ne-los [ダる.ダ.'ネ.ロス] 名 固 〔estrecho de los ~〕〘地名〙ダーダネルス海峡《トルコ北西部, エーゲ海とマルマラ海を結ぶ海峡》

'dar-do ['ダる.ド] 名 男 槍(やり), 投げ槍; 〘遊〙ダーツ; 皮肉, あてこすり; 〘魚〙ウグイ, アカハラ

'da-res ['ダ.れス] 〔成句〕 ***~ y tomares*** 《話》口論, けんか; 《話》ギブ・アンド・テイク

Da-'rién [ダ.'りエン] 名 固 〘地名〙ダリエン《パナマ東部の県》

Da-'rí+o [ダ.'り.オ] 名 固 〘姓〙〘男性名〙ダリオ

'dar-le 動 《不定詞》+代 ↑dar, ↓le

'dar-les 動 《不定詞》+代 ↑dar, ↓les

'dar-me 動 《不定詞》+代 ↑dar, ↓me

'dar-nos 動 《不定詞》+代 ↑dar, ↓nos

'dár-se-na ['ダる.セ.ナ] 名 女 〘海〙波止場, ドック

dar-wi-'nia+no, -na [ダる.ウイ.'ニア.ノ, ナ; グイ.] 形 ダーウィン Darwin の, ダーウィン説の

dar-wi-'nis-mo [ダる.ウイ.'ニス.モ; .グイ.] 名 男 ダーウィン説《自然淘汰と適者生存を基調とする進化論; Charles Darwin, 1809–82, イギリスの博物学者》

dar-wi-'nis-ta [ダる.ウイ.'ニス.タ; .グイ.] 形 ダーウィン説の 名 共 ダーウィン説論者

'das 動 《直現 2 単》 ↑dar

da-so-no-'mí+a 名 女 林学

da-so-'nó-mi-co, -ca 形 林学の

'da+ta 名 女 〘商〙品目, 項目; (水の)排出口, 出口; (文書作成の)日付・場所

da-ta-'ción [ダ.タ.'すぃオン] 名 女 日付[年]の記入; 年代測定

da-'tar [ダ.'タる] 動 他 〈に〉日付[年]をつける; 〘商〙貸方に記入する 動 自 (起源が)(de: に)さかのぼる, (de: から)始まる **~se** 動 再 〘商〙貸方に記入される

'dá-til ['ダ.ティル] 名 男 〘植〙ナツメヤシの実; 〘貝〙イシマテガイ; 〔複〕《俗》指

da-'tis-mo 名 男 〔言〕(不必要な)同意語の反復

da-'ti-vo, -va [ダ.'ティ.ボ, バ] 形 〔言〕

与格の;〘法〙選定の 名 男〘言〙与格, 間接目的語

****'da+to** 77% 名 男〔複〕資料, データ, 情報; 証拠(書類);〘情〙データ

Da-'vid [ダ.'ビド] 名 固〘男性名〙ダビード;〘地名〙ダビード《パナマ西部の都市》

'Da-vis ['ダ.ビス] 名 固〔estrecho de ~〕〘地名〙デービス海峡《グリーンランド南西部とバフィン島の間の海峡》

dB 略 ↓decibelio

Dbre. 略 ↓diciembre

d. C. 略 =después de Cristo《西暦》紀元…年

dcho., dcha. 略 ↓derecho, -cha

d. de C. 略 =después de Cristo《西暦》紀元…年

d. de J. C. 略 =después de Jesucristo《西暦》紀元…年

DDT 略 =dicloro-difenil-tricloroetano ジクロロ・ジフェニル・トリクロロエタン (**DDT**)《殺虫剤》

de** [デ] 17% 前〔弱勢〕《de+el は del となる》 **1** (1) …の《所有・所属・作者》: ¿De quién es esta casa? — Es **de** mi abuelo. この家は誰のですか。—私の祖父の家です。(2)《材料・部分》: Necesito unas cajas **de** cartón. 私はダンボールの箱がいくつか必要です。(3)《時》: Fuimos a la playa en el verano **del** año pasado. 私たちは去年の夏に海へ行きました。(4)《数量・容量》: Vamos a comprar una docena **de** cerveza. ビールを 1 ダース買いましょう。(5)《内容・中身》: Quiero una copa **de** vino. 私は 1 杯のワインがほしい。(6)《特徴》: Es muy **de** los niños. それはまったく子供らしいことだ。(7) …の, …という《同格》: la calle **de** Alcalá アルカラ通り (8)《性質の強調, 感情の対象》: ¡Pobre **de** Paloma! パローマはなんてかわいそうなんだ! (9) …の, …のうちの《全体の一部》: Dos **de** nuestros profesores son españoles. 私たちの先生のうち二人はスペイン人です。(10) …(行き)の《目的地・到達点》: ¿A qué hora sale el autobús **de** Lima? リマ行きのバスは何時に出ますか? (11)《主語・目的語》: Se dedica al estudio **del** español. 彼はスペイン語の勉強[スペイン語を勉強すること]に打ち込んでいます。(12) …(のため)の, …用の《目的・用途》: barco **de** pesca 釣り舟 (13) …の中で《最上級とともに用いられる》: La conjugación del verbo es la parte más difícil **de** la gramática española. 動詞の活用がスペイン語の文法の中で一番難しいところだ。(14)《結婚した女性の夫の姓につける》: Carmen López **de** Rebollar カルメン・ロペス(夫姓レボジャール) **2** (1) …から《起点》: ¿Cuántos kilómetros hay **de** Madrid a Toledo? マドリードからトレドまで何キロありますか? (2) …から, …で《原因・理由・根拠》: **De** esto se deduce que es válida su teoría. このことから彼の理論は有効であると推論される。(3) …から, …で《材料》: **De** los árboles se hace papel. 木から紙が作られる。(4) …で《手段・方法》: Ana vive **del** dinero de su tío. アナは叔父の金で暮らしている。(5) …の出身で[の]: ¿**De** dónde es usted? — Soy **de** Japón. あなたはどちらのご出身ですか—私は日本から来ました。 **3** …について, …の, …を, …として, …の点で (1)《主題》: ¿**De** qué estáis hablando? 君たちは何について話しているのですか? (2)《話題》: **De** eso hablaremos después. それについては後で話しましょう。(3)《場所》: Carlos cojea **del** pie izquierdo. カルロスは左足をひきずっている。(4)《資格・役割》: Mi hermano trabaja **de** intérprete. 兄は通訳の仕事をしています。(5)《基準・観点》: El lago tiene veinte metros **de** fondo. 湖は深さが 20m あります。 **4** …に(よって)《受動態の行為者》: Ese profesor era siempre el más querido **de** los alumnos. その先生はいつも生徒たちにいちばん好かれていた。 **5** …よりも《比較の対象》: Creo que el arquitecto tiene más **de** cincuenta años. その建築家は 50 歳以上だと思います。 **6**〔de 不定詞〕(1) …ならば《仮定・条件》: **De** llover mañana, cancelaremos el viaje. 明日雨が降れば旅行は取りやめにしよう。(2) …すべき: Ya es hora **de** acostarse. もう寝る時間です。(3) …するのが~: Esta máquina es fácil **de** usar. この機械は操作が簡単です。 **7**《副詞句を作る》: Se bebió el vino **de** un trago. 彼は一口でワインを飲んだ。 名 女《強勢》〘言〙デ《文字 D, d の名称》 ***de … ***en*** … …から…へと; …ずつ

de~〔接頭辞〕「所属・由来」という意味を示す;「強意」を示す; ↓di(s)-

'dé 動《接現 1/3 単》↑dar

de-am-bu-'lar [デ.アン.ブ.'ラる] 動 自 散歩する; 歩き回る; さまよう

de-am-bu-la-'to-rio [デ.アン.ブ.ラ.'ト.りオ] 名 男〘建〙(教会の)周歩廊

de+'án 名 男〘宗〙主任司祭《大聖堂の長》

'de+ba 動《接現 1/3 単》↓deber

de-'ba-cle [デ.'バ.クレ] 名 男 惨状, ひどい状態

****de-'ba-jo** [デ.'バ.ほ] 84% 副 (de: の)下で ***por ~ de*** … …の下を[に]

****de-'ba-te** 84% 名 男 討議, 討論(会)

***de-ba-'tir** [デ.バ.'ティる] 93% 動 他 討議する, 討論する **~se** 動 再 討議される, 論議される; あがく, じたばたする

'de+be 名 男〘商〙(簿記で)借方
de-be-'lar [デ.ベ.'ラる] 動 他《格》勝つ, 打ち負かす
de-'be-mos 動《直現 1 複》⬇deber
'de-ben 動《直現 3 複》⬇deber
⁑de-'ber [デ.'べる] 61% 動《助動詞》**1** (不定詞: …)しなければならない, すべきである, する必要がある: **Debes** ir al dentista hoy mismo. 君は今日すぐにでも歯医者に行かなくてはいけないよ。 **2**〔否定文で〕(不定詞: …)してはならない, (不定詞: …で)あってはならない: No **debes** quejarte por tan poca cosa. そんな小さなことで怒ってはいけない。 **3** (不定詞: …の)はずである: Su padre **debe** tener unos cincuenta años. 彼の父親は 50 歳ぐらいのはずだ。 **4**〔過去未来形〕(不定詞: …)すべきでしょう《婉曲的な用法》: Estás engordando. **Deberías** hacer más ejercicio. 太ってきたね, もっと運動したらどう? 動 他 **1** (a: に)〈の〉借りがある, 借金がある, 支払う義務がある: ¿Cuánto le **debo**? おいくらでしょうか。 **2** (a: に)〈の〉恩を受けている, おかげをこうむっている: Yo le **debo** mucho al profesor García. 私はガルシア先生に大変お世話になっています。 **3**〈義務などを〉当然尽くすべきである,〈感謝などを〉表して当然である: A los padres se les **debe** respeto. 両親には敬意を払うべきだ。 **4**〔受動態で〕原因は (a: で)ある: El accidente fue **debido** a un exceso de velocidad. 事故の原因はスピードの出しすぎです。動 自 (de 不定詞: …の)はずである, 違いない: **Debió** de ser hace tres años cuando nos conocimos, ¿no es eso? 私たちが知り合ったのはたしか 3 年前でしたね? **～se** 動 再 **1** (a: に)尽くす義務がある: **Nos debemos** a nuestra sociedad. 私たちは社会に尽くす義務がある。 **2** (a: の)せいである, (a: が)原因である: ¿A qué **se debió** el accidente? 事故の原因は何ですか? **3** (a: の)ものである: Los huelguistas reclaman lo que **se** les **debe**. ストライキの参加者は自分の権利を要求している。名 男 **1** 義務, 本分, 任務: Todo el mundo tiene sus derechos y también sus **deberes**. あらゆる人が権利を有し, また義務も有する。 **2**〔複〕宿題: Juanito tiene muchos **deberes** este fin de semana. フアニートはこの週末たくさん宿題がある。 **3**〔複〕仕事, 奉仕: Tengo que regresar a mis **deberes**. 私は仕事に戻らなくてはならない。 **4**〘商〙負債, 債務: Se marchó del hotel dejando a **deber** unos 500 euros. 彼はおよそ 500 ユーロを踏み倒してホテルから逃げた。
⁑de-'bi-do, -da 76% 形 適切な, 適当な, 正当な **-damente** 副 適切に, きちんと, 正当に ***como es ～*** 適切に, きちんと ***～ a …*** …のために, …という理由で《理由・原因》 ***más de lo ～*** 必要以上に, 度を超して ***ser ～[da] a …*** …による, …のせいである
⁑'dé-bil ['デ.ビル] 87% 形《力・体などが》弱い, 虚弱な, 無力な;《体力が》弱まっている, 力がない;《性格・意志などが》弱い, 虚弱な, (con: に)甘い, やさしい; かすかな, わずかな;〘音〙弱勢の, アクセントのない 名 共 障害者, 弱者; 病弱の人 **～mente** 副 弱く
***de-bi-li-'dad** [デ.ビ.リ.'ダド] 92% 名 女 弱さ, 弱いこと, 衰弱, 軟弱; 弱点, 短所, 欠点, 弱み; 熱中, 偏愛
de-bi-li-ta-'ción 名 女 ⇩debilitamiento
de-bi-li-ta-'mien-to [デ.ビ.リ.タ.'ミエン.ト] 名 男 衰弱, 虚弱(化)
de-bi-li-'tan-te [デ.ビ.リ.'タン.テ] 形 弱める, 弱体化する
***de-bi-li-'tar** [デ.ビ.リ.'タる] 94% 動 他 弱くする, 弱める, 衰弱させる **～se** 動 再 弱くなる, 衰弱する
de-bi-'lu-cho, -cha [デ.ビ.'ル.チョ, チャ] 形 名 男 女《話》〔軽蔑〕弱々しい(人), ひ弱な(人), 弱虫(の)
de-'bió 動《直点 3 単》⬆deber
'dé-bi-to 名 男〘商〙借方; 借金, 負債
'de-bla ['デ.ブラ] 名 女《スペイン》〘楽〙デブラ《メランコリックなアンダルシア民謡》
'de+bo 動《直現 1 単》⬆deber
de-bo-'car [デ.ボ.'カる] 動 他 69 (c|qu)《ラ米》吐く
de-'but 名 男〔複 -buts〕デビュー, 初登場, 初舞台
de-bu-'tan-te 名 共 新人, 新参者 名 女 初めて社交界に出る女性
de-bu-'tar [デ.ブ.'タる] 動 自 デビューする, 初登場する
d. e. c. 略 =después de la era común《西暦》紀元…年
de-ca~〔接頭辞〕〘数〙「10 の 1 乗」を示す
⁑'dé-ca-da 86% 名 女 **10 年間**, (de: …)年代; **10 年単位の編年史**
***de-ca-'den-cia** [デ.カ.'デン.すぃア] 92% 名 女 衰え, 衰退(期), 衰弱(期)
***de-ca-'den-te** 94% 形 名 共 退廃的な(人), 衰退した;〘芸〙デカダン派の(芸術家)
de-ca-den-'tis-mo 名 男〘芸〙デカダン主義《19 世紀末のフランス・英国などの芸術思潮》
de-ca-den-'tis-ta 形〘芸〙デカダン主義の 名 共〘芸〙デカダン主義者
de-ca+'e-dro [デ.カ.'エ.ドろ] 名 男〘数〙十面体
***de-ca+'er** [デ.カ.'エる] 94% 動 自 12〔直現 1 単 -go〕衰える, 弱まる, 低下する; 下

降する, 減少する; 悪くなる; 元気がなくなる, 衰える

de-ca-go-'nal [デ.カ.ゴ.'ナル] 形 〔数〕十角形の

de-'cá-go+no 名 男 〔数〕十角形

de-ca+'í-do, -da 形 衰えた, 元気のない

de-'cai-go, -ga(~) 動 《直現 1 単, 接現》↑decaer

de-cai-'mien-to 名 男 衰弱, 衰退, 退廃; 落胆, 失意

de-ca-'li-tro [デ.カ.'リ.トろ] 名 男 デカリットル, 10 リットル

de-'cá-lo-go [デ.'カ.ロ.ゴ] 名 男 〔聖〕(モーセの)十戒

de-'cá-me-tro [デ.'カ.メ.トろ] 名 男 デカメートル, 10 メートル

de-ca-'na-to 名 男 (大学の)学部長室; 学部長職(の期間)

de-'ca+no, -na 名 男 女 (大学の)学部長; (団体の)長老, 古参; 首席

de-can-ta-'ción [デ.カン.タ.'すぃオン] 名 女 〔飲〕(澱(おり)を動かさないで)他の容器につぐこと, 上澄みを移すこと; 《格》傾向, 傾斜

de-can-ta-'dor [デ.カン.タ.'ドる] 名 男 〔飲〕デカンタ《ワインの澱(おり)を除いて注ぐための瓶(びん)》

de-can-'tar [デ.カン.'タる] 動 他 〔飲〕(澱(おり)を動かさないで)他の容器につぐ; 《格》変える; 《格》ほめちぎる

de-ca-pi-ta-'ción [デ.カ.ピ.タ.'すぃオン] 名 女 首切り, 斬首(ざんしゅ), 打ち首

de-ca-pi-'tar [デ.カ.ピ.'タる] 動 他 〈の〉首を切る, 打ち首にする

de-ca-'sí-la-bo, -ba [デ.カ.'スィ.ラ.ボ, バ] 形 〔文〕《詩行が》10 音節の 名 男 〔文〕10 音節の詩行

de-cat-'lón; -ca-'tlón [デ.カト.'ロン; .カ.'トロン] 名 男 〔競〕十種競技《100 m, 400m, 1500m, 110m 障害, 走り幅跳び, 走り高跳び, 棒高跳び, 砲丸投げ, 円盤投げ, 槍投げの総合得点を競う》

de-ca-y(~) 動 《直現》↑decaer

de-ce-le-ra-'ción [デ.せ.レ.ら.'すぃオン] 名 女 減速

de-ce-le-'rar [デ.せ.レ.'らる] 動 他 減速させる ~**se** 動 再 減速する

de-cem-'bris-ta [デ.せン.'ブリス.タ] 形 名 共 〔歴〕十二月党員(の), デカブリスト(の)《1825 年 12 月ロシアで専制打倒と農奴制解体を叫んで蜂起した貴族の将校》

*__de-'ce-na__ [デ.'せ.ナ] 92% 名 女 10, 10 組; 10 くらい; 〔楽〕10 度の音程 ***decenas de miles de...*** 何万もの… ***por decenas*** 10 ずつ

de-ce-'nal [デ.せ.'ナル] 形 10 年間の, 10 年ごとの

de-'cen-cia [デ.'せン.すぃア] 名 女 きちんとしていること, まともさ; 礼儀, 作法; 体面, 人並みの生活に必要なもの; 品(ひん), 品位, 上品, 慎み

de-'ce-nio [デ.'せ.ニオ] 名 男 10 年間

de-cen-'tar [デ.せン.'タる] 動 他 〈食べ物に〉手をつける, 食べ始める; 〈健康を〉損なう ~**se** 動 再 床ずれができる

*__de-'cen-te__ [デ.'せン.テ] 94% 形 《身なり・ふるまいなどが》品位のある, ちゃんとした; 《人柄が》きちんとした, 品位のある, しっかりした; 《言葉・話などが》下品でない, みだら[わいせつ]でない; まあまあの, 世間並みの, 悪くない

*__de-cep-'ción__ [デ.せプ.'すぃオン] 93% 名 女 失望, 期待外れ; がっかりさせる物[人], 案外つまらない物[事, 人]

de-cep-cio-'nan-te [デ.せプ.すぃオ.'ナン.テ] 形 失望させる, 幻滅を感じさせる

de-cep-cio-'nar [デ.せプ.すぃオ.'ナる] 動 他 失望させる, 〈に〉幻滅を感じさせる

de-ce-'sa-do, -da [デ.せ.'サ.ド, ダ] 形 《ラ米》死亡した, 亡くなった

de-'ce-so [デ.'せ.ソ] 名 男 《格》死, 死亡

de-'cha-do 名 男 見本, 型, 模範, 手本; 刺繍(ししゅう)見本[作品] ***dechado de perfecciones*** 完璧(かんぺき)なお手本

de-ci~ 〔接頭辞〕〔数〕「10 の −1 乗」を示す

de-'cí+a(-) 動 《直線》↓decir

de-ci-'bel 名 男 ⇩ decibelio

de-ci-'be-lio [デ.すぃ.'ベ.リオ] 名 男 〔物〕デシベル《音の大きさの単位》

*__de-ci-'di-do, -da__ [デ.すぃ.'ディ.ド, ダ] 94% 形 固く決心した, 断固とした; (a 不定詞: …する)決心をしている; 決定した, 解決した **-damente** 副 意を決して, 断固として; 決定的に, はっきりと

__de-ci-'dir__ [デ.すぃ.'ディる] 74% 動 他 決める, 決定する; 〈不定詞: …しようと〉決心する 動 自 (por: に)決める, 決定する, (de, en: に)決断を下す ~se** 動 再 決定する, 決める; (a, por 不定詞: …しようと)決心する

de-ci-'dor, -'do-ra [デ.すぃ.'ドる, 'ド.ら] 形 愉快な, 話好きな, 話し上手な

de-'ci-duo, -dua [デ.'すぃ.ドゥオ, ドゥア] 形 〔植〕《葉が》脱落性の; 《木・森が》落葉性の

de-ci-'gra-mo [デ.すぃ.'グら.モ] 名 男 デシグラム, 10 分の 1 グラム

de-ci-'li-tro [デ.すぃ.'リ.トろ] 名 男 デシリットル, 10 分の 1 リットル

de-ci-'mal [デ.すぃ.'マル] 形 〔数〕10 進法の; 小数の 名 男 〔数〕小数を含む数字; 小数 ***con ~es*** 細かく

de-'cí-me-tro [デ.'すぃ.メ.トろ] 名 男 デシメートル, 10 分の 1 メートル

**__'dé-ci-mo, -ma__ ['デ.すぃ.モ, マ] 80%

形 名 男 女《序数》第 10 番目の(人・物); 10 分の 1(の); (宝くじの)10 分の 1 券 -ma 名 女〔医〕(体温の)分, わずかな熱; 〔文〕デシマ《8 音節 10 行詩》; 〔歴〕〔法〕十分の一税

d

de-ci-moc-'ta-vo, -va [デ.すぃ.モク.'タ.ボ, バ] 形 名 男 女《序数》第 18 番目の(人・物); 18 分の 1(の)

de-ci-mo-'cuar-to, -ta [デ.すぃ.モ.'クアる.ト, タ] 形 名 男 女《序数》第 14 番目の(人・物); 14 分の 1(の)

de-ci-mo-'nó-ni-co, -ca [デ.スィ.モ.'ノ.ニ.コ, カ] 形 19 世紀の

de-ci-mo-'no+no, -na 形 ⇩ decimonoveno

de-ci-mo-no-'ve+no, -na [デ.すぃ.モ.ノ.'ベ.ノ, ナ] 形 名 男 女《序数》第 19 番目の(人・物); 19 分の 1(の)

de-ci-mo-pri-'me-ro, -ra 形 名 男 女《序数》⇩ undécimo

de-ci-mo-'quin-to, -ta [デ.すぃ.モ.'キン.ト, タ] 形 名 男 女《序数》第 15 番目の(人・物); 15 分の 1(の)

de-ci-mo-se-'gun-do, -da 形 名 男 女《序数》⇩ duodécimo

de-ci-mo-'sép-ti-mo, -ma [デ.すぃ.モ.'セプ.ティ.モ, マ] 形 名 男 女《序数》第 17 番目の(人・物); 17 分の 1(の)

de-ci-mo-'sex-to, -ta [デ.すぃ.モ.'セ(ク)ス.ト, タ] 形 名 男 女《序数》第 16 番目の(人・物); 16 分の 1(の)

de-ci-mo-ter-'ce-ro, -ra [デ.すぃ.モ.テる.'せ.ろ, ら] 形 名 男 女《序数》第 13 番目の(人・物); 13 分の 1(の)

de-ci-mo-'ter-cio, -cia 形 ⇧ decimotercero

‡**de-'cir** [デ.'すぃる] 46% 動 他 ⑳ 言う, 述べる, 話す; 〈que 接続法: …するように〉言う, 命じる; 教える, 知らせる; «書物・手紙・掲示などが»書いてある; 呼ぶ, 名付ける; «顔つきなどが»表す, 示す; 〈詩を〉朗読する; 〔宗〕〈祈りを〉唱える; 〔3 人称複数〕〈que: …という〉話である 動 自 (de: について)考える, 意見をもつ; (con: と)調和する, なじむ, 合う; (de: を)表す ～se 動 再 …と言われる; 自分自身に言い聞かせる, ひとりごとをいう; …という話だ, (世間では)…と言われている 名 男 言葉, 言うこと; ことわざ, 言いならわし, 文句; 〔複〕うわさ, 評判; 言い方, 話し方 *a ～ verdad*《文修飾》実は, 本当のことを言えば *al ～ de* … …の言うところでは *como quien dice* いわゆる, いわば, まるで, つまり *como quien (no) dice nada* 平然と *¿Cómo te diría yo?* なんと言ったらいいかなあ *¡Cualquiera diría que …!* …なんて信じられない! *¿Decía Vd.?* / *¿Decías?* 何とおっしゃいました, 何の話だったっけ《相手の話を続けてもらう表現》 *～ misa*〔宗〕ミサを行う *～ para [entre] sí* 心の中で言う *～ por ～* ただわけもなくしゃべる *dicho de otro modo* 換言すれば, つまり, 別の言い方をすれば *¿Diga?* / *¿Dígame?*《スペ》もしもし《電話での応対, 受けた側が言う》 *digámoslo así* いわゆる, いわば *digo* ええと, そうではなくて《言い直しに使う》; 当たり前だ; おやおや, すごい《感嘆》; もしもし《呼びかけ》 *el qué dirán* 人のうわさ *es ～* つまり, すなわち…; いや, その… *Haberlo dicho.* そう言ってくれればよかったのに *He dicho.* これで終わります, ご清聴ありがとうございました《講演・スピーチの最後に言う》 *lo que se dice* まさに, 文字どおりの *mejor dicho* というよりはむしろ *Ni que ～ tiene que* … …は言うまでもない *¡No me diga [digas]!* ええ!, 本当ですか?!, まさか!, そんなばかな!《驚き》 *o mejor dicho* いやむしろ, つまりは *por ～ lo así* いわゆる, いわば *por no ～* … …とは言わないまでも *¡Quién lo diría!* 信じられない *se dice pronto* 口で言うのは簡単だ

‡**de-ci-'sión** [デ.すぃ.'スィオン] 79% 名 女 決定, 解決, 結論, 裁決, 判決; 決断力, 果断, 判断

‡**de-ci-'si-vo, -va** [デ.すぃ.'スィ.ボ, バ] 90% 形 決定的な, 決め手となる; 断固とした, きっぱりとした, 果断な **-vamente** 副 断固として, きっぱりと

de-cla-ma-'ción [デ.クラ.マ.'すぃオン] 名 女 演説, 熱弁; 朗読(法), 雄弁術; 朗唱, 吟唱

de-cla-'mar [デ.クラ.'マる] 動 他 朗読する, 〈詩などを〉暗唱する 動 自 朗読する

de-cla-ma-'to-rio, -ria [デ.クラ.マ.'ト.りオ, りア] 形 朗読風の, 演説口調の, 大げさな

‡**de-cla-ra-'ción** [デ.クラ.ら.'すぃオン] 80% 名 女 宣言(書), 発表, 声明, 布告; 申告(書); 告白, 表白; 判定; 〔法〕証拠, 供述; 述べること, コメント

de-cla-'ra-do, -da [デ.クラ.'ら.ド, ダ] 形 公言した, 公然の

de-cla-'ran-te [デ.クラ.'らン.テ] 形 宣告する, 布告する, 申告する; 証言する 名 共 宣告者, 布告者, 申告者; 証人, 供述人

‡**de-cla-'rar** [デ.クラ.'らる] 79% 動 他 宣告する, 布告する, 公表する, 表明する; 断言する, 言明する, きっぱりと言う, 告白する; 〔法〕(税関で)〈課税品の〉申告をする, 申し立てる; 〔法〕〈に〉(形容詞: …の)判決を下す 動 自〔法〕(法廷で)供述する; 宣言する, 断言する, はっきりと述べる; 〔法〕告白する, 罪を白状する, 打ち明ける ～se 動 再 (自分が)(…だと)告白する, 言う; 愛情を告白す

る; 生じる, 起こる, 勃発する; 宣言する

de-cla-ra-'ti-vo, -va [デ.クラ.ら.'ティ.ボ, バ] 形〔言〕平叙文の

de-cla-ra-'to-ria [デ.クラ.ら.'ト.りア] 名 女《アンデス》〔法〕判決文

de-cli-'na-ble [デ.クリ.'ナ.ブレ] 形〔言〕《名詞・形容詞などが》語形変化する, 格変化を持つ

de-cli-na-'ción [デ.クリ.ナ.'すぃオン] 名 女 衰え, 衰退;〔言〕(名詞・形容詞などの)語形変化, 格変化;〔天〕赤緯

*__de-cli-'nar__ [デ.クリ.'ナる] 94% 動 自 衰える, 弱まる; 低下する, 下降する;《日が》沈む, 傾く; わきへそれる, (道から)外れる 動 他 断る, 否認する;〔言〕〈名詞・形容詞などを〉語形変化させる

de-'cli-ve [デ.'クリ.ベ] 名 男〔地〕坂, 斜面; 衰え, 衰退(期), 衰弱(期) *en* ～ 傾斜した, 勾配のある; 衰退して, 衰えて

de-co-di-fi-ca-'ción [デ.コ.ディ.フィ.カ.'すぃオン] 名 女 (暗号文などの)解読; (符号化した情報の)復号; (変調された通信の)復調

de-co-di-fi-ca-'dor [デ.コ.ディ.フィ.カ.'ドる] 名 男 (符号化した情報の)復号器; (変調された通信の)復調器

de-co-di-fi-'car [デ.コ.ディ.フィ.'カる] 動 他 69 (c|qu)〈暗号文などを〉解読する, 〈の〉意味を読み取る;〈符号化した情報を〉復号する;〈変調された通信を〉復調する;〔情〕〈暗号化されたコードを〉解読する

de-co-lo-'ran-te [デ.コ.ロ.'らン.テ] 名 男 脱色剤, 漂白剤

de-co-lo-'rar [デ.コ.ロ.'らる] 動 他〈の〉色をあせさせる; 漂白する, 脱色する ～se 動 再 色があせる, 漂白される

de-co-mi-'sar [デ.コ.ミ.'サる] 動 他〔法〕没収する, 押収する

de-co-'mi-so 名 男〔法〕差押え, 押収, 没収

de-cons-truc-'ción [デ.コ(ン)ス.トるク.'すぃオン] 名 女〔哲〕脱構築《古い構造を破壊し, 新たな構造を生成すること》

de-cons-truc-'ti-vo, -va [デ.コ(ン)ス.トるク.'ティ.ボ, バ] 形〔哲〕脱構築的な↑deconstrucción

de-cons-'truir [デ.コ(ン)ス.'トるイる] 動 他 37 (-y-)〔哲〕脱構築する《古い構造を破壊し, 新たな構造を生成する》

*__de-co-ra-'ción__ [デ.コ.ら.'すぃオン] 92% 名 女 装飾, 飾りつけ;〔しばしば複〕装飾品, 飾りつけた物;〔演〕舞台装置

de-co-'ra-do [デ.コ.'ら.ド] 名 男〔演〕舞台装置

de-co-ra-'dor, -'do-ra [デ.コ.ら.'ドる, 'ド.ら] 形 飾る, 装飾する 名 男 女 装飾家, 室内装飾業者;〔演〕舞台装飾家

*__de-co-'rar__ [デ.コ.'らる] 91% 動 他 (con, de: で)飾る,〈場所・物に〉飾りをつける, 装飾する;〔建〕〈家の〉内装をする,〈の〉インテリアをデザインする;〈に〉勲章をつける

*__de-co-ra-'ti-vo, -va__ [デ.コ.ら.'ティ.ボ, バ] 93% 形 飾りの, 装飾用の, 華やかな

de-'co-ro [デ.'コ.ろ] 名 男 品位, 自尊心, 誇り, 面目, 体面; 節度, 慎み, 恥じらい; 礼儀正しいこと, たしなみ

de-co-'ro-so, -sa [デ.コ.'ろ.ソ, サ] 形 礼儀正しい, 立派な, 正しい; 慎み深い, 品のいい; 清潔な, こぎれいな **-samente** 副 上品に, 品格をもって

de-cre-'cer [デ.クれ.'せる] 動 自 45 (c|zc) 減る, 減少する, 少なくなる

de-cre-'cien-te [デ.クれ.'すぃエン.テ] 形 (だんだん)減少する, 少なくなる

de-cre-ci-'mien-to [デ.クれ.すぃ.'ミエン.ト] 名 男 減少, 縮小, 衰退

de-cre-pi-'tar [デ.クれ.ピ.'タる] 動 自 (煮立つときに)パチパチ音をたてる

de-'cré-pi-to, -ta [デ.'クれ.ピ.ト, タ] 形〔軽蔑〕老いぼれの, よぼよぼの, 老いの; (古くなって)がたがたの

de-cre-pi-'tud [デ.クれ.ピ.'トゥド] 名 女〔軽蔑〕老いぼれ; 衰微

de-cres-'cen-do [デ.クれ(ス).'せン.ド] 副 名 男〔楽〕しだいに弱く, デクレッシェンド(で)

de-cre-'tar [デ.クれ.'タる] 動 他〔法〕(法令によって)命じる, 布告する;〔法〕〈判決を〉下す; 決議する, 決める

**__de-'cre-to__ [デ.'クれ.ト] 86% 名 男〔法〕政令, 法令, 布告, 決裁;〔宗〕教皇令

de-'cú-bi-to 名 男〔医〕臥床(がしょう), 寝た姿勢

'dé-cu-plo, -pla ['デ.ク.プロ, プラ] 形 10 倍の 名 男 10 倍

de-'cur-so [デ.'クる.ソ] 名 男《格》(時間の)経過, 進行, 推移, 時の流れ

de-'da-da 名 女 指にのせた量; 指でつけた汚れ

de-'dal [デ.'ダル] 名 男 (キャップ型の)指ぬき, 指サック《裁縫用》

'dé-da-lo ['デ.ダ.ロ] 名 男 迷宮, 迷路; もつれ, 物事の紛糾, ごたごた, がんじがらめ

'Dé-da-lo ['デ.ダ.ロ] 名 固〔ギ神〕ダエダロス《クレタ島 Creta の迷路を作った名工》

de-'da-zo [デ.'ダ.そ] 名 男《話》指名

de-'de+o 名 男〔楽〕(演奏の)指さばき

de-di-ca-'ción [デ.ディ.カ.'すぃオン] 名 女 献呈, 献身, 奉納, 信心, 没頭; 献呈の辞;〔宗〕(教会などの)奉献, 献納式

**__de-di-'car__ [デ.ディ.'カる] 75% 動 他 69 (c|qu) (a: に)捧(ささ)げる;〈時間などを〉(a: に)あてる, 向ける;〔宗〕(a: に)奉納する, 捧げる; (a: に)〈ある感情を〉持つ; (a: に)〈著書などを〉

献呈する, 〈に〉献辞を書く **～se** [動] [再] (a: に)専念する, 身を捧げる, 打ち込む, (a: の)仕事をする

de-di-ca-'to-ria [デ.ディ.カ.'ト.りア] [名] [女] 献呈の辞, 献詞

de-'dil [デ.'ディル] [名] [男] 指サック

de-'di-llo [デ.'ディ.ジョ] 〔成句〕 ***al ～*** 《話》 一部始終(知って)

⁑**'de+do** 82% [名] [男] 〔体〕(手・足の)指; 指の厚さ分の量[長さ], 少し, 少々 ***a dos ～s de*** ... …のとても近くに, …の目と鼻の先に, …の寸前で ***chuparse el ～*** 信じやすい, 世間知らずである; 指をしゃぶる ***chuparse los ～s*** 大満足である, 申し分ない ***contarse con los ～s de la mano*** 指で数えるほどである, ごく少数である ***cruzar los ～s*** 幸運を祈る, 成功を願う ***cuando San Juan baje el ～*** 《話》〔笑〕 決して(…ないだろう) ***elegir a ～*** 考えずに選ぶ; 指をさして選ぶ ***hacer ～*** 《ﾁﾘ》《話》 ヒッチハイクをする ***morderse los ～s*** 悔やむ, くやしがる ***no mover un ～*** 何もしない, 何の努力もしない ***no tener dos ～s de frente*** 頭が弱い, 思慮が足りない ***poner el ～ en la llaga*** 痛い所をつく ***señalar con el ～*** 批判する; 示す, 指摘する

***de-duc-'ción** [デ.ドゥク.'すぃオン] 94% [名] [女] 推論, 推定; 〔論〕 演繹(法); 控除, 差し引き, 控除額; 〔楽〕 全音階

de-du-'ci-ble [デ.ドゥ.'すぃ.ブレ] [形] 控除できる; 推論できる

⁑**de-du-'cir** [デ.ドゥ.'すぃる] 90% [動] [他] ⑮ (c|zc; j) 推論する, 演繹する; 控除する, 差し引く **～se** [動] [再] (de: から)(que: …であると)推論される

de-duc-'ti-vo, -va [デ.ドゥク.'ティ.ボ, バ] [形] 演繹的な, 推論的な

de-du-j~ [動] 《直点/接過》 ⬆deducir

de-'duz-co, -ca(~) [動] 《直現1単, 接現》 ⬆deducir

'De 'Efe ['デ 'エ.フェ] [名] [固] 〔地名〕 = México D. F. メキシコ連邦区 《メキシコ合衆国の首都, 正称はシウダ・デ・メヒコ[メキシコシティー] Ciudad de Mxico》

de-fe-ca-'ción [デ.フェ.カ.'すぃオン] [名] [女] 《格》 (不純物の)除去, 浄化; 《格》 〔医〕 排便

de-fe-'car [デ.フェ.'カる] [動] [他] ⑲ (c|qu) 《格》 澄ます, 不純物を除去する [動] [自] 《格》〔医〕 排便する

de-fec-'ción [デ.フェク.'すぃオン] [名] [女] 《格》 離反, 脱党, 脱会

de-fec-'ti-vo, -va [デ.フェク.'ティ.ボ, バ] [形] ⇩ defectuoso; 〔言〕 欠如の, 不完全な

⁑**de-'fec-to** [デ.'フェク.ト] 89% [名] [男] 欠陥, 欠点, 弱点; 不足, 欠如; 〔医〕 欠損 ***por defecto*** 少なく; 〔情〕 デフォルトで, 初期設定で

de-fec-'tuo-so, -sa [デ.フェク.'トゥオ.ソ, サ] [形] 欠点[欠陥]のある, 不完全な

⁑**de-fen-'der** [デ.フェン.'デる] 79% [動] [他] ⑤① (e|ie) (contra, de: 危険・攻撃から)守る, 防ぐ; 弁護する, 支持する, 味方する; (論文審査で)陳述する, 答弁する **～se** [動] [再] (自分の)身を守る, 防戦する; 《話》 まあまあうまくやれる

de-fen-'di-ble [デ.フェン.'ディ.ブレ] [形] 防御[防衛]できる; 支持[弁護]できる

⁑**de-'fen-sa** 80% [名] [女] 防御, 防衛, 守備, 国防; 防御物, 防御手段[方法]; 弁護, 弁明, (論文の)陳述; 〔法〕 被告側, 弁護人; 〔集合〕〔競〕 守備(側), バック [名] [共] 〔競〕 〔サッカーなど〕 フルバック, ディフェンダー, 後衛, ディフェンス, 守備陣 ***en ～ de*** ... …を守るために, …を弁護して

de-fen-'si-vo, -va [デ.フェン.'スィ.ボ, バ] [形] 防衛的な, 防備の, 自衛上の [名] [男] 防御, 防衛 **-va** [名] [女] 守勢, 防御態勢

de-fen-'sor, -'so-ra [デ.フェン.'ソる, 'ソ.ら] [形] 防御する, 防衛する [名] [男] [女] 防御者, 弁護者; 〔法〕 被告側弁護士; 〔競〕 〔サッカーなど〕 ディフェンダー

de-fe-'ren-cia [デ.フェ.'れン.すぃア] [名] [女] 敬意, 尊敬, 恭順, 謙虚さ; 礼儀, 丁重さ ***en ～ a*** ... …に敬意を表して ***tener la ～ de*** ...(不定詞) 親切にも…してくださる

de-fe-'ren-te [デ.フェ.'れン.テ] [形] 《格》 敬意を表する, うやうやしい, 恭順な, 謙虚な; 丁寧な, 礼儀正しい; 〔体〕 輸精の

de-fe-'rir [デ.フェ.'りる] [動] [自] ⑥⑤ (e|ie|i) 《格》 (a: の意見に)従う, 応じる [動] [他] 〔法〕 〈権限などを〉ゆだねる

***de-fi-'cien-cia** [デ.フィ.'すぃエン.すぃア] 92% [名] [女] 不足, 欠乏; 欠点, 短所; 〔医〕 障害

de-fi-'cien-te** [デ.フィ.'すぃエン.テ] 93% [形] [名] [共] 不足した, 不十分な; 欠点[欠陥]のある, 不完全な ***～ mental 〔医〕 知的障害者

⁑**'dé-fi-cit** ['デ.フィ.すぃト] 90% [名] [男] 〔複 -cits〕 〔商〕 欠損, 不足(額), 赤字; 〔医〕 欠乏症

de-fi-ci-'ta-rio, -ria [デ.フィ.すぃ.'タ.りオ, りア] [形] 〔商〕 欠損の, 不足額の; 《ﾁﾘ》 《児童が》就学困難な

de-'fien-d~ [動] 《直現/接現/命》 ⬆defender

de-'fie-r~ [動] 《直現/接現/命》 ⬆deferir

⁑**de-fi-ni-'ción** [デ.フィ.ニ.'すぃオン] 87% [名] [女] 定義, (辞書の)語義, 説明, (正確な)記述; 明確化; 〔技〕 (レンズ・テレビなどの)解像力, 鮮明度; 〔複〕 規則, 規定, 守則; 〔競〕

〔サッカーなど〕シュートを決めること *alta* ～ 〔情〕高解像度

*__de-fi-'ni-do, -da__ 93% 形 明確な, たしかな, きっぱりとした; 〔言〕限定の, 定…; 一定の, 定義された, 限定された

**__de-fi-'nir__ [デ.フィ.'ニる] 82% 動 他 定義する, (正確に)記述する, 〈語の〉意味を明確にする; 明示する, 明らかにする; 〈絵などの〉仕上げをする ～se 動 再 定義される, 明らかになる; 自分の立場[考え]を明らかにする

**__de-fi-ni-'ti-va-'men-te__ [デ.フィ.ニ.'ティ.バ.'メン.テ] 88% 副 決定的に, 最終的に

**__de-fi-ni-'ti-vo, -va__ [デ.フィ.ニ.'ティ.ボ, バ] 84% 形 決定的な, 最終的な *en definitiva* 要するに, つまり; 最後に, ついに, 結局; 決定的に

de-fi-ni-'to-rio, -ria [デ.フィ.ニ.'ト.りオ, りア] 形 明確化する; 決定的な, 重要な

de-fi-r~ 動《活用》↑deferir

de-fla-'ción [デ.フラ.'すぃオン] 名 女 〔経〕デフレ(ーション)

de-fla-cio-'na-rio, -ria [デ.フラ.すぃオ.'ナ.りオ, りア] 形 〔経〕デフレ(ーション)の

de-fla-cio-'nis-ta [デ.フラ.すぃオ.'ニス.タ] 形 〔経〕デフレの, デフレ政策の 名 共 〔経〕デフレ政策の論者

de-flac-'tar [デ.フラク.'タる] 動 他 〔経〕〈物価・通貨を〉引き下げる, 収縮させる

de-flac-'tor [デ.フラク.'トる] 名 男 〔経〕デフレーター《GNP, GDP から物価変動の影響を除くために使われる物価指数》

de-fla-gra-'ción [デ.フラ.グら.'すぃオン] 名 女 〔化〕爆燃(作用), デフラグレーション

de-fla-'grar [デ.フラ.'グらる] 動 自 〔化〕《火薬などが》爆燃する

de-flec-'tor [デ.フレク.'トる] 名 男 〔技〕デフレクター《流体の流れを変える》

de-fle-'xión [デ.フレク.'スィオン] 名 女 片寄り, それ

de-fo-lia-'ción [デ.フォ.リア.'すぃオン] 名 女《格》(病気・気候不順・薬剤などによる)落葉; 〔軍〕枯れ葉作戦

de-fo-'liar ⇔**des-** [デ.フォ.'リアる⇔デス.] 動 自 〔植〕《木の》葉が落ちる, 落葉する 動 他 〈の〉葉を落とす

de-fo-res-ta-'ción [デ.フォ.れス.タ.'すぃオン] 名 女 森林破壊; 伐採

de-fo-res-'tar [デ.フォ.れス.'タる] 動 他 〈森林を〉破壊[伐採]する

de-for-ma-'ción [デ.フォる.マ.'すぃオン] 名 女 奇形, ゆがみ, ひずみ, 変形, 醜さ; 〔物〕ひずみ, 変形; 〔美〕デフォルメ

*__de-for-'mar__ [デ.フォる.'マる] 94% 動 他 ゆがめる, ねじ曲げる, 歪曲(わいきょく)する; 不格好にする, 醜くする; 〔美〕デフォルメする ～se 動 再 不格好になる, 醜くなる, ゆがむ

de-for-ma-'to-rio, -ria [デ.フォる.マ.'ト.りオ, りア] 形 ゆがめる, ねじ曲げる, 歪曲(わいきょく)する; 不格好にする, 醜くする; 〔美〕デフォルメする, デフォルメの

*__de-'for-me__ [デ.'フォる.メ] 94% 形 ゆがんだ, 曲がった; 醜い, 不格好な; 〔体〕《体が》奇形の

de-for-mi-'dad [デ.フォる.ミ.'ダド] 名 女 不格好さ, 醜さ, 奇形, 欠陥, ゆがみ, 変形

de-frau-da-'ción [デ.フらウ.ダ.'すぃオン] 名 女 詐欺, 欺満, だまし取ること, ごまかし, いんちき; 失望, 落胆

*__de-frau-'dar__ [デ.フらウ.'ダる] 94% 動 他 だまし取る, 横領する; 失望させる, 落胆させる

de-'fue-ra [デ.'フエ.ら] 副 外に, 外へ, 外側に[へ]

de-fun-'ción [デ.フン.'すぃオン] 名 女《格》死, 死亡, 死去

de-ge-ne-ra-'ción [デ.へ.ネ.ら.'すぃオン] 名 女 退歩, 堕落, 退廃, 悪化; 〔生〕退化; 〔医〕変性, 変質

de-ge-ne-'ra-do, -da [デ.へ.ネ.'ら.ド, ダ] 形 名 男 女 堕落した(人), 劣悪になった; 〔生〕退化した; 退化したもの

de-ge-ne-'rar [デ.へ.ネ.'らる] 動 自 退歩する, 堕落する, 劣悪になる; 悪化して(en: に)なる; 〔生〕退化する, 変性する, 変質する

de-ge-ne-ra-'ti-vo, -va [デ.へ.ネ.ら.'ティ.ボ, バ] 形 退歩する, 堕落した, 劣悪の; 〔生〕退行性の, 変性する, 変質する

de-glu-'ción [デ.グル.'すぃオン] 名 女《格》飲み下すこと, 嚥下(えんげ)

de-glu-'tir [デ.グル.'ティる] 動 他《格》飲み込む, 嚥下(えんげ)する 動 自《格》(ごくりと)飲み込む

de-go-lla-'ción [デ.ゴ.ジャ.'すぃオン] 名 女 打ち首, 斬首(ざんしゅ)

de-go-lla-'de-ro [デ.ゴ.ジャ.'デ.ろ] 名 男 〔畜〕食肉処理場; 〔畜〕(畜殺される動物の)首, のど; 断頭台, 絞首台; 〔演〕平土間席; 〔衣〕襟あき *llevar al* ～ 危険な目に会わせる

de-go-lla-'du-ra [デ.ゴ.ジャ.'ドゥ.ら] 名 女 のどを切ること; 〔建〕(れんがの)接合部分, 継ぎ目

de-go-'llar [デ.ゴ.'ジャる] 動 他 ② (o|üe) 〈の〉のど[首]を切る; だいなしにする, だめにする; 〔演〕〔楽〕《役者・演奏者が》へたに演技[演奏]する; 〔牛〕へたな突き刺しで殺す

de-go-'lli-na [デ.ゴ.'ジ.ナ] 名 女《スペイン》《話》虐殺, 皆殺し; 《話》(試験で)大量に落第させること

de-gra-'da-ble[デ.グら.'ダ.ブレ] 形 分解性の

de-gra-da-'ción [デ.グら.ダ.'すぃオン] 名 女 零落, 落ちぶれ; 低下, 退化; (地位などを)下げること, 降格, 降職; 〖軍〗降級; 堕落, 品位が落ちること; 〖美〗(色・光の)ぼかし, グラデーション; 〖情〗シェーディング

d

de-gra-'dan-te[デ.グら.'ダン.テ] 形 品位を下げる(ような), 名誉を傷つける(ような)

de-gra-'dar[デ.グら.'ダる] 動 他 〈の〉地位を下げる, 降格[降職]させる; 〈の〉色の調子を下げる, 〈調子を〉柔らかくする; 〈の〉品位を落とす, 卑しくする　**~se** 動 再 卑しくなる, 品位を落とす, 悪化する

de-'güe-ll~ 動 《直現/接現/命》 ⬆degollar

de-'güe-llo [デ.'グエ.ジョ] 名 男 のどを切ること, 斬首(ざんしゅ); 虐殺, 殺戮(さつりく)　***entrar a*** ~〖軍〗無差別攻撃する　***tirar a*** ~ 激しく攻撃する　***tratar al*** ~ 乱暴に扱う, めちゃくちゃにする

de-gus-ta-'ción [デ.グス.タ.'すぃオン] 名 女 〖食〗味見, 試食; 〖飲〗試飲

de-gus-ta-'dor, -'do-ra [デ.グス.タ.'ドる, 'ド.ら] 名 男 女 〖飲〗(ワインの)鑑定家

de-gus-'tar [デ.グス.'タる] 動 他 〖食〗味見する, 試食する; 〖飲〗試飲する; 〔一般〕味わう

de+'he-sa[デ.'エ.サ] 名 女 〖畜〗牧草地, 草地　***soltar el pelo de la*** ~ 都会風になる, 荒削りなところをなくす, あか抜ける

dei-'ci-dio[デイ.'すぃ.ディオ] 名 男 〖宗〗キリストの磔刑(たっけい), はりつけ

de+'íc-ti-co, -ca [デ.'イク.ティ.コ, カ] 形 〖言〗直示的な, 対象指示的な; 〖論〗直証的な 名 男 〖言〗直示語

dei-'dad 名 女 〖宗〗神性, 神

dei-fi-ca-'ción [デイ.フィ.カ.'すぃオン] 名 女 〖宗〗神格化

dei-fi-'car[デイ.フィ.'カる] 動 他 ⑲ (c|qu) 〖宗〗神に祭り上げる, 神としてあがめる; 称賛する

'deis 動 《接現 2 複》 ⬆dar

de+'ís-mo 名 男 〖宗〗理神論, 自然神論 《神の啓示や奇跡を理性や自然と両立する限りにおいて認める 17–18 世紀の理性的宗教観》

de+'ís-ta 形 名 共 〖宗〗理神論の[論者], 自然神論の[論者] ⬆deísmo

'dei-xis⇔ de+'í- ['デイク.スィス⇔デ.'イク.] 名 女 〔単複同〕〖言〗直示, ダイクシス

de-ja-'ción [デ.は.'すぃオン] 名 女 放棄; 〖法〗譲渡(証書)

de-ja-'dez[デ.は.'デす] 名 女 怠慢, 怠惰, 不精; だらしなさ

de-'ja-do, -da[デ.'は.ド, ダ] 形 名 男 女 不精な(人), 怠慢な(人); だらしがない(人); 気落ちした(人), 落胆した(人)　~-[***da***] ***de la mano de Dios*** 神に見捨てられた

de-'jan-te [デ.はン.テ] 前 〔弱勢〕《中米》《コロンビア》…の他に　~ ***que*** 《中米》《コロンビア》…にもかかわらず

de-'jar[デ.'はる] 62% 動 他 **1** 〔物・事を〕(1) 置いたままにしておく: **Deja** el trabajo y vamos a tomar un café. 仕事をやめてコーヒーを飲みに行きましょう。(2) 〈に〉(手をつけないで)残す, 〈問題などを〉放置する, しないでおく: **Dejó** la comida sin tocarla. 彼は食事に手をつけなかった。(3) (a: に)預けて行く: Si no está en casa, **déja**le el paquete al vecino o déjale un recado en la puerta. もしお留守だったらその包みを隣の人に預けるか戸口に伝言を残して来なさい。(4) 〈物事を〉(a: に)任せる, ゆだねる: **Déja**melo a mí, que yo lo soluciono. それは私に任せてください。私が解決しますから。(5) 《スペイン》 (a: に)貸す: ¿Me **dejas** cien euros? 100 ユーロ貸してくれるかい? (6) (形容詞・副詞・現在分詞: …のままに)しておく: **Déja**lo así. そのままにしておけ。(7) (過去分詞: …)してしまう[おく]: ¿**Has dejado** cerrada la puerta? ドアは閉めた? (8) 放す, 捨てる, 置く: **Deje** ese vaso y coja éste, por favor. そのグラスは置いてどうぞこれをお取りください。(9) 待つ, 延期する: **Dejen** que termine de llover para salir. あなた方, 雨がやむまで出発をお待ち下さい。(10) やめる: **He dejado** el trabajo de intérprete. 私は通訳の仕事を辞めました。(11) 生み出す, 作る: Su nuevo negocio le **está dejando** mucho dinero. 彼の今度の仕事はとても金になる。(12) 〖競〗《サッカーなど》 〈ボールを〉スルーする　**2** 〔人・動物を〕(1) 後に残して行く, 置いて行く: El domingo Pablo y María **dejaron** a su hijo pequeño en casa de los abuelos. 日曜日にパブロとマリアは小さな息子を祖父母の家に預けた。(2) ほうっておく, 〈に〉かまわない: **Deja** a tu hermano que está haciendo los deberes. 弟にかまわないで。今宿題をしているから。(3) 〈と〉別れる, 見捨てる: Lo **dejó** su novia. 彼は恋人に捨てられた。(4) (形容詞・副詞: …の)状態にする: Las noticias le **han dejado** muy triste. その知らせで彼は沈み込んだ。(5) 〈に〉(不定詞・que 接続法: …)させる[させておく], 許す, まかす, …するままにしておく: ¿Me **dejas** que vaya contigo? 君について行ってもいい?　**3** 〔場所を〕(1) 開ける, 残す: Tenemos que **dejar** el paso libre para que pasen otros coches. 私たちは他の車が通れるように場所を開けなければならない。(2) 去る, 〈か

ら>出る: **Dejamos** Barcelona el lunes pasado. 私たちはこの前の月曜日にバルセロナを後にした。[動] [自] **1**〔肯定文〕(de 不定詞: …を)やめる: **Dejé** de fumar hace tres meses. 私は3か月前にタバコをやめました。 **2**〔否定文〕(de 不定詞: …を)やめない, …し続ける, 必ず…する, …しないわけにはいかない: No **dejen** de avisarnos cuando vengan a Japón. 日本に来るときは必ず知らせてください。 **~se** [動] [再] **1** 置き忘れる: **Me he dejado** la cartera en la cabina telefónica. 私は電話ボックスにかばんを忘れてしまった。 **2** (de 名詞・不定詞: …を)やめる: ¡**Déjate** de bromas! 冗談はやめて。 **3** «自分が»(不定詞: …される)ままにする: Nicolás **se deja** pegar por otros niños. ニコラスは他の子供たちからいいようにぶたれている。 **4** (不定詞: …)されるようになる: En octubre ya **se deja** sentir el frío. 10月にはもう寒さが感じられる。 **5** 〈ひげを〉生やす: Agustín **se ha dejado** barba. アグスティンはひげを生やした。 **6** (身なりが)だらしない **7** (a: に)身をまかせる ***¡Deja!*** 《話》(君は)いいから! ***~ mucho* [*bastante*] *que desear*** 不十分なところがたくさんある ***~se caer*** 《話》(不意に)姿を見せる, 出会う, 立ち寄る ***~se llevar*** (por: の)言いなりになる, 意見に従う; 我を忘れる

'de+je ['デ.へ] [名] [男]〔言〕(ある地方や人の)なまり, 口調, 調子, ふし

'de+jo ['デ.ほ] [名] [男]〔言〕(ある地方や人の)なまり, 口調, 調子, ふし; (口に残る)後味, (不快感の)なごり; 放棄; 終わり, 終末; 怠慢, 不精; 声の調子が下がること

de-'jón, -'jo-na [デ.'ほン, 'ほ.ナ] [名] [男] [女] 《メキシコ》《話》人の言いなりになる人

del [デル] [前] + [冠] 《定》〔弱勢〕de と el の融合形 ⬆de, ⬇el

del. [略] ⬇delegación

de-la-'ción [デ.ラ.'すぃオン] [名] [女] 密告, 告発, 暴露

*__de-lan-'tal__ [デ.ラン.'タル] 94% [名] [男] エプロン, 前かけ

⁑**de-'lan-te** [デ.'ラン.テ] 82% [副] 前に[で], 前方に[で], 先に[で]; (de: の)前に[で]; (de: 人の)前で, 面前で ***de ~*** 前の, 前方の ***llevarse todo por ~*** 行く手にじゃまがない, 順調に運ぶ ***no ponerse nada por ~*** (a: が)自由に行動できる ***por ~*** 前で[に], 前方で[に], 先で[に]

*__de-lan-'te-ro, -ra__ [デ.ラン.'テ.ろ, ら] 92% [形] [名] [男] [女] 正面の, 前面の; 〔競〕〔サッカーなど〕フォワードの; 〔競〕〔サッカーなど〕フォワード(の選手), 前衛 **-ra** [名] [女] 前部, 前面; 〔演〕(劇場などの)前列席; 〔競〕(競走の)先頭, リード; 〔複〕〔衣〕(上ばきの)革ズボン; 〔競〕〔サッカー〕フォワードライン《攻撃の5人》 ***coger* [*tomar*] *la delantera*** 先頭に立つ; 先を越す, 先手を打つ

de-la-'tar [デ.ラ.'タる] [動] [他] 告発する, 密告する; 〈秘密などを〉明かす, 漏らす, 明らかにする, 示す

de-la-'tor, -'to-ra [デ.ラ.'トる, 'ト.ら] [名] [男] [女] 告発者, 密告者

'del-co ['デル.コ] [名] [男] 《スペイン》〔車〕ディストリビューター《バッテリーとプラグに接続する配電器》

'de+le ['デ.レ] [名] [男] 〔印〕(校正の)「削除せよ, トル」の記号《ギリシャ文字のファイ ø》

'DELE ['デ.レ] [略] =Diploma de Español como Lengua Extranjera 外国語としてのスペイン語能力認定証《スペイン, セルバンテス文化センター Instituto Cervantes が認定する》

de-'le-ble [デ.'レ.ブレ] [形] 消せる, 消える

de-lec-ta-'ción [デ.レク.タ.'すぃオン] [名] [女] 《格》楽しみ, 愉快, 喜び

⁑**de-le-ga-'ción** [デ.レ.ガ.'すぃオン] 88% [名] [女] 代表団, 派遣団; 代表の任命[派遣], (権限などの)委任; 《スペイン》事務所, 出張所, 支店, 出先機関

⁑**de-le-'ga-do, -da** [デ.レ.'ガ.ド, ダ] 89% [名] [男] [女] (会議などに出席する)代表, 代議員, 使節; 〔商〕代理人, 駐在員, 派遣員

de-le-'gar [デ.レ.'ガる] [動] [他] [41] (g\|gu) (a, en: に)〈権限などを〉委任する; (a: 会議などに)代表として送る[派遣する]

de-lei-'ta-ble [デ.レイ.'タ.ブレ] [形] 《格》気持ちのよい, 楽しい; 《格》美味な, おいしい

de-lei-ta-'ción [デ.レイ.タ.'すぃオン] [名] [女] 楽しむこと, 享受(きょうじゅ)

de-lei-ta-'mien-to [名] [男] ⇩ deleite

de-lei-'tar [デ.レイ.'タる] [動] [他] うれしがらせる, 喜ばせる, 楽しませる **~se** [動] [再] (en, con: を)喜ぶ, 楽しむ

*__de-'lei-te__ [デ.'レイ.テ] 94% [名] [男] 喜び, うれしさ, 楽しみ; 喜び[楽しみ]となるもの, 大変うれしいもの

de-lei-'to-so, -sa [デ.レイ.'ト.ソ, サ] [形] うれしい, 楽しい, 愉快な

de-le-'té-re+o, +a [デ.レ.'テ.れ.オ, ア] [形] 有害な, 有毒な

de-le-tre+'ar [デ.レ.トれ.'アる] [動] [他] つづる, 〈語の〉つづりを書く[言う], スペルアウトする; 解読する, 解釈する **~se** [動] [再] つづられる

de-le-'tre+o [デ.レ.'トれ.オ] [名] [男] 語のつづりを言うこと, スペルアウト

de-lez-'na-ble [デ.レす.'ナ.ブレ] [形] 砕けやすい, もろい; かよわい, はかない, 弱い; 忌まわしい; «道路などが»すべりやすい

del-'fín [デル.'フィン] 名 男〖動〗イルカ;〖歴〗ドーファン, フランス王太子《フランスの第1王位継承者の称号》

'Del-fos ['デル.フォス] 名 固〖地名〗デルフォイ《ギリシャ中部の町; アポロンの神殿があった》

del-ga-'dez [デル.ガ.'デす] 名 女 ほっそりしていること, やせていること, やつれ

del-ga-'dí-si-mo, -ma〔最上級〕↓delgado

del-ga-'di-to, -ta〔縮小語〕↓delgado

****del-'ga-do, -da** [デル.'ガ.ド, ダ] 88% 形 細い, やせた; 薄い, 薄手の;〖農〗《土地が》やせた, 地味がやせた 名 男〔複〕〖食〗わき腹肉の切身 ***agua delgada*** 軟水

Del-'ga-do [デル.'ガ.ド] 名 固〖姓〗デルガード

del-ga-'du-cho, -cha [デル.ガ.'ドゥ.チョ, チャ] 形 名 男 女《話》〔軽蔑〕ひょろひょろにやせた(人), やせっぽち(の)

'Del+hi ['デ.リ] 名 固〖地名〗デリー《インド北部の都市》

de-li-be-ra-'ción [デ.リ.ベ.ら.'すぃオン] 名 女 熟慮, 熟考, 審議

de-li-be-'ra-do, -da [デ.リ.ベ.'ら.ド, ダ] 形 故意の, 意図的な; 熟慮した, 慎重な **-damente** 副 故意に, わざと; 熟慮して, 慎重に

de-li-be-'ran-te [デ.リ.ベ.'らン.テ] 形 ⇩ deliberativo; 重要審議事項の

de-li-be-'rar [デ.リ.ベ.'らる] 動 自 審議する; 熟考する 動 他 熟慮する, 熟考する; 討論する, 審議する, 相談する **～se** 動 再 討論される, 審議される

de-li-be-ra-'ti-vo, -va [デ.リ.ベ.ら.'ティ.ボ, バ] 形 熟慮の, 審議の

de-li-ca-'de-za** [デ.リ.カ.'デ.さ] 94% 名 女 思いやり, やさしさ; 優美さ, 上品さ; 微妙なこと, デリケートなこと, わかりにくさ; 繊細さ, かよわさ, きゃしゃなこと; 感じやすさ, 敏感さ, 気難しさ; 礼儀正しさ ***tener la ～ de ...(不定詞) 親切にも…してくださる

****de-li-'ca-do, -da** [デ.リ.'カ.ド, ダ] 90% 形 微妙な, デリケートな; 繊細な, かよわい, きゃしゃな, 壊れやすい, もろい; 感じやすい, 敏感な, 気難しい, うるさい; 難しい; 礼儀正しい, 思いやりのある; 優美な, 上品な, 美しい;《頭が》鋭い, きれる

delicatessen [デ.リ.カ.'テ(ス).セン] 名 男〔ドイツ語〕デリカテッセン《高級な調製食品》

***de-'li-cia** [デ.'リ.すぃア] 93% 名 女 喜び, 楽しみ, 愉快, 満足, すばらしさ

***de-li-'cio-so, -sa** [デ.リ.'すぃオ.ソ, サ] 92% 形 おいしい, うまい, かぐわしい; 楽しい, 愉快な, 快い;《話》魅力のある, ほれぼれするような, すてきな, かわいらしい

de-lic-'ti-vo, -va [デ.リク.'ティ.ボ, バ] 形 犯罪の, 罪深い

de-lic-'tual [デ.リク.'トゥアル] 形 犯罪の

de-li-cues-'cen-cia [デ.リ.クエ(ス).'セン.すぃア] 名 女〖化〗潮解(性)

de-li-cues-'cen-te [デ.リ.クエ(ス).'セン.テ] 形〖化〗潮解(性)の

de-li-mi-ta-'ción [デ.リ.ミ.タ.'すぃオン] 名 女 限界, 限定, 境界決定

de-li-mi-'tar [デ.リ.ミ.'タる] 動 他〈の〉範囲[限界, 境界]を定める,〈権限などを〉限定する

de-'lin-co, -ca(～) 動《直現1単, 接現》↓delinquir

***de-lin-'cuen-cia** [デ.リン.'クエン.すぃア] 94% 名 女 非行, 犯罪, 過失

****de-lin-'cuen-te** [デ.リン.'クエン.テ] 86% 名 共 犯罪者, 非行少年[少女] 形 犯罪の, 非行に走った

de-li-ne+a-'ción [デ.リ.ネ.ア.'すぃオン] 名 女 輪郭描写, 線描, 製図

de-li-ne+'an-te [デ.リ.ネ.'アン.テ] 名 共 製図者[工]

de-li-ne+'ar [デ.リ.ネ.'アる] 動 他 線で描く, 製図する,〈の〉図面を引く; 輪郭を描く

de-lin-'quir [デ.リン.'キる] 動 自 ㉑ (qu|c)《格》〖法〗法律を破る, 犯罪を犯す

de-'li-quio [デ.'リ.キオ] 名 男《格》気絶, 失神;《格》うっとりした状態, 忘我, 有頂天

de-li-'ran-te [デ.リ.'らン.テ] 形〖医〗錯乱した, うわごとを言う; 有頂天の, 無我夢中の

de-li-'rar [デ.リ.'らる] 動 自 うわごとを言う;《話》ばかなことを言う, たわごとを言う;《話》(por: に)夢中になる

***de-'li-rio** [デ.'リ.りオ] 93% 名 男〖医〗精神錯乱, うわごとを言う状態; 狂喜, 有頂天, 熱狂

'delírium 'trémens [デ.'リ.りウム 'トれ.メン(ス)] 名 男〔複 delírium trémens〕〖医〗振顫譫妄(しんせんせんもう)《アルコール中毒による手足の震え》

****de-'li-to** [デ.'リ.ト] 84% 名 男〖法〗犯罪(行為), 違法行為

'De-los ['デ.ロス] 名 固〖地名〗デロス島《エーゲ海南部の島》

'del-ta ['デル.タ] 名 女〖地〗三角洲 名 女〖言〗デルタ《ギリシャ語の文字, Δ, δ》

'Del-ta A-ma-'cu-ro ['デル.タ ア.マ.'ク.ろ] 名 固〖地名〗デルタ・アマクーロ《ベネズエラ北東部の州; オリノコ川の三角州を占める》

de-lu-'si-vo, -va [デル.'スィ.ボ, バ] 形《格》偽りの, ごまかしの

de-ma-cra-'ción [デ.マ.クら.'すぃオ

ン] 名 女 やつれ, 衰弱, 憔悴(しょうすい)

de-ma-'cra-do, -da [デ.マ.'クら.ド, ダ] 形 やせ衰えた, やつれた

de-ma-'crar [デ.マ.'クらる] 動 他 やせ衰えさせる, やつれさせる　～**se** 動 再 やせ衰える, 消耗する

de-ma-'go-gia [デ.マ.'ゴ.ひア] 名 女 〔政〕 デマ, (民衆)扇動

de-ma-'gó-gi-co, -ca [デ.マ.'ゴ.ひ.コ, カ] 形 〔政〕 扇動的な, デマの

de-ma-'go-go, -ga 名 男 女 〔政〕 扇動政治家, 扇動的な演説家, デマゴーグ

****de-'man-da** 86% 名 女 〔商〕 需要, 注文; 要求, 請求; 質問; 事業, 企て, 企図, 試み　*en ～ de* … …を求めて

de-man-'da-do, -da 形 名 男 女 〔法〕 被告(側の)

de-man-'dan-te 形 名 共 〔法〕 原告(側の)

***de-man-'dar** [デ.マン.'ダる] 93% 動 他 要求する, 請求する; 〔法〕 告訴する; 尋ねる, 質問する

de-mar-ca-'ción [デ.マる.カ.'すぃオン] 名 女 境界, 限界; 〔法〕 地区, 管区; 〔競〕〔サッカーなど〕 ポジション

de-mar-'car [デ.マる.'カる] 動 他 ⑥⑨ (c|qu) 〈境界線を〉定める, 〈の〉境界[範囲]を決める

****de-'más** 73% 形 〔単複同〕 他の, その他の 代 《不定》〔los ～〕 他の人[物]; 〔lo ～〕 他のこと 副 (de: の)他に　*por ～* むだな[に]; あまりに…, …すぎる　*por lo ～* その他は…, それを除けば…　… *y ～* 《話》 …など

de-ma-'sí+a 名 女 やりすぎ, 度を過ぎた行動, 行き過ぎ; 横柄, 傲慢, 生意気, あつかましさ; ひどさ　*en* [*con*] ～ あまりに, 過度に

****de-ma-'sia-do, -da** 75% 形 あまりに多くの, …すぎる 副 あまりに…; あまりに多く, 過度に

de-'men-cia [デ.'メン.すぃア] 名 女 狂気, 精神異常; 〔医〕 認知症

de-men-'cial [デ.メン.'すぃアル] 形 狂気の, 精神異常の; 《話》 ひどい; 《話》 すごい, すばらしい

***de-'men-te** 94% 形 発狂した; 〔医〕 認知症の 名 共 狂人; 〔医〕 精神障害者, 認知症患者

de-me-ri-'tar [デ.メ.り.'タる] 動 他 〈の〉名声を傷つける, 〈の〉評判を悪くする

de-'mé-ri-to [デ.'メ.り.ト] 名 男 欠点, 短所, デメリット

de-'miur-go [デ.'ミウる.ゴ] 名 男 〔哲〕 デミウルゴス 《プラトン哲学での世界形成者》

****de-mo-'cra-cia** [デ.モ.'クら.すぃア] 85% 名 女 〔政〕 民主主義, 民主政治, 民主政体; 〔政〕 民主主義国

***de-'mó-cra-ta** [デ.'モ.クら.タ] 92% 形 〔政〕 民主主義の; 〔政〕 (米国の)民主党の 名 共 〔政〕 民主主義者; 〔政〕 (米国の)民主党員

de-mo-cra-ta-cris-'tia+no, -na [デ.モ.クら.タ.クリス.'ティア.ノ, ナ] 形 〔政〕 キリスト教民主主義の 名 男 女 〔政〕 キリスト教民主主義者

****de-mo-'crá-ti-co, -ca** [デ.モ.'クら.ティ.コ, カ] 84% 形 〔政〕 民主主義の, 民主的な, 民主政治の, 民主政体の

de-mo-cra-ti-za-'ción [デ.モ.クら.ティ.さ.'すぃオン] 名 女 〔政〕 民主化

de-mo-cra-ti-'zar [デ.モ.クら.ティ.'さる] 動 他 ③④ (z|c) 〔政〕 民主化する, 民主的にする　～**se** 動 再 〔政〕 民主化する, 民主的になる

de-mo-cris-'tia+no, -na [デ.モ.クリス.'ティア.ノ, ナ] 形 名 男 女 〔政〕 キリスト教民主同盟の(党員)

de-mo-gra-'fí+a [デ.モ.グら.'フィ.ア] 名 女 人口統計(学)

de-mo-'grá-fi-co, -ca [デ.モ.'グら.フィ.コ, カ] 形 人口統計学の

de-'mó-gra-fo, -fa [デ.'モ.グら.フォ, ファ] 名 男 女 人口統計学者

de-mo-le-'dor, -'do-ra [デ.モ.レ.'ドる, 'ド.ら] 形 破壊的な, 痛烈な, 強力な; 破壊する, 解体する

de-mo-'ler [デ.モ.'レる] 動 他 ④④ (o|ue) 〈建物などを〉取りこわす, 破壊する; 〈計画・持論などを〉くつがえす, 破壊する

de-mo-li-be-'ral [デ.モ.リ.ベ.'らル] 形 〔政〕 民主自由主義の 名 共 〔政〕 民主自由主義者

de-mo-li-be-ra-'lis-mo [デ.モ.リ.ベ.ら.'リス.モ] 名 男 〔政〕 民主自由主義

de-mo-li-'ción [デ.モ.リ.'すぃオン] 名 女 破壊, 解体, 崩壊

de-mo-'ní+a-co, -ca ⇦-'nia- 形 名 男 女 悪魔に取りつかれた(人), 悪魔のような(人)

***de-'mo-nio** 91% 名 男 悪魔; 悪魔のような人, 極悪人, 手に負えない人[もの]; 〔複〕 《俗》〔疑問詞の後で〕 いったい; 鬼, 化け物, 醜いもの 感 《俗》 畜生!, まさか! 《のろい・失望・驚きなど》　*darse a todos los ～s* 《話》 激怒する　*de mil ～s* 《話》 ひどい, すごい　*ponerse como un ～* 《話》 かんかんになって怒る　*¡Que me lleven los ～s si …!* 《話》 …であったら悪魔にさらわれたってかまわない, …は絶対にうそではない　*saber* [*oler*] *a ～s* 《話》 ひどい味[におい]である　*tener el ～ en el cuerpo* 《話》 《子供が》 いたずらばかりする

de-mo-ni-'zar [デ.モ.ニ.'さる] 動 他 ③④ (z|c) 悪魔のようにする, 悪魔と見なす; 悪

魔[悪霊]に取りつかせる

de-mo-no-lo-'gí+a [デ.モ.ノ.ロ.'ひ.ア] 名 女 鬼神学, 悪魔研究

de-mo-'nó-lo-go, -ga [デ.モ.'ノ.ロ.ゴ, ガ] 名 男 女 鬼神学者, 悪魔研究家

de-'mon-tre [デ.'モン.トれ] 感《話》こん畜生!, くそくらえ! 名 男 悪魔

***de-'mo-ra** [デ.'モ.ら] 93% 名 女 遅れ, 延期; 待ち時間

***de-mo-'rar** [デ.モ.'らる] 94% 動 他 遅らせる, 遅延させる **～se** 動 再 遅れる, 留まる, 足踏みする, ぐずぐずする

de-mos 動《接現 1 複》↑dar

de-mos-'tra-ble [デ.モス.'トら.ブレ] 形 証明できる

***de-mos-tra-'ción** [デ.モス.トら.'すぃオン] 92% 名 女 証明, 証拠; 実演, デモンストレーション; 表情, (表にあらわれた)印

****de-mos-'trar** [デ.モス.'トらる] 78% 動 他 ⑯ (o|ue) 示す, (a: に)見せる; 証明する, 実証する, (実物で)説明する, 実演する **～se** 動 再 (自分の能力などを)証明する; 示される

de-mos-tra-'ti-vo, -va [デ.モス.トら.'ティ.ボ, バ] 形〘言〙指示の; 例証できる, 実証的な, 証明する, 明示する 名 男〘言〙指示詞

de-'mó-ti-co, -ca 形〘歴〙〘言〙(古代エジプトの)民衆文字の

de-mu-'dar [デ.ム.'ダる] 動 他〈顔色などを〉変える, 〈の〉表情を変える **～se** 動 再《顔の表情が》急に変わる, 青ざめる

de-'mues-tr~ 動《直現/接現/命》↑demostrar

'den 動《接現 3 複》↑dar

de-'na-rio [デ.'ナ.りオ] 形 **10** の, 10 進の 名 男〘歴〙〘経〙デナリウス《古代ローマの銀貨》

de-na-ta-li-'dad [デ.ナ.タ.リ.'ダド] 名 女 出生減少《統計用語》

den-'dri-ta [デン.'ドり.タ] 名 女〘鉱〙模樹石(もじゅせき)《石灰石などの表面に他の鉱物が樹枝状に付着したもの》

de-ne-ga-'ción [デ.ネ.ガ.'すぃオン] 名 女 拒絶, 拒否, 否認, 却下

de-ne-'gar [デ.ネ.'ガる] 動 他 ㊻ (e|ie; g|gu)〈要求を〉拒む, 拒否する, 却下する

den-'go-so, -sa 形 気取った, いやに気にする, 気難しい

'den-gue ['デン.ゲ] 名 男 気取り, 好みの難しさ;〘衣〙ショール, 肩マント;〘医〙デング熱;《コロンビア》〘医〙病気;《コロンビア》《話》気取った歩き方

de-ni-gra-'ción [デ.ニ.グら.'すぃオン] 名 女 侮辱, 名誉毀損

de-ni-gra-'dor, -'do-ra [デ.ニ.グら.'ドる, 'ド.ら] 形 名 男 女 名誉を傷つける(人), 侮辱的な(人), 中傷者

de-ni-'gran-te [デ.ニ.'グらン.テ] 形 中傷的な, 名誉を傷つける 名 共 中傷者

de-ni-'grar [デ.ニ.'グらる] 動 他 侮辱する, 〈の〉名誉を毀損(きそん)する

de-ni-gra-'to-rio, -ria [デ.ニ.グら.'ト.りオ, りア] 形 名誉を傷つける, 侮辱的な

de-no-'da-do, -da 形 勇猛な, 勇敢な; 大胆な, 向こう見ずな **-damente** 副 勇敢に; 大胆に, 向こう見ずにも

***de-no-mi-na-'ción** [デ.ノ.ミ.ナ.'すぃオン] 92% 名 女 名称, 呼称; 団体, グループ; 命名, 名称をつけること

de-no-mi-na-'dor, -'do-ra [デ.ノ.ミ.ナ.'ドる, 'ド.ら] 形 命名する 名 男 女 命名者 名 男〘数〙(分数の)分母

****de-no-mi-'nar** [デ.ノ.ミ.'ナる] 88% 動 他 命名する, 名付ける **～se** 動 再 (名詞: …という)名である

de-no-mi-na-'ti-vo, -va [デ.ノ.ミ.ナ.'ティ.ボ, バ] 形〘言〙名詞派生の, 名詞から派生した 名 男〘言〙名詞派生語

de-nos-ta-'ción [デ.ノス.タ.'すぃオン] 名 女 侮辱, ののしり

de-nos-'tar [デ.ノス.'タる] 動 他 ⑯ (o|ue)《格》侮辱する, ののしる

de-no-ta-'ción [デ.ノ.タ.'すぃオン] 名 女 表示, 指示;〘論〙外延

de-no-'tar [デ.ノ.'タる] 動 他 表示する, 示す, 指し示す

de-no-ta-'ti-vo, -va [デ.ノ.タ.'ティ.ボ, バ] 形 表示的な, 指示的な;〘論〙外延の, 外延的な

den-si-'dad 名 女 密集(状態); 濃度, 密度;〘物〙比重

den-si-fi-'car [デン.スィ.フィ.'カる] 動 他 ㊾ (c|qu) 濃くする, 密度を高める

den-'sí-me-tro [デン.'スィ.メ.トろ] 名 男〘物〙密度計, 比重計

***'den-so, -sa** 92% 形 密集した, 混み合った, 密度が高い, 濃密な; 内容が濃い, 内容がある

den-'ta-do, -da 形 歯のある, 歯状の, ぎざぎざの 名 男〘衣〙ミシン目

den-ta-'du-ra [デン.タ.'ドゥ.ら] 名 女〘集合〙歯, 歯列

den-'tal [デン.'タル] 形 歯の;〘音〙歯音の 名 男〘農〙すきの刃をはめ込む部分 名 女〘音〙歯音《[t], [d] など》

den-'tar [デン.'タる] 動 他 ㊿ (e|ie)〈のこぎりに〉目立てをする; 〈に〉ギザギザをつける; 〈に〉ミシン目を入れる 動 自《子供が》歯が生える

den-'ta-rio, -ria [デン.'タ.りオ, りア] 形〘体〙歯の

den-te-'lla-da [デン.テ.'ジャ.ダ] 名 女 かみ跡, 歯形; かむこと ***a ～s*** 歯でかんで

den-te-'llar [デン.テ.'ジャる] 動 自 歯をガチガチ鳴らす
den-te-lle+'ar [デン.テ.ジェ.'アる] 動 他 (少しずつ)かみ切る, かじる
den-'te-ra [デン.'テ.ら] 名 女 (酸味やきしむ音による)歯の不快感, 歯が浮く感じ *tener* ～ 少ししゃくにさわる, うらやましい
den-ti-'ción [デン.ティ.'すぃオン] 名 女 〔体〕歯列; 〔体〕歯牙発生(の時期)
den-'tí-fri-co, -ca [デン.'ティ.フリ.コ, カ] 形 歯の, 歯磨きの 名 男 練り歯磨き
den-'ti-na 名 女 〔体〕(歯の)象牙質
*__den-'tis-ta__ 91% 名 共 〔医〕歯科医
⁑**'den-tro** ['デン.トろ] 71% 副 中に[で, へ], 内側に, 内部に; 屋内に[で, へ]; 心の中に[で, へ]; (de: の)中に[で, へ]; (de: …)後に, たったら《時》; (de: の)間に, 期間に ～ *de poco* すぐに, やがて *¡D～ o fuera!* 《話》どちらかはっきりしなさい《決定を促す》 *por* ～ 中で; 心の中で, 内心では
den-'tu-do, -da 形 名 男 女 〔体〕歯が大きい(人) 名 男 〔魚〕アオザメ
de-nu-da-'ción [デ.ヌ.ダ.'すぃオン] 名 女 〔地質〕(浸食による地層の)削剝(さくはく)
de-nu-'dar [デ.ヌ.'ダる] 動 他 〔地質〕〈地層を〉(浸食によって)削剝(さくはく)する
de-'nue-do 名 男 勇気, 勇敢
de-'nues-to 名 男 《格》侮辱, 無礼
*__de-'nun-cia__ [デ.'ヌン.すぃア] 92% 名 女 〔法〕告発, 告訴
de-nun-cia-'dor, -'do-ra 形 名 共 ⇩ denunciante
de-nun-'cian-te [デ.ヌン.'すぃアン.テ] 形 告発する, 告発の, 告訴の 名 共 告発者, 通報者
⁑**de-nun-'ciar** [デ.ヌン.'すぃアる] 85% 動 他 (公然と)非難する, 告発する; 〔法〕告訴する; (警察に)通報する, 届け出る; 示す, 〈の〉兆しを見せる, 〈の〉前触れである; 〈の〉採掘権を申請する
de+'ón-ti-co, -ca 形 義務の, 義務に関する
de+on-to-lo-'gí+a [デ.オン.ト.ロ.'ひ.ア] 名 女 義務論; 職業倫理
de+on-to-'ló-gi-co, -ca [デ.オン.ト.'ロ.ひ.コ, カ] 形 〔哲〕義務論の
D. E. P. 略 =Descanse en paz. 安らかに眠れ《弔いの言葉》
de-pa-'rar [デ.パ.'らる] 動 他 (a: に)与える, もたらす; ひき起こす
de-par-ta-men-'tal [デ.パる.タ.メン.'タル] 形 部門の; (大学の)学科の; 仕切りの; 〔鉄〕(列車の)コンパートメントの; 《ラ米》〔政〕県の, 行政区画の
⁑**de-par-ta-'men-to** [デ.パる.タ.'メン.ト] 84% 名 男 部門, …部; 〔政〕(官庁の機構としての)署, 省, 課; (大学の)学科; 仕切り, 区分; 〔鉄〕(列車の)コンパートメント, 客室; 《ラ米》〔政〕県《行政区画》; 《ラ米》アパート; 集合住宅
de-par-'tir [デ.パる.'ティる] 動 自 《格》会話する, 話す
de-pau-pe-ra-'ción [デ.パウ.ペ.ら.'すぃオン] 名 女 《格》貧困化, 貧窮; 〔医〕衰弱
de-pau-pe-'rar [デ.パウ.ペ.'らる] 動 他 《格》貧しくする; 〔医〕〈体を〉弱くする, 衰弱させる ～**se** 動 再 〔医〕《体が》弱くなる, 衰弱する
⁑**de-pen-'den-cia** [デ.ペン.'デン.すぃア] 90% 名 女 依存, 頼り, 養われること; 〔建〕付属建築物, 別館; 従属; 〔政〕従属国, 保護領; (事務所の)部, 課; 支店, 支部, 出先機関; 〔集合〕従業員
⁑**de-pen-'der** [デ.ペン.'デる] 78% 動 自 (de: に)依存する, 世話になる; (de: …)次第である; (de: に)属している, 従属する; 《物事が》(de: に)よる *en lo que de mí* [*nosotros*] *depende* 私[私たち]に関しては (*Eso*) *depende.* 場合による, そのときの事情による
de-pen-'dien-ta 形 《女》 ⬇dependiente
*__de-pen-'dien-te, -ta__ 92% 形 (de: に)従属する, (de: の)下にある; (de: に)頼っている, (de: の)世話になっている; (de: …)次第の, (de: に)左右される 名 男 女 〔⇦dependiente 共〕店員; 被扶養者
de-pi-la-'ción [デ.ピ.ラ.'すぃオン] 名 女 毛を抜き取ること, 脱毛
de-pi-'lar [デ.ピ.'ラる] 動 他 〈の〉毛を抜く ～**se** 動 再 (自分の体の)脱毛をする, 剃(そ)る, 抜く
de-pi-la-'to-rio, -ria [デ.ピ.ラ.'ト.りオ, りア] 形 脱毛の 名 男 脱毛剤
de-plo-'ra-ble [デ.プロ.'ら.ブレ] 形 嘆(なげ)かわしい, 哀れな, みじめな
de-plo-'rar [デ.プロ.'らる] 動 他 嘆(なげ)き悲しむ, 残念だと思う
de-pon-dr~ 動 《直未/過未》 ⬇deponer
de-po-'nen-te 形 〔言〕異相の; 〔法〕証言する 名 共 〔法〕宣誓証人 名 男 〔言〕異相動詞
de-po-'ner [デ.ポ.'ネる] 動 他 53 〔poner; 命 -pón〕(わきへ)置く, 捨てる, 下に置く, 下ろす; 〈の〉仕事を辞めさせる, 退職させる, 解任する; 証言する; 《メキシコ》《中米》吐く, もどす 動 自 証言する; 排便する
de-'pon-go, -ga(～) 動 《直現1単, 接現》 ⬆deponer
de-por-ta-'ción [デ.ポる.タ.'すぃオン] 名 女 〔法〕国外追放, 国外退去
de-por-'tar [デ.ポる.'タる] 動 他 国外に追放する, 退去させる

d

**de-'por-te* [デ.'ポる.テ] 82% 名 男〖競〗スポーツ, 競技, 運動

de-por-'tis-mo [デ.ポる.'ティス.モ] 名 男〖競〗スポーツ; スポーツ好き

***de-por-'tis-ta** [デ.ポる.'ティス.タ] 92% 名 共〖競〗運動好きな人, スポーツ選手

de-por-ti-vi-'dad [デ.ポる.ティ.ビ.'ダド] 名 女〖競〗スポーツマン精神, スポーツマンシップ

****de-por-'ti-vo, -va** [デ.ポる.'ティ.ボ, バ] 85% 形〖競〗スポーツの, スポーツに関する; スポーツ選手らしい, 正々堂々とした **-va** 名 女〔複〕〖競〗〖衣〗スポーツシューズ **-vamente** 副〖競〗スポーツマン精神にのっとって, スポーツ選手らしく; 紳士的に

de-po-si-'ción [デ.ポ.スィ.'すぃオン] 名 女 免職, 退位;〖法〗宣誓証言, 陳述;〖体〗排便

de-po-si-'tan-te 形 名 共 貯金する(人), 供託する(人)

****de-po-si-'tar** [デ.ポ.スィ.'タる] 90% 動 他 (en: 安全な場所に)置く, 預ける, 供託する;〈希望などを〉(en: に)託す, 寄せる; 貯金する;《風・水の流れが》堆積させる, 沈澱させる **~se** 動 再 (en: に)堆積する, 沈澱する

de-po-si-ta-'rí-a [デ.ポ.スィ.タ.'り.ア] 名 女 保管所, 倉庫; 会計課, 出納課; 委託販売業

de-po-si-'ta-rio, -ria [デ.ポ.スィ.'タ.りオ, りア] 形 預金の, 積立金の; 預ける, ゆだねる; 保管の, 委託の, 受託の 名 男 女 信頼などを寄せられる人, 相談相手; 保管人, 管理人, 受託者; 会計係, 出納係

****de-'pó-si-to** 86% 名 男 貯金, 積立金, 寄託金; 貯蔵所, 倉庫, 保管所; (液体の)タンク; 寄託, 保管; 堆積物, 沈澱物

de-pra-va-'ción [デ.プら.バ.'すぃオン] 名 女 堕落, 腐敗

de-pra-'va-do, -da [デ.プら.'バ.ド, ダ] 形 堕落した, 邪悪な

de-pra-'var [デ.プら.'バる] 動 他 堕落させる, 害する, 腐敗させる **~se** 動 再 堕落する, 腐敗する

'de-pre ['デ.プれ] 名 女《話》憂鬱(ゆううつ), うつ気味

de-pre-ca-'ción [デ.プれ.カ.'すぃオン] 名 女《格》嘆願, 哀願

de-pre-'car [デ.プれ.'カる] 動 他 ⑹⑼ (c|qu)《格》熱心に頼む, 嘆願する

de-pre-ca-'to-rio, -ria [デ.プれ.カ.'ト.りオ, りア] 形 名 男 女 嘆願する(人), 哀願する(人)

de-pre-cia-'ción [デ.プれ.すぃア.'すぃオン] 名 女〖経〗価値が下がること, 下落; 減価償却

de-pre-'ciar [デ.プれ.'すぃアる] 動 他 〈の〉価値[値]を下げる **~se** 動 再 価値[値]が下がる

de-pre-da-'ción [デ.プれ.ダ.'すぃオン] 名 女《格》強奪, 略奪

de-pre-da-'dor, -'do-ra [デ.プれ.ダ.'ドる, 'ド.ら] 形 強奪する, 破壊する 名 男 女 強奪者, 破壊者

de-pre-'dar [デ.プれ.'ダる] 動 他 強奪する, 破壊する

de-'pre-mio [デ.'プれ.ミオ] 名 男〖経〗貨幣価値の下落

****de-pre-'sión** [デ.プれ.'スィオン] 88% 名 女〖経〗不況, 不景気; 落胆, 憂鬱(ゆううつ), 意気消沈; 沈下, 陥没, 低下;〖地〗低地, くぼみ;〖気〗低気圧;〖医〗鬱病; 抑制

de-pre-sio-'na-rio, -ria [デ.プれ.スィオ.'ナ.りオ, りア] 形〖気〗低気圧の

de-pre-'si-vo, -va [デ.プれ.'スィ.ボ, バ] 形 気落ち[落胆]させるような, 気がめいるような, 重苦しい, 憂鬱(ゆううつ)な;〖医〗抑鬱性の

de-pri-'men-te [デ.プり.'メン.テ] 形 気落ち[落胆]させるような; 憂鬱(ゆううつ)な

***de-pri-'mir** [デ.プり.'ミる] 94% 動 他 気落ちさせる, 落胆させる, 悲しくさせる **~se** 動 再 (por: で)落胆する, 気落ちする, 気がめいる

***de-'pri-sa** [デ.'プり.サ] 92% 副 急いで

depto. 略 ↑departamento

de-'pues-to, -ta 動《過分》↑deponer

de-pu-ra-'ción [デ.プ.ら.'すぃオン] 名 女 浄化; 洗練, 純化; 一掃, 粛正, 追放;〖情〗デバッグ

de-pu-'ra-do, -da [デ.プ.'ら.ド, ダ] 形 浄化された; 洗練された; 一掃された

de-pu-ra-'dor, -'do-ra [デ.プ.ら.'ドる, 'ド.ら] 形 浄水の, 浄化の 名 男 浄化装置

***de-pu-'rar** [デ.プ.'らる] 93% 動 他 浄化する, 清める; 洗練する, 純化する; 一掃する, 粛正する, 追放する;〖情〗デバッグする **~se** 動 再 浄化される

de-pu-ra-'ti-vo, -va [デ.プ.ら.'ティ.ボ, バ] 形〖医〗浄化の 名 男〖医〗浄化剤

'der-bi ['デる.ビ] 名 男〖競〗〔サッカーなど〕ダービーマッチ《同じ市のチームどうしの試合》

****de-'re-cha** [デ.'れ.チャ] 84% 名 女 右, 右方, 右側;〖体〗右手;〖政〗右翼, 右派, 保守派;〖競〗〔野球など〕ライト;《サッカー》右のサイド ***a ~s*** 正しく, まともに ***a la ~*** 右側に ***a la ~ de ...*** …の右側に ***no dar una a ~s*** 間違いばかりする

de-re-'cha-zo [デ.れ.'チャ.そ] 名 男〖競〗〔ボクシング〕右のパンチ;《サッカー》右足によるキック[シュート];〖牛〗右手によるパセ

de-re-'chis-mo [デ.れ.'チス.モ] 名 男

〔政〕右翼思想, 右翼の政治理念

de-re-'chis-ta [デ.れ.'チス.タ] [形] [名] [共]〔政〕右翼の(人)

de-re-'chi-to, -ta〔縮小語〕↓derecho

⁑de-'re-cho, -cha [デ.'れ.チョ, チャ] 69% [形] 右の, 右手の, 右側の; まっすぐな, 一直線の; ちゃんと立った, まっすぐにのびた; 正しい, 正義の, 公正な;〔政〕右派の, 右翼の, 保守党の [名] [男]〔法〕法, 法律, 法律学; 法学部; (a 不定詞: …する)権利; (a 不定詞: …する)資格;〔複〕報酬, 謝礼, 手数料, …代; (布地などの)表, 表側; 正義, 正しさ;〔複〕〔法〕税, 税金 [副] まっすぐに; 直接に *brazo derechó* ↓mano derecha *estar en su ~* 権利がある, 正しい *mano derecha* 右腕, 片腕《頼りになる人》 *No hay ~.* そんな権利はない, ひどいやり方だ《抗議・怒り》 **-chamente** [副] まっすぐに, 直接に; 正しく, 正直に

de-re-'chu-ra [デ.れ.'チュ.ら] [名] [女] まっすぐなこと, 一直線 *en derechura* まっすぐに, 直接に

de-'ri-va [デ.'り.バ] [名] [女]〔海〕漂流; (正しい進路から)それること, 外れること *a la ~* 成り行きにまかせて, 方向を見失って;〔海〕漂流して

de-ri-va-'ción [デ.り.バ.'すぃオン] [名] [女] 導出, 誘導, 分岐; 由来, 起源;〔言〕派生, 派生語;〔数〕微分;〔電〕分路; 推論

de-ri-'va-do, -da [デ.り.'バ.ド, ダ] [形] 派生した; 副産物の **-da** [名] [女]〔数〕微分係数 [名] [男] 副産物;〔言〕派生語

⁑de-ri-'var [デ.り.'バる] 88% [動] [他] (de: から)導く, (a, hacia: へ)向ける, 傾ける; (de: から)引き出す, 得る;〔言〕〈語を〉派生させる; 〈水を〉引く;〔数〕微分する **~(se)** [動] [自] ([再]) (de: から)生じる, 出る, 始まる;〔言〕«言葉などが» (de: に)由来する;〔海〕«船が»航路を外す[それる], 漂流する

de-ri-va-'ti-vo, -va [デ.り.バ.'ティ.ボ, バ] [形]〔言〕派生の [名] [男]〔医〕誘導剤

der-ma-'ti-tis [デる.マ.'ティ.ティス] [名] [女]〔単複同〕〔医〕皮膚炎

der-ma-to-lo-'gí+a [デる.マ.ト.ロ.'ひ.ア] [名] [女]〔医〕皮膚病学, 皮膚科(学)

der-ma-to-'ló-gi-co, -ca [デる.マ.ト.'ロ.ひ.コ, カ] [形]〔医〕皮膚科の, 皮膚病学の

der-ma-'tó-lo-go, -ga [デる.マ.'ト.ロ.ゴ, ガ] [名] [男] [女]〔医〕皮膚科専門医, 皮膚病学者

der-ma-'to-sis [デる.マ.'ト.スィス] [名] [女]〔単複同〕〔医〕皮膚病, 皮膚疾患

'der-mis ['デる.ミス] [名] [女]〔単複同〕〔体〕(皮膚の)真皮

der-mo-pa-'tí+a [デる.モ.パ.'ティ.ア] [名] [女]〔医〕皮膚障害

de-ro-ga-'ción [デ.ろ.ガ.'すぃオン] [名] [女]〔法〕廃止, 取り消し, 撤回, 全廃

de-ro-'gar [デ.ろ.'ガる] [動] [他] (41) (g|gu)〔法〕〈法律などを〉無効にする, 廃止する; 作り直す, 改正する; 破壊する

de-'rra-ma [デ.'ら.マ] [名] [女] 割り当て, 配分, 分担金

de-rra-ma-'de-ro [デ.ら.マ.'デ.ろ] [名] [男]《コロンビア》流し, シンク

de-rra-ma-'mien-to [デ.ら.マ.'ミエン.ト] [名] [男] こぼすこと, 流出; あふれること

***de-rra-'mar** [デ.ら.'マる] 93% [動] [他] 〈液体・粉などを〉こぼす; まき散らす; 〈知らせ・うわさを〉広める; 〈愛情・注意を〉注ぐ;〔法〕〈分担金・税などを〉配分する **~se** [動] [再] こぼれる; 散らばる, 広がる

de-'rra-me [デ.'ら.メ] [名] [男] こぼれること, こぼしたもの;〔医〕(血液などの)溢出(いっしゅつ), 溢血, 出血; あふれ出し, 流出; 坂, 坂道, 斜面;〔建〕(窓枠などの)外広がり

de-rra-'par [デ.ら.'パる] [動] [自]〔車〕横滑りする **~se** [動] [再]《ベネズエラ》《話》無礼な態度を取る

de-rre-'dor [デ.れ.'ドる] [名] [男] 周囲(の状況), 付近 *en [al] ~* まわりに, 周囲に

de-rre-'lic-to [デ.れ.'リク.ト] [名] [男]〔海〕漂流物;〔海〕難破船

de-rren-'gar [デ.れン.'ガる] [動] [他] (46) (e|ie; g|gu) 〈の〉背中を痛める;《話》疲れ果てさせる, 消耗させる **~se** [動] [再] 背中を痛める;《話》疲れ果てる

de-rre-'ti-do, -da [デ.れ.'ティ.ド, ダ] [形] 溶けた, 溶解した; (por: に)夢中になっている

de-rre-ti-'mien-to [デ.れ.ティ.'ミエン.ト] [名] [男] 溶解, 融解, 雪解け; 恋慕, 情熱的な恋

***de-rre-'tir** [デ.れ.'ティる] 94% [動] [他] (49) (e|i) 溶かす, 溶解する; 消費する, 使いこむ **~se** [動] [再] 溶ける, 溶解する;《話》(con, por: に)恋いこがれる, うっとりとする, 感激する;《話》(de: に)いらいらする, 心配する

***de-rri-'bar** [デ.り.'バる] 93% [動] [他]〔建〕〈建物などを〉取りこわす, 解体する, 倒す; 打ち倒す, 打ちのめす;〔軍〕撃墜する; 〈政府・指導者を〉倒す; 落とす, 振り落とす **~se** [動] [再] 倒れる, 落ちる;〔軍〕撃墜される

de-rro-ca-'mien-to [デ.ろ.カ.'ミエン.ト] [名] [男] 放り投げること;〔建〕(建物の)取りこわし;〔政〕(政府の)転覆

de-rro-'car [デ.ろ.'カる] [動] [他] (69) (c|qu)〔政〕〈政府などを〉倒す, 転覆させる; 放り投げる, 落とす;〔建〕〈建物などを〉取りこわす, 解体する

de-rro-'char [デ.ろ.'チャる] [動] [他] むだ

使いする, 浪費する; 〈才能に〉恵まれている, 〈資質が〉あふれる

de-'rro-che [デ.'ろ.チェ] 名 男 むだ使い, 浪費, 空費, 乱費; 豊富, ぜいたく

*__de-'rro-ta__ [デ.'ろ.タ] 91% 名 女 敗北, 敗走; 失敗, 挫折; 〘海〙 航路; 小道

d

de-rro-'ta-do, -da [デ.ろ.'タ.ド, ダ] 形 負けた, 敗戦の; ぼろをまとった

*__de-rro-'tar__ [デ.ろ.'タる] 91% 動 他 (試合・戦いで)負かす, 打ち破る; こわす, 傷める 動 自 〘牛〙 《牛が》攻める, 角を突き上げる ~se 動 再 〘海〙 《船が》航路を外れる

de-'rro-te [デ.'ろ.テ] 名 男 〘牛〙 角の突き上げ

de-rro-'te-ro [デ.ろ.'テ.ろ] 名 男 〘海〙 航路; 〔一般〕(行動の)方向, 方針; 方法, 方策

de-rro-'tis-mo [デ.ろ.'ティス.モ] 名 男 敗北主義

de-rro-'tis-ta [デ.ろ.'ティス.タ] 形 敗北主義の 名 共 敗北主義者

de-rru-'biar [デ.る.'ビアる] 動 他 〘地質〙 《川の流れが》侵食する

de-'rru-bio [デ.'る.ビオ] 名 男 〘地質〙 沖積層, 沖積土; 侵食

de-'rruir [デ.'るイる] 動 他 ㊲ (-y-) 〘建〙 〈建物を〉破壊する, 取りこわす; 〈生活などを〉破壊する

de-rrum-ba-'de-ro [デ.るン.バ.'デ.ろ] 名 男 〘地〙 絶壁, 断崖

de-rrum-ba-'mien-to [デ.るン.バ.'ミエン.ト] 名 男 倒壊, 崩壊; 破壊, 取りこわし; 〘鉱〙 (鉱山の)落盤

*__de-rrum-'bar__ [デ.るン.'バる] 93% 動 他 打ちこわす, 倒す, 破壊する ~se 動 再 くずれる, つぶれる, 崩壊する

de-'rrum-be [デ.'るン.ベ] 名 男 転落; 倒壊, 崩壊

der-'vi-che [デる.'ビ.チェ] 名 男 〘宗〙 デルヴィーシュ 《イスラム神秘主義教団の修道者》

'des 動 《接現2単》 ⬆dar

de-s|a-bas-te-'cer [デ.サ.バス.テ.'せる] 動 他 ㊺ (c|zc) 〈の〉供給を断つ ~se 動 再 (de: の)供給を断つ

de-s|a-bo-'llar [デ.サ.ボ.'ジャる] 動 他 〈の〉へこみ[くぼみ]を直す

de-sa-'bor [デ.サ.'ボる] 名 男 味気なさ, まずさ

de-sa-bo-'ri-do, -da [デ.サ.ボ.'り.ド, ダ] 形 名 男 女 風味のない, 味のない, まずい; 《話》 つきあいにくい(人), 無愛想な(人)

de-s|a-bo-to-'nar [デ.サ.ボ.ト.'ナる] 動 他 〈の〉ボタンを外す ~se 動 再 (自分の服の)ボタンを外す 動 自 《花が》開く

de-s|a-'bri-do, -da [デ.サ.'ブり.ド, ダ] 形 《ｽﾍﾟｲﾝ》 〘食〙 味のない, 風味のない, うまくない, まずい; 〘気〙 《天候が》荒れ模様の, 定まらない, 不安定な, 不順な; 《人が》気難しい, 無愛想な, つっけんどんな

de-s|a-bri-'gar [デ.サ.ブり.'ガる] 動 他 ㊶ (g|gu) 〈の〉覆いを取る; 〘衣〙 〈の〉コートを脱がせる; 見捨てる ~se 動 再 〘衣〙 〈コートなどを〉脱ぐ

de-s|a-'bri-go [デ.サ.'ブり.ゴ] 名 男 〘衣〙 (上に着ている)服を脱ぐこと, 軽装(になること); 見捨てられていること

de-sa-bri-'mien-to [デ.サ.ブり.'ミエン.ト] 名 男 気難しいこと, ぶっきらぼうなこと, 無愛想, つっけんどん; 〘食〙 味がしないこと, まずさ

de-s|a-bro-cha-'dor [デ.サ.ブろ.チャ.'ドる] 名 男 《ﾒｷｼｺ》 〘衣〙 ホック

de-s|a-bro-'char [デ.サ.ブろ.'チャる] 動 他 〘衣〙 〈の〉ボタン[ホック]を外す, 〈洋服を〉ゆるめる ~se 動 再 〘衣〙 〈洋服を〉ゆるめる, 〈ボタン・ホックを〉外す; 《話》 (con: に)(気持ちを)打ち明ける

de-s|a-ca-'tar [デ.サ.カ.'タる] 動 他 〈法律・命令・人に〉従わない, 〈に〉そむく, 敬わない

de-s|a-'ca-to 名 男 (a: 法律・命令・人に)従わないこと, 敬意を表さないこと; 〘法〙 不敬罪

de-s|a-ce-le-ra-'ción [デ.サ.せ.レ.ら.'すぃオン] 名 女 減速; 〘経〙 不景気

de-s|a-ce-le-'rar [デ.サ.せ.レ.'らる] 動 他 減速させる; 〘経〙 不景気にする

de-s|a-cer-'ta-do, -da [デ.サ.せる.'タ.ド, ダ] 形 不適切な, 間違えた, 無分別な

de-s|a-cer-'tar [デ.サ.せる.'タる] 動 自 ㊿ (e|ie) 誤る, 間違いをする, へまをする

de-s|a-'cier-to [デ.サ.'すぃエる.ト] 名 男 誤り, 間違い, 失敗, 思慮がないこと, 失策

de-s|a-co-mo-'dar [デ.サ.コ.モ.'ダる] 動 他 解雇する; 〈に〉不便な思いをさせる, 〈に〉迷惑をかける ~se 動 再 職を失う

de-s|a-co-'mo-do 名 男 解雇, 免職; 不便, 迷惑

de-s|a-con-se-'ja-ble [デ.サ.コン.セ.'は.ブレ] 形 勧められない, 好ましくない

de-s|a-con-se-'jar [デ.サ.コン.セ.'はる] 動 他 (a: に) 〈que 接続法: …することを〉(説得して)思いとどまらせる, 思い切らせる, やめさせる

de-s|a-co-'plar [デ.サ.コ.'プラる] 動 他 〘技〙 〘電〙 〈の〉連結を離す, 〈の〉接続を絶つ, 取り外す

de-s|a-'cor-de [デ.サ.'コる.デ] 形 (con: と)調和しない, 一致しない, 対立する; 《楽器が》調子外れの, 耳ざわりな

de-s|a-cos-tum-'bra-do, -da [デ.サ.コス.トゥン.'ブら.ド, ダ] 形 (a: に)慣れ

ていない; 普通でない, 珍しい
de-s|a-cos-tum-'brar [デ.サ.コス.トゥン.'ブらる] 動 他 〈人に〉習慣をやめさせる ～se 動 再 (de: の)習慣をやめる, 習慣を捨てる; (a: に)慣れない, 耐えられなくなる
de-sa-cra-li-'zar [デ.サ.クら.リ.'さる] 動 他 ㉞ (z|c) 〖宗〗非神聖化する
de-s|a-cre-di-'tar [デ.サ.クれ.ディ.'タる] 動 他 〈の〉評判を悪くする, 〈の〉信用を落とす ～se 動 再 信用をなくす
de-s|ac-ti-va-'ción [デ.サク.ティ.バ.'すぃオン] 名 女 解体; (活動の)停止; 〖化〗非活性化
de-s|ac-ti-'var [デ.サク.ティ.'バる] 動 他 〈の〉起爆装置を外す; 〖化〗非活性化する
*__de-s|a-'cuer-do__ [デ.サ.'クエる.ド] 93% 名 男 不一致(の点), 意見の相違; 健忘, 忘れっぽいこと
de-s|a-'fec-to, -ta [デ.サ.'フェク.ト, タ] 形 〖政〗(a: 政府に)不満を抱いた, (a: から)離反した 名 男 女 反対者, 離反者, 反体制分子 名 男 敵意, 嫌悪
de-s|a-fe-'rrar [デ.サ.フェ.'ら̃る] 動 他 〈縛られているものを〉放つ, 離す; 〖海〗《船が》〈錨を〉上げる; (de: を)思いとどまらせる ～se 動 再 離れる, 放たれる; 考えを変える
de-s|a-fia-'dor, -'do-ra [デ.サ.フィア.'ドる, 'ド.ら] 形 挑戦する, 挑戦的な, 挑発的な 名 男 女 挑戦者
de-s|a-'fian-te 形 挑戦的な 名 共 挑戦者
*__de-s|a-'fiar__ [デ.サ.'フィアる] 94% 動 他 ㉙ (i|í) 〈に〉挑戦する, 〈に〉挑む; 〈に〉立ち向かう, 無視する, ものともしない ～se 動 再 (互いに)戦う, 決闘する
de-s|a-fi-cio-'nar [デ.サ.フィ.すぃオ.'ナる] 動 他 〈の〉興味を失わせる, がっかりさせる, 嫌いにする
de-s|a-fi-'na-do, -da 形 〖楽〗《楽器・声が》調子が外れた
de-s|a-fi-'nar [デ.サ.フィ.'ナる] 動 自 〖楽〗(楽器・声の)調子が外れる, 音程が狂う; 《話》軽率な発言をする, よけいなことを言う 動 他 〖楽〗〈楽器・声の〉調子を外す, 音程が狂わせる ～se 動 再 〖楽〗《音の》調子が外れる
*__de-s|a-'fí+o__ 92% 名 男 挑戦; 難題, 困難な仕事; 戦い, 競争; 決闘, 果たし合い
de-s|a-fo-'ra-do, -da [デ.サ.フォ.'ら.ド, ダ] 形 とほうもない, 法外な, すさまじい; 軽率な, 無分別な -damente 副 途方もなく, 過度に; 軽率に, 無分別に
de-s|a-fo-'rar [デ.サ.フォ.'らる] 動 他 ⑯ (o|ue) 〖法〗〈の〉権利を剝奪する[取り上げる]
de-s|a-for-tu-'na-do, -da [デ.サ.フォる.トゥ.'ナ.ド, ダ] 形 不運な, 不幸な, 不幸せな; 不適切な, 不適当な, 見当違いの -damente 副 《文修飾》不運にも, 不幸にも, 残念なことに; 不適切に
de-s|a-'fue-ro [デ.サ.'フエ.ろ] 名 男 法律を守らないこと, 法律違反; 暴力行為, 乱暴; (権利・特権などの)剝奪
de-s|a-gra-'cia-do, -da [デ.サ.グら.'すぃア.ド, ダ] 形 優美でない, 趣(おもむき)がない, 品のない, 見苦しい
*__de-s|a-gra-'da-ble__ [デ.サ.グら.'ダ.ブレ] 92% 形 不愉快な, いやな, 気に入らない ～mente 副 不愉快で, いやで, 気に入らずに
de-s|a-gra-'dar [デ.サ.グら.'ダる] 動 自 (a: を)不機嫌にする, 怒らせる, …が嫌いだ ～(se) 動 自 (再) 不機嫌になる, 怒る
de-s|a-gra-de-'cer [デ.サ.グら.デ.'せる] 動 他 ㊺ (c|zc) 〈に〉感謝しない, 〈に〉恩を感じない
de-s|a-gra-de-'ci-do, -da [デ.サ.グら.デ.'すぃ.ド, ダ] 形 名 男 女 感謝の気持ちがない(人), 恩知らずの(人)
de-s|a-gra-de-ci-'mien-to [デ.サ.グら.デ.すぃ.'ミエン.ト] 名 男 恩を忘れること, 恩知らず
de-s|a-'gra-do [デ.サ.'グら.ド] 名 男 不愉快, 不満, 不平
de-s|a-gra-'viar [デ.サ.グら.'ビアる] 動 他 〈に〉(de, por: の)償(つぐな)い[賠償]をする; 〈に〉(de: を)謝る, わびる
de-s|a-'gra-vio [デ.サ.'グら.ビオ] 名 男 償(つぐな)い, 賠償, 弁償; 謝罪
de-s|a-gua-'de-ro [デ.サ.グア.'デ.ろ] 名 男 排水管, 排水路; 《話》浪費させるもの, 金食い虫
de-s|a-'guar [デ.サ.'グアる] 動 他 ⑨ (u|ü) 排水する, 〈から〉水を抜く; 浪費する 動 自 (en: に)注ぐ; あふれる, 流出する, 流れる; 《メキシコ》《コロンビア》《話》小便をする ～se 動 再 《水が》はける, 流出する
de-'s|a-güe [デ.'サ.グエ] 名 男 排水管, 排水路, 排水口; 排水, 水はけ
de-s|a-gui-'sa-do [デ.サギ.'サ.ド] 名 男 罪, 違反, 反則, 犯罪, 不法行為; とんでもないこと, ひどいこと, 無礼, 暴行; 《話》(子供の)いたずら ～, -da 形 不法な, 非合法的な; 乱暴な, むちゃな
de-s|a+hi-'jar [デ.サイ.'はる] 動 他 ④ (i|í) 〖畜〗〈家畜の子を〉母親から離す; 《メキシコ》剪定(せんてい)する
de-s|a+ho-'ga-do, -da [デ.サ.オ.'ガ.ド, ダ] 形 広々とした, 広い; 裕福な, 安楽な; ゆったりした, だぶだぶの; 横柄な, 傲慢な, あつかましい -damente 副 裕福に; ゆったりと
de-s|a+ho-'gar [デ.サ.オ.'ガる] 動 他

㊶ (g|gu) 〈感情を〉発散させる, ぶちまける; 〈の〉苦しみを和らげる, 楽にする ～se 動 再 休む, くつろぐ, 息抜きをする; 気持ちを楽にする, すっきりさせる; 借金をなくす, 清算する; 心を打ち明ける

d

de-s|a+'ho-go [デ.サ.'オ.ゴ] 名 男 (感情などの)はけ口; 安楽, 気楽, (経済的な)ゆとり; 軽減, 緩和; くつろぎ, 休憩, 安らぎ, 安心; 自由, 解放感; あつかましさ, ずうずうしさ

de-s|a+hu-'ciar [デ.サウ.'すィアる] 動 他 〈の〉希望を奪う, 断念させる; 見放す; 〈借地人などを〉立ち退かせる, 追放する; 《ﾁﾘ》解雇する

de-s|a+'hu-cio [デ.サ.'ウ.すィオ] 名 男 立ち退かせること, 追い立て; 《ﾁﾘ》解雇

de-s|ai-'ra-do, -da [デ.サイ.'ら.ド, ダ] 形 見栄えしない, さえない; 屈辱的な, 侮辱された; 腐敗した, うまくいかない, 困った

de-s|ai-'rar [デ.サイ.'らる] 動 他 ④ (i|í) 鼻であしらう, 冷遇する, 相手にしない

de-'s|ai-re [デ.'サイ.れ] 名 男 冷遇, 鼻先であしらうこと; 優美でないこと, やぼったさ

de-s|a-jus-'tar [デ.サ.ふス.'タる] 動 他 乱す, 混乱させる, 狂わせる; 損なう, だいなしにする ～se 動 再 壊れる, 故障する; 乱れる; 折り合いがつかない, だいなしになる

de-s|a-'jus-te [デ.サ.'ふス.テ] 名 男 混乱, 乱れ; (機械の)不良, 故障; 不一致

de-sa-la-'ción [デ.サ.ラ.'すィオン] 名 女 塩抜き; 海水の淡水化

de-sa-'la-do, -da [デ.サ.'ラ.ド, ダ] 形 急いでいる, あわてている; あせっている

de-sa-'lar [デ.サ.'ラる] 動 他 〖食〗〈の〉塩分を除く, 塩出しする, 塩抜きする; 〖鳥〗〈鳥の〉羽をとる ～se 動 再 急ぐ, あわてる

de-s|a-len-ta-'dor, -'do-ra [デ.サ.レン.タ.'ドる, 'ド.ら] 形 がっかりさせる, 落胆させる

de-s|a-len-'tar [デ.サ.レン.'タる] 動 他 ㊿ (e|ie) がっかりさせる, 落胆させる; 〈の〉息を切らす ～se 動 再 (ante, por: で) がっかりする, 落胆する, くじける

de-s|a-'lien-to [デ.サ.'リエン.ト] 名 男 落胆, 失意

de-s|a-li-ne+'ar [デ.サ.リ.ネ.'アる] 動 他 〈の〉列を乱す, 列から外す ～se 動 再 列が乱れる

de-s|a-li-'ña-do, -da [デ.サ.リ.'ニャ.ド, ダ] 形 (身なりが)だらしのない, いいかげんな

de-s|a-li-'ñar [デ.サ.リ.'ニャる] 動 他 乱す, 乱雑にする, だらしなくする ～se 動 再 身なりをだらしなくする, だらしない格好をする

de-s|a-'li-ño [デ.サ.'リ.ニョ] 名 男 無精(ぶしょう), だらしなさ; 怠慢, ほったらかし

de-s|al-'ma-do, -da [デ.サル.'マ.ド, ダ] 形 名 男 女 冷酷な(人), 残忍な(人)

de-s|a-lo-ja-'mien-to [デ.サ.ロ.は.'ミエン.ト] 名 男 追い立て, 立ち退かせること; 〖軍〗撃退

de-s|a-lo-'jar [デ.サ.ロ.'はる] 動 他 (de: から)追い払う, 取り除く, 取り外す; 〈から〉出て行く, 〈から〉立ち去る; 〈の〉排水量[排気量]をもつ; 〖軍〗撃退する 動 自 引っ越す, 立ち退く

de-s|a-'lo-jo 名 男 ⇧ desalojamiento

de-s|al-qui-'lar [デ.サル.キ.'ラる] 動 他 〈家・部屋などを〉立ち退く, 空ける, 引き払う ～se 動 再 《家・部屋などが》空く

de-s|a-'mar [デ.サ.'マる] 動 他 愛さなくなる

de-s|a-ma-'rrar [デ.サ.マ.'ゥらる] 動 他 〖海〗〈船の綱を〉解く; 解く, ほどく, 解放する ～se 動 再 《船の》綱が解かれる

de-s|am-bien-'ta-do, -da 形 場違いの, 不適切な

de-s|a-'mor [デ.サ.'モる] 名 男 冷淡, 無関心, 反感, いや気

de-s|a-mor-ti-za-'ción [デ.サ.モる.ティ.さ.'すィオン] 名 女 〖政〗(教会などの)財産永久保有権の剝奪

de-s|a-mor-ti-'zar [デ.サ.モる.ティ.'さる] 動 他 ㉞ (z|c) 〖政〗〈教会などから〉財産永久保有権を剝奪する

de-s|am-pa-'rar [デ.サン.パ.'らる] 動 他 見捨てる, (見捨てて)去る, 置き去りにする; 〈場所を〉去る, 離れる; 〖法〗〈所有権などを〉放棄する

de-s|am-'pa-ro [デ.サン.'パ.ろ] 名 男 よるべのないこと, 孤立無援

de-s|a-mue-'bla-do, -da [デ.サ.ムエ.'ブラ.ド, ダ] 形 家具が備え付けていない

de-s|a-mue-'blar [デ.サ.ムエ.'ブラる] 動 他 〈から〉家具を取り去る

de-s|an-'dar [デ.サン.'ダる] 動 他 ⑤ (直点 1 単 anduve) 〈来た道を〉戻る

de-san-ge-'la-do, -da [デ.サン.へ.'ラ.ド, ダ] 形 無味乾燥な, つまらない

de-san-'grar [デ.サン.'グらる] 動 他 〈の〉血を抜く; 〈池・タンクなどの〉水を抜く, 空にする; しぼりとる ～se 動 再 (多量に)出血する

de-s|a-ni-'ma-do, -da 形 元気のない, 意気消沈した; 《パーティーなどが》活気がない, 盛り上がらない

de-s|a-ni-'mar [デ.サ.ニ.'マる] 動 他 気落ちさせる, 落胆させる ～se 動 再 気落ちする, 落胆する

de-'s|á-ni-mo 名 男 落胆, 意気消沈, 失望; 活気のなさ, 沈滞

de-s|a-nu-'blar [デ.サ.ヌ.'ブラる] 動 他 明るくする, はればれとさせる ～se 動 再 明るくなる, 《空が》晴れる

de-s|a-nu-da-'du-ra [デ.サ.ヌ.ダ.'ドゥ.ら] [名] [女] 解くこと, ほどくこと

de-s|a-nu-'dar [デ.サ.ヌ.'ダる] [動] [他] 解く, ほどく; 解明する

de-s|a-pa-'ci-ble [デ.サ.パ.'すぃ.ブレ] [形] «物・事が»不快な, 気持ちの悪い; «人・性格が»不機嫌な, 気難しい

⁑de-s|a-pa-re-'cer [デ.サ.パ.れ.'せる] 82% [動] [自] ㊺ (c|zc) 消える, なくなる, 見えなくなる, (de: から)姿を消す, 行方不明になる

⁑de-s|a-pa-re-'ci-do, -da [デ.サ.パ.れ.'すぃ.ド, ダ] 90% [形] 行方不明の, 見えなくなった, 絶滅した [名] [男] [女] 行方不明者

de-s|a-pa-re-'jar [デ.サ.パ.れ.'はる] [動] [他] 〘畜〙〈馬・ロバから〉引き具を外す; 〘海〙〈船の〉装備を解く

de-s|a-pa-'rez-co, -ca(~) [動] 《直現1単, 接現》 ↑desaparecer

***de-s|a-pa-ri-'ción** [デ.サ.パ.り.'すぃオン] 92% [名] [女] 消滅, 行方不明, 見えなくなること

de-s|a-pa-sio-'na-do, -da [形] 感情に動かされない, 冷静な

de-s|a-pa-sio-'nar [デ.サ.パ.スィオ.'ナる] [動] [他] 〈の〉熱を冷まさせる, 失望させる ~se [動] [再] (de: の)熱が冷める, 情熱を失う, 興味がなくなる

de-s|a-pe-'gar [デ.サ.ペ.'ガる] [動] [他] ㊶ (g|gu) 引き離す, はがす

de-s|a-'pe-go [名] [男] 冷淡さ, 無関心

de-s|a-per-ci-'bi-do, -da [デ.サ.ペる.すぃ.'ビ.ド, ダ] [形] 人目につかない, 気づかれない; 準備のできていない, 出し抜けの

de-s|a-pli-ca-'ción [デ.サ.プリ.カ.'すぃオン] [名] [女] 怠惰, 不熱心

de-s|a-pli-'ca-do, -da [デ.サ.プリ.'カ.ド, ダ] [形] 怠慢な, 勉強しない

de-s|a-po-li-'llar [デ.サ.ポ.リ.'ジャる] [動] [他] 〈から〉紙魚(しみ)を取る, 虫干しする ~se [動] [再] 《話》(外出して)気分を一新する

de-s|a-pren-'sión [デ.サ.プれン.'スィオン] [名] [女] 無頓着, ずうずうしさ, 破廉恥

de-s|a-pren-'si-vo, -va [デ.サ.プれン.'スィ.ボ, バ] [形] 平気で悪事をする, ずうずうしい, 破廉恥な

de-s|a-pro-ba-'ción [デ.サ.プろ.バ.'すぃオン] [名] [女] 不承認, 不賛成, 非難; 不合格

de-s|a-pro-'bar [デ.サ.プろ.'バる] [動] [他] ⑯ (o|ue) 〈に〉賛成しない, 〈に〉同意しない, 非難する

de-s|a-pro-ba-'to-rio [デ.サ.プろ.バ.'ト.りオ, りア] [形] 不承認の, 不賛成の, 非難の; 不合格の

de-s|a-pro-'piar-se [デ.サ.プろ.'ピアる.セ] [動] [再] (de: を)手放す

de-s|a-pro-ve-'cha-do, -da [デ.サ.プろ.ベ.'チャ.ド, ダ] [形] なまけ者の, 可能性を試さない, «才能などが»生かされない; 利益のない, 成果が上がらない, 効果のない

de-s|a-pro-ve-cha-'mien-to [デ.サ.プろ.ベ.チャ.'ミエン.ト] [名] [男] むだにすること, 浪費

de-s|a-pro-ve-'char [デ.サ.プろ.ベ.'チャる] [動] [他] 〈時間・チャンスなどを〉むだにする, 〈便宜などを〉利用しない, 十分に活用しない [動] [自] 成果が上がらない, 進歩しない

de-s|a-pun-'tar [デ.サ.プン.'タる] [動] [他] (登録から)消す, 抹消する ~se [動] [再] (登録から)消される, 抹消される; やめる, 登録を消す, 退会する

de-s|ar-ma-'de-ro [デ.サる.マ.'デ.ろ] [名] [男] 《ラプラタ》〘商〙(車などの)解体屋《解体部品を販売する》

de-s|ar-'ma-do, -da [デ.サる.'マ.ド, ダ] [形] 武器を持たない; 〘機〙分解された, 解体された

***de-s|ar-'mar** [デ.サる.'マる] 93% [動] [他] 〈から〉武器を取り上げる, 〈の〉武装を解除する; 〘機〙分解する, 解体する; 〈の〉苦痛[怒り]などを和らげる; 〈家などから〉家具を取り去る; 〘軍〙〈隊などを〉解散させる; 〘海〙(修理のために)〈船を〉使わないでおく, 係船する ~se [動] [再] 分解される; 〘軍〙武器を捨てる; 〘政〙«国が»軍備を縮小[廃止]する

de-'s|ar-me [デ.'サる.メ] [名] [男] 〘政〙軍縮; 〘軍〙武装解除; 〘機〙(機械の)分解, 解体

de-s|a-rrai-'gar [デ.サ.ら̃イ.'ガる] [動] [他] ㊶ (g|gu) 〈悪習などを〉やめる, なくす; 根こそぎにする; 〈住居・職場などから〉追い立てる, 追放する; 〈因習などを〉根こそぎにする, 一掃する ~se [動] [再] (de: から)離れる; 根絶する; (de: を)捨てる, やめる

de-s|a-'rrai-go [デ.サ.'ら̃イ.ゴ] [名] [男] 根こそぎにすること, 根絶, 絶滅; 離郷, 出奔

de-s|a-rra-'pa-do, -da [形] ⇩ desharrapado

de-s|a-rre-'gla-do, -da [デ.サ.れ̃.'グラ.ド, ダ] [形] 乱れた, 混乱した; 汚い, だらしない, 乱雑な; 故障した, 調子が悪い

de-s|a-rre-'glar [デ.サ.れ̃.'グラる] [動] [他] 乱す, 混乱させる, 〈の〉調子を狂わせる ~se [動] [再] 乱れる, 混乱する, 不調になる

de-s|a-'rre-glo [デ.サ.'れ̃.グロ] [名] [男] 乱れ, 無秩序; 〘医〙(体の)不調, 不良

de-s|a-rro-'lla-ble [デ.サ.ろ̃.'ジャ.ブレ] [形] 展開されうる, 発展性のある; 開発されうる

***de-s|a-rro-'lla-do, -da** [デ.サ.ろ̃.'ジャ.ド, ダ] 91% [形] 発展した, 先進の

⁑de-s|a-rro-'llar [デ.サ.ろ̃.'ジャる] 76%

動 他 発達させる, 発展させる, 進展させる; 開発する; 発育させる; 〈能力などを〉伸ばす; 実現する, 起こす; 〈議論などを〉展開する; 〈巻いた物・閉じた物を〉開く, 広げる ～se 動 再 発達する, 発展する, 進展する; 展開する, 進行する; 発育する, 大きくなる, 成長する; 起こる, 生じる; «巻いた物・閉じた物が»開く, 広がる

****de-s|a-'rro-llo** [デ.サ.'ろ.ジョ] 74% 名 男 進展, 発展, 開発; 発達, 発育, 成長; (議論・事件などの)展開; 初潮, 初生理; 《ﾁﾘ》現像

de-s|a-rro-'par [デ.サ.ろ.'パる] 動 他 〈の〉服を脱がせる, 裸にする ～se 動 再 服を脱ぐ, 裸になる; 上着を脱ぐ, 薄着をする; 毛布をかけない

de-s|a-rru-'gar [デ.サ.る.'ガる] 動 他 ④① (g|gu) 〈の〉しわを伸ばす ～se 動 再 しわが伸びる, しわが消える

de-s|ar-ti-cu-la-'ción [デ.サる.ティ.ク.ラ.'すぃオン] 名 女 〔医〕(関節の)脱臼(だっきゅう); 〔機〕(機械の)解体; (組織の)解散, 解体

de-s|ar-ti-cu-'lar [デ.サる.ティ.ク.'ラる] 動 他 〔医〕〈の〉関節を外す, 脱臼(だっきゅう)させる; 〔機〕解体する, つぶす

de-s|a-se+'a-do, -da 形 だらしがない, 取り散らかした, 不潔な

de-s|a-se+'ar [デ.サ.セ.'アる] 動 他 汚す, 散らかす, 不潔にする

de-s|a-'se+o 名 男 だらしがないこと, 不潔, 取り散らかしていること, ぞんざい

de-s|a-si-'mien-to 名 男 解放, 解き放つこと; 私心のないこと, 打算のないこと

de-s|a-'sir [デ.サ.'スィる] 動 他 ⑦〔直現 1 単 -asgo; 接現 -asga〕放つ, 離す, ほどく ～se 動 再 (de: から)離れる, 外れる; (de: を)捨てる, ふりほどく

de-s|a-sis-'ten-cia [デ.サ.スィス.'テン.すぃア] 名 女 放置, 遺棄

de-s|a-sis-'tir [デ.サ.スィス.'ティる] 動 他 見捨てる, 放っておく, 見放す

de-s|as-'nar [デ.サス.'ナる] 動 他 《話》〔軽蔑〕〔笑〕教育する, しつける, 洗練させる, 磨き上げる ～se 動 再 《話》〔軽蔑〕〔笑〕上品になる, あか抜けする

de-s|a-so-'ciar [デ.サ.ソ.'すぃアる] 動 他 引き離す, 分離する; 〈組織を〉解散する

de-sa-so-se-'gar [デ.サ.ソ.セ.'ガる] 動 他 ④⑥ (e|ie; g|gu) 不安にする, 〈の〉心を乱す ～se 動 再 不安になる, 取り乱す

de-sa-so-'sie-go 名 男 不安, 心配, 懸念

de-sa-'stra-do, -da [デ.サス.'トら.ド, ダ] 形 だらしがない; 取り散らかした, 不潔な; みすぼらしい, みじめな

***de-'sas-tre** [デ.'サス.トれ] 91% 名 男 (突然の)大災害, 惨事; 《話》ひどい代物, 大失敗, さんざんな結果; 《話》ひどい人, どうしようもない人; 〔軍〕敗北, 惨敗

de-sas-'tro-so, -sa [デ.サス.'トろ.ソ, サ] 形 災難をもたらす, 悲惨な, 不運な, みじめな, 惨憺(さんたん)たる; 《話》ひどい, 最悪の

***de-s|a-'tar** [デ.サ.'タる] 93% 動 他 解く, ほどく; 放つ, 逃がす; 解明する, 解く; 溶かす, 溶解させる; 〈怒りなどを〉噴出させる, 爆発させる ～se 動 再 ほどける; (自分の身につけているものを)外す, ほどく; (en: を)したい放題にする; 勃発(ぼっ)する, 起こる; 解放される, 自由になる; はめを外す, 気ままにふるまう; (感情が)爆発する, 噴出する

de-s|a-tas-'car [デ.サ.タス.'カる] 動 他 ⑥⑨ (c|qu) 〈から〉障害物を取り除く; (de: 泥沼・ぬかるみなどから)引き出す; 《話》(窮地から)救い出す

de-s|a-ten-'ción [デ.サ.テン.'すぃオン] 名 女 不注意; 無礼, 失礼; 無視, なおざり

de-s|a-ten-'der [デ.サ.テン.'デる] 動 他 ⑤① (e|ie) おろそかにする, 怠る; 無視する, なおざりにする

de-s|a-'ten-to, -ta 形 失礼な, ぶしつけな, 不作法な; 不注意な, 無頓着な

de-s|a-ti-'na-do, -da 形 分別のない, 取り乱した, 錯乱した

de-s|a-ti-'nar [デ.サ.ティ.'ナる] 動 他 混乱させる, 〈の〉わけがわからなくさせる 動 自 わけのわからないことを言う, 常軌を逸する; 失敗する, 間違える

de-s|a-'ti+no 名 男 へま, 失敗; 見当外れ; 愚かさ, 愚劣, 無謀; 〔複〕たわ言, ばかげた言動

de-s|a-to-ra-'dor [デ.サ.ト.ら.'ドる] 名 男 詰まりを取り除く道具

de-s|a-to-'rar [デ.サ.ト.'らる] 動 他 〈の〉詰まりを取り除く

de-s|a-tor-ni-'llar [デ.サ.トる.ニ.'ジャる] 動 他 〈の〉ねじを抜く, 〈ねじを〉(回して)外す

de-s|a-tra-'car [デ.サ.トら.'カる] 動 他 ⑥⑨ (c|qu) 〔海〕〈船の綱を〉解き放つ 動 自 〔海〕«船が»岸から離れる

de-s|a-tran-'car [デ.サ.トらン.'カる] 動 他 ⑥⑨ (c|qu) 〈戸の〉かんぬきを外す; 〈から〉じゃま[障害]を除く

de-s|au-to-ri-za-'ción [デ.サウ.ト.り.さ.'すぃオン] 名 女 否認, 却下

de-s|au-to-ri-'zar [デ.サウ.ト.り.'さる] 動 他 ③④ (z|c) 否定する, 打ち消す; (公的に)禁じる, 承認しない, 〈の〉許可を取り消す; 〈の〉信用・権威などを落とさせる, 失わせる

de-s|a-ve-'nen-cia [デ.サ.ベ.'ネン.すぃア] 名 女 不一致, 意見の相違, 対立, 仲たがい

de-s|a-ve-'ni-do, -da [デ.サ.ベ.'ニ.ド, ダ] 形 仲の悪い, 仲たがいした, 不仲の

de-s|a-ve-'nir [デ.サ.ベ.'ニる] 動 他 ⑦③ (venir) 不仲にする, 仲たがいさせる ～**-se** 動 再 (con: と)仲たがいする, 意見が一致しない

de-s|a-yu-'nar [デ.サ.ジュ.'ナる] 90% 動 自 〔食〕朝食をとる 動 他 〔食〕朝食に食べる ～se** 動 再 〔食〕朝食をとる; (de: を)初めて知る

*__de-s|a-'yu+no__ 91% 名 男 〔食〕朝食

de-sa-'zón [デ.サ.'そン] 名 女 不安, 心配, 懸念; 味のないこと, 気の抜けた味; 〔農〕(土地が)やせていること, 湿気の足りないこと; (体の)不調

de-sa-zo-'nar [デ.サ.そ.'ナる] 動 他 いらいらさせる, うんざりさせる, 不安がらせる; 〈の〉具合を悪くさせる; 〔食〕〈の〉風味をなくする, まずくする ～**se** 動 再 怒る, いらいらする; 気分が悪くなる, 体をこわす

des-ban-'car [デス.バン.'カる] 動 他 ⑥⑨ (c|qu) (賭博で)〈胴元を〉破産させる; 取って代わる 動 自 (賭博で)賭け金を全部さらう

des-ban-'da-da 名 女 〔軍〕敗走, 壊滅, 総くずれ; どっと逃げ出すこと, ちりぢりになること ***en [a la]*** ～ ばらばらに, ちりぢりに

des-ban-'dar-se [デス.バン.'ダる.セ] 動 再 ちりぢりになる, 四散する

des-ba-ra-jus-'tar [デス.バ.ら.ふス.'タる] 動 他 乱す, 混乱させる

des-ba-ra-'jus-te [デス.バ.ら.'ふス.テ] 名 男 混乱, 乱雑

des-ba-ra-'tar [デス.バ.ら.'タる] 動 他 だいなしにする, 破壊する, 〈計画などを〉妨害する, くじく; むだ遣いする, 浪費する; 〔軍〕敗走させる, 総くずれにする 動 自 でたらめをやる; たわごとを言う ～**se** 動 再 乱れる, ばらばらになる, 壊れる

des-ba-'ra-te [デス.バ.'ら.テ] 名 男 混乱, 破壊

des-ba-'rrar [デス.バ.'らる] 動 自 《ｽﾍﾟｲﾝ》 たわごとを言う

des-'ba-rre [デス.'バ.れ] 名 男 《ｽﾍﾟｲﾝ》 ばかげた言動

des-bas-'tar [デス.バス.'タる] 動 他 〔技〕荒削りする; 教育する, 洗練させる ～**-se** 動 再 洗練される, 教育される

des-'bas-te 名 男 〔技〕荒削り; 洗練

des-blo-que+'ar [デス.ブロ.ケ.'アる] 動 他 〔経〕自由化する, 〈の〉凍結を解く; 〔軍〕〈の〉封鎖を解除する

des-blo-'que+o [デス.ブロ.'ケ.オ] 名 男 〔経〕自由化, 凍結を解くこと; 〔軍〕封鎖解除

des-bo-'ca-do, -da 形 〔畜〕《馬が》暴走した; 奔放な, 手のつけられない; 口の欠けた; 〔軍〕《砲が》口の広い; 《話》口の悪い

des-bo-'car [デス.ボ.'カる] 動 他 ⑥⑨ (c|qu) 〈壷などの〉口[縁]をこわす[欠く] 動 自 〔地〕《川が》(en: 海に)注ぐ ～**se** 動 再 〔畜〕《馬が》制御しきれなくなる; 毒舌を吐く, ののしる

des-'bo-le [デス.'ボ.レ] 名 男 《ﾗﾌﾟﾗﾀ》《話》混乱, 騒ぎ

des-bor-da-'mien-to [デス.ボる.ダ.'ミエン.ト] 名 男 あふれること, 氾濫(はんらん); (感情などの)爆発, 激しさ

des-bor-'dan-te [デス.ボる.'ダン.テ] 形 あふれ出る, (de: で)いっぱいの

*__des-bor-'dar(-se)__ [デス.ボる.'ダる(.セ)] 93% 動 自 (再) 《川などが》氾濫(はんらん)する, あふれる; 《場所などが》いっぱいである, あり余る(ほどである) 動 他 越えてあふれ出す; 限界を超える

des-'bor-de [デス.'ボる.デ] 名 男 ⇧ desbordamiento

des-bo-rra-'dor [デス.ボ.ら.'ドる] 名 男 《ﾒｷｼｺ》 消しゴム

des-bra-va-'dor [デス.ブら.バ.'ドる] 名 男 調馬師

des-bra-'var [デス.ブら.'バる] 動 他 〔畜〕〈動物を〉飼いならす; 訓練する; 〔畜〕〈馬を〉調教する ～**se** 動 再 和らぐ, おさまる, 静まる; 〔畜〕《動物が》おとなしくなる; 〔飲〕《酒などが》気が抜ける, 《アルコール分が》蒸発する

des-'bro-ce [デス.'ブろ.せ] 名 男 除草

des-bro-za-'do-ra [デス.ブろ.さ.'ド.ら] 名 女 草刈り機

des-bro-'zar [デス.ブろ.'さる] 動 他 ③④ (z|c) 除草する; 〈から〉障害を取り除く

des-'bro-zo [デス.'ブろ.そ] 名 男 除草; 枝や葉などの山積み; ごみ

des-bu-'llar [デス.ブ.'ジャる] 動 他 〈カキを〉殻から取り出す

des-ca-'bal [デス.カ.'バル] 形 半端の, 不完全な

des-ca-ba-'lar [デス.カ.バ.'ラる] 動 他 〈セットになっているものを〉不完全にする, 半端にする; 乱す, 混乱させる ～**se** 動 再 欠ける, 不完全になる, 半端になる

des-ca-bal-'gar [デス.カ.バル.'ガる] 動 他 ④① (g|gu) 〔軍〕〈大砲を〉台から降ろす ～**(se)** 動 自 (再) 〔畜〕(de: 馬・ロバから)下りる

des-ca-be-'lla-do, -da [デス.カ.ベ.'ジャ.ド, ダ] 形 とんでもない, 無分別な, 乱暴な; 髪を乱した

des-ca-be-'llar [デス.カ.ベ.'ジャる] 動 他 〔体〕〈の〉髪をくしゃくしゃにする; 〔牛〕〈牛を〉首を刺して殺す ～**se** 動 再 〔体〕髪を振り乱す

des-ca-'be-llo [デス.カ.'ベ.ジョ] 名 男

〘牛〙デスカベージョ《首を刺して殺すこと》

des-ca-be-'zar [デス.カ.ベ.'さる] 動 他 ㉞ (z|c) 打ち首にする; 〈草木などの〉先端部を切り取る, 〈の〉枝を刈り込む; 《話》〈困難に〉打ち勝つ, 克服する **~se** 動 再 〘農〙《穀物が》殻を脱ぐ; 《話》頭を悩ます, 一生懸命考える **~ *un sueño*** 《話》うとうとする

des-ca-cha-'rrar [デス.カ.チャ.'らる] 動 他 こわす, 破壊する; だいなしにする **~-se** 動 再 こわれる; だいなしになる; 《話》高笑いをする

des-'ca-che 名 男 《コロンビア》《話》無礼, 不作法

des-ca-fei-'na-do, -da 形 〘飲〙《コーヒーが》カフェインのない, カフェインレスの 名 男 〘飲〙カフェインレスコーヒー

des-ca-fei-'nar [デス.カ.フェイ.'ナる] 動 他 〘飲〙〈コーヒーから〉カフェインを除く

des-ca-la-bra-'du-ra [デス.カ.ラ.ブら.'ドゥ.ら] 名 女 頭の傷; けが

des-ca-la-'brar [デス.カ.ラ.'ブらる] 動 他 〈の〉頭を傷つける; 〈に〉けがをさせる, 傷つける; 〈に〉損害を与える, ひどい目にあわせる **~se** 動 再 頭をひどく傷つける, 頭にけがをする

des-ca-'la-bro [デス.カ.'ラ.ブろ] 名 男 打撃, 痛手; 災難, 不運

des-cal-ci-fi-ca-'ción [デス.カル.すぃ.フィ.カ.'すぃオン] 名 女 〘医〙石灰脱出(症), 脱石灰

des-cal-ci-fi-'car [デス.カル.すぃ.フィ.'カる] 動 他 ㊾ (c|qu) 〘医〙〈骨などから〉石灰質を消失させる, 脱灰する

des-ca-li-fi-ca-'ción [デス.カ.リ.フィ.カ.'すぃオン] 名 女 資格剝奪(はくだつ), 失格; 信用[権威]の失墜

des-ca-li-fi-'car [デス.カ.リ.フィ.'カる] 動 他 ㊾ (c|qu) 〈から〉資格を剝奪(はくだつ)する; 〈の〉権威を失墜させる, 〈の〉権力を奪う; 〈の〉評判を落とす

des-cal-'zar [デス.カル.'さる] 動 他 ㉞ (z|c) 〘衣〙〈の〉靴を脱がせる; 〈から〉くさびなどを取り除く; 〈の〉下を掘る **~se** 動 再 〘衣〙靴を脱ぐ; 〘畜〙《馬の》蹄鉄(ていてつ)が外れる

des-'cal-zo, -za [デス.'カル.そ, さ] 形 裸足の; 貧しい, 貧困の; 〘宗〙跣足(せんそく)カルメル修道会の 名 男 女 〘宗〙跣足カルメル会修道士[修道女]

des-ca-ma-'ción [デス.カ.マ.'すぃオン] 名 女 〘医〙表皮脱落

des-ca-'mar [デス.カ.'マる] 動 他 〈の〉うろこをはがす **~se** 動 再 《皮膚が》剝離(はくり)する

des-cam-'biar [デス.カン.'ビアる] 動 他 〈の〉変更を取り消す; 《スペイン》〘商〙〈購入品を〉取り替える; 《中米》《南米北》《アンデス》〘経〙(小銭に)くずす, 〈の〉両替をする

des-cam-bu-ra-'dor, -'do-ra [デス.カン.ブ.ら.'ドる, 'ド.ら] 名 男 女 《ベネズエラ》代理人, 代行人

des-ca-mi-'na-do, -da 形 見当外れの; (道・方向を)誤った, それた

des-ca-mi-'nar [デス.カ.ミ.'ナる] 動 他 誤った方向に導く, 違う方向へ案内する; 誘惑する, (a: 悪いことに)誘う **~se** 動 再 方向を誤る, 道を間違える; 正道を踏み外す

des-ca-mi-'sa-do, -da 形 シャツを着ていない; 貧しい, みすぼらしい 名 男 女 浮浪者; 貧しい人; 〔複〕〘歴〙〘政〙《アルゼンチン》デスカミサード《ファン・ドミンゴ・ペロン大統領 Juan Domingo Perón (1895–1974) を支持した労働者》

des-ca-mi-'sar [デス.カ.ミ.'サる] 動 他 〈の〉シャツを脱がせる **~se** 動 再 シャツを脱ぐ

des-cam-'pa-do, -da 形 〘地〙《土地が》空いている, 空き地の; 〘地〙荒涼とした 名 男 〘地〙空き地; 〘地〙荒野 ***al*** [***en***] **~** 野天で

des-cam-'par 動 自 《まれ》⇩ escampar

des-can-sa-'de-ro [デス.カン.サ.'デ.ろ] 名 男 休憩所

des-can-'sa-do, -da 形 休んだ, 疲れが取れた; のんびりした, 安楽な, 楽な

des-can-sa-'piés 名 男 〔単複同〕足載せ台

‡**des-can-'sar** [デス.カン.'サる] 86% 動 自 休む, 休息する; 眠る; 眠る, 永眠する; 安心する[している], 落ち着いている; (en, sobre: に)載っている, 支えられている; (en: を)当てにする, 信頼する, 頼りにする 動 他 休ませる, 休養させる; 〈苦しみを〉(en: に)話す, 打ち明ける; (en, sobre: に)もたれかからせる, 立てかける, のせる; (en: に)任せる; 助ける **~se** 動 再 (en: を)頼りにする; 休む, くつろぐ; 眠る

des-can-'si-llo [デス.カン.'スィ.ジョ] 名 男 〘建〙(階段の)踊り場

‡**des-'can-so** 90% 名 男 休み, 休息, 休養; (映画などの)休憩(時間), ひと休み; 休暇; 〘競〙〔サッカーなど〕ハーフタイム; 安静, 落ち着き, 平静, 安らぎ; 支え, 支柱, 台座; 〘建〙(階段の)踊り場; 《南米》トイレ, 便所; 〘軍〙休め(の姿勢) **~ *eterno*** 〔遠回し〕死, 永眠

des-can-ti-'llar [デス.カン.ティ.'ジャる] 動 他 〈の〉角を削る[割る]; 差し引く, 割り引く

des-ca-po-'ta-ble [デス.カ.ポ.'タ.ブレ] 形 〘車〙幌がたたみ込める 名 男 〘車〙幌

型自動車, コンバーチブル

des-ca-'ra-do, -da [デス.カ.'ら.ド, ダ] [形] あつかましい, ずうずうしい, 厚顔な [名] [男] [女] 悪党, ならず者 **-damente** [副] あつかましく, ずうずうしく, 横柄に

des-ca-'rar-se [デス.カ.'らる.セ] [動] [再] (con: に)ずうずうしくふるまう, ずうずうしいことを言う

***des-'car-ga** [デス.'カる.ガ] 93% [名] [女] 荷を降ろすこと, 荷降ろし, 荷揚げ; 〔電〕 放電; 〔軍〕 発砲, 射撃, 発射; 〔建〕(建造物の重さを)軽くすること

des-car-ga-'de-ro [デス.カる.ガ.'デ.ろ] [名] [男] 〔海〕 波止場, 桟橋

des-car-ga-'dor, -'do-ra [デス.カる.ガ.'ドる, 'ド.ら] [形] 荷揚げの [名] [男] [女] 荷降ろし作業員

***des-car-'gar** [デス.カる.'ガる] 92% [動] [他] 41 (g|gu) 〈車・船などの〉荷を降ろす, 〈荷を〉降ろす; 〈銃を〉撃つ, 発射する; 〈感情などを〉発散させる, ぶちまける; (de: 重荷・責任を)除く, 取り払う, 軽くする; 〈銃から〉弾丸を抜く; 〈カメラから〉フィルムを出す; 〈液体・気体を〉排出する, 流出させる; 〔情〕 〈ファイルを〉ダウンロードする; 〔電〕 放電させる; 《話》 〈打撃を〉食らわせる [動] [自] 〔気〕 《嵐などが》起こる, 襲う; 銃を撃つ; 〔地〕 《川が》(en: に)流れ込む, 《道が》(a: に)通じる; 〔電〕 放電する **~se** [動] [再] (de: 責任・義務を)免れる, (de: 責任・仕事を)(en: へ)まかせる, 押しつける; 《自動車のバッテリーなどが》なくなる, 上がる; (de: 苦しみなどから)解放される; (en, contra: に)当たり散らす

des-'car-go [デス.'カる.ゴ] [名] [男] 荷降ろし; 〔複〕 弁解, 言いわけ, 口実; 〔法〕(被告の)抗弁, 弁護; 〔商〕 貸方; (義務の)免除; 〔法〕 無罪放免

des-car-'na-do, -da [デス.カる.'ナ.ド, ダ] [形] やせた, 肉の落ちた; むき出しの, あらわな; 率直な, 露骨な **-da** [名] [女] 《話》 〔笑〕 死

des-car-'nar [デス.カる.'ナる] [動] [他] 〔食〕 〈動物の〉肉をそぐ; 〔食〕 〈果物の〉果肉をとる; すり減らす, 腐食させる; 俗世間から身を引かせる **~se** [動] [再] 肉が落ちる, やせ細る

des-'ca-ro [デス.'カ.ろ] [名] [男] ずうずうしさ, あつかましさ

des-ca-ro-'zar [デス.カ.ろ.'さる] [動] [他] 34 (z|c) 《チリ》 《ラプラタ》 〔食〕 〈果物の〉芯をとる

des-ca-'rriar [デス.カ.'りアる] [動] [他] 29 (i|í) 〔畜〕 〈家畜を〉群れから離す; 間違った方へ導く **~se** [動] [再] 道を間違える; 道を踏み外す, 邪道に入る

des-ca-rri-la-'mien-to [デス.カ.り.ラ.'ミエン.ト] [名] [男] 脱線

des-ca-rri-'lar [デス.カ.り.'ラる] [動] [自] 《列車が》脱線する; 道を踏み外す, 道を誤る, 本題を外れる

des-car-'ta-ble [デス.カる.'タ.ブレ] [形] 捨てられる, 処分できる; 排除できる

des-car-'tar [デス.カる.'タる] [動] [他] 〈不用なものを〉捨てる, 処分する; 〈提案などを〉はねつける, 拒否する **~se** [動] [再] (de: 責任などを)回避する, (de: から)うまく逃げる; (de: トランプで)(札を)捨てる

des-'car-te [デス.'カる.テ] [名] [男] 不用なものを捨てること; 〔遊〕 〔トランプ〕 札を捨てること, 捨て札; 言いわけ, 言い逃れ *por ~* 消去法によって

des-ca-'sar [デス.カ.'サる] [動] [他] 〈結婚を〉無効にする, 解消する

des-cas-ca-'rar [デス.カス.カ.'らる] [動] [他] 殻から取り出す, 〈の〉殻を取る

des-cas-ca-ri-'llar [デス.カス.カ.り.'ジャる] [動] [他] 《スペイン》 〈の〉表面をはがす, こそぎ落とす **~se** [動] [再] はがれる, はげ落ちる, 剝離(はくり)する

des-cas-'ta-do, -da [形] [名] [男] [女] 家族に冷たい(人), 恩知らずな(人)

***des-cen-'den-cia** [デ(ス).せン.'デン.すぃア] 94% [名] [女] 〔集合〕 子孫, 子供

des-cen-'den-te [デ(ス).せン.'デン.テ] [形] 降下する, 下りの, 下の方の

****des-cen-'der** [デ(ス).せン.'デる] 90% [動] [自] 51 (e|ie) 下(くだ)る, 降りる, 下りになる, 下がる, 下降する; 《血統などが》(de: の)系統を引く, (de: に)由来する; (a: に)降格する [動] [他] 下(くだ)る, 降りる; 降ろす, 下げる

des-cen-'dien-te [デ(ス).せン.'ディエン.テ] [名] [共] 子孫; 〔法〕 卑属 [形] (de: に)由来する, 血を引く

des-cen-di-'mien-to [デ(ス).せン.ディ.'ミエン.ト] [名] [男] 下ること, 降下

des-'cen-so [デ(ス).'せン.ソ] [名] [男] 降りること, 降下; 低下, 下降, 衰退; 階級[地位]が下がること, 降格; 〔医〕(子宮・直腸などの)脱出(症); 〔競〕 〔スキー〕 滑降

des-cen-'tra-do, -da [デ(ス).せン.'トら.ド, ダ] [形] (en: 環境などに)なじまない; 焦点が合っていない; 中心から外れた

des-cen-tra-li-za-'ción [デ(ス).せン.トら.リ.さ.'すぃオン] [名] [女] 〔政〕 地方分権; 〔一般〕(地方への)分散

des-cen-tra-li-'zar [デ(ス).せン.トら.リ.'さる] [動] [他] 34 (z|c) 〔政〕 〈行政権・組織を〉分散させる, 地方分権にする; 〔一般〕 分散させる

des-cen-'trar [デ(ス).せン.'トらる] [動] [他] 中心から外す

des-ce-'ñir [デ(ス).せ.'ニる] [動] [他] 59 (e|i; 〈i〉) ゆるめる, 解く, 外す

des-ce-re-'bra-do, -da [デ(ス).せ.れ.'ブら.ド, ダ] [形] [名] [男] [女] 頭の悪い(人)

des-ce-rra-'jar [デ(ス).せ.ら.'はる] 動 他 (錠をこわして)むりやりこじ開ける;《話》発砲する, 発射する

des-'cien-d~ 動《直現/接現/命》↑descender

des-ci-'fra-ble [デ(ス).すぃ.'フら.ブレ] 形 解読できる

des-ci-fra-'mien-to [デ(ス).すぃ.フら.'ミエン.ト] 名 男 (暗号・謎の)解読; 判読

des-ci-'frar [デ(ス).すぃ.'フらる] 動 他 〈暗号・謎を〉解く, 解読する; 〈意味を〉見分ける, 判読する;〚情〛〈コードを〉解読する

des-cim-'brar [デ(ス).すぃン.'ブらる] 動 他〚建〛〈の〉迫り枠(せりわく)を外す

des-cla-si-fi-ca-'ción [デス.クラ.スィ.フィ.カ.'すぃオン] 名 女 マル秘[機密]扱いの解除

des-cla-si-fi-'car [デス.クラ.スィ.フィ.'カる] 動 他 ⑥⑨ (c|qu) 〈の〉マル秘[機密]扱いを解除する

des-cla-'var [デス.クラ.'バる] 動 他 〈釘を〉抜く, 〈の〉釘を抜く; (はめ込み台から)〈宝石を〉外す

des-co+a-gu-'lar [デス.コ.ア.グ.'ラる] 動 他 溶かす, 液化させる

des-co-'ca-do, -da 形 名 男 女《話》ずうずうしい(人), あつかましい(人)

des-co-'car [デス.コ.'カる] 動 他 ⑥⑨ (c|qu)〚農〛〈木から〉害虫を取り除く ~**se** 動 再《話》ずうずうしくふるまう

des-co-co-'tar [デス.コ.コ.'タる] 動 他《(カリブ)》《話》〈の〉首を切る

des-co-di-fi-ca-'ción [デス.コ.ディ.フィ.カ.'すぃオン] 名 女 解読

des-co-di-fi-'car [デス.コ.ディ.フィ.'カる] 動 他 ⑥⑨ (c|qu) 解読する

des-co-jo-'nan-te [デス.コ.ほ.'ナン.テ] 形《俗》とても楽しい, 最高の

des-co-jo-'nar-se [デス.コ.ほ.'ナる.セ] 動 再《俗》(de: を)最高に楽しむ, 大いに笑う

*__des-col-'gar__ [デス.コル.'ガる] 94% 動 他 ⑥① (o|ue; g|gu) 〈掛けてあるものを〉外す, つり降ろす; 〈受話器を〉取る 動 自 受話器を取る;《(カリブ)》招待されないでパーティーに現れる ~**se** 動 再 降りてくる;《話》(por: に)(ふいに)姿を見せる, 現れる;《話》(con que: …を)突然言い出す; 降ろされる, 外される; 落ちる, 外れる

des-co-'llar [デス.コ.'ジャる] 動 自 ⑯ (o|ue) 目立つ, 際立って見える; 優れている, 秀でる, 抜きんでる

des-co-lo-ni-za-'ción [デス.コ.ロ.ニ.さ.'すぃオン] 名 女〚政〛非植民地化, 独立

des-co-lo-ni-za-'dor, -'do-ra [デス.コ.ロ.ニ.さ.'ドる, 'ド.ら] 形〚政〛非植民地化の

des-co-lo-ni-'zar [デス.コ.ロ.ニ.'さる] 動 他 ③④ (z|c)〚政〛非植民地化する, 独立させる ~**se** 動 再〚政〛非植民地化する, 独立する

des-co-lo-'rar [デス.コ.ロ.'らる] 動 他 〈の〉色をあせさせる, 変色させる; 〈髪を〉(漂白して)白くする, 脱色する

des-co-lo-'ri-do, -da [デス.コ.ロ.'り.ド, ダ] 形 生彩のない, さえない; 色があせた, ぼけた

des-com-'brar [デス.コン.'ブらる] 動 他 〈から〉ごみ・くずなどを取り除く; (苦労・じゃま物から)解放する

des-'com-bro [デス.'コン.ブろ] 名 男 清掃, 片づけ; 障害の除去, (じゃま物からの)解放

des-co-me-'di-do, -da 形 礼儀知らずの, 無作法な; 節度のない, 過度の, 途方もない

des-co-me-di-'mien-to 名 男 非礼, 失礼, 無作法

des-co-me-'dir-se [デス.コ.メ.'ディる.セ] 動 再 ④⑨ (e|i) (con, ante: に)無作法なふるまいをする, 非礼をはたらく

des-com-pa-gi-'nar [デス.コン.パ.ひ.'ナる] 動 他 こわす, だいなしにする

des-com-pa-'sa-do, -da 形 過度の, ひどい; 拍子[リズム]が合っていない

des-com-pa-'sar [デス.コン.パ.'サる] 動 他《(チリ)》〈に〉無礼なことをする

des-com-pen-sa-'ción [デス.コン.ペン.サ.'すぃオン] 名 女〚医〛(心臓の)代償不全; 不均衡

des-com-pen-'sar [デス.コン.ペン.'サる] 動 他 不均衡にする;〚医〛〈に〉代償不全を起こさせる

des-com-ple-'tar [デス.コン.プレ.'タる] 動 他《(コロンビア)》〈の〉一部を抜き取る

des-com-pón 動《命》↓descomponer

des-com-pon-dr~ 動《直未/過未》↓descomponer

*__des-com-po-'ner__ [デス.コン.ポ.'ネる] 93% 動 他 ⑤③ [poner; 命 -pón] 分解する; こわす, 崩す, 乱す, だいなしにする;《話》いらいらさせる, 怒らせる; 腐らせる; 仲たがいさせる ~**se** 動 再 こわれる, だいなしになる, 乱れる; 腐る, 腐敗する;〚医〛〈に〉消化不良[下痢]を起こす; 分解される, 分解する; 怒る, 逆上する

des-com-'pon-go, -ga(~) 動《直現1単, 接現》↑descomponer

des-com-po-'ni-ble [デス.コン.ポ.'ニ.ブレ] 形 分解できる

des-com-po-si-'ción [デス.コン.ポ.

スィ.'すぃオン] [名] [女] 腐敗; 分解; (顔などの)ゆがみ; 故障, 破損; 衰亡, 衰退, 衰微; 〖医〗下痢

des-com-pos-'tu-ra [デス.コン.ポス.'トゥ.ら] [名] [女] 故障; 混乱, 乱雑; だらしなさ, 不潔; 無作法, 無礼

des-com-pre-'sión [デス.コン.プれ.'スィオン] [名] [女] 減圧; 〖医〗減圧(術)

des-com-pre-'sor [デス.コン.プれ.'ソる] [名] [男] 〖機〗(エンジンの)減圧装置

des-com-pri-'mir [デス.コン.プり.'ミる] [動] [他] 〖技〗減圧する; 〖情〗〈圧縮されたファイルを〉解凍する

des-com-'pues-to, -ta [形] 腐った; こわれた, 破損した, 故障した; 《話》怒った, 立腹した; 分解した; 無作法な; 〖医〗消化不良[下痢]を起こした; 《中米》《アンデス》酒に酔った

des-com-pu-s~ [動] 《直点/接過》 ⬆ descomponer

des-co-mul-'gar [デス.コ.ムル.'ガる] [動] [他] ㊶ (g|gu) 〖宗〗破門する

des-co-mu-'nal [デス.コ.ム.'ナル] [形] 巨大な, 途方もない, とてつもない; 《話》すばらしい, 最高の

des-con-cer-'ta-do, -da [デス.コン.せる.'タ.ド, ダ] [形] 当惑している

des-con-cer-'tan-te [デス.コン.せる.'タン.テ] [形] 混乱させる, 当惑させる

des-con-cer-'tar [デス.コン.せる.'タる] [動] [他] ㊿ (e|ie) 困惑させる, 驚かす; 乱す, 調子を狂わせる; 〖医〗脱臼(だっきゅう)させる **~se** [動] [再] 取り乱す, あわてる, 狼狽(ろうばい)する; けんかする, 仲たがいする; 〖医〗脱臼(だっきゅう)する

des-con-'cha-do [名] [男] (壁のペンキの)剝離

des-con-'char [デス.コン.'チャる] [動] [他] 〈の〉ペンキなどを落とす, はがす; 《ベネズエラ》〈の〉皮をむく **~se** [動] [再] 《ペンキなどが》はげ落ちる

des-con-chin-'flar [デス.コン.チン.'フラる] [動] [他] 《メキシコ》《中米》《カリブ》分解する; 壊す

des-con-'chón [名] [男] ペンキの剝離

des-con-'cier-to [デス.コン.'すぃエる.ト] [名] [男] 混乱, 乱雑; 困惑, 狼狽(ろうばい); 不一致, 不和, 仲たがい; 〖医〗脱臼(だっきゅう); 故障, 破損

des-co-nec-'ta-do, -da [デス.コ.ネク.'タ.ド, ダ] [形] 連絡が断たれて, 切れて

des-co-nec-'tar [デス.コ.ネク.'タる] [動] [他] 〖電〗〈の〉プラグを抜く, スイッチを切る; 離す, 分離する; 〈の〉連絡を断つ **~se** [動] [再] 離れる, 切断される; (de: と)連絡が断たれる

des-co-ne-'xión [デス.コ.ネク.'スィオン] [名] [女] 分離, 切断; 断熱; 〖電〗切断; 断絶

des-con-'fia-do, -da [形] [名] [男] [女] 疑い深い(人), 信用しない(人)

des-con-'fian-za [デス.コン.'フィアン.さ] [名] [女] 不信(感), 疑惑

*__des-con-'fiar__ [デス.コン.'フィアる] 94% [動] [自] ㉙ (i|í) (de: を)信用しない, 疑う; (de que 接続法: …では)ないと思う

des-con-'for-me [デス.コン.'フォる.メ] [形] 《まれ》/《ラ米》⇩ disconforme

des-con-ge-la-'ción [デス.コン.へ.ラ.'すぃオン] [名] [女] 解凍; 〖経〗凍結の解除

des-con-ge-'lar [デス.コン.へ.'ラる] [動] [他] 解凍する; 〖経〗〈の〉凍結を解く

des-con-ges-'tión [デス.コン.へス.'ティオン] [名] [女] 混乱の緩和[軽減]

des-con-ges-tio-'nar [デス.コン.へス.ティオ.'ナる] [動] [他] 〈の〉混雑を和らげる[緩和する]

**__des-co-no-'cer__ [デス.コ.ノ.'せる] 87% [動] [他] ㊺ (c|zc) 知らない, 面識がない; 《話》見違える, 〈が〉誰であるかわからない, 見覚えがない; 否定する, 否認する

**__des-co-no-'ci-do, -da__ [デス.コ.ノ.'すぃ.ド, ダ] 88% [形] 知られていない, 未知の, 不明の; 見違えるほどだ, すっかり変わってしまった [名] [男] [女] 知らない人, 見知らぬ人

des-co-no-ci-'mien-to [デス.コ.ノ.すぃ.'ミエン.ト] [名] [男] 知らないこと, 覚えていないこと

des-con-si-de-ra-'ción [デス.コン.スィ.デ.ら.'すぃオン] [名] [女] 思いやりのなさ, 無礼; 無視, 軽視

des-con-si-de-'rar [デス.コン.スィ.デ.'らる] [動] [他] 〈に〉思いやりをもたない, 配慮しない

des-con-so-'la-do, -da [デス.コン.ソ.'ラ.ド, ダ] [形] 悲嘆に暮れた, 絶望した, 嘆いた

des-con-so-'lar [デス.コン.ソ.'ラる] [動] [他] ⑯ (o|ue) 苦しめる, 悩ます, 悲しませる **~se** [動] [再] (de: を)嘆く, 悲しむ

des-con-'sue-lo [デス.コン.'スエ.ロ] [名] [男] 悩み, 苦悩, 悲しみ

des-con-ta-mi-na-'ción [デス.コン.タ.ミ.ナ.'すぃオン] [名] [女] 汚染の除去

des-con-ta-mi-'nan-te [形] 非汚染の, 汚染しない; 汚染を除去する [名] [男] 汚染除去物質[剤, 装置]

des-con-ta-mi-'nar [デス.コン.タ.ミ.'ナる] [動] [他] 〈の〉汚染を取り除く[除去する], 除染する

*__des-con-'tar__ [デス.コン.'タる] 93% [動] [他] ⑯ (o|ue) 〖商〗割引する, 割り引く, 〈ある率の〉値引きをする; 引く, 差し引く, 勘定に入れない; 無視する, なおざりにする **~se** [動] [再] 〈自分の年などを〉実際より少なく言う, さばを読む ***dar por descontado*** 当然

のことと思う *por descontado* 当然, もちろん

des-con-ten-ta-'di-zo, -za [デス.コン.テン.タ.'ディ.そ, さ] 形 名 男 女 気難しい(人), なかなか満足しない(人), 文句の多い(人)

des-con-ten-'tar [デス.コン.テン.'タる] 動 他 不機嫌にする, 〈に〉不満を抱かせる ～se 動 再 不機嫌になる, 怒る

*****des-con-'ten-to, -ta** 93% 形 名 男 女 不満な(人); 不機嫌な(人) 名 男 不満, 不愉快, 不機嫌

des-co-ra-zo-'nar [デス.コ.ら.そ.'ナる] 動 他 がっかりさせる, 落胆させる ～se 動 再 がっかりする, 気落ちする

des-cor-cha-'dor, -'do-ra [デス.コる.チャ.'ドる, 'ド.ら] 名 男 女 〔農〕コルクガシの皮をはぐ人 名 男 〔飲〕コルク抜き, コルクスクリュー

des-cor-'char [デス.コる.'チャる] 動 他 〔飲〕〈の〉コルク栓を抜く; 〔農〕〈コルクガシの〉皮をはぐ; (蜜を取り出すため)〈巣箱を〉開ける; こじ開ける

des-'cor-che [デス.'コる.チェ] 名 男 〔飲〕コルク栓を抜くこと; 〔農〕コルクガシをはぐこと; 《コロンビア》酒をレストランに持ち込むときの料金

des-cor-'nar [デス.コる.'ナる] 動 他 ⑯ (o|ue) 〔牛〕〈牛の〉角(つの)を取る ～se 動 再 《俗》知恵を絞る; 《スペイン》《俗》たゆまず働く

des-co-'ron-te [デス.コ.'ろン.テ] 形 《チリ》《古》すごい, すばらしい

des-co-ro-'tar [デス.コ.ろ.'タる] 動 他 《ベネズエラ》〔食〕〈種・卵などを〉割る

des-co-'rrer [デス.コ.'れる] 動 他 〈カーテンなどを〉開ける

des-cor-'tés [デス.コる.'テス] 形 名 共 礼儀知らずの(人), 不作法な(人)

des-cor-te-'sí+a [デス.コる.テ.'スィ.ア] 名 女 不作法, 無礼

des-cor-te-'zar [デス.コる.テ.'さる] 動 他 ㉞ (z|c) 〈の〉樹皮[さや]などをはぎ取る, 〈の〉皮をむく; 《話》洗練する, 教育する ～se 動 再 《話》洗練される, 上品になる

des-co-'ser [デス.コ.'セる] 動 他 〔衣〕〈の〉縫い目を解く, ほどく ～se 動 再 〔衣〕縫い目がほどける, ほころびる; 《話》うっかり口に出す, 口をすべらす, 口外する; 《話》おならをする

des-co-'si-do, -da 形 〔衣〕《縫い目が》ほどけた, ほころびた; 思慮のない, 分別のない, 軽率な; 《話などが》まとまりのない, ばらばらの *como un* ～《話》ひどく, 過度に, 法外に 名 男 〔衣〕ほころび, ほどけた縫い目 *como un descosido* 《話》ひどく

des-'co-te 名 男 《まれ》⇩ escote

des-co-yun-'tar [デス.コ.ジュン.'タる] 動 他 〔医〕〈に〉脱臼(だっきゅう)させる; ねじる ～se 動 再 〔医〕脱臼(だっきゅう)する

des-'cré-di-to [デス.'クれ.ディ.ト] 名 男 不評, 悪評; 信用できないこと, 不信任

des-cre+'er [デス.クれ.'エる] 動 他 ㊵ (-y-) 信じない, 信用しない; 無視する, 軽視する, なおざりにする

des-cre+'í-do, -da [デス.クれ.'イ.ド, ダ] 形 〔宗〕不信心の, 信じない 名 男 女 不信心者

des-crei-'mien-to [デス.クれイ.'ミエン.ト] 名 男 〔宗〕不信心, 無信仰

des-cre-'ma-do, -da [デス.クれ.'マ.ド, ダ] 形 〔食〕《牛乳などが》脱脂の

des-cre-'mar [デス.クれ.'マる] 動 他 〔食〕〈牛乳を〉脱脂する

des-cres-'ta-da [デス.クれス.'タ.ダ] 名 女 《コロンビア》《話》詐欺, だまし

des-cres-'tar-se [デス.クれス.'タる.セ] 動 再 《チリ》懸命に働く; 《チリ》ひどく傷つく

des-'cres-te [デス.'クれス.テ] 名 男 《チリ》失望, 落胆

⁑des-cri-'bir [デス.クリ.'ビる] 84% 動 他 〔過分 descrito〕記述する, 描写する, 叙述する, 述べる; 〈図形・線を〉描く, 引く

⁑des-crip-'ción [デス.クリプ.'すぃオン] 87% 名 女 記述, 描写, 叙述; 作図

des-crip-'ti-ble [デス.クリプ.'ティ.ブレ] 形 記述できる, 描写[叙述, 作図]できる

des-crip-'ti-vo, -va [デス.クリプ.'ティ.ボ, バ] 形 記述的な, 叙述的な, 描写的な, 説明的な

des-cris-'mar [デス.クリス.'マる] 動 他 《話》〈の〉頭をたたく, 殴る; 〔宗〕〈の〉聖油をとる ～se 動 再 《話》懸命に働く; 頭をしぼる

des-'cri-to, -ta [デス.'クリ.ト, タ] 形 叙述された, 描写された, 記述された, 《線が》引かれた

desct.º 略 ⬇descuento

des-cua-der-'nar [デス.クア.デる.'ナる] 動 他 〔印〕〈の〉製本をほどく; 分解する; 困惑させる ～se 動 再 〔印〕製本がほどける, ばらばらになる

des-cua-'jar [デス.クア.'はる] 動 他 溶かす, 分解する; 根こそぎにする; 《話》がっかりさせる ～se 動 再 溶ける, 分解する

des-cua-ja-rin-'gar [デス.クア.は.リン.'ガる] 動 他 ㊶ (g|gu) 《話》ばらばらにする ～se 動 再 《話》笑いころげる

des-'cua-je⇔-jo [デス.'クア.へ⇔.ほ] 名 男 根こそぎにすること

des-cuar-ti-'zar [デス.クアる.ティ.'さる] 動 他 ㉞ (z|c) 〔畜〕〈動物などを〉解体する, ばらばらにする; 四つに分ける, 四等分する

⁑des-cu-'bier-to, -ta [デス.ク.'ビエる.ト, タ] 86% 形 覆いのない, 外にさらされた,

むき出しの; 〔気〕《空が》晴れわたった, 雲がない; 〔衣〕帽子をかぶらない; 露呈された, 《秘密が》暴かれた, 知らされた; 〔地〕《土地が》草木のない, 開(ひら)けた 名 男 〔商〕赤字, 不足額; 空き地, 戸外 動 《過分》↓descubrir ***a la descubierta*** あからさまに, 公然と; 野天で ***al ~*** 戸外に[で], 外で[に]; あからさまに ***dejar al ~*** (危険などに)さらす ***poner al ~*** 明らかにする, 暴露する, 秘密を暴く

des-cu-bri-'dor, -'do-ra [デス.ク.ブリ.'ドる, 'ド.ら] 形 発見する; 〔海〕《船が》偵察用の 名 男 女 発見者; 〔軍〕偵察兵, 斥候

****des-cu-bri-'mien-to** [デス.ク.ブリ.'ミエン.ト] 89% 名 男 発見, 発見されたもの; 気づくこと, わかること; 除幕(式)

****des-cu-'brir** [デス.ク.'ブリる] 78% 動 他 〔過分 descubierto〕発見する, 〈に〉気がつく; 〈の〉覆い[ふた]を取る, 除幕する; 〈陰謀・秘密などを〉暴露する, 明らかにする; 見せる; 眺める, 見渡す ~se 動 再 発見される; 〔衣〕帽子をとる; 脱帽する, 頭が下がる; 明らかになる, 暴露される; 姿を見せる, 見える; (con: に)心を打ち明ける, (con: を)信頼する; 明るくなる, 澄む, 晴れる

des-'cuel-g~ 動 《直現/接現/命》↑descolgar

des-'cuen-t~ 動 《直現/接現/命》↑descontar

***des-'cuen-to** 93% 名 男 〔商〕値引き, 割引, ディスカウント; 控除(額); 〔競〕〔サッカーなど〕ロスタイム

des-cui-'da-do, -da 形 名 男 女 荒れた, ほったらかしの; 無頓着な(人), いいかげんな(人), だらしのない(人); 油断をした(人), ぼんやりした(人), 不注意な(人)

***des-cui-'dar** [デス.クイ.'ダる] 93% 動 他 おろそかにする, 怠る, 放っておく 動 自 心配しない, 安心する ~se 動 再 (de: を)おろそかにする, 怠る, 忘れる; 注意しない, うっかりする, 油断する; (de: を)気にかけない; 自分の体を大切にしない

des-cui-'de-ro, -ra [デス.クイ.'デ.ろ, ら] 名 男 女 すり, 置き引き

***des-'cui-do** 93% 名 男 不注意, 軽率; 油断, 放心状態, うわの空; だらしなさ, 無精; うっかりした間違い[失敗]

****des-de** [デス.デ] 61% 前 〔弱勢〕 **1** …から, …の場所から《場所》: **Desde** la cumbre de la montaña la vista es maravillosa. 山の頂上からの眺めはすばらしい。 **2** …から, …以来《時》: Estoy en Madrid **desde** el mes pasado. 私は先月からマドリードにいます。 **3** …以上, …から上《数量》: **Desde** diez millones de yenes se puede comprar un piso en la costa. 1千万円以上あれば海岸のマンションが買える。 **4** …から《順序・範囲》: Estabas equivocado **desde** el principio. 君は最初から間違えていた。 ~ ***hace*** … …前から, …以来 ~ ***que*** … …(の時)から ~ ***ya*** 今から

des-de-'cir [デス.デ.'すぃる] 動 自 ⑳ (decir) (de: に)そぐわない, 合わない; (de: に)ふさわしくない, 釣り合わない; 劣る; 地位が下がる, 堕落する, 劣悪になる ~se 動 再 (de: 前言を)取り消す, 撤回する; 矛盾することを言う

des-'dén** 93% 名 男 軽蔑, 侮辱; 冷淡, つれなさ ***al ~ わざと無造作に, だらしなく, ラフに

des-den-'ta-do, -da 形 〔体〕歯がない, 歯が欠けた

des-de-'ña-ble [デス.デ.'ニャ.ブレ] 形 軽蔑すべき, 取るに足らない ***no*** [***nada***] ~ かなりの, なかなかの, ばかにならない

des-de-'ñar [デス.デ.'ニャる] 動 他 軽蔑する, あざける; 〈に〉関心を示さない; 問題にしない, 無視する ~se 動 再 《スペイン》(de 不定詞: …を)さげすむ, お高くとまって(de 不定詞: …)しない

des-de-'ño-so, -sa [デス.デ.'ニョ.ソ, サ] 形 軽蔑的な, ばかにする **-samente** 副 軽蔑的に, ばかにして

des-di-bu-'ja-do, -da [デス.ディ.ブ.'は.ド, ダ] 形 〈の〉形がぼんやりした

des-di-bu-'jar [デス.ディ.ブ.'はる] 動 他 〈の〉形をぼんやりさせる, かすませる

des-'di-cha 名 女 不運, 不幸, 災難; 貧乏, 貧困; 《話》へたな人, だめな人 ***para colmo de ~s*** さらにひどいことに

des-di-'cha-do, -da 形 名 男 女 不幸な(人), 不運な(人), かわいそうな(人), (en: に)恵まれない(人); 〔軽蔑〕みじめな(人), 哀れな(人); 《メキシコ》《カリブ》軽蔑すべき(人)

des-do-bla-'mien-to [デス.ド.ブラ.'ミエン.ト] 名 男 分離, 分裂; 広げること, 展開; 二重化; (テキストの)説明

des-do-'blar [デス.ド.'ブラる] 動 他 〈折りたたんだものを〉広げる, 開ける, 展開する; 解体する, 分離させる; 二重化する, ダブらせる

des-do-'rar [デス.ド.'らる] 動 他 〈の〉金箔(きんぱく)をはがす; 汚す, 傷つける ~se 動 再 金箔がはげる; 名声を失う

des-'do-ro [デス.'ド.ろ] 名 男 (名誉などへの)汚点, きず, 不面目

***de-se+'a-ble** [デ.セ.'ア.ブレ] 93% 形 望ましい

****de-se+'ar** [デ.セ.'アる] 75% 動 他 欲する, 望む, 欲しがる; (a: に)望む, 祈る; 〈que 接続法: …を〉望む; 〈不定詞: …〉したいと思う, したがる; 〈の〉体を欲しがる ***dejar que ~*** 不十分なところがある ***es de ~ que***

d

| …(接続法) …が望ましい

de-se-ca-'ción [デ.セ.カ.'すぃオン] 名 女 乾燥, 枯渇(こかつ); 干拓

de-se-'can-te 形 乾燥させる 名 男 乾燥剤

de-se-'car [デ.セ.'カる] 動 他 69 (c|qu) 〈沼などを〉乾かす, 干す, 干拓する; 〔化〕乾燥させる, 脱水する　~se 動 再 《沼などが》干上がる, 乾く

de-se-'cha-ble [デ.セ.'チャ.ブレ] 形 使い捨ての

*__de-se-'char__ [デ.セ.'チャる] 93% 動 他 捨てる, 処分する; 避ける, 遠ざける; 拒絶する, 拒否する, 断る, むだにする

de-'se-cho 名 男 〔複〕残り物, ごみ, くず, 廃棄物; 古着, ぼろ; くず肉, あら; 軽蔑, さげすみ; 〔軽蔑〕つまらないもの[人]

de-s|e-lec-tri-'zar [デ.セ.レク.トり.'さる] 動 他 34 (z|c) 〔電〕放電させる

de-s|em-ba-'la-je [デ.セン.バ.'ラ.へ] 名 男 包みを解くこと, 荷ほどき

de-s|em-ba-'lar [デ.セン.バ.'ラる] 動 他 〈包み・荷を〉解く, 解いて中身を出す

de-s|em-ba-ra-ña-'dor [デ.セン.バ.ら.ニャ.'ドる] 名 男 《メキシコ》櫛(くし)

de-s|em-ba-ra-'zar [デ.セン.バ.ら.'さる] 動 他 34 (z|c) 〈から〉(de: を)取り除く; 〈場所を〉空ける; (de: 苦労・じゃま物から)解放する; 《南米》〈子を〉産む　~se 動 再 (de: 苦労・じゃま物から)自由になる, (de: と)別れる

de-s|em-ba-'ra-zo [デ.セン.バ.'ら.そ] 名 男 自信, 自由闊達(かったつ); 気楽さ; 障害物からの解放, 厄介払い

de-s|em-bar-ca-'de-ro [デ.セン.バる.カ.'デ.ろ] 名 男 〔海〕埠頭(ふとう), 波止場(はとば)

*__de-s|em-bar-'car__ [デ.セン.バる.'カる] 93% 動 他 69 (c|qu) 〔海〕〈人を〉上陸させる, 下船させる; 〈荷物を〉陸揚げする; 〔空〕(飛行機から)降ろす 動 自 〔海〕上陸する, 下船する; 〔空〕(飛行機から)降りる

de-s|em-'bar-co [デ.セン.'バる.コ] 名 男 〔海〕上陸, 下船

de-s|em-bar-'gar [デ.セン.バる.'ガる] 動 他 41 (g|gu) 〔法〕〈の〉差押えを解く; (じゃま物から)解放する, 〈の〉障害を取り除く

de-s|em-'bar-go [デ.セン.'バる.ゴ] 名 男 〔法〕差押えの解除

de-s|em-'bar-que [デ.セン.'バる.ケ] 名 男 〔海〕上陸, 下船; 〔海〕陸揚げ, 荷降ろし; 〔空〕(飛行機から)降りること

de-s|em-ba-rran-'car [デ.セン.バ.らン.'カる] 動 他 69 (c|qu) 〔海〕〈船を〉離礁させる 動 自 〔海〕《船が》離礁する

de-s|em-bo-ca-'du-ra [デ.セン.ボ.カ.'ドゥ.ら] 名 女 〔地〕河口; (街路の)出口

de-s|em-bo-'car [デ.セン.ボ.'カる] 動 自 69 (c|qu) 〔地〕《川が》(en: 海に)注ぐ, 流れる; 〔地〕《道が》(en: に)至る, 合う, 合流する; (結局)至る, 終わる, (en: という)結果になる

de-s|em-bol-'sar [デ.セン.ボル.'サる] 動 他 〔商〕支払う, 払う

de-s|em-'bol-so [デ.セン.'ボル.ソ] 名 男 〔商〕支払い, 払うこと; 〔複〕支出, 出費

de-s|em-bo-'zar [デ.セン.ボ.'さる] 動 他 34 (z|c) 〔衣〕〈の〉覆い[覆面, ベールなど]をとる; 〈の〉正体を暴く　~se 動 再 〔衣〕自分の覆い[覆面, ベールなど]をとる, 脱ぐ, 正体を表す

de-s|em-'bo-zo [デ.セン.'ボ.そ] 名 男 顔を表すこと, 正体を表すこと

de-s|em-bra-'gar [デ.セン.ブら.'ガる] 動 他 41 (g|gu) 〔車〕〈クラッチを〉切る; 〔技〕〈の〉接続を解除する 動 自 〔車〕クラッチを切る; 〔技〕接続が解除される

de-s|em-'bra-gue [デ.セン.'ブら.ゲ] 名 男 〔車〕車のクラッチを切ること

de-s|em-bra-ve-'cer [デ.セン.ブら.べ.'せる] 動 他 45 (c|zc) おとなしくさせる

de-s|em-bro-'llar [デ.セン.ブろ.'ジャる] 動 他 解く, 明らかにする; 〔衣〕〈糸・もつれを〉ほぐす, 解く

de-s|em-bu-'char [デ.セン.ブ.'チャる] 動 他 《俗》〈秘密などを〉告白する, ぶちまける, 暴露する; 〈飲み込んだものを〉吐き出す

de-se-me-'jan-za [デ.セ.メ.'はン.さ] 名 女 《格》似ていないこと, 相違

de-se-me-'jar [デ.セ.メ.'はる] 動 自 《格》(de: に)似ていない, 異なる

de-s|em-pa-'car [デ.セン.パ.'カる] 動 他 69 (c|qu) 〈包みを〉解く, 開ける

de-s|em-'pa-cho 名 男 こだわりのなさ, 気安さ

de-s|em-pa-pe-'lar [デ.セン.パ.ペ.'ラる] 動 他 〈の〉壁紙をはがす; 〈の〉包装紙をとる

de-s|em-pa-que-'tar [デ.セン.パ.ケ.'タる] 動 他 〈包みを〉解く, 開ける

*__de-s|em-pa-'tar__ [デ.セン.パ.'タる] 94% 動 他 〔競〕〈の〉決勝戦をする; 〈の〉決勝点を入れる; 〈の〉決戦投票をする 動 自 〔競〕決勝戦をする; 決戦投票をする

de-s|em-'pa-te 名 男 〔競〕同点決勝戦, プレーオフ; 決勝投票

de-s|em-pe-'drar [デ.セン.ペ.'ドらる] 動 他 50 (e|ie) 〈の〉敷石をはがす

**__de-s|em-pe-'ñar__ [デ.セン.ペ.'ニャる] 88% 動 他 実行する, 〈役目を〉果たす; 〔演〕〔映〕〈役柄を〉演じる; 〈質に入れた物を〉買い戻す, (金を払って)取り戻す; 〔商〕〈に〉債務を返済する　~se 動 再 (de: 自分の債務を)返済する

de-s|em-'pe-ño [デ.セン.'ペ.ニョ] 名 男 買い戻し, 請け戻し; 履行, 遂行, (職務の)達成; 〘演〙演技, 役を演じること; 〘情〙パフォーマンス

de-s|em-ple+'a-do, -da [デ.セン.プレ.'ア.ド, ダ] 形 失業した, 失業状態の 名 男 女 失業者

de-s|em-'ple+o [デ.セン.'プレ.オ] 名 男 失業, 失業状態

de-s|em-pol-'var [デ.セン.ポル.'バる] 動 他 〈の〉ほこりを取る, はたく; 〈記憶を〉呼び戻す

de-s|e-na-mo-'rar [デ.セ.ナ.モ.'らる] 動 他 〈の〉愛情を失わせる, 〈の〉愛情を冷めさせる ~se 動 再 愛情を失う

de-s|en-ca-de-'nar [デ.セン.カ.デ.'ナる] 動 他 解放する, 釈放する, 自由にする; 引き起こす, 突発させる; 鎖から解き放つ ~se 動 再 突発する, 突然起こる; (de: から)自由になる, のがれる; «感情が»激しく起こる

de-s|en-ca-'ja-do, -da [デ.セン.カ.'は.ド, ダ] 形 外れた, 離れた, ゆがんだ

de-s|en-ca-'jar [デ.セン.カ.'はる] 動 他 脱臼(だっきゅう)する; 分離する, 離す, 外す ~se 動 再 顔がゆがむ; 離れる, 外れる

de-s|en-ca-jo-'nar [デ.セン.カ.ほ.'ナる] 動 他 引き出し[箱]から出す

de-s|en-ca-'llar [デ.セン.カ.'ジャる] 動 他 〘海〙〈船を〉離礁させる 動 自 〘海〙«船が»離礁する

de-s|en-can-'tar [デ.セン.カン.'タる] 動 他 〈の〉魔法を解く; 〈に〉幻滅を感じさせる, 失望させる ~se 動 再 幻滅を感じる, 失望する; 魔法が解ける, 迷いがさめる

de-s|en-'can-to 名 男 幻滅感, 失望; 魔法を解くこと, 迷いからさめること

de-s|en-ca-po-'tar [デ.セン.カ.ポ.'タる] 動 他 〘衣〙〈の〉外套(がいとう)を脱がせる; 〈秘密などを〉明らかにする ~se 動 再 〘衣〙外套を脱ぐ; 〘気〙«空が»晴れ上がる

de-s|en-chu-'far [デ.セン.チュ.'ファる] 動 他 〈の〉プラグを抜く

de-s|en-co-'ger [デ.セン.コ.'へる] 動 他 ⑭ (g|j) 〈折りたたんだ物を〉広げる, 開く ~se 動 再 気を楽にする, ものおじしなくなる, のびのびとする

de-s|en-co-'lar [デ.セン.コ.'ラる] 動 他 〈糊(のり)でついた物を〉はがす, 引き離す ~se 動 再 はがれる

de-s|en-con-'trar-se [デ.セン.コン.'トらる.セ] 動 再 理解し合えない, 意見が一致しない

de-s|en-cua-der-'nar [デ.セン.クア.デる.'ナる] 動 他 〘印〙〈製本された本を〉ばらばらにする ~se 動 再 〘印〙«製本された本が»ばらばらになる

de-s|en-'cuen-tro [デ.セン.'クエン.トろ] 名 男 無理解; 意見の不一致

de-s|en-dio-'sar [デ.セン.ディオ.'サる] 動 他 〈の〉鼻を折る, やりこめる ~se 動 再 おとなしくなる, 謙虚になる

de-s|en-fa-'da-do, -da 形 «言葉などが»屈託がない, のびのびした, くだけた; 自信を持った, 確信に満ちた

de-s|en-fa-'dar [デ.セン.ファ.'ダる] 動 他 静める, なだめる ~se 動 再 静まる, 静かになる; (con: と)仲直りする, 和解する

de-s|en-'fa-do 名 男 気楽さ, のびのびとすること, 快活さ; 自信, 確信

de-s|en-fo-'ca-do, -da 形 焦点がぼけた

de-s|en-fo-'car [デ.セン.フォ.'カる] 動 他 ⑲ (c|qu) 〈の〉焦点をぼかす[外す] ~se 動 再 焦点がぼける[外れる]

de-s|en-'fo-que [デ.セン.'フォ.ケ] 名 男 焦点のずれ, ピンぼけ; 見当外れ, 的外れ

de-s|en-fre-'na-do, -da [デ.セン.フれ.'ナ.ド, ダ] 形 抑制のない, 節度のない; 狂気じみた

de-s|en-fre-'nar [デ.セン.フれ.'ナる] 動 他 〘畜〙〈馬から〉はみを外す ~se 動 再 自由になる; 奔放になる, 節度を失う; 〘気〙«天候が»荒れる

de-s|en-'fre+no [デ.セン.'フれ.ノ] 名 男 無制限, 無拘束; 奔放, 放縦

de-s|en-fun-'dar [デ.セン.フン.'ダる] 動 他 (カバー・ケースから)取り出す, 外す

de-s|en-gan-'char [デ.セン.ガン.'チャる] 動 他 (鉤(かぎ)から)外す; 〘畜〙〈の〉馬具を解く ~se 動 再 鉤が外れる

de-s|en-ga-'ña-do, -da [デ.セン.ガ.'ニャ.ド, ダ] 形 失望した, 幻滅した

de-s|en-ga-'ñar [デ.セン.ガ.'ニャる] 動 他 がっかりさせる, 失望させる; 〈に〉本当のことを教える, 〈の〉迷いを覚ます ~se 動 再 本当のことに気づく, 迷いから覚める, 目を覚ます; (de: に)がっかりする, 失望する

***de-s|en-'ga-ño** [デ.セン.'ガ.ニョ] 93% 名 男 幻滅, 失望; 迷いから覚めること, 真実がわかること

de-s|en-gra-'sar [デ.セン.グら.'サる] 動 他 〈から〉脂肪をとる; 〈の〉油の汚れを落とす 動 自 《話》〘体〙(脂肪を落として)やせる; 〘食〙(油の味を果物などで)口直しする

de-s|en-'gra-se [デ.セン.'グら.セ] 名 男 脂肪分の除去

de-s|en+he-'brar [デ.セ.ネ.'ブらる] 動 他 〈針などの〉糸を抜く

de-s|en-jau-'lar [デ.セン.はウ.'ラる] 動 他 かご[檻(おり)]から出す

***de-s|en-'la-ce** [デ.セン.'ラ.セ] 93% 名 男 終わり, 終末, 結末; (事件などの)解決, 落着

de-s|en-la-'zar [デ.セン.ラ.'さる] [動] [他] [34] (z|c) 緩める, 解く; 解明する, 解く　**～se** [動] [再] 解ける, ほどける; «物事が»明らかになる, はっきりとする, 解明する

de-s|en-lu-'tar [デ.セン.ル.'タる] [動] [他] ‹の›喪を明けさせる　**～se** [動] [再] 喪が明ける

de-s|en-ma-ra-'ñar [デ.セ(ン).マ.ら.'ニャる] [動] [他] ‹もつれたものを›ほどく, 解く; ‹複雑な問題を›解く, 解決する, 明らかにする

de-s|en-mas-ca-'rar [デ.セ(ン).マス.カ.'らる] [動] [他] ‹の›正体を暴露する; ‹の›仮面をはぐ　**～se** [動] [再] 仮面をとる, 正体を現す

de-s|en-mo+he-'cer [デ.セ(ン).モ.エ.'せる] [動] [他] [45] (c|zc) ‹の›さび[かび]を落とす; ‹古くなった物を›再び使う; ‹活動を›再び始める

de-s|e-no-'jar [デ.セ.ノ.'はる] [動] [他] ‹の›怒りを鎮める, なだめる　**～se** [動] [再] 怒りがおさまる

de-s|en-re-'dar [デ.セン.れ.'ダる] [動] [他] ‹の›もつれを解く, ほどく; ‹事件・問題を›解決する　**～se** [動] [再] (de: 困難から)抜け出す, 切り抜ける; ほどける

de-s|en-ro-'llar [デ.セン.ろ.'ジャる] [動] [他] ‹巻いた物を›開く, 広げる　**～se** [動] [再] «巻いた物が»解ける, 広がる

de-s|en-ros-'car [デ.セン.ろス.'カる] [動] [他] [69] (c|qu) ‹ねじを›緩める, 外す; ‹巻いたものを›解く, ほどく

de-s|en-si-bi-li-za-'ción [デ.セン.スィ.ビ.リ.さ.'すぃオン] [名] [女] 〘医〙 脱感作(かん); 〘技〙 感度抑圧

de-s|en-si-bi-li-'zan-te [デ.セン.スィ.ビ.リ.'さン.テ] [形] 〘医〙 過敏性を減ずる

de-s|en-si-bi-li-'zar [デ.セン.スィ.ビ.リ.'さる] [動] [他] [34] (z|c) 〘医〙 ‹の›過敏性を軽減する

de-s|en-si-'llar [デ.セン.スィ.'ジャる] [動] [他] 〘畜〙 ‹馬などの›鞍を外す

de-s|en-ten-'der-se [デ.セン.テン.'デる.セ] [動] [再] [51] (e|ie) (de: に)関わろうとしない, 関心を持たない; (de: を)知らないふりをする　***hacerse el [la] desentendido [da]*** 知らないふりをする

de-s|en-te-'rrar [デ.セン.テ.'ら゙る] [動] [他] [50] (e|ie) 掘り出す, (de: から)発掘する; 蒸し返す, 思い起こす

de-s|en-tol-'dar [デ.セン.トル.'ダる] [動] [他] ‹の›日よけを外す; ‹の›飾り[道具類]を取り去る

de-s|en-to-'nar [デ.セン.ト.'ナる] [動] [自] 〘楽〙 旋律が外れる, 調子が外れる, 音程が狂う; 場違いなことを言う, その場にふさわしくない　**～se** [動] [再] (contra: に)大声で無礼に話す, 声を荒げる

de-s|en-tor-pe-'cer [デ.セン.トる.ペ.'せる] [動] [他] [45] (c|zc) ‹手足などの›しびれを直す

de-s|en-tram-'par [デ.セン.トらン.'パる] [動] [他] 《話》 ‹に›借金を返す　**～se** [動] [再] 《話》 借金を完済する

de-s|en-tra-'ñar [デ.セン.トら.'ニャる] [動] [他] ‹物事の›根底まではっきりさせる, 探求する, 解明する; 〘食〙 ‹の›はらわたを抜き出す

de-s|en-tu-me-'cer [デ.セン.トゥ.メ.'せる] [動] [他] [45] (c|zc) ‹足を›伸ばす, ほぐす; ‹手足の›しびれを直す

de-s|en-vai-'nar [デ.セン.バイ.'ナる] [動] [他] ‹剣などを›さやから抜く; 〘動〙 ‹爪を›むく, むき出す; 暴露する, 明らかにする

de-s|en-vol-'tu-ra [デ.セン.ボル.'トゥ.ら] [名] [女] 自信; 自由, 奔放, のびのびした行動; あつかましさ

***de-s|en-vol-'ver** [デ.セン.ボル.'べる] 94% [動] [他] [76] (o|ue)〔過分 -vuelto〕‹包んだ物を›あける; ‹巻いた物を›開く, 広げる; ‹議論などを›発展させる, 展開させる, ‹理論を›詳説する, 解説する; ‹商売・事業を›拡張する　**～se** [動] [再] 自活する, 独力でなんとかやっていく; うまくやる, ものおじしないで行う, 堂々と行う; «物事が»うまくいく, 運ぶ; «包んだものが»あく, 広がる; 発展する, 進歩する

de-s|en-vol-vi-'mien-to [デ.セン.ボル.ビ.'ミエン.ト] [名] [男] 展開, 進展; 明らかにする[なる]こと, 解明; (包みを)開くこと

de-s|en-'vuel-to, -ta [デ.セン.'ブエル.ト, タ] [形] のびのびとした, 自由奔放な, 自信をもった, 確信に満ちた; あつかましい, ずうずうしい

de-sen-'vuel-v~ [動] 《直現/接現/命》 ↑desenvolver

****de-'se+o** 81% [名] [男] (強い)願い, 願望, 欲望; 性的欲望, 性欲 [動] 《直現 1 単》 ↑desear　***a la medida de su ～*** 自分の思いどおりに　***tener ～ de*** ...(不定詞) …したい　***venir en ～*** (a: が)«不定詞: …する»気になる

***de-se+'o-so, -sa** 94% [形] 望んで(いる), 欲しがって(いる); 物欲しげな, 羨望(せんぼう)の

de-s|e-qui-li-'bra-do, -da [デ.セ.キ.リ.'ブら.ド, ダ] [形] 不均衡な, 釣り合いのとれない, アンバランスな; 〘医〙 精神異常の [名] [男] [女] 〘医〙 精神異常者

de-s|e-qui-li-'brar [デ.セ.キ.リ.'ブらる] [動] [他] ‹の›落ち着きを失わせる, ‹の›精神の安定を乱す, 狂わせる; ‹の›バランスを失わせる　**～se** [動] [再] バランスを失う; 落ち着きを失う

de-s|e-qui-'li-brio [デ.セ.キ.'リ.ブりオ] [名] [男] バランスを失うこと, 不均衡, 不安定; 落ち着きのなさ, 精神異常

de-ser-'ción [デ.セる.'すぃオン] [名] [女]

〔軍〕脱走; 脱退, 脱党; 見捨てること, 放棄;〘法〙訴訟の取り下げ

de-ser-'tar [デ.セる.'タる] 動 自 〔軍〕(de: 軍隊などから)脱走する; (de: 職場を)捨てる, 放棄する; (de: に)姿を見せなくなる, 脱退する, やめる

de-'sér-ti-co, -ca [デ.'セる.ティ.コ, カ] 形 砂漠の, 砂漠のような; 無人の

de-ser-ti-za-'ción [デ.セる.ティ.さ.'すぃオン] 名 女 砂漠化

de-s|er-ti-'zar [デ.セる.ティ.'さる] 動 他 34 (z|c) 砂漠化させる ~se 動 再 砂漠化する, 砂漠になる

de-ser-'tor, -'to-ra [デ.セる.'トる, 'ト.ら] 名 男 女 〔軍〕脱走兵; 逃亡者

***de-s|es-pe-ra-'ción** [デ.セス.ペ.ら.'すぃオン] 92% 名 女 絶望, 失望, 断念, がっかり; 必死の努力, 死にものぐるい; 捨てばち, やけ, 自暴自棄; 絶望させるもの;《話》しゃくの種, 腹立たしい物[人]

de-s|es-pe-'ra-do, -da** [デ.セス.ペ.'ら.ド, ダ] 91% 形 絶望的な, すっかり絶望している; 必死の, 死にものぐるいの; 自暴自棄の, やけの 名 男 女 絶望した人 **-da-mente** 副 必死になって; 絶望的になって ***a la desesperada 最後の望みを託して

de-s|es-pe-'ran-te [デ.セス.ペ.'らン.テ] 形 気を狂わすような, いらいらさせる, 腹立たしい; 絶望的な; 必死の, がむしゃらな

de-s|es-pe-'ran-za [デ.セス.ペ.'らン.さ] 名 女 絶望

de-s|es-pe-ran-za-'dor, -'do-ra [デ.セス.ペ.らン.さ.'ドる, 'ド.ら] 形 絶望的な

de-s|es-pe-ran-'zar [デ.セス.ペ.らン.'さる] 動 他 34 (z|c) 〈の〉希望を奪う, 絶望させる ~se 動 再 絶望する

***de-s|es-pe-'rar** [デ.セス.ペ.'らる] 93% 動 他 失望させる, がっかりさせる, 絶望させる; いらいらさせる ~(se) 動 自 (再) (de: の)望みを失う, 絶望する, (de: を)あきらめる; 自暴自棄になる, やけになる, いらいらする, 気をもむ

de-s|es-ta-bi-li-'zar [デ.セス.タ.ビ.リ.'さる] 動 他 34 (z|c) 不安定にする

de-s|es-ti-'mar [デ.セス.ティ.'マる] 動 他 あなどる, 軽んじる; 〈申し入れ・提案などを〉拒絶する, 拒否する;〘法〙〈要求・請求を〉却下する

de-s|es-truc-tu-ra-'ción [デ.セス.トるク.トゥ.ら.'すぃオン] 名 女 構造化, 組織化

de-s|es-truc-tu-'rar [デ.セス.トるク.トゥ.'らる] 動 他 非構造化する, 〈の〉組織を破壊する ~se 動 再 非構造化される, 組織が破壊される

des-fa-cha-'tez [デス.ファ.チャ.'テす] 名 女《話》あつかましさ, ずうずうしさ

des-fal-'car [デス.ファル.'カる] 動 他 69 (c|qu)〘法〙〈公金などを〉使い込む, 横領する; 半端にする

des-'fal-co [デス.'ファル.コ] 名 男〘法〙横領, 使い込み

des-fa-lle-'cer [デス.ファ.ジェ.'せる] 動 自 45 (c|zc) 気を失う, 気を失いそうになる; へこたれる, 弱くなる, くじける 動 他 弱くする, 弱める

des-fa-lle-ci-'mien-to [デス.ファ.ジェ.すぃ.'ミエン.ト] 名 男 失神; 衰弱, 衰え

des-fa-'llez-co, -ca(~) 動《直現1単, 接現》↑desfallecer

des-fa-'sa-do, -da 形 (考え方・行動などが)時代遅れの, 流行でない;〘物〙位相が異なる[ずれた]

des-fa-'sa-je 名 男《(キューバ)》《(ベネズエラ)》《(ラプラタ)》ずれ, 食い違い

des-fa-'sar [デス.ファ.'サる] 動 他 ずらす, 〈に〉食い違いを起こす; 時代遅れにする 動 自 ずれる, 食い違う; 時代遅れになる;《話》やり過ぎる, 度を超す

des-'fa-se 名 男 ずれ, 食い違い, 遅れ;〘物〙位相差 ~ ***horario*** 時差ぼけ, ジェットラグ

des-fa-vo-'ra-ble [デス.ファ.ボ.'ら.ブレ] 形 (a, para: に)都合の悪い, 不運な, 不利の

des-fa-vo-re-'cer [デス.ファ.ボ.れ.'せる] 動 他 45 (c|zc) 疎んじる, 冷遇する; 〈に〉似合わない; 不利にする

des-fi-gu-ra-'ción [デス.フィ.グ.ら.'すぃオン] 名 女 様相が変化すること; 歪曲

des-fi-gu-'rar [デス.フィ.グ.'らる] 動 他 醜くする, 〈の〉形を損ねる; 〈事実・心理などを〉歪める, 曲げる; 〈外見・表面を〉損なう; 〈の〉形を変える, 〈の〉輪郭をぼやけさせる ~-se 動 再 醜くなる, 形が崩れる

des-fi-la-'de-ro [デス.フィ.ラ.'デ.ろ] 名 男〘地〙(山間の)狭い道, 峠道

des-fi-'lar [デス.フィ.'らる] 動 自 行進する;〘軍〙分列行進する; 列を作って進む

***des-'fi-le** [デス.'フィ.レ] 92% 名 男 行進, パレード, 行列; 〔一般〕列;〘軍〙分列行進

des-flo-ra-'ción [デス.フロ.ら.'すぃオン] 名 女 花をもぎ取ること; 処女性を奪うこと, 破瓜(はか)

des-flo-'rar [デス.フロ.'らる] 動 他 〈花を〉もぎ取る, 〈の〉美を奪う; 〈処女性を〉奪う; 〈物事の〉表面だけを扱う, 〈に〉簡単に言及する

des-fo-ga-'mien-to 名 男 (感情の)吐露

des-fo-'gar [デス.フォ.'ガる] 動 他 41

(g|gu)〈感情などを〉(en, con: に)ぶちまける, 発散させる; 〈の〉通気孔を作る; 〈石灰を〉消和する 動 自〘海〙《嵐が》起こる ～se 動 再 (con, en: に)怒りをぶちまける, 発散する

des-fo-'liar [デス.フォ.'リアる] 動 自〘植〙《木の》葉が落ちる, 落葉する

des-fo-llo-'nar [デス.フォ.ジョ.'ナる] 動 他〘植〙摘芽する,〈の〉むだな葉を落とす

des-fon-da-'mien-to 名 男 底が抜けること; スタミナ切れ

des-fon-'dar [デス.フォン.'ダる] 動 他〈壺などの〉底をこわす; 〈の〉スタミナをなくす; 〘海〙〈船の〉底に穴をあける; 〘農〙〈畑を〉深く耕す ～se 動 再《壺・引き出しなどの底が》壊れる, 抜ける; 〘海〙《船の》底に穴が開く

des-fo-res-ta-'ción [デス.フォ.れス.タ.'すぃオン] 名 女 森林破壊

des-fo-res-'tar [デス.フォ.れス.'タる] 動 他〈の〉森林を破壊する

des-frag-men-ta-'ción [デス.フらグ.メン.タ.'すぃオン] 名 女〘情〙(ディスクの)デフラグ

des-frag-men-'tar [デス.フらグ.メン.'タ.る] 動 他〘情〙〈ディスクを〉デフラグする

des-'gai-re [デス.'ガイ.れ] 名 男 だらしなさ, 無精; 無頓着, 平気; 軽蔑した顔つき[態度] *al* ～ 無頓着に, ぞんざいに

des-ga-'jar [デス.ガ.'はる] 動 他 切り離す, 引きちぎる, もぎとる, 引き裂く; (de: 職場・住居などから)追い立てる ～se 動 再 折れて取れる, ちぎれる, 裂ける; 離れる, 去る

des-'ga-je [デス.'ガ.へ] 名 男 引き裂く[裂かれる]こと

des-gal-ga-'de-ro [デス.ガル.ガ.'デ.ろ] 名 男〘地〙石の多い斜面

des-ga-li-'cha-do, -da [デス.ガ.リ.'チャ.ド, ダ] 形《話》(格好などが)見苦しい, ぶざまな

des-'ga-na 名 女 食欲不振; 気が進まないこと, 不本意

des-ga-'na-do, -da 形 食欲がない; 気がすすまない, やる気がない

des-ga-'nar [デス.ガ.'ナる] 動 他〈に〉興味を失わせる; 〈に〉食欲をなくさせる; うんざりさせる ～se 動 再 食欲をなくす; (de: が)嫌いになる, (de: に)あきる

des-'ga+no 名 男 ⇧ desgana

des-ga-ñi-'tar-se [デス.ガ.ニィ.'タる.セ] 動 再《話》金切り声をあげる, (しゃがれ声で)どなる, わめく

des-gar-'ba-do, -da [デス.ガる.'バ.ド, ダ] 形 ぶざまな, みっともない, 不格好な

des-ga-rra-'dor, -'do-ra [デス.ガ.ら.'ドる, 'ド.ら] 形 悲痛な, 胸を引き裂くような

des-ga-'rrar [デス.ガ.'ら る] 動 他 引き裂く; ひどく悲しませる ～se 動 再 裂ける, 破れる; (de: と)別れる; 〘医〙肉離れを起こす

des-'ga-rro [デス.'ガ.ろ] 名 男 (de: 布などを)引き裂くこと, 裂け目, ほころび; あつかましい言動; 自信, うぬぼれ, 強がり; 《ラ米》(吐き出された)唾(つば), 痰(たん); 〘医〙肉離れ

des-ga-'rrón [デス.ガ.'ろン] 名 男 (紙・布などの)大きな裂け目, かぎ裂き; 片, 断片, ぼろ切れ; 〘医〙裂傷

des-gas-'ta-do, -da 形 すり切れた, すり減った

*__des-gas-'tar__ [デス.ガス.'タる] 93% 動 他 すり減らす, 使い古す; 疲れさせる, 消耗させる ～se 動 再 すり減る; 力がなくなる, へたばる, 消耗する

des-'gas-te 名 男 すり切れ, 消耗, 摩滅; 腐食, 侵食

des-glo-'sar [デス.グロ.'サる] 動 他〈の〉注を削除する; 〈一部を〉抜き取る, 分離する, 切り離す

des-'glo-se [デス.'グロ.セ] 名 男 (注などの)削除; 内訳, 分類

des-go-ber-'nar [デス.ゴ.べる.'ナる] 動 他 50 (e|ie) 〘政〙〈に〉悪政を施す; 〈組織・秩序を〉乱す; 脱臼(だっきゅう)させる

des-go-'bier+no [デス.ゴ.'ビエる.ノ] 名 男〘政〙悪政, 失政, 乱脈; 誤った管理[処置], 不始末; 混乱, 乱雑

des-gon-'zar-se [デス.ゴン.'さる.セ] 動 再 34 (z|c) 《コロンビア》脱力する

**__des-'gra-cia__ [デス.'グら.すぃア] 88% 名 女 不運, 不幸, 災難; (人を)疎(うと)んじること, 冷遇, 無愛想; 恥[不名誉]となる人[もの, こと], 恥さらし; 《話》へたくそ *por* ～ 不運にも, 不幸にも, 残念なことに

*__des-gra-'cia-da-'men-te__ [デス.グら.'すぃア.ダ.'メン.テ] 92% 副《文修飾》不幸にも, 残念なことに; みじめに, 不遇のうちに

*__des-gra-'cia-do, -da__ [デス.グら.'すぃア.ド, ダ] 92% 形 名 男 女 不運な(人), 不幸な(人); みじめな(人), 悲惨な; 魅力のない(人), つまらない(人), 品のない(人); 適切でない, まずい; 《話》〔軽蔑〕恥さらし; 《話》〔軽蔑〕いくじなし; 〔人〕役たたず

des-gra-'ciar [デス.グら.'すぃアる] 動 他 だいなしにする; 不機嫌にする, 怒らせる; 〈女性を〉辱(はずかし)める, 暴行する ～se 動 再 だいなしになる

des-gra-'nar [デス.グら.'ナる] 動 他 穀から取り出す, 〈の〉さやをむく, 〈ブドウを〉もぎ取る; 〘農〙〈穀物を〉脱穀する; 《格》〈音を〉出す, 奏(かな)でる; 《格》〈ロザリオ・数珠を〉繰(く)る; 《格》〈火薬を〉ふるいにかける ～se 動 再 穀[粒, 実]が取れる; 《格》《真珠・数珠などが》ばらばらになる, 糸から抜ける

des-gra-va-'ción [デス.グら.バ.'すぃオン] 名 女 控除; 〘法〙減税

des-gra-'var [デス.グら.'バる] 動 他 〘法〙〈の〉税を控除する, 減税する, 関税を割り引く　~(se) 動 自 (再) 〘法〙税が控除される, 減税される

des-gre-'ña-do, -da [デス.グれ.'ニャ.ド, ダ] 形 〘体〙《髪が》乱れた

des-gre-'ñar [デス.グれ.'ニャる] 動 他 〘体〙〈の〉髪を乱す　~se 動 再 〘体〙髪が乱れる

des-'gua-ce [デス.'グア.せ] 名 男 《スペイン》〘技〙(機械・自動車の)解体　*estar para el* ~ 《話》使い物にならない, おしゃかである

des-gua-le-'ta-do, -da [デス.グア.レ.'タ.ド, ダ] 形 《コロンビア》《話》だらしない, ぞんざいな

des-gua-ñan-'ga-do, -da [デス.グア.ニャン.'ガ.ド, ダ] 形 《中米》《南米》《話》だらしない, ぞんざいな; 《カリブ》《話》元気のない, 疲れた

des-gua-ñan-'gar [デス.グア.ニャン.'ガる] 動 他 ㊶ (g|gu) 《中米》壊す, ばらばらにする

des-guar-ne-'cer [デス.グアる.ネ.'せる] 動 他 ㊺ (c|zc) 〈から〉飾りを取る; 取る, 分解する; 〘畜〙〈馬などの〉引き具を取り外す; 〘軍〙〈守備隊を〉撤退させる

des-gua-'zar [デス.グア.'さる] 動 他 ㉞ (z|c) 〘技〙〈機械などを〉解体する; 〘海〙〈船を〉解体する

des+ha-bi-'llé [デ.サ.ビ.'ジェ] 名 男 〘衣〙ネグリジェ, 婦人の部屋着, 化粧着

des-ha-bi-'ta-do, -da [デ.サ.ビ.'タ.ド, ダ] 形 人の住まない, 住民のいない, 荒涼とした

des-ha-bi-'tar [デ.サ.ビ.'タる] 動 他 無人の土地にする

des-ha-bi-'tuar [デ.サ.ビ.'トゥアる] 動 他 ⑰ (u|ú) 〈の〉習慣をなくさせる　~se 動 再 (de: の)習慣をなくす

＊des-ha-'cer [デ.サ.'せる] 90% 動 他 ㊱ (hacer) 壊す, 崩す, 破壊する, 切る, 解体する; 〈結び目を〉ほどく; 溶かす; 〘軍〙壊滅させる, 敗走させる; 無効にする, 破棄する; 荒廃させる; 〘情〙〈操作を〉元に戻す　~se 動 再 崩れる, 壊れる, ほどける; 溶ける, 液体となる; (en, por: を)懸命にする, がんばる, 極端にする; (de: を)手放す, 行かせる, 追い払う; 《人が》(肉体的・精神的に)参ってしまう, くたくたになる, さいなまれる; 消える, 見えなくなる　*~se entre las manos* すぐに壊れる, すぐになくなる　*quien hace y deshace* 牛耳る人, 自由に采配する人

des-'ha-go, -ga(~) 動 《直現1単, 接現》⬆deshacer

des-ha-r~ 動 《直未/過未》⬆deshacer

des-ha-rra-'pa-do, -da [デ.サ.ら.'パ.ド, ダ] 形 名 男 女 ぼろを着た(人), みすぼらしい身なりの(人); 《中米》《話》恥知らずな(人), ずうずうしい(人), あつかましい(人)

des-haz 動 《命》⬆deshacer

des-he-'brar [デ.セ.'ブらる] 動 他 〈編物・織物を〉ほどく, 〈の〉糸を抜く; 〈サヤインゲンなどの〉すじを取る

des+he-'char [デ.セ.'チャる] 動 自 《コロンビア》近道を行く

des-'he-cho, -cha [デ.'セ.チョ, チャ] 形 まだできていない, 終わっていない; 壊れた, 破壊された; 疲れきった; 打ちのめされた, 絶望した; すり減った, すり切れた; 溶けた; 〘気〙《雨・風が》強い, 激しい; 《チリ》《ラプラタ》汚い, みすぼらしい

des-he-'lar [デ.セ.'ラる] 動 他 ㊿ (e|ie) 〈凍った物を〉解かす, 解凍する　~se 動 再 《凍った物が》解ける, 解凍される

des-her-'bar [デ.セる.'バる] 動 他 ㊿ (e|ie) 〈の〉雑草を抜く, 除草する

des-he-re-'da-do, -da [デ.セ.れ.'ダ.ド, ダ] 形 名 男 女 恵まれない(人); 廃嫡(はいちゃく)された(人)

des-he-re-'dar [デ.セ.れ.'ダる] 動 他 廃嫡(はいちゃく)する, 〈の〉相続権を奪う

des-her-ma-'nar [デ.セる.マ.'ナる] 動 他 不揃(ぞろ)いにする

des-hi-c~ 動 《活用》⬆deshacer

des-hi-dra-ta-'ción [デ.スィ.ドら.タ.'すぃオン] 名 女 〘医〙脱水(症状)

des-hi-dra-'tan-te [デ.スィ.ドら.'タン.テ] 形 〘医〙脱水の 名 男 脱水剤[物質]

des-hi-dra-'tar [デ.スィ.ドら.'タる] 動 他 〘医〙脱水症状にする; 〘化〙脱水する　~se 動 再 〘医〙脱水症状になる; 〘化〙脱水する

des-'hie-lo [デ.'スィエ.ロ] 名 男 〘気〙雪解け(の時期), 解氷, 解氷期; 〘政〙緊張緩和, 雪解け; 〘機〙霜とり; 除氷

des-hi-'jar [デ.スィ.'はる] 動 他 《ラ米》〘植〙剪定(せんてい)する

des-hi-la-'char [デ.スィ.ラ.'チャる] 動 他 〘衣〙〈布・洋服から〉糸を抜く, ほどく, ほぐす　~se 動 再 〘衣〙《布・洋服が》糸がほぐれる, ほつれる

des-hi-'la-do, -da [デ.スィ.'ラ.ド, ダ] 形 〘衣〙糸がほどけた, ほつれた 名 男 〘衣〙透かし刺繍(ししゅう)　*a la deshilada* 一列になって

des-hi-'lar [デ.スィ.'ラる] 動 他 〘衣〙〈織物の〉糸を抜く, 〈編物を〉ほどく, ほぐす; 細切りにする 動 自 やせ細る　~se 動 再 《布が》ほどける

des-hil-va-'na-do, -da [デ.スィル.バ.'ナ.ド, ダ] 形 《話・考えが》まとまりのない, ばらばらの

des-hil-va-'nar [デ.スィル.バ.'ナる] 動 他 〘衣〙〈の〉しつけ糸をほどく

des-hin-'char [デ.スィン.'チャる] 動 他 〈タイヤ・気球などを〉しぼませる; 〔医〕〈の〉腫(は)れを引かせる ～se 動 再 〔医〕腫れが引く; «タイヤなどが»しぼむ; 《話》傲慢さがなくなる

des-hi-po-te-'car [デ.スィ.ポ.テ.'カる] 動 他 69 (c|qu) 〔商〕〈の〉抵当分を完済する, 抵当から外す

des-'hi-zo 動 《直点 3 単》 ↑deshacer

des-ho-'jar [デ.ソ.'はる] 動 他 〔植〕〈森林を〉落葉させる; 〔植〕〈木の〉葉を落とす; 〈の〉花びらをむしる, 取る ～se 動 再 〔植〕«木が»落葉する; 〔植〕花びらが落ちる

des-'ho-je [デ.'ソ.へ] 名 男 落葉

des-ho-lli-na-'dor, -'do-ra [デ.ソ.ジ.ナ.'ドる, 'ド.ら] 名 男 女 煙突掃除人; 《話》詮索(せんさく)の好きな人 名 男 煙突掃除用のほうき

des-ho-lli-'nar [デ.ソ.ジ.'ナる] 動 他 〈煙突の〉すすを払う, 〈煙突を〉掃除する

des-ho-nes-ti-'dad [デ.ソ.ネス.ティ.'ダド] 名 女 不正直, 不誠実; 不体裁, 無作法, 下品な行為[言葉]

des-ho-'nes-to, -ta [デ.ソ.'ネス.ト, タ] 形 不作法な, 品の悪い, みだらな; 不正直な, 不誠実な, 不正な

des-ho-'nor [デ.ソ.'ノる] 名 男 不名誉, 不面目, 恥; 侮辱, 無礼; 〔人〕恥さらし, 面(つら)汚し

des-'hon-ra [デ.'ソン.ら] 名 女 不名誉, 不面目, 恥; 〔人〕恥さらし, 面汚し; 女性を辱(はずかし)めること, 凌辱(りょうじょく); 恥ずべき行為 *tener a* ～ 不名誉なこととみなす, 恥と思う

des-hon-'rar [デ.ソン.'らる] 動 他 辱(はずかし)める, 〈の〉名誉を汚す, 〈の〉面目をつぶす; 侮辱する; 〈女性を〉辱める, 凌辱(りょうじょく)する

des-hon-'ro-so, -sa [デ.ソン.'ろ.ソ, サ] 形 不名誉な, 恥ずべき, 不面目な

des-'ho-ra [デ.'ソ.ら] 名 女 都合の悪い時間 *a* ～ いつもと違う時間に, とんでもない時に; 夜遅く; 折悪く

des-hue-'sar [デ.スエ.'サる] 動 他 〔食〕〈鶏・魚などの〉骨を取る; 〈果実の〉種を取る

des-hu-ma-ni-za-'ción [デ.ス.マ.ニ.さ.'すぃオン] 名 女 非人間化

des-hu-ma-ni-'zar [デ.ス.マ.ニ.'さる] 動 他 34 (z|c) 非人間化する, 〈の〉人間らしさを失わせる

de-si-de-'ra-ta 名 女 ↓desiderátum

de-si-de-ra-'ti-vo, -va [デ.スィ.デ.ら.'ティ.ボ, バ] 形 〔言〕願望の

de-si-de-'rá-tum [デ.スィ.デ.'ら.トゥム] 名 男 〔複 -tums〕望まれるもの, 絶対必要なもの

de-'si-dia 名 女 怠惰, 不精, だらしなさ, 不注意

de-si-'dio-so, -sa 形 怠惰な, 不精な, なまけ者の, だらしない

****de-'sier-to, -ta** [デ.'スィエる.ト, タ] 90% 形 人の住まない, さびれ果てた, 無人の; 〔地〕荒野の, 砂漠の, 不毛の; 人のいない, 出席者のない; 該当者[当選者]がいない 名 男 〔地〕砂漠, 荒野 *predicar* [*clamar*] *en el* ～ 〔ことわざ〕砂漠で説教するようなものである(「馬の耳に念仏」にあたる)

de-sig-na-'ción [デ.スィグ.ナ.'すぃオン] 名 女 任命, 指名; 名称, 名前

****de-sig-'nar** [デ.スィグ.'ナる] 89% 動 他 (como, para: に)指名する, 任命する, 選定する, 指定する; (por, con: と)名づける; 取り決める

de-'sig-nio [デ.'スィグ.ニオ] 名 男 意図, 目的; 計画

***de-s|i-'gual** [デ.スィ.'グアル] 92% 形 等しくない, 同等でない, 不平等な; 不揃(ふぞろ)いの, むらのある, 一様でない, 似ていない; 〔地〕«土地が»平らでない, でこぼこの; 〔気〕«天気が»変わりやすい; 気まぐれな, 移り気の

de-s|i-gua-'lar [デ.スィ.グア.'ラる] 動 他 不揃(ぞろ)いにする, 一方的なものにする

de-s|i-gual-'dad [デ.スィ.グアル.'ダド] 名 女 等しくないこと, 不平等; 平らでないこと, でこぼこ, むら; 〔数〕不等(式)

de-s|i-'gual-'men-te [デ.スィ.'グアル.'メン.テ] 副 不平等に, 不揃いに

***de-s|i-lu-'sión** [デ.スィ.ル.'スィオン] 94% 名 女 失望, 期待外れ, がっかりすること, 幻滅; 希望のないこと

de-s|i-lu-sio-'na-do, -da [デ.スィ.ル.スィオ.'ナ.ド, ダ] 形 がっかりした, 失望した, 幻滅した; 希望のない

de-s|i-lu-sio-'nan-te [デ.スィ.ル.スィオ.'ナン.テ] 形 がっかりさせる, 失望[幻滅]させる

de-s|i-lu-sio-'nar [デ.スィ.ル.スィオ.'ナる] 動 他 失望させる, がっかりさせる; 幻滅させる, 〈の〉迷いを覚まさせる ～se 動 再 (de: で)失望する, がっかりする; 迷いから覚める

de-si-'nen-cia [デ.スィ.'ネン.すぃア] 名 女 〔言〕変化語尾

de-si-nen-'cial [デ.スィ.ネン.'すぃアル] 形 〔言〕変化語尾の

de-s|in-fec-'ción [デ.スィン.フェク.'すぃオン] 名 女 〔医〕殺菌, 消毒

de-s|in-fec-'tan-te [デ.スィン.フェク.'タン.テ] 形 〔医〕殺菌の, 消毒の 名 男 〔医〕殺菌剤, 消毒剤

de-s|in-fec-'tar [デ.スィン.フェク.'タる] 動 他 〔医〕殺菌する, 消毒する

de-s|in-fla-ma-'ción [デ.スィン.フ

ラ.マ.'すぃオン] 名 女 〔医〕炎症を鎮めること, 消炎

de-s|in-fla-'mar [デ.スィン.フラ.'マる] 動 他 〔医〕〈の〉炎症を鎮める ～se 動 再 〔医〕炎症が治まる

de-s|in-'flar [デ.スィン.'フラる] 動 他 (空気・ガスを抜いて)しぼませる; がっかりさせる, 失望させる ～se 動 再 《タイヤ・気球などが》しぼむ, 空気[ガス]が抜ける; がっかりする, 失望する

de-s|ins-ta-'lar [デ.スィ(ン)ス.タ.'ラる] 動 他 〔情〕アンインストールする

de-s|in-te-gra-'ción [デ.スィン.テ.グら.'すぃオン] 名 女 分解, 崩壊, 分裂

de-s|in-te-'grar [デ.スィン.テ.'グらる] 動 他 崩壊させる, 分解させる, 分裂させる ～se 動 再 崩壊する, 分解する, 分裂する

de-s|in-te-'rés [デ.スィン.テ.'れス] 名 男 私心[私欲]のないこと, 公平, 利己的でないこと; 気前のよさ, 寛大

de-s|in-te-re-'sa-do, -da [デ.スィン.テ.れ.'サ.ド, ダ] 形 利己的でない; 私心のない, 公平な -damente 副 無欲に, 私心なく, 公平に

de-s|in-te-re-'sar-se [デ.スィン.テ.れ.'サる.セ] 動 再 (de, por: に)興味を失う, 関心をなくす; (de: から)手を引く

de-s|in-to-xi-ca-'ción [デ.スィン.トク.スィ.カ.'すぃオン] 名 女 〔医〕解毒

de-s|in-to-xi-'car [デ.スィン.トク.スィ.'カる] 動 他 69 (c|qu) 〔医〕解毒する

de-sis-'tir [デ.スィス.'ティる] 動 自 (de: を)やめる, 断念する; 〔法〕(de: 権利を)放棄する

des-la-'va-do, -da [デス.ラ.'バ.ド, ダ] 形 さっと洗った; 厚顔の

des-la-'var [デス.ラ.'バる] 動 他 さっと洗う; 力を弱める

des-la-va-'za-do, -da [デス.ラ.バ.'さ.ド, ダ] 形 支離滅裂な, まとまりのない; 《服が》よれよれの, たるんだ

des-la-va-za-'mien-to [デス.ラ.バ.さ.'ミエン.ト] 名 男 混乱化, まとまりをなくすこと; さっと洗うこと

des-la-va-'zar 動 他 34 (z|c) ⇧ deslavar

des-le+'al [デス.レ.'アル] 形 (a, con: に)忠実でない, 不誠実な, 不実な; 公正でない, 不正な 名 共 不実な者, 裏切り者

des-le+al-'tad [デス.レ.アル.'タド] 名 女 忠実でないこと, 不誠実な行い, 不実

des-le-gi-ti-'mar [デス.レ.ひ.ティ.'マる] 動 他 〈の〉正当性を奪う

des-le+'ír [デス.レ.'イる] 動 他 58 (e|i; 〈i〉) 溶かす, 溶解する ～se 動 再 溶ける

des-len-'gua-do, -da [デス.レン.'グア.ド, ダ] 形 口汚い, (言葉などが)粗野な

des-'liar [デス.'リアる] 動 他 29 (i|í) ほどく, 解く ～se 動 再 ほどける

des-li-'cé, -ce(～) 動 《直点 1 単, 接現》↓deslizar

des-li-'gar [デス.リ.'ガる] 動 他 41 (g|gu) (de: から)自由にする, (de: 束縛などから)解放する, 免除する, 赦免する; ほどく, 解く; 切り離す, 分解する; 〔楽〕スタッカートで演奏する ～se 動 再 解放される, 解き放たれる

des-lin-'dar [デス.リン.'ダる] 動 他 〈の〉範囲[限界, 境界]を定める; 〈事柄・記述などを〉明らかにする

des-'lin-de [デス.'リン.デ] 名 男 限界[境界]決定; 説明, 明確化

des-'liz [デス.'リす] 名 男 《話》間違い, 過ち, 失敗; 滑ること

des-li-za-'de-ro [デス.リ.さ.'デ.ろ] 名 男 〔遊〕滑り台; 滑りやすい場所

des-li-za-'mien-to [デス.リ.さ.'ミエン.ト] 名 男 滑ること

des-li-'zan-te [デス.リ.'さン.テ] 形 滑りやすい

***des-li-'zar** [デス.リ.'さる] 93% 動 他 34 (z|c) 滑らせる, 滑走させる; するりと(en: に)入れる, そっと入れる; さりげなく言う; 〈秘密などを〉うっかり口走る 動 自 滑る, 滑走する, 滑るように走る; 滑るように動く, そっと動く; 〔情〕スクロールする ～se 動 再 滑る, 滑走する; 《時が》いつのまにか過ぎる, たつ; (entre: の間を)くぐり抜ける, 滑り落ちる, (de: から)抜け出す; (en: に)忍びこむ

des-lo-'mar [デス.ロ.'マる] 動 他 〈の〉背中を傷つける; 疲労困憊(こんぱい)させる; 《話》殴る, ぶつ ～se 動 再 背中を傷つける, (仕事などで)背中を痛める

des-lu-'ci-do, -da [デス.ル.'すぃ.ド, ダ] 形 見栄えのしない, やぼったい, さえない; 失敗の, 不首尾の

des-lu-ci-'mien-to [デス.ル.すぃ.'ミエン.ト] 名 男 見栄えのしないこと, さえないこと; 失敗, 不首尾

des-lu-'cir [デス.ル.'すぃる] 動 他 42 (c|zc) だいなしにする, だめにする; 〈金属の〉表面を曇らせる, さびさせる, 変色させる; 〈名誉などを〉汚す ～se 動 再 曇る, 汚れる, 色あせる; 評判を落とす, 信用をなくす

des-lum-bra-'dor, -'do-ra 形 ⇩ deslumbrante

des-lum-bra-'mien-to [デス.ルン.ブら.'ミエン.ト] 名 男 目がくらむこと, 眩惑(げんわく)

des-lum-'bran-te [デス.ルン.'ブらン.テ] 形 まぶしい, 目がくらむような

***des-lum-'brar** [デス.ルン.'ブらる] 94% 動 他 〈の〉目をくらませる; 眩惑(げんわく)する, だます, 〈の〉目を奪う ～se 動 再 目がくらむ

des-lus-'trar [デス.ルス.'トらる] 動 他 〈の〉名誉[名声]を汚す; 〈金属・ガラスを〉曇らせる, 〈の〉光沢を消す

des-'lus-tre [デス.'ルス.トれ] 名 男 不透明さ, つや消し; 不名誉, 汚点

des-ma-'drar [デス.マ.'ドらる] 動 他 〘畜〙〈家畜の子を〉母親から離す ～se 動 再 《話》はめを外す, やりすぎる

des-'ma-dre [デス.'マ.ドれ] 名 男 《話》はめを外すこと, どんちゃん騒ぎ

des-'mán 名 男 残虐行為, 非道な行い, 乱暴; 不運, 不幸; 〘動〙デスマン《モグラ科》

des-man-'dar [デス.マン.'ダる] 動 他 〈命令・注文を〉取り消す ～se 動 再 (命令などに)従わない, 反抗する, 制止しきれなくなる; (グループなどから)離れる, 一人で行ってしまう

des-man-te-la-'mien-to [デス.マン.テ.ラ.'ミエン.ト] 名 男 取りこわし, 撤去

des-man-te-'lar [デス.マン.テ.'ラる] 動 他 〈から〉家具[造作, 装備]を取り外す, 運び出す; 〘建〙〈城壁・要塞を〉取りこわす; 〘海〙〈船の〉帆柱[マスト]を外す

des-ma-'ña-do, -da [デス.マ.'ニャ.ド, ダ] 形 名 男 女 不器用な(人)

des-ma-qui-lla-'dor [デス.マ.キ.ジャ.'ドる] 名 男 化粧落とし, クレンジングクリーム

des-ma-qui-'llar [デス.マ.キ.'ジャる] 動 他 〈の〉化粧を落とす ～se 動 再 (自分の)化粧を落とす

des-ma-ra-'ñar [デス.マ.ら.'ニャる] 動 他 〈の〉もつれを解く ～se 動 再 もつれが解ける

des-mar-'car [デス.マる.'カる] 動 他 ⑹⑼ (c|qu) 〘競〙〈の〉マークを外す ～se 動 再 〘競〙(de: の)マークを外す

des-'mar-que [デス.'マる.ケ] 名 男 〘競〙〔サッカーなど〕マークを外すこと

des-ma-'ya-do, -da 形 気を失った, 人事不省の; がっかりした, 落胆した; 疲れきった, へとへとになった

***des-ma-'yar** [デス.マ.'ジャる] 94% 動 他 〘医〙失神させる 動 自 元気をなくす, くじける, ひるむ ～se 動 再 〘医〙失神する, 気が遠くなる, 卒倒する; 〘植〙《植物が》だらりとたれる[たれさがる]

des-'ma-yo 名 男 気絶, 失神; 落胆, 失望; 〘植〙シダレヤナギ *sin* ～ 一心に, 元気よく, へこたれずに

des-me-'di-do, -da 形 節制[節度]のない; 過度の, 法外の, 途方もない

des-me-'dir-se [デス.メ.'ディる.セ] 動 再 ⑷⑼ (e|i) 行き過ぎる, はめを外す

des-me-'drar [デス.メ.'ドらる] 動 他 悪化させる, 傷つける, 害する 動 自 衰える, 弱まる, 低下する ～se 動 再 悪くなる, 落ちぶれる; やせ衰える, 衰弱する

des-'me-dro [デス.'メ.ドろ] 名 男 悪化, 低下; 衰弱, 憔悴(しょうすい)

des-me-jo-'ra-do, -da [デス.メ.ほ.'ら.ド, ダ] 形 やつれている, 健康を害している

des-me-jo-ra-'mien-to [デス.メ.ほ.ら.'ミエン.ト] 名 男 悪化, 低下

des-me-jo-'rar [デス.メ.ほ.'らる] 動 他 悪化させる, 低下させる 動 自 ～se 動 再 〘医〙健康を損ねる; 悪化する, 質が悪くなる

des-me-le-'nar [デス.メ.レ.'ナる] 動 他 〘体〙〈の〉髪を乱す ～se 動 再 〘体〙髪が乱れる; 〘体〙(自分の)髪をくしゃくしゃにする

des-mem-bra-'ción 名 女 ⇩ desmembramiento

des-mem-bra-'mien-to [デス.メン.ブら.'ミエン.ト] 名 男 分裂, 分割

des-mem-'brar [デス.メン.'ブらる] 動 他 ⑸⓪ (e|ie) 分割する, 分離させる; 〘体〙手足を切断する ～se 動 再 分割される; (de: から)分離する

des-me-mo-'ria-do, -da [デス.メ.モ.'りア.ド, ダ] 形 名 男 女 忘れっぽい(人), 忘れん坊; 記憶喪失の; 記憶喪失者

des-men-'ti-da 名 女 否定, 反論 *dar la* ～ うそを暴く

des-men-'tir [デス.メン.'ティる] 動 他 ⑹⑸ (e|ie|i) 否定する, 打ち消す; 〈身分・資格に〉ふさわしくない, 〈評判などを〉裏切る; 〈の〉反証をあげる, 〈が〉誤っていることを示す; 隠す, 秘密にする 動 自 外れる, それる, 合わない; 前言を取り消す

des-me-nu-'zar [デス.メ.ヌ.'さる] 動 他 ⑶⑷ (z|c) 〈パンなどを〉小さくちぎる, 砕く; 綿密に調べる ～se 動 再 ちぎれる, 砕ける

des-me-re-'cer [デス.メ.れ.'せる] 動 他 ⑷⑸ (c|zc) 〈に〉値しない, 〈に〉ふさわしくない 動 自 (de: より)劣る, 一歩下がる; 価値が下がる, 質が落ちる

des-me-re-ci-'mien-to [デス.メ.れ.すぃ.'ミエン.ト] 名 男 見劣り, 遜色, 悪化

des-me-ri-'tar [デス.メ.り.'タる] 動 他 《メキシコ》《中米》《カリブ》《ベネズエラ》 ⇧ demeritar

des-me-'su-ra [デス.メ.'ス.ら] 名 女 不節制, 不行跡; 行き過ぎ; あつかましさ

des-me-su-'ra-do, -da [デス.メ.ス.'ら.ド, ダ] 形 過度の, 法外の, 節度のない, 途方もない; ずうずうしい, あつかましい **-da-mente** 副 過度に, ひどく

des-'mien-t~ 動 《直現/接現/命》 ⬆ desmentir

des-mi-ga-'jar [デス.ミ.ガ.'はる] 動 他 小さくちぎる, 砕く ～se 動 再 ぼろぼ

ろにちぎれる, 砕ける

des-mi-'gar 動 他 ㊶ (g|gu) ⇧ desmigajar

des-mi-li-ta-ri-za-'ción [デス.ミ.リ.タ.り.さ.'すぃオン] 名 女 〘軍〙 非武装化; 〘政〙 (軍政からの)民主化

des-mi-li-ta-ri-'zar [デス.ミ.リ.タ.り.'さる] 動 他 ㉞ (z|c) 〘軍〙 非武装化する; 〘政〙 (軍政から)民政に移す

des-mi-ne-ra-li-za-'ción [デス.ミ.ネ.ら.リ.さ.'すぃオン] 名 女 〘医〙 鉱物質消失

des-mi-'rria-do, -da [デス.ミ.'りア.ド, ダ] 形 《話》 ひょろひょろした, 虚弱な

des-mi-ti-fi-ca-'ción [デス.ミ.ティ.フィ.カ.'すぃオン] 名 女 非神話化

des-mi-ti-fi-'car [デス.ミ.ティ.フィ.'カる] 動 他 ㊴ (c|qu) 非神話化する

des-mo-'char [デス.モ.'チャる] 動 他 〘植〙 〈木の〉枝を刈り込む; 〘畜〙 角(つの)を切り取る; 〘文〙 〘楽〙 〈小説・曲の一部を〉カットする

des-'mo-che 名 男 木の枝を刈り込むこと; 角(つの)を切り取ること; 一斉解雇, 切り捨て; (作品の)一部カット

des-mo-no-po-li-'za-ción [デス.モ.ノ.ポ.リ.'さ.'すぃオン] 名 女 非専売化

des-mo-no-po-li-'zar [デス.モ.ノ.ポ.リ.'さる] 動 他 ㉞ (z|c) 非専売化する

des-mon-'ta-ble [デス.モン.'タ.ブレ] 形 取り外せる, 分離できる, 組み立て式の

des-mon-'tar [デス.モン.'タる] 動 他 分離する; 取り去る, 取り除く, 外す; 〈テントなどを〉たたむ; (馬などから)降ろす; 〈地面を〉平らにする, ならす, 平地にする, 切り開く 動 自 土地を切り開く; 〘畜〙 (de: 馬などから)下りる **～se** 動 再 ばらばらになる; 〘畜〙 (de: 馬などから)下りる

des-'mon-te 名 男 伐採, 開拓; 地ならし, 整地; 切りくずした土砂, がれき, 残土

des-mo-ra-li-za-'ción [デス.モ.ら.リ.さ.'すぃオン] 名 女 士気喪失; 堕落, 退廃, 風紀の乱れ

des-mo-ra-li-za-'dor, -'do-ra [デス.モ.ら.リ.さ.'ドる, 'ド.ら] 形 士気を喪失させる, がっかりさせる; 堕落させる, 退廃的な

des-mo-ra-li-'zar [デス.モ.ら.リ.'さる] 動 他 ㉞ (z|c) 〈の〉士気をそぐ; 〈の〉風紀を乱す, 堕落させる; 〈品性などを〉堕落させる, 汚す **～se** 動 再 士気をなくす; 堕落する, 腐敗する, 乱れる

des-mo-ro-na-'mien-to [デス.モ.ろ.ナ.'ミエン.ト] 名 男 崩壊, 風化

des-mo-ro-'nar [デス.モ.ろ.'ナる] 動 他 (徐々に)崩す, こわす **～se** 動 再 《建物が》崩壊する; 《希望などが》 (もろくも)消え失せる, 《計画などが》崩れる

des-mo-ti-va-'ción [デス.モ.ティ.バ.'すぃオン] 名 女 無気力, やる気をなくすこと

des-mo-ti-'va-do, -da [デス.モ.ティ.'バ.ド, ダ] 形 無気力な, やる気がない

des-mo-ti-'var [デス.モ.ティ.'バる] 動 他 無気力にする, 〈の〉やる気をなくさせる

des-mo-vi-li-za-'ción [デス.モ.ビ.リ.さ.'すぃオン] 名 女 〘軍〙 動員解除, 復員, 除隊

des-mo-vi-li-'zar [デス.モ.ビ.リ.'さる] 動 他 ㉞ (z|c) 〘軍〙 復員[除隊]させる

des-na-cio-na-li-za-'ción [デス.ナ.すぃオ.ナ.リ.さ.'すぃオン] 名 女 〘政〙 非国有化, 民営化

des-na-cio-na-li-'zar [デス.ナ.すぃオ.ナ.リ.'さる] 動 他 ㉞ (z|c) 〘政〙 非国有化する, 民営化する

des-na-ri-'ga-do, -da [デス.ナ.り.'ガ.ド, ダ] 形 〘体〙 鼻が欠けた, 鼻のつぶれた; 《話》 鼻ぺちゃの

des-na-'tar [デス.ナ.'タる] 動 他 〘食〙 〈牛乳から〉クリームを分離させる; 〈の〉いちばんよいところを取る

des-na-tu-ra-li-za-'ción [デス.ナ.トゥ.ら.リ.さ.'すぃオン] 名 女 国籍喪失[剥奪]; 変質, 変性; 混ぜ物の混入

des-na-tu-ra-li-'za-do, -da [デス.ナ.トゥ.ら.リ.'さ.ド, ダ] 形 自然[天然]のものでない; 変性した; (家族としての)情愛が欠けた

des-na-tu-ra-li-'zar [デス.ナ.トゥ.ら.リ.'さる] 動 他 ㉞ (z|c) 変性させる, 変質させる, 混ぜ物をする; 〈事実を〉ゆがめる, 歪曲する; 〈の〉国籍を奪う **～se** 動 再 国籍を失う

***des-ni-'vel** [デス.ニ.'ベル] 94% 名 男 起伏, でこぼこ, 高低の差; 〘地〙 くぼ地, 低地

des-ni-ve-'lar [デス.ニ.ベ.'ラる] 動 他 でこぼこにする, 〈に〉高低差[段]をつける; 傾ける **～se** 動 再 でこぼこになる, 段差がつく; 傾く

des-nu-'car [デス.ヌ.'カる] 動 他 ㊴ (c|qu) 〈の〉首を折る **～se** 動 再 首が折れる

des-nu-cle+a-ri-za-'ción [デス.ヌ.クレ.ア.り.さ.'すぃオン] 名 女 〘政〙 非核化, 核の廃絶

des-nu-cle+a-ri-'zar [デス.ヌ.クレ.ア.り.'さる] 動 他 ㉞ (z|c) 〘政〙 非核化する

des-'nu-da 動 《直現 3 単/命》 ⬇ desnudo, desnudar

****des-nu-'dar** [デス.ヌ.'ダる] 90% 動 他 裸にする, (de: 服を)脱がせる; むき出しにする, 〈刀を〉さやから抜く; はぐ, むく, はぎ取る, 奪う **～se** 動 再 裸になる, 服を脱ぐ; (de: を)捨てる, なくす

des-nu-'dez [デス.ヌ.'デす] 名 女 裸,

裸体, むき出し, 赤裸々

des-nu-'dis-mo [名] [男] ヌーディスム, 裸体主義

des-nu-'dis-ta [形] ヌーディズムの, 裸体主義の [名] [共] ヌーディスト, 裸体主義者

d

*__des-'nu-do, -da__ 92% [形] 裸の, 裸体の; 覆いのない, むき出しの, 樹木がない; «木が»葉がない; 金がない, 困窮している; «事実などが»ありのままの, あからさまの, 赤裸々な; (de: が)ない [名] [男] 〔美〕 裸体画, 裸体像 *al* ～ ありのままに, 赤裸々に

des-nu-tri-'ción [デス.ヌ.トり.'すぃオン] [名] [女] 〔医〕 栄養不良, 栄養失調

des-nu-'trir-se [デス.ヌ.'トりる.セ] [動] [再] 〔医〕 栄養不良になる

'de+so [名] [男] 《カリブ》《話》(漠然と)もの, こと

de-s|o-be-de-'cer [デ.ソ.べ.デ.'せる] [動] [他] ㊺ (c|zc) 〈の〉言うことを聞かない, 〈命令などに〉従わない

de-s|o-be-'dien-cia [デ.ソ.べ.'ディエン.すぃア] [名] [女] (a: への)反抗, 不服従

de-s|o-be-'dien-te [形] [名] [共] 言うことを聞かない(人), 反抗的な(人), 不服従の

de-s|o-bli-'ga-do, -da [デ.ソ.ブリ.'ガ.ド, ダ] [形] [名] [男] [女] 《メキシコ》《話》 無責任な(人)

de-s|obs-'truir [デ.ソ(ブ)ス.'トるイる] [動] [他] ㊲ (-y-) 〈から〉障害を取り除く

de-s|o-cu-pa-'ción [デ.ソ.ク.パ.'すぃオン] [名] [女] 暇; 余暇; 失業, 失業状態; 明け渡し, 立ち退き

*__de-s|o-cu-'pa-do, -da__ 94% [形] 空いている, 空の; «人が»暇な, することがない; 仕事のない, 失業した [名] [男] [女] 失業者

de-s|o-cu-'par [デ.ソ.ク.'パる] [動] [他] 〈家・席などを〉空ける; 〈から〉(de: じゃま物などを)取り除く, 空にする; 《メキシコ》 解雇する [動] [自] 《俗》 排便する ～**se** [動] [再] 仕事が終わる; 空く, 空席になる

de-s|o-do-'ran-te [デ.ソ.ド.'らン.テ] [形] 脱臭[防臭]剤の, 消臭効果のある [名] [男] 防臭剤, 脱臭剤, デオドラント, におい消し

de-s|o-do-ri-za-'ción [デ.ソ.ド.り.さ.'すぃオン] [名] [女] 脱臭

de-s|o-do-ri-'zar [デ.ソ.ド.り.'さる] [動] [他] ㉞ (z|c) 脱臭する, 〈の〉においをとる

de-'s|oi-go, -ga(~) [動] 《直現 1 単, 接現》 ↓desoír

de-s|o+'ír [デ.ソ.'イる] [動] [他] ㊼ (-y-) 〔直現 1 単 -go〕 〈忠告・助言などを〉聞かない, 無視する

de-so-la-'ción [デ.ソ.ラ.'すぃオン] [名] [女] 荒すこと, 荒れていること, 荒廃; 悲嘆, 苦悩, 悲しみ

de-so-'la-do, -da [デ.ソ.'ラ.ド, ダ] [形] 荒涼とした, 荒廃した; 人けのない, 殺伐とした; 悲しみに沈んだ

de-so-la-'dor, -'do-ra [デ.ソ.ラ.'ドる, 'ド.ら] [形] 悲惨な, ひどい; 荒廃させる

de-so-'lar [デ.ソ.'ラる] [動] [他] ⑯ (o|ue) 荒れさせる, 荒廃させる; 苦しめる, 悩ます, 悲しませる ～**se** [動] [再] 嘆く, 悩む, 悲しむ

de-sol-'dar [デ.ソル.'ダる] [動] [他] ⑯ (o|ue) 〈の〉はんだをはがす, 〈はんだづけした物を〉離す ～**se** [動] [再] はんだがはがれる

de-so-'lla-do, -da [デ.ソ.'ジャ.ド, ダ] [形] [名] [男] [女] 《話》 あつかましい(人), 恥知らずの(人)

de-so-'llar [デ.ソ.'ジャる] [動] [他] ⑯ (o|ue) 〈の〉皮をはぐ; 《話》 〈に〉金を払わせる, 〈の〉金を巻き上げる; ひどい目にあわせる, 〈に〉けがをさせる, 傷つける; こきおろす, 酷評する ～**se** [動] [再] 皮がむける ～ *vivo*[*va*] 激しく責める, 叱りつける; 大金を巻き上げる, すってんてんにする

de-s|or-bi-'ta-do, -da [デ.ソる.ビ.'タ.ド, ダ] [形] 途方もない, 法外な; 《話》 目を見開いた, 驚いた

de-s|or-bi-'tar [デ.ソる.ビ.'タる] [動] [他] 誇張する, 大げさに扱う; 軌道から外させる ～**se** [動] [再] 軌道から外れる

*__de-'s|or-den__ [デ.'ソる.デン] 91% [名] [男] 混乱, 乱雑, 無秩序; 〔複〕(社会的な)不穏, 騒動, 紛争, 暴動; 〔医〕(心・身体の)不調, 障害, (軽い)病気; 〔複〕 不節制, 無茶な生活

de-s|or-de-'na-da-'men-te [デ.ソる.デ.'ナ.ダ.'メン.テ] [副] 無茶苦茶に, 無秩序に

de-s|or-de-'na-do, -da [デ.ソる.デ.'ナ.ド, ダ] [形] 混乱した, 乱雑な; 不節制の, 無茶苦茶な; 《チリ》 «子供が»いたずら好きの; しつけが悪い

de-s|or-de-'nar [デ.ソる.デ.'ナる] [動] [他] 乱雑にする, 乱す, 混乱させる ～**se** [動] [再] 乱れる, 混乱する, めちゃくちゃになる

de-s|o-re-'ja-do, -da [デ.ソ.れ.'は.ド, ダ] [形] 《中米》《話》 ばかな, まぬけな; 《アンデス》《話》 歌がへたな, 音痴な

de-s|or-ga-ni-za-'ción [デ.ソる.ガ.ニ.さ.'すぃオン] [名] [女] (組織の)破壊, 解体; 混乱, 無秩序

de-s|or-ga-ni-'zar [デ.ソる.ガ.ニ.'さる] [動] [他] ㉞ (z|c) 〈の〉組織を乱す, 混乱させる ～**se** [動] [再] 混乱する, «組織が»乱れる

de-s|o-rien-ta-'ción [デ.ソ.りエン.タ.'すぃオン] [名] [女] 方角がわからなくなること; 混乱, 混迷

de-s|o-rien-'ta-do, -da [デ.ソ.りエン.'タ.ド, ダ] [形] 方角がわからなくなった, 道に迷った, 方向を見失った

de-s|o-rien-'tar [デ.ソ.りエン.'タる] [動] [他] 道に迷わせる; 混乱させる, 誤解させる

～se 動 再 道に迷う, 方角がわからなくなる; 困惑する, 混乱する

de-s|o-'sar [デ.ソ.'サる] 動 他 ㉒ (o|hue) 〈鶏・魚などの〉骨を抜く; 〈果物の〉種をとる

de-s|o-'var [デ.ソ.'バる] 動 自 《昆虫・魚・カエルなどが》産卵する

de-'s|o-ve [デ.'ソ.ベ] 名 男 (昆虫・魚・カエルなどの)産卵(期)

de-s|o-xi-'dar [デ.ソク.スィ.'ダる] 動 他 〖化〗〈から〉酸素を除く, 〈酸化物を〉還元する; 〈金属から〉さびを取り除く ～se 動 再 〖化〗酸素が除かれる, 還元される

de-s|o-xi-ge-'nar [デ.ソク.スィ.へ.'ナる] 動 他 〈から〉酸素を除く

de-s|o-ye(～) 動 《活用》 ↑desoír

des-pa-bi-la-'de-ras [デス.パ.ビ.ラ.'デ.らス] 名 女 〔単複同〕(ろうそくの)芯切りばさみ ***tener buenas ～*** 《話》 干渉をうまく逃れる

des-pa-bi-'la-do, -da [デス.パ.ビ.'ラ.ド, ダ] 形 《ラ米》 ⇩ espabilado

des-pa-bi-'lar [デス.パ.ビ.'ラる] 動 他 《ラ米》 ⇩ espabilar

des-pa-cha-'de-ras [デス.パ.チャ.'デ.らス] 〔成句〕 ***tener buenas ～*** 事務能力にすぐれている, てきぱき仕事をする

***des-pa-'char** [デス.パ.'チャる] 93% 動 他 処理する, (さっさと)済ませる, 片づける; 〈客の〉用事を聞く, 〈に〉応対する; 派遣する; 《話》 食べる, 平らげる; 解雇する, 首にする; 〖商〗 売る; 〖商〗 発送する, 出荷する; 《話》〔遠回し〕殺す, 片づける 動 自 営業する, 仕事をする, 取引する, 応対する, 出勤する; 急ぐ ～se 動 再 (de: を)済ませる, 処理する; 《話》 平らげる, 飲みつくす; 《スペイン》 (con: と)心おきなく話す

****des-'pa-cho** 88% 名 男 事務所, オフィス, 仕事場, 書斎; 店, 売り場; (電話・電報による)通知, 連絡; 外交文書, 公文書; 処理, 仕事; (客への)応対; 解雇

des-pa-chu-'rrar [デス.パ.チュ.'ら̃る] 動 他 《話》 押しつぶす; 《話》〈話などを〉ごちゃごちゃにする ～se 動 再 《話》 押しつぶされる

***des-'pa-cio** [デス.'パ.すぃオ] 92% 副 ゆっくりと, 遅く; 静かに; 《ラ米》 低い声で, 小声で 感 落ちついて!, ゆっくり!

des-pa-'cio-so, -sa [デス.パ.'すぃオ.ソ, サ] 形 広い, 広範囲の; ゆっくりとした 副 ゆっくりと

des-pa-'ci-to [デス.パ.'すぃ.ト] 副 《話》 ゆっくりと

des-pa-'gar [デス.パ.'ガる] 動 自 ㊶ (g|gu) 《メキシコ》 除草する

des-pa-li-'llar [デス.パ.リ.'ジャる] 動 他 〈ブドウの〉粒の軸を取る

des-pam-pa-'nan-te 形 《話》 すごい, びっくりするような, あきれかえるような

des-pam-pa-'nar [デス.パン.パ.'ナる] 動 他 《話》 びっくりさせる, 驚嘆させる

des-pan-zu-'rrar [デス.パン.す.'ら̃る] 動 他 《話》〈動物などの〉腹を裂く; 《話》 破裂させる, 引きちぎる, つぶす

des-pa-'par [デス.パ.'パる] 動 自 〖畜〗 《馬が》首を立てる

des-pa-re-'ja-do, -da [デス.パ.れ.'は.ド, ダ] 形 片方がない

des-pa-re-'jar [デス.パ.れ.'はる] 動 他 〈の〉片方をなくす ～se 動 再 片方がなくなる

des-pa-'re-jo, -ja [デス.パ.'れ.ほ, は] 形 対をなさない, 不ぞろいの; 一様でない, むらのある

des-par-'pa-jo [デス.パる.'パ.ほ] 名 男 自由闊達(かったつ), のびのびした様子, はきはきしていること; あつかましさ

des-pa-rra-'ma-do, -da [デス.パ.ら̃.'マ.ド, ダ] 形 (無秩序に)広がった, 拡大した; 散らばった, こぼした

des-pa-rra-ma-'mien-to [デス.パ.ら̃.マ.'ミエン.ト] 名 男 ばらまくこと, まき散らすこと; (注意・努力などの)分散; (金・財産などの)浪費

des-pa-rra-'mar [デス.パ.ら̃.'マる] 動 他 ばらまく, まき散らす; 〈注意・努力を〉分散させる; こぼす; 〈金・財産などを〉浪費する; 《メキシコ》 《カリブ》 《ラプラタ》 〈ニュース・うわさを〉広める ～se 動 再 ちりぢりになる, 四散する; 《話》 (はめを外して)楽しむ

des-pa-'rra-me [デス.パ.'ら̃.メ] 名 男 《話》 ⇧ desparramamiento

des-pa-rrin-'gar-se [デス.パ.り̃ン.'ガる.セ] 動 再 ㊶ (g|gu) 《ベネズエラ》 《話》 むだ遣いする

des-pa-ta-'rra-do, -da [デス.パ.タ.'ら̃.ド, ダ] 形 足を大きく広げた ***hacer la despatarrada*** 《話》 (死んだふりをして)大の字になる

des-pa-ta-'rrar-se [デス.パ.タ.'ら̃る.セ] 動 再 《話》 足を大きく広げる; 大の字になって倒れる; 《話》 びっくり仰天する, 立ちすくむ

des-pa-'ta-rro [デス.パ.'タ.ろ̃] 名 男 《ラプラタ》 《話》 自堕落

des-pa-vo-'ri-do, -da [デス.パ.ボ.'り.ド, ダ] 形 恐れた, こわがった, おびえた

des-pe-'char [デス.ペ.'チャる] 動 他 むかむかさせる, 〈に〉嫌悪感を起こさせる; 《話》 〈幼児を〉離乳させる ～se 動 再 (contra: に)むかむかする, 憤慨する

des-'pe-cho 名 男 悪意, 意地悪; 怒り, 憤怒; 絶望, 断念; 《話》 乳離れ, 離乳 ***a ～ de ...*** …の反対にもかかわらず[を押し

d

切って] ***por*** ~ 腹いせに

des-pe-chu-'ga-do, -da [形] 《話》胸を開いた[はだけた]

des-pe-chu-'gar [デス.ペ.チュ.'ガる] [動] [他] ㊶ (g|gu) 〘食〙〈鳥の〉胸肉を切る **~se** [動] [再] 《話》胸をはだける

d

des-pec-'ti-vo, -va [デス.ペク.'ティ.ボ, バ] [形] 軽蔑した, 人をばかにした; 〘言〙軽蔑(語)の, 蔑称(べっしょう)の **-vamente** [副] 軽蔑的に

des-pe-da-za-'mien-to [デス.ペ.ダ.さ.'ミエン.ト] [名] [男] ずたずたに引き裂くこと, 粉砕すること; 破壊; 気持ちをくじくこと, 落胆

des-pe-da-'zar [デス.ペ.ダ.'さる] [動] [他] ㉞ (z|c) ずたずたに引き裂く, 粉々にする; 破壊する; 〈の〉気持ちをくじく, 落胆させる **~se** [動] [再] 落ちて粉々になる; 壊れる, 割れる

des-pe-'di-da [名] [女] 別れ, 別離, 見送り; 送別会; 解雇, 免職; (手紙の)結びの文句, 結辞

****des-pe-'dir** [デス.ペ.'ディる] 84% [動] [他] ㊾ (e|i) 〈去る人に〉別れを告げる; 解雇する, 首にする; 発する, 発散する, 吐き出す; 外へ投げ出す, 放り出す, 捨てる **~se** [動] [再] (de: に)別れを告げる 《自分が去るとき》; (de: を)やめる, 捨てる, 離れる ***~se a la francesa*** 《話》黙って[別れを告げずに]立ち去る, 無断で中座する

des-pe-'ga-do, -da [形] はがれた; (para, con, de: に)冷たい, 冷淡な

***des-pe-'gar** [デス.ペ.'ガる] 94% [動] [他] ㊶ (g|gu) はがす, はぎとる [動] [自] 〘空〙《飛行機が》離陸する; 《ロケットが》発進する **~se** [動] [再] はがれる; (de: と)つながりを断つ, 独立する

des-'pe-go [名] [男] 冷やかさ, 冷淡さ; 無関心

des-'pe-gue [デス.'ペ.ゲ] [名] [男] 〘空〙(飛行機の)離陸; (ロケットの)発射, 打ち上げ

des-pe-'gué, -gue(~) [動] 《直点1単, 接現》⬆despegar

des-pei-'nar [デス.ペイ.'ナる] [動] [他] 〘体〙〈の〉髪を乱す; 〘体〙〈髪を〉乱す **~se** [動] [再] 〘体〙(自分の)髪を乱す, 髪が乱れる

***des-pe-'ja-do, -da** [デス.ペ.'は.ド, ダ] 93% [形] 〘気〙晴れた, 雲のない; 広々とした, 広大な; さえた, 頭が切れる, 明晰な; 自信をもった, 確信に満ちた; すっかり目覚めている, 目がさえている; (視界に)さえぎるものがない, 開けた

***des-pe-'jar** [デス.ペ.'はる] 93% [動] [他] 空席にする, 〈に〉場所をあける; 〈の〉頭をすっきりさせる, 眠気をとる; 明らかにする, 明白にする; (de: じゃま物などを)取り除く, 片づける; 〘数〙〈の〉解答を見いだす; 〘競〙〈ボールを〉クリアする [動] [自] 〘気〙空が晴れる; どく, 立ち去る, 場所をあける **~se** [動] [再] 頭をすっきりさせる, 気分を一新する; はっきりする, 明らかになる; 熱が引く

des-'pe-je [デス.'ペ.へ] [名] [男] 〘競〙〘サッカー〙(キーパーの)打ち返し, パンチングクリア

des-'pe-jo [デス.'ペ.ほ] [名] [男] 障害の除去; 自信, 屈託のないこと, 自由奔放

des-pe-lle-'jar [デス.ペ.ジェ.'はる] [動] [他] 〈の〉皮をはぐ; こきおろす, 酷評する **~se** [動] [再] すりむく

des-pe-lo-'tar-se [デス.ペ.ロ.'タる.セ] [動] [再] 《話》混乱する, 大騒ぎをする; 《話》笑い転げる, 爆笑する; 《俗》(とくに人前で)裸になる

des-pe-'lo-te [デス.ペ.'ロ.テ] [名] [男] 《話》混乱, 大騒ぎ; 《話》笑い転げること, 爆笑; 《俗》(とくに人前で)裸になること

des-pe-lu-'car [デス.ペ.ル.'カる] [動] [他] [69] (c|qu) 《アンダルシア》《メキシコ》《中米》⇩ despeluzar; 《チリ》散髪する

des-pe-lu-'char [デス.ペ.ル.'チャる] [動] [他] 〈の〉髪を乱す **~se** [動] [再] 髪が乱れる

des-pe-lu-'zar [デス.ペ.ル.'さる] [動] [他] ㉞ (z|c) (恐怖で)〈の〉髪を逆立てる, ぞっとさせる; 〈の〉髪を乱す **~se** [動] [再] (恐怖で)髪が逆立つ, ぞっとする, 身の毛がよだつ; 髪が乱れる

des-pe-luz-'nan-te [デス.ペルす.'ナン.テ] [形] ぞっとさせるような, こわがらせる

des-pe-na-li-za-'ción [デス.ペ.ナ.リ.さ.'すぃオン] [名] [女] 〘法〙罰しないこと, 有罪にしないこと; 〘法〙合法化

des-pe-na-li-'zar [デス.ペ.ナ.リ.'さる] [動] [他] ㉞ (z|c) 〘法〙罰しない, 有罪にしない; 〘法〙合法化する

des-pe-'nar [デス.ペ.'ナる] [動] [他] 慰める; 《話》殺す, とどめを刺す

des-'pen-sa [名] [女] 食料置場, 食料品室; 食料(の蓄え), 生活必要品

des-pen-'se-ro, -ra [デス.ペン.'セ.ろ, ら] [名] [男] [女] 食事係

des-pe-ña-'de-ro, -ra [デス.ペ.ニャ.'デ.ろ, ら] [形] 切り立った, 険しい, 絶壁の [名] [男] 〘地〙絶壁, 崖(がけ); 危険

des-pe-'ñar [デス.ペ.'ニャる] [動] [他] 投げつける, 放り投げる, 突き落とす **~se** [動] [再] 飛び降りる, 飛び込む, 転落する; (en: 悪習に)のめり込む

des-'pe-ño [デス.'ペ.ニョ] [名] [男] 飛び降り, 転落; 崩壊, 転落; 名誉[信用]の失墜; 〘医〙下痢

des-pe-ñu-'zar-se [デス.ペ.ニュ.'さる.セ] [動] [再] ㉞ (z|c) 《中米》《コロンビア》懸命に働く, がんばる; 早歩きする

des-pe-pi-'tar [デス.ペ.ピ.'タる] 動 他 〘食〙〈果実から〉種を取る ～se 動 再 《話》(por: に)夢中になる; 叫ぶ, わめく, どなる

*__des-per-di-'ciar__ [デス.ぺる.ディ.'すぃアる] 94% 動 他 むだに使う, 浪費する; 〈機会を〉失う, むだにする; 〈忠告などを〉気にとめない, 大切にしない

*__des-per-'di-cio__ [デス.ぺる.'ディ.すぃオ] 94% 名 男 〔しばしば複〕くず, ごみ, 廃棄物; 浪費, 空費, むだ遣い ***no tener*** ～ 捨てるところがない; 大変有用である, 申し分ない

des-per-di-ga-'mien-to [デス.ぺる.ディ.ガ.'ミエン.ト] 名 男 分散, 離散; (注意力の)散漫

des-per-di-'gar [デス.ぺる.ディ.'ガる] 動 他 41 (g|gu) 分散させる, ちりぢりにする ～se 動 再 分散する

des-pe-re-'zar-se [デス.ペ.れ.'さる.セ] 動 再 34 (z|c) (自分の)手足を伸ばす, 伸びをする

des-per-'fec-to [デス.ぺる.'フェク.ト] 名 男 傷, 欠点, 汚点; 損害, 被害; 不完全

des-per-so-na-li-za-'ción [デス.ぺる.ソ.ナ.リ.さ.'すぃオン] 名 女 非個性化; 匿名化

des-per-so-na-li-'zar [デス.ぺる.ソ.ナ.リ.'さる] 動 他 34 (z|c) 非個性化する; 匿名にする

*__des-per-ta-'dor__ [デス.ぺる.タ.'ドる] 94% 名 男 目覚まし時計 ～, -dora 形 目覚めさせる, 起こす

‡__des-per-'tar__ [デス.ぺる.'タる] 84% 動 他 50 (e|ie) 〈の〉目を覚まさせる, 起こす; 〈感情・思いを〉かき立てる, 引き起こす; 〈欲望・興味などを〉そそる, 刺激する; (精神的に)目覚めさせる, 気づかせる, 思い出させる ～(-se) 動 自 (再) 目が覚める, 起きる; (精神的に)目覚める, (a, de: に)気づく 名 男 目覚め

des-pia-'da-do, -da 形 無情な, 冷酷な, 残酷な

des-pi-'char [デス.ピ.'チャる] 動 他 《南米北》押しつぶす 動 自 《チリ》《話》小便をする

des-pi-d~ 動 《活用》 ↑despedir

des-'pi-do 名 男 解雇, 免職

des-'pie-ce [デス.'ピエ.せ] 名 男 〘食〙(家畜の)解体

des-'pier-t~ 動 《直現/接現/命》 ↑despertar

*__des-'pier-to, -ta__ [デス.'ピエる.ト, タ] 92% 形 目が覚めている, 眠らずにいる; 頭のよい, 頭が切れる

des-pie-'zar [デス.ピエ.'さる] 動 他 34 (z|c) 解体する

des-pil-fa-'rra-do, -da 形 ⇩ despilfarrador

des-pil-fa-rra-'dor, -'do-ra [デス.ピル.ファ.ら.'ドる, 'ド.ら] 形 むだ遣いする, 浪費的な 名 男 女 浪費家

des-pil-fa-'rrar [デス.ピル.ファ.'らる] 動 他 浪費する, むだ遣いする

des-pil-'fa-rro [デス.ピル.'ファ.ろ] 名 男 浪費, むだ遣い

des-pin-'tar [デス.ピン.'タる] 動 他 〈の〉ペンキ[塗装]をはがす[落とす]; 〈事実を〉誤り伝える, 歪曲(わいきょく)する, ねじ曲げる 動 自 (de: に)ふさわしくない, 値しない ～se 動 再 塗料がはがれる[落ちる], 色があせる; (de: に)忘れられる, (de: 記憶から)消え去る

des-pio-'jar [デス.ピオ.'はる] 動 他 〈から〉シラミを駆除する; 《話》 貧困から救う ～se 動 再 (自分の)シラミを取る; 貧困からはい上がる

des-'pio-le [デス.'ピオ.レ] 名 男 《ラプラタ》《話》混乱, 騒ぎ

*__des-pis-'ta-do, -da__ 94% 形 名 男 女 うっかりした(人), ぼんやりした(人), 注意が散漫な(人); 途方に暮れた, とまどった ***hacerse el[la]*** ～[***da***] 知らぬふりをする, 気づかぬふりをする

des-pis-'tar [デス.ピス.'タる] 動 他 〈追跡者を〉かわす, まく; 誤った方向に導く, 惑わす, だます ～se 動 再 道を誤る, 迷う; ぼんやりする, うっかりする; 姿を消す, 逃げる

des-'pis-te 名 男 放心(状態), 油断, うっかりすること; 不注意, 失敗; 道を外れること, 道に迷うこと

des-pla-'cé, -ce(~) 動 《直点 1 単, 接現》 ↓desplazar

des-pla-'cer [デス.プラ.'せる] 動 他 45 (c|zc) 不快にする, 怒らせる 名 男 不快, 不満, 不愉快

des-'plan-te [デス.'プラン.テ] 名 男 横柄な態度[言葉]; 《話》自信, 堂々とした様子

des-pla-'za-do, -da [デス.プラ.'さ.ド, ダ] 形 場違いの

des-pla-za-'mien-to [デス.プラ.さ.'ミエン.ト] 名 男 〘海〙(船の)排水量; 移動, 移転; 更迭

‡__des-pla-'zar__ [デス.プラ.'さる] 89% 動 他 34 (z|c) 移す, 移動する, 動かす, 運ぶ; 追いやる, 場所を奪う, 入れ替わる, 交替する; 〘海〙排水量を持つ ～se 動 再 移動する, 移転する

des-ple-'ga-ble [デス.プレ.'ガ.ブレ] 形 広げられる, 展開できる 名 男 折りたたみ広告

*__des-ple-'gar__ [デス.プレ.'ガる] 92% 動 他 46 (e|ie; g|gu) 広げる, 開く, 展開する; 〈能力を〉発揮する; 〈考え・計画などを〉打ち明

ける, 表明する, 明らかにする; 〔軍〕〈兵・部隊を〉散開させる　～se [動][再] 広がる, 開く, 展開する; 〔軍〕《兵・部隊が》散開する

des-'plie-g~ [動]《直現/接現/命》↑desplegar

des-'plie-gue [デス.'プリエ.ゲ] [名][男] (能力の)発揮; 誇示, 明示; 〔軍〕(兵・部隊の)展開, 配置, 配備; 広げること, 開くこと, 展開

des-plo-'mar [デス.プロ.'マる] [動][他] 〔建〕〈建物などを〉傾ける; 《中米》(大声で)叱(しか)る, どなりつける; 《ベネズエラ》はがす　～se [動][再] 卒倒する; 傾く; 《建物が》倒れる, 崩壊する

des-'plo-me [デス.'プロ.メ] [名][男] 〔建〕(建物の)張り出し部分; 倒壊, 崩壊; 傾斜

des-'plo-mo [デス.'プロ.モ] [名][男] 《ベネズエラ》《話》叱(しか)りつけ, 叱責(しっせき), 非難

des-plu-'mar [デス.プル.'マる] [動][他] 《話》金をだまし取る, 巻き上げる; 〔鳥〕〈鳥の〉羽をむしり取る

des-po-bla-'ción [デス.ポ.ブラ.'すぃオン] [名][女] 人口の減少, 過疎化

des-po-'bla-do, -da [デス.ポ.'ブラ.ド, ダ] [形] 人の住まない, 住民のいない, 無人の; 過疎の [名][男] 〔地〕砂漠, 荒野; 過疎地, 人のいない場所

des-po-'blar [デス.ポ.'ブラる] [動][他] ⑯ (o|ue) 〈の〉住民を減らす, 〈の〉人口を減少させる; 〈から〉(de: を)奪う, はぎ取る, なくす, 切る　～se [動][再] 住民が減る, 人口が減少する

***des-po-'jar** [デス.ポ.'はる] 93% [動][他] 〈から〉(de: を)はぎ取る, 奪う, 略奪する; 〔法〕(de: 所有権を)取り上げる, 剝奪する　～se [動][再] (de: 感情を)捨てる; (de: を)手放す, 放棄する; (de: 服を)脱ぐ

des-'po-jo [デス.'ポ.ほ] [名][男] 奪うこと, 略奪; 〔集合〕強奪した物, 分捕り品, 戦利品; 〔複〕〔食〕(鳥の)臓物, あら; 追い立て, 強奪; 〔複〕食べ残し; 〔複〕死体

des-po-la-ri-'zar [デス.ポ.ラ.り.'さる] [動][他] ㉞ (z|c) 〔物〕復極[消極]する

des-po-li-ti-za-'ción [デス.ポ.リ.ティ.さ.'すぃオン] [名][女] 〔政〕非政治化

des-po-li-ti-'zar [デス.ポ.リ.ティ.'さる] [動][他] ㉞ (z|c) 〔政〕〈から〉政治色を取る

des-po-pu-la-ri-'zar [デス.ポ.プ.ラ.り.'さる] [動][他] ㉞ (z|c) 〈の〉人気を落とす　～se [動][再] 人気が落ちる

des-por-ti-'llar [デス.ポる.ティ.'ジャる] [動][他] 〈の〉縁(ふち)を削る　～se [動][再] 縁が欠ける

des-po-'sa-do, -da [形][名][男][女] 新婚の(人); 手錠をかけられた(人)

des-po-'sar [デス.ポ.'サる] [動][他] 《司祭が》〈の〉婚礼を執り行う　～se [動][再] (con: と)結婚する

des-po-se-'er [デス.ポ.セ.'エる] [動][他] ㊵ (-y-) 《格》〈から〉(de: を)奪う　～se [動][再] (de: を)放棄する, あきらめる

des-po-se-'í-do, -da [名][男][女] 恵まれない人

des-po-sei-'mien-to [名][男] 所有権を奪うこと, 奪取

des-po-'so-rio [デス.ポ.'ソ.りオ] [名][男] 〔複〕《格》結婚式

'dés-po-ta [名][男] 〔政〕独裁者, 専制君主; ワンマン, 横暴な人, 暴君

des-'pó-ti-co, -ca [形] 〔政〕専制的な, 独裁的な

des-po-'tis-mo [名][男] 〔政〕専制政治, 独裁政治

des-po-tri-'car [デス.ポ.トり.'カる] [動][自] (69) (c|qu) 《話》(contra: に)どなり立てる, 騒ぎ立てる, けなす

des-pre-'cia-ble [デス.プれ.'すぃア.ブレ] [形] 卑しむべき, 見下げはてた, 軽蔑すべき; つまらない, 価値のない

***des-pre-'ciar** [デス.プれ.'すぃアる] 93% [動][他] 軽蔑する, 見下す; 〈申し出・提案・親切などを〉拒絶する, はねつける, 感謝しない; 無視する, 意に介さない, 見くびる, 甘く見る

des-pre-cia-'ti-vo, -va [デス.プれ.すぃア.'ティ.ボ, バ] [形] 軽蔑的な, ばかにしたような

des-'pre-cio** [デス.'プれ.すぃオ] 93% [名][男] 軽蔑, さげすみ; 軽くあしらうこと, 感謝しないこと, 何とも思わないこと　***con ~ de ... …を顧みずに

***des-pren-'der** [デス.プれン.'デる] 91% [動][他] 取り外す, 切り離す, 解く, 放す; 〈蒸気・においなどを〉発する, 出す　～se [動][再] (de: から)離れる, 外れる, 取れる; (de: を)手放す, 捨てる, あきらめる, 断念する; (de: から)(que: と)推論される; (de: を)免れる, 脱する, 逃れる; 《火花が》散る

des-pren-'di-do, -da [デス.プれン.'ディ.ド, ダ] [形] 私心のない, 公平な, 利己的でない

des-pren-di-'mien-to [デス.プれン.ディ.'ミエン.ト] [名][男] はがれること, 分離, 脱落; 〔医〕剝離(はくり); 山崩れ, 地滑り, 崖(がけ)崩れ; 気前のよさ; 無欲; 〔宗〕〔絵〕キリスト降架の絵姿[彫刻]

des-pre-o-cu-pa-'ción [デス.プれ.オ.ク.パ.'すぃオン] [名][女] 無関心, 無頓着, のんき; 不注意, ぞんざい

des-pre-o-cu-'pa-do, -da [デス.プれ.オ.ク.'パ.ド, ダ] [形][名][男][女] 気にしない(人), 平気な(人), のんきな(人); だらしがない(人), 無頓着な(人)

des-pre-o-cu-'par-se [デス.プれ.オ.ク.'パる.セ] [動][再] (de: を)気にしない, 気にかけない, 心配しない, (de: に)無関心でいる

des-pres-ti-'giar [デス.プれス.ティ.'ひアる] 動 他 〈の〉名声[信用]をなくさせる; 悪く言う, ののしる ～se 動 再 名声[信用]をなくす

des-pres-'ti-gio [デス.プれス.'ティ.ひオ] 名 男 名声[信用]の失墜; 不名誉, 不面目

des-pre-su-ri-'zar [デス.プれ.ス.り.'さる] 動 他 34 (z|c) 〘空〙〈飛行機や宇宙船の〉与圧を奪う, 〈の〉圧力を下げる

des-pre-ve-'ni-do, -da [デス.プれ.べ.'ニ.ド, ダ] 形 準備ができていない, 不意の

des-pri-va-ti-za-'ción [デス.プり.バ.ティ.さ.'すぃオン] 名 女 〘政〙 非民営化

des-pri-va-ti-'zar [デス.プり.バ.ティ.'さる] 動 他 34 (z|c) 〘政〙 非民営化する

des-pro-'li-jo, -ja [デス.プろ.'り.ほ, は] 形 《チリ》《ラプラタ》 不注意な, いいかげんな

des-pro-por-'ción [デス.プろ.ポる.'すぃオン] 名 女 不釣合い, 不均衡

des-pro-por-cio-'na-do, -da [デス.プろ.ポる.すぃオ.'ナ.ド, ダ] 形 (a: に)不釣り合いな; 異常な, 並外れた

des-pro-por-cio-'nar [デス.プろ.ポる.すぃオ.'ナる] 動 他 〈の〉均衡を破る, 不釣り合いにする

des-pro-'pó-si-to [デス.プろ.'ポ.スィ.ト] 名 男 不合理, 矛盾, たわごと, わけのわからないこと

des-pro-tec-'ción [デス.プろ.テク.'すぃオン] 名 女 無防備

des-pro-te-'ger [デス.プろ.テ.'へる] 動 他 14 (g|j) 無防備にする

des-pro-te-'gi-do, -da [デス.プろ.テ.'ひ.ド, ダ] 形 無防備の

des-pro-ve+'er [デス.プろ.べ.'エる] 動 他 〔過分 desprovisto, desproveído〕〈から〉(de: 食糧・生活必需品を)奪う, 取り上げる

des-pro-'vis-to, -ta [デス.プろ.'ビス.ト, タ] 形 (de: が)欠けている, ない

****des-'pués** 63% 副 後で, 後に, その後, その次に 《時》; (de: の)後に, (de: に)次いで 《順序》; (de 不定詞/過去分詞構文: …)してから; (que: より)後に … ～ *de Cristo* 西暦紀元…年 ～ *de que* … …してから 《過去を示すときは点過去形を用い, 未来を示すときは接続法現在を用いる》 ⇧ 《話》 ～ que ～ *de todo* なんといっても, そうはいっても; とうとう; どうせ, やっぱり *hasta* ～ それではまた 《別れの挨拶》 *poco* ～ すぐ後で

des-pue-'si-to 副 《メキシコ》《中米》《話》 すぐに, すぐ後で

des-pun-'tar [デス.プン.'タる] 動 自 〘植〙 芽が出る, 発芽する, 生え始める; «夜が»明ける; 現れる, 出現する, «日が»出る; (en, por, entre: に)抜きんでる, 秀でる 動 他 〈刃物の切れ味を〉鈍くする ～se 動 再 〈刃先が〉折れる

des-qui-'cia-do, -da [デス.キ.'すぃア.ド, ダ] 形 常軌を逸した, 混乱した, 取り乱した

des-qui-'ciar [デス.キ.'すぃアる] 動 他 動揺させる, かき乱す, 狼狽(ろうばい)させる; 〈の〉蝶番(ちょうつがい)を外す ～se 動 再 蝶番が外れる; 動揺する, 不安になる, 頭が変になる; 常軌を逸する

des-qui-'tar [デス.キ.'タる] 動 他 〈に〉(de, por: を)償う ～se 動 再 (de: を)取り戻す, 償う, 埋め合わせる

des-'qui-te [デス.'キ.テ] 名 男 取り戻すこと, 埋め合わせること; 〘競〙 リターンマッチ; 仕返し, 報復

des-ra-ti-'zar [デ(ス).ら.ティ.'さる] 動 他 34 (z|c) 〈から〉ネズミを駆除する

des-re-gu-la-'ción [デ(ス).れ.グ.ラ.'すぃオン] 名 女 規制緩和, 規制を撤廃すること

des-re-gu-'lar [デ(ス).れ.グ.'ラる] 動 他 …の規制を撤廃[緩和]する

des-re-gu-la-ri-za-'ción [デ(ス).れ.グ.ラ.り.さ.'すぃオン] 名 女 ⇧ desregulación

des-re-gu-la-ri-'zar [デ(ス).れ.グ.ラ.り.'さる] 動 他 34 (z|c) ⇧ desregular

des-ri-ño-'nar [デ(ス).り.ニョ.'ナる] 動 他 《話》〈の〉腰を痛める ～se 動 再 《話》 腰を痛める

des-ta-'ca-ble [デス.タ.'カ.ブレ] 形 著名な, 顕著な, 重要な; 目立つ, 傑出した

des-ta-'ca-do, -da 形 著名な, 名高い, 顕著な, 優れた, 重要な; 目立つ, 傑出した; 高位の, 重要な

des-ta-ca-'men-to 名 男 〘軍〙 分遣隊

****des-ta-'car** [デス.タ.'カる] 80% 動 他 69 (c|qu) 際立たせる, 強調する, 特に取り上げる; 〈に〉名誉を与える, 〈に〉敬意を示す; 〘軍〙〈部隊・兵を〉分遣する; 〘情〙 ハイライトする ～(se) 動 自 (再) 目立つ, 際立つ, 特に優れている

des-ta-'jis-ta [デス.タ.'ひス.タ] 名 共 出来高払いの職人[労働者], 請負人

des-'ta-jo [デス.'タ.ほ] 名 男 出来高払いの仕事, 請負仕事 *a* ～ 出来高払いで, 請負で; せっせと, 熱心に, 大急ぎで; 《チリ》《ラプラタ》 目分量で, 大体のところ

des-ta-pa-'dor [デス.タ.パ.'ドる] 名 男 《南米》 栓抜き

***des-ta-'par** [デス.タ.'パる] 94% 動 他 〈の〉ふた[栓]を取る; 〈の〉覆いを取る; 発見する; 暴く, 暴露する ～se 動 再 ふた[栓]が取れる; 服を脱ぐ, 裸になる; 毛布をはぐ;

| (con: で)驚かせる; (a: に)秘密を打ち明ける

des-'ta-pe 名 男 〚政〛 自由化, 自由の波; (候補者などの)発表, 披露; 《話》 裸, ヌード, 露出; 《ﾆﾛﾝﾋﾞｱ》 レストランへの酒の持ち込み料金

des-ta-'qué, -que(~) 動 《直点1単, 接現》 ⬆destacar

des-tar-ta-'la-do, -da [デス.タる.タ.'ラ.ド, ダ] 形 雑然とした, 荒廃した; おんぼろの, がたがたの

des-te-'jar [デス.テ.'はる] 動 他 〚建〛 〈建物の〉屋根[瓦]をはがす; 〈から〉防御(物)を取り除く, 無防備にする

des-te-'jer [デス.テ.'へる] 動 他 〈織物を〉ほどく, ほぐす

des-te-'llar [デス.テ.'ジャる] 動 自 きらめく, ピカピカ光る 動 他 〈光を〉放つ, きらめかす

des-'te-llo [デス.'テ.ジョ] 名 男 きらめき, 閃光(せんこう), 輝き; (機知などの)きらめき, 突発; 〔しばしば複数〕 わずか, ひとかけら

des-tem-'pla-do, -da [デス.テン.'プラ.ド, ダ] 形 《音や声が》調子外れの, 耳障りな; 《性格・様子が》いら立った, 怒りっぽい; 気難しい; 〚気〛 《天気が》荒れた, 荒れ模様の; 〚医〛 微熱がある

des-tem-'plan-za [デス.テン.'プラン.さ] 名 女 不摂生(せっせい), 放縦(ほうじゅう), 不節制; 〚医〛 微熱, 不快, 気分がすぐれないこと; 〚気〛 悪天候, 天候不良

des-tem-'plar [デス.テン.'プラる] 動 他 〈調子を〉乱す, 狂わせる; 〈音を〉狂わせる; 〚技〛 〈金属の〉弾性を失わせる; 〈の〉体調を崩す[狂わせる]; 〈の〉調和を乱す 動 自 《ﾁｭｳﾍﾞｲ》 歯痛がある **~se** 動 再 調子が乱れる[狂う]; 音調が外れる; 〚医〛 体調を崩す, 具合が悪くなる; 〚技〛 《金属の》弾性が失われる, もろくなる; 《ﾗﾍﾞｲ》 (con: で)不快感を催す, 不快に感じる

des-'tem-ple [デス.'テン.プレ] 名 男 〚楽〛 (楽器の)音の狂い, 調子外れ; 〚技〛 (鋼鉄などの)強度がないこと

des-te-'ñir [デス.テ.'ニィる] 動 他 ⑲ (e|i; 〈i〉) 変色させる **~(se)** 動 自 (再) 変色する, 色がさめる

des-ter-ni-'llar-se [デス.テる.ニ.'ジャる.セ] 動 再 〔成句〕 *~ de risa* 腹をかかえて笑う, 笑いすぎて腹が痛くなる

***des-te-'rrar** [デス.テ.'らる] 93% 動 他 ㊿ (e|ie) (de: から)(a: 国外に)追放する; 追い払う, 〈心配などを〉払いのける; 〈習慣を〉禁止する, 捨てる **~se** 動 再 (a: に)亡命する

des-te-'tar [デス.テ.'タる] 動 他 離乳させる **~se** 動 再 離乳する

des-'te-te 名 男 離乳, 乳離れ

des-'tiem-po 〔成句〕 *a ~* 時機を失して[逸して], 折悪く

des-'tie-rr~ 動 《直現/接現/命》 ⬆desterrar

des-'tie-rro [デス.'ティエ.ろ] 名 男 (国外への)追放, 流罪; 追放の地, 流刑地; 人里離れた場所

des-ti-la-'ción [デス.ティ.ラ.'すぃオン] 名 女 蒸留

des-ti-'lar [デス.ティ.'ラる] 動 他 蒸留する; にじみ出す, 発散させる; 濾過(ろか)する, 濾(こ)す 動 自 したたる, ポタポタ落ちる **~-se** 動 再 (de: から)蒸留されてできる; しみ出る, にじみ出る

des-ti-le-'rí+a [デス.ティ.レ.'り.ア] 名 女 (ウイスキーなどの)蒸留所[会社]

des-ti-na-'ción [デス.ティ.ナ.'すぃオン] 名 女 赴任, 配属, 派遣; 《古》 目的地, 宛先

des-ti-'na-do, -da 形 (a: に)向けられた; (a: に)運命づけられた

****des-ti-'nar** [デス.ティ.'なる] 86% 動 他 (a: に)当てる, 向ける; (a, para: に)任命する, 指命する, 派遣する, (a, para: 部署に)つかせる; 〈荷物などを〉送る, 宛てる; (a: に)運命づける **-se** 動 再 (a: の)仕事につく

***des-ti-na-'ta-rio, -ria** [デス.ティ.ナ.'タ.りオ, りア] 93% 名 男 女 受信人, 名宛て人, 受取人; 〚商〛 販売受託者

****des-'ti+no** 82% 名 男 運命, 宿命; 目的地, 行き先; (郵便物の)宛先; 仕事, 職; 職場, 部署, 任地; 用途, 使い道; 〚情〛 ターゲット *con ~ a* ... …に向けて, …行きの; 《郵便が》…宛の

des-ti-tu-'ción [デス.ティ.トゥ.'すぃオン] 名 女 解雇, 免職, 罷免(ひめん)

des-ti-'tuir [デス.ティ.'トゥイる] 動 他 ㊲ (-y-) 解雇する, 罷免(ひめん)する; 《格》 〈から〉(de: を)取り上げる

des-to-'car [デス.ト.'カる] 動 他 ㊾ (c|qu) 〚体〛 〈の〉髪をほどく, 取り除く **~se** 動 再 〚体〛 (自分の)髪をほどく

des-tor-ni-'lla-do, -da [デス.トる.ニ.'ジャ.ド, ダ] 形 > 名 男 女 《話》 頭がおかしい(人), 注意散漫な(人)

des-tor-ni-lla-'dor [デス.トる.ニ.ジャ.'ドる] 名 男 〚技〛 ねじ回し, ドライバー

des-tor-ni-'llar [デス.トる.ニ.'ジャる] 動 他 〚技〛 〈の〉ねじを抜く, (ねじを回して)外す **~se** 動 再 〚技〛 ねじが外れる; 《話》 気がふれる, はめを外す, 理性を失う

des-to-rren-'tar-se [デス.ト.れン.'タる.セ] 動 再 《ﾁｭｳﾍﾞｲ》 《話》 ばかなことをする

des-'tral [デス.'トらル] 名 男 手斧(ておの), まさかり

des-tra-'le-ja [デス.トら.'レ.は] 名 女 小型の手斧

***des-'tre-za** [デス.'トれ.さ] 94% 名 女

| 巧みさ, 技量, 手腕, 腕前
des-tri-pa-'cuen-tos [デス.トり.パ.'クエン.トス] 名 共〔単複同〕《格》他人の話に割り込む人, 話の腰を折る人
des-tri-'par [デス.トり.'パる] 動 他 〈の〉はらわたを抜く, 〈の〉内臓を取り出す; 〈の〉中味を取り出す; 切り裂く, 砕く; 〈話を〉中断する, 〈に〉水を差す, 〈話の〉腰を折る
des-tri-pa-te-'rro-nes [デス.トり.パ.テ.'ろ.ネス] 名 共〔単複同〕《話》〔軽蔑〕日雇い農夫, 農夫
des-'trí-si-mo, -ma〔最上級〕⬇ diestro
des-tro-'cé, -ce(~) 動 《直点1単, 接現》⬇destrozar
des-tro-na-'mien-to [デス.トろ.ナ.'ミエン.ト] 名 男 (王の)廃位
des-tro-'nar [デス.トろ.'ナる] 動 他 〈王・皇帝を〉廃位する, 王位[権力の座]から退ける; 権力を奪う, 倒す
des-tron-'car [デス.トろン.'カる] 動 他 ⑥⑨ (c|qu) 〈木を〉伐採する, 切り倒す; 〈四肢を〉切り取る, もぐ; 疲れさせる, くたびれさせる; 《ラ米》〈木などを〉根こそぎにする
*__des-tro-'zar__ [デス.トろ.'さる] 92% 動 他 ③④ (z|c) 打ちこわす, つぶす, 粉砕する, ばらばらにする, こわす; 〈に〉ショックを与える, 動揺させる, くじく, 気落ちさせる; ぶちこわす, だいなしにする ~**se** 動 再 粉々[ばらばら]になる, 壊れる; 〈体を〉傷つける, 損なう; ショックを受ける, 気を落とす
des-'tro-zo [デス.'トろ.そ] 名 男 損害, 被害, 害; 破壊
des-tro-'zón, -'zo-na [デス.トろ.'そン, 'そ.ナ] 形 名 男 女 《話》よく物をこわす(人)
*__des-truc-'ción__ [デス.トるク.'すぃオン] | 92% 名 女 破壊; 滅亡, 荒廃
des-truc-ti-bi-li-'dad [デス.トるク.ティ.ビ.リ.'ダド] 名 女 破壊性
des-truc-'ti-ble [デス.トるク.'ティ.ブレ] 形 破壊することができる, 破壊されうる
*__des-truc-'ti-vo, -va__ [デス.トるク.'ティ.ボ, バ] 94% 形 破壊的な, 破壊主義的な
des-truc-'tor, -'to-ra [デス.トるク.'トる, 'ト.ら] 形 破壊的な, 破壊する 名 男〔軍〕駆逐艦
‡__des-'truir__ [デス.'トるイる] 87% 動 他 ③⑦ (-y-) 破壊する, 打ち壊す, 滅ぼす; だいなしにする, 壊す ~**se** 動 再 破壊される, めちゃくちゃになる; 〔数〕《2つの数が》相殺される
de-s|u-bi-ca-'ción [デ.ス.ビ.カ.'すぃオン] 名 女 《南米》方角がわからなくなること; 《南米》混乱, 混迷
de-s|u-bi-'car [デ.ス.ビ.'カる] 動 他 ⑥⑨ (c|qu) 《南米》〈に〉方角を失わせる; 《南米》混乱させる, 混迷に陥れる
de-'sue-l~ 動 《直現/接現/命》⬆desolar
de-'suel-d~ 動 《直現/接現/命》⬆desoldar
de-'sue-ll~ 動 《直現/接現/命》⬆desollar
de-sue-lla-'ca-ras [デ.スエ.ジャ.'カ.らス] 名 共〔単複同〕《話》〔軽蔑〕〔商〕床屋
de-'sue-llo [デ.'スエ.ジョ] 名 男 皮をはぐこと; あつかましさ, ずうずうしさ *ser un ~* 値段がとてつもなく高い *tratar al ~* 乱暴に扱う
de-s|un-'cir [デ.スン.'すぃる] 動 他 ⑦⑦ (c|z)〔畜〕〈牛などから〉くびきを外す
de-s|u-'nión 名 女 分離, 分裂; 不和, 不統一, 仲たがい
de-s|u-'nir [デ.ス.'ニる] 動 他 仲たがいさせる, 不和にする; 離す, 分裂させる ~**se** 動 再 不和になる; 分離する, 分裂する
de-s|u-'sa-do, -da 形 すたれた, 時代遅れの; 変わった, 普通でない
de-s|u-'sar [デ.ス.'サる] 動 他 〈の〉使用をやめる ~**se** 動 再 すたれる, 使われなくなる
de-'s|u-so 名 男 使われないこと, 廃止
des-va+'í-do, -da [デス.バ.'イ.ド, ダ] 形 《色が》鈍い, さえない, あせた; 《形・輪郭などが》ぼんやりした, はっきりしない; 《内容が》あいまいな, ぼやけた; 《人が》活気がない, 個性がない, 間が抜けた
des-vai-'nar [デス.バイ.'ナる] 動 他 〈の〉さやをむく[はぐ]
des-va-'li-do, -da [デス.バ.'リ.ド, ダ] 形 名 男 女 見放された, 身寄りのない; 貧しい, 貧窮した; 貧窮者, 身寄りのない人
des-va-li-'jar [デス.バ.リ.'はる] 動 他 盗む, はぎ取る, 強奪する
des-va-lo-'rar [デス.バ.ロ.'らる] 動 他 ⇩ desvalorizar
des-va-lo-ri-za-'ción [デス.バ.ロ.り.さ.'すぃオン] 名 女 価値の下落; 〔経〕(平価の)切り下げ
des-va-lo-ri-'zar [デス.バ.ロ.り.'さる] 動 他 ③④ (z|c) 〈の〉価値を下げる; 〔経〕〈通貨の〉平価を切り下げる ~**se** 動 再 価値が下がる
*__des-'ván__ [デス.'バン] 94% 名 男〔建〕屋根裏(部屋)
des-va-ne-'cer [デス.バ.ネ.'せる] 動 他 ④⑤ (c|zc) 〈心配なことを〉払いのける, 忘れさせる; 消す, 消滅させる; 〈色調などを〉弱める, ぼかす, ぼんやりさせる; 〔情〕〈画像を〉フェードする ~**se** 動 再 消える, 見えなくなる; 〔気〕《霧などが》晴れる; 《疑い・感情などが》消える, 晴れる; 〔食〕味[匂い]が消える, 抜ける; 気を失う, めまいで倒れる, 失神する;

〘情〙《画像が》フェードする

des-va-ne-ci-'mien-to [デス.バ.ネ.すぃ.'ミエン.ト] 名 男 消散, 消滅, 消えてなくなること; (色調や輪郭の)ぼかし, 薄くなること; 高慢, 横柄; 〘医〙 気絶, 失神

des-va-ra-'dar [デス.バ.ら.'ダる] 動 他 《ｺﾛﾝﾋﾞｱ》〘車〙 ‹に›応急修理をする

d

des-va-'ra-do, -da [デス.バ.'ら.ド, ダ] 形 《ｺﾛﾝﾋﾞｱ》 就職した

des-va-'riar [デス.バ.'りアる] 動 自 ㉙ (i|í) たわごとを言う; うわごとを言う

des-va-'rí+o [デス.バ.'り.オ] 名 男 〘医〙 精神錯乱, うわごと; 狂気, ばかげたこと

*__des-ve-'lar__ [デス.ベ.'ラる] 94% 動 他 眠らせない, ‹の›眠気を払う; 見つけ出す, 解明する; 〘衣〙 ‹の›ベールを取る　~se 動 再 (por: に)心を砕く, 気を配る, 配慮する, 専念する; (de: を)心配する; 眠れない, 眠らないでいる, 徹夜する

des-'ve-lo [デス.'ベ.ロ] 名 男 眠らないでいること, 休まないこと; 〔複〕 (por: への)努力, 献心

des-ven-ci-'ja-do, -da [デス.ベン.すぃ.'は.ド, ダ] 形 がたがたになっている, 今にもこわれそうな

des-ven-ci-'jar [デス.ベン.すぃ.'はる] 動 他 こわす, ばらばらにする

des-ven-'dar [デス.ベン.'ダる] 動 他 ‹の›包帯をとる

*__des-ven-'ta-ja__ [デス.ベン.'タ.は] 93% 名 女 不利な立場, 不利なこと, 不便; 〘競〙 ハンディキャップ, ディスアドバンテージ; 〘競〙 (勝者との)差

des-ven-ta-'jo-so, -sa [デス.ベン.タ.'ほ.ソ, サ] 形 不利な, 不利益な, 不都合な; 〘商〙 利益のない, もうからない

des-ven-'tu-ra [デス.ベン.'トゥ.ら] 名 女 不運, 不幸, 災難

des-ven-tu-'ra-do, -da [デス.ベン.トゥ.'ら.ド, ダ] 形 名 男 女 不運な(人), 不幸な(人); 意気地のない(人), 気が弱い(人)

des-ver-gon-'za-do, -da [デス.べる.ゴン.'さ.ド, ダ] 形 名 男 女 恥知らずの(人), ずうずうしい(人), 厚顔な(人)

des-ver-gon-'zar-se [デス.べる.ゴン.'さる.セ] 動 再 ㉞ (z|c) 恥を忘れる; (con: に)敬意を示さない, ずうずうしく[あつかましく]ふるまう

*__des-ver-'güen-za__ [デス.べる.'グエン.さ] 94% 名 女 ずうずうしさ, あつかましさ; 恥ずかしいこと[言葉], 下品なこと[言葉]

des-ves-'tir [デス.ベス.'ティる] 動 他 ㊾ (e|i) 〘衣〙 ‹の›服を脱がせる　~se 動 再 《格》〘衣〙 服を脱ぐ; (de: を)とる, 外す

*__des-via-'ción__ [デス.ビア.'すぃオン] 93% 名 女 回り道, 迂回路, バイパス; (正しい進路・標準から)それること, 逸脱; (規則からの)逸脱, 背反; 〘医〙 (骨などの)位置がずれること; 湾曲; 〘医〙 (血液・リンパ液などの)溢出(いっしゅつ); 〘数〙 偏差; 湾曲, 曲がり; 〘海〙 (計器などの針の)ぶれ, 偏差

des-via-cio-'nis-mo [デス.ビア.すぃオ.'ニス.モ] 名 男 逸脱

des-via-cio-'nis-ta [デス.ビア.すぃオ.'ニス.タ] 形 逸脱の, 逸脱する 名 共 逸脱者

*__des-'viar__ [デス.'ビアる] 92% 動 他 ㉙ (i|í) (de: から)そらす, 外す, かわす, 逸脱させる; (de: 計画などを)思いとどまらせる, 断念させる　~se 動 再 (de: 正しい進路・標準から)それる, 外れる; 《話題などが》 (de: 本筋を)外れる, 横道にそれる

des-vin-cu-la-'ción [デス.ビン.ク.ラ.'すぃオン] 名 女 孤立化; 解放, 自由化

des-vin-cu-'lar [デス.ビン.ク.'ラる] 動 他 (de: から)孤立させる; (de: から)解放する, 自由にする　~se 動 再 (con, de: と)関係を断つ

des-'ví+o [デス.'ビ.オ] 名 男 横道, わき道, 迂回路; 冷淡, 無関心; (正しい進路・標準から)それること, そらすこと, 逸脱

des-vir-'gar [デス.ビる.'ガる] 動 他 ㊶ (g|gu) ‹の›処女を奪う

des-vir-'tuar [デス.ビる.'トゥアる] 動 他 ⑰ (u|ú) 害する, 損ねる, だめにする; ‹の›品質を落とす; 歪曲する, ゆがめる; 〘食〙〘飲〙 ‹食べ物・飲み物を›悪くする　~se 動 再 〘食〙〘飲〙 《食べ物・飲み物が》悪くなる

des-vis-ce-ra-'ción [デス.ビ(ス).せ.ら.'すぃオン] 名 女 〘食〙 (動物の)内臓をとること

des-vis-ce-'rar [デス.ビ(ス).せ.'らる] 動 他 〘食〙 ‹動物の›内臓[はらわた]をとる

des-vi-'vir-se [デス.ビ.'ビる.セ] 動 再 (por 不定詞: …したくて)たまらない, 熱心である, やっきになる; (por: に)熱中する, (por: が)とても好きである

de-'tall [デ.'タ.ル] 名 男 〔成句〕 *al* ~ 〘商〙 小売りで

de-ta-'lla-do, -da [デ.タ.'ジャ.ド, ダ] 形 詳しい, 詳細な　**-damente** 副 詳しく, 詳細に

*__de-ta-'llar__ [デ.タ.'ジャる] 93% 動 他 詳しく説明する, 詳細に述べる, 詳述する; 〘商〙 小売りする

**__de-'ta-lle__ [デ.'タ.ジェ] 81% 名 男 細かい点, 細部, 細目; 親切, 好意, 心づくし, 配慮; 小さなプレゼント; 要点, 問題点; 《ﾁｭｰﾍﾞｲ》〘法〙 地方税　*al* ~ 〘商〙 小売の[で]; 詳細な[に]　*en* ~ 詳細な[に], 細かい

de-ta-'llis-mo [デ.タ.'ジス.モ] 名 男 細かいことに気を配ること

de-ta-'llis-ta [デ.タ.'ジス.タ] 形 名 共 〘商〙 小売の; 小売商人; 細かなことに気を配

る(人); 細かいことにこだわる人, 細かい人

de-ta-'llo-so, -sa [デ.タ.'ジョ.ソ, サ] 形《ｱﾝﾃﾞｽ》気取った, すました

de-tec-'ción [デ.テク.'すぃオン] 名 女《格》検出, 探知, 見破る[見破られる]こと

de-tec-'tar [デ.テク.'タる] 動 他 見つけ出す, 探知する, 発見する, 検出する ～**se** 動 再 見いだされる, 見つかる

de-tec-'ti-ve [デ.テク.'ティ.ベ] 名 共 探偵

de-tec-ti-'ves-co, -ca [デ.テク.ティ.'ベス.コ, カ] 形 探偵の

de-tec-'tor [デ.テク.'トる] 名 男 検出器, 探知器, 報知器

de-tén 動《命》↓detener

***de-ten-'ción** [デ.テン.'すぃオン] 92% 名 女 逮捕, 留置, 拘禁, 拘留; 引き止める[引き止められる]こと; 止めること, 停止, 休止; 遅れ, 遅延 *con* ～ 念入りに, 慎重に

de-ten-dr~ 動《直未/過未》↓detener

⁑**de-te-'ner** [デ.テ.'ネる] 80% 動 他 ⑥⑧ (tener) 止める, 妨げる; 引き留める; 逮捕する, 拘留する ～**se** 動 再 立ち止まる, 止まる; (a, en: を)入念にする, じっくりとする; (en: を)つくづく考える

de-'ten-go, -ga(~) 動《直現 1 単, 接現》↑detener

de-te-'ni-do, -da 形〔法〕逮捕された; 入念な, 慎重な; 中断された, 止まった; 臆病(おくびょう)な; 倹約をする 名 男 女〔法〕逮捕者 **-damente** 副 注意深く, 慎重に, 丁寧に; 細かく, 詳細に

de-te-ni-'mien-to 名 男 引き止め;〔法〕逮捕, 拘留; 入念さ, 慎重な行動

de-ten-'tar [デ.テン.'タる] 動 他〔法〕不法に所有する[使用する], 横領する;〔法〕詐称する; 〈資格・地位・記録などを〉保持する

de-ter-'gen-te [デ.テる.'ヘン.テ] 名 男 洗剤 形 洗浄性の, 洗浄効果のある

de-ter-'ger [デ.テる.'へる] 動 他 ⑭ (g|j)〔医〕〈傷などを〉洗浄する;〔一般に〕洗浄する

de-te-rio-ra-'ción 名 女 ⇩deterioro

***de-te-rio-'rar** [デ.テ.りオ.'らる] 94% 動 他 〈に〉損害を与える, 傷める, 〈の〉価値を減ずる ～**se** 動 再 低下する, 悪くなる

de-te-'rio-ro [デ.テ.'りオ.ろ] 名 男 損傷, 被害; (品質などの)悪化, 低下, 傷(いた)み

⁑**de-ter-mi-na-'ción** [デ.テる.ミ.ナ.'すぃオン] 90% 名 女 決心, 決意, 決断; 決断力; 測定

⁑**de-ter-mi-'na-do, -da** [デ.テる.ミ.'ナ.ド, ダ] 78% 形 一定の, 定まった, 特定の; 決定された, 決まった; 固く決心した, 断固とした, 果敢な;〔言〕定…, 限定の;〔法〕(法律によって)定められた

de-ter-mi-'nan-te [デ.テる.ミ.'ナン.テ] 形 決定的な 名 男〔言〕限定詞;〔数〕行列式

⁑**de-ter-mi-'nar** [デ.テる.ミ.'ナる] 78% 動 他 決める, 決定する, 確定する, 限定する; 〈不定詞: …する〉決心をする; (a 不定詞: …する)決心をさせる, 決意させる; 特定する, 明確にする, 規定する, 定める; 引き起こす, 原因となる; 測定する;《ｺﾛﾝﾋﾞｱ》〈に〉注目する ～**se** 動 再 (a, por: に)決める, (a 不定詞: …する)決心をする; 決められている, 規定されている

de-ter-mi-na-'ti-vo, -va [デ.テる.ミ.ナ.'ティ.ボ, バ] 形〔言〕限定的な; 決定の, 決定的な

de-ter-mi-'nis-mo [デ.テる.ミ.'ニス.モ] 名 男〔哲〕決定論

de-ter-mi-'nis-ta [デ.テる.ミ.'ニス.タ] 形〔哲〕決定論の 名 共〔哲〕決定論者

de-tes-'ta-ble [デ.テス.'タ.ブレ] 形 憎むべき, ひどく嫌な, 忌まわしい; 悪い, 恐ろしい, ひどい

de-tes-ta-'ción [デ.テス.タ.'すぃオン] 名 女《格》嫌悪, 大嫌い, 憎悪

***de-tes-'tar** [デ.テス.'タる] 94% 動 他《格》嫌悪する, ひどく嫌う, 大嫌いである, 憎悪する

de-'tie-n~ 動《直現/接現/命》↑detener

de-to-na-'ción [デ.ト.ナ.'すぃオン] 名 女 爆発, 爆発音;〔技〕ノッキング

de-to-na-'dor [デ.ト.ナ.'ドる] 名 男〔技〕(爆弾の)起爆装置, 起爆剤

de-to-'nan-te 形〔技〕爆発する, 爆発性の 名 男〔技〕爆発物, 爆薬

de-to-'nar [デ.ト.'ナる] 動 自 爆発する, 爆音を発する

de-trac-'tar [デ.トらク.'タる] 動 他《格》中傷する, 〈に〉悪口を言う, 〈の〉名誉を毀損する

de-trac-'tor, -'to-ra [デ.トらク.'トる, 'ト.ら] 形 中傷的な, 名誉毀損の; 悪口を言いふらす人 名 男 女 中傷者

de-tra+'er [デ.トら.'エる] 動 他 ⑦⓪ (traer)《格》中傷する, 〈の〉名誉を毀損する

de-'trai-go, -ga(~) 動《直現 1 単, 接現》↑detraer

de-tra-j~ 動《直点/接過》↑detraer

⁑**de-'trás** [デ.'トらス] 79% 副《場所が》後ろに[へ], 背後に, 後に; 裏に, 背中に; (de: の)後ろに[へ] *por* ～ 後ろに[へ, から]; 隠れて, 陰になって, ひそかに *por* ～ *de* … …の後ろに

de-tri-'men-to [デ.トり.'メン.ト] 名 男 損害, 損傷, 損失 *en* [*con*] ～ *de* … …を損ねて, …に損害を与えて

d

d

de-'trí-ti-co, -ca [デ.'トリ.ティ.コ, カ] [形]〔地質〕岩屑(がんせつ)質の, 砕屑(さいせつ)質の
de-'tri-to [デ.'トリ.ト] [名] [男]〔地質〕岩屑(がんせつ); 破片の山
De-'troit [デ.'トろイト] [名] [固]〔地名〕デトロイト《米国中北部の都市》
de-tur-pa-'ción [デ.トゥる.パ.'すぃオン] [名] [女]《格》損なうこと, 醜くすること
de-tur-'par [デ.トゥる.'パる] [動] [他]《格》変形する, ゆがめる
de-tu-v~ [動]《直点/接過》⬆detener
'deu-da 87% [名] [女] 借金, 負債; 恩義, (人の)おかげ;〔宗〕罪, 過ち *estar en* ~ (con: に)借金がある; 恩義がある
'deu-do, -da [名] [男] [女] 親類(の人), 親戚 [名] [男] 親戚関係
deu-'dor, -'do-ra [デウ.'ドる, 'ド.ら] [形]〔商〕負債がある, 借方の; (de: に)恩を受けている, 負い目を感じている [名] [男] [女]〔商〕借り主, 債務者; 恩を受けている人
deus ex machina ['デウス エ(ク)ス 'マ.キ.ナ] [名] [男]〔ラテン語〕〔演〕救いの神《古代演劇で困難な場面に現れ, 不自然な解決をする神》
deu-'te-rio [デウ.'テ.りオ] [名] [男]〔化〕重水素
deu-te-'rón [デウ.テ.'ろン] [名] [男]〔物〕重陽子
de-u-ve-'dé [名] [男]《スペイン》⇩DVD
de-va-lua-'ción [デ.バ.ルア.'すぃオン] [名] [女]〔経〕平価切り下げ
de-va-'luar [デ.バ.'ルアる] [動] [他] 17 (u|ú)〔経〕〈平価を〉切り下げる
de-va-lua-'to-rio, -ria [デ.バ.ルア.'ト.りオ, りア] [形]〔経〕平価切り下げの
de-va-na-'de-ra [デ.バ.ナ.'デ.ら] [名] [女]〔機〕糸巻き, ボビン;〔機〕巻き取り器
de-va-'na-do [デ.バ.'ナ.ド] [名] [男]〔機〕糸繰り
de-va-na-'ga-ri [デ.バ.ナ.'ガ.り] [名] [男]〔言〕デーバナーガリー文字《インドの諸言語に用いられる》
de-va-'nar [デ.バ.'ナる] [動] [他]〈糸などを〉巻く, 巻きつける
de-va-ne+'ar [デ.バ.ネ.'アる] [動] [自]〔医〕精神錯乱になる, うわごとを言う
de-va-'ne+o [デ.バ.'ネ.オ] [名] [男] 気晴らし, 娯楽, 暇つぶし; 浮気(うわき), 不倫;〔医〕狂乱(状態), 精神錯乱
de-vas-ta-'ción [デ.バス.タ.'すぃオン] [名] [女] 荒らすこと, 荒廃
de-vas-ta-'dor, -'do-ra [デ.バス.タ.'ドる, 'ド.ら] [形] 荒らす, 荒廃させる
de-vas-'tar [デ.バス.'タる] [動] [他] 荒らす, 荒廃させる
de-ve-'dé [名] [男]《ラ米》⇩DVD
de-ve-'lar [デ.ベ.'ラる] [動] [他]《ラ米》明らかにする, 見せる;〔衣〕〈の〉ベールを取る
de-ven-'gar [デ.ベン.'ガる] [動] [他] 41 (g|gu)〔商〕〈利息を〉生む;〔商〕〈支払いを〉受け取る
de-ve-'nir [デ.ベ.'ニる] [動] [自] 73 (venir) (形容詞・名詞: …に)なる; 生じる, 起こる [名] [男]〔哲〕生成, 変転
de-'vi-sa [デ.'ビ.サ] [名] [女]〔集合〕名門[上流階級]の人々
*__de-vo-'ción__ [デ.ボ.'すぃオン] 93% [名] [女]〔宗〕献身, 信心深さ, 敬虔(けいけん); 愛着, 心酔, 傾倒;〔宗〕祈り, 祈禱(きとう); 習慣
de-vo-cio-'na-rio [デ.ボ.すぃオ.'ナ.りオ] [名] [男]〔宗〕祈禱(きとう)書
de-vo-lu-'ción [デ.ボ.ル.'すぃオン] [名] [女] 返却; 払い戻し, 返済; 返還;〔法〕(権利・義務・地位などの)相続人への移転;〔競〕〔球技〕返球, (パスの)リターン
de-vo-lu-'ti-vo, -va [デ.ボ.ル.'ティ.ボ, バ] [形]〔法〕返却の, 帰属の
__de-vol-'ver__ [デ.ボル.'べる] 85% [動] [他] 76 (o|ue)〔過分 -vuelto〕(a: に)返す, 戻す, 返還する; (a: 前の状態に)戻す, 復帰させる, 回復させる;〈に〉報いる,〈の〉お返しをする,〈に〉報復する;〔競〕〈ボールを〉打ち返す, 返球する;〈食べ物を〉吐く, もどす [動] [自] (食べ物を)吐く ~se** [動] [再]《ラ米》(家へ)帰る, 帰宅する
de-vo-ra-'dor, -'do-ra [デ.ボ.ら.'ドる, 'ド.ら] [形] むさぼり食う, がつがつ食べる; 破壊的な
*__de-vo-'rar__ [デ.ボ.'らる] 94% [動] [他] むさぼり食う; むさぼり読む, 夢中になって見る[聞く];〈に〉心を焼きつくす, 狂わせる, さいなむ; 使い果たす; «疫病・災害などが»滅ぼす, 壊滅させる, «火事が»焼きつくす
de-'vo-to, -ta [デ.'ボ.ト, タ] [形]〔宗〕(a, de: に)帰依した, 信心深い; 献身的な, 真心からの, 敬虔(けいけん)な, 熱烈な;〔宗〕信仰の, 礼拝の [名] [男] [女]〔宗〕信者; 熱心な人, 熱愛者, 信奉者, 運動家
de-'vuel-ta [デ.'ブエル.タ] [名] [女]《ラ米》〔商〕おつり, つり銭
de-'vuel-to, -ta [動]《過分》⬆devolver
de-'vuel-v~ [動]《直現/接現/命》⬆devolver
dex-'tri-na [デ(ク)ス.'トリ.ナ] [名] [女]〔化〕デキストリン, 糊精(こせい)《多糖類》
dex-'tró-gi-ro, -ra [デ(ク)ス.'トろ.ひ.ろ, ら] [形]〔化〕右旋性の
dex-'tror-so, -sa [デ(ク)ス.'トろる.ソ, サ] [形]〔植〕(根の方から見て)右巻きの;〔物〕右回りの
de-yec-'ción [デ.ジェク.'すぃオン] [名] [女]〔医〕排泄(物)
d/f [略] =día(s) fecha 日付

D. F. 略 =Distrito Federal 《メキシコ》 連邦特別区

dg 略 ↑decigramo

Dgo. 略 ↓domingo

dho(s), dha(s) 略 ↓dicho

'di 動 《直点1単》 ↑dar

di~ 〔接頭辞〕「2, 2倍, 二重」を示す; ↓di(s)-

'dí+a 57% 名 男 日, 1日; 昼間, 昼, 日中 《日の出から日の入りまで》; 祝日, 祭日, (de: の)日; 〔気〕 空, 天気; 〔複〕 時代, 時世, 日々, 全盛時代; 〔複〕 一生, 生涯 *a ~s* 日によって, その日その日で *al abrir [despuntar, rayar, romper] el ~* 夜明けに *al ~* 一日に; 最新(式)の[で], 最近の, 時流にのった[のって] *al ~ de ...* …の事情に通じて, …を知らされて *al otro ~* 翌日 *cada ~* 毎日, 日ごと *cada ~ ...*(比較級) 日ごとにますます *cada ... ~s* …日ごとに *como del ~ a la noche* 昼と夜のように 《似ていないことのたとえ》 *dar los ~s* 誕生日[聖人の日]にお祝いを言う *de ~* 日中に *de ~ en ~* 日に日に, 一日一日と, 日ごとに *de ~s* 生まれたばかりの, 新生の *de un ~ a otro* 近いうちに *del ~* 新しい, 新鮮な, 今日の; 最新の, 今流行の *~ a [por] ~* 毎日, 日に日に *~ entre semana* 平日 *~ por medio* 《ラ米》 1日おきに *el ~ de hoy* 今日, 現代 *el ~ de mañana* 将来, 未来 *el otro ~* この前, 先日, 以前に, この間 *entrado[da] en ~s* 年をとった, 年輩の *otro ~* いつか, そのうち *tal ~ hizo un año* たいした問題ではない *todo el ~* 一日中 *todos los ~s* 毎日 *un buen ~* ある日のこと…, いつか *un ~ de estos* 近いうちに, 近々

dia~ 〔接頭辞〕「通過·相互·完全」を示す

dia-'be-tes 名 女 〔単複同〕〔医〕 糖尿病

dia-'bé-ti-co, -ca 形 〔医〕 糖尿病の 名 男 女 糖尿病患者

'dia-bla ['ディア.ブラ] 名 女 《ラ米》《俗》〔軽蔑〕 女, あま; 売春婦

dia-ble+'ar [ディア.ブレ.'アる] 動 自 《話》 «子供が»いたずらをする, 悪ふざけをする

dia-'bli-le-sa [ディア.'ブレ.サ] 名 女 《話》 魔女

dia-'bli-llo [ディア.'ブリ.ジョ] 名 男 《話》 いたずらっ子

'dia-blo, -bla ['ディア.ブロ, ブラ] 91% 名 男 女 悪魔, 魔王, 鬼, 化け物; 悪魔のような人, 極悪人, 手に負えない人, やんちゃ坊主, いたずらっ子; 〔複〕《俗》〔疑問詞の後で〕 一体 感 〔複〕《俗》 しまった, 畜生, ええい 《不快》; おや, まあ, すごい 《賛嘆》 *¡Al ~ con ...!* 《話》 …なんかくそくらえ! *darse al ~* 《話》 かっとなる, 激怒する *~ marino* 〔魚〕 アンコウ *donde el ~ perdió el poncho* 《南米》 とても遠いところで *llevarse el ~* すぐになくなる *mandar al ~* 《話》 捨てる, 放っておく *pez del ~* 〔魚〕 ハゼ *pobre ~* 《話》 不運な人, かわいそうな人 *tener el ~ en el cuerpo* とてもいたずらである *tentar al ~* 悪魔の誘惑に身をさらす *¡Vete al ~!* 《俗》 とっとと消え失せろ!, くたばってしまえ!

dia-'blu-ra [ディア.'ブル.ら] 名 女 いたずら, 悪ふざけ; 神技(かみわざ)

dia-'bó-li-co, -ca [ディア.'ボ.リ.コ, カ] 形 悪魔の(ような), 魔性の; 残忍な, 極悪非道な; ひどい; 難しい **-camente** 副 悪魔のように; ひどく, 残忍に

dia-bo-'lis-mo [ディア.ボ.'リス.モ] 名 男 魔術, 妖術

dia-co-'ní+a 名 女 〔宗〕 助祭の担当教区[住まい]

'diá-co+no, -co-'ni-sa 名 男 女 〔宗〕 助祭

dia-'crí-ti-co, -ca [ディア.'クリ.ティ.コ, カ] 形 〔言〕 区分符の; 〔医〕 (de: 病気の)症状を示す, (de: に)特有の 名 男 〔言〕 区分符 《文字に付けた符号》

dia-cro-'ní+a [ディア.クろ.'ニ.ア] 名 女 〔言〕 通時態 《年代の違いによる言語の変異》

dia-'cró-ni-co, -ca [ディア.'クろ.ニ.コ, カ] 形 〔言〕 通時的な

dia-'de-ma 名 女 王冠; 〔衣〕 (女性用の)頭飾り, 冠

dia-fa-ni-'dad 名 女 《格》 透明(性), 透明度

'diá-fa+no, -na 形 《格》 透明な, 透き通って見える; 晴れた; 《格》 «説明などが»明快な, わかりやすい

dia-'frag-ma [ディア.'フらグ.マ] 名 男 〔体〕 横隔膜; 〔機〕 (受話器などの)振動板; 〔物〕 隔膜, 仕切り板; 〔光〕 (カメラなどの)絞り; 〔植〕 (果実などの)隔膜; 〔医〕 (避妊用)ペッサリー

dia-frag-'má-ti-co, -ca [ディア.フらグ.'マ.ティ.コ, カ] 形 横隔膜の

diag. 略 ↓diagonal

diag-'no-sis [ディアグ.'ノ.スィス] 名 女 〔単複同〕〔医〕 診断(法); 〔一般〕 現状分析, 状況判断

diag-nos-ti-'car [ディアグ.ノス.ティ.'カる] 動 他 69 (c|qu) 〔医〕 «医師が»診断する; 〔一般〕 分析する

diag-'nós-ti-co, -ca [ディアグ.'ノス.ティ.コ, カ] 形 〔医〕 診断上の 名 男 〔医〕 診断; 〔一般〕 現状分析

dia-go-'nal [ディア.ゴ.'ナル] 形 斜線の, 斜めの; 〔数〕 対角線の 名 女 斜線; 〔数〕 対角線 *en ~* 斜めに

dia-'gra-ma [ディア.'グら.マ] [名] [男] 図, 図形, 図表, グラフ, 図式 ~ *de flujo* 〔情〕フローチャート

'dial ['ディアル] [名] [男] (電話・ラジオの)ダイヤル

dia-lec-'tal [ディア.レク.'タル] [形] 〔言〕方言の

dia-lec-ta-'lis-mo [ディア.レク.タ.'リス.モ] [名] [男] 〔言〕方言形, 方言に特有の語法

dia-'léc-ti-co, -ca [ディア.'レク.ティ.コ, カ] [形][名] [男] [女] 弁証(法)的な; 弁証家 **-ca** [名] [女] 〔哲〕弁証法

*__dia-'lec-to__ [ディア.'レク.ト] 94% [名] [男] 〔言〕方言

dia-lec-to-lo-'gí+a [ディア.レク.ト.ロ.'ひ.ア] [名] [女] 〔言〕方言学

dia-lec-to-'ló-gi-co, -ca [ディア.レク.ト.'ロ.ひ.コ, カ] [形] 〔言〕方言(学)の

dia-lec-'tó-lo-go, -ga [ディア.レク.'ト.ロ.ゴ, ガ] [名] [男] [女] 〔言〕方言学者

dia-'le-fa [ディア.'レ.ファ] [名] [女] 〔言〕母音分立

'diá-li-sis ['ディア.リ.スィス] [名] [女] 〔単複同〕〔医〕透析

dia-li-za-'dor [ディア.リ.さ.'ドる] [名] [男] 〔医〕腎臓透析機

dia-li-'zar [ディア.リ.'さる] [動] [他] ㉞ (z|c) 〔医〕透析する

dia-lo-'ga-do, -da [ディア.ロ.'ガ.ド, ダ] [形] 対話形式の

dia-lo-'gan-te [ディア.ロ.'ガン.テ] [形] 対話する; 対話をする姿勢がある, 相手をよく理解する [名] [共] 対話者

dia-lo-'gar [ディア.ロ.'ガる] [動] [自] ㊶ (g|gu) (con: と)対話する

⁑__'diá-lo-go__ ['ディア.ロ.ゴ] 83% [名] [男] 対話, 対談, 会話, ダイアローグ; 〔文〕(小説などの)対話の部分, 対話体; 〔映〕〔演〕台詞(せりふ)

*__dia-'man-te__ 94% [名] [男] 〔鉱〕ダイヤモンド; 〔技〕ガラス切り; 〔遊〕〔トランプ〕ダイヤ, ダイヤの札

dia-man-'ti+no, -na [形] ダイヤモンドの(ような); 《詩》堅固無比の

dia-man-'tis-ta [名] [共] 〔技〕〔商〕ダイヤモンド細工師[商人]

dia-me-'tral [ディア.メ.'トらル] [形] 〔数〕直径の; 正反対の; 完全な, まったくの ~**-mente** [副] まったく, 完全に

'diá-me-tro ['ディア.メ.トろ] [名] [男] 〔数〕直径

'dia-na [名] [女] 〔軍〕起床ラッパ[太鼓]; (的の)中心; 《詩》〔天〕月

'Dia-na [名] [固] 〔女性名〕ディアナ; 〔ロ神〕ディアナ

'dian-tre ['ディアン.トれ] [感] 《話》こん畜生!, くそくらえ!, くたっばちまえ! [名] [男] 《話》〔遠回し〕悪魔

dia-pa-'són [名] [男] 〔楽〕音叉(おんさ); 〔楽〕全声域, 全音域; 《話》声の調子

dia-po-si-'ti-va [ディア.ポ.スィ.'ティ.バ] [名] [女] 〔写〕(映写用の)スライド

*__'dia-ria-'men-te__ ['ディア.りア.'メン.テ] 93% [副] 日々, 毎日

⁑__'dia-rio, -ria__ ['ディア.りオ, りア] 79% [形] 毎日の, 日々の, 日常の [名] [男] 新聞; 日記, 日誌, 日記帳, メモ用手帳; ニュース, 報道; 一日の出費 *a* ~ 毎日, 日々 *de* ~ 毎日, 日々; 〔衣〕ふだん着の, 日常の

dia-'ris-mo [ディア.'リス.モ] [名] [男] 《ラ米》ジャーナリズム

dia-'ris-ta [ディア.'リス.タ] [名] [共] 日記をつける人, 日誌係, 日記作家; 《ラ米》ジャーナリスト, 新聞[雑誌]記者

diar-'quí+a [ディアる.'キ.ア] [名] [女] 〔政〕両頭政治

dia-'rre+a [ディア.'れ.ア] [名] [女] 〔医〕下痢(症)

dia-'rrei-co, -ca [ディア.'れイ.コ, カ] [形] 〔医〕下痢(症)の

'diás-po-ra ['ディアス.ポ.ら] [名] [女] 〔歴〕ディアスポラ《ユダヤ人のパレスチナからの離散》; 〔一般〕民族の離散

dias-'ta-sa [名] [女] 〔生〕ジアスターゼ

'diás-to-le ['ディアス.ト.レ] [名] [女] 〔体〕心臓拡張(期); 拡張期; 〔言〕(短音節の)音節延長

dias-'tó-li-co, -ca [ディアス.'ト.リ.コ, カ] [形] 〔体〕心臓拡張の

dia-'ter-mia [ディア.'テる.ミア] [名] [女] 〔医〕透熱療法, ジアテルミー

dia-'tér-mi-co, -ca [ディア.'テる.ミ.コ, カ] [形] 〔医〕ジアテルミーの

'diá-te-sis [名] [女] 〔単複同〕〔医〕(ある病気になる)体質, 素質, 素因

dia-'tó-ni-co, -ca [形] 〔楽〕全音階の

dia-to-'nis-mo [名] [男] 〔楽〕全音階

dia-to-'pí+a [名] [女] 〔言〕通所態《地域の違いによる言語的変異》

dia-'tó-pi-co, -ca [形] 〔言〕通所的な ↑diatopía

dia-'tri-ba [ディア.'トり.バ] [名] [女] 悪口, 痛烈な非難[攻撃], 酷評

'Dí+az ['ディ.アす] [名] [固] 〔姓〕ディアス

di-bu-'jan-te [ディ.ブ.'はン.テ] [名] [共] 〔絵〕写生家, スケッチする人; 図案家; 製図家 [形] 〔絵〕スケッチする, 写生する

⁑__di-bu-'jar__ [ディ.ブ.'はる] 88% [動] [他] 〔絵〕線で描く, スケッチする, 〈絵を〉描く; 言葉で述べる, 描写する ~**se** [動] [再] (輪郭が)浮かび上がる, 現れる, はっきりしてくる

⁑__di-'bu-jo__ [ディ.'ブ.ほ] 86% [名] [男] 〔絵〕絵, 図; 素描, デッサン; イラスト; 模様, デザイン,

図柄; 漫画; 輪郭, シルエット; 設計図, 製図, 図面

dic. 略 ↓diciembre

dicc. 略 ↓diccionario

dic-'ción [ディク.'すぃオン] 名 女 〔音〕発音, 発声(法); 〔言〕言葉遣い, 語法, 言い回し, 語, 言葉

‡**dic-cio-'na-rio** [ディク.すぃオ.'ナ.りオ] | 90% 名 男 〔言〕辞書, 辞典, 字引き

dic-cio-na-'ris-ta [ディク.すぃオ.ナ.'りス.タ] 名 共 〔言〕辞書編集者

'di-ce(~) 動 《直現》 ↑decir

di-'cen-te [ディ.'せン.テ] 形 〔言〕発話の 名 共 発話者, 発言者

'di-cha 名 女 幸運; 幸福, 幸せ, 喜び *por* ~ 幸運にも 形 《女》 ↓dicho

di-cha-ra-'che-ro, -ra [ディ.チャ.ら.'チェ.ろ, ら] 形 名 男 女 話がおもしろい, 才気煥発の, 機知に富んだ; 機知に富んだ人

di-cha-'ra-cho [ディ.チャ.'ら.チョ] 名 男 下品な言葉[冗談]

*'**di-cho, -cha** 91% 形 〔名詞の前で〕前述の, 先述の 名 男 ことわざ, 格言; 言葉 動 《過分》 ↑decir *¡Bien ~!* よく言ったぞ! *~ sea de paso* ついでに言うと *~ y hecho* 言うが早いか, すぐに, 早速に(実行する) *lo ~* 言ったこと, 約束 *con otras palabras* 換言すれば, つまり *propiamente ~cho[cha]* 文字通りの *tomarse los ~s* (教会で)婚約する

*di-'**cho-so, -sa** 93% 形 幸せな, 満足した; 幸運な, 喜ばしい; 〔名詞の前で〕《話》〔皮肉〕ひどい, やっかいな, いやな, いまいましい

‡**di-'ciem-bre** [ディ.'すぃエン.ブれ] 82% | 名 男 12 月

di-'cien-do 動 《現分》 ↑decir

di-'cien-te [ディ.'すぃエン.テ] 形 名 共 《(ｺﾛﾝ)(ﾋﾞｱ)》《話》雄弁な; ⇧ dicente

di-co-ti-le-'dó-ne+o, +a [ディ.コ.ティ.レ.'ド.ネ.オ, ア] 形 〔植〕双子葉植物の +a 名 女 〔複〕〔植〕双子葉植物

di-co-to-'mí+a 名 女 《格》二分法; 《格》意見の相違, 分裂

*dic-'**ta-do** [ディク.'タ.ド] 91% 名 男 書き取り, ディクテーション; 口述; 〔複〕(良心などの)命令, 声, 指図; 称号, 敬称

*dic-ta-'**dor, -'do-ra** [ディク.タ.'ドる, 'ド.ら] 92% 名 男 女 〔政〕独裁者, 暴君; ワンマンな人 名 男 〔歴〕(古代ローマ共和制期の)独裁執政官

‡**dic-ta-'du-ra** [ディク.タ.'ドゥ.ら] 90% 名 女 〔政〕独裁政治, 独裁政権, 独裁権力; 専横

dic-'tá-fo+no [ディク.'タ.フォ.ノ] 名 男 〔機〕ディクタフォン, 口述録音機

dic-'ta-men [ディク.'タ.メン] 名 男 意見, 考え, 見解; 提言, 助言

dic-ta-mi-'nar [ディク.タ.ミ.'ナる] 動 自 (sobre: について)意見を述べる; 〔法〕(sobre: について)提言をする, 助言する 動 他 〈que: …と〉判断を下す

‡**dic-'tar** [ディク.'タる] 90% 動 他 書き取らせる, 口述する, 口授する; 宣言する, 〈判決などを〉下す, 〈法を〉発令する; 助言する; 《(ﾗ)(米)》〈授業を〉する

dic-ta-to-'rial [ディク.タ.ト.'りアル] 形 〔政〕独裁者の, 独裁的な; 尊大な, 横柄な

dic-'te-rio [ディク.'テ.りオ] 名 男 《格》あざけり, 侮辱, 無礼

di-'dác-ti-co, -ca [ディ.'ダク.ティ.コ, カ] 形 教育的な, 教えるのに適している; 教訓的な, 説教的な **-ca** 名 女 教授法

di-das-'ca-lia [ディ.ダス.'カ.リア] 名 女 《格》教育(活動)

‡**die-ci-'nue-ve** [ディエ.すぃ.'ヌエ.ベ] | 89% 数 **19**(の); 第 **19**(番目)(の)

die-ci-nue-ve+'a-vo, -va [ディエ.すぃ.ヌエ.ベ.'ア.ボ, バ] 形 《分数詞》**19 等分の** 名 男 **19 分の 1**

die-cio-'cha-vo, -va [ディエ.すぃオ.'チャ.ボ, バ] 形 《分数詞》**18 等分の** 名 男 **18 分の 1**

die-cio-'ches-co, -ca [ディエ.すぃオ.'チェス.コ, カ] 形 **18 世紀の**

‡**die-'cio-cho** [ディエ.'すぃオ.チョ] 88% | 数 **18**(の); 第 **18**(番目)(の)

‡**die-ci-'séis** [ディエ.すぃ.'セイス] 85% 数 | **16**(の); 第 **16**(番目)(の)

die-ci-sei-'sa-vo, -va [ディエ.すぃ.セイ.'サ.ボ, バ] 形 《分数詞》**16 等分の** 名 男 **16 分の 1**

‡**die-ci-'sie-te** [ディエ.すぃ.'スィエ.テ] | 87% 数 **17**(の); 第 **17**(番目)(の)

die-ci-sie-te+'a-vo, -va [ディエ.すぃ.スィエ.テ.'ア.ボ, バ] 形 《分数詞》**17 等分の** 名 男 **17 分の 1**

'die-dro ['ディエ.ドろ] 形 《男》二平面の, 二面角の 名 男 二面角

'dié-ge-sis ['ディエ.ヘ.スィス] 名 女 〔単複同〕〔文〕(作品の)粗筋, 筋の展開

'Die-go 名 固 〔男性名〕ディエゴ

die-'léc-tri-co, -ca [ディエ.'レク.トり.コ, カ] 形 〔物〕誘電性の; 絶縁の 名 男 〔物〕誘電体; 絶縁体

dien-'cé-fa-lo [ディエン.'せ.ファ.ロ] 名 男 〔体〕間脳

‡'**dien-te** 86% 名 男 〔体〕歯; (くし・のこぎりなどの)歯; 一かけら, 一片 *alargarse los ~s* 欲しくてたまらない, …したくてうずうずする *armado[da] hasta los ~s* 完全武装した[て] *de ~s para afuera* 口先だけで, 不まじめに *decir [hablar] entre ~s* 口ごもる, ぶつぶつ言う, 聞き取れないように言う *~ de león* 〔植〕タンポポ

d

～ *de perro*〔衣〕まつり縫い　～ *por* ～ 歯には歯を　*echar los* ～*s*《子供が》歯が生え始める　*meter el* ～〔否定文で〕(a: に)歯が立たない　*poner los* ～*s largos* (a: を)うらやましがらせる　*pelar el* ～《話》作り笑いをする　*tener buen* ～ 何でも食べる, 大食家である　*tener los* ～*s largos* ↑alargarse los dientes

'die-ra(～) 動《接過》↑dar

'dié-re-sis ['ディエ.れ.スィス] 名 女〔単複同〕〔言〕母音分立《bue-no を bu-e-no のように切ること》;〔言〕ディエレシス, 分音記号《ü の記号》;〔医〕切断

'die-ron 動《直点 3 複》↑dar

'die-se(～) 動《接過》↑dar

die-'sel [ディエ.'セル] 名 男 ディーゼル機関[エンジン]

'dies-trí-si-mo, -ma〔最上級〕↓diestro

'dies-tro, -tra ['ディエス.トろ, トら] 形 (手先の)器用な, 上手な, 巧みな; (en: に)抜け目がない, 利口な;《格》右の, 右手の, 右側の 名 男〔牛〕闘牛士, マタドール; 剣客, 剣術家; 絞首係, 刑吏　**-tra** 名 女《格》右側, 右手　*a diestro[tra] y siniestro[tra]* 四方八方に; むやみやたらに

*'**die-ta** 91% 名 女〔医〕食事療法, 規定食, ダイエット;〔食〕(日常の)飲食物;〔しばしば D～〕〔政〕(日本・デンマークなどの)国会, 議会;〔複〕(議員・裁判官の)報酬, 俸給, 日当

die-'ta-rio [ディエ.'タ.りオ] 名 男 (会計)帳簿, 家計簿

die-'té-ti-co, -ca 形〔医〕食事療法の　**-ca** 名 女〔医〕食事療法学, 栄養学

'diez ['ディエす] 70% 数〔⇔単独の 10〕10 (の)　*hacer las* ～ *de últimas* 自分の首を締める, 元も子もなくす;《話》金を全部さらってしまう

'Dí+ez ['ディ.エす] 名 固〔姓〕ディエス

diez-'mar [ディエす.'マる] 動 他《疫病や戦争などが》〈人や動物の〉多数を殺す;〈の〉10 分の 1 を取る[除く] 動 自〔歴〕〔法〕教会に十分の一税を払う

diez-mi-'lé-si-mo, -ma [ディエす.ミ.'レ.スィ.モ, マ] 形 1 万分の 1 の 名 男 1 万分の 1

diez-mi-llo-'né-si-mo, -ma [ディエす.ミ.ジョ.'ネ.スィ.モ, マ] 形 1 千万分の 1 の 名 男 1 千万分の 1

'diez-mo ['ディエす.モ] 名 男〔歴〕〔法〕十分の一税《中世に農民が収穫の 1 割を教会に納めた》;《古》10 分の 1

di-fa-ma-'ción [ディ.ファ.マ.'すぃオン] 名 女 中傷, 誹謗(ひぼう);〔法〕(文書による)名誉毀損(罪)

di-fa-ma-'dor, -'do-ra [ディ.ファ.マ.'ドる, 'ド.ら] 名 男 女 中傷者, 誹謗(ひぼう)者;〔法〕名誉毀損(きそん)者

di-fa-'mar [ディ.ファ.'マる] 動 他 中傷する, 誹謗(ひぼう)する;〔法〕(文書によって)〈の〉名誉を毀損する

di-fa-ma-'to-rio, -ria [ディ.ファ.マ.'ト.りオ, りア] 形 中傷の;〔法〕名誉毀損(きそん)の

di-'fá-si-co, -ca 形〔物〕二相の

‡**di-fe-'ren-cia** [ディ.フェ.'れン.すぃア] 77% 名 女 違い, 相違, 相違点; 意見の相違, 不和; 差, 差額;〔楽〕変奏(曲)　*a* ～ *de* ... …と異なって　*ir* ～ *de* ... *a* — …と—には違いがある　*partir la* ～ (要求・条件・値段などの)中間を取る, 折り合う, 半分ずつ負担する

di-fe-ren-cia-'ción [ディ.フェ.れン.すぃア.'すぃオン] 名 女 区別, 識別, 差別; 分化

di-fe-ren-'cial [ディ.フェ.れン.'すぃアル] 形 相違を示す, 差別的な;〔数〕微分の 名 男〔機〕差動歯車 名 女〔数〕微分

‡**di-fe-ren-'ciar** [ディ.フェ.れン.'すぃアる] 89% 動 他 (de: と)区別する, 差別する, 見分ける, 識別する;〔数〕微分する 動 自 異なる, 一致しない　～**se** 動 再 (en: で)異なる, 違っている, (en: の点で)一致しない

‡**di-fe-'ren-te** [ディ.フェ.'れン.テ] 74% 形 (a, de: と)違った, 異なった, 別の;〔複数名詞の前で〕いろいろな, さまざまな; 普通ではない, 変わった, 特別の 副 別に, 特別に; 違うように, 別人のように

di-fe-'ri-do, -da [ディ.フェ.'り.ド, ダ] 形 遅れた; 延期した;〔放〕録画の　*en* ～〔放〕録画の[で]

*__di-fe-'rir__ [ディ.フェ.'りる] 94% 動 他 ⑥⑤ (e|ie|i) 延ばす, 延期する 動 自 (en: において)異なる, 違う

‡**di-'fí-cil** [ディ.'フィ.すぃル] 74% 形 難しい, 困難な;《人・性格が》扱いにくい, 気難しい;〔ser ～〕(que 接続法: …は)ありそうにない, 考えられない; (de 不定詞: …)しにくい, (de 不定詞: …が)難しい

di-fi-ci-'lí-si-mo, -ma〔最上級〕↑difícil

*__di-'fí-cil-'men-te__ [ディ.'フィ.すぃル.'メン.テ] 93% 副 ありそうになく, ほとんど…しそうにない; やっとのことで

‡**di-fi-cul-'tad** [ディ.フィ.クル.'タド] 82% 名 女 難しさ, 困難, 難儀, 難事, 難しいこと, 困難な点;〔しばしば複〕難局, 苦境, 財政的な困難; 障害, じゃま, トラブル, 故障;〔しばしば複〕反対, 異議, 難点; 不和, いざこざ, 面倒, 迷惑　*con* ～ やっとのことで

di-fi-cul-'tar [ディ.フィ.クル.'タる] 動 他 困難にする, 難しくする; じゃまする, 妨げる

di-fi-cul-'to-so, -sa [ディ.フィ.クル.'ト.ソ, サ] [形] 困難な, 難しい, 骨の折れる
di-fi-'den-te [形] 《格》 疑い深い, 信用しない
di-'fie-r~ [動] 《直現/接現/命》 ⬆diferir
di-fi-r~ [動] 《活用》 ⬆diferir
di-'fluen-cia [ディ.'フルエン.すぃア] [名] [女] 《格》 拡大, 拡張, 流出
di-'fluen-te [ディ.'フルエン.テ] [形] 《格》 散らばる, 拡散する
di-'fluir [ディ.'フルイる] [動] [自] 37 (-y-) 《格》 広がる, 拡散する, 流れ出す
di-frac-'ción [ディ.フらク.'すぃオン] [名] [女] 〔物〕 (光線・電波などの)回折
di-fran-'gen-te [ディ.フらン.'ヘン.テ] [形] 〔物〕 «光線・電波などが»回折の
dif-'te-ria [ディフ.'テ.りア] [名] [女] 〔医〕 ジフテリア
dif-'té-ri-co, -ca [ディフ.'テ.り.コ, カ] [形] 〔医〕 ジフテリアの
di-fu-mi-'nar [ディ.フ.ミ.'ナる] [動] [他] かすませる, ぼんやりさせる; 〔絵〕 (擦筆(さっぴつ)で)ぼかす; 〔情〕 〈画像を〉ぼかす
di-fu-'mi-no [名] [男] 〔絵〕 擦筆(さっぴつ)
di-fun-'di-do, -da [形] 普及した
**di-fun-'dir [ディ.フン.'ディる] 90% [動] [他] まき散らす, 散布する, 発散する, 広げる, 伸ばす; 〈知識・うわさなどを〉広める, 流布する, 放送する ～se [動] [再] 広がる, 延びる, 及ぶ; «うわさ・知識などが»広がる, 流布する
*di-'fun-to, -ta 93% [形] 亡くなった, 故… [名] [男] [女] 死者, 故人 [名] [男] 死体, 遺体 *Día de (los) ～s* 死者の日, 諸魂日 《11月2日》
*di-fu-'sión 92% [名] [女] 普及, 宣伝; 流布; 〔医〕 (病気の)蔓延(まんえん); 〔放〕 放送; 散布, 発散
di-fu-'si-vo, -va [ディ.フ.'スィ.ボ, バ] [形] 普及の, 普及に役立つ
*di-'fu-so, -sa 94% [形] 拡散した, 広がった; 散漫な, 冗長な; 〔情〕 ファジーの
di-fu-'sor, -'so-ra [ディ.フ.'ソる, 'ソ.ら] [形] 広める; 〔放〕 放送の [名] [男] 〔機〕 拡散器, 送風口 -sora [名] [女] 〔放〕 放送局
'di-ga(~) [動] 《接現》 ⬆decir
di-ge-'ri-ble [ディ.へ.'り.ブレ] [形] 消化しやすい, こなれやすい
*di-ge-'rir [ディ.へ.'りる] 94% [動] [他] 65 (e|ie|i) 〔医〕 〈食物を〉消化する, こなす; 〈意味などを〉よく理解する, 会得する, こなす; 《話》 我慢する
di-ges-'ti-ble [形] ⇧ digerible
*di-ges-'tión [ディ.ヘス.'ティオン] 94% [名] [女] 〔医〕 消化, 消化作用, 消化力; 理解, 会得
di-ges-'ti-vo, -va [ディ.ヘス.'ティ.ボ, バ] [形] 〔医〕 消化の, 消化性の, 消化力のある, 消化を助ける [名] [男] 〔医〕 消化剤
di-'ges-to [ディ.'ヘス.ト] [名] [男] 要約, ダイジェスト
di-'gie-r~ [動] 《直現/接現/命》 ⬆digerir
di-gi-r~ [動] 《活用》 ⬆digerir
di-gi-ta-'ción [ディ.ひ.タ.'すぃオン] [名] [女] 〔楽〕 (楽器の)運指法, 指使い
di-gi-'tal [ディ.ひ.'タル] [形] 指の; 〔技〕 デジタルの [名] [女] 〔植〕 ジギタリス
di-gi-ta-li-za-'ción [ディ.ひ.タ.り.さ.'すぃオン] [名] [女] 〔技〕 〔情〕 デジタル化
di-gi-ta-li-'zar [ディ.ひ.タ.り.'さる] [動] [他] 34 (z|c) 〔技〕 〔情〕 デジタル化する
di-gi-'tar [ディ.ひ.'タる] [動] [他] 《ラプラタ》 改竄(かいざん)する, 偽造する
'dí-gi-to ['ディ.ひ.ト] [名] [男] 〔数〕 アラビア数字 《0–9 の数字》; 〔数〕 桁(けた)
di-'glo-sia [ディ.'グロ.スィア] [名] [女] 〔言〕 2 言語の使い分け
'dig-na-'men-te ['ディグ.ナ.'メン.テ] [副] 品位をもって, 堂々と, 立派に
dig-'nar-se [ディグ.'ナる.セ] [動] [他] 《格》 〈不定詞: …〉してくださる 《敬語》
dig-na-'ta-rio, -ria [ディグ.ナ.'タ.りオ, りア] [名] [男] [女] 〔政〕 高官, 高位の人
**dig-ni-'dad [ディグ.ニ.'ダド] 90% [名] [女] 気品, 品位, 威厳; 自尊心, 誇り; 高官, 高位の人, お偉方
dig-ni-fi-'car [ディグ.ニ.フィ.'カる] [動] [他] 69 (c|qu) 〈に〉威厳を与える, 高貴にする, 重々しくする
**'dig-no, -na ['ディグ.ノ, ナ] 88% [形] (de: に)値する, ふさわしい, 足る; 価値のある, 尊敬すべき, 立派な, 毅然とした; 相応の, 適切な, 見合った, まともな
'di-go [動] 《直現 1 単》 ⬆decir
'dí-gra-fo ['ディ.グら.フォ] [名] [男] 〔言〕 二重字, 連字, 合字 《ch, ll, qu など》
di-gre-'sión [ディ.グれ.'スィオン] [名] [女] «話・文章が»横道にそれること, 余談, 脱線
'di-j~ [動] 《直点/接過》 ⬆decir
'di-je ['ディ.へ] [名] [男] (腕輪・ネックレスなどにつける)小さな飾り; 《話》 優秀な人; 〔複〕 虚勢, 空いばり, 強がり [形] 《チリ》 やさしい, 親切な [動] 《直点 1 単》 ⬆decir
di-la-ce-'rar [ディ.ラ.せ.'らる] [動] [他] 《格》 引き裂く; 〈自尊心を〉傷つける
di-la-'ción [ディ.ラ.'すぃオン] [名] [女] 遅れ, 延期 *sin ～* 直ちに, 即刻
di-la-pi-da-'ción [ディ.ラ.ピ.ダ.'すぃオン] [名] [女] 乱費, 金を使い果たすこと
di-la-pi-'dar [ディ.ラ.ピ.'ダる] [動] [他] 〈財産を〉乱費する, 〈金を〉使い果たす
di-la-'ta-ble [ディ.ラ.'タ.ブレ] [形] 膨張性の, 膨張力のある
di-la-ta-'ción [ディ.ラ.タ.'すぃオン] [名] [女] 膨張, 拡張, 拡大; 〔医〕 肥大(症), 拡張

(症); 〖医〗拡張法[手術]; 静けさ, 穏やかさ, 平穏, 冷静; 延長, 延期

di-la-'ta-do, -da [ディ.ラ.'タ.ド, ダ] [形] 広がった, 広々とした; 長時間の; 拡張した

*__di-la-'tar__ [ディ.ラ.'タる] 93% [動] [他] 広げる, 膨張させる; 《ラ米》延ばす, 延期する ~-**se** [動] [再] 伸びる, 延びる; 延期する, 遅れる; 広がる, 膨張する; 《話が》散漫になる; 《ラ米》時間がかかる, 遅れる

d

di-la-'to-rio, -ria [ディ.ラ.'ト.りオ, りア] [形] 延期の, 時間を引き延ばすための

di-lec-'ción [ディ.レク.'すぃオン] [名] [女] 《格》愛情, いつくしみ

di-'lec-to, -ta [ディ.'レク.ト, タ] [形] 《格》愛する, いとしい, 親愛なる

*__di-'le-ma__ [ディ.'レ.マ] 94% [名] [男] ジレンマ, 板ばさみ, 窮地; 〔論〕ジレンマ, 両刀論法

di-le-'má-ti-co, -ca [ディ.レ.'マ.ティ.コ, カ] [形] 板ばさみの, ジレンマの

'di+le(s) [動] 《命》 + [代] ↑decir, ↓le, les

di-le-'tan-te [ディ.レ.'タン.テ] [形] 〔芸〕〔しばしば軽蔑〕ディレッタントの, 芸術好きの [名] [共] ディレッタント, 好事家(こうず), 素人芸術家

di-le-tan-'tis-mo [ディ.レ.タン.'ティス.モ] [名] [男] 〔芸〕〔しばしば軽蔑〕(素人の)芸術趣味, 道楽

'Di+li ['ディ.リ] [名] [固] 〔地名〕ディリ《東ティモール Timor Oriental の首都》

di-li-'gen-cia [ディ.リ.'ヘン.すぃア] [名] [女] 勤勉, 精励, 努力; 手続き, 処置; 仕事; 機敏さ, 迅速さ; 〔歴〕乗合馬車; 〔法〕訴訟手続き[行為], 弁論 ***con*** ~ 熱心に; 急いで ***hacer una*** ~ 《話》〔笑〕排便する

*__di-li-'gen-te__ [ディ.リ.'ヘン.テ] 94% [形] 勤勉な, 熱心な; (en: 仕事が)早い, 迅速な ~**mente** [副] 勤勉に, 熱心に

di-lo-'gí+a [ディ.ロ.'ひ.ア] [名] [女] 《格》あいまいさ, 両義性

di-lu-ci-da-'ción [ディ.ル.すぃ.ダ.'すぃオン] [名] [女] 明瞭化, 説明

di-lu-ci-'dar [ディ.ル.すぃ.'ダる] [動] [他] 明瞭にする, 説明する

di-lu-'ción [ディ.ル.'すぃオン] [名] [女] 《格》溶解, 融解; 《格》薄めること, 希釈

di-'luir [ディ.'ルイる] [動] [他] [37] (-y-) (水で)薄める, 希釈する; 溶かす, 溶解する ~-**se** [動] [再] 薄まる, 薄くなる; 溶ける, 溶解する

di-lu-'vial [ディ.ル.'ビアル] [形] 〔地質〕洪積層の; 〔気〕大洪水の [名] [男] 〔地質〕洪積層

di-lu-'viar [ディ.ル.'ビアる] [動] [自] 〔気〕雨が激しく降る

di-'lu-vio [ディ.'ル.ビオ] [名] [男] 〔気〕大洪水, 大雨, 大水; (洪水のように)襲ってくるもの, 殺到, 嵐

di-'lu-y(~) [動] 《活用》 ↑diluir

di-ma-'nar [ディ.マ.'ナる] [動] [自] (de: から)起こる, 始まる, 生じる; «水が»湧き出る

'di+me [動] 《命》 + [代] ↑decir+me

'dí+me+lo [動] 《命》 + [代] ↑decir, ↓me, ↓lo

**__di-men-'sión__ 86% [名] [女] (長さ・幅・厚さ・高さの)寸法, 規模; 〔複〕範囲, 規模, 広がり; 〔数〕〔物〕次元

'di-mes 〔成句〕 ~ ***y diretes*** 《話》口論, 口げんか

di-mi-nu-'ti-vo, -va [ディ.ミ.ヌ.'ティ.ボ, バ] [形] 減らす, 少なくする; 〔言〕指小の [名] [男] 指小語, 指小辞

di-mi-'nu-to, -ta [形] 微小の, 非常に小さい; 不完全な

di-mi-'sión [名] [女] 辞職, 辞任; 辞表

di-mi-sio-'na-rio, -ria [ディ.ミ.スィオ.'ナ.りオ, りア] [形] 辞職する, 辞する [名] [男] [女] 辞職者, 辞任者

*__di-mi-'tir__ [ディ.ミ.'ティる] 93% [動] [自] (de: を)辞職する, やめる [動] [他] 辞職する, やめる, 辞任する

di-'mor-fo, -fa [ディ.'モる.フォ, ファ] [形] 〔生〕二形[型]性の, 2つの形質を持つ

'di-mos [動] 《直点1複》 ↑dar

'din [名] [男] 《話》金銭

'di+na [名] [女] 〔物〕ダイン《力の単位》

*__Di-na-'mar-ca__ [ディ.ナ.'マる.カ] 94% [名] [固] 〔地名〕デンマーク《ヨーロッパ北部の王国》

di-na-mar-'qués, -'que-sa [形] ⇧ danés

__di-'ná-mi-co, -ca__ 90% [形] 動的な; 〔物〕力学(上)の, 動力学の; 精力的な, 活気に満ちた **-ca [名] [女] 〔物〕動力学; 〔一般〕力学

*__di-na-'mis-mo__ 94% [名] [男] 活力, 力強さ; 〔哲〕力動説

di-na-'mi-ta [名] [女] 〔技〕ダイナマイト ***tener*** ~ 強い影響力がある

di-na-mi-'tar [ディ.ナ.ミ.'タる] [動] [他] 〔技〕(ダイナマイトで)爆破する

di-na-mi-za-'ción [ディ.ナ.ミ.さ.'すぃオン] [名] [女] 活発化

di-na-mi-'zar [ディ.ナ.ミ.'さる] [動] [他] [34] (z|c) 活発化させる ~**se** [動] [再] 活発化する

di-'na-mo⇦'dí- [名] [女] [男] 〔電〕〔機〕ダイナモ, 発電機

di-na-'mó-me-tro [ディ.ナ.'モ.メ.トろ] [名] [男] 力計, 検力計

di-'nar [ディ.'ナる] [名] [男] 〔経〕ディーナール《アルジェリア, バーレーン, イラク, ヨルダン, クエート, リビア, チュニジア, セルビアなどの通貨》; 〔歴〕〔経〕ディーナール《中世に使われたイスラム教国の基本通貨》

di-'nas-ta 名 男〔政〕(世襲の)君主
di-nas-'tí+a 名 女〔政〕王朝, 王家; 名門, 名家
di-'nás-ti-co, -ca 形〔政〕王朝の, 王家の
di-ne-'ra-da [ディ.ネ.'ら.ダ] 名 女 大金, 大きな財産
di-ne-'ral [ディ.ネ.'らル] 名 男 大金, 莫大な金
di-ne-'ra-rio, -ria [ディ.ネ.'ら.りオ, りア] 形 金銭の
di-ne-'ri-llo [ディ.ネ.'り.ジョ] 名 男《話》小金, わずかな額の金
di-ne-'ri-to〔縮小語〕↓dinero
****di-'ne-ro** [ディ.'ネ.ろ] 71% 名 男《普通は単数形で用いる》金(かね), 金銭; 富, 財産;〔経〕貨幣, 通貨;〔歴〕〔経〕デナリウス《古代ローマの貨幣》 ***mal de ~*** 金づまりで, 金に困って ***¡Salud, ~ y amor!*** 健康と金と愛情に乾杯!《乾杯の言葉》
'din-ga 名 女《ｶﾘﾌﾞ》《話》欠点
'di+nos 動《命》+ 代 ↑decir, ↓nos
di-no-'sau-rio [ディ.ノ.'サウ.りオ] 名 男〔動〕恐竜
di-no-sau-ro-lo-'gí+a [ディ.ノ.サウ.ろ.ロ.'ひ.ア] 名 女〔動〕恐竜学
di-no-sau-ro-'ló-gi-co, -ca [ディ.ノ.サウ.ろ.'ロ.ひ.コ, カ] 形〔動〕恐竜学の
di-no-sau-'ró-lo-go, -ga [ディ.ノ.サウ.'ろ.ロ.ゴ, ガ] 名 男 女〔動〕恐竜学者
din-'tel [ディン.'テル] 名 男〔建〕まぐさ《窓や出入り口など建物開口部の上に横に掛け渡してある梁(はり)》
di-'ñar [ディ.'ニャる] 動 他《俗》やる, くれてやる ***~la***《ｽﾍﾟｲﾝ》《俗》死ぬ, くたばる
'dio 動《直点 3 単》↑dar
dio-ce-'sa+no, -na [ディオ.せ.'サ.ノ, ナ] 形〔宗〕司教[主教]管区の 名 男〔宗〕教区司教
'dió-ce-sis ['ディオ.せ.スィス] 名 女〔単複同〕〔宗〕司教[主教]管区
'dio-do 名 男〔電〕二極管, ダイオード
dio-ni-'sí+a-co, -ca⇔-'sia 形〔ギ神〕酒神ディオニュソスの, ディオニソス祭の ↓Dionisos; 熱狂的な, 浮かれた
Dio-'ni-sio 名 固〔男性名〕ディオニシオ
Dio-'ni-sos 名 固〔ギ神〕ディオニュソス《酒, 演劇, 多産の神》
diop-'trí+a [ディオプ.'トり.ア] 名 女〔物〕ジオプトリー《屈折率の単位》
dio-'ra-ma [ディオ.'ら.マ] 名 男 ジオラマ, 透視画《穴からのぞいて見る立体縮小セット》; ジオラマ館
****'Dios** 68% 名 男〔宗〕(キリスト教・ユダヤ教の)神, 創造主;〔d~〕(キリスト教・ユダヤ教以外の)神, 男神 感 ああ(いやだ)!, さあ大変だ!《不快・不安・失望・驚き》 ***¡Anda [Ande] con ~!*** さようなら, ごきげんよう《別れの挨拶(あいさつ)》 ***bien sabe ~ que …*** …は確かである ***clamar a ~*** あまりにひどい ***como ~***《話》とても上手に ***como ~ manda***《話》正しく, ちゃんと, きちんと, しかるべく ***cuando ~ quiera*** いつか, 適当な日[時]に ***de ~***《俗》ひどく, 楽しく;《俗》大変な, ひどい, 楽しい, すごい ***~ dirá*** わからない ***~ mediante*** 神がそうお望みならば, うまくいけば, 事情が許せば ***¡~ mío!*** まあ!, ええっ!, ああ困った!, 大変だ!, 何ということか!《不思議・驚き・不快など》 ***~ y ayuda***《話》ひと苦労 ***estar de ~*** 不可抗力である, 起こるべくして起こる ***gracias a ~*** おかげさまで ***la de ~ es Cristo***《俗》大騒ぎ, けんか ***¡Por ~!*** お願いですから ***Que sea lo que ~ quiera.*** なるようにしかならない, どうにでもなれ ***sabe ~*** 誰がわかるものか, さあどうだろうか; 誓ってもよい ***si ~ quiere*** いずれ, そのうち, 機会があれば, 事情が許せば ***¡Válgame ~!*** ああ, なんということか! ***¡Vaya con ~!*** さようなら!, ごきげんよう!; やれやれ!, せいせいした!; かわいそうに! ***¡Vaya por ~!*** ああいやだ!, なんということだ! ***¡Vive ~!*** おや, まあ!, ああいやだ!, なんということだ!《驚き・怒り》
***'dio-sa** 93% 名 女〔宗〕女神
'dió-xi-do ['ディオク.スィ.ド] 名 男〔化〕二酸化物
***di-'plo-ma** [ディ.'プロ.マ] 94% 名 男 (学位・資格の)免状, 卒業証書, 賞状, 特許状
***di-plo-'ma-cia** [ディ.プロ.'マ.すぃア] 94% 名 女〔政〕外交; 外交的手腕, 外交術, そつのなさ, 駆け引きのうまさ;〔集合〕外交団
di-plo-'ma-do, -da [ディ.プロ.'マ.ド, ダ] 形 資格[免状]を持った, 卒業資格がある 名 男 女 資格取得者, 大学卒業者
di-plo-'mar [ディ.プロ.'マる] 動 他 〈に〉卒業証書[免状]を与える ***~se*** 動 再 卒業証書[免状]を得る, 大学を卒業する
‡di-plo-'má-ti-co, -ca [ディ.プロ.'マ.ティ.コ, カ] 89% 形〔政〕外交の, 外交上の, 外交官の; 外交手腕のある, 駆け引きのうまい, そつのない 名 男 女〔政〕外交官; 外交家, 外交手腕のある人 ***-ca*** 名 女 外交術; 古文書学, 公文書学
di-plo-ma-'tu-ra [ディ.プロ.マ.'トゥ.ら] 名 女 免許
di-'po-lo [ディ.'ポ.ロ] 名 男〔物〕〔技〕双極子, ダイポール
dip-so-ma-'ní+a 名 女〔医〕渇酒(かつしゅ)癖; アルコール中毒
'díp-te-ro, -ra ['ディプ.テ.ろ, ら] 形〔昆〕双翅(そうし)類の;〔建〕(古代ギリシャ神殿

の)双廊の [名] [男]〘昆〙双翅類の昆虫《ハエ・カ[蚊]など》

'díp-ti-co [名] [男]〘絵〙ディプティック《二枚折りの聖画像》

dip-ton-ga-'ción [ディプ.トン.ガ.'すぃオン] [名] [女]〘音〙二重母音化

dip-ton-'gar [ディプ.トン.'ガる] [動] [他] (41) (g|gu)〘音〙二重母音化する　**～se** [動] [再]〘音〙二重母音に変わる

dip-'ton-go [名] [男]〘音〙二重母音

di-pu-ta-'ción [ディ.プ.タ.'すぃオン] [名] [女]〔集合〕議員団, 代表団; 議会; 代理(行為), 代理派遣; 代表者選出; 国会議員の職[任期]

‡**di-pu-'ta-do, -da** 85% [名] [男] [女] 議員, 代議士, 代表委員

di-pu-'tar [ディ.プ.'タる] [動] [他] 選出する, 任命する, 選任する;《格》(por: と)判断する, 認める, 見なす

*'**di-que** ['ディ.ケ] 94% [名] [男]〘海〙堤防, 防波堤;〘海〙ドック;〘地質〙岩脈, 露層; 妨害, 障害, 妨げ, 抑制　***poner un ～*** (a: を)抑制する

di-r～ [動]《直未/過未》⬆decir

Dir. [略] ⬇dirección

Dir., Dir.ª [略] ⬇director, -tora

‡**di-rec-'ción** [ディ.れク.'すぃオン] 76% [名] [女] 方向, 方角; 住所, (郵便物の)宛名; 操縦, ハンドル操作; 管理部, 監督局, 指導部, 執行部, 首脳部;〔集合〕経営陣, 幹部; 管理, 指導, 指図, 指示;〘演〙演出, 監督;〘情〙メールアドレス　***bajo la ～ de*** … …の指導の(もとに)　***en ～ a*** … …へ向けて, …の方向に

di-rec-cio-na-'dor [ディ.れク.すぃオ.ナ.'ドる] [名] [男]〘情〙ルーター

‡**di-'rec-ta-'men-te** [ディ.'れク.タ.'メン.テ] 82% [副] 直接に, じかに; 率直に; まっすぐ, 一直線で

di-rec-'ti-vo, -va [ディ.れク.'ティ.ボ, バ] [形] 経営の, 経営者の; 指導的な, 支配的な [名] [男] 幹部, 役員　**-va** [名] [女] 役員会, 理事会, 重役会; 指示, 指令, 訓令; 指針

‡**di-'rec-to, -ta** [ディ.'れク.ト, タ] 81% [形] 直接の, 直接的な, じかの; 一直線の, まっすぐの;《列車などが》直行する, 直通の;《親族が》直系の; 率直な, あからさまな [名] [男]〘鉄〙直通列車, 急行列車;〘競〙〔ボクシング〕ストレート(パンチ) [副] まっすぐに, 直接に　**-ta** [名] [女]〘車〙トップギア　***en ～***〘放〙生中継の[で]

‡**di-rec-'tor, -'to-ra** [ディ.れク.'トる, 'ト.ら] 75% [名] [男] [女] 局長, 取締役, 管理者; (学校の)校長;〘映〙〘演〙(映画・演劇・ラジオ・テレビ番組などの)監督, 演出家, ディレクター;〘楽〙指揮者; 指導者;〘競〙〔サッカーなど〕監督; (新聞社の)編集長; 所長, 館長, 会長;〘商〙(ホテルの)マネージャー, 支配人; 刑務所長 [形] 指導の, 制御の, 管理の

di-rec-'to-rio, -ria [ディ.れク.'ト.りオ, りア] [形] 指示的な, 指導的な, 指揮する [名] [男] 指導(書), 規定(書); 手引き(書); 住所氏名録;《メキシコ》電話帳;〔集合〕理事会, 重役会;〘情〙ディレクトリー　***～ principal del usuario***〘情〙ホームディレクトリー

Di-rec-'to-rio [ディ.れク.'ト.りオ] [名] [固]〘歴〙〘政〙(フランスの)総裁[執政]政府《1795–99 年》

di-rec-'triz [ディ.れク.'トりす] [名] [女]〔複〕基準, 指針, ガイドライン; 指図, 指示, 指令;〘数〙準線 [形]《女性形》基準の, 基本的な; 準線の

'**dír+ham** ⇔**+hem** ['ディ.らム⇔.れム] [名] [男]〘経〙ディルハム《モロッコ Marruecos アラブ首長国連邦 Emiratos Árabes Unidos の通貨》;〘歴〙〘経〙ディルハム《中世アラブ諸国の通貨》

di-'rí-a(～) [動]《直過未 1/3 単》⬆decir

di-ri-'gen-cia [ディ.り.'ヘン.すぃア] [名] [女] 指導; 指導者の集団

‡**di-ri-'gen-te** [ディ.り.'ヘン.テ] 85% [形] 指導する, 指揮する, 支配する [名] [共] 指導者, 指揮官, 主将, リーダー; マネージャー

di-ri-'gi-ble [ディ.り.'ひ.ブレ] [形] 操縦できる [名] [男]〘空〙飛行船

‡**di-ri-'gir** [ディ.り.'ひる] 75% [動] [他] (32) (g|j) 指導する, 監督する; 指導する, 導く;〘軍〙指図する, 命令する;〘楽〙指揮する;〘演〙〈映画・演劇・テレビ番組などを〉監督する, 演出する;〈注意・視線・言葉などを〉(a, hacia: へ)向ける;〈乗り物を〉運転する, 操作する, 操縦する;〘畜〙〈馬を〉乗りこなす;〈に〉道を教える, 案内する;〈手紙などを〉(a: に)あてる;〈企業を〉経営する;〈新聞を〉編集する　**～se** [動] [再] (a, hacia: へ)向かう, 目指す; (a: に)話しかける; 手紙を書く; (a: の方へ)向く;《企業が》経営される

di-'ri-jo, -ja(～) [動]《直現 1 単/接現》⬆dirigir

di-ri-'mir [ディ.り.'ミる] [動] [他]〈契約・結婚などを〉無効にする, 取り消す;《格》〈問題などを〉処理する, 解決する

di(s)～, de(s)～〔接頭辞〕「除去・否定・反対」という意味を示す; 強意を示す

dis-'cal [ディス.'カル] [形]〘体〙椎間板(ついかんばん)の

dis-ca-pa-ci-'dad [ディス.カ.パ.すぃ.'ダド] [名] [女]〘医〙(心身の)障害

dis-ca-pa-ci-'ta-do, -da [ディス.カ.パ.すぃ.'タ.ド, ダ] [形]〘医〙障害のある [名] [男] [女]〘医〙障害者

dis-'car [ディス.'カる] [動] [他] (69) (c|qu)《カリブ》《アンデス》《ラプラタ》〈電話の〉ダイヤルを回す

dis-'cen-te [ディ(ス).'せン.テ] 形 名 共《格》教育を受ける(人), 学生(の)

dis-cer-'ni-ble [ディ(ス).せる.'ニ.ブレ] 形《格》見分けられる, 識別できる

dis-cer-ni-'mien-to [ディ(ス).せる.ニ.'ミエン.ト] 名 男《格》洞察力, 判断力;《格》識別, 認識

dis-cer-'nir [ディ(ス).せる.'ニる] 動 他 ㉓ (e|ie)《格》(de: から)識別する, 見分ける; 与える, 授与する;〔法〕後見人として任命する

dis-'cier-n~ 動《直点/接過》↑discernir

‡dis-ci-'pli-na [ディ(ス).すぃ.'プリ.ナ] 89% 名 女 訓練, 鍛錬, 修行; 規律, 統制, しつけ, 風紀; 学問(分野), 学科; 懲戒, 懲罰;〔複〕むち, むち打ち

dis-ci-pli-'na-do, -da [ディ(ス).すぃ.プリ.'ナ.ド, ダ] 形 訓練された, 規律のある;〔植〕《花弁が》斑(ふ)入りの

dis-ci-pli-'nar [ディ(ス).すぃ.プリ.'ナる] 動 他 訓練する, 鍛える; むちで打つ **~se** 動 再 (自分自身を)鍛える

dis-ci-pli-'na-rio, -ria [ディ(ス).すぃ.プリ.'ナ.りオ, りア] 形 規律の, 懲戒の

dis-ci-pu-'la-do [ディ(ス).すぃ.プ.'ラ.ド] 名 男〔集合〕弟子, 生徒

***dis-'cí-pu-lo, -la** [ディ(ス).'すぃ.プ.ロ, ラ] 91% 名 男 女 弟子, 生徒; (主義・考え方などの)信奉者, 追随者

‡'dis-co 86% 名 男 レコード(盤); (平らな)円盤(状のもの), ディスク;〔競〕円盤;〔天〕(太陽・月などの)表面; (交通)信号;〔情〕ディスク;〔競〕(アイスホッケーの)パック;〔機〕(電話の)ダイヤル;《話》繰り言(ごと), 同じ話;《話》やっかいなこと, いやなこと **~ *compacto*** コンパクトディスク, CD **~ *duro*** 〔情〕ハードディスク **~ *intervertebral*** 〔体〕椎間板 **~ *rayado*** 《話》聞きあきた話

dis-co-gra-'fí+a [ディス.コ.グら.'フィ.ア] 名 女 レコード目録, ディスコグラフィー;〔一般〕レコード音楽

dis-co-'grá-fi-co, -ca [ディス.コ.'グら.フィ.コ, カ] 形 レコードの, レコード製造の

'dís-co-lo, -la ['ディス.コ.ロ, ラ] 形 名 男 女 強情な(人), わがままな(人), 反抗的な(人); 反逆者

dis-con-'for-me [ディス.コン.'フォる.メ] 形 (con: と)(en: について)意見が合わない, 異なっている; (con: に)不満の, 不服の

dis-con-for-mi-'dad [ディス.コン.フォる.ミ.'ダド] 名 女 意見の相違, 不一致; 不満, 不服

dis-con-ti-nui-'dad 名 女 不連続(性), 中断

dis-con-'ti-nuo, -nua 形 不連続な, 断続的な, 間欠性の, 途切れた

dis-cor-'dan-cia [ディス.コる.'ダン.すぃア] 名 女 不一致, 不調和, 不和;〔楽〕不協和;〔情〕ミスマッチ

dis-cor-'dan-te [ディス.コる.'ダン.テ] 形 一致しない, 不調和の, 相反する;〔楽〕不協和音の;《音が》耳障りな

dis-cor-'dar [ディス.コる.'ダる] 動 自 ⑯ (o|ue) (con: と)(en: について)一致しない, 食い違う; (con: と)合わない, 調和しない;〔楽〕音が合わない, 調和しない

dis-'cor-de [ディス.'コる.デ] 形《意見が》食い違う, 合わない, 一致しない;〔楽〕不協和の; 耳障りな

dis-'cor-dia [ディス.'コる.ディア] 名 女 不一致, 不和, 仲たがい

'dis-cos 名 男《複》↑disco

dis-co-'te-ca 名 女 ディスコ, ディスコテック; レコードライブラリー, レコードコレクション

dis-co-te-'que-ro, -ra [ディス.コ.テ.'ケ.ろ, ら] 形 名 男 女 ディスコの; ディスコへよく行く(人), ディスコ好きの(人)

dis-cre-'ción** [ディス.クれ.'すぃオン] 93% 名 女 思慮分別, 思慮深さ, 慎重さ, 慎み, 慎重な行動; 機知, 機敏 ***a ~ 随意に;〔軍〕無条件で ***a (la) ~ de ...*** …の意のままに

dis-cre-cio-'nal [ディス.クれ.すぃオ.'ナル] 形 自由裁量の, 適宜の, 臨機応変の, 一任された; 随意の, 任意の

dis-cre-cio-na-li-'dad [ディス.クれ.すぃオ.ナ.リ.'ダド] 名 女 随意性

dis-cre-'pan-cia [ディス.クれ.'パン.すぃア] 名 女 相違, 不一致, 不同, 食い違い; (意見の)相違, 不和

dis-cre-'pan-te [ディス.クれ.'パン.テ] 形 (con: と)食い違う, 矛盾した, つじつまが合わない; 意見が合わない, 異議を唱える

dis-cre-'par [ディス.クれ.'パる] 動 自 (de: と)食い違う, 異なる; (de: と)考え方が違う, 意見が異なる

dis-cre-te+'ar [ディス.クれ.テ.'アる] 動 自 (con: と)耳打ちする, 内緒話をする;〔軽蔑〕思慮深いふりをする

dis-cre-'te+o [ディス.クれ.'テ.オ] 名 男 耳打ち, 内緒話; 慎重なふるまい

***dis-'cre-to, -ta** [ディス.'クれ.ト, タ] 93% 形 名 男 女 思慮深い(人), 分別のある(人), 慎重な(人); 適度の, ほどよい, 並の, ささやかな;《色・服装が》地味な, 目立たない; 分離した, 別個の, 不連続の;〔数〕不連続の, 離散的な

dis-'cri-men [ディス.'クリ.メン] 名 男《中米》《コロンビア》《アンデス》差別

***dis-cri-mi-na-'ción** [ディス.クリ.ミ.ナ.'すぃオン] 93% 名 女 差別; 区別, 識別

*dis-cri-mi-'nar [ディス.クリ.ミ.'ナる] 93% 動 他 差別する; 区別する, 識別する ～se 動 再 差別される

dis-cri-mi-na-'ti-vo, -va [ディス.クリ.ミ.ナ.'ティ.ボ, バ] 形 差別的な

dis-cri-mi-na-'to-rio, -ria [ディス.クリ.ミ.ナ.'ト.りオ, りア] 形 差別する, 差別的な; 識別の, 区別の

d

*dis-'cul-pa [ディス.'クル.パ] 92% 名 女 言いわけ, 弁解, 口実; 容赦, 勘弁

dis-cul-'pa-ble [ディス.クル.'パ.ブレ] 形 許せる, 勘弁できる

*dis-cul-'par [ディス.クル.'パる] 93% 動 他 許す, 勘弁する; 言いわけをする, 弁解する; «事情が»〈の〉弁解になる, 〈の〉言いわけとして通る ～se 動 再 (de, por: を)謝る, 弁解する; (de 不定詞: …を)断る, 辞退する

dis-cu-'rrir [ディス.ク.'りる] 動 自 (en: について)熟考する, 思考する, 思案する; 《格》«時が»過ぎる, 流れる; (sobre: を)論じる; 《格》«水が»流れる; 《格》歩く, 歩き回る 動 他 〈方法を〉考案する, 工夫する, 案出する

dis-cur-se+'ar [ディス.クる.セ.'アる] 動 自 演説を行う

dis-cur-'si-vo, -va [ディス.クる.'スィ.ボ, バ] 形 推論による, 論証の; 思索的な; 談話の

‡dis-'cur-so [ディス.'クる.ソ] 82% 名 男 演説, 話, 談話; 論説, 論文, 序説; 思索, 思考, 考える力; (時の)流れ, 経過

‡dis-cu-'sión 88% 名 女 議論, 討論, 論議; 論争, 意見の衝突, 口論, いさかい *en* ～ 討議されている, 審議中の, 問題の

dis-cu-'ti-ble [ディス.ク.'ティ.ブレ] 形 論争の余地のある, 異論のある; 疑わしい

dis-cu-'ti-do, -da 形 話題になった, 評判になった

‡dis-cu-'tir [ディス.ク.'ティる] 85% 動 他 論じ合う, 論議する, 討議する, 話し合う; 〈に〉異議を唱える, 〈に〉反対する 動 自 (con: と)(de, sobre, por: について)論じ合う, 論議する, 討議する, 話し合う; 言い争う, 口論する ～se 動 再 論じられる, 論議される

di-se-ca-'ción 名 女 ⇩ disección

di-se-'car [ディ.セ.'カる] 動 他 ⑹⑼ (c|qu) 〘医〙〘鳥〙〘動〙切開する, 解剖する; 〘鳥〙〘動〙剥製(はくせい)にする; 〘植〙切開する; 〘植〙観察用に保存する, 押し花にする

di-sec-'ción [ディ.セク.'すぃオン] 名 女 〘医〙〘鳥〙〘動〙切開, 解剖; 〘鳥〙〘動〙剥製(はくせい); 〘植〙押し花

di-sec-'tor, -'to-ra [ディ.セク.'トる, 'ト.ら] 名 男 女 〘鳥〙〘動〙解剖者; 〘医〙解剖医

'dí+se+lo 動 《命》 + 代 ⬆decir, ⬇se, ⬇lo

di-se-mi-na-'ción [ディ.セ.ミ.ナ.'すぃオン] 名 女 分散, 散布; 種まき; 普及, 宣伝; 流布

di-se-mi-'nar [ディ.セ.ミ.'ナる] 動 他 (por, en, entre: に)ばらまく, 分散させる, 散布する, まき散らす; 普及させる, 広める ～se 動 再 分散する, 散在する, 散らばる; 普及する, 流布する

di-sen-'sión 名 女 (意見の)不一致, 相違, 食い違い; 不和, 仲たがい

di-'sen-so 名 男 《格》意見の相違, 不和

di-sen-te-'rí+a [ディ.セン.テ.'り.ア] 名 女 〘医〙赤痢

di-sen-'té-ri-co, -ca [ディ.セン.'テ.り.コ, カ] 形 〘医〙赤痢の 名 男 女 赤痢患者

di-sen-ti-'mien-to 名 男 《格》意見の相違, 異議, 不同意

di-sen-'tir [ディ.セン.'ティる] 動 自 ⑹⑸ (e|ie|i) 《格》(de: と)(en: について)意見が食い違う, 異議を申し立てる

*di-se-ña-'dor, -'do-ra [ディ.セ.ニャ.'ドる, 'ド.ら] 93% 名 男 女 〘衣〙デザイナー; 〘建〙設計者; 〘絵〙デッサン者

‡di-se-'ñar [ディ.セ.'ニャる] 88% 動 他 設計する, デザインする; 〘絵〙スケッチする, デッサンする

‡di-'se-ño [ディ.'セ.ニョ] 84% 名 男 デザイン, 図案; デッサン, 素描, 下絵; 設計図, 略図, 見取り図; 概要, あらまし, 輪郭

di-ser-ta-'ción [ディ.セる.タ.'すぃオン] 名 女 講話, 講演; 論説, 論文

di-ser-'tar [ディ.セる.'タる] 動 自 (sobre: を)論じる, 講演する, 演説する

dis-'fa-gia [ディス.'ファ.ひア] 名 女 〘医〙嚥下(えんげ)困難[障害]

dis-'fa-sia 名 女 〘医〙不全失語(症)

dis-fo-'ní+a 名 女 〘医〙発声障害

*dis-'fraz [ディス.'フらす] 94% 名 男 変装, 仮装; 偽装, カムフラージュ, 見せかけ; 《メキシコ》《話》コンドーム

dis-fra-'za-do, -da [ディス.フら.'さ.ド, ダ] 形 変装した, 見せかけた, 偽った -damente 副 変装して, 偽って

*dis-fra-'zar [ディス.フら.'さる] 92% 動 他 ⑶⑷ (z|c) 変装させる, 偽装する; 偽る, 〈感情を〉隠す ～se 動 再 (de: に)変装する

‡dis-fru-'tar [ディス.フる.'タる] 85% 動 自 (de: を)享受する; 楽しむ; (de: を)持つ, 所有する 動 他 楽しむ, 享受する; 持つ, 所有する

dis-'fru-te [ディス.'フる.テ] 名 男 享有, 享受, 楽しむこと

dis-'fuer-zo [ディス.'フエる.そ] 名 男 〔複〕《アンデス》ばかげたこと[言葉, 行い]

dis-fun-'ción [ディス.フン.'すぃオン] [名] [女]〔医〕機能障害

dis-fun-cio-'nal [ディス.フン.すぃオ.'ナル] [形]〔医〕機能障害の

dis-fun-cio-na-li-'dad [ディス.フン.すぃオ.ナ.リ.'ダド] [名] [女]〔医〕機能障害性

dis-gre-ga-'ción [ディス.グれ.ガ.'すぃオン] [名] [女] 解散, 解体, 崩壊; 分解, 分裂

dis-gre-'gar [ディス.グれ.'ガる] [動] [他] 41 (g|gu) 解散させる, 解体させる; 分解させる, 分裂させる [動] [自] 解散する, 離散する, 分解する, 崩壊する ~**se** [動] [再] 崩壊する, 離散する, 砕ける, 解体する

dis-gus-'ta-do, -da [ディス.グス.'タ.ド, ダ] [形] 不機嫌な, 不愉快な; (con, de: に)腹を立てた, うんざりした, 失望した

*__dis-gus-'tar__ [ディス.グス.'タる] 94% [動] [他] 不機嫌にする, 立腹させる, 〈の〉気にさわる ~**se** [動] [再] (con, de, por: に)立腹する, 腹を立てる; (con: と)争う, 反目する, 不和になる

*__dis-'gus-to__ [ディス.'グス.ト] 92% [名] [男] 不快, 不満, 不機嫌; 怒り; けんか, 争い; 不幸, 不運; 悲しみ, 悲痛 *a* ~ 不快で, 不満で, 不機嫌で *matar a ~s* 《話》手を焼かせる, 悩ませる

di-si-'den-cia [ディ.スィ.'デン.すぃア] [名] [女] (意見の)相違, 不一致; (党などからの)分離, 脱退

di-si-'den-te [形] 異論をもつ, 反対する; 反体制の, 反主流派の [名] [共] 意見が異なる人, 反対者; 分離派, 反体制者

di-si-'dir [ディ.スィ.'ディる] [動] [自] 《格》(de: と)意見を異にする; 《格》(de: から)脱退する

di-'sí-la-bo, -ba [ディ.'スィ.ラ.ボ, バ] [形]〔音〕2 音節の [名] [男]〔音〕2 音節語

di-si-me-'trí+a [ディ.スィ.メ.'トり.ア] [名] [女] 不釣り合い, 非対称

di-si-'mé-tri-co, -ca [ディ.スィ.'メ.トり.コ, カ] [形] 不釣り合いの, 不均斉の, 非対称の

di-'sí-mil [ディ.'スィ.ミル] [形] 《格》似ていない, 異なる

di-si-mi-la-'ción [ディ.スィ.ミ.ラ.'すぃオン] [名] [女] 《格》異化;〔音〕異化(作用)

di-si-mi-'lar [ディ.スィ.ミ.'ラる] [動] [他] 異化する, 不同にする;〔音〕〈音を〉異化する

di-si-mi-li-'tud [ディ.スィ.ミ.リ.'トゥド] [名] [女] 不同, 相違性, 相違点

di-si-mu-la-'ción [ディ.スィ.ム.ラ.'すぃオン] [名] [女] そらとぼけ, 偽り

di-si-mu-'la-do, -da [ディ.スィ.ム.'ラ.ド, ダ] [形] 隠された, 偽装した, ひそかな *hacerse el [la] ~[da]* 気づかぬふりをする, 知らないふりをする -**damente** [副] こっそりと, わからないように

*__di-si-mu-'lar__ [ディ.スィ.ム.'ラる] 92% [動] [他] 〈性格・行為・感情・欠点などを〉隠す, 偽る, 装う; 容赦する, 大目に見る; 〈に〉変装する, 偽装する [動] [自] とぼける, しらばくれる

di-si-'mu-lo [ディ.スィ.'ム.ロ] [名] [男] (感情の)偽装, 偽り, ごまかし, とぼけ; 大目に見ること, 寛大さ *con* ~ そっと, 隠して, ひそかに; ごまかして

di-si-pa-'ción [ディ.スィ.パ.'すぃオン] [名] [女] 四散, 消散, 消失; むだ遣い, 浪費, 消費; 放蕩(ほうとう), 放埒(ほうらつ), 遊興; 気晴らし, 娯楽, 道楽

di-si-'pa-do, -da [形] 放蕩(ほうとう)な, 道楽な; 消散した, 消失した

di-si-pa-'dor, -'do-ra [ディ.スィ.パ.'ドる, 'ド.ら] [形] 浪費する [名] [男] [女] 浪費家

di-si-'par [ディ.スィ.'パる] [動] [他] 散らす, 消す, 追い散らす, 消散させる; 〈心配などを〉払い去る; 浪費する, むだ遣いする ~**se** [動] [再] 消え失せる, 見えなくなる

dis-'la-te [ディス.'ラ.テ] [名] [男] ナンセンス, ばかげた言動, くだらないこと

dis-'le-xia [ディス.'レク.スィア] [名] [女]〔医〕識字障害, 失読症

dis-'lé-xi-co, -ca [ディス.'レク.スィ.コ, カ] [形]〔医〕識字障害の [名] [男] [女]〔医〕識字障害の患者

dis-lo-ca-'ción [ディス.ロ.カ.'すぃオン] [名] [女]〔医〕脱臼(だっきゅう), 関節がはずれること; 転位, 位置を変えること; (秩序の)崩壊, 混乱; 曲解, 歪曲

dis-lo-'car [ディス.ロ.'カる] [動] [他] 69 (c|qu) 〈の〉関節をはずす, 脱臼(だっきゅう)させる; 〈の〉位置を変える, 乱す; 歪曲する, 曲げる ~**se** [動] [再] 脱臼する, 関節が外れる

dis-'lo-que [ディス.'ロ.ケ] [名] [男] 《話》最高, 最上, この上ないこと; (我慢などの)限度, 限界

dis-me-no-'rre+a [ディス.メ.ノ.'れ.ア] [名] [女]〔医〕月経困難(症)

dis-mi-nu-'ción [ディス.ミ.ヌ.'すぃオン] [名] [女] 減少, 減損, 縮小; 低下, 下落, 衰え

dis-mi-'nui-do, -da [形] 小さな, ちっぽけな, つまらない; 減少した [名] [男] [女]〔医〕身体障害者

__dis-mi-'nuir__ [ディス.ミ.'ヌイる] 86% [動] [他] 37 (-y-) 減らす, 下げる, 弱める ~(se**) [動] [自] ([再]) 減る, 下がる, 弱まる, 軽くなる, 短くなる, 小さくなる

dis-mi-'nu-y(~) [動] 《活用》 ↑dismi-nuir

'dis-mne-sia [名] [女]〔医〕記憶障害

dis-'ne+a [名] [女]〔医〕呼吸困難

di-so-cia-'ción [ディ.ソ.すぃア.'すぃオ

ン] 名 女 分離(作用・状態), 分解; 〔化〕解離

di-so-'ciar [ディ.ソ.'すぃア̣る] 動 他 分離する, 引き離す, 別のものとする; 〔化〕解離させる　**~se** 動 再 (de: から)分離する, (de: と)関係を断つ, 疎遠になる

d

di-so-'lu-ble [ディ.ソ.'ル.ブレ] 形 〔化〕分解できる, 溶解性の, 可溶性の; 解決できる, 解答できる; «契約が»解約できる

di-so-lu-'ción [ディ.ソ.ル.'すぃオン] 名 女 (議会などの)解散, (結婚などの)解消; 放蕩(ほうとう), 放埒(ほうらつ), 退廃; 〔化〕溶解, 融解

di-so-lu-'ti-vo, -va [ディ.ソ.ル.'ティ.ボ, バ] 形 溶解の, 崩壊の

di-so-'lu-to, -ta [ディ.ソ.'ル.ト, タ] 形 ふしだらな, 放埒(ほうらつ)な, 自堕落な 名 男 女 放蕩(ほうとう)者, 身をもちくずした人

di-sol-'ven-te [ディ.ソル.'ベン.テ] 形 溶かす, 溶かす力がある 名 男 〔化〕溶剤, 溶媒; シンナー

*__di-sol-'ver__ [ディ.ソル.'べる] 93% 動 他 ⑯(o|ue)〔過分 -suelto〕溶かす, 溶解する; 〈議会などを〉解散する; 〈契約などを〉解消する, 無効にする; 分解する; 消滅させる, 終わらせる　**~se** 動 再 溶ける, 溶解する; «議会などが»解散する; «契約などが»解消する; «力などが»衰える, 消滅する; 分解する, 分散する, ばらばらになる

di-so-'nan-cia [ディ.ソ.'ナン.すぃア] 名 女 不一致, 不調和, 不和; 〔楽〕不協和音

di-so-'nan-te 形 不調和な, 一致しない; 〔楽〕不協和の

di-so-'nar [ディ.ソ.'ナる] 動 自 ⑯ (o|ue) (con, de: と)一致しない, 相容れない, 調和しない; 〔楽〕不協和音になる, 耳障りな音を出す

dis-'par [ディス.'パる] 形 同じでない, 等しくない, 異なった

dis-pa-'ra-da [ディス.パ.'ら.ダ] 名 女 《ラ米》《話》逃走　*a la ~* 《ナリ》《ラプラタ》全速力で, 一目散に

dis-pa-ra-'de-ro [ディス.パ.ら.'デ.ろ] 名 男 (銃の)引金　*poner en el ~* 《話》けしかける

dis-pa-ra-'dor [ディス.パ.ら.'ドる] 名 男 〔軍〕射撃手, 砲手; (発砲の)引金; 〔機〕(カメラの)シャッター; 〔機〕(時計の)脱進機, 逃がし止め《歯車の動きを一定に保つ》; 〔情〕トリガー

dis-pa-'rar [ディス.パ.'らる] 89% 動 他 〈銃・弾丸などを〉発射する, 発砲する; 〔競〕投げる, シュートする 動 自 (contra: に向けて)撃つ, 発砲する, 射る; (変なことを)言い出す, でたらめを言う; 〔写〕シャッターを切る; 〔競〕シュートする　**~se** 動 再 発射される; 暴発する; 飛び出す, 駆け出す　*salir* | *disparado[da]* 急に飛び出す

dis-pa-ra-'ta-do, -da [ディス.パ.ら.'タ.ド, ダ] 形 むちゃな, とっぴな, でたらめな, 途方もない

dis-pa-ra-'tar [ディス.パ.ら.'タる] 動 自 ばかげた言動をする

dis-pa-'ra-te [ディス.パ.'ら.テ] 名 男 ばかげたこと[話, 行い]　*¡Qué ~!* なんとばかな!　*un ~* 《話》すごく, たくさん

dis-pa-'re-jo, -ja [ディス.パ.'れ.ほ, は] 形 一様でない, ふぞろいの, ちぐはぐな

dis-pa-ri-'dad [ディス.パ.り.'ダド] 名 女 不同, 不等

dis-'pa-ro [ディス.'パ.ろ] 名 男 発火, 発砲, 発射; 銃声; ばかげたこと, でたらめ, たわごと; 〔競〕〔サッカーなど〕シュート; 攻撃, 非難

dis-'pen-dio 名 男 《格》浪費, むだ遣い

dis-'pen-sa 名 女 免除, 特別許可; 〔宗〕特別免除; 特別認可証

dis-pen-sa-'ción [ディス.ペン.サ.'すぃオン] 名 女 (義務の)免除

dis-pen-'sar [ディス.ペン.'サる] 動 他 許す, 大目に見る; 授与する, 贈る, 与える; 〈に〉(de: の)義務を免除する　**~se** 動 再 (de: を)免れる, 免除される; (de 不定詞: …しない)わけにはいかない　*~ cuidados* 世話を焼く

dis-pen-'sa-rio [ディス.ペン.'サ.りオ] 名 男 〔医〕(入院設備のない)診療所, 病院

dis-'pep-sia 名 女 〔医〕消化不良(症), 胃弱

dis-'pép-ti-co, -ca 形 名 男 女 〔医〕消化不良の[患者], 胃弱の[者]

*__dis-per-'sar__ [ディス.ぺる.'サる] 94% 動 他 散らす, 散乱させる; 〈注意などを〉分散させる, 散漫にする; 〔軍〕散開させる; 〔軍〕敗走させる　**~se** 動 再 分散する, 解散する; 〔軍〕散開して行動する

dis-per-'sión [ディス.ぺる.'スィオン] 名 女 分散, 散乱, 離散, 拡散; 〔軍〕散開; 敗走, 潰走

*__dis-'per-so, -sa__ [ディス.'ぺる.ソ, サ] 93% 形 散在する, 分散した, 拡散した

dis-pli-'cen-cia [ディス.プリ.'セン.すぃア] 名 女 無関心, むとんちゃく, 冷淡

dis-pli-'cen-te [ディス.プリ.'セン.テ] 形 気乗りがしない, いやそうな, むっとした; (con: に)冷たい, よそよそしい

dis-pón 動 《命》 ⬇disponer

dis-pon-dr~ 動 《直未/過未》 ⬇disponer

*__dis-po-'ner__ [ディス.ポ.'ネる] 77% 動 他 ㊺〔poner; 命 -pón〕配列する, 配置する; 整える, 用意する; 命令する, 規定する, 定める; 配置につける, 分ける 動 自 (de: を)持

つ, 所有する; (de: を)使う, 使用する; (de: を)処分する, 始末する ～se 動 再 (a, para 不定詞: …するための)準備をする, 用意をする, …しようとする; 〔軍〕配置につく

dis-'pon-go, -ga(~) 動《直現1単, 接現》↑disponer

dis-po-ni-bi-li-'dad [ディス.ポ.ニ.ビ.リ.'ダド] 名 女 自由に処置[処分]できること, 利用可能; 処分権, 自由裁量権; 〔複〕〔商〕資金, 資産, 支度金

***dis-po-'ni-ble** [ディス.ポ.'ニ.ブレ] 91% 形 利用できる, 役に立つ, 求めに応じられる, 自由に使える, 都合のつく; 空席の, 欠員のある; 〔商〕流動の; 〔軍〕召集に応じられる, 待命中の

⁑dis-po-si-'ción [ディス.ポ.スィ.'すぃオン] 82% 名 女 処置, 処理; 自由に使用できること, (使用する)権利; 才能, 適性, 能力; 配置, 配列; 〔法〕法, 規定, (法の)条項; (体・心の)状態; 意向, 意志; 〔複〕準備, 用意; 〔軍〕配置, 隊形

dis-po-si-'ti-vo [ディス.ポ.スィ.'ティ.ボ] 名 男 装置, 機械; 〔情〕デバイス ～, -va 形 配備した, 配置した

dis-'pro-sio [ディス.'プろ.スィオ] 名 男 〔化〕ジスプロシウム《元素》

⁑dis-'pues-to, -ta 84% 形 準備[支度]のできた, 用意ができた; (いつでも)喜んで(a 不定詞: …)する, 進んでやる気のある; 頭のよい, 賢い, 物わかりの早い, 有能な ***bien ~[ta]*** 〔医〕体の調子がよい; 都合がよい; 機嫌がよい ***lo ~*** 決定事項; 〔法〕条項, 規定 ***mal ~[ta]*** 〔医〕体の調子が悪い; 都合が悪い; 機嫌が悪い

dis-'pu-s~ 動《直点/接過》↑disponer

dis+'pu-ta** 93% 名 女 論争, 論議, 口論, 言い争い ***sin ~ 明白に, 議論の余地なく

dis-pu-'ta-ble [ディス.プ.'タ.ブレ] 形 議論[疑問]の余地がある, 異論のある, 争うことのできる

⁑dis-pu-'tar [ディス.プ.'タる] 89% 動 他 〈について〉論争する, 論議する; 得ようと争う; 〔競〕〈試合を〉行う 動 自 (de, sobre: について)論争する, 議論する; (por: を得ようと)争う, 奪い合う ～se 動 再 (互いに)争う, 戦う, 奪い合う; 論議される; 〔競〕《試合が》行われる

'dis-que ['ディス.ケ] 形 《ラ米》推定される, …らしい 副 多分, おそらく

dis-'que-te [ディス.'ケ.テ] 名 男 〔情〕ディスケット, フロッピーディスク

dis-que-'te-ra [ディス.ケ.'テ.ら] 名 女 〔情〕フロッピーディスクドライブ

dis-qui-si-'ción [ディス.キ.スィ.'すぃオン] 名 女 論文, 研究; 探求; 〔複〕余談, わき道にそれた話

dis-'tal [ディス.'タル] 形 〔体〕遠位の, 末端の

dis-ta-'na-sia 名 女 〔医〕延命措置

⁑dis-'tan-cia [ディス.'タン.すぃア] 83% 名 女 距離, 隔たり; 差, 違い; (時間の)隔たり, 経過; 遠慮, よそよそしさ, 冷淡さ ***a [en] (la) ~*** 遠くに, 遠くから ***guardar [mantener] las ~s*** 距離を保つ, 一線を画す

dis-tan-cia-'mien-to [ディス.タン.すぃア.'ミエン.ト] 名 男 距離を置くこと, 遠ざけること; よそよそしさ, 気兼ね; 孤立, 絶縁

***dis-tan-'ciar** [ディス.タン.'すぃアる] 93% 動 他 引き離す, 隔てる, 遠い所に置く; 遠ざける, よそよそしくする; 〔競〕大差をつける ～se 動 再 (de: から)遠ざかる; (de: と)疎遠になる

***dis-'tan-te** 93% 形 (de: から)遠い, 離れている; (時間的に)遠い, 離れた; (con: に)よそよそしい, 冷ややかな

***dis-'tar** [ディス.'タる] 94% 動 自 (de: から)離れている, 遠くにある; (de: からは)ほど遠い; (時間的に)(de: から)離れている, 時間の差がある

'dis-te 動《直点2単》↑dar

'dis-teis 動《直点2複》↑dar

dis-ten-'der [ディス.テン.'デる] 動 他 ⑤① (e|ie) 緩(ゆる)める, 緩やかにする; 緩和(かんわ)する, ほぐす; 〔医〕〈筋を〉違える, 痛める ～se 動 再 緩む, ほぐれる; (緊張が)緩和する; 〔医〕筋が引きつる, 痛む, 捻挫(ねんざ)する

dis-ten-'sión 名 女 緩和(かんわ), 緩(ゆる)むこと, 弛緩(しかん); 〔医〕筋違い, 筋肉を痛めること

'dís-ti-co, -ca 形 〔文〕二行連句の, 対句の; 〔植〕対性の, 二列性の 名 男 〔文〕二行連句, 対句

dis-'ti-mia 名 女 〔医〕気分変調

dis-tin-'ción** [ディス.ティン.'すぃオン] 91% 名 女 区別, 差異; 栄誉, 表彰, 名誉, 祝賀; 名門, 高貴, 気品; 厚遇, 礼遇; 洗練, 上品; はっきりしていること, 鮮明(度); (区別するための)特徴, 特質, 相違点 ***hacer distinciones 差別する, 特別扱いする

dis-'tin-go 名 男 留保, 制限, 条件, ただし書き; 差異, 違い, (区別となる)特徴

dis-tin-'gui-do, -da [ディス.ティン.'ギ.ド, ダ] 形 著名な, 名高い, 顕著な, 優れた; 《容貌・態度が》上品な, 気品のある

⁑dis-tin-'guir [ディス.ティン.'ギる] 83% 動 他 ㉔ (gu|g) (de: から)区別する, 見分ける, 聞き分ける; 特別に扱う, 厚遇する; (con: を)授与する; 栄誉を与える; 目印をつける, 目立たせる, 特徴づける ～se 動 再 (de: から)見分けられる; (はっきりと)目に見える, 耳に聞こえる; 有名になる, 目立つ

d

dis-tin-'ti-vo, -va [ディス.ティン.'ティ.ボ, バ] [形] きわだった, 区別のある, 特有の, 示差的な [名] [男] しるし, 記章, マーク, シンボル; 特徴, 特色

⁑**dis-'tin-to, -ta** 71% [形] 違った, 異なった; 別の; はっきりした, 明瞭な; 〔複数名詞の前で〕いろいろな, さまざまな

dis-'to-cia [ディス.'ト.すぃア] [名] [女] 〔医〕難産

dis-tor-'sión [ディス.トる.'スィオン] [名] [女] 〔医〕ゆがみ, ねじれ; 捻挫(ねんざ); (事実などを)ゆがめること, 歪曲, 曲解; 〔理〕(像の)ゆがみ; 〔電〕ひずみ

dis-tor-sio-'nar [ディス.トる.スィオ.'ナる] [動] [他] ゆがめる; 〔医〕捻挫させる; 曲解する, 歪曲する **~se** [動] [再] ゆがむ; 〔医〕捻挫する

***dis-trac-'ción** [ディス.トらク.'すぃオン] 94% [名] [女] 不注意, ぞんざい; 気晴らし, 娯楽, 趣味; 注意散漫, うわの空, 放心; 〔法〕(公金の)横領, 不正, 流用

⁑**dis-tra+'er** [ディス.トら.'エる] 90% [動] [他] [70] (traer) 〈の〉心[注意]を(de: から)そらす, まぎらす; 楽しませる, 気晴らしさせる; 盗む, 横領する [動] [自] «ものごとが»気晴らしになる, 楽しい **~se** [動] [再] 心をそらす, 注意力を失う, うっかりする; 暇つぶしをする; (con: を)楽しむ

dis-tra+'í-do, -da** [ディス.トら.'イ.ド, ダ] 94% [形] ぼんやりした, うっかりした, うわの空の, 放心状態の; 楽しい, 娯楽の; 《メキシコ》《チリ》汚い, ぼろを着た [名] [男] [女] ぼんやりした人 **-damente** [副] 不注意に, うっかり, ぼんやりして ***hacerse el [la] ~[da] 気がつかないふりをする, 見て見ぬふりをする

dis-'trai-go, -ga(-) [動] 《直現1単, 接現》 ⬆distraer

dis-'tra-j~ [動] 《直点/接過》 ⬆distraer

⁑**dis-tri-bu-'ción** [ディス.トリ.ブ.'すぃオン] 86% [名] [女] 分配, 配給, 配分; 配達, 配布; 〔商〕(商品の)流通, 販売; 分布, 配置, 配列, レイアウト; 供給

dis-tri-bui-'dor, -'do-ra [ディス.トリ.ブイ.'ドる, 'ド.ら] [形] 分配の, 配給の, 配送の [名] [男] [女] 分配者, 配布者, 配達人; 販売者 [名] [男] 〔電〕配電器, 分電器; 〔情〕ハブ

⁑**dis-tri-'buir** [ディス.トリ.'ブイる] 90% [動] [他] [37] (-y-) 配る, 分配する; 配達する, 配布する; 配置する, 配列する, レイアウトする; 供給する, 販売する, 配給する; (a: に)割り当てる, あてがう; 〈賞を〉与える, 授与する **~se** [動] [再] 分配[配達]される; 分布する, 配置される

dis-tri-bu-'ti-vo, -va [ディス.トリ.ブ.'ティ.ボ, バ] [形] 分配の, 配当の; 〔文法〕配分的な

⁑**dis-'tri-to** [ディス.'トリ.ト] 90% [名] [男] 地域, 地方, 地区, 管区; 《ラ米》(官庁などの)部局; 〔Distrito Federal〕〔地名〕(メキシコ・ベネズエラの)連邦区; 〔Distrito Nacional〕〔地名〕首都区《ドミニカ共和国南部のサントドミンゴを含む首都圏》

dis-'tro-fia [ディス.'トろ.フィア] [名] [女] 〔医〕ジストロフィー, 栄養失調, 栄養障害

dis-tur-'bar [ディス.トゥる.'バる] [動] [他] 《格》〈休息・睡眠などを〉妨げる, 〈仕事・勉強などの〉じゃまをする; 《格》〈静かなものを〉かき乱す, 動揺させる; 《格》不安にする, 騒がせる

dis-'tur-bio [ディス.'トゥる.ビオ] [名] [男] 騒ぎ, 騒動, 動乱; (心の)動揺, 不安; 〔医〕障害

di-sua-'dir [ディ.スア.'ディる] [動] [他] 〈に〉(de: を)断念させる, 思いとどまらせる

di-sua-'sión [名] [女] 思いとどまらせること, 諫(いさ)めること

di-sua-'si-vo, -va [ディ.スア.'スィ.ボ, バ] [形] 思いとどまらせる, 制止的な

di-'suel-to, -ta [動] 《過分》 ⬆disolver

di-'suel-v~ [動] 《直現/接現/命》 ⬆disolver

di-'su-ria [ディ.'ス.りア] [名] [女] 〔医〕排尿障害

dis-yun-'ción [ディス.ジュン.'すぃオン] [名] [女] 分離, 分裂; 〔文法〕分離語[句], 挿入語[句]; 〔論〕選言(命題)

dis-yun-'ti-vo, -va [ディス.ジュン.'ティ.ボ, バ] [形] 分離性の, 分離する; 〔論〕選言的な **-va** [名] [女] 二者択一, 代案, 別の方法

dis-yun-'tor [ディス.ジュン.'トる] [名] [男] 〔電〕ブレーカー, 安全器

'di+ta [名] [女] 《中米》《話》借金

di-ti-'ram-bo [ディ.ティ.'らン.ボ] [名] [男] 〔文〕酒神賛歌, 熱狂的な詩

diu-'ré-ti-co, -ca [ディウ.'れ.ティ.コ, カ] [形] 〔医〕利尿の [名] [男] 〔医〕利尿剤

'diur+no, -na ['ディウる.ノ, ナ] [形] 昼間の, 日中の; 〔植〕«花が»昼間開花する; 〔動〕昼行性の

'di+va ['ディ.バ] [名] [女] 《詩》《格》女神; 〔演〕(歌劇で)プリマドンナ [形] 《女》 ⬇divo

di-va-ga-'ción [ディ.バ.ガ.'すぃオン] [名] [女] (本題からの)逸脱, 脱線, 余談; 放浪, さすらい

di-va-'gar [ディ.バ.'ガる] [動] [自] [41] (g|gu) «話・議題が»(本筋から)脱線する, わき道にそれる; さすらう, さまよう

di-'ván [ディ.'バン] [名] [男] (壁ぎわに置く背もたれや肘掛けのない)寝椅子; 〔文〕(アラビア・ペルシャ・トルコの)詩集; 〔政〕(トルコや中東諸国の)国政会議(室); 法廷

di-ver-'gen-cia [ディ.べる.'ヘン.すぃア] [名] [女] 分岐, 分裂; 発散, 拡散; 相違

di-ver-'gen-te [ディ.べる.'ヘン.テ] [形] 分岐する, 異なる

di-ver-'gir [ディ.べる.'ひる] [動] [自] 32 (g|j) 《格》(de: から)分岐する, 発散[拡散]する; 《格》《意見などが》分かれる, (de: と)異なる

‡**di-ver-si-'dad** [ディ.べる.スィ.'ダド] 90% [名] [女] 多様(性), 種々雑多; 相違(点)

di-ver-si-fi-ca-'ción [ディ.べる.スィ.フィ.カ.'すぃオン] [名] [女] 多様化, 多角化

di-ver-si-fi-'car [ディ.べる.スィ.フィ.'カる] [動] [他] 69 (c|qu) 多様化する, 様々に変化させる [動] [自] 多彩になる, 様々に変化する ～se [動] [再] 変化する, 多様になる

di-ver-si-'for-me [ディ.べる.スィ.'フォる.メ] [形] 様々な形の, 多形の

*__di-ver-'sión__ [ディ.べる.'スィオン] 93% [名] [女] 楽しみ, 娯楽, 気晴らし, レクリエーション; 〔軍〕 牽制, 陽動作戦

‡**di-'ver-so, -sa** [ディ.'べる.ソ, サ] 78% [形] 別種の, (a, de: と)異なった; 〔複数名詞の前で〕 多くの, たくさんの, 多様な, 種々の

‡**di-ver-'ti-do, -da** [ディ.べる.'ティ.ド, ダ] 88% [形] 楽しい, おもしろい, 愉快な, 気晴らしになる

di-ver-ti-'mien-to [ディ.べる.ティ.'ミエン.ト] [名] [男] 〔楽〕 嬉遊(きゆう)曲, ディヴェルティメント; 〔演〕 幕間の余興 《舞踊など》; 〔軍〕 牽制, 陽動作戦

‡**di-ver-'tir** [ディ.べる.'ティる] 87% [動] [他] 65 (e|ie|i) 楽しませる, 〈にとって〉おもしろい; 〈の〉注意をそらせる, 牽制する ～se [動] [再] (con, en, 現在分詞: …を)楽しむ, おもしろく遊ぶ

di-vi-'den-do [ディ.ビ.'デン.ド] [名] [男] 〔商〕 (株式の)利益配当, 配当金; 〔数〕 被除数

‡**di-vi-'dir** [ディ.ビ.'ディる] 85% [動] [他] (en: に)分割する, 分ける; 分離する, 隔てる; 〔数〕 (entre, por: で)割る, 割り算をする; 分配する, 分ける; 分裂させる, 間に不和を起こす; 分類する, 区分する ～se [動] [再] (en: に)分かれる, 分離する; 《意見などが》割れる, 分裂する

di-'vier-t~ [動] 《直現/接現/命》 ↑divertir

di-'vie-so [ディ.'ビエ.ソ] [名] [男] 〔医〕 ねぶと, 疔(ちょう), はれもの, おでき

di-vi-ni-'dad [ディ.ビ.ニ.'ダド] [名] [女] 〔宗〕 神性, 神力, 神徳; 〔宗〕 (非キリスト教の)神; 《話》 美しい人; すばらしい物

di-vi-ni-za-'ción [ディ.ビ.ニ.さ.'すぃオン] [名] [女] 〔宗〕 神格化, 神としてあがめること

di-vi-ni-'zar [ディ.ビ.ニ.'さる] [動] [他] 34 (z|c) 〔宗〕 神に祭り上げる, 神格化する; ほめたたえる, 称賛する

‡**di-'vi+no, -na** [ディ.'ビ.ノ, ナ] 87% [形] 〔宗〕 神の, 神格の, 神から授かった, 神聖な, 神のような, 神々しい, 宗教上の; 《話》 すばらしい, すてきな -namente [副] 《話》 すばらしく, みごとに; 神の力によって; 神々しく

di-vir-t~ [動] 《活用》 ↑divertir

di-'vi-sa [ディ.'ビ.サ] [名] [女] 〔複〕 〔経〕 外貨, 為替(かわせ)資金, 外国為替; 象徴的な模様[紋章], 記章; 〔牛〕 ディビーサ 《闘牛の首につけてその持ち主を示す色リボン》; 《ﾆﾛﾝﾋﾞｱ》 展望, 見晴らし

di-vi-'sar [ディ.ビ.'サる] [動] [他] (はるか遠くに)認める, 見る, 見分ける ～se [動] [再] 見分けられる, はっきり見える

di-vi-si-bi-li-'dad [ディ.ビ.スィ.ビ.リ.'ダド] [名] [女] 割り切れること, 整除性

di-vi-'si-ble [ディ.ビ.'スィ.ブレ] [形] 〔数〕 (entre, por: で)割り切れる; 分けることのできる, 可分の

‡**di-vi-'sión** [ディ.ビ.'スィオン] 86% [名] [女] 分割, 分配, 配分, 分立, 分裂; 分けられたもの, 一部, 組, 部, 区分; 仕切り, 境界線; 意見の相違, 不一致, 不和, 反目; 〔軍〕 師団; 〔数〕 割り算, 除法; 〔言〕 ハイフン; 〔情〕 パーティション

di-vi-'sor [ディ.ビ.'ソる] [名] [男] 〔数〕 除数, 約数 ～, -sora [名] [男] [女] 分割者, 分配者 [形] 分かつ, 区別する; 〔数〕 除数の

di-vi-'so-rio, -ria [ディ.ビ.'ソ.りオ, りア] [形] 分ける, 分割する, 分離する -ria [名] [女] 境界線; 〔地〕 分水嶺, 分水線

'di+vo, +va ['ディ.ボ, バ] [形] 《詩》《格》 神聖の, 神に関する, 神の; 〔軽蔑的に〕 うぬぼれた, 高慢な [名] [男] [女] 〔楽〕 (オペラの)花形歌手; うぬぼれ屋, 高慢な人 [名] [男] 〔宗〕 神, 神性, 神格

di-vor-'cia-do, -da [ディ.ボる.'すぃア.ド, ダ] [形] 離婚した [名] [男] [女] 離婚者

*__di-vor-'ciar__ [ディ.ボる.'すぃアる] 92% [動] [他] 離婚させる; 引き離す, 分離する ～se [動] [再] (de: と)離婚する; 引き離される, 離れる, 合致しない

di-'vor-cio [ディ.'ボる.すぃオ] [名] [男] 離婚; 分離, 不一致, 食い違い; 《ﾆﾛﾝﾋﾞｱ》 女子刑務所

di-vul-ga-'ción [ディ.ブル.ガ.'すぃオン] [名] [女] 普及, 一般化; 暴露, 発覚, すっぱ抜き; 発表, 公表, 公布

di-vul-ga-'dor, -'do-ra [ディ.ブル.ガ.'ドる, 'ド.ら] [形] 普及させる, 広める

*__di-vul-'gar__ [ディ.ブル.'ガる] 94% [動] [他] 41 (g|gu) 普及させる, 広める; 〈秘密を〉暴露する, 漏らす; 大衆化させる ～se [動] [再] 広まる, 一般化する; 《秘密が》漏れる, 《秘事が》明らかになる

'diz-que ['ディす.ケ] [副] 《ﾗ米》《話》 …という話である; 《ﾗ米》《話》 たぶん, おそらく

d. J. C. [略] =después de Jesucristo 《西暦》 紀元…年

dl 略 ⬆decilitro(s)
D. L. 略 =depósito legal 〘法〙 法定納本《国立図書館への納本》
dm 略 ⬆decímetro(s)
d. m. 略 =Dios mediante 〘宗〙 神のお力により
Dm 略 ⬆decámetro(s)
dna, dnas 略 ⬇docena, docenas
d. n. e. 略 =después de nuestra era《西暦》紀元…年
DNI 略 = 《(スペイン)》《(ペルー)》《(アルゼンチン)》 Documento Nacional de Identidad 身分証明書
Dña. 略 ⬇doña
do 接〔弱勢〕《詩》…のところで
'do 名 男〔複 dos〕〘楽〙ドの音, ハ音, C《長音階の第1音》 ***dar el do de pecho*** 《話》大変な努力をする
D. O. 略 =denominación de origen 〘商〙原産地呼称
'dó-ber-man ['ド.べる.マン] 名 男 〘動〙〔犬〕ドーベルマン
'do-bla ['ド.ブラ] 名 女 2倍の賭け金
do-bla-'di-llo [ド.ブラ.'ディ.ジョ] 名 男 〘衣〙(縁や裾の)三つ折りぐけ, 折り返し
do-'bla-do, -da [ド.'ブラ.ド, ダ] 形 曲がった, たわんだ; 〘映〙吹き替えの; 二重の, 二重になった; 下心のある, 二枚舌の; «人が»ずんぐりした, がっしりした; «土地が»でこぼこの, 起伏がある 名 男 〘衣〙(布地の)ダブル幅
do-'bla-je [ド.'ブラ.へ] 名 男 〘映〙吹き替え, アテレコ, ダビング
*****do-'blar** [ド.'ブラる] 91% 動 他 曲げる; ‹紙・布などを›折り畳む, 折り重ねる, ‹端などを›折り曲げる; 2倍にする, 倍増する; ‹角(かど)を›曲がる, 回る; 〘映〙‹の›吹き替えをする, (映画・テープに)‹音楽などを›二重録音する; 〘映〙‹の›役を兼ねる, 代役をする; ‹人の意志などを›変えさせる, 屈服させる, 服従させる; 《話》痛めつける, 打ちのめす 動 自 (a: へ)曲がる, 折れる, 方向をとる; 2倍になる, 倍増する, 二重になる; 二役をつとめる, 兼用する; (弔いの)鐘が鳴る; 屈する **~se** 動 再 曲がる; 体を曲げる, かがむ; 方向が変わる, (…の方へ)向かう; (a: に)屈服する, 従う, 負ける ***~ las manos*** 《(メキシコ)》(a: に)屈する; 譲る
⁑'do-ble ['ド.ブレ] 83% 形 二重の, 複式の, 対になった, 2人用の, ダブルの; 2倍の; «言葉などが»あいまいな, 二重の意味をもつ; (言行に)裏表のある; (布が)厚い, 厚手の; 《(コロンビア)》偽りの; 偽善的な 副 2倍に; 二人で 名 男 2倍の数(量), 倍額, 倍量; 複写, コピー; 〔複〕〘競〙〔テニス・卓球など〕ダブルス(の試合); 〘飲〙ダブル《指2本分の量のウイスキー》; 鐘の音, 弔いの鐘; 〘衣〙折り目, ひだ, 折り返し; 替え玉 名 共 生き写しの人, そっくりの人; 〘映〙代役 **~mente** 副 二重に, 対にして, 2倍にして; 二心をもって
do-ble-'gar [ド.ブレ.'ガる] 動 他 ㊶ (g|gu) 曲げる, たわませる; 屈服させる, 従わせる; ‹剣などを›振り回す, 振り上げる **~se** 動 再 曲がる, たわむ; (a, ante: に)服従する, 従う
do-'ble-te [ド.'ブレ.テ] 名 男 模造の宝石; 〘言〙二重語《同一語源を持つ語》; 〘競〙2連勝, 2回続けて勝つこと
do-ble-'tro-que [ド.ブレ.'トろ.ケ] 名 男 《(コロンビア)》〘車〙トラック, トレーラー
do-'blez [ド.'ブレす] 名 女 二枚舌を使うこと, 二心, 不誠実 名 男 〘衣〙折り返し, 折り目, ひだ ***actuar [obrar] con ~*** 二心をもって行動する
do-'blis-ta [ド.'ブリス.タ] 名 共 〘競〙〔テニスなど〕ダブルスの選手
do-'blón [ド.'ブロン] 名 男 〘歴〙(昔の)ドブロン金貨
doc. 略 ⬇documento
⁑'do+ce ['ド.せ] 79% 数〔⇔単独の12〕12(の); 第12(番目)(の);
do-ce+'a-vo, -va [ド.せ.'ア.ボ, バ] 形 12分の1の 名 男 12分の1
*****do-'ce-na** [ド.'せ.ナ] 93% 名 女 ダース ***a ~s*** 多く, たくさん, 何十も 形《女》⬇doceno
do-'cen-cia [ド.'セン.すぃア] 名 女 教育(活動)
do-'ce+no, -na [ド.'せ.ノ, ナ] 形 12番目の
do-'cen-te [ド.'セン.テ] 形 教える, 教育上の, 教育的な 名 共 教師, 教員
*****'dó-cil** ['ド.すぃル] 94% 形 素直な, おとなしい, 従順な, 御しやすい
do-ci-li-'dad [ド.すぃ.リ.'ダド] 名 女 おとなしさ, 従順さ
dock ['ドク] 名 男〔複 docks〕〔英語〕〘海〙ドック, 船渠(せんきょ); 波止場, 桟橋(さんばし), 埠頭; 倉庫, 貯蔵所
'doc-to, -ta ['ドク.ト, タ] 形《格》博学な, 博識な 名 男 女 博識家, 学者
⁑doc-'tor, -'to-ra [ドク.'トる, 'ト.ら] 77% 名 男 女〔一般〕医者, 医師; 博士
*****doc-to-'ra-do** [ドク.ト.'ら.ド] 91% 名 男 (大学院の)博士課程; 博士号, 学位
doc-to-'ral [ドク.ト.'らル] 形 博士(号)の; «言葉・話し方が»もったいぶった, 学者ぶった
doc-to-'ran-do, -da [ドク.ト.'らン.ド, ダ] 名 男 女《格》博士候補者
doc-to-'rar [ドク.ト.'らる] 動 他 ‹に›博士号を授与する **~se** 動 再 博士号を取得する
⁑doc-'tri-na [ドク.'トり.ナ] 86% 名 女 教義, 教理, 教え; 学説, 理論; (政策上の)主義, ドクトリン; 知識, 学識, 教養; 〘宗〙

| 教理問答, 公教要理
doc-tri-'nal [ドク.トり.'ナル] 形 教義上の, 学理上の, 学術的な
doc-tri-'nar [ドク.トり.'ナる] 動 他 教育する
doc-tri-'na-rio, -ria [ドク.トり.'ナ.りオ, りア] 形 教義上の, 理論の; 純理論家の, 空論家の, 空理空論の; 教条的な 名 男 女 教条主義者, 空論家; 理論家
doc-tri-na-'ris-mo [ドク.トり.ナ.'りス.モ] 名 男 教条主義
doc-tri-'ne-ro [ドク.トり.'ネ.ろ] 名 男 〔宗〕公教要理の教師
do-cu-men-ta-'ción [ド.ク.メン.タ.'すぃオン] 名 女 〔集合〕文書, 書類, 資料; 資料による裏付け
do-cu-men-'ta-do, -da 形 資料に裏付けされた
*__do-cu-men-'tal__ [ド.ク.メン.'タル] 91% 名 男 〔映・テレビ〕ドキュメンタリー, 記録映画 形 文書の, 記録の, 資料による; ドキュメンタリーの
do-cu-men-'tar [ド.ク.メン.'タる] 動 他 (con: 資料で)証拠づける, 証拠書類で立証する; 〈の〉情報を提供する[与える] ~-**se** 動 再 証拠書類を収集する; 情報を集める
⁑**do-cu-'men-to** 82% 名 男 文書, 書類, ドキュメント; 文献; 証書, 証券, 手形, 証明書; 史料, 証拠類 ~ ***adjunto*** 〔情〕添付ファイル
do-de-ca+'e-dro [ド.デ.カ.'エ.ドろ] 名 男 〔数〕十二面体
do-de-ca-'fó-ni-co, -ca 形 〔楽〕十二音音楽の
do-de-'cá-go+no, -na 形 〔数〕十二角形の 名 男 〔数〕十二角形
do-de-ca-'sí-la-bo, -ba [ド.デ.カ.'スィ.ラ.ボ, バ] 形 〔文〕12 音節の 名 男 〔文〕12 音節の詩行
Do-'do-ma 名 固 〔地名〕ドドマ《タンザニア Tanzania の首都》
do-'do-tis 名 男 〔単複同〕《商標》紙おむつ
do-'gal [ド.'ガル] 名 男 〔畜〕(馬, 牛用の)端綱(はづな); 絞首索 ***estar (uno) con el ~ al cuello*** 《話》苦境に立たされている
'dog-ma ['ドグ.マ] 名 男 教義, 教理; 教条, 信条; 定論, 定則, 定説
dog-'má-ti-co, -ca [ドグ.'マ.ティ.コ, カ] 形 教義上の, 教理に関する; 独断的な, 独善的な 名 男 女 独断主義者; 教条主義者
*__dog-ma-'tis-mo__ [ドグ.マ.'ティス.モ] 94% 名 男 教条主義; 独断[独善]的態度; 〔集合的に〕教理, 教義
dog-ma-ti-'zar [ドグ.マ.ティ.'さる] 動 他 ㉞ (z|c) 教義として説く; 独断的に主張する
'do+go 名 男 〔動〕〔犬〕ブルドッグ
'Do+ha ['ド.は] 名 固 〔地名〕ドーハ《カタール Catar の首都》
dojo ['ド.ジョ] 名 男 〔発音に注意〕〔日本語〕〔競〕〔柔道など〕道場
do-la-'de-ra [ド.ラ.'デ.ら] 名 女 〔技〕(大工の)手斧(ちょうな)
do-'la-je [ド.'ラ.へ] 名 男 〔飲〕樽に吸収されるワイン
⁑**'dó-lar** ['ド.ラる] 79% 名 男 〔経〕ドル《米国・カナダ・オーストラリアなどの通貨》
dolce vita ['ドル.チェ 'ビ.タ] 名 女 〔イタリア語〕甘い生活, 怠惰で気ままな生活
do-'len-cia [ド.'レン.すぃア] 名 女 〔医〕痛み, うずき; 〔医〕病気, 不快
⁑**do-'ler** [ド.'レる] 86% 動 自 ㊹ (o|ue) **1** 〔医〕(a: に)苦痛を与える, (a: は)«が»痛い: Me **duele** la cabeza. 私は頭が痛い。 **2** (間接目的語: の)心が痛む, (間接目的語: にとって)つらい: Nos **dolieron** profundamente sus palabras. 私たちは彼の言葉にとても心が痛んだ。 ~**se** 動 再 **1** (de: を)悲しむ, (de: に)同情する: Vicente **se duele** de que no le hayas invitado. 君が招待しなかったからビセンテは悲しんでいる。 **2** (de: を)後悔する: Ana todavía **se duele** de haber perdido aquella ocasión. アナはまだあの機会を逃したことを後悔している。 ***Ahí le duele.*** 《話》そこが彼の痛いところだ[弱みだ]
do-li-co-'cé-fa-lo, -la [ド.リ.コ.'せ.ファ.ロ, ラ] 形 〔体〕«人が»長頭の
do-'li-do, -da [ド.'リ.ド, ダ] 形 気分を害している, 悲しんでいる
do-'lien-te [ド.'リエン.テ] 形 〔医〕病気の, 病んでいる; 悲しい, つらい, 苦悩する, 悲嘆にくれる
'dol-men ['ドル.メン] 名 男 〔歴〕ドルメン《巨大な自然石の上に平石を載せた古代の遺跡》
dol-'mé-ni-co, -ca [ドル.'メ.ニ.コ, カ] 形 〔歴〕ドルメンの
'do+lo ['ド.ロ] 名 男 〔法〕詐欺行為, 不正手段
do-lon-'dón [ド.ロン.'ドン] 感 《擬音》《擬音》カランカラン《カウベルの音》
⁑**do-'lor** [ド.'ロる] 78% 名 男 〔医〕(肉体的な)痛み, 苦痛; (精神的)苦痛, 心痛, 悲しみ ***estar con ~es*** 陣痛が始まっている
Do-'lo-res [ド.'ロ.れス] 名 固 〔女性名〕ドローレス
do-lo-'ri-do, -da [ド.ロ.'り.ド, ダ] 形 〔医〕痛む, 痛い; 痛々しい, 悲痛な
Do-lo-'ro-sa [ド.ロ.'ろ.サ] 名 女 〔宗〕〔美〕悲しみの聖母マリアの像[絵]《キリストの

死を嘆く聖母の像[絵]》

*do-lo-'ro-so, -sa [ド.ロ.'ろ.ソ, サ] 92% 形〔医〕痛い, 苦しい; 心が痛む, 痛ましい, つらい

do-'lo-so, -sa [ド.'ロ.ソ, サ] 形〔法〕詐欺(行為)の, 不正の, 詐欺的な

dom. 略 ↓domingo

'do+ma 名 女〔畜〕(動物を)飼いならすこと, 調教

do-ma-'dor, -'do-ra [ド.マ.'ドる, 'ド.ら] 名 男 女〔畜〕(動物を)飼いならす人, 猛獣使い; 訓練者, トレーナー, 調教師

do-ma-'du-ra 名 女 ⇧doma

do-'mar [ド.'マる] 動 他〔畜〕〈動物を〉飼いならす, 調教する; 服従させる, 従順にさせる; 〈靴など固いものを〉ならす, 柔らかくする; 〈感情を〉抑制する, 抑える

do-me-'ña-ble [ド.メ.'ニャ.ブレ] 形《格》〔畜〕手なずけられる, 調教できる; 《格》制御できる, 支配できる

do-me-'ñar [ド.メ.'ニャる] 動 他《格》〔畜〕飼いならす, 手なずける; おとなしくさせる; 《格》征服する, 支配する, 服従させる

do-mes-ti-'ca-ble [ド.メス.ティ.'カ.ブレ] 形〔畜〕《動物が》飼いならせる, 手なずけられる

do-mes-ti-ca-'ción [ド.メス.ティ.カ.'すぃオン] 名 女〔畜〕(動物を)飼いならすこと, 馴化(じゅんか), 家畜化

do-mes-ti-'car [ド.メス.ティ.'カる] 動 他 69 (c|qu)〔畜〕〈動物を〉飼いならす, 手なずける, 家畜化する; 〈人を〉おとなしくさせる, 手なずける; しつける, 教育する ~se 動 再 《動物が》家畜化する, 飼いならされる; 《人が》しつけられる, 洗練される

do-mes-ti-ci-'dad [ド.メス.ティ.すぃ.'ダド] 名 女〔畜〕家畜の(ような)状態; 従順さ, おとなしさ

‡do-'més-ti-co, -ca 90% 形 家庭の, 家事の; 国内の, 自国製[産]の; 〔畜〕《動物などが》飼いならされた, ペットの, 家畜の

do-mi-ci-'liar [ド.ミ.すぃ.'リアる] 動 他 〈の〉住居を定める, 居住させる; 《(スペイン)》〔商〕口座振替にする ~se 動 再 (en: に)定住する, 住居を定める

do-mi-ci-'lia-rio, -ria [ド.ミ.すぃ.'リア.りオ, りア] 形 住所の, 家宅の, 住居の

‡do-mi-'ci-lio [ド.ミ.'すぃ.リオ] 87% 名 男 住居, 家; 住所, 居住地; 居住 a ~ 自宅の[で]

do-mi-na-'ción [ド.ミ.ナ.'すぃオン] 名 女 統治, 支配; 支配[統治]権, 支配地域; 〔複〕主天使《天使の階級の第4位》

do-mi-'nan-te 形 支配する, 統治する; 支配的な, 優勢な; 最高の, あたりを見おろす; 威圧的な, いばった

‡do-mi-'nar [ド.ミ.'ナる] 86% 動 他 支配する, 統治する; 〈の中で〉優勢である, 〈の〉トップにいる; 《山・塔などが》そびえる, 見おろす, 見渡す; 抑制する, 抑える, 鎮圧する; 《感情が》支配する; 修得する, マスターする; 〈感情を〉抑える 動 自 優勢になる, 目立つ, 多くある, 特に多い; 支配する, 牛耳る ~se 動 再 自分を抑制する, 感情を抑える, 我慢する

'dó-mi-ne 名 男〔歴〕ラテン語教師; 《話》〔軽蔑〕学者ぶる人

‡do-'min-go 74% 名 男 日曜日; 〔宗〕安息日《日曜日》 ***de*** ~〔衣〕晴れ着の ***D~ de Carnaval***〔宗〕謝肉の主日 ***D~ de Cuasimodo***〔宗〕白衣の主日《復活祭直後の日曜日》 ***D~ de Pascua***〔宗〕復活の主日《キリストの復活を祝う日で, 3月21日以降の満月の次の最初の日曜日, 満月の日が日曜であればその日》 ***D~ de Ramos***〔宗〕しゅろの聖日《復活祭の直前の日曜日でキリストが受難の前にエルサレムに入った日》

Do-'min-go 名 固〔男性名〕ドミンゴ

do-min-'gue-jo, -ja [ド.ミン.'ゲ.ほ, は] 形〔遊〕起き上がり小法師; 《(ラ米)》《話》つまらない人, どうでもよい人

do-min-'gue-ro, -ra [ド.ミン.'ゲ.ろ, ら] 形《話》日曜日用の, 日曜日の; 《話》日曜に遊ぶ 名 男 女《話》日曜日に盛装する人, 日曜日に遊ぶ人, 行楽客

Do-'mín-guez [ド.'ミン.ゲす] 名 固〔姓〕ドミンゲス

do-min-'gui-llo [ド.ミン.'ギ.ジョ] 名 男〔遊〕起き上がり小法師 ***tener [llevar] como un ~*** 操る, 意のままにこき使う

do-'mí-ni-ca ⇔-mi- 名 女〔宗〕(キリスト教会の)安息日, 主日, 日曜日

Do-mi-'ni-ca 名 固〔地名〕ドミニカ国《西インド諸島の島国》

do-mi-ni-'cal [ド.ミ.ニ.'カル] 形 日曜日の, 安息日の; 所有主の, 領主の

‡do-mi-ni-'ca+no, -na 89% 形〔地名〕ドミニカ共和国(人)の 名 男 女 ドミニカ人 ↓República Dominicana

do-mi-'ni-co, -ca 形〔宗〕ドミニコ会の 名 男 女〔宗〕ドミニコ会修道士[修道女]

‡do-'mi-nio 89% 名 男 支配, 支配力; 権威, 権力, 影響力; 優位, 優勢, 支配権; 修得, 精通, マスター, 熟知; (感情などの)抑制, 制御, コントロール; 〔複〕領土, 領域, 支配圏, 勢力範囲; 分野, 領域; 〔法〕所有権, 財産, 所有地; 〔情〕ドメイン ***~ público*** 公共財産 ***ser del ~ público*** 周知のことである

do-mi-ni-'qués, -'que-sa [ド.ミ.ニ.'ケス, 'ケ.サ] 形〔地名〕ドミニカ国(人)の 名 男 女 ドミニカ国人

do-mi-'nó 名 男〔複 -nós〕〘遊〙ドミノゲーム《28 枚の牌(ﾊﾟｲ)で遊ぶ点合わせのゲーム》; ドミノ牌;〘衣〙ドミノ《仮装舞踏会用のフードと小仮面つきの外衣》

'do+mo 名 男〘建〙ドーム, 円蓋(えんがい), 丸天井

do-'mó-ti-ca 名 女〘情〙個人家屋の IT 化

don [ドン] 66% 名 男〔弱勢〕…様, さん《親しみと敬意をこめて成人の男性の名の前につける》; (天賦の)才能; 魅力;〔おとぎ話の中で〕望みのもの; 天の恵み;《ｺﾛﾝﾋﾞｱ》礼儀作法 ***señor*** ～ …〔男性の姓名の前につけて〕…様《手紙の宛名に用いる》

'Don 名 固〔el ～〕〘地名〙ドン川《ロシア西部の川》

'do+na 名 女《ﾗﾌﾟﾗﾀ》〘食〙ドーナツ

do-na-'ción [ド.ナ.'すぃオン] 名 女 寄付(金), 寄贈(品)

do-'nai-re [ド.'ナイ.れ] 名 男 優雅, 品のよさ, 端麗(たんれい), 気品; ウイット, 機知, 機転, ユーモア

do-'nan-te 形 寄贈する, 贈与する, 授ける, 提供する 名 共 寄贈者, 授与者, 提供者;〘医〙(臓器移植の)ドナー, (献血の)提供者

do-'nar [ド.'ナる] 94% 動 他 (a: に)寄贈する, 寄付する, 提供する

do-na-'ta-rio, -ria [ド.ナ.'タ.りオ, りア] 名 男 女 受贈者

do-na-'ti-vo [ド.ナ.'ティ.ボ] 94% 名 男 寄付(金), 寄贈(品)

Do-'na-to 名 固〔男性名〕ドナート

don-'cel [ドン.'せル] 名 男《格》若者;〘歴〙貴族の若者

don-'ce-lla [ドン.'せ.ジャ] 名 女《格》乙女, 処女, 少女;〘歴〙官女, 女官, 侍女, 腰元;《格》若い女性

don-ce-'llez [ドン.せ.'ジェす] 名 女 処女性, 童貞

'don-de 64% 副《関係》**1** …である～, …する[した]～《場所を示す語を先行詞とする》Voy al pueblo **donde** vivía antes. 私は以前住んでいた村に行きます。 **2** …である場所で[へ, に], …する[した]場所で[へ, に]《独立用法》Iré **donde** quieras. 私は君の望むところへ行こう。 **3**〔次に不定詞をつけて〕…すべき(場所), …できる(場所): En esta habitación tan desordenada, no hay **donde** poner un pie. こんなに散らかった部屋では足の踏み場もない。 **4**〔強調構文で〕…である[する]のは…である: No es solo en España **donde** hay corridas. 闘牛があるのはスペインばかりではない。 前《話》…の所で, …の家で: Estábamos **donde** mi tío. 私たちはおじさんの家にいました。 接《話》…ならば: Este es mi amigo. **Donde** lo ayudes, te lo agradeceré. この人は僕の友人だ。だから助けてくれるとありがたいのだけれど。 ***a*** ～《関係副詞》⇧ adonde

'dón-de 66% 副《疑問》《無変化》**1**〔文頭で〕どこで, どこに, どこへ《場所をたずねる》¿**Dónde** está la estación? 駅はどこですか。 **2**〔間接疑問文で〕どこで, どこに, どこへ: ¿Puede usted indicarme **dónde** se factura el equipaje? どこで手荷物の手続きができるか教えていただけますか。 **3**〔不定詞を従えて〕どこで…すべきか, どこで…ができるか, …すべき場所: No sé **dónde** dirigirme para hacer la solicitud de la beca. 奨学金の申し込みをするのにどこへ行けばよいのかわかりません。 名 男 場所 ***a*** ～ ⇧ adónde ***¡Mira por ～!***《話》へえ!, そんなこと!《驚き》

don-de-'quie-ra [ドン.デ.'キエ.ら] 94% 副 どこにでも ～ ***que*** …(接続法) …するどこにでも ***por*** ～ どこででも

don-'die-go 名 男〘植〙オシロイバナ ～ ***de día***〘植〙アサガオ

don-'juán [ドン.'ふアン] 名 男 ドン・フアン, プレーボーイ, 女たらし;〘植〙オシロイバナ

Don 'Juán [ドン.'ふアン] 名 固 ドン・フアン, プレーボーイ, 女たらし ⇧ donjuán

don-jua-'nes-co, -ca [ドン.ふア.'ネス.コ, カ] 形 ドン・フアンのような, 女たらしの ⬆Don Juan

don-jua-'nis-mo [ドン.ふア.'ニス.モ] 名 男 ドン・フアンの流儀[やり方], 女たらし, 放蕩(ほうとう)生活⬆Don Juan

do-'no-so, -sa 形 機知のある, しゃれのうまい, 才気煥発(かんぱつ)の;《格》優雅な, しとやかな, 上品な;〔皮肉〕〔名詞の前で〕結構な, すばらしい

Do-'nos-tia 名 固〘地名〙サン・セバスティアン《San Sebastián のバスク語名》

do-nos-'tia-rra [ド.ノス.'ティア.ら] 形 名 共 サン・セバスティアンの(人)⬇San Sebastián

do-no-'su-ra [ド.ノ.'ス.ら] 名 女《格》優雅さ; 機知; 軽妙さ

'dó-nut ['ド.ヌト] 名 男〔複 -nuts〕〘食〙ドーナツ

'do+ña ['ド.ニャ] 78% 名 女 …様, …さん《親しみや敬意をこめて女性の名の前につける》;《話》(立派な)婦人; 付添いの女性;《ｶﾘﾌﾞ》妻 ***Señora*** ～ …〔女性の姓名の前につけて〕…様《手紙の宛名に用いる》

do-'pa-je [ド.'パ.へ] 名 男〘競〙ドーピング

do-pa-'mi-na 名 女〘生〙ドーパミン《脳内の神経伝達物質》

do-'par [ド.'パる] 動 他〘競〙〈選手を〉ドーピングする ～**se** 動 再〘競〙(自分で)ドーピングする

doping ['ド.ピン] 名 男〔英語〕〘競〙ドーピング

do-'quier [ド.'キエる] 副《格》どこへでも, どこにも, どこへも ***por doquier*** どこにでも, いたるところで

do-'quie-ra 副 ⇧ doquier

'Do+ra ['ド.ら] 名 固〘女性名〙ドラ《Isidora または Teodora の愛称》

do-'ra-do, -da [ド.'ら.ド, ダ] 90% 形 金の, 金製の; 金色の, 黄金の; 貴重な, 絶好の, すばらしい, 全盛の, 幸福な; 金めっきの 名 男 金箔; 金めっき; 金製品;〘魚〙シイラ **-da** 名 女〘魚〙クロダイ, ヨーロッパヘダイ

Do-'ra-do [ド.'ら.ド] 名 固〔El ～〕〘架空〙〘地名〙黄金郷

do-ra-'du-ra [ド.ら.'ドゥ.ら] 名 女 金めっき, 金付け, 箔(はく)置き

do-'rar [ド.'らる] 94% 動 他〈に〉金箔(きんぱく)をきせる, 金めっきする, 金色に塗る;〘食〙きつね色に焼く, こんがり焼く; 粉飾する, 見栄を張る **～se** 動 再〘食〙きつね色になる, こんがり焼ける; 金色に染まる ***～ la píldora***《話》(不愉快なことを)よく見せる

'dó-ri-co, -ca ['ド.り.コ, カ] 形 名 男 女〘歴〙〘地名〙ドーリス地方の, ドーリス人の ⬇ Dórida;〘建〙ドーリス様式の;〘歴〙〘言〙(古代ギリシャ語の)ドーリス方言の 名 男〘歴〙〘言〙(古代ギリシャ語の)ドーリス方言

'Dó-ri-da ['ド.り.ダ] 名 固〘歴〙〘地名〙ドーリス地方《古代ギリシャ中部の地方》

'do-rio, -ria ['ド.りオ, りア] 形〘歴〙〘地名〙(古代ギリシャの)ドーリスの 名 男 女〘歴〙ドーリス人 ⬆ Dórida

dor-mi-'de-ra [ドる.ミ.'デ.ら] 名 女〘植〙ケシ ***tener buenas ～s***《話》寝つきがよい

dor-'mi-do, -da [ドる.'ミ.ド, ダ] 形 眠っている; ぼんやりした;《手足が》しびれた

dor-mi-'lón, -'lo-na [ドる.ミ.'ロン, 'ロ.ナ] 形 眠い, 眠たがる, 眠そうな 名 男 女 眠たがり屋, 寝坊 **-lona** 名 女(眠るための)安楽椅子(いす), 寝椅子

dor-'mir [ドる.'ミる] 74% 動 自 ㉕ (o|ue|u) 眠る, 寝る; (en: に)泊まる; 不活発である, ぐずぐずする, うかうかしている, 怠ける, (sobre: を)じっくり考える;〔遠回し〕(con: 異性と)寝る, 性的関係を持つ;《こまが》揺れずにじっと回る 動 他 眠らせる, 寝かしつける;〈昼寝などを〉する; 麻酔をかける; 眠くする **～se** 動 再 眠りこむ;《足などが》しびれる; ぐずぐずする, もたもたする ***～ a pierna suelta*** ぐっすりと眠り込む, 熟睡する ***～ con un ojo abierto*** あたりの様子を気にかけている, 気を抜かない ***echarse a ～*** 眠る, 眠り込む; 途中で投げ出す ***ser de mal ～ [tener mal ～]*** よく眠れない, 不眠症である

dor-mi-'tar [ドる.ミ.'タる] 動 自 居眠り[うたた寝]する, まどろむ

dor-mi-'ti-vo, -va [ドる.ミ.'ティ.ボ, バ] 形〘医〙催眠性の 名 男〘医〙催眠剤

dor-mi-'to-rio [ドる.ミ.'ト.りオ] 91% 名 男 寝室; 学生寮, 寮, 寄宿舎

Do-ro-'te+a [ド.ろ.'テ.ア] 名 固〘女性名〙ドロテア

Do-ro-'te+o [ド.ろ.'テ.オ] 名 固〘男性名〙ドロテオ

dor-'sal [ドる.'サル] 形〘体〙背中の, 背部の, 後方の;〘音〙舌背(ぜっぱい)音の 名 男〘競〙背番号, ゼッケン 名 女〘音〙舌背音

'dor-so ['ドる.ソ] 名 男〘印〙(紙・ページ・硬貨・葉などの)背, 裏, 裏面; 背中, 背部;〘体〙舌背

Dort-'mund [ドる(ト).'ムン(ド)] 名 固〘地名〙ドルトムント《ドイツ北西部の都市》

'dos 57% 数〔⇧単独の 2〕2(の) ***a ～ pasos*** とても近くに ***como ～ y ～ son cuatro*** 当然, 明らかに ***～ puntos*** コロン《句読点の一つ, : の印》 ***en un ～ por tres***《話》すぐに, たちまち

dos-cien-'ta-vo, -va [ド(ス).すぃエン.'タ.ボ, バ] 形《分数詞》200 等分の 名 男 200 分の 1

dos-'cien-tos, -tas [ド(ス).'すぃエン.トス, タス] 86% 数〔⇧単独の 200〕**200**(の); 第 **200**(番目)(の)

do-'sel [ド.'セル] 名 男 天蓋(てんがい); 掛け布, たれ幕

do-se-'le-te [ド.セ.'レ.テ] 名 男 小さな天蓋

do-'sier [ド.'スィエる] 名 男 一件書類, 調査書《人物・事柄に関する書類の綴じ込み》

do-si-fi-ca-'ción [ド.スィ.フィ.カ.'すぃオン] 名 女〘医〙投薬, 調合, 投薬; 配分, 割り当て

do-si-fi-'car [ド.スィ.フィ.'カる] 動 他 ㊾ (c|qu)〘医〙投薬する,〈薬を〉調剤する; 配分する, 割り当てる

'do-sis 名 女〔単複同〕〘医〙(1 回分の)投薬量, (薬の)一服; (放射線の)線量; 数量, 分量 ***una buena ～ de …*** かなりの…

dossier [ド.'スィエる] 名 男〔フランス語〕⇧ dosier

do-ta-'ción [ド.タ.'すぃオン] 名 女 寄付(金), 基金;〔集合〕〘海〙乗組員, 船員;〔集合〕(官庁・会社・軍隊などの)職員, 人員; 持参金, 結婚資金

do-'ta-do, -da 形 (de: を)持っている, 備えつけた

do-'tar [ド.'タる] 90% 動 他〈に〉(con, de: を)寄付する, 与える; (de: を)装備する;〈娘に〉結婚持参金を与える; (de: を)供給する;《神が》〈に〉(de: 能力・素質などを)与える;〈に〉(con, de: 職員を)置く, 配置[配属・任命・指命]する;〈船などに〉(con, de:

人を)乗り組ませる　～se 動 再 (de: を)持つ

'**do+te** 名 男 [女] (花嫁の)結婚持参金; 修道院に入るための持参金 名 女〔複〕資質, 才能

do-'ve-la [ド.'ベ.ラ] 名 女〔建〕(アーチの)迫石(せりいし)

do-xo-lo-'gí+a [ドク.ソ.ロ.'ひ.ア] 名 女〔宗〕〔楽〕頌栄(しょうえい), 栄頌《神をたたえる歌》

do-xo-'ló-gi-co, -ca [ドク.ソ.'ロ.ひ.コ, カ] 形〔宗〕〔楽〕頌栄(しょうえい)の, 栄頌の

'**doy** 動《直現 1 単》↑dar

do-'za-vo, -va [ド.'さ.ボ, バ] 形《分数詞》12 等分の 名 男 12 分の 1

D. P. 略 =distrito postal 郵便地区

dpto. 略 ↑departamento

Dr., Dra., Dr.ª 略 ↑doctor, -tora

'**drac-ma** ['ドらク.マ] 名 女〔歴〕〔経〕ドラクマ《古代ギリシャの銀貨》

dra-co-'nia+no, -na [ドら.コ.'ニア.ノ, ナ] 形《法律・命令などが》厳しい, 過酷な

'**dra-ga** ['ドら.ガ] 名 女〔機〕浚渫(しゅんせつ)機;〔海〕浚渫船

dra-'ga-do [ドら.'ガ.ド] 名 男 浚渫(しゅんせつ)

dra-ga-'mi-nas [ドら.ガ.'ミ.ナス] 名 男〔単複同〕〔軍〕〔海〕掃海艇

dra-'gar [ドら.'ガる] 動 他 ㊶ (g|gu) 浚渫(しゅんせつ)する, 〈の〉底をさらう

'**dra-go** ['ドら.ゴ] 名 男〔植〕リュウケツジュ《カナリア諸島原産の巨木》

*__dra-'gón__ [ドら.'ゴン] 94% 名 男〔架空〕竜, ドラゴン;〔歴〕〔軍〕竜騎兵《竜騎銃を持った騎兵》;〔動〕トビトカゲ

dra-go-ne+'ar [ドら.ゴ.ネ.'アる] 動 自《ラ米》もぐりの営業をする, 無資格で営業する 動 他《ラ米》無資格で営業する;《ラプラタ》〈女性に〉言い寄る

'**Dra-ke** ['ドら.ケ] 名 固〔地名〕〔paso de ～〕ドレーク海峡《南アメリカ南端の海峡》

dra-'lón [ドら.'ロン] 名 男《商標》ドラロン《アクリル繊維》

*'**dra-ma** ['ドら.マ] 91% 名 男〔演〕劇(作品), 戯曲, 脚本, 演劇, 劇文学; 劇的な事柄, 劇的事件

__dra-'má-ti-co, -ca__ [ドら.'マ.ティ.コ, カ] 89% 形〔演〕劇の, 戯曲の, 演劇の, 脚本の; 劇的な, 感動的な; 芝居がかった　**-ca-mente 副 劇的に, 感動的に; 芝居がかって

dra-ma-'tis-mo [ドら.マ.'ティス.モ] 名 男 劇的であること, ドラマ性

dra-ma-ti-za-'ción [ドら.マ.ティ.さ.'すぃオン] 名 女〔演〕脚色, 戯曲化; 誇張

dra-ma-ti-'zar [ドら.マ.ティ.'さる] 動 他 ㉞ (z|c)〔演〕〈事件・小説などを〉劇化する, 脚色する; 劇的に表現する, 誇張する

dra-ma-'tur-gia [ドら.マ.'トゥる.ひア] 名 女〔演〕劇作術[法]

dra-ma-'tur-go, -ga [ドら.マ.'トゥる.ゴ, ガ] 名 男 女〔演〕劇作家, 脚本作家

dra-'món [ドら.'モン] 名 男《話》〔軽蔑〕〔演〕通俗劇, 大衆劇, 田舎芝居

'**drás-ti-co, -ca** ['ドらス.ティ.コ, カ] 形 激烈な, 徹底的な, 思い切った;〔医〕劇薬の, 峻下(しゅんげ)剤の 名 男〔医〕峻下剤

dre-'na-je [ドれ.'ナ.へ] 名 男 排水

dre-'nar [ドれ.'ナる] 動 他 排水する, 〈土地の〉排水をする;〔医〕膿(うみ)を出す

'**Dres-de** ['ドれス.デ] 名 固〔地名〕ドレスデン《ドイツ南東部の都市》

dri-'blar [ドり.'ブラる] 動 他〔競〕〔サッカーなど〕ドリブルする, ドリブルでかわす

'**dri-ble** ['ドり.ブレ] 名 男〔競〕〔サッカーなど〕ドリブル

dri-ble-'ar 動 他《ペルー》⇧driblar

'**dril** ['ドりル] 名 男〔衣〕雲斎(うんさい), ドリル織り《目の詰まった布地》

'**dri-za** ['ドり.さ] 名 女〔海〕(帆・旗などを上げ下げする)揚げ綱, 動索, ハリヤード

**'__dro-ga__ ['ドろ.ガ] 84% 名 女 麻薬;〔医〕薬物, 薬剤;《話》いやなもの[人], めんどうなもの[人]

dro-ga-dic-'ción [ドろ.ガ.ディク.'すぃオン] 名 女〔医〕薬物嗜癖(しへき), 麻薬の常用

dro-ga-'dic-to, -ta [ドろ.ガ.'ディク.ト, タ] 名 男 女 麻薬中毒者, 麻薬常用者 形 薬物嗜癖の

dro-'gar [ドろ.'ガる] 動 他 ㊶ (g|gu)〈に〉麻薬を飲ませる[与える, 使わせる]　～se 動 再 麻薬を飲む

dro-'ga-ta [ドろ.'ガ.タ] 名 共《話》麻薬常用者

dro-go-de-pen-'den-cia [ドろ.ゴ.デ.ペン.'デン.すぃア] 名 女〔医〕薬物依存

dro-go-de-pen-'dien-te [ドろ.ゴ.デ.ペン.'ディエン.テ] 形〔医〕薬物依存の 名 共〔医〕薬物依存者

dro-'gó-ma+no, -na [ドろ.'ゴ.マ.ノ, ナ] 名 男 女 麻薬中毒者

dro-gue-'rí+a [ドろ.ゲ.'り.ア] 名 女〔商〕薬屋, ドラッグストア, 雑貨店

dro-'gue-ro, -ra [ドろ.'ゲ.ろ, ら] 名 男 女〔商〕薬屋, 売薬業者

dro-me-'da-rio [ドろ.メ.'ダ.りオ] 名 男〔動〕ヒトコブラクダ

'**dro-mo** ['ドろ.モ] 名 男〔歴〕(古代エジプトなどの)地下埋葬所への通路;〔歴〕(古代ギリシャの)競技用トラック

'**dron** ['ドろン] 名 男 ドローン《無線操縦の無人機》

dro-'par [ドろ.'パる] 動 他〔競〕〔ゴルフ〕〈ボールを〉ホールに入れる

dro-'se-ra [ドろ.'セ.ら] 名 女 〖植〗モウセンゴケ

'drui-da ['ドるイ.ダ] 名 男 〖歴〗〖宗〗ドルイド僧《古代ガリアおよびケルト族の祭司》

'druí-di-co, -ca ['ドるイ.ディ.コ, カ] 形 〖歴〗〖宗〗ドルイド教の

d

drui-'dis-mo [ドるイ.'ディス.モ] 名 男 〖歴〗〖宗〗ドルイド教

dto. 略 ↑descuento

dtto. 略 ↑distrito

'dual ['ドゥアル] 形 2の, 2を表す; 二重の, 二元の, 二面の, 双対(そうつい)の; 〖言〗双数(そうすう)の, 両数の 名 男 〖言〗双数, 両数

dua-li-'dad [ドゥア.リ.'ダド] 名 女 二重性, 二元性, 二面性, 双対(そうつい)(性); 〖化〗(結晶の)同質二像

dua-'lis-mo [ドゥア.'リス.モ] 名 男 〖哲〗二元性, 二元論

dua-'lis-ta [ドゥア.'リス.タ] 形 〖哲〗二元性の, 二元論の 名 共 〖哲〗二元論者

'Duar-te ['ドゥアる.テ] 名 固 〖地名〗ドゥアルテ; 〖地名〗〔pico ~〕ドゥアルテ山《ドミニカ共和国中央部の高峰, 3175m》

'du+ba 名 女 〖建〗土塀

Du-'bái [ドゥ.'バイ] 名 固 〖地名〗ドバイ首長国《アラビア半島, ペルシア湾沿岸に位置するアラブ首長国連邦に属する首長国; その首都》

du-bai-'tí [ドゥ.バイ.'ティ] 形 〖地名〗ドバイ(人)の 名 共 ドバイ人 ↑Dubái

du-bi-ta-'ti-vo, -va [ドゥ.ビ.タ.'ティ.ボ, バ] 形 疑いの

***Du-'blín** [ドゥ.'ブリン] 94% 名 固 〖地名〗ダブリン《アイルランド Irlanda の首都》

du-'ca-do 名 男 公爵領, 公国; 公爵の位[身分]; 〖歴〗〖経〗(昔欧州大陸で使用された)ダカット金貨[銀貨]; 〖歴〗ドゥカード《スペインで16世紀まで使われた金貨》

du-'cal [ドゥ.'カル] 形 公爵の, 公爵領の

du-cen-'té-si-mo, -ma [ドゥ.セン.'テ.スィ.モ, マ] 形 名 男 女 《序数》第200番目の(人・物); 200分の1(の)

'du-cha** 92% 名 女 シャワー ~ ***de agua fría 幻滅(させるもの), 失望, ショック

****du-'char** [ドゥ.'チャる] 90% 動 他 〈に〉シャワーを浴びさせる, 水浴びをさせる; 〖医〗洗浄する, 注水する **~se** 動 再 シャワーを浴びる, 水浴びをする

'du-cho, -cha 形 (en: に)熟練した, 腕のいい, 巧みな

'du+co 名 男 (吹き付け用の)塗料, ラッカー

'dúc-til ['ドゥク.ティル] 形 《金属などが》打ち延ばせる, 可鍛(かたん)性の, 延性のある; 《人が》従順な, 導きやすい, すなおに従う, 柔軟性のある

duc-ti-li-'dad [ドゥク.ティ.リ.'ダド] 名 女 (金属の)延性, 展性; (人の)すなおな性質, 従順, 柔軟性

****'du+da** 77% 名 女 疑い, 疑惑, 不審; 疑問, 疑問点; 迷い, ためらい ***fuera de ~*** 間違いなく ***no cabe (ninguna) ~*** 疑いの余地がない ***no dejar lugar a ~s*** 疑いを起こさせない, 間違いがない ***poner en ~*** 疑問に思う ***sin ~*** 疑いなく, 確かに

****du-'dar** [ドゥ.'ダる] 86% 動 他 疑う; 〈que 接続法: …を〉疑わしいと思う 動 自 (de: を)疑う, 信じない, おぼつかなく思う; (entre [si] A o B: A と B のどちらにするか)迷う, 決心がつかない; (en 不定詞: …するのを)ためらう

***du-'do-so, -sa** 93% 形 《人が》(sobre: に)疑いを抱いている, 疑わしく思っている; 《物事が》疑わしい, はっきりしない, あやふやな; ためらっている, 迷っている; 《人が》怪しい, 疑わしい

'due-l~ 動 《直現/接現/命》↑doler

'due-la ['ドゥエ.ラ] 名 女 おけ板

due-'lis-ta [ドゥエ.'リス.タ] 名 共 決闘者

'due-lo ['ドゥエ.ロ] 名 男 決闘, 果たし合い; 深い悲しみ, 悲嘆, 悲痛; 〔複〕苦労; 喪, 忌中, 会葬; 〔集合〕会葬者 ***~s y quebrantos*** 〖食〗臓物入りの卵焼き ***sin ~*** 物惜しみせずに

***'duen-de** 94% 名 男 悪魔, 小鬼, 妖精, 魔神; いたずらっ子; 〖楽〗(フラメンコの歌・踊りなどの)不思議な魅力, 魔力, 妖しい力

****'due-ño, -ña** ['ドゥエ.ニョ, ニャ] 84% 名 男 女 主人, 所有者, 雇い主, 経営者; (de: を)支配する人, 操る人, 自由にできる人 **-ña** 名 女 〖歴〗若い女性に付添う老婦人 ***mi ~*** 〔親愛〕あなた ***ser ~[ña] de sí mismo[ma]*** 自制心を失わない, 落ち着いている

'duer-m~ 動 《直現/接現/命》↑dormir

duer-me-'ve-la [ドゥエる.メ.'ベ.ラ] 名 女 《男性名詞としても使われる》《話》うたた寝, 居眠り

'Due-ro ['ドゥエ.ろ] 名 固 〔el ~〕〖地名〗ドゥエロ[ドウロ]川《スペインとポルトガルを流れる川》

'due-to 名 男 〖楽〗二重奏[唱], 二重奏[唱]曲, デュエット

'du+go 名 男 《中米》援助, 奉仕 ***de ~*** 《中米》ただで, 無料で

'du+la ['ドゥ.ラ] 名 女 〖畜〗共同牧草地に放牧される馬; 灌漑用水の使用順

****'dul-ce** ['ドゥル.せ] 86% 形 甘い, 甘口の; 《音・香り・調子などが》快い, 気持ちのよい, やさしい, 甘美な; やさしい, 親切な, 温かい; 《水が》塩分がない, 淡水の 名 男 甘い物, 砂糖菓子, キャンディ; 〖食〗砂糖煮, 果物のシロップ煮; 《中米》〖食〗砂糖パン; 《ラプラタ》〖食〗

マーマレード 副 穏やかに, やさしく ～-mente 副 やさしく, そっと; 甘く; 快く, 気持ちよく, 美しく; おいしく ～ *de leche* 《ラ米》〔食〕カスタードクリーム ～ *espera* 《ラ米》妊娠 *en* ～〔食〕砂糖漬けの, 砂糖で煮た, シロップ漬けの

dul-ce-'rí+a [ドゥル.せ.'り.ア] 名 女〔商〕菓子屋

dul-'ce-ro, -ra [ドゥル.'せ.ろ, ら] 形 甘い物好きの, 甘党の 名 男 女 甘い物好きな人, 甘党;〔商〕砂糖菓子製造(販売)人,〔人〕菓子屋 **-ra** 名 女〔食〕(砂糖漬け果物を入れる)ガラス皿

dul-ci-fi-'can-te [ドゥル.すぃ.フィ.'カン.テ] 形 甘味をつける; 和らげる

dul-ci-fi-'car [ドゥル.すぃ.フィ.'カる] 動 他 ⑥⑨ (c|qu) 甘くする, 加糖する; 和らげる, 緩和する ～**se** 動 再 甘くなる; 和らぐ, 落ち着く, 穏やかになる

Dul-ci-'ne+a [ドゥル.すぃ.'ネ.ア] 名 固 女〔文〕〔架空〕ドゥルシネーア姫《ドン・キホーテの思い姫》;〔d～〕《話》最愛の女性, あこがれの人

dul-'cí-si-mo, -ma 〔最上級〕⬆ dulce

du-'lí+a [ドゥ.'り.ア] 名 女〔宗〕ドゥリア, 聖人崇敬《聖人に対する礼拝》

dul-'zai+no, -na [ドゥル.'さイ.ノ, ナ] 形《話》〔軽蔑〕甘すぎる, とても甘い **-na** 名 女〔楽〕ドゥルサイナ《ガリシア地方などの木管楽器》

dul-za-'rrón, -rro-na 形《話》⇩ dulzón

dul-'zón, -'zo-na [ドゥル.'そン, 'そ.ナ] 形〔軽蔑〕とても甘い, 甘すぎる;《言葉・音楽などが》甘い, 甘ったるい

dul-'zor 名 女 ⇩ dulzura

***dul-'zu-ra** [ドゥル.'す.ら] 94% 名 女 甘いこと, 甘さ, 芳香; やさしさ, 愛らしさ, 甘美さ; (音・調子・気候などの)快さ, 美しさ, 気持ちよさ

dumping ['ドゥン.ピン] 名 男〔英語〕〔経〕ダンピング, 投げ売り

'du+na 名 女〔複〕〔地〕(海浜の)砂丘

'dú+o 名 男〔楽〕二重唱[奏], 二重唱[奏]曲 *a* ～〔楽〕二重唱[奏]で;《話》〔皮肉〕二人で, 2 人組で

duo-'dé-ci-mo, -ma [ドゥオ.'デ.すぃ.モ, マ] 形 名 男 女《序数》第 **12** 番目の(人・物); **12** 分の **1**(の)

duo-de-'nal [ドゥオ.デ.'ナル] 形〔体〕十二指腸の

duo-de-'ni-tis 名 女〔単複同〕〔医〕十二指腸炎

duo-'de+no 名 男〔体〕十二指腸

dupdo., dupda. 略 ⬇ duplicado

'dú-plex ['ドゥ.プレ(ク)ス] 名 男〔単複同〕〔建〕複層住宅, メゾネット;〔技〕二重通信方式

du-pli-ca-'ción [ドゥ.プリ.カ.'すぃオン] 名 女 複写, 複製; 倍増, 倍加; 二重, 重複

du-pli-'ca-do [ドゥ.プリ.'カ.ド] 名 男 写し, 複製, 複写, コピー *por* ～ 正副二通作成して

***du-pli-'car** [ドゥ.プリ.'カる] 93% 動 他 ⑥⑨ (c|qu) 二重[2 倍]にする; 複写する ～**se** 動 再 二重[2 倍]になる; 複写される

du-pli-ci-'dad [ドゥ.プリ.すぃ.'ダド] 名 女 二重[二面]性, 重複; 表裏のある言行, 二心

'du-plo ['ドゥ.プロ] 名 男 2 倍 ～, **-pla** 形 2 倍の

****'du-que** ['ドゥ.ケ] 89% 名 男 公爵

***du-'que-sa** [ドゥ.'ケ.サ] 94% 名 女 公爵夫人; (女性の)公爵, 女公爵, (公国の)女公

'du+ra 形《女》⬇ duro

du-ra-bi-li-'dad [ドゥ.ら.ビ.リ.'ダド] 名 女 耐久性[力]

du-'ra-ble [ドゥ.'ら.ブレ] 形 永続性のある, 恒久的な; 耐久性のある, 長持ちする

****du-ra-'ción** [ドゥ.ら.'すぃオン] 90% 名 女 長さ, 期間, 持続(期), 継続(期間), 存続(期間), 寿命

***du-ra-'de-ro, -ra** [ドゥ.ら.'デ.ろ, ら] 93% 形 永続性のある, 恒久的な, 永久(不変)の; 耐久性のある, 長持ちする

du-ra-lu-'mi-nio [ドゥ.ら.ル.'ミ.ニオ] 名 男《商標》ジュラルミン

du-ra-'má-ter, -'ma-dre [ドゥ.ら.'マ.テる, ドゥ.ら.'マ.ドれ] 名 女〔体〕(脳・脊髄の)硬膜

du-'ra-men [ドゥ.'ら.メン] 名 男〔建〕(木材の)赤身材, 心材

'du+ra-'men-te ['ドゥ.ら.'メン.テ] 副 懸命に, 熱心に; 厳しく; 残酷に, 冷酷に

Du-'rán [ドゥ.'らン] 名 固〔姓〕ドゥラン

Du-'ran-go [ドゥ.'らン.ゴ] 名 固〔地名〕ドゥランゴ《メキシコ中西部の州, 州都》

****du-ran-te** [ドゥ.らン.テ] 67% 前〔弱勢〕
1 …の間(ずっと): Miguel estudia **durante** la noche. ミゲールは夜に勉強する。
2 …の期間, …の間: Viví en Colombia **durante** dos años. 私はコロンビアに 2 年暮らした。

****du-'rar** [ドゥ.'らる] 84% 動 自 続く, 継続する; 長持ちする; 耐える, 持ちこたえる ～**se** 動 再《ベネズエラ》時間がかかる, 遅くなる

du-ra-'ti-vo, -va [ドゥ.ら.'ティ.ボ, バ] 形 継続中の, 未完の

du-'raz+no [ドゥ.'らす.ノ] 名 男〔植〕モモ[桃], モモの木;《ラプラタ》《話》頭が鈍い人, まぬけ

Du-'raz+no [ドゥ.'らす.ノ] 名 固〘地名〙ドゥラスノ《ウルグアイ中部の県, 県都》

*__du-'re-za__ [ドゥ.'れ.さ] 93% 名 女 堅い[硬い]こと, 堅さ, 硬さ, 堅固, 硬度, 頑丈さ, 耐久性; 厳しさ, むごさ, 無情さ; 強情, かたくなさ; 困難, 難解; 耳障り, 目障り

du-'rí-si-mo, -ma〔最上級〕⬇duro

dur-m~ 動《活用》⬆dormir

dur-'mien-te [ドゥる.'ミエン.テ] 形 眠っている 名 男〘建〙横ばり, 横げた;《ラ米》枕木

'du+ro, +ra ['ドゥ.ろ, ら] 78% 形《物体が》硬い, 強い,《結び目などが》固い; 難しい, 困難な, (de 不定詞: …)しにくい; 熱心な, よく働く; 激しい, 厳しい, 猛烈な;《人が》厳しい, 厳格な, 無情な, 冷たい; 頑丈な, 丈夫な, 耐久性のある; 我慢強い, 頑固な, 強情な;《顔が》いかつい, 人相が悪い;《水が》硬質の; 頭が悪い;〘飲〙《ワインが》酸味が強い 副 熱心に, 一生懸命に, 骨を折って; ひどく, 激しく, 過度に; しっかりと, 堅く; 苦しんで, やっと; 我慢強く, 辛抱して 名 男《スペイン》〘歴〙〘経〙旧 5 ペセタ(硬貨);〘映〙ハードボイルドの俳優 動《直現 1 単, 直現 3 単/命》⬆durar *cara dura*《話》あつかましさ *estar a las duras y las maduras* よいことも悪いことも平然と受け入れる *estar* ~《メキシコ》ありそうもない, 不可能に近い *lo que faltaba para el* ~〔ことわざ〕《話》泣き面に蜂《悪いことが続くこと》 *ponerse* ~*[ra]* 硬くなる, 困難になる, 厳しくなる *que le den dos* ~*s*《話》とんでもない, ごめんこうむる *ser* ~*[ra] de pelar*《話》扱いにくい, 気難しい

du+'ró 動《直点 3 単》⬆durar

'du-ros 形《複》⬆duro

Du-sam-'bé 名 固〘地名〙ドゥシャンベ《タジキスタン Tayikistán の首都》

'dux ['ドゥ(ク)ス] 名 男〘歴〙〘政〙ドージェ《昔のベネチアとジェノバ共和国の総領》

DVD [デゥ.ベ.'デ] 略 =disco versátil digital デジタル多用途ディスク (**DVD**)

E e

E, e ['エ] 名 女〘言〙エ《スペイン語の文字》

e 接〔弱勢〕⇩y

e/ 略 ⬇envío

e~〔接頭辞〕⬇e(x)-

E 略 =este[2] 東

E- 略 =exa-《接頭辞》10 の 18 乗

€ 略 ⬇euro

'e+a 感 さあさあ, しっかり, さあ行こう《激励》; …なんだ《強調》; さて, よし; よし, よし《赤ちゃんを寝かせつけるときに言う》

e+a-so-'nen-se 形 名 共《格》サン・セバスティアンの(人)⬇San Sebastián

e+ba-'nis-ta 名 共 家具職人, 指物師

e+ba-nis-te-'rí+a [エ.バ.ニス.テ.'り.ア] 名 女 家具製作所[工房];〔集合〕指物(さしもの), 家具; 家具製作

'é+ba+no 名 男〘植〙黒檀(こくたん), 黒檀の木

'é+bo-la ['エ.ボ.ラ] 名 男〘医〙エボラ出血熱

e+bo-'ni-ta 名 女 エボナイト, 硬質[硬化]ゴム

e+bo-'ra-rio, -ria [エ.ボ.'ら.りオ, りア] 形《格》象牙細工の **-ria** 名 女《格》象牙細工

e+brie-'dad [エ.ブりエ.'ダド] 名 女 酩酊(めいてい)状態, 酔い; 有頂天, 陶酔状態, 忘我の状態

'e+brio, +bria ['エ.ブりオ, ブりア] 形 酔った, 酔っぱらった; 興奮した, 盲目的な, 目がくらんだ;《コロンビア》《話》弱々しい, 病弱な 名 男 女 酔っぱらい

'E+bro ['エ.ブろ] 名 固 [el ~]〘地名〙エブロ川《スペイン北東部を流れる川》

e+bu-lli-'ción [エ.ブ.ジ.'すぃオン] 名 女 沸騰; 騒然, 熱狂, (感情などの)激発, ほとばしり

e+'búr-ne+o, +a [エ.'ブる.ネ.オ, ア] 形《格》象牙の(ような)

ec-ce+'ho-mo [エク.せ.'オ.モ] 名 男〘歴〙〘絵〙エッケホモ《イバラの冠をいただいたキリストの画像》; みすぼらしい人, 傷だらけの人

ec-'ce-ma [エク.'せ.マ] 名 男〘医〙湿疹(しっしん)

ec-ce-ma-'to-so, -sa [エク.せ.マ.'ト.ソ, サ] 形〘医〙湿疹(しっしん)性の

e+cha-'cuer-vos [エ.チャ.'クエる.ボス] 名 共〔単複同〕《話》〔軽蔑〕売春斡旋人, ポン引き

e+cha-'de-ro [エ.チャ.'デ.ろ] 名 男 休憩室

e+'cha-do, -da 形 横たわった;《中米》《話》怠け者の, 怠惰な **-da** 名 女 投げること, 発射;〘競〙〘競馬〙一馬身;〘競〙〔ボートレース〕一艇身;《ラ米》自慢, 空いばり *hombre* ~ *para adelante*《話》大胆な男, 度胸のある男

e+cha-'dor, -'do-ra [エ.チャ.'ドる, 'ド.ら] [名] [男] [女] トランプ占い師

**e+'char [エ.'チャる] 71% [動] [他] 投げる, 放る, 投げつける; 捨てる; 出す, 発する, 噴出する; 〈芽・歯などを〉出す, 生やす; 入れる, 注ぐ; 〈涙・水などを〉流す; 追い出す, 外へ出す; 〈動作を〉する; 〈鍵などを〉掛ける, 閉める; (a: の)せいにする; 《(スペ)(イン)》〔映〕〔演〕上演する, 上映する; 〈の〉見当をつける, 〈だと〉思う, 推定する; 倒す, 傾ける, 動かす; 《話》〈時間を〉かける; 〈負担を〉かける, 課する; 寝かせる; (a: に)つける, のせる, 〈つぎなどを〉当てる [動] [自] (a 不定詞: …)し始める; (por: を)行く, 進む, 歩く, 走る; 《話》(por: に)曲がる; 出る, ふくらむ, 生じる, 生える ~se [動] [再] 横になる, かがむ; (en: に)飛び込む, 飛びかかる, 突進する; (a 不定詞: …し)始める; (自分の体に)つける, かける; する, 行う; 〔気〕《風が》なぐ; (a 不定詞: …に)ふける, 没頭する ~ *a* [*en*] *faltar* ⬇echar de menos ~ *abajo* 壊す, 破壊する, 倒す ~ *de comer* 食べ物をやる, 餌(えさ)をやる ~ *de menos* (い)なくて寂しく思う; …がないのに気づく ~ *de ver* 気づく ~ *tras* 追う ~*se encima* 近づく; 突然起こる, 襲いかかる, 不意に訪れる ~*se* (*para*) *atrás* 後退する, バックする; 主張を引っ込める *echárselas de* … …のように見せかける

e+'char-pe [エ.'チャる.ペ] [名] [男] 〔衣〕 肩掛け, ショール

e+'chón, -'cho-na [形] [名] [男] [女] 《(ベネズ)(エラ)》うぬぼれた(人); 気取った(人)

e+clec-ti-'cis-mo [エ.クレク.ティ.'すぃス.モ] [名] [男] 〔哲〕 折衷主義

e+'cléc-ti-co, -ca [エ.'クレク.ティ.コ, カ] [形] 〔哲〕 折衷的な, 折衷主義の

E+cle-sias-'tés [エ.クレ.スィアス.'テス] [名] [男] 〔聖〕 伝道の書 《旧約聖書中の一書》

e+cle-'siás-ti-co, -ca [エ.クレ.'スィアス.ティ.コ, カ] [形] 〔宗〕 (キリスト)教会に関する, 聖職の [名] [男] [女] 〔宗〕 (キリスト教の)聖職者 E~ [名] [男] 〔聖〕 集会の書 《旧約聖書外典の一書》

e+clip-'sar [エ.クリプ.'サる] [動] [他] 〔天〕《天体が》〈他の天体を〉食する, 覆う; 〈の〉影を薄くする, 〈の〉影を落とす, 暗くする ~-se [動] [再] 〔天〕《天体が》食になる, 覆われる; 《話》《人が》消える, いなくなる, 姿を消す

*e+'clip-se [エ.'クリプ.セ] 94% [名] [男] 〔天〕 (太陽・月の)食; (名声・権威の)失墜, (権力の)衰退; 《話》 失踪(しっそう), 雲隠れ

e+'clip-sis [エ.'クリプ.スィス] [名] [女] 〔単複同〕〔言〕 省略, 省略形

e+'clíp-ti-co, -ca [エ.'クリプ.ティ.コ, カ] [形] 〔天〕 食の, 黄道(こうどう)の -ca [名] [女] 〔天〕 黄道(こうどう)

e+clo-'sión [エ.クロ.'スィオン] [名] [女] 開花; 孵化(ふか); 出現

e+clo-'si-vo, -va [エ.クロ.'スィ.ボ, バ] [形] 開花の; 孵化(ふか)の

*'e+co 91% [名] [男] こだま, やまびこ; 反響, 反応, 評判, 波紋; (他人の意見の)受け売り, まね; 〔楽〕 エコー E~ [名] [固] 〔ギ神〕 エコー 《空気と土の間に生まれた森の精》 *hacerse* ~ 報道する; (うわさが)広まる

e+co-de-sa-'rro-llo [エ.コ.デ.サ.'ろ.ジョ] [名] [男] 環境に配慮した開発

e+co-gra-'fí+a [エ.コ.グら.'フィ.ア] [名] [女] 〔医〕 超音波検査

e+co-gra-'fis-ta [エ.コ.グら.'フィス.タ] [名] [共] 〔医〕 超音波検査士

*e+co-lo-'gí+a [エ.コ.ロ.'ひ.ア] 93% [名] [女] 〔生〕 生態学, エコロジー; 〔生〕 生態環境

*e+co-'ló-gi-co, -ca [エ.コ.'ロ.ひ.コ, カ] 91% [形] 生態学の, 生態上の; 環境にやさしい

e+co-lo-'gis-mo [エ.コ.ロ.'ひス.モ] [名] [男] 〔政〕 環境保護(主義)

e+co-lo-'gis-ta [エ.コ.ロ.'ひス.タ] [形] [名] [共] 環境保護の; 〔生〕 生態学の[学者]; 〔政〕 環境保護主義の[主義者]

e+co-lo-gi-'zar [エ.コ.ロ.ひ.'さる] [動] [他] (34) (z|c) 環境にやさしくする

e+'có-lo-go, -ga [名] [男] 〔生〕 生態学者

e+co-no-'ma-to [名] [男] 〔商〕 協同組合店, 生協(の店舗); 財産管理人(ecónomo)の職

e+co-no-me-'trí+a [エ.コ.ノ.メ.'トり.ア] [名] [女] 〔経〕 計量経済学

e+co-no-me-'tris-ta [エ.コ.ノ.メ.'トりス.タ] [名] [共] 〔経〕 計量経済学者

**e+co-no-'mí+a 79% [名] [女] 〔経〕 (国・社会・家庭などの)経済; 〔しばしば E~〕 経済学; 節約, 倹約, 節約になること; 〔しばしば複〕 蓄え, 貯金

*e+co-'nó-mi-ca-'men-te 92% [副] 経済的に, 節約して

e+co-no-mi-'cé, -ce(~) [動] 《直点 1 単, 接現》 ⬇economizar

**e+co-'nó-mi-co, -ca 72% [形] 〔経〕 経済の; 経済的な, 節約になる, お得な, 徳用の; 〔経〕 経済学の

e+co-no-'mis-ta [名] [共] 〔経〕 経済学者, エコノミスト

e+co-no-mi-'zar [エ.コ.ノ.ミ.'さる] [動] [他] (34) (z|c) 節約する, 効率的に使う, 倹約する; 貯金する; 惜しむ, 出し渋る

e+'có-no-mo [形] 〔宗〕 司祭代行の [名] [男] 〔法〕 (禁治産者の)財産管理人; 〔宗〕 (教会財産の)管理人; 〔宗〕 司祭代行者

e+co-pa-ci-'fis-mo [エ.コ.パ.すぃ.'フィス.モ] [名] [男] 〔政〕 反戦環境保護主義

e+co-pa-ci-'fis-ta [エ.コ.パ.すぃ.'フィス.タ] 形〔政〕反戦環境保護の 名 共〔政〕反戦環境保護論者

e+co-sis-'te-ma 名 男〔生〕生態系

e+co-'ta-je [エ.コ.'タ.へ] 名 男《ラ米》〔政〕非合法の環境保護運動

e+co-'ta-sa 名 女〔法〕環境保護税

e+co-'ti-po 名 男〔生〕生態型

e+co-tu-'ris-mo [エ.コ.トゥ.'リス.モ] 名 男 エコツーリズム《環境保護志向の観光》

ecstasy ['エ(ク)ス.タ.スィ] 名 男〔英語〕エクスタシー《強力な幻覚剤》

ec-'to-pia [エク.'ト.ピア] 名 女〔医〕転位症

e+cua-'ción [エ.クア.'すぃオン] 名 女〔数〕方程式, 等式;〔天〕誤差, 均差;〔一般〕差

*e+cua-'dor [エ.クア.'ドる] 91% 名 男〔地〕赤道 *paso del* ～《話》(教育課程の)中間点の通過, 専門課程へ進むこと, そのときのパーティー

‡E+cua-'dor [エ.クア.'ドる] 85% 名 固〔(el) ～〕〔República del ～〕〔地名〕エクアドル《南米北西部の共和国》

e+'cuá-ni-me 形 公平な, 公正な; 平静な, 落ち着いた, 穏やかな

e+cua-ni-mi-'dad 名 女 公明正大, 公正; 落ち着き, 冷静, 平静

e+cua-to-gui-ne+'a+no, -na [エ.クア.ト.ギ.ネ.'ア.ノ, ナ] 形〔地名〕赤道ギニア(人)の 名 男 女 赤道ギニア人 ↓Guinea Ecuatorial

e+cua-to-'rial [エ.クア.ト.'りアル] 形〔地〕赤道の, 赤道地帯の 名 男〔天〕赤道儀

e+cua-to-ria-'nis-mo [エ.クア.ト.りア.'ニス.モ] 名 男〔言〕エクアドルのスペイン語法

‡e+cua-to-'ria+no, -na [エ.クア.ト.'りア.ノ, ナ] 90% 形〔地名〕エクアドル(人)の 名 男 女 エクアドル人 ↑Ecuador

e+'cues-tre [エ.'クエス.トれ] 形 騎馬の, 乗馬の; 騎士の

e+'cú-me-ne 名 男〔地〕(地球の)居住地域; 世界共同体

e+cu-'mé-ni-co, -ca 形 世界的な, 全般的な, 普遍的な

e+cu-me-'nis-mo 名 男〔宗〕世界教会一致主義

e+cu-me-'nis-ta 形 名 共〔宗〕世界教会一致主義の[主義者]

ec-'ze-ma 名 男 ⇧ eccema

ed. 略 ↓edición; ↓editor, -tora; ↓editorial

‡e+'dad 75% 名 女 年齢, 年;〔E～〕〔歴〕時代, 時期; 世代;〔地質〕期 *de cierta* ～ (かなり)年配の *de* ～ 年配の *Edad Media* 中世 *Edad Moderna* 近世

e+de-'cán 名 男〔軍〕副官

e+'de-ma 名 男〔医〕浮腫(ふしゅ), 水腫

e+de-ma-'to-so, -sa 形〔医〕浮腫の

e+'dén 名 男 楽園, 楽土;〔E～〕〔聖〕エデンの園

e+'dé-ni-co, -ca 形 エデンの園の; 楽園の

‡e+di-'ción [エ.ディ.'すぃオン] 87% 名 女 (本・雑誌・新聞などの)版; (本の)体裁, 型, 版; 編集, 編纂; 出版;〔複〕出版社; (大会・祭典などの)回, 第…回 *ser una segunda* ～ (de: の)二番煎じである

e+'dic-to [エ.'ディク.ト] 名 男〔法〕布告, 公示, 勅令

e+'dí+cu-lo [エ.'ディ.ク.ロ] 名 男〔建〕小さな建物;〔建〕〔宗〕小礼拝堂

e+di-fi-ca-'ción [エ.ディ.フィ.カ.'すぃオン] 名 女〔建〕建造, 建設, 建築; 啓発, 教化, 徳育

e+di-fi-'can-te 形 強化的な, 啓発的な, 模範的な, 徳育の

*e+di-fi-'car [エ.ディ.フィ.'カる] 94% 動 他 69 (c|qu)〔建〕建てる, 建造する, 建設する, 造る; 築き上げる, 〈人格などを〉形成する ～se 動 再 形成される, 出来上がる;〔建〕建造される, 建てられる

‡e+di-'fi-cio [エ.ディ.'フィ.すぃオ] 80% 名 男〔建〕建築物, 建物, ビル

e+di-fi-'qué, -que(～) 動《直点 1 単, 接現》↑edificar

e+'dil [エ.'ディル] 名 共〔⇦edila 女〕〔歴〕〔政〕造営官《古代ローマで, 公共の建物・道路・市場の管理をつかさどる行政官》;〔政〕市[町]会議員

e+'di-la 名 女 ⇧ edil

E+dim-'bur-go [エ.ディン.'ブる.ゴ] 名 固〔地名〕エジンバラ《イギリス, スコットランドの首都》

E+'di-po 名 固〔ギ神〕オイディプス, エディプス《実の両親と知らずに父を殺し, 母を妻とした》 *complejo de* ～〔心〕エディプスコンプレックス《息子が母親に対して抱く無意識の性的な思慕》

edit. 略 ↓editorial

*e+di-'tar [エ.ディ.'タる] 93% 動 他 出版する, 刊行する, 発行する; 〈本・辞書・雑誌・フィルム・テープ・テキストなどを〉編集する, 編纂(へんさん)する

*e+di-'tor, -'to-ra [エ.ディ.'トる, 'ト.ら] 91% 形 出版(事業)の, 編集の 名 男 女 出版者, 発行者; 編集者, 編集長, 編集責任者 名 男〔情〕エディター -tora 名 女 出版社

‡e+di-to-'rial [エ.ディ.ト.'りアル] 90% 形 出版の; (新聞の)社説の; 編集の 名 男 (新

| 聞などの)社説, 論説 名 女 出版社

Ed-'mun-do 名 固〘男性名〙エドムンド

edo. 略 ⬇estado

e+dre-'dón [エ.ドれ.'ドン] 名 男 (アイダーダウンの毛を詰めた)羽毛布団; アイダーダウン《ケワタガモの綿毛》; 《ﾆﾛﾝﾋﾞｱ》《ｱﾝﾃﾞｽ》ベッドカバー

E+'duar-do [エ.'ドゥアる.ド] 名 固〘男性名〙エドゥアルド

‡**e+du-ca-'ción** [エ.ドゥ.カ.'すぃオン] 79% 名 女 教育, 教育による知識, 教養; 教育, しつけ; 行儀, 礼儀, 作法; 教育学, 教育法

e+du-ca-cio-'nal [エ.ドゥ.カ.すぃオ.'ナル] 形 教育の

e+du-'ca-do, -da 形 *bien* ~ しつけのよい, 礼儀正しい *mal* ~ しつけの悪い, 礼儀のない

e+du-ca-'dor, -'do-ra [エ.ドゥ.カ.'ドる, 'ド.ら] 名 男 女 教師, 先生; 教育者, 教育家 -**dora** 名 女 《ﾁﾘ》《ｼﾞｮ》保母 形 教育の, 教育上の

e+du-'can-do, -da 名 男 女 生徒, 学生

‡**e+du-'car** [エ.ドゥ.'カる] 89% 動 他 ⑲ (c|qu) 教育する, 〈子供を〉学校へやる; 養成する, 訓練する; しつける; 〘畜〙〈動物を〉調教する ~**se** 動 再 教育を受ける, 教育される

‡**e+du-ca-'ti-vo, -va** [エ.ドゥ.カ.'ティ.ボ, バ] 87% 形 教育に役立つ, 教育的な

e+duc-'ción [エ.ドゥク.'すぃオン] 名 女 引き出すこと, 推断, 抽出

e+du-'cir [エ.ドゥ.'すぃる] 動 他 ⑮ (c|zc; j) 引き出す, 推断する, 抽出する

e+dul-co-ra-'ción [エ.ドゥル.コ.ら.'すぃオン] 名 女〘食〙甘味づけ

e+dul-co-'ran-te [エ.ドゥル.コ.'らン.テ] 形〘食〙甘味のある, 甘味料の 名 男〘食〙甘味料

e+dul-co-'rar [エ.ドゥル.コ.'らる] 動 他〘食〙〈に〉甘味をつける, 甘くする

e+du-'qué, -que(~) 動《直点 1 単, 接現》⬆educar

EE. UU. 略 =Estados Unidos〘地名〙(アメリカ)合衆国

‡**'e+fe** 88% 名 女〘言〙エフェ《スペイン語の文字 F, f の名称》 *tener las tres ~s* 《話》《女性が》三拍子そろってひどい《醜くて (fea), うそつきで (falsa), 詮索好き (fisgona)》

e+'fe-bo 名 男《格》(美しい女性のような)青年, 若者

e+fec-'tis-mo [エ.フェク.'ティス.モ] 名 男 センセーショナリズム, 扇情主義; 奇をてらうこと

e+fec-'tis-ta [エ.フェク.'ティス.タ] 形 奇をてらった, うけをねらった, 世間をあっといわせるような; 扇情主義の 名 共 扇情主義者

‡**e+fec-'ti-va-'men-te** [エ.フェク.'ティ.バ.'メン.テ] 80% 副《文修飾》確かに, 本当に 感 その通りだ, なるほど, いかにも

e+fec-ti-vi-'dad [エ.フェク.ティ.ビ.'ダド] 名 女 効力, 有効性, 効果; 能力, 実力 ⇩eficacia

‡**e+fec-'ti-vo, -va** [エ.フェク.'ティ.ボ, バ] 87% 形 効果のある, 有効な, 効果的な; 実際の, 事実上の; 現金の; 《方法・薬などが》効果のある, 有効な, 効き目がある ⇩eficaz 名 男 現金;〔複〕〘軍〙実兵員, (動員可能な)兵力 *hacer* ~〘商〙小切手を支払う, 現金にする; 実行する

‡**e+'fec-to** [エ.'フェク.ト] 73% 名 男 結果; 効果, 作用;〘医〙(薬などの)効き目; (法律などの)効力; 印象, 感じ; 衝撃, 影響;〔複〕身の回り品, 持ち物; 財産; 用途, 目的;〘競〙〔サッカーなど〕(ボールにかける)スピン, 回転;〔複〕〘商〙商品;〔複〕〘商〙手形, 証券 *a ~s de* … …のために *al* ~ わざわざ, そのためだけに *en* ~ 実際, 確かに; その通り *llevar a* ~ 実行する *tener* ~ 実施される, 効力を生じる, 行われる; 挙行される, 催される

e+fec-'tor [エ.フェク.'トる] 名 男〘体〙効果器, 奏効体《神経インパルスを受けて活動する組織》

e+fec-tua-'ción [エ.フェク.トゥア.'すぃオン] 名 女 実行, 挙行, 実施

‡**e+fec-'tuar** [エ.フェク.'トゥアる] 84% 動 他 ⑰ (u|ú) 行う, 実行する, 果たす ~**se** 動 再 行われる, 挙行される, 実施される

e+fe-'mé-ri-de [エ.フェ.'メ.り.デ] 名 女 同日記録《過去の同じ日に起きた出来事を記した新聞欄》;〔複〕記念日; 日誌, 暦;〔複〕〘天〙天体暦, (天体の)位置表

e+fe-'ren-cia [エ.フェ.'れン.すぃア] 名 女〘体〙導出, 輸出

e+fe-'ren-te [エ.フェ.'れン.テ] 形〘体〙《血管などが》輸出性の; 《神経が》遠心(性)の

e+fer-ves-'cen-cia [エ.フェる.べ(ス).'セン.すぃア] 名 女 発泡, 泡立ち; 興奮, 活気, 動揺

e+fer-ves-'cen-te [エ.フェる.べ(ス).'セン.テ] 形 発泡する, 泡立つ; 興奮した, 活気のある

‡**e+fi-'ca-cia** [エ.フィ.'カ.すぃア] 90% 名 女 効き目, 効能, 効力, 効果; 能率, 効率; 能力, 実力 ⇩eficiencia

‡**e+fi-'caz** [エ.フィ.'カす] 89% 形《方法・薬などが》効果のある, 有効な, 効き目がある; 《人が》有能な, 能力のある, 腕のよい ⇩eficiente ~**mente** 副 効果的に, 有効

に, 効率よく, 能率的に

e+fi-'cien-cia [エ.フィ.'すぃエン.すぃア] 名 女 能力, 実力; 効き目, 効能, 効力, 効果 ⇧ eficacia; 能率, 効率 ⇧ eficacia

e+fi-'cien-te [エ.フィ.'すぃエン.テ] 形 《方法·薬などが》効果のある, 有効な, 効き目がある ⇧ eficaz; 《人が》有能な, 能力のある, 腕のよい

e+fi-'giar [エ.フィ.'ひアる] 動 他 〈の〉肖像を描く

e+'fi-gie [エ.'フィ.ひエ] 名 女 像, 肖像, 彫像, 画像, 影像; 化身, 権化, 体現

e+'fí-me-ro, -ra [エ.'フィ.メ.ろ, ら] 形 はかない, 短命の, つかの間の; ただ一日限りの, 一日の命の　-ra 名 女 〔昆〕カゲロウ

e+flo-res-'cen-cia [エ.フロ.れ(ス).'せン.すぃア] 名 女 〔化〕風化, 風解; 〔医〕発疹

e+flo-res-'cen-te [エ.フロ.れ(ス).'せン.テ] 形 〔化〕風化性の

e+'flu-vio [エ.'フル.ビオ] 名 男 《格》香気, 芳香; 《格》気配, 兆し, 息吹

ef/p 略 =efectos a pagar 〔商〕支払い手形

ef/r 略 =efectos a recibir 〔商〕受け取り手形

e+frac-'ción [エ.フらク.'すぃオン] 名 女 《格》〔法〕押し込み, 不法侵入

E+fra+'ín [エ.フら.'イン] 名 固 〔男性名〕エフライン

e+'fu-gio [エ.'フ.ひオ] 名 男 《格》口実, 言い逃れ

e+fu-'sión 名 女 (感情などの)ほとばしり, 吐露(とろ); (液体の)流出, 放出; 〔医〕出血

e+fu-'si-vo, -va [エ.フ.'スィ.ボ, バ] 形 感情をあらわにした, 大仰(おおぎょう)な　-va-mente 副 心情を吐露して, 感情があふれんばかりに

e. g.; e. gr. 略 =〔ラテン語〕*exempli gratia* たとえば

e+'ge+o, +a [エ.'ヘ.オ, ア] 形 〔地名〕エーゲ海の; 〔歴〕エーゲ文明の

'é+gi-da ['エ.ひ.ダ] 名 女 〔ギ神〕アイギス《ゼウスがアテナに授けた盾》; 保護, 庇護, 後援

e+gip-'cia-co, -ca ⇦ **-cí+a-** [エ.ひプ.'すぃア.コ, カ⇦.'すぃ.ア.] 形 〔地名〕エジプト(人)の ⬇Egipto 名 男 女 エジプト人

***e+'gip-cio, -cia** [エ.'ひプ.すぃオ, すぃア] 92% 形 〔地名〕エジプト(人)の ⬇Egipto; 〔歴〕〔言〕古代エジプト語の 名 男 女 エジプト人 名 男 〔歴〕〔言〕古代エジプト語

***E+'gip-to** [エ.'ひプ.ト] 92% 名 固 〔República Árabe de ~〕〔地名〕エジプト《アフリカ北東端にある共和国》

e+gip-to-lo-'gí+a [エ.ひプ.ト.ロ.'ひ.ア] 名 女 (古代)エジプト学

e+gip-to-'ló-gi-co, -ca [エ.ひプ.ト.'ロ.ひ.コ, カ] 形 (古代)エジプト学の

e+gip-'tó-lo-go, -ga [エ.ひプ.'ト.ロ.ゴ, ガ] 名 男 女 (古代)エジプト学者

'é+glo-ga ['エ.グロ.ガ] 名 女 〔文〕牧歌, 田園詩

'e+go 名 男 〔哲〕自我, エゴ

e+go-'cén-tri-co, -ca [エ.ゴ.'せン.トり.コ, カ] 形 自己中心の

e+go-cen-'tris-mo [エ.ゴ.せン.'トりス.モ] 名 男 自己中心主義

e+go-cen-'tris-ta [エ.ゴ.せン.'トりス.タ] 形 名 共 自己中心的な(人)

***e+go+'ís-mo** 93% 名 男 利己主義, 自己中心, 身勝手

***e+go+'ís-ta** 93% 形 名 共 利己主義の[主義者], 自分本位の(人)

e+'gó-la-tra [エ.'ゴ.ラ.トら] 名 共 自己崇拝者, 自賛者

e+go-la-'trí+a [エ.ゴ.ラ.'トり.ア] 名 女 自己崇拝, 自賛

e+go-'tis-mo 名 男 自己中心主義

e+go-'tis-ta 形 名 共 自己中心の(人)

e+'gre-gio, -gia [エ.'グれ.ひオ, ひア] 形 著名な, 傑出した, 抜きんでた; 高貴な, 身分の高い

e+gre-'sar [エ.グれ.'サる] 動 自 《ラ米》(de: を)卒業する

e+'gre-so [エ.'グれ.ソ] 名 男 支出, 支払い; 《ラ米》卒業

****'eh** ['エ] 64% 感 《話》やあ, おい《呼びかけ》; 《話》〔文の終わりに〕ね, そうでしょ, そうじゃないですか《あいづちを求める》; 《話》いいかい, わかったかい《忠告·勧告》; 《話》へえ, おやまあ, あら, あれ《驚き·感嘆》

'éi-der ['エイ.デる] 名 男 〔鳥〕ケワタガモ

Ei-'ger [エイ.'へる] 名 固 〔monte ~〕〔地名〕アイガー山《スイス中部の高峰, 3970m》

eins-'te-nio 名 男 〔化〕アインスタイニウム《元素》

ej. 略 ⬇ejemplo

****'e+je** ['エ.へ] 87% 名 男 軸, 車軸, シャフト; 軸, 中心; 中心人物; 〔E~〕〔歴〕(第二次世界大戦の)枢軸国

e+je-cu-'ción [エ.へ.ク.'すぃオン] 名 女 (職務などの)遂行, (命令·計画などの)実行, (約束の)履行; 処刑, 死刑執行; 〔楽〕演奏; 〔演〕演技　***tiempo de ~*** 〔情〕実行時間

e+je-cu-'tan-te [エ.へ.ク.'タン.テ] 名 共 執行者, 実行者; 〔法〕強制執行者, 動産差押え人; 〔楽〕演奏者; 〔演〕演技者

****e+je-cu-'tar** [エ.へ.ク.'タる] 89% 動 他 〈命令·計画などを〉実行する, 〈職務などを〉遂行する, 履行する, 果たす; 〈法律を〉実施する, 施行する, 強制執行する; 処刑する, 死刑にする; 〔楽〕演奏する; 〔演〕演技する, 演じる;

〖情〗〈プログラムを〉実行する

⁑e+je-cu-'ti-vo, -va [エ.ヘ.ク.'ティ.ボ, バ] 85% 形 行政上の, 行政的な; 実行の, 執行の, 執行力のある 名 男 女 (会社などの)重役, 取締役, 役員, 管理職; 行政官 名 男 執行部; 行政府 **-va** 名 女 役員会, 理事会; 執行部, 実行委員会

e+je-cu-'tor, -'to-ra [エ.ヘ.ク.'トる, 'ト.ら] 形 実行する, 遂行する 名 男 女 実行者, 遂行者; 死刑執行人

e+je-cu-'to-rio, -ria [エ.ヘ.ク.'ト.りオ, りア] 形 〖法〗(判決が)確定した **-ria** 名 女 経歴, 業績; 貴族証明書; 〖法〗確定判決

e+'jem [エ.'ヘム] 感 《擬音》えへん!, おほん! 《注意を引くための咳(せき)ばらい》

⁑e+jem-'plar [エ.ヘン.'プラる] 88% 形 模範的な, 典型的な; 見せしめの 名 男 (印刷物の)…部, …冊; 見本, 標本; 典型, 手本, 模型, 原型 *¡Menudo ~!* 《話》なんてひどい人だ!

e+jem-pla-ri-'dad [エ.ヘン.プラ.り.'ダド] 名 女 模範になること; 見せしめ

e+jem-pla-ri-'zan-te [エ.ヘン.プラ.り.'さン.テ] 形 模範[手本]になる

e+jem-pla-ri-'zar [エ.ヘン.プラ.り.'さる] 動 他 ㉞ (z|c) 《格》〈の〉模範となる; 《格》例示する

e+jem-pli-fi-ca-'ción [エ.ヘン.プリ.フィ.カ.'すぃオン] 名 女 例証, 例示

e+jem-pli-fi-'car [エ.ヘン.プリ.フィ.'カる] 動 他 69 (c|qu) 例証する, 例示する

⁑e+'jem-plo [エ.'ヘン.プロ] 71% 名 男 (典型的な)例, 実例; 手本, 模範, 鏡; 見本, 典型; 見せしめ *por ~* たとえば

⁑e+jer-'cer [エ.へる.'せる] 85% 動 他 72 (c|z) 実行する, 営む, 常に行う; (en: に)〈影響・作用を〉与える[及ぼす]; 〈権力を〉行使する 動 自 (como: の職業で)働いている

⁑e+jer-'ci-cio [エ.へる.'すぃ.すぃオ] 80% 名 男 (体の)運動, 体操; 練習, けいこ, 実習, 修練; 練習問題, 課題, 練習曲; テスト, 試験; (会計)年度; (体・精神力・権力などを)働かす[使う]こと, 使用, 行使; 従事, 営業, 業務, 仕事 *en ~* 《医師・弁護士が》現役の

e+jer-ci-'tar [エ.へる.すぃ.'タる] 動 他 訓練する, しつける, (en: を)教え込む; 〈権利・権力を〉行使する; 〈仕事を〉営む, 開業する; 〈才能を〉使う, 〈長所を〉生かす; 実践する, 実施する, 実行する **~se** 動 再 (en: を) 練習する, 演習する, けいこする

⁑e+'jér-ci-to [エ.'へる.すぃ.ト] 80% 名 男 〖軍〗軍隊, 兵力, 軍勢; 〖軍〗陸軍; (軍隊組織の)団体, …軍; 《話》大勢, 大群

'e+jes 名 男 《複》↑eje

e+'ji-do [エ.'ひ.ド] 名 男 (村の)共有地

e+'jión [エ.'ひオン] 名 男 〖建〗支柱

e+'jo-te [エ.'ほ.テ] 名 男 《(メキシコ)》《(中米)》〖植〗サヤインゲン

⁑el, la, lo [エル, ラ, ロ] 11% 冠 《定》〔弱勢〕〔男単 el/男複 los/女単 la/女複 las/中性 lo〕 **1** (1) 《前の文脈によって指すものが明らかなとき》: Mi abuelo tiene un perro y dos gatos. **El** perro se llama Atila. 祖父は犬1匹と猫2匹を飼っています。犬はアティラという名前です。(2) 《場面によって指すものが明らかなとき》: ¿A qué hora termina **la** clase? 授業は何時に終わりますか。(3) 《説明による限定をしないで指すものが明らかなとき》: Hay que salvar **la** naturaleza. 自然を守らねばならない。(4) 《身体の一部や身につけるものを指す》: Lávate **las** manos y siéntate a la mesa. 手を洗って食卓につきなさい。(5) 《比較級に定冠詞をつけて最上級を表す》: Esa es **la** manera más directa de decirlo. それが最も直接的な言い方だ。(6) 《自然・季節・方位・時・暦を示す》: A Mariana le da miedo salir sola por **la** noche. マリアーナは夜一人で出かけるのがこわい。(7) 《全体を示す》: Mi abuelo va a vender **el** ganado que tiene. 祖父は自分の持っている家畜を全部売ろうとしている。(8) 《修飾語[句, 節]によって限定された固有名詞》: **la** España del siglo XVI 16世紀のスペイン (9) 《時刻を示す》 《女性冠詞を用いる》: El tren sale a **las** 11 (once) en punto. 列車は11時ちょうどに発車する。(10) 《年齢を示す》: A **los** 19 años Laura sacó el carné de conducir. ラウラは19歳のときに運転免許証を取りました。(11) 《固有名詞によって限定される普通名詞》: **el** profesor Sánchez サンチェス先生 (12) …というもの 《総称的に用いる》: «**El** tiempo vuela como una flecha.»: 〔ことわざ〕 時は矢のように飛んで行く。(13) まさにその, 典型的な 《強調》: Así es **la** forma de hablar. そういう風に話すのがよいのだ。(14) 現在の, この: Hasta **la** fecha, no he recibido su respuesta. 今日まで私は彼の返信を受け取っていません。 **2** 〔名詞化〕 (1) 《繰り返しを避けて代名詞的に用いる》: mi casa y **la** de Vd. 私の家とあなたの家 (2) 《「人」を表して代名詞的に用いる》: ¿Quién es **el** de la barba? あのひげをはやした人は誰ですか。(3) 《形容詞を名詞化する》: **Los** fuertes deben ser compasivos con **los** débiles. 強者は弱者に思いやりを持たなくてはならない。(4) 《不定詞を名詞化する》: **El** hablar demasiado es su falta principal. しゃべりすぎるのが彼の最も大きな欠点です。 **3** 《特定の固有名詞の前につける》 (1) 《海・川・湖・山・島など》: **El** río Amazonas desemboca en **el** océano Atlántico. アマゾ

ン川は大西洋に注ぐ。(2)《普通名詞に由来する固有名詞》: **El** Escorial エスコリアル宮 **los** Países Bajos オランダ **los** Estados Unidos アメリカ合衆国 (3)《慣用として冠詞のつく地名・国名》: **El** Cairo カイロ市 **La** Coruña ラ・コルーニャ県 **El** Salvador エルサルバドル **La** Habana ハバナ市 **La** Rioja リオハ地方 (4)《著者名・作者名に冠詞をつけてその作品を表す》: **los** Velázquez del Museo del Prado プラド美術館のベラスケスの諸作品 (5)〔los ～(姓)〕…家, …一家, …家の人々 : **los** Martínez マルティネス一家 (6)《俗》《名前の前につけて軽蔑・からかい・親しみを表す》: **la** Juana あのフアナ (7)《同格で用いられる別名, あだ名》: Alfonso X (décimo) **el** Sabio アルフォンソ十世賢王 Isabel **la** Católica カトリック女王イサベル (8)《略語の前》: **la** ONU 国際連合 (9)《イタリアの作家・芸術家の前につけられることがある》: **El** Petrarca ペトラルカ **El** Tiziano ティツィアーノ **lo** 冠《定》(中性) **1**〔～ 形容詞(句)〕…なもの: **Lo** bueno de viajar es conocer otras formas de vida. 旅行のよいところは別の生活様式を知ることだ。 **2**〔～ 形容詞(句)〕…なこと: Manuel trabaja **lo** justo para vivir. マヌエルはぎりぎりの生活ができるだけの金を稼いでいる。 **3**〔～ 形容詞(句)〕…の場所: Hay un pueblo en **lo** más profundo del valle. 谷の一番深いところに一つの村がある。 **4**〔～ 過去分詞〕…したこと, されたこと: Decidieron olvidar **lo** ocurrido. 彼らは起きたことを忘れることにした。 **5**〔～ 所有形容詞〕…のもの: No te metas en **lo** mío. 私のことに口出ししないで。 **6**〔～ 副詞〕…であること: Me ha sorprendido **lo** bien que habla ella. 彼女が上手に話すので驚きました。 **7**〔lo de ...〕(1)…のこと: Es **lo** de siempre. それはいつものことです。(2)《ラプラタ》…の家 **8**〔lo que〕《関係代名詞》…のこと: Tú haz **lo que** hagan los demás. 君は他の人たちがしていることをしなさい。 **9**〔lo ...(副詞: 形容詞) que〕どんなに…であるのか《強調》 **10**〔lo cual〕《関係代名詞》そのこと: Sandra continúa teniendo relación con ese hombre, **lo cual** no deja de inquietar a sus padres. サンドラはその男と相変わらずつきあっているが, それで両親は心配が絶えない。 **11**〔¡Lo que ...!〕どんなに…なことか!; **¡Lo que** nos divertimos! どんなに私たちは楽しんだことでしょう!

‡'él ['エル] 50% 代《人称》〔主語・男 3 単〕 **1**〔主語〕彼は: **Él** es mi amigo. 彼は私の友人です。 **2**〔主語の補語〕…は彼です: Es **él** quien lo hizo. それをしたのは彼です。 **3**〔前置詞の後〕彼: Estábamos hablando de **él** cuando se presentó. 彼が姿を見せたとき, 私たちはちょうど彼の話をしていました。 **4**〔前置詞の後〕それ《男性単数の物を指す》: ¿Ves aquel castillo? Sobre **él** hay muchas leyendas románticas. あの城が見えるかい? あの城についてはロマンチックな伝説がたくさんあるんだ。

e+la-bo-ra-'ción [エ.ラ.ボ.ら.'すぃオン] 名 女 (入念な)作成; 製造, 製作, 加工, 細工

‡e+la-bo-'rar [エ.ラ.ボ.'らる] 89% 動 他 (念入りに)作る, (苦心して)仕上げる; 製造する, 製作する, 加工する, 細工する; 〈文章・考えなどを〉練る ～**se** 動 再 作られる

E+'la-dio [エ.'ラ.ディオ] 名 固〔男性名〕エラディオ

e+las-ti-ci-'dad [エ.ラス.ティ.すぃ.'ダド] 名 女 弾力性, 伸縮性, しなやかさ; 融通性, 柔軟性, 適応性

e+'lás-ti-co, -ca [エ.'ラス.ティ.コ, カ] 形 伸縮性のある, 弾力性のある, しなやかな; «考え方・規則などが»融通のきく, 順応性のある, 柔軟な 名 男 ゴムひも;〔複〕〔衣〕ズボン用サスペンダー;《アンデス》《チリ》ゴム輪 **-ca** 名 女〔衣〕アンダーシャツ, 肌着

'El+ba ['エル.バ] 名 固〔isla de ～〕〔地名〕エルバ島《イタリア領; 地中海北部の島》;〔el ～〕〔地名〕エルベ川《チェコ・ドイツを流れる川》

'El-che ['エル.チェ] 名 固〔地名〕エルチェ《スペイン南東部, アリカンテ県の都市》

'e+le ['エ.レ] 名 女〔言〕エレ《文字 L, l の名称》; **L** 字形 感《スペイン》《アンダルシア》いいぞ!, そうだ!《同意・激励などに用いる》

'E/LE ['エ.レ] 略 =español como lengua extranjera 外国語としてのスペイン語

‡e+lec-'ción [エ.レク.'すぃオン] 80% 名 女〔しばしば複〕〔政〕選挙, 選出, 当選; 選択, えり好み, 選ぶこと

e+lec-'ti-vo, -va [エ.レク.'ティ.ボ, バ] 形〔政〕選挙の, 選挙に関する; 選択の

e+'lec-to, -ta [エ.'レク.ト, タ] 形〔政〕当選した, (選挙後, 就任前に)選出された;《ラ米》⇩ elegido

e+lec-'tor, -'to-ra [エ.レク.'トる, 'ト.ら] 名 男 女〔政〕選挙人, 有権者 形〔政〕選ぶ, 選挙する 名 男〔歴〕選挙侯, 選帝侯《神聖ローマ帝国の皇帝選定権を持っていた》

e+lec-to-'ra-do [エ.レク.ト.'ら.ド] 名 男〔集合〕〔政〕選挙民, 選挙人, 有権者

e+lec-to-'ral [エ.レク.ト.'らル] 形〔政〕選挙の, 選挙人の, 選挙人からなる

e+lec-to-ra-'lis-mo [エ.レク.ト.ら.'リス.モ] 名 男〔政〕選挙第一主義

e+lec-to-ra-'lis-ta [エ.レク.ト.ら.'リス.タ] 形〔政〕選挙第一主義の 名 共〔政〕選挙第一主義者

E+'lec-tra [エ.'レク.トら] 名 固 〔ギ神〕エレクトラ《アガメムノン Agamenón の娘, 父を殺した母クリュタイムネストラ Clitemnestra を討つ》 ***complejo de*** ～〔心〕エレクトラコンプレックス《娘が父親に抱く無意識の性的な思慕》

*__e+lec-tri-ci-'dad__ [エ.レク.トり.すぃ.'ダド] 92% 名 女 電気, 電流, 電力; 電気代[料金]; 電気学

e+lec-tri-'cis-ta [エ.レク.トり.'すぃス.タ] 名 共 電気技術者, 電気工 形 電気の, 電気に関する

**__e+'léc-tri-co, -ca__ [エ.'レク.トり.コ, カ] 84% 形 電気の, 電気のような, 電気を帯びた; 電気で動く, 電動の

e+lec-tri-fi-ca-'ción [エ.レク.トり.フィ.カ.'すぃオン] 名 女 電力の使用, 電化; 帯電, 充電, 感電

e+lec-tri-fi-'car [エ.レク.トり.フィ.'カる] 動 他 69 (c|qu) 〈家庭・鉄道などを〉電化する; 〈物体に〉電気をかける, 帯電させる, 感電させる

e+lec-tri-'zan-te [エ.レク.トり.'さン.テ] 形 感動的な

e+lec-tri-'zar [エ.レク.トり.'さる] 動 他 34 (z|c) 電化する, 〈に〉電力を供給する; びっくりさせる, 感動させる

e+'lec-tro [エ.'レク.トろ] 名 男 琥珀(こはく); 琥珀色の金銀合金; 〔医〕心電図

e+lec-tro-car-dio-gra-'fí+a [エ.レク.トろ.カる.ディオ.グら.'フィ.ア] 名 女 〔医〕心電図検査法

e+lec-tro-car-'dió-gra-fo [エ.レク.トろ.カる.'ディオ.グら.フォ] 名 男 〔医〕心電計

e+lec-tro-car-dio-'gra-ma [エ.レク.トろ.カる.ディオ.'グら.マ] 名 男 〔医〕心電図

e+lec-tro-'cho-que [エ.レク.トろ.'チョ.ケ] 名 男 〔医〕電気ショック, 電気ショック療法

e+lec-tro-cu-'ción [エ.レク.トろ.ク.'すぃオン] 名 女 〔法〕(電気椅子による)死刑

e+lec-tro-cu-'tar [エ.レク.トろ.ク.'タる] 動 他 感電死させる; 電気椅子(いす)で処刑する ～**se** 動 再 感電死する; 電気椅子で処刑される

e+lec-tro-di-'ná-mi-co, -ca [エ.レク.トろ.ディ.'ナ.ミ.コ, カ] 形 〔物〕電気力学の -**ca** 名 女 〔物〕電気力学

e+lec-'tro-do [エ.レク.'トろ.ド] 名 男 〔電〕電極

e+lec-tro-do-'més-ti-co, -ca [エ.レク.トろ.ド.'メス.ティ.コ, カ] 形 家庭電器[電化]の, 家電の 名 男 家庭電器[電化]製品, 家電製品

e+lec-tro-en-ce-fa-lo-gra-'fí+a [エ.レク.トろ.エン.せ.ファ.ロ.グら.'フィ.ア] 名 女 〔医〕脳波記録法

e+lec-tro-en-ce-fa-lo-'gra-ma [エ.レク.トろ.エン.せ.ファ.ロ.'グら.マ] 名 男 〔医〕脳波図, 脳電図

e+lec-'tró-ge+no, -na [エ.レク.'トろ.ヘ.ノ, ナ] 形 〔電〕発電の 名 男 〔電〕発電機

e+lec-tro-i-'mán [エ.レク.トろイ.'マン] 名 男 〔物〕電磁石

e+lec-'tró-li-sis ⇔ **-tro-** [エ.レク.'トろ.リ.スィス ⇔ .トろ.'リ.スィス] 名 女 〔単複同〕〔化〕電気分解, 電解

e+lec-'tró-li-to [エ.レク.'トろ.リ.ト] 名 男 〔化〕電解質[液]

e+lec-tro-li-'zar [エ.レク.トろ.リ.'さる] 動 他 34 (z|c) 〔物〕電気分解する, 電解(処理)する

e+lec-tro-mag-'né-ti-co, -ca [エ.レク.トろ.マグ.'ネ.ティ.コ, カ] 形 〔物〕電磁気の[で生じた]

e+lec-tro-mag-ne-'tis-mo [エ.レク.トろ.マグ.ネ.'ティス.モ] 名 男 〔物〕電磁気, 電磁気学

e+lec-tro-me-'trí+a [エ.レク.トろ.メ.'トり.ア] 名 女 〔技〕電位測定

e+lec-'tró-me-tro [エ.レク.'トろ.メ.トろ] 名 男 〔技〕電位計

e+lec-tro-mo-'tor, -'to-ra [エ.レク.トろ.モ.'トる, 'ト.ら] 形 〔電〕電動の, 起電の 名 男 〔電〕電動モーター, 電動機

e+lec-tro-mo-'triz [エ.レク.トろ.モ.'トりす] 形 〔電〕電動の, 起電の

e+lec-'trón [エ.レク.'トろン] 名 男 〔物〕電子, エレクトロン

e+lec-tro-ne-ga-'ti-vo, -va [エ.レク.トろ.ネ.ガ.'ティ.ボ, バ] 形 〔物〕負に帯電した

__e+lec-'tró-ni-co, -ca__ [エ.レク.'トろ.ニ.コ, カ] 86% 形 〔物〕電子の, 電子の働きによる; 電子工学の -ca** 名 女 〔物〕電子工学, エレクトロニクス

e+lec-tro-ni-'zar [エ.レク.トろ.ニ.'さる] 動 他 34 (z|c) 〈に〉電子装置を設備する

e+lec-tro-po-si-'ti-vo, -va [エ.レク.トろ.ポ.スィ.'ティ.ボ, バ] 形 〔物〕正に帯電した

e+lec-tros-'co-pio [エ.レク.トろス.'コ.ピオ] 名 男 〔物〕検電器

e+lec-tros-'tá-ti-co, -ca [エ.レク.トろス.'タ.ティ.コ, カ] 形 〔物〕静電(気)の -**ca** 名 女 〔物〕静電気学

e+lec-tro-'tec-nia [エ.レク.トろ.'テク.ニア] 名 女 〔電〕電気工学

e+lec-tro-'téc-ni-co, -ca [エ.レク.トろ.'テク.ニ.コ, カ] 形 〔電〕電気工学の

e+lec-tro-te-'ra-pia [エ.レク.トろ.

テ.'ら.ピア] 名 女〔医〕電気療法

e+lec-tro-'ti-pia [エ.レク.トろ.'ティ.ピア] 名 女〔印〕電気製版法

‡e+le-'fan-te, -ta [エ.レ.'ファン.テ, タ] 87% 名 男 女〔動〕ゾウ[象];《話》大柄の人, 太った人 ～ ***blanco***《話》無用の長物, 維持費ばかりかかって役に立たないもの

e+le-fan-'tia-sis [エ.レ.ファン.'ティア.スィス] 名 女〔単複同〕〔医〕象皮病

e+le-fan-'ti+no, -na [エ.レ.ファン.'ティ.ノ, ナ] 形〔動〕ゾウ[象]の

***e+le-'gan-cia** [エ.レ.'ガン.すぃア] 92% 名 女 優雅, 上品; 上品な言葉[作法]

***e+le-'gan-te** [エ.レ.'ガン.テ] 91% 形 優雅な, 上品な, 高尚な, 気品の高い; おしゃれな, すてきな; «態度・心が»粋な, スマートな, かっこいい 名 共 «思考・証明法などが»簡潔で的確な; 上品な人, おしゃれな人 ～**-mente** 副 上品に, 優雅に, 格調高く

e+le-'gí+a [エ.レ.'ひ.ア] 名 女〔文〕悲歌, 哀歌, エレジー

e+le-'gí+a-co, -ca ⇔**-'gia-** [エ.レ.'ひ.ア.コ, カ⇔.'ひア.] 形〔文〕エレジー風の, 哀調の, 哀歌調の, 哀歌形式の; 哀切な, 悲痛な

e+le-'gi-ble [エ.レ.'ひ.ブレ] 形 選ばれうる;〔政〕被選挙権のある

e+le-'gi-do, -da [エ.レ.'ひ.ド, ダ] 形 選ばれた, 精選された

‡e+le-'gir [エ.レ.'ひる] 82% 動 他 ⑱ (e|i; g|j) 選ぶ, 選択する;〔政〕選出する, 選挙する

‡e+le-men-'tal [エ.レ.メン.'タル] 90% 形 基本の, 本質的な, 基礎的な, 原理の; 初歩の, 初等の;《話》明らかな, 当然の, わかりきった

e+le-men-'tar-se [エ.レ.メン.'タる.セ] 動 再《ﾁﾘ》ぼうっとする, ぼんやりする

‡e+le-'men-to [エ.レ.'メン.ト] 74% 名 男 要素, 成分, 部; (学問の)初歩, 基礎, 原理; メンバー, 構成員, 人物;《ｽﾍﾟｲﾝ》《話》やつ;〔複〕〔気〕自然の猛威, 暴風雨;〔化〕元素;〔電〕電池, 電極 ***estar*** [***encontrarse***] ***en su ～*** 所を得る, 自分の本領を発揮できる

E+'le-na [エ.'レ.ナ] 名 固〔女性名〕エレーナ

e+'len-co [エ.'レン.コ] 名 男〔演〕配役, キャスト;《ｽﾍﾟｲﾝ》《格》カタログ, 目録, 一覧表

e+le-va-'ción [エ.レ.バ.'すぃオン] 名 女 上げること, 高くすること, 上昇, 隆起;〔地〕高台, 丘; 標高, 海抜; 高尚, 高遠, (精神の)高揚;〔建〕(建物の)建立, 建設; 立面図, 正面図;〔宗〕聖体奉挙(式); 有頂天, 狂喜;〔数〕累乗(法)

e+le-'va-do, -da [エ.レ.'バ.ド, ダ] 形 高い; «文体などが»高尚な, 高邁(こうまい)な; 高められた;〔数〕累乗した

e+le-va-'dor [エ.レ.バ.'ドる] 名 男〔機〕(貨物用の)リフト, 昇降機;《ﾗ米》エレベーター ～, **-dora** 形 高める, 持ち上げる

e+le-va-do-'ris-ta [エ.レ.バ.ド.'リス.タ] 名 共《ﾗ米》エレベーター係

e+le-va-'lu-nas [エ.レ.バ.'ル.ナス] 名 男〔単複同〕〔車〕パワーウィンドー

‡e+le-'var [エ.レ.'バる] 80% 動 他 上げる, 引き上げる;〔建〕〈建物を〉建てる, 建設する; (a: に)昇進させる, 〈の〉地位を上げる; 〈名声などを〉高める; 〈精神を〉高める, 向上させる; 〈嘆願書などを〉提出する, 上申する;〔数〕累乗する ～**se** 動 再 上がる, 登る, 高くなる;〔建〕«建物が»建つ;〔地〕«山が»そびえる;〔数〕«数が» (a: に)達する;《話》うぬぼれる, 有頂天になる; 出世する, 昇進する ～ ***la voz*** 声を荒げる, 大きな声を出す

'el+fo ['エル.フォ] 名 男〔架空〕妖精, 精霊, エルフ

E+'lí+as [エ.'リ.アス] 名 固〔男性名〕エリアス

E+'lí+as 'Pi-ña [エ.'リ.アス 'ピ.ニャ] 名 固〔地名〕エリアス・ピニャ《ドミニカ共和国西部の県》

e+'lí-ci-to, -ta [エ.'リ.すぃ.ト, タ] 形〔心〕《古》«行為が»意志によって直接実現される

e+li-'dir [エ.リ.'ディる] 動 他《格》弱める, 弱くする;〔言〕〈音・音節を〉省いて発音する

e+'li-j~, -g~ 動《活用》↑elegir

e+li-mi-na-'ción [エ.リ.ミ.ナ.'すぃオン] 名 女 除去, 削除, 除外, 排除, 排出, 追い出し

‡e+li-mi-'nar [エ.リ.ミ.'ナる] 87% 動 他 除く, 排除する, 消去する;〔競〕(予選で)失格にする

e+li-mi-na-'to-rio, -ria [エ.リ.ミ.ナ.'ト.りオ, りア] 形 勝ち抜きの, 競争の **-ria** 名 女〔競〕予選

e+'lip-se [エ.'リプ.セ] 名 女〔数〕長円, 楕円

e+'lip-sis [エ.'リプ.スィス] 名 女〔単複同〕〔言〕省略, 省略形

e+'líp-ti-co, -ca [エ.'リプ.ティ.コ, カ] 形〔言〕省略法の, 省略的な;〔数〕長円[楕円](形)の

E+'li-sa [エ.'リ.サ] 名 固〔女性名〕エリーサ

e+'lí-se+o, +a [エ.'リ.セ.オ, ア] 形〔ギ神〕エリュシオン(楽園)の; 天国のような

e+li-'sión [エ.リ.'スィオン] 名 女〔言〕(音の)省略, 削除, 一部省略

'é-li-te ⇔**e-** ['エ.リ.テ⇔エ.'リ.テ] 名 女〔集合〕エリート, 選良

e+li-'tis-mo [エ.リ.'ティス.モ] 名 男 エリート主義

e+li-'tis-ta [エ.リ.'ティス.タ] [形] エリート主義の [名] [共] エリート主義者

e+li-'xirや**+'lí-** [エ.リク.'スィる や.'リク.] [名] [男] 〔薬〕エリキシル剤; 〔歴〕万能[秘]薬; エリキシル 《卑金属を金に変えたという錬金術の練金薬剤》

'e+lla ['エ.ジャ] 62% [代] 《人称》〔主語・女性・3 単〕 **1** 〔主語〕 彼女は: **Ella** estudia árabe. 彼女はアラビア語を学んでいる。 **2** 〔主語の補語〕 …は彼女です: ¿Quién llama? ¡Ah!, es **ella**. 誰が呼んでいるの? あ, 彼女だ。 **3** 〔前置詞の後〕 彼女: Quiero bailar con **ella**. 私は彼女と踊りたい。 **4** 〔前置詞の後〕 それ 《女性単数の物を指す》: ¿Ves aquella montaña? Detrás de **ella** está el mar. あの山が見えるでしょう, あの後ろに海があるんだ。 ***Allí fue ~.*** 《話》 そこが問題だった

'e+llas ['エ.ジャス] 75% [代] 《人称》〔主語・女性・3 複〕 **1** 〔主語〕 彼女たちは: **Ellas** se sientan siempre juntas. 彼女たちはいつも一緒にすわっている。《主語が文脈や状況でわかるときは特に示さないことが多い; わざわざ主語を示すときは強調や対比の意味がある》 **2** 〔主語の補語〕 …は彼女たちです: Las que tienen la culpa son **ellas**. 悪いのは彼女たちです。 **3** 〔前置詞の後〕 彼女たち: Según **ellas**, mañana va a llover. 彼女たちの言うことによれば明日は雨だそうだ。 **4** 〔前置詞の後〕 それら 《女性複数の物を指す》: La contaminación derivada de las fábricas tiene consecuencias graves para la población que está viviendo muy cerca de **ellas**. 工場から発する空気汚染はその近隣の住民に甚大な被害を与えている。

'e+lle ['エ.ジェ] [名] [女] エジェ, エリェ 《スペイン語の旧文字 Ll, ll の名称》

'e+llo ['エ.ジョ] 77% [代] 《人称》〔主語・中性〕 **1** 〔主語〕 それは, それが 《前に出た内容を指す》: Es cierto que Andrés tiene pocos amigos, pero **ello** no significa que sea mal chico. アンドレスにはあまり友人がいないのは本当だけれど, それで彼が悪い子だということにはならない。 **2** 〔前置詞の後〕 それ, そのこと: Por **ello**, he decidido vivir aquí. それで私はここに住むことに決めた。 ***estar en ~*** 了解している

'e+llos ['エ.ジョス] 64% [代] 《人称》〔主語・男性・3 複〕 **1** 〔主語〕 彼らは: **Ellos** son mis compañeros. 彼らは私の仲間だ。 **2** 〔主語の補語〕 …は彼らです: Los autores del crimen son **ellos**. 犯人は彼らです。 **3** 〔前置詞の後〕 彼ら: No tengo nada que ver con **ellos**. 私は彼らとは何の関係もない。 **4** 〔前置詞の後〕 それら 《男性複数の物を指す》: Para abrir los archivos, haga doble clic sobre **ellos**. ファイルを開くにはそのファイルの上をダブルクリックしてください。

e+lo-cu-'ción [エ.ロ.ク.'すぃオン] [名] [女] 《格》 雄弁法, 演説術; 話し方, 語り口

e+lo-'cuen-cia [エ.ロ.'クエン.すぃア] [名] [女] 雄弁, 能弁; 雄弁法, 修辞法; 説得力

e+lo-'cuen-te [エ.ロ.'クエン.テ] 93% [形] 雄弁な, 弁舌さわやかな; 表現力のある, 表現の豊かな, 人の心を動かす, 説得力がある, 多くを物語る **~mente** [副] 雄弁に, 弁舌さわやかに, 表情豊かに

e+lo-'giar [エ.ロ.'ひアる] [動] [他] 称賛する, 称揚する

e+'lo-gio [エ.'ロ.ひオ] 91% [名] [男] 称賛, ほめたたえること, 賛辞

e+lo-'gio-so, -sa [エ.ロ.'ひオ.ソ, サ] [形] 称賛の, 賛美の

E+lo+'í-sa [エ.ロ.'イ.サ] [名] [固] 〔女性名〕 エロイサ

e+lon-ga-'ción [エ.ロン.ガ.'すぃオン] [名] [女] 〔医〕 延長(障害); 〔競〕 ストレッチ

e+lon-'gar(-se) [エ.ロン.'ガる(.セ)] [動] [自] ([再]) 41 (g|gu) 〔医〕 延長障害を起こす; 〔競〕 ストレッチをする

e+'lo-te [エ.'ロ.テ] [名] [男] 《メキシコ》《中米》 トウモロコシ; 《メキシコ》 何某 《名前を出したくない人物》

E+'loy [エ.'ロイ] [名] [固] 〔男性名〕 エロイ

El Sal-va-'dor [エル サル.バ.'ドる] 90% [名] [固] 〔República de ~〕〔地名〕 エルサルバドル 《中米の共和国》

e+lu-ci-da-'ción [エ.ル.すぃ.ダ.'すぃオン] [名] [女] 《格》 説明, 解明

e+lu-ci-'dar [エ.ル.すぃ.'ダる] [動] [他] 《格》 明らかにする, 説明する, 解明する

e+lu-cu-bra-'ción [エ.ル.ク.ブら.'すぃオン] [名] [女] 《格》 省察, 思索

e+lu-cu-'brar [エ.ル.ク.'ブらる] [動] [他] 《格》 省察する, 思索する

e+lu-'di-ble [エ.ル.'ディ.ブレ] [形] 避けられる, 逃れられる

e+lu-'dir [エ.ル.'ディる] [動] [他] 〈危険・追求などから〉逃れる, 回避する, かわす, 免れる

e+lu-'sión [エ.ル.'スィオン] [名] [女] 回避; 辞退

e+lu-'si-vo, -va [エ.ル.'スィ.ボ, バ] [形] 言い逃れの, 逃げを打つ

El-'vi-ra [エル.'ビ.ら] [名] [固] 〔女性名〕 エルビーラ

em~ 〔接頭辞〕 ↓i(n)[1]-

'E+ma [名] [固] 〔女性名〕 エマ

Em.ª [略] ↓eminencia

e+ma-cia-'ción [エ.マ.すぃア.'すぃオン] [名] [女] 〔医〕 憔悴(しょうすい), やつれ

e+ma-'cia-do, -da [エ.マ.'すぃア.ド, ダ] [形] 〔医〕 憔悴(しょうすい)した, やつれた

e

e-mail [イ.'メイル] [名] [男]〔英語〕〔情〕E メール⇨correo electrónico⬆correo

e+ma-na-'ción [エ.マ.ナ.'すぃオン] [名] [女] 発散(物), 放射(物)

e+ma-'nar [エ.マ.'ナる] [動] [自] 《格》(de: から)発出する, 発散する, 放出する; (de: から)発生する, 生じる, 由来する [動] [他] 発する, 発散する

e+man-ci-pa-'ción [エ.マン.すぃ.パ.'すぃオン] [名] [女] 解放; 離脱, 脱却

e+man-ci-pa-'dor, -'do-ra [エ.マン.すぃ.パ.'ドる, 'ド.ら] [形] 解放の [名] [男] [女] 解放者

e+man-ci-'par [エ.マン.すぃ.'パる] [動] [他] 〈奴隷・人民を〉解放する, 釈放する;〔一般〕解放する, 自由にする ~se [動] [再] 自由の身になる

e+mas-cu-la-'ción [エ.マス.ク.ラ.'すぃオン] [名] [女] 《格》去勢

e+mas-cu-'lar [エ.マス.ク.'ラる] [動] [他] 《格》去勢する

em-ba-chi-'char [エン.バ.チ.'チャる] [動] [他] 《メキシコ》《話》だます, たぶらかす

em-ba-dur-'nar [エン.バ.ドゥる.'ナる] [動] [他] 汚す, (con, de: を)汚く塗る ~se [動] [再] (de: で)よごれる, 汚くなる

**em-ba-'ja-da [エン.バ.'は.ダ] 90% [名] [女]〔政〕大使館;〔集合〕大使館員;〔政〕大使の職[任務];〔政〕(大使が伝える)親書, メッセージ;〔政〕使節;《話》無理な要求, とんでもないこと[話], 面倒

**em-ba-ja-'dor, -'do-ra [エン.バ.は.'ドる, 'ド.ら] 87% [名] [男] [女]〔政〕大使, 使節 -dora [名] [女]〔政〕女性大使; 大使夫人

em-ba-'la-do, -da [エン.バ.'ラ.ド, ダ] [形] 《カリブ》《話》麻薬で錯乱した; 《チリ》《話》猛スピードの

em-ba-'la-je [エン.バ.'ラ.へ] [名] [男] 荷造り, 包装, 梱包(こんぽう); 梱包料, 荷造りの費用

em-ba-'lar [エン.バ.'ラる] [動] [他] 〈モーターの〉回転速度を上げる [動] [自] 《カリブ》《話》逃げる, 逃走する; 荷造りをする, 梱包(こんぽう)する [動] [自] 《アンデス》急ぐ; あわてる ~se [動] [再] 《話》熱中する, 興奮する; «モーターが»回転速度を上げる

em-bal-do-'sa-do [エン.バル.ド.'サ.ド] [名] [男]〔建〕タイル[敷石]張り(の床)

em-bal-do-sa-'mien-to [エン.バル.ド.サ.'ミエン.ト] [名] [男]〔動〕タイル[敷石]を張ること

em-bal-do-'sar [エン.バル.ド.'サる] [動] [他]〔建〕〈に〉タイル[敷石]を張る

em-bal-sa-'mar [エン.バル.サ.'マる] [動] [他] 〈死体に〉(香油などで)防腐処置をする; 〈に〉香気を与える, 〈に〉香りをつける

em-bal-'sar [エン.バル.'サる] [動] [他] 〈水を〉せき止める;〔海〕(索などで)つり揚げる ~se [動] [再] «水が»せき止められる

em-'bal-se [エン.'バル.セ] [名] [男] ダム, 貯水池, せき;〔建〕(ダムで)せきとめること, ダムの建設

em-ba-lu-'mar [エン.バ.ル.'マる] [動] [他] 〈やっかいな仕事を〉背負いこむ

em-ban-'ca-do, -da [形]〔海〕«海・河川が»浅瀬になっている

em-ban-'car-se [エン.バン.'カる.セ] [動] [再] [69] (c|qu)〔海〕座礁する

em-ba-'ra-do, -da [エン.バ.'ら.ド, ダ] [形] 《メキシコ》消化不良の

*em-ba-ra-'zar [エン.バ.ら.'さる] 92% [動] [他] [34] (z|c)〔医〕妊娠させる; 〈運動・行動などを〉妨げる, じゃまする ~se [動] [再]〔医〕妊娠する; 妨げられる, じゃまされる

em-ba-'ra-zo [エン.バ.'ら.そ] [名] [男]〔医〕妊娠; 当惑, 困惑, とまどい; 窮地; 妨害, 障害, じゃま

em-ba-ra-'zo-so, -sa [エン.バ.ら.'そ.ソ, サ] [形] 当惑する, とまどう; じゃまになる, 妨害する

em-bar-ca-'ción [エン.バる.カ.'すぃオン] [名] [女]〔海〕船, ボート, 船舶;〔海〕乗船, 荷積み;〔海〕航海日数, 航行期間

em-bar-ca-'de-ro [エン.バる.カ.'デ.ろ] [名] [男]〔海〕浮き桟橋(さんばし), 埠頭(ふとう), 波止場

em-bar-'ca-do, -da [エン.バる.'カ.ド, ダ] [形] 《コロンビア》《話》捕らえられた, 収監された

*em-bar-'car [エン.バる.'カる] 93% [動] [他] [69] (c|qu)〔海〕乗船させる; 船に積む, 船で送る; 《話》巻き込む, 巻き添えにする ~(se) [動] [自] ([再])〔海〕船に乗り込む, 船出する; 《話》(en: 事業などに)乗り出す, 着手する

em-'bar-co [エン.'バる.コ] [名] [男]〔海〕乗船, 船出, 荷積み

em-bar-'gan-te [エン.バる.'ガン.テ] [形] 動かなくする, 妨げる

em-bar-'gar [エン.バる.'ガる] [動] [他] [41] (g|gu)〔法〕差し押さえる, 押収する, 没収する, 抑留する; じゃまする, 妨害する, 制止する; «感情や痛みなどが»占める, いっぱいにする

em-'bar-go [エン.'バる.ゴ] [名] [男]〔法〕差し押さえ, 押収;〔医〕不消化, 消化不良, 胃弱 *sin* ~ しかしながら, それにもかかわらず

em-bar-ne-'cer [エン.バる.ネ.'せる] [動] [他] [45] (c|zc) 《格》太らせる

em-'bar-que [エン.'バる.ケ] [名] [男]〔海〕荷積み, 船積み;〔海〕乗船, 搭乗; 《ベネズエラ》待ちぼうけ; だまかし, 詐欺

em-bar-'qué, -que(~) [動] 《直点1

単, 接現》⬆embarcar

em-ba-rran-'car(-se) [エン.バ.らン.'カる(.セ)] [動] [自] ([再]) [69] (c|qu) 〘海〙《船が》乗り上げる, 座礁する; (en: 泥沼に) はまりこむ, 動きがとれない, 行き詰まる

em-ba-'rrar [エン.バ.'らる] [動] [他] 〈に〉泥をかける, 泥で汚す; 汚す; てこで持ち上げる; 《メキシコ》《カリブ》《アンデス》《チリ》〈問題を〉引き起こす; 《メキシコ》まき散らす, ばらまく; 《メキシコ》(悪事などに) 巻き込む [動] [自] 《コロンビア》《チリ》《話》しくじる, 失敗する ～se [動] [再] 泥で汚れる

em-ba-rri-'lar [エン.バ.り.'ラる] [動] [他] 樽(たる)に詰める

em-ba-rri-'zar [エン.バ.り.'さる] [動] [他] [34] (z|c) 泥で汚す; 泥でいっぱいにする

em-ba-ru-'llar [エン.バ.る.'ジャる] [動] [他] 《話》〈物事を〉ごちゃまぜにする, 混乱させる; 〈物事を〉あわてていいかげんにする ～se [動] [再] 《話》ごちゃまぜになる, 混乱する

em-bas-'tar [エン.バス.'タる] [動] [他] 〘衣〙仮縫いする, 〈に〉しつけをする; 〘衣〙〈布を〉刺繍(ししゅう)枠にはめ込む; 〘衣〙〈縁を〉縫う, 〈に〉とじ縫いをする; 〘畜〙〈馬に〉荷ぐらをつける

em-'bas-te [名] [男] 〘衣〙仮縫い, しつけ縫い

em-'ba-te [名] [男] 〘海〙波・風などが激しく打ちつける[たたきつける]こと; 〘海〙海風; (感情の)激昂(げっこう), 爆発

em-bau-ca-'dor, -'do-ra [エン.バウ.カ.'ドる, 'ド.ら] [形] だます, かつぐ, 欺く; 甘言(かんげん)の, 口先だけの [名] [男] [女] 詐欺師, いかさま師, ペテン師

em-bau-ca-'mien-to [名] [男] だまし, いかさま, 詐欺

em-bau-'car [エン.バウ.'カる] [動] [他] [26] (u|ú; c|qu) だます, 欺く

em-bau-'lar [エン.バウ.'ラる] [動] [他] [60] (u|ú) トランクに詰める; 《話》詰め込む, ぎっしり詰める; 《話》〘食〙がつがつ食べる

em-ba-'yar-se [エン.バ.'ジャる.セ] [動] [再] 怒る, 腹を立てる

em-be-be-'cer [エン.ベ.ベ.'せる] [動] [他] [45] (c|zc) うっとりさせる, 楽しませる ～-se [動] [再] うっとりする

em-be-be-ci-'mien-to [エン.ベ.ベ.すぃ.'ミエン.ト] [名] [男] うっとりすること, 魅了, 恍惚(こうこつ)

em-be-'ber [エン.ベ.'べる] [動] [他] 吸収する, 吸い込む, 吸い上げる; ずぶぬれにする, 水につける; 含める, 取り入れる; 〘衣〙〈衣服の丈を〉短くする, 詰める [動] [自] 収縮する, 縮む ～se [動] [再] (con, en: に)うっとりする, 有頂天になる, とりこになる; 縮む; (de: を)完全に理解する

em-be-'bi-do, -da [形] (con, en: に) 没頭している, 夢中になる, 心を奪われる

em-be-le-'car [エン.ベ.レ.'カる] [動] [他] [69] (c|qu) だます, 欺く

em-be-'le-co [エン.ベ.'レ.コ] [名] [男] 欺くこと, だますこと; 甘言; 《チリ》栄養のない食事

em-be-le-'sar [エン.ベ.レ.'サる] [動] [他] 魅了する, 〈の〉心を奪う ～se [動] [再] (con, en: に)魅了される, 心を奪われる

em-be-'le-so [エン.ベ.'レ.ソ] [名] [男] うっとりすること, 魅了; ひきつけるもの, うっとりさせるもの

em-be-lle-ce-'dor, -'do-ra [エン.ベ.ジェ.せ.'ドる, 'ド.ら] [形] 美しくさせる [名] [男] 〘車〙(車輪の)ホイールキャップ

em-be-lle-'cer [エン.ベ.ジェ.'せる] [動] [他] [45] (c|zc) 美しくする, りっぱにする; 美化する, 理想化する ～se [動] [再] 美しくなる, めかしこむ

em-be-lle-ci-'mien-to [エン.ベ.ジェ.すぃ.'ミエン.ト] [名] [男] 装飾, 美化; 潤色

em-'be-ro [エン.'べ.ろ] [名] [男] 〘植〙熱帯アフリカ産のセンダン科の木

em-be-rren-chi-'nar-se [エン.ベ.れン.チ.'ナる.セ] [動] [再] 《話》かんしゃくを起こす, 《子供が》だだをこねる; 《ベネズエラ》悪臭がたちこめる

em-bes-'ti-da [名] [女] 攻撃, 襲撃, 猛襲; 突進, 突撃; 《話》金(かね)をしつこくせびること

em-bes-'tir [エン.ベス.'ティる] [動] [自] [49] (e|i) 攻撃する, 襲う; 〘牛〙《牛が》突進する; 《話》金(かね)をしつこくせびる, たかる

em-be-tu-'nar [エン.ベ.トゥ.'ナる] [動] [他] 〈靴に〉靴墨をつける[塗る]; タールを塗る

em-blan-que-'cer [エン.ブラン.ケ.'せる] [動] [他] [45] (c|zc) 白くする, 白く塗る ～(se) [動] [自] ([再]) 白くなる

em-'ble-ma [エン.'ブレ.マ] [名] [男] 象徴, 紋章, 表象; 記章, ワッペン; 〘絵〙寓意画《寓意的に啓蒙(けいもう)する標語入りの画》

em-ble-'má-ti-co, -ca [エン.ブレ.'マ.ティ.コ, カ] [形] 象徴的な, 表象する

em-bo-'ba-do, -da [形] ぼうっとした, うっとりした

em-bo-'bar [エン.ボ.'バる] [動] [他] うっとりさせる, 魅了する ～se [動] [再] びっくり仰天する; (con, de: に)夢中になる, 魅せられる

em-bo-'ca-do [形] 《男》《ワインが》やや甘味のある辛口の

em-bo-ca-'du-ra [エン.ボ.カ.'ドゥ.ら] [名] [女] 〘地〙河口, 川の注ぎ口; 狭い場所に入りこむこと; 〘楽〙(楽器などの)吸口; 〘畜〙(馬のくつわの)はみ; 〘飲〙(ワインの)風味, 口当たり; 〘演〙プロセニアムアーチ《舞台と客席を区切る額縁》

em-bo-'car [エン.ボ.'カる] [動] [他] [69] (c|qu) 口に入れる, 口に当てる; 〈狭い所・穴な

どに〉入れる, 押し込む; 〈投げたものを〉口で受けとめる; 《話》 むさぼり食う, がつがつ食う; 《話》 〈間違ったことを〉信じ込ませる [動] [自] 《コロンビア》 出発する ~se [動] [再] (en: 狭い所に)入り込む; 《コロンビア》《ラプラタ》《話》 うまくやる, 成功する

em-bo-jo-'tar [エン.ボ.ほ.'タる] [動] [他] 《ベネズエラ》 包む, 包装する

em-bo-'la-do, -da [エン.ボ.'ラ.ド, ダ] [形] 《中米》《話》 酒に酔った

em-bo-'lar [エン.ボ.'ラる] [動] [他] 〘牛〙 〈牛の角に〉危険防止用の木球をはめる; 《ラ米》 靴墨を塗って磨く; 《中米》 酔わせる; 《ラプラタ》 悩ます ~se [動] [再] 《中米》 酔う

em-bo-la-'tar [エン.ボ.ラ.'タる] [動] [他] 《中米》《コロンビア》《話》 だます, 欺く

em-'bo-lia [エン.'ボ.リア] [名] [女] 〘医〙 塞栓(そくせん)症

em-bo-li-'car [エン.ボ.リ.'カる] [動] [他] [69] (c|qu) もつれさせる, 混乱させる ~se [動] [再] もつれる, 混乱する

em-bo-'lis-mo [エン.ボ.'リス.モ] [名] [男] 閏(うるう)日[月]を加えること; 混乱, 乱雑; 《話》 うそ, いつわり, 虚言

'ém-bo-lo ['エン.ボ.ロ] [名] [男] 〘機〙 ピストン, (ピストンの)プランジャー; 〘医〙 塞栓(そくせん)

em-bol-'sar(-se) [エン.ボル.'サる(.セ)] [動] [他] ([再]) (自分の)バッグ[財布]に入れる; 〈金を〉もうける, 稼ぐ

em-bo-qui-'llar [エン.ボ.キ.'ジャる] [動] [他] 〈タバコに〉フィルターをつける; 〈坑道・トンネルなどに〉出入口を作る

*__em-bo-rra-'char__ [エン.ボ.ら.'チャる] 93% [動] [他] 酔わせる, ふらふらさせる, くらくらさせる; 〈色を〉混ぜる ~se [動] [再] 酒に酔う, 酩酊する, ふらふらになる, くらくらになる; 《色が》混ざる

em-bo-rras-'car-se [エン.ボ.らス.'カる.セ] [動] [再] [69] (c|qu) 〘気〙 悪天候になる, 荒れ模様になる

em-bo-rri-'zar [エン.ボ.り.'さる] [動] [他] [34] (z|c) (羊毛を)すく; 《アンデス》〘食〙 (揚げ物の)衣をつける

em-bo-rro-'nar [エン.ボ.ろ.'ナる] [動] [他] 〈紙に〉インクでしみをつける; なぐり書きをする, 書き散らす; 落書きする, 〈下手な絵[文章]を〉書く

em-bo-ru-'jar [エン.ボ.る.'はる] [動] [他] 《カリブ》《話》 紛糾させる, めちゃくちゃにする

em-bo-'ru-jo [エン.ボ.'る.ほ] [名] [男] 《カリブ》《話》 紛糾, 混乱, 騒ぎ

em-bos-'ca-da [名] [女] 〘軍〙 待ち伏せ; 計略, わな

em-bos-'car [エン.ボス.'カる] [動] [他] [69] (c|qu) 〘軍〙 待ち伏せる ~se [動] [再] 待ち伏せる, 茂みに隠れる

em-bo-'tar [エン.ボ.'タる] [動] [他] 〈刃物の〉切れ味を鈍くする, 〈の〉刃先を切れなくする; 〈の〉元気を奪う, 無気力にする; 〈タバコなどを〉缶に詰める ~se [動] [再] 《刃先が》鈍る, 切れなくなる; (感受性・知性が)鈍る, 弱まる; 気力がなくなる, 興奮がさめる; 《話》 〘衣〙 ブーツをはく

em-bo-te-'lla-do, -da [エン.ボ.テ.'ジャ.ド, ダ] [形] 瓶(びん)に詰めた, 瓶入りの; 《交通が》詰まった, 渋滞した

em-bo-te-lla-'mien-to [エン.ボ.テ.ジャ.'ミエン.ト] [名] [男] (車などの)混雑, 交通渋滞; 瓶(びん)詰め(にすること); 詰め込み, 丸暗記

em-bo-te-'llar [エン.ボ.テ.'ジャる] [動] [他] 瓶(びん)詰めにする; 〈車を〉渋滞させる; 《話》 丸暗記する ~se [動] [再] 《交通が》渋滞する; 《話》 丸暗記する

em-bo-ve-'dar [エン.ボ.ベ.'ダる] [動] [他] 〘建〙 〈に〉丸天井をつける

em-bo-'zar [エン.ボ.'さる] [動] [他] [34] (z|c) 〈顔を〉(マフラーなどで)覆う; 偽る, 覆い隠す ~se [動] [再] (マフラーなどで)顔を覆う

em-'bo-zo [エン.'ボ.そ] [名] [男] 〘衣〙 (マントなどの)立て襟(えり); シーツの折返し; 隠すこと, 隠しだて *quitarse el ~* 《話》 正体がばれる

em-bra-'gar [エン.ブら.'ガる] [動] [他] [41] (g|gu) 〘機〙 〈クラッチを〉かみ合わせる, 連結させる; (持ち上げるために)つり綱で縛る

em-'bra-gue [エン.'ブら.ゲ] [名] [男] 〘機〙〘車〙 クラッチ, 連結器; 〘機〙〘車〙 クラッチをかみ合わせること

em-bra-ve-'cer [エン.ブら.ベ.'せる] [動] [他] [45] (c|zc) 激怒させる [動] [自] 〘植〙 《植物が》繁茂する, よく成育する ~se [動] [再] 怒り狂う, 激怒する; 〘海〙 《海が》波立つ, うねる

em-bre+'ar [エン.ブれ.'アる] [動] [他] 〈に〉タールを塗る

em-bria-ga-'dor, -'do-ra [エン.ブりア.ガ.'ドる, 'ド.ら] [形] 酔わせる, うっとりさせる

em-bria-'gar [エン.ブりア.'ガる] [動] [他] [41] (g|gu) 酔わせる; 陶然とさせる, うっとりさせる, 狂喜させる; 〈の〉意気を上げさせる, 得意がらせる ~se [動] [再] 酔っぱらう, 酔う; (con, de: に)うっとりする, 興奮する, 酔いしれる

em-bria-'guez [エン.ブりア.'ゲす] [名] [女] 酔い, 酩酊(めいてい); 陶酔, 有頂天

em-bri-'dar [エン.ブり.'ダる] [動] [他] 〘畜〙 〈馬に〉馬勒(ばろく)をつける

em-brio-'ge-nia [エン.ブりオ.'へ.ニア] [名] [女] 〘生〙 受胎

em-brio-'gé-ni-co, -ca [エン.ブりオ.'へ.ニ.コ, カ] [形] 受胎の

em-brio-lo-'gí+a [エン.ブりオ.ロ.'ひ.

ア] 名 女〔医〕胎生学;〔生〕発生学

em-brio-'ló-gi-co, -ca [エン.ブりオ.'ロ.ひ.コ, カ] 形〔医〕胎生学(上)の;〔生〕発生学(上)の

em-'brió-lo-go, -ga[エン.'ブりオ.ロ.ゴ, ガ] 名 男 女〔医〕胎生学者;〔生〕発生学者

em-'brión[エン.'ブりオン] 名 男〔医〕胎児;〔生〕胚(はい), 胚子; 初期, 胚胎期, 萌芽(ほうが)の段階

em-brio-'na-rio, -ria [エン.ブりオ.'ナ.りオ, りア] 形〔医〕胎児の, 胎芽の;〔生〕胚の; 初期(段階)の, 胚胎[萌芽]期の, 未発達の

em-brio-pa-'tí+a[エン.ブりオ.パ.'ティ.ア] 名 女〔医〕胎芽病, 胎児[新生児]の異常障害

em-bro-'car[エン.ブろ.'カる] 動 他 ⑥⑨ (c|qu) 〈液体を〉容器から別の容器に移す;《メキシコ》《中米》〈容器を〉伏せる

em-bro-'llar [エン.ブろ.'ジャる] 動 他 もつれさせる, 混乱させる, 紛糾させる ～-se 動 再 もつれる, 混乱する

em-'bro-llo[エン.'ブろ.ジョ] 名 男 (糸などの)もつれ, からまり; もつれ, 紛糾, 混乱状態; 窮地, ピンチ; うそ, ごまかし, デマ

em-bro-'mar[エン.ブろ.'マる] 動 他 ひやかす, からかう, ふざける;《ラ米》いらだたせる, 悩ます 動 自《メキシコ》《話》遅くなる

em-bru-'jar [エン.ブる.'はる] 動 他 魅惑する, 魅する, うっとりさせる;〈に〉魔法をかける

em-'bru-jo[エン.'ブる.ほ] 名 男 魔法をかけること; 魅力, 魅惑, 魔力

em-bru-te-'cer [エン.ブる.テ.'せる] 動 他 ④⑤ (c|zc) 狂暴[残忍, 粗野]にする; 麻痺させる, ぼうっとさせる ～se 動 再 (con, por: で)狂暴になる, 粗野になる; (con, por: で)麻痺する, ぼうっとする

em-bru-te-ci-'mien-to[エン.ブる.テ.すぃ.'ミエン.ト] 名 男 狂暴[粗野]にすること, 凶暴化; 愚鈍にすること

em-bu-'cha-do 名 男〔食〕ソーセージ, 腸詰;《話》(隠されている)面倒事;〔演〕アドリブ(のせりふ); 不正投票 ～, -da 形《カリブ》《話》消化不良の

em-bu-'char [エン.ブ.'チャる] 動 他〔食〕〈肉を〉腸に詰める, 腸詰めにする;〔畜〕〈家禽に〉餌を詰め込む;《話》〔食〕〈食べ物を〉流し込む, 大急ぎで食べる

em-'bu-do 名 男 漏斗(ろうと), じょうご; わな, ペテン;〔地〕(じょうご形の)窪地; 爆発跡;〔天〕(隕石の)落下跡

em-bu-ru-'jar [エン.ブ.る.'はる] 動 他 (ぶつぶつの)固まりにする ～se 動 再 (ぶつぶつの)固まりになる

em-'bus-te 名 男 詐欺, 欺瞞, ペテン; うそ, ごまかし, 偽り, 虚言;〔複〕〔衣〕安価な装身具[小間物]

em-bus-'te-ro, -ra [エン.ブス.'テ.ろ, ら] 名 男 女 詐欺師, ペテン師; うそつき 形 人をだます, うそつきの

***em-bu-'ti-do** 94% 名 男〔食〕ソーセージ, 腸詰め; 詰め込み;〔技〕はめ込み, 象眼(ぞうがん)細工, 寄せ木細工;〔技〕プレス成型

em-bu-'tir [エン.ブ.'ティる] 動 他〔食〕〈肉などを〉(en: 腸に)詰める; 詰める, いっぱいにする; 差し込む, 挿入する;〔技〕はめ込む, 象眼する, 散りばめる; 頭に詰め込む;〔食〕〈食べ物を〉たらふく詰め込む;〔技〕〈金属を〉打つ, プレスする ～se 動 再《話》〔食〕たらふく食う, むさぼり食う

'e+me** 87% 名 女〔言〕エメ《文字 M, m の名称》;《俗》〔遠回し〕糞, くそ

e+me-na-'go-go, -ga 形〔医〕月経促進の 名 男〔医〕月経促進剤, 通経剤

***e+mer-'gen-cia** [エ.メる.'ヘン.すぃア] 91% 名 女 緊急事態, 非常時, 突発事件; 出現, 発生

e+mer-'gen-te [エ.メる.'ヘン.テ] 形《格》出現する, 浮かび上がる;《格》(de: から)発生する, (en: に)基づく

e+mer-'ger[エ.メる.'へる] 動 自 ⑭ (g|j) (水中などから)浮かび上がる, 出現する;《事実が》明らかになる;《問題が》発生する

e+'mé-ri-to, -ta[エ.'メ.り.ト, タ] 形 名誉の

e+mer-'sión [エ.メる.'スィオン] 名 女 (水中からの)出現;〔天〕(日食・月食からの太陽・月の)出現;〔地〕(大地の海抜からの)出現

e+'mé-ti-co, -ca 形〔医〕嘔吐を促す 名 男〔医〕催吐剤, 吐剤

***e+mi-gra-'ción** [エ.ミ.グら.'すぃオン] 94% 名 女 (他国などへの)移住, 移動;〔集合〕移民, 移住者;〔鳥〕渡り;〔魚〕回遊

e+mi-'gra-do, -da[エ.ミ.'グら.ド, ダ] 名 男 女 (他国・他の土地への)移民, 移住者;〔政〕(政治)亡命者

***e+mi-'gran-te** [エ.ミ.'グらン.テ] 92% 名 共 (他国への)移民, 移住者 形 (他国へ)移住する, 移民の;〔鳥〕渡りの;〔魚〕回遊する 名 男〔鳥〕渡り鳥;〔魚〕回遊魚

***e+mi-'grar** [エ.ミ.'グらる] 94% 動 自 (他国・他の土地へ)移住する, 移動する;〔鳥〕渡る;〔魚〕回遊する

E+'mi-lia[エ.'ミ.リア] 名 固〔女性名〕エミリア

e+'mi-lio[エ.'ミ.リオ] 名 男《話》〔情〕E メール **E～** 名 固〔男性名〕エミリオ

e+mi-'nen-cia** [エ.ミ.'ネン.すぃア] 94% 名 女 卓越, すぐれていること;〔地〕高所, 高台; すぐれた人物, 権威 ～ ***gris 陰の実力者, 黒幕; 実力以上の高い地位にいる人

| *su* ～〔宗〕猊下(げいか)《枢機卿への尊称》

*e+mi-'nen-te 94% 形 すぐれた, 抜きんでた, 著名な; (位置が)高い ～mente 副 卓越して, 抜きんでて

e+mi-nen-'tí-si-mo, -ma〔成句〕～ *señor cardenal*〔宗〕枢機卿猊下(げいか)

e+'mir [エ.'ミる] 名 男 (アラブの)首長, 王子, アミール

e+mi-'ra-to [エ.ミ.'ら.ト] 名 男 首長国;〔政〕アミールの権限[身分, 管轄区域]

E+mi-'ra-tos 'Á-ra-bes U-'ni-dos [エ.ミ.'ら.トス 'ア.ら.べス ウ.'ニ.ドス] 名 固〔(los) ～〕〔地名〕アラブ首長国連邦《アラビア半島のペルシャ湾に面する7つの首長国からなる連邦; Abu Dabi, Ajmán, Dubái, Fuyaira, Ras al-Jaima, Sarja, Umm al-Caiwain》

e+mi-'sa-rio, -ria [エ.ミ.'サ.りオ, りア] 名 男 女 使者,〔特に〕密使

**e+mi-'sión 89% 名 女〔放〕(ラジオ・テレビの)放送, 放映; (切手・書類などの)発行; (光・熱などの)放射, 発出, 放出, 射出

e+mi-'sor, -'so-ra [エ.ミ.'ソる, 'ソ.ら] 形〔放〕放送の, 放送する; (紙幣・手形を)発行する 名 男〔電〕送信機; 送信所, 送信局 -sora 名 女〔放〕放送局

**e+mi-'tir [エ.ミ.'ティる] 89% 動 他〔放〕放送する, 放映する; 発行する; 〈考えなどを〉伝える, 表現する; 〈光・熱・煙・香りなどを〉放射する, 放つ, 発する; 〈票を〉投じる

Emmo., Emma. 略 ↑eminentísimo, -ma

**e+mo-'ción [エ.モ.'すぃオン] 84% 名 女 (強い)感情, 情緒, 感動, 興奮 *¡Qué ～!* なんてすばらしい!, なんておもしろい!

e+mo-cio-'na-do, -da [エ.モ.すぃオ.'ナ.ド, ダ] 形 感動[感激]した; 気が動転した, 動揺した -damente 副 感情的に, 感動して

e+mo-cio-'nal [エ.モ.すぃオ.'ナル] 形 感情の, 情緒の; 感情的な, 情にもろい; «言葉などが»感情に訴える, 感動的な ～mente 副 感情的に

e+mo-cio-'nan-te [エ.モ.すぃオ.'ナン.テ] 形 感動的な, 興奮させる, おもしろい

*e+mo-cio-'nar [エ.モ.すぃオ.'ナる] 93% 動 他 感動させる; 興奮させる, 心をわくわくさせる ～se 動 再 (con, de, por: で)感動する, 興奮する, わくわくする; (con, de, por: で)動揺する, 取り乱す

e+mo-'lien-te [エ.モ.'リエン.テ] 形 «化粧品などが»〈皮膚を〉和らげる, 軟らかくする 名 男〔医〕皮膚軟化剤

e+mo-lu-'men-to [エ.モ.ル.'メン.ト] 名 男〔複〕《格》利潤, 賞与, 報酬

e+mo-ti-'cón [エ.モ.ティ.'コン] 名 男 《ラ米》⇩ emoticono

e+mo-ti-'co+no [エ.モ.ティ.'コ.ノ] 名 男〔情〕顔文字, エモーティコン《キーの文字による顔のアイコン》;〔情〕絵文字《小さな画像による顔のアイコン》

e+mo-ti-vi-'dad [エ.モ.ティ.ビ.'ダド] 名 女 感動; 感受性

e+mo-'ti-vo, -va [エ.モ.'ティ.ボ, バ] 形 情緒の, 感情の; 感動を引き起こす; 感受性の強い -vamente 副 感情的に, 感情に訴えるように

em-pa-'car [エン.パ.'カる] 動 他 ⑥⑨ (c|qu) 〈物を〉(箱などに)入れる, 荷造りする, 梱包(こんぽう)する; 《メキシコ》たらふく食べる ～se 動 再 《話》強情を張る; まごつく, 困惑する; 《ラ米》〔畜〕«動物が»動こうとしなくなる

em-pa-'char [エン.パ.'チャる] 動 他〔医〕〈に〉消化不良を引き起こす; 困惑させる, まごつかせる; げんなりさせる, うんざりさせる; 隠す, 覆(おお)い隠す; じゃまする, 妨害する 動 自〔医〕消化不良を起こす ～se 動 再 (con, de: を)食べ過ぎる, たらふく食べる; (con, de: に)うんざりする, げんなりする; 困惑する, 当惑する

em-'pa-cho 名 男〔医〕消化不良, 食傷, 胃もたれ; はにかみ, 恥じらい; 《話》困惑, 狼狽

em-pa-'cho-so, -sa 形〔医〕不消化の, 胃もたれを起こす; はにかむ, 恥らう, ものおじする; 《話》面倒くさい, 面食らわせる, まごつかせる

em-pa-'drar [エン.パ.'ドらる] 動 他〔畜〕〈種馬を〉交配させる ～se 動 再 父親に甘える

em-pa-dro-na-'mien-to [エン.パ.ドろ.ナ.'ミエン.ト] 名 男 住民登録; 国勢調査

em-pa-dro-'nar [エン.パ.ドろ.'ナる] 動 他 (住民名簿に)登録する ～se 動 再 住民名簿に登録される

em-pa-la-'gar [エン.パ.ラ.'ガる] 動 他 ④① (g|gu) «甘すぎるものが»げんなりさせる, 鼻につかせる; «感傷的なものなどが»うんざりさせる ～se 動 再 (con, de: 甘すぎるもので)げんなりする; 飽き飽きする, 食傷気味になる

em-pa-'la-go [エン.パ.'ラ.ゴ] 名 男 むかつき, うんざり, 嫌悪

em-pa-la-'go-so, -sa [エン.パ.ラ.'ゴ.ソ, サ] 形 (甘すぎて)げんなりする, むかつく; «映画・小説・人の性格などが»甘ったるい, 感傷的な; 退屈な, うんざりする 名 男 女 やっかいな人, 面倒な人

em-pa-la-'mien-to [エン.パ.ラ.'ミエン.ト] 名 男 くし刺しにすること

em-pa-'lar [エン.パ.'ラる] 動 他 くし刺しの刑にする ～se 動 再 《チリ》とても寒い

em-pa-li-'za-da [エン.パ.リ.'さ.ダ] 名 女 囲い, 柵(さく);〔軍〕矢来(やらい)

em-pal-'ma-do, -da [エン.パル.'マ.ド, ダ] [形] 《メキシコ》《話》たくさん着込んでいる

em-pal-'mar [エン.パル.'マる] [動] [他] 〈縄・針金などの両端を〉結び合わせる, より継ぎする; 〈計画などを〉(con: と)関連づける, 連結させる [動] [自] (con: と)連結する, 接続する　**～se** [動] [再] 《俗》勃起する

em-'pal-me [エン.'パル.メ] [名] [男] 連結, 接続, つなぐこと; 連結[接合]箇所[点, 場所, 面]

*__em-pa-'na-da__ 93% [名] [女] 〔食〕 エンパナーダ《肉・魚・野菜を詰めたミートパイの一種》; 《話》隠すこと, ごまかすこと

em-pa-na-'di-lla [エン.パ.ナ.'ディ.ジャ] [名] [女] 〔食〕 エンパナディージャ, 小さなエンパナーダ《肉・魚・野菜を詰めた小さいミートパイ》

em-pa-'nar [エン.パ.'ナる] [動] [他] 〔食〕 〈に〉パン粉をつける[まぶす]; 〔食〕 〈に〉エンパナーダの中身を詰める ⬆empanada; 〔農〕 〈土地に〉小麦の種をまく　**～se** [動] [再] 〔農〕 «作物が»種をまきすぎて枯れる

em-pa-ne-'lar [エン.パ.ネ.'ラる] [動] [他] 〔建〕 パネル[はめ板]で覆う

em-pan-ta-'nar [エン.パン.タ.'ナる] [動] [他] 水浸しにする, 〈に〉水がかぶる; 泥沼に引きずり込む[沈める]; 紛糾させる, 込み入らせる　**～se** [動] [再] 水浸しになる, 氾濫(はんらん)する; 泥沼にはまる[沈む]; «事が»複雑になる, 行き詰まる

em-pan-'zar [エン.パン.'さる] [動] [他] [34] (z|c) 《メキシコ》《話》食べ過ぎる

em-pa-'ñar [エン.パ.'ニャる] [動] [他] くもらせる, 〈輝きなどを〉失わせる, 濁(にご)らせる; 〈名誉などを〉汚す; 〈に〉おむつをする　**～se** [動] [再] くもる, 濁る, 輝きを失う; «名誉・名声が»傷つく

em-pa-ñe-'ta-do [エン.パ.ニェ.'タ.ド] [名] [男] 《コロンビア》〔建〕 壁の漆喰(しっくい)

em-pa-'par [エン.パ.'パる] [動] [他] (en: 水などに)浸す, つける; ずぶぬれにする; 染み込ませる; 吸収する, 吸い込む; 〈液体を〉ふく, ぬぐう　**～se** [動] [再] ずぶぬれになる; 《話》(en, de: 思想などに)かぶれる, 傾倒する, 詳しく知る; 吸い取られる; (en: 水などに)つかる
¡Para que te empapes! 《話》言っておくが《意外なことを強調する》

em-pa-pe-'la-do [エン.パ.ペ.'ラ.ド] [名] [男] 〔建〕 壁紙(張り)

em-pa-pe-'lar [エン.パ.ペ.'ラる] [動] [他] 〔建〕 〈に〉壁紙を張る, 紙で包む; 《スペイン》《話》逮捕する, 牢(ろう)に入れる

em-'pa-que [エン.'パ.ケ] [名] [男] 荷造り, 包装; 落ち着いた物腰, 生真面目な様子; 《カリブ》ずうずうしさ

em-pa-que-'ta-do, -da [エン.パ.ケ.'タ.ド, ダ] [形] 《コロンビア》《話》着飾った, おしゃれな

*__em-pa-que-'tar__ [エン.パ.ケ.'タる] 94% [動] [他] 荷造りする, 梱包する, (en: トランクなどに)詰める; 詰め込む, 押し込める

em-pa-re-'da-do [エン.パ.れ.'ダ.ド] [名] [男] 〔食〕 サンドイッチ

em-pa-re-'dar [エン.パ.れ.'ダる] [動] [他] 閉じ込める, 監禁する, 幽閉する; 壁で取り囲む

em-pa-re-'jar [エン.パ.れ.'はる] [動] [他] 〈人・物を〉対[ペア]にする; 平らにする, そろえる, ならす; 〈開きのドアや窓を〉半開きにする [動] [自] (con: と)調和する, 似合う　**～se** [動] [再] 対[ペア]になる; (con: に)追いつく, そろう

em-pa-ren-'tar [エン.パ.れン.'タる] [動] [他] [50] (e|ie) 姻戚にする, 関連させる [動] [自] 姻戚になる

em-pa-'rra-do [エン.パ.'ら.ド] [名] [男] 〔農〕 (ブドウなどの)棚

em-pa-rri-'llar [エン.パ.り.'ジャる] [動] [他] 〔食〕 〈肉などを〉焼き網[グリル]で焼く; 〔建〕 木材の枠組みで補強する

em-pas-'tar [エン.パス.'タる] [動] [他] 〈歯に〉詰め物をする; 製本する, 〈本を〉装丁する; 〈に〉糊(のり)を塗る; 〔絵〕 〈絵の具などを〉厚く塗る; 《ラ米》〔畜〕 〈土地を〉牧草地にする　**～se** [動] [再] 《ラ米》〔畜〕 «土地が»牧草地になる; 《南米》〔畜〕 «家畜が»鼓腸病になる

em-'pas-te [名] [男] 製本, (本の)装丁; 〔医〕 充填(材); 〔絵〕 厚塗り

em-pa-'tar [エン.パ.'タる] [動] [他] 《南米北》つなぐ; 《ベネズエラ》《話》〈に〉迷惑をかける, うんざりさせる; 《ラ米》〈2つを〉結びつける　**～(se)** [動] [自] ([再]) 〔競〕 (con: と)引き分けになる, 同点になる

em-'pa-te [名] [男] 〔競〕 引き分け, 同点, タイ

em-pa-'tí+a [名] [女] 〔心〕 感情移入, 共感

em-pa-tu-'car [エン.パ.トゥ.'カる] [動] [他] [69] (c|qu) 《ベネズエラ》《話》めちゃくちゃにする, 混乱させる; 汚す, きたなくする; 《ベネズエラ》《話》〈の〉名誉を傷つける

em-pa-'var [エン.パ.'バる] [動] [他] 《ベネズエラ》《話》〈に〉悪運をもたらす; 《アンデス》《話》ばかにする, からかう; 怒らせる, いらだたせる, 不快にする

em-pa-ve-'sar [エン.パ.ベ.'サる] [動] [他] 〔海〕 〈船を〉(旗で)飾る, 装飾する; 〈記念碑を〉幕で覆(おお)う; 〈街路を〉(旗で)飾る

em-pa-vo-re-'cer [エン.パ.ボ.れ.'せる] [動] [他] [45] (c|zc) 震えあがらせる

em-pe-ca-'ta-do, -da [形] 《話》直しようがない, 救いがたい, 手に負えない; 不運な, 不幸な

em-pe-'cé [動] 《直点 1 単》 ⬇empezar

em-pe-ci-'nar [エン.ペ.すぃ.'ナる] [動]

[他] 松やにで汚す　～se [動] [再] 頑固になる, 固執する

em-pe-'dar [エン.ペ.'ダる] [動] [自] ([再]) 《ラ米》《俗》 酔っぱらう

em-pe-der-'ni-do, -da [エン.ペ.デる.'ニ.ド, ダ] [形] 常習的な, 改めない, 根強い; 無情な, 冷酷な, 無慈悲な

em-pe-'dra-do, -da [エン.ペ.'ドら.ド, ダ] [形] 〔建〕 敷石を詰めた, 敷石で舗装した; 《話》〔畜〕 《馬が》ぶちの, まだら模様の; 《格》 《空が》いわし雲[うろこ雲]で覆われた [名] [男] 〔建〕 石畳の道路; 〔建〕 舗装工事

em-pe-'drar [エン.ペ.'ドらる] [動] [他] 50 (e|ie) (con, de: 石で)舗装する, 敷き詰める; 〈に〉(de: を)散りばめる, 盛り込む

em-pe-'gar [エン.ペ.'ガる] [動] [他] 41 (g|gu) 〈に〉松やに[ピッチ, タール]を塗る; 〔畜〕 〈家畜に〉タールで印をつける

em-'pei-ne [名] [男] 〔体〕 足の甲; 〔競〕 [サッカーなど] インステップ

em-'pe-lla [エン.'ペ.ジャ] [名] [女] 靴の甲革

em-pe-'llar [エン.ペ.'ジャる] [動] [他] 〈に〉体当たりする

em-pe-'llón [エン.ペ.'ジョン] [名] [男] ひと押し, 突き, 体当たり　***a empellones*** 押しのけて, ぐいぐい押しながら

em-pe-lo-'ta-do, -da [エン.ペ.ロ.'タ.ド, ダ] [形] 《ｷｭｰﾊﾞ》《話》 怠け者の, 怠惰な; 《ﾗﾌﾟﾗﾀ》《話》 混乱した, 紛糾した

em-pe-lo-'tar-se [エン.ペ.ロ.'タる.セ] [動] [再]　～se [動] [再] 《話》 (けんかで)紛糾[混乱]する; 《ラ米》《話》 裸になる; 《ラ米》《話》 (con, de: に)夢中になる

*__em-pe-'ñar__ [エン.ペ.'ニャる] 92% [動] [他] 抵当に入れる, 質に入れる; 〈生命・名誉を〉かける, かけて言う[誓う]; (en: に)巻き込む; 〈けんか・戦いを〉始める　～se [動] [再] (en: に)固執する, (en: を)強く主張する; 借金をつくる; (en: 口論・戦いを)始める; (por: のために)努力する, がんばる, (en 不定詞: …しようと)はげむ

*__em-'pe-ño__ [エン.'ペ.ニョ] 91% [名] [男] 質入れ; 抵当, 担保; 固執, がんこさ, 熱心さ, 切望; 努力, がんばり; 目的, 意図, 努力の目標

em-pe+o-ra-'mien-to [エン.ペ.オ.ら.'ミエン.ト] [名] [男] 悪化

*__em-pe+o-'rar__ [エン.ペ.オ.'らる] 94% [動] [他] 悪化させる　～(se) [動] [自] ([再]) 悪化する, 悪くなる

em-pe-'pa-do, -da [形] 《ｺﾛﾝﾋﾞｱ》《話》 麻薬で錯乱した

em-pe-que-ñe-'cer [エン.ペ.ケ.ニェ.'せる] [動] [他] 45 (c|zc) 小さくする, 小さく見せる; 〈価値などを〉減らす

*__em-pe-ra-'dor__ [エン.ペ.ら.'ドる] 91% [名] [男] 〔政〕 皇帝; (日本の)天皇; 〔魚〕 メカジキ

em-pe-ra-'do-ra [エン.ペ.ら.'ド.ら] [名] [女] 《まれ》 ⇩ emperatriz

*__em-pe-ra-'triz__ [エン.ペ.ら.'トりす] 94% [名] [女] 〔政〕 (君主としての)女帝; 〔政〕 (皇帝の夫人としての)皇后

em-per-'char [エン.ペる.'チャる] [動] [他] 〔衣〕 (フック・ハンガーなどに)掛ける

em-pe-re-ji-'lar [エン.ペ.れ.ひ.'ラる] [動] [他] 《話》 美しく飾る　～se [動] [再] 《話》 おしゃれをする, めかしこむ

em-pe-re-'zar [エン.ペ.れ.'さる] [動] [他] 34 (z|c) 妨げる, さえぎる; 遅らせる　～(-se) [動] [自] ([再]) 怠慢になる

em-pe-ri-fo-'llar [エン.ペ.り.フォ.'ジャる] [動] [他] 《話》 美しく着飾る　～se [動] [再] 《話》 おしゃれをする, めかしこむ

em-per-'nar [エン.ペる.'ナる] [動] [他] 〔技〕 ボルトで締める

em-'pe-ro [エン.'ペ.ろ] [接] 《古》 しかし; 《古》 しかしながら

em-pe-rra-'mien-to [エン.ペ.ら̃.'ミエン.ト] [名] [男] 《話》 強情, 固執

em-pe-'rrar-se [エン.ペ.'ら̃る.セ] [動] [再] 《話》 (en: に)固執する, 頑として譲らない; 《話》 (con: に)夢中になる, 取りつかれる; 《話》 怒り出す

__em-pe-'zar__ [エン.ペ.'さる] 65% [動] [他] 27 (e|ie; z|c) 始める, 着手する; 着始める, 使い始める, 食べ始める, 飲み始める [動] [自] 始まる; 事を始める, 着手する, 言い出す; (a 不定詞: …)しだす, し始める　***por* [***para***] ～ 《文修飾》 まず第一に, とりあえず

em-pi-'car-se [エン.ピ.'カる.セ] [動] [再] 69 (c|qu) 《話》 (en, por: に)病みつきになる

em-pi-'char [エン.ピ.'チャる] [動] [他] 《中米》《話》 汚す　～se [動] [再] 《ﾍﾞﾈｽﾞｴﾗ》〔食〕 腐る; 〔植〕 枯れる

em-'pie-c~, -z~ [動] 《直現/接現/命》 ⬆empezar

em-'pie-ma [名] [男] 〔医〕 蓄膿(症); 〔医〕 膿胸(のうきょう)

em-pi-'na-do, -da [形] 険しい, 《坂などが》急な; 《建物などが》高くそびえた, そびえ立った

em-pi-'nar [エン.ピ.'ナる] [動] [他] 〈傾いていたものを〉まっすぐにする, 立てる; 高く持ち上げる, 高く上げる; 〔飲〕 〈グラスなどを〉高く上げて傾ける; 酒浸りにする [動] [自] 〔飲〕 酒をたくさん飲む　～se [動] [再] つま先立ちする; 《植物・建物などが》そびえる　～ ***el codo*** 《話》〔飲〕 大酒を飲む

em-pin-go-ro-'ta-do, -da [エン.ピン.ゴ.ろ.'タ.ド, ダ] [形] 《話》 成り上がりの; 《話》 高慢ちきな; とりすました

em-pin-go-ro-'tar [エン.ピン.ゴ.ろ.

'タる] [動] [他] 出世させる ～se [動] [再] 出世する

em-'pí-re+o, +a [エン.'ピ.れ.オ, ア] [形] 《格》天の, 天上界の; 最高天の [名] [男] 〔宗〕(古代・中世の)最高天《古代では火や光が存在し, 中世では神や天使の住む場所と信じられた》

em-'pi-ria [エン.'ピ.りア] [名] [女] 経験

em-'pí-ri-co, -ca [エン.'ピ.り.コ, カ] [形] 経験による, 実験上の, 経験によって証明できる [名] [男] [女] 〔哲〕経験主義者 **-ca-mente** [副] 経験的に

em-pi-'ris-mo [エン.ピ.'りス.モ] [名] [男] 〔哲〕経験主義[論]

em-pi-to-'nar [エン.ピ.ト.'ナる] [動] [他] 〔牛〕《牛が》〈闘牛士を〉角で突く

em-pi-za-'rrar [エン.ピ.さ.'ら̃る] [動] [他] 〔建〕〈屋根を〉スレートでふく

em-plas-'tar [エン.プラス.'タる] [動] [他] 〈に〉膏薬(こうやく)を貼る

em-'plas-to [エン.'プラス.ト] [名] [男] 〔医〕膏薬(こうやく), 硬膏; 湿布材; 《話》一時しのぎの方法, いいかげんな解決策; 《話》病弱な人; 《(ラ米)》手に負えない人

em-pla-za-'mien-to [エン.プラ.さ.'ミエン.ト] [名] [男] 〔法〕召喚, 呼び出し

em-pla-'zar [エン.プラ.'さる] [動] [他] 34 (z|c) 呼び出す, 召喚する; 〔法〕出頭[出廷]させる; 〈建物などの〉位置を決める, 配置[設置]する

****em-ple+'a-do, -da** [エン.プレ.'ア.ド, ダ] 86% [名] [男] [女] 被雇用者, 使用人, 従業員, 店員 ***dar por bien ~[da]*** かいがあったと思う ***estar bien ~[da]*** 自業自得である

****em-ple+'ar** [エン.プレ.'アる] 82% [動] [他] 雇う, 雇用する; 用いる, 使う; 〈時間・能力などを〉利用する, 活用する ～se [動] [再] (como, de: の)仕事につく, 就職する; 使われる

****em-'ple+o** [エン.'プレ.オ] 83% [名] [男] 雇うこと, 雇用; 仕事, 職業, 職; 使用, 利用; 使い方, 用法

em-plo-'mar [エン.プロ.'マる] [動] [他] 鉛で覆う, 鉛でふさぐ; 〈に〉鉛の重しをつける; 《(ラ米)》〈虫歯に〉詰め物をする

em-plu-'mar [エン.プル.'マる] [動] [他] 羽根で飾る, 〈に〉羽根飾りをつける; 《(中米)》《(カリブ)》だます; 《(ラ米)》《話》罰する; 追放する [動] [自] 羽根が生える, 羽毛で覆(おお)われる; 《(ラ米)》逃げる, 逃亡する; 《(メキシコ)》《話》年をとる, 老人になる ***~las*** 《(ラ米)》《話》急いで逃げる

em-po-bre-'cer [エン.ポ.ブれ.'せる] [動] [他] 45 (c|zc) 〈人・国家などを〉貧困にする, 衰退させる ～(se) [動] [自] ([再]) 貧乏になる, 困窮する, 衰退する

em-po-bre-ci-'mien-to [エン.ポ.ブれ.すぃ.'ミエン.ト] [名] [男] 貧困化; 衰退

em-po-de-ra-'mien-to [エン.ポ.デ.ら.'ミエン.ト] [名] [男] 〔政〕(弱者の)勢力の増大, 強化

em-po-de-'rar [エン.ポ.デ.'らる] [動] [他] 〔政〕〈の〉勢力を増大する, 強化する ～se [動] [再] 〔政〕勢力を増大する, 強化される

em-po-'llar [エン.ポ.'ジャる] [動] [他] 〔鳥〕〈卵を〉抱く, 温める; 《話》猛勉強する, 〈科目を〉詰め込む [動] [自] 〔鳥〕卵を抱く ～(-se) [動] [自] ([再]) 《話》猛勉強する, ガリ勉する

em-po-'llón, -'llo-na [エン.ポ.'ジョン, 'ジョ.ナ] [形] 《(スペイン)》《話》〔軽蔑〕ガリ勉の [名] [男] [女] ガリ勉をする人

em-pol-'var [エン.ポル.'バる] [動] [他] 〈に〉粉をつける[振りかける]; ほこりまみれにする, ほこりでいっぱいにする ～se [動] [再] 顔におしろいをはたく; ほこりまみれになる

em-pon-zo-'ñar [エン.ポン.そ.'ニャる] [動] [他] だめにする, だいなしにする; 〈に〉毒を入れる

em-po-'pa-da [名] [女] 〔海〕(船が)追い風を受けること

em-po-'par [エン.ポ.'パる] [動] [自] 〔海〕(船が)追い風を受ける

em-por-'car [エン.ポる.'カる] [動] [他] 75 (o|ue; c|qu) 汚す, 汚損する ～se [動] [再] 汚れる, きたなくする

em-'po-rio [エン.'ポ.りオ] [名] [男] 〔商〕中央市場, 商業の中心地; 〔商〕大商店, 百貨店; (文化・芸術・富の)中心地

em-po-'rrar [エン.ポ.'ら̃る] [動] [他] 《(中米)》《話》〈に〉迷惑をかける, うんざりさせる

em-po-'tar-se [エン.ポ.'タる.セ] [動] [再] 《(チリ)》《話》ぞっこん惚れている, 夢中になる

em-po-'trar [エン.ポ.'トらる] [動] [他] (en: に)埋め込む, はめ込む ～se [動] [再] (en: に)埋め込まれる, はめ込まれる

em-pren-de-'dor, -'do-ra [エン.プれン.デ.'ドる, 'ド.ら] [形] 行動力のある, 挑戦的な, 積極的な, 進取の気に満ちた [名] [男] [女] 企業[事業]家, 起業家; 積極的な人, 行動力のある人

****em-pren-'der** [エン.プれン.'デる] 90% [動] [他] 企てる, 始める, 着手する ***~la*** (con: に)…に襲いかかる, (con: を)攻撃する

****em-'pre-sa** [エン.'プれ.サ] 71% [名] [女] 企業, 会社; 経営陣; 企て, 事業, 企画; (盾などの)印, 紋様

em-pre-sa-'ria-do [エン.プれ.サ.'りア.ド] [名] [男] 〔集合〕雇用者, 経営者; 事業主, 業者

em-pre-sa-'rial [エン.プれ.サ.'りアル] [形] 経営の, 企業の

****em-pre-'sa-rio, -ria** [エン.プれ.'サ.りオ, りア] 84% [名] [男] [女] 雇用者; 事業主,

| 業者, 興行主, プロモーター, マネージャー

em-pres-'tar [エン.プれス.'タる] 動 他 《話》(a: に)貸す

em-'prés-ti-to [エン.'プれス.ティ.ト] 名 男 〔商〕貸付金, ローン, 融資, 借款(しゃっかん); 借金; 公債

**em-pu-'jar [エン.プ.'はる] 90% 動 他 押す, 押しやる, (a, contra, hacia: 別の場所へ)押し動かす; 〈に〉(a 不定詞/a que 接続法: …を)強要する, 強いる, せきたてて…させる; 駆り立てる, せかす, 追い立てる; 追い出す; 〈事を〉押し進める 動 自 押す; 《話》がんばる, 努力する

em-'pu-je [エン.'プ.へ] 名 男 ひと押し, 突き; 活力, 精力, 推進力; 〔建〕(柱や壁への)押圧力

*em-pu-'jón [エン.プ.'ほン] 94% 名 男 ひと押し, 突き; 奮発, 押し, がんばり; 進捗(しんちょく) *a ~jones* 押しのけて, 乱暴に; 間をおきながら, 少しずつ *dar ~jones* 乱暴に押す, 押しのける

em-pu-jon-'ci-to 〔縮小語〕 ↑empujón

em-pun-'tar [エン.プン.'タる] 動 自 《コロンビア》《アンデス》《話》消える; 逃げる; 《コロンビア》出発する; 《ベネズエラ》《話》頭から離れない

em-pu-ña-'du-ra [エン.プ.ニャ.'ドゥ.ら] 名 女 (刀・刀剣の)柄(つか); (傘・杖の)柄(え); (物語などの出だしの)決まり文句

em-pu-'ñar [エン.プ.'ニャる] 動 他 しっかり握る; 怒った表情をする; 〈地位・職を〉獲得する

em-pu-'rrar-se [エン.プ.'ら る.セ] 動 再 《中米》(怒って)ぷりぷりする

em-pu-'tar-se [エン.プ.'タ る.セ] 動 再 《メキシコ》《コロンビア》《俗》怒る, かっとなる

e-mu-la-'ción [エ.ム.ラ.'すぃオン] 名 女 対抗意識, 張り合うこと, 競争心; 《格》見習うこと; 〔情〕エミュレーション

e-mu-'lar [エ.ム.'ラる] 動 他 〈と〉張り合う, 〈に〉負けまいとする; 《格》見習う, 手本とする

e-mu-la-'ti-vo, -va [エ.ム.ラ.'ティ.ボ, バ] 形 対抗する, 張り合う

'é-mu-lo, -la ['エ.ム.ロ, ラ] 名 男 女 競争相手, 対抗者, ライバル 形 負けまいとする, 競争する, 対抗する

e-mul-'sión [エ.ムル.'スィオン] 名 女 〔化〕乳濁液, 乳剤; 〔写〕感光乳剤

e-mul-sio-'nan-te [エ.ムル.スィオ.'ナン.テ] 形 乳濁状の

e-mul-sio-'nar [エ.ムル.スィオ.'ナる] 動 他 〔化〕乳状[乳剤]にする

e-mul-'sor, -'so-ra [エ.ムル.'ソる, 'ソ.ら] 形 乳濁状にする

en [エン] 28% 前〔弱勢〕 **1 《場所》(1) …で, …に, …の中に[で] 《中の位置》: Estudio **en** la biblioteca. 私は図書館で勉強します。(2) …の上に[で, へ] 《上の位置》: Mi diccionario está **en** la mesa. 私の辞書は机の上にある。(3) …の中へ[に] 《方向》: El barco se hundió **en** el agua. 船は水中に没した。 **2** 《時》(1) …に: Las clases comienzan **en** abril. 授業は4月に始まる。(2) …以内に, …の間に 《期間》: Tengo que terminar este trabajo **en** cinco meses. 私はこの仕事を5か月で仕上げなければならない。(3) …後に, …たった時に: Vuelvo **en** tres días. 私は3日で戻ります。 **3** 《状態・手段・材料》(1) …で, …に: Vivimos **en** paz. 私たちは平穏に暮している。(2) …を着て, …で: Comimos **en** bañador. 私たちは水着で食事をした。(3) …に乗って, …で: Vengo a la universidad **en** tren. 私は電車で大学へ来ます。(4) …で《手段・材料・方法》: Yo hice encuadernar los libros **en** piel. 私は本を革で装丁させた。 **4** 《分野・範囲・基準》(1) …で, …において: Fermín suspendió **en** Matemáticas. フェルミンは数学を落とした。(2) …で《数量の差》: Los precios siguen subiendo **en** un 5 % anual. 物価は年5%上がり続けている。(3) …で 《価格》: Me vendieron esta moto **en** cien euros. 彼らは私にこのオートバイを100ユーロで売った。 **5** 《動詞+en》(1) …に《変化の結果》: La hermosa princesa fue transformada **en** una fea rana. 美しい王女が醜いカエルに変えられた。(2)〔「思考」を示す動詞とともに〕…を, …のことを: Isabel piensa **en** su novio. イサベルは恋人のことを考えている。 **6** 《en+不定詞・現在分詞》(1)〔en ·不定詞〕…することに[で]: ¿Cuánto tardas **en** ir de tu casa a la oficina? 君は家から会社まで行くのにどのくらいかかる? (2)〔en ·現在分詞〕…するとすぐに, …したら: **En** llegando a casa, te llamaré. 家に着いたらあなたに電話します。

en~ 〔接頭辞〕 ↓i(n)[1]–

e-'na-gua [エ.'ナ.グア] 名 女 〔複〕〔衣〕ペチコート; スリップ; 〔複〕《メキシコ》《コスタリカ》〔衣〕スカート

e-na-je-na-'ción [エ.ナ.へ.ナ.'すぃオン] 名 女 〔法〕(財産・権利などの)譲渡; 錯乱, 狂気, 乱心; 放心(状態), 陶酔

e-na-je-'na-do, -da [エ.ナ.へ.'ナ.ド, ダ] 形 〔法〕譲渡された, 売却された; 乱心した, 発狂した; 〔医〕精神異常の 名 男 女 〔医〕精神異常者

e-na-je-'nar [エ.ナ.へ.'ナる] 動 他 〈財産・権利などを〉譲渡する; うっとりさせる, 夢中にさせる; 疎遠にする, 遠ざける; 〈の〉正気を失わせる, 発狂させる **~se** 動 再 正気を失う, 乱心する; 夢中になる, うっとりする;

(de: から)疎遠になる, 離れる, 遠ざかる, (de: を)捨てる

e+n|al-te-'cer [エ.ナル.テ.'せる] [動] [他] ㊺ (c|zc) 高める, 高尚にする, 〈の〉名誉となる; ほめる, 称賛する

e+n|al-te-ci-'mien-to [エ.ナル.テ.すぃ.'ミエン.ト] [名] [男] 高めること, 高尚にすること, 品位を上げること; 称賛, 礼賛, 賛美

e+na-mo-ra-'di-zo, -za [エ.ナ.モ.ら.'ディ.そ, さ] [形] 恋に陥りやすい, ほれっぽい

***e+na-mo-'ra-do, -da** [エ.ナ.モ.'ら.ド, ダ] 90% [形] 恋愛中の[で], (de: に)恋している; (de: を)愛好して; ほれっぽい [名] [男] [女] 恋人; (de: の)愛好者

e+na-mo-ra-'mien-to [エ.ナ.モ.ら.'ミエン.ト] [名] [男] 恋愛, 恋すること; 愛好, 好きになること

***e+na-mo-'rar** [エ.ナ.モ.'らる] 86% [動] [他] 好きにさせる, 熱中させる; 〈に〉求愛する, 〈に〉言い寄る ~se [動] [再] (de: に)恋する

e+n|a-mo-ris-'car-se [エ.ナ.モ.リス.'カる.セ] [動] [再] (69) (c|qu) 〔軽蔑〕(de: に)恋する, 恋にうつつを抜かす

e+na-'nis-mo [名] [男] 〔医〕小人症

e+'na+no, -na** 94% [形] 小型の, とても小さい, ちっぽけな; 〔軽蔑〕背が低い; 小びと [名] [男] [女] 〔医〕小人症患者; 〔軽蔑〕チビ, 背の低い人 [名] [男] 〔医〕小人症 ***disfrutar como un ~ 《話》大いに楽しむ

e+'nan-te [名] [男] 〔植〕ドクゼリ

e+'n|an-tes [副] 《方》以前に

e+n|ar-bo-'lar [エ.ナる.ボ.'ラる] [動] [他] 〈旗・軍旗を〉高く揚げる, 掲揚(けいよう)する ~-se [動] [再] «馬などが»後脚で立つ; かんしゃくを起こす

e+n|ar-'car [エ.ナる.'カる] [動] [他] (69) (c|qu) アーチ状にする, 弓なりにする ~se [動] [再] アーチ状になる, 弓なりに曲がる

e+n|ar-de-'cer [エ.ナる.デ.'せる] [動] [他] ㊺ (c|zc) 元気づける, 鼓舞する, 興奮させる; 燃やす, たきつける, 燃え上がらせる, あおる; 〔医〕〈に〉炎症を起こさせる ~se [動] [再] 興奮する, 熱狂する; 燃える, 燃え上がる; 〔医〕炎症を起こす

e+n|ar-de-ci-'mien-to [エ.ナる.デ.すぃ.'ミエン.ト] [名] [男] 〔医〕炎症; 興奮, 激昂, 高ぶり

e+n|a-re-'nar [エ.ナ.れ.'ナる] [動] [他] 砂で覆(おお)う, 〈に〉砂をまく; 〔鉱〕〈銀を含む土に〉砂を混ぜる ~se [動] [再] 〔海〕暗礁(あんしょう)に乗り上げる, 座礁する

e+n|a-'sar [エ.ナ.'サる] [動] [他] 〈に〉柄(え)を付ける

e+n|as-'tar [エ.ナス.'タる] [動] [他] 〈に〉柄(え)[取っ手]を取り付ける

en-ca-bal-ga-'mien-to [エン.カ.バル.ガ.'ミエン.ト] [名] [男] 〔軍〕砲架, 砲車; 木組みの台; 〔文〕句またがり《詩句が2行にまたがっていること》

en-ca-bal-'gar [エン.カ.バル.'ガる] [動] [他] ㊶ (g|gu) 〔畜〕〈に〉馬を与える; 上に載せる, 重ねる; 〔文〕〈詩句を〉2行にまたがらせる [動] [自] 馬に乗る; 上に載る, 重なる; 〔文〕詩句が2行にまたがる

en-ca-ba-'llar [エン.カ.バ.'ジャる] [動] [他] 〈屋根瓦を〉重ねて置く; 〔印〕〈組版の活字を〉ごちゃごちゃにする, 乱す ~se [動] [再] 重なる; 〔印〕«組版の活字が»ごちゃごちゃになる, 乱れる

en-ca-bes-'trar [エン.カ.ベス.'トらる] [動] [他] 〔畜〕〈馬・牛などに〉端綱(はづな)をつける; 手なづける ~se [動] [再] 〔畜〕«馬が»端綱にからまる

en-ca-be-'za-do [エン.カ.ベ.'さ.ド] [名] [男] 〔印〕(ページの)ヘッダー《本文の上のスペース》; 《メキシコ》《中米》《アンデス》《ラプラタ》(新聞記事の)(大)見出し

en-ca-be-za-'mien-to [エン.カ.ベ.さ.'ミエン.ト] [名] [男] (新聞記事などの)(大)見出し; (ページ・章の)表題, (小)見出し; (手紙などの)書き出し, 前口上, 前文; 〔法〕(納税名簿への)登記, 登録, 納税名簿; 〔情〕ヘッダー

***en-ca-be-'zar** [エン.カ.ベ.'さる] 90% [動] [他] ㉞ (z|c) 〈の〉先頭に立つ, 〈の〉上部にある; 率いる, 統率する; 〈文や手紙を〉(con: で)書き出す, 〈に〉見出しをつける; 〔法〕(納税名簿へ)登録する; 〔飲〕〈ワインの〉アルコール分を強化する

en-ca-bri-'tar-se [エン.カ.ブリ.'タる.セ] [動] [再] 〔畜〕«馬などが»後ろ脚で立つ; «船首や機首などが»上にあげる, «船・車が»前部を浮かせる; 《話》激怒する, 腹を立てる

en-ca-'cha-do [名] [男] 〔技〕(水路の)コンクリート床

en-ca-'char [エン.カ.'チャる] [動] [他] 〔技〕〈刃物に〉柄(つか)を取り付ける; 〔技〕〈水路に〉コンクリートを打つ

en-ca-de-na-'mien-to [名] [男] 数珠つなぎ, 連鎖

en-ca-de-'nar [エン.カ.デ.'ナる] [動] [他] 鎖でつなぐ; 拘束する, 束縛する

en-ca-'jar [エン.カ.'はる] [動] [他] (en: に)はめる, はめ込む, 差し込む, 収める, 〈器具などを〉取り付ける; (a, en: に)合わせる, 適合させる; 《話》〈苦痛を〉受ける, 耐える; 《話》〈打撃を〉加える; 《話》〈くだらないものを〉だましてつかませる; 《話》〈いやなことを〉話す, 聞かせる [動] [自] (体などに)合う, ぴったりする, 調和する, 適合する; (con: と)一致する ~se [動] [再] 《話》着る, かぶる, 身に着ける; (en, entre: に)はまる, はまり込む; 入り込む; (en, entre: に)つけ込む

en-'ca-je [エン.'カ.へ] [名] [男] 〔衣〕レース

編み; 適合, 一致; はめ込み, 挿入, 結合

en-ca-jo-'nar [エン.カ.ほ.'ナる] 動 他 箱[引き出し]に入れる[詰める]; (en: 狭い所に)押し込む, 詰め込む; 〘牛〙〈闘牛を〉(闘牛場に運ぶために)檻(おり)に入れる; 〘建〙 控え壁で囲む ～se 動 再 (en: に)押し入る, 割り込む, はまり込む; 〘地〙《川が》(峡谷を)流れる

en-ca-'jo-so, -sa [エン.カ.'ほ.ソ, サ] 形 名 男 女 《メキシコ》ねだりたがる(人)

en-ca-la-bri-'nar [エン.カ.ラ.ブリ.'ナる] 動 他 ぼうっとさせる, 酔わせる; 怒らせる, 激怒させる ～se 動 再 (con: に)固執する, (con: を)欲しがる; (con: に)ほれる, 恋する

en-ca-'la-do [エン.カ.'ラ.ド] 名 男 白壁, 壁の漆喰(しっくい)塗り

en-ca-'lar [エン.カ.'ラる] 動 他 〈に〉漆喰(しっくい)を塗る, 白く塗る

en-ca-le-'ta-do, -da [エン.カ.レ.'タ.ド, ダ] 形 《コロンビア》《話》金のある, 裕福な

en-ca-le-'tar [エン.カ.レ.'タる] 動 他 《南米北》《話》隠す; 《ベネズエラ》《話》盗む

en-ca-lla-'mien-to [エン.カ.ジャ.'ミエン.ト] 名 男 〘地〙 座礁

en-ca-'llar [エン.カ.'ジャる] 動 自 〘海〙 浅瀬[暗礁(あんしょう)]に乗り上げる, 座礁する; 失敗する, しくじる ～se 動 再 〘海〙 座礁する; 〘食〙《食物が》かちかちになる, 硬くなる

en-ca-lle-'cer(-se) [エン.カ.ジェ.'せる(.セ)] 動 自 (再) 45 (c|zc) 凝り固まる, 常習的になる, 慣れる; 《皮膚が》硬くなる, まめ[たこ]ができる; 〘食〙《食物が》硬くなる; 無感覚になる, 冷淡になる

en-cal-'mar [エン.カル.'マる] 動 他 静める, 落ち着かせる ～se 動 再 静まる, 落ち着く

en-cal-ve-'cer [エン.カル.ベ.'せる] 動 自 45 (c|zc) 〘体〙 頭髪がなくなる, はげる

en-ca-'mar-se [エン.カ.'マる.セ] 動 再 〘医〙 (病気で)床につく; 〘動〙《動物が》休む, 寝る; 〘農〙《穀物が》しおれる, 倒れる

en-ca-mi-'na-do, -da 形 (a: へ)向かっている, (a: を)目指している *ir* [*estar*] *bien* ～[*da*] 正しい道を行く; 適切である, 順調に進んでいる

***en-ca-mi-'nar** [エン.カ.ミ.'ナる] 92% 動 他 道を教える, (a, hacia: に)向かわせる; 指導する, 管理する, 監督する; 指図する, 命令する; (a, hacia: に)〈注意・視線などを〉向ける ～se 動 再 (a, hacia: へ向かって)進む, 行く, 歩く

en-cam-pa-'nar [エン.カン.パ.'ナる] 動 他 高い地位につける, 昇進[昇格]させる; 《メキシコ》 孤立無援にする ～se 動 再 傲慢(ごうまん)になる; 《ベネズエラ》《話》遠い場所に引っ込む

en-ca-na-lla-'mien-to [エン.カ.ナ.ジャ.'ミエン.ト] 名 男 堕落, 不良化

en-ca-na-'llar [エン.カ.ナ.'ジャる] 動 他 ごろつきにする, 堕落させる ～se 動 再 ごろつきになる, 落ちぶれる

en-ca-'nar-se [エン.カ.'ナる.セ] 動 再 啞然(あぜん)とする, 呆然(ぼうぜん)とする

en-ca-nas-'tar [エン.カ.ナス.'タる] 動 他 かごに入れる

en-can-de-'cer [エン.カン.デ.'せる] 動 他 45 (c|zc) 白熱させる ～se 動 再 白熱する

en-can-di-'la-do, -da [エン.カン.ディ.'ラ.ド, ダ] 形 《話》《目が》ぎらぎらした; 《メキシコ》《話》疲れた

en-can-di-'lar [エン.カン.ディ.'ラる] 動 他 (ろうそくなどで)まぶしくする, 〈の〉目をくらませる; 惑わせる, 幻惑させる; 《話》〈欲望を〉刺激する ～se 動 再 《顔・目が》輝く; 目がくらむ

en-ca-ne-'cer(-se) [エン.カ.ネ.'せる(.セ)] 動 自 (再) 45 (c|zc) 〘体〙 白髪になる; 年をとる, 老ける

en-ca-ni-'jar [エン.カ.ニ.'はる] 動 他 弱める, やつれさせる ～se 動 再 やせ衰える, やつれる

***en-can-'ta-do, -da** 93% 形 喜んだ[で], 満足した[て]; うっとりした, 魅せられた 感 始めまして, よろしく; 喜んで

***en-can-ta-'dor, -'do-ra** [エン.カン.タ.'ドる, 'ド.ら] 93% 形 魅惑的な, うっとりさせる(ような) 名 男 女 魅惑的な人; 魔術師, 魔法使い

en-can-ta-'mien-to 名 男 魔法(を使うこと), 魔法, 魔術; うっとりさせるもの, 魅力

****en-can-'tar** [エン.カン.'タる] 84% 動 他 **1** 〈は〉(主語: が)大好きである, とても気に入る, とても…したい: Me **encanta** montar a caballo. 私は乗馬が大好きです。 **2** 喜ばせる, 魅惑する, うっとりさせる: Me **encantaba** la vista de la puesta del sol en el mar. 私は海に沈む太陽をうっとりと眺めていた。 **3** 魔法にかける: La bruja **encantó** a la princesa. 魔女が王女に魔法をかけた。

***en-'can-to** 92% 名 男 魅力, 魅惑; 喜び; 魔法, 魔術 感 あなた, きみ《愛情をこめた呼び方》

en-ca-'ña-do [エン.カ.'ニャ.ド] 名 男 葦(あし)製の格子; 〔集合〕(水道の)配管, パイプ

en-ca-'ñar [エン.カ.'ニャる] 動 他 水道管に〈水を〉通す; 〘農〙〈水を〉排水させる, はかせる; 〘農〙〈植物を〉杭で支える; 〈糸を〉糸巻き[ボビン]に巻く; 〈丸太などを〉積み重ねる

en-ca-ño-'nar [エン.カ.ニョ.'ナる] 動 他 〈に〉銃を向ける[突きつける]; 〈水を〉導管

で通す; ひだをつける; 〈糸を〉糸巻き[ボビン]に巻く 動 自 鳥の羽が生える

en-ca-po-'tar [エン.カ.ポ.'タる] 動 他 〈に〉マント[外套](がいとう)を着せる **~se** 動 再〖気〗雲がたちこめる, 曇る; マント[外套]を着る; しかめ面をする;〖畜〗«馬が»下を向く

en-ca-pri-'char-se [エン.カ.プり.'チャる.セ] 動 再 (con, en, por: に)執心する, 固執する; (con, en, por: に)のぼせあがる, 夢中になる

en-ca-pu-'char [エン.カ.プ.'チャる] 動 他〖衣〗〈に〉ずきん[フード]をかぶせる **~se** 動 再〖衣〗頭巾をかぶる

en-ca-'ra-do, -da [エン.カ.'ら.ド, ダ]〔成句〕 ***bien ~[da]*** 顔が美しい; 見かけがよい ***mal ~[da]*** 顔が醜い; 恐ろしい外見の

en-ca-ra-'mar [エン.カ.ら.'マる] 動 他 上げる, 高い所に置く; 激賞する, 称賛する **~se** 動 再 (a: 高い所に)登る, よじ登る; 昇進する, 出世する

en-ca-'rar [エン.カ.'らる] 動 他 〈に〉直面する, 直接ぶつかる; (銃で)ねらう, 〈に〉銃口を向ける **~(se)** 動 自 (再) (a, con: と)対決する, 反抗する; 直面する, 立ち向かう, 面と向かう

en-car-ce-la-'mien-to [エン.カる.せ.ラ.'ミエン.ト] 名 男〖法〗投獄, 収監, 監禁, 拘禁

en-car-ce-'lar [エン.カる.せ.'ラる] 動 他〖法〗刑務所に入れる, 収監する, 投獄する;〖建〗〈に〉しっくいを詰める; かすがいなどで締める

en-ca-re-'cer [エン.カ.れ.'せる] 動 他 ㊺ (c|zc)〖商〗値段を上げる[高くする]; 〈que 接続法: …することを〉(熱心に)勧める; 称賛する, ほめ上げる; 〈の重要性を〉強調する 動 自〖商〗値段が上がる

en-ca-re-'ci-do, -da [エン.カ.れ.'すぃ.ド, ダ] 形 熱心な, 切なる **-damen-te** 副 熱心に, 切に

en-ca-re-ci-'mien-to [エン.カ.れ.すぃ.'ミエン.ト] 名 男 値上がり; 固執, 執心, 強調; 称賛

en-ca-'rez-co, -ca(~) 動《直現 1 単, 接現》↑encarecer

⁑**en-car-'ga-do, -da** [エン.カる.'ガ.ド, ダ] 84% 形 «人が» (de: を)引き受けている, 預かっている 名 男 女 係, 担当者, 責任者, 従業員; 代理人

⁑**en-car-'gar** [エン.カる.'ガる] 85% 動 他 ㊶ (g|gu) 〈仕事を〉ゆだねる, 任せる, 一任する, (a: に)〈不定詞/que 接続法: …することを〉頼む; 注文する; 勧める, 助言する **~se** 動 再 (de: 仕事を)引き受ける, 担当する, (de: の)責任を持つ; 〈自分の物を〉注文する

en-car-ga-'to-ria [エン.カる.ガ.'ト.りア] 名 女《チリ》〖法〗司法手続き

⁑**en-'car-go** [エン.'カる.ゴ] 90% 名 男 仕事を頼む[引き受ける]こと, 依頼, 注文; 注文品; 仕事, 任務, 用事;〔複〕使い, 使い走り, (使いの)用事, 伝言; 責任;《カリブ》《チリ》妊娠 ***como hecho[cha] de ~*** おあつらえ向きに ***de ~*** あつらえの

en-car-'gué, -gue(~) 動《直点 1 単, 接現》↑encargar

en-ca-ri-'ñar [エン.カ.り.'ニャる] 動 他 いとおしく思わせる, 慕わせる **~se** 動 再 (con, de: が)好きになる, いとおしく思う

En-'car-na [エン.'カる.ナ] 名 固〖女性名〗エンカルナ《Encarnación の愛称》

en-car-na-'ción [エン.カる.ナ.'すぃオン] 名 女〔la E~〕〖宗〗(神が)人間の姿であらわれること, キリストの顕現(けんげん); 具現, 象徴; 具現化, 擬人化;〖絵〗うすだいだい色, 肉色 **E~** 名 固〖地名〗エンカルナシオン《パラグアイ南部の都市》;〖女性名〗エンカルナシオン

en-car-'na-do, -da [エン.カる.'ナ.ド, ダ] 形 肉体をもつ, 人の姿をした, 化身の, 権化の; 赤の; うすだいだい色の, 肉色の 名 男 赤色; うすだいだい色, 肉色

en-car-na-'du-ra [エン.カる.ナ.'ドゥ.ら] 名 女〖医〗傷の治り具合

***en-car-'nar** [エン.カる.'ナる] 93% 動 他 具現化する, 体現化する;〖演〗«俳優が»〈役に〉扮する, 演技する 動 自〖宗〗«神が»人間の姿であらわれる, 顕現(けんげん)する;〖医〗«傷が»治る, 癒(い)える **~se** 動 再〖宗〗«神が»人間の姿で現われる, (en: に)顕現する; 混ざる, いっしょになる

en-car-ni-'cé, -ce(~) 動《直点 1 単, 接現》↓encarnizar

en-car-ni-'za-do, -da [エン.カる.ニ.'さ.ド, ダ] 形 «戦争が»残虐な, 血なまぐさい; «議論・けんかが»すさまじい, 激しい; 目が充血した, 血走った

en-car-ni-za-'mien-to [エン.カる.ニ.さ.'ミエン.ト] 名 男 残虐, 残忍; 激しさ

en-car-ni-'zar [エン.カる.ニ.'さる] 動 他 ㉞ (z|c) 激怒させる, いらいらさせる; 残酷[残忍]にする **~se** 動 再 激しく戦う;〖動〗«動物が»獲物をむさぼり食う; (con: を)残酷に扱う, 虐待する

en-car-pe-'tar [エン.カる.ペ.'タる] 動 他《ラ米》〈書類を〉ファイルする;《ラ米》〈仕事を〉放っておく, 棚上げする

en-ca-rri-'lar [エン.カ.りぃ.'ラる] 動 他〖鉄〗〈列車を〉線路[レール]に乗せる; 軌道に乗せる, (正しい)方向づけをする **~se** 動 再 軌道に乗る, 正しい方向に進む

en-car-'ta-do, -da [エン.カる.'タ.ド, ダ] 形 (en: に)関わりのある, 巻き込まれた;

〘法〙起訴された, 召喚された [名][男][女]〘法〙被告

en-car-'tar [エン.カる.'タる] [動][他] 追放する; 〘遊〙〔トランプ〕〈前に出した札と同種の札を〉出す　**~se** [動][再] 都合がよい; 〘遊〙〔トランプ〕前に出した札と同種の札を出す

en-'car-te [エン.'カる.テ] [名][男]〘遊〙〔トランプ〕 前に出した札と同種の札を出すこと; 折り込み広告チラシ; 《コロンビア》 迷惑, やっかいなこと

en-car-to-'nar [エン.カる.ト.'ナる] [動][他] 厚紙で包む; 〘印〙 厚紙で製本する

en-ca-si-'llar [エン.カ.スィ.'ジャる] [動][他] 〈書類などを〉整理棚に納める; 升目に入れる; (de: と)みなす, 格付けする; 〈立候補者を〉選挙区に割り振る

en-cas-que-'tar [エン.カス.ケ.'タる] [動][他] うんざりさせる, 飽き飽きさせる; 〈考えなどを〉植えつける, 押しつける; 〘衣〙 (a: に)〈帽子を〉深くかぶせる　**~se** [動][再]〘衣〙〈帽子を〉深くかぶる; 《考えが》頭にこびりつく

en-cas-qui-'llar-se [エン.カス.キ.'ジャる.セ] [動][再] (銃身に)弾が詰まる, 不発に終わる

en-cas-ti-'llar [エン.カス.ティ.'ジャる] [動][他] 〈城を〉築く; 積み重ねる, 積み上げる; 〈に〉足場を築く[組む]　**~se** [動][再] 城に立てこもる, 籠城(ろうじょう)する; (en: に)こだわる, 固執する

en-ca-'tra-do [エン.カ.'トら.ド] [名][男] 《チリ》 がたがたの構造

en-cau-'char [エン.カウ.'チャる] [動][他] 〈に〉ゴムを引く, ゴムで裏打ちする

en-cau-'sar [エン.カウ.'サる] [動][他]〘法〙起訴する

en-'cáus-ti-co, -ca [形]〘絵〙 蠟画(ろうが)の [名][男] ワックス　**-ca** [名][女]〘絵〙 蠟画

en-'caus-to [名][男]〘絵〙 蠟画(ろうが)法; 〘歴〙 昔皇帝が使用した赤インク

en-cau-za-'mien-to [エン.カウ.さ.'ミエン.ト] [名][男]〘建〙 水路の建設[整備]

en-cau-'zar [エン.カウ.'さる] [動][他] ㉞ (z|c) 水路[水道]を開く; 導く, 指導する

en-ca-'var-se [エン.カ.'バる.セ] [動][再] 穴に入り込む

en-ce-bo-'lla-do [エン.せ.ボ.'ジャ.ド] [名][男]〘食〙 タマネギ料理

en-ce-fa-'lal-gia [エン.せ.ファ.'ラル.ひア] [名][女]〘医〙 頭痛

en-ce-'fá-li-co, -ca [エン.せ.'ファ.リ.コ, カ] [形]〘体〙 脳の

en-ce-fa-'li-tis [エン.せ.ファ.'リ.ティス] [名][女]〔単複同〕〘医〙 脳炎

en-'cé-fa-lo [エン.'せ.ファ.ロ] [名][男]〘体〙 脳

en-ce-fa-lo-gra-'fí+a [エン.せ.ファ.ロ.グら.'フィ.ア] [名][女]〘医〙 脳造影法

en-ce-fa-lo-'gra-ma [エン.せ.ファ.ロ.'グら.マ] [名][男]〘医〙 脳造影図

en-ce-fa-lo-pa-'tí+a [エン.せ.ファ.ロ.パ.'ティ.ア] [名][女]〘医〙 脳症

en-ce-'lar [エン.せ.'ラる] [動][他] 〈に〉嫉妬(しっと)心を起こさせる　**~se** [動][再] (de: に)嫉妬する; 《動物が》発情する, さかりがつく

en-'ce-lla [エン.'せ.ジャ] [名][女] (チーズを作るための)型

en-ce-na-'gar-se [エン.せ.ナ.'ガる.セ] [動][再] ㊶ (g|gu) 泥だらけになる, 泥にまみれる; (en: 悪事に)染まる, ふける

***en-cen-de-'dor** [エン.せン.デ.'ドる] 94% [名][男] 点火[点燈]器; ライター　**~, -dora** [形] 発火する, 点火用の

en-cen-'der [エン.せン.'デる] 86% [動][他] 51 (e|ie) 〈に〉火をつける, 点火する; 〈明かりを〉つける, 照らす, スイッチを入れる; 〈顔を〉明るくする, 輝かせる, 晴れ晴れさせる; 引き起こす, かき立てる, あおる [動][自] 火がつく, ともる　**~se** [動][再] 火がつく, ともる; 《顔が》赤らむ, 真っ赤になる

***en-cen-'di-do, -da** [エン.せン.'ディ.ド, ダ] 94% [形] 《火・明かり・電気が》ついている; 火のような, 燃えている, 真っ赤になった [名][男] 点火, 発火; 点火装置

en-cen-'tar [エン.せン.'タる] [動][他] 〈食事などを〉始める; 潰瘍(かいよう)にする

en-ce-'ra-do, -da [エン.せ.'ら.ド, ダ] [形] ワックスを塗った[かけた]; ろう色の [名][男] ワックスがけ; 油布; 防水布; 黒板; 〘医〙 絆創膏(ばんそうこう)

en-ce-ra-'do-ra [エン.せ.ら.'ド.ら] [名][女] 床磨き器

en-ce-'rar [エン.せ.'らる] [動][他] ワックスで磨く, 〈に〉ワックス[ろう]を引く; 〈に〉ワックス[ろう]をこぼす; 〘建〙〈に〉漆喰(しっくい)を厚く塗る　**~se** [動][再]〘農〙《穀物が》(実って)黄色くなる

en-ce-'rrar [エン.せ.'ら̃る] 87% [動][他] ㊿ (e|ie) (en: に)しまう, 収納する; (en: に)閉じこめる; (entre: で)囲む, くくる, 包む; 含む; 〈危険・困難などを〉伴う　**~se** [動][再] (en: に)閉じこもる; 囲まれている; 《意味が》含まれている

en-ce-'rro-na [エン.せ.'ろ̃.ナ] [名][女] (ある目的のために一定期間)引きこもること; 〘牛〙(個人で開催する)闘牛(の試合); 策略, わな

en-ces-'tar [エン.せス.'タる] [動][他] かご[バスケット]に入れる　**~se** [動][再]〘競〙〔バスケットボール〕〈ボールを〉シュートする

en-'ces-te [エン.'せス.テ] [名][男]〘競〙〔バスケットボール〕 シュート

en-cha-'par [エン.チャ.'パる] [動][他] 〈に〉化粧板を張る; 〈に〉金属めっきをかぶせる

en-char-'car [エン.チャる.'カる] 動 他 69 (c|qu) 水浸しにする, 水であふれかえる; (水分の取りすぎで)〈胃が〉ふくれる ～**se** 動 再 水浸しになる, 水たまりができる; (con: で)水腹になる

en-chi-'char [エン.チ.'チャる] 動 自 《中米》《話》腐る, 発酵する ～**se** 動 再 《中米》《話》怒る, 不機嫌になる

en-chi-'la-da [エン.チ.'ラ.ダ] 名 女 《メキシコ》《中米》〔食〕エンチラーダ《トルティージャに具を入れチリソースをかけたもの》

en-chi-'lar [エン.チ.'ラる] 動 他 《メキシコ》《中米》〔食〕チリソースで味付けする; 《メキシコ》《中米》怒らせる ～**se** 動 再 《メキシコ》《中米》怒る, いらいらする

en-chin-'cha-do, -da 形 《ラプラタ》《話》怒った, 不機嫌な

en-chi-que-'rar [エン.チ.ケ.'らる] 動 他 〔牛〕〈牛を〉囲い場に入れる; 《話》収監する, 刑務所に入れる

en-chis-'mar(-se) [エン.チス.'マる(.セ)] 動 自 (再) 《カリブ》《話》怒る, 憤慨する

en-chue-'car [エン.チュエ.'カる] 動 他 69 (c|qu) 《メキシコ》《チリ》《話》ねじる, 曲げる

en-chu-'fa-do, -da 形 《話》(con: に)コネがある

***en-chu-'far** [エン.チュ.'ファる] 94% 動 他 つなげる, 接続する; はめ込む; 〔電〕コンセントに差し込む; 《話》〈に〉コネで職を与える ～**se** 動 再 《話》コネで就職する

en-'chu-fe 名 男 〔電〕プラグ, ソケット; コンセント; 〔機〕接合[接続]部; コネ, 人脈, つて; 〔情〕プラグイン

en-chu-'fis-mo 名 男 《スペイン》《話》コネを使うこと, コネに頼ること

en-chu-'fis-ta 名 共 《スペイン》《話》コネを使う人

en-chum-'bar [エン.チュン.'バる] 動 他 《ベネズエラ》《話》ぬらす, 湿らせる

en-'chu-te 名 男 《中米》〔遊〕ボウリング

en-'cí-a [エン.'すぃ.ア] 名 女 〔体〕歯肉, 歯茎

en-'cí-cli-ca [エン.'すぃ.クリ.カ] 名 女 〔宗〕回状《特にローマ教皇が全聖職者にあてて出す同文通達》

en-ci-clo-'pe-dia** [エン.すぃ.クロ.'ペ.ディア] 93% 名 女 百科事典 ～ ***ambulante [***viviente***] 《話》生き字引き

en-ci-clo-'pé-di-co, -ca [エン.すぃ.クロ.'ペ.ディ.コ, カ] 形 百科事典の; 博学な, 百般の知識をもった

en-ci-clo-pe-'dis-mo [エン.すぃ.クロ.ペ.'ディス.モ] 名 男 〔歴〕百科全書派の運動

en-ci-clo-pe-'dis-ta [エン.すぃ.クロ.ペ.'ディス.タ] 形 名 共 〔歴〕百科全書派の(人)

en-cie-'lar [エン.すぃエ.'ラる] 動 他 《中米》〈に〉ふたをする

en-'cien-d~ 動 《直現/接現/命》 ↑encender

en-'cie-rr~ 動 《直現/接現/命》 ↑encerrar

***en-'cie-rro** [エン.'すぃエ.ろ] 94% 名 男 閉じこもること; 幽閉, 隠居; 隠れ家, 隠れ場所; 牢獄, 監獄; 〔牛〕牛追い《闘牛の試合の前に町に牛を放ち, 闘牛場まで追い込むこと》; 〔牛〕(牛の)囲い場

****en-'ci-ma** [エン.'すぃ.マ] 76% 副 《位置が》上に[へ], 上位に, 高く, 頭上に; (de: の)上に; 身につけて, 所持して; 加えて, さらに; 差し迫って, 近々; (de: に)加えて; (de: の)力の及ばない ***echarse*** ～ (de: を)不意に襲う, 差し迫る; 引き受ける ***estar*** ～ (de: を)見張っている, 管理している ***llevar*** ～ 持ち合わせる; 背負う, 引き受ける ***por*** ～ ざっと, あまり身を入れないで ***por*** ～ ***de*** ... …の上に[へ], …を超えて; …にもかかわらず, …の反対を押し切って ***quitarse de*** ～ 取り除く, 追い出す, 排除する

en-ci-'mar [エン.すぃ.'マる] 動 他 上に置く, 載せる

en-ci-'me-ro, -ra [エン.すぃ.'メ.ろ, ら] 形 上の

en-ci-'mo-so, -sa [エン.すぃ.'モ.ソ, サ] 形 《ラ米》やっかいな, 面倒な

en-'ci-na [エン.'すぃ.ナ] 名 女 〔植〕オークの木, カシ; 〔植〕オーク材

en-ci-'nar [エン.すぃ.'ナる] 名 男 カシの林[森]

en-'cin-ta [エン.'すぃン.タ] 形 女 妊娠している

en-cin-'ta-do [エン.すぃン.'タ.ド] 名 男 リボンで飾ること; (歩道の)縁(ふち)石

en-cin-'tar [エン.すぃン.'タる] 動 他 リボンで飾る

en-ci-za-'ñar [エン.すぃ.さ.'ニャる] 動 他 仲たがいさせる, 不和にする

en-claus-'trar [エン.クラウス.'トらる] 動 他 修道院[尼僧院]に閉じ込める; 隠す ～**se** 動 再 修道院に閉じこもる; 身を隠す, 引きこもる

en-cla-'va-do, -da [エン.クラ.'バ.ド, ダ] 形 (en: に)位置する

en-cla-'var [エン.クラ.'バる] 動 他 釘(くぎ)で留める, 〈に〉釘を打つ; 貫く, 突き通す; 《話》だます, 惑わす

en-'cla-ve [エン.'クラ.ベ] 名 男 〔地〕飛び地, 飛び領土《他国の領土に囲まれた領土》; (孤立した)異端集団

en-'clen-que [エン.'クレン.ケ] 形 病弱な, 病気がちの, 弱々しい 名 共 病弱な人, 病人

en-'clí-ti-co, -ca [エン.'クリ.ティ.コ,

カ] 形〔言〕前接の 名 男〔言〕前接語《前の語に接続する語》

en-clo-'car(-se) [エン.クロ.'カる(.セ)] 動 自 (再) 75 (o|ue; c|qu)〔畜〕«[特に]鶏が»卵を抱く, 巣につく

en-clo-'char [エン.クロ.'チャる] 動 自《ᶜᵒˡᵒⁿ ᵇⁱᵈᵉ》〔車〕クラッチを踏む

en-co-'bar(-se) [エン.コ.'バる(.セ)] 動 自 (再)〔畜〕«鶏が»卵を抱く, 巣につく

en-co-co-'rar [エン.コ.コ.'らる] 動 他《話》うるさがらせる, いらだたせる ～se 動 再《話》(de, por: に)いらだつ, 不快になる, うんざりする;《ラプラタ》《話》虚勢を張る

en-co-'fra-do [エン.コ.'フら.ド] 名 男〔建〕(コンクリートを流し込むための)(型)枠;〔建〕(トンネルなどの土留めのための)板張り

en-co-'frar [エン.コ.'フらる] 動 他〔建〕〈に〉枠組みをする;〔建〕〈に〉板張りをする

*en-co-'ger [エン.コ.'へる] 94% 動 他 14 (g|j) 縮(ちぢ)める, 小さくする, 減らす; ひるませる, しりごみさせる, 萎縮(いしゅく)させる ～(se) 動 自 (再)〔衣〕«布地が»縮む; (恐れ・痛みなどで)ひるむ, しりごみする, 萎縮する, 気後れする; 縮こまる, うずくまる 名 男 女 はにかみ屋 *～se de hombros* 肩をすくませる(「知らない」と言うとき, または責任を逃れようとするときにするしぐさ)

en-co-'gi-do, -da [エン.コ.'ひ.ド, ダ] 形 収縮した, 縮んだ; 萎縮(いしゅく)した, すくんだ; 内気な, はにかみ屋の, 引っ込み思案の 名 男 女 はにかみ屋, 恥ずかしがり屋 *tener el corazón ～* びくびくしている

en-co-gi-'mien-to [エン.コ.ひ.'ミエン.ト] 名 男 体を丸めていること, うずくまること; 内気, はにかみ, 臆病(おくびょう); 萎縮(いしゅく); 縮み

en-'co-jo, -ja(～) 動《直現1単, 接現》↑encoger

en-co-'la-do [エン.コ.'ラ.ド] 名 男 にかわづけ, のりづけ

en-co-'lar [エン.コ.'ラる] 動 他 にかわづけにする, 〈に〉のりをつける; 〈ワインを〉澄ませる

en-co-le-ri-'zar [エン.コ.レ.り.'さる] 動 他 34 (z|c) 怒らせる, かっとさせる ～se 動 再 怒る, かっとなる

*en-co-men-'dar [エン.コ.メン.'ダる] 92% 動 他 50 (e|ie) ゆだねる, 託す, 任せる;〔歴〕《スペイン》〈先住民を〉委託する ～se 動 再 (a: に)頼る, (a: を)頼みにする

en-co-men-'de-ro, -ra [エン.コ.メン.'デ.ろ, ら] 名 男 女〔歴〕〔法〕《スペイン》エンコメンデーロ《勅許により先住民への徴税と教化を任された人↓encomienda》

en-co-'mia-ble [エン.コ.'ミア.ブレ] 形 称賛に値する

en-co-'miar [エン.コ.'ミアる] 動 他 称賛する, ほめたたえる

en-co-'miás-ti-co, -ca 形《格》称賛の, 絶賛の

en-co-'mien-d～ 動《直現/接現/命》↑encomendar

en-co-'mien-da 名 女 (任務・職権などの)委任, 委託; 保護, 庇護;〔歴〕〔法〕《スペイン》《ラ米》エンコミエンダ制《スペインの新大陸統治時代, 開拓者が先住民に対する使役権と税の徴収権を割り当てられた代償として彼らをカトリックに改宗させ保護する制度》;〔歴〕《スペイン》中世騎士団長の地位[職, 領地]; 推薦, 推奨, 推挙;《ラ米》郵便小包

en-'co-mio 名 男《格》ほめ言葉, 賛辞, 称賛

en-co-'nar [エン.コ.'ナる] 動 他 憤慨させる;〔医〕〈体の部分に〉炎症を起こさせる; 〈争いごとを〉激化する ～se 動 再〔医〕炎症を起こす, «傷が»化膿する; «争いごと・もめごとが»激しくなる

en-con-'char-se [エン.コン.'チャる.セ] 動 再《ベネズエラ》隠れる

en-'co-no 名 男 怨恨(えんこん), 遺恨, 恨み; 敵意, 反感, 悪意

en-con-tra-'di-zo, -za [エン.コン.トら.'ディ.そ, さ]〔成句〕*hacerse el* [*la*] *～*[*za*] (con: と)偶然に出会ったふりをする

en-con-'tra-do, -da [エン.コン.'トら.ド, ダ] 形 対立する, 反対の

**en-con-'trar [エン.コン.'トらる] 63% 動 他 16 (o|ue) 見つける, 探し出す, (探して)見つけ出す; (たまたま)出会う; 〈未知のことを〉発見する, 〈答えなどを〉見つけ出す; (形容詞・副詞: …だと)知る, わかる, 悟る, 思う; 〈必要なものを〉得る, 手に入る ～se 動 再 (en: に)ある, いる, 存在する; (形容詞・副詞: …の)状態である; (con: と)会う, 出会う; (con: と)ぶつかる, 触れ合う; 対立する; (たまたま)見つける *encontrárselo todo hecho*《話》すべて思い通りになる

en-con-tro-'na-zo [エン.コン.トろ.'ナ.そ] 名 男《話》衝突

en-co-'ña-do, -da [エン.コ.'ニャ.ド, ダ] 形《俗》(con: に)夢中になった

en-co-'ñar-se [エン.コ.'ニャる.セ] 動 再《俗》(con: に)夢中になる

en-co-pe-'ta-do, -da 形《話》名門の, 高貴な生まれの;《話》うぬぼれた, 思い上がった

en-co-pe-to-'nar-se [エン.コ.ペ.ト.'ナる.セ] 動 再《ᶜᵒˡᵒⁿ ᵇⁱᵈᵉ》《話》ほろ酔いになる

en-co-'pre-sis [エン.コ.'プれ.スィス] 名 女〔単複同〕〔医〕糞便[大便]失禁

en-co-ra-ji-'nar [エン.コ.ら.ひ.'ナる] 動 他《話》激怒させる, 怒らせる ～se 動 再《話》激怒する, 怒る

en-co-'rar [エン.コ.'らる] 動 他 16 (o|ue) 皮革で覆う, 革張りにする; 革袋の中に

詰める, 入れる; 〘医〙〈傷口を〉癒(い)やす ～-se 動 再 〘医〙《傷口が》癒える, ふさがる

en-cor-'char [エン.コる.'チャる] 動 他 〈に〉コルクをつける, 〈に〉コルク栓をする; 〈ミツバチを〉巣箱に集める[入れる]

en-cor-'dar [エン.コる.'ダる] 動 他 ⑯ (o|ue) 〈楽器に〉弦を張る; 〈ラケットに〉ガットを張る; ひもで縛る[結わえる]

en-cor-de-'lar [エン.コる.デ.'ラる] 動 他 ひもで縛る, 〈に〉ひもを巻く

en-cor-do-'nar [エン.コる.ド.'ナる] 動 他 ひもで縛る, ひもで飾る

en-cor-na-'du-ra [エン.コる.ナ.'ドゥ.ら] 名 女 〔集合〕 角(つの); 角の形

en-co-rra-'lar [エン.コ.ら.'ラる] 動 他 〘畜〙〈家畜を〉おり[囲い]に入れる

en-cor-'va-da [エン.コる.'バ.ダ] 〔成句〕 *hacer la* ～ 《話》 仮病を使う

en-cor-'var [エン.コる.'バる] 動 他 曲げる, 湾曲させる ～se 動 再 曲がる, 湾曲する; 背中が曲がる; かがむ, うずくまる; 〘畜〙《馬が》(騎手を振り落とそうと)頭を下げる

en-cos-'trar [エン.コス.'トらる] 動 他 〘医〙かさぶたで覆う ～se 動 再 〘医〙かさぶたで覆われる

en-co-'var [エン.コ.'バる] 動 他 ⑯ (o|ue) 洞窟(どうくつ)[穴]に入れる; 隠す ～se 動 再 隠れる; 身を隠す

en-cres-'par [エン.クれス.'パる] 動 他 〈髪を〉カールさせる, 縮らせる; 波立たせる; 〈人を〉怒らせる, いらいらさせる ～se 動 再 〘気〙《海・波が》立つ, しけになる; 〘体〙《髪が》カールする, 縮れる; 怒る, いらいらする; 紛糾する, 困難になる

en-cris-ta-'lar [エン.クりス.タ.'ラる] 動 他 ガラス張りにする, 〈に〉ガラスをはめる

*__en-cru-ci-'ja-da__ [エン.クる.すぃ.'は.ダ] 94% 名 女 〘地〙 四つ辻, 四つ角, 十字路; (人生・方針などの)分かれ道, 分岐点, 岐路; (人を陥れる)機会

en-cru-de-'cer [エン.クる.デ.'せる] 動 他 ㊺ (c|zc) 激しくする; 怒らせる ～se 動 再 《気候が》荒れる, 厳しくなる; 怒る

en-cua-der-na-'ción [エン.クア.デる.ナ.'すぃオン] 名 女 〘印〙 製本, 製本術; 〘印〙(本の)表紙, 装丁; 〘印〙 製本所

en-cua-der-na-'dor, -'do-ra [エン.クア.デる.ナ.'ドる, 'ド.ら] 名 男 女 〘商〙 製本業者

*__en-cua-der-'nar__ [エン.クア.デる.'ナる] 94% 動 他 〘印〙 製本する, 装丁する

en-cua-'drar [エン.クア.'ドらる] 動 他 枠にはめ込む, 額にはめる; 構図を決める; 囲む, とりまく; (a, en: に)合わせる, 適合させる; (en: あるグループに)入れる, 加入させる ～se 動 再 (en: に)入る, 参加する; (en: に)はまる, はめ込まれる

en-'cua-dre [エン.'クア.ドれ] 名 男 〘映〙 フレーミング; 〘機〙(テレビの)画像調整装置; 枠(わく)

en-cu-'bar [エン.ク.'バる] 動 他 〈ワインなどを〉大樽(おおだる)に入れる, 貯蔵する

en-cu-'bier-to, -ta [エン.ク.'ビエる.ト, タ] 形 隠された, 秘密にされた

en-cu-bri-'dor, -'do-ra [エン.ク.ブり.'ドる, 'ド.ら] 形 名 男 女 隠す(人), 隠匿(いんとく)する(者); 〘法〙 犯人をかくまう(者)

en-cu-bri-'mien-to [エン.ク.ブり.'ミエン.ト] 名 男 隠匿(いんとく), 隠蔽(いんぺい); 犯人をかくまうこと

*__en-cu-'brir__ [エン.ク.'ブりる] 94% 動 他 〔過分 encubierto〕 秘密にする, 見せないでおく, 隠蔽(いんぺい)する; 〈犯人を〉かばう, かくまう; 隠す, 覆う

en-'cuen-tr~ 動 《直現/接現/命》 ↑ encontrar

****en-'cuen-tro** [エン.'クエン.トろ] 81% 名 男 会, 会談, 会見; 出会い, 待ち合わせ, 落ち合うこと; 発見; 衝突; 〘競〙 試合 *salir* [*ir*] *al* ～ (de: を)出迎える, 迎えに行く; …に先んじる, 出し抜く

en-cue-'rar [エン.クエ.'らる] 動 他 《カリブ》《話》 裸にする

****en-'cues-ta** 85% 名 女 アンケート(調査); (警察の)聞き込み, 捜査

en-cues-'ta-do, -da 名 男 女 アンケート対象者, 被調査者

en-cues-ta-'dor, -'do-ra [エン.クエス.タ.'ドる, 'ド.ら] 名 男 女 アンケート調査者

en-cues-'tar [エン.クエス.'タる] 動 他 アンケート調査する

en-cu-'lar-se [エン.ク.'ラる.セ] 動 再 《ラプラタ》《俗》 怒る, 不機嫌になる

en-cum-'bra-do, -da [エン.クン.'ブら.ド, ダ] 形 社会的[政治的]地位が高い, えらい

en-cum-bra-'mien-to [エン.クン.ブら.'ミエン.ト] 名 男 出世, 昇進, 昇格

en-cum-'brar [エン.クン.'ブらる] 動 他 上げる, 持ち上げる; 〈人の〉地位を高める, 昇格させる; 激賞する, 称揚する, ほめそやす ～se 動 再 高い地位につく, 昇格する; 高く上がる; そびえ立つ

en-cur-'ti-do [エン.クる.'ティ.ド] 名 男 〔複〕〘食〙(野菜などの)ピクルス, 酢漬け

en-cur-'tir [エン.クる.'ティる] 動 他 〘食〙〈野菜などを〉酢に漬ける, ピクルスにする

'en+de 〔成句〕 *por* ～ 《古》《格》 その結果, したがって, それゆえに

en-'de-ble [エン.'デ.ブレ] 形 体力が弱った, 虚弱な; 《物が》壊れやすい, 弱い, もろい; 《論拠・理論が》弱い, 不足した

en-de-'blez [エン.デ.'ブレす] 名 女 虚

弱さ, 柔弱, 病弱, 弱さ
en-de-'cá-go+no, -na [形]〔数〕十一角形の [名] [男]〔数〕十一角形
en-de-ca-'sí-la-bo, -ba [エン.デ.カ.'スィ.ラ.ボ, バ] [形]〔文〕11 音節の [名] [男]〔文〕11 音節の詩行
en-'de-cha [名] [女] 葬送歌, 哀悼歌; 挽歌(ばんか);〔文〕エンデーチャ《各行が 6, 7 音節の 4 行詩; 哀悼歌が多い》
en-'de-mia [名] [女]〔医〕地方病, 風土病
en-'dé-mi-co, -ca [形]〔医〕《病気が》地方病性の, 風土病性の; 慢性的な, 蔓延(まんえん)する, はびこる
en-de-'mis-mo [名] [男] 一地方の特有的性質, 風土性
en-de-mo-'nia-do, -da [形] 悪魔つきの;《話》ひどい, いまいましい, はなはだしい;《話》悪い, いたずら好きの [名] [男] [女] 悪魔に取りつかれた人
en-de-mo-'niar [エン.デ.モ.'ニアる] [動] [他]〈に〉悪魔をつかせる;《話》怒らせる
en-den-'tar [エン.デン.'タる] [動] [他] 50 (e|ie)〔技〕〈歯車を〉(en: と)かみ合わせる;〔技〕〈縁に〉歯[ぎざぎざ]をつける
en-den-te-'cer [エン.デン.テ.'せる] [動] [自] 45 (c|zc)〔体〕歯が生える
en-de-re-'zar [エン.デ.れ.'さる] [動] [他] 34 (z|c) まっすぐにする[伸ばす]; 直立させる; (a, hacia: の方向へ)向ける, 方向づける; 正す, 矯正する, 立て直す　**~se** [動] [再] まっすぐになる, 直立する; (a: へ)向かう, 直行する, (a: を)目指す; 立ち直る
en-deu-da-'mien-to [名] [男] 借金; 借り
en-deu-'dar [エン.デウ.'ダる] [動] [他]〈に〉借金を負わせる　**~se** [動] [再] (con: に)借金をする; 借りができる, 恩がある
en-dia-'bla-da [エン.ディア.'ブラ.ダ] [名] [女] 悪魔祭り《参加者が悪魔に仮装する》
en-dia-'bla-do, -da [エン.ディア.'ブラ.ド, ダ] [形]《話》ひどい, いやな, 面倒な;《話》悪い, いたずら好きの; 悪魔に取りつかれた
en-'di-bia [名] [女]〔植〕キクヂシャ, エンダイブ
en-dil-'gar [エン.ディル.'ガる] [動] [他] 41 (g|gu)《話》〈いやなことを〉(a: に)押しつける
en-'di+no, -na [形] [名] [男] [女]《話》憎たらしい(人), いまいましい(人)
en-di-'ñar [エン.ディ.'ニャる] [動] [他]《スペイン》《俗》〈平手打ちなどを〉食らわす
en-dio-'sa-do, -da [形] 神格化された;《話》思い上がった, 高慢な
en-dio-sa-'mien-to [名] [男] 高慢, 横柄, 不遜; 没頭, 放心, 忘我
en-dio-'sar [エン.ディオ.'サる] [動] [他] 神として祭り上げる, 神格化する　**~se** [動] [再]《話》思い上がる, うぬぼれる, 高慢になる; 放心する, 呆然(ぼうぜん)とする
en-'di-via [名] [女] ⇧ endibia
en-do~〔接頭辞〕「内部」という意味を示す
en-do-'car-dio [エン.ド.'カる.ディオ] [名] [男]〔体〕心内膜
en-do-'car-pio [エン.ド.'カる.ピオ] [名] [男]〔植〕内果皮
en-do-'cri-no, -na [エン.ド.'クリ.ノ, ナ] [形]〔体〕内分泌の [名] [男] [女]〔医〕内分泌専門医, 内分泌学者
en-do-cri-no-lo-'gí+a [エン.ド.クリ.ノ.ロ.'ひ.ア] [名] [女]〔医〕内分泌学
en-do-cri-no-'ló-gi-co, -ca [エン.ド.クリ.ノ.'ロ.ひ.コ, カ] [形]〔医〕内分泌学の
en-do-cri-'nó-lo-go, -ga [エン.ド.クリ.'ノ.ロ.ゴ, ガ] [名] [男] [女]〔医〕内分泌専門医, 内分泌学者
en-do-'ga-mia [名] [女] 同族結婚
en-do-'gá-mi-co, -ca [形] 同族結婚の
en-'dó-ge+no, -na [エン.'ド.へ.ノ, ナ] [形]〔生〕内生の
en-do-'lin-fa [エン.ド.'リン.ファ] [名] [女]〔医〕内リンパ
en-do-min-'gar [エン.ド.ミン.'ガる] [動] [他] 41 (g|gu)〔衣〕〈に〉晴れ着を着せる　**~-se** [動] [再]〔衣〕晴れ着を着る
en-do-'plas-ma [エン.ド.'プラス.マ] [名] [男]〔生〕(細胞質の)内質
en-do-'sar [エン.ド.'サる] [動] [他]〔商〕〈書類・手形などに〉裏書きする;《話》〈いやな[面倒な]こと[もの]を〉(a: に)押しつける
en-dos-'co-pia ⇔-'pí+a [名] [女]〔医〕内視鏡検査
en-dos-'co-pio [名] [男]〔医〕内視鏡
en-'dós-mo-sis ⇔-dos- [名] [女]〔単複同〕〔物〕内浸透
en-'do-so [名] [男]〔商〕(書類・小切手の)裏書き
en-dos-'per-ma [エン.ドス.'ぺる.マ] [名] [男]〔生〕内乳, 胚乳
en-do-'ter-mo, -ma [エン.ド.'テる.モ, マ] [形]〔生〕内温性の
en-do-ve-'no-so, -sa [エン.ド.べ.'ノ.ソ, サ] [形]〔医〕静脈内の
en-'dria-go [エン.'ドリア.ゴ] [名] [男] (古代の空想上の)怪物
en-'dri+no, -na [エン.'ドリ.ノ, ナ] [形] 青黒い [名] [男]〔植〕リンボク　**-na** [名] [女]〔植〕リンボクの実
en-dro-'gar-se [エン.ドろ.'ガる.セ] [動] [再] 41 (g|gu)《ラ米》麻薬中毒になる;《メキシコ》《チリ》《話》借金を作る
en-dul-'zar [エン.ドゥル.'さる] [動] [他] 34 (z|c)〔食〕〈食物・料理を〉甘くする,〈に〉甘み

をつける; 楽しくする, 喜びにする; 〈苦痛・悲しみなどを〉和らげる, なごやかにする ～se 動 再 〘食〙《食物・料理が》甘くなる; 和らぐ, なごやかになる

en-du-re-'cer [エン.ドゥ.れ.'せる] 動 他 45 (c|zc) 固くする, 固める; 鍛える, 強くする; 冷淡にする ～se 動 再 冷淡になる; 固い表情になる; 固くなる, 固まる; 鍛えられる, 強くなる; 〈体を〉鍛える; 冷淡になる

en-du-re-ci-'mien-to [エン.ドゥ.れ.すぃ.'ミエン.ト] 名 男 硬化, 固くなること; 冷淡, 冷酷; 鍛錬

'e+ne 名 女 〘言〙エネ《文字 N, n の名称》; 〘数〙未知数, X

ene. 略 ↓enero

ENE 略 ↓estenordeste

e+'ne+a 名 女 〘植〙ガマ

e+ne+'á-go+no, -na 形 〘数〙九角形の 名 男 〘数〙九角形

e+ne+a-'sí-la-bo, -ba [エ.ネ.ア.'スィ.ラ.ボ, バ] 形 9 音節の 名 男 〘文〙9 音節の詩行

e+'ne-bro [エ.'ネ.ブろ] 名 男 〘植〙ビャクシン

E+'nei-da 名 固 〘歴〙〘文〙アエネイス《ウェルギリウス Virgilio の未完の叙事詩》

e+'nel-do [エ.'ネル.ド] 名 男 〘植〙イノンド, ディル

e+'ne-ma 名 男 〘医〙浣腸剤[液]

‡e+ne-'mi-go, -ga 83% 名 男 女 敵, かたき; 害となるもの, 敵 名 男 〔軍〕〔集合〕敵軍, 敵兵 形 〘軍〙敵の, 敵国の; 〔一般〕敵の, 敵対する; (de: が)嫌いな -ga 名 女 敵意, 反感 *hacerse [crearse] ~gos [gas]* 敵を作る, 敵どうしになる

***e+ne-mis-'tad** 94% 名 女 敵意, 悪意, 恨み

e+ne-mis-'tar [エ.ネ.ミス.'タる] 動 他 反目させる, 〈に〉敵意をいだかせる ～se 動 再 (con: と)反目する, 敵意をいだく

e+ner-'gé-ti-co, -ca [エ.ネる.'へ.ティ.コ, カ] 形 エネルギーの -ca 名 女 エネルギー論, エネルギー学

‡e+ner-'gí+a [エ.ネる.'ひ.ア] 77% 名 女 エネルギー; 元気, 活力, 精力, 勢い; 活動力, 行動力

***e+'nér-gi-co, -ca** [エ.'ネる.ひ.コ, カ] 93% 形 強い, 断固とした; エネルギッシュな, 精力的な, 活気に満ちた, 活動的な

e+ner-gi-'zar [エ.ネる.ひ.'さる] 動 他 34 (z|c) 《ラ米》〈に〉エネルギーを与える, 〈に〉エネルギーをみなぎらせる

e+ner-'gú-me+no, -na [エ.ネる.'グ.メ.ノ, ナ] 名 男 女 〔軽蔑〕頭のおかしい人; 〔軽蔑〕悪魔に取りつかれた人, 狂信者

‡e+'ne-ro [エ.'ネ.ろ] 82% 名 男 1 月

e+ner-'var [エ.ネる.'バる] 動 他 〈の〉気力を奪う, 無気力にする; 〈議論・論拠を〉弱める; いらいらさせる, いらつかせる ～se 動 再 意気阻喪(そそう)する, 気力をなくす; 《議論などの調子が》弱まる; いらいらする

e+ner-va-'to-rio, -ria [エ.ネる.バ.'ト.りオ, りア] 形 気力[体力]がない

e+'né-si-mo, -ma 形 〔数〕n 番目の, n 倍の *por enésima vez* 《話》何回も

en-fa-da-'di-zo, -za [エン.ファ.ダ.'ディ.そ, さ] 形 怒りっぽい

en-fa-'da-do, -da 形 怒った, 腹を立てた

‡en-fa-'dar [エン.ファ.'ダる] 90% 動 他 《スペイン》怒らせる, 立腹させる ～se 動 再 (con, por: に)怒る, 腹を立てる; 《ラ米》退屈する

***en-'fa-do** 94% 名 男 怒り, 立腹; うんざりすること, 退屈

en-fa-'do-so, -sa 形 《スペイン》いらいらさせる, 怒らせる, 腹立たしい

en-fal-'dar [エン.ファル.'ダる] 動 他 〘衣〙〈スカートの〉裾(すそ)をたくし上げる; 〈木の〉下の枝を落とす

en-'fal-do [エン.'ファル.ド] 名 男 〘衣〙裾(すそ)を上げたスカート, スカートの裾をたくし上げること

en-fan-'gar [エン.ファン.'ガる] 動 他 41 (g|gu) 泥でよごす[汚くする] ～se 動 再 泥まみれになる, 泥でよごれる; 《話》悪事に手を染める, 悪事に携(たずさ)わる; 《話》(en: 悪習[悪癖]に)染まる, おぼれる

en-far-'dar [エン.ファる.'ダる] 動 他 包む, 包みにする, 小包にする

en-far-de-'lar 動 他 ⇧enfardar

***'én-fa-sis** 93% 名 男 〔単複同〕強調, 力説; 強調点; 〘言〙強調, 強勢

en-'fá-ti-co, -ca 形 《言動が》強い調子の, 断固とした, きっぱりとした; 〘言〙強調された, 強勢を置く -camente 副 語気を強めて, きっぱりと; 強調して, 断固として

en-fa-ti-za-'ción [エン.ファ.ティ.さ.'すぃオン] 名 女 強調, 誇張

en-fa-ti-'zar [エン.ファ.ティ.'さる] 動 他 34 (z|c) 強調する, 力説する; 〈に〉強勢を置く

en-fa-tua-'mien-to 名 男 うぬぼれること, 思い上がること

en-fa-'tuar [エン.ファ.'トゥアる] 動 他 うぬぼれさせる, 思い上がらせる ～se 動 再 うぬぼれる, 思い上がる

en-fer-'man-te [エン.フェる.'マン.テ] 形 《チリ》《話》ひどい, 腹立たしい

***en-fer-'mar** [エン.フェる.'マる] 93% 動 他 病気にする; 〈の〉気分を悪くさせる; 弱める 動 自 病気になる, 患(わずら)う, (de: が)悪くなる ～se 動 再 《ラ米》病気にかかる

‡en-fer-me-'dad [エン.フェる.メ.'ダド]

77% [名] [女]〘医〙病気; (精神・道徳などの)不健全, (社会の)病弊

en-fer-me-'rí+a [エン.フェる.メ.'り.ア] [名] [女] 医務室, 保健室;〘医〙〔集合〕患者;〘医〙看護学

***en-fer-'me-ro, -ra** [エン.フェる.'メ.ろ, ら] 92% [名] [男] [女]〘医〙看護師

***en-fer-'mi-zo, -za** [エン.フェる.'ミ.そ, さ] 94% [形] 病身の, 病弱の; «天候・情熱などが»不健全な, 病的な

****en-'fer-mo, -ma** [エン.'フェる.モ, マ] 77% [形]〘医〙病気の, 病的な [名] [男] [女]〘医〙病人, 患者 *poner* ~[*ma*] うんざりさせる

en-fer-vo-ri-'zar [エン.フェる.ボ.り.'さる] [動] [他] 34 (z|c) 熱狂させる, 鼓舞(こぶ)する, 奮起させる

en-fi-'lar [エン.フィ.'ラる] [動] [他] 列に並べる, 一列に整列させる; 〈ある方向に〉向かう, 沿って[通過して]進む; 糸に通す, 数珠つなぎにする; 〈銃口を〉(a, hacia: に)向ける;〘軍〙縦射を浴びせる

en-fi-'se-ma [名] [男]〘医〙気腫(きしゅ)

en-fi-'teu-sis [名] [女]〔単複同〕〘法〙不動産の永代賃貸契約

en-fla-que-'cer [エン.フラ.ケ.'せる] [動] [他] 45 (c|zc) やせさせる, 細身にする; 衰弱させる, 弱らせる; 意気消沈させる ~(**se**) [動] [自] ([再]) やせる, 細身になる; 衰弱する; 意気消沈する

en-fla-que-ci-'mien-to [エン.フラ.ケ.すぃ.'ミエン.ト] [名] [男] やせること; 衰弱; 意気消沈

en-fle-'tar [エン.フレ.'タる] [動] [自]《コロンビア》急いで逃げる, 逃走する

***en-fo-'car** [エン.フォ.'カる] 92% [動] [他] 69 (c|qu) (a, en: に)〈の〉焦点を合わせる; 〈に〉光をあてる, 照らす; 〈問題を〉取り上げる, 考察する; 〈注意などを〉(a, en: に)集中させる [動] [自] (a, en: に)焦点を合わせる

en-fo-go-'nar-se [エン.フォ.ゴ.'ナる.セ] [動] [再]《カリブ》《話》怒る, 憤慨する

en-fo-llo-na-'mien-to [エン.フォ.ジョ.ナ.'ミエン.ト] [名] [男]《話》面倒, 混乱, 紛糾

en-fo-llo-'nar [エン.フォ.ジョ.'ナる] [動] [他]《話》混乱させる [動] [自]《話》面倒を引き起こす; やっかいなことになる

****en-'fo-que** [エン.'フォ.ケ] 89% [名] [男] 焦点(を合わせること), 照射

en-fo-'qué, -que(~) [動]《直点 1 単, 接現》↑enfocar

en-fos-'car [エン.フォス.'カる] [動] [他] 69 (c|qu) 〈の〉穴をふさぐ;〘建〙〈壁に〉モルタル[漆喰(しっくい)]を塗る ~**se** [動] [再]〘気〙(嵐のときに)雲がたちこめる

en-'fran-que [エン.'フらン.ケ] [名] [男]〘衣〙(靴底の)土踏まずの部分

en-fras-'ca-do, -da [エン.フらス.'カ.ド, ダ] [形] (en: に)夢中になった, 没頭した

en-fras-'car [エン.フらス.'カる] [動] [他] 69 (c|qu) フラスコに入れる; 瓶(びん)に詰める ~**se** [動] [再] やぶ[茂み]に入りこむ; (en: に)没頭する, 熱中する, 夢中になる; (en: に)巻き込まれる

en-fre-'nar [エン.フれ.'ナる] [動] [他]〘畜〙〈馬に〉馬勒(ばろく)[くつわ]をはめる;〘畜〙〈馬を〉調教する; 〈に〉ブレーキをかける, 止める; 抑える, 制限する ~**se** [動] [再] 抑制する, 自制する

en-fren-ta-'mien-to [エン.フれン.タ.'ミエン.ト] [名] [男] 直面すること, 立ち向かうこと, 対決

****en-fren-'tar** [エン.フれン.'タる] 84% [動] [他] 〈事件などに〉直面する, 立ち向かう; (con: 事件などに)立ち向かわせる, 対決させる ~**se** [動] [再] (a, con: に)直面する, 立ち向かう; (con: と)敵対する, 対立する, 対戦する

***en-'fren-te** [エン.'フれン.テ] 92% [副] 正面に[で], 向かい側に[で], 前に[で], 前方に[で]; (de: の)向かいに, 前に[で]; (de: に)反対して, (de: と)対立して *de* ~ 反対側の, 正面の

en-fria-'mien-to [エン.フりア.'ミエン.ト] [名] [男] 冷却, 冷たくなること;〘医〙風邪

***en-'friar** [エン.'フりアる] 93% [動] [他] 29 (i|í) 冷やす, 涼しくする; 〈関係などを〉冷たくする, 冷ます ~(**se**) [動] [自] ([再]) 冷える, 冷める;〘医〙風邪をひく; «関係などが»冷たくなる, 冷める

en-fron-'tar [エン.フろン.'タる] [動] [他] 〈に〉立ち向かう, 〈に〉直面する

en-fu-'llar [エン.フ.'ジャる] [動] [他] 〈に〉いかさまをする

en-fun-'dar [エン.フン.'ダる] [動] [他] ケース[箱, 袋]に入れる[おさめる]

en-fu-re-'cer [エン.フ.れ.'せる] [動] [他] 45 (c|zc) 激怒させる ~**se** [動] [再] (con: に)(de, por: の理由で)激怒する;〘気〙«海・天候などが»荒れる

en-fu-re-ci-'mien-to [エン.フ.れ.すぃ.'ミエン.ト] [名] [男] 激怒

en-fu-rru-ña-'mien-to [エン.フ.る.ニャ.'ミエン.ト] [名] [男]《話》すねること, ふくれること

en-fu-rru-'ñar-se [エン.フ.る.'ニャる.セ] [動] [再]《話》すねる, ふくれる, むくれる, ブンブンする

en-fus-'car-se [エン.フス.'カる.セ] [動] [再] 69 (c|qu)《カリブ》《話》一目惚(ぼ)れする

en-gai-'tar [エン.ガイ.'タる] [動] [他]《話》言葉巧みにだます, 甘言で誘う

en-ga-la-na-'mien-to [エン.ガ.ラ.ナ.'ミエン.ト] [名] [男] 着飾ること

en-ga-la-'nar [エン.ガ.ラ.'ナる] [動] [他] (con, de: で)飾りつける, 飾る ～**se** [動] [再] (con, de: で)装う, めかしこむ, 着飾る

en-ga-'llar-se [エン.ガ.'ジャる.セ] [動] [再] (con: に)横柄な態度をとる

en-ga-lle-'tar [エン.ガ.ジェ.'タる] [動] [自] 《ベネズエラ》《話》 混乱する; 交通が渋滞する

***en-gan-'char** [エン.ガン.'チャる] 91% [動] [他] かぎで引っかける, つるす; 〘鉄〙〈車両を〉連結する; 《話》〈の〉心をつかむ, 〈異性を〉ハントする, つかまえる; 《話》 捕(つか)まえる, 引っかける; 〘畜〙〈馬を〉(a: 馬車に)つなぐ; 釣り針[鉤針]に引っかける; 〘軍〙 募兵する, 入隊させる ～**se** [動] [再] (en: に)引っかかる; 〘軍〙 入隊する

en-'gan-che [名] [男] (鉤(かぎ)[フック]で)引っかけること; 連結, 接続; 鉤, フック, 留め金; 〘軍〙 徴兵, 徴募; 《メキシコ》〘商〙 頭金

en-gan-gre-'nar-se [エン.ガン.グれ.'ナる.セ] [動] [再] 〘医〙 壊疽(えそ)にかかる

en-ga-ña-'bo-bos [エン.ガ.ニャ.'ボ.ボス] [名] [共] 〔単複同〕 手品師, ぺてん師, 詐欺師 [名] [男] 《単複同》 詐欺, ペテン

****en-ga-'ñar** [エン.ガ.'ニャる] 88% [動] [他] だます, 欺く; 誤解させる, 惑わす; 〈空腹などを〉まぎらわす; 〈に対して〉浮気をする, 〈夫・妻を〉だます; (冗談で)かつぐ; 〈時間を〉つぶす [動] [自] あてにならない, 人をだます ～**se** [動] [再] 誤る, 間違える, 誤りをおかす; 自分を偽る, 本当のことを知ろうとしない; (con: 人を)誤解する

en-ga-'ñi-fa [エン.ガ.'ニィ.ファ] [名] [女] 《話》 詐欺, ペテン; でっち上げ, うそ, かたり

en-ga-'ñi-to [エン.ガ.'ニィ.ト] [名] [男] 《チリ》《話》 小さなプレゼント

en-'ga-ño [エン.'ガ.ニョ] [名] [男] 誤り, 間違い, 思い違い; 欺くこと, 欺瞞(ぎまん), 詐欺, ペテン ***llamarse a*** ～ 《話》 自分がだまされていたと言いわけをする

***en-ga-'ño-so, -sa** [エン.ガ.'ニョ.ソ, サ] 94% [形] 人を欺く, 誤解させる; うその

en-ga-ra-bi-'tar-se [エン.ガ.ら.ビ.'タる.セ] [動] [再] (a, en: に)よじ登る; 《指が》寒さなどで曲がる, かじかむ

en-'gar-ce [エン.'ガる.セ] [名] [男] 数珠つなぎ; (宝石の)はめこみ, 象眼; 関係, 関連, 結びつき

en-gar-'fiar [エン.ガる.'フィアる] [動] [他] 鉤で引っかける

en-gar-gan-'tar [エン.ガる.ガン.'タる] [動] [他] 〘鳥〙 〈鳥の〉のどに餌(えさ)を押し込む; 〈歯車を〉かみ合わせる [動] [自] 《歯車が》かみ合う, ギアが入る

en-ga-rra-'far [エン.ガ.ら̃.'ファる] [動] [他] 《話》 ひっつかむ, ひっ捕らえる, つかむ

en-gar-'zar [エン.ガる.'さる] [動] [他] [34] (z|c) 数珠つなぎにする, つなぎ合わせる; 〈考えなどを〉関連させる, 結び付ける; 〈宝石を〉はめ込む; 〈頭髪を〉カールする

en-gas-'tar [エン.ガス.'タる] [動] [他] 〈宝石を〉(en: に)はめ込む

en-'gas-te [名] [男] 宝石をはめること, 象眼; (宝石の)台座

en-ga-ti-'llar [エン.ガ.ティ.'ジャる] [動] [他] 留め金で固定する

en-ga-tu-'sar [エン.ガ.トゥ.'サる] [動] [他] 《話》 口説き落とす, 言いくるめる

en-gen-'drar [エン.ヘン.'ドらる] [動] [他] 発生させる, 生じさせる, 引き起こす; 《男親が》〈子を〉もうける ～**se** [動] [再] 発生する, 生じる

en-'gen-dro [エン.'ヘン.ドろ] [名] [男] 胎児; 奇形児; 醜い人, 怪奇異形の人; へまな仕事, とんでもない作品

en-ge-'rir-se [エン.ヘ.'りる.セ] [動] [再] 《ラ米》 元気をなくす; 悲しくなる

en-glo-'ba-do, -da [エン.グロ.'バ.ド, ダ] [形] 《コロンビア》《話》 ぼんやりした

en-glo-'bar [エン.グロ.'バる] [動] [他] 含む, 包含する; ひとまとめにする, 一括する

en-'go-be [名] [男] 〘技〙 エンゴーベ《陶磁器を焼く前に塗る液状の装飾用粘土》

en-go-'la-do, -da [エン.ゴ.'ラ.ド, ダ] [形] いばった, 横柄な, 尊大な; (話し方・文体などが)大げさな, 大仰な, もったいぶった

en-go-'lar [エン.ゴ.'ラる] [動] [他] 〈声を〉のどで鳴らす; もったいぶって話す

en-gol-'far [エン.ゴル.'ファる] [動] [他] 〈船を〉湾内に入れる [動] [自] 〘海〙 《船が》沖に出る ～**se** [動] [再] (en: に)熱中する, 没頭する, 夢中になる; 〘海〙 《船が》沖に出る[進む]

en-go-lo-si-'nar [エン.ゴ.ロ.スィ.'ナる] [動] [他] 誘惑する, 気を引く ～**se** [動] [再] (con: を)好きになる, 欲しくなる; (con: に)ふける, おぼれる

en-go-'mar [エン.ゴ.'マる] [動] [他] にかわ[糊(のり)]づけにする

***en-gor-'dar** [エン.ゴる.'ダる] 94% [動] [自] 太る, 太らせる; 《話》 金をもうける [動] [他] 太らせる

en-'gor-de [エン.'ゴる.デ] [名] [男] 〘畜〙 肥育《家畜を太らせること》

en-go-ri-'la-do, -da [エン.ゴ.り.'ラ.ド, ダ] [形] 《チリ》《ラプラタ》《話》 酒に酔った(人), 酔っぱらい

en-'go-rro [エン.'ゴ.ろ̃] [名] [男] 《話》 じゃまもの[人], さまたげとなるもの, 困りもの

en-go-'rro-so, -sa [エン.ゴ.'ろ̃.ソ, サ] [形] やっかいな, わずらわしい, 面倒な, うるさい, うっとうしい

En-'gra-cia [エン.'グら.すィア] [名] [固] 〘女性名〙 エングラシア

en-gra-'na-je [エン.グら.'ナ.へ] [名] [男] 〔集合〕〘技〙 歯車(装置), ギア, 伝動装置;

e

〖技〗(歯車の)連動, かみ合うこと; 関連, 関係, つながり

en-gra-'nar [エン.グら.'ナる] [動] [他] 〖技〗〈歯車を〉かみ合わせる; 結びつける, 関係づける [動] [自] 〖技〗《歯車が》かみ合う; 関連する, 関係する

en-gran-de-'cer [エン.グらン.デ.'せる] [動] [他] ㊺ (c|zc) 大きくする; 〈質・価値などを〉高める, 立派にする; 昇進させる **～se** [動] [再] 大きくなる; 立派になる; 昇進する

en-gran-de-ci-'mien-to [エン.グらン.デ.すぃ.'ミエン.ト] [名] [男] 拡大, 増大; 立派にすること, 向上, 進歩; 昇進, 昇格

en-gran-'dez-co, -ca(～) [動] 《直現1単, 接現》 ↑engrandecer

en-gra-pa-'do-ra [エン.グら.パ.'ド.ら] [名] [女] ⇩ grapadora

en-gra-'par [エン.グら.'パる] [動] [他] ⇩ grapar

en-gra-'sar [エン.グら.'サる] [動] [他] 〈に〉油を差す[塗る]; 油で汚す; 〈土地に〉肥料を施す; 《ベネズエラ》《チリ》《話》賄賂を渡す **～se** [動] [再] 油で汚れる, 〈体・服を〉油で汚す

en-'gra-se [エン.'グら.セ] [名] [男] (機械に)油[グリース]を差すこと; 潤滑油, グリース

en-gre+'í-do, -da [エン.グれ.'イ.ド, ダ] [形] うぬぼれの強い, 思い上がった

en-grei-'mien-to [エン.グれイ.'ミエン.ト] [名] [男] うぬぼれ, 自負心, 尊大

en-gre+'ír [エン.グれ.'イる] [動] [他] (58) (e|i; 〈i〉) うぬぼれさせる, 思い上がらせる; 《ラ米》〈子供を〉甘やかす **～se** [動] [再] (con, de, por: で)うぬぼれる, 思い上がる; 《ラ米》甘える, わがままになる

en-gre-'ña-do, -da [エン.グれ.'ニャ.ド, ダ] [形] 《カリブ》《話》不機嫌な, 怒った

en-gres-'car [エン.グれス.'カる] [動] [他] (69) (c|qu) けんかさせる **～se** [動] [再] けんかする, 争いを起こす

en-gri-'fa-do, -da [エン.グり.'ファ.ド, ダ] [形] 《コロンビア》《話》麻薬で錯乱した

en-grin-'gar-se [エン.グりン.'ガる.セ] [動] [再] ㊶ (g|gu) 《カリブ》《コロンビア》《アンデス》《パラグアイ》アメリカ人のようになる

en-gro-'sar [エン.グろ.'サる] [動] [他] ⑯ (o|ue) 大きくする, 拡大する; 増やす, 増大する; 厚くする, 太くする [動] [自] 拡大する, 大きくなる; 増大する, 増加する; 《人が》太る, 肥満になる; 《川が》増水する, 氾濫する **～se** [動] [再] 増大する, 拡大する

en-gru-'dar [エン.グる.'ダる] [動] [他] 糊(のり)ではる, 〈に〉糊をつける **～se** [動] [再] 糊状になる, ねばねばする

en-'gru-do [エン.'グる.ド] [名] [男] 糊(のり), 糊状のもの

en-grue-'sar [動] [他] ⇧ engrosar

en-gru-'pir [エン.グる.'ピる] [動] [他] 《チリ》《ラプラタ》《話》だます; でっちあげる; 〈文書を〉偽造する

en-gua-'car [エン.グア.'カる] [動] [他] (69) (c|qu) 《中米》《話》隠す

en-gual-dra-'par [エン.グアル.ドら.'パる] [動] [他] 〖畜〗〈馬に〉馬衣をつける

en-gua-li-'char [エン.グア.リ.'チャる] [動] [他] 《ラプラタ》呪う, 〈に〉魔法をかける

en-guan-'tar [エン.グアン.'タる] [動] [他] 〈に〉手袋をはめる **～se** [動] [再] 手袋をはめる, 手袋をする

en-gua-'tar [エン.グア.'タる] [動] [他] 〈に〉詰め物を入れる

en-gua-ya-'ba-do, -da [エン.グア.ジャ.'バ.ド, ダ] [形] 《南米北》《話》二日酔いの; 《ベネズエラ》《話》悲しい, メランコリックな

en-gui-ja-'rrar [エン.ギ.は.'̃らる] [動] [他] 砂利で舗装する, 〈に〉砂利を敷く

en-guir-nal-'dar [エン.ギる.ナル.'ダる] [動] [他] 花輪で飾る

en-gu-'llir(-se) [エン.グ.'ジる(.セ)] [動] [他] ([再]) ⑩ (〈i〉) 一気に食べる, 丸飲みする

en+ha-ri-'nar [エ.ナ.り.'ナる] [動] [他] 〖食〗〈に〉小麦粉をかける **～se** [動] [再] 〖食〗小麦粉で覆われる; 粉まみれになる

en+he-'brar [エ.ネ.'ブらる] [動] [他] 〈針に〉糸を通す; 糸に通す, 数珠つなぎにする; 《話》立て続けに話す

en+her-bo-'lar [エ.ネる.ボ.'ラる] [動] [他] 〈に〉毒を塗る[つける]

en+hes-'tar [エ.ネス.'タる] [動] [他] ㊿ (e|ie) 上げる, 持ち上げる; 〈旗・帆などを〉揚げる **～se** [動] [再] 揚がる, 持ち上がる

en+'hies-to, -ta [エ.'ニエス.ト, タ] [形] 直立の, そびえ立つ

en-ho-ra-'bue-na** [エ.ノ.ら.'ブエ.ナ] 92% [感] おめでとう(ございます)!, よかったですね! 《達成されたこと・名誉なこと・突然の幸運を祝う》 [名] [女] 祝いの言葉, 祝辞 [副] 《格》神の御加護で; よい時に, 都合のよい時に; ありがたいことに ***estar de ～ 幸福である; おめでたい

en-ho-ra-'ma-la [エ.ノ.ら.'マ.ラ] [副] あいにく, 折悪しく ***¡Íros ～!*** 《話》さっさと行け!

en+hor-'nar [エ.ノる.'ナる] [動] [他] 〖食〗オーブンに入れる

en+hue-'car [エ.ヌエ.'カる] [動] [他] (69) (c|qu) 《中米》《話》隠す

***e+'nig-ma** [エ.'ニグ.マ] 93% [名] [男] 謎(なぞ), 不思議; 謎の人, 不思議な物[事]

***e+nig-'má-ti-co, -ca** [エ.ニグ.'マ.ティ.コ, カ] 94% [形] 謎(なぞ)のような, 解きがたい, 不可解な; 《人物が》得体(えたい)の知れない -**camente** [副] 謎(なぞ)のように, 謎めいて

e+nig-ma-ti-'zar [エ.ニグ.マ.ティ.'さる] [動] [他] ㉞ (z|c) 謎めかして話す

en-ja-bo-'na-da [エン.は.ボ.'ナ.ダ] 名 女 《南米北》《話》叱(しか)りつけること, 叱責(しっせき), 非難

en-ja-bo-'nar [エン.は.ボ.'ナる] 動 他 せっけんでこする, 洗う; 《話》〈に〉ごまをする, 〈に〉おべっかを使う; 《話》叱(しか)りつける, 厳しく批判する

en-ja+e-'zar [エン.は.エ.'さる] 動 他 ㉞ (z|c) 〔畜〕〈馬に〉引き具をつける

en-jal-be-'gar [エン.はル.ベ.'ガる] 動 他 ㊶ (g|gu) 〈に〉漆喰(しっくい)を塗る

en-'jal-ma [エン.'はル.マ] 名 女 (軽い)荷鞍(にぐら)

en-jam-'brar [エン.はン.'ブらる] 動 他 〈ミツバチを〉巣箱に集める; 〈ミツバチを〉巣別れさせる 動 自 《ミツバチが》(群がって)巣別れする; 繁殖する

en-jam-bra-'zón [エン.はン.ブら.'そン] 名 女 (ミツバチを)巣に集めること; 分封(ぶんぽう), 巣別れ

en-'jam-bre [エン.'はン.ブれ] 名 男 巣別れするハチの群れ; 群れ, 群衆, 烏合(うごう)の衆

en-ja-ra-'na-do, -da [エン.は.ら.'ナ.ド, ダ] 形 《中米》《話》ごまかしの多い

en-ja-re-'ta-do [エン.は.れ.'タ.ド] 名 男 格子作り[細工]

en-ja-re-'tar [エン.は.れ.'タる] 動 他 〈ひも通しに〉ひも[リボン]を通す; 《話》急いでする; 早口にまくしたてる; 《話》〈いやなことを〉押しつける[聞かせる]

en-jau-'lar [エン.はウ.'ラる] 動 他 かご[おり]に入れる; 《話》投獄する, 刑務所に入れる

en-jo-'yar [エン.ほ.'ジャる] 動 他 宝石で飾る; 飾る, 美しくする; 〈に〉宝石をはめる ～se 動 再 宝石で身を飾る, 宝石を身につける

en-jua-ga-'dien-tes [エン.ふア.ガ.'ディエン.テス] 名 男 〔単複同〕《話》うがい薬

en-jua-'gar [エン.ふア.'ガる] 動 他 ㊶ (g|gu) ゆすぐ, すすぐ, 水洗いする ～se 動 再 うがいをする, 〈口を〉ゆすぐ; すすぐ, 水洗いする

en-'jua-gue [エン.'ふア.ゲ] 名 男 すすぎ, ゆすぐこと; うがい; うがい薬; うがい用のコップ; 《話》たくらみ, 陰謀, 策略

en-ju-'gar [エン.ふ.'ガる] 動 他 ㊶ (g|gu) ふく, ふき取る, ぬぐう; 乾かす, 干す, 乾燥させる; 〈負債などを〉帳消しにする, 〈赤字を〉なくす ～se 動 再 (自分の)〈を〉ふく, ぬぐう; 《借金・赤字が》解消する

en-jui-cia-'mien-to [エン.ふイ.すぃア.'ミエン.ト] 名 男 〔法〕裁判, 審判; 〔法〕訴訟

en-jui-'ciar [エン.ふイ.'すぃアる] 動 他 〔法〕〈の〉訴訟手続きをとる; 起訴する; 審査する, 調査する, 吟味する

en-'jun-dia [エン.'ふン.ディア] 名 女 実質, 中味, 真髄; 気力, 大胆さ, 活力; 〔鳥〕(鳥の)卵巣の脂肪

en-jun-'dio-so, -sa [エン.ふン.'ディオ.ソ, サ] 形 脂肪が多い; 中味の濃い, 実質がある; 大胆な, 気力がある

en-'ju-to, -ta [エン.'ふ.ト, タ] 形 やせこけた, 骨と皮の; 控えめな, 地味な; 渇いた -ta 名 女 〔建〕スパンドレル, 三角小間

en-la-'biar [エン.ラ.'ビアる] 動 他 《話》誘惑する, だます

***en-'la-ce** [エン.'ラ.せ] 91% 名 男 つながり, 関係; 連結, 結合, つなぎ, 接続; (交通機関の)連絡, 接続; 《格》結婚; (秘密組織などの)連絡員, 連絡係; 〔情〕(ウェブの)リンク

en-la-'cé, -ce(～) 動 《直点 1 単, 接現》↓enlazar

en-la-dri-'llar [エン.ラ.ドり.'ジャる] 動 他 〔建〕れんがで舗装する

en-la-gu-'na-do [エン.ラ.グ.'ナ.ド] 名 男 《コロンビア》飲酒による記憶喪失

en-la-'ta-do [エン.ラ.'タ.ド] 名 男 缶詰にすること; 《ラ米》俗悪番組

en-la-'tar [エン.ラ.'タる] 動 他 缶詰にする; 〔建〕〈屋根を〉トタンで覆う

***en-la-'zar** [エン.ラ.'さる] 93% 動 他 ㉞ (z|c) (con: と)つなぐ, 結ぶ, 結合する, 接続する 動 自 (con: と)つながる, 接続する; (con: と)関係する; 〔情〕バインドする, リンクさせる ～se 動 再 (con: と)つながる, 接続する; (con: と)姻戚関係になる; (con: と)関係がある

en-len-te-'cer [エン.レン.テ.'せる] 動 他 ㊺ (c|zc) 緩慢にする, 遅くする, 〈の〉速度を落とす

en-len-te-ci-'mien-to [エン.レン.テ.すぃ.'ミエン.ト] 名 男 緩慢化

en-lla-'var [エン.ジャ.'バる] 動 他 《中米》《ラプラタ》〈に〉鍵をかける; 閉じ込める

en-lo-'dar [エン.ロ.'ダる] 動 他 泥で汚す; 〈に〉粘土をつめる, 〈に〉泥を塗る; 〈名誉・人格を〉汚(けが)す ～se 動 再 泥で汚れる; 《名誉・人格が》汚される

en-lo-que-ce-'dor, -'do-ra [エン.ロ.ケ.せ.'ドる, 'ド.ら] 形 発狂させるほどの, 頭をおかしくする; うっとりさせる, 魅する, 喜ばせる

en-lo-que-'cer [エン.ロ.ケ.'せる] 動 他 ㊺ (c|zc) うっとりさせる, 熱狂させる, 喜ばせる; 発狂させる ～(se) 動 自 (再) 発狂する

en-lo-que-ci-'mien-to [エン.ロ.ケ.すぃ.'ミエン.ト] 名 男 うっとりさせること, 魅了, 熱狂; 発狂

en-lo-'quez-co, -ca(～) 動 《直現 1

単, 接現》⬆enloquecer

en-lo-'sar [エン.ロ.'サる] 動 他〘建〙〈に〉タイルを張る; 〘建〙〈に〉板石[敷石]を敷く

en-lu-'cir [エン.ル.'すぃる] 動 他 ㊷ (c|zc)〈に〉漆喰(しっくい)を塗る; 磨く, 研ぐ,〈の〉つやを出す

en-lu-'tar [エン.ル.'タる] 動 他 悲しみに沈ませる, 嘆き悲しませる; 喪に服させる; 〘衣〙〈に〉喪服を着せる; 〈雰囲気などを〉暗くする ～**se** 動 再〘衣〙喪服を着る

en-'luz-co, -ca(~) 動《直現1単, 接現》⬆enlucir

en-ma-de-'rar [エ(ン).マ.デ.'らる] 動 他〈に〉板を張る,〈に〉木組みを組む

en-ma-'drar-se [エ(ン).マ.'ドらる.セ] 動 再《(スペイン)》《子供が》母親から離れない, 甘えっ子になる

en-ma-ni-'guar-se [エ(ン).マ.ニ.'グアる.セ] 動 再《(カリブ)》〘地〙《土地が》やぶになる; 田舎風の生活に慣れる

en-ma-ra-'ñar [エ(ン).マ.ら.'ニャる] 動 他〈問題などを〉ごたまぜにする, 混乱させる, 錯綜(さくそう)させる;〘体〙〈髪を〉からませる, もつれさせる ～**se** 動 再〘体〙《髪が》もつれる, からまる; 《問題などが》複雑になる, 紛糾する, 錯綜する

en-mar-'car [エ(ン).マる.'カる] 動 他 (69) (c|qu) 額縁に入れる, 枠にはめる

en-mas-ca-'ra-do, -da [エ(ン).マス.カ.'ら.ド, ダ] 形 名 男 女 教 仮面をかぶった(人)

en-mas-ca-'rar [エ(ン).マス.カ.'らる] 動 他〈に〉仮面[覆面]をつけさせる; 偽る,〈事実を〉隠す ～**se** 動 再 仮面をかぶる, 覆面をする; (de: の)変装をする

en-me-'lar [エ(ン).メ.'ラる] 動 他 ㊿ (e|ie)〈に〉蜂蜜を塗る;〈の〉調子を和らげる 動 自《ミツバチが》蜜を作る

***en-men-'dar** [エ(ン).メン.'ダる] 94% 動 他 ㊿ (e|ie)〈間違いを〉訂正する;〈欠点などを〉直す, 修正する ～**se** 動 再《人が》行いを改める, 改心する; (de: を)改める, 正す

en-'mien-d~ 動《直現/接現/命》⬆enmendar

***en-'mien-da** 92% 名 女 (間違いの)訂正, 修正, 補正; 修正案, 改正案, 修正条項; 悔い改め, 改心; 補償, 埋め合わせ

en-mo-chi-'la-do, -da [エ(ン).モ.チ.'ラ.ド, ダ] 形《(ベネズエラ)》《話》隠し持っている

en-mo+he-'cer [エ(ン).モ.エ.'せる] 動 他 ㊺ (c|zc)〈に〉カビを生やす; さびさせる, さびつかせる; (使用せず)動かなくする, 鈍(にぶ)らせる, さびつかせる ～**se** 動 再 カビがはえる; さびる

en-mo+he-ci-'mien-to [エ(ン).モ.エ.すぃ.'ミエン.ト] 名 男 かびること; さびること, さびつき

en-mon-'tar-se [エ(ン).モン.'タる.セ] 動 再《(ラ米)》《土地が》雑草で覆われる;《(コロンビア)》〘軍〙ゲリラ隊員になる

en-mu-de-'cer [エ(ン).ム.デ.'せる] 動 他 ㊺ (c|zc) 黙らせる 動 自 しゃべれなくなる, 黙る, (驚いて)口がきけなくなる

en-mu-de-ci-'mien-to [エ(ン).ム.デ.すぃ.'ミエン.ト] 名 男 黙ること, 沈黙

en-mu-'dez-co, -ca(~) 動《直現1単, 接現》⬆enmudecer

en-mu-'lar [エ(ン).ム.'ラる] 動 自《(メキシコ)》《話》頑固になる

en-ne-gre-'cer [エ(ン).ネ.グれ.'せる] 動 他 ㊺ (c|zc) 黒くする; 暗くする; 憂鬱(ゆううつ)にする, 悲しませる ～**se** 動 再 黒くなる; 暗くなる; 憂鬱になる, 悲しくなる

en-ne-gre-ci-'mien-to [エ(ン).ネ.グれ.すぃ.'ミエン.ト] 名 男 黒くなる[する]こと; 暗くなる[する]こと; 憂鬱(ゆううつ)になる[する]こと; 悲しみ, 悲嘆

en-ne-'grez-co, -ca(~) 動《直現1単, 接現》⬆ennegrecer

en-no-ble-'cer [エ(ン).ノ.ブレ.'せる] 動 他 ㊺ (c|zc) 気高くする,〈の〉声価を高める; 輝かす, 美しくする; 貴族に列する, 授爵する ～**se** 動 再 貴族に列する

en-no-ble-ci-'mien-to [エ(ン).ノ.ブレ.すぃ.'ミエン.ト] 名 男 気高くすること, 声価を高めること; 上品; 名誉; 輝かすこと, 美化; 貴族に列すること, 授爵

en-no-'blez-co, -ca(~) 動《直現1単, 接現》⬆ennoblecer

e+'nó-fi-lo, -la [エ.'ノ.フィ.ロ, ラ] 形 名 男 女《格》ワイン好きの(人)

e+no-'ja-do, -da [エ.ノ.'は.ド, ダ] 形 怒った, 立腹した ***darse una enojada*** 《(メキシコ)》怒る

***e+no-'jar** [エ.ノ.'はる] 94% 動 他 怒らせる, 立腹させる ～**se** 動 再 (con, contra: に)怒る, 立腹する

e+'no-jo [エ.'ノ.ほ] 名 男 怒り, 立腹; 不快, 迷惑

e+no-'jo-so, -sa [エ.ノ.'ほ.ソ, サ] 形 腹立たしい, 不快な, 面倒な, 困った

e+no-lo-'gí+a [エ.ノ.ロ.'ひ.ア] 名 女 ワイン(醸造)研究

e+no-'ló-gi-co, -ca [エ.ノ.'ロ.ひ.コ, カ] 形 ワイン(醸造)研究の

e+'nó-lo-go, -ga [エ.'ノ.ロ.ゴ, ガ] 名 男 女 ワイン(醸造)研究家

e+n|or-gu-lle-'cer [エ.ノる.グ.ジェ.'せる] 動 他 ㊺ (c|zc) 誇りに思わせる; 思い上がらせる ～**se** 動 再 (con, de: を)誇る, 自慢する

e+n|or-gu-lle-ci-'mien-to [エ.ノる.グ.ジェ.すぃ.'ミエン.ト] 名 男 誇ること, 自慢, うぬぼれ

e+n|or-gu-'llez-co, -ca(~) 動《直現1単, 接現》⬆enorgullecer

e+'nor-me [エ.'ノる.メ] 81% 形 非常に大きい, 巨大な, 莫大な; 並外れた, すごい ~**mente** 副 非常に, 大変に, 莫大に

e+nor-mi-'dad [エ.ノる.ミ.'ダド] 名 女 巨大さ, 莫大(ばくだい)さ; ひどさ, でたらめ, 間違い; 愚かさ *una* ~《話》ものすごく, 非常に

e+no-'tec-nia [エ.ノ.'テク.ニア] 名 女〘飲〙ワイン醸造術

en-qui-llo-'trar-se [エン.キ.ジョ.'トらる.セ] 動 再 思い上がる, うぬぼれる

en-quis-'tar-se [エン.キス.'タる.セ] 動 再〘医〙包嚢(ほうのう)に包まれる; (en: 固いものの中に)入る, 入り込む; (en: に)居座る, 入り込む

en-ra-'biar [エン.ら.'ビアる] 動 他 怒らせる, かっとさせる ~**se** 動 再 怒る, かっとなる

en-rai-'zar(-se) [エン.らイ.'さる(.セ)] 動 自 (再) ㉘ (i|í; z|c) 根を下ろす, 根づく

en-ra-'ma-da [エン.ら.'マ.ダ] 名 女〔集合〕枝, 茂み; 枝飾り; 木の枝で作った差し掛け小屋

en-ra-'mar [エン.ら.'マる] 動 他 木の枝で覆う[飾る];〘海〙〈船の〉肋材を組み立てる 動 自 枝が伸びる ~**se** 動 再 木の枝に隠れる

en-ra-re-'cer [エン.ら.れ.'せる] 動 他 ㊺ (c|zc)〈空気・ガスなどを〉希薄にする; 乏しくする, 少なくする ~**(se)** 動 自 (再)《空気・ガスなどが》希薄になる; 乏しくなる, 少なくなる

en-ra-re-ci-'mien-to [エン.ら.れ.すぃ.'ミエン.ト] 名 男 希薄化; 減少

en-ra-'sar [エン.ら.'サる] 動 他 平らにする, 滑らかにする; (con: と)同じ高さにする 動 自《建物などが》同じ高さになる

en-'ra-se [エン.'ら.セ] 名 男 平らにすること, 地ならし; 高さをそろえること

en-ra-si-'llar [エン.ら.スィ.'ジャる] 動 他〘建〙(薄いれんがで)覆う

en-'re-da [エン.'れ.ダ] 名 共《話》とかく問着(もんちゃく)を起こす人

en-re-da-'de-ra [エン.れ.ダ.'デ.ら] 名 女〘植〙つる植物

***en-re-'dar** [エン.れ.'ダる] 94% 動 他 もつれさせる, からませる; 紛糾させる, 混乱させる, 〈に〉問題を起こす, 悶着(もんちゃく)を起こす; (en: に)巻き込む; 〈二人を〉仲たがいさせる 動 自 いたずらをする; (con, en: を)かきまわす, 取り散らかす ~**se** 動 再 もつれる, からまる; (en: 騒動に)巻き込まれる, 関わる;《問題が》起こる, 紛糾する

en-re-'di-jo [エン.れ.'ディ.ほ] 名 男 もつれ, こんがらかり

en-'re-do [エン.'れ.ド] 名 男 混乱, もめごと, ごたごた, 悶着(もんちゃく); いたずら, 悪さ, 茶目; (糸などの)もつれ; (小説などの複雑な)筋, 構想, 趣向;〔複〕《話》道具類;《ラプラタ》《話》愛人関係, 情事

en-re-'do-so, -sa [エン.れ.'ド.ソ, サ] 形 もつれた, 混乱した, 複雑な, やっかいな

en-re-'ja-do [エン.れ.'は.ド] 名 男〔全体〕柵, 格子;〔全体〕組格子, 鉄格子;〘衣〙レース編み

en-re-'jar [エン.れ.'はる] 動 他〘建〙〈に〉鉄格子をはめる, 柵で囲む;〘農〙〈すきに〉刃をつける

en-re-ve-'sa-do, -da [エン.れ.ベ.'サ.ド, ダ] 形 入り組んだ, 複雑な; 難しい, わかりにくい, 難問の

En-'ri-que [エン.'り.ケ] 名 固〘男性名〙エンリーケ

***en-ri-que-'cer** [エン.り.ケ.'せる] 93% 動 他 ㊺ (c|zc) 豊かにする, 富ませる, 豊富にする; 金持ちにする, 裕福にする; 飾る;〘技〙濃縮する ~**(se)** 動 自 (再) 豊かになる, 富む, 豊富になる; 金持ちになる, 裕福になる;〘技〙濃縮される

en-ri-que-ci-'mien-to [エン.り.ケ.すぃ.'ミエン.ト] 名 男 豊かにする[なる]こと, 充実; 金持ちになること;〘技〙濃縮

En-ri-'que-ta [エン.り.'ケ.タ] 名 固〘女性名〙エンリケータ

en-ri-'quez-co, -ca(~) 動《直現1単, 接現》⬆enriquecer

en-ris-'ca-do, -da [エン.りス.'カ.ド, ダ] 形〘地〙岩の多い, ごつごつした

en-ris-'trar [エン.りス.'トらる] 動 他〘食〙〈玉ねぎ・ニンニクなどを〉数珠つなぎにする

en-ri-'za-do, -da [エン.り.'さ.ド, ダ] 形《中米》《話》〘体〙《髪が》縮れた, カールした

en-ro-'car [エン.ろ.'カる] 動 他 ㊾ (c|qu)〘遊〙〔チェス〕〈キングを〉ルークで守る, キャスリングする; 〈糸を〉糸巻き棒に巻く

en-ro-je-'cer [エン.ろ.へ.'せる] 動 他 ㊺ (c|zc) 赤くする; 〈顔を〉赤らめる ~**(se)** 動 自 (再) 赤くなる;《顔が》赤らむ

en-ro-je-ci-'mien-to [エン.ろ.へ.すぃ.'ミエン.ト] 名 男 赤くなること; 赤面

en-ro-'lar [エン.ろ.'ラる] 動 他〘海〙(乗組員名簿に)登録する;〘軍〙兵籍に入れる ~**se** 動 再 (…に)加入する, 入る, 入隊する

****en-ro-'llar** [エン.ろ.'ジャる] 88% 動 他 巻き上げる, 巻く;《スペイン》《話》(en: に)巻き込む;〘建〙〈道路に〉丸石を敷く, まく ~**se** 動 再《話》(con: と)すぐに仲よくなる;《スペイン》《話》(con: を)(長話で)うんざりさせる; (en: 困ったことに)巻き込まれる, 巻かれる ~***se como las persianas***《話》おしゃべりである

en-ron-que-'cer [エン.ろン.ケ.'せる]

動 他 ㊺ (c|zc) 〈の〉声をからす ~(se) 動 自 (再) 声がかれる

en-'ro-que [エン.'ろ.ケ] 名 男 〘遊〙〔チェス〕キャスリング《ルークでキングを守ること》

en-ros-'car [エン.ろス.'カる] 動 他 ㊾ (c|qu) 〈ねじを〉締める, ねじで留める; 巻く, 巻き上げる, 輪にする, 巻きつける ~se 動 再 〘動〙《蛇が》とぐろを巻く; 輪になる, ぐるぐる巻きになる

e

en-ru-'biar [エン.る.'ビアる] 動 他 金髪に染める

en-ru-'la-do, -da [エン.る.'ラ.ド, ダ] 形 《ラプラタ》《話》《髪が》縮れた, カールした

en-ru-ta-'dor [エン.る.タ.'ドる] 名 男 ⇩ rúter

en-ru-'tar [エン.る.'タる] 動 他 〘情〙〈データを〉ルーターで送信する ⇩ rúter

en-sa-ba-'nar [エン.サ.バ.'ナる] 動 他 〈に〉シーツをかける, シーツで覆う

en-sa-'car [エン.サ.'カる] 動 他 ㊾ (c|qu) 袋に入れる

en-sai-'ma-da 名 女 《スペイン》〘食〙エンサイマーダ《らせん形のパイ菓子》

*__en-sa-'la-da__ [エン.サ.'ラ.ダ] 93% 名 女 〘食〙サラダ; 混乱, 乱雑, ごちゃまぜ; 《カリブ》〘飲〙エンサラーダ《レモン水・ミント・パイナップルを混ぜたジュース》

en-sa-la-'de-ra [エン.サ.ラ.'デ.ら] 名 女 〘食〙サラダボウル

en-sa-la-'di-lla [エン.サ.ラ.'ディ.ジャ] 名 女 〘食〙マヨネーズサラダ

en-sal-'mar [エン.サル.'マる] 動 他 〘医〙接骨する, 整骨する; 病気を祈禱(きとう)[まじない]で治す

en-'sal-mo [エン.'サル.モ] 名 男 まじないによる治療, 祈禱(きとう)療法; まじない, 呪文 ***como por*** ~ 魔法のように, たちどころに

en-sal-za-'mien-to [エン.サル.さ.'ミエン.ト] 名 男 賛美; 名声を高めること, 評判を高めること

en-sal-'zar [エン.サル.'さる] 動 他 ㉞ (z|c) 褒めそやす, 賛美する; 〈の〉名声を高める, 〈の〉評判を高める ~se 動 再 (de: を)自慢する

en-sam-bla-'dor [エン.サン.ブラ.'ドる] 名 男 〘情〙アセンブラー

en-sam-bla-'du-ra [エン.サン.ブラ.'ドゥ.ら] 名 女 〘技〙接合, 組み立て; 接合部

en-sam-'bla-je 名 男 ⇧ ensambladura

en-sam-'blar [エン.サン.'ブラる] 動 他 〘技〙接合する, つなぐ, 組み合わせる; 〘情〙アセンブルする

en-san-cha-'mien-to 名 男 拡大, 拡張; 伸張

*__en-san-'char__ [エン.サン.'チャる] 94% 動 他 広くする, 大きくする; 伸ばす, 長くする; 喜ばせる, うれしがらせる ~(se) 動 自 (再) 広くなる, 大きくなる; 得意になる, 思い上がる, うぬぼれる

en-'san-che 名 男 《スペイン》(都市の)開発地区, 新興住宅街; 広げること, 拡張すること; 〘衣〙縫いひだ, タック

en-san-gren-ta-'mien-to [エン.サン.グれン.タ.'ミエン.ト] 名 男 流血; 惨事

en-san-gren-'tar [エン.サン.グれン.'タる] 動 他 ㊿ (e|ie) 血まみれにする, 血で染める, 〈に〉惨事を引き起こす; 血で汚す ~se 動 再 血で汚れる, 血に染まる; (con, contra: に)怒る, 激怒する; 残虐になる

en-sa-ña-'mien-to [エン.サ.ニャ.'ミエン.ト] 名 男 激怒; 痛めつけること

en-sa-'ñar [エン.サ.'ニャる] 動 他 怒らせる, 激怒させる ~se 動 再 (con, contra, en: に対して)冷酷になる, 凶暴になる; (con, contra, en: …を)痛めつける

en-sar-'tar [エン.サる.'タる] 動 他 〈に〉糸を通す, 数珠なりにする; すらすらと言う, 口から出まかせに言う; 貫通する, 刺し通す, 突き通す

*__en-sa-'yar__ [エン.サ.'ジャる] 93% 動 他 試す, 試験する; 〘演〙下稽古する, 本読みする, リハーサルする; 練習する; 〘鉱〙〈鉱石を〉試金する; 〘畜〙〈動物を〉訓練する ~(se) 動 自 (再) 練習する; 〘演〙下稽古する, 本読みする, 試演する

en-'sa-ye 名 男 〘鉱〙試金, 分析評価

en-sa-'yis-mo 名 男 〘文〙随筆の執筆; いいかげんな文章, 雑文

en-sa-'yis-ta 名 共 〘文〙随筆家, エッセイスト

en-sa-'yís-ti-co, -ca 形 〘文〙随筆の, エッセーの

__en-'sa-yo__ 88% 名 男 テスト, 試験, 検査, 分析; 練習; 〘文〙随筆, エッセイ; 〘演〙(演技の)リハーサル; 〘競〙〔ラグビー〕トライ ***a modo de* ~ 試みに, 試験的に

en-se-'bar [エン.セ.'バる] 動 他 〈に〉油を塗る

**__en-se-'gui-da__ [エン.セ.'ギ.ダ] 90% 副 すぐに, 直ちに, 今

en-sel-'var [エン.セル.'バる] 動 他 茂みに隠す ~se 動 再 茂みに隠れる

en-se-'na-da 名 女 〘地〙(湾内の)入り江; 《ラプラタ》〘畜〙小さな牧場, 囲い場

En-se-'na-da 名 固 〘地名〙エンセナーダ《メキシコ北西部の港湾都市; アルゼンチン東部の港湾都市》

en-'se-ña [エン.'セ.ニャ] 名 女 しるし, 象徴; 旗, ペナント; 記章

**__en-se-'ñan-za__ [エン.セ.'ニャン.さ] 83% 名 女 教育, 教育による知識[教養]; 教育

法, 教授法; 教訓, 教え; 教義

****en-se-'ñar** [エン.セ.'ニャる] 77% [動] [他] 教える, 教授する; ‹に›(a 不定詞: …のしかたを)教える, 仕込む, 慣らす; (a: に)示す, 見せる; «経験などが»教える, 悟らせる, ‹の›教訓となる [動] [自] 教育する, 教える

en-se-ño-re+'ar-se [エン.セ.ニョ.れ.'アる.セ] [動] [再] (de: を)所有する, わがものとする

en-'se-res [エン.'セ.れス] [名] [男] 《複》 道具, 用具, 器具; 身の回りの物

en-si-'lar [エン.スィ.'ラる] [動] [他] 〔農〕‹穀物を›サイロに入れる, 貯蔵する

en-si-'llar [エン.スィ.'ジャる] [動] [他] 〔畜〕‹馬に›鞍(くら)をつける

en-si-mis-'ma-do, -da [形] 考え込んだ, 物思いにふけっている; (en: に)没頭している; 《アンデス》うぬぼれた

en-si-mis-ma-'mien-to [名] [男] 考えこむこと, 物思いにふけること; 没頭; 《アンデス》うぬぼれ

en-si-mis-'mar-se [エン.スィ.ミス.'マる.セ] [動] [再] (en: に)没頭する, ふける, 夢中になる; うぬぼれる

en-so-ber-be-'cer [エン.ソ.べる.べ.'せる] [動] [他] ㊺ (c|zc) 高慢にする, 思い上がらせる　**~se** [動] [再] (con, de: で)高慢になる, 尊大になる; 〔海〕«海が»荒れる

en-so-ber-be-ci-'mien-to [エン.ソ.べる.べ.すぃ.'ミエン.ト] [名] [男] 思い上がり, 傲慢(ごうまん)

en-so-'brar [エン.ソ.'ブらる] [動] [他] 封筒の中に入れる

en-sol-'ver [エン.ソル.'べる] [動] [他] ㊻ (o|ue)〔過分 -suelto〕《格》含める, 合体させる

en-som-bre-'cer [エン.ソン.ブれ.'せる] [動] [他] ㊺ (c|zc) 暗くする; さびしくする　**~se** [動] [再] 暗くなる; さびしくなる

en-so-ña-'ción [エン.ソ.ニャ.'すぃオン] [名] [女] 夢, 幻想

en-so-ña-'dor, -'do-ra [エン.ソ.ニャ.'ドる, 'ド.ら] [形] 夢見るような, 夢想家の [名] [男] [女] 夢見る人, 夢想家

en-so-'ñar [エン.ソ.'ニャる] [動] [他] ⑯ (o|ue) 夢見る

en-so-'par [エン.ソ.'パる] [動] [他] 水につける, ずぶぬれにする

en-sor-de-ce-'dor, -'do-ra [エン.ソる.デ.せ.'ドる, 'ド.ら] [形] 耳を聾(ろう)する

en-sor-de-'cer [エン.ソる.デ.'せる] [動] [他] ㊺ (c|zc) ‹の›耳を聾(ろう)する, ‹の›耳が聞こえなくする; 〔音〕無声音にする [動] [自] 耳が不自由になる, 耳が聞こえなくなる; 耳が聞こえないふりをする

en-sor-de-ci-'mien-to [エン.ソる.デ.すぃ.'ミエン.ト] [名] [男] 耳を聾(ろう)すること, 耳が聞こえなくなること; 〔音〕無声音化

en-sor-'dez-co, -ca(~) [動] 《直現1単, 接現》 ↑ensordecer

en-sor-ti-'jar [エン.ソる.ティ.'はる] [動] [他] 〔衣〕‹に›指輪をつける; 〔体〕‹髪などを›カールさせる, 縮らせる; 〔畜〕‹動物の鼻に›鉄輪をつける　**~se** [動] [再] «髪が»巻き毛になる, 縮れる

***en-su-'ciar** [エン.ス.'すぃアる] 93% [動] [他] 汚す, 汚なくする [動] [自] 汚す, 汚れる　**~se** [動] [再] ‹自分の体を›汚す; 汚れる; 悪事をはたらく, 手を汚す

en-'sue-ño [エン.'スエ.ニョ] [名] [男] (実現したい)夢, 理想, 空想; (睡眠中の)夢 *¡Ni por ~!* 《否定》《話》とんでもない

en-ta-'bla-do [エン.タ.'ブラ.ド] [名] [男] 〔建〕板張りの床[台]

en-ta-bla-'men-to [エン.タ.ブラ.'メン.ト] [名] [男] 〔建〕エンタブラチュア《古典建築の柱の上部》

***en-ta-'blar** [エン.タ.'ブラる] 94% [動] [他] ‹話・けんかなどを›始める, 切り出す, 取りかかる; ‹関係を›結ぶ; 板を張る, 板で囲う; ‹訴訟を›起こす; ‹に›副木(そえぎ)を当てる; 〔遊〕〔チェス〕‹駒を›盤の上に並べる; 《ラ米》〔畜〕‹家畜を›群れに慣れさせる; 《アンデス》‹自分の考えを›押しつける　**~se** [動] [再] 始まる, スタートする; 〔畜〕«馬が»回るのをいやがる; 〔気〕«風が»一定の方向に吹く

en-ta-bla-'zón [エン.タ.ブラ.'そン] [名] [男] 《メキシコ》〔医〕重い風邪; 《メキシコ》大きな障害

en-ta-le-'gar [エン.タ.レ.'ガる] [動] [他] ㊶ (g|gu) 袋に入れる; 《話》‹金を›貯める

en-ta-lla-'du-ra [エン.タ.ジャ.'ドゥ.ら] [名] [女] 〔技〕(木・石などの)刻み目, 切り込み, ノッチ, ほぞ穴; 彫刻

en-ta-'llar [エン.タ.'ジャる] [動] [他] ‹木・石などを›刻む, 彫刻する; ‹金属・木などに›彫刻を施す; (樹液をとるために)‹木に›切り込みを入れる; ‹に›刻み目[切り目]をつける; 〔衣〕‹服を›仕立てる [動] [自] 〔衣〕«服が»体に合う

en-ta-lle-'cer [エン.タ.ジェ.'せる] [動] [自] ㊺ (c|zc) 〔植〕芽を出す

en-tam-'bar [エン.タン.'バる] [動] [他] 《メキシコ》《話》逮捕する, 監獄に入れる

en-ta-pi-'zar [エン.タ.ピ.'さる] [動] [他] ㉞ (z|c) タペストリーで飾る, 布を張る; 《ラプラタ》‹に›じゅうたんを敷く, ‹の›一面を覆う; 覆いつくす

en-ta-ri-'ma-do [エン.タ.り.'マ.ド] [名] [男] 〔建〕床張り, 板張りの床[台]

en-ta-ri-'mar [エン.タ.り.'マる] [動] [他] ‹床に›板を張る

'én-ta-sis [名] [女] 〔単複同〕〔建〕エンタシス《円柱のふくらみ》

'en+te [名] [男] 組織(体), 団体; 〔哲〕実在, 存在; 《話》〔軽蔑〕妙なやつ, 変わり者

en-te-'le-quia [エン.テ.'レ.キア] 名 女 〔哲〕エンテレケイア《質量が形相を得て完成する現実》; 夢, 夢物語, 完全無欠なもの

en-te-le-'ri-do, -da [エン.テ.レ.'リ.ド, ダ] 形《メキシコ》《中米》《ベネズエラ》やせ細った; ひ弱な

en-te-'na-do, -da 名 男 女《格》継子(まま こ), 義理の子

en-ten-de-'de-ras [エン.テン.デ.'デ.らス] 名 女《複》《話》頭脳, 知力, 理解力

en-ten-de-'dor, -'do-ra [エン.テン.デ.'ドる, 'ド.ら] 名 男 女 理解者, 精通者《おもに次のことわざで用いられる》 形 (de: を)理解している, (de: に)精通している

**en-ten-'der [エン.テン.'デる] 69% 動 他 51 (e|ie) 理解する, 了解する, (que: と)推察する, 思う, 考える, 〈の〉意味にとる; 〈人の言うことなどが〉わかる, 理解できる; 聞いて知っている, 聞きおよぶ 動 自 わかる, 理解する, 了解する; (de, en: の)知識がある, わかる, (de, en: に)詳しい ~se 動 再 (con: と)理解し合う, 心が通じる; (que: …と)いうことになっている, 理解されている; (con: と)関係を持つ, 通じ合う; 仲がよい, 愛人関係にある; (con: と)相談する; 自分の言うことがわかっている 名 男 理解, 判断 *a mi ~* 私の理解するところでは *¡Allá se las entienda!* 彼は自分の好きにするがいい *dar a ~* (それとなく)理解させる, ほのめかす *darse [hacerse] a ~* 自分の意思を伝える, こちらの気持ちをわからせる *~ mal* 誤解する *tener entendido que ...* …を理解している

*en-ten-'di-do, -da 94% 形 造詣(ぞうけい)が深い, 知識[学識]のある, 見聞の広い; 理解された, 了解済みの 名 男 女 専門家, 通 感《話》わかった, わかりました *bien ~ que ...* …という条件で *no darse por ~do [da]* わからないふりをする

*en-ten-di-'mien-to 91% 名 男 理解, 会得, わかること; 理解力, 知力; 判断力, 分別; (意見・見解の)一致, 了解, 申し合わせ

en-te-ne-bre-'cer [エン.テ.ネ.ブれ.'せる] 動 他 45 (c|zc) 暗くする ~se 動 再 暗くなる

en-'ten-te 名 男〔政〕協定, 協約, 協商

enter ['エン.テる] 名 男〔英語〕〔情〕エンターキー

en-'te-ra 形《女》↓entero

en-te-'ra-do, -da [エン.テ.'ら.ド, ダ] 形 (de: を)知っている; 物知りの, 博学の; 精通している; 《チリ》誇らしげな, 自慢げな 名 男 了承(のサイン) *darse por ~[da]* 知っている様子を見せる

en-te-'ral-gia [エン.テ.'らル.ひア] 名 女〔医〕腸痛

en-'te-ra-'men-te [エン.'テ.ら.'メン.テ] 副 まったく, すっかり

**en-te-'rar [エン.テ.'らる] 79% 動 他 〈に〉(de: を)知らせる; 《ラ米》〈金・借金を〉支払う ~se 動 再 (de: を)知る, わかる; (de: に)気づく; (de: に)注意する, 気をつける *Para que te enteres.* 《話》(念のため)言っておくけど; 《話》ほらごらん, やっぱりね《相手の思惑が外れて自分の思っていた通りになったときに言う》

en-te-'re-za [エン.テ.'れ.さ] 名 女 堅固, 堅実, 意志の強さ; 完全, そっくりそのままの状態; 厳密, 精密

en-'té-ri-co, -ca [エン.'テ.リ.コ, カ] 形〔体〕腸の

en-te-'ri-tis [エン.テ.'リ.ティス] 名 女〔単複同〕〔医〕腸炎

en-te-'ri-to, -ta [エン.テ.'リ.ト, タ] 形《カリブ》《話》同じ, よく似た

en-te-'ri-zo, -za [エン.テ.'リ.そ, さ] 形 完全な, 継ぎ目のない

en-ter-ne-ce-'dor, -'do-ra [エン.テる.ネ.せ.'ドる, 'ド.ら] 形 ほろりとさせる, 感動的な

en-ter-ne-'cer [エン.テる.ネ.'せる] 動 他 45 (c|zc) ほろりとさせる, 感動させる; 柔らかにする ~se 動 再 感動する, ほろりとする; 柔らかくなる

**en-'te-ro, -ra [エン.'テ.ろ, ら] 82% 形 全体の, 全部の, 全…; 完全な, 無傷の, そっくりそのままの; まるごとの; まる…, ちょうど…; (意志が)強い, 強固な; 不屈の, 毅然とした; 《話》正しい, 厳正な, 厳格な; 〔数〕整数の 名 男〔商〕ポイント《相場の単位》; 〔数〕整数; 《メキシコ》《中米》《コロンビア》《チリ》〔商〕支払い, 返済 *por ~* すっかり, まったく, 完全に, 全部

en-te-ro-gas-'tri-tis [エン.テ.ろ.ガス.'トり.ティス] 名 女〔単複同〕〔医〕胃腸炎

en-te-ro-pa-'tí-a [エン.テ.ろ.パ.'ティ.ア] 名 女〔医〕腸疾患

en-te-ros-'ta-sis [エン.テ.ろス.'タ.スィス] 名 女〔単複同〕〔医〕腸閉塞

en-te-rra-'dor, -'do-ra [エン.テ.ら.'ドる, 'ド.ら] 名 男 女 埋葬者, 墓堀り人

en-te-rra-'mien-to [エン.テ.ら.'ミエン.ト] 名 男 埋葬, 埋葬式; 墓, 墓地, 埋葬地

**en-te-'rrar [エン.テ.'らる] 90% 動 他 50 (e|ie) 埋める; 埋葬する; 〔笑〕〈より〉長生きする; 忘れる, 葬り去る ~se 動 再 隠遁生活に入る, 引きこもる

en-ti-'bar [エン.ティ.'バる] 動 他 支柱で支える 動 自 (en: に)寄りかかる, もたれる

en-ti-'biar [エン.ティ.'ビアる] 動 他 生ぬるくする; 〈熱情・怒りなどを〉冷ます, 静める

～se [動] [再] 生ぬるくなる; 《熱情・怒りなどが》冷める, 静まる

****en-ti-'dad** 84% [名] [女] 組織, 機関, 団体, 会社; 重要性, 重大さ; 本質, 真髄; 〘哲〙実在, 存在

en-'tien-d~ [動] 《直現/接現/命》 ⬆entender

en-'tie-rr~ [動] 《直現/接現/命》 ⬆enterrar

***en-'tie-rro** [エン.'ティエ.ろ] 92% [名] [男] 埋葬, 葬儀, 葬列; 〔集合〕葬儀の参列者; 《話》埋もれた宝

en-tin-'tar [エン.ティン.'タる] [動] [他] 〘印〙〈に〉インクをつける; インクで汚す; 染める

entlo. [略] ⬇entresuelo

en-tol-'da-do [エン.トル.'ダ.ド] [名] [男] 〔集合〕日よけ, テント; 日よけで覆った場所; 日よけで覆うこと

en-tol-'dar [エン.トル.'ダる] [動] [他] 〈に〉日よけをつける, 〈に〉テントを張る

en-to-mo-lo-'gí+a [エン.ト.モ.ロ.'ひ.ア] [名] [女] 〘昆〙昆虫学

en-to-mo-'ló-gi-co, -ca [エン.ト.モ.'ロ.ひ.コ, カ] [形] 〘昆〙昆虫学(上)の

en-to-'mó-lo-go, -ga [エン.ト.'モ.ロ.ゴ, ガ] [名] [男] [女] 〘昆〙昆虫学者

***en-to-na-'ción** [エン.ト.ナ.'すぃオン] 94% [名] [女] 〘音〙イントネーション, (声の)抑揚, 音調; 思い上がり, 高慢

en-to-'na-do, -da [形] 地位の高い, 立派な; 〘楽〙音程が正しい; 傲慢(ごうまん)な, うぬぼれた

en-to-'nar [エン.ト.'ナる] [動] [他] 〘楽〙歌う, 吟唱する(ぎんしょう), 詠唱(えいしょう)する; 元気づける, 活気づける; 調和させる; 〘楽〙〈オルガンの〉風袋に風を送る; 〈の〉色を合わせる; 賛美する [動] [自] 〘楽〙(正しい音程で)歌う; (con: と)調子が合う, 調和する, 似合う ～se [動] [再] 元気を取り戻す, 元気づける; 思い上がる, 高慢になる

****en-'ton-ces** [エン.'トン.せス] 57% [副] その時, そのころ, その当時; それから, その次に; それなら, それでは, そうすれば [名] [男] その時 *desde* ～ その時から *el* [*la, los, las*] ～ … 当時の… *en* [*por*] *aquel* ～ その当時 *hasta* ～ その時まで *por* ～ その当時 *¡Pues* ～*!* それでいいではないか!

en-to-ne-'lar [エン.ト.ネ.'ラる] [動] [他] 樽(たる)に入れる

en-ton-te-'cer [エン.トン.テ.'せる] [動] [他] ㊺ (c|zc) ぼうっとさせる ～(se) [動] [自] ([再]) ばかになる, ほうけたようになる

en-tor-'cha-do [エン.トる.'チャ.ド] [名] [男] 〔衣〕金[銀]モール; 〘衣〙(軍服などの)モール刺繍(ししゅう), 袖口の飾り

en-tor-'nar [エン.トる.'ナる] [動] [他] 〈戸・窓を〉半分閉じる[開ける]; 〈うす目を〉開ける

en-'tor+no [エン.'トる.ノ] [名] [男] 環境, 周囲

en-tor-pe-'cer [エン.トる.ペ.'せる] [動] [他] ㊺ (c|zc) 鈍くする, 緩慢にする, 妨げる; 麻痺(まひ)させる, しびれさせる; 頭をぼうっとさせる; 遅らせる ～se [動] [再] 鈍くなる, しびれる; 遅れる, 遅くなる

en-tor-pe-ci-'mien-to [エン.トる.ペ.すぃ.'ミエン.ト] [名] [男] 動きが鈍くなること, 緩慢になること, 麻痺; 遅れ, 遅滞; 妨害, じゃま

'en-tra [動] 《直現 3 単/命》 ⬇entrar

en-'tra-ba(~) [動] 《直線》 ⬇entrar

****en-'tra-da** [エン.'トら.ダ] 80% [名] [女] 入口; 玄関, 戸口; 入ること, 入場; 加入, 加盟, 参加, 入る権利; 始まり; 入場券, 切符, チケット; 収入; 〔集合〕入場者; 頭金, 内金; 〘食〙アントレ; 〘体〙(頭の)髪が後退した部分; 〘競〙〔サッカーなど〕タックル; 〘競〙〔野球〕回, イニング; 侵入, 侵略; 〘情〙入力, インプット, エントリー; (辞書の)項目 *dar* ～ (a: を)入会させる, 入れる *de* ～ 初めから, まず初めに

en-'tra-do, -da [エン.'トら.ド, ダ] [形] (en: 年を)とった; (en: 肉を)つけた; (時間が)過ぎた

en-tra-'ma-do, -da [エン.トら.'マ.ド, ダ] [形] 〘建〙木組みの [名] [男] 〘建〙木組み

en-'tram-bos, -bas [エン.'トらン.ボス, バス] [形] 《格》両方の, 双方の, 2つ[二人]とも [代] 《格》両方, 双方

en-tram-'par [エン.トらン.'パる] [動] [他] 〈に〉わなを仕掛ける; だます, 欺く; 混乱させる, こじらせる; 〈に〉借金を負わせる ～se [動] [再] わなにかかる, だまされる; 借金に追われる, 借金を負う

en-'tran-te [エン.'トらン.テ] [形] 次の, 来… [名] [男] 〘建〙壁龕(へきがん); 〘食〙オードブル

en-'tra-ña [エン.'トら.ニャ] [名] [女] 〔複〕奥底; 〔複〕心; 性格; 思いやり; 〔複〕内臓, はらわた; 中心, 核心, 本質 *echar las* ～*s* 激しく吐く … *de mis* ～*s* 愛する… *sacar las* ～*s* ひどい目にあわせる

en-tra-'ña-ble [エン.トら.'ニャ.ブレ] [形] 親密な, 懇意な, 最愛の; 深い, 心からの, 大切な

en-tra-'ñar [エン.トら.'ニャる] [動] [他] 含む; 深く埋める, 深く入れる

****en-'trar** [エン.'トらる] 67% [動] [自] (a, en: に)入る; (a, en: の中に)入る, 収まる; (a, en: に)加わる, 加入する, 入学する, 入会する; 入っている, 含まれる; 《気持ちを》(a: に)起こさせる; (en: を)始める; (en: 仕事に)つく; (a 不定詞: …し)始める; (現在分詞: …で)始まる; (en: 時期に)入る, さしかかる, なる; 好みである; わかる; 〘演〙登場する; 〘競〙〔サッカーなど〕タックルする [動] [他] (en: に)入

e

れる;〘情〙〈データを〉入力する;《ｽﾍﾟｲﾝ》《話》攻める, 手をつける; 侵入する　**～se** 動 再 入る, 入り込む　～ ***con buen pie*** [***el pie derecho***] 出だしがよい ***No entro ni salgo.*** 《話》 私には関係がない　… ***que entra*** 来る…, 次の…

en-tre [エン.トれ] 59% 前〔弱勢〕**1** …の間に《場所・時間・数量》: El restaurante está **entre** un cine y una cafetería. レストランは映画館と喫茶店の間にある。 **2** …の間で[の]《相互の関係》: La conversación **entre** los dos ministros se prolongó dos horas. 両大臣の会談は2時間に及んだ。 **3** …から, …の中で, …か…か, …の間を[で]《選択の対象》: Dudo **entre** quedarme o irme. 私は残るべきか行くべきか迷っている。 **4** …の中で《比較の範囲》: La rosa destaca **entre** las flores. 花の中でバラが特に際立っている。 **5** …の内に[で]《内部》: Te cuento **entre** mis amigos. 私は君を友人の一人だと思っている。 **6** …と…とで《共同の動作》: **Entre** los tres amigos pagaron la cuenta. 3人の友人で勘定を払った。 **7** …やら…やらで《重なった理由》: **Entre** el calor, los ronquidos de Raúl y los mosquitos no pude dormir bien. 暑さやらラウルのいびきやら蚊やらで私はよく眠れなかった。 **8** …割る… 《割り算》: Diez **entre** cinco igual a dos. 10割る5は2。 ～ ***más*** … ***más*** — 《話》…すればするほど—　～ ***nosotros*** [***nos***] ここだけの話だが　～ ***otros*** とりわけ, わけても ～ ***sí*** 互いに　～ ***tanto*** そうしている間に　～ ***unas cosas y otras*** あれやこれやで　***por*** ～ … …の間から

en-tre-a-'bier-to, -ta [エン.トれ.ア.'ビエる.ト, タ] 形 半分開いた, 半開きの

en-tre-a-'brir [エン.トれ.ア.'ブリる] 動 他〔過分 entreabierto〕少し開ける

en-tre-'ac-to [エン.トれ.'アク.ト] 名 男〘演〙幕間(まくあい)

en-tre-'ar-co [エン.トれ.'アる.コ] 名 男〘建〙2つのアーチを支える支柱

en-tre-'ca+no, -na [エン.トれ.'カ.ノ, ナ] 形〘体〙白髪まじりの

en-tre-'ce-jo [エン.トれ.'せ.ほ] 名 男 眉間(みけん); 顔をしかめること, 渋面 ***arrugar*** [***fruncir***] ***el*** ～ 眉間にしわを寄せる《不快・否認の表情》

en-tre-'cla-ro, -ra [エン.トれ.'クラ.ろ, ら] 形 薄明るい

en-tre-co-'ger [エン.トれ.コ.'へる] 動 他 ⑭ (g|j) 取り押さえる; (議論などで)〈相手を〉やっつける, 〈に〉有無を言わさない

en-tre-co-mi-'llar [エン.トれ.コ.ミ.'ジャる] 動 他 引用符で囲む

en-tre-cor-'ta-do, -da [エン.トれ.コる.'タ.ド, ダ] 形 ときどきとぎれる, とぎれとぎれの, 断続する, 間欠性の

en-tre-'cot [エン.トれ.'コト] 名 男〔複 -cots〕〘食〙アントルコート《あばら骨間のステーキ肉》

en-tre-'cru-ce [エン.トれ.'クる.せ] 名 男 交差させること

en-tre-cru-za-'mien-to [エン.トれ.クる.さ.'ミエン.ト] 名 男 交差; 交差点

en-tre-cru-'zar [エン.トれ.クる.'さる] 動 他 ㉞ (z|c) 交差させる　**～se** 動 再 交差する

en-tre-cu-'bier-ta [エン.トれ.ク.'ビエる.タ] 名 女〔複〕〘海〙中艙(ちゅうそう)《上下甲板の間》

en-tre-'di-cho [エン.トれ.'ディ.チョ] 名 男 疑い, 不信, 保留; 禁止;《ｱﾝﾃﾞｽ》《ﾁﾘ》《ﾗﾌﾟﾗﾀ》論争; 口論

en-tre-'dós [エン.トれ.'ドス] 名 男〘衣〙2つの布をつなぐレース; (2つの窓の間に置く)戸棚

en-tre-fi-'le-te [エン.トれ.フィ.'レ.テ] 名 男 (新聞の)囲み記事

en-tre-'fi+no, -na [エン.トれ.'フィ.ノ, ナ] 形 中くらいの, 中級の

en-'tre-ga [エン.'トれ.ガ] 87% 名 女 手渡すこと, 引き渡し, 授与; 配達, 配送; 献身, 没頭, 傾倒; 降伏, 投降, 明け渡し ***por*** ～***s*** シリーズの, 連載の, 連続の

en-tre-'gar [エン.トれ.'ガる] 79% 動 他 ㊶ (g|gu) 渡す, 手渡す, 明け渡す; 授与する; 〈自分の国・味方などを〉敵に売る; 配達する, 届ける; (a: に)ゆだねる, 任せる　**～se** 動 再 投降する, 帰順する; (a: に)没頭する, 献身する; (a: に)ふける

en-tre-'gue-rra(s) [エン.トれ.'ゲ.ら(ス)]〔成句〕***de*** ～ 2つの世界大戦の間の

en-tre-la-za-'mien-to [エン.トれ.ラ.さ.'ミエン.ト] 名 男 からみ合わせること

en-tre-la-'zar [エン.トれ.ラ.'さる] 動 他 ㉞ (z|c) からみ合わせる, 組み合わせる, 編み合わせる, 織り合わせる　**～se** 動 再 絡み合う, 織りまざる

en-tre-'lí-ne+a [エン.トれ.'リ.ネ.ア] 名 女 行間に書かれた文字[語句]

en-tre-'me-dias [エン.トれ.'メ.ディアス] 副 その間に; 中間点で, 中程で

en-tre-'més [エン.トれ.'メス] 名 男〘食〙オードブル, 前菜;〘演〙幕間の演芸, 幕間(まくあい)狂言, 中間劇

en-tre-me-'ter [エン.トれ.メ.'テる] 動 他 間に置く, 差し込む, はさむ　**～se** 動 再 (en: に)干渉する; くちばしを入れる

en-tre-me-'ti-do, -da [エン.トれ.メ.'ティ.ド, ダ] 形 名 男 女 おせっかいな(人)

en-tre-mez-'clar [エン.トれ.メす.'クラる] 動 他 混ぜる　**～se** 動 再 混ざる

****en-tre-na-'dor, -'do-ra** [エン.トれ.ナ.'ドる, 'ド.ら] 87% 名 男 女 〔競〕トレーナー, コーチ

****en-tre-na-'mien-to** [エン.トれ.ナ.'ミエン.ト] 90% 名 男 〔競〕トレーニング, 訓練, 養成, 練習

***en-tre-'nar** [エン.トれ.'ナる] 92% 動 他 〈に〉(en, a: を)訓練する, 仕込む, 鍛える ～se 動 再 トレーニングする, 練習する

en-tre-'nu-do [エン.トれ.'ヌ.ド] 名 男 〔植〕節間

en-tre-o+'ír [エン.トれ.オ.'イる] 動 他 ㊼ (-y-) 〔直現 1 単 -go〕ちょっと耳にする, 小耳にはさむ

en-tre-'pa-ño [エン.トれ.'パ.ニョ] 名 男 棚, 棚板; 〔建〕格間(ごうま)《柱と柱の間の壁》; 〔建〕はめ板

en-tre-'pier-na [エン.トれ.'ピエる.ナ] 名 女 〔体〕(人体の)股(また), 内もも; 〔衣〕(ズボンなどの)股, 股あて

en-tre-'plan-ta [エン.トれ.'プラン.タ] 名 女 〔建〕中二階

En-tre 'Rí+os [エン.トれ 'リ.オス] 名 固 〔地名〕エントレリオス《アルゼンチン北部の州》

en-tre-sa-'car [エン.トれ.サ.'カる] 動 他 ㊾ (c|qu) 選ぶ, えり抜く, 抜粋する, 拾い出す; 〔植〕〈植物などを〉間引く, 間伐する, 刈り込む

en-tre-'si-jo [エン.トれ.'スィ.ほ] 名 男 秘密, 謎; 困難; 〔体〕腸間膜

en-tre-'sue-lo [エン.トれ.'スエ.ロ] 名 男 〔建〕中二階(の住居), 部屋

en-tre-ta-'llar [エン.トれ.タ.'ジャる] 動 他 浅浮き彫りにする; 刻む, 彫刻する; 〈に〉透かし細工をする; 妨げる, 止める

***en-tre-'tan-to** [エン.トれ.'タン.ト] 93% 副 その間に, そうするうちに 名 男 その間

en-tre-te-'jer [エン.トれ.テ.'へる] 動 他 〔衣〕織り混ぜる, 織り込む; 混ぜる, 一緒にする, 絡ませる; 組み合わせる, 組み込む

en-tre-'te-la [エン.トれ.'テ.ラ] 名 女 〔複〕《話》心の奥, 心底; 〔衣〕バックラム, 芯地(しん じ)《衣服の裏と表の間に入れる芯》

en-tre-'tén 動《命》⬇entretener

***en-tre-te-'ner** [エン.トれ.テ.'ネる] 92% 動 他 ㊳ (tener) 楽しませる, おもしろがせる; 〈の〉注意をそらす; だます, 裏切る; 〈の〉時間を奪う, 〈の〉じゃまをする; 引きとめる, 遅らせる; 〈空腹などを〉紛らわす ～se 動 再 (en 不定詞/現在分詞: …で)楽しむ, 気晴らしをする; 時間をつぶす, ぐずぐずする; 長居する

en-tre-'ten-go, -ga(～) 動《直現 1 単, 接現》⬆entretener

***en-tre-te-'ni-do, -da** [エン.トれ.テ.'ニ.ド, ダ] 93% 形 おもしろい, 愉快な, 楽しい; 骨の折れる, つらい -da 名 女 愛人, 情婦; 売春婦

***en-tre-te-ni-'mien-to** [エン.トれ.テ.ニ.'ミエン.ト] 94% 名 男 娯楽, 楽しみ; 維持, 保守; 〔軍〕陽動作戦

en-tre-'tiem-po [エン.トれ.'ティエン.ポ] 名 男 一年の間(あい)の季節, 春秋; 〔競〕〔サッカーなど〕ハーフタイム

en-tre-'tie-n~ 動《直現/接現》⬆entretener

en-tre-'tu-v~ 動《直点/接過》⬆entretener

en-tre-ven-'ta-na [エン.トれ.ベン.'タ.ナ] 名 女 〔建〕窓間(まどあい)壁

en-tre-'ver [エン.トれ.'べる] 動 他 ㊹ (ver) 〔直現のアクセント記号に注意 -vés, -vé, -véis, -vén〕垣間見る, ぼんやりと見る; 推測する, 推断する; 予知する, 見越す

en-tre-ve-'rar [エン.トれ.べ.'らる] 動 他 混ぜる

en-tre-'ve-ro [エン.トれ.'べ.ろ] 名 男 《アンデス》《チリ》《ラプラタ》《話》騒ぎ, 混乱; けんか

en-tre-'ví+a [エン.トれ.'ビ.ア] 名 女 〔鉄〕軌間, ゲージ

****en-tre-'vis-ta** [エン.トれ.'ビス.タ] 84% 名 女 会見, 会議, 面接(試験); インタビュー, 取材訪問

en-tre-vis-ta-'dor, -'do-ra [エン.トれ.ビス.タ.'ドる, 'ド.ら] 名 男 女 インタビューする人, インタビュアー

***en-tre-vis-'tar** [エン.トれ.ビス.'タる] 91% 動 他 会見する, インタビューする ～se 動 再 (con: と)会見する, インタビューする

en-tri-'pa-do, -da [エン.トり.'パ.ド, ダ] 形 〔体〕腹の, 腸の

en-tris-te-'cer [エン.トりス.テ.'せる] 動 他 ㊺ (c|zc) 悲しませる, 悲しみに沈ませる; 陰気にする ～se 動 再 (con, de, por: を)悲しむ

en-tris-te-ci-'mien-to [エン.トりス.テ.すぃ.'ミエン.ト] 名 男 悲しみ

en-tris-'tez-co, -ca(～) 動《直現 1 単, 接現》⬆entristecer

en-tro-me-'ter 動 他 ⇧entremeter

en-tro-me-'ti-do, -da 形 ⇧entremetido

en-'trón, -'tro-na [エン.'トろン, 'トろ.ナ] 形《メキシコ》《話》勇敢な; 大胆な

en-tron-'car [エン.トろン.'カる] 動 他 ㊾ (c|qu) 結びつける; 〈の〉血筋を証明する ～(se) 動 自 (再) (con: と)血族関係にある; (con: と)関連がある, つながる, 接続する

en-tro-ni-za-'ción [エン.トろ.ニ.さ.'すぃオン] 名 女 即位, 戴冠式

en-tro-ni-ˈzar [エン.トろ.ニ.ˈさる] 動 他 ㉞ (z|c) 王位につかせる, 即位させる, 推戴(すいたい)する; 崇拝する, 尊敬する, ほめたたえる

en-ˈtron-que [エン.ˈトろン.ケ] 名 男 血族関係(を結ぶこと)

en-tro-ˈpí+a [エン.トろ.ˈピ.ア] 名 女 〔物〕エントロピー《熱力学の関数; (情報理論で)情報量》

en-ˈtró-pi-co, -ca [エン.ˈトろ.ピ.コ, カ] 形 エントロピーの

en-tru-ˈcha-da [エン.トる.ˈチャ.ダ] 名 女 《話》陰謀, 策略, わな

en-tu-ba-ˈción [エン.トゥ.バ.ˈすぃオン] 名 女 管の取り付け, 配管

en-tu-ˈbar [エン.トゥ.ˈバる] 動 他 〈に〉管を取り付ける, 配管する

en-ˈtuer-to [エン.ˈトゥエる.ト] 名 男 〔法〕不法行為; 不正; 〔複〕〔医〕後(あと)陣痛

en-tu-me-ˈcer [エン.トゥ.メ.ˈせる] 動 他 ㊺ (c|zc) 感覚をなくす, しびれさせる, 麻痺(まひ)させる　~se 動 再 かじかむ, しびれる, 麻痺する; 〔地〕《川などが》増水する; 〔海〕《海が》波打つ

en-tu-me-ci-ˈmien-to [エン.トゥ.メ.すぃ.ˈミエン.ト] 名 男 〔医〕しびれ感, 麻痺(まひ)

en-tu-ˈmir-se [エン.トゥ.ˈミる.セ] 動 再 〔医〕しびれる, 麻痺(まひ)する; 《(コロンビア)》《話》臆病(おくびょう)になる

en-tu-ˈnar-se [エン.トゥ.ˈナる.セ] 動 再 《(コロンビア)》《話》怒る, 頭にくる

en-tu-ˈpir [エン.トゥ.ˈピる] 動 他 詰まらせる, 閉じる

en-tur-ˈbiar [エン.トゥる.ˈビアる] 動 他 かき乱す, 悩ます, 騒がせる; 濁(にご)らせる, 曇らせる　~se 動 再 乱れる; 濁る

en-tu-sias-ˈma-do, -da 形 興奮した, 夢中になった, 熱中した

*en-tu-sias-ˈmar [エン.トゥ.スィアス.ˈマる] 93% 動 他 鼓舞[激励]する, 刺激する; 夢中にさせる, 熱中させる　~se 動 再 (con, por: に)夢中になる, 熱中する

**en-tu-ˈsias-mo 89% 名 男 熱中, 熱心, 熱狂, 興奮

*en-tu-ˈsias-ta 92% 形 熱烈な, 熱狂的な 名 共 熱烈な愛好家[支持者], 熱中している人

en-tu-ˈsiás-ti-co, -ca 形 熱烈な, 熱心な, 熱狂的な

*e+nu-me-ra-ˈción [エ.ヌ.メ.ら.ˈすぃオン] 94% 名 女 数え上げること, 列挙, 枚挙; 目録, 一覧表

*e+nu-me-ˈrar [エ.ヌ.メ.ˈらる] 94% 動 他 列挙する; 数える

e+nu-me-ra-ˈti-vo, -va [エ.ヌ.メ.ら.ˈティ.ボ, バ] 形 列挙する, 列挙の

e+nun-cia-ˈción [エ.ヌン.すぃア.ˈすぃオン] 名 女 公表, 発表, 陳述

e+nun-ˈcia-do [エ.ヌン.ˈすぃア.ド] 名 男 〔言〕発話

e+nun-ˈciar [エ.ヌン.ˈすぃアる] 動 他 〈考えなどを〉述べる, 発表する

e+nun-cia-ˈti-vo, -va [エ.ヌン.すぃア.ˈティ.ボ, バ] 形 〔言〕陳述の, 平叙文の

e+nu-ˈre-sis [エ.ヌ.ˈれ.スィス] 名 女 〔単複同〕〔医〕遺尿症

e+nu-ˈré-ti-co, -ca [エ.ヌ.ˈれ.ティ.コ, カ] 形 〔医〕遺尿症の

en-vai-ˈnar [エン.バイ.ˈナる] 動 他 〈剣を〉さやに納める; 納める, 入れる　~se 動 再 《(ベネズエラ)》混乱に巻き込まれる

en-va-len-to-ˈnar [エン.バ.レン.ト.ˈナる] 動 他 勇気[元気]づける, 激励する　~-se 動 再 勇気を出す, 元気づく; 強がる, 強がりを言う

en-va-ne-ˈcer [エン.バ.ネ.ˈせる] 動 他 ㊺ (c|zc) 思い上がらせる　~se 動 再 思い上がる, 得意になる; (de, por: を)うぬぼれる

en-va-ne-ci-ˈmien-to [エン.バ.ネ.すぃ.ˈミエン.ト] 名 男 思い上がること, 高慢

en-va-ra-ˈmien-to [エン.バ.ら.ˈミエン.ト] 名 男 麻痺(まひ), しびれ

en-va-ˈrar [エン.バ.ˈらる] 動 他 無感覚にする, しびれさせる, 麻痺(まひ)させる, こわばらせる　~se 動 再 しびれる, こわばる

en-va-ˈsar [エン.バ.ˈサる] 動 他 容器[瓶(びん), 缶など]に入れる[詰める]

en-ˈva-se [エン.ˈバ.セ] 名 男 容器, 瓶(びん), 缶, 袋, 箱; 容器に入れること

*en-ve-je-ˈcer [エン.ベ.へ.ˈせる] 94% 動 他 ㊺ (c|zc) 老(ふ)けさせる, 〈の〉年を感じさせる; 〔飲〕〈ワインを〉熟成させる　~(se) 動 自 (再) 年をとる, 老ける; 古くなる; 〔飲〕《ワインが》熟成する

en-ve-je-ci-ˈmien-to [エン.ベ.へ.すぃ.ˈミエン.ト] 名 男 老化; 老朽化; 〔飲〕(ワインの)熟成

en-ve-ne-na-ˈmien-to [エン.ベ.ネ.ナ.ˈミエン.ト] 名 男 毒を盛ること, 毒殺; 汚染, 公害

en-ve-ne-ˈnar [エン.ベ.ネ.ˈナる] 動 他 〈に〉毒を入れる[塗る]; 毒殺する; 〈大気・河川などを〉汚染する; 損なう, だいなしにする, 悪化させる; 悪意にとる　~se 動 再 毒をあおる, 服毒自殺する, 中毒死する; 関係が悪化する, 損なわれる

en-ve-ˈra-do [エン.ベ.ˈら.ド] 名 男 〔飲〕熟していないブドウで作るワイン

en-ve-ˈrar [エン.ベ.ˈらる] 動 自 〔農〕《果物が》熟し始める

en-ver-ga-ˈdu-ra [エン.べる.ガ.ˈドゥ.ら] 名 女 重要性; (計画などの)規模; 〔海〕帆幅; 〔鳥〕〔空〕(鳥・飛行機の)翼幅

en-'ve-ro [エン.'べ.ろ] 名 男 〘農〙 果物が熟し始めること; 〘農〙 熟し始めたブドウ
en-'vés [エン.'ベス] 名 男 (布・葉などの) 裏, 裏面; 《話》 背, 背中
en-'via-do, -da [エン.'ビア.ド, ダ] 名 男 女 使節, 代表, 派遣団員, 通信員
en-'viar [エン.'ビアる] 78% 動 他 ㉙ (i|í) 送る, 届ける, 発送する; 〈電報・無電を〉発信する; 〈挨拶の言葉などを〉申し送る; (命じて) 行かせる, 派遣する, 差し向ける; 〘情〙 送信する ~ *a paseo* 《話》 首にする, 手を切る
en-vi-'ciar [エン.ビ.'すぃアる] 動 他 (con: で)堕落させる, 誤らせる 動 自 《植物が》葉が伸びて花と実をつけない; おぼれる, ふける ~**se** 動 再 (con, en: 悪習に)ふける, おぼれる
*__en-'vi-dia__ [エン.'ビ.ディア] 92% 名 女 ねたみ, 嫉妬(しっと), 羨望(せんぼう) *comerse* [*consumirse*] *de* ~ とてもうらやむ, ねたましく思う, 嫉妬にかられる
*__en-vi-'dia-ble__ [エン.ビ.'ディア.ブレ] 94% 形 うらやましい
*__en-vi-'diar__ [エン.ビ.'ディアる] 94% 動 他 うらやむ, ねたむ *no tener nada que* ~ (*a nadie*) 申し分ない, 劣らない
*__en-vi-'dio-so, -sa__ [エン.ビ.'ディオ.ソ, サ] 94% 形 ねたみ深い, 嫉妬(しっと)深い; 《人が》うらやましがる, うらやましげな 名 男 女 ねたみ深い人, 嫉妬深い人
en-vi-le-'cer [エン.ビ.レ.'せる] 動 他 ㊺ (c|zc) 〈の〉品位[価値]を落とす ~**se** 動 再 堕落する, 自らの品位を落とす
en-vi-le-ci-'mien-to [エン.ビ.レ.すぃ.'ミエン.ト] 名 男 品位を落とすこと, 堕落
*__en-'ví+o__ [エン.'ビ.オ] 93% 名 男 送ること; 手紙, 荷物, 小包, 郵便物; 派遣
en-'vión [エン.'ビオン] 名 男 《コロンビア》 努力; 《ラプラタ》 勢い; 衝動
en-vis-'car [エン.ビス.'カる] 動 他 ㊾ (c|qu) 〘鳥〙 〈枝などに〉鳥もちを塗る; 〈犬を〉けしかける ~**se** 動 再 〘鳥〙 《鳥が》鳥もちにひっかかる
en-'vi-te [エン.'ビ.テ] 名 男 招き, 招待, 誘い; 賭け金を上げること; ひと押し, 突き *acortar un* ~ 手短に話す *al primer* ~ 初めに, 出し抜けに
en-viu-'dar [エン.ビウ.'ダる] 動 自 夫[妻]をなくす, 未亡人[やもめ]になる
en-vo-la-'ta-do, -da [エン.ボ.ラ.'タ.ド, ダ] 形 《コロンビア》 《話》 ぼんやりした
en-vol-'to-rio [エン.ボル.'ト.りオ] 名 男 束, 巻いた物, 包み; 包む物, 覆(おお)い, 包み紙
en-vol-'tu-ra [エン.ボル.'トゥ.ら] 名 女 包むこと, 包装; 包む物, 覆(おお)い, カバー; 〔複〕 産着(うぶぎ), おくるみ
en-vol-'ven-te [エン.ボル.'ベン.テ] 形 包む, くるむ
__en-vol-'ver__ [エン.ボル.'べる] 90% 動 他 ⑯ (o|ue)〔過分 -vuelto〕 包む, (con, en: で)くるむ; (en: に)巻き込む, 関わる; 《言葉が》意味を含む; 巻く, 巻き付ける ~se** 動 再 (身を)包む, くるまる; 巻きつく, 重なる; (en: に)巻き込まれる
en-'vuel-t~ 動 《過分》 ↑envolver
en-'vuel-v~ 動 《直現/接現/命》 ↑envolver
en-ye-'sar [エン.ジェ.'サる] 動 他 〈に〉ギプスをはめる; 〈に〉漆喰(しっくい)を塗る
en-yu-'gar [エン.ジュ.'ガる] 動 他 ㊶ (g|gu) 〈に〉くびきをかける, くびきでつなぐ
en-zar-'zar [エン.さる.'さる] 動 他 ㉞ (z|c) イバラで覆(おお)う; 仲たがいさせる, 〈に〉悶着(もんちゃく)を起こさせる ~**se** 動 再 (en: 争いに)巻き込まれる, (en: 困難なことに)ぶつかる; (con: と)けんか[口論]になる; (en: に)入り込む
en-'zi-ma [エン.'すぃ.マ] 名 男 [女] 〘生〙 酵素
en-zi-mo-lo-'gí+a [エン.すぃ.モ.ロ.'ひ.ア] 名 女 〘生〙 酵素学
en-zi-mo-pa-'tí+a [エン.すぃ.モ.パ.'ティ.ア] 名 女 〘医〙 酵素異常症
en-zo+'o-tia [エン.そ.'オ.ティア] 名 女 〘動〙 (動物の)地方病, 風土病
en-zun-'char [エン.すン.'チャる] 動 他 〈に〉金輪(かなわ)をはめる
'e+ñe ['エ.ニェ] 名 女 〘言〙 エニェ 《文字 Ñ, ñ の名称》
E+'o-lia [エ.'オ.リア] 名 固 〘歴〙 〘地名〙 アイオリス 《小アジア北西部にあった古代ギリシャの植民地》
e+'ó-li-co, -ca [エ.'オ.リ.コ, カ] 形 風の, 風力の; 〘ギ神〙 風神の, アイオロスの ↓Eolo; 〘歴〙 〘言〙 (ギリシャ語の)アイオリス方言の; 〘歴〙 〘地名〙 アイオリス(人)の 名 男 女 アイオリス人 名 男 〘歴〙 〘言〙 (ギリシャ語の)アイオリス方言
E+'o-lo [エ.'オ.ロ] 名 固 〘ギ神〙 アイオロス 《風の神》
e+o-'nis-mo 名 男 〘医〙 服装倒錯
e+o-'nis-ta 名 共 〘医〙 服装倒錯者
'E+os 名 固 〘ギ神〙 エオス 《曙(あけぼの)の女神》
e+pa-'tan-te 形 (驚くほど)型破りな
e+pa-'tar [エ.パ.'タる] 動 他 びっくりさせる, 驚かせる
e+pa-'zo-te [エ.パ.'そ.テ] 名 男 《メキシコ》 〘植〙 アリタソウ 《ヒユ科の一年草; 茶や香辛料として用いられる》
e. p. d.; E. P. D. 略 =en paz descanse 安らかに眠れ 《弔いの言葉》
e+'pén-te-sis 名 女 〔単複同〕 〘言〙 挿音(そうおん)現象, 挿入音[字]

e

e+pen-'té-ti-co, -ca 形〔言〕挿音(そうおん)現象の, 挿入音[字]の
e+pi~〔接頭辞〕「上・表面・外・後」という意味を示す
e+pi-'car-pio [エ.ピ.'カる.ピオ] 名 男〔植〕外果皮
e+pi-'ce+no, -na [エ.ピ.'せ.ノ, ナ] 形〔言〕通性の《男性と女性を区別しない》
e+pi-'cen-tro [エ.ピ.'せン.トろ] 名 男〔地質〕震央《震源の真上の地表の点》
e+pi-'ci-clo [エ.ピ.'すぃ.クロ] 名 男〔天〕周転円《中心が他の大円の円周上を回転する小円》
*'é-pi-co, -ca 94% 形 名 男 女〔文〕叙事詩の; 雄々しい, 勇壮な;〔文〕叙事詩人 -ca 名 女〔文〕叙事詩, 史詩
e+pi-'cú-re+o, +a [エ.ピ.'ク.れ.オ, ア] 形 名 男 女〔哲〕エピクロス派の(人)《Epicuro, 前 342–270, ギリシャの哲学者》; 快楽主義の[主義者]
*e+pi-'de-mia 93% 名 女〔医〕流行病, 伝染病; (悪いことの)流行, 蔓延(まんえん)
e+pi-'dé-mi-co, -ca 形〔医〕流行病の, 伝染性の
e+pi-de-mio-lo-'gí+a [エ.ピ.デ.ミオ.ロ.'ひ.ア] 名 女〔医〕疫学
e+pi-de-mio-'ló-gi-co, -ca [エ.ピ.デ.ミオ.'ロ.ひ.コ, カ] 形〔医〕疫学の
e+pi-de-'mió-lo-go, -ga [エ.ピ.デ.'ミオ.ロ.ゴ, ガ] 名 男 女〔医〕疫学者
e+pi-'dér-mi-co, -ca [エ.ピ.'デる.ミ.コ, カ] 形〔体〕〔植〕〔動〕表皮[外皮]の
e+pi-'der-mis [エ.ピ.'デる.ミス] 名 女〔単複同〕〔体〕〔植〕〔動〕表皮, 外皮
E+pi-fa-'ní+a 名 女〔宗〕救世主の顕現, 御公現の大祝日《1 月 6 日; 東方の三博士のベツレヘム来訪が象徴する》;〔宗〕神の出現, 顕現
e+pi-'fi-to, -ta 形〔植〕着生植物の 名 男〔植〕着生植物
e+'pí-fo-ra [エ.'ピ.フォ.ら] 名 女〔医〕流涙(症); 涙漏
e+pi-'gas-trio [エ.ピ.'ガス.トりオ] 名 男〔体〕上腹部
e+pi-'glo-tis [エ.ピ.'グロ.ティス] 名 女〔単複同〕〔体〕喉頭蓋(こうとうがい), 会厭(ええん)軟骨
e+pi-glo-'ti-tis [エ.ピ.グロ.'ティ.ティス] 名 女〔単複同〕〔医〕喉頭蓋炎
e+'pí-go+no 名 男《格》模倣者, 亜流, エピゴーネン
e+'pí-gra-fe [エ.'ピ.グら.フェ] 名 男(巻頭・章の)題辞, 題詞; 碑銘, 碑文
e+pi-gra-'fí+a [エ.ピ.グら.'フィ.ア] 名 女 碑銘研究, 金石文学;〔集合〕碑銘, 金石文
e+pi-gra-'fis-ta [エ.ピ.グら.'フィス.タ] 名 共 碑銘研究者, 金石学の専門家
e+pi-'gra-ma [エ.ピ.'グら.マ] 名 男 風刺詩; 警句, エピグラム
e+pi-gra-'má-ti-co, -ca [エ.ピ.グら.'マ.ティ.コ, カ] 形 警句の, エピグラムの; 風刺詩の
e+pi-'lep-sia [エ.ピ.'レプ.スィア] 名 女〔医〕癲癇(てんかん)
e+pi-'lép-ti-co, -ca [エ.ピ.'レプ.ティ.コ, カ] 形〔医〕癲癇(てんかん)性の 名 男 女〔医〕癲癇患者
e+pi-lo-'gal [エ.ピ.ロ.'ガル] 形 エピローグの, 終幕の
e+pi-lo-'gar [エ.ピ.ロ.'ガる] 動 他 41 (g|gu)《格》要約する, 手短に述べる
e+'pí-lo-go [エ.'ピ.ロ.ゴ] 名 男〔文〕終章, 終幕, エピローグ, 後日談; (事件などの)結末;〔修〕結論
e+pis-co-'pa-do 名 男〔宗〕司教の位[職, 任期];〔宗〕〔集合〕(カトリック教会の)司教団
e+pis-co-'pal [エ.ピス.コ.'パル] 形〔宗〕司教の
e+pis-co-pa-'lis-mo [エ.ピス.コ.パ.'リス.モ] 名 男〔宗〕司教制主義
e+pi-'só-di-co, -ca 形 エピソード風の, 挿話的な
**e+pi-'so-dio 90% 名 男〔文〕(小説・劇などの)挿話, エピソード; 挿話的な出来事; 余談, 脱線
e+pis-'te-me 名 女〔哲〕知識, 認識
e+pis-'té-mi-co, -ca 形 知識の, 認識の
e+pis-te-mo-lo-'gí+a [エ.ピス.テ.モ.ロ.'ひ.ア] 名 女〔哲〕認識論
e+pis-te-mo-'ló-gi-co, -ca [エ.ピス.テ.モ.'ロ.ひ.コ, カ] 形〔哲〕認識論(上)の
e+'pís-to-la [エ.'ピス.ト.ラ] 名 女 (特に形式ばった)書簡; 書簡体の文;〔E~〕〔聖〕(新約聖書の)使徒書簡
e+pis-to-'lar [エ.ピス.ト.'ラる] 形〔文〕手紙の, 書簡体の
e+pis-to-'la-rio [エ.ピス.ト.'ラ.りオ] 名 男〔文〕書簡集;〔E~〕〔聖〕(新約聖書の)使徒書簡集
e+pi-'ta-fio 名 男 墓碑銘, 墓誌
e+pi-ta-'lá-mi-co, -ca [エ.ピ.タ.'ラ.ミ.コ, カ] 形《格》〔楽〕婚礼祝歌の
e+pi-ta-'la-mio [エ.ピ.タ.'ラ.ミオ] 名 男《格》〔楽〕婚礼祝歌
e+pi-'tá-la-mo [エ.ピ.'タ.ラ.モ] 名 男〔体〕視床上部
e+pi-te-'lial [エ.ピ.テ.'リアル] 形〔体〕上皮の, (細胞の)上覆組織に関する
e+pi-'te-lio [エ.ピ.'テ.リオ] 名 男〔体〕上皮, (細胞の)上覆組織
e+'pí-te-to 名 男〔言〕特徴形容詞;

《話》侮辱の言葉, 悪口
e+'pí-to-me 名 男《格》抜粋, 梗概(こうがい), 要約
e+pi-zo+'o-tia [エ.ピ.そ.'オ.ティア] 名 女〔畜〕家畜の流行病
***'é+po-ca** 75% 名 女 時代, 時期; 時期, 季節; 昔, 過去, 当時; 期間, 間;〔地質〕世 *hacer* ~ 新時代を開く
e+'po-do 名 男〔歴〕〔文〕エポード《長短の行が交互に並ぶ古代の叙情詩形》
e+'pó-ni-mo, -ma 形《格》名祖(なおや)の(名を付した) 名 男《格》名祖《民族・土地・建物・姓などの名の起こりとなった人物・神》
e+po-'pe-ya 名 女〔文〕叙事詩, 史詩; 叙事詩的物語[事件], 偉業
'ép-si-lon ['エプ.スィ.ロン] 名 女〔言〕エプシロン《ギリシャ語の文字 E, ε》
e+pu-'lón [エ.プ.'ロン] 名 男 美食家, 大食漢
e+qui~ 〔接頭辞〕「等しい」という意味を示す
e+qui-'án-gu-lo, -la [エ.'キアン.グ.ロ, ラ] 形〔数〕等角の
e+qui-'dad [エ.キ.'ダド] 名 女 公平, 公正; 落ち着き, 沈着, 平静; (価格などの)妥当性
e+qui-dis-'tan-cia [エ.キ.ディス.'タン.すぃア] 名 女 等距離
e+qui-dis-'tan-te [エ.キ.ディス.'タン.テ] 形 等距離の
e+qui-dis-'tar [エ.キ.ディス.'タる] 動 自 (de: から)等距離にある
e+qui-'lá-te-ro, -ra [エ.キ.'ラ.テ.ろ, ら] 形〔数〕等辺の
e+qui-li-'bra-do, -da [エ.キ.リ.'ブら.ド, ダ] 形 常識のある, «性格が»穏やかな, 安定した, バランスのとれた 名 男 バランスをとること
***e+qui-li-'brar** [エ.キ.リ.'ブらる] 94% 動 他 〈の〉釣り合いを保たせる, 平衡させる **~-se** 動 再 釣り合う, 平衡を保つ, バランスがとれる
***e+qui-'li-brio** [エ.キ.'リ.ブりオ] 89% 名 男 釣り合い, 平均, バランス, 均衡;〔複〕妥協策; 調和, (心の)落ち着き, 平静
e+qui-li-'bris-mo [エ.キ.リ.'ブりス.モ] 名 男 綱渡り; アクロバット, 曲芸, 軽業
e+qui-li-'bris-ta [エ.キ.リ.'ブりス.タ] 名 共 綱渡り芸人, 綱渡り師
e+qui-li-'cuá [エ.キ.リ.'クア] 副《話》その通り, 見つかった, あった
e+qui-'mo-sis [エ.キ.'モ.スィス] 名 女〔単複同〕〔医〕斑状(はんじょう)出血, 血斑
e+'qui+no, -na [エ.'キ.ノ, ナ] 形〔動〕ウマ[馬]の 名 男〔動〕ウマ;〔動〕ウニ;〔建〕まんじゅう形《ドーリア式柱頭》
e+qui-noc-'cial [エ.キ.ノク.'すぃアル] 形 昼夜平分時の, 春分の, 秋分の;〔天〕天の赤道の
e+qui-'noc-cio [エ.キ.'ノク.すぃオ] 名 男 昼夜平分時, 春分, 秋分;〔天〕分点
e+qui-pa-'ción [エ.キ.パ.'すぃオン] 名 女〔競〕〔特にサッカー〕公式ユニホーム
e+qui-'pa-do, -da [エ.キ.'パ.ド, ダ] 形 (de, con: 装備・設備を)備えた
***e+qui-'pa-je** [エ.キ.'パ.へ] 92% 名 男 手荷物(類), 旅行荷物
e+qui-pa-'mien-to [エ.キ.パ.'ミエン.ト] 名 男 設備; 装備; 配置; 積み込み
e+qui-'par [エ.キ.'パる] 動 他 〈に〉(de, con: 装備・設備などを)備える; 身支度させる; (de, con: 必要なものを)授ける; 配置する, 乗り組ませる; 積み込む **~se** 動 再 (de, con: を)備える, 装備する
e+qui-pa-'ra-ble [エ.キ.パ.'ら.ブレ] 形 (a, con: と)比較できる, 比肩しうる, (a, con: に)匹敵する
e+qui-pa-ra-'ción [エ.キ.パ.ら.'すぃオン] 名 女 比較, 比肩
e+qui-pa-'rar [エ.キ.パ.'らる] 動 他 (a, con: と)比較する, 並べる
***e+'qui-po** [エ.'キ.ポ] 73% 名 男〔全体〕チーム, 組, 隊;〔集合〕装備, 備品, 設備, 装置, 必要品; 嫁入り道具, 花嫁衣装;〔情〕ハードウェア
***'e+quis** ['エ.キス] 94% 名 女〔単複同〕〔言〕〔言〕エキス《文字 X, x の名称》;〔数〕未知数; あるもの, ある人, 某人物; **X** 字形
e+qui-ta-'ción [エ.キ.タ.'すぃオン] 名 女〔競〕馬術, 乗馬
e+qui-ta-'ti-vo, -va [エ.キ.タ.'ティ.ボ, バ] 形 公平な, 公正な
e+qui-val-dr~ 動《直未/過未》↓equivaler
e+qui-va-'len-cia [エ.キ.バ.'レン.すぃア] 名 女 同等, 同値;〔化〕(原子の)等価, 等量
***e+qui-va-'len-te** [エ.キ.バ.'レン.テ] 91% 形 (a, de: と)同等の, 同量の, 同数の, 同価値の, 相当する 名 男 同等物, 同価値のもの, 同量のもの
***e+qui-va-'ler** [エ.キ.バ.'レる] 92% 動 自 ⑦1 (valer) (a: に)相当する, 等しい
e+qui-'val-go, -ga(~) 動《直現1単, 接現》↑equivaler
***e+qui-vo-ca-'ción** [エ.キ.ボ.カ.'すぃオン] 94% 名 女 誤り, 間違い, 思い違い, 誤算 *ni por* ~《否定》《話》間違っても…しない, 絶対…しない
***e+qui-vo-'ca-do, -da** [エ.キ.ボ.'カ.ド, ダ] 92% 形 誤った, 間違った **-da-mente** 副 誤って, 間違って
***e+qui-vo-'car** [エ.キ.ボ.'カる] 88% 動 他 ⑥9 (c|qu) 思い違いする, 誤解する, 間違

える, (con: と)取り違える; 間違えさせる, 混乱させる ～se 動 再 (de, en: を)間違える; (con: を)誤解する

e+qui-vo-ci-'dad [エ.キ.ボ.すぃ.'ダド] 名 女 あいまいな態度, はっきりしない様子

e+'quí-vo-co, -ca [エ.'キ.ボ.コ, カ] 形 両義にとれる, 意味のあいまいな, 多義的な; «風体・行動が»妙な, 怪しい 名 男 あいまいな言い方[語句]; 誤解すること, 間違えること

e+qui-vo-'qué, -que(~) 動《直点 1 単, 接現》↑equivocar

****'e+ra** ['エ.ら] 82% 名 女 紀元; 時代, 年代; [E～]〖地質〗代;〖農〗畑, 花壇, 苗床;〖農〗脱穀場

'e+ra(~) 動《直線》↓ser

'é+ra-mos 動《直線 1 複》↓ser

e+'ra-rio [エ.'ら.りオ] 名 男〖政〗国庫, (公共団体の)公庫

e+ras-'mia+no, -na [エ.らス.'ミア.ノ, ナ] 形〖哲〗エラスムスの《Desiderio Erasmo, 1467-1536, オランダの人文学者》

e+ras-'mis-mo [エ.らス.'ミス.モ] 名 男〖哲〗エラスムス主義

e+ras-'mis-ta [エ.らス.'ミス.タ] 形 名 共〖哲〗エラスムス主義の[主義者]

'er-bio ['エる.ビオ] 名 男〖化〗エルビウム《元素》

'e+re ['エ.れ] 名 女〖言〗エレ《文字 R, r の名称》

e+'re-bo [エ.'れ.ボ] 名 男《格》地獄, 冥府, 冥界

e+rec-'ción [エ.れク.'すぃオン] 名 女 建設, 建立, 組み立て; 設立, 創設;〖生〗勃起(ぼっき)

e+'réc-til [エ.'れク.ティル] 形〖生〗勃起(ぼっき)の; 直立の

e+'rec-to, -ta [エ.'れク.ト, タ] 形 直立した

e+re-'mi-ta [エ.れ.'ミ.タ] 名 男 隠者, 遁世者, 世捨て人

e+re-'mí-ti-co, -ca [エ.れ.'ミ.ティ.コ, カ] 形 隠者の, 遁世者の

e+re-mi-'to-rio [エ.れ.ミ.'ト.りオ] 名 男 隠者の庵(いおり)

'e+res 動《直現 2 単》↓ser

E+re-'ván [エ.れ.'バン] 名 固〖地名〗エレバン《アルメニア Armenia の首都》

'erg 名 男 ⇩ergio

'er-gio ['エる.ひオ] 名 男〖物〗エルグ《エネルギーの単位》

er-go-'gé-ni-co, -ca [エる.ゴ.'へ.ニ.コ, カ] 形〖医〗運動能力向上の;〖医〗作業補助の

er-'gó-gra-fo [エる.'ゴ.グら.フォ] 名 男〖医〗作業記録器, エルゴグラフ

er-go-me-'trí+a [エる.ゴ.メ.'トり.ア] 名 女〖医〗運動量[筋力]測定

er-go-'mé-tri-co, -ca [エる.ゴ.'メ.トり.コ, カ] 形〖医〗エルゴメーターの, 作業計の

er-'gó-me-tro [エる.'ゴ.メ.トろ] 名 男〖医〗エルゴメーター, 作業計

er-'guir [エる.'ギる] 動 他 64 (e|i; gu|g) 起こす, 立てる ～se 動 再 まっすぐになる, そびえ立つ; うぬぼれる, 高慢になる ～ *la cabeza* 堂々としている, 恥ずかしがらない

e+'rial [エ.'りアル] 形〖農〗«土地が»未開拓の, 未墾の 名 男〖農〗未開拓地

'E+rie ['エ.りエ] 名 固 [lago ～]〖地名〗エリー湖《米国とカナダの国境にある湖, 五大湖の一つ》

e+ri-'gir [エ.り.'ひる] 動 他 32 (g|j) 建てる, 建設する; 設立する, 設置する, 創設する ～se 動 再 自ら(en: の)職業[地位]につく, (en: を)自任する

e+ri-si-'pe-la [エ.り.スィ.'ペ.ラ] 名 女〖医〗丹毒

e+ri-'te-ma [エ.り.'テ.マ] 名 男〖医〗紅斑

E+ri-'tre+a [エ.り.'トれ.ア] 名 固〖地名〗エリトリア《アフリカ北東部の国》

e+ri-'za-do, -da [エ.り.'さ.ド, ダ] 形 とげだらけの, 針のある; (de: で)いっぱいの; «髪などが»逆立った

e+ri-'zar [エ.り.'さる] 動 他 34 (z|c)〖体〗‹髪などを›逆立てる; (de: で)いっぱいにする ～se 動 再〖体〗«髪などが»逆立つ

e+'ri-zo [エ.'り.そ] 名 男〖動〗ハリネズミ;〖動〗ウニ;〖魚〗ハリセンボン;〖植〗(クリなどの)いが;〖建〗忍び返し, 大釘《尖頭を外にして塀・垣に打ちつける》;《話》気むずかし屋

er-'mi-ta [エる.'ミ.タ] 名 女 隠者の住みか[いおり];〖宗〗(人里離れた)教会[礼拝堂], 隠修堂

er-mi-'ta-ño, -ña [エる.ミ.'タ.ニョ, ニャ] 名 男 女 隠者, 遁世者, 世捨て人 名 男〖動〗ヤドカリ

Er-'nes-to [エる.'ネス.ト] 名 固〖男性名〗エルネスト

e+ro-ga-'ción [エ.ろ.ガ.'すぃオン] 名 女《格》(財産の)分配;《ラ米》支出, 出費

e+ro-'gar [エ.ろ.'ガる] 動 他 41 (g|gu)《格》‹財産を›分配[配分]する;《ラ米》支払う, 出費する

e+'ró-ge+no, -na [エ.'ろ.へ.ノ, ナ] 形 性感の

'E+ros ['エ.ろス] 名 固〖ギ神〗エロス《アフロディテ Afrodita の子で恋愛の神》

e+ro-'sión [エ.ろ.'スィオン] 名 女〖地質〗侵食, 風化; 摩滅, 摩損;〖医〗糜爛(びらん)

e+ro-sio-'nar [エ.ろ.スィオ.'ナる] 動 他〖地質〗侵食する, 風化させる

e+ro-'si-vo, -va [エ.ろ.'スィ.ボ, バ] 形〖地質〗侵食性の

*e+'ró-ti-co, -ca [エ.'ろ.ティ.コ, カ] 92% [形] エロティックな, 官能的な; 性愛の, 恋愛の; 好色の　-ca [名] [女] 〔文〕恋愛詩

e+ro-'tis-mo [エ.ろ.'ティス.モ] [名] [男] エロティシズム; 好色性

e+ro-ti-'zar [エ.ろ.ティ.'さる] [動] [他] ㉞ (z|c) エロティックにする, 性的に刺激する

e+ro-to-ma-'ní+a [エ.ろ.ト.マ.'ニ.ア] [名] [女] 〔医〕色情狂, 色情癖

e+ro-'tó-ma+no, -na [エ.ろ.'ト.マ.ノ, ナ] [名] [男] [女] 〔医〕〔人〕色情狂

e+rra-'bun-do, -da [エ.ら.'ブン.ド, ダ] [形] 歩き回る, 放浪する, 諸国遊歴の

e+rra-di-ca-'ción [エ.ら.ディ.カ.'すぃオン] [名] [女] 根こそぎにすること, 根絶, 撲滅

e+rra-di-'car [エ.ら.ディ.'カる] [動] [他] ㊾ (c|qu) 根こそぎにする, 根絶する, 撲滅する, 皆無にする

e+'rra-do, -da [エ.'ら.ド, ダ] [形] 誤った, 間違えた; 的を外した

e+'rran-te [エ.'らン.テ] [形] さまよう, 放浪する

*e+'rrar [エ.'らる] 94% [動] [他] ㉚ (e|ye)〔ラ米各地で規則変化〕(en: を)誤る, 間違える, 失敗する [動] [自] 誤る, 間違える; さまよう, 放浪する

e+'rra-ta [エ.'ら.タ] [名] [女] (訂正を要する)誤り, 誤字, 誤植　*fe de ~s* 正誤表

e+'rrá-ti-co, -ca [エ.'ら.ティ.コ, カ] [形] さまよう, 放浪の, 移動する; 〔地質〕漂移性の, 移動性の; 〔医〕《痛み・症状が》迷走性の

e+'rrá-til [エ.'ら.ティル] [形] 変わりやすい, 変化する

'e+rre ['エ.れ] [名] [女] 〔言〕エレ《文字 R, r の名称》　*~ doble* 〔言〕エレドブレ《文字 rr の名称》　*~ que ~* 《話》頑固に, しつこく

'e+rro ['エ.ろ] [名] [男] 《ラ米》誤り, 間違い

*e+'rró-ne+o, +a [エ.'ろ.ネ.オ, ア] 94% [形] 《言葉・考えなどが》誤った, 間違った　-neamente [副] 間違って

**e+'rror [エ.'ろる] 82% [名] [男] 誤り, 間違い; 考え違い, 思い違い; 〔数〕誤差　*por ~* 誤って

ertzaina [エる.'チャ/ツァイ.ナ] [名] [共] 〔バスク語〕エルチャイナ《バスク自治州警察の警官》

Ertzaintza [エる.'チャ/ツァイン.チャ/ツァ] [名] [女] 〔バスク語〕エルチャインチャ《バスク自治州警察》

e+ru-bes-'cen-te [エ.る.ベ(ス).'せン.テ] [形] 《格》赤くなる

e+ruc-'tar [エ.るク.'タる] [動] [自] おくびを出す, げっぷをする

e+'ruc-to [エ.'るク.ト] [名] [男] おくび, げっぷ

e+ru-di-'ción [エ.る.ディ.'すぃオン] [名] [女] 博学, 博識, 学識, 学問, 知識

*e+ru-'di-to, -ta [エ.る.'ディ.ト, タ] 92% [形] 学問のある, 博学な, 博識な; 《著述などが》博学[博識]ぶりを示す [名] [男] [女] 学者, 博学な人　*~[ta] a la violeta* [女] えせ学者, 半可通

e+rup-'ción [エ.るプ.'すぃオン] [名] [女] 〔地質〕(火山の)爆発, 噴火; 〔医〕発疹(はっしん)

e+rup-'ti-vo, -va [エ.るプ.'ティ.ボ, バ] [形] 〔地質〕噴火による, 噴出性の; 〔医〕発疹性の

'es [動] 《直現 3 単》⬇ser

es~ 〔接頭辞〕⬆e(x)-

E. S. [略] =estación de servicio 〔商〕サービスステーション

'e+sa(s); 'é+sa(s) [形] 《女》⬇ese

es-bel-'tez [エス.ベル.'テす] [名] [女] ほっそり[すらっと]していること

*es-'bel-to, -ta [エス.'ベル.ト, タ] 94% [形] 細長い, ほっそりした, すらっとした

es-'bi-rro [エス.'ビ.ろ] [名] [男] 〔法〕(法の)執行吏, 巡査, 捕吏; 〔軽蔑〕手先, 用心棒

es-bo-'zar [エス.ボ.'さる] [動] [他] ㉞ (z|c) 〔絵〕素描する, スケッチする　*~ una sonrisa* ほほえみを浮かべる

*es-'bo-zo [エス.'ボ.そ] 94% [名] [男] 〔絵〕スケッチ, 素描; 略図; あら筋, 概略, 草案

es-ca-be-'cha-do, -da [形] 〔食〕マリネ[酢漬け]の [名] [男] 〔食〕マリネ[酢漬け]料理

es-ca-be-'char [エス.カ.ベ.'チャる] [動] [他] 〔食〕マリネにする, 塩水[酢]に漬ける; 《話》〈白髪を〉染める; 《スペイン》《話》試験に落第させる; 《俗》(刀剣などで)殺す

es-ca-'be-che [名] [男] 〔食〕マリネ; 〔食〕マリネの魚[肉]

es-ca-be-'chi-na [名] [女] 《話》大虐殺; 《話》大量の落第生

es-ca-'bel [エス.カ.'ベル] [名] [男] 足のせ台; 背のない腰掛け, スツール

es-ca-bro-si-'dad [エス.カ.ブろ.スィ.'ダド] [名] [女] 荒いこと, でこぼこ, 《土地が》険しいこと; 荒々しさ, 無愛想; わいせつ

es-ca-'bro-so, -sa [エス.カ.'ブろ.ソ, サ] [形] 荒い, でこぼこした; 困難な, 手に負えない; 《性格が》がさつな, 無愛想な; (内容が)わいせつな

es-ca-bu-'llir-se [エス.カ.ブ.'ジる.セ] [動] [再] ⑩ 〈i〉 (de: から)逃げる, (en: に)逃れる, すり抜ける; こっそり去る

es-ca-cha-'rrar [エス.カ.チャ.'らる] [動] [他] 《話》壊す, 割る, 砕く　*~se* [動] [再] 《話》壊れる

es-ca-'fan-dra [エス.カ.'ファン.ドら] [名] [女] 〔衣〕潜水服; 宇宙服

**es-'ca-la [エス.'カ.ラ] 87% [名] [女] (地図などの)縮尺, 比例尺, 比例, 割合, 度合い;

e

目盛り, 尺度; 規模, スケール, 重要度; 段階, 等級, 位, 位置;〔空〕途中降機地;〔海〕寄港地; はしご;〔楽〕音階;〔数〕記数法, …進法

es-ca-la-'brar 動 他 ⇧ descalabrar

es-ca-'la-da [エス.カ.'ラ.ダ] 名 女 よじ登り;〔競〕ロッククライミング, 登山;〔商〕(価格の)上昇;〔軍〕(戦争の)拡大 ***escalada deportiva*** 〔競〕スポーツクライミング

es-ca-la-'dor, -'do-ra [エス.カ.ラ.'ドる, 'ド.ら] 形〔競〕登山の 名 男 女 登山家

es-ca-la-'fón [エス.カ.ラ.'フォン] 名 男 階級[序列]名簿

es-ca-'lar [エス.カ.'ラる] 動 他 よじ登る; 〈家に〉侵入[乱入]する, 押し入る; 〈水門を〉上げる 動 自〔商〕«価格が»上昇する;〔軍〕«戦争が»拡大する, エスカレートする **～se** 動 再 よじ登る 名 男〔数〕スカラー《方向を持たない量》 形〔数〕スカラーの

es-cal-'da-do, -da [エス.カル.'ダ.ド, ダ] 形〔食〕湯がいた, 湯通しした;《話》ひどい目にあった, 懲りた

es-cal-'dar [エス.カル.'ダる] 動 他〔食〕湯がく, 湯通しする; 火で真っ赤に焼く;〔医〕(熱湯などで)やけどさせる **～se** 動 再〔医〕(熱湯などで)やけどする; ひりひりする

es-'cal-do [エス.'カル.ド] 名 男〔歴〕〔文〕スカルド《古代スカンジナビアの吟唱詩人》

es-ca-'le+no [エス.カ.'レ.ノ] 形 男 «三角形が»不等辺の

***es-ca-'le-ra** [エス.カ.'レ.ら] 88% 名 女 〔全体〕階段《手すりなども含めてひと続きの階段》; はしご段

es-ca-le-'ri-lla [エス.カ.レ.'り.ジャ] 名 女〔空〕タラップ;〔海〕タラップ, 道板, 舷梯(げんてい)

es-ca-le-'ri-ta〔縮小語〕↑escalera

es-cal-'far [エス.カル.'ファる] 動 他〔食〕〈卵を〉割って熱湯中でゆでる, 落とし卵[ポーチドエッグ]にする

es-ca-li-'na-ta [エス.カ.リ.'ナ.タ] 名 女〔建〕(玄関前の)ステップ, 石段

es-'ca-lo [エス.'カ.ロ] 名 男 よじ登ること; 押し入り, 乱入, 侵入

es-ca-lo-'frian-te [エス.カ.ロ.'フりアン.テ] 形 身の毛がよだつ, ぞっとする

es-ca-lo-'friar [エス.カ.ロ.'フりアる] 動 他 ㉙ (i|í) ぞっとさせる

***es-ca-lo-'frí+o** [エス.カ.ロ.'フり.オ] 94% 名 男〔しばしば複〕悪寒, 寒け

***es-ca-'lón** [エス.カ.'ロン] 94% 名 男 〔建〕(階段の)1段; (進度などの)段, ステップ

es-ca-lo-'na-do, -da [エス.カ.ロ.'ナ.ド, ダ] 形 段階的な; 段々になった **-damente** 副 段階的に

es-ca-lo-na-'mien-to [エス.カ.ロ.ナ.'ミエン.ト] 名 男 段階的な配置, 間隔をとること

es-ca-lo-'nar [エス.カ.ロ.'ナる] 動 他 〈に〉間隔をとって置く, 段階的に行う; 昇進させる; 〈土地を〉段々にする

es-ca-'lo-pa 名 女 ⇩ escalope

es-ca-'lo-pe [エス.カ.'ロ.ペ] 名 男〔食〕エスカロップ《子牛の薄切り肉などに薄くパン粉をつけてソテーにした料理》

es-cal-'pe-lo [エス.カル.'ペ.ロ] 名 男〔医〕外科用メス

es-'ca-ma 名 女〔魚〕(魚などの)うろこ; (はげ落ちる)薄片, うろこ状のもの; 疑い, いぶかり, 不信感;〔植〕芽鱗(がりん)《芽・つぼみを保護する》

es-ca-'ma-do, -da 形 うろこのある, うろこ状の;《話》疑っている, 疑惑を持った

es-ca-'mar [エス.カ.'マる] 動 他〔食〕〈魚の〉うろこを落とす;《話》〈に〉疑いを持たせる, 心配させる **～se** 動 再 (de: に)疑いを持つ, (de: を)怪しむ

es-'ca-me 名 男《(メキシコ)》《話》怖れ, 恐怖

es-ca-'mo-cha 名 女《(メキシコ)》⇩ escamocho

es-ca-'mo-cho 名 男〔食〕食べ残し, 飲み残し, 残飯

es-ca-'món, -'mo-na 形 名 男 女《話》用心深い(人), 疑い深い(人)

es-ca-mon-'dar [エス.カ.モン.'ダる] 動 他 〈余分の枝を〉下ろす, 〈木を〉刈り込む; (de: 余分なものを)取り除く

es-ca-'mo-so, -sa 形 うろこのある;《(コロンビア)》怒った; 怒りっぽい

es-ca-mo-te+'ar [エス.カ.モ.テ.'アる] 動 他 (手品で)隠す;《話》盗む, くすねる, ごまかす

es-ca-mo-'te+o 名 男 手品, 奇術;《話》盗むこと, くすねること, ごまかすこと

es-cam-'pa-da 動 自〔気〕雨のやみ間, 晴れ間

es-cam-'par [エス.カン.'パる] 動 自 雨がやむ, 晴れる; 断念する, 努力をやめる 動 他 片づける, きれいに取り払う

es-can-'ciar [エス.カン.'すぃアる] 動 他〔飲〕〈酒を〉つぐ, 注ぐ

es-can-da-'le-ra [エス.カン.ダ.'レ.ら] 名 女《話》騒動, 騒ぎ

es-can-da-li-'zar [エス.カン.ダ.リ.'さる] 動 他 ㉞ (z|c) 〈に〉衝撃を与える, 憤慨させる 動 自 大げさに騒ぎ立てる, 大騒ぎする **～se** 動 再 (de: に)大騒ぎを起こす; (de: に)憤慨する

es-can-'da-llo [エス.カン.'ダ.ジョ] 名 男〔海〕測鉛《水深を測るのに用いる》; 試験, 査定, 検査

***es-'cán-da-lo** [エス.'カン.ダ.ロ] 89% 名

[男] 醜聞, スキャンダル, 汚職[不正]事件, 疑惑; 騒ぎ, 物議, 憤慨の種; 恥, 面汚し, 名折れ, けしからんこと; 中傷, 陰口, 悪口

es-can-da-'lo-so, -sa [エス.カン.ダ.'ロ.ソ, サ] [形] スキャンダルの, 醜聞の; けしからぬ, 破廉恥な; 大騒動の, 騒々しい; «色などが»派手な, けばけばしい [名] [男] [女] 大騒ぎをする人

Es-can-di-'na-via [エス.カン.ディ.'ナ.ビア] [名] [固] 『地名』 スカンジナビア《スウェーデン Suecia, ノルウェー Noruega, デンマーク Dinamarca, フィンランド Finlandia, アイスランド Islandia》

es-can-di-'na-vo, -va [エス.カン.ディ.'ナ.ボ, バ] [形] 『地名』 スカンジナビア(人)の [名] [男] [女] スカンジナビア人 ↑Escandinavia

es-'can-dio [名] [男] 『化』 スカンジウム《希土類元素》

es-can-'dir [エス.カン.'ディる] [動] [他] 『文』 〈詩の〉韻律を調べる

es-ca-ne+'ar [エス.カ.ネ.'アる] [動] [他] 『医』『情』 スキャンする, 走査する

es-'cá-ner [エス.'カ.ネる] [名] [男] 『医』『情』 スキャナー, 走査機

es-ca-'nó-gra-fo, -fa [エス.カ.'ノ.グら.フォ, ファ] [名] [男] [女] 『医』『情』 スキャナー[走査機]の操作員

es-can-'sión [名] [女] 『文』 韻律分析

es-'ca-ño [エス.'カ.ニョ] [名] [男] 『政』 議席, 議員席; ベンチ

es-ca-'pa-da [名] [女] (ちょっとした)遠出, 旅行; 外出; 脱出, 逃亡 ***en una ~*** 暇を盗んで, 仕事の合間をぬって

⁑**es-ca-'par** [エス.カ.'パる] 86% [動] [自] (de: から)逃げる, 逃亡する, 脱出する; (de: を)逃れる, 免れる [動] [他] 『畜』 〈馬を〉走らせる **~se** [動] [再] (de: から)逃げる, 逃亡する, 脱出する; 家出をする; 気づかれない, 見落とされる; (思わず)口から漏れる; «液体・ガスなどが»漏れる ***¡De buena he escapado!*** ああ, あぶないところだった! ***dejar ~*** 取り逃がす, 逸する; 思わず〈言葉を〉漏らす, 〈ため息を〉つく

*__es-ca-pa-'ra-te__ [エス.カ.パ.'ら.テ] 93% [名] [男] 『商』 ショーケース, 陳列棚; 《スペイン》 『商』 ショーウインドー, 陳列窓; 《カリブ》 『衣』 衣装ダンス

es-ca-pa-'to-ria [エス.カ.パ.'ト.りア] [名] [女] 脱出, 逃亡; 逃げ道, 抜け穴; 出口, 解決策; 逃げ口上, はぐらかし; 《チリ》 非常口

es-'ca-pe [名] [男] (ガス・水などの)漏れ; 『機』 排気; 逃亡, 逃走, 脱出; 逃れる手段, 避難装置, 非常口; 『情』 リーク ***a ~*** 《話》 一目散に, 大急ぎで

es-'cá-pu-la [エス.'カ.プ.ラ] [名] [女] 『体』 肩甲骨

es-ca-pu-'lar [エス.カ.プ.'ラる] [形] 『体』 肩の, 肩甲骨の

es-ca-pu-'la-rio [エス.カ.プ.'ラ.りオ] [名] [男] 『宗』『衣』 (修道士の)肩衣(かたぎぬ)

es-'ca-que [エス.'カ.ケ] [名] [男] 『遊』 (チェスなど) (盤の)目

es-ca-que+'a-do, -da [エス.カ.ケ.'ア.ド, ダ] [形] チェック(模様)の, 格子縞の

es-ca-que+'ar-se [エス.カ.ケ.'アる.セ] [動] [再] 《スペイン》 (de: 責任などを)逃れる, 回避する

es-'ca-ra [エス.'カ.ら] [名] [女] 『医』 かさぶた, 痂皮(かひ)

es-ca-ra-ba-je+'ar [エス.カ.ら.バ.へ.'アる] [動] [他] 悩ませる [動] [自] (群れをなして)うようよする, うごめく; 書きなぐる

es-ca-ra-'ba-jo [エス.カ.ら.'バ.ほ] [名] [男] (一般) 『昆』 甲虫(こうちゅう); 《話》 (人) ちび, ずんぐりした人; (複) きたない字, なぐり書き; 《話》 『車』 フォルクスワーゲン車

es-ca-ra-'mu-jo [エス.カ.ら.'ム.ほ] [名] [男] 《スペイン》 『植』 ノイバラ(の実); 『動』 エボシガイ

es-ca-ra-'mu-za [エス.カ.ら.'ム.さ] [名] [女] 『軍』 小規模な戦闘, 小ぜり合い

es-ca-ra-mu-'zar [エス.カ.ら.ム.'さる] [動] [自] 34 (z|c) 『軍』 (contra: に)小ぜり合いをする

es-ca-ra-'pe-la [エス.カ.ら.'ペ.ラ] [名] [女] 『衣』 リボン飾り, 帽章; 口論, いさかい

es-car-ba-'dien-tes [エス.カる.バ.'ディエン.テス] [名] [男] (単複同) つまようじ

es-car-'bar [エス.カる.'バる] [動] [他] (en: を)ひっかき回して探す[調べる]; 『動』 «動物が»前足でかく; 『体』 〈歯を〉ほじる, ほじくる; (指などで)突く, つつく, いじる; 〈火を〉かきたてる [動] [自] (en: を)ひっかく, ほじくり返す; ひっかき回して探す[調べる]

es-car-'ce-la [エス.カる.'せ.ラ] [名] [女] (ベルトにかける)小袋, 巾着(きんちゃく); ヘアネット; 『歴』『軍』 (よろいの)もも当て

es-car-'ce+o [エス.カる.'せ.オ] [名] [男] さざなみ, 小波; 『競』 (馬術) 半旋回; (複) 余談, 脱線, わき道にそれること

*__es-'car-cha__ [エス.'カる.チャ] 94% [名] [女] 『気』 霜(しも), 霜柱; 《メキシコ》 冬, 冬場

es-car-'char [エス.カる.'チャる] [動] [自] 『気』 霜(しも)が降りる [動] [他] 『気』 凍らせる, 凍結させる; 『食』 砂糖漬けにする

es-car-'dar [エス.カる.'ダる] [動] [他] 『農』 〈の〉草を取る, 除草する; (de: 無用なものを)除く

es-car-'di-lla [エス.カる.'ディ.ジャ] [名] [女] 『農』 小さな手ぐわ

es-car-'di-llo [エス.カる.'ディ.ジョ] [名] [男] 『農』 手ぐわ

es-ca-ria-'dor [エス.カ.りア.'ドる] [名] [男] 『技』 拡孔器, 穴ぐり錐(きり), リーマー

es-ca-'riar [エス.カ.'りアる] 動 他 〔技〕〈穴を〉開ける, 広げる

es-ca-ri-fi-ca-'ción [エス.カ.り.フィ.カ.'すぃオン] 名 女 〔医〕 表皮切開, 乱切法; 〔医〕 痂皮(かひ)[かさぶた]の除去

es-ca-ri-fi-'car [エス.カ.り.フィ.'カる] 動 他 69 (c|qu) 〔農〕〈畑の〉土かきをする; 〔医〕〈皮膚の〉表皮[かさぶた]をとる

es-car-'la-ta [エス.カる.'ラ.タ] 形 緋色の, 深紅色の 名 女 緋色, 深紅色, スカーレット; 〔医〕 猩紅(しょうこう)熱

es-car-la-'ti-na [エス.カる.ラ.'ティ.ナ] 名 女 〔医〕 猩紅(しょうこう)熱; 〔衣〕 深紅色の布

es-car-men-'tar [エス.カる.メン.'タる] 動 他 50 (e|ie) 懲らしめる, 厳しく叱(しか)る, 説教する 動 自 学ぶ, 経験で教えられる, 懲りる ~ ***en cabeza ajena*** 他人の過ちから学ぶ, 他山の石とする

es-car-'mien-to [エス.カる.'ミエン.ト] 名 男 教訓, 訓戒, 戒め; 懲罰

es-car-ne-'cer [エス.カる.ネ.'せる] 動 他 45 (c|zc) あざける, ばかにする, ひやかす

es-car-ne-ci-'mien-to [エス.カる.ネ.すぃ.'ミエン.ト] 名 男 ひやかし, 愚弄(ぐろう), 嘲笑

es-'car-nio [エス.'カる.ニオ] 名 男 ひやかし, 愚弄(ぐろう), 嘲笑

es-ca-'ro-la [エス.カ.'ろ.ラ] 名 女 〔植〕 キクヂシャ, エンダイブ; 〔歴〕〔衣〕 ひだ襟(えり)

es-'car-pa [エス.'カる.パ] 名 女 〔地〕 急坂, 急傾斜, 断崖

es-car-'pa-do, -da [エス.カる.'パ.ド, ダ] 形 〔地〕 険しい, 切り立った, 急傾斜の, 急勾配の

es-car-'par [エス.カる.'パる] 動 他 〈土地を〉急な斜面にする

es-car-'pe-lo [エス.カる.'ペ.ロ] 名 男 〔医〕 外科用メス; 〔技〕 粗やすり

es-'car-pia [エス.'カる.ピア] 名 女 鉤釘, フック

es-car-'pín [エス.カる.'ピン] 名 男 〔複〕〔衣〕 ひものついていない靴; 〔衣〕 スリッパ; 〔複〕《(メキ)(シコ)》《(カリ)(ブ)》〔衣〕 靴下, ソックス

es-car-'za+no, -na [エス.カる.'さ.ノ, ナ] 形 〔建〕《アーチが》弓形の

es-ca-se+'ar [エス.カ.セ.'アる] 動 自 不足する, 欠乏する 動 他 控える, 切り詰める; 〔技〕 斜角をつける, 斜めに切る

***es-ca-'sez** [エス.カ.'せす] 93% 名 女 不足, 欠乏; 貧乏, 困窮

****es-'ca-so, -sa** 85% 形 (de: が)不足した, 少ない, 欠乏した, わずかな; やっと…, かろうじて…, …足らず, たった… **-sa-mente** 副 やっと, かろうじて; わずかに, つましく

es-ca-ti-'mar [エス.カ.ティ.'マる] 動 他 〈食物・金銭を〉ちびちび与える, 出し渋る; 取っておく, 残しておく, 蓄える, 切り詰める; 〈努力などを〉惜しむ

es-ca-to-lo-'gí+a [エス.カ.ト.ロ.'ひ.ア] 名 女 《格》 終末論 《死・最後の審判・天国・地獄を論じる》; 《格》 糞便学, 糞石学; 《格》 糞尿趣味, スカトロジー

es-ca-to-'ló-gi-co, -ca [エス.カ.ト.'ロ.ひ.コ, カ] 形 《格》 終末論の; 《格》 糞便学の, 糞石学の; 《格》 糞尿趣味の

es-ca-'yo-la [エス.カ.'ジョ.ラ] 名 女 漆喰(しっくい); 〔医〕 ギプス

es-ca-yo-'lar [エス.カ.ジョ.'ラる] 動 他 〔医〕〈に〉ギプスをはめる

****es-'ce-na** [エ(ス).'せ.ナ] 83% 名 女 〔演〕 舞台, ステージ; (芝居の)背景, 道具立て, 舞台装置; 〔映〕〔演〕 場, 場面, シーン; 〔演〕 劇, 演劇; (事件などの)現場, 現場状況; 場面, 光景, 風景, 情景; 場, 舞台; 大げさな場面, 騒ぎ ***hacer una*** ~ (泣いたり大げさなことをして)騒ぎを起こす

****es-ce-'na-rio** [エ(ス).せ.'ナ.りオ] 87% 名 男 〔演〕 (劇場の)舞台, ステージ; シナリオ; 環境, 周囲; 現場, 場所

es-'cé-ni-co, -ca [エ(ス).'せ.ニ.コ, カ] 形 〔演〕 舞台上の, 舞台背景の; 演劇の

es-ce-ni-fi-ca-'ción [エ(ス).せ.ニ.フィ.カ.'すぃオン] 名 女 〔演〕 上演; 脚色

es-ce-ni-fi-'car [エ(ス).せ.ニ.フィ.'カる] 動 他 69 (c|qu) 〔演〕 上演する; 劇にする, 脚色する

es-ce-no-gra-'fí+a [エ(ス).せ.ノ.グら.'フィ.ア] 名 女 〔演〕〔集合〕 舞台美術, 道具立て, 舞台装置; 〔絵〕 遠近図法

es-ce-no-'grá-fi-co, -ca [エ(ス).せ.ノ.'グら.フィ.コ, カ] 形 〔演〕 舞台装飾の, 舞台装置の, 舞台背景の; 〔絵〕 遠近[背景]図法の

es-ce-no-gra-'fis-ta [エ(ス).せ.ノ.グら.'フィス.タ] 名 共 〔演〕 舞台装置係

es-ce-'nó-gra-fo, -fa [エ(ス).せ.'ノ.グら.フォ, ファ] 名 男 女 〔演〕 舞台美術家[監督]

es-cep-ti-'cis-mo [エ(ス).せプ.ティ.'すぃス.モ] 名 男 〔哲〕 懐疑論, 懐疑主義; 〔一般〕 懐疑的な態度, 疑い

***es-'cép-ti-co, -ca** [エ(ス).'せプ.ティ.コ, カ] 94% 形 名 男 女 懐疑的な(人), 疑い深い(人); 〔哲〕 懐疑論の, 懐疑主義者

es-cho-re-'tar [エス.チョ.れ.'タる] 動 他 《(ベネズ)(エラ)》《話》 ゆがめる, ぶちこわす

es-cin-'dir [エ(ス).すぃン.'ディる] 動 他 《格》 分割する, 分断する, 割る, 切る; 〔物〕 核分裂させる ~**se** 動 再 《格》 (en: に)分裂する, 分離する; 〔物〕 核分裂する

es-ci-'sión [エ(ス).すぃ.'スィオン] 名 女 分離, 分裂; 〔物〕 (原子の)核分裂; 〔医〕 切除, 摘出

es-cla-re-ce-'dor, -'do-ra [エス.クラ.れ.せ.'ドる, 'ド.ら] [形] 明らかにする, 解明する

es-cla-re-'cer [エス.クラ.れ.'せる] [動] [他] 45 (c|zc) 明るくする, 照らす; 明らかにする, はっきりさせる, 解明する; 気高くする, 高貴にする [動] [自] 《格》夜が明ける, 明るくなる

es-cla-re-'ci-do, -da [エス.クラ.れ.'すぃ.ド, ダ] [形] 《格》有名な, 傑出した

es-cla-re-ci-'mien-to [エス.クラ.れ.すぃ.'ミエン.ト] [名] [男] 明らかにすること, 解明

es-'cla-va [エス.'クラ.バ] [名] [女] 《アンデス》《ラプラタ》〔衣〕腕輪

es-cla-va-'tu-ra [エス.クラ.バ.'トゥ.ら] [名] [女] 《ラ米》〔歴〕〔集合〕奴隷

es-cla-'vi-na [エス.クラ.'ビ.ナ] [名] [女] 〔宗〕〔衣〕(巡礼者がはおる)肩マント, ケープ

es-cla-'vis-mo [エス.クラ.'ビス.モ] [名] [男] 〔歴〕〔政〕奴隷制度, 奴隷制度支持

es-cla-'vis-ta [エス.クラ.'ビス.タ] [形] [名] [共] 〔歴〕〔政〕奴隷制度支持の[支持者]

es-cla-vi-'tud [エス.クラ.ビ.'トゥド] [名] [女] 奴隷の身分, 奴隷の状態, 隷属; 〔歴〕奴隷制度

es-cla-vi-'zar [エス.クラ.ビ.'さる] [動] [他] 34 (z|c) 奴隷にする; 酷使する, こき使う

*__es-'cla-vo, -va__ [エス.'クラ.ボ, バ] 91% [名] [男] [女] 〔歴〕奴隷; (de: の)とりこ; 自由を奪われた人; 奴隷のように(あくせく)働く人 [形] (de: に)隷属した; (de: の)とりことなった; (a: に)忠実な, 献身的な

es-cle-'ri-tis [エス.クレ.'り.ティス] [名] [女] 〔単複同〕〔医〕強膜炎

es-cle-ro-'der-mia [エス.クレ.ろ.'デる.ミア] [名] [女] 〔医〕強皮症

es-cle-'ro-ma [エス.クレ.'ろ.マ] [名] [男] 〔医〕硬化症

es-cle-'ro-sis [エス.クレ.'ろ.スィス] [名] [女] 〔単複同〕〔医〕硬化(症); 停滞, 麻痺

es-cle-'ro-so, -sa [エス.クレ.'ろ.ソ, サ] [形] 〔医〕硬化した, 硬化症の

es-cle-'ró-ti-ca [エス.クレ.'ろ.ティ.カ] [名] [女] 〔体〕(眼の)強膜

es-cle-ro-ti-'zar [エス.クレ.ろ.ティ.'さる] [動] [他] 34 (z|c) 〔医〕〈に〉硬化症を起こす

es-'clu-sa [エス.'クル.サ] [名] [女] 水門, (運河などの)閘門(こうもん), 堰(せき)

es-clu-'se-ro [エス.クル.'せ.ろ] [名] [男] (運河などの)閘門(こうもん)監視員

*__es-'co-ba__ 94% [名] [女] ほうき, 長柄のブラシ; 〔植〕エニシダ《マメ科の落葉低木》; 〔遊〕〔トランプ〕エスコーバ《ゲームの一種》 ***coche ~*** 〔競〕伴走車 ***no vender una ~*** 〔商〕(とくに商売で)失敗する

es-co-'ba-jo [エス.コ.'バ.ほ] [名] [男] 〔農〕ブドウの粒をとった花梗

es-co-'bar [エス.コ.'バる] [動] [他] (ほうきで)掃く

Es-co-'bar [エス.コ.'バる] [名] [固] 〔姓〕エスコバール

es-co-'ba-zo [エス.コ.'バ.そ] [名] [男] ほうきによる一撃; ほうきで掃くこと

es-co-'be-ta [名] [女] ブラシ, はけ; 小さいほうき

es-co-'bi-lla [エス.コ.'ビ.ジャ] [名] [女] 手ぼうき; ブラシ; 〔植〕オニナベナ; ヒース; 〔電〕(発電機の)刷子, ブラシ

es-co-bi-'llón [エス.コ.ビ.'ジョン] [名] [男] モップ, デッキブラシ

es-co-ce-'du-ra [エス.コ.せ.'ドゥ.ら] [名] [女] 〔医〕炎症, ただれ; 心痛, 心の痛手, 傷心

es-co-'cer [エス.コ.'せる] [動] [自] 13 (o|ue; c|z) 〔医〕うずく, ずきずき[ひりひり]痛む; 《話》感情を害する **~se** [動] [再] 《話》〔医〕«皮膚が»炎症を起こす, ひりひりする; 気分[感情]を害する

es-co-'cés, -'ce-sa [エス.コ.'せス, 'せ.サ] [形] 〔地名〕スコットランド(人)の ⬇Escocia; 〔言〕スコットランド語の; 〔衣〕タータンチェックの [名] [男] [女] スコットランド人 [名] [男] 〔言〕スコットランド語

Es-'co-cia [エス.'コ.すぃア] [名] [固] 〔地名〕スコットランド《イギリス北部の地方》

es-'co-da [名] [女] 〔技〕(石工の)ハンマー, 鉄槌(てっつい)

es-co-'fi-na [名] [女] 〔技〕石目やすり

es-co-fi-'nar [エス.コ.フィ.'ナる] [動] [他] 〔技〕〈に〉石目やすりをかける

es-co-'gen-cia [エス.コ.'ヘン.すぃア] [名] [女] 《中米》《南米北》《ペルー》選択

‡__es-co-'ger__ [エス.コ.'へる] 89% [動] [他] 14 (g|j) (de, entre: から)選ぶ, 選択する, 選挙する; 〈の, する〉ほうがよいと思う, 〈の, する〉ほうに決める ***a ~*** 選べる, どれをとってもよい ***~ a bulto*** ざっと選ぶ, いいかげんに選ぶ ***tener donde ~*** より取り見取りである

es-co-'gi-do, -da [エス.コ.'ひ.ド, ダ] [形] えり抜きの, えりすぐりの; 上質な, 特上な, 品質がよい

es-'co-jo, -ja(~) [動] 《直現1単, 接現》 ⬆escoger

es-co-'la-pio, -pia [エス.コ.'ラ.ピオ, ピア] [形] [名] [男] [女] 〔宗〕エスコラピアス修道会の(修道士[女]) ⬇escuela

‡__es-co-'lar__ [エス.コ.'ラる] 89% [形] 学校の, 学事の [名] [共] 生徒, 学生

es-co-la-ri-'dad [エス.コ.ラ.り.'ダド] [名] [女] 就学; 在学期間, 就学年数; 学業(成績)

es-co-la-ri-za-'ción [エス.コ.ラ.り.さ.'すぃオン] [名] [女] 学校教育, 就学

es-co-las-ti-'cis-mo [エス.コ.ラス.

ティ.'すぃス.モ] [名] [男] 〔哲〕スコラ哲学

es-co-'lás-ti-co, -ca [エス.コ.'ラス.ティ.コ, カ] [形] 〔哲〕スコラ哲学の; 衒学(げんがく)の, 学者ぶった [名] [男] [女] 〔哲〕スコラ哲学者 **-ca** [名] [女] 〔哲〕スコラ哲学

es-co-'liar [エス.コ.'リアる] [動] [他] 《格》 〈本などに〉注釈を付ける

es-'co-lio [エス.'コ.リオ] [名] [男] 《格》 注釈, 傍注

es-co-'lle-ra [エス.コ.'ジェ.ら] [名] [女] 〔海〕(コンクリートブロックなどの防波堤の)波よけ

es-'co-llo [エス.'コ.ジョ] [名] [男] 〔海〕礁(しょう), 岩礁, 暗礁; 危険, 危難; 障害, 困難

es-'col-ta [エス.'コル.タ] [名] [女] 護衛, 護送; 〔集合〕護衛団; 〔軍〕護衛艦[機, 車] [名] [共] 付添い, 同伴者, エスコート; 〔競〕〔バスケットボール〕ガード

es-col-'tar [エス.コル.'タる] [動] [他] 護衛する, 警護する, 護送する; 〈に〉エスコートする, 〈に〉付き添う; 随行する, 随伴する

es-com-'bre-ra [エス.コン.'ブれ.ら] [名] [女] くず鉱捨て場, ぼた山, 瓦礫(がれき)捨て場

*__es-'com-bro__ [エス.'コン.ブろ] 92% [名] [男] (破壊物の)残骸, 破片, 瓦礫(がれき); 《ラ米》騒動, 事変; 〔魚〕サバ ***reducir a ~s*** (都市・建物が)崩壊する

es-con-de-'de-ro [エス.コン.デ.'デ.ろ] [名] [男] 隠れ場所

__es-con-'der__ [エス.コン.'デる] 88% [動] [他] 隠す, 覆(おお)う, 見せないでおく; 秘める; 秘密にする; かばう, かくまう **~se [動] [再] 隠れる, 潜伏する; いなくなる, 姿を見せない

es-con-'di-das 〔成句〕 ***a ~*** 秘密に, こっそりと, ひそかに

es-con-di-'di-llas [エス.コン.ディ.'ディ.ジャス] 〔成句〕 ***a ~*** 《話》 ひそかに, こっそりと

es-con-'di-te [名] [男] 隠れ家, 隠し場所; 〔遊〕隠れんぼ

es-con-'dri-jo [エス.コン.'ドり.ほ] [名] [男] 隠れ場所, 隠し場所

*__es-co-'pe-ta__ 94% [名] [女] 銃, 猟銃 ***¡Aquí te quiero (ver), ~!*** 《話》 さあ!, どうなるか! 《話をしていて危険が迫る場面で》 ***~ negra*** (プロの)猟師

es-co-pe-'ta-zo [エス.コ.ペ.'タ.そ] [名] [男] 発砲, 射撃; (銃による)傷, 弾痕(だんこん); 《話》 悪い[不吉な]知らせ

es-co-ple-'ar [エス.コ.プレ.'アる] [動] [他] 〔技〕のみで彫る

es-'co-plo [エス.'コ.プロ] [名] [男] 〔技〕(大工用の)のみ, たがね

es-'co-ra [エス.'コ.ら] [名] [女] 〔海〕(建造[修理]時の船を支える)支柱; 〔海〕(船の)傾き, 傾斜

es-co-'rar [エス.コ.'らる] [動] [他] 〔海〕〈建造[修理]時の船を〉支柱で支える [動] [自] 〔海〕《船などが》傾斜する, 傾く

es-cor-'bú-ti-co, -ca [エス.コる.'ブ.ティ.コ, カ] [形] 〔医〕壊血病の[にかかった]

es-cor-'bu-to [エス.コる.'ブ.ト] [名] [男] 〔医〕壊血病

es-'co-ria [エス.'コ.りア] [名] [女] 〔鉱〕スラグ, 鉱滓(こうさい), 溶滓; 〔軽蔑〕くず, かす, 無価値なもの; 〔地質〕火山岩滓(がんさい)

es-co-ria-'ción [エス.コ.りア.'すぃオン] [名] [女] 〔医〕すり傷, (皮膚を)すりむくこと

es-co-'rial [エス.コ.'りアル] [名] [男] 〔鉱〕ぼた山, ずり山, 鉱滓(こうさい)の山 **El E~** [名] [固] 〔地名〕エスコリアル 《スペイン中部, マドリード県西部の町; サン・ロレンソ修道院 San Lorenzo がある》

es-co-'riar [動] [他] ⇩ excoriar

es-'cor-pio [エス.'コる.ピオ] [名] [共] さそり座生まれの人 《10 月 22 日–11 月 21 日生まれの人》 **E~** [名] [男] 〔天〕さそり座

*__es-cor-'pión__ [エス.コる.'ピオン] 94% [名] [男] 〔動〕サソリ; 〔魚〕カサゴ

es-co-rren-'tí-a [エス.コ.れン.'ティ.ア] [名] [女] 〔気〕(雨水・雪解け水の)流水

es-cor-'zar [エス.コる.'さる] [動] [他] 34 (z|c) 〔絵〕遠近短縮法で描く

es-'cor-zo [エス.'コる.そ] [名] [男] 〔絵〕遠近短縮法

es-'co-ta [名] [女] 〔海〕帆脚索(ほあしづな)

es-co-'ta-do, -da [形] 〔衣〕開襟(かいきん)の, 胸元が開いた [名] [男] 〔衣〕襟ぐり, ネックライン

es-co-ta-'du-ra [エス.コ.タ.'ドゥ.ら] [名] [女] 〔衣〕襟(えり)ぐり, ネックライン

es-co-'tar [エス.コ.'タる] [動] [他] 〔衣〕〈服の〉襟(えり)ぐりを広げる; 〈に〉割り前[負担金]を支払う **~se** [動] [再] 割り勘にする

es-'co-te [名] [男] 〔衣〕襟(えり)ぐり, ネックライン; デコルタージュ 《胸元を見せる深い襟ぐり》; 〔衣〕(襟元の)フリル; 分担金, 割り前, 負担金 ***pagar a ~*** 各自が自分の分を払う, 割り勘にする

es-co-'ti-lla [エス.コ.'ティ.ジャ] [名] [女] 〔海〕(甲板の)昇降口, ハッチ, 艙口(そうこう)

es-co-ti-'llón [エス.コ.ティ.'ジョン] [名] [男] 〔建〕(床の)落とし戸, 上げぶた, はね上げ戸 ***aparecer [desaparecer] como por ~*** 突然現れる[消える]

es-co-'zor [エス.コ.'そる] [名] [男] 〔医〕うずき, 痛み; 悲しみ, 悲嘆; いらだち

es-cra-'cha-do, -da [エス.クら.'チャ.ド, ダ] [形] 《ラ米》 《話》 ひどい様子である; 服装がだらしない

es-cra-'char [エス.クら.'チャる] [動] [他] 《ラ米》 《話》 壊す, 傷つける

es-'cri-ba [エス.'クり.バ] [名] [男] 〔歴〕〔法〕(ユダヤの)律法学者; 〔歴〕筆記者, 写字生

es-cri-ba-'ní+a [エス.クリ.バ.'ニ.ア] 名 女 (裁判所・議会などの)書記の職務[地位]; 書記[事務官]の事務所; 書き物机; 文房具; 《中米》公証人の職務[事務所]

es-cri-'ba+no [エス.クリ.'バ.ノ] 名 男 書記官, 事務官, 代筆人; 《中米》公証人; 〔昆〕ミズスマシ

es-cri-'bien-te [エス.クリ.'ビエン.テ] 名 共 写字生, 筆記者, 筆耕

⁑**es-cri-'bir** [エス.クリ.'ビる] 69% 動 他 〔過分 escrito〕〈文字・文章などを〉書く; (a: に)〈手紙を〉書く, 〈に〉手紙を出す; 〈que: …と〉手紙で知らせる; 〈書物などを〉書く, 執筆する; 〈詩などを〉作る; 作曲する; (書物の中で)書く, 述べる 動 自 文字を書く; 文章を書く, 著作をする, 小説[詩]などを創作する; (a: に)手紙を書く, 便りをする; 《ペンなどが》書ける ～se 動 再 綴(つづ)る, スペルは…である; 〔複〕手紙を交わす, 文通する ***máquina de*** ～ タイプライター

es-'cri-ño [エス.'クリ.ニョ] 名 男 〔畜〕(飼育用のふすまを入れる)わら製の大かご

⁑**es-'cri-to, -ta** [エス.'クリ.ト, タ] 79% 形 書かれた; 書面での 動《過分》↑escribir 宿命であった 名 男 文書, 著作, 文学作品; 手紙, 書簡 動《過分》↑escribir ***Estaba*** ～. 宿命であった

⁑**es-cri-'tor, -'to-ra** [エス.クリ.'トる, 'ト.ら] 83% 名 男 女 作家, 著述家; 記者; 筆者, 書いた人, 作者

es-cri-'to-rio [エス.クリ.'ト.りオ] 名 男 机, 事務机, 書き物机; 事務所, 事務室, オフィス; 事務; 〔情〕デスクトップ

*__es-cri-'tu-ra__ [エス.クリ.'トゥ.ら] 92% 名 女 筆跡, 書法, 習字, 書き方; 〔言〕表記法, 文字; 〔法〕証書, 契約書; 書くこと, 執筆; 書き物, 文書, 書類; 勘定書, 請求書; 〔la E～〕〔宗〕聖書

es-cri-tu-ra-'ción [エス.クリ.トゥ.ら.'すぃオン] 名 女 (文書で)公認すること, 公証

es-cri-tu-'rar [エス.クリ.トゥ.'らる] 動 他 〔法〕公証証書にする, 文書で公認する; 〈とくに演劇俳優と〉契約を結ぶ

es-'cró-fu-la [エス.'クろ.フ.ラ] 名 女 〔医〕腺病, 瘰癧(るいれき)

es-cro-fu-'lo-so, -sa [エス.クろ.フ.'ロ.ソ, サ] 形 〔医〕腺病の, 瘰癧(るいれき)の 名 男 女 〔医〕腺病患者

es-'cro-to [エス.'クろ.ト] 名 男 〔体〕陰嚢(いんのう)

es-'crú-pu-lo [エス.'クる.プ.ロ] 名 男 疑念, しりごみ, ためらい; 良心のとがめ, 良心的なこと; 細心の注意; 靴の中に入った小石; 〔医〕スクループル《薬量の単位, 約 1.2 グラム》; 〔天〕分(ふん) ～***s de monja***《話》つまらない心配

es-cru-pu-lo-si-'dad [エス.クる.プ.ロ.スィ.'ダド] 名 女 非常に注意深いこと; 精密さ, きちょうめんさ; 清潔好き, 神経質

es-cru-pu-'lo-so, -sa [エス.クる.プ.'ロ.ソ, サ] 形 名 男 女 非常に注意深い(人); 精密な, きちょうめんな(人); 清潔好きな(人), 神経質な(人); 良心的な(人), 実直な(人) **-samente** 副 注意深く; 正確に, 精密に, きちょうめんに; 良心的に, 実直に

es-cru-ta-'dor, -'do-ra [エス.クる.タ.'ドる, 'ド.ら] 形 探るような, 詮索するような, じろじろ見回す 名 男 女 〔政〕開票立会人

es-cru-'tar [エス.クる.'タる] 動 他 細かに調べる, 吟味する, 詮索する, 観察する; 〔政〕〈票を〉集計する, 開票する

es-cru-'ti-nio [エス.クる.'ティ.ニオ] 名 男 吟味, 精査, 詮索; (票の)集計, 得票集計, 開票

es-'cua-dra [エス.'クア.ドら] 名 女 直角[三角]定規, 曲尺, かね尺; 〔建〕アングル材, 山形材; 〔軍〕(陸軍の)分隊; 〔海〕〔軍〕小艦隊, 船隊; 〔軍〕伍長; 〔競〕〔サッカーなど〕(ゴールの)コーナー; (労働者の)班; 〔E～〕〔天〕じょうぎ座 ***a*** ～ 直角に[で]

es-cua-'drar [エス.クア.'ドらる] 動 他 正方形にする, 四角にする

es-cua-'dri-lla [エス.クア.'ドり.ジャ] 名 女 〔軍〕(小)艦隊, 戦隊, 飛行隊

es-cua-'drón [エス.クア.'ドろン] 名 男 〔軍〕騎兵中隊, 飛行中隊

es-cua-li-'dez [エス.クア.リ.'デす] 名 女 やせてひ弱なこと; 不潔さ, きたなさ

es-'cuá-li-do, -da [エス.'クア.リ.ド, ダ] 形 やせた; きたない

es-'cua-lo [エス.'クア.ロ] 名 男 〔魚〕サメ, フカ

es-'cu-cha 名 女 聴くこと, 聴取; 盗聴, 傍受 名 共 〔放〕ラジオの聴取者, リスナー 名 男 〔軍〕偵察兵, 斥候(せっこう) ***estar a la*** ～ 耳を傾けている

⁑**es-cu-'char** [エス.ク.'チャる] 74% 動 他 (聞こうとして・注意して)聞く, 〈に〉耳を澄ます[傾ける], 傾聴する; 〈忠告などに〉耳を貸す, 〈に〉従う; 〈が〉聞こえる ～se 動 再 〔皮肉〕もったいをつけて話す; 聞こえる

es-cu-chi-mi-'za-do, -da [エス.ク.チ.ミ.'さ.ド, ダ] 形 《話》〔軽蔑〕やせた, ひょろ長い

es-cu-'dar [エス.ク.'ダる] 動 他 (危険などから)守る, 保護する ～se 動 再 (con, en: を)口実にする, 言いわけにする

es-cu-de-'rí+a [エス.ク.デ.'り.ア] 名 女 〔競〕〔自動車〕レーシングチーム

es-cu-de-'ril [エス.ク.デ.'りル] 形 〔歴〕(騎士の)従士の

es-cu-'de-ro [エス.ク.'デ.ろ] 名 男 〘歴〙(騎士の)従士, 従者, 侍者; 〘歴〙(貴婦人の)小姓, 小間使い; 〘歴〙 郷士; 盾職人

es-cu-'de-te 名 男 小さな盾; 〘農〙 接ぎ穂; 〘植〙 スイレン

es-cu-'di-lla [エス.ク.'ディ.ジャ] 名 女 〘食〙 椀(わん)

*__es-'cu-do__ 93% 名 男 盾(たて); 盾形の紋章; 口実; 守る物[人], 保護物[者], 庇護; 〘歴〙〘経〙 エスクード《チリ・ポルトガルの旧通貨》

es-cu-dri-'ñar [エス.ク.ドリ.'ニャる] 動 他 綿密に調べる, 吟味する, 精査する; つくづく眺める

es-'cue-c~, -z~ 動 《直現/接現/命》 ⬆escocer

es-'cue-la [エス.'クエ.ラ] 73% 名 女 学校, 校舎; 授業, 学業, 訓練, 教育, レッスン;〔集合〕学校の生徒; (大学の)学部, 専門学部, 大学院; (学問・芸術などの)学派, 流派, …派; 学ぶ場所 ***Escuelas Pías*** 《固有》エスコラピアス修道会《19 世紀末スペインで創設された教育事業にあたる修道会》

es-cue-'le-ro, -ra [エス.クエ.'レ.ろ, ら] 名 男 女 《ラ米》 教師, 先生; 《ベネズエラ》《ラプラタ》 生徒

es-cue-'li-ta [エス.クエ.'リ.タ] 名 女 《コロンビア》 幼稚園

es-'cuer-zo [エス.'クエる.そ] 名 男 〘動〙 ヒキガエル; 《話》 やせた人

es-'cue-to, -ta 形 飾りがない, ありのままの; 平易な, 簡単な

es-'cuin-cle, -cla [エス.'クイン.クレ, クラ] 名 男 女 《メキシコ》《話》〔軽蔑〕 子供

Es-'cuin-tla [エス.'クイン.トラ] 名 固 〘地名〙 エスクイントラ《グアテマラ南部の県》

es-'cuin-tle, -tla 名 男 女 ⇧escuincle

es-cu-'la-pio [エス.ク.'ラ.ピオ] 名 男 《話》〔笑〕 医者, 医師, 大先生

es-cul-'pir [エス.クル.'ピる] 動 他 〘美〙 彫刻する, 彫る, (en: に)刻む, 刻み込む

*__es-cul-'tor, -'to-ra__ [エス.クル.'トる, 'ト.ら] 91% 名 男 女 〘美〙 彫刻家

es-cul-'tó-ri-co, -ca [エス.クル.'ト.り.コ, カ] 形 彫刻の, 彫像の

*__es-cul-'tu-ra__ [エス.クル.'トゥ.ら] 92% 名 女 〘美〙 彫刻; 彫刻作品

es-cul-tu-'ral [エス.クル.トゥ.'らル] 形 彫刻の, 彫像の; 彫刻[彫像]のような

es-cu-pi-'de-ra [エス.ク.ピ.'デ.ら] 名 女 痰壺(たんつぼ)

es-cu-pi-'du-ra [エス.ク.ピ.'ドゥ.ら] 名 女 〘医〙 痰(たん); (発熱による)唇のできもの

es-cu-'pir [エス.ク.'ピる] 動 他 〈唾(つば)などを〉吐く, 吐き出す; 〈暴言などを〉吐き出すように言う, 言ってのける; 〈火などを〉噴出する, 吹き出す 動 自 唾を吐く; (インクなどが)漏れる, にじみ出る

es-cu-pi-'ta-jo [エス.ク.ピ.'タ.ほ] 名 男 (吐いた)唾(つば), 痰(たん); 《俗》 うりふたつ, そっくり

es-cu-rre-'pla-tos [エス.ク.れ.'プラ.トス] 名 男 〔単複同〕〘食〙(食器の)水切りかご

es-cu-rri-'ban-da [エス.ク.り.'バン.ダ] 名 女 《話》〘医〙 下痢

es-cu-rri-'di-zo, -za [エス.ク.り.'ディ.そ, さ] 形 すべりやすい, つかみにくい; とらえどころのない, とらえにくい

es-cu-'rri-do, -da [エス.ク.'り.ド, ダ] 形 やせた; 《メキシコ》 恥ずかしがっている, 恥じ入った ***peso*** ~ 正味重量

es-cu-rri-'dor [エス.ク.り.'ドる] 名 男 〘食〙(野菜の)水切りボウル[かご]; 〘機〙(洗濯機の)脱水機

es-cu-rri-'du-ra [エス.ク.り.'ドゥ.ら] 名 女 〔複〕残りかす, おり, 残り物; 〔複〕しずく

es-cu-'rrir [エス.ク.'りる] 動 他 絞る, 絞り出す; 〈の〉水気を切る, 〈の〉水分をとる; したたらせる; すべらせる, すべり込ませる 動 自 しずくが落ちる, «水などが»ポタポタと落ちる; すべりやすい ~**se** 動 再 すべり落ちる, するりと抜ける[逃げる]; (うっかり)間違える, 口をすべらせる ~ ***el bulto*** 責任を免れる, 大役[危険]から逃れる

es-cu-'sa-do, -da [エス.ク.'サ.ド, ダ] 形 専用の 名 男 便所, トイレ

es-'cú-ter [エス.'ク.テる] 名 男 〘車〙 スクーター

es-'drú-ju-lo, -la [エス.'ドる.ふ.ロ, ラ] 形 〘言〙 語末から 3 音節目に強勢がある 名 男 〘言〙 語末から 3 音節目に強勢がある語

'e+se, +sa 53% 形 《指示》〔男単 ese/男複 esos/女単 esa/女複 esas〕 **1** その《名詞の前につけて聞き手に近いものを指す》: Cierra **esa** puerta. そのドアを閉めなさい。《しばしば軽蔑の意味で使われる》: Me choca **esa** mujer. 私はその女にいらいらする。 **2** 〔名詞の後で〕 その 《強調・怒り・軽蔑など》: El tipo **ese** no me gusta nada. 僕はそいつがまったく気に入らない。 代 《指示》《中性形⬇eso》《指示形容詞と区別するためにアクセント記号をつけることがある: ése, ésos, ésa, ésas; 中性形 eso にはアクセント記号をつけない》 **1** それ: Mi diccionario es **ese**, el de arriba. 私の辞書はそれです, 上にあるほうです。 **2** その人, そのこと, そいつ 《軽蔑・怒り・強調を示すことがある》: Un individuo como **ese** no admitirá su error. そんな男は決して自分の過ちを認めないだろう。 **3** 〔esa〕 そちら: ¿Cómo van las cosas en **esa**? そちらでは事情はいかがです

か。 **ese** 名 女〔言〕エセ《文字 S, s の名称》; **S** 字形(のもの); **S** 字形の鉤(かぎ);〔楽〕(バイオリンなどの)**S** 字孔 ***¡Conque esas tenemos!*** これはなんと! ***¡Choque usted esa!***《話》手を打ちましょう! ***ir haciendo ～s*** (酔っぱらって)千鳥足になる, ジグザグに進む ***ni por esas***《否定》それでもやはり…ない ***¡No me vengas con ésas!*** そんな言いわけはしないでくれ

'é+se, +sa 代 ↑ese

ESE 略 ↓estesudeste

⁑**e+'sen-cia** [エ.'セン.すぃア] 89% 名 女 本質, 真髄; 香水, 香油; (蒸留して採った)精, エッセンス, エキス;〔化〕精油 ***en ～*** 本質において, 本質的に; 要点だけ, かいつまんで ***por ～*** 本質的に ***quinta ～*** 精髄, 真髄, 典型, 鏡

⁑**e+sen-'cial** [エ.セン.'すぃアル] 86% 形 本質の, 本質的な, 欠くことのできない, 肝心の, 重要な; 精の, エキスの, 精粋の **～-mente** 副 本質的に, 本質は ***en lo ～*** 本質的に, 本質は

e+sen-'cie-ro [エ.セン.'すぃエ.ろ] 名 男 香水の瓶(びん)

*__es-'fe-ra__ [エス.'フェ.ら] 91% 名 女 球, 球形のもの, 球面; (活動・知識・勢力の)範囲, 分野, 領域; 天体; 地球儀; (時計などの)文字盤;《格》《詩》天, 蒼穹(そうきゅう) ***altas ～s*** 上流社会

es-'fé-ri-co, -ca [エス.'フェ.り.コ, カ] 形 球状の, 球形の, 丸い, 球面の 名 男《話》〔競〕〔サッカーなど〕ボール

es-fe-ro-'grá-fi-co [エス.フェ.ろ.'グら.フィ.コ] 名 男《チリ》《ラプラタ》ボールペン

es-fe-roi-'dal [エス.フェ.ろイ.'ダル] 形〔数〕長球体の, 楕円体の

es-fe-'roi-de [エス.フェ.'ろイ.デ] 名 男〔数〕長球体, 楕円体, 偏球体

es-'fin-ge [エス.'フィン.へ] 名 男〔昆〕スズメガ; 謎の人 **E～** 名 固〔ギ神〕スフィンクス《女の頭とライオンの胴とワシの翼を持った怪物》

es-'fín-ter [エス.'フィン.テる] 名 男〔体〕括約筋

es-for-'za-do, -da [エス.フォる.'さ.ド, ダ] 形 勇敢な, 雄々しい, 豪勇の

*__es-for-'zar__ [エス.フォる.'さる] 92% 動 他 ㉝ (o|ue; z|c) 無理にする; 強くする, 高くする **～se** 動 再 努力する, 骨を折る

es-'fuer-c~, -z~ 動《直現/接現/命》↑esforzar

⁑**es-'fuer-zo** [エス.'フエる.そ] 79% 名 男 努力, 骨折り, がんばり

es-fu-ma-'ción [エス.フ.マ.'すぃオン] 名 女〔絵〕色のぼかし, 色合いをやわらげること;〔絵〕色調[トーン]を落とすこと; かすむこと, ぼやけること, 消失

es-fu-'mar [エス.フ.'マる] 動 他〔絵〕(擦筆などで)ぼかす, 淡くする;〔絵〕色調[トーン]を落とす **～se** 動 再 かすむ, ぼやける, 消える;《人・ものが》(いつのまにか)姿を消す

es-gra-'fia-do [エス.グら.'フィア.ド] 名 男〔絵〕掻(か)き絵

es-gra-'fiar [エス.グら.'フィアる] 動 他 ㉙ (i|í)〔絵〕〈の〉掻(か)き絵をする

es-'gri-ma [エス.'グり.マ] 名 女〔競〕フェンシング, 剣術

es-gri-'mir [エス.グり.'ミる] 動 他〈剣などを〉振り回す, 振り上げる;〈理屈などを〉手段[武器]にする 動 自〔競〕フェンシングをする

es-'guin-ce [エス.'ギン.せ] 名 男〔医〕捻挫(ねんざ); 身をかわすこと

es-gun-'fiar [エス.グン.'フィアる] 動 他《ラプラタ》《話》〈に〉いやがらせをする, けしかける

es-la-'bón [エス.ラ.'ボン] 名 男 (鎖の)輪, 環; 連結, つながり, 関連; 火打ち鉄;〔動〕サソリの一種

es-la-bo-'nar [エス.ラ.ボ.'ナる] 動 他 鎖でつなぐ, 連接する; 結びつける, 関連づける, 結びつけて考える **～se** 動 再 (con: と)結びつく, 連結する

es-'la-lon [エス.'ラ.ロン] 名 男〔複 eslálones〕〔競〕〔スキー〕回転競技, スラローム

es-'la-vo, -va [エス.'ラ.ボ, バ] 形 名 男 女 スラブの; スラブ人 形〔言〕スラブ語(派)の《インド・ヨーロッパ語族の一派》 名 男〔言〕スラブ語(派)

es-'li-lla [エス.'リ.ジャ] 名 女《ラプラタ》鎖骨

es-'lin-ga [エス.'リン.ガ] 名 女〔海〕(重量荷物用の)鉤(かぎ)つき吊(つ)り索

es-'lip [エス.'リプ] 名 男〔複 -lips〕〔衣〕スリップ《女性用下着》

es-'lo-gan [エス.'ロ.ガン] 名 男〔複 eslóganes〕スローガン, 標語, モットー

es-'lo-ra [エス.'ロ.ら] 名 女〔海〕(船の)長さ, 全長

es-lo-'va-co, -ca [エス.ロ.'バ.コ, カ] 形 名 男 女〔地名〕スロバキア(人)の ↓Eslovaquia; スロバキア人;〔言〕スロバキア語の 名 男〔言〕スロバキア語

*__Es-lo-'va-quia__ [エス.ロ.'バ.キア] 94% 名 固〔República Eslovaca〕〔地名〕スロバキア《ヨーロッパ中部の共和国》

*__Es-lo-'ve-nia__ [エス.ロ.'ベ.ニア] 94% 名 固〔República de ～〕〔地名〕スロベニア《ヨーロッパ南東部の共和国》

es-lo-'ve+no, -na [エス.ロ.'ベ.ノ, ナ] 形〔地名〕スロベニア(人)の ↑Eslovenia;〔言〕スロベニア語の 名 男 女 スロベニア人 名 男〔言〕スロベニア語

es-ma-che-'tar-se [エス.マ.チェ.'タる.セ] 動 再《ベネズエラ》《話》あわてる, 急ぐ; 急いで出かける

es-mal-'ta-do, -da [エス.マル.'タ.ド, ダ] 形〘技〙エナメル[ほうろう]を引いた, 釉薬(うわぐすり)を塗った, 七宝(しっぽう)焼きの

es-mal-'tar [エス.マル.'タる] 動 他〘技〙〈に〉エナメル[ほうろう]を引く; 七宝(しっぽう)焼きにする; 〈に〉さまざまな色をつける; (美しく)彩色する; 〈爪に〉マニキュアを塗る

es-'mal-te [エス.'マル.テ] 名 男 エナメル, ほうろう; 釉薬(うわぐすり); エナメル加工品; 七宝(しっぽう)(細工); 〘体〙(歯の)エナメル質; スマルト, 花紺青(こんじょう)《藤色の顔料》; 輝き, 輝かしさ

es-man-'da-do, -da 形《カリブ》《話》急いでいる

es-man-'dar-se [エス.マン.'ダる.セ] 動 再《カリブ》急ぐ

es-me-'ra-do, -da [エス.メ.'ら.ド, ダ] 形 細心の注意を払った, 入念な, 丹精をこめた; 上品な, 優美な

*__es-me-'ral-da__ [エス.メ.'らル.ダ] 93% 名 女〘鉱〙エメラルド, 翠玉(すいぎょく); エメラルド色; 《カリブ》《コロンビア》〘鳥〙ハチドリ; 《メキシコ》〘植〙パイナップルの一種 形 エメラルドの, 鮮緑色の

Es-me-'ral-das [エス.メ.'らル.ダス] 名 固〘地名〙エスメラルダス《エクアドル北部の州》

es-me-ral-'de-ro, -ra [エス.メ.らル.'デ.ろ, ら] 名 男 女〘鉱〙〘商〙エメラルド採掘者[商人]

es-me-ral-'dí-fe-ro, -ra [エス.メ.らル.'ディ.フェ.ろ, ら] 形〘鉱〙エメラルドを含有する

es-me-ral-'di+no, -na [エス.メ.らル.'ディ.ノ, ナ] 形 エメラルド色の

es-me-'rar [エス.メ.'らる] 動 他〈宝石・金属などを〉磨く **~se** 動 再 (en, por: に)丹精をこめる, 一生懸命になる; (en, por: に)(細心の)注意を払う

es-me-'ril [エス.メ.'リル] 名 男〘鉱〙エメリー岩; 金剛砂《粉末状研磨剤》

es-me-ri-'lar [エス.メ.リ.'ラる] 動 他 金剛砂で磨く

*__es-'me-ro__ [エス.'メ.ろ] 94% 名 男 細心の注意[留意], 入念, 配慮

es-mi-'rria-do, -da [エス.ミ.'りア.ド, ダ] 形 発育[生育]が悪い, やせこけた, 衰えた

es-'mog [エス.'モグ] 名 男 スモッグ

es-'mo-quin [エス.'モ.キン] 名 男〘衣〙タキシード

es-'nob 形 名 共〔複 -nobs〕紳士[淑女]気取りの(人), 俗物

es-no-'bis-mo 名 男 俗物根性, 鼻持ちならない紳士気取り, 貴族崇拝

es-'nór-quel [エス.'ノる.ケル] 名 男〘競〙シュノーケル, シュノーケリング

'e+so 68% 代《指示》〔中性形〕それ, そのこと《物の名を尋ねたり, 抽象的なことを示すときに用いる》: ¿Qué es **eso**? それは何? ***a ~ de*** ... …時ごろに ***aún con ~*** それでもやはり ***con ~ de que*** ... …という口実[理由]で ***en ~*** ちょうどその時 ***en una de ésas*** 近いうちに ***¡Eso es!*** そうだ!, そのとおり! ***ni con ~*** 《否定》それでもやはり…ない ***No es ~.*** そうではない, いいや ***por ~*** だから, そうなので, その理由で ***y ~ que*** ... しかも…だというのに, …にもかかわらず ***¿Y ~ qué?*** 《話》それがどうした?

e+so-fa-'gi-tis [エ.ソ.ファ.'ひ.ティス] 名 女〔単複同〕〘医〙食道炎

e+'só-fa-go 名 男〘体〙食道

e+so-'té-ri-co, -ca [エ.ソ.'テ.り.コ, カ] 形 奥義(おうぎ)に達した, 秘密の, 秘伝の, 秘教の; 難解な

e+so-te-'ris-mo [エ.ソ.テ.'りス.モ] 名 男 奥義(おうぎ), 秘教; 難解さ

e+so-tro-'pí+a [エ.ソ.トろ.'ピ.ア] 名 女〘医〙内斜視

es-pa-bi-la-'de-ras [エス.パ.ビ.ラ.'デ.らス] 名 女〔複〕ろうそくの芯を切るはさみ, 芯切りばさみ

es-pa-bi-'la-do, -da [エス.パ.ビ.'ラ.ド, ダ] 形 名 男 女 利口な, 鋭敏な; 目が覚めている

es-pa-bi-'lar [エス.パ.ビ.'ラる] 動 他〈の〉眠気を覚ます; 〈ろうそくの〉燃えた芯を切る; 《話》殺す 動 自 目を覚ます **~se** 動 再 奮起する; 急ぐ

es-pa-chu-'rrar 動 他 ⇧ despachurrar

es-pa-cia-'dor [エス.パ.すぃア.'ドる] 名 男 (コンピューター・タイプライターの)スペースキー

⁑**es-pa-'cial** [エス.パ.'すぃアル] 90% 形 宇宙の; 空間的な, 場所の

es-pa-cia-'mien-to [エス.パ.すぃア.'ミエン.ト] 名 男 間隔をあけること

es-pa-'ciar [エス.パ.'すぃアる] 動 他〈…の間に〉間隔を置く, 〈の〉間をあける; 〈ニュースなどを〉広める, 流布させる; 〘印〙語間[行間]のスペースをあける **~se** 動 再 長々と[詳細に]論じる, 詳しく書く; 楽しむ, やすらぐ; 間隔があく

⁑**es-'pa-cio** [エス.'パ.すぃオ] 76% 名 男 空間, 場所, スペース; 〘天〙(大気圏外の)宇宙空間, 宇宙; 余地, 余白, 空き地, 隙間(すきま); 空欄; (場所の)間隔; 行間; (新聞・雑誌などの)紙面, スペース; 〘放〙(テレビの)番組, 枠(わく); (ひと区切りの)時間, (時間的な)間隔, 期間; (ある目的のための)区域, …地帯; 距離; ゆとり, 悠長さ ***en ~ de*** ... …の間に, 約…で

es-pa-cio-si-'dad [エス.パ.すぃオ.スィ.'ダド] 名 女 広がり, 広いこと

es-pa-'cio-so, -sa [エス.パ.'すぃオ.ソ, サ] 形 広々とした, 広い; 遅い, のんびりした, 悠長な

*__es-'pa-da__ 91% 名 女 刀, 剣; 武力, 戦争; 〔魚〕カジキマグロ; 〔遊〕〔スペイントランプ〕エスパーダ《スペードに相当する札》; 〔競〕(フェンシングの)剣 名 共 剣士; 第一人者, 権威 名 男 〔牛〕マタドール ***entre la ~ y la pared*** 進退きわまって ***~ de dos filos*** 諸刃(もろは)の剣

es-pa-da-'chín 名 男 剣客, 剣士, 剣の達人; 乱暴者, あばれ者

es-pa-'da-ña [エス.パ.'ダ.ニャ] 名 女 〔建〕〔宗〕(教会堂の一枚壁でできている)鐘楼(しょうろう); 〔植〕ガマ

es-pa-da-'ñal [エス.パ.ダ.'ニャル] 名 男 〔植〕ガマの原

es-pa-de-'rí+a [エス.パ.デ.'り.ア] 名 女 〔技〕〔商〕刀剣店[製造所]; 〔集合〕剣, 刀

es-pa-'de-ro [エス.パ.'デ.ろ] 名 男 〔技〕〔商〕刀剣商[職人]

es-pa-'di-lla [エス.パ.'ディ.ジャ] 名 女 小さい剣; 麻打ち棒; 〔遊〕〔スペイントランプ〕エスパーダ **espada** のエース; 〔歴〕サンティアゴ騎士団の紋章

es-pa-'dón 名 男 〔軽蔑〕大きな剣; 《話》〔軍〕〔軽蔑〕高級将校; 〔一般〕重要人物, 有力者

es-pa-'gí-ri-ca [エス.パ.'ひ.り.カ] 名 女 〔技〕冶金(やきん)術

es-pa-'gue-ti [エス.パ.'ゲ.ティ] 名 男 〔食〕スパゲティ

Es-pai-'llat [エス.パイ.'ジャト] 名 固 〔地名〕エスパイジャート《ドミニカ共和国北部の県》

⁑**es-'pal-da** [エス.'パル.ダ] 85% 名 女 〔しばしば複〕〔体〕背, 背中; 後ろ, 背後, 後部, 裏側, 奥; 〔衣〕背(の部分); 〔競〕〔水泳〕背泳 ***a ~s de ...*** …の背後に[で] ***dar la ~*** (a: に)背中を向ける; (a: を)無視する ***estar de ~s*** 背を向けている ***guardar las ~s*** (a: を)危険から守る, 支持する ***por la ~*** 背後で; 裏切って ***tener buenas [anchas] ~s*** 後ろ盾(だて)がいる; 我慢強い, 平然としている ***tirar [tumbar] de ~s*** 《話》(a: を)びっくりさせる ***volver la ~*** (a: に)背を向ける, 無視する

es-pal-'dar [エス.パル.'ダる] 名 男 〔体〕背(中); 〔食〕背肉《特に食用肉》; (椅子の)背もたれ; 〔歴〕(よろいの)後胴, 背甲; 垣根仕立て(の木)

es-pal-da-'ra-zo [エス.パル.ダ.'ら.そ] 名 男 〔歴〕(騎士の叙任式で)剣で肩をたたくこと; 援助, 後援 ***dar el ~*** 〔歴〕(a: を)騎士に叙任する

es-pal-'de-ra [エス.パル.'デ.ら] 名 女 〔農〕垣根仕立て, (ブドウなどのつるをはわせる)格子棚; 〔農〕苗木を保護する壁

es-pal-'di-lla [エス.パル.'ディ.ジャ] 名 女 〔動〕〔食〕(主に動物の)肩甲骨; (羊などの)肩肉

espanglish [エス.'パン.グリ.ス] 名 男 〔英語風〕〔言〕スパングリシュ《米国に住むスペイン語話者が話すスペイン語と英語が混交した言語》

es-pan-'ta-da 名 女 〔畜〕《動物・家畜の群れが》驚いてどっと駆け出すこと; (おじけづいて)突然逃げ出すこと ***dar la ~*** 逃げ出す

es-pan-ta-'di-zo, -za [エス.パン.タ.'ディ.そ, さ] 形 驚きやすい, 臆病(おくびょう)な

es-pan-'ta-jo [エス.パン.'タ.ほ] 名 男 〔農〕かかし; 《話》〔軽蔑〕奇怪な物, (人を)びっくりさせるもの; こけおどし

es-pan-ta-'pá-ja-ros [エス.パン.タ.'パ.は.ろス] 名 男 〔単複同〕〔農〕かかし

*__es-pan-'tar__ [エス.パン.'タる] 94% 動 他 怖がらせる, ぎょっとさせる, びっくりさせる; 追い払う **~se** 動 再 (con, de, por: を)怖がる, (con, de, por: に)ぎょっとする, びっくりする; 逃げ出す

es-pan-ta-'sue-gras [エス.パン.タ.'スエ.グらス] 名 男 〔単複同〕〔遊〕びっくり箱, びっくりさせるおもちゃ

*__es-'pan-to__ 93% 名 男 (突然の)恐怖, 戦慄(せんりつ), おののき; 《話》恐ろしい物, ぞっとさせるような人[物], 驚かす物; 恐ろしい形相(ぎょうそう), びっくりさせるような顔つき; 《南米》おばけ ***de ~*** 《話》途方もない, すごい, 驚くべき

*__es-pan-'to-so, -sa__ 92% 形 《話》ひどい, ものすごい; 恐ろしい, ぞっとするような

⁑**Es-'pa-ña** [エス.'パ.ニャ] 71% 名 固 〔地名〕スペイン《ヨーロッパ南西部の王国》

⁑**es-pa-'ñol, -'ño-la** [エス.パ.'ニョル, 'ニョ.ラ] 64% 形 〔地名〕スペイン(人)の ↑España; 〔言〕スペイン語の 名 男 女 スペイン人 名 男 〔言〕スペイン語 ***a la ~a*** スペイン風の[に]

es-pa-ño-'la-da [エス.パ.ニョ.'ラ.ダ] 名 女 〔軽蔑〕スペイン風のもの, スペイン人らしい行動

es-pa-ño-'lis-mo [エス.パ.ニョ.'リス.モ] 名 男 スペイン(人)らしさ, スペイン的特質; スペインびいき; 〔言〕スペイン語特有の語法

es-pa-ño-'lis-ta [エス.パ.ニョ.'リス.タ] 形 名 共 スペインびいきの(人)

es-pa-ño-'li-to 〔縮小語〕↑español

es-pa-ño-li-za-'ción [エス.パ.ニョ.リ.さ.'すぃオン] 名 女 スペイン化

es-pa-ño-li-'zar [エス.パ.ニョ.リ.'さる] 動 他 ㉞ (z|c) スペイン化する **~se** 動 再 スペイン風になる

es-pa-ra-'dra-po [エス.パ.ら.'ドら.ポ]

名 男〘医〙絆創膏(ばんそうこう)

es-pa-ra-'ván [エス.パ.ら.'バン] 名 男〘鳥〙ハイタカ;〘畜〙(馬の)飛節内腫(しゅ)

es-pa-ra-'vel [エス.パ.ら.'ベル] 名 男 (川での)投網;〘技〙(モルタルの)こて板

es-par-ci-'mien-to [エス.パる.すぃ.'ミエン.ト] 名 男 まき散らすこと, ばらまくこと, 分散; 気晴らし, 娯楽, 遊戯; 流布, 流伝, 伝播(でんぱ); 休息, 一息, 休憩

e

***es-par-'cir** [エス.パる.'すぃる] 94% 動 他 ⑦⑦ (c|z) ばらまく, まき散らす; (知識・うわさなどを)広める, 流布させる; 〈の〉気分を晴らす, のびのびとさせる, くつろがせる **~se** 動 再 ちりぢりになる, 四散する, 消えうせる; «うわさ・知識などが»広まる, 流布する; 楽しむ, くつろぐ, 気晴らしをする

es-'pá-rra-go [エス.'パ.ら.ゴ] 名 男〘植〙アスパラガス; 支柱, 軸, 棒 ***mandar a freír ~s***《話》怒って追い出す, 追い払う ***¡Vete a freír ~s!***《話》とっとと失(う)せろ!

es-pa-rra-'gue-ro, -ra [エス.パ.ら.'ゲ.ろ, ら] 名 男 女〘農〙〘商〙アスパラガス栽培者[販売者] **-ra** 名 女〘農〙アスパラガス畑;〘食〙アスパラガス用の皿

es-pa-rran-'car-se [エス.パ.らン.'カ る.セ] 動 再 ⑥⑨ (c|qu)《話》〘体〙股(また)を広げる

Es-'par-ta [エス.'パる.タ] 名 固〘歴〙〘地名〙スパルタ《古代ギリシャの都市国家》

es-par-'ta+no, -na [エス.パる.'タ.ノ, ナ] 形 名 男 女〘歴〙〘地名〙スパルタ(人)の, スパルタ人 ⬆Esparta **-namente** 副 スパルタ式に

es-par-te-'rí+a [エス.パる.テ.'り.ア] 名 女〘技〙エスパルト[アフリカハネガヤ]細工業;〘技〙〘商〙エスパルト細工工場[販売所]

es-par-'te-ro, -ra [エス.パる.'テ.ろ, ら] 名 男 女〘技〙〘商〙エスパルト[アフリカハネガヤ]細工の職人[販売者]

es-'par-to [エス.'パる.ト] 名 男〘植〙エスパルト, アフリカハネガヤ《南欧および北アフリカ産のカヤの類の草》

es-'par-zo, -za(~) 動《直現1単, 接現》⬆esparcir

es-'pas-mo 名 男〘医〙痙攣(けいれん), 発作

es-pas-'mó-di-co, -ca 形〘医〙痙攣(けいれん)性の, 攣縮(れんしゅく)性の

es-'pa-ta 名 女〘植〙ブツエンホウ

es-pa-ta-'rrar(-se) [エス.パ.タ.'ら る(.セ)] 動 自 (再)《話》脚を大きく開く, 大の字になる

es-'pá-ti-co, -ca 形 «鉱物が»スパー状の, ガラス光沢状の

es-'pa-to 名 男〘鉱〙スパー《割れ目が薄い結晶の層からなる鉱物の総称》

es-'pá-tu-la [エス.'パ.トゥ.ラ] 名 女〘技〙スパチュラ《ナイフ状の薄いへら》;〘絵〙パレットナイフ;〘医〙舌押し器, スパーテル;〘鳥〙ヘラサギ

es-pa-tu-'la-do, -da [エス.パ.トゥ.'ラ.ド, ダ] 形〘技〙へらの形をした

es-'pe-cia [エス.'ペ.すぃア] 名 女〘食〙薬味, スパイス, 香辛料, 香味料

****es-pe-'cial** [エス.ペ.'すぃアル] 74% 形 特別の, 特殊な, 格別の, 並外れた, 異例の; 独特の, 固有の, 変わった; 専門の; 臨時の, 特別な 名 共 特殊な人[物]; 特派員, 特使 名 男 特別列車[バス]; 特電, 号外, 臨時増刊;〘放〙特別番組;《カリブ》〘商〙セール, 大売り出し **-mente** 副 特に, 特別に, とりわけ; 〔否定文で〕特に…であるというわけではない, あまり…ではない; わざわざ, ことさら ***en ~*** 特に, とりわけ

es-pe-cia-li-'cé, -ce(~) 動《直点1単, 接現》⬇especializar

***es-pe-cia-li-'dad** [エス.ペ.すぃア.リ.'ダド] 91% 名 女 専攻, 専門; 名物, 名産, 自慢の品; 特色, 特性, 特殊性; 得意, 特技, 得手

****es-pe-cia-'lis-ta** [エス.ペ.すぃア.'リス.タ] 88% 名 共 (de, en: の)専門家, スペシャリスト;〘医〙専門医;〘映〙スタントマン 形 専門の, 専門家の

es-pe-cia-li-za-'ción [エス.ペ.すぃア.リ.さ.'すぃオン] 名 女 専攻; 専門化, 特殊化

es-pe-cia-li-'za-do, -da [エス.ペ.すぃア.リ.'さ.ド, ダ] 形 (en: が)専門の, 専門化した

****es-pe-cia-li-'zar** [エス.ペ.すぃア.リ.'さる] 90% 動 他 ③④ (z|c) 特殊化する, 専門にする **~se** 動 再 (en: を)専門とする, 専攻する; 特殊化する, 専門化する; «意味などが»限定される;〘生〙分化[特殊化]する

****es-pe-'cial-'men-te** [エス.ペ.'すぃアル.'メン.テ] 81% 副 特別に, 特に, とりわけ; わざわざ, ことさら

es-pe-'ciar [エス.ペ.'すぃアる] 動 他〘食〙(スパイスで)調理する

****es-'pe-cie** [エス.'ペ.すぃエ] 76% 名 女 種類, 類(たぐい);〘生〙種(しゅ); 事件, ニュース, 情報 ***~s sacramentales***〘宗〙パンとぶどう酒の秘跡 ***pagar en ~***〘商〙現物で支払う ***una especie de ...*** 一種の…

es-pe-cie-'rí+a [エス.ペ.すぃエ.'り.ア] 名 女〘商〙スパイス店

es-pe-'cie-ro, -ra [エス.ペ.'すぃエ.ろ, ら] 名 男 女〘商〙こしょう商人 名 男〘食〙こしょう入れ

es-pe-ci-fi-ca-'ción [エス.ペ.すぃ.フィ.カ.'すぃオン] 名 女 詳述, 列挙, 明記; 明細書, 仕様書; 明確化, 特殊化; 〔複〕〘情〙スペック, 仕様

es-pe-ci-fi-'car [エス.ペ.すぃ.フィ.'カ

る] 動 他 69 (c|qu) 詳しく述べる, 明細に記す[述べる]

es-pe-ci-fi-ca-'ti-vo, -va [エス.ペ.すぃ.フィ.カ.'ティ.ボ, バ] 形 限定的な, 明示的な; 特殊化の

es-pe-ci-fi-ci-'dad [エス.ペ.すぃ.フィ.すぃ.'ダド] 名 女 特殊性; 特徴

es-pe-'cí-fi-co, -ca [エス.ペ.'すぃ.フィ.コ, カ] 86% 形 明確な, 明細な, 具体的な, 特定の; 特有の, 独特の; 〘医〙《薬が》特効のある 名 男 〘医〙 特効薬 **-camente** 副 特別に

es-'pé-ci-men [エス.'ペ.すぃ.メン] 名 男 〔複 especímenes〕《格》見本, 適例, 実例; 標本

es-pe-'cio-so, -sa [エス.ペ.'すぃオ.ソ, サ] 形《格》もっともらしい, 見せかけだけの, うわべだけの

es-pec-ta-cu-'lar [エス.ペク.タ.ク.'ラる] 形 壮観な, めざましい, 華々しい; 見世物の, ショーの, 興行の ～**mente** 副 華やかに; 興行的に

es-pec-ta-cu-la-ri-'dad [エス.ペク.タ.ク.ラ.リ.'ダド] 名 女 壮大さ, 華々しさ; 〘演〙 興行[ショー]としてのすばらしさ

es-pec-'tá-cu-lo [エス.ペク.'タ.ク.ロ] 83% 名 男 〘演〙 ショー, 演芸, 見せ物, スペクタクル; 人目につく行為, とんでもない出来事, 大騒ぎ; 壮観, 見もの, すばらしい眺め

es-pec-ta-'dor, -'do-ra [エス.ペク.タ.'ドる, 'ド.ら] 89% 名 男 女 〘演〙 見物人, 観客; 傍観者

es-pec-'tral [エス.ペク.'トらル] 形 幽霊の(ような), 不気味な; 〘物〙 スペクトルの

es-'pec-tro [エス.'ペク.トろ] 名 男 幽霊, 亡霊; 恐ろしい物, 恐怖; 〘物〙 スペクトル; 範囲

es-pec-tro-'grá-fi-co, -ca [エス.ペク.トろ.'グら.フィ.コ, カ] 形 〘技〙 分光写真の; 〘音〙 スペクトログラフの

es-pec-'tró-gra-fo [エス.ペク.'トろ.グら.フォ] 名 男 〘技〙 分光写真機; 〘音〙 スペクトログラフ

es-pec-tro-'gra-ma [エス.ペク.トろ.'グら.マ] 名 男 〘技〙 分光[スペクトル]写真; 〘音〙 スペクトログラム

es-pec-tros-'có-pi-co, -ca [エス.ペク.トろス.'コ.ピ.コ, カ] 形 〘物〙 分光器の

es-pec-tros-'co-pio [エス.ペク.トろス.'コ.ピオ] 名 男 〘物〙 分光器

es-pe-cu-la-'ción [エス.ペ.ク.ラ.'すぃオン] 名 女 考えをめぐらすこと, 思索, 考察; 〘商〙 投機, 思惑買い

es-pe-cu-la-'dor, -'do-ra [エス.ペ.ク.ラ.'ドる, 'ド.ら] 名 男 女 〘商〙 投機家, 相場師; 思索家, 理論家 形 〘商〙 投機的な, 思惑の; 思索の, 純理論的な

es-pe-cu-'lar [エス.ペ.ク.'ラる] 動 他 調査する, 点検する, 視察する; 思索する, 思いめぐらす 動 自 〘商〙 (en, con: に)投機をする; (sobre: について)思索する, 沈思する

es-pe-cu-la-'ti-vo, -va [エス.ペ.ク.ラ.'ティ.ボ, バ] 形 思索の, 瞑想(めいそう)の; 〘商〙 投機の

es-'pé-cu-lo [エス.'ペ.ク.ロ] 名 男 〘医〙 (耳・鼻・膣(ちつ)などの)検鏡, スペキュラ

es-pe-je-'ar [エス.ペ.へ.'アる] 動 自 光る, 輝く, きらめく

es-pe-'jis-mo [エス.ペ.'ひス.モ] 名 男 蜃気楼(しんきろう); 妄想, 幻覚, 錯覚

es-pe-'ji-to 〔縮小語〕 ↓espejo

es-'pe-jo [エス.'ペ.ほ] 85% 名 男 鏡; (実物・実情どおりに)映し出すもの, 反映; 模範, 手本 ～ *de los incas* 〘鉱〙 黒曜石

es-pe-'jue-lo [エス.ペ.'ふエ.ロ] 名 男 〘鉱〙 透明石膏(せっこう); 滑石の薄片; 〔複〕《ｶﾘﾌﾞ》 眼鏡; 眼鏡のレンズ; 〘建〙 採光窓; おとり, わな

es-pe-le-o-lo-'gí-a [エス.ペ.レ.オ.ロ.'ひ.ア] 名 女 洞窟学

es-pe-le-o-'ló-gi-co, -ca [エス.ペ.レ.オ.'ロ.ひ.コ, カ] 形 洞窟学の

es-pe-le-'ó-lo-go, -ga [エス.ペ.'レ.オ.ロ.ゴ, ガ] 名 男 女 洞窟学者

es-pe-'lun-ca [エス.ペ.'ルン.カ] 名 女 《格》 洞窟, ほら穴

es-pe-luz-'nan-te [エス.ペ.ルす.'ナン.テ] 形 ぞっとする; 《ﾗﾌﾟﾗﾀ》 ひどい, 最悪の

es-pe-luz-'nar [エス.ペ.ルす.'ナる] 動 他 (恐怖で)震え上がらせる ～**se** 動 再 ぞっとする

es-'pe-ra [エス.'ペ.ら] 84% 名 女 待つこと, 待つ時間; (待つことの)忍耐, 我慢 *en ～ de* … …を待って *estar a la ～* (de: を)待っている *no tener ～* ぐずぐずしてはいられない *sala de ～* 待合室

es-pe-ran-'tis-ta [エス.ペ.らン.'ティス.タ] 形 〘言〙 エスペラント語運動の 名 共 エスペランティスト

es-pe-'ran-to [エス.ペ.'らン.ト] 名 男 〘言〙 エスペラント語

es-pe-'ran-za [エス.ペ.'らン.さ] 84% 名 女 希望, 望み, 期待, 見込み; 希望を与えるもの, ホープ, 頼みの綱 **E～** 名 固 〘女性名〙 エスペランサ

es-pe-ran-za-'dor, -'do-ra [エス.ペ.らン.さ.'ドる, 'ド.ら] 形 有望な, 期待できる

es-pe-ran-'zar [エス.ペ.らン.'さる] 動 他 34 (z|c) 〈に〉希望を与える ～**se** 動 再 希望を持つ

es-pe-'rar [エス.ペ.'らる] 68% 動 他 待つ; 待ち受ける; 〈que 直説法: …を〉期待する; 望む, 希望する; 〈不定詞: …〉したいと思

う; 〈que 接続法: …であれば〉よいと思う ~(se) 動 自 (再) 待つ; (a que 接続法: …するまで)待つ; 待ち受ける, 期待する, 予想する, 予期する; (en: に)期待をかける, (en: を)信じる, 信頼する ***es de ~ que*** …(接続法) …のはずだ, 当然…だと思われる ***~ familia*** 子供が生まれる ***~ sentado [da]*** 待ちぼうけを食う, むなしく期待する ***hacer ~*** 待たせる

e

es-'per-ma [エス.'ペる.マ] 名 男 [女] 〘生〙精液; 鯨蠟(げいろう); 《ベネズエラ》ろうそく

es-per-'má-ti-co, -ca [エス.ペる.'マ.ティ.コ, カ] 形 〘生〙精子の, 精液の

es-per-ma-to-'zoi-de [エス.ペる.マ.ト.'そイ.デ] 名 男 〘生〙精子; 動的雄性配偶子

es-per-ma-to-'zo+o 名 男 ⇧espermatozoide

es-per-nan-'car-se [エス.ペる.ナン.'カる.セ] 動 再 ⑥⑨ (c|qu) 《カリブ》〘体〙脚を開く

es-per-'pen-to [エス.ペる.'ペン.ト] 名 男 〔軽蔑〕醜い[こっけいな]人; 〔軽蔑〕無意味, ばかげたこと; 〘文〙《スペイン》エスペルペント《スペインの作家 Valle-Inclán による不条理劇》

es-pe-'san-te 形 濃くする; 増粘の 名 男 増粘剤

es-pe-'sar [エス.ペ.'サる] 動 他 〈液体を〉濃くする, どろどろにする; 密にする; 〈織物の目を〉詰める ~se 動 再 «液体が»濃くなる, どろどろになる; 〘植〙«植物が»茂る; «森林が»密になる

es-'pe-so, -sa 形 密な, 茂った, 濃い; «液体・練った物が»濃い, 固練りの; 厚い, 厚みのある; 《話》«[特に] 人が»汚い, 汚れた

es-pe-'sor [エス.ペ.'ソる] 名 男 厚さ, 太さ; 濃厚, 濃度; とろみ

es-pe-'su-ra [エス.ペ.'ス.ら] 名 女 厚さ, 厚み, 太さ; 密度, 濃度; 茂み, やぶ, 叢林; 密集, 繁茂

es-pe-ta-'pe-rro [エス.ペ.タ.'ペ.ろ̃] 〔成句〕 ***a ~*** 《話》大あわてで

es-pe-'tar [エス.ペ.'タる] 動 他 〘食〙串に刺す, 串刺しにする; 《話》(突然)言い出す; 〈いやなことを〉無理やり聞かせる

es-pe-'te-ra [エス.ペ.'テ.ら] 名 女 〘食〙(台所用品用の)ラック, 〘食〙キッチンボード; 〘食〙〔集合〕台所用品, 調理器具

es-pe-'tón 名 男 〘食〙串, 焼き串; 火かき棒; 大きめのピン, 針

***es-'pí+a** 94% 名 共 スパイ, 諜報部員

es-'piar [エス.'ピアる] 動 他 ②⑨ (i|í) 〈に〉スパイをはたらく, 偵察する 動 自 スパイをする, 探る

es-pi-'char [エス.ピ.'チャる] 動 他 《スペイン》刺す; 《ベネズエラ》〈タイヤなどから〉空気[ガスなど]を抜く 動 自 死ぬ; 《メキシコ》やせる; 《中米》おじけづく; 《ベネズエラ》逃げる, いなくなる; なくなる ***~la*** 《話》死ぬ

es-pi-'chón 名 男 先がとがった物

es-pi-'dó-me-tro [エス.ピ.'ド.メ.トろ] 名 男 《中米》《南米北》〘車〙速度計, スピードメーター

es-'pi-ga 名 女 〘植〙(麦などの)穂; 刀心, なかご; 〘技〙(木材の)ほぞ, 木釘(きくぎ); 導火線; 〘海〙檣頭(しょうとう), マストの先

es-pi-'ga-do, -da 形 〘農〙(作物が)熟した, 穂が出た; (若者が)背が高い, すらりとした; 穂の形の, 穂状の

es-pi-ga-'dor, -'do-ra [エス.ピ.ガ.'ドる, 'ド.ら] 名 男 女 〘農〙落ち穂を拾う人

es-pi-'gar [エス.ピ.'ガる] 動 他 ④① (g|gu) 〘農〙〈の〉落ち穂を拾う; (資料から)拾う, 収集する, 集める; 〘技〙〈に〉ほぞを作る 動 自 〘農〙〈作物が〉穂を生じる, とうが立つ ***~se*** 動 再 背がぐんと伸びる

es-pi-'gui-lla [エス.ピ.'ギ.ジャ] 名 女 杉綾(すぎあや)模様; 〘植〙小穂(しょうすい)

es-'pi-na** 93% 名 女 とげ, 針; 〘魚〙骨; 〘体〙背骨, 脊柱; 悩み, 頭痛の種, 苦しみ ***dar mala ~ 《話》悪い予感がする ***sacarse la ~*** 《話》挽回する, 取り戻す; 誤りを修正する

***es-pi-'na-ca** 94% 名 女 〘植〙ホウレンソウ

es-pi-'nal [エス.ピ.'ナル] 形 〘体〙背骨の, 脊柱の, 脊髄の **E~** 名 固 〘地名〙エスピナール《コロンビア中西部の都市》

es-pi-'nar [エス.ピ.'ナる] 名 男 サンザシの茂み; 困難, 難題

es-pi-'na-zo [エス.ピ.'ナ.そ] 名 男 〘動〙脊柱, 脊椎, 背骨; 〘建〙(アーチの)かなめ石, くさび石 ***doblar el ~*** 《話》屈服する, へりくだる

es-pi-'ne-la [エス.ピ.'ネ.ラ] 名 女 〘文〙8音節で10行の詩 名 女 〘鉱〙尖晶石(せんしょうせき), スピネル

es-pi-'ne-ta 名 女 〘楽〙スピネット《小型のハープシコード》

es-pin-'gar-da [エス.ピン.'ガる.ダ] 名 女 〘歴〙〘軍〙(昔の)小型の大砲; 〘歴〙〘軍〙(アラビア製の)銃身が長い銃; 《話》細くて長身の女性

es-pi-'ni-lla [エス.ピ.'ニ.ジャ] 名 女 〘体〙すね骨, 向こうずね; 〘医〙にきび, 吹出物

es-pi-ni-'lle-ra [エス.ピ.ニ.'ジェ.ら] 名 女 〘競〙すね当て, レッグプロテクター, レガーズ; 〘歴〙〘軍〙(よろいの)すね当て

es-'pi+no 名 男 〘植〙サンザシ ***~ artificial*** 有刺鉄線

es-pi-'no-so, -sa 形 とげのある, とげだらけの; 骨が多い; 困難な, 面倒な

es-pi-'nu-do, -da 形 《中米》《チリ》やっかい

な, 面倒な, 困難な, 苦しい

es-pio-'na-je [エス.ピオ.'ナ.へ] 名 男 スパイ行為, 偵察

es-'pi-ra [エス.'ピ.ら] 名 女 螺旋(らせん), 螺旋状のもの; 〔建〕(柱の)台座の上部; 〔電〕(コイルの)一巻き

es-pi-ra-'ción [エス.ピ.ら.'すぃオン] 名 女 息を吐くこと, 呼気作用; 発散(物), 排出(物)

es-pi-'ral [エス.ピ.'らル] 形 螺旋(らせん)(状)の, 渦巻き(状)の 名 女 螺旋(状), 渦巻き型; (時計の)ひげぜんまい 名 男 悪循環, スパイラル ***en*** ~ 螺旋状の[になって]

es-pi-'rar [エス.ピ.'らる] 動 他 〈息を〉吐き出す; 〈においなどを〉発散する; 元気づける, 〈に〉生気を吹き込む 動 自 息を吐く; 息をする, 呼吸する

es-pi-ri-'ta-do, -da [エス.ピ.り.'タ.ド, ダ] 形 悪魔に取りつかれた; 《話》骨と皮ばかりの, すごくやせた

es-pi-ri-'te-ro, -ra [エス.ピ.り.'テ.ろ, ら] 名 男 女 《カリブ》呪術師

es-pi-ri-'tis-mo [エス.ピ.り.'ティス.モ] 名 男 降神術, 心霊術

es-pi-ri-'tis-ta [エス.ピ.り.'ティス.タ] 名 共 降神術者, 心霊者

es-pi-ri-'to-so, -sa [エス.ピ.り.'ト.ソ, サ] 形 〔飲〕《飲料が》アルコール分の多い[強い]; 元気のいい, 活発な

****es-'pí-ri-tu** [エス.'ピ.り.トゥ] 79% 名 男 精神, 霊, 心; 霊魂; 幽霊, 精霊; 霊力; 活気, 勇気, 気迫, 元気, 熱意, 気性, 気質, 性質, 精神力; (法文などの)真意, (形式に対して)精神; 才気, 機知, エスプリ; 〔飲〕アルコール, 酒精; 〔飲〕蒸留酒, スピリッツ《ウイスキー, ジンなど》; 〔言〕(ギリシャ語の)気音符

****es-pi-ri-'tual** [エス.ピ.り.'トゥアル] 88% 形 精神(上)の, 精神的な, 霊的な, 形而上の; 宗教的な 名 男 〔楽〕黒人霊歌, スピリチュアル《米国南部の黒人の間に生まれた宗教的な歌》 **~mente** 副 精神的に

es-pi-ri-tua-li-'dad [エス.ピ.り.トゥア.リ.'ダド] 名 女 精神的であること, 精神性; 宗教性, 霊性

es-pi-ri-tua-'lis-mo [エス.ピ.り.トゥア.'リス.モ] 名 男 精神主義; 〔哲〕唯心論

es-pi-ri-tua-'lis-ta [エス.ピ.り.トゥア.'リス.タ] 形 名 共 精神主義の[主義者]; 〔哲〕唯心論の[論者]

es-pi-ri-tua-li-'zar [エス.ピ.り.トゥア.リ.'さる] 動 他 ㉞ (z|c) 精神的にする, 霊化する, 〈に〉精神的な意味を与える

es-pi-ri-'tuo-so, -sa [エス.ピ.り.'トゥオ.ソ, サ] 形 元気のいい, 血気盛んな; 《飲み物が》アルコール分の多い[強い]

es-pi-ro-'que-ta [エス.ピ.ろ.'ケ.タ] 名 女 〔医〕スピロヘータ

es-'pi-ta 名 女 (水道・樽などの)蛇口, 栓, コック; 《話》飲んべえ, 大酒飲み; 掌尺

es-pla-'ya-do, -da [エス.プラ.'ジャ.ド, ダ] 形 《カリブ》《話》自分勝手な

es-plen-'der [エス.プレン.'デる] 動 自 《格》輝く

es-plen-di-'dez [エス.プレン.ディ.'デす] 名 女 光輝, 輝き, 壮麗, 見事さ; 寛容, 鷹揚(おうよう), 気前のよさ

***es-'plén-di-do, -da** [エス.'プレン.ディ.ド, ダ] 91% 形 壮麗な, 華麗な, 見事な, すばらしい, 立派な; 《人が》気前のよい; 《カリブ》寛大な

***es-plen-'dor** [エス.プレン.'ドる] 93% 名 男 壮麗さ, 見事さ, 堂々たること; 輝き, 光輝, 光彩; 最盛期, 絶頂

es-plen-do-'ro-so, -sa [エス.プレン.ド.'ろ.ソ, サ] 形 輝かしい; 見事な

es-'plie-go [エス.'プリエ.ゴ] 名 男 〔植〕ラベンダー

es-'plín [エス.'プリン] 名 男 憂鬱(ゆううつ), 倦怠

es-po-'la-zo [エス.ポ.'ラ.そ] 名 男 〔畜〕馬に拍車をかけること

es-po-le+'ar [エス.ポ.レ.'アる] 動 他 〔畜〕〈馬に〉拍車をかける; 促す

es-po-'le+o [エス.ポ.'レ.オ] 名 男 刺激; 〔畜〕馬に拍車をかけること

es-po-'le-ta [エス.ポ.'レ.タ] 名 女 (爆弾の)導火線, 信管, 雷管; 起爆装置; 〔鳥〕(鳥の)叉骨(さこつ)

es-po-'liar 動 他 ⇩expoliar

es-po-'lón [エス.ポ.'ロン] 名 男 〔鳥〕(鳥の)蹴爪(けづめ); 〔地〕山脚《山脈の突出部》; 〔畜〕(馬の)かかとの角質突出部, けづめ突起; 〔海〕〔建〕護岸堤, 防潮堤; 〔建〕控え壁; 〔歴〕〔軍〕(戦艦の)衝角《戦艦にぶつけて穴をあけるための船首の突出部》; 《話》〔医〕(かかとにできる)しもやけ

es-po-lo-ne+'ar [エス.ポ.ロ.ネ.'アる] 動 他 〔畜〕〈馬に〉拍車をかける

es-pol-vo-re+'ar [エス.ポル.ボ.れ.'アる] 動 他 〈粉などを〉振りかける, まく, 振りまく; 〈の〉ほこり[ちり]を払う

es-pon-'de+o 名 男 〔文〕〔詩〕強強格, 長長格, 揚揚格

es-'pon-ja** [エス.'ポン.は] 94% 名 女 スポンジ, 海綿《入浴・洗浄用》; 海綿状のもの; 〔動〕海綿動物; 《話》居候(いそうろう), 食客, たかり ***beber como una ~ 《話》〔飲〕大酒を飲む ***pasar la*** ~ 《話》水に流す

es-pon-'jar [エス.ポン.'はる] 動 他 海綿[スポンジ]状にする; 柔らかにする **~se** 動 再 うぬぼれる, 得意になる; 海綿[スポンジ]状になる; ふっくらする; ふくよかになる

es-pon-'jo-so, -sa [エス.ポン.'ほ.ソ, サ] 形 海綿状の, スポンジのような; 多孔性

の; ふっくらした, ふんわりした

es-pon-'sa-les [エス.ポン.'サ.レス] 名 男《複》婚約(式)

es-'pón-sor [エス.'ポン.ソる] 名 共 スポンサー, 後援者

es-pon-so-ri-'zar [エス.ポン.ソ.り.'さる] 動 他 ㉞ (z|c) 〈の〉スポンサーになる, 後援する

e

es-pon-ta-nei-'dad 名 女 自発性, 無意識, 自然, のびのびした様子

***es-pon-'tá-ne+o, +a** 92% 形 自発的な, 任意の, 無意識的な; 気取らない, 地(じ)のままの; のびのびとした, 率直な; 〘生〙自然発生の, 自生の, 野生の 名 男 女 〘牛〙飛び入り **-neamente** 副 自発的に, 自分から, 意識せずに; 気取らず, 地のままで

es-'po-ra [エス.'ポ.ら] 名 女 〘植〙胞子, 芽胞

es-po-'rá-di-co, -ca [エス.ポ.'ら.ディ.コ, カ] 形 散発的な, 時々起こる, 不規則な; 〘医〙散発性の **-camente** 副 散発的に, 時々, 不規則に

es-'port [エス.'ポる(ト)] 形 〘競〙スポーツの

es-por-'ti-lla [エス.ポる.'ティ.ジャ] 名 女 小さいかご

es-'po-sa 名 女 妻, 奥さん, 家内; 〔複〕手錠 ~ *de Cristo* 〘宗〙教会

es-po-sa-'mien-to 名 男 手錠をかけること

es-po-'sar [エス.ポ.'サる] 動 他 〈に〉手錠をかける

****es-'po-so** 82% 名 男 夫, だんなさん; 〔複〕夫妻

es-'pray [エス.'プらイ] 名 男 〔複 es-práis〕⇧ aerosol

es-'print [エス.'プりン(ト)] 名 男 〔複 -prints〕〘競〙短距離競走, スプリント; 〘競〙(ゴール直前の)ラストスパート, 全力疾走

es-'prín-ter [エス.'プりン.てる] 名 共 〘競〙短距離競走者, スプリンター

es-'pue-la [エス.'プエ.ラ] 名 女 拍車; 刺激, 激励, あおり ~ *de caballero* 〘植〙ヒエンソウ

es-'puer-ta [エス.'プエる.タ] 名 女 (エスパルトや柳を編みこんだ)かご, バスケット *a* ~*s* 《話》どっさり, しこたま

es-pul-'gar [エス.プル.'ガる] 動 他 ㊶ (g|gu) 〈から〉シラミ[ノミ]を駆除する; 念入りに調べる ~**se** 動 再 (自分の)シラミ[ノミ]をとる

es-'pu-ma 名 女 〔全体〕泡, 泡沫(ほうまつ); 〘食〙ムース(ケーキ); 〘食〙(スープなどの)あく, 浮きかす *crecer como la* ~ たちまち大きくなる; 急速に繁栄[出世]する ~ *de mar* 〘鉱〙海泡石(かいほうせき), ミアシャム

es-pu-ma-'de-ra [エス.プ.マ.'デ.ら] 名 女 泡をすくう道具, 網じゃくし

es-pu-ma-je+'ar [エス.プ.マ.へ.'アる] 動 自 (口から)泡を吹く

es-pu-'man-te 形 泡が立つ 名 男 〘飲〙スパークリングワイン

es-pu-'mar [エス.プ.'マる] 動 他 〈液体から〉あく[泡]をすくい取る ~**se** 動 再 泡立つ, 泡を吹く; 急激に成長する, 急に増える

es-pu-ma-'ra-jo [エス.プ.マ.'ら.ほ] 名 男 つばきの泡; 浮き泡, 汚れた泡 *echar* ~*s por la boca* かんかんに怒る

es-pu-me+'an-te 形 泡が立つ

es-pu-me-'ar 動 他 ⇧ espumar

es-pu-'mo-so, -sa 形 泡の, 泡立つ, 泡だらけの; 泡のような; 〘飲〙《ワインが》発泡性の, スパークリングの

es-'pu-rio, -ria [エス.'プ.りオ, りア] 形 非嫡出の, 私生児の; 《格》偽(にせ)の, まがいの, 偽造[偽作]の

esq. 略 ⬇esquina

es-'que-je [エス.'ケ.へ] 名 男 〘農〙(挿し木用の)接ぎ穂

es-'que-la [エス.'ケ.ラ] 名 女 (略式の)短い手紙; 招待状, 案内状; 《スペイン》死亡通知, 死亡広告

es-que-'lé-ti-co, -ca [エス.ケ.'レ.ティ.コ, カ] 形 骨格の, 骸骨の; やせ細った

***es-que-'le-to** [エス.ケ.'レ.ト] 92% 名 男 〘体〙骨格, 骸骨; 骨組み, 枠組み; 骨子, 輪郭, 概略; 《話》骸骨のような人, とてもやせた人; 《メキシコ》《中米》《アンデス》(小説・論文などの)構想, 草稿 *menear el* ~ 《話》踊る, 体を動かす

****es-'que-ma** [エス.'ケ.マ] 89% 名 男 図式, 略図, 見取図; 概略, 草案, 大要, あらまし *en* ~ 輪郭の, あらましの; 概略的に, 図式的に

es-que-'má-ti-co, -ca [エス.ケ.'マ.ティ.コ, カ] 形 概略の, 輪郭だけの; 図表の, 図式の **-camente** 副 図表を用いて, 図式的に; 概略的に

es-que-ma-ti-za-'ción [エス.ケ.マ.ティ.さ.'すぃオン] 名 女 図式化; 概略化

es-que-ma-ti-'zar [エス.ケ.マ.ティ.'さる] 動 他 ㉞ (z|c) 図式化する, 図示する; 概略化する, 〈の〉概略を述べる

***es-'quí** [エス.'キ] 94% 名 男 〔複 -quíes ⇦-quís〕〘競〙スキー; 〔複〕〘競〙スキーの板 ~ *acuático* 〘競〙水上スキー

es-quia-'dor, -'do-ra [エス.キア.'ドる, 'ド.ら] 名 男 女 〘競〙スキー選手, スキーヤー

***es-'quiar** [エス.'キアる] 93% 動 自 ㉙ (i|í) 〘競〙スキーをする

es-'qui-fe [エス.'キ.フェ] 名 男 〘海〙(かいで漕ぐ)小舟, ボート, スキフ

es-'qui-la [エス.'キ.ラ] 名 女 〘畜〙カウベル, 家畜につける鈴; 呼び鈴; 〘畜〙(はさみで)

羊などの毛を刈ること, 刈り込み
es-qui-la-'dor, -'do-ra [エス.キ.ラ.'ドる, 'ド.ら] [形][名] [男] [女]〔畜〕(羊などの)毛を刈る(人), 剪毛(せんもう)の, 剪毛係
es-qui-'lar [エス.キ.'ラる] [動] [他]〔畜〕〈の〉毛を刈る, 刈り込む ~**se** [動] [自] 毛が刈られる
es-qui-'le+o [エス.キ.'レ.オ] [名] [男]〔畜〕(羊毛の)刈り込み, 剪毛(せんもう);〔畜〕羊毛刈り取りの時期, 剪毛期;〔畜〕羊毛刈り取り場所, 剪毛場
es-quil-ma-'ción [エス.キル.マ.'すぃオン] [名] [女]〔農〕(作物の)刈り入れ, 取り入れ
es-quil-'mar [エス.キル.'マる] [動] [他]〔農〕〈作物を〉収穫する, 取り入れる;《話》〈資源などを〉枯渇(こかつ)させる;〈金を〉使い果たす;〔農〕《植物が》〈土地を〉不毛にする
es-'quil-mo [エス.'キル.モ] [名] [男]《メキシコ》〔農〕副産物
es-qui-'mal [エス.キ.'マル] [形][名] [共] イヌイットの; イヌイット人;〔言〕イヌイット語の [名] [男]〔言〕イヌイット語;《コロンビア》〔衣〕(子供用の)ロンパース
****es-'qui-na** [エス.'キ.ナ] 88% [名] [女] 曲がり角, 角(かど), 街角; (物の)角(かど) *a la vuelta de la* ~ すぐそこに *hacer* ~ 《建物が》角に位置する;《道が》交差する
es-qui-'na-do, -da [エス.キ.'ナ.ド, ダ] [形] 角(かど)ばった; 角にある; 交際嫌いの, 非社交的な, 内気な
es-qui-'nar [エス.キ.'ナる] [動] [自] (con: と)角をなす [動] [他] 角(かど)になる; 隅(すみ)に置く; 敵対させる, 仲たがいさせる ~**se** [動] [再] (con: と)敵対する
es-qui-'na-zo [エス.キ.'ナ.そ] [名] [男]《話》角(かど);《チリ》《ラプラタ》セレナーデ, 小夜曲 *dar el* ~ (a: の)追跡をかわす, (a: を)置いてきぼりにする; (a: との)約束を破る
es-qui-'ne-ra [エス.キ.'ネ.ら] [名] [女]《チリ》部屋の隅に置く家具
es-qui-'rol [エス.キ.'ろル] [名] [男]《スペイン》《話》〔軽蔑〕〔人〕スト破り
es-'quis-to [エス.'キス.ト] [名] [男]〔鉱〕片岩 *aceite de* ~ シェールオイル
es-quis-to-so-'mia-sis [エス.キス.ト.ソ.'ミア.スィス] [名] [女]〔単複同〕〔医〕住血吸虫症
es-'qui-te [エス.'キ.テ] [名] [男]〔複〕《メキシコ》《中米》〔食〕ポップコーン
es-qui-'var [エス.キ.'バる] [動] [他] 避ける, よける, かわす ~**se** [動] [再] (de: を)回避する, かわす; (de: を)辞退する, 辞める
es-qui-'vez [エス.キ.'べす] [名] [女] 冷淡, つれなさ, 無関心, 無愛想; 内気, 引っ込み思案
es-'qui-vo, -va [エス.'キ.ボ, バ] [形] 冷淡な, つれない, 無関心な; 引っ込み思案の, 非社交的な
es-qui-zo-'fre-nia [エス.キ.そ.'フれ.ニア] [名] [女]〔医〕統合失調症
es-qui-zo-'fré-ni-co, -ca [エス.キ.そ.'フれ.ニ.コ, カ] [形]〔医〕統合失調症の [名] [男] [女]〔医〕統合失調症患者
es-ri-lan-'qués, -'que-sa [エ(ス).り.ラン.'ケス, 'ケ.サ] [形]〔地名〕スリランカ(人)の [名] [男] [女] スリランカ人 ↓Sri Lanka
'Es-sen [名] [固]〔地名〕エッセン《ドイツ北西部の都市》
est. [略] ↓estación
'es+ta [形] ↓este
es+'tá [動]《直現 3 単/命》↓estar
'és+ta [形] ↓este
es-'ta-ba(~) [動]《直線》↓estar
****es-ta-bi-li-'dad** [エス.タ.ビ.リ.'ダド] 90% [名] [女] 安定性, 安定度, 固定, 堅固なこと, 平衡; (意志の)強固さ, 着実さ, 平静さ
es-ta-bi-li-za-'ción [エス.タ.ビ.リ.さ.'すぃオン] [名] [女] 安定化; 平衡化
es-ta-bi-li-za-'dor, -'do-ra [エス.タ.ビ.リ.さ.'ドる, 'ド.ら] [形] 安定[固定]させる [名] [男]〔空〕(飛行機尾翼の)水平安定板;〔機〕安定化装置, 安定器;〔化〕安定剤
es-ta-bi-li-'zar [エス.タ.ビ.リ.'さる] [動] [他] 34 (z|c) 安定させる ~**se** [動] [再] 安定する
***es-'ta-ble** [エス.'タ.ブレ] 91% [形] 安定した, しっかりした, 強固な;《心が》しっかりした, 意志の強固な;〔化〕《物質が》分解[変化]しにくい, 安定している
es-ta-ble-ce-'dor, -'do-ra [エス.タ.ブレ.せ.'ドる, 'ド.ら] [形] 設立の, 創立の [名] [男] [女] 設立者, 創立者
****es-ta-ble-'cer** [エス.タ.ブレ.'せる] 75% [動] [他] 45 (c|zc) 設立する, 創立する, 設置する, 制定する;〈習慣・先例・名声・関係などを〉確立する, 固める;〈記録を〉作る, 立てる;《法が》定める, 規定する; 確証する, 立証する, 明らかにする;〈人を〉(en: 地位・職業・場所などに)落ち着かせる, 据える ~**se** [動] [再] (en: に)身を落ち着ける, おさまる, 定住する, 居を構える; (como, de: として)身を立てる, 開業する; 確立する, 設定される
es-ta-ble-'ci-do, -da [エス.タ.ブレ.'すぃ.ド, ダ] [形] 確立した, 確定の; 定められた; 習慣的な, 通例の *dejar* ~[*da*] 設立する, 取り決める
****es-ta-ble-ci-'mien-to** [エス.タ.ブレ.すぃ.'ミエン.ト] 81% [名] [男] 設立, 創立, 設置, 確立, 制定; 設立されたもの, 施設《病院・学校・会社など》; 定住地, 開拓地
es-ta-'blez-co, -ca(~) [動]《直現 1 単, 接現》↑establecer

e

es-'ta-blo [エス.'タ.ブロ] 名 男 〔畜〕馬小屋, 牛小屋, 畜舎, 厩舎(きゅうしゃ)

es-ta-bu-la-'ción [エス.タ.ブ.ラ.'すぃオン] 名 女 〔畜〕(牛舎での)飼育

es-ta-bu-'lar [エス.タ.ブ.'ラる] 動 他 〔畜〕〈牛・馬を〉畜舎[厩舎(きゅうしゃ)]で飼う

es-'ta-ca 名 女 杭, 棒; 棍棒(こんぼう); 〔農〕(挿し木用の)接ぎ穂; 〔技〕長い釘; 《ラ米》鉱山の発掘権

es-ta-'ca-da 名 女 防御柵, 砦柵(さいさく), 矢来(やらい); 決闘場 ***dejar en la ~*** 《話》〈窮地に立っている人を〉見放す ***quedarse en la ~*** 《話》見放される

es-ta-'car [エス.タ.'カる] 動 他 69 (c|qu) 〈に〉杭を打って区画する[仕切る]; 〔畜〕〈牛・馬などを〉杭につなぐ; 《中米》刺す, 傷つける **~se** 動 再 棒立ちになる, 身動きできなくなる

es-ta-'ca-zo [エス.タ.'カ.そ] 名 男 杭(くい)[棒]による一打; 《話》厳しい非難, 酷評, 打撃

⁑**es-ta-'ción** [エス.タ.'すぃオン] 81% 名 女 〔鉄〕駅, 停車場; 季節; (ある特定の)時期, 活動[流行]期, シーズン, 好機; (建物・施設として)署, 局, 部, (施設のある)…所, …場; 放送局; 保養地, 休養地, 滞在(場所); 〔宗〕キリスト受難の場 ***~ de trabajo*** 〔情〕ワークステーション

es-ta-cio-'nal [エス.タ.すぃオ.'ナル] 形 季節の

es-ta-cio-na-'mien-to [エス.タ.すぃオ.ナ.'ミエン.ト] 名 男 〔車〕駐車; 駐車場所, 駐車場

es-ta-cio-'nar [エス.タ.すぃオ.'ナる] 動 他 〔車〕〈車を〉駐車する; 部署につける, 配置する, 待機させる **~se** 動 再 駐車する; 止まる, 動かなくなる, 立ち止まる; 停滞する

es-ta-cio-'na-rio, -ria [エス.タ.すぃオ.'ナ.りオ, りア] 形 動かない, 静止した, 止まっている

es-ta-'de-ro [エス.タ.'デ.ろ] 名 男 《コロンビア》〔車〕(街道沿いの)ドライブイン

es-ta-'dí+a 名 女 滞在, 在留, 逗留; 〔美〕(写真家・画家の)モデルになっている時間; 〔海〕超過停泊, 日数超過割増金

⁑**es-'ta-dio** 89% 名 男 〔競〕スタジアム, 競技場, 野球場; 一時期, 段階, 局面

es-ta-'dis-ta 名 共 〔政〕(指導的な)政治家, (国家の)指導者; 《まれ》〔数〕統計家[学者]

＊**es-ta-'dís-ti-co, -ca** 91% 形 〔数〕統計学(上)の, 統計的な 名 男 女 〔数〕統計学者 **-ca** 名 女 〔数〕統計学, 統計, 統計資料, 統計値[量] **-camente** 副 〔数〕統計的に

es-'tá-dium 名 男 〔複 -diums〕〔競〕スタジアム

es-ta-'di-zo, -za [エス.タ.'ディ.そ, さ] 形 よどんだ, 停滞した

⁑**es-'ta-do** 65% 名 男 状態, ありさま, 情勢; 〔E~〕〔政〕国家, 国; 〔政〕(米国・メキシコ・ベネズエラなどの)州; 身分; 〔複〕地所, 領地; 表, 名簿, 目録 ***en ~ de buena esperanza*** 妊娠している ***~ de cosas*** 事態, 情勢 ***E~ Mayor*** 〔軍〕参謀(本部) ***tomar ~*** 結婚する

⁑**Es-'ta-dos U-'ni-dos** 72% 名 固 〔(los) ~ de América〕〔地名〕アメリカ合衆国

⁑**es-ta-do-u-ni-'den-se** 87% 形 〔地名〕アメリカ合衆国(人)の, 米国の 名 共 米国人 ⬆Estados Unidos

es-ta-du-ni-'den-se 形 《メキシコ》《ホンジュラス》 ⇧ estadounidense

es-'ta-fa 名 女 詐欺, たくらみ, ごまかし; 〔畜〕《馬具》あぶみ, あぶみがね

es-ta-fa-'dor, -'do-ra [エス.タ.ファ.'ドる, 'ド.ら] 名 男 女 詐欺師, ペテン師, いかさま師

es-ta-'far [エス.タ.'ファる] 動 他 (a: 人から)だまし取る, 搾取(さくしゅ)する; 〔法〕横領する, 着服する

es-ta-'fer-mo [エス.タ.'フェる.モ] 名 男 〔歴〕回転人形 《騎士の槍競技の的になった》; 《話》うすのろ, ばけ

es-ta-'fe-ta 名 女 郵便局, 郵便支局; 外交通信文書用の郵便袋; 〔歴〕リレー式の郵便配達夫

es-ta-fi-lo-'co-co [エス.タ.フィ.ロ.'コ.コ] 名 男 〔医〕ブドウ球菌

es-'táis 動 《直現 2 複》 ⬇estar

es-ta-lac-'ti-ta [エス.タ.ラク.'ティ.タ] 名 女 〔鉱〕鍾乳石(しょうにゅうせき) 《石灰洞[鍾乳洞]の天井からたれさがった石灰石》

es-ta-lag-'mi-ta [エス.タ.ラグ.'ミ.タ] 名 女 〔地質〕石筍(せきじゅん) 《鍾乳洞の床上にできた筍(たけのこ)状の石灰石の沈澱物》

＊**es-ta-'llar** [エス.タ.'ジャる] 92% 動 自 爆発する, 破裂する, くだける; (en, de: 感情などが)爆発する, 激怒する; 〔軍〕«戦争などが»勃発する; «タイヤが»パンクする

es-ta-'lli-do [エス.タ.'ジ.ド] 名 男 爆発, 爆発音; 〔軍〕(戦争などの)勃発(ぼっぱつ), 発生; (怒り・笑いなどの)爆発, 爆笑

es-'tam-bre [エス.'タン.ブれ] 名 男 〔植〕雄蕊(ゆうずい), おしべ; 〔衣〕梳毛(そもう)糸 《長い羊毛を原料とした毛糸》, ウーステッド

Es-tam-'bul [エス.タン.'ブル] 名 固 〔地名〕イスタンブール 《トルコの都市》

es-ta-men-'tal [エス.タ.メン.'タル] 形 身分(制)の, 階級の

es-ta-men-ta-'lis-mo [エス.タ.メン.タ.'リス.モ] 名 男 身分制主義

es-ta-'men-to 名 男 階層, 地位, 身

分, 階級; 〔歴〕《ｽﾍﾟｲﾝ》アラゴン王国議会の四身分《聖職者, 貴族, 騎士, 大学人》

es-ta-'me-ña [エス.タ.'メ.ニャ] [名] [女] 〔衣〕サージ《綾織りの毛織物》

es-'ta-mos [動]《直現1複》↓estar

*__es-'tam-pa__ 92% [名] [女] 版画, 絵; 〔印〕印刷; 外見, 様子, 見かけ; 足跡; 像, 姿, イメージ; 典型, 見本, 権化(ごん); 〔宗〕聖人の肖像画 ***¡Maldita sea su ~!*** 《俗》くそったれ!, こんちくしょう! ***no ser la ~ de mi devoción*** 特に好きだというわけではない

es-tam-'pa-do, -da [形] 〔衣〕《布地が》プリント地の, プリント柄の; 型押しされた, (模様が)打ち出された [名] [男] 〔衣〕プリント地; 〔印〕印刷

es-tam-'par [エス.タン.'パる] [動] [他] 〔印〕刷る, プリントする; 〈に〉型を押す, 〈に〉型押し細工をする; 書く, 書き記す; 〈印象などを〉(心に)刻みつける, 刻印づける; 〈足跡などを〉つける, しるす, 残す; 《話》投げる, 投げ飛ばす; 《話》〈キスを〉する; 〈殴打・平手打ちを〉加える

es-tam-pe-'rí+a [エス.タン.ペ.'り.ア] [名] [女] 〔印〕〔商〕印刷屋, 印刷業

es-tam-'pí+a 〔成句〕 ***de ~*** 急に, 不意に, 突然 ***entrar de ~*** 不意に入ってくる ***salir de ~*** あわてて出て行く

es-tam-'pi-da [名] [女] 〔畜〕《家畜の群れが》どっと逃げ出すこと; 爆発音

es-tam-'pi-do [名] [男] 爆発音, 衝撃音, 炸裂(さくれつ)音

es-tam-'pi-lla [エス.タン.'ピ.ジャ] [名] [女] スタンプ; 印, 証印, 検印; 封印, 封緘; 《ﾗ米》切手

es-tam-'pi-ta 〔縮小語〕↑estampa

es-'tán [動]《直現3複》↓estar

es-tan-'ca-do, -da [形] (水が)よどんだ, 流れない; 行き詰まった, 停滞した

es-tan-ca-'mien-to [名] [男] (流れを)せき止めること; 行き詰まり, 難航

es-tan-'car [エス.タン.'カる] [動] [他] [69] (c|qu) 〈の〉流れを止める, せき止める; さえぎる, 妨げる; 専売にする, 独占する **~se** [動] [再] よどむ, 停滞する; 行き詰まる

**__es-'tan-cia__ [エス.'タン.すぃア] 90% [名] [女] 滞在, 滞在期間; 《南米》〔農〕大農園, 農場; 〔畜〕牧場; 〔建〕邸宅, 豪邸, 屋敷; 〔建〕豪華な居間

es-tan-'cie-ro, -ra [エス.タン.'すぃエ.ろ, ら] [名] [男] [女] 《ﾗ米》〔農〕〔畜〕農場主, 牧場主

es-'tan-co [名] [男] 《ｽﾍﾟｲﾝ》〔商〕専売品を売る店, タバコ屋《切手, 印紙も扱う》; 独占(権), 専売(権); 〔歴〕古文書保管所 **~, -ca** [形] 水を通さない, 防水の; すきのない

es-'tand [名] [男] 〔複 estands〕〔商〕屋台, 露店, 売店, スタンド

es-'tán-dar [エス.'タン.ダる] [形] 標準的な [名] [男] 標準, スタンダード, 水準

es-tan-da-ri-za-'ción [エス.タン.ダ.り.さ.'すぃオン] [名] [女] 標準化, 規格化

es-tan-da-ri-'zar [エス.タン.ダ.り.'さる] [動] [他] [34] (z|c) 標準化する, 規格に合わせる

es-tan-'dar-te [エス.タン.'ダる.テ] [名] [男] 旗, 軍旗, 旗印, 幟(のぼり)

es-'tan-do [動]《現分》↓estar

es-tan-fla-'ción [エス.タン.フラ.'すぃオン] [名] [女] 〔経〕スタグフレーション

*__es-'tan-que__ [エス.'タン.ケ] 94% [名] [男] (人口の)池; 貯水池

es-tan-'qué, -que(~) [動]《直点1単, 接現》↑estancar

es-tan-quei-'dad [名] [女] ⇩estanquidad

es-tan-'que-ro, -ra [エス.タン.'ケ.ろ, ら] [名] [男] [女] 〔商〕タバコ小売商人, タバコ屋の店主

es-tan-qui-'dad [エス.タン.キ.'ダド] [名] [女] 防水性, 気密性

es-tan-'qui-llo [エス.タン.'キ.ジョ] [名] [男] 《ﾒｷｼｺ》〔商〕(小さな)雑貨店

*__es-'tan-te__ 94% [名] [男] 棚(たな), 架; 〔個々の〕本棚, 書棚; (機械などの)支持部, 支柱 [形] 固定した, 据え付けの; 定住の, 常駐する

*__es-tan-te-'rí+a__ [エス.タン.テ.'り.ア] 94% [名] [女] 〔全体〕本棚; 戸棚

es-tan-'ti-gua [エス.タン.'ティ.グア] [名] [女] 亡霊, 幽霊; 《話》〔笑〕ひょろひょろして服装がみすぼらしい人

es-ta-ña-'du-ra [エス.タ.ニャ.'ドゥ.ら] [名] [女] 〔技〕スズめっき

es-ta-'ñar [エス.タ.'ニャる] [動] [他] 〔技〕〈に〉スズめっきをする

es-'ta-ño [エス.'タ.ニョ] [名] [男] 〔化〕スズ《元素》

__es-'tar__ [エス.'タる] 42% [動] [自] [31] **1 …である, …になっている《状態》: La sopa **está** fría. スープは冷めている。 **2** (en, a, 副詞: に)ある, …にいる: ¡Mamá! ¿Dónde **estás**? — **Estoy** aquí en la cocina. お母さん, どこにいるの?—ここよ, 台所。 **3** 準備ができている: ¿**Está** la comida? — ¡Ya **está**! 食事はできている?—できていますよ。 **4** (時は)…である; (気温は)…である: ¿A qué día **estamos** hoy? 今日は何日ですか? **5** (a: に)似合う: ¿Qué tal me **está** este abrigo? — ¡Uy, te **está** muy bien! このオーバー私にどうかしら?—うん, とてもよく似合うよ。 **6** (a, en: の)値である: ¿A cómo **está** el kilo de ternera? 子牛肉1キロはいくらですか? **7** (con: と)同意見である: ¿Y tú, qué? ¿**Estás** con nosotros o contra nosotros? それで君はどうなんだい?

ぼくたちに賛成なのかい，それとも反対なのかい？ **8** (de: …)しているところである，…中である: El Sr. (señor) García **está** de viaje esta semana. ガルシアさんは今週出張中です。 **9** (de: の)**仕事をしている**: Beatriz **está** de intérprete en la ONU. ベアトリスは国連で通訳の仕事をしている。**10** (en: を)**聞いている,** 注意している: Perdona, no **estaba** en lo que decías. ¿Puedes repetir? ごめん，君の言っていることを聞きそびれてしまった。 もう一度言ってくれる？ **11** (en: を)**信じる,** (en: と)思う: **Estoy** en que mañana hará sol. 明日は晴れると思います。**12** まさに(para 不定詞: …)しようとしている，するところである: El concierto **está** para empezar. コンサートはもう始まるところです。**13** (para: の)**状態である,** 気分である: Hoy no **estoy** para bromas. 今日私は冗談を聞く気分でない。**14** まだ(por 不定詞: …)していない: Las camas **están** por hacer. まだベッドの用意ができていない。**15** (por 不定詞: を)したいと思う，支持する: **Estoy** por ir contigo. 私は君と行きたいと思う。 動 《助動詞》 **1** (現在分詞: …)している《進行形を作る》: **Estoy** estudiando en mi cuarto. 私は部屋で勉強しているところです。 **2** (過去分詞: …に)なっている《結果を示す；「状態」の受け身文をつくる》: La casa **estaba** totalmente construida cuando la compramos. 私たちが買ったとき家はもう完全にでき上がっていた。 **～se** 動 再 **1** …している，(形容詞: ある状態で)じっとしている: ¡Niño! ¿No puedes **estarte** quieto? お前！ 静かにしていられないの？ **2** (en, a, 副詞: に)いる，じっとしている: **Estate** conmigo un rato más. もうちょっと僕のところにいて。 ***¡Está bien!*** よろしい!，わかった!，大丈夫!，オーケー! ***¿Estamos?*** よろしいですか？ ***～ que*** … (直説法) …のようだ，…のありさまだ《強調》 ***¡Ya está!*** さあ!，できた!，これでよし! ***¡Ya está bien!*** もうたくさんだ! ***¡Ya estamos!*** さあ，これでよし!

es-tar-'ci-do [エス.タる.'すぃ.ド] 名 男 〔印〕ステンシル(印刷)

'es-tas 名 女 《複》 ↓este

es-'tás 動 《直現 2 単》 ↑estar

'és-tas 名 女 《複》 ↓este

es-ta-'tal [エス.タ.'タル] 形 〔政〕 国家の，国の；《ラ米》州の

es-ta-ta-li-za-'ción [エス.タ.タ.リ.さ.'すぃオン] 名 女 〔政〕 国営化

es-ta-ta-li-'zar [エス.タ.タ.リ.'さる] 動 他 ㉞ (z|c) 〔政〕 国営化する

es-'tá-ti-co, -ca 形 静的な，静止の，ほとんど変化しない；《話》あっけにとられた，唖然(あぜん)とした，(驚きなどで)身動きできない；〔物〕静力学の **-ca** 名 女 〔物〕 静力学

es-ta-ti-fi-'car 動 他 ㊾ (c|qu) ⇩ estatizar

es-ta-'tis-mo 名 男 〔政〕 (政治経済の)国家統制；国家統制主義；静止状態，固定，不動

es-ta-'tis-ta 形 〔政〕 国家主権主義の 名 共 〔政〕 国家主権主義者

es-ta-ti-za-'ción [エス.タ.ティ.さ.'すぃオン] 名 女 〔政〕 国有化，国営化

es-ta-ti-'zar [エス.タ.ティ.'さる] 動 他 ㉞ (z|c) 〔政〕 国有[国営]化する

*__es-'ta-tua__ 91% 名 女 像，彫像，塑像；無表情な人，(彫像のように)冷たい人 ***quedarse como una ～*** (驚いて)立ちすくむ

es-ta-'tua-rio, -ria [エス.タ.'トゥア.りオ，りア] 形 〔美〕 彫像の

es-ta-'tui-lla [エス.タ.'トゥイ.ジャ] 名 女 小像

es-ta-'tuir [エス.タ.'トゥイる] 動 他 ㊲ (-y-) 《格》〔法〕〈法律などを〉**制定する,** 〈制度などを〉設ける；《格》**論証する，証明する,** 立証する

*__es-ta-'tu-ra__ [エス.タ.'トゥ.ら] 93% 名 女 身長，背丈

es-'ta-tus 名 男 〔単複同〕 社会的地位，ステータス；地位，身分；(物事の)位置

es-ta-'tu-to 名 男 〔法〕 制定法，法令，法規；(団体・会社などの)規則，定款(ていかん)

es-ta-'tu-tos 名 男 《複》 ↑estatuto

'es-te[1], -ta 52% 形 《指示》〔男単 este/男複 estos/女単 esta/女複 estas〕 **1** 〔名詞の前で〕この: Prefiero **este** libro. 私はこの本のほうがよい。 **2** 〔時を示す語の前で〕今の，今…: ¿Salimos a cenar **esta** noche? 今晩は夕食を外でする？ **3** 前の: **Este** domingo estuve en el parque zoológico. 前の日曜日は私は動物園に行きました。 **4** 〔名詞の後につけて〕この《強調・怒り・軽蔑》: El vino **este** es bastante malo. このワインはかなりひどい代物だ。 **5** 後者の 代 《指示》《中性形↓esto》《指示形容詞と区別するためにアクセント記号をつけることがある: éste, éstos, ésta, éstas；中性形 esto にはアクセント記号をつけない》 **1** これ，この人，このこと《空間的・時間的・概念的に話し手に近いものを指す》: **Esta** es mi hermana Mariana. これが私の姉のマリアナです。 **2** こいつ 《人について用いられると強調・怒り・軽蔑を示すことがある》: **Este** es tan travieso como su hermano. こいつは兄と同じぐらいいたずらだ。 **3** 後者《今述べたばかりの人やもの》: Fernando es más alto que Gonzalo, aunque **este** es mayor que aquél. フェルナンドはゴンサーロより大きい，もっともゴンサーロのほうがフェルナン

ドより年上なのだが。 **4** 〔esta〕こちら, 当地, 当市《手紙文で》: En **esta** no hay novedad. こちらでは変わったことはありません。 **5** 〔esta〕 この手紙: Cuando recibas **esta**, yo ya habré cambiado de dirección. 君がこの手紙を受け取るころには私の住所は変わっているでしょう。[感]《ラ米》ええと…《口ごもるときに言う》 ***a todas éstas*** さて, ところで《話を続ける》 ***en éstas*** この時

*'**es-te**² 89% [名] [男] 東, 東部, 東方; 〔気〕 東風; 〔歴〕〔政〕東側, 東欧 [形] 東の

'**és+te** [代] ↑este¹

es-'té(~) [動]《接現》↑estar

es-te+'á-ri-co, -ca [エス.'テア.リ.コ, カ] [形]〔化〕ステアリンの↓estearina

es-te+a-'ri-na [エス.テ.ア.'リ.ナ] [名] [女]〔化〕ステアリン《ろうそくの材料》

Es-'te-ban [名] [固]〔男性名〕エステバン

es-'te-la [エス.'テ.ラ] [名] [女] 航跡, 船が通った跡; (物が)通った跡[道]; (文字や彫刻が刻んである)記念石柱, 石碑; 墓石

es-te-'lar [エス.テ.'ラる] [形] 星の, 星形の; スターの, 人気がある, 花形の

Es-te-'lí [エス.テ.'リ] [名] [固]〔地名〕エステリ《ニカラグア北西部の県》

es-te-lio-'na-to [エス.テ.リオ.'ナ.ト] [名] [男]〔法〕契約詐欺

es-'tén [動]《接現 3 複》↑estar

es-te-no-'car-dia [エス.テ.ノ.'カる.ディア] [名] [女]〔医〕狭心症

es-te-no-gra-'fí+a [エス.テ.ノ.グら.'フィ.ア] [名] [女] 速記(術)

es-te-nor-'des-te [エス.テ.ノる.'デス.テ] [名] [男] 東北東; 〔気〕東北東の風 [形] 東北東の

es-te-'no-sis [名] [女]〔単複同〕〔医〕狭窄(きょうさく)症

es-te-no-'ti-pia [名] [女] ステノタイプ速記法《普通のアルファベットを用いる》

es-te-no-ti-'pis-ta [形] [名] [共] ステノタイプの(速記者)

es-ten-'tó-re+o, +a [エス.テン.'ト.れ.オ, ア] [形] 大声の, 大音響を発する

es-'te-pa [名] [女]〔地〕ステップ《樹木のない草原》; 〔植〕ハンニチバナ

es-te-'pa-rio, -ria [エス.テ.'パ.りオ, りア] [形]〔地〕ステップの

'**és-ter** ['エス.テる] [名] [男]〔化〕エステル

es-'te-ra [エス.'テ.ら] [名] [女] マット, 敷物; ドアマット

es-ter-co-'la-do [エス.テる.コ.'ラ.ド] [名] [男]〔農〕肥料をやること, 施肥(せひ)

es-ter-co-'lar [エス.テる.コ.'ラる] [動] [他]〔農〕〈土地に〉肥料をやる, 〈に〉堆肥を施す [動] [自]〔畜〕《家畜が》糞(ふん)をする

es-ter-co-'le-ro [エス.テる.コ.'レ.ろ] [名] [男]〔農〕(動物の)糞の山, こやしの山, 堆肥(たい)場; はきだめ, むさくるしい場所

*__es-'té-re+o__ [エス.'テ.れ.オ] 94% [名] [男] ステレオ(装置); ステレオ録音のレコード[テープ]; 立体音響, ステレオ効果 [形] ステレオ録音の, 立体音響(効果)の

es-te-re+o-fo-'ní+a [エス.テ.れ.オ.フォ.'ニ.ア] [名] [女] 立体音響(効果), ステレオ

es-te-re+o-'fó-ni-co, -ca [エス.テ.れ.オ.'フォ.ニ.コ, カ] [形] 立体音響効果の, ステレオの

es-te-re+o-mi-cros-'co-pio [エス.テ.れ.オ.ミ.クろス.'コ.ピオ] [名] [男] (双眼)実態[立体]顕微鏡

es-te-re+o-'quí-mi-co, -ca [エス.テ.れ.オ.'キ.ミ.コ, カ] [形]〔化〕立体化学の -ca [名] [女]〔化〕立体化学

es-te-re+os-'có-pi-co, -ca [エス.テ.れ.オス.'コ.ピ.コ, カ] [形]〔機〕ステレオスコープの, 立体鏡の

es-te-re+os-'co-pio [エス.テ.れ.オス.'コ.ピオ] [名] [男]〔機〕ステレオスコープ, 立体鏡

es-te-re+o-ti-'pa-do, -da [エス.テ.れ.オ.ティ.'パ.ド, ダ] [形] 紋切り型の, 型にはまった, 陳腐な, ステレオタイプの; 〔印〕ステロ版[鉛板]に取った

es-te-re+o-ti-'par [エス.テ.れ.オ.ティ.'パる] [動] [他] 型にはめる, 形式化する; 〔印〕ステロ版にする, ステロで印刷する

es-te-re+o-'ti-pia [エス.テ.れ.オ.'ティ.ピア] [名] [女]〔印〕ステロ印刷術, ステロ版製造法; 〔医〕常同症

es-te-re+o-'tí-pi-co, -ca [エス.テ.れ.オ.'ティ.ピ.コ, カ] [形] 固定観念の, ステレオタイプの, 型にはまった; 〔印〕ステロ版の, ステロ印刷[製造]の

es-te-re+o-'ti-po [エス.テ.れ.オ.'ティ.ポ] [名] [男] 固定観念, 紋切り型, ステレオタイプ; 〔印〕ステロ版, 鉛版《紙型にプラスチックなどを注いでつくる複製版》

*__es-'té-ril__ [エス.'テ.りル] 93% [形]〔農〕《土地が》不毛な, やせた; 〔医〕《人が》不妊の; 役に立たない, むだな; 寡作の; 無菌の

es-te-ri-li-'dad [エス.テ.り.リ.'ダド] [名] [女]〔医〕不妊(症); 〔農〕(土地の)不毛; 無菌, 滅菌; (精神・思想などの)貧困

es-te-ri-li-za-'ción [エス.テ.り.リ.さ.'すぃオン] [名] [女]〔医〕不妊手術; 滅菌, 殺菌, 消毒

es-te-ri-li-'zar [エス.テ.り.リ.'さる] [動] [他] [34] (z|c) 滅菌[殺菌]する, 消毒する; 〔農〕〈土地を〉不毛にする, やせさせる; 〔医〕不妊にする

es-te-'ri-lla [エス.テ.'り.ジャ] [名] [女] 小型の敷物, マット

es-ter-'li-na [エス.テる.'リ.ナ] [形]〔経〕英貨の

es-ter-'nón [エス.テる.'ノン] 名 男 〘体〙胸骨

es-'te-ro [エス.'テ.ろ] 名 男 〘地〙(大河の)河口;《ラ米》〘地〙低湿地, 沼沢地;〘地〙干潟;〘地〙小川

es-te-'roi-de [エス.テ.'ろイ.デ] 形 〘化〙ステロイド

es-te-roi-'de+o, +a [エス.テ.ろイ.'デ.オ, ア] 形 〘化〙ステロイド性の

es-te-'rol [エス.テ.'ろル] 名 男 〘化〙ステロール, ステリン

es-ter-'tor [エス.テる.'トる] 名 男 〘医〙(臨終の)のど鳴り, 喉声, 死喘鳴(ぜんめい);〘医〙(卒中などによる)いびき, いびき呼吸

es-ter-'tó-re+o, +a [エス.テる.'ト.れ.オ, ア] 形 〘医〙(臨終の)のど鳴りの, 死喘鳴(ぜんめい)の;〘医〙(卒中などによる)いびき呼吸の

es-ter-to-'ro-so, -sa [エス.テる.ト.'ろ.ソ, サ] 形 〘医〙いびきをかく, いびき性の

es-te-su-'d|es-te 名 男 東南東;〘気〙東南東の風 形 東南東の

es-'te-ta 名 共 審美眼を持つ人; 唯美(ゆいび)主義者

esteticien [エス.テ.'ティ.すぃエン] 名 共 〔フランス語〕エステティシャン, 全身美容師

es-te-ti-'cis-mo [エス.テ.ティ.'すぃス.モ] 名 男 耽美(たんび)主義

es-te-ti-'cis-ta [エス.テ.ティ.'すぃス.タ] 形 名 共 耽美(たんび)主義の[主義者]; 美容師

⁑**es-'té-ti-co, -ca** 90% 形 美の, 美学の; 芸術的な, 美術的な; 美容の 名 男 女 美学者 **-ca** 名 女 美学; 美, 美しさ; 美容術, 美顔術 **-camente** 副 美的に; 美術的に

es-te-tos-'co-pia 名 女 〘医〙聴診

es-te-tos-'co-pio 名 男 〘医〙聴診器

es-'te-va [エス.'テ.バ] 名 女 〘農〙犂(すき)の柄

es-te-'va-do, -da [エス.テ.'バ.ド, ダ] 形 名 男 女 〘体〙O 脚の(人)

es-'ti-ba 名 女 〘海〙積み込み, 載貨; 積み荷;(積み荷量の)調整;〘畜〙羊毛の袋詰め場;〘歴〙〘軍〙(前装銃に火薬を詰める)込み矢

es-ti-ba-'dor, -'do-ra [エス.ティ.バ.'ドる, 'ド.ら] 名 男 女 〘海〙港湾労働者, 沖仲仕

es-ti-'bar [エス.ティ.'バる] 動 他 詰め込む, 押し込む;〘海〙〈船荷などを〉積み込む, 載せる

es-'ti-bio 名 男 〘化〙アンチモン《元素》

es-'tiér-col [エス.'ティエる.コル] 名 男 〘農〙〘畜〙(牛・馬などの)糞(ふん),(家畜による)肥料, 厩肥, こやし

es-'tig-ma [エス.'ティグ.マ] 名 男 傷跡; 汚名, 恥辱, 不名誉;〘医〙斑点, 紅斑出血斑;(病気・疾患の)徴候;〘宗〙聖痕(せいこん)《聖フランシスコらに現れた十字架上のキリストの傷に似た傷跡》;〘植〙(めしべの)柱頭;〘体〙〘動〙(昆虫などの)気門, 気孔, 呼吸孔;〘歴〙(奴隷・罪人に押した)焼き印, 烙印

es-tig-ma-ti-'zar [エス.ティグ.マ.ティ.'さる] 動 他 ㉞ (z|c) 〈に〉汚名を着せる, 非難する,〈に〉烙印を押す;〘宗〙〈に〉聖痕(せいこん)を生じさせる

es-ti-'lar(-se) [エス.ティ.'ラる(.セ)] 動 自 (再) …が習慣である, …が常である, …が使われる

es-ti-'le-te [エス.ティ.'レ.テ] 名 男 尖筆(せんぴつ), 鉄筆; 小剣, 短剣;〘医〙探り針

es-ti-'lis-ta [エス.ティ.'リス.タ] 名 共 文章家, 名文家

es-ti-'lís-ti-co, -ca [エス.ティ.'リス.ティ.コ, カ] 形 〘言〙〘文〙文体の, 文体論の **-ca** 名 女 〘言〙〘文〙文体論

es-ti-li-za-'ción [エス.ティ.リ.さ.'すぃオン] 名 女 様式化

es-ti-li-'za-do, -da [エス.ティ.リ.'さ.ド, ダ] 形 様式化された, 型にはまった

es-ti-li-'zar [エス.ティ.リ.'さる] 動 他 ㉞ (z|c) 様式化する, 型にはめる

⁑**es-'ti-lo** [エス.'ティ.ロ] 82% 名 男 様式, 型, …風, スタイル;〘文〙〘言〙文体, 表現の仕方, 話し方, 語調;〘絵〙画風; 優雅さ, 品位, 豪華さ, 華麗さ;〘競〙〔水泳〕泳法;〘言〙話法; 尖筆(せんぴつ), 鉄筆;〘植〙花柱 ***a [al] ~ de ...*** …風に[で] ***por el ~*** 《話》 おおよそ, 大体

es-ti-lo-'grá-fi-co, -ca [エス.ティ.ロ.'グら.フィ.コ, カ] 形 万年筆の

es-ti-'loi-de [エス.ティ.'ロイ.デ] 形 〘体〙尖筆(せんぴつ)状の, 棒状の

es-'ti-ma 名 女 尊重, 尊敬;〘海〙推測航法

es-ti-'ma-ble [エス.ティ.'マ.ブレ] 形 尊重[尊敬]すべき, ありがたい; かなりの, 相当な; 計算[予測]できる

es-ti-ma-'ción [エス.ティ.マ.'すぃオン] 名 女 尊重, 尊敬; 好評; 評価, 値踏み, 見積もり

es-ti-'ma-do, -da 形 親愛なる

⁑**es-ti-'mar** [エス.ティ.'マる] 87% 動 他 尊敬する, 尊重する, 尊ぶ;《格》価値あるものと考える,(形容詞: …と)思う;〈の値段を〉(en: と)見積もる,〈の〉価値を評価する; 好きである, 大切に思う **~se** 動 再 自負心[自尊心]を持つ;(互いに)尊敬しあう;〔3 単形で〕(que: と)評価される, 考えられる

es-ti-ma-'ti-vo, -va [エス.ティ.マ.'ティ.ボ, バ] 形 判断の, 評価の, 概算の **-va** 名 女 《格》判断力;《格》本能

es-ti-mu-la-'ción [エス.ティ.ム.ラ.

'すぃオン] 名 女 激励, 勇気づけ; 刺激, 興奮させること

es-ti-mu-'lan-te [エス.ティ.ム.'ラン.テ] 形 刺激となる, 刺激性の; 激励する, 元気を回復させる 名 男 〘医〙興奮剤, 刺激剤

*__es-ti-mu-'lar__ [エス.ティ.ム.'ラる] 92% 動 他 刺激する, 興奮させる; 励ます, 活気づける, 激励する

*__es-'tí-mu-lo__ [エス.'ティ.ム.ロ] 91% 名 男 刺激, 刺激物; 激励, 鼓舞, 励まし; 誘因, 動機; 〘医〙(生理的)刺激

es-'tí+o 名 男 《詩》《格》夏

es-ti-'pen-dio 名 男 《格》報酬, 給料, 謝礼

es-ti-pu-la-'ción [エス.ティ.プ.ラ.'すぃオン] 名 女 規定, 約定, 契約; 条項, 条件

es-ti-pu-'lar [エス.ティ.プ.'ラる] 動 他 規定する, 明文化する, 明記する; (口頭で)取り決める; 約定[契約]する

es-'ti-que [エス.'ティ.ケ] 名 男 〘技〙(ぎざぎざのある)彫刻刀

es-ti-'ra-do, -da [エス.ティ.'ら.ド, ダ] 形 《話》尊大な, もったいぶった; 着飾った, おめかしした; 《話》けちな, 欲深い, しみったれた

es-ti-ra-'mien-to [エス.ティ.ら.'ミエン.ト] 名 男 〘競〙ストレッチ

*__es-ti-'rar__ [エス.ティ.'らる] 93% 動 他 引き伸ばす, 広げる, 張る, 引っ張る; 〘体〙〈手足を〉伸ばす, 〈手を〉差し伸べる; 引き延ばす, 長引かせる **~se** 動 再 〘体〙手足を伸ばす, 伸びをする; 〘競〙ストレッチをする; (引っ張って)伸びる; «土地などが»広がる; (長々と)横になる; 成長する, 背が伸びる **~ *la pata*** 《俗》死ぬ

es-ti-'rón [エス.ティ.'ろン] 名 男 ぐいっと引っ張ること; 〘体〙(急激に)背が伸びること

es-'tir-pe [エス.'ティる.ペ] 名 女 血統, 家系, 家柄

es-'tí-ti-co, -ca 形 《コロンビア》《チリ》《話》〘医〙便秘している

es-ti-'val [エス.ティ.'バル] 形 夏の, 夏季の, 夏期の

*__'es+to__ 66% 代 **1** これ, このこと《物の名をたずねたり, 抽象的なことを示すときに用いる》: ¿Qué es **esto**? これは何ですか。 **2** 《話》ええと《口ごもるときに言う》: ¿Cómo se llama la hermana de Paloma? — **Esto** ..., ¡Vaya, lo he olvidado! パローマの姉さんの名前は何というの?—ええと…, あれ, 忘れてしまった。 ***en* ~** そのとき, そこで **~, *lo otro y* [*o*] *lo de más allá*** あれやこれや, いろいろなこと

es-to-'ca-da 名 女 (剣による)突き刺し; 〘医〙刺し傷; 〘牛〙とどめ(の一刺し)

es-to-'car [エス.ト.'カる] 動 他 69 (c|qu) 剣で突く, 刺す

*__Es-to-'col-mo__ [エス.ト.'コル.モ] 94% 名 固 〘地名〙ストックホルム《スウェーデン Suecia の首都》

es-'to-fa 名 女 〘軽蔑〙(人物の)種類, 部類, タイプ, たち

es-to-'fa-do 名 男 〘食〙シチュー

es-to-'far [エス.ト.'ファる] 動 他 〘食〙(とろとろ)煮込む, とろ火で煮込む, シチューにする; 〘絵〙〈金箔を覆った材料を〉彫って絵を描く; 〈金地の上に〉テンペラ絵の具を使って絵を描く; 〘衣〙キルト縫いにしてつくる, キルティングする

es-to-'fón, -'fo-na 名 男 女 《カリブ》《話》努力家

es-toi-'cis-mo [エス.トイ.'すぃス.モ] 名 男 克己, 禁欲; 〘哲〙ストア哲学[主義]

es-'toi-co, -ca 形 禁欲的な, 克己的な; 平然とした, 動じない; 〘哲〙ストア学派の, ストア哲学の 名 男 女 禁欲[克己]主義者; ストア哲学者

es-'to-la [エス.'ト.ラ] 名 女 〘衣〙(女性用)ストール, 肩掛け; 〘宗〙ストール, ストラ《聖職者が肩からひざ下までたらす頸垂(けいすい)帯》; 〘歴〙〘衣〙ストラ《古代ローマの女性用のゆるやかな上着》

es-to-li-'dez [エス.ト.リ.'デす] 名 男 愚鈍, 鈍感

es-'tó-li-do, -da [エス.'ト.リ.ド, ダ] 形 愚かな

es-'to-ma 名 男 〘植〙気孔

es-to-ma-'cal [エス.ト.マ.'カル] 形 〘医〙胃の, 胃[消化]によい 名 男 〘医〙健胃剤, 消化剤

es-to-ma-'gar [エス.ト.マ.'ガる] 動 他 41 (g|gu) 〈に〉消化不良を起こさせる; うんざりさせる

*__es-'tó-ma-go__ 91% 名 男 〘体〙胃; 〘一般〙腹部, 腹 ***echarse al* ~** 《話》たらふく食べる ***hacer* ~** (a: を)我慢する ***le-vantarse* [*revolverse*] *el* ~** 《話》(a: が)胃がむかつく, 吐き気をもよおす ***tener buen* [*mucho*] ~** 《話》タフである, 度胸がある

es-to-ma-'ti-tis 名 女 〘単複同〙〘医〙口内炎

Es-'to-nia 名 固 〔República de ~〕〘地名〙エストニア《北ヨーロッパの共和国》

es-'to-nio, -nia 形 〘地名〙エストニア(人)の, エストニア人 ↑Estonia

es-'top 名 男 〔複 -tos〕ストップ; 《コロンビア》〘車〙停止灯, ストップライト

es-'to-pa 名 女 (ロープ用の)麻くず; 麻くず製のロープ[粗布]; 〘海〙槙皮(まいはだ)《船や桶の水漏れ防止に詰める繊維》

es-'to-que [エス.'ト.ケ] 名 男 両刃で細身の剣; 〘牛〙エストーケ《闘牛にとどめを刺す剣》; 〘植〙グラジオラス

es-'tor [エス.'トる] [名] [男] 薄手のカーテン

es-to-'ra-que [エス.ト.'ら.ケ] [名] [男] 〔植〕エゴノキ; 安息香(あんそくこう)

*__es-tor-'bar__ [エス.トる.'バる] 93% [動] [他] 妨げる, 遅らせる, じゃまする [動] [自] じゃまになる

es-'tor-bo [エス.'トる.ボ] [名] [男] 妨害, 障害, 妨害物, じゃま物[者]

es-tor-'ni+no [エス.トる.'ニ.ノ] [名] [男] 〔鳥〕ムクドリ

es-tor-nu-'dar [エス.トる.ヌ.'ダる] [動] [自] くしゃみをする

es-tor-'nu-do [エス.トる.'ヌ.ド] [名] [男] くしゃみ

'es-tos [形] 《男複》 ↑este

'és-tos [代] 《男複》 ↑este

es-'toy [動] 《直現 1 単》 ↑estar

es-'trá-bi-co, -ca [エス.'トら.ビ.コ, カ] [形] 〔医〕斜視の

es-tra-'bis-mo [エス.トら.'ビス.モ] [名] [男] 〔医〕斜視

es-tra-bo-lo-'gí+a [エス.トら.ボ.ロ.'ひ.ア] [名] [女] 〔医〕斜視の研究

es-'tra-do [エス.'トら.ド] [名] [男] 壇(だん), 台座, 演壇; 応接室, 接見室, 招待の間; 応接間の家具; 〔複〕〔法〕法廷

es-tra-fa-'la-rio, -ria [エス.トら.ファ.'ラ.りオ, りア] [形] 風変わりな, 一風変わった; 身なりのだらしない, ずぼらな [名] [男] [女] 風変わりな人, 奇人, 変人

es-tra-ga-'mien-to [エス.トら.ガ.'ミエン.ト] [名] [男] 荒廃; 堕落

es-tra-'gar [エス.トら.'ガる] [動] [他] ㊶ (g|gu) 〈に〉害を与える, 荒らす, 荒廃させる; (強い刺激などで)〈感覚などを〉麻痺(まひ)させる; 堕落させる, 腐敗させる ～**se** [動] [再] (強い刺激で)《感覚などが》麻痺する; 荒廃する, 退廃する; 堕落する, 腐敗する

es-'tra-go [エス.'トら.ゴ] [名] [男] 荒すこと, 荒廃(状態); 堕落, 退廃; 損害, 惨害

es-tra-'gón [エス.トら.'ゴン] [名] [男] 〔植〕エストラゴン《葉は香辛料に使われる》

es-tram-'bo-te [エス.トらン.'ボ.テ] [名] [男] 〔詩〕(ソネットの)追加句

es-tram-'bó-ti-co, -ca [エス.トらン.'ボ.ティ.コ, カ] [形] 一風変わった, 奇矯な

es-tra-'mo-nio [エス.トら.'モ.ニオ] [名] [男] 〔植〕チョウセンアサガオ

es-tran-'gul [エス.トらン.'グル] [名] [男] 〔楽〕(管楽器の)歌口, 吹き口

es-tran-gu-la-'ción [名] [女] ⇩es-trangulamiento

es-tran-gu-la-'mien-to [エス.トらン.グ.ラ.'ミエン.ト] [名] [男] 絞殺, 扼殺(やくさつ); 締めつけ; 〔医〕狭窄(きょうさく)

es-tran-gu-'lar [エス.トらン.グ.'ラる] [動] [他] 締め殺す, 窒息させる; 〔医〕〈管・腸などを〉ふさぐ, 狭める; 〔医〕〈血管の〉血行を止める; 〔車〕〈の〉チョークを絞る

es-tran-'gu-ria [エス.トらン.'グ.りア] [名] [女] 〔医〕有痛排尿困難

es-tra-'pa-da [エス.トら.'パ.ダ] [名] [女] 〔歴〕罪人を支柱に上げてから落とす拷問

es-tra-per-le+'ar [エス.トら.ぺる.レ.'アる] [動] [自] 《話》〔商〕(con: を)闇取引する

es-tra-per-'lis-ta [エス.トら.ぺる.'リス.タ] [名] [共] 《話》〔商〕闇商人, 闇屋

es-tra-'per-lo [エス.トら.'ぺる.ロ] [名] [男] 《話》〔商〕闇取引, 闇市, 私設市場, 闇取引の品

es-tra-ta-'ge-ma [エス.トら.タ.'へ.マ] [名] [女] 〔軍〕戦略, 軍略; 策略, 術策, 計略

es-tra-'te-ga [エス.トら.'テ.ガ] [名] [共] 〔軍〕戦略家

**__es-tra-'te-gia__ [エス.トら.'テ.ひア] 85% [名] [女] 〔軍〕作戦, 戦略, 戦法; 計略, 策略

*__es-tra-'té-gi-co, -ca__ [エス.トら.'テ.ひ.コ, カ] 92% [形] 〔軍〕戦略(上)の, 計略の

es-tra-ti-fi-ca-'ción [エス.トら.ティ.フィ.カ.'すぃオン] [名] [女] 層化, 層にすること, 層形成; 〔地質〕成層, 層理

es-tra-ti-fi-'car [エス.トら.ティ.フィ.'カる] [動] [他] ⑥⑨ (c|qu) 層にする ～**se** [動] [再] 層になる

es-tra-ti-gra-'fí+a [エス.トら.ティ.グら.'フィ.ア] [名] [女] 〔地質〕地層学

es-'tra-to [エス.'トら.ト] [名] [男] 〔地質〕地層; 社会(的)層, 階級; 〔生〕組織層, 薄層; 〔気〕層雲

es-tra-to-'cú-mu-lo [エス.トら.ト.'ク.ム.ロ] [名] [男] 〔気〕層積雲

es-tra-tos-'fe-ra ⇔ **-'tós-** [エス.トら.トス.'フェ.ら ⇔.'トス.] [名] [女] 〔気〕成層圏

es-'tra-za [エス.'トら.さ] [名] [女] 〔集合〕断片, きれはし, ぼろ

es-tre-cha-'mien-to [エス.トれ.チャ.'ミエン.ト] [名] [男] 狭くすること, 狭まること; 緊密化, 密接化; くびれ, 狭くなっている部分

*__es-tre-'char__ [エス.トれ.'チャる] 93% [動] [他] 細くする, 狭くする, 小さくする; 締めつける; 〈関係を〉結ぶ, 強くする, 緊密にする; 抱き締める; 〈手を〉握り締める, 〈と〉握手する ～**se** [動] [再] 細くなる, 狭くなる, 小さくなる; 場所を詰める; 《関係が》強まる, 緊密になる; 〔衣〕〈身につけているものを〉きつくする, 締める; 倹約する, けちけちする ～ ***la mano*** (a: と)握手する

es-tre-'chez [エス.トれ.'チェす] [名] [女] 狭さ; 貧乏, 貧困; 厳格さ, 厳しさ; 不足, 払底; 親密, 親交; 困難, 難儀; 〔医〕狭窄(きょうさく)(症)

**__es-'tre-cho, -cha__ [エス.'トれ.チョ, チャ] 86% [形] 幅が狭い, 細い; 窮屈な, きつ

い; 心の狭い, 狭量な; 親しい, 親密な, 友好的な; 堅苦しい, 厳格な; けちけちしている, けちな; 詰まった, ぎゅうぎゅう詰めの 名 男〘地〙海峡 **-chamente** 副 緊密に; 質素に, 細々と; 厳密に

es-tre-'chu-ra 名 女 ⇧estrechez

es-tre-'gar [エス.トれ.'ガる] 動 他 46 (e|ie; g|gu) こする, こすり洗い[磨き]する; (磨き粉で)磨く, ピカピカにする **~se** 動 再 〈自分の体を〉こすりつける; 体をこする

es-'tre-lla [エス.'トれ.ジャ] 84% 名 女 星;〘映〙〘演〙〘競〙スター, 人気俳優[選手], 人気者, 花形; (運命を支配する)星, 運勢; 星《ホテルの等級》; 星形, 星印 ***~ de mar*** 〘動〙ヒトデ ***ver las ~s*** 《話》目から火が出る《頭をぶつけたり殴られたりして》

es-tre-'lla-do, -da [エス.トれ.'ジャ.ド, ダ] 形 星の多い, 星明かりの; 星形の, 放射状の;〘食〙《卵が》目玉焼きの

es-tre-lla-'mar [エス.トれ.ジャ.'マる] 名 女〘動〙ヒトデ;〘植〙オオバコ

es-tre-'llar [エス.トれ.'ジャる] 動 他 (粉々に)打ち壊す, 粉砕する, 激しくぶつける, 激突させる;〘食〙〈卵を〉油の中に落とす **~-se** 動 再 (contra: に)激突する, 衝突する, 突入する; 壊れる, 粉々に割れる; 失敗する, 挫折する

es-tre-'lla-to [エス.トれ.'ジャ.ト] 名 男〘映〙〘演〙人気スターの地位, スターダム

es-tre-me-ce-'dor, -'do-ra [エス.トれ.メ.せ.'ドる, 'ド.ら] 形 衝撃的な, ショッキングな, 驚くべき; 激しい, すさまじい

*__es-tre-me-'cer__ [エス.トれ.メ.'せる] 93% 動 他 45 (c|zc) 震わせる, 振り動かす; 震撼(しんかん)させる, びっくりさせる **~se** 動 再 (de, con: に)震撼する, 身震いする; 震える, 揺れる

es-tre-me-ci-'mien-to [エス.トれ.メ.すぃ.'ミエン.ト] 名 男 身震い, おののき; 揺れ, 震動

es-tre-'mez-co, -ca(~) 動《直現1単, 接現》⬆estremecer

es-'tre-na [エス.'トれ.ナ] 名 女 贈り物, 寄贈品; 使いはじめ; 着ぞめ, 履きぞめ

*__es-tre-'nar__ [エス.トれ.'ナる] 91% 動 他 初めて使う[着る], おろす;〘演〙〈劇の〉初演を行う;〘映〙〈映画を〉封切りする **~se** 動 再 (como: として)デビューする;〘演〙《演劇・映画が》封が切られる, 初演を行う

es-'tre+no [エス.'トれ.ノ] 名 男〘映〙〘演〙初日, 封切り;〘映〙〘演〙デビュー, 初舞台, 初演; (物を)初めて使うこと, おろしたて

es-tre-'ñi-do, -da [エス.トれ.'ニィ.ド, ダ] 形〘医〙便秘(症)の; けちの, しみったれた

es-tre-ñi-'mien-to [エス.トれ.ニ.'ミエン.ト] 名 男〘医〙便秘

es-tre-'ñir [エス.トれ.'ニィる] 動 他 59 (e|i; ⟨i⟩) 便秘させる, 〈に〉便秘を起こす **~-se** 動 再 便秘する

es-'tré-pi-to [エス.'トれ.ピ.ト] 名 男 騒音, 喧噪(けんそう), やかましい音; 誇示, 見せびらかし

es-tre-pi-'to-so, -sa [エス.トれ.ピ.'ト.ソ, サ] 形 騒がしい, やかましい, 騒々しい; 人目を引く, 明らかな

es-trep-to-mi-'ci-na [エス.トれプ.ト.ミ.'すぃ.ナ] 名 女〘医〙ストレプトマイシン

*__es-'trés__ [エス.'トれス] 92% 名 男 ストレス, (精神の)緊張

es-tre-'san-te [エス.トれ.'サン.テ] 形 ストレスのある

es-tre-'sar [エス.トれ.'サる] 動 他 〈に〉ストレスを与える

es-'trí+a [エス.'トリ.ア] 名 女 溝, すじ, 細長いへこみ;〘建〙(柱などの)溝彫り, フルーティング

es-tria-'ción [エス.トリア.'すぃオン] 名 女〘建〙(柱などの)筋づけ, 筋入り

es-'triar [エス.'トリアる] 動 他 29 (i|í)〘建〙〈に〉溝[筋]をつける, 〈柱などに〉縦溝を彫る

es-tri-'bar [エス.トリ.'バる] 動 自 (en: に)たよる, 依拠する, 理由がある; (en: に)支えられている, 載っている

es-tri-'bi-llo [エス.トリ.'ビ.ジョ] 名 男〘文〙折り返し(句), 畳句;〘楽〙繰り返し句, リフレイン;《話》口癖, 繰り返される言い回し

es-'tri-bo [エス.'トリ.ボ] 名 男〘畜〙《馬具》あぶみ, あぶみがね;〘車〙〘鉄〙(自動車・電車などの)乗降用踏み段, ステップ;〘建〙控え壁;〘体〙(耳の)あぶみ骨; 基礎, 根拠, 論拠; (陶工の)足台 ***con un pie en el ~*** 出発の間際に, 出がけに ***estar sobre los ~s*** 警戒している ***perder los ~s*** 怒り出す, 自制心をなくす

es-tri-'bor [エス.トリ.'ボる] 名 男〘海〙右舷(うげん)

es-tric-'ni-na [エス.トリク.'ニ.ナ] 名 女〘医〙ストリキニーネ《中枢神経興奮剤》

*__es-'tric-to, -ta__ [エス.'トリク.ト, タ] 91% 形 (con: に)厳しい, 厳格な; 厳密な, 正確な, 精密な **-tamente** 副 厳しく, 厳格に; 厳密に, 正確に, 精密に

es-tri-'den-cia [エス.トリ.'デン.すぃア] 名 女 金切り声, キーキー言う音; 激しさ, けばけばしさ

es-tri-'den-te [エス.トリ.'デン.テ] 形 かん高い, 金切り声の, キーキー言う; 《色彩などが》けばけばしい, どぎつい

es-tri-'dor [エス.トリ.'ドる] 名 男《格》耳障りな音

es-'trie-g~ 動《直現/接現/命》⬆estregar

es-'trip-tis ⇦**-'tís** [エス.'トリプ.ティス

ク.'ティス] 名 男 〔演〕 ストリップ(ショー); ストリップ劇場
'**es-tro** ['エス.トろ] 名 男 《格》〔文〕(詩作における)インスピレーション; 〔動〕 発情期, さかりがつくこと; 〔昆〕 ウマバエ
es-'tro-fa [エス.'トろ.ファ] 名 女 〔詩〕(韻律の)節, 連, スタンザ
es-'tró-ge-no [エス.'トろ.へ.ノ] 名 男 〔生〕 発情[女性, 卵胞]ホルモン, エストロゲン
es-'tron-cio [エス.'トろン.すぃオ] 名 男 〔化〕 ストロンチウム《元素》
es-tro-'pa-jo [エス.トろ.'パ.ほ] 名 男 〔植〕 ヘチマ; (こすり磨くための)ヘチマ, たわし; 《話》 役立たず(の人, 物), くず ***poner*** [***dejar***] ***como un*** ~ 《話》 こっぴどくやっつける
es-tro-pa-'jo-so, -sa [エス.トろ.パ.'ほ.ソ, サ] 形 〔食〕 《肉が》すじの多い, 硬い; 発音が不明瞭な, はっきりしない; だらしない, ずさんな
es-tro-pe+'a-do, -da [エス.トろ.ペ.'ア.ド, ダ] 形 壊れた; 《人が》ふけた, 老いた
***es-tro-pe+'ar** [エス.トろ.ペ.'アる] 92% 動 他 傷める, 傷つける; 〈物を〉だめにする, 腐らせる, だいなしにする; 〈子供などを〉甘やかしてだめにする; 〈人を〉老けさせる ~**se** 動 再 だいなしになる, 傷む, 悪くなる, 腐る
es-tro-pi-'ciar [エス.トろ.ピ.'すぃアる] 動 他 ぶちこわす, めちゃめちゃにする
es-tro-'pi-cio [エス.トろ.'ピ.すぃオ] 名 男 破壊, 破損; (物が)壊れる音; ばか騒ぎ, 騒動
****es-truc-'tu-ra** [エス.トるク.'トゥ.ら] 81% 名 女 構造, 構成, 組み立て, 組織, 骨組み; 建築物, 建造物, 建物
es-truc-tu-ra-'ción [エス.トるク.トゥ.ら.'すぃオン] 名 女 非構造化, 組織の破壊
***es-truc-tu-'ral** [エス.トるク.トゥ.'らル] 91% 形 構造の; 〔言〕〔哲〕 構造主義の
es-truc-tu-ra-'lis-mo [エス.トるク.トゥ.ら.'リス.モ] 名 男 〔言〕〔哲〕 構造主義
es-truc-tu-ra-'lis-ta [エス.トるク.トゥ.ら.'リス.タ] 形 〔言〕〔哲〕 構造主義の 名 共 〔言〕〔哲〕 構造主義者
es-truc-tu-'rar [エス.トるク.トゥ.'らる] 動 他 組み立てる, 構造化する, 組織化する ~**se** 動 再 組み立てられる, 構成される, 組織化される
es-'truen-do [エス.'トるエン.ド] 名 男 轟音(ごうおん), (大)騒音; 誇示, 見せびらかし, 虚飾; 大騒ぎ, 大騒動
es-truen-'do-so, -sa [エス.トるエン.'ド.ソ, サ] 形 大音響の, 響きわたる; 騒がしい, やかましい; 派手な, ひけらかす, 仰々しい
es-tru-ja-'mien-to [エス.トる.は.'ミエン.ト] 名 男 搾ること, 圧搾すること
***es-tru-'jar** [エス.トる.'はる] 94% 動 他 圧搾(あっさく)する, 搾(しぼ)り出す; 押しつぶす; 搾り取る, 搾取する ~**se** 動 再 押し寄せる, 押し合う
es-tru-'jón [エス.トる.'ほン] 名 男 搾ること, 圧搾, 押しつぶすこと; 押し合い; 搾取
es-'tua-rio [エス.'トゥア.りオ] 名 男 〔地〕(幅の広い)河口
es-tu-'ca-do 名 男 〔建〕 スタッコ[化粧漆喰(しっくい)]を塗ること
es-tu-'car [エス.トゥ.'カる] 動 他 69 (c|qu) 〔建〕〈に〉スタッコ[化粧漆喰(しっくい)]を塗る
****es-'tu-che** 85% 名 男 箱, ケース, (de: …)入れ, 宝石用小箱; セット, 一式 ***ser un*** ~ 《話》 いろいろなことに才能がある, 器用である
es-'tu-co 名 男 〔建〕 化粧漆喰(しっくい), スタッコ
es-tu-'dia-do, -da 形 故意の, 作為的な, わざとらしい; 気取った **-damente** 副 わざとらしく; 気取って
es-tu-'dian-ta 名 女 《話》《誤用》 女子学生 ⇩ estudiante
es-tu-dian-'ta-do 名 男 〔集合〕 学生, 全校生徒
****es-tu-'dian-te** 82% 名 共 学生, 生徒
***es-tu-dian-'til** [エス.トゥ.ディアン.'ティル] 93% 形 学生(用)の, 学生らしい
es-tu-dian-'ti-na 名 女 〔楽〕 学生の音楽隊
****es-tu-'diar** [エス.トゥ.'ディアる] 71% 動 他 勉強する, 学ぶ; 研究する; (詳しく)調べる, 調査する, よく考える, 考察する, 検討する 動 自 勉強する, 学習する; 研究する
****es-'tu-dio** 70% 名 男 勉強, 勉学, 学習; 研究, 調査; 研究書, 論文; 学問, 学業, 教育; 書斎, 研究室, 仕事場; ワンルームマンション; 〔写〕〔映〕〔放〕 スタジオ; 〔楽〕 練習曲, エチュード; 〔絵〕 習作, 試作, スケッチ; (芸術家の)仕事場, 画室, 彫刻室, アトリエ ***con*** ~ 気取って, わざとらしく ***estar en*** ~ 検討中である
***es-tu-'dio-so, -sa** 93% 形 学問に励む, 勉強熱心な 名 男 女 学者, 研究者, 専門家
***es-'tu-fa** 94% 名 女 ストーブ; 温室; 蒸し風呂, スチームバス; 乾燥室; 《ラ米》 コンロ, レンジ
es-tul-'ti-cia [エス.トゥル.'ティ.すぃア] 名 女 《格》 愚かさ, ばか
es-'tul-to, -ta [エス.'トゥル.ト, タ] 形 《格》 ばかな, 愚かな
es-tu-pe-fac-'ción [エス.トゥ.ペ.ファク.'すぃオン] 名 女 呆然(ぼうぜん)とすること, ぼうっとすること, 呆然自失; 〔医〕 麻酔状態
es-tu-pe-fa-'cien-te [エス.トゥ.ペ.ファ.'すぃエン.テ] 形 ぼうっとさせる, 仰天させ

る;〘医〙麻酔性の, 感覚を麻痺させる 名 男〘医〙麻酔剤; 麻薬

es-tu-pe-'fac-to, -ta [エス.トゥ.ペ.'ファク.ト, タ] 形 呆然(ぼうぜん)とした, ぼうっとした, 仰天した

es-tu-'pen-do, -da 86% 形 すばらしい, すてきな; 驚くべき, 驚嘆すべき 感《話》すごい!, すばらしい! **-damente** 副 すばらしく, ずばぬけて, とてもよく

es-tu-pi-'dez [エス.トゥ.ピ.'デす] 名 女 愚かさ, ばかなこと; 愚かな行い[言動], 愚行

es-'tú-pi-do, -da 91% 形 ばかな, ばかげた, 愚かな, まぬけの, 頭の鈍い; くだらない, つまらない, おもしろくない 名 男 女 ばかな人, 愚かな人; うぬぼれ屋, 自慢屋

es-tu-'por [エス.トゥ.'ポる] 名 男《格》茫然(ぼうぜん)(自失), びっくり仰天;〘医〙意識の混濁, 麻痺(まひ)

es-tu-'prar [エス.トゥ.'プらる] 動 他〘法〙〈未成年者を〉性的に暴行する, 強姦(ごうかん)する

es-'tu-pro [エス.'トゥ.プろ] 名 男〘法〙(〔特に〕未成年者への)強姦(ごうかん)

es-tu-'rión [エス.トゥ.'りオン] 名 男〘魚〙チョウザメ

es-tu-v~ 動《直点/接過》↑estar

E-sua-'ti-ni [エ.スア.'ティ.ニ] 名 固〘地名〙エスアティニ《アフリカ南部の王国, 旧称スワジランド Suazilandia》

es-'vás-ti-ca ['エスバス.ティ.カ] 名 女 かぎ十字《十字の変形, 卍(まんじ), 逆さまんじ(卐)》

es-'via-do, -da [エス.'ビア.ド, ダ] 形〘建〙斜めの, 傾斜した

es-'via-je [エス.'ビア.へ] 名 男〘建〙斜切石(はすきり いし), 傾斜

'e-ta 名 女〘言〙エータ《ギリシャ語の文字 *H*, *η*》

'ETA ['エ.タ] 略 =〔バスク語〕*Euzkadi ta Azkatasuna*〘政〙エタ《「バスク祖国と自由」; バスクの革命的民族組織》

et al. 略 =〔ラテン語〕*et alii* …他《文献を示すとき》

e-'ta-no 名 男〘化〙エタン

e-ta-'nol [エ.タ.'ノル] 名 男〘化〙エタノール

e-'ta-pa 84% 名 女 (発達・発展の)段階, 時期; 旅程, (旅行の)行程; 宿泊地, 滞在地, 逗留地 ***por ~s*** 段階に分けて, 少しずつ

e-'ta-rio, -ria [エ.'タ.りオ, りオ] 形 同年齢の; (人と)同時代の

e-'ta-rra [エ.'タ.ら] 形 名 共〘政〙「バスク祖国と自由」の(運動家)↑ETA

etc. 略 ↓etcétera

et-'cé-te-ra [エト.'せ.テ.ら] 73% 名 男 …など, その他

'é-ter ['エ.テる] 名 男〘化〙エーテル;《格》《詩》天空, 青空

e-'té-re-o, -a [エ.'テ.れ.オ, ア] 形〘化〙エーテルの, エーテルを含んだ;《詩》天空の

e-ter-'nal 形 ⇩eterno

e-ter-ni-'dad [エ.テる.ニ.'ダド] 93% 名 女 永遠, 永久;《話》非常に長い時間; 来世, あの世

e-ter-ni-'zar [エ.テる.ニ.'さる] 動 他 ㉞ (z|c) 不朽にする, 永遠なものにする; 長くする **~se** 動 再《話》長引く, 果てしなく続く; 永遠のものとなる

e-'ter-no, -na [エ.'テる.ノ, ナ] 88% 形 永遠の, 永久の, 不朽の, 不変の; 果てしない, いつまでも続く, 相変わらずの **-namente** 副 永遠に, 永久に, 果てしなく, いつまでも

e-ti-'cis-mo [エ.ティ.'すぃス.モ] 名 男 倫理主義, 道徳性重視, 道徳, 倫理

e-ti-'cis-ta [エ.ティ.'すぃス.タ] 形 名 共 倫理主義の[主義者], 道徳性重視の, 道徳の, 倫理の

'é-ti-co, -ca 90% 形 道徳上の, 倫理的な, 倫理学の **-ca** 名 女 倫理, 道徳; 倫理学

e-'tí-li-co, -ca [エ.'ティ.リ.コ, カ] 形〘化〙エチルの

e-'ti-lo [エ.'ティ.ロ] 名 男〘化〙エチル(基)

'é-ti-mo 名 男〘言〙語源, 語源となる語

e-ti-mo-lo-'gí-a [エ.ティ.モ.ロ.'ひ.ア] 名 女〘言〙語源学, 語源研究, (語の)語源, 語源の説明

e-ti-mo-'ló-gi-co, -ca [エ.ティ.モ.'ロ.ひ.コ, カ] 形〘言〙語源(学)の, 語源に関する

e-ti-mo-lo-'gis-ta [エ.ティ.モ.ロ.'ひス.タ] 名 共〘言〙語源学者, 語源研究家

e-ti-'mó-lo-go, -ga [エ.ティ.'モ.ロ.ゴ, ガ] 名 男 女〘言〙語源学者, 語源研究家

e-tio-lo-'gí-a [エ.ティオ.ロ.'ひ.ア] 名 女〘哲〙原因論;〘医〙病因論[学]

e-tio-'ló-gi-co, -ca [エ.ティオ.'ロ.ひ.コ, カ] 形〘哲〙原因論の;〘医〙病因論[学]の

e-'tí-o-pe 形〘地名〙エチオピア(人)の ↓Etiopía;〘言〙エチオピア語の 名 共 エチオピア人 名 男〘言〙エチオピア語

E-tio-'pí-a 94% 名 固〔República Democrática Federal de ~〕〘地名〙エチオピア《アフリカ北東部の連邦民主共和国》

e-'tió-pi-co, -ca 形〘地名〙エチオピア(人)の ↑Etiopía

e-ti-'que-ta [エ.ティ.'ケ.タ] 93% 名 女 礼儀作法, エチケット, 儀礼; ラベル, レッテル, 札(ふだ);〘情〙タグ ***poner la (una) ~*** (de: という)レッテルを貼る

e-ti-que-'ta-do [エ.ティ.ケ.'タ.ド] 名

男 ラベルを貼ること, ラベル貼り

e+ti-que-ta-'dor, -'do-ra [エ.ティ.ケ.タ.'ド̣る, 'ド̣.ら] 形 ラベルを貼る

e+ti-que-'ta-je 名 男 ⇧ etiquetado

e+ti-que-'tar [エ.ティ.ケ.'タる] 動 他 〈に〉ラベルを貼る; (de: という)レッテルを貼る

e+ti-que-'te-ro, -ra [エ.ティ.ケ.'テ.ろ, ら] 形 儀式ばった, 格式ばった, 正式の

'Et+na 名 固 〘地名〙 エトナ山《イタリア, シチリア島の活火山, 3329m》

'et-nia 名 女 《格》 民族

'ét-ni-co, -ca 形 民族の

et-no-'ci-dio [エト̣.ノ.'すぃ.ディオ] 名 男 特定民族集団の文化破壊

et-no-gra-'fí+a [エト̣.ノ.グ̣ら.'フィ.ア] 名 女 民族誌(学)

et-no-'grá-fi-co, -ca [エト̣.ノ.'グ̣ら.フィ.コ, カ] 形 民族誌(学)上の

et-'nó-gra-fo, -fa [エト̣.'ノ.グ̣ら.フォ, ファ] 名 男 女 民族誌学者

et-no-lin-'güís-ti-co, -ca [エト̣.ノ.リン̣.'グイス̣.ティ.コ, カ] 形 〘言〙 民族言語学の **-ca** 名 女 〘言〙 民族言語学

et-no-lo-'gí+a [エト̣.ノ.ロ.'ひ.ア] 名 女 民族学

et-no-'ló-gi-co, -ca [エト̣.ノ.'ロ.ひ.コ, カ] 形 民族学的な

et-'nó-lo-go, -ga [エト̣.'ノ.ロ.ゴ, ガ] 名 男 女 民族学者[研究家]

e+to-lo-'gí+a [エ.ト.ロ.'ひ.ア] 名 女 〘生〙 行動生物学, 動物行動学

e+to-'ló-gi-co, -ca [エ.ト.'ロ.ひ.コ, カ] 形 〘生〙 行動生物学の, 動物行動学の

e+'tó-lo-go, -ga [エ.'ト.ロ.ゴ, ガ] 名 男 女 〘生〙 行動生物学者, 動物行動学者

E+'tru-ria [エ.'ト̣る.りア] 名 固 〘歴〙〘地名〙 エトルリア《イタリア中部の古代名》

e+'trus-co, -ca [エ.'ト̣るス̣.コ, カ] 形 名 男 女 〘歴〙〘地名〙 エトルリア(人)の, エトルリア人 ⬆Etruria; 〘歴〙〘言〙 エトルリア語の 名 男 〘歴〙〘言〙 エトルリア語

ETS 略 =enfermedad de transmisión sexual 〘医〙 性行為感染症

eu~ 〔接頭辞〕「よい」という意味を示す

EUA 略 =Estados Unidos de América 〘地名〙 アメリカ合衆国

eu-ca-'lip-to [エウ.カ.'リプ̣.ト] 名 男 〘植〙 ユーカリ

eu-ca-ris-'tí+a [エウ.カ.りス̣.'ティ.ア] 名 女 〘宗〙 聖晩餐(ばんさん), 聖体《パンとぶどう酒》

eu-ca-'rís-ti-co, -ca [エウ.カ.'りス̣.ティ.コ, カ] 形 〘宗〙 聖晩餐(ばんさん)の, 聖体の

eu-cli-'dia+no, -na [エウ.ク̣リ.'ディア.ノ, ナ] 形 エウクレイデース[ユークリッド]の《Euclides, 前300年頃, ギリシャの数学者・物理学者》; 〘数〙 ユークリッド幾何学の

eu-co-'lo-gio [エウ.コ.'ロ.ひオ] 名 男 〘宗〙 (東方正教会の)祈禱(きとう)書

eu-fe-'mis-mo 名 男 〘言〙 婉曲語法, 婉曲語句, 遠回しな言い方

eu-fe-'mís-ti-co, -ca 形 〘言〙 婉曲語法の, 婉曲的な

eu-fo-'ní+a 名 女 《格》 快い音調, ユーフォニー

eu-'fó-ni-co, -ca 形 《格》 耳に快い, 好音調の, 音調のよい

eu-'fo-ria [エウ.'フォ.りア] 名 女 幸福感; 〘医〙 多幸症; 〘経〙 好景気

eu-'fó-ri-co, -ca [エウ.'フォ.り.コ, カ] 形 幸福感にあふれた; 〘医〙 多幸症の; 〘経〙 好景気の

'Éu-fra-tes ['エウ.フ̣ら.テス̣] 名 固 〔el ~〕 〘地名〙 ユーフラテス川《西アジアの大河》

eu-ge-'ne-sia [エウ.へ.'ネ.スィア] 名 女 〘医〙 優生学

eu-ge-'né-si-co, -ca [エウ.へ.'ネ.スィ.コ, カ] 形 〘医〙 優生学の, 優生学的な

Eu-'ge-nia [エウ.'へ.ニア] 名 固 〘女性名〙 エウヘニア

Eu-'ge-nio [エウ.'へ.ニオ] 名 固 〘男性名〙 エウヘニオ

Eu-'la-lia [エウ.'ラ.リア] 名 固 〘女性名〙 エウラリア

Eu-'lo-gio [エウ.'ロ.ひオ] 名 固 〘男性名〙 エウロヒオ

eu-'nu-co 名 男 去勢された男; 〘歴〙 宦官(かんがん)

eu-'pép-ti-co, -ca 形 〘医〙 消化促進の, 消化を助ける

Eu-'ra-sia [エウ.'ら.スィア] 名 固 〘地名〙 ユーラシア《ヨーロッパ Europa とアジア Asia》

eu-ra-'siá-ti-co, -ca [エウ.ら.'スィア.ティ.コ, カ] 形 〘地名〙 ユーラシア(人)の ⬆Eurasia

eu-'rit-mia [エウ.'りト̣.ミア] 名 女 律動的運動, 調和のとれた動き; オイリュトミー《音楽, ことばのリズムに合わせた身体表現を行うドイツの Steiner が考案した教育法》

eu-'rít-mi-co, -ca [エウ.'りト̣.ミ.コ, カ] 形 《格》 (音楽などが)快いリズムをもった, 律動的な; オイリュトミーの ⬆euritmia

****'eu+ro** ['エウ.ろ] 87% 名 男 〘経〙 ユーロ《欧州連合の単一通貨》

eu-r(o)~ 〔接頭辞〕「ヨーロッパ」を示す

eu-ro-'cén-tri-co, -ca [エウ.ろ.'セン̣.ト̣り.コ, カ] 形 ヨーロッパ中心の

eu-ro-cen-'tris-mo [エウ.ろ.セン̣.'ト̣りス̣.モ] 名 男 〘政〙 ヨーロッパ中心主義

eu-ro-cen-'tris-ta [エウ.ろ.セン̣.'ト̣りス̣.タ] 形 〘政〙 ヨーロッパ中心主義の 名 共 〘政〙 ヨーロッパ中心主義者

eu-ro-'che-que [エウ.ろ.'チェ.ケ] 名 男 ユーロ小切手

eu-ro-co-mu-'nis-mo [エウ.ろ.コ.ム.'ニス.モ] 名 男〔政〕西欧型共産主義, ユーロコミュニズム

eu-ro-di-pu-'ta-do, -da [エウ.ろ.ディ.プ.'タ.ド, ダ] 名 男 女〔政〕欧州議会議員

eu-ro-'dó-lar [エウ.ろ.'ド.ラる] 名 男〔経〕ユーロダラー

eu-ro-es-cep-ti-'cis-mo [エウ.ろ.エ(ス).せプ.ティ.'すぃス.モ] 名 男〔政〕欧州連合に懐疑的な考え方

eu-ro-es-'cép-ti-co, -ca [エウ.ろ.エ(ス).'せプ.ティ.コ, カ] 形〔政〕欧州連合に懐疑的な 名 男 女 欧州連合懐疑主義者

Eu-'ro-pa [エウ.'ろ.パ] 78% 名 固〔地名〕ヨーロッパ;〔ギ神〕エウローペ《フェニキアの王女; ゼウスが恋をし連れ去った》; 〔Picos de ～〕〔地名〕ヨーロッパの頂き《スペイン北岸の連山》

eu-ro-pei-'dad [エウ.ろ.ペイ.'ダド] 名 女 ヨーロッパ性, ヨーロッパ的特質

eu-ro-pe+'ís-mo [エウ.ろ.ペ.'イス.モ] 名 男〔政〕ヨーロッパ(統合)主義

eu-ro-pe+'ís-ta [エウ.ろ.ペ.'イス.タ] 形 名 共〔政〕ヨーロッパ(統合)主義の[主義者]

eu-ro-pei-za-'ción [エウ.ろ.ペイ.さ.'すぃオン] 名 女 ヨーロッパ化, 欧化

eu-ro-pei-'zan-te [エウ.ろ.ペイ.'さン.テ] 形 ヨーロッパ風にする, 欧化する

eu-ro-pei-'zar [エウ.ろ.ペイ.'さる] 動 他 ㉞ (z|c) ヨーロッパ化する, 欧化する ～**se** 動 再 ヨーロッパのようになる, 欧化する

eu-ro-'pe+o, +a [エウ.ろ.'ペ.オ, ア] 77% 形〔地名〕ヨーロッパ(人)の, 欧州の⬆Europa; ヨーロッパ人の 名 男 女 ヨーロッパ人

eu-'ro-pio [エウ.'ろ.ピオ] 名 男〔化〕ユーロピウム《元素》

Eu-ro-'tú-nel [エウ.ろ.'トゥ.ネル] 名 男 ユーロトンネル《ドーバー海峡の海底を貫いて英仏を結ぶトンネル, 1994 年開通》

Eu-ro-vi-'sión [エウ.ろ.ビ.'スィオン] 名 固〔放〕ユーロビジョン《ヨーロッパ放送連合の中でニュース・テレビ番組を交換するために作られた国際ネットワーク》

'éus-ca-ro, -ra ['エウス.カ.ろ, ら] 形〔地名〕バスク(人)の⬇Euskadi;〔言〕バスク語の 名 男〔言〕バスク語

Eu-'se-bio 名 固〔男性名〕エウセビオ

Eus-'ka-di 名 固〔地名〕バスク《スペイン北部のバスク地方: アラバ県 Álava, ビスカヤ県 Viscaya, ギプスコア県 Guipúzcoa, ナバーラ県 Navarra》

eus-'ke-ra ⇔ **-'que-** [エウス.'ケ.ら] 形 名 男〔言〕バスク語(の)⬆Euskadi

eus-'qué-ri-co, -ca [エウス.'ケ.り.コ, カ] 形〔言〕バスク語の

eu-ta-'na-sia 名 女 安楽死

eu-ta-'ná-si-co, -ca 形 安楽死の

'E+va ['エ.バ] 名 固〔女性名〕エバ

e+va-cua-'ción [エ.バ.クア.'すぃオン] 名 女 明け渡し, 引き払い, 避難, 退避, 疎開;〔軍〕撤退, 撤兵;〔医〕排泄, 排便

e+va-'cuar [エ.バ.'クアる] 動 他〔規則変化⇔⑰ (u|ú)〕空にする, 立ち退く, 引き払う; 避難する;〔軍〕撤退する, 撤兵する; 実行する, 履行する, 行う 動 自〔医〕排泄する

e+va-cua-'to-rio, -ria [エ.バ.クア.'ト.りオ, りア] 形〔医〕排泄(促進)の 名 男 公衆トイレ

e+va-'dir [エ.バ.'ディる] 94% 動 他 避ける, よける, 逃れる ～**se** 動 再 (de: から) 逃げる, 逃れる, 脱出する

e+va-lua-'ción [エ.バ.ルア.'すぃオン] 名 女 評価, 査定;〔商〕値踏み, 見積もり; (成績の)評価, 採点

e+va-'luar [エ.バ.'ルアる] 動 他 ⑰ (u|ú) 評価する, 査定する; 採点する;〔商〕見積もる, 値踏みする

e+va-nes-'cen-cia [エ.バ.ネ(ス).'せン.すぃア] 名 女《格》はかなさ

e+va-nes-'cen-te [エ.バ.ネ(ス).'せン.テ] 形 消えていく, はかない, つかの間の

e+van-'gé-li-co, -ca [エ.バン.'ヘ.り.コ, カ] 形〔宗〕福音(書)の, 福音伝道の;〔宗〕プロテスタント(の), 新教徒(の)

e+van-'ge-lio [エ.バン.'ヘ.りオ] 87% 名 男〔宗〕福音(書), キリストの教義; 真実, 真理

e+van-ge-'lis-ta [エ.バン.ヘ.'リス.タ] 名 男〔宗〕福音書記者, 福音史家;〔宗〕福音書朗読者

e+van-ge-li-za-'ción [エ.バン.ヘ.り.さ.'すぃオン] 名 女〔宗〕福音伝道, キリスト教の伝道

e+van-ge-li-'zar [エ.バン.ヘ.り.'さる] 動 他 ㉞ (z|c)〔宗〕<に>福音を説く, 伝道する

e+va-po-ra-'ción [エ.バ.ポ.ら.'すぃオン] 名 女 蒸発(作用), 発散

e+va-po-'rar [エ.バ.ポ.'らる] 動 他 蒸発させる; 消費する, 使い尽くす ～**se** 動 再 蒸発する;〔皮肉〕消えてなくなる, 姿を消す, 逃亡する

E+va-'ris-to [エ.バ.'りス.ト] 名 固〔男性名〕エバリスト

e+va-'sión [エ.バ.'スィオン] 名 女 脱出, 逃亡, 逃避; 気晴らし, 娯楽; 口実, 弁解

e+va-sio-'nis-mo [エ.バ.スィオ.'ニス.モ] 名 男 逃避主義

e+va-sio-'nis-ta [エ.バ.スィオ.'ニス.タ] 形 逃避主義の 名 共 逃避主義者

e+va-'si-vo, -va [エ.バ.'スィ.ボ, バ] 形 回避的な, 責任逃れの, 言い逃れの **-va** 名 女〔複〕言いわけ, 口実, 言い逃れ

e·va-ˈsor, -ˈso-ra [エ.バ.ˈソる, ˈソ.ら] 形名 男 女 **逃避の**, 責任逃れの; **逃避者**, 責任逃れをする人

e·ˈven-to [エ.ˈベン.ト] 名 男 **行事**, 催し, イベント; (注目すべき)**大事件**, 重要な出来事; 〘情〙(操作の)**イベント** *a todo* ～ とにかく, いずれにしろ *orientado[da] a* ～*s* 〘情〙**イベント駆動**

e·ven-ˈtual [エ.ベン.ˈトゥアル] 形 **思いがけない**, 偶然の, 不慮の; **一時的な**, 臨時の ～**mente** 副 **偶然に**, たまたま; **たぶん**, おそらく; 《誤用》**結局**, とうとう

e·ven-tua-li-ˈdad [エ.ベン.トゥア.リ.ˈダド] 名 女 **不測[偶然](の出来事)** *en la* ～ *de que* ...(接続法) …の場合には, …の場合に備えて

E·ve-ˈrest ⇨ **É·** [エ.ベ.ˈれス.ˈト⇨ˈエ.] 名 固 〔monte ～〕〘地名〙**エベレスト山**《ヒマラヤ山脈にある世界最高峰, 8848m》

e·vic-ˈción [エ.ビク.ˈすぃオン] 名 女 〘法〙**立ち退き命令**

e·vi-ˈden-cia [エ.ビ.ˈデン.すぃア] 89% 名 女 **証拠**; **明白**, 明らかなこと; **確実**, 確かなこと; **形跡**, …の跡 *con toda* ～ 明らかに *poner en* ～ 明らかにする; 間違いをさらけ出す

e·vi-den-ˈciar [エ.ビ.デン.ˈすぃアる] 動 他 **明らかにする**, 明白にする, はっきりさせる

e·vi-ˈden-te [エ.ビ.ˈデン.テ] 85% 形 **明白な**, 明らかな

e·vi-ˈden-te-ˈmen-te [エ.ビ.ˈデン.テ.ˈメン.テ] 85% 副 《文修飾》**明らかに**, もちろん; **明白に**; **どうやら…らしい**

e·vis-ce-ra-ˈción [エ.ビ(ス).せ.ら.ˈすぃオン] 名 女 〘食〙**腸(わた)抜き**

e·vis-ce-ˈrar [エ.ビ(ス).せ.ˈらる] 動 他 〘食〙〈の〉**腸(わた)[内臓]を抜く**

E·ˈvi-ta [エ.ˈビ.タ] 名 固 〘女性名〙**エビータ**《エバ Eva の愛称》

e·vi-ˈta-ble [エ.ビ.ˈタ.ブレ] 形 **避けられる**, 回避できる

e·vi-ta-ˈción [エ.ビ.タ.ˈすぃオン] 名 女 **回避**, 忌避; **防止**

e·vi-ˈtar [エ.ビ.ˈタる] 79% 動 他 **避ける**, 回避する, よける ～**se** 動 再 …しなくてもよいようにする, …なしで済ます; (互いに)避ける

e·vo-ca-ˈción [エ.ボ.カ.ˈすぃオン] 名 女 **想起**, 喚起, 回想; (死者の霊を)**呼び起こすこと**

e·vo-ca-ˈdor, -ˈdo-ra [エ.ボ.カ.ˈドる, ˈド.ら] 形 (記憶・感情などを)**喚起する**, 呼び起こす

e·vo-ca-ˈdo-ra-ˈmen-te [エ.ボ.カ.ˈド.ら.ˈメン.テ] 副 **呼び起こすように**, 思い出させて

e·vo-ˈcar [エ.ボ.ˈカる] 92% 動 他 ⑹⑼ (c|qu) 〈感情・心象・記憶などを〉**呼び覚ます**, 喚起する, 思い起こす; (a, en: に)**思い出させる**; 〈死者の霊などを〉**呼び出す**, 呼び戻す

e·vo-lu-ˈción [エ.ボ.ル.ˈすぃオン] 85% 名 女 **発展**, 発達, 展開, 進展, 変化, 進化; 〔複〕**回転**, 旋回; 〘軍〙(陸海軍の)**機動演習**

e·vo-lu-cio-ˈnar [エ.ボ.ル.すぃオ.ˈナる] 90% 動 自 **発展する**, 変化していく; 旋回する; 〘軍〙(戦略的に)**展開[転進]する**

e·vo-lu-cio-ˈnis-mo [エ.ボ.ル.すぃオ.ˈニス.モ] 名 男 〘生〙**進化論**

e·vo-lu-cio-ˈnis-ta [エ.ボ.ル.すぃオ.ˈニス.タ] 形名 共 〘生〙**進化論の[論者]**

e·vo-lu-ˈti-vo, -va [エ.ボ.ル.ˈティ.ボ, バ] 形 〘生〙**進化する**, 進化の, 発展を促進する; **旋回(運動)の**

e·ˈvó-ni-mo [エ.ˈボ.ニ.モ] 名 男 〘植〙**ニシキギ**

ˈex [ˈエ(ク)ス] 82% 形 **もとの…**, 前…《名詞の直前につく; 現在は 1 語の名詞にはつなげて書く》 名 共 《話》**前の恋人**

e(x)～, es～ 〔接頭辞〕「外・除去・分離」という意味を示す; 「強意」を示す

e·xa～ 〔接頭辞〕〘数〙「10 の 18 乗」を示す

ex abrupto [エ(ク)ス ア.ˈブるプ.ト] 副 〔ラテン語〕**突然**, 思いがけなく

e·x|a-ˈbrup-to [エ(ク).サ.ˈブるプ.ト] 名 男 **乱暴な話し方**, 激しい口調

e·x|ac-ˈción [エク.サク.ˈすぃオン] 名 女 《格》(強制)**取り立て**, 強請

e·x|a-cer-ba-ˈción [エク.サ.せる.バ.ˈすぃオン] 名 女 《格》**憤慨**, いらだち, 憎悪; 《格》〘医〙(病気の)**悪化**

e·x|a-cer-ˈbar [エク.サ.せる.ˈバる] 動 他 **怒らせる**, 不快にする, 激昂(げっこう)させる; 《格》〘医〙〈感情・病気などを〉**さらに悪化させる** ～**se** 動 再 **怒る**, 激昂する; 〘医〙《病気が》**悪化する**, 激化する

e·ˈxac-ta-ˈmen-te [エク.ˈサク.タ.ˈメン.テ] 82% 副 **正確に**; **ちょうど**, きっかり, まったく, 完全に 感 **そうです**, その通り, まったく《同意》

e·xac-ti-ˈtud [エク.サク.ティ.ˈトゥド] 92% 名 女 **正確さ**, 的確さ, 精密度

e·ˈxac-to, -ta [エク.ˈサク.ト, タ] 87% 形 **正確な**, 正しい, 本当の; **厳密な**, 精密な; **きちょうめんな** 感 **そうです**, その通り, まったく《同意》

ex aequo [エ(ク)ス ア.ˈエ.クオ] 副 〔ラテン語〕**公正に**, 同じ資格で

e·xa-ge-ra-ˈción [エク.サ.へ.ら.ˈすぃオン] 94% 名 女 **大げさ**, 誇張

e·xa-ge-ˈra-do, -da [エク.サ.へ.ˈら.ド, ダ] 形名 男 女 **大げさな(人)**, 誇張された; **過度の** -**damente** 副 **誇大に**, 過度に, 大げさに; **非常に**, とても

****e+xa-ge-'rar** [エク.サ.へ.'らる] 90% 動 他 大げさに言う, 誇張する, オーバーに言う, 過大視する; やりすぎる, 度を超してする, 使いすぎる 動 自 大げさな[オーバーな]言い方をする, 誇大に言う; (con, en: を)使いすぎる, やりすぎる

e+xal-ta-'ción [エク.サル.タ.'すぃオン] 名 女 (精神の)高揚, 意気揚々, 興奮; 称賛, 賛美; 昇任, 昇進, 即位

e+xal-'ta-do, -da [エク.サル.'タ.ド, ダ] 形 高揚した, 熱心な; 過激な, 急進的な; 短気な, 激しやすい 名 男 女 気性の激しい人

***e+xal-'tar** [エク.サル.'タる] 92% 動 他 《格》〈の〉身分[地位]を上げる, (a: に)昇進させる; 称揚する, ほめる ～**se** 動 再 興奮する, 激昂(げっこう)する

e+x|a-'lum+no, -na [エク.サ.'ルム.ノ, ナ] 名 男 女 卒業生, 同窓生

****e+'xa-men** [エク.'サ.メン] 83% 名 男 試験; 検査, 調査, 審査, 検討; 〔医〕 診察; 〔法〕 尋問, 審理

e+xa-mi-na-'dor, -'do-ra [エク.サ.ミ.ナ.'ドる, 'ド.ら] 形 調査する, 審査する 名 男 女 試験官, 検査官, 審査官

e+xa-mi-'nan-do, -da [エク.サ.ミ.'ナン.ド, ダ] 名 男 女 受験者, 審査を受ける人

****e+xa-mi-'nar** [エク.サ.ミ.'ナる] 89% 動 他 調べる, 検査する, 調査する, 検討する; 診察する; 〈学生などに〉(de: 学科の)試験をする; 〔法〕 尋問する, 審理する ～**se** 動 再 (de, en: の)試験を受ける

e+'xan-güe [エク.'サン.グエ] 形 《格》〔医〕 貧血の; 《格》へとへとになった, 疲れた

e+'xá-ni-me [エク.'サ.ニ.メ] 形 《格》 生命のない, 死んだ; 《格》〔医〕 意識不明の, 気を失った; 衰弱した, 疲れ果てた

e+xan-'te-ma [エク.サン.'テ.マ] 名 男 〔医〕 発疹(ほっしん), 吹き出物

e+xan-te-'má-ti-co, -ca [エク.サン.テ.'マ.ティ.コ, カ] 形 〔医〕 発疹(ほっしん)(性)の

e+xas-pe-ra-'ción [エク.サス.ぺ.ら.'すぃオン] 名 女 憤激, 激怒, ひどいいらだち

e+xas-pe-'ran-te [エク.サス.ぺ.'らン.テ] 形 いらいらさせる, 怒らせる

e+xas-pe-'rar [エク.サス.ぺ.'らる] 動 他 怒らせる, 激昂(げっこう)させる, ひどくいらいらさせる ～**se** 動 再 (de, con: に)いらいらする, 憤慨する

Exc.ª 略 ↓excelencia

ex-car-ce-la-'ción [エ(ク)ス.カる.せ.ラ.'すぃオン] 名 女 《格》〔法〕 (囚人などの)釈放, 放免

ex-car-ce-'lar [エ(ク)ス.カる.せ.'ラる] 動 他 《格》〔法〕 釈放する, 放免する, 出獄させる

ex-ca-va-'ción [エ(ク)ス.カ.バ.'すぃオン] 名 女 掘ること, 穴掘り, 発掘, 掘削; 掘った跡, 穴

ex-ca-va-'dor, -'do-ra [エ(ク)ス.カ.バ.'ドる, 'ド.ら] 形 穴を掘る, 掘り出す 名 男 女 穴掘り人; 発掘者 **-dora** 名 女 〔機〕 掘削(くっさく)機

ex-ca-'var [エ(ク)ス.カ.'バる] 動 他 〈地面を〉掘る, 〈に〉穴を掘る; 発掘する

ex-ce-'den-cia [エ(ク)(ス).せ.'デン.すぃア] 名 女 休暇, 休職, 有給休暇; 有給休暇中の給与

ex-ce-'den-te [エ(ク)(ス).せ.'デン.テ] 形 超過した, 余分の, 余剰の; 《勤め人などが》有給休暇中の 名 男 余り, 残り, 過剰

ex-ce-'der** [エ(ク)(ス).せ.'デる] 93% 動 他 越す, 超える, 超過する 動 自 (a: に)勝る, (a: より)優れる ～**(se)** 動 自 (再) (en: の)限度[程度]を超す; (con: に)とても親切にする ～se a sí mismo[ma]*** 実力以上の力を発揮する

ex-ce-'len-cia [エ(ク)(ス).せ.'レン.すぃア] 名 女 卓越, 優秀; 〔su ～〕 閣下《大臣・大使などに対する敬称》 ***por*** ～ すぐれて, 特に, とりわけ

****ex-ce-'len-te** [エ(ク)(ス).せ.'レン.テ] 87% 形 優れた, 優秀な, すばらしい, すてきな

ex-ce-len-'tí-si-mo, -ma [エ(ク)(ス).せ.レン.'ティ.スィ.モ, マ] 〔成句〕 ～ ***señor*** 閣下《大臣・大使などに対する敬称》

ex-cel-si-'tud [エ(ク)(ス).せル.スィ.'トゥド] 名 女 《格》 崇高, 高尚, 荘厳; 卓越, 傑出

ex-'cel-so, -sa [エ(ク)(ス).'せル.ソ, サ] 形 崇高な, 高尚な; 荘厳な, 雄大な, 壮大な; 非常に高い, 至高の

ex-cen-tri-ci-'dad [エ(ク)(ス).せン.トり.すぃ.'ダド] 名 女 風変わり, 常軌を逸していること, 奇行

ex-'cén-tri-co, -ca [エ(ク)(ス).'せン.トり.コ, カ] 形 常軌を逸した, 一風変わった, 普通でない; 中心をはずれた, 偏心の; 〔数〕 (…と)同心でない 名 男 女 変人, 奇人

****ex-cep-'ción** [エ(ク)(ス).せプ.'すぃオン] 87% 名 女 例外; 除くこと, 除外 ***a [con]*** ～ ***de*** … …を除いては, …のほかは ***de*** ～ 並外れた, 特に優れた ***estado de*** ～ 〔政〕 非常事態 ***hacer*** ～ (de: を)例外とする, 別扱いにする

***ex-cep-cio-'nal** [エ(ク)(ス).せプ.すぃオ.'ナル] 91% 形 特別に優れた, 並外れた; 例外的な, まれな ～**mente** 副 例外的に, 特に優れて

ex-cep-cio-na-li-'dad [エ(ク)(ス).せプ.すぃオ.ナ.リ.'ダド] 名 女 例外性, 意外性, 異例

***ex-cep-to** [エ(ク)(ス).せプ.ト] 91% 前 〔弱勢〕 …を除いて, …のほかは: El médico tiene consulta todos los días, **excepto** jueves. 医師は木曜を除いて毎日診療を受け付けている。

*__ex-cep-'tuar__ [エ(ク)(ス).せプ.'トゥアる] 94% 動 他 ⑰ (u|ú) 除く, 除外する **～-se** 動 再 除かれる, 除外される

‡**ex-ce-'si-vo, -va** [エ(ク)(ス).せ.'スィ.ボ, バ] 90% 形 過度の, 多すぎる, 法外な **-vamente** 副 多すぎて, 過度に, はなはだしく, 非常に

‡**ex-'ce-so** [エ(ク)(ス).'せ.ソ] 89% 名 男 超過(分), 余分; 過度, やりすぎ; 〔複〕不節制, 度を過ぎた行為, 暴飲暴食 ***con*** [***en***] **～** 過度に, よけいに

ex-ci-'ta-ble [エ(ク)(ス).すぃ.'タ.ブレ] 形 激しやすい, 興奮しやすい

ex-ci-ta-'ción [エ(ク)(ス).すぃ.タ.'すぃオン] 名 女 興奮(すること), 興奮状態; 〘電〙励磁; 〘物〙励起

ex-ci-'ta-do, -da [エ(ク)(ス).すぃ.'タ.ド, ダ] 形 興奮した, わくわくした

ex-ci-'tan-te [エ(ク)(ス).すぃ.'タン.テ] 名 男 興奮させる 名 男 〘医〙興奮剤

*__ex-ci-'tar__ [エ(ク)(ス).すぃ.'タる] 93% 動 他 興奮させる, 刺激する, わくわくさせる; (感情などを)起こさせる, 〈に〉興味をそそらせる; 〈神経などを〉刺激する; 《古》/《ベネズ》《エラ》〈人を〉刺激してさせる **～se** 動 再 興奮する, わくわくする

excl. 略 ↓exclusive

ex-cla-ma-'ción [エ(ク)ス.クラ.マ.'すぃオン] 名 女 (驚き・喜び・抗議などの)叫び, 絶叫, 感嘆; 〘言〙感嘆符《¡...! の記号》

ex-cla-'mar [エ(ク)ス.クラ.'マる] 動 自 (強い感情をこめて)叫ぶ, 言う

ex-cla-ma-'ti-vo, -va [エ(ク)ス.クラ.マ.'ティ.ボ, バ] 形 〘言〙感嘆の; 〔一般〕感嘆の

ex-cla-ma-'to-rio, -ria [エ(ク)ス.クラ.マ.'ト.リオ, リア] 形 感嘆の

*__ex-'cluir__ [エ(ク)ス.'クルイる] 92% 動 他 ㊲ (-y-) 除外する, 排除する; 退ける, 拒否する, 拒絶する

ex-clu-'sión [エ(ク)ス.クル.'スィオン] 名 女 除外, 排除, 追放; 拒否, 却下

ex-clu-'si-ve [エ(ク)ス.クル.'スィ.ベ] 副 …を除いて《語句の直後に続ける》

ex-clu-si-vi-'dad [エ(ク)ス.クル.スィ.ビ.'ダド] 名 女 排他性, 党派制, 孤立主義; 独占権

ex-clu-si-'vis-mo [エ(ク)ス.クル.スィ.'ビス.モ] 名 男 排他主義

ex-clu-si-'vis-ta [エ(ク)ス.クル.スィ.'ビス.タ] 形 排他主義の 名 共 排他主義者

‡**ex-clu-'si-vo, -va** [エ(ク)ス.クル.'スィ.ボ, バ] 90% 形 独占的な, 専用の; 唯一の; 排他的な, 非開放的な, 入会[入学]資格を制限した **-va** 名 女 〘商〙独占権 **-vamente** 副 もっぱら, まったく…だけ; 排他的に, 独占的に

Excmo., Excma. 略 ↑excelentísimo[ma]

ex-com-ba-'tien-te [エ(ク)ス.コン.バ.'ティエン.テ] 名 共 〘軍〙退役軍人

ex-co-mul-'gar [エ(ク)ス.コ.ムル.'ガる] 動 他 ㊶ (g|gu) 〘宗〙破門する, 除名する

ex-co-mu-'nión [エ(ク)ス.コ.ム.'ニオン] 名 女 〘宗〙破門, 除名; 破門宣言書

ex-co-ria-'ción [エ(ク)ス.コ.リア.'すぃオン] 名 女 〘医〙表皮剥離, 擦過傷, かすり傷

ex-co-'riar [エ(ク)ス.コ.'リアる] 動 他 〘医〙〈の〉皮膚をはぐ[すりむく] **～se** 動 再 〘医〙皮膚がすりむける

ex-cre-'cen-cia [エ(ク)ス.クれ.'せン.すぃア] 名 女 〘医〙異常突出物《いぼ, こぶなど》; 〘動〙〘植〙突出物

ex-cre-'ción [エ(ク)ス.クれ.'すぃオン] 名 女 〘生〙排泄(はいせつ)(作用)

ex-cre-'men-to [エ(ク)ス.クれ.'メン.ト] 名 男 〘生〙排泄(はいせつ)物, 糞

ex-cre-'tar [エ(ク)ス.クれ.'タる] 動 他 《格》〘生〙排泄(はいせつ)する 動 自 《格》〘生〙排泄する, 便をする

ex-cre-'tor, -'to-ra [エ(ク)ス.クれ.'トる, 'ト.ら] 形 〘生〙排泄(はいせつ)の

ex-cul-pa-'ción [エ(ク)ス.クル.パ.'すぃオン] 名 女 〘法〙免罪, 釈放, 放免

ex-cul-'par [エ(ク)ス.クル.'パる] 動 他 〘法〙無罪にする, 免罪する **～se** 動 再 〘法〙無罪になる

‡**ex-cur-'sión** [エ(ク)ス.クる.'スィオン] 89% 名 女 小旅行, ピクニック, ハイキング, 遠足, (団体の)観光旅行; 《話》散歩, 歩き回ること

ex-cur-sio-'nis-mo [エ(ク)ス.クる.スィオ.'ニス.モ] 名 男 観光, 旅行

ex-cur-sio-'nis-ta [エ(ク)ス.クる.スィオ.'ニス.タ] 名 共 観光客, 旅行客, 見物客, ハイカー

*__ex-'cu-sa__ [エ(ク)ス.'ク.サ] 92% 名 女 言いわけ, 口実; 〔複〕おわび(の言葉), 陳謝

ex-cu-'sa-ble [エ(ク)ス.ク.'サ.ブレ] 形 許される, 申しわけの立つ, 無理もない

ex-cu-'sa-do, -da [エ(ク)ス.ク.'サ.ド, ダ] 形 (de: を)許された, 許可済みの, 届け済みの; 不必要な, 無用の 名 男 トイレ, 便所

*__ex-cu-'sar__ [エ(ク)ス.ク.'サる] 93% 動 他 〈人・行為を〉許す, 勘弁する; 弁解する, 言いわけする; 免除する, しなくてすむ, 避ける, 回避する; 〈不定詞: …する〉必要がない **～-se** 動 再 (de: の)弁解をする, (de: を)わびる; (de: を)許される, 免れる

e+xe-'cra-ble [エク.セ.'クら.ブレ] 形 《格》嫌悪すべき, 忌まわしい, 呪うべき

e+xe-cra-'ción [エク.セ.クら.'すぃオン] 名 女 《格》呪い, ののしり, 痛罵(つうば); 《格》嫌悪, 憎悪

e+xe-'crar [エク.セ.'クらる] 動 他 《格》呪う, ののしる, 痛罵(つうば)する; 《格》忌み嫌う, 嫌悪する

e+'xé-ge-sis⇔**+xe-** [エク.'セ.へ.スィス⇔エク.セ.'へ.スィス] 名 女 〔単複同〕〔宗〕(〔特に〕聖書の)釈義, 解釈, 解説

e+'xé-ge-ta⇔**+xe-** [エク.'セ.へ.タ⇔エク.セ.'へ.タ] 名 共 〔宗〕聖書注釈者, 釈義学者

e+xe-'gé-ti-co, -ca [エク.セ.'へ.ティ.コ, カ] 形 (聖書の)解釈の

e+xen-'ción [エク.セン.'すぃオン] 名 女 (義務などの)免除, 解除

*__e+'xen-to, -ta__ [エク.'セン.ト, タ] 93% 形 (de: を)免れた, 免除された; «物が» (de: の)ない; 〔建〕屋根のない, 吹きさらしの

exequatur [エク.セ.'クア.トゥる] 名 男 〔ラテン語〕〔政〕領事認可状《政府が自国に駐在する外国の領事などに与える》; 〔歴〕〔政〕〔宗〕(国家元首による)教皇勅書発行の認可

e+'xe-quia [エク.'セ.キア] 名 女 〔複〕《格》葬儀, 葬儀式

ex-fo-'liar [エ(ク)ス.フォ.'リアる] 動 他 《格》はぎ落とす　～**se** 動 再 «表皮・樹皮・皮膚などが»剥落(はくらく)する

ex+ha-la-'ción [エク.サ.ラ.'すぃオン] 名 女 〔気〕稲妻, 閃光; 発散, 蒸発; 呼気; 蒸(発)気; 〔天〕流星

ex+ha-'lar [エク.サ.'ラる] 動 他 発散[蒸発]する; 〈ため息を〉吐き出す; 〈文句を〉言う　～**se** 動 再 (por: を)切望する; 息せく, 速く走る　～ ***el último suspiro*** 息を引き取る

ex+haus-'ti-vo, -va [エク.サウス.'ティ.ボ, バ] 形 網羅的な, 徹底的な

ex+'haus-to, -ta [エク.'サウス.ト, タ] 形 消耗された, 使い尽くされた; 疲れきった

*__ex+hi-bi-'ción__ [エク.スィ.ビ.'すぃオン] 93% 名 女 (人の前で)見せること, 公開, 展示, 陳列; 誇示, 見せびらかし; 展覧会, 博覧会, 展示会, ファッションショー, 見せ物, ショー; 〔集合〕出品物, 陳列品

ex+hi-bi-cio-'nis-mo [エク.スィ.ビ.すぃオ.'ニス.モ] 名 男 自己顕示癖, 人目につくことをしたがること; 〔医〕露出症

ex+hi-bi-cio-'nis-ta [エク.スィ.ビ.すぃオ.'ニス.タ] 形 自己顕示欲の強い 名 共 自己顕示欲の強い人, 〔医〕露出症患者

⁑__ex+hi-'bir__ [エク.スィ.'ビる] 90% 動 他 展示する, 見せる, 示す; 誇示する, ひけらかす; 〔映〕上映する; 〔法〕(証拠物件として)提出する　～**se** 動 再 展示される, 陳列される, 公開される; (人前に)姿を見せる

ex+hor-ta-'ción [エク.ソる.タ.'すぃオン] 名 女 奨励, 勧告; 励ましのことば[説教]

ex+hor-'tar [エク.ソる.'タる] 動 他 〈に〉(a 不定詞/a que 接続法: …を)熱心に説く, 勧告する, 忠告する

ex+hor-ta-'ti-vo, -va [エク.ソる.タ.'ティ.ボ, バ] 形 〔言〕命令の, 勧告の

ex+hu-ma-'ción [エク.ス.マ.'すぃオン] 名 女 (死体・墓の)発掘

ex+hu-'mar [エク.ス.'マる] 動 他 〈死体を〉発掘する, 〈墓を〉掘り起こす; 《格》復活させる, よみがえらせる

⁑__e+xi-'gen-cia__ [エク.スィ.'ヘン.すぃア] 90% 名 女 (無理な)要求, 請求; 急迫, 危急, 急場; 必要なもの[こと]

*__e+xi-'gen-te__ [エク.スィ.'ヘン.テ] 93% 形 (con: 多くを)要求する, (…に)口うるさい

⁑__e+xi-'gir__ [エク.スィ.'ひる] 79% 動 他 ㉜ (g|j) (権利として)要求する, 〈必要な物を〉請求する; «物事が»要する, (緊急に)必要とする; 〈努力を〉強いる　～**se** 動 再 要求される, 求められる

e+xi-güi-'dad [エク.スィ.グイ.'ダド] 名 女 乏しいこと, 貧弱, 小規模

e+'xi-guo, -gua [エク.'スィ.グオ, グア] 形 《格》乏しい, わずかな, 少ない, 小規模の; 《格》狭い, 小さい

e+'xi-jo, -ja(~) 動 《直現 1 単, 接現》 ↑exigir

e+xi-'la-do, -da 形 ⇩ exiliado

e+xi-'lar 動 他 ⇩ exiliar

e+xi-'lia-do, -da [エク.スィ.'リア.ド, ダ] 形 〔法〕(国外に)追放された, 亡命した 名 男 女 追放された人, 亡命者, 流刑者

e+xi-'liar [エク.スィ.'リアる] 動 他 〔法〕(a, en: に)追放する, 流刑にする　～**se** 動 再 亡命する

e+'xi-lio [エク.'スィ.リオ] 名 男 〔法〕亡命; (母国・故郷からの)追放, 流罪(るざい), 流刑(るけい); 亡命地[先], 流刑地

e+xi-'men-te [エク.スィ.'メン.テ] 形 〔法〕(刑を)免除する, 酌量すべき 名 男 [女] 〔法〕酌量すべき情状

e+'xi-mio, -mia [エク.'スィ.ミオ, ミア] 形 《格》傑出した, 最高の, すぐれた; 名高い, 著名な

e+xi-'mir [エク.スィ.'ミる] 動 他 〈から〉(de: を)免除する　～**se** 動 再 (de: を)免れる

⁑__e+xis-'ten-cia__ [エク.スィス.'テン.すぃア] 81% 名 女 存在, 実在; 生存, 生活, 人生; 〔しばしば複〕〔商〕在庫, ストック

e+xis-ten-'cial [エク.スィス.テン.'すぃアル] 形 存在の, 存在に関する; 〔哲〕実存(主義)の, 実存的な

e

e+xis-ten-cia-'lis-mo [エク.スィス.テン.すぃア.'リス.モ] [名] [男] 〔哲〕実存主義
e+xis-ten-cia-'lis-ta [エク.スィス.テン.すぃア.'リス.タ] [形] 〔哲〕実存主義の [名] [共] 〔哲〕実存主義者
**e+xis-'ten-te [エク.スィス.'テン.テ] 88% [形] 存在する, 現存する; 〔商〕《商品が》在庫の, 手持ちの
**e+xis-'tir [エク.スィス.'ティる] 70% [動] [自] 存在する, 実在する, ある; 生存する, 生きている
**'é+xi-to ['エク.スィ.ト] 81% [名] [男] 成功, 上首尾; 成功したもの[こと], ヒット作[商品], 出来ばえ; (試験などの)合格
e+xi-'to-so, -sa [エク.スィ.'ト.ソ, サ] [形] 成功した
ex-ju-ga-'dor, -'do-ra [エ(ク)ス.ふ.ガ.'ド.る, 'ド.ら] [名] [男] [女] 前の選手, もとの選手
ex-'li-bris [エ(ク)ス.'リ.ブリス] [名] [男] 〔単複同〕蔵書票, 蔵書印
ex-ma-'ri-do [エ(ク)ス.マ.'リ.ド] [名] [男] 前の夫, もと夫
ex-mi-'nis-tro, -tra [エ(ク)ス.ミ.'ニス.トろ, トら] [名] [男] [女] 〔政〕前大臣, 元大臣
ex 'nihilo [エ(ク)ス ニ.'イ.ロ] [副] 〔ラテン語〕〔哲〕〔宗〕無から
ex-'no-vio, -via [エ(ク)ス.'ノ.ビオ, ビア] [名] [男] [女] 前の恋人, もと恋人
e+xo-bio-lo-'gí+a [エク.ソ.ビオ.ロ.'ひ.ア] [名] [女] 〔生〕宇宙生物学
e+xo-bio-'ló-gi-co, -ca [エク.ソ.ビオ.'ロ.ひ.コ, カ] [形] 〔生〕宇宙生物学の
e+xo-'bió-lo-go, -ga [エク.ソ.'ビオ.ロ.ゴ, ガ] [名] [男] [女] 〔生〕宇宙生物学者
'é+xo-do ['エク.ソ.ド] [名] [男] (移民などの)出国, 出発, 大移動, 移住; 〔É～〕〔聖〕出エジプト記
e+x|of-'tal-mia ⇔-tal-'mí-a ['エク.ソフ.'タル.ミア⇔.タル.'ミ.ア] [名] [女] 〔医〕眼球突出症
e+xo-'gá-mi-co, -ca [エク.ソ.'ガ.ミ.コ, カ] [形] 族外婚の; 異系交配の
e+'xó-ge+no, -na [エク.'ソ.ヘ.ノ, ナ] [形] 《格》外因的な; 〔生〕外生の
e+xo-ne-ra-'ción [エク.ソ.ネ.ら.'すぃオン] [名] [女] 《格》(義務・責任などの)免除, 控除
e+xo-ne-'rar [エク.ソ.ネ.'らる] [動] [他] 《格》(de: 義務・責任などから)免除する; (de: 名誉・権威などを)剥奪(はくだつ)する
e+xo-'rar [エク.ソ.'らる] [動] [他] 《話》しつこく頼む, せがむ
e+x|or-bi-'tan-te [エク.ソる.ビ.'タン.テ] [形] 《要求・値段などが》途方もない, 法外な, あんまりな
e+x|or-bi-'tar [エク.ソる.ビ.'タる] [動] [他] 誇張する
e+xor-'cis-mo [エク.ソる.'すぃス.モ] [名] [男] 〔宗〕悪魔払い(の儀式), 厄払い
e+xor-'cis-ta [エク.ソる.'すぃス.タ] [名] [共] 〔宗〕(悪魔払いの)祈禱(きとう)師, 祓魔(ふつま)師
e+xor-ci-'zar [エク.ソる.すぃ.'さる] [動] [他] 34 (z|c) 〔宗〕〈悪魔を〉追い払う, 悪魔払いをする
e+'xor-dio [エク.'ソる.ディオ] [名] [男] (講演・論文などの)序論, 導入部, 前文
e+x|or-'nar [エク.ソる.'ナる] [動] [他] 《格》装飾する, 飾る
e+'xós-mo-sis ⇔+xos- [エク.'ソス.モ.スィス⇔.ソス.'モ.スィス] [名] [女] 〔単複同〕〔化〕〔生〕浸出(作用), 外浸透
e+xo-'té-ri-co, -ca [エク.ソ.'テ.リ.コ, カ] [形] 部外者にも理解できる, 大衆向きの, 通俗的な
*e+'xó-ti-co, -ca [エク.'ソ.ティ.コ, カ] 93% [形] 外国産の, 外来の, エキゾチックな; 一風変わった, とっぴな, 奇妙な
e+xo-'tis-mo [エク.ソ.'ティス.モ] [名] [男] 外国[異国]趣味, 異国情緒
e+xo-tro-'pí+a [エク.ソ.トろ.'ピ.ア] [名] [女] 〔医〕外斜視
ex-pan-'di-ble [エ(ク)ス.パン.'ディ.ブレ] [形] 広がりうる, 拡大しうる
*ex-pan-'dir [エ(ク)ス.パン.'ディる] 94% [動] [他] 広げる, 拡張[拡大]する; 膨張させる, ふくらませる; 〈議論などを〉展開する, 発展させる; 〈情報・うわさ・ニュースなどを〉広める ～se [動] [再] 広がる, 拡大する; 膨張する, ふくらむ; 《うわさ・ニュースなどが》広がる
ex-pan-si-bi-li-'dad [エ(ク)ス.パン.スィ.ビ.リ.'ダド] [名] [女] 拡張性
ex-pan-'si-ble [エ(ク)ス.パン.'スィ.ブレ] [形] 広げられる, 伸張性の, 膨張しやすい
**ex-pan-'sión [エ(ク)ス.パン.'スィオン] 90% [名] [女] 拡張, 拡大, 広がること; 展開, 発展; 気分転換, 気晴らし; (感情などの)吐露, 表出, 心を打ち明けること; 〔物〕膨張
ex-pan-sio-'nar [エ(ク)ス.パン.スィオ.'ナる] [動] [他] 膨張させる ～se [動] [再] 心を打ち明ける; 気晴らしをする, くつろぐ, 休む; 広がる, ふくらむ, 膨張する
ex-pan-sio-'nis-mo [エ(ク)ス.パン.スィオ.'ニス.モ] [名] [男] 〔政〕(領土)拡張政策, 拡張主義
ex-pan-sio-'nis-ta [エ(ク)ス.パン.スィオ.'ニス.タ] [形] 〔政〕(領土)拡張政策の, 拡張主義の [名] [共] 〔政〕(領土)拡張政策論者, 拡張主義者
ex-pan-si-vi-'dad [エ(ク)ス.パン.スィ.ビ.'ダド] [名] [女] 膨張力, 伸張力
ex-pan-'si-vo, -va [エ(ク)ス.パン.

'スィ.ボ, バ] 形 膨張力のある, 膨張性の; 屈託のない, 開放的な, おおらかな

ex-pa-tria-'ción [エ(ク)ス.パ.トりア.'すぃオン] 名 女 〔法〕国外追放, 流刑; 亡命

ex-pa-'triar [エ(ク)ス.パ.'トりアる] 動 他 〔法〕国外に追放する ~**se** 動 再 〔法〕追放の身となる, 亡命する; 国外に移住する

ex-pec-ta-'ción [エ(ク)ス.ペク.タ.'すぃオン] 名 女 可能性; 期待, 予期, 待望

ex-pec-'tan-te [エ(ク)ス.ペク.'タン.テ] 形 期待を示す, 待ち構えている

ex-pec-ta-'ti-va [エ(ク)ス.ペク.タ.'ティ.バ] 名 女 予想, 予期; 期待, 待望; 可能性 *estar a la* ~ (de: を)期待している

ex-pec-to-'ran-te [エ(ク)ス.ペク.ト.'らン.テ] 形 〔医〕痰(たん)を排出させる 名 男 〔医〕去痰(きょたん)剤

ex-pec-to-'rar [エ(ク)ス.ペク.ト.'らる] 動 他 〔医〕〈痰・血を〉吐き出す

⁑**ex-pe-di-'ción** [エ(ク)ス.ペ.ディ.'すぃオン] 88% 名 女 探検, 遠征; 探検隊, 遠征隊; 発送(品); 手早いこと, 迅速, 手際よさ

ex-pe-di-cio-'na-rio, -ria [エ(ク)ス.ペ.ディ.すぃオ.'ナ.りオ, りア] 形 遠征の 名 男 女 遠征隊員

ex-pe-di-'dor, -'do-ra [エ(ク)ス.ペ.ディ.'ドる, 'ド.ら] 形 発送する, 発信する 名 男 女 発送人, 差し出し人

ex-pe-'dien-te [エ(ク)ス.ペ.'ディエン.テ] 名 男 手段, 方法, 便法; 調査(書), 審査(書), 調査報告(書); 経歴, 履歴; 〔法〕訴訟手続き[行為]; 書類, 記録, 調書; 一時しのぎ, 窮余の策; 迅速さ, 手際よさ *cubrir el* ~ 必要なことだけをする

*__ex-pe-'dir__ [エ(ク)ス.ペ.'ディる] 94% 動 他 ㊾ (e|i) 〈荷物などを〉送る, 発送する; 〈証明書などを〉発行する; 派遣する; 手早く片づける, 処理する

ex-pe-di-'tar [エ(ク)ス.ペ.ディ.'タる] 動 他 手早く処理する

ex-pe-di-'ti-vo, -va [エ(ク)ス.ペ.ディ.'ティ.ボ, バ] 形 急速の, 迅速な, 手早い

ex-pe-'di-to, -ta [エ(ク)ス.ペ.'ディ.ト, タ] 形 じゃまがない, 妨げがない; てきぱきした, 迅速(じんそく)な

ex-pe-'len-te [エ(ク)ス.ペ.'レン.テ] 形 排出する, 吐き出す

ex-pe-'ler [エ(ク)ス.ペ.'レる] 動 他 排出する, 吐き出す; 追い出す, 放逐する, 駆逐する

ex-pen-de-'dor, -'do-ra [エ(ク)ス.ペン.デ.'ドる, 'ド.ら] 形 〔商〕(タバコ・入場券などの)小売の, 販売の 名 男 女 〔商〕小売業者, 小売販売店員 名 男 〔商〕自動販売機 ~[*dora*] *de moneda falsa* 女 にせ金を使う人

ex-pen-de-du-'rí+a [エ(ク)ス.ペン.デ.ドゥ.'り.ア] 名 女 〔商〕(とくにスペインのタバコ, マッチ, 絵葉書, 切手を売る)売店

ex-pen-'der [エ(ク)ス.ペン.'デる] 動 他 〔商〕小売りする; 浪費する, 〈金を〉使い果たす; 〈にせ金を〉使う

ex-pen-di-'ción [エ(ク)ス.ペン.ディ.'すぃオン] 名 女 〔商〕小売り, 販売

ex-'pen-sas [エ(ク)ス.'ペン.サス] 名 女 《複》支出, 費用, 出費; 〔法〕訴訟費用 *a (las)* ~ *de* ... …の費用で

⁑**ex-pe-'rien-cia** [エ(ク)ス.ペ.'りエン.すぃア] 78% 名 女 経験, 体験, 経験による知識[能力]; 実験

ex-pe-ri-men-ta-'ción [エ(ク)ス.ペ.り.メン.タ.'すぃオン] 名 女 (…を)試すこと, 実験, 実地練習; 体験, 経験

ex-pe-ri-men-'tal [エ(ク)ス.ペ.り.メン.'タル] 形 実験の, 実験に基づく; 試験的な, 試みの; 経験に基づく, 経験主義的な ~**mente** 副 実験的に

⁑**ex-pe-ri-men-'tar** [エ(ク)ス.ペ.り.メン.'タる] 89% 動 他 実験する, 試す, 試験する; 感じる; 経験する; 〈苦痛を〉受ける, 〈敗北・損害などを〉被る 動 自 実験する

⁑**ex-pe-ri-'men-to** [エ(ク)ス.ペ.り.'メン.ト] 90% 名 男 実験, 試み; 試験

⁑**ex-'per-to, -ta** [エ(ク)ス.'ぺる.ト, タ] 86% 形 熟達した, 熟練した; 専門家の, (en: に)専門の知識がある 名 男 女 熟練した人, 専門家, エキスパート, プロ

ex-pia-'ción [エ(ク)ス.ピア.'すぃオン] 名 女 罪滅ぼし, 償い; 〔宗〕罪のあがない, 贖罪(しょくざい); 〔法〕服役

ex-'piar [エ(ク)ス.'ピアる] 動 他 ㉙ (i|í) 〔宗〕〈罪を〉あがなう; 〔法〕〈の〉罪で刑に服する

ex-pia-'ti-vo, -va 形 ⇩ expiatorio

ex-pia-'to-rio, -ria [エ(ク)ス.ピア.'ト.りオ, りア] 形 償いをする, 償いの意味での; 〔宗〕贖罪(しょくざい)の; 〔法〕服役の

ex-pi-ra-'ción [エ(ク)ス.ピ.ら.'すぃオン] 名 女 終了, 満了, 満期; 最期, 死亡

ex-pi-'rar [エ(ク)ス.ピ.'らる] 動 自 満期になる, 終了する, 期限が切れる; 息を引き取る, 死ぬ

ex-pla-'na-da [エ(ク)ス.プラ.'ナ.ダ] 名 女 平地, 空き地; 〔建〕城の前の緩斜面

ex-pla-'nar [エ(ク)ス.プラ.'ナる] 動 他 〔建〕〈土地を〉水平にする, 平らにする, 地ならしする; 解明する, 説明する

ex-pla-'yar [エ(ク)ス.プラ.'ジャる] 動 他 広くする, 伸ばす ~**se** 動 再 〈秘密などを〉打ち明ける, 明かす; 広がる, 展開する; 詳細に[長々と]話す; 楽しむ, 気晴らしをする

ex-ple-'ti-vo, -va [エ(ク)ス.プレ.'ティ.

ボ, バ] 形〔言〕虚辞的な, 補足的な 名 男〔言〕虚辞, 冗語《単に補足的に付け足される語彙要素》

ex-pli-'ca-ble [エ(ク)ス.プリ.'カ.ブレ] 形 説明できる, 解釈[弁明]できる

⁑**ex-pli-ca-'ción** [エ(ク)ス.プリ.カ.'すぃオン] 84% 名 女 説明, 解釈, 解明; 弁明, 弁解

ex-pli-ca-'de-ra [エ(ク)ス.プリ.カ.'デ.ら] 名 女〔複〕《話》説明の仕方

⁑**ex-pli-'car** [エ(ク)ス.プリ.'カる] 72% 動 他 69 (c|qu) 説明する; 教える, 講義する; «人が»弁明する, 釈明する; «事情が»〈の〉弁明になる, 〈の〉言いわけとなる **～se** 動 再 説明する; わかってもらう; 理解する, わかる; 弁明する, 釈明する ～ ***con pelos y señales*** 詳細に説明する

ex-pli-ca-'ti-vo, -va [エ(ク)ス.プリ.カ.'ティ.ボ, バ] 形 説明に役立つ, 解説的な

'éx-pli-cit [エ(ク)ス.'プリ.すぃト] 名 男〔複 -cits〕〔歴〕完, 終わり《古写本などで巻末に記された語》

ex-'plí-ci-ta-'men-te [エ(ク)ス.'プリ.すぃ.タ.'メン.テ] 形 明示的に

ex-'plí-ci-to, -ta [エ(ク)ス.'プリ.すぃ.ト, タ] 形 明白な, 明示的な, はっきりした

ex-pli-'qué, -que(～) 動《直点 1 単, 接現》⬆explicar

***ex-plo-ra-'ción** [エ(ク)ス.プロ.ら.'すぃオン] 92% 名 女 探検旅行; 実地調査, 探査; 〔技〕スキャン, (画像)走査; 〔医〕(外科的な)精密検査, 診査; (問題などの)探求, 吟味; 〔鉱〕探鉱; 〔軍〕偵察; レーダー探査

ex-plo-ra-'dor, -'do-ra [エ(ク)ス.プロ.ら.'ドる, 'ド.ら] 名 男 女 探検家, 探検する人; 〔軍〕偵察兵, 斥候(せっこう); ボーイスカウト, ガールスカウト 形 探検の, 調査の; 〔軍〕偵察の, 斥候の 名 男〔機〕(テレビの)走査機, スキャナー

***ex-plo-'rar** [エ(ク)ス.プロ.'らる] 93% 動 他 探検する, 探査する; 〈問題などを〉(詳しく)調査する; 〔医〕〈体の〉精密検査をする; 〔軍〕偵察する

ex-plo-ra-'to-rio, -ria [エ(ク)ス.プロ.ら.'ト.りオ, りア] 形 実地調査の, 探検の; 〔医〕診察の, 検査の

⁑**ex-plo-'sión** [エ(ク)ス.プロ.'スィオン] 90% 名 女 爆発, 爆発音; (怒り・笑いなどの)爆発, 爆笑; 爆発的な増加[成長]; 〔機〕(エンジンの)内燃

ex-plo-sio-'nar [エ(ク)ス.プロ.スィオ.'ナる] 動 他《スペイン》爆発させる 動 自 爆発する ⇩ explotar, estallar

⁑**ex-plo-'si-vo, -va** [エ(ク)ス.プロ.'スィ.ボ, バ] 90% 形 爆発性の; 爆発的な; «感情が»爆発的な, かっとなりやすい; «問題が»一触即発の, 爆発寸前の; 〔音〕破裂音の 名 男 爆発物, 爆薬 **-va** 名 女〔音〕破裂音

ex-plo-'ta-ble [エ(ク)ス.プロ.'タ.ブレ] 形 開発が可能な

⁑**ex-plo-ta-'ción** [エ(ク)ス.プロ.タ.'すぃオン] 90% 名 女 開発, 開拓; 〔鉱〕(石油などの)採掘; 搾取; 運営, 経営; 設備, 装備

ex-plo-ta-'dor, -'do-ra [エ(ク)ス.プロ.タ.'ドる, 'ド.ら] 形 開発する, 採取する; 搾取する; 経営の, 管理の 名 男 女 搾取者; 開発者, 開拓者; 管理者

⁑**ex-plo-'tar** [エ(ク)ス.プロ.'タる] 90% 動 他 〈天然資源を〉開発[開拓]する; 利己的に利用する, 食い物にする, 搾取する; 経営する, 管理する 動 自 爆発[爆裂]する

'Ex+po ['エ(ク)ス.ポ] 名 女 万国博覧会, エキスポ

ex-po-'liar [エ(ク)ス.ポ.'リアる] 動 他《格》〈から〉(de: を)略奪する, 収奪する

ex-'po-lio [エ(ク)ス.'ポ.リオ] 名 男《格》略奪, 分捕り

ex-pón 動《命》⬇exponer

ex-pon-dr～ 動《直未/過未》⬇exponer

ex-po-nen-'cial [エ(ク)ス.ポ.ネン.'すぃアル] 形〔数〕指数の

ex-po-'nen-te [エ(ク)ス.ポ.'ネン.テ] 形 示す, 表す, 代弁する 名 男 指標; 代表, 典型, 象徴; 〔数〕指数

⁑**ex-po-'ner** [エ(ク)ス.ポ.'ネる] 84% 動 他 53 〔poner; 命 -pón〕(詳しく)説明する, 詳説する, 述べる, 表明する; 示す, 展示する; (a: 日光・風雨などに)さらす; 〈身体を〉(a: 危険などに)さらす; 〈秘密などを〉暴露する, 暴く; 〔写〕露光する, 露出する; 〔商〕〈商品などを〉陳列する, 店頭に並べる **～se** 動 再 (a: の)危険を冒す, (a: に)身をさらす

ex-'pon-go, -ga(～) 動《直現 1 単, 接現》⬆exponer

⁑**ex-por-ta-'ción** [エ(ク)ス.ポる.タ.'すぃオン] 90% 名 女 輸出; 輸出品

***ex-por-ta-'dor, -'do-ra** [エ(ク)ス.ポる.タ.'ドる, 'ド.ら] 93% 形〔商〕輸出する 名 男 女〔商〕輸出業者

***ex-por-'tar** [エ(ク)ス.ポる.'タる] 94% 動 他〔商〕輸出する

⁑**ex-po-si-'ción** [エ(ク)ス.ポ.スィ.'すぃオン] 83% 名 女 展覧会, 展示会, 博覧会; 説明, 解説; (商品の)展示, 陳列; (光・風などに)さらすこと, 照射; 〔写〕露光, 露出; 〔演〕序説的説明(部); 〔楽〕主題の提示部; (危険・攻撃などに)身をさらすこと, 危険; (幼児の)遺棄

ex-po-'sí-me-tro [エ(ク)ス.ポ.'スィ.メ.トろ] 名 男〔技〕〔写〕露出計

ex-po-si-'ti-vo, -va [エ(ク)ス.ポ.スィ.'ティ.ボ, バ] 形 説明的な

ex-'pó-si-to, -ta [エ(ク)ス.'ポ.スィ.ト,

タ] [形]《格》捨てられた [名] [男] [女]《格》拾い子, 捨て子

ex-po-si-'tor, -'to-ra [エ(ク)ス.ポ.スィ.'トる,'ト.ら] [形] 出品する, 展示する; 解説する, 説明する [名] [男] [女] 解説者, 解釈者; (作品の)出品者, 出展者

ex-'prés [エ(ク)ス.'プれス] [形]〔鉄〕急行の, 直通の [名] [男] 急行列車 ⇩ expreso;〔飲〕エスプレッソコーヒー ⇩ expreso *olla* ~〔食〕圧力釜

ex-pre-'sar [エ(ク)ス.プれ.'サる] 79% [動] [他] 表現する, (言葉などで)言い表す; «行為・表現などが»示す, 表現する; (符号で)表す, 示す **~se** [動] [再] 思うことを述べる, 自己を表現する; 述べられている, 示される

ex-pre-'sión [エ(ク)ス.プれ.'スィオン] 80% [名] [女]〔言〕(言葉などによる)表現; 言い回し, 語句; 表情, 顔つき;〔複〕挨拶(あいさつ), 「よろしく」という挨拶;〔数〕式 ***expresión regular***〔情〕正規表現

ex-pre-sio-'nis-mo [エ(ク)ス.プれ.スィオ.'ニス.モ] [名] [男]〔美〕表現主義

ex-pre-sio-'nis-ta [エ(ク)ス.プれ.スィオ.'ニス.タ] [形]〔美〕表現主義の [名] [共]〔美〕表現主義者, 表現主義の芸術家

ex-pre-si-vi-'dad [エ(ク)ス.プれ.スィ.ビ.'ダド] [名] [女] 表現[表情]の豊かさ, 表現性, 表現力

***ex-pre-'si-vo, -va** [エ(ク)ス.プれ.'スィ.ボ, バ] 91% [形] 表現[表情]に富む; 情愛の深い, 愛情のこもった

***ex-'pre-so, -sa** [エ(ク)ス.'プれ.ソ, サ] 91% [形] 明示された, はっきりとした;〔鉄〕急行の; 表現された, 示された [名] [男]〔鉄〕急行列車, 急行便;〔車〕急行バス; 急使 [副] わざと, 故意に; わざわざ **-samente** [副] わざわざ, 特別に; はっきりと, 明白に, 明らかに; わざと, 故意に

ex-pri-mi-'de-ro [名] [男] ⇩ exprimidor

ex-pri-mi-'dor [エ(ク)ス.プリ.ミ.'ドる] [名] [男]〔食〕ジューサー, 搾り器

ex-pri-'mión [エ(ク)ス.プリ.'ミオン] [名] [女]《カリ》圧搾(あっさく), 押しつぶすこと

ex-pri-'mir [エ(ク)ス.プリ.'ミる] [動] [他] 〈果汁などを〉搾る, 搾り出す; 搾り取る **~-se** [動] [再] 搾る; 〈知恵を〉絞る

ex pro-'fe-so [エ(ク)ス プろ.'フェ.ソ] [副] 故意に, わざと

ex-pro-'piar [エ(ク)ス.プろ.'ピアる] [動] [他] «政府などが»〈土地を〉没収する, 買い上げる, (de: を)取り上げる,

ex-pro-pia-'to-rio, -ria [エ(ク)ス.プろ.ピア.'ト.りオ, りア] [形]〔法〕収用の, 押収の, 所有権を取り上げる

ex-'pues-to, -ta [エ(ク)ス.'プエス.ト, タ] [形] (a: に)さらされた, むき出しの; 危険な, 冒険的な; 展示された, 陳列されている

ex-pug-na-'ción [エ(ク)ス.プグ.ナ.'すぃオン] [名] [女]《格》(場所の)占拠, 奪取

ex-pug-'nar [エ(ク)ス.プグ.'ナる] [動] [他]《格》強襲して占領する, (武力で)奪取する

***ex-pul-'sar** [エ(ク)ス.プル.'サる] 92% [動] [他] (de: から)追い出す; 吐き出す, 排出する;〔競〕〔サッカーなど〕退場させる

***ex-pul-'sión** [エ(ク)ス.プル.'スィオン] 92% [名] [女] 追い出すこと, 駆逐, 追放, 除籍; 排出;〔医〕分娩(ぶんべん);〔競〕〔サッカーなど〕退場

ex-pul-'sor, -'so-ra [エ(ク)ス.プル.'ソる, 'ソ.ら] [形] 放出[放射]する, 放出の [名] [男]〔機〕エジェクター, 放射器

ex-pur-ga-'ción [エ(ク)ス.プる.ガ.'すぃオン] [名] [女] 浄化, 粛清, 追放; (本の不適切な部分の)削除, 修正

ex-pur-'gar [エ(ク)ス.プる.'ガる] [動] [他] [41] (g|gu) 粛清する; 〈本などから〉(de: を)削除する; 追放する

ex-'pur-go [エ(ク)ス.'プる.ゴ] [名] [男] 浄化, 粛正; (不穏当な箇所などの)削除

ex-'pu-s~ [動]《直点/接過》⬆exponer

ex-qui-si-'tez [エ(ク)ス.キ.スィ.'テす] [名] [女] おいしさ, 美味; 優雅さ, 洗練; 見事さ, 美しさ, 精巧さ, 絶妙さ

***ex-qui-'si-to, -ta** [エ(ク)ス.キ.'スィ.ト, タ] 93% [形] おいしい, 美味な; 優雅な, 洗練された; きわめて見事な, 非常に美しい, 精巧な, 絶妙な

ex-ta-'siar-se [エ(ク)ス.タ.'スィアる.セ] [動] [再] [29] (i|í) 恍惚(こうこつ)状態になる, うっとりする

***'éx-ta-sis** [エ(ク)ス.'タ.スィス] 94% [名] [男]〔単複同〕無我夢中, 有頂天, 喜悦, 恍惚;〔宗〕脱魂, 法悦; エクスタシー《強力なアンフェタミン系の麻薬》

ex-'tá-ti-co, -ca [エ(ク)ス.'タ.ティ.コ, カ] [形] 恍惚(こうこつ)とした, 忘我状態になった, 有頂天の, うっとりした

ex-tem-po-'rá-ne+o, +a [エ(ク)ス.テン.ポ.'ら.ネ.オ, ア] [形]《格》季節外れの, 時ならぬ, 不時の;《格》場違いな, 時宜を得ない

***ex-ten-'der** [エ(ク)ス.テン.'デる] 84% [動] [他] [51] (e|ie) 拡張する, 拡大する, 延長する; 〈手足などを〉伸ばす, 広げる; 広げる, 伸ばす, 開く; (広げて)塗る, 薄く延ばす; 〈書類などを〉発行する; 〈期間を〉延ばす; 〈親切などを〉施す; 〈知識・うわさを〉広める, 流布する **~-se** [動] [再] 広がる, 延びる, (a, hasta: に)及ぶ; «知識などが»広がる, 流布する; 長々としゃべる; «時間などが»わたる, 続く; 寝そべる, 大の字になる

ex-ten-'si-ble [エ(ク)ス.テン.'スィ.ブレ] [形] 伸ばせる, 伸張性の, 広げられる

***ex-ten-'sión** [エ(ク)ス.テン.'スィオン]

88% [名] [女] 広がり, 範囲; (電話の)内線; 面積; 〔論〕外延, 意味の範囲; 広げる[広がる]こと, 延ばすこと, 拡張, 延長, 拡張[延長]箇所; 〔電〕延長コード; (期間などの)延長, 繰延べ; 長さ *por* ~ 広義で

ex-ten-'si-vo, -va [エ(ク)ス.テン.'スィ.ボ, バ] [形] 広い, 広大な, 広範囲な; 〔農〕粗放の, 粗放的な; «法などが» (a: に) 適用される *hacer* ~[*va*] 広げる, 伝える

ex-'ten-so, -sa [エ(ク)ス.'テン.ソ, サ] 88% [形] 広範囲にわたる, 広い *por* ~ 十分に, 詳細に

ex-ten-'sor, -'so-ra [エ(ク)ス.テン.'ソる, 'ソ.ら] [形] 伸びる, 伸張性の [名] [男] 〔体〕伸筋; 〔競〕エキスパンダー

ex-te-nua-'ción [エ(ク)ス.テ.ヌア.'すぃオン] [名] [女] 衰弱, 疲弊

ex-te-'nuar [エ(ク)ス.テ.'ヌアる] [動] [他] [17] (u|ú) 衰弱させる, 弱める, 虚弱にする ~**se** [動] [再] 疲れ果てる, 衰弱する

ex-te-'rior [エ(ク)ス.テ.'りオる] 81% [形] 外側の, 外部の; 外国の, 海外の, 外国に関する [名] [男] (物の)外部, 外側, 外面; (物事の)表面, 外観, 外見, 見かけ; 外国, 海外; 〔複〕〔映〕屋外シーン, ロケーション ~-**mente** [副] 外部に[で], 外見上は

ex-te-rio-ri-'dad [エ(ク)ス.テ.りオ.り.'ダド] [名] [女] 外部, 外形; 外観, 外見, 見た目; 〔主に複数〕虚飾, 粉飾, 見せかけ

ex-te-rio-ri-za-'ción [エ(ク)ス.テ.りオ.り.さ.'すぃオン] [名] [女] 表面化, 外在化, 顕在化

ex-te-rio-ri-'zar [エ(ク)ス.テ.りオ.り.'さる] [動] [他] [34] (z|c) 〈内部的なものを〉表面化する, 具体化する, 外在化する ~**se** [動] [再] «感情などが»顔に出る, 表面化する

ex-ter-mi-na-'ción [名] [女] ⇩ exterminio

ex-ter-mi-na-'dor, -'do-ra [エ(ク)ス.テる.ミ.ナ.'ドる, 'ド.ら] [形] 根絶の, 撲滅の, 皆殺しの [名] [男] [女] 根絶者, 破壊者

ex-ter-mi-'nar [エ(ク)ス.テる.ミ.'ナる] [動] [他] 根絶する, 撲滅する, 皆殺しにする

ex-ter-'mi-nio [エ(ク)ス.テる.'ミ.ニオ] [名] [女] 根絶, 絶滅, 駆除

ex-ter-'nar [エ(ク)ス.テる.'ナる] [動] [他] 《ﾒｷｼｺ》言う, 表現する

ex-'ter+no, -na [エ(ク)ス.'テる.ノ, ナ] 87% [形] 外部の, 外面の, 外からの; 対外的な, 国外の; 〔医〕«薬が»外用の; (寄宿生に対して)通学の; 外面的な, うわべだけの [名] [男] [女] 通学生 -**namente** [副] 外部的に, 外見的に

ex-'tien-d~ [動] 《直現/接現/命》 ⬆ extender

ex-tin-'ción [エ(ク)ス.ティン.'すぃオン] [名] [女] 消火, 鎮火; 消灯; (種族・家系などの)根絶, 絶滅; 死滅; (負債の)完済

ex-tin-'guir [エ(ク)ス.ティン.'ギる] 93% [動] [他] [24] (gu|g) 〈明かり・火などを〉消す ~**se** [動] [再] «明かり・火などが»消える; 終わる, なくなる, «愛情などが»冷める

ex-'tin-to, -ta [エ(ク)ス.'ティン.ト, タ] [形] «火・灯などが»消えた, 鎮火した; (種族・家系などが)絶滅した, 絶えた; 《ﾗ米》故人の, 亡くなった, 死んだ

ex-tin-'tor, -'to-ra [エ(ク)ス.ティン.'トる, 'ト.ら] 94% [形] 消火の [名] [男] 消火器

ex-tir-pa-'ción [エ(ク)ス.ティる.パ.'すぃオン] [名] [女] 根絶, 絶滅, 撲滅; 〔医〕摘出, 切除

ex-tir-'par [エ(ク)ス.ティる.'パる] 94% [動] [他] 根こそぎ引き抜く; 〔医〕摘出[切除]する; 〈悪習などを〉根絶する, 撲滅する

ex-tor-'sión [エ(ク)ス.トる.'スィオン] [名] [女] 《格》ゆすり, 強要; 強奪; 迷惑, 閉口

ex-tor-sio-'nar [エ(ク)ス.トる.スィオ.'ナる] [動] [他] 〈から〉(金を)ゆすり取る, ゆする; 強奪する; 迷惑をかける, 閉口させる

'ex-tra ['エ(ク)ス.トら] 93% [形] すぐれた, 並み外れた, 極上の; 特別の, 余分の [名] [男] 臨時手当, 賞与, 一時金; (新聞の)号外; 〔食〕(メニューにない)特別料理 [名] [共] 〔映〕〔演〕エキストラ《俳優》

ex-tra~ 〔接頭辞〕「…外の, 特に…」という意味を示す

ex-trac-'ción [エ(ク)ス.トらク.'すぃオン] [名] [女] 引き抜くこと, 抽出, 摘出; 血統, 系統, 家系; 〔鉱〕(鉱物の)採取, 採掘

ex-tra-ce-lu-'lar [エ(ク)ス.トら.せ.ル.'ラる] [形] 〔生〕細胞外の

ex-tra-co-mu-ni-'ta-rio, -ria [エ(ク)ス.トら.コ.ム.ニ.'タ.りオ, りア] [形] 〔法〕欧州連合 (EU) 外の

ex-trac-'tar [エ(ク)ス.トらク.'タる] [動] [他] 要約する, 摘要する

ex-trac-'ti-vo, -va [エ(ク)ス.トらク.'ティ.ボ, バ] [形] 抽出できる; エキスの

ex-'trac-to [エ(ク)ス.'トらク.ト] [名] [男] 抜粋, 抄録, (公文書の)抄本; エキス, エッセンス, 抽出物

ex-trac-'tor, -'to-ra [エ(ク)ス.トらク.'トる, 'ト.ら] [形] 〔機〕抽出する, 抜き出す [名] [男] 〔機〕換気扇, 排気[換気]装置

ex-tra-di-'ción [エ(ク)ス.トら.ディ.'すぃオン] [名] [女] 〔法〕(国際間における)逃亡犯罪人引き渡し, 送還

ex-tra-'dir [動] [他] ⇩ extraditar

ex-tra-di-'tar [エ(ク)ス.トら.ディ.'タる] [動] [他] 〔法〕〈外国人の犯人を〉引き渡す, 本国に送還する

ex-tra-'dós [エ(ク)ス.トら.'ドス] [名] [男] 〔建〕(アーチ, 丸天井の)外輪(そと)

ex-tra+'er [エ(ク)ス.トら.'エる] 92% [動]

他 ⑦⓪ (traer) (de: から)引き抜く, 抜き取る, 摘出する; 〈成分などを〉抽出する, 絞り出す, 引き出す; 〘数〙〈根を〉求める; 〘鉱〙採掘する; 〈語句などを〉(de: 書物から)抜粋する, 抜き出す, 引用する

ex-tra|hu-'ma+no, -na [エ(ク)ス.トらウ.'マ.ノ, ナ] 形 超人的な, 人間業ではない

ex-'trai-go, -ga(~) 動 《直現1単, 接現》 ⬆extraer

ex-'tra-j~ 動 《直点過/接過》 ⬆extraer

ex-tra-ju-di-'cial [エ(ク)ス.トら.ふ.ディ.'すぃアル] 形 〘法〙法廷外の, 裁判外の

ex-tra-li-mi-'tar-se [エ(ク)ス.トら.リ.ミ.'タる.セ] 動 再 限度を超える, 度を超す; (権力などを)乱用する, 越権行為をする

ex-tra-ma-ri-'tal [エ(ク)ス.トら.マ.リ.'タル] 形 婚外の

ex-tra-'mu-ros [エ(ク)ス.トら.'ム.ろス] 副 町の外で, 郊外で 形 《単複同》 町の外の, 郊外の

ex-tran-je-'rí+a [エ(ク)ス.トらン.へ.'リ.ア] 名 女 外国人であること, 外国人の身分

ex-tran-je-'ris-mo [エ(ク)ス.トらン.へ.'りス.モ] 名 男 〘言〙外来語, 外国語用法; 外国かぶれ, 外国好み

ex-tran-je-ri-za-'ción [エ(ク)ス.トらン.へ.り.さ.'すぃオン] 名 女 外国風にする[なる]こと

ex-tran-je-ri-'zar [エ(ク)ス.トらン.へ.り.'さる] 動 他 ③④ (z|c) 外国風にする ~-se 動 再 外国風になる

⁑**ex-tran-'je-ro, -ra** [エ(ク)ス.トらン.'へ.ろ, ら] 78% 形 外国の, 異国の 名 男 女 外国人 名 男 外国, 国外

ex-'tran-jis [エ(ク)ス.'トらン.ひス] 〔成句〕 *de* ~ 《話》 こっそりと, ひそかに, 秘密に

⁑**ex-tra-'ñar** [エ(ク)ス.トら.'ニャる] 89% 動 他 不思議に思わせる, 驚かせる; 〈に〉慣れていない, ぎこちなく感じる; 〈が〉ない[いない]ので寂しく思う, 〈が〉ない[いない]のに気づく, 〈が〉ない[いない]のを惜しむ, 〈が〉なくて[いないので]困る; 〈に対して〉恥ずかしがる, 〈に〉なじめない; 疎んじる, 遠ざける 動 自 (que 接続法/不定詞: …が)不思議だ, 変である ~se 動 再 (de: を)不思議に思う; (de: と)つきあいが少なくなる, 疎遠になる

ex-tra-'ñe-za [エ(ク)ス.トら.'ニェ.さ] 名 女 奇妙さ, 一風変わった様子; 驚き; (人と人との)疎遠な関係

⁑**ex-'tra-ño, -ña** [エ(ク)ス.'トら.ニョ, ニャ] 82% 形 奇妙な, 変な, 不思議な, 風変わりな; 怪しい, 不審な; 見たことのない, 聞いたことのない, 知らない, 初めての, 不案内な; 外部の, よその, 外国の; (a: に)無関係の 名 男 女 知らない人, よその人, 部外者; (ある場所に)初めて来た人, 不案内な人; 変わり者 *cuerpo* ~ 異物 **-ñamente** 副 奇妙に, 珍しく, 不思議な様子で

ex-tra-o-fi-'cial [エ(ク)ス.トら.オ.フィ.'すぃアル] 形 非公式の, 私的な ~**mente** 副 非公式に, 私的に

⁑**ex-tra-or-di-'na-rio, -ria** [エ(ク)ス.トら.オる.ディ.'ナ.りオ, りア] 84% 形 異常な, 突飛な; 特別の, 臨時の; 驚くべき, 並外れた, 非凡な, すばらしい 名 男 号外, 特集, 特大号; 特別なこと[もの], 異例; 至急便, 速達; 特別料理 **-riamente** 副 異常に, 並外れて; 特別に, 臨時に

ex-tra-po-la-'ción [エ(ク)ス.トら.ポ.ラ.'すぃオン] 名 女 〘数〙外挿[補外](法); 《格》推定, 延長, 敷衍(ふえん)

ex-tra-po-'lar [エ(ク)ス.トら.ポ.'ラる] 動 他 〘数〙〈値を〉外挿[補外]する; 《格》〈既知の事実を〉推定の基礎とする

ex-tra-'rra-dio [エ(ク)ス.トら.'ら.ディオ] 名 男 郊外, 町はずれ

ex-tra-sen-so-'rial [エ(ク)ス.トら.セン.ソ.'りアル] 形 超感覚的な

ex-tra-te-'rres-tre [エ(ク)ス.トら.テ.'れス.トれ] 形 〘天〙地球外の 名 共 地球外生物, 宇宙人

ex-tra-te-rri-to-'rial [エ(ク)ス.トら.テ.り.ト.'りアル] 形 〘法〙治外法権の

ex-tra-te-rri-to-ria-li-'dad [エ(ク)ス.トら.テ.り.ト.りア.リ.'ダド] 名 女 〘法〙治外法権

ex-tra-va-'gan-cia [エ(ク)ス.トら.バ.'ガン.すぃア] 名 女 突飛な言動, 奇行, 奇想天外

***ex-tra-va-'gan-te** [エ(ク)ス.トら.バ.'ガン.テ] 94% 形 突飛な, 無茶な, 奇抜な 名 共 奇人, 変人

ex-tra-va-'sar-se [エ(ク)ス.トら.バ.'サる.セ] 動 再 〘医〙 《血液が》溢出(いっしゅつ)する, 溢血(いっけつ)する

ex-tra-ver-'sión [エ(ク)ス.トら.べる.'スィオン] 名 女 外向的な性格

ex-tra-ver-'ti-do, -da [エ(ク)ス.トら.べる.'ティ.ド, ダ] 形 外向的な, 社交的な 名 男 女 社交的な人

ex-tra-'via-do, -da [エ(ク)ス.トら.'ビア.ド, ダ] 形 なくした, 紛失した; 道に迷った, 迷子になった; はぐれた; 道を誤った, 堕落した; ぼうっとした, ぼんやりした, 焦点が外れた; (頭が)いかれている

ex-tra-'viar [エ(ク)ス.トら.'ビアる] 動 他 ②⑨ (i|í) 堕落させる, 〈の〉道を踏み誤らせる; 〈の〉道に迷わせる; 置き場所を誤る, 置き違える, 置き忘れる, なくす ~se 動 再 道に迷う, 間違った方向に行く, わからなくなる; なくなる; 堕落する ~ *la mirada* 目がうつろである

ex-tra-'ví+o [エ(ク)ス.トら.'ビ.オ] 名 男 道に迷うこと; 正道を踏み外すこと, 堕落;

間違い, 誤り; 過ち, しくじり; 紛失, 遺失; 面倒, 厄介

*ex-tre-'ma-do, -da [エ(ク)ス.トれ.'マ.ド, ダ] 94% 形 極端な, 過激な, 極度の, 非常な; 申し分ない, 完全な, 最高の -da-mente 副 極度に, 非常に, 極端に

Ex-tre-ma-'du-ra [エ(ク)ス.トれ.マ.'ドゥ.ら] 名 固 〘地名〙 エストレマドゥーラ《スペイン中西部の地方, 自治州: Badajoz, Cáceres》

ex-tre-'mar [エ(ク)ス.トれ.'マる] 動 他 極端に行う, 徹底して行う ~se 動 再 (en: に)骨を折る, (en: を)一生懸命やる

ex-tre-ma-un-'ción [エ(ク)ス.トれ.マウン.'すぃオン] 名 女 〘宗〙 (臨終時の)終油(の秘跡)

ex-tre-'me-ño, -ña [エ(ク)ス.トれ.'メ.ニョ, ニャ] 形 名 男 女 〘地名〙 エストレマドゥーラの(人)⬆Extremadura

ex-tre-mi-'dad [エ(ク)ス.トれ.ミ.'ダド] 名 女 〔複〕 腕, 脚, 四肢, 両手両足; 端, 先端; 極端, 極度

ex-'tre-mis [エ(ク)ス.'トれ.ミス] 〔成句〕 *in* ~ 〔ラテン語〕 最後の手段として

ex-tre-'mis-mo [エ(ク)ス.トれ.'ミス.モ] 名 男 極端論, 過激主義

ex-tre-'mis-ta [エ(ク)ス.トれ.'ミス.タ] 形 極端論の, 過激論の 名 共 過激論者

**ex-'tre-mo, -ma [エ(ク)ス.'トれ.モ, マ] 83% 形 極端な, 極度の; 過激な, 急激な; いちばん端の, 先端の 名 男 極端; 先, 先端, 端; 大げさな行動[ふるまい]; 論点, 問題点, 案件; 〘競〙 〔サッカーなど〕 ウイング *de ~ a ~* 端から端まで *en ~* 極度に, ひどく *en último ~* 最後の手段として

ex-tre-'mo-so, -sa [エ(ク)ス.トれ.'モ.ソ, サ] 形 過度の, 極度の, 極端な; 感情があふれるばかりの

ex-'trín-se-co, -ca [エ(ク)ス.'トリン.セ.コ, カ] 形 外部からの, 外的な; 非本質的な, 無関係の

ex-tros-pec-'ción [エ(ク)ス.トろス.ペク.'すぃオン] 名 女 〘心〙 外部考察, 外界観察

ex-tro-ver-'sión 名 女 ⇧ extraversión

ex-tro-ver-'ti-do, -da 形 ⇧ extravertido

ex-tru-'sión [エ(ク)ス.トる.'スィオン] 名 女 押し出し; 噴出

e+xu-be-'ran-cia [エク.ス.ベ.'らン.すぃア] 名 女 繁茂; 豊富, 充溢(じゅういつ)

e+xu-be-'ran-te [エク.ス.ベ.'らン.テ] 形 豊富な, 豊かな, 生き生きとした, あふれるばかりの

e+xu-da-'ción [エク.ス.ダ.'すぃオン] 名 女 《格》 滲出(しんしゅつ)(作用), 染み出し, 出液

e+xu-'dar [エク.ス.'ダる] 動 他 《格》 染み出させる, 滲出(しんしゅつ)させる ~se 動 再 《格》 染み出す, にじみ出る, 滲出する

e+xu-da-'ti-vo, -va [エク.ス.ダ.'ティ.ボ, バ] 形 〘医〙 滲出(しんしゅつ)作用の, 滲出性の

e+xul-ta-'ción [エク.スル.タ.'すぃオン] 名 女 《格》 歓喜, 有頂天, 大喜び

e+xul-'tar [エク.スル.'タる] 動 自 《格》 大喜びする

ex-'vo-to [エ(ク)ス.'ボ.ト] 名 男 〘宗〙 奉納物

e+ya-cu-la-'ción [エ.ジャ.ク.ラ.'すぃオン] 名 女 〘生〙 射精

e+ya-cu-'lar [エ.ジャ.ク.'ラる] 動 他 〘生〙 〈精液を〉射出する 動 自 〘生〙 射精する

e+yec-'ción [エ.ジェク.'すぃオン] 名 女 〘機〙 排出, 放出, 射出

e+yec-'ta-ble [エ.ジェク.'タ.ブレ] 形 〘機〙 排出する, 放出する, 射出する

e+yec-'tar [エ.ジェク.'タる] 動 他 〘機〙 排出する, 放出する, 射出する

e+yec-'tor [エ.ジェク.'トる] 名 男 〘機〙 排出[射出]装置

ez-'qui-te 名 男 《メキシコ》 ⇧ esquite

F f

F, f ['エ.フェ] 名 女 〘言〙 エフェ《スペイン語の文字》

f. 略 ⬇folio

f- 略 =femto- 《接頭辞》 10 の−15 乗

F 略 ⬇faradio

°F 略 ⬇Fahrenheit

'fa 名 男 〘楽〙 ファ《長音階の第 4 音》

f.ª 略 ⬇factura

fa-'ba-da 名 女 《スペイン》 〘食〙 ファバーダ《アストゥリアス地方の白インゲン豆・チョリーソなどを入れた煮込み料理》

'Fa-bio 名 固 〘男性名〙 ファビオ

'fa-bla ['ファ.ブラ] 名 女 〘文〙 おとぎ話, 寓話; 〘文〙 擬古文; 《古》 言葉, 言語

**'fá-bri-ca ['ファ.ブリ.カ] 83% 名 女 工場, 製作所; 製造, 製作; 〘建〙 建造物; 石

| 造物; でっちあげ, 捏造(ねつぞう)

fa-bri-ca-'ción [ファ.ブリ.カ.'すぃオン] [名] [女] **製作**, 製造, 生産; **製造品**, 製品; でっちあげ, 捏造(ねつぞう)

fa-bri-'can-te [ファ.ブリ.'カン.テ] [名] [共] **製造業者**, メーカー, 生産者; **工場主** [形] 製造の, 製造する

****fa-bri-'car** [ファ.ブリ.'カる] 90% [動] [他] 69 (c|qu) **製作する**, 製造する, 生産する, 作る; **建造する**; 〈財産を〉**築く**; 〈うそなどを〉**作り上げる**, でっちあげる　**~se** [動] [再] **製作される**, 製造される, 生産される; (自ら)**引き起こす**, もたらす, 招く

fa-'bril [ファ.'ブリル] [形] **製造の**, 工業の

fa-bri-'qué, -que(~) [動] 《直点 1 単, 接現》⬆fabricar

***'fá-bu-la** ['ファ.ブ.ラ] 94% [名] [女] 〔文〕**寓話**(ぐうわ) 《動物などを擬人化して教訓を含んだ物語》; **作り話**, うそ; 〔文〕**伝説**, 説話, 神話; **うわさ話**, ゴシップ; 〔文〕**筋**, プロット　*de* ~ 《話》すごい, すばらしい; すごく, すばらしく

fa-bu-la-'ción [ファ.ブ.ラ.'すぃオン] [名] [女] 〔医〕**作話(症)**

fa-bu-'la-rio [ファ.ブ.'ラ.りオ] [名] [男] 〔文〕**寓話集**

fa-bu-'lis-ta [ファ.ブ.'リス.タ] [名] [共] 〔文〕**寓話作家**

fa-bu-li-'zar [ファ.ブ.リ.'さる] [動] [他] 34 (z|c) 〔文〕〈の〉**おとぎ話を作る**

***fa-bu-'lo-so, -sa** [ファ.ブ.'ロ.ソ, サ] 94% [形] **架空の**, 伝説上の, 伝説的な; **法外な**, 信じられない

'fa+ca [名] [女] (大型の)**短剣**, ナイフ

fac-'ción [ファク.'すぃオン] [名] [女] **徒党**, 党派, 派閥; **一隊**, 一団; 〔複〕**容貌**, 顔立ち; 〔軍〕**見張り**, 当番

fac-cio-'na-rio, -ria [ファク.すぃオ.'ナ.りオ, りア] [形] 《格》**徒党の**, 党派的な [名] [男] [女] **党員**

fac-'cio-so, -sa [ファク.'すぃオ.ソ, サ] [形] **党派的な**, 党派心の強い; **反乱の**, 謀反を起こす; **徒党(の一味)** [名] [男] [女] **反逆者**, 謀反人

fa-'ce-ta [ファ.'せ.タ] [名] [女] (物事の)**一面**, 相; (多面体・宝石・結晶体の)**小面**, 切子面

'fa-cha [名] [女] 《話》**物腰**, 態度, 風采, 外見; 《話》**不格好**, 不細工; 《ラ米》**見え**, うぬぼれ; 《話》〔軽蔑〕〔政〕**ファシスト(の)**　*po-nerse en* ~ **準備ができている**

***fa-'cha-da** 91% [名] [女] 〔建〕(建物の)**正面**; **外見**, 外観, うわべ; (書物の)**扉**(とびら)　*con* ~ *a* ... …に面して

fa-'cha-do, -da [形]　*bien* ~ 《話》**美しい**, ハンサムな　*mal* ~ 《話》**醜い**

fa-'chen-da [名] [女] 《話》**うぬぼれ**, 慢心, 虚栄心, 見栄 [名] [共] 《話》**見栄っ張り**, うぬぼれ屋

fa-chen-de+'ar [ファ.チェン.デ.'アる] [動] [自] 《話》**鼻にかける**, 自慢する, 見せびらかす, 気取る

fa-chen-'do-so, -sa [形] 《話》**見せびらかす**, 気取った [名] [男] [女] **自慢家**, 見えっぱり

'fa-cho, -cha [形] [名] [男] [女] 《南米》《話》〔軽蔑〕〔政〕**ファシスト(の)**

fa-'cho-so, -sa [形] 《話》**不格好な**, 醜い, みっともない

fa-'cial [ファ.'すぃアル] [形] **顔の**, 顔面の; 顔用の, 顔に用いる　*valor* ~ 〔商〕**額面[表示]価格**

****'fá-cil** ['ファ.すぃル] 78% [形] **簡単な**, やさしい, 容易な; **気楽な**, 安楽な; 《人が》こだわらない, おおらかな, 寛大な; (que 接続法: …が)ありそうだ, 起こりそうだ, …になりそうだ, …しそうだ, …らしい; 《女が》**ふしだらな**, 尻軽な; **器用な**; **従順な**, おとなしい, 素直な [副] **容易に**, 簡単に, やすやすと

****fa-ci-li-'dad** [ファ.すぃ.リ.'ダド] 89% [名] [女] **容易さ**, やさしいこと; **よどみのないこと**, (言葉の)滑らかさ, 流暢(りゅうちょう); 〔複〕**便**, 便宜; **気軽さ**, 気楽, のんき, 安楽; **ゆったりとした態度**; (気持ちの)**余裕**; **才能**, 才　*con* ~ **簡単に**, 容易に

fa-ci-'lí-si-mo, -ma 〔最上級〕⬆fácil

****fa-ci-li-'tar** [ファ.すぃ.リ.'タる] 85% [動] [他] 《事情が》**容易にする**, 便利にする; **供給する**, 与える, 提供する; **仲介する**, 手配する

****'fá-cil-'men-te** ['ファ.すぃル.'メン.テ] 90% [副] **容易に**, 簡単に, 難なく

fa-ci-'lón, -'lo-na [ファ.すぃ.'ロン, 'ロ.ナ] [形] 《話》**とてもやさしい**

fa-ci-'lon-go, -ga [ファ.すぃ.'ロン.ゴ, ガ] [形] 《チリ》《ラプラタ》**とても簡単な**

fa-ci-ne-'ro-so, -sa [ファ.すぃ.ネ.'ろ.ソ, サ] [形] [名] [男] [女] **常習犯(の)**; **不正な(人)**, 不道徳な(人), よこしまな(人)

fa-cis-'tol [ファ.すぃス.'トル] [名] [男] 〔宗〕**聖書朗読台**, 書見台; **楽譜台**, 譜面台

facs. [略] ⬇facsímil

fac-'sí-mil [ファク.'スィ.ミル] [名] [男] (印刷物・美術品などの)**複写**, 複製, 模写; **ファクシミリ**, ファックス

fac-'ti-ble [ファク.'ティ.ブレ] [形] **実行できる**, 実現可能な, 実施されうる

fac-'ti-cio, -cia [ファク.'ティ.すぃオ, すぃア] [形] **人工的な**, 人造の, 人為的な; **不自然な**, わざとらしい

'fác-ti-co, -ca ['ファク.ティ.コ, カ] [形] **現実的な**, 現実の; **実権のある**

fac-ti-'ti-vo, -va [ファク.ティ.'ティ.ボ, バ] [形] 〔言〕**使役の**

'**fac-to** ['ファク.ト]〔成句〕 *de* ～〔ラテン語〕《格》実際の[に]

⁑**fac-'tor** [ファク.'トる] 82% 名 男 要因, 要素;〔商〕代理人, 仲買人;〔数〕因数, 因子;〔生〕遺伝因子

fac-to-'rí+a [ファク.ト.'り.ア] 名 女〔商〕代理業, 斡旋(あっせん)業;〔商〕代理店, 取次店;〔商〕海外代理店;〔歴〕〔商〕(海外の)商館; 工場

fac-to-'rial [ファク.ト.'りアル] 形〔数〕因数の, 因子の 名 女〔数〕階乗

fac-'tó-tum [ファク.'ト.トゥム] 名 共〔複 -tums〕《話》雑働き, 何でも屋; 用務員;《話》腹心, 右腕, 頼りになる部下

fac-'tual [ファク.'トゥアル] 形 事実の

*__fac-'tu-ra__ [ファク.'トゥ.ら] 92% 名 女〔商〕請求書, 勘定書;〔商〕送り状, インボイス; 仕立て, 出来上がり, 仕上げ;《ラ米》手数料 *pasar la* ～ (a: に)勘定[責任]を押しつける

fac-tu-ra-'ción [ファク.トゥ.ら.'すぃオン] 名 女〔商〕送り状[インボイス]の作成; (空港・駅での)荷物託送手続き

fac-tu-'rar [ファク.トゥ.'らる] 動 他〔商〕〈商品の〉送り状[請求書]を書く; 請求する; (空港などで)〈荷物を〉預ける, チッキで送る

⁑**fa-cul-'tad** [ファ.クル.'タド] 84% 名 女 能力, 才能, 手腕; (大学の)学部;〔集合〕(大学の)学部教員; 権限, 資格, 権能; (身体の)機能, 能力

fa-cul-'tar [ファ.クル.'タる] 動 他〈に〉権限[資格]を与える, 認可する, 是認する

fa-cul-ta-'ti-vo, -va [ファ.クル.タ.'ティ.ボ, バ] 形 随意の, 選択の;《スペイン》医学の, 医療の; (大学の)学部の; 専門職の, 技術職の 名 男 女 専門職の人;《スペイン》医師

fa-'dis-ta 名 共〔楽〕ファド歌手

'**fa+do** 名 男〔楽〕ファド《憂いを帯びたポルトガルの民謡》

*__fa+'e-na__ 92% 名 女 仕事, 労働, 作業, 操業; 面倒なこと;〔牛〕ファエナ《一頭の牛と戦う一連の技》;《俗》汚い手口

fa+e-'nar [ファ.エ.'ナる] 動 自〔海〕漁をする, 操業する;〔農〕農作業をする;《チリ》《ラプラタ》食肉処理する;《チリ》果物を洗う;《チリ》殺人を犯す

fa+e-'tón 名 男〔歴〕フェートン《二頭立て四輪無蓋(むがい)馬車》

fa-fa-ra-'che-ro, -ra [ファ.ファ.ら.'チェ.ろ, ら] 形《コロンビア》《話》虚勢を張る, からいばりする

fa-go-ci-'tar [ファ.ゴ.すぃ.'タる] 動 他〔生〕〈の〉細胞を食する

fa-go-ci-'ta-rio, -ria [ファ.ゴ.すぃ.'タ.りオ, りア] 形〔生〕食細胞の

fa-go-'ci-to [ファ.ゴ.'すぃ.ト] 名 男〔生〕食細胞, 貪食細胞, 貪菌細胞《白血球など》

fa-go-ci-'to-sis [ファ.ゴ.すぃ.'ト.スィス] 名 女〔単複同〕〔生〕食菌作用

fa-'got 名 男〔複 -gots〕〔楽〕ファゴット, バスーン 名 共〔楽〕ファゴット奏者

fa-go-'tis-ta 名 共〔楽〕ファゴット奏者

Fah-ren+'heit [ファ.れ.'ネイ(ト)] 名 固〔物〕華氏, カ氏温度

fai-'sán 名 男〔鳥〕キジ

'**fa+ja** ['ファ.は] 名 女〔衣〕帯, ベルト, バンド;〔衣〕コルセット, ガードル;〔一般〕帯; 地帯

fa-'jar [ファ.'はる] 動 他 帯で締める, 帯状に囲む, (包帯・布などで)くるむ;《話》殴る, 〈に〉パンチをくらわせる;《ラ米》〈打撃を〉与える, 殴る, たたく;《カリブ》《話》手に入れる;《カリブ》〈に〉借金をする;《カリブ》誘惑する;《カリブ》《ベネズエラ》《話》攻撃する;《メキシコ》《話》ベルトで殴りつける;《コロンビア》《話》見事に演じる;《ラプラタ》《話》〈に〉お仕置きをする, 懲らしめる **～(se)** 動 自(再)〔衣〕ベルトを付ける;《ラ米》(con: と)けんかする, 殴り合う;《メキシコ》《話》努力する;《ベネズエラ》《話》やる気を出す; 一生懸命に働く, がんばる

fa-'jar-do [ファ.'はる.ド] 名 男〔食〕パイ, ミートパイ

fa-ja-'zón [ファ.は.'そン] 名 男《カリブ》《話》混乱, 騒ぎ

fa-'jín [ファ.'ひン] 名 男〔衣〕小さな飾り帯

fa-'ji-na [ファ.'ひ.ナ] 名 女〔農〕(干し草などの)堆積, 稲むら;〔農〕たきぎ(の束);〔軍〕食事ラッパ;《ベネズエラ》共同作業者[グループ];《ベネズエラ》《話》混乱, 騒ぎ

'**fa+jo** ['ファ.ほ] 名 男 束;〔複〕〔衣〕産着(うぶぎ)

fa-'la-cia [ファ.'ラ.すぃア] 名 女《格》偽り, うそ, ごまかし; 詐欺

fa-'lá-fel⇔**-la-** [ファ.'ラ.フェル⇔ファ.ラ.'フェル] 名 男〔食〕ファラフェル《中東のひよこ豆のコロッケ》

fa-'lan-ge [ファ.'ラン.へ] 名 男〔軍〕部隊, 軍隊, 大軍;〔歴〕〔軍〕(古代ギリシャの)ファランクス《重装歩兵の密集隊形》;〔体〕指骨 ***F～ Española***〔歴〕〔政〕ファランへ党《1933 年, José Antonio Primo de Rivera によって作られたスペインのファシスト党》

fa-lan-'gis-mo [ファ.ラン.'ひス.モ] 名 男〔政〕ファランへ主義 ⬆falange

fa-lan-'gis-ta [ファ.ラン.'ひス.タ] 形〔政〕ファランへ党の 名 共〔政〕ファランへ党員 ⬆falange

fa-'laz [ファ.'ラす] 形《格》人をだます, 不正直な; 詐欺の; 虚偽の, いつわりの

Fal-'cón [ファル.'コン] 名 固〔地名〕ファ

ルコン《ベネズエラ北西部の州》

⁑**'fal-da** ['ファル.ダ] 90% [名] [女] 〔衣〕スカート; 〔地〕(山の)ふもと, 山すそ, 山腹; (女性の)ひざ, ひざの部分; 〔複〕《話》女性; 〔食〕腹部の肉

fal-de+'ar [ファル.デ.'アる] [動] [他] 〈の〉周辺にある, 囲む, めぐる

fal-'de-ro, -ra [ファル.'デ.ろ, ら] [形] 〔衣〕スカートの; 《話》《男が》女好きな; 《話》《子供が》甘えん坊の, 母親べったりの [名] [男] 女好き *perro* ~ 愛玩犬, 小型のペット犬

fal-di-'cor-to, -ta [ファル.ディ.'コる.ト, タ] [形] 〔衣〕スカートが短い

fal-dis-'to-rio [ファル.ディス.'ト.りオ] [名] [男] 〔宗〕司教の椅子(いす)

fal-'di-ta 〔縮小語〕 ↑falda

fal-'dón [ファル.'ドン] [名] [男] 〔衣〕(衣服の)裾(の部分); 〔衣〕(特に洗礼用の)ベビードレス; 〔建〕切妻(きりつま), 破風(はふ); マントルピース; 《メキシコ》〔車〕泥よけ, フェンダー

fal-fu-'lle-ro, -ra [ファル.フ.'ジェ.ろ, ら] [形] [名] [男] [女] 《カリブ》《話》空いばりの, 強がりを言う(人)

fa-'li-ble [ファ.'リ.ブレ] [形] 誤りに陥りがちな, 誤りのありうる

'fá-li-co, -ca ['ファ.リ.コ, カ] [形] 〔体〕陰茎の

'fa-lla ['ファ.ジャ] [名] [女] 欠陥, 傷; 短所, 欠点, 弱点; 《ラ米》欠落, 欠如; 〔衣〕婦人用ボンネット; 〔地質〕断層; 《スペイン》ファージャ《バレンシアの火祭りで 3 月 19 日に燃やされる張り子の大型人形》 **Fallas** [名] [固] 《スペイン》ファージャ祭り

*__fa-'llar__ [ファ.'ジャる] 89% [動] [他] 〈に〉失敗する, しくじる, しそこなう; 〈に〉失望させる, 〈の〉期待に反する; 〔遊〕〔トランプ〕〈札を〉切り札で切る; 〔法〕〈判決を〉下す, 裁定する; 〈賞などを〉授与する [動] [自] 機能しなくなる, 動かなくなる; 力尽きる, 崩れる; 失敗する, ミスする; 裁断する

fa-'lle-ba [ファ.'ジェ.バ] [名] [女] 掛け金, かんぬき

*__fa-lle-'cer__ [ファ.ジェ.'せる] 88% [動] [自] [45] (c|zc) 亡くなる, 他界する, 逝去(せいきょ)する

fa-lle-ci-'mien-to [ファ.ジェ.すぃ.'ミエン.ト] [名] [男] 死亡, 逝去(せいきょ)

fa-'lle-ro, -ra [ファ.'ジェ.ろ, ら] [形] ファージャ祭りの [名] [男] [女] ファージャ人形制作者; ファージャ祭りの参加者

fa-'llez-co, -ca (~) [動] 《直現1単, 接現》 ↑fallecer

fa-'lli-do, -da [ファ.'ジ.ド, ダ] [形] 失敗した, 失意の, 期待はずれの; むだな, 徒労に終わる; 〔商〕破産した, 破産宣告を受けた [名] [男] [女] 〔商〕破産者 [名] [男] 〔情〕バグ

*__'fa-llo__ ['ファ.ジョ] 90% [名] [男] 《スペイン》失敗; 間違い, 誤り, 欠陥; 〔法〕判決, 宣告; 決定, 決断 ~, **-lla** [形] [名] [男] [女] 《カリブ》《話》ばかな(人) *tener* [*estar*] ~ 〔トランプ〕(a: の)札が手元にない

'fa+lo ['ファ.ロ] [名] [男] 《格》〔体〕陰茎, 男根; ファルス, 男根像《生殖力の象徴》

fa-lo-'cra-cia [ファ.ロ.'クら.すぃア] [名] [女] 男性優位状態

fa-'ló-cra-ta [ファ.'ロ.クら.タ] [名] [共] 男性優位主義者

fa-lo-'crá-ti-co, -ca [ファ.ロ.'クら.ティ.コ, カ] [形] 男性優位の

fa-'lon-dres [ファ.'ロン.ドれス] 〔成句〕 *de* ~ 《カリブ》《ベネズエラ》突然; 一度に; 全身の力をこめて

fa-'lo-pa [ファ.'ロ.パ] [名] [女] 《ラプラタ》《話》安物, 粗悪品

fal-'san-te [ファル.'サン.テ] [形] 《話》にせの; 本心でない

fal-'sa-rio, -ria [形] ⇩falso

fal-se+a-'mien-to [ファル.セ.ア.'ミエン.ト] [名] [男] 歪曲(わいきょく), でっちあげ, 捏造(ねつぞう); 偽造, 変造

fal-se+'ar [ファル.セ.'アる] [動] [他] 歪曲する, 偽る; 偽造する, 変造する; 〔建〕〈に〉斜角をつける [動] [自] 弱まる, 弱くなる; 〔楽〕(弦の音が)外れる

fal-se-'dad [ファル.セ.'ダド] [名] [女] 虚偽, うそ; 〔法〕文書偽造(罪)

fal-'se-te [ファル.'セ.テ] [名] [男] 〔楽〕(テノール歌手の)ファルセット, 仮声; 裏声; (樽(たる)の)栓; 〔建〕(二つの部屋の間の)小さなドア

fal-'sí+a [ファル.'スィ.ア] [名] [女] 不誠実, 裏切り, 不正直; 偽善

fal-si-fi-ca-'ción [ファル.スィ.フィ.カ.'すぃオン] [名] [女] 変造, 偽造; 偽造物, 変造物; 〔法〕文書偽造

fal-si-fi-ca-'dor, -'do-ra [ファル.スィ.フィ.カ.'ドる, 'ド.ら] [形] 偽造の [名] [男] [女] 偽造者

fal-si-fi-'car [ファル.スィ.フィ.'カる] [動] [他] [69] (c|qu) 偽造する, 変造する

fal-'si-lla [ファル.'スィ.ジャ] [名] [女] (下敷き用)罫紙(けいし)

⁑**'fal-so, -sa** ['ファル.ソ, サ] 85% [形] 偽りの, うその; 本物でない, にせの, 人造の, 贋作(がんさく)の; 見せかけの; 間違った, 正しくない; 不実の, 人をだます, ずるい; 不適切な, 無理な [名] [男] [女] うそつき, 不誠実な人 [名] [男] 〔衣〕裏地 *dar un golpe en* ~ 空振りする, 打ちそこねる *en* ~ 偽って, うそをついて; ぐらぐらして, 支えがなく; 失敗して, 誤って, 間違って *jurar en* ~ 偽証する

⁑**'fal-ta** ['ファル.タ] 72% [名] [女] 欠乏, 不足; 欠点, 短所, あら, 傷; 誤り, 過失, 落ち度; (過失の)責任, 罪, 違反; 欠席, 欠勤, 不在; 無作法, ぶしつけ; 〔競〕反則; 〔競〕ミス, 失策, フォールト《テニスなどでサーブの失

f

敗》; 必要, 必要性 ***a ~ de*** … …がないので, …の代わりに ***coger en ~*** 現行犯で捕まえる ***echar en ~*** いない[ない]のに気づく; いなくてさびしく思う ***hacer ~*** 必要である, 足りない ***poner ~ (s)*** (a: の)あら探しをする, (a: を)非難する; (a: を)欠席[欠勤]にする ***por ~ de*** … …が不足して, …がなくて ***sin ~*** 必ず, 間違いなく

‡**fal-ˈtar** [ファル.ˈタる] 77% [動] [自] 足りない, ない, 不足している; 必要である; 外れる, 故障する, 失敗する; 残っている, まだある; (a: に)欠席する, 欠勤する, (de: に)いない; (a: 人を)裏切る, (a: 約束を)破る; (a: 任務・仕事を)果たさない, (a: するのを)怠る; (a: に)失礼な態度をとる; 死ぬ; (por 不定詞: …を)し残している, …を終えていない; (por 不定詞: …)しなければならない; (a: に)不貞をはたらく; 《中米》 懐かしがる, (い)ないのをさびしく思う ***~ al respeto*** 礼儀を欠く ⇦faltar el respeto 《ラ米》 ***~ poco para*** …(不定詞/***que*** 接続法) もう少しで…するところだ ***¡Lo que faltaba!*** 泣き面に蜂だ!, 悪いことが続くものだ! ***¡No faltaba [faltaría] más!*** いいえ!, とんでもないことです! 《相手の好意を丁寧に断る》; それはだめだ!, とんでもないことです!; もちろんです! 《喜んで同意する》

ˈ**fal-to, -ta** [ˈファル.ト, タ] [形] (de: が)不足している, 欠けている; 精神的に障害のある, 知恵遅れの

fal-tri-ˈque-ra [ファル.トり.ˈケ.ら] [名] [女] 〘衣〙 (帯につける)巾着(きんちゃく), 小袋; ポシェット ***rascarse la ~*** 《話》 金を払う

fa-ˈlú+a [ファ.ˈル.ア] [名] [女] 〘海〙 ランチ, 汽艇, 内火艇

‡ˈ**fa+ma** 90% [名] [女] 名声, 有名なこと, 声望; 評判, 世評; うわさ ***de ~*** 有名な ***es ~ que*** … …といううわさである

fa-ˈmé-li-co, -ca [ファ.ˈメ.リ.コ, カ] [形] 餓死寸前の, 飢えた

‡**fa-ˈmi-lia** [ファ.ˈミ.リア] 70% [名] [女] 家族, 家庭, 世帯; 〔集合〕(一家の)子供たち; 一族, 一家; 家柄; (共通の祖先から出た)一族, 種族, 民族; 〘言〙 語族; 〘生〙 科 ***en ~*** 家族だけで, 内々で, 内輪で ***venir de ~*** 血筋を引いている, 遺伝する

‡**fa-mi-ˈliar** [ファ.ミ.ˈリアる] 81% [形] 家族の, 家族的な; «物事が» (a: 人に)よく知られている, なじみ深い, 見[聞き]慣れた; 親しい, 親密な, うちとけた, くだけた [名] [共] 家族, 親戚; 仲のよい友人, 仲間 ***parecido ~*** よく似ていること

fa-mi-lia-ri-ˈdad [ファ.ミ.リア.り.ˈダド] [名] [女] 親しみ, 親交; なじみ; 心安さ, なれなれしさ, あつかましさ

fa-mi-lia-ri-ˈzar [ファ.ミ.リア.り.ˈさる] [動] [他] ㉞ (z|c) (con: に)親しませる, 習熟させる, なじませる **~se** [動] [再] (con: に)親しむ, 習熟する, 慣れる, なじむ

‡**fa-ˈmo-so, -sa** 83% [形] 有名な, 名高い; 例の, 話題の; 《話》 すばらしい, すてきな; 大変な, すごい

ˈ**fá-mu-lo, -la** [ˈファ.ム.ロ, ラ] [名] [男] [女] 《話》 使用人, お手伝いさん

ˈ**fan** [名] [共] ファン

fa-ˈnal [ファ.ˈナル] [名] [男] 〘海〙 (港の)標識灯; ガラスのかさ, 釣鐘状のガラス器[ふた]

fa-na-ti-ˈca-da [名] [女] 《コロンビア》 〘競〙 〔集合〕 熱狂的なファン

fa-ˈná-ti-co, -ca [形] 狂信的な, 熱狂的な [名] [男] [女] 狂信者, 熱狂的愛好者; 〘競〙 〔サッカーなど〕 ファン, サポーター

fa-na-ˈtis-mo [名] [男] 熱狂, 狂信

fa-na-ti-ˈzar [ファ.ナ.ティ.ˈさる] [動] [他] ㉞ (z|c) 狂信的にする, 熱狂的にさせる

fan-ˈdan-go [名] [男] 《スペイン》 〘楽〙 ファンダンゴ 《スペインの 3 拍子の陽気な舞踊, 舞曲》; 《話》 大騒ぎ

fa-ˈne-ga [名] [女] ファネーガ 《穀物の容量単位; 地方によって 22.5 リットル, 55.5 リットルと異なる》; 〘農〙 ファネーガ 《土地の測量単位; 約 64.6 アール》

fan-ˈfa-rria [ファン.ˈファ.りア] [名] [女] 〘楽〙 ファンファーレ 《華やかなトランペットなどの合奏》; 《話》 いばること, 誇示, 空いばり

fan-fa-ˈrrón, -ˈrro-na [ファン.ファ.ˈろン, ˈろ.ナ] [形] 自慢する, 鼻にかけている; 空いばりの, 虚勢をはる [名] [男] [女] 自慢屋; ほら吹き

fan-fa-rro-ˈna-da [ファン.ファ.ろ.ˈナ.ダ] [名] [女] 空いばり, ひけらかし

fan-fa-rro-ne+ˈar [ファン.ファ.ろ.ネ.ˈアる] [動] [自] 自慢する, ひけらかす, 空いばりする, ほらを吹く

fan-fa-rro-ne-ˈrí+a [ファン.ファ.ろ.ネ.ˈり.ア] [名] [女] 自慢すること, 空いばり

fan-ˈgal [ファン.ˈガル] [名] [男] 〘地〙 泥沼, ぬかるみ

ˈ**fan-go** [名] [男] 〘地〙 ぬかるみ, 泥沼; 堕落, 恥, 不名誉

fan-ˈgo-so, -sa [形] 〘地〙 ぬかるみの, 泥だらけの

fan-ta-se+ˈar [ファン.タ.セ.ˈアる] [動] [自] 空想する, 夢想する; (de: であると)うぬぼれる, (de: を)気取る [動] [他] 夢見る, 空想する

fan-ta-ˈse+o [名] [男] 空想すること, 夢見ること

‡**fan-ta-ˈsí+a** 89% [名] [女] 空想, 幻想; 空想[幻想]の産物, 作り話; 気まぐれ, 思いつき; 〘楽〙 幻想曲; ファンシー, 趣味 ***de ~*** 模造の, イミテーションの; 装飾的な, 意匠をこらした, 趣味的な

fan-ta-ˈsio-so, -sa [形] 夢想的な, 空想にふけった; 《話》 見えっぱりの, 気取った [名] [男] [女] 夢想家; 見えっぱり

*fan-'tas-ma 91% 名 男 幽霊, 亡霊; 幻, 幻影, 妄想; 《スペイン》《話》ほらふき, うぬぼれ屋, 空想家

fan-tas-'ma-da 名 女 《話》はったり, 自慢, 見え

fan-tas-ma-go-'rí+a [ファン.タス.マ.ゴ.'リ.ア] 名 女 〔歴〕〔遊〕(次々と移り変わる)幻灯; 幻想

fan-tas-ma-'gó-ri-co, -ca [ファン.タス.マ.'ゴ.リ.コ, カ] 形 幻影の, 幻想的な

fan-tas-'mal [ファン.タス.'マル] 形 幽霊の; 非現実的な

fan-tas-'món, -'mo-na 形 見えっぱりの, とても気取った[うぬぼれた] 名 男 女 大変なうぬぼれ屋, 高慢な人

*fan-'tás-ti-co, -ca 91% 形 空想的な, 気まぐれな; 《話》すばらしい, すごい; 風変わりな, 奇異な

fan-to-'cha-da 名 女 愚行, 奇行, ばかな言動; 見え, うぬぼれ, はったり

fan-'to-che 名 男 あやつり人形; 《話》(外見が)異様な人; 《話》でくの坊; 手先; はったり屋, 気取り屋

fa-'quir [ファ.'キる] 名 男 〔宗〕(イスラム教・ヒンドゥー教の)苦行僧, 托鉢(たくはつ)僧

fa-ra-'bu-te [ファ.ら.'ブ.テ] 名 共 《ラプラタ》空いばり屋

fa-'ra-dio [ファ.'ら.ディオ] 名 男 〔電〕ファラド《電気容量の実用単位》

fa-ra-'lá [ファ.ら.'ラ] 名 男 〔複 -laes〕〔複〕〔衣〕(特にアンダルシア地方の)スカート裾フリル; 〔複〕《話》ごてごてした飾り

fa-ra-'llón [ファ.ら.'ジョン] 名 男 〔海〕(海などに突き出した)岩, 岩島

fa-ra-'ma-lla [ファ.ら.'マ.ジャ] 名 女 《話》はったり, ごまかし, ペテン, 口車; 《話》見かけ倒しのがらくた

fa-'rán-du-la [ファ.'らン.ドゥ.ラ] 名 女 〔演〕演劇界; 劇団, (芝居の)一座; 《スペイン》〔歴〕17 世紀の旅芸人一座; 《話》はったり, ペテン, 甘言

fa-ran-du-'le-ro, -ra [ファ.らン.ドゥ.'レ.ろ, ら] 名 男 女 〔演〕旅回りの役者, 道化役者; 《話》詐欺師, ペテン師

fa-ra+'ón [ファ.'らオン] 名 男 〔歴〕〔政〕ファラオ《古代エジプト王の称号》

fa-ra+'ó-ni-co, -ca [ファ.'らオ.ニ.コ, カ] 形 〔歴〕〔政〕ファラオの; 豪華な

fa-'rau-te [ファ.'らウ.テ] 名 男 《格》使者, 伝令官; 《話》目立ちたがり屋; 〔演〕〔歴〕前口上役

far-'dar [ファる.'ダる] 動 自 《スペイン》《話》(de, con: を)見せびらかす, 鼻にかける; 《話》かっこいい, しゃれている

far-'del [ファる.'デル] 名 男 (羊飼いなどがもつ)ずだ袋; 《話》だらしない格好の人

'far-do ['ファる.ド] 名 男 梱(こり), 行李(こうり), 包み, 梱包(こんぽう), 荷物

far-'dón, -'do-na [ファる.'ドン, 'ド.ナ] 形 《スペイン》《話》見せびらかす, 自慢する 名 男 女 《話》自慢屋

'fár-fa-ra ['ファる.ファ.ら] 名 女 〔生〕(卵の)薄膜; 《スペイン》〔植〕フキ

far-'fo-lla [ファる.'フォ.ジャ] 名 女 〔植〕トウモロコシの皮; 安物, つまらないもの

far-'fu-lla [ファる.'フ.ジャ] 形 名 共 早口の; 早口でつっかえながらしゃべる(人) 名 女 早口でつっかえながらしゃべること

far-fu-'llar [ファる.フ.'ジャる] 動 自 早口につっかえながらしゃべる; 《話》やっつけ仕事をする

far-fu-'lle-ro, -ra [ファる.フ.'ジェ.ろ, ら] 形 名 男 女 早口で不明瞭に話す(人); 《話》いいかげんな(人); 《カリ》《話》空いばりの, 強がりを言う(人); 《アンデス》《話》口先ばかりの(人), 実行が伴わない(人)

Fa-'rí+as [ファ.'リ.アス] 名 固 〔姓〕ファリアス

fa-ri-'ná-ce+o, +a [ファ.り.'ナ.せ.オ, ア] 形 粉状の, 粉の

fa-'rin-ge [ファ.'りン.へ] 名 女 〔体〕咽頭(いんとう)

fa-'rín-ge+o, +a [ファ.'りン.へ.オ, ア] 形 〔体〕咽頭(いんとう)の

fa-rin-'gi-tis [ファ.りン.'ひ.ティス] 名 女 〔単複同〕〔医〕咽頭(いんとう)炎

'fa-rio ['ファ.りオ] 名 男 《俗》運

fa-ri-'sai-co, -ca [ファ.り.'サイ.コ, カ] 形 〔聖〕パリサイ人[主義]の; 偽善的な

fa-ri-se+'ís-mo [ファ.り.セ.'イス.モ] 名 男 〔歴〕ユダヤ人のパリサイ派; 偽善

fa-ri-'se+o, +a [ファ.り.'セ.オ, ア] 名 男 女 〔歴〕〔宗〕パリサイ人(びと), ファリサイ人《古代ユダヤ教の一派; 律法を重んじイエスの論敵とされる》; 独善家, 偽善者 形 〔聖〕パリサイ人[派]の; 偽善の, 独善の

far-ma-'céu-ti-co, -ca [ファる.マ.'せウ.ティ.コ, カ] 形 〔医〕薬学の, 薬剤の, 製薬の 名 男 女 〔医〕薬剤師

*far-'ma-cia [ファる.'マ.すぃア] 92% 名 女 〔商〕薬局, 薬屋; 〔医〕薬学, 調剤学; 〔医〕(大学の)薬学部

'fár-ma-co ['ファる.マ.コ] 名 男 〔医〕薬, 薬剤

far-ma-co-lo-'gí+a [ファる.マ.コ.ロ.'ひ.ア] 名 女 〔医〕薬理学; 〔医〕調剤

far-ma-co-'ló-gi-co, -ca [ファる.マ.コ.'ロ.ひ.コ, カ] 形 〔医〕薬理学の, 薬理学的な

far-ma-'có-lo-go, -ga [ファる.マ.'コ.ロ.ゴ, ガ] 名 男 女 〔医〕薬理学者

far-ma-co-'pe+a [ファる.マ.コ.'ペ.ア] 名 女 〔医〕薬局方

*'fa+ro ['ファ.ろ] 94% 名 男 〔海〕灯台;

〔車〕〔鉄〕(機関車・自動車などの)ヘッドライト, 前照灯; 信号灯, 標識灯; 指針, 手引き, 導くもの

*fa-'rol [ファ.'ろル] 94% 名 男 街灯, 角灯; 手さげランプ, カンテラ; 〔牛〕ファロール《ケープの振り回し》; 《話》見せびらかし, 虚勢; 《話》〔衣〕衣服のよごれ *¡Adelante con los ~es!* 《話》そのまま続けて!, がんばれ! *marcarse [tirarse] un ~* 見せびらかす, 自慢する, 虚勢を張る *tener mucho ~* 虚勢を張る

fa-'ro-la [ファ.'ろ.ラ] 名 女 街灯; カンテラ

fa-ro-le+'ar [ファ.ろ.レ.'アる] 動 自 《話》自慢する, 鼻にかける, 見せびらかす

fa-ro-'le+o [ファ.ろ.'レ.オ] 名 男 《話》見せびらかすこと, 自慢, 虚勢

fa-ro-'le-ro, -ra [ファ.ろ.'レ.ろ, ら] 形 名 男 女 《話》見えっぱり(の), 空いばりする(人); カンテラ職人; 街灯点灯夫

fa-ro-'li-llo [ファ.ろ.'リ.ジョ] 名 男 (夜祭り用の)ちょうちん; 〔植〕フウリンソウ *~ rojo* 《話》(競争の)びり

'fa-rra ['ファ.ら] 名 女 お祭り騒ぎ *tomar para la ~* 《ラプラタ》からかう, ばかにする

'fá-rra-go ['ファ.ら.ゴ] 名 男 寄せ集め, ごたまぜ

fa-rra-go-si-'dad [ファ.ら.ゴ.スィ.'ダド] 名 女 混乱, ごちゃまぜ

fa-rra-'go-so, -sa [ファ.ら.'ゴ.ソ, サ] 形 混乱した; ごちゃまぜの, 寄せ集めの

fa-'rru-co, -ca [ファ.'る.コ, カ] 形 挑戦的な; 気取った, もったいぶった

'far-sa ['ファる.サ] 名 女 〔演〕笑劇, 道化芝居; 〔演〕道化役者の一座; 茶番(劇), 芝居, ごまかし

far-'san-te [ファる.'サン.テ] 名 共 〔演〕道化役者; うそつき, ペテン師

'fas 〔成句〕 *por fas o por nefas* 《話》正しかろうとなかろうと, いずれにしろ

fasc. 略 ↓fascículo

fas-'cí+cu-lo [ファ(ス).'すぃ.ク.ロ] 名 男 (本の)分冊; 〔体〕(筋肉・神経の)束(そく), 繊維束

fas-ci-na-'ción [ファ(ス).すぃ.ナ.'すぃオン] 名 女 魅了, 魅惑

fas-ci-'na-do, -da [ファ(ス).すぃ.'ナ.ド, ダ] 形 うっとりしている, 夢中の, 心を奪われた

fas-ci-na-'dor, -'do-ra [ファ(ス).すぃ.ナ.'ドる, 'ド.ら] 形 名 男 女 魅了する(人), うっとりさせる(人)

*fas-ci-'nan-te [ファ(ス).すぃ.'ナン.テ] 94% 形 うっとりする, 夢のような

*fas-ci-'nar [ファ(ス).すぃ.'ナる] 94% 動 他 魅了する, 引きつける, 〈の〉魂を奪う *~-se* 動 再 (con, por: に)魅了される, ひかれる, うっとりする, 心を奪われる

fas-'cis-mo [ファ(ス).'すぃス.モ] 名 男 〔政〕ファシズム

fas-'cis-ta [ファ(ス).'すぃス.タ] 形 名 共 〔政〕ファシスト(の), ファシスト党の[党員], ファシズム的な

fas-cis-'toi-de [ファ(ス).すぃス.'トイ.デ] 形 名 共 〔軽蔑〕〔政〕ファシスト的な(人)

**'fa+se 86% 名 女 (変化・発達などの)段階, 局面, 面; 〔天〕(月などの)相; 〔物〕相, 位相

'fa+so 名 男 《ラプラタ》《話》タバコ

fas-ti-'dia-do, -da 形 《話》壊れている, 動かない, 調子が悪い; 《話》《人が》不機嫌である

*fas-ti-'diar [ファス.ティ.'ディアる] 94% 動 他 いらいらさせる, 不快にする, 立腹させる; だめにする, だいなしにする *~se* 動 再 (con, de: に)うんざりする, わずらわしい; 我慢する; 《スペイン》だめになる, だいなしになる *¡Fastídiate!, ¡Que se fastidie!* 《俗》さまあ見ろ!, お気の毒さま!

fas-'ti-dio 名 男 面倒, やっかい, 騒ぎ; やっかいなこと[人], いやなこと[物, 人]

fas-ti-'dio-so, -sa 形 いやな, やっかいな, 不快な; うんざりする, あきあきする, 退屈な

'fas-to 名 男 《格》華麗さ, 豪華さ *~, -ta* 形 《格》さい先のよい, めでたい

fas-tuo-si-'dad 名 女 壮観, 華麗, 華やかさ

fas-'tuo-so, -sa 形 華やかな, 華麗な

fa-'su-lo [ファ.'ス.ロ] 名 男 《ラプラタ》札, 紙幣

**fa-'tal [ファ.'タル] 86% 形 致命的な, 命取りの; 運命の, 運命を決する, 宿命的な; 《スペイン》《話》ひどい, あきれた, へたな, 最低の; 不幸な, 不運な 副 《話》ひどく *mujer ~* 毒婦, 悪女, 妖婦(ようふ) *~mente* 副 致命的に; 運命的に; 《スペイン》《話》ひどく; 不幸に

fa-ta-li-'dad [ファ.タ.リ.'ダド] 名 女 宿命, 運命, 因縁; 不幸, 不運, 逆境

fa-ta-'lis-mo [ファ.タ.'リス.モ] 名 男 〔哲〕運命[宿命]論; 運命への服従

fa-ta-'lis-ta [ファ.タ.'リス.タ] 形 〔哲〕運命論的な, 宿命論的な 名 共 〔哲〕運命論者, 宿命論者

'fá-ti-co, -ca 形 〔言〕ファティックの《コミュニケーションを維持する》

fa-'tí-di-co, -ca 形 預言の, 予言的な; 縁起が悪い, 不吉な

*fa-'ti-ga 92% 名 女 (精神・肉体上の)疲れ, 疲労; 〔複〕(疲れる)労働, 労苦, 苦労; 息切れ, 呼吸困難; 気分が悪いこと; 〔物〕(金属などの)疲労; 《ベネズエラ》《話》空腹, 飢え *dar ~* (a: を)うんざりさせる

fa-ti-'ga-do, -da 形 疲れている; 《ワイ

ンが»出来たばかりの; こくのない

fa-ti-'gar [ファ.ティ.'ガる] 動 他 41 (g|gu) 疲れさせる, くたびれさせる; あきあきさせる, うんざりさせる **~se** 動 再 疲れる, くたびれる

fa-ti-'go-so, -sa 形 疲れさせる, 骨が折れる; (疲れなどで)息が苦しい; 退屈な, うんざりさせる

fa-ti-'gué, -gue(~) 動 《直点 1 単, 接現》 ↑fatigar

fa-ti-'mí ⇔ -'mi-ta 形 〔複 -míes ⇔ -mís〕〘歴〙(イスラムの)ファーティマ朝の《909–1171 年》 名 共 ムハンマド **Mahoma** の娘ファーティマ **Fátima** の子孫

fa-tui-'dad 名 女 《格》 愚鈍, 遅鈍; 《格》 うぬぼれ, 自賛, 思い上がり

'fa-tuo, -tua 形 《格》 おろかな, ばかげた, 思慮分別のない; 《格》 うぬぼれの強い, 思い上がった *fuego* ~ 鬼火, 狐火

'fau-ces ['ファウ.せス] 名 女 《複》〘体〙(特に大型哺乳動物の)のどもと, のどくび

'faul ['ファウル] 名 男 《ラ米》〘競〙 反則, ファウル

'fau-na 名 女 〘動〙(一地域・一時期の)動物相[群], 動物誌

'fau+no 名 男 〘ロ神〙 ファウヌス 《ヤギの角と耳と足をもつ森林・牧人・家畜の神》

'faus-to, -ta 形 《格》 幸せな, 幸福な, 幸運な 名 男 《格》 華麗, 華やかさ, 豪華さ

fau-'tor, -'to-ra [ファウ.'トる, 'ト.ら] 名 男 女 《格》 共犯者, 共謀者

fau-'vis-mo [ファウ.'ビス.モ] 名 男 〘美〙 野獣主義, フォービスム

fau-'vis-ta [ファウ.'ビス.タ] 形 〘美〙 野獣主義の 名 共 〘美〙 野獣主義者, フォービスト

‡**fa-'vor** [ファ.'ボる] 78% 名 男 好意, 親切, 親切な行い, 世話; 引き立て, 支援, 愛顧; (好意を示す)贈り物 *a* ~ 有利な[に] *a* ~ *de* ... …の有利になるように, …の味方で, …を支持して; 〘商〙 …を受益者とした, 貸方に *de* ~ 招待の, 無料の *en* ~ *de* ... …に賛成して; …のために *por* ~ どうぞ, どうか; すみません, もしもし 《呼びかけに用いる》; やめてください, よしてくれ *tener a su* ~ 助けとなる, 有利になる

‡**fa-vo-'ra-ble** [ファ.ボ.'ら.ブレ] 90% 形 (para: にとって)好都合な, 有望な, 有利な; 好意的な, 賛成する **~mente** 副 好意的に, 賛成して; 好都合に, 有利に

fa-vo-re-ce-'dor, -'do-ra [ファ.ボ.れ.せ.'ドる, 'ド.ら] 形 有利な; 似合う

‡**fa-vo-re-'cer** [ファ.ボ.れ.'せる] 89% 動 他 45 (c|zc) 援助する, <に>目をかける, <に>便宜をはかる; 《状況などが》<に>有利[好都合]である; <に>似合う, 引き立てる; 支持する, 賛成する

fa-vo-re-'ci-do, -da [ファ.ボ.れ.'すぃ.ド, ダ] 形 恵まれた, 恩恵を与えられた *poco* ~[*da*] 恵まれない; 不器量な

fa-vo-'rez-co, -ca(~) 動 《直現 1 単, 接現》 ↑favorecer

fa-vo-ri-'tis-mo [ファ.ボ.り.'ティス.モ] 名 男 えこひいき, 偏愛

***fa-vo-'ri-to, -ta** [ファ.ボ.'り.ト, タ] 92% 形 お気に入りの, ひいきの, 大好きな; 人気のある 名 男 女 人気者; (最有力の)優勝候補, (競馬などの)本命; お気に入りの人[物]; 寵臣(ちょうしん)

'fax ['ファ(ク)ス] 名 男 〔複 faxes〕 ファックス; 〘機〙 ファックス機

fa-xe+'ar [ファク.セ.'アる] 動 他 ファックスする[で送る]

'fa+ya 名 女 〘衣〙 ファイユ 《横うねのある平織りの絹・レーヨンなどの生地》

fa-'yan-ca 名 女 不安定な姿勢

fa-'yen-za [ファ.'ジェン.さ] 名 女 ほうろう焼きのタイル

fa-'yu-ca ⇔ -'llu- [ファ.'ジュ.カ] 名 女 《メキシコ》《話》 密輸品

fa-yu-que+'ar [ファ.ジュ.ケ.'アる] 動 他 《メキシコ》《話》 密輸する

fa-yu-'que-ro, -ra [ファ.ジュ.'ケ.ろ, ら] 名 男 女 《メキシコ》《話》 密輸業者

fa-'yu-to, -ta 形 名 男 女 《ラプラタ》《話》 不忠な(人), 裏切る(人), 信用できない(人)

'faz ['ファす] 名 女 《格》 顔; 表側; 表面

f. c., ff. cc.; F. C., FF. CC. 略 ↓ferrocarril, -rriles

F. C. 略 =fútbol club 〘競〙 サッカークラブ

fca. 略 ↑fábrica

Fdo. 略 =Firmado 《署名する箇所を指示する》

‡**'fe** 83% 名 女 信頼, 信用; 〔しばしば F~〕〘宗〙 信仰; 信念; 証明, 証明書; 契約, 約束, 誓い *a* ~ 確かに, 本当に *a* ~ *de* ... …に誓って *dar* ~ (de: を)認定する, 証言する *de buena* ~ 善意で, 好意で *de mala* ~ 悪意で, だますつもりで ~ *de erratas* 正誤表 *prestar* ~ (a: を)信用する

'fe+a(s) 形 《女》 ↓feo

fe+al-'dad [フェ.アル.'ダド] 名 女 醜い[見苦しい]こと, 醜悪, 不体裁; 卑劣さ

‡**fe-'bre-ro** [フェ.'ブれ.ろ] 84% 名 男 2 月

fe-'brí-fu-go, -ga [フェ.'ブり.フ.ゴ, ガ] 形 〘医〙 解熱の 名 男 〘医〙 解熱剤

fe-'bril [フェ.'ブりル] 形 〘医〙 熱のある, 熱っぽい; ひどく興奮した, 熱狂的な

fec. 略 =〔ラテン語〕 *fecit* …著

fe-'cal [フェ.'カル] 形 糞便の

‡**'fe-cha** 79% 名 女 日付, 年月日, 期日; 期日, 期限, 日程; 今, 現在; 日, 日数 *a*

| ... *días* ~ …日後に有効となる

fe-'char [フェ.'チャる] [動] [他] 〈手紙・文書に〉日付を入れる; 〈事件・美術品などの〉時日[年代]を定める

fe-cho-'rí+a [フェ.チョ.'り.ア] [名] [女] 非行, 悪行, 悪事; (子供の)いたずら

'fé-cu-la ['フェ.ク.ラ] [名] [女] 〔食〕 澱粉(でんぷん)

fe-cu-'len-to, -ta [フェ.ク.'レン.ト, タ] [形] 〔食〕 澱粉(でんぷん)質の; 〔食〕 澱(おり)[かす]を含む

fe-cun-da-'ción [フェ.クン.ダ.'すぃオン] [名] [女] 〔農〕 土地を肥やすこと, 肥沃化; 〔生〕 受精, 受胎

fe-cun-'dan-te [形] 〔農〕 肥沃にする; 受胎させる

fe-cun-'dar [フェ.クン.'ダる] [動] [他] 〔農〕 〈土地を〉肥沃にする, 〈土地に〉肥料をやる; 受精[受胎]させる

fe-cun-di-'dad [名] [女] 生産力, 多産, 肥沃; 多産性, 生殖力

fe-cun-di-za-'ción [フェ.クン.ディ.さ.'すぃオン] [名] [女] 〔農〕 (土地の)肥沃化

fe-cun-di-'zar [フェ.クン.ディ.'さる] [動] [他] [34] (z|c) 〔農〕 〈土地を〉肥沃にする; 受精[受胎]させる

fe-'cun-do, -da [形] 多産の, 多作な; 〔農〕 «地味が»肥えた; 豊富な, (de, en: に)富む

fe-da-'yín [名] [男] 〔軍〕 パレスチナゲリラ

⁑**fe-de-ra-'ción** [フェ.デ.ら.'すぃオン] 87% [名] [女] 連邦, 連合, 同盟, 連盟; 〔政〕 連邦政府, 連邦制度

⁑**fe-de-'ral** [フェ.デ.'らル] 87% [形] [名] [共] 〔政〕 «国家・政府が»連邦(制)の; 〔政〕 連邦主義の[主義者]; 〔歴〕 〔政〕 (米国南北戦争時代の)北部連邦同盟の

fe-de-ra-'lis-mo [フェ.デ.ら.'リス.モ] [名] [男] 〔政〕 連邦主義[制度]

fe-de-ra-'lis-ta [フェ.デ.ら.'リス.タ] [形] 〔政〕 連邦主義(者)の [名] [共] 〔政〕 連邦主義者

fe-de-'rar [フェ.デ.'らる] [動] [他] 〔政〕 連合[同盟]させる **~se** [動] [再] 〔政〕 連合[同盟]に加入する; 〔競〕 スポーツ連盟に加盟する

fe-de-ra-'ti-vo, -va [フェ.デ.ら.'ティ.ボ, バ] [形] 〔政〕 連邦の, 連合の, 連盟の

Fe-de-'ri-ca [フェ.デ.'り.カ] [名] [固] 〔女性名〕 フェデリーカ

Fe-de-'ri-co [フェ.デ.'り.コ] [名] [固] 〔男性名〕 フェデリーコ

feedback ['フィド.バク] [名] [男] 〔英語〕 〔情〕 ⇩ retroalimentación

fe+'é-ri-co, -ca ['フェエ.り.コ, カ] [形] 《格》 魔法の, 魔術の; 《まれ》 妖精の

fe-ha-'cien-te [フェ.ア.'すぃエン.テ] [形] 立証できる, 証拠となる; 信用できる, 確実な **~mente** [副] 証拠[証人]となるように, 反証できないように

fe-la-'ción [フェ.ラ.'すぃオン] [名] [女] フェラチオ

fe-la-'tor, -'triz [フェ.ラ.'トる, 'トりす] [名] [男] [女] フェラチオをする人

fel-des-'pa-to [フェル.デス.'パ.ト] [名] [男] 〔鉱〕 長石

⁑**fe-li-ci-'dad** [フェ.リ.すぃ.'ダド] 88% [名] [女] 幸福, 幸運, 幸せ, 満足, 愉快 [感] 〔複〕 おめでとう 《新年や誕生日などの祝いの言葉》 **F~** [名] [固] 〔女性名〕 フェリシダード

⁑**fe-li-ci-ta-'ción** [フェ.リ.すぃ.タ.'すぃオン] 90% [名] [女] 祝い, 祝賀; 祝いの言葉, 祝辞; 祝いの手紙[葉書], グリーティングカード; ほめ言葉, 賛辞 [感] 〔複〕 おめでとう, お祝い申し上げます

*__fe-li-ci-'tar__ [フェ.リ.すぃ.'タる] 91% [動] [他] 祝う, 〈に〉祝いの言葉を述べる; ほめる, 称賛する **~se** [動] [再] (de que 接続法: …を)喜ぶ

fe-li-ci-'ta-rio, -ria [フェ.リ.すぃ.'タ.りオ, りア] [形] 《格》 幸福を追い求める

'fé-li-do, -da ['フェ.リ.ド, ダ] [形] 〔動〕 ネコ科の [名] [男] 〔複〕 〔動〕 ネコ科

fe-li-'grés, -'gre-sa [フェ.リ.'グれス, 'グれ.サ] [名] [男] [女] 〔宗〕 (一つの教会の)教区民, 信徒

fe-li-gre-'sí+a [フェ.リ.グれ.'スィ.ア] [名] [女] 〔宗〕 〔集合〕 教区民, 教区

fe-'li+no, -na [フェ.'リ.ノ, ナ] [形] 〔動〕 ネコ科の; ネコ[猫]のような

Fe-'li-pa [フェ.'リ.パ] [名] [固] 〔女性名〕 フェリーパ

Fe-'li-pe [フェ.'リ.ペ] [名] [固] 〔男性名〕 フェリーペ

Fe-'li-sa [フェ.'リ.サ] [名] [固] 〔女性名〕 フェリーサ

'Fé-lix ['フェ.リ(ク)ス] [名] [固] 〔男性名〕 フェリクス

⁑**fe-'liz** [フェ.'リす] 80% [形] 幸福な, 幸せな; 愉快な, うれしい, 楽しい, 幸運な; «言葉・考えなどが»適切な, 的確な, 巧妙な, うまい ***¡Felices Pascuas!*** クリスマスおめでとう! ***¡F~ Año Nuevo!*** 新年おめでとうございます! ***¡F~ cumpleaños!*** お誕生日おめでとう! ***¡F~ viaje!*** よいご旅行を! 《旅行に出かける人への挨拶》 ***no hacer ~*** «が»気が重い

*__fe-'liz-'men-te__ [フェ.'リす.'メン.テ] 93% [副] 幸福に, 愉快に; 《文修飾》 幸いにも, 運よく

fe-lo-'ní+a [フェ.ロ.'ニ.ア] [名] [女] 裏切り, 背信, 不誠実

'fel-pa ['フェル.パ] [名] [女] 〔衣〕 プラッシュ, フラシ天 《ビロードの一種》; 《ｽﾍﾟｲﾝ》 《話》 打つこ

と, ぶつこと;《話》しかること

fel-'par [フェル.'パる] 動 他 フラシ天で覆う,〈に〉フラシ天を敷き詰める **~se** 動 再《詩》フラシ天のように覆われる

fel-pe+'a-da [フェル.ペ.'ア.ダ] 名 女《ラプラタ》《話》きびしい批判, 叱責

fel-'pu-do [フェル.'プ.ド] 名 男 (玄関先の)靴ぬぐい, ドアマット **~, -da** 形 フラシ天のような

fe-me-'nil [フェ.メ.'ニル] 形 女性の, 女性らしい

fe-me-'ni+no, -na 87% 形 女性の, 女の; 女性らしい, 女性のような;〔言〕女性の;〔動〕雌の 名 男〔言〕女性名詞, 女性形

fe-men-'ti-do, -da 形《格》《古》不誠実な, 不実の, 偽りの

'fé-mi-na 名 女《話》女性, 女

fe-'mí-ne+o, +a 形《格》女性の; 女性的な

fe-mi-ni-'dad ⇦-nei- 名 女 女性らしさ; (男の)めめしさ

fe-mi-'nis-mo 名 男〔政〕女性解放論[主義], 男女同権論[主義], フェミニズム

fe-mi-'nis-ta 形〔政〕フェミニズムの, 男女同権主義の 名 共〔政〕フェミニスト, 男女同権主義者

fe-mi-'noi-de 形《話》〔軽蔑〕«男が»女性っぽい

fem-to~〔接頭辞〕〔数〕「10の-15乗」を示す

'fé-mur ['フェ.ムる] 名 男〔体〕大腿(だいたい)骨, 大腿部

fe-ne-'cer [フェ.ネ.'せる] 動 自 45 (c|zc)《格》死ぬ; 尽きる, 終了する 動 他 終える, 終了させる

fe-ne-ci-'mien-to [フェ.ネ.すぃ.'ミエン.ト] 名 男《格》死, 死亡, 死去;《格》終了, 終結

Fe-'ni-cia [フェ.'ニ.すぃア] 名 固〔歴〕〔地名〕フェニキア《紀元前15世紀ごろ地中海東岸に栄えた都市国家》

fe-'ni-cio, -cia [フェ.'ニ.すぃオ, すぃア] 形 名 男 女〔歴〕〔地名〕フェニキア(人)の, フェニキア人 ⬆Fenicia;〔歴〕〔言〕フェニキア語の 名 男〔歴〕〔言〕フェニキア語 ***ser un ~***〔商〕商才にたけている

'fé-nix ['フェ.ニ(ク)ス] 名 男〔単複同〕非常にすぐれた人, 大天才 **F~** 名 固《エジプト神話》フェニックス, 不死鳥《アラビア砂漠に住み, 500–600年ごとに自ら焼死し, その灰の中からよみがえるという霊鳥; 不死・不滅の象徴》

fe-'nol [フェ.'ノル] 名 男〔化〕フェノール, 石炭酸

fe-no-lo-'gí+a [フェ.ノ.ロ.'ひ.ア] 名 女〔生〕生物季節学, フェノロジー

fe-no-me-'nal [フェ.ノ.メ.'ナル] 88% 形 自然現象の, 認知[知覚]できる;《話》すごい, 驚くべき, 驚異的な 副《話》すばらしく, とても上手に

fe-no-me-'nis-mo 名 男〔哲〕現象論

fe-no-me-'nis-ta 形〔哲〕現象論の 名 共〔哲〕現象論者

fe-'nó-me+no 84% 名 男 現象;《話》すごい人, 驚くべき人[物], 途方もない人[物], 変わった人[物] 形 名 共《単複同》《話》大変な, すごい, すばらしい 副《話》すごく, すばらしく, 楽しく 感《話》すばらしい!, 最高!

fe-no-me-no-lo-'gí+a [フェ.ノ.メ.ノ.ロ.'ひ.ア] 名 女〔哲〕現象学

fe-no-me-no-'ló-gi-co, -ca [フェ.ノ.メ.ノ.'ロ.ひ.コ, カ] 形〔哲〕現象学の

fe-no-'ti-po 名 男〔生〕表現型《遺伝子によって発現された形質の型》

'fe+o, +a 83% 形 醜い; 不快な, 醜悪な, いやな, 不適当な, 見苦しい, みっともない;〔気〕«天候などが»険悪な, 荒れ模様の; 卑劣な, 悪意のある, 意地の悪い 名 男 女 醜い人 名 男 侮辱, 失礼, 悪意のある行い, 意地悪 副 ひどく, まずく, へたに, 険悪に ***dejar ~ [a]*** 恥をかかせる ***oler ~ [a]***《話》怪しい ***sexo ~***《話》〔笑〕男性

fe-'raz [フェ.'らす] 形〔農〕«土地が»肥えた, 肥沃な

'fé-re-tro ['フェ.れ.トろ] 名 男 棺, ひつぎ; ひつぎ台

Fe-'rey-ra [フェ.'れイ.ら] 名 固〔姓〕フェレイラ

'fe-ria ['フェ.りア] 88% 名 女 定期市; 博覧会, 品評会; 祭り, 縁日;《中米》チップ;《メキシコ》小銭;〔複〕贈り物; (土日を除く)平日 ***hablar de la ~ según como le va en ella*** 自分の経験に基づいて物事を判断する

fe-'ria-do, -da [フェ.'りア.ド, ダ] 形 休日の, 祝日の, 祭日の 名 男 休日, 祝日

fe-'rial [フェ.'りアル] 形 市の 名 男 市の会場, 市場

fe-'rian-te [フェ.'りアン.テ] 形 名 共 定期市に集まる(人)

fe-'riar [フェ.'りアる] 動 他 市で買う[売る];《ラ米》安売りする 動 自 (仕事を)休む

fe-'ri+no, -na [フェ.'り.ノ, ナ] 形 凶暴な, 野獣のような, 獰猛(どうもう)な ***tos ferina***〔医〕百日咳(ぜき)

fer-men-'ta-ble [フェる.メン.'タ.ブレ] 形 発酵性の

fer-men-ta-'ción [フェる.メン.タ.'すぃオン] 名 女 発酵(作用); 騒ぎ, 動乱, 興奮

fer-men-'tar [フェる.メン.'タる] 動 他 発酵させる; かき立てる, 刺激する, 沸き立たせる 動 自 発酵する; 沸き返る, 沸き起こる

fer-'men-to [フェる.'メン.ト] 名 男 酵

母, 酵素; 興奮させるもの, 刺激するもの

Fer-'mín [フェる.'ミン] [名] [固] 〘男性名〙 フェルミン

'fer-mio ['フェる.ミオ] [名] [男] 〘化〙 フェルミウム《元素》

Fer-'nán-dez [フェる.'ナン.デす] [名] [固] 〘姓〙 フェルナンデス

Fer-'nan-do [フェる.'ナン.ド] [名] [固] 〘男性名〙 フェルナンド

fe-ro-ci-'dad [フェ.ろ.すぃ.'ダド] [名] [女] 獰猛(どうもう)さ, 残忍[凶暴]性

***fe-'roz** [フェ.'ろす] 93% [形] 獰猛(どうもう)な; «風雨·暑さ·感情などが»ものすごい, 猛烈な, 激しい; 〘話〙 «人が»ひどい, 凶悪な, 残酷な ～**mente** [副] 獰猛に, たけだけしく; «風雨·暑さ·感情などが»ものすごく, 猛烈に, 激しく

fe-'rrar [フェ.'ら る] [動] [他] 50 (e|ie) 鉄で覆(おお)う

'fé-rre+o, +a ['フェ.れ.オ, ア] [形] 鉄の; 不屈の, 鉄のような, 厳格な

Fe-'rrer [フェ.'れる] [名] [固] 〘姓〙 フェレール

fe-rre-'rí+a [フェ.れ.'リ.ア] [名] [女] 鍛冶(かじ)工場; 〔複〕 製鉄所

fe-rre-te-'rí+a [フェ.れ.テ.'リ.ア] [名] [女] 〘商〙 金物店

fe-rre-'te-ro, -ra [フェ.れ.'テ.ろ, ら] [名] [男] [女] 〔人〕〘商〙 鉄器商人, 金物屋

'fe-rri ['フェ.り] [名] [男] 〘海〙 フェリー

fe-'rri-ta [フェ.'り.タ] [名] [女] 〘鉱〙 フェライト《酸化鉄を主成分とする複合酸化物》

***fe-rro-ca-'rril** [フェ.ろ.カ.'りル] 91% [名] [男] 〘鉄〙 鉄道, 鉄道線路; 鉄道会社

Fe-'rrol [フェ.'ろル] [名] [固] 〘地名〙 フェロール《スペイン北西部の港湾都市》

fe-rro-mag-ne-'tis-mo [フェ.ろ.マグ.ネ.'ティス.モ] [名] [男] 〘物〙 強磁性

fe-'rro-so, -sa [フェ.'ろ.ソ, サ] [形] 〘鉱〙 鉄(分)を含む; 〘化〙 第一鉄の

fe-rro-'via-rio, -ria [フェ.ろ.'ビア.りオ, りア] [形] 〘鉄〙 鉄道の [名] [男] [女] 〘鉄〙 鉄道員

fe-rru-gi-'no-so, -sa [フェ.る.ひ.'ノ.ソ, サ] [形] 〘鉱〙 鉄分を含む, 鉄質の

ferry ['フェ.り] [名] [男] 〔英語〕 ⇧ ferri

***'fér-til** ['フェる.ティル] 94% [形] 〘農〙 «土地が»肥えた, 肥沃(ひよく)な; (en: が)豊かな, 富んだ; 繁殖力のある, 出産できる

fer-ti-li-'dad [フェる.ティ.リ.'ダド] [名] [女] 〘農〙 肥沃(ひよく), 多産, (土地の)産出力

fer-ti-li-za-'ción [フェる.ティ.リ.さ.'すぃオン] [名] [女] 〘農〙 施肥(せひ), 肥沃(ひよく)化

fer-ti-li-'zan-te [フェる.ティ.リ.'さン.テ] [名] [男] 〘農〙 肥料

fer-ti-li-'zar [フェる.ティ.リ.'さる] [動] [他] 34 (z|c) 〘農〙 〈土地を〉(施肥などによって)肥沃(ひよく)にする, 肥やす

'fé-ru-la ['フェ.る.ラ] [名] [女] 木べら; (体罰として子供の手を打つのに使う物差し状の)むち; 〘医〙 副木, 添え木; 〘植〙 オオウイキョウ ***estar bajo la*** ～ (de: の)支配下に置かれている

'fér-vi-do, -da ['フェる.ビ.ド, ダ] [形] 燃えるような, 熱烈な; 〘詩〙 熱い, 白熱した

fer-'vien-te [フェる.'ビエン.テ] [形] 熱烈な, 強烈な, 熱心な

***fer-'vor** [フェる.'ボる] 93% [名] [男] 熱意, 熱心; 酷暑, 炎熱

fer-vo-'rín [フェる.ボ.'りン] [名] [男] 〘宗〙 射禱(しゃとう)

fer-vo-'ro-so, -sa [フェる.ボ.'ろ.ソ, サ] [形] 熱情的な, 熱心な

***fes-te-'jar** [フェス.テ.'はる] 94% [動] [他] 祝う, 〈の〉祝典を行う; もてなす, 歓待する; 〈女性に〉言い寄る, 口説く, 〈に〉求愛する; 〘ﾗ米〙 むち打つ [動] [自] «男女が»交際する ～**-se** [動] [再] 楽しむ; 祝われる

***fes-'te-jo** [フェス.'テ.ほ] 93% [名] [男] 〔複〕 祭り, 催し物; もてなし, 歓待; 宴会, 祝宴; 女性を口説くこと

fes-'tín [名] [男] 祝宴, 宴会, 饗宴(きょうえん)

***fes-ti-'val** [フェス.ティ.'バル] 91% [名] [男] (定期的な一連の)催し物, …祭, フェスティバル

fes-ti-vi-'dad [フェス.ティ.ビ.'ダド] [名] [女] 祭日, 祝祭日; 祭礼, 祝祭, 祭典; 愉快, 陽気, 快活

fes-'ti-vo, -va [フェス.'ティ.ボ, バ] [形] 祭りの, 祝いの; こっけいな, おどけた, ユーモアのある; 陽気な, 快活な, 浮かれた

fes-'tón [名] [男] 花綱(はなづな)《花·葉などをひも状にした飾り》; 〘建〙 花綱装飾, 懸華(けんか)装飾

fes-to-ne+'ar ⇔ **-'nar** [フェス.ト.ネ.'アる ⇔ 'ナる] [動] [他] 花綱(はなづな)で装飾する; 〘衣〙 〈布の縁を〉スカラップで飾る; 〘建〙 〈に〉花綱装飾を施す; 波形に縁どる

fe-'tal [フェ.'タル] [形] 胎児の

fe-'tén [形] 〔単複同〕 〘ｽﾍﾟｲﾝ〙 〘話〙 真実の, 本物の; 〘話〙 すばらしい, すぐれた [名] [女] 〘ｽﾍﾟｲﾝ〙 〘話〙 真実, 本当 ***pasarlo*** ～ 〘話〙 楽しく過ごす

fe-'ti-che [名] [男] 物神(ぶっしん), 呪物(じゅぶつ); お守り, マスコット; 〘心〙 フェティッシュ《性的喜びを引き起こす対象物》

fe-ti-'chis-mo [名] [男] 〘宗〙 物神(ぶっしん)[呪物(じゅぶつ)]崇拝; 盲目的崇拝; 〘心〙 フェティシズム

fe-ti-'chis-ta [形] 〘宗〙 物神(ぶっしん)[呪物(じゅぶつ)]崇拝の [名] [共] 〘宗〙 物神[呪物]崇拝者; 〘心〙 フェティシスト

fe-ti-'dez [フェ.ティ.'デす] [名] [女] 悪臭, 腐敗臭

'fé-ti-do, -da 形 悪臭[異臭, 腐敗臭]のする, 臭い

'fe+to 名 男 〘医〙胎児; 《話》〔軽蔑〕醜い[見苦しい]人

fe-tos-'co-pia 名 女 〘医〙胎児鏡

feu-'dal [フェウ.'ダル] 形 〘歴〙〘政〙封建性の, 封建的な; 〘歴〙封土の

feu-da-'lis-mo [フェウ.ダ.'リス.モ] 名 男 〘歴〙〘政〙封建制度

feu-da-li-'zar [フェウ.ダ.リ.'さる] 動 他 ㉞ (z|c) 〘歴〙〘政〙〈に〉封建制度をしく, 封建化する

feu-da-'ta-rio, -ria [フェウ.ダ.'タ.りオ, りア] 形 〘歴〙〘政〙封建の, 封土を受けている, 家臣である 名 男 女 〘歴〙〘政〙封臣, 家臣

'feu-do 名 男 〘歴〙〘政〙封土の授与; 〘歴〙〘政〙(封建時代, 臣下として仕えた見返りの)領地, 封土; 〘歴〙〘政〙〘法〙家臣が納める粗税

'fez ['フェす] 名 女 〘衣〙(イスラム教徒用の)トルコ帽

ff. 略 ↓fortísimo

FF. AA. 略 =Fuerzas Armadas 〘軍〙〔全体〕軍

'fi 名 女 〘言〙ファイ《ギリシャ語の文字, Φ, φ》

'fia-ble ['フィア.ブレ] 形 信用できる, 当てになる, 頼りにできる

'fia-ca 名 女 《ﾒｷ》《ﾗ米》《話》怠惰, ものぐさ; 《ﾗﾌﾟﾗﾀ》《話》空腹

'fia-cre ['フィア.クれ] 名 男 〘歴〙フィアクル《フランスの四輪辻馬車》

'fia-do, -da 形 信頼できる, 確かな, 信頼性のある *al* ~ 〘商〙掛けで, つけで

fia-'dor, -'do-ra [フィア.'ドる, 'ド.ら] 名 男 女 〘法〙保証人, 担保引受人 名 男 〘機〙(銃の)安全装置; 〘建〙(扉の)掛け金; 留め金

'fiam-bre ['フィアン.ブれ] 名 男 〘食〙冷肉, ハム・ソーセージ類; 《俗》死体 形 〘食〙冷えた, 冷たくした, 冷やした; 《話》陳腐な, 古い

fiam-'bre-ra [フィアン.'ブれ.ら] 名 女 〘食〙弁当箱; (食品用)バスケット; 《ﾗ米》(金網つきの)食品棚

fiam-bre-'rí+a [フィアン.ブれ.'り.ア] 名 女 〘商〙ハム・ソーセージ店

'fian-za ['フィアン.さ] 名 女 担保, 保証, 引き受け; 担保金, 担保物, 保証金, 保釈金; 保証人

*'**fiar** ['フィアる] 92% 動 他 ㉙ (i|í) 〔直現 2 複 fiais; 直点 1 単 fie; 直点 3 単 fio; 接現 2 複 fieis〕保証する, 請け合う, 約束する; 〈の〉保証人になる; 〈秘密などを〉(a: に)打ち明ける; 〘商〙掛け売りする 動 自 (en: を)信じる, 確信する; 〘商〙掛け売りをする ~-**se** 動 再 (de, a: を)信じる, 信頼する; 〘商〙掛け売りされる

'fias-co 名 男 《格》失敗, 期待はずれ, 不成功

'fí+at 名 男 〔複 -fiats〕認定, 認可

*'**fi-bra** ['フィ.ブら] 91% 名 女 繊維, 繊維組織, 人工繊維; 繊維質; 根性, たくましさ, 活力; 天分, 素質 *tocar* ~ (de: の)琴線(きんせん)に触れる

fi-bri-la-'ción [フィ.ブり.ラ.'すぃオン] 名 女 〘医〙細動

fi-bro-ma-'to-sis [フィ.ブろ.マ.'ト.スィス] 名 女 〔単複同〕〘医〙線維腫(せんいしゅ)症

fi-'bro-sis [フィ.'ブろ.スィス] 名 女 〔単複同〕〘医〙線維症

fi-bro-'si-tis [フィ.ブろ.'スィ.ティス] 名 女 〔単複同〕〘医〙結合組織炎

fi-'bro-so, -sa [フィ.'ブろ.ソ, サ] 形 繊維を持った, 繊維質の

'fí-bu-la ['フィ.ブ.ラ] 名 女 〘歴〙〘衣〙(衣服に用いた)留め金

*'**fic-'ción** [フィク.'すぃオン] 92% 名 女 〘文〙フィクション, 虚構; 作り話, 作りごと

*'**fi-cha** 91% 名 女 カード, インデックスカード, 票; 〘遊〙〔ドミノなど〕こま, パイ, (ゲーム用の)チップ; (電話などの)代用硬貨, コイン; (ホテルの)宿帳, 宿泊者名簿; 〘競〙選手契約; 《ﾒｷｼｺ》危険人物; 《ﾗ米》《話》ならず者, ろくでなし *andar* ~ 《ﾒｷｼｺ》《話》お金がない

fi-'cha-je [フィ.'チャ.へ] 名 男 〘競〙(スポーツ選手の)入団(契約)

fi-'char [フィ.'チャる] 動 他 (インデックスカードに)記入する; 〈の〉索引カードを作る; 〈の〉調書をとる; マークする, 要注意人物とする; 《ｽﾍﾟｲﾝ》〘競〙〈選手と〉契約を交わす 動 自 タイムカードを押す; 《ｽﾍﾟｲﾝ》〘競〙《選手が》(por: と)契約を交わす

fi-'che-ro [フィ.'チェ.ろ] 名 男 カード式目録, カードボックス; ファイルキャビネット; 〘情〙ファイル

fic-'ti-cio, -cia [フィク.'ティ.すぃオ, すぃア] 形 虚構の, 架空の, 想像上の, 虚偽の, にせの

fi-de-'dig+no, -na [フィ.デ.'ディグ.ノ, ナ] 形 信用できる, 当てにできる, 頼りになる

fi-dei-co-'mi-so 名 男 〘法〙信託, 信託処分

*'**fi-de-li-'dad** [フィ.デ.リ.'ダド] 93% 名 女 忠実, 誠実, 忠誠; 正確さ, 的確さ *alta* ~ 〘電〙ハイファイ

fi-de-'lí-si-mo, -ma 〔最上級〕↓fiel

fi-de-li-'zar [フィ.デ.リ.'さる] 動 他 ㉞ (z|c) 〈に〉信頼される, 〈に〉ひいきにされる

fi-'de+o 名 男 〘食〙ヌードル, 麺(めん)類, パスタ, バーミセリ; 《話》やせっぽち, ひょろひょろした人 *tomar* [*agarrar*] *para el* ~ 《ﾁﾘ》《ﾗﾌﾟﾗﾀ》《話》からかう, ばかにする

fi-'du-cia [フィ.'ドゥ.すぃア] 名 女 《格》信仰, 信頼

fi-du-'cia-rio, -ria [フィ.ドゥ.'すぃア.りオ, りア] 形 信用上の, 信託の; 受託の 名 男 女 受託者, 被信託者

'fie 動《直点 1 単》⬆fiar

‡'fie-bre ['フィエ.ぶれ] 90% 名 女〘医〙(病気の)熱, 発熱;〘医〙熱病; 熱中, 熱狂, …熱, フィーバー

‡'fiel ['フィエル] 86% 形 (a, con, para: に対して)忠実な, 誠実な; 正確な, (事実に)忠実な; 貞節な, 浮気をしない 名 共 信徒, 信者; 検査官[係], 視察官 名 男 (計器の)針, 指針; (はさみの)ねじ, 支軸 **~-mente** 副 正確に, (事実に)忠実に; 忠実に, 誠実に; 貞節を守って

'fiel-tro ['フィエル.トろ] 名 男〘衣〙フェルト;〘衣〙フェルト製品, フェルト帽

***'fie-ra** ['フィエ.ら] 94% 名 女 野獣, 獣;〔一般〕動物;《話》凝り屋, …狂;《話》怒り狂った人;〘牛〙牛;《話》乱暴者, 荒くれ者 名 男《ジン》《話》(に: en)飛び抜けた人

fie-re-'ci-lla [フィエ.れ.'すぃ.ジャ] 名 女 不従順な女性, じゃじゃ馬

fie-'re-za [フィエ.'れ.さ] 名 女 獰猛(どうもう)さ, 激しさ; 残酷さ, むごたらしさ

'fie-ro, -ra ['フィエ.ろ, ら] 形 獰猛(どうもう)な, 荒々しい, 猛々しい; 恐ろしい, ぎょっとするような; 残忍な, 残酷な, 冷酷な; 醜い, 醜悪な

'fie-rro ['フィエ.ろ̃] 名 男《ラ米》鉄

‡'fies-ta 76% 名 女 パーティー, (社交上の)集まり, 会; 祝日, 休日; 祭り, 祭典;〘宗〙聖日《日曜日以外の宗教上の祝日》; 式, 儀式; 楽しいこと, うれしいこと[もの], 楽しみ;〔複〕喜ばせること, かわいがること ***aguar la ~*** 楽しみをだいなしにする, 座をしらけさせる ***hacer ~s*** (a: に)うれしそうなしぐさをする ***no estar para ~s*** 機嫌が悪い ***Tengamos la fiesta en paz.*** まあまあ, 今日は楽しい席ですから《けんかの仲裁に入った時の言葉》

fies-'te-ro, -ra [フィエス.'テ.ろ, ら] 形 名 男 女《話》お祭り騒ぎが好きな(人)

fig. 略 =figura 名 女 図

'fí-ga-ro ['フィ.ガ.ろ] 名 男〘商〙理髪師

fi-'gón 名 男〘商〙大衆食堂, めし屋

Fi-'gue-ras [フィ.'ゲ.らス] 名 固〘地名〙フィゲーラス《スペイン北東部の都市》

Fi-gue-'ro+a [フィ.ゲ.'ろ.ア] 名 固〘姓〙フィゲロア

‡fi-'gu-ra [フィ.'グ.ら] 74% 名 女 (人の)姿, 人影, (体の)格好, スタイル, 風采, 容姿, 外形; 人物; 大人物, 著名人, 重要人物; 形, 形状, 模様, 図, 図解, 図形, 図案; (彫刻・絵画などの)人物像, 彫像, 画像, 肖像; 様子, 態度, 顔つき;〘演〙役, 役割;〘修〙比喩;〘遊〙〔トランプ〕絵札;〘遊〙〔チェス〕駒(こま);〘競〙〔スケート〕フィギュア;〘競〙〔サッカーなど〕最優秀選手

fi-gu-ra-'ción [フィ.グ.ら.'すぃオン] 名 女 空想, 想像(の産物), 心像; 形体付与, 成形, 形づけ

fi-gu-'ra-do, -da [フィ.グ.'ら.ド, ダ] 形 比喩的な, 転義の

fi-gu-'ran-te [フィ.グ.'らン.テ] 名 共〘映〙〘演〙エキストラ, (せりふのない)端役(はやく)

‡fi-gu-'rar [フィ.グ.'らる] 84% 動 他 表す, 表現する, 示す, 意味する, 象徴する, 描く; ふりをする, 装う, 見せかける 動 自 現れる, 出現する, 入っている, 一員となる; 重要な人物である, 重きをなす; (会合・新聞などに)出る, 出演する, 出場する, 出廷する;〘映〙〘演〙(de, como: の)役を演じる **~se** 動 再 想像する; 想像される, 想像できる

fi-gu-ra-'ti-vo, -va [フィ.グ.ら.'ティ.ボ, バ] 形〘美〙(絵画・彫刻で)形象のある, 具象的な; 比喩的な

fi-gu-'ri-lla [フィ.グ.'り.ジャ] 名 女 小さな像[人形] 名 共《話》取るに足らない人;〔縮小語〕⬆figura

fi-gu-'rín [フィ.グ.'りン] 名 男〘衣〙ファッションデザイン; ファッション雑誌;《話》おしゃれな人, めかし屋

fi-gu-ri-'nis-ta [フィ.グ.り.'ニス.タ] 名 共〘衣〙ファッションデザイナー

fi-gu-'rón [フィ.グ.'ろン] 名 男《話》自慢屋, うぬぼれ屋, 見えっぱり;〘歴〙〘演〙《スペイン》(17 世紀, 風刺劇の)主役 ***~ de proa*** 〘海〙船首飾りの像

'fi+ja ['フィ.は] 名 女〘技〙(左官の)こて

fi-ja-'ción [フィ.は.'すぃオン] 名 女 固定, 固着, 凝固, 取りつけ; 決定, 確定; 執着, 執念;〘写〙定着;〘化〙凝固;〘競〙〔スキー〕ビンディング

fi-'ja-do, -da [フィ.'は.ド, ダ] 形《チリ》細かなことを気にする 名 男〘写〙定着

fi-ja-'dor, -'do-ra [フィ.は.'ドる, 'ド.ら] 形 固定させる, 定着させる 名 男 ヘアスプレー; 整髪料; ジェル;〘写〙安定剤;〘絵〙〘写〙定着液, フィクサティーフ

fi-ja-'pe-lo [フィ.は.'ペ.ロ] 名 男 ヘアスプレー; 整髪料

‡fi-'jar [フィ.'はる] 77% 動 他 固定する, 据えつける, (しっかりと)取りつける; 貼(は)る, 張りつける; 決定する, 決める, 取り決める; 〈目・注意などを〉(en: に)じっと向ける, 注ぐ **~-se** 動 再 固定される; (en: に)注目する, 注意する, 気づく; (en: を)見る; «病気・痛みが»残る, 尾を引く ***¡Fíjate!, ¡Fíjese!*** よく見て[考えて](ください)!

fi-'je-za [フィ.'へ.さ] 名 女 定着, 固定; 不変; (色の)定着, 固着 ***con ~*** 確かに

‡'fi+jo, +ja ['フィ.ほ, は] 85% 形 固定した, 定着した, 据えつけの; 決まった, 確固たる, 不動の, 安定した; 正社員の; (en: に)定住した, 居住した; 決定した ***de ~*** しっかりと,

確実に -**jamente** 副 固定して; しっかりと, 確固として

*'**fi+la** ['フィ.ラ] 89% 名 女 (人物・席などの)列; 〔複〕〔軍〕隊, 戦列, 隊列; 党派, 組; 《話》憎しみ, 嫌悪 ~ *india* 一列 *cerrar* ~*s* 結束を固める *primera* ~ 第一線

fi-lac-'te-ria [フィ.ラク.'テ.リア] 名 女 〔宗〕お守り, 護符

Fi-la-'del-fia [フィ.ラ.'デル.フィア] 名 固 〔地名〕フィラデルフィア《米国の北東岸の都市》

fi-la-'men-to [フィ.ラ.'メン.ト] 名 男 〔電〕(電球・真空管の)フィラメント, (白熱)線条; 細い糸, 単繊維; 〔植〕おしべの花糸

fi-la-men-'to-so, -sa [フィ.ラ.メン.'ト.ソ, サ] 形 繊維質の, 繊維状の

fi-lan-tro-'pí+a [フィ.ラン.トろ.'ピ.ア] 名 女 人類愛, 博愛(主義), 慈善

fi-lan-'tró-pi-co, -ca [フィ.ラン.'トろ.ピ.コ, カ] 形 博愛(主義)の, 慈善(事業)の

fi-'lán-tro-po, -pa [フィ.'ラン.トろ.ポ, パ] 名 男 女 博愛主義者, 慈善家

fi-'lar [フィ.'ラる] 動 他 《話》〈に〉目をつける, 見破る

fi-'la-ria [フィ.'ラ.りア] 名 女 〔動〕〔医〕フィラリア, 糸状虫

fi-la-'ria-sis [フィ.ラ.'りア.スィス] 名 女 〔単複同〕〔医〕フィラリア症

fi-lar-mo-'ní+a [フィ.ラる.モ.'ニ.ア] 名 女 〔楽〕音楽好き

fi-lar-'mó-ni-co, -ca [フィ.ラる.'モ.ニ.コ, カ] 形 〔楽〕音楽愛好の; 管弦楽団の, 交響楽団の 名 男 女 音楽愛好家 -**ca** 名 女 〔楽〕交響楽団

fi-la-'te-lia [フィ.ラ.'テ.リア] 名 女 切手収集[研究]

fi-la-'té-li-co, -ca [フィ.ラ.'テ.リ.コ, カ] 形 切手収集[研究]の

fi-la-te-'lis-ta [フィ.ラ.テ.'リス.タ] 形 切手収集の 名 共 切手収集家

fi-le+'ar [フィ.レ.'アる] 動 他 《ﾒｷｼｺ》《話》食べる

fi-le-re+'ar [フィ.レ.れ.'アる] 動 他 《ﾒｷｼｺ》《中米》ナイフで切る

fi-'le-ro [フィ.'レ.ろ] 名 男 《ﾒｷｼｺ》《中米》ナイフ, 小刀

*__fi-'le-te__ [フィ.'レ.テ] 94% 名 男 〔食〕ヒレ肉, ステーキ; 〔食〕(魚・肉の骨なしの)切身; 〔建〕(2 つの繰形(くりかた)の間の)平縁; 〔衣〕縁飾り; 〔畜〕(乗馬で)はみ《馬の口にくわえさせる器具》

fi-le-te+'ar [フィ.レ.テ.'アる] 動 他 〈に〉縁飾りをつける, 〈装飾の〉輪郭線をつける; 〔技〕〈の〉ねじを切る; 〔食〕〈魚を〉(三枚に)おろす, 〈肉の〉ヒレを切り取る

'**fil-fa** ['フィル.ファ] 名 女 《話》でっちあげ, デマ; 《話》偽物, 作り物

fi-lia-'ción [フィ.リア.'すぃオン] 名 女 加入, 入党; 党籍; 個人調書; 人相書; 親子関係; 〔軍〕兵籍簿

fi-'lial [フィ.'リアル] 形 子としての, 子の; 〔商〕支部の, 系列(会社)の 名 女 〔商〕支店, 支部

fi-li-'bo-te [フィ.リ.'ボ.テ] 名 男 〔歴〕〔海〕船尾が丸い二本マストの帆船

fi-li-bus-'te-ro [フィ.リ.ブス.'テ.ろ] 名 男 〔歴〕バカニーア《17 世紀ごろカリブ海に出没しスペイン船や植民地を荒らした海賊》; 〔歴〕〔政〕(19 世紀, 中南米の)スペイン植民地解放運動者

fi-li-'ci-da [フィ.リ.'すぃ.ダ] 形 〔法〕実子殺しの 名 共 実子殺人者

fi-li-'ci-dio [フィ.リ.'すぃ.ディオ] 名 男 〔法〕実子殺し

fi-li-'for-me [フィ.リ.'フォる.メ] 形 糸状の, 繊維状の

fi-li-'gra-na [フィ.リ.'グら.ナ] 名 女 〔技〕金銀線細工, フィリグラン; 繊細な装飾物, 精緻な模様; (紙の)透かし模様

fi-'lí-pi-ca [フィ.'リ.ピ.カ] 名 女 《話》(公然の)非難演説, 激しい非難

*__Fi-li-'pi-nas__ [フィ.リ.'ピ.ナス] 94% 名 固 〔地名〕フィリピン《東南アジアの共和国》; 〔islas ~〕〔地名〕フィリピン群島

fi-li-pi-'nis-mo [フィ.リ.ピ.'ニス.モ] 名 男 〔言〕フィリピンのスペイン語表現

*__fi-li-'pi+no, -na__ [フィ.リ.'ピ.ノ, ナ] 94% 形 名 男 女 〔地名〕フィリピン(人)の, フィリピン人 ↑Filipinas

'**fi-lis** ['フィ.リス] 名 女 〔単複同〕巧みさ, 器用さ

fi-lis-'te+o, +a [フィ.リス.'テ.オ, ア] 名 男 女 〔聖〕ペリシテ人(びと)《古代パレスチナの住人》; 巨人; 凡俗な人, 俗物

'**film** 名 男 〔複 -films〕 ⇩ filme

fil-ma-'ción [フィル.マ.'すぃオン] 名 女 〔映〕撮影

fil-ma-'dor, -'do-ra [フィル.マ.'ドる, 'ド.ら] 名 男 女 〔映〕撮影の, 撮影する 名 男 女 〔映〕撮影者

fil-'mar [フィル.'マる] 動 他 〔映〕撮影する

'**fil-me** 名 男 〔写〕〔映〕フィルム; 映画

fil-'mi-na [フィル.'ミ.ナ] 名 女 〔写〕スライド, フィルム

fil-mo-'te-ca [フィル.モ.'テ.カ] 名 女 〔写〕フィルムライブラリー; フィルムコレクション

*'**fi+lo** ['フィ.ロ] 93% 名 男 (かみそり・刀などの)刃; 二分線, へり; 《ﾒｷｼｺ》《中米》飢え, 空腹 *al ~ de la medianoche* ちょうど夜中の 12 時に *al ~ del medio día* ちょうど正午に

fi-lo-co-mu-'nis-mo [フィ.ロ.コ.ム.'ニス.モ] 名 男 〔政〕共産主義支持

fi-lo-co-mu-'nis-ta [フィ.ロ.コ.ム.'ニス.タ] 形〔政〕共産主義支持の 名 共〔政〕共産主義支持者

fi-lo-'gé-ne-sis [フィ.ロ.'ヘ.ネ.スィス] 名 女〔単複同〕〔生〕系統発生

fi-lo-'ge-nia [フィ.ロ.'ヘ.ニア] 名 女〔生〕系統学

fi-lo-lo-'gí+a [フィ.ロ.ロ.'ひ.ア] 名 女〔言〕文献学

fi-lo-'ló-gi-co, -ca [フィ.ロ.'ロ.ひ.コ, カ] 形〔言〕文献学の

fi-'ló-lo-go, -ga [フィ.'ロ.ロ.ゴ, ガ] 名 男 女〔言〕文献学者

fi-lo-'me-la⇔-na [フィ.ロ.'メ.ラ⇔.ナ] 名 女《詩》〔鳥〕ナイチンゲール, サヨナキドリ(小夜鳴鳥), ヨナキウグイス

fi-'lón [フィ.'ロン] 名 男〔地質〕鉱脈, 岩脈, 薄層; 宝庫, ドル箱, 富の源

fi-lo-so-'fal [フィ.ロ.ソ.'ファル]〔成句〕*piedra* ~〔歴〕賢者の石《西洋中世の錬金術師が探し求めたもの》

fi-lo-so-'far [フィ.ロ.ソ.'ファる] 動 自(他) 哲学的に思索[考察]する

fi-lo-so-'fe-ma [フィ.ロ.ソ.'フェ.マ] 名 男〔哲〕哲理, 原理

‡fi-lo-so-'fí+a [フィ.ロ.ソ.'フィ.ア] 83% 名 女〔哲〕哲学(体系); 人生観, 世界観, 哲理, 原理; 悟り, 達観 *tomar(se) con* ~ 甘んじて受ける

‡fi-lo-'só-fi-co, -ca [フィ.ロ.'ソ.フィ.コ, カ] 90% 形〔哲〕哲学(上)の

*fi-'ló-so-fo, -fa [フィ.'ロ.ソ.フォ, ファ] 91% 名 男 女〔哲〕哲学者; 哲人, 賢人; 《話》悟りを開いた人, ものに動じない人 形 哲学の, 哲学的な

fi-lo-'xe-ra [フィ.ロク.'セ.ら] 名 女〔昆〕ネアブラムシ

fil-tra-'ción [フィル.トら.'すぃオン] 名 女 濾過(ろか)(法), 濾過作用; 秘密の漏洩(ろうえい)

fil-tra-'dor [フィル.トら.'ドる] 名 男〔機〕濾過(ろか)器, フィルター

fil-'trar [フィル.'トらる] 動 他 濾過(ろか)する, 濾過して取り除く; 〈液体・光などを〉(間から)通す; 〈秘密を〉漏らす, 漏洩(ろうえい)する 動 自 浸透する, しみ込む, にじむ ~se 動 再 しみ出る, にじむ; «情報・光が»漏れる; «思想が»浸透する, しみ込む; «金が»(横領などで)漏出する

*'fil-tro ['フィル.トろ] 93% 名 男 濾過(ろか)器[装置], フィルター, 濾紙; 〔写〕フィルター, 濾光器; (タバコの)フィルター; 〔電〕濾波器, フィルター; 媚薬(びやく)

fi-'mo-sis 名 女〔単複同〕〔医〕包茎

‡'fin 69% 名 男 終わり, 最後; 端, 先, 末端; 最期, 死; 目的, 目標; 限度, 限り, 際限 *a ~ de* ... …するために, …の目的で; …の終わりに *a ~ de cuentas* 結局, とどのつまり, どうせ *a ~ de que* ...(接続法) …するように, …になるように *a ~es de* ... «時期が» …の終わりに *al ~* 最後に, とうとう, 結局 *al ~ y al cabo* 結局, とどのつまり, どうせ; ついに, とうとう *dar ~* (a: を)終わらせる *en ~* 結局, つまり; やれやれ, 仕方ない *por ~* とうとう, やっと *sin ~* 限りない, たくさんの, 連続した, 無限の *tocar a su ~* 終わりになる *un sin ~ de* ... たくさんの…《単数として扱う》

'fi+na 形《女》↓fino

fi-'na-do, -da 名 男 女 死んだ人, 故人

‡fi-'nal [フィ.'ナル] 72% 形 最後の, 最終の; 最終的な, 決定的な; 〔言〕目的の, 「目的」の意味をもった 名 男 終わり, 最後; 〔文〕(物語などの)終わり, 終末, 終章; 死; 〔楽〕終楽章, フィナーレ; 〔情〕(画像・映像の)フェードアウト 名 女〔競〕決勝戦 *al ~* 最後に, 結局 *al final de cuentas* 《ニカラグア》《カリブ》《コロンビア》《ボリビア》《パラグアイ》 ⇨a fin de cuentas, ↑fin

fi-na-li-'dad [フィ.ナ.リ.'ダド] 名 女 目的, 目標

fi-na-'lí-si-ma [フィ.ナ.'リ.スィ.マ] 名 女《話》(スポーツ・コンクールの)決勝戦, 優勝戦

fi-na-'lis-ta [フィ.ナ.'リス.タ] 形〔競〕決勝戦出場の 名 共〔競〕決勝戦出場選手[チーム]

fi-na-li-za-'ción [フィ.ナ.リ.さ.'すぃオン] 名 女 終了, 完了

‡fi-na-li-'zar [フィ.ナ.リ.'さる] 90% 動 他 ㉞(z|c) 終える, 完了する 動 自 終わる

‡fi-'nal-'men-te [フィ.'ナル.'メン.テ] 84% 副 最後に, ついに; 最終的には, 結局は

fi-nan-cia-'ción [フィ.ナン.すぃア.'すぃオン] 名 女〔商〕資金調達, 資金供給, 融資, 金融

fi-nan-cia-'dor, -'do-ra [フィ.ナン.すぃア.'ドる, 'ド.ら] 形 資金を調達する, 出資する 名 男 女 出資者

fi-nan-cia-'mien-to 名 男 ⇧financiación

fi-nan-'ciar [フィ.ナン.'すぃアる] 動 他〔商〕融資する, 〈の〉資金を調達する

‡fi-nan-'cie-ro, -ra [フィ.ナン.'すぃエ.ろ, ら] 85% 形 財政上の, 財務の; 〔商〕金融の, 財界の 名 男 女 財政家, 財務官, 金融業者, 資本家 -ra 名 女〔商〕金融会社, 金融機関

fi-'nan-za [フィ.'ナン.さ] 名 女〔複〕財政, 財務, 金融, 財政学; 〔複〕財源, 収入, 財政状態

fi-'nar [フィ.'ナる] 動 自《格》死ぬ, 逝(ゆ)く ~se 動 再《格》(por: を)切望する,

とても(por: …)したがる

⁑'**fin-ca** 89% [名] [女] 〔農〕 農場, 農園; 《スペイン》 所有地, 地所, 不動産

'**fin-de** [名] [男] 《話》 週末, ウイークエンド

'**fi-nes** [名] [男] 《複》 ⬆fin

fi-'nés, -'ne-sa [形] 〔地名〕 フィンランド(人)の⬇Finlandia; 〔言〕 フィンランド語の; 〔言〕 フィン語の [名] [男] [女] フィンランド人; フィン人 [名] [男] 〔言〕 フィンランド語; 〔言〕 フィン語

fi-'ne-za [フィ.'ネ.さ] [名] [女] 立派であること, 優良性, 上品さ; やさしい言動, 礼儀正しさ, 丁寧さ; 贈り物, プレゼント

finger ['フィン.ゲる] [名] [男] 〔英語〕 フィンガー《空港の細長い乗降デッキ》

*'**fin-'gir** [フィン.'ひる] 92% [動] [他] ㉜ (g|j) 〈que: …している〉ふりをする, 〈の〉ふりをする [動] [自] ごまかす, とぼける **~se** [動] [再] (形容詞: …の)ふりをする

fi-ni-qui-'tar [フィ.ニ.キ.'タる] [動] [他] 〔商〕 決済する, 清算する; 《話》 終わらせる, 片づける; 殺す

fi-ni-'qui-to [フィ.ニ.'キ.ト] [名] [男] 〔商〕 決済(書), 清算(書)

fi-ni-se-cu-'lar [フィ.ニ.セ.ク.'ラる] [形] 世紀末の

Fi-nis-'te-rre [フィ.ニス.'テ.れ] [名] [固] 〔地名〕 〔cabo ~〕 フィニステーレ岬《スペイン北西部の岬, スペイン本土の最西端》

fi-'ni-to, -ta [形] 限定されている, 有限の; 〔縮小語〕 ⬇fino

'**fin-jo, -ja(~)** [動] 《直現 1 単, 接現》 ⬆fingir

*'**fin-lan-'dés, -'de-sa** [フィン.ラン.'デス, 'デ.サ] 93% [形] 〔地名〕 フィンランド(人)の; 〔言〕 フィンランド語の [名] [男] [女] フィンランド人 [名] [男] 〔言〕 フィンランド語 ⬇Finlandia

***Fin-'lan-dia** [フィン.'ラン.ディア] 94% [名] [固] 〔República de ~〕 〔地名〕 フィンランド《北欧の共和国》

⁑'**fi+no, +na** 86% [形] すばらしい, 見事な, 立派な, 美しい, 上等な; 細かい, 細い, 薄い; 鋭い, 繊細な, 微妙な; 精巧な, きゃしゃな; 上品な, 洗練された; 親切な, やさしい; 混じり物のない, 純粋な, 上質の; 〔飲〕 《ワインが》辛口の ***ser cosa fina*** 《話》 〔皮肉〕 まったくひどい

fi-'no-lis [フィ.'ノ.リス] [名] [共] 〔単複同〕 《話》 気取った人, きざな人

'**fin-ta** [名] [女] 〔競〕 フェイント

fin-'tar [フィン.'タる] [動] [自] 〔競〕 フェイントをかける

fi-'nu-ra [フィ.'ヌ.ら] [名] [女] 細かさ, 細さ, 繊細さ, 精巧さ; 鋭敏, 敏感; 優秀さ, 卓越, 優良性; 優美さ, 優雅さ, 上品さ; 丁寧, 親切, 礼儀正しいこと

'**fi+ñe** ['フィ.ニェ] [名] [男] 《カリブ》 《話》 子供, 少年, 少女

'**fio** [動] 《直点 3 単》 ⬆fiar

fiord ['フィオる(.ド)] [名] [男] 〔ノルウェー語〕 〔地〕 フィヨルド, 峡湾

⁑'**fir-ma** ['フィる.マ] 87% [名] [女] 署名, サイン, 調印; 〔商〕 商会, 会社, 商社 ~ [***huella***] ***digital*** 〔情〕 デジタル指紋

fir-ma-'men-to [フィる.マ.'メン.ト] [名] [男] 《格》 大空, 天空, 天

fir-'man-te [フィる.'マン.テ] [形] 調印した, 署名した [名] [共] 署名者, 調印者

⁑**fir-'mar** [フィる.'マる] 81% [動] [他] (自) 〈に〉署名する, 〈に〉サインする **~se** [動] [再] (固有名詞: と) 署名する

⁑'**fir-me** ['フィる.メ] 87% [形] しっかりとした, ぐらつかない, 不動の, 確固とした, 堅実な; きっぱりとした, 断固たる; 堅い, 頑丈な, 堅固な; 《アンデス》 よい, すばらしい [名] [男] 《スペイン》 路面, 舗装面; 固い地面; 〔建〕 (建物の)基礎 **~mente** [副] しっかりと, 確固として; 堅く, 堅固に ***de*** ~ 一生懸命に, 激しく ***en*** ~ 〔商〕 一定条件の ***¡Firmes!*** 〔軍〕 気をつけ! 《命令のかけ声》 ***ponerse*** ~(***s***) 〔軍〕 気をつけの姿勢をとる ***tierra*** ~ 〔地〕 大陸

***fir-'me-za** [フィる.'メ.さ] 93% [名] [女] 堅さ, 堅固, 不動; 確固たる態度, 揺るぎなさ

fi-ru-'lís-ti-co, -ca [フィ.る.'リス.ティ.コ, カ] [形] [名] [男] [女] 《カリブ》 《話》 ばかな(人), 愚かな(人); 気取った(人)

'**fis-ca** [名] [女] 《ベネズエラ》 《話》 少し, ちょっと

fis-'cal [フィス.'カル] [形] 財政上の, 会計の; 〔政〕 国庫の [名] [共] 〔法〕 検察官, 検事; 〔法〕 会計官, 財務官; 《ベネズエラ》 交通警官

fis-'ca-la [フィス.'カ.ら] [名] [女] 《ラ米》 〔各地〕 〔法〕 (女性の)検察官, 検事; 〔法〕 (女性の)会計官, 財務官 ⇧fiscal

fis-ca-'lí+a [フィス.カ.'リ.ア] [名] [女] 〔法〕 検察官[検事]の職; 〔法〕 検察庁, 検事局

fis-ca-li-za-'ción [フィス.カ.リ.さ.'すぃオン] [名] [女] 監査, 監視; 詮索

fis-ca-li-za-'dor, -'do-ra [フィス.カ.リ.さ.'ドる, 'ド.ら] [形] 監査する, 監視する; 詮索する

fis-ca-li-'zar [フィス.カ.リ.'さる] [動] [他] ㉞ (z|c) 監査する, 査察する; 詮索する, 偵察する; 非難する

'**fis-co** [名] [男] 〔政〕 国庫

'**fis-ga** [名] [女] 〔魚〕 やす《魚介を刺して捕らえる道具》, 銛(もり); 冗談, ひやかし

fis-'gar [フィス.'ガる] [動] [他] ㊶ (g|gu) 詮索(せんさく)する; 〔魚〕 〈に〉銛(もり)を打ち込む **~se** [動] [再] ひやかす, からかう

fis-'gón, -'go-na [形] [名] [男] [女] 詮索(せんさく)する(人), 詮索好きの(人) [名] [男] 〔情〕 クッキー

fis-go-ne+'ar [フィス.ゴ.ネ.'アる] 動 自 詮索(せんさく)する, のぞき回る

'fí-si-co, -ca 80% 形 物理学(上)の, 物理的な; 身体の, 肉体の; 物質的な; 自然界の, 自然の 名 男 女 物理学者 名 男 体格; 外観, 様子; 顔つき **-ca** 名 女 物理学 **-camente** 副 物理的に; 身体的に, 肉体的に

fi-si-co-'quí-mi-co, -ca [フィ.スィ.コ.'キ.ミ.コ, カ] 形 物理化学の 名 男 女 物理化学者 **-ca** 名 女 物理化学

'fi-sio 〔短縮形〕↓fisioterapeuta

fi-siog-no-'mí+a [フィ.スィオグ.ノ.'ミ.ア] 名 女 人相[相貌]学; 人相, 顔つき; 外観

fi-sio-lo-'gí+a [フィ.スィオ.ロ.'ひ.ア] 名 女 生理学, 生理機能

fi-sio-'ló-gi-co, -ca [フィ.スィオ.'ロ.ひ.コ, カ] 形 生理学の, 生理的な

fi-'sió-lo-go, -ga [フィ.'スィオ.ロ.ゴ, ガ] 名 男 女 生理学者

fi-'sión 名 女 〖物〗 分裂

fi-sio-'nar [フィ.スィオ.'ナる] 動 他 〖物〗 〈原子を〉核分裂させる

fi-sio-te-ra-'peu-ta [フィ.スィオ.テ.ら.'ペウ.タ] 名 共 〖医〗 理学療法士

fi-sio-te-'ra-pia [フィ.スィオ.テ.'ら.ピア] 名 女 〖医〗 理学療法

fi-sio-te-'rá-pi-co, -ca [フィ.スィオ.テ.'ら.ピ.コ, カ] 形 理学療法の

***fi-so-no-'mí+a** 94% 名 女 顔立ち, 人相; 外観, 様子; 人相学, 骨相学, 観相術

fi-so-'nó-mi-co, -ca 形 顔立ちの, 人相の; 人相[骨相]学の

fi-so-no-'mis-ta 形 名 共 《話》 人の顔をよく覚える(人); 人相[骨相]学者

'fís-tu-la ['フィス.トゥ.ラ] 名 女 〖医〗 瘻(ろう), 瘻孔(ろうこう) 《身体の組織器官に形成された異常な導管》; 管, 導管; 〖歴〗 〖楽〗 管楽器, 笛

fis-tu-'lar [フィス.トゥ.'ラる] 形 〖医〗 瘻(ろう)の, 瘻性の

fi-'su-ra [フィ.'ス.ら] 名 女 裂け目, 割れ目, 亀裂; (意見などの)不一致, 分裂; 〖体〗 裂溝(れっこう); 〖医〗 (皮膚などの)裂傷, 裂

fi-to-'ci-da [フィ.ト.'すぃ.ダ] 形 〖植〗 植物を枯らす[枯死させる]

fi-'tó-fa-go, -ga 形 〖動〗 植食(性)の 名 男 〖動〗 植食動物, 植食類

fi-to-gra-'fí+a [フィ.ト.グら.'フィ.ア] 名 女 〖植〗 記述植物学

fi-to-'grá-fi-co, -ca [フィ.ト.'グら.フィ.コ, カ] 形 〖植〗 記述植物学の

fi-'tó-gra-fo, -fa [フィ.'ト.グら.フォ, ファ] 名 男 女 〖植〗 記述植物学者

fi-to-pa-to-lo-'gí+a [フィ.ト.パ.ト.ロ.'ひ.ア] 名 女 〖植〗 植物病理学

fi-to-pa-'tó-lo-go, -ga [フィ.ト.パ.'ト.ロ.ゴ, ガ] 名 男 女 〖植〗 植物病理学者

fi-to-'tec-nia [フィ.ト.'テク.ニア] 名 女 〖植〗 植物栽培法

'Fi+yi 名 固 〔República de ～〕 〖地名〗 フィジー 《フィジー諸島からなる共和国》; 〔islas ～〕 〖地名〗 フィジー諸島 《南太平洋, メラネシアの諸島》

fi-'yia+no, -na 形 〖地名〗 フィジー(人)の ⬆Fiyi; 〖言〗 フィジー語の 名 男 女 フィジー人 名 男 〖言〗 フィジー語

fl., flor. 略 =〔ラテン語〕 *floruit* …ごろ活躍[活動] 《特に生没年不明の場合に用いる》

fla-be-'la-do, -da [フラ.ベ.'ラ.ド, ダ] 形 扇形の

fla-'be-lo [フラ.'ベ.ロ] 名 男 (儀式用の)大扇

'flá-ci-do, -da ⇔ **'flác-** ['フラ.すぃ.ド, ダ ⇔ フラ(ク).] 形 たるんだ, 緩んだ, 締まりのない

***'fla-co, -ca** ['フラ.コ, カ] 93% 形 やせた, 細い; «性格・意志・機能などが»弱い, 薄弱な; «力・体などが»弱い, 虚弱な, 無力な, 壊れやすい; 乏しい, わずかな; «能力などが»劣った, «学科などが»不得意の; «論拠などが»不十分な, 証拠の薄弱な, 説得力に乏しい 名 男 弱点; 悪癖 *punto* [*lado*] ～ 弱点, ウィークポイント

fla-cu-'chen-to, -ta [フラ.ク.'チェン.ト, タ] 形 名 男 女 《ベネズエラ》《アンデス》《チリ》《話》 やせた(人), やせ細った(人)

fla-'cu-cho, -cha [フラ.'ク.チョ, チャ] 形 名 男 女 《話》 やせた(人)

fla-ge-la-'ción [フラ.へ.ラ.'すぃオン] 名 女 むち打ち; 非難, 酷評

fla-ge-la-'dor, -'do-ra [フラ.へ.ラ.'ドる, 'ド.ら] 形 むちで打つ, むち打ちの

fla-ge-'lar [フラ.へ.'ラる] 動 他 むちで打つ; 非難する, 譴責(けんせき)する **～se** 動 再 (苦行のために)自分にむち打つ

fla-'ge-lo [フラ.'へ.ロ] 名 男 むち; 災難, 不幸; 〔複〕 〖生〗 鞭毛(べんもう)

fla-'gran-te [フラ.'グらン.テ] 形 その最中の, 現行の *en* ～ 〖法〗 現行犯で

'fla-ma ['フラ.マ] 名 女 《格》 火, 火炎; 炎のような輝き; (軍帽・かぶとの)飾り; 〖気〗 猛暑, 酷暑

fla-'man-te [フラ.'マン.テ] 形 輝くばかりの, まばゆい; 派手な; 新しい, 新品の, 新人の

flam-bo-'yán [フラン.ボ.'ジャン] 名 男 〖植〗 ホウオウボク

fla-me+'ar [フラ.メ.'アる] 動 自 炎を上げて燃える, 火が燃え上がる; «旗などが»はためく, 翻(ひるがえ)る 動 他 (消毒のために)火にかざす

***fla-'men-co, -ca** [フラ.'メン.コ, カ] 93% 形 〖楽〗 フラメンコの; 〖地名〗 フランドル[フランダース]の ⬇Flandes; 気取った, 粋がった, 生意気な; 《メキシコ》《中米》 やせた; 〖言〗 フラ

マン語の 名 男 女 フランドル[フランダース]の人, フラマン人 名 男 〖楽〗 フラメンコ, フラメンコの踊り[歌]; 〖言〗 フラマン語 《ベルギー西部のフランドル地方で話されているオランダ語》; 〖鳥〗 フラミンゴ

fla-men-co-lo-'gí+a [フラ.メン.コ.ロ.'ひ.ア] 名 女 フラメンコ研究

fla-men-co-'ló-gi-co, -ca [フラ.メン.コ.'ロ.ひ.コ, カ] 形 フラメンコ研究の

fla-men-'có-lo-go, -ga [フラ.メン.'コ.ロ.ゴ, ガ] 名 男 女 フラメンコ研究者

fla-'mí-ge-ro, -ra [フラ.'ミ.へ.ろ, ら] 形 《格》 燃え上がる, 燃え立つ; 炎のような; 〖建〗 火炎式の

*'**flan** ['フラン] 94% 名 男 〖食〗 (パンを含めない)プリン, カスタードプディング 《菓子》; 〖経〗 貨幣地板 ***estar (nervioso) como un ~*** 《話》 神経がピリピリしている, びくびくしている

'**flan-co** ['フラン.コ] 名 男 横腹, わき腹; 〖軍〗 (部隊・艦隊の)側面, 翼(よく); 〖建〗 (城塞の)側面, 側堡(そくほう)

'**Flan-des** ['フラン.デス] 名 固 〖地名〗 フランドル 《現在のベルギー西部からフランス北西端にかけての地方》

flan-que+'ar [フラン.ケ.'アる] 動 他 ‹の› 両側にある, はさんでいる; 〖軍〗 側面から包囲する

flan-'que+o [フラン.'ケ.オ] 名 男 〖軍〗 側面攻撃

'**flap** ['フラプ] 名 男 〔複 flaps〕 〖空〗 (飛行機の)フラップ, 下げ翼

fla-que+'ar [フラ.ケ.'アる] 動 自 弱る, 減少する, (en: で)劣っている; «気力などが» 衰える, «力などが»弱る; 勇気を失う

fla-'que-za [フラ.'ケ.さ] 名 女 もろさ, 誘惑に陥りやすいこと; 弱点, 弱み; やせぎす, 細身; 優柔不断, 軟弱

fla-'qui-to, -ta 〔縮小語〕 ↑flaco

flash ['フラス; 'フラシュ] 名 男 〔複 flashes〕 〔英語〕 〖写〗 ストロボ, フラッシュ

flashback ['フラス.バク; 'フラシュ.バク] 名 男 〔英語〕 〖映〗 フラッシュバック 《物語の進行中に過去の場面を組み入れる手法》

'**fla-to** ['フラ.ト] 名 男 〖医〗 胃腸内ガス

fla-tu-'len-cia [フラ.トゥ.'レン.すぃア] 名 女 〖医〗 (胃腸内に)ガスがたまること, 鼓腸

fla-tu-'len-to, -ta [フラ.トゥ.'レン.ト, タ] 形 〖医〗 (胃腸内に)ガスがたまった, 鼓腸性の

*'**flau-ta** ['フラウ.タ] 94% 名 女 〖楽〗 フルート, 横笛 名 共 〖楽〗 フルート奏者 感 《アンデス》 《チリ》 《ラプラタ》 わあ!, ああ! 《驚き・感嘆》 ***Y sonó la ~ (por casualidad).*** 運がよかった

flau-'ti-llo [フラウ.'ティ.ジョ] 名 男 〖楽〗 竪笛(たてぶえ), ショーム

flau-'tis-ta [フラウ.'ティス.タ] 名 共 〖楽〗 フルート奏者; 笛吹き

'**flé-bil** ['フレ.ビル] 形 《格》 悲しい, 涙を誘う

fle-'bí-ti-co, -ca [フレ.'ビ.ティ.コ, カ] 形 〖医〗 静脈炎の

fle-'bi-tis [フレ.'ビ.ティス] 名 女 〔単複同〕 〖医〗 静脈炎

fle-bo-to-'mí+a [フレ.ボ.ト.'ミ.ア] 名 女 〖医〗 静脈切開, 瀉血(しゃけつ)

*'**fle-cha** ['フレ.チャ] 91% 名 女 矢, 矢状の物, 矢印

fle-'char [フレ.'チャる] 動 他 ‹に›矢を射る, ‹に›弓を引く; 《話》 ‹の›心を射止める

fle-'cha-zo [フレ.'チャ.そ] 名 男 矢を射ること; 矢による傷; 《話》 一目ぼれ

fle-'che-ro [フレ.'チェ.ろ] 名 男 〖軍〗 射手; 〖技〗 矢作り職人

'**fle-co** ['フレ.コ] 名 男 ふさ飾り, 縁飾り; 前髪, おさげ髪; (布の)ほつれ; 未決定の事項

fle-'jar [フレ.'はる] 動 他 〖技〗 たがで締める

'**fle-je** ['フレ.へ] 名 男 〖技〗 鉄製の帯環, たが

'**fle-ma** ['フレ.マ] 名 女 平穏, 冷静, 沈着; 〖医〗 痰(たん), 粘液; 粘液質 《冷淡・無気力》

fle-'má-ti-co, -ca [フレ.'マ.ティ.コ, カ] 形 〖医〗 痰(たん)が多い; 粘液質の; 無気力の; 冷淡な, 冷静な, 沈着な

fle-'món [フレ.'モン] 名 男 〖医〗 蜂巣(ほうそう)炎; 歯槽膿漏(しそうのうろう)

fle-'qui-llo [フレ.'キ.ジョ] 名 男 前髪

fle-'tán [フレ.'タン] 名 男 〖魚〗 ハリバ, オヒョウ

fle-'tar [フレ.'タる] 動 他 ‹船・飛行機・バスなどを›借りる, 借り上げる, チャーターする; ‹旅客を›乗せる, ‹荷物を›積載する; 《カリブ》 媚(こ)びを売る; ‹に›恋をする; 《中米》 《チリ》 こする; 《アンデス》 なぐる, 打つ; 《ラプラタ》 解雇する, 首にする **~se** 動 再 《ラプラタ》 (招待されずに)パーティー[集会]に潜り込む

'**fle-te** ['フレ.テ] 名 男 (運送)貨物, 船荷; 〖商〗 運送料, 借り上げ運賃, 船賃; 《南米》 〖畜〗 駿馬(しゅんめ), 早い馬

fle-xi-bi-li-'dad [フレク.スィ.ビ.リ.'ダド] 名 女 しなやかさ, 柔軟性, 融通性

fle-xi-bi-li-'zar [フレク.スィ.ビ.リ.'さる] 動 他 ㉞ (z|c) 弾力的にする, ‹に›柔軟性を持たせる

*__fle-'xi-ble__ [フレク.'スィ.ブレ] 93% 形 曲がりやすい, たわみやすい; 柔軟な, 融通のきく; «性格・人が»融通性のある, 思う通りになる, 従順な 名 男 〖電〗 コード, 電線

fle-'xión [フレク.'スィオン] 名 女 屈折; 〖体〗 屈伸; 〖言〗 語尾変化, 屈折

fle-xio-'nal 形 ⇩ flexivo

f

fle-xio-'nar [フレク.スィオ.'ナる] 動 他 〔体〕屈伸させる

fle-'xi-vo, -va [フレク.'スィ.ボ, バ] 形 〔言〕屈折[活用, 語尾変化]の

'fle-xo ['フレク.ソ] 名 男 《ｽﾍﾟｲﾝ》(折り曲げのできる)電気スタンド

fle-'xor, -'xo-ra [フレク.'ソる, '(ク)ソ.ら] 形 〔体〕屈筋の

'fli-che ['フリ.チェ] 形 名 共 《ｶﾘﾌﾞ》《話》やせた(人), やせ細った(人)

fli-'pan-te [フリ.'パン.テ] 形 《俗》(麻薬で)幻覚症状を起こした

fli-'par [フリ.'パる] 動 他 《話》大好きにする; 《俗》〈に〉幻覚症状を起こす

'fli-pe ['フリ.ペ] 名 男 《俗》(麻薬の)幻覚症状

flir-te+'ar [フりる.テ.'アる] 動 自 恋をもてあそぶ, 戯れる, いちゃつく; おもしろ半分に手を出す, ちょっと手を染める

flir-'te+o [フりる.'テ.オ] 名 男 戯れの恋, 浮気, 火遊び

flo-je+'ar [フロ.へ.'アる] 動 自 弱る, 弱まる; 衰退する, 衰える, 落ち込む; 怠ける, ぞんざいになる

flo-je-'dad [フロ.へ.'ダド] 名 女 弱さ, 弱々しさ; 無気力, 柔弱, 貧弱; 怠惰, 怠慢; 緩(ゆる)み, たるみ; 不景気, 沈滞(状態)

flo-'jel [フロ.'へル] 名 男 〔衣〕(ラシャなどの)けば, 綿毛; 〔鳥〕(鳥の)綿毛

flo-'je-ra [フロ.'へ.ら] 名 女 怠惰, 無気力; 弱さ, 虚弱; のろさ

*'**flo-jo, -ja** ['フロ.ほ, は] 92% 形 緩(ゆる)い, たるんだ; 怠惰な, いいかげんな, 無気力の; 弱い, 力がない, 質の悪い, つまらない; 〔商〕《商売などが》不景気な, 活気のない, 沈滞している; だらしのない; のろい, ぐずぐずした; 《体が》元気のない, だるい; 苦手な, 不得意の 名 男 女 なまけ者

floppy disc ['フロ.ピ.'ディス(ク)] 名 男 〔複 discs〕〔英語〕〔情〕フロッピーディスク

'flor** ['フロる] 76% 名 女 〔植〕花, 草花; 開花, 満開, 花盛り; 最も美しい[よい]部分, 精華, 元気, 盛り, すばらしさ, 最高; 〔化〕華(か), 結晶; 《話》(女性への)お世辞; 純潔, 処女性; (発酵による)浮滓(かす), 白カビ; 〔体〕(爪の)半月 ***a ~ de ...*** …のすれすれに, …のぎりぎりに ***a ~ de labios*** 口元に ***dar en la ~ de ...*** (不定詞) …する癖がつく ***~ y nata*** 最良の部分, 華 ***ir de ~ en ~*** 次々に手を出す ***tener los nervios a ~ de piel*** 神経がピリピリしている

'Flor ['フロる] 名 固 〔女性名〕フロール

'flo-ra ['フロ.ら] 名 女 (一地域・一時期の)植物相[群]; 植物誌; 〔生〕フロラ《細菌などの叢(そう)》

'Flo-ra ['フロ.ら] 名 固 〔ロ神〕フローラ《花と春の女神》

flo-ra-'ción [フロ.ら.'すぃオン] 名 女 〔植〕開花(期間)

flo-'ral [フロ.'らル] 形 花の(ような)

flo-re+'ar [フロ.れ.'アる] 動 他 花で飾る; 《話》〈女性を〉ほめる; 〔食〕〈小麦粉を〉ふるいにかける 動 自 〔植〕花が咲く; 〔楽〕(ギターで)トレモロを弾く; 〔競〕〔フェンシング〕剣先を細かく動かす

*__flo-re-'cer__ [フロ.れ.'せる] 93% 動 自 45 (c|zc) 〔植〕花が咲く, 開花する; 栄える; 《格》《才能などが》花開く, 活躍する ***~se*** 動 再 カビが生える

flo-re-'cien-te [フロ.れ.'すぃエン.テ] 形 〔植〕花開く, 開花する; 栄える, 繁盛する, 盛大である, 隆盛をきわめる

flo-re-ci-'mien-to [フロ.れ.すぃ.'ミエン.ト] 名 男 〔植〕開花, 花盛り; 繁栄, 隆盛

Flo-'ren-cia [フロ.'れン.すぃア] 名 固 〔地名〕フィレンツェ《イタリア中部の都市》; 〔地名〕フロレンシア《コロンビア南西部の都市》; 〔女性名〕フロレンシア

Flo-'ren-cio [フロ.'れン.すぃオ] 名 固 〔男性名〕フロレンシオ

flo-ren-'ti+no, -na [フロ.れン.'ティ.ノ, ナ] 形 名 男 女 〔地名〕フィレンツェの(人) ↑Florencia **F~** 名 固 〔男性名〕フロレンティーノ

flo-'re+o [フロ.'れ.オ] 名 男 おしゃべり, 雑談; 文飾; 〔競〕〔フェンシング〕剣先を細かく動かすこと; 〔楽〕(ギターの)トレモロ; (スペイン舞踊で)片足を上げること

flo-re-'rí+a [フロ.れ.'り.ア] 名 女 〔商〕花屋, 生花店

flo-'re-ro, -ra [フロ.'れ.ろ, ら] 形 おもねる, おせじを言う, 言葉巧みな 名 男 女 〔商〕〔人〕花屋 名 男 花瓶, 植木鉢; 〔絵〕花の絵画 ***estar de ~*** 何もしない, ぶらぶらしている

'Flo-res ['フロ.れス] 名 固 〔地名〕フローレス《ウルグアイ南西部の県》; 〔姓〕フローレス

flo-res-'cen-cia [フロ.れ(ス).'せン.すぃア] 名 女 〔植〕開花, 花時, 開花期; 〔化〕風化(物), 風解

flo-res-'cen-te [フロ.れ(ス).'セン.テ] 形 〔植〕開花の

flo-'res-ta [フロ.'れス.タ] 名 女 森, 木の茂み, 木立; 木立に囲まれた心地よい空間; 〔文〕詩華集, 詩選集

flo-re-'ta-zo [フロ.れ.'タ.そ] 名 男 〔競〕〔フェンシング〕フルーレで打つこと

flo-'re-te [フロ.'れ.テ] 名 男 〔競〕フルーレ《フェンシング競技の一種》

flo-re-te+'ar [フロ.れ.テ.'アる] 動 自 《ｶﾘﾌﾞ》《話》浮気をする, 女遊びをする

flo-'rez-co, -ca(~) 動 《直現1単, 接現》↑florecer

flo-ri-cul-'tor, -'to-ra [フロ.り.クル.

'トる, 'ト.ら] [名] [男] [女] 花卉(かき)園芸家, 花作りをする人

flo-ri-cul-'tu-ra [フロ.り.クル.'トゥ.ら] [名] [女] 花卉(かき)園芸, 草花栽培

Flo-'ri-da [フロ.'り.ダ] [名] [固] 〔península de ~〕〖地名〗フロリダ半島《米国南東部の半島》

*__flo-'ri-do, -da__ [フロ.'り.ド, ダ] 94% [形] 花盛りの; 華麗な, 華やかな; 選り抜き, 選抜の *gótico* ~ 〖建〗フランボワイヤン様式

flo-ri-'le-gio [フロ.り.'レ.ひオ] [名] [男] 〖文〗名詩選, 詞華集, アンソロジー

flo-'rín [フロ.'りン] [名] [男] 〖歴〗〖経〗ギルダー《オランダの旧通貨》; 〖歴〗〖経〗フロリーン《昔のスペインの通貨》

flo-ri-'pon-dio [フロ.り.'ポン.ディオ] [名] [男] 〖植〗チョウセンアサガオ; 〔軽蔑〕けばけばしい大きな造花; 悪趣味で大きな花柄模様

flo-'ris-ta [フロ.'りス.タ] [名] [共] 〖商〗〔人〕花屋, 花売り; 造花職人[販売者], 造花店経営者

flo-ris-te-'rí+a [フロ.りス.テ.'り.ア] [名] [女] 〖商〗花屋

flo-ri-'tu-ra [フロ.り.'トゥ.ら] [名] [女] 〖文〗文飾; 〖楽〗装飾音 ***andarse con ~s*** 細かいことにこだわる

flo-'rón [フロ.'ろン] [名] [男] (建築・貨幣などの)花形装飾

*'__flo-ta__ ['フロ.タ] 92% [名] [女] 〖海〗艦隊, 船隊; 〖海〗〔集合〕保有船(数); 〖空〗〔集合〕保有飛行機(数); 《(南米)》群れ

flo-ta-'ción [フロ.タ.'すぃオン] [名] [女] 浮くこと, 浮揚, 浮力

flo-ta-'dor [フロ.タ.'ドる] [名] [男] 浮き袋, 浮き輪

flo-'tan-te [フロ.'タン.テ] [形] 浮く, 浮かぶ, 浮かんだ; 浮動の, 変動の, 流動的な

*__flo-'tar__ [フロ.'タる] 92% [動] [自] 浮く, 浮かぶ, 漂う, 流れる; (風に)なびく, 翻(ひるがえ)る; «うわさなどが»広まる; «人が»さまよい歩く, 転々と所を変える; «気配が»漂う

'**flo-te** ['フロ.テ] [名] [男] 浮揚, 浮遊 ***a ~*** 水上に浮かんで, 漂って; 浮上して; (危機などを)脱して

flo-'ti-lla [フロ.'ティ.ジャ] [名] [女] 〖海〗〖軍〗小艦隊, 小型船団

fluc-tua-'ción [フルク.トゥア.'すぃオン] [名] [女] 変動, 変化, 不安定, 動揺; 〖商〗(相場の)変動

fluc-'tuan-te [フルク.'トゥアン.テ] [形] 〖商〗(相場などが)変動する, 変化する

fluc-'tuar [フルク.'トゥアる] [動] [自] ⑰ (u|ú) 〖経〗«相場などが»変動する, 上下する, 変化する; 《格》動揺する, ためらう; (水に)漂う, 浮遊する

flui-'dez [フルイ.'デす] [名] [女] 流動性; 流暢(りゅうちょう)さ, なめらかさ

flui-di-fi-'car [フルイ.ディ.フィ.'カる] [動] [他] 69 (c|qu) 流動体にする, なめらかにする

'**flui-do, -da** ['フルイ.ド, ダ] [形] 流動性の, 流体の, 流動的な; «言葉が»流暢(りゅうちょう)な, なめらかな, すらすらと続く [名] [男] 〖物〗流体, 流動体《気体と液体の総称》; 〖電〗電流

'**fluir** ['フルイる] [動] [自] 37 (-y-) 〔直現 2 複 fluis; 直点 1 単 flui〕流れる; すらすらと流れる[出る], «事が»すらすらと運ぶ

'**flu-jo** ['フル.ほ] [名] [男] 流れ, 流水, 流出; 流出量; (言葉などの)流暢(りゅうちょう)さ; 〖海〗上げ潮, 差し潮; 〖物〗束; 〖化〗融剤, 溶剤

flu-jo-'gra-ma [フル.ほディア.'グら.マ] [名] [男] ⇧ diagrama de flujo, ⬆diagrama

'**flú+or** ['フル.オる] [名] [男] 〖化〗フッ素《ハロゲン元素》

fluo-res-'cen-cia [フルオ.れ(ス).'せン.すぃア] [名] [女] 蛍光発光, 蛍光性

fluo-res-'cen-te [フルオ.れ(ス).'せン.テ] [形] 蛍光を発する, 蛍光性の [名] [男] 蛍光灯

fluor-'hí-dri-co, -ca [フルオ.'り.ドり.コ, カ] [形] 〖化〗フッ化水素の

fluo-'ru-ro [フルオ.'る.ろ] [名] [男] 〖化〗フッ化物

flu-'vial [フル.'ビアル] [形] 〖地〗川の, 河川の

'**flux** ['フル(ク)ス] [名] [男] 〖遊〗(トランプで)フラッシュ《ポーカーで同じ組のカードがそろうこと》; 《(ラ米)》〖衣〗三つぞろいの背広 ***hacer ~*** 《話》金がなくなる

flu-'xión [フルク.'スィオン] [名] [女] 〖医〗充血, 鬱血(うっけつ)

FM [略] =frecuencia modulada 〖放〗**FM**, FM 放送

FMI [略] =Fondo Monetario Internacional 国際通貨基金 (IMF)

f.º, fol. [略] ⬇folio

'**fo-bia** [名] [女] 嫌悪, 忌み嫌うこと; 〖医〗(常習的・一時的)恐怖症, 病的恐怖

'**fó-bi-co, -ca** [形] 〖医〗恐怖症にかかった

'**fo+ca** [名] [女] 〖動〗アザラシ, オットセイ; アザラシ[オットセイ]の毛皮; 《話》〔軽蔑〕太っちょ, でぶ

fo-'cal [フォ.'カル] [形] 焦点の, 焦点にある

fo-ca-li-za-'ción [フォ.カ.リ.さ.'すぃオン] [名] [女] (光線などを)焦点に集めること

fo-ca-li-'zar [フォ.カ.リ.'さる] [動] [他] 34 (z|c) ‹光線などを›焦点に集める; 集中させる, ‹の› (テーマや話題を)絞る

'**fo-cha** [名] [女] 〖鳥〗バン, オオバン

'**fo-chi** [感] 《(アンデス)》《話》出て行け!

*'__fo+co__ 91% [名] [男] 〖物〗〖写〗焦点, 焦点距離; (興味・暴風・地震などの)中心; 〖演〗スポットライト; 《(ラ米)》電球; 《(カリブ)》街灯

fo-'don-go, -ga [形] [名] [男] [女] 《(メキシコ)》《話》怠け者(の), 怠惰な(人) [名] [男] 《(メキシコ)》

《話》おんぼろの車
'fo+fo, +fa 形 ぶよぶよした, 柔らかい, しまりのない
fo-'ga-ta 名 女 たき火, かがり火
fo-'gón 名 男 〖食〗こんろ, レンジ; 〖食〗(こんろ[レンジ]の)火口; 〖食〗かまど, 炉; 〖機〗(ボイラー・機関車などの)燃焼室; 〖軍〗(大砲の)火門
fo-go-'na-zo [フォ.ゴ.'ナ.そ] 名 男 (発砲や爆発時の)閃光; 〖写〗フラッシュ(の光)
fo-go-'ne-ro [フォ.ゴ.'ネ.ろ] 名 男 〖海〗〖鉄〗(機関車・汽船などの)火夫, 汽罐(きかん)夫
fo-go-si-'dad 名 女 熱情, 気迫, 活気
fo-'go-so, -sa 形 火のように激しい, 熱烈な, 熱狂的な
fo-gue+'ar [フォ.ゲ.'アる] 動 他 〖軍〗〈兵・軍馬を〉銃砲(音)に慣れさせる; 〈人を〉仕事や困難に慣れさせる; 〖軍〗(少量の火薬を入れて撃ち)銃の手入れをする　〜se 動 再 仕事や困難に慣れる
fo-'gue+o [フォ.'ゲ.オ] 名 男 〖軍〗(兵士や軍馬を)砲撃(音)に慣れさせること; 〔一般〕鍛錬, 訓練
foie-gras [フア.'グら] 名 男 〔フランス語〕⇩ fuagrás
***fol-'clo-re** ⇦ **-klo-** [フォル.'クロ.れ] 94% 名 男 民俗, 民間伝承; 民俗学, フォークロア
fol-'cló-ri-co, -ca ⇦ **-'kló-** [フォル.'クロ.り.コ, カ] 形 民俗の, 民間伝承の, フォルクローレの; 民俗学の
fol-clo-'ris-ta ⇦ **-klo-** [フォル.クロ.'りス.タ] 名 共 民俗学者
fo-'lí+a [フォ.'リ.ア] 名 女 〔複〕〖楽〗フォリアス《カナリア諸島の民謡と民族舞踊; ポルトガルの民族舞踊》
fo-'liá-ce+o, +a [フォ.'リア.せ.オ, ア] 形 〖植〗葉の, 葉状の; 薄層[薄片]からなる
fo-lia-'ción [フォ.リア.'すぃオン] 名 女 〖植〗葉を出すこと, 展葉, 発葉; 〖印〗(書籍などの)丁付け, 丁数
fo-'lia-do, -da [フォ.'リア.ド, ダ] 形 〖植〗葉のある
fo-'liar [フォ.'リアる] 形 〖植〗葉の, 葉質の, 葉状の 動 他 〖印〗〈本に〉丁数を付ける
fo-'lí+cu-lo [フォ.'リ.ク.ロ] 名 男 〖体〗小嚢(しょうのう), 濾胞(ろほう); 〖植〗袋果(たいか)
fo-li-'for-me [フォ.リ.'フォる.メ] 形 葉の形をした
'fo-lio ['フォ.リオ] 名 男 (本・ノート・紙の)一葉, 一枚; **A4** サイズの用紙; 〖印〗(全紙の)一度[二つ]折り《切断して 4 ページ分》; 〖印〗(本の)欄外見出し　***de a*** 〜《話》ひどい, すごい
fo-'lí+o-lo ⇦ **-'lio-** [フォ.'リ.オ.ロ ⇦ .'リオ.] 名 男 〖植〗小葉
'folk ['フォル.(ク)] 名 男 〔複 folks〕〖楽〗民俗音楽; 〖楽〗フォークソング
fo-'lla-je [フォ.'ジャ.へ] 名 男 〖植〗〔集合〕(一本または多くの木の)葉, 群葉; 〖建〗葉[唐草]模様の装飾; ごてごてした装飾; 不要語の多用, 冗言
fo-'llar [フォ.'ジャる] 動 他 ⑯ (o|ue) 《俗》〈と〉セックスをする 動 自 ふいごで吹く　〜se 動 再 《俗》すかしっぺをする
fo-lle-'tín [フォ.ジェ.'ティン] 名 男 〖文〗(新聞の)連載小説[記事]; 〖文〗大衆小説; 〖文〗メロドラマ
fo-lle-ti-'nes-co, -ca [フォ.ジェ.ティ.'ネス.コ, カ] 形 〖文〗大衆小説[メロドラマ]のような
fo-lle-ti-'nis-ta [フォ.ジェ.ティ.'ニス.タ] 名 共 〖文〗連載小説作者
***fo-'lle-to** [フォ.'ジェ.ト] 93% 名 男 パンフレット, 小冊子, 案内書
fo-'llón, -'llo-na [フォ.'ジョン, 'ジョ.ナ] 形 怠惰な, 無精な; 卑劣な, 卑怯(ひきょう)な 名 男 女 なまけ者, 無精者; 卑怯者 名 男 《スペイン》《話》騒ぎ, 騒動; 混乱, 無秩序; 面倒なこと, やっかいな問題; (音なしの)ロケット花火; 《俗》すかしっぺ
'fo+me 形 名 共 《チリ》《話》つまらない(人), うんざりする(人), 味気ない
***fo-men-'tar** [フォ.メン.'タる] 93% 動 他 育成する, 促進する, 助長する; 刺激する, 扇動する; 〖医〗温湿布をあてて治療する, 〈患部を〉蒸す; 〖畜〗《鶏が》〈卵を〉温めてかえす
fo-'men-to 名 男 助成, 育成, 保護, 促進, 奨励, 振興; 温めること; 〖医〗温湿布, 湿布剤
fo-na-'ción [フォ.ナ.'すぃオン] 名 女 〖音〗発声, 発音
***'fon-da** 94% 名 女 〖商〗宿屋, 安宿; 《ラ米》〖商〗安食堂
fon-de+a-'de-ro [フォン.デ.ア.'デ.ろ] 名 男 〖海〗投錨(とうびょう)(地), 停泊地
fon-de+'ar [フォン.デ.'アる] 動 他 〖海〗〈船を〉停泊させる; 徹底的に吟味する; 《チリ》《話》隠す 動 自 〖海〗《船が》停泊する, 投錨(とうびょう)する
fon-'di-llo [フォン.'ディ.ジョ] 名 男 〔複〕〖衣〗(ズボンの)尻, ヒップ, 尻当て
fon-'dis-ta 名 共 〖商〗宿屋の主人; 〖競〗長距離走者
****'fon-do** 76% 名 男 (物の)底, 最低部; 海底, 湖底, 川底; 後ろ, 背後, 後部, 裏側, 奥; (模様に対して)地(じ); 〖商〗〖経〗資金, 基金, ファンド, 手持ち資金, 財源; 本性, (心の)奥, 根; 本質, 基本, 根本, 内容, 核心; 深さ, 深度; 〖建〗(建物などの)奥行き; 〔複〕本, 資料, 出版物; 〖競〗長距離, 耐久力, スタミナ; 〖文〗背景, バックグラウンド;

〘演〙(舞台の)背景; 《ﾒｷｼｺ》〘衣〙シュミーズ, ペチコート　*a* ～ 徹底的に, しっかりと　*artículo de* ～ 社説　*dar* ～〘海〙停泊する　*imagen de fondo* 〘情〙壁紙　*pozo sin* ～ 底無し　*tocar* ～ 困難に直面する

fondue [フォン.'デュ] 名 男〔フランス語〕〘食〙フォンデュ, フォンデュ鍋

fo-'ne-ma 名 男〘言〙音素, フォニーム

fo-'né-mi-co, -ca 形〘言〙音素的な; 音素論の　**-ca** 名 女〘言〙音素論

fo-'né-ti-co, -ca 形〘音〙音声(上)の, 音声学の, 音声を表す　**-ca** 名 女〘音〙音声学;〘音〙〔集合〕音声

fo-ne-'tis-ta 名 共〘音〙音声学者

fo-'ní+a 名 女〘音〙〘言〙音声

'fó-ni-co, -ca 形〘音〙〘言〙音の, 音声の, 発音上の

fo-no-'fo-bia 名 女〘医〙音声恐怖

fo-no-'ge-nia [フォ.ノ.'へ.ニア] 名 女 (マイクや録音機に)通りのよい声

fo-'nó-gra-fo [フォ.'ノ.グら.フォ] 名 男〘機〙蓄音機

fo-no-'gra-ma [フォ.ノ.'グら.マ] 名 男〘言〙表音文字

fo-no-lo-'gí+a [フォ.ノ.ロ.'ひ.ア] 名 女〘言〙音韻論; 音韻体系[組織]

fo-no-'ló-gi-co, -ca [フォ.ノ.'ロ.ひ.コ, カ] 形〘言〙音韻論の

fo-'nó-lo-go, -ga [フォ.'ノ.ロ.ゴ, ガ] 名 男 女〘言〙音韻学者

fon-sa-'de-ra [フォン.サ.'デ.ら] 名 女〘歴〙〘法〙(戦争のための)租税;〘歴〙〘軍〙軍務の志願

Fon-'se-ca 名 固〔golfo de ～〕〘地名〙フォンセカ湾《中央アメリカ地峡部の太平洋岸の湾》

fon-'ta-na 名 女《詩》《格》〘地〙泉

fon-ta-'nal [フォン.タ.'ナル] 形《詩》《格》〘地〙泉の

fon-ta-'ne-la [フォン.タ.'ネ.ラ] 名 女〘体〙ひよめき, 泉門(せんもん)《乳幼児の頭蓋(ずがい)骨の未縫合の部分》

fon-ta-ne-'rí+a [フォン.タ.ネ.'り.ア] 名 女〘建〙配管工事, (給排水)衛生工事;〘建〙配管系統[設備]

fon-ta-'ne-ro, -ra [フォン.タ.'ネ.ろ, ら] 名 男 女〘技〙(水道の)配管工

footing ['フ.ティン(グ)] 名 男〔英語風〕〘競〙ジョギング

'fo-que ['フォ.ケ] 名 男〘海〙船首三角帆, ジブ;〘衣〙(糊(のり)がきいた)シャツカラー

fo-'ra-do [フォ.'ら.ド] 名 男《ｱﾝﾃﾞｽ》《ﾁﾘ》壁穴

fo-ra-'ji-do, -da [フォ.ら.'ひ.ド, ダ] 名 男 女 無法者, 犯罪者, 無頼の徒 形 無法者の, 非合法の

fo-'ral [フォ.'らル] 形〘法〙法の;〘法〙特権の[による]

fo-'ra-men [フォ.'ら.メン] 名 男 穴, 小孔

fo-'rá-ne+o, +a [フォ.'ら.ネ.オ, ア] 形 外国の, 他国の, よその 名 男 女 外国人, よそ者

***fo-ras-'te-ro, -ra** [フォ.らス.'テ.ろ, ら] 93% 形 名 男 女 外国人, よそ者; 外国の, よその土地の

for-ce-je+'ar [フォる.せ.へ.'アる] 動 自 (con: と)争う, (con: に)乱暴する; もがく, あがく, 奮闘する; (誘惑などに)抵抗する

for-ce-'je+o [フォる.せ.'へ.オ] 名 男 もがき, あがき, 苦闘, 努力

'fór-ceps ['フォる.せ(プ)ス] 名 男〔単複同〕〘医〙鉗子(かんし)

fo-'ren-se [フォ.'れン.セ] 形〘法〙法廷の, 法廷における 名 共〘法〙法廷医

fo-res-'tal [フォ.れス.'タル] 形 森の, 森に関する

'for-ja ['フォる.は] 名 女 鍛冶(かじ)工場, 鍛造(たんぞう)工場, 鍛冶場; 鍛冶, 鍛造, 鍛錬;〘建〙モルタル, しっくい

for-'ja-do, -da [フォる.'は.ド, ダ] 形 〈鉄を〉鍛えて作った, 鍛造(たんぞう)した 名 男〘建〙(建物の)階下と階上間の枠組み

***for-'jar** [フォる.'はる] 94% 動 他 〈鉄を〉鍛(きた)える《ハンマーで打って形を作る》; 〈うそなどを〉つくり上げる, でっちあげる; 〈富などを〉築く; モルタル[しっくい]の下塗りする　**～se** 動 再 思い描く

⁑**'for-ma** ['フォる.マ] 65% 名 女 形, 格好, 外形, 輪郭; 姿, 様子, なり, 体型; (内容に対して)形式, 型; やり方, 様式, 仕方, 方式;〔複〕礼儀, 作法;〘哲〙形相, 形式;〘言〙形式, …形;〘競〙(運動選手などの)調子, コンディション, 体調;《ﾒｷｼｺ》書式, 書き込み用紙　*cubrir las ～s* 表面をつくろう　*dar* ～ (a: に)形を与える, (a: を)具体化する　*de ～ que* ...〔直説法〕よって…, だから…;〔接続法〕…であるように;〔文頭で〕〔直説法〕それでは　*de todas ～s* いずれにしても　*en [de] ～ de* ... …の形で[の]　*en* ～ 調子がよい, 元気な; 調子がよく, 元気に;《ﾗ米》《話》本当に; すごく　*Sagrada F～* 〘宗〙聖体

⁑**for-ma-'ción** [フォる.マ.'すぃオン] 80% 名 女 構成, 編成, 形成, 構造; しつけ, 教育, 訓練;〘軍〙隊形; 組成物, 構成物; 形, 形態, 体, 組織;〘競〙フォーメーション

⁑**for-'mal** [フォる.'マル] 87% 形 形の, 外形上の, 形式的な; 正式の; 儀礼的な; 信用できる; まじめな, 品行方正な, 行儀がよい; 格式ばった, 堅苦しい; «形・様式が»整然とした　**～mente** 副 正式に; 形式上は

for-ma-li-'dad [フォる.マ.リ.'ダド] 名

[女] 正規の手続き, しきたり; まじめさ, 礼儀正しさ, 厳粛さ; 形式ばった[儀礼的]行為, 儀式; 信頼できること, 当てになること

for-ma-'li-na [フォる.マ.'リ.ナ] [名] [女] 〘化〙ホルマリン

for-ma-'lis-mo [フォる.マ.'リス.モ] [名] [男] 形式主義, 形式踏襲; 〘文〙(20 世紀ロシアの)フォルマリズム

for-ma-'lis-ta [フォる.マ.'リス.タ] [形] 形式主義の; 〘文〙(ロシア)フォルマリズムの [名] [共] 形式主義主義者; 〘文〙(ロシア)フォルマリスト

for-ma-li-za-'ción [フォる.マ.リ.さ.'すぃオン] [名] [女] 正式化, 形式化; 具体化; 認定; 儀式化

for-ma-li-'zar [フォる.マ.リ.'さる] [動] [他] ㉞ (z|c) はっきりした形にする, 形式化する; 〈契約などを〉正式なものにする ～se [動] [再] 儀式ばる, あらたまる

for-'mar [フォる.'マる] 72% [動] [他] 形作る, 形成する; 組織する, 構成する; 〈人物・能力・品性などを〉形成する, 鍛える; しつける, 教育する; 〈考えを〉持つ, 〈思想を〉形作る [動] [自] 整列する ～se [動] [再] «物が»形をなす, (ある形に)なる; 生じる, 起こる; 〈考えを〉持つ, 思い浮かべる; «考え・思想などが»生まれる, 浮かぶ; 《ﾗﾌﾟﾗﾀ》各自が自分の分を支払う

for-ma-te+'ar [フォる.マ.テ.'アる] [動] [他] 〘情〙〈ディスクを〉初期化する, フォーマットする

for-ma-'te+o [フォる.マ.'テ.オ] [名] [男] 〘情〙初期化, フォーマット

for-ma-'ti-vo, -va [フォる.マ.'ティ.ボ, バ] [形] 形成の, 発達する, 形作る; 教育的な

for-'ma-to [フォる.'マ.ト] [名] [男] (書籍・紙などの)判, 型, 体裁; 〘情〙フォーマット

For-men-'te-ra [フォる.メン.'テ.ら] [名] [固] 〘地名〙フォルメンテラ島《スペイン, バレアレス諸島南西部の島》

'fór-mi-co, -ca ['フォる.ミ.コ, カ] [形] 〘化〙蟻酸(ぎさん)の -ca [名] [女] 〘建〙フォーマイカ《家具などに使われる合成樹脂板; 商標 Formica》

for-mi-'da-ble [フォる.ミ.'ダ.ブレ] 91% [形] 恐るべき, 侮(あなど)りがたい; 《話》ものすごい

for-'mol [フォる.'モル] [名] [男] 〘化〙《商用名》ホルマリン

for-'món [フォる.'モン] [名] [男] (ほぞ穴用の)のみ; 〘技〙(円形の穴をあける)パンチ, 穴あけ具

For-'mo-sa [フォる.'モ.サ] [名] [固] 〘地名〙台湾; 〘地名〙フォルモサ《アルゼンチン北部の州, 州都》

'fór-mu-la ['フォる.ム.ラ] 84% [名] [女] 形式, 決まったやり方, 習慣; 方式, 方法; 決まった言い方, 決まり文句; 〘数〙公式, 定式, 式; 〘化〙化学式; 〘医〙(薬の)処方, 処方箋(せん); 〘食〙調理法; 〘競〙フォーミュラ, 公式規格《おもにエンジンの排気量によるレーシングカーの分類》

for-mu-la-'ción [フォる.ム.ラ.'すぃオン] [名] [女] 公式化, 定式化; 表明

for-mu-'lar [フォる.ム.'ラる] [動] [他] 表明する, 表示する; 公式化する, (規定方式に従って)作る, 公式で表す; 文書にする; 〘医〙処方する [形] 方式の, 定式の; 書式の

for-mu-'la-rio [フォる.ム.'ラ.りオ] [名] [男] 書き込み用紙, 申し込み用紙; 式文集, 規則集; 〘医〙処方集 ～, -ria [形] 形式的な, 公式的な

for-mu-'lis-mo [フォる.ム.'リス.モ] [名] [男] 形式主義, 公式主義

for-mu-'lis-ta [フォる.ム.'リス.タ] [形] [名] [共] 形式主義の[主義者], 公式主義の[主義者]

for-ni-ca-'ción [フォる.ニ.カ.'すぃオン] [名] [女] 私通, 密通

for-ni-'car [フォる.ニ.'カる] [動] [自] ㊾ (c|qu) 私通する, 密通する

for-'ni-cio [フォる.'ニ.すぃオ] [名] [男] 《格》姦淫(かんいん)

for-'ni-do, -da [フォる.'ニ.ド, ダ] [形] 強い, 頑丈な, 丈夫な, 頑健な

for-ni-'tu-ra [フォる.ニ.'トゥ.ら] [名] [女] 〔複〕〘軍〙弾薬帯

'fo+ro ['フォ.ろ] [名] [男] 公開討論会, フォーラム; 〘歴〙(古代ローマの)フォルム, 広場; 〘法〙(法公会場)裁判所, 法廷; 弁護士業; 〘演〙舞台正面奥; 借地契約, 借地代; 〘情〙フォーラム ***marcharse*** [***irse***] ***por el*** ～ こっそり姿を消す

fo-'ro-fo, -fa [フォ.'ろ.フォ, ファ] [名] [男] [女] 《ｽﾍﾟｲﾝ》《話》(スポーツ選手・チームの)熱狂的なファン

fo-'rra-do, -da [フォ.'ら.ド, ダ] [形] 《話》金持ちである

fo-'rra-je [フォ.'ら.へ] [名] [男] 〘畜〙(牛馬の)飼料, かいば, まぐさ; 飼料集め, 食糧さがし; 《話》がらくた(の山), ごたまぜ

fo-rra-je+'ar [フォ.ら.へ.'アる] [動] [自] 〘畜〙まぐさを刈る; 〘軍〙糧秣(りょうまつ)[馬糧]をあさる

fo-rra-'je-ro, -ra [フォ.ら.'へ.ろ, ら] [形] 〘畜〙まぐさ[飼料]用の -ra [名] [女] 〘衣〙(制服の)飾りひも

fo-'rrar [フォ.'らる] [動] [他] 〘衣〙〈に〉裏をつける, 裏打ちする; 〈に〉(de: を)上張りをする, 表装する, 〈に〉カバーをかける; 《ﾒｷｼｺ》《ﾗﾌﾟﾗﾀ》貯金する ～se [動] [再] 《ｽﾍﾟｲﾝ》《話》(短期間で)大もうけする; 《話》たらふく食べる

'fo-rro ['フォ.ろ] [名] [男] 〘衣〙裏張り, 裏打ち; 裏, 裏地; 表装, カバー; 〘海〙(船の)外板, (船底の)銅包板; 《ﾁﾘ》《話》問題, 困難

ni por el ~《否定語》《話》ちっとも(…ない)

for-'si-tia [フォる.'スィ.ティア] 名 女〔植〕レンギョウ

for-ta-'chón, -'cho-na [フォる.タ.'チョン, 'チョ.ナ] 形《話》たくましい, 頑丈な

for-ta-le-'cer [フォる.タ.レ.'せる] 動 他 45 (c|zc)〈に〉力を与える, 強くする, 強化する, 丈夫にする; 支える, 元気づける, 勇気づける; 防御工事を施す, 要砦(ようさい)化する ~se 動 再 強くなる, 強化される

for-ta-le-ci-'mien-to [フォる.タ.レ.すぃ.'ミエン.ト] 名 男〔軍〕要塞(ようさい)化, 防備; 強化, 増強

***for-ta-'le-za** [フォる.タ.'レ.さ] 91% 名 女〔軍〕砦(とりで), 要塞(ようさい); 精力, 活力, 強さ, 強度; 堅忍不抜, 不屈の精神

for-ta-'lez-co, -ca(~) 動《直現1単, 接現》↑fortalecer

'for-te ['フォる.テ] 名 男〔楽〕強音部, フォルテ 副〔楽〕フォルテで, 強く, 強音で

for-ti-fi-ca-'ción [フォる.ティ.フィ.カ.'すぃオン] 名 女〔軍〕要塞(ようさい), 防壁, 堡塁(ほうるい); 防備, 築城法, 防御工事; 強化, 増強, 補強

for-ti-fi-'car [フォる.ティ.フィ.'カる] 動 他 69 (c|qu) 強化する, 鍛錬する;〔軍〕要塞(ようさい)化する,〈の〉防備を強化する;〈建築物を〉補強する, 強化する;〈人を〉力づける,〈に〉活力を与える ~se 動 再 強くなる, 強化される;〔軍〕防備を強化する *vino fortificado*〔飲〕酒精強化ワイン

for-'tín [フォる.'ティン] 名 男〔軍〕小規模な砦(とりで)

for-'tí-si-mo, -ma [フォる.'ティ.スィ.モ, マ] 形《格》とても強い;《格》〔最上級〕↓fuerte 副〔楽〕フォルティシモで, とても強く

fortran ['フォる(ト).らン] 名 男〔英語〕〔情〕フォートラン《プログラミング言語》

for-'tui-to, -ta [フォる.'トゥイ.ト, タ] 形 偶発的な, 偶然の, 思いがけない

for-'tu-na [フォる.'トゥ.ナ] 88% 名 女 幸運, 幸せ, 成功; 運, 運命; 富, 財産; 運命[幸運]の女神;《古》〔海〕〔気〕時化(しけ), 嵐 *por* ~《文修飾》幸運にも *probar* ~ 運を試す

for-tu-'nón [フォる.トゥ.'ノン] 名 男《話》莫大(ばくだい)な財産

for-tu-'no-so, -sa [フォる.トゥ.'ノ.ソ, サ] 形《中米》《話》幸運な, 運のいい

'fó-rum ['フォ.るム] 名 男〔複 -rums〕公開討論会, フォーラム

fo-'rún-cu-lo [フォ.'るン.ク.ロ] 名 男〔医〕フルンケル, ねぶと, 癤(せつ), 疔(ちょう)

for-'za-do, -da [フォる.'さ.ド, ダ] 形 強いられた, 強制的な, 無理強いの; わざとした, 作った; 骨の折れる, つらい 名 男〔歴〕ガレー船の漕刑囚

***for-'zar** [フォる.'さる] 92% 動 他 33 (o|ue; z|c) (a 不定詞: …することを)強いる, 押しつける, 無理にさせる, 強制する; 無理に入る, 押し入る, こじあける; 力ずくでする, 無理にする;〈に〉暴力を加える,〈に〉乱暴する,〈に〉暴行する

***for-'zo-so, -sa** [フォる.'そ.ソ, サ] 93% 形 避けることができない, やむをえない, 逃げられない, 当然起こるべき, 必然の; 義務の, 強制的な **-samente** 副 やむをえず, 必然的に, 必ず

for-'zu-do, -da [フォる.'す.ド, ダ] 形 名 男 女 強健な(人), 筋骨たくましい(人); 力持ち(の人)

'fo-sa 名 女 墓, 墓穴;〔体〕(骨などの)穴, 窩(か);〔地〕(土地の)沈下, くぼみ

fo-'sal [フォ.'さル] 名 男 墓地

'fos-co, -ca 形《髪が》乱れた, へこんだ

fos-'fa-to 名 男〔化〕燐(りん)酸塩[エステル]

fos-fo-'re-ra [フォス.フォ.'れ.ら] 名 女 マッチ箱

fos-fo-res-'cen-cia [フォス.フォ.れ(ス).'せン.すぃア] 名 女 燐(りん)光, 青光り

fos-fo-res-'cen-te [フォス.フォ.れ(ス).'せン.テ] 形 燐(りん)光を発する, 蛍光の

fos-'fó-ri-co, -ca [フォス.'フォ.り.コ, カ] 形〔化〕燐(りん)の

***'fós-fo-ro** ['フォス.フォ.ろ] 94% 名 男 マッチ;〔化〕燐(りん)《元素》

fos-'fu-ro [フォス.'フ.ろ] 名 男〔化〕燐(りん)化物

'fó-sil ['フォ.スィル] 形 化石化した, 化石の;《話》時代遅れの, 古くなった 名 男 化石;《話》時代遅れの人[物], 旧制度;《ﾒｼｺ》劣等生

fo-si-li-za-'ción [フォ.スィ.リ.さ.'すぃオン] 名 女 化石化

fo-si-li-'zar-se [フォ.スィ.リ.'さる.セ] 動 再 34 (z|c) 化石になる; 時代遅れになる

'fo-so 名 男 (都市・城壁などの周辺の)堀, 濠(ごう); (地面の)穴, くぼみ;〔演〕(劇場の)オーケストラボックス[ピット];〔競〕(幅跳びなどの)砂地

***'fo-to** 82% 名 女〔写〕写真

fo-to-a-'ler-gia [フォ.ト.ア.'レる.ひア] 名 女〔医〕光アレルギー

fo-to-'cé-lu-la [フォ.ト.'せ.ル.ラ] 名 女〔電〕光電池

fo-to-com-po-'ner [フォ.ト.コン.ポ.'ネる] 動 他 53〔poner; 命 -pón〕〔印〕写真植字する

fo-to-com-po-si-'ción [フォ.ト.コン.ポ.スィ.'すぃオン] 名 女〔印〕写真植字, 写植

fo-to-com-po-si-'tor, -'to-ra [フォ.ト.コン.ポ.スィ.'トる, 'ト.ら] 名 男 女

〔印〕写植オペレーター

fo-to-'co-pia 名 女 コピー;〔印〕写真複写

fo-to-co-pia-'do-ra [フォ.ト.コ.ピア.'ド.ら] 名 女〔機〕コピー機

fo-to-co-'piar [フォ.ト.コ.'ピアる] 動 他 (コピー機で)コピーする

fo-to-e-'léc-tri-co, -ca [フォ.ト.エ.'レク.トり.コ, カ] 形〔物〕光電気の, 光電効果の

fo-to-e-lec-'trón [フォ.ト.エ.レク.'トろン] 名 男〔物〕光電子

foto-finish [フォ.ト.'フィ.ニス; .ニシュ] 名 男〔英語〕〔競〕(ゴールの)写真判定

fo-to-'fo-bia 名 女〔医〕羞明(しゅうめい), 光恐怖症, まぶしがり症

fo-to-'gé-ni-co, -ca [フォ.ト.'ヘ.ニ.コ, カ] 形〈話〉写真に適する, 写真向きの, 写真うつりのよい;〔化〕光に反応しやすい

fo-'tó-ge+no, -na [フォ.'ト.ヘ.ノ, ナ] 形 発光性の

fo-to-gra-'ba-do [フォ.ト.グら.'バ.ド] 名 男〔印〕グラビア印刷, 写真版, グラビア製版, 写真製版

**fo-to-gra-'fí+a [フォ.ト.グら.'フィ.ア] 84% 名 女〔写〕写真;〔写〕写真術, 写真撮影

fo-to-gra-'fiar [フォ.ト.グら.'フィアる] 動 他 ㉙ (i|í)〈の〉写真を撮る

fo-to-'grá-fi-co, -ca [フォ.ト.'グら.フィ.コ, カ] 形 写真の; 写真のように正確な

*fo-'tó-gra-fo, -fa [フォ.'ト.グら.フォ, ファ] 92% 名 男 女 写真家, カメラマン; 写真技師

fo-to-'gra-ma [フォ.ト.'グら.マ] 名 男〔映〕(フィルムの)こま

fo-to-'li-sis⇔-'tó- [フォ.ト.'リ.スィス⇔.'ト.] 名 男〔単複同〕〔化〕光分解

fo-to-me-'trí+a [フォ.ト.メ.'トり.ア] 名 女〔物〕光度測定(法)

fo-'tó-me-tro [フォ.'ト.メ.トろ] 名 男〔写〕(カメラの)光度計, 露出計

fo-to-mon-'ta-je [フォ.ト.モン.'タ.へ] 名 男〔写〕モンタージュ写真

fo-'tón 名 男〔物〕光子, フォトン《光のエネルギーをになう素粒子》

fo-'tó-ni-co, -ca 形〔物〕光子の

fo-to-no-'ve-la [フォ.ト.ノ.'ベ.ラ] 名 女 写真小説《写真にせりふと地の文を入れストーリーに仕立てたドラマ》

fo-tos-'fe-ra [フォ.トス.'フェ.ら] 名 女〔天〕(太陽・恒星などの)光球

fo-to-'sín-te-sis 名 女〔単複同〕〔植〕光合成

fo-to-sin-'té-ti-co, -ca 形〔植〕光合成の

fo-to-te-'ra-pia [フォ.ト.テ.'ら.ピア] 名 女〔医〕光線療法

fo-to-'ti-pia 名 女〔印〕フォトタイプ術

fox terrier ['フォ(ク)ス 'テりエる] 名 共〔英語〕〔動〕〔犬〕フォックステリア

Fr. 略 ↓fray

fra. 略 ↑factura

'frac⇔'fra-que ['フらク⇔フら.ケ] 名 男〔複 fracs⇔-ques〕〔衣〕燕尾(えんび)服, モーニング

fra-ca-'sa-do, -da [フら.カ.'サ.ド, ダ] 形 失敗した 名 男 女 失敗者

*fra-ca-'sar [フら.カ.'サる] 91% 動 自 失敗する, しくじる;〔海〕(船が)破壊される, ばらばらになる

**fra-'ca-so [フら.'カ.ソ] 90% 名 男 失敗, 挫折, 失敗作; 落後者, 失敗者

frac-'ción [フらク.'すぃオン] 名 女 断片, 小片, ほんの少し; (党派内の)分派; 分断, 分割;〔数〕分数

frac-cio-'nar [フらク.すぃオ.'ナる] 動 他 粉砕する, 粉々にする; 分割する, 細分する;〔化〕〈混合物を〉分別[分留]する　～se 動 再 粉砕される, 粉々になる, 分裂する

frac-cio-'na-rio, -ria [フらク.すぃオ.'ナ.りオ, りア] 形 細かい, 端数の;〔数〕分数の

frac-'tu-ra [フらク.'トゥ.ら] 名 女〔医〕骨折; 破砕, 破壊, 分裂; 亀裂, 断口, 断裂

frac-tu-'rar [フらク.トゥ.'らる] 動 他 破砕する, 割る, 砕く　～se 動 再〔医〕骨折する; 砕ける

fra-'gan-cia [フら.'ガン.すぃア] 名 女 香ばしさ, 香気, 芳香

fra-'gan-te [フら.'ガン.テ] 形 香りのよい, 香ばしい, 芳香のある; 快い, 楽しい

fra-'gan-ti [フら.'ガン.ティ]〔成句〕*in* ～〔ラテン語〕〔法〕現行犯で[の]

fra-'ga-ta [フら.'ガ.タ] 名 女〔海〕〔軍〕フリゲート艦

*'frá-gil ['フら.ひル] 93% 形 壊れやすい, もろい, はかない; 虚弱な, かよわい; かすかな, おぼろげな; 意志の弱い, 軟弱な

fra-gi-li-'dad [フら.ひ.リ.'ダド] 名 女 壊れやすさ, もろさ; 弱さ, 虚弱; 意志の弱さ

frag-men-ta-'ción [フらグ.メン.タ.'すぃオン] 名 女 分裂, 分割

frag-men-'tar [フらグ.メン.'タる] 動 他 分割する, ばらばらにする　～se 動 再 分割される, ばらばらになる

frag-men-'ta-rio, -ria [フらグ.メン.'タ.りオ, りア] 形 破片の, 断片的な, 断片からなる, ばらばらの

*frag-'men-to [フらグ.'メン.ト] 92% 名 男 破片, 断片, かけら; (文学作品などの)一部分, 抜粋, 断章

fra-'gor [フら.'ゴる] 名 男 大音響, とどろき, 騒音

fra-go-'ro-so, -sa [フら.ゴ.'ろ.ソ, サ] 形《格》《音が》雷のような, とどろき渡る, 大音響の

fra-go-si-'dad [フら.ゴ.スィ.'ダド] 名 女 険しい土地, 難路

fra-'go-so, -sa [フら.'ゴ.ソ, サ] 形《土地が》でこぼこの; 《音が》とどろき渡る, やかましい

'fra-gua ['フら.グア] 名 女 (鍛冶(かじ)屋の)炉; 鍛冶工場

fra-gua-dor, -do-ra [フら.グア.ドる, ド.ら] 名 男 女 (問題を)引き起こす人; (うそを)でっちあげる人

fra-'guar [フら.'グアる] 動 他 ⑨ (u|ü) 〈計画などを〉案出する, 考え出す; 〈鉄を〉鍛える; 〈うそを〉作り出す, でっちあげる 動 自《コンクリートなどが》固まる

*'**frai-le** ['フらイ.レ] 92% 名 男〖宗〗修道士;〖衣〗衣服[裾]がまくれること;〖印〗フライア《印刷の薄い部分》

frai-'le-ro [フらイ.'レ.ろ] 名 男 (革・ビロード製の)肘(ひじ)掛け椅子

frai-'lu+no, -na [フらイ.'ル.ノ, ナ] 形《話》〖宗〗〔軽蔑〕修道士の, 修道院の

'fra-jo ['フら.ほ] 名 男《メキシコ》《話》タバコ

fram-'bue-sa [フらン.'ブエ.サ] 名 女〖植〗キイチゴ, ラズベリー, フランボアーズ

fran-ca-'che-la [フらン.カ.'チェ.ラ] 名 女《話》宴会, ばか騒ぎ, 酒盛り

*'**fran-ca-'men-te** ['フらン.カ.'メン.テ] 91% 副 率直に, ざっくばらんに;《文修飾》率直に言うと

****fran-'cés, -'ce-sa** [フらン.'セス, 'セ.サ] 75% 形〔地名〕フランス(人)の ↓Francia;〖言〗フランス語の 名 男 女 フランス人 名 男〖言〗フランス語

'Fránc-fort ['フらン(ク).フォる(ト)] 名 固〖地名〗〔~ del Meno〕フランクフルト・アム・マイン《ドイツ中部の都市》;〖地名〗〔~ del Óder〕フランクフルト・アン・デア・オーデル《ドイツ東部の都市》

'Fran-cia** ['フらン.すぃア] 82% 名 固〔República Francesa〕〖地名〗フランス《西ヨーロッパ西部の共和国》

'fran-cio ['フらン.すぃオ] 名 男〖化〗フランシウム《元素》

Fran-'cis-ca [フらン.'すぃス.カ] 名 固〖女性名〗フランシスカ

fran-cis-'ca+no, -na [フらン.すぃス.'カ.ノ, ナ] 形〖宗〗フランシスコ修道会の; 謙虚な;《チリ》厳格な, 節度のある 名 男 女 フランシスコ会修道士[女]《アッシジの聖フランチェスコ San Francisco de Asís が 13 世紀に創立した》

Fran-'cis-co [フらン.'すぃス.コ] 名 固〖男性名〗フランシスコ

Fran-'cis-co Mo-ra-'zán [フらン.すぃス.コ モ.ら.'さン] 名 固〖地名〗フランシスコ・モラサン《ホンジュラス南部の県》

franc-ma-'són, -'so-na [フらン(ク).マ.'ソン, 'ソ.ナ] 名 男 女 フリーメーソン会員

franc-ma-so-ne-'rí+a [フらン(ク).マ.ソ.ネ.'り.ア] 名 女 フリーメーソンの主義[制度, 慣行]

'fran-co, -ca ['フらン.コ, カ] 形 率直な, 隠しだてをしない, ざっくばらんな, 淡白な;〖法〗無税の, (de: 税金などを)免れて, 無料の; 明らかな;〖歴〗フランク族の;〖歴〗〖言〗フランク語の 名 男 女 フランク族の人 名 男〖歴〗〖経〗フラン《フランス・スイス・ベルギーの旧通貨》;〖言〗フランク語 副 (de: を)免れて, 無料で ~ ***a bordo*** 本船渡しの ***lingua franca***〔ラテン語〕〖言〗(混成)共通語, リングアフランカ

fran-co~〔接頭辞〕「フランス」を示す

'Fran-co ['フらン.コ] 名 固〖姓〗フランコ

fran-'có-fi-lo, -la [フらン.'コ.フィ.ロ, ラ] 形 名 男 女 フランスびいき(の), 親仏派の(人)

fran-'có-fo+no, -na [フらン.'コ.フォ.ノ, ナ] 形 フランス語の 名 男 女 フランス語話者

'fran-cos 形《複》↑franco

fran-co-ti-ra-'dor, -'do-ra [フらン.コ.ティ.ら.'ドる, 'ド.ら] 名 男 女〖軍〗狙撃兵, スナイパー

fra-'ne-la [フら.'ネ.ラ] 名 女〖衣〗フランネル, フラノ;《カリブ》《南米北》〖衣〗(男性用)肌着;《ベネズエラ》〖衣〗T シャツ

fran-'go-llo [フらン.'ゴ.ジョ] 名 男《ラ米》トウモロコシ粉のシチュー;《アンデス》《話》へたな料理

fran-go-'llón, -'llo-na [フらン.ゴ.'ジョン, 'ジョ.ナ] 名 男 女《ラ米》いいかげんな仕事をする人

'fran-ja ['フらン.は] 名 女 縞(しま), ストライプ; 帯(状の物); 縁飾り, 房飾り, フリンジ; 細長い土地

fran-que+'ar [フらン.ケ.'アる] 動 他 〈から〉じゃま物を取り除く[片づける, 一掃する];〖法〗〈から〉(税金などを)免除する; 〈手紙・葉書に〉切手を貼る, 〈の〉郵便料金を払う; 渡る, 乗り越える; 〈奴隷を〉解放する; 譲る, 与える ~**se** 動 再 (con: に)意中を明かす, 心を打ち明ける

fran-'que+o [フらン.'ケ.オ] 名 男 切手代, 郵便料金; 切手の貼付; 免除, 免許, 特権

***fran-'que-za** [フらン.'ケ.さ] 94% 名 女 率直, ざっくばらん, 淡白; 親密さ, 友情; 寛大, おうようさ, 気前のよさ

fran-'qui-cia [フらン.'キ.すぃア] 名 女 特権, 特許, 免除;〖商〗フランチャイズ, 独占営業権

fran-'quis-mo [フらン.'キス.モ] 名 男〔政〕フランコ主義, フランコ体制《Francisco Franco Bahamonde, 1892-1975, スペインの軍人・政治家》

fran-'quis-ta [フらン.'キス.タ] 形 名 共〔政〕フランコ派の, フランコ主義の; フランコ主義者

'fra-ques 名 男《複》↑frac

*'**fras-co** ['フらス.コ] 93% 名 男 小瓶(びん); フラスコ;〔軍〕火薬入れ[筒]

'fra-se** ['フら.セ] 82% 名 女〔言〕文; 句, 語句, 熟語; 言葉遣い, 言い回し; 空疎な文句, そら言;〔楽〕楽句, フレーズ

fra-se+o-lo-'gí+a [フら.セ.オ.ロ.'ひ.ア] 名 女 言葉遣い, 語法, 文体; 用語, 術語; 大言壮語, 美辞麗句;〔言〕〔集合〕成句, 熟語, 慣用句, ことわざ;〔言〕ことわざ[慣用句]の研究

Fras-'qui-ta [フらス.'キ.タ] 名 固〔女性名〕フラスキータ《Francisca の愛称》

Fras-'qui-to [フらス.'キ.ト] 名 固〔男性名〕フラスキート《Francisco の愛称》

fra-ter-'nal [フら.テる.'ナル] 形 兄弟の, 兄弟らしい; 友愛の

fra-ter-ni-'dad [フら.テる.ニ.'ダド] 名 女 兄弟の間柄, 兄弟の情, 友愛, 同胞愛;《*米国》(特に大学の)男子学生社交クラブ

fra-ter-ni-'zar [フら.テる.ニ.'さる] 動 自 ㉞ (z|c) (con: と)(兄弟のように)親しく交わる, 友好関係を持つ

fra-'ter+no, -na [フら.'テる.ノ, ナ] 形 兄弟の, 兄弟らしい; 友愛の

fra-tri-'ci-da [フら.トり.'すぃ.ダ] 形〔法〕兄弟[姉妹]殺しの, 兄弟[同胞]が殺し合う 名 共〔法〕兄弟[姉妹, 同胞]殺害者

fra-tri-'ci-dio [フら.トり.'すぃ.ディオ] 名 男〔法〕兄弟[姉妹]殺害の罪

*'**frau-de** ['フらウ.デ] 91% 名 男〔法〕詐欺行為, 不正行為; 欺瞞(ぎまん), ごまかし

frau-du-'len-to, -ta [フらウ.ドゥ.'レン.ト, タ] 形〔法〕詐欺(行為)の, 不正の, 詐欺的な

*'**fray** ['フらイ] 92% 名 男〔宗〕…修道士, …師《称号として修道士の名の前に用いる》

fra-'za-da [フら.'さ.ダ] 名 女 (毛足の長い)毛布

fre+'á-ti-co, -ca [フれ.'ア.ティ.コ, カ] 形〔地質〕地下水の

fre-'cuen-cia [フれ.'クエン.すぃ.ア] 84% 名 女 度数, 頻度;〔物〕周波数, 振動数; 頻発, 頻繁(ひんぱん) ***con*** ~ しばしば, たびたび, 頻繁に

fre-cuen-'ta-do, -da [フれ.クエン.'タ.ド, ダ] 形《場所が》人の出入りが多い

*fre-cuen-'tar** [フれ.クエン.'タる] 94% 動 他 しばしば訪れる, 〈に〉常に出入りする, 〈に〉よくいる; 〈と〉交際を保つ

fre-cuen-ta-'ti-vo, -va [フれ.クエン.タ.'ティ.ボ, バ] 形〔言〕反復の

'fre-'cuen-te** [フれ.'クエン.テ] 87% 形 たびたびの, しばしばの, 頻繁(ひんぱん)な

*'**fre-'cuen-te-'men-te** [フれ.'クエン.テ.'メン.テ] 91% 副 たびたび, しばしば, 頻繁に

'Free-town ['フリ.タウン] 名 固〔地名〕フリータウン《シエラレオネ Sierra Leona の首都》

fre-ga-'de-ro [フれ.ガ.'デ.ろ] 名 男 (台所の)流し;〔食〕食器洗い桶

fre-'ga-do [フれ.'ガ.ド] 名 男《話》大騒ぎ, 騒動;《話》けんか

fre-ga-'dor [フれ.ガ.'ドる] 名 男《中米》流し, シンク

*'**fre-'gar** [フれ.'ガる] 94% 動 他 ㊻ (e|ie; g|gu)〈食器などを〉洗う; ごしごしこする[洗う, 磨く];《ラ米》《話》困らせる, うんざりさせる ***agua de*** ~《話》〔飲〕まずいコーヒー[スープ]

fre-'gón, -'go-na [フれ.'ゴン, 'ゴ.ナ] 形 名 男 女《カリ》《話》恥知らずな(人), あつかましい(人)　**-gona** 名 女《スペ》(床磨きの)モップ; 皿洗いをする女性; (床掃除をする)下女;《話》〔軽蔑〕下品な女

fre-go-te+'ar [フれ.ゴ.テ.'アる] 動 他 雑に磨く[洗う]

fre-go-'te+o [フれ.ゴ.'テ.オ] 名 男 雑に磨く[洗う]こと

frei-'de-ra [フれイ.'デ.ら] 名 女〔食〕揚げ物用の鍋, フライパン

frei-'do-ra [フれイ.'ド.ら] 名 女〔食〕揚げ物器

frei-'du-ra [フれイ.'ドゥ.ら] 名 女〔食〕揚げ物

frei-du-'rí+a [フれイ.ドゥ.'り.ア] 名 女〔商〕揚げ物屋, 魚フライ専門店

*'**fre+'ír** [フれ.'イる] 94% 動 他 ㊽ (e|i; ⟨i⟩)〔直点 3 単 frio; 接現 2 複 friais〕〔食〕油でいためる, 揚げる;《話》悩ます, (a: …)攻めにする 動 自 揚げ物をする　~**se** 動 再 (暑さで)悩まされる;〔食〕揚がる, 油でいためられる

fre-'jol ⇔ **'fré-** [フれ.'ほル ⇔ 'フれ.] 名 男《南米》〔植〕インゲンマメ, フリホールマメ

'fre-'nar** [フれ.'ナる] 89% 動 他 (自)〈に〉ブレーキをかける, 抑える, 抑制する　~**se** 動 再 (自分を)抑える, (en: を) 控える

fre-'na-zo [フれ.'ナ.そ] 名 男〔車〕急ブレーキ

fre-ne+'sí [フれ.ネ.'スィ] 名 男〔複 -síes ⇔-sís〕夢中, 有頂天, 熱狂; 逆上, 乱心, 狂暴, 狂乱

*'**fre-'né-ti-co, -ca** [フれ.'ネ.ティ.コ, カ] 94% 形 熱狂的な; 逆上した, 怒り狂う, ひどく怒った

fre-'ni-llo [フれ.'ニ.ジョ] 名 男〔体〕小

帯; (犬などの)口輪
*'**fre+no** ['フれ.ノ] 93% [名] [男] 〔機〕 ブレーキ; 妨害, 阻止, 制御; 〔畜〕 (くつわの)はみ《手綱をかけて馬の動作を制御する》
fre-no-lo-'gí+a [フれ.ノ.ロ.'ひ.ア] [名] [女] 〔歴〕〔心〕 骨相学
fre-no-'ló-gi-co, -ca [フれ.ノ.'ロ.ひ.コ, カ] [形] 〔歴〕〔心〕 骨相学の
fre-'nó-lo-go, -ga [フれ.'ノ.ロ.ゴ, ガ] [名] [男] [女] 〔歴〕〔心〕 骨相学者
'fren-te** ['フれン.テ] 73% [名] [男] 前部, 前面, 正面, (裏に対する)表; 〔建〕 (建物の)正面; 先頭, 前面; 〔軍〕〔政〕 前線, 戦線, 戦地; 〔気〕 前線; (新聞, ページの)トップ, 上部 [名] [女] 〔体〕 額(ひたい), 前額部; 顔, 表情 [副] (a: に)面して, (a: の)前で[に] ***al*** ~ 前に ***arrugar*** [***fruncir***] ***la*** ~ 額にしわをよせる, まゆをひそめる, 不愉快な顔をする ***con la*** ~ ***en alto*** 堂々と, 胸を張って ***de en*** ~ 向かい側の ***de*** ~ 正面から, 真正面から; 完全に, きっぱりと ***en*** ~ 向かい合って ***en*** ~ ***de*** ... …と向かい合って ~ ***a*** ~ 面と向かって ***hacer*** ~ (a: に)直面する, 立ち向かう ***traer escrito***[***ta***] ***en la*** ~ 顔に出ている
*'**fre-sa** ['フれ.サ] 92% [名] [女] 〔植〕 イチゴ [形] いちご色の [名] [共] 《メキシコ》《話》 純粋な人, ナイーブな人; 〔技〕 きり, ドリル, 穿孔機の頭, フライス
fre-sa-'do-ra [フれ.サ.'ド.ら] [名] [女] 〔技〕 フライス盤
fre-'sal [フれ.'サル] [名] [男] 〔農〕 イチゴ畑
fre-'sar [フれ.'サる] [動] [他] 〔技〕 フライス加工する
fres-'ca-les [フれス.'カ.レス] [名] [共] 〔単複同〕 《スペイン》《話》 ずうずうしい人
'fres-co, -ca** ['フれス.コ, カ] 86% [形] 新鮮な, 新しい, できたての, みずみずしい; 〔気〕〔衣〕 «気候・服が»涼しい; 〔飲〕 «飲み物などが»冷たい; «印象などが»鮮明な, 生々しい, 新しい; 生き生きした, 若々しい, 元気な, 活発な; さわやかな, すがすがしい, 清らかな; 《話》 ずうずうしい, あつかましい; 《話》 平然とした, 何とも思わない, 動じない, 涼しい顔の; «ペンキなどが»塗り立ての [名] [男] [女] 《カリブ》 大学1年生; 《コロンビア》 気楽な人, のんびりした人 [名] [男] 新鮮な空気, 涼しさ, 涼気(りょうき); 〔絵〕 フレスコ画, フレスコ画法; 《ラ米》 冷たい飲み物 **-ca** [名] [女] 新鮮な空気, すがすがしさ, 涼しさ; 《話》 無遠慮な発言 ***a la fresca*** 戸外で, 野外で ***al*** ~ 野外で; 〔絵〕 フレスコ画で ***estar*** [***quedar***] ~[***ca***] 《話》 思い違いをする, 当てが外れる ***traer al*** ~ 《話》 (a: にとって)どうでもよい
fres-'cor [フれス.'コる] [名] [男] 涼しさ, 冷たさ
*'**fres-'cu-ra** [フれス.'ク.ら] 94% [名] [女] 涼しさ; 新鮮さ, 新鮮味; 《話》 ずうずうしさ, 生意気, 無礼; 《話》 平然とした様子, 動じないこと, 冷静, 冷淡
'fres+no ['フれス.ノ] [名] [男] 〔植〕 トネリコ
fre-'són [フれ.'ソン] [名] [男] 〔植〕 オオイチゴ
fres-'que-ra [フれス.'ケ.ら] [名] [女] 〔食〕 食品棚
fres-'qui-lla [フれス.'キ.ジャ] [名] [女] 〔植〕 モモ[桃]の一種
freu-'dia+no, -na [フれウ.'ディア.ノ, ナ] [形] 〔心〕 フロイトの, フロイト学者の [名] [男] [女] フロイト学派の人《Sigmund Freud, 1856–1939, オーストリアの精神病理学者》
freu-'dis-mo [フれウ.'ディス.モ] [名] [男] 〔心〕 フロイト学説
'fre-za ['フれ.さ] [名] [女] 〔魚〕 (魚の)産卵, 産卵期, 魚卵; 〔動〕 (動物の)掻(か)き跡
fre-za-'de-ro [フれ.さ.'デ.ろ] [名] [男] 〔魚〕 魚の産卵場所
fre-'zar [フれ.'さる] [動] [自] 34 (z|c) 〔魚〕 «魚が»産卵する
'frí+a(s) [形] 《女》 ⬇frío
'fria-ble ['フりア.ブレ] [形] 砕けやすい, もろい
*__frial-'dad__ [フりアル.'ダド] 94% [名] [女] 寒さ, 冷たさ; 冷淡さ, 無関心; 〔医〕 不感症
Fri-'bur-go [フり.'ブる.ゴ] [名] [固] 〔地名〕 フライブルク《ドイツ南西部の都市》
fri-ca-'ción [フり.カ.'すぃオン] [名] [女] こすること, 摩擦
fri-'car [フり.'カる] [動] [他] 69 (c|qu) 《格》 こする, 摩擦する
fri-ca-'sé [フり.カ.'セ] [名] [男] 〔食〕 フリカッセ《子牛・鶏などの細切れ肉をホワイトソースで煮込んだもの》
fri-ca-'ti-vo, -va [フり.カ.'ティ.ボ, バ] [形] 〔音〕 摩擦で生じる, 摩擦音の **-va** [名] [女] 〔音〕 摩擦音
fric-'ción [フりク.'すぃオン] [名] [女] こすること; 摩擦; あつれき, 不和; マッサージ
fric-cio-'nar [フりク.すぃオ.'ナる] [動] [他] こする, 摩擦する; マッサージする
'frie-g~ [動] 《直現/接現/命》 ⬆fregar
'frie-ga ['フりエ.ガ] [名] [女] 摩擦, こすること; マッサージ; 《ラ米》 面倒, やっかい
'Fri-gia ['フり.ひア] [名] [固] 〔歴〕〔地名〕 フリギア《古代小アジアの王国》
fri-gi-'der [フり.ひ.'デる] [名] [男] 《商標》 《カリブ》 冷蔵庫
fri-gi-'dez [フり.ひ.'デす] [名] [女] 〔医〕 冷感症, 不感症; 《詩》 冷淡さ
'frí-gi-do, -da ['フり.ひ.ド, ダ] [形] 〔医〕 不感症の; 《詩》 冷淡な; 《詩》 とても冷たい
'fri-gio, -gia ['フり.ひオ, ひア] [形] 〔歴〕〔地名〕 フリギア(人)の [名] [男] [女] フリギア人
'fri-go ['フり.ゴ] [名] [男] 《スペイン》《話》〔機〕 冷蔵庫

f

fri-go-'rí-fi-co, -ca [フリ.ゴ.'リ.フィ.コ, カ] 形 冷やす, 凍らせる, 冷却[冷蔵]の 名 男 《スペイン》〔機〕冷蔵庫

*fri-'jol ⇔ 'frí- [フリ.'ほル ⇔ フリ.] 94% 名 男 《ラ米》〔植〕フリホール豆, インゲン豆; [~es] 《メキシコ》食物 感 [複] 《メキシコ》おや!, まあ!, 驚いた!

'frio 動 《直点 3 単》 ↑freír

'frí-o, -a ['フリ.オ, ア] 77% 形 〔気〕寒い; 冷たい, 冷えた, 冷めた; «人・態度が»冷淡な, 冷たい, よそよそしい, 無情な, 冷酷な; «色が»冷たい, 寒色の; «人・態度が»冷静な, 沈着な; 〔医〕(性的に)不感症の 名 男 〔気〕寒さ; 冷気; 〔医〕風邪; 冷たさ, 冷淡 感 遠い, まだまだ 《なぞなぞ・クイズの答が正解からほど遠いときに言う》 -a 名 女 《メキシコ》《中米》《カリブ》《コロンビア》《ベネズエラ》(冷えた)ビール *dejar* ~[*a*] ぞっとさせる, びっくりさせる *hacer* ~ (気温が)寒い

frio-'len-to, -ta [フリオ.'レン.ト, タ] 形 名 男 女 寒がりの(人)

frio-'le-ro, -ra [フリオ.'レ.ろ, ら] 形 名 男 女 《スペイン》寒がりの(人) -ra 名 女 つまらないもの, ろくでもないこと; 〔皮肉〕多額, 大金, 大量

fri-que-'ar [フリ.ケ.'アる] 動 自 《カリブ》自制心を失う; どうしたらよいかわからなくなる

'fri-sa ['フリ.サ] 名 女 〔衣〕ラシャ, 毛織物

fri-'sa-do [フリ.'サ.ド] 形 装飾の多いレース編み

fri-'sar [フリ.'サる] 動 他 〈に〉近い; 〈布地を〉けば立てる 動 自 (en: に)近づく

'Fri-sias ['フリ.スィアス] 名 固 [islas ~] 〔地名〕フリージア諸島 《ヨーロッパ大陸の北海沿岸の諸島》; 〔地名〕フリースラント 《オランダ北部の州》

'fri-so ['フリ.ソ] 名 男 〔建〕フリーズ, 小壁; 〔建〕腰はめ, はめ板, 壁板

'frí-sol ['フリ.ソル] 名 男 [複] 《中米》《コロンビア》〔植〕インゲンマメ

fri-'ta-da [フリ.'タ.ダ] 名 女 〔食〕フライ, 揚げ物

fri-'tar [フリ.'タる] 動 他 〔食〕油で揚げる

fri-'te-ra [フリ.'テ.ら] 名 女 《コロンビア》《話》困ったこと, うんざりすること

*'**fri-to, -ta** ['フリ.ト, タ] 92% 形 〔食〕揚げた, フライにした, 油でいためた; 《話》うんざりした; 《ラ米》《話》失敗した, だめになった *quedarse* ~[*ta*] 《話》眠り込む 名 男 〔食〕フライ, 揚げ料理 動 《過分》 ↑freír *quedarse frito*[*ta*] 《話》〔比喩〕眠り込む

fri-'tu-ra [フリ.'トゥ.ら] 名 女 〔食〕揚げ物

fri-vo-li-'dad [フリ.ボ.リ.'ダド] 名 女 軽薄, あさはか, くだらないこと

fri-vo-li-'té [フリ.ボ.リ.'テ] 名 女 《チリ》〔衣〕手編みのレース

'frí-vo-lo, -la ['フリ.ボ.ロ, ラ] 形 軽薄な, 軽々しい; 取るに足らない, くだらない

'fri-za ['フリ.さ] 名 女 《カリブ》毛布

'fron-da ['フろン.ダ] 名 女 〔植〕[集合] 葉; 〔植〕木立; つり包帯 F~ 名 固 〔歴〕フロンド党 《1648–53, フランス, ルイ 14 世の幼少時に宮廷に対して反抗した貴族》

fron-do-si-'dad [フろン.ド.スィ.'ダド] 名 女 〔植〕(葉の)茂み, 繁茂

fron-'do-so, -sa [フろン.'ド.ソ, サ] 形 〔植〕葉の多い, 葉の茂った, 繁茂する

fron-'tal [フろン.'タル] 形 正面の, 前面の; 額(ひたい)の, 前頭の 名 男 〔宗〕(祭壇の)正面掛け布; 〔体〕前頭骨

fron-'te-ra [フろン.'テ.ら] 90% 名 女 国境, 国境地域; [一般] 境, 境界; 限界, 限度; 〔建〕正面, 前面

*fron-te-'ri-zo, -za** [フろン.テ.'リ.そ, さ] 92% 形 国境の, 辺境の, 境界の, (con, de: と)国境を接する; 反対側の, 向かい側の

fron-'te-ro, -ra [フろン.'テ.ろ, ら] 形 向かい側の, (a, con, de: と)向かい合っている 名 男 国境守備隊長

'fron-tis 名 男 ⇩ frontispicio

fron-tis-'pi-cio [フろン.ティス.'ピ.すぃオ] 名 男 〔建〕建物の正面; 口絵, (本の)とびら; 《話》(人の)顔

fron-'tón [フろン.'トン] 名 男 〔競〕ハイアライ 《壁を使う球技》; ハイアライのコート; 〔建〕破風, 切妻; 〔地〕(海岸の)崖, 絶壁

fro-ta-'ción [フろ.タ.'すぃオン] 名 女 こすること, 摩擦

*fro-'tar** [フろ.'タる] 94% 動 他 こする, 摩擦する ~se 動 再 〈自分の手などを〉こする *~se las manos* もみ手をする 《満足・期待》

fruc-'tí-fe-ro, -ra [フるク.'ティ.フェ.ろ, ら] 形 〔植〕結実性の, 果実を生む; 実りの多い, 有意義な

fruc-ti-fi-'car [フるク.ティ.フィ.'カる] 動 自 ⑲ (c|qu) (en: に)実を結ぶ, 利益を生む; 〔植〕結実する

fruc-'tuo-so, -sa [フるク.'トゥオ.ソ, サ] 形 〔植〕よく実を結ぶ, 多産の; 実り多い, 有意義な

fru-'frú [フる.'フる] 名 男 [複 -frúes ⇔ -frús] 《擬音》衣(きぬ)擦れの音

fru-'gal [フる.'ガル] 形 倹約の, 質素な, «食事などが»つましい

fru-ga-li-'dad [フる.ガ.リ.'ダド] 名 女 倹約, 質素, つましさ

fru-'gí-vo-ro, -ra [フる.'ひ.ボ.ろ, ら] 形 〔動〕果実を常食とする

frui-'ción [フるイ.'すぃオン] 名 女 《格》喜び, 満足, 享受

'fruir ['フるイる] 動 自 ㊲ (-y-) [直現 2 複 fruis; 直点 1 単 frui] 《格》楽しむ, 喜

ぶ, 享受する, 満足する

frui-'ti-vo, -va [フるイ.'ティ.ボ, バ] 形《格》楽しい, 愉快な

fru-men-'ta-rio, -ria [フる.メン.'タ.りオ, りア] 形《格》小麦の, 穀物の

'frun-ce ['フるン.せ] 名 男〔衣〕ひだ, ギャザー

frun-'cir [フるン.'すぃる] 動 他 77 (c|z)〔衣〕〈に〉ひだをつける; 〈口・唇などを〉すぼめる; 〈まゆを〉ひそめる, 寄せる　**~se** 動 再《ラプラタ》《話》驚く; 後悔する; 怖じ気づく

frus-le-'rí+a [フるス.レ.'り.ア] 名 女 つまらないもの; 意味のない[ばかげた]言葉

frus-'le-ro, -ra [フるス.'レ.ろ, ら] 形《話》つまらない, 平凡な

frus-tra-'ción [フるス.トら.'すぃオン] 名 女 挫折(ざせつ), 失敗; 挫折感, 悔しい思い, 欲求不満, フラストレーション

frus-'tra-do, -da [フるス.'トら.ド, ダ] 形 失敗した, 挫折した

frus-'tran-te [フるス.'トらン.テ] 形 失望させる, 不満な

*__frus-'trar__ [フるス.'トらる] 94% 動 他 〈計画を〉失敗させる, 挫折(ざせつ)させる; 失望させる, 満足させない　**~se** 動 再《計画が》失敗に終わる; 《期待が》外れる

⁑**'fru-ta** ['フる.タ] 87% 名 女〔植〕果実; 〔食〕果物, フルーツ

fru-'tal [フる.'タル] 形〔植〕果実をつける, 実のなる 名 男〔植〕果樹

fru-te-'rí+a [フる.テ.'り.ア] 名 女〔商〕果物屋

fru-'te-ro, -ra [フる.'テ.ろ, ら] 形 果物の 名 男 女〔商〕果物商人, 〔人〕果物屋 名 男 果物皿; 〔絵〕果物の絵

fru-ti-cul-'tor, -'to-ra [フる.ティ.クル.'トる, 'ト.ら] 名 男 女〔農〕果樹栽培者

fru-ti-cul-'tu-ra [フる.ティ.クル.'トゥ.ら] 名 女〔農〕果樹栽培

fru-'ti-lla [フる.'ティ.ジャ] 名 女《南米》〔植〕(大粒の)イチゴ

fru-ti-'lle-ro, -ra [フる.ティ.'ジェ.ろ, ら] 名 男 女《南米》〔商〕(大粒の)イチゴ売り

⁑**'fru-to** ['フる.ト] 86% 名 男〔植〕果実, 実; 結実, 結果, 成果, 収穫, 産物, 実り　*sacar* ~ (de: から)成果を得る

'fu 感《擬音》《話》フー《怒った猫の声》; 《話》へっ, ふん《軽蔑・嫌悪の発声》　*hacer* ~《話》(a: を)鼻であしらう　*ni* ~ *ni fa*《話》どちらでもよい, よくも悪くもない

fua-'grás [フア.'グらス] 名 男〔食〕フォアグラ

'fu-chi 感《メキシコ》ふん!, へん!《嫌悪》

'fuc-sia ['フク.スィア] 名 女〔植〕フクシア《熱帯アメリカ産の園芸植物》

'fue 動《直点 3 単》↓ir, ser

⁑**'fue-go** 83% 名 男 火, 火炎, 燃焼; (暖房用・炊事用の)火, かまどの火, たき火; 火事, 火災; 〔軍〕砲火, 銃火, 射撃; (燃えるような)熱情, 情熱, 活気, 白熱; 《古》家族, 世帯; 〔医〕発疹(はっしん); 焼灼(しょうしゃく) 感 火事だ!; 〔軍〕撃て!《命令のかけ声》　*a* ~ *lento*〔食〕とろ火で; ゆっくりと, 時間をかけて　*abrir* [*romper*] *o abrir el* ~ 第一声を発する, 火蓋を切る　*echar* ~ (*por*) *los ojos* 烈火のごとく怒る　*en* ~《中米》《話》酒に酔った　*estar entre dos* ~*s* 敵対する両者間にいる　~ *amigo*〔軍〕味方の銃弾　*jugar con* ~ 火遊びをする, 危険なことをする　*meter las manos al* ~ (por: を)間違いないと請け合う

fue-'gui+no, -na [フエ.'ギ.ノ, ナ] 形 名 男 女《アルゼンチン》ティエラ・デ・フエゴの(人) ↓Tierra de Fuego

'fue-lle ['フエ.ジェ] 名 男 ふいご; 〔楽〕(オルガン・バグパイプなどの)送風装置; 〔衣〕アコーディオンプリーツ; (折り畳み式の)幌(ほろ); 〔写〕(写真機の)蛇腹; 《話》おしゃべり, 告げ口屋　*tener mucho* ~ 息が長く続く, タフだ

Fuen-de-'to-dos 名 固〔地名〕フエンデトドス《スペイン北部の町; ゴヤ生誕の地; Francisco de Goya, 1746-1828》

⁑**'fuen-te** 77% 名 女 泉; 噴水, 噴水池; 原因, 源; (情報などの)出所, 元, 情報源, 典拠, 知識の源; 〔食〕大皿, 盆; 大皿に盛られた食べ物; 〔宗〕(教会の)洗礼盤, 聖水盤; 水飲み器; 〔印〕〔情〕(文字の)フォント

Fuen-te-rra-'bí+a [フエン.テ.ら.'ビ.ア] 名 固〔地名〕フエンテラビア《スペイン北端の海岸保養地》

'Fuen-tes 名 固〔姓〕フエンテス

'fuer ['フエる]〔成句〕　*a* ~ *de* …《格》…として, …の名目で

⁑**'fue-ra** ['フエ.ら] 71% 副 外に, 外側で; 外に, 家の外で, (遠く)離れて, 戸外で; よそで, 外部で; (de: の)外に[へ, で]; (de: の)範囲外で, 及ばないところで; (de: …)以外に, (de: を)除いて; 外国で; 〔競〕相手の本拠地で, ロードで, アウェーで 名 男 (物の)外部, 外側, 外面; (物事の)表面, 外観, 外見, 見かけ; 「引っ込め」という声[叫び声], やじ, ののしり 感 出て行け!; …をなくせ!　*con la lengua* ~ へとへとになって　*echarse* ~ 手を引く　*por* ~ 外から, 外を[に]　~ *de casa*〔競〕アウェーで　~ *de juego* [*lugar*]〔競〕〔サッカー〕オフサイド(で)

'fue-ra(~) 動《接過》↓ir, ser

fue-ra-'bor-da [フエ.ら.'ボる.ダ] 名 男 船外機

fue-ra-'bor-do [フエ.ら.'ボる.ド] 名 男 船外機つきボート

'fuer-c~, -z~ 動《直現/接現/命》↑forzar

'**fue-ro** ['フエ.ろ] [名] [男] 〖法〗法, 特別法, 法典; 権利, 権能; 〔複〕横柄, うぬぼれ, 尊大 ~ *de la conciencia* 良心の命じるところ ~ *interno* [*interior*] 本心 *F~ Juzgo* 〖歴〗〖法〗《スペイン》フエロフスゴ《13世紀にカスティーリャ語でまとめられたローマ法とビシゴート法の裁判法の集大成》 *volver por los ~s* (de: を)回復する; …を守る, 擁護する

'**fue-ron** [動]《直点 3 複》↓ir, ser

*'**fuer-te** ['フエる.テ] 73% [形] 強い, 丈夫な, 強力な, たくましい, 頑丈な; 強力な, 強大な, 強固な, 強硬な; «程度が»激しい, 乱暴な, きつい; «学科などが»得意の; 〖飲〗«アルコール分が»強い, «飲み物が»濃い; «においが»強烈な; 〖食〗«食べ物が»におい[風味]の強い; 主な; «論拠などが»有力な, «証拠などが»強い, 説得力のある; 〖言〗«動詞が»強変化の, 不規則変化の; 〖音〗強母音の [名] [男]《ラプラタ》《話》りりしい若者 [副] 強く, 力強く, さかんに, 熱心に, 激しく; 大きな声で; たっぷりと, たくさん [名] [男] 得意なところ, 強み; 得意な科目; 〖歴〗〖軍〗砦(とりで), 城塞(じょうさい); 強者; 最中, 最盛期 *hacerse* ~ 意志を強くする, 妥協しない, たてこもる ~**mente** [副] 強く, 丈夫に, 強硬に, 熱心に, 激しく; 声高に, 大声で

'**Fuer-te O+'lim-po** [フエる.テ オ.'リン.ポ] [名] [固] 〖地名〗フエルテ・オリンポ《パラグアイ北東部の都市》

Fuer-te-ven-'tu-ra [フエる.テ.ベン.'トゥ.ら] [名] [固] 〖地名〗フエルテベントゥーラ島《モロッコ沖にある, スペイン領カナリア諸島の島》

*'**fuer-za** ['フエる.さ] 72% [名] [女] (物理的な)力, 作用, 勢い, 強度, 耐久力; 力, 強さ, 強度, 体力, 知力; 影響力, 効果, 効力, 説得力, 強制力; 〖軍〗軍, 兵力; 〔一般〕人数, 人手, 大勢, 集団, 勢力; (社会的な)勢力, 権力, 力; 力となるもの, 強み, 長所; 暴力, 腕力; 〖電〗電力, 電流 *a ~ de* … …によって; あまりに…なので *a la ~* どうしても, 必然的に; 力ずくで, 強制的に *a viva ~* 力ずくで ~ *de la sangre* 血気 ~ *mayor* 不可抗力, やむをえない事情 ~ *pública* 警察(力) *hacer ~* (a: に)強制する *irse la ~ por la boca* 《話》(a: が)おしゃべりである, 口先だけである *medir las ~s* 力量をはかる *por la ~* 力ずくで, 無理に *sacar ~s de flaqueza* できる限り力をふりしぼる *ser ~ que* …(接続法) …しなければいけない

'**fue-se**(~) [動]《接過》↓ir, ser

'**fue-te** [名] [男]《メキシコ》《中米》《カリブ》《南米北》《アンデス》むち

fue-'te-ra [フエ.'テ.ら] [名] [女]《コロンビア》むち打ち

fue-'ti-za [フエ.'ティ.さ] [名] [女]《カリブ》厳しい罰

fu+'fú [名] [男] 〔複 -fúes⇔-fús〕《カリブ》《コロンビア》〖食〗フフー《バナナピューレと豚の皮の料理》; 《カリブ》呪術

*'**fu+ga** 93% [名] [女] 逃亡, 逃走, 脱出; (ガス・水などの)漏れ; 〖楽〗フーガ, 遁走(とんそう)曲; 盛り, 最盛期, 旬; 〖情〗(メモリーの)リーク

fu-ga-ci-'dad [フ.ガ.すぃ.'ダド] [名] [女] はかなさ, 無常

*'**fu-'gar-se** [フ.'ガる.セ] 94% [動] [再] [41] (g|gu) (de: から)逃げる, 逃れる; 消え失せる; 駆け落ちする

*'**fu-'gaz** [フ.'ガす] 93% [形] つかの間の, はかない, 無常の

fu-gi-'ti-vo, -va [フ.ひ.'ティ.ボ, バ] [形] 逃げる, 逃亡中の; はかない, つかの間の [名] [男] [女] 逃亡者, 脱走者

fu-'gué, -gue(~) [動]《直点 1 単, 接現》↑fugarse

fu-'gui-llas [フ.'ギ.ジャス] [名] [共] 〔単複同〕《話》落ち着きのない人

fu-'guis-ta [フ.'ギス.タ] [名] [共] (常習の)脱走犯

'**fui**(~) [動]《直点》↓ir, ↓ser

'**ful** ['フル] [形]《スペイン》偽の, まがいものの, 見かけだけの [名] [男] 粗悪品

fu-la-'ni-to, -ta 〔縮小語〕↓fulano

*'**fu-'la+no, -na** [フ.'ラ.ノ, ナ] 94% [名] [男] [女] 某氏, 誰それ《名前を覚えていない人, または名前は問題にならない人》 **-na** [名] [女]《話》売春婦, 娼婦

'**ful-cro** ['フル.クろ] [名] [男] (てこの)支点

fu-'le-ro, -ra [フ.'レ.ろ, ら] [名] [男] [女]《話》うそつき, おしゃべり [形]《チリ》《話》偽の

ful-'gen-te [フル.'ヘン.テ] [形]《格》光り輝く, 燦爛(さんらん)たる

'**fúl-gi-do, -da** ['フル.ひ.ド, ダ] [形]《格》光り輝く

ful-'gor [フル.'ゴる] [名] [男]《格》光輝, 光明, すばらしさ

ful-gu-ra-'ción [フル.グ.ら.'すぃオン] [名] [女]《格》きらめき, 輝き

ful-gu-'ran-te [フル.グ.'らン.テ] [形]《格》きらめく, 輝く

ful-gu-'rar [フル.グ.'らる] [動] [自]《格》きらめく, 輝く

fu-lle-'rí+a [フ.ジェ.'り.ア] [名] [女] 〔一般〕詐欺, 狡猾(こうかつ)さ, ずるさ; 〖遊〗〔トランプ〕いかさま, いんちき; 《カリブ》無銭飲食

fu-'lle-ro, -ra [フ.'ジェ.ろ, ら] [形] だます, いかさまの [名] [男] [女] 〖遊〗(トランプの)いかさま師; 《カリブ》《話》無銭飲食者

ful-mi-na-'ción [フル.ミ.ナ.'すぃオン] [名] [女] 爆発, 炸裂(さくれつ), 落雷, 電撃; 猛烈な非難, 怒号

ful-mi-'nan-te [フル.ミ.'ナン.テ] [形] ピ

カッと光る，爆発する；突然の，突発的な；《話》ものすごい，怖い

ful-mi-'nar [フル.ミ.'ナる] [動] [他] 〘気〙雷で打つ，感電させる；非難する，とがめる，おどす；炸裂(さくれつ)させる，爆発させる；«病気などが»急に襲う [動] [自] 爆発する，爆裂する

'fu+lo, +la ['フ.ロ, ラ] [形] [名] [男] [女] 《(中米)》《話》金髪の(人)；《(ラプラタ)》《話》怒った(人)

fu-'ma-da [名] [女] タバコの煙のひと吹き

fu-ma-'de-ro [フ.マ.'デ.ろ] [名] [男] 喫煙室；麻薬を吸う場所，アヘン窟

fu-ma-'dor, -'do-ra [フ.マ.'ドる, 'ド.ら] [名] [男] [女] 喫煙者 [形] タバコを吸う

⁑fu-'mar [フ.'マる] 90% [動] [他] 〈タバコなどを〉吸う [動] [自] タバコを吸う，喫煙する **～-se** [動] [再] 〈タバコなどを〉吸う；《話》〈授業を〉サボる；《話》むだ使いする，使い尽くす

fu-ma-'ra-da [フ.マ.'ら.ダ] [名] [女] タバコの煙；タバコの一服

fu-ma-'ro-la [フ.マ.'ろ.ラ] [名] [女] 〘地〙(火山の)噴気孔

fu-'me-ta [名] [共] 《俗》麻薬常習者

fu-'mí-fe-ro, -ra [フ.'ミ.フェ.ろ, ら] [形] 《格》煙る，煙を出す

fu-mi-ga-'ción [フ.ミ.ガ.'すぃオン] [名] [女] 煙でいぶすこと，燻蒸(くんじょう)消毒

fu-mi-'gar [フ.ミ.'ガる] [動] [他] 41 (g|gu) 煙でいぶす，燻蒸(くんじょう)消毒する

Fu-na-'fu-ti [名] [固] 〘地名〙フナフティ《ツバル Tuvalu の首都》

fu-'nám-bu-lo, -la [フ.'ナン.ブ.ロ, ラ] [名] [男] [女] 綱渡り師

fun-'car [フン.'カる] [動] [自] 69 (c|qu) 《(チリ)》《(ラプラタ)》機能する

⁑fun-'ción [フン.'すぃオン] 74% [名] [女] 機能，働き，作用；職務，職能，役目；〘演〙公演，上演；宴会，パーティー，(社交上の)会合；〘宗〙儀式，式典，祭典；〘数〙関数；〘軍〙戦闘 ***en ～ de ...*** …に応じて；…に関して ***en funciones*** 任務に就いた；代行の，代理の ***entrar en funciones*** 就任する，職務に就く

fun-cio-'nal [フン.すぃオ.'ナル] [形] 機能本位の，実用本位の，便利な；機能の，職務の；〘数〙関数の

fun-cio-na-li-'dad [フン.すぃオ.ナ.リ.'ダド] [名] [女] 機能性

fun-cio-na-li-za-'ción [フン.すぃオ.ナ.リ.さ.'すぃオン] [名] [女] 機能的にすること，機能化

fun-cio-na-li-'zar [フン.すぃオ.ナ.リ.'さる] [動] [他] 34 (z|c) 機能的にする

fun-cio-na-'mien-to [フン.すぃオ.ナ.'ミエン.ト] [名] [男] 機能，働き，作用，作動

⁑fun-cio-'nar [フン.すぃオ.'ナる] 80% [動] [自] «機械などが»機能する，働く，作動する，作用する；役目を果たす

fun-cio-na-'ria-do [フン.すぃオ.ナ.'りア.ド] [名] [男] 〔集合〕公務員

⁑fun-cio-'na-rio, -ria [フン.すぃオ.'ナ.りオ, りア] 85% [名] [男] [女] 役人，公務員，職員

'fun-da [名] [女] カバー；ケース，入れ物；さや

⁑fun-da-'ción [フン.ダ.'すぃオン] 89% [名] [女] 設立，建設，創立；(寄付金などによって作られた)組織，団体，財団，基金

fun-'da-do, -da [形] 設立された，建設された；根拠のある

fun-da-'dor, -'do-ra [フン.ダ.'ドる, 'ド.ら] [名] [男] [女] 創設者，創業者，設立者，建設者，開祖 [形] 設立の，創設の

fun-da-men-ta-'ción [フン.ダ.メン.タ.'すぃオン] [名] [女] 土台をつくること，基礎固め

⁑fun-da-men-'tal [フン.ダ.メン.'タル] 80% [形] 基礎の，基本的な，根本的な，重要な **～mente** [副] 基本的に，根本的に

fun-da-men-'tar [フン.ダ.メン.'タる] [動] [他] (en: に)〈の〉基礎を置く，確立させる **～se** [動] [再] (en: に)基づいている

***fun-da-'men-to** 91% [名] [男] 基礎，土台，根拠，根底，出発点；〔複〕初歩，基本；まじめさ，実直さ；(織物の)横糸；《(メキシコ)》《(中米)》尻(しり)，腰；《(ベネズエラ)》〘衣〙(ズボンの)ヒップ

⁑fun-'dar [フン.'ダる] 86% [動] [他] 設立する，創立する，設ける，起こす；〘建〙建設する；根拠を(en, sobre: に)おく；〈建物などを〉(en: の)基礎の上に置く **～se** [動] [再] (en, sobre: に)基づく，支えられている

fun-'den-te [形] 融解する，溶ける [名] [男] 〘化〙融剤，溶剤；〘医〙(はれものの)消炎剤

fun-di-'ción [フン.ディ.'すぃオン] [名] [女] 溶解，融解；精錬；鋳物工場；精錬所；鋳鉄；〘印〙(ひとそろいの)活字，フォント

fun-di-'dor, -'do-ra [フン.ディ.'ドる, 'ド.ら] [名] [男] [女] 鋳造者，鋳物師，精錬工，活字鋳造者

fun-'di-llo [フン.'ディ.ジョ] [名] [男] 《(ラ米)》〘衣〙(ズボンの)ヒップ

***fun-'dir** [フン.'ディる] 93% [動] [他] 溶かす，溶解する；溶かせ合わす，合金にする；鋳造する；合併する，融合する；(精神的に)破壊する，くじく **～se** [動] [再] (con: と)融合する，合併する，一緒になる；溶ける；《話》使い果たす

'fun-do [名] [男] 〘法〙地所，農地；《(南米)》大農場

***'fú-ne-bre** ['フ.ネ.ブれ] 94% [形] 葬式の，葬儀の，葬送の；悲しい，陰鬱な

***fu-ne-'ral** [フ.ネ.'らル] 93% [名] [男] 〔しばしば複〕葬式，葬儀，告別式 [形] 葬式の，葬儀の

fu-ne-'ra-la [フ.ネ.'ら.ラ] 〔成句〕 ***lle-var [tener] el fusil a la ～*** (弔意を示す

ために)銃口を下に向けて持つ

fu-ne-'ra-rio, -ria [フ.ネ.'ら.りオ, りア] [形] 葬式の, 葬儀の, 弔いの, 埋葬の [名] [男] [女]〔商〕〔人〕葬儀屋 **-ria** [名] [女]〔商〕葬儀社

fu-'nes-to, -ta [形] 致命的な, 運命的な, 不吉な, 忌まわしい; 望ましくない, 不適当な

fun-'ge-mia [フン.'へ.ミア] [名] [女]〔医〕真菌血症

fun-'gi-ble [フン.'ひ.ブレ] [形]〔法〕代替可能な

fun-gi-'ci-da [フン.ひ.'すぃ.ダ] [名] [男] 防黴(ぼうばい)剤 [形] 防黴の, カビを殺す

'fún-gi-co, -ca ['フン.ひ.コ, カ] [形]〔生〕菌の

fun-'gir [フン.'ひる] [動] [自] (32) (g|j) 《ラ米》(como, de: 任務を)果たす; 代行する

'fun-go [名] [男]〔医〕菌状腫(しゅ)

fun-'go-so, -sa [形]〔生〕菌性の, 菌質の, 海綿状の

fu-ni-cu-'lar [フ.ニ.ク.'ラる] [名] [男]〔鉄〕ケーブルカー [形] 綱[索]で動く, 索条の

fu-'ñir [フ.'ニィる] [動] [他] (10) (‹i›) 《カリブ》《ベネズエラ》《話》うんざりさせる; 傷つける

'fur-cia ['フる.すぃア] [名] [女] 《スペイン》《俗》〔軽蔑〕売春婦

fur-'gón [フる.'ゴン] [名] [男]〔車〕有蓋(ゆうがい)トラック;〔鉄〕(旅客列車の)手荷物車, 有蓋貨車

fur-go-'ne-ta [フる.ゴ.'ネ.タ] [名] [女]〔車〕バン, ワゴン車

*'**fu-ria** ['フ.りア] 93% [名] [女] 激しい怒り, 憤激; (天候・病気・戦争などの)激しさ, 猛威; 激情, 熱情; 大流行, ブーム, 絶頂 *hecho[cha] una* ~ 怒り狂った

fu-ri-'bun-do, -da [フ.り.'ブン.ド, ダ] [形] 怒り狂う, 荒れ狂う, 激烈な, すさまじい

*__fu-'rio-so, -sa__ [フ.'りオ.ソ, サ] 93% [形] 怒り狂う, 激怒した; 猛烈な, ものすごい **-samente** [副] 怒り狂って, 激怒して; 猛烈に, ものすごく

fur-ni-'tu-ra [フる.ニ.'トゥ.ら] [名] [女] 《カリブ》家具

*__fu-'ror__ [フ.'ろる] 94% [名] [男] 激しい怒り, 憤激; (天候・病気・戦争などの)激しさ, 猛威; 熱狂, 興奮, 熱情, 熱狂的流行, 熱狂的称賛 ~ *uterino*〔医〕(女性の)性欲異常亢進(こうしん) *hacer* ~ 大流行する

fu-'rriel [フ.'りエル] [名] [共]〔軍〕(糧食係の)下士官

fur-ti-'vis-mo [フる.ティ.'ビス.モ] [名] [男] 隠れて行うこと; 密猟

fur-'ti-vo, -va [フる.'ティ.ボ, バ] [形] ひそかな, こそこそする, 内密の **-vamente** [副] ひそかに, こそこそと, 内密に

fu-'rún-cu-lo [名] [男] ⇧ forúnculo

'fu-sa [名] [女]〔楽〕32 分音符

fu-se-'la-je [フ.セ.'ラ.へ] [名] [男]〔空〕(飛行機の)胴体, 機体

fu-'si-ble [フ.'スィ.ブレ] [名] [男]〔電〕ヒューズ [形] 溶けやすい, 可融性の

*__fu-'sil__ [フ.'スィル] 93% [名] [男]〔軍〕銃, ライフル銃; 《メキシコ》剽窃(ひょうせつ)

fu-si-la-'mien-to [フ.スィ.ラ.'ミエン.ト] [名] [男]〔軍〕銃殺;〔軍〕射撃, 狙撃; 《話》〔法〕盗作, 不法コピー

*__fu-si-'lar__ [フ.スィ.'ラる] 94% [動] [他]〔軍〕銃殺する; 《話》盗作する, 不法コピーする

fu-si-le-'rí+a [フ.スィ.レ.'り.ア] [名] [女]〔集合〕〔軍〕銃;〔軍〕射撃隊; 銃撃, 射撃

fu-si-'le-ro, -ra [フ.スィ.'レ.ろ, ら] [名] [男] [女]〔軍〕ライフル銃兵, 小銃兵

*__fu-'sión__ 92% [名] [女] 溶解, 融解; 融合, 融和;〔商〕合同, 合併

fu-sio-'nar [フ.スィオ.'ナる] [動] [他] 溶け込ませる, 融合させる;〔商〕合併[併合]させる ~**se** [動] [再]〔商〕合併[併合]する;〔情〕マージする

fu-sio-'nis-mo [名] [男] 合同[融合]主義

fu-sio-'nis-ta [形]〔政〕合同[融合]主義の [名] [共]〔政〕合同[融合]主義者

'fus-ta [名] [女] 小枝, 細枝, たきぎ;〔畜〕(乗馬用の)鞭(むち);〔衣〕毛織物

fus-'tán [名] [男]〔衣〕ファスチャン織り《コール天, ビロードなど》; 《南米》〔衣〕ペチコート, アンダースカート

fus-'ta-zo [フス.'タ.そ] [名] [男] むちでの一撃

'fus-te [名] [男] 重要性, 重大性; 材木, 木材; 棒, さお; 槍の柄;〔建〕柱身, 柱体, 小柱;〔畜〕(馬の鞍(くら)の)前輪; 《詩》《格》〔畜〕(乗馬用の)鞍; 趣旨, 原則, 根幹; 根本, 実質

fus-ti-'gar [フス.ティ.'ガる] [動] [他] (41) (g|gu)〔畜〕‹馬に›むちをあてる; 非難する, 批判する, とがめる

'fút-bol ⇦ fut-** ['フト.ボル ⇦ フト.'ボル] 80% [名] [男]〔競〕サッカー ~ ***americano***〔競〕(アメリカン)フットボール ~ ***sala***〔競〕フットサル

fut-bo-'lín [フト.ボ.'リン] [名] [男]〔遊〕サッカーゲーム

*__fut-bo-'lis-ta__ [フト.ボ.'リス.タ] 91% [名] [共]〔競〕サッカー選手

fut-bo-'lís-ti-co, -ca [フト.ボ.'リス.ティ.コ, カ] [形]〔競〕サッカーの

'fu+te [名] [男] 《コロンビア》むち

fu-'te-sa [名] [女] 《話》つまらないこと, ばからしいこと

'fú-til ['フ.ティル] [形] 《格》役に立たない, むだな, くだらない

fu-ti-li-'dad [フ.ティ.リ.'ダド] [名] [女]

《格》無用, 無益, むだ

fu-tu-'ris-mo [フ.トゥ.'りス.モ] 名 男 〔美〕〔芸〕未来派《1910年ごろイタリアに起きた前衛的芸術運動》

fu-tu-'ris-ta [フ.トゥ.'りス.タ] 形 名 共 〔美〕〔芸〕未来派の(芸術家)

⁑fu-'tu-ro, -ra [フ.'トゥ.ろ, ら] 76% 形 未来の, 将来の, 今後の, これから先の; 〔言〕未来(時制, 形)の 名 男 未来, 将来, 今後, これから先; 前途, 将来性; 〔言〕未来(時制, 形); 〔複〕〔商〕先物(契約) **-ra** 名 女 《話》婚約者, フィアンセ; 〔法〕継承権

fu-tu-ro-lo-'gí+a [フ.トゥ.ろ.ロ.'ひ.ア] 名 女 未来学

fu-tu-ro-'ló-gi-co, -ca [フ.トゥ.ろ.'ロ.ひ.コ, カ] 形 未来学の

fu-tu-'ró-lo-go, -ga [フ.トゥ.'ろ.ロ.ゴ, ガ] 名 男 女 未来学者

Fu-'yai-ra ['フージャイーら] 名 固 〔地名〕フジャイラ首長国《アラビア半島, ペルシア湾沿岸に位置するアラブ首長国連邦に属する首長国; その首都》

G g

G, g ['へ] 名 女 〔言〕へ《スペイン語の文字》

g 略 ↓gramo

g. 略 ↓gravedad

G- 略 =giga-《接頭辞》10の9乗

ga-ba-'che-ro, -ra [ガ.バ.'チェ.ろ, ら] 形 名 男 女 《(ﾒｷｼｺ)》《話》米国びいきの(人), (米国の)白人びいきの(人)

ga-'ba-cho, -cha 形 《(ｽﾍﾟｲﾝ)》《話》〔軽蔑〕フランス(風)の; 〔鳥〕《ハトが》足に毛の生えた 名 男 女 《(ｽﾍﾟｲﾝ)》《話》〔軽蔑〕フランス人; 《(ﾒｷｼｺ)》《話》〔軽蔑〕米国の白人 名 男 《(ｽﾍﾟｲﾝ)》《話》〔言〕〔軽蔑〕フランス語なまりのあるスペイン語

ga-'bán 名 男 〔衣〕オーバー, 外套(がいとう)

ga-ba-'ne-ro [ガ.バ.'ネ.ろ] 名 男 コート掛け

***ga-bar-'di-na** [ガ.バる.'ディ.ナ] 94% 名 女 〔衣〕コート, スリーシーズンコート; 〔衣〕ギャバジン《あや織り防水服地》; 《(ﾒｷｼｺ)》《(ｺﾛﾝﾋﾞｱ)》《(ﾗﾌﾟﾗﾀ)》〔衣〕レインコート

ga-'ba-rra [ガ.'バ.ら] 名 女 〔海〕平底の荷船, 運送用の荷船, はしけ

ga-'be-la [ガ.'ベ.ラ] 名 女 〔法〕税金; 負担, 重荷; 《(ｶﾘﾌﾞ)》《(ｺﾛﾝﾋﾞｱ)》《(ｱﾝﾃﾞｽ)》有利, 好都合, 便宜; 《(ﾁﾘ)》《話》事, 問題

***ga-bi-'ne-te** 91% 名 男 〔政〕内閣, 政府; 〔集合〕大臣; 書斎, 研究室; 〔建〕(博物館の)小陳列室, 標本室, 診療室, 事務室, 応接室, 小部屋, 次の間; 〔集合〕家具(一式); 《(ﾒｷｼｺ)》〔食〕食器棚; 《(ｺﾛﾝﾋﾞｱ)》〔建〕(屋根・窓付きの閉じた)バルコニー

***Ga-'bón** 94% 名 固 〔(el) ~〕〔República Gabonesa〕〔地名〕ガボン《アフリカ中西部の共和国》

ga-bo-'nés, -'ne-sa 形 〔地名〕ガボン(人)の 名 男 女 ガボン人 ↑Gabón

Ga-bo-'ro-ne [ガ.ボ.'ろ.ネ] 名 固 〔地名〕ハボローネ《ボツワナ Botsuana の首都》

Ga-'briel [ガ.'ブりエル] 名 固 〔男性名〕ガブリエル; 〔聖〕ガブリエル《マリア María にキリスト Cristo の受胎を告げた大天使》

Ga-'brie-la [ガ.'ブりエ.ラ] 名 固 〔女性名〕ガブリエラ

ga-'ce-la [ガ.'せ.ラ] 名 女 〔動〕ガゼル《レイヨウの一種》; すらりとした女性

ga-'ce-ta [ガ.'せ.タ] 名 女 定期刊行物, 新聞, 官報; 《話》おしゃべり, うわさ好き; 〔技〕さや《焼物を窯の中へ入れる保護容器》 ***mentir más que la ~*** 《話》大うそをつく

ga-ce-'ti-lla [ガ.せ.'ティ.ジャ] 名 女 (新聞などの)ゴシップ欄; 《話》おしゃべり, うわさ好き

ga-'chí 名 女 〔複 -chíes⇦-chís〕《(ｽﾍﾟｲﾝ)》《俗》女, 娘《男性だけが使う言葉》

'ga-cho, -cha 形 下に曲がった, 下がった; 〔畜〕《ウシ[牛]が》下向きの角がある; 《(ﾒｷｼｺ)》いやな, 面倒な; 醜い 名 男 《(ﾗﾌﾟﾗﾀ)》〔衣〕折りたためる帽子 ***a gachas*** 四つんばいで ***con las orejas gachas*** 《話》うなだれて, がっくりして **-cha** 名 女 〔複〕〔食〕(小麦粉などの)かゆ; 〔複〕どろどろのもの; 《(ﾗﾌﾟﾗﾀ)》椀

ga-'chó 名 男 〔複 -chós〕《(ｽﾍﾟｲﾝ)》《俗》男, やつ

ga-chu-'pín, -'pi-na 名 男 女 《(ﾗ米)》〔軽蔑〕(中南米に移住してきた)スペイン人

ga-'ci-lla [ガ.'すぃ.ジャ] 名 女 《(中米)》安全ピン

ga-'de-jo, -ja [ガ.'デ.ほ, は] 形 名 男 女 《(ｺﾛﾝﾋﾞｱ)》《話》うんざりさせる(人), 迷惑をかける(人)

ga-di-'ta+no, -na 形 名 男 女 カディスの(人) ↑Cádiz

ga-do-'li-nio [ガ.ド.'リ.ニオ] 名 男 〔化〕ガドリニウム《元素》

ga+'é-li-co, -ca [ガ.'エ.リ.コ, カ] 形 〔地名〕ゲール(人)の; 〔言〕ゲール語の 名 男 女 ゲール人《アイルランド Irlanda, スコット

ランド Escocia のケルト族 celta) 名 男〔言〕ゲール語

*'ga+fa 86% 名 女〔複〕《スペイン》めがね, 眼鏡; フック, 鉤; 締め金;〔複〕《カリブ》サングラス 形 《女》↓gafo

ga-'far [ガ.'ファる] 動 他 鉤で引っかける; 《話》〈に〉不幸をもたらす

'ga+fe 名 男《スペイン》縁起の悪い人

ga-fe-'dad 名 女《ベネズエラ》ばかなこと

ga-'fe-te 名 男《ラ米》名札, ID カード

'ga+fo, +fa 形 名 男 女 指の曲がった(人); ハンセン病の(患者); 《ベネズエラ》《話》ばか(な), 頭が悪い(人)

ga-'fo-tas 名 共〔単複同〕《話》〔軽蔑〕眼鏡をかけている人

ga-'fu-do, -da 名 男 女《話》〔軽蔑〕眼鏡をかけている人

ga-'fu-fo, -fa 名 男 女《コロンビア》《話》〔軽蔑〕眼鏡をかけている人

ga+'gá 形〔複 gás〕《話》年寄りの; もうろくした

ga-gue+'ar [ガ.ゲ.'アる] 動 自《ラ米》言葉がつかえる, どもる

ga-'gue-ra [ガ.'ゲ.ら] 名 女《ラ米》言葉がつかえること, どもること, 吃音(きつおん)

'gai-ta 名 女〔楽〕(革袋で作った)バグパイプ; 《スペイン》《話》やっかいなこと, 面倒な仕事; 《話》ばかなこと; 《話》首; 〔楽〕フラジョレット《小型の縦笛》; 〔楽〕ハーディガーディ《クランクで回転させるホイールが弦をこすリュートに似た楽器》; 《ベネズエラ》〔楽〕クリスマスソング *alegre como una* ～ とても陽気な

'ga-jes ['ガ.へス] 名 男《複》報酬, 俸給; 臨時手当 ～ *del oficio* 《話》仕事に伴うわずらわしさ

'ga+jo ['ガ.ほ] 名 男 折れた枝; 〔食〕(果物の)房, (果物の)一きれ; (フォークなどの)先; 《ベネズエラ》《話》失敗, 間違い, へま; 《チリ》〔食〕ブドウの粒

gal 略 ↓galón

*'ga+la ['ガ.ラ] 93% 名 女〔しばしば複〕〔衣〕盛装, 礼装, 晴れ着; 花形, 精華; 〔楽〕(歌手などの)リサイタル; 〔楽〕ガラコンサート; 優雅, 上品, しとやかさ; 宝, 自慢, 花; 《ラ米》チップ; 結婚祝い(の品) *de media* ～ 略装で *hacer* ～ (de: を)自慢する, 披露する *tener a* ～ ...(不定詞) …を誇りとする

ga-'lác-ti-co, -ca [ガ.'ラク.ティ.コ, カ] 形〔天〕銀河(系)の; 天の川の 名 男 女〔競〕〔サッカー〕一流選手, スター選手

ga-lac-'to-sa [ガ.ラク.'ト.サ] 名 女〔化〕ガラクトース《単糖類の一種》

ga-la-'far-do, -da [ガ.ラ.'ファる.ド, ダ] 名 男 女《コロンビア》《話》こそ泥

ga-'lai-co, -ca [ガ.'ライ.コ, カ] 形《格》ガリシアの

ga-'lán [ガ.'ラン] 名 男〔映〕〔演〕主演男優, 二枚目; しゃれ者, だて者; 女性に言い寄る男 ～ *de noche* 〔植〕ヤコウカ

ga-'la+no, -na [ガ.'ラ.ノ, ナ] 形《身なりが》きちんとした, ぱりっとした, スマートな, しゃれた; 《格》鮮やかな, よどみない, 優雅な; 《中米》〔植〕《植物が》青々とした, みずみずしい; 《ラ米》〔畜〕《家畜が》まだらの, ぶちの

*ga-'lan-te [ガ.'ラン.テ] 94% 形 女性に親切な; 《女性が》あだっぽい, 媚(こ)びを売る; 《小説などが》恋愛に関する; 《身なりが》きちんとした, ぱりっとした, スマートな, しゃれた

ga-lan-te+'ar [ガ.ラン.テ.'アる] 動 他〈女性を〉口説く, 〈に〉言い寄る, 〈の〉機嫌をうかがう

ga-lan-'te+o [ガ.ラン.'テ.オ] 名 男 女性を口説くこと, 言い寄ること

ga-lan-te-'rí+a [ガ.ラン.テ.'り.ア] 名 女 優雅, 気品; (女性に対する)機嫌取り, 色恋のしぐさ[言葉]

ga-lan-'ti-na [ガ.ラン.'ティ.ナ] 名 女〔食〕ガランティーヌ《骨をとった鶏肉に詰め物をして蒸し煮した後, 冷やしてゼリーを添えて食べる料理》

ga-la-'nu-ra [ガ.ラ.'ヌ.ら] 名 女 優雅, 上品; 《格》鮮やかさ, よどみなさ, 優雅さ

ga-'lá-pa-go [ガ.'ラ.パ.ゴ] 名 男〔動〕カメ《特に淡水に生息するカメ》; 〔農〕(犂(すき)の)へら; 滑車の一種; 〔技〕鋳塊, 金属塊; 《ラ米》(女性用の)鞍(くら)

Ga-'lá-pa-gos [ガ.'ラ.パ.ゴス] 名 固〔islas ～〕〔地名〕ガラパゴス諸島《エクアドルの一州, 東太平洋赤道直下に位置する》

ga-lar-'dón [ガ.ラる.'ドン] 名 男 (善行・功績などに対する)報い, 報酬, 褒美; (悪の)報い

ga-lar-do-'na-do, -da [ガ.ラる.ド.'ナ.ド, ダ] 名 男 女 受賞者

*ga-lar-do-'nar [ガ.ラる.ド.'ナる] 94% 動 他 (con: 賞を)与える, 表彰する; 報いる, 〈に〉報酬を与える

Ga-'la-xia [ガ.'ラク.スィア] 名 固〔天〕銀河, 銀河系, 天の川

ga-la-'xi-ta [ガ.ラク.'スィ.タ] 名 女〔鉱〕ガラクサイト

gal-'ba-na [ガル.'バ.ナ] 名 女《話》怠惰, 無精, けだるさ

gal-ba-ne+'ar [ガル.バ.ネ.'アる] 動 自 怠惰に過ごす

ga-'le-na [ガ.'レ.ナ] 名 女〔鉱〕方鉛鉱

ga-'le+no [ガ.'レ.ノ] 名 男《話》〔笑〕医者

ga-le+'ón [ガ.'レオン] 名 男〔歴〕〔海〕ガレオン船

ga-le+'o-te [ガ.レ.'オ.テ] 名 男〔歴〕〔海〕ガレー船を漕ぐ奴隷[囚人]

ga-'le-ra [ガ.'レ.ら] 名 女〔歴〕〔海〕ガレー船《中世の軽走帆船》; 〔印〕ゲラ; 〔複〕

〖歴〗 漕刑, 漕役(そうえき); 幌付き四輪馬車; 〖法〗 女子刑務所, 女囚房; 〖医〗 大病棟; 〖動〗 シャコ《甲殻動物》

ga-le-'ra-da [ガ.レ.'ら.ダ] 名 女 〖印〗 ゲラ, ゲラ刷り, 校正刷り; 馬車 1 台分の荷

****ga-le-'rí+a** [ガ.レ.'リ.ア] 90% 名 女 画廊, ギャラリー, 陳列室; 〔複〕〖商〗 デパート, アーケード街; 〖美〗 (美術品などの)陳列品, 展示品; 〖演〗 天井桟敷; 〔集合〕〖演〗 (芝居などの)観客; 一般大衆; 廊下, 回廊; 〖鉱〗 坑道, 地下道; 〔集合〕 有名人, 要人

ga-le-'ris-ta [ガ.レ.'リス.タ] 名 共 画廊オーナー[経営者]

ga-'ler-na [ガ.'レる.ナ] 名 女 《スペイン》〖気〗 (スペイン北部海岸の)強い北西風

ga-'lés, -'le-sa [ガ.'レス, 'レ.サ] 形 〖地名〗 ウェールズ(人)の ↓Gales; 〖言〗 ウェールズ語の 名 男 女 ウェールズ人 名 男 〖言〗 ウェールズ語

'Ga-les ['ガ.レス] 名 固 〖地名〗 ウェールズ《イギリス, グレート・ブリテン島 Gran Bretaña 南西部の地域》

'gal-go, -ga ['ガル.ゴ, ガ] 名 男 女 〖動〗 〔犬〕 グレーハウンド 形 《ラ米》《話》 甘い物好きの　-ga 名 女 斜面を転がり落ちる大きな石　*¡Échale un ~!* 《話》 残念!, あぁだめだ!

'Ga-lia ['ガ.リア] 名 固 〖歴〗〖地名〗 ガリア, ゴール《フランスの古称》

'gá-li-bo ['ガ.リ.ボ] 名 男 〖鉄〗 軌道ゲージ　*luces de ~* 〖車〗 車幅灯

Ga-'li-cia [ガ.'リ.すぃア] 名 固 〖地名〗 ガリシア《スペイン北西部の地方, 自治州: La Coruña, Lugo, Orense, Pontevedra》

ga-li-'cis-mo [ガ.リ.'すぃス.モ] 名 男 〖言〗 フランス語法, フランス語的表現

'gá-li-co, -ca ['ガ.リ.コ, カ] 形 ガリアの

ga-li-'far-do, -da [ガ.リ.'ファる.ド, ダ] 形 名 男 女 《アンデス》〔軽蔑〕 恥知らずの(人); 怠け者(の), 役立たずの

Ga-li-'le+a [ガ.リ.'レ.ア] 名 固 〖歴〗〖地名〗 ガリラヤ《古代パレスチナ北部の地方; イエスの伝道の舞台》

ga-li-'le+o, +a [ガ.リ.'レ.オ, ア] 形 名 男 女 〖歴〗〖地名〗 ガリラヤの(人)

ga-li-ma-'tí+as [ガ.リ.マ.'ティ.アス] 名 女 〔複〕《話》 わけのわからない話

'ga-lio ['ガ.リオ] 名 男 〖化〗 ガリウム《元素》; 〖植〗 ヤエムグラ

'ga-lla ['ガ.ジャ] 名 女 《チリ》《話》 誰それ《名前を隠すとき》

ga-llar-'de-te [ガ.ジャる.'デ.テ] 名 男 〖軍〗 (軍艦のマストの)三角旗

ga-llar-'dí+a [ガ.ジャる.'ディ.ア] 名 女 勇敢, 武勇, りりしさ; 上品さ, 優雅さ; 高潔さ, 高尚さ

***ga-'llar-do, -da** [ガ.'ジャる.ド, ダ] 94% 形 さっそうとした, 勇敢な, 雄々しい, りりしい; 優雅な, 上品な; 高潔な

Ga-'llar-do [ガ.'ジャる.ド] 名 固 〖姓〗 ガジャルド

ga-lle+'ar [ガ.ジェ.'アる] 動 自 〖畜〗 《鶏が》つがう, 交尾する; 《話》 からいばりする

ga-lle-'ga-da [ガ.ジェ.'ガ.ダ] 名 女 〔集合〕 ガリシアの人々

****ga-'lle-go, -ga** [ガ.'ジェ.ゴ, ガ] 87% 形 名 男 女 〖地名〗 ガリシアの(人); 《ラ米》 (中南米の)スペイン人の移住者(の); 〖言〗 ガリシア語の 名 男 〖言〗 ガリシア語

Ga-'lle-go [ガ.'ジェ.ゴ] 名 固 〖姓〗 ガジェゴ

ga-lle-'guis-mo [ガ.ジェ.'ギス.モ] 名 男 〖言〗 ガリシア語法, ガリシア語風の表現

ga-lle-'guis-ta [ガ.ジェ.'ギス.タ] 名 共 〖言〗 ガリシア語法を使う人

ga-'lle-ra [ガ.'ジェ.ら] 名 女 〖畜〗 闘鶏場; 〖畜〗 闘鶏用のおり[かご]

***ga-'lle-ta** [ガ.'ジェ.タ] 93% 名 女 〖食〗 ビスケット, クラッカー, 堅パン; 《話》 平手打ち; 《ベネズエラ》《話》 混乱, 騒ぎ

ga-'lle-te [ガ.'ジェ.テ] 名 男 〔成句〕 *a [al] ~* 〖飲〗 口をつけずに(飲み込む)

ga-lle-'ti-ca [ガ.ジェ.'ティ.カ] 名 女 《カリブ》《コロンビア》 クッキー

ga-lle-'to-so, -sa [ガ.ジェ.'ト.ソ, サ] 形 《ベネズエラ》《話》 混乱した

****ga-'lli-na** [ガ.'ジ.ナ] 90% 名 女 〖畜〗 めんどり 名 共 《話》 臆病(おくびょう)者, 意気地なし　*acostarse con [como] las ~s* 夜早く寝る　*como ~ en corral ajeno* 《話》 借りてきた猫のように(おとなしく)　*~ ciega* 〖遊〗 目隠し鬼　*levantarse con [como] las ~s* 朝早く起きる

ga-lli-'ná-ce+o, +a [ガ.ジ.'ナ.せ.オ, ア] 形 〖鳥〗 キジ類の　+a 名 女 〔複〕〖鳥〗 キジ目(の鳥類)

ga-lli-'na-za [ガ.ジ.'ナ.さ] 名 女 〖畜〗 鶏糞; 〖鳥〗 ヒメコンドル

ga-lli-'ne-ro [ガ.ジ.'ネ.ろ] 名 男 〖畜〗 鶏小屋, 鶏舎; 〖畜〗〔集合〕 (鶏小屋などにいる)ニワトリ; 《話》〖演〗 劇場の高桟敷, 天井桟敷; 騒々しい場所, ごったがえした場所　~, -ra 名 男 女 〖畜〗 養鶏家　*como el palo de un ~* とても汚い

ga-'lli-to [ガ.'ジ.ト] 名 男 自慢家, ほら吹き; 目立ちたがり屋, がき大将, ボス; 〖鳥〗 若いおんどり; 投げ矢

***'ga-llo** ['ガ.ジョ] 92% 名 男 〖畜〗 ニワトリ[鶏], おんどり; 〖競〗〔ボクシング〕 バンタム級; 《俗》 ボス, 大将; 《話》 うぬぼれた人, 気取り屋; 《ラ米》《話》 勇ましい男; 《カリブ》《話》 美男; 《チリ》《話》 仲間, 相棒　*alzar el ~* うぬぼれる, いばる　*en menos que canta un ~* 《話》 あっという間に, またたく間に　*Otro ~*

nos [*les*] *cantara* [*cantaría*]. 事態は変わっていただろう *soltar un* ~ 調子の外れた声を出す

ga-'llo-fo, -fa [ガ.'ジョ.フォ, ファ] 名 男 女 物乞いをする人, 乞食(こじき)

ga-llo-'pin-to [ガ.ジョ.'ピン.ト] 名 男 《中米》〔食〕ガジョピント《米にフリホール豆の入った豆ごはん》

'ga+lo, +la ['ガ.ロ, ラ] 形〔歴〕〔地名〕ガリア(人)の, ゴールの ⬆Galia; フランスの;〔歴〕〔言〕ガリア語の 名 男 女 ガリア人, ゴール人; フランス人 名 男〔歴〕〔言〕ガリア語

ga-'lo-cha [ガ.'ロ.チャ] 名 女〔複〕〔衣〕(雪や泥の上を歩く)木靴, 雪靴

ga-'lón [ガ.'ロン] 名 男〔衣〕組みひも, 飾りひも, モール;〔軍〕〔衣〕袖章(そでしょう); ガロン《容量の単位; 約 4.5 リットル, 米国では約 3.8 リットル》

ga-lo-'nis-ta [ガ.ロ.'ニス.タ] 名 男〔軍〕士官学校生

ga-lo-'pa-da [ガ.ロ.'パ.ダ] 名 女〔畜〕(馬の)疾走, 疾駆, ギャロップ *de una* ~ すぐに, 大急ぎで

ga-lo-'pan-te [ガ.ロ.'パン.テ] 形 急速に進行する, 急性の;〔畜〕«馬が»ギャロップする, 疾走する

ga-lo-'par [ガ.ロ.'パる] 動 自〔畜〕«馬・乗手が»疾走する, ギャロップする

ga-'lo-pe [ガ.'ロ.ペ] 名 男〔畜〕ギャロップ《1 歩ごとに宙に浮く最も速い駆け方》 *a* ~ *tendido*〔畜〕疾走して, フルギャロップで

ga-lo-'pi-llo [ガ.ロ.'ピ.ジョ] 名 男 台所下働き, 皿洗い

ga-lo-'pín [ガ.ロ.'ピン] 名 男 ならず者, ごろつき; 浮浪児; いたずらっ子, わんぱく小僧;《話》抜け目のない男;〔海〕ケビンボーイ, (船の)下働きのウェイター

gal-'vá-ni-co, -ca [ガル.'バ.ニ.コ, カ] 形〔物〕ガルバーニ電気の, 直流電気の

gal-va-'nis-mo [ガル.バ.'ニス.モ] 名 男〔物〕ガルバーニ電気;〔医〕直流電気療法

gal-va-ni-za-'ción [ガル.バ.ニ.さ.'すぃオン] 名 女〔技〕電気メッキ

gal-va-ni-'za-do, -da [ガル.バ.ニ.'さ.ド, ダ] 形〔技〕電気メッキをした 名 男〔技〕電気メッキ

gal-va-ni-'zar [ガル.バ.ニ.'さる] 動 他 ㉞ (z|c)〔技〕‹に›電気メッキをする; ‹に›直流電気をかける; 元気づける, 活気づける ~**-se** 動 再 電気メッキされる; 直流電気をかけられる; 元気づく, 活気づく

gal-va-'nó-me-tro [ガル.バ.'ノ.メ.トろ] 名 男〔物〕検流計

gal-va-no-'plas-tia, -'tí+a [ガル.バ.ノ.'プラス.ティア, 'ティ.ア] 名 女〔技〕電気メッキ法;〔印〕電気製版

gal-va-no-'plás-ti-co, -ca [ガル.バ.ノ.'プラス.ティ.コ, カ] 形〔技〕電気メッキの;〔印〕電気製版の

'ga+ma 名 女〔楽〕全音階; 全範囲, 全般; 段階, 度合い;〔動〕(雌の)ダマジカ

ga-'ma-rra [ガ.'マ.ら̃] 名 女〔畜〕むながい《馬の胸から鞍にかけるひも》

'gam-ba 名 女《スペイン》〔動〕(小型の)エビ, シバエビ;《チリ》〔動〕大エビ;《チリ》《話》大きな足;《ラプラタ》《話》〔経〕100 ペソ紙幣

gam-be-'rra-da [ガン.ベ.'ら̃.ダ] 名 女《スペイン》乱暴, 暴力行為, 非行

gam-'be-rro, -rra [ガン.'ベ.ろ̃, ら̃] 名 男 女《スペイン》ごろつき, ちんぴら 形《スペイン》素行の悪い, 非行の; 乱暴な

gam-be-'si-na 名 女〔歴〕よろい用の下着

gam-'be-ta 名 女《南米》〔競〕〔サッカーなど〕(相手を抜く)ドリブル

gam-be-te+'ar [ガン.ベ.テ.'アる] 動 自《南米》〔競〕〔サッカーなど〕ドリブルする, ドリブルをして相手を抜く

*'**Gam-bia** 94% 名 固 [República de ~]〔地名〕ガンビア《アフリカ西部の共和国》

gam-'bia+no, -na 形〔地名〕ガンビア(人)の ⬆Gambia 名 男 女 ガンビア人

gam-'bi-to 名 男〔競〕〔チェス〕指し始めの手, ギャンビット

ga-'me-to 名 男〔生〕配偶子

'gam-ma 名 女〔言〕ガンマ《ギリシャ語の文字 Γ, γ》;〔物〕ガンマ《質量の単位, 100 万分の 1 グラム》

gam-ma-pa-'tí+a 名 女〔医〕免疫グロブリン血症

'ga+mo 名 男〔動〕(雄の)ダマジカ *correr como un* ~ 速く走る

ga-mo-'nal [ガ.モ.'ナル] 名 男《中米》《アンデス》〔政〕地方のボス

ga-mo-na-'lis-mo [ガ.モ.ナ.'リス.モ] 名 男《中米》《アンデス》〔政〕地方のボスによる支配

ga-'mu-za [ガ.'ム.さ] 名 女〔動〕シャモア《南欧・カフカスの山地産, ウシ科》;〔衣〕セーム革, シャミ革《柔らかいなめし革》

'ga+na** 80% 名 女〔しばしば複〕願い, 望み, …したさ;〔複〕食欲 *dar* ~ (de 不定詞: …)する気になる, …したい *de buena* ~ 喜んで *de mala* ~ いやいや *quedarse con las* ~*s* 不満足な結果になる, がっかりする *venir en* ~ (a: が)«不定詞»したくなる

***ga-na-de-'rí+a** [ガ.ナ.デ.'リ.ア] 93% 名 女〔集合〕〔畜〕家畜;〔畜〕牧畜業

ga-na-'de-ro, -ra [ガ.ナ.'デ.ろ, ら] 形〔畜〕家畜の, 牧畜の, 畜産の 名 男 女〔畜〕牧畜業者

****ga-'na-do** 87% 名 男〔畜〕〔集合〕家畜

ga-na-'dor, -'do-ra [ガ.ナ.'ドる, 'ド.

ら] 形 名 男 女 勝者(の)

*ga-'nan-cia [ガ.'ナン.すぃア] 92% 名 女 〔商〕利益, もうけ; 〔複〕収入

ga-nan-'cial [ガ.ナン.'すぃアル] 形 利益の; 〔法〕後得の

ga-nan-'cio-so, -sa [ガ.ナン.'すぃオ.ソ, サ] 形 有利な, もうけの多い 名 男 女 勝利者, 成功者, もうけた人

ga-na-'pán 名 男 何でも屋, 使い走り; 運搬人, かつぎ人夫; 《話》粗野で乱暴な人, 無骨者

ga-'nar [ガ.'ナる] 71% 動 他 稼ぐ, 働いて〈金を〉得る; 〈戦い・勝負などに〉勝つ; 〈勝利を〉勝ち取る, 〈賞品などを〉獲得する; 達する, たどり着く; «人・行為が»〈名声などを〉得る, 博する; 〈人の心・考えなどを〉つかむ, 説き伏せる, 説得する, 味方にする 動 自 勝つ, 勝利を得る; (de, en: が)進歩する, 上達する; 稼ぐ; 《メキシコ》(para: に)行く, 向かう ~se 動 再 〈名声・評判を〉得る, 博する; 稼ぐ, もうける; 増す, 増進する; (罰などを)受ける, こうむる *~se la vida*** 稼ぐ, 生計を立てる ***ganársela*** 《話》お仕置きを受ける ***salir ganando*** 得する, うまくいく, 有利に進む

gan-'che-te 〔成句〕 ***a medio ~*** 中途半端に, いいかげんに

gan-'chi-llo [ガン.'チ.ジョ] 名 男 〔衣〕鉤(かぎ)針; 〔衣〕鉤針編み

gan-'chi-to 名 男 《中米》《カリブ》ヘアピン

*'gan-cho 94% 名 男 鉤(かぎ), フック; 鉤形; 掛け鉤, 洋服掛け, (電話の)受話器掛け; 〔衣〕(洋服などの)ホック; 〔競〕〔ボクシング〕フック; 《ラ米》ヘアピン; 《メキシコ》ハンガー; 《話》(女性の)魅力 ***echar el ~*** 《話》(a: を)引っかける, たぶらかす ***hacer ~*** 《チリ》《ラプラタ》《話》男女の仲立ちをする

gan-'chu-do, -da 形 鉤(かぎ)形の; 鉤のついた; 《コロンビア》《話》とげのある

'gán-da-ra ['ガン.ダ.ら] 名 女 〔地〕未開の低地

Gan-'dha-ra [ガン.'ダ.ら] 名 固 〔地名〕ガンダーラ《現在のパキスタン北西部の地域》

gan-'dul, -'du-la [ガン.'ドゥル, 'ドゥ.ラ] 形 《話》怠惰な, 無精な 名 男 女 《話》のらくら者, ろくでなし 名 男 《カリブ》ガンドゥール《豆・米の郷土料理》

gan-du-le+'ar [ガン.ドゥ.レ.'アる] 動 自 のらくら遊び暮らす, ぶらつく, ごろつく

gan-du-le-'rí+a [ガン.ドゥ.レ.'り.ア] 名 女 怠惰, 無精

gan-du-'li-tis [ガン.ドゥ.'り.ティス] 名 女 〔単複同〕《話》〔笑〕怠惰, 無精

'gan-ga 名 女 〔商〕掘出し物, 安い買物, 特売品, バーゲン; 〔鉱〕脈石《鉱石中の役に立たない岩石》; 〔鳥〕サケイ(砂鶏)

'Gan-ges ['ガン.ヘス] 名 固 〔el ~〕〔地名〕ガンジス川《インド北東部の川》

'gan-glio ['ガン.グリオ] 名 男 〔体〕神経節; 〔医〕結節腫(しゅ)

gan-go-se+'ar [ガン.ゴ.セ.'アる] 動 自 鼻声で話す

gan-'go-so, -sa 形 鼻声の, 鼻にかかる

gan-'gre-na [ガン.'グれ.ナ] 名 女 〔医〕壊疽(えそ), 脱疽; 腐敗, 弊害

gan-gre-'nar-se [ガン.グれ.'ナる.セ] 動 再 〔医〕壊疽(えそ)になる; 腐敗する

gan-gre-'no-so, -sa [ガン.グれ.'ノ.ソ, サ] 形 〔医〕壊疽(えそ)の

gan-gue+'ar [ガン.ゲ.'アる] 動 自 鼻声で話す

gan-'gue+o [ガン.'ゲ.オ] 名 男 鼻声

gan-'gue-ro, -ra [ガン.'ゲ.ろ, ら] 形 《話》特売品をあさる人

ga+'nó 動 《直点 3 単》 ↑ganar

ga-'no-so, -sa 形 (de: を)望んでいる, 欲しがっている

gan-'sa-da 名 女 《話》ばかげたこと

'gan-so 名 男 〔鳥〕ガチョウ ~, -sa 名 男 女 ばか者, まぬけ; 《チリ》《話》へたな, 不器用な(人) ***hacer el ~*** ばかなことをする, 人を笑わせる

'gáns-ter ['ガ(ン)ス.テる] 名 男 ギャング(の一員), 悪漢

gans-te-'ril ['ガ(ン)ス.テ.'りル] 形 ギャングの, 悪漢の

gans-te-'ris-mo [ガ(ン)ス.テ.'りス.モ] 名 男 ギャング[悪漢]行為

'Gan-te 名 固 〔地名〕ヘント, ガン《ベルギー北西部の都市》

gan-'zú+a [ガン.'す.ア] 名 女 錠前あけの道具 名 共 《話》泥棒; 《話》人の秘密をほじくり出す人, 詮索好きな人

ga-'ñán [ガ.'ニャン] 名 男 〔農〕農業労働者, 作男; 粗野でたくましい男

ga-'ñi-do [ガ.'ニィ.ド] 名 男 〔動〕(犬などの)かん高いほえ声

ga-'ñir [ガ.'ニィる] 動 自 ⑩ (‹i›) 〔動〕«犬などが»かん高い声でほえる, キャンキャンと鳴く

ga-'ño-te [ガ.'ニョ.テ] 名 男 《話》のど ***de ~*** 《話》ただで

ga-ra-ba-te+'ar [ガ.ら.バ.テ.'アる] 動 自 走り書き[なぐり書き]をする; 鉤で引っかける 動 他 走り書きする, 書きちらす

ga-ra-'ba-to [ガ.ら.'バ.ト] 名 男 鉤(かぎ), 鉤の手, ホック; ひっかけ鉤; 走り書き, なぐり書き; 《話》色気, 魅力, なまめかしさ; 汚い言葉; 〔複〕大げさな身ぶり

*ga-'ra-je [ガ.'ら.へ] 93% 名 男 〔車〕ガレージ, 車庫; 〔車〕(自動車の)修理工場

ga-ram-'bai-na [ガ.らン.'バイ.ナ] 名 女 〔複〕くだらないこと; 安っぽい装飾; おかしな表情, 変な身ぶり; 走り書き, なぐり書き

ga-ran-'dum-ba [ガ.らン.'ドゥン.バ] 名 女 《ラプラタ》(河川の)大型平底船

ga-'ran-te [ガ.'らン.テ] [名] [共] 保証人 [形] 責任のある, 保証する

****ga-ran-'tí+a** [ガ.らン.'ティ.ア] 89% [名] [女]〔商〕保証, 担保(物); 保証となるもの, 保証金

ga-ran-'tir [ガ.らン.'ティる] [動] [他]《チリ》《ラプラタ》⇩ garantizar

****ga-ran-ti-'zar** [ガ.らン.ティ.'さる] 89% [動] [他] ㉞ (z|c) 保証する, 請け合う, 約束する

ga-ra-'ñón [ガ.ら.'ニョン] [名] [男]《スペイン》〔畜〕種ロバ

ga-ra-'pi-ña [ガ.ら.'ピ.ニャ] [名] [女]〔食〕(シロップなどの)かたまり, 糖衣, 砂糖のついた菓子;《ラ米》〔飲〕パイナップルジュース

ga-ra-pi-'ñar [ガ.ら.ピ.'ニャる] [動] [他]〔食〕〈シロップなどを〉固まらせる;〔食〕〈糖衣を〉かぶせる

gar-ban-'ci-llo [ガる.バン.'すぃ.ジョ] [名] [男]〔建〕砂と小石を混ぜたもの《舗装用》

gar-ban-'zal [ガる.バン.'さル] [名] [男]〔農〕ヒヨコマメの畑

***gar-'ban-zo** [ガる.'バン.そ] 93% [名] [男]〔植〕ヒヨコマメ, エジプトマメ, ガルバンソ ~ *negro* やっかい者

gar-be+'ar [ガる.べ.'アる] [動] [自]《スペイン》《話》ぶらぶら歩く, 散歩する

gar-'be+o [ガる.'べ.オ] [名] [男]《スペイン》《話》ぶらぶら歩き

gar-bi-'llar [ガる.ビ.'ジャる] [動] [他]〈穀物を〉ふるう, ふるいにかける;〈石灰などを〉ふるいにかける

gar-'bi-llo [ガる.'ビ.ジョ] [名] [男] ふるい; 土[砂]ふるい

gar-'bin-che [ガる.'ビン.チェ] [名] [男]《コロンビア》〔遊〕ビー玉(遊び)

'gar-bo ['ガる.ボ] [名] [男] 礼儀正しさ, しとやかさ; 上品, 気品; 上品な言葉

gar-'bo-so, -sa [ガる.'ボ.ソ, サ] [形] 上品な, 優雅な, しとやかな

Gar-'cí+a [ガる.'すぃ.ア] [名] [固]〔姓〕ガルシア

gar-'de-nia [ガる.'デ.ニア] [名] [女]〔植〕クチナシ, ガーデニア

gar-'du-ño, -ña [ガる.'ドゥ.ニョ, ニャ] [名] [男] [女]《話》すり, こそ泥 **-ña** [名] [女]〔動〕テン, ブナテン

ga-'re-tas [ガ.'れ.タス] [形]〔単複同〕《南米北》《話》〔軽蔑〕X 脚の

ga-'re-te [ガ.'れ.テ]〔成句〕 *irse al* ~〔海〕漂流する; 暗礁に乗り上げる, 失敗する *quedar al* ~〔海〕《船が》もやう, 浮いている

'gar-fa ['ガる.ファ] [名] [女] (猫・タカなどの)鉤爪(かぎづめ)

'gar-fio ['ガる.フィオ] [名] [男] 引っかけ棒, 引っかけ鉤(かぎ)

gar-'ga-jo [ガる.'ガ.ほ] [名] [男]《俗》痰(たん)

gar-ga-'jo-so, -sa [ガる.ガ.'ほ.ソ, サ] [形]《話》痰(たん)ばかり吐く

***gar-'gan-ta** [ガる.'ガン.タ] 91% [名] [女]〔体〕のど, のどくび《首の前の部分》;〔地〕峡谷, (山峡の)狭い道; (瓶などの)細くなったところ, 首; (滑車などの)溝 *hacerse un nudo en la* ~ (a: が)(感動で)胸がいっぱいになる, 言葉が出なくなる *tener atravesado[da] en la* ~ (a: に)反感を抱く *tener buena* ~ いい声をしている, のどがよい

gar-gan-'ti-lla [ガる.ガン.'ティ.ジャ] [名] [女]〔衣〕(短い)首飾り, ネックレス

gar-gan-'tón, -'to-na [ガる.ガン.'トン, 'ト.ナ] [名] [男] [女]《メキシコ》ボス, 頭(かしら)

'gár-ga-ras ['ガる.ガ.らス] [名] [女]《複》〔医〕〔複〕うがい *mandar a hacer* ~《話》拒否する, 追い払う *¡Vete a hacer* ~*!*《俗》どこでも好きな所へ行ってしまえ!

gar-ga-re-'ar [ガる.ガ.れ.'アる] [動] [自] うがいをする

gar-ga-'ris-mo [ガる.ガ.'りス.モ] [名] [男]〔医〕うがい; うがい薬

gar-ga-ri-'zar [ガる.ガ.り.'さる] [動] [自] ㉞ (z|c) うがいをする

'gár-go-la ['ガる.ゴ.ラ] [名] [女]〔建〕樋嘴(ひはし), 樋(とい)の吐水口

gar-'gue-ro [ガる.'ゲ.ろ] [名] [男]《話》〔体〕のど; 気管

ga-rim-'pei-ro [ガ.りン.'ペイ.ろ] [名] [男]《南米》〔鉱〕ガリンペイロ《ブラジル・コロンビア・ベネズエラの金・宝石採掘者》

ga-'ri-ta [ガ.'り.タ] [名] [女]〔建〕哨舎(しょうしゃ), 番小屋; 門衛詰所;〔歴〕〔建〕(城の)物見, 望楼; 便所, 手洗い所

ga-'ri-to [ガ.'り.ト] [名] [男] 賭博場; 賭博で得たもうけ

ga-ri-'tón [ガ.り.'トン] [名] [男]〔建〕(城・砦(とりで)の)見張り塔

gar-'le-ro, -ra [ガる.'レ.ろ, ら] [形]《コロンビア》おしゃべりな

gar-'li-to [ガる.'リ.ト] [名] [男]〔魚〕(魚をとる)梁(やな), 筌(うけ);《話》落とし穴, 計略

gar-'lo-pa [ガる.'ロ.パ] [名] [女]〔技〕(大型の)仕上げかんな

gar-'na-cha [ガる.'ナ.チャ] [名] [女]〔法〕〔衣〕(裁判官などの着る)正服, ガウン, 法服;《中米》《話》〔車〕古い自動車, おんぼろ車;〔飲〕ガルナーチャ《赤ブドウのワイン》;《メキシコ》〔食〕ガルナーチャ《トウモロコシ粉で作るミートパイ》

'ga-rra ['ガ.ら] [名] [女]〔動〕〔鳥〕(猫・ワシ・タカなどの)手足, 鉤爪(かぎづめ)《鉤のように曲がって鋭くとがっている》;〔体〕(人の)手; (皮革・布の)切れ端, ぼろ;《メキシコ》《話》醜い女性;《コロンビア》(料理用の)〔食〕豚の皮;《コロンビア》《話》〔衣〕古着, 古靴;《チリ》《ラプラタ》《話》力, 活力 *hacer* ~《メキシコ》《中米》《ベネズエラ》《アンデス》《話》壊す,

引き裂く, 粉々にする *hacer* ~*s* ずたずたにする *tener* ~ 魅力がある

ga-'rra-fa [ガ.'ら.ファ] 名 女〔飲〕(ガラスの)水差し;《ラ米》ボンベ

ga-rra-'fal [ガ.ら.'ファル] 形《話》《うそ・過ちが》大きい, とてつもない;〔食〕《サクランボが》普通より大きくて甘い

ga-rra-'fón [ガ.ら.'フォン] 名 男〔飲〕大瓶(びん)

ga-rra-'pa-ta [ガ.ら.'パ.タ] 名 女〔動〕マダニ, ダニ

ga-rra-pa-te+'ar [ガ.ら.パ.テ.'アる] 動 自 走り書き[なぐり書き]する

ga-rra-'pa-to [ガ.ら.'パ.ト] 名 男 走り書き, なぐり書き

ga-rra-pi-'ñar [ガ.ら.ピ.'ニャる] 動 他 ⇧ garapiñar

ga-'rri-do, -da [ガ.'り.ド, ダ] 形《格》《人が》美しい, きれいな

Ga-'rri-do [ガ.'り.ド] 名 固〔姓〕ガリード

ga-'rro-bo [ガ.'ろ.ボ] 名 男《中米》〔動〕イグアナ

ga-'rro-cha [ガ.'ろ.チャ] 名 女 (鉤付きの)槍(やり); 突き棒;〔牛〕槍;〔競〕〔棒高跳び〕棒, ポール

ga-rro-'char [ガ.ろ.'チャる] 動 他 棒で突く

ga-rro-'chis-ta [ガ.ろ.'チス.タ] 名 共〔歴〕槍を持った騎手

ga-rro-'ta-zo [ガ.ろ.'タ.そ] 名 男 棒で殴りつけること

ga-'rro-te [ガ.'ろ.テ] 名 男 棒, 棍棒(こんぼう); (鉄環による)絞首刑, 鉄環《絞首刑具》

ga-rro-te+'ar [ガ.ろ.テ.'アる] 動 自《メキシコ》〔競〕圧勝する;《チリ》《話》金をふんだくる

ga-rro-'te-ro, -ra [ガ.ろ.'テ.ろ, ら] 名 男 女《アンデス》《話》〔商〕金貸し業者;《チリ》《話》たかり屋, 金をせびる人 **-ra** 名 女《コロンビア》むち打ち;《コロンビア》《話》けんか

ga-rro-'ti-llo [ガ.ろ.'ティ.ジョ] 名 男〔医〕クループ, 偽膜性喉頭炎; ジフテリア

ga-rro-'ti-za [ガ.ろ.'ティ.さ] 名 女《メキシコ》〔競〕圧勝

ga-'rru-cha [ガ.'る.チャ] 名 女 ベルト車, せみ, 滑車

ga-rru-le-'rí+a [ガ.る.レ.'り.ア] 名 女 おしゃべり, 饒舌(じょうぜつ)

'gá-rru-lo, -la ['ガ.る.ロ, ラ] 形 よくしゃべる, 口数の多い, 多弁な;《格》〔鳥〕チーチーさえずる;《川が》さらさら流れる;〔気〕《風が》そよぐ

ga-'ru-fa [ガ.'る.ファ] 名 男《ラプラタ》《話》祭り好きの男

gar-'vín [ガる.'ビン] 名 男〔衣〕ヘアネット

'gar-zo, -za ['ガる.そ, さ] 形 青みを帯びた, 青っぽい **-za** 名 女〔鳥〕サギ

gar-'zón, -zo-na [ガる.'そン, 'そ.ナ] 名 男 女《チリ》ウェイター, ウェイトレス

'gas** 87% 名 男 ガス《燃料; 暖房用》; ガス, (空気以外の)気体;《話》やる気, 元気;《メキシコ》《中米》《カリブ》《コロンビア》ガソリン; 石油;《カリブ》《話》酒 *a todo* ~《スペイン》フルスピードで *meter* [*dar, echar*] ~ (a: 車の)速度をあげる, アクセルを踏む

*'**ga+sa** 94% 名 女 ガーゼ;〔衣〕(綿・絹などの)薄織物, 紗(しゃ)

gas-'cón, -'co-na 形〔地名〕ガスコーニュ(人)の ⬇Gascuña;〔言〕ガスコーニュ語の 名 男 女 ガスコーニュ人 名 男〔言〕ガスコーニュ語

Gas-'cu-ña [ガス.'ク.ニャ] 名 固〔地名〕ガスコーニュ《フランス南西部の地方》

ga-se+o-'duc-to 名 男 ⇩ gasoducto

***ga-se+'o-so, -sa** 94% 形 気体の, ガス(体)の, ガス状の; 炭酸ガスの入った **-sa** 名 女〔飲〕炭酸水, 炭酸飲料

'**gás-fi-ter** ['ガス.フィ.テる] 名 男《アンデス》《チリ》〔技〕配管工

ga-si-fi-ca-'ción [ガ.スィ.フィ.カ.'すぃオン] 名 女 ガス化, 気化

ga-si-fi-'car [ガ.スィ.フィ.'カる] 動 他 69 (c|qu) ガス化する, 気化する;〔飲〕〈飲み物に〉炭酸ガスを混ぜる

ga-'sis-ta 名 共〔技〕ガス業者

ga-so-'duc-to [ガ.ソ.'ドゥク.ト] 名 男 ガスパイプライン

ga-'só-ge+no [ガ.'ソ.ヘ.ノ] 名 男〔機〕ガス発生装置

ga-'soil 名 男 ⇩ gasóleo

ga-'só-le+o [ガ.'ソ.レ.オ] 名 男 ガスオイル, 軽油, ディーゼル油

***ga-so-'li-na** [ガ.ソ.'リ.ナ] 92% 名 女 ガソリン

***ga-so-li-'ne-ra** [ガ.ソ.リ.'ネ.ら] 94% 名 女〔車〕ガソリンスタンド, 給油所;〔海〕モーターボート

ga-'só-me-tro [ガ.'ソ.メ.トろ] 名 男 ガスメーター; ガスタンク, ガス製造工場

Gas-'par [ガス.'パる] 名 固〔男性名〕ガスパール

gas-'ta-do, -da 形 古くなった, 使い古した, すり減った; 疲れ切った, 消耗した; 力を使いきった

****gas-'tar** [ガス.'タる] 84% 動 他〈金を〉(en, 現在分詞: …に)使う, 費やす; 使い果たす, 使い古す, 消耗する; すり切れるまで使う[着る]; むだに使う, むだにする, 浪費する;〈時間を〉費やす, 〈時間を〉過ごす; 消耗させる, (やせ)衰えさせる;〈冗談などを〉言う; 身につける 動 自 金を使う, 浪費する; 消耗する, すり切れる, (やせ)衰える ~**se** 動 再 すり減

る, (もう使えないほど)使い古す, だめにする; (だんだん)なくなる, 尽きる ~*las* 《話》ふるまう, 行動する

gas-te-'ró-po-do, -da [ガス.テ.'ろ.ポ.ド, ダ] 形〔動〕腹足類の 名 男〔動〕腹足類の軟体動物《カタツムリなど》

**'gas-to 83% 名 男 支出, 費用, 出費, 経費, …費; 費用のかかるもの[こと]; 手当金; 〔電〕〔機〕消費量

gas-'tón, -'to-na 形 名 男 女《話》浪費家(の), むだ遣いする(人)

gas-'to-so, -sa 形 名 男 女《話》浪費する(人), 浪費家(の)

gas-'tral-gia [ガス.'トらル.ひア] 名 女〔医〕胃痛

gas-trec-'ta-sia [ガス.トれク.'タ.スィア] 名 女〔医〕胃拡張

'gás-tri-co, -ca ['ガス.トリ.コ, カ] 形〔体〕胃の, 胃部の

gas-'tri-tis [ガス.'トリ.ティス] 名 女〔単複同〕〔医〕胃炎

gas-tro-duo-de-'ni-tis [ガス.トろ.ドゥオ.デ.'ニ.ティス] 名 女〔単複同〕〔医〕胃十二指腸炎

gas-tro-en-te-'ri-tis [ガス.トろ.エン.テ.'リ.ティス] 名 女〔単複同〕〔医〕胃腸炎

gas-tro-en-te-ro-lo-'gí+a [ガス.トろ.エン.テ.ろ.ロ.'ひ.ア] 名 女〔医〕胃腸病学, 消化器病学

gas-tro-en-te-ro-'ló-gi-co, -ca [ガス.トろ.エン.テ.ろ.'ロ.ひ.コ, カ] 形〔医〕胃腸病学の

gas-tro-en-te-'ró-lo-go, -ga [ガス.トろ.エン.テ.'ろ.ロ.ゴ, ガ] 名 男 女〔医〕胃腸病学者

gas-tro-e-so-fa-'gi-tis [ガス.トろ.エ.ソ.ファ.'ひ.ティス] 名 女〔単複同〕〔医〕胃食道炎

gas-tro|in-tes-ti-'nal [ガス.トろイン.テス.ティ.'ナル] 形〔体〕胃腸の

gas-tro-no-'mí+a [ガス.トろ.ノ.'ミ.ア] 名 女〔食〕料理法; 美食学

gas-tro-'nó-mi-co, -ca [ガス.トろ.'ノ.ミ.コ, カ] 形〔食〕料理法の; 美食の, グルメの

gas-'tró-no-mo, -ma [ガス.'トろ.ノ.モ, マ] 名 男 女〔食〕美食家, 料理通, グルメ

gas-tro-pa-'re-sia [ガス.トろ.パ.'れ.スィア] 名 女〔医〕胃不全麻痺

gas-tro-pa-'tí+a [ガス.トろ.パ.'ティ.ア] 名 女〔医〕胃疾患

gas-tros-'co-pia [ガス.トろス.'コ.ピア] 名 女〔医〕胃鏡

gas-tro-to-'mí+a [ガス.トろ.ト.'ミ.ア] 名 女〔医〕胃切開手術

'ga+ta 名 女〔畜〕雌猫;〔植〕ハリモクシュク; 山にたなびく雲;《話》マドリード生まれの女性;《メキシコ》《中米》お手伝いさん;《南米》〔技〕ジャッキ, クランク *a ~s* 四つんばいで *ser más viejo[ja] que andar a ~s* 《話》とても年をとっている

ga-'ta-da 名 女《話》卑劣[卑怯]な行為

ga-te+'ar [ガ.テ.'アる] 動 自 はう, はって歩く, 腹ばう; よじ登る

ga-'te-ra [ガ.'テ.ら] 名 女〔畜〕猫の出入り口;〔海〕錨鎖(びょうさ)孔 名 共《古》《話》こそ泥 名 女《アンデス》〔商〕(女性の)行商人

ga-'ti-llo [ガ.'ティ.ジョ] 名 男 (銃などの)引金;〔医〕(歯医者の)鉗子(かんし); (動物の)首すじ

ga-'ti-to〔縮小語〕↓gato

**'ga+to 81% 名 男〔動物〕ネコ[猫];〔技〕ジャッキ;《話》すり, こそ泥;《話》ずる賢い人;《スペイン》《話》マドリード生まれの男;《カリブ》〔技〕はさみ, やっとこ;《アンデス》〔商〕露店市 *corbata de ~* 《メキシコ》〔衣〕蝶(ちょう)ネクタイ *cuatro ~s* 《話》わずかな人々 *dar ~ por liebre*〔ことわざ〕人をだまして別のものを売る *defenderse como ~ panza arriba* 必死に抵抗する *haber ~ encerrado* 怪しい, 何か裏がありそうだ *llevarse el ~ al agua* 《話》困難なことを進んでやる

ga-tu-'pe-rio [ガ.トゥ.'ペ.りオ] 名 男 ごたまぜ; 陰謀, 悪だくみ

gau-'cha-da 名 女《チリ》《ラプラタ》《話》手助け, 援助

gau-'ches-co, -ca 形 ガウチョの↓gaucho

*'**gau-cho, -cha** 94% 形 ガウチョの;《南米》ずる賢い, 抜け目のない;《南米》すてきな, すばらしい 名 男 女《南米》ガウチョ, 牧童《特にアルゼンチンのカウボーイ》

'gau-sio 名 男〔物〕ガウス《磁気誘導の電磁単位》

ga-'ve-ta [ガ.'ベ.タ] 名 女 (机の)引き出し

'ga-via ['ガ.ビア] 名 女〔海〕中檣(ちゅうしょう)帆;〔建〕溝, 堀割

ga-vi-'lán [ガ.ビ.'ラン] 名 男〔鳥〕ハイタカ; 飾り書き, 花文字; ペン先; (十字形の)鍔(つば)の片側;〔植〕アザミ;〔海〕鉄鉤(てつかぎ)棒

ga-'vi-lla [ガ.'ビ.ジャ] 名 女〔農〕(穀物などの)束(たば);《話》〔集合〕(悪党などの)一団, 一味;《コロンビア》《話》〔集合〕若者たちのグループ

ga-vi-'llar [ガ.ビ.'ジャる] 動 他〔農〕〈穀物を〉束にする

*__ga-'vio-ta__ [ガ.'ビオ.タ] 94% 名 女〔鳥〕カモメ

ga-'vo-ta [ガ.'ボ.タ] 名 女〔楽〕ガボット《快活なフランス舞踊, その舞曲》

gay ['ガイ, 'ゲイ] 名 男〔複 gais〕〔英語〕ゲイ, 同性愛者

'ga+yo, +ya 形《格》陽気な, 快活な, 楽しげな **-ya** 名 女〔鳥〕カササギ *la gaya ciencia*《格》〔文〕詩, 詩文

ga-'yo-la [ガ.'ジョ.ラ] 名 女 檻(おり);《話》〔法〕刑務所, 監獄

ga-'yum-bo 名 男〔牛〕〔軽蔑〕のろくて見た目の悪い闘牛;〔複〕〔衣〕(下着の)パンツ

ga-za-pa-'tón [ガ.さ.パ.'トン] 名 男《話》言い間違い, とちり;《話》軽率な言動

ga-za-pe+'ar [ガ.さ.ペ.'アる] 動 自〔動〕《動物が》のろのろと動く

ga-za-'pe-ra [ガ.さ.'ペ.ら] 名 女〔動〕ウサギの穴;《話》(悪党の)巣窟;《話》口論, けんか

ga-'za-po [ガ.'さ.ポ] 名 男《話》へま, 言い損ない, 書き損じ;〔動〕子ウサギ;《話》ずる賢いやつ

gaz-mo-'ña-da 名 女 ⇩ gazmoñería

gaz-mo-ñe-'rí+a [ガす.モ.ニェ.'り.ア] 名 女 とりすますこと; 信心家ぶること

gaz-'mo-ño, -ña [ガす.'モ.ニョ, ニャ] 形 とりすます; 信心家ぶる, 偽善の 名 男 女 とりすました人, 堅苦しい人; 偽善者, 信心家ぶる人

gaz-'ná-pi-ro, -ra [ガす.'ナ.ピ.ろ, ら] 形《話》無教育の, 無知な, ばかな 名 男 女《話》ばか者, まぬけ

gaz-'na-te [ガす.'ナ.テ] 名 男〔体〕のど;《メキシコ》〔食〕ガスナーテ《パイナップルやココナッツの入った菓子》 *mojar [remojar] el ~*《話》〔笑〕酒を飲む

gaz-na-'tón [ガす.ナ.'トン] 名 男《コロンビア》《話》平手打ち, びんた

gaz-'pa-cho [ガす.'パ.チョ] 名 男《スペイン》〔食〕ガスパーチョ《トマトをベースにタマネギ・キュウリなど生野菜とオリーブ油・ニンニク・香料・パンなどで作る冷たい濃厚なスープ》

ga-'zu-za [ガ.'す.さ] 名 女《話》空腹, ひもじさ

Gb 略 ⬇gigabit

Gdor., Gdora.; Gdor.ª 略 ⬇gobernador, -dora

*'**ge** ['ヘ] 94% 名 女〔言〕ヘ《文字 G, g の名称》

'géi-ser ['ヘイ.セる] 名 男〔複 géiseres〕〔地質〕間欠泉

geisha ['ヘイ.シャ; 'ゲイ.] 名 女〔日本語〕芸者

'gel ['ヘル] 名 男 ジェル状のせっけん;〔化〕ゲル《コロイド溶液が流動性を失ったゼリー状態》; ジェル《頭髪用の化粧品》

ge-la-'ti-na [ヘ.ラ.'ティ.ナ] 名 女〔食〕ゼリー;〔化〕ゼラチン

ge-la-ti-'no-so, -sa [ヘ.ラ.ティ.'ノ.ソ, サ] 形 ゼリー状の;〔化〕ゼラチン状の

'gé-li-do, -da ['ヘ.リ.ド, ダ] 形《詩》《格》冷たい, 凍るような

'ge+ma ['ヘ.マ] 名 女《格》《詩》宝石, 貴石;〔植〕芽; (製材の)丸身, 耳《角材や板材の樹皮が残った部分》 *sal ~* 岩塩

ge-me-'bun-do, -da [ヘ.メ.'ブン.ド, ダ] 形 名 男 女 めそめそ泣く(人)

*ge-'me-lo, -la** [ヘ.'メ.ロ, ラ] 93% 形 双子の; 一対をなす, 相似の, まったくよく似た 名 男 女 双生児(の一方), 双子(の一方); 対になったものの一つ; (互いに)似た人[物] 名 男〔複〕双眼鏡;〔複〕〔衣〕カフスボタン;〔Gemelos〕〔天〕ふたご座

ge-'mi-do [ヘ.'ミ.ド] 名 男 うなり声, うめき声, 嘆き

ge-mi-na-'ción [ヘ.ミ.ナ.'すぃオン] 名 女〔言〕同語[同音]反復;〔音〕重子音

ge-mi-'nar [ヘ.ミ.'ナる] 動 他〔言〕反復する, 繰り返す, 二重にする

'gé-mi-nis ['ヘ.ミ.ニス] 名 共〔単複同〕ふたご座生まれの人《5 月 22 日–6 月 21 日生まれの人》 **G~** 名 男〔天〕ふたご座

*ge-'mir** [ヘ.'ミる] 94% 動 自 ㊾ (e|i) うめく, うなる, 嘆く;〔気〕《風などが》うなる, ヒューヒューという

'gé-mu-la ['ヘ.ム.ラ] 名 女〔植〕胚芽

'gen ['ヘン] 名 男〔生〕遺伝子

'ge+na ['ヘ.ナ] 名 女 ヘナ《頭髪の染料》

gen-'cia-na [ヘン.'すぃア.ナ] 名 女〔植〕リンドウ

gen-'dar-me [ヘン.'ダる.メ] 名 男 (特にフランスの)警官, 憲兵;《メキシコ》《中米》《ラプラタ》警官

gen-dar-me-'rí+a [ヘン.ダる.メ.'り.ア] 名 女〔集合〕(特にフランスの)警官, 憲兵;《メキシコ》《中米》《ラプラタ》警察, 警察署

'ge+ne 名 男 ⇧ gen

ge-ne+a-lo-'gí+a [ヘ.ネ.ア.ロ.'ひ.ア] 名 女 家系, 系統, 血筋, 系図; 系図調べ, 系図学, 系譜学

ge-ne+a-'ló-gi-co, -ca [ヘ.ネ.ア.'ロ.ひ.コ, カ] 形 系図の, 系統の, 家系を示す, 血筋の

ge-ne+a-lo-'gis-ta [ヘ.ネ.ア.ロ.'ひス.タ] 名 共 系図[系譜]学者

ge-'ne-ra 動《直現 3 単/命》⬇generar

ge-ne-ra-'ción [ヘ.ネ.ら.'すぃオン] 86% 名 女 世代, 同世代の人々; 一世代, (家族の)一代; 生殖, 出産, 産出, 発生, 生成

ge-ne-ra-cio-'nal [ヘ.ネ.ら.すぃオ.'ナル] 形 世代の, 世代間の

ge-ne-ra-cio-'nis-mo [ヘ.ネ.ら.すぃオ.'ニス.モ] 名 男〔哲〕霊魂伝遺説

ge-ne-'ra-do 動《過分男単》⬇generar

ge-ne-ra-'dor, -'do-ra [ヘ.ネ.ら.'ドる, 'ド.ら] 形 生殖[生産]する, 生み出す, 発

生(上)の; 〘数〙 母点[母面, 母線]の [名] [男] 〘電〙 発電機

****ge-ne-'ral** [ヘ.ネ.'らル] 66% [形] 一般の, 全体の, 広い, 広範な; (専門的でなく)一般的な, 雑多な; 普遍の; 概略の, 概括的な; 漠然とした; 〘医〙 全身の [名] [共] 〘軍〙 将軍, 将官, 大将 ***en [por lo] ~*** 一般に, 普通は, たいてい, だいたい

ge-ne-'ra-la [ヘ.ネ.'ら.ラ] [名] [女] 〘軍〙 戦闘準備の合図のラッパ[太鼓]; 〘軍〙 将軍夫人

ge-ne-ra-'la-to [ヘ.ネ.ら.'ラ.ト] [名] [男] 将軍の職[地位, 身分]; 〔集合〕(軍隊・国家の)将軍

ge-ne-ra-li-'dad [ヘ.ネ.ら.リ.'ダド] [名] [女] 一般性, 一般的なこと, 普遍性; 大半, 大多数

Ge-ne-ra-'li-fe [ヘ.ネ.ら.'リ.フェ] [名] [固] ヘネラリーフェ《スペイン, グラナダ市 Granada のムーア人の旧王宮》

ge-ne-ra-'lí-si-mo [ヘ.ネ.ら.'リ.スィ.モ] [名] [男] 〘歴〙 総[最高]司令官, 大元帥, 総統《特にフランコ Franco 将軍を指す》

ge-ne-ra-'lis-ta [ヘ.ネ.ら.'リス.タ] [形] [名] [共] ジェネラリスト(の); 多方面の知識を有する(人)

Generalitat [ジエ.ネ.ら.リ.'タト] [名] [女] 〔カタルーニャ語〕〘政〙(カタルーニャ・バレンシアの)自治政府

ge-ne-ra-li-za-'ción [ヘ.ネ.ら.リ.さ.'すぃオン] [名] [女] 一般化, 普遍化; 波及, 普及

***ge-ne-ra-li-'zar** [ヘ.ネ.ら.リ.'さる] 92% [動] [他] ㉞ (z|c) 概括して言う, 〈について〉一般論として言う; 普及させる, 広める [動] [自] 概括して言う, 一般論として言う; 漠然と言う **~se** [動] [再] 一般化する; 広がる, 普及する

****ge-ne-'ral-'men-te** [ヘ.ネ.'らル.'メン.テ] 86% [副] 一般に, 普通は, 通例

ge-ne-'rar [ヘ.ネ.'らる] [動] [他] 生み出す, 引き起こす; 〈電気などを〉起こす

ge-ne-ra-ti-'vis-mo [ヘ.ネ.ら.ティ.'ビス.モ] [名] [男] 〘言〙 生成文法(学派)

ge-ne-ra-ti-'vis-ta [ヘ.ネ.ら.ティ.'ビス.タ] [形] 〘言〙 生成文法(学派)の [名] [共] 生成文法学者

ge-ne-ra-'ti-vo, -va [ヘ.ネ.ら.'ティ.ボ, バ] [形] 生成する, 生み出す; 〘言〙 生成文法の

ge-ne-ra-'triz [ヘ.ネ.ら.'トりす] [形] 〘数〙 母量の [名] [女] 〘数〙 母量《線・面・立体を生成する母点, 母線, 母面》

***ge-'né-ri-co, -ca** [ヘ.'ネ.リ.コ, カ] 93% [形] 概括的な, 一般的な, 包括的な; 〘生〙 属の, 属に特有の; 〘言〙 総称的な; 〘言〙 性の **-camente** [副] 一般的に

****'gé-ne-ro** ['ヘ.ネ.ろ] 84% [名] [男] 種類, 部類, タイプ; ジャンル, 部門, 型, 風, 様式; やり方, 方式, 流儀; 〘商〙 物品, 品物, 商品; 〔複〕 生地, 布地, 繊維製品; 〘絵〙 風俗; 〘言〙 性; 〘生〙 属 ***~ chico*** 〘演〙 ヘネロ・チコ《19 世紀の 1-2 幕の小喜劇》

***ge-ne-ro-si-'dad** [ヘ.ネ.ろ.スィ.'ダド] 93% [名] [女] 寛大さ, 寛容さ, 雅量; 気前のよさ

***ge-ne-'ro-so, -sa** [ヘ.ネ.'ろ.ソ, サ] 91% [形] (con, para: に)寛大な, 寛容な, 度量の大きい; (con, para: に)気前のよい, 物惜しみしない; たくさんの, 豊富な, たっぷりした; 〘飲〙 《酒が》こくのある, 芳醇(ほうじゅん)な **-samente** [副] 気前よく, 物惜しみしないで; 寛大に; たくさん, 豊富に

'ge-nes [名] [男] 《複》 ↑gen

ge-'né-si-co, -ca [ヘ.'ネ.スィ.コ, カ] [形] 生殖の

'gé-ne-sis ['ヘ.ネ.スィス] [名] [女] 〔単複同〕 起源, 起こり, 発生, 生成, 創始 **G~** [名] [男] 〘聖〙 創世記

ge-'né-ti-co, -ca [ヘ.'ネ.ティ.コ, カ] [形] 遺伝学的な; 遺伝子の; 発生の, 起源の **-ca** [名] [女] 〘生〙 遺伝学 **-camente** [副] 遺伝によって; 起源的に

****ge-'nial** [ヘ.'ニアル] 89% [形] 天才の, 天才的な; 《話》 すばらしい, とてもよい, 気の利いた

ge-nia-li-'dad [ヘ.ニア.リ.'ダド] [名] [女] 特異性, 独自性; 特異な言動, 奇行; 天才的な才能[手腕]

'gé-ni-co, -ca ['ヘ.ニ.コ, カ] [形] 〘生〙 遺伝子の

****'ge-nio** ['ヘ.ニオ] 90% [名] [男] 天才, 非凡な才能; 〔人〕 天才; 《話》 (de, en, para: の) 才能, 天分; 特殊な才能のある人; 気分, 機嫌; 性格, 性質; (時代・国民・言語などの)特質, 精神, 風潮, (土地の)気風; (土地・人などの)守り神, 精霊

ge-'nio-so, -sa [ヘ.'ニオ.ソ, サ] [形] 《メキシコ》 怒りっぽい

ge-ni-'tal [ヘ.ニ.'タル] [形] 〘体〙 生殖の, 生殖器の [名] [男] 〔複〕 〘体〙 生殖器

ge-ni-'ti-vo, -va [ヘ.ニ.'ティ.ボ, バ] [形] 〘言〙 属格の; 生み出す [名] [男] 〘言〙 属格

ge-ni-'tor, -'to-ra [ヘ.ニ.'トる, 'ト.ら] [名] [男] [女] 《格》 生みの親

ge-'ní-za-ro, -ra [形] ⇩ jenízaro

ge-no-'ci-da [ヘ.ノ.'すぃ.ダ] [名] [共] 集団殺害者

ge-no-'ci-dio [ヘ.ノ.'すぃ.ディオ] [名] [男] 大量虐殺, 集団殺害, ジェノサイド

ge-'no-ma [ヘ.'ノ.マ] [名] [男] 〘生〙 ゲノム

ge-no-'ti-po [ヘ.ノ.'ティ.ポ] [名] [男] 〘生〙 遺伝子型

'Gé-no-va ['ヘ.ノ.バ] [名] [固] 〘地名〙 ジェノバ《イタリア北西部の都市》

ge-no-'vés, -'ve-sa [ヘ.ノ.'ベス, 'ベ.サ] 形 名 男 女 〔地名〕ジェノバの(人) ⬆Génova

****'gen-te** ['ヘン.テ] 64% 名 女 〔一般〕人々, 人たち; 〔個別〕人; (ある地方・階級・職業の)人たち, 人々; 《話》家族, 親類; 〔複〕国民; 大衆, 庶民, 人民, 民族; 〔宗〕(キリスト教徒から見て)異教徒; 《ラ米》よい人, 誠実な人; 教養のある人 ~ *de bien* 誠実な人 ~ *de paz* 味方, 仲間 ~ *gorda* 《話》偉い人, お偉方 ~ *menuda* 《話》子供たち, ちびっ子たち

gen-'til [ヘン.'ティル] 形 愛想のよい, 親切な; 上品な, 礼儀正しい; 魅力的な, かわいい, りりしい; 《話》巨大な, ものすごい, とてつもない; 〔宗〕異教徒の, 非キリスト教徒の 名 共 〔宗〕異教徒, 非キリスト教徒

gen-ti-'le-za [ヘン.ティ.'レ.さ] 名 女 親切, やさしさ; 丁重, 丁寧, 礼儀正しさ; 上品, 優雅

gen-til-'hom-bre [ヘン.ティ.'ロン.ブれ] 名 男 〔歴〕廷臣, (王・貴人などの)侍従

gen-ti-'li-cio [ヘン.ティ.'リ.すぃオ] 名 男 〔言〕国民[種族, 地名]を示す名詞[形容詞] ~, -cia 形 〔言〕国民[種族, 地名]を示す

gen-'tí-li-co, -ca [ヘン.'ティ.リ.コ, カ] 形 〔宗〕(キリスト教徒から見て)異教徒の

gen-ti-li-'dad [ヘン.ティ.リ.'ダド] 名 女 〔宗〕異教, 異教風; 〔集合〕異教徒

gen-'tí+o [ヘン.'ティ.オ] 名 男 群衆, 人の群れ

gen-'tu-za [ヘン.'トゥ.さ] 名 女 〔軽蔑〕ろくでもない連中, 烏合(うごう)の衆

ge-nu-fle-'xión [ヘ.ヌ.フレク.'スィオン] 名 女 〔宗〕跪(き)拝礼 《礼拝のため片膝(ひざ)をつくこと》

ge-'nui+no, -na [ヘ.'ヌイ.ノ, ナ] 形 正真正銘の, 本物の; 心からの

ge+o-'cén-tri-co, -ca [ヘ.オ.'セン.トり.コ, カ] 形 〔天〕地球を中心とした, 地球の中心から見た[測った], 地心の

ge+o-'de-sia [ヘ.オ.'デ.スィア] 名 女 測地学

ge+o-'dé-si-co, -ca [ヘ.オ.'デ.スィ.コ, カ] 形 測地学の

ge+o-'fa-gia [ヘ.オ.'ファ.ひア] 名 女 〔医〕土食(どしょく) 《土を食べる》

ge+'ó-fa-go, -ga [ヘ.'オ.ファ.ゴ, ガ] 名 男 女 土食(どしょく)をする人

ge+o-'fí-si-co, -ca [ヘ.オ.'フィ.スィ.コ, カ] 形 〔物〕地球物理学の, 地球物理学的な 名 男 女 〔物〕地球物理学者 -ca 名 女 〔物〕地球物理学

ge+og-'no-sia [ヘ.オグ.'ノ.スィア] 名 女 〔地質〕地球構造学, ジオグノシー

ge+og-'nós-ti-co, -ca [ヘ.オグ.'ノス.ティ.コ, カ] 形 〔地質〕地球構造(学)の

****ge+o-gra-'fí+a** [ヘ.オ.グら.'フィ.ア] 87% 名 女 〔地〕地理学; 地理の本, 地誌; 地理, 地勢, 地形

****ge+o-'grá-fi-co, -ca** [ヘ.オ.'グら.フィ.コ, カ] 88% 形 〔地〕地理(学)の

ge+'ó-gra-fo, -fa [ヘ.'オ.グら.フォ, ファ] 名 男 女 〔地〕地理学者

***ge+o-lo-'gí+a** [ヘ.オ.ロ.'ひ.ア] 94% 名 女 〔地質〕地質学; 地質

ge+o-'ló-gi-co, -ca [ヘ.オ.'ロ.ひ.コ, カ] 形 〔地質〕地質(学)の

ge+'ó-lo-go, -ga [ヘ.'オ.ロ.ゴ, ガ] 名 男 女 〔地質〕地質学者

ge+o-'man-cia ⇦-'**cí+a** [ヘ.オ.'マン.すぃア⇦.'すぃ.ア] 名 女 土占い

ge+o-'mán-ti-co, -ca [ヘ.オ.'マン.ティ.コ, カ] 形 土占いの

ge+'ó-me-tra [ヘ.'オ.メ.トら] 名 共 〔数〕幾何学者 *oruga* ~ 〔昆〕シャクトリムシ

***ge+o-me-'trí+a** [ヘ.オ.メ.'トり.ア] 93% 名 女 〔数〕幾何学

***ge+o-'mé-tri-co, -ca** [ヘ.オ.'メ.トり.コ, カ] 93% 形 〔数〕幾何学の, 幾何学的な

ge+o-po-'lí-ti-co, -ca [ヘ.オ.ポ.'リ.ティ.コ, カ] 形 〔政〕地政学の, 地政学者 -ca 名 女 〔政〕地政学

ge+o-'ra-ma [ヘ.オ.'ら.マ] 名 男 ジオラマ《大円球の内面に景色を描いて内部から見る仕掛け》

'George-town [.'ジョジ.タウン] 名 固 〔地名〕ジョージタウン《ガイアナ Guyana の首都》

Ge+'or-gia [ヘ.'オる.ひア] 名 固 〔地名〕ジョージア[グルジア] 《黒海に面する共和国》; 〔地名〕ジョージア《米国南部の州》

ge+or-'gia+no, -na [ヘ.オる.'ひア.ノ, ナ] 形 〔地名〕ジョージア[グルジア](人)の ⬆Georgia; (米国)ジョージア州の; 〔言〕ジョージア[グルジア]語の 名 男 女 ジョージア[グルジア]人; (米国)ジョージア州の人 名 男 〔言〕ジョージア[グルジア]語

ge+'ór-gi-ca [ヘ.'オる.ひ.カ] 名 女 〔文〕農事詩, 田園詩《特にローマの詩人ウェルギリウスの作品》

ge+os-'fe-ra [ヘ.オス.'フェ.ら] 名 女 〔地質〕地殻; 岩石圏

ge+o-'tec-nia [ヘ.オ.'テク.ニア] 名 女 〔地質〕地質工学

ge+o-'téc-ni-co, -ca [ヘ.オ.'テク.ニ.コ, カ] 形 〔地質〕地質工学の

ge+o-'ter-mia [ヘ.オ.'テる.ミア] 名 女 〔地質〕地熱

ge+o-'tér-mi-co, -ca [ヘ.オ.'テる.ミ.コ, カ] 形 〔地質〕地熱の

ge-'ra-nio [ヘ.'ら.ニオ] 名 男 〔植〕ゼラニ

ウム, テンジクアオイ《フウロソウ科》

Ge-'rar-do [へ.'らる.ド] [名] [固] 〔男性名〕ヘラルド

ge-'ren-cia [へ.'れン.すぃア] [名] [女] 経営, 管理, 取り締まり; 支配人[管理者]の職[地位]; 支配人の事務所

ge-ren-'ciar [へ.れン.'すぃアる] [動] [他] 《ラ米》経営する, 管理する

***ge-'ren-te** [へ.'れン.テ] 92% [名] [共] 《gerenta [女] もある》マネージャー, 支配人, 店長, 監督; 経営者, 取締役, 重役

ge-'ria-tra [へ.'りア.トら] [名] [共] 〔医〕老年科医, 老年病専門医

ge-ria-'trí+a [へ.りア.'トり.ア] [名] [女] 〔医〕老年医学, 老年病学

ge-'riá-tri-co, -ca [へ.'りア.トり.コ, カ] [形] 〔医〕老年医学の, 老年病学の

ge-ri-'fal-te [へ.り.'ファル.テ] [名] [男] 〔鳥〕ハヤブサ, シロハヤブサ; 《話》お偉方, 重要人物

Ger-'mán [へる.'マン] [名] [固] 〔男性名〕ヘルマン

ger-ma-'ní+a [へる.マ.'ニ.ア] [名] [女] (盗賊などの)隠語, 通語; [G~] 〔歴〕《スペイン》ヘルマニア《バレンシアの同業組合結社》

Ger-'ma-nia [へる.'マ.ニア] [名] [固] 〔歴〕〔地名〕ゲルマニア《古代ヨーロッパのライン川の東, ドナウ川の北の現ドイツを含む地域》

***ger-'má-ni-co, -ca** [へる.'マ.ニ.コ, カ] 94% [形] ゲルマン民族の; ドイツの; 〔言〕ゲルマン語派[諸語]の [名] [男] 〔複〕ゲルマン人; 〔言〕ゲルマン語派[諸語]

ger-'ma-nio [へる.'マ.ニオ] [名] [男] 〔化〕ゲルマニウム《元素》

ger-ma-'nis-mo [へる.マ.'ニス.モ] [名] [男] 〔言〕ドイツ[ゲルマン]語法; ドイツ語からの借用語; ドイツ[ゲルマン]文化; ドイツ[ゲルマン]主義

ger-ma-'nis-ta [へる.マ.'ニス.タ] [名] [共] 〔言〕ドイツ[ゲルマン]語[文学, 文化]研究者, ゲルマニスト; ドイツ[ゲルマン]主義者

ger-ma-ni-za-'ción [へる.マ.ニ.さ.'すぃオン] [名] [女] ドイツ化, ゲルマン化

ger-ma-ni-'zar [へる.マ.ニ.'さる] [動] [他] [34] (z|c) ドイツ[ゲルマン]化する

ger-'ma+no, -na [へる.'マ.ノ, ナ] [形] 〔歴〕〔地〕ゲルマン民族の; 《格》ドイツの; [名] [男] [女] ゲルマン人; 《格》ドイツ人

ger-ma-no-'fi-lia [へる.マ.ノ.'フィ.リア] [名] [女] ドイツびいき

ger-ma-'nó-fi-lo, -la [へる.マ.'ノ.フィ.ロ, ラ] [形] [名] [男] [女] ドイツびいきの(人), 親独派(の)

*'**ger-men** ['へる.メン] 92% [名] [男] 芽生え, 萌芽, 兆し, 根源, 原因; ばい菌, 細菌, 病原菌; 〔生〕芽; 胚(はい), 胚種(はいしゅ), 胚芽

ger-mi-na-'ción [へる.ミ.ナ.'すぃオン] [名] [女] 〔生〕発芽, 萌芽; 発生, 芽生え

ger-mi-'nal [へる.ミ.'ナル] [形] 〔生〕胚(はい)[胚種, 胚芽]の, 胚細胞の [名] [男] 芽月《フランス革命暦の第7月; 3月21日–4月19日》

ger-mi-'nar [へる.ミ.'なる] [動] [自] 《考えなどが》発生する, 芽生える; 〔植〕芽を出す, 発芽する, 生育し始める

Ge-'ro-na [へ.'ろ.ナ] [名] [固] 〔地名〕ヘローナ, ジローナ《スペイン北東部の県, 県都; カタルーニャ語 Girona が使われることが多い》

ge-ron-to-'cra-cia [へ.ろン.ト.'クら.すぃア] [名] [女] 〔政〕長老政治, 長老支配

ge-ron-to-lo-'gí+a [へ.ろン.ト.ロ.'ひ.ア] [名] [女] 〔医〕老年学

ge-ron-to-'ló-gi-co, -ca [へ.ろン.ト.'ロ.ひ.コ, カ] [形] 〔医〕老年学の

ge-ron-'tó-lo-go, -ga [へ.ろン.'ト.ロ.ゴ, ガ] [名] [男] [女] 〔医〕老年学者

Ger-'tru-dis [へる.'トる.ディス] [名] [固] 〔女性名〕ヘルトゥルーディス

ge-run-'den-se [へ.るン.'デン.セ] [形] [名] [共] 〔地名〕ヘローナ[ジローナ]の(人)

ge-'run-dio [へ.'るン.ディオ] [名] [男] 〔言〕現在分詞

Ger-'va-sio [へる.'バ.スィオ] [名] [固] 〔男性名〕ヘルバシオ

'**ges-ta** ['へス.タ] [名] [女] 手柄, 功績, 功業 *cantar de* ~ 〔文〕(中世の)武勲詩

ges-ta-'ción [へス.タ.'すぃオン] [名] [女] (計画などを)練ること, 準備期間; 〔医〕妊娠期間

ges-'tan-te [へス.'タン.テ] [形] 〔医〕妊娠[懐妊]した [名] [女] 〔医〕妊婦

ges-'tar [へス.'タる] [動] [他] 〔医〕〈子を〉懐妊する, 宿す　~**se** [動] [再] 生まれる; 形成される

ges-te-'ar [へス.テ.'アる] [動] [自] 身ぶりをする

ges-ti-cu-la-'ción [へス.ティ.ク.ラ.'すぃオン] [名] [女] 身ぶり, ジェスチャー; しかめ面(つら)

ges-ti-cu-la-'dor, -'do-ra [へス.ティ.ク.ラ.'ドる, 'ド.ら] [形] 身ぶり豊かな; しかめ面(つら)の

ges-ti-cu-'lar [へス.ティ.ク.'ラる] [動] [自] 身ぶり[手まね]で話す[表す]; しかめ面(つら)をする

ges-'tión [へス.'ティオン] [名] [女] 手段, 処置, 処理, 方法; 管理, 経営; 職務

ges-tio-'nar [へス.ティオ.'ナる] [動] [他] 〈の〉手続きをする, 〈の〉措置をとる, 取り計らう, 執り行う, 処理する; 管理する, 経営する; 交渉する, 取り決める, 協定する

'ges-to** ['へス.ト] 85% [名] [男] (自分の気持ちを示す)身ぶり, 手まね; 様子, 顔つき, 表情; しかめ面(つら); (親切などの)行為, ふるま

い; 〔演〕しぐさ, ジェスチャー ***estar de buen (mal) ~*** 機嫌がよい[悪い] ***hacer ~s*** (a: に)顔をしかめる

ges-'tor, -'to-ra [へス.'トる, 'ト.ら] 名 男 女〔商〕代理人, 代行者; 取締役, 理事 形 交渉する, 取り決める, 協定する; 代行の **-tora** 名 女 役員会, 理事会

ges-to-'rí+a [へス.ト.'り.ア] 名 女〔商〕代理店, 代行事務所

ges-'tual [へス.'トゥアル] 形 身ぶりの, 手まねの; 顔つきの, 表情の; 〔演〕しぐさの, ジェスチャーの

*'**Gha-na** ['ガ.ナ] 94% 名 固〔República de ~〕〔地名〕ガーナ《アフリカ西部の共和国》

gha-'nés, -'ne-sa [ガ.'ネス, 'ネ.サ] 形〔地名〕ガーナ(人)の 名 男 女 ガーナ人 ⬆ Ghana

'**gi+ba** ['ひ.バ] 名 女〔体〕(背などの)こぶ; 《話》面倒, やっかいなこと

gi-'bar [ひ.'バる] 動 他《ズペイン》曲げる, 〈に〉こぶを作る; 《話》困らせる

gi-be-'li+no, -na [ひ.べ.'リ.ノ, ナ] 形〔歴〕〔政〕ギベリン党の 名 男 女〔歴〕〔政〕ギベリン党員《中世イタリアで教皇党に対抗してドイツ皇帝を擁護した貴族派》

gi-'bón [ひ.'ボン] 名 男〔動〕テナガザル

gi-'bo-so, -sa [ひ.'ボ.ソ, サ] 形 名 男 女〔体〕猫背の(人), 背中にこぶがある(人)

Gi-bral-'tar [ひ.ブらル.'タる] 名 固〔地名〕ジブラルタル《イギリスの直轄領, イベリア半島最南端に位置する》; 〔estrecho de ~〕〔地名〕ジブラルタル海峡《大西洋と地中海を結ぶ海峡》

gi-bral-ta-'re-ño, -ña [ひ.ブらル.タ.'れ.ニョ, ニャ] 形 名 男 女〔地名〕ジブラルタルの(人)

gien-'nen-se ⇦**gie-** 形 名 共 ⇩ jiennense

'**gi+ga** ['ひ.ガ] 名 女〔情〕〔略〕ギガバイト; 〔楽〕ジーグ《軽快な3拍子の舞曲》

gi-ga~ ['ひ.ガ]〔接頭辞〕〔数〕「10の9乗」を示す

gi-ga-'bit [ひ.ガ.'ビト] 名 男〔複 -bits〕〔情〕ギガビット (**Gb**)

gigabyte [ひ.ガ.'バイト] 名 男〔英語〕〔情〕ギガバイト

*__gi-'gan-te, -ta__ [ひ.'ガン.テ, タ] 92% 名 男 女 巨人, 大男; 傑出した人, 大物, 巨星; (祭りのパレード用の)大人形 形 巨大な **-ta** 名 女〔植〕ヒマワリ

*__gi-gan-'tes-co, -ca__ [ひ.ガン.'テス.コ, カ] 92% 形 巨人のような, 巨大な, 膨大な

gi-gan-'tis-mo [ひ.ガン.'ティス.モ] 名 男〔医〕巨人症

gi-gan-'tón, -'to-na [ひ.ガン.'トン, 'ト.ナ] 名 男 女《話》巨人, 大男, 大女; (祭りのパレード用の)大人形

Gi-'jón [ひ.'ほン] 名 固〔地名〕ヒホン《スペイン北西部の都市》

gi-jo-'nés, -'ne-sa [ひ.ほ.'ネス, 'ネ.サ] 形 名 男 女〔地名〕ヒホンの(人) ⬆ Gijón

'**gil** ['ひル] 名 共《話》ばか; だまされやすい人

'**Gil** ['ひル] 名 固〔姓〕ヒル

Gil-'ber-to [ひル.'べる.ト] 名 固〔男性名〕ヒルベルト

'**gi+li**〔短縮形〕《ズペイン》⬇ gilipollas

gi-li-'po-llas [ひ.リ.'ポ.ジャス] 名 共〔単複同〕《ズペイン》《俗》ばか, あほ, まぬけ

gi-li-po-'llez [ひ.リ.ポ.'ジェす] 名 女《ズペイン》《俗》ばかな言動

gi-li-'ton-to, -ta [ひ.リ.'トン.ト, タ] 名 男 女《ズペイン》《話》〔婉曲〕ばか

'**gi+m~** 動《活用》⬆ gemir

Gi-'mé-nez [ひ.'メ.ネす] 名 固〔姓〕ヒメネス

*__gim-'na-sia__ [ひム.'ナ.スィア] 93% 名 女〔競〕体操; 体育 ~ ***rítmica***〔競〕新体操

*__gim-'na-sio__ [ひム.'ナ.スィオ] 91% 名 男〔競〕体育館, 屋内競技場; (〔特に〕ドイツの)中学校, ギムナジウム

gim-'nas-ta [ひム.'ナス.タ] 名 共 体操選手, 体操教師

gim-'nás-ti-co, -ca [ひム.'ナス.ティ.コ, カ] 形〔競〕体操の, 体育(上)の

gim-nos-'per-ma [ひム.ノス.'ぺる.マ] 名 女〔複〕〔植〕裸子植物

gi-mo-te+'ar [ひ.モ.テ.'アる] 動 自《話》めそめそ泣く, べそをかく, ぐずる

gi-mo-'te+o [ひ.モ.'テ.オ] 名 男《話》めそめそと泣くこと

gi-'ne-bra [ひ.'ネ.ブら] 名 女〔飲〕ジン

Gi-'ne-bra [ひ.'ネ.ブら] 名 固〔地名〕ジュネーブ《スイス南西部の都市》

gi-ne-'ce+o [ひ.ネ.'せ.オ] 名 男〔植〕雌蕊(しずい)群; 〔歴〕〔建〕(古代ギリシャの)婦人部屋

gi-ne-co-lo-'gí+a [ひ.ネ.コ.ロ.'ひ.ア] 名 女〔医〕婦人病学

gi-ne-co-'ló-gi-co, -ca [ひ.ネ.コ.'ロ.ひ.コ, カ] 形〔医〕婦人病学の

gi-ne-'có-lo-go, -ga [ひ.ネ.'コ.ロ.ゴ, ガ] 名 男 女〔医〕婦人科医

gi-'nes-ta [ひ.'ネス.タ] 名 女〔植〕レダマ

gin-gi-'val [ひン.ひ.'バル] 形〔体〕歯肉の

gin-gi-'vi-tis [ひン.ひ.'ビ.ティス] 名 女〔単複同〕〔医〕歯肉炎

'**gi+ra** ['ひ.ら] 名 女 遠足, (小)旅行, ピクニック; 〔楽〕〔演〕地方公演

gi-'ral-da [ひ.'らル.ダ] 名 女 風見, 風見鶏(かざみどり); 〔気〕風向計; 〔G~〕(セビリアの)ヒラルダの塔

gi-'rán-du-la [ひ.'らン.ドゥ.ラ] 名 女 回り花火; 回転噴水

****gi-'rar** [ひ.'らる] 88% 動 自 回る, 回転する; 曲がる; «話などが» (sobre, en torno a, alrededor de: を)主題とする, めぐる; およそ(en torno a, alrededor de: で)ある 動 他 回す, 回転させる; 為替で送る; 〔商〕〈手形を〉振り出す

***gi-ra-'sol** [ひ.ら.'ソル] 94% 名 男 〔植〕ヒマワリ; おべっか使い, 追従(ついしょう)者

gi-ra-'to-rio, -ria [ひ.ら.'ト.りオ, りア] 形 回転する, 回転式の; 旋回[旋転]する

g

***'gi+ro** ['ひ.ろ] 91% 名 男 回転, 旋回; (情勢の)変化, 展開, 動向, 成り行き; 表現, 言い回し; 〔商〕為替, 手形; 《カリブ》〔畜〕黄色のニワトリ

gi-ro-com-'pás [ひ.ろ.コン.'パス] 名 男 〔機〕ジャイロコンパス《ジャイロスコープの原理を利用して方位を測定する計器》

gi-'ro-la [ひ.'ろ.ラ] 名 女 〔建〕〔宗〕(教会の)周廊

Girona [ジ.'ろ.ナ] 名 固 〔カタルーニャ語〕⇧ Gerona

gi-ros-'có-pi-co, -ca [ひ.ろス.'コ.ピ.コ, カ] 形 〔機〕回転儀[ジャイロスコープ]の

gi-ros-'co-pio [ひ.ろス.'コ.ピオ] 名 男 〔機〕回転儀, ジャイロスコープ

gi-ros-'tá-ti-co, -ca [ひ.ろス.'タ.ティ.コ, カ] 形 〔機〕ジャイロスタットの

gi-'rós-ta-to⇔-ros- [ひ.'ろス.タ.ト⇔ひ.ろス.'タ.ト] 名 男 〔機〕ジャイロスタット《ジャイロスコープの一種》

gi-'ró-va-go, -ga [ひ.'ろ.バ.ゴ, ガ] 形 名 男 女 《格》放浪する(人)

'gis-te ['ひス.テ] 名 男 〔飲〕ビールの泡

gi-ta-'na-da [ひ.タ.'ナ.ダ] 名 女 あさましい行い, ずるい行い; 甘言, おべっか

gi-ta-ne+'ar [ひ.タ.ネ.'アる] 動 自 ロマ[ジプシー]のような生活をする; ロマ[ジプシー]のようにふるまう

gi-ta-ne-'rí+a [ひ.タ.ネ.'り.ア] 名 女 〔集合〕ロマ, ジプシー; ロマのような行動; 甘言, おべっか

gi-ta-'nes-co, -ca [ひ.タ.'ネス.コ, カ] 形 ロマ[ジプシー]の, ロマ特有の

gi-ta-'nis-mo [ひ.タ.'ニス.モ] 名 男 ロマ[ジプシー]の生活; 〔言〕ロマの言葉

gi-'ta+no, -na** [ひ.'タ.ノ, ナ] 91% 形 ロマ[ジプシー]の; 《話》ロマ風の; ロマ(の) 名 男 女 《話》ロマ風の人; 愛嬌のある人; ずるい人, 油断のならない人 ***brazo de ~ 〔食〕ロールケーキ ***que no se lo salta un ~*** 《話》«食事などが»大量の, すごい, すばらしい

gla-bres-'cen-te [グラ.ブれ(ス).'せン.テ] 形 〔植〕(生長して)無毛になる

'gla-bro, -bra ['グラ.ブろ, ブら] 形 〔植〕無毛の

gla-'cial [グラ.'すぃアル] 形 〔地〕極地の; 〔地〕寒帯の; 氷の, 氷の多い, 冷たい, 凍らせるほどの; 冷たい, 冷淡な

gla-'ciar [グラ.'すぃアる] 名 男 〔地〕氷河 形 〔地〕氷河の

gla-dia-'dor [グラ.ディア.'ドる] 名 男 〔歴〕剣闘士

gla-'dio-la 名 女 《メキシコ》《カリブ》⇩ gladiolo

gla-'dio-lo⇔-'dí+o- [グラ.'ディオ.ロ⇔.'ディ.オ.] 名 男 〔植〕グラジオラス

gla-'mur [グラ.'ムる] 名 男 グラマー, 妖しい魅力

gla-mu-'ro-so, -sa [グラ.ム.'ろ.ソ, サ] 形 グラマーな, 魅力的な

'glan-de ['グラン.デ] 名 男 〔体〕亀頭

'glán-du-la ['グラン.ドゥ.ラ] 名 女 〔体〕腺(せん)

glan-du-'lar [グラン.ドゥ.'ラる] 形 〔体〕腺(せん)の, 腺状の, 腺のある

gla-'sé [グラ.'セ] 名 男 〔衣〕光沢のある絹地

gla-se+'ar [グラ.セ.'アる] 動 他 〈紙などに〉光沢をつける; 〔食〕〈菓子・果物などに〉糖衣をかける, アイシングをする

'Glas-gow ['グラス.ゴウ] 名 固 〔地名〕グラスゴー《イギリス, スコットランド中南部の都市》

'glau-co, -ca ['グラウ.コ, カ] 形 《格》薄い黄緑色の, 浅緑色の

glau-'co-ma [グラウ.'コ.マ] 名 男 〔医〕緑内障

'gle-ba ['グレ.バ] 名 女 〔地〕土地, 畑地; 土塊, 土くれ ***siervos de la ~*** 〔歴〕農奴

'gle-ra ['グレ.ら] 名 女 〔地〕砂利地; 〔地〕河原

gli-'ce-mia [グリ.'せ.ミア] 名 女 〔医〕糖血症

gli-ce-'ri-na [グリ.せ.'り.ナ] 名 女 〔化〕グリセリン

gli-'ci-na [グリ.'すぃ.ナ] 名 女 〔植〕フジ[藤]; 〔化〕グリシン

gli-ci-'ne-mia [グリ.すぃ.'ネ.ミア] 名 女 〔医〕グリシン血症

gli-ci-'nu-ria [グリ.すぃ.'ヌ.りア] 名 女 〔医〕グリシン尿症

gli-co-ge-'no-sis [グリ.コ.へ.'ノ.スィス] 名 女 〔単複同〕〔医〕糖原症

****glo-'bal** [グロ.'バル] 88% 形 広範な, 全体的な, 包括的な, グローバルな; 世界的な, 地球的な; 塊の, ひとまとめの

***glo-ba-li-'dad** [グロ.バ.リ.'ダド] 94% 名 女 広範性, 全体性, 包括性, グローバルな状態; 世界的なこと, 地球的な規模; ひとまとめ

glo-ba-'lis-mo [グロ.バ.'リス.モ] 名 男 グローバリズム

glo-ba-li-za-'ción [グロ.バ.リ.さ.'すぃオン] [名] [女] グローバリゼーション, グローバル化

glo-ba-li-'zar [グロ.バ.リ.'さる] [動] [他] [34] (z|c) グローバル化する

*'**glo-bo** ['グロ.ボ] 92% [名] [男] 球, 球体; 気球; 風船; 地球; 地球儀; 球形のガラス器《電球・金魚鉢など》; 球状; 〔競〕〔野球〕フライ; 〔競〕高く緩い球, ロブ; 《カリブ》ランプ; 《ラプラタ》《話》うわさ, デマ

glo-bu-'lar [グロ.ブ.'ラる] [形] 球状の, 球形の

glo-bu-'li-na [グロ.ブ.'リ.ナ] [名] [女] 〔医〕グロブリン

glo-bu-li-'nu-ria [グロ.ブ.リ.'ヌ.りア] [名] [女] 〔医〕グロブリン尿(にょう)症

'gló-bu-lo ['グロ.ブ.ロ] [名] [男] 〔体〕血球; 〔体〕小球, 小球体, 粒

'glo-ria** ['グロ.りア] 86% [名] [女] 栄光, 栄誉, 誉れ; 誇りとなるもの; 偉人; 《話》大きな喜び, 大満足; 栄華, 全盛, (繁栄の)絶頂; 壮観, 美観; 後光, 光輪, 光背; 〔G～〕〔宗〕天国, 天上の栄光, 至福 [名] [男] 〔宗〕〔楽〕グローリア, 栄光の賛歌 《祈禱(きとう)書中の賛歌》 **G～** [名] [女] 〔女性名〕グロリア ***a ～*** «味・香りが»すばらしく, おいしく ***dar ～*** すばらしい ***estar en la ～*** 満悦している, すばらしい時を過ごす ***..., que en ～ esté*** [***que Dios le tenga en su ～***] 亡くなった…, 亡き…

glo-'riar-se [グロ.'りアる.セ] [動] [再] [29] (i|í) (de: を)自慢する, 得意そうに話す; (de: を)喜ぶ

glo-'rie-ta [グロ.'りエ.タ] [名] [女] 広場, 辻; あずまや, 園亭; 《スペイン》《メキシコ》《コロンビア》ロータリー

glo-ri-fi-ca-'ción [グロ.り.フィ.カ.'すぃオン] [名] [女] 賛美, 称揚; 〔宗〕神の栄光を授けること

glo-ri-fi-'car [グロ.り.フィ.'カる] [動] [他] [69] (c|qu) 〈に〉栄光を与える; 賛美する, ほめたたえる **～se** [動] [再] (de: を)自慢する, 得意そうに話す; (de: を)喜ぶ

Glo-'rio-sa [グロ.'りオ.サ] [名] [固] 〔La ～〕〔宗〕聖母マリア; 〔La ～〕〔歴〕《スペイン》スペイン名誉革命《1868 年》

*glo-'rio-so, -sa** [グロ.'りオ.ソ, サ] 92% [形] 栄光ある, 輝かしい, 華々しい; 荘厳な, 神々しい, 聖なる

'glo-sa ['グロ.サ] [名] [女] 〔言〕語句注解, 書き込みの説明; 注解, 評注; 〔楽〕変奏曲

glo-'sar [グロ.'サる] [動] [他] 〔言〕注解する, 注記する, 〈に〉注釈をつける; 曲解する

glo-'sa-rio [グロ.'サ.りオ] [名] [男] 〔言〕用語[語彙]解説, 用語解, 語彙集

glo-so-'pe-da [グロ.ソ.'ペ.ダ] [名] [女] 〔医〕口蹄疫(こうていえき)

'gló-ti-co, -ca ['グロ.ティ.コ, カ] [形] 〔体〕声門の

'glo-tis ['グロ.ティス] [名] [女] 〔単複同〕〔体〕声門

glo-'tón, -'to-na [グロ.'トン, 'ト.ナ] [形] 食いしんぼうの, 大食の; 貪欲(どんよく)な [名] [男] [女] 大食家, 食いしんぼう; 熱心な人, 凝り屋 [名] [男] 〔動〕クズリ《イタチ科》

glo-to-ne+'ar [グロ.ト.ネ.'アる] [動] [自] 大食する, がつがつする, むさぼり食う

glo-to-ne-'rí+a [グロ.ト.ネ.'り.ア] [名] [女] 大食, 大食らい, 暴飲暴食

'glú-ci-do ['グル.すぃ.ド] [名] [男] 〔化〕糖質

glu-'ci-nio [グル.'すぃ.ニオ] [名] [男] 〔化〕グルシニウム, グルシヌム

glu-'co-sa [グル.'コ.サ] [名] [女] 〔化〕ブドウ糖, グルコース

glu-co-'su-ria [グル.コ.'ス.りア] [名] [女] 〔医〕糖尿

glu-'glú [グル.'グル] [名] [男] 〔複 -glúes⇔-glús〕〔擬音語〕ゴボゴボ《水の流れる音》

glu-glu-te+'ar [グル.グル.テ.'アる] [動] [自] 〔鳥〕«シチメンチョウ[七面鳥]が»鳴く

glu-glu-'te+o [グル.グル.'テ.オ] [名] [男] 〔鳥〕«シチメンチョウ[七面鳥]が»鳴くこと

'glu-ten ['グル.テン] [名] [男] 〔化〕麩質(ふしつ), 麩素(ふそ), グルテン

'glú-te+o, +a ['グル.テ.オ, ア] [形] 〔体〕臀部(でんぶ)の [名] [男] 〔体〕臀筋

'gneis ['(グ)ネイス] [名] [男] 〔鉱〕片麻岩

'gno-mo ['(グ)ノ.モ] [名] [男] 〔架空〕ノーム《地中の宝を守る地の精, しなびた醜い老人姿のこびと》

'gno-mon ['(グ)ノ.モン] [名] [男] (日時計の)指時針

'gno-sis ['(グ)ノ.スィス] [名] [女] 〔単複同〕〔哲〕神秘的直感, グノーシス

gnos-ti-'cis-mo [(グ)ノス.ティ.'すぃス.モ] [名] [男] 〔哲〕グノーシス主義

'gnós-ti-co, -ca ['(グ)ノス.ティ.コ, カ] [形] 〔哲〕グノーシス主義の

Gob. [略] ↓gobernador, -dora; ↓gobierno

go-ber-na-bi-li-'dad [ゴ.べる.ナ.ビ.リ.'ダド] [名] [女] 〔政〕統治[支配]できること

go-ber-'na-ble [ゴ.べる.'ナ.ブレ] [形] 〔政〕統治しうる, 支配しやすい

go-ber-na-'ción [ゴ.べる.ナ.'すぃオン] [名] [女] 〔政〕統治, 支配; 管理, 運営, 経営; 操縦; 〔G～〕〔政〕(スペインの)(旧)内務省《現在は Ministerio del Interior》

'go-ber-na-'dor, -'do-ra** [ゴ.べる.ナ.'ドる, 'ド.ら] 84% [名] [男] [女] 〔政〕知事, 総督; (官庁・学校・銀行などの)長官, 理事, 総裁; 統治者, 支配者 [形] 統治の, 管理の **-dora** [名] [女] 〔政〕女性知事; 知事夫人

go-ber-'na-lle [ゴ.べる.'ナ.ジェ] 名 男 〔海〕(船の)舵(かじ)

*go-ber-'nan-te [ゴ.べる.'ナン.テ] 92% 形 〔政〕統治する, 支配する, 政府の; 〔法〕準拠の 名 共 〔政〕統治者, 支配者

**go-ber-'nar [ゴ.べる.'ナる] 90% 動 他 ⑤⓪ (e|ie) 治める, 統治する, 支配する; 管理する, 運営する; 抑制する, 抑える; 操縦する, 操船する 動 自 治める, 統治する, 支配する ~se 動 再 自制する, 身を処する; 統治される, 支配される

g

'Go+bi 名 固 〔desierto de ~〕〔地名〕ゴビ砂漠 《モンゴル南部から中国北部に広がる砂漠》

**go-'bier+no [ゴ.'ビエる.ノ] 66% 名 男 〔政〕政府, 内閣; 官庁; (知事の)官邸; 〔政〕政治, 統治, 政体; 管理, 運営, 指揮, 支配; 指針, 参考; 操作, コントロール; 〔海〕操縦機, 舵(かじ)

'go+ce ['ゴ.せ] 名 男 享受, 享有, 享楽, 楽しみ, 愉快

go-'cé, -ce(~) 動 《直点 1 単, 接現》 ↓ gozar

'go-cho, -cha 名 男 女 《話》〔動〕ブタ[豚]; 《(ベネズエラ)》《話》猫背の人; 《(ベネズエラ)》《話》不器用な人

'go+do, +da 形 名 男 女 〔歴〕ゴート族(の); (スペインで)高貴な生まれの(人); 《(チリ)》《話》〔軽蔑〕スペイン人(の); 《(スペイン)》〔カナリア諸島〕《話》〔軽蔑〕本土人《カナリア諸島の人に対して》; 《(南米北)》《話》〔軽蔑〕保守的な(人) 名 男 〔複〕《(コロンビア)》〔衣〕男性用の長ズボン

Go-'doy 名 固 〔姓〕ゴドイ

go-'fra-do [ゴ.'フら.ド] 名 男 浮き出し模様

**'gol ['ゴル] 81% 名 男 〔競〕ゴール, 得点

'go+la ['ゴ.ラ] 名 女 《話》〔体〕喉(のど); 〔軍〕のど当て, 頸甲(けいこう); 〔衣〕ひだ襟(えり); 〔建〕波繰形(なみくりがた), 反曲線; 〔地〕水路, 湾口

go-la-ve-'ra-je [ゴ.ラ.べ.'ら.へ] 名 男 〔競〕〔サッカーなど〕ゴールアベレージ《得点を失点で割った値》

go-le+'a-da [ゴ.レ.'ア.ダ] 名 女 〔競〕〔サッカーなど〕多くのゴール, 高得点

go-le+a-'dor, -'do-ra [ゴ.レ.ア.'ドる, 'ド.ら] 名 男 女 〔競〕〔サッカーなど〕ゴールの得点者, ポイントゲッター, ストライカー

go-le+'ar [ゴ.レ.'アる] 動 他 〔競〕〔サッカーなど〕ゴールを入れる 動 自 〔競〕〔サッカーなど〕ゴールを入れる

go-'le-ro, -ra [ゴ.'レ.ろ, ら] 名 男 女 《(チリ)》《(ラプラタ)》〔競〕〔サッカーなど〕ゴールキーパー

go-'le-ta [ゴ.'レ.タ] 名 女 〔海〕スクーナー《2, 3 本マストの縦帆式帆船》

'golf ['ゴル(フ)] 名 男 〔競〕ゴルフ

'gol-fa ['ゴル.ファ] 名 女 《(スペイン)》《俗》ふしだらな女, 売春婦

gol-'fan-te [ゴル.'ファン.テ] 名 共 《話》ごろつき, 不良

gol-fe-'rí+a [ゴル.フェ.'り.ア] 名 女 《話》〔集合〕ごろつき, 不良グループ

gol-'fis-ta [ゴル.'フィス.タ] 名 共 〔競〕ゴルファー

gol-'fís-ti-co, -ca [ゴル.'フィス.ティ.コ, カ] 形 〔競〕ゴルフの

'gol-fo ['ゴル.フォ] 形 不良の, いたずらの 名 男 女 いたずらっ子; 《話》不良, ごろつき, 浮浪児 名 男 〔地〕湾

'Gól-go-ta ['ゴル.ゴ.タ] 名 固 〔聖〕ゴルゴタ《キリストはりつけの地》

Go-'liat [ゴ.'リアト] 名 固 〔聖〕ゴリアテ《ダビデ David に殺された巨人》

go-'li-lla [ゴ.'リ.ジャ] 名 女 〔衣〕ひだ襟(えり); 〔衣〕(司法官の)カラー; 〔機〕フランジ; 《(ベネズエラ)》《話》簡単なこと, 楽な仕事; 《(チリ)》〔機〕ワッシャー, 座金; 《(ラプラタ)》(ガウチョの)スカーフ 名 共 《話》〔軽蔑〕裁判所の職員 *de ~* 《(ベネズエラ)》《話》無料で, ただで

go-li-'lle-ro, -ra [ゴ.リ.'ジェ.ろ, ら] 形 名 男 女 《(ベネズエラ)》《話》ただで手に入れようとする(人)

go-lle-'rí+a [ゴ.ジェ.'り.ア] 名 女 〔食〕おいしい物, ごちそう; 《話》すばらしい物, ぜいたく品

go-'lle-te [ゴ.'ジェ.テ] 名 男 (器物などの)首, 口; 〔衣〕(司祭などがつける)カラー; のど, のど首 *estar hasta el ~* 《話》うんざりしている

*go-lon-'dri-na [ゴ.ロン.'ドり.ナ] 94% 名 女 〔鳥〕ツバメ; 〔海〕遊覧船 *padres ~* 子供たちの家を転々とする両親

go-'lon-dro [ゴ.'ロン.ドろ] 名 男 欲, 気まぐれな欲求

*go-lo-'si-na [ゴ.ロ.'スィ.ナ] 94% 名 女 おいしい物, 甘い物; 望み, あこがれ

go-'lo-so, -sa [ゴ.'ロ.ソ, サ] 形 甘い物好きの, 甘党の; 食いしん坊の; 食欲をそそる, 魅力的な 名 男 女 甘党; 大食家, 食いしん坊, 美食家 -sa 名 女 《(コロンビア)》〔遊〕石けり遊び

gol-'pa-zo [ゴル.'パ.そ] 名 男 強打, 殴打; 強い衝撃

**'gol-pe ['ゴル.ペ] 84% 名 男 殴打, ぶつこと; (精神的)打撃, 痛手, 災難, 不幸; 突然の出来事; (話などの)やま, さわり, 一番おもしろいところ; 衝突; 〔気〕一陣の風, 突風; (感情などの)激発, 発作; 〔競〕〔テニス・ゴルフ〕ショット; 《ボクシング》パンチ, ブロー; 《サッカー》キック; 大勢(おおぜい), 群衆 *a ~s* たたいて, ぶつけて; 力ずくで; 断続的に *andar a ~s* 《話》けんかばかりしている *dar el ~* 《話》驚かせる *de ~* 突然, 急に *de un ~* 一度に, 一気に *~ bajo* 〔競〕〔ボクシング〕ローブロー; 裏切り *~ de Estado* 〔政〕

クーデター ～ *de vista* 一瞥(いちべつ), 一目見ること *no dar* (*ni*) ～ 《話》怠ける, 仕事をしない *sin dar* ～ 《話》怠けて, 仕事をしないで *tener* ～*s* 《話》よい考えが浮かぶ

***gol-pe+'ar** [ゴル.ペ.'アる] 91% 動 他 打つ, あてる, ぶつける; 殴る 動 自 (en: に)ぶつかる; (en: を)たたく ～**se** 動 再 (en, contra: に)ぶつかる

gol-'pe+o [ゴル.'ペ.オ] 名 男 打つこと, 打撃, ぶつけること, ぶつかること; パンチ

gol-pe-'ta-zo [ゴル.ペ.'タ.そ] 名 男 強打, 激突

gol-pe-te+'ar [ゴル.ペ.テ.'アる] 動 他 トントン打つ, 軽く何度もたたく 動 自 連打する, 音を立てる

gol-pe-'te+o [ゴル.ペ.'テ.オ] 名 男 トントン打つこと, 軽く何度もたたく; 〔車〕(エンジンの)ノッキング

gol-'pis-mo [ゴル.'ピス.モ] 名 男 〔政〕クーデター(主義)

gol-'pis-ta [ゴル.'ピス.タ] 形 〔政〕クーデター主義の 名 共 〔政〕クーデター主義者

gol-'pi-za [ゴル.'ピ.さ] 名 女 《ラ米》めった打ち

*'**go+ma** 93% 名 女 ゴム, 弾性ゴム; 輪ゴム; 消しゴム, 字消し; 〔植〕ゴムの木; ゴム樹液; 《話》コンドーム; 《メキシコ》《中米》二日酔い; 《コロンビア》《話》熱心; 《チリ》《話》忠実な人, 信頼できる人

go-'mal [ゴ.'マル] 名 男 《ラ米》〔農〕ゴム園

Go-'me-ra [ゴ.'メ.ら] 名 固 〔地名〕ゴメーラ島《スペイン, カナリア諸島の島》

go-'me-ro, -ra [ゴ.'メ.ろ, ら] 形 名 男 女 ゴムの; ゴム園で働く人; 〔地名〕ゴメーラ島の(人) ↑Gomera

'**Gó-mez** ['ゴ.メす] 名 固 〔姓〕ゴメス

go-mi-'no-la [ゴ.ミ.'ノ.ラ] 名 女 〔食〕ゴミノーラ, グミ《柔らかい砂糖菓子; ガムのようにかむ》

go-'mi-ta 名 女 《カリブ》《ラプラタ》輪ゴム

go-mo-rre-'si-na [ゴ.モ.ñれ.'スィ.ナ] 名 女 ゴム樹脂

go-'mo-so, -sa 形 ゴム(性)の, 粘着性の, 粘りけのある; 〔医〕ゴム腫(しゅ)の 名 男 しゃれ者, めかし屋

'**gón-do-la** ['ゴン.ド.ラ] 名 女 ゴンドラ; (気球の)つりかご; (ロープウェーの)ゴンドラ

gon-do-'le-ro, -ra [ゴン.ド.'レ.ろ, ら] 名 男 女 ゴンドラの船頭

gon-fa-'lón [ゴン.ファ.'ロン] 名 男 〔歴〕旗, 軍旗

gong ['ゴン] 名 男 〔複 gongs〕〔英語〕銅鑼(どら), ゴング

gon-go-'ri+no, -na [ゴン.ゴ.'り.ノ, ナ] 形 〔文〕《スペイン》ゴンゴラの, ゴンゴラ風の《Luis de Góngora, 1561–1627, スペインの詩人》

gon-go-'ris-mo [ゴン.ゴ.'りス.モ] 名 男 〔文〕《スペイン》ゴンゴラ風の気取った文体, 誇飾主義

go-'nió-me-tro [ゴ.'ニオ.メ.トろ] 名 男 角度計, 測角器

go-no-'co-co 名 男 〔菌〕淋菌(りんきん)

go-no-'rre+a [ゴ.ノ.'ñれ.ア] 名 女 〔医〕淋(りん)病, 淋疾

Gon-'zá-lez [ゴン.'さ.レす] 名 固 〔姓〕ゴンサレス

Gon-'za-lo [ゴン.'さ.ロ] 名 固 〔男性名〕ゴンサーロ

gor-'dal [ゴる.'ダル] 形 大粒の, 大型の

gor-'dia+no, -na [ゴる.'ディア.ノ, ナ] 形 難問の, 解決至難の *nudo* ～ ゴルディアスの結び目 《誰にも解くことのできなかった結び目; アレクサンドロス大王 Alejandro Magno が剣で断ち切った》; 難問

gor-din-'flón, -'flo-na [ゴる.ディン.'フロン, 'フロ.ナ] 形 名 男 女 《話》まるまる太った(人), 丸ぽちゃの(人)

gor-'di-to, -ta 〔縮小語〕↓gordo

'gor-do, -da** ['ゴる.ド, ダ] 86% 形 太った, 肥えた, ずんぐりした; ふくれた, 太い, ずんぐりした; 厚い; 《話》大変な, 大事な, 重要な; «くじが»大当たりの, 1等の; «活字が»太字の 名 男 女 《話》太った人 名 男 1等賞, 大当たり; 〔食〕脂肪 *agua gorda* 硬水 *armar la gorda* 大騒ぎをする *caer* ～[*da*] (a: に)とって感じが悪い *estar sin una gorda* 《話》一銭もない *no entender ni gorda* 《話》ぜんぜんわからない

gor-do-'lo-bo [ゴる.ド.'ロ.ボ] 名 男 〔植〕モウズイカ

***gor-'du-ra** [ゴる.'ドゥ.ら] 94% 名 女 肥満, 肥大; 油脂, 脂肪

gor-'go-jo [ゴる.'ゴ.ほ] 名 男 〔昆〕ゾウムシ; 《話》ちび

gor-go-ri-te+'ar [ゴる.ゴ.り.テ.'アる] 動 自 《話》声を震わす

gor-go-'ri-to [ゴる.ゴ.'り.ト] 名 男 〔しばしば複〕《話》震え声, 顫音(せんおん)

gor-go-te+'ar [ゴる.ゴ.テ.'アる] 動 自 «鳥などが»鳴く

gor-go-'te+o [ゴる.ゴ.'テ.オ] 名 男 ゴボゴボ[ドクドク]という水音

gor-'gue-ra [ゴる.'ゲ.ら] 名 女 〔歴〕〔衣〕ひだ襟(えり)飾り; 〔歴〕(よろいの)首当て

go-ri-'go-ri [ゴ.り.'ゴ.り] 名 男 《話》葬送の歌

go-'ri-la [ゴ.'り.ラ] 名 男 〔動〕ゴリラ; 《スペイン》《話》ボディーガード; 《ラ米》《話》クーデターを起こす軍人 *con el* ～ 《チリ》《ラプラタ》《話》酒に酔って

'**gor-ja** ['ゴる.は] 名 女 〔体〕喉(のど) *estar de* ～ 《話》陽気である, 機嫌がよい

gor-je+'ar [ゴる.へ.'アる] 動 自 〔鳥〕«鳥

が»さえずる; 〔楽〕のどを震わせる ～se 動 再 «乳児が»のどを鳴らす

gor-'je+o[ゴる.'へ.オ] 名 男 〔鳥〕(鳥の)さえずり; «乳児が»のどを鳴らすこと

*'**go-rra**['ゴ.ら] 94% 名 女 〔衣〕(縁がなくひさしがある)帽子 ***de ～*** 《話》ただで, 他人の金で

go-rre+'ar [ゴ.れ.'アる] 動 自 居候(いそうろう)する 動 他 《ラ米》《話》不貞をはたらく, だます

go-'rre-ro, -ra [ゴ.'れ.ろ, ら] 名 男 女 〔商〕〔人〕帽子屋; 帽子職人; 《話》居候(いそうろう), たかり屋

go-'rri-lla [ゴ.'り.ジャ] 名 男 《話》(チップをもらう)駐車の番人

go-rri-'ne-ra [ゴ.り.'ネ.ら] 名 女 〔畜〕豚小屋

go-'rri+no, -na [ゴ.'り.ノ, ナ] 名 男 女 〔畜〕子豚; 《話》〔軽蔑〕薄汚い人

go-'rrión [ゴ.'りオン] 名 男 〔鳥〕スズメ

go-'rris-ta [ゴ.'りス.タ] 形 《話》居候(いそうろう)する, たかる 名 共 寄食者, 居候

go-'rri-ta 〔縮小語〕↑gorra

*'**go-rro**['ゴ.ろ] 94% 名 男 〔衣〕(縁とひさしのない)帽子; 〔衣〕ボンネット, 幼児用帽子 ***estar hasta el ～*** (de: に)あきあきする, うんざりする ***poner el ～*** (a: に)不貞をはたらく, (a: を)だます

go-'rrón, -'rro-na [ゴ.'ろン, 'ろ.ナ] 形 寄食する, たかる 名 男 女 寄食者, たかり屋 名 男 丸石, 小石; 〔機〕軸頭

go-rro-ne+'ar [ゴ.ろ.ネ.'アる] 動 自 《スペイン》居候(いそうろう)になる, 人にたかる, 寄食する

*'**go+ta** 91% 名 女 (雨などの)しずく, 水滴; (液体の)ほんの少しの量, 微量; 〔一般〕ほんの少し; 〔医〕痛風; 〔医〕点滴, 滴剤, 点眼薬 ***a ～s*** 少しずつ ***caer cuatro ～s*** 〔気〕小雨がぱらつく ***～ a ～*** 一滴ずつ, 少しずつ ***sudar la ～ gorda*** 《話》血のにじむような努力をする

*'**go-te+'ar**[ゴ.テ.'アる] 94% 動 自 «液が»したたる, ポタリポタリと落ちる; 〔気〕雨がポツポツ降る; 少しずつ与える

go-'te+o 名 男 (液の)したたり, 滴下

go-'te-ra [ゴ.'テ.ら] 名 女 漏れ, 漏水, 雨漏り(の跡); したたり, 滴下; バランス《ベッドなどのへりに飾る掛け布》; 〔複〕〔医〕(老人の)持病

go-te-'rón [ゴ.テ.'ろン] 名 男 大粒のしずく; 〔建〕溝, 水切り, 樋(とい)

*'**gó-ti-co, -ca** 93% 形 〔芸〕ゴシック様式の; 〔歴〕ゴート族の; 貴族の, 崇高な; 〔印〕«活字が»ゴシック体の; 〔歴〕〔言〕ゴート語の 名 男 〔芸〕ゴシック様式; 〔歴〕〔言〕ゴート語; 〔印〕ゴシック体(活字)

go-'ti-ta 〔縮小語〕↑gota

go-'to-so, -sa 形 〔医〕痛風にかかっている 名 男 女 〔医〕痛風患者

gourmet [グる.'メ] 名 共 〔複 gourmets〕〔フランス語〕〔食〕グルメ, 美食家

go-'yes-co, -ca 形 ゴヤの, ゴヤ風の《Francisco de Goya, 1746–1828, スペインの画家》; ゴヤの時代の

go-'za-da [ゴ.'さ.ダ] 名 女 《話》楽しいこと, 楽しみ

go-za-'de-ra [ゴ.さ.'デ.ら] 名 女 《ベネズエラ》娯楽, 楽しみ; 笑い

'go-'zar** [ゴ.'さる] 85% 動 自 ㉞ (z|c) (con, de, en: を)楽しむ, 喜ぶ; (de: よいもの・有利なものを)持っている, 享受する 動 他 楽しむ; 〈よいもの・有利なものを〉持っている, 享受する; 《話》〈女性を〉ものにする ～se 動 再 (en 不定詞: …を)楽しむ, 喜ぶ ～-***la*** 《話》楽しむ

'goz-ne ['ゴす.ネ] 名 男 蝶番(ちょうつがい), 丁番

*'**go+zo** ['ゴ.そ] 93% 名 男 喜び, うれしさ; 喜ばしいこと, うれしいこと; 〔宗〕〔楽〕聖母賛歌 ***no caber en sí de ～*** 喜びでいっぱいである, うれしくてたまらない

go-'zón, -'zo-na [ゴ.'そン, 'そ.ナ] 名 男 女 《コロンビア》《話》祭りが好きな人

go-'zo-so, -sa [ゴ.'そ.ソ, サ] 形 «人が» (con, por: に)喜んでいる, うれしがっている; «物事が»喜ばしい, うれしい, 楽しい

'goz-que ['ゴす.ケ] 名 男 〔畜〕小犬

g. p., g/p 略 =giro postal 郵便為替

GPS 略 = 〔英語〕*global positioning system* 〔情〕全地球測位システム (sistema de posicionamiento global)

gr. 略 ↓gramo(s)

gra-ba-'ción [グら.バ.'すぃオン] 名 女 録音, 録画

gra-'ba-do [グら.'バ.ド] 名 男 〔美〕彫刻, 彫版, 彫ること; 〔絵〕さし絵, 版画; 録音, 録画

gra-ba-'dor [グら.バ.'ドる] 名 男 《ラプラタ》〔機〕録音機, テープレコーダー **～, -dora** 形 〔美〕版画の; 録音の, 録画の 名 男 女 〔美〕版画家, 彫刻師

gra-ba-'do-ra [グら.バ.'ド.ら] 名 女 〔機〕録音機, テープレコーダー

'gra-'bar** [グら.'バる] 80% 動 他 (en: に)録音する, 録画する; (en: に)彫る, 彫り込む; (en: 心・記憶などに)刻み込む ～se 動 再 (心に)焼きつく; 録音される, 録画される; 彫られる, 刻まれる

gra-'ce-jo [グら.'せ.ほ] 名 男 ユーモア, ウィット, 快活さ

'gra-cia** ['グら.すぃア] 70% 名 女 優美, しとやかさ, 上品さ, ゆかしさ, 洗練; 美点, 長所, 魅力, 才能, 素質; おかしみ, おもしろさ; 冗談, しゃれ; 親切, 好意, 恩恵, 恩典; 〔商〕支払い猶予; 〔宗〕神の恵み, 恩寵(おんちょう); 〔宗〕神への感謝, (食前・食後の)短いお祈

り; お名前, 芳名; 《話》〔皮肉〕面倒, 迷惑; 許し, 容赦, 恩赦, 特赦; 〔複〕感謝の言葉 **～s** 感 ありがとう!, ありがとうございます! ***caer en*** ～ (a: に)気に入られる ***dar*** ～ (a: を)うれしがらせる ***dar las ～s*** (a: に)礼を言う, ありがとうと言う, 感謝する ***gracias a***… …のおかげで ***～s a Dios*** ああよかった, ありがたい; おかげさまで … ***y ～s*** …でありがたいくらいだ ***hacer*** ～ (a: を)おもしろがらせる, 笑わせる; おもしろい ***muchas*** [***muchísimas***] ***～s*** どうもありがとう! ***reír las ～s*** (a: に)お追従で笑う, おせじ笑いする ***Tres Gracias*** 〔ギ神〕3 人の美の女神

'Gra-cias a 'Dios ['グら.すぃアス ア 'ディオス] 名 固 〔地名〕グラシアス・ア・ディオス《ホンジュラス東部の県》

Gra-'cie-la [グら.'すぃエ.ラ] 名 固 〔女性名〕グラシエラ

'grá-cil ['グら.すぃル] 形 細い, かよわい, きゃしゃな

gra-ci-li-'dad [グら.すぃ.リ.'ダド] 名 女 細いこと, きゃしゃなこと

⁑**gra-'cio-so, -sa** [グら.'すぃオ.ソ, サ] 87% 形 おもしろい, 滑稽な; 魅力ある, すてきな; 好意による, 無償の; 〔イギリス国王の称号の前で〕慈悲深き… 名 男 女 〔演〕道化(役); (おどけ役の)小間使い **-samente** 副 おもしろく, 滑稽に; すてきに ***hacerse el*** ～[***sa***] おどける

'gra-da ['グら.ダ] 名 女 〔建〕踏み段, 階段; 〔建〕観覧席, スタンド; 〔海〕(船架の)斜路, スリップ; 〔宗〕〔建〕(修道院の訪問者との)面会用格子窓; 〔農〕砕土機, まぐわ

gra-da-'ción [グら.ダ.'すぃオン] 名 女 段階的移行, 段階的配列, グラデーション; 〔楽〕グラデーション; 〔修〕漸層法

gra-'dén [グら.'デン] 名 男 (タンス内の)引き出し

gra-de-'rí+a 名 女 ⇩ graderío

gra-de-'rí+o [グら.デ.'り.オ] 名 女 観客席, スタンド

gra-'dien-te [グら.'ディエン.テ] 名 男 〔物〕勾配

⁑**'gra-do** ['グら.ド] 79% 名 男 程度, 度合い, レベル, 段階; (温度計・角度・経緯度の)度; 学年; 学位; 喜んでする気持ち, 意欲, やる気; 〔言〕(形容詞・副詞の)級; 〔軍〕階級; 〔数〕次, 次数 ***de buen*** ～ 喜んで ***de ～ o por fuerza*** いやおうなしに ***de mal*** ～ いやいやながら

gra-'dua-ble [グら.'ドゥア.ブレ] 形 調整できる

gra-dua-'ción [グら.ドゥア.'すぃオン] 名 女 卒業, 卒業式; 目盛りをつけること, 等級づけ, 測定; 度数, 目盛り; 〔軍〕階級

gra-'dua-do, -da [グら.'ドゥア.ド, ダ] 名 男 女 (de, en: の)卒業生 形 (de, en: を)卒業した; 目盛りがついた; 度が入った

gra-dua-'dor [グら.ドゥア.'ドる] 名 男 〔技〕分度器, 計測器, ゲージ

gra-'dual [グら.'ドゥアル] 形 漸進的な, 除々の 名 男 〔宗〕昇階唱 **～mente** 副 徐々に, 少しずつ

gra-'duan-do, -da [グら.'ドゥアン.ド, ダ] 名 男 女 卒業予定者

*__gra-'duar__ [グら.'ドゥアる] 94% 動 他 ⑰ (u|ú) 調節する, 加減する; (de: に)進級させる, 昇進させる; 〈に〉目盛りをつける, 〈に〉等級をつける, 〈の〉度数を計る; 卒業させる, 〈に〉(de: の学位を)与える **～se** 動 再 (en: を)卒業する, (de: の)学位を得る; 〔軍〕(de: の)階級を受ける, (de: に)任命される; 《スペイン》視力の検査をする

gra-'fí+a [グら.'フィ.ア] 名 女 〔言〕書記法; 〔言〕文字, 文字体系

⁑**'grá-fi-co, -ca** ['グら.フィ.コ, カ] 90% 形 〔美〕図画の, 写真の, グラフィックの; まのあたりに見るような, 視覚的な; 〔言〕文字の; 記号の; 図表[グラフ, 図式]で示した 名 男 図表, グラフ; 線図, 図形 **-ca** 名 女 図表, グラフ; 〔美〕グラフィックアート

gra-'fis-mo [グら.'フィス.モ] 名 男 〔絵〕画風, タッチ, 筆致; 〔美〕グラフィックデザイン

gra-'fis-ta [グら.'フィス.タ] 名 共 〔美〕グラフィックデザイナー

gra-'fi-ti [グら.'フィ.ティ] 名 男 (建物・塀などの)落書き, グラフィティ

gra-'fi-to [グら.'フィ.ト] 名 男 〔鉱〕石墨, 黒鉛; ⇧ grafiti

gra-fo-lo-'gí+a [グら.フォ.ロ.'ひ.ア] 名 女 筆跡学, 筆跡

gra-fo-'ló-gi-co, -ca [グら.フォ.'ロ.ひ.コ, カ] 形 筆跡学の

gra-'fó-lo-go, -ga [グら.'フォ.ロ.ゴ, ガ] 名 男 女 筆跡学者

gra-'ge+a [グら.'へ.ア] 名 女 〔医〕糖衣錠; 〔食〕(色とりどりの)砂糖菓子

'gra-jo ['グら.ほ] 名 男 〔鳥〕ミヤマガラス; 《ラ米》体臭, 汗のにおい

gral. 略 =general 〔軍〕将軍

gralm. 略 ⬆generalmente

'gra-ma ['グら.マ] 名 女 〔植〕ギョウギシバ; 《中米》《カリ》芝生; 〔畜〕牧草

*__gra-ma-ti-'cal__ [グら.マ.ティ.'カル] 93% 形 〔言〕文法の, 文法上の, 文法的に正しい

⁑**gra-'má-ti-co, -ca** [グら.'マ.ティ.コ, カ] 87% 形 〔言〕文法の, 文法上の 名 男 女 文法家, 文法学者 **-ca** 名 女 〔言〕文法; 文法書 ***gramática parda*** 《話》世知, やりくり上手

gra-'mil [グら.'ミル] 名 男 標準規, 定規, 罫(け)引き

gra-'mi-lla [グら.'ミ.ジャ] 名 女 《グアテマラ》

《ｺﾛﾝﾋﾞｱ》《ｴｸｱﾄﾞﾙ》〔競〕サッカー場

gra-'mí-ne+o, +a [グら.'ミ.ネ.オ, ア] 形〔植〕イネ科の

'gra-mo ['グら.モ] 89% 名 男 グラム

gra-'mó-fo+no [グら.'モ.フォ.ノ] 名 男〔機〕蓄音機

gra-'mo-la [グら.'モ.ラ] 名 女〔機〕ポータブル蓄音機

'gram-pa ['グらン.パ] 名 女《ｺﾛﾝﾋﾞｱ》ステープラー[ホチキス]の針

gram-pa-'do-ra [グらン.パ.'ド.ら] 名 女《ｺﾛﾝﾋﾞｱ》ステープラー, ホチキス

'gran 形 ↓grande

'gra-na ['グら.ナ] 名 女 緋色, えんじ色, 深紅色;〔昆〕エンジムシ, ケルメス;〔農〕結実(の時期); 小さな種 ～ ***del paraíso***〔植〕カルダモン ***ponerse*** (***rojo***[***ja***]) ***como la*** ～ 顔が真っ赤になる

gra-'na-da [グら.'ナ.ダ] 名 女〔植〕ザクロ(の実);〔軍〕手榴(しゅりゅう)弾

Gra-'na-da [グら.'ナ.ダ] 名 固〔地名〕グラナダ《スペイン南部の県, 県都; ニカラグア南西部の県, 県都》;〔地名〕グレナダ《小アンティル諸島南東部の島国》

gra-na-'de-ro [グら.ナ.'デ.ろ] 名 男 擲弾(てきだん)兵; 精鋭部隊の歩兵

gra-na-'dés, -'de-sa [グら.ナ.'デス, 'デ.サ] 形〔地名〕グレナダ(人)の 名 男 女 グレナダ人 ↑Granada

gra-na-'di+no, -na [グら.ナ.'ディ.ノ, ナ] 形 名 男 女〔地名〕グラナダの(人) ↑Granada **-na** 名 女〔飲〕ザクロジュース

gra-'na-do, -da [グら.'ナ.ド, ダ] 形 傑出した, 選び抜かれた; 熟練した, 成熟した 名 男〔植〕ザクロの木

gra-'nar [グら.'ナる] 動 自〔農〕«穀物が»実を結ぶ

gra-'na-te [グら.'ナ.テ] 名 男〔鉱〕ざくろ石, ガーネット; ガーネット色, 深紅色 形《単複同》ガーネット色の, 深紅色の

***Gran Bre-'ta-ña** [グらン ブれ.'タ.ニャ] 93% 名 固〔Reino Unido de ～〕〔地名〕英国, 連合王国《正式名はグレートブリテンおよび北アイルランド連合王国 Reino Unido de Gran Bretaña e Irlanda del Norte》;〔地名〕グレートブリテン島, 大ブリテン島

Gran Ca-'na-ria [グらン カ.'ナ.りア] 名 固〔地名〕グラン・カナリア《スペイン, カナリア諸島の主島》

****'gran-de** ['グらン.デ] 60% 形《単数名詞の前では gran となる》大きい, 大型の, 大規模の; 重要な; 偉大な, 傑出した; 豪華な, 盛大な;《話》すごい, すばらしい;《話》〔皮肉〕大した, あきれた, ひどい;《ﾒｷｼｺ》年上の 名 共 大公, 大貴族《スペインの最高貴族》; 偉人, 大物, 大人物 名 男 大国 ***a lo*** ～ 裕福に, ぜいたくに, 豪華に ***en*** ～ 盛大に, にぎやかに ***pasarlo en*** ～ 楽しく過ごす

'Gran-de ['グらン.デ] 名 固〔río ～〕〔地名〕リオグランデ川《米国南西部, 米国・メキシコ国境を流れる川; メキシコではリオブラボ川 río Bravo と呼ばれる》

gran-de-'ci-to, -ta [グらン.デ.'すぃ.ト, タ] 形《話》(かなり)大きい

***gran-'de-za** [グらン.'デ.さ] 92% 名 女 大きいこと, 巨大さ, 広大さ, 壮大さ, 大規模; 偉大なこと, 重大さ, 高貴なこと; 大公の地位

gran-di-lo-'cuen-cia [グらン.ディ.ロ.'クエン.すぃア] 名 女 格調高い文体;〔軽蔑〕大げさな表現

gran-di-lo-'cuen-te [グらン.ディ.ロ.'クエン.テ] 形 «言葉が»大げさな, 誇張した, 大言壮語する

gran-dio-si-'dad [グらン.ディオ.スィ.'ダド] 名 女 壮大さ, 雄大さ, 壮観; 華美, きらびやかさ

gran-'dio-so, -sa [グらン.'ディオ.ソ, サ] 形 壮大な, 雄大な, 堂々とした, 崇高な; 華美な, きらびやかな

gran-'dí-si-mo, -ma 〔最上級〕↑grande

gran-'dor [グらン.'ドる] 名 男 大きさ, 大きいこと

gran-'do-te, -ta [グらン.'ド.テ, タ] 形《話》巨大な, (図体の)大きい, ばかでかい

gran-du-'llón, -'llo-na [グらン.ドゥ.'ジョン, 'ジョ.ナ] 形《話》ずいぶん大きい, ばかでかい

gran-du-'lón, -'lo-na 形《ﾗﾌﾟﾗﾀ》《話》体の大きな(子供) 名 男 女 子供のような若者

gra-ne+'a-do [グら.ネ.'ア.ド] 名 男 粒状にすること

gra-ne+'ar [グら.ネ.'アる] 動 他 粒状にする;〔農〕〈の〉種をまく

gra-'nel [グら.'ネル]〔成句〕 ***a*** ～ ばらで, ばら荷の;〔商〕計り売りで, ばら売りで; たくさん, 豊富に

gra-'ne-ro [グら.'ネ.ろ] 名 男〔農〕穀物倉庫;〔農〕穀倉地帯

gra-'ní-ti-co, -ca [グら.'ニ.ティ.コ, カ] 形〔鉱〕花崗(かこう)岩の

gra-'ni-to [グら.'ニ.ト] 名 男〔鉱〕花崗(かこう)岩;〔医〕にきび, 吹き出物;〔医〕顆粒(かりゅう); 蚕の卵;〔縮小語〕↓grano ***echar un*** ～ ***de sal*** (a: に)ユーモアを少し交える ***poner su*** ～ (***de arena***) 少し協力する, ささやかな寄付をする

gra-ni-'za-da [グら.ニ.'さ.ダ] 名 女〔気〕ひょう混じりの嵐; 雨あられと降りかかるもの, 殺到;〔飲〕砕いた氷入りのジュース

gra-ni-'za-do [グら.ニ.'さ.ド] 名 男

〘飲〙 砕いた氷入りのジュース, グラニサード; 《カリブ》〘食〙 かき氷

gra-ni-'zar [グら.ニ.'さる] 動 自 ㉞ (z|c) 〘気〙 あられ[ひょう]が降る; 雨あられと降る 動 他 (de: を)雨あられと浴びせる

gra-'ni-zo [グら.'ニ.そ] 名 男 〘気〙 あられ, ひょう; (de: の)雨あられのようなもの

'gran-ja ['グらン.は] 名 女 〘農〙 農場, 農園; (農場にある)農家; 〘畜〙 (家畜・家禽の)飼育場, 牧場, 養殖場

'Gran-ja ['グらン.は] 名 固 〔La ～〕〘地名〙 ラ・グランハ 《スペイン中部の町; フェリーペ 5 世 Felipe V の離宮がある》

gran-je+'ar [グらン.へ.'アる] 動 他 得る, 稼ぐ, もうける 動 自 〘海〙 (ある方向に)針路をとる, 進航する　**～se** 動 再 〈信用・人気などを〉得る

gran-'je-ro, -ra [グらン.'へ.ろ, ら] 名 男 女 〘農〙 農場の所有者[管理者]; 〘農〙 農場労働者

'Gran 'La-go del 'O-so ['グらン 'ラ.ゴ デル 'オ.ソ] 名 固 〘地名〙 グレートベア湖 《カナダ北西部の湖》

'Gran-ma ['グら(ン).マ] 名 固 〘地名〙 グランマ 《キューバ西部の県》

'gra+no ['グら.ノ] 89% 名 男 〘食〙 穀物, 穀類; 〘食〙 (穀物・ブドウなどの)一粒, 粒; 〘医〙 にきび, 吹き出物, (顔などの)ぶつぶつ; ごく少量, 微量; (コーヒーなどの)豆　～ ***de arena*** ささやかな貢献　***ir al*** ～ 《話》 本題に入る, 単刀直入に言う

gra-'no-so, -sa [グら.'ノ.ソ, サ] 形 粒のような, 粒のある

gra-'nu-ja [グら.'ヌ.は] 名 男 〔軽蔑〕 悪党, やくざ者; 〔軽蔑〕〔親愛〕 いたずらっ子, 悪たれ 名 女 〘食〙 ブドウの粒, ブドウの種; 《話》〔集合〕 悪党ども

gra-nu-'ja-da [グら.ヌ.'は.ダ] 名 女 いたずら, 悪事

gra-nu-la-'ción [グら.ヌ.ラ.'すぃオン] 名 女 顆粒(かりゅう)化; 〘医〙 にきび[吹き出物]の症状

gra-nu-'lar [グら.ヌ.'ラる] 形 ざらざらした; 粒(状)の, 顆粒(かりゅう)状の; 吹き出物だらけの, にきびのできた 動 他 顆粒状にする, ざらざらにする　**～se** 動 再 にきび面になる

'grá-nu-lo ['グら.ヌ.ロ] 名 男 小粒, 顆粒(かりゅう), 微粒; 〘医〙 小顆(しょうか)剤

gra-nu-'lo-so, -sa [グら.ヌ.'ロ.ソ, サ] 形 粒状の

'gran-za ['グらン.さ] 名 女 〘植〙 アカネ; 〔複〕〘農〙 穀物の殻, もみ殻; 石膏のかす; 〘鉱〙 金属の浮きかす, 鉱滓

'gra-pa ['グら.パ] 名 女 〘技〙 留め金, かすがい, また釘(くぎ); (ホチキスの)針, ステープル; 〘医〙 (傷口の)縫合(ほうごう); 《南米》〘飲〙 グラッパ 《ブドウから作る蒸留酒》

gra-pa-'do-ra [グら.パ.'ド.ら] 名 女 ステープラー, ホチキス

gra-'par [グら.'パる] 動 他 ステープラー[ホチキス]で留める

gra-'sien-to, -ta [グら.'スィエン.ト, タ] 形 脂肪性の, 油状の; 油などで汚れた, べとべとした

'gra-so, -sa ['グら.ソ, サ] 形 脂肪質の, 脂肪の多い; 太った 名 男 〘食〙 脂肪質, 油っこさ, 脂身　**-sa** 名 女 〘食〙 (肉の)脂肪, 脂身, 脂肉; 〘技〙 グリース, 潤滑油; 《アルゼンチン》 野卑な人, いやしい人間　***echar grasa*** 《話》 太る

gra-'so-so, -sa [グら.'ソ.ソ, サ] 形 脂肪質の, 油っこい

gra-'tén 名 男 ⇩ gratín

gra-ti-fi-ca-'ción [グら.ティ.フィ.カ.'すぃオン] 名 女 報酬, 償い, ほうび; ボーナス, 特別賞与; 心付け, 祝儀, チップ

gra-ti-fi-'can-te [グら.ティ.フィ.'カン.テ] 形 喜ばせる, 満足させる

gra-ti-fi-'car [グら.ティ.フィ.'カる] 動 他 ⑲ (c|qu) 〈に〉報いる, 償う; 〈に〉ボーナスを支給する; 喜ばせる, 満足させる

gra-'tín [グら.'ティン] 名 男 〘食〙 グラタン

gra-ti-'nar [グら.ティ.'ナる] 動 他 〘食〙 グラタンにする

*'**gra-tis** ['グら.ティス] 93% 副 無料で 形 無料の

gra-ti-'tud [グら.ティ.'トゥド] 名 女 感謝(の念), 謝意

*'**gra-to, -ta** ['グら.ト, タ] 92% 形 気持ちのよい, 快適な, 楽しい, 愉快な; (手紙で)ありがたい…, あなたの…; 好意的な, 好ましい; 無料の, 好意による　***persona non grata***〔ラテン語〕(外交において)好ましからざる人物

gra-tui-'dad [グら.トゥイ.'ダド] 名 女 無料

*gra-'**tui-to, -ta** [グら.'トゥイ.ト, タ] 92% 形 無料の, ただの; いわれのない, 根拠のない　**-tamente** 副 無料で, ただで

gra-tu-la-'to-rio, -ria [グら.トゥ.ラ.'ト.りオ, りア] 形 《格》 祝賀の, 祝いの

'gra-va ['グら.バ] 名 女 〔集合〕 砂利(じゃり), (こぶし大の)石; 〘鉱〙 礫(れき), 砂礫(されき)

gra-'va-men [グら.'バ.メン] 名 男 重荷, 負担; 〘法〙 課税, 税

gra-'var [グら.'バる] 動 他 〘法〙 課税する; 荷を負わせる, 負担をかける

'gra-ve** ['グら.ベ] 80% 形 重大な, 深刻な, 危険をはらんだ; 〘医〙 重傷の, 重病の; 威厳のある, 重々しい, 荘重な; 《音・声が》低音の, 低い; 〘言〙 語の終わりから 2 番目の音節にアクセントがある　**～mente** 副 ひどく, 重大に; 重々しく

gra-ve-'dad [グら.ベ.'ダド] 90% 名 女

重大さ, 深刻さ, 容易ならぬこと; 〔医〕《病気・けがが》重いこと, 重症, 重傷; 荘重さ, 重々しさ; 〔物〕重力, 引力, 重量

gra-'ve-ra [グら.'べ.ら] 名 女 砂利採掘[採取]場

gra-vi-'dez [グら.ビ.'デす] 名 女 《格》〔医〕妊娠, 懐胎

'grá-vi-do, -da ['グら.ビ.ド, ダ] 形 《詩》重い, いっぱいに積んだ; 《格》〔医〕妊娠している, 懐胎した

gra-'vi-lla [グら.'ビ.ジャ] 名 女 (細かい)砂利

gra-'ví-si-mo, -ma 〔最上級〕 ↑grave

gra-vi-ta-'ción [グら.ビ.タ.'すぃオン] 名 女 〔物〕〔天〕重力(作用), 引力

gra-vi-'tar [グら.ビ.'タる] 動 自 (sobre: に)載っている, もたれかかる, 支えられている; (sobre: の)責任[重荷, 負担]になる; 〔物〕〔天〕引力に引かれる

gra-'vo-so, -sa [グら.'ボ.ソ, サ] 形 つらい, 重い; わずらわしい, 厄介な, 面倒な

'Graz ['グらす] 名 固 〔地名〕グラーツ《オーストリア南東部の都市》

graz-'nar [グらす.'ナる] 動 自 〔鳥〕《カラス・ガチョウなどが》カアカア[ガアガア]鳴く

graz-'ni-do [グらす.'ニ.ド] 名 男 〔鳥〕(カラス・ガチョウなどの)鳴くこと[声]; キンキン声(で歌う[話す]こと), がなり声

'gre-ca ['グれ.カ] 名 女 雷文(らいもん), 稲妻形の続き模様

*'**Gre-cia** ['グれ.すぃア] 92% 名 固 〔地名〕ギリシャ《正式名はギリシャ共和国 República Helénica》

gre-'cis-mo [グれ.'すぃス.モ] 名 男 〔言〕ギリシャ語源の語

gre-co-la-'ti+no, -na [グれ.コ.ラ.'ティ.ノ, ナ] 形 ギリシャ・ラテンの; 〔言〕ギリシャ語とラテン語の

gre-co-rro-'ma+no, -na [グれ.コ.ろ.'マ.ノ, ナ] 形 ギリシャ・ローマの, グレコローマンの

'gre-da ['グれ.ダ] 名 女 粘土, 陶土

'Gre-dos ['グれ.ドス] 名 固 〔sierra de ～〕〔地名〕グレドス山脈《スペイン中西部の山脈》

gre-'do-so, -sa [グれ.'ド.ソ, サ] 形 粘土質の

'Green-wich ['グり.ニチ] 名 固 〔地名〕グリニッジ《イギリス, イングランド南東部の都市; 経度 0 度の本初子午線が通る》

gre-'ga-rio, -ria [グれ.'ガ.りオ, りア] 形 〔生〕《動物が》群居[群生]する; 自主性のない, 付和雷同的な

gre-ga-'ris-mo [グれ.ガ.'りス.モ] 名 男 〔生〕群居性

gre-go-'ria+no, -na [グれ.ゴ.'りア.ノ, ナ] 形 〔歴〕グレゴリオ **1** 世の《Gregorio I, 540?–604, 教皇》; グレゴリオ **13** 世の《Gregorio XIII, 1502–85, 教皇》

Gre-'go-rio [グれ.'ゴ.りオ] 名 固 〔男性名〕グレゴリオ

gre-gue-'rí+a [グれ.ゲ.'り.ア] 名 女 騒音, 騒動; 〔文〕グレゲリア《ゴメス・デ・ラ・セルナが始めた短い散文形式; Ramón Gómez de la Serna, 1888–1963, スペインの小説家》

grei-'frú [グれイ.'フる] 名 男 〔複 -frúes ⇔-frús〕《中米》《ベネズエラ》〔植〕グレープフルーツ

'grei-fu ['グれイ.フ] 名 男 《ラプラタ》〔植〕グレープフルーツ

grei-'fú [グれイ.'フ] 名 男 《カリブ》〔植〕グレープフルーツ

'gre-lo ['グれ.ロ] 名 男 〔植〕カブの若葉

gre-'mial [グれ.'ミアル] 形 (同業)組合の; 〔歴〕中世の商人・職人団体[ギルド]の 名 男 同業組合員; 〔歴〕ギルド組合員; 〔宗〕〔衣〕(司教がミサなどで用いる絹または麻の)膝掛け

'gre-mio ['グれ.ミオ] 名 男 組合, 協会, 結社; 〔歴〕(中世の)商人・職人団体, ギルド, 職能組合; 《話》仲間

Gre-'no-ble [グれ.'ノ.ブレ] 名 固 〔地名〕グルノーブル《フランス南東部の都市》

'gre-ña ['グれ.ニャ] 名 女 〔複〕もじゃもじゃの髪; 毛束になった動物の毛 ***andar a la ～*** 《話》(毛を引っ張って)けんかする, いがみ合う

gre-'ñu-do, -da [グれ.'ニュ.ド, ダ] 形 《メキシコ》長髪の

'gres ['グれス] 名 男 〔地質〕砂のまじった陶土

'gres-ca ['グれス.カ] 名 女 けんか, 口論; 騒動, 騒ぎ

'grey ['グれイ] 名 女 《格》〔畜〕(家畜の)群れ; 〔宗〕キリスト教信徒団; 一団, 集団

'grial ['グりアル] 名 男 〔宗〕聖杯《最後の晩餐でキリストが使った杯》

'grie-go, -ga** ['グりエ.ゴ, ガ] 85% 形 〔地名〕ギリシャ(人)の↑Grecia; 〔言〕ギリシャ語の 名 男 女 ギリシャ人 名 男 〔言〕ギリシャ語; 《話》わけのわからない言葉, ちんぷんかんぷん; 《俗》アナルセックス ***amor ～*** 同性愛

'grie-ta ['グりエ.タ] 名 女 裂け目, 割れ目, 亀裂, ひび; 〔医〕(皮膚の)ひび, あかぎれ

*'**gri-fo** ['グり.フォ] 93% 名 男 《スペイン》蛇口, 栓, コック; 《アンデス》ガソリンスタンド; 《アンデス》〔商〕安酒場, 居酒屋 ***G～*** 名 固 〔ギ神〕グリフィン《ワシの頭と翼, ライオンの胴体を持った怪獣》

gri-'lle-te [グり.'ジェ.テ] 名 男 〔複〕足かせ, 足鎖

'gri-llo ['グり.ジョ] 名 男 〔昆〕コオロギ

andar a ~s《話》ばかなことを考えてぼうっとしている; 〔植〕若芽, 新芽 *cabeza llena de ~s*《話》狂った頭

'**gri-ma** ['グリ.マ] 名 女 不快感, 気味の悪いこと, いとわしさ; 《コロンビア》悲しみ

'**grin-go, -ga** ['グリン.ゴ, ガ] 形 名 男 女《話》〔軽蔑〕外国の, 外国人; 《ラ米》《話》〔軽蔑〕〔特に〕アメリカ人(の), ヤンキー(の); 《アンデス》《チリ》《ラプラタ》《話》白人の外国人(の) 名 男 わけのわからない言葉(遣い)

gri-'ñón [グリ.'ニョン] 名 男〔衣〕ずきん

'**gri-pa** ['グリ.パ] 名 女《メキシコ》《パナマ》《コロンビア》《エクアドル》⇩ gripe

gri-'pal [グリ.'パル] 形〔医〕インフルエンザの, 流感の

*'**gri-pe** ['グリ.ペ] 93% 名 女〔医〕インフルエンザ, 流感

gri-'po-so, -sa [グリ.'ポ.ソ, サ] 形〔医〕インフルエンザにかかった, 流感の

'gris** ['グリス] 86% 形 灰色の, グレーの; 薄暗い, 陰気な, 憂鬱な 名 男 灰色, グレー; 灰色の服; 《話》〔気〕寒い風; 〔動〕シベリアリス; 《スペイン》〔歴〕《話》(フランコの時代の)警官, お巡り, 巡査

gri-'sá-ce+o, +a [グリ.'サ.セ.オ, ア] 形 灰色がかった

gri-'sú [グリ.'ス] 名 男〔鉱〕坑内ガス

'**gri-ta** ['グリ.タ] 名 女 叫び声, どなり声; やじ, 罵声(ばせい); 騒ぎ, 騒々しさ

gri-'tar [グリ.'タる] 86% 動 自 叫ぶ, どなる, 大声で話す; あざける, やじる 動 他 叫ぶ, どなる, 大声で言う; 罵声(ばせい)を浴びせる

gri-te-'rí+o [グリ.テ.'リ.オ] 名 男〔集合〕叫び, 大声をあげること; 騒ぎ

'gri-to** ['グリ.ト] 87% 名 男 (大声の)叫び, 大声; 〔鳥〕〔動〕鳴き声 *a ~ pelado [herido, limpio]* 大声をあげながら *pedir a ~s*《話》とても必要としている *poner el ~ en el cielo* 怒りの声をあげる, 憤慨する *último ~*《話》最新流行

gri-'tón, -'to-na [グリ.'トン, 'ト.ナ] 形 名 男 女《話》大声を出す(人), すぐどなる(人)

gro+en-lan-'dés, -'de-sa [グろ.エン.ラン.'デス, 'デ.サ] 形〔地名〕グリーンランド(人)の 名 男 女 グリーンランド人 ⬇Groenlandia

Gro+en-'lan-dia [グろ.エン.'ラン.ディア] 名 固〔地名〕グリーンランド島《デンマーク領; 大西洋北部の島》

'**grog** ['グろグ] 名 男〔複 grogs〕〔飲〕グロッグ酒《ラム酒などを砂糖湯とレモンで割ったもの》

'**gro-gui** ['グろ.ギ] 形〔競〕〔ボクシング〕グロッキーの

gro-'se-lla [グろ.'セ.ジャ] 名 女〔植〕スグリ(の実)

gro-se-'rí+a [グろ.セ.'リ.ア] 名 女 非礼, 失礼, ぶしつけ; 下品な言葉; 粗雑さ, 下品さ

*gro-'se-ro, -ra** [グろ.'セ.ろ, ら] 93% 形《人・言葉・態度などが》粗野な, 下品な, 無作法な, ぶしつけな, 無礼な; 粗末な, 粗雑な; 《生地・粒などが》きめの粗い; ひどい, はなはだしい 名 男 女 粗野な人, 下品な人; 無作法な人, 無礼な人 **-ramente** 副 無作法に, 下品に, ぶしつけに

'**gro-so, -sa** ['グろ.ソ, サ] 形《チリ》《話》よい, すばらしい

gro-'sor [グろ.'ソる] 名 男 厚さ, 太さ

grosso modo ['グろ.ソ 'モ.ド] 副〔ラテン語〕おおよそ, 大体において

gro-'tes-co, -ca [グろ.'テス.コ, カ] 形 奇怪な, へんてこな, グロテスクな; ぶざまな, おかしな

'**grú+a** ['グる.ア] 名 女 起重機, クレーン; レッカー車

'grue-so, -sa** ['グるエ.ソ, サ] 90% 形 厚い, 分厚い; 太い, ずんぐりした; 粗野な, 品のない; 粗い; 〔海〕〔気〕《海が》荒れた; 《話》《人が》鈍い, ばかな; 《頭などが》重い, ぼんやりした 名 男 厚さ, 太さ; 主要部分; 〔軍〕主力 副 太く, 肉太で **-sa** 名 女 グロス《12ダース, 144個》 *en ~* まとめて; 大ざっぱに

'**gruis-ta** ['グるイス.タ] 名 共 クレーン作業者

'**gru-lla** ['グる.ジャ] 名 女〔鳥〕ツル[鶴]

gru-'me-te [グる.'メ.テ] 名 男〔海〕ケビンボーイ, 見習い水夫

'**gru-mo** ['グる.モ] 名 男〔食〕凝乳, カード; (液体の中の)塊, だま; 〔医〕凝血; 〔食〕(ブドウなどの)房(ふさ); 〔鳥〕翼端

gru-'mo-so, -sa [グる.'モ.ソ, サ] 形 凝血した, 凝固した

gru-'ñi-do [グる.'ニィ.ド] 名 男〔畜〕《豚が》ブーブー鳴く声; 〔畜〕(犬などの)うなり声; ぶつぶつ言う声

*gru-'ñir** [グる.'ニィる] 94% 動 自 ⑩ 〈i〉〔畜〕《豚が》ブーブー鳴く; 〔畜〕《犬などが》怒ってうなる; 《戸などが》きしる, キーキー音をたてる; ぶつぶつ言う, ぼやく 動 他 口にする, 〈言葉を〉吐く *~ las tripas*《話》おなかが鳴る, ゴロゴロいう

gru-'ñón, -'ño-na [グる.'ニョン, 'ニョ.ナ] 形 名 男 女《話》不平ばかり言う(人), 文句の多い(人)

'**gru-pa** ['グる.パ] 名 女〔畜〕(馬の)尻 *volver ~s* 引き返す

gru-'pal [グる.'パル] 形 グループの, 集団の

'gru-po** ['グる.ポ] 67% 名 男 グループ, 群れ, 小集団, まとまり, 一組; (特定の目的を持つ)グループ, 集団, 分派, 同好会, 団体; 〔楽〕(歌手・楽器などの)グループ; 〔技〕設備, 装置; 〔軍〕班, 部隊; 〔生〕(動物・植物分類

g

上の)群;〘化〙団, 基;〘数〙群;〘美〙群像 ～ *sanguíneo*〘医〙血液型

'gru-ta ['グる.タ] 名 女〘地〙(小さな)ほら穴, 洞窟;〘建〙地下室, 穴倉

g. t. 略 =giro telegráfico 電報

gta. 略 ↑glorieta

'gua ['グア] 感《南米北》《アンデス》わあ, ああ《驚き・恐れ》

gua-bi-ne+'ar [グア.ビ.ネ.'アる] 動 自《ベネズエラ》《話》優柔不断である, 決めかねている

'gua-ca 名 女《南米》〘歴〙(先住民の)墳墓, 墓;《南米》秘宝, 宝物;《中米》《カリブ》貯金箱

gua-'cal 名 男《メキシコ》《中米》《カリブ》背負いかご

gua-ca-'ma-yo [グア.カ.'マ.ジョ] 名 男〘鳥〙コンゴウインコ

gua-ca-'mo-le [グア.カ.'モ.レ] 名 男《カリブ》〘食〙グアカモーレ《アボカド・トマトなどのサラダ》;《メキシコ》《中米》〘食〙グアカモーレソース《アボカドにトマト・タマネギ・チリソースを入れて練ったもの》

gua-'ca-ra [グア.'カ.ら] 名 女《メキシコ》嘔吐(おうと), 吐瀉(としゃ)

gua-cha-pe+'ar [グア.チャ.ペ.'アる] 動 他《チリ》盗む

gua-chi-'nan-go, -ga [グア.チ.'ナン.ゴ, ガ] 形 名 男 女《カリブ》ずるい(人); 口数の多い(人);《カリブ》《話》〘地名〙メキシコ(人)の, メキシコ人 名 男〘魚〙タイ

'gua-cho, -cha ['グア.チョ, チャ] 名 男 女《南米》孤児, 捨て子;《チリ》ねえ, 君, あなた《愛情を込めた呼び方》 形《南米》親のない, 孤児の, 捨て子の;《チリ》おとなしい, 従順な;《チリ》《靴下などが》片方がない

'gua-co ['グア.コ] 名 男《ラ米》〘植〙ウマノスズクサ;《ラ米》〘鳥〙ホウカンチョウ

gua-'dal [グア.'ダル] 名 男《ラプラタ》〘地〙沼, 沼地

Gua-da-la-'ja-ra [グア.ダ.ラ.'は.ら] 名 固〘地名〙グアダラハーラ《スペイン中部の県, 県都; メキシコ中西部の都市, ハリスコ Jalisco 州の州都》

Gua-dal-qui-'vir [グア.ダル.キ.'ビる] 名 固 [el ～]〘地名〙グアダルキビール川《スペイン南部を流れる川》

Gua-da-'lu-pe [グア.ダ.'ル.ペ] 名 固〘女性名〙グアダルーペ;〘地名〙グアダルーペ《スペイン中西部の都市; メキシコ北東部の都市》;〘地名〙グアドループ島《カリブ海, 小アンティル諸島の島》 ***Nuestra Señora de ～*** グアダルーペの聖母《メキシコの守護聖母》

gua-da-me-'cí [グア.ダ.メ.'すぃ] 名 男 [複 -cíes⇔-cís] 浮き彫り細工を施した革

gua-da-me-ci-'le-ro [グア.ダ.メ.すぃ.'レ.ろ] 名 男〘技〙〘商〙なめし革職人[メーカー]

gua-'da-ña [グア.'ダ.ニャ] 名 女 (長柄の)草刈り鎌, 大鎌;〘架空〙死神

gua-da-'ñar [グア.ダ.'ニャる] 動 他〈草を〉(大鎌で)刈る

gua-dar-'nés [グア.ダる.'ネス] 名 男〘畜〙馬具置き場[保管所];〘畜〙馬具係

Gua-da-'rra-ma [グア.ダ.'ら.マ] 名 固 [sierra de ～]〘地名〙グアダラマ山脈《スペイン中部の山脈》

Gua-'dia-na [グア.'ディア.ナ] 名 固 [el ～]〘地名〙グアディアナ川《スペインとポルトガルの南部を流れる川》

Gua-'dix [グア.'ディ(ク)ス] 名 固〘地名〙グアディス《スペイン南部の都市》

'gua-gua ['グア.グア] 名 女《南米》赤ちゃん, 子供;《カリブ》《スペイン》[カナリア諸島]〘車〙バス ***de ～*** 《話》ただで

'guai-na ['グアイ.ナ] 名 共《チリ》農民

Guai-'rá [グアイ.'ら] 名 固〘地名〙グアイラ《パラグアイ南東部の県》

'guai-ro ['グアイ.ろ] 名 男《ラ米》小型船

'gua-je ['グア.へ] 名 男《メキシコ》《中米》ひょうたん;《スペイン北部》《話》子供 名 共《メキシコ》《中米》ばか者

Gua-'ji-ra [グア.'ひ.ら] 名 固 [La ～]〘地名〙ラ・グアヒーラ《コロンビア北東部の県》

gua-'ji-ro, -ra [グア.'ひ.ろ, ら] 名 男 女《カリブ》(キューバの)農民 **-ra** 名 女《カリブ》〘楽〙グアヒーラ《キューバの民謡》

gua-jo-'lo-te [グア.ほ.'ロ.テ] 名 男《メキシコ》《中米》〘鳥〙シチメンチョウ 名 共《メキシコ》《話》ばか者

'gual-do, -da ['グアル.ド, ダ] 形《格》黄色の

gual-'dra-pa [グアル.'ドら.パ] 名 女〘歴〙〘畜〙(馬の)飾り衣装;《話》ぼろきれ, はぎれ

gua-'le-ta [グア.'レ.タ] 名 女《チリ》〘競〙[スキンダイビング] フィン《足のひれ》

gua-'ma-zo [グア.'マ.そ] 名 男《ベネズエラ》《話》不幸; 銃創; 強い酒を飲むこと

'gua-me ['グア.メ] 名 男《カリブ》《話》簡単なこと

gua-'ná-ba-na [グア.'ナ.バ.ナ] 名 女〘植〙トゲバンレイシ

Gua-na-'cas-te [グア.ナ.'カス.テ] 名 固〘地名〙グアナカステ《コスタリカ北西部の県》

gua-'na-co, -ca [グア.'ナ.コ, カ] 形 名 男 女《ラ米》ばかな; ばか者;《中米》《話》エルサルバドルの(人) 名 男《アンデス》〘動〙グワナーコ《ラクダ科の動物》;《チリ》《話》(警察の)放水車

Gua-na-'jua-to [グア.ナ.'ふア.ト] 名 固〘地名〙グアナフアト《メキシコ中部の州, 州都》

Gua-'na-re [グア.'ナ.れ] 名 固〘地名〙グアナーレ《ベネズエラ北西部の都市》

'guan-che ['グアン.チェ] 形 名 共〘歴〙グアンチェ族(の)《アフリカ北西沖のスペイン領

カナリア諸島 Canarias の先住民》
guan-'go-che [グアン.'ゴ.チェ] 名 男 《メキシコ》《中米》荷造り用麻布; 《中米》大袋
'gua+no, -na ['グア.ノ, ナ] 形名 男 女 《カリブ》《話》頭がおかしい(人) 名 男 糞(ふん)化石, グアノ《肥料》; 人造グアノ肥料
guan-'ta-da 名 女 ⇩ guantazo
guan-ta-na-'me-ro, -ra [グアン.タ.ナ.'メ.ろ, ら] 形名 男 女 〔地名〕グアンタナモの(人)⬇Guantánamo
Guan-'tá-na-mo [グアン.'タ.ナ.モ] 名 固 〔地名〕グアンタナモ《キューバ東部の県, 県都》
guan-'ta-zo [グアン.'タ.そ] 名 男 平手打ち, ピシャリと打つこと
*'**guan-te** ['グアン.テ] 92% 名 男 〔複〕手袋; 〔競〕〔野球〕グラブ, グローブ; 〔複〕〔競〕〔ボクシング〕グラブ, グローブ〕 *arrojar el* ~ (a: に)挑戦する, 挑む *echar el* ~ (a: を)捕らえる *hacer* ~*s* 〔競〕ボクシングをする *recoger el* ~ 挑戦に応じる *sentar como un* ~ ぴったり合う
guan-te-'le-te [グアン.テ.'レ.テ] 名 男 〔歴〕〔軍〕(中世騎士の用いた)籠手(こて)
guan-'te-ra [グアン.'テ.ら] 名 女 〔車〕グラブコンパートメント, グローブボックス《助手席の前の収納ボックス》
guan-te-'rí+a [グアン.テ.'リ.ア] 名 女 手袋工場; 〔商〕手袋店
gua-pe+'ar [グア.ペ.'アる] 動 自 《アンデス》《チリ》《ラプラタ》《話》空いばりする, 強がりを言う
gua-pe-'tón, -'to-na [グア.ペ.'トン, 'ト.ナ] 形 《話》とても美しい, かっこいい 名 男 女 かっこいい男, 美男子; かわいい女の子
gua-'pe-za [グア.'ペ.さ] 名 女 《話》かっこよさ, 美貌(びぼう); 勇敢さ, 大胆さ
gua-'pí-si-mo, -ma 〔最上級〕⬇guapo
'gua-po, -pa ['グア.ポ, パ] 84% 形 《話》ハンサムな, 美人の, かわいい, きれいな; 《南米》勇敢な, 恐れ知らずの; 《カリブ》《話》自慢する, 得意げな; 《カリブ》《話》怒った, 不機嫌な; 《アンデス》《チリ》《話》厳しい, 厳格な 感 ねえ, おまえ[あなた]! 《しばしば不満や怒りを表す呼びかけ》 名 男 女 《話》愛人, 恋人; 《話》いばる人, 自慢屋 名 男 《話》恋人, 色男; 《話》けんか早い男; 《チリ》《話》叱りつけ, 非難 *dárselas de* ~ 色男ぶる *tener el* ~ めかしこむ
gua-'que-ro, -ra [グア.'ケ.ろ, ら] 名 男 女 《アンデス》墓荒らし
gua-'ra-ca [グア.'ら.カ] 名 女 《コロンビア》《アンデス》投石機; 《アンデス》《チリ》むち
gua-ra-'char [グア.ら.'チャる] 動 自 《カリブ》《話》踊る
gua-'ra-che [グア.'ら.チェ] 名 男 〔複〕《メキシコ》《中米》(革製の)サンダル
gua-'ra-cho [グア.'ら.チョ] 名 男 《中米》《話》〔衣〕古びた帽子
gua-'ra-gua [グア.'ら.グア] 名 女 《中米》《話》うそ, デマ
gua-ra-'gua+o [グア.ら.'グア.オ] 名 男 《カリブ》〔鳥〕タカ
Gua-'ran-da [グア.'らン.ダ] 名 固 〔地名〕グアランダ《エクアドル中西部の都市》
gua-ran-'din-ga [グア.らン.'ディン.ガ] 名 女 《南米》やっかいな問題, もめごと, 混乱
gua-ra-'ní [グア.ら.'ニ] 形 名 共 〔複 -níes⇦-nís〕グアラニー族(の)《パラグアイとブラジルに住む先住民》; 〔言〕グアラニー語の 名 男 〔言〕グアラニー語; 〔経〕グアラニー《パラグアイの通貨》
gua-'ra-nia [グア.'ら.ニア] 名 女 《パラグアイ》〔楽〕グアラニア《ゆっくりとしたテンポのパラグアイの民族音楽》
gua-'ra-pe [グア.'ら.ペ] 名 男 《アンデス》《話》酒に酔った
gua-ra-'pe-ro, -ra [グア.ら.'ペ.ろ, ら] 形名 男 女 《アンデス》《話》酒に酔った(人)
gua-ra-'pe-ta [グア.ら.'ペ.タ] 名 女 《メキシコ》《カリブ》《話》酒酔い
gua-'ra-po [グア.'ら.ポ] 名 男 《ラ米》〔飲〕サトウキビ酒
gua-ra-'pón [グア.ら.'ポン] 名 男 《チリ》〔衣〕つば広帽子
*'**guar-da** ['グアる.ダ] 93% 名 共 番人, 衛兵, 守衛, 警備員, ガードマン; 護衛, ボディーガード; 森林警備員 名 女 管理, 保管, 監視, 見張り; 保護; 〔法〕(法などを)守ること, 遵守; 〔印〕(本の)見返し《表紙の裏》; (扇子の)親骨
guar-da-ba-'rre-ra [グアる.ダ.バ.'れ.ら] 名 共 〔鉄〕踏切番, 警手
guar-da-'ba-rros [グアる.ダ.'バ.ろス] 名 男 〔単複同〕〔車〕泥よけ, フェンダー
guar-da-'bos-que [グアる.ダ.'ボス.ケ] 名 共 森林警備員, 森番
guar-da-'bra-zo [グアる.ダ.'ブら.そ] 名 男 〔歴〕(よろいの)腕覆い
guar-da-'bri-sa [グアる.ダ.'ブリ.サ] 名 男 〔車〕風防ガラス, フロントガラス; (ガラス製の)ランプ傘, 火屋(ほや)
guar-da-can-'tón [グアる.ダ.カン.'トン] 名 男 〔建〕(道の)縁石(ふちいし)
guar-da-'cos-tas [グアる.ダ.'コス.タス] 名 男 〔単複同〕〔海〕沿岸警備艇
guar-da-'dor, -'do-ra [グアる.ダ.'ドる, 'ド.ら] 名 男 女 番人, 見張り番
guar-da-e-qui-'pa-je [グアる.ダ.エ.キ.'パ.ヘ] 名 共 荷物預かり人
guar-da-es-'pal-das [グアる.ダ.エス.'パル.ダス] 名 共 〔単複同〕ボディーガード, 護衛
guar-da-'fre-nos [グアる.ダ.'フれ.ノス] 名 共 〔単複同〕〔鉄〕制動手

g

guar-da-'gu-jas [グアる.ダ.'グ.はス] [名] [共]〔単複同〕〔鉄〕転轍(てんてつ)手

guar-da|in-'fan-te [グアる.ダイン.'ファン.テ] [名] [男]〔歴〕〔衣〕ファージンゲール《スカートを広げるために使われた腰まわりの張り輪》

guar-da-ju-'ra-do [グアる.ダ.ふ.'ら.ド] [名] [男] (自治体の)警備隊

guar-da-'lí-ne+as [グアる.ダ.'リ.ネ.アス] [名] [共]〔単複同〕〔競〕線審, ラインズマン

guar-dal-ma-'cén [グアる.ダル.マ.'セン] [名] [共] 倉庫係

guar-da-'ma+no [グアる.ダ.'マ.ノ] [名] [男] (刀剣の)つば

guar-da-'me-ta [グアる.ダ.'メ.タ] [名] [共]〔競〕〔サッカーなど〕ゴールキーパー

guar-da-'mue-bles [グアる.ダ.'ムエ.ブレス] [名] [男]〔単複同〕家具置き場; (王宮の)家具保管係, 調度係

guar-da-'pol-vo [グアる.ダ.'ポル.ボ] [名] [男]〔衣〕ダスターコート; ちりよけ, ほこりよけカバー;〔建〕(バルコニーなどの)小さい屋根; (懐中時計の)中ぶた

guar-'dar [グアる.'ダる] 79% [動] [他] 取っておく, ずっと持っている, 確保する; (en: ある場所に)保管[保存]する, 収納する; 〈ある状態を〉保つ, 続ける; 〈感情・思い出などを〉持ち続けている, 忘れないでいる; 〈場所などを〉守る, 〈の〉番[管理]をする, 見張る, 警戒する; (de: から)守る, 保護する; 〈約束・法律などを〉守る, 履行する, 遵守(じゅんしゅ)する; 〈秘密などを〉隠しておく;〔情〕保存する, セーブする **~se** [動] [再] (自分のために)取っておく; (de: から)身を守る; (de 不定詞: …を)しないようにする; しまう, 隠す **~ *cama***〔医〕病床にある, (病気で)寝ている ***guardársela*** (a: に)恨みを持ち続ける

guar-da-'rro-pa [グアる.ダ.'ろ.パ] [名] [男] クローク(ルーム), 携帯品一時預かり所; 衣装だんす [名] [共] クローク係

guar-da-rro-'pí+a [グアる.ダ.ろ.'ピ.ア] [名] [女]〔演〕(劇場の)衣装部屋;〔集合〕〔演〕舞台衣装

guar-da-'si-lla [グアる.ダ.'スィ.ジャ] [名] [女]〔建〕腰長押(なげし)

guar-da-'ví+a [グアる.ダ.'ビ.ア] [名] [共]〔鉄〕保線係

guar-da-'vi-vos [グアる.ダ.'ビ.ボス] [名] [男]〔単複同〕〔建〕(角をガードする)繰形(くりかた), モールディング

guar-de-'rí+a [グアる.デ.'リ.ア] [名] [女] 託児所, 保育所, 保育園

guar-'dés, -'de-sa [名] [共] ⇧ guarda [名] [共]

'guar-dia ['グアる.ディア] 82% [名] [女] 見張り, 警戒, 監視; 警備隊, 護衛隊, 警護隊; 当直, 当番, 休日[夜間]営業;〔競〕ガード, 守り [名] [共] 衛兵, 守衛, 警備兵; 警官, 警察官; (個人または団体の)護衛, ボディーガード **~ *civil*** 《スペイン》治安警察 [名] [共] 《スペイン》治安警察官 ***hacer*** [***montar***] **~**〔軍〕歩哨(ほしょう)に立つ

guar-dia-ci-'vil [名] [女] ⇨ guardia civil ⬆ guardia

guar-'dián, -'dia-na [グアる.'ディアン, 'ディア.ナ] [名] [男] [女] 管理人, 見張り人, 番人, ガードマン [名] [男]〔海〕甲板長; 太綱, 大索, ホーザー

guar-'di-lla [名] [女] ⇧ buhardilla

gua-re-'cer [グア.れ.'せる] [動] [他] 45 (c|zc) (de: 危険から)保護する, 防ぐ, 守る; 庇護(ひご)する, かくまう;〔医〕〈病人の〉看護をする, 〈の〉手当てをする **~se** [動] [再] (de: を)避ける, しのぐ; 身を隠す, 安全なところに身を置く

gua-'ri-cha [グア.'り.チャ] [名] [女] 《南米北》《話》売春婦

'Guá-ri-co ['グア.り.コ] [名] [固]〔地名〕グアリコ《ベネズエラ中北部の州》

gua-'ri-da [グア.'り.ダ] [名] [女]〔動〕(動物の)巣, 穴, ほら穴; (犯人などの)巣, 根城, アジト

gua-'rim-ba [グア.'りン.バ] [名] [女] 《ベネズエラ》《話》隠れ家, 隠れ場

gua-ri-'po-la [グア.り.'ポ.ラ] [名] [女] 《チリ》《ラプラタ》〔楽〕(太鼓の)ばち; 《ラプラタ》安物の焼酎

gua-'ris-mo [グア.'りス.モ] [名] [男]〔数〕(アラビア)数字, 数

guar-ne-'cer [グアる.ネ.'せる] [動] [他] 45 (c|zc) (con, de: を)装備する, 準備する; (con, de: で)飾る, 装飾する;〔軍〕〈に〉守備隊を置く, 守備する;〔食〕〈に〉(con, de: 付け合わせを)添える; 〈に〉へりを付ける, 〈に〉ふち飾りをする;〔建〕〈に〉漆喰(しっくい)を塗る

guar-ni-'ción [グアる.ニ.'すぃオン] [名] [女]〔軍〕守備隊;〔複〕〔畜〕馬具;〔食〕つま, 付け合わせ; 飾るもの, 装飾品; ふち飾り, へり飾り; (刀剣の)つば; (宝石の)台金;〔機〕(気筒の)ライニング;〔建〕漆喰(しっくい)を塗ること

guar-ni-cio-'ne-ro, -ra [グアる.ニ.すぃオ.'ネ.ろ, ら] [名] [男] [女]〔技〕馬具職人

'gua-ro ['グア.ろ] [名] [男] 《コロンビア》ラム酒で酔った人

gua-'rra-da [グア.'ら.ダ] [名] [女] 《スペイン》⇩ guarrería

gua-rre-'rí+a [グア.れ.'り.ア] [名] [女] 汚さ, 不潔, よごれ; ちらかり, めちゃくちゃ; 下品なこと, 卑猥なもの, いやらしいもの; 汚い手口

'gua-rro, -rra ['グア.ろ, ら] [形] 《スペイン》《話》豚のような, 不潔な, 汚れた, 汚い [名] [男] [女]〔動〕ブタ[豚];《話》薄汚い人, 不潔な人

'gua-sa ['グア.サ] [名] [女]《話》冗談, しゃれ;《話》皮肉, 当てこすり, 風刺, 辛辣;《話》不快, いやなこと, 残念なこと

gua-'sap 名 女 ⇩ wasap

gua-'sa-pa [グア.'サ.パ] 名 女 《中米》〔遊〕独楽(こま)

'guas-ca ['グアス.カ] 名 女 《カリブ》《南米》革ひも, 革のむち

gua-se+'ar-se [グア.セ.'アる.セ] 動 再 (de: を)ちゃかす, からかう, ひやかす

'gua-so, -sa ['グア.ソ, サ] 形 《カリブ》《南米》粗野な, 下品な, 乱暴な; 《カリブ》《南米》〔しばしば軽蔑〕田舎の 名 男 女 《アンデス》《チリ》《ラプラタ》チリの農民, 田舎者

gua-'són, -'so-na [グア.'ソン, 'ソ.ナ] 形 名 男 女 冗談好きな(人)

'gua-ta ['グア.タ] 名 女 《スペイン》(綿の入った)クッション; 詰め綿; 《ラ米》《話》おなか; 《コロンビア》〔動〕毒蛇; 《ラプラタ》動物の腹

Gua-te-'ma-la [グア.テ.'マ.ラ] 87% 名 固 〔República de ～〕〔地名〕グアテマラ《中米中部の共和国》; 〔ciudad de ～〕〔地名〕グアテマラ市, グアテマラシティー《グアテマラの首都》

gua-te-mal-'te-co, -ca [グア.テ.マル.'テ.コ, カ] 92% 形〔地名〕グアテマラ(人)の 名 男 女 グアテマラ人 ⬆Guatemala

gua-'te-que [グア.'テ.ケ] 名 男 (ホーム)パーティー

'gua-to ['グア.ト] 名 男 《メキシコ》《話》混乱, 騒ぎ; 《アンデス》ひも

gua-'tón, -to-na [グア.'トン, ト.ナ] 形 名 男 女 《アンデス》《チリ》おなかが出た[大きな](人), 太鼓腹の(人)

'guau ['グアウ] 感 《擬音》ウー, ワンワン《犬の鳴き声》

'guay ['グアイ] 感 《話》すごい!, ナイス! 形 すごい, いい, 楽しい 副 すごく, 楽しく

gua-'ya-ba [グア.'ジャ.バ] 名 女 〔植〕グアバの実《バンジロウの果実》; 《中米》《話》大きな口

gua-ya-'be-ra [グア.ジャ.'ベ.ら] 名 女 《メキシコ》《カリブ》〔衣〕グアヤベーラ《男性用の刺繍(ししゅう)入りの開襟シャツ》

Gua-'ya-ma [グア.'ジャ.マ] 名 固 〔地名〕グアジャーマ《プエルトリコ南東部の県》

Gua-'ya-nas [グア.'ジャ.ナス] 名 固 〔地名〕ギアナ地方《南アメリカ大陸北東部地方; ガイアナ・仏領ギアナ・スリナム・ブラジルの一部・ベネズエラの一部よりなる》

gua-ya-'nés, -'ne-sa [グア.ジャ.'ネス, 'ネ.サ] 形 名 男 女 〔地名〕ギアナ地方の(人) ⬇Guyanas

Gua-ya-'quil [グア.ジャ.'キル] 名 固 〔地名〕グアジャキール《エクアドル南西部の都市》

gua-ya-qui-'le-ño, -ña [グア.ジャ.キ.'レ.ニョ, ニャ] 形 名 男 女 〔地名〕グアジャキールの(人) ⬆Guayaquil

gua-'yar-se [グア.'ジャる.セ] 動 自 《カリブ》酒に酔う, 酔っぱらう

'Gua-yas ['グア.ジャス] 名 固 〔地名〕グアジャス《エクアドル西部の州》

gua-'za-pa [グア.'さ.パ] 名 女 《中米》〔遊〕小さな独楽(こま)

gu-ber-na-men-'tal [グ.べる.ナ.メン.'タル] 90% 形〔政〕政府の, 政治(上)の, 統治の

gu-ber-na-'ti-vo, -va [グ.べる.ナ.'ティ.ボ, バ] 形〔政〕政府の, 行政の

gu-ber-'nis-ta [グ.べる.'ニス.タ] 形〔政〕政府側の 名 共 政府支持者

'gu-bia ['グ.ビア] 名 女 〔技〕丸のみ

gue-'de-ja [ゲ.'デ.は] 名 女 〔体〕長い髪, 髪のふさ; 〔動〕(ライオンの)たてがみ

'güel-fo, -fa ['グエル.フォ, ファ] 形 名 男 女 〔歴〕(中世イタリアの)ゲルフ党員(の)《教皇を支持した》

güe-'mul 名 男 《チリ》⇩ huemul

gue-'par-do [ゲ.'パる.ド] 名 男 〔動〕チーター

Guer-'ni-ca [ゲる.'ニ.カ] 名 固 〔地名〕ゲルニカ《スペイン北部の町; スペイン内戦中, 1937 年爆撃によって破壊された》

'güe-ro, -ra ['グエ.ろ, ら] 形 《メキシコ》《中米》ブロンドの, 金髪の; 《チリ》«食物が»腐った

'gue-rra ['ゲ.ら] 73% 名 女 戦争, 戦争状態; (武力によらない)戦い, 争い, 闘争, 敵対, いがみ合い; やっかいなこと, 騒ぎ *dar ～* 《話》問題を起こす *pedir [querer] ～* «女性が» (性的に)誘惑する

gue-rre+'ar [ゲ.れ.'アる] 動 自 (con, contra: と)戦う, 激しく争う

gue-'rre-ro, -ra [ゲ.'れ.ろ, ら] 92% 形 戦争の, 軍事の; 好戦的な; «子供が»いたずら好きな, やんちゃな 名 男 女 兵士, 戦士, 軍人; 闘士 **-ra** 名 女 〔軍〕〔衣〕軍服の上着

Gue-'rre-ro [ゲ.'れ.ろ] 名 固 〔地名〕ゲレーロ《メキシコ南西部の州》; 〔姓〕ゲレーロ

gue-'rri-lla [ゲ.'り.ジャ] 89% 名 女 〔軍〕ゲリラ部隊; ゲリラ戦

gue-rri-'lle-ro, -ra [ゲ.り.'ジェ.ろ, ら] 名 男 女 〔軍〕ゲリラ兵[隊員], パルチザン, 遊撃兵

'gue-to ['ゲ.ト] 名 男 ゲットー, ユダヤ人街[居住区]

gue-va-'ris-mo [ゲ.バ.'りス.モ] 名 男 〔政〕ゲバラ主義《Ernesto Che Guevara, 1928–1967, アルゼンチン生まれの革命家》

gue-va-'ris-ta [ゲ.バ.'りス.タ] 形〔政〕ゲバラ主義の 名 共 〔政〕ゲバラ主義者

gu-fe+'a-do, -da [グ.フェ.'ア.ド, ダ] 形 《カリブ》《話》よい, すばらしい

gu-fe+'ar [グ.フェ.'アる] 動 自 《カリブ》《話》楽しむ, 冗談を言う, からかう

'guí+a ['ギ.ア] 88% 名 共 案内者, ガイド;

指導者 [名] [女] (旅行・美術館などの)案内書, ガイドブック, 指導書; 〔鉄〕時刻表; 〔植〕本枝, 幹; 指導, 指図, 案内, ガイダンス; 電話帳; 〔機〕誘導装置, (ミシンなどの)糸道; 《メキシコ》《カリブ》〔車〕ハンドル

*'**guiar** ['ギアる] 92% [動] [他] 29 (i|í)〔直現2複 guiais; 直点1単 guie; 直点3単 guio; 接現2複 guieis〕(a, hasta: に)案内する; 導く, 指導する, 教え導く; 管理する, 運営する, 経営する; 運転する, 操縦する ～**se** [動] [再] (por: に従って)生活[行動]する, (por: に)導かれる

g

'**guie** [動] 《直点1単》⬆guiar

'**gui-ja** ['ギ.は] [名] [女] (丸くなった)小石; 〔植〕ソラマメ属の各種

gui-'ja-rro [ギ.'は.ろ] [名] [男] 小石, 丸石

gui-ja-'rro-so, -sa [ギ.は.'ろ.ソ, サ] [形] 小石の多い, 小石だらけの

'**gui-jo** ['ギ.ほ] [名] [男] 砂利, 礫(れき); 〔機〕軸頭, ピボット

'**gui-lla** ['ギ.ジャ] [名] [女] 〔農〕豊作 ***de*** ～ 〔農〕豊作で; 十分に, 豊富に

gui-'lla-do, -da [ギ.'ジャ.ド, ダ] [形] 《話》狂った, 判断ができない

gui-'lla-me [ギ.'ジャ.メ] [名] [男] 〔技〕しゃくりかんな《溝用の細身のかんな》

gui-'llar-se [ギ.'ジャる.セ] [動] [再] 逃げる; 頭がおかしくなる ***guillárselas*** 《俗》ずらかる, 高飛びする

Gui-'ller-mo [ギ.'ジエる.モ] [名] [固] 〔男性名〕ギジェルモ

gui-'llín [名] [男] ⇩ huillín

gui-llo-'ti-na [ギ.ジョ.'ティ.ナ] [名] [女] 〔歴〕ギロチン, 断頭台[機]; (紙などの)裁断機 ***de*** ～ «窓が»上げ下げ式の

gui-llo-ti-'nar [ギ.ジョ.ティ.'ナる] [動] [他] 〔歴〕断頭機[ギロチン]にかける; 〈紙を〉裁断機で切る

'**güi-mo** ['グイ.モ] [名] [男] 《カリブ》〔動〕テンジクネズミ, モルモット

'**guin-da** ['ギン.ダ] [名] [女] 〔植〕ミザクラの実, ダークチェリー; (仕事などの)仕上げ, 終わり ***poner la*** ～ (a: を)成功させる, うまく仕上げる

guin-da-'le-ta [ギン.ダ.'レ.タ] [名] [女] (指の太さほどの)ロープ

guin-'dar [ギン.'ダる] [動] [他] 《スペイン》《話》くすねる, かすめる, 奪い取る; 揚げる, 高く持ち上げる; 《話》絞首刑にする, 縛り首にする [動] [自] 《カリブ》《話》死ぬ, 亡くなる; 《ベネズエラ》《話》けんかする; 《ベネズエラ》《話》眠る ～**se** [動] [再] (綱などを伝って)降りる

guin-'di-lla [ギン.'ディ.ジャ] [名] [女] 〔植〕赤トウガラシ

'**guin-do, -da** ['ギン.ド, ダ] [形] 《メキシコ》ワインレッドの, 暗赤色の

guin-'do-la [ギン.'ド.ラ] [名] [女] 〔海〕救命浮標, 救命ブイ; 〔海〕測程板

Gui-'ne+a [ギ.'ネ.ア] [名] [固] 〔(la) ～〕〔República de ～〕〔地名〕ギニア《アフリカ西部の共和国》; 〔golfo de ～〕〔地名〕ギニア湾《アフリカ大陸西岸の大湾》

Gui-'ne+a-Bi-'sáu [ギ.'ネ.ア ビ.'サウ] [名] [固] 〔República de ～〕〔地名〕ギニアビサウ《アフリカ西部の共和国》

*__Gui-'ne+a E-cua-to-'rial__ [ギ.'ネ.ア エ.クア.ト.'りアル] 94% [名] [固] 〔(la) ～〕〔República de ～〕〔地名〕赤道ギニア共和国《アフリカ中西部の共和国》

gui-ne+'a+no, -na [ギ.ネ.'ア.ノ, ナ] [形] 〔地名〕ギニアビサウ(人)の [名] [男] [女] ギニアビサウ人⬆Guinea-Bissau

gui-'ne+o, +a [ギ.'ネ.オ, ア] [形] 〔地名〕ギニア(人)の [名] [男] [女] ギニア人⬆Guinea [名] [男] 《中米》《カリブ》《アンデス》〔植〕バナナ

gui-'ña-da [ギ.'ニャ.ダ] [名] [女] ウインク, まばたき; 〔海〕«船が»急に傾くこと, 偏走

gui-'ña-po [ギ.'ニャ.ポ] [名] [男] ぼろきれ; 《話》弱った人, ふぬけ; ぼろを着た汚い男; 堕落した人

gui-'ñar [ギ.'ニャる] [動] [他] 〈目を〉まばたきする, 〈に〉目くばせをする, 〈に〉ウインクする [動] [自] まばたきをする ～**se** [動] [再] (互いに)目くばせをする

'**gui-ño** ['ギ.ニョ] [名] [男] 目くばせ, ウインク; まばたきするほどの時間, 一瞬

gui-'ñol [ギ.'ニョル] [名] [男] 〔演〕指人形(劇), ギニョール

'**guio** [動] 《直点3単》⬆guiar

'**guion** ['ギオン] [名] [男] 概略, 大要, あらまし; 〔映〕台本, 脚本, シナリオ, スクリプト; ハイフン《-の記号》; (行進の)先導旗; 王旗; 先導者, 指揮者 ～ ***bajo*** アンダーバー

guio-'nis-ta [ギオ.'ニス.タ] [名] [共] 〔映〕〔演〕脚本家, シナリオライター

guio-ni-'zar [ギオ.ニ.'さる] [動] [他] 34 (z|c) 〔映〕〔演〕脚本にする

güi-'pil [名] [男] ⇩ huipil

Gui-'púz-co+a [ギ.'プす.コ.ア] [名] [固] 〔地名〕ギプスコア《スペイン北部の県》

gui-puz-co+'a+no, -na [ギ.プす.コ.'ア.ノ, ナ] [形] [名] [男] [女] 〔地名〕ギプスコアの(人)⬆Guipúzcoa

'**gui-ri** ['ギ.り] [名] [男] 《スペイン》《俗》〔軽蔑〕よそ者, 外国人

gui-ri-'gay [ギ.り.'ガイ] [名] [男] 《スペイン》騒ぎ, 騒動; 《スペイン》《話》わけのわからない言葉

guir-'la-che [ギる.'ラ.チェ] [名] [男] 〔食〕アーモンドヌガー

guir-'nal-da [ギる.'ナル.ダ] [名] [女] (小さな)花輪, 花冠, 花綱; 〔植〕センニチコウ

'**gui-sa** ['ギ.サ] [名] [女] やり方, 方法 ***a*** ～ ***de*** … …のように(して) ***de esta*** [***esa***] ～ この[その]方法で

gui-'sa-do [ギ.'サ.ド] 名 男〔食〕煮込み料理, シチュー

gui-'san-te [ギ.'サン.テ] 名 男《スペイン》〔植〕エンドウマメ, グリンピース

*__gui-'sar__ [ギ.'サる] 91% 動 自《スペイン》〔食〕料理する, 調理する 動 他〔食〕シチューにする, 煮込む; 用意する, 準備する, 仕組む, たくらむ

*__'gui-so__ ['ギ.ソ] 94% 名 男〔食〕料理; 〔食〕煮込み料理, シチュー

gui-'so-te [ギ.'ソ.テ] 名 男《話》〔食〕まずい煮込み料理, ごった煮

gui-so-te+'ar [ギ.ソ.テ.'アる] 動 他〔食〕〔軽蔑〕へたに料理する

'güis-qui ['グイス.キ] 名 男〔飲〕ウイスキー

'gui-ta ['ギ.タ] 名 女 より糸, 細いひも; 《話》金(かね), 現ナマ *soltar* [*aflojar*] *la* ~ 《話》金を払う ~ *loca*《ラプラタ》《話》大金(たいきん)

*__gui-'ta-rra__ [ギ.'タ.ら] 93% 名 女〔楽〕ギター

gui-ta-'rre-ro, -ra [ギ.タ.'れ.ろ, ら] 名 男 女 ギター職人

*__gui-ta-'rris-ta__ [ギ.タ.'りス.タ] 94% 名 共〔楽〕ギター奏者, ギタリスト

'gu+la ['グ.ラ] 名 女〔食〕大食, 大ぐらい, 暴飲暴食; むさぼり, がつがつ(食うこと)

gu+'lag [グ.ラグ] 名 男〔歴〕グラーグ《旧ソビエト連邦にあった強制労働収容所》

gu-lus-me+'ar [グ.ルス.メ.'アる] 動 自〔食〕(料理中に)つまみ食いをする, クンクンかぐ; (うろうろ)のぞき回る

gu-lus-'me-ro, -ra [グ.ルス.'メ.ろ, ら] 名 男 女〔食〕つまみ食いをする人

gu-'ma-rra [グ.'マ.ら] 名 女《コロンビア》《話》〔畜〕めんどり

gu-'ma-rro [グ.'マ.ろ] 名 男《メキシコ》《俗》睾丸(こうがん)

gu-'mí+a [グ.'ミ.ア] 名 女〔歴〕(ムーア人の)短剣

gu+'rí, +'ri+sa [グ.'り, 'り.サ] 名 男 女〔複 -ríes⇦-rís〕《ラプラタ》《話》子供

gur-'mé [グる.'メ] 名 共〔食〕グルメ, 美食家

gu+'rú [グ.'る] 名 男〔複 -rúes⇦-rús〕〔宗〕(とくにヒンズー教の)導師

gu-run-'dan-go, -ga [グ.るン.'ダン.ゴ, ガ] 形 名 男 女《カリブ》《話》動きが鈍い; 病弱な(人)

gu-sa-ne+'ar [グ.サ.ネ.'アる] 動 自 群がる, たかる

gu-sa-'ne-ra [グ.サ.'ネ.ら] 名 女 虫がたかっている場所

gu-sa-'ni-llo [グ.サ.'ニ.ジョ] 名 男 (盲目的な)情熱, むずむずする気持ち; 〔昆〕(足のない)小さい虫; 〔衣〕金銀のより糸, 刺繍(ししゅう)糸 ~ *de la conciencia*《話》良心の呵責(かしゃく) *matar el* ~《話》朝起きがけに酒を一口飲む

gu-sa-'ni-to〔縮小語〕↓gusano

*__gu-'sa+no__ [グ.'サ.ノ] 93% 名 男〔動〕(足のない)虫《ミミズ, 毛虫など》, うじ虫; 〔情〕ワーム; 《話》〔軽蔑〕つまらないやつ, 見下げたやつ; 《カリブ》《南米》《話》〔軽蔑〕亡命キューバ人 ~ *de conciencia*《話》良心の呵責(かしゃく)

gu-sa-'ra-pa [グ.サ.'ら.パ] 名 女〔魚〕(魚釣りの餌になる)虫の幼虫

gu-sa-ra-'pien-to, -ta [グ.サ.ら.'ピエン.ト, タ] 形 虫のついた, 虫に食われた; 不潔な, 汚れた

gu-sa-'ra-po [グ.サ.'ら.ポ] 名 男〔動〕ウジ, 水中の虫

gus-'tar [グス.'タる] 64% 動 自 **1** «が»好きだ, «を»好む, (a: を)満足させる, (a: の)気に入る: Me gusta caminar. 私は歩くのが好きだ。 **2**〔過去未来形で〕(不定詞: …)したい, してみたい: Me gustaría verte. 君に会いたいなあ。 **3** 楽しむ, 気に入る: Si **gusta**... — Gracias, ¡que aproveche! よろしかったらどうぞ。—ありがとうございます, どうぞごゆっくり召し上がってください《食事をしている者が食事をしていない人に勧める。その返事》 **4** (de: を)楽しむ, (de: が)好きになる: Hay que aprender a **gustar** de uno mismo. 自分自身を好きになることを学ばなければならない。 動 他 味わう; 経験する: Siento no tener apetito para gustar el bocado. 残念なんですが食欲がなくておつまみを味見できません。

gus-ta-'ti-vo, -va [グス.タ.'ティ.ボ, バ] 形〔体〕味覚の

Gus-'ta-vo [グス.'タ.ボ] 名 固〔男性名〕グスターボ

gus-'ta-zo [グス.'タ.そ] 名 男《話》大きな喜び[満足], 気持ちがよいこと, 快感

gus-'ti-llo [グス.'ティ.ジョ] 名 男 味, 後味, 後口; 〔一般〕後味; 《話》気持ちのよいこと, 快感; 《俗》オーガズム

gus-ti-rri-'nín [グス.ティ.り.'ニン] 名 男《話》喜び, 楽しみ

'gus-to ['グス.ト] 79% 名 男 味, 風味, 味覚; 趣味, 好み; 鑑賞力, 審美眼, センス; 楽しみ, 愉快, 満足, 楽しいこと, 快楽; 《俗》オーガズム *a* ~ 喜んで, 気持ちよく *coger el* ~ (a: が)気に入る *con* (*mucho*) ~ 喜んで; 《中米》《話》いいえ, どういたしまして《gracias への返事》 *dar* ~ 喜ばせる, 楽しませる *Mucho* ~. 初めまして, どうぞよろしく《初対面の挨拶》 *tener el* ~ *de* ...(不定詞) …いたします, …させていただきます *tener* ~ *en* ...(不定詞) …を喜びとする

*__gus-'to-so, -sa__ [グス.'ト.ソ, サ] 94% 形 喜んだ, 心からの; おいしい; 楽しい

gu-ta-'per-cha [グ.タ.'ペる.チャ] 名 女 グッタペルカ(で加工した布)《マレー地方のアカテツ科植物から得るゴム状物質》

Gu-'tié-rrez [グ.'ティエ.れす] 名 固〘姓〙グティエレス

gu-tu-'ral [グ.トゥ.'らル] 形 のどの, のどから出る;〘音〙喉音(こうおん)の, 軟口蓋音の 名 女〘音〙喉音, 軟口蓋音《[k], [g] など》

Gu-'ya-na [グ.'ジャ.ナ] 名 固〔República ～〕〘地名〙ガイアナ《南アメリカ北東部の国; 正式名はガイアナ共和国》

gu-'ya-nés, -ne-sa [グ.ジャ.'ネス, 'ネ.サ] 形〘地名〙ガイアナ(人)の 名 男 女 ガイアナ人 ⬆Guyana

g. v. 略 =gran velocidad 高速

H h

H, h ['ア.チェ] 名 女〘言〙アチェ《スペイン語の文字》 *por H o por B* [*C*] なんだかんだと理由をつけて

h 略 ⬇hora(s)

h. 略 ⬇hacia, hoja

h- 略 =hecto-《接頭辞》10 の 2 乗

H. 略 ⬇hermano, -na

'ha 動《直現 3 単》⬇haber

ha 略 ⬇hectárea

hab. 略 ⬇habitante

'ha+ba ['ア.バ] 名 女〔el/un⇦una ～〕〘植〙ソラマメ; (虫の)刺し傷 *echar las ～s* (a: に)魔法をかける *ser ～s contadas* 分かりきったことだ

****Ha-'ba-na** [ア.'バ.ナ] 88% 名 固〔La ～〕〘地名〙ハバナ《キューバ Cuba の首都》;〘地名〙〔provincia de La ～〕ラ・アバーナ県《キューバ西部の県》

ha-ba-'ne-ro, -ra [ア.バ.'ネ.ろ, ら] 形 名 男 女〘地名〙ハバナの(人)⬆Habana **-ra** 名 女〘楽〙ハバネラ《キューバのゆったりした 2 拍子の舞踊, 音楽》

ha-'ba+no, -na [ア.'バ.ノ, ナ] 形 名 男 女 ハバナの(人), キューバ(産)の; 茶褐色の(人) 名 男 ハバナ葉巻

****ha-'ber** [ア.'べる] 38% 動《助動詞》㉟〔過去分詞とともに〕…した, …してしまった《完了時制をつくる》: Hemos comido. 私たちは食事をしました。 動 他〔3 単〕**1** ある, いる《存在》《現在形は hay を用いる》: Hay muchos libros en la mesa. テーブルの上にたくさん本があります。 **2**〔前置詞的に〕《古》《詩》…前に 名 男 財産, 資産; 長所; 収入, 給料;〘商〙(簿記で)貸方 ～ …(過去分詞) …してあればよかったのに, …しておいてくれればよかったのに ～ *de* …(不定詞) …しなければならない《義務》; …のはずだ《必然性》; …だろう《推量》; …するつもりだ《意志》 ～ *que* …(不定詞) …しなければならない《直現は hay》 *habérselas con* … …とかかわり合いになる; 対決する, 決着をつける *he aquí* … ここに…がいる *heme* [*nos*] *aquí* ここに私[私たち]がいる, こうしている[ある] *hete aquí* [*ahí*]《格》ここ[そこ]に君がいる *hubiera* …(過分)《格》…だったのに *no ～ más que* …(不定詞) …するだけでよい《直現は hay》 *no ～ que* …(不定詞) …しなくてもよい《直現は hay》 *No hay de qué.* どういたしまして《お礼の返事》 *¿Qué hay?*《話》どうだい?, 元気かい? *¿Qué hay de nuevo?*《話》変わったことはある? *¿Qué hubo?*《ラ米》どうだい? *tener en su ～ que* … …という正当な理由がある, …で正当化される

ha-bi-'chue-la [ア.ビ.'チュエ.ラ] 名 女〘植〙インゲンマメ

ha-'bi-do, -da [ア.'ビ.ド, ダ] 形《子供が》生まれた

***'há-bil** ['ア.ビル] 92% 形 技量のある, 腕のよい, 手腕のある, 熟練した; 抜け目のない, ずるい; (para: に)適した, ふさわしい;〘法〙(法定の)資格のある, 合法的な, 許容される *días ～es* 平日, 就業日

***ha-bi-li-'dad** [ア.ビ.リ.'ダド] 92% 名 女 技量, 手腕, 腕前, 熟練; (特殊な)技能, 技術; (何かをする)能力, 才能, できること, 有能なこと;〘法〙権利, 権能, 権限, 資格

ha-bi-li-'do-so, -sa [ア.ビ.リ.'ド.ソ, サ] 形 器用な, 巧みな

ha-bi-li-ta-'ción [ア.ビ.リ.タ.'すぃオン] 名 女 資格[権限]の付与; (場所の)提供; 利用, 使用;〘商〙融資; 資金の調達

ha-bi-li-'ta-do, -da [ア.ビ.リ.'タ.ド, ダ] 形 資格のある 名 男 女 会計係, 主計官

ha-bi-li-'tar [ア.ビ.リ.'タる] 動 他 〈に〉資格[権限]を与える; (para: に)準備する, 提供する, 利用する, 充てる; (con, de: 必要物を)供給する;〘商〙〈に〉融資する, 〈に〉資金を調達する;〘情〙有効にする

ha-bi-'lo-so, -sa [ア.ビ.'ロ.ソ, サ] 形《アンデス》《チリ》⇧habilidoso

ha-bi-'ta-ble [ア.ビ.'タ.ブレ] 形 居住できる

＊ha-bi-ta-'ción [ア.ビ.タ.'すぃオン] 78% 名 女〔建〕部屋, 室;《メキ》《カリ》〔建〕寝室, ベッドルーム; 住むこと, 居住; 住む所, すみか, 住居;〔生〕(動植物の)生息地

ha-bi-'tá-cu-lo [ア.ビ.'タ.ク.ロ] 名 男《格》〔建〕居室;〔海〕船室;〔生〕(動植物の)生息地

＊ha-bi-'tan-te [ア.ビ.'タン.テ] 85% 名 共 住民, 居住者;〔複〕人口

＊ha-bi-'tar [ア.ビ.'タる] 92% 動 他〈に〉住む,〈に〉宿る;〔生〕〈に〉生息する 動 自 (en: に)住む

'há-bi-tat ['ア.ビ.タト] 名 男〔複 -tats〕〔生〕(動物・植物の)生息地, 生育地, 生育環境, すみか; (人間の)居住条件, 居住環境

＊'há-bi-to ['ア.ビ.ト] 90% 名 男 (個人の)癖, 習慣; (生物などの)習性;〔宗〕〔衣〕法衣, 僧服 ***colgar*** [***ahorcar***] ***los ~s*** 《話》聖職をやめる, 僧籍を離れる, 還俗(げんぞく)する

ha-bi-tua-'ción [ア.ビ.トゥア.'すぃオン] 名 女 習慣化, 馴化(じゅんか)

＊ha-bi-'tual [ア.ビ.'トゥアル] 85% 形 習慣的な, いつもの; ふだんの, 普通の 名 共 常連 **~mente** 副 普通は, いつもは

ha-bi-'tuar [ア.ビ.'トゥアる] 動 他 ⑰ (u|ú) (a: に)慣らす, 習慣づける **~se** 動 再 (a: に)慣れる, 親しむ

＊'ha-bla ['ア.ブラ] 86% 名 女〔el/un⇔una ~〕話すこと, 話す能力; 話し方; 言語, 言葉; 方言;〔言〕パロール ***Al ~.*** 代わりました, どうぞお話しください《電話で話し手が代わったときに言う》 ***al ~ con ...*** …と連絡をとって

ha-'bla-do, -da [ア.'ブラ.ド, ダ] 形 口頭の, 話された, 口語の ***bien ~[da]*** 正しい言葉をつかう ***mal ~*** 言葉遣いが悪い

ha-bla-'dor, -'do-ra [ア.ブラ.'ドる, 'ド.ら] 形 名 男 女 おしゃべりな(人), 話好きな(人); うわさ好きな(人)

ha-bla-du-'rí-a [ア.ブラ.ドゥ.'り.ア] 名 女〔複〕ゴシップ, うわさ話, 陰口

ha-'blan-te [ア.'ブラン.テ] 名 共 話し手, 話者

＊ha-'blar [ア.'ブラる] 61% 動 自 話す, ものを言う, しゃべる; 話をする, 語る, 演説する; 表す, 表現する; 伝える, (de: を)扱う; (de: の)うわさをする;《男女が》つきあう; (a: に)語りかける, 訴える 動 他〈言葉を〉話す, しゃべる, (日常的に)使用する; 言う, 口にする;〈心の中などを〉伝える **~se** 動 再 話し合う, (互いに)口をきく; 話される, 人が話す ***dar que ~*** うわさになる ***~ bien*** (de: を)ほめる, よく言う ***~ entre dientes*** 口ごもる ***~ mal*** (de: の)悪口を言う ***~ para sí*** ひとり言を言う ***~ por ~*** (話すこともないのに)ただ話す, とりとめもないことをしゃべる ***Ni ~.*** 絶対だめだ, とんでもない ***¿Quién habla?*** どちらさまですか《電話で》

ha-'bli-lla [ア.'ブリ.ジャ] 名 女 うわさ話, 流言

ha-'blis-ta [ア.'ブリス.タ] 名 共 言葉を正しく使う人, (言葉の)純正主義者

ha-br~ 動《未/過未》⬆haber

ha-ce-'dor, -'do-ra [ア.せ.'ドる, 'ド.ら] 名 男 女 創造者, 創造主

ha-cen-'da-do, -da [ア.せン.'ダ.ド, ダ] 形 土地[地所]を所有している, 地主の 名 男 土地所有者, 地主;《ラ米》〔農〕大農園の所有者

ha-cen-'dis-ta [ア.せン.'ディス.タ] 名 共 財政家, 経済専門家, エコノミスト

ha-cen-'do-so, -sa [ア.せン.'ド.ソ, サ] 形 勤勉な, よく働く, 働き者の

＊ha-'cer [ア.'せる] 48% 動 他 ㊱ **1** する, 行う (1)〈動作・行為を〉する, 行う, 職業にする: ¿Qué **harás** este fin de semana? — Voy a ir a esquiar. この週末は何をするの? —スキーに行くつもりです。(2)〈任務・義務などを〉果たす,〈最善を〉尽くす: **Haz** lo posible por terminar el trabajo. 仕事を終えられるようできるだけのことをしなさい。(3) 生じさせる, 生む: ¡Qué ruido tan desagradable **hace** ese avión! あの飛行機はひどい騒音を出すなあ! (4) 走る, 走破する, 歩き通す: Todas las mañanas **hago** cinco kilómetros a pie. 私は毎朝 5 キロ走ります。(5)〈爪を〉切る,〈ひげを〉そる **2** 作る, 作成する (1) 作る, 作り出す, 制作する: En esa fábrica **hacen** bicicletas. その工場では自転車を製造している。(2) 用意する, 整える: Tengo que **hacer** una maleta. 私は荷造りをしなければならない。(3)〈金・財産・名声などを〉得る, 手に入れる: Marta **hace** quinientos dólares cada semana. マルタは毎週 500 ドルの収入がある。(4)〈文書などを〉作成する,〈法律などを〉制定する: Se tada tiempo para **hacer** una ley. 法律を制定するには時間がかかる。(5)《数量が》〈に〉なる: Cuatro y tres **hacen** siete. 4 たす 3 は 7。(6) 含む,〈が〉入る: Esta botella **hace** medio litro. この瓶は半リットル入る。 **3** …に～させる, …を～にする (1) (a: に)〈不定詞: …〉させる《使役》: Me **hicieron** esperar media hora. 私は半時間待たされた。(2)〈形容詞: …に〉する: Ese peinado te **hace** más joven. その髪型はとても若々しいね。(3)〈名詞: に〉する, 任命する, 選ぶ: Le **hicieron** general a los 40 años. 彼は 40 歳で将軍に任命された。(4)《人・物事が》〈que 接続法: ある状態を〉生じさせる, 引き起こす: La avería del coche

hizo que nos retrasáramos. 車の故障で私たちは遅れた。(5)《人・物事が》(de: を)〈に〉する: Don Ramón **hizo** de su hijo un abogado. ラモンさんは息子を弁護士にした。(6)(a: に)慣らす: Ya estoy **hecho** al trabajo en la fábrica. もう私は工場の仕事に慣れました。(7)想像する: ¡Qué sorpresa! Yo le **hacía** a usted en Londres. 驚きました。私はあなたがロンドンにいるものと思ってました。 **4**〔3単〕(1)〖気〗天候が〈…と〉なる, 〈で〉ある: ¿Qué tiempo **hace** hoy? — **Hace** buen tiempo. 今日はどんな天気ですか?—よい天気です。(2)〔3単〕…前に《時を表す》: **Hace** una semana empecé este trabajo. 私は1週間前にこの仕事を始めました。(3)〔3単〕(que 直説法: して)〈に〉なる《期間を示す》: **Hace** cinco años que vivimos aquí. 私たちがここに住み始めて5年になります。 動 自 **1** (de: の役を)演じる: Ese actor **hace** siempre de Don Juan. その俳優はいつもプレーボーイの役をしている。 **2** (de: の)役を果たす[つとめる], (de: として)働く: Su abuela **hizo** de madre. 彼の祖母が母親代わりになった。 **3** (a: に)重要である, かかわりがある: Eso no **hace** al caso. それはこの問題と関係ない。 **4** (a: に)都合がよい: Si le **hace**, véngase el domingo a comer con nosotros. もしよろしかったら, 日曜日に食事をしに来てください。 **5** (por, para 不定詞: …)しようとする: Déjame tu dirección y cuando vaya a México **haré** por verte. 君の住所を教えて, 僕がメキシコに行ったとき君に会いに行くよ。 **6** 《中南米》〔le とともに〕問題になる, 重要である: No le **hace**. かまいません。 **7** (de: の)ふりをする **~se** 動 再 **1** …になる, …に変わる: Mi hermano decidió **hacerse** médico. 兄は医師になる決心をした。 **2** (自分のために)作る: Desearía **hacerme** un traje. 私は服を1着作りたいと思います。 **3** 作られる: El chocolate **se hace** del cacao. チョコレートはカカオから作られる。 **4** (el 名詞: の)ふりをする: ¡Vamos, no **te hagas** el tonto y responde! さあ, 知らないふりをしていないで, 答えなさい。 **5** (a: へ)行く, 下がる: ¿Puede usted **hacerse** a un lado para que podamos sentarnos? 私たちが座れるように少し詰めていただけますか。 **6** 〈自分のひげを〉そってもらう, 〈自分の爪(つめ)を〉切ってもらう, 磨いてもらう: Ana se hizo la permanente. アナはパーマをかけてもらった。 **7** (con: を)手に入れる, わがものとする: **Se hizo** con el poder como presidente del gobierno. 彼は首相となって権力を手中にした。 **8** (a: に)慣れる: No **me hago** a la vida del campo. 私は田舎の生活に慣れていない。 **9** (que 直説法: の)ような気がする: **Se** me **hace** que Andrés no vendrá. アンドレスは来ないような気がする。 **10** 仲がよい: Desde que pertenecen a distintos partidos políticos, no **se hacen**. 彼らは別々の政党に属するようになってから仲が悪くなった。 **11** 《メキシコ》知らないふりをする: Vamos, Pepe, no **te hagas**. ¡Sabes muy bien de qué estoy hablando...! さあ, ペペ, 知らないふりをしないで。私が話していることはわかっているでしょ! ***a medio* ~** 中途半端の[に] ***dar que* ~** 手を焼かせる **~ *como que* ...** …のふりをする **~ [*bien*] *mejor* ...**(*en* 不定詞/現在分詞) …するのがよい, …したほうがよい **~ *que* ...** …のふりをする; …のつもりになる **~ *y deshacer*** 人の目かまわず自由にふるまう ***hecho*[*cha*] *y derecho*[*cha*]** 真の, 完璧な, 立派な ***por lo que hace a* ...** …に関して ***¡Qué le vamos a* ~!** しかたがない《あきらめ》 ***¿Qué se hace de ...?*** …はどうなった?

ˈha-ces 動《直現2単》↑hacer 名 女《複》↓haz

*ˈ**ha-cha** [ˈア.チャ] 93% 名 女〔el/un⇦una ~〕斧(おの), まさかり; 《話》やり手, 第一人者, (para: の)上手な人; たいまつ, トーチ, 大ろうそく ***de* ~** 《チリ》すぐに, ただちに ***bajar el* ~** 《ラプラタ》値段をふっかける, 余計にとる

ha-ˈcha-zo [ア.ˈチャ.そ] 名 男 斧(おの)による一撃; 〖牛〗牛の頭突き; 《チリ》《話》二日酔い

*ˈ**ha-che** [ˈア.チェ] 92% 名 女〖言〗アチェ《文字 H, h の名称》; **H** 字形 ***Llámale* ~.** どちらでもかまわない ***por* ~ *o por be*** なんらかの理由で

ha-ˈche-ro [ア.ˈチェ.ろ] 名 男 きこり, まき割り人夫; 〖軍〗工兵; トーチ台, たいまつ立て, 大ろうそく立て

ha-ˈchís [は.ˈチス] 名 男 ハシッシュ, 大麻 感 ↑achís

ˈ**ha-cho** [ˈア.チョ] 名 男 たいまつ, トーチ; 〖地〗高台, 小山, 丘

ˈha-cia** [ア.すぃア] 69% 前〔弱勢〕**1** …に向かって, …の方へ《方向・目標》: ¡Mira **hacia** las montañas! 山の方を見てごらん。 **2** …のあたりに[で]《大体の場所》: **Hacia** el parque hay varios cines. 公園のあたりにいくつか映画館がある。 **3** …に, …へ《傾向》: Mi hija muestra poca inclinación **hacia** el estudio. 私の娘は勉強にあまり関心を示さない。 **4** …に, …への《感情の対象》: Tengo un gran cariño **hacia** los hijos de Daniel. 私はダニエルの子供たちにとても愛情を持っている。 **5** …のころに《大体の時間》: El avión aterrizará **hacia** las cuatro de la tarde. 飛行機

は午後 4 時ごろ着陸するでしょう。

****ha-'cien-da** [ア.'すぃエン.ダ] 86% [名] [女] 農場, 農園; 財産; 〔H～〕〘政〙大蔵, 財務; 《ラ米》〘農〙大農園, アシエンダ; 〘畜〙家畜; 〔複〕家事, 雑用

ha-'ci-na [ア.'すぃ.ナ] [名] [女] 〘農〙干し草 [麦わらなど]の山, 稲むら; 積み重なったもの, 堆積, 山積み

ha-ci-'nar [ア.すぃ.'ナる] [動] [他] 〘農〙稲むらにする; 積み重ねる, 山積みにする **～-se** [動] [再] 押し合う, 集まる, ひしめき合う

hacker ['は.ケる] [名] [共] ⇩ jáquer

'ha+da ['ア.ダ] [名] [女] [el/un⇦una ～] 妖精(ようせい), 仙女

ha-'da-do, -da [ア.'ダ.ド, ダ] 〔成句〕 ***bien ～[da]*** 《格》幸運な, 運がよい ***mal ～[da]*** 《格》運が悪い

'Ha-des ['ア.デス] [名] [固] 〘ギ神〙ハデス《黄泉(よみ)の国の神》

'ha+do ['ア.ド] [名] [男] 《格》宿命, 運命

'haf-nio ['アフ.ニオ] [名] [男] 〘化〙ハフニウム《元素》

'ha-ga(～) [動] 《接現》⬆hacer

ha-gio-gra-'fí+a [ア.ひオ.グら.'フィ.ア] [名] [女] 〘宗〙聖人伝, 聖人の研究

ha-gio-'grá-fi-co, -ca [ア.ひオ.'グら.フィ.コ, カ] [形] 〘宗〙聖人伝の

ha-'gió-gra-fo, -fa [ア.'ひオ.グら.フォ, ファ] [名] [男] [女] 〘宗〙聖人伝作者

'ha+go [動] 《直現 1 単》⬆hacer

'hai-ga ['アイ.ガ] [名] [男] 《話》豪華な高級車 [動] 《接現 1/3 単》haya の方言形

'hai-ku ⇦-kú ['はイ.ク⇦.'ク] [名] [男] 〘文〙俳句

'Hai-nan ['はイ.ナン; 'アイ.] [名] [固] 〔isla de ～〕〘地名〙海南島《中国, 華南地区南方の島》

***Hai-'tí** [アイ.'ティ] 93% [名] [固] 〔República de ～〕〘地名〙ハイチ《カリブ海, 西インド諸島中央部の共和国》

hai-'tia+no, -na [アイ.'ティア.ノ, ナ] [形] 〘地名〙ハイチ(人)の [名] [男] [女] ハイチ人 ⬆Haití

****'ha+la** ['ア.ラ] 88% [感] 《スペイン》《話》さあ!《元気づけるときの言葉》; 《話》それでは《別れの挨拶の前で》; 《話》おやまあ!, やれやれ!《驚き・怒り》; がんばれ!; 《話》さあ早く!, 急げ!《急がせる》; 《話》さあさあ!《人を追い出す》

ha-la-ga-'dor, -'do-ra [ア.ラ.ガ.'ドる, 'ド.ら] [形] 快い, 楽しい, 満足できる; お世辞の

***ha-la-'gar** [ア.ラ.'ガる] 94% [動] [他] [41] (g|gu) 喜ばせる, 満足させる; 〈に〉やさしくする, 〈に〉愛情を示す; 〈に〉こびへつらう, 〈に〉おもねる

ha-'la-go [ア.'ラ.ゴ] [名] [男] へつらい, 甘言, お世辞; 喜ばしいこと

ha-la-'gué, -gue(～) [動] 《直点 1 単, 接現》⬆halagar

ha-la-'güe-ño, -ña [ア.ラ.'グエ.ニョ, ニャ] [形] お世辞の, こびへつらう, おもねる; 有望な, 期待できる; 満足させる, 喜ばせる; 楽しい, 快い, 魅力的な

ha-'lal [は.'ラル] [形] 《肉・食事・食堂・店が》ハラール認証された《イスラム教の戒律を満たしている》

ha-'lar [ア.'ラる] [動] [他] 引く, 引っ張る

hal-'cón [アル.'コン] [名] [男] 〘鳥〙タカ, ハヤブサ; 〘政〙タカ派, 強硬論者

hal-co-ne-'rí+a [アル.コ.ネ.'り.ア] [名] [女] タカ狩り, タカの訓練法

hal-co-'ne-ro, -ra [アル.コ.'ネ.ろ, ら] [名] [男] [女] 鷹匠(たかじょう)

'ha+le [感] ⇧ale

ha-li-'but [ア.リ.'ブト] [名] [男] 〔複 -buts〕〘魚〙オヒョウ《カレイ科》

'há-li-to ['ア.リ.ト] [名] [男] 《格》息, 呼気, 蒸気; 《詩》〘気〙そよ風, 微風

ha-li-'to-sis [ア.リ.'ト.スィス] [名] [女] 〔単複同〕〘医〙口臭, 悪臭呼気

hall ['ほル] [名] [男] 〔英語〕〘建〙玄関の広間, 玄関, ホール

ha-'lla-do, -da [ア.'ジャ.ド, ダ] 〔成句〕 ***bien ～[da]*** 居心地がよい ***mal ～[da]*** 居心地が悪い

****ha-'llar** [ア.'ジャる] 78% [動] [他] 見つける, 発見する, 出会う, 遭遇する; 〈なくしたものを〉捜し出す, (捜して)見つけ出す; (調べて) (que 直説法: …だと)知る **～se** [動] [再] …である, …の状態である; (en: に)いる, ある; 〔否定文で〕場違いに感じる, 居心地が悪い; (con: に)出くわす, 遭遇する ***～se en todo*** 《話》何事にも顔を出す, でしゃばる

***ha-'llaz-go** [ア.'ジャス.ゴ] 91% [名] [男] (偶然の)発見; 見つけた物, 掘り出し物

'ha+lo ['ア.ロ] [名] [男] 〘天〙(日・月などのまわりに見える)かさ, 暈輪(うんりん); (聖像の)光輪, 円光, 円い頭光(ずこう); 名声, 栄光

ha+'ló [感] ⇧alo

ha-'ló-ge+no, -na [ア.'ロ.ヘ.ノ, ナ] [形] 〘化〙ハロゲンの [名] [男] 〘化〙ハロゲン《元素》

ha-loi-'de+o, +a [ア.ロイ.'デ.オ, ア] [形] 〘化〙ハロゲン塩化物の

hal-te-ro-'fi-lia [アル.テ.ろ.'フィ.リア] [名] [女] 〘競〙重量挙げ, ウェイトリフティング

hal-te-'ró-fi-lo, -la [アル.テ.'ろ.フィ.ロ, ラ] [形] [名] [男] [女] 〘競〙重量挙げの(選手)

***ha-'ma-ca** [ア.'マ.カ] 94% [名] [女] ハンモック; デッキチェア

****'ham-bre** ['アン.ブれ] 85% [名] [女] [el/un ⇦una ～] 空腹; 飢え, 飢餓, ひもじさ, 飢饉; 熱望, 渇望 ***engañar [entretener, matar] el ～*** 空腹をまぎらわす ***huelga de ～*** ハンガーストライキ, ハンスト

más listo[ta] que el ～《話》とてもずる賢い　*morir de* ～ とても空腹である; 食うや食わずの生活をする　*pasar* ～ 空腹で苦しむ; 貧乏をする

ham-bre+'a-do, -da [アン.ブれ.'ア.ド, ダ] 形《(アンデス)》《(ラプラタ)》⇩ hambriento

ham-bre+'ar [アン.ブれ.'アる] 動 他 飢えさせる 動 自 飢える, 空腹である

*__ham-'brien-to, -ta__ [アン.'ブりエン.ト, タ] 94% 形 飢えた, 腹のすいた, 空腹の; (de: を)熱望する, 渇望する, あこがれる 名 男 女 腹をすかした人

ham-'brón, -'bro-na [アン.'ブろン, 'ブろ.ナ] 形 名 男 女《(スペイン)》《話》とても腹をすかした(人), 腹ぺこの(人)

ham-'bru-na [アン.'ブる.ナ] 名 女《(ラ米)》ひどい飢え, 飢餓状態

Ham-'bur-go [アン.'ブる.ゴ] 名 固〘地名〙ハンブルク《ドイツ北部の都市》

ham-bur-'gués, -'gue-sa [アン.ブる.'ゲス, 'ゲ.サ] 形 名 男 女〘地名〙ハンブルクの(人)⬆Hamburgo　**-guesa** 名 女〘食〙ハンバーグ, ハンバーガー

'ham-pa ['アン.パ] 名 女〔el/un⇦una ～〕下層社会, 悪の世界, 暗黒街;〘歴〙(昔南スペインに住んでいた)悪党集団

ham-'pón, -'po-na [アン.'ポン, 'ポ.ナ] 形 名 男 女 悪の世界の(人間), 暗黒街の(人); 空いばりをする(人)

'háms-ter ['は(ム)ス.テる] 名 男〔ドイツ語〕〘動〙ハムスター

'han 動《直現 3 複》⬆haber

'Han ['アン] 名 固〘歴〙漢(かん)《中国の王朝, 前 202–後 220 年》

'hán-di-cap ['はン.ディ.カプ] 名 男〔複 -caps〕(競走・競馬・競技などでの)ハンディキャップ, ハンディ;〔一般〕不利な条件, 悪条件, 困難

han-'gar [アン.'ガる] 名 男〘空〙(飛行機の)格納庫

Han-no-'ver [ア(ン).ノ.'べる] 名 固〘地名〙ハノーファー《ドイツ北部の都市》

*__Ha-'nói__ [は.'ノイ; ア.] 94% 名 固〘地名〙ハノイ《ベトナム Vietnam の首都》

'han-sa ['はン.サ; 'アン.] 名 女〘歴〙ハンザ同盟《13–16 世紀北欧の商業を支配した北ドイツ都市同盟》

han-se+'á-ti-co, -ca [アン.セ.'ア.ティ.コ, カ] 形〘歴〙ハンザ同盟の

ha-plo-lo-'gí+a [ア.プロ.ロ.'ひ.ア] 名 女〘音〙重音脱落

ha+'rá 動《直未 3 単》⬆hacer

ha-'ra-ca [ア.'ら.カ] 名 女《(アンデス)》パチンコ, 投石機

ha-ra-'gán, -'ga-na [ア.ら.'ガン, 'ガ.ナ] 形 名 男 女 怠惰な(人), なまけ者(の)

ha-ra-ga-ne+'ar [ア.ら.ガ.ネ.'アる] 動 自 のらくら遊び暮らす, ぶらぶらする

ha-ra-'ki-ri [は.ら.'キ.り; ア.] 名 男 切腹, 腹切り

ha-'rán 動《直未 3 複》⬆hacer

ha-ra-'pien-to, -ta [ア.ら.'ピエン.ト, タ] 形 ぼろを着た

ha-'ra-po [ア.'ら.ポ] 名 男 ぼろ, ぼろきれ;〘飲〙アルコール度の低い酒, 弱い酒

ha-ra-'po-so, -sa [ア.ら.'ポ.ソ, サ] 形 ぼろを着た

ha-ra-'qui-ri 名 男 ⇧ harakiri

Ha-'ra-re [ア.'ら.れ] 名 固〘地名〙ハラレ《アフリカ南部の共和国ジンバブエ Zimbabue の首都; 旧称ソールズベリー Salisbury》

ha-'rás 動《直未 2 単》⬆hacer

'Har-bin ['アる.ビン] 名 固〘地名〙ハルビン《中国, 東北地区北部の都市》

hardware ['はる(ド).ウエる] 名 男〔英語〕〘情〙ハードウェア

ha+'ré 動《直未 1 単》⬆hacer

ha-'réis 動《直未 2 複》⬆hacer

ha-'re-mos 動《直未 1 複》⬆hacer

ha-'rén [ア.'れン] 名 男 ハーレム《イスラム教国の婦人部屋》;〔集合〕ハーレムの妻妾(さいしょう)

ha-'rí+a(～) 動《直過未》⬆hacer

*__ha-'ri-na__ [ア.'り.ナ] 91% 名 女〘食〙小麦粉;〔一般〕粉　*estar metido[da] en* ～ 没頭している, 一心不乱になっている　～ *de otro costal*《話》まったく別の問題

ha-ri-'ne-ro, -ra [ア.り.'ネ.ろ, ら] 形 粉の, 製粉の; 粉状の 名 男 女 製粉業者

ha-ri-'no-so, -sa [ア.り.'ノ.ソ, サ] 形 粉の, 粉末の

har-mo-'ní+a 名 女 ⇧ armonía

har-'mó-ni-co, -ca 形 ⇧ armónico

har-'mo-nio 名 男 ⇧ armonio

har-mo-'nio-so, -sa 形 ⇧ armonioso

har-mo-ni-'zar 動 他 ㉞ (z|c) ⇧ armonizar

har-ne+'ar [アる.ネ.'アる] 動 他《(コロンビア)》ふるいにかける

har-'ne-ro [アる.'ネ.ろ] 名 男 ふるい

'har+pa 名 女〔el/un⇦una ～〕⇧ arpa

har-'pí+a 名 女 ⇧ arpía

har-pi-'lle-ra 名 女 ⇧ arpillera

har-'ta-da 名 女 ⇩ hartazgo

har-'tar [アる.'タる] 動 他 〈の〉腹を満たす,〈の〉(de: を)いっぱい食べさせる; うんざりさせる, うるさらがせる; (de: で)あきさせる, あきあきさせる　**～se** 動 再 (de: を)たらふく食う; (de: に)うんざりする, 退屈になる; (de: を)存分にする

har-'taz-go [アる.'タす.ゴ] 名 男 飽食, 満腹, 腹いっぱい　*darse un* ～ (de: を) いっぱい食べる

*'**har-to, -ta**['アる.ト, タ] 91% 形 腹いっぱいの, 満足した; (de: に)うんざりした, あきあきした 副 とても, 十分に

har-'tu-ra[アる.'トゥ.ら] 名 女 あきあきすること, うんざり, 食傷; 堪能, 飽満, 満足; 豊富, 多量, おびただしさ; (希望などの)充足, 実現, 遂行

'**has** 動《直現 2 単》↑haber

⁑**has-ta**[アス.タ] 60% 前〔弱勢〕**1** …まで《到達点》: ¿Cuántos kilómetros hay desde la ciudad **hasta** el pueblo? その町から村まで何キロありますか。 **2** …まで, …時まで《時間》: Jaime se quedó en casa **hasta** recibir la llamada. ハイメは電話を受けるまで家にいた。 **3** …さえも《副詞的に強調して用いる》: ¡Qué fácil! ¡**Hasta** un niño sabría hacerlo! なんてやさしいんだ! 子供だってできる! **4** …もの《数量の大きいこと》: Había **hasta** cien asistentes a la conferencia. 講演会には 100 人もの参加者がいた。 ***¡H~ no verte, Jesús mío!***《話》さあ, 一気に飲み干そう! ***~ que*** ……まで(は)《未来のことを言うときは接続法を用いる》

has-'tial[アス.'ティアル] 名 男〔建〕(建物の翼などの)切妻(壁);〔鉱〕坑道の横壁; 無骨者, 田舎者, がさつ者

has-'tiar[アス.'ティアる] 動 他 ㉙ (i|í) うんざりさせる, 退屈させる, あきあきさせる; 吐き気を催させる **~se** 動 再 (de: を)あきるほど食べる; (de: で)うんざりする, あきあきする

has-'tí+o[アス.'ティ.オ] 名 男 (食物に対する)嫌悪感, むかつき, 吐き気; あきあきすること, 退屈すること

ha-'ta-jo[ア.'タ.ほ] 名 男〔畜〕(家畜の)小さな群れ;〔軽蔑〕(人の)集まり, 一団;〔軽蔑〕(物の)寄せ集め

ha-'ti-llo[ア.'ティ.ジョ] 名 男〔畜〕(家畜の)小さな群れ; (身の回り品の)小さな包み

'**ha+to**['ア.ト] 名 男〔畜〕家畜の群れ; 食糧, 弁当; 所有物, 所持品, 身の回り品の包み; (悪者の)一味; 山積み, ひと山, たくさん;《南米》〔畜〕〔農〕牧農場;〔畜〕牧童小屋 ***andar con el ~ a cuestas***《話》放浪する ***liar el ~***《話》立ち去る, 逃げる

'**Ha-to Ma-'yor**['ア.ト マ.'ジョる] 名 固〔地名〕アト・マジョール《ドミニカ共和国東部の県》

'**Hav-re**['アブ.れ] 名 固〔El ~〕〔地名〕ルアーブル《フランス中北部の都市》

'**Ha-wái**[は.'ウアイ] 名 固〔archipiélago de ~〕〔地名〕ハワイ諸島《米国領, 中部太平洋の諸島》

ha-wai+'a+no, -na[は.ウアイ.'ア.ノ, ナ] 形 名 男 女〔地名〕ハワイの(人)

'**hay** 動《直現 3 単》↑haber

'**ha+ya**['ア.ジャ] 名 女〔el/un⇦una ~〕〔植〕ブナ, ブナ材 動《接現 1/3 単》↑haber

'**Ha+ya**['ア.ジャ] 名 固〔La ~〕〔地名〕ハーグ《オランダ南西部の都市》

'**ha-yan** 動《接現 3 複》↑haber

'**ha+yo**['ア.ジョ] 名 男《南米北》〔植〕コカの葉 ↑coca

ha-'yu-co[ア.'ジュ.コ] 名 男〔植〕ブナの実

*'**haz**['アす] 91% 名 男 束;〔物〕光線, ビーム;〔農〕穂の束 名 女〔el/un ~〕表面, 表側;《格》顔 動《命》↑hacer ***a dos haces*** 二心(ふたごころ)があって

'**ha+za**['ア.さ] 名 女〔el/un⇦una ~〕〔農〕畑, 耕作地

***ha-'za-ña**[ア.'さ.ニャ] 93% 名 女 手柄, 功績, 功業;〔皮肉〕(とんだ)お手柄, 大変なこと

haz-me-rre+'ír[アす.メ.れ.'イる] 名 男〔複 +íres〕物笑いの種, お笑いぐさ

'**he** 動《直現 1 単》↑haber

heb-'dó-ma-da[エブ.'ド.マ.ダ] 名 女《格》週;《格》**7** 年間

heb-do-ma-'da-rio, -ria[エブ.ド.マ.'ダ.りオ, りア] 形《格》週に **1** 回の, 毎週の 名 男〔宗〕(参事会聖堂の)週務者

he-'bi-lla[エ.'ビ.ジャ] 名 女〔衣〕(ベルトの)バックル

'**he-bra**['エ.ブら] 名 女 (話などの)筋道, 脈絡; より糸, 糸; 織物の目; 繊維;〔食〕(肉などの)筋; 神経; (木の)木目, 木理;〔鉱〕鉱脈, 岩脈;〔複〕《詩》〔体〕髪(の毛) ***de una ~ [hebrita]***《ラ米》一気に ***ni ~***《否定》《ラ米》少しも…ない ***pegar la ~***《スペイン》《話》おしゃべりを始める ***punto de ~***〔食〕砂糖がカラメル状になって糸を引く状態

he-'brai-co, -ca 形 ⇩ hebreo

he-bra+'ís-mo[エ.ブら.'イス.モ] 名 男 ヘブライ文化[精神, 思想], ヘブライ文化主義;〔言〕(他の言語にあらわれた)ヘブライ語的な表現

he-bra+'ís-ta[エ.ブら.'イス.タ] 名 共 ヘブライ学者

***he-'bre+o, +a**[エ.'ブれ.オ, ア] 93% 形〔地名〕ヘブライ(人)の, ユダヤの;〔言〕ヘブライ語の 名 男 女 ヘブライ人, ユダヤ人 名 男〔言〕ヘブライ語

'**Hé-bri-das**['エ.ブり.ダス] 名 固〔islas ~〕〔地名〕ヘブリディーズ諸島《イギリス, スコットランド西岸沖の諸島》

he-'bru-do, -da[エ.'ブる.ド, ダ] 形《中米》繊維質の, 繊維の多い

he-ca-'tom-be[エ.カ.'トン.ベ] 名 女 多数の犠牲, 大虐殺; 災害, 災難, 大惨事, 破局;〔歴〕(古代ギリシャで)雄牛 **100** 頭のいけにえ

'**he-ces** 名 女《複》↓hez

'he-cha(s) 動《過分女》⬆hacer

he-chi-ce-'rí+a [エ.チ.せ.'り.ア] 名 女 魔法, 妖術, 呪術; 魔力, 魅力; 魅了

he-chi-'ce-ro, -ra [エ.チ.'せ.ろ, ら] 形 うっとりさせる, 魅惑する; 魔法の 名 男 女 魔法使い, 魔術師, 呪術師, 妖術家; 魅惑する人; 呪術医, まじない師

he-chi-'zar [エ.チ.'さる] 動 他 ㉞ (z|c) うっとりさせる, 魅了する; 〈に〉魔法をかける

he-'chi-zo [エ.'チ.そ] 名 男 魔法, 妖術, 呪術(じゅじゅつ); 魅力, 魔力 ～, **-za** 形 にせの, まやかしの, 模造の; 《メキシコ》手製の

*'**he-cho, -cha** ['エ.チョ, チャ] 68% 形 出来上がった; 成熟した, 成長した, 一人前の; (en: …)製の; …になって; 《スペイン》〔食〕«肉が»よく焼けた; 《チリ》酒に酔った 名 男 事実, 実際にあったこと; 現実, 真実; 〔一般〕こと; 行動, 行為; 偉業, 成果 感 よろしい, 承知した, わかった 動《過分》⬆hacer ***A lo ～, pecho.*** 〔ことわざ〕済んだことは悔やんでも仕方がない ***¡Bien ～!*** よくやった!, でかした! ***de ～*** 実際に; 事実上の ***El ～ es que …*** 実は…なのです ***el ～ de que …*** …ということ《que 以下の節は直説法と接続法の場合がある》 ***¡Eso está ～!*** そんなことは簡単だ ***～[cha] y derecho[cha]*** 完全な, 完璧(かんぺき)な, 一人前の ***～s de los Apóstoles*** 〔宗〕使徒行伝

he-'chu-ra [エ.'チュ.ら] 名 女 作ること, 製作, 製造, 創作, 創造; 〔衣〕(衣服などの)仕立て, 仕上がり, 出来ばえ; やり方, 仕方; 形, 形状, 形態; 創造物, 産物, 作品; 技量, 技能, 腕, 手際; 体形, 体格

hec-'tá-re+a [エク.'タ.れ.ア] 名 女 ヘクタール《100 アール》

hec-to~ 〔接頭辞〕「100」を示す; 〔数〕「10 の 2 乗」を示す

hec-to-'gra-mo [エク.ト.'グら.モ] 名 男 ヘクトグラム《100 グラム》

hec-to-'li-tro [エク.ト.'リ.トろ] 名 男 ヘクトリットル《100 リットル》

hec-'tó-me-tro [エク.'ト.メ.トろ] 名 男 ヘクトメートル, 100 メートル

'**Héc-tor** ['エク.トる] 名 固〔男性名〕エクトル; 〔ギ神〕ヘクトール《トロイ戦争におけるトロイの勇士, アキレス Aquiles に殺された》

he-'der [エ.'デる] 動 自 ㊿51 (e|ie) いやなにおいがする, 悪臭を放つ; うるさがらせる, いらだたせる

he-dion-'dez [エ.ディオン.'デす] 名 女 悪臭; 悪臭を放つもの

he-'dion-do, -da [エ.'ディオン.ド, ダ] 形 強い悪臭を放つ, におい; いらいらさせる, うんざりさせる; 不潔な, 汚れた, 汚い

he-do-'nis-mo [エ.ド.'ニス.モ] 名 男 快楽[享楽]主義, 快楽生活

he-'dor [エ.'ドる] 名 男 悪臭, 異臭, 腐敗臭, 臭気, いやなにおい

He-'fes-to [エ.'フェス.ト] 名 固〔ギ神〕ヘパイストス《火の神》

*__he-ge-mo-'ní+a__ [エ.ヘ.モ.'ニ.ア] 94% 名 女〔政〕支配権, 主導権, 盟主権, 覇権

he-ge-'mó-ni-co, -ca [エ.ヘ.'モ.ニ.コ, カ] 形〔政〕支配権の, 主導権の, 覇権の

he-ge-mo-ni-'zar [エ.ヘ.モ.ニ.'さる] 動 他 ㉞ (z|c)〔政〕〈の〉主導権を握る

'**hé-gi-ra** ⇔**-ji-** ['エ.ひ.ら] 名 女〔歴〕ヒジュラ, 聖遷(せいせん)《西暦 622 年にムハンマド Mahoma がメッカからメディナへ移ったこと》; 〔H～〕イスラム紀元《622 年を元年とする》

he-la-de-'rí+a [エ.ラ.デ.'り.ア] 名 女〔商〕アイスクリーム店; アイスクリーム工場

he-la-'de-ro, -ra [エ.ラ.'デ.ろ, ら] 名 男 女〔商〕〔人〕アイスクリーム売り **-ra** 名 女《ラプラタ》冷蔵庫

*__he-'la-do, -da__ [エ.'ラ.ド, ダ] 92% 形 凍った, 凍結した; 《話》とても冷たい, とても寒い, 氷のような; 〔食〕冷たくした, アイス…; 《話》びっくりした, ぞっとした, 肝を冷やした; 《チリ》《話》一文無しの, 金がない 名 男〔料〕アイスクリーム **-da** 名 女〔気〕氷結, 凍結; 〔気〕霜, 降霜

*__he-'lar__ [エ.'ラる] 93% 動 他 ㊿ (e|ie) 凍らせる; 〔農〕〈に〉冷害を起こす; 〔食〕〈食べ物などを〉冷凍する, 冷蔵する; (恐れなどで)〈の〉肝を冷やす, ぞっとさせる; 〔経〕〈資産・物価・賃金などを〉凍結する; がっかりさせる 動 自〔気〕氷が張る, 氷点下になる **～se** 動 再 «物が»凍る, 凍りつく; 《話》«人が»凍るほど寒く感じる, 凍(こご)える; 凍死する; (凍りつくように)硬くなる, こわばる, «体が»すくむ, ぞっとする; 〔植〕霜で枯れる

he-le-'chal [エ.レ.'チャル] 名 男〔植〕シダの群生地

he-'le-cho [エ.'レ.チョ] 名 男〔植〕シダ

He-'le-na [エ.'レ.ナ] 名 固〔ギ神〕ヘレネ《スパルタの王妃で絶世の美人; トロイのパリス Paris に連れ去られてトロイ戦争が起こった》

he-'lé-ni-co, -ca [エ.'レ.ニ.コ, カ] 形〔地〕ギリシャの; 〔歴〕〔地〕古代ギリシャの

he-le-'nis-mo [エ.レ.'ニス.モ] 名 男 古代ギリシャ[ヘレニズム]文化; 〔言〕ギリシャ語的表現

he-le-'nis-ta [エ.レ.'ニス.タ] 名 共 古代ギリシャ文化[文学]研究者; 〔言〕ギリシャ語学者

he-le-'nís-ti-co, -ca [エ.レ.'ニス.ティ.コ, カ] 形 ヘレニズム時代の; 古代ギリシャ文化の

he-le-ni-'zar [エ.レ.ニ.'さる] 動 他 ㉞ (z|c) ギリシャ化する; 〔言〕ギリシャ(語)風にする

he-'le+no, -na [エ.'レ.ノ, ナ] 形《格》〔地名〕ギリシャ(人)の; 〔歴〕〔地名〕古代ギリ

シャ(人)の 名 男 女 ギリシャ人; 〘歴〙〘地名〙古代ギリシャ人

he-'le-ro [エ.'レ.ろ] 名 男 山頂の雪, 雪冠; 氷河, 万年雪

hel-'ga-do, -da [エル.'ガ.ド, ダ] 形 〘体〙歯並びの悪い, 乱ぐい歯の

'hé-li-ce ['エ.リ.せ] 名 女 〘空〙(飛行機の)プロペラ; 〘海〙(船の)スクリュー; 〘体〙耳輪(じりん)《耳たぶのへり》

he-li-coi-'dal [エ.リ.コイ.'ダル] 形 〘数〙らせん形[体]の

he-li-'coi-de [エ.リ.'コイ.デ] 形 〘数〙らせん形[体]

he-li-'cón [エ.リ.'コン] 名 男 〘楽〙ヘリコン《チューバの一種》; 〘文〙詩想の源泉 **H~** 名 固 〘ギ神〙ヘリコン《アポロンおよびムーサが住んだ山》

*__he-li-'cóp-te-ro__ [エ.リ.'コプ.テ.ろ] 91% 名 男 ヘリコプター

'he-lio ['エ.リオ] 名 男 〘化〙ヘリウム《希ガス元素》

he-lio-'cén-tri-co, -ca [エ.リオ.'セン.トリ.コ, カ] 形 〘天〙太陽中心の; 太陽の中心から測定[観測]した

he-lio-cen-'tris-mo [エ.リオ.せン.'トリス.モ] 名 男 〘天〙太陽中心説

he-lio-gra-'ba-do [エ.リオ.グら.'バ.ド] 名 男 〘印〙グラビア印刷

he-lio-'grá-fi-co, -ca [エ.リオ.'グら.フィ.コ, カ] 形 回光通信機の; 太陽の

'He-lios ['エ.リオス] 名 固 〘ギ神〙ヘリオス《太陽の神》

he-lios-'co-pio [エ.リオス.'コ.ピオ] 名 男 〘天〙太陽観測望遠鏡, ヘリオスコープ

he-lio-te-'ra-pia [エ.リオ.テ.'ら.ピア] 名 女 〘医〙日光浴療法

he-lio-tro-'pis-mo [エ.リオ.トろ.'ピス.モ] 名 男 〘植〙向日性

he-lio-'tro-po [エ.リオ.'トろ.ポ] 名 男 〘植〙ヘリオトロープ, キダチルリソウ; 〘鉱〙ヘリオトロープ, 血石

he-li-'puer-to [エ.リ.'プエる.ト] 名 男 〘空〙ヘリポート《ヘリコプターの発着場》

he-'lor [エ.'ロる] 名 男 〘気〙極寒

*__Hel-'sin-ki__ [ヘル.'スィン.キ; エル.] 94% 名 固 〘地名〙ヘルシンキ《フィンランド Finlandia の首都》

hel-'ve-cio, -cia 形 ⇩ helvético

hel-'vé-ti-co, -ca [エル.'ベ.ティ.コ, カ] 形 〘歴〙〘地名〙ヘルベティア(人)の; 《格》〘地名〙スイスの 名 男 女 〘歴〙ヘルベティア人; 《格》スイス人

he-'má-ti-co, -ca [エ.'マ.ティ.コ, カ] 形 〘体〙血液の

he-ma-'tí+e [エ.マ.'ティ.エ] 名 男 〘体〙赤血球

he-ma-'ti-tes [エ.マ.'ティ.テス] 名 女 〔単複同〕〘鉱〙赤鉄鉱

he-ma-to-lo-'gí+a [エ.マ.ト.ロ.'ひ.ア] 名 女 〘医〙血液学

he-ma-to-'ló-gi-co, -ca [エ.マ.ト.'ロ.ひ.コ, カ] 形 〘医〙血液学の

he-ma-'tó-lo-go, -ga [エ.マ.'ト.ロ.ゴ, ガ] 名 男 女 〘医〙血液学者, 血液病専門医

he-ma-'to-ma [エ.マ.'ト.マ] 名 男 〘医〙血腫(けっしゅ)

he-ma-tos-'co-pio [エ.マ.トス.'コ.ピオ] 名 男 〘医〙ヘマトスコープ《血液の分光検査器》

he-ma-'tu-ria [エ.マ.'トゥ.リア] 名 女 〘医〙血尿

*__'hem-bra__ ['エン.ブら] 91% 名 女 〘生〙雌, メス; 《スペイン》女, 女の子; 《俗》女っぽさ; 〘技〙(部品の)凹型, 雌(め)ねじ, ナット 形 女の, 女性の, 雌の; 〘技〙《部品が》凹型の, 雌の

hem-'bra-je [エン.'ブら.へ] 名 女 《ラプラタ》《俗》〔集合〕女(たち)

hem-'bri-lla [エン.'ブリ.ジャ] 名 女 〘技〙雌ねじ; 〘技〙輪頭ボルト, 目付きボルト, アイボルト

he-me-ro-'te-ca [エ.メ.ろ.'テ.カ] 名 女 新聞(雑誌)図書館, 雑誌閲覧室

he-mi~ 〔接頭辞〕「半分・片方」という意味を示す

he-mia-'nop-sia [エ.ミア.'ノプ.スィア] 名 女 〘医〙半盲

he-mi-ce-'re-bro [エ.ミ.せ.'れ.ブろ] 名 男 〘医〙大脳半球

he-mi-'ci-clo [エ.ミ.'すい.クロ] 名 男 〘数〙半円形; 〘建〙半円形の建物[場所]; (半円形の)会議場; 〘政〙議員席

he-mi-'crá-ne+a [エ.ミ.'クら.ネ.ア] 名 女 〘医〙偏頭痛

he-mi-'ple-jia⇦**-'jí+a** [エ.ミ.'プレ.ひア⇦.'ひ.ア] 名 女 〘医〙片(へん)麻痺, 半側(はんそく)麻痺, 半身不随

he-mis-'fé-ri-co, -ca [エ.ミス.'フェ.リ.コ, カ] 形 〘数〙半球状の

he-mis-'fe-rio [エ.ミス.'フェ.リオ] 名 男 〘天〙(地球・天体の)半球; 〘数〙半球体

he-mis-'ti-quio [エ.ミス.'ティ.キオ] 名 男 〘文〙(詩行中間の切れ目の前または後ろの)半行

he-mo-cro-ma-'to-sis [エ.モ.クろ.マ.'ト.スィス] 名 女 〔単複同〕〘医〙ヘモクロマトーシス, 血色素症

he-mo-'diá-li-sis [エ.モ.'ディア.リ.スィス] 名 女 〔単複同〕〘医〙血液透析

he-mo-dia-li-za-'dor [エ.モ.ディア.リ.さ.'ドる] 名 男 〘医〙血液透析器

he-mo-'fi-lia [エ.モ.'フィ.リア] 名 女 〘医〙血友病

he-mo-'fí-li-co, -ca [エ.モ.'フィ.リ.コ, カ] [形]〔医〕血友病の [名] [男] [女]〔医〕血友病患者
he-mo-glo-'bi-na [エ.モ.グロ.'ビ.ナ] [名] [女]〔医〕血色素, ヘモグロビン
he-mo-glo-bi-no-pa-'tí+a [エ.モ.グロ.ビ.ノ.パ.'ティ.ア] [名] [女]〔医〕異常血色素症
he-mo-pa-'tí+a [エ.モ.パ.'ティ.ア] [名] [女]〔医〕血液病, 血液疾患
he-mo-'pá-ti-co, -ca [エ.モ.'パ.ティ.コ, カ] [形]〔医〕血液病の
he-mop-'ti-sis [エ.モプ.'ティ.スィス] [名] [女]〔単複同〕〔医〕喀血(かっけつ)
he-mo-'rra-gia [エ.モ.'ら.ひア] [名] [女]〔医〕出血
he-mo-'rrá-gi-co, -ca [エ.モ.'ら.ひ.コ, カ] [形]〔医〕出血の
he-mo-'rroi-de [エ.モ.'ろイ.デ] [名] [女]〔複〕〔医〕痔(核)
'he-mos [動]《直現1複》⬆haber
he-mos-'ta-sis [エ.モス.'タ.スィス] [名] [女]〔単複同〕〔医〕止血, 止血法
he-mos-'tá-ti-co, -ca [エ.モス.'タ.ティ.コ, カ] [形]〔医〕止血の, 止血作用のある [名] [男]〔医〕止血剤
he-mo-'tó-rax [エ.モ.'ト.ら(ク)ス] [名] [男]〔単複同〕〔医〕血胸
hen-'chi-do, -da [エン.'チ.ド, ダ] [形] (de: で)いっぱいの
*__hen-'chir__ [エン.'チる] 94% [動] [他] (49) (e|i) 〈に〉(de, por: を)詰め込む, ふくらます **〜se** [動] [再] (de: で)ふくらむ; たらふく食べる
hen-de-'du-ra [名] [女] ⇩hendidura
hen-'der [エン.'デる] [動] [他] (51) (e|ie) 裂く, 割る; 〈水などを〉切って進む **〜se** [動] [再] 裂ける, 割れる
hen-di-'du-ra [エン.ディ.'ドゥ.ら] [名] [女] 裂け目, 割れ目, 切れ目
hen-'dir [動] [他] (23) (e|ie) ⇧hender
he-ne-'quén [エ.ネ.'ケン] [名] [男]〔植〕《メキシコ》《中米》《カリブ》ヘネケン, エネケン《リュウゼツランに近縁の多年草; 葉から繊維をとる》
he-'nil [エ.'ニル] [名] [男]〔農〕乾草置き場
'he+no ['エ.ノ] [名] [男]〔農〕〔畜〕干し草, 乾草, 牧草 ***fiebre del 〜***〔医〕枯草熱, 花粉症 **〜 *blanco***〔植〕シラゲガヤ, ヨークシャーフォッグ
he-'pá-ti-co, -ca [エ.'パ.ティ.コ, カ] [形]〔医〕肝臓の, 肝(性)の [名] [男] [女]〔医〕肝臓病患者
he-pa-'ti-tis [エ.パ.'ティ.ティス] [名] [女]〔単複同〕〔医〕肝炎
he-pa-to-li-'tia-sis [エ.パ.ト.リ.'ティア.スィス] [名] [女]〔単複同〕〔医〕肝結石症
he-pa-to-me-'ga-lia [エ.パ.ト.メ.'ガ.リア] [名] [女]〔医〕肝腫, 肝肥大
he-pa-to-pa-'tí+a [エ.パ.ト.パ.'ティ.ア] [名] [女]〔医〕肝障害
hep-t(a)〜〔接頭辞〕「7」を示す
hep-ta+'e-dro [エプ.タ.'エ.ドろ] [名] [男]〔数〕七面体
hep-'tá-go+no, -na [エプ.'タ.ゴ.ノ, ナ] [形]〔数〕七角形の [名] [男] 七角形
hep-ta-'sí-la-bo, -ba [エプ.タ.'スィ.ラ.ボ, バ] [形]〔言〕〔文〕7音節の [名] [男]〔言〕〔文〕7音節語, 7音節の詩行
hep-tat-'lón; -ta-'tlón [エプ.タト.'ロン; .タ.'トロン] [名] [男]〔競〕七種競技
'He+ra ['エ.ら] [名] [固]〔ギ神〕ヘラ《ゼウスの妻; 結婚の女神》
He-'ra-cles [エ.'ら.クレス] [名] [固]〔ギ神〕ヘラクレス《ゼウスの子で大力の英雄》 **h〜** [名] [男] 怪力の男
he-'rál-di-co, -ca [エ.'らル.ディ.コ, カ] [形] 紋章(学)の [名] [男] [女] 紋章学者 **-ca** [名] [女] 紋章学
he-'ral-do [エ.'らル.ド] [名] [男]〔歴〕伝令官, 布告者, 使者; 前触れ, 先駆け
her-'bá-ce+o, +a [エる.'バ.せ.オ, ア] [形]〔植〕草本の, 草の
her-'ba-je [エる.'バ.へ] [名] [男]〔集合〕〔畜〕牧草, 草
her-'ba-rio, -ria [エる.'バ.りオ, りア] [形]〔植〕草の, 草に関する [名] [男] [女]〔植〕植物採集者; 植物学者 [名] [男]〔植〕植物標本(箱・室);〔動〕こぶ胃《ウシ, キリン, シカなど反芻(はんすう)動物の第一胃》
her-ba-'zal [エる.バ.'さル] [名] [男] 草原;〔畜〕牧草地
her-bi-'ci-da [エる.ビ.'すぃ.ダ] [名] [男] 除草剤
her-'bí-vo-ro, -ra [エる.'ビ.ボ.ろ, ら] [形]〔動〕草食性の [名] [男]〔動〕草食動物
her-bo-'la-rio, -ria [エる.ボ.'ラ.りオ, りア] [名] [男] [女]〔植〕薬草[ハーブ]採集者;〔商〕薬草[ハーブ]商 [形]《話》分別のない, 頭がおかしい [名] [男] 薬草店
her-bo-'ris-ta [エる.ボ.'りス.タ] [名] [共] 薬草[ハーブ]採集者;〔商〕〔人〕薬草[ハーブ]商
her-bo-ris-te-'rí+a [エる.ボ.りス.テ.'り.ア] [名] [女]〔商〕薬草[ハーブ]店
her-bo-ri-'zar [エる.ボ.り.'さる] [動] [自] (34) (z|c)〔植〕薬草[ハーブ]を採集する
her-'bo-so, -sa [エる.'ボ.ソ, サ] [形]〔植〕草の多い, 草深い, 草に覆(おお)われた
'her-cio ['エる.すぃオ] [名] [男]〔物〕ヘルツ《振動数の単位》
her-'cú-le+o, +a [エる.'ク.レ.オ, ア] [形] ヘラクレスの(ような), 怪力の, 超人的な⬆Heracles
'Hér-cu-les ['エる.ク.レス] [名] [固]〔ギ神〕

↑Heracles; 〔天〕ヘルクレス座

her-cu-'li+no, -na [エる.ク.'リ.ノ, ナ] 形〔ギ神〕ヘラクレスの, ヘラクレスのような ↑Hércules

he-re-'da-ble [エ.れ.'ダ.ブレ] 形 継承可能な, 相続可能な

he-re-'dad [エ.れ.'ダド] 名 女 地所, 所有地

*__he-re-'dar__ [エ.れ.'ダる] 92% 動 他 〈財産などを〉相続する, 受け継ぐ; (遺伝によって)〈性格などを〉受け継ぐ, 〈が〉親譲りである 動 自 (de: から)遺産を相続する

he-re-'de-ro, -ra [エ.れ.'デ.ろ, ら] 形 相続する, 受け継ぐ 名 男 女 相続人, 後継者

He-'re-dia [エ.'れ.ディア] 名 固〔地名〕エレディア《コスタリカ北東部の県》

he-re-di-'ta-rio, -ria [エ.れ.ディ.'タ.りオ, りア] 形 世襲の; 遺伝(性)の, 遺伝的な

he-'re-je [エ.'れ.へ] 名 共〔宗〕異教徒, 異端者; 《話》恥知らず, 無礼者, あつかましい人

he-re-'jí+a [エ.れ.'ひ.ア] 名 女〔宗〕異教, 異端; 異説, 異論, 反対論; 侮辱的な言葉, 無礼; 《話》いたずら, 悪ふざけ, 奇妙なこと

**__he-'ren-cia__ [エ.'れン.すぃア] 90% 名 女 相続; 相続財産, 遺産, 受け継いだもの, 親譲りのもの; 〔生〕遺伝, 遺伝質

he-re-'siar-ca [エ.れ.'スィアる.カ] 名 男〔宗〕異教[邪教]の始祖

he-'ré-ti-co, -ca [エ.'れ.ティ.コ, カ] 形〔宗〕異教の, 異端の

He-ri-'ber-to [エ.り.'べる.ト] 名 固〔男性名〕エリベルト

__he-'ri-do, -da__ [エ.'り.ド, ダ] 86% 形〔医〕けがをした, 負傷した; 感情を害した, 精神的に傷ついた 名 男 女〔医〕負傷者, けが人 **-da 名 女〔医〕負傷, けが; (精神的な)痛手, 傷 ***tocar en la herida*** いやなことを思い出させる, 痛いところを突く

*__he-'rir__ [エ.'りる] 92% 動 他 65 (e|ie|i) 〔医〕傷つける, 負傷させる; 〈人の感情を〉害する, 傷つける; ぶつかる, 当たる; 苦痛を与える, 障る **~se** 動 再〔医〕(en: に)負傷する, けがをする; (精神的に)傷つく

her-ma-fro-'di-ta [エる.マ.フろ.'ディ.タ] 形〔生〕両性個体(の), 雌雄同株(の) 名 共 両性動物; 〔体〕《人が》両性を持つ

**__her-'ma-na__ [エる.'マ.ナ] 85% 名 女 姉妹, 姉, 妹; 〔宗〕(女性の)同一の宗派の人, 信者仲間; 〔宗〕修道女, シスター; 対の片方

her-ma-na-'mien-to [エる.マ.ナ.'ミエン.ト] 名 男 結合, 調和, 対にすること; 姉妹都市化

her-ma-'nar [エる.マ.'ナる] 動 他 (con: と)結合する, 合わせる, 調和させる, 対にする; 仲間にする, 同調させる; 姉妹都市にする **~se** 動 再 (con: と)仲よくなる, 親交を結ぶ; 結合する, 一体になる; 調和する

her-ma-'nas-tro, -tra [エる.マ.'ナス.トろ, トら] 名 男 女 継父[継母]の兄弟[姉妹]

her-man-'dad [エる.マン.'ダド] 名 女 親密な友情, 兄弟愛; 兄弟の間柄; 類似, 相似; 組合, 協会; 〔Santa ~〕〔歴〕《スペイン》サンタ・エルマンダード《15–16 世紀のスペインの警察組織》

her-ma-'ni-ta 名 女〔縮小語〕↓hermana

her-ma-'ni-to 名 男〔縮小語〕↓hermano

__her-'ma+no__ [エる.'マ.ノ] 67% 名 男 兄, 弟; 〔複数〕兄弟, 兄弟姉妹; 兄弟のように親しい男, (男の)親友, 仲間; 同僚, 男の同級生; (男性の)会員仲間, 同胞, 同国民; 〔宗〕修道士; 〔宗〕(男性の)同一宗派の人, 信者仲間 **~, -na 形 兄弟[姉妹]の関係にある

her-me-'néu-ti-co, -ca [エる.メ.'ネウ.ティ.コ, カ] 形〔聖〕聖書解釈(学)の; 解釈学の **-ca** 名 女〔聖〕聖書解釈学; 解釈学

'Her-mes ['エる.メス] 名 固〔ギ神〕ヘルメス《神々の使者, 商業・技術・旅行・雄弁・盗賊などの神》

her-'mé-ti-co, -ca [エる.'メ.ティ.コ, カ] 形 無口な, 話したがらない; 密閉した, 気密性の, 水[空気]を通さない; わかりにくい, 秘密の, 難解な, 不可解な; 〔歴〕錬金術の **-camente** 副 固く閉ざして, 秘密に; 神秘的に

her-me-'tis-mo [エる.メ.'ティス.モ] 名 男 わかりにくさ, 難解さ; 密閉性

her-mo-se+'ar [エる.モ.セ.'アる] 動 他 美しくする, 美化する

Her-mo-'si-llo [エる.モ.'スィ.ジョ] 名 固〔地名〕エルモシージョ《メキシコ北西部の都市》

**__her-'mo-so, -sa__ [エる.'モ.ソ, サ] 84% 形 美しい, きれいな; すばらしい, すてきな; 立派な; 《話》《子供が》丈夫な, 元気な

*__her-mo-'su-ra__ [エる.モ.'ス.ら] 93% 名 女 美しさ, 美, 見事さ, すばらしさ; 美しい人, 美人, 美女

Her-'nán [エる.'ナン] 名 固〔男性名〕エルナン

Her-nan-'da-rias [エる.ナン.'ダ.りアス] 名 固〔地名〕エルナンダリアス《パラグアイ東部の都市》

Her-'nán-dez [エる.'ナン.デス] 名 固〔姓〕エルナンデス

Her-'nan-do [エる.'ナン.ド] 名 固〔男性名〕エルナンド

'her-nia ['エる̣.ニア] 名 女 〖医〗ヘルニア, 脱腸

her-'nia-do, -da [エる̣.'ニア.ド, ダ] 形 〖医〗ヘルニアの 名 男 女 〖医〗ヘルニア患者

her-'niar-se [エる̣.'ニアる̣.セ] 動 再 〖医〗ヘルニアにかかる

He-'ro-des [エ.'ろ.デス] 名 固 〖聖〗ヘロデ《キリストが誕生したときのユダヤの王; 残虐で有名》 **h～** 名 男 子供に残虐な人

⁑**'hé-ro+e** ['エ.ろ.エ] 87% 名 男 (男性の)英雄, (手柄を立てた)勇士, (崇拝の的となる)偉人, 理想的な人物, ヒーロー; (劇・小説などの男性の)主人公

h

he-roi-ci-'dad [エ.ろイ.すぃ.'ダド] 名 女 英雄的であること, 英雄的資質, 勇ましいこと; 武勇, 英雄的行為

*__he-'roi-co, -ca__ [エ.'ろイ.コ, カ] 92% 形 英雄的な, 勇ましい, あっぱれな; 大胆な, 思い切った; «詩が»古代の英雄を歌った, 叙事詩の; «文体などが»堂々とした, 誇張した **-camente** 副 英雄のように

*__he-ro+'í-na__ [エ.ろ.'イ.ナ] 93% 名 女 (女性の)英雄, 偉人, 女傑; (劇・映画・小説などの)女性主人公, ヒロイン; ヘロイン《モルヒネから作る麻薬》

he-roi-'nó-ma+no, -na [エ.ろイ.'ノ.マ.ノ, ナ] 形 名 男 女 〖医〗ヘロイン中毒の[中毒者]

*__he-ro+'ís-mo__ [エ.ろ.'イス.モ] 93% 名 男 英雄的行為; 英雄的資質

'her-pes ['エる̣.ペス] 名 男 〔単複同〕〖医〗ヘルペス, 疱疹(ほうしん)

he-'rra-do [エ.'ら.ド] 名 男 〔畜〕蹄鉄(ていてつ)を打つこと; 〔畜〕焼き印を押すこと

he-rra-'dor, -'do-ra [エ.ら.'ドる̣, 'ド.ら] 名 男 女 〔畜〕蹄鉄(ていてつ)工

he-rra-'du-ra [エ.ら.'ドゥ.ら] 名 女 〔畜〕蹄鉄(ていてつ); 馬蹄型のもの, U字形のもの *camino de ～* (馬だけが通れる)細い道

he-'rra-je [エ.'ら.へ] 名 男 鉄製の付属品, 取り付け金具, 金具; 蹄鉄(ていてつ)

⁑**he-rra-'mien-ta** [エ.ら.'ミエン.タ] 90% 名 女 道具, 工具; 《話》刃物, 刀剣類; 《話》〔集合〕〔食〕歯, 歯並び; 〖情〗ユーティリティー *entregar las ～s* 《ﾅﾏ》《話》死ぬ

he-'rrar [エ.'らる̣] 動 他 ⑩ (e|ie) 〔畜〕〈馬に〉蹄鉄(ていてつ)を打つ; 〔畜〕〈家畜に〉焼き印を押す

He-'rre-ra [エ.'れ.ら] 名 固 〖地名〗エレーラ《パナマ中部の県》; 〔姓〕エレーラ

he-rre-'rí+a [エ.れ.'り.ア] 名 女 鍛冶(かじ)屋の仕事[職]; 鍛冶屋の仕事場; 鉄細工; 騒音, ざわめき

he-rre-'ria+no, -na [エ.れ.'りア.ノ, ナ] 形 〖建〗エレーラ様式の《Juan de Herrera, 1530–97, スペインの建築家》

he-'rre-ro, -ra [エ.'れ.ろ, ら] 名 男 女 〔商〕〔人〕鍛冶屋, 鍛冶職人

He-'rre-ro [エ.'れ.ろ] 名 固 〔姓〕エレーロ

he-'rre-te [エ.'れ.テ] 名 男 (ひもなどの)先端にかぶせる金具, 先がね

Herri Batasuna ['エ.り バ.タ.'ス.ナ] 名 女 〔バスク語〕〖政〗エリ・バタスナ《1978年に結成されたバスクの政党; 「人民の団結」という意味》

he-'rrum-bre [エ.'るン.ブれ] 名 女 さび; 鉄分

he-rrum-'bro-so, -sa [エ.るン.'ブろ.ソ, サ] 形 さびた, さびついた

hertz ['ヘ/エるツ] 名 男 〔英語〕⇧ hercio

her-'tzia+no, -na [ヘ/エる̣.'すぃ/ツィア.ノ, ナ] 形 ヘルツの《H. R. Hertz, 1857–1894, ドイツの物理学者》

her-vi-'de-ro [エる̣.ビ.'デ.ろ] 名 男 煮え立つこと, 煮えたぎること, 沸騰; 泉; 大勢の人, 群集; 群がる場所, (悪事などの)ひしめくところ, 温床

her-'vi-do, -da [エる̣.'ビ.ド, ダ] 形 沸騰した; 〔食〕«卵が»ゆでた

her-vi-'dor [エる̣.ビ.'ドる̣] 名 男 〔飲〕やかん

⁑**her-'vir** [エる̣.'ビる̣] 90% 動 自 65 (e|ie|i) «液体が»沸く, 沸騰する; 〔食〕煮える, ゆだる; かっとなる, 激昂(げっこう)する; (de: で)あふれている, ごった返している 動 他 〈液体を〉沸かす, 沸騰させる; 〔食〕煮る, ゆでる

*__her-'vor__ [エる̣.'ボる̣] 94% 名 男 熱情, 血気, 熱烈, 熱意; 沸騰 *dar un ～* (a: を) 軽く煮たたせる

her-ze-go-'vi+no, -na [エる̣.せ.ゴ.'ビ.ノ, ナ] 形 〖地名〗ヘルツェゴビナ(人)の 名 男 女 ヘルツェゴビナ人 ⬆Bosnia-Herzegovina

Hes-'pé-ri-des [エス.'ペ.り.デス] 名 固 《複》〔ギ神〕ヘスペリスたち《黄金のリンゴの園を守った姉妹》

'he+te 動 《直現1単》 代 ⬆haber, ⬇te

he-te-ro～ 〔接頭辞〕「他の・異なる」という意味を示す

he-te-'ró-cli-to, -ta [エ.テ.'ろ.クリ.ト, タ] 形 《格》不規則な, 変則的な

he-te-ro-'cro-mia [エ.テ.ろ.'クろ.ミア] 名 女 〖医〗異色症

he-te-ro-'do-xia [エ.テ.ろ.'ドク.スィア] 名 女 〔宗〕異教, 異端; 異説

he-te-ro-'do-xo, -xa [エ.テ.ろ.'ドク.ソ, クサ] 形 〔宗〕異教の, 異端の; 異説の, 正統でない 名 男 女 異教者, 異端者

he-te-ro-ge-nei-'dad [エ.テ.ろ.へ.ネイ.'ダド] 名 女 異質(性), 異種, 異類, 不均質, 不均衡

he-te-ro-'gé-ne+o, +a [エ.テ.ろ.'へ.

ネ.オ, ア] 形 異質の, 異種の, 異類の, 不均質な, 雑多な, 均一でない

he-te-ro-'gé-ne-sis [エ.テ.ろ.'へ.ネ.スィス] 名 女〔単複同〕〘生〙突然発生, ヘテロゲネシス

he-te-'ró-lo-go, -ga [エ.テ.'ろ.ロ.ゴ, ガ] 形〘生〙異種構造の;〘医〙異質組織の

he-te-ro-'ni-mia [エ.テ.ろ.'ニ.ミア] 名 女〘言〙語源が異なる名詞の男女対《たとえば padre, madre; toro, vaca》

he-te-'ró-ni-mo [エ.テ.'ろ.ニ.モ] 名 男 女〘言〙語源が異なる男女対名詞

he-te-ro-no-'mí+a [エ.テ.ろ.ノ.'ミ.ア] 名 女 他律, 他律性

he-te-ro-'nó-mi-co, -ca [エ.テ.ろ.'ノ.ミ.コ, カ] 形 他律の, 他律的な

he-te-'ró-no-mo, -ma [エ.テ.'ろ.ノ.モ, マ] 形 他律の, 他律的な

he-te-ro-se-'xual [エ.テ.ろ.セク.'スアル] 形 異性の, 異性愛の

he-te-ro-'tro-pia [エ.テ.ろ.'トろ.ピア] 名 女〘医〙異方視

'hé-ti-co, -ca ['エ.ティ.コ, カ] 形《格》〘医〙肺結核の 名 男 女《格》〘医〙肺結核患者

heu-'rís-ti-co, -ca [エウ.'りス.ティ.コ, カ] 形 発見法の, 発見させる **-ca** 名 女 発見法

he-xa~〔接頭辞〕「6」を示す

he-xa+'e-dro [エク.サ.'エ.ドろ] 名 男〘数〙六面体

he-'xá-go+no, -na [エク.'サ.ゴ.ノ, ナ] 形 名 男 六角形(の)

he-'xá-me-tro, -tra [エク.'サ.メ.トろ, トら] 形〘文〙六歩格の 名 男〘文〙六歩格(の詩)

he-xa-'sí-la-bo, -ba [エク.サ.'スィ.ラ.ボ, バ] 形 6 音節の 名 男 6 音節語

he-'xás-ti-lo, -la [エク.'サス.ティ.ロ, ラ] 形〘建〙六柱式の

'hez ['エす] 名 女 (液体の底にたまる)かす, おり;〔複〕排泄(はいせつ)物, 糞(ふん); くず, つまらないもの

'hi 名 男 hijo の語尾脱落形⬇hijo

hia-'li+no, -na [イア.'リ.ノ, ナ] 形〘物〙ガラスの, ガラス質[状]の, 透明な

hia-lo-gra-'fí+a [イア.ロ.グら.'フィ.ア] 名 女〘美〙ガラス画, ガラス彫刻

hia-lo-'plas-ma [イア.ロ.'プラス.マ] 名 男〘体〙(細胞質の)透明質

hia-'lur-gia [イア.'ルる.ひア] 名 女〘技〙ガラス製法

'hia-to ['イア.ト] 名 男〘音〙分立母音, 母音連続《二重母音にならない》; すき間, 切れ目, ひび, 隔たり, 断絶

hi-ber-na-'ción [イ.べる.ナ.'すぃオン] 名 女〘動〙冬眠

hi-ber-'ná+cu-lo [イ.べる.'ナ.ク.ロ] 名 男〘動〙越冬生息場所, 冬眠場所

hi-ber-'nar [イ.べる.'ナる] 動 自〘動〙冬眠する

hi-ber-'nés, -'ne-sa [イ.べる.'ネス, 'ネ.サ] 形 名 男 女〘歴〙〘地名〙ヒベルニア(人)の⬇Hibernia;〘地名〙アイルランドの; ヒベルニア人; アイルランド人

Hi-'ber-nia [イ.'べる.ニア] 名 固〘歴〙〘地名〙ヒベルニア《アイルランドの古称; ⬇Irlanda》

hi-'bis-co [イ.'ビス.コ] 名 男〘植〙ハイビスカス

hi-bri-di-'zar [イ.ブリ.ディ.'さる] 動 他 ㉞ (z|c)〘生〙異種交配する

'hí-bri-do, -da ['イ.ブリ.ド, ダ] 形〘生〙雑種の, 混血の;〔一般〕混成の, ハイブリッドの 名 男〘生〙雑種, 混血;〘言〙混種語《異なる言語の要素によって構成される合成語》

'hi+c~ 動《活用》⬆hacer

'hi+co ['イ.コ] 名 男《カリブ》《南米北》(ハンモックをつるす)ひも

hi-'dal-go [イ.'ダル.ゴ] 名 男〘歴〙(スペインの)小貴族, 郷士《貴族の称号は持たない》 **~, -ga** 形〘歴〙郷士の, 小貴族の; 寛大な, 雅量のある

Hi-'dal-go [イ.'ダル.ゴ] 名 固〘地名〙イダルゴ《メキシコ中部の州》;〘姓〙イダルゴ

hi-dal-'guí+a [イ.ダル.'ギ.ア] 名 女〘歴〙郷士の身分; 高貴なこと, 高潔さ

hi-'dá-ti-de [イ.'ダ.ティ.デ] 名 女〘動〙水胞体;〘動〙〘医〙包虫;〘医〙包虫嚢(のう)

'hi-dra ['イ.ドら] 名 女〘動〙ヒドラ《腔腸動物》; ミズヘビ《有毒》 **H~** 名 固〘ギ神〙ヒドラ《9 つの頭を持つ蛇》

hi-'dran-te [イ.'ドらン.テ] 名 男《中米》《コロンビア》消火栓

hi-dra-ta-'ción [イ.ドら.タ.'すぃオン] 名 女〘化〙水和

hi-dra-'tan-te [イ.ドら.'タン.テ] 形〘化〙水和する *crema* ~ モイスチャークリーム

hi-dra-'tar [イ.ドら.'タる] 動 他〘化〙水和する; 〈に〉水分を与える **~se** 動 再 水分を得る;〔一般〕水分をとる

hi-'dra-to [イ.'ドら.ト] 名 男〘化〙水和物, 水化物

hi-'dráu-li-co, -ca [イ.'ドらウ.リ.コ, カ] 形 水力学的な;〘機〙液圧[油圧, 水圧](応用)の;〘技〙水中で硬化する, 水硬性の 名 男 女 水力学者 **-ca** 名 女 水力学, 水理学; 水利用

'hí-dri-co, -ca ['イ.ドリ.コ, カ] 形 水の, 水による

hi-dro-a-'vión [イ.ドろ.ア.'ビオン] 名 男〘空〙水上飛行機

hi-dro-bio-lo-'gí+a [イ.ドろ.ビオ.ロ.

'ひ.ア] [名] [女] 〔生〕 水生生物学, 水界生物学, 陸水[湖沼](生物)学
hi-dro-bio-'ló-gi-co, -ca [イ.ドろ.ビオ.'ロ.ひ.コ, カ] [形] 〔生〕 水生生物学の
hi-dro-car-'bu-ro [イ.ドろ.カる.'ブ.ろ] [名] [男] 〔化〕 炭化水素
hi-dro-ce-'fa-lia [イ.ドろ.せ.'ファ.リア] [名] [女] 〔医〕 水頭症
hi-dro-'cé-fa-lo, -la [イ.ドろ.'せ.ファ.ロ, ラ] [形] 〔医〕 水頭症の [名] [男] [女] 〔医〕 水頭症患者
hi-dro-cul-'ti-vo [イ.ドろ.クル.'ティ.ボ] [名] [男] 〔農〕 水栽培
hi-dro-di-'ná-mi-co, -ca [イ.ドろ.ディ.'ナ.ミ.コ, カ] [形] 〔物〕 流体力学の **-ca** [名] [女] 〔物〕 流体力学
hi-dro-e-lec-tri-ci-'dad [イ.ドろ.エ.レク.トり.すぃ.'ダド] [名] [女] 〔電〕 水力電気, 水力発電
hi-dro-e-'léc-tri-co, -ca [イ.ドろ.エ.'レク.トり.コ, カ] [形] 〔電〕 水力電気の, 水力発電の
hi-'dró-fi-lo, -la [イ.'ドろ.フィ.ロ, ラ] [形] 吸水性の; 親水性の
hi-'dró-fi-to, -ta [イ.'ドろ.フィ.ト, タ] [形] 〔植〕 《植物が》水生の
hi-dro-'fo-bia [イ.ドろ.'フォ.ビア] [名] [女] 〔医〕 恐水症, 狂犬病
hi-'dró-fo-bo, -ba [イ.'ドろ.フォ.ボ, バ] [形] 〔医〕 恐水症の, 狂犬病の [名] [男] [女] 〔医〕 恐水症[狂犬病]患者
hi-'dró-fu-go, -ga [イ.'ドろ.フ.ゴ, ガ] [形] 水を通さない, 防水の [名] [男] 防水剤
hi-'dró-ge+no [イ.'ドろ.へ.ノ] [名] [男] 〔化〕 水素《元素》
hi-dro-gra-'fí+a [イ.ドろ.グら.'フィ.ア] [名] [女] 〔地〕 水路学, 水路測量
hi-dro-'grá-fi-co, -ca [イ.ドろ.'グら.フィ.コ, カ] [形] 〔地〕 水路(学)の, 水路測量の
hi-'dró-gra-fo, -fa [イ.'ドろ.グら.フォ, ファ] [名] [男] [女] 〔地〕 水路学者
hi-'dró-li-sis ⇦ **-dro-** [イ.'ドろ.リ.スィス ⇦ イ.ドろ.'リ.スィス] [名] [女] 〔単複同〕 〔化〕 加水分解
hi-dro-li-'zar [イ.ドろ.リ.'さる] [動] [他] 34 (z|c) 〔化〕 加水分解する
hi-dro-lo-'gí+a [イ.ドろ.ロ.'ひ.ア] [名] [女] 〔地〕 水文(すいもん)学 《地球上の水の生成・循環・分布などを研究する》
hi-dro-'ló-gi-co, -ca [イ.ドろ.'ロ.ひ.コ, カ] [形] 〔地〕 水文(すいもん)学の
hi-'dró-lo-go, -ga [イ.'ドろ.ロ.ゴ, ガ] [名] [男] [女] 〔地〕 水文(すいもん)学者
hi-dro-ma-'sa-je [イ.ドろ.マ.'サ.へ] [名] [男] 水中マッサージ 《水の噴流ノズルを使う》
hi-'dró-me-tro [イ.'ドろ.メ.トろ] [名] [男] 〔機〕 流速計; (液体)比重計
hi-dro-ne-'fro-sis [イ.ドろ.ネ.'フろ.スィス] [名] [女] 〔単複同〕 〔医〕 水腎症
hi-dro-'ni-mia [イ.ドろ.'ニ.ミア] [名] [女] 〔言〕 河川名の研究
hi-dro-'ní-mi-co, -ca [イ.ドろ.'ニ.ミ.コ, カ] [形] 〔言〕 河川名の
hi-'dró-ni-mo [イ.'ドろ.ニ.モ] [名] [男] 〔言〕 河川名
hi-dro-pe-'sí+a [イ.ドろ.ペ.'スィ.ア] [名] [女] 〔医〕 水症, 水腫(すいしゅ)
hi-'dró-pi-co, -ca [イ.'ドろ.ピ.コ, カ] [形] 〔医〕 水症性の, 水腫(すいしゅ)性の; 飽くことを知らない, 貪欲な; のどが渇く [名] [男] [女] 〔医〕 水腫患者
hi-dro-'pla+no [イ.ドろ.'プラ.ノ] [名] [男] 〔空〕 水上飛行機; 〔海〕 水中翼船
hi-dros-'fe-ra [イ.ドろス.'フェ.ら] [名] [女] 〔地質〕 水圏, 水界
hi-dro-so-'lu-ble [イ.ドろ.ソ.'ル.ブレ] [形] 水溶性の, 水に溶ける
hi-dros-'tá-ti-co, -ca [イ.ドろス.'タ.ティ.コ, カ] [形] 〔物〕 流体静力学的の **-ca** [名] [女] 〔物〕 流体静力学, 静水力学
hi-dro-te-'ra-pia [イ.ドろ.テ.'ら.ピア] [名] [女] 〔医〕 水治療法
hi-dro-te-'rá-pi-co, -ca [イ.ドろ.テ.'ら.ピ.コ, カ] [形] 〔医〕 水治療法の
hi-'dró-xi-do [イ.'ドろク.スィ.ド] [名] [男] 〔化〕 水酸化物
'hie-dra ['イエ.ドら] [名] [女] 〔植〕 ツタ
'hiel ['イエル] [名] [女] 苦さ, 苦み; 胆汁; 〔複〕 不運, 苦労, 辛酸　***echar la ~*** 懸命に働く　***no tener ~*** 素直である, 性格がおとなしい
'hie-l~ [動] 《直現/接現/命》 ↑helar
hie-'le-ra [イエ.'レ.ら] [名] [女] 《メキシコ》 〔機〕 冷蔵庫
*'**hie-lo** ['イエ.ロ] 92% [名] [男] 氷; 〔複〕 〔気〕 氷, 霜; (態度などの)冷淡さ, 無関心, 厳しさ　***romper el ~*** (難しいことの)糸口をつける, 皮切りをする　***romperse el ~*** 打ち解ける, なごやかになる
'hie-na ['イエ.ナ] [名] [女] 〔動〕 ハイエナ; 残酷な人, 人でなし
'hien-da ['イエン.ダ] [名] [女] 糞(ふん)
'hie-r~ [動] 《直現/接現/命》 ↑herir
hie-'rá-ti-co, -ca [イエ.'ら.ティ.コ, カ] [形] 〔宗〕 聖職者の; 〔言〕 (古代エジプトの)神官文字の; 厳かな
hie-ra-'tis-mo [イエ.ら.'ティス.モ] [名] [男] 荘厳さ, 厳粛さ
'hier-ba** ['イエる.バ] 88% [名] [女] 〔植〕 草; 〔畜〕 牧草, 芝; 〔植〕 雑草; 〔地〕 草地, 草原; 〔畜〕 牧草地, 牧場; 〔植〕 草本; 薬草, 香草, 香料[食用]植物; 〔畜〕 (家畜の)年; 《南米》 〔飲〕 マテ茶; 《俗》 マリファナ　***~ del Para-***

guay マテ茶の葉 *mala* ～ 雑草; ろくでなし … *y otras* ～*s*《話》〔笑〕…, その他もろもろ

hier-ba-'bue-na [イエる.バ.'ブエ.ナ] 名 女〔植〕ハッカ, ミント

hier-'ba-jo [イエる.'バ.ほ] 名 男〔植〕〔軽蔑〕草

'hie-rra ['イエ.ら] 名 女《ラ米》烙印(らくいん)

'hie-rro ['イエ.ろ] 85% 名 男〔化〕鉄; 鉄分; 刃物, 刀剣; 烙印(らくいん), 焼き印;〔複〕手かせ, 足かせ *de* ～ 頑健な, 力強い, 頑丈な *machacar* [*majar, martillar*] *en* ～ *frío* 徒労に終わる, むだなことをする *quitar* ～ (a: を)重要視しない

'Hie-rro ['イエ.ろ] 名 固〔地名〕イエロ《スペイン, カナリア諸島最西端の島》

'hier-v～ 動《直現/接現/命》↑hervir

'hi+ga ['イ.ガ] 名 女 人差し指と中指の間に親指をはさんだ握りこぶし《侮辱的なしぐさ》; 軽蔑, 侮蔑; お守り《握りこぶしの形で子供の眼の病気を守る》 *dar* ～《話》(a: を) ばかにする *importar una* ～《話》(a: には)少しもかまわない

hi-ga-'di-llo [イ.ガ.'ディ.ジョ] 名 男〔食〕(鳥などの)肝臓, レバー

'hí-ga-do ['イ.ガ.ド] 93% 名 男〔体〕肝臓;〔食〕(食用としての)肝(きも), レバー;〔複〕《話》勇気, 根性, ガッツ;《メキシコ》うんざりすること, 面倒な人 *echar los* ～*s* 懸命に働く *patear el* ～《チリ》《ラプラタ》気に入らない, 気にくわない

hi-'gie-ne [イ.'ひエ.ネ] 93% 名 女〔医〕衛生(状態); 衛生学

hi-'gié-ni-co, -ca [イ.'ひエ.ニ.コ, カ] 94% 形〔医〕衛生的な; 衛生(学)の

hi-gie-'nis-ta [イ.ひエ.'ニス.タ] 名 共〔医〕衛生士

hi-gie-ni-'zar [イ.ひエ.ニ.'さる] 動 他 ㉞ (z|c) 衛生的にする;《チリ》《ラプラタ》〔医〕〈病人の〉体を洗う

'hi+go ['イ.ゴ] 94% 名 男〔植〕イチジク *de* ～*s a brevas*《話》たまに *hecho* [*cha*] *un* ～《話》しおれた, しわくちゃになった *importar un* ～《話》(a: には)全然かまわない *no darse un* ～《話》(a: が)鼻にもかけない, 何の関心も示さない

hi-gro-me-'trí+a [イ.グろ.メ.'トり.ア] 名 女 湿度測定(法)

hi-'gró-me-tro [イ.'グろ.メ.トろ] 名 男 湿度計

hi-gros-'co-pio [イ.グろス.'コ.ピオ] 名 男 湿度計

hi-'gue-ra [イ.'ゲ.ら] 名 女〔植〕イチジクの木 *estar en la* ～《話》ぼんやりしている ～ *chumba*〔植〕ウチワサボテン

hi-gue-'ral [イ.ゲ.'らル] 名 男〔農〕イチジク畑

'hi+ja ['イ.は] 69% 名 女 娘; 嫁, 息子の妻 感《話》〔親愛〕あなた《女性への呼びかけ》

hi-'jas-tro, -tra [イ.'はス.トろ, トら] 名 男 女 まま子, まま娘

hi-'ji-ta〔縮小語〕↑hija

'hi+jo ['イ.ほ] 65% 名 男 息子;〔複数〕子供たち, 息子と娘, 子息; (de: …)出身の人; 娘の夫, 婿;〔複〕…の子, 子孫, 末裔(まつえい) ～, -ja 名 男 女 結果, 産物, 成果 感《話》〔親愛〕お前, 君《男性への呼びかけ》;《メキシコ》わあ!, すごい!, ああ!《驚き, 落胆》 *como cada* ～ *de vecino* 普通の人と同じに *H*～ *de Dios* [*Hombre*]〔宗〕神[人]の子《イエス・キリスト》 ～ *de puta*《俗》〔軽蔑〕くそったれ, こんちくしょう ～ *de mi alma*《話》〔親愛〕お前, 君《男性への呼びかけ》

'hí-jo-le ['イ.ほ.レ] 感《メキシコ》《話》わあ!, すごい!, ああ!《驚き・落胆》

hi-'jue-la [イ.'ふエ.ラ] 名 女 付属物, 付加物;〔衣〕まち; 財産の分け前, 遺産目録; (小さくて細長い)クッション;〔宗〕聖体布, 聖杯布;〔地〕わき道;《チリ》〔農〕小農場

'hi+la ['イ.ラ] 名 女 列, 並び;〔衣〕糸紡ぎ;〔複〕〔衣〕リント布 *a la* ～ 1 列になって

hi-'la-cha [イ.'ラ.チャ] 名 女〔衣〕ほつれ糸, 糸くず *mostrar la* ～ ぼろが出る, 正体を現す

hi-la-'cho-so, -sa [イ.ラ.'チョ.ソ, サ] 形〔衣〕ほつれの多い

hi-'la-da [イ.'ラ.ダ] 名 女 列, 並び;〔建〕(れんがなどの)列

hi-'la-do, -da [イ.'ラ.ド, ダ] 形 糸状の 名 男〔技〕紡(つむ)ぎ糸, より糸;〔技〕糸紡ぎ, 紡績

hi-lan-de-'rí+a [イ.ラン.デ.'り.ア] 名 女〔技〕糸つむぎ, 紡績;〔技〕紡績工場

hi-lan-'de-ro, -ra [イ.ラン.'デ.ろ, ら] 名 男 女〔技〕紡(つむ)ぎ手, 紡績工, 紡績業者

hi-'lar [イ.'ラる] 動 他〔技〕〈糸などを〉紡(つむ)ぐ, つむ, 〈材料を〉糸にする;〔昆〕«蚕・クモが»〈糸を〉出す, 吐く;〔昆〕«蚕が»〈繭(まゆ)を〉作る;〔動〕«クモが»〈巣を〉かける; (紡ぐようにして)作り出す; 〈計画を〉練る, 企てる 動 自〔技〕糸を紡ぐ;《話》(con: と)関係がある ～ *fino* ささいなことにこだわる

hi-la-'ran-te [イ.ラ.'ラン.テ] 形《格》笑いを誘う, おもしろい, 陽気な, 楽しい

hi-la-ri-'dad [イ.ラ.り.'ダド] 名 女《格》歓喜, 愉快, はしゃぎ, (陽気な)笑い

Hi-'la-rio [イ.'ラ.りオ] 名 固〔男性名〕イラリオ

hi-la-'tu-ra [イ.ラ.'トゥ.ら] 名 女〔技〕紡績, 紡績業

hi-'la-za [イ.'ラ.さ] 名 女〔衣〕紡(つむ)ぎ糸, 織り糸, 編み糸;〔衣〕粗悪な糸, 太い糸

descubrir la ~ 本性を見せる, 地金(じがね)を出す, 欠点を現す

***hi-'le-ra** [イ.'レ.ら] 94% 名 女 列, 並び; 細い糸; 〔建〕棟木(むなぎ) *en* ~ 1 列になって

hi-le-'rar [イ.レ.'らる] 動 他 〈樹木・植物を〉1 列に配置する

hi-'li-to 〔縮小語〕↓hilo

'hi+lo ['イ.ロ] 90% 名 男 〔衣〕糸, 縫い糸《裁縫用》; (糸のように)細いもの, 筋(すじ); (話などの)筋, 筋道, つながり; 線, 針金, コード; 〔衣〕亜麻布, リンネル, リネン; (色・光などの)線 *al* ~ 布目[木目]に沿って *el* ~ *de la vida* 人生, 一生 ~ *de voz* かすかな声 *mover los* ~*s* 陰で糸を引く, 黒幕となる *pender* [*colgar*] *de un* ~ (非常な)危険にさらされている

hi-lo-mor-'fis-mo [イ.ロ.モる.'フィス.モ] 名 男 〔哲〕(アリストテレスの)質量形相論

hi-lo-zo+'ís-mo [イ.ロ.そ.'イス.モ] 名 男 〔哲〕物活論

hi-lo-zo+'ís-ta [イ.ロ.そ.'イス.タ] 形 〔哲〕物活論の 名 共 物活論者

hil-'ván [イル.'バン] 名 男 〔衣〕しつけ, 仮縫い; 〔衣〕しつけ糸

hil-va-'nar [イル.バ.'ナる] 動 他 〔衣〕仮縫いする; 概説する, 〈の〉略図を描く; ざっと行う, 大急ぎでする

Hi-ma-'la-ya [イ.マ.'ラ.ジャ] 名 固 〔地名〕ヒマラヤ山脈《南アジアの大山脈》

hi-ma-'la-yo, -ya [イ.マ.'ラ.ジョ, ジャ] 形 〔地名〕ヒマラヤ山脈の ↑Himalaya; 〔動〕〔ネコ〕ヒマラヤンの 名 男 〔動〕〔ネコ〕ヒマラヤン《長毛種のイエネコ》

'hi-men ['イ.メン] 名 男 〔体〕処女膜

hi-me-'ne+o [イ.メ.'ネ.オ] 名 男 《格》結婚, 婚姻; 〔文〕〔楽〕婚礼の歌, 祝婚歌

hi-me-'nóp-te-ro, -ra [イ.メ.'ノプ.テ.ろ, ら] 形 〔昆〕膜翅(しく)類の 名 男 〔複〕〔昆〕膜翅類

him-'na-rio [イム.'ナ.りオ] 名 男 〔宗〕〔楽〕聖歌集

***'him+no** ['イム.ノ] 93% 名 男 国歌, 祝歌; 〔宗〕〔楽〕賛美歌, 聖歌; 賛歌

'hin-ca ['イン.カ] 名 女 杭の打ち込み

hin-ca-'du-ra [イン.カ.'ドゥ.ら] 名 女 打ち込むこと

hin-ca-'pié [イン.カ.'ピエ] 名 男 足をふんばること *hacer* ~ (en: を)強調する; (en: に)固執する

hin-'car [イン.'カる] 動 他 ⑹⑼ (c|qu) 打ち込む, 押し込む, 突っ込む; 〈足を〉ふんばる ~**se** 動 再 体に刺さる, 突き刺さる ~ *el diente* (a: に)かみつく; (a: に)取り組む ~ *el pico* 《俗》死ぬ, くたばる ~*se de rodillas* ひざまずく

'hin-cha ['イン.チャ] 名 共 《話》〔競〕(チームの)熱狂的なファン, サポーター 名 女 《話》憎悪, 恨み

hin-'cha-do, -da [イン.'チャ.ド, ダ] 形 《表現が》大げさな, 誇大な; うぬぼれの強い, 尊大な -**da** 名 女 《話》〔競〕〔集合〕ファン

hin-cha-'mien-to [イン.チャ.'ミエン.ト] 名 男 ふくらむこと, 膨張

***hin-'char** [イン.'チャる] 94% 動 他 《スペイン》ふくらませる, 大きくする; 〈強さ・量などを〉増大させる; 誇張する; 《チリ》《ラプラタ》《話》怒らせる, いらだたせる ~**se** 動 再 ふくれる, ふくらむ, (かさを増して)盛り上がる, 《手足が》腫れる; 《話》(de: を)やりすぎる; (con, por: を)自慢する, うぬぼれる; 《川が》増水する ~ *de* [*a*] *palos* ぶん殴る

hin-cha-'zón [イン.チャ.'そン] 名 女 〔医〕腫(は)れあがり, 腫れ物, こぶ; うぬぼれ, 虚栄心; (表現の)誇張, 大げさ

'hin-di ['イン.ディ] 名 男 〔言〕ヒンディー語

hin-'dú [イン.'ドゥ] 形 〔複 -dúes⇔-dús〕〔宗〕ヒンドゥー教の; 〔地名〕インド(人)の 名 共 〔宗〕ヒンドゥー教徒; 〔地名〕インド人

hin-'duis-mo [イン.'ドゥイス.モ] 名 男 〔宗〕ヒンドゥー教

hin-'duis-ta 形 名 共 〔宗〕ヒンドゥー教の ⇧ hindú 名 共 〔宗〕ヒンドゥー教徒 ⇧ hindú

hi-'nies-ta [イ.'ニエス.タ] 名 女 〔植〕エニシダ, ゲニスタ

hi-'no-jo [イ.'ノ.ほ] 名 男 〔複〕《格》〔体〕ひざ; 〔植〕ウイキョウ, フェンネル *ponerse de* ~*s* 《格》ひざまずく

hi-'par [イ.'パる] 動 自 (por: を)熱望する, あこがれる; (por 不定詞: …)したがる; しゃっくりをする; あえぐ, 息切れがする

hi-per~ 〔接頭辞〕「超越・過度」という意味を示す《分離して書かない》

'hí-per ['イ.ペる] 名 男 《話》〔商〕大型スーパー(マーケット)

hi-pe-r|ac-ti-vi-'dad [イ.ペ.らク.ティ.ビ.'ダド] 名 女 〔医〕活動亢進(こうしん)

hi-pe-r|ac-'ti-vo, -va [イ.ペ.らク.'ティ.ボ, バ] 形 〔医〕極度に活発的な

hi-pe-r|al-bu-mi-'ne-mia [イ.ペ.らル.ブ.ミ.'ネ.ミア] 名 女 〔医〕アルブミン過剰

hi-pe-r|a-mo-'nie-mia [イ.ペ.ら.モ.'ニエ.ミア] 名 女 〔医〕高アンモニア血症

hi-pe-r|an-dro-ge-'nis-mo [イ.ペ.らン.ドろ.へ.'ニス.モ] 名 男 〔医〕高アンドロゲン症

hi-per-'bá-ti-co, -ca [イ.ペる.'バ.ティ.コ, カ] 形 〔言〕〔修〕転置法の

hi-'pér-ba-ton ⇔-**to** [イ.'ペる.バ.トン⇔.ト] 名 男 〔言〕〔修〕転置法

hi-'pér-bo-la [イ.'ペる.ボ.ラ] 名 女 〔数〕双曲線

hi-'pér-bo-le [イ.'ぺ.ボ.レ] [名] [女] 〘修〙誇張(法)

hi-per-'bó-li-co, -ca [イ.ぺる.'ボ.リ.コ, カ] [形] おおげさな, 誇張の; 〘数〙双曲線の **-camente** [副] おおげさに, 誇張して

hi-per-'bó-re+o, +a [イ.ぺる.'ボ.れ.オ, ア] [形] 極北の, 極北に住む

hi-per-cal-'ce-mia [イ.ぺる.カル.'せ.ミア] [名] [女] 〘医〙高カルシウム血症

hi-per-cal-'ciu-ria [イ.ぺ る. カ ル.'すぃウ.りア] [名] [女] 〘医〙高カルシウム尿症

hi-per-co-les-te-ro-'le-mia [イ.ぺる.コ.レス.テ.ろ.'レ.ミア] [名] [女] 〘医〙高コレステロール血症

hi-per-co-rrec-'ción [イ.ぺる.コ.れク.'すぃオン] [名] [女] 〘言〙過剰訂正 (d の脱落を意識し bacalao に不必要な d を挿入して bacalado とするなど)

hi-per-co-'rrec-to, -ta [イ.ぺる.コ.'れク.ト, タ] [形] 〘言〙過剰訂正の, 直しすぎの

hi-per-'crí-ti-co, -ca [イ.ぺる.'クリ.ティ.コ, カ] [名] [男] [女] 酷評家 [形] 酷評の

hi-per-du-'lí+a [イ.ぺる.ドゥ.'リ.ア] [名] [女] 〘宗〙(聖母マリアへの)特別崇敬

hi-pe-r|e-'me-sis [イ.ぺ.れ.'メ.スィス] [名] [女] 〔単複同〕〘医〙悪阻(おそ)

hi-pe-r|en-'la-ce [イ.ぺ.れン.'ラ.セ] [名] [男] 〘情〙ハイパーリンク

hi-pe-res-'te-sia [イ.ぺ.れス.'テ.スィア] [名] [女] 〘医〙知覚過敏(症)

hi-pe-r|ex-ci-ta-bi-li-'dad [イ.ぺ.れ(ク)(ス).すぃ.タ.ビ.リ.'ダド] [名] [女] 〘医〙過興奮(性)

hi-pe-r|ex-ci-'ta-ble [イ.ぺ.れ(ク)(ス).すぃ.'タ.ブレ] [形] 〘医〙過興奮(性)の

hi-per-fun-'ción [イ.ぺる.フン.'すぃオン] [名] [女] 〘医〙機能亢進(こうしん)症

hi-per+hi-'dro-sis [イ.ぺ.り.'ドろ.スィス] [名] [女] 〔単複同〕〘医〙多汗症

hi-pe-rin-fla-'ción [イ.ぺ.りン.フラ.'すぃオン] [名] [女] 〘経〙超インフレ

hi-per-mer-'ca-do [イ.ぺる.メる.'カ.ド] [名] [男] 〘商〙大型スーパー(マーケット)

hi-per-'mé-tro-pe [イ.ぺる.'メ.トろ.ペ] [形] [名] [共] 〘医〙遠視の(人)

hi-per-me-tro-'pí+a [イ.ぺる.メ.トろ.'ピ.ア] [名] [女] 〘医〙遠視

hi-per-me-'tró-pi-co, -ca [イ.ぺる.メ.'トろ.ピ.コ, カ] [形] 〘医〙遠視の

hi-per-'pla-sia [イ.ぺる.'プラ.スィア] [名] [女] 〘医〙肥大症

hi-per-pro-tei-'ne-mia [イ.ぺる.プろ.テイ.'ネ.ミア] [名] [女] 〘医〙高タンパク血症

hi-per-re+a-'lis-mo [イ.ぺ.れ.ア.'リス.モ] [名] [男] 〘美〙ハイパーリアリズム

hi-per-sen-si-bi-li-'dad [イ.ぺる.セン.スィ.ビ.リ.'ダド] [名] [女] 〘医〙過敏症

hi-per-sen-'si-ble [イ.ぺ る. セ ン.'スィ.ブレ] [形] 〘医〙過敏症の; 傷つきやすい

hi-per-'som-nia [イ.ぺる.'ソム.ニア] [名] [女] 〘医〙過眠症

hi-per-'só-ni-co, -ca [イ.ぺる.'ソ.ニ.コ, カ] [形] 極超音速の

hi-per-ten-'sión [イ.ぺる.テン.'スィオン] [名] [女] 〘医〙高血圧(症)

hi-per-'tex-to [イ.ぺる.'テ(ク)ス.ト] [名] [男] 〘情〙ハイパーテキスト

hi-per-tex-'tual [イ. ぺ る. テ(ク)ス.'トゥアル] [形] 〘情〙ハイパーテキストの

hi-per-ti-roi-'dis-mo [イ.ぺる.ティ.ろイ.'ディス.モ] [名] [男] 〘医〙甲状腺機能亢進(こうしん)症

hi-per-'tro-fia [イ.ぺる.'トろ.フィア] [名] [女] 〘医〙肥大, 肥厚, 栄養過度

hi-per-'tró-fi-co, -ca [イ.ぺる.'トろ.フィ.コ, カ] [形] 肥大の, 栄養過度の

hi-pe-r|u-ri-'ce-mia [イ.ぺ.る.り.'せ.ミア] [名] [女] 〘医〙高尿酸血症

hi-per-vi-ta-mi-'no-sis [イ.ぺる.ビ.タ.ミ.'ノ.スィス] [名] [女] 〔単複同〕〘医〙ビタミン過剰症

'hí-pi-co, -ca ['イ.ピ.コ, カ] [形] 〘競〙馬術の; 〘畜〙馬の **-ca** [名] [女] 〘競〙馬術競技

hi-'pis-mo [イ.'ピス.モ] [名] [男] 〘競〙馬術

hip-no-'pe-dia [イプ.ノ.'ペ.ディア] [名] [女] 睡眠学習法

hip-no-'pé-di-co, -ca [イプ.ノ.'ペ.ディ.コ, カ] [形] 睡眠学習法の

hip-'no-sis [イプ.'ノ.スィス] [名] [女] 〔単複同〕〘医〙催眠(状態)

hip-'nó-ti-co, -ca [イプ.'ノ.ティ.コ, カ] [形] 催眠(術)の; 〘医〙催眠性の [名] [男] 〘医〙催眠薬

hip-no-'tis-mo [イプ.ノ.'ティス.モ] [名] [男] 催眠術[法], 催眠学研究

hip-no-ti-za-'ción [イプ.ノ.ティ.さ.'すぃオン] [名] [女] 催眠; 魅了

hip-no-ti-'zar [イプ.ノ.ティ.'さる] [動] [他] 34 (z|c) 魅了する; 〈に〉催眠術をかける

'hi+po ['イ.ポ] [名] [男] しゃっくり; 切望, 熱望, あこがれ; 悪意, 恨み, 嫌悪 ***quitar el ~*** 《話》(a: を)びっくり仰天させる, 驚かせる

hi-po~ 〔接頭辞〕「下・以下」という意味を示す

hi-po-al-bu-mi-'ne-mia [イ.ポ.アル.ブ.ミ.'ネ.ミア] [名] [女] 〘医〙低アルブミン血症

hi-po-cal-'ce-mia [イ.ポ.カル.'せ.ミア] [名] [女] 〘医〙低カルシウム血症

hi-po-'cam-po [イ.ポ.'カン.ポ] [名] [男] 〘体〙海馬

hi-po-'caus-to [イ.ポ.'カウス.ト] [名] [男] 〘歴〙(古代ローマの)床下暖房

hi-po-co-les-te-ro-'le-mia [イ.ポ.コ.レス.テ.ろ.'レ.ミア] [名] [女]〘医〙低コレステロール血症
hi-po-con-'drí+a [イ.ポ.コン.'ドリ.ア] [名] [女]〘医〙心気症;〔一般〕憂鬱(ゆううつ)
hi-po-con-'drí+a-co, -ca [イ.ポ.コン.'ドリ.ア.コ, カ] [形]〘医〙心気症の;〔一般〕憂鬱な [名] [男] [女]〘医〙心気症患者
hi-po-con-'dria-sis [イ.ポ.コン.'ドリア.スィス] [名] [女]〔単複同〕〘医〙心気症
hi-po-cre-'sí+a [イ.ポ.クれ.'スィ.ア] [名] [女] 偽善, 偽善行為
*__hi-'pó-cri-ta__ [イ.'ポ.クリ.タ] 94% [形] 偽善の, 偽善(者)的な [名] [共] 偽善者
hi-po-'dér-mi-co, -ca [イ.ポ.'デる.ミ.コ, カ] [形]〘医〙皮下の, 皮下注射(用)の
hi-po-'der-mis [イ.ポ.'デる.ミス] [名] [女]〔単複同〕〘体〙皮下組織
hi-'pó-dro-mo [イ.'ポ.ドろ.モ] [名] [男]〘競〙競馬場
hi-'pó-fi-sis [イ.'ポ.フィ.スィス] [名] [女]〔単複同〕〘体〙脳下垂体
hi-po-fun-'ción [イ.ポ.フン.'すぃオン] [名] [女]〘医〙機能低下症
hi-po-'gas-trio [イ.ポ.'ガス.トリオ] [名] [男]〘体〙下腹部
hi-po-'gé-ni-co, -ca [イ.ポ.'ヘ.ニ.コ, カ] [形]〘地質〙《岩石などが》地下で生成した
hi-po-glu-'ce-mia [イ.ポ.グル.'せ.ミア] [名] [女]〘医〙低血糖症
hi-po-'gri-fo [イ.ポ.'グリ.フォ] [名] [男]〘架空〙ヒッポグリフ《馬の体にワシの頭と翼をもつ怪物》
hi-po-'pla-sia [イ.ポ.'プラ.スィア] [名] [女]〘医〙減(形)成, 形成不全, 発育不全
hi-po-'pó-ta-mo [イ.ポ.'ポ.タ.モ] [名] [男]〘動〙カバ
hi-pos-ta-'siar [イ.ポス.タ.'スィアる] [動] [他] 具象化して考える, 本質[実体]化する
hi-'pós-ta-sis [イ.'ポス.タ.スィス] [名] [女]〔単複同〕〘哲〙本質, 実体;〘宗〙位格
hi-pos-'tá-ti-co, -ca [イ.ポス.'タ.ティ.コ, カ] [形]〘宗〙(三位一体の)位格の, ペルソナの; 本質の, 実態の
hi-po-'tá-la-mo [イ.ポ.'タ.ラ.モ] [名] [男]〘医〙視床下部
*__hi-po-'te-ca__ [イ.ポ.'テ.カ] 94% [名] [女]〘商〙抵当, 担保
hi-po-te-'car [イ.ポ.テ.'カる] [動] [他] ⑥⑨ (c|qu)〘商〙抵当に入れる ~ ***su futuro*** 将来を賭ける
hi-po-te-'ca-rio, -ria [イ.ポ.テ.'カ.りオ, りア] [形]〘商〙抵当の, 担保の
hi-po-ten-'sión [イ.ポ.テン.'スィオン] [名] [女]〘医〙低血圧(症)
hi-po-'ten-so, -sa [イ.ポ.'テン.ソ, サ] [形]〘医〙低血圧の
hi-po-te-'nu-sa [イ.ポ.テ.'ヌ.サ] [名] [女]〘数〙(直角三角形の)斜辺
hi-po-'ter-mia [イ.ポ.'テる.ミア] [名] [女]〘医〙低体温
hi-po-'tér-mi-co, -ca [イ.ポ.'テる.ミ.コ, カ] [形]〘医〙低体温法の
**__hi-'pó-te-sis__ [イ.'ポ.テ.スィス] 89% [名] [女]〔単複同〕仮説, 仮定, (条件命題の)前件; (単なる)推測
hi-po-'té-ti-co, -ca [イ.ポ.'テ.ティ.コ, カ] [形] 仮説の, 仮定の, (条件命題の)前件となる, 単なる推測の
hi-po-ti-roi-'dis-mo [イ.ポ.ティ.ろイ.'ディス.モ] [名] [男]〘医〙甲状腺機能低下症
hi-r~ [動]《活用》↑herir
hi-'rien-te [イ.'りエン.テ] [形] 人を傷つける, 辛辣(しんらつ)な
hir-'su-to, -ta [イる.'ス.ト, タ] [形] 毛深い, 剛毛に覆われた; «性格が»無愛想な
hir-v~ [動]《活用》↑hervir
hir-'vien-te [イる.'ビエン.テ] [形] 煮えた, 沸騰した
hi-so-'pa-zo [イ.ソ.'パ.そ] [名] [男]〘宗〙聖水の散布
hi-'so-po [イ.'ソ.ポ] [名] [男]〘宗〙(聖水の)散水器;《話》ブラシ, はけ;〘植〙ヤナギハッカ, ヒソップ;《チリ》シェービングブラシ
his-pa-'len-se [イス.パ.'レン.セ] [形] [名] [共]〘歴〙〘地名〙ヒスパリスの(人)↓Hispalis;《格》〘地名〙セビリアの(人)
His-'pa-lis [イス.'パ.リス] [名] [固]〘歴〙〘地名〙ヒスパリス《ローマ時代のセビリア》
His-'pa-nia [イス.'パ.ニア] [名] [固]〘歴〙〘地名〙ヒスパニア《ローマ時代のイベリア半島の呼称》
*__his-'pá-ni-co, -ca__ [イス.'パ.ニ.コ, カ] 93% [形] スペイン系の; スペイン語圏の [名] [男] [女] スペイン語圏の人; ヒスパニック《ラテンアメリカ系米国人》
his-pa-ni-'dad [イス.パ.ニ.'ダド] [名] [女] スペイン(人)であること[らしさ]; スペイン語圏の世界[文化]
his-pa-'nis-mo [イス.パ.'ニス.モ] [名] [男] スペイン語[文学, 文化]研究;〘言〙スペイン語的特徴, 他の言語におけるスペイン語的表現; スペイン好み
his-pa-'nis-ta [イス.パ.'ニス.タ] [名] [共] スペイン語[文学, 文化]の研究者
his-pa-ni-za-'ción [イス.パ.ニ.さ.'すぃオン] [名] [女] スペイン化
his-pa-ni-'zar [イス.パ.ニ.'さる] [動] [他] ③④ (z|c) スペイン化する
his-'pa+no, -na [イス.'パ.ノ, ナ] [形] [名] [男] [女]《格》スペイン(人)の; スペイン人; ヒスパニック(の)《ラテンアメリカ系米国人》
his-pa-no~〔接頭辞〕「スペイン」を示す

*His-pa-no-a-'mé-ri-ca [イス.パ.ノ.ア.'メ.リ.カ] 94% 名 固〘地名〙〘言〙スペイン語圏アメリカ

his-pa-no-a-me-ri-ca-'nis-ta [イス.パ.ノ.ア.メ.リ.カ.'ニス.タ] 名 共〘言〙〘地〙スペイン語圏アメリカの研究者

*his-pa-no-a-me-ri-'ca+no, -na [イス.パ.ノ.ア.メ.リ.'カ.ノ, ナ] 93% 形〘言〙スペイン語圏アメリカの ⬆Hispanoamérica; 〘地〙スペインとアメリカ大陸の 名 男 女 スペイン語圏アメリカ諸国の人

his-pa-no-'á-ra-be [イス.パ.'ノア.ら.べ] 形 名 共〘歴〙〘宗〙イベリア半島のイスラム教徒(の)

his-pa-no-'fi-lia [イス.パ.ノ.'フィ.リア] 名 女 スペインびいき

his-pa-'nó-fi-lo, -la [イス.パ.'ノ.フィ.ロ, ラ] 形 名 男 女 親スペイン派の(人), スペインびいきの(人)

his-pa-no|ha-'blan-te [イス.パ.ノ.ア.'ブラン.テ] 形 名 共 スペイン語を話す(人), スペイン語を母語とする(人)

his-pa-no-ju-'dí-o, -a [イス.パ.ノ.ふ.'ディ.オ, ア] 形 名 男 女〘歴〙(中世の)スペイン・ユダヤ人(の)

his-pa-no-par-'lan-te 形 名 共 ⇧ hispanohablante

'hís-pi-do, -da ['イス.ピ.ド, ダ] 形《格》《毛が》太くて固い

his-ta-'mi-na [イス.タ.'ミ.ナ] 名 女〘医〙ヒスタミン

his-'te-ria [イス.'テ.りア] 名 女〘医〙ヒステリー;〘一般〙病的興奮, ヒステリー

his-'té-ri-co, -ca [イス.'テ.り.コ, カ] 形 ヒステリックな, 病的に興奮した, 理性を失った;〘医〙子宮の, 子宮内におこる 名 男 女 ヒステリーをおこしやすい人, ヒステリックな人

his-te-'ris-mo 名 男 ⇧ histeria

his-to-lo-'gí+a [イス.ト.ロ.'ひ.ア] 名 女〘生〙組織学

his-to-'ló-gi-co, -ca [イス.ト.'ロ.ひ.コ, カ] 形〘生〙組織学の

his-'tó-lo-go, -ga [イス.'ト.ロ.ゴ, ガ] 名 男 女〘生〙組織学者

his-to-pa-to-lo-'gí+a [イス.ト.パ.ト.ロ.'ひ.ア] 名 女〘医〙組織病理学

⁑his-'to-ria [イス.'ト.りア] 69% 名 女〘歴〙歴史;〘歴〙歴史学, 史学;〘歴〙歴史の本, 史書;〘文〙(架空の)物語, 小説; お話, 作り話; 古いこと, 過去のこと; (事実を伝える)話, 新聞記事; (物語・劇などの)筋; (人・物に関する)言い伝え, うわさ, 歴史, 由来; (人の)経歴;《話》騒ぎ, 混乱 *pasar a la* ～ 歴史に残る

⁑his-to-ria-'dor, -'do-ra [イス.ト.りア.'ドる, 'ド.ら] 90% 名 男 女〘歴〙歴史家, 歴史学者, 史学専攻者

his-to-'rial [イス.ト.'りアル] 名 男 履歴, 経歴;〘歴〙歴史的記録, 資料

his-to-'riar [イス.ト.'りアる] 動 他〘歴〙〈の〉歴史を記録する[語る, 書く];〈史実・伝説などを〉(絵に)描く

his-to-ri-ci-'dad [イス.ト.り.すぃ.'ダド] 名 女〘歴〙歴史性, 史実性

his-to-ri-'cis-mo [イス.ト.り.'すぃス.モ] 名 男 歴史主義

his-to-ri-'cis-ta [イス.ト.り.'すぃス.タ] 形 歴史主義の 名 共 歴史主義者

⁑his-'tó-ri-co, -ca [イス.'ト.り.コ, カ] 79% 形〘歴〙歴史の, 歴史に関する; 歴史上に実在する, 歴史上の, 史実に基づく; 歴史的に有名な, 由緒ある; 歴史に残る, 歴史に記録される **-camente** 副 歴史的に, 歴史上に

his-to-'rie-ta [イス.ト.'りエ.タ] 名 女 話, 逸話, 小話; (こま割り)漫画

his-to-rio-gra-'fí+a [イス.ト.りオ.グら.'フィ.ア] 名 女〘歴〙史料編纂(へんさん)

his-to-rio-'grá-fi-co, -ca [イス.ト.りオ.'グら.フィ.コ, カ] 形〘歴〙史料編纂の

his-to-'rió-gra-fo, -fa [イス.ト.'りオ.グら.フォ, ファ] 名 男 女〘歴〙史料編纂者

his-to-rio-lo-'gí+a [イス.ト.りオ.ロ.'ひ.ア] 名 女〘歴〙(理論)歴史学

his-to-rio-'ló-gi-co, -ca [イス.ト.りオ.'ロ.ひ.コ, カ] 形〘歴〙(理論)歴史学の

his-to-'rió-lo-go, -ga [イス.ト.'りオ.ロ.ゴ, ガ] 形〘歴〙(理論)歴史学者

his-'trión, -trio-'ni-sa [イス.'トりオン, トりオ.'ニ.サ] 名 男 女〘歴〙〘演〙(昔の)役者;〘演〙道化師, 芸人, 役者; おどけ者, ひょうきん者

his-'trió-ni-co, -ca [イス.'トりオ.ニ.コ, カ] 形 おどけた, ひょうきんな;〘演〙俳優の, 芝居の

'hi+ta ['イ.タ] 名 女〘技〙無頭鋲(びょう)《頭のない釘》; (道標を示す)標石

hi-'ti-ta [イ.'ティ.タ] 形 名 共〘歴〙ヒッタイト族(の)《小アジアの古代民族》;〘歴〙〘言〙ヒッタイト語の 名 男〘歴〙〘言〙ヒッタイト語

'hi+to, +ta ['イ.ト, タ] 形〘畜〙(馬の毛が)真っ黒な 名 男 (道標を示す)標石; (土地の)境界標石; 的, 標的; 輪投げ *mirar de hito en hito* (じっと)見つめる *marcar un hito* 一時代を画する

'hi+zo 動《直点 3 単》⬆hacer

Hno., Hna. 略 ⬆hermano

hobby ['ほ.ビ] 名 男〔英語〕趣味, ホビー ⇧ afición

'hoc ⬆ad hoc

'ho-ces 名 女《複》⬇hoz

ho-ci-'ca-da [オ.すぃ.'カ.ダ] 名 女 鼻

面を押しつけること; 《話》〔軽蔑〕かぎ回ること, 詮索(せんさく)

ho-ci-'car [オ.すぃ.'カる] 動 他 69 (c|qu)〔動〕《動物が》〈土を〉鼻で掘る; 《話》〈に〉何度もキスする 動 自 顔面をぶつける; (con: 困難に)直面する

ho-ci-'ca-zo [オ.すぃ.'カ.そ] 名 男 《チリ》《俗》キス, 接吻(せっぷん)

ho-'ci-co [オ.'すぃ.コ] 名 男〔動〕(動物の)鼻, 鼻面; 《俗》厚ぼったい唇; 《俗》怒った顔, ふくれ面 *caer* [*darse*] *de* ~*s* 《話》倒れて顔をぶつける *estar de* ~*s* 《話》怒った顔をする, 仏頂面をする *meter los* ~*s* 《俗》(en: に)鼻を突っ込む, 詮索(せんさく)する *romper los* ~*s* 《俗》(a: の)顔を強く殴る

h

ho-ci-'cón, -'co-na [オ.すぃ.'コン, 'コ.ナ] 形 名 男 女 《話》詮索(せんさく)好きな(人), かぎ回る(人)

ho-ci-que+'ar 動 他 ⇧ hocicar

hockey ['ほ.ケイ] 名 男〔英語〕〔競〕ホッケー ~ *sobre hielo*〔競〕アイスホッケー ~ *sobre hierba*〔競〕フィールドホッケー

ho-'dier+no, -na [オ.'ディエる.ノ, ナ] 形 《格》今の, 現在の, 今日の

ho-'ga-ño [オ.'ガ.ニョ] 副 《格》現今では, このごろは; 《格》今年は

⁑**ho-'gar** [オ.'ガる] 86% 名 男 家庭, わが家; 家庭生活; 故郷, 郷里, 本国, 故国; 炉, 炉床 《暖炉の火をたく床》; (台所の)かまど; 〔機〕(蒸気機関車などの)燃焼室

ho-ga-'re-ño, -ña [オ.ガ.'れ.ニョ, ニャ] 形 家庭(用)の, わが家の; 家庭を愛する, 家庭を大事にする

ho-'ga-za [オ.'ガ.さ] 名 女〔食〕大型のパン

***ho-'gue-ra** [オ.'ゲ.ら] 94% 名 女 たき火, 大かがり火; 〔歴〕火あぶりの刑; 激情, 熱烈な恋愛

⁑**'ho+ja** ['オ.は] 77% 名 女〔植〕(木・草の)葉; (本・ノートの)一枚; 〔印〕(印刷物の)一枚, ちらし, ビラ; 書類, 文書, …証; 新聞; 〔建〕(窓・ドアの)取り外せる部分, 面, 板; (刃物の)刃, 刀身; 《話》花びら; (金属の)箔(はく), 薄片, 薄板; 〔情〕シート *al caer la* ~ 落葉のころに, 秋に ~ *de cálculo*〔情〕スプレッドシート ~ *de vida* 《コロンビア》履歴書 *volver la* ~ 話題を変える

ho-ja-'la-ta [オ.は.'ラ.タ] 名 女 ブリキ板

ho-ja-la-te-'rí+a [オ.は.ラ.テ.'り.ア] 名 女 ブリキ工場, ブリキ屋

ho-ja-la-'te-ro, -ra [オ.は.ラ.'テ.ろ, ら] 名 男 女〔技〕ブリキ職人, 板金職人

ho-'jal-dre [オ.'はル.ドれ] 名 男〔食〕(パイ用の)生地; 〔食〕ミルフィーユ

ho-ja-'ras-ca [オ.は.'らス.カ] 名 女〔集合〕〔植〕落葉; 〔植〕こんもり茂った葉; くず, がらくた, くだらないもの

ho-je+'ar [オ.へ.'アる] 動 他 〈の〉ページをめくる; 〈本に〉ざっと目を通す; 〔情〕ブラウズする

ho-'jo-so, -sa [オ.'ほ.ソ, サ] 形 葉の多い; 薄い層からなる

ho-'jue-la [オ.'ふエ.ラ] 名 女〔植〕小葉; 〔食〕クレープ; 〔食〕薄片, フレーク; (金・銀の)箔, 箔片, (金属の)薄片

⁑**'ho+la** ['オ.ラ] 83% 感 《話》やあ, こんにちは, おはよう, こんばんは 《親しい人に用いるくだけた挨拶》; 《話》おや, まあ 《驚き・喜び》; 《話》もしもし; おーい 《遠くの人に》

***Ho-'lan-da** [オ.'ラン.ダ] 92% 名 固〔地名〕オランダ 《ヨーロッパ北西部の王国》 ⇧ Países Bajos

***ho-lan-'dés, -'de-sa** [オ.ラン.'デス, 'デ.サ] 92% 形〔地名〕オランダ(人)の ↑Holanda; 〔言〕オランダ語の 名 男 女 オランダ人 名 男〔言〕オランダ語 **-desa** 名 女〔印〕オランダ紙 《22cm×28cm の大きさの紙》

hol-'ga-do, -da [オル.'ガ.ド, ダ] 形 《衣服が》だぶだぶの, ゆったりした; 広い, 広々した, ゆったりした; 経済的に恵まれている, 余裕のある, 豊かな; 快適な, 楽な **-damente** 副 楽に, 快適に, ゆったりと; のんびりと

hol-'gan-za [オル.'ガン.さ] 名 女 休息, 休養; 怠惰, 無精; 愉快, 楽しみ, 気晴らし

hol-'gar [オル.'ガる] 動 自 61 (o|ue; g|gu) 必要がない; 休む, 休暇を取る ~**se** 動 再 (de, con: を)楽しむ, おもしろがる; (de, con: を)喜ぶ

hol-ga-'zán, -'za-na [オル.ガ.'さン, 'さ.ナ] 形 名 男 女 怠惰な(人), 無精な(人), なまけ者(の)

hol-ga-za-ne+'ar [オル.ガ.さ.ネ.'アる] 動 自 なまける, のらくら遊び暮らす

hol-ga-za-ne-'rí+a [オル.ガ.さ.ネ.'り.ア] 名 女 怠惰, 無精, 無為徒食

hol-'go-rio 名 男 ⇩ jolgorio

Hol-'guín [オル.'ギン] 名 固〔地名〕オルギン 《キューバ東部の県, 県都》

hol-'gu-ra [オル.'グ.ら] 名 女 ゆとり, 余裕; 広々としていること; 〔機〕(機械などの)動きのゆとり, あそび *con* ~ ゆうゆうと

ho-'lís-ti-co, -ca [オ.'リス.ティ.コ, カ] 形 《格》全体論の, 全体論的な

ho-'llar [オ.'ジャる] 動 他 16 (o|ue) 《格》踏みつける, 踏みつぶす; 《格》〈感情などを〉踏みにじる, 無視する; 恥をかかせる, へこます

ho-'lle-jo [オ.'ジェ.ほ] 名 男〔植〕(果物の)皮

ho-'llín [オ.'イン] 名 男 すす, 煤煙(ばいえん)

ho-lli-'nar-se [オ.ジ.'ナる.セ] 動 自 すすで覆(おお)われる

ho-lli-'no-so, -sa [オ.ジ.'ノ.ソ, サ] 形 すすで覆(おお)われた

'hol-mio ['オル.ミオ] 名 男 〖化〗ホルミウム《元素》

ho-lo-'caus-to [オ.ロ.'カウス.ト] 名 男 大虐殺, ホロコースト; 犠牲; 〖宗〗(ユダヤ教の)全燔(ぜんはん)祭《獣を丸焼きにして神前に供える》; 〔H～〕〖歴〗ナチスドイツによるユダヤ人の大虐殺

ho-lo-gra-'fí+a [オ.ロ.グら.'フィ.ア] 名 女 〖美〗ホログラフィー《レーザー光線を用いた立体写真》

ho+'ló-gra-fo, -fa 形 ⇩ ológrafo

hom-'bra-da [オン.'ブら.ダ] 名 女 男らしい行動

'hom-bre ['オン.ブれ] 61% 名 男 男, 男性; (男性の)大人; 男らしい男, 一人前の男; (男女の別なく一般に)人; 人類, 人間, ヒト; 〖軍〗兵士, 部下; 《俗》亭主, 夫; 《俗》愛人 感 《話》ええ!, まあ!, なんだって!《驚き》; 《話》いいですか?《命令の後で》; 《話》…ですよ!, …なんだよ!《Síや No の後で》; 《話》ええ!, もちろん!《承諾》 ***de ～ a ～*** 率直に ***el ～ de la calle*** 一般の人, 普通の人 ***～ a ～*** 一対一で, マンツーマンで ***～ anuncio*** 〖商〗サンドイッチマン ***～ de bien*** 誠実な人 ***～ de ciencia*** 科学者 ***～ de negocios*** 実業家 ***mucho [muy] ～*** とても男らしい ***poco ～*** あまり男らしくない人

hom-bre+'ar [オン.ブれ.'アる] 動 自 «子供が»大人びる, 大人のまねをする ～(-se) 動 自 (再) 張り合う, 競争する

hom-bre-'ci-llo 〔縮小語〕⬆hombre

hom-'bre-ra [オン.'ブれ.ら] 名 女 〖衣〗肩あて, 肩パッド; 〖軍〗肩章

hom-bre-'rí+o [オン.ブれ.'り.オ] 名 男 《ベネズエラ》〔集合〕男たち

hom-bre-'tón [オン.ブれ.'トン] 名 男 《話》大男, たくましい男

hom-'brí+a [オン.'ブり.ア] 名 女 男らしさ

'hom-bro ['オン.ブろ] 87% 名 男 (体の)肩; 〔複〕両肩の部分, 〖衣〗(衣服などの)肩の部分; (責任を負う)双肩(そうけん) ***a ～s*** 肩にかついで, おぶって ***arrimar el ～*** (a: に)協力する, 協力して仕事をする ***echarse al ～*** 引き受ける ***escurrir el ～*** 言い逃れる ***～ a [con] ～*** 団結して, 協力して ***meter el ～*** 《メキシコ》 ⇧ arrimar el ～ ***mirar por encima del ～*** 見下す, ばかにした態度をとる ***tener la cabeza (bien puesta) sobre los ～s*** 思慮分別がある

hom-'brón [オン.'ブろン] 名 男 《話》たくましい男, がっしりした男

hom-'bru+no, -na [オン.'ブる.ノ, ナ] 形 〔軽蔑〕男性的な, 男らしい; 《話》«女性が»男のような, 勇ましい

ho-me-'na-je [オ.メ.'ナ.へ] 90% 名 男 敬意; (敬意の印としての)贈り物; 記念論文集; 〖歴〗(封建時代の)忠誠の誓い, 臣従礼 ***en ～ a ...*** …に敬意を表して, …を記念して ***torre de ～*** 〖建〗(城の)主塔, 天守閣

ho-me-na-je+'ar [オ.メ.ナ.へ.'アる] 動 他 ‹に›敬意を表する, 祝う

ho-me+'ó-pa-ta [オ.'メオ.パ.タ] 形 名 共 〖医〗類似[同毒]療法の, ホメオパシーの; 〖医〗ホメオパシー医

ho-me+o-pa-'tí+a [オ.メ.オ.パ.'ティ.ア] 名 女 〖医〗類似[同毒]療法, ホメオパシー

ho-me+o-'pá-ti-co, -ca [オ.メ.オ.'パ.ティ.コ, カ] 形 〖医〗類似[同毒]療法の

ho-me+os-'tá-ti-co, -ca [オ.メ.オス.'タ.ティ.コ, カ] 形 〖生〗恒常性の

ho-'mé-ri-co, -ca [オ.'メ.り.コ, カ] 形 〖歴〗ホメロス(風)の《Homero, 前8世紀ころのギリシャの詩人》; 壮大な, とてつもない

ho-mi-'ci-da [オ.ミ.'すぃ.ダ] 名 共 〖法〗殺人犯 形 〖法〗殺人(犯)の

ho-mi-'ci-dio [オ.ミ.'すぃ.ディオ] 93% 名 男 〖法〗殺人

ho-mi-'lí+a [オ.ミ.'り.ア] 名 女 〖宗〗説教, 法話

ho-'mí-ni-do [オ.'ミ.ニ.ド] 名 男 〔複〕〖動〗ヒト科

ho-mi-'noi-de [オ.ミ.'ノイ.デ] 形 名 男 〖動〗ヒト上科(の)

ho-mo-'fi-lia [オ.モ.'フィ.リア] 名 女 同性愛擁護

ho-'mó-fi-lo, -la [オ.'モ.フィ.ロ, ラ] 形 同性愛を擁護する 名 男 女 同性愛擁護者

ho-mo-'fo-bia [オ.モ.'フォ.ビア] 名 女 同性愛嫌悪

ho-mo-'fó-bi-co, -ca 形 名 男 女 ⇩ homófobo

ho-'mó-fo-bo, -ba [オ.'モ.フォ.ボ, バ] 形 同性愛を嫌悪する 名 男 女 同性愛嫌悪者

ho-mo-fo-'ní+a [オ.モ.フォ.'ニ.ア] 名 女 〖言〗同音, 同音異義

ho-mo-'fó-ni-co, -ca [オ.モ.'フォ.ニ.コ, カ] 形 〖言〗同音の, 同音異義の

ho-'mó-fo+no, -na [オ.'モ.フォ.ノ, ナ] 形 〖言〗同音異義語の 名 男 〖言〗同音異義語

ho-mo-ge-nei-'dad [オ.モ.へ.ネイ.'ダド] 名 女 同質(性), 一様性, 等質性

ho-mo-ge-nei-za-'ción ⇦ -ni- [オ.モ.へ.ネイ.さ.'すぃオン⇦.ニ.] 名 女 均質化, 一様化

ho-mo-ge-nei-'zan-te ⇦ -ni- [オ.モ.へ.ネイ.'さン.テ⇦.ニ.] 形 均質化した

ho-mo-ge-nei-'zar ⇔ **-ni-** [オ.モ.ヘ.ネイ.'さる⇔.ニ.] 動 他 ㉞ (z|c) 均質にする, 一様にする

ho-mo-'gé-ne+o, +a [オ.モ.'ヘ.ネ.オ, ア] 形 同質の, 同族の, 均一の, 等質の

ho-'mó-gra-fo, -fa [オ.'モ.グら.フォ, ファ] 形〔言〕同綴(どうてつ)異義の 名 男〔言〕同綴異義語

ho-mo-lo-'ga-ble [オ.モ.ロ.'ガ.ブレ] 形 同意されうる, 認可されうる

ho-mo-lo-ga-'ción [オ.モ.ロ.ガ.'すぃオン] 名 女 認可, 承認;〔競〕形式認定, ホモロゲーション, (記録の)公認; 同等化

h

ho-mo-lo-'gar [オ.モ.ロ.'ガる] 動 他 ㊶ (g|gu) 〈に〉同意する, 認可する;〔法〕(法的に有効だと)認定する;〔競〕〈記録を〉公認する;〔競〕〔自動車レース〕形式認定する, ホモロゲートする《特定の車種やエンジンなどを認定する》

ho-'mó-lo-go, -ga [オ.'モ.ロ.ゴ, ガ] 形《格》一致する, 同質の, 同種の;〔数〕相同の 名 男 女 対応する地位[立場]の人

ho-mo-'ni-mia [オ.モ.'ニ.ミア] 名 女〔言〕同音異義

ho-'mó-ni-mo, -ma [オ.'モ.ニ.モ, マ] 形 名 男 女 同名の(人);〔言〕同音異義の 名 男〔言〕同音異義語

ho-mo-se-'xual [オ.モ.セク.'スアル] 形 名 共 同性愛の; 同性愛者

ho-mo-se-xua-li-'dad [オ.モ.セク.スア.リ.'ダド] 名 女 同性愛

ho-'mún+cu-lo [オ.'ムン.ク.ロ] 名 男《格》〔軽蔑〕こびと, 小男

'hon-da ['オン.ダ] 名 女 投石器

hon-de+'ar [オン.デ.'アる] 動 他 〈の〉深さを測る, 〈の〉底を探る;〔海〕〈積み荷を〉降ろす

⁑**'hon-do, -da** ['オン.ド, ダ] 88% 形 深い; 心の底からの, 深い 名 男 深さ; 底 *cante* ~ [ほン.ド]〔楽〕カンテホンド《フラメンコの歌の一種》 *lo* ~《中性》底, 奥底

hon-'dón [オン.'ドン] 名 男 底; 奥底; 針の穴

hon-do-'na-da [オン.ド.'ナ.ダ] 名 女 くぼ地, 低地

***hon-'du-ra** [オン.'ドゥ.ら] 94% 名 女 深いこと, 深さ, 深度 *meterse en ~s* 深入りする, (物事の)深みにはまる

⁑**Hon-'du-ras** [オン.'ドゥ.らス] 89% 名 固〔República de ~〕〔地名〕ホンジュラス《中米中部の共和国》

***hon-du-'re-ño, -ña** [オン.ドゥ.'れ.ニョ, ニャ] 94% 形〔地名〕ホンジュラス(人)の ↑Honduras 名 男 女 ホンジュラス人

***ho-nes-ti-'dad** [オ.ネス.ティ.'ダド] 93% 名 女 正直, 誠実; 公正; (女性の)節操, 貞節, つつましさ

***ho-'nes-to, -ta** [オ.'ネス.ト, タ] 93% 形《人が》正直な, 誠実な, うそを言わない;《身なり・ふるまいなどが》見苦しくない,《人柄が》きちんとした, まともな;《言行などが》率直な, 偽りのない, 正当な, 公正な;《言葉・話などが》上品な, 優雅な *estado* ~ (女性の)独身, 独身生活 **-tamente** 副 正直に, 誠実に

'Hong 'Kong ['ほン(グ) 'コン(グ); 'オン(グ)] 名 固〔地名〕ホンコン(香港)《中国南東部の特別行政区》

***'hon-go** ['オン.ゴ] 91% 名 男〔菌〕キノコ;〔気〕きのこ雲;〔複〕〔菌〕菌類;〔医〕菌状腫 *ciudad* ~ 新興都市 *crecer como ~s* 急速に成長する ~ *marino*〔動〕イソギンチャク

Ho-'nia-ra [ほ.'ニア.ら] 名 固〔地名〕ホニアラ《ソロモン諸島 Islas Salomón の首都》

Ho-no-'lu-lu ⇔ **-lu-'lú** [ほ.ノ.'ル.ル⇔.ル.'ル] 名 固〔地名〕ホノルル《米国, ハワイ州の州都, オアフ島の港市》

⁑**ho-'nor** [オ.'ノる] 84% 名 男 名誉, 誉(ほま)れ, 光栄; 名声, 面目, 体面, 自尊心; (地位・能力などがある人に対する)敬意, 尊敬, 儀礼, もてなし; 貞操, 純潔 *campo del* ~ 決闘場 *en ~ a* [*de*] … …に敬意を表して, …を記念して *en ~ de* [*a*] *la verdad*《文修飾》真実に誓って *hacer* ~ (a: に)ふさわしいことをする, (a: を)守る *hacer los ~es de la casa* (パーティーなどで)主人役[接待役]を務める *¡Palabra de ~!* 誓って, 名誉にかけて *rendir los últimos ~es* 葬儀を行う *tener el ~ de* …(不定詞) …する光栄に浴する, 慎んで…する

ho-no-ra-bi-li-'dad [オ.ノ.ら.ビ.リ.'ダド] 名 女 名声; 尊厳

***ho-no-'ra-ble** [オ.ノ.'ら.ブレ] 94% 形 尊敬すべき, 立派な, 恥を知る; 名誉[光栄]ある; 高貴な, 身分のある

ho-no-'ra-rio, -ria [オ.ノ.'ら.りオ, りア] 形 名誉上の, 名誉職の 名 男〔複〕謝礼(金)

ho-no-'rí-fi-co, -ca [オ.ノ.'り.フィ.コ, カ] 形 栄誉ある, 敬称の, 名誉職の

ho-'no-ris [オ.'ノ.りス]〔成句〕~ *causa*〔ラテン語〕名誉の, 名誉のために

'hon-ra ['オン.ら] 名 女 名誉, 体面, 面目, 名声; 貞節, 貞操; 光栄, 誇り, 栄誉;〔複〕葬儀 *a mucha* ~ 名誉なことに *tener a mucha* ~ …(不定詞) …を誇りに思う

hon-ra-'dez [オン.ら.'デす] 名 女 正直, 誠実

***hon-'ra-do, -da** [オン.'ら.ド, ダ] 94% 形《人が》正直な, 誠実な, うそを言わない;

名誉を受ける, 名誉である; «言行などが»率直な, 偽りのない, 正当な, 立派な

****hon-'rar** [オン.'ら̥る] 90% 動 他 ‹に›名誉[光栄]を与える; ‹に›名誉になる; 尊敬する, 敬う; ‹神を›崇拝する, あがめる; 〔商〕‹手形・小切手を›引き受けて支払いをする **～-se** 動 再 (con, de, en: を)光栄に思う, 誇りとする ***～ la casa [mesa]*** 招待に応じる

hon-'ri-lla [オン.'り̃.ジャ] 名 女 体面, 自尊心, 面目, 意地 ***por la negra ～*** 意地で

hon-'ro-so, -sa [オン.'ろ̃.ソ, サ] 形 名誉な, 尊敬すべき, 立派な **-samente** 副 正しく, 立派に, 高潔に

hon-ta-'nar [オン.タ.'ナる̥] 名 男 〔地〕泉, 水源

'ho+po 名 男 ⇩ jopo

****'ho+ra** ['オ.ら] 63% 名 女 **1** 時間, 時間; 時刻, 時点; (授業の)時限, 勤務[営業]時間; **1** 時間の行程; (de que 接続法: する)時, ころ, 折; 予約の時間, 会う時間, 約束の時間; 〔宗〕定時課《決まった時刻に行われる聖務》; 死期 ***a buena(s) ～(s)*** 遅すぎて, 後の祭りで ***a ～ avanzada*** 遅くに ***a la ～*** 定刻に ***a todas ～s*** いつも, 絶えず ***a última ～*** 最後になって, ぎりぎりになって; (一日の)遅い時間に ***dar la ～*** «時計が»時を告げる ***en buena ～*** 折よく, 都合よく ***en mala ～*** 折悪く, 都合悪く ***entre ～s*** 定刻外に, 食間に ***fuera de ～*** 時間外に ***hacer ～*** 《チリ》時間をつぶす ***～ de la verdad*** 最後の決定的瞬間 ***～ hache*** 〔軍〕攻撃開始の時間 ***～ valle*** 交通が空いている時間 ***no dar ni la ～*** 《話》とてもけちである ***no ver la ～*** (para: に)夢中である ***poner un reloj en ～*** 時計の時刻を合わせる ***por ～*** 一時間あたり ***por ～s*** 時間ぎめで; 刻々と

Ho-'ra-cio [オ.'ら.すぃオ] 名 固 〔男性名〕オラシオ

ho-ra-'dar [オ.ら.'ダる̥] 動 他 ‹に›穴をあける

****ho-'ra-rio** [オ.'ら.りオ] 88% 名 男 時刻表, 時間表, スケジュール; (学校の)時間割; (時計の)時針, 短針 **～, -ria** 形 時間の, 時の

'hor-ca ['オる̥.カ] 名 女 絞首台; 〔農〕熊手, さすまた, また木; (木・つるの)支柱, つっかえ棒 ***merecer la ～*** 《話》〔皮肉〕つるし首にしてやりたい

hor-ca-'ja-das [オる̥.カ.'は.ダス̥] 〔成句〕 ***a ～*** またがって

hor-ca-ja-'du-ra [オる̥.カ.は.'ドゥ.ら] 名 女 〔体〕股, 股間(こかん)

hor-'cha-ta [オる̥.'チャ.タ] 名 女 〔飲〕オルチャータ《カヤツリグサ chufa の地下茎の汁などから作る清涼飲料水》

hor-cha-te-'rí+a [オる̥.チャ.テ.'り.ア] 名 女 〔商〕オルチャータを売る店 ⬆horchata

'hor-da ['オる̥.ダ] 名 女 一群の人々; 野蛮な軍隊; 遊牧民[流民]の集団

ho-'ri-ta 〔縮小語〕⬆hora; ⇧ ahorita

***ho-ri-zon-'tal** [オ.り.そン.'タル̥] 92% 形 水平な, 横の; 平面の, 平らな 名 女 〔数〕水平線

ho-ri-zon-ta-li-'dad [オ.り.そン.タ.り.'ダド̥] 名 女 水平性

****ho-ri-'zon-te** [オ.り.'そン.テ] 90% 名 男 地平線, 水平線; (知識・経験などの)限界, 範囲; 視野, 見地

'hor-ma ['オる̥.マ] 名 女 〔衣〕(帽子などの)型; 〔衣〕靴型; 〔建〕石壁 ***encontrar(-se con) la ～ de su zapato*** 探し求めていたものを見つける; 好敵手と出会う

hor-'ma-zo [オる̥.'マ.そ] 名 男 〔建〕土壁

***hor-'mi-ga** [オる̥.'ミ.ガ] 94% 名 女 〔昆〕アリ

***hor-mi-'gón** [オる̥.ミ.'ゴン] 94% 名 男 〔建〕コンクリート

hor-mi-go-'ne-ra [オる̥.ミ.ゴ.'ネ.ら] 名 女 〔建〕コンクリートミキサー

hor-mi-gue+'ar [オる̥.ミ.ゲ.'アる̥] 動 自 «体が»チクチクする, むずがゆい, むずむずする; 群がる, たかる

hor-mi-'gue+o [オる̥.ミ.'ゲ.オ] 名 男 体がチクチクすること, むずむずすること; 群がること, たかること

hor-mi-'gue-ro [オる̥.ミ.'ゲ.ろ] 名 男 〔昆〕アリ塚, アリの巣; 人の集団, 雑踏

hor-'mo-na [オる̥.'モ.ナ] 名 女 〔生〕ホルモン

hor-mo-'nal [オる̥.モ.'ナル̥] 形 〔生〕ホルモンの

'Horn 名 固 ⇩ Hornos

hor-na-'ci-na [オる̥.ナ.'すぃ.ナ] 名 女 〔建〕壁龕(へきがん), ニッチ

hor-'na-da [オる̥.'ナ.ダ] 名 女 〔食〕(パン・陶器などの)ひと窯(かま)(分); 《話》(同期の)仲間

hor-ne+'ar [オる̥.ネ.'アる̥] 動 他 〔食〕‹パンを›焼く

hor-'ne-ro, -ra [オる̥.'ネ.ろ, ら] 名 男 女 〔技〕パン焼き職人

hor-'ni-ja [オる̥.'ニ.は] 名 女 かまど用のたきぎ

hor-'ni-llo [オる̥.'ニ.ジョ] 名 男 こんろ; (ガスレンジの)バーナー, 火口; (パイプの)火皿; 〔鉱〕発破薬を詰めた穴; 〔軍〕指向性地雷

hor-'ni-to 〔縮小語〕⬇horno

****'hor+no** ['オる̥.ノ] 88% 名 男 オーブン, 天火(てんぴ); 〔技〕窯(かま), 炉《れんが, 陶器などを

焼く)); かまど, 炉; 〔商〕パン屋, パン焼き屋; ((話)) (蒸し)暑い場所 ***No está el ～ para bollos [tortas].*** 今はその時期ではない

'Hor-nos ['オる.ノス] 名 固 〔cabo de ～〕〔地名〕ホーン岬 ((チリ領, 南アメリカ最南端の岬))

ho-'rós-co-po [オ.'ろス.コ.ポ] 名 男 星占い

hor-'que-ta [オる.'ケ.タ] 名 女 (枝の)また; 〔農〕(乾草用の)さすまた

hor-'qui-lla [オる.'キ.ジャ] 名 女 〔農〕(乾草用の)さすまた, 熊手; (木の枝などを支える)支柱, また木; ヘアピン; 〔機〕(自転車・オートバイなどの)フォーク; 〔機〕(電話機の)受話器の載せ台

ho-'rrar [オ.'らる] 動 他 ((メキシコ)) ((ホンジュラス)) ((キューバ)) ((ベネズエラ)) ⇧ ahorrar

ho-'rren-do, -da [オ.'れン.ド, ダ] 形 ものすごい, 恐ろしい, 身の毛のよだつ

'hó-rre+o ['オ.れ.オ] 名 男 〔農〕(アストゥリアス・ガリシア地方の)穀物倉[庫], 穀倉

‡ho-'rri-ble [オ.'り.ブレ] 90% 形 (ぞっとするほど)いやな, 実にひどい; 恐ろしい, 身の毛のよだつ **～mente** 副 恐ろしく, ひどく, すごく

ho-rri-pi-'lan-te [オ.り.ピ.'ラン.テ] 形 恐ろしい, ぞっとするような

ho-rri-pi-'lar [オ.り.ピ.'ラる] 動 他 怖がらせる, ぞっとさせる **～se** 動 再 身の毛がよだつ, ぞっとする

ho-'rrí-so+no, -na [オ.'り.ソ.ノ, ナ] 形 «音・音楽が»ものすごい, ひどい

'ho-rro, -rra ['オ.ろ, ら] 形 〔畜〕«家畜が»子を産まない, 不妊の; «奴隷が»解放された; ((格)) (de: が)欠けている; ((格)) (de: を)免除された

ho-'rror** [オ.'ろる] 91% 名 男 恐れ, 恐怖; ((話)) ぞっとするほどいやなもの[人], ひどいもの, とんでもないもの; 嫌悪, 不快感; 惨事, むごたらしさ 副 〔複〕((話)) とても, 非常に ***dar ～ ((話)) (a: を)ぞっとさせる ***decir ～es*** (de: の)悪口を言う ***un ～ de ...*** ((話)) 大変な, 大変な数の ((単数扱い))

ho-rro-ri-'zar [オ.ろ.り.'さる] 動 他 ㉞ (z|c) 怖がらせる, ぞっとさせる **～se** 動 再 ぞっとする, 恐れる

***ho-rro-'ro-so, -sa** [オ.ろ.'ろ.ソ, サ] 94% 形 恐ろしい, 身の毛のよだつ; ((話)) ものすごい, ひどい; 醜い, 胸が悪くなる

hor-ta-'li-za [オる.タ.'リ.さ] 名 女 〔農〕野菜, 青物

hor-te-'la+no, -na [オる.テ.'ラ.ノ, ナ] 形 〔農〕畑の, 菜園の, 果樹園の 名 男 女 〔農〕野菜[果物]農家, 園芸家

hor-'ten-se [オる.'テン.セ] 形 〔農〕野菜畑の, 果樹園の, 園芸の

hor-'ten-sia [オる.'テン.スィア] 名 女 〔植〕アジサイ

Hor-'ten-sia [オる.'テン.スィア] 名 固 〔女性名〕オルテンシア

hor-'te-ra [オる.'テ.ら] 形 ((スペイン)) ((話)) けばけばしい, 趣味の悪い 名 女 木製の椀

hor-te-'ra-da [オる.テ.'ら.ダ] 名 女 ((スペイン)) ((話)) けばけばしいもの, 趣味の悪いもの

hor-te-'ril [オる.テ.'りル] 形 悪趣味の, 下品な

hor-ti-cul-'tor, -'to-ra [オる.ティ.クル.'トる, 'ト.ら] 名 男 女 〔農〕園芸家, 野菜果樹栽培者

hor-ti-cul-'tu-ra [オる.ティ.クル.'トゥ.ら] 名 女 〔農〕園芸, 野菜果樹栽培

hor-to-fru-ti-cul-'tu-ra [オる.ト.フる.ティ.クル.'トゥ.ら] 名 女 〔農〕野菜果物栽培

***'hos-co, -ca** ['オス.コ, カ] 94% 名 男 女 不機嫌な, 無愛想な, とっつきにくい; 陰気な, 暗い

hos-pe-da-'dor, -'do-ra [オス.ペ.ダ.'ドる, 'ド.ら] 形 名 男 女 〔生〕宿主(の); 〔商〕宿屋の主人

***hos-pe-'da-je** [オス.ペ.'ダ.へ] 94% 名 男 宿泊; 下宿代, 宿泊料; 貸間, 下宿

hos-pe-'dar [オス.ペ.'ダる] 動 他 泊める, 下宿させる **～se** 動 再 泊まる, 宿泊する

hos-pe-de-'rí+a [オス.ペ.デ.'り.ア] 名 女 〔商〕宿屋, 旅館; 〔宗〕(修道院の)客室, 宿泊室

hos-pe-'de-ro, -ra [オス.ペ.'デ.ろ, ら] 名 男 女 〔商〕宿屋の主人

hos-pi-'cia+no, -na [オス.ピ.'すぃア.ノ, ナ] 名 男 女 (孤児院・救貧院の)被収容者

hos-'pi-cio [オス.'ピ.すぃオ] 名 男 (病人・貧困者などの)無料宿泊所, 救貧院; 孤児院

‡hos-pi-'tal [オス.ピ.'タル] 82% 名 男 〔医〕病院

hos-pi-ta-'la-rio, -ria [オス.ピ.タ.'ラ.りオ, りア] 形 温かくもてなす, 歓迎する; «自然などが»心地よい, 快い; 病院の; 〔宗〕慈善宗教団員の 名 男 〔宗〕慈善宗教団員

***hos-pi-ta-li-'dad** [オス.ピ.タ.リ.'ダド] 94% 名 女 親切にもてなすこと, 歓待, 厚遇; 〔医〕入院治療

hos-pi-ta-li-za-'ción [オス.ピ.タ.リ.さ.'すぃオン] 名 女 〔医〕入院, 病院収容

hos-pi-ta-li-'zar [オス.ピ.タ.リ.'さる] 動 他 ㉞ (z|c) 〔医〕入院させる, 病院で治療する

hos-que-'dad [オス.ケ.'ダド] 名 女 無愛想, 不機嫌; 暗澹(あんたん)とした様子

*hos-'tal [オス.'タル] 94% [名] [男] 〔商〕宿屋, 簡易旅館

hos-te-le-'rí+a [オス.テ.レ.'リ.ア] [名] [女] 〔商〕ホテルの経営, ホテル業; 〔集合〕宿泊施設

hos-te-'le-ro, -ra [オス.テ.'レ.ろ, ら] [名] [男] [女] 〔商〕宿屋の主人[経営者]

hos-te-'rí+a [オス.テ.'リ.ア] [名] [女] 〔商〕宿屋

'hos-tia ['オス.ティア] [名] [女] 〔宗〕聖餅(せいへい), ホスチア《聖餐(せいさん)用の薄いパン》; 《俗》殴打, 衝突; 《俗》ひどいこと, やっかいなこと [感] 《スペイン》《俗》おや!, へえ!, 痛い! 《驚き, 喜び, 痛みなど》 *a toda* ~ 《俗》大急ぎで *dar una* ~ 《俗》(a: を)たたく, ぶつ *darse una* ~ 《俗》(con: と)ぶつかる *hinchar a* ~*s* 《俗》ぶったたく, 殴る

hos-'tiar [オス.'ティアる] [動] [他] 《俗》殴る

hos-'tia-rio [オス.'ティア.りオ] [名] [男] 〔宗〕聖餅(せいへい)の容器

hos-'tia-zo [オス.'ティア.そ] [名] [男] 《俗》大きな一撃

hos-ti-ga-'mien-to [オス.ティ.ガ.'ミエン.ト] [名] [男] むちを当てること; 悩ませること, 困らせること; 〔軍〕執拗な攻撃

hos-ti-'gar [オス.ティ.'ガる] [動] [他] 41 (g|gu) 〔軍〕(執拗(しつよう)に攻撃して)悩ませる; 〔畜〕〈馬に〉むちを当てる; (しつこく)悩ませる, 困らせる

hos-ti-'go-so, -sa [オス.ティ.'ゴ.ソ, サ] [形] 《アンデス》《チリ》(しつこく)悩ませる, 困らせる; 《チリ》甘ったるい

*hos-'til [オス.'ティル] 93% [形] 敵対的な, 敵の, 敵意のある

*hos-ti-li-'dad [オス.ティ.リ.'ダド] 93% [名] [女] 敵意, 敵愾(てきがい)心; 〔複〕〔軍〕敵対行為, 交戦(状態), 戦闘

hos-ti-li-'zar [オス.ティ.リ.'さる] [動] [他] 34 (z|c) 敵意を示す, 敵にまわす; 〔軍〕(執拗に攻撃して)悩ませる, 攻撃する

**ho-'tel [オ.'テル] 81% [名] [男] ホテル, 旅館

ho-te-'le-ro, -ra [オ.テ.'レ.ろ, ら] [形] ホテルの [名] [男] [女] ホテル経営者[支配人]

ho-ten-'to-te, -ta [オ.テン.'ト.テ, タ] [形] [名] [男] [女] ホッテントット[コイコイ]の(人) 《アフリカ南西部に住む民族; 現在は khoikhoi と呼ばれる》

**'hoy ['オイ] 64% [副] 今日(は), 本日(は), 今日(きょう)[本日]中に; 今日(こんにち)では, 現在では [名] [男] 今日 *de* ~ *en adelante* 今日からは ~ *(en) día* 今日(こんにち)では, 現在; 《ラ米》〔各地〕今日(きょう) ~ *por* ~ 今日では, 現在; 今のところは *por* ~ 今日のところは

'ho+ya ['オ.ジャ] [名] [女] (地面の大きな)穴, くぼみ; 墓穴, 墓; 〔地〕谷, 谷間; 《ラ米》〔農〕苗床

*'ho+yo ['オ.ジョ] 94% [名] [男] (地面の小さな)穴, くぼみ; 〔競〕〔ゴルフ〕ホール; 墓穴, 墓; 〔体〕あばた

ho-'yue-lo [オ.'ジュエ.ロ] [名] [男] 〔体〕(口元の)えくぼ

'hoz ['オす] [名] [女] 〔農〕草刈り鎌, 大鎌; 〔地〕峡谷, 山峡

ho-za-'de-ro [オ.さ.'デ.ろ] [名] [男] 〔動〕(豚やイノシシが)鼻で穴を掘る場所

ho-'zar [オ.'さる] [動] [他] 34 (z|c) 〔動〕《豚などが》鼻で〈土を〉掘る

HTML [略] =〔英語〕*Hypertext Markup Language* 〔情〕ハイパーテキスト・マークアップ・ランゲージ《ウェブページを記述する言語》

'hua-ca [名] [女] ⇧ guaca

hua-'cal [名] [男] ⇧ guacal

hua-'cha-che [ウア.'チャ.チェ] [名] [男] 《アンデス》〔昆〕カ[蚊]

hua-cha-'fo-so, -sa [ウア.チャ.'フォ.ソ, サ] [形] 《アンデス》気取った, きざな

hua-chi-'nan-go, -ga [形] [名] [男] [女] ⇧ guachinango

'hua-cho, -cha [名] [男] [女] ⇧ guacho

'hua-co [名] [男] ⇧ guaco

'huai-co [名] [男] 《南米》山津波, 土砂崩(くず)れ

'hua-je [名] [男] ⇧ guaje

Huan-ca-ve-'li-ca [ウアン.カ.ベ.'リ.カ] [名] [固] 〔地名〕ウアンカベリーカ《ペルー南部の県, 県都》

Huan-'ca-yo [ウアン.'カ.ジョ] [名] [固] 〔地名〕ウアンカーヨ《ペルー中部の都市, フニン県 Junín の県都》

Huan-'cha-ca [ウアン.'チャ.カ] [名] [固] 〔地名〕ウアンチャーカ《ボリビア南西部の鉱山町》

'Huan-gho ['ウアン.ゴ] [名] [固] 〔地名〕黄河《中国の大河》

'Huá-nu-co ['ウア.ヌ.コ] [名] [固] 〔地名〕ウアヌーコ《ペルー中部の県, 県都》

hua-'ra-che [名] [男] ⇧ guarache

hua-ra-'pe-ta [名] [女] ⇧ guarapeta

Hua-'raz [ウア.'らす] [名] [固] 〔地名〕ウアラース《ペルー中西部の都市》

hua-ri-'fai-fa [ウア.り.'ファイ.ファ] [名] [女] 《チリ》《話》あれ, 何とか, なに《名前が思い出せないもの》; 《チリ》《話》飾り

'huas-ca ['ウアス.カ] 〔成句〕⇧ guasca; *como* ~ 《チリ》《話》酒に酔って

'hua-so, -sa [形] ⇧ guaso

huas-'te-co, -ca [ウアス.'テ.コ, カ] [形] [名] [男] [女] ワステカ族(の)《メキシコに居住するマヤ系の民族》

'hu+b~ [動] 《直点/接過》⬆haber

'hu-cha ['ウ.チャ] [名] [女] 《スペイン》貯金箱; 貯金

'Hud-son ['ウド.ソン] [名] [固] 〔bahía de

～〕〘地名〙ハドソン湾《カナダ北部の湾》

⁑'hue-co, -ca ['ウエ.コ, カ] 90% 形 うつろの, 空洞の, 中空の;〔軽蔑〕中身のない, 無内容の; «音・声が»うつろに響く, 力のない; 得意な, うぬぼれた, いばった; ふわふわした, ふんわりした 名 男 へこみ, くぼみ, 穴;(木の幹・岩の)穴, うろ; 空いた時間, 暇; すき間, あき, 空いている場所 *hacer un* ～ (a: に)ポストを空ける *sonar a* ～ うつろに響く

hue-co-gra-'ba-do [ウエ.コ.グら.'バ.ド] 名 男〘印〙グラビア印刷

Hue+hue-te-'nan-go [ウエ.ウエ.テ.'ナン.ゴ] 名 固〘地名〙ウエウエテナンゴ《グアテマラ中部の県》

'hue-l～ 動《直現/接現/命》↓oler

hue-le-'fri-to, -ta [ウエ.レ.'フリ.ト, タ] 形《ベネズエラ》《話》おせっかいな(人), でしゃばりな(人)

⁑'huel-ga ['ウエル.ガ] 87% 名 女 ストライキ, 罷業

'huel-go ['ウエル.ゴ] 名 男《格》息, 呼吸;〘技〙(部品間の)遊び, ゆとり; 休憩

huel-'guis-ta [ウエル.'ギス.タ] 名 共 ストライキ参加(労働)者

huel-'guís-ti-co, -ca [ウエル.'ギス.ティ.コ, カ] 形 ストライキの

***'hue-lla** ['ウエ.ジャ] 91% 名 女 足跡, 跡;〔一般〕跡, 形跡, しるし;〘建〙(階段の)踏み板, 段;《アンデス》《チリ》《ラプラタ》小道, 細道 *seguir las ～s* (de: の)足跡を追う

'Huel-va ['ウエル.バ] 名 固〘地名〙ウエルバ《スペイン南西部の県, 県都》

huel-'ve-ño, -ña 形 ⇩ onubense

hue-'mul [ウエ.'ムル] 名 男〘動〙アンデスジカ

***'huér-fa+no, -na** ['ウエる.ファ.ノ, ナ] 93% 形 名 男 女 孤児(の), みなしご(の); (de: の)ない

'hue-ro, -ra ['ウエ.ろ, ら] 形 «卵が»無精の; からの, 中空の; 内容のない;《メキシコ》《中米》〘体〙金髪の 名 男《カリブ》《ベネズエラ》《チリ》〘食〙腐った卵;《ベネズエラ》〘飲〙キャッサバの酒

***'huer-ta** ['ウエる.タ] 93% 名 女〘農〙畑;〘農〙(大きな)果樹園;〘農〙([特に]スペインのバレンシア・ムルシア地方の)灌漑(かんがい)農業地帯

huer-'ta+no, -na [ウエる.'タ.ノ, ナ] 形《スペイン》〘農〙(バレンシア・ムルシア地方の)灌漑(かんがい)農業地帯の

***'huer-to** ['ウエる.ト] 93% 名 男〘農〙野菜畑;〘農〙(小さな)果樹園

'hue-sa ['ウエ.サ] 名 女 墓穴, 墓

'Hues-ca ['ウエス.カ] 名 固〘地名〙ウエスカ《スペイン北東部の県, 県都》

hue-'si-llo [ウエ.'スィ.ジョ] 名 男〘飲〙ウエシージョ《乾燥させた桃で作るノンアルコール飲料》;〔複〕《チリ》《俗》〘体〙睾丸(こうがん)

⁑'hue-so ['ウエ.ソ] 87% 名 男〘体〙骨;〔複〕遺骨;《スペイン》〘食〙(果物の)芯, 種;《話》厳しい先生, 手ごわい相手, 強敵;《話》大変な仕事, 難しいこと, 苦手 *a* ～〘建〙モルタルなしに石壁を積み上げた[て] *A otro perro con ese ～.*〔ことわざ〕その骨は別の犬にやれ《私はそんなことを信じない》 *calarse [empaparse, mojarse] hasta los ～s* ずぶぬれになる *dar con sus ～s* 結局(en: に)落ち着く *dar en* ～ 困難にぶつかる *dejar en los ～s* がりがりにやせさせる

hue-'so-so, -sa [ウエ.'ソ.ソ, サ] 形 骨の, 骨のついた, 骨の多い

***'hués-ped** ['ウエス.ペド] 93% 名 共《huéspeda 女 も使われる》客, 泊り客;〘生〙宿主(しゅくしゅ), 寄主(きしゅ)

'hués-pe-da 名 女 (女性の)客, 泊り客 ⇧ huésped

'hues-te ['ウエス.テ] 名 女〔しばしば複〕〘歴〙〘軍〙軍, 軍勢; 信奉者, 追随者

hue-'su-do, -da [ウエ.'ス.ド, ダ] 形 骨ばった, 骨質の, 骨性の, 骨太の;《コロンビア》《話》やせた, やせ細った(人)

'hue-va ['ウエ.バ] 名 女〘食〙魚卵, はらこ

hue-'va-zo [ウエ.'バ.そ] 名 男《俗》あまりにものんきな男

hue-ve-'rí+a [ウエ.ベ.'リ.ア] 名 女〘商〙卵屋

hue-'ve-ro, -ra [ウエ.'ベ.ろ, ら] 名 男 女〘商〙卵業者[商人] **-ra** 名 女〘食〙卵立て, エッグスタンド;〘食〙卵ケース

⁑'hue-vo ['ウエ.ボ] 85% 名 男〘食〙卵(たまご), 鶏卵;〘食〙卵料理; 卵形;《俗》〘体〙睾丸(こうがん);《俗》勇気, 闘志;《ラプラタ》《話》(成績の)最低点 *costar un* ～《俗》大変な金がかかる *estar a* ～《話》絶好調である, 最高に調子がいい *estar hasta los ～s* 《俗》(de: に)うんざりしている, あきあきしている *importar un* ～《俗》重要でない, 問題にならない *ir pisando ～s* のろのろと歩く *parecerse como un ～ a una castaña*〔言い回し〕卵と栗のように違う, まったく違う *tener (los) ～s (bien puestos)*《俗》勇気がある

hue-'vón, -'vo-na [ウエ.'ボン, 'ボ.ナ] 形 名 男 女《スペイン》《俗》まぬけ(な);《俗》なまけ者(の)

'Hu+go ['ウ.ゴ] 名 固〘男性名〙ウゴ

hu-go-'no-te [ウ.ゴ.'ノ.テ] 形 名 共〘歴〙〘宗〙ユグノー(の)《16–17 世紀ごろのフランスのカルヴァン派》

'hui-da ['ウイ.ダ] 名 女 逃走, 脱出

hui-'di-zo, -za [ウイ.'ディ.そ, さ] 形 驚きやすい, 臆病(おくびょう)な; すぐに逃げ去る, はかない, つかの間の

'hui-la ['ウイ.ラ] 名 女《メキシコ》売春婦;《中米》

〔遊〕凧(たこ);〔複〕《チリ》ぼろ(切れ)

'**Hui-la** ['ウイ.ラ] [名] [固]〘地名〙ウイラ《コロンビア南西部の県》

hui-'llín [ウイ.'ジン] [名] [男]《チリ》《アルゼンチン》〘動〙ウイジン《カワウソの一種》

hui-'pil [ウイ.'ピル] [名] [男]《メキシコ》《中米》〘衣〙ウイピール《女性が着る刺繍入りの民族衣装》

**'huir ['ウイる] 88% [動] [自] 37 (-y-)〔現2複 huis; 点1単 hui〕逃げる, 逃(のが)れる, 逃亡する; (de: を)避ける, …しない;《格》遠ざかる, «時が»早く過ぎる [動] [他] 避ける, 逃れる

'**hui-ro** ['ウイ.ろ] [名] [男]《チリ》(食用でない)海草

hui-'sa-che [ウイ.'サ.チェ] [名] [共]《中米》《話》〔軽蔑〕へっぽこ弁護士

huis-'to-ra [ウイス.'ト.ら] [名] [女]《中米》〘動〙カメ[亀]

'**hu+le** ['ウ.レ] [名] [男] 油布, 防水布, ビニールカバー; ゴム *haber* ~《話》騒ぎがある, いざこざがある

'**hu-lla** ['ウ.ジャ] [名] [女]〘鉱〙石炭

hu-'lle-ro, -ra [ウ.'ジェ.ろ, ら] [形]〘鉱〙石炭の

'**hum** ['ウム] [感]《話》ウン, ウーン《満足》;《話》ウーン《ためらい》;《話》フン《嫌悪・抗議》

Hu-ma-'ca+o [ウ.マ.'カ.オ] [名] [固]〘地名〙ウマカオ《プエルトリコ東部の県》

**hu-ma-ni-'dad [ウ.マ.ニ.'ダド] 88% [名] [女] 人間性; 慈愛, 人情, 親切;〔集合〕人, 人類;〔複〕人文学《自然科学に対して語学・文学・歴史・哲学・芸術などの学問》;《話》〔皮肉〕(大きな)図体, 肥満体;〔複〕〘文〙(ギリシャ・ラテンの)古典文学;〔複〕《チリ》中等教育

*__hu-ma-'nis-mo__ [ウ.マ.'ニス.モ] 94% [名] [男] ヒューマニズム, 人道[人本]主義, 人間至上主義; 人文学

hu-ma-'nis-ta [ウ.マ.'ニス.タ] [名] [共] 人道主義者, ヒューマニスト; 人文学研究者

hu-ma-'nís-ti-co, -ca [ウ.マ.'ニス.ティ.コ, カ] [形] 人道主義的な, ヒューマニズムの; 人文学の

hu-ma-ni-'ta-rio, -ria [ウ.マ.ニ.'タ.りオ, りア] [形] [名] [男] [女] 人道主義の[主義者], 博愛主義の[主義者]

hu-ma-ni-ta-'ris-mo [ウ.マ.ニ.タ.'りス.モ] [名] [男] 人道主義, 博愛(主義)

hu-ma-ni-'zar [ウ.マ.ニ.'さる] [動] [他] 34 (z|c) 人間化する, 〈に〉人間性を与える ~**se** [動] [再] 人間的になる, 人間らしくする

hu-'ma+no, -na [ウ.'マ.ノ, ナ] 72% [形] 人間の, 人の; 人間的な, 人間らしい, 人間にありがちな; 人情のある, 人間味のある, 慈悲[情け]深い; 人道的な [名] [男] [女] 人間, 人類 **-namente [副] 人間らしく, 人道的に;〔否定文で〕人の力では(…できない)

hu-ma-'re-da [ウ.マ.'れ.ダ] [名] [女] 一面の煙, もうもうたる煙

hu-'ma-zo [ウ.'マ.そ] [名] [男] 立ちこめた濃い煙 *dar* ~ (a: を)追い払う

Hum-'ber-to [ウン.'べる.ト] [名] [固]〘男性名〙ウンベルト

hu-me+'an-te [ウ.メ.'アン.テ] [形] 湯気が立っている

hu-me+'ar [ウ.メ.'アる] [動] [自] 煙を出す; 湯気を立てる; うぬぼれる [動] [他]《ラ米》煙でいぶす

*__hu-me-'dad__ [ウ.メ.'ダド] 92% [名] [女] 湿気, 湿り気;〘気〙湿度

hu-me-'dal [ウ.メ.'ダル] [名] [男]〘地〙湿地

hu-me-de-'cer [ウ.メ.デ.'せる] [動] [他] 45 (c|zc) 湿(しめ)らせる, 潤す, ぬらす ~**se** [動] [再] 湿る, ぬれる; 〈自分の唇などを〉湿らせる

hu-me-de-ci-'mien-to [ウ.メ.デ.すぃ.'ミエン.ト] [名] [男] 湿(しめ)ること, ぬらすこと

*'__hú-me-do, -da__ ['ウ.メ.ド, ダ] 92% [形] 湿気のある, じめじめした;〘気〙雨の多い, 湿潤な; ぬれた, うるんだ

hu-me-'ral [ウ.メ.'らル] [形]〘体〙上腕骨の [名] [男]〘宗〙〘衣〙(司祭・副助祭の)肩衣(かたぎぬ)

hu-'me-ro [ウ.'メ.ろ] [名] [男]〘建〙煙突

'**hú-me-ro** ['ウ.メ.ろ] [名] [男]〘体〙上腕骨, 上腕

hu-mi-di-fi-ca-'dor [ウ.ミ.ディ.フィ.カ.'ドる] [名] [男]〘機〙加湿器

hu-mi-fi-ca-'ción [ウ.ミ.フィ.カ.'すぃオン] [名] [女]〘農〙〘地質〙腐植(土)化(作用)

hu-mi-fi-'car [ウ.ミ.フィ.'カる] [動] [他] 69 (c|qu)〘農〙〘地質〙腐植(土)化する

*__hu-mil-'dad__ [ウ.ミル.'ダド] 93% [名] [女] 謙遜, 卑下; (生まれの)卑しさ

hu-'mil-de [ウ.'ミル.デ] 89% [形] [名] [共] «身分・地位などが»低い, 卑しい; 卑屈な, ぺこぺこする; つつましい, 控えめな, 謙虚な; 貧しい, 粗末な, つましい; 貧しい人, つましい人; 身分の低い人 ~mente** [副] 控えめに, つつましく

hu-mi-lla-'ción [ウ.ミ.ジャ.'すぃオン] [名] [女] 屈辱, 辱め

hu-mi-lla-'de-ro [ウ.ミ.ジャ.'デ.ろ] [名] [男] (十字架がある)村の入口

*__hu-mi-'llan-te__ [ウ.ミ.'ジャン.テ] 94% [形] 屈辱的な

*__hu-mi-'llar__ [ウ.ミ.'ジャる] 94% [動] [他] 辱める, 〈人を〉へこます, 挫折させる; 卑しめる; 〈頭を〉垂れる, 〈膝を〉かがめる ~**se** [動] [再] (ante: に)謙遜する, かしこまる, 屈服する, 頭を下げる; ひざまずく

hu-'mi-ta [ウ.'ミ.タ] [名] [女]《アンデス》《ラプラタ》

h

〖食〗ウミータ《トウモロコシをすりつぶして蒸した食べ物》 *corbata de* ~《(ﾁﾘ)》〖衣〗蝶ネクタイ

hu-mi-'te-ro, -ra [ウ.ミ.'テ.ろ, ら] 名 男 女 《(ｱﾝﾃﾞｽ)》《(ﾗﾌﾟﾗﾀ)》〖商〗〔人〕ウミータ売り

'hum-mus ['ウ(ン).ムス] 名 男〖食〗フムス《ゆでたヒヨコマメのパスタ》

*'**hu+mo** ['ウ.モ] 91% 名 男 煙; 湯気, 蒸気; 〔複〕高慢, うぬぼれ; 家, 世帯 *a* ~ *de pajas*《話》軽率に, 何も考えずに *bajar los* ~*s* (a: の)鼻をへし折る *hacerse* ~《(ﾗ米)》消える, なくなる *irse al* ~《(ﾗﾌﾟﾗﾀ)》駆けつける *la del* ~《話》とんずら, 逃げること *quedar en* ~ *de pajas* むだになる *subir el* ~ *a la cabeza* (a: を)高慢にならせる, いい気にさせる

hu-'mor [ウ.'モる] 88% 名 男 ユーモア, 滑稽, おかしみ; 機知, ウイット; (一時的な)気分, 機嫌, 移り気; 性格, 気質; 〖体〗(血液・リンパ液などの)体液 ~ *de perros* [*todos los diablos*]《話》ひどい不機嫌 *seguir el* ~ (a: に)調子を合わせる

hu-mo-'ra-da [ウ.モ.'ら.ダ] 名 女 思いつき, 気まぐれ; 冗談, しゃれ

hu-mo-'ris-mo [ウ.モ.'りス.モ] 名 男 おかしみ, ユーモア

hu-mo-'ris-ta [ウ.モ.'りス.タ] 名 共 漫談家; ユーモアのある人, ひょうきん者; ユーモア作家 形 ユーモア(感覚)のある

*__hu-mo-'rís-ti-co, -ca__ [ウ.モ.'りス.ティ.コ, カ] 94% 形 ユーモアのある, 滑稽な **-camente** 副 滑稽に, ユーモアたっぷりと

'hu-mus ['ウ.ムス] 名 男〔地質〕腐植質, 腐植土; ⇧ hummus

'hun-co ['ウン.コ] 名 男《(ｱﾝﾃﾞｽ)》〖衣〗(羊毛の)ポンチョ

hun-'di-do, -da [ウン.'ディ.ド, ダ] 形 へこんだ, くぼんだ

*__hun-di-'mien-to__ [ウン.ディ.'ミエン.ト] 94% 名 男 沈むこと, 沈没; 下落, 低下; つぶれること, 崩壊, 倒産; 落盤, 陥没, 沈下

hun-'dir [ウン.'ディる] 90% 動 他 沈める, 沈没させる, うずめる; 打ち込む, 突き刺す, 埋める, 沈める, つぶす; 没落させる, 崩す, 倒す, 打ちのめす, 大打撃をあたえる ~**se** 動 再 (en: に)沈む, 沈没する, 没する; (en: に)没頭する; «地盤・建物などが»沈下する, 陥没する, 落ち込む, 倒壊する; 〖体〗«目が»落ち込む, くぼむ, «ほおが»こける; 〖医〗«体力が»衰える, 衰弱する; «心・勇気が»くじける; «数・価値・程度などが»低下する, 下落する, 下がる; 失敗する, 失敗して(en: に)なる; 《話》大騒ぎになる

'hun-gan ['ウン.ガン] 名 男〖宗〗ブードゥー教の僧 ⬇vudú

*'**hún-ga-ro, -ra** ['ウン.ガ.ろ, ら] 93% 形〖地名〗ハンガリー(人)の ⬇Hungría; 〔言〕ハンガリー語の; 《(ﾒｷｼｺ)》《話》ロマ[ジプシー]の 名 男 女 ハンガリー人; 《(ﾒｷｼｺ)》《話》ロマ[ジプシー] 名 男〔言〕ハンガリー語

*__Hun-'grí+a__ [ウン.'グり.ア] 94% 名 固〖地名〗ハンガリー《ヨーロッパ中部の共和国》

'hu+no, +na ['ウ.ノ, ナ] 形 名 男 女〖歴〗フン族(の)

*__hu-ra-'cán__ [ウ.ら.'カン] 94% 名 男〖気〗ハリケーン, 大暴風, 大あらし《特にカリブ海, メキシコ湾方面のものをいう》; 暴れ者

hu-ra-ca-'na-do, -da [ウ.ら.カ.'ナ.ド, ダ] 形〖気〗ハリケーンの(ような) ⬆huracán

hu-ra-ca-'nar-se [ウ.ら.カ.'ナる.セ] 動 再〖気〗ハリケーンになる ⬆huracán

hu-'ra-co [ウ.'ら.コ] 名 男《(中米)》《(ｶﾘﾌﾞ)》大きな穴

hu-'ra-ño, -ña [ウ.'ら.ニョ, ニャ] 形 人嫌いの, 引っ込みがちな, 非社交的な

hur-'gar [ウる.'ガる] 動 他 ㊶ (g|gu) 詮索(せんさく)する; つつく, かきまわす, ほじる; 〈闘争心などを〉かきたてる, あおる ~**se** 動 再 〈鼻を〉ほじくる

hur-'gón, -'go-na [ウる.'ゴン, 'ゴ.ナ] 形 詮索する, 探る, かぎ回る 名 男 火かき棒; 細身の剣

hur-go-ne+'ar [ウる.ゴ.ネ.'アる] 動 他 (火かき棒などで)かき立てる

hu+'rí [ウ.'り] 名 女〔複 -ríes⇦-rís〕〖架空〗ウリ《イスラムで極楽に住む黒い瞳の完全美の処女, 天女》

hu-'rón, -'ro-na [ウ.'ろン, 'ろ.ナ] 名 男 女《話》人づきあいの悪い(人); 《話》詮索(せんさく)好きな(人), あれこれ知りたがる(人) 名 男〖動〗ケナガイタチ

Hu-'rón [ウ.'ろン] 名 固〔lago ~〕〖地名〗ヒューロン湖《米国とカナダの間にある湖; 五大湖の一つ》

hu-ro-ne+'ar [ウ.ろ.ネ.'アる] 動 自 ウサギ[ネズミ]をケナガイタチを使って狩る; 《話》詮索(せんさく)する, かぎ回る

hu-ro-'ne-ra [ウ.ろ.'ネ.ら] 名 女 ケナガイタチの巣; (犯人などの)隠れ家, アジト

'hu-rra ['ウ.ら] 感 万歳, フレー《歓声》

hur-ta-'di-llas [ウる.タ.'ディ.ジャス] 〔成句〕 *a* ~ こっそりと, ひそかに

*__hur-'tar__ [ウる.'タる] 93% 動 他 だます, だまして取り上げる, 盗む; 〈の〉量をごまかす ~**se** 動 再 (a: を)逃れる, 避ける; 人の目を逃れる, 隠れる

*'**hur-to** ['ウる.ト] 94% 名 男 盗み, 泥棒, こそ泥, 万引き; 盗難物, 盗品

'hú-sar ['ウ.サる] 名 男〖歴〗〖軍〗(15世紀ハンガリーの)軽騎兵

hu-'si-llo [ウ.'スィ.ジョ] 名 男〖機〗らせん軸; 排水路

'hus-ma ['ウス.マ] 名 女 詮索(せんさく)

hus-me+'ar [ウス.メ.'アる] 動 他 詮索(せんさく)する, かぎ回る, 探る; かぎつける, 察知する

hus-'me+o [ウス.'メ.オ] 名 男 詮索(せんさく)

'hus-mo ['ウス.モ] 名 男 肉の腐ったにおい

'hu+so ['ウ.ソ] 名 男〔技〕紡錘(ぼうすい), つむ ～ ***horario***〔地〕同一標準時間帯

hu-'tí+a [ウ.'ティ.ア] 名 女《(カリブ)》〔動〕フチア《齧歯類, 食用》

'hu+tu ['ウ.トゥ] 形 名 共〔複 -tus〕(ルアンダやブルンジの)フツ族(の)

'huy 感 ⇩ uy

'hu+y~ 動《活用》⬆huir

Hz 略 ⬆hercio

I i

I, i ['イ] 名 女〔言〕イ《スペイン語の文字》; (ローマ数字の) **1** ～ ***griega***〔言〕イグリエガ《文字 Y, y の旧名称⬇ye》 ～ ***latina***〔言〕イラティーナ《文字 I, i の名称》 ***poner los puntos sobre las íes*** 細かな点にまで気を配る; 問題を明らかにする

i~〔接頭辞〕⬇i(n)²–

I. 略 ⬇ilustre

ib. 略 =〔ラテン語〕*ibidem* 同所

ib. 略 ⬇ibídem

'i+ba(~) 動《直線》⬇ir

I+ba-'gué [イ.バ.'ゲ] 名 固〔地名〕イバゲ《コロンビア中西部の都市》

'í+ba-mos 動《直線 1 複》⬇ir

I+'bá-ñez [イ.'バ.ニェす] 名 固〔姓〕イバニェス

I+'ba-rra [イ.'バ.ら] 名 固〔地名〕イバラ《エクアドル北部の都市》

I+'be-ria [イ.'ベ.りア] 名 固〔地名〕イベリア《ヨーロッパ南西部の半島; スペインとポルトガル》;〔歴〕〔地名〕古代イベリア《カフカス山脈の南の地方》

***i+'bé-ri-co, -ca** [イ.'ベ.り.コ, カ] 91% 形〔地名〕イベリア(人)の ⬆Iberia; 〔península ～ca〕〔地名〕イベリア半島《スペイン・ポルトガルを含む半島》

i+be-'ris-mo [イ.ベ.'りス.モ] 名 男〔歴〕〔言〕古イベリア語起源の語;〔政〕イベリズム《スペインとポルトガルの関係を重視する》

i+be-'ris-ta [イ.ベ.'りス.タ] 形 名 共〔政〕イベリズムの(主張者)

i+'be-ro, -ra⇔'**í+** [イ.'ベ.ろ, 'ら⇔イ.] 形 名 男 女〔歴〕〔地名〕古イベリア(人)の, 古イベリア人⬆Iberia 名 男〔歴〕〔言〕古イベリア語

I+be-ro-a-'mé-ri-ca [イ.ベ.ろ.ア.'メ.り.カ] 名 固〔地名〕イベロアメリカ《ラテンアメリカのスペイン語圏諸国とブラジル》

***i+be-ro-a-me-ri-'ca+no, -na** [イ.ベ.ろ.ア.メ.り.'カ.ノ, ナ] 94% 形〔地名〕イベロアメリカ(人)の 名 男 女 イベロアメリカ人 ⬆Iberoamérica

'í+bi-ce ['イ.ビ.せ] 名 男〔動〕アイベックス《野生のヤギ》

i+bi-'cen-co, -ca [イ.ビ.'せン.コ, カ] 形 名 男 女〔地名〕イビサ島の(人)⬇Ibiza

i+bid. 略 ⬇*ibidem*

ibidem ['イ.ビ.デム] 副〔ラテン語〕同じ箇所に, 同書[章, 節]に

'i+bis 名 女〔単複同〕〔鳥〕トキ

I+'bi-za [イ.'ビ.さ] 名 固〔地名〕イビーサ《スペイン, バレアレス諸島南西部の島》

'I+ca 名 固〔地名〕イカ《ペルー南西部の県, 県都》

'Í+ca-ro ['イ.カ.ろ] 名 固〔ギ神〕イカロス《ダイダロス Dédalo の子; ろう付けの翼で飛んだが, 太陽に接近したためにろうが溶けて海に落ちた》

'i+ce-berg ['イ.せ.'べる(グ)] 名 男〔複 -bergs〕(海中に浮かぶ)氷山

i+'có-ni-co, -ca 形〔絵〕(絵画·彫刻の)像の, 聖画像の, イコンの;〔情〕アイコンの

i+'co+no 名 男〔絵〕(絵画·彫刻の)像, 聖画像, イコン;〔情〕アイコン

'í+co+no 名 男《(ラ米)》⇧icono

i+co-no-'clas-ta [イ.コ.ノ.'クラス.タ] 形〔宗〕聖像[偶像]破壊の, 因襲打破主義の 名 共 聖像[偶像]破壊者, 因襲打破主義者

i+co-no-gra-'fí+a [イ.コ.ノ.グら.'フィ.ア] 名 女 図像学; イコン画像集, 図像集

i+co-no-gra-'fiar [イ.コ.ノ.グら.'フィアる] 動 他 ㉙ (i|í) 図像化する

i+co-no-'grá-fi-co, -ca [イ.コ.ノ.'グら.フィ.コ, カ] 形 図像(学)の

i+co-no-la-'trí+a [イ.コ.ノ.ラ.'トり.ア] 名 女〔宗〕聖像[偶像]崇拝

i+co-no-lo-'gí+a [イ.コ.ノ.ロ.'ひ.ア] 名 女 図像(解釈)学, イコノロジー

ic-te-'ri-cia [イク.テ.'り.すぃア] 名 女〔医〕黄疸(おうだん)

ic-'té-ri-co, -ca [イク.'テ.り.コ, カ] 形

〔医〕黄疸(おうだん)の [名] [男] [女]〔医〕黄疸患者

ic-'tió-fa-go, -ga [イク.'ティオ.ファ.ゴ, ガ] [形]〔生〕魚食の

ic-tio-'fau-na [イク.ティオ.'ファウ.ナ] [名] [女]〔生〕魚相, 魚誌

ic-tio-lo-'gí+a [イク.ティオ.ロ.'ひ.ア] [名] [女]〔魚〕魚類学, 魚学

ic-tio-'ló-gi-co, -ca [イク.ティオ.'ロ.ひ.コ, カ] [形]〔魚〕魚類学の

ic-'tió-lo-go, -ga [イク.'ティオ.ロ.ゴ, ガ] [名] [男] [女]〔魚〕魚類学者

ic-'tio-sis [イク.'ティオ.スィス] [名] [女]〔単複同〕〔医〕魚鱗癬(ぎょりんせん),〔俗に〕鮫(さめ)肌

'ic-tus ['イク.トゥス] [名] [男]〔医〕発作;〔言〕強音, 揚音

'id [動]《命2複》↓ir

id. [略] =〔ラテン語〕*idem* 同

ID [略] =investigación y desarrollo 研究開発

*'**i+da** 92% [名] [女] 行き, 往路

i+'de+a 67% [名] [女] 考え, 概念, 思想; 着想, アイデア, 思いつき; 予感, (漠然とした)考え, 見当, 想像, 理解; 知識, 知っていること; 意見, 理念, 考え, 観念; 意図, もくろみ, 計画; 適性, 才能; (小説などの)構想; 《チリ》《ラプラタ》妄想, 偏愛, 熱中 ***¡Buena ~!*** それはいい! ***hacerse a la ~ de*** ...(不定詞) …する気になる ***llevar ~ de*** ...(不定詞) …する意図がある ***¡Ni ~!*** 《話》全然わからない, 全然知らない

i+de+'al [イ.デ.'アル] 86% [形] 理想的な, 申し分のない; すばらしい; 想像上の, 架空の; 観念論的な, 理想主義の [名] [男]〔しばしば複〕理想, 典型, 理想的な人[物]

i+de+a-li-'dad [イ.デ.ア.リ.'ダド] [名] [女] 理想的な性質, 理想化されたもの, すばらしいこと

*__i+de+a-'lis-mo__ [イ.デ.ア.'リス.モ] 94% [名] [男] 理想主義;〔哲〕観念論

*__i+de+a-'lis-ta__ [イ.デ.ア.'リス.タ] 94% [形] 理想主義の;〔哲〕観念論の [名] [共] 理想主義者;〔哲〕観念論者

i+de+a-li-za-'ción [イ.デ.ア.リ.さ.'すぃオン] [名] [女] 理想化

i+de+a-li-'zar [イ.デ.ア.リ.'さる] [動] [他] 34 (z|c) 理想化する, 理想と考える

i+de+'ar [イ.デ.'アる] [動] [他] 考え出す, 案出する, 考案する, 工夫する

i+de+'a-rio [イ.デ.'ア.りオ] [名] [男] 理念, 主張, イデオロギー

i+de+'á-ti-co, -ca [形]《チリ》《ラプラタ》妄想的な, 偏執狂の

idem ['イ.デム] [代] [副]〔ラテン語〕⇩ ídem

'í+dem [代] [副] 同上(で), 同著者(で), 同語(で), 同書物(で) ***~ de ~*** 《話》まったく同じで

i+'dén-ti-co, -ca 90% [形] (a: と)同一の, 同じ; (a: に)同様の, よく似た

i+den-ti-'dad 87% [名] [女] 同一であること, 一致; 同一人[同一物]であること, 本人であること, 身元, 正体; 本質, 独自性, 個性, 主体性, アイデンティティー

i+den-ti-fi-ca-'ción [イ.デン.ティ.フィ.カ.'すぃオン] [名] [女] 身分証明書, (身元・人物などの)確認になるもの; (身元・人物などの)確認, 身分証明; 同化, 同一であると感じること, 一体感; 同定, 同一であるとみなすこと, 同一化, 同一視 ***número de ~ personal*** 〔情〕個人識別番号 (PIN)

i+den-ti-fi-ca-'dor, -'do-ra [イ.デン.ティ.フィ.カ.'ドる, 'ド.ら] [形] 身分を証明する

i+den-ti-fi-'car [イ.デン.ティ.フィ.'カる] 87% [動] [他] 69 (c|qu) 見分ける, 〈身元などを〉確認する, 特定する; (con, como: と)同一であるとみなす **~(se)** [動] [自] ([再]) (con: と) 同じものとなる, 同じ意見である; 本人であることを証明する; 一体感を持つ, 共鳴する

i+den-ti-fi-ca-'ti-vo, -va [イ.デン.ティ.フィ.カ.'ティ.ボ, バ] [形] 身分を確認する

i+den-ti-'ta-rio, -ria [イ.デン.ティ.'タ.りオ, りア] [形] アイデンティティーの, アイデンティティーに関する

i+de+o-gra-'fí+a [イ.デ.オ.グら.'フィ.ア] [名] [女]〔言〕表意文字(体系)

i+de+o-'grá-fi-co, -ca [イ.デ.オ.'グら.フィ.コ, カ] [形]〔言〕表意(文字)の

i+de+o-'gra-ma [イ.デ.オ.'グら.マ] [名] [男]〔言〕表意文字

i+de+o-gra-'má-ti-co, -ca [イ.デ.オ.グら.'マ.ティ.コ, カ] [形]〔言〕表意文字の

i+de+o-lo-'gí+a [イ.デ.オ.ロ.'ひ.ア] [名] [女] イデオロギー;〔哲〕観念形態, 理念

i+de+o-'ló-gi-co, -ca [イ.デ.オ.'ロ.ひ.コ, カ] [形] イデオロギー(上)の;〔哲〕観念的な, 理念的な; 空論の

i+de+o-lo-gi-'zar [イ.デ.オ.ロ.ひ.'さる] [動] [他] 34 (z|c)〔哲〕理念化する, イデオロギー化する

i+de+'ó-lo-go, -ga [イ.'デオ.ロ.ゴ, ガ] [名] [男] [女]〔哲〕観念論者; 空論家; 理論的指導者, イデオローグ

i+de+'o-so, -sa [形]《メキシコ》妄想的な, 偏執狂の; 《中米》《話》才覚のある

i+'dí-li-co, -ca [イ.'ディ.リ.コ, カ] [形]〔文〕田園詩の, 牧歌的な, 田園詩風の

i+'di-lio [イ.'ディ.リオ] [名] [男]〔文〕田園詩, 牧歌; 恋愛

i+dio-'lec-to [イ.ディオ.'レク.ト] [名] [男]〔言〕個人(言)語

i+'dio-ma 85% [名] [男]〔言〕(ある国の)国語, …語;〔言〕(特殊な分野で使われる)用語, 術語

i+dio-'má-ti-co, -ca 形〔言〕慣用的な;〔言〕ある言語に特有の
i+dio-sin-'cra-sia [イ.ディオ.スィン.'クら.スィア] 名 女《格》特異性, 特異な気質
i+dio-sin-'crá-si-co, -ca [イ.ディオ.スィン.'クら.スィ.コ, カ] 形《格》特有の, 特異な, 風変わりな
i+dio-sin-'crá-ti-co, -ca 形 ⇧ idiosincrásico
*__i+'dio-ta__ 93% 名 共〔軽蔑〕ばか, まぬけ;〔医〕精神遅滞者 形〔軽蔑〕精神遅滞の, ばかな *hacer el* [*la*] ~ ばかなことをする
i+dio-'tez [イ.ディオ.'テす] 名 女〔医〕精神遅滞; ばかげていること
i+dio-'ti-po 名 男〔生〕遺伝子型, イディオタイプ
i+dio-'tis-mo 名 男〔言〕(ある言語特有の)慣用(語)法(句), 熟語, 成句, イディオム;〔医〕精神遅滞
i+dio-ti-'zar [イ.ディオ.ティ.'さる] 動 他 ㉞ (z|c)〔医〕精神遅滞にする
'i+do, -da 形《話》頭のおかしい, ぼけた, 放心した, ぼんやりした 名 男〔言〕イド語《エスペラントを簡易化した国際語》 動 (過去分詞) ⇩ir
i+'dó-la-tra [イ.'ド.ラ.トら] 形〔宗〕偶像崇拝する, 偶像崇拝的な 名 共〔宗〕偶像崇拝者; (de: に)目のない, うつつを抜かした; 溺愛(できあい)者, 心酔者
i+do-la-'trar [イ.ド.ラ.'トらる] 動 他〔宗〕偶像視する, 溺愛(できあい)する, 敬慕する, 崇拝する; 〈偶像を〉崇拝する
i+do-la-'trí+a [イ.ド.ラ.'トり.ア] 名 女〔宗〕偶像崇拝; 敬愛, 崇拝, 溺愛(できあい), 盲信, 心酔
i+do-'lá-tri-co, -ca [イ.ド.'ラ.トり.コ, カ] 形 偶像崇拝の, 盲信的な, 心酔する
*__'í+do-lo__ ['イ.ド.ロ] 94% 名 男 偶像視[崇拝, 敬愛]される人, アイドル; 偶像
i+do-nei-'dad 名 女 適当, 適合, 相当, 適切
*__i+'dó-ne+o, +a__ 93% 形 (para: に)適切な, 似合う, 有効な, (para: …)向きの
'i+dos 動《命 2 複》· 代 ⇩ir, os
'i+dus 名 男〔歴〕イドゥス《古代ローマの暦で 3, 5, 7, 10 月の 15 日, その他の月の 13 日》
i. e. 略 =〔ラテン語〕*id est* すなわち
'í+es 名 女《複》⇧i
I+fi-'ge-nia [イ.フィ.'ヘ.ニア] 名 固〔ギ神〕イフィゲネイア《アガメムノン Agamenón の娘; 犠牲となって神に捧げられた》
igl.ª 略 ⇩iglesia
⁑**i+'gle-sia** [イ.'グレ.スィア] 76% 名 女〔宗〕(キリスト教の)教会, 教会堂;〔しばしば I~〕〔宗〕(キリスト教の)宗派, 教派, (集団としての)教会;〔集合〕〔宗〕キリスト教徒
I+'gle-sias [イ.'グレ.スィアス] 名 固〔姓〕イグレシアス
i+'glú [イ.'グル] 名 男〔複 -glúes⇦-glús〕〔建〕イグルー《イヌイットの氷雪塊の家》
ig-na-'cia+no, -na [イグ.ナ.'すぃア.ノ, ナ] 形〔歴〕〔宗〕イグナシオ(・デ・ロヨラ)の
Ig-'na-cio [イグ.'ナ.すぃオ] 名 固〔男性名〕イグナシオ
'íg-ne+o, +a ['イグ.ネ.オ, ア] 形〔地質〕火成の;《格》火のような
ig-ni-'ción [イグ.ニ.'すぃオン] 名 女 点火, 発火, 着火, 引火; 燃焼; (体の)ほてり, 熱
ig-ni-fu-ga-'ción [イグ.ニ.フ.ガ.'すぃオン] 名 女 耐火性化
ig-ni-fu-'gar [イグ.ニ.フ.'ガる] 動 他 ㊶ (g|gu) 耐火性にする, 不燃化する
ig-'ní-fu-go, -ga [イグ.'ニ.フ.ゴ, ガ] 形《格》防火の, 耐火性の, 不燃性の
ig-no-'mi-nia [イグ.ノ.'ミ.ニア] 名 女 不面目, 不名誉, 恥辱; 残念なこと, 恥ずべきこと; 不法, 不正, 不公平
ig-no-mi-'nio-so, -sa [イグ.ノ.ミ.'ニオ.ソ, サ] 形 不面目な, 不名誉な, 恥ずべき
*__ig-no-'ran-cia__ [イグ.ノ.'らン.すぃア] 92% 名 女 無知, 知らないこと, 無学, 無教養
*__ig-no-'ran-te__ [イグ.ノ.'らン.テ] 93% 形 無知の, 無教養の, 無学の; (de: を)知らない;《話》礼儀知らずの, 無作法な 名 共 無知な人, 無学な人, 教養のない人
⁑**ig-no-'rar** [イグ.ノ.'らる] 86% 動 他 知らない, 〈に〉通じていない; 無視する, 黙殺する
ig-'no-to, -ta [イグ.'ノ.ト, タ] 形《格》知られていない, 未知の, 発見されていない
⁑**i+'gual** [イ.'グアル] 68% 形 (que, a: と)同じ, 同様な, 同じような, 等しい; (a: には)どちらでもかまわない; 平らな, なめらかな; そのような; 平等な, 対等の; 平均した, 釣り合った; 一様な, むらのない 副 (que: と)同様に, 同じように;〔文頭で〕…かもしれない, 恐らく…; もう少しで, まさに 名 男 同じもの, 同じこと; 比べるもの, 匹敵するもの;〔数〕等号《イコール(=)の記号》; (宝くじの)**10 分の 1 券**《10 枚つづりの券の 1 枚》 名 共 同輩, 同等の者 ***al ~ que*** … …と同じように ***dar ~*** どちらでもかまわない ***dar ~ que*** …(接続法) …でもかまわない ***de ~ a ~*** 対等に ***Es igual.*** かまいません《謝った相手に》; どちらでもかまいません ***~ de*** …(形容詞) 同じように… ***por ~*** 平等に, 均等に ***sin ~*** 比類のない
i+gua-'la-ble [イ.グア.'ラ.ブレ] 形 (a: に)匹敵する, 同等の
i+gua-la-'ción [イ.グア.ラ.'すぃオン] 名

女 等しくすること, ならすこと, 均質化; (土地を)ならすこと; (木材に)かんなをかけること; (支払いの)契約; 〖数〗 等式

i+gua-'la-do, -da [イ.グア.'ラ.ド, ダ] 形 同等の, 互角の; ならした, 平らな; 《メキシコ》 厚顔な, ずうずうしい **-da** 名 女 《スペイン》〖競〗 同点, 引き分け

***i+gua-'lar** [イ.グア.'ラ̣る] 93% 動 他 〈に〉匹敵する, 〈に〉劣らない; 平らにする, ならす, 滑らかにする; 平等にする; 同一視する; 等しくする, 均一化する; 〖商〗 契約する, 〈商談を〉まとめる 動 自 〖競〗 (a: の)同点になる; (a, con: と)等しい; 《色・形などが》同じである **~se** 動 再 (a: と)等しい, 等しくなる; (con: と)対等になる; 平らになる, なめらかになる

i+gua-la-'to-rio, -ria [イ.グア.ラ.'ト.りオ, りア] 形 等しい, 均一な

****i+gual-'dad** [イ.グアル.'ダド] 90% 名 女 等しいこと, 平等, 同等; 均一, 均等; 対等の地位[立場]; 同じこと, 同一性, 一致; 一定, 不変; 平坦さ, なめらかさ; 〖数〗 等式

i+gua-li-'ta-rio, -ria [イ.グア.リ.'タ.りオ, りア] 形 平等主義の

i+gua-li-ta-'ris-mo [イ.グア.リ.タ.'リス.モ] 名 男 平等主義

i+gua-'li-to, -ta 〔縮小語〕 ↑igual

****i+'gual-'men-te** [イ.'グアル.'メン.テ] 87% 副 等しく, 同様に; 平等に, 対等に; それと同様に, それと同時に 感 こちらこそ, あなたもどうぞ…

i+'gua-na [イ.'グア.ナ] 名 女 〖動〗 イグアナ 《熱帯アメリカ産の大トカゲ》

I+gua-'zú [イ.グア.'す] 名 固 〖地名〗 〔cataratas del ～〕 イグアスの滝 《アルゼンチンとブラジルの国境にある大滝》

I. H. S. 略 =〔ラテン語〕 *Iesus Hominum Salvator* 〖宗〗 人類の救い主イエス

i+'ja-da [イ.'は.ダ] 名 女 〖体〗 横腹, わき腹, 脾腹(ひばら); 腰, 腰部 〖医〗 横腹の痛み

i+'jar [イ.'は̣る] 名 男 〔複〕 《話》 横腹, わき腹

i+ke-'ba-na 名 男 生け花

il. 略 ↓ilustración

Il. 略 ↓ilustre

i+la-'ción [イ.ラ.'すぃオン] 名 女 《格》 (思想・表現の)一貫[連続]性, 前後関係, 脈絡; 《格》 推理, 推論

i+la-'ti-vo, -va [イ.ラ.'ティ.ボ, バ] 形 〖言〗 推論の; 《格》 推理の, 推論的な

****i+le-'gal** [イ.レ.'ガル] 89% 形 〖法〗 不法な, 非合法の

i+le-ga-li-'dad [イ.レ.ガ.リ.'ダド] 名 女 〖法〗 違法, 非合法; 違法行為

i+le-ga-li-za-'ción [イ.レ.ガ.リ.さ.'すぃオン] 名 女 〖法〗 非合法化

i+le-ga-li-'zar [イ.レ.ガ.リ.'さ̣る] 動 他 ㉞ (z|c) 〖法〗 非合法化する

i+le-gi-bi-li-'dad [イ.レ.ひ.ビ.リ.'ダド] 名 女 文字が判読しにくいこと, 読みにくいこと

i+le-'gi-ble [イ.レ.'ひ.ブレ] 形 《文字などが》読みにくい, 判読しがたい; 《作品などが》読むに値しない, 読むに堪えない; 読んではならない

i+le-gi-ti-'mar [イ.レ.ひ.ティ.'マ̣る] 動 他 〖法〗 非合法化する, 違法とする

i+le-gi-ti-mi-'dad [イ.レ.ひ.ティ.ミ.'ダド] 名 女 〖法〗 非合法性, 違法性, 不法; 非嫡出

i+le-'gí-ti-mo, -ma [イ.レ.'ひ.ティ.モ, マ] 形 〖法〗 非合法の, 違法の, 不法の; 非嫡出の, 庶出の; 独断的な

'í+le+o ['イ.レ.オ] 名 男 〖医〗 腸閉塞(症)

'í+le+on ['イ.レ.オン] 名 男 〖体〗 回腸

i+ler-'den-se [イ.レる.'デン.セ] 形 名 共 〖地名〗 レリダの(人) ↓Lérida

i+'le-so, -sa [イ.'レ.ソ, サ] 形 損なわれていない, 害を受けていない, 無傷の

i+le-'tra-do, -da [イ.レ.'トら.ド, ダ] 形 《格》 読み書きのできない, 無学の; 教養[教育]のない, 無知な 名 男 女 《格》 読み書きのできない人, 無教養な人

I+'lí+a-da [イ.'リ.ア.ダ] 名 固 〖文〗 〔La ～〕 イリアス, イリアッド 《ホメロス Homero の作とされる; トロイ戦争を歌った壮大な叙事詩》

i+li-ci-'ta+no, -na [イ.リ.すぃ.'タ.ノ, ナ] 形 名 男 女 〖地名〗 エルチェの(人) ↑Elche

i+'lí-ci-to, -ta [イ.'リ.すぃ.ト, タ] 形 〖法〗 不法な, 不正の; 不道徳の, 正しくない

i+li-ci-'tud [イ.リ.すぃ.'トゥド] 名 女 〖法〗 不法, 不正; 不道徳

i+li-mi-'ta-ble [イ.リ.ミ.'タ.ブレ] 形 際限のない, 尽きることのない

i+li-mi-'ta-do, -da [イ.リ.ミ.'タ.ド, ダ] 形 際限のない, 制限のない, 限定されない

'i+lion ['イ.リオン] 名 男 〖体〗 腸骨

Illes Balears 略 〔カタルーニャ語〕 ⇨ Islas Baleares, ↑Baleares

Ilmo., Ilma. 略 ↓ilustrísimo

i+lo-ca-li-'za-ble [イ.ロ.カ.リ.'さ.ブレ] 形 所在不明の, いる[ある]場所が特定できない

i+'ló-gi-co, -ca [イ.'ロ.ひ.コ, カ] 形 非論理的な, 不合理な, 筋の通らない

i+'lo-ta [イ.'ロ.タ] 名 共 〖歴〗 ヘロット 《古代スパルタの奴隷》; 市民権を剝奪された人

Ilre. 略 ↓ilustre

i+lu-mi-na-'ción [イ.ル.ミ.ナ.'すぃオン] 名 女 照明, 明るさ; 〔複〕 イルミネーション; (文字・写本などの)彩飾(模様); 啓発, 啓蒙, 教化; 解明; 〖宗〗 啓示, 天啓

i+lu-mi-'na-do, -da [イ.ル.ミ.'ナ.ド, ダ] 形 照らされた, イルミネーションで飾られた; 啓発された, 啓蒙された; 〖宗〗啓示を受けた 名 男 女 〖歴〗〖宗〗照明派の信徒《16–17 世紀のスペインの異端》

i+lu-mi-na-'dor, -'do-ra [イ.ル.ミ.ナ.'ドる, 'ド.ら] 名 男 女 彩色家 形 明らかにする, 明示的な

i+lu-mi-'nan-cia [イ.ル.ミ.'ナン.すぃア] 名 女 〖物〗照度

‡i+lu-mi-'nar [イ.ル.ミ.'ナる] 89% 動 他 照らす, 明るくする, 〈街路などを〉照明する, イルミネーションで飾る; 〈顔などを〉明るくする; 〈写本などを〉(彩色・飾り文字などで)飾る, 彩色する; 明らかにする, はっきりと説明する; 啓発する, 啓蒙(けいもう)する **～se** 動 再 照らされる, 明るくなる; 明るい表情になる

‡i+lu-'sión [イ.ル.'スィオン] 87% 名 女 幻影, 幻想; 錯覚, 勘違い, むなしい期待; (実現したい)夢, 希望, 期待, 理想, 空想; うれしいこと, 楽しみ

i+lu-sio-'na-do, -da [イ.ル.スィオ.'ナ.ド, ダ] 形 うれしい, 喜んでいる

***i+lu-sio-'nar** [イ.ル.スィオ.'ナる] 94% 動 他 〈に〉幻想[夢]を抱かせる, 期待させる; 錯覚を起こさせる, 幻惑する **～(se)** 動 自 (再) (con: に) 夢を抱く, 期待する; 喜ぶ, わくわくする

i+lu-sio-'nis-mo [イ.ル.スィオ.'ニス.モ] 名 男 〖演〗手品

i+lu-sio-'nis-ta [イ.ル.スィオ.'ニス.タ] 名 共 〖演〗手品師

i+'lu-so, -sa [イ.'ル.ソ, サ] 形 だまされやすい; 夢見る 名 男 女 空想家, 夢想家; だまされやすい人

i+lu-'so-rio, -ria [イ.ル.'ソ.りオ, りア] 形 錯覚を起こさせる, むなしい, 見せかけの; 架空の

***i+lus-tra-'ción** [イ.ルス.トら.'すぃオン] 93% 名 女 (本などの)さし絵, 図, 図解; 〔la I～〕〖歴〗啓蒙主義; (説明などの助けとなる)例, 実例, 例証; 知識, 教養; 啓発, 教化

i+lus-'tra-do, -da [イ.ルス.'トら.ド, ダ] 形 絵入りの, 図解の, 図版入りの; 教養のある; 〖歴〗啓蒙された, 教化された

i+lus-tra-'dor, -'do-ra [イ.ルス.トら.'ドる, 'ド.ら] 名 男 女 〖絵〗さし絵画家, イラストレーター; 図解者, 説明者 形 実例となる, 例証となる

***i+lus-'trar** [イ.ルス.'トらる] 91% 動 他 〈本などに〉さし絵を入れる, 図解する, 図版を入れる; 示す; 教育する, 教える, 啓発する; 有名にする **～se** 動 再 (sobre: を)学ぶ, 知る, 悟る; 有名になる

i+lus-tra-'ti-vo, -va [イ.ルス.トら.'ティ.ボ, バ] 形 例証となる; 明解に示す

‡i+'lus-tre [イ.'ルス.トれ] 90% 形 傑出した, 秀抜な, 高名な, 著名な; …様《尊称として用いられる》

i+lus-'trí-si-mo, -ma [イ.ルス.'トり.スィ.モ, マ] 形 …閣下(かっか)《高官に対する敬称》; …猊下(げいか)《司教に対する敬称》

im~ 〔接頭辞〕 ↓i(n)[1]–, i(n)[2]–

‡i+'ma-gen [イ.'マ.ヘン] 76% 名 女 (絵・彫刻などの)像, 肖像, 姿, 描写; (心に描く)像, 形, 概念, イメージ, 印象; 姿, 様相, 姿形, 面影, たたずまい; 〖映〗〖放〗映像, 画像; 〖修〗比喩, たとえ; よく似た人[物], 生き写し

i+ma-gi-'na-ble [イ.マ.ひ.'ナ.ブレ] 形 想像できる, 見当がつく, 考えつく

‡i+ma-gi-na-'ción [イ.マ.ひ.ナ.'すぃオン] 89% 名 女 想像力, 空想力, 創作力; 想像, 空想; 妄想, 気の迷い

‡i+ma-gi-'nar [イ.マ.ひ.'ナる] 75% 動 他 想像する, 推察する, 思う, 〈の〉見当をつける; 考えつく, 考え出す, 考案する **～se** 動 再 心に描く, 想像する, わかる ***Imagínate.*** [***Imagínese.***] …なんだよ, 考えてもごらん; …なんですよ, 考えてもごらんなさい

***i+ma-gi-'na-rio, -ria** [イ.マ.ひ.'ナ.りオ, りア] 93% 形 想像(上)の, 架空の, 実在しない; 〖数〗虚数の

i+ma-gi-na-'ti-vo, -va [イ.マ.ひ.ナ.'ティ.ボ, バ] 形 想像(上)の, 想像的な; 想像力に富む, 機略縦横の **-va** 名 女 想像力; 常識

i+ma-gi-ne-'rí+a [イ.マ.ひ.ネ.'り.ア] 名 女 〖宗〗聖像

i+ma-gi-'ne-ro, -ra [イ.マ.ひ.'ネ.ろ, ら] 名 男 女 〖宗〗聖像画家[彫刻家]

i+'ma-go 名 男 〖昆〗成虫

***i+'mán** 94% 名 男 磁石; 魅力, 引きつけるもの; 〖宗〗(イスラム教の)イマーム, 導師, 指導者 ⇦imam

i+ma-na-'ción 名 女 ⇩ imantación

i+ma-'nar 動 他 ⇩ imantar

i+man-ta-'ción [イ.マン.タ.'すぃオン] 名 女 〖物〗磁化

i+man-'tar [イ.マン.'タる] 動 他 〖物〗〈に〉磁気を与える, 磁化する **～se** 動 再 〖物〗磁気を帯びる

Im-ba-'bu-ra [イン.バ.'ブ.ら] 名 固 〖地名〗インバブーラ《エクアドル北部の州》

im-ba-'ti-do, -da 形 無敵の

***im-'bé-cil** [イン.'ベ.すぃル] 93% 形 〔軽蔑〕低能な, 愚鈍な, ばかな; 〖医〗(中等度の)精神遅滞の 名 共 〔軽蔑〕低能者, ばか; 〖医〗(中等度の)精神遅滞者

im-be-ci-li-'dad [イン.ベ.すぃ.り.'ダド] 名 女 愚かさ, ばかげた言動; 〖医〗(中等度の)精神遅滞

im-'ber-be [イン.'べる.べ] 形 〖体〗ひげのない, まだひげが生えていない

im-bor-'nal [イン.ボる.'ナル] 名 男 〖建〗

排水渠(きょ); 〔海〕(甲板)排水孔, 排水口

im-bo-'rra-ble [イン.ボ.'ら.ブレ] 形 消えない, 忘れられない

im-bri-ca-'ción [イン.ブり.カ.'すぃオン] 名 女《格》うろこ状の配列, うろこ状の重なり, うろこ模様

im-bri-'ca-do, -da [イン.ブり.'カ.ド, ダ] 形 «うろこなどが»重なり合った; 〔建〕«屋根瓦・屋根板などが»うろこ状になった

im-bri-'car [イン.ブり.'カる] 動 他 69 (c|qu) うろこ状に重ねる **～se** 動 再 重なり合う; 錯綜する, 紛糾する

im-'buir [イン.'ブイる] 動 他 37 (-y-) 〈理想・感情を〉(a: に)吹き込む, 鼓吹する; (a, en: に)しみ込ませる, 吹き込む **～se** 動 再 (de: に)染まる, かぶれる

i+'mi-lla [イ.'ミ.ジャ] 名 女《アンデス》若い女性

i+mi-'ta-ble [イ.ミ.'タ.ブレ] 形 模倣できる, 模倣するに値する

*__i+mi-ta-'ción__ [イ.ミ.タ.'すぃオン] 93% 名 女 まね, 模倣, 物まねの動作[言動], ならうこと; にせ物, まがい物, イミテーション ***a ～ de*** ... …をまねて

i+mi-ta-'dor, -'do-ra [イ.ミ.タ.'ドる, 'ド.ら] 形 模倣する, まねる 名 男 女 模倣者

*__i+mi-'tar__ [イ.ミ.'タる] 93% 動 他 まねる, 見習う, 手本にする; 〈に〉似せる, 〈に〉似た物を作る, 模造する 動 自 (a: に)似る, 似せてある

i+mi-ta-'ti-vo, -va [イ.ミ.タ.'ティ.ボ, バ] 形 模倣の, 模造の, まねた

imp. 略 ↓imprenta

*__im-pa-'cien-cia__ [イン.パ.'すぃエン.すぃア] 93% 名 女 短気, せっかち, じれったさ, 我慢できないこと, いらだち ***devorar la ～*** (a: が)いらいらしている, もどかしがる

im-pa-cien-'tar [イン.パ.すぃエン.'タる] 動 他 いらいらさせる, もどかしがらせる, せっかちにさせる **～se** 動 再 (con, de, por: で)いらいらする, せっかちになる

*__im-pa-'cien-te__ [イン.パ.'すぃエン.テ] 93% 形 短気な, せっかちな, 性急な, いらいらしている; (con, de, por: に)我慢できない; (por 不定詞: …)したくてたまらない, しきりに望んでいる

im-pac-'tan-te [イン.パク.'タン.テ] 形 衝撃的な, 強烈な; 影響力がある, 効果的な

im-pac-'tar [イン.パク.'タる] 動 他 〈に〉衝撃[ショック]を与える; 〈に〉影響する

**__im-'pac-to__ [イン.'パク.ト] 89% 名 男 衝突, 衝撃, ぶつかる[当たる]こと; 影響, 効果, (精神的な)衝撃, ショック; 着弾, 命中

im-pa-'ga-ble [イン.パ.'ガ.ブレ] 形 支払いができない; 貴重な

im-pa-'ga-do, -da 形 〔商〕未払いの

im-'pa-go, -ga 形《アンデス》《チリ》〔経〕«被雇用者が»未払いの 名 男〔経〕未払い

im-pal-'pa-ble [イン.パル.'パ.ブレ] 形 微細な, 薄い, かすかな; 触知できない, さわっても感じられない

im-'par [イン.'パる] 形〔数〕奇数の, 2で割れない; 比類のない, たぐいまれな 名 男〔数〕奇数

im-pa-'ra-ble [イン.パ.'ら.ブレ] 形 止められない

im-par-'cial [イン.パる.'すぃアル] 形 偏(かた)よらない, 公平な, 公明正大な

im-par-cia-li-'dad [イン.パる.すぃア.リ.'ダド] 名 女 公平さ, 公明正大

im-par-'tir [イン.パる.'ティる] 動 他 分け与える, 授ける; 行う

im-pa-si-bi-li-'dad [イン.パ.スィ.ビ.リ.'ダド] 名 女 苦痛を感じないこと, 無感覚, 無感動, 平然, 冷静

im-pa-'si-ble [イン.パ.'スィ.ブレ] 形 無感覚な, 無感動の, 平然とした, 冷静な; 苦痛を感じない

impasse [イン.'パス] 名 男〔フランス語〕打開策が見えないこと, 袋小路, 難局; 立ち往生

im-pa-vi-'dez [イン.パ.ビ.'デす] 名 女 たじろぐことがないこと, 剛胆, 勇敢, 冷静, 沈着, 平静

im-'pá-vi-do, -da [イン.'パ.ビ.ド, ダ] 形 たじろぐ[ひるむ]ことがない, 剛胆な, 勇敢な, 冷静な

im-pe-'ca-ble [イン.ペ.'カ.ブレ] 形 欠点のない, 非の打ちどころがない, 完璧(かんぺき)な, 無欠な

im-pe-'dan-cia [イン.ペ.'ダン.すぃア] 名 女〔物〕〔電〕インピーダンス

im-pe-'di-do, -da 形〔体〕(de: が)不自由な, 肢体不自由の 名 男 女〔体〕肢体の不自由な人

*__im-pe-di-'men-to__ 94% 名 男 妨害, 障害; 〔法〕婚姻障害

**__im-pe-'dir__ [イン.ペ.'ディる] 84% 動 他 49 (e|i) 妨げる, じゃまする, 妨害する; (a: が)〈不定詞/que 接続法: …を〉できないようにする; 防ぐ, 防止する

im-pe-'len-te [イン.ペ.'レン.テ] 形 推進の; 駆り立てる

im-pe-'ler [イン.ペ.'レる] 動 他《格》推進する, 促(うなが)す; 励ます, 駆り立てる

im-pe-ne-'tra-ble [イン.ペ.ネ.'トら.ブレ] 形 通れない, 入り込めない; 不可解な, 計り知れない

im-pe-ni-'ten-te 形 根っからの, 頑迷な, 常習的な; 悔悛(かいしゅん)の情のない, 悔い改めない

im-pen-'sa-ble [イン.ペン.'サ.ブレ] 形 考えられない, 意外な

im-pen-'sa-do, -da [形] 予期しない, 意外な, 突然の, 思いがけない, 偶然の **-damente** [副] 思いがけなく

im-pe-pi-'na-ble [イン.ペ.ピ.'ナ.ブレ] [形] 《ｽﾍﾟｲﾝ》《話》確かな, 間違いない

im-pe-'ran-te [イン.ペ.'らン.テ] [形] 優勢な, 圧倒的な, 支配する

im-pe-'rar [イン.ペ.'らる] [動] [自] 統治する, 支配する, 君臨する; 優勢である, 普及する

*__im-pe-ra-'ti-vo, -va__ [イン.ペ.ら.'ティ.ボ, バ] 93% [形] 命令の, 命令的な, 押しつけがましい, 強制的な, 有無を言わせない; 緊急な, どうしても必要な; 〔言〕命令(法)の [名] [男] 〔言〕命令法; 〔複〕(回避できない)緊急事態, 急務, 緊急な必要性 **-vamente** [副] 命令的に, 押しつけがましく

im-per-cep-'ti-ble [イン.ぺる.セプ.'ティ.ブレ] [形] 目に見えない, 気づかれないほどの, 微細な, わずかな

im-per-'di-ble [イン.ぺる.'ディ.ブレ] [名] [男] 〔衣〕安全ピン [形] 失敗のない; 失われない

im-per-do-'na-ble [イン.ぺる.ド.'ナ.ブレ] [形] 許せない, 容赦[勘弁]できない

im-pe-re-ce-'de-ro, -ra [イン.ペ.れ.せ.'デ.ろ, ら] [形] 不滅の, 不死の, 不朽の

im-per-fec-'ción [イン.ぺる.フェク.'すぃオン] [名] [女] 欠点, 欠陥; 不完全, 未完成

*__im-per-'fec-to, -ta__ [イン.ぺる.'フェク.ト, タ] 94% [形] 不完全な, 不十分な, 欠点[欠陥]のある; 〔言〕不完了の, 線過去の

*__im-pe-'rial__ [イン.ペ.'りアル] 92% [形] 〔政〕帝王の, 皇帝の, 王室の, 皇室の; 王者にふさわしい, 堂々とした, 優秀な, 立派な

im-pe-ria-'lis-mo [イン.ペ.りア.'リス.モ] [名] [男] 〔政〕帝国主義

im-pe-ria-'lis-ta [イン.ペ.りア.'リス.タ] [形] 〔政〕帝国主義の [名] [共] 〔政〕帝国主義者

im-pe-'ri-cia [イン.ペ.'り.すぃア] [名] [女] 経験不足, 未熟; 不器用, へた

⁑**im-'pe-rio** [イン.'ペ.りオ] 89% [名] [男] 〔政〕帝国; 〔政〕帝王の主権, 皇帝の統治, 帝政 *valer un ~* 価値が高い

im-pe-'rio-so, -sa [イン.ペ.'りオ.ソ, サ] [形] 横柄な, 専制的な; 緊急の, 差し迫って重大な

im-per-me+a-bi-li-'dad [イン.ぺる.メ.ア.ビ.リ.'ダド] [名] [女] 防水性

im-per-me+a-bi-li-'zar [イン.ぺる.メ.ア.ビ.リ.'さる] [動] [他] [34] (z|c) 防水加工する

*__im-per-me+'a-ble__ [イン.ぺる.メ.'ア.ブレ] 94% [形] 防水の, 防水加工された [名] [男] 〔衣〕レインコート

im-per-mu-'ta-ble [イン.ぺる.ム.'タ.ブレ] [形] 交換できない

im-per-so-'nal [イン.ぺる.ソ.'ナル] [形] 個人の感情を混ぜ[表さ]ない; 〔言〕非人称の; 人格を有しない, 没個性的な

im-per-'té-rri-to, -ta [イン.ぺる.'テ.り.ト, タ] [形] 怖いものなしの, 大胆な, 動じない, 平然とした

im-per-ti-'nen-cia [イン.ぺる.ティ.'ネン.すぃア] [名] [女] 不適切[無礼]な行為[言葉]; 横柄さ, 生意気

im-per-ti-'nen-te [イン.ぺる.ティ.'ネン.テ] [形] [名] [共] 見当違いの, お門違いの, 無関係の; 口うるさい(人); ずうずうしい(人), 無礼な(人)

im-per-tur-'ba-ble [イン.ぺる.トゥる.'バ.ブレ] [形] 落ち着いた, 冷静な, 動じない

im-pe-'trar [イン.ペ.'トらる] [動] [他] 《格》懇願する, 嘆願する, 熱心に求める

*__'ím-pe-tu__ 94% [名] [男] 勢い, 意気込み, はずみ, 力, 勢力 *con ~* 激しく

im-pe-tuo-si-'dad [名] [女] 激しさ, 猛烈さ

im-pe-'tuo-so, -sa [形] 激しい, 猛烈な; 性急な, 衝動的な **-samente** [副] 激しく, 猛烈に, 性急に, 衝動的に

im-'pi-d~ [動] 《活用》 ↑impedir

im-pie-'dad [名] [女] 〔宗〕不信心, 不敬; 不信心な行為; 無慈悲, 非情, 冷酷

im-'pí+o, +a [形] 〔宗〕神を敬わない, 不信心な, 不敬な; 〔宗〕無宗教の, 反宗教的な; 無慈悲な, 非情な, 冷酷な; 〔宗〕信仰のない人 [名] [男] [女] 〔宗〕不信心者

*__im-pla-'ca-ble__ [イン.プラ.'カ.ブレ] 93% [形] 無情な, 無慈悲な, なだめがたい; 妥協しない, 果断な, 執拗な

im-plan-ta-'ción [イン.プラン.タ.'すぃオン] [名] [女] 導入, 設置; 〔医〕移植; 教え込むこと, 流行させること

im-plan-'tar [イン.プラン.'タる] [動] [他] (en: に)植えつける, 注入する, 吹きこむ, 流行させる, 導入する, 設置する, 定着させる; 〔医〕移植する **~se** [動] [再] 導入される

im-ple-men-ta-'ción [イン.プレ.メン.タ.'すぃオン] [名] [女] 設置

im-ple-men-'tar [イン.プレ.メン.'タる] [動] [他] 《ﾍﾞﾈｽﾞｴﾗ》設置する; 実行する

im-ple-'men-to [イン.プレ.'メン.ト] [名] [男] 道具; 〔言〕動詞に従属した前置詞句

im-pli-ca-'ción [イン.プリ.カ.'すぃオン] [名] [女] (犯罪などへの)かかわり合い, 巻き添え, 関係, 連座; 含意, 含蓄, 言外の意味

⁑**im-pli-'car** [イン.プリ.'カる] 88% [動] [他] [69] (c|qu) 含意する, 意味する; (en: に)巻き込む, 関わらせる **~se** [動] [再] (en: に)巻きこまれる, 巻き添えになる

im-'plí-ci-to, -ta [イン.'プリ.すぃ.ト, タ] [形] 暗黙の, 暗に示された **-tamente**

副 暗に, 暗黙のうちに

im-plo-ra-'ción [イン.プロ.ら.'すぃオン] 名 女 懇願, 嘆願, 哀願

im-plo-'ran-te [イン.プロ.'らン.テ] 形 懇願するような, 嘆願する, 哀願の

im-plo-'rar [イン.プロ.'らる] 動 他 懇願する, 嘆願する, 哀願する

im-plo-'sión [イン.プロ.'スィオン] 名 女 内破《内部への破裂》;〔音〕内破

im-plo-'si-vo, -va [イン.プロ.'スィ.ボ, バ] 形〔音〕内破音の **-va** 名 女〔音〕内破音

im-po-'lí-ti-co, -ca [イン.ポ.'リ.ティ.コ, カ] 形《格》無作法な, 失礼な;《格》拙劣な, 賢明でない, 慎重さを欠く

im-po-'lu-to, -ta [イン.ポ.'ル.ト, タ] 形《格》汚染されていない, 清浄な

im-pon-de-'ra-ble [イン.ポン.デ.'ら.ブレ] 形 測ることのできない, 評価できない; 計り知れない 名 男〔複〕不測の事態

*__im-po-'nen-te__ 94% 形 堂々とした, りっぱな, 威厳のある, 雄大な, 印象的な;《話》すばらしい, ものすごい

__im-po-'ner__ [イン.ポ.'ネる] 81% 動 他 ⑸〔poner; 命 -pón〕課す, 強いる, 強制する;《感情が》威圧する;〈感情を〉起こさせる, 抱かせる; 命じる;《ミペ》(en: に)貯金する, 預ける;〔法〕課税する;《まれ》(a: の)せいにする, 〈に〉責任を転嫁する; 与える, 授ける; (en, de: を)教える 動 自 堂々としている, 立派である; (a, en, sobre: に)畏敬の念を持たせる; 偉大である, 巨大である **~se 動 再 必要である, 強いられる, 押しつけられる; (自分に)強いる, 〈習慣などを〉身につける; (a: を)支配する, 威圧する, 優位に立つ; (a: に)勝利する

im-'pon-go, -ga(~) 動《直現1単, 接現》↑imponer

im-po-'ni-ble [イン.ポ.'ニ.ブレ] 形〔法〕課税対象となる

im-po-pu-'lar [イン.ポ.プ.'ラる] 形 不人気の, 不評の, 流行しない; 一般向きでない

im-po-pu-la-ri-'dad [イン.ポ.プ.ラ.リ.'ダド] 名 女 不人気, 不評

*__im-por-ta-'ción__ [イン.ポる.タ.'すぃオン] 92% 名 女 輸入, 輸入品, 外来のもの

*__im-por-ta-'dor, -'do-ra__ [イン.ポる.タ.'ドる, 'ド.ら] 94% 形 輸入の, 輸入する 名 男 女 輸入業者

__im-por-'tan-cia__ [イン.ポる.'タン.すぃア] 79% 名 女 重要性, 重大さ; 重要な立場[地位]にいること, 有力; 尊大さ ***dar* [***conceder***] ~ (a: を)重視する, 大切にする ***darse*** ~ 気取る, いばる, もったいぶる

**__im-por-'tan-te__ [イン.ポる.'タン.テ] 69% 形 重要な, 重大な, 大切な; 有力な, 偉い; かなりの, 多数の; いばった, もったいぶる

im-por-tan-'tí-si-mo, -ma 〔最上級〕↑importante

**__im-por-'tar__ [イン.ポる.'タる] 79% 動 他 輸入する; 持ち込む, もたらす; 総計が〈と〉なる; 含む, 意味する 動 自 重要である; (a: にとって)迷惑である;〔否定文で〕かまわない; (a: に)関わりがある

im-'por-te [イン.'ポる.テ] 名 男 代金, 代価, 値段, 総額

im-por-tu-na-'ción [イン.ポる.トゥ.ナ.'すぃオン] 名 女 しつこくねだること, くどい要求

im-por-tu-'nar [イン.ポる.トゥ.'ナる] 動 他 わずらわす, 迷惑をかける, 悩ます; しつこくねだる, うるさく頼む

im-por-tu-ni-'dad [イン.ポる.トゥ.ニ.'ダド] 名 女 迷惑, 面倒, やっかい; しつこさ, しつこい要求

im-por-'tu+no, -na [イン.ポる.'トゥ.ノ, ナ] 形 時機を失した, 折の悪い; わずらわしい, 迷惑な, やっかいな

*__im-po-si-bi-li-'dad__ [イン.ポ.スィ.ビ.リ.'ダド] 92% 名 女 不可能(性), (de 不定詞: …)できないこと

im-po-si-bi-li-'ta-do, -da [イン.ポ.スィ.ビ.リ.'タ.ド, ダ] 形 不可能になった; (de: 肢体が)不自由な

im-po-si-bi-li-'tar [イン.ポ.スィ.ビ.リ.'タる] 動 他 不可能にする, 妨げる, 妨げて〈不定詞: …〉させない; 無力にする, 〈の〉肢体を不自由にする, 〈肢体を〉不自由にする **~se** 動 再《肢体が》不自由になる

**__im-po-'si-ble__ [イン.ポ.'スィ.ブレ] 81% 形 不可能な; とても起こりえない, 信じられない; 手がつけられない, ひどい, どうしようもない 名 男 不可能なこと, 無理なこと

im-po-si-'ción [イン.ポ.スィ.'すぃオン] 名 女 強要, 強制; 預金; 重荷, 負担;〔法〕課税, 賦課; 授与, 表彰(式);〔印〕(版の)組み付け;〔宗〕按手(あんしゅ), 按手礼

im-po-si-'ti-vo, -va [イン.ポ.スィ.'ティ.ボ, バ] 形〔法〕税の

im-po-si-'tor, -'to-ra [イン.ポ.スィ.'トる, 'ト.ら] 名 男 女〔印〕植字工; 預金者

im-'pos-ta 名 女〔建〕(アーチの)迫元(せりもと)

im-pos-'tor, -'to-ra [イン.ポス.'トる, 'ト.ら] 形 他人になりすました, 詐称の; 中傷の, 誹謗(ひぼう)の 名 男 女 詐欺師, 氏名詐称者; 中傷者

im-pos-'tu-ra [イン.ポス.'トゥ.ら] 名 女 詐欺, ペテン, かたり, 他人になりすますこと; 中傷, 悪口

im-po-'ten-cia [イン.ポ.'テン.すぃア] 名 女 無力, 無能, 無気力;〔医〕性交不能症, インポテンス

im-po-'ten-te 形 力のない, 無力な, 無能な; 〘医〙 «男性が»**性交不能の**, インポテンスの

impr. 略 ↓imprenta; ↓impreso

im-prac-ti-'ca-ble [イン.プラク.ティ.'カ.ブレ] 形 **実行できない**, **実際的でない**; **通れない**, **横断できない**; «窓・ドアが»**開かない**

im-pre-ca-'ción [イン.プれ.カ.'すぃオン] 名 女 《格》 **呪(のろ)い**, **呪詛(じゅそ)**; **ののしり**

im-pre-'car [イン.プれ.'カる] 動 他 69 (c|qu) 《格》 ‹人の不幸・災いなどを›**祈り求める**, **呪(のろ)う**, **ののしる**

im-pre-ca-'to-rio, -ria [イン.プれ.カ.'ト.りオ, りア] 形 **呪(のろ)いの**; **ののしりの**

im-pre-ci-'sión [イン.プれ.すぃ.'スィオン] 名 女 **不正確**, **あいまい**

im-pre-'ci-so, -sa [イン.プれ.'すぃ.ソ, サ] 形 **不正確な**, **あいまいな**

im-preg-'nar [イン.プれグ.'ナる] 動 他 ‹に› (de, con: を)**しみ込ませる**, **含ませる**, **溶かす**; (de, con: で)**充満させる** **~se** 動 再 (de, con: が)**しみ込む**, **充満する**

*__im-'pren-ta__ [イン.'プれン.タ] 93% 名 女 〘印〙 **印刷**, **印刷術**, **印刷業**; 〘印〙 **印刷所**, **印刷工場**; **出版**, **出版物**; 〘印〙 (一回の)**印刷部数**, **版**, **刷り**; 〔全体〕 **印刷物**; 〘写〙 **焼き付け**

*__im-pres-cin-'di-ble__ [イン.プれ(ス).すぃン.'ディ.ブレ] 91% 形 **欠くことのできない**, **絶対必要な**

im-pre-sen-'ta-ble [イン.プれ.セン.'タ.ブレ] 形 **見苦しい**, **人前に出せない**

__im-pre-'sión__ [イン.プれ.'スィオン] 85% 名 女 **印象, **感銘**; **感じ**, **考え**, **気持ち**, **感想**; 〘印〙 **印刷**, **刷り**, **…版**, **一回の印刷で作る総部数**; **押印**, **刻印**; **跡**, **痕跡**; 〘写〙 **焼き付け**; 〘情〙 **プリントアウト**

im-pre-sio-'na-ble [イン.プれ.スィオ.'ナ.ブレ] 形 **感じやすい**, **感受性の強い**, **感動しやすい**

im-pre-sio-'na-do, -da [イン.プれ.スィオ.'ナ.ド, ダ] 形 (de, con, por: に)**感動している**, **感銘した**, **驚いた**

__im-pre-sio-'nan-te__ [イン.プれ.スィオ.'ナン.テ] 87% 形 **印象的な, **感銘を与える**; **驚くべき**, **驚異的な**

*__im-pre-sio-'nar__ [イン.プれ.スィオ.'ナる] 92% 動 他 ‹に›**感銘を与える**, ‹の›**心を強く動かす**, **驚かす**; ‹に›(強い)**印象を与える**; 〘写〙 **露出する**; 〘技〙 **録音する**, **録画する** 動 自 **印象づける** **~se** 動 再 (de, con, por: に)**感銘する**, **感動する**, **驚く**, **ショックを受ける**

im-pre-sio-'nis-mo [イン.プれ.スィオ.'ニス.モ] 名 男 〘美〙〘楽〙 **印象主義**, **印象派**

im-pre-sio-'nis-ta [イン.プれ.スィオ.'ニス.タ] 形 名 共 〘美〙〘楽〙 **印象主義の(芸術家)**, **印象派の(芸術家)**

*__im-'pre-so, -sa__ [イン.'プれ.ソ, サ] 93% 形 **印刷された** 名 男 **印刷物**; **本**, **書籍**; **書き込み用紙**, **記入用紙**

*__im-pre-'sor, -'so-ra__ [イン.プれ.'ソる, 'ソ.ら] 94% 名 男 女 〘印〙 **印刷工**, **印刷業者** 名 男 〘印〙 **印刷機**; 〘情〙 **プリンター**; 〘写〙 **焼き付け器** **-sora** 名 女 〘印〙 **印刷機**; 〘情〙 **プリンター** ***impresora de chorro de tinta*** 〘情〙 **インクジェットプリンター** ***impresora láser*** 〘情〙 **レーザープリンター**

im-pre-vi-'si-ble [イン.プれ.ビ.'スィ.ブレ] 形 **予測できない**, **不慮の**

im-pre-vi-'sión [イン.プれ.ビ.'スィオン] 名 女 **予測に欠けること**, **不慮**, **不注意**, **うかつさ**

im-pre-vi-'sor, -'so-ra [イン.プれ.ビ.'ソる, 'ソ.ら] 形 **見通しのきかない**, **短見の**, **洞察力のない**, **軽率な**

*__im-pre-'vis-to, -ta__ [イン.プれ.'ビス.ト, タ] 93% 形 **予見できない**, **不測の**, **思いがけない** 名 男 〔複〕 **臨時の出費**; **不測の事態**

im-pri-'má-tur [イン.プり.'マ.トゥる] 名 男 〘宗〙〘印〙 (カトリック教会の著作物の)**印刷[出版]許可**

*__im-pri-'mir__ [イン.プり.'ミる] 91% 動 他 〔過分 impreso⇔imprimido〕 〘印〙 ‹書物などを›**印刷する**, **出版する**; (en: に)**刻みつける**, **教え込む**; 〘写〙 **焼き付ける**; ‹型・模様などを›**押しつける**, **捺印(なついん)する**, **刻印する**, ‹の›**跡をつける**; (a: に)**印象を与える**; **伝える**, **与える**; 〘情〙 ‹データを›**印字する** **~se** 動 再 **印象づけられる**, **心に刻みつけられる**; (心に)**銘記する**

im-pro-ba-bi-li-'dad [イン.プろ.バ.ビ.リ.'ダド] 名 女 **あり[起こり]そうもないこと**

im-pro-'ba-ble [イン.プろ.'バ.ブレ] 形 **あり[起こり]そうもない**

'ím-pro-bo, -ba ['イン.プろ.ボ, バ] 形 《格》 **過酷な**, **過大な**, **過剰な**; 《格》 **不誠実な**, **不正直な**

im-pro-ce-'den-cia [イン.プろ.せ.'デン.すぃア] 名 女 **不適切**, **許しがたいこと**; 〘法〙 **不認可**

im-pro-ce-'den-te [イン.プろ.せ.'デン.テ] 形 **認められない**; **不適当な**, **不穏当な**; **許せない**, **受けがたい**

im-pro-duc-'ti-vo, -va [イン.プろ.ドゥク.'ティ.ボ, バ] 形 **収穫のない**, **不毛の**, **非生産的な**; **無効な**, **むだな**

im-'pron-ta [イン.'プろン.タ] 名 女 **捺印**, **押印**, **刻印**; **影響**; 〘生〙〘心〙 **刷り込み**, **インプリンティング**

im-pro-nun-'cia-ble [イン.プろ.ヌン.'すぃア.ブレ] 形 **発音できない**, **発音しづら**

I

い; 言葉で表しにくい

im-pro-'pe-rio [イン.プろ.'ペ.りオ] 名 男 《格》無礼な言葉, 侮辱, 悪口

im-pro-pie-'dad [イン.プろ.ピエ.'ダド] 名 女 不適当, 不穏当; 誤り

*__im-'pro-pio, -pia__ [イン.'プろ.ピオ, ピア] 94% 形 不適当な, ふさわしくない, 釣り合わない, 相容れない; «言葉の使い方が»正しくない, 間違った **-piamente** 副 不適当に, 不適切に ***fracción impropia*** 〖数〗仮分数

im-pro-vi-sa-'ción [イン.プろ.ビ.サ.'すぃオン] 名 女 即興, 即席にやること; 〖芸〗即興詩[曲, 劇, 演奏]

im-pro-vi-'sa-do, -da [イン.プろ.ビ.'サ.ド, ダ] 形 即興の; 即席の, 急ごしらえの

im-pro-vi-'sar [イン.プろ.ビ.'サる] 動 他 〈詩・音楽などを〉即興で作る[演奏する]; 急ごしらえする

im-pro-'vi-so, -sa [イン.プろ.'ビ.ソ, サ] 形 予期しない, 意外な, 突然の ***coger*** [***tomar***] ***de*** ~ (a: に)とって思いがけないことになる ***de*** ~ 思いがけなく, 不意に, 突然 ***en un*** ~ 《まれ》すぐに, 即時に

im-pro-'vis-to, -ta [イン.プろ.'ビス.ト, タ] 形 予期していない, 意外な

*__im-pru-'den-cia__ [イン.プる.'デン.すぃア] 94% 名 女 軽率, 不謹慎; 軽率な言動 ~ ***temeraria*** 〖法〗不注意, 過失

*__im-pru-'den-te__ [イン.プる.'デン.テ] 94% 名 共 軽率な人, 無謀な人 形 軽率な, 無分別な, 無謀な, 不謹慎な, うかつな **~mente** 副 軽率に, 無分別に, 不謹慎に, うかつに

impto.; imp.^to 略 ↓impuesto

im-'pú-ber [イン.'プ.べる] 形 名 共 《格》思春期前の(子供), 未成年(の), 未成熟の(人)

im-'pú-be-ro, -ra 形 《まれ》⇧impúber

im-pu-bli-'ca-ble [イン.プ.ブリ.'カ.ブレ] 形 出版不可能な

im-'pú-di-co, -ca 形 恥知らずの, 破廉恥な; ぶしつけな, 無作法な

im-pu-'dor [イン.プ.'ドる] 名 男 恥知らず, 破廉恥(な言動)

im-'pues-t~ 動 《過分》↑imponer

__im-'pues-to__ 86% 名 男 〖法〗税, 税金; 重い負担, 苛酷(かこく)な要求 **~, -ta 形 《メキシコ》《カリブ》通じている, 物知りの

im-pug-'nar [イン.プグ.'ナる] 動 他 〈に〉異議を唱える, 反論する

**__im-pul-'sar__ [イン.プル.'サる] 90% 動 他 押し進める, (前へ)動かす; 促す, 駆り立てる

im-pul-'sión [イン.プル.'スィオン] 名 女 推進, 原動力, はずみ

im-pul-'si-vo, -va [イン.プル.'スィ.ボ, バ] 形 衝動的な; 推進的な **-vamente** 副 衝動的に

__im-'pul-so__ [イン.'プル.ソ] 87% 名 男 衝撃, 刺激; 推進, 推進力; (心の)衝動, はずみ, でき心; 押し, 突き; 〖電〗インパルス ***a ~s de* ... …に刺激されて, …に促されて

im-pul-'sor, -'so-ra [イン.プル.'ソる, 'ソ.ら] 形 推進の 名 男 女 推進者

im-'pu-ne 形 〖法〗処罰を受けない, 処罰を免れた

im-pu-ni-'dad 名 女 〖法〗刑[罰]を受けないこと, 刑罰の免除

im-pun-'tual [イン.プン.'トゥアル] 形 名 共 時間を守らない(人), 時間にルーズな(人)

im-pun-tua-li-'dad [イン.プン.トゥア.リ.'ダド] 形 時間を守らないこと

im-pu-'re-za [イン.プ.'れ.さ] 名 女 不潔, 不純; 不純物

im-'pu-ro, -ra [イン.'プ.ろ, ら] 形 汚れた, 汚い, 不純物の入った, 濁った; 不純な, ふしだらな

im-'pu-s~ 動 《直点/接過》↑imponer

im-pu-'ta-ble [イン.プ.'タ.ブレ] 形 «罪が» (a: に)帰せられる, 転嫁されうる

im-pu-ta-'ción [イン.プ.タ.'すぃオン] 名 女 《格》(罪などを)帰すること, 転嫁; 《格》非難, 汚名

im-pu-'tar [イン.プ.'タる] 動 他 〈不名誉・過失などを〉(a: の)せいにする, (a: に)帰する

i(n)¹~, im~; e(n)~, em~ 〔接頭辞〕「中・方向」という意味を示す

i(n)²~, im~ 〔接頭辞〕「否定」を示す

i+n|a-bor-'da-ble [イ.ナ.ボる.'ダ.ブレ] 形 接近しにくい, 近づきがたい; 難しい, 難解な, 手に負えない

i+n|a-ca-'ba-ble [イ.ナ.カ.'バ.ブレ] 形 終わらない

i+n|a-ca-'ba-do, -da 形 未完成の, 終わっていない

i+n|ac-ce-'si-ble [イ.ナク.せ.'スィ.ブレ] 形 (a, para: には)近づけない, 手が届かない

i+n|ac-'ción [イ.ナク.'すぃオン] 名 女 動かないこと, 活動の停止, 無為

i+n|a-cen-'tua-do, -da [イ.ナ.せン.'トゥア.ド, ダ] 形 〖音〗アクセント[強勢]のない

i+n|a-cep-'ta-ble [イ.ナ.せプ.'タ.ブレ] 形 承認できない, 受け入れられない

i+n|ac-ti-vi-'dad [イ.ナク.ティ.ビ.'ダド] 名 女 活動しないでいること, 不活発, 何もしないこと

i+n|ac-'ti-vo, -va [イ.ナク.'ティ.ボ, バ] 形 無活動の, 不活発な, 無為の

i+n|a-dap-ta-'ción [イ.ナ.ダプ.タ.'すぃオン] 名 女 適応しないこと, 不適応

i+n|a-dap-'ta-do, -da 形 (a: に)適

応しない, 順応しない 名 男 女 不適応者

i+n|a-de-'cua-do, -da 形 (para, a: に)不適当な, 不適格な; 不十分な

i+n|ad-mi-'si-ble [イ.ナド.ミ.'スィ.ブレ] 形 受け入れがたい, 許せない

i+n|ad-ver-'ten-cia [イ.ナド.べる.'テン.すぃア] 名 女 不注意, 怠慢

i+n|ad-ver-'ti-do, -da [イ.ナド.べる.'ティ.ド, ダ] 形 気づかれていない, 人目につかない; 不注意な, ぼんやりした

***i+n|a-go-'ta-ble** [イ.ナ.ゴ.'タ.ブレ] 94% 形 無尽蔵の, 尽きることのない; 疲れを知らない

i+n|a-guan-'ta-ble [イ.ナ.グアン.'タ.ブレ] 形 耐えられない, 我慢できない

i+n|a-'lám-bri-co, -ca [イ.ナ.'ラン.ブリ.コ, カ] 形 無線の, 無線電信の, 無線電話の

i+n|al-can-'za-ble [イ.ナル.カン.'さ.ブレ] 形 手の届かない; 理解できない

i+n|a-lie-'na-ble [イ.ナ.リエ.'ナ.ブレ] 形 奪うことができない, 侵すことのできない, 不可侵の; 譲渡できない

i+n|al-te-'ra-ble [イ.ナル.テ.'ら.ブレ] 形 変えられない, 不変性の; 永続的な; 一様の, 安定した; 平然とした, 顔色を変えない

i+n|a-mo-'vi-ble [イ.ナ.モ.'ビ.ブレ] 形 移せない, 取り除けない, 動かせない; 罷免されない, 終身の

i+'na-ne 形 《格》空虚な, はかない, 無意味な

i+na-ni-'ción [イ.ナ.ニ.'すぃオン] 名 女 飢餓; 〔医〕飢餓(性)衰弱, 栄養失調

i+na-ni-'dad 名 女 《格》空虚, むなしさ

i+n|a-ni-'ma-do, -da 形 生命のない, 無生物の; 非情の, 生気のない; 〔言〕無生の

i+'ná-ni-me 形 生命のない, 死んだ; 無気力な

i+n|a-pe-'la-ble [イ.ナ.ペ.'ラ.ブレ] 形 〔法〕上訴できない, 終審の; 不可避の, どうしようもない

i+n|a-pe-'ten-cia [イ.ナ.ペ.'テン.すぃア] 名 女 〔医〕食欲減退, 食欲不振

i+n|a-pla-'za-ble [イ.ナ.プラ.'さ.ブレ] 形 延期できない, 緊急の

i+n|a-pli-'ca-ble [イ.ナ.プリ.'カ.ブレ] 形 応用できない; (a: に)適用できない

i+n|a-pre-'cia-ble [イ.ナ.プれ.'すぃア.ブレ] 形 感知できないくらいの, ごくわずかな; 計り知れない, すばらしい

i+n|a-pro-'pia-do, -da [イ.ナ.プろ.'ピア.ド, ダ] 形 不適切な, 不適当な

i+'n|ap-to, -ta 形 (para: に)適さない, 不適格な; (para: …)できない

i+n|ar-'mó-ni-co, -ca [イ.ナる.'モ.ニ.コ, カ] 形 不調和な, 不協和の

i+n|a-rru-'ga-ble [イ.ナ.る.'ガ.ブレ] 形 〔衣〕しわが寄らない, 防しわ加工の

i+n|ar-ti-cu-'la-do, -da [イ.ナる.ティ.ク.'ラ.ド, ダ] 形 発音の不明瞭な; 弁舌のまずい, 訥弁(とつべん)の

i+n|a-se-'qui-ble [イ.ナ.セ.'キ.ブレ] 形 接近できない, 近づきにくい; (a, para: には)達成[到達]できない; (a: を)超えた, 知らない

i+n|as-ti-'lla-ble [イ.ナス.ティ.'ジャ.ブレ] 形 《ガラスが》飛散防止の, 安全の

i+n|a-ta-'ca-ble [イ.ナ.タ.'カ.ブレ] 形 攻撃できない, 手出しできない

i+n|au-'di-ble [イ.ナウ.'ディ.ブレ] 形 聞こえない, 聞き取れない

i+n|au-'di-to, -ta 形 前代未聞の, 聞いたことがない; 途方もない, あきれた

***i+n|au-gu-ra-'ción** [イ.ナウ.グ.ら.'すぃオン] 92% 名 女 就任(式), 落成[開業, 除幕](式), 発会, 発足

i+n|au-gu-'ral [イ.ナウ.グ.'らル] 形 開始の, 開会の

****i+n|au-gu-'rar** [イ.ナウ.グ.'らる] 89% 動 他 〈の〉落成式[就任式, 発会式]を行う, (正式に)始める　**~se** 動 再 開始される, 始まる

*'**in+ca** 94% 形 名 共 〔歴〕インカ帝国の, インカの; インカ人 名 男 〔複〕〔歴〕インカ族; 〔歴〕インカ帝国皇帝; 〔歴〕(ペルーの)金貨

in-ca+'í-ble [イン.カ.'イ.ブレ] 名 男 《メキシコ》ヘアピン

in-'cai-co, -ca 形 〔歴〕インカ(帝国, 族)の

in-cal-cu-'la-ble [イン.カル.ク.'ラ.ブレ] 形 数えきれない, 無限の, 無数の

in-ca-li-fi-'ca-ble [イン.カ.リ.フィ.'カ.ブレ] 形 言語に絶する, 言語道断の, ひどい

in-can-des-'cen-cia [イン.カン.デ(ス).'セン.すぃア] 名 女 白熱; 熱狂

in-can-des-'cen-te [イン.カン.デ(ス).'セン.テ] 形 白熱の, 白熱[光]を発する; 白熱した, 熱狂的な

in-can-'sa-ble [イン.カン.'サ.ブレ] 形 疲れない, 疲れを知らない; あきない, 根気のよい

***in-ca-pa-ci-'dad** [イン.カ.パ.すぃ.'ダド] 92% 名 女 (de, para: …, が)できないこと, 無能, 無力; 不具, 不能; 〔法〕無能力, 無資格, 無力

in-ca-pa-ci-'ta-do, -da [イン.カ.パ.すぃ.'タ.ド, ダ] 形 〔法〕無能力の, 無資格の 名 男 女 無能力者, 無資格者

in-ca-pa-ci-'tar [イン.カ.パ.すぃ.'タる] 動 他 (para: … が)できなくする; 無能にする, 不適格にする; 〔法〕〈の〉資格を奪う

***in-ca-'paz** [イン.カ.'パす] 91% 形 (de 不定詞: …が)できない; (para: に)無能の, 無力の; 〔法〕資格がない

in-cau-ta-'ción [イン.カウ.タ.'すぃオン] 名 女〘法〙押収, 押収品

in-cau-'tar-se [イン.カウ.'タる.セ] 動 再〘法〙(de: を)押収する, 没収する

in-'cau-to, -ta 形 軽率な(人), 無謀な(人); お人よし(な), だまされやすい(人)

*__in-cen-'diar__ [イン.セン.'ディアる] 94% 動 他〈に〉火をつける, 焼く ～se 動 再 火がつく, 焼ける

in-cen-'dia-rio, -ria [イン.セン.'ディア.りオ, りア] 形 放火の, 火災を起こす; 扇動的な, 激昂させる 名 男 女〘法〙放火者, 放火犯; 扇動家

*__in-'cen-dio__ [イン.'セン.ディオ] 91% 名 男 火災, 火事

in-cen-'sar [イン.セン.'サる] 動 他 ⑩ (e|ie)〈に〉香をたき込める;〈に〉お世辞を言う, おだてる,〈に〉こびへつらう

in-cen-'sa-rio [イン.セン.'サ.りオ] 名 男〘宗〙(吊り)香炉《ミサのときに司祭が振って香をまく》

in-cen-ti-'var [イン.セン.ティ.'バる] 動 他 激励する, 刺激する, 促進する

in-cen-'ti-vo [イン.セン.'ティ.ボ] 名 男 激励, 刺激, 誘因

*__in-cer-ti-'dum-bre__ [イン.せる.ティ.'ドゥン.ブれ] 91% 名 女 疑い, 半信半疑, 不安; 不定, 不確定, 不確実

*__in-ce-'san-te__ [イン.せ.'サン.テ] 93% 形 絶え間ない, ひっきりなしの

in-'ces-to [イン.'せス.ト] 名 男〘法〙近親相姦(そうかん)(罪)

in-ces-'tuo-so, -sa [イン.せス.'トゥオ.ソ, サ] 形 名 男 女〘法〙近親相姦(そうかん)の[者]

in-ci-'den-cia [イン.すぃ.'デン.すぃア] 名 女 出来事, 小事件, 事故; 結果, 影響;〘物〙(投射物・光線などの)入射;〘医〙発病率 *por* ～ 偶然に

in-ci-den-'tal [イン.すぃ.デン.'タル] 形 主要でない, 付随的な

*__in-ci-'den-te__ [イン.すぃ.'デン.テ] 91% 名 男 出来事, 事件, 衝突, 紛争, もめごと; 事変;〘文〙(劇・小説中の)挿話 形 偶発的な, 付随する;〘物〙落下の, 入射の

in-ci-'dir [イン.すぃ.'ディる] 動 自《格》(en: 過ちに)陥る;《格》《光が》射す, 当たる;《格》(en, sobre: に)影響を及ぼす 動 他〘医〙切開する

in-'cien-so [イン.'すぃエン.ソ] 名 男 香, 香の煙; お世辞, おだて

*__in-'cier-to, -ta__ [イン.'すぃエる.ト, タ] 93% 形 不確実な, 不確定の, 不定の; 確信のない, 断言できない; 不安定の, 変わりやすい, 当てにならない

in-ci-ne-ra-'ción [イン.すぃ.ネ.ら.'すぃオン] 名 女 焼却; 火葬

in-ci-ne-'rar [イン.すぃ.ネ.'らる] 動 他 焼いて灰にする, 焼却する; 火葬する

in-ci-'pien-te [イン.すぃ.'ピエン.テ] 形 始まりの, 初期の, 発端の; 新進の, 駆け出しの

in-ci-'sión [イン.すぃ.'スィオン] 名 女 切り込み, 彫り込み, 切り口;〘医〙切開

in-ci-'si-vo, -va [イン.すぃ.'スィ.ボ, バ] 形 鋭利な; 痛烈な, 辛辣な, 鋭い;〘体〙門歯の 名 男〘体〙門歯, 切歯

in-'ci-so, -sa [イン.'すぃ.ソ, サ] 形 分割された, 切れた 名 男 余談;〘言〙挿入句; コンマ;〘法〙号《条文の細区分》

in-ci-ta-'ción [イン.すぃ.タ.'すぃオン] 名 女 扇動, 教唆, 刺激, 鼓舞

in-ci-'tan-te [イン.すぃ.'タン.テ] 形 刺激する, 励ます; 性的に興奮させる

*__in-ci-'tar__ [イン.すぃ.'タる] 94% 動 他 刺激する, 励ます, (a: に)駆り立てる, 扇動する; 性的に興奮させる

in-ci-ta-'ti-vo, -va [イン.すぃ.タ.'ティ.ボ, バ] 形 刺激の, 駆り立てる, 励ましの 名 男 刺激物

in-ci-'vil [イン.すぃ.'ビル] 形 粗野な, 無作法な

incl. 略 ↓inclusive

in-cle-'men-cia [イン.クレ.'メン.すぃア] 名 女 厳しさ, 冷酷さ;〘気〙(天候の)荒れ, 不良

in-cle-'men-te [イン.クレ.'メン.テ] 形 (con, hacia, para: に)無情な, 苛酷な;〘気〙《気候が》厳しい,《天候が》荒れ模様の

*__in-cli-na-'ción__ [イン.クリ.ナ.'すぃオン] 92% 名 女 傾き, 傾斜, 勾配; (頭などを)傾けること, 会釈; (a, hacia, por: への)好み, 意向, (a, hacia, por: したい)気持ち; 好みのもの; (por, hacia: へ)傾くこと, 傾けること

in-cli-'na-do, -da [イン.クリ.'ナ.ド, ダ] 形 傾いた; (a: の)傾向がある

*__in-cli-'nar__ [イン.クリ.'ナる] 91% 動 他 (a 不定詞: …の)気にさせる,〈に〉(a 不定詞: …と)思わせる; 傾ける, 傾斜させる, 曲げる 動 自 (a, hacia, sobre: へ)傾く ～se 動 再 (a, por 不定詞: …)したい気がする, (a, por 不定詞: …のほうを)選ぶ, (a, por 不定詞: …に)賛成する; 傾く, 体を曲げる, おじぎをする, 身を乗り出す;《色などが》(a: に)近い

'ín-cli-to, -ta ['イン.クリ.ト, タ] 形《格》傑出した, 秀抜な, 高名な, 著名な

⁑__in-'clui-do, -da__ [イン.'クルイ.ド, ダ] 83% 形 含まれた, 包含された; 同封された

⁑__in-'cluir__ [イン.'クルイる] 79% 動 他 ㊲ (-y-) (en, entre: に)含む, 含める; 同封する ～se 動 再 含まれる; 自分を含む

in-'clu-sa [イン.'クル.サ] 名 女 児童養護施設

in-clu-'se-ro, -ra [イン.クル.'セ.ろ, ら] 名 男 女 捨て子, 孤児
in-clu-'sión [イン.クル.'スィオン] 名 女 包含, 包括
in-clu-'si-ve [イン.クル.'スィ.ベ] 副 …を含めて, …を込めて
in-clu-'si-vo, -va [イン.クル.'スィ.ボ, バ] 形 包括的な, すべて[多く]を含んだ
in-'clu-so [イン.'クル.ソ] 72% 副 …でさえ, それどころか, …ですら **～, -sa** 形 (en: に)含まれた, 中に入っている
in-'clu-y~ 動 《活用》 ↑incluir
in-co+'ar [イン.コ.'アる] 動 他 《格》〈裁判などを〉始める, 開始する
in-co+a-'ti-vo, -va [イン.コ.ア.'ティ.ボ, バ] 形 始めの, 始まりの, 開始の, 起動の; 〘言〙 動作の開始を示す, 起動(相)の
in-'cóg-ni-to, -ta [イン.'コグ.ニ.ト, タ] 形 知られていない, 未知の, 不明の 名 男 変名(者), 匿名(者) **-ta** 名 女 〘数〙 未知数; 〔一般〕 不明のこと, わからないこと, 謎(なぞ) ***de* ～** お忍びで, 名前を隠して
in-cog-nos-'ci-ble [イン.コグ.ノ(ス).'すぃ.ブレ] 形 知ることのできない, 人知の及ばない
in-co+he-'ren-cia [イン.コ.エ.'れン.すぃア] 名 女 一貫していないこと, つじつまの合わないこと, 支離滅裂, 矛盾
in-co+he-'ren-te [イン.コ.エ.'れン.テ] 形 一貫しない, つじつまの合わない, 支離滅裂の, (con: と)矛盾した
in-co-'lo-ro, -ra [イン.コ.'ロ.ろ, ら] 形 無色の; 特色のない, 精彩に欠けた
in-'có-lu-me [イン.'コ.ル.メ] 形 傷害を受けていない, 無傷の, 無事な; 完全無欠の
in-com-bus-ti-bi-li-'dad [イン.コン.ブス.ティ.ビ.リ.'ダド] 名 女 不燃性, 耐火性
in-com-bus-'ti-ble [イン.コン.ブス.'ティ.ブレ] 形 不燃性の, 燃えない, 耐火性の
in-co-'mi-ble [イン.コ.'ミ.ブレ] 形 まずい, ひどい味の; 食べられない
in-co-mo-'dar [イン.コ.モ.'ダる] 動 他 〈人に〉不便を感じさせる, 〈に〉迷惑をかける, 〈の〉じゃまになる; (para 不定詞: …するのに) 不便である; いらだたせる, うるさがらせる **～-se** 動 再 (por: に)怒る, 気を悪くする; (por: を)うるさがる, いらいらする, (por: に)わずらわしい思いをする; 思い悩む, 心配する
***in-co-mo-di-'dad** 94% 名 女 不便, 不自由, 不都合, 迷惑, 不快; いやなこと, 困難, わずらわしさ, やっかい
***in-'có-mo-do, -da** 91% 形 心地のよくない, 不快な; «人が»気持ちの落ち着かない, 気づまりな, 不安な; 困った, やっかいな
***in-com-pa-'ra-ble** [イン.コン.パ.'ら.ブレ] 94% 形 比較できない, 無比の, 無類の
in-com-pa-re-'cen-cia [イン.コン.パ.れ.'セン.すぃア] 名 女 〘法〙 欠席, 不出頭, 不出廷
in-com-pa-ti-bi-li-'dad [イン.コン.パ.ティ.ビ.リ.'ダド] 名 女 相容れないこと, 矛盾, 非両立性
in-com-pa-'ti-ble [イン.コン.パ.'ティ.ブレ] 形 (con: と)相容れない, 両立しない; 〘機〙〘情〙 互換性がない; «職務が»兼任できない
in-com-pe-'ten-cia [イン.コン.ペ.'テン.すぃア] 名 女 無能, (para, en: に)役に立たないこと, 不適格; 〘法〙 (裁判所の) 管轄外, 権限外; 〘医〙 無能力
in-com-pe-'ten-te 形 無能な, 役に立たない; 〘法〙 «裁判所が»管轄外の, 権限外の
***in-com-'ple-to, -ta** [イン.コン.'プレ.ト, タ] 93% 形 不完全な, 未完の, 不十分な, 不備な
in-com-pren-'di-do, -da [イン.コン.プれン.'ディ.ド, ダ] 形 名 男 女 (正しく) 理解されていない(人), 誤解された(人)
in-com-pren-'si-ble [イン.コン.プれン.'スィ.ブレ] 形 理解できない, 不可解な
in-com-pren-'sión [イン.コン.プれン.'スィオン] 名 女 無理解, (正しくない)理解
in-com-pren-'si-vo, -va [イン.コン.プれン.'スィ.ボ, バ] 形 無理解な, ものわかりの悪い
in-co-mu-ni-'ca-ble [イン.コ.ム.ニ.'カ.ブレ] 形 通信できない; コミュニケーションが不可能な; 隔離した; 孤立した
in-co-mu-ni-ca-'ción [イン.コ.ム.ニ.カ.'すぃオン] 名 女 コミュニケーションの欠如; 隔離, 分離, 孤立; 〘法〙 独房監禁
in-co-mu-ni-'car [イン.コ.ム.ニ.'カる] 動 他 69 (c|qu) 隔離する, 分離する, 孤立させる; 〘法〙 独房に入れる **～se** 動 再 交際を断つ, 隠遁(いんとん)する, 孤立する
in-con-ce-'bi-ble [イン.コン.せ.'ビ.ブレ] 形 想像も及ばない, 思いもよらない; 突飛な, とんでもない
in-con-ci-'lia-ble [イン.コン.すぃ.'リア.ブレ] 形 和解できない, 折り合わない; (con: と)両立できない
in-con-'clu-so, -sa [イン.コン.'クル.ソ, サ] 形 出来上がらない, 未完成の, 終わっていない
in-con-'cre-to, -ta [イン.コン.'クれ.ト, タ] 形 具体的でない, あいまいな
in-con-'cu-so, -sa 形 《格》 疑いのない, 議論の余地のない, 確かな
in-con-di-cio-'na-do, -da [イン.コン.ディ.すぃオ.'ナ.ド, ダ] 形 無条件の, 全面的な

in-con-di-cio-'nal [イン.コン.ディ.すぃオ.'ナル] 形 無条件の, 無制限の, 絶対的な 名 共 忠実な信奉者[支持者]
in-co-ne-'xión [イン.コ.ネク.'スィオン] 名 女 断絶(状態); 支離滅裂, 矛盾
in-co-'ne-xo, -xa[イン.コ.'ネク.ソ, ク.サ] 形 切れ切れの, 関連のない; 支離滅裂の
in-con-fe-'sa-ble [イン.コン.フェ.'サ.ブレ] 形 口に出せない, 恥ずかしい
in-con-'fe-so, -sa 形 白状[告白]していない, 認めていない
in-con-'for-me [イン.コン.'フォる.メ] 形 ⇧ disconforme
in-con-for-mi-'dad [イン.コン.フォる.ミ.'ダド] 名 女 不賛成
in-con-for-'mis-ta [イン.コン.フォる.'ミス.タ] 形 名 共 (伝統に)従わない(人), 反逆する, 反逆者
in-con-fun-'di-ble [イン.コン.フン.'ディ.ブレ] 形 間違いようのない, 紛れもない
in-con-'gruen-cia [イン.コン.'グるエン.すぃア] 名 女 (con: との)不一致, 不調和, 不適合; 不適切
in-con-'gruen-te [イン.コン.'グるエン.テ] 形 (con: と)合わない, 一致しない, 調和しない; 不適切な, 適合しない
in-con-men-su-'ra-ble [イン.コ(ン).メン.ス.'ら.ブレ] 形 比べものにならない, けた違いの; 広大な, 計り知れない; 同じ規準で測れない, 次元が違う
in-con-mo-'vi-ble [イン.コ(ン).モ.'ビ.ブレ] 形 ぐらつかない, しっかりした, 安定した, 堅固な; «人が»断固とした, 堅実な
in-cons-'cien-cia [イン.コン(ス).'すぃエン.すぃア] 名 女 意識不明, 気絶; 無意識; 責任を負わないこと, 無自覚, 無責任な行為; 気がつかないこと, 知らないこと, 不注意
***in-cons-'cien-te** [イン.コン(ス).'すぃエン.テ] 93% 形 (de: に)気がつかない, (de: を)意識していない; 意識を失った, 人事不省の; 無意識の, 何気なく(口に)した 名 共 軽率な人, 無謀な人 **〜mente** 副 気がつかず, 意識しないで, 無意識に, 何気なく
in-con-se-'cuen-cia [イン.コン.セ.'クエン.すぃア] 名 女 論理的でないこと, 矛盾, 不一致; 無定見, 一貫性のないこと
in-con-se-'cuen-te 形 (con: と)一致しない, 相反する, 矛盾する, (en: に)一貫性がない 名 共 無定見な人
in-con-si-de-'ra-do, -da [イン.コン.スィ.デ.'ら.ド, ダ] 形 名 男 女 思いやりのない(人), 礼儀[作法]を心得ない(人), 軽率な(人), 不注意な(人)
in-con-sis-'ten-cia [イン.コン.スィス.'テン.すぃア] 名 女 無定見, 不一致, 矛盾; (物質の)もろさ, 弱さ; 空虚, 中身のないこと; 根拠のないこと
in-con-sis-'ten-te 形 首尾一貫しない, 定見のない; 実質のない, 空虚な; «物質が»もろい, 弱い
in-con-so-'la-ble [イン.コン.ソ.'ラ.ブレ] 形 慰めることのできない, 悲しみに沈んだ
in-'cons-tan-cia [イン.コ(ン)ス.'タン.すぃア] 名 女 変わりやすさ, 不定, 不安定; 気まぐれ, 移り気
in-'cons-tan-te 形 名 共 気まぐれな(人), 移り気な(人); 変わりやすい, 不定の
in-cons-ti-tu-cio-'nal [イン.コ(ン)ス.ティ.トゥ.すぃオ.'ナル] 形 〖政〗 憲法違反の, 違憲の
in-cons-ti-tu-cio-na-li-'dad [イン.コ(ン)ス.ティ.トゥ.すぃオ.ナ.リ.'ダド] 名 女 〖法〗 違憲性
in-con-'ta-ble [イン.コン.'タ.ブレ] 形 数えきれない, 無数の; 話すことのできない, 言ってはならない
in-con-ta-mi-'na-do, -da 形 汚染されていない
in-con-te-'ni-ble [イン.コン.テ.'ニ.ブレ] 形 抑えきれない
in-con-tes-'ta-ble [イン.コン.テス.'タ.ブレ] 形 議論の余地のない, 争えない, 明白な
in-con-ti-'nen-cia [イン.コン.ティ.'ネン.すぃア] 名 女 不節制, 自制のできないこと, おぼれること; みだらなこと, 淫乱; 〖医〗 (大小便の)失禁
in-con-ti-'nen-te 形 自制できない, 抑制のきかない; 淫乱な; 〖医〗 (大小便の)失禁の 副 ただちに
in-con-tras-'ta-ble [イン.コン.トらス.'タ.ブレ] 形 議論の余地がない; 無敵の, 負かしがたい; (人に)譲らない, 不動の, 頑固な
in-con-tro-'la-ble [イン.コン.トろ.'ラ.ブレ] 形 制御できない, 御(ぎょ)しがたい, 手に負えない
in-con-tro-ver-'ti-ble [イン.コン.トろ.べる.'ティ.ブレ] 形 議論の余地のない, 否定できない, 明々白々な
in-con-ve-'nien-cia [イン.コン.ベ.'ニエン.すぃア] 名 女 不便(なもの), 不自由, 迷惑(なこと); 横柄なふるまい[言葉], 無作法; 不適当, 不適任
****in-con-ve-'nien-te** [イン.コン.ベ.'ニエン.テ] 90% 名 男 (en 不定詞: …する)不都合, 差し支え, 障害, 不便, 故障; 不利な点, 短所, 欠点 形 不便な, 不自由な, 都合の悪い; 適切でない, ふさわしくない; 礼儀[作法]にかなっていない, 不穏当な; みだらな, 卑猥(ひわい)な
in-cor-'diar [イン.コる.'ディアる] 動 他 《ｽﾍﾟ》《話》 困らせる, 悩ませる

in-ˈcor-dio [イン.ˈコる.ディオ] 名 男 《スペイン》《話》迷惑, やっかいなこと

in-cor-po-ra-ˈción [イン.コる.ポ.ら.ˈすぃオン] 名 女 結合, 合同, 合併; 内蔵; (ベッドから)起き上がること; 〖軍〗入隊, 編入

in-cor-po-ˈra-do, -da [イン.コる.ポ.ˈら.ド, ダ] 形 合体した, 結合した, 組み込まれた, 内蔵の; 〖情〗ビルトインの

in-cor-po-ˈrar [イン.コる.ポ.ˈらる] 85% 動 他 (a, con, en: に)編入する, 組み込む, 併合する, 合体させる; 起き上がらせる, 〈の〉上体を起こさせる **～se** 動 再 (a: に)合体する; 参加する; 起き上がる, 上体を起こす, きちんとすわる

in-cor-ˈpó-re+o, +a [イン.コる.ˈポ.れ.オ, ア] 形 実体のない, 無形の

in-co-rrec-ˈción [イン.コ.れク.ˈすぃオン] 名 女 不正確, 誤り; 無礼, 失礼; 不適当, 不穏当

*__in-co-ˈrrec-to, -ta__ [イン.コ.ˈれク.ト, タ] 94% 形 不正確な, 間違った; «言動などが»無礼な, 無作法な, 不穏当な

in-co-rre-ˈgi-ble [イン.コ.れ.ˈひ.ブレ] 形 矯正できない, 手に負えない

in-co-rrup-ˈti-ble [イン.コ.るプ.ˈティ.ブレ] 形 腐敗[腐食]しない; 堕落しない, 賄賂のきかない

in-co-ˈrrup-to, -ta [イン.コ.ˈるプ.ト, タ] 形 (精神的に)腐敗していない, 堕落していない; 清純な; 腐敗[腐食]していない

in-cre-du-li-ˈdad [イン.クれ.ドゥ.リ.ˈダド] 名 女 容易に信じないこと, 疑い深いこと; 〖宗〗信仰がないこと, 無信仰, 不信心

in-ˈcré-du-lo, -la [イン.ˈクれ.ドゥ.ロ, ラ] 形 (容易に)信じない, 疑い深い; 〖宗〗信仰がない, 不信心の 名 男 女 〖宗〗不信心者; 懐疑者

in-cre+ˈí-ble [イン.クれ.ˈイ.ブレ] 89% 形 «物事が»信じられない, 信用できない; 《話》非常な, びっくりするような, すばらしい; ひどい

in-cre-men-ˈtar [イン.クれ.メン.ˈタる] 動 他 増やす, 増加する, 拡大する; 発展させる **～se** 動 再 増える, 増加する

in-cre-ˈmen-to [イン.クれ.ˈメン.ト] 名 男 増加, 増大, 強化, 拡大; 発展, 進展; 増加量

in-cre-pa-ˈción [イン.クれ.パ.ˈすぃオン] 名 女 《格》叱責(しっせき), 懲戒, 非難

in-cre-ˈpar [イン.クれ.ˈパる] 動 他 《格》叱責(しっせき)する, 懲戒する, 非難する

in-cri-mi-na-ˈción [イン.クリ.ミ.ナ.ˈすぃオン] 名 女 〖法〗告訴, 起訴

in-cri-mi-ˈnar [イン.クリ.ミ.ˈナる] 動 他 〖法〗告訴する, 起訴する

in-ˈcruen-to, -ta [イン.ˈクるエン.ト, タ] 形 流血を伴わない, 無血の

in-crus-ta-ˈción [イン.クるス.タ.ˈすぃオン] 名 女 はめ込むこと, 埋め込むこと; 〖技〗象眼細工; 〖医〗かさぶた

in-crus-ˈtar [イン.クるス.ˈタる] 動 他 (en: の表面に)はめ込む; 刻み込む **～se** 動 再 (en: に)はまり込む, 埋まる

in-cu-ba-ˈción [イン.ク.バ.ˈすぃオン] 名 女 〖鳥〗抱卵, 孵卵(ふらん); 孵化(期間); 〖医〗潜伏(期間)

in-cu-ba-ˈdo-ra [イン.ク.バ.ˈド.ら] 名 女 〖医〗保育器; 孵卵(ふらん)器

in-cu-ˈbar [イン.ク.ˈバる] 動 他 〖鳥〗〈卵を〉抱く, かえす; 〖医〗〈病気に〉潜在的にかかっている; 〈卵を〉人工的に孵化させる; 〈計画などを〉ひそかにもくろむ[進める] **～se** 動 再 〖医〗«病気が»潜伏する

ˈín-cu-bo 名 男 《格》〖架空〗夢魔《眠っている女性を襲うと信じられた》

in-cues-tio-ˈna-ble [イン.クエス.ティオ.ˈナ.ブレ] 形 疑問の余地がない, 明らかな, 確かな

in-cul-ˈcar [イン.クル.ˈカる] 動 他 69 (c|qu) 教えこむ, 説く; 〖印〗〈活字を〉組む

in-cul-pa-bi-li-ˈdad [イン.クル.パ.ビ.リ.ˈダド] 名 女 〖法〗無罪

in-cul-ˈpa-ble [イン.クル.ˈパ.ブレ] 形 〖法〗罪のない, 無罪の

in-cul-pa-ˈción [イン.クル.パ.ˈすぃオン] 名 女 《格》〖法〗告発, 非難; 嫌疑, 容疑

in-cul-ˈpar [イン.クル.ˈパる] 動 他 《格》〈人に〉(de: 罪を)負わせる; 〖法〗(de: の容疑で)告発する

in-cul-ti-ˈva-ble [イン.クル.ティ.ˈバ.ブレ] 形 〖農〗耕作できない, 耕作不能の

*__in-ˈcul-to, -ta__ [イン.ˈクル.ト, タ] 94% 形 «人が»教養のない, 無学な, 粗野な; 〖農〗«土地が»未耕作の 名 男 女 教養のない人

in-cul-ˈtu-ra [イン.クル.ˈトゥ.ら] 名 女 教養がないこと, 無知

in-cum-ˈben-cia [イン.クン.ˈベン.すぃア] 名 女 義務, 責任, 責務; 専門(領域)

in-cum-ˈbir [イン.クン.ˈビる] 動 自 (a: の)義務である, (a: に)課せられる

in-cum-pli-ˈmien-to [イン.クン.プリ.ˈミエン.ト] 名 男 (義務・約束などの)不履行, 違反

in-cum-ˈplir [イン.クン.ˈプリる] 動 他 〈義務・約束を〉果たさない; 〈命令に〉従わない

in-cu-ˈna-ble [イン.ク.ˈナ.ブレ] 名 男 〖歴〗〖印〗揺籃(ようらん)期本, インキュナビュラ《16 世紀までのヨーロッパの印刷本》 形 〖歴〗揺藍期本の, インキュナビュラの

in-cu-ˈra-ble [イン.ク.ˈら.ブレ] 形 〖医〗不治の; 矯正不能の, 手がつけられない

in-ˈcu-ria [イン.ˈク.りア] 名 女 不注意, 怠慢, だらしなさ

in-cu-ˈrrir [イン.ク.ˈりる] 動 自 (en: 怒りなどを)招く, もたらす; (en: 過ちに)陥る,

(en: 間違いを)犯す

in-cur-'sión [イン.クる.'スィオン] [名] [女] 急襲, 来襲, 襲撃, 侵入

in-da-ga-'ción [イン.ダ.ガ.'すぃオン] [名] [女] 調査, 研究

***in-da-'gar** [イン.ダ.'ガる] 93% [動] [他] ㊶ | (g|gu) 調べる, 調査する; 研究する

in-da-ga-'to-rio, -ria [イン.ダ.ガ.'ト.りオ, りア] [形] 〘法〙 調査の, 取り調べの

in-da-'gué, -gue(~) [動] 《直点 1 単, 接現》 ↑indagar

in-de-'bi-do, -da [形] 不適当な, 不相応な; 不法な, 違法な **-damente** [副] 不当に, 不法に

in-de-'cen-cia [イン.デ.'セン.すぃア] [名] [女] 俗悪, 下品; わいせつ(性), わいせつな行為[言葉]

***in-de-'cen-te** [イン.デ.'セン.テ] 94% [形] 俗悪な, 見苦しい, 下品な; わいせつな, 卑猥な; 惨めな; 不潔な, 汚い, むさ苦しい, みすぼらしい

in-de-'ci-ble [イン.デ.'すぃ.ブレ] [形] 言語に絶する, 口に出せない

in-de-ci-'sión [イン.デ.すぃ.'スィオン] [名] [女] 決めかねること, 優柔不断, ためらい

***in-de-'ci-so, -sa** [イン.デ.'すぃ.ソ, サ] 94% [形] [名] [男] [女] 優柔不断な(人), 決断力のない(人); まだ決めていない; まだ決まらない, 未決定の, 結論に達しない

in-de-cli-'na-ble [イン.デ.クリ.'ナ.ブレ] [形] 〘言〙 語尾[語形]変化をしない, 不変化の; 《格》 避け[免れ]がたい, 断れない

in-de-'co-ro [イン.デ.'コ.ろ] [名] [男] 無作法, 下品, はしたないこと, 見苦しいこと

in-de-co-'ro-so, -sa [イン.デ.コ.'ろ.ソ, サ] [形] 無作法な, はしたない, 見苦しい

in-de-fec-'ti-ble [イン.デ.フェク.'ティ.ブレ] [形] いつもの, お決まりの, 例の; 《格》 過ちのない, 確実な **~mente** [副] 間違いなく, 必ず

in-de-'fen-so, -sa [形] 防備のない, 無防備の

in-de-fi-'ni-ble [イン.デ.フィ.'ニ.ブレ] [形] 定義できない, 名状しがたい, 漠然とした

***in-de-fi-'ni-do, -da** 93% [形] «数量・程度などが»際限ない, «時間が»期限のない; 〘言〙 不定の, «意味・内容などが»明確でない, はっきりしない, あいまいな **-damente** [副] 無期限に, 際限なく; はっきりせずに, あいまいに

in-de-for-'ma-ble [イン.デ.フォる.'マ.ブレ] [形] 形の崩れない

in-de+his-'cen-te [イン.デイ(ス).'セン.テ] [形] 〘植〙 «果皮が»裂開しない

in-de-'le-ble [イン.デ.'レ.ブレ] [形] 消す[ぬぐう]ことのできない; 忘れられない; 不朽の

in-de-li-ca-'de-za [イン.デ.リ.カ.'デ.さ] [名] [女] 無神経, 心遣いのなさ, 下品, 野卑, 無作法

in-de-li-'ca-do, -da [イン.デ.リ.'カ.ド, ダ] [形] 無神経な, 無作法な

in-'dem-ne [形] 《格》 障害[損害]を受けていない, 無傷の

***in-dem-ni-za-'ción** [イン.デム.ニ.さ.'すぃオン] 92% [名] [女] 賠償(金), 補償(金)

***in-dem-ni-'zar** [イン.デム.ニ.'さる] 94% [動] [他] ㉞ (z|c) 〈損害を〉賠償する, 償う, 〈人に〉(de, por: の)賠償[補償]をする

in-de-mos-'tra-ble [イン.デ.モス.'トら.ブレ] [形] 証明できない, 証明不可能な

****in-de-pen-'den-cia** [イン.デ.ペン.'デン.すぃア] 89% [名] [女] 独立, 自立, 自主 **I~** [名] [固] 〘地名〙 インデペンデンシア 《ドミニカ共和国西部の県》 ***con ~ de*** … …とは別に, …とは独立して

in-de-pen-den-'tis-mo [名] [男] 〘政〙 独立主義, 独立運動

in-de-pen-den-'tis-ta [形] [名] [共] 〘政〙 独立主義の[主義者]; 〘政〙 独立派の(人)

****in-de-pen-'dien-te** 86% [形] 独立の, 自主の, 自由の; 独立して生活している, ひとり立ちしている; (de: に)頼らない, 他と無関係の, 独自の; 〘政〙 無党派の, 無所属の **~mente** [副] (de: と)独立して; (de: と)関係なく

in-de-pen-di-'zar [イン.デ.ペン.ディ.'さる] [動] [他] ㉞ (z|c) 自由にする, 解放する, 独立させる **~se** [動] [再] (de: から)独立する, 自立する

in-des-ci-'fra-ble [イン.デ(ス).すぃ.'フら.ブレ] [形] 判読[解読]できない, 不可解な

in-des-crip-'ti-ble [イン.デス.クリプ.'ティ.ブレ] [形] 言い表すことのできない, 名状しがたい, 言いようのないほどの, 言語に絶する

in-de-se+'a-ble [イン.デ.セ.'ア.ブレ] [形] 好ましくない, 望ましくない

in-des-truc-'ti-ble [イン.デス.トるク.'ティ.ブレ] [形] 破壊できない; 不滅の, 永遠の

in-de-ter-mi-na-'ción [イン.デ.テる.ミ.ナ.'すぃオン] [名] [女] 不確定, 不定; 不決断, 優柔不断

in-de-ter-mi-'na-do, -da [イン.デ.テる.ミ.'ナ.ド, ダ] [形] 不確定の, 不定の; 〘言〙 不定の; 決断力のない, 優柔不断な

in-de-'xar [イン.デク.'サる] [動] [他] 〘情〙 〈に〉インデックスをつける

****'In-dia** 90% [名] [固] 〔(la) ~〕〔República de la ~〕 〘地名〙 インド 《アジア南部の共和国》; 〔複〕 巨万の富

in-'dia+no, -na [形] [名] [男] [女] 《ズペ》 アメリカ成り金(の) 《ラテンアメリカに移住し財をなしたスペイン人》; インディアスの(人), ラテンアメリカの(人)

'In-dias 名 固〔歴〕インディアス, 新大陸;〔~ Occidentales〕〔歴〕〔地名〕西インド諸島《中央アメリカの東方の諸島》;〔~ Orientales〕〔歴〕〔地名〕東インド諸島《アジア大陸とオーストラリア大陸の間の諸島》

*__in-di-ca-'ción__ [イン.ディ.カ.'すぃオン] 91% 名 女 指示, 指摘; 提案; 指導, 教育, 教示; 表示; ヒント, 暗示, ほのめかし;〔複〕説明, 使用法

*__in-di-'ca-do, -da__ 93% 形 指示された, 決められた; (para: に)適した, ふさわしい

in-di-ca-'dor [イン.ディ.カ.'ドる] 名 男〔機〕指示器, 報知器, インジケーター; 表示物, 標識;〔情〕ポインター ~, **-dora** 形 指示する, 表示の

in-di-'car [イン.ディ.'カる] 76% 動 他 69 (c|qu) 指し示す, 指示する, 教える; 〈の兆しを〉見せる, 前触れである, 示す; 〈que 接続法: …するようにと〉指示する, 示唆する, 言う; 《計器などが》表示する, 記録する

in-di-ca-'ti-vo, -va [イン.ディ.カ.'ティ.ボ, バ] 形 (de: を)示す, 表示する, 暗示する;〔言〕直説法の 名 男〔言〕直説法

'ín-di-ce ['イン.ディ.せ] 87% 名 男 目次, 索引; 指数, 率, 目盛り, 指示するもの, 指針, 指標;〔体〕人差し指;〔歴〕〔宗〕禁書目録;〔印〕指印《☞の印》

in-'di-cio [イン.'ディ.すぃオ] 名 男 徴候, しるし; 跡, 形跡, 足跡;〔法〕証言, 証拠物件

'ín-di-co, -ca 形〔地名〕インド(人)の;〔océano ~〕〔地名〕インド洋

*__in-di-fe-'ren-cia__ [イン.ディ.フェ.'れン.すぃア] 92% 名 女 無関心, 冷淡; 重要でないこと

*__in-di-fe-'ren-te__ [イン.ディ.フェ.'れン.テ] 92% 形 (a: に)無関心な, 気にかけない, 冷淡な; 重要でない, どうでもよい; どっちにもつかない, 中立の, 公平な 名 共 無関心な人

in-'dí-ge-na [イン.'ディ.へ.ナ] 形《ラ米》(アメリカ)先住民の, インディオの; 土着の, 原産の, 先住民の, 土地固有の 名 共《ラ米》(アメリカ)先住民, インディオ; 土地の人, 先住民

in-di-'gen-cia [イン.ディ.'ヘン.すぃア] 名 女《格》貧困, 困窮

in-di-ge-'nis-mo [イン.ディ.ヘ.'ニス.モ] 名 男〔政〕インディヘニスモ《ラテンアメリカ先住民の擁護[復権]運動》;〔言〕先住民[インディオ]の言語の影響 ⬆indígena

in-di-ge-'nis-ta [イン.ディ.ヘ.'ニス.タ] 形 名 共〔政〕インディヘニスモの(推進者), 先住民[インディオ]を擁護する(人)

in-di-'gen-te [イン.ディ.'ヘン.テ] 形《格》貧困な, 貧窮した 名 共 貧困者

in-di-ges-'tar-se [イン.ディ.ヘス.'タる.セ] 動 再 消化不良を起こす[になる]; 嫌う, いやがる, 我慢ならない

in-di-ges-'ti-ble [イン.ディ.ヘス.'ティ.ブレ] 形 消化できない, 不消化な

in-di-ges-'tión [イン.ディ.ヘス.'ティオン] 名 女〔医〕消化不良, 不消化

in-di-'ges-to, -ta [イン.ディ.'ヘス.ト, タ] 形 消化不良を起こした, 胃がもたれる; 《人が》扱いにくい, 感じの悪い, つきあいにくい

in-dig-na-'ción [イン.ディグ.ナ.'すぃオン] 名 女 憤(いきどお)り, 憤慨, 怒り

in-dig-'na-do, -da [イン.ディグ.'ナ.ド, ダ] 形 怒った, 憤慨した

in-dig-'nan-te [イン.ディグ.'ナン.テ] 形 腹立たしい, いらいらする

*__in-dig-'nar__ [イン.ディグ.'ナる] 94% 動 他 怒らせる, 憤慨させる, 激怒させる **~-se** 動 再 (con, contra, de, por: に)憤慨する, 怒る

in-dig-ni-'dad [イン.ディグ.ニ.'ダド] 名 女 卑劣さ, 卑しむべき行為; ふさわしくないこと, 値しないこと

in-'dig+no, -na [イン.'ディグ.ノ, ナ] 形 (de: に)値しない, ふさわしくない; 卑しむべき, 見下げはてた, 卑劣な

'ín-di-go 名 男 インディゴ, インド藍(あい)《紫がかった深い青》

in-'di+no, -na 形《話》手に負えない, いたずらな;《メキシコ》悪党(の), 不良(の)

'in-dio, -dia 85% 形 名 男 女 先住民[インディオ](の), (アメリカ)先住民(の);〔地名〕インド(人)の, インド人 ⬆India 形 藍(あい)色の 名 男〔化〕インジウム《元素》 ***hacer el ~ [la india]***《話》〔軽蔑〕ばかなまねをする, 物笑いの種になる

in-di-'qué, -que(~) 動《直点 1 単, 接現》⬆indicar

*__in-di-'rec-to, -ta__ [イン.ディ.'れク.ト, タ] 92% 形 間接の, 間接的な, 副次的な, 二次的な; 率直でない, 遠回しの; まっすぐでない, 回り道の;〔言〕間接の **-ta** 名 女 あてこすり, ほのめかし **-tamente** 副 間接的に, 遠回しに, それとなく, 回り道をして

in-dis-cer-'ni-ble [イン.ディ(ス).せる.'ニ.ブレ] 形 識別できない

in-dis-ci-'pli-na [イン.ディ(ス).すぃ.'プリ.ナ] 名 女 規律のないこと, 無秩序

in-dis-ci-pli-'na-do, -da [イン.ディ(ス).すぃ.プリ.'ナ.ド, ダ] 形 規律のない, 無秩序の; 従順でない

in-dis-cre-'ción [イン.ディス.クれ.'すぃオン] 名 女 無分別, 無思慮, 軽率; 無遠慮, ぶしつけ

in-dis-'cre-to, -ta [イン.ディス.'クれ.ト, タ] 形 名 男 女 無思慮な(人), 無分別な(人), 軽率な(人); 無遠慮な(人), 失礼な(人)

in-dis-cri-mi-'na-do, -da [イン.

ディス.クリ.ミ.'ナ.ド, ダ] 形 区別しない, 差別しない ～-damente 副 区別せずに, 差別せずに

in-dis-cul-'pa-ble [イン.ディス.クル.'パ.ブレ] 形 弁解の余地のない, 許しがたい

in-dis-cu-'ti-ble [イン.ディス.ク.'ティ.ブレ] 形 議論の余地のない, 明白な; 誰もが認める, 文句なしの ～mente 副 議論の余地なく

in-di-so-'lu-ble [イン.ディ.ソ.'ル.ブレ] 形 (en: に)分解[分離, 溶解]できない, 壊れない; 解消できない, 永続的な, 固い

**in-dis-pen-'sa-ble [イン.ディス.ペン.'サ.ブレ] 89% 形 欠かせない, 絶対必要な, 必要不可欠な, «義務などが»避けることができない

in-dis-pon-dr~ 動 《直未/過未》 ↓indisponer

in-dis-po-'ner [イン.ディス.ポ.'ネる] 動 他 53 〔poner; 命 -pón〕 病気にする, 〈の〉体調を悪くする; (con, contra: と)敵対させる, 〈の〉気を悪くさせる ～se 動 再 (con, contra: と)仲たがいする, 仲が悪くなる; 気分が悪くなる, 病気になる, 体調を崩す

in-dis-'pon-go, -ga(~) 動 《直現1単, 接現》 ↑indisponer

in-dis-po-'ni-ble [イン.ディス.ポ.'ニ.ブレ] 形 利用できない, 手に入らない

in-dis-po-si-'ción [イン.ディス.ポ.スィ.'すぃオン] 名 女 〔医〕 気分がすぐれないこと, 軽い病気, 体の不調; いや気, 気乗りがしないこと

in-dis-'pues-to, -ta 形 〔医〕 体調が悪い; 不快な, 気が進まない

in-dis-'pu-s(~) 動 《直点/接過》 ↑indisponer

in-dis-pu-'ta-ble [イン.ディス.プ.'タ.ブレ] 形 議論の余地のない, 明白な

in-dis-'tin-to, -ta 形 どちらでもよい, かまわない, 同じことである; «形・音などが»不明瞭な, 区別がはっきりしない, ぼんやりした -tamente 副 区別せずに; 不明瞭に, ぼんやりして

in-di-vi-'dual [イン.ディ.ビ.'ドゥアル] 86% 形 個々の, それぞれの; 個人の, 個人的な, 各自の, 私的な; «部屋・ベッドが»シングルの, 一人用の 名 男 〔競〕〔テニスなど〕 シングルス

in-di-vi-dua-li-'dad [イン.ディ.ビ.ドゥア.リ.'ダド] 名 女 個性, 特性; 個体, 個人; 個性のある人, 個性的な人

*__in-di-vi-dua-'lis-mo__ [イン.ディ.ビ.ドゥア.'リス.モ] 93% 名 男 個人主義

*__in-di-vi-dua-'lis-ta__ [イン.ディ.ビ.ドゥア.'リス.タ] 94% 形 個人主義的な 名 共 個人主義者

in-di-vi-dua-li-za-'ción [イン.ディ.ビ.ドゥア.リ.さ.'すぃオン] 名 女 個別化; 個性化

in-di-vi-dua-li-'zar [イン.ディ.ビ.ドゥア.リ.'さる] 動 他 34 (z|c) 個別に扱う, 個別化する; 〈の〉個性をはっきりと示す

*__in-di-vi-'dual-'men-te__ [イン.ディ.ビ.'ドゥアル.'メン.テ] 94% 副 個人として, 個々に, 個別に

in-di-vi-'duar [イン.ディ.ビ.'ドゥアる] 動 他 17 (u|ú) 別々にする, 区別する

**in-di-'vi-duo [イン.ディ.'ビ.ドゥオ] 81% 名 男 個人, 個体; 〔軽蔑〕(信用できない)人物, やつ, そいつ; 会員, 一員; 自分自身

in-di-vi-'si-ble [イン.ディ.ビ.'スィ.ブレ] 形 分割できない, 不可分の

in-di-'vi-so, -sa [イン.ディ.'ビ.ソ, サ] 形 〔法〕 共有の, 分割されない

in-di-'zar [イン.ディ.'さる] 動 他 ⇧ indexar

in-do~ 〔接頭辞〕「インド」を示す

'In+do 名 固 〔el ～〕〔地名〕 インダス川 《チベットに発しパキスタンを南流する大河》

In-do-'chi-na 名 固 〔地名〕 インドシナ 《主にベトナム・カンボジア・ラオスの地域》

in-do-'chi+no, -na 形 〔地名〕 インドシナ(人)の 名 男 女 インドシナ人

in-'dó-cil [イン.'ド.すぃル] 形 扱いにくい, 御(ぎょ)しにくい, 言うことを聞かない

in-do-ci-li-'dad [イン.ド.すぃ.リ.'ダド] 名 女 扱いにくいこと, 言うことを聞かないこと

in-'doc-to, -ta [イン.'ドク.ト, タ] 形 《格》 無知の, 無学の, 無教養の

in-do-cu-men-'ta-do, -da 形 名 男 女 身分証明書を持たない(人); 専門知識のない(人), 無知の(人); 軽蔑すべき(人)

in-do-eu-ro-'pe+o, +a [イン.ド.エウ.ろ.'ペ.オ, ア] 形 〔言〕 インド・ヨーロッパ[印欧]語族の 名 男 〔言〕 インド・ヨーロッパ[印欧]語族

in-do-ger-'má-ni-co, -ca 形 ⇧ indoeuropeo

*__'ín-do-le__ ['イン.ド.レ] 93% 名 女 性質, 性分; 天性; 種類

in-do-'len-cia [イン.ド.'レン.すぃア] 名 女 怠惰, 不精(ぶしょう); 無感動, 無表情; 〔医〕 無痛(性)

in-do-'len-te [イン.ド.'レン.テ] 形 名 共 怠惰な(人), 不精(ぶしょう)な(人); 無感動な, 無表情な; 〔医〕 無痛(性)の

in-do-'lo-ro, -ra [イン.ド.'ロ.ろ, ら] 形 《格》 無痛(性)の

in-do-'ma-ble [イン.ド.'マ.ブレ] 形 手に負えない, 手に余る, 抑えられない; 〔畜〕 «動物が»飼いならされていない

in-'dó-mi-to, -ta 形 〔畜〕 «動物が»飼いならされていない, 野生の; 手に負えない

*In-do-'ne-sia 94% 名 固〔República de ～〕〔地名〕インドネシア《アジア南東部の共和国》

in-do-'ne-sio, -sia 形〔地名〕インドネシア(人)の⬆Indonesia;〔言〕インドネシア語の 名 男 女 インドネシア人 名 男〔言〕インドネシア語

In-dos-'tán 名 固〔地名〕ヒンドゥスターン《インド北部》

in-dos-ta-'nés, -'ne-sa 形〔地名〕ヒンドゥスターン(人)の⬆Indostán;〔言〕ヒンドゥスターニー語の 名 男 女 ヒンドゥスターン人 名 男〔言〕ヒンドゥスターニー語

in-du-bi-'ta-ble [イン.ドゥ.ビ.'タ.ブレ] 形《格》疑いの余地がない

in-duc-'ción [イン.ドゥク.'すぃオン] 名 女 導入;〔電〕誘導;〔論〕帰納(法)

in-du-'ci-do [イン.ドゥ.'すぃ.ド] 名 男〔電〕電機子

in-du-'cir [イン.ドゥ.'すぃる] 動 他 ⑮ (c|zc; j) (a: を)引き起こさせる, 誘発する, (a: に)導く, 仕向ける; 帰納する, (que 直説法: …と)推定する;〔電〕〈電気・磁気を〉誘導する

in-duc-'tan-cia [イン.ドゥク.'タン.すぃア] 名 女〔電〕インダクタンス

in-duc-'ti-vo, -va [イン.ドゥク.'ティ.ボ, バ] 形 帰納的な -vamente 副 帰納的に

in-duc-'tor, -'to-ra [イン.ドゥク.'トる, 'ト.ら] 形 誘導する, そそのかす, 引き起こす, 誘発する;〔電〕誘導の, 感応の 名 男 女 誘導する人, そそのかす人, 教唆者 名 男〔電〕誘導子

*in-du-'da-ble [イン.ドゥ.'ダ.ブレ] 92% 形 確かな, 疑う余地のない ～mente 副《文修飾》確かに, 疑う余地なく

in-'du-j~ 動《直点/接過》⬆inducir

in-dul-'gen-cia [イン.ドゥル.'ヘン.すぃア] 名 女 寛大, 寛容;〔宗〕免償(状)

in-dul-'gen-te [イン.ドゥル.'ヘン.テ] 形 (con, hacia, para: に)寛大な, 寛容な

in-dul-'tar [イン.ドゥル.'タる] 動 他〈から〉(de: を)許す, 免除する, 軽減する

in-'dul-to [イン.'ドゥル.ト] 名 男 許すこと, 容赦, 許容; 恩赦, 特赦

in-du-men-'ta-rio, -ria [イン.ドゥ.メン.'タ.りオ, りア] 形〔衣〕衣装の, 衣類の -ria 名 女〔集合〕〔衣〕衣類, 衣服;〔個別〕〔衣〕服; 服装史(研究), 衣装学

in-du-'men-to 名 男《格》〔衣〕衣服, 服装

**in-'dus-tria [イン.'ドゥス.トりア] 80% 名 女 産業, 工業;〔全体〕産業界, 業界, 経営側; 工場, 製造所;〔集合〕生産物, 製品; 器用, 巧みさ;《格》勤勉

**in-dus-'trial [イン.ドゥス.'トりアル] 83% 形 産業の, 工業の, 産業に従事する 名 共 実業家, 企業家 *en cantidades ～es*《話》大量に[の]

in-dus-tria-'lis-mo [イン.ドゥス.トりア.'リス.モ] 名 男〔政〕産業主義, 工業優先策

in-dus-tria-'lis-ta [イン.ドゥス.トりア.'リス.タ] 形〔政〕産業[工業]重視の 名 共 産業主義者

in-dus-tria-li-za-'ción [イン.ドゥス.トりア.リ.さ.'すぃオン] 名 女 産業化, 工業化

in-dus-tria-li-'za-do, -da [イン.ドゥス.トりア.リ.'さ.ド, ダ] 形 産業[工業]化された

in-dus-tria-li-'zar [イン.ドゥス.トりア.リ.'さる] 動 他 ㉞ (z|c) 産業[工業]化する

in-dus-'trio-so, -sa [イン.ドゥス.'トりオ.ソ, サ] 形《格》勤勉な, 精励な, よく働く

in-'duz-co, -ca(～) 動《直現1単, 接現》⬆inducir

i+'né-di-to, -ta 形 未刊の, 未発表の; 世に知られていない, 前代未聞の

i+n|e-du-ca-'ción [イ.ネ.ドゥ.カ.'すぃオン] 名 女 しつけの悪さ, 無作法; 無教育, 無教養

i+n|e-du-'ca-do, -da 形 しつけの悪い, 無作法な; 教育[教養]のない

i+ne-'fa-ble [イ.ネ.'ファ.ブレ] 形 言い表せないほどの, 言語に絶する

i+n|e-fec-'ti-vo, -va [イ.ネ.フェク.'ティ.ボ, バ] 形 有効でない, 効果がない

i+n|e-fi-'ca-cia [イ.ネ.フィ.'カ.すぃア] 名 女 無効力, 無効果, 非効率, 無能

i+n|e-fi-'caz [イ.ネ.フィ.'カす] 形 効力[効果]のない;《人が》役に立たない, 無能な

i+n|e-fi-'cien-cia [イ.ネ.フィ.'すぃエン.すぃア] 名 女 無能, 非効率

i+n|e-fi-'cien-te [イ.ネ.フィ.'すぃエン.テ] 形 効果がない, 役に立たない, 非効率的な

i+n|e-luc-'ta-ble [イ.ネ.ルク.'タ.ブレ] 形《格》不可抗力の, 不可避の, 免れえない

i+n|e-lu-'di-ble [イ.ネ.ル.'ディ.ブレ] 形 避けられない, 免れえない, 必然的な

i+ne-na-'rra-ble [イ.ネ.ナ.'ら̃.ブレ] 形 言い表すことができない, 名状しがたい

i+'nep-cia 名 女 ⇩ineptitud

i+nep-ti-'tud 名 女 不適格, 無能, 不器用, 愚かさ

i+'nep-to, -ta 形 無能な, 不器用な, 不手際な; 不適格な; 愚かな, ばかげた 名 男 女 無能な者

i+n|e-qui-'dad [イ.ネ.キ.'ダド] 名 女 不平等, 不同

i+n|e-'quí-vo-co, -ca [イ.ネ.'キ.ボ.

コ, カ] 形 あいまいでない, 紛れもない
i+'ner-cia [イ.'ネる.すぃア] 名 女 不活発, ものぐさ; 〘物〙〘技〙慣性, 惰性, 惰力; 〘医〙無力(症)
i+'ner-me [イ.'ネる.メ] 形 武器を持たない, 武装していない; 〘動〙〘植〙とげ[針]がない
i+'ner-te [イ.'ネる.テ] 形 生気のない; 鈍い, 緩慢な, 不活発な; 〘化〙不活性の
I+'nés 名 固 〘女性名〙イネース
i+n|es-cru-'ta-ble [イ.ネス.クる.'タ.ブレ] 形 計り知れない, 不可解な, なぞめいた
*__i+n|es-pe-'ra-do, -da__ [イ.ネス.ペ.'ら.ド, ダ] 92% 形 予期しない, 思いがけない, 意外な **-damente** 副 思いがけなく, 意外にも
i+n|es-ta-bi-li-'dad [イ.ネス.タ.ビ.リ.'ダド] 名 女 不安定(性)
i+n|es-'ta-ble [イ.ネス.'タ.ブレ] 形 不安定な, しっかりしていない, 動きやすい, 変わりやすい; 気の変わりやすい
i+n|es-ti-'ma-ble [イ.ネス.ティ.'マ.ブレ] 形 計り知れない, 計算[評価]できないほどの
*__i+n|e-vi-'ta-ble__ [イ.ネ.ビ.'タ.ブレ] 91% 形 避けられない, 当然起こるべき, 必然の **~mente** 副 不可避的に
i+n|e-xac-ti-'tud [イ.ネク.サク.ティ.'トゥド] 名 女 不正確, 間違い
i+n|e-'xac-to, -ta [イ.ネク.'サク.ト, タ] 形 不正確な, 間違いの; 真実でない, 虚偽の, うその
i+n|ex-cu-'sa-ble [イ.ネ(ク)ス.ク.'サ.ブレ] 形 言いわけのたたない, 許しがたい; 避けられない, 免れがたい
i+n|e-xis-'ten-cia [イ.ネク.スィス.'テン.すぃア] 名 女 存在[実在]しないこと, 欠如
i+n|e-xis-'ten-te [イ.ネク.スィス.'テン.テ] 形 存在しない, 現存しない
i+n|e-xo-ra-bi-li-'dad [イ.ネク.ソ.ら.ビ.リ.'ダド] 名 女 《格》冷酷, 無情, 厳しさ; 《格》必然性
i+n|e-xo-'ra-ble [イ.ネク.ソ.'ら.ブレ] 形 《格》冷酷な, 無情な, 容赦ない; 《格》必然の, 動かしがたい
i+n|ex-pe-'rien-cia [イ.ネ(ク)ス.ペ.'りエン.すぃア] 名 女 経験不足, 不慣れ, 未熟
*__i+n|ex-'per-to, -ta__ [イ.ネ(ク)ス.'ペる.ト, タ] 94% 形 経験のない, 不慣れな, 未熟な; 不器用な, へたな 名 男 女 未熟者, 経験のない人
i+n|ex-pli-'ca-ble [イ.ネ(ク)ス.プリ.'カ.ブレ] 形 説明のできない, 不可解な
i+n|ex-plo-'ra-do, -da [イ.ネ(ク)ス.プロ.'ら.ド, ダ] 形 探検されていない, 人跡未踏の
i+n|ex-pre-'sa-ble [イ.ネ(ク)ス.プれ.'サ.ブレ] 形 言い表せない
i+n|ex-pre-'si-vo, -va [イ.ネ(ク)ス.プれ.'スィ.ボ, バ] 形 無表情な; 表現力に乏しい
i+n|ex-pug-'na-ble [イ.ネ(ク)ス.プグ.'ナ.ブレ] 形 征服できない, 難攻不落の
i+n|ex-tin-'gui-ble [イ.ネ(ク)ス.ティン.'ギ.ブレ] 形 消すことができない; 抑えきれない; 永遠の, 不滅の
i+n|ex-tri-'ca-ble [イ.ネ(ク)ス.トり.'カ.ブレ] 形 解けない, 解決できない; 紛糾した, 込み入った, 入り込めない
in-fa-li-bi-li-'dad [イン.ファ.リ.ビ.リ.'ダド] 名 女 誤りのないこと, 無謬(むびゅう)性
in-fa-'li-ble [イン.ファ.'リ.ブレ] 形 確かな, 確実な, まったく誤りのない, 絶対間違えない
in-fa-ma-'ción [イン.ファ.マ.'すぃオン] 名 女 中傷, 誹謗; 名誉毀損(きそん)
in-fa-'man-te 形 恥ずべき, 屈辱的な
in-fa-'mar [イン.ファ.'マる] 動 他 《格》中傷する, 誹謗(ひぼう)する; 〈の〉名誉を汚す
in-'fa-me 形 名 共 不名誉な(人), 恥ずべき(人), 忌まわしい(人), 悪名高い(人); 《話》ひどい, ひどく悪い
in-'fa-mia 名 女 不名誉, 悪名, 汚名; 汚辱; 卑劣な行為[言葉], 恥知らずなこと
*__in-'fan-cia__ [イン.'ファン.すぃア] 91% 名 女 幼少, 幼年時代; 初期, 揺籃(ようらん)期; 〔集合〕子供, 幼児
in-'fan-ta 名 女 (スペイン・ポルトガルの)王女, 内親王; 《詩》《格》幼女, 女児
in-'fan-te 名 男 王子, 親王《スペイン国王の第2子以下の子》; 〘軍〙歩兵 名 共 幼児《7歳未満》
in-fan-te-'rí+a [イン.ファン.テ.'り.ア] 名 女 〘軍〙歩兵, 歩兵科, 歩兵連隊
in-fan-ti-'ci-da [イン.ファン.ティ.'すぃ.ダ] 形 名 共 〘法〙嬰児(えいじ)[幼児]殺しの(犯人)
in-fan-ti-'ci-dio [イン.ファン.ティ.'すぃ.ディオ] 名 男 〘法〙嬰児(えいじ)[幼児]殺害
**__in-fan-'til__ [イン.ファン.'ティル] 88% 形 子供の, 児童の, 幼児期の; 子供らしい, 子供っぽい, あどけない
in-fan-ti-'lis-mo [イン.ファン.ティ.'リス.モ] 名 男 幼児性
in-fan-'zón, -'zo-na [イン.ファン.'そン, 'そ.ナ] 名 男 女 〘歴〙郷士(ごうし)《下級貴族》
in-'far-to [イン.'ファる.ト] 名 男 〘医〙梗塞(こうそく); 心筋梗塞 *de* ~ 《話》興奮する, 感動的な, すごい
in-fa-ti-'ga-ble [イン.ファ.ティ.'ガ.ブレ] 形 疲れを知らない, あきない, 根気のよい

in-fa-tua-'ción [イン.ファ.トゥア.'すぃオン] 名 女 《格》自負心, うぬぼれ

in-fa-'tuar [イン.ファ.'トゥアる] 動 他 ⑰ (u|ú) 《格》自負させる, うぬぼれさせる, 思い上がらせる **～se** 動 再 《格》(con: を)自負する, うぬぼれる, (con: に)思い上がる

in-'faus-to, -ta 形 《格》不運な, 不幸な

in-fec-'ción [イン.フェク.'すぃオン] 名 女 〔医〕伝染, 感染(症)

in-fec-cio-'nar 動 他 ⇩ infectar

in-fec-'cio-so, -sa [イン.フェク.'すぃオ.ソ, サ] 形 〔医〕感染(性)の, 伝染の

***in-fec-'tar** [イン.フェク.'タる] 90% 動 他 〔医〕《病気が》感染する **～se** 動 再 化膿(かのう)する; 《人が》感染する

in-fec-'ti-vo, -va 形 ⇧ infeccioso

in-'fec-to, -ta [イン.'フェク.ト, タ] 形 〔医〕(de: に)感染した, 化膿(かのう)した; 〔食〕腐った, 悪臭を放つ; 腐敗した, 不正の, 汚い; 《話》いやな, たまらない

in-fe-cun-di-'dad 名 女 〔農〕《土地が》やせていること, 不毛; 〔医〕不妊症

in-fe-'cun-do, -da 形 〔農〕《土地が》やせた, 不毛の; 〔医〕《人が》不妊の, 子を生まない

in-fe-li-ci-'dad [イン.フェ.リ.すぃ.'ダド] 名 女 不幸, 不運

***in-fe-'liz** [イン.フェ.'りす] 93% 形 不幸な, 不運な, 悲しい, みじめな; 《話》人のいい, 悪気のない 名 共 不幸な人, みじめな人; お人よし

in-fe-'ren-cia [イン.フェ.'れン.すぃア] 名 女 《格》推論, 推理

***in-fe-'rior** [イン.フェ.'りオる] 87% 形 名 共 (a: より)劣った; 下級の, 下位の, 下等な, 劣等な; 下の, 下にある, 低い所の; (a: より)少ない, 小さな; 目下の者, 部下, 後輩

***in-fe-rio-ri-'dad** [イン.フェ.りオ.り.'ダド] 94% 名 女 劣っていること, 劣等, 下級, 下位, 粗悪

in-fe-'rir [イン.フェ.'りる] 動 他 ㊅ (e|ie|i) 《格》(de: から)<que 直説法: …と>推論する, 判断する; 《格》<傷・侮辱を>与える **～-se** 動 再 (de: から)(que: …であると)推論される

in-fer-'nal [イン.フェる.'ナル] 形 地獄の(ような); 《話》ひどい, 我慢ならない, すさまじい

in-fer-'nar [イン.フェる.'ナる] 動 他 ㊿ (e|ie) いらだたせる, 絶望的にする, ひどい状態にする

in-fer-'ni-llo 名 男 ⇩ infiernillo

in-fes-ta-'ción [イン.フェス.タ.'すぃオン] 名 女 横行する, 荒すこと, はびこること; 感染, 汚染

in-fes-'tar [イン.フェス.'タる] 動 他 <に>横行する, 荒す, はびこる, 群がる; <に>病気をうつす, 汚染する; (de: で)いっぱいにする

in-fi-cio-'nar [イン.フィ.すぃオ.'ナる] 動 他 《格》〔医〕<に>病気をうつす[感染させる]; 《格》汚す, 汚染する; 《格》堕落させる, 汚す **～se** 動 再 《格》汚染される; 《格》堕落する

in-fi-de-li-'dad [イン.フィ.デ.リ.'ダド] 名 女 背信(行為), 不貞, 不義; 不正確; 〔宗〕不信心, 不信仰; 〔宗〕(キリスト教徒から見て)異教徒

in-fi-'den-cia [イン.フィ.'デン.すぃア] 名 女 《格》不誠実, 不忠, 裏切り

***in-'fiel** [イン.'フィエル] 94% 形 不誠実な, 忠実でない, 当てにならない; 不貞な; 〔宗〕不信心の, (キリスト教徒から見た)異教徒の; 不正確な 名 共 〔宗〕不信心者, 異教徒

in-fier-'ni-llo [イン.フィエる.'ニ.ジョ] 名 男 (携帯用)こんろ; 《コロンビア》〔建〕(階段下などの)狭いスペース

in-'fier+no** [イン.'フィエる.ノ] 91% 名 男 地獄; この世の地獄, ひどい所 ***mandar al ～ (a: を)ののしる ***¡Vete al ～!*** 《話》くそくらえ!, 消えうせろ!

in-'fi-jo [イン.'フィ.ほ] 名 男 〔言〕接中辞《語の中に挿入される要素》

in-fil-tra-'ción [イン.フィル.トら.'すぃオン] 名 女 侵入, 潜入; 浸透; 染み込むこと; 〔医〕浸潤

in-fil-'trar [イン.フィル.'トらる] 動 他 <思想・感情を>(en: に)吹き込む, 鼓吹する; <に>侵入する, <に>潜入する; 浸透[浸潤]させる, 染み込ませる **～se** 動 再 (en: に)浸透する, 染み込む; 〔軍〕(en: 適地などに)侵入[潜入]する; 〔医〕浸潤する

'ín-fi-mo, -ma 形 最悪の, 特にひどい; 最も低い, 最小の

***in-fi-ni-'dad** 93% 名 女 無限, 無数

in-fi-ni-te-si-'mal [イン.フィ.ニ.テ.スィ.'マル] 形 〔数〕微小の, 無限小の, 微分の

***in-fi-ni-'ti-vo, -va** [イン.フィ.ニ.'ティ.ボ, バ] 94% 形 〔言〕不定詞の 名 男 〔言〕不定詞

***in-fi-'ni-to, -ta** 89% 形 限りない, 無限の, 果てしない, 膨大な, 無数の 名 男 〔数〕無限大; 虚空 副 《話》大変に, 非常に **-tamente** 副 《話》ずっと, とても; はるかに, 無限に

***in-fla-'ción** [イン.フラ.'すぃオン] 86% 名 女 〔経〕インフレ(ーション), 通貨膨張; (物価などの)暴騰; 膨張, 増加, 増大; 得意, 自慢

in-fla-cio-'na-rio, -ria [イン.フラ.すぃオ.'ナ.りオ, りア] 形 〔経〕インフレの, インフレを誘発する

in-fla-cio-'nis-ta [イン.フラ.すぃオ.'ニ

ス.タ] 形〔政〕〔経〕インフレ政策の, インフレを誘発する 名 共〔政〕〔経〕インフレ政策論者

in-fla-'dor [イン.フラ.'ドる] 名 男 (タイヤの)空気入れ[ポンプ]

in-fla-'ma-ble [イン.フラ.'マ.ブレ] 形 燃えやすい, 可燃性の, 引火性の 名 男 可燃物

in-fla-ma-'ción [イン.フラ.マ.'すぃオン] 名 女 引火, 発火, 燃焼;〔医〕炎症

in-fla-'mar [イン.フラ.'マる] 動 他 たきつける, あおり立てる; 憤激させる, 怒らせる;〔医〕〈に〉炎症を起こさせる ～**se** 動 再〔医〕炎症を起こす; (de: で)怒る, 興奮する; 火がつく, 燃える

in-fla-ma-'to-rio, -ria [イン.フラ.マ.'ト.りオ, りア] 形〔医〕炎症性の

in-'flar [イン.'フラる] 動 他 (空気・ガスなどで)ふくらませる; (con: 誇り・満足で)得意がらせる, 慢心させる, つけあがらせる; 誇張する, 誇大に考える ～**se** 動 再 (空気・ガスなどで)ふくれる; (con: で)得意になる, うぬぼれる;《話》(de: を)いっぱい食べる, (de: で)満腹になる

in-fle-xi-bi-li-'dad [イン.フレク.スィ.ビ.リ.'ダド] 名 女 曲がらないこと; 不屈, 頑固

in-fle-'xi-ble [イン.フレク.'スィ.ブレ] 形 曲がらない, 曲げられない; «性格・意志・意見が»しっかりした, 不屈の, 断固とした

in-fle-'xión [イン.フレク.'スィオン] 名 女 屈曲, 湾曲; (声の)変化, 抑揚;〔言〕屈折

in-fli-'gir [イン.フリ.'ひる] 動 他 ㉜ (g|j) 〈打撲・傷などを〉(a: に)加える, 負わせる;〈罰などを〉(a: に)与える, 科する

in-flo-res-'cen-cia [イン.フロ.れ(ス).'セン.すぃア] 名 女〔植〕花序

⁑**in-'fluen-cia** [イン.'フルエン.すぃア] 85% 名 女 (en, sobre: への)影響, 効力, 効果, 感化; 影響力, 勢力, 権力, 声望; 影響力のある人[もの], 実力者, 有力者

in-fluen-'ciar [イン.フルエン.'すぃアる] 動 他 〈に〉影響を及ぼす, 感化する

in-'fluen-za [イン.'フルエン.さ] 名 女〔医〕インフルエンザ, 流行性感冒 ⇧ gripe

⁑**in-'fluir** [イン.'フルイる] 88% 動 自 ㊲ (-y-) (en, con: に)影響を及ぼす, 働きかける 動 他 影響を及ぼす, 感化する ～**se** 動 再 (de: に)影響される, 左右される

*__in-'flu-jo__ [イン.'フル.ほ] 93% 名 男 影響(力), 感化(力);〔海〕満潮, 上げ潮; 衝撃, インパルス

in-'flu-y~ 動《活用》↑influir

in-flu-'yen-te [イン.フル.'ジェン.テ] 形 影響力を及ぼす, 勢力のある

in-fo-gra-'fí+a [イン.フォ.グら.'フィ.ア] 名 女〔情〕コンピューターグラフィックス

in-'fo-lio [イン.'フォ.リオ] 名 男〔印〕二つ折り判(の本・紙・ページ)

⁑**in-for-ma-'ción** [イン.フォる.マ.'すぃオン] 74% 名 女 情報, インフォメーション, 資料; 報道, ニュース, 通知; 案内, (駅・空港・ホテル・電話局などの)案内所[係], 受付; 知識, 見聞; 調査, 調査書;〔法〕予審, 証人尋問, 審問, 訴訟

in-for-'ma-do, -da [イン.フォる.'マ.ド, ダ] 形 事情に通じている, 詳しい; 身元の確かな

in-for-ma-'dor, -'do-ra [イン.フォる.マ.'ドる, 'ド.ら] 形 情報を提供する 名 男 女 情報提供者; 報道記者

*__in-for-'mal__ [イン.フォる.'マル] 92% 形 非公式の, 略式の, くだけた, 慣例に従わない, 因習にとらわれない, 格式ばらない; 当てにならない, 信じられない, 信頼できない, 不まじめな

in-for-ma-li-'dad [イン.フォる.マ.リ.'ダド] 名 女 信頼できないこと, 不まじめ(なこと), だらしなさ; 非公式, 略式

in-for-'man-te [イン.フォる.'マン.テ] 名 共 情報提供者;〔言〕インフォーマント

⁑**in-for-'mar** [イン.フォる.'マる] 80% 動 他 (de, sobre: を)知らせる; (a: に)〈que: …であると〉報告する, 通知する; 特徴づける, 示す;〔哲〕〈に〉形を与える, 形成する 動 自 (de, sobre: について)教える, 情報を与える, 知らせる, 報告する; (de, sobre: を)告げ口する, 密告する;〔法〕論告する, 弁論する ～**se** 動 再 (de, sobre: を)問い合わせる, 情報を集める, 調べる; (de, sobre: について)知る, わかる

⁑**in-for-'má-ti-co, -ca** [イン.フォる.'マ.ティ.コ, カ] 84% 形〔情〕コンピューターの, 情報科学の 名 男 女〔情〕コンピューター技師 **-ca** 名 女〔情〕コンピューター科学, 情報科学

in-for-ma-'ti-vo, -va [イン.フォる.マ.'ティ.ボ, バ] 形 知識[情報]を与える, 見聞を広める 名 男〔放〕ニュース番組

in-for-ma-ti-za-'ción [イン.フォる.マ.ティ.さ.'すぃオン] 名 女〔情〕コンピューター[情報]化, コンピューターの導入, コンピューター処理

in-for-ma-ti-'zar [イン.フォる.マ.ティ.'さる] 動 他 ㉞ (z|c)〔情〕コンピューター[情報]化する,〈に〉コンピューターを導入する, コンピューターで処理する

⁑**in-'for-me** [イン.'フォる.メ] 82% 名 男 (公式な)報告, 報告書, 資料, レポート; 調書, 調査書, 身上書; 報道, 報道記事 形 形のはっきりしない, ぼんやりした

in-for-tu-'na-do, -da [イン.フォる.トゥ.'ナ.ド, ダ] 形《格》恵まれない, 不運な, 不幸な

in-for-'tu-nio [イン.フォる.'トゥ.ニオ] 名 男 不幸, 不運, 薄命, 逆境

in-fra~〔接頭辞〕「下位」という意味を示す

in-frac-'ción [イン.フらク.'すぃオン] [名] [女] 違反, 違約; 〖競〗〔サッカーなど〕反則

in-frac-'tor, -'to-ra [イン.フらク.'トる, 'ト.ら] [名] [男] [女] 違反者, 違約者 [形] 違反の, 違約の

in-fra-es-truc-'tu-ra [イン.フら.エス.トるク.'トゥ.ら] [名] [女] 社会的生産基盤, インフラ(ストラクチャー); 〖建〗基礎構造, 土台; 基礎工事

in-fra-es-truc-tu-'ral [イン.フら.エス.トるク.トゥ.'らル] [形] 社会的生産基盤の, インフラ(ストラクチャー)の; 〖建〗基礎構造の, 土台の; 基礎工事の

in-fra-hu-'ma+no, -na [イン.フらウ.'マ.ノ, ナ] [形] 人間以下の, 人間にふさわしくない

in-fran-que+'a-ble [イン.フらン.ケ.'ア.ブレ] [形] 克服できない; «道・川が»通り抜けられない, 通れない, 渡れない

in-fra-'rro-jo, -ja [イン.フら.'ろ.ほ, は] [形] 赤外線(利用)の

in-fras-'crip-to, -ta [形] ⇩ infrascrito

in-fras-'cri-to, -ta [イン.フらス.'クリ.ト, タ] [形] 末尾に署名された, 下記の [名] [男] [女] (下記)署名者

in-fre-'cuen-te [イン.フれ.'クエン.テ] [形] まれな, 希有(けう)の

in-frin-'gir [イン.フリン.'ひる] [動] [他] ㉜ (g|j) 〖法〗‹法を›破る, 犯す

in-fruc-'tí-fe-ro, -ra [イン.フるク.'ティ.フェ.ろ, ら] [形] 《格》収穫のない, 不毛の; 《格》無益な, むだな

in-fruc-'tuo-so, -sa [イン.フるク.'トゥオ.ソ, サ] [形] 無益な, むだな

'ín-fu-la ['イン.フ.ラ] [名] [女] 〔複〕気取り, うぬぼれ, てらい; 〖宗〗〖衣〗司教冠垂れ飾り

in-fun-'da-do, -da [形] 根拠のない, 事実無根の

in-'fun-dio [名] [男] 《話》うそ, うわさ

in-fun-'dir [イン.フン.'ディる] [動] [他] (en: に)吹き込む, 教え込む, ‹感情などを›抱かせる; ‹薬草などを›煎じる

in-fu-'sión [名] [女] 〖飲〗煎じ茶, ハーブティー; 〖医〗煎じ薬; (思想・感情などの)注入, 吹き込み

in-'fu-so, -sa [形] 《格》霊感をうけた, 天賦の, 神から授けられた

in-fu-'so-rio [イン.フ.'ソ.りオ] [名] [男] 〖動〗滴虫《原生動物》

ing. [略] ⬇inglés

Ing., Ing.ª [略] ⬇ingeniero, -ra

in-ge-'niar [イン.ヘ.'ニアる] [動] [他] ‹口実・計画などを›考え出す, 工夫する ***ingeniárselas*** (para 不定詞: …するために)うまくやる

*__in-ge-nie-'rí+a__ [イン.ヘ.ニエ.'り.ア] 91% [名] [女] 工学, 工学技術, エンジニアリング; 工学技術の駆使[成果]

⁑**in-ge-'nie-ro, -ra** [イン.ヘ.'ニエ.ろ, ら] 89% [名] [男] [女] 技師, 技術者, エンジニア

⁑**in-'ge-nio** [イン.'ヘ.ニオ] 90% [名] [男] 発明の才, 独創性, 創意, 才能, 才覚; ユーモア, 機知, ウイット; 《ラ米》製糖工場; 〔人〕天才; 器具, 器械, 装置; 〖軍〗兵器; 〖印〗(本の小口の)裁断機

*__in-ge-'nio-so, -sa__ [イン.ヘ.'ニオ.ソ, サ] 93% [形] 機知に富んだ; 器用な, 巧妙な; 独創的な

in-'gé-ni-to, -ta [イン.'ヘ.ニ.ト, タ] [形] 《格》生まれつきの, 生来の; 《格》まだ生まれていない

in-'gen-te [イン.'ヘン.テ] [形] 巨大な, とてつもなく大きい

in-ge-nui-'dad [イン.ヘ.ヌイ.'ダド] [名] [女] 率直さ, 天真爛漫, 素朴さ

*__in-'ge-nuo, -nua__ [イン.'ヘ.ヌオ, ヌア] 93% [形] [名] [男] [女] 率直な(人), 天真爛漫な(人), 素朴な(人), 純真な(人), お人よし(の) **-nuamente** [副] 率直に, 素朴に, 無邪気に

in-ge-'rir [イン.ヘ.'りる] [動] [他] ㊺ (e|ie|i) 《格》‹食物を›摂取する, 吸収する

in-'ges-ta [イン.'ヘス.タ] [名] [女] 《格》食物摂取; 食物

in-ges-'tión [イン.ヘス.'ティオン] [名] [女] 《格》食物摂取, 摂食

⁑**In-gla-'te-rra** [イン.グラ.'テ.ら̃] 88% [名] [固] 〖地名〗イングランド《グレートブリテン島 Gran Bretaña からスコットランド Escocia とウェールズ Gales を除いた地方》; 〖地名〗イギリス《正式名はグレートブリテンおよび北アイルランド連合王国 Reino Unido de Gran Bretaña e Irlanda del Norte》⇩ Reino Unido

'in-gle ['イン.グレ] [名] [女] 〔複〕〖体〗鼠蹊(そけい)部《股(また)の付け根》

⁑**in-'glés, -'gle-sa** [イン.'グレス, 'グレ.サ] 76% [形] 〖地名〗イギリス(人)の ⬆Inglaterra; 〖言〗英語の [名] [男] [女] イギリス人 [名] [男] 〖言〗英語

in-'gle-te [イン.'グレ.テ] [名] [男] 〖技〗(直角で接する角をつなぐ)留め継ぎ

*__in-gra-ti-'tud__ [イン.グら.ティ.'トゥド] 94% [名] [女] 忘恩, 恩知らず

*__in-'gra-to, -ta__ [イン.'グら.ト, タ] 94% [形] [名] [男] [女] 不愉快な(人), 気にくわない(人); 恩知らずな(人); «仕事が»報われない

in-gra-vi-'dez [イン.グら.ビ.'デす] [名] [女] 《格》軽量, 軽さ

in-'grá-vi-do, -da [イン.'グら.ビ.ド, ダ] [形] 《格》重さのない, 軽い, ふわふわした

in-gre-'dien-te [イン.グれ.'ディエン.テ]

[名] [男] 成分, 材料, 構成要素, 要因

⁑in-gre-'sar [イン.グれ.'サる] 88% [動] [自] (en: に)入る, 入学する, 加入する, 入会する《中南米では前置詞に a を用いる》; (en: に)入院する; 入金される, 《金が》入る [動] [他] 《スペイン》〈金を〉(en: に)入れる, 入金する, 振り込む; 収入を得る; 〖情〗〈データを〉入力する **～se** [動] [再] 《ラ米》兵役に入る; 入会する, メンバーになる

⁑in-'gre-so [イン.'グれ.ソ] 85% [名] [男] 入ること, 入学, 入会, 入院; 《スペイン》入金; 〖情〗インプット; 〔複〕収入; 入学者, 入会者, 入院患者

in-gui-'nal [イン.ギ.'ナル] [形] 〖体〗鼠蹊(そけい)部の

in-gur-gi-'tar [イン.グる.ひ.'タる] [動] [他] 《格》飲み込む, 丸飲みする

in-'há-bil [イ.'ナ.ビル] [形] (para: が)できない, へたな, 不器用な; (para: に)不適任な, 不向きの; 無資格の; 休業の, 執務外の

in-ha-bi-li-'dad [イ.ナ.ビ.リ.'ダド] [名] [女] 無能, 無力, 不適任, 不向き; 無資格; 不器用, へた

in-ha-bi-li-'tar [イ.ナ.ビ.リ.'タる] [動] [他] 失格[不適格]とする; 無能[無力]にする; (para: を)不可能にする; 〖情〗〈操作を〉無効にする

in-ha-bi-'ta-ble [イ.ナ.ビ.'タ.ブレ] [形] 住めない, 居住に適さない

in-ha-bi-'ta-do, -da [イ.ナ.ビ.'タ.ド, ダ] [形] 無人の, 人が住んでいない

in+ha-la-'ción [イ.ナ.ラ.'すぃオン] [名] [女] 〖医〗吸入(法)

in+ha-la-'dor [イ.ナ.ラ.'ドる] [名] [男] 〖医〗吸入器

in+ha-'lar [イ.ナ.'ラる] [動] [他] 〖医〗吸入する

in+he-'ren-cia [イ.ネ.'れン.すぃア] [名] [女] 《格》固有, 生得, 天与; 《格》生得の性質; 〖哲〗内在性

in+he-'ren-te [イ.ネ.'れン.テ] [形] (a: に)固有の, 本来の, 生来の

in+hi-bi-'ción [イ.ニ.ビ.'すぃオン] [名] [女] 禁止, 抑制; 〖医〗(精神的·機能的)抑制, 抑圧, ショック, 不能状態; 引っ込み思案

in+hi-'bir [イ.ニ.'ビる] [動] [他] 抑える, 抑制する, 禁じる, 差し止める **～se** [動] [再] 自制する, (de, en: を)控える; 禁じられている

in-hos-pi-ta-'la-rio, -ria [イ.ノス.ピ.タ.'ラ.りオ, りア] [形] 〖地〗荒れ果てた, 住むのに適さない; 客あしらい[もてなし]の悪い, 無愛想な

in+'hós-pi-to, -ta [イ.'ノス.ピ.ト, タ] [形] 〖地〗荒れ果てた, 住むのに適さない; 不快な

in+hu-ma-'ción [イ.ヌ.マ.'すぃオン] [名] [女] 《格》埋葬, 土葬

***in-hu-'ma+no, -na** [イ.ヌ.'マ.ノ, ナ] 94% [形] 非人間的な, 冷酷な, 残酷な; 《苦痛などが》ひどい, 激しい

in+hu-'mar [イ.ヌ.'マる] [動] [他] 《格》葬る, 埋葬する

i+ni-cia-'ción [イ.ニ.すぃア.'すぃオン] [名] [女] 開始, 創始, 創業, 始まり; 入門, 概論, 序説; 加入, 加入の儀式, 通過儀礼

i+ni-'cia-do, -da [イ.ニ.'すぃア.ド, ダ] [形] [名] [男] [女] 始まった; 奥義を伝授された(人)

i+ni-cia-'dor, -'do-ra [イ.ニ.すぃア.'ドる, 'ド.ら] [形] [名] [男] [女] 開始する(人), 先駆的な; 先駆者

⁑i+ni-'cial [イ.ニ.'すぃアル] 88% [形] 初めの, 最初の, 冒頭の; 〖言〗語頭の [名] [女] (語頭の)頭文字, (姓名の)頭文字, イニシャル **～-mente** [副] 最初は; 当初は

i+ni-cia-li-za-'ción [イ.ニ.すぃア.リ.さ.'すぃオン] [名] [女] 〖情〗初期化

i+ni-cia-li-'zar [イ.ニ.すぃア.リ.'さる] [動] [他] 34 (z|c) 〖情〗初期化する

i+'ni-cian [動] 《直現 3 複》 ⬇iniciar

⁑i+ni-'ciar [イ.ニ.'すぃアる] 81% [動] [他] 始める, 起こす, 創始する, 着手する; (en: の)手ほどきをする; 仲間に入れる, (en: に)入会を許す; 〖情〗起動する **～se** [動] [再] 始まる; (en: を)習い始める; (en: を)着手する, 始める; (en: の)仲間に入る

⁑i+ni-cia-'ti-va [イ.ニ.すぃア.'ティ.バ] 87% [名] [女] 主導権, イニシアチブ, 率先; 独創力, 自発性, 進取の精神

i+'ni-cio [イ.'ニ.すぃオ] [名] [男] 始め, 始まり, 開始

i+'ni-cuo, -cua [形] 《格》不公平な, 不正な, 不法な, 不公正な; 邪悪な, よこしまな

i+n|i-gua-'la-ble [イ.ニ.グア.'ラ.ブレ] [形] 比較できない, 無比の, 比類のない

i+n|i-ma-gi-'na-ble [イ.ニ.マ.ひ.'ナ.ブレ] [形] 想像できない, 考えられない

i+n|i-mi-'ta-ble [イ.ニ.ミ.'タ.ブレ] [形] まねのできない, 独特の, 無比の, 無類の

i+n|in-fla-'ma-ble [イ.ニン.フラ.'マ.ブレ] [形] 不燃性の, 燃えない

i+n|in-te-li-'gi-ble [イ.ニン.テ.リ.'ひ.ブレ] [形] 理解できない, わかりにくい, 難解な, 不鮮明な

i+n|in-te-rrum-'pi-do, -da [イ.ニン.テ.るン.'ピ.ド, ダ] [形] 絶え間のない, 中断しない **-damente** [副] 絶え間なく, 絶えず

i+ni-qui-'dad [イ.ニ.キ.'ダド] [名] [女] 不公平, 不正, 不法, 邪悪

in-je-'ren-cia [イン.へ.'れン.すぃア] [名] [女] 干渉, 口出し, 妨害

in-je-'rir [イン.へ.'りる] [動] [他] 65 (e|ie|i)

(en: に)差し込む, はめ込む;〘農〙(en: に)接(つ)ぎ木する ～se 動 再 (en: に)干渉する

in-jer-'tar [イン.へる.'タる] 動 他〘農〙(en: に)接(つ)ぎ木する;〘医〙(en: に)植皮する, 移植する

in-'jer-to [イン.'へる.ト] 名 男〘農〙接ぎ木にした植物, 接(つ)ぎ穂, 接ぎ枝;〘医〙移植; 移植組織, 移植片

in-'ju-ria [イン.'ふ.りア] 名 女 侮辱, 無礼な言葉[ふるまい];《格》害, 危害

in-ju-'riar [イン.ふ.'りアる] 動 他 罵倒(ばとう)する, 侮辱する

in-ju-'rio-so, -sa [イン.ふ.'りオ.ソ, サ] 形 無礼な, 侮辱的な

*__in-jus-'ti-cia__ [イン.ふス.'ティ.すぃア] 92% 名 女 不正, 不法, 不当, 不公平, 不正[不当]な行為

in-jus-ti-fi-'ca-ble [イン.ふス.ティ.フィ.'カ.ブレ] 形 弁解の余地がない, 正当化できない

in-jus-ti-fi-'ca-do, -da [イン.ふス.ティ.フィ.'カ.ド, ダ] 形 正当な理由がない, 不当な

*__in-'jus-to, -ta__ [イン.'ふス.ト, タ] 91% 形 (con, hacia: に)不公正な, 不当な, 不正な, 不法な **-tamente** 副 不正に

In-ma-cu-'la-da [イ(ン).マ.ク.'ラ.ダ] 名 女〘宗〙無原罪の御宿り《聖母マリアはキリストを原罪を免れて懐胎したとする; 祝日 8月 12 日》名 固〘女性名〙インマクラーダ

in-ma-cu-'la-do, -da [イ(ン).マ.ク.'ラ.ド, ダ] 形《格》汚点[欠点]のない, 無傷の;《格》清純な, 純潔な, 無垢(く)の

in-ma-du-'rez [イ(ン).マ.ドゥ.'れす] 名 女 未熟, 未完成; 熟していないこと

in-ma-'du-ro, -ra [イ(ン).マ.'ドゥ.ろ, ら] 形 未熟の, 未完成の; 熟していない

in-ma-'nen-cia [イ(ン).マ.'ネン.すぃア] 名 女〘哲〙内在, 内在性

in-ma-'nen-te 形〘哲〙(a, en: に)内在する, 内在的な

in-mar-ce-'si-ble [イ(ン).マる.せ.'スィ.ブレ] 形《格》しおれることのない, いつまでも新鮮な; 不滅の

in-ma-te-'rial [イ(ン).マ.テ.'りアル] 形 無形の, 非物質的な; 精神的な, 霊的な; 実体のない

in-ma-te-ria-li-'dad [イ(ン).マ.テ.りア.リ.'ダド] 名 女 無形, 非物質性; 精神性; 実体のないこと

in-me-dia-'ción [イ(ン).メ.ディア.'すぃオン] 名 女〔複〕(都市の)周辺地域[地区], 近郊, 郊外

⁑**in-me-'dia-ta-'men-te** 86% 副 直ちに, すぐさま; 直接に, じかに

in-me-dia-'tez [イ(ン).メ.ディア.'テす] 名 女 直接性; 緊急性

⁑**in-me-'dia-to, -ta** 84% 形 即時の, 緊急の; 直接の; (a: の)すぐ隣の 名 女《話》直後の出来事 ***de*** ～ ただちに, すぐさま

in-me-jo-'ra-ble [イ(ン).メ.ほ.'ら.ブレ] 形 申し分のない, 最上の

in-me-mo-'rial [イ(ン).メ.モ.'りアル] 形 (記憶にないほど)昔の, 遠い昔の, 太古からの

in-men-si-'dad 名 女 広大, 無数, 無限の空間, 莫大

⁑**in-'men-so, -sa** 87% 形 広大な, 大きな, 計り知れない, 莫大な;《話》すごい, 大変な **-samente** 副 広大に, 大きく, 計り知れず, 莫大に;《話》すごく, 大変, 非常に

in-me-re-'ci-do, -da [イ(ン).メ.れ.'すぃ.ド, ダ] 形 過分な, 不相応の; 不当な **-damente** 副 過分に; 不当に

in-mer-'gir [イ(ン).メる.'ひる] 動 他 ㉜ (g|j)《格》沈める, 浸(ひた)す

in-mer-'sión [イ(ン).メる.'スィオン] 名 女 沈めること, 浸(ひた)すこと, 潜水

in-'mer-so, -sa [イ(ン).'メる.ソ, サ] 形 (en: に)沈められた, 沈んだ, 陥った; (en: に)没頭した

*__in-mi-gra-'ción__ [イ(ン).ミ.グら.'すぃオン] 93% 名 女 (他国からの)移住, 移入, 入植, 入国;〔集合〕移入民

*__in-mi-'gran-te__ [イ(ン).ミ.'グらン.テ] 91% 名 共 (他国からの)移住者, (入国した)移民; 入国者

in-mi-'grar [イ(ン).ミ.'グらる] 動 自 (a, en: 他国・他地域へ)入国[移住]する, 移入する

in-mi-gra-'to-rio, -ria [イ(ン).ミ.グら.'ト.りオ, りア] 形 移民の, 移住の

in-mi-'nen-cia [イ(ン).ミ.'ネン.すぃア] 名 女 切迫, 危急; 緊迫した状態

in-mi-'nen-te 形 差し迫った, 切迫した, 今にも起こりそうな

in-mis-'cuir-se [イ(ン).ミス.'クイ.る.セ] 動 再 ㊲ (-y-) (en: に)干渉する, 口出しする

in-mi-se-ri-'cor-de [イ(ン).ミ.セ.り.'コる.デ] 形 無慈悲な, 冷酷な

in-mo-bi-'lia-rio, -ria [イ(ン).モ.ビ.'リア.りオ, りア] 形〘商〙不動産の[に関する] **-ria** 名 女〘商〙不動産会社

in-mo-de-'ra-do, -da [イ(ン).モ.デ.'ら.ド, ダ] 形 過度の, 節度のない

in-mo-'des-to, -ta 形 不謹慎な

in-mo-di-fi-'ca-ble [イ(ン).モ.ディ.フィ.'カ.ブレ] 形 修正できない, 変更不可能な

in-mo-la-'ción [イ(ン).モ.ラ.'すぃオン] 名 女〘歴〙〘宗〙いけにえ, 供犠, 犠牲

in-mo-'lar [イ(ン).モ.'ラる] 動 他〘歴〙

〘宗〙犠牲にする, いけにえとして殺す[捧げる] ~se 動 再〘歴〙〘宗〙犠牲[いけにえ]になる, 身を捧げる

*in-mo-'ral [イ(ン).モ.'ら.ル] 94% 形 不道徳な, 不品行な; ふしだらな, 身持ちの悪い

in-mo-ra-li-'dad [イ(ン).モ.ら.リ.'ダド] 名 女 不道徳, 不品行; 不道徳行為, 悪行

in-mo-ra-'lis-ta [イ(ン).モ.ら.'リス.タ] 形 背徳の 名 共 背徳者, 背徳主義者

*in-mor-'tal [イ(ン).モる.'タル] 93% 形 名 共 不死の(人), 不滅の, 不朽の(名声を持つ人)

in-mor-ta-li-'dad [イ(ン).モる.タ.リ.'ダド] 名 女 不死, 不滅, 不朽

in-mor-ta-li-'zar [イ(ン).モる.タ.リ.'さる] 動 他 ㉞ (z|c) 不滅[不朽]にする, 〈に〉永遠性を与える ~se 動 再 不滅になる

in-mo-ti-'va-do, -da [イ(ン).モ.ティ.'バ.ド, ダ] 形 理由のない, いわれのない

*in-'mó-vil [イ(ン).'モ.ビル] 92% 形 動かしがたい, 固定された, 不動の

in-mo-vi-li-'dad [イ(ン).モ.ビ.リ.'ダド] 名 女 不動, 静止

in-mo-vi-'lis-mo [イ(ン).モ.ビ.'リス.モ] 名 男〘政〙現状維持主義

in-mo-vi-'lis-ta [イ(ン).モ.ビ.'リス.タ] 形 名 共〘政〙現状維持主義の[主義者]

in-mo-vi-li-za-'ción [イ(ン).モ.ビ.リ.さ.'すぃオン] 名 女 固定, 不動化;〘経〙固定資本化

in-mo-vi-li-'zar [イ(ン).モ.ビ.リ.'さる] 動 他 ㉞ (z|c) 動かなく[動けなく]する, 固定する;〘経〙〈資本の〉流用を拘束する ~se 動 再 動かなくなる

*in-'mue-ble [イ(ン).'ムエ.ブレ] 92% 形〘法〙不動産の 名 男〘法〙不動産, 建物, ビル

in-mun-'di-cia [イ(ン).ムン.'ディ.すぃア] 名 女 汚さ, 汚物, ごみ; 不作法, 堕落, 卑猥(ひわい)なこと[物]

in-'mun-do, -da 形 汚い, 汚れた; 汚らわしい, 見苦しい, 卑猥な

in-'mu-ne 形〘医〙(a, contra: に)免疫のある;〘法〙(a, contra: 課税などを)免除された

in-mu-ni-'dad 名 女〘医〙免疫(性);〘法〙(責任・義務・税などの)免除, 免責, 免除[免責]特権

in-mu-ni-'zar [イ(ン).ム.ニ.'さる] 動 他 ㉞ (z|c)〘医〙〈に〉(contra: に対する)免疫性を与える

in-mu-no-de-fi-'cien-cia [イ(ン).ム.ノ.デ.フィ.'すぃエン.すぃア] 名 女〘医〙免疫不全 *síndrome de ~ adquirida*〘医〙後天性免疫不全症候群, エイズ

in-mu-no-lo-'gí+a [イ(ン).ム.ノ.ロ.'ひ.ア] 名 女〘医〙免疫学

in-mu-no-'ló-gi-co, -ca [イ(ン).ム.ノ.'ロ.ひ.コ, カ] 形〘医〙免疫学の

in-mu-'nó-lo-go, -ga [イ(ン).ム.'ノ.ロ.ゴ, ガ] 名 男 女〘医〙免疫学者

in-mu-'ta-ble [イ(ン).ム.'タ.ブレ] 形 不変の, 不易の; 平然とした, 動じない

in-mu-'tar [イ(ン).ム.'タる] 動 他 変える, 改める; 動揺させる ~se 動 再 変わる; 動揺する, 顔色を変える

in-'na-to, -ta 形 生来の, 生得の, 天賦の, 先天的な

in-ne-ce-'sa-rio, -ria [イ(ン).ネ.せ.'サ.りオ, りア] 形 不必要な, 無用の

*in-ne-'ga-ble [イ(ン).ネ.'ガ.ブレ] 94% 形 否定[否認]しがたい, 明白な

in-'no-ble [イ(ン).'ノ.ブレ] 形 下品な, 下劣な, 卑劣な

in-'no-cuo, -cua 形 ⇩ inocuo

*in-no-va-'ción [イ(ン).ノ.バ.'すぃオン] 93% 名 女 革新, 刷新, 新機軸

in-no-va-'dor, -'do-ra [イ(ン).ノ.バ.'ドる, 'ド.ら] 名 男 女 革新者, 刷新者 形 刷新する, 革新的な

*in-no-'var [イ(ン).ノ.'バる] 94% 動 他 革新する, 刷新する, 新しくする

Inns-'bruck [イ(ン)ス.'ブるク] 名 固〘地名〙インスブルック《オーストリア西部の都市》

*in-nu-me-'ra-ble [イ(ン).ヌ.メ.'ら.ブレ] 93% 形 数えきれない, 無数の

in-'nú-me-ro, -ra 形 ⇧ innumerable

i+n|ob-ser-'van-cia [イ.ノブ.せる.'バン.すぃア] 名 女 不履行(ふりこう), 違反

*i+no-'cen-cia [イ.ノ.'せン.すぃア] 93% 名 女 無罪, 無実, 潔白; 天真爛漫, 無邪気, 悪意のないこと, あどけなさ

I+no-'cen-cio [イ.ノ.'せン.すぃオ] 名 固〘男性名〙イノセンシオ

i+no-cen-'ta-da [イ.ノ.せン.'タ.ダ] 名 女《話》(たわいのない)いたずら, うそ, 冗談;〘宗〙幼な子殉教者の日のうそやいたずら《12月28日に罪のないうそやいたずらをして楽しむ》

*i+no-'cen-te [イ.ノ.'せン.テ] 91% 形 無罪の, (de: の)罪のない, 潔白な; 無害な, たわいもない, 悪意のない; 天真爛漫な, 無邪気な, 汚れのない, あどけない; 単純な, お人よしの 名 共 無邪気な人, お人よし;《メキシコ》知恵遅れの子供 *Santos Inocentes*〘宗〙幼な子殉教者の日《12月28日; 罪のないうそやいたずらをして楽しむ》

i+no-cen-'tón, -'to-na [イ.ノ.せン.'トン, 'ト.ナ] 形 名 男 女 信じやすい(人), だまされやすい(人), 愚直な(人), お人よし(の)

i+no-cu-la-'ción [イ.ノ.ク.ラ.'すぃオン]

名 ㊛〔医〕接種, 予防接種
i+no-cu-'lar [イ.ノ.ク.'ラる] 動 他〔医〕〈に〉(予防)接種をする; 〈悪い考えを〉(a, en: に)吹き込む
i+'no-cuo, -cua 形《格》無害の, 無毒の;《格》つまらない, 味のない
i+no-'do-ro, -ra [イ.ノ.'ド.ろ, ら] 形 香り[におい]のない 名 男《ラ米》水洗便器[トイレ]
*i+n|o-fen-'si-vo, -va [イ.ノ.フェン.'スィ.ボ, バ] 94% 形 害にならない, 悪気のない, あたりさわりのない, 目立たない
*i+n|ol-vi-'da-ble [イ.ノル.ビ.'ダ.ブレ] 93% 形 忘れられない, いつまでも記憶に残る
i+n|o-pe-'ra-ble [イ.ノ.ペ.'ら.ブレ] 形 手術が不可能な
i+n|o-pe-'ran-te [イ.ノ.ペ.'らン.テ] 形 効果のない, 作用しない
i+'no-pia 名 ㊛《格》貧困, 困窮 *estar en la ~*《話》ぼんやりしている
i+n|o-pi-'na-do, -da 形《格》思いがけない, 不意の -damente 副《格》思いがけなく, 不意に
i+n|o-por-'tu+no, -na [イ.ノ.ポる.'トゥ.ノ, ナ] 形 都合の悪い, あいにくの, タイミングが悪い
i+n|or-'gá-ni-co, -ca [イ.ノる.'ガ.ニ.コ, カ] 形 無生物の, 生活機能のない;〔化〕無機の;《格》無組織の, 非有機的な
i+n|o-xi-'da-ble [イ.ノク.スィ.'ダ.ブレ] 形 酸化しない, さびない; ステンレスの
input ['イン.プト] 名 男〔英語〕〔情〕インプット, 入力
in-que-bran-'ta-ble [イン.ケ.ブらン.'タ.ブレ] 形 壊れない, 破れない; 確固とした, ゆるぎない, 固い
*in-quie-'tan-te [イン.キエ.'タン.テ] 93% 形 不安にさせる, 気をもませる
*in-quie-'tar [イン.キエ.'タる] 94% 動 他〈に〉気をもませる, くよくよさせる, 心配させる, 不安にさせる;〈に〉気になる ~se 動 再 (con, de, por: を)悩む, くよくよする, 心配する
*in-'quie-to, -ta [イン.'キエ.ト, タ] 92% 形 落ち着かない, そわそわした;《人・性格が》落ち着きのない; 不安な, (con, de, por: を)心配している; 新しいことを始めたがる
**in-quie-'tud [イン.キエ.'トゥド] 90% 名 ㊛ 心配(事), 気がかり, 精神的な苦労; 疑問; 探究心, 知的好奇心; 落ち着かないこと;〔複〕野心, 冒険心
in-qui-li-'na-to [イン.キ.リ.'ナ.ト] 名 男 借地, 借家, 賃借権;〔法〕家賃税;《カリブ》《ラプラタ》共同住宅
in-qui-'li+no, -na [イン.キ.'リ.ノ, ナ] 名 男 ㊛ (土地・家屋などの)借用者, 借地人, 借家人, 賃借人, 店子(たなこ)
in-'qui-na [イン.'キ.ナ] 名 ㊛《話》嫌悪, 反感
in-qui-'rir [イン.キ.'りる] 動 他 ① (i|ie)《格》調査する, 取り調べる, 審問する
*in-qui-si-'ción [イン.キ.スィ.'すぃオン] 94% 名 ㊛《格》調査;〔I~〕〔歴〕(異端審理の)宗教裁判(所), 異端審問所
in-qui-si-'dor, -'do-ra [イン.キ.スィ.'ドる, 'ド.ら] 形 詮索(せんさく)するような, 探るような; 調査する, 研究する 名 男 ㊛ 調査官, 取り調べ官;〔歴〕宗教裁判官, 異端審問官
in-qui-si-'ti-vo, -va [イン.キ.スィ.'ティ.ボ, バ] 形 詮索(せんさく)するような, 探るような; 調査の
in-qui-si-to-'rial [イン.キ.スィ.ト.'りアル] 形 厳しい;〔歴〕宗教裁判の, 異端審問の
'inri; 'INRI ['イン.り] 名 男〔宗〕イエスの十字架の銘《ラテン語 *Iesus Nazarenus Rex Iudaeorum*「ユダヤの王, ナザレのイエス」の略》 *para más [mayor] ~*《スペイン》《話》さらに悪いことには *poner el ~*《話》(a: を)侮辱する
in-sa-'cia-ble [イン.サ.'すぃア.ブレ] 形 満足することを知らない, 飽くことなき
in-sa-'lu-bre [イン.サ.'ル.ブれ] 形〔医〕《気候・場所・土地などが》健康によくない, 不健全な, 非衛生な
in-sa-lu-bri-'dad [イン.サ.ル.ブり.'ダド] 名 ㊛〔医〕不健康, 不健全, 非衛生
in-sal-'va-ble [イン.サル.'バ.ブレ] 形 救いがたい, 克服できない
in-'sa-nia 名 ㊛《格》狂気, 頭がおかしいこと;〔医〕精神障害[異常], (急性)精神病
in-'sa+no, -na 形 健康によくない; 狂気の, 頭がおかしい
in-sa-tis-fac-'to-rio, -ria [イン.サ.ティス.ファク.'ト.りオ, りア] 形 不満な, 不満足な, 不十分な
in-sa-tis-'fe-cho, -cha 形 (con: に)満足していない, 不満の
*ins-cri-'bir [イ(ン)ス.クり.'ビる] 91% 動 他〔過分 inscrito〕〈文字・記号などを〉刻む, 彫りつける; (学生・会員などとして)登録する, 登記する; 記録する;〔数〕内接させる ~se 動 再 (en: に)登録する, 自分の名を記入する; 含まれる
*ins-crip-'ción [イ(ン)ス.クりプ.'すぃオン] 92% 名 ㊛ 記載, 登録; 入会, 入学, 入隊; 入会[入学, 入隊]者数; 銘, 碑文, (貨幣などの)銘刻;〔数〕内接
ins-'cri-to, -ta 動《過分》↑inscribir
*in-sec-ti-'ci-da [イン.セク.ティ.'すぃ.ダ] 94% 名 男 殺虫剤 形 殺虫の
in-sec-'tí-vo-ro, -ra [イン.セク.'ティ.ボ.ろ, ら] 形〔動〕〔植〕食虫の 名 男

〘動〙〘植〙食虫動物[植物]

in-'sec-to [イン.'セク.ト] 90% [名] [男] 昆虫, 虫; 〔軽蔑〕〔人〕虫けら, くだらない人間

in-se-gu-ri-'dad [イン.セ.グ.リ.'ダド] 91% [名] [女] 不安, 疑い, 不確かさ, 半信半疑; 危険性, 安全でないこと, 治安が悪いこと; 不安定

in-se-'gu-ro, -ra [イン.セ.'グ.ろ, ら] 94% [形] 不安定な, 不安な, 自信のない; 不確実な, はっきりしない, 確信がない; 安全でない

in-se-mi-na-'ción [イン.セ.ミ.ナ.'すぃオン] [名] [女] 〘生〙授精

in-se-mi-'nar [イン.セ.ミ.'ナる] [動] [他] 〘生〙授精する

in-sen-sa-'tez [イン.セン.サ.'テす] [名] [女] ばか, 愚かさ, 愚鈍; 思慮に欠けた言動, 軽率なこと

in-sen-'sa-to, -ta [形] 愚かな, 無分別な, 思慮のない [名] [男] [女] 愚か者, ばか者

in-sen-si-bi-li-'dad [イン.セン.スィ.ビ.リ.'ダド] [名] [女] 平気, 冷淡, 無神経; 〘医〙無感覚, 無知覚

in-sen-si-bi-li-'zar [イン.セン.スィ.ビ.リ.'さる] [動] [他] [34] (z|c) 無感覚にする; 無感動にする; 〘医〙〈に〉麻酔をかける, 〈の〉感覚を麻痺させる ~**se** [動] [再] 感覚がなくなる; 無感動になる; 〘医〙麻酔する

in-sen-'si-ble [イン.セン.'スィ.ブレ] [形] (a: に)鈍感な, (a: を)感じない; 目に見えない, 気づかれないほどの, かすかな; 〘医〙感じない, 無感覚な

in-se-pa-ra-bi-li-'dad [イン.セ.パ.ら.ビ.リ.'ダド] [名] [女] 不可分性, 分離できないこと

in-se-pa-'ra-ble [イン.セ.パ.'ら.ブレ] [形] (de: から)分離できない, 不可分の

in-se-'pul-to, -ta [イン.セ.'プル.ト, タ] [形] 《格》まだ埋葬されていない

in-ser-'ción [イン.セる.'すぃオン] [名] [女] 挿入(そうにゅう), 差し込み, 組み込み; 掲載; 掲載記事, 広告記事

in-ser-'tar [イン.セる.'タる] [動] [他] 挿入(そうにゅう)する, 差し込む, 組み込む, 書き入れる; 掲載する ~**se** [動] [再] (en: に)入り込む

in-'ser-to, -ta [イン.'セる.ト, タ] [形] (en: に)差し込まれた, 挿入された

in-ser-'vi-ble [イン.セる.'ビ.ブレ] [形] 役に立たない, 実用にならない, 無用の

in-'si-dia [名] [女] 悪意, 悪意に満ちた言葉; 《格》待ち伏せ, 計略, わな

in-si-'diar [イン.スィ.'ディアる] [動] [他] 《格》〈に〉わなをかける, 待ち伏せる

in-si-'dio-so, -sa [形] 《格》狡猾(こうかつ)な, 陰険な, 油断のならない, 腹黒い

in-'sig-ne [イン.'スィグ.ネ] [形] 名高い, 有名な; 《話》巨大な, とてつもなく大きな

in-'sig-nia [イン.'スィグ.ニア] [名] [女] バッジ; 記章, 肩章; 旗; 〘海〙艦長旗

in-sig-ni-fi-'can-cia [イン.スィグ.ニ.フィ.'カン.すぃア] [名] [女] 取るに足らないこと, つまらないこと, ささいなこと, 無意味; ほんの少し, 少量, 小額

in-sig-ni-fi-'can-te [イン.スィグ.ニ.フィ.'カン.テ] 93% [形] 重要でない, 大したことのない, 取るに足らない, ささいな; 意味のない, 無意味な; わずかな, 少量の, 小額の

in-sin-'ce-ro, -ra [イン.スィン.'せ.ろ, ら] [形] 誠実でない, 誠意がない

in-si-nua-'ción [イン.スィ.ヌア.'すぃオン] 94% [名] [女] 思わせぶり, 人の気を引くこと, ほのめかし

in-si-'nuan-te [形] 思わせぶりの, 人の気を引く, ほのめかす

in-si-'nuar [イン.スィ.'ヌアる] 93% [動] [他] [17] (u|ú) 遠まわしに言う, ほのめかす, あてこする ~**se** [動] [再] (a, con: に)取り入る, (a, con: の)気を引く

in-si-pi-'dez [イン.スィ.ピ.'デす] [名] [女] 味のないこと, 無味; まずいこと; 退屈, つまらなさ, 無味乾燥

in-'sí-pi-do, -da [形] 味のない, 無味の; 風味のない, まずい; 退屈な, つまらない, おもしろ味のない, 無味乾燥な

in-sis-'ten-cia [イン.スィス.'テン.すぃア] [名] [女] 固執, 強要, しつこさ, 執拗(しつよう)さ; 主張, 強調

in-sis-'ten-te 94% [形] 強要する, 固執する, しつこい, 執拗(しつよう)な ~**mente** [副] しつこく, 強要して

in-sis-'tir [イン.スィス.'ティる] 82% [動] [自] (en: を)(強く)主張する, (en: に)固執する; (en que 直説法: …だと)言い張る; (en 不定詞/en que 接続法: …することを)強く要求する, 強いる; (en: を)強調する

in-so-bor-'na-ble [イン.ソ.ボる.'ナ.ブレ] [形] 賄賂(わいろ)がきかない, 買収できない

in-so-cia-bi-li-'dad [イン.ソ.すぃア.ビ.リ.'ダド] [名] [女] 非社交性, 無愛想

in-so-'cia-ble [イン.ソ.'すぃア.ブレ] [形] 交際嫌いの, 非社交的な

in-so-la-'ción [イン.ソ.ラ.'すぃオン] [名] [女] 〘医〙熱中症, 日射病; 日照時間, 日射; 〘天〙インソレーション《受光太陽エネルギー》

in-so-'len-cia [イン.ソ.'レン.すぃア] [名] [女] 尊大, 傲慢, 横柄(おうへい); 尊大な言動, 横柄な態度

in-so-len-'tar-se [イン.ソ.レン.'タる.セ] [動] [再] 横柄(おうへい)[無礼]な態度をとる, 傲慢になる

in-so-'len-te [イン.ソ.'レン.テ] [形] [名] [共] 横柄(おうへい)な(人), 尊大な(人), 傲慢な(人), 無礼な(人)

in-'só-li-to, -ta [イン.'ソ.リ.ト, タ] [形] 異常な, めったにない, 珍しい

in-so-lu-bi-li-'dad [イン.ソ.ル.ビ.リ.'ダド] [名] [女] 不溶解性

in-so-'lu-ble [イン.ソ.'ル.ブレ] [形] 不溶解(性)の, (en: に)溶けない; 解決できない

in-sol-'ven-cia [イン.ソル.'ベン.すぃア] [名] [女] 〔商〕 支払い不能, 債務超過, 破産

in-sol-'ven-te [イン.ソル.'ベン.テ] [形] 〔商〕 (債務超過で)支払い能力のない, 破産した [名] [共] 〔商〕 破産者

in-'som-ne [形] [名] [共] 〔医〕 不眠(症)の(患者), 眠れない

in-'som-nio [名] [男] 〔医〕 不眠(症)

in-son-'da-ble [イン.ソン.'ダ.ブレ] [形] 測深できない, 底知れない; 不可解な, 謎(なぞ)めいた

in-so-no-ri-'dad [イン.ソ.ノ.リ.'ダド] [名] [女] 防音性

in-so-no-ri-za-'ción [イン.ソ.ノ.リ.さ.'すぃオン] [名] [女] 〔建〕 防音化, 防音工事

in-so-no-ri-'zar [イン.ソ.ノ.リ.'さる] [動] [他] (34) (z|c) 〔建〕 防音にする

in-so-'no-ro, -ra [イン.ソ.'ノ.ろ, ら] [形] 防音の, 無音の

***in-so-por-'ta-ble** [イン.ソ.ポる.'タ.ブレ] 93% [形] 耐えられない, 忍びがたい, 我慢できない

in-sos-la-'ya-ble [イン.ソス.ラ.'ジャ.ブレ] [形] 避けられない, 免れがたい

in-sos-pe-'cha-ble [イン.ソス.ペ.'チャ.ブレ] [形] 予想外の, 思いがけない

in-sos-pe-'cha-do, -da [形] 予想外の, 思いがけない

in-sos-te-'ni-ble [イン.ソス.テ.'ニ.ブレ] [形] 支えられない, 支持できない, 擁護できない; 耐えられない

***ins-pec-'ción** [イ(ン)ス.ペク.'すぃオン] 91% [名] [女] 検査, 点検, 視察, 検問, 監督; 検査所[室], 監督局

***ins-pec-cio-'nar** [イ(ン)ス.ペク.すぃオ.'ナる] 94% [動] [他] 検査する, 調べる, 視察する, 検問する; 監督する

****ins-pec-'tor, -'to-ra** [イ(ン)ス.ペク.'トる, 'ト.ら] 90% [名] [男] [女] 検査官[係], 視察官, 監督; 警部

***ins-pi-ra-'ción** [イ(ン)ス.ピ.ら.'すぃオン] 92% [名] [女] インスピレーション, ひらめき, 霊感; 妙案, 着想, すばらしい思いつき; 励まし, 激励, 勧め; 示唆, 影響; 息を吸うこと, 吸気

ins-pi-'ra-do, -da [イ(ン)ス.ピ.'ら.ド, ダ] [形] 独創性のある, 着想のよい, (en: に)インスピレーション[着想]を得た, 芸術的感興のある; 《話》 調子がいい, 運がいい

ins-pi-ra-'dor, -'do-ra [イ(ン)ス.ピ.ら.'ドる, 'ド.ら] [形] インスピレーションを与える; 励ましの; 吸気の [名] [男] [女] インスピレーション[着想]を与える人[物]

****ins-pi-'rar** [イ(ン)ス.ピ.'らる] 90% [動] [他] (a: に)〈の〉着想を与える, (en: から)〈の〉着想[ひらめき]を得る; 〈感動・考えなどを〉吹き込む, 呼び起こす, 起こさせる; 〔宗〕 《神が》〈に〉啓示を与える, 〈に〉霊感を与える; 〈息を〉吸う, 吸い込む **～se** [動] [再] 着想[ひらめき]を得る

Inst. [略] ↓instituto

****ins-ta-la-'ción** [イ(ン)ス.タ.ラ.'すぃオン] 83% [名] [女] 据え付け, 取り付け, 設置; 設備, 装置; 施設; 〔情〕 インストール

****ins-ta-'lar** [イ(ン)ス.タ.'ラる] 83% [動] [他] 〈設備などを〉取り付ける, 設置する; (en: に)着席させる, (en: 場所に)落ち着かせる; 就任させる, 任命する; 開設する; 〔情〕 インストールする **～se** [動] [再] (en: に)落ち着く, 居を構える; 座る, 着席する; 就任する, 仕事を始める

ins-'tan-cia [イ(ン)ス.'タン.すぃア] [名] [女] 要求, 懇請, 懇願; 請願書; 〔法〕 審級 ***a ～(s) de ...*** …の依頼で ***en primera ～*** 《格》 まず最初に ***en última ～*** 《格》 最後の手段として; 万一の場合は

***ins-tan-'tá-ne+o, +a** 94% [形] 即席の, インスタントの; 即時の, すぐさまの **+a** [名] [女] 〔写〕 スナップ写真 **-neamente** [副] 即座に, すぐに

****ins-'tan-te** 85% [名] [男] 瞬間, 一瞬, 即時, 刹那(せつな) ***a cada ～*** いつも, 絶えず, しょっちゅう ***al ～*** 今すぐ ***en aquel ～*** そのときは ***en este ～*** 今は, この場では, たった今 ***en un ～*** 今すぐに, あっという間に, 瞬時に ***por ～s*** 絶えず, 刻々 ***por un ～*** 一瞬の間, ちょっとの間

ins-'tar [イ(ン)ス.'タる] [動] [他] 〈に〉(a que 接続法: …するよう)願う, 懇願する [動] [自] (que 接続法: …が)緊急である

ins-tau-ra-'ción [イ(ン)ス.タウ.ら.'すぃオン] [名] [女] 設置, 設立, 開設, 制定

ins-tau-'rar [イ(ン)ス.タウ.'らる] [動] [他] 《格》 設置する, 設立する, 開設する, 制定する; 《格》 確立する

ins-ti-ga-'ción [イ(ン)ス.ティ.ガ.'すぃオン] [名] [女] 扇動, 教唆(きょうさ), そそのかし ***a [por] ～ de ...*** …の教唆によって, …にそそのかされて

ins-ti-ga-'dor, -'do-ra [イ(ン)ス.ティ.ガ.'ドる, 'ド.ら] [形] 教唆(きょうさ)する, 扇動する [名] [男] [女] 教唆者, 扇動者

ins-ti-'gar [イ(ン)ス.ティ.'ガる] [動] [他] (41) (g|gu) 教唆(きょうさ)する, 扇動する, けしかける, そそのかして(a ...(不定詞)/名詞: …)させる

ins-ti-la-'ción [イ(ン)ス.ティ.ラ.'すぃオン] [名] [女] 〔医〕 点滴(注入法); 点眼(薬)

ins-ti-'lar [イ(ン)ス.ティ.'ラる] [動] [他]

〔医〕点滴する; 《格》〈思想などを〉徐々に浸透させる

*ins-tin-'ti-vo, -va [イ(ン)ス.ティン.'ティ.ボ, バ] 94% 形 本能的な, 天性の, 直覚的な -vamente 副 本能的に, 直感的に

‡ins-'tin-to 90% 名 男 本能; 直感, 勘; 天性, 生まれながらの才能

‡ins-ti-tu-'ción [イ(ン)ス.ティ.トゥ.'すぃオン] 79% 名 女 施設, 機関; 公共機関の建物; 学会, 協会, 団体, 財団, 公団; 《話》有名な人; 設立, 創立, 設定; 〔複〕慣例, 制度, しきたり

ins-ti-tu-cio-'nal [イ(ン)ス.ティ.トゥ.すぃオ.'ナル] 形 制度的な; 機関の, 施設の

ins-ti-tu-cio-na-li-za-'ción [イ(ン)ス.ティ.トゥ.すぃオ.ナ.リ.さ.'すぃオン] 名 女 制度化

ins-ti-tu-cio-na-li-'zar [イ(ン)ス.ティ.トゥ.すぃオ.ナ.リ.'さる] 動 他 ㉞ (z|c) 制度化する

*ins-ti-'tuir [イ(ン)ス.ティ.'トゥイる] 94% 動 他 ㊲ (-y-) 〔法〕(財産指名権によって) 指名する; 《格》〈会・制度・法制などを〉設立する, 創設する, 制定する

‡ins-ti-'tu-to 80% 名 男 学院, 学会, 協会; 研究所, 会館; 中学校; 規定, 会則 ~ *de belleza* 〔商〕美容院

ins-ti-tu-'tor, -'to-ra [イ(ン)ス.ティ.トゥ.'トる, 'ト.ら] 名 男 女 制定者, 設立者, 創始者; 《南米》教師 形 設立する, 制定する

ins-ti-tu-'triz [イ(ン)ス.ティ.トゥ.'トりす] 名 女 女性家庭教師

i+ns-ti-'tu-y~ 動 《活用》 ↑instituir

‡ins-truc-'ción [イ(ン)ス.トるク.'すぃオン] 86% 名 女 教育, 教授, 授業, 教え, 指導, 訓練; 〔複〕指図, 命令; 学識, 知識, 教養; 〔複〕(機械などの)使用説明書; 〔法〕予審

ins-truc-'ti-vo, -va [イ(ン)ス.トるク.'ティ.ボ, バ] 形 教育的な, ためになる, 有益な

*ins-truc-'tor, -'to-ra [イ(ン)ス.トるク.'トる, 'ト.ら] 94% 名 男 女 教官, 教師, 指導者; 〔競〕コーチ, インストラクター 形 教授する, 教える

ins-'trui-do, -da [イ(ン)ス.'トるイ.ド, ダ] 形 教育[教養]のある, (en: に)学識のある

*ins-'truir [イ(ン)ス.'トるイる] 93% 動 他 ㊲ (-y-) (en: を)教える, 指導する, 教育する, 指示する; (de: を)通知する, 知らせる, 報告する; 〔競〕コーチをする; 〔法〕予審をする ~se 動 再 (de: を)学ぶ, 教育を受ける

*ins-tru-men-'tal [イ(ン)ス.トる.メン.'タル] 93% 形 〔楽〕楽器の, 器楽の; 器械に関する, 器械を使う; 〔法〕証書の, 文書による, 証拠となる 名 男 〔集合〕楽器; 〔集合〕器械, 装置, 設備; 〔言〕具格

ins-tru-men-ta-li-'zar [イ(ン)ス.トる.メン.タ.リ.'さる] 動 他 ㉞ (z|c) 道具として使う

ins-tru-men-'tar [イ(ン)ス.トる.メン.'タる] 動 他 〔楽〕〈楽曲を〉器楽用に編曲する

ins-tru-men-'tis-ta [イ(ン)ス.トる.メン.'ティス.タ] 名 共 〔楽〕器楽奏者; 〔技〕楽器製造者

‡ins-tru-'men-to [イ(ン)ス.トる.'メン.ト] 84% 名 男 道具, 器械, 計器, 装置; 〔楽〕楽器; 道具, 手段, 手先; 〔法〕証書, 文書

i+ns-'tru-y~ 動 《活用》 ↑instruir

in-su-bor-di-na-'ción [イン.ス.ボる.ディ.ナ.'すぃオン] 名 女 不服従, 従順でないこと, (con, contra: への)反抗

in-su-bor-di-'nar [イン.ス.ボる.ディ.'ナる] 動 他 (contra: に)反発させる, 反抗させる ~se 動 再 (contra: に)反発する, 反抗する, 反乱を起こす

in-subs-tan-'cial 形 ⇩insustancial

in-subs-tan-cia-li-'dad 名 女 ⇩insustancialidad

in-subs-ti-'tui-ble 形 ⇩insustituible

in-su-fi-'cien-cia [イン.ス.フィ.'すぃエン.すぃア] 名 女 不十分, 不足; 足りないところ, 欠点; 〔医〕(機能)不全(症); 無能力, 不適格

*in-su-fi-'cien-te [イン.ス.フィ.'すぃエン.テ] 92% 形 不十分な, 不足な; 不適当な 名 男 不合格, 不可 ~mente 副 不十分に

in-su-fla-'ción [イン.ス.フラ.'すぃオン] 名 女 〔医〕吸入[通気]法による治療

in-su-'flar [イン.ス.'フラる] 動 他 〔医〕吸入[通気]法で治療する; 《格》〈感情を〉吹き込む, 抱かせる, 鼓舞する

in-su-'fri-ble [イン.ス.'フり.ブレ] 形 耐えられない, 我慢ならない

'ín-su-la ['イン.ス.ラ] 名 女 《古》《格》〔地〕島; 〔体〕島(とう)

in-su-'lar [イン.ス.'ラる] 形 名 共 島の, 島国の; 島民

in-su-la-ri-'dad [イン.ス.ラ.り.'ダド] 名 女 《格》島国であること, 島国らしさ, 島嶼(とうしょ)性

in-su-'li-na [イン.ス.'リ.ナ] 名 女 〔医〕インスリン

in-sul-'sez [イン.スル.'セす] 名 女 《格》味のないこと, 風味のないこと; 《格》無味乾燥, おもしろ味のないこと, 退屈

in-'sul-so, -sa [イン.'スル.ソ, サ] 形 味のない, 風味のない, まずい; 無味乾燥な, おも

しろ味のない, つまらない

in-sul-'tan-te [イン.スル.'タン.テ] 形 辱(はずかし)める, 侮辱する, 無礼な

*__in-sul-'tar__ [イン.スル.'タる] 93% 動 他 ののしる, 侮辱する, 辱(はずかし)める

*__in-'sul-to__ [イン.'スル.ト] 93% 名 男 侮辱, 無礼(な言動), ののしり

in-su-mi-'sión 名 女 《格》 不従順, 不服従

in-su-'mi-so, -sa 形 《格》 従順でない, 不服従の, 反抗的な

in-'su-mo 名 男 〔経〕 資本の投入量; 〔複〕 《ラ米》 消費財

in-su-pe-'ra-ble [イン.ス.ペ.'ら.ブレ] 形 この上ない, 極上の, 最高の, 最大の; «困難などが» 超えられない, 打ち勝ちがたい

*__in-sur-'gen-te__ [イン.スる.'ヘン.テ] 94% 形 名 共 〔政〕 反乱を起こした, 反政府の; 〔政〕 反乱者, 暴徒, 反徒

*__in-su-rrec-'ción__ [イン.ス.れク.'すィオン] 94% 名 女 〔政〕 (contra: への) 反乱, 蜂起(ほうき), 暴動

in-su-rrec-cio-'nal [イン.ス.れク.すィオ.'ナル] 形 〔政〕 反乱の, 暴動の

in-su-rrec-cio-'nar [イン.ス.れク.すィオ.'ナる] 動 他 〔政〕 〈に〉反乱をそそのかす, 〈に〉暴動を起こさせる ～**se** 動 再 (contra: に) 〔政〕 反乱する, 蜂起(ほうき)する, 謀反する, 背く

in-su-'rrec-to, -ta [イン.ス.'れク.ト, タ] 形 〔政〕 反乱を起こした, 反政府の, 蜂起(ほうき)の 名 男 女 〔政〕 反乱者, 暴徒, 反徒

in-sus-tan-'cial 形 実体のない, 中身のない, つまらない

in-sus-tan-cia-li-'dad 名 女 実体のないこと, 中身のないこと, つまらないこと

in-sus-ti-'tui-ble [イン.スス.ティ.'トゥイ.ブレ] 形 代替不能の, 取り替えられない

in-ta-'cha-ble [イン.タ.'チャ.ブレ] 形 落ち度のない, 非の打ちどころのない, 申し分のない

*__in-'tac-to, -ta__ [イン.'タク.ト, タ] 93% 形 手をつけていない, 無傷の, 完全な, 元のままの; 触れられていない

in-tan-'gi-ble [イン.タン.'ひ.ブレ] 形 触れることのできない, 不可侵の

in-te-'gé-rri-mo, -ma [イン.テ.'へ.り.モ, マ] 形 〔最上級〕 《格》 《まれ》 ↓íntegro

*__in-te-gra-'ción__ [イン.テ.グら.'すィオン] 89% 名 女 統合, 合併, 併合, 一体化; 〔情〕 集積化; 集積回路; 〔数〕 積分(法)

*__in-te-'gral__ [イン.テ.'グらル] 91% 形 全体の, 総合的な, 補完的な; 〔数〕 積分の; 無精白の 名 女 〔数〕 積分

*__in-te-'gran-te__ [イン.テ.'グらン.テ] 91% 形 (要素として) 不可欠の; 全体を構成する, 構成要素の

in-te-'grar [イン.テ.'グらる] 84% 動 他 構成する; 〈部分・要素を〉全体にまとめる, 完全にする, (en: に) 統合する, 合併する; 返済する; 〔数〕 積分する ～**se** 動 再 (a, con: に) 同化する

in-te-gri-'dad [イン.テ.グり.'ダド] 名 女 全体, 全部; 完全無欠(の状態); 正直, 清廉, 高潔, 誠実

in-te-'gris-mo [イン.テ.'グりス.モ] 名 男 〔歴〕〔政〕 《スペイン》 インテグリスモ 《19 世紀後半, 教権的カトリック教会の伝統を守り自由主義思想に対抗した》

in-te-'gris-ta [イン.テ.'グりス.タ] 形 名 共 〔歴〕〔政〕 《スペイン》 インテグリスモの(支持者) ↑integrismo

*__'ín-te-gro, -gra__ ['イン.テ.グろ, グら] 94% 形 完全な, 全体の; 正直な, まっすぐな **-gramente** 副 完全に; 正直に

in-te-lec-'ción [イン.テ.レク.'すィオン] 名 女 《格》 理解

in-te-lec-'ti-vo, -va [イン.テ.レク.'ティ.ボ, バ] 形 《格》 知力の(ある), 知性の, 知的な **-va** 名 女 《格》 知力, 知性, 理解力

in-te-'lec-to [イン.テ.'レク.ト] 名 男 《格》 知力, 思考力, 理解力

in-te-lec-'tual [イン.テ.レク.'トゥアル] 84% 形 名 共 知的な, 知力の, 知性の高い, 理知的な; 知識人, インテリ ～**mente** 副 知的に

in-te-lec-tua-li-'dad [イン.テ.レク.トゥア.リ.'ダド] 名 女 知力, 知性, 聡明; 〔集合〕 知識人, 知識階級

in-te-li-'gen-cia [イン.テ.リ.'ヘン.すィア] 88% 名 女 知能, 知性, 理解力, 物わかりのよさ, 聡明, 知恵, 理解; 情報, 通報, 報道, 情報[諜報]機関; (互いの) 了承, 了解, 同意, 共謀 ***en ~ con*** …と共謀して ***en la ~ de que*** … 《格》 …を承知した上で, …という前提で ***~ artificial*** 〔情〕 人工知能, AI

in-te-li-'gen-te [イン.テ.リ.'ヘン.テ] 89% 形 名 共 利口な(人), 知能の高い(人), 聡明な(人), 物わかりのよい(人); 理知的な, 知性的な; «行為などが» 賢明な, 分別のある

in-te-li-'gi-ble [イン.テ.リ.'ひ.ブレ] 形 理解できる, わかりやすい; 聞こえる, 聞きとれる, 可聴の

in-tem-pe-'ran-cia [イン.テン.ペ.'らン.すィア] 名 女 《格》 (en: の) 不節制, 放縦; 《格》 慎み[節度]のなさ, 節度のない行為; 《格》 不寛容

in-tem-pe-'ran-te [イン.テン.ペ.'らン.テ] 形 《格》 乱暴な, (en: に) 度を超した, 不節制な; 《格》 不寛容な

in-tem-'pe-rie [イン.テン.'ペ.リエ] 名 女 (天候の)荒れ, 不順, (気候の)厳しさ *a la* ～ 野天で

in-tem-pes-'ti-vo, -va [イン.テン.ペス.'ティ.ボ, バ] 形 時機を逸した, 折の悪い, 場違いな, タイミングが悪い

in-tem-po-'ral [イン.テン.ポ.'らル] 形 時間に無関係の

⁑**in-ten-'ción** [イン.テン.'すぃオン] 84% 名 女 意図, 意志, 意向, 目的; 〖法〗故意 *con* ～ わざと *con primera* ～ 率直に *curar de primera* ～ 〖医〗(a: に)応急手当てをする *de* [*con*] *buena* ～ 善意で, 誠意をもって *de* [*con*] *mala* ～ 悪意で *segunda* ～ 下心, 底意, 裏の意味

in-ten-cio-'na-do, -da [イン.テン.すぃオ.'ナ.ド, ダ] 形 故意の, 意図的な *bien* ～[*da*] 善意の *mal* ～[*da*] 悪意の **-damente** 副 わざと, 故意に

in-ten-cio-'nal [イン.テン.すぃオ.'ナル] 形 故意の, 計画的な, 意図的な

in-ten-'den-cia [イン.テン.'デン.すぃア] 名 女 監督職, 管理職; 管理局[庁]; 〖軍〗補給(部隊); 《ラプラタ》直轄区; [I～]〖歴〗インテンデンシア《18 世紀スペイン王朝が植民地に導入した行政制度, その管轄地》

In-ten-'den-cia de San 'Blas [イン.テン.'デン.すぃア デ サン 'ブラス] 名 固〖地名〗インテンデンシア・デ・サン・ブラース《パナマ東部の県》

in-ten-'den-te 名 男 監督官, 行政官; 《南米》知事; [I～]〖歴〗インテンデンテ《インテンデンシア Intendencia を統括する官吏》

*__in-'ten-sa-'men-te__ 93% 副 強く, 激しく; とても, 非常に

⁑**in-ten-si-'dad** 87% 名 女 強烈さ, 激しさ, 強さ, 強度

in-ten-si-fi-ca-'ción [イン.テン.スィ.フィ.カ.'すぃオン] 名 女 強めること, 強化

*__in-ten-si-fi-'car__ [イン.テン.スィ.フィ.'カる] 94% 動 他 ⑹ (c|qu) 強める, 強化する, 増強する ～**se** 動 再 強くなる, 激しくなる

*__in-ten-'si-vo, -va__ [イン.テン.'スィ.ボ, バ] 92% 形 徹底的な, 集中的な; 集約的な; 強い, 強烈な; 〖言〗強意の

⁑**in-'ten-so, -sa** 87% 形 強烈な, 激しい, 猛烈な; «感情・行動などが»激しい, 熱烈な, 真剣な, 情熱的な

⁑**in-ten-'tar** [イン.テン.'タる] 73% 動 他 〈不定詞: …しよう〉と思う, 〈不定詞: …する〉つもりである, 〈que 接続法: …〉してもらおうとする, 意図する; 試みる, 試してみる

⁑**in-'ten-to** 87% 名 男 目的, 意図, 意志, 意向; 試み, 企画 *de* ～ わざと, 故意に, 意図的に, 意識して

in-ten-'to-na 名 女 《話》無謀な企て, 向こう見ずな試み

in-ter~ 〔接頭辞〕「中間・相互」という意味を示す

in-te-r|ac-'ción [イン.テ.らク.'すぃオン] 名 女 相互作用, 相互の影響

in-te-r|ac-ti-vi-'dad [イン.テ.らク.ティ.ビ.'ダド] 名 女 相互作用性, インタラクティブなこと, 対話型

in-te-r|ac-'ti-vo, -va [イン.テ.らク.'ティ.ボ, バ] 形 相互に作用する, インタラクティブな, 対話式の

in-te-r|ac-'tuar [イン.テ.らク.'トゥアる] 動 自 〖情〗双方向に動作する

in-te-r|a-me-r|i-'ca+no, -na [イン.テ.ら.メ.り.'カ.ノ, ナ] 形 アメリカ大陸諸国間の

in-te-r|an-'di+no, -na [イン.テ.らン.'ディ.ノ, ナ] 形 アンデス諸国間の

in-ter-ban-'ca-rio, -ria [イン.テる.バン.'カ.りオ, りア] 形 〖商〗銀行間の

in-ter-ca-la-'ción [イン.テる.カ.ラ.'すぃオン] 名 女 挿入, 差し込み

in-ter-ca-'lar [イン.テる.カ.'ラる] 動 他 間に差し込む 形 差し込んだ; 〖地質〗地層間の; 〖植〗節間の; 閏(うる)の

in-ter-cam-'bia-ble [イン.テる.カン.'ビア.ブレ] 形 相互に交換できる, 互換性のある

in-ter-cam-bia-'dor, -'do-ra [イン.テる.カン.ビア.'ドる, 'ド.ら] 形 交換(用)の 名 男 (交通の)ジャンクション; 〖機〗交換機

*__in-ter-cam-'biar__ [イン.テる.カン.'ビアる] 93% 動 他 交換する, 取り替える, 取り交わす ～**se** 動 再 (互いに)交換する, 取り替える, 取り交わす

⁑**in-ter-'cam-bio** [イン.テる.'カン.ビオ] 90% 名 男 交換, 交流, 交易, 取引; 〖情〗スワップ

in-ter-ce-'der [イン.テる.せ.'デる] 動 自 仲裁する, とりなす, 間に入る

in-ter-cep-'ción [イン.テる.せプ.'すぃオン] 名 女 《ラ米》〔各地〕⇩ interceptación

in-ter-cep-ta-'ción [イン.テる.せプ.タ.'すぃオン] 名 女 《格》途中で捕らえること, 横取り; 《格》妨害, 遮断; 〖競〗〔サッカーなど〕インターセプト

in-ter-cep-'tar [イン.テる.せプ.'タる] 動 他 途中で捕らえる[奪う], 横取りする; さえぎる, 遮断する, 阻止する; 〖競〗〔サッカーなど〕インターセプトする

in-ter-cep-'tor, -'to-ra [イン.テる.せプ.'トる, 'ト.ら] 形 名 男 女 横取りする(人), 途中で捕らえる(人) 名 男 〖空〗〖軍〗迎撃機

in·ter·ce·'sión [イン.テる.せ.'スィオン] 名 女 仲裁, 調停, 斡旋, とりなし

in·ter·ce·'sor, -'so·ra [イン.テる.せ.'ソる, 'ソ.ら] 名 男 女 仲裁者, 調停者; 〔宗〕神への仲介者《聖母マリアや聖人たち》

in·ter·co·'lum·nio [イン.テる.コ.'ルム.ニオ] 名 男 〔建〕柱間, 柱の内のり

in·ter·co·mu·ni·ca·'ción [イン.テる.コ.ム.ニ.カ.'すぃオン] 名 女 相互通信

in·ter·co·mu·ni·ca·'dor [イン.テる.コ.ム.ニ.カ.'ドる] 名 男 〔機〕相互通信装置, インターコム

in·ter·co·mu·ni·'car·se [イン.テる.コ.ム.ニ.'カる.セ] 動 再 69 (c|qu) 相互通信する

in·ter·co·nec·'tar·se [イン.テる.コ.ネク.'タる.セ] 動 再 相互に連結する

in·ter·co·ne·'xión [イン.テる.コ.ネク.'スィオン] 名 女 相互連結

in·ter·con·ti·nen·'tal [イン.テる.コン.ティ.ネン.'タル] 形 大陸間の, 大陸をつなぐ

in·ter·cos·'tal [イン.テる.コス.'タル] 形 〔体〕肋間(ろっかん)の, 肋間筋の

in·ter·cul·tu·'ral [イン.テる.クル.トゥ.'らル] 形 異文化間の; 異文化理解の

in·ter·den·'tal [イン.テる.デン.'タル] 形 〔音〕歯間音の 名 女 〔音〕歯間音

in·ter·de·pen·'den·cia [イン.テる.デ.ペン.'デン.すぃア] 名 女 相互依存

in·ter·de·pen·'dien·te [イン.テる.デ.ペン.'ディエン.テ] 形 相互依存の

in·ter·dic·'ción [イン.テる.ディク.'すぃオン] 名 女 〔法〕禁止

in·ter·'dic·to [イン.テる.'ディク.ト] 名 男 〔法〕禁止, 禁令　~, **-ta** 形 〔法〕禁止された

in·ter·dis·ci·pli·'nar 形 ⇩ interdisciplinario

in·ter·dis·ci·pli·na·rie·'dad [イン.テる.ディ(ス).すぃ.プリ.ナ.りエ.'ダド] 名 女 学際性

in·ter·dis·ci·pli·'na·rio, -ria [イン.テる.ディ(ス).すぃ.プリ.'ナ.りオ, りア] 形 学際の, 学際的な

‡in·te·'rés [イン.テ.'れス] 73% 名 男 興味, 関心, 好奇心; 興味の対象, 関心事, 趣味; おもしろ味, 興味あること; 利害(関係); 利益, (…の)ため; 〔商〕利息, 利子; 〔複〕財産　***dar a*** ~〔商〕利子をつけて金を貸す　***en*** ~ ***de*** … …のために, …用に

‡in·te·re·'sa·do, -da [イン.テ.れ.'サ.ド, ダ] 87% 形 (en, por: に)興味を持った; 利害関係を持つ, 関係している; 打算的な, 私心のある 名 男 女 関係者, 当事者; 関心のある人; 打算的な人

‡in·te·re·'san·te [イン.テ.れ.'サン.テ] 79% 形 興味のある, おもしろい; «人が»魅力的な, 印象的な　***en estado*** ~〔医〕妊娠した　***hacerse el*** [***la***] ~ 目立とうとする　***precio*** ~ 特価, 安価

in·te·re·san·'tí·si·mo, -ma [イン.テ.れ.サン.'ティ.スィ.モ, マ] 形 〔絶対最上級〕⬆interesante

‡in·te·re·'sar [イン.テ.れ.'サる] 76% 動 他 〈に〉興味を起こさせる, 〈に〉関心を持たせる; (a, en: に)関係させる, 引き入れる, 参加させる; 〈健康などを〉損ねる 動 自 重要である, 興味ある, 関係する　**~se** 動 再 (en, por: に)関心がある, 興味がある; (por: の容態を)聞く

in·te·r|es·te·'lar [イン.テ.れス.テ.'ラる] 形 〔天〕恒星間の

in·te·'r|ét·ni·co, -ca [イン.テ.'れト.ニ.コ, カ] 形 民族間の

in·ter·'fa·se [イン.テる.'ファ.セ] 名 女 〔生〕(細胞分裂の)間期; 〔物〕〔化〕分裂相面

in·ter·'faz [イン.テる.'ファす] 名 男 [女] 〔情〕インターフェース　~ ***gráfico de usuario*** 〔情〕グラフィカルユーザーインターフェース (**GUI**)

in·ter·'fec·to, -ta [イン.テる.'フェク.ト, タ] 形 名 男 女 〔法〕殺された; 〔法〕(殺人による)死者; 《スペイン》《話》話題の人, 当人

in·ter·fe·'ren·cia [イン.テる.フェ.'れン.すぃア] 名 女 妨害, じゃま, 干渉, 衝突; 〔物〕(電波などの)干渉, (通信の)混信; 〔競〕妨害, インターフェア

***in·ter·fe·'rir** [イン.テる.フェ.'りる] 94% 動 他 65 (e|ie|i) 〈の〉じゃまをする, 妨害する, 妨げる 動 自 (en, con: に)干渉する, 口出しする

in·ter·fe·'rón [イン.テる.フェ.'ろン] 名 男 〔医〕インターフェロン《ウイルス感染によって細胞内に生成される蛋白質, ウイルス抑制因子》

in·ter·'fo+no [イン.テる.'フォ.ノ] 名 男 〔電〕インターフォン, 屋内電話

in·ter·ge·ne·ra·cio·'nal [イン.テる.へ.ネ.ら.すぃオ.'ナル] 形 世代間の

'ín·te·rin ['イン.テ.りン] 名 男 合間, しばらくの間　***en el*** ~ その間に

in·te·ri·ni·'dad [イン.テ.り.ニ.'ダド] 名 女 《格》当座, 臨時, 暫定的なこと

in·te·'ri+no, -na [イン.テ.'り.ノ, ナ] 形 当座の, 臨時の, 仮の, 暫定的な 名 男 女 代わりの人, 代理人

‡in·te·'rior [イン.テ.'りオる] 78% 形 内部の, 内側の, 内面の; 奥地の, 内陸の; 国内の; 内面的な, 精神的な; 〔衣〕下着の 名 男 内部, 内側; 室内; 〔政〕内政, 内務; 〔地〕内地, 奥地; 〔しばしば複〕内心, 心理; 〔競〕〔サッカーなど〕インサイドフォワード; 〔複〕〔体〕

内臓 ～mente [副] 内側では; 内心では, 秘かに

in-te-rio-ri-'dad [イン.テ.りオ.り.'ダド] [名] 女 内部; 内面性, 内部性; 〔複〕私事, 個人の問題, うちわのこと

in-te-rio-ri-'zar [イン.テ.りオ.り.'さる] [動] 他 ㉞ (z|c) 〈に〉通じる, 精通する, 〈の〉知識を深める

in-ter-jec-'ción [イン.テる.へク.'すぃオン] [名] 女 〔言〕感嘆詞, 間投詞; 不意の発声, 感嘆

in-ter-jec-'ti-vo, -va [イン.テる.へク.'ティ.ボ, バ] [形] 〔言〕感嘆(詞)の, 間投詞の

in-ter-'lí-ne+a [イン.テる.'リ.ネ.ア] [名] 女 〔印〕差し鉛, インテル; 〔印〕行間のスペース

in-ter-li-ne+'a-do [イン.テる.リ.ネ.'ア.ド] [名] 男 〔印〕行間のスペース

in-ter-li-ne+'al [イン.テる.リ.ネ.'アル] [形] 〔印〕行間の

in-ter-lo-cu-'ción [イン.テる.ロ.ク.'すぃオン] [名] 女 対話, 対談

in-ter-lo-cu-'tor, -'to-ra [イン.テる.ロ.ク.'トる, 'ト.ら] [名] 男 女 対話者, 話し相手, 対談者

in-ter-'lu-dio [イン.テる.'ル.ディオ] [名] 男 〔楽〕間奏曲; 〔演〕幕間の寸劇

in-ter-me-dia-'ción [イン.テる.メ.ディア.'すぃオン] [名] 女 仲介, 仲裁, 媒介; 〔商〕仲買; 中継

in-ter-me-'diar [イン.テる.メ.'ディアる] [動] 自 仲介する, 仲裁する, 媒介する; 〔商〕仲買人となる; 中継する

***in-ter-me-'dia-rio, -ria** [イン.テる.メ.'ディア.りオ, りア] 93% [名] 男 女 仲介者, 仲裁人, 媒介者[物]; 〔商〕仲買人, ブローカー [形] 中間の, 中継の, 仲介の, 媒介の

***in-ter-'me-dio, -dia** [イン.テる.'メ.ディオ, ディア] 92% [形] 中間の, 中ぐらいの [名] 男 〔演〕〔映〕幕間(まくあい), 休憩時間; 〔競〕ハーフタイム; 〔政〕(議会の)休会; 〔法〕(法廷の)休廷; 〔楽〕間奏曲 *en el ～* その間, そうしているうちに *por ～ de* … …を介して

in-ter-mi-'na-ble [イン.テる.ミ.'ナ.ブレ] [形] 果てしない, 限りない, いつまでも続く

in-ter-mi-nis-te-'rial [イン.テる.ミ.ニス.テ.'りアル] [形] 〔政〕各省(庁)にまたがる

in-ter-mi-'ten-cia [イン.テる.ミ.'テン.すぃア] [名] 女 断続, 間欠, 間断

in-ter-mi-'ten-te [イン.テる.ミ.'テン.テ] [形] 断続する, 間欠性の [名] 男 〔機〕点滅灯; 〔車〕ウインカー

in-'ter-na [形] 《女》 ↓interno

in-ter-na-'ción [イン.テる.ナ.'すぃオン] [名] 女 収容; 入院; 導入; 侵入

****in-ter-na-cio-'nal** [イン.テる.ナ.すぃオ.'ナル] 76% [形] 国際的な, 国家間の, 国際上の [名] 男 〔競〕国際試合; 国際試合出場選手; 〔la I～〕〔政〕国際労働者同盟, インターナショナルの歌

in-ter-na-cio-na-'lis-mo [イン.テる.ナ.すぃオ.ナ.'リス.モ] [名] 男 〔政〕国際(協調)主義, インターナショナリズム

in-ter-na-cio-na-'lis-ta [イン.テる.ナ.すぃオ.ナ.'リス.タ] [形] [名] 共 〔政〕国際協調主義の[主義者]; 〔法〕国際法の[法学者]

in-ter-na-cio-na-li-za-'ción [イン.テる.ナ.すぃオ.ナ.リ.さ.'すぃオン] [名] 女 国際化

in-ter-na-cio-na-li-'zar [イン.テる.ナ.すぃオ.ナ.リ.'さる] [動] 他 ㉞ (z|c) 国際化する ～se [動] 再 国際化する

in-ter-'na-do, -da [イン.テる.'ナ.ド, ダ] [名] 男 女 〔集合〕寄宿生, 寮生 [名] 男 寄宿学校, 全寮制の学校 [形] 拘禁された; 収容された

in-ter-na-'mien-to [イン.テる.ナ.'ミエン.ト] [名] 男 収容, 入院; 拘禁

in-ter-'nar [イン.テる.'ナる] [動] 他 (en: 病院に)収容する, 入院させる; 〈捕虜などを〉監禁する, 拘禁する; 奥地[内陸]に連れていく ～se [動] 再 (en: に)深入りする, 深く入り込む; 〔競〕(por: を)突破する; (en: を)深く掘り下げる

in-ter-'nau-ta [イン.テる.'ナウ.タ] [名] 共 〔情〕インターネット使用者

****in-ter-'net** ⇔In- ['インテるネト] 79% [名] 女 ⇔ 男 〔情〕インターネット *direc-ción de ～* 〔情〕インターネットアドレス *protocolo de ～* 〔情〕インターネットプロトコル (**IP**)

in-ter-'nis-ta [イン.テる.'ニス.タ] [形] [名] 共 〔医〕内科医(の)

****in-'ter+no, -na** [イン.'テる.ノ, ナ] 81% [形] 内部の; 国内の; 〔政〕内政の; 寄宿生の; 〔医〕内服の; 内科の [名] 男 女 〔医〕(病院の)インターン; 寄宿生, 寮生

inter nos [イン.テる 'ノス] [副] 〔ラテン語〕 私たちの間だけで; ここだけの話で

in-ter-par-la-men-'ta-rio, -ria [イン.テる.パる.ラ.メン.'タ.りオ, りア] [形] 〔政〕(各国の)議会間の

in-ter-pe-la-'ción [イン.テる.ペ.ラ.'すぃオン] [名] 女 《格》〔政〕議会での質問; 《格》請願

in-ter-pe-'lar [イン.テる.ペ.'ラる] [動] 他 《格》〔政〕(議会で)〈大臣に〉質問する, 〈に〉説明を求める; 《格》〈法律・世論などに〉訴える, 請願する

in-ter-per-so-'nal [イン.テる.ペる.ソ.'ナル] [形] 個人間の, 対人の

in-ter-pla-ne-'ta-rio, -ria [イン.テる.プラ.ネ.'タ.りオ, りア] [形] 〔天〕惑星間の, 惑星と太陽間の

in-ter-'pol [イン.テる.'ポル] [名] [女] =〔英語〕*International Criminal Police Organization* 〔政〕国際刑事警察機構

in-ter-po-la-'ción [イン.テる.ポ.ラ.'すぃオン] [名] [女] 書き込み, 加筆, 改竄(かいざん)

in-ter-po-'lar [イン.テる.ポ.'ラる] [動] [他] 〈語句を〉入れて原文に手を加える, 加筆する

***in-ter-po-'ner** [イン.テる.ポ.'ネる] 93% [動] [他] 53 〔poner; 命 -pón〕間にはさむ[置く], 挿入する; 介在させる, 間に置く; 〔法〕控訴する, 請求する **~se** [動] [再] (en, entre: に)干渉する, 介入する; (en, entre: の間に)起こる, はさまる, 介在する

in-ter-'pon-go, -ga(~) [動] 《直現1単, 接現》 ⬆interponer

in-ter-po-si-'ción [イン.テる.ポ.スィ.'すぃオン] [名] [女] 介在, 介入, 干渉, 仲裁

⁑in-ter-pre-ta-'ción [イン.テる.プれ.タ.'すぃオン] 87% [名] [女] 解釈, 説明; 翻訳, 通訳; 〔楽〕演奏; 〔演〕演出, 演技

⁑in-ter-pre-'tar [イン.テる.プれ.'タる] 87% [動] [他] 解釈する, 説明する, 判断する; 通訳する, 翻訳する; 〔楽〕演奏する, 歌う; 〔演〕演じる

in-ter-pre-ta-'ti-vo, -va [イン.テる.プれ.タ.'ティ.ボ, バ] [形] 通訳の; 解釈の, 説明の; 〔楽〕演奏の; 〔演〕演技の

***in-'tér-pre-te** [イン.'テる.プれ.テ] 92% [名] [共] 通訳者; 解釈者, 説明者; 〔楽〕演奏者; 〔演〕俳優, 役者

in-ter-'pues-to, -ta [動] 《過分》 ⬆interponer

in-ter-'pu-s~ [動] 《直点/接過》 ⬆interponer

in-ter-ra-'cial [イン.テ.ら.'すぃアル] [形] 人種間の

in-ter-re-gio-'nal [イン.テ.れ.ひオ.'ナル] [形] 地域間の

in-ter-'reg-no [イン.テ.'れグ.ノ] [名] [男] 〔政〕(帝王の崩御・廃位などによる)空位期間; 〔政〕(政治の)空白期間, (議会の)休会期間

in-ter-re-la-'ción [イン.テ.れ.ラ.'すぃオン] [名] [女] 相互関係

in-ter-re-la-cio-'nar [イン.テ.れ.ラ.すぃオ.'ナる] [動] [他] 相互に関係させる

***in-te-rro-ga-'ción** [イン.テ.ろ.ガ.'すぃオン] 94% [名] [女] 質問, 尋問, 審問; 〔言〕疑問

in-te-rro-'gan-te [イン.テ.ろ.'ガン.テ] [形] 質問する, 疑問の [名] [男] [[女]] 問題点, 疑問点, 不明な点; 〔言〕疑問符 [名] [共] 尋問者, 質問者

***in-te-rro-'gar** [イン.テ.ろ.'ガる] 93% [動] [他] 41 (g|gu) 〈に〉質問する, 尋問する, 審問する

in-te-rro-ga-'ti-vo, -va [イン.テ.ろ.ガ.'ティ.ボ, バ] [形] 〔言〕疑問の; 疑問の, 疑問を表す, いぶかしげな, 不審そうな [名] [男] 〔言〕疑問詞

in-te-rro-ga-'to-rio, -ria [イン.テ.ろ.ガ.'ト.りオ, りア] [形] 尋問, 審問, 尋問書

***in-te-rrum-'pir** [イン.テ.るン.'ピる] 91% [動] [他] 〈の〉じゃまをする, さえぎる; 〈人の話に〉口をはさむ; 中断する, 打ち切る, 中止する **~se** [動] [再] 中断する

***in-te-rrup-'ción** [イン.テ.るプ.'すぃオン] 93% [名] [女] 中断, 妨害, 不通

in-te-rrup-'tor [イン.テ.るプ.'トる] [名] [男] 〔電〕スイッチ, 開閉器 **~, -tora** [形] さえぎる, 中途妨害する

in-ter-sec-'ción [イン.テる.セク.'すぃオン] [名] [女] 交差, 横断, (道路の)交差点; 〔数〕交わり, 交点, 交線

in-ter-se-'xual [イン.テる.セク.'スアル] [形] 異性間の

in-ters-ti-'cial [イン.テ(る)ス.ティ.'すぃアル] [形] 《格》間隙(かんげき)の, 裂け目の

in-'ters-ti-cio [イン.'テ(る)ス.ティ.すぃオ] [名] [男] (狭い)すき間, 割れ目; 時間の間隔

in-ter-tex-tua-li-'dad [イン.テる.テ(ク)ス.トゥア.リ.'ダド] [名] [女] 〔文〕テクストの相互関連性, 間テクスト性

in-ter-tro-pi-'cal [イン.テる.トろ.ピ.'カル] [形] 南北回帰線間の, 熱帯の

in-te-r|ur-'ba-no, -na [イン.テ.るる.'バ.ノ, ナ] [形] 都市間の

⁑in-ter-'va-lo [イン.テる.'バ.ロ] 90% [名] [男] (時間の)間隔, 隔たり, 合間; (空間の)間隔, 隔たり, すき間, 距離; (性質などの)差異, 隔たり; 〔楽〕音程 ***a ~s*** 時おり; とびとびに, 間をおいて, あちこちに ***a ~s de ...*** …の間隔をおいて ***en el ~ de ...*** …の間に

⁑in-ter-ven-'ción [イン.テる.ベン.'すぃオン] 85% [名] [女] 介入, 内政干渉; 調停, 仲裁; 関与, 参加; 会計検査, 監査; 〔医〕手術

in-ter-ven-cio-'nis-mo [イン.テる.ベン.すぃオ.'ニス.モ] [名] [男] 〔政〕干渉主義, 干渉政策

in-ter-ven-cio-'nis-ta [イン.テる.ベン.すぃオ.'ニス.タ] [形] 〔政〕干渉主義の [名] [共] 〔政〕干渉主義者

in-ter-ven-dr~ [動] 《直未/過未》 ⬇intervenir

in-ter-'ven-go, -ga(~) [動] 《直現1単, 接現》 ⬇intervenir

⁑in-ter-ve-'nir [イン.テる.ベ.'ニる] 85%

動 自 ⑦③ (venir)〔命 intervén〕(en: に)参加する, あずかる, 関係する; (en: に)干渉する, 口出しする; (en: を)仲裁する, (en: の)中に入る; 起こる, 生じる 動 他 《警察が》〈電話を〉盗聴する; 〈会計を〉検査する, 監査する; 〔政〕政府の統制下に置く; 〔医〕手術する

in-ter-ven-'tor, -'to-ra [イン.テる.ベン.'トる, 'ト.ら] 名 男 女 検査官, 監査人, 立会人; 会計検査官; 仲裁者

in-ter-'vie-n~; in-ter-vi-n~ 動 《活用》↑intervenir

in-ter-'viú [イン.テる.'ビウ] 名 男 〔複 -viúes⇔-viús〕 会見, 対談, インタビュー; 面接

in-ter-vo-'cá-li-co, -ca [イン.テる.ボ.'カ.リ.コ, カ] 形 〔音〕母音間の

in-tes-'ta-do, -da 形 遺言状を残さない 名 男 女 〔法〕無遺言死亡者

in-tes-ti-'nal [イン.テス.ティ.'ナル] 形 〔体〕腸の

in-tes-'ti+no, -na 形 《格》内部の; 国内の; 内輪の 名 男 〔体〕腸

'in+ti 名 男 〔歴〕〔経〕インティ《ペルーの旧通貨》 I~ 名 固 〔歴〕インティ《インカの太陽神》

In-ti-bu-'cá 名 固 〔地名〕インティブカ《ホンジュラス西部の県》

in-ti-'fa-da 名 女 〔政〕インティファーダ《イスラエル占領地でのパレスチナ住民の抗議運動》

in-ti-ma-'ción [イン.ティ.マ.'すぃオン] 名 女 通達, 通告, 通知

in-ti-'mar [イン.ティ.'マる] 動 他 通達する, 通告する; 命令する, 〈に〉命令[指令]を伝える ~(se) 動 自 (再) (con: と) 親しくなる

in-ti-mi-da-'ción [イン.ティ.ミ.ダ.'すぃオン] 名 女 威嚇(いかく), 脅迫, おどし

*__in-ti-mi-'dad__ 91% 名 女 親密さ, 親交; 私生活, 個人の生活, プライバシー; 〔集合〕家族, ごく親しい人, 身内, 内輪; 〔複〕陰部, 性器

in-ti-mi-'dar [イン.ティ.ミ.'ダる] 動 他 威嚇(いかく)する, おどす, 脅迫する ~se 動 再 (de: を)恐れる, (de: で)おびえる, おじけづく

in-ti-mi-da-'to-rio, -ria [イン.ティ.ミ.ダ.'ト.りオ, りア] 形 威嚇(いかく)する, 脅迫的な

in-ti-'mis-ta 形 名 共 〔文〕〔美〕内面派の(芸術家)

'ín-ti-mo, -ma 89% 形 親しい, 親密な, 懇意な; 内心の, 個人的な, 内密の, 心の底からの, 心に訴える; 《男女が》性的関係にある; 《場所・集まりが》気が許せる, くつろげる, くだけた, 居心地のよい; 〔体〕陰部の 名 男 女 親しい人 -mamente 副 緊密に, 密接に; 親しく, 親密に

in-ti-tu-'lar [イン.ティ.トゥ.'ラる] 動 他 《格》〈本などを〉(名詞: と)題する; 〈に〉名称[称号]を与える ~se 動 再 《格》…という題になる; …という称号を名乗る

in-to-'ca-ble [イン.ト.'カ.ブレ] 形 触れることのできない, 不可侵の

in-to-le-'ra-ble [イン.ト.レ.'ら.ブレ] 形 耐えられない, 我慢できない

in-to-le-'ran-cia [イン.ト.レ.'らン.すぃア] 名 女 耐えられないこと, 狭量, 不寛容

in-to-le-'ran-te [イン.ト.レ.'らン.テ] 形 (con: に対して)狭量な, 寛容でない, 耐えられない

in-'ton-so, -sa 形 髪を切らない, 長髪の; 無知の

in-to-xi-ca-'ción [イン.トク.スィ.カ.'すぃオン] 名 女 〔医〕中毒

in-to-xi-'ca-do, -da [イン.トク.スィ.'カ.ド, ダ] 形 〔医〕中毒にかかった 名 男 女 〔医〕中毒患者

in-to-xi-'car [イン.トク.スィ.'カる] 動 他 ⑥⑨ (c|qu) 〔医〕〈に〉中毒を起こす ~-se 動 再 〔医〕中毒にかかる

intr. 略 ↓intransitivo

in-tra-'dós [イン.トら.'ドス] 名 男 〔建〕(アーチの)内輪(うち)

in-tra-du-'ci-ble [イン.トら.ドゥ.'すぃ.ブレ] 形 翻訳できない

in-tra-'mu-ros [イン.トら.'ム.ろス] 副 城壁の中で

in-tra-mus-cu-'lar [イン.トら.ムス.ク.'ラる] 形 〔医〕筋肉内の

in-tra-'net [イン.'トら.ネト] 名 女 〔情〕イントラネット《社内ネットワークなど》

in-tran-qui-li-'dad [イン.トらン.キ.リ.'ダド] 名 女 不安, 心配

in-tran-qui-li-za-'dor, -'do-ra [イン.トらン.キ.リ.さ.'ドる, 'ド.ら] 形 不安にさせる, 心配させる

in-tran-qui-li-'zar [イン.トらン.キ.リ.'さる] 動 他 ③④ (z|c) 不安にする, 心配させる ~se 動 再 (de, por: に)不安になる

in-tran-'qui-lo, -la [イン.トらン.'キ.ロ, ラ] 形 (con, de, por: で)不安な, 心配な; 落ち着かない, 騒がしい

in-trans-cen-'den-cia 名 女 ⇩ intrascendencia

in-trans-cen-'den-te 形 ⇩ intrascendente

in-trans-fe-'ri-ble [イン.トら(ン)ス.フェ.'り.ブレ] 形 譲渡不能の

in-tran-si-'gen-cia [イン.トらン.スィ.'ヘン.すぃア] 名 女 折り合わないこと, 妥協[譲歩]しないこと, 強情

in-tran-si-'gen-te [イン.トらン.スィ.

'ヘン.テ] 形 非妥協的な, 強情な, 一徹な

in-tran-si-'ta-ble [イン.トらン.スィ.'タ.ブレ] 形 通り抜けられない, 通れない, 通行止めの, 横断できない, 通りにくい

in-tran-si-'ti-vo [イン.トらン.スィ.'ティ.ボ] 名 男 〔言〕自動詞 **~, -va** 形 〔言〕自動詞の

in-trans-mi-'si-ble [イン.トら(ン)ス.ミ.'スィ.ブレ] 形 伝達できない

in-tras-cen-'den-cia [イン.トら(ス).せン.'デン.すぃア] 名 女 重要でないこと, 取るに足らないこと

in-tras-cen-'den-te [イン.トら(ス).せン.'デン.テ] 形 重要でない, 取るに足らない

in-tra-'ta-ble [イン.トら.'タ.ブレ] 形 非社交的な, つきあいの悪い; 手に負えない, 扱いにくい

in-tra-'tar [イン.トら.'タる] 動 他 《中米》《話》侮辱する, ひどい扱いをする

in-tra-u-te-'ri+no, -na [イン.トらウ.テ.'リ.ノ, ナ] 形 〔医〕子宮内の

in-tra-ve-'no-so, -sa [イン.トら.ベ.'ノ.ソ, サ] 形 〔体〕静脈(内)の

in-tre-pi-'dez [イン.トれ.ピ.'デす] 名 女 大胆, 剛勇; 無謀

in-'tré-pi-do, -da [イン.'トれ.ピ.ド, ダ] 形 勇敢な, 大胆な; 無謀な

in-'tri-ga [イン.'トり.ガ] 名 女 陰謀, たくらみ; 〔文〕〔演〕(芝居・小説などの)筋, 仕組み, プロット

in-tri-'gan-te [イン.トり.'ガン.テ] 形 陰謀をめぐらす, 策略にたけた; 興味をそそる 名 共 陰謀者, 策略家

in-tri-'gar [イン.トり.'ガる] 動 自 ㊶ (g|gu) (contra: に)陰謀を企てる, 術策をめぐらす 動 他 好奇心[興味]をそそる; 気がかりにさせる

in-trin-'ca-do, -da [イン.トりン.'カ.ド, ダ] 形 もつれた, 入り組んだ, 複雑な, 込み入った, 難解な

in-trin-'car [イン.トりン.'カる] 動 他 ㊴ (c|qu) もつれさせる, 複雑にする

in-'trín-gu-lis [イン.'トりン.グ.リス] 名 男 〔単複同〕《話》難しい点, 困難; 《話》隠された動機, 底意; 《話》なぞ, 不可解なもの

in-'trín-se-co, -ca [イン.'トりン.セ.コ, カ] 形 《格》(a, en: に)固有の, 本質的な, 内在的な

in-tr(o)~, in-tra~ 〔接頭辞〕「中・内部」という意味を示す

***in-tro-duc-'ción** [イン.トろ.ドゥク.'すぃオン] 91% 名 女 序論, 序説, 序文; 入門, 入門書, 案内書; 取り入れること, 導入, 挿入, 差し込み; 〔楽〕序奏, イントロ; 紹介; 加入, 参入

in-tro-du-'cir [イン.トろ.ドゥ.'すぃる] 動 他 ⑮ (c|zc; j) 取り入れる, 導入する, 伝える; 導き入れる, 案内する; 持ち込む; 《格》差し込む, 入れる, 挿入する, はさむ; 引き起こす, もたらす; (a: 学問・技術などに)手引きする, 初めて教える **~se** 動 再 入る, 侵入する; 受け入れられる, 取り入れられる, 導入される

in-tro-duc-'tor, -'to-ra [イン.トろ.ドゥク.'トる, 'ト.ら] 名 男 女 導入者, 紹介者, 案内者 形 導入(部)の

in-tro-duc-'to-rio, -ria [イン.トろ.ドゥク.'ト.りオ, りア] 形 導入的な, 入門の, 紹介の; 前置きの, 序言の

in-tro-'du-j~ 動 《直点/接過》 ↑introducir

in-tro-'duz-co, -ca(~) 動 《直現1単, 接現》 ↑introducir

in-'troi-to [イン.'トろイ.ト] 名 男 〔宗〕(ミサの)入祭文, 入進唱; 〔歴〕〔演〕(古代劇の)前口上

in-tro-mi-'sión [イン.トろ.ミ.'スィオン] 名 女 侵入, 干渉

in-tros-pec-'ción [イン.トろス.ペク.'すぃオン] 名 女 内省, 内観, 自己反省

in-tros-pec-'ti-vo, -va [イン.トろス.ペク.'ティ.ボ, バ] 形 内省の, 内観の, 自己反省の

in-tro-ver-'sión [イン.トろ.べる.'スィオン] 名 女 内向(性)

in-tro-'ver-so, -sa [イン.トろ.'べる.ソ, サ] 形 内向的な

in-tro-ver-'ti-do, -da [イン.トろ.べる.'ティ.ド, ダ] 形 名 男 女 内向的な(人)

in-tru-'sión [イン.トる.'スィオン] 名 女 侵入, 侵害, 介入

in-tru-'sis-mo [イン.トる.'スィス.モ] 名 男 〔法〕無資格の営業, もぐり

in-'tru-so, -sa [イン.'トる.ソ, サ] 形 侵入した; 〔法〕無資格の; 侵入者, 乱入者, 部外者, よそ者 名 男 女 〔法〕無資格者

in-tu-ba-'ción [イン.トゥ.バ.'すぃオン] 名 女 〔医〕挿管(法)

in-tu-'bar [イン.トゥ.'バる] 動 他 〔医〕挿管する

***in-tui-'ción** [イン.トゥ.'すぃオン] 93% 名 女 直観, 直観力, 直観的知識; 直覚(的洞察)

in-'tuir [イン.'トゥイる] 動 他 ㊲ (-y-) 直観する, 〈が〉直観的にわかる

***in-tui-'ti-vo, -va** [イン.トゥイ.'ティ.ボ, バ] 94% 形 直観的な, 直観的にわかる, 直観力のある **-vamente** 副 直観的に

in-'tu-y~ 動 《活用》 ↑intuir

***i+nun-da-'ción** [イ.ヌン.ダ.'すぃオン] 93% 名 女 大水, 氾濫(はんらん), 浸水, 洪水; 充満, 殺到

i+nun-'da-do, -da 形 水浸しの; (de: で)いっぱいの

***i+nun-'dar** [イ.ヌン.'ダる] 94% 動 他 氾濫(はんらん)させる, 水浸しにする; いっぱいにする, 充満させる, あふれさせる, 押し寄せる ~-**se** 動 再 氾濫する, 水があふれる; (de, en, con: で)あふれる

i+n|ur-'ba+no, -na [イ.ヌる.'バ.ノ, ナ] 形 名 男 女 《格》礼儀を知らない(人), 粗野な(人)

i+n|u-'sa-ble [イ.ヌ.'サ.ブレ] 形 使えない

i+nu-si-'ta-do, -da 形 《格》普通でない, 異常な, 並外れた

i+n|u-'sual [イ.ヌ.'スアル] 形 異常な, 普通でない

****i+'n|ú-til** [イ.'ヌ.ティル] 90% 形 名 共 無益な, むだな, むなしい; (para: に)役に立たない, 使いものにならない; (de: 身体が)不自由な; 《話》役立たず(の人)

i+n|u-ti-li-'dad [イ.ヌ.ティ.リ.'ダド] 名 女 役に立たないこと, 無用, 無益; 役に立たない物; 《話》〔人〕役立たず

i+n|u-ti-li-'za-ble [イ.ヌ.ティ.リ.'さ.ブレ] 形 役に立たない, 無用な, 使えない

i+n|u-ti-li-'zar [イ.ヌ.ティ.リ.'さる] 動 他 ㉞ (z|c) 役に立たなくする, 無用にする, 壊す, 使えなくする, だいなしにする

i+'n|ú-til-'men-te [イ.'ヌ.ティル.'メン.テ] 副 役に立たずに, むだに, 無益に, むなしく

***in-va-'dir** [イン.バ.'ディる] 91% 動 他 侵略する, 〈に〉侵入する, 侵攻する, 〈に〉攻め込む; «大勢が»〈に〉押し寄せる, 〈に〉大量に入り込む, 〈に〉なだれ込む; «病気・音・感情などが»襲う; 〈権利などを〉侵害する, 侵す

in-va-li-da-'ción [イン.バ.リ.ダ.'すぃオン] 名 女 無効, 失効

in-va-li-'dar [イン.バ.リ.'ダる] 動 他 無効にする

in-va-li-'dez [イン.バ.リ.'デす] 名 女 無効; 就労不能; 〖医〗身体障害

***in-'vá-li-do, -da** [イン.'バ.リ.ド, ダ] 94% 形 〖医〗肢体不自由の, 身体障害の, (de: が)不自由な; 〖法〗(法的に)無効な 名 男 女 〖医〗身体障害者; 〖軍〗傷病兵

in-va-lo-'ra-ble [イン.バ.ロ.'ら.ブレ] 形 《南米》計り知れない, 貴重な

in-va-'lua-ble [イン.バ.'ルア.ブレ] 形 計り知れない, 貴重な

in-va-ria-bi-li-'dad [イン.バ.りア.ビ.リ.'ダド] 名 女 不変(性)

in-va-'ria-ble [イン.バ.'りア.ブレ] 形 不変の, 一定の ~**mente** 副 一定して, 変わらず

in-va-'rian-te [イン.バ.'りアン.テ] 名 女 〖数〗不変量

***in-va-'sión** [イン.バ.'スィオン] 92% 名 女 侵入, 侵略, 侵攻; 氾濫(はんらん), 蔓延(まんえん)

***in-va-'sor, -'so-ra** [イン.バ.'ソる, 'ソ.ら] 94% 形 侵略する, 侵入する 名 男 女 侵略者[国], 侵入者[軍]

in-vec-'ti-va [イン.ベク.'ティ.バ] 名 女 毒舌, 非難, 罵倒(ばとう), 侮辱的言辞

***in-ven-'ci-ble** [イン.ベン.'すぃ.ブレ] 94% 形 無敵の; 克服しがたい

***in-ven-'ción** [イン.ベン.'すぃオン] 92% 名 女 発明, 考案, 発明品; でっちあげ, 捏造(ねつぞう), つくりごと; 発見

****in-ven-'tar** [イン.ベン.'タる] 87% 動 他 発明する, 考案する, (最初に)考え出す; 《話》でっちあげる, 〈言いわけなどを〉こしらえる ~-**se** 動 再 発明される, 考案される; (自分で)作る, でっちあげる

in-ven-ta-'riar [イン.ベン.タ.'りアる] 動 他 〖商〗〈家財・商品などを〉目録に記入する, 〈の〉目録を作る

in-ven-'ta-rio [イン.ベン.'タ.りオ] 名 男 〖商〗(商品・家財・財産などの)(在庫)目録, 棚卸し表; 在庫調べ, 棚卸し

in-ven-'ti-vo, -va [イン.ベン.'ティ.ボ, バ] 形 発明の(才のある), 創意に富む **-va** 名 女 発明の才, 創意, 創造力, 独創性

***in-'ven-to** [イン.'ベン.ト] 93% 名 男 発明, 発明品

***in-ven-'tor, -'to-ra** [イン.ベン.'トる, 'ト.ら] 94% 名 男 女 発明者, 考案者

in-ver-'ná+cu-lo [イン.べる.'ナ.ク.ロ] 名 男 温室

in-ver-'na-da [イン.べる.'ナ.ダ] 名 女 冬, 冬季; 冬をしのぐこと, 越冬; 〖動〗冬眠; 避寒; 《ラ米》〖畜〗冬の牧草地

in-ver-na-'de-ro [イン.べる.ナ.'デ.ろ] 名 男 温室; 避寒地; 〖畜〗冬の牧草地

in-ver-'nal [イン.べる.'ナル] 形 冬の, 冬季の, 冬のように寒い 名 男 〖畜〗冬用の家畜小屋

in-ver-'nar [イン.べる.'ナる] 動 自 ㊿ (e|ie) 冬を過ごす, 越冬する, 冬をしのぐ, 避寒する; 〖動〗冬眠する

in-ver-'na-zo [イン.べる.'ナ.そ] 名 男 《中米》〖気〗雨期 《7 月から 9 月》

***in-ve-ro-'sí-mil** [イン.べ.ろ.'スィ.ミル] 94% 形 《格》ありそうもない, 本当らしくない, うそのような

in-ve-ro-si-mi-li-'tud [イン.べ.ろ.スィ.ミ.リ.'トゥド] 名 女 ありそうもないこと, 本当らしくないこと

****in-ver-'sión** [イン.べる.'スィオン] 83% 名 女 〖商〗投資, 出資; さかさま(にすること), 逆(にすること), 反対, 逆転, 転倒, 転置; 性的倒錯, 同性愛

in-ver-sio-'nis-ta [イン.べる.スィオ.'ニス.タ] 名 共 〖商〗投資家, 出資者

in-'ver-so, -sa** [イン.'べる.ソ, サ] 93% 形 逆の, 反対の, 倒置の, 転倒した ***a [***por***] ***la inversa*** 反対に ***a la inversa***

de … …とは逆に *y a la inversa* 逆もまたしかり

in-ver-'sor, -'so-ra [イン.べる.'ソる, 'ソ.ら] [形]〔商〕投資の [名] [男] [女]〔商〕投資家

in-ver-te-'bra-do, -da [イン.べる.テ.'ブら.ド, ダ] [形]〔動〕脊椎(せきつい)のない, 背骨のない;《格》気骨[気力, 活力]のない [名] [男]〔動〕無脊椎動物

in-ver-'ti-do, -da [イン.べる.'ティ.ド, ダ] [形] 逆さの, あべこべの; 同性愛の [名] [男] [女] 同性愛者

****in-ver-'tir** [イン.べる.'ティる] 90% [動] [他] ㊺ (e|ie|i) 逆さにする, 逆[反対]にする, 転位[転倒]させる;〔商〕(en: に)投資する;〈時間を〉(en: に)費やす

in-ves-ti-'du-ra [イン.ベス.ティ.'ドゥ.ら] [名] [女] 叙任(式), (資格などの)授与

****in-ves-ti-ga-'ción** [イン.ベス.ティ.ガ.'すぃオン] 77% [名] [女] 調査, 研究, リサーチ; 研究論文, 調査報告

in-ves-ti-ga-'dor, -'do-ra [イン.ベス.ティ.ガ.'ドる, 'ド.ら] [形] 研究の, 調査の; 不審そうな, 探るような [名] [男] [女] 研究者; 調査者, 捜査官

****in-ves-ti-'gar** [イン.ベス.ティ.'ガる] 86% [動] [他] ㊶ (g|gu) 調査する, 調べる; 研究する

in-ves-'tir [イン.ベス.'ティる] [動] [他] ㊾ (e|i)《格》(con, de: 権力・地位を)授ける, 賦与する;《格》(con, de: に)任命する

in-ve-te-'ra-do, -da [イン.ベ.テ.'ら.ド, ダ] [形]《病気・慣習などが》根深い, しつこい, 頑固な

in-'via-ble [イン.'ビア.ブレ] [形] 実現しそうにない

in-'vic-to, -ta [イン.'ビク.ト, タ] [形] 負けたことのない, 不敗の, 無敵の; 征服されていない

in-vi-'den-te [イン.ビ.'デン.テ] [形]《格》盲目の, 目の見えない [名] [共] 盲人

****in-'vier+no** [イン.'ビエる.ノ] 85% [名] [男] 冬;《(中)(米)》《(アン)(デス)》〔気〕雨期

in-'vier-t~ [動]《直現/接現/命》↑invertir

in-vio-la-bi-li-'dad [イン.ビオ.ラ.ビ.リ.'ダド] [名] [女] 不可侵性[権]

in-vio-'la-ble [イン.ビオ.'ラ.ブレ] [形] 侵してはならない, 不可侵の

in-vir-t~ [動]《活用》↑invertir

in-vi-si-bi-li-'dad [イン.ビ.スィ.ビ.リ.'ダド] [名] [女] 目に見えないこと, 不可視性

***in-vi-'si-ble** [イン.ビ.'スィ.ブレ] 91% [形] 目に見えない, 肉眼で見えない; 表面に出ない, 隠れた

in-vis-t~ [動]《活用》↑investir

***in-vi-ta-'ción** [イン.ビ.タ.'すぃオン] 92% [名] [女] 招待, 招き, 案内; 勧誘, 招聘(しょうへい); 招待状; おごり

****in-vi-'ta-do, -da** [イン.ビ.'タ.ド, ダ] 89% [形] 招待された; おごられた [名] [男] [女] 招待客

****in-vi-'tar** [イン.ビ.'タる] 83% [動] [他] (a: へ)招待する, 招く; (a: へ)誘う, (a 不定詞: …するように)促す,〈に〉…する気を起こさせる;〈に〉(a: を)おごる ⇦《(ラ)(米)》〔各地〕(a: に)〈を〉おごる [動] [自] おごる, ごちそうする

in-vo-ca-'ción [イン.ボ.カ.'すぃオン] [名] [女]〔宗〕(神への)祈り, 祈願; 呪文

in-vo-'car [イン.ボ.'カる] [動] [他] ⑥⑨ (c|qu)〔宗〕〈神・聖人などに〉援助[加護]を求める,〈霊を〉呼び求める;〔法〕〈法などに〉訴える,〈法などを〉引き合いに出す, 援用する

in-vo-ca-'to-rio, -ria [イン.ボ.カ.'ト.りオ, りア] [形]〔宗〕祈願の; 呪文の

in-vo-lu-'ción [イン.ボ.ル.'すぃオン] [名] [女]〔生〕退化, 退行

in-vo-lu-'cra-do, -da [イン.ボ.ル.'クら.ド, ダ] [形] (en: に)巻き込まれた, 関係した

in-vo-lu-'crar [イン.ボ.ル.'クらる] [動] [他] (en: に)巻き込む, 巻き添えにする; (en: 文章・演説に)差し込む, 入れる, 持ち出す ～se [動] [再] (en: に)巻き込まれる

***in-vo-lun-'ta-rio, -ria** [イン.ボルン.'タ.りオ, りア] 94% [形] 不本意の; 無意識の, 何気なしの, 思わずの **-riamente** [副] 不本意に; 無意識に, 何気なしに, 思わず

in-vo-'qué, -que(~) [動]《直点 1 単, 接現》↑invocar

in-vul-ne-ra-bi-li-'dad [イン.ブル.ネ.ら.ビ.リ.'ダド] [名] [女] 不死身, (攻撃・非難に対して)すきのないこと, 不屈

in-vul-ne-'ra-ble [イン.ブル.ネ.'ら.ブレ] [形] 傷つけられない, 不死身の, (a: に)負けない, 動じない, 不屈の

***in-yec-'ción** [イン.ジェク.'すぃオン] 93% [名] [女]〔医〕注射; 注射液;〔機〕噴射; 投入;〔機〕注入

in-yec-'ta-ble [イン.ジェク.'タ.ブレ] [形]〔医〕注射可能な, 注射用の [名] [男]〔医〕注射液; 注入液

in-yec-'ta-do, -da [イン.ジェク.'タ.ド, ダ] [形] 充血した; 麻薬を打った, 麻薬中毒の

***in-yec-'tar** [イン.ジェク.'タる] 94% [動] [他]〔医〕注射する; (a, en: に)投入する, 注入する

in-yec-'tor [イン.ジェク.'トる] [名] [男] 注水器;〔医〕注射器

'Í+o [名] [固]〔ギ神〕イーオー《ゼウスが妻ヘラのねたみを恐れて雌牛に変えた女》

'ion [名] [女]〔化〕イオン

'ió-ni-co, -ca [形]〔化〕イオンの

io-ni-'zar [イオ.ニ.'さる] [動] [他] ㉞ (z|c)〔化〕イオン化する

io-nos-'fe-ra ⇔-'**nós-** ['イオ.ノス.'フェ.ら⇔.'ノス.] 名 女 〘気〙 **電離圏, 電離層**

'io+ta 名 女 〘言〙 イオータ 《ギリシャ語の文字 *I*, *ι*》

I+'pa-la [イ.'パ.ラ] 名 固 〔volcán de ～〕 〘地名〙 イパラ山 《グアテマラの火山, 1650m》

IPC 略 =índice de precios al consumidor 〘経〙 **消費者物価指数.**

'íp-si-lon ['イプ.スィ.ロン] 名 女 〘言〙 ユプシロン 《ギリシャ語の文字 *Υ*, *υ*》

ipso facto ['イプ.ソ 'ファク.ト] 副 〔ラテン語〕 ただちに; **その事実によって**, その結果

I+'qui-que [イ.'キ.ケ] 名 固 〘地名〙 イキーケ 《チリ北部の都市》

I+'qui-tos [イ.'キ.トス] 名 固 〘地名〙 イキートス 《ペルー北東部の都市, ロレト県 Loreto の県都》

'ir ['イる] 44% 動 自 ㊳ **1** 《移動を示す》 (1) (a: へ)**行く, 出かける, 進む, 動く**: Este año pienso **ir** a México. 私は今年メキシコに行こうと考えています。 (2) (a 不定詞: …しに)**行く**: **Iré** a la biblioteca a sacar unos libros. 私は何冊か本を借りに図書館に行くつもりだ。 (3) ((a) por: を)**取りに行く**, 呼びに行く: **Ve** por pan. パンを取っておいで。 **2** 《助動詞》 (1) 〔ir a …(不定詞)〕 **…しようとしている, …するつもりである**: ¿Qué **vas** a hacer este verano? この夏は何をするつもり? (2) 〔ir …(現在分詞)〕 (ある状態に)なる, …なりつつある, …しつつある: Ya **va** anocheciendo. もう夜になりつつある。 **3** 《進行を示す》 (1) «物事が»**進行する, 発展する, 展開する**: ¿Cómo **van** los negocios? 商売はどんな調子ですか。 (2) «時が»**過ぎ去る**: «El tiempo **ido** nunca vuelve.» 〔ことわざ〕 過ぎ去った時は二度と戻らない。 (3) «道が»行く, 続く, (a, hasta: に)達する: Hay un camino que **va** del pueblo al bosque. 村から森に行く道がある。 (4) **年齢が**(para: 歳に)**なろうとしている**: Mis padres ya **van** para los sesenta años. 私の両親はもう 60 歳になろうとしている。 (5) (de: の)**話題になる**: ¿De qué **va** la conversación? 何の話をしているのですか。 (6) (para: の)**職業に就こうとしている**: Cristóbal **iba** para abogado, pero cuando le tocó la lotería dejó de estudiar. クリストバルは弁護士になろうとしていたが宝くじがあたると勉強をやめてしまった。 (7) **番である, あたる**: ¿Quién **va** ahora? 今度は誰の番ですか。 **4** 《状態を示す》 (1) «物が» (en, por: に)**ある, 置かれる**, «人が»**いる**: ¿En qué página de la novela **vas**? 君は小説の何ページを読んでいるの? (2) «数・金額が»…**になる**: De tres a ocho **van** cinco. 3 から 8 までの数は 5 になる。 (3) (形容詞・副詞: ある状態に)ある, …になっている: Lo que te dije **iba** de broma, hombre. 君, 僕の言ったことは冗談だよ。 (4) (con: と)**合う**, うまく合う: Ese peinado **va** muy bien con tu cara. その髪型は君の顔によく似合う。 (5) (con: と)**関わりがある**: Esto no **va** contigo. これは君には関係ない。 (6) (en: に)かかっている, 依存する: Es una decisión muy importante. Nuestro futuro **va** en ella. それはとても重大な決定で私たちの未来はそれにかかっている。 (7) (por: のことを)**言う**: Esto que digo **va** por ti. 私の言っているのはお前のことだ。 **～se** 動 再 **1 行ってしまう, 出発する, 行く, 去る, 立ち去る, 帰る**: Ya tengo que **irme**. 私はもう帰らなくてはいけない。 **2** (a: から)**なくなる, 消える, 弱まる**: El dolor **se** le **fue** al rato de tomar la medicina. 痛みは薬を飲むとじきにおさまった。 **3** «液体・容器が»**漏れる**, こぼれる: A este vaso el agua **se** le **va**. このコップは水が漏れる。 **4 すべる, 思わず…してしまう**: ¡Ay, perdón! ¡**Se** me **fue** la lengua! ああ, すみません, つい口がすべってしまいました。 ***¿Cómo te [le] va?*** **元気?**, お元気ですか? ***¿Cuánto va [vas] a que …?*** …にいくら賭けますか[賭ける]? ***～ a lo suyo*** 《話》 **自分勝手なことをする** ***～ bien a …*** …によい, 都合がよい; うまくいく, 順調である; …**に似合う** ***～ de …*** 《話》 …**の役をする**, …の代わりをする ***～ detrás de …*** …**を追う**, 求める, 追い回す ***～ y …*** 《話》 なんと…してしまう 《驚き・意外性》 ***no vaya a ser que …*** (接続法) …しないように ***¡Que te [le] vaya bien*** **お元気で!**, ご機嫌よう! ***¡Qué va!*** 《話》 **とんでもない!**; 《話》 くだらない!, ばかな! ***sin ～ más lejos*** **手近な例では** ***¡Va por …!*** …**を祝って乾杯** 《祝杯をあげるときに使う》 ***¡Vamos!*** 《話》 **さあ!** 《相手を促すとき, 説得するとき, 励ますときに使う》; さあ, どうだか 《疑い》; **ええと**, あのう, まあ 《口ごもるときに使う》; **わあ**, おや 《驚き》; **いいかげんにしろ!** 《憤り》 ***¡Vamos a ver!*** **さて** 《相手の注目を引くとき》; **どれどれ** 《興味を示すとき》; **ええと** 《口ごもるとき》 ***¡Vamos allá!*** さあ, 元気を出して ***¡Vamos que …!*** **本当に, 絶対に** 《強調》 ***¡Vaya!*** 《話》 **あれ!**, まあ!, へえー! 《驚き・強調・失望・不快など》; **まあ, ねえ**, とにかく 《慰めや同情》 ***¡Vaya con …!*** …**には驚いた!** ***¡Voy!*** **はい!**, 今行きます! 《来るように言われたときの返事》

ir～ 〔接頭辞〕 ↑i(n)[1]–, i(n)[2]–

'i+ra ['イ.ら] 93% 名 女 **激怒, 怒り, 憤り, 憤怒, 立腹**

i+'rá, i+'rán, i+'rás, i+'ré, i+'réis, i+'re-mos 動 《未》 ↑ir

i+ra-'cun-dia [イ.ら.'クン.ディア] 名 女

《格》怒り, 憤慨; 短気

i+ra-'cun-do, -da [イ.ら.'クン.ド, ダ] 形 怒った, 憤慨した; かんしゃくもちの, 短気な

*__I+'rak__ [イ.'らク] 94% 名 固〔República de ～〕〘地名〙イラク《アジア南西部の共和国》

*__I+'rán__ [イ.'らン] 92% 名 固〔República Islámica de ～〕〘地名〙イラン《アジア南西部のイスラム共和国》

*__i+ra-'ní__ [イ.ら.'ニ] 93% 形 名 共〔複 -níes⇦-nís〕〘地名〙イラン(人)の, イラン人 ⬆Irán

i+'ra-nio, -nia 形 ⇧iraní; 〘言〙イラン語派の 名 男〘言〙イラン語派

I+'raq 名 固 ⇧Irak

*__i+ra-'quí__ [イ.ら.'キ] 形 名 共〔複 -quíes⇦-quís〕〘地名〙イラク(人)の, イラク人 ⬆Irak

i+ras-'ci-ble [イ.ら(ス).'すぃ.ブレ] 形 怒りっぽい, かんしゃくもちの, 短気な

I+'re-ne [イ.'れ.ネ] 名 固〘女性名〙イレーネ

ir-gu~ 動《活用》⬆erguir

i+ría(-) 動《過未》⬆ir

i+'ri-dio [イ.'り.ディオ] 名 男〘化〙イリジウム《元素》

i+ri-dis-'cen-cia [イ.り.ディ(ス).'セン.すぃア] 名 女《格》虹色, 玉虫色

i+ri-dis-'cen-te [イ.り.ディ(ス).'セン.テ] 形《格》虹色の, 玉虫色の

'i+ris ['イ.りス] 名 男〔単複同〕〘体〙(眼球の)虹彩(こうさい) *arco* ～ 虹

'I+ris ['イ.りス] 名 固〘ギ神〙イリス《虹の女神》

i+ri-sa-'ción [イ.り.サ.'すぃオン] 名 女《格》虹色のきらめき, 玉虫色の光彩

i+ri-'sar [イ.り.'サる] 動 自《格》虹色に輝く, 玉虫色に変化する

i+'ri-tis [イ.'り.ティス] 名 女〔単複同〕〘医〙虹彩炎

*__Ir-'lan-da__ [イる.'ラン.ダ] 93% 名 固〔República de ～〕〘地名〙アイルランド《アイルランド島南部を占める共和国》; 〘地名〙アイルランド島《グレートブリテン島西方の島》 ***Irlanda del Norte*** 北アイルランド

*__ir-lan-'dés, -'de-sa__ [イる.ラン.'デス, 'デ.サ] 93% 形〘地名〙アイルランド(人)の ⬆Irlanda; 〘言〙アイルランド語の 名 男 女 アイルランド人 名 男〘言〙アイルランド語

*__i+ro-'ní+a__ [イ.ろ.'ニ.ア] 92% 名 女 皮肉, あてこすり, 風刺, 反語; 皮肉な言動, 皮肉な事件

*__i+'ró-ni-co, -ca__ [イ.'ろ.ニ.コ, カ] 93% 形 皮肉な, 反語の 名 男 女 皮肉屋 **-camente** 副 皮肉を込めて, 皮肉っぽく, 反語的に

i+ro-'nis-ta [イ.ろ.'ニス.タ] 名 共 皮肉屋, 風刺作家

i+ro-ni-'zar [イ.ろ.ニ.'さる] 動 他 ㉞(z|c) 皮肉る, からかう

*__i+rra-cio-'nal__ [イ.ら.すぃオ.'ナル] 93% 形 不合理な, 理性のない, ばかげた

i+rra-dia-'ción [イ.ら.ディア.'すぃオン] 名 女 発光, 照射, 放射, 放熱

i+rra-'diar [イ.ら.'ディアる] 動 他 発散させる, 放射する; 〈影響などを〉広く及ぼす; 〘医〙〈に〉放射線治療をする **～se** 動 再《格》«影響などが» (a: に)広く及ぶ

i+rra-zo-'na-ble [イ.ら.そ.'ナ.ブレ] 形 道理に合わない, 筋の通らない, 常軌を逸した; 分別を欠く, 思慮のない; «値段·料金などが»不当な, むちゃな, 途方もない

i+rre+'al [イ.れ.'アル] 形 非現実的な, 実在しない, 想像上の, 架空の

i+rre+a-li-'dad [イ.れ.ア.リ.'ダド] 名 女 非現実(性), 実在しないもの, 虚構

i+rre+a-li-'za-ble [イ.れ.ア.リ.'さ.ブレ] 形 実現できない, 達成できない

i+rre-ba-'ti-ble [イ.れ.バ.'ティ.ブレ] 形 反論できない, 論破できない

i+rre-cha-'za-ble [イ.れ.チャ.'さ.ブレ] 形 拒否できない

i+rre-con-ci-'lia-ble [イ.れ.コン.すぃ.'リア.ブレ] 形 和解できない, 相容れない, 調和[両立]しない

i+rre-co-no-'ci-ble [イ.れ.コ.ノ.'すぃ.ブレ] 形 認識できない

i+rre-cu-pe-'ra-ble [イ.れ.ク.ペ.'ら.ブレ] 形 回復できない, 取り戻せない

i+rre-cu-'sa-ble [イ.れ.ク.'サ.ブレ] 形 拒否できない; 避けられない

i+rre-den-'tis-mo [イ.れ.デン.'ティス.モ] 名 男〘政〙民族統一主義

i+rre-den-'tis-ta [イ.れ.デン.'ティス.タ] 形 名 共〘政〙民族統一主義の[主義者]

i+rre-'den-to, -ta [イ.れ.'デン.ト, タ] 形 «領土が»外国の支配にある

i+rre-du-'ci-ble 形 ⇩irreductible

i+rre-duc-'ti-ble [イ.れ.ドゥク.'ティ.ブレ] 形 相容れない, 相反する, 頑固な, 不屈の; 減らせない

i+rre-em-pla-'za-ble ⇦+rrem- [イ.れ.エン.プラ.'さ.ブレ⇦.れン.] 形 取り替えられない, 他をもって替えがたい, かけがえのない

i+rre-fle-'xión [イ.れ.フレク.'スィオン] 名 女 向こう見ず, 無分別, 軽率, 性急(な行動)

i+rre-fle-'xi-vo, -va [イ.れ.フレク.'スィ.ボ, バ] 形 無分別な, 軽率な, 向こう見ずな **-vamente** 副 無分別に, 軽率に, 向こう見ずにも

i+rre-fre-'na-ble [イ.れ̃.フれ.'ナ.ブレ] [形] 抑えがたい, 抑制できない

i+rre-fu-'ta-ble [イ.れ̃.フ.'タ.ブレ] [形] 反論のしようがない

*__i+rre-gu-'lar__ [イ.れ̃.グ.'ラる] 91% [形] 不規則な, 変則的な, 不定期の; «形が»不揃いの, むらのある, でこぼこした; 正式でない, 正規でない, 不法な; «行動などが»規律のない, だらしない, 乱れた; 〔言〕 不規則な ~-**mente** [副] 不規則に, 変則的に, 不定期に; «形が»不揃いで, でこぼこして; 正式でなく, 不法に; «行動などが»だらしなく, 規律なく

*__i+rre-gu-la-ri-'dad__ [イ.れ̃.グ.ラ.り.'ダド] 92% [名] [女] 不規則, 変則, 不整, 不揃い; 不正(行為)

i+rre-le-'van-cia [イ.れ̃.レ.'バン.すぃア] [名] [女] 無関係, 的外れ, 関与しないこと

i+rre-le-'van-te [イ.れ̃.レ.'バン.テ] [形] 無関係な, 的外れな, 関与しない

i+rre-li-gio-si-'dad [イ.れ̃.リ.ひオ.スィ.'ダド] [名] [女] 〔宗〕 無宗教, 反宗教性, 不信心

i+rre-li-'gio-so, -sa [イ.れ̃.リ.'ひオ.ソ, サ] [形] 〔宗〕 無宗教の, 反宗教的な, 不信心な [名] [男] [女] 〔宗〕 無宗教の人, 不信心者

i+rre-me-'dia-ble [イ.れ̃.メ.'ディア.ブレ] [形] 取り返しのつかない, 回復できない, どうしようもない; 治療のできない, 不治の

i+rre-mi-'si-ble [イ.れ̃.ミ.'スィ.ブレ] [形] 許しがたい

i+rre-nun-'cia-ble [イ.れ̃.ヌン.'すぃア.ブレ] [形] 放棄できない, やめられない

i+rre-pa-'ra-ble [イ.れ̃.パ.'ら.ブレ] [形] 修復不能の, 回復できない, 取り消せない

i+rre-pri-'mi-ble [イ.れ̃.プリ.'ミ.ブレ] [形] 抑えられない, 抑止できない

i+rre-pro-'cha-ble [イ.れ̃.プろ.'チャ.ブレ] [形] 非難の余地がない, 落ち度のない, 申し分のない, 非の打ちどころのない

i+rre-sis-'ti-ble [イ.れ̃.スィス.'ティ.ブレ] [形] 抵抗できない, 抑えられない; 《話》 魅力的な; 我慢できない

i+rre-so-'lu-ble [イ.れ̃.ソ.'ル.ブレ] [形] 《格》 解決できない

i+rre-so-lu-'ción [イ.れ̃.ソ.ル.'すぃオン] [名] [女] 《格》 優柔不断, 決断力がないこと; 《格》 未解決

i+rre-so-'lu-to, -ta [イ.れ̃.ソ.'ル.ト, タ] [形] [名] [男] [女] 《格》 決断力のない(人), 優柔不断の(人)

i+rres-pe-'tuo-so, -sa [イ.れ̃ス.ペ.'トゥオ.ソ, サ] [形] (a, hacia, con: に)不敬な, 失礼な, 軽視した

i+rres-pi-'ra-ble [イ.れ̃ス.ピ.'ら.ブレ] [形] 呼吸できない, 窒息しそうな

*__i+rres-pon-sa-bi-li-'dad__ [イ.れ̃ス.ポン.サ.ビ.リ.'ダド] 94% [名] [女] 無責任(な行為)

*__i+rres-pon-'sa-ble__ [イ.れ̃ス.ポン.'サ.ブレ] 94% [形] [名] [共] 無責任な(人); 当てにならない(人), 信頼できない(人); 責任のない(人), 責任を逃れた(人)

i+rres-ta-'ña-ble [イ.れ̃ス.タ.'ニャ.ブレ] [形] 〔医〕 止血できない

i+rre-ve-'ren-cia [イ.れ̃.ベ.'れン.すぃア] [名] [女] 非礼, 不敬, 無礼

i+rre-ve-'ren-te [イ.れ̃.ベ.'れン.テ] [形] 不敬な, 不遜な

i+rre-ver-'si-ble [イ.れ̃.べる.'スィ.ブレ] [形] 裏返せない; 逆転できない; 取り返しのつかない

i+rre-vo-'ca-ble [イ.れ̃.ボ.'カ.ブレ] [形] 取り消せない, 撤回できない

i+rri-ga-'ción [イ.り̃.ガ.'すぃオン] [名] [女] 〔農〕 灌漑(かんがい), 注流, 灌水; 〔医〕 循環; 〔医〕 灌注(法), 洗浄(法)

i+rri-'gar [イ.り̃.'ガる] [動] [他] 41 (g|gu) 〔農〕 〈土地に〉水を注ぐ[引く], 灌漑(かんがい)する; 〔医〕 〈傷口などを〉灌注[洗浄]する

i+rri-'sión [イ.り̃.'スィオン] [名] [女] 嘲笑(の的), 笑い者

i+rri-'so-rio, -ria [イ.り̃.'ソ.りオ, りア] [形] おかしい, こっけいな, ばかばかしい, 笑うべき, 嘲笑に値する; わずかな

i+rri-'ta-ble [イ.り̃.'タ.ブレ] [形] 怒りっぽい, 短気な; 感じやすい, 過敏な

*__i+rri-ta-'ción__ [イ.り̃.タ.'すぃオン] 94% [名] [女] いらだたせること, いらだち, 立腹; 〔医〕 刺激, 炎症(性反応)

i+rri-'ta-do, -da [イ.り̃.'タ.ド, ダ] [形] いらいらした; ひりひり痛む, 炎症を起こした

i+rri-'tan-te [イ.り̃.'タン.テ] [形] いらいらさせる; 〔医〕 刺激性の

*__i+rri-'tar__ [イ.り̃.'タる] 93% [動] [他] いらいらさせる, じらす, 怒らせる; 〔医〕 刺激する, ひりひりさせる, 〈に〉炎症を起こさせる **~se** [動] [再] (por, con, contra: に)いらいらする, じりじりする, 怒る; 刺激される, ひりひりする, 炎症を起こす

'í+rri-to, -ta ['イ.り̃.ト, タ] [形] 〔法〕 無効の

i+rro-'gar [イ.ろ̃.'ガる] [動] [他] 41 (g|gu) 《格》 〈損害を〉引き起こす

i+rrom-'pi-ble [イ.ろ̃ン.'ピ.ブレ] [形] 破れない, 壊れない, 折れない, 割れない

i+rrum-'pir [イ.る̃ン.'ピる] [動] [自] (en: に)突然入ってくる, 押し入る

i+rrup-'ción [イ.る̃プ.'すぃオン] [名] [女] 突入, 侵入, 乱入; 不意打ち

I+'rún [イ.'るン] [名] [固] 〔地名〕 イルン《スペイン北部の都市》

I+sa+'ac [イ.サ.'アク] [名] [固] 〔男性名〕 イサーク

I+sa-'bel [イ.サ.'ベル] 名 固〔女性名〕イサベル

i+sa-be-'li+no, -na [イ.サ.ベ.'リ.ノ, ナ] 形〔歴〕《スペイン》イサベル1世(時代)の《Isabel I, 1452–1504, スペイン女王, 在位1474–1504》;〔歴〕《スペイン》イサベル2世(時代)の《Isabel II, 1830–1904, スペイン女王, 在位1833–68》;〔歴〕《スペイン》(カルリスタ戦争で)イサベル派の⬆; 真珠色の, 白がかった黄色の 名 男 女〔歴〕《スペイン》イサベル派の人

i+si-do-'ria+no, -na [イ.スィ.ド.'りア.ノ, ナ] 形 聖イシドーロの《San Isidoro セビリアの大司教・神学者・知識人; 聖人, 556?–636》

i+'si-dro, -dra [イ.'スィ.ドろ, ドら] 名 男 女《話》〔軽蔑〕(マドリードに来た)田舎者, お上りさん **I～** 名 固〔男性名〕イシドロ

⁑**'is+la** ['イス.ラ] 82% 名 女〔地〕島; 街区, ブロック

'Is-la de la Ju-ven-'tud ['イス.ラ デ ラ ふ.ベン.'トゥド] 名 固〔地名〕イスラ・デ・ラ・フベントゥード《キューバ西部の特別自治体》

'Is-la de 'Pi-nos ['イス.ラ デ 'ピ.ノス] 名 固〔地名〕(旧)イスラ・デ・ピノス《キューバ西部の特別自治体 Isla de la Juventud の旧称》

***is-'lam** [イス.'ラム] 94% 名 男〔複 islams〕〔宗〕イスラム教;〔全体〕イスラム教徒, イスラム教国, イスラム世界

Is-la-ma-'bad [イス.ラ.マ.'バド] 名 固〔地名〕イスラマバード《パキスタン Pakistán の首都》

is-'lá-mi-co, -ca [イス.'ラ.ミ.コ, カ] 形〔宗〕イスラム教の

is-la-'mis-mo [イス.ラ.'ミス.モ] 名 男〔宗〕イスラム教; イスラム文化

is-la-'mi-ta [イス.ラ.'ミ.タ] 形〔宗〕イスラム教信仰の 名 共〔宗〕イスラム教徒

is-la-mi-za-'ción [イス.ラ.ミ.さ.'すぃオン] 名 女〔宗〕イスラム教化, イスラム化

is-la-mi-'zar [イス.ラ.ミ.'さる] 動 他 ㉞ (z|c)〔宗〕イスラム教徒にする, イスラム化する **～se** 動 再〔宗〕イスラム教徒になる, イスラム化する

is-lan-'dés, -'de-sa [イス.ラン.'デス, 'デ.サ] 形〔地名〕アイスランド(人)の⬇Islandia;〔言〕アイスランド語の 名 男 女 アイスランド人 名 男〔言〕アイスランド語

***Is-'lan-dia** [イス.'ラン.ディア] 94% 名 固〔República de ～〕〔地名〕アイスランド《大西洋北方のノルウェーとグリーンランドの間の島, 共和国》

'Is-las 'Cook ['イス.ラス 'クク] 名 固〔地名〕クック諸島《南太平洋の島国, ニュージーランドの自由連合州 Estado libre asociado a Nueva Zelanda》

'Is-las de Ba+'hí+a ['イス.ラス デ バ.'イ.ア] 名 固〔地名〕イスラス・デ・バイア《ホンジュラス本土北方の島々, 同国の県》

'Is-las Sa-lo-'món ['イス.ラス サ.ロ.'モン] 名 固〔(las) ～〕〔地名〕ソロモン諸島《南西太平洋, メラネシアの諸島, 立憲君主国》

is-'le-ño, -ña [イス.'レ.ニョ, ニャ] 形 島の 名 男 女 島の住民, 島民

is-'le-ta [イス.'レ.タ] 名 女〔地〕小島;〔車〕(自動車道路の)緑地帯, 中央分離帯, 安全地帯

is-'lo-te [イス.'ロ.テ] 名 男〔地〕小島

is-ma+e-'li-ta [イス.マ.エ.'リ.タ] 形 名 共 イスマエルの子孫(の)《Ismael, アブラハム Abram が妻の侍女に産ませた子》

i+so～〔接頭辞〕「等しい・同じ」という意味を示す

i+so-'ba-ra⇔**+'só-** [イ.ソ.'バ.ら⇔.'ソ.] 名 女〔気〕等圧線

i+so-'bá-ri-co, -ca [イ.ソ.'バ.り.コ, カ] 形〔気〕等圧の

i+so-cro-'nis-mo [イ.ソ.クろ.'ニス.モ] 名 男 等時性

i+'só-cro+no, -na [イ.'ソ.クろ.ノ, ナ] 形 等時(性)の, 等時間隔の

i+so-'glo-sa [イ.ソ.'グロ.サ] 名 女〔言〕等語線《同じ語形が使われる地域の境界線》

i+so-me-'rí+a [イ.ソ.メ.'り.ア] 名 女〔化〕(化合物などの)異性

i+'só-me-ro, -ra [イ.'ソ.メ.ろ, ら] 形〔化〕異性体の 名 男〔化〕異性体

i+so-mor-'fis-mo [イ.ソ.モる.'フィス.モ] 名 男〔地質〕同形性

i+so-'mor-fo, -fa [イ.ソ.'モる.フォ, ファ] 形〔地質〕同形の

i+'sós-ce-les [イ.'ソ(ス).せ.レス] 形〔単複同〕〔数〕《三角形が》二等辺の

i+so-'ter-mo, -ma [イ.ソ.'テる.モ, マ] 形 等温の

i+so-to-'pí+a 名 女〔化〕同位元素性

i+so-'tó-pi-co, -ca 形〔化〕同位元素の, 同位体の, アイソトープの

i+'só-to-po 名 男〔化〕同位元素, 同位体, アイソトープ

is-'que-mia [イス.'ケ.ミア] 名 女〔医〕虚血

is-'quial-gia [イス.'キアル.ひア] 名 女〔医〕座骨神経痛

'is-quion ['イス.キオン] 名 男〔医〕座骨

⁑**Is-ra+'el** [イ(ス).ら.'エル] 90% 名 固〔Estado de ～〕〔地名〕イスラエル《アジア南西部の共和国》;〔歴〕古代イスラエル;〔男性名〕イスラエル

⁑**is-ra+e-'lí** [イ(ス).ら.エ.'リ] 89% 形 名 共〔複 -líes⇔-lís〕〔地名〕イスラエル(人)の,

| イスラエル人 ⬆Israel

is-ra+e-'li-ta [イ(ス).ら.エ.'リ.タ] 形 名 共〔歴〕〔地名〕古代イスラエル(人)の, 古代イスラエル人 ⬆Israel

ist-'me-ño, -ña ['イス(ト).メ.ニョ, ニャ] 形 名 男 女〔地〕地峡の(住民)

'ist-mo 名 男〔地〕地峡

i+ta-'ca-te 名 男《(メキシコ)》弁当

I+'ta-lia [イ.'タ.リア] 86% 名 固〔República Italiana〕〔地名〕イタリア《ヨーロッパ南部の共和国》

i+ta-lia-'nis-mo [イ.タ.リア.'ニス.モ] 名 男〔言〕イタリア語風の語[表現]; イタリア風[好み]

i+ta-'lia+no, -na [イ.タ.'リア.ノ, ナ] 81% 形〔地名〕イタリア(人)の ⬆Italia;〔言〕イタリア語の;〔península ~na〕〔地名〕イタリア半島《ヨーロッパ南部の半島》名 男 女 イタリア人 名 男〔言〕イタリア語

I+'tá-li-ca [イ.'タ.リ.カ] 名 固〔地名〕イタリカ《セビリア市郊外のローマ遺跡》

i+'tá-li-co, -ca [イ.'タ.リ.コ, カ] 形〔歴〕古代イタリア(人)の;〔言〕イタリック語派の; イタリアの;〔península ~ca〕〔地名〕イタリア半島《ヨーロッパ南部の半島》;〔印〕イタリック体の, 斜体の ⇧cursivo 名 男〔言〕イタリック語派 **-ca** 名 女〔印〕イタリック体, 斜体

i+ta-lo~〔接頭辞〕「イタリア」を示す

I+ta-'pú+a 名 固〔地名〕イタプア《パラグアイ南東部の県》

'í+tem 名 男〔複 -tems〕項目, 箇条, 条項 副 同じく, 同様に; さらにまた

i+te-'rar [イ.テ.'らる] 動 他《格》繰り返す, 反復する

i+te-ra-'ti-vo, -va [イ.テ.ら.'ティ.ボ, バ] 形 繰り返しの, 反復の;〔言〕反復相の

i+'ter-bio [イ.'テる.ビオ] 名 男〔化〕イッテルビウム《元素》

i+ti-ne-'ran-te [イ.ティ.ネ.'らン.テ] 形《格》巡回の, 移動する

***i+ti-ne-'ra-rio** [イ.ティ.ネ.'ら.りオ] 93% 名 男 旅程, 旅路, 行程, 旅行日程, 旅行計画 **~, -ria** 形 旅行の, 旅程の, 旅路の, 行程の

'i+trio ['イ.トりオ] 名 男〔化〕イットリウム《元素》

'IVA ['イ.バ] 略 =impuesto sobre el valor añadido〔法〕付加価値税《消費税にあたる》

'ix-tle ['イ(ク)ス.トレ] 名 男《(ラ米)》〔植〕リュウゼツラン

I+za-'bal [イ.さ.'バル] 名 固〔地名〕イサバール《グアテマラ東部の県》;〔lago de ~〕〔地名〕イサバール湖《グアテマラ東部の湖》

i+'zar [イ.'さる] 動 他 ㉞ (z|c)〈旗・帆などを〉揚げる, 掲げる

izdo., izda.; izq.; izqdo., izqda. 略 ⬇izquierdo, -da

iz-'quier-da** [イす.'キエる.ダ] 86% 名 女 左, 左方, 左側; 左手;〔政〕左翼, 左派, 革新[急進]派;〔競〕〔野球〕レフト, 左翼手;〔競〕〔ボクシング〕サウスポー, 左手打ち ***a la ~ 左(側)に ***a la ~ de ...*** …の左(側)に

iz-quier-'dis-mo [イす.キエる.'ディス.モ] 名 男〔政〕左翼思想, 左翼主義(運動)

iz-quier-'dis-ta [イす.キエる.'ディス.タ] 形 名 共〔政〕左派(の), 左翼(の)

iz-'quier-do, -da** [イす.'キエる.ド, ダ] 82% 形 左の, 左手の, 左側の; 左利きの;〔政〕左翼の, 左派の 名 男 女 左利きの人;〔競〕〔サッカーなど〕左のサイド ***tener mano izquierda 手腕がある

J j

J, j ['ほ.タ] 名 女〔言〕ホタ《スペイン語の文字》

'ja ['は] 感《擬音》ハ, ハハ《笑い声》

ja-bal-'cón [は.バル.'コン] 名 男〔建〕筋交(すじか)い

ja-ba-'lí [は.バ.'リ] 名 男〔複 -líes⇔-lís〕〔動〕イノシシ, 雄イノシシ

ja-ba-'li-na [は.バ.'リ.ナ] 名 女〔動〕雌イノシシ; 投げ槍(やり);〔競〕〔槍投げ〕槍

ja-ba-li-'nis-ta [は.バ.リ.'ニス.タ] 名 共〔競〕やり投げ選手

ja-bar-'di-llo [は.バる.'ディ.ジョ] 名 男 虫の群れ; 人の群れ, 群衆

Ja-'bá-rovsk [は.'バ.ろ(ブ)ス(ク)] 名 固〔地名〕ハバロフスク《ロシア連邦東部の都市》

ja-'ba-to, -ta [は.'バ.ト, タ] 名 男 女〔動〕子イノシシ;《(スペイン)》《話》無鉄砲な若者

'já-be-ga ['は.ベ.ガ] 名 女〔魚〕引き網, 地引き網;〔魚〕小型漁船

ja-'be-que [は.'ベ.ケ] 名 男〔歴〕〔海〕ジーベック船《地中海を航行した 3 本マスト帆船》;《話》(顔の)切り傷

***ja-'bón** [は.'ボン] 93% 名 男 せっけん, シャ

ボン; 《話》叱ること, 大目玉 *dar* ~ 《スペイン》(a: を)おだてる, (a: に)おべっかを使う ~ *de sastre* 〔衣〕(裁縫用の)チャコ

ja-bo-na-'du-ra [は.ボ.ナ.'ドゥ.ら] 名 女 せっけんで洗うこと; 〔複〕せっけんの泡, せっけん水

ja-bo-'nar [は.ボ.'ナ る] 動 他 せっけんで洗う[こする]; きつく叱る; 《スペイン》《話》‹に›おべっかを使う ~**se** 動 再 ‹自分の体を›せっけんで洗う; 《ラプラタ》《話》驚く

ja-bon-'ci-llo [は.ボン.'すぃ.ジョ] 名 男 (洗顔用の)せっけん, 化粧せっけん; 〔衣〕(裁縫用の)チャコ; 〔植〕ムクロジ; 《チリ》粉せっけん

ja-bo-'ne-ro, -ra [は.ボ.'ネ.ろ, ら] 形 せっけんの; 〔牛〕«牛の色が»白い, 黄色がかった 名 男 女 〔商〕せっけん商人 **-ra** 名 女 せっけん入れ[箱]

ja-bo-'no-so, -sa [は.ボ.'ノ.ソ, サ] 形 せっけんの, せっけん質の, せっけん(の泡)だらけの; すべすべした, 滑らかな

ja-'bu-go [は.'ブ.ゴ] 名 男 《スペイン》〔食〕ハブーゴハム《高級ハム》

'ja+ca ['は.カ] 名 女 〔動〕小型の馬, ポニー; 《ラ米》〔畜〕闘鶏(のニワトリ); 《話》すてきな女性

'Ja+ca ['は.カ] 名 固 〔地名〕ハカ《スペイン北部の都市》

ja-'cal [は.'カル] 名 男 《ラ米》〔建〕小屋

'já-ca-ra ['は.カ.ら] 名 女 〔楽〕ハカラ《スペイン舞踊の一種, その曲》; 〔文〕ならず者の生活を歌った 8 行詩; 夜間に飲み騒ぐ人たち; 《話》うそ; 面倒, やっかい

ja-ca-'ran-da 名 男 《メキシコ》《中米》《エクアドル》《パラグアイ》⇩ jacarandá

ja-ca-ran-'dá [は.カ.らン.'ダ] 名 男 〔複 -dás〕〔植〕ジャカランダ《熱帯アメリカ産ノウゼンカズラ科の高木》

ja-ca-ran-'do-so, -sa [は.カ.らン.'ド.ソ, サ] 形 《話》屈託のない, さっそうとした, 自信満々の

'já-ca-ro ['は.カ.ろ] 名 男 見えっ張り, うぬぼれ屋

ja-ce-'ta+no, -na [は.せ.'タ.ノ, ナ] 形 名 男 女 〔地名〕ハカの(人)⬆Jaca

ja-'cha-do, -da [は.'チャ.ド, ダ] 形 名 男 女 《中米》《話》傷跡がある(人)

ja-'cin-to [は.'すぃン.ト] 名 男 〔植〕ヒヤシンス; 〔鉱〕ヒヤシンス石, ジルコン

Ja-'cin-to [は.'すぃン.ト] 名 固 〔男性名〕ハシント; 〔ギ神〕ヒュアキントス《アポロンに愛された美少年》

'ja+co ['は.コ] 名 男 〔動〕おいぼれ馬, やせ馬

ja-co-'be+o, +a [は.コ.'ベ.オ, ア] 形 〔宗〕聖(大)ヤコブの⬇Santiago

ja-co-bi-'nis-mo [は.コ.ビ.'ニス.モ] 名 男 〔歴〕〔政〕ジャコバン主義《フランス革命時の急進的共和主義》

ja-co-'bi+no, -na [は.コ.'ビ.ノ, ナ] 形 名 男 女 〔歴〕〔政〕(フランス革命時の)ジャコバン派の(人)

Ja-'co-bo [は.'コ.ボ] 名 固 〔男性名〕ハコーボ

jacquard [ジャ.'カる] 名 男 〔フランス語〕〔衣〕ジャカード織り《多色幾何学模様の布地》

jac-'tan-cia [はク.'タン.すぃア] 名 女 自慢, うぬぼれ

jac-tan-'cio-so, -sa [はク.タン.'すぃオ.ソ, サ] 形 自慢する, 得意気な, 自画自賛する, うぬぼれた 名 男 女 自慢家, うぬぼれ屋

jac-'tar-se [はク.'タる.セ] 動 再 (de: を)自慢する, 鼻にかける

ja-cu-la-'to-ria [は.ク.ラ.'ト.りア] 名 女 〔宗〕射禱(しゃとう)《数語からなる短い祈り》; 〔皮肉〕悪口, 罵倒

jacuzzi [ジャ.'ク.すぃ] 名 男 〔英語〕《商標》ジャグジー, ジャグージ《噴流式気泡のある風呂》

'ja+de ['は.デ] 名 男 〔鉱〕翡翠(ひすい)

ja-de+'an-te [は.デ.'アン.テ] 形 あえぐ, 息が切れる

ja-de+'ar [は.デ.'アる] 動 自 あえぐ, 息切れがする

Ja+'én [は.'エン] 名 固 〔地名〕ハエン《スペイン南部の都市》

ja+e-'nés, -'ne-sa [は.エ.'ネス, 'ネ.サ] 形 名 男 女 〔地名〕ハエンの(人)⬆Jaén

ja+'ez [は.'エす] 名 男 〔軽蔑〕(人の)性質, たち, タイプ, 種類; 馬具; 〔複〕馬の飾り衣装, 飾り馬具

ja-'guar [は.'グアる] 名 男 〔動〕アメリカヒョウ, ジャガー

'jai ['はイ] 名 男 《俗》魅力的な若い女性; 《コロンビア》《話》上流社会

jai alai ['はイ 'ア.ライ] 名 男 〔バスク語〕〔競〕ハイアライ, ペロータ《バスク地方発祥の球技》⇩ pelota

jai-be-'rí+a [はイ.ベ.'り.ア] 名 女 《カリブ》《話》ずる賢いこと

jai-'bol [はイ.'ボル] 名 女 《メキシコ》〔飲〕ハイボール《ウイスキーをソーダで割った飲料》

'jai-ma ['はイ.マ] 名 女 (アフリカ遊牧民の)テント

'Jai-me ['はイ.メ] 名 固 〔男性名〕ハイメ

ja-'la-da [は.'ラ.ダ] 名 女 《ベネズエラ》《話》おべっか, お世辞

ja-la-'de-ra [は.ラ.'デ.ら] 名 女 《ベネズエラ》《話》おべっか, お世辞

ja-la-'dor, -'do-ra [は.ラ.'ドる, 'ド.ら] 形 名 男 女 《ベネズエラ》《話》おべっかを使う(人), ごますりの(人)

Ja-'la-pa [は.'ラ.パ] 名 固 〔地名〕ハラー

パ《メキシコ南東部の都市; グアテマラ南部の県》

ja-la-'pe-ño, -ña [は.ラ.'ペ.ニョ, ニャ] 形 名 男 女〘地名〙ハラーパの(人)⬆Jalapa 名 男《ﾒｷｼｺ》〘食〙ハラペーニョトウガラシ

ja-'lar [は.'ラる] 動 他《話》引く, 引っ張る;《ｽﾍﾟｲﾝ》《話》大いに食べる 動 自《ﾒｷｼｺ》《中米》《ｱﾝﾃﾞｽ》走る, 速足で歩く, 急ぐ

jal-be-'gar [はル.ベ.'ガる] 動 他 ㊶ (g|gu)〘建〙〈に〉しっくいを塗る;〈顔に〉おしろいを塗る,〈に〉化粧をする

'jal-de ['はル.デ] 形 濃い黄色の, 山吹色の

'jal-do, -da 形《古》⇧ jalde

'ja+le ['は.レ] 名 男《ﾒｷｼｺ》《話》仕事, 職

ja-'le+a [は.'レ.ア] 名 女〘食〙ゼリー, ゼリー菓子;〘医〙ゼリー状の薬 ***hacerse una*** ～《話》愛想をふりまく; いちゃつく ～ ***real***〘食〙ローヤルゼリー

ja-le+a-'dor, -'do-ra [は.レ.ア.'ドる, 'ド.ら] 形 名 男 女 はやし立てる(人)

ja-le+'ar [は.レ.'アる] 動 他 はやし立てる, 励ます, 元気づける, 景気づける;〈犬などを〉駆り立てる, けしかける

ja-'le+o [は.'レ.オ] 名 男 騒動, けんか, 混乱, やっかいなこと, もめごと;《話》お祭り騒ぎ, どんちゃん騒ぎ; 声援, 喝采(かっさい);〘楽〙ハレーオ《アンダルシアの民族舞踊》;《ｶﾘﾌﾞ》《話》苦境, 困難; 胃痛

Ja-'lis-co [は.'リス.コ] 名 固〘地名〙ハリスコ《メキシコ中部の州》

'jal-ma ['はル.マ] 名 女〘畜〙荷鞍(くら)

ja-'lón [は.'ロン] 名 男《話》距離, 道のり; 画期的な出来事; (測量用の)ポール, 向桿(こうかん);《ﾗ米》引っ張ること;《ﾒｷｼｺ》ひと口で飲むこと;《中米》《話》ヒッチハイク; 車に乗せること

ja-lo-na-'mien-to [は.ロ.ナ.'ミエン.ト] 名 男 ポール[標尺]を立てること

ja-lo-'nar [は.ロ.'ナる] 動 他〈に〉(de, con: の)印をつける;〈に〉ポール[標尺]を立てる

'ja+ma ['は.マ] 名 女《中米》〘動〙小イグアナ

ja-ma-'cu-co [は.マ.'ク.コ] 名 男《話》めまい, 卒倒

ja-'mai-ca [は.'マイ.カ] 名 女〘植〙ハマイカ

Ja-'mai-ca [は.'マイ.カ] 名 固〘地名〙ジャマイカ《カリブ海北部の島国》

ja-mai-'ca+no, -na [は.マイ.'カ.ノ, ナ] 形〘地名〙ジャマイカ(人)の 名 男 女 ジャマイカ人⬆Jamaica

ja-mai-'qui+no, -na 形 ⇧ jamaicano

ja-ma-que+'ar [は.マ.ケ.'アる] 動 他《ﾍﾞﾈｽﾞｴﾗ》《話》急に動かす

ja-'mar [は.'マる] 動 他《話》食べる, 食う ～se 動 再《話》食べつくす, 平らげる

⁑**ja-'más** [は.'マス] 84% 副《否定》決して…しない[でない], 少しも…ない[でない]; 今まで…ない, かつて…ない; 今までに, かつて ～ ***de los jamases***《否定》決して(…ない), 絶対(…ない) ***para*** [***por***] ***siempre*** ～ いつまでも, 未来永劫にわたって

'jam-ba ['はン.バ] 名 女〘建〙(出入口・窓・炉などの両側の)だき, わき柱

ja-'mel-go [は.'メル.ゴ] 名 男〘動〙おいぼれ馬, やせ馬

*__ja-'món__ [は.'モン] 92% 名 男〘食〙ハム ***¡Y un ～!***《話》だめだ!

ja-'mo-na [は.'モ.ナ] 形《女》《話》«女性が»太った, 中年太りの 名 女《話》中年太りの女

ja-mo-ne+'ar [は.モ.ネ.'アる] 動 他《ﾍﾞﾈｽﾞｴﾗ》《話》がつがつ食べる

ja-'mu-ga [は.'ム.ガ] 名 女〔しばしば複〕〘畜〙片鞍(くら)《婦人用の横乗り用の鞍》

'Ja+no ['は.ノ] 名 固〘ロ神〙ヤーヌス《戸口や門の神, 頭の前と後ろに顔を持つ》

jan-se-'nis-mo [はン.セ.'ニス.モ] 名 男〘宗〙ヤンセン主義[信条], ジャンセニスム《Cornelius Jansenio, 1585–1638, オランダのカトリック神学者》

jan-se-'nis-ta [はン.セ.'ニス.タ] 形 名 共〘宗〙ヤンセン主義の[主義者]⬆jansenismo

'ja+ña ['は.ニャ] 名 女《中米》《話》女の子; ガールフレンド

⁑**Ja-'pón** [は.'ポン] 88% 名 固〔(el) ～〕〘地名〙日本

*__ja-po-'nés, -'ne-sa__ [は.ポ.'ネス, 'ネ.サ] 91% 形〘地名〙日本(人)の ⬆Japón;〘言〙日本語の 名 男 女 日本人 名 男〘言〙日本語

ja-po-ni-za-'ción [は.ポ.ニ.さ.'すぃオン] 名 女 日本化, 日本風にすること

ja-po-ni-'zar [は.ポ.ニ.'さる] 動 他 ㉞ (z|c) 日本化する, 日本風にする

ja-po-no-lo-'gí+a [は.ポ.ノ.ロ.'ひ.ア] 名 女 日本学, 日本研究

ja-po-'nó-lo-go, -ga [は.ポ.'ノ.ロ.ゴ, ガ] 名 男 女 日本学者, 日本研究家

ja+'pu-ta [は.'プ.タ] 名 女〘魚〙シマガツオ

'ja-que ['は.ケ] 名 男〘遊〙〔チェス〕チェック, 王手;《話》いばりちらす男 ***dar*** ～〘遊〙〔チェス〕(キングに)チェック[王手]をかける ***tener*** [***mantener***] ***en*** ～ (a: を)追いつめる, …におどしをかける

ja-que+'ar [は.ケ.'アる] 動 他〘遊〙〔チェス〕〈キングに〉チェック[王手]をかける;〘軍〙(間断なく攻撃して)悩ませる, 追いつめる, 脅かす;〘情〙ハッキングする

ja-'que-ca [は.'ケ.カ] 名 女〘医〙頭痛, 偏頭痛;《話》やっかいなこと, 面倒

ja-que-'co-so, -sa [は.ケ.'コ.ソ, サ] 形〘医〙頭痛がする, 頭痛持ちの;《話》やっか

いな, 面倒な, わずらわしい

'já-quer ['は.ケる] 名 共 〘情〙 ハッカー

'ja+ra ['は.ら] 名 女 〘植〙 キスツス, ゴジアオイ; 《アンデス》 《話》 一休み

ja-'ra-be [は.'ら.ベ] 名 男 〘飲〙 シロップ; 〘楽〙 ハラーベ 《メキシコの踊り》 ~ *de palo* お仕置き ~ *de pico* 空約束, 甘言; 口先のうまい人, 口達者

ja-ra-co-'tal [は.ら.コ.'タル] 名 男 《中米》 《話》 群衆, 大勢; 大量

ja-'ral [は.'らル] 名 男 〘植〙 キスツスの原 ⬆jara

ja-'ra-na [は.'ら.ナ] 名 女 《話》 ばか騒ぎ; 《ラ米》 ダンスパーティー

ja-ra-ne+'ar [は.ら.ネ.'アる] 動 自 《話》 ばか騒ぎをする; 《ラ米》 ダンスパーティーをする

ja-ra-'ne-ro, -ra [は.ら.'ネ.ろ, ら] 形 《話》 ばか騒ぎが好きな

ja-'ra+no [は.'ら.ノ] 名 男 《メキシコ》 〘衣〙 つば広帽子

'jar-cha ['はる.チャ] 名 女 〘歴〙 〘文〙 ハルチャ 《アラビア文字で書かれた中世スペイン語の短詩》

'jar-cia ['はる.すぃア] 名 女 〔複〕 〘海〙 索具, 艤装; 釣り道具; 《話》 ごちゃまぜ, 寄せ集め, がらくた

jar-'dín [はる.'ディン] 84% 名 男 庭, 庭園; 公園, 遊園地; (家庭)菜園; 〘競〙 〔野球・ソフトボール〕 外野

jar-di-ne+'ar [はる.ディ.ネ.'アる] 動 自 庭いじりをする, ガーデニングをする

jar-di-ne-'rí+a [はる.ディ.ネ.'り.ア] 名 女 〘技〙 庭造り, 造園, ガーデニング(術)

*__jar-di-'ne-ro, -ra__ [はる.ディ.'ネ.ろ, ら] 94% 名 男 女 〘技〙 庭師, 園丁, 植木屋; 〘技〙 園芸家, ガーデニングを趣味とする人; 〘競〙 〔野球・ソフトボール〕 野手, 外野手 **-ra** 名 女 植木鉢, プランター, フラワーポット *a la jardinera* 〘食〙 (肉料理に)野菜を添えた

ja-'re-ta [は.'れ.タ] 名 女 《話》 おしゃべり; 〘衣〙 ひも通し, 折返し; ピンタック; 〘海〙 (帆の)締め綱; 〘海〙 網(あみ) *echar* ~ 《ベネズエラ》 《話》 迷惑をかける, うんざりさせる

'Jár-kov ['はる.コブ] 名 固 〘地名〙 ハルキウ, ハリコフ 《ウクライナの都市》

'ja+ro, +ra ['は.ろ, ら] 形 〘動〙 《動物の》 毛が赤い 名 男 女 〘動〙 毛が赤い動物

ja-'ro-cho, -cha [は.'ろ.チョ, チャ] 形 名 男 女 《メキシコ》 ベラクルスの(人) ⬇Veracruz

ja-'ro-pe [は.'ろ.ペ] 名 男 シロップ; 《話》 まずい飲み物

*__'ja-rra__ ['は.ら̃] 94% 名 女 〘飲〙 水差し, 壺(つぼ) 《広口で1つ取っ手がついている》; 〘飲〙 (ビールの)ジョッキ *en ~s* 両手を腰に当てて

ja-rre+'ar [は.れ̃.'アる] 動 他 〈液体を〉壺でくみ出す 動 自 《話》 〘気〙 土砂降りの雨になる

ja-'rre-te [は.'れ̃.テ] 名 男 〘体〙 ひざの裏, ひかがみ; 〘畜〙 (犬・馬などの後脚の)ひざ, 飛節

ja-rre-'te-ra [は.れ̃.'テ.ら] 名 女 〘衣〙 靴下留め, ガーター; 〔J~〕 (イギリスの)ガーター勲位[勲章]

*__'ja-rro__ ['は.ろ̃] 94% 名 男 〘飲〙 水差し, 壺(つぼ) 《jarra より口が細く取っ手は1つ》 ~ *de agua fría* 幻滅, 失望

*__ja-'rrón__ [は.'ろ̃ン] 94% 名 男 花瓶(かびん); 飾り瓶, 取っ手のない壺

jar-'tar [はる.'タる] 動 他 《ベネズエラ》 《話》 〘食〙 がつがつ食う

jar-'te-ra [はる.'テ.ら] 名 女 《コロンビア》 《話》 退屈; 《コロンビア》 《話》 〘飲〙 酒酔い *darse una ~* 《カリブ》 《話》 がつがつ食う

'jar-to, -ta ['はる.ト, タ] 形 《コロンビア》 《話》 退屈な, うんざりする **-ta** 名 女 《コロンビア》 《話》 (学校の)退屈な科目

Jar-'tum [はる.'トゥム] 名 固 〘地名〙 ハルツーム 《スーダン Sudán の首都》

'jas-pe ['はス.ペ] 名 男 〘鉱〙 碧玉(へきぎょく); (縞模様のはいった)大理石

jas-pe+'a-do, -da [はス.ペ.'ア.ド, ダ] 形 大理石模様の, 縞模様の入った 名 男 大理石模様(をつけること)

jas-pe+'ar [はス.ペ.'アる] 動 他 大理石模様にする, 縞[ぶち, 斑(ふ)入り]にする

'Jau-ja ['はウ.は] 名 固 約束の土地, この世の楽園, 別天地; 〘地名〙 ハウハ 《ペルーの都市》

*__'jau-la__ ['はウ.ラ] 93% 名 女 〘畜〙 鳥かご; 〘動〙 (獣を入れる)檻(おり); (捕虜・囚人の)収容所, 牢; (赤ちゃん・幼児用の)囲い, ベビーサークル; (輸送用の)木枠; 《コロンビア》 〘車〙 大型トラック

jau-'rí+a [はウ.'り.ア] 名 女 〔集合〕 猟犬

'Ja+va ['は.バ] 名 固 〘地名〙 ジャワ島 《インドネシア共和国の主島》

ja-va-'nés, -'ne-sa [は.バ.'ネス, 'ネ.サ] 形 〘地名〙 ジャワ島(人)の ⬆Java; 〘言〙 ジャワ語の 名 男 女 ジャワ島人 名 男 〘言〙 ジャワ語

Ja-'vier [は.'ビエる] 名 固 〘男性名〙 ハビエル

jaz-'mín [はす.'ミン] 名 男 〘植〙 ジャスミン 《モクセイ科》

jaz-'mí-ne+o, +a [はす.'ミ.ネ.オ, ア] 形 〘植〙 ジャスミンの

jazz ['ジャす] 名 男 〔英語〕 〘楽〙 ジャズ

ja-'zzis-ta [は.'すぃス.タ] 名 共 〘楽〙 ジャズ演奏家, ジャズ歌手

ja-'zzís-ti-co, -ca [ジャ.'すぃス.ティ.コ, カ] 形 〘楽〙 ジャズの, ジャズ的な

J. C. 略 ⬇Jesucristo

'**je** ['へ] 感 《擬音》《話》〔繰り返して〕へっ《笑い声》

jean ['ジン] 名 男〔複 jeans〕〔英語〕〘衣〙⇩ vaquero

'**je+bo** ['へ.ボ] 名 男《アンデス》《話》夫; 愛人

'**je-cho, -cha** ['へ.チョ, チャ] 名 男 女《コロンビア》《話》中年, 熟年 名 男《コロンビア》〘食〙熟した果実

jeep ['ジプ] 名 男〔複 jeeps〕〔英語〕《商標》〘車〙ジープ

'**je+fa** 形《女》⬇jefe

je-fa-'tu-ra [へ.ファ.'トゥ.ら] 名 女 本部, 司令部, 本署; 指揮者[首領]の地位[任務]

je-fa-tu-re+'ar [へ.ファ.トゥ.れ.'アる] 動 他《ベネズエラ》《話》指揮する, 〈に〉命令する

'je+fe, +fa** ['へ.フェ, ファ] 75% 名 男 女 (jefe 共 も使われる) (職場などの)長, 上司, チーフ, 部長, 頭, 最高位, 主席; 《話》だんな, おかみ; 親分; 支配人, 経営者

Je+ho-'vá [へ.オ.'バ] 名 固〘聖〙エホバ

je-'jén [へ.'ヘン] 名 男《ラ米》〘昆〙ブヨ, カ[蚊]

'**je+me** ['へ.メ] 名 男 ヘメ《長さの単位; 広げた手の親指と人差し指の間の長さ》

'**je+na** 名 女 ⇧ gena

'**Je+na** ['へ.ナ] 名 固〘地名〙イエナ《ドイツ東部の都市》

jen-'gi-bre [ヘン.'ひ.ブれ] 名 男〘植〙ショウガ

je-'ní-za-ro, -ra [へ.'ニ.さ.ろ, ら] 形 雑種の, 混血の, 混成の 名 男〘歴〙〘軍〙イェニチェリ兵《オスマン帝国の歩兵軍団》

'**je-que** ['へ.ケ] 名 男〘政〙(イスラム教国の)家長, 族長, 村長, 教主

je-'rar-ca [へ.'らる.カ] 名 男 大物, 要人, 指導者, 首領; 〘宗〙高僧, 高位の人, 教主

*__je-rar-'quí+a__ [へ.らる.'キ.ア] 91% 名 女 序列, 階層制, 位階制; 等級, 段階; 〘政〙高位, 高官

*__je-'rár-qui-co, -ca__ [へ.'らる.キ.コ, カ] 94% 形 序列的な, 階級制の

je-rar-qui-za-'ción [へ.らる.キ.さ.'すぃオン] 名 女 階級化, 階層化, 序列化

je-rar-qui-'zar [へ.らる.キ.'さる] 動 他 ㉞ (z|c) 階層化する, 序列化する

je-re-'mia-da [へ.れ.'ミア.ダ] 名 女 大げさに嘆くこと

je-re-'mí+as [へ.れ.'ミ.アス] 名 共〔単複同〕いつも嘆いている人, ぐちっぽい人

je-'rez [へ.'れす] 名 男〘飲〙シェリー酒

je-re-'za+no, -na [へ.れ.'さ.ノ, ナ] 形 名 男 女〘地名〙ヘレス・デ・ラ・フロンテーラの(人)⬇Jerez de la Frontera

Je-'rez de la Fron-'te-ra [へ.'れす デ ラ フろン.'テ.ら] 名 固〘地名〙ヘレス・デ・ラ・フロンテーラ《スペイン南西部の都市》

'**jer-ga** ['へる.ガ] 名 女〘言〙仲間言葉, 隠語, 俗語, スラング, ジャーゴン; 〘言〙専門用語, 職業用語; 〘衣〙粗いウール地; 《メキシコ》ふきん, ぞうきん

jer-'gal [へる.'ガル] 形〘言〙仲間言葉の, 隠語の, 俗語の, スラングの, ジャーゴンの; 〘言〙専門用語の, 職業用語の

jer-'gón [へる.'ゴン] 名 男 わら布団; 《話》〘衣〙作りが悪くて体に合わない服; 《話》〔人〕(動き・頭の鈍い)太っちょ

je-ri-'be-que [へ.り.'べ.ケ] 名 男〔複〕しかめ面, 目くばせ

je-ri-'gon-za [へ.り.'ゴン.さ] 名 女《話》わけのわからない言葉; 〘言〙専門用語, 職業用語; 〘言〙隠語, 仲間言葉; 《話》奇妙な言動

je-'rin-ga [へ.'りン.ガ] 名 女〘医〙注射器; 〘医〙浣腸器; 《ラ米》《話》やっかいなこと, 面倒

je-rin-'gar [へ.りン.'ガる] 動 他 ㊶ (g|gu) 《俗》悩ます, うるさがらせる, わずらわす; 〘医〙〈に〉注射する; 《カリブ》《話》〈に〉迷惑をかける, うんざりさせる　～**se** 動 再《話》うんざりする, いらだつ; 〘医〙(自分に)注射する

je-rin-'gui-lla [へ.りン.'ギ.ジャ] 名 女〘医〙(小型の)注射器

je-ro-'glí-fi-co, -ca [へ.ろ.'グリ.フィ.コ, カ] 形〘歴〙〘言〙象形文字(風)の 名 男〘歴〙〘言〙(古代エジプトの)象形文字, ヒエログリフ; 判じ物[絵]

je-'ró-ni-mo, -ma [へ.'ろ.ニ.モ, マ] 形〘宗〙ヒエロニムス修道会の 名 男〘宗〙ヒエロニムス会修道士

Je-'ró-ni-mo [へ.'ろ.ニ.モ] 名 固〔男性名〕ヘロニモ

je-ro-so-li-mi-'ta+no, -na [へ.ろ.ソ.リ.ミ.'タ.ノ, ナ] 形 名 男 女〘地名〙エルサレムの(人)⬇Jerusalén

__jer-'sey__ [へる.'セイ] 87% 名 男〔複 -séis〕《スペイン》〘衣〙セーター

Jer-'sey [へる.'セイ] 名 固〔isla de ～〕〘地名〙ジャージー島《イギリス領, イギリス海峡の島》

*__Je-ru-sa-'lén__ [へ.る.サ.'レン] 94% 名 固〘地名〙エルサレム《イスラエル Israel の首都, ユダヤ教・キリスト教・イスラム教の聖地》

Je-su-'cris-to [へ.ス.'クリス.ト] 名 固〘聖〙イエス・キリスト ***antes de*** ～ 紀元前 ***después de*** ～ 紀元後

je-'sui-ta [へ.'スイ.タ] 形〘宗〙イエズス会の; 《話》偽善的な, ずるい, 抜け目のない 名 男〘宗〙イエズス会士; 《話》〔軽蔑〕偽善家, ずるい人

je-'suí-ti-co, -ca [へ.'スイ.ティ.コ, カ] 形〘宗〙イエズス会の; 《話》〔軽蔑〕偽善的な, ずるい, 抜け目のない

Je-'sús [へ.'スス] 名 固 イエス・キリスト; 〔男性名〕ヘスース 感 ああ!, おや!, まあ!, 驚いた!《驚き・安堵・落胆など》; お大事に《くしゃみをした人に言う》 ***en un decir ~*** 《話》あっという間に ***Niño ~*** 〔宗〕幼子イエス

je-su-se+'ar [へ.ス.セ.'アる] 動 自 《話》何度もヘスス(ああ, おやまあ)を繰り返す; 祈りをぶつぶつ唱える; 《中米》《話》偽証する

jet ['ジェト] 名 男 〔複 jets〕〔英語〕〔空〕ジェット機; 〔機〕ジェットエンジン 名 女 《話》金持ち(階級)

'je+ta ['へ.タ] 名 女 《俗》顔; とんがり口; 〔畜〕豚の鼻 ***estar de ~*** 不機嫌である ***poner ~*** (怒って)口をとがらせる ***¡Qué ~!*** 《スペイン》《俗》ずうずうしい! ***tener [estar de] ~*** 《スペイン》《俗》ずうずうしい

jet lag ['ジェト 'ラグ] 名 男 〔複 jet lags〕〔英語〕⇨desfase horario, ⬆desfase

je-'tón, -'to-na [へ.'トン, 'ト.ナ] 名 男 女 《コロンビア》《話》口と唇が大きな人

je-'tu-do, -da [へ.'トゥ.ド, ダ] 形 口をとがらせた, 口の突き出た

'je+va ['へ.バ] 名 女 《カリブ》《話》若い女性, きれいな女性; 恋人

'je+vo ['へ.ボ] 名 男 《カリブ》《話》恋人

J. H. S. 略 =〔ラテン語〕*Jesus Hominum Salvator* 〔宗〕人類の救世主イエス

'ji ['ひ] 名 女 〔言〕キー, カイ《ギリシャ語の文字 *X*, *χ*》 感 《擬音》〔繰り返して〕ヒッ《笑い声》 ***ji-cuadrado*** 〔数〕〔統計〕カイ二乗値

'jí-ba-ro, -ra ['ひ.バ.ろ, ら] 形 名 男 女 ヒバロ族(の)《エクアドル南部とペルー北東部に住む先住民》; 《メキシコ》《中米》田舎者の, 粗野な; 田舎者

'ji-bia ['ひ.ビア] 名 女 〔動〕コウイカ, イカ

'jí-ca-ra ['ひ.カ.ら] 名 女 (ココア用の)カップ; 《メキシコ》《中米》(ヒョウタンの)椀(わん)

ji-'ca-te [ひ.'カ.テ] 形 名 共 《中米》《話》ばか(な), 愚かな(人)

'ji+co 名 男 ⇧hico

jien-'nen-se ⇦jie- [ひエ(ン).'ネン.セ ⇦ひエ.] 形 名 共 〔地名〕ハエンの(人)⬆Jaén

ji-'fe-ro, -ra [ひ.'フェ.ろ, ら] 形 食肉処理の; 《話》汚れた, きたない 名 男 女 食肉処理者 名 男 肉切り包丁

'ji-fia ['ひ.フィア] 名 女 〔魚〕メカジキ

'ji+ga 名 女 ⇧giga

ji-'go-te [ひ.'ゴ.テ] 名 男 〔食〕ぶつ切りの肉料理

ji-'jo-na [ひ.'ほ.ナ] 名 女 〔食〕ヌガー

jil-'gue-ro [ひル.'ゲ.ろ] 名 男 〔鳥〕ゴシキヒワ, ベニヒワ

ji-'lo-te [ひ.'ロ.テ] 名 男 《メキシコ》《中米》〔植〕結実していないトウモロコシ

Ji-'mé-nez [ひ.'メ.ネす] 名 固 〔姓〕ヒメネス

'jin-cho, -cha ['ひン.チョ, チャ] 名 男 女 《中米》《話》〔軽蔑〕田舎者, 酔っぱらい, ろくでなし

*__ji-'ne-te, -ta__ [ひ.'ネ.テ, タ] 92% 名 男 女 〔畜〕騎手, 馬術家, 馬に乗る人 名 男 〔軍〕騎兵; 〔畜〕純血種の馬, サラブレッド **-ta** 名 女 〔軍〕(騎兵隊が持つ)短い槍; 軍曹の肩章; 〔動〕ジェネット《ジャコウネコ科》 ***a la jineta*** あぶみを短くして

jin-go+'ís-mo [ひン.ゴ.'イス.モ] 名 男 〔政〕(感情的な)愛国主義; 主戦論

jin-go+'ís-ta [ひン.ゴ.'イス.タ] 形 名 共 〔政〕(感情的な)愛国主義の, 愛国主義者; 〔政〕主戦論の, 主戦論者

Ji-no-'te-ga [ひ.ノ.'テ.ガ] 名 固 〔地名〕ヒノテーガ《ニカラグア北部の県》

'ji+pi ['ひ.ピ] 名 男 《話》〔衣〕パナマ帽⇩jipijapa; 形 名 共 ヒッピー(の)《1960 年代後半から米国で既成社会の伝統や制度を否定した人たち》

ji-pi-'ja-pa [ひ.ピ.'は.パ] 名 男 〔衣〕パナマ帽; 《アンデス》帽子を作る材料の草

'ji+ra ['ひ.ら] 名 女 野外のパーティー, 野外の食事; 布などの細長いきれ, 切れはし

ji-'ra-fa [ひ.'ら.ファ] 名 女 〔動〕キリン

ji-'rio-la [ひ.'りオ.ラ] 名 女 《メキシコ》《話》ずる休み

ji-'rón [ひ.'ろン] 名 男 切れはし; 小片, 破片; 〔衣〕(スカートの)当て布 ***hacer jirones*** ずたずたにする

ji-to-'ma-te [ひ.ト.'マ.テ] 名 男 《メキシコ》《中米》〔植〕トマト

jiu jitsu [ジュ.'ジ.ツ/ス] 名 男 〔日本語〕〔競〕柔術

JJ. OO. 略 =Juegos Olímpicos オリンピック競技大会

'jo ['ほ] 感 《スペイン》《俗》わあ!, まあ!, あれ!《驚き・怒り》; 〔畜〕どうどう《馬を制するときに言う》

Jo+a-'quín [ほ.ア.'キン] 名 固 〔男性名〕ホアキン

'Job ['ほブ] 名 固 〔聖〕ヨブ記《旧約聖書中の一書》; 〔聖〕ヨブ《聖書人名》; 忍耐強い人, 苦しみに耐える人 ***ser más paciente que el Santo ~*** 大変忍耐強い

jo-'bar [ほ.'バる] 感 《話》ええ!, なに!《驚き・抗議》

jockey ['ジョ.キ] 名 男 〔英語〕〔競〕〔競馬〕騎手

jo-co-si-'dad [ほ.コ.スィ.'ダド] 名 女 こっけいさ, おかしみ, ユーモア; おどけた[ひょうきんな]言動

jo-'co-so, -sa [ほ.'コ.ソ, サ] 形 こっけいな, ひょうきんな, おかしい

jo-'co-te [ほ.'コ.テ] 名 男 《メキシコ》《中米》〔植〕ホコーテ梅

jo-'cun-do, -da [ほ.'クン.ド, ダ] 形

j

《格》陽気な, 快活な, ほがらかな

'jo+da ['ほ.ダ] 名 女 《スペイン》《俗》面倒, 厄介; 《俗》冗談

jo-'der [ほ.'デる] 動 自 《俗》セックスをする 動 他 《俗》悩ませる, 困らせる ～se 動 再 《俗》失敗する, だめにする 感 《俗》くそっ!, (こん)ちきしょう!, しまった!, おや!, まあ! 《怒り・驚き・痛み》 *～la* 《俗》失敗する, どじを踏む *¡Jódete!* 《俗》くそくらえ!

jo-'di-do, -da [ほ.'ディ.ド, ダ] 形 《俗》ひどい, しょうがない; 《俗》くたくたになった; 《俗》怒っている

jo-'dien-da 名 女 ⇧joda

jo-'fai-na [ほ.'ファイ.ナ] 名 女 洗面器, 洗面台

jogging ['ジョギン] 名 男 〔英語〕ジョギング ⇧footing

Jo+han-nes-'bur-go [ほ.ア(ン).ネス.'ブる.ゴ] 名 固 〔地名〕ヨハネスバーグ《南アフリカ共和国北東部の都市》

jo-'jo-to [ほ.'ほ.ト] 名 男 《ベネズエラ》〔植〕トウモロコシ; 熟していない果物

jol-'go-rio [ほル.'ゴ.りオ] 名 男 《話》お祭り騒ぎ

jo-'lín⇔-li-nes [ほ.'リン⇔.'リ.ネス] 感 《スペイン》《話》あれ!, まあ!, くそ! 《驚き・怒り》

jo-lo-pe+'ar [ほ.ロ.ペ.'アる] 動 他 《カリブ》《話》盗む

jo-'lo-te [ほ.'ロ.テ] 名 男 《中米》〔鳥〕シチメンチョウ

'jon-do ['ほン.ド] 形 《男》 *cante ～* 〔楽〕カンテ・ホンド《アンダルシアの民謡》

'Jo-nia ['ほ.ニア] 名 固 〔歴〕〔地名〕イオニア《小アジア西岸付近のエーゲ海の島々を指す古称》

'jó-ni-co, -ca ['ほ.ニ.コ, カ] 形 〔歴〕〔地名〕イオニア(人)の ⬆Jonia; 〔歴〕〔言〕(ギリシャ語の)イオニア方言の 名 男 女 イオニア人; 名 男 〔歴〕〔言〕(ギリシャ語の)イオニア方言

'Jó-ni-co ['ほ.ニ.コ] 名 固 〔mar ～〕〔地名〕イオニア海《イタリア南部とギリシャの間の海域》

'jo-nio, -nia 形 ⇧jónico

jon-'rón [ほン.'ろン] 名 男 〔競〕〔野球〕ホームラン

'jo+po ['ほ.ポ] 名 男 〔動〕(ヒツジやキツネなどの)毛の多い尾

Jor-'dán [ほる.'ダン] 名 固 〔el ～〕〔地名〕ヨルダン川《パレスチナを流れる川》

***Jor-'da-nia** [ほる.'ダ.ニア] 94% 名 固 〔地名〕ヨルダン《西アジアの王国》

jor-'da+no, -na [ほる.'ダ.ノ, ナ] 形 〔地名〕ヨルダン(人)の 名 男 女 ヨルダン人⬆Jordania

'jor-fe ['ほる.フェ] 名 男 〔建〕石垣

'Jor-ge ['ほる.へ] 名 固 〔男性名〕ホルへ

****jor-'na-da** [ほる.'ナ.ダ] 85% 名 女 (1日の)仕事(時間), 働く日; **1日**; **1日の道のり**, 1日の行程; 〔競〕〔サッカーなど〕節; **一生**, 生涯, 寿命; 〔軍〕戦闘, 戦い, 遠征; 〔歴〕〔演〕(スペイン古典劇の)幕, 段; 〔映〕部, パート; (王室の)(夏期)旅行

***jor-'nal** [ほる.'ナル] 93% 名 男 (1日の)賃金, 日給, 日当; (1日の)仕事; ホルナル《スペインの農地の面積の単位; 1日で耕作できる耕地の面積; 地方により異なる》 *trabajar a ～* 日当で働く; 雇われて働く

***jor-na-'le-ro, -ra** [ほる.ナ.'レ.ろ, ら] 94% 名 男 女 日雇い(農業)労働者

jo-'ro-ba [ほ.'ろ.バ] 名 女 背のこぶ; 《俗》じゃま物, 足手まとい, やっかい

jo-ro-'ba-do, -da [ほ.ろ.'バ.ド, ダ] 形 名 男 女 猫背の; 《俗》うんざりしている; 《俗》調子が悪い; 猫背の人

jo-ro-'bar [ほ.ろ.'バる] 動 他 《俗》困らせる, いらいらさせる, 悩ます ～se 動 再 《俗》うんざりする

jo-'ron-go [ほ.'ろン.ゴ] 名 男 《メキシコ》〔衣〕ポンチョ

jo-ro-pe+'ar [ほ.ろ.ペ.'アる] 動 自 《南米北》ホローポを踊る

jo-'ro-po [ほ.'ろ.ポ] 名 男 《南米北》〔楽〕ホローポの音楽[踊り]《足を踏みならす踊り》

'jo-rro ['ほ.ろ̃] 名 男 《コロンビア》〔畜〕子を産まない家畜

Jo-sa-'fat [ほ.サ.'ファト] 〔成句〕 *valle de ～* 〔宗〕主の裁きの谷《最後の審判が行われる場所》

Jo+'sé [ほ.'セ] 名 固 〔男性名〕ホセ; 〔San ～〕〔地名〕⬇San José

Jo-'se-fa [ほ.'セ.ファ] 名 固 〔女性名〕ホセーファ

Jo-se-'fi-na [ほ.セ.'フィ.ナ] 名 固 〔女性名〕ホセフィーナ

jo-se-'fi+no, -na [ほ.セ.'フィ.ノ, ナ] 形 〔歴〕《スペイン》ホセ・ナポレオン派の《José I Bonaparte, 1808–1813, スペインを支配》; 〔地名〕サン・ホセの《コスタリカの首都; ウルグアイの県, 県都; ⬇San José》

'jo+ta ['ほ.タ] 名 女 〔言〕ホタ《文字J, jの名称》; 〔楽〕ホタ《スペインの民族舞踊》; 〔複〕《ラ米》〔衣〕革のサンダル *ni ～* 《否定》《話》少しも…ない *ni ～ de* …《否定》《話》少しの…も～ない, これっぽっちも～ない *una ～* 〔否定語とともに〕《話》少しも(…ない), 全然(…ない)

****'jo-ven** ['ほ.ベン] 73% 形 若い, 年少の, 青年の; 年下の, 年少の; 若々しい, 元気な, はつらつとした; 新しい, 新鮮な, 新興の 名 共 若者, 青年, 娘

jo-ven-'cí-si-mo, -ma 〔最上級〕⬆joven

jo-ven-'ci-to, -ta 〔縮小語〕⬆joven

jo-ven-'zue-lo, -la 〔縮小語〕 ⬆ joven

jo-'vial [ほ.'ビアル] 形 陽気な, 楽しい, 愉快な; ジュピターの

*'**jo+ya** ['ほ.ジャ] 92% 名 女 宝石, 宝石入りの装身具, 宝飾品; (時計の)石; 大切な人[物]; 〔複〕〘衣〙 花嫁衣装

jo-'yel [ほ.'ジェル] 名 男 小さな宝石

***jo-ye-'rí+a** [ほ.ジェ.'り.ア] 94% 名 女 〘商〙 宝石店, 宝石商; 〔集合〕 宝石(類)

***jo-'ye-ro, -ra** [ほ.'ジェ.ろ, ら] 94% 名 男 女 〘商〙〔人〕 宝石商, 貴金属商 名 男 宝石箱

'**Juan** ['ふアン] 名 固 〔男性名〕 フアン; 〔Don ~〕〘架空〙 ドン・フアン《多くの女性を誘惑し地獄に落とされたスペインの伝説上の人物》; 《話》 道楽者, 女たらし　~ ***Lanas*** 意気地のない男　~ ***Palomo*** 役立たず, でくの坊　~ ***Palomo, yo me lo guiso y yo me lo como.*** 〔ことわざ〕 何でも自分勝手にする人だ　***Te lo digo, ~, para que lo entiendas, Pedro.*** 〔ことわざ〕 ペドロにわかってもらうためにフアンに言う《間接的に何かを知らせたり警告したりする》

'**Jua-na** ['ふア.ナ] 名 固 〔女性名〕 フアナ

jua-'ne-te [ふア.'ネ.テ] 名 男 〘体〙 足の親指の付け根の骨; 〘医〙 親指の骨のこぶ; 〘体〙 ほお骨; 〘海〙 トガンマスト

'**Juan Fer-nán-dez** ['ふアン フェる.'ナン.デす] 名 固 〔archipiélago de ~〕〘地名〙 フアン・フェルナンデス諸島《南太平洋, チリ領の島々からなる》

'**Juá-rez** ['ふア.れす] 名 固 〘姓〙 フアレス

***ju-bi-la-'ción** [ふ.ビ.ラ.'すぃオン] 94% 名 女 (定年)退職, 停年, 引退; 年金生活, 引退生活, 隠遁, 閑居; 年金, 恩給; 歓喜, 喜び, 祝い

ju-bi-'la-do, -da [ふ.ビ.'ラ.ド, ダ] 形 退職した, 年金を受けている 名 男 女 退職者, 年金受給者

***ju-bi-'lar** [ふ.ビ.'ラる] 93% 動 他 退職させる; 《話》 捨てる, 廃棄する, お払い箱にする　~(**se**) 動 自 (再) 退職する, 年金生活に入る; 喜ぶ 形 〘宗〙 (ユダヤ教の) 聖年の, ヨベルの, 50 年祭の

ju-bi-'le+o [ふ.ビ.'レ.オ] 名 男 〘宗〙 (ユダヤ教で)ヨベル[安息]の年《ユダヤ民族がカナーンに入った年から起算して 50 年ごとの年》; 〘宗〙 完全免償

*'**jú-bi-lo** ['ふ.ビ.ロ] 93% 名 男 大喜び, 歓喜, 狂喜

ju-bi-'lo-so, -sa [ふ.ビ.'ロ.ソ, サ] 形 大喜びの, 歓喜に満ちた　**-samente** 副 大喜びで, 歓喜に満ちて

ju-'bón [ふ.'ボン] 名 男 〘歴〙〘衣〙 ダブレット, 胴衣《ルネッサンス期の胴に密着した男子用上着》

'**ju+co, +ca** ['ふ.コ, カ] 形 《中米》 発酵した, 酸っぱい

ju-'dai-co, -ca [ふ.'ダイ.コ, カ] 形 ユダヤの

ju-da+'ís-mo [ふ.ダ.'イス.モ] 名 男 〘宗〙 ユダヤ教; ユダヤ主義; ユダヤ(教)的考え方[生き方]

ju-dai-'zan-te [ふ.ダイ.'さン.テ] 形 名 共 ユダヤ(人)風の; 〘宗〙 ユダヤ教徒の; 〘宗〙 ユダヤ教徒

'**ju-das** ['ふ.ダス] 名 男 〔単複同〕 裏切り者; 〘宗〙 (聖週間の間に焼かれる)ユダの人形　***estar hecho[cha] un*** ~ 《話》 ぼろを着ている

ju-de+o-a-le-'mán [ふ.デ.オ.ア.レ.'マン] 名 男 〘言〙 ユダヤ系ドイツ語, イディッシュ語

ju-de+o-con-'ver-so, -sa [ふ.デ.オ.コン.'べる.ソ, サ] 名 男 女 ユダヤ教から改宗したキリスト教徒

ju-de+o-es-pa-'ñol, -'ño-la [ふ.デ.オ.エス.パ.'ニョル, 'ニョ.ラ] 形 名 男 女 ユダヤ系スペイン人(の) 《1492 年スペインから追放され, 現在世界各地に居住するユダヤ教徒; 古いスペイン語の特徴を保持しながら各地の新しい要素を含むユダヤ・スペイン語を話す》; 〘言〙 ユダヤ・スペイン語の 名 男 〘言〙 ユダヤ・スペイン語

ju-de-'rí+a [ふ.デ.'り.ア] 名 女 ユダヤ人街, ゲットー; 〔集合〕 ユダヤ人; 〘歴〙〘法〙 ユダヤ人が払った税

ju-'dia-da [ふ.'ディア.ダ] 名 女 ユダヤ人らしさ; 《話》 卑劣な行為, 不正《差別的な表現》

ju-di-ca-'tu-ra [ふ.ディ.カ.'トゥ.ら] 名 女 〘法〙 裁判官の権限[職権, 任期], 裁判管轄[区]; 〘法〙〔集合〕 裁判官

***ju-di-'cial** [ふ.ディ.'すぃアル] 85% 形 〘法〙 司法の, 裁判の, 裁判所の, 裁判官の 名 共 《メキシコ》 警察官

***ju-'dí-o, +a** [ふ.'ディ.オ, ア] 89% 形 名 男 女 ユダヤの; ユダヤ人; 〘宗〙 ユダヤ教徒(の); 《話》 強欲な(人), けちな(人)　**+a** 名 女 《スペイン》〘植〙 インゲンマメ

judo ['ジュ.ド] 名 男 〔発音に注意〕〔日本語〕 ⇩ yudo

judoca [ジュ.'ド.カ] 名 男 〔発音に注意〕〔日本語〕 ⇩ yudoca

'**jue-ga(~)** 動 《直現》 ⬇ jugar

***'jue-go** ['ふエ.ゴ] 76% 名 男 遊び, 遊戯, 娯楽, ゲーム; 冗談, 戯れ; 〘遊〙 ゲームの道具《チェスの盤と駒など》; 〘競〙 試合, 競技, 勝負; 〘競〙〔テニス・卓球・バレーボールなど〕 回, ゲーム; 〔複〕〘競〙 競技会; 〘遊〙 勝負事, 賭け事, ばくち, ギャンブル; 〘演〙 プレー, 演技, (武器・楽器を扱う)技; そろい, ひと組, 一式, セット; 〘遊〙 (勝負事などの)手, 番, 持ち札;

計略, たくらみ; (光・色の)きらめき, 変化; 〖機〗(部品間の)遊び, ゆとり; (機械などの)仕組み, からくり, 機能, 作用, 動き; 〖体〗関節 動《直現1単》⬇jugar *dar* ~ (a: に)混乱を起こす *en* ~ *con* … …とおそろいの *estar en* ~ 関係する, 関わる *hacer el* ~ (a: を)助ける, 支持する *hacer* ~ (con: と)似合う, ぴったり合う ~ *de niños* たやすいこと *tomar a* ~ 冗談にとる, いいかげんにする

'jue-gu~ 動《直現/接現/命》⬇jugar

jue-'ra+no, -na [ふエ.'ら.ノ, ナ] 形 名 男 女《ラ米》よそ者(の), よそから来た(者)

'juer-ga ['ふエる.ガ] 名 女《話》ばか騒ぎ, ふざけ, 飲み騒ぎ *correrse una* ~ 飲んで騒ぐ

juer-gue+'ar-se [ふエる.ゲ.'アる.セ] 動 自《話》(de: を)からかう, あざ笑う

juer-'guis-ta [ふエる.'ギス.タ] 形 名 共《話》お祭り騒ぎの好きな(人)

jue-'ta-zo [ふエ.'タ.そ] 名 男《中米》《カリブ》《南米北》《アンデス》むち打ち, むちでたたくこと

'jue-te ['ふエ.テ] 名 男《中米》《カリブ》《南米北》《アンデス》むち

'jue-ves ['ふエ.ベス] 82% 名 男〔単複同〕木曜日 *no ser del otro* ~《話》大したことではない, 大騒ぎすることではない

'juey ['ふエイ] 名 男《カリブ》〖動〗カニ ~ *dormido*《カリブ》猫かぶり, 偽善者

'juez, jueza ['ふエす, 'ふエ.さ] 81% 名 男 女〔juez 共 も使われる〕〖法〗裁判官, 判事; 〖競〗(競技などの)審判員, 審査員, レフェリー; 鑑定家, よしあしのわかる人

'jue-za 名 女 ⇧juez

ju-'ga-da [ふ.'ガ.ダ] 名 女 ゲーム, 競技, 一勝負, 一番, 一局; 〖競〗プレー; 〖商〗商売, 取引; 《話》わな, 策略, 汚い手, 汚いやりかた

ju-ga-'dor, -'do-ra [ふ.ガ.'ドる, 'ド.ら] 79% 名 男 女〖競〗競技者, 選手, プレーヤー; 博打(ばくち)打ち, ギャンブラー; 賭け事の好きな人 ~[*dora*] *de manos* 女 手品師

ju-'gar [ふ.'ガる] 72% 動 自 ㊴ (u|ue; g|gu) 遊ぶ, 戯れる, (a: をして)遊ぶ; 〖競〗(a: 競技・試合を)する, 競技[試合]に出る; 賭をする; (con: を)いじくる, もてあそぶ, おもちゃにする; (con: を)粗末にする; 動く, 機能する; (con: と)合う, 調和する; (en: に)関わる, 関与する; 〖機〗遊びがある, 自由に動く 動 他〈競技・勝負事・遊びなどを〉する; 賭ける; 使う, あやつる; 〈いたずらなどを〉する, 〈冗談などを〉言う ~**se** 動 再 賭ける, 賭けて失う; 危険にさらす ~ *una mala pasada* 汚い手を使う, ひどいいたずらをする *jugársela* (a: を)ひどい目に合わせる *por* ~ 冗談で, ふざけて

ju-ga-'rre-ta [ふ.ガ.'れ.タ] 名 女《話》いたずら, 悪ふざけ; 《話》汚い手[手段]

ju-'glar, ju-gla-'re-sa [ふ.'グラる, グラ.'れ.サ] 名 男 女〖歴〗〖文〗(中世の)吟遊詩人, 遍歴芸人

ju-gla-'res-co, -ca [ふ.グラ.'れス.コ, カ] 形〖歴〗〖文〗(中世の)吟遊詩人の, 遍歴芸人の

ju-gla-'rí+a [ふ.グラ.'り.ア] 名 女 *mester de* ~〖文〗《スペイン》(中世の)旅芸人の文芸

'ju+go ['ふ.ゴ] 93% 名 男〖飲〗ジュース; 内容, 中味, 本質; 〖食〗(果物・野菜・肉などの)汁, 液; 〖動〗体液; 〖植〗樹液, 分泌液 *sacar* (*el*) ~ (a: を)できるだけ利用する, (a: から)もうける; 搾り取る; (a: を)使い尽くす

ju-go-si-'dad [ふ.ゴ.スィ.'ダド] 名 女〖食〗水分[汁]の多いこと; 実のあること, 内容の多いこと

ju-'go-so, -sa [ふ.'ゴ.ソ, サ] 94% 形〖食〗水分の多い, 汁の多い; 実のある, 内容の多い; «仕事が»うまみのある, 割りのよい

ju-'gué, -gue(~) 動《直点1単, 接現》⬆jugar

ju-'gue-te [ふ.'ゲ.テ] 90% 名 男 おもちゃ, 玩具; 慰みもの; 〔軽蔑〕おもちゃのようなもの, くだらないもの; 〖演〗寸劇, 小喜劇

ju-gue-te+'ar [ふ.ゲ.テ.'アる] 動 自 遊ぶ, (con: と)じゃれる, ふざける, (con: を)おもちゃにする

ju-gue-'te+o [ふ.ゲ.'テ.オ] 名 男 遊ぶこと, じゃれること, ふざけること

ju-gue-te-'rí+a [ふ.ゲ.テ.'り.ア] 名 女〖商〗おもちゃ屋, 玩具店

ju-gue-'te-ro, -ra [ふ.ゲ.'テ.ろ, ら] 名 男 女〖商〗〔人〕おもちゃ屋; 玩具製造者, おもちゃメーカー

ju-gue-'tón, -'to-na [ふ.ゲ.'トン, 'ト.ナ] 形 名 男 女 遊び好きな(人), ふざけたがる(人); 《メキシコ》《話》浮気な(人), 惚(ほ)れっぽい(人)

'jui-cio ['ふイ.すぃオ] 82% 名 男 判断, 評価, 意見, 見解, 考え; 判断力, 理性, 正気, 分別, 良識; 〖法〗裁判, 審判, 判決 *a* ~ *de* … …の考えでは, …の意見では《de … が代名詞の時は所有形容詞を使う》 *beber el* ~ (a: を)夢中にさせる *hacerle* ~ (a: に)耳を貸す, (a: の)意見を聞く *muela del* ~〖体〗親知らず(歯)

jui-'cio-so, -sa [ふイ.'すぃオ.ソ, サ] 形 思慮分別のある, 賢明な

'jui-la ['ふイ.ラ] 名 女《メキシコ》《話》自転車

Ju-'juy [ふ.'ふイ] 名 固〔San Salvador de ~〕〖地名〗フフイ《アルゼンチン北西部の州, 州都》

jul. 略 =julio 7月

ju-'lái [ふ.'ライ] 名 男 《俗》 同性愛者; まぬけ
ju-'le-pe [ふ.'レ.ペ] 名 男 〔医〕 水薬, シロップ薬; 《話》 小言, 叱りつけ; 〔遊〕〔トランプ〕 フレーペ 《ゲーム》; 《カリブ》 《話》 悪だくみ; 《南米》 驚き, 恐怖 *dar un* ～ (a: を)たくさん働かせる; 《ラ米》 (a: を)驚かせる
ju-le-pe+'ar [ふ.レ.ペ.'アる] 動 他 《コロンビア》 〈に〉迷惑をかける; 《ラプラタ》 怖がらせる, 驚かせる
'Ju+li ['ふ.リ] 名 固 〔女性名〕 フリ 《Julia, Juliana の愛称》
'Ju-lia ['ふ.リア] 名 固 〔女性名〕 フリア
Ju-'lián [ふ.'リアン] 名 固 〔男性名〕 フリアン
Ju-'lia-na [ふ.'リア.ナ] 名 固 〔女性名〕 フリアナ
ju-'lia+no, -na [ふ.'リア.ノ, ナ] 形 ユリウスの, ユリウス暦の; 〔食〕 野菜を千切りにした
⁑**'ju-lio** ['ふ.リオ] 79% 名 男 **7月**; 〔物〕 ジュール 《エネルギーおよび仕事の単位》
'Ju-lio ['ふ.リオ] 名 固 〔男性名〕 フリオ
'ju+ma ['ふ.マ] 名 女 《メキシコ》 《カリブ》 《コロンビア》 《アンデス》 《話》 酒酔い
ju-'ma-do, -da [ふ.'マ.ド, ダ] 形 名 男 女 《中米》 《コロンビア》 《話》 酒に酔った(人)
ju-'mar-se [ふ.'マる.セ] 動 再 《中米》 《コロンビア》 《話》 酒に酔う
jumbo ['ジュン.ボ] 名 男 〔英語〕 〔空〕 ジャンボジェット機 形 〔英語〕 大型の, ジャンボの
ju-'men-to, -ta [ふ.'メン.ト, タ] 名 男 女 〔動〕 ロバ
ju-'me-ra [ふ.'メ.ら] 名 女 《話》 泥酔, 酔っぱらうこと
jun. 略 ↓junio
jun-'cal [ふン.'カル] 形 〔植〕 イグサの; 《話》 《人が》すらりとした 名 男 〔植〕 イグサの生い茂った所
'jun-co ['ふン.コ] 名 男 〔植〕 イグサ; ステッキ; 〔海〕 ジャンク船 《中国の平底船》 ～ *de Indias* 〔植〕 トウ
'jun-gla ['ふン.グラ] 名 女 ジャングル, (熱帯の)密林
Ju-'nín [ふ.'ニン] 名 固 〔地名〕 フニン 《ペルー南部の県; アルゼンチン東部の都市》
⁑**'ju-nio** ['ふ.ニオ] 83% 名 男 **6月**
ju-'nior, -'nio-ra [ふ.'ニオる, 'ニオ.ら] 名 男 女 〔宗〕 修練者, 見習い僧
'jú-nior ['ジュ.ニオる] 名 男 (父子同名の場合の)息子, ジュニア; 〔競〕 ジュニア級 《17 歳から 21 歳までの若手の運動選手》 形 〔競〕 ジュニアの 《17 歳から 21 歳まで》
ju-'ní-pe-ro [ふ.'ニ.ペ.ろ] 名 男 〔植〕 ネズ, トショウ
Ju-'ní-pe-ro [ふ.'ニ.ペ.ろ] 名 固 〔男性名〕 フニペロ
'Ju+no ['ふ.ノ] 名 固 〔ロ神〕 ユノー 《ユピテル Júpiter の妻である女神; 結婚の女神》; 〔天〕 ジュノー 《小惑星 3 番》
jun-'que-ra [ふン.'ケ.ら] 名 女 〔植〕 イグサ; 〔植〕 イグサの原
jun-'qui-llo [ふン.'キ.ジョ] 名 男 〔植〕 キズイセン(黄水仙); 〔植〕 トウ; トウのステッキ; 〔建〕 玉縁(飾り)
⁑**jun-'tar** [ふン.'タる] 88% 動 他 **結合する**, つなぐ, 連結する, 合併する; **集める**, 収集する; **招集する** ～**se** 動 再 (a, con: と)**一緒になる**, 合流する, **集まる**, 提携する, 力を合わせる; (a: に)**参加する**; **一緒に暮らす**
⁑**'jun-to, -ta** ['ふン.ト, タ] 72% 形 **一緒の**, (con: と)一緒になった, くっついた, 接合した, 並んだ, 同封の ～**ta** 名 女 **会議**, 会, 集まり, 集会, 委員会; 〔政〕 評議会; 〔機〕 接合部, 継ぎ目, 継ぎ手, ジョイント; 〔歴〕〔政〕 《スペイン》 地方評議会 副 (a: の)**すぐ近くに**, そばに; (con: と)**一緒に**, 共に **-tamente** 副 **一緒に**, 同時に *andar* ～*s* 《メキシコ》 《話》 恋人としてつきあう *aquí* ～ この近くに *en* [*por*] ～ 全部で
jun-'tu-ra [ふン.'トゥ.ら] 名 女 〔機〕 カプリング, 連結器; 〔機〕 接合部, 継ぎ目, ジョイント; 〔体〕 関節
'Jú-pi-ter ['ふ.ピ.テる] 名 固 〔ロ神〕 ユピテル, ジュピター 《神々の主神で天の支配者》; 〔天〕 木星
'ju+ra ['ふ.ら] 名 女 誓い, 宣誓; 宣誓式
*ju-'ra-do** [ふ.'ら.ド] 91% 名 男 〔法〕 **陪審** ～, **-da** 名 男 女 **陪審員**, 審査員 形 誓った, 宣誓した
ju-ra-men-'tar [ふ.ら.メン.'タる] 動 他 誓う, 〈の〉誓いを立てる ～**se** 動 再 誓う, 心に誓う, (互いに)誓い合う
ju-ra-'men-to [ふ.ら.'メン.ト] 名 男 誓い, 宣誓, 誓約, 宣言; 呪い, ののしり(の言葉), 悪態
⁑**ju-'rar** [ふ.'らる] 88% 動 他 (por: にかけて)**誓う**, 誓って〈que 直説法: …だと〉言う, 断言する, 宣言する, 固く約束する 動 自 ののしる, 悪口を言う *jurárselas* (a: へ)の仕返しを誓う
ju-'rá-si-co, -ca [ふ.'ら.スィ.コ, カ] 形 〔地質〕 ジュラ紀の 名 男 〔地質〕 ジュラ紀
'ju+re ['ふ.れ] 〔成句〕 *de* ～ 〔ラテン語〕 〔法〕 法律上の; 正当に
ju-'rel [ふ.'れル] 名 女 〔魚〕 アジ
⁑**ju-'rí-di-co, -ca** [ふ.'り.ディ.コ, カ] 86% 形 〔法〕 **法律の**, 司法[裁判]上の **-camente** 副 法的に
ju-ris-con-'sul-to, -ta [ふ.りス.コン.'スル.ト, タ] 名 男 女 〔法〕 法学者, 法律家
ju-ris-dic-'ción [ふ.りス.ディク.'すぃオン] 名 女 権限の及ぶ範囲; 権限, 権力; 〔法〕 司法権, 裁判権, 支配権, 管轄権

j

ju-ris-dic-cio-'nal [ふ.りス.ディク.すぃオ.'ナル] [形]〘法〙司法(権)の, 裁判(権)の
ju-ris-pe-'ri-to, -ta [ふ.りス.ペ.'り.ト, タ] [名] [男] [女]〘法〙法律専門家
ju-ris-pru-'den-cia [ふ.りス.プる.'デン.すぃア] [名] [女]〘法〙法学, 法律学, 法理学;〘法〙法体系, 法制;〘法〙判例, 判決記録
ju-'ris-ta [ふ.'りス.タ] [名] [共]〘法〙法律専門家, 法学者
ju-run-'gar [ふ.るン.'ガる] [動] [他] 41 (g|gu)《ベネズエラ》《話》探し回る, かぎ回る
'jus-ta ['ふス.タ] [名] [女]〘歴〙(中世の)馬上槍(やり)試合; 競技, 試合, コンクール [形]《女》⬇justo
****'jus-ta-'men-te** ['ふス.タ.'メン.テ] 89% [副] 正確に, 精密に, ぴったりと, まさに, まさしく, ちょうど [感] まさにその通り(です)
jus-'tar [ふス.'タる] [動] [自]〘歴〙馬上槍試合をする
****jus-'ti-cia** [ふス.'ティ.すぃア] 80% [名] [女] 正義, 公正, 正しさ, 当否;〘法〙裁判, 司法, 処罰, 法務;〔抽象〕警察, 司直 ***en ~***《文修飾》公平に見て ***hacer ~*** (a: を) 公平に扱う, 正しく評価する ***ser de ~*** 正当である
jus-ti-cia-'lis-mo [ふス.ティ.すぃア.'りス.モ] [名] [男]〘歴〙〘政〙社会正義主義《アルゼンチンのペロン大統領が掲げた政策》
jus-ti-cia-'lis-ta [ふス.ティ.すぃア.'りス.タ] [形] [名] [共]〘歴〙〘政〙社会正義主義の; 社会正義主義者⬆justicialismo
jus-ti-'cie-ro, -ra [ふス.ティ.'すぃエ.ろ, ら] [形] 正しい, 公明正大な, 公平な; 厳しい, 厳密な [名] [男] [女] 正しい人, 公明正大な人
jus-ti-fi-'ca-ble [ふス.ティ.フィ.'カ.ブレ] [形] 正当化できる, もっともな, 筋の通った
jus-ti-fi-ca-'ción [ふス.ティ.フィ.カ.'すぃオン] [名] [女] 正当化, 証拠立て, 理由づけ, 弁明, 申し開き
jus-ti-fi-'ca-do, -da [ふス.ティ.フィ.'カ.ド, ダ] [形] 正しい, 正当な
jus-ti-fi-'can-te [ふス.ティ.フィ.'カン.テ] [名] [男]〘法〙証拠, 証拠物件[書類]; 領収書 [形] 正当化する, 証明する
****jus-ti-fi-'car** [ふス.ティ.フィ.'カる] 87% [動] [他] 69 (c|qu) 正当化する, 〈行為・主張などが〉正しいとする, 裏付ける, 証明する, 弁明する, 弁護する; 〈勘定を〉合わせる, 調整する ～**se** [動] [再] (自分自身の)弁明をする, 申し開きをする, 自己弁護する
jus-ti-fi-ca-'ti-vo, -va [ふス.ティ.フィ.カ.'ティ.ボ, バ] [形] 正当化する, 証拠の [名] [男] 理由説明書
jus-ti-fi-'qué, -que(~) [動]《直点1単, 接現》⬆justificar
jus-'ti-llo [ふス.'ティ.ジョ] [名] [男]〘衣〙チョッキ, ベスト, 胴着
jus-ti-'nia-no, -na [ふス.ティ.'ニア.ノ, ナ] [形]《ラプラタ》正しい, 公正な
jus-ti-pre-cia-'ción [ふス.ティ.プれ.すぃア.'すぃオン] [名] [女] 評価, 見積もり
jus-ti-pre-'ciar [ふス.ティ.プれ.'すぃアる] [動] [他] 評価する, 見積もる
jus-ti-'pre-cio [ふス.ティ.'プれ.すぃオ] [名] [男] 見積もり, 評価
****'jus-to, -ta** ['ふス.ト, タ] 81% [形] 公正な, 正しい, 正当な, 当然な; もっともな, 根拠のある; 締まった, きっちりした, 固く結んだ, «衣服などが»きつい, 窮屈な; ちょうどの, 正確な; ぎりぎりの, 余裕のない [副] ちょうど, まったく, まさに; ようやく, やっと, もう少しのところで [名] [男] 正義漢, 高潔な人, 善人, 品行方正な人
'Jus-to ['ふス.ト] [名] [固]〘男性名〙フスト
Ju-'tia-pa [ふ.'ティア.パ] [名] [固]〘地名〙フティアパ《グアテマラ南部の県》
Jut-'lan-dia; Ju-'tlan- [ふト.'ラン.ディア; ふ.'トラン.] [名] [固]〔península de ~〕〘地名〙ユトランド[ユーラン]半島《バルト海と北海の間の半島, デンマークの大陸部分をなす, 南部はドイツ領》
***ju-ve-'nil** [ふ.べ.'ニル] 91% [形] 少年[少女]の; 若い, 若々しい;〘競〙ジュニアクラスの
****ju-ven-'tud** [ふ.ベン.'トゥド] 86% [名] [女] 青年時代, 青春(期); 初期; 若さ, 若々しさ, 元気, 血気;〔集合〕若い人(たち), 青年男女
****juz-'ga-do** [ふす.'ガ.ド] 87% [名] [男]〘法〙法廷, 裁判所;〘法〙裁判所の管轄範囲
juz-ga-'mun-dos [ふす.ガ.'ムン.ドス] [名] [共]〔単複同〕《話》とがめ立て[あら捜し]をする人, 揚げ足とり, やかまし屋
****juz-'gar** [ふす.'ガる] 88% [動] [他] 41 (g|gu)〘法〙〈人・事件を〉裁く, 裁判にかける, 〈に〉判決を下す; 判断する; 審判する, 審査する ***a ~ por …*** …から判断すると
juz-'gué, -gue(~) [動]《直点1単, 接現》⬆juzgar

K k *K k*

K, k ['カ] 名 女〔言〕カ《スペイン語の文字》
k 略 ↓kilogramo(s)
k- 略 =kilo-《接頭辞》**10 の 3 乗を示す**
*'**ka** 94% 名 女〔言〕カ《文字 K, k の名称》
Ka-'bul [カ.'ブル] 名 固〔地名〕カブール《アフガニスタン Afganistán の首都》
'**kái-ser** ['カイ.セる] 名 男〔歴〕カイゼル《神聖ローマ帝国・ドイツ・オーストリアの皇帝》
'**ka+ki** 名 男 ⇧ caqui
Kam-'chat-ka 名 固〔地名〕〔península de ~〕カムチャツカ半島《ロシア連邦東部の半島》
ka+mi+'ka+ze [カ.ミ.'カ.せ] 形 無謀な; 自爆の 名 男〔歴〕〔軍〕(日本の)神風特攻隊[隊員]; 自爆テロ[テロリスト]
Kam-'pa-la [カン.'パ.ラ] 名 固〔地名〕カンパラ《ウガンダ Uganda の首都》
'**kan** 名 男〔歴〕〔政〕ハン, 汗(かん)《中央アジア諸国の統治者の尊称, モンゴルの君主の尊号》
ka-'na-to 名 男〔歴〕〔政〕ハンの領土, ハン国
kan-'tia+no, -na 形〔哲〕カントの, カント哲学の《Immanuel Kant, 1724–1804; ドイツの哲学者》
kan-'tis-mo 名 男〔哲〕カント哲学
'**kap-pa** 名 女〔言〕カッパ《ギリシャ語の文字 *K*, *κ*》
Ka-'ra-chi [カ.'ら.チ] 名 固〔地名〕カラチ《パキスタン南部の都市》
Ka-ra-ko-'rum [カ.ら.コ.'るム] 名 固〔地名〕〔cordillera de ~〕カラコルム山脈《インド北西部の大山脈》
ka-ra+'o-ke [カ.ら.'オ.ケ] 名 男〔遊〕カラオケ
'**ká-ra-te** ⇦ **ka-** ['カ.ら.テ⇦カ.'ら.テ] 名 男〔競〕空手
ka-ra-'te-ca [カ.ら.'テ.カ] 名 共〔競〕空手家, 空手をする人
karting ['カる.ティン] 名 男〔複 -tings〕〔英語〕〔競〕ゴーカートレース
ka-'tius-ka [カ.'ティウス.カ] 名 女〔複〕〔衣〕ゴム長靴
Kat-man-'dú 名 固〔地名〕カトマンズ《ネパール Nepal の首都》
ka-'yak 名 男〔複 kayaks〕〔競〕〔ボート〕カヤック競技; カヤック《イヌイットが使う革製の小型ボート》
Ka-za-jis-'tán ⇦ **-zajs-** [カ.さ.ひス.'タン⇦.さ(ふ)ス.] 名 固〔República de ~〕〔地名〕カザフスタン《中央アジア北部の共和国》
ka-'za-jo, -ja [カ.'さ.ほ, は] 形〔地名〕カザフスタン(人)の 名 男 女〔地名〕カザフスタン人 ↑Kazajistán
kc 略 ↓kilociclo
kcal 略 ↓kilocaloría
ke-bab [ケ.'バブ] 名 男〔食〕ケバブ《トルコ・近東の料理》
'**ké-fir** ['ケ.フィる] 名 男〔飲〕ケフィア《発酵乳の一種》
*'**Ke-nia** 94% 名 固〔República de ~〕〔地名〕ケニア《アフリカ東部の共和国》
ke-'nia+no, -na [ケ.'ニア.ノ, ナ] 形〔地名〕ケニア(人)の; ケニア人 ↑Kenia
ke-'nia-ta 形 名 共 ⇧ keniano
'**ker-mes** 名 男 ⇩ quermes
ker-'més [ケる.'メス] 名 男 (慈善目的の)野外パーティー; 〔美〕17 世紀の祭りを描いた絵画・タペストリー
ke-ro-'se+no 名 男 ⇩ queroseno
ketchup [ケ.'チュプ] 名 男〔英語〕〔食〕ケチャップ
kg 略 ↓kilogramo(s)
kgm 略 ↓kilográmetro
kHz 略 ↓kilohertz
'**Kiev** ['キエブ] 名 固〔地名〕キイウ, キエフ《ウクライナ Ucrania の首都》
Ki-'ga-li [キ.'ガ.リ] 名 固〔地名〕キガリ《ルワンダ Ruanda の首都》
Ki-li-man-'ja-ro [キ.リ.マン.'は.ろ] 名 固〔monte ~〕〔地名〕キリマンジャロ山《アフリカ, タンザニア北東部の山》
'ki+lo** ['キ.ロ] 86% 名 男 キログラム; 《話》100 万ユーロ
ki+lo~〔接頭辞〕〔数〕「10 の 3 乗」を示す
ki-lo-'bit [キ.ロ.'ビト] 名 男〔複 -bits〕〔情〕キロビット
ki-lo-ca-lo-'rí+a [キ.ロ.カ.ロ.'リ.ア] 名 女〔物〕キロカロリー
ki-lo-'ci-clo [キ.ロ.'すぃ.クロ] 名 男〔電〕キロサイクル《周波数の(旧)単位; 現在はキロヘルツ kilohercio を用いる》
ki-lo-'grá-me-tro [キ.ロ.'グら.メ.トろ] 名 男〔機〕キログラムメートル《仕事の単位》
*'**ki-lo-'gra-mo** [キ.ロ.'グら.モ] 93% 名 男 キログラム

ki-lo|'her-cio [キ.ロ.'エる.すぃオ] 名 男〔物〕〔電〕キロヘルツ《周波数の単位》

ki-lo-'li-tro [キ.ロ.'リ.トろ] 名 男 キロリットル《容量の単位》

ki-lo-me-'tra-je [キ.ロ.メ.'トら.へ] 名 男（行程・旅程の)キロメートル数，走行キロ数

ki-lo-'mé-tri-co, -ca [キ.ロ.'メ.トり.コ, カ] 形 キロメートルの;《話》とても長い 名 男〔鉄〕周遊券,（スペインの)鉄道割引切符

‡ki-'ló-me-tro [キ.'ロ.メ.トろ] 78% 名 男 キロメートル

ki-lo-oc-'te-to [キ.ロ.オク.'テ.ト] 名 男〔情〕キロバイト (**KB**)

ki-lo-'tón [キ.ロ.'トン] 名 男〔物〕キロトン《原水爆の爆発力の単位》

***ki-lo-'va-tio** [キ.ロ.'バ.ティオ] 93% 名 男〔物〕〔電〕キロワット《電力・仕事の単位》

kilt ['キル(ト)] 名 男〔複 kilts〕〔英語〕〔衣〕キルト《スコットランドの男性用巻きスカート》

ki-'mo+no 名 男〔衣〕(日本の)着物

'kín-der ['キン.デる] 名 男《ラ米》幼稚園

kin-der-'gar-ten [キン.デる.'ガる.テン] 名 男 幼稚園

kin-der-gar-te-'ri-na [キン.デる.ガる.テ.'り.ナ] 名 女《ベネズエラ》幼稚園の先生

ki-'ne-sia [キ.'ネ.スィア] 名 女 非言語伝達, ノンバーバルコミュニケーション《身ぶり, 姿勢, 身体の動きなど》

ki-'né-si-co, -ca [キ.'ネ.スィ.コ, カ] 形 非言語伝達の↑kinesia **-ca** 名 女 非言語伝達; 非言語伝達研究

ki-ne-sio-lo-'gí-a [キ.ネ.スィオ.ロ.'ひ.ア] 名 女 身体運動学;〔医〕運動療法

ki-ne-sio-'ló-gi-co, -ca [キ.ネ.スィオ.'ロ.ひ.コ, カ] 形 身体運動学の;〔医〕運動療法の

ki-ne-'sió-lo-go, -ga [キ.ネ.'スィオ.ロ.ゴ, ガ] 名 男 女 身体運動学者;〔医〕運動療法医

ki-ne-sio-te-'ra-pia [キ.ネ.スィオ.テ.'ら.ピア.] 名 女〔医〕運動療法

'Kings-ton 名 固〔地名〕キングストン《ジャマイカ Jamaica の首都》

'Kings-town 名 固〔地名〕キングスタウン《セントビンセント・グレナディーン San Vicente y las Granadinas の首都》

Kin-'sa-sa [キン.'サ.サ] 名 固〔地名〕キンシャサ《コンゴ民主共和国 República Democrática del Congo の首都》

'kios-co 名 男 ⇩ quiosco

'Kio-to ['キオ.ト] 名 固〔地名〕京都《日本の都市》

kir-'gui-so, -sa [キる.'ギ.ソ, サ] 形〔地名〕キルギスタン(人)の; 名 男 女 キルギスタン人

Kir-guis-'tán [キる.ギス.'タン] 名 固〔República Kirguisa〕〔地名〕キルギスタン《中央アジア北東部の共和国》

Ki-ri-'ba-ti [キ.り.'バ.ティ] 名 固〔República de ～〕〔地名〕キリバス《オセアニアの島国》

'ki-rie ['キ.りエ] 名 男〔～ eleison〕〔宗〕キリエ《ミサの式文の一つ; あわれみの賛歌》

'ki+wi⇔+vi ['キ.ウイ⇔ビ] 名 男〔植〕キーウイ;〔鳥〕{キーウイ}

kl 略 ↑kilolitro(s)

km 略 ↑kilómetro(s)

kn 略 =nudo ノット

K. O. ['カ.オ] 略〔競〕〔ボクシング〕ノックアウト

ko+'a-la [コ.'ア.ラ] 名 男〔動〕コアラ

koi-'né 名 女〔歴〕〔言〕コイネー《紀元前4世紀から紀元後6世紀半ばにかけて東地中海地方に共通に使われたギリシャ語の共通語》;〔言〕〔一般に〕共通語

'ko+la ['コ.ラ] 名 女〔植〕コーラノキ

ko-'pek 名 男〔複 -peks〕〔経〕カペイカ《ロシア連邦 Rusia の通貨; ルーブル rublo の 1/100》

ko-so-'var [コ.ソ.'バる] 形〔地名〕コソボ(人)の 名 共〔地名〕コソボ人 ⇩ Kosovo

Ko-'so-vo⇔'Kó- [コ.'ソ.ボ⇔'コ.] 名 男〔República de ～〕〔地名〕コソボ《バルカン半島西部に位置する共和国》

'Kra ['クら] 名 固〔istmo de ～〕〔地名〕クラ地峡《タイ南西部とミャンマー南端が接する国境付近にある地峡》

krau-'sis-mo [クらウ.'スィス.モ] 名 男〔哲〕クラウゼ主義《Karl Krause, 1781–1832, ドイツの哲学者》

krau-'sis-ta [クらウ.'スィス.タ] 形〔哲〕クラウゼ主義の 名 共 クラウゼ主義者↑krausismo

'Krem-lin ['クれム.リン] 名 固〔政〕クレムリン宮殿, ロシア政府

krip-'tón 名 男 ⇧ criptón

kt 略 ↑kilotón, kilotones

***'Kua-la Lum-'pur** ['クア.ラ ルン.'プる] 94% 名 固〔地名〕クアラルンプール《マレーシア Malasia の首都》

Kur-dis-'tán [クる.ディス.'タン] 名 固〔地名〕クルディスターン《トルコ, イラン, イラク, シリアにまたがる山岳地帯》

'kur-do, -da ['クる.ド, ダ] 形 名 男 女 クルド(族)の(人)《大部分がクルディスターン Kurdistán に居住するイスラム教徒》;〔言〕クルド語の 名 男〔言〕クルド語

Ku-'ri-les [ク.'り.レス] 名 固〔islas ～〕〔地名〕千島[クリル]列島《太平洋とオホーツク海を分ける弧状列島》

***Ku-'wait** [ク.'ウアイ(ト);.'バイ(ト)] 94% 名 固〔地名〕クウェート《ペルシャ湾北西岸の立憲君主国》

ku-wai-'tí [ク.ウァイ.'ティ;.バイ.] [形]〔複 -líes⇦-lís〕〖地名〗クウェート(人)の [名] [共] クウェート人⬆Kuwait

kV [略] ⬆kilovatio

kW [略] ⬆kilovatio

L l *ℒ ℓ*

L, l ['エ.レ] [名] [女]〖言〗エレ《スペイン語の文字》

l, L [略] ⬇litro(s)

L/ [略] ⬇letra

£ [略] ⬇libra ポンド《英国の通貨》

la [ラ] [代]《人称》〔弱勢〕〔直接目的語・女 3 単〕⬆el, ⬇lo [名] [男]〖楽〗ラ《長音階の第 6 音》

la-be-'rín-ti-co, -ca [ラ.ベ.'リン.ティ.コ, カ] [形] 迷宮の, もつれた, 錯綜した

*__la-be-'rin-to__ [ラ.ベ.'リン.ト] 92% [名] [男] 迷路, 迷宮; もつれ, 混乱, 錯綜;〖体〗(内耳の)迷路, 内耳

'la-bia ['ラ.ビア] [名] [女]《話》おしゃべり, 口達者

la-'bia-da [ラ.'ビア.ダ] [名] [女]〖植〗シソ科植物

la-'bial [ラ.'ビアル] [形] 唇の, 唇(しん)状の;〖音〗唇音の [名] [女]〖音〗唇音

la-bia-li-'zar [ラ.ビア.リ.'さる] [動] [他] ㉞ (z|c)〖音〗唇音(しんおん)化する **~se** [動] [再]〖音〗唇音化する

la-bi+hen-'di-do, -da [ラ.ビエン.'ディ.ド, ダ] [形]〖医〗口唇裂(こうしんれつ)の

⁑**'la-bio** ['ラ.ビオ] 85% [名] [男]〖体〗唇; (話す器官としての)口; 縁(ふち), へり;〖医〗傷口;〖体〗陰唇 ***de ~s afuera*** 誠実でない ***estar pendiente de los ~s*** (de: の)話を興味深く聞く **~ *leporino*** 〖医〗口唇裂(こうしんれつ) ***morderse los ~s*** 唇をかむ《自制・自責・怒りなどの気持ち》 ***no despegar los ~s*** 《話》口を閉ざしたままでいる, 黙っている ***pellizcar los ~s*** 自分の唇をつまむ《心配や何かに気をとられている様子》

la-bio-den-'tal [ラ.ビオ.デン.'タル] [形]〖音〗唇歯(しんし)音の [名] [女]〖音〗唇歯音

la-'bio-so, -sa [ラ.'ビオ.ソ, サ] [形]《アンデス》おべっかをつかう, へつらう

⁑**la-'bor** [ラ.'ボる] 83% [名] [女] 仕事, 労働, 勤労, 骨折り; 編み物, 針仕事, 刺繍(ししゅう);〖農〗農事, 耕作, すき返すこと ***sus ~es*** 主婦(の仕事), 家事手伝い

la-bo-'ra-ble [ラ.ボ.'ら.ブレ] [形] 仕事の, 仕事ができる;〖農〗《土地が》耕すことのできる, 耕作に適した

la-bo-'ral [ラ.ボ.'らル] [形] 労働の, 職業の

la-bo-'rar [ラ.ボ.'らる] [動] [他]〖農〗〈土地などを〉耕す [動] [自]《格》(por, en favor de: のために)働く, 努力する

⁑**la-bo-ra-'to-rio** [ラ.ボ.ら.'ト.りオ] 86% [名] [男] 実験室[所], 研究室[所]; 視聴覚教室, ラボ; (薬品・化学製品などの)工場

la-bo-re+'ar [ラ.ボ.れ.'アる] [動] [他]〖農〗〈土地を〉耕す;〖鉱〗〈鉱山を〉採掘する

la-bo-'re+o [ラ.ボ.'れ.オ] [名] [男]〖農〗耕作;〖鉱〗採掘

la-bo-rio-si-'dad [ラ.ボ.りオ.スィ.'ダド] [名] [女] 勤勉, 精励

*__la-bo-'rio-so, -sa__ [ラ.ボ.'りオ.ソ, サ] 94% [形] 骨の折れる, 困難な, 面倒な; 勤勉な, 精励な, 働き者の

la-bo-'ris-mo [ラ.ボ.'りス.モ] [名] [男]〖政〗労働党の政策[主義]

la-bo-'ris-ta [ラ.ボ.'りス.タ] [形] [名] [共]〖政〗労働党の; 労働党員

la-'bra-do, -da [ラ.'ブら.ド, ダ] [形] 刺繍(ししゅう)した, 模様がついた; 細工した, 耕した [名] [男] 刺繍; 細工

*__la-bra-'dor, -'do-ra__ [ラ.ブら.'ドる, 'ド.ら] 93% [名] [男] [女]〖農〗農民, 自作農;〖動〗〔犬〕ラブラドルレトリバー

La-bra-'dor [ラ.ブら.'ドる] [名] [固] 〔península del ~〕〖地名〗ラブラドル半島《カナダ東部の半島》

la-bran-'tín [ラ.ブらン.'ティン] [名] [男]〖農〗貧農, 水呑(の)み百姓

la-bran-'tí+o, +a [ラ.ブらン.'ティ.オ, ア] [形]〖農〗耕作に適する, 耕作可能な [名] [男]〖農〗耕作に適した土地, 耕地

la-'bran-za [ラ.'ブらン.さ] [名] [女]〖農〗耕作;〖農〗農地

*__la-'brar__ [ラ.'ブらる] 94% [動] [他] 細工する, 彫刻する; 〈石・像を〉彫る, 刻む;〖農〗〈土地を〉耕す; 刺繍(ししゅう)する; 引き起こす, 〈の〉基礎を築く **~se** [動] [再] 基礎を築く

la-'brie-go, -ga [ラ.'ブりエ.ゴ, ガ] [名] [男] [女]〖農〗農民, 小作農

la-bu-'ran-te [ラ.ブ.'らン.テ] [名] [共]《チリ》《ラプラタ》《話》労働者

la-bu-'rar [ラ.ブ.'らる] [動] [自]《チリ》《ラプラタ》《話》仕事をする

la-'bu-ro [ラ.'ブ.ろ] 名 男 《ﾁﾘ》《ﾗﾌﾟﾗﾀ》《話》仕事, 職

'la+ca ['ラ.カ] 名 女 ラッカー, 漆(うるし); ヘアスプレー

la-can-'dón, -'do-na [ラ.カン.'ドン, 'ド.ナ] 形 名 男 女 ラカンドン族の(人)《メキシコ, チアパス州 Chiapas, グアテマラ北部に住む, 古代マヤ族の子孫》

la-'ca-yo, -ya [ラ.'カ.ジョ, ジャ] 名 男 女 従僕, 召使い; 〔軽蔑〕(卑屈な)おべっか使い, 追従者, お先棒をかつぐ人

La-ce-de-'mo-nia [ラ.せ.デ.'モ.ニア] 名 固 〘歴〙〘地名〙(古代)スパルタ, ラケダイモン

la-ce-de-'mo-nio, -nia [ラ.せ.デ.'モ.ニオ, ニア] 形 〘歴〙〘地名〙(古代)スパルタの, ラケダイモンの 名 男 女 〘歴〙(古代)スパルタ人, ラケダイモン人 ⬆Lacedemonia

la-ce-'ra-do, -da [ラ.せ.'ら.ド, ダ] 形 《格》不幸な; 《格》傷ついた

la-ce-'ran-te [ラ.せ.'らン.テ] 形 《格》傷つける, 痛める; 《格》心を痛める, 胸を引き裂く

la-ce-'rar [ラ.せ.'らる] 動 他 《格》〈筋肉・手足などを〉傷つける

la-'ce-ria [ラ.'せ.りア] 名 女 《古》貧しさ, 困窮, 苦痛

la-ce-'rí+a [ラ.せ.'り.ア] 名 女 〘衣〙リボン模様

'la-cha ['ラ.チャ] 名 女 恥ずかしさ; 〘魚〙カタクチイワシ

'la-cho ['ラ.チョ] 名 男 《ｱﾝﾃﾞｽ》《ﾁﾘ》《話》女たらし, 女好き

'la-cio, -cia ['ラ.すぃオ, すぃア] 形 〘植〙《葉・茎などが》しぼんだ, しおれた; 《髪が》縮れずにまっすぐな, くせがない; 元気のない, 弱々しい

'La-cio ['ラ.すぃオ] 名 固 〘歴〙〘地名〙ラティウム《古代イタリアの都市国家; 現在のローマ市の南東》

la-'cón [ラ.'コン] 名 男 〘食〙豚の肩肉

La-'co-nia [ラ.'コ.ニア] 名 固 〘歴〙〘地名〙ラコニア《古代ギリシャ南部の地域; 中心地はスパルタ》

la-'có-ni-co, -ca [ラ.'コ.ニ.コ, カ] 形 簡潔な, 簡明な; 口数の少ない, 寡黙な

la-'co-nio, -nia [ラ.'コ.ニオ, ニア] 形 〘歴〙ラコニアの 名 男 女 ラコニア人

la-co-'nis-mo [ラ.コ.'ニス.モ] 名 男 《格》簡潔(な表現), 簡潔な文章; 寡黙なこと

'la-cra ['ラ.クら] 名 女 欠点, 弱点, 悪, 汚点; 傷跡, (やけど・できものなどの)跡

la-'crar [ラ.'クらる] 動 他 (封蠟(ふうろう)で)〈に〉封印を施す, 〈に〉封をする; 《病気が》襲う, 害する

'la-cre ['ラ.クれ] 名 男 封蠟(ふうろう)

la-cri-'mal [ラ.クり.'マル] 形 涙の

la-cri-'mó-ge+no, -na [ラ.クり.'モ.へ.ノ, ナ] 形 涙の, 涙を催させる; 《格》感傷的な, 情に訴える, 涙を誘う, 哀れな

la-cri-'mo-so, -sa [ラ.クり.'モ.ソ, サ] 形 涙を流す, 涙ぐんだ; 涙もろい; 涙を誘う, かわいそうな

lac-'tan-cia [ラク.'タン.すぃア] 名 女 授乳, 授乳期

lac-'tan-te [ラク.'タン.テ] 形 名 共 授乳の, 授乳期の; 乳児, 乳飲み子

lac-'tar [ラク.'タる] 動 他 《格》〈乳児に〉授乳する 動 自 《格》《乳児が》乳を飲む

lac-te+'a-do, -da [ラク.テ.'ア.ド, ダ] 形 牛乳を混ぜた

'lác-te+o, +a ['ラク.テ.オ, ア] 形 乳の, 乳状の ***Vía Láctea*** 〘天〙天の川, 銀河

'lác-ti-co, -ca ['ラク.ティ.コ, カ] 形 〘化〙乳の

lac-'tí-fe-ro, -ra [ラク.'ティ.フェ.ろ, ら] 形 〘体〙乳管の

lac-'to-sa [ラク.'ト.サ] 名 女 〘化〙乳糖, ラクトース

la-'cus-tre [ラ.'クス.トれ] 形 〘地〙湖の, 湖底の; 〘生〙湖水に生じる[住む]

la-de+'a-do, -da [ラ.デ.'ア.ド, ダ] 形 傾いている

la-de+'ar [ラ.デ.'アる] 動 他 傾ける; 〈の〉わきを通る, 〈の〉周囲を回る 動 自 傾く; わき道へそれる ～**se** 動 再 傾く; (con: と)肩を並べる, 同等である; 《ﾁﾘ》(con: に)恋する

***la-'de-ra** [ラ.'デ.ら] 93% 名 女 〘地〙斜面, 山腹

la-'dier+no [ラ.'ディエる.ノ] 名 男 〘植〙クロウメモドキ

la-'di-lla [ラ.'ディ.ジャ] 名 女 〘昆〙ケジラミ

la-'di+no, -na [ラ.'ディ.ノ, ナ] 形 名 男 女 抜け目のない, ずるい; 〘歴〙《先住民[インディオ]が》スペイン語がわかる; 〘言〙ラディノ語の《スペイン系ユダヤ人の言語》; 〘言〙レトロマン語の, ラディン語の《スイス東部の言語》; 抜け目のない人, ずるい人; 〘歴〙スペイン語がわかる先住民[インディオ, アラブ人]; 《ﾗ米》〔人〕混血 名 男 〘言〙ラディノ語; 〘言〙レトロマン語, ラディン語

****'la+do** ['ラ.ド] 71% 名 男 側(がわ), 側面, 面, わき, 横; (人の)そば, かたわら; 場所, すき間, スペース; 方面, 方向; (競争・交渉などの)側, 味方, 党派, …派; (問題などの)側面, 一面; (血統の)関係, …方(かた), 血筋; わき腹, 横腹; 川の岸, 河岸; 〘競〙サイド; 〘数〙(三角形などの)辺 ***a ambos ～s*** 両側に ***a todos ～s*** ⬇por todos lados ***al ～*** 隣に, 横に, すぐそばに ***al ～ de*** … …のわきに, …のそばに; …と比べて ***al otro ～*** 向こう側に ***dar [dejar] de ～*** 遠ざける,

無視する, 敬遠する, のけ者にする *de* ～ 横に, 横から; 斜めに, 傾けて *de* ～ *a* ～ 端から端まで *de un* ～ *para* [*a*] *otro* あちこちへ *de un* ～ *…, de otro* … 一方で…また他方で… *dejar a un* ～ わきへどける, ほうっておく, のけ者にする; 抜かす, とばす *echarse a un* ～ 横にどく, 道をあける ～ *a* ～ 並んで *ponerse de* ～ 横向きになる *por todos* ～*s* いたるところで, どこにでも *por un* ～ 一方で; まずは

La-'do-ga [ラ.'ド.ガ] 名 固 〔lago ～〕〘地名〙ラドガ湖《ロシア連邦北西部の湖》

la-dra-'dor, -'do-ra [ラ.ドら.'ドる, 'ド.ら] 形 〔畜〕《犬などが》よくほえる; 《人が》がみがみ言う

*__la-'drar__ [ラ.'ドらる] 94% 動 自 〔畜〕《犬などが》ほえる; 《話》どなりたてる, 当たり散らす 動 他 〈と言って〉どなる

la-'dri-do [ラ.'ドり.ド] 名 男 ほえ声; どなり声

la-dri-'llar [ラ.ドり.'ジャる] 名 男 れんが工場 動 他 〔建〕れんがを敷く, れんがで覆う

*__la-'dri-llo__ [ラ.'ドり.ジョ] 93% 名 男 〔建〕れんが; かたまり, ブロック; 《(アンデス)》〔食〕タマール ⬇tamal *ser un* ～ 《話》《本が》分厚いだけで中身がない

*__la-'drón, -'dro-na__ [ラ.'ドろン, 'ドろ.ナ] 92% 名 男 女 泥棒, 盗賊; 〔親愛〕いたずらっ子, わんぱく小僧 名 男 〔電〕分岐ソケット

la-dro-'ne-ra [ラ.ドろ.'ネ.ら] 名 女 泥棒の巣窟

la-dron-'zue-lo, -la [ラ.ドろン.'すエ.ロ, ラ] 名 男 女 こそ泥

la-'ga-ña 名 女 ⇩ legaña

la-ga-'ño-so, -sa 形 名 男 女 ⇩ legañoso

la-'gar [ラ.'ガる] 名 男 〔農〕(ブドウ・オリーブなどの)圧搾場; 〔機〕圧搾機

la-ga-'re-jo [ラ.ガ.'れ.ほ] 名 男 〔成句〕 *hacer un* ～ 《話》ひどく汚す *hacerse un* ～ ブドウがつぶされる

la-ga-'re-ta [ラ.ガ.'れ.タ] 名 女 ブドウ圧搾用の小型桶(おけ)

la-'gar-ta [ラ.'ガる.タ] 名 女 〔動〕(雌の)トカゲ; 《(スペイン)》《俗》腹黒い女, あばずれ, 売春婦

la-gar-'ti-ja [ラ.ガる.'ティ.は] 名 女 《(スペイン)》〔動〕トカゲ; 〔競〕腕立て伏せ; 《(コロンビア)》《(チリ)》二頭筋

la-'gar-to [ラ.'ガる.ト] 名 男 〔動〕大トカゲ; 《(ラ米)》〔動〕ワニ, アリゲーター; 〔体〕上腕二頭筋; 《話》ごろつき, ならず者, 腹黒い男

la-gar-'tón, -'to-na [ラ.ガる.'トン, 'ト.ナ] 形 ずるい, 腹黒い

'la+go ['ラ.ゴ] 90% 名 男 〔地〕湖, 湖水; (公園の)人工池

la-go-te+'ar [ラ.ゴ.テ.'アる] 動 他 《話》〈に〉こびへつらう, 〈に〉おもねる

la-go-te-'rí+a [ラ.ゴ.テ.'り.ア] 名 女 《話》こび, へつらい, お世辞, 甘言

'lá-gri-ma ['ラ.グり.マ] 90% 名 女 涙; 樹液; ほんの少し, 雀の涙; 〔複〕悲しみ, 苦しみ, 逆境

la-gri-'mal 形 ⇧ lacrimal; 〔体〕目頭

la-gri-'mar [ラ.グり.'マる] 動 自 《格》涙を流す, 泣く

la-gri-me+'ar [ラ.グり.メ.'アる] 動 自 涙が出る; 泣き虫である, 涙もろい

la-gri-'món [ラ.グり.'モン] 名 男 《話》大粒の涙

la-gri-'mo-so, -sa 形 ⇧ lacrimoso

*__la-'gu-na__ [ラ.'グ.ナ] 92% 名 女 〔地〕潟(かた), 小さな湖; 空白, とぎれ, 脱落, 脱文

La-'gu-na [ラ.'グ.ナ] 名 固 〔La ～〕〘地名〙ラ・ラグナ《スペイン, カナリア諸島のテネリーフェ島にある都市》

la-gu-'na-jo [ラ.グ.'ナ.ほ] 名 男 水たまり

la-gu-'nar [ラ.グ.'ナる] 形 〔地〕沼の

la-gu-'ne-ro, -ra [ラ.グ.'ネ.ろ, ら] 形 〔地〕潟(かた)の

La+'ho-re [ラ.'オ.れ] 名 固 〘地名〙ラホール《パキスタン中東部の都市》

lai-ci-'dad [ライ.すぃ.'ダド] 名 女 世俗主義, 非宗教性

lai-'cis-mo [ライ.'すぃス.モ] 名 男 世俗主義; 世俗性, 非宗教性; 〔政〕政教分離主義

lai-'cis-ta [ライ.'すぃス.タ] 形 名 共 〔政〕政教分離の, 世俗主義の, 世俗主義者; 〔政〕政教分離主義の, 政教分離主義者; 世俗の, 非宗教的な

*__'lai-co, -ca__ ['ライ.コ, カ] 93% 形 〔宗〕俗人の, 世俗の, 宗教から独立した 名 男 女 〔宗〕平信徒

la+'ís-mo [ラ.'イス.モ] 名 男 〔言〕ライスモ《女性を指す間接目的語の le, les の代わりに la, las を使う誤用法》

la+'ís-ta [ラ.'イス.タ] 形 〔言〕ライスモの 名 共 〔言〕ライスモを使う人

'la+ja ['ラ.は] 名 女 薄く平たい石, 石の薄片

lám. 略 ⬇lámina

'la+ma ['ラ.マ] 名 女 軟泥, 泥砂; 〔宗〕ラマ僧

la-ma+'ís-mo [ラ.マ.'イス.モ] 名 男 〔宗〕ラマ教

la-ma-se-'rí+a [ラ.マ.セ.'り.ア] 名 女 〔宗〕ラマ教の僧院

lam-'ba-da [ラン.'バ.ダ] 名 女 〔楽〕ランバダ《ブラジルで生まれた官能的なダンス・曲》

Lam-ba-'ye-que [ラン.バ.'ジェ.ケ] 名 固 〘地名〙ランバジェーケ《ペルー北部の県》

'lamb-da ['ラン(ブ).ダ] 名 女 〔言〕ラムダ《ギリシャ語の文字 Λ, λ》

lam-be-'bo-tes [ラン.ベ.'ボ.テス] 名 共〔単複同〕《アンデス》《話》おべっか使い, ごますり

lam-'ber [ラン.'べる] 動 他《ラ米》なめる 動 自《カリブ》《話》他人の家で食事をする

lam-'bí+o, +a [ラン.'ビ.オ, ア] 形 名 男 女《カリブ》《話》よく食べる(人), 大食らいの(人)

lam-bis-'cón, -'co-na [ラン.ビス.'コン, 'コ.ナ] 形 名 男 女《中米》《コロンビア》《話》おべっかを使う(人), ごますりの(人)

lam-'bón, -'bo-na [ラン.'ボン, 'ボ.ナ] 形 名 男 女《コロンビア》《話》おべっかを使う(人), ごますりの(人)

lam-bu-ce+'ar [ラン.ブ.せ.'アる] 動 他《ベネズエラ》《話》なめる

la+'mé [ラ.'メ] 名 男〔衣〕ラメ《金銀などの箔でできた糸, その布》

la-me+'cu-los [ラ.メ.'ク.ロス] 名 共〔単複同〕《俗》おべっかを使う人, お世辞屋, ごますり

la-me-'du-ra [ラ.メ.'ドゥ.ら] 名 女 なめること, ひとなめ

*__la-men-'ta-ble__ [ラ.メン.'タ.ブレ] 93% 形 悲しい, 悲しむべき, 嘆かわしい, 痛ましい, 残念な　**~mente** 副 悲しいことに, 嘆かわしいことに, 残念なことに

la-men-ta-'ción [ラ.メン.タ.'すぃオン] 名 女 悲嘆, 嘆き, 哀悼, 悲嘆の声; ぐち, 不平

__la-men-'tar__ [ラ.メン.'タる] 90% 動 他 〈que 接続法: を〉残念に思う; (de, por: について)嘆く, 悲しむ, 気の毒に思う　**~se 動 再 嘆く, 不平を言う, ぐちをこぼす; (de, por: を)嘆き悲しむ, (声を上げて)泣く

la-'men-to [ラ.'メン.ト] 名 男 悲嘆, 嘆き

la-men-'to-so, -sa [ラ.メン.'ト.ソ, サ] 形 悲しげな, 哀れな

*__la-'mer__ [ラ.'メる] 94% 動 他 なめる; «火が»包む; «波が»〈岸を〉洗う

la-me-'tón [ラ.メ.'トン] 名 男《話》ペロペロとなめること　***a lametones***《話》ペロペロと

la-'mi-do, -da [ラ.'ミ.ド, ダ] 形《話》おしゃれな, めかしこんだ 名 男 なめること

*__'lá-mi-na__ ['ラ.ミ.ナ] 92% 名 女 図版, さし絵; 絵, 写真版, 銅版画; 薄片, 薄層板; 金属版; (人・動物の)姿, 格好, 外見;〔体〕板, 層, 薄膜;〔植〕葉身

la-mi-na-'ción [ラ.ミ.ナ.'すぃオン] 名 女〔技〕圧延, 薄板にすること, 薄片に切ること

la-mi-'na-do, -da [ラ.ミ.'ナ.ド, ダ] 形〔技〕«金属が»圧延された 名 男〔技〕(金属の)圧延

la-mi-na-'dor [ラ.ミ.ナ.'ドる] 名 男〔機〕圧延機　**~, -dora** 名 男 女〔技〕圧延工

la-mi-'nar [ラ.ミ.'ナる] 動 他〔技〕薄片[薄層]に切る, 薄板にする;〔技〕〈金属を〉延ばす, 圧延する 形 薄板[薄片, 薄層]からなる

'lam-pa ['ラン.パ] 名 女《アンデス》〔農〕鍬(くわ)

lam-pa-'da-rio [ラン.パ.'ダ.りオ] 名 男 ランプ[たいまつ]の台

lam-'par [ラン.'パる] 動 自《話》(por: を)望む, 欲しがる, (por 不定詞: …したくて)たまらない

*'__lám-pa-ra__ ['ラン.パ.ら] 91% 名 女 ランプ; 明かり, 発熱灯, 灯火;《話》油のしみ

lam-pa-re-'rí+a [ラン.パ.れ.'り.ア] 名 女〔技〕〔商〕ランプ工場, 照明器具工場;〔商〕ランプ店, 照明器具店

lam-pa-'re-ro, -ra [ラン.パ.'れ.ろ, ら] 名 男 女〔技〕〔商〕ランプ職人[商人], 照明器具製造者[商]

lam-pa-'ri-lla [ラン.パ.'り.ジャ] 名 女 小さいランプ; 常夜灯

lam-pa-'ri-ta [ラン.パ.'り.タ] 名 女《ラプラタ》電球

lam-pa-'rón [ラン.パ.'ろン] 名 男 大きなランプ;《話》油のしみ

lam-'pa-zo [ラン.'パ.そ] 名 男〔植〕ゴボウ

lam-'pi-ño, -ña [ラン.'ピ.ニョ, ニャ] 形 ひげのない; 毛の薄い

lam-'pis-ta [ラン.'ピス.タ] 名 共〔技〕〔商〕ランプ職人, 照明器具商

'lam-po ['ラン.ポ] 名 男《詩》光, 閃光(せんこう)

lam-'pre+a [ラン.'プれ.ア] 名 女〔魚〕ヤツメウナギ

*'__la+na__ ['ラ.ナ] 92% 名 女〔衣〕羊毛, ウール, 毛糸; 毛織物, 毛織製品;〔複〕《話》〔体〕(ぼさぼさの)髪, 伸びた髪;《話》お金;《中米》下層民, 浮浪者　***ir por ~ y volver trasquilado[da]***〔ことわざ〕もうけるつもりでいたのが損をしてしまう

la-'nar [ラ.'ナる] 形〔衣〕羊毛を産する

'lan-ce ['ラン.せ] 名 男 出来事, 事件; 投げること; けんか, 口論;〔魚〕投網(とあみ)を投げること, ひと網(の漁獲); 困難, 窮地, 難局;〔遊〕〔チェスなど〕駒を動かすこと, 手;〔牛〕ランセ《カパで牛をかわす技》　***de ~***〔商〕中古の, 格安の

lan-'cé, -ce(~) 動《直点 1 単, 接現》↓lanzar

lan-ce+o-'la-do, -da [ラン.せ.オ.'ラ.ド, ダ] 形〔植〕披針(ひしん)形の

lan-'ce-ro [ラン.'せ.ろ] 名 男〔歴〕〔軍〕槍騎兵(そうきへい), 槍兵

lan-'ce-ta [ラン.'せ.タ] 名 女〔医〕ランセット《小型の両刃のメス》

*'__lan-cha__ ['ラン.チャ] 94% 名 女〔海〕小

| 型船, ランチ, ボート; 平石, 石板

lan-'che-ro [ラン.'チェ.ろ] 名 男 〘海〙 小型船[ランチ]の乗組員

lan-ci-'nan-te [ラン.すぃ.'ナン.テ] 形 《格》〘医〙《痛みが》刺すような

lan-ci-'nar [ラン.すぃ.'ナる] 動 他 《格》〈に〉穴をあける, 刺し[突き]通す

'lan-da ['ラン.ダ] 名 女 〘地〙荒れ地, 荒野

lan-'dó [ラン.'ド] 名 男 〔複 -dós〕ランドー《前後に向き合う座席をつけた四輪馬車》

'lan-dre ['ラン.ドれ] 名 女 〘医〙リンパ腺(せん)炎, よこね

la-'ne-ro, -ra [ラ.'ネ.ろ, ら] 形 〘衣〙ウールの, 羊毛の, 毛織物の 名 男 女 〘商〙羊毛商, 毛織物業者

*__lan-'gos-ta__ [ラン.'ゴス.タ] 91% 名 女 〘動〙ロブスター, イセエビ; 〘昆〙バッタ, イナゴ; 悩みの種

lan-gos-'ti+no [ラン.ゴス.'ティ.ノ] 名 男 〘動〙クルマエビ, テナガエビ

lan-gui-de-'cer [ラン.ギ.デ.'せる] 動 自 ㊺ (c|zc) (de, por: で)元気[生気]がなくなる, 弱る, やつれる, 衰える, だれる; 《草木などが》しぼむ, しおれる

lan-gui-'dez [ラン.ギ.'デす] 名 女 けだるさ, 倦怠(けんたい), 無気力, うっとうしさ; 衰弱, 憔悴(しょうすい)

'lán-gui-do, -da ['ラン.ギ.ド, ダ] 形 ものうい, だらけた, 不活発な, 元気のない; 衰弱した, 憔悴(しょうすい)した

la-'ni-lla [ラ.'ニ.ジャ] 名 女 〘衣〙(羊毛の)けば; 〘衣〙フランネル

la-no-'li-na [ラ.ノ.'リ.ナ] 名 女 〘化〙ラノリン《精製羊毛脂; 薬品・化粧品の材料》

la-'no-so, -sa [ラ.'ノ.ソ, サ] 形 〘衣〙羊毛の(ような), 毛で覆われた, 毛の多い, ふさふさした

lan-'ta+no [ラン.'タ.ノ] 名 男 〘化〙ランタン《元素》

la-'nu-do, -da [ラ.'ヌ.ド, ダ] 形 〘衣〙羊毛の, 毛の多い, ふさふさした

la-nu-gi-'no-so, -sa [ラ.ヌ.ひ.'ノ.ソ, サ] 形 《格》〘衣〙綿毛に覆われた

*__'lan-za__ ['ラン.さ] 94% 名 女 〘軍〙槍(やり); (車の)梶棒(かじぼう); (ホースの)筒先, ノズル; 《ベネズエラ》《話》ずる賢い人; 《チリ》《ラプラタ》《話》泥棒 名 男 〘軍〙槍騎兵(そうきへい) ***a punta de ~*** 厳しく ***con la ~ en ristre*** 準備が完了して ***romper ~s [una ~]*** (por: を)擁護して戦う

lan-za-co+'he-tes [ラン.さ.コ.'エ.テス] 名 男 〔単複同〕〘軍〙ロケット弾発射機

lan-za-'de-ra [ラン.さ.'デ.ら] 名 女 〘機〙(織り機の)杼(ひ), シャトル; 〘鉄〙シャトル便 ***~ espacial*** 〘空〙スペースシャトル

lan-'za-do, -da [ラン.'さ.ド, ダ] 形 《話》大胆な, 果敢な **-da** 名 女 〘歴〙〘医〙槍(やり)によって受けた傷, 槍傷 名 男 〘魚〙投げ釣り

lan-za-'dor, -'do-ra [ラン.さ.'ドる, 'ド.ら] 名 男 女 〘競〙〘野球〙投手, ピッチャー; 投げる人 形 投げる

lan-za-'lla-mas [ラン.さ.'ジャ.マス] 名 男 〔単複同〕〘軍〙火炎放射器

*__lan-za-'mien-to__ [ラン.さ.'ミエン.ト] 93% 名 男 投げること, 投下; 打ち上げること, 発射; 世に出すこと; 〘商〙発売; 〘競〙〘陸上競技〙投げ, 投擲(とうてき); 〘海〙進水

lan-za-'pla-tos [ラン.さ.'プラ.トス] 名 男 〔単複同〕〘競〙〘射撃〙クレー発射機

__lan-'zar__ [ラン.'さる] 83% 動 他 ㉞ (z|c) 投げる, 放る, 投げつける; 出す; 吐く; 〈声・悲鳴などを〉出す, 発する; 〈悪口などを〉浴びせる; 〈視線を〉向ける; 〘商〙〈製品を〉売り出す; 投下する; 〘軍〙〈矢・槍(やり)を〉放つ, 投げる, 〈ミサイル・ロケットなどを〉発射する; 〘植〙〈葉・花を〉出す; 〘海〙〈船を〉進水させる; 〘競〙《投手が》〈ボールを〉投げる **~se 動 再 (a, contra, sobre: に)飛びかかる, 攻撃する; (a, hacia: に)飛び込む; (a: に)突進する, 飛び出す; 突然(a 不定詞: …)する; 《話》あわてる; (a: 事業を)始める, 着手する

Lan-za-'ro-te [ラン.さ.'ろ.テ] 名 固 〘地名〙ランサローテ島《スペイン, カナリア諸島中の島》

lan-za-tor+'pe-dos [ラン.さ.トる.'ペ.ドス] 名 男 〔単複同〕〘軍〙魚雷発射管

'la+ña ['ラ.ニャ] 名 女 留め金, 締め金; 〘植〙熟していないココナッツ

la-'ñar [ラ.'ニャる] 動 他 〈陶器などの割れ目を〉留め金で閉じる, 修繕する; 〘食〙〈魚の〉はらわたを取り除く

La+o-'con-te [ラ.オ.'コン.テ] 名 固 〘ギ神〙ラオコーン《トロイの神官; ギリシャ軍の木馬の計画を見破ったためその子とともに海蛇に巻かれて死んだ》

*__'La+os__ ['ラ.オス] 94% 名 固 〔República Democrática Popular Lao〕〘地名〙ラオス《東南アジアの人民民主共和国》

la+o-'sia+no, -na [ラ.オ.'スィア.ノ, ナ] 形 〘地名〙ラオス(人)の↑Laos; 〘言〙ラオ語の 名 男 女 ラオス人 名 男 〘言〙ラオ語

'la+pa ['ラ.パ] 名 女 〘動〙カサガイ; 〘植〙ゴボウ; 《話》しつこい人, つきまとう人 ***agarrarse [pegarse] como una ~*** 《話》食いついて離れない, まとわりつく

La 'Paz [ラ 'パす] 名 固 〘地名〙ラパス《ボリビア Bolivia の首都; メキシコ西部, バハ・カリフォルニア・スル州の州都; ホンジュラス西部の県; エルサルバドル中南部の県; ボリビア西部の県》

la-pi-'ce-ra [ラ.ピ.'せ.ら] 名 女 《ラプラタ》ボールペン

la-pi-'ce-ro [ラ.ピ.'せ.ろ] [名] [男] 《ｽﾍﾟｲﾝ》 鉛筆; 《ﾗ米》 ボールペン, ペン, シャープペンシル

'lá-pi-da ['ラ.ピ.ダ] [名] [女] 石碑, 記念碑, 墓石

la-pi-da-'ción [ラ.ピ.ダ.'すぃオン] [名] [女] 《格》 石打ちの刑

la-pi-'dar [ラ.ピ.'ダる] [動] [他] 《格》 〈に〉石を投げつける, 〈に〉投石して殺す

la-pi-'da-rio, -ria [ラ.ピ.'ダ.りオ, りア] [形] 石碑の, 石に刻んだ; 碑文体の; 石の, 宝石の; 《文章が》簡潔な [名] [男] [女] 〔技〕〔商〕 宝石職人, 宝石商; 宝石の解説書

la-pis-'lá-zu-li [ラ.ピス.'ラ.す.リ] [名] [男] 〔鉱〕 青金石, ラピスラズリ, 瑠璃(るり)

'lá-piz ['ラ.ピす] 77% [名] [男] 鉛筆; 鉛筆状のもの; 〔情〕 メモリースティック ～ *de memoria* ⇨memoria USB, ⬇memoria

'la+po ['ラ.ポ] [名] [男] 《話》 むち打つこと; 《ｽﾍﾟｲﾝ》《俗》 唾(つば); 《話》 平手打ち

la-'pón, -'po-na [ラ.'ポン, 'ポ.ナ] [形] 〔地名〕 ラップ(人)の ⬇Laponia; 〔言〕 ラップ語の [名] [男] [女] ラップ人 [名] [男] 〔言〕 ラップ語

La-'po-nia [ラ.'ポ.ニア] [名] [固] 〔地名〕 ラップランド 《ノルウェー北部を中心とし, ロシア連邦のコラ半島北部まで広がる地域》

'lap-so ['ラプ.ソ] [名] [男] (時の)経過, 推移, 流れ; 失敗, 誤り

lapsus ['ラプ.スス] [名] [男] 〔単複同〕〔ラテン語〕 誤り; 言い違い ～ *linguae* 〔ラテン語〕 言い違い, 失言

la-que+'a-do, -da [ラ.ケ.'ア.ド, ダ] [形] ラッカー[漆, ワニス]を塗った [名] [男] ラッカー[漆, ワニス]塗装

la-que+'ar [ラ.ケ.'アる] [動] [他] 〈に〉ラッカー[漆, ワニス]を塗る

'lar ['ラる] [名] [男] 〔複〕〔ロ神〕 ラレース 《家・道路・海路の守護神》; 《格》 家, 家庭

'La+ra ['ラ.ら] [名] [固] 〔地名〕 ララ 《ベネズエラ北西部の州》

'lar-do ['ラる.ド] [名] [男] 〔食〕 豚脂, ラード

La-'re-do [ラ.'れ.ド] [名] [固] 〔地名〕 ラレード 《スペイン北部の港町; 米国テキサス州南部の都市》

lar-'gar [ラる.'ガる] [動] [他] ㊶ (g|gu) 《話》 〈打撃などを〉加える, ぶつ, 殴る; 《話》 ふんだんに〈話・説教を〉する, 〈説教などを〉ぶつ; 《話》 〈いやなものを〉押しつける; 〔魚〕 〈綱などを〉緩める, 放す; 《話》 追い出す, 解雇する; 《ﾒｷｼｺ》《話》 〈夫・妻を〉捨てる; 《ｺﾛﾝﾋﾞｱ》《話》 貸す; 《ﾁﾘ》《ﾗﾌﾟﾗﾀ》《話》 投げる; 《ﾗﾌﾟﾗﾀ》《話》 与える ～**se** [動] [再] 《話》 行ってしまう, (de: を)出て行く, 立ち去る, 逃げる; 《ﾁﾘ》《ﾗﾌﾟﾗﾀ》 (a 不定詞: …し)始める

'lar-go, -ga ['ラる.ゴ, ガ] 72% [形] 長い; 長く続く; …もの, かなりの; 《話》 背が高い, のっぽの; 気前のよい, 物惜しみしない; 頭がよい, 抜け目のない, 器用な; 〔音〕 《音が》長い, 《母音字が》長音の; 〔魚〕 《綱が》緩んだ [名] [男] (縦の)長さ, 丈(たけ); 片道の距離; 〔競〕 体一つの差; 〔楽〕 ラルゴ楽章 [感] 出て行け! **-gamente** [副] 長く, 長々と; 気前よく, たっぷり, ふんだんに *a la larga* 長い目で見れば, 結局は, 最後には *a lo* ～ 縦に, 縦方向に *a lo* ～ *de* ... …に沿って; …の間中, …の間ずっと *a todo lo* ～ *de* ... …に沿ってずっと *dar largas* (口実を作って)後に延ばす *de* ～ *a* [*en*] ～ 端から端まで *echarla larga* 《話》 手間取る, 時間をかける *ir para* ～ 長引く, 時間がかかる ～ *y tendido* 長々と, ゆっくりと, ずっと *llevarse de* ～ (a: より)ずっと優れている *más* ～ [*ga*] *que un día sin pan* 《話》 とても長い, 長く感じる *pasar de* ～ 素通りする *ponerse* [*vestirse*] *de* ～ 〔衣〕 ロングドレスを着る; 社交界にデビューする, 大人の仲間入りをする *tirar de* ～ 浪費する; 高く見積る

lar-go-me-'tra-je [ラる.ゴ.メ.'トら.へ] [名] [男] 〔映〕 長編映画

lar-'gue-ro, -ra [ラる.'ゲ.ろ, ら] [形] 《ﾁﾘ》 寛大な, 気前のよい [名] [男] 〔建〕 縦桁(たてげた), 縦材, 梁, クロスバー; 長まくら; 〔競〕 ゴールポスト

lar-'gue-za [ラる.'ゲ.さ] [名] [女] 長さ; 《格》 寛大さ, 寛容さ, 気前のよさ

lar-gui-'ru-cho, -cha [ラる.ギ.'る.チョ, チャ] [形] [名] [男] [女] 《話》 のっぽの(人), ひょろ長い(人)

lar-'guí-si-mo, -ma 〔最上級〕 ⬆largo

lar-'gu-ra [ラる.'グ.ら] [名] [女] 長さ

la-'rin-ge [ラ.'りン.へ] [名] [女] 〔体〕 喉頭(こうとう)

la-'rín-ge+o, +a [ラ.'りン.へ.オ, ア] [形] 〔体〕 喉頭(こうとう)の

la-rin-'gi-tis [ラ.りン.'ひ.ティス] [名] [女] 〔単複同〕〔医〕 喉頭(こうとう)炎

la-rin-go-lo-'gí+a [ラ.りン.ゴ.ロ.'ひ.ア] [名] [女] 〔医〕 喉頭(こうとう)病学

la-rin-'gó-lo-go, -ga [ラ.りン.'ゴ.ロ.ゴ, ガ] [名] [男] [女] 〔医〕 喉頭(こうとう)専門医

la-rin-gos-'co-pia [ラ.りン.ゴス.'コ.ピア] [名] [女] 〔医〕 喉頭(こうとう)鏡検査(法)

la-rin-gos-'co-pio [ラ.りン.ゴス.'コ.ピオ] [名] [男] 〔医〕 喉頭(こうとう)鏡

la-rin-go-tra-que+'í-tis [ラ.りン.ゴ.トら.ケ.'イ.ティス] [名] [女] 〔単複同〕〔医〕 喉頭(こうとう)気管炎

'lar-va ['ラる.バ] [名] [女] 〔昆〕 幼虫; 幼生

lar-'va-rio [ラる.'バ.りオ] [形] 〔昆〕 幼虫の; 幼生の

las [代] 《人称》〔弱勢〕〔直接目的語・女 3 複〕 ⬆el

la-'sa-ña [ラ.'サ.ニャ] [名] [女] みだらな, 好色な

'las-ca ['ラス.カ] [名] [女] 石のかけら

las-'ci-via [ラ(ス).'すぃ.ビア] [名] [女] みだらなこと, 好色

las-'ci-vo, -va [ラ(ス).'すぃ.ボ, バ] [形] みだらな, 好色な

'lá-ser ['ラ.セる] [名] [男] 〖食〗 ラザーニャ《イタリアのパスタ料理》

la-si-'tud [ラ.スィ.'トゥド] [名] [女] だるさ, 倦怠(けんたい), 無気力

'la+so, +sa ['ラ.ソ, サ] [形] 《格》 だるい, 元気のない, 無気力の; «髪が»まっすぐな; 〖技〗 «糸などが»撚(よ)りをかけていない

⁑**'lás-ti-ma** ['ラス.ティ.マ] 88% [名] [女] 残念(なこと), 気の毒(なこと); 悲惨な状態, 哀れな様子; 哀れみ, 同情 ***dar*** ~ (a: に)哀れみを起こさせる, 同情を誘う; もったいない ***¡L~ que*** ...(接続法)***!*** (…だとは)なんと残念なことだ ***¡Qué ~!*** それは残念だ! ***¡Qué ~ que*** ...(接続法)***!*** (…とは)なんと残念なことだ, 気の毒なことだ

las-ti-'mar** [ラス.ティ.'マる] 94% [動] [他] 傷つける, 痛める; 〈物を〉破損する, 傷める; 〈人の感情を〉害する, 傷つける **~se** [動] [再] 傷つく, 〈自分の身体を〉痛める, けがをする; (de: に)同情する, (de: を)気の毒に思う; (de: を)嘆く, (de: について)ぐちをこぼす ***~ el oído 耳ざわりである ***~ la vista*** けばけばしい, 目ざわりである

las-ti-'me-ro, -ra [ラス.ティ.'メ.ろ, ら] [形] 悲しげな, 哀れっぽい, 痛々しい

las-ti-'mo-so, -sa [ラス.ティ.'モ.ソ, サ] [形] 哀れな, 痛ましい, 悲惨な, みじめな; もったいない, 惜しい, むだな

'las-tra ['ラス.トら] [名] [女] 平石

las-'trar [ラス.'トらる] [動] [他] 〖海〗 〈船・気球に〉底荷[バラスト]を積む; 妨げる

'las-tre ['ラス.トれ] [名] [男] 〖海〗 底荷, 脚荷(あしに), バラスト; 良識, 識見, 判断力; 重荷, じゃま, 足手まとい ***en ~*** 〖海〗 バラストだけを積んで, 空荷で

Las 'Ve-gas [ラス 'ベ.ガス] [名] [固] 〖地名〗 ラスベガス《米国ネバダ州南部の砂漠地帯にある賭博・観光都市》

'la+ta ['ラ.タ] [名] [女] 缶, 缶詰; 《話》 やっかいなこと, 面倒なこと; ブリキ(板) ***dar la ~*** (a: に)面倒を起こす, うんざりさせる ***estar en la ~*** 《ラ米》 《話》 一文無しである ***no tener ni una ~*** 《ラ米》 《話》 一文無しである ***¡Qué ~!*** 《話》 ああ, うんざりだ

La-ta-'cun-ga [ラ.タ.'クン.ガ] [名] [固] 〖地名〗 ラタクンガ《エクアドル中部の都市》

la-'ten-cia [ラ.'テン.すぃア] [名] [女] 潜在(性); 〖医〗 潜伏(期間)

la-'ten-te [ラ.'テン.テ] [形] 潜在的な

la-te-'ral [ラ.テ.'らル] [形] 側面の, 外側の, わきの; 傍系の; 〖音〗 側面音の [名] [男] 側面, 側部; 〖競〗 〔サッカーなど〕 ウイング, サイド; スローイン [名] [女] 〖音〗 側面音

'lá-tex ['ラ.テ(ク)ス] [名] [男] 〔単複同〕 〖植〗 ラテックス《ゴムの木などが分泌する樹液》

***la-'ti-do** [ラ.'ティ.ド] 94% [名] [男] (心臓の) 鼓動, 動悸

la-ti-'fun-dio [ラ.ティ.'フン.ディオ] [名] [男] 〖農〗 (スペイン・中南米の)大農園, ラティフンディオ

la-ti-fun-'dis-mo [ラ.ティ.フン.'ディス.モ] [名] [男] 〖農〗 大土地所有制

la-ti-fun-'dis-ta [ラ.ティ.フン.'ディス.タ] [形] 〖農〗 大土地所有の [名] [共] 〖農〗 大地主

la-ti-'ga-zo [ラ.ティ.'ガ.そ] [名] [男] むち打つこと, むちの音; 叱りつけ

***'lá-ti-go** ['ラ.ティ.ゴ] 94% [名] [男] むち

la-ti-'gui-llo [ラ.ティ.'ギ.ジョ] [名] [男] 小さなむち; 内容のない言葉, 陳腐な表現; 〖植〗 匍匐枝(ほふくし), 走出枝; 〖演〗 大げさに演じること, 演技過剰

la-'tín** [ラ.'ティン] 91% [名] [男] 〖歴〗 〖言〗 ラテン語 ***saber ~ 賢い, 抜け目がない

la-'ti-na [形] 《女》 ↓latino

la-ti-'na-jo [ラ.ティ.'ナ.ほ] [名] [男] 《話》 〔軽蔑〕 〖言〗 変則なラテン語, へたなラテン語

la-ti-ni-'dad [ラ.ティ.ニ.'ダド] [名] [女] ラテン(語)文化, ラテン語(文化)圏

la-ti-'nis-mo [ラ.ティ.'ニス.モ] [名] [男] 〖言〗 ラテン語風の表現, ラテン語法

la-ti-'nis-ta [ラ.ティ.'ニス.タ] [名] [共] 〖言〗 ラテン語学者[文学者]

la-ti-ni-za-'ción [ラ.ティ.ニ.さ.'すぃオン] [名] [女] 〖言〗 ラテン語化; ラテン化

la-ti-ni-'zar [ラ.ティ.ニ.'さる] [動] [他] 34 (z|c) 〖言〗 ラテン語風にする; ラテン化する

⁑**la-'ti+no, -na** [ラ.'ティ.ノ, ナ] 88% [形] ラテン民族の, ラテン系の; ラテンアメリカの; 〖言〗 ラテン語の ↑latín; 〖宗〗 ローマカトリックの [名] [男] [女] ラテン人; ラテン系の人; ラテンアメリカ人

***La-ti-no-a-'mé-ri-ca** [ラ.ティ.ノ.ア.'メ.リ.カ] 91% [名] [固] 〖地名〗 ラテンアメリカ《スペイン語・ポルトガル語・フランス語が話されるメキシコと中南米地域》

⁑**la-ti-no-a-me-ri-'ca+no, -na** [ラ.ティ.ノ.ア.メ.リ.'カ.ノ, ナ] 90% [形] ラテンアメリカの [名] [男] [女] ラテンアメリカ人 ↑Latinoamérica

***la-'tir** [ラ.'ティる] 92% [動] [自] 鼓動する, 脈打つ, どきどきする; ずきずきする; 隠されている; «犬が»ほえる

***la-ti-'tud** [ラ.ティ.'トゥド] 92% [名] [女] 〖地〗 緯度; 〔複〕 《話》 場所; (解釈・思考・行動などの)自由, 許容範囲; 風土帯, 地域, 地方

la-ti-tu-di-'nal [ラ.ティ.トゥ.ディ.'ナル] 形〔地〕緯度の

'la+to, +ta ['ラ.ト, タ] 形 広い, 広大な *en sentido* ～ 広い意味で

la-'tón [ラ.'トン] 名 男〔鉱〕真鍮(しんちゅう), 黄銅 ～ *de basura* ((カリブ)) ごみ箱

la-'to-so, -sa [ラ.'ト.ソ, サ] 形 ((話)) うるさい, いらいらさせる

la-'tréu-ti-co, -ca [ラ.'トれウ.ティ.コ, カ] 形〔宗〕(神への)礼拝の, ラトリアの

la-'trí+a [ラ.'トリ.ア] 名 女〔宗〕礼拝, ラトリア, 神への賛美

la-tro-'ci-nio [ラ.トろ.'すぃ.ニオ] 名 男 ((格)) 盗み, 窃盗, 詐欺

'lau-cha ['ラウ.チャ] 名 女 ((ラ米))〔動〕ネズミ

la+'úd [ラ.'ウド] 名 男〔楽〕リュート;〔海〕キャッチボード ((1本マストの小型ボート));〔動〕オサガメ ((ウミガメ))

lau-'da-ble [ラウ.'ダ.ブレ] 形 称賛すべき, 見上げた, あっぱれな

'láu-da+no ['ラウ.ダ.ノ] 名 男〔医〕アヘンチンキ

lau-da-'to-ria [ラウ.ダ.'ト.りア] 名 女 ((格)) 称賛, 賛辞

lau-da-'to-rio, -ria [ラウ.ダ.'ト.りオ, りア] 形 ((格)) 称賛の, 賛美の

'lau-de ['ラウ.デ] 名 女 墓碑;〔複〕〔宗〕賛課 *cum* ～〔ラテン語〕最優秀(の)

lau-'dis-ta [ラウ.'ディス.タ] 名 共〔楽〕リュート奏者

'lau-do ['ラウ.ド] 名 男〔法〕仲裁, 裁決, 判決

'Lau-ra ['ラウ.ら] 名 固〔女性名〕ラウラ

lau-'rá-ce+o, +a [ラウ.'ら.せ.オ, ア] 形〔植〕クスノキ科の +a 名 女〔複〕〔植〕クスノキ科

lau-re+'a-do, -da [ラウ.れ.'ア.ド, ダ] 形 名 男 女 月桂冠をいただいた(人), 名誉[栄冠]を受けた; 受賞者

lau-re+'ar [ラウ.れ.'アる] 動 他 〈に〉月桂冠をかぶせる; 〈に〉名誉を与える

lau-'rel [ラウ.'れル] 名 男〔植〕ゲッケイジュ; ローリエ; 月桂冠 ((栄誉の象徴));〔複〕栄冠, 名誉 *dormirse en los* ～*es* 名誉[栄光]の上にあぐらをかく

'láu-re+o, +a ['ラウ.れ.オ, ア] 形 ((格))〔植〕ゲッケイジュの

lau-re+'o-la ⇔ **-'ré+** [ラウ.れ.'オ.ラ ⇔ .'れ.] 名 女 ((格)) 月桂冠(げっけいかん)

Lau-'sa-na [ラウ.'サ.ナ] 名 固〔地名〕ローザンヌ ((スイス南西部の都市))

'la+va ['ラ.バ] 名 女〔地質〕溶岩; ((ベネズエラ)) ((話)) やっかいな物 動 ((直現3単/命)) ↓ lavar

la-'va-ble [ラ.'バ.ブレ] 形 洗うことのできる, 洗濯のできる

***la-'va-bo** [ラ.'バ.ボ] 94% 名 男 洗面器[台];〔遠回し〕化粧室, 手洗い, 洗面所

la-va-cris-'ta-les [ラ.バ.クリス.'タ.レス] 名 男〔単複同〕〔車〕ワイパー

la-va-'de-ro [ラ.バ.'デ.ろ] 名 男 洗濯場, 洗濯室, 洗面所;〔鉱〕洗鉱所

***la-'va-do, -da** [ラ.'バ.ド, ダ] 92% 形 ((ベネズエラ)) ((話)) 肌が色白の 名 男 洗うこと, 洗濯, 洗浄; 洗髪, シャンプー; ((メキシコ)) ((カリブ)) 洗面器, たらい

***la-va-'do-ra** [ラ.バ.'ド.ら] 94% 名 女〔機〕洗濯機

la-va-'du-ra [ラ.バ.'ドゥ.ら] 名 女 洗うこと, 洗濯, 洗浄; (洗濯後の)汚水, 洗い水

la-va-'fru-tas [ラ.バ.'フる.タス] 名 男〔単複同〕〔食〕(果物を洗うための)鉢;〔食〕(食卓の)フィンガーボウル

La-va-'lle-ja [ラ.バ.'ジェ.は] 名 固〔地名〕ラバジェーハ ((ウルグアイ南東部の県))

la-va-'ma-nos [ラ.バ.'マ.ノス] 名 男〔単複同〕洗面器[台]

la-va-'mien-to [ラ.バ.'ミエン.ト] 名 男 洗うこと, 洗浄;〔医〕浣腸(かんちょう)(剤)

la-'van-da [ラ.'バン.ダ] 名 女〔植〕ラベンダー; ラベンダーの香水

***la-van-de-'rí+a** [ラ.バン.デ.'り.ア] 94% 名 女〔商〕クリーニング店, 洗濯屋

la-van-'de-ro, -ra [ラ.バン.'デ.ろ, ら] 名 男 女〔商〕〔人〕洗濯屋, 洗濯する人

la-'ván-du-la 名 女 ⇧ lavanda

la-va-'pla-tos [ラ.バ.'プラ.トス] 名 共〔単複同〕〔人〕皿洗い 名 男 ((単複同))〔機〕食器洗い機

****la-'var** [ラ.'バる] 87% 動 他 〈手・体などを〉洗う, 〈衣服などを〉洗濯する, 洗ってきれいにする, 洗い落とす; 〈汚名を〉そそぐ; 復讐をする;〔医〕〈胃などを〉洗浄する 動 自 «衣服が» 洗える, 洗濯できる ～**se** 動 再 〈自分の体・手・顔などを〉洗う *echar a* ～ 洗濯に出す ～*se las manos* ((話)) (de: から)手を引く, (de: と)手を切る

la-va-'ti-va [ラ.バ.'ティ.バ] 名 女〔医〕浣腸(かんちょう)剤[液], 浣腸器; ((話)) 不快なもの, 迷惑(な行為)

la-va-'to-rio [ラ.バ.'ト.りオ] 名 男 洗うこと, 洗濯, 洗浄; 洗面台;〔宗〕洗足式;〔医〕外用水薬, 洗浄剤[液]; ((カリブ)) ((南米)) トイレ, 便所

la-va-va-'ji-llas [ラ.バ.バ.'ひ.ジャス] 名 男〔単複同〕〔機〕食器洗い機, 皿洗い機; 食器用洗剤

la-'va-zas [ラ.'バ.さス] 名 女 ((複)) (洗濯後の)汚水

la-vo-te+'ar [ラ.ボ.テ.'アる] 動 他 ざっと洗う ～**se** 動 再 〈自分の体を〉ざっと洗う

la-vo-'te+o [ラ.ボ.'テ.オ] 名 男 ざっと洗うこと

la-ˈxan-te [ラク.ˈサン.テ] [形]〔医〕緩下(かんげ)剤の [名] [男]〔医〕緩下剤

la-ˈxar [ラク.ˈサる] [動] [他]〔医〕〈腸に〉通じをつける; 緩める, 緩和する

la-xi-ˈdad [名] [女] ⇩ laxitud

la-xi-ˈtud [ラク.スィ.ˈトゥド] [名] [女]《格》緩み, 締まりのないこと; だらしなさ, 放縦さ

ˈla+xo, +xa [ˈラク.ソ, クサ] [形]《格》緩んだ, たるんだ, 締まりのない;《格》«身持ちなどが»だらしがない, 放縦な

ˈla+ya [ˈラ.ジャ] [名] [女] 種類, 性質, 質;〔農〕洋鋤(ようすき), 踏み鍬

la-ˈza-da [ラ.ˈさ.ダ] [名] [女] 引き結び, 蝶(ちょう)結び

la-ˈzar [ラ.ˈさる] [動] [他] 34 (z|c)〔魚〕投げ縄で捕らえる

la-za-ˈre-to [ラ.さ.ˈれ.ト] [名] [男]〔医〕隔離病院,〔特に〕ハンセン病治療院

la-za-ˈri-llo [ラ.さ.ˈり.ジョ] [名] [男] 盲人を手引きする少年; ***L~ de Tormes***〔文〕〔架空〕ラサリージョ(デ・トルメス)《同名のピカレスク小説(1554, 作者不詳)の主人公》

ˈLá-za-ro [ˈラ.さ.ろ] [名] [固]〔男性名〕ラサロ

*ˈ**la+zo** [ˈラ.そ] 92% [名] [男] 結び目, 結び; 飾り結び, 蝶(ちょう)結び; (人と人の)結びつき, きずな; (動物を捕らえるための)わな; (牛・馬を捕らえるための)投げ縄; (道路の)カーブ, 曲線;《中米》《コロンビア》ひも

lb [略] ⬇libra ポンド《英国の通貨》

l. c. [略] =〔ラテン語〕*loco citato* 引用箇所で

Lcdo., Lcda.; Ldo., Lda. [略] ⬇ licenciado, da

le, les, se [レ, レス, セ] 48% [代]《人称》〔弱勢〕〔間接目的語・3単〕**1** 彼に[から], 彼女に[から]: **Le** mostré las fotos. 私は彼[彼女]に写真を見せた。 **2** あなたに[から]: Mañana **le** traeré a usted los documentos. 明日あなたに書類をお持ちしましょう。 **3**《スペイン》彼を, あなたを: Diana confesó a Pedro que **le** amaba. ディアーナはペドロに愛していると告白した。 **4** それに[から]: **Le** corté al árbol una rama y la puse en un jarrón. 私は木から枝を一本切り取って花瓶(かびん)に飾った。 **5**《誤用》彼女を⇨la: A Ana, **le** invité ayer. 私は昨日アナを招待しました。 **les** [代]《人称》《間接目的語・3複》**1** 彼らに, 彼女らに, それらに: **Les** compré helados. 私は彼らにアイスクリームを買った。 **2** あなたたちに: ¿Cómo **les** ha parecido la función? ショーはいかがでしたか。 **3**《誤用》彼らを, あなたたちを⇨los: **Les** invité ayer. 私は昨日彼らを招待しました。 **4**《誤用》彼女たちを⇨las: **Les** invité. 私は彼女たちを招待した。 **se** [代]《人称》《間接目的語・3単複》《lo や los とともに用いられるとき le, les は se となる》**1** 彼に, 彼らに, 彼女に, 彼女らに: ¿A quién vas a regalar esas flores? — **Se** las voy a regalar a mi novia. 君は誰にその花を送るつもり?—恋人に送るんだ。 **2** あなたに, あなたがたに: Esto **se** lo digo a usted confidencialmente. 私はあなたにこのことを内密にお話しします。 **3** それに, それらに

*__le+al__ [レ.ˈアル] 93% [形] (a: に)忠実な; 忠実な人 [名] [共] 忠臣, 勤王家, 王党派の人 **~mente** [副] 忠実に

*__le+al-ˈtad__ [レ.アル.ˈタド] 93% [名] [女] 忠誠, 忠実, 誠実; 忠実な行為

Le+ˈan-dro [レ.ˈアン.ドろ] [名] [固]〔男性名〕レアンドロ

leasing [ˈリ.スィン] [名] [男]〔英語〕リース, レンタル

le-ˈbra-to [レ.ˈブら.ト] [名] [男]〔動〕子ウサギ

le-ˈbrel [レ.ˈブれル] [名] [男]〔動〕ハウンド種の犬, グレーハウンド

le-ˈbri-llo [レ.ˈブり.ジョ] [名] [男] 小さな洗面器, 洗い鉢

****lec-ˈción** [レク.ˈすィオン] 88% [名] [女] 学課, 授業, けいこ, レッスン; (教科書の)課; 教訓, 戒め; 経験, (経験から学んだ)知恵 ***dar lecciones*** (a: に)教える, 教訓を与える

le-ˈcha-da [レ.ˈチャ.ダ] [名] [女]〔建〕セメントしっくい, うすとろ;〔建〕石灰塗料, のろ; パルプ《紙を作る材料》

le-ˈchal [レ.ˈチャル] [形]〔動〕乳離れしていない;〔植〕乳液[乳状液]を生じる, 乳液分泌性の [名] [男]〔動〕乳離れしていない動物;〔特に〕〔畜〕乳離れしていない羊;〔植〕乳汁

le-ˈcha-zo [レ.ˈチャ.そ] [名] [男]〔畜〕乳離れしていない子羊

ˈle-che** [ˈレ.チェ] 79% [名] [女]〔飲〕牛乳, ミルク, 乳; 乳状の液, 乳剤 [感]《俗》ええい!, ちくしょう! ***a toda ~***《話》大急ぎで ***dar [pegar] una ~***《俗》(a: を)びっくりさせる; 殴りつける ***darse [pegarse] una ~***《俗》衝突する, 体をぶつける ***en ~*** «果実が»まだ熟していない ***mala ~***《スペイン》《俗》不機嫌, 意地[機嫌]が悪いこと, 悪意 ***ser la ~*** なかなかのものだ; やっかい者だ

le-ˈche-ra [レ.ˈチェ.ら] [名] [女]〔飲〕ミルク入れ, 牛乳瓶(びん)

le-che-ˈrí+a [レ.チェ.ˈり.ア] [名] [女]〔商〕牛乳屋, 乳製品販売店

le-ˈche-ro, -ra [レ.ˈチェ.ろ, ら] [形]〔飲〕牛乳の;〔畜〕酪農の;《話》けちな [名] [男] [女]〔商〕牛乳配達人,〔人〕牛乳屋;〔畜〕酪農家;《アンデス》運がよい人, 幸運な人 ***cuentas de la lechera*** 取らぬ狸(たぬき)の皮算用

le-chi-ˈga-da [レ.チ.ˈガ.ダ] [名] [女]〔集合〕ひとかえりのひな, ひと腹の子, 同腹

*ˈ**le-cho** [ˈレ.チョ] 92% [名] [男]《格》ベッド,

寝床, 寝台; 〘地質〙(単)層, 地層; 〘地〙海底, 湖底, 河床, 水底

le-'chón, -'cho-na [レ.'チョン, 'チョ.ナ] 名 男 女 〘畜〙(まだ乳離れしていない)子豚; 《話》不潔な人, 薄汚いやつ

le-'cho-so, -sa [レ.'チョ.ソ, サ] 形 乳のような, 乳状の, 乳白色の; 《ベネズエラ》幸運な

le-'cho-za [レ.'チョ.さ] 名 女 《カリブ》〘植〙パパイヤ

le-chu-'ce-ro, -ra [レ.チュ.'せ.ろ, ら] 名 男 女 《アンデス》夜に働く人

*__le-'chu-ga__ [レ.'チュ.ガ] 94% 名 女 〘植〙レタス; 〘衣〙ひだ襟(えり) ***más fresco[ca] que una ~*** 《話》とてもあつかましい, 平然としている

le-chu-'gui+no [レ.チュ.'ギ.ノ] 名 男 〘農〙レタスの苗床; 《話》しゃれ者, だて男, ダンディー

le-'chu-za [レ.'チュ.さ] 名 女 〘鳥〙フクロウ; 《話》醜い女

'le+co, +ca ['レ.コ, カ] 形 名 男 女 《メキシコ》頭がおかしい(人) 名 男 《ベネズエラ》《話》嘆き, 泣き声

lec-'ti-vo, -va [レク.'ティ.ボ, バ] 形 学期中の, 授業の

lec-to-es-cri-'tu-ra [レク.ト.エス.クリ.'トゥ.ら] 名 女 読み書き能力; 識字教育(学習)

__lec-'tor, -'to-ra__ [レク.'トる, 'ト.ら] 85% 名 男 女 読書家, 読者; 講師 形 読書(用)の, 読むための 名 男 〘情〙読み取り機; 〘宗〙聖句を読む人, 読師; 〘情〙ドライブ *~ de CD ROM*** 〘情〙**CD-ROM** ドライブ ***~ de disco*** 〘情〙ディスクドライブ

**__lec-'tu-ra__ [レク.'トゥ.ら] 85% 名 女 読書, 読むこと; 読解, 解釈; 読み物, 読本; 教養, 知識; 〘情〙読み取り

Le-'des-ma [レ.'デス.マ] 名 固 〘姓〙レデスマ

le+e-'dor, -'do-ra [レ.エ.'ドる, 'ド.ら] 形 本を読む 名 男 女 読者

**__le+'er__ [レ.'エる] 71% 動 他 ㊵ (-y-) 〈本・文字などを〉読む, 〈の作品を〉読む, (a: に)読んで聞かせる; 〈que: を〉読んで知る[理解する]; 〈心・顔色などを〉読み取る, 〈なぞを〉解く, 〈夢を〉判断する; 講釈する; 解釈する; 〘情〙読み取る; 〘情〙スキャンする 動 自 読書する, 読む, 読んで知る

le-ga-'ción [レ.ガ.'すぃオン] 名 女 公使館; 〔集合〕公使館員; 使節の地位[任期]; 〔集合〕使節団

le-'ga-do [レ.'ガ.ド] 名 男 遺産, 遺贈財産, 受け継いだもの; 使節, 国使, 公式使節; 〘歴〙(古代ローマの)地方総督

le-'ga-jo [レ.'ガ.ほ] 名 男 書類の一式, ファイル, 束

__le-'gal__ [レ.'ガル] 86% 形 〘法〙合法的な, 法律にかなった; 法律の, 法律上の, 法律関係の; 法律で定められた, 法定の; 《スペイン》《話》まじめな, 信用できる; 《アンデス》正しい **~-mente 副 〘法〙合法的に

*__le-ga-li-'dad__ [レ.ガ.リ.'ダド] 92% 名 女 〘法〙合法性, 適法性; 正当性

le-ga-li-za-'ción [レ.ガ.リ.さ.'すぃオン] 名 女 〘法〙合法化; 認証, 認定, 公式証明

le-ga-li-'zar [レ.ガ.リ.'さる] 動 他 ㉞ (z|c) 〘法〙公認する, 正式のものと認める; 法律上正当と認める, 合法化する

'lé-ga-mo ['レ.ガ.モ] 名 男 水底の泥, 軟泥, 泥砂; 〘地質〙(粘土・砂などからなる砕けやすい)ローム

le-ga-'mo-so, -sa [レ.ガ.'モ.ソ, サ] 形 〘地質〙泥土の; 粘土質の

le-'ga-ña [レ.'ガ.ニャ] 名 女 目やに

le-ga-'ño-so, -sa [レ.ガ.'ニョ.ソ, サ] 形 名 男 女 目やにが多い(人)

le-'gar [レ.'ガる] 動 他 ㊶ (g|gu) 〘法〙遺言で譲る, 遺贈する; 後世に伝える[残す]

le-ga-'ta-rio, -ria [レ.ガ.'タ.りオ, りア] 名 男 女 〘法〙遺産受取人, 受遺者, 被遺贈者

le-gen-'da-rio, -ria [レ.ヘン.'ダ.りオ, りア] 形 伝説(上)の, 伝説的な 名 男 《古》聖徒列伝, 聖人伝

le-'gi-ble [レ.'ひ.ブレ] 形 《筆跡・印刷が》読みやすい, 読める

le-'gión [レ.'ひオン] 名 女 群れ, 多数; 〘軍〙軍隊, 部隊; 〘歴〙〘軍〙(古代ローマの)軍団, レギオン

le-gio-'na-rio, -ria [レ.ひオ.'ナ.りオ, りア] 形 〘歴〙〘軍〙(古代ローマの)軍団の, レギオンの; 〘軍〙軍団の 名 男 〘歴〙〘軍〙(古代ローマの)軍団兵 ***enfermedad del ~*** 〘医〙在郷軍人病, レジオネラ症

le-gio-'ne-la [レ.ひオ.'ネ.ラ] 名 女 〘菌〙レジオネラ菌 《レジオネラ症を引き起こす》

le-gis-la-'ción [レ.ひス.ラ.'すぃオン] 名 女 〘法〙〘政〙法律制定, 立法; 〔集合〕法律, 法令

le-gis-la-'dor, -'do-ra [レ.ひス.ラ.'ドる, 'ド.ら] 形 〘法〙〘政〙法律を制定する, 立法上の 名 男 女 法律制定者, 立法者

le-gis-'lar [レ.ひス.'ラる] 動 自 〘法〙法律を制定する 動 他 〘法〙法令化する

le-gis-la-'ti-vo, -va [レ.ひス.ラ.'ティ.ボ, バ] 形 〘法〙〘政〙法律を制定する, 立法権のある; 法的な

le-gis-la-'tu-ra [レ.ひス.ラ.'トゥ.ら] 名 女 〘政〙議会の会期, 立法府

le-gi-ti-ma-'ción [レ.ひ.ティ.マ.'すぃオン] 名 女 〘法〙(庶子の)の認知; 合法[正当]性の認知

le-gi-ti-'mar [レ.ひ.ティ.'マる] 動 他

〘法〙 嫡子と認める, 〈子を〉認知する; 合法[正当]と認める

le-gi-ti-mi-'dad [レ.ひ.ティ.ミ.'ダド] 名 女 合法性, 適法; 正当性; 正統, 正系, «子が»嫡出であること

*__le-'gí-ti-mo, -ma__ [レ.'ひ.ティ.モ, マ] 91% 形〘法〙合法の, 適法の, 正当な; 本物の, 正真正銘の; 嫡出(ちゃくしゅつ)の, 正統の

'le+go, +ga ['レ.ゴ, ガ] 形〘宗〙俗人の, 世俗の, 聖職者でない, 一般信徒の 名 男 女 (en: の)門外漢(もんがいかん)の, 無知の, 知らない; 門外漢, 非専門家; 俗人, 平民;〘宗〙平修道士

'le-gua ['レ.グア] 名 女 レグア《長さの単位; スペインでは約 5572m》 *a la* ~ 遠くに, 遠くから *verse a la* ~ はっきりしている, 明らかである

'le-gui ['レ.ギ] 名 男〔複〕〘衣〙ゲートル, すね当て

le-gu-'le-yo, -ya [レ.グ.'レ.ジョ, ジャ] 名 男 女〘法〙〔軽蔑〕〔人〕法律屋, 悪徳弁護士

*__le-'gum-bre__ [レ.'グン.ブれ] 94% 名 女〘植〙マメ類

le-gu-mi-'no-so, -sa [レ.グ.ミ.'ノ.ソ, サ] 形〘植〙マメ科の

'le+í 動《直点 1 単》↑leer

le+'í+a(~) 動《直線》↑leer

le+'í-ble [レ.'イ.ブレ] 形 読める, 読みやすい

le+'í-do, -da [レ.'イ.ド, ダ] 形 多読した, 博覧の, 博識の, 博学な; 読まれている **-da** 名 女《話》読むこと

Leip-'zig [レイプ.'すぃグ] 名 固〘地名〙ライプチヒ《ドイツ東部の都市》

le+'ís-mo [レ.'イス.モ] 名 男〘言〙レイスモ《直接目的語の lo, los, la las の代わりに le, les を使う用法》

le+'ís-ta [レ.'イス.タ] 形〘言〙レイスモの 名 共〘言〙レイスモを使う人

leitmotiv [ライト.モ.'ティフ] 名 男〔複 -vs〕〔ドイツ語〕〘文〙主題, 中心理念;〘楽〙ライトモチーフ, 指導[示導]動機

'Lei-va ['レイ.バ] 名 固〘姓〙レイバ

*__le-ja-'ní+a__ [レ.は.'ニ.ア] 94% 名 女 遠景, 背景, 遠いところ; 距離, 道のり

⁑__le-'ja+no, -na__ [レ.'は.ノ, ナ] 89% 形 (de: から)(空間的に)遠い, 離れている; (時間・心理的に)遠い, 離れた; (関係が)遠い, 薄い, 離れた **-namente** 副 遠くに; はるか昔に *L~ Oriente*〘地名〙極東

le-'jí+a [レ.'ひ.ア] 名 女 漂白剤

le-'jí-si-mos 〔最上級〕↓lejos

le-'ji-tos [レ.'ひ.トス] 副〔縮小語〕↓lejos

⁑__'le-jos__ ['レ.ほス] 79% 副 (de: から)遠くに, 遠くへ, はるかに; 遠くに; (de: …)どころか *a lo* ~ 遠くに, 離れたところに *de* ~《ラ米》非常に違って, 大差をもって *llegar* ~ 出世する, 偉くなる, 成功する

'le+lo, +la ['レ.ロ, ラ] 形《話》呆然(ぼうぜん)とした;《話》愚かな, ばかな

'le+ma ['レ.マ] 名 男 標語, モットー, 座右銘; テーマ, 主題;〘言〙(辞書の)見出し語, レンマ《変化語形の代表》

'Lé-man ['レ.マン] 名 固〔lago ~〕〘地名〙レマン湖《スイスとフランスの間の湖》

lem-'pi-ra [レン.'ピ.ら] 名 男〘経〙レンピーラ《ホンジュラスの通貨》 **L~** 名 固〘地名〙レンピーラ《ホンジュラス西部の県》

'Le+na ['レ.ナ] 名 固〔el ~〕〘地名〙レナ川《ロシア連邦東部, シベリアを流れる川》

len-ce-'rí+a [レン.せ.'り.ア] 名 女〘商〙リンネル衣料品店; 婦人用下着店, ランジェリーの店;〘衣〙〔集合〕婦人用下着, ランジェリー;〔集合〕〘衣〙亜麻布, リンネル, リネン製品

len-'ce-ro, -ra [レン.'せ.ろ, ら] 名 男 女〘商〙ランジェリー店の店主;〘商〙リンネル商人

lendakari [レン.ダ.'カ.り] 名 共〔バスク語〕〘政〙レンダカリ, バスク自治政府首相

'le+ne ['レ.ネ] 形《格》なめらかな

⁑__'len-gua__ ['レン.グア] 77% 名 女〘言〙言語, 言葉, (ある国の)国語, …語;〘体〙舌;〘食〙タン《牛・羊などの舌の肉》; 炎; (鐘の)舌;〘地〙岬, 張り出した土地 *buscar la* ~《話》(a: に)言いがかりをつける, けんかをふっかける *darle a la* ~《話》(べらべらと)しゃべる *decir las malas ~s*《話》悪口[皮肉]を言う *en su media* ~《話》片言(かたこと)で *hacerse ~s*《話》(de: を)ほめちぎる *irse de la* ~《話》口をすべらす *largo[ga] de* ~《話》うわさ好きの, おしゃべりの *~ de gato*〘食〙ラングドシャ《薄いクッキー》 *~ de trapo* 子供のはっきりしない発音, 片言(かたこと) *ligero[ra] de* ~《話》口が軽い *malas ~s* 悪口, 毒舌 *morderse la* ~《話》黙っている, 口を慎む *sacar la* ~ (a: に)舌を出す, あっかんべえをする《からかうしぐさ》 *tener … en la punta de la* ~《話》…がのどまで出かかっている, どうしても思い出せない *tener [ser] mala* ~《話》口が悪い *tener mucha* ~《話》おしゃべりである *tirar de la* ~《話》(a: の)口を割らせる *trabarse la* ~ (a: が)口ごもる; 舌がもつれる

len-gua-'chu-ta [レン.グア.'チュ.タ] 名 共《アンデス》《話》〔軽蔑〕〘医〙吃音(きつおん)者, どもる人

len-'gua-do [レン.'グア.ド] 名 男〘魚〙シタビラメ, ソール

⁑__len-'gua-je__ [レン.'グア.へ] 79% 名 男〘言〙言語, 言葉;〘言〙用語《特殊な分野で

使われる言葉》, 専門用語, 術語; 〔言〕話し方, 言葉遣い, (言葉による)表現, 言い回し

len-gua-'ra-da [レン.グア.'ら.ダ] 名 女 なめること, 舌先を動かすこと *a ~s* 舌先を動かして, なめて

len-gua-'raz [レン.グア.'らす] 形 名 共 おしゃべりな(人), 口数の多い(人); 口の悪い(人); 《古》数か国語話す(人)

len-'güe-ta [レン.'グエ.タ] 名 女 〔衣〕(編上げ靴の)舌革; (はかりなどの)針, 指針; 〔体〕喉頭蓋(こうとうがい); 〔楽〕(楽器の)舌, リード; 〔技〕(錐(きり)などの)穂先; 〔建〕(さねはぎの)実(さね)

len-güe-'ta-da 名 女 ☆ lenguarada

len-güe-'ta-zo 名 男 ☆ lenguarada

len-güi-'lar-go, -ga [レン.グイ.'ラる.ゴ, ガ] 形 《話》口の悪い; 《話》おしゃべりな

le-ni-'dad [レ.ニ.'ダド] 名 女 《格》寛大さ, 寛容さ

le-ni-fi-'car [レ.ニ.フィ.'カる] 動 他 69 (c|qu) 《格》柔らかくする, ほぐす; 《格》〈苦痛などを〉和らげる

Le-nin-'gra-do [レ.ニン.'グら.ド] 名 固 〔歴〕〔地名〕レニングラード《サンクト・ペテルブルグ San Petersburgo の旧称》

le-ni-'nis-mo [レ.ニ.'ニス.モ] 名 男 〔政〕レーニン主義《Vladimir Ilich Lenin, 1870–1924, ロシアの革命家・政治家》

le-ni-'nis-ta [レ.ニ.'ニス.タ] 形 〔政〕レーニン主義の 名 共 〔政〕レーニン主義者 ⬆ leninismo

le-ni-'ti-vo, -va [レ.ニ.'ティ.ボ, バ] 形 〔医〕鎮静[鎮痛]の, 緩和する 名 男 〔医〕鎮静[鎮痛]の痛]剤, 緩和剤; 《格》(悲しみなどを)和らげるもの

le-no-'ci-nio [レ.ノ.'すぃ.ニオ] 名 男 売春の斡旋(あっせん)

*'**len-ta-'men-te** ['レン.タ.'メン.テ] 91% 副 ゆっくりと

*'**len-te** ['レン.テ] 90% 名 女 ⇦《ラ米》〔しばしば〕男 レンズ, ルーペ; 片眼鏡 名 男 〔複〕眼鏡

len-'te-ja [レン.'テ.は] 名 女 〔植〕レンズマメ, ヒラマメ

len-te-'jue-la [レン.テ.'ふエ.ラ] 名 女 〔衣〕スパングル, スパンコール《衣服の装飾用につける金属・プラスチックの小片》

len-'ti-lla [レン.'ティ.ジャ] 名 女 《スペイン》コンタクトレンズ

len-'tis-co [レン.'ティス.コ] 名 男 〔植〕ニュウコウジュ

*__len-ti-'tud__ [レン.ティ.'トゥド] 93% 名 女 遅いこと, 緩慢さ

*'**len-to, -ta** ['レン.ト, タ] 87% 形 《速度・動作などが》遅い, ゆっくりとした, のろい; 《もの覚え・理解などが》遅い, 鈍感な, おくての; 弱い, 勢いがない *a paso ~* ゆっくりと

*'**le+ña** ['レ.ニャ] 93% 名 女 まき, 薪(たきぎ); 《話》〔競〕ラフプレー; 《話》殴ること *dar ~* (a: を)殴る, ぶつ *echar ~ al fuego* 火に油を注ぐ, あおる *hacer ~ del árbol caído* 人の不幸を利用する *llevar ~ al monte* むだな[よけいな]ことをする

le-ña-'dor, -'do-ra [レ.ニャ.'ドる, 'ド.ら] 名 男 女 きこり; 《話》〔競〕ラフプレーをする選手

le-'ña-zo [レ.'ニャ.そ] 名 男 棒で殴ること; 衝突 *darse un ~* 《話》(con: と)ぶつかる

'**le+ñe** ['レ.ニェ] 感 《スペイン》《俗》くそ!, ちくしょう!, わあ!, あーあ! 《怒り・驚き・失望》

le-'ñe-ro, -ra [レ.'ニェ.ろ, ら] 名 男 女 《商》〔人〕まき売り 名 男 [女] まき置き場

'**le+ño** ['レ.ニョ] 名 男 丸太, 木材; 《詩》船; 《話》〔軽蔑〕のろま, うすのろ; まき

le-'ño-so, -sa [レ.'ニョ.ソ, サ] 形 木質の

'**le+o** ['レ.オ] 名 共 しし[獅子]座生まれの人《7 月 23 日–8 月 22 日生まれの人》 **L~** 名 男 〔天〕しし[獅子]座

*__le+'ón__ [レ.'オン] 83% 名 男 〔動〕ライオン, 雄ライオン; 《ラ米》〔動〕ピューマ *~ marino* 〔動〕アシカ, トド *ponerse como un ~ [una leona]* 怒る, 激怒する

Le+'ón [レ.'オン] 名 固 〔地名〕レオン《スペイン北西部の都市; ニカラグア西部の県, 県都》; 〔歴〕〔地名〕レオン王国《中世のイベリア半島西部の王国》; 〔男性名〕〔姓〕レオン

le+'o-na [レ.'オ.ナ] 名 女 〔動〕雌ライオン; 《話》気性の激しい女性, 女丈夫

le+o-'na-do, -da [レ.オ.'ナ.ド, ダ] 形 黄褐色の

Le+o-'nar-do [レ.オ.'ナる.ド] 名 固 〔男性名〕レオナルド

Le+'on-cio [レ.'オン.すぃオ] 名 固 〔男性名〕レオンシオ

le+o-'ne-ra [レ.オ.'ネ.ら] 名 女 ライオンのおり; 《話》散らかった部屋

le+o-'nés, -'ne-sa [レ.オ.'ネス, 'ネ.サ] 形 名 男 女 〔地名〕レオンの(人) ⬆ León; 〔言〕レオン方言の《スペイン語の方言》名 男 〔言〕レオン方言

le+o-'ni+no, -na [レ.オ.'ニ.ノ, ナ] 形 ライオンの(ような); 不公平な, 一方的な

Le+o-'nor [レ.オ.'ノる] 名 固 〔女性名〕レオノール

le+o-'par-do [レ.オ.'パる.ド] 名 男 〔動〕ヒョウ

Le+o-'pol-do [レ.オ.'ポル.ド] 名 固 〔男性名〕レオポルド

le+o-'tar-do [レ.オ.'タる.ド] 名 男 〔衣〕レオタード; 〔複〕〔衣〕タイツ

Le-'pan-to [レ.'パン.ト] 名 固 〔地名〕レパント《ギリシャ西部の港町》

'le+pe ['レ.ペ] 名 共 《メキシコ》《話》幼児, 子供

'Le+pe ['レ.ペ] 名 固〔成句〕 ***chiste de*** ～《話》ばかばかしいジョーク ***saber más que*** ～《話》抜け目ない

le-pe-'ra-da [レ.ペ.'ら.ダ] 名 女 《メキシコ》《中米》《話》下品な言葉; 卑猥(ひわい)な言葉

'lé-pe-ro, -ra ['レ.ペ.ろ, ら] 名 男 女 《カリブ》《話》ずるい人; 《メキシコ》《中米》《話》粗野な人, 下品な人, ごろつき, ろくでなし

le-pi-'dóp-te-ro, -ra [レ.ピ.'ドプ.テ.ろ, ら] 形〔昆〕鱗翅(りんし)目の 名 男〔複〕〔昆〕鱗翅目《チョウとガ》

le-po-'ri+no, -na [レ.ポ.'り.ノ, ナ] 形〔動〕ウサギの

'le-pra ['レ.プら] 名 女〔医〕ハンセン病

le-pro-se-'rí+a [レ.プろ.セ.'り.ア] 名 女〔医〕ハンセン病療養所

le-'pro-so, -sa [レ.'プろ.ソ, サ] 形〔医〕ハンセン病の 名 男 女〔医〕ハンセン病患者

'ler-do, -da ['レる.ド, ダ] 形 ゆっくりとした, のろい, 鈍感な; 愚鈍な, 鈍い

'Lé-ri-da ['レ.り.ダ] 名 固〔地名〕レリダ, ジェイダ《スペイン北東部の都市》

le-ri-'da+no, -na [レ.り.'ダ.ノ, ナ] 形 名 男 女〔地名〕レリダの(人), ジェイダの(人)↑Lérida

les 代《人称》〔弱勢〕〔間接目的語·3複〕↑le

les-bia-'nis-mo [レス.ビア.'ニス.モ] 名 男 女性の同性愛, レズビアン

les-'bia+no, -na [レス.'ビア.ノ, ナ] 形 レズビアンの, 女性の同性愛の **-na** 名 女 レズビアン, 女性の同性愛者

'lés-bi-co, -ca ['レス.ビ.コ, カ] 形 ⇩ lesbio

'les-bio, -bia ['レス.ビオ, ア] 形〔地名〕(ギリシャの)レスボス島の; レズビアンの, 女性の同性愛の 名 男 女〔地名〕(ギリシャの)レスボス島の人↓Lesbos

'Les-bos ['レス.ボス] 名 固〔地名〕レスボス島《エーゲ海の北東部に位置するギリシャ領の島》

le-se+'ar [レ.セ.'アる] 動 自《チリ》《話》ばかなことをする

****le-'sión** [レ.'スィオン] 89% 名 女〔医〕けが, 負傷, 害, 損傷; (名誉·感情などを)傷つけること, 侮辱, 無礼

le-sio-'na-do, -da [レ.スィオ.'ナ.ド, ダ] 形 (de, en: を)〔医〕負傷した, けがした

***le-sio-'nar** [レ.スィオ.'ナる] 94% 動 他〔医〕負傷させる, 〈に〉けがを負わす; 〈に〉損害を与える, 侵害する **～se** 動 再〔医〕負傷する, けがをする; 損害を受ける

le-'si-vo, -va [レ.'スィ.ボ, バ] 形《格》〔医〕けがをさせる, 害する

'le+so, +sa ['レ.ソ, サ] 形 損害を受けた, 侵害された 名 男 女 《南米》ばか ***delito de lesa majestad***〔法〕不敬罪, 大逆罪

le-so-'ten-se [レ.ソ.'テン.セ] 形〔地名〕レソト(人)の 名 共〔地名〕レソト人↓Lesoto

Le-'so-to [レ.'ソ.ト] 名 固〔地名〕レソト《アフリカ南部の王国》

le-'tal [レ.'タル] 形《格》致命的な, 致死性の, 死をまねく

le-ta-'ní+a [レ.タ.'ニ.ア] 名 女〔宗〕連禱(れんとう), 連禱式の朗唱; 《話》長たらしい話, くどい説明

le-'tár-gi-co, -ca [レ.'タる.ひ.コ, カ] 形〔医〕昏睡(こんすい)状態の, 昏睡に陥った

le-'tar-go [レ.'タる.ゴ] 名 男〔医〕昏睡(こんすい), 嗜眠(しみん); 無気力, 無感覚

Le-'ti-cia [レ.'ティ.すぃア] 名 固〔女性名〕レティシア;〔地名〕レティシア《コロンビア南部の都市》

le-'tón, -'to-na [レ.'トン, 'ト.ナ] 形〔地名〕ラトビア(人)の 名 男 女 ラトビア人 ↓Letonia;〔言〕ラトビア語の 名 男〔言〕ラトビア語

Le-'to-nia [レ.'ト.ニア] 名 固〔República de ～〕〔地名〕ラトビア《バルト海沿岸の共和国》

****'le-tra** ['レ.トら] 79% 名 女〔言〕文字, 字;〔複〕〔文〕文学, 人文科学; 教養, 学問, 読み書き; 字句, 言葉, 文面;〔商〕手形, 為替(かわせ)手形;〔楽〕歌詞 ***cuatro ～s*** 短い言葉; 短信, 短い手紙 ～ ***muerta***〔法〕空文化した法律

le-'tra-do, -da [レ.'トら.ド, ダ] 形 名 男 女 学問[学識]のある, 博学な; 《話》学者ぶった, 物知り顔の;〔法〕法律家, 弁護士

***le-'tre-ro** [レ.'トれ.ろ] 93% 名 男 標識, プラカード, 掲示(板), ポスター, 貼り紙; 看板, 広告; ラベル, レッテル

le-'tri-lla [レ.'トり.ジャ] 名 女〔楽〕〔文〕リフレイン, ロンド

le-'tri-na [レ.'トり.ナ] 名 女 簡易トイレ; 汚い場所; 風紀の乱れた場所

le-'tru-do, -da [レ.'トる.ド, ダ] 形《チリ》〔文〕文筆家, 作家

leu-'ce-mia [レウ.'セ.ミア] 名 女〔医〕白血病

leu-'cé-mi-co, -ca [レウ.'セ.ミ.コ, カ] 形〔医〕白血病の 名 男 女 白血病患者

leu-co-'ci-to [レウ.コ.'すぃ.ト] 名 男〔体〕白血球

leu-co-ci-'to-sis [レウ.コ.すぃ.'ト.スィス] 名 女〔単複同〕〔医〕白血球増加症

leu-co-'der-mia [レウ.コ.'デる.ミア] 名 女〔医〕白斑(はくはん)症

leu-co-'rre+a [レウ.コ.'れ.ア] 名 女〔医〕白帯下(はくたいげ), 帯下, こしけ

Lev. 略 ↓levítico

'le+va ['レ.バ] 名 女 〔海〕 錨(いかり)を揚げること, 出帆, 出港; 〔軍〕 召集, 徴用; 〔機〕 カム; 〔機〕 てこ; 〔複〕 《ラ米》 策略, ごまかし; 《メキシコ》 〔衣〕 上着, ジャケット

le-va-'di-zo, -za [レ.バ.'ディ.そ, さ] 形 上げることができる

le-va-'du-ra [レ.バ.'ドゥ.ら] 名 女 〔食〕 酵母, パン種, イースト

le-van-ta-'de-ra [レ.バン.タ.'デ.ら] 名 女 《コロンビア》 〔衣〕 ナイトガウン

le-van-ta-'dor, -'do-ra [レ.バン.タ.'ドる, 'ド.ら] 名 男 女 〔競〕 重量挙げ選手

le-van-ta-'mien-to [レ.バン.タ.'ミエン.ト] 名 男 〔政〕 反乱, 蜂起(ほうき); 持ち上げること; 解除, 解禁; 測量, 調査; 起床; 〔建〕 建設, 建造; 〔地〕〔地質〕 隆起 ~ *de pesas* 〔競〕 重量挙げ

****le-van-'tar** [レ.バン.'タる] 73% 動 他 起こす, 立てる, 上げる, 持ち上げる; 〔建〕 建てる, 建設する; 取り除く, 取り払う; 引き起こす, もたらす; 〈禁止などを〉解く, 解除する, 免除する; 〈書類を〉作成する; 〔政〕 〈国勢調査を〉行う, 実施する; 〔遊〕〔トランプ〕 〈札を〉切る; ひっくり返す, 覆(くつがえ)す; 奮い立たせる, 高揚させる, 扇動する; 〔軍〕 軍に入れる, 編成する; 《コロンビア》《話》 手に入れる ~*se* 動 再 起きる, 起き上がる, 起床する; 立つ, 立ち上がる; 〔政〕 蜂起(ほうき)する, 決起する; «会議が» 終わる; (con: を)奪う, 持ち逃げする; 〔気〕 «風が»出る; 〔建〕 建設される; 生じる, 引き起こされる, 発生する ~ *cabeza* 〔医〕 (病気の後で)元気になる ~ *falso testimonio* 偽証する ~ *la voz* 声を荒げる; 反抗する ~*se con el pie izquierdo* 朝起きて左足から歩き出す 《悪運をもたらすという迷信がある》

le-'van-te [レ.'バン.テ] 名 男 東, 東方; 〔気〕 東風; 《中米》《話》 うそ, デマ *irse de* ~ 《中米》《話》 ガールハントをする

Le-'van-te [レ.'バン.テ] 名 固 〔地名〕 (スペインの) レバンテ地方 《〔特に〕 バレンシア Valencia 地方とムルシア Murcia 地方》; 〔地名〕 レバント 《地中海東岸地域》

le-van-'ti+no, -na [レ.バン.'ティ.ノ, ナ] 形 東方の, 地中海東岸の; 〔地名〕 レバンテ地方の ⬆Levante

le-van-'tis-co, -ca [レ.バン.'ティス.コ, カ] 形 反逆的な, 騒動[混乱]を引き起こす, 不穏な

le-'var [レ.'バる] 動 他 〔海〕 〈錨(いかり)を〉揚げる

***'le+ve** ['レ.ベ] 91% 形 軽い, 軽微な, 軽度の, ささいな, «傷が»浅い; 弱い, かすかな *¡Que te sea ~!* 《話》 うまくいくといいね 《これから困難なことに直面する人に言う》 副 軽く, 軽微に, 軽度に; 〔医〕 «傷が»浅く; 弱く, かすかに

Le+'ví [レ.'ビ] 名 固 〔聖〕 レビ 《旧約聖書中の部族名》

le-'vi-ta [レ.'ビ.タ] 形 〔聖〕 レビ族の(人) 名 共 〔聖〕 レビ人 ⬆Leví 名 男 〔衣〕 フロックコート *tirar de la* ~ おべっかを使う

le-vi-ta-'ción [レ.ビ.タ.'すィオン] 名 女 空中浮揚

le-'ví-ti-co, -ca [レ.'ビ.ティ.コ, カ] 形 レビ(族)の; 聖職者のような, 聖職者的な; 偽善者の 名 男 〔L~〕 〔聖〕 レビ記

le-'xí+a [レク.'スィ.ア] 名 女 〔言〕 語彙(ごい)単位 《語と合成語》

'lé-xi-co, -ca ['レク.スィ.コ, カ] 形 〔言〕 語彙(ごい)の 名 男 〔集合〕 〔言〕 語彙; 〔言〕 語彙目録; 用語集[解説]; 辞書

le-xi-co-gra-'fí+a [レク.スィ.コ.グら.'フィ.ア] 名 女 〔言〕 辞書編集(法), 辞書学

le-xi-co-'grá-fi-co, -ca [レク.スィ.コ.'グら.フィ.コ, カ] 形 〔言〕 辞書編集上の, 辞書学の

le-xi-'có-gra-fo, -fa [レク.スィ.'コ.グら.フォ, ファ] 名 男 女 〔言〕 辞書編集者

le-xi-co-lo-'gí+a [レク.スィ.コ.ロ.'ひ.ア] 名 女 〔言〕 語彙(ごい)論

le-xi-co-'ló-gi-co, -ca [レク.スィ.コ.'ロ.ひ.コ, カ] 形 〔言〕 語彙(ごい)論の

le-xi-'có-lo-go, -ga [レク.スィ.'コ.ロ.ゴ, ガ] 名 男 女 〔言〕 語彙(ごい)論研究者

le-xi-'cón [レク.スィ.'コン] 名 男 〔言〕 (話者の)語彙量, 語彙の知識; ⇧ diccionario

****'ley** ['レイ] 71% 名 女 〔法〕〔全体〕 法, 法律, 法令, 法規; 〔複〕 法学, 法律学; (科学・哲学上の)法則, 規則, 規定; 規則, ルール, 掟(おきて); 《話》 忠誠(心), 情愛; (金・銀の)品質, 含有量 *con todas las de la* ~ れっきとした, 本物の ~ *del embudo* 好き勝手に適用される法, 相手によって適用の仕方の変わる規則 *ser de* ~ 正しい

'le-y~ 動 《活用》 ⬆leer

****le-'yen-da** [レ.'ジェン.ダ] 89% 名 女 伝説, 言い伝え, 語りぐさ; 〔文〕 伝説文学, 伝説物語集; 伝説的な人物, 語りぐさの主; (メダル・貨幣などの)銘; (地図・図表などの)凡例(はんれい), (さし絵などの)説明文 ~ *negra* 〔歴〕 黒い伝説 《新大陸でのスペイン人の活動の残虐的な側面を強調する見方》

'lez-na ['レす.ナ] 名 女 〔技〕 (靴職人などが用いる)突き錐(きり), 千枚通し 《革などに穴をあける道具》

'lí+a ['リ.ア] 名 女 〔複〕〔飲〕 (ワインの)おり; (アフリカハネガヤ製)ロープ

'lia-do, -da ['リア.ド, ダ] 形 混乱した, もつれた; 《話》 (con: と)関係がある, つきあいがある

'lia-na ['リア.ナ] 名 女 〔植〕 つる植物

'lian-te, -ta ['リアン.テ, タ] 名 男 女

l

《話》うわさ好き, 陰口を言う人; 《話》酔っぱらい

⁑'liar ['リアる] 76% [動] [他] ㉙ (i|í)〔現2複 liais; 点1単 lie; 点3単 lio; 接2複 lieis〕結ぶ, 結び[縛り, くくり]つける, つなぐ; 巻く, くるむ, 丸める; 《話》(en: に)巻き込む; 《話》紛糾させる, もつれさせる　**~se** [動] [再] まとう, くるまる; 《話》紛糾する; くくられる, 縛られる; 《話》(en: に)巻き込まれる; 《話》(con: と)関係を持つ, 内縁関係になる　***~la*** 《ｽﾍﾟｲﾝ》《話》問題を複雑にする　***~se a golpes*** 殴り合いのけんかをする　***liárselas*** 《話》あわてて逃げる; 《話》死ぬ

lib. [略] ⬇libro

li-ba-'ción [リ.バ.'すぃオン] [名] [女] 《格》〔飲〕(酒の)ひと口, ひと飲み; 〔宗〕散酒式《ぶどう酒・油などを地[いけにえ]に注ぐ神事》

li-ba-'nés, -'ne-sa [リ.バ.'ネス, 'ネ.サ] [形] 〔地名〕レバノン(人)の [名] [男] [女] レバノン人 ⬇Líbano

'Lí-ba-no ['リ.バ.ノ] [名] [固] 〔(el) ~〕〔República Libanesa〕〔地名〕レバノン《西アジアの共和国》

li-'bar [リ.'バる] [動] [他] 《格》〔昆〕«〔特に〕虫が»〈蜜を〉吸う; 〔宗〕(いけにえに)〈酒を〉注ぐ

li-be-'lis-ta [リ.ベ.'リス.タ] [名] [共] 〔法〕怪文書[中傷文書]を書いた者, 文書誹毀(ひき)者

li-'be-lo [リ.'ベ.ロ] [名] [男] 怪文書, 風刺文; 〔法〕中傷文書, 誹毀(ひき)文書

li-'bé-lu-la [リ.'ベ.ル.ラ] [名] [女] 〔昆〕トンボ

'lí-ber ['リ.べる] [名] [男] 〔植〕篩管(しかん)部, 内皮

li-be-ra-'ción [リ.ベ.ら.'すぃオン] [名] [女] 解放; 〔法〕(囚人の)釈放; (義務の)免除; 〔商〕領収書

li-be-ra-'dor, -'do-ra [リ.ベ.ら.'ドる, 'ド.ら] [形] 自由にする, 解放する [名] [男] [女] 解放者

⁑li-be-'ral [リ.ベ.'らル] 85% [形] 〔政〕自由主義の, 進歩的な; 心の広い, 寛大な, 偏見のない; 自由な, 縛られない; 一般教育[教養]の [名] [共] 〔政〕自由主義者, リベラリスト

li-be-ra-li-'dad [リ.ベ.ら.リ.'ダド] [名] [女] 〔政〕自由主義的であること, 進歩性; 心の広いこと, 寛大さ, 偏見のないこと

⁑li-be-ra-'lis-mo [リ.ベ.ら.'リス.モ] 83% [名] [男] 〔政〕自由主義, リベラリズム

li-be-ra-'lis-ta [リ.ベ.ら.'リス.タ] [形] 〔政〕自由主義の, リベラリズムの [名] [共] 〔政〕自由主義者, リベラリスト

li-be-ra-li-za-'ción [リ.ベ.ら.リ.さ.'すぃオン] [名] [女] 自由化, 自由主義化

li-be-ra-li-'zar [リ.ベ.ら.リ.'さる] [動] [他] ㉞ (z|c) 自由化する　**~se** [動] [再] 自由化される, 自由になる

⁑li-be-'rar [リ.ベ.'らる] 90% [動] [他] 自由にする, 解放する; (de: 義務などを)免除する

Li-'be-ria [リ.'ベ.りア] [名] [固] 〔República de ~〕〔地名〕リベリア《アフリカ西部の共和国》

li-be-'ria-no, -na [リ.ベ.'りア.ノ, ナ] [形] 〔地名〕リベリア(人)の [名] [男] [女] リベリア人 ⬆Liberia

'lí-be-ro, -ra ['リ.ベ.ろ, ら] [名] [男] [女] 〔競〕〔サッカー〕リベロ《特定のマーク対象を持たず守備陣全体に指示を出すディフェンスのポジション》

li-'bé-rri-mo, -ma [リ.'ベ.り.モ, マ] [形] 〔最上級〕《格》きわめて自由な; 好き勝手な

⁑li-ber-'tad [リ.べる.'タド] 76% [名] [女] 自由, 束縛のないこと, 自由独立; 奔放さ, 気まま, 勝手; 釈放, 出獄; 気安さ, なれなれしさ, 無遠慮　***tomarse demasiadas ~es*** あまりになれなれしくする　***tomarse la ~ de*** …(不定詞)《格》…させていただく, 失礼を省みず…する

Li-ber-'tad [リ.べる.'タド] [名] [固] 〔La ~〕〔地名〕ラ・リベルタ《エルサルバドル南西部の県; ペルー北西部の県》

li-ber-ta-'dor, -'do-ra [リ.べる.タ.'ドる, 'ド.ら] [形] 自由にする, 解放する [名] [男] [女] 解放者; 〔el L~〕シモン・ボリバル《Simón Bolívar 1783–1830, 南米独立の指導者》

***li-ber-'tar** [リ.べる.'タる] 94% [動] [他] (奴隷・束縛の状態から)〈人を〉自由にする, 解放する; (de: を)免除する　**~se** [動] [再] 自由の身になる; (de: を)免れる

li-ber-'ta-rio, -ria [リ.べる.'タ.りオ, りア] [形] 〔政〕絶対自由主義の [名] [男] [女] 〔政〕絶対自由主義者

li-ber-ta-'ris-mo [リ.べる.タ.'リス.モ] [名] [男] 〔政〕自由主義

li-ber-ti-'na-je [リ.べる.ティ.'ナ.へ] [名] [男] 放蕩(ほうとう), 放埒(ほうらつ), 気まま

li-ber-'ti-no, -na [リ.べる.'ティ.ノ, ナ] [形] 放蕩(ほうとう)な, 放埒(ほうらつ)な [名] [男] [女] 放蕩者, 道楽者

li-'ber-to, -ta [リ.'べる.ト, タ] [名] [男] [女] 〔歴〕解放奴隷《奴隷の身分から解放された自由民》

'Li-bia ['リ.ビア] [名] [固] 〔Estado de ~〕〔地名〕リビア《アフリカ北部の共和国》

li-'bí-di-ne [リ.'ビ.ディ.ネ] [名] [女] 《格》愛欲, 淫乱(いんらん)

li-bi-di-'no-so, -sa [リ.ビ.ディ.'ノ.ソ, サ] [形] 《格》好色な, 肉欲的な

li-'bi-do [リ.'ビ.ド] [名] [女] 性的衝動, リビドー

'li-bio, -bia ['リ.ビオ, ビア] [形] 〔地名〕リビア(人)の [名] [男] [女] リビア人 ⬆Libia

l

*'**li-bra** ['リ.ブら] 91% 名 女 ポンド《重量の単位; 16 オンス, 約 453 グラム; 貴金属, 薬品では 12 オンス, 約 373.24 グラム》; 〔経〕ポンド《英国の通貨》名 共 てんびん座生まれの人《9 月 23 日–10 月 23 日生まれの人》; 〔L～〕〔天〕てんびん座 ***entrar pocos en ～*** まれである, 得がたい

li-'bra-do, -da [リ.'ブら.ド, ダ] 名 男 女 〔商〕手形名宛人 ***salir bien ～[da]*** うまく切り抜ける ***salir mal ～[da]*** 痛手を受ける

li-bra-'dor, -'do-ra [リ.ブら.'ドる, 'ド.ら] 形 自由にする, 解放する; 〔商〕手形を振り出す 名 男 女 解放者; 〔商〕手形振出人

li-bra-'mien-to [リ.ブら.'ミエン.ト] 名 男 解放; 釈放; 救出, 救助; 〔商〕支払い命令, (手形の)振り出し

li-'bran-za [リ.'ブらン.さ] 名 女 〔商〕支払い命令(書); 〔商〕為替手形

li-'brar** [リ.'ブらる] 90% 動 他 (de: から)救う, 救済する, 解放する, 助ける; 〔商〕〈手形などを〉振り出す; 〈の〉戦端を開く, 〈戦いを〉開始する; 〈から〉(de: を)免除する; 〔法〕〈法律を〉公布する; 出す, 申し渡す, 宣告する; (en: に)託す, 寄せる 動 自 《スペイン》《話》休日になる ～**se** 動 再 (de: を)免れる; (de: を)捨てる, 追い払う

'li-bre** ['リ.ブれ] 75% 形 自由な, 束縛のない; 自由に(de, para 不定詞: …)できる, 勝手な, 随意の; 自由に出入りできる, 解放された, 障害のない; 手が空いた, 暇な; «部屋·席などが»空いた; (de: 危険·じゃまなどが)ない, (de: の)恐れがない; (de: 慣習·権威などに)とらわれない, 自由な; 無料の; 〔法〕無税の, (de: 税金などを)免れて; なれなれしい, 遠慮のない; 〔競〕自由形の, フリースタイルの; 〔競〕〔サッカーなど〕フリーの, マークされていない; 物惜しみしない, 大まかな; 堅苦しくない, くつろいだ; 屋根のない, 外の ***por ～*** 自由に ～**mente** 副 自由に, 勝手に, のびのびと

li-'bre+a [リ.'ブれ.ア] 名 女 〔衣〕お仕着せ, 制服, そろいの服; 記章, 印

li-bre-'cam-bio [リ.ブれ.'カン.ビオ] 名 男 〔経〕自由貿易

li-bre-cam-'bis-mo [リ.ブれ.カン.'ビス.モ] 名 男 〔政〕〔経〕自由貿易主義(政策)

li-bre-cam-'bis-ta [リ.ブれ.カン.'ビス.タ] 形 〔政〕〔経〕自由貿易の 名 共 自由貿易主義者

li-bre-pen-sa-'dor, -'do-ra [リ.ブれ.ペン.サ.'ドる, 'ド.ら] 形 自由思想を抱く 名 男 女 自由思想家

li-bre-pen-sa-'mien-to [リ.ブれ.ペン.サ.'ミエン.ト] 名 男 自由思想

*li-bre-'**rí+a** [リ.ブれ.'リ.ア] 92% 名 女 〔商〕本屋, 書店; 書棚, 書架; 〔集合〕〔商〕書店業界

*li-'**bre-ro, -ra** [リ.'ブれ.ろ, ら] 94% 名 男 女 〔商〕書籍販売業者, 〔人〕本屋 名 男 本棚, 書棚 **-ra** 名 女 《中米》本箱, 書棚

li-'bres-co, -ca [リ.'ブれス.コ, カ] 形 〔軽蔑〕書物だけの, 机上の

li-'bre-ta [リ.'ブれ.タ] 名 女 手帳, 筆記帳, ノート, 通帳; 〔食〕丸パン ***～ de manejar*** 《ラプラタ》運転免許証

li-bre-'tis-ta [リ.ブれ.'ティス.タ] 名 共 〔楽〕〔演〕(歌劇などの)台本作者, 作詩家

li-'bre-to [リ.'ブれ.ト] 名 男 〔楽〕〔演〕(歌劇などの)台本

Li-bre-'vi-lle [リ.ブれ.'ビ.ジェ; 'リ(ブ)る.ビル] 名 固 〔地名〕リーブルビル《ガボン Gabón の首都》

li-'bri-to 〔縮小語〕↓libro

'li-bro** ['リ.ブろ] 68% 名 男 本, 単行本, 書物, 著作; (本の)巻, 編; (切手·小切手などの)とじ込み帳, ひとつづり; 〔商〕台帳, 帳簿, 通帳; 〔複〕〔法〕税金; 〔動〕葉胃(ようい)《反芻動物の第三胃》 ***colgar los ～s*** 《話》学業をやめる ***hablar como un ～*** たくさんのことを話す; 物知り顔に言う ***～ de familia*** 家族証明書

Lic. 略 ↓licenciado, -da

li-ce+ís-ta [リ.せ.'イス.タ] 名 共 《ベネズエラ》中学生

*li-'**cen-cia** [リ.'せン.すぃア] 91% 名 女 免許, 許可, 承認; 免許状[証], 許可書; (過度の)自由, (勝手)気まま, 放縦; 学士号, 学位; 〔歴〕〔軍〕休暇, 休暇の期間; 〔軍〕除隊; 《メキシコ》《カリブ》〔車〕ナンバープレート

li-cen-'cia-do, -da [リ.せン.'すぃア.ド, ダ] 形 学士号を取得した; 〔軍〕除隊した; 免許を受けた; 知ったかぶりの, 生意気な, 気取った 名 男 女 (en: の)学士; 《ラ米》弁護士, 法律家; 〔軍〕除隊兵

li-cen-'ciar [リ.せン.'すぃアる] 動 他 〈に〉(en: の)学士号を授与する; 〈に〉免許を与える, 〈に〉許可を与える; 除隊させる ～**se** 動 再 (en: の)学士号を取得する; 自堕落になる

*li-cen-cia-'**tu-ra** [リ.せン.すぃア.'トゥ.ら] 93% 名 女 学士号; 学士課程, 専門課程

li-cen-'cio-so, -sa [リ.せン.'すぃオ.ソ, サ] 形 放蕩(ほうとう)な, 自堕落な, 放埒(ほうらつ)な

li-'ce+o [リ.'せ.オ] 名 男 中学校; 文化団体, 同好会, 文芸サークル

Li-'ce+o [リ.'せ.オ] 名 固 〔歴〕リュケイオン《アリストテレス Aristóteles が哲学を教えたアテネ Atenas の学園》; 〔el L～〕リセオ劇場《スペイン, バルセロナのオペラ劇場》

li-ci-ta-'ción [リ.すぃ.タ.'すぃオン] 名

[女]〔商〕入札, 競売

li-ci-ta-'dor, -'do-ra [リ.すぃ.タ.'ドる, 'ド.ら] [名] [男] [女]〔商〕入札者, せり手

li-ci-'tar [リ.すぃ.'タる] [動] [他]〔商〕入札する

li-ci-ta-'to-rio, -ria [リ.すぃ.タ.'ト.りオ, りア] [形] 入札する, 競売にかける

*'**lí-ci-to, -ta** ['リ.すぃ.ト, タ] 94% [形]〔法〕合法の, 正当な

li-ci-'tud [リ.すぃ.'トゥド] [名] [女]〔法〕合法性, 正当性

*'**li-'cor** [リ.'コる] 93% [名] [男]〔飲〕リキュール, 蒸留酒;〔一般〕液体, 溶液

li-co-'re-ra [リ.コ.'れ.ら] [名] [女]〔飲〕洋酒セット; 酒類を入れるキャビネット

li-co-re-'rí+a [リ.コ.れ.'リ.ア] [名] [女]〔商〕酒店, 酒屋; 酒製造所

li-co-'ris-ta [リ.コ.'りス.タ] [名] [共]〔商〕〔人〕酒屋; 酒製造業者

li-cua-'ción [リ.クア.'すぃオン] [名] [女]〔技〕液化, 融解

li-'cua-do, -da [リ.'クア.ド, ダ] [形] 液化された [名] [男]〔飲〕(ミキサー)ジュース

li-cua-'do-ra [リ.クア.'ド.ら] [名] [女]〔食〕ジューサー

li-'cuar [リ.'クアる] [動] [他]〔規則変化⇔ ⑰ (u|ú)〕〔技〕溶かす, 液化させる, 融解させる **~se** [動] [再]〔技〕溶ける, 液化する, 融解する

li-cue-fac-'ción [リ.クエ.ファク.'すぃオン] [名] [女] 液化, 融解

'lid ['リド] [名] [女]《格》戦い, 戦闘, 合戦; 論争, 論議 ***en buena ~*** 公正に, 正々堂々と

‡'**lí-der** ['リ.デる] 84% [名] [共] 指導者, リーダー, 指揮者, 主唱者; 先頭に立つ人, 先導者;〔競〕トップ, 首位

li-de-'rar [リ.デ.'らる] [動] [他] 率いる, 〈の〉首位に立つ

li-de-'raz-go [リ.デ.'らす.ゴ] [名] [男] 指導力, 統率力, リーダーシップ

li-de-'re-sa [リ.デ.'れ.サ] [名] [女]《ラ米》(女性の)指導者, リーダー, 指揮者, 主唱者 ⇧ líder

'li-dia ['リ.ディア] [名] [女] 戦い, 戦闘;〔牛〕闘牛

li-dia-'dor, -'do-ra [リ.ディア.'ドる, 'ド.ら] [名] [男] [女]〔牛〕闘牛士

li-'diar [リ.'ディアる] [動] [自] (con, contra: と)戦う, 闘う; 争う, 抗争する, 競う [動] [他]〔牛〕〈牛と〉闘う

'lie [動]《直点 1 単》⬆liar

*'**lie-bre** ['リエ.ブれ] 94% [名] [女]〔動〕ノウサギ

Liech-'tens-tein [リク.'テ(ン)ス.テイン] [名] [固]〔地名〕リヒテンシュタイン《ヨーロッパ中部の公国》

liech-tens-'tia+no, -na [リク.テ(ン)ス.'ティア.ノ, ナ] [形]〔地名〕リヒテンシュタイン(人)の [名] [男] [女] リヒテンシュタイン人 ⬆ Liechtenstein

'Lie-ja ['リエ.は] [名] [固]〔地名〕リエージュ《ベルギー東部の都市》

'lien-dre ['リエン.ドれ] [名] [女]〔昆〕(シラミなどの)卵

*'**lien-zo** ['リエン.そ] 93% [名] [男] 亜麻布, リンネル;〔絵〕画布, キャンバス; キャンバスに描いた絵, 油絵; ハンカチ;〔建〕(建物の)面, 正面

lifting ['リフ.ティン] [名] [男]〔英語〕〔医〕リフティング《顔のしわ・たるみを除去する美容整形》

‡'**li+ga** ['リ.ガ] 86% [名] [女] 同盟, 連盟;〔競〕リーグ(戦);〔複〕〔衣〕靴下留め, ガーター; 鳥もち;〔植〕ヤドリギ;《メキシコ》《中米》《カリブ》《コロンビア》《アンデス》ゴムバンド, 輪ゴム ***hacer buena [mala]*** ~ (con: と)仲がよい[よくない]

li-'ga-do, -da [リ.'ガ.ド, ダ] [形] (a: と)つながった, 関係づけられた, 結びついた [名] [男]〔楽〕スラー, タイ;〔印〕合字

li-ga-'du-ra [リ.ガ.'ドゥ.ら] [名] [女] (結ばれた)ひも, 帯; 束縛(そくばく); きずな, つながり; くくること, 縛ること;〔楽〕スラー, タイ;〔海〕繋索(けいさく)

li-ga-'men-to [リ.ガ.'メン.ト] [名] [男]〔体〕靭帯(じんたい)

‡**li-'gar** [リ.'ガる] 87% [動] [他] ㊶ (g|gu) (ひも・綱などで)結ぶ, 結びつける, 縛りつける; 合わせる, 結合する, つなげる; 関係[関連]させる; 拘束する, 縛る;〔楽〕〈音を〉続けて演奏する[歌う];〔技〕合金にする, 混ぜる [動] [自]《話》(con: 異性を)ハント[ナンパ]する, ひっかける;〔遊〕〔トランプ〕同じ組のカードがそろう;《俗》«男女が»いちゃつく **~se** [動] [再]〔複〕同盟を結ぶ, 提携する, 結びつく; 拘束される, 縛られる

li-ga-'zón [リ.ガ.'そン] [名] [女] 結束, きずな;〔海〕ハトック

li-ge-'re-za [リ.へ.'れ.さ] [名] [女] 軽率, 不注意; 軽いこと, 軽さ, 敏速, 機敏

‡**li-'ge-ro, -ra** [リ.'へ.ろ, ら] 87% [形] 軽い; 分量が少ない, 少量の, わずかな; «程度などが»弱い, 軽い; «動作が»軽快な, 軽やかな, 機敏な;〔食〕«食べ物などが»軽い, あっさりした, 胃にもたれない, 栄養分が少ない; 容易な, 楽な; 気軽な, 快活な; 軽々しい, 軽率な, うわついている;〔飲〕アルコール度数が低い, 弱い, 軽い [副] 軽く; 軽装で, 身軽に;《ラ米》速く, さっさと [名] [男]〔競〕〔ボクシング〕ライト級 **-ramente** [副] 軽く, 弱く, そっと, 静かに, 少しだけ, かすかに ***a la ligera*** 軽率に; さっさと ***~[ra] de cascos*** 軽はずみな ***tomar a la ligera*** 軽く考える

light ['ライト] [形]〔英語〕〔飲〕〔食〕低カロ

l

リーの ⇧ hipocalórico; 簡略にした, 軽量化した

lig-'na-rio, -ria [リグ.'ナ.りオ, りア] 形 〘植〙木製の, 木材の

lig-'ni-to [リグ.'ニ.ト] 名 男 〘鉱〙褐炭, 亜炭, 樹炭

li-'gón, -'go-na [リ.'ゴン, 'ゴ.ナ] 形 名 男 女 《ｽﾍﾟｲﾝ》《話》プレイボーイ[ガール](の)

'li-gue ['リ.ゲ] 名 男 《ｽﾍﾟｲﾝ》《話》ナンパ, ガールハント[ボーイハント], ナンパ[ハント]した相手

li-'gué, -gue(~) 動 《直点 1 単, 接現》 ⬆ligar

li-'gue-ro, -ra [リ.'ゲ.ろ, ら] 形 〘競〙リーグの

li-'gui-lla [リ.'ギ.ジャ] 名 女 〘衣〙リボン, テープ; 〘競〙小リーグ

li-'gur [リ.'グる] 形 名 共 リグリアの(人)

Li-'gu-ria [リ.'グ.りア] 名 固 〘地名〙リグリア《イタリア北西部の州》

'li+ja ['リ.は] 名 女 紙やすり, 研磨紙, サンドペーパー; 〘魚〙ツノザメ

li-'jar [リ.'はる] 動 他 サンドペーパーで磨く

li-'jo-so, -sa [リ.'ほ.ソ, サ] 形 (表面が)ざらざらした

'li+la ['リ.ラ] 名 女 〘植〙ライラック, リラ; 薄紫色, ライラック色 形 名 共 《ｽﾍﾟｲﾝ》《話》ばかな, ばか

li-'liá-ce+o, +a [リ.'リア.セ.オ, ア] 形 〘植〙ユリ科の, ユリに似た

li-li-pu-'tien-se [リ.リ.プ.'ティエン.セ] 形 名 共 リリパットの(人), こびと(の)《Liliput: スウィフト Swift 作『ガリバー旅行記』«Los viajes de Gulliver» の中のこびとの国》

Li-'lon-güe [リ.'ロン.グエ] 名 固 〘地名〙リロングウェ《マラウイ Malaui の首都》

'li+ma ['リ.マ] 名 女 やすり; やすりをかけること; 洗練, (表現を)練ること, 推敲(すいこう); 〘植〙ライム; 〘建〙(屋根の)隅木(すみき) ***comer como una ~*** 《話》たくさん食べる

⁑'Li+ma ['リ.マ] 89% 名 固 〘地名〙リマ《ペルー Perú の首都; ペルー中部の県》

li-ma-'du-ra [リ.マ.'ドゥ.ら] 名 女 やすりで磨くこと; 〔複〕やすり粉, やすりくず

li-'ma-lla [リ.'マ.ジャ] 名 女 やすり粉, やすりくず

li-'mar [リ.'マる] 動 他 〈に〉やすりをかける, やすりで磨く[研ぐ]; 〈作品を〉練る, 洗練する, 推敲(すいこう)する ***~ (las) asperezas*** 穏便(おんびん)にすます, 丸くおさめる ***~ las diferencias*** 対立点を調整する

li-'ma-za [リ.'マ.さ] 名 女 〘動〙ナメクジ

'lim-bo ['リン.ボ] 名 男 〘宗〙リンボ, 地獄の辺土; 〘植〙葉辺, 葉身, へり; 〘天〙(円板状に見える太陽・月などの)周縁; (四分儀などの)目盛り縁(ぶち), 分度圏; 〔一般〕縁(ふち), へり ***estar en el ~*** 《話》ぼうっとしている

li-'me-ño, -ña [リ.'メ.ニョ, ニャ] 形 名 男 女 〘地名〙リマの(人) ⬆Lima

li-mi-'nal [リ.ミ.'ナル] 形 〘心〙閾(いき)の

***li-mi-ta-'ción** [リ.ミ.タ.'すぃオン] 91% 名 女 〔しばしば複〕限定, 制限, (能力などの)限界

li-mi-'ta-do, -da [リ.ミ.'タ.ド, ダ] 形 制限のある, 限られた; 少ない, わずかの; «人が»知的障害のある

⁑li-mi-'tar [リ.ミ.'タる] 84% 動 他 (a: に)制限する, 限る, 限定する 動 自 (con: と)隣接する, 境を接する ***~se*** 動 再 (a: に)限る, (a 不定詞: …するだけに)とどめておく

li-mi-ta-'ti-vo, -va [リ.ミ.タ.'ティ.ボ, バ] 形 制限する, 制限的な

⁑'lí-mi-te ['リ.ミ.テ] 83% 名 男 限り, 限界, 限度; 境界(線), 区域, 範囲; 制限, 許容量; 局限 形 制限の, 局限の ***sin ~s*** 限りなく, 無制限に[の]

li-'mí-tro-fe [リ.'ミ.トろ.フェ] 形 (de: と)境をなす, 国境を接する, 隣接する

'lím-ni-co, -ca ['リム.ニ.コ, カ] 形 〘地〙淡水湖沼の

lim-no-lo-'gí+a [リム.ノ.ロ.'ひ.ア] 名 女 〘地〙陸水学; 〘生〙湖沼生物学

lim-no-'ló-gi-co, -ca [リム.ノ.'ロ.ひ.コ, カ] 形 〘地〙陸水学の; 〘生〙湖沼生物学の

lim-'nó-lo-go, -ga [リム.'ノ.ロ.ゴ, ガ] 名 男 女 〘地〙陸水学者; 〘生〙湖沼生物学者

'li+mo ['リ.モ] 名 男 〘地質〙シルト, 沈泥《砂より細かく粘土より粗い沈積土》

li-'món** [リ.'モン] 91% 名 男 〘植〙レモン; レモン色 形 レモン色の; 〘畜〙(牛馬につなぐ)轅(ながえ) ***L~ 名 固 〘地名〙リモン《コスタリカ東部の県》

li-mo-'na-da** [リ.モ.'ナ.ダ] 94% 名 女 〘飲〙レモネード, レモン水 ***~ de vino 〘飲〙⇩ sangría ***no ser ni chicha ni ~ [limoná]*** 《話》得体が知れない

li-mo-'nar [リ.モ.'ナる] 名 男 〘農〙レモン果樹園

li-mo-'ne-ro, -ra [リ.モ.'ネ.ろ, ら] 形 〘商〙〔人〕レモン売り 名 男 〘植〙レモンの木; 〘畜〙«牛馬などが»轅(ながえ)についた

***li-'mos-na** [リ.'モス.ナ] 94% 名 女 (貧窮者への)施し物, 施し, お恵み; わずかな金

li-mos-ne+'ar [リ.モス.ネ.'アる] 動 自 施しを求める

li-mos-'ne+o [リ.モス.'ネ.オ] 名 男 物ごい, 施しを求めること

li-mos-'ne-ro, -ra [リ.モス.'ネ.ろ, ら] 形 物惜しみしない, 施しをする, 慈悲深い 名 男 女 《ﾗ米》乞食(こじき)

lim-pia-'ba-rros [リン.ピア.'バ.ろス] 名 男 〔単複同〕(建物の入り口の)靴の泥落

し, ドアマット

lim-pia-'bo-tas [リン.ピア.'ボ.タス] 名 共 〔単複同〕〔人〕(街頭の)靴磨き

lim-pia-cris-'ta-les [リン.ピア.クリス.'タ.レス] 名 共 〔単複同〕 窓ふき作業員 名 男 《単複同》 ガラスクリーナー

lim-pia-'dor, -'do-ra [リン.ピア.'ド る, 'ド.ら] 形 掃除する 名 男 女 掃除人 名 男 〔機〕 掃除機

lim-pia-me-'ta-les [リン.ピア.メ.'タ.レス] 名 男 金属用クリーナー

lim-pia-pa-ra-'bri-sas [リン.ピア.パ.ら.'ブリ.サス] 名 男 〔単複同〕〔車〕(フロントガラスの)ワイパー

‡**lim-'piar** [リン.'ピアる] 88% 動 他 掃除する, 磨く, きれいにする, ふく, 清潔にする; 洗濯する, 洗う; (de: から)追い払う, 取り除く; 粛清する; 〔宗〕〈の〉(de: 罪を)許す, 清める; 《話》 盗む, かすめる; 〔農〕〈の〉枝を払う, 剪定(せんてい)する, 刈り込む; 〔食〕〈鳥・動物から〉臓物を除く 動 自 清潔になる, 汚れが落ちる **～-se** 動 再 〈体の汚れなどを〉落とす, ぬぐう; 〈歯を〉磨く

lim-pia-'vi-drios [リン.ピア.'ビ.ドりオス] 名 共 〔単複同〕《メキシコ》《コロンビア》《チリ》《パラグアイ》 ⇧ limpiacristales

'**lím-pi-do, -da** ['リン.ピ.ド, ダ] 形 《詩》《格》 澄んだ, きれいな

lim-'pie-za** [リン.'ピエ.さ] 91% 名 女 掃除; 清潔, きれいなこと; 純粋, 純潔; 正直, 誠実さ; 巧妙さ, 見事さ; 〔競〕 フェアプレー **～ *de sangre 《スペイン》〔歴〕 血の純潔 《ユダヤ人やムーア人の先祖を持たないこと》 ***operación de* ～** 〔軍〕 掃討作戦

‡'**lim-pio, -pia** ['リン.ピオ, ピア] 87% 形 《物・体などが》清潔な, きれいな, 汚れていない; (道徳的に)清らかな, 汚れのない, 純潔な, 無垢(むく)の, 正直な; 正味の, 実質の; 〔競〕 ルールを守る, フェアな; 〔競〕 見事な, すばらしい; (de: の)ない, (de: を)取り除いた; 《話》 何もわからない, 白紙の状態の; 《話》 無一文で **-pia** 名 女 掃除, 清掃 名 共 〔人〕 靴磨き 副 きれいに, 正しく, 公正に ***a cuerpo* ～** 薄着で; 素手で ***a palo* ～** 棒でひどく殴って ***dejar* ～[*pia*]** 《話》 (a: を)一文無しにする ***en* ～** きれいに, 清書して; 正味で; 具体的に ***ganar … en* ～** 純利益は…である ***jugar* ～** 正々堂々と戦う ***pasar* [*poner*] *en* [*a*] ～** 清書する ***sacar en* ～** しっかり理解する

lim-'pí-si-mo, -ma 〔最上級〕 ⬇ limpio

li-mu-'si-na [リ.ム.'スィ.ナ] 名 女 〔車〕 リムジン 《運転席と客席の間に仕切りのある自動車》; 〔車〕 リムジンバス 《空港や駅の送迎用バス》

'**Li+na** ['リ.ナ] 名 固 〔女性名〕 リナ

***li-'na-je** [リ.'ナ.へ] 94% 名 男 血統, 系統, 血筋, 家柄; 種(しゅ), 種類; 〔全体〕 貴族階級, 名門

li-na-'ju-do, -da [リ.ナ.'ふ.ド, ダ] 形 高貴な生まれの, 名門の, 家柄のよい

li-'nar [リ.'ナる] 名 男 〔農〕 アマ(亜麻)畑

Li-'na-res [リ.'ナ.れス] 名 固 〔地名〕 リナーレス 《スペイン南部の都市; チリ中部の都市》

li-'na-za [リ.'ナ.さ] 名 女 〔植〕 アマの種子, 亜麻仁(あまに)

'**lin-ce** ['リン.せ] 名 男 〔動〕 オオヤマネコ; 《話》 観察力の鋭い人, 切れる人

lin-cha-'mien-to [リン.チャ.'ミエン.ト] 名 男 リンチ, 私刑, 私的制裁

lin-'char [リン.'チャる] 動 他 リンチにかける, 〈に〉私的制裁を加える

lin-'dan-te [リン.'ダン.テ] 形 (con: に) 隣接した

***lin-'dar** [リン.'ダる] 93% 動 自 (con: と) 隣接する, 隣り合う, 境を接する; 《話》 (en, con: と)ほとんど変わらない, 紙一重である

'**lin-de** ['リン.デ] 名 女 境界線, 境界; 限界, 限度

lin-'de-ro, -ra [リン.'デ.ろ, ら] 形 (con: と)隣接する, 境を接する 名 男 〔しばしば複〕 境界線; 《中米》 里程標

lin-'de-za [リン.'デ.さ] 名 女 美しさ, かわいらしさ; 名言, しゃれ; 〔複〕《話》〔皮肉〕 無礼な言葉

*'**lin-do, -da** ['リン.ド, ダ] 92% 形 かわいらしい, きれいな; 《ラ米》 すばらしい, 見事な, すてきな; 《話》〔皮肉〕 結構な, ご立派な 副 《ラ米》 見事に, うまく, 上手に ***de lo* ～** 大いに, ひどく, すばらしく, 楽しく

‡'**lí-ne+a** ['リ.ネ.ア] 75% 名 女 線, 筋, 直線; (電話・電気の)線; 列, 行列, 並び, ライン; (文章・詩の)行; (列車・バスなどの)路線, 線路, 航路; 〔競〕 (球技場などの)線, ライン; 方針, 方向, 政策, 路線; 輪郭; 〔体〕 (体の)線, 体型, スタイル; 〔軍〕 戦線, 前線, 戦列, 横隊; 家系, 血統, 系譜; 線形, 線状; 等級, クラス, 種類 ***de primera* ～** 第一線の ***en* ～** 縦列に; 〔情〕 オンラインの ***en* ～*s generales*** 大体, 大筋において, 概して ***en toda la* ～** 完全な[に] ***decir entre* ～*s*** 言外の意味を含む ***fuera de* ～** 〔情〕 オフラインの ***leer entre* ～*s*** 行間を読む

***li-ne+'al** [リ.ネ.'アル] 93% 形 線状の

li-ne+a-'mien-to [リ.ネ.ア.'ミエン.ト] 名 男 顔だち, 目鼻だち, 人相, 輪郭

li-ne+'ar [リ.ネ.'アる] 動 他 〈の〉輪郭を描く

'**lin-fa** ['リン.ファ] 名 女 〔体〕 リンパ(液)

lin-fa-de-'ni-tis [リン.ファ.デ.'ニ.ティス] 名 女 〔単複同〕〔医〕 リンパ節炎

lin-'fá-ti-co, -ca [リン.'ファ.ティ.コ, カ] 形〘体〙リンパ(液)の, リンパ質[体質]の

lin-fo-'ci-to [リン.フォ.'すぃ.ト] 名 男〘医〙リンパ球

lin-fo-ci-'to-sis [リン.フォ.すぃ.'ト.スィス] 名 女〔単複同〕〘医〙リンパ球増加症

lin-'fo-ma [リン.'フォ.マ] 名 男〘医〙リンパ腫(しゅ)

lin-'go-te [リン.'ゴ.テ] 名 男 鋳塊, インゴット, 延べ棒;〘印〙インテル

lingua franca ['リン.グア 'フらン.カ] 名 女〔ラテン語〕〘歴〙〘言〙リンガフランカ《地中海諸港で使われていた共通語》;〘言〙〔一般〕共通語

lin-'gual [リン.'グアル] 形〘体〙舌の, 舌状の;〘音〙舌音の 名 女〘音〙舌音

lin-'güis-ta [リン.'グイス.タ] 名 共〘言〙言語学者

lin-'güís-ti-co, -ca [リン.'グイス.ティ.コ, カ] 79% 形〘言〙言語学(上)の; 言葉の, 言語の **-ca** 名 女〘言〙言語学

li-'nier [リ.'ニエる] 名 共〘競〙〔サッカー〕ラインズマン, 線審

li-ni-'men-to [リ.ニ.'メン.ト] 名 男〘医〙(液状の)リニメント剤, 塗布剤

*'**li+no** ['リ.ノ] 94% 名 男〘植〙アマ[亜麻];〘衣〙リンネル, リネン, 亜麻布;《詩》《格》帆, 白帆

li-'nó-le+o [リ.'ノ.レ.オ] 名 男 リノリウム

li-'nón [リ.'ノン] 名 男〘衣〙バックラム《のりなどで固くした粗い亜麻》

li-no-'ti-pia [リ.ノ.'ティ.ピア] 名 女〘印〙ライノタイプ

li-no-ti-'pis-ta [リ.ノ.ティ.'ピス.タ] 名 共〘印〙ライノタイプ工

*'**lin-'ter-na** [リン.'テる.ナ] 94% 名 女 手提げランプ, ランタン, 角灯, カンテラ, ちょうちん; 懐中電灯;〘建〙頂塔, 明かり採り

'**Linz** ['リン(す)] 名 固〘地名〙リンツ《オーストリア北部の都市》

'lí+o** ['リ.オ] 85% 名 男《話》混乱, めちゃくちゃ, ごちゃごちゃ;《話》問題, 困難, やっかいなこと; 包み, ひと包み; 情事, 浮気, (男女の)関係; うわさ, 陰口, ゴシップ ***armar un*** ~ 騒ぎを起こす ***hacerse un*** ~《話》混乱する, めちゃくちゃになる

'**lio** 動《直点 3 単》⬆liar

'**Lion** 名 固 ⇩ Lyon

lio-'nés, -ne-sa [リオ.'ネス, 'ネ.サ] 名 固〘地名〙(フランスの)リヨンの(人)⬇Lyon

'**lio-so, -sa** ['リオ.ソ, サ] 形《話》騒ぎを起こす;《事が》紛糾した 名 男 女 騒ぎを起こす人

li-pi-'do-sis [リ.ピ.'ド.スィス] 名 女〔単複同〕〘医〙リピドーシス, 脂質代謝異常

li-'poi-de [リ.'ポイ.デ] 名 男〘化〙類脂質, リポイド

li-po-pro-tei-'ne-mia [リ.ポ.プろ.テイ.'ネ.ミア] 名 女〘医〙リポ蛋白(たんぱく)血症

li-po-suc-'ción [リ.ポ.スク.'すぃオン] 名 女〘医〙脂肪吸引法《真空吸引器による皮下脂肪の除去》

li-po-'ti-mia [リ.ポ.'ティ.ミア] 名 女〘医〙(一時的な)気絶

'**li-quen** ['リ.ケン] 名 男〘植〙コケ, 地衣類

***li-qui-da-'ción** [リ.キ.ダ.'すぃオン] 93% 名 女〘商〙在庫一掃セール, クリアランスセール;〘商〙清算, 決算;〘経〙債務返済;〘化〙液化, 融解

***li-qui-'dar** [リ.キ.'ダる] 94% 動 他〘商〙見切り売りする, (在庫一掃で)セールにする;〘商〙全部支払う, 〈負債などを〉清算する, 弁済する; 除く, 廃止する, 始末する;《話》浪費する;《話》片づける, 殺す; 溶かす, 液化する

li-qui-'dez [リ.キ.'デす] 名 女 流動性, 液状;〘商〙(資金などの)流動性, 換金性

'lí-qui-do, -da** ['リ.キ.ド, ダ] 88% 形 液体の, 流動性の;〘商〙《財産などが》現金に換えやすい, 流動の; 正味の;〘音〙流音の 名 男 液体; 水薬; 純所得, 純益 **-da** 名 女〘音〙流音

'**li+ra** ['リ.ら] 名 女〘楽〙リラ《昔の竪琴》;〘文〙リラ《7 音節と 11 音節からなる 5 行詩, または決まった行が韻を踏む 6 行詩》;〘歴〙〘商〙リラ《イタリアの旧通貨》

*'**lí-ri-co, -ca** ['リ.リ.コ, カ] 93% 形〘文〙叙情的な, 叙情詩の 名 男 女 叙情詩人 ***compañía lírica*** サルスエラ歌劇団 **-ca** 名 女〘文〙叙情詩

'**li-rio** ['リ.りオ] 名 男〘植〙アヤメ, ユリ, アイリス

li-'ris-mo [リ.'りス.モ] 名 男 叙情性, リリシズム;〘文〙叙情詩体[調, 風]

li-'rón [リ.'ろン] 名 男〘動〙ヤマネ;《話》眠たがり屋, 寝坊;〘植〙サジオモダカ ***dormir como un*** ~《話》熟睡する, 長い時間眠る

'**lis** 名 女 ⇧ lirio

'**li+sa** ['リ.サ] 名 女〘魚〙ドジョウ 形《女》⬇liso

***Lis-'bo+a** [リス.'ボ.ア] 94% 名 固〘地名〙リスボン《ポルトガル Portugal の首都》

lis-bo+'e-ta [リス.ボ.'エ.タ] 形 名 共〘地名〙リスボンの(人)⬆Lisboa

lis-bo-'nen-se 形 ⇧ lisboeta

lis-bo-'nés, -'ne-sa 形 ⇧ lisboeta

li-'sia-do, -da [リ.'スィア.ド, ダ] 形〘医〙身体に障害がある 名 男 女〘医〙身体障害者

li-'siar [リ.'スィアる] 動 他〘医〙〈に〉大けがをさせる **~se** 動 再〘医〙大けがをする

*'**li+so, +sa** ['リ.ソ, サ] 93% 形 滑らかな; 平らな, 平たい; 飾りのない, シンプルな, 無地

の, 模様のない; «髪の毛が»まっすぐの, 直毛の; 〔競〕障害のない; 《(コロン)(ビア)》すべりやすい; 《(アン)(デス)》恥知らずの, 厚顔な **~[sa] y llano[na]** 単刀直入の, はっきりと述べた, ありのままの

li-'son-ja [リ.'ソン.は] 名 女 へつらい, お世辞, 甘言

li-son-je+'ar [リ.ソン.へ.'アる] 動 他 〈に〉こびへつらう, 〈に〉おもねる; 喜ばせる **~-se** 動 再 (de: を)得意がる, うぬぼれる; 喜ぶ

li-son-'je-ro, -ra [リ.ソン.'へ.ろ, ら] 形 こびる, へつらう, おもねる; 満足できる, 喜ばしい

'lis-ta ['リス.タ] 87% 名 女 表, 一覧表, 目録, 名簿, リスト; 〔食〕メニュー; 〔衣〕縞(しま), 縞模様, ストライプ ***pasar ~*** 出席をとる **~ *de correo*** 〔情〕メーリングリスト **~ *desplegable*** 〔情〕ドロップダウンリスト

lis-'ta-do, -da [リス.'タ.ド, ダ] 形 縞(しま)模様の 名 男 リスト

lis-'tar [リス.'タる] 動 他 表にする, リストに載せる

lis-'ti-llo, -lla 〔縮小語〕↓listo

lis-'tín [リス.'ティン] 名 男 小さなリスト; 電話帳

'lis-to, -ta ['リス.ト, タ] 81% 形 用意のできた, 支度[準備]のできた; 《(スペ)(イン)》利口な, 賢い, のみ込みの早い ***¡Estamos ~s[tas]!*** さあ, 困った! ***estar ~[ta] si ...*** …したら間違いだ

lis-'tón [リス.'トン] 名 男 細長い板, 小板; 〔競〕〔高跳び・棒高跳び〕バー; 〔衣〕リボン; 〔建〕平縁, 平条

li-'su-ra [リ.'ス.ら] 名 女 滑らかさ, 平坦さ; 率直さ

li-tar-'gi-rio [リ.タる.'ひ.りオ] 名 男 〔化〕リサージ, 一酸化鉛

li-'te-ra [リ.'テ.ら] 名 女 〔海〕〔鉄〕(船・列車の)寝台, 段ベッド; 輿(こし), 輦台(れんだい)

li-te-'ral [リ.テ.'らル] 形 文字どおりの, 逐語(ちくご)的な **~mente** 副 文字どおりに, 字義どおりに, 逐語的に

li-te-'ra-rio, -ria [リ.テ.'ら.りオ, りア] 84% 形 〔文〕文学の, 文学的な, 文芸の

li-te-'ra-to, -ta [リ.テ.'ら.ト, タ] 名 男 女 〔文〕文学者, 著述家, 学者 形 学問[教養, 文学の教養]のある

li-te-ra-'tu-ra [リ.テ.ら.'トゥ.ら] 85% 名 女 〔文〕文学, 文芸, 文学作品, 文学研究; 〔集合〕文献(類)

li-'tia-sis [リ.'ティア.スィス] 名 女 〔単複同〕〔医〕結石

li-ti-'gan-te [リ.ティ.'ガン.テ] 形 〔法〕訴訟中の

li-ti-'gar [リ.ティ.'ガる] 動 自 41 (g|gu) 〔法〕訴訟を起こす

li-'ti-gio [リ.'ティ.ひオ] 名 男 〔法〕訴訟, 起訴; 論争, 議論

li-ti-'gio-so, -sa [リ.ティ.'ひオ.ソ, サ] 形 〔法〕訴訟好きな, 論争好きな; 訴訟の, 係争(中)の

'li-tio ['リ.ティオ] 名 男 〔化〕リチウム《元素》

li-to-gra-'fí+a [リ.ト.グら.'フィ.ア] 名 女 〔印〕石版術[印刷]; 〔絵〕石版画, リトグラフ

li-to-gra-'fiar [リ.ト.グら.'フィアる] 動 他 29 (i|í) 〔印〕石版で印刷する

li-to-'grá-fi-co, -ca [リ.ト.'グら.フィ.コ, カ] 形 〔印〕石版(印刷)の, リトグラフの

li-'tó-gra-fo, -fa [リ.'ト.グら.フォ, ファ] 名 男 女 〔印〕石版工[師]

li-to-lo-'gí+a [リ.ト.ロ.'ひ.ア] 名 女 〔地質〕岩石学

li-to-'ló-gi-co, -ca [リ.ト.'ロ.ひ.コ, カ] 形 〔地質〕岩石の, 岩石学の

li-'tó-lo-go, -ga [リ.'ト.ロ.ゴ, ガ] 名 男 女 〔地質〕岩石学者

li-to-'ral [リ.ト.'らル] 93% 形 〔地〕沿岸の, 沿海の 名 男 〔地〕沿岸地方

li-tos-'fe-ra [リ.トス.'フェ.ら] 名 女 〔地質〕岩石圏

'lí-to-te⇔**li-** ['リ.ト.テ⇔リ.'ト.テ] 名 男 〔修〕緩叙法(による表現)《控えめに言ってかえって効果を強める表現法》

'li-tro ['リ.トろ] 89% 名 男 リットル《容量の単位》

Li-'tua-nia [リ.'トゥア.ニア] 名 固 〔República de ~〕〔地名〕リトアニア《バルト海沿岸の共和国》

li-'tua+no, -na [リ.'トゥア.ノ, ナ] 形 〔地名〕リトアニア(人)の 名 男 女 リトアニア人 ↑Lituania; 〔言〕リトアニア語の 名 男 〔言〕リトアニア語

li-'tur-gia [リ.'トゥる.ひア] 名 女 〔宗〕典礼, 典礼式文

li-'túr-gi-co, -ca [リ.'トゥる.ひ.コ, カ] 形 典礼の

Liu-'blia-na [リウ.'ブリア.ナ] 名 固 〔地名〕リュブリアナ《スロベニア Eslovenia の首都》

Li-ver-'pool [リ.べる.'プル] 名 固 〔地名〕リバプール《英国, イングランド北西部の都市》

li-vian-'dad [リ.ビアン.'ダド] 名 女 軽薄さ, 浅薄さ; みだらなこと, わいせつ; 軽いこと, 軽さ

li-'via+no, -na [リ.'ビア.ノ, ナ] 形 軽薄な; みだらな, わいせつな; 軽い

li-vi-'dez [リ.ビ.'デス] 名 女 蒼白(そうはく), 青白さ

'lí-vi-do, -da ['リ.ビ.ド, ダ] 形 蒼白(そうはく)の, 青白い

li-xi-'viar [リク.スィ.'ビアる] 動 他 〔化〕溶解処理する

'li+za ['リ.さ] 名 女〘歴〙(馬上槍(やり)試合の)試合場;《格》戦い, 戦闘;〘魚〙ボラ
'li+zo ['リ.そ] 名 男〘機〙(織機の)綜絖(そうこう), ヘルド, ヘッドル
Ll, ll ['エ.ジェ] 名 女〘言〙エジェ, エリェ《スペイン語の旧文字》
'lla-ga ['ジャ.ガ] 名 女〘医〙潰瘍(かいよう); 傷; 痛手, 損害, 苦痛;〘建〙(れんが・石などの)目地, 継ぎ目
lla-'gar [ジャ.'ガる] 動 他 ㊶ (g|gu)〈に〉潰瘍(かいよう)[傷]を作る
*'lla-ma ['ジャ.マ] 92% 名 女 炎, 火炎; 炎のような輝き, 輝く色彩; 燃える思い, 激情;《アンデス》〘動〙リャマ
**lla-'ma-da [ジャ.'マ.ダ] 83% 名 女 電話をかけること, (電話・ベルなどの)呼び出し, 通話; 呼ぶこと, 呼び声; (神の)お召し, 使命(感); 招集, 招き, 要請; 出席調べ, 点呼; (ドアの)ノック, ベル;〘印〙参照記号
lla-'ma-do, -da [ジャ.'マ.ド, ダ] 形 …という名で知られる; いわゆる… 名 男 呼び声
lla-ma-'dor, -'do-ra [ジャ.マ.'ドる, 'ド.ら] 名 男 女 呼び出し人 名 男 (ドアの)ノッカー; 呼び鈴(りん); 押しボタン
*lla-ma-'mien-to [ジャ.マ.'ミエン.ト] 92% 名 男 呼ぶこと, 呼び出し, 呼びかけ, 訴え, 要請;〘軍〙召集
lla-'mar [ジャ.'マる] 60% 動 他 (声を上げて)呼ぶ, 〈に〉呼びかける; (声・文書・電話などで)呼び寄せる, 招く; 電話する, 無線で連絡する; 呼ぶ, 〈に〉(名詞: …)という名をつける; 〈注意などを〉引く, 引きつける;《話》〈に〉気に入る; 訴える, 要請する; 〈会などを〉招集する 動 自 電話をかける, 無線で送信する; 呼び鈴を鳴らす, ドアをたたく; (大声で)呼ぶ ～se 動 再 …という名である, 呼ばれる ***lo que se llama* … まさに…というべきもの ～ ***de tú*** tú で呼ぶ, 親しく話す
lla-ma-'ra-da [ジャ.マ.'ら.ダ] 名 女 燃え上がること, 炎; 赤面, 紅潮(こうちょう), 顔を赤らめること; (激情などの)爆発
lla-ma-'ti-vo, -va [ジャ.マ.'ティ.ボ, バ] 形 《色などが》はなやかな, 派手な, けばけばしい; 《女の人が》人目を引く
lla-me+'ar [ジャ.メ.'アる] 動 自 燃え立つ, 炎を上げて燃える
'lla+na ['ジャ.ナ] 名 女〘技〙(左官の)こて; (紙などの)片面;〘地〙平地, 平野
lla-ne+'ar [ジャ.ネ.'アる] 動 自 平地を行く[歩く, 走る]
lla-'ne-ro, -ra [ジャ.'ネ.ろ, ら] 名 男 女《ラ米》平原の住民 名 男《コロンビア》〘畜〙牧童, カウボーイ
lla-'ne-za [ジャ.'ネ.さ] 名 女 純真, 質朴, 実直, 気さくさ; 簡単, 平易, 明快
*'lla+no, -na ['ジャ.ノ, ナ] 91% 形 平らな, 平たい; 自然な, 普通の, 平凡な, 気取らない; 率直な, きっぱりした, あからさまな;〘言〙語末から 2 番目の音節にアクセントのある 副 分かりやすく 名 男〘地〙平原, 平地; [los Llanos]〘地名〙リャノ地方《ベネズエラとコロンビアにまたがる大草原》 -namente 副 率直に, 気取らずに ***a la llana*** やさしく, 平明に, 気さくに; ***de*** ～ あからさまに, はっきりと
Llan-'qui+hue [ジャン.'キ.ウエ] 名 固〘地名〙ジャンキウエ《チリ南部の都市》
'llan-ta ['ジャン.タ] 名 女〘車〙(車輪の)軸金, リム, 金輪;《ラ米》〘車〙タイヤ
llan-'tén [ジャン.'テン] 名 男〘植〙オオバコ
llan-'te-ra [ジャン.'テ.ら] 名 女《話》泣きじゃくること
llan-te-'rí+a [ジャン.テ.'り.ア] 名 女《コロンビア》タイヤ修理工場
llan-'ti-na [ジャン.'ティ.ナ] 名 女《話》泣きじゃくり, むせび泣き
*'llan-to ['ジャン.ト] 92% 名 男 泣くこと, 号泣, すすり泣き; 涙;《ラ米》葬送歌, 悲歌
*lla-'nu-ra [ジャ.'ヌ.ら] 93% 名 女〘地〙平地, 平野, (大)草原
'lla+pa 名 女 ⇩ yapa
'llar ['ジャる] 名 男《スペイン北部》〘食〙かまど, 炉
'lla-ve ['ジャ.ベ] 88% 名 女 鍵(かぎ); (問題・なぞなどを解く)鍵, 手がかり, 手引き, 秘訣(ひけつ); スパナ; (水道などの)蛇口, 栓;《ラプラタ》〘電〙スイッチ;〘印〙波かっこ《{…} の記号》;〘楽〙音部記号《ヘ音記号・ト音記号》;〘競〙〘レスリング〙《柔道》固め技, 決まり手;〘情〙メモリースティック;《南米北》《話》友人, 仲間 ***ama de ～s* 家政婦 ～ ***en mano*** 即入居可の家
lla-ve+'ar [ジャ.ベ.'アる] 動 他《ラプラタ》〈に〉鍵(かぎ)をかける
lla-'ve-ro, -ra [ジャ.'ベ.ろ, ら] 名 男 女 鍵(かぎ)番, 鍵管理人; (刑務所の)看守 名 男 キーホルダー
lla-'vín [ジャ.'ビン] 名 男 小鍵(こかぎ)
**lle-'ga-da [ジェ.'ガ.ダ] 87% 名 女 到着, 到来, 来ること
lle-'ga-do, -da [ジェ.'ガ.ド, ダ] 形 名 男 女 到着した(人・物)
lle-'gar [ジェ.'ガる] 59% 動 自 ㊶ (g|gu) (a: に)到着する, 着く; (a: に)達する, 届く; (a: を)手に入れる, 得る; 《時が》来る, 到来する, やって来る; 十分にある, 足りる; (a 不定詞: …するように)なる; 実現する ～se 動 再 (a: に)立ち寄る, 訪ねて行く *¡Hasta allí podríamos ～!*** それはひどすぎる!
Lleida ['ジェイ.ダ] 名 固〔カタルーニャ語〕⇧ Lérida
lle-na-'dor, -'do-ra [ジェ.ナ.'ドる,

'ド.ら] 形 名 男 女 《コロンビア》《話》面倒な(人), やっかいな(人)

****lle-'nar** [ジェ.'ナる] 83% 動 他 〈入れ物などを〉満たす, (ぎっしり)詰める; 〈場所・空間を〉(de: で)いっぱいにする, ふさぐ, 占める; 〈人を〉(de: で)満たす, いっぱいにする, 〈人に〉(de: を)浴びせる; 《ラ米》記入する, 書き込む; 《話》満足させる, 楽しませる; 満腹にする; 〈条件などを〉満たす, 満足させる 動 自 〔天〕«月が»満ちる; «食べ物が»腹を満たす **~-se** 動 再 (de: で)いっぱいになる, 満ちる, 埋まる

lle-'na-zo [ジェ.'ナ.そ] 名 男 《話》満員

****'lle+no, -na** ['ジェ.ノ, ナ] 78% 形 (de: で)いっぱいの, 満ちた; 腹いっぱいの, 胸がいっぱいの; たっぷりした, ふっくらした; 力強い, 元気いっぱいの 名 男 満員; 完成; 満月 ***de ~*** 完全に, いっぱいに

lle-va-'cuen-tos [ジェ.バ.'クエン.トス] 名 共 〔単複同〕《アンデス》《話》うわさ好きな人

lle-'va-da [ジェ.'バ.ダ] 名 女 所持, 携行

lle-va-'de-ro, -ra [ジェ.バ.'デ.ろ, ら] 形 耐えられる, 我慢できる

****lle-'var** [ジェ.'バる] 60% 動 他 〈物を〉持って[乗せて]行く, 運ぶ; (身に着けて)持ち運ぶ, 持ち歩く, 携帯する, 身につける, 〈が〉ついている; (a: に)連れて行く; (a: へ)導く, 案内する; 指揮する, 率いる, 管理する, 担当する; 〈時を〉過ごす, 暮らす; もたらす, 引き起こす, 生む; 持つ, 抱く; 保っている, (副詞: …)している; (a: より)年上である, 〈だけ〉背が高い, 〈より〉優位にある; すでに(過去分詞: …)してある; 〈に〉(a 不定詞: …)させる; 〈金を〉取る; 引き抜く, 取り去る, 失わせる, 奪う; 〈と〉うまくつきあう; 〈乗り物を〉運転する; 〈道を〉進む, たどる; 〈数字の〉桁(けた)を繰り上げる 動 自 (現在分詞: し)続けている **~se** 動 再 持って行く, 持ち去る, 運び去る; 連れて行く; 〈苦痛・罰などを〉受ける, 経験する, 感情を持つ; 流行している; 差がある; 手に入れる, 得る, 獲得する; 〔数〕繰り上がる ***lleva y trae*** 《中米》《話》うわさ好きの人 ***~ las de ganar [perder]*** 有利[不利]な状況にある ***~(se) consigo*** 持ち歩く, 持ち去る ***~-se por delante*** (a: を)傷めつける, 破壊する, 消す ***~se bien*** (con: と)仲がよい, 気が合う ***~se mal*** (con: と)仲が悪い

'llic-lla ['ジク.ジャ] 名 女 《アンデス》〔衣〕リクリャ《先住民の女性がはおる肩掛け》

***llo-'rar** [ジョ.'らる] 81% 動 自 泣く, 涙を流す 動 他 悲しむ, 後悔する, 悼(いた)む

llo-'re-tas [ジョ.'れ.タス] 名 共 〔単複同〕《話》泣き虫, よく泣く人

llo-'ri-ca [ジョ.'り.カ] 形 名 共 《スペイン》泣き虫(の)

llo-ri-que+'ar [ジョ.り.ケ.'アる] 動 自 しくしく泣く

llo-ri-'que+o [ジョ.り.'ケ.オ] 名 男 すすり泣き, しくしく泣くこと

'llo-ro ['ジョ.ろ] 名 男 泣くこと

llo-'rón, -'ro-na [ジョ.'ろン, 'ろ.ナ] 形 名 男 女 泣き虫(の) **-rona** 名 女 《メキシコ》《南米北》幽霊, おばけ

llo-'ro-so, -sa [ジョ.'ろ.ソ, サ] 形 涙ぐんだ, 今にも泣きそうな; 泣きはらした

'llo-sa ['ジョ.サ] 名 女 《スペイン北部》耕地, 田畑

****llo-'ver** [ジョ.'べる] 85% 動 自 44 (o|ue) 〔気〕雨が降る; 雨のように降る[降りかかる], たくさんある **~se** 動 再 雨漏りがする ***como llovido[da] (del cielo)*** 突然, 不意に, 降ってわいたように ***como quien oye ~*** 《話》知らん顔で ***haber llovido mucho*** ずいぶん時が過ぎた ***~ sobre mojado*** 悪いときに悪いことが重なる ***ver ~*** 高みの見物をする

llo-'viz-na [ジョ.'ビす.ナ] 名 女 〔気〕霧雨, 小雨, こぬか雨

llo-viz-'nar [ジョ.ビす.'ナる] 動 自 〔気〕小雨が降る

'llue-ca ['ジュエ.カ] 名 女 〔畜〕卵を抱いているニワトリ

'llue-v~ 動 《直現/接現/命》↑llover

****'llu-via** ['ジュ.ビア] 84% 名 女 〔気〕雨, 降雨量; (de: の)雨; 多量; 《南米》シャワー

***llu-'vio-so, -sa** [ジュ.'ビオ.ソ, サ] 94% 形 〔気〕雨の, 雨降りの, 雨の多い

***lo, los, la, las** [ロ, ロス, ラ, ラス] 41% 代 《人称》〔弱勢〕〔直接目的語〕〔男 3 単〕 **1** 彼を: Ahí está Sánchez ... ¿No **lo** conoces? Ven. Te **lo** presentaré. あそこにサンチェスがいる。彼を知らないの? 来て, 紹介するから。 **2** あなたを: Queremos invitar**lo** a usted este domingo. 私たちはこの日曜日にあなたを招待したいと思います。 **3** それを: Tu libro te **lo** devolveré mañana. 君の本は明日返そう。 **4** 《漠然とした事柄を指す》: ¿**Lo** ves como tenía yo razón? ほら私が正しかったでしょう? 代 《人称》《直接目的語・中性》 **1** それを《前に出た内容を指す》: Ha venido Alejandro. —¿Ah, sí? No **lo** sabía. アレハンドロが来ましたよ。—ああ, そう? 知らなかった。 **2** そう: Es extranjero, pero no **lo** parece, ¿verdad? 彼は外国人だがそうは見えないでしょう? 冠 《中性》↑el **los** 〔男 3 複〕 **1** 彼らを: A mis hermanos solo **los** veo una o dos veces al año 私は兄弟に 1 年にたった 1, 2 度会うだけです。 **2** あなたたちを: Siento molestar**los** a ustedes otra vez. またあなたがたにご迷惑をおかけしてすみません。 **3** それらを: Josefina compró unos caramelos y se **los** dio a los niños ホセフィーナはあめを買って子供たちにやった。 **4** 《誤用》

彼らに, それらに⇨les: Los dije que viniera. 私は彼らに来るように言いました。 **la** 代《人称》〔女3単〕 **1** 彼女を: ¿Conoces a María? — No, no **la** conozco マリアを知っている?—いや, 知らない。 **2** あなたを: **La** espero a usted aquí. 私はあなたをここでお待ちします。 **3** それを: ¿Has visto esta foto? **La** saqué en las vacaciones. この写真を見た? それは夏休みに撮ったんだ。 **4**《誤用》 彼女に, それらに⇨le: **La** dije que viniera. 私は彼女に来るように言いました。 **las** 代《人称》〔女3複〕 **1** 彼女たちを: ¿Conoce usted a las hijas de don Jesús? — No, no **las** conozco bien. あなたはヘススさんの娘さんたちをご存じですか。—いいえ, よく知りません。 **2** あなたたちを: **Las** invito a ustedes a comer. 私はあなたたちを食事に招待いたします。 **3** それらを: ¿Ha visto usted las cataratas del Iguazú? — Sí, **las** he visto una vez. あなたはイグアスの滝を見たことがありますか。—ええ, 一度見たことがあります。 **4**《誤用》 彼女たちに, それらに⇨les: **Las** dije que viniera. 私は彼女たちに来るように言いました。

'lo+a ['ロ.ア] 名 女《格》 ほめること, 称賛, 称揚; 〘演〙(劇の)前口上

lo+'a-ble [ロ.'ア.ブレ] 形《格》 称賛に値する, 見上げた, 立派な

lo+'ar [ロ.'アる] 動 他《格》 称賛する

'lo+ba ['ロ.バ] 名 女 〘動〙(雌の)オオカミ; 〘農〙畝(うね); 〘宗〙〘衣〙 スータン, 法衣

Lo-'bam-ba [ロ.'バン.バ] 名 固 〘地名〙 ロバンバ《エスワティニ[スワジランド]の首都》

lo-ba-'ni-llo [ロ.バ.'ニ.ジョ] 名 男 〘医〙 表皮嚢胞(のうほう), 皮脂嚢胞

lo-'ba-to [ロ.'バ.ト] 名 男 〘動〙 オオカミの子

lobby ['ロ.ビ] 名 男 〔英語〕〘建〙 ロビー

lo-bec-to-'mí+a [ロ.ベク.ト.'ミ.ア] 名 女 〘医〙 肺葉切除

lo-'be-ro, -ra [ロ.'べ.ろ, ら] 形 〘動〙 オオカミの(ような)

lo-'bez+no 名 男 ⇧ lobato

lo-'bi-na 名 女 ⇩ róbalo, lubina

*__'lo+bo__ ['ロ.ボ] 93% 名 男 〘動〙 オオカミ, 雄オオカミ; 《話》 泥棒(どろぼう); 《ラ米》〘動〙 キツネ; 《メキシコ》《中米》〘動〙 コヨーテ; 《話》 酔い, 酔っぱらうこと *como boca de* ~ 真っ暗で *de* ~*s* «夜が»真っ暗な, 暗闇の ~ *acuático* 〘動〙 カワウソ ~ *marino* 〘動〙 アザラシ *meterse en la boca del* ~ 進んで危険に飛び込む

'ló-bre-go, -ga ['ロ.ブれ.ゴ, ガ] 形 暗い, 陰気な, 陰鬱(いんうつ)な; 意気消沈した, 憂鬱(ゆううつ)な

lo-bre-'guez ⇔ **-'gu-ra** [ロ.ブれ.'ゲす ⇔ .'グ.ら] 名 女《格》 暗さ, 暗闇, 陰気; 《格》 憂鬱(ゆううつ), 悲しみ

lo-bu-'la-do, -da [ロ.ブ.'ラ.ド, ダ] 形 〘植〙 小葉に分かれた

'ló-bu-lo ['ロ.ブ.ロ] 名 男 〘体〙 葉(よう), 小葉; 〘体〙 耳たぶ

lo-ca-'ción [ロ.カ.'すぃオン] 名 女 〘法〙 賃貸借; 《ラ米》〘映〙〘放〙 ロケーション, ロケ, スタジオ外の撮影(地)

__'lo-'cal__ [ロ.'カル] 77% 形 その土地の, ある地域の, 現地の, 地元の; 場所の, 場所に関した, 土地の; 〘医〙 «病気などが»局部[局所]的な; 〘競〙〔サッカーなど〕 ホームの, 地元チームの 名 男 (建物の中の)場所; 〘商〙 店舗; 本部, 本拠地 **~mente 副 場所を限って; 地元で

**__lo-ca-li-'dad__ [ロ.カ.リ.'ダド] 87% 名 女 ある場所, 地方, 土地, 町, 村; 予約席, 座席, 観客席; 座席券, 切符

lo-ca-'lis-mo [ロ.カ.'リス.モ] 名 男 地方色; 郷土愛

lo-ca-'lis-ta [ロ.カ.'リス.タ] 形 地方的な, 地域的な; 郷土愛の

lo-ca-li-za-'ción [ロ.カ.リ.さ.'すぃオン] 名 女 場所; 位置の特定, 所在の確認; 位置測定; 〘映〙〘放〙 ロケーション, ロケ, スタジオ外の撮影(地)

lo-ca-li-za-'dor [ロ.カ.リ.さ.'ドる] 名 男 〘情〙 ロケーター ~ *uniforme de recursos* 〘情〙 ユニフォーム・リソース・ロケーター (**URL**)

lo-ca-li-'zar [ロ.カ.リ.'さる] 動 他 (34) (z|c) 〈の〉位置[場所]を捜し当てる[示す], 〈の〉位置を確認する, 見つける; 〈の〉及ぶ範囲を限定する, 〈が〉広がるのを食い止める; 〘映〙〘放〙 〈の〉ロケ地を探す **~se** 動 再 (en: に)ある, 限定される

Lo-'car+no [ロ.'カる.ノ] 名 固 〘地名〙 ロカルノ《スイス南部の町》

lo-ca-'ta-rio, -ria [ロ.カ.'タ.りオ, りア] 名 男 女 賃借人, 借家人, 小作人

lo-ca-'ti-vo, -va [ロ.カ.'ティ.ボ, バ] 形 〘法〙 賃貸借の; 〘言〙 位置を示す, 所格の 名 男 〘言〙 所格, 位置格

loc. cit. 略 =〔ラテン語〕 *loco citato* 引用箇所で

'lo-cha ['ロ.チャ] 名 女 〘魚〙 ドジョウ; 《コロンビア》《話》 面倒くささ

lo-'ción [ロ.'すぃオン] 名 女 ローション, 化粧水; 〘医〙 外用水薬

__'lo+co, +ca__ ['ロ.コ, カ] 81% 形 気が狂った, 頭のおかしい, 狂気の, 気違いじみた, ばかげた, 無謀な; (気が狂うほどに)興奮した; 《話》 (por, con: に)夢中になった, 恋した; 《話》 とてつもない, すごい; 《話》 腹を立てた, 怒った 名 男 女 狂人 名 男 《南米》 アワビ **-camente 副 狂ったように *a lo* ~ めちゃくちゃに, むやみやたらに, 夢中で *ha-*

cerse el ～ [*la loca*] 知らんぷりをする *la loca de la casa* 空想, 想像 *ni* ～ [*ca*]《否定》《話》間違えても…しない *volver* ～[*ca*] (a: の)頭をおかしくする, 気を狂わせる; とても好きだ

lo-co-mo-'ción [ロ.コ.モ.'すぃオン] 名 女 移動, 運動; 輸送, 交通

lo-co-mo-'tor, -'to-ra [ロ.コ.モ.'トる, 'ト.ら] 形 運動の, 移動する **-tora** 名 女〔鉄〕機関車; 推進者

lo-co-mo-'triz [ロ.コ.モ.'トりす] 形 推進の

lo-co-'mó-vil [ロ.コ.'モ.ビル] 形〔機〕自動推進式の

lo-'co-te [ロ.'コ.テ] 名 男《ﾊﾟﾗｸﾞｱｲ》〔植〕トウガラシ

lo-'co-to [ロ.'コ.ト] 名 男《ｱﾝﾃﾞｽ》〔植〕トウガラシ

'lo-cro ['ロ.クろ] 名 男《ﾅﾝﾍﾞｲ》〔食〕ロクロ《肉・ジャガイモ・トウモロコシ・豆類などの煮込み》

lo-cua-ci-'dad [ロ.クア.すぃ.'ダド] 名 女 おしゃべり, 多弁

lo-'cuaz [ロ.'クアす] 形 おしゃべりな, 多弁の

lo-cu-'ción [ロ.ク.'すぃオン] 名 女〔放〕アナウンサーの仕事; 表現, 言葉遣い;〔言〕句, フレーズ; 成句, 熟語, 慣用語法

lo-'cue-lo, -la [ロ.'クエ.ロ, ラ] 形《話》〔親愛〕向こう見ずな, そそっかしい, 無鉄砲な 名 男 女 やんちゃ, おてんば

lo-'cu-ra [ロ.'ク.ら] 88% 名 女 狂気, 精神錯乱, 狂気の沙汰, 気違いじみたこと;《話》熱狂, 狂気, 夢中 *con* ～ 狂ったように, ひどく; 猛烈に, 必死に *de* ～《話》すごい, すごく, 最高の[に] *gastar una* ～ 大金を使う

lo-cu-'tor, -'to-ra [ロ.ク.'トる, 'ト.ら] 名 男 女〔放〕アナウンサー

lo-cu-'to-rio [ロ.ク.'ト.りオ] 名 男 (修道院などの)談話室, 面会室; 電話ボックス, ブース

lo-da-'zal [ロ.ダ.'さル] 名 男〔地〕泥地, ぬかるみ

*'**lo+do** ['ロ.ド] 94% 名 男 泥; ぬかるみ

lo-ga-'rít-mi-co, -ca [ロ.ガ.'りト.ミ.コ, カ] 形〔数〕対数の

lo-ga-'rit-mo [ロ.ガ.'りト.モ] 名 男〔数〕対数

'lo-gia ['ロ.ひア] 名 女 (秘密結社などの)支部, 集会所;〔建〕ロッジア《庭を見おろす柱廊》

*'**ló-gi-ca** ['ロ.ひ.カ] 94% 名 女 論理, 論法, 理屈; 論理学;《話》筋道, 道理, 正当性

'ló-gi-co, -ca** ['ロ.ひ.コ, カ] 84% 形 論理的な, 論理にかなった, 筋の通った;《話》当然の; 論理学(上)の, 論理(上)の **-camente** 副《話》当然に; 論理上, 論理的に; (論理上)必然的に *como es* ～ もちろん

lo-'gís-ti-co, -ca [ロ.'ひス.ティ.コ, カ] 形〔軍〕兵站(へいたん)学の;〔一般〕補給の, 後方支援の **-ca** 名 女〔軍〕兵站(へいたん)学; 物流管理, ロジスティックス;〔数〕記号論理学

'lo+go 名 男 ⇩ logotipo

lo-go-'pe-da [ロ.ゴ.'ペ.ダ] 名 共〔医〕言語医学者, 言語療法士

lo-go-'pe-dia [ロ.ゴ.'ペ.ディア] 名 女〔医〕言語医学, 言語療法[治療]

lo-go-'ti-po [ロ.ゴ.'ティ.ポ] 名 男 ロゴ(タイプ), シンボルマーク, 社章

lo-'gra-do, -da [ロ.'グら.ド, ダ] 形 成功した

'lo-'grar** [ロ.'グらる] 76% 動 他 得る, 手に入れる, 勝ち取る; <不定詞: …>できるようになる, し遂げる, なんとか<不定詞: …>する; <que 接続法: …に>なるようにする ～**se** 動 再 成功する, うまくいく

lo-'gre-ro, -ra [ロ.'グれ.ろ, ら] 名 男 女〔商〕金貸し業者,〔人〕高利貸し,〔人〕質屋; 暴利をむさぼる者

'lo-gro ['ロ.グろ] 名 男 到達, 達成, 成功; 利益, 利得;〔商〕(法外な)高利, 暴利

lo-gro-'ñés, -'ñe-sa [ロ.グろ.'ニェス, 'ニェ.サ] 形 名 男 女〔地名〕ログローニョの(人)⬇Logroño

Lo-'gro-ño [ロ.'グろ.ニョ] 名 固〔地名〕ログローニョ《スペイン中北部の都市》

lo+'ís-mo [ロ.'イス.モ] 名 男〔言〕ロイスモ《間接目的語の le の代わりに lo を使う誤用法》

lo+'ís-ta [ロ.'イス.タ] 形〔言〕ロイスモの 名 共〔言〕ロイスモを使う人⬆loísmo

'Lo+ja ['ロ.は] 名 固〔地名〕ロハ《エクアドル南部の州, 州都》

'Lo+la ['ロ.ラ] 名 固〔女性名〕ロラ《Dolores の愛称》

'lo-lei ['ロ.レイ] 名 共《ﾁﾘ》《話》子供のような大人

Lo-'li-ta [ロ.'リ.タ] 名 固〔女性名〕ロリータ《Dolores の愛称》

'lo+lo, +la ['ロ.ロ, ラ] 形《ﾁﾘ》《話》若い 名 男 女 若者, 青年

'lo+ma ['ロ.マ] 名 女〔地〕丘, 丘陵, 山

lom-'bar-da [ロン.'バる.ダ] 名 女《ｽﾍﾟｲﾝ》〔植〕赤キャベツ;〔歴〕〔軍〕石弓

Lom-bar-'dí+a [ロン.バる.'ディ.ア] 名 固〔地名〕ロンバルディア《イタリア北部の州》

lom-'bar-do, -da [ロン.'バる.ド, ダ] 形 名 男 女〔地名〕ロンバルディアの(人)⬆Lombardía

lom-'briz [ロン.'ブりす] 名 女〔動〕ミミズ, 地中にすむ虫, 蠕虫(ぜんちゅう)

Lo+'mé 名 固〔地名〕ロメ《トーゴ Togo の首都》

lo-me-'rí+o [ロ.メ.'リ.オ] 名 男《メキシコ》《中米》〔地〕丘, 丘陵

*'**lo+mo** ['ロ.モ] 93% 名 男〔動〕(動物の)背;〔食〕(豚などの)背肉, ロース;〔印〕(本の)背; 折り山, たたみ目;〔農〕(田畑の)畝(うね)《土を盛り上げた部分》;《話》〔体〕(人の)腰; (刃物の)峰(みね);《チリ》〔食〕腰肉, サーロイン ***a ~s de ...*** …の背に乗って

'**lo+na** ['ロ.ナ] 名 女 テント, シート, カバー; キャンバス地, 厚手の木綿地;〔海〕帆布

'**lon-cha** ['ロン.チャ] 名 女〔食〕(ハム・チーズなどの)薄切り, スライス, 一枚

'**lon-che** ['ろン.チェ] 名 男《米国》《メキシコ》《中米》《エクアドル》《チリ》〔食〕軽食, ランチ

lon-'che-ra [ろン.'チェ.ら] 名 女《米国》《メキシコ》《中米》《エクアドル》《プエルトリコ》〔食〕ランチボックス, 弁当箱

lon-di-'nen-se [ロン.ディ.'ネン.セ] 形 名 共〔地名〕ロンドンの(人)⬇Londres

'Lon-dres** ['ロン.ドレス] 87% 名 固〔地名〕ロンドン《英国 Inglaterra, 連合王国 Reino Unido の首都》

lon-ga-ni-mi-'dad [ロン.ガ.ニ.ミ.'ダド] 名 女《格》度量のあること, 雅量(に富むこと), 寛容, 辛抱強さ

lon-'gá-ni-mo, -ma [ロン.'ガ.ニ.モ, マ] 形《格》度量のある, 寛容な, 辛抱強い

lon-ga-'ni-za [ロン.ガ.'ニ.さ] 名 女〔食〕ソーセージ

lon-ge-vi-'dad [ロン.へ.ビ.'ダド] 名 女 長生き, 長命, 長生

lon-'ge-vo, -va [ロン.'へ.ボ, バ] 形 長命の, 長寿の

lon-gi-'tud [ロン.ひ.'トゥド] 89% 名 女 (距離・寸法の)長さ, 縦;〔地〕経度, 経線

lon-gi-tu-di-'nal [ロン.ひ.トゥ.ディ.'ナル] 形 長さの, 縦の;〔地〕経度の

'**lon-guis** ['ロン.ギス]〔成句〕 ***hacerse el ~*** 《スペイン》《話》知らんぷりをする

'**lon-ja** ['ロン.は] 名 女〔食〕(肉などの)一切れ, 薄切り, スライス;《ラ米》革のむち;《スペイン》〔商〕商品取引所;〔商〕羊毛保管庫;〔建〕(教会などの)前廊

lon-ta-'nan-za [ロン.タ.'ナン.さ] 名 女〔絵〕背景, 遠景;〔一般〕遠く

lo+'or [ロ.'オる] 名 男《格》称賛, 称揚 ***en ~ de ...*** 《格》…を称賛して

'**Ló-pez** ['ロ.ペす] 名 固〔姓〕ロペス

lo-'pis-ta [ロ.'ピス.タ] 形 名 共 ロペ・デ・ベガの(研究者)《Lope de Vega, 1562–1635, スペインの劇作家・詩人》

lo-'que-ro, -ra [ロ.'ケ.ろ, ら] 名 男 女《話》(精神病院の)看護師

'**lord** ['ロる(ド)] 名 男〔複 lores〕(イギリスの)貴族, 卿

lo-'re+a [ロ.'れ.ア] 名 女《チリ》《話》見ること

Lo-'re-na [ロ.'れ.ナ] 名 固〔地名〕ロレーヌ地方《フランス北東部の地方》

Lo-'ren-zo [ロ.'れン.そ] 名 固〔男性名〕ロレンソ

'**lo-res** 名 男《複》⬆lord

Lo-'re-to [ロ.'れ.ト] 名 固〔男性名〕ロレート;〔地名〕ロレート《ペルー北東部の県》

lo-'ri-ga [ロ.'リ.ガ] 名 女〔歴〕〔軍〕鎧(よろい);〔畜〕馬甲(うまよろい)

'**lo+ro, +ra** ['ロ.ろ, ら] 形 こげ茶色の 名 男〔鳥〕オウム, インコ;《話》醜い女 ***estar al loro*** 《話》(de: について)通じている, よく知っている

lor-'quia+no, -na [ロる.'キア.ノ, ナ] 形 ガルシア・ロルカの《Federico García Lorca, 1898–1936, スペインの詩人・劇作家》

los 代《人称》〔弱勢〕〔直接目的語・男 3 複〕⬆lo

'**lo+sa** ['ロ.サ] 名 女 石板, 板石; 墓石, 墓

Los 'Án-ge-les ['ロス アン.へ.レス] 名 固〔地名〕ロサンジェルス《米国西部の都市》; ロス・アンヘレス《チリ中南部の都市》

lo-'se-ta [ロ.'セ.タ] 名 女〔建〕小さな敷石, 小さなタイル

'**lo+te** ['ロ.テ] 名 男 一部分, 分け前, 取り分; (土地の)区画, 敷地; 宝くじの当選金;〔商〕(商品の)ひと組, 一山, ロット;〔情〕バッチ ***darse [pegarse] el [un] ~*** 《話》やり過ぎる; 《俗》愛撫(あいぶ)しあう ***trabajo por ~s*** 〔情〕バッチジョブ

*'**lo-te-'rí+a** [ロ.テ.'リ.ア] 92% 名 女 宝くじ, 富くじ

'**lo+to** ['ロ.ト] 名 男〔植〕ハス, スイレン

'**Lour-des** ['ルる.デス] 名 固〔女性名〕ルルデス;〔地名〕ルルド《フランス南西部の都市》

'**lo+za** ['ロ.さ] 名 女 焼物, 陶器, 瀬戸物;〔集合〕陶器類

lo-za-'ní+a [ロ.さ.'ニ.ア] 名 女 繁茂; 生気, みずみずしさ, 力, 活力

lo-'za+no, -na [ロ.'さ.ノ, ナ] 形 うっそうと茂った; みずみずしい; 精力的な

Lo-'za+no [ロ.'さ.ノ] 名 固〔姓〕ロサーノ

Ltd. 略 =〔英語〕*limited*〔商〕有限(会社)

Ltdo., Ltda. 略 ⬆limitado

'**Luan-da** ['ルアン.ダ] 名 固〔地名〕ルアンダ《アンゴラ Angola の首都》

lu-'bi-na [ル.'ビ.ナ] 名 女〔魚〕スズキ

lu-bri-ca-'ción [ル.ブリ.カ.'すぃオン] 名 女 滑らかにすること, 潤滑

lu-bri-'can-te [ル.ブリ.'カン.テ] 形 滑らかにする, 潤滑の 名 男 潤滑剤, 潤滑油

lu-bri-'car [ル.ブリ.'カる] 動 他 69 (c|qu) <に>油[潤滑剤]を差す[塗る], 滑らかにする

'**lú-bri-co, -ca** ['ル.ブリ.コ, カ] 形《格》みだらな, 挑発的な
lu-bri-fi-ca-'ción 名 女 ⇧ lubricación
lu-bri-fi-'can-te 形 ⇧ lubricante
lu-bri-fi-'car 動 他 69 (c|qu) ⇧ lubricar
'**Lu-cas** ['ル.カス] 名 固〔男性名〕ルカス
lu-ce-'ci-ta〔縮小語〕⬇luz
lu-'cen-se [ル.'セン.セ] 形 名 共〔地名〕ルゴの(人)⬇Lugo
lu-'cer-na [ル.'セる.ナ] 名 女 シャンデリア;〔建〕天窓, 明かり採り;〔昆〕ホタル[蛍]
Lu-'cer-na [ル.'セる.ナ] 名 固〔地名〕ルツェルン《スイス中部の都市》
lu-'ce-ro [ル.'セ.ろ] 名 男〔天〕金星; きらきら輝く星;〔動〕(動物の)額(ひたい)の星, 白斑(はくはん);〔複〕《詩》目, 瞳(ひとみ)
Lu-'ce-ro [ル.'セ.ろ] 名 固〔姓〕ルセーロ
'**lu-ces** 名 女《複》⬇luz
⁑'**lu-cha** ['ル.チャ] 81% 名 女 戦い, 争い, 戦闘, 闘争, 競争; 論争; 格闘, 殴り合い, けんか;〔競〕レスリング ～ *libre*〔競〕フリースタイルレスリング;《メキシコ》プロレス
lu-cha-'dor, -'do-ra [ル.チャ.'ドる, 'ド.ら] 名 男 女 戦う, 闘士;〔競〕力士, レスラー
⁑**lu-'char** [ル.'チャる] 86% 動 自 (con, contra: と)戦う, 争う, 格闘[殴り合い, けんか]する; (por 不定詞: …しようと)奮闘する, 努力する
Lu-'cí+a [ル.'すぃ.ア] 名 固〔女性名〕ルシア
lu-ci-'dez [ル.すぃ.'デす] 名 女 明快, 明瞭
lu-'ci-do, -da [ル.'すぃ.ド, ダ] 形 りっぱな, 華麗な, 見事な, 壮麗な; あでやかな, きわだった *estar* ～[*da*] *sí* …《話》〔皮肉〕…だとしたらとんでもない
'**lú-ci-do, -da** ['ル.すぃ.ド, ダ] 形 明瞭な, 明解な
lu-'cien-te [ル.'すぃエン.テ] 形 輝く, きらきらする
lu-'ciér-na-ga [ル.'すぃエる.ナ.ガ] 名 女〔昆〕ホタル[蛍]
Lu-ci-'fer [ル.すぃ.'フェる] 名 固〔架空〕悪魔, 魔王
lu-'cí-fe-ro [ル.'すぃ.フェ.ろ] 名 男〔天〕明けの明星
lu-ci-'mien-to [ル.すぃ.'ミエン.ト] 名 男 輝き, 光彩; 栄光, 成功
'**lu-cio** ['ル.すぃオ] 名 男〔魚〕カワカマス
⁑**lu-'cir** [ル.'すぃる] 88% 動 自 42 (c|zc) 輝く, 光る, 照らす, 明るくする;《話》(優れているので)目立つ, 異彩を放つ, 映える; やりがいがある, 報われる, 役に立つ;《話》«表情などが»明るくなる, さえる, 元気そうである; 着飾る 動 他 見せる, 誇示する, ひけらかす; 照らす; ‹靴・金具などを›磨く, 光らせる ～**se** 動 再 着飾る; (優れているので)目立つ, 異彩を放つ, 成功する;《話》〔皮肉〕失敗する, しくじる; 輝く, 光る, 照る
lu-'crar [ル.'クらる] 動 他 得る, 入手する ～**se** 動 再 (con, por: で)利益を得る
lu-cra-'ti-vo, -va [ル.クら.'ティ.ボ, バ] 形 利益が多い; 営利の, 営利を目的とする
Lu-'cre-cia [ル.'クれ.すぃア] 名 固〔女性名〕ルクレシア
'**lu-cro** ['ル.クろ] 名 男 利益, もうけ, 利得
luc-'tuo-so, -sa [ルク.'トゥオ.ソ, サ] 形《格》悲しい, 悲惨な, 哀れな
lu-cu-bra-'ción [ル.ク.ブら.'すぃオン] 名 女《格》(灯下の)研鑽(けんさん), 精励; 苦心の作
lu-cu-'brar [ル.ク.'ブらる] 動 自《格》(夜を徹して)制作[研究]する
lu-'di-brio [ル.'ディ.ブリオ] 名 男《格》あざけり, あざわらうこと
'**lú-di-co, -ca** ['ル.ディ.コ, カ] 形 遊戯の
'**lú-di-cro, -cra** 形 ⇧ lúdico
lu-'dó-pa-ta [ル.'ド.パ.タ] 名 共 ギャンブル狂(の人)
lu-do-pa-'tí+a [ル.ド.パ.'ティ.ア] 名 女 ギャンブル狂
lu-do-'te-ca [ル.ド.'テ.カ] 名 女〔遊〕おもちゃのある遊び場, おもちゃランド
⁑'**lue-go** ['ルエ.ゴ] 59% 副 後で《時》; それから, 次に《順序》;《古》《ラ米》すぐに, やがて 接 よって, すなわち *desde* ～ もちろん, 確かに *Hasta* ～. それではまた《別れの挨拶(あいさつ)》 ～ *de* …(不定詞) …の後で ～ ～《メキシコ》すぐに ～ *que* [*como*] … …するとすぐに
lue-'gui-to〔縮小語〕⬆luego
'**luen-go, -ga** ['ルエン.ゴ, ガ] 形《古》《格》長い
Lu-'ga+no [ル.'ガ.ノ] 名 固 ルガノ《スイス南部の都市》;〔lago de ～〕〔地名〕ルガノ湖《スイスとイタリアの間の湖》
⁑**lu-'gar** [ル.'ガる] 68% 名 男 場所, 所; 座席; 地域, 地方, 土地, 町, 村; (特定の)個所, 位置, ふさわしい場所; 地位, 身分; 立場; 余地, 余裕; 順位;〔情〕ロケーション *dar* ～ (a: を)引き起こす *en* ～ *de* … …の代わりに; …の立場ならば *en primer* ～ まず第一に *fuera de* ～ 場違いの[に], 不釣合いな[に] *ha* ～〔法〕(法廷で)…がなされる *hacer* ～ 場所をあける ～ *común* 陳腐な考え, 言い古された言葉; トイレ *poner en su* ～ たしなめる *sin* ～ *a dudas* 疑いの余地なく *tener* ～ 起きる, 生じる; 行われる, 催される
lu-ga-'re-jo [ル.ガ.'れ.ほ] 名 男〔軽蔑〕さびれた村, 寒村
lu-ga-'re-ño, -ña [ル.ガ.'れ.ニョ, ニャ]

形 名 男 女 村[村落]の, 田舎の(人); 村人, 村民

lu-gar-te-'nien-te [ル.ガる.テ.'ニエン.テ] 名 共 代理(人), 代理役

'lu+ge ['ル.へ] 名 男 〔競〕リュージュ

'Lu+go ['ル.ゴ] 名 固 〔地名〕ルゴ《スペイン北西部の県, 県都》

'lú-gu-bre ['ル.グ.ブれ] 形 悲しげな, 哀れな, 陰気な, 不吉な

'Luis ['ルイス] 名 固 〔男性名〕ルイス

'Lui-sa ['ルイ.サ] 名 固 〔女性名〕ルイサ

Lui-'sia-na [ルイ.'スィア.ナ] 名 固 〔地名〕ルイジアナ《米国南部の州》

lu-'jar [ル.'はる] 動 他 《(中米)》《(カリブ)》《(アンデス)》〈靴を〉磨く

'lu+jo ['ル.ほ] 88% 名 男 ぜいたく, 豪華; ゆとり; ぜいたく品, 高級品; ぜいたくな楽しみ, 快楽, 喜び; たくさん, 豊富, 多量 ***darse el ~*** (de: という)ぜいたくをする, ゆとりがある ***de ~*** ぜいたくな, デラックスな, 豪華な

*__lu-'jo-so, -sa__ [ル.'ほ.ソ, サ] 93% 形 ぜいたくな, 豪華な, 豪奢(ごうしゃ)な

lu-'ju-ria [ル.'ふ.りア] 名 女 好色, 色欲

lu-ju-'rian-te [ル.ふ.'りアン.テ] 形 《植物が》繁茂した, 青々とした; 好色の, 淫乱な

lu-ju-'rio-so, -sa [ル.ふ.'りオ.ソ, サ] 形 好色の, 淫乱(いんらん)な 名 男 女 好色家

lu+'lú [ル.'ル] 名 男 〔複 -lúes⇔-lús〕〔動〕愛玩犬

'lu+ma ['ル.マ] 名 女 《(チリ)》(警官の)警棒; 《(チリ)》〔植〕ルマの木《フトモモ科》

lum-'ba-go [ルン.'バ.ゴ] 名 男 〔医〕腰痛

lum-'bar [ルン.'バる] 形 〔体〕腰の, 腰部の

'lum-bre ['ルン.ブれ] 名 女 (暖炉・タバコなどの)火; (太陽・ろうそくなどの)光 ***al amor de la ~*** 火のそばに[で]

lum-'bre-ro, -ra [ルン.'ブれ.ろ, ら] 名 男 女 《(メキシコ)》消防士 **-ra** 名 女 指導的人物; 発光体, 光; 〔建〕天窓, 採光窓, 明かり採り; 《(メキシコ)》〔牛〕(闘牛場の)ボックス

lu-mi-'na-ria [ル.ミ.'ナ.りア] 名 女 〔宗〕祭壇の灯; 〔複〕イルミネーション

lu-mi-nis-'cen-cia [ル.ミ.ニ(ス).'セン.すぃア] 名 女 〔物〕冷光, ルミネセンス

lu-mi-nis-'cen-te [ル.ミ.ニ(ス).'セン.テ] 形 〔物〕冷光を発する

lu-mi-no-si-'dad [ル.ミ.ノ.スィ.'ダド] 名 女 光輝, 光明; 〔天〕(天体の)光度

lu-mi-'no-so, -sa [ル.ミ.'ノ.ソ, サ] 90% 形 光を発する, 光る, 輝く; 明解な, 明晰な, 的確な

lu-mi-no-'tec-nia [ル.ミ.ノ.'テク.ニア] 名 女 〔技〕照明工学[技術]

lu-mi-no-'téc-ni-co, -ca [ル.ミ.ノ.'テク.ニ.コ, カ] 形 〔技〕照明工学の 名 男 女 〔技〕照明技術者

lum-pem-pro-le-ta-'ria-do [ルン.ペン.プロ.レ.タ.'リア.ド] 名 男 〔集合〕ルンペンプロレタリアート《都市の最下層民》

'lum-pen 名 男 ⇧ lumpemproletariado

lun. 略 ⬇lunes

'lu+na ['ル.ナ] 86% 名 女 〔天〕月; 〔L~〕〔天〕(天文学で扱う)月; 月の光, 月明かり; 鏡; 《(スペイン)》(ショーウインドーなどの)ガラス; 《(メキシコ)》《話》(女性の)生理, 月経 ***estar de buena [mala] ~*** 機嫌がよい[悪い] ***estar en la ~*** ぼんやりしている, うわの空である ***ladrar a la ~*** むだにののしりの言葉を吐く, いたずらにわめきたてる ***~ de miel*** ハネムーン, 新婚旅行 ***media ~*** ⇩ medialuna; 《(チリ)》ロデオの会場 ***Media Luna*** 〔歴〕イスラム教国; 〔特に〕トルコ帝国 ***pedir la ~*** 不可能なことを望む, ないものねだりする ***quedarse a la ~ de Valencia*** がっかりする; 《物事が》思い通りにならない ***tener ~s*** 気まぐれである ***vivir en la ~*** ぼんやりしている, 空想にふける

'Lu+na ['ル.ナ] 名 固 〔姓〕ルナ

lu-na-'ción [ル.ナ.'すぃオン] 名 女 〔天〕月期, 太陰月《新月から新月までの期間》

*__lu-'nar__ [ル.'ナる] 93% 形 〔天〕月の, 太陰の 名 男 〔体〕ほくろ; 〔複〕水玉模様; ぶち, 斑点(はんてん), 斑; しみ; きず, 欠点

lu-'ná-ti-co, -ca [ル.'ナ.ティ.コ, カ] 形 精神異常の 名 男 女 精神異常者

lunch ['ろン(チ)] 名 男 〔英語〕〔食〕(お祝いのパーティーで出される)軽食

'lu-nes ['ル.ネス] 78% 名 男 〔単複同〕月曜日 ***cada ~ y cada martes*** 毎日のように, 頻繁に ***hacer ~ porteño [San L~]*** 《話》月曜日にずる休みをする

lu-'ne-ta [ル.'ネ.タ] 名 女 〔建〕弓形明かり採り, ルネット; 〔演〕〔映〕舞台前の特等席

lun-'far-do, -da [ルン.'ファる.ド, ダ] 形 ルンファルドの; 《まれ》泥棒の, ならず者の 名 男 《(ラプラタ)》〔言〕ルンファルド《ブエノスアイレスで使われる隠語》; 《まれ》泥棒, ならず者

Luo-'yang [ルオ.'ジャン(グ)] 名 固 〔地名〕洛陽(らくよう)(ルオヤン)《中国華北地区南部の都市》

'lu+pa ['ル.パ] 名 女 拡大鏡, 虫めがね, ルーペ

lu-pa-'nar [ル.パ.'ナる] 名 男 《格》売春宿

'Lu+pe ['ル.ペ] 名 固 〔女性名〕ルペ《Guadalupe の愛称》

lu-per-'ca-les [ル.ぺる.'カ.レス] 名 女 《複》〔歴〕ルペルカーリア祭《ローマ人が牧神のために行った祭典》

lu-'pi+no [ル.'ピ.ノ] 名 男 〔植〕ルピナス

'lú-pu-lo ['ル.プ.ロ] 名 男 〔植〕ホップ

'**lu-pus** ['ル.プス] 名 男〔単複同〕〖医〗狼瘡(ろうそう)《皮膚結核》
lu-que+'ar [ル.ケ.'アる] 動 他《アンデス》《チリ》《話》見る, 見つめる
'**Lur-des** 名 固 ⇧ Lourdes
'**lu-ria** ['ル.りア]〔成句〕 ***andar ~s***《メキシコ》《話》気がふれる, 頭がおかしくなる
Lu-'sa-ka [ル.'サ.カ] 名 固〖地名〗ルサカ《ザンビア Zambia の首都》
Lu-si-'ta-nia [ル.スィ.'タ.ニア] 名 固〖歴〗〖地名〗ルシタニア《イベリア半島西部にあった古代ローマの属州》
lu-si-ta-'nis-mo [ル.スィ.タ.'ニス.モ] 名 男〖言〗スペイン語に入ったポルトガル語の語句[表現]
lu-si-'ta+no, -na [ル.スィ.'タ.ノ, ナ] 形〖歴〗ルシタニアの 名 男 女 ルシタニア人;《格》ポルトガルの; ポルトガル人
lu-so~〔接頭辞〕「ポルトガル」を示す
lus-tra-'bo-tas [ルス.トら.'ボ.タス] 名 共〔単複同〕《アンデス》《チリ》《ラプラタ》⇧ limpiabotas
lus-tra-'dor, -'do-ra [ルス.トら.'ドる, 'ド.ら] 名 男 女《エクアドル》《中米》《ラプラタ》⇧ limpiabotas
lus-'trar [ルス.'トらる] 動 他 磨く;〖宗〗祓(はら)い清める
'**lus-tre** ['ルス.トれ] 名 男 光沢, つや, 光; 輝き, 華やかさ; 光栄, 栄光; 血色のよさ
'**lus-tro** ['ルス.トろ] 名 男 5 年間
lus-'tro-so, -sa [ルス.'トろ.ソ, サ] 形 光沢のある, ピカピカした, テカテカした; «子供などが»元気のよい, 血色のよい
lu-'te-cio [ル.'テ.すぃオ] 名 男〖化〗ルテチウム《元素》
lu-te-ra-'nis-mo [ル.テ.ら.'ニス.モ] 名 男〖宗〗ルター主義, ルター派の教義
lu-te-'ra+no, -na [ル.テ.'ら.ノ, ナ] 形〖宗〗ルター派の(信徒) 名 男 女 ルター信奉者《マルティン・ルター Martín Lutero, 1483–1546, ドイツの宗教改革者》
luthier [ル.'ティエる] 名 共〔フランス語〕⇩ lutier
lu-'tier [ル.'ティエる] 名 共〖技〗〖楽〗楽器製造者
*'**lu+to** ['ル.ト] 94% 名 男 喪(も), 服喪, 忌中; 喪服, 喪章; 悲嘆, 哀悼
'**lux** ['ル(ク)ス] 名 男〖物〗ルクス《照度の国際単位》
lu-xa-'ción [ルク.サ.'すぃオン] 名 女〖医〗脱臼(だっきゅう)
Lu-xem-'bur-go [ルク.セン.'ブる.ゴ] 名 固〖地名〗〔Gran Ducado de ~〕ルクセンブルク大公国《ヨーロッパ西部の公国; その首都》
lu-xem-bur-'gués, -'gue-sa [ルク.セン.ブる.'ゲス, 'ゲ.サ] 形〖地名〗ルクセンブルク(人)の 名 男 女 ルクセンブルク人 ⬆ Luxemburgo
'luz** ['ルす] 72% 名 女 光, 明かり, 光線;〖電〗明かり, 灯火, 電灯, ライト, 電気, 照明; 日光; 昼間, 日中; 電気, 電気代;〔複〕知識, 教養; 啓蒙, 教化; 火, (点火するための)火花; 見解, 見地, 見方;〖建〗窓, 明かり採り; 手本, 模範;《ラプラタ》間隔, 距離 ***a la ~ de ...*** …に照らして, …の点から見て ***a la ~ del día*** 隠さずに, 堂々と, 公然と ***a todas luces*** 明らかに, どの点から見ても ***año ~***〖天〗光年 ***arrojar ~ sobre ...*** …を明らかにする, 解明する ***claro[ra] como la ~ del día*** 明白な ***con ~*** 日中に, 日のあるうちに ***dar a ~*** 子供を生む, 出産する ***entre dos luces*** 夕方に, 日没時に; 夜明けに ***~ verde*** 許可, ゴーサイン; 青信号 ***rayar la ~*** 夜が明ける ***sacar a la ~ (pública)*** 明らかにする, 明るみに出す; 出版する, 著す ***salir a la ~*** 出版される; 世に出る, 明らかになる ***traje de luces***〖牛〗闘牛士の服 ***ver la ~*** 生まれる
'**Luz** ['ルす] 名 固〖女性名〗ルス
Luz-'bel 名 固 ⇧ Lucifer
'**luz-co, -ca(~)** 動《直現 1 単, 接現》⬆ lucir
Lu-'zón [ル.'そン] 名 固〖地名〗ルソン島《フィリピン北部の島》
lx 略 ⬆ lux
'**Lyon** ['リオン] 名 固〖地名〗リヨン《フランス中東部の都市》

M m

M, m ['エ.メ] 名 女〖言〗エメ《スペイン語の文字》; (ローマ数字の)1000
m 略 ⬇ metro
m. 略 ⬇ masculino; meridiano; mes; minuto; muerto;〔ラテン語〕*meridies* 正午
m- 略 =mili-《接頭辞》10 の –3 乗
m² 略 =metro cuadrado 平方メートル
m³ 略 =metro cúbico 立方メートル
M 略 =milla náutica 海里

M. 略 ↓mach; madre; maestro; majestad; merced
M- 略 =mega-《接頭辞》10 の 6 乗
μ- 略 =micro-《接頭辞》10 の −6 乗
ma-'bi-ta 名 女《ベネズエラ》《話》悪運をもたらす人, 縁起が悪い人
'ma+ca 名 女 (果物などの)傷み, 傷; (布地などの)しみ; 欠点, 弱点, 傷
ma-'ca-bro, -bra [マ.'カ.ブろ, ブら] 形 気味の悪い, 背筋の凍るような
ma-'ca-co, -ca 形《ラ米》醜い; ばかな 名 男〖動〗マカク《オナガザル科マカク属のサル》; 《メキシコ》《児》おばけ
ma-ca-'dán 名 男〖建〗マカダム《ローラーで固める舗装道路用の砕石》
ma-ca-ne+'ar [マ.カ.ネ.'アる] 動 自《ラ米》《話》うそを言う, でたらめを話す
ma-'ca+no, -na 形《メキシコ》《話》安物の, 品質が悪い　**-na** 名 女《ラ米》《話》うそ, でたらめ; 《ラ米》〖歴〗棍棒《昔の先住民の武器》; 《ラ米》《話》へま, 失敗
ma-ca-'nu-do, -da 形《ラ米》《話》すごい, よい, すてきな, すばらしい
Ma-'ca+o 名 固〖地名〗マカオ《中国, 広東省南部の特別行政区, 元ポルトガル領》
ma-'car [マ.'カる] 動 他 69 (c|qu)〈果物を〉へこます, 傷つける　**～se** 動 再《果物が》へこむ, 傷つく, 腐る
Ma-ca-'re-na [マ.カ.'れ.ナ] 名 固〖地名〗マカレーナ《スペイン, セビリアの地区》
ma-'ca-rra [マ.'カ.ら] 名 男《スペイン》《話》ごろつき, 悪党
ma-ca-'rrón [マ.カ.'ろン] 名 男〔複〕〖食〗マカロニ; 〖食〗マカロン《クッキーの一種》; 〖技〗(電線・温水管などの)ビニール外装
ma-ca-'rró-ni-co, -ca [マ.カ.'ろ.ニ.コ, カ] 形《話》〖言〗(現代語にラテン語の語尾を加えた)雅俗混交(体)の; 〖言〗2 種類の言語が混ざった
'Ma-cas 名 固〖地名〗マカス《エクアドル南東部の都市》
ma-ce-'do-nia [マ.せ.'ド.ニア] 名 女〖食〗フルーツサラダ
Ma-ce-'do-nia [マ.せ.'ド.ニア] 名 固〔República de ～ del Norte〕〖地名〗北マケドニア共和国《東ヨーロッパのバルカン半島に位置する共和国》; 〖歴〗〖地名〗マケドニア《東ヨーロッパのバルカン半島中央部にあった古代王国》
ma-ce-'do-nio, -nia [マ.せ.'ド.ニオ, ニア] 形〖地名〗マケドニア(人)の 名 男 女 マケドニア人 ↑Macedonia
ma-ce-'gual ⇔ **+hual** [マ.せ.'グアる ⇔ .'ウアる] 名 男《メキシコ》《中米》農夫, 工夫, 労務者
ma-ce-ra-'ción [マ.せ.ら.'すぃオン] 名 女 (液体に浸して)軟らかくすること; 苦行
ma-ce-'rar [マ.せ.'らる] 動 他 (液体に浸して)軟らかくする; 苦しめる　**～se** 動 再 禁欲生活をする; 苦行する
ma-'ce-ro [マ.'せ.ろ] 名 男 (行列の)ほこ持ち, 権標捧持(ほうじ)者
***ma-'ce-ta** [マ.'せ.タ] 94% 名 女 植木鉢; 〖技〗(石工の)ハンマー; 《チリ》《話》太った人, でぶ　*estar por la ～*《カリブ》《話》きれいだ　*no darse en ～* 簡単に見つからない, 得がたい
ma-ce-'te-ro [マ.せ.'テ.ろ] 名 男〖植〗植木鉢台
mac-far-'lán [マク.ファる.'ラン] 名 男〖衣〗マクファーレン, 袖なしコート
'mach 名 男〖物〗マッハ, 音速《速度の単位》
ma-'cha-ca 名 女 きね, 粉砕機 名 共 うんざりさせる人
ma-cha-'can-te 名 男《カリブ》《話》金(かね), 銭(ぜに)
***ma-cha-'car** [マ.チャ.'カる] 94% 動 他 69 (c|qu) 押しつぶす, 砕く, 圧搾する; 《話》くどくどと繰り返す; 《話》もみくちゃにする, しわくちゃにする; 〈敵などを〉粉砕する, 壊滅する, 打ち負かす; 気持ちをくじく; 調べつくす 動 自《話》繰り返し学習する, 頭にたたき込む, 猛勉強する; 《話》くどくど言う, うんざりさせる; 《話》金[時間]を使う, 費やす
ma-cha-'cón, -'co-na 形 名 男 女《話》うんざりさせる(人), しつこい(人); 《話》猛勉強する(人)
ma-cha-co-ne-'rí+a [マ.チャ.コ.ネ.'り.ア] 名 女《話》うんざりさせること, しつこさ
Ma-'cha-la [マ.'チャ.ラ] 名 固〖地名〗マチャーラ《エクアドル南西部の都市》
ma-cha-mar-'ti-llo [マ.チャ.マる.'ティ.ジョ]〔成句〕 *a ～* 完全な[に], 徹底した[して], 頑固な[に], しっかりと
ma-cha-'que+o [マ.チャ.'ケ.オ] 名 男 たたきつぶすこと; 《話》くどくどと言うこと
ma-'che-te 名 男〖農〗マチェーテ《幅の広い片刃の山刀; 農具として用いる》 名 共《ベネズエラ》有能な人; 力持ち
ma-che-te+'ar [マ.チェ.テ.'アる] 動 他《チリ》《話》〈に〉金をたかる[せびる]; 《ラプラタ》《話》殴る, 打つ
ma-che-'te-ro, -ra [マ.チェ.'テ.ろ, ら] 形 名 男 女〖農〗マチェーテでサトウキビを刈る(人); 《ベネズエラ》《話》無知な(人); 乱暴な(人) ↑machete
ma-chi+hem-'brar [マ.チ.エン.'ブらる] 動 他〖技〗さねはぎ[目違い]継ぎにする, はめ合わせる
ma-'chis-mo 名 男 マチスモ《男らしさを重んじる価値観》; 男らしさ, 男気
ma-'chis-ta 形 マチスモの, 男性優位の

名 共 マチスタ, 男性優位主義者

'ma-cho 84% 形〘動〙〘植〙オスの;〘技〙《部品が》凸型の, オスの; 男らしい;《酒などが》強い 名 男〘動〙オス, 雄;〘植〙雄株, 雄花;〘技〙(部品の)オス, 凸型;〘建〙(壁の一部を張り出した)柱形;〘電〙プラグ, 差し込み;〘動〙ラバ;《話》たくましい男, 男性, 男;《俗》お前《呼びかけ》 ~, -cha 形《コロンビア》《話》とても大きな, 巨大な;《チリ》《話》頑固な, 強情な

ma-'chón 名 男〘建〙壁柱

ma-'cho-rra [マ.'チョ.ら] 名 女 子を産まない女性;《俗》男まさりの女

ma-'cho-te 名 男《話》たくましい男

ma-chu-'car [マ.チュ.'カる] 動 他 ⑹⑼ (c|qu) 押しつぶす, へこます;〘医〙〈に〉傷を作る, はさんでけがをする ~se 動 再〘医〙〈体の部分を〉打って[はさんで]けがをする

ma-'chu-cho, -cha 形 思慮分別のある, 落ち着いた, 慎重な;〘軽蔑〙年配の, 初老(期)の, 若くない

ma-'chue-lo [マ.'チュエ.ロ] 名 男〘動〙小さなラバ

'Ma-chu 'Pic-chu ['マ.チュ 'ピ.チュ] 名 固〘地名〙マチュピチュ《ペルー南部にあるインカ遺跡》

ma-ci-'len-to, -ta [マ.すぃ.'レン.ト, タ] 形 青ざめた, やつれた

ma-'ci-llo [マ.'すぃ.ジョ] 名 男〘楽〙(ピアノの)ハンマー

***ma-'ci-zo, -za** [マ.'すぃ.そ, さ] 94% 形 中身のある, 空洞でない, 中まで同じの, めっきでない; 頑丈な, しっかりした 名 男 木立, 茂み; 植え込み; 塊(かたまり);〘地〙山塊;〘建〙ビル群

ma-cro~〔接頭辞〕「巨大な, マクロの」という意味を示す

ma-cro-'bió-ti-co, -ca [マ.クろ.'ビオ.ティ.コ, カ] 形 長寿法の, 自然食の -ca 名 女 長寿法, 自然食

ma-cro-'cos-mos [マ.クろ.'コス.モス] 名 男〔単複同〕〘天〙大宇宙, マクロコスモス

ma-cro-e-co-no-'mí+a [マ.クろ.エ.コ.ノ.'ミ.ア] 名 女〘経〙マクロ経済学

ma-cro-e-co-'nó-mi-co, -ca [マ.クろ.エ.コ.'ノ.ミ.コ, カ] 形〘経〙マクロ経済(学)の

ma-cros-'có-pi-co, -ca [マ.クろス.'コ.ピ.コ, カ] 形 巨視的な; 肉眼で見える

ma-'cua-che 名 共《メキシコ》《話》無能な人, 役立たず

ma-'cu-co, -ca 形《アンデス》《チリ》《話》ずるい, 悪賢い(人)

'má-cu-la ['マ.ク.ラ] 名 女《格》しみ, 汚れ; ごまかし, ペテン;〘天〙(太陽の)黒点;〘印〙(紙じわ・活字ずれによる)二重刷り;〘医〙斑

ma-cu-'lar [マ.ク.'ラる] 動 他《格》〈に〉しみをつける, 汚す;〘印〙刷りそこなう,〈の〉印刷がぼける

ma-'cu-to 名 男〘軍〙背嚢(はいのう)

Ma-da-gas-'car [マ.ダ.ガス.'カる] 名 固〔República de ~〕〘地名〙マダガスカル《アフリカ大陸の南東方, インド洋上の島国, 共和国》

ma-da-'le-na 名 女 ⇩ magdalena

ma-'da-ma 名 女《話》奥さん, マダム

Ma-'dei-ra [マ.'デイ.ら] 名 固〔archipiélago de ~〕〘地名〙マデイラ諸島《大西洋中東部, ポルトガル領の火山列島》

ma-'de-ja [マ.'デ.は] 名 女 (糸の)ひとかせ, 糸束; (毛髪の)ふさ 名 共《話》なまけ者, のらくら者

****ma-'de-ra** [マ.'デ.ら] 84% 名 女 木材, 材木;《話》才能, 素質;〘競〙〔ゴルフ〕ウッド;〘楽〙木管楽器;《メキシコ》《話》お世辞, おべっか, へつらい *tocar* ~ そうならなければよいと思う《不吉なことを聞いたり言ったりしたあと木材に触れると悪運がなくなると信じられている》

ma-de-'ra-ble [マ.デ.'ら.ブレ] 形《森などが》木材を多く産する,《木が》木材となる

ma-de-'ra-je 名 男 ⇩ maderamen

ma-de-'ra-men 名 男〔集合〕材木, 材

ma-de-re-'rí+a [マ.デ.れ.'り.ア] 名 女 材木置き場, 木場

ma-de-'re-ro, -ra [マ.デ.'れ.ろ, ら] 形 製材の, 木材の 名 男 女〘商〙製材[木材]業者

ma-'de-ro [マ.'デ.ろ] 名 男 丸太, 原木, 材木, 木材, 角材; 船;《話》ばか, ぼんくら;〘宗〙(キリストの)十字架

ma-'do-na 名 女〘宗〙聖母マリア像 *de la* ~《コロンビア》《話》とてもよい

ma-'drás [マ.'ドらス] 名 男〘衣〙マドラス木綿

ma-'dras-tra [マ.'ドらス.トら] 名 女 継母, まま母; 自分の子を虐待する母親; やっかいなもの

ma-'dra-za [マ.'ドら.さ] 名 女《話》わが子を溺愛(できあい)する母親

****'ma-dre** ['マ.ドれ] 67% 名 女 母, 母親; 本源, 源; 原因;〘宗〙マザー《修道女に対する敬称》;《話》おばあさん, …ばあさん;《スペイン》〘飲〙(ワイン・酢・コーヒーなどの)沈澱物, おり, かす;〘地〙河床;〘体〙子宮 形 母の, 母親としての, 母のような; 自国の; 本店の, 本社の 感 おや!, まあ!《驚き》 *dar en la* ~《俗》殴る *de puta* ~《俗》すごい, 最高の ~ *del cordero* 問題点 *¡M~ mía!* ああ!, まあ!《驚き》 ~ *patria* 母国, 本国 *sacar de* ~ 怒らせる *salirse de* ~《川が》氾濫する; 限度を超える

'Ma-dre de 'Dios ['マ.ドれ デ 'ディオ

m

ス] [名] [固] 〘地名〙 マドレ・デ・ディオス《ペルー南東部の県》

ma-'dre-ña [マ.'ドれ.ニャ] [名] [女] 〔複〕〘衣〙 木靴

ma-dre-'per-la [マ.ドれ.'ぺる.ラ] [名] [女] 〘貝〙 シンジュガイ[真珠貝]; (貝内面の) 真珠層, 真珠母, らでん

ma-'dré-po-ra [マ.'ドれ.ポ.ら] [名] [女] 〘動〙 イシサンゴ

ma-dre-'sel-va [マ.ドれ.'セル.バ] [名] [女] 〘植〙 スイカズラ, ニンドウ

Ma-'drid [マ.'ドリド] 75% [名] [固] 〘地名〙 マドリード《スペイン España の首都》 ***Comunidad de ～*** マドリード自治州《スペインの自治州》

ma-dri-'dis-ta [マ.ドり.'ディス.タ] [形] [名] [男] [女] 〘競〙〔サッカー〕 レアル・マドリード **Real Madrid** を応援する, レアル・マドリードのサポーター

ma-dri-'gal [マ.ドり.'ガル] [名] [男] 〘文〙 牧歌, 田園詩, 叙情短詩, 小恋歌, マドリガル《16-17 世紀にヨーロッパで流行した主にシルバ形式の短詩; ⬇silva》; 〘楽〙 マドリガル《無伴奏の合唱曲》

m

ma-dri-ga-'les-co, -ca [マ.ドり.ガ.'レス.コ, カ] [形] 〘文〙〘楽〙 牧歌的な, マドリガル(風)の

ma-dri-'gue-ra [マ.ドり.'ゲ.ら] [名] [女] 〘動〙 (キツネ・ウサギなどの掘った)穴, 巣穴; (盗賊などの)巣, 根城

ma-dri-'le-ño, -ña [マ.ドり.'レ.ニョ, ニャ] 88% [形] [名] [男] [女] 〘地名〙 マドリードの(人) ⬆Madrid

*__ma-'dri-na__ [マ.'ドり.ナ] 91% [名] [女] 教母, 代母; マドリーナ《結婚式の新郎に付き添う女性》

Ma-'driz [マ.'ドりす] [名] [固] 〘地名〙 マドリス《ニカラグアの県》

ma-'dro-ño [マ.'ドろ.ニョ] [名] [男] 〘植〙 ヤマモモ; 飾りふさ

ma-dru-'ga-da [マ.ドる.'ガ.ダ] 89% [名] [女] 早朝, 明け方; 夜半すぎ; 早起き

ma-dru-ga-'dor, -'do-ra [マ.ドる.ガ.'ドる, 'ド.ら] [形] [名] [男] [女] 早起きの(人)

*__ma-dru-'gar__ [マ.ドる.'ガる] 94% [動] [自] (41) (g|gu) 早起きする; 機先を制する, (他に)先んじる

ma-dru-'gón [マ.ドる.'ゴン] [名] [男] 《話》 早起き

ma-du-'bí [名] [男] 〔複 -bíes⇦-bís〕《アンデス》 〘植〙 落花生, ピーナツ

ma-du-ra-'ción [マ.ドゥ.ら.'すぃオン] [名] [女] 成熟, 完成, 仕上げ

*__ma-du-'rar__ [マ.ドゥ.'らる] 94% [動] [他] 成熟させる, 完成する, 仕上げる; 熟考する ～(**se**) [動] [自] ([再]) 成熟する, 円熟する

ma-du-'rez [マ.ドゥ.'れす] [名] [女] 成熟; 完成, 円熟; 賢明, 分別, 知恵

*__ma-'du-ro, -ra__ [マ.'ドゥ.ろ, ら] 93% [形] 熟した, 熟れた, 成熟した; 《知力・体力が》十分に発達[発育]した, 円熟した; 中年の, 壮年の

*__ma+'es-tra__ [マ.'エス.トら] 93% [名] [女] (〔特に〕 小学校の)女性教師; 名人, 達人; 教師の妻; 女子校; 〘昆〙 女王蜂

ma+es-'tran-za [マ.エス.'トらン.さ] [名] [女] 《スペイン》 乗馬クラブ; 〘軍〙 兵器工場; 〔集合〕 〘軍〙 兵器工; 〔la M～〕 《スペイン》 マエストランサ闘牛場《セビリアにある闘牛場》

ma+'es-tre [マ.'エス.トれ] [名] [男] 〘歴〙 騎士団長

ma+es-tre-'sa-la [マ.エス.トれ.'サ.ラ] [名] [女] 給仕頭

*__ma+es-'trí+a__ [マ.エス.'トり.ア] 94% [名] [女] 熟練, 巧みさ, 専門技術[知識]; 教職の資格; 《ラ米》 (大学院の)修士課程, 修士号 ⇩máster

ma+'es-tro [マ.'エス.トろ] 77% [名] [男] (〔特に〕 小学校の)男性教師; 師, 親方; 名人, 達人; 大音楽家, 大作曲家, 名指揮者, 巨匠; 〘牛〙 闘牛士; 〘海〙 メインマスト ～, **-tra** [形] 主な, 主要な; 巧みな, 優れた, 傑作の; 訓練をうけた ***～ de ceremonias*** 儀典長

'ma-fia [名] [女] マフィア; 〔一般〕 犯罪組織, 暴力組織

ma-'fio-so, -sa [形] マフィアの [名] [男] [女] マフィア団員; 〔一般〕 犯罪組織の; 暴力団員

ma-ga-'cín⇦**-'zín** [マ.ガ.'しン] [名] [男] 総合雑誌 ⇩revista; 〘放〙 ワイドショー

Ma-ga-'lla-nes [マ.ガ.'ジャ.ネス] [名] [固] 〔estrecho de ～〕 〘地名〙 マゼラン海峡; 〘地名〙 マガジャーネス《チリ最南部の州》

mag-da-'le-na [マグ.ダ.'レ.ナ] [名] [女] 〘食〙 マドレーヌ《焼き菓子》

Mag-da-'le-na [マグ.ダ.'レ.ナ] [名] [固] 〘女性名〙 マグダレーナ; 〘地名〙 マグダレーナ《ボリビア北部の都市; コロンビア北部の県》 ***llorar como una ～*** さめざめと泣く

Magfco., Magfca. [略] ＝magnífico …殿《大学学長の尊称》

*__'ma-gia__ ['マ.ひア] 93% [名] [女] 魔法, 魔術; 不思議な力, 魔力, 魅力 ***por arte de ～*** 魔法によって

ma-'giar [マ.'ひアる] [形] [名] [共] マジャール(人)の; マジャール人《ハンガリー人の自称》; 〘言〙 マジャール語の, ハンガリー語の [名] [男] 〘言〙 マジャール語, ハンガリー語

'má-gi-co, -ca ['マ.ひ.コ, カ] 88% [形] 魔法の, 魔法のような, 不思議な; 心を奪うような, 魅惑的な

ma-'gín [マ.'ひン] [名] [男] 《話》 頭, 頭脳, 想像

ma-'gís-ter [マ.'ひステる] 名 男 《中米》《南米北》《アンデス》《チリ》《ラプラタ》(大学の)**修士課程**, マスターコース;〔人〕**修士**

*__ma-gis-'te-rio__ [マ.ひス.'テ.りオ] 93% 名 男 **教えること, 教授, 授業, 教職**;〔集合〕(初等教育の)**教師, 教員; もったいぶり,** 見せかけの威厳

ma-gis-'tra-do [マ.ひス.'トら.ド] 名 男〔政〕(行政)**長官**;〔法〕**裁判官, 判事**

ma-gis-'tral [マ.ひス.'トらル] 形 **名手の, 熟達した, 優れた, 見事な; 教師の, 教師にふさわしい; 教師ぶった, もったいぶった**

ma-gis-tra-'tu-ra [マ.ひス.トら.'トゥ.ら] 名 女〔政〕(行政)**長官の職**, 司法官職;〔政〕〔集合〕**長官, 判事, 裁判官**

'mag-ma ['マグ.マ] 名 男〔地質〕**マグマ**

'mag-na ['マグ.ナ] 名 女《ベネズエラ》《話》**失望, 落胆** 形《女》↓magno

mag-na-ni-mi-'dad [マグ.ナ.ニ.ミ.'ダド] 名 女《格》**寛容なこと, 雅量に富むこと**

mag-'ná-ni-mo, -ma [マグ.'ナ.ニ.モ, マ] 形《格》**度量の広い, 雅量のある**

mag-'nar-se [マグ.'ナる.セ] 動 再《ベネズエラ》《話》**失望する**, がっかりする

mag-'na-te [マグ.'ナ.テ] 名 男 **実力者, 権力者, 大立者**

mag-'né-si-co, -ca [マグ.'ネ.スィ.コ, カ] 形〔化〕**マグネシウムを含んだ**

mag-'ne-sio [マグ.'ネ.スィオ] 名 男〔化〕**マグネシウム**《元素》

*__mag-'né-ti-co, -ca__ [マグ.'ネ.ティ.コ, カ] 92% 形〔物〕**磁石の, 磁気の, 磁気を帯びた, 磁気による; 魅力のある, 人を引きつける**

mag-ne-'tis-mo [マグ.ネ.'ティス.モ] 名 男〔物〕**磁気, 磁性, 磁力; 誘引, 魅力**

mag-ne-'ti-ta [マグ.ネ.'ティ.タ] 名 女〔鉱〕**磁鉄鉱**

mag-ne-ti-'zar [マグ.ネ.ティ.'さる] 動 他 ㉞ (z|c)〔物〕〈に〉**磁気を与える, 磁化する; 魅惑する**, うっとりさせる;〈に〉**催眠術をかける**

mag-'ne-to [マグ.'ネ.ト] 名 女《ラ米では 男》〔電〕〔機〕**マグネト(発電機), 高圧磁石発電機**

mag-ne-to-'fón [マグ.ネ.ト.'フォン] 名 男《話》⇩ magnetófono

mag-ne-to-'fó-ni-co, -ca [マグ.ネ.ト.'フォ.ニ.コ, カ] 形〔機〕**録音の**, テープレコーダーの

mag-ne-'tó-fo-no 名 男〔機〕**録音機**, テープレコーダー

mag-ni-fi-'car [マグ.ニ.フィ.'カる] 動 他 ㊴ (c|qu)《格》**拡大する, 誇張する, 大きくする** ～**se** 動 再《格》**拡大する, 大きくなる**

mag-'ní-fi-cat [マグ.'ニ.フィ.カト] 名 男〔複 -cats〕〔宗〕〔楽〕**聖母マリア賛歌**, マニフィカト

mag-ni-fi-'cen-cia [マグ.ニ.フィ.'セン.すぃア] 名 女《格》**壮大, 荘厳**;《格》**寛大, 寛容**

__mag-'ní-fi-co, -ca__ [マグ.'ニ.フィ.コ, カ] 84% 形 **壮大な, 荘厳な, 立派な; すばらしい; …**殿**《大学の学長に用いられる敬称》 感 **それはすばらしい!** **-camente** 副 **すばらしく; 堂々と**

*__mag-ni-'tud__ [マグ.ニ.'トゥド] 92% 名 女 **大きさ**, 大きいこと; **寸法, 大きさ; 偉大さ, 重要性**;〔天〕(恒星の明るさの)**等級**; (地震の)**マグニチュード**

'mag-no, -na ['マグ.ノ, ナ] 形《格》**偉大な, 大…, 堂々とした, 広大[壮大]な** ***Carta Magna*** 〔歴〕**マグナカルタ, 大憲章**

mag-'no-lia [マグ.'ノ.リア] 名 女〔植〕**タイサンボク**

'ma-go 名 男 **魔法使い, 魔術師**;〔宗〕**マギ**《ゾロアスター教の司祭》;〔Magos〕〔宗〕**東方の三博士** ～, **-ga** 形 **魔法の**;〔宗〕**東方の三博士の** ***Día de los Reyes Magos*** 〔宗〕**主御公現の祝日**《1月6日, 子供たちに玩具などの贈り物をする》

ma-gre-'ar [マ.グれ.'アる] 動 他《俗》いやらしくさわる, まさぐる

ma-'gre-o [マ.'グれ.オ] 名 男《俗》いやらしくさわること, まさぐること

ma-'grez [マ.'グれす] 名 女〔体〕(人が)**やせていること, 脂肪分がないこと**;〔農〕(土地が)**やせていること**

'ma-gro, -gra ['マ.グろ, グら] 形《スペイン》〔食〕«肉が»**脂肪分のない**;〔農〕«土地が»**やせた** 名 男《スペイン》〔食〕**脂肪分のない豚肉**; **-gra** 名 男《スペイン》〔食〕**脂肪分のないハム**

ma-'gu-ra 名 女 ⇧ magrez

ma-'guey [マ.'ゲイ] 名 男〔植〕**リュウゼツラン**《メキシコ原産, テキーラの原料, 繊維をとる》

ma-gu-lla-'du-ra [マ.グ.ジャ.'ドゥ.ら] 名 女〔医〕**打撲傷**

ma-gu-lla-'mien-to 名 男 ⇧ magulladura

ma-gu-'llar [マ.グ.'ジャる] 動 他〔医〕〈に〉**打撲傷を負わせる, 強く打つ** ～**se** 動 再〔医〕**打撲傷を負う**, あざができる, **傷がつく**,〈自分の体を〉**強く打つ**

ma-ha-ra-'já 名 男 ⇩ marajá

ma-ho-me-'ta-no, -na [マ.オ.メ.'タ.ノ, ナ] 形〔歴〕**ムハンマドの**《ムハンマド Mahoma, 568?–632, アラブの予言者, イスラム教の開祖》;〔宗〕**イスラム教の** 名 男 女〔宗〕**イスラム教徒**

ma-ho-me-'tis-mo [マ.オ.メ.'ティス.モ] 名 男〔宗〕**イスラム教**

ma-ho-me-ti-'zar [マ.オ.メ.ティ.'さ

る] [動] [自] 34 (z|c) 〘宗〙 イスラム教徒になる, イスラム化する [動] [他] 〘宗〙 イスラム教徒にする, イスラム教を布教する

Ma+'hón [マ.'オン] [名] [固] 〘地名〙 マオン《スペイン, バレアレス諸島のメノルカ島の都市》

ma+ho-'nés, -'ne-sa [マ.オ.'ネス, 'ネ.サ] [形] [名] [男] [女] 〘地名〙 マオンの(人) ⬆ Mahón -**nesa** [名] [女] ⇩ mayonesa

mai-'ce-na [マイ.'せ.ナ] [名] [女] 〘食〙《商標》 マイセーナ《トウモロコシ粉, コーンフラワー》

Mai-'da-na [名] [固] 〘姓〙 マイダナ

mail ['メイル] [名] [男] 〘英語〙〘情〙 **E** メール ⇨ correo electrónico ⬆ correo

'Mainz ['マインツ] [名] [固] 〘地名〙 マインツ《ドイツ西部の都市》

'Mai-te [名] [固] 〘女性名〙 マイテ《María Teresa の愛称》

mai-'ti-nes [名] [男]《複》〘宗〙 朝課

***ma+'íz** [マ.'イす] 92% [名] [男] 〘植〙 トウモロコシ

mai-'zal [マイ.'さル] [名] [男] 〘農〙 トウモロコシ畑

ma-'ja-da [マ.'は.ダ] [名] [女] 〘建〙〘畜〙 羊小屋, 牧舎;《ラプラタ》《チリ》 羊の群れ

ma-ja-de-'rí+a [マ.は.デ.'り.ア] [名] [女] ばかげた言動

ma-ja-'de-ro, -ra [マ.は.'デ.ろ, ら] [形] ばかげた, ひどい [名] [男] [女] ばか者 [名] [男] すりこぎ, きね, 乳鉢; 〘技〙 (レース糸用の)糸巻き

ma-'jar [マ.'はる] [動] [他] つき砕く, すりつぶす, 挽(ひ)く, 粉にする;《話》 困らせる, 悩ませる

ma-ja-'re-ta [マ.は.'れ.タ] [形] [名] [共]《スペイン》《話》 頭がおかしい(人)

***ma-jes-'tad** [マ.ヘス.'タド] 91% [名] [女] 陛下; 威厳, 尊厳, 荘厳, 壮大さ

ma-jes-tuo-si-'dad [マ.ヘス.トゥオ.スィ.'ダド] [名] [女] 威厳, 荘厳さ

ma-jes-'tuo-so, -sa [マ.ヘス.'トゥオ.ソ, サ] [形] 威厳のある, 荘厳な, 堂々とした

ma-'je-za [マ.'へ.さ] [名] [女]《話》 粋(いき)なこと, いなせ

****'ma+jo, +ja** ['マ.ほ, は] 89% [形]《スペイン》《話》 すてきな, 感じのよい;《スペイン》 だてな, 粋(いき)な, いなせな [名] [男] [女]《スペイン》 マホ, マハ《18, 19 世紀マドリードのしゃれ者》;《スペイン》《話》 すてきな人, 感じのよい人 [感] ねえ, おまえ《呼びかけ》

ma-'jue-lo [マ.'ふエ.ロ] [名] [男] 〘植〙 サンザシ; 〘農〙 ブドウ園; 〘農〙 房をつけた新しいブドウづる; 〘衣〙 靴ひも

ma-'jun-che [マ.'ふン.チェ] [名] [男]《ベネズエラ》《話》 安物, つまらない物

Ma-'ju-ro [マ.'ふ.ろ] [名] [固] 〘地名〙 マジュロ諸島《マーシャル諸島共和国 Islas Marshall の首都》 ⬇ Marshall

****'mal** ['マル] 67% [副] 悪く, まずく, へたに; ひどく, 不正に, 邪悪に; 〘医〙 具合が悪い, 気分がすぐれない, 病気である; ほとんど…ない; 不快に, ひどく [名] [男] 悪, 不正; 〘医〙 病気; 害, 障害, 危害, 害悪; 不運, 不幸, 災難; (精神・道徳などの)不健全; (社会の)悪弊 [形] **malo** の語尾短縮形《男性単数名詞の前に現れる形》 ⬇ malo ***darse ~*** へたである ***de ~ en peor*** だんだん悪く ***estar a ~ con…*** …とけんかしている, …とそりが合わない ***~ que…*** (接続法) …であっても ***~ que bien*** どうにかこうにか ***¡Menos ~!*** まだましだ, 不幸中の幸いである ***Menos ~ que…*** (直説法) …でよかった, まだましである ***salir ~*** 失敗する, うまくいかない ***tomar a ~*** 誤解する, 悪くとる

ma-la-'bar [マ.ラ.'バる] [形] 〘演〙 曲芸の

ma-la-ba-'ris-mo [マ.ラ.バ.'りス.モ] [名] [男] 〘演〙 (玉や刃物を使ったお手玉の)曲芸

ma-la-ba-'ris-ta [マ.ラ.バ.'りス.タ] [名] [共] 〘演〙 曲芸師

***Ma-'la-bo** [マ.'ラ.ボ] 94% [名] [固] 〘地名〙 マラーボ《赤道ギニア共和国 Guinea Ecuatorial の首都》

ma-l|ab-sor-'ción [マ.ラブ.ソる.'すぃオン] [名] [女] 〘医〙 吸収不全[不良]

Ma-'la-ca [マ.'ラ.カ] [名] [固] 〘地名〙 マラッカ《マレーシアの州, 州都》; 〔península de ~〕〘地名〙 マレー半島《東南アジア, インドシナ半島からさらに南にのびた半島》; 〔estrecho de ~〕〘地名〙 マラッカ海峡《マレー半島とスマトラ島の間の海峡》

ma-la-ca-'ro-so, -sa [マ.ラ.カ.'ろ.ソ, サ] [形]《コロンビア》《話》 怒った, 不機嫌な

ma-la-'ca-te [マ.ラ.'カ.テ] [名] [男] 〘機〙 巻き揚げ機, ウインチ;《ラ米》 錘(つむ), 紡錘

ma-'la-cia [マ.'ラ.すぃア] [名] [女] 〘医〙 異食症《土・紙など栄養のないものを食べたくなる症候》

ma-la-ci-'ta+no, -na [形] ⇩ malagueño

ma-l|a-cos-tum-'bra-do, -da [マ.ラ.コス.トゥン.'ブら.ド, ダ] [形] 悪習慣をもつ, 悪い癖のついた; 甘やかされた, しつけの悪い

'má-la-ga ['マ.ラ.ガ] [名] [男] 〘植〙 マラガ《マスカット種の白ブドウ》; 〘飲〙 マラガ《ワイン》 **M~** [名] [固] 〘地名〙 マラガ《スペイン南部の県, 県都》

Ma-la-'gal-pa [マ.ラ.'ガル.パ] [名] [固] 〘地名〙 マラガルパ《ニカラグア中部の県》

ma-la-'gue-ño, -ña [マ.ラ.'ゲ.ニョ, ニャ] [形] [名] [男] [女] マラガの(人) -**ña** [名] [女] 〘楽〙 マラゲーニャ《マラガ地方の民謡, 舞踊》

'ma-la-'men-te ['マ.ラ.'メン.テ] [副]《話》 悪く, ひどく ⇧ mal;《話》 やっとのことで

ma-'lan-co, -ca [マ.'ラン.コ, カ] 形 《ﾒｷｼｺ》《話》病気の(人); 腐った(果物)
ma-l|an-'dan-te [マ.ラン.'ダン.テ] 形 不運な, 不幸な
ma-l|an-'dan-za [マ.ラン.'ダン.さ] 名 女 不運, 不幸
ma-l|an-'drín, -'dri-na [マ.ラン.'ドリン, 'ドリ.ナ] 形 悪い, 邪悪な 名 男 女 ろくでなし, 悪人
ma-la-no-'char-se [マ.ラ.ノ.'チャる.セ] 動 再 《ｱﾝﾃﾞｽ》《話》夜ふかしをする
ma-la-'pa-ta [マ.ラ.'パ.タ] 名 男 [女] 《話》悪運, 不運 名 共 《ｽﾍﾟｲﾝ》面倒な人, やっかいな人, つまらない人
ma-la-'qui-ta [マ.ラ.'キ.タ] 名 女 〔鉱〕孔雀(くじゃく)石
ma-'la-ria [マ.'ラ.りア] 名 女 〔医〕マラリア
*__Ma-'la-sia__ [マ.'ラ.スィア] 94% 名 固 〔地名〕マレーシア《東南アジアの連邦制立憲君主国》
ma-'la-sio, -sia 形 〔地名〕マレーシア(人)の ↑Malasia; 名 男 女 マレー人, マレーシア人
ma-la-'som-bra [マ.ラ.'ソン.ブら] 名 共 《話》面倒な人, やっかいな人, つまらない人 名 女 《話》意地悪, 悪意
Ma-'la-ui⇔-wi [マ.'ラ.ウイ] 名 固 〔República de ~〕〔地名〕マラウイ《アフリカ大陸南東部の共和国》
ma-la+'ú-va [マ.ラ.'ウ.バ] 名 女 《話》悪い性格; 悪意
ma-l|a-ven-'tu-ra [マ.ラ.ベン.'トゥ.ら] 名 女 不幸, 不運
ma-l|a-ven-tu-'ra-do, -da [マ.ラ.ベン.トゥ.'ら.ド, ダ] 形 名 男 女 不運な(人), 不幸な(人)
ma-l|a-ven-tu-'ran-za 名 女 ⇧ malaventura
ma-'la-yo, -ya [マ.'ラ.ジョ, ジャ] 形 〔地名〕マレーシア(人)の ⇧ malasio, ↑Malasia; 〔言〕マレー語の 名 男 女 マレー人, マレーシア人 名 男 〔言〕マレー語 **-ya** 名 女 《ﾁﾘ》テーブル用のふきん; 《ﾁﾘ》〔食〕牛肉; 〔península ~ya〕〔地名〕マレー半島《アジア大陸の東南端の半島》
mal-ba-ra-'tar [マル.バ.ら.'タる] 動 他 〔商〕安売りする, 投げ売りする; 浪費する, 無駄遣いする
mal-ca-'ra-do, -da [マル.カ.'ら.ド, ダ] 形 不機嫌な顔をした, ぶすっとした
mal-ca-'sa-do, -da [マル.カ.'サ.ド, ダ] 形 不貞な; 夫婦仲のよくない
mal-co-'mer [マル.コ.'メる] 動 自 貧しい食事をする
mal-con-'ten-to, -ta [マル.コン.'テン.ト, タ] 形 不平を言う, 不満な, 反抗的な 名 男 女 不平家, 反抗者
mal-'cria-do, -da [マル.'クりア.ド, ダ] 形 しつけの悪い, 甘やかされた
mal-'criar [マル.'クりアる] 動 他 ㉙ (i|í) 〈子供を〉甘やかす
*__mal-'dad__ [マル.'ダド] 94% 名 女 邪悪, 不正, 悪, 不善; 悪事, 不正行為
mal-de-'cir [マル.デ.'すぃる] 動 他 ⑳ (decir)〔未来 maldeciré; 過分 maldecido; 命 maldice〕ののしる, 〈の〉悪口を言う; 呪う 動 自 (de: を)ののしる, (de: に)悪態をつく; 文句を言う, ぐちをこぼす
mal-di-'cien-te [マル.ディ.'すぃエン.テ] 形 陰口をきく, 中傷する 名 共 中傷家, 悪口屋, 毒舌家
mal-di-'ción [マル.ディ.'すぃオン] 名 女 悪態, 悪口の言葉, ののしり; 呪い, 呪いの言葉; たたり, 災い, ばち 感 ちくしょう!
mal-'di-ta 形 《女》↓maldito
*__mal-'di-to, -ta__ [マル.'ディ.ト, タ] 92% 形 《話》いまいましい, 腹立たしい, ひどい, 劣悪な; 呪われた, たたられた; 呪うべき; 少しも…ない 名 男 女 《話》いまいましい人; 悪魔 ***¡Maldita sea!*** 《話》ああ, いまいましい!, なんということだ!
Mal-'di-vas [マル.'ディ.バス] 名 固 〔República de ~〕〔地名〕モルディブ《インド洋の島国, 共和国》
Mal-do-'na-do [マル.ド.'ナ.ド] 名 固 〔地名〕マルドナード《ウルグアイ南東部の県, 県都》
Ma+'lé [マ.'レ] 名 固 〔地名〕マレ《モルディブ共和国 Maldivas の首都》
ma-le+'a-ble [マ.レ.'ア.ブレ] 形 〔技〕《金属が》鍛えられる, 展性のある
ma-le+'an-te [マ.レ.'アン.テ] 名 共 不良, ごろつき, ヤクザ 形 堕落した, 不正な; よこしまな, 性悪な, 邪悪な
ma-le+'ar [マ.レ.'アる] 動 他 害する, 損なう, だいなしにする, 傷める, 汚す; 堕落させる **~se** 動 再 悪くなる, 傷む; 《人が》堕落する, 悪くなる
ma-le-'cón [マ.レ.'コン] 名 男 〔建〕防壁, 堤防, 防波堤, 堰(せき)
ma-le-di-'cen-cia [マ.レ.ディ.'せン.すぃア] 名 女 中傷, 悪口
ma-l|e-du-'ca-do, -da [マ.レ.ドゥ.'カ.ド, ダ] 形 名 男 女 粗野な(人), しつけの悪い(人), 行儀の悪い(人)
ma-le-fi-'ciar [マ.レ.フィ.'すぃアる] 動 他 害する, 傷つける; 〈に〉魔法[呪い]をかける
ma-le-'fi-cio [マ.レ.'フィ.すぃオ] 名 男 呪術, 呪い
ma-'lé-fi-co, -ca [マ.'レ.フィ.コ, カ] 形 有害な, 悪い, 悪意のある, 呪いの 名 男 女 妖術師, 魔法使い, 魔術師
*__ma-l|en-ten-'di-do__ [マ.レン.テン.

'ディ.ド] 94% 名 男 誤解, 曲解

'ma-les 名 男《複》⬆mal

ma-l|es-'tar [マ.レス.'タる] 名 男 不調, 気分[体調]の悪いこと, 病気; 不愉快, 不安, 心配

****ma-'le-ta** [マ.'レ.タ] 87% 名 女 スーツケース, 旅行かばん 名 男《(スペイン)》〔軽蔑〕へたなやつ, 役立たず *estar de* ～《(チリ)》《話》怒っている *hacer la* ～ 旅行の支度をする; 去る, 出て行く

***ma-le-'te-ro** [マ.レ.'テ.ろ] 94% 名 男 ポーター, 赤帽;〔車〕トランク ～, **-ra** 名 男 女 スーツケースの製造者

ma-le-'ti-lla [マ.レ.'ティ.ジャ] 名 男〔牛〕闘牛士を志願する少年

***ma-le-'tín** [マ.レ.'ティン] 94% 名 男 アタッシュケース, 書類かばん; 小型旅行かばん

ma-'le-vo, -va [マ.'レ.ボ, バ] 形《(南米)》悪い, 性悪の 名 男 女 悪人

ma-le-vo-'len-cia [マ.レ.ボ.'レン.すぃア] 名 女 悪意, 敵意

ma-'lé-vo-lo, -la [マ.'レ.ボ.ロ, ラ] 形 悪意のある, 敵意をもった

ma-'le-za [マ.'レ.さ] 名 女〔集合〕〔植〕雑草, 草; 茂み, やぶ; 下生え, 下草

mal-for-ma-'ción [マル.フォる.マ.'すぃオン] 名 女〔医〕奇形

mal-'ga-che [マル.'ガ.チェ] 形〔地名〕マダガスカル(人)の⬆Madagascar;〔言〕マダガスカル語の 名 共 マダガスカル人 名 男〔言〕マダガスカル語

mal-gas-ta-'dor, -'do-ra [マル.ガス.タ.'ドる, 'ド.ら] 形 浪費する, むだ遣いする 名 男 女 浪費家, むだ遣いする人

mal-gas-'tar [マル.ガス.'タる] 動 他 浪費する, むだ遣いする

mal-ha-'bla-do, -da [マ.ラ.'ブラ.ド, ダ] 形 名 男 女 口汚い(人), 下品な言葉を使う(人)

mal-ha-'da-do, -da [マ.ラ.'ダ.ド, ダ] 形《格》不幸な, 不運な; 不吉な

mal-'ha-ya [マ.'ラ.ジャ] 感《(ラ米)》《話》くそくらえ!

mal-'he-cho, -cha [マ.'レ.チョ, チャ] 形 不格好な, 奇形の 名 男 悪事, 悪行

mal-he-'chor, -'cho-ra [マ.レ.'チョる, 'チョ.ら] 名 男 女 悪人, 犯罪者; 詐欺師, ペテン師 形 悪い, 邪悪な, 悪事を働く

mal-he-'rir [マ.レ.'りる] 動 他 65 (e|ie|i) <に>ひどいけがをさせる, <に>重傷を負わせる, ひどく傷つける

mal-hu-'mor [マ.ル.'モる] 名 男 不機嫌

mal-hu-mo-'ra-do, -da [マ.ル.モ.'ら.ド, ダ] 形 不機嫌な

mal-hu-mo-'rar [マ.ル.モ.'らる] 動 他 不機嫌にする ～**se** 動 再 不機嫌になる

'Ma-li⇔**Ma-'lí** ['マ.リ⇔マ.'リ] 名 固〔República de ～〕〔地名〕マリ《アフリカ西部の共和国》

ma-'lí [マ.'リ] 形 名 共 ⇩maliense

***ma-'li-cia** [マ.'リ.すぃア] 94% 名 女 悪意, 敵意, 恨み;〔複〕《話》疑い, 疑念; 狡猾, 抜け目なさ, ずるさ

ma-li-'ciar [マ.リ.'すぃアる] 動 他 <que 直説法: だと>疑う ～**se** 動 再 疑う, 勘ぐる, 邪推する; 悪くなる, 傷む

***ma-li-'cio-so, -sa** [マ.リ.'すぃオ.ソ, サ] 94% 形 名 男 女 悪意のある(人), 意地の悪い(人); ずるい(人), 抜け目のない(人)

ma-'lien-se [マ.'リエン.セ] 形〔地名〕マリ(人)の 名 共 マリ人⬆Mali

ma-lig-ni-'dad [マ.リグ.ニ.'ダド] 名 女 悪意, 下心;〔医〕悪性, (病気の)重大さ

ma-'lig-no, -na [マ.'リグ.ノ, ナ] 形 悪意のある, 悪意に満ちた;〔医〕悪性の

ma-lin-'chis-ta [マ.リン.'チス.タ] 名 共《(メキシコ)》裏切り者, 売国奴《Malinche マリンチェ[マリンツィン], ?–1530, メキシコ女性, コルテスの通訳》

ma-l|in-ten-cio-'na-do, -da [マ.リン.テン.すぃオ.'ナ.ド, ダ] 形 悪意のある, 敵意を持った, 下心のある, 悪だくみをした

ma-l|in-ter-pre-'tar [マ.リン.テる.プれ.'タる] 動 他 曲解する, 悪くとる

ma-'lí-si-mo, -ma〔最上級〕⬆mal, ⬇malo

'ma-lla ['マ.ジャ] 名 女 網, メッシュ, ネット, 網状のもの, ニット;〔複〕〔衣〕タイツ, レオタード;〔競〕〔サッカーなど〕(ゴールの)ネット;《(ボリビア)》《(ラプラタ)》〔衣〕水着;《(ボリビア)》《(ラプラタ)》時計バンド *hacer* ～《(ラ米)》編物をする

'ma-llo ['マ.ジョ] 名 男 槌(つち), 小槌;〔競〕ペルメル球戯(場)《槌で球を打って鉄の輪を通す競技》

Ma-'llor-ca [マ.'ジョる.カ] 名 固〔地名〕マジョルカ島《スペイン, バレアレス諸島中の最大の島》

ma-llor-'quín, -'qui-na [マ.ジョる.'キン, 'キ.ナ] 形〔地名〕マジョルカ島(人)の 名 男 女 マジョルカ島人⬆Mallorca;〔言〕(カタルーニャ語の)マジョルカ方言の 名 男〔言〕(カタルーニャ語の)マジョルカ方言

ma-llu-'gar 動 他《(カリブ)》《(ベネズエラ)》⇧magullar

mal-me-'ter [マル.メ.'テる] 動 他 堕落させる, そそのかして(a 不定詞: …)させる; (con: と)仲たがいさせる, 疎遠にする; 浪費する

mal-mi-'ra-do, -da [マル.ミ.'ら.ド, ダ] 形 悪く思われている

mal-nu-tri-'ción [マル.ヌ.トり.'すぃオ

ン] [名] [女] 〔医〕 栄養不良[失調]

'ma+lo, +la ['マ.ロ, ラ] 69% [形] 〔男性単数名詞の前では mal となる〕 悪い, よくない, 不良な, 不正な, 有害な; 劣った, 粗悪な; 〖食〗 まずい, おいしくない; 不適当な, 都合の悪い, 運の悪い; 〖医〗 病気の; 〖気〗 天気が悪い, 荒れ模様の; 腐っている; 困難な, (de 不定詞: …)しにくい, なかなか(de 不定詞: …)しない; 《話》 不得意な ***estar de malas*** 不機嫌である; 運が悪い; 仲たがいしている ***Lo ~ es que*** … 実は都合の悪いことに…, あいにくなことに… ***ni un(a) mal(a)*** 《否定》 …さえ~ない ***por las malas*** 力ずくで, 強制的に, いやでも, いやおうなしに

ma-lo-'gra-do, -da [マ.ロ.'グら.ド, ダ] [形] 若死にした, 夭折(ようせつ)した; 不幸な, 不運な; 失敗した

ma-lo-'grar [マ.ロ.'グらる] [動] [他] 浪費する; 〈機会を〉逸する; 損じる, だめにする **~se** [動] [再] 若死にする, 夭折(ようせつ)する; 失敗する, 挫折する

ma-'lo-gro [マ.'ロ.グろ] [名] [男] 失敗, 挫折; 若死に, 夭折

ma-l|o-'lien-te [マ.ロ.'リエン.テ] [形] 悪臭がする, いやなにおいのする

ma-'lón [マ.'ロン] [名] [男] 《チリ》 各自が飲食物を持ち寄るパーティー; 《ボリビア》《ラプラタ》 群衆

mal-pa-'ra-do, -da [マル.パ.'ら.ド, ダ] [形] 傷ついた, さんざんな目にあった

mal-pa-'rar [マル.パ.'らる] [動] [他] 傷つける, さんざんな目にあわせる, いじめる

mal-pa-'rir [マル.パ.'りる] [動] [自] 〖医〗 流産する

mal-'par-to [マル.'パる.ト] [名] [男] 〖医〗 流産

mal-pen-'sa-do, -da [マル.ペン.'サ.ド, ダ] [形] 疑い深い, ひねくれた [名] [男] [女] 疑い深い人

mal-que-'ren-cia [マル.ケ.'れン.すぃア] [名] [女] 敵意, 悪意; 反感, 嫌悪

mal-que-'rer [マル.ケ.'れる] [動] [他] 55 (e|ie) 嫌う, いやがる, 〈に〉悪意を持つ

mal-quis-'tar [マル.キス.'タる] [動] [他] (con: と)仲たがいさせる, 敵対させる **~-se** [動] [再] (con: と)敵対する, 仲たがいする

mal-'quis-to, -ta [マル.'キス.ト, タ] [形] (por: に)嫌われた, いやがられた

mal-'sa+no, -na [マル.'サ.ノ, ナ] [形] 〖医〗 健康に害がある, 体によくない, 有害な; 〖医〗 病弱な

mal-so-'nan-te [マル.ソ.'ナン.テ] [形] 下品な; いやな, 不快な, 耳ざわりな

'mal-ta ['マル.タ] [名] [女] 〖植〗 麦芽, モルト; 〖飲〗 麦芽飲料

'Mal-ta ['マル.タ] [名] [固] 〔República de ~〕 〖地名〗 マルタ 《地中海中央部の島, 共和国》 ***fiebre de ~*** 〖医〗 マルタ熱

mal-'tés, -'te-sa [マル.'テス, 'テ.サ] [形] [名] [男] [女] 〖地名〗 マルタ(人)の ⬆Malta; マルタ人 〖言〗 マルタ語の [名] [男] 〖言〗 マルタ語

mal-tra+'er [マル.トら.'エる] [動] [他] 70 (traer) ひどい目にあわせる, 虐待する ***llevar a ~*** 悩ませ続ける

*__mal-tra-'tar__ [マル.トら.'タる] 94% [動] [他] 虐待する, 酷使する; 傷つける

mal-'tra-to [マル.'トら.ト] [名] [男] 虐待, 酷使

mal-'tre-cho, -cha [マル.'トれ.チョ, チャ] [形] 虐待された, 酷使された, さんざんな目にあわされた

mal-tu-sia-'nis-mo [マル.トゥ.スィア.'ニス.モ] [名] [男] 〖経〗 マルサス主義, マルサスの人口論 《Thomas Robert Malthus, 1766–1834, イギリスの経済学者》

mal-tu-'sia+no, -na [マル.トゥ.'スィア.ノ, ナ] [形] 〖経〗 マルサス主義の [名] [男] [女] 〖経〗 マルサス主義者 ⬆maltusianismo

ma-'lu-cho, -cha [マ.'ル.チョ, チャ] [形] 《話》〖医〗 体調が悪い, 気分が悪い; 質が悪い, 傷んだ

ma-'lu-co, -ca [マ.'ル.コ, カ] [形] 《ベネズエラ》 《話》 悪い, 意地悪な(人)

ma-lu-'que-ra [マ.ル.'ケ.ら] [名] [女] 《コロンビア》《話》 体の不調, めまい

'mal-va ['マル.バ] [名] [女] 〖植〗 アオイ; 《メキシコ》 《話》 ずる賢い人 [形] 藤色の [名] [男] 藤色 ***estar criando ~s*** 《話》〔皮肉〕 草葉の陰にいる, 埋葬されている ***ser [estar] como una ~*** 《話》 おとなしい

mal-'vá-ce+o, +a [マル.'バ.せ.オ, ア] [形] 〖植〗 アオイ科の

*__mal-'va-do, -da__ [マル.'バ.ド, ダ] 94% [形] 邪悪な, よこしまな, 極悪の [名] [男] [女] 悪党, 悪人

mal-va-'sí+a [マル.バ.'スィ.ア] [名] [女] 〖飲〗 マルバシア 《白ワイン》; 〖植〗 マルバシアブドウ

mal-va-'vis-co [マル.バ.'ビス.コ] [名] [男] 〖植〗 ウスベニタチアオイ; 《メキシコ》 マシュマロ

mal-ven-'der [マル.ベン.'デる] [動] [他] 〖商〗 安売りする, 投げ売りする

mal-ver-sa-'ción [マル.べる.サ.'すぃオン] [名] [女] 〖法〗 公金横領, 着服

mal-ver-'sar [マル.べる.'サる] [動] [他] 〖法〗 横領する, 着服する

Mal-'vi-nas [マル.'ビ.ナス] [名] [固] 〔islas ~〕 〖地名〗 フォークランド[マルビーナス]諸島 《イギリス領, 南大西洋の諸島》

mal-'vís [マル.'ビス] [名] [男] 〖鳥〗 ツグミ, ウタツグミ

mal-vi-'vir [マル.ビ.'ビる] [動] [自] 苦しい生活をする

'ma+ma [名] [女] 《話》 ママ, お母ちゃん 《家族内での母親への呼びかけ》 ⇧ mamá

'ma+ma 名 女〔体〕乳房;《児》ママ, おかあちゃん

****ma+'má** 76% 名 女〔複 -más〕《話》ママ, お母さん《家族の間で用いる》 ~ ***grande*** 《ラ米》祖母, おばあさん

ma-ma-'ci-ta [マ.マ.'すぃ.タ] 名 女《ラ米》《話》お母さん;《ラ米》《話》かわいい女の子, すてきな女性

ma-'ma-do, -da 形《俗》酒に酔った **-da** 名 女 乳を吸うこと;《俗》フェラチオ;《メキシコ》《話》うまみのある仕事 ***coger*** [***aga-rrar***] ***una mamada***《俗》酔う, 酔っぱらう

ma-ma-'dor, -'do-ra [マ.マ.'ドる, 'ド.ら] 名 男 女《メキシコ》《話》居候(いそうろう)

ma-ma-'gran-de [マ.マ.'グらン.デ] 名 女《ラ米》祖母, おばあさん;(女性の)長老, 指導者

ma-'mar** [マ.'マる] 92% 動 自 乳を吸う[飲む] 動 他〈乳を〉吸う; 飲み込む; 幼児期から覚える[身につける] **~se** 動 再《話》うまく[まんまと]手に入れる;《話》酔っぱらう ***~la《俗》だまされる, からかわれる ***~le gallo***《南米北》《話》(a: を)からかう, だます

ma-'ma-rio, -ria [マ.'マ.りオ, りア] 形〔体〕乳房の

ma-ma-rra-'cha-da [マ.マ.ら.'チャ.ダ] 名 女《話》ばかげた言動

ma-ma-'rra-cho [マ.マ.'ら.チョ] 名 男《話》へたな絵; へんちくりんなもの, がらくた;《話》変な服装 形 名 共《話》変な(人), おかしな(人)

'mam-bo 名 男〔楽〕マンボ《ラテンアメリカのリズミカルな音楽・ダンス》

ma-me-'lu-co, -ca [マ.メ.'ル.コ, カ] 名 男 女《話》ばか者, まぬけ;〔歴〕〔軍〕マムルーク《エジプトの護衛兵》 名 男《カリブ》《南米》〔衣〕オーバーオール, 胸当て付き作業ズボン

ma-'mer-to, -ta [マ.'メる.ト, タ] 形 名 男 女《ラプラタ》《話》頭が悪い(人), 不器用な(人)

ma-'mey 名 男〔植〕マミー《食用の実がなる熱帯アメリカ原産の木》

'ma+mi 名 女《話》ママ, お母ちゃん《家族内での母親への呼びかけ》⇧ mamá

ma-'mí-fe-ro, -ra [マ.'ミ.フェ.ろ, ら] 形〔動〕哺乳類の 名 男〔動〕哺乳動物;〔複〕哺乳類

ma-'mi-la [マ.'ミ.ラ] 名 女〔体〕(女性の)乳房;〔体〕(男性の)乳頭;《メキシコ》《カリブ》〔飲〕哺乳瓶(びん)

ma-'mi-ta [マ.'ミ.タ] 名 女〔縮小語〕⇧ mamá

ma-'mo-la [マ.'モ.ラ] 名 女 相手のあごの下を軽く突く[たたく]こと ***hacer la ~***《話》(a: を)からかう

ma-'món, -'mo-na 形 名 男 女 お乳をよく吸う(赤ちゃん);《メキシコ》《話》気取った(人), 上品ぶった(人);《話》やっかい者, 出しゃばり; 青二才 名 男〔植〕吸枝, ひこばえ;《ラプラタ》〔植〕パパイヤ;《メキシコ》〔食〕スポンジケーキ, カステラ

ma-mo-'na-zo [マ.モ.'ナ.そ] 名 男《ベネズエラ》《話》不幸; 強くたたくこと

ma-mo-'tre-to [マ.モ.'トれ.ト] 名 男《話》分厚い本; 手帳, 筆記帳, ノート;《話》大きくて醜いもの

mam-'pa-ra [マン.'パ.ら] 名 女 ついたて, びょうぶ;《アンデス》《チリ》〔建〕ガラス戸; 内扉

mam-'pa-ro [マン.'パ.ろ] 名 男〔海〕(船の中の)隔壁

mam-'po-rro [マン.'ポ.ろ] 名 男《スペイン》《話》平手打ち, 強打

mam-pos-te-'rí+a [マン.ポス.テ.'り.ア] 名 女〔建〕粗石積み, 野石積み

mam-'pues-to, -ta 形 粗石の 名 男 粗石;〔建〕胸壁

ma-'mut 名 男〔複 -muts〕〔歴〕〔動〕マンモス

ma+'ná 名 男〔複 -nás〕〔宗〕マナ《イスラエル人がアラビアの荒野で神から与えられた食物》; マンナ《トネリコの木の糖を含む樹液》 ***caer como ~ del cielo*** 願ってもないことが起こる

Ma-na-'bí 名 固〔地名〕マナビ《エクアドル西部の州》

ma-'na-da 名 女 (動物・鳥の)群れ; 大勢の人; ひと握り, ひとつかみ ***a*** [***de***] ***~s***《話》«人が»群れをなして, ドヤドヤと

'má-na-ger ['マ.ナ.へる] 名 共〔単複同〕マネージャー

***Ma-'na-gua** [マ.'ナ.グア] 93% 名 固〔地名〕マナグア《ニカラグア Nicaragua の首都; ニカラグア西部の県》

ma-na-'güen-se [マ.ナ.'グエン.セ] 形 名 共〔地名〕マナグアの(人)⬆Managua

Ma-'na-ma 名 固〔地名〕マナマ《バーレーン Baréin の首都》

***ma-nan-'tial** [マ.ナン.'ティアル] 94% 形〔地〕泉の; 流れる, あふれ出る, わき出る 名 男〔地〕泉, 源泉; 発端, 起源, 源

ma-'nar [マ.'ナる] 動 自 «水などが»わき出る; たくさんある, 富む, 多い 動 他 わき出させる

Ma-'nas-lu [マ.'ナス.ル] 名 固〔monte ~〕〔地名〕マナスル山《ネパール中部, ヒマラヤ山脈の高峰, 8163m》

ma-na-'tí 名 男〔複 -tíes⇔-tís〕〔動〕マナティー《アメリカ・アフリカの熱帯・亜熱帯地方に分布するカイギュウ(海牛)》; マナティーの革でできたむち

ma-'na-zas [マ.'ナ.さス] 名 共〔単複同〕《話》不器用な人

man-'car [マン.'カる] 動 他 69 (c|qu)〔医〕〈の〉手[腕]を不自由にする 動 自〔医〕

m

痛む ～se 動 再〘医〙手[腕]が不自由になる

man-'ce-ba [マン.'せ.バ] 名 女 情婦, 愛人, めかけ

man-'ce-bo [マン.'せ.ボ] 名 男 若者, 青年; 薬剤師の助手

man-'ce-ra [マン.'せ.ら] 名 女〘農〙犂(すき)の柄

'man-cha 90% 名 女 汚れ, しみ; (人格・名誉に対する)汚点, 傷; 斑点, まだらの跡; あざ;〘天〙(太陽の)黒点

'Man-cha ['マン.チャ] 名 固〔la ～〕〘地名〙ラ・マンチャ《スペイン中南部の地方》;〔canal de la ～〕〘地名〙イギリス海峡《イングランド南岸とフランス北岸の間の海峡》

man-'char [マン.'チャる] 93% 動 他 (de, con: で)汚す, 〈に〉しみをつける, 変色させる ～se 動 再〈自分の体[服]を〉汚す, 汚れる; «名誉などが»傷がつく

man-'che-go, -ga 形 名 男 女〘地名〙ラ・マンチャの(人) ↑Mancha 名 男〘食〙ラ・マンチャのチーズ

Mán-ches-'ter ['マン.チェス.テる] 名 固〘地名〙マンチェスター《イギリス, イングランド北西部の都市》

man-'che-ta 名 女《ベネズエラ》(新聞の)短い社説

man-'chú 形〔複 -chúes⇦-chús〕〘地名〙満州(人)の ↓Manchuria;〘言〙満州語の 名 共 満州人 名 男〘言〙満州語

Man-'chu-ria [マン.'チュ.りア] 名 固〘地名〙満州《中国の東北地方の旧通称》

man-'ci-lla [マン.'すぃ.ジャ] 名 女 きず, 欠点, 汚点

man-ci-'llar [マン.すぃ.'ジャる] 動 他 汚す, 〈に〉泥を塗る《抽象的な意味で使う》

'man-co, -ca 形 名 男 女 片腕[手]が不自由な(人) *no quedarse ～[ca]* (en: が)上手だ *Tampoco es ～[ca].* 悪くもない

man-co-'mún 〔成句〕 *de ～* 共同で, 連帯して

man-co-mu-'nar [マン.コ.ム.'なる] 動 他 結合する, 合わせる, 団結させる;〘法〙〈の〉連帯責任とする ～se 動 再 (con: と)一体になる, 連合する, 団結する

man-co-mu-ni-'dad 名 女 連帯, 連合, 団結, 協力; 共同体, 自治会, コミュニティー

man-'cor-na [マン.'コる.ナ] 名 女〔複〕《コロンビア》〘衣〙カフスボタン

man-'cuer-na [マン.'クエる.ナ] 名 女〔複〕《メキシコ》《中米》〘衣〙カフスボタン

man-cuer-'ni-lla 〔縮小語〕 ↑mancuerna

'man-da 名 女 遺産, 遺贈(財産); 提供の約束;〘宗〙神への誓い

man-da-'de-ro, -ra [マン.ダ.'デ.ろ, ら] 名 男 女 使者, 使い走り

man-'da-do 名 男 使い, 使い走り, 用たし; 命令 *bien* [*mal*] *～* 言うことを聞く[聞かない] *ir al ～* 《メキシコ》買物に行く

man-da-'más 名 共〔単複同〕《話》お偉方, 重要人物, ボス

man-da-'mien-to 90% 名 男 命令, 指令;〘宗〙戒律;〘法〙令状, 法令;《話》(5本の)指

man-'dan-ga 名 女〔複〕《話》つまらない言いわけ;《話》落ち着き, のんびり, のろま;《俗》マリファナ;《俗》コカイン

man-'dan-te 名 共〘法〙委任者, 委託者; 命令する人

man-'dar [マン.'ダる] 72% 動 他〈不定詞/que 接続法: …することを〉命令する, 指図する, 指示する, 頼む; 注文する; 指揮する, 支配する, 命令する, 率いる; (a: に)送る, 届ける, 〈車などを〉差し向ける, 〈小包・手紙などを〉発送する, 〈電報・無電を〉発信する; 〈挨拶(あいさつ)の言葉などを〉伝える; (命じて)〈人を〉(a: のところへ)行かせる, 派遣する, 〈人を〉使いにやる; 〈に〉(por: を)取りに行かせる, 呼びに行かせる; 見おろす 動 自 支配する, 命令する, 指揮する, 自由にふるまう ～se 動 再 一人で動ける; «部屋などが» (con: と)通じている *Lo que usted mande.* どうぞなんなりとお申しつけください *¿Mande?* 《ラ米》すみませんがもう一度おっしゃってくださいますか

man-da-'rín, -ri-na [マン.ダ.'りン, 'り.ナ] 形 名 男 女〘言〙標準中国語(の), 北京官話(の);〘歴〙(中国清朝の)上級官吏

man-da-'ri-na [マン.ダ.'り.ナ] 名 女〘植〙(マンダリン)ミカン

man-da-'ri+no [マン.ダ.'り.ノ] 名 男〘植〙(マンダリン)ミカンの木

man-da-'ta-rio, -ria [マン.ダ.'タ.りオ, りア] 名 男 女〘政〙国家元首, 大統領;〘法〙受任者, 代理人

man-'da-to 91% 名 男 命令, 指令; 在任期間, 任期; 委任;〘宗〙洗足式;〘情〙コマンド

man-'dí-bu-la [マン.'ディ.ブ.ラ] 名 女〘体〙あご, 顎骨(がっこつ);〘鳥〙くちばし

man-'dil [マン.'ディル] 名 男〘衣〙エプロン, (靴職人などの)前かけ;〘畜〙馬の手入れに使う布

man-'dio-ca 名 女〘植〙キャッサバ;〘食〙タピオカ《キャッサバの根から作る澱粉》

'man-do 88% 名 男 命令, 指令, 指揮(権), 制御(力);〘機〙制御(装置), コントロール; リモコン;〔複〕理事会, 首脳部, 幹部

man-'dó 動《直点 3 単》 ↑mandar

man-'do-ble [マン.'ド.ブレ] 名 男 両手を使った刀の打ちおろし;《話》大きな刀

man-do-'li-na [マン.ド.'リ.ナ] 名 女 〔楽〕マンドリン

man-'dón, -'do-na 形 名 男 女 《話》いばりちらす(人), 親分風を吹かせる(人)

man-'drá-go-ra [マン.'ドら.ゴ.ら] 名 女 〔植〕マンダラゲ

man-'dril [マン.'ドリル] 名 男 〔動〕マンドリル《西アフリカ産のヒヒ》; 〔機〕(旋盤の)心棒, 主軸

man-du-'car [マン.ドゥ.'カる] 動 他 69 (c|qu) 《俗》(がつがつ)食べる, 食う 動 自 《俗》がつがつ食べる

ma-ne+'ar-se [マ.ネ.'アる.セ] 動 再 《コロンビア》《チリ》《話》もつれる, 紛糾する

ma-ne-'ci-lla [マ.ネ.'すぃ.ジャ] 名 女 (時計の)針; 締め金; 〔印〕指標, 手, インデックス《☞の印》; 〔植〕巻きひげ

ma-ne-'ja-ble [マ.ネ.'は.ブレ] 形 扱える, コントロールできる; 管理できる; 利用できる

ma-ne-'jar [マ.ネ.'はる] 87% 動 他 〈道具などを〉扱う, 使う, 操る, コントロールする; 〈事業などを〉経営する, 管理する, やりくりする; 使う, 利用する; 《ラ米》〔車〕〈車を〉運転する 動 自 《ラ米》〔車〕車を運転する ～**se** 動 再 自由に体を動かす, 行動する; 自分の問題を処理する, なんとかうまくやる ***ma-nejárselas*** 《話》なんとかうまくやる

ma-'ne-jo [マ.'ネ.ほ] 89% 名 男 取り扱い, 運用, 使用法, 操縦, コントロール; 管理, 処理, 運営, 経営, やりくり; 如才のなさ; 策略, 計略; 《ラ米》(車の)運転

ma-'ne-ra [マ.'ネ.ら] 69% 名 女 方法, 様式, やり方; 態度, 様子, スタイル; 〔主に複〕行儀, 作法; 風習, 風俗, 習慣; 流儀, 様式, 手法, 作風; 《格》種類, (de: の)一種 ***a la ～ de*** … …式に ***a ～ de*** … …のような, …として ***a mi*** [***tu, su***] ～ 私[君, あなた, 彼]の…流儀で, …の気に入るように ***a mi ～ de ver*** 私の見るところ ***de cualquier ～*** いずれにしても, どちらにしても; いいかげんに, 適当に, かまわずに ***de esta ～*** このようにして; こういうことならば, それならば ***de mala ～*** ひどく, ぶざまに, さんざんな様子で; 乱暴に, 無礼に ***de ～ que*** …〔直説法〕それで…, その結果…; 〔接続法〕…する[できる]ように ***de ninguna ～*** 《否定》決して…でない; とんでもない ***de otra ～*** 違ったやり方で; もしそうでなければ ***de tal ～ que*** … …のように ***de todas ～s*** いずれにしても, とにかく ***no haber ～*** 仕方がない, どうしようもない

'ma-nes 名 男 《複》〔歴〕〔宗〕マネス《ローマ人の信仰で死者の霊魂》

ma-'ne-to, -ta 形 名 男 女 《中米》《ベネズエラ》《話》〔体〕**X**脚の(人), 足が曲がった(人)

'man-ga 92% 名 女 〔衣〕(服の)袖(そで), たもと; ホース; 排水管; 〔複〕利益, 収入; (布製の)濾過(ろか)器, 絞り器; 〔競〕試合, 1回戦; 〔畜〕(家畜を追い込む)通路; 〔海〕(船の)幅; 〔空〕(空港の)搭乗橋; 《メキシコ》《話》立派な身なりの人; 《コロンビア》芝, 芝生; 〔植〕マンゴーの木[果実] 名 男 (日本の)漫画 ***de ～ ancha*** 《話》度量が大きい, 寛容である ***en ～s de camisa*** 上着を脱いで, ワイシャツ一枚になって ***hacer ～s y capirotes*** 《話》勝手にやる ***～ ancha*** 《話》寛大さ ***～ por hombro*** 《話》乱雑に, むとんちゃくに ***sacarse de la ～*** 《話》〈よい手を〉考える[使う] ***tener en la ～*** 《話》いざというときの用意に持っている, 奥の手としてある

man-ga-'ne-so 名 男 〔化〕マンガン《元素》

man-'gan-te 形 《スペイン》くすねる, たかり屋の 名 共 こそ泥, たかり屋

man-'gar [マン.'ガる] 動 他 41 (g|gu) 《スペイン》《話》くすねる; 〈に〉たかる; 《カリブ》《話》わかる, 理解する

man-'ga-zo [マン.'ガ.そ] 名 男 《コロンビア》《話》(拳の)殴打, 殴りつけ

man-'glar [マン.'グラる] 名 男 〔植〕マングローブの林

'man-gle ['マン.グレ] 名 男 〔植〕マングローブ

'man-go 94% 名 男 ハンドル, 柄, 取っ手; 〔植〕マンゴー(の実)

man-go-ne+'ar [マン.ゴ.ネ.'アる] 動 自 《話》いばる, 指図する; 《話》でしゃばる, おせっかいをする; 《話》うろつく; 《カリブ》《話》時間をむだにする; 《ベネズエラ》《話》自堕落な生活をする

man-go-'ne+o 名 男 《話》でしゃばり, おせっかい

man-'go-so 名 男 《アンデス》《話》(体の)脂肪

man-'gos-ta 名 女 〔動〕マングース

man-'gua-la [マン.'グア.ラ] 名 女 《コロンビア》《話》不正; 悪巧み

man-'gue-ra [マン.'ゲ.ら] 名 女 ホース, 蛇管; 風道, 通風ダクト; 配水管; 《ラプラタ》〔畜〕(家畜を入れる)囲い

man-gue-re+'ar [マン.ゲ.れ.'アる] 動 自 《ベネズエラ》《話》怠ける, ぶらぶらする

man-'gui-to [マン.'ギ.ト] 名 男 〔衣〕マフ《両側から手を入れる筒状の防寒具》; 〔衣〕オーバースリーブ《袖を汚さないためのカバー》; 〔機〕入れ子, 軸受筒; 〔食〕ドーナツ型ビスケット

ma+'ní 名 男 〔複 -níes⇔-nís, -níses〕《ラ米》〔植〕ピーナツ, 落花生

ma-'ní+a 93% 名 女 熱狂, 熱中, …狂, マニア, 狂気, 夢中になるもの; 〔医〕躁(そう)病, 妄想; 変な習慣, 癖; (a: への)嫌悪, 反感, 恨み

ma-'ní+a-co, -ca⇔ **-'nia-** 形 名 男 女 〔医〕躁病の(患者)
ma-nia-'tar [マ.ニア.'タる] 動 他 〈に〉手錠をかける, 〈の〉手を縛る; 束縛する
ma-'niá-ti-co, -ca 形 狂気の, 偏執狂の, マニアの, 好き嫌いが激しい, 凝りすぎの 名 男 女 狂人, 偏執狂的愛好家, マニア
ma-ni-'co-mio 名 男 〔医〕精神病院
ma-ni-'cu-ro, -ra [マ.ニ.'ク.ろ, ら] 名 男 女 マニキュア師 **-ra** 名 女 マニキュア
ma-'ni-do, -da 形 〔食〕《食物などが》新鮮でない, 腐りかけた; 熟成した; 《格》ありふれた, 使い古された, 陳腐な, ありきたりの
ma-nie-'ris-mo [マ.ニエ.'りス.モ] 名 男 〔美〕マニエリズム《16 世紀ヨーロッパの美術様式, 尺度・遠近法などを誇張してゆがめる》; マンネリズム, 型にはまった手法
ma-nie-'ris-ta [マ.ニエ.'りス.タ] 形 名 共 〔美〕マニエリズムの(芸術家); マンネリの, 型にはまった
⁑**ma-ni-fes-ta-'ción** [マ.ニ.フェス.タ.'すぃオン] 86% 名 女 〔政〕デモ, 示威行動; 明示, 表明, 現れ; 〔政〕声明, 政見発表
ma-ni-fes-'tan-te 名 共 〔政〕デモ参加者, 示威運動者
⁑**ma-ni-fes-'tar** [マ.ニ.フェス.'タる] 81% 動 他 ⑩ (e|ie) 明らかにする, 明らかに示す, 表す; 〈感情・気持ちなどを〉表明する, 宣言する, 発表する 動 自 〔政〕デモに参加する **~se** 動 再 姿を見せる, 現れる; 〔政〕意思表示を行う, デモに参加する; 自分の意見を言う
⁑**ma-ni-'fies-to, -ta** 87% 形 明白な, はっきりした; はっきりと述べられた, 表明された, 宣言された 名 男 宣言, 声明; 宣言書, 声明文 ***poner de ~*** 明らかにする, 明示する **-tamente** 副 明らかに(して)
ma-ni-'gor-do [マ.ニ.'ゴる.ド] 名 男 《中米》《ベネズエラ》〔動〕オセロット
ma-'ni-gua [マ.'ニ.グア] 名 女 《カリブ》〔地〕(低木・雑木などが密生した)やぶ, 茂み
ma-'ni-ja [マ.'ニ.は] 名 女 柄(え), 取っ手, 握り; 〔畜〕(馬などのための縄の)足かせ; 〔農〕(刈り入れ用の)手袋; 鉄輪
*__Ma-'ni-la__ [マ.'ニ.ラ] 94% 名 固 〔地名〕マニラ《フィリピン Filipinas の首都》
ma-ni-'lar-go, -ga [マ.ニ.'ラる.ゴ, ガ] 形 手が長い; 寛大な, 度量の大きい, 気前のよい; 手癖の悪い 名 男 女 《カリブ》《話》泥棒
ma-'ni-lla [マ.'ニ.ジャ] 名 女 〔衣〕腕輪, ブレスレット; 手錠, 手かせ; (ドア・窓などの)取っ手, 握り; (時計の)針; 〔複〕《メキシコ》〔衣〕ミトン
ma-ni-'llar [マ.ニ.'ジャる] 名 男 《スペイン》(自転車などの)ハンドル
*__ma-'nio-bra__ [マ.'ニオ.ブら] 91% 名 女 操作, 運用, 操縦, 作業; 計略, 策謀; 〔しばしば複〕〔軍〕大演習; 〔海〕船舶操縦術, 操船術; 〔海〕(船の)索具
ma-nio-'brar [マ.ニオ.'ブらる] 動 自 操作する, 操縦する, 運転する; 〔軍〕作戦的に行動する, 大演習を行う
ma-ni-pu-la-'ción [マ.ニ.プ.ラ.'すぃオン] 名 女 取り扱い, 処理, 操作, 操ること, 工作
ma-ni-pu-la-'dor, -'do-ra [マ.ニ.プ.ラ.'ドる, 'ド.ら] 形 操作する, 操る 名 男 女 操縦者, 操作者 名 男 〔電〕(電信機の)電鍵
*__ma-ni-pu-'lar__ [マ.ニ.プ.'ラる] 92% 動 他 操作する, 操る, 取り扱う, 処理する, 管理する; 巧みに扱う[処理する], 〈人を〉操る
ma-'ní-pu-lo [マ.'ニ.プ.ロ] 名 男 〔宗〕〔衣〕マニプロ《ミサで司祭が左腕にかける帯》
ma-ni-que+'ís-mo [マ.ニ.ケ.'イス.モ] 名 男 〔歴〕〔宗〕マニ教《3 世紀ペルシャのマニが唱えた二元論的宗教》
ma-ni-'que+o, +a [マ.ニ.'ケ.オ, ア] 形 〔宗〕マニ教の, 善悪二元論の 名 男 女 〔宗〕マニ教徒
ma-ni-'quí [マ.ニ.'キ] 名 男 〔複 -quíes ⇔-quís〕マネキン人形 名 女 ファッションモデル 名 共 操り人形のような人, 自主性のない人
ma-ni-'rro-to, -ta [マ.ニ.'ろ.ト, タ] 形 名 男 女 金遣いの荒い(人); 浪費家; 《南米北》《話》寛大な(人)
ma-'ni-ta 名 女 《スペイン》《メキシコ》〔縮小語〕↓mano
ma-'ni-tas 名 男 〔単複同〕《話》熟練者, 器用な人 ***hacer ~*** 《スペイン》《話》《恋人どうしが》手をからませる
ma-'ni-to, -ta 名 男 女 《メキシコ》《話》〔親愛〕友人, 仲間; 〔呼びかけ〕君; 〔縮小語〕↓mano
ma-ni-'ve-la [マ.ニ.'ベ.ラ] 名 女 〔機〕クランク, L 字ハンドル
Ma-ni-'za-les [マ.ニ.'さ.レス] 名 固 〔地名〕マニサーレス《コロンビア中西部の都市》
man-'jar [マン.'はる] 名 男 《格》食物, 料理, 一品; おいしいごちそう
⁑**'ma+no** 68% 名 女 手; (動物の)前足; 人手, 働き手; 〔海〕(船の)乗組員; 支配, 影響力, 力; (援助の)手, 手助け; 側, 方, 方面; 〔遊〕〔トランプ〕持ち札, 手; (ゲームの)ひと勝負; 〔遊〕先手; 仕事, 動作, 作品; 手腕, 腕前; (時計の)針; 〔競〕〔サッカー〕ハンド(リング); 罰, 叱りつけ; 連続するもの, 大量のもの 名 男 《メキシコ》友人, 仲間; 《メキシコ》ねえ, 君《呼びかけ》 ***¡Arriba las ~s!*** 手を上げろ! ***a ~*** 人手によって, 手で; 身近に ***a la ~*** 手近に ***a ~ abierta*** 惜しみなく ***a ~s de*** ...…の手にかかって ***a ~s llenas*** 惜しみ

m

なく *abrir la ~* 緩める, 緩和する *alzar la ~* (a: に)手を上げる, (a: を)おどす *apretar la ~* (a: と)握手する *buena ~* 上手, 器用, 巧みさ *caerse de las ~s* «本が»とても退屈である *cambiar de ~* 所有者が変わる *con las ~s cruzadas* 腕組みをして; 手をこまねいて, 何もしないで *correr por la ~* (de: の)仕事[責任]である *cruzar las ~s* 腕組みをする; 手をこまねいている *dar la ~* (a: に)手を貸す, (a: を)援助する; (a: の)手をとる; (a: に)握手を求める *dar la [una] última ~* (a: の)仕上げをする *darse la ~* 握手をして挨拶(あいさつ)する; 和解する; とても似ている *darse una ~* 《話》(de: を)しすぎる *de la ~* 手をとって, 手をつないで *de ~s a boca* 《話》思いがけなく *de primera ~* 直接の[に] *echar (la) ~* (a: を)捕まえる, …に手を伸ばす *echar una ~* (a: に)手を貸す *en un ~ a ~* 二人の話し合いで *estar a ~* 同等である *ganar por la ~* 出し抜く, 機先を制する *írsele la ~* (a: の)手が滑る; やりすぎる *llegar a las ~s* ⬇venir(se) a las manos *~ de santo* 《話》〔医〕妙薬, 特効薬 *~ sobre ~* 何もしないで *Manos blancas no ofenden.* 〔ことわざ〕女性に侮辱されても男性の不名誉にならない。 *meter ~* (a: を)つかむ, 捕らえる *pasar a las ~s* けんかになる, 殴り合いになる *pedir la ~* (de: との)結婚を申し込む *poner ~(s)* (a: を)始める, …に手をつける *ponerse de ~s* «犬が»ちんちんする, 後足で立つ *sentar la ~* (a: に)お仕置きをする, …をたたく *tener a ~* 手に持つ *tener(se) entre ~s* 《話》たくらんでいる, 策略を練っている *tener ~ de monja* (para: の)…の料理が得意である *venir(se) a las ~s* けんかになる, 殴り合いになる

ma-no-a-'bier-ta [マ.ノ.ア.'ビエる.タ] 名 女 《カリブ》《アンデス》《話》気前のよさ, 寛大さ

ma-'no-jo [マ.'ノ.ほ] 名 男 一束, 1把(わ); ひとつかみ, ひと握り; 《俗》連中, 一団 *estar hecho[cha] un ~ de nervios* 《話》神経がピリピリしている

Ma-'no-la [マ.'ノ.ラ] 名 固 〔女性名〕マノーラ《Manuela の愛称》

ma-'no-lo, -la [マ.'ノ.ロ, ラ] 名 男 女 マノーロ, マノーラ《粋でさっそうとしたマドリードの下町っ子》

Ma-'no-lo [マ.'ノ.ロ] 名 固 〔男性名〕マノーロ《Manuel の愛称》

ma-'nó-me-tro [マ.'ノ.メ.トろ] 名 男 〔物〕圧力計, 液柱計

ma-'no-pla [マ.'ノ.プラ] 名 女 〔複〕〔歴〕(よろいの)こて, 長手袋; 〔複〕〔衣〕ミトン

ma-no-se+'ar [マ.ノ.セ.'アる] 動 他 〈に〉指を触れる, 〈に〉手を触れる, いじり回す; 〈一つの事柄を〉何回も扱う

ma-no-'se+o 名 男 いじり回すこと; 手の愛撫

ma-no-'ta-da 名 女 ⇩ manotazo

ma-no-'ta-zo 名 男 (ピシャリと)打つこと, 平手打ち

ma-no-te+'ar [マ.ノ.テ.'アる] 動 他 ピシャリと打つ 動 自 大げさな手ぶりをする

man-que-'dad [マン.ケ.'ダド] 名 女 〔体〕片腕のないこと; 不足, 欠如

man-'que-ra 名 女 ⇧ manquedad

man-'sal-va [マン.'サル.バ] 〔成句〕 *a ~* 失敗することなく, 確実に; 安全に, 無事に

man-'sar-da [マン.'サる.ダ] 名 女 〔建〕屋根裏部屋

man-se-'dum-bre [マン.セ.'ドゥン.ブれ] 名 女 おとなしさ, すなおさ, 従順さ; 辛抱強さ; 〔気〕(気候の)穏やかさ

Man-'si-lla [マン.'スィ.ジャ] 名 固 〔姓〕マンシージャ

man-'sión 名 女 大邸宅, 館(やかた); 滞在, 一時逗留

*'**man-so, -sa** 94% 形 温和な, やさしい, 親切な; おとなしい, 従順な; 〔畜〕«動物などが»飼いならされた, 慣れた; 《格》穏やかな, 静かな, 緩やかな 名 男 〔畜〕群れを先導する家畜; 〔牛〕先導牛

*'**man-ta** 92% 名 女 《スペイン》毛布; 一面に覆(おお)う物; 《話》ぶつこと, 平手打ち; 〔魚〕マンタ《巨大なエイ》 名 共 《スペイン》《話》〔人〕へたくそ *a ~* 《スペイン》《話》たくさん, 大量に, 一面に *liarse la ~ a la cabeza* 《話》思い切ったことをする *tirar de la ~* 《話》秘密を暴く

man-te+'ar [マン.テ.'アる] 動 他 〈人を〉毛布で胴上げする

***man-'te-ca** 93% 名 女 〔食〕ラード, 脂身; 〔食〕バター; (化粧用)クリーム; 《話》お金 *como ~* とても柔らかい[柔らかく]; «人が»とても従順である *tener buenas ~s* 〔軽蔑〕でぶである

man-te-'ca-da 名 女 〔食〕マンテカーダ《バターを使ったケーキ》

man-te-'ca-do 名 男 《スペイン》〔食〕マンテカード《バターを使ったケーキ》; 《スペイン》〔食〕(カスタードに似た)アイスクリーム

man-'te-co, -ca 形 名 男 女 《コロンビア》《話》うす汚い(人)

man-te-'co-so, -sa 形 バターのような[がついた], ねっとりした; 〔食〕脂肪質の, 脂肪分の多い

***man-'tel** [マン.'テル] 94% 名 男 テーブル掛け, テーブルクロス

man-te-le-'rí+a [マン.テ.レ.'り.ア] 名 女 テーブルクロスとナプキンのセット

man-te-'le-ta [マン.テ.'レ.タ] 名 女

〔衣〕(女性の)肩掛け, ケープ

man-te-'li-to [マン.テ.'リ.ト] 名 男 《メキシコ》ナプキン

man-'tén 動《命》↓mantener

man-ten-dr~ 動《直未/過未》↓mantener

***man-te-'ner** [マン.テ.'ネる] 72% 動 他 ⑱ (tener)〈物・事柄を〉(形容詞・副詞: ある状態に)保ち続ける, 保持する, 持続する, 継続する; 維持する, 管理する, (手入れをして)保存する; 支える; 扶養する, 養う; 主張する, 固執する; 行う, 続ける; 擁護する, 守る, 遵守する　~se 動 再 (con, de: で)生計を立てる, 暮らす; (de, con: を食べて)生きる; (形容詞・副詞: …の状態の)ままでいる, 相変わらず[依然として](形容詞/副詞: …)である; (en: に)居残る, そのまま居続ける, とどまる, 生き残る　*~se al día* 時勢についていく　*~se en sus trece*《話》自分の考え[態度]を変えようとしない

man-'ten-go, -ga(~) 動《直現1単, 接現》↑mantener

man-te-'ni-do, -da 名 男 女 金銭上の援助を受けている人, 囲われた人, めかけ 形 金銭上の援助を受けている

***man-te-ni-'mien-to** 91% 名 男 維持, 保持, 管理; 扶養, 養育; 生活費, 生計; 主張, 固執; 支持, 遵守; 食品, 食べ物

man-'te+o 名 男 毛布で人を胴上げすること; 〔宗〕〔衣〕長マント《司祭が法衣の上に着用する》

man-te-que-'rí+a [マン.テ.ケ.'リ.ア] 名 女 バター製造所, 〔商〕乳製品販売店; 〔商〕食料品店

man-te-'que-ro, -ra [マン.テ.'ケ.ろ, ら] 形〔食〕バターの 名 男 女〔商〕バター製造者[販売者]　**-ra** 名 女〔食〕(卓上用)バター皿, バター入れ

***man-te-'qui-lla** [マン.テ.'キ.ジャ] 92% 名 女〔食〕バター; 《ベネズエラ》《話》うまいもうけ話; やさしい人, 簡単に承諾する人

man-'tie-n~ 動《直現/接現/命》↑mantener

man-'ti-lla [マン.'ティ.ジャ] 名 女〔衣〕マンティージャ, マンティラ《頭および肩を覆う婦人用のベール》; (赤ちゃん用の)おくるみ; 〔畜〕馬の飾り衣装, 馬衣(うまぎぬ); 〔印〕(ゴム)ブランケット　*estar en ~s*《話》始まったばかりである, 初期の段階である; 《話》《人が》幼い

man-'ti-llo [マン.'ティ.ジョ] 名 男〔農〕腐植質, 腐植土; 肥料, こやし

'man-tis 名 女〔単複同〕〔昆〕カマキリ

man-'ti-sa 名 女〔数〕(対数の)仮数

***'man-to** 93% 名 男〔衣〕マント, 外套; 覆うもの, 層; 〔衣〕礼服, ガウン; 〔衣〕肩掛け, ショール; 〔建〕(暖炉の)マントルピース; 〔鉱〕地層; 鉱層; 〔動〕(軟体動物などの)外套(がいとう)膜; 仮面, 偽装, 隠れみの; 〔地質〕マントル　*el ~ de la noche*《詩》夜の帳(とばり)

man-'tón 名 男〔衣〕ショール, 肩掛け　*~ de Manila*〔衣〕大きな絹のショール

man-'tu-v~ 動《直点/接過》↑mantener

***ma-'nual** [マ.'ヌアル] 90% 形 手の, 手でする, 手作業の; 扱いやすい, 手軽な 名 男 小冊子, 手引書, マニュアル, ハンドブック; 教科書, 参考書, 便覧; 〔商〕取引日記帳

ma-'nu-brio [マ.'ヌ.ブリオ] 名 男〔機〕ハンドル, 取っ手, クランク

Ma-'nuel [マ.'ヌエル] 名 固〔男性名〕マヌエル

Ma-'nue-la [マ.'ヌエ.ラ] 名 固〔女性名〕マヌエラ

ma-nu-fac-'tu-ra [マ.ヌ.ファク.'トゥ.ら] 名 女 (分業による大規模な)製造, 製作; 製品, 製造品; 工場, 製造所; 〔歴〕工場制手工業, マニュファクチュア

ma-nu-fac-tu-'rar [マ.ヌ.ファク.トゥ.'らる] 動 他 製造する, 製作する

ma-nu-fac-tu-'re-ro, -ra [マ.ヌ.ファク.トゥ.'れ.ろ, ら] 形 製造の, 製作の, 生産の

ma-nu-mi-'sión 名 女〔歴〕(奴隷・農奴の)解放

ma-nu-'mi-so, -sa 形〔歴〕《奴隷などが》解放された

ma-nu-mi-'tir [マ.ヌ.ミ.'ティる] 動 他〔歴〕〈奴隷・農奴を〉解放する

***ma-nus-'cri-to** [マ.ヌス.'クリ.ト] 92% 名 男 手稿, 原稿, 草稿; 写本　**~, -ta** 形 手で書かれた, 原稿の

ma-nu-ten-'ción [マ.ヌ.テン.'すぃオン] 名 女 養うこと, 扶養; 持続, 保持; 保存, 維持

manz. 略 =manzana 街区

***man-'za-na** [マン.'さ.ナ] 88% 名 女〔植〕リンゴ; (建物の)一区画, 街区《4つの通りに囲まれた部分》　*estar sano[na] como una ~*《話》元気いっぱいである, とても健康だ　*~ de la discordia*〔ギ神〕争いの種《最も美しい者に与えられるリンゴ; これを求めてヘラ, アテネ, アフロディテの3人の女神が争った》

man-za-'nar [マン.さ.'ナる] 名 男〔農〕リンゴ畑　**Manzanares** 名 固〔el ~〕〔地名〕マンサナーレス川《スペイン中部を流れるタホ Tajo 川の支流》

man-za-ne+'ar [マン.さ.ネ.'アる] 動 自《メキシコ》《話》下心をもって贈り物をする

man-za-'ni-lla [マン.さ.'ニ.ジャ] 名 女 カミツレ茶, カモミールティー; 〔植〕カミツレ; 小粒のオリーブ; 顎(あご)の先 名 男〔飲〕マンサニージャ《スペインの辛口のシェリー酒》

man-'za+no [マン.'さ.ノ] 名 男 〘植〙 リンゴの木

ma-'ña-na [マ.'ニャ.ナ] 66% 副 あす(は), 明日 名 男 あす, あした, 明日; 近い将来, 未来 名 女 朝, 午前 ***de ～*** 早朝に, 夜明けに ***Hasta ～.*** それではまたあした, あしたまで(さようなら) ***pasado ～*** あさって, 明後日

ma-ña-'ne-ro, -ra [マ.ニャ.'ネ.ろ, ら] 形 名 男 女 早起きの, 早起きする人

ma-ña-'ni-ta [マ.ニャ.'ニ.タ] 名 女 《話》 明け方, 早朝; 〔複〕《メキシコ》〘楽〙 マニャニータス《誕生日に歌われる民謡》; 〘衣〙(女性の)室内着, 上掛け

ma-'ñe-ro, -ra 形 器用な, 巧みな; 〘農〙 «土地が»不毛な; 《ボリビア》《ラプラタ》 ずるい, 抜け目がない

'ma-ño, -ña ['マ.ニョ, ニャ] 名 男 女 《話》 アラゴンの人 ↑Aragón; 《南米》《話》 兄弟姉妹 感 《スペイン, アラゴン地方》 ねえ, おまえ, あなた **-ña** 名 女 巧みさ, 上手; 〔複〕 術策; 〔複〕 機敏さ, 抜け目なさ; 〔複〕 悪癖; 束, ひと握り

ma-'ño-so, -sa [マ.'ニョ.ソ, サ] 形 器用な, 巧みな; ずるい, 抜け目がない

ma+o+'ís-mo 名 男 〘政〙 毛沢東主義[思想] 《Mao Tse-tung, 1893-1976, 中国の政治家, 中国共産党主席》

ma+o+'ís-ta 形 〘政〙 毛沢東主義の 名 共 〘政〙 毛沢東主義者

ma+o-'rí [マ.オ.'り] 形 名 共 〔複 -ríes ⇦ -rís〕 マオリ族(の) 《ニュージーランドの先住民》; 〘言〙 マオリ語の 名 男 〘言〙 マオリ語

ma+pa 85% 名 男 地図 ***desaparecer del ～*** この世から姿を消す ***～ interactivo [sensible]*** 〘情〙 クリッカブルマップ

ma-'pa-che 名 男 《メキシコ》《中米》〘動〙 アライグマ

ma-pa-'mun-di 名 男 世界地図; 《話》 尻(しり)

ma-'pu-che 形 名 共 マプーチェ族(の) 《チリ, アラウカーノ族の部族》; 〘言〙 マプーチェ語の 名 男 〘言〙 マプーチェ語

ma-pu-'ri-te [マ.プ.'り.テ] 名 男 《中米》 〘動〙 スカンク

Ma+'pu-to 名 固 〘地名〙 マプト 《モザンビーク Mozambique の首都》

ma-que+'ar [マ.ケ.'アる] 動 他 〈に〉ニスを塗る

ma-'que-ta [マ.'ケ.タ] 名 女 模型; 〘印〙(製本の)束(つか)見本; 《コロンビア》《話》 怠け者, ものぐさ

ma-que-ta-'ción [マ.ケ.タ.'すぃオン] 名 女 見本制作, レイアウト; 〘情〙 マークアップ

ma-que-te-'rí+a [マ.ケ.テ.'り.ア] 名 女 《コロンビア》《話》 怠けること

ma-quia-'vé-li-co, -ca [マ.キア.'ベ.リ.コ, カ] 形 マキャベリ主義の 《Nicolás Maquiavelo, 1469-1527, イタリアの政治家・思想家》; 権謀術数的な, 抜け目のない

ma-quia-ve-'lis-mo [マ.キア.ベ.'リス.モ] 名 男 〘政〙 マキャベリ主義 《目的のためには手段を選ばないという思想, 権謀術数》

ma-quia-ve-'lis-ta [マ.キア.ベ.'リス.タ] 形 名 共 〘政〙 マキャベリ主義の[主義者]

ma-'qui-la [マ.'キ.ラ] 名 女 《スペイン》 粉挽(ひ)き料, 搾油料

ma-qui-la-'do-ra [マ.キ.ラ.'ド.ら] 〔成句〕 ***zona ～*** 〘経〙〘法〙 マキラドーラ・ゾーン 《1965 年, メキシコ政府が雇用促進・外貨獲得などを目的に米国との国境沿いに設けた保税輸出加工地帯》

ma-qui-lla-'dor, -'do-ra [マ.キ.ジャ.'ドる, 'ド.ら] 名 男 女 〘演〙〘映〙 メーキャップ係

ma-qui-'lla-je [マ.キ.'ジャ.へ] 名 男 化粧品; 〘演〙〘映〙 化粧, メーキャップ

ma-qui-'llar [マ.キ.'ジャる] 動 他 メーキャップする, 〈に〉化粧をする; 偽装する, 隠す, ごまかす **～se** 動 再 メーキャップする, 化粧する

'má-qui-na ['マ.キ.ナ] 79% 名 女 〘機〙〔一般〕 機械; 〘車〙 自動車; 〘空〙 飛行機; 自転車; 〘鉄〙 機関車; カメラ; 機構, 仕組み, 組織; 〘演〙 からくり, 舞台装置; 想像, 空想; たくらみ, 計略; 〔集合〕(政党などの)ボス連中, 幹部連中; 《話》〘建〙 大建造物; 《ラプラタ》《話》 かわいい子 ***a toda ～*** 全速力で, フルスピードで ***escribir a ～*** タイプライターで書く ***hecho[cha] a ～*** 機械製の ***～ neumática*** エアポンプ

ma-qui-na-'ción [マ.キ.ナ.'すぃオン] 名 女 悪だくみ, 計略, 策謀, 陰謀

ma-qui-'nal [マ.キ.'ナル] 形 機械(上)の, 機械的な; 自動的な, 無意識の **～-mente** 副 機械で, 機械的に; 無意識に

ma-qui-'nar [マ.キ.'ナる] 動 他 たくらむ, 〈の〉計略を練る, 〈の〉陰謀を企てる

ma-qui-'na-ria [マ.キ.'ナ.りア] 91% 名 女 〔集合〕 機械, 機械類, 機械設備, 機械一式

ma-qui-'ni-lla [マ.キ.'ニ.ジャ] 名 女 (小さな)機械; 安全かみそり

ma-qui-'nis-mo [マ.キ.'ニス.モ] 名 男 〘機〙 機械化

ma-qui-'nis-ta [マ.キ.'ニス.タ] 名 共 〘機〙 機械工, 修理工, 整備士; 〘鉄〙 機関士

ma-qui-'ni-ta 〔縮小語〕 ↑máquina

ma-qui-ni-za-'ción [マ.キ.ニ.さ.'すぃオン] 名 女 〘機〙 機械化

ma-qui-ni-'zar [マ.キ.ニ.'さる] [動] [他] ㉞ (z|c) 〔機〕 機械化する

*'**mar** ['マる] 74% [名] [男] [女] 《普通は [男] だが漁業・詩などで一部 [女] として使う》〔地〕 海, 海洋; 〔地〕 内海, 大きい湖 《塩水湖または淡水湖》; 波, 波浪; 大量, たくさん *a ~es* たくさん, 多量に *alta ~* 〔海〕 沖合, 外洋 *hablar de la ~* つまらないことを話す *hacerse a la ~* 〔海〕 出港する *la ~ de* …《話》 とても…, たくさんの… *~ de sangre* 血の海, 大虐殺

ma-ra-'bú [マ.ら.'ブ] [名] [男] 〔複 -búes⇔-bús〕 〔鳥〕 ハゲコウ

ma-ra-'bun-ta [マ.ら.'ブン.タ] [名] [女] 〔昆〕 アリの大移動; 《話》 群衆

Ma-ra-'cai-bo [マ.ら.'カイ.ボ] [名] [固] 〔地名〕 マラカイボ 《ベネズエラ北西部の都市》; 〔lago de ~〕 〔地名〕 マラカイボ湖 《油田地帯として有名》

Ma-ra-'cay [マ.ら.'カイ] [名] [固] 〔地名〕 マラカイ 《ベネズエラ中北部の都市》

ma-'ra-co, -ca [マ.'ら.コ, カ] [名] [男] [女] 《ベネズエラ》 《話》 末っ子 **-ca** [名] [女] 〔複〕 《ラ米》 〔楽〕 マラカス 《振るとカシャカシャ鳴る楽器》; 《ベネズエラ》 《話》 末っ子の娘

ma-ra-cu-'yá [マ.ら.ク.'ジャ] [名] [女] 〔植〕 パッションフルーツ 《アメリカ大陸の亜熱帯地域原産》

ma-ra-'já [マ.ら.'は] [名] [男] 〔政〕 マハラジャ, マハーラージャ 《インドの大王》

ma-'ra-ña [マ.'ら.ニャ] [名] [女] やぶ, 茂み, 雑木林; (髪の毛・糸などの)もつれ; 紛糾, もつれ; 〔植〕 ケルメスナラ

ma-ra-'ñón [マ.ら.'ニョン] [名] [男] 〔植〕 カシューの木, カシューナッツ **M~** [名] [固] 〔el ~〕 〔地名〕 マラニョン川 《ペルー北部を流れるアマゾン川の支流》

ma-'ras-mo [マ.'らス.モ] [名] [男] 〔医〕 消耗(症); 無気力; 衰弱, 不振

ma-ra-'tón [マ.ら.'トン] [名] [男] [女] 〔競〕 マラソン; 〔一般〕 耐久レース

ma-ra-to-'nia+no, -na [マ.ら.ト.'ニア.ノ, ナ] [名] [男] [女] 〔競〕 マラソン選手 [形] 長時間の, 体力を消耗する

ma-ra-ve-'dí [マ.ら.ベ.'ディ] [名] [男] 〔複 -dís⇔-díes, -dises〕 〔歴〕 〔経〕 マラベディ 《中世スペインの通貨, 硬貨》

*__ma-ra-'vi-lla__ [マ.ら.'ビ.ジャ] 91% [名] [女] 驚くべきこと, 驚異, 驚嘆; 驚くべき人[もの], すばらしい人[もの]; 〔植〕 キンセンカ; 《チリ》 〔植〕 ヒマワリ *a las mil ~s* すばらしく *a* [*de*] *~* すばらしく *contar* [*hablar*] *~s* (de: を)ほめちぎる *venir de ~* おあつらえ向きだ, ちょうどいい

*__ma-ra-vi-'llar__ [マ.ら.ビ.'ジャる] 94% [動] [他] びっくりさせる, 驚かせる **~se** [動] [再] (de, con: に)驚く, びっくりする

*__ma-ra-vi-'llo-so, -sa__ [マ.ら.ビ.'ジョ.ソ, サ] 85% [形] 《不思議さ・異常さが》驚くべき, 不思議な, 信じられないような; 《話》 すばらしい, すてきな **-samente** [副] すばらしく, 驚くばかりに

Mar-'be-lla [マる.'ベ.ジャ] [名] [固] 〔地名〕 マルベージャ 《スペイン南部の海岸保養地》

mar-'be-te [マる.'ベ.テ] [名] [男] ラベル, 標識, レッテル, 荷札; 縁, へり, かど

*'**mar-ca** ['マる.カ] 89% [名] [女] 印, 記号, 符号, マーク, 標識; 〔商〕 (商品の)銘柄, 商標; (物の表面を汚す)きず, しみ, 汚れ, 斑点(はんてん); 跡, 痕跡(こんせき); 〔競〕 記録, レコード; スコア, 得点; 評点, 点数; (感化の)跡, 影響; 烙印(らくいん); 〔情〕 ブックマーク *de ~* 《話》 すごい, すばらしい, 大変な

mar-'ca-do, -da [マる.'カ.ド, ダ] [形] 目立つ, 著しい; しるし[記号]のある *dejar ~* [*da*] 忘れられない印象を残す **-damente** [副] 著しく, 目立って

mar-ca-'dor [マる.カ.'ドる] [名] [男] 〔競〕 スコアボード, 得点板; マーカー, フェルトペン **~, -dora** [形] マークをつける, 印をつける **~, -dora** [名] [男] [女] 〔競〕 〔サッカーなど〕 マーカー, ストッパー, バック *adelantarse en el ~* 〔競〕 逆転する

'**Mar-ca His-'pá-ni-ca** ['マる.カ イス.'パ.ニ.カ] [名] [固] 〔歴〕 〔地名〕 スペイン辺境領 《フランク族に征服されたイベリア半島北東部の地域, 現在のカタルーニャ Cataluña 地方》

mar-'ca-je [マる.'カ.へ] [名] [男] 〔競〕 得点; 〔競〕 マーク

mar-ca-'pa-sos⇔-so [マる.カ.'パ.ソス⇔.ソ] [名] [男] 〔単複同〕 〔医〕 ペースメーカー

*__mar-'car__ [マる.'カる] 82% [動] [他] ⑥⑨ (c|qu) 〈に〉印をつける, 〈に〉スタンプ[刻印]を押す, 〈に〉跡を残す; 表示する, 指す; 〈ダイヤルを〉回す; 〈に〉烙印(らくいん)を押す; 〔競〕 〈得点を〉入れる, 〈ゴールを〉決める; 〔競〕 マークする; (はっきりと)示す, 指示する; 意味する; 特色づける, 目立たせる [動] [自] ダイヤルを回す *~ el compás* 〔楽〕 拍子をとる

mar-ca-'si-ta [マる.カ.'スィ.タ] [名] [女] 〔鉱〕 白鉄鉱

Mar-'ce-la [マる.'せ.ラ] [名] [固] 〔女性名〕 マルセーラ

Mar-ce-'li+no [マる.せ.'リ.ノ] [名] [固] 〔男性名〕 マルセリーノ

Mar-'ce-lo [マる.'せ.ロ] [名] [固] 〔男性名〕 マルセーロ

*'**mar-cha** ['マる.チャ] 80% [名] [女] 行進, デモ行進; 〔軍〕 行進; (行進の)歩調; 〔楽〕 行進曲, マーチ; 進行, 進展, 進度; 出発; スピード, 速度; 〔車〕 ギア; 《スペイン》 《話》 お祭り騒ぎ, 盛り上がり, のり; 〔競〕 競歩; 〔機〕 (機

m

械の)調子, 運転, 稼動 *a ~s forzadas* 急いで, 追い立てるように *a toda ~* 《話》 全速力で *coger la ~* (de: の)こつをつかむ, …のやり方に慣れる *dar ~ atrás* 〖車〗 バックさせる; (物事を)元に戻す, 後退する, 引っ込める *en ~* 動いている, 稼働している *estar en ~* 進行中である *poner en ~* 動かす, 発車させる *sobre la ~* 事の進行中に, その場で, 臨機応変に

mar-cha-'mar [マる.チャ.'マる] 動 他 〖法〗 ‹に›税関の証印を押す, ‹に›検査済みの印を押す

mar-'cha-mo [マる.'チャ.モ] 名 男 〖法〗 税関の証印, 通関証, 検査済みの印

mar-'chan-te [マる.'チャン.テ] 形 名 共 《ﾗﾒ》〖商〗 商人(の)

mar-'char [マる.'チャる] 81% 動 自 行く, 歩く, 進む; «事が»運ぶ, 進展する, «会社・企業などが»営業する, 操業する; «機械が»働く, 機能する, 動く; 〖軍〗 進軍する, 行進する; **~se** 動 再 行ってしまう, 立ち去る, 消える *~ sobre ruedas* 好調である, うまくいく

mar-chi-'ta-ble [マる.チ.'タ.ブレ] 形 〖植〗 しおれやすい, 枯れやすい

mar-chi-'tar [マる.チ.'タる] 動 他 〖宗〗 ‹草花を›しぼませる, しおれさせる, 枯らす; 〔一般〕 衰弱させる, 弱らせる, やつれさせる **~-se** 動 再 〖植〗 «草花が»しおれる, しぼむ, しなびる; 〔一般〕 衰える, 弱る, 色あせる

mar-chi-'tez [マる.チ.'テす] 名 女 〖植〗 (草花の)しおれた状態; 〔一般〕 衰弱, 衰え

mar-'chi-to, -ta [マる.'チ.ト, タ] 形 〖植〗 «草花が»しおれた, 枯れた; 〔一般〕 衰えた, 衰弱した

mar-'cho-so, -sa [マる.'チョ.ソ, サ] 形 優雅な, 魅力のある; 《ｽﾍﾟｲﾝ》《話》 遊び好きな, 陽気な

mar-'cial [マる.'すぃアル] 形 戦争の, 軍隊の; 《古》〖医〗 «薬が»鉄分を含んだ *ley ~* 〖軍〗 戒厳令 **~mente** 副 勇ましく

mar-cia-li-'dad [マる.すぃア.リ.'ダド] 名 女 好戦性, 軍隊調, 勇ましさ, 勇壮さ

mar-cia-'ni-to [マる.すぃア.'ニ.ト] 名 男 〖遊〗 インベーダーゲーム

mar-'cia+no, -na [マる.'すぃア.ノ, ナ] 形 〖天〗 火星の 名 男 女 〖架空〗 火星人

'mar-co ['マる.コ] 85% 名 男 枠(わく), 額縁, 縁(ふち), フレーム; 場, 場所; 枠組み, 骨組み, 骨格, 構成, 体制; 範囲, 限界; 〖歴〗〖経〗 マルク 《ドイツ, フィンランドの旧通貨》; 〖競〗 ゴールポスト; 〖情〗 フレーム

mar-'có 動 《直点 3 単》 ↑marcar

'Mar-co ['マる.コ] 名 固 〖男性名〗 マルコ

'Mar-cos ['マる.コス] 名 固 〖姓〗 マルコス; 〖聖〗 マルコによる福音書

'Mar del 'Pla-ta ['マる デル 'プラ.タ] 名 固 〖地名〗 マル・デル・プラタ 《アルゼンチン東部の観光地・港湾都市》

ma-'re+a [マ.'れ.ア] 名 女 〖海〗 潮, 潮流; 渚, 水際(みずぎわ); 大勢, 殺到, 人の波

ma-re+'a-do, -da [マ.れ.'ア.ド, ダ] 形 〖医〗 気分が悪い; (乗り物に)酔った

ma-re+'a-je [マ.れ.'ア.へ] 名 男 〖海〗 (船の)進路, 航路; 航海術

ma-re+'an-te [マ.れ.'アン.テ] 形 吐き気がする, 気分が悪くなる; うっとうしい

ma-re+'ar [マ.れ.'アる] 92% 動 他 《話》 いらいらさせる, 悩ませる, 困らせる, ‹の›頭をくらくらさせる; 〖医〗 乗り物酔いさせる, ‹の›気分を悪くさせる, ‹に›めまいを起こさせる; 〖海〗 ‹船を›操縦する **~se** 動 再 〖医〗 船に酔う; 〖医〗 気分が悪くなる; 《話》 ほろ酔い気分になる *aguja de ~* 〖海〗 羅針盤

ma-re-'ja-da [マ.れ.'は.ダ] 名 女 〖海〗 波のうねり, 大波; (人々の)不満, 動揺

ma-re-ja-'di-lla 〔縮小語〕 ↑mareja-da

ma-re-'mág-num [マ.れ.'マグ.ヌム] 名 男 〔複 -nums〕 大量, たくさん; 大勢, 人波

ma-re-'mo-to [マ.れ.'モ.ト] 名 男 海底地震

ma-'ren-go [マ.'れン.ゴ] 名 男 ダークグレー 形 ダークグレーの

ma-'re+o [マ.'れ.オ] 94% 名 男 吐き気, むかつき, 気分が悪くなること; 乗り物酔い; 《話》 うるさがらせること, 不快感

'ma-res 名 男 《複》 ↑mar

mar-'fil [マる.'フィル] 94% 名 男 象牙(ぞうげ); 象牙色, アイボリー; 〖技〗 象牙細工; 〖植〗 ゾウゲヤシ 形 象牙色の, アイボリーの *~ vegetal* 〖植〗 ゾウゲヤシ

Mar-'fil ↑Costa de Marfil

mar-fi-'le-ño, -ña [マる.フィ.'レ.ニョ, ニャ] 形 象牙(ぞうげ)の; 〖地名〗 コートジボアール(人)の 名 男 女 コートジボアール人 ↑Costa de Marfil

'mar-ga ['マる.ガ] 名 女 〖地質〗 泥灰土[岩]

mar-ga-'lla-te ⇦-'ya- [マる.ガ.'ジャ.テ] 名 男 《ﾒｷｼｺ》《話》 混乱, 騒ぎ

mar-ga-'ri-na [マる.ガ.'リ.ナ] 名 女 〖食〗 マーガリン

mar-ga-'ri-ta [マる.ガ.'リ.タ] 名 女 〖植〗 ヒナギク; 真珠; 〖貝〗 タカラガイ, コヤスガイ; 〔一般〕 真珠層のある貝; 〖飲〗 マルガリータ 《テキーラにライム[レモン果汁]を加えたカクテル; ↓tequila》 ⇦el margarita

Mar-ga-'ri-ta [マる.ガ.'リ.タ] 名 固 〖女性名〗 マルガリータ

'mar-gen ['マる.ヘン] 87% 名 男 (ページなどの)余白, 欄外; (時間・経費などの)余裕, 余地, 猶予; 許容範囲; 〖商〗 利ざや,

マージン; 縁(ふち), 周辺, 外; 機会, チャンス; 口実, きっかけ 名 女 ⇦男〔地〕(湖などの)岸, 川岸, *al ~ de* … …の外で, …に関わらないで *dejar al ~* 無視する *por un escaso ~* 僅少差で, かろうじて

mar-gi-na-'ción [マる.ひ.ナ.'すぃオン] 名 女 疎外, 差別, 無視

mar-gi-'na-do, -da [マる.ひ.'ナ.ド, ダ] 形 名 男 女 (社会から)疎外された(人), 差別された(人)

mar-gi-'nal [マる.ひ.'ナル] 形 へりの, 縁(ふち)の, 端の, 末端の; 重要でない, 二義的な, 周辺の, 辺境の; 社会から孤立した, 疎外された

mar-gi-'nar [マる.ひ.'ナる] 動 他 疎外する, 差別する, 無視する; 〈ページ・紙に〉余白を残す; 傍注をつける, 欄外に書き込む **~-se** 動 再 疎外される

'Ma+ri ['マ.り] 名 固〔女性名〕マリ《María の愛称》

ma-'rí+a [マ.'り.ア] 名 女〔食〕ビスケット;〔歴〕マリア銀貨《17 世紀のスペインの銀貨》; 《スペイン》《話》簡単に単位が取れる科目; 《俗》マリファナ 名 男〔鳥〕カササギ

Ma-'rí+a [マ.'り.ア] 名 固〔女性名〕マリア;〔聖〕(聖母)マリア《イエスの母》

ma-'ria-chi [マ.'りア.チ] 名 男 《メキシコ》〔楽〕マリアッチ楽隊《メキシコの民族音楽の楽隊》; 《メキシコ》〔楽〕マリアッチ音楽

Ma-'ria-na [マ.'りア.ナ] 名 固〔女性名〕マリアナ

Ma-ria-'na+o [マ.りア.'ナ.オ] 名 固〔地名〕マリアナオ《キューバの首都ハバナの北西にある衛星都市》

Ma-'ria-nas [マ.'りア.ナス] 名 固〔islas ~〕〔地名〕マリアナ諸島《西太平洋, ミクロネシアの諸島》;〔fosa de las ~〕〔地名〕マリアナ海溝《マリアナ諸島の東沖に連なる海溝; 地球上最深の箇所がある》

ma-ria-'nis-mo [マ.りア.'ニス.モ] 名 男〔宗〕聖母マリア崇拝

ma-'ria+no, -na [マ.'りア.ノ, ナ] 形〔宗〕聖母マリアの ⬆María

Ma-'ria+no [マ.'りア.ノ] 名 固〔男性名〕マリアノ

Ma-'rí+a Tri-ni-'dad 'Sán-chez [マ.'り.ア トり.ニ.'ダド 'サン.チェす] 名 固〔地名〕マリア・トリニダード・サンチェス《ドミニカ共和国北部の県》

Ma-ri-'bel [マ.り.'ベル] 名 固〔女性名〕マリベール《María Isabel の愛称》

ma-'ri-ca [マ.'り.カ] 名 男 《俗》〔軽蔑〕(男性)同性愛者, ゲイ; なよなよした男 名 女〔鳥〕カササギ

Ma-ri-cas-'ta-ña [マ.り.カス.'タ.ニャ]〔成句〕*en tiempos de ~* 《話》大昔に

ma-ri-'cón [マ.り.'コン] 名 男 《俗》〔軽蔑〕同性愛者, ゲイ

ma-ri-co-'ne-ra [マ.り.コ.'ネ.ら] 名 女 (男性用)ハンドバッグ

ma-ri-'da-je [マ.り.'ダ.へ] 名 男 結婚生活; 和合, 調和, 一致; 同棲生活

ma-ri-'dar [マ.り.'ダる] 動 自 結婚する; 同棲する 動 他 結合させる, 合わせる

ma-'ri-do [マ.'り.ド] 78% 名 男 夫

ma-ri-'fin-ga [マ.り.'フィン.ガ] 名 女 《カリブ》マリフィンガ《牛乳・卵で作るデザート》

ma-ri-'gua-na 名 女 ⇩ marihuana

ma-ri-'guan-za [マ.り.'グアン.さ] 名 女 《チリ》からかうときの手のしぐさ

ma-ri+'hua-na ⇦-gua- [マ.り.'ウア.ナ ⇦.'グア.] 名 女 マリファナ, 大麻(たいま)

ma-ri-'ma-cho [マ.り.'マ.チョ] 名 男 《俗》男まさりの女

ma-ri-man-'dón, -'do-na [マ.り.マン.'ドン, 'ド.ナ] 形 《スペイン》《話》口やかましい, いばりちらす

ma-'rim-ba [マ.'りン.バ] 名 女〔楽〕マリンバ《木琴の一種》;〔楽〕(アフリカの)太鼓

ma-ri-mo-'re-na [マ.り.モ.'れ.ナ] 名 女 《話》けんか

Ma-'rín [マ.'りン] 名 固〔姓〕マリン

ma-ri-'nar [マ.り.'ナる] 動 他〔食〕マリネにする;〔海〕〈船に〉乗組員を乗り込ませる

ma-ri-ne-'rí+a [マ.り.ネ.'り.ア] 名 女〔海〕船員の職業, 船乗り生活;〔海〕〔軍〕〔集合〕船員, 水夫, 水兵

ma-ri-'ne-ro [マ.り.'ネ.ろ] 92% 形〔海〕《船が》航海に適する, 航海に耐える;〔海〕船員の, 水夫の;〔海〕〔軍〕水兵の;〔地〕〔海〕海の, 海洋の,〔地〕〔海〕海岸の, 海辺の 名 男 女〔海〕船員, 水夫, 海員, 船乗り;〔海〕〔軍〕水兵, 海軍軍人

ma-ri-'nes-co, -ca [マ.り.'ネス.コ, カ] 形〔海〕船員の, 水夫の;〔海〕〔軍〕水兵の

ma-'ri+no, -na [マ.'り.ノ, ナ] 88% 形〔海〕海の, 海に住む, 海洋の;〔海〕海運業の;〔海〕船舶の;〔海〕〔軍〕海軍の 名 男〔海〕船員, 水夫, 海員, 船乗り;〔軍〕水兵, 海軍軍人 **-na** 名 女〔海〕〔軍〕海軍;〔海〕航海術;〔海〕〔集合〕(一国の)船舶, 海上勢力;〔地〕海岸, 海辺

ma-ri-'no-vio, -via [マ.り.'ノ.ビオ, ビア] 名 男 女 《アンデス》《話》同棲者

'Ma-rio ['マ.りオ] 名 固〔男性名〕マリオ

ma-'rión [マ.'りオン] 名 男〔魚〕チョウザメ

ma-rio-'ne-ta [マ.りオ.'ネ.タ] 名 女 操り人形, マリオネット; 他人の言いなりになる人

ma-ri-'po-sa [マ.り.'ポ.サ] 93% 名 女〔昆〕チョウ;〔昆〕ガ;〔競〕〔水泳〕バタフライ; 《話》〔軽蔑〕ホモセクシャル, ゲイ

ma-ri-po-se+'ar [マ.リ.ポ.セ.'アる] 動 自 (気持ちが)くるくる変わる, 移り気である; «男が»何人もの女に言い寄る; つきまとう, 後を追いかける

ma-ri-po-'se+o [マ.リ.ポ.'セ.オ] 名 男 何人もの女に言い寄ること, 移り気

ma-ri-po-'són [マ.リ.ポ.'ソン] 名 男 《カリ》《話》プレイボーイ, 女たらし

ma-ri-'qui-ta [マ.リ.'キ.タ] 名 女 〖昆〗テントウムシ; 〖鳥〗小型のインコ; 〔複〕《カリブ》揚げバナナ 名 男 《俗》ホモセクシャル, ゲイ **M～** 名 固 〖女性名〗マリキータ《María の愛称》

Ma-'ri-sa [マ.'リ.サ] 名 固 〖女性名〗マリーサ《María Luisa の愛称》

ma-ri-sa-bi-'di-lla [マ.リ.サ.ビ.'ディ.ジャ] 名 女 《スペイン》《話》知識をひけらかす女, インテリぶった女

ma-ris-'ca-da [マ.リス.'カ.ダ] 名 女 〖食〗海鮮料理の盛り合わせ

ma-ris-'cal [マ.リス.'カル] 名 男 〖軍〗軍最高司令官, 元帥 **～ *de campo*** 〖軍〗陸軍元帥

m

***ma-'ris-co** [マ.'リス.コ] 93% 名 男 〖食〗魚介類, シーフード《エビ・カニ・イカ・タコ・貝など》; 《俗》盗品

ma-'ris-ma [マ.'リス.マ] 名 女 〖地〗塩性沼沢(地), 塩湿地, 塩生草原; 〔las Marismas〕〖地名〗ラス・マリスマス《スペイン南部, グアダルキビール川の河口の湿原》

Ma-ri-'sol [マ.リ.'ソル] 名 固 〖女性名〗マリソール《María de la Soledad の愛称》

ma-ris-que-'rí+a [マ.リス.ケ.'リ.ア] 名 女 〖商〗シーフードレストラン

ma-ris-'que-ro, -ra [マ.リス.'ケ.ろ, ら] 形 〖海〗海産物の 名 男 女 海産物業者, 漁師

ma-'ris-ta [マ.'リス.タ] 形 〖宗〗マリスト会の 名 男 〖宗〗マリスト会士

ma-ri-'tal [マ.リ.'タル] 形 結婚の, 夫婦の; 夫の

***ma-'rí-ti-mo, -ma** [マ.'リ.ティ.モ, マ] 91% 形 〖海〗海の, 海事の, 臨海の, 海運上の, 海上貿易の

ma-ri-'tor-nes [マ.リ.'トる.ネス] 名 女 〔単複同〕《話》粗野な家政婦

mar-'jal [マる.'はル] 名 男 〖地〗沼, 沼沢地, 湿原

marketing ['マる.ケ.ティン] 名 男 〔複 -tings〕〔英語〕〖商〗マーケティング, 市場調査 ⇩ mercadotecnia

mar-'mi-ta [マる.'ミ.タ] 名 女 〖食〗ふた付き鍋(なべ), 圧力鍋

mar-mi-'tón [マる.ミ.'トン] 名 男 調理場の下働き, 皿洗い

*'**már-mol** ['マる.モル] 93% 名 男 大理石, 大理石彫刻

mar-mo-le-'rí+a [マる.モ.レ.'リ.ア] 名 女 〔集合〕(建物に使われている)大理石, 大理石彫刻, 大理石加工; 大理石工場

mar-mo-'lín, -'li-na [マる.モ.'リン, 'リ.ナ] 形 名 男 女 《ラプラタ》《話》頭の回転が鈍い(人)

mar-mo-'lis-ta [マる.モ.'リス.タ] 名 共 大理石彫刻師[職人]

mar-'mó-re+o, +a [マる.'モ.れ.オ, ア] 形 大理石の(ような)

mar-'mo-ta [マる.'モ.タ] 名 女 〖動〗マーモット; 《話》眠たがり屋, 寝坊; 《話》家政婦

ma-'ro-ma [マ.'ろ.マ] 名 女 太綱; 《ラ米》綱渡り

ma-'ro-mo [マ.'ろ.モ] 名 男 《話》男, あいつ, やつ

ma-'ro-ta [マ.'ろ.タ] 名 女 《メキシコ》おてんば娘, 男まさり

'**Mar-pla** 略 ⬆Mar del Plata

mar-'qué, -que(～) 動 《直点1単, 接現》⬆marcar

mar-'qués [マる.'ケス] 85% 名 男 侯爵

mar-'que-sa [マる.'ケ.サ] 名 女 侯爵夫人; 女侯爵; 安楽椅子(いす); 《チリ》木製の簡易ベッド

mar-que-'sa-do [マる.ケ.'サ.ド] 名 男 侯爵の領地[身分, 爵位]

mar-que-'si-na [マる.ケ.'スィ.ナ] 名 女 〖建〗張り出し屋根, キャノピー, ガラス張りの屋根

mar-que-te-'rí+a [マる.ケ.テ.'リ.ア] 名 女 象嵌(ぞうがん), はめ込み細工; 寄せ木細工, 木工, 木材工芸

'**Már-quez** ['マる.ケす] 名 固 〖姓〗マルケス

'**ma-rra** ['マ.ら] 名 女 (石工用の)ハンマー, げんのう

ma-'rra-jo, -ja [マ.'ら.ほ, は] 形 〖牛〗«牛が»癖の悪い; 〔一般〕«人が»悪賢い, ずるい, 狡猾(こうかつ)な 名 男 〖魚〗サメ

Ma-rra-'kech⇦-'**quech** [マ.ら.'ケチ] 名 固 〖地名〗マラケシュ《モロッコ Marruecos 中部の都市》

ma-rra-ke-'chí⇦-**que-** [マ.ら.ケ.'チ] 形 〔複 -chíes⇦-chís〕〖地名〗マラケシュの(人)⬆Marrakech

ma-rra-'na-da [マ.ら.'ナ.ダ] 名 女 《話》汚れ, 汚ならしさ; 〔軽蔑〕卑劣な行為, 汚い手

ma-rra-'na-zo [マ.ら.'ナ.そ] 名 男 《カリブ》《話》頭の殴打; こぶ

ma-rra-ne+'ar [マ.ら.ネ.'アる] 動 他 《コロンビア》《話》だます, たぶらかす

ma-'rra+no, -na [マ.'ら.ノ, ナ] 形 汚い, うす汚い; 《コロンビア》《話》だまされやすい, ナイーブな 名 男 女 うすぎたない人; 卑劣なや

つ, 強欲な人;〔軽蔑〕〔歴〕〔宗〕偽装改宗ユダヤ人, 隠れユダヤ [名] [男]〔動〕ブタ[豚]

ma-'rrar [マ.'ら̃る̥] [動] [他] 誤る, 間違える; 失敗する; (進路・方向などから)外す

'ma-rras ['マ.ら̃ス̥]〔成句〕 ***de ~*** 《話》例の, いつもの, 月並みな

ma-rras-'qui+no [マ.ら̃ス̥.'キ.ノ] [名] [男]〔飲〕マラスキーノ《サクランボから作るリキュール》

'ma-rro ['マ.ろ̃] [名] [男]〔遊〕石投げ遊び《地面に立てた棒に当てる》;〔遊〕鬼ごっこ; 身をかわすこと

*__ma-'rrón__ [マ.'ろ̃ン] 93% [形] 茶色の, 褐色の, 栗色の, ブラウンの [名] [男] 茶色, 褐色, 栗色, ブラウン;〔食〕マロングラッセ;《ﾆﾛﾝﾋﾞｱ》(髪の)カール

**__ma-rro-'quí__ [マ.ろ̃.'キ] 87% [形]〔複 -quíes⇔-quís〕〔地名〕モロッコ(人)の ⬇ Marruecos [名] [共] モロッコ人 [名] [男] モロッコ革

ma-'rru-bio [マ.'る̃.ビオ] [名] [男]〔植〕ニガハッカ

ma-'rrue-co, -ca [形] 《まれ》 ⇧ marroquí

*__Ma-'rrue-cos__ [マ.'る̃エ.コス̥] 93% [名] [固]〔地名〕モロッコ《アフリカ北西部の王国》

ma-rru-lle-'rí+a [マ.る̃.ジェ.'り.ア] [名] [女] 丸め込むこと, 口車, 甘言, おべっか

ma-rru-'lle-ro, -ra [マ.る̃.'ジェ.ろ, ら] [形] 甘言でだます, 丸め込む

Mar-'se-lla [マる̥.'セ.ジャ] [名] [固]〔地名〕マルセイユ《フランス南東部の都市》

mar-se-'llés, -'lle-sa [マる̥.セ.'ジェス̥, 'ジェ.サ] [形] [名] [男] [女]〔地名〕マルセイユの(人) ⬆ Marsella ***La Marsellesa***〔楽〕ラマルセイエーズ《フランスの国歌》

Mar-'shall [マる̥.'サル̥] [名] [固]〔República de las Islas ~〕〔地名〕マーシャル諸島共和国《西太平洋の共和国》

mar-'so-pa [マる̥.'ソ.パ] [名] [女]〔動〕ネズミイルカ

mar-su-'pial [マる̥.ス.'ピアル̥] [名] [男]〔動〕有袋(ゆうたい)目の動物《カンガルー, コアラなど》 [形]〔動〕有袋目の

'mar-ta ['マる̥.タ] [名] [女]〔動〕テン ***~ cebellina***〔動〕クロテン

'Mar-ta ['マる̥.タ] [名] [固]〔女性名〕マルタ

'Mar-te ['マる̥.テ] [名] [固]〔ロ神〕マルス《戦いの神》;〔天〕火星

__'mar-tes__ ['マる̥.テス̥] 83% [名] [男]〔単複同〕火曜日 *~ y trece*** **13 日の火曜日**《不吉な日とされる》

mar-ti-'llar [マる̥.ティ.'ジャる̥] [動] [他] 槌(つち)[ハンマー]でたたく[打つ]; 苦しめる, 悩ます

mar-ti-'lla-zo [マる̥.ティ.'ジャ.そ] [名] [男] 槌(つち)[ハンマー]でたたく[打つ]こと

mar-ti-lle-'ar [マる̥.ティ.'ジェ.アる̥] [動] [他] 槌(つち)[ハンマー]で続けてたたく[打つ]; 続けて苦しめる, 続けて悩ます

mar-ti-'lle+o [マる̥.ティ.'ジェ.オ] [名] [男] 槌(つち)[ハンマー]で打つこと[音]; たたく[打つ]音

*__mar-'ti-llo__ [マる̥.'ティ.ジョ] 94% [名] [男] 槌(つち), 金槌, ハンマー;〔楽〕(ピアノの弦をたたく)ハンマー; (ベルの)打ち子; (銃の)打ち金;〔競〕ハンマー;〔体〕(中耳の)槌骨(つちこつ)

mar-'tín [マる̥.'ティン]〔成句〕 ***~ pescador***〔鳥〕カワセミ

Mar-'tín [マる̥.'ティン] [名] [固]〔男性名〕マルティン;〔姓〕マルティン ***San ~*** 聖マルティン《豚を殺す季節》

mar-ti-'ne-te [マる̥.ティ.'ネ.テ] [名] [男]〔鳥〕アオサギ; アオサギの羽;〔楽〕(ピアノの弦をたたく)ハンマー;〔技〕落としハンマー;〔楽〕マルティネーテ《アンダルシアの民謡》

Mar-'tí-nez [マる̥.'ティ.ネす̥] [名] [固]〔姓〕マルティネス

mar-tin-'ga-la [マる̥.ティン.'ガ.ラ] [名] [女]〔遊〕カルタ遊びでの賭け; たくらみ, 策略; 工夫, 仕掛け;〔複〕〔歴〕〔衣〕(よろいの下に着る)半ズボン

*__'már-tir__ ['マる̥.ティる̥] 93% [名] [共]〔宗〕殉教者, 殉難者;〔一般〕犠牲者

mar-'ti-rio [マる̥.'ティ.りオ] [名] [男]〔宗〕殉教, 殉難; 殉死;〔一般〕苦痛, 苦難

mar-ti-ri-'zar [マる̥.ティ.り.'さる̥] [動] [他] (34) (z|c) 主義[信仰]のために殺害する, 殉教させる, 迫害する;〔一般〕苦しめる, さいなむ

mar-ti-ro-'lo-gio [マる̥.ティ.ろ.'ロ.ひオ] [名] [男]〔宗〕殉教者名簿

ma-'ru-ga [マ.'る.ガ] [名] [女]《ｶﾘﾌﾞ》〔遊〕がらがら《小石・金属片・種などを入れて鳴らすおもちゃ》

ma-'ru-ja [マ.'る.は] [名] [固]《話》〔軽蔑〕主婦, 奥さん, おかみさん

Ma-'ru-ja [マ.'る.は] [名] [固]〔女性名〕マルーハ《María の愛称》

ma-ru-je+'ar [マ.る.へ.'アる̥] [動] [他]《話》〔軽蔑〕〈の〉うわさ話をする

ma-ru-'je+o [マ.る.'へ.オ] [名] [男]《話》〔軽蔑〕うわさ話

mar-'xis-mo [マる̥(ク̥).'スィス̥.モ] [名] [男]〔政〕マルクス主義《Karl Marx, 1818–83, ドイツの社会学者・経済学者》

mar-'xis-ta [マる̥(ク̥).'スィス̥.タ] [形]〔政〕マルクス主義の [名] [共]〔政〕マルクス主義者 ⬆ marxismo

mar-'zal [マる̥.'さル̥] [形] **3 月の**

__'mar-zo__ ['マる̥.そ] 83% [名] [男] **3 月

mas [マス̥] [接]〔弱勢〕《格》しかし

__'más__ 49% [形] **1 (que: より)多くの, もっとたくさんの, より多数の: Hoy vino **más** gente que ayer. 今日は昨日よりもたくさん

m

の人が来た。 **2** これ[それ]以上の, それ以外の, 余分の: ¿Quiere usted algo **más**? 他に何かご入り用なものはございますか? 副 **1** (que, de: より)もっと(多く), (…より)ずっと, さらにいっそう, …を超えて: Elisa estudia **más** que tú. エリサはお前よりも勉強する。 **2**〔形容詞・副詞とともに〕(que: より)さらに…: Este libro es **más** interesante que ése. この本はその本よりおもしろい。 **3** (que: というよりは)むしろ…, どちらかといえば…だ: Paula es **más** tímida que antipática. パウラは感じが悪いというより, むしろ内気なのだ。 **4**〔定冠詞・所有形容詞をつけて〕最も…, 一番…: Juana es la **más** alta de la clase. フアナはクラスで一番背が高い。 **5** そのうえ, さらに: Ya no puedo **más**. Me sentaré. これ以上我慢できない。ぼくは座るよ。 **6**《話》 とても, 非常に: ¡Mi amigo es **más** bueno! 私の友人は本当にいい人だ! 名 男 **1**《単複同》利益, 得, 長所: La bolsa tiene sus **más** y sus menos. 証券取引にはプラスもあればマイナスもある。 **2** これ[それ]以上のもの, 余分なこと: No hay sillas para **más**. あとの人たちには椅子はありません。 **3** 大多数: Los **más** opinan lo mismo. 大多数の人たちは同じ意見だ。 **4**〔数〕プラス記号《+の記号》 接 …足す…: La casa **más** la piscina le costaron un millón de euros. 家とプールで彼は100万ユーロかかった。 (*a*) ***lo*** ～ 多くても, せいぜい ***a*** ～ さらに, その上 ***cuanto*** ～ … ***tanto*** —(比較級) …すればするほど—となる ***de*** ～ 余分に, 余計に ***de*** ～ ***en*** ～ だんだんと, ますます ***es*** ～ それどころか, さらに ***estar de*** ～ 余計である ***hasta*** ～ ***no poder*** この上ないまでに ***lo*** ～ …(形容詞) この上なく…, いちばん…なこと ***lo*** ～ ***antes*** なるべく早く ***lo*** ～ (形容詞・副詞) ***posible*** できるだけ…で ～ ***allá*** さらに向こう; あの世 ～ ***bien*** … むしろ… ～ ***o menos*** … おおよそ, ほぼ ～ ***que nunca*** 今まで以上に, かつてなく ～ ***y*** ～ … ますます…, いっそう…; 多少とも; (場合によって)変動がある ***ni*** ～ ***ni menos*** まさに, ちょうどよく, 過不足なく ***no*** ～ … …するとすぐに; ただ…だけ《ラ米》〔命令文で〕まあちょっと…してください ***no*** … ～ ***que*** — —しか…ない, —ばかりしている ***por*** ～ ***que*** …(接続法) どれほど…しても ***por*** ～ …(形容詞・副詞) ***que*** —(接続法) どれほど…であっても, どれほどたくさんの…を—しても ***¡Qué*** … ～ —***!*** なんと—な…であることか! ***sin*** ～ これ[それ]だけで, 以上で ***sin*** ～ ***ni*** ～ 正当な理由なく, いわれなく; いきなり ***sus*** ～ ***y sus menos*** いろいろな問題 ***todo lo*** ～ できるだけ

'ma+sa 82% 名 女 塊(かたまり), 一団, 集団, 集まり; 大衆, 庶民, 勤労者階級;〔食〕こね粉, パン生地; 全体, 総量;〔建〕モルタル, しっくい;〔物〕質量 ***con las manos en la*** ～ 現行犯で ***en*** ～ 一団となって; 大規模の; 全体として, まとめて ***la gran*** ～ 大部分

ma-sa-'co-te 名 男《メキシコ》《話》ごちゃまぜ

ma-sa-'crar [マ.サ.'クらる] 動 他 大虐殺する

ma-'sa-cre [マ.'サ.クれ] 名 女 大虐殺

ma-'sái 形 名 共 マサイ族(の)《ケニア・タンガニーカの民族》

*__ma-'sa-je__ [マ.'サ.へ] 91% 名 男 マッサージ

ma-sa-'jis-ta [マ.サ.'ひス.タ] 名 共 マッサージ師

Ma-'sa-ya 名 固〔地名〕マサージャ《ニカラグア西部の県》

mas-'car [マス.'カる] 動 他 ⑥⑨ (c|qu) 〈食べ物を〉よくかむ;《話》(口の中で)もぐもぐ[ぶつぶつ]言う;《話》かみくだく, わかりやすく説明する

'más-ca-ra ['マス.カ.ら] 88% 名 女〔衣〕仮面, マスク, 面; 防毒マスク, ガスマスク;〔競〕〔野球・フェンシング〕マスク; 仮装, 変装; 口実, 言いわけ;〔複〕仮装パーティー ***arrancar*** [***quitar***] ***la*** ～ (a: の)仮面をはぐ

mas-ca-'ra-da [マス.カ.'ら.ダ] 名 女 仮面[仮装]舞踏会, 仮装行列; 見せかけ, ふり, 虚構

mas-ca-'ri-lla [マス.カ.'り.ジャ] 名 女〔衣〕(小さな)マスク, 仮面;〔競〕マスク; (化粧用の)パック; デスマスク

mas-ca-'rón [マス.カ.'ろン] 名 男〔建〕装飾用怪人面《壁面などにつけたグロテスクな仮面》 ～ ***de proa***〔海〕(船の水切りの上の)船首像

Mas-'ca-te ⇔ **-'cat** 名 固〔地名〕マスカット《オマーン Omán の首都》

mas-'co-ta 名 女 マスコット, 縁起のよい人[動物, もの], お守り

mas-cu-li-ni-'dad [マス.ク.リ.ニ.'ダド] 名 女 男性らしさ

*__mas-cu-'li+no, -na__ [マス.ク.'リ.ノ, ナ] 91% 形 男性の, 男の; 男らしい;〔言〕《名詞・代名詞・形容詞が》男性の; 《女が》男のような, 男まさりの 名 男〔言〕男性

mas-cu-'llar [マス.ク.'ジャる] 動 他 口の中でもぐもぐ[ぶつぶつ]言う, つぶやく

Ma-'se-ru [マ.'セ.る] 名 固〔地名〕マセル《レソト Lesoto の首都》

ma-'sí+a 名 女《スペイン》〔農〕(カタルーニャ地方の)農家

ma-si-fi-ca-'ción [マ.スィ.フィ.カ.'すぃオン] 名 女 大衆化; 普及

ma-si-fi-'car [マ.スィ.フィ.'カる] 動 他 ⑥⑨ (c|qu) 大衆化させる; 普及させる ~-**se** 動 再 大衆化する; 普及する

ma-'si-lla [マ.'スィ.ジャ] 名 女 〔建〕(窓ガラスを固定するための)パテ

ma-'si-vo, -va [マ.'スィ.ボ, バ] 形 大量の, 多量の; 集団の, 大勢の; 大規模の

'mas-lo ['マス.ロ] 名 男 〔動〕(動物の)尾根《毛の部分ではない尾の芯部》; 〔植〕(草木の)茎, 幹, 軸

ma-'són, -'so-na 名 男 女 フリーメーソンの会員

ma-so-ne-'rí+a [マ.ソ.ネ.'り.ア] 名 女 フリーメーソン《国際的秘密結社》

ma-'só-ni-co, -ca 形 フリーメーソンの(ような)

ma-so-'quis-mo [マ.ソ.'キス.モ] 名 男 マゾヒズム, 被虐性愛, マゾ

ma-so-'quis-ta [マ.ソ.'キス.タ] 形 マゾヒズムの, 被虐性愛の 名 共 マゾヒスト, 被虐性愛者

mas-te-'le-ro [マス.テ.'レ.ろ] 名 男 〔海〕トップマスト

'más-ter ['マス.テる] 名 男 (大学の)修士課程, マスターコース ⇧ maestría 名 共 修士

mas-te-'ra-do [マス.テ.'ら.ド] 名 男 《(アンデス)》《(パラグアイ)》(大学院の)修士課程, 修士号 ⇧ maestría

mas-ti-ca-'ción [マス.ティ.カ.'すぃオン] 名 女 かむこと, 咀嚼(そしゃく)

mas-ti-ca-'dor, -'do-ra [マス.ティ.カ.'ドる, 'ド.ら] 形 咀嚼(そしゃく)の

***mas-ti-'car** [マス.ティ.'カる] 94% 動 他 ⑥⑨ (c|qu) 〔食〕〈食べ物を〉よくかむ, 咀嚼(そしゃく)する; 〈について〉よく考える, 熟考する

'más-til ['マス.ティル] 名 男 〔海〕マスト, 帆柱; まっすぐな柱, 支柱; 〔楽〕(ギターの)ネック, さお; (無電用の)鉄塔

mas-'tín 名 男 〔動〕マスチフ《チベット原産, 英国で改良された大型の番犬》

mas-'ti-que [マス.'ティ.ケ] 名 男 《(チリ)》《話》食べ物

mas-'ti-tis 名 女 〔単複同〕〔医〕乳腺(にゅうせん)炎

mas-to-'don-te 名 男 〔動〕マストドン《古生物, ゾウ型の哺乳類》; 《話》大きな人, 大男, 大女

mas-'toi-des 形 〔単複同〕〔体〕乳頭状の 名 男 《単複同》〔体〕乳様突起

mas-'tuer-zo [マス.'トゥエる.そ] 名 男 〔植〕コショウソウ; 〔植〕クレソン, オランダガラシ; うすのろ, まぬけ

mas-tur-ba-'ción [マス.トゥる.バ.'すぃオン] 名 女 自慰, マスターベーション, 手淫

mas-tur-'bar [マス.トゥる.'バる] 動 他 〈に〉手淫をする ~**se** 動 再 自慰をする

'ma+ta 名 女 〔植〕低木, 灌木(かんぼく); やぶ, 茂み; 植林地, 森; 〔農〕果樹園; 〔植〕ニュウコウジュ 動 《直現 3 単/命》↓matar

ma-ta-'bu-rros [マ.タ.'ブ.ろス] 名 男 〔単複同〕《(カリブ)》《話》辞書, 字引

ma-ta-ca-'ba-llo [マ.タ.カ.'バ.ジョ] 〔成句〕 ***a ~*** 《話》大急ぎで, あわてて

ma-ta-'cán 名 男 〔歴〕〔建〕(城の)石落とし, 出し狭間(はざま); 〔植〕マチン《南アジア産の高木; 種子にはストリキニーネなどのアルカロイドが含まれ, 有毒》; 〔畜〕(マチンから作る)犬を殺す毒薬; 犬に捕まった野ウサギ

ma-ta-cu-'lín [マ.タ.ク.'リン] 名 男 《(コロンビア)》〔遊〕ぶらんこ

ma-'ta-da 名 女 《(中米)》落下

ma-ta-'de-ro [マ.タ.'デ.ろ] 名 男 食肉処理場, 屠畜場 ***llevar al ~*** 危険な場所に送り込む

ma-ta-'dor, -'do-ra [マ.タ.'ドる, 'ド.ら] 形 殺す; 《話》死にそうな, 苦労する 名 男 殺し屋; 〔牛〕マタドール; 〔遊〕〔トランプ〕切り札

ma-ta-'du-ra [マ.タ.'ドゥ.ら] 名 女 〔畜〕(動物の)鞍(くら)ずれ

Ma-ta-'gal-pa [マ.タ.'ガル.パ] 名 固 〔地名〕マタガルパ《ニカラグア中部の県》

ma-ta-gu-'sa+no [マ.タ.グ.'サ.ノ] 名 男 《(中米)》オレンジの皮・蜂蜜で作る甘菓子

ma-ta-la+'hú-ga [マ.タ.ラ.'ウ.ガ] 名 女 〔植〕ウイキョウ, アニス

ma-'tam-bre [マ.'タン.ブれ] 名 男 《(ラ米)》〔食〕牛のあばら肉

ma-ta-'mo-ros [マ.タ.'モ.ろス] 形 〔単複同〕《話》いばりちらす, 空いばりの, 尊大な 名 共 空いばり屋

ma-ta-'mos-cas 名 男 〔単複同〕ハエたたき, ハエ捕り器

***ma-'tan-za** [マ.'タン.さ] 92% 名 女 虐殺, 殺戮(さつりく), 大量殺人; 食肉処理; 腸詰め作業; 畜殺期; 〔集合〕〔食〕豚の生産品

Ma-'tan-zas [マ.'タン.さス] 名 固 〔地名〕マタンサス《キューバ西部の県, 県都》

ma-ta-'pol-vos [マ.タ.'ポル.ボス] 名 男 〔単複同〕〔気〕ポツポツと降る雨

****ma-'tar** [マ.'タる] 76% 動 他 殺す; 〈時間を〉つぶす, 紛らす; 《話》ひどく苦しめる, 疲れさせる; 〈空腹を〉紛らわす; 〈火を〉消す; 〈輝き・色を〉落とす; 〈切手に〉消印を押す; 〈角を〉落とす, 丸くする ~**se** 動 再 自殺する; (en: 事故・災害・戦争などで)死ぬ; 懸命に(por 不定詞: …)する, 身を粉(こ)にして…する ***estar a ~*** (con: と)仲が悪い ***~las callando*** 《話》猫をかぶる ***¡Que me maten si …!*** 《話》絶対に…でない, …であったら命をあげてもいい

ma-ta-'ri-fe [マ.タ.'り.フェ] 名 男 畜殺

m

作業員, 食肉処理場職員

ma-ta-'rra-tas [マ.タ.'ら.タス] [名] [男] 〔単複同〕〖飲〗 安酒; 猫いらず, ネズミ殺し

ma-ta-'sa-nos [名] [共] 〔単複同〕《俗》〔軽蔑〕 医者, にせ[やぶ]医者

ma-ta-'se-llos [マ.タ.'セ.ジョス] [名] [男] 〔単複同〕 (切手の)消印; 消印器

ma-ta-'sie-te [名] [男] 《話》 大自慢家, 空いばり屋

ma-ta-'sue-gras [マ.タ.'スエ.グらス] [名] [男] 〔単複同〕〖遊〗 紙へび 《吹くと音を出しながら伸びる玩具》

match ['マチ] [名] [男] 〔英語〕〖競〗 試合, 競技, マッチ

'ma+te [名] [男] 〖遊〗〔チェス〕 王手詰み, チェックメート; 《南米》〖飲〗 マテ茶, マテ茶を入れる容器 [形] «色・つやなどが»つや消しの; «音色が»鈍い

ma-te+'ar-se [マ.テ.'アる.セ] [動] [再] 《チリ》《話》 ガリ勉をする

⁑**ma-te-'má-ti-co, -ca** 89% [形] 〖数〗 数学(上)の, 数理的な; 《話》 正確な [名] [男] [女] 〖数〗 数学者 -ca [名] [女] 〔主に複〕〖数〗 数学

ma-'te+o [名] [男] 《チリ》《話》 ガリ勉 *dar* [*echar*] ~ 《ベネズエラ》《話》 中途半端にする

Ma-'te+o [名] [固] 〖男性名〗 マテオ *estar como ~ con la guitarra* 《話》 とても満足している

⁑**ma-'te-ria** [マ.'テ.りア] 80% [名] [女] 物質, 物体; 原料, 材料; 事柄, 事件, 問題; 〔漠然と〕 事情, 事態; 成分, 要素, 本質, 実質; (書物・演説などの)内容, 材料, 教材; 教科, 科目; 〖物〗〖医〗 物質, …質, …体; 〖医〗 膿(うみ) *en ~ de* … …に関して(は) *entrar en ~* 本題に入る

⁑**ma-te-'rial** [マ.テ.'りアル] 78% [形] 物質の, 物質的な, 物質からなる, 具体的な; 実際の, 本当の; 実体のある, 実質的な; 肉体的な; 物質主義的な [名] [男] 原料, 材料, 資材; 資料, 題材; 〔集合〕 用具, 道具, 設備, 機械; 革, なめし革; 〖印〗 原稿 **~men-te** [副] 物質的に, 物理的に, 具体的に

ma-te-ria-li-'dad [マ.テ.りア.リ.'ダド] [名] [女] 物質性, 具体性; 表面, 外面

*__ma-te-ria-'lis-mo__ [マ.テ.りア.'リス.モ] 94% [名] [男] 〖哲〗 唯物論[主義] 《物質が真の存在であるとする》; 〖哲〗 物質主義 《精神的なものを無視して物質的なものを尊重する》; 〖哲〗 実利主義 《利益や効用を第一とする》

*__ma-te-ria-'lis-ta__ [マ.テ.りア.'リス.タ] 94% [形] 〖哲〗 唯物論的な; 〖哲〗 物質主義的な; 〖哲〗 実利主義的な [名] [共] 〖哲〗 唯物論者; 〖哲〗 物質主義者; 〖哲〗 実利主義者; 《メキシコ》〖商〗 建築資材業者, トラック運転手

ma-te-ria-li-za-'ción [マ.テ.りア.リ.さ.'すぃオン] [名] [女] 実現, 具体化; 物質化

ma-te-ria-li-'zar [マ.テ.りア.リ.'さる] [動] [他] ㉞ (z|c) 実現する, 具体化する, 形態を与える; 物質化する **~(se)** [動] [自] ([再]) 具体化する, 実現する

ma-ter-'nal [マ.テる.'ナル] [形] 母の, 母たる, 母性の, 母らしい

*__ma-ter-ni-'dad__ [マ.テる.ニ.'ダド] 93% [名] [女] 母性, 母であること; 〖医〗 産科, 産科病院

*__ma-'ter+no, -na__ [マ.'テる.ノ, ナ] 93% [形] 母の, 母性の, 母らしい; 母系の; 母方の

ma-'te-ro, -ra [マ.'テ.ろ, ら] [形] 《ラプラタ》〖飲〗 マテ茶の, マテ茶好きな [名] [男] [女] 〔人〕 マテ茶好き

Ma-'tí+as [名] [固] 〖男性名〗 マティアス

Ma-'til-de [マ.'ティル.デ] [名] [固] 〖女性名〗 マティルデ

ma-ti-'nal [マ.ティ.'ナル] [形] 朝の

ma-ti-'né [名] [女] 〖演〗〖映〗 昼興行, マチネー

*__ma-'tiz__ [マ.'ティす] 92% [名] [男] 色合い, 濃淡の度合い, 色調; (意味の)ニュアンス, 微妙な違い

ma-ti-'zar [マ.ティ.'さる] [動] [他] ㉞ (z|c) 〈色を〉合わせる, 調和させる, 〈に〉(con, de: の)色合いをつける; 〈に〉変化を添える; 〈que: と〉明言する

'ma+to [動] 《直現 1 単》 ↑matar

ma+'tó [動] 《直点 3 単》 ↑matar

ma-'to-jo [マ.'ト.ほ] [名] [男] 〔軽蔑〕 やぶ, 茂み; 〖植〗 オカヒジキ

ma-'tón [名] [男] 用心棒, 殺し屋; 《話》 あばれん坊, けんか早い男

ma-to-'rral [マ.ト.'らル] [名] [男] やぶ, 茂み, 低木密生林

ma-'tra-ca [マ.'トら.カ] [名] [女] 〖楽〗 ガラガラ, マトラーカ 《祭りなどで音を出す器具》; 《話》 しつこさ; 《ベネズエラ》《話》 賄賂(わいろ)

ma-tra-que+'ar [マ.トら.ケ.'アる] [動] [自] がらがら[マトラーカ]を鳴らす; 《話》 しつこく言う

ma-tra-'que+o [マ.トら.'ケ.オ] [名] [男] がらがら[マトラーカ]を鳴らすこと; 《話》 しつこく悩ますこと; 《ベネズエラ》《話》 賄賂(わいろ)の授受

ma-'traz [マ.'トらす] [名] [男] 〖化〗 マトラス 《長頭円形のフラスコ》

ma-'triar-ca [マ.'トりアる.カ] [名] [女] 女家長, 女族長

ma-triar-'ca-do [マ.トりアる.'カ.ド] [名] [男] 母系(家族)制

ma-triar-'cal [マ.トりアる.'カル] [形] 母系(家族)制の

ma-tri-'ci-da [マ.トり.'すぃ.ダ] [形] 〖法〗 母親殺しの [名] [共] 〖法〗〔人〕 母親殺し

ma-tri-'ci-dio [マ.トり.'すぃ.ディオ] [名]

男〘法〙母親殺し(の罪)

*ma-'trí-cu-la [マ.'トリ.ク.ラ] 92% 名 女 入学手続き, 大学入学許可, 登録, 入学; 〘車〙ナンバープレート; 〘軍〙入隊; 記録簿, 登記簿, 登録名簿; 登録者数, 学生数 ～ *de honor* (大学での)成績優秀賞

ma-tri-cu-la-'ción [マ.トリ.ク.ラ.'すぃオン] 名 女 入学手続き; 登記, 登録

*ma-tri-cu-'lar [マ.トリ.ク.'ラる] 93% 動 他 入学させる; 登録する, 登記する ～-se 動 再 (en: に)入学手続きをする; 登録する

*ma-tri-mo-'nial [マ.トリ.モ.'ニアル] 93% 形 結婚の, 夫婦の

**ma-tri-'mo-nio [マ.トリ.'モ.ニオ] 85% 名 男 結婚, 婚姻; 夫婦; 結婚式, 婚礼; 夫婦関係, 結婚生活; 《カリブ》《話》マトリモニオ《米・インゲンマメの料理》

ma-tri-'ten-se [マ.トリ.'テン.セ] 形 〘地名〙マドリードの

ma-'triz [マ.'トりす] 名 女 〘体〙子宮; 母胎; 母型, 鋳型, 模型; (小切手帳などの)控え, 台紙; 原簿, 原本; 〘数〙行列, マトリックス 形 主な, 主要な, 本…

ma-'trón [マ.'トろン] 名 男 〘医〙(男性の)助産師

ma-'tro-na [マ.'トろ.ナ] 名 女 上流夫人, 夫人; 《話》貫禄のある女性; 女性看守; 家政婦長; 〘法〙(税関の)女性検査官; 〘医〙助産婦, 産婆

ma-'tun-go, -ga 形 《カリブ》《話》動きが鈍い; 病弱な; 《カリブ》《ラプラタ》〘畜〙《馬・ロバなどが》やせた, 老いぼれの, 役立たずの

Ma-tu-'rín [マ.トゥ.'リン] 名 固 〘地名〙マトゥリン《ベネズエラ北東部の都市》

Ma-tu-sa-'lén [マ.トゥ.サ.'レン] 〔成句〕 *ser más viejo[ja] que* ～ 大変な年寄りである

ma-'tu-te 名 男 密輸入; 密輸品

ma-tu-'te-ro, -ra [マ.トゥ.'テ.ろ, ら] 名 男 女 密輸入者; 《話》隠し子

ma-tu-'ti-no, -na 形 《格》朝の, 早朝の

'mau-la ['マウ.ラ] 名 女 ごまかし; ごみ, くず, がらくた 名 共 《話》なまけ者, ごろつき, ろくでなし; 《話》ペテン師

'Mau-le ['マウ.レ] 名 固 〘地名〙マウレ《チリ中部の州》

mau-'llar [マウ.'ジャる] 動 自 ⑥⓪ (u|ú) 〘動〙《猫が》ニャーニャー鳴く

mau-'lli-do [マウ.'ジ.ド] 名 男 〘動〙猫の鳴き声

mau-ri-'cia-no, -na [マウ.リ.'すぃア.ノ, ナ] 形 〘地名〙モーリシャス(人)の ↓Mauricio 名 男 女 モーリシャス人

Mau-'ri-cio [マウ.'リ.すぃオ] 名 固 〘男性名〙マウリシオ; 〔República de ～〕〘地名〙モーリシャス《アフリカ大陸の南東, インド洋上の共和国》

Mau-ri-'ta-nia [マウ.リ.'タ.ニア] 名 固 〔República Islámica de ～〕〘地名〙モーリタニア《アフリカ北西部のイスラム共和国》

mau-ri-'ta-no, -na [マウ.リ.'タ.ノ, ナ] 形 〘地名〙モーリタニア(人)の ↑Mauritania 名 男 女 モーリタニア人

'Mau-ro ['マウ.ろ] 名 固 〘男性名〙マウロ

'máu-ser ['マウ.セる] 名 男 モーゼル銃

mau-so-'le-o [マウ.ソ.'レ.オ] 名 男 (広大壮麗な)墓, 霊廟(れいびょう), みたまや

máx. 略 ↓máximo

'ma-xi 〔短縮形〕↓maxifalda

ma-xi-'fal-da [マク.スィ.'ファル.ダ] 名 女 〘衣〙マキシスカート《くるぶしまで覆(おお)う》

ma-xi-'lar [マク.スィ.'ラる] 形 〘体〙顎骨(がっこつ)の 名 男 〘体〙顎骨

'má-xi-ma ['マク.スィ.マ] 名 女 格言, 金言, 処世訓; 方針, 信条; 〘気〙最高気温 形 《女》↓máximo

'má-xi-me ['マク.スィ.メ] 副 特に, とりわけ

Ma-xi-mi-'lia-no [マク.スィ.ミ.'リア.ノ] 名 固 〘男性名〙マクシミリアノ

ma-xi-mi-'zar [マク.スィ.ミ.'さる] 動 他 ③④ (z|c) 最大にする, 最大化する; 過大評価する; 〘情〙〈画面を〉最大化する

**'má-xi-mo, -ma ['マク.スィ.モ, マ] 80% 形 最高の, 最大の, 最高[最大]限度の 名 男 最大限, 最大量, 最高点; 〘数〙極大 *como* ～ せいぜい, 最大限, 多くて *hacer el* ～ 全力を尽くす

'má-xi-mum ['マク.スィ.ムム] 名 男 〔複 -mums〕最大限, 最大量, 最高点

max-'ve-lio [マ(ク)ス.'ベ.リオ] 名 男 〘物〙マクスウェル《磁束の電磁単位》

'ma-ya 名 共 マヤ族《メキシコ・中米の先住民》形 マヤ(族)の 名 男 〘言〙マヤ語; 〘植〙ヒナギク

'Ma-ya 名 女 〘ロ神〙マヤ《春の女神》

Ma-ya-'güez [マ.ジャ.'グエす] 名 固 〘地名〙マヤグエス《プエルトリコ西部の県》

ma-'yal [マ.'ジャル] 名 男 〘農〙殻(から)さお

ma-'yar 動 自 ⇧maullar

ma-yes-'tá-ti-co, -ca 形 威厳のある, 国王の

ma-'yi-do 名 男 ⇧maullido

**'ma-yo 78% 名 男 5月 *como (el) agua de* ～ 5月の雨のように(ありがたい), 干天(かんてん)の慈雨(じう)のように

ma-'yó-li-ca [マ.'ジョ.リ.カ] 名 女 マジョリカ焼き《イタリアの陶器》

ma-'yón 名 男 〘遊〙麻雀

ma-yo-'ne-sa 名 女 〘食〙マヨネーズ

ma-'yor** [マ.'ジョる] 66% 形 (que, de: より)大きな; 年上の;〔定冠詞・所有形容詞をつけて〕最大の, 最高の, 最年長の; 成人した, 成年の, 大人の; 老齢の; 主な, 大…, 主要な, 一流の;〖楽〗長調の, 長音階の 名 共 大人(おとな), 成人; 目上の人, 年上の人, 年長者; 長, 頭, 主任 名 男〔複〕祖先;〖軍〗司令官 ***al por ～〖商〗卸売で, 卸値で ***colegio*** ～ 学生寮 ***estado*** ～〖軍〗参謀本部, 幕僚 ***la*** ～ ***parte*** 大部分 ～ ***de edad*** 成年, 成人 ***pasar a*** ～***es*** 重大になる, 深刻になる ～**mente** 副 主に, 主として; 特に, とりわけ

ma-yo-'ral [マ.ジョ.'らル] 名 男 羊飼い頭; 労働者の頭, 人夫頭; 馬方, 御者

ma-yo-'raz-go [マ.ジョ.'らす.ゴ] 名 男 長子相続制度, 長子相続権; 長子が相続した地所; 長子であること, 長子の身分

ma-yor-'ci-to 〔縮小語〕↑mayor

ma-yor-do-'mí+a [マ.ジョる.ド.'ミ.ア] 名 女 執事の役目;〖宗〗守護聖人の祭りの組織

ma-yor-'do-mo [マ.ジョる.'ド.モ] 名 男 執事, 家令; 財産管理人;〖宗〗教区委員

ma-yo-'re+o [マ.ジョ.'れ.オ] 名 男《ラ米》〖商〗卸売り

***ma-yo-'rí+a** [マ.ジョ.'り.ア] 77% 名 女 大多数, 大部分; 多数党, 多数派, 多数集団, 多数民族; (得票の)過半数, 絶対多数; 年長, 成年

ma-yo-'ris-ta [マ.ジョ.'りス.タ] 形 名 共〖商〗卸売りの, 卸売り業者, 問屋(の)

ma-yo-ri-'ta-rio, -ria [マ.ジョ.り.'タ.りオ, りア] 形 大多数の, 大部分の **-riamente** 副 大多数において, 大部分で

ma-'yor-'men-te 副 ↑mayor

ma-'yús-cu-lo, -la [マ.'ジュス.ク.ロ, ラ] 形〖言〗大文字の; 大きな, 大変な, すごい **-la** 名 女〖言〗大文字

'ma+za ['マ.さ] 名 女 棍棒(こんぼう), 槌(つち); 杵(きね); 落としハンマー;〖楽〗(太鼓の)ばち; (儀式用の)金頭杖;《話》うんざりさせる人

ma-za-'co-te [マ.さ.'コ.テ] 名 男 コンクリート; 凝固物, かちかちになったもの;《話》とんでもない代物, へたな作品

ma-za-co-'tu-do, -da [マ.さ.コ.'トゥ.ド, ダ] 形《メキシコ》《南米北》《アンデス》《食品の調理が》固めの

ma-'za-da [マ.'さ.ダ] 名 女《まれ》⇩ mazazo

ma-za-'mo-rra [マ.さ.'モ.ら̃] 名 女《チリ》《ラプラタ》《話》まぜこぜ, 混乱

ma-za-'pán [マ.さ.'パン] 名 男〖食〗マジパン《アーモンド粉と砂糖を混ぜた練り菓子》

ma-'za-zo 名 男 槌(つち)で打つこと

maz-'mo-rra [マす.'モ.ら̃] 名 女〖建〗(城内の)土牢, 地下牢

'ma+zo ['マ.そ] 名 男 槌(つち), 木槌; 束(たば), ひとくくり;《話》しつこい人, やっかいな人

ma-'zor-ca [マ.'そる.カ] 名 女〖植〗〖農〗(トウモロコシなどの)穂

ma-'zur-ca [マ.'する.カ] 名 女〖楽〗マズルカ《ポーランドの民族音楽・舞踊》

mb; mbar 略 ⬇milibar

***me** [メ] 46% 代《人称》〔弱勢〕**1** 私を《直接目的語》: Felisa **me** estaba esperando en el aeropuerto. フェリーサは私を空港で待っていた。 **2** 私に《間接目的語》: ¿Puede decir**me** qué hora es? 今何時か教えていただけますか? **3**《利害の間接目的語》: Se **me** cayó el libro. 本が落ちてしまった。 **4**《再帰》: **Me** lavé y **me** vestí rápidamente. 私は急いで体を洗い服を着た。

M.^{e} 略 =madre〖宗〗マザー

'me+a 〔成句〕 ～ ***culpa*** 〔ラテン語〕自らの過ち, 過ちの告白

me+'a-da 名 女《俗》尿, 小便, おしっこ;《俗》おしっこの汚れ[跡]

me+a-'de-ro [メ.ア.'デ.ろ] 名 男《俗》小便所

me+'an-dro [メ.'アン.ドろ] 名 男 (川・道の)曲がりくねり, 蛇行;〖建〗曲折模様, 雷文

me+'ar(-se) [メ.'アる(.セ)] 動 自 (再)《俗》おしっこをする ～ ***de risa***《俗》おかしくてちびりそうになる

me+'a-to 名 男〖体〗道(どう), 管, 導管

'me+ca 名 女 (活動の)中心地, あこがれの地: 聖地, メッカ

'Me+ca 名 固〔La ～〕〖地名〗メッカ《サウジアラビアの都市, ムハンマドの生誕地でイスラム教徒の聖地》

me-'ca-chis 感《話》ちぇっ!, くそ!, いまいましい!

me-ca-ni-'cis-mo [メ.カ.ニ.'すぃス.モ] 名 男 機械論, 機械主義

me-ca-ni-'cis-ta [メ.カ.ニ.'すぃス.タ] 形 機械論の, 機械主義の 名 共 機械論者, 機械主義者

***me-'cá-ni-co, -ca** 89% 形 機械の, 機械製の, 機械で動く, 力学の;《動作などが》機械的な, 自動的な, 無意識的な, 無表情な 名 男 整備工, 機械工, 修理工, 職工; 運転手 名 女 機械, 機械類, 装置, 機構, 仕組み; 力学; 機械学 **-camente** 副 機械的に

***me-ca-'nis-mo** 84% 名 男 メカニズム, 構造, 仕組み, 組み立て;〖機〗装置, 機械; 機械作用

me-ca-ni-za-'ción [メ.カ.ニ.さ.'すぃオン] 名 女 機械化

me-ca-ni-'zar [メ.カ.ニ.'さる] 動 他

㉞ (z|c) 機械化する

me-'ca+no [名] [男] 《商標》〔遊〕メカーノ《組み立て式の玩具》

me-ca-no-gra-'fí+a [メ.カ.ノ.グら.'フィ.ア] [名] [女]〔技〕タイプライターを打つこと[技術], タイピング

me-ca-no-gra-'fiar [メ.カ.ノ.グら.'フィアる] [動] [他] ㉙ (i|í)〔技〕タイプする

me-ca-no-'grá-fi-co, -ca [メ.カ.ノ.'グら.フィ.コ, カ] [形]〔技〕タイピングの, タイプライターの

me-ca-'nó-gra-fo, -fa [メ.カ.'ノ.グら.フォ, ファ] [名] [男] [女]〔技〕タイピスト

me-'ca-te [名] [男] 《メキシコ》《中米》(リュウゼツランの)縄(なわ); 《ベネズエラ》《話》へつらい, おべっか

me-ce-'dor, -'do-ra [メ.せ.'ドる, 'ド.ら] [形] 揺れる, 揺れ動く [名] [男]〔遊〕ぶらんこ; 攪拌(かくはん)器, かき混ぜ棒 **-dora** [名] [女] 揺り椅子, ロッキングチェアー;

me-'ce-nas [メ.'せ.ナス] [名] [男]〔単複同〕(学問・芸術の)後援者, パトロン

me-ce-'naz-go [メ.せ.'ナす.ゴ] [名] [男] (学問・芸術に対する)後援, 経済的援助, 育成

me-'cer [メ.'せる] [動] [他] ㊺ (c|zc) (前後にやさしく)揺り動かす, ゆする; かき混ぜる, 攪拌(かくはん)する

'me-cha [名] [女] 灯心, (ろうそくなどの)芯; 〔歴〕(銃の)火縄, 導火線; 〔食〕(豚やベーコンの)細切れ; 〔海〕(帆柱の)中心軸; 《アンデス》《チリ》《ラプラタ》《話》髪の毛; 《コロンビア》《話》安物; 古着; 《ベネズエラ》《話》冗談 *a toda* ～ 《話》全速力で

me-'che-ro [メ.'チェ.ろ] [名] [男] 《スペイン》ライター; バーナー, (ガスレンジ・ストーブなどの)火口; (燭台の)ろうそく台 ～, **-ra** [名] [男] [女] 《スペイン》《話》(バーナーを使って店に押し入る)強盗

me-chi-co-lo-'ra-do, -da [メ.チ.コ.ロ.'ら.ド, ダ] [形] [名] [男] [女] 《コロンビア》《話》赤毛の(人)

me-'chón [名] [男] (毛・羽毛などの)房(ふさ)

***me-'da-lla** [メ.'ダ.ジャ] 91% [名] [女] メダル, 記章, 勲章; 護符《聖人の像が刻まれている》

me-da-'llis-ta [メ.ダ.'ジス.タ] [名] [共]〔競〕メダリスト

me-da-'llón [メ.ダ.'ジョン] [名] [男] 大型メダル, メダイヨン; 〔衣〕ロケット《写真などを入れてネックレスにする》

'mé-da+no [名] [男]〔地〕砂丘; 〔地〕砂州

Me-de-'llín [メ.デ.'イン] [名] [固]〔地名〕メデジン《コロンビア北西部の都市》

****'me-dia** 79% [名] [女] **30 分**, 半時間; 〔数〕平均; 〔複〕〔衣〕ストッキング, 長靴下《女性用》; 〔複〕《メキシコ》《カリブ》靴下, ソックス《男性・女性用》; 〔競〕〔サッカーなど〕ハーフバック, 中衛; 〔飲〕ハーフボトル *a ～s* 中途半端に, 全部ではなく一部だけ; 半分ずつ(の) *entre ～s* 中に混ざって; その間に, すきま時間に *ir a ～s* 半分ずつにする

me-dia-'ca-ña [メ.ディア.'カ.ニャ] [名] [女]〔建〕小えぐり, 繰形(くりかた); 〔技〕丸のみ; 〔電〕ヘアアイロン, カール用アイロン *zapato(s) de ～* 〔衣〕どた靴

***me-dia-'ción** [メ.ディア.'すぃオン] 93% [名] [女] 仲裁, 仲立ち; 〔法〕調停 *por ～ de …* …の仲立ち[調停]によって

***me-'dia-do, -da** 94% [形] 半分の, 半分になった *a ～s de …* …の中ごろに, …の中旬に *mediada la noche* 夜半に

me-dia-'dor, -'do-ra [メ.ディア.'ドる, 'ド.ら] [形] 間にはいる, 仲介の, 調停の [名] [男] [女] 調停者, 仲裁人

me-dia-'lu-na [メ.ディア.'ル.ナ] [名] [女] 半月形の物; 〔食〕クロワッサン; 《チリ》ロデオ会場

me-dia-'ne-jo, -ja [メ.ディア.'ネ.ほ, は] [形] 《話》並の, ほどほどの

me-dia-ne-'rí+a [メ.ディア.ネ.'り.ア] [名] [女] 境界壁, 隔壁

me-dia-'ne-ro, -ra [メ.ディア.'ネ.ろ, ら] [形] 分ける, 区分的な, 境界の; 調停する, 仲裁する [名] [男] [女] 仲裁人, 調停者; (壁を隔てた)隣人; 〔農〕小作農, 分益農夫

me-dia-'ní+a [名] [女] 中流(の生活); 平凡な人, 凡人

***me-'dia+no, -na** 92% [形] 中くらいの, 中間の, 並の, まあまあの; 三流の, つまらない **-na** [名] [女]〔車〕(道路の)中央分離帯; 〔数〕〔統計〕中央値, メジアン **-namente** [副] 中くらいに; ほどほどに

***me-dia-'no-che** 93% [名] [女] 真夜中, 深夜《午前 0 時》; 〔食〕小さなボカディージョ ⇧ bocadillo

****me-dian-te** [メ.ディアン.テ] 79% [前]〔弱勢〕**1** …を使って, …によって: Nos entendimos **mediante** gestos. 私たちは身ぶりで理解し合った。 **2** …のおかげで, …の力によって: Solucionamos el problema **mediante** la ayuda del profesor. 私たちは先生のお力を借りて問題を解決することができた。

****me-'diar** [メ.'ディアる] 90% [動] [自] (entre: の)間にある; (en: に)仲介に立つ, 調停する, 仲裁する; (en: に)介入する

me-'diá-ti-co, -ca [形] メディアの, 通信の

me-dia-ti-za-'ción [メ.ディア.ティ.さ.'すぃオン] [名] [女] (間接的な)支配, 干渉

me-dia-ti-'zar [メ.ディア.ティ.'さる] [動] [他] ㉞ (z|c) (間接的に)支配する, 牛耳る, 〈に〉干渉する

me-'dia-to, -ta [形] 間接的な, 介在する

m

me-di-ca-'ción [メ.ディ.カ.'すぃオン] 名 女〔医〕薬物療法[処理, 適用], 治療;〔集合〕〔医〕医薬品

*me-di-ca-'men-to 91% 名 男〔医〕薬, 薬剤, 薬物

me-di-ca-men-'to-so, -sa 形〔医〕薬用の, 薬効のある, 治療力のある

me-di-'car [メ.ディ.'カる] 動 他 69 (c|qu)〔医〕〈に〉薬を飲ませる ～se 動 再〔医〕薬を飲む

me-di-'cas-tro [メ.ディ.'カス.トろ] 名 男〔軽蔑〕にせ医者, やぶ医者

'Mé-di-ci ['メ.ディ.すぃ] 名 固〔歴〕メディチ家《15-16 世紀に栄えたフィレンツェの名家》

**me-di-'ci-na [メ.ディ.'すぃ.ナ] 86% 名 女〔医〕薬;〔医〕医学;〔医〕医術, 医療

me-di-ci-'nal [メ.ディ.すぃ.'ナル] 形〔医〕薬用の, 薬効のある, 治療力のある

me-di-ci-'nar [メ.ディ.すぃ.'ナる] 動 他〔医〕〈に〉投薬する,〈に〉薬を飲ませる ～-se 動 再〔医〕薬を飲む

me-di-'ción [メ.ディ.'すぃオン] 名 女 測量, 測定, 計量

**'mé-di-co, -ca 74% 名 男 女〔医〕医師, 医者 形〔医〕医学の, 医療の, 医薬の, 医師の

me-'di-da 74% 名 女〔主に複〕対策, 処置, 方法;(ある)程度, 適度, 限度, ほどよさ, 中庸, 節度, 穏健; 測定, 計測, 測定法;(計った)量, 寸法, 大きさ, 深さ;〔文〕韻律, 格;〔楽〕小節, 拍子 ***a la ～* 注文の, 注文して, あつらえて ***a la ～ de*** ... …に応じて, 比例して, 釣り合って ***a la ～ de su deseo*** 期待通りに, 望み通りに ***a ～ de*** ... …に従って ***a ～ que*** ... …するに従って ***en la ～ de lo posible*** できる範囲で, 可能な限り ***venir a la ～*** ちょうどよい, おあつらえ向きだ

me-di-'dor, -'do-ra [メ.ディ.'ドる, 'ド.ら] 形 測定の 名 男 測定器

*me-die-'val [メ.ディエ.'バル] 93% 形〔歴〕中世(風)の

me-die-va-'lis-mo [メ.ディエ.バ.'リス.モ] 名 男〔歴〕中世研究; 中世風

me-die-va-'lis-ta [メ.ディエ.バ.'リス.タ] 形 名 共〔歴〕中世研究の[研究家]; 中世風の

me-'die-vo [メ.'ディエ.ボ] 名 男〔M～〕〔歴〕中世

Me-'di-na 名 固〔地名〕メディナ《サウジアラビア西部の宗教都市》;〔姓〕メディーナ

'me-dio, -dia 64% 形 半分の, 半数の, 2分の1の; 中間の, 平均の; 普通の, 平凡な; 中等の;《話》多くの, かなりの; 中央の, 真ん中の 名 男 中央; 半分;〔主に複〕方法, 手段, 機関;〔複〕資産, 財産, 資力; サークル, 社会, …界; 環境; 中指;〔競〕〔サッカーなど〕ハーフ(バック);〔競〕〔野球〕ショート;〔競〕〔ボクシング〕ミドル級 副 半分だけ, 半ば; 中途半端に; 不十分に, 不完全に ***a ～* ...(不定詞) 半分…した, 完全に…していない ***de ～ a ～*** 完全に, まったく ***en ～ de*** ... …の間に, …の真ん中で ***en ～ de todo*** それにもかかわらず ***estar en ～***《話》じゃまをする ***estar en su ～*** 快適である, 居心地がよい; 本領を発揮する ***～ ambiente*** 環境 ***～ ... ～ ...*** 半ば…半ば… ***por ～*** 半分に; やりかけで, 途中で; じゃまして ***por ～ de*** ... …によって, …の力添えで, …のおかげで, …の仲介で; …の真ん中を ***quitarse de en ～*** どく, 立ち去る, じゃまをやめる

me-dio-am-bien-'tal [メ.ディオ.アン.ビエン.'タル] 形 環境の

me-dio-am-'bien-te 名 男 ⇨medio ambiente, ↑medio

me-dio-cam-'pis-ta 名 共〔競〕〔サッカーなど〕ミッドフィールダー

*me-'dio-cre [メ.'ディオ.クれ] 93% 形 名 共〔軽蔑〕平凡な(人), 月並みの(人), 凡庸な(人)

me-dio-cri-'dad [メ.ディオ.クり.'ダド] 名 女 平凡, 凡庸, 並み

**me-dio-'dí+a 89% 名 男 正午, 真昼; 南

me-dio+e-'val 形 ⇧medieval

me-dio-'e-vo 名 男 ⇧medievo

me-dio-pen-sio-'nis-ta 名 共 学校で給食をとる通学生; 2食つきの下宿人

**me-'dir [メ.'ディる] 87% 動 他 49 (e|i) 測る, 量る, 測定する,〈の〉寸法をとる; よく考える, 吟味する;〈人物などを〉評価する, 判断する; 控えめにする 動 自 寸法が…である ～se 動 再 (con: と)争う, 競う; 抑制する, 自制する

me-di-ta-'bun-do, -da 形 考え込んだ, 物思わしげな

*me-di-ta-'ción [メ.ディ.タ.'すぃオン] 93% 名 女 沈思黙考, 黙想,(宗教的)瞑想(めいそう)

*me-di-'tar [メ.ディ.'タる] 92% 動 自 瞑想(めいそう)する; (sobre, en: を)深く考える, 考え込む, 熟考する 動 他 計画する, 企てる, もくろむ; 熟考する

me-di-ta-'ti-vo, -va [メ.ディ.タ.'ティ.ボ, バ] 形 瞑想的な; 沈思する, 考え込んでいる

me-di-te-rra-nei-'dad [メ.ディ.テ.ら̃.ネイ.'ダ.ド] 名 女 地中海性, 地中海の特徴

**me-di-te-'rrá-ne+o, +a [メ.ディ.テ.'ら̃.ネ.オ, ア] 90% 形 地中海の, 地中海沿

m

岸(諸国)の; 内陸の; 〔mar M～〕〖地名〗地中海

'mé-dium 名 共 〔複 -diums〕霊媒(れいばい), 巫女(みこ)

me-'drar [メ.'ドらる] 動 自 《古》〖生〗«動植物が»生長する, 生い茂る; 《古》成功する, 金持ちになる, 栄える, 繁盛する

'me-dro ['メ.ドろ] 名 男 《古》〖生〗生長, 成長, 成育; 《古》進歩, 向上, 発展, 成功

me-'dro-so, -sa [メ.'ドろ.ソ, サ] 形 《格》«人が»怖がりの, 臆病(おくびょう)な; 《格》«物事が»恐ろしい

'mé-du-la ⇦**me-** ['メ.ドゥ.ラ⇦メ.'ドゥ.ラ] 名 女 〖体〗髄(ずい), 骨髄; 〖植〗髄; 神髄, 核心, 本質 *hasta la* ～ 徹底して, 骨の髄まで

me-du-'lar [メ.ドゥ.'ラる] 形 〖体〗骨髄(こつずい)の, 髄質部の; 神髄の, 核心の, 本質的な

me-'du-sa 名 女 〖動〗クラゲ

Me-'du-sa 名 固 〖ギ神〗メドゥーサ《蛇の頭髪を持ち, その視線は相手を石に変えた》

Me-fis-'tó-fe-les [メ.フィス.'ト.フェ.レス] 名 固 〖架空〗メフィストフェレス《ファウスト伝説に現れる悪魔》

me-fis-to-'fé-li-co, -ca [メ.フィス.ト.'フェ.リ.コ, カ] 形 〖架空〗メフィストフェレス的な, 悪魔的な, 陰険な, 冷笑的な ⬆Mefistófeles

me-'fí-ti-co, -ca 形 《格》«ガスが»有毒な, 悪臭のある

'me+ga 〔短縮形〕⬇megabyte

me-ga~ 〔接頭辞〕「巨大・100 万」という意味を示す; 〖数〗「10 の 6 乗」を示す

megabit ['メ.ガ.ビト] 名 男 〔複 -bits〕〔英語〕〖情〗メガビット

megabyte ['メ.ガ.バイト] 名 男 〔英語〕〖情〗メガバイト

me-ga-'ci-clo 名 男 ⇩ megahercio

me-ga-'co-lon [メ.ガ.'コ.ロン] 名 男 〖医〗巨大結腸症

me-ga-fo-'ní+a 名 女 〖技〗拡声技術, 音響技術; 〖機〗音響装置

me-'gá-fo+no 名 男 メガホン; 〖機〗拡声器

me-ga-'her-cio [メ.ガ.'エる.すぃオ] 名 男 〖電〗メガヘルツ《MHz, 100 万サイクル》

me-ga-'lí-ti-co, -ca [メ.ガ.'リ.ティ.コ, カ] 形 巨石の, 巨石を使った; 〖歴〗巨石時代の

me-ga-'li-to [メ.ガ.'リ.ト] 名 男 〖歴〗巨石, 巨石遺構, 巨石建造物《先史時代の遺物》

me-ga-lo-ma-'ní+a [メ.ガ.ロ.マ.'ニ.ア] 名 女 〖医〗誇大妄想

me-ga-'ló-ma+no, -na [メ.ガ.'ロ.マ.ノ, ナ] 形 〖医〗誇大妄想の 名 男 女 〖医〗誇大妄想患者

me-ga-'ló-po-lis [メ.ガ.'ロ.ポ.リス] 名 女 〔単複同〕巨大都市, メガロポリス

me-ga-oc-'te-to 名 男 〖情〗メガバイト (**MB**)

me-ga-'te-rio [メ.ガ.'テ.りオ] 名 男 〖動〗メガテリウム《ナマケモノに似た化石動物》

me-ga-'tón 名 男 〖物〗メガトン《核兵器の爆発力の単位; TNT 火薬 100 万トンに相当する》; **100 万トン**

me-ga-'va-tio [メ.ガ.'バ.ティオ] 名 男 〖電〗メガワット

me-ji-ca-'nis-mo 名 男 ⇩ mexicanismo

me-ji-'ca+no, -na 形 ⇩ mexicano

'Mé-ji-co 名 固 ⇩ México

***me-'ji-lla** [メ.'ひ.ジャ] 93% 名 女 〔複〕〖体〗頬(ほお), ほっぺた

me-ji-'llón [メ.ひ.'ジョン] 名 男 〖貝〗ムールガイ, イガイ(貽貝)

****me-'jor** [メ.'ほる] 64% 形 **1** (que, de: より)よい, いっそうよい, もっとよい, 上手な, うまい: Hoy hace **mejor** tiempo que ayer. 今日は昨日よりも天気がよい。 **2** 《比較されるものが「数量」や「程度」または lo que で始まる節のときは que ではなく de が用いられる》: El resultado del examen me salió **mejor** de lo que pensaba. 試験の結果は思っていたよりもよかった。 **3** 〔定冠詞・所有形容詞をつけて〕最もよい, 最良の, 最善の, 最上の, 最も上手な: Adela es mi **mejor** amiga. アデーラは私の親友です。 副 **1** よりよく: ¿Cómo está su padre? — Está mucho **mejor**, gracias. **2** より上手に, よりうまく: Lo hice lo **mejor** que pude. 私はそれをできる限りうまく作りました。 **3** むしろ: **Mejor** quiero una bicicleta nueva que una moto de segunda mano. 私は中古のオートバイよりも新しい自転車のほうがいい。 名 共 最もよい人[もの, 部分], 最良, 最上, 最善 名 男 晴れ着 感 それはいい, 結構だ *a lo* ～ もしかすると, たぶん ～ *que* …(接続法) 《話》…したほうがいい *tanto* ～ ずっとよい, なおさら結構である

****me-'jo-ra** [メ.'ほ.ら] 90% 名 女 改良, 改善; 進歩, 発展; 〖商〗(競売の)競(せ)り上げ, 高値をつけること; 《チリ》田舎の粗末な家

me-jo-'ra-ble [メ.ほ.'ら.ブレ] 形 改良[改善]できる

me-jo-ra-'mien-to [メ.ほ.ら.'ミエン.ト] 名 男 改良, 改善, 向上, 進歩

me-jo-'ra-na [メ.ほ.'ら.ナ] 名 女 〖植〗マジョラム, マヨラナ《葉を香辛料にする》

****me-jo-'rar** [メ.ほ.'らる] 83% 動 他 改善する, よくする, 改良する, 進歩[上達]させる;

m

〔医〕〈病気を〉治す, 回復させる ~(se) 動 自 (再) よくなる, 進歩する;〔医〕《体・病気が》回復する, よくなる;〔気〕《天候が》よくなる, 晴れる

*me-jo-'rí+a [メ.ほ.'リ.ア] 93% 名 女〔医〕(病状の)回復, 快方; 改善, 改良; 進歩, 上達

me-'jun-je [メ.'ふン.へ] 名 男〔飲〕まずい飲み物;《話》いかさま, いんちき

Me-'kong [メ.'コン(グ)] 名 固〔el ~〕〔地名〕メコン川《東南アジア最大の川》

me-'la-do, -da [メ.'ラ.ド, ダ] 形 蜂蜜色の, 黄金色の

*me-lan-co-'lí+a [メ.ラン.コ.'リ.ア] 93% 名 女 憂鬱(ゆううつ), 憂(うれ)い, メランコリー

*me-lan-'có-li-co, -ca [メ.ラン.'コ.リ.コ, カ] 93% 形 ふさぎ込んだ, さびしげな, 憂鬱(ゆううつ)な -camente 副《格》ふさぎ込んで, さびしげに, 憂鬱(ゆううつ)そうに

Me-la-'ne-sia [メ.ラ.'ネ.スィア] 名 固〔地名〕メラネシア《南太平洋の180度の経線以西, 赤道以南の地域》

me-la-'ne-sio, -sia [メ.ラ.'ネ.スィオ, スィア] 形 名 男 女〔地名〕メラネシアの(人) ↑Melanesia

me-la-'ni-na [メ.ラ.'ニ.ナ] 名 女〔化〕黒色素, メラニン

me-'la-za [メ.'ラ.さ] 名 女〔食〕糖蜜(とうみつ)

Mel-'bour-ne [メル.'ブる.ネ] 名 固〔地名〕メルボルン《オーストラリア南東部の都市》

mel-'co-cha [メル.'コ.チャ] 名 女〔食〕タフィー《糖蜜を煮つめて作ったキャンディー》

Me-le-ke-'ok [メ.レ.ケ.'オク] 名 固〔地名〕マルキョク《パラオ Palaos の首都》

me-'le-na [メ.'レ.ナ] 名 女 たてがみ;〔複〕《話》乱れた髪, もじゃもじゃの髪, 垂れた髪の房;〔医〕下血

me-le-'nu-do, -da [メ.レ.'ヌ.ド, ダ] 形 髪を長く伸ばした, 長髪の

me-'lí-fe-ro, -ra [メ.'リ.フェ.ろ, ら] 形《格》蜜を作る

me-'li-fluo, -flua [メ.'リ.フルオ, フルア] 形 甘ったるい, 甘美な

Me-'li-lla [メ.'リ.ジャ] 名 固〔地名〕メリージャ《アフリカ北西部にあるスペイン領の自治都市》

me-li-'llen-se [メ.リ.'ジェン.セ] 形 名 共〔地名〕メリージャの(人) ↑Melilla

me-'lin-dre [メ.'リン.ドれ] 名 男〔食〕砂糖のかかったマジパン;〔食〕蜜と小麦粉で作った揚げパン;〔主に複〕気取り, てらい, わざとらしさ

me-lin-'dro-so, -sa [メ.リン.'ドろ.ソ, サ] 形 名 男 女 見せかけの, きざな(人), 気取った(人)

me-'li-sa [メ.'リ.サ] 名 女〔植〕セイヨウヤマハッカ

'me-lla ['メ.ジャ] 名 女 欠け目, 欠け跡, 刃こぼれ; 損害, 損傷;〔体〕(歯の)すき間, 抜け跡 *hacer* ~ (en: に)影響を及ぼす

me-'lla-do, -da [メ.'ジャ.ド, ダ] 形 刃がこぼれた;〔体〕(抜け歯で)歯間の広くすいた

me-lla-'du-ra [メ.ジャ.'ドゥ.ら] 名 女 割れ目, 欠け目, 欠け跡, 刃こぼれ

me-'llar [メ.'ジャる] 動 他〈に〉刻み目をつける;〈刃・かどなどを〉欠く; 傷つける, 損なう ~se 動 再《かど・縁・歯などが》欠ける

me-'lli-zo, -za [メ.'ジ.そ, さ] 形 双子の, 双生児の 名 男 女 双子[双生児](の一人)《二卵性》

'Me+lo ['メ.ロ] 名 固〔地名〕メロ《ウルグアイ東部の都市》

*me-lo-co-'tón [メ.ロ.コ.'トン] 94% 名 男《スペイン》〔植〕モモ[桃], モモの木

me-lo-co-to-'nar [メ.ロ.コ.ト.'なる] 名 男〔農〕モモ[桃]の果樹園

me-lo-co-to-'ne-ro [メ.ロ.コ.ト.'ネ.ろ] 名 男〔植〕モモ[桃]の木

*me-lo-'dí+a [メ.ロ.'ディ.ア] 93% 名 女〔楽〕メロディー, 旋律;〔楽〕美しい音楽, 快い調べ;〔音〕イントネーション

me-'ló-di-co, -ca [メ.'ロ.ディ.コ, カ] 形 旋律の, 旋律的な, 調子の美しい, 美しい調べの

me-lo-'dio-so, -sa [メ.ロ.'ディオ.ソ, サ] 形 旋律的な, 調子の美しい

me-lo-'dra-ma [メ.ロ.'ドら.マ] 名 男〔演〕メロドラマ;〔演〕楽劇《音楽を交えた通俗劇》

me-lo-dra-'má-ti-co, -ca [メ.ロ.ドら.'マ.ティ.コ, カ] 形〔演〕メロドラマ風の, 大げさに感傷的な, 芝居がかった

me-lo-ma-'ní+a [メ.ロ.マ.'ニ.ア] 名 女〔楽〕音楽狂, 音楽好き

me-'ló-ma+no, -na [メ.'ロ.マ.ノ, ナ] 形 名 男 女〔楽〕音楽狂(の), 音楽好き(の)

*me-'lón [メ.'ロン] 94% 名 男〔植〕メロン ~, -lona 名 男 女《話》ばか, 能なし ~ *de agua*《カリブ》〔植〕スイカ

me-lo-'nar [メ.ロ.'なる] 名 男〔農〕メロン畑

me-lo-'pe+a [メ.ロ.'ペ.ア] 名 女〔楽〕単調な歌;《スペイン》《話》酔い

me-lo-'pe-ya [メ.ロ.'ペ.ジャ] 名 女〔楽〕作曲法;〔文〕朗詠

me-'lo-so, -sa [メ.'ロ.ソ, サ] 形 蜜の(ような); やさしい, 甘い

mem-'bra-na [メン.'ブら.ナ] 名 女〔生〕膜, 膜組織

mem-bra-'no-so, -sa [メン.ブら.'ノ.ソ, サ] 形〔体〕膜(様)の, 膜質の, 膜性の

mem-'bre-te [メン.'ブれ.テ] 名 男 レ

ターヘッド《便箋の上部に印刷される名前・住所など》

mem-bri-'lle-ro [メン.ブリ.'ジェ.ろ] [名] [男] 〔植〕マルメロの木

mem-'bri-llo [メン.'ブリ.ジョ] [名] [男] 〔植〕マルメロ, カリン

mem-'bru-do, -da [メン.'ブる.ド, ダ] [形] 筋骨のたくましい, 強壮な, がっしりした

me-'mez [メ.'メす] [名] [女] 愚かなこと

'me+mo, +ma [形] 愚かな, ばかな [名] [男] [女] 愚か者, ばか者

me-mo-'ra-ble [メ.モ.'ら.ブレ] [形] 記憶すべき, 忘れられない

me-mo-'ran-do [メ.モ.'らン.ド] [名] [男] 覚書, 備忘録, メモ; 手帳, 筆記帳, ノート; 外交覚書

me-mo-'rán-dum [名] [男] ⇧ memorando

⁑me-'mo-ria [メ.'モ.りア] 80% [名] [女] 記憶, 覚えていること, 記憶力; 〔情〕メモリー, 記憶装置; レポート, 小論文; 〔複〕思い出の記, 回顧録; 思い出, 追憶; 死後の名声; 論文; 〔複〕「よろしく」という伝言 ***a la [en] ~ de ...*** …の霊にささげて, …をしのんで ***de ~*** 暗記して, そらで ***~ caché*** 〔情〕キャッシュメモリー ***~ de acceso aleatorio*** 〔情〕ランダムアクセスメモリー, RAM ***~ de lectura fija*** 〔情〕読み取り専用メモリー, ROM ***~ USB*** 〔情〕USB メモリー, ペンドライブ ***saber de ~*** 暗記している ***traer a la ~*** 思い出させる

me-mo-'rial [メ.モ.'りアル] [名] [男] 陳情書, 請願書, 嘆願書

me-mo-'rión, -'rio-na [メ.モ.'りオン, 'りオ.ナ] [名] [男] [女] 《話》記憶力のよい人 [名] [男] 《話》記憶力のよさ, すぐれた記憶力

me-mo-ri-za-'ción [メ.モ.り.さ.'すぃオン] [名] [女] 記憶, 暗記

me-mo-ri-'zar [メ.モ.り.'さる] [動] [他] ㉞ (z|c) 記憶する, 暗記する

'me+na [名] [女] 〔鉱〕(金属・非金属の)鉱石, 原鉱; 〔海〕(索具の)太さ

'mé-na-de [名] [女] 《格》狂女, 狂乱した女

me-'na-je [メ.'ナ.へ] [名] [男] 〔集合〕(家・部屋の)家具, 備品, 調度; 〔集合〕台所用品

men-che-'vi-que [メン.チェ.'ビ.ケ] [形] [名] [共] 〔歴〕メンシェビキ(の) 《ロシア社会民主労働党穏健派の一員》

'Men-chu [名] [固] 〔女性名〕メンチュ 《María del Carmen の愛称》

men-'ción** [メン.'すぃオン] 93% [名] [女] 言及, 話題にすること; 記述, 記載 ***~ honorífica 佳作

⁑men-cio-'nar [メン.すぃオ.'ナる] 84% [動] [他] 〈に〉言及する, 話題にする, 口にする, 触れる; 〈の〉名をあげる ***sin ~ a ...*** …は言うまでもなく, もちろん

'men-da [名] [共] 《スペイン》《話》この私, 小生 [名] [男] 〔un ~〕誰か

men-'daz [メン.'ダす] [形] [名] [共] 《格》うそつき(の), 虚偽の

men-de-'le-vio [メン.デ.'レ.ビオ] [名] [男] 〔化〕メンデレビウム《元素》

men-de-'lia+no, -na [メン.デ.'リア.ノ, ナ] [形] メンデルの [名] [男] [女] 〔生〕メンデル説支持者 《Gregor Johann Mendel, 1822–84, オーストリアの植物学者》

men-de-'lis-mo [メン.デ.'リス.モ] [名] [男] 〔生〕メンデルの遺伝説, メンデリズム

'Mén-dez ['メン.デす] [名] [固] 〔姓〕メンデス

men-di-'can-te [形] [名] [共] 物乞いをする, 乞食(こじき)をする; 〔宗〕托鉢(たくはつ)修道会の; 乞食, 物もらい; 〔宗〕托鉢修道士

men-di-ci-'dad [メン.ディ.すぃ.'ダド] [名] [女] 乞食(こじき)(生活)

men-di-'gar [メン.ディ.'ガる] [動] [自] ㊶ (g|gu) 金[施し]を求める, 物乞いをする

***men-'di-go, -ga** 94% [名] [男] [女] 乞食(こじき)

men-do-'ci+no, -na [メン.ド.'すぃ.ノ, ナ] [形] [名] [男] [女] 〔地名〕メンドーサの(人) ⬇Mendoza

Men-'do-za [メン.'ド.さ] [名] [固] 〔地名〕メンドーサ《アルゼンチン西部の州, 州都》

men-'dru-go [メン.'ドる.ゴ] [名] [男] 〔食〕硬くなったパン; 《スペイン》《話》石頭, ばか者

me-ne+'ar [メ.ネ.'アる] [動] [他] 〈体・頭・手足などを〉動かす, 揺らす; 〈尾・尻などを〉振る; かき回す, 攪拌(かくはん)する; 経営する, 管理する **~se** [動] [再] 手足などを動かす; 急ぐ, せっせと働く, 動き回る; 腰を振る, 体をゆすって歩く ***de la de no te menees*** 《話》すごい, どえらい, とんでもない ***meneársela*** 《俗》自慰をする

me-'ne+o [名] [男] 動き, 動かすこと, 揺らすこと; 尾を振ること; かき回すこと; 《スペイン》《話》たたくこと, 殴りつけ

me-nes-'ter [メ.ネス.'テる] [名] [男] 《やや古》必要, 入り用; 〔主に複〕従事, 仕事; 〔複〕生理的欲求, 用便; 〔複〕道具, 必需品

me-nes-te-'ro-so, -sa [メ.ネス.テ.'ろ.ソ, サ] [形] [名] [男] [女] ひどく貧乏な(人), 困窮した; 貧窮者

me-'nes-tra [メ.'ネス.トら] [名] [女] 〔食〕メネストラ《野菜・肉などのシチュー》

me-nes-'tral [メ.ネス.'トらル] [名] [共] 職人, 職工, 手工業者

men-'ga+no, -na 〔成句〕 ***fulano y ~*** 誰かと誰か某氏, 誰それ《名前を覚えていない人, または名前は問題にならない人》

'men-gua ['メン.グア] [名] [女] 減少, 減

m

損, 縮小, 衰え, 低下; **欠乏**, 不足, 貧窮; **不評**, 不名誉; 〘天〙(月の)**欠け** ***en ～ de*** ... …を損なって ***sin ～*** 完全な

men-'guan-te [メン.'グアン.テ] 形 **減少する**; 〘天〙《月が》**欠ける**, 下弦の; 〘海〙**引き潮の** 名 女 〘海〙**引き潮**, 干潮; **衰え**, 減退; **水位の低下**; 〘天〙(月の)**欠け**

men-'guar [メン.'グアる] 動 他 ⑨ (u|ü) **減少させる**, 減損させる; 〈評判などを〉**落とす** 動 自 **減少する**, 減損する; 〘天〙《月が》**欠ける**; 〘海〙《潮が》**引く**; 《川などの》**水位が低下する**; **衰える**, 弱まる; 《評判などが》**落ちる**

men+'hir [メ.'ニる] 名 男 〘歴〙**立石**(りっせき), メンヒル

me-'ni-na 名 女 〘歴〙(王室の)**女官**, 侍女

me-'nin-ge [メ.'ニン.ヘ] 名 女 〘体〙**髄膜**(ずいまく)

me-nin-'gi-tis [メ.ニン.'ひ.ティス] 名 女 〔単複同〕〘医〙**髄膜**(ずいまく)**炎**

me-'ni+no 名 男 (王室の)**小姓**, 近習(きんじゅ)

me-'nis-co 名 男 〘体〙**関節内の半月**, 関節間軟骨; 〘物〙**メニスカス** 《毛細管内の液体の凹面または凸面》; **凹凸レンズ**

men-'jun-je; -'jur- 名 男 ⇧ mejunje

'Me+no 名 固 〔el ～〕〘地名〙**マイン川** 《ドイツ中部の川, 西流してライン川 Rin に合流する》

me-no-'pau-sia 名 女 〘医〙**月経閉止(期)**, 閉経(期), 更年期

me-no-'páu-si-co, -ca 形 〘医〙**月経閉止(期)の**, 閉経(期)の, 更年期の

****me-'nor** [メ.'ノる] 76% 形 (que, de: より)**小さい**, **少ない**; **より若い**, **年下の**; 〔定冠詞・所有形容詞をつけて〕 **いちばん小さい[少ない]**; ごくわずかの; **いちばん若い**, いちばん年下の, 最年少の; **未成年の**; **重要でない**, 二流の; 〘楽〙**短調の**, 短音階の 名 共 〘法〙**未成年者** 名 男 〘宗〙**フランシスコ会修道士** 名 女 〘論〙**小前提** ***al por ～*** 〘商〙**小売で** ***～ de edad*** **未成年** ***por ～*** **詳細に**

Me-'nor-ca [メ.'ノる.カ] 名 固 〘地名〙**メノルカ島** 《スペイン領バレアレス Baleares 諸島の島》

me-no-'re-te [メ.ノ.'れ.テ] 〔成句〕 ***al ～*** **少なくとも** ***por el ～*** **少なくとも**

me-no-'rí+a [メ.ノ.'り.ア] 名 女 **少数**, 少数派, 下位; **未成年(期)**

me-nor-'quín, -'qui-na [メ.ノる.'キン, 'キ.ナ] 形 名 男 女 〘地名〙**メノルカ島の(人)** ⬆Menorca

me-no-'rra-gia [メ.ノ.'ら.ひア] 名 女 〘医〙**月経過多**

****'me-nos** 63% 副 **1** (que: より)**少なく**: Estudio **menos** que él. 私は彼ほどは勉強しません。 **2** 〔形容詞・副詞とともに〕 (que: ほど)…**でない**: El coche blanco es **menos** cómodo que el azul. その白い車は青いのよりも乗り心地が悪い。 **3** 〔定冠詞がついて〕 **いちばん少なく**, いちばん…でない, 最も…でない: Es una de las playas **menos** contaminadas del país. それは国で最も汚染されていない海岸の一つです。 形 **1 より小さい**, **より少ない**: Tengo menos años que tú. 私は君より年下だ。 **2** 《話》〔名詞の前で〕 (que: ほど)**ではない**: Valencia, aunque es hermosa, es **menos** ciudad que Barcelona. バレンシアは美しいがバルセロナほどの都市ではない。 名 男 《単複同》 **1 短所**: Todas las cosas tienen sus más y sus **menos**. どんなものであっても長所と短所がある。 **2 少数**: Protestaron los **menos**. 少数の人が抗議した。 **3** 〘数〙**マイナス記号** 《- の記号》 前 《弱勢》 **1** …**を除いて**, …**以外の**: Pídame cualquier cosa **menos** eso. それ以外なら何でも言いつけてください。 **2 引く**, マイナス: Veinte **menos** cinco son quince. 20 引く 5 は 15。 **3** 〔時間の表現〕 …**分前**: Son las diez **menos** cinco. 10 時 5 分前です。 ***a lo ～*** ⬇por lo ～ ***a lo ～ que*** …(接続法) **少なくとも…の限りでは** ***a ～ que*** …(接続法) …**でなければ** ***al ～*** **少なくとも** ***cuando ～*** ⬇por lo ～ ***de ～*** **不十分に**, 不足して ***echar de ～*** …**がないのをさびしく思う** ***en ～*** **より少なく** ***en ～ de nada*** **あっという間に**, すぐに ***ir a ～*** ⬇venir a ～ ***lo ～*** 《話》 **少なくとも** ***lo ～*** …(形容詞・副詞) ***posible*** **できるだけ少なく…** ***menos mal*** **不幸中の幸い** ***nada ～ que*** … **なんと…も** 《驚き》 ***no ～*** … ***que ～*** **～に劣らず…だ** ***Ni mucho ～.*** **とんでもない** 《否定の強調》 ***no ～ de*** … …**もの**, …**も** ***no poder ～ de*** …(不定詞) …**しないわけにはいかない** ***no ser para ～*** **無理のないことだ** ***por lo ～*** **少なくとも** ***¿Qué ～?*** **いいえ, 当然です** ***ser lo de ～*** **重要でない**, たいした問題でない ***tener a [en] ～*** **さげすむ**, **軽んじる** ***venir a ～*** **落ちぶれる**, 衰退する

me-nos-ca-'bar [メ.ノス.カ.'バる] 動 他 《格》**減らす**, 減じる, 少なくする, 減少させる; 《格》〈美しさ・価値などを〉**損なう**, 傷つける

me-nos-'ca-bo 名 男 《格》 **減少**; 《格》**減損**, 損傷, 損害 ***con ～ de*** … …**を損なって**, …を犠牲にして

me-nos-pre-'cia-ble [メ.ノス.プれ.'すぃア.ブレ] 形 **軽蔑すべき**, 大したことのない

me-nos-pre-'ciar [メ.ノス.プれ.'すぃアる] 動 他 **軽蔑する**, 見くびる; **過小評価す**

る, あなどる; 無視する, 放っておく, 大事にしない

me-nos-'pre-cio [メ.ノス.'プれ.すぃオ] [名] [男] 軽蔑, 侮辱; 無視, 軽視

me-no-'xe-nia [メ.ノク.'セ.ニア] [名] [女] 〘医〙 月経不順

*⁑***men-'sa-je** [メン.'サ.へ] 83% [名] [男] ことづけ, 伝言, 通信; (公式な)意見書, (大統領の)教書; (芸術[文学]作品などが伝えようとする)中心的な思想[考え]; 〘宗〙 (神の)お告げ, 神託; 〘情〙 メッセージ

men-sa-je-'ar [メン.サ.へ.'アる] [動] [自] [[他]] 〘情〙 携帯電話で通信する

men-sa-je-'rí+a [メン.サ.へ.'り.ア] [名] [女] 運送[輸送]会社, 宅配便 ***mensajería instantánea*** 〘情〙 インスタントメッセンジャー

*****men-sa-'je-ro, -ra** [メン.サ.'へ.ろ, ら] 94% [名] [男] [女] 使いの者, 使者 [形] 使いの, 伝書の

'men-so, -sa [形] [名] [男] [女] 《ラ米》 《話》 ばかな(人), 愚かな(人)

mens-trua-'ción [メ(ン)ス.トるア.'すぃオン] [名] [女] 〘医〙 月経, 生理, 月経期間

mens-'trual [メ(ン)ス.'トるアル] [形] 〘医〙 月経の

mens-'truar [メ(ン)ス.'トるアる] [動] [自] 〘医〙 月経[生理]がある

'mens-truo ['メ(ン)ス.トるオ] [名] [男] 〘医〙 月経, 生理; 月経期間

***men-'sual** [メン.'スアル] 92% [形] 毎月の, 月1回の, 月極(ぎ)めの; ひと月あたり…, 月に…

men-sua-li-'dad [メン.スア.リ.'ダド] [名] [女] 月極(ぎ)め払い込み金, 月賦(金); 月給

'mén-su-la ['メン.ス.ラ] [名] [女] 〘建〙 コンソール 《渦巻き形持ち送り》

men-su-'rar [メン.ス.'らる] [動] [他] 《格》 計る, 測定する, 計量する

'men-ta [名] [女] 〘植〙 ハッカ, ミント; ハッカ精, ハッカ錠[剤]

⁑**men-'tal** [メン.'タル] 86% [形] 精神の, 心の, 知力の, 知的な; 精神病の, 精神病を扱う; 心の中で行う, 空(そら)でする **~-mente** [副] 内心で, 心の中で; 精神的に

***men-ta-li-'dad** [メン.タ.リ.'ダド] 93% [名] [女] 精神性, 心性, 知性, 精神状態, 心理状態, メンタリティー; 考え方

men-ta-li-'zar [メン.タ.リ.'さる] [動] [他] [34] (z|c) 納得させる **~se** [動] [再] 納得する

men-'tar [メン.'タる] [動] [他] [50] (e|ie) 話に出す, 〈に〉言及する

⁑**'men-te** 87% [名] [女] 心, 精神, 考え方, 頭の働き; 想像; 意向, 意志 ***in*** ~ 〔ラテン語〕 心の中で, 内心で ***tener en*** (***la***) ~ 心に留める ***traer a la*** ~ 思い出させる ***venir a la*** ~ 思い出される; 思いつく

men-te-ca-'tez [メン.テ.カ.'テす] [名] [女] 愚かなこと, 頭の弱いこと

men-te-'ca-to, -ta [形] 愚かな, ばかな [名] [男] [女] 愚か者, ばか者

men-ti-'de-ro [メン.ティ.'デ.ろ] [名] [男] 《話》 うわさ話をしに集まる場所

men-'tir** [メン.'ティる] 91% [動] [自] [65] (e|ie|i) うそをつく, 偽る, だます [動] [他] 〈約束を〉破る; 《格》 だます, 惑わす ~ ***más que hablar 大うそつきだ

⁑**men-'ti-ra** [メン.'ティ.ら] 87% [名] [女] うそ, 偽り ~ ***como una casa*** 《話》 大うそ

men-ti-ri-'ji-llas [メン.ティ.り.'ひ.ジャス] 〔成句〕 ***de*** ~ 《話》 冗談で, 戯れに; (ゲームを)賭けないで, 遊びで

***men-ti-'ro-so, -sa** [メン.ティ.'ろ.ソ, サ] 93% [形] うそをついている, 偽りの, うそつきの; 人を欺く [名] [男] [女] 〔人〕 うそつき

men-'tís [名] [男] 〔単複同〕 否定, 否認, 反駁(はんばく), 反論

men-'tol [メン.'トル] [名] [男] 〘化〙 ハッカ脳, メントール, メンソール

men-to-'la-do, -da [メン.ト.'ラ.ド, ダ] [形] ハッカ入りの, メントール[メンソール]入りの

men-'tón [名] [男] 《格》 おとがい, 顎(あご)先

men-'tor [メン.'トる] [名] [男] (よき)指導者, (よき)師

⁑**me+'nú** 90% [名] [男] 〔複 -nús〕 献立表, メニュー; (日替わり)定食 ~ ***desplegable*** 〘情〙 ドロップ[プル]ダウンメニュー

me-nu-de+'ar [メ.ヌ.デ.'アる] [動] [他] 何回も繰り返す; こと細かに話す [動] [自] 何回も起こる; 詳しく述べる; つまらないことをしゃべる

me-nu-'den-cia [メ.ヌ.'デン.すぃア] [名] [女] 詳細, 細目, 細事; つまらないもの, くだらないこと; 〔複〕 〘食〙 豚肉の製品

me-nu-'de+o [名] [男] 〘商〙 小売り; 繰り返し

me-nu-'di-llo [メ.ヌ.'ディ.ジョ] [名] [男] 〘畜〙 (馬の)球節, 足首; 〔複〕 〘食〙 (鶏などの)臓物

⁑**me-'nu-do, -da** 87% [形] 小さい, 細い, 細かい; 《話》 すごい, ひどい, すさまじい; 厳密な, 細心の; くだらない, 取るに足らない; 《アンデス》 〘体〙 ブルネット(色白で黒髪)の [名] [男] 小銭; 〔複〕 〘食〙 くず肉, (肉の)あら, 臓物 ***a*** ~ しばしば, 頻繁に **-damente** [副] ごく細かく, 詳細に, 綿密に

me-'ñi-que [メ.'ニィ.ケ] [形] 〘体〙 小指の [名] [男] 〘体〙 小指

me+'o-llo [メ.'オ.ジョ] [名] [男] 本質, 真髄, 核心; 聡明, 知性, 英知; 〘体〙 髄, 骨髄

me+'ón, +'o+na 形 名 男 女《俗》おしっこばかりする(人), お漏らしをする(人)
me-que-'tre-fe [メ.ケ.'トれ.フェ] 名 男《話》軽率な男, おせっかいなやつ, 無責任な人
'me-ra-'men-te ['メ.ら.'メン.テ] 副 単に
mer-ca-'chi-fle [メる.カ.'チ.フレ] 名 男〔軽蔑〕〔商〕行商人, 呼び売り
mer-ca-de+'ar [メる.カ.デ.'アる] 動 自〔商〕商う, 売買する
mer-ca-'de+o [メる.カ.'デ.オ] 名 男〔商〕商い, 売買;〔商〕マーケティング
mer-ca-'der, -'de-ra [メる.カ.'デる, 'デ.ら] 名 男 女《古》〔商〕商人, 行商人
mer-ca-de-'rí+a [メる.カ.デ.'り.ア] 名 女《古》〔商〕商品
***mer-ca-'di-llo** [メる.カ.'ディ.ジョ] 93% | 名 男〔商〕露店
***mer-'ca-do** [メる.'カ.ド] 75% 名 男〔商〕市場(いちば), 市(いち)の開かれる広場[建物], 市;〔商〕〔経〕販路, 需要, 市場(しじょう), 取引先; 市況, 市価, 相場;〔商〕売買, 取引; マーケット, 食料品店
mer-ca-do-'tec-nia [メる.カ.ド.'テク.ニア] 名 女〔商〕マーケティング;〔商〕市場での売買
***mer-can-'cí+a** [メる.カン.'すぃ.ア] 91% | 名 女〔商〕商品, 品物
mer-'can-te [メる.'カン.テ] 形〔商〕商業の 名 共 商人, 貿易商人
***mer-can-'til** [メる.カン.'ティル] 93% 形 |〔商〕商業の, 商人の
mer-can-ti-'lis-mo [メる.カン.ティ.'リス.モ] 名 男〔経〕重商主義
mer-can-ti-'lis-ta [メる.カン.ティ.'リス.タ] 形 名 共〔経〕重商主義の[主義者]
mer-'car [メる.'カる] 動 他 69 (c|qu)《古》買う
mer-'ced [メる.'せド] 名 女 慈悲, 哀れみ, 情け; 好意, 親切, おかげ, 恩恵; 授与, 下付, 贈与; 報酬, 賃金 副 (a: の)おかげで ***a (la) ~ de*** … …のなすがままに ***tener la ~ de*** …(不定詞)《格》…していただく
Mer-'ced [メる.'せド] 名 固〔宗〕メルセス会《1218年にバルセロナで創設された修道会 Orden de Nuestra Señora de la Merced》
mer-ce-'da-rio, -ria [メる.せ.'ダ.りオ, りア] 形〔宗〕メルセス会の 名 男 女〔宗〕メルセス会修道士[女]⬆Merced
Mer-'ce-des [メる.'せ.デス] 名 固〔女性名〕メルセーデス;〔地名〕メルセーデス《ウルグアイ南西部の都市; アルゼンチン中部の都市》
mer-ce-'na-rio, -ria [メる.せ.'ナ.りオ, りア] 形〔軍〕«兵士が»傭兵(ようへい)の; 金で雇われた 名 男 女〔軍〕傭兵; 雇われ労働者
mer-ce-'rí+a [メる.せ.'り.ア] 名 女〔商〕小間物店, 手芸品店;《ﾁﾘ》金物屋;〔集合〕小間物, 手芸品
'Mer-che ['メる.チェ] 名 固〔女性名〕メルチェ《Mercedes の愛称》
Mer-co-'sur [メる.コ.'スる] 名 固〔経〕メルコスール, 南米共同市場《Mercado Común del Sur, 1995年に発足したブラジル・アルゼンチン・ウルグアイ・パラグアイの共同市場; 2006年ベネズエラが加盟》
mer-'cu-rio [メる.'ク.りオ] 名 男〔化〕水銀《元素》
Mer-'cu-rio [メる.'ク.りオ] 名 固〔ロ神〕メルクリウス, マーキュリー;〔天〕水星
me-re-ce-'dor, -'do-ra [メ.れ.せ.'ドる, 'ド.ら] 形 (de: に)値する, ふさわしい
‡me-re-'cer [メ.れ.'せる] 82% 動 他 45 (c|zc)〈の〉値打ちがある, 値する,〈que 接続法: …される[する]のに〉ふさわしい; 達成する, 得る 動 自 (de: からの)感謝[称賛]を受けるに値する **~se** 動 再 値する, ふさわしい ***edad de ~*** (女性の)結婚適齢期, 年ごろ
me-re-'ci-do, -da [メ.れ.'すぃ.ド, ダ] 形 相応の, 当然の 名 男 当然の報い, ばち ***tenerlo bien ~*** 当然の報いである
me-re-ci-'mien-to [メ.れ.すぃ.'ミエン.ト] 名 男 価値, 真価, 功績
***me-ren-'dar** [メ.れン.'ダる] 94% 動 自 50 (e|ie) (午後の)おやつ[軽食]を食べる 動 他 (午後の)おやつ[軽食]に食べる **~se** 動 再《話》獲得する, 手に入れる
me-ren-'de-ro [メ.れン.'デ.ろ] 名 男 (観光地などの)軽食堂
me-'ren-gue [メ.'れン.ゲ] 名 男〔食〕メレンゲ《卵白を泡立てて砂糖などを混ぜて焼いた菓子》;〔楽〕メレンゲ《ドミニカ共和国・ハイチの音楽・舞踊》; 虚弱な人, 弱々しい人
me-re-que-'tén [メ.れ.ケ.'テン] 名 男《ﾍﾞﾈｽﾞｴﾗ》《話》騒ぎ, 混乱;《ﾍﾞﾈｽﾞｴﾗ》《話》問題
me-re-'triz [メ.れ.'トりす] 名 女《格》売春婦
me-'rez-co, -ca(~) 動《直現1単, 接現》⬆merecer
'Mé-ri-da ['メ.り.ダ] 名 固〔地名〕メリダ《スペイン南西部の都市; メキシコ南東部の都市; ベネズエラ西部の州, 州都》
me-ri-'dia+no, -na [メ.り.'ディア.ノ, ナ] 形 子午線の, 正午の, 真昼の; 明るい; 明瞭な, 明らかな 名 男〔天〕(天体の運行の)最高点;〔天〕子午線, 経線
meridiem [メ.り.'ディエム] 〔ラテン語〕 *ante meridiem*《ラ米》午前 *post meridiem*《ラ米》午後
***me-ri-dio-'nal** [メ.り.ディオ.'ナル] 93% | 形 名 共 南部の(人)

me-'rien-d~ 動《直現/接現/命》⬆merendar

*__me-'rien-da__ [メ.'りエン.ダ] 94% 名 女 (午後の)おやつ, 軽食; (ピクニックの)食事, 弁当; 昼食; ピクニック *ir de ~* ピクニックに行く *~ de negros* 《スペイン》《話》不当な分け前

me-'ri+no, -na [メ.'り.ノ, ナ] 形〔畜〕«羊が»メリノ種の 名 男〔畜〕メリノ種の羊; 〔衣〕メリノ毛織物

*__'mé-ri-to__ ['メ.り.ト] 88% 名 男 長所, 取柄, 真価, 価値, 値打ち; 手柄, 功績 *de ~* 価値のある, 傑出した *hacer ~s* 自分の真価を見せる

me-ri-'to-rio, -ria [メ.り.'ト.りオ, りア] 形 価値のある, 称賛に値する 名 男 女 (給金なしの)見習い, 徒弟

mer-'lu-za [メる.'ル.さ] 名 女〔魚〕メルルーサ《タラ科の食用魚》; 《スペイン》《話》ばか者 *coger una ~* 《スペイン》《話》酔っぱらう

'mer-ma ['メる.マ] 名 女 減少, 縮小, 低下

mer-'mar [メる.'マる] 動 他 減少させる, 縮小させる **~(se)** 動 自 (再) 減少する, 縮小する

*__mer-me-'la-da__ [メる.メ.'ラ.ダ] 94% 名 女〔食〕ジャム, マーマレード

*__'me+ro, +ra__ ['メ.ろ, ら] 91% 形 ほんの, ただの, まったく…にすぎない; 《メキシコ》《中米》まさにその…, 紛れもない…, …自身 副《メキシコ》《中米》すぐに, まもなく; もう少しで; 《メキシコ》《中米》本当に, まさに, 真に, 正確に 名 男〔魚〕マハタ

me-ro-de+'ar [メ.ろ.デ.'アる] 動 自 うろつく; «兵士が»略奪に行く

me-ro-'de+o [メ.ろ.'デ.オ] 名 男 うろつくこと; «兵士が»略奪に行くこと

me-ro-'vin-gio, -gia [メ.ろ.'ビン.ひオ, ひア] 形 名 男 女〔歴〕メロヴィング朝[家]の(人)

*__'mes__ 67% 名 男 月《1月から12月まで》; 1か月(間); 月給; 〔医〕生理, 月経, 月経期間 *~ mayor*〔医〕臨月

*__'me+sa__ 70% 名 女 テーブル, 食卓; 仕事台, 遊戯台, 手術台; 机; 食卓, 食事; 委員会, 役員会; 〔地〕台地, 高原 *alzar [quitar] la ~* 食卓を片づける *estar a ~ y mantel* 居候(いそうろう)をする *~ redonda* 円卓会議, 討論会 *poner las cartas sobre la ~* 手のうちを明かす, 率直に話す *poner la ~* 食卓の用意をする *tener ~ franca* 遠慮なく食事に招かれる

me-'sa-na 名 女〔海〕ミズンマスト《二・三檣(しょう)船の後檣(こうしょう)》

me-sa-'nín 名 男《コロンビア》〔建〕中二階

me-'sar [メ.'サる] 動 他〔体〕〈髪・ひげを〉ひっぱる, かきむしる **~se** 動 再〔体〕〈自分の髪[ひげ]を〉かきむしる

mes-co-'lan-za 名 女 ⇩ mezcolanza

me-sen-'te-rio [メ.セン.'テ.りオ] 名 男〔体〕腸間膜

me-sen-te-'ri-tis [メ.セン.テ.'り.ティス] 名 女〔単複同〕〔医〕腸間膜炎

me-'se-ro, -ra [メ.'セ.ろ, ら] 名 男 女《ラ米》ウェイター, ウェイトレス 形 名 男 女《ラ米》〔畜〕1歳未満の(牛馬)

*__me-'se-ta__ 94% 名 女〔地〕高原, 台地; 〔建〕(階段の)踊り場

me-'siá-ni-co, -ca 形〔宗〕メシアの, 救世主の, キリストの

me-sia-'nis-mo 名 男〔宗〕メシア思想

me-'sí+as 名 男〔単複同〕〔宗〕救世主, (ユダヤ教の)メシア; 〔el M~〕(キリスト教の)キリスト

me-'si-lla [メ.'スィ.ジャ] 名 女 ナイトテーブル, 小机; 〔建〕(階段の)踊り場

me-'si-ta 名 女 小さなテーブル, 小机; 〔縮小語〕⬆mesa

mes-'na-da 名 女〔軍〕〔軍〕(王の)禁衛隊; 支持者の集まり, 取り巻き, 親衛隊

Me-so-a-'mé-ri-ca [メ.ソ.ア.'メ.り.カ] 名 固〔歴〕〔地名〕メソアメリカ《メキシコ・中米の古代文明圏; アステカ Azteca 文明, マヤ Maya 文明が栄えた》

me-so-'co-lon [メ.ソ.'コ.ロン] 名 男〔体〕結腸間膜

me-so-'cra-cia [メ.ソ.'クら.すぃア] 名 女〔政〕中産階級による政治; 中産階級

me-so-'crá-ti-co, -ca [メ.ソ.'クら.ティ.コ, カ] 形〔政〕中産階級による政治の; 中産階級の

me-so-'lí-ti-co, -ca [メ.ソ.'リ.ティ.コ, カ] 形〔歴〕中石器時代の

me-'són 名 男〔商〕居酒屋, 飲み屋, 酒場; 《チリ》カウンター; 《中米》(貧困層の)住居; 〔物〕中間子

me-so-'ne-ro, -ra [メ.ソ.'ネ.ろ, ら] 名 男 女〔商〕宿屋[居酒屋]の主人, おかみ

Me-so-po-'ta-mia 名 固〔地名〕メソポタミア《西アジア, チグリス・ユーフラテス両河の流域》

me-so-po-'tá-mi-co, -ca 形 名 男 女〔地名〕メソポタミアの(人)⬆Mesopotamia

me-so-'zoi-co, -ca [メ.ソ.'そイ.コ, カ] 形〔地質〕中生代の 名 男〔地質〕中生代

'mes-ta 名 女《スペイン》〔歴〕メスタ《中世の移動牧羊組合》

mes-'ter [メス.'テる] 名 男《古》職業, 仕事 *~ de clerecía*〔歴〕〔文〕教養派の文芸《中世の主に聖職者による定型的な韻文》 *~ de juglaría*〔歴〕〔文〕遍歴詩

人の文芸《中世の遍歴詩人による自由な韻文》

mes-ti-'za-je [メス.ティ.'さ.ヘ] 名 男 混血;〔総称〕混血児

*__mes-'ti-zo, -za__ [メス.'ティ.そ, さ] 94% 形 名 男 女 メスティーソ(の)《白人と先住民[インディオ]の混血》; 混血(児)(の);〔生〕交雑種(の)

me-'su-ra [メ.'ス.ら] 名 女 沈着, 平静, 冷静さ; 適度, 節度, 中庸, 穏健; 敬意, 礼儀正しさ, 丁重さ

me-su-'ra-do, -da [メ.ス.'ら.ド, ダ] 形 慎重な, 穏健な; 落ち着きのある

me-su-'rar [メ.ス.'らる] 動 他 慎重に使う ~**se** 動 再 (en: を)慎重にする

'__me+ta__ 90% 名 女 (努力などの)目標, 目的, 目的地;〔競〕〔陸上競技〕ゴール;《サッカーなど》ゴール, 得点 名 共《スペイン》〔競〕ゴールキーパー

me-ta~〔接頭辞〕「超越・変化・後」という意味を示す

'Me+ta 名 固〔地名〕メタ《コロンビア中部の県》;〔el ~〕〔地名〕メタ川《オリノコ Orinoco 川の支流, コロンビアとベネズエラの国境を流れる》

me-ta-'bó-li-co, -ca [メ.タ.'ボ.リ.コ, カ] 形〔生〕代謝の

me-ta-bo-'lis-mo [メ.タ.ボ.'リス.モ] 名 男〔生〕代謝

me-ta-'car-po [メ.タ.'カる.ポ] 名 男〔体〕中手(ちゅうしゅ), 掌部, 中手骨

me-ta-'cen-tro [メ.タ.'セン.トろ] 名 男〔物〕傾きの中心

me-ta-cri-'la-to [メ.タ.クリ.'ラ.ト] 名 男〔化〕メタクリル酸塩[エステル]

me-ta-'fí-si-co, -ca 形〔哲〕形而上(けいじじょう)(学)の; きわめて抽象的な, 難解きわまる 名 男 女〔哲〕形而上学者, 純正哲学者 **-ca** 名 女〔哲〕形而上(けいじじょう)学, 純正哲学

me-'tá-fo-ra [メ.'タ.フォ.ら] 名 女〔修〕隠喩(いんゆ), 暗喩(あんゆ)《como「…のような」を用いないで直接に別の語彙に言い換えること》; 比喩

me-ta-'fó-ri-co, -ca [メ.タ.'フォ.り.コ, カ] 形 隠喩(いんゆ)的な, 比喩的な **-ca-mente** 副 隠喩(いんゆ)的に, 比喩的に

*__me-'tal__ [メ.'タル] 87% 名 男 金属; 金属元素;《話》〔笑〕金(かね), 金銭; 金属音; 本性, 性質;〔楽〕金管楽器

me-ta-'len-gua 名 女 ⇩ metalenguaje

me-ta-len-'gua-je [メ.タ.レン.'グア.へ] 名 男〔言〕メタ言語《言語を記述するための言語》

*__me-'tá-li-co, -ca__ [メ.'タ.リ.コ, カ] 91% 形 金属の, 金属性[質]の;《声が》かん高い, 金属的な 名 男 現金, 正金; 硬貨, コイン

me-ta-'lí-fe-ro, -ra [メ.タ.'リ.フェ.ろ, ら] 形〔鉱〕金属を含む

me-ta-'loi-de [メ.タ.'ロイ.デ] 名 男〔化〕メタロイド, 半金属《ケイ素, ヒ素など》

me-ta-'lur-gia [メ.タ.'ルる.ひア] 名 女〔技〕冶金(やきん), 冶金学

me-ta-'lúr-gi-co, -ca [メ.タ.'ルる.ひ.コ, カ] 形〔技〕冶金(やきん)(学)の 名 男 女〔技〕冶金工, 冶金学者

me-ta-'mór-fi-co, -ca [メ.タ.'モる.フィ.コ, カ] 形〔地質〕変成の

me-ta-mor-fo-se+'ar [メ.タ.モる.フォ.セ.'アる] 動 他 変形させる;〔動〕変態させる ~**se** 動 再 変化する, 変形する;〔動〕《動物が》変態する

me-ta-mor-'fo-sis [メ.タ.モる.'フォ.スィス] 名 女〔単複同〕変形[変身](作用);〔動〕〔昆〕変態

me-'ta+no 名 男〔化〕メタン(ガス)

me-ta-'nol [メ.タ.'ノル] 名 男〔化〕メタノール

me-ta-'plas-mo [メ.タ.'プラス.モ] 名 男〔言〕語形[語音]変異

me-ta-'tar-so [メ.タ.'タる.ソ] 名 男〔体〕中足, 中足(ちゅうそく)骨, 蹠骨(せっこつ)

me-'ta-te 名 男《ラ米》〔食〕メターテ《トウモロコシなどをひく石臼(いしうす)》

me-'tá-te-sis 名 女〔単複同〕〔音〕字位[音位]転換《たとえば〔ラテン語〕parabola →〔スペイン語〕palabra の変化など》

me-te-'du-ra [メ.テ.'ドゥ.ら] 名 女《話》入れること ~ ***de pata***《話》しくじり, 失敗, へま

me-temp-'sí-co-sis ⇦ **-si-** 名 女〔単複同〕〔宗〕(霊魂の)再生, 輪廻(りんね), 転生

me-te-'muer-tos [メ.テ.'ムエる.トス] 名 男〔単複同〕〔演〕舞台係, 大道具方, 裏方; おせっかい屋

me-te+'ó-ri-co, -ca [メ.'テオ.リ.コ, カ] 形〔天〕流星の, 流星のような; 大気の, 気象上の; とても速い; 一時的な, はかない

me-te+o-'ri-to [メ.テ.オ.'り.ト] 名 男〔天〕隕石(いんせき), 流星体

me-te+'o-ro [メ.テ.'オ.ろ] 名 男〔気〕気象現象《雨・風・嵐など》

me-te+o-ro-lo-'gí+a [メ.テ.オ.ろ.ロ.'ひ.ア] 名 女〔気〕気象学

me-te+o-ro-'ló-gi-co, -ca [メ.テ.オ.ろ.'ロ.ひ.コ, カ] 形〔気〕気象(学上)の

me-te+o-'ró-lo-go, -ga [メ.テ.オ.'ろ.ロ.ゴ, ガ] 名 男 女〔気〕気象学者

*__me-'ter__ [メ.'テる] 70% 動 他 (en: に)入れる, しまう, 突っ込む; 仕事につかせる, 〈に〉(de: を)させる; (en: に)巻き込む; 引き起こ

す;〔衣〕〈服を〉つめる, 短くする;《話》ぶつ, 殴る　~se 動 再 (en: に)入る, 入りこむ; (en: に)隠れる; 姿を消す, いなくなる;〈自分の手足などを〉入れる; (a, de: に)なる; (en: に)首を突っ込む, 口出しする; (a: に)かかる, 始める; (con: に)かまう, 余計なことをする, あら探しをする, いじめる; (en: に)陥る, 巻き込まれる; (en: に)夢中になる　***a todo ~*** 全速力で, フルスピードで, 全力で, 一生懸命　***~se en la cabeza*** 頭に入れる　***~se en sí mismo[ma]*** 自分の殻に閉じこもる

me-'ti-che 形 名 共《ラ米》《話》おせっかいな(人)

me-ti-'cón, -'co-na 形 名 男 女《話》おせっかいな(人)

me-ti-cu-lo-si-'dad [メ.ティ.ク.ロ.スィ.'ダド] 名 女 臆病(おくびょう), 小心; 細心さ, 綿密さ

me-ti-cu-'lo-so, -sa [メ.ティ.ク.'ロ.ソ, サ] 形 細心の, 細かい; 小心な, 神経質な 名 男 女 小心者

me-'ti-do, -da 形《話》(con: と)かかわる, つきあう; (en: で)いっぱいの; (en: に)没頭している;《チリ》《話》成り上がりの　**-da** 名 女《話》(仕事の)はかどり, 進捗(しんちょく) 名 男 殴打;〔衣〕縫い込み

me-ti-'le+no [メ.ティ.'レ.ノ] 名 男〔化〕メチレン

me-'tí-li-co, -ca [メ.'ティ.リ.コ, カ] 形〔化〕メチルの, メチルを含む

me-'ti-lo [メ.'ティ.ロ] 名 男〔化〕メチル(基)

me-ti-'mien-to 名 男 入れること;《話》影響力, 顔がきくこと, コネ

me-'tió 動《直点 3 単》↑meter

me-'tó-di-co, -ca 形 秩序立った, きちんとした, きちょうめんな, 整然とした, 組織的な

me-to-'dis-mo 名 男〔宗〕メソジスト派の信仰[教義]《18 世紀にイギリスで始まったプロテスタントの一派》

me-to-'dis-ta 形 名 共〔宗〕メソジスト派の(信徒)

⁑**'mé-to-do** 81% 名 男 (組織立った)方法, 方式, 手順; 筋道, 秩序, きちょうめんさ; 教則本, 入門書, 手引書; 教授法

me-to-do-lo-'gí+a [メ.ト.ド.ロ.'ひ.ア] 名 女 方法論, 原理体系; 教授法

me-to-do-'ló-gi-co, -ca [メ.ト.ド.'ロ.ひ.コ, カ] 形 方法論の

me-to-men-'to-do 名 共《話》おせっかいな人, いらぬ世話をやく人

me-to-'ni-mia 名 女〔修〕換喩(かんゆ)

me-to-'ní-mi-co, -ca 形〔修〕換喩(かんゆ)の

'me-tra ['メ.トら] 名 女《ベネズエラ》〔遊〕ビー玉(遊び)

me-'tra-je [メ.'トら.へ] 名 男〔映〕フィルムの長さ

me-'tra-lla [メ.'トら.ジャ] 名 女〔軍〕散弾, 榴霰(りゅうさん)弾

me-tra-'lle-ta [メ.トら.'ジェ.タ] 名 女〔軍〕軽機関銃

'mé-tri-co, -ca ['メ.トり.コ, カ] 形 メートルの;〔文〕韻律の, 韻文の　**-ca** 名 女〔文〕韻律(論)

me-'tri-tis [メ.'トり.ティス] 名 女〔単複同〕〔医〕子宮炎

⁑**'me-tro** ['メ.トろ] 74% 名 男〔鉄〕地下鉄; メートル; 巻き尺; 定規, 物差し;〔文〕韻律

me-'tró-no-mo [メ.'トろ.ノ.モ] 名 男〔楽〕メトロノーム

***me-'tró-po-li** [メ.'トろ.ポ.リ] 94% 名 女 (国・州などの)中心都市, 主要都市, 首都; 大都市;〔歴〕(植民地に対し)宗主国, 本国;〔宗〕大司教管区

me-'tró-po-lis 名 女 ⇧ metrópoli

me-tro-po-li-'ta+no, -na [メ.トろ.ポ.リ.'タ.ノ, ナ] 形 大都市の, 首都の; 宗主国の 名 男〔宗〕首都大司教;〔鉄〕地下鉄

Me-xi-'ca-li [メ.ひ.'カ.リ] 名 固〔地名〕メヒカーリ《メキシコ北西部, バハカリフォルニア州の州都》

me-xi-ca-'nis-mo [メ.ひ.カ.'ニス.モ] 名 男〔言〕(スペイン語の)メキシコ語法

⁑**me-xi-'ca+no, -na** [メ.ひ.'カ.ノ, ナ] 83% 形〔地名〕メキシコ(人)の ↓México 名 男 女 メキシコ人

⁑**'Mé-xi-co** ['メ.ひ.コ] 73% 名 固〔地名〕メキシコ《北アメリカ南部の連邦共和国, 正式名 Estados Unidos Mexicanos》; [golfo de ~]〔地名〕メキシコ湾《米国南東部とメキシコ北東部に挟まれた湾》; [~ D. F. [Distrito Federal]] メキシコ連邦区《首都名の旧称》

'me-za(~) 動《接現》↑mecer

mez-'cal [メす.'カル] 名 男〔飲〕メスカル酒《リュウゼツランを原料にした蒸留酒》;《ラ米》〔植〕リュウゼツラン

***'mez-cla** ['メす.クラ] 92% 名 女 混ぜること, 混合; 混合したもの, 混合物;〔建〕モルタル;〔映〕〔放〕ミキシング

mez-cla-'dor, -'do-ra [メす.クラ.'ドる, 'ド.ら] 名 男 女〔映〕〔放〕ミキサー, 音量調整技師　**-dora** 名 女〔機〕ミキサー

⁑**mez-'clar** [メす.'クラる] 85% 動 他 (con: と)混ぜる, 混合する, 調合する; 一緒にする, 混ぜこぜにする;〈人を〉巻き込む　**~-se** 動 再 (con: と)混ざる, 混合する, 一緒になる; (con: 人と)交わる, 親しくつきあう; (en: に)口を出す, 首を突っ込む, 介入する

mez-'cli-lla [メす.'クリ.ジャ] 名 女〔衣〕

m

混紡;《(メキシコ)》《(チリ)》〔衣〕ジーンズ

mez-co-'lan-za [メす.コ.'ランさ] 名 女《話》ごちゃ混ぜ, 寄せ集め

'me+zo, +za(~) 動《直現1単, 接現》⬆mecer

mez-quin-'dad [メす.キン.'ダド] 名 女 つまらないこと, 取るに足らないこと; 卑しさ, 卑劣な行為; けち, しみったれ

***mez-'qui+no, -na** [メす.'キ.ノ, ナ] 94% 形名 男 女 卑劣な(人), 下品な(人), さもしい(人), あさましい(人); けちな(人); 不運な(人), みじめな(人); 貧しい(人), 貧乏な(人); つまらない, 取るに足らない, 乏しい, 不十分な

mez-'qui-ta [メす.'キ.タ] 名 女〔宗〕メスキータ, モスク《イスラム教の礼拝堂》

mezzo ['メ.そ]〔短縮形〕⬇mezzosoprano

mezzosoprano [メ.そ.ソ.'プら.ノ] 名 女〔イタリア語〕〔楽〕メゾソプラノ《mezzo と略されることが多い》

mg 略 ⬇miligramo(s)

m

⁑mi [ミ] 56% 形《所有》私の: Éste es **mi** amigo Juan. これが私の友人のフアンです。 名 男〔楽〕ミ《長音階の第3音》 名 女〔言〕ミュー《ギリシャ語の文字 M, μ》

⁑'mí 62% 代《人称》〔1人称単数; 前置詞の後で用いられる〕私: No sé a ti, pero a **mí** me gustan los toros. 君はどうだか知らないけれど私は闘牛が好きだ。 ***¡A ~!*** 助けて! ***¡A ~ qué!*** 《話》私はかまわない, 私には関係ない! ***para ~ que*** … 私には…と思える ***Por ~.*** 《話》私はかまいませんから

'mia-ja ['ミア.は] 名 女《話》〔食〕パンくず;《話》かけら, わずかなもの ***comer una ~*** ほんの少ししか食べない

'mial-gia ['ミアル.ひア] 名 女〔医〕筋肉痛, 筋痛症

mia-'men-se 形〔地名〕マイアミの 名 男 女〔地名〕マイアミの人 ⬇Miami

'Mia-mi ['ミア.ミ] 名 固〔地名〕マイアミ《米国フロリダ州の都市》

'mias-ma 名 男 毒気, 瘴気(しょうき), 危険な発散物

mias-'má-ti-co, -ca 形 毒気を発する

'miau 感《擬音》ニャオ, ニャー《猫の鳴き声》;《俗》うわあ!, いやだ!《驚き, 拒絶》

'mi+ca 名 女〔鉱〕雲母(うんも);〔動〕雌のオナガザル;《(メキシコ)》《(中米)》酔い;《(中米)》《話》媚(こ)びを売る女性

mi-'ca-do 名 男 ⇩mikado

mic-'ción [ミク.'すぃオン] 名 女《格》排尿

mi-'ce-lio [ミ.'せ.リオ] 名 男〔菌〕菌糸体

Mi-'ce-nas [ミ.'せ.ナス] 名 固〔歴〕〔地名〕ミュケナイ, ミケーネ《古代ギリシャの都市; ミュケナイ文明の中心地》

mi-'cé-ni-co, -ca [ミ.'せ.ニ.コ, カ] 形〔歴〕〔地名〕ミュケナイ[ミケーネ](人)の 名 男 女 ミュケナイ[ミケーネ]人 ⬆Micenas

mi-ce-'tis-mo [ミ.せ.'ティス.モ] 名 男〔医〕キノコ中毒

mi-che-'lín [ミ.チェ.'リン] 名 男《話》わき腹のぜい肉

'Mí-chi-gan 名 固〔lago ~〕〔地名〕ミシガン湖《米国中北部の湖; 五大湖の一つ》

Mi-cho+a-'cán 名 固〔地名〕ミチョアカン《メキシコ中西部の州》

'mi+co 名 男〔動〕オナガザル;《話》〔軽蔑〕ぶ男;《話》小男, ちび;《話》助平;《話》〔からかって子供に対して〕小僧, 坊主;《(南米)》〔機〕ジャッキ **~, -ca** 形名 男 女《話》気取った(人), 上品ぶった(人) ***dar [hacer] el ~*** 《話》(a: の)期待を裏切る ***quedarse hecho[cha] un ~*** 《話》恥をかく ***volverse ~[ca]*** 《話》(para 不定詞: …しようとして)おおわらわになる, わけがわからなくなる

mi-'co-sis 名 女〔単複同〕〔医〕真菌症

mi-co-to-xi-'co-sis [ミ.コ.トク.スィ.'コ.スィス] 名 女〔単複同〕〔医〕真菌中毒症

'mi-cra ['ミ.クら] 名 女 ミクロン《メートル法の長さの単位; 1ミリの1000分の1》

'mi-cro ['ミ.クろ] 名 男《話》マイク;《(南米)》〔車〕バス

mi-cro~ 〔接頭辞〕「微小の, ミクロの」という意味を示す;〔数〕「10の−6乗」を示す

mi-cro-al-bu-mi-'nu-ria [ミ.クろ.アル.ブ.ミ.'ヌ.りア] 名 女〔医〕ミクロアルブミン尿症

mi-cro-'bia+no, -na [ミ.クろ.'ビア.ノ, ナ] 形〔生〕細菌の

mi-'cro-bio [ミ.'クろ.ビオ] 名 男〔生〕微生物, 細菌

mi-cro-bio-lo-'gí+a [ミ.クろ.ビオ.ロ.'ひ.ア] 名 女〔生〕微生物学

mi-cro-bio-'ló-gi-co, -ca [ミ.クろ.ビオ.'ロ.ひ.コ, カ] 形〔生〕微生物学の

mi-cro-'bió-lo-go, -ga [ミ.クろ.'ビオ.ロ.ゴ, ガ] 名 男 女〔生〕微生物学者

mi-cro-'bús [ミ.クろ.'ブス] 名 男〔車〕マイクロバス

mi-cro-ce-'fa-lia [ミ.クろ.せ.'ファ.リア] 名 女〔医〕小頭症

mi-cro-'cé-fa-lo, -la [ミ.クろ.'せ.ファ.ロ, ラ] 形名 男 女〔医〕小頭症の(人)

mi-cro-'chip [ミ.クろ.'チプ] 名 男〔複 -chips〕〔情〕マイクロチップ

mi-cro-ci-'to-sis [ミ.クろ.すぃ.'ト.スィス] 名 女〔単複同〕〔医〕小嚢腫(のうしゅ)症

mi-cro-'cli-ma [ミ.クろ.'クリ.マ] 名

男〔気〕小気候, 微気候《狭い地域の気候》

mi-cro-'cos-mos [ミ.クろ.'コス.モス] 名 男〔単複同〕〔天〕小宇宙, ミクロコスモス

mi-cro-e-co-no-'mí+a [ミ.クろ.エ.コ.ノ.'ミ.ア] 名 女〔経〕ミクロ経済学

microfilm [ミ.クろ.'フィル(ム)] 名 男〔複 -films〕〔英語〕マイクロフィルム

mi-cro-fil-'mar [ミ.クろ.フィル.'マる] 動 他〔映〕マイクロフィルムに撮る

***mi-'cró-fo-no** [ミ.'クろ.フォ.ノ] 91% 名 男 マイクロホン, マイク

mi-cro-fo-to-gra-'fí+a [ミ.クろ.フォ.ト.グら.'フィ.ア] 名 女〔写〕マイクロ写真(術)

mi-'cró-me-tro [ミ.'クろ.メ.トろ] 名 男〔技〕マイクロメーター

mi-'crón 名 男 ⇧ micra

Mi-cro-'ne-sia [ミ.クろ.'ネ.スィア] 名 固〔地名〕ミクロネシア《太平洋の140度経線以西, ほぼ赤道以北の区域》;〔Estados Federados de ～〕〔地名〕ミクロネシア連邦

mi-cro-'ne-sio, -sia [ミ.クろ.'ネ.スィオ, スィア] 形〔地名〕ミクロネシア(人)の 名 男 女 ミクロネシア人 ⬆Micronesia

mi-cro-'on-da [ミ.クろ.'オン.ダ] 名 女 マイクロ波

mi-cro-or-de-na-'dor ⇦ -cror- [ミ.クろ.オる.デ.ナ.'ドる ⇦.クろる.] 名 男〔情〕マイクロコンピューター

mi-cro-or-ga-'nis-mo ⇦ -cror- [ミ.クろ.オる.ガ.'ニス.モ ⇦.クろる] 名 男〔生〕微生物

mi-cros-'có-pi-co, -ca [ミ.クろス.'コ.ピ.コ, カ] 形 顕微鏡の, 顕微鏡観察の; 微細の, 微小の, 微視的な

⁑mi-cros-'co-pio [ミ.クろス.'コ.ピオ] 90% 名 男 顕微鏡

mi-cro-se-'gun-do [ミ.クろ.セ.'グン.ド] 名 男 マイクロ秒《100万分の1秒》

mi-cro-'sis-mo [ミ.クろ.'スィス.モ] 名 男 微震

mi-cro-'sur-co [ミ.クろ.'スる.コ] 名 男 マイクログルーブ《LPレコードの狭い溝》

'mi+d~ 動《活用》⬆medir

'Mi-das 名 固〔ギ神〕ミダス王《手に触れる物をすべて金に変える力を得たが, 食べることも飲むこともできなくて元に戻してもらった》

mie-'di-tis 名 女〔単複同〕《話》恐怖, 恐れ

⁑'mie-do 81% 名 男 (a, de, por: の)恐れ, 恐怖; 不安, 心配; (よくないことの起こる)可能性, 恐れ ***dar ～*** (a: を)怖がらせる, …が怖い ***de ～*** 《スペイン》《話》すばらしい, すばらしく ***por ～ a*** … …を恐れて, …をしないように, …のないように ***por ～ de que*** …(接続法) …しないように, …するといけないから ***¡Qué ～!*** 《話》ああ怖い!

mie-'do-so, -sa 形 臆病(おくびょう)な, 怖がりの; 恐れている, 怖がっている, 心配している

'miel** ['ミエル] 91% 名 女〔食〕蜂蜜(はちみつ);〔食〕糖蜜 ***dejar con la ～ en los labios 《話》好きな物を取り上げる ***hacerse todo ～*** とてもやさしくなる ***～ sobre hojuelas*** なおさら結構なこと

'miel-go, -ga ['ミエル.ゴ, ガ] 形 双生児の

mie-'li-na [ミエ.'リ.ナ] 名 女〔化〕ミエリン《髄鞘を組織する脂肪質の物質》

mie-'li-tis [ミエ.'リ.ティス] 名 女〔単複同〕〔医〕骨髄炎

mie-lo-fi-'bro-sis [ミエ.ロ.フィ.'ブろ.スィス] 名 女〔単複同〕〔医〕骨髄線維症

mie-'lo-ma [ミエ.'ロ.マ] 名 男〔医〕骨髄腫(しゅ)

mie-lo-ma-'to-sis [ミエ.ロ.マ.'ト.スィス] 名 女〔単複同〕〔医〕骨髄腫(しゅ)症

mie-lo-pa-'tí+a [ミエ.ロ.パ.'ティ.ア] 名 女〔医〕骨髄障害

⁑'miem-bro ['ミエン.ブろ] 78% 名 男〔共〕(団体・組織の)一員, 会員, 成員, メンバー;〔体〕手足(の1本);〔遠回し〕〔体〕ペニス, 陰茎;〔数〕(等式の)辺

'mien-t~ 動《直現/接現/命》⬆mentir

'mien-te 名 女〔主に複〕《古》心, 考え ***caer en las ～s*** 思い出す, 気づく ***parar ～s*** (en: に)留意する, …を考慮する

⁑mien-tras [ミエン.トらス] 70% 接〔弱勢〕 **1** …している間に《同時を示す: 直説法》: **Mientras** nosotros veíamos la televisión, los niños jugaban en el jardín. 私たちがテレビを見ている間, 子供たちは庭で遊んでいた。 **2** …するかぎり《未来の時を示す: 接続法》: **Mientras** llueva, no saldremos. 雨が降っているかぎり私たちは出かけません。 **3** …の一方で…, …であるけれど…《対比を示す: 直説法》: Ella te está ayudando **mientras** tú la estás ofendiendo. 彼女は君を助けているのに君は彼女を怒らせている。 副 その間に ～ …(比較級), —(比較級)《話》…すればするほど, ますます—になる ***～ que*** … …の一方で ***～ tanto*** その間に, そうこうするうちに

⁑'miér-co-les ['ミエる.コ.レス] 82% 名 男〔単複同〕水曜日

'mier-da ['ミエる.ダ] 名 女《俗》糞(くそ);《俗》ひどい代物;《俗》不潔なもの, 汚いもの;《俗》くそったれ, くずみたいな野郎 感 くそっ! ***mandar a la ～*** 《俗》(a: を)ののしる ***¡Vete a la ～!*** 《俗》くそくらえ!, 出て行け!

mier-'di-ca [ミエる.'ディ.カ] 名 共〔人〕《俗》意気地なし

'mies 名 女〔農〕(実った)穀物, 穀類; 収穫期;〔複〕穀物畑

***'mi+ga** 94% 名 女〔食〕(柔らかい)パンの中

身;〖食〗(パンなどの)小片, パンくず, かけら;〔複〕〖食〗ミガス《油で揚げたパンくず》;《話》中身, 内容;《話》隠された真実, わけ, 裏 ***hacer buenas* [*malas*] *~s*** 《話》(con: と)気が合う[合わない] ***hacer ~s*** 《話》粉々にする; くたくたにする ***ni una ~*** 《否定》《話》少しも…ない

mi-'ga-ja [ミ.'ガ.は] [名] [女]〖食〗パンくず; 小片, 破片, かけら;〔複〕残り物, 余り物

mi-'gar [ミ.'ガる] [動] [他] 41 (g|gu)〖食〗〈パンなどを〉小さくちぎって(en: に)入れる

mi-gra-'ción [ミ.グら.'すぃオン] [名] [女] 移出入, 人口移動, 移住;〖鳥〗渡り;〖魚〗回遊

mi-'gra-ña [ミ.'グら.ニャ] [名] [女]〖医〗片頭痛

mi-'grar [ミ.'グらる] [動] [自] 移住する, 移動する ⇧ emigrar;〖鳥〗渡る;〖魚〗回遊する

mi-gra-'to-rio, -ria [ミ.グら.'ト.りオ, りア] [形] 移住する, 移動性の;〖鳥〗渡りの;〖魚〗回遊の

Mi-'guel [ミ.'ゲル] [名] [固]〖男性名〗ミゲール

Mi-gue-'li-to 〔縮小語〕⬆Miguel

'mi+jo ['ミ.ほ] [名] [男]〖植〗キビ(の実)

mi-'ka-do [名] [男]〖歴〗(日本の)帝(みかど), 天皇

⁑**'mil** ['ミル] 66% [代] 《複数扱い》〔⇧単独の1000〕**1000**, 1000 人, 1000 個 [名] [男] (数としての)**1000**; **1000 個のもの** [形] **1000 の** ***a las ~ y quinientas*** 《話》とても遅い時間に ***miles de …*** 何千という, たくさんの

⁑**mi-'la-gro** [ミ.'ラ.グろ] 90% [名] [男] 奇跡, 不思議な出来事, 驚くべきこと, 驚異 ***de ~*** 奇跡的に ***¡Qué ~!*** 《メキシコ》《話》やあ, 久しぶり

***mi-la-'gro-so, -sa** [ミ.ラ.'グろ.ソ, サ] 94% [形] 奇跡的な, 超自然的な, 不思議な, 驚くべき, 奇跡を起こす, 霊験あらたかな **-samente** [副] 奇跡的に, 不思議に

Mi-'lán [ミ.'ラン] [名] [固]〖地名〗ミラノ《イタリア北部の都市》

mi-la-'nés, -'ne-sa [ミ.ラ.'ネス, 'ネ.サ] [形] [名] [男] [女]〖地名〗ミラノの(人)⬆Milán

mi-'la+no [ミ.'ラ.ノ] [名] [男]〖鳥〗トビ

mil-'déu [ミル.'デウ] [名] [男]〖植〗〖農〗ウドンコ病, 白渋(しらしぶ)病

mi-le-'na-rio, -ria [ミ.レ.'ナ.りオ, りア] [形] **1000 の**, 1000 からなる, 1000 年の;〖歴〗〖宗〗千年至福説の [名] [男] **1000 年間**, 1000 年期; 千年祭 [名] [男] [女]〖歴〗〖宗〗千年至福説信奉者

mi-le-na-'ris-mo [ミ.レ.ナ.'りス.モ] [名] [男]〖歴〗〖宗〗千年至福[王国]説(の信仰)《最後の審判よりさかのぼって 1000 年間にキリストが再臨するという信仰》

mi-'le-nio [ミ.'レ.ニオ] [名] [男] **1000 年間**, 1000 年期

'mi-les [数] 《複》⬆mil

mi-'lé-si-mo, -ma [ミ.'レ.スィ.モ, マ] [形] [名] [男] [女] 《序数》**第 1000 番目の(人・物)**; **1000 分の 1(の)**

mil-'ho-jas [ミ.'ロ.はス] [名] [女]〔単複同〕〖植〗ノコギリソウ [名] [男]〖食〗ミルフィーユ《パイ菓子》

mil-'hom-bres [ミ.'ロン.ブれス] [名] [男]〔単複同〕《話》〔笑〕空いばり屋, 強がり

'mi+li ['ミ.リ] [名] [女] 《スペイン》《話》兵役

mi-li~ 〔接頭辞〕「1000 分の 1」を示す;〖数〗「10 の −3 乗」を示す

mi-li|am-'pe-rio [ミ.リアン.'ペ.りオ] [名] [男]〖電〗ミリアンペア

mi-li-'bar [ミ.リ.'バる] [名] [男]〖気〗ミリバール《気圧の単位》

***mi-'li-cia** [ミ.'リ.すぃア] 93% [名] [女]〖軍〗(正規軍に対して)**市民軍**, **民兵**;〖軍〗**軍事教練**;〖軍〗**兵役**

mi-li-'cia+no, -na [ミ.リ.'すぃア.ノ, ナ] [形]〖軍〗民兵の, 軍の [名] [男] [女]〖軍〗民兵, 市民兵

mi-'li-co [ミ.'リ.コ] [名] [男] 《アンデス》《チリ》《ラプラタ》《話》〔軽蔑〕軍人

mi-li-'gra-mo [ミ.リ.'グら.モ] [名] [男] ミリグラム

mi-li-'li-tro [ミ.リ.'リ.トろ] [名] [男] ミリリットル

***mi-'lí-me-tro** [ミ.'リ.メ.トろ] 92% [名] [男] ミリメートル

mi-li-'tan-te [ミ.リ.'タン.テ] [名] [共] 戦士, 闘士, 活動家 [形] 戦う, 兵士の, 好戦的な

⁑**mi-li-'tar** [ミ.リ.'タる] 75% [形]〖軍〗**軍の**, **軍人の**, **軍人用の**, **軍事的な** [名] [共]〖軍〗**兵士**, **戦士**; **職業軍人** [動] [自] (en: で)**活動する**;〖軍〗**軍務につく**, **軍隊に入る**, **従軍する**; **影響する**, **作用する**, **役立つ**

***mi-li-ta-'ris-mo** [ミ.リ.タ.'りス.モ] 94% [名] [男]〖政〗**軍国主義**; **軍人精神**, **尚武精神**

mi-li-ta-'ris-ta [ミ.リ.タ.'りス.タ] [形]〖政〗軍国主義の [名] [共]〖政〗軍国主義者

mi-li-ta-ri-za-'ción [ミ.リ.タ.り.さ.'すぃオン] [名] [女]〖政〗軍国化, 武装化, 軍事化

mi-li-ta-ri-'zar [ミ.リ.タ.り.'さる] [動] [他] 34 (z|c)〖政〗軍国化する

***'mi-lla** ['ミ.ジャ] 93% [名] [女] **マイル**《陸上の距離の単位, 1609m》; **海里**《海上の距離の単位, 1852m》

mi-'llar [ミ.'ジャる] [名] [男]〔集合〕**1000**;〔複〕何千 ***a ~es*** 何千も, 無数に

mi-'llar-do [ミ.'ジャる.ド] [名] [男] **10 億**

(人・個)《100 万の 1000 倍》

mi-'llón [ミ.'ジョン] 69% 名 男 〔⇦単独の 1 000 000〕 **100 万(人・個)**《名詞の前におくときは de をつける》 ***a millones*** **何百万も, 多く** ***un ~ de*** ...《複数扱い》**多数の, 無数の**

mi-llo-'na-da [ミ.ジョ.'ナ.ダ] 名 女 《話》 **100 万, 大金**

mi-llo-'na-rio, -ria [ミ.ジョ.'ナ.りオ, りア] 92% 形 **大金持ちの** 名 男 女 **百万長者, 大金持ち**

mi-llo-'né-si-mo, -ma [ミ.ジョ.'ネ.スィ.モ, マ] 形 名 男 女 《序数》 **第 100 万番目の(人・物); 100 万分の 1(の)**

mi-'lon-ga [ミ.'ロン.ガ] 名 女 《南米》〔楽〕 **ミロンガ**《ラプラタ地方の音楽・踊り》

mi-lon-'gue-ro, -ra [ミ.ロン.'ゲ.ろ, ら] 名 男 女 《南米》〔楽〕 **ミロンガの歌手[踊り手]**

'mil-pa ['ミル.パ] 名 女 《メキシコ》《中米》 **トウモロコシ畑**

mi-'mar [ミ.'マる] 94% 動 他 **甘やかす, ちやほやする; かわいがる, 愛撫する;** 〔演〕 **パントマイムで演じる, ‹の›振りを付ける**

'mim-bre ['ミン.ブれ] 名 男 [女] 〔植〕 (かご細工用の)**柳の枝; しなやかな小枝**

mim-bre+'ar [ミン.ブれ.'アる] 動 自 《草木などが》**揺れる, 振れる, しなう**

mim-'bre-ra [ミン.'ブれ.ら] 名 女 〔植〕 **コリヤナギ;** 〔農〕 **コリヤナギ畑**

mi-me+o-gra-'fí+a [ミ.メ.オ.グら.'フィ.ア] 名 女 〔印〕 **謄写版印刷**

mi-me+'ó-gra-fo [ミ.'メオ.グら.フォ] 名 男 《商標》〔印〕 **謄写版印刷機**

'mí-me-sis ⇦mi- 名 女 〔単複同〕 《格》 **人まね, 模倣**

mi-'mé-ti-co, -ca 形 **模倣の;** 〔動〕 **擬態の**

mi-me-'tis-mo 名 男 **人まね, 物まね, 模倣;** 〔動〕 **擬態**

'mí-mi-co, -ca 形 **物まねの, 身ぶりの;** 〔演〕 パントマイムの **-ca** 名 女 **ジェスチャー, 身ぶり, 手ぶり;** 〔演〕 パントマイム

'mi+mo 名 男 **甘やかすこと, ちやほやすること;** 〔演〕 **無言劇, 黙劇,** パントマイム

mi-'mo-so, -sa 形 **甘やかされた, わがまま, 気難しい; 甘やかす, 甘い** **-sa** 名 女 〔植〕 **ミモザ**

min 略 ⬇minuto

mín. 略 ⬇mínimo

'mi+na 88% 名 女 〔鉱〕 **鉱山, 鉱脈, 鉱坑;** 〔軍〕 **地雷, 機雷;** (知識・情報などの)**豊かな源,** (de: の)**宝庫;** (鉛筆の)**芯**(しん); 《話》 **掘出し物, めっけ物;** 《ラプラタ》 **女の子**

mi-na-'dor, -'do-ra [ミ.ナ.'ドる, 'ド.ら] 名 男 女 〔技〕 **鉱山技師;** 〔軍〕 **地雷工兵;** 〔海〕〔軍〕 **機雷敷設艦**

mi-'nar [ミ.'ナる] 動 他 〔鉱〕 ‹土地・鉱石を›**採掘する, 採鉱する, 掘る; 傷つける, 侵食する,** ‹健康などを›**むしばむ;** 〔軍〕 ‹に›**地雷[機雷]を敷設する**

mi-na-'re-te [ミ.ナ.'れ.テ] 名 男 〔建〕〔宗〕 **ミナレット, 尖塔**《イスラム礼拝堂の高塔》

'Mi-nas 名 固 〔地名〕 **ミナス**《ウルグアイ南東部の都市》

Min-da-'na+o 名 固 〔地名〕 **ミンダナオ島**《フィリピン南部の島》

mi-ne-'ral [ミ.ネ.'らル] 89% 形 〔鉱〕 **鉱物(性)の, 鉱物を含む** 名 男 〔鉱〕 **鉱物**《塩・石油・水・天然ガスも含む》

mi-ne-ra-lo-'gí+a [ミ.ネ.ら.ロ.'ひ.ア] 名 女 〔鉱〕 **鉱物学**

mi-ne-ra-'ló-gi-co, -ca [ミ.ネ.ら.'ロ.ひ.コ, カ] 形 〔鉱〕 **鉱物学の**

mi-ne-ra-lo-'gis-ta [ミ.ネ.ら.ロ.'ひス.タ] 名 共 〔鉱〕 **鉱物学者**

mi-ne-'rí+a [ミ.ネ.'り.ア] 94% 名 女 〔鉱〕 **鉱業; 採掘, 採鉱;** 〔鉱〕〔集合〕 **鉱山労働者, 鉱夫;** 〔鉱〕〔集合〕 (一国・一地域の)**鉱山**

mi-'ne-ro, -ra [ミ.'ネ.ろ, ら] 89% 名 男 女 形 〔鉱〕 **鉱山労働者, 坑夫** 形 〔鉱〕 **鉱山の, 鉱業の**

mi-'ner-va [ミ.'ネる.バ] 名 女 〔印〕 **ミネルバ印刷**《圧盤による印刷》; 《話》 **頭のよさ**

Mi-'ner-va [ミ.'ネる.バ] 名 固 〔ロ神〕 **ミネルバ**《知恵・芸術・戦術の女神; ギリシャ神話のアテナ Atenéa に当たる》

'Ming ['ミン(グ)] 名 固 〔dinastía ~〕 〔歴〕 **明(王朝)**《1368–1644, 中国を統一した漢民族の王朝》

'min-ga 名 女 《カリブ》《話》 **活動的な人**

'min-go 名 男 〔競〕 〔ビリヤード〕 **的球** ***poner el*** ~ **目立つ**

'mi+ni 〔短縮形〕 ⬇minifalda

mi-ni~ 〔接頭辞〕「小型, ミニ」という意味を示す

mi-nia-'tu-ra [ミ.ニア.'トゥ.ら] 名 女 **小型の模型,** ミニチュア; 〔絵〕 **細密画, 彩色写本装飾,** ミニアチュール; 〔情〕 **サムネイル**

mi-nia-tu-'ris-ta [ミ.ニア.トゥ.'りス.タ] 名 共 〔絵〕 **細密画家**

mi-ni-'bar [ミ.ニ.'バる] 名 男 **ミニバー**《ホテルなどで酒類などを入れる小型冷蔵庫》

mi-ni-'fal-da [ミ.ニ.'ファル.ダ] 94% 名 女 〔衣〕 **ミニスカート**

mi-ni-'fun-dio 名 男 〔農〕 **小規模農地, 零細農場**

mi-ni-fun-'dis-ta 名 共 〔農〕 **小規模農民, 小農**

'mí-ni-ma 名 女 〔気〕 **最低気温**

mi-ni-ma-'lis-mo [ミ.ニ.マ.'りス.モ] 名 男 〔芸〕 **ミニマリズム**《1960 年代米国で

主流を占めた芸術の傾向; 余分な装飾を排した》

mi-ni-ma-'lis-ta [ミ.ニ.マ.'リス.タ] [形] [名] [共] 〔芸〕ミニマリズムの(芸術家) ⬆minimalismo

mi-ni-mi-'zar [ミ.ニ.ミ.'さる] [動] [他] ㉞ (z|c) 最小にする, 最小化する; 過小評価する; 〔情〕〈画面を〉最小化する

⁑**'mí-ni-mo, -ma** 81% [形] 最小の, 最少の, 最低の, 最低[最小]限度の; 〔競〕〔ボクシング〕ミニマム級の [名] [男] 最小, 最少, 最低, 最低[最小]限度 ***al [a lo más] ~*** 最小限に ***como ~*** 《話》少なくとも, せめて ***(en) lo más ~*** 《話》少しも **-mamente** [副] 最小に; 少なくとも

'mí-ni-mum [名] [男] 〔複 -mumms〕最小, 最少, 最小限, 最低限

mi-'ni+no, -na [名] [男] [女] 《話》ネコ[猫]

'mi-nio [名] [男] 〔鉱〕鉛丹(えんたん), 赤色酸化鉛

mi-nis-te-'rial [ミ.ニス.テ.'りアル] [形] 大臣の, 政府の, 内閣の, 与党の

⁑**mi-nis-'te-rio** [ミ.ニス.'テ.りオ] 79% [名] [男] 省; 大臣の職[地位, 任期]; 〔集合〕内閣, 閣僚, 政府; 〔宗〕(聖職者の)職務

⁑**mi-'nis-tro, -tra** [ミ.'ニス.トろ, トら] 74% [名] [男] [女] 〔政〕大臣《省の長》; 〔政〕公使; 〔宗〕司祭, 牧師

mi-'noi-co, -ca [形] 〔歴〕ミノス文明の《クレタ島の古代文明》⬇Minos

mi-no-'rar [ミ.ノ.'らる] [動] [他] 減らす, 少なくする, 減少させる

mi-no-'rí+a** [ミ.ノ.'り.ア] 92% [名] [女] 少数, 少数党, 少数派; 少数集団, 少数民族; 未成年(の時期) ***~ de edad 未成年

mi-no-'ris-ta [ミ.ノ.'リス.タ] [形] 〔商〕小売りの [名] [共] 〔商〕小売商 [名] [男] 〔宗〕下級聖職者

mi-no-ri-'ta-rio, -ria [ミ.ノ.り.'タ.りオ, りア] [形] 少数の, 少数派の

'Mi-nos [名] [固] 〔ギ神〕ミノス《ゼウスの子, クレタ島の王》

Mi-no-'tau-ro [ミ.ノ.'タウ.ろ] [名] [固] 〔ギ神〕ミノタウロス《人身牛頭の怪物》

'Minsk [名] [固] 〔地名〕ミンスク《ベラルーシ Bielorrusia の首都》

min-t~ [動] 《活用》⬆mentir

mi-'nu-cia [ミ.'ヌ.すぃア] [名] [女] つまらないもの, くだらないもの, ささいなこと

mi-nu-cio-si-'dad [ミ.ヌ.すぃオ.スィ.'ダド] [名] [女] 注意深さ, 細心, 正確さ, 綿密さ; 詳細さ, 精密さ

***mi-nu-'cio-so, -sa** [ミ.ヌ.'すぃオ.ソ, サ] 93% [形] 非常に注意深い, 細心の, 細部まで正確な, 綿密な; 詳細な, 精密な **-samente** [副] 注意深く, 細部まで正確に, 綿密に; 詳細に, 精密に

mi-'nué [名] [男] 〔楽〕メヌエット《3 拍子の緩やかで優雅な舞踊・舞曲》

***mi-'nús-cu-lo, -la** [ミ.'ヌス.ク.ロ, ラ] 94% [形] 〔言〕小文字(書体)の; きわめて小さい **-la** [名] [女] 〔言〕小文字

mi-nus-va-'lí+a [ミ.ヌス.バ.'リ.ア] [名] [女] 〔経〕価格[価値]の下落

mi-nus-'vá-li-do, -da [ミ.ヌス.'バ.リ.ド, ダ] [形] 〔体〕身体障害の [名] [男] [女] 〔体〕身体障害者

mi-'nu-ta [名] [女] 草稿, 下書き; 覚書, メモ; (弁護士の)請求書; メニュー

mi-nu-'te-ro [ミ.ヌ.'テ.ろ] [名] [男] (時計の)分針, 長針

⁑**mi-'nu-to** 73% [名] [男] **1** 分, 分(ふん); 少しの間, ちょっとの間; 分《角度などの単位, 1 度の 60 分の 1》 **~, -ta** [形] 小さな, こまかな

⁑**'mí+o, +a** 68% [形] 《所有》〔1 人称単数〕**1** 〔名詞の後で〕私の: Doña Felisa es muy amiga **mía**. フェリーサさんとは大の仲よしです。 **2** 〔主語の補語〕私のもの: Ha sido un placer hablar con usted. — El placer ha sido **mío**. あなたとお話しができてうれしく存じました—こちらこそ。 **3** 〔定冠詞をつけて所有代名詞となる〕私のもの: ¿Son ésas tus plumas? — No, las **mías** están aquí. それらは君のペンかい?—いいえ, 私のはここにあるよ。 ***¡Ésta es la mía!*** 《話》私の番が来た!, 私にチャンスが来た! ***los ~s*** 《複》私の家族[仲間, 部下]

mio-'car-dio [ミオ.'カる.ディオ] [名] [男] 〔体〕心筋(層)

mio-car-'di-tis [ミオ.カる.'ディ.ティス] [名] [女] 〔単複同〕〔医〕心筋炎

mio-dis-'tro-fia [ミオ.ディス.'トろ.フィア] [名] [女] 〔医〕筋ジストロフィー

mio-pa-'tí+a [名] [女] 〔医〕筋障害

***'mio-pe** 94% [形] 〔医〕近視(性)の; 近視眼的な [名] [共] 〔医〕近視の人; 近視眼的な人

mio-'pí+a [名] [女] 〔医〕近視, 近眼; 先見の明のないこと, 近視眼的なこと

mio-'si-tis [名] [女] 〔単複同〕〔医〕筋肉炎

mio-to-'ní+a [名] [女] 〔医〕筋緊張症

mi-que+'ar [ミ.ケ.'アる] [動] [自] 《コロンビア》《話》遊び回る

⁑**'mi+ra** ['ミ.ら] 68% [名] [女] 目的, 目標, ねらい, 考え; 見通し; 〔軍〕(銃などの)照準器, 照門, 照星; 〔技〕水準測桿(そっかん), 準尺, 標尺; 〔建〕望楼, 監視塔 ***con ~s a ...*** …するために, …を得ようと望んで ***estar a la ~*** (de: に)気をつける ***estar en la ~*** (de: に)目をつけられている, 監視されている ***punto de ~*** 的, (銃の)照準

mi-ra-'bel [ミ.ら.'ベル] [名] [男] 〔植〕ヒマワリ

mi-ra-'de-ro [ミ.ら.'デ.ろ] 名 男 〔建〕 望楼, 見晴らし台, 展望台; 注目の的

mi-'ra-do, -da [ミ.'ら.ド, ダ] 形 用心深い, 慎重な; よく気がつく, 配慮が行き届いた　**-da** 名 女 見ること, 一見; 目つき, 視線　*bien ~[da]* よく思われている; よく考えれば　*echar una mirada* (a: を)ちらっと見る　*levantar la mirada* 目を上げる

mi-ra-'dor [ミ.ら.'ドる] 名 男 〔建〕 望楼塔, (展望用の)露台, 張り出し窓; 〔建〕 見晴らし台, 展望台

mi-ra-'mien-to [ミ.ら.'ミエン.ト] 名 男 思いやり, 察し, 気づかい, 配慮; 用心, 慎重

Mi-'ran-da [ミ.'らン.ダ] 名 固 〔地名〕 ミランダ《ベネズエラ中北部の州》; 〔姓〕 ミランダ

⁑**mi-'rar** [ミ.'らる] 66% 動 他 (注意して)見る, 〈ある方向に〉目を向ける; 調べてみる, 確かめる; 気をつける, 注意する, 考える; 調べる, 検査する 動 自 (por: に)注意する; (por: の)世話をする; (a, hacia: に)向いている, 向く; (a: を)考える; (en: を)考慮する, 配慮する; (a que 接続法: …になるように)確かめる　**~se** 動 再 自分の姿を見る; (互いに)見合う, 見つめ合う; よく考える　*de mírame y no me toques* 《話》 《ガラス細工などが》壊れやすい　*¡Mira* [*Mirad*]*!* ほら!, ねえ! 《注意を促す》　*¡Mira que* [*si*] *...!* …だとは! 《驚き》　*¡Mira que si* …(直説法/接続法)*!* …になるかもしれないよ!　*mirándolo bien* よく考えてみると　*¡Mire* (*usted*)*!* よろしいですか《注意を促す》

mi-ra-'sol [ミ.ら.'ソル] 名 男 〔植〕 ヒマワリ

mi-'rí+a-da [ミ.'り.ア.ダ] 名 女 《格》 無数, たくさん

mi-'rí-fi-co, -ca [ミ.'り.フィ.コ, カ] 形 《格》 驚くべき

mi-'ri-lla [ミ.'り.ジャ] 名 女 のぞき穴; 〔写〕 (カメラの)ファインダー; のぞき窓

mi-ri-'ña-que [ミ.り.'ニャ.ケ] 名 男 〔衣〕 クリノリン《スカートをふくらませる枠》

'mir-lo ['ミる.ロ] 名 男 〔鳥〕 クロウタドリ; 尊大さ, うぬぼれ　*un ~ blanco* 非常に珍しいもの[人]

mi-'rón, -'ro-na [ミ.'ろン, 'ろ.ナ] 形 やじ馬の, 傍観者の; でしゃばりな, 詮索好きな 名 男 女 やじ馬, 見物人; おせっかい屋, でしゃばり

'mi-rra ['ミ.ら] 名 女 ミルラ, 没薬(もつやく)

mi-'rrin-go, -ga [ミ.'りン.ゴ, ガ] 名 男 女 《ｺﾛﾝﾋﾞｱ》《話》 小さな人

'mir-to ['ミる.ト] 名 男 〔植〕 ギンバイカ

'mis 形 《複》 ⬆mi

⁑**'mi+sa** 86% 名 女 〔宗〕 ミサ《カトリックの聖餐(せいさん)式》; 〔楽〕 ミサ曲　*de ~ y olla* 《話》 《司祭が》お粗末な, 無知な　*estar como en ~* 静まりかえっている　*~ del gallo* 〔宗〕 クリスマスイブの真夜中のミサ　*no entender* [*saber*] *de la ~ la media* 《話》 ほとんどわからない; ほとんど知らない

mi-'sal [ミ.'サル] 名 男 〔宗〕 ミサ祈禱(きとう)書

mi-san-tro-'pí+a [ミ.サン.トろ.'ピ.ア] 名 女 人間嫌い

mi-san-'tró-pi-co, -ca [ミ.サン.'トろ.ピ.コ, カ] 形 《格》 人間嫌いの

mi-'sán-tro-po [ミ.'サン.トろ.ポ] 名 男 人間嫌いの人, 厭世家

mis-ce-'lá-ne+o, +a [ミ(ス).せ.'ラ.ネ.オ, ア] 形 種々雑多の(ものからなる)　**+a** 名 女 ごた混ぜ, 寄せ集め; 作品集, 雑文集; (新聞・雑誌などの)雑報, 雑録

***mi-se-'ra-ble** [ミ.セ.'ら.ブレ] 93% 形 哀れな, みじめな, 不幸な, 極貧の; あさましい, けしからぬ, 恥ずべき, 下劣な; みすぼらしい, お粗末な, 貧相な 名 共 哀れな人, みじめな人; 恩知らずな人, ろくでなし; けちん坊, 守銭奴, しみったれ

mi-se-'re-re [ミ.セ.'れ.れ] 名 男 ミゼレーレ《「我を憐れみたまえ」の意味; 聖書の詩編第 51 篇; その楽曲》　*cólico ~* 〔医〕 腸閉塞

***mi-'se-ria** [ミ.'セ.りア] 91% 名 女 みじめさ, 悲惨さ, 窮状, 極貧; 不幸, 苦難; 《話》 わずかな物[金]; 《話》 けちなこと; 〔昆〕 シラミ

***mi-se-ri-'cor-dia** [ミ.セ.り.'コる.ディア] 93% 名 女 慈悲, 哀れみ, 情け; 〔宗〕 教会の聖歌隊席の裏についた座席; とどめ(の剣)

mi-se-ri-cor-'dio-so, -sa [ミ.セ.り.コる.'ディオ.ソ, サ] 形 (con, para: に)慈悲深い, 情け深い

mi-'se-ro, -ra [ミ.'セ.ろ, ら] 形 《話》 〔宗〕 頻繁に教会へ行く, ミサによく出る; 《話》 〔宗〕 《司祭が》ミサの礼金だけで暮らす

'mí-se-ro, -ra ['ミ.セ.ろ, ら] 形 哀れな, みじめな; けちな

mi-'sé-rri-mo, -ma 〔最上級〕 ⬆mísero

mi-'sil [ミ.'スィル] 名 男 〔軍〕 ミサイル, 誘導弾

⁑**mi-'sión** 85% 名 女 使節, 使節団, 派遣団; (使節の)派遣; 使節団の本部[事務所]; 〔宗〕 伝道団; 伝道所, 教会; 伝道, 布教; (派遣される者の)使命, 任務; 〔軍〕 (軍隊の)特別任務; 天職, (一生の)使命

⁑**mi-sio-'ne-ro, -ra** [ミ.スィオ.'ネ.ろ, ら] 88% 形 〔宗〕 伝道の, 布教の 名 男 女 伝道師, 宣教師; 〔地名〕 ミシオネスの(人) ⬇Misiones

Mi-'sio-nes 名 固 〔地名〕 ミシオネス《アルゼンチン北東部の州; パラグアイ南部の県》

m

Mi-si-'si-pi ⇔ -'pí 名 固 〔el ～〕〘地名〙ミシシッピ川《米国中部を流れる大河》

mi-'si-va [ミ.'スィ.バ] 名 女《格》書状, 手紙, 信書

mis-'mí-si-mo, -ma 形〔名詞の前で〕〔強調〕《話》まさにその, 当の

'mis-mo, -ma** 58% 形 **1** 同一の, 同じ: Soy de su **misma** opinión. 私はあなたと同じ意見です。 **2** (que: と)同じ: Ella asiste a las **mismas** clases que nosotros. **3**〔名詞の後で〕…自身, …そのもの, …自体: Su sonrisa expresaba la felicidad **misma**. 彼女の微笑は幸福そのものを表していた。 **4**〔名詞の前で〕まさに…, …までも《強調》: Ni su **misma** hija la reconoció con ese vestido. そんな服装をしていたので実の娘でさえ彼女だとわからなかった。 **5** 前に述べた; この, あの, その, 例の 副 **1** まさに…: Voy a telefonear ahora **mismo** a la policía. 今すぐ警察に電話します。 **2** たとえば…: Podemos ver las fotos en mi casa **mismo**. たとえば私の家でも写真は見られますよ。 代 **1** 同じ人[物, 事]: Marta no es la **misma** desde que volvió del extranjero. マルタは外国から帰って人が変わった。 **2** その人[物, 事]: Ayer te llamó Ortiz. — ¿Ortiz, el abogado? — El **mismo**. 昨日オルティスから電話がありましたよ。—オルティスって, 弁護士の?—そう, その人。 **-mamente** 副《話》同じに, まさにちょうど ***al ～ tiempo 同時に ***dar lo ～*** どちらでもよい, かまわない ***decirse a sí ～[ma]*** 自分に言い聞かせる, 心の中で言う, 独り言を言う ***estar [quedar] en las mismas*** 相変わらずである, 変わらない ***lo ～ que ...*** …と同じように ***lo ～ si ... que ...*** …であろうと…であろうと ***por lo ～*** よって, まさにその理由によって ***por ... ～[ma]*** 自分で, ひとりで ***volver a las mismas*** 再び同じ間違いを犯す

mi-so-'gi-nia [ミ.ソ.'ひ.ニア] 名 女 女嫌い

mi-'só-gi-no, -na [ミ.'ソ.ひ.ノ, ナ] 形 名 男 女 女嫌いの(人)

mi-so-ne-'ís-mo 名 男《格》新しいもの嫌い, 新奇嫌悪(症)

mi-so-ne-'ís-ta 形 名 共《格》新しいもの嫌いの(人)

mis-'qui-to, -ta [ミス.'キ.ト] 形 名 男 女 ミスキート族の(人)《ニカラグアとホンジュラスの大西洋岸に住む》;〔言〕ミスキート語の 名 男〔言〕ミスキート語

mis-'te-la [ミス.'テ.ラ] 名 女〘飲〙ミステーラ《蒸留酒・水・砂糖・シナモンを混ぜる》

'mís-ter ['ミス.テる] 名 男 ミスター; …氏; 美男コンテスト優勝者

***mis-'te-rio** [ミス.'テ.りオ] 89% 名 男 神秘, 不可解なこと, 不思議なこと, 謎; 秘密;〔複〕〘歴〙〘宗〙(古代ギリシャ・ローマ民族などの)秘教, 秘法;〘宗〙奥義;〘歴〙〘演〙(中世の)秘跡劇

***mis-te-'rio-so, -sa** [ミス.テ.'りオ.ソ, サ] 90% 形 神秘的な, 謎のような, 不思議な, 不可解な, 怪しい **-samente** 副 神秘的に, 謎のように, 不思議なことに

mis-ti-'cis-mo [ミス.ティ.'すぃス.モ] 名 男〘文〙〘宗〙神秘主義

'mís-ti-co, -ca 形 秘教(的儀式)の, 密儀の, 神秘的な, 謎めいた;〘文〙〘宗〙神秘主義(文学)の 名 男 女 神秘家, 神秘主義者 **-ca** 名 女〘文〙〘宗〙神秘主義文学《16世紀スペインの一つの文学傾向; Fray Luis de Granada, Santa Teresa de Jesús, San Juan de la Cruz など》;〘宗〙神秘神学

mis-ti-fi-ca-'ción [ミス.ティ.フィ.カ.'すぃオン] 名 女《格》歪曲(わいきょく), ごまかし, 捏造(ねつぞう)

mis-ti-fi-'car [ミス.ティ.フィ.'カる] 動 他 69 (c|qu)《格》歪曲(わいきょく)する, ごまかす, 捏造(ねつぞう)する

mis-'tral [ミス.'トらル] 形 名 男〘気〙ミストラル(の)《フランスなどの地中海沿岸に吹く寒冷な北西風》

Mi-'su-ri [ミ.'ス.り] 名 固 〔el ～〕〘地名〙ミズーリ川《米国西部と中北部を流れる川; ミシシッピ川の支流》

'mi+ta 名 女〘歴〙《ラ米》ミタ《インカ帝国の交代制労役》;〘歴〙《ラ米》ミタ制《ペルー副王領で先住民[インディオ]に課せられた強制労働》

mi-'tad** 81% 名 女 半分, 2分の1, 半数;〘競〙(競技などの)前半, 後半; (野球試合などの)表, 裏; 真ん中(の部分), 中央, 中間, 中途 ***a [en] ～ de ... …の真ん中に, …の中央に, …の中ごろに; …の最中に, …している最中に ***mi cara ～***《話》私のつれあい, 家内 ***～ y ～*** 半分ずつ; どちらとも言えない, よくも悪くもない ***～ ... ～ ...*** 半分…半分… ***partir por la ～*** 半分に切る;《話》だめにする

'mi+ti 副〔成句〕 ～ ～《南米》《話》半分ずつで, 半々で

'mí-ti-co, -ca 形 伝説の, 神話の

mi-ti-fi-ca-'ción [ミ.ティ.フィ.カ.'すぃオン] 名 女 伝説化, 神話化

mi-ti-fi-'car [ミ.ティ.フィ.'カる] 動 他 69 (c|qu) 伝説化する, 神話化する

mi-ti-ga-'ción [ミ.ティ.ガ.'すぃオン] 名 女 緩和, 軽減

mi-ti-'gar [ミ.ティ.'ガる] 動 他 41 (g|gu) 〈怒り・苦痛・悲しみなどを〉和らげる, なだめる, 鎮める; 〈光・暑さ・寒さなどを〉和らげる,

穏やかにする ～se 動 再 和らぐ, 穏やかになる

'mi-tin 名 男 《ニカラグア》《エクアドル》《チリ》《ラプラタ》 会合, 集会, ミーティング

**'mi+to 90% 名 男 神話; 架空のこと[物], 作り話; 根拠のない考え[意見], 神話

mi-to-lo-'gí+a [ミ.ト.ロ.'ひ.ア] 名 女 神話学;〔集合〕神話, 神話体系

mi-to-'ló-gi-co, -ca [ミ.ト.'ロ.ひ.コ, カ] 形 神話の, 神話的な

mi-to-lo-'gis-ta 名 共 ⇩ mitólogo

mi-'tó-lo-go, -ga 名 共 神話学者

mi-'tón 名 男〔複〕〖衣〗(指先だけを外に出す)手袋;〔複〕《南米》〖衣〗ミトン《親指だけが分離したふたまた手袋》

mi-'to-te 名 男《ラ米》〖歴〗〖楽〗ミトーテ《先住民の踊り》;《メキシコ》パーティー, 祭り;《メキシコ》騒ぎ, 紛糾, 混乱

'mi-tra ['ミ.トら] 名 女〖宗〗司教[主教]冠, ミトラ, マイター;〖宗〗司教の職[地位], 司教区

Mi+'tú 名 固〖地名〗ミトゥ《コロンビア南東部の都市》

'miu-ra ['ミウ.ら] 名 男《スペイン》〖牛〗ミウラ牛《闘牛用の獰猛な牛》;《スペイン》《話》手に負えないやつ, 乱暴者

mix-ti-fi-ca-'ción 名 女 ⇧ mistificación

mix-ti-fi-'car 動 他 ⑥⑨ (c|qu) ⇧ mistificar

*'mix-to, -ta ['ミ(ク)ス.ト, タ] 92% 形 混ざり合った; 混合した, 混成の, 詰め合わせの, 取り合わせの; 種々雑多な; 男女混合の;〖楽〗混声の; «学校が»共学の; 混血の 名 男 マッチ

mix-'tu-ra [ミ(ク)ス.'トゥ.ら] 名 女 混合, 混和, 混交; 混合物;〖医〗混合薬

'míz-ca-lo ['ミす.カ.ロ] 名 男〖植〗ハツタケ《食用キノコ》

ml 略 =mililitro(s) ミリリットル

mm 略 =milímetro(s) ミリメートル

mm² 略 =milímetro(s) cuadrado(s) 平方ミリメートル

mm³ 略 =milímetro(s) cúbico(s) 立方ミリメートル

m. m. 略 =〔ラテン語〕*mutatis mutandis* 必要な変更を加えて

m. n. 略 =moneda nacional〖経〗国の通貨

mne-mo-'tec-nia [(ム)ネ.モ.'テク.ニア] 名 女 記憶術

mne-mo-'téc-ni-co, -ca [(ム)ネ.モ.'テク.ニ.コ, カ] 形 記憶術の, 記憶を助ける

mo+'ai 名 男 (イースター島の)モアイ像

mo+a-'ré 名 男 ⇩ muaré

mo+a-'xa-ja [モ.ア.'シャ.は] 名 女〖歴〗〖文〗モアシャッハ《10 世紀ごろにアラビア語・ヘブライ語で書かれた叙情詩》

mo-bi-'lia-rio [モ.ビ.'リア.りオ] 名 男〔集合〕家具類, 調度 ～, -ria 形 動産の, 譲渡可能の

mo-'bla-je [モ.'ブラ.へ] 名 男〔集合〕家具(類), 備品, 調度

'mo+ca 名 女〖飲〗モカ《コーヒーの種類》

'Mo+ca 名 固〖地名〗モカ《ドミニカ共和国中北部の都市》

mo-'cá-ra-be [モ.'カ.ら.べ] 名 男〖建〗モカラベ《アラブ建築のドームやアーチを飾る柱状の装飾》

mo-ca-'sín 名 男〔複〕〖衣〗モカシン《柔らかい革の靴》

mo-ce-'dad [モ.せ.'ダド] 名 女 青年時代, 青春期

mo-ce-'rí+o [モ.せ.'り.オ] 名 男〔集合〕若者, 青年男女, 若い人たち

mo-ce-'tón, -'to-na [モ.せ.'トン, 'ト.ナ] 名 男 女 体格のよい若者[娘]

'mo-cha 名 女《チリ》《話》けんか

mo-'cha-les [モ.'チャ.レス] 形〔単複同〕《スペイン》《話》頭がおかしい

mo-'chi-la [モ.'チ.ラ] 名 女 リュックサック, ナップザック;〖軍〗背嚢(はいのう), (兵士の)荷物

'mo-cho, -cha 形 名 男 女 先がとがっていない[丸い]; «髪が»刈り込んだ;《メキシコ》《中米》保守的な(人), 信心深い(人) 名 男 (道具・武器の)太い方の端, 銃尾;《カリブ》(葉巻の)吸い殻

mo-'chue-lo [モ.'チュエ.ロ] 名 男〖鳥〗ミミズク, フクロウ;《話》やっかいな仕事, 面倒なこと

mo-'ción [モ.'すぃオン] 名 女〖政〗(議会などの)動議, 発議, 案; 運動, 移動; 同意, 賛成;〖宗〗(神的)霊感

'mo+co 形 名 男〔しばしば複〕〖医〗はな, 鼻水, 鼻汁; (ろうそくの)溶けたろう, したたり ***caérsele [colgarle] el ～***《話》(a: は)のろまである, 抜けている ***llorar a ～ tendido***《話》わあわあ泣く, 泣きじゃくる ***no ser ～ de pavo***《話》ただ者ではない, かなりの者である

Mo-'co+a 名 固〖地名〗モコア《コロンビア南西部の都市》

mo-'co-so, -sa 形〔軽蔑〕青二才の, 未熟な; はなをたらした, はなたれの 名 男 女〔軽蔑〕青二才, 若造; はなたれ

'mo+da 88% 名 女 (ある時代・ある地方の)流行, 流行しているもの, ファッション, モード ***a la ～* 流行して, はやりで ***estar de ～*** 流行している ***pasar de ～*** 流行遅れになる, はやらなくなる ***ponerse de ～*** はやりだす ***última ～*** 最新モード

mo-'dal [モ.'ダル] 名 男〔複〕行儀, 作

法, マナー; (個人の)流儀, やり方; 〚言〛法助動詞 [形] 様式の, 形態上の; 〚言〛叙法の

mo-da-li-'dad [モ.ダ.リ.'ダド] [名] [女] 方法, 様式; 種類; 〚言〛叙法性

mo-de-'la-do [モ.デ.'ラ.ド] [名] [男] 〚美〛彫塑, 型取り, 肉づけ

mo-de-'lar [モ.デ.'ラる] [動] [他] 形づくる, 作り上げる, 形成する; 〈の〉模型[ひな型, モデル]を作る, 〈の〉型をとる

mo-'dé-li-co, -ca [モ.'デ.リ.コ, カ] [形] 模範の, 模範となる; 模型の, モデルの

mo-de-'lis-mo [モ.デ.'リス.モ] [名] [男] 模型(製作)

mo-de-'lis-ta [モ.デ.'リス.タ] [名] [共] 〚衣〛服飾デザイナー

**mo-'de-lo [モ.'デ.ロ] 80% [名] [男] (自動車・服装などの)型, 設計, 様式, モデル; 模範, 手本, 模型, ひな型, 原型 [名] [共] (絵画・彫刻などの)モデル; ファッションモデル [形] 模範の, 模範的な, 典型的な

'mó-dem [名] [男] 〔複 -dems〕〚情〛モデム《複数のコンピューターをつなぐ装置》

m

mo-de-ra-'ción [モ.デ.ら.'すぃオン] [名] [女] 適度, ほどよさ, 中庸, 節度

mo-de-'ra-do, -da [モ.デ.'ら.ド, ダ] 88% [形] 適度な, ほどよい, 中位の, 並みの; 穏健な, 節度のある, 極端に走らない; «値段が»手ごろな, (比較的)安い [副] 〚楽〛モデラートで, 中くらいの速さで

mo-de-ra-'dor, -'do-ra [モ.デ.ら.'ドる, 'ド.ら] [形] [名] [男] [女] 節制する, 和らげる; 仲裁者, 調停者; (討論などの)司会者

*__mo-de-'rar__ [モ.デ.'らる] 91% [動] [他] 調節する, 加減する, 和らげる; 〈の〉司会をする **~se** [動] [再] (en: 感情を)抑える, 自制する, 慎む

mo-der-ni-'dad [モ.デる.ニ.'ダド] [名] [女] 近代性, 現代性

mo-der-'nis-mo [モ.デる.'ニス.モ] [名] [男] 〚文〛〚美〛モダニズム, 近代主義; 〔M~〕〚文〛《(スペイン)》モデルニスモ《ルベン・ダリオ Rubén Darío に始まる 20 世紀の文学運動》; 現代の傾向[特質, やり方, 考え方]

mo-der-'nis-ta [モ.デる.'ニス.タ] [形] [名] [共] 〚文〛《(スペイン)》モデルニスモの(信奉者); 〚文〛〚美〛近代主義の[主義者] ↑modernismo

mo-der-ni-za-'ción [モ.デる.ニ.さ.'すぃオン] [名] [女] 近代化, 現代化

*__mo-der-ni-'zar__ [モ.デる.ニ.'さる] 94% [動] [他] 34 (z|c) 近代化する, 現代的にする

mo-'der-no, -na [モ.'デる.ノ, ナ] 79% [形] 近代の, 近世の; 近代的な; 現代的な, 現代の, 最新の **-namente** [副] 近代的に; 現代的に, 最近では

*__mo-'des-tia__ 94% [名] [女] 謙遜, 謙虚, 慎み深さ; 控えめ, 穏当; 地味, 質素; (女性の)しとやかさ, 貞淑 ***falsa ~*** うわべだけの謙虚さ ***~ aparte***《文修飾》率直に言って

*__mo-'des-to, -ta__ 91% [形] «態度・行いなどが»謙遜した, 謙虚な, 慎み深い, 内気な; 控えめな, 穏当な, 適度の, 地味な, 質素な; «女性が»しとやかな, 上品な, 貞淑な; «値段が»手ごろな, (比較的)安い **M~** [名] [固] 〚男性名〛モデスト **-tamente** [副] 謙遜して, 謙虚に, 慎み深く; 控えめに, 穏当に, 適度に, 地味に, 質素に; しとやかに, 上品に, 貞淑に

'mó-di-co, -ca [形] 適度な; 〚商〛«値段が»手ごろな

mo-di-fi-'ca-ble [モ.ディ.フィ.'カ.ブレ] [形] 変更できる, 修正できる

mo-di-fi-ca-'ción [モ.ディ.フィ.カ.'すぃオン] [名] [女] 変更, 修正, 変形; 〚言〛修飾

mo-di-fi-'car [モ.ディ.フィ.'カる] 88% [動] [他] 69 (c|qu) 〈計画・意見などを〉修正する, 変更する, 改正する; 〈要求・刑罰などを〉緩和する, 加減する; 〚言〛修飾する

mo-di-fi-'qué, -que(~) [動] 《直点 1 単, 接現》↑modificar

mo-di-'llón [モ.ディ.'ジョン] [名] [男] 〚建〛軒持ち送り, モディリオン《軒蛇腹 cornisa の下につけられる装飾》

mo-'dis-mo [名] [男] 〚言〛慣用語法[句], 熟語, 成句, イディオム

mo-'dis-ta [名] [共] 〚衣〛ドレスメーカー, 仕立屋, ファッションデザイナー

mo-'dis-to [名] [男] 〚衣〛(主に女性服の)ドレスメーカー, ファッションデザイナー

'mo-do 72% [名] [男] 方法, やり方; 態度, 様子; 〔主に複〕行儀, 作法; 流儀, 様式, 手法, 作風; 〚言〛法; 〚楽〛旋法, モード, 調 ***a ~ de*** ... …として ***a su ~*** 自己流で, …のやり方で ***al ~ de*** ... …の様式で, …の方法で, …のやり方で ***de cualquier ~*** いずれにしても, とにかく; いいかげんに, 乱雑に ***de ~*** ...(形容詞男性形) …のように《副詞句を作る》 ***de ~ (y manera) que*** ... 〔直説法〕それで…, したがって…; 〔接続法〕…であるように, …するように ***de ningún ~***《否定》決して…ない; とんでもない ***de otro ~*** もしそうでなければ ***de todos ~s*** いずれにしても, とにかく ***en cierto ~*** ある程度 ***en ~ alguno***《否定》決して…ない ***~ de ser*** 性格 ***¡Ni ~!***《(メキシコ)》《(中米)》仕方がない! ***sobre ~*** きわめて, ひどく, 大変に

mo-'do-rro, -rra [モ.'ド.ろ, ら] [形] (とても)眠い, 睡魔に襲われた, けだるい; 〚話〛ぼうっとした, ぼけっとした; 〚食〛«果物が»熟しすぎた; 〚畜〛腰ふらの《ヒツジの伝染病》 **-rra** [名] [女] (強い)眠気, けだるさ; 〚畜〛腰ふら《ヒツジ[羊]の伝染病》

mo-'do-so, -sa 形 行儀のよい, 身だしなみのよい

mo-du-la-'ción [モ.ドゥ.ラ.'すぃオン] 名 女 〔技〕(電波の)変調; (声などの)抑揚

mo-du-'la-do, -da [モ.ドゥ.'ラ.ド, ダ] 形 〔技〕(周波数などが)変調された; «声などが»抑揚のきいた

mo-du-la-'dor, -'do-ra [モ.ドゥ.ラ.'ドる, 'ド.ら] 形 変調の 名 男 変調器

mo-du-'lar [モ.ドゥ.'ラる] 動 他 抑揚をつけて話す; 〔技〕〈電波を〉変調する; 〔楽〕転調する 形 ユニット式の, モジュールの

'mó-du-lo ['モ.ドゥ.ロ] 名 男 学習単位, 授業(数), こま(数); 〔情〕モジュール《大きなプログラムを構成する各部》; 〔建〕モジュール, 基準, 寸法; 〔空〕(宇宙船の)モジュール

modus operandi ['モ.ドゥス オ.ペ.'らン.ディ] 名 男 〔ラテン語〕(仕事の)仕方, 運用, (犯罪の)手口

modus vivendi ['モ.ドゥス ビ.'ベン.ディ] 名 男 〔ラテン語〕生き方, 生活様式

'mo+fa 名 女 あざけり, ひやかし

mo-'far [モ.'ファる] 動 他 あざける, あざ笑う, ばかにする **~se** 動 再 (de: を)あざける, あざ笑う, ばかにする

mo-'fe-ta 名 女 〔動〕スカンク; 〔鉱〕(鉱山の)噴気ガス, 悪臭ガス; 《話》おなら

mo-'fle-te [モ.'フレ.テ] 名 男 丸ぽちゃの頬(ほお)

mo-fle-'tu-do, -da [モ.フレ.'トゥ.ド, ダ] 形 «頬(ほお)が»丸ぽちゃの

mo-'fon-go 名 男 《カリブ》モフォンゴ《バナナ・焼き豚を使った料理》

Mo-ga-'dis-cio [モ.ガ.'ディ(ス).すぃオ] 名 固 〔地名〕モガディシオ《ソマリア Somalia の首都》

mo-'gol, -go-la 形 名 男 女 ⇩ mongol

mo-'go-lla [モ.'ゴ.ジャ] 名 女 《コロンビア》〔食〕全粒小麦パン

mo-'go-llo [モ.'ゴ.ジョ] 名 男 《コロンビア》《話》簡単なこと

mo-go-'llón [モ.ゴ.'ジョン] 名 男 《スペイン》《話》たくさん, 大勢, 混乱, 騒ぎ ***de ~*** 《話》ただで, 何もせずに, 労せずして, 楽々と

mo-'go-te 名 男 小山, 円丘, 塚; 〔農〕刈り取った穀物の束の山

Mo-'guer [モ.'ゲる] 名 固 〔地名〕モゲール《スペイン南西部の町》

mo+ha-'rra-cho [モ.ア.'ら.チョ] 名 男 〔演〕道化師, おどけ者

mo+hi-'ca+no, -na [モイ.'カ.ノ, ナ] 形 名 男 女 モヒカン族の(人)《北米の先住民》

mo+'hín [モ.'イン] 名 男 (ふざけて)唇を突き出すこと, しかめ面(つら)

mo+'hí+no, -na [モ.'イ.ノ, ナ] 形 暗い, ふさぎこんだ, 陰鬱(いんうつ)な 名 男 〔動〕ラバ《雄馬と雌ロバの子》

'mo+ho ['モ.オ] 名 男 カビ; さび; 緑青(ろくしょう); (休み明けの)怠け心

mo+'ho-so, -sa [モ.'オ.ソ, サ] 形 かびた; さびた; 言い古された, 陳腐な

moi-'sés 名 男 〔単複同〕(赤ちゃんを運ぶ)かご; 揺りかご **M~** 名 固 〔男性名〕モイセース

***mo-'ja-do, -da** [モ.'は.ド, ダ] 92% 形 ぬれた, 湿った **-da** 名 女 ぬれていること, 湿めらせること; 〔医〕刺し傷, 突き傷

mo-'ja-ma [モ.'は.マ] 名 女 〔食〕マグロの塩漬け干し

***mo-'jar** [モ.'はる] 93% 動 他 ぬらす, 湿らせる; 浸す, 漬ける; ずぶぬれにする, びしょびしょにする; 〔音〕口蓋化する, 湿音化する; 《話》祝う 動 自 《話》(en: に)かかわる, 口を出す **~se** 動 再 ぬれる, びしょぬれになる

mo-ji-'cón [モ.ひ.'コン] 名 男 《話》(顔への)平手打ち, 一撃

mo-ji-'gan-ga [モ.ひ.'ガン.ガ] 名 女 仮面[仮装]舞踏会; 〔演〕笑劇, 道化芝居; あざ笑い, からかい

mo-ji-ga-te-'rí+a [モ.ひ.ガ.テ.'り.ア] 名 女 偽善, 猫かぶり; 信心家ぶること

mo-ji-'ga-to, -ta [モ.ひ.'ガ.ト, タ] 形 名 男 女 偽善の, 偽善的な, 猫をかぶった; 偽善者; 信心家ぶる(人)

mo-'ji-to [モ.'ひ.ト] 名 男 〔飲〕モヒート《ラム酒・ミント・砂糖・炭酸水・氷のカクテル》; 《ベネズエラ》〔食〕モヒート《魚・ココナツジュース・香料で作る料理》

mo-jo-'jó [モ.ほ.'ほ] 名 男 〔複 -jós〕《コロンビア》〔食〕食用の幼虫

mo-'jón [モ.'ほン] 名 男 境界標, 道標; 積み重ね, 山; 《話》糞, うんこ; 〔飲〕ワイン鑑定家; 《ベネズエラ》《話》うそ; 役立たず

mo-jo-ne+'ar [モ.ほ.ネ.'アる] 動 他 《ベネズエラ》《話》〈に〉うそをつく

mo-jo-'ne-ro, -ra [モ.ほ.'ネ.ろ, ら] 形 名 男 女 《ベネズエラ》《話》うそつき(の)

'mo+la ['モ.ラ] 名 女 〔食〕モラ《炒りオオムギ[大麦]粉》

mo-'lar [モ.'ラる] 形 〔体〕大臼歯(きゅうし)の 名 男 〔体〕大臼歯 動 自 《話》〈に〉気に入る; 《話》すてきだ, かっこいい

mol-'dar [モル.'ダる] 動 他 型にはめる

Mol-'da-via [モル.'ダ.ビア] 名 固 〔República de ~〕〔地名〕モルドバ《ヨーロッパ東部の共和国》

mol-'da-vo, -va [モル.'ダ.ボ, バ] 形 〔地名〕モルドバ(人)の 名 男 女 モルドバ人 ↑Moldavia

***'mol-de** ['モル.デ] 92% 名 男 鋳型, 型, (菓子などの)流し型; 型に入れて作った物《鋳物・アイスクリーム・プリンなど》; モデル, 模

範;〘印〙組版 *de* ～《話》ぴったりと(合った)

mol-de-'ar [モル.デ.'アる] 動 他 型取る, 鋳る, 型に入れて作る, 鋳造する; 作り上げる, 形成する

mol-'du-ra [モル.'ドゥ.ら] 名 女〘建〙繰形(くりかた)

'mo-le ['モ.レ] 名 男 大きな塊;〘建〙杭(くい);《(メキシコ)》〘食〙モレ《トウガラシなどを入れたソースで肉を煮込んだもの》形 やわらかい, ふわふわした

mo-'lé-cu-la [モ.'レ.ク.ラ] 名 女〘化〙分子

mo-le-cu-'lar [モ.レ.ク.'ラる] 形〘化〙分子の

mo-len-'de-ro, -ra [モ.レン.'デ.ろ, ら] 名 男 女〘技〙粉屋, 製粉業者

mo-le-'ni-llo [モ.レ.'ニ.ジョ] 名 男《(中米)》〘食〙ミキサー, ジューサー

*__mo-'ler__ [モ.'レる] 94% 動 他 ㊹ (o|ue)〈穀物などを〉挽(ひ)く, 挽いて粉にする, 砕く, すりつぶす;《話》疲れさせる; うんざりさせる; 痛めつける ～ *a palos*《話》棒でたたきのめす

mo-les-'tar [モ.レス.'タる] 85% 動 他 いらいらさせる,〈に〉いやがらをする, 立腹させる; 悩ます, うるさがらせる, 迷惑をかける; じゃまになる 動 自 じゃまになる, 迷惑になる ～-**se** 動 再 (por: を)悩む, 心配する; (por: で)腹を立てる, 怒る; (por: に)気をつかう; わざわざ(en 不定詞: …)する, 労をとる

*__mo-'les-tia__ [モ.'レス.ティア] 91% 名 女 面倒, 迷惑, やっかい, やっかいな物[こと], 労, 手間, 手数;〘医〙不快感, 不調 *tomarse la ～ de* …(不定詞) わざわざ…してくださる

*__mo-'les-to, -ta__ [モ.'レス.ト, タ] 92% 形 やっかいな, 面倒な, 迷惑な; 不快な, いやな, 我慢のならない; (con: に)怒った, 不満な

mo-les-'to-so, -sa [モ.レス.'ト.ソ, サ] 形《(スペイン)》〔アンダルシア〕《(ラ米)》⇧ molesto

mo-lib-'de-no [モ.リブ.'デ.ノ] 名 男〘化〙モリブデン《元素》

mo-'li-cie [モ.'リ.すぃエ] 名 女《格》ぜいたく, 豪奢逸楽(ごうしゃいつらく);《格》やわらかさ

mo-'li-do, -da [モ.'リ.ド, ダ] 形 粉にされた, 挽(ひ)いた;《話》くたくたになった;《話》痛めつけられた 名 男《(チリ)》小銭

mo-'lien-da [モ.'リエン.ダ] 名 女〘農〙(とくに穀物を)挽(ひ)くこと; 挽いた一回の量;〘農〙オリーブの実やサトウビキを圧搾(あっさく)する時期;《話》やっかいなこと; 疲労困憊(こんぱい), くたくた

mo-li-fi-'car [モ.リ.フィ.'カる] 動 他 ㊴ (c|qu) 和らげる, なだめる ～**se** 動 再 柔らかくなる; 和らぐ

Mo-'li-na [モ.'リ.ナ] 名 固〘姓〙モリーナ

mo-li-'ne-ro, -ra [モ.リ.'ネ.ろ, ら] 形 名 男 女 製粉の;〘商〙〔人〕粉屋, 製粉業者

mo-li-'ne-te [モ.リ.'ネ.テ] 名 男《(スペイン)》換気扇;《(スペイン)》〘遊〙風車(かざぐるま)

mo-li-'ni-llo [モ.リ.'ニ.ジョ] 名 男 粉挽(ひ)き器, ミル; 攪拌(かくはん)棒《ココアなどを溶かすのに用いる》;〘遊〙風車(かざぐるま)

*__mo-'li-no__ [モ.'リ.ノ] 93% 名 男〘建〙風車;〘建〙水車;〘機〙粉挽(ひ)き器, 製粉機; 粉挽(ひ)き場; うるさい人, めんどうな人

'mo-lla ['モ.ジャ] 名 女〘食〙肉, 果肉《肉, 果物の食べやすい所》;〘食〙パンの柔らかい中身

mo-'llar [モ.'ジャる] 形〘食〙(肉・果物などが)柔らかい; 楽な, 容易な, 得な; だまされやすい

mo-'lle-do [モ.'ジェ.ド] 名 男〘体〙(腕・脚の)筋肉, 力こぶ;〘食〙(パンの)柔らかい中身

mo-'lle-ja [モ.'ジェ.は] 名 女〘鳥〙砂嚢(さのう);〘畜〙〘食〙(子牛・子羊の)胸腺(きょうせん)《食用》

mo-'lle-ra [モ.'ジェ.ら] 名 女〘体〙頭のてっぺん, 冠《頭骨の頂部》;〘体〙泉門, ひよめき《乳児の頭の骨が閉じていない部分》;《話》頭脳, 知力;〔複〕《(中米)》力こぶ *cerrado*[*da*] *de* ～, *duro*[*ra*] *de* ～《話》うすのろな, ばかな, 頑固な

mo-'lle-ro [モ.'ジェ.ろ] 名 男《(カリブ)》《(アンデス)》〘体〙力こぶ

mo-'lo-te [モ.'ロ.テ] 名 男《(メキシコ)》〘体〙束髪

mo-lo-'te-ra [モ.ロ.'テ.ら] 名 女《(中米)》《話》騒ぎ, 混乱

mo-'lus-co, -ca [モ.'ルス.コ, カ] 形〘動〙軟体動物の 名 男〘動〙軟体動物

mo-men-'tá-ne-o, -a 形 瞬間の, つかの間の; 一時的な, 当座の **-nea-mente** 副 瞬間に, つかの間に; 一時的に; 今のところは

mo-men-'ti-to〔縮小語〕⬇momento

mo-'men-to 64% 名 男 瞬間, ちょっとの間; (de, para: の)時期, 契機, 機会, 時機; 今, 現在;〘物〙モーメント;〘数〙積率 *a cada* ～ しょっちゅう, ひっきりなしに *al* ～ すぐに, もうじき *del* ～ 現在の, 今の, 最近の; 今話題の *de* ～ 今のところは, さしあたって, 目下のところ *en un* ～ 今すぐに *de un* ～ *a otro* 今にも, すぐに, 間もなく *en este* ～ 今, 現在 *en mal* ～ 折悪く *en un primer* ～ 最初に *por el* ～ 今のところは *por* ～*s* 刻々, 絶えず *¡Un* ～*!* ちょっと待ってください

mo-mi-fi-'car [モ.ミ.フィ.'カる] 動 他 ㊴ (c|qu) ミイラにする

'mo-mio, -mia 形〘食〙脂肪がない 名 男 女 とてもやせた人 名 男〘スペイン〙掘出し物, もうけもの; 得な仕事, うまい話 **-mia** 名 女 ミイラ

'mo+mo 名 男〘話〙おどけ顔;〔M～〕カーニバル

'mo+na 名 女〘動〙雌ザル;〘スペイン〙酔い;〘ラプラタ〙〘話〙二日酔い *coger* [*agarrar*] *una* ～〘話〙酒に酔う *corrido*[*da*] *como una* ～〘話〙赤面した, 恥じ入っている *dormir la* ～〘話〙酒に酔って眠ってしまう *estar con la* ～〘チリ〙〘ラプラタ〙〘話〙酒に酔っている *mandar freír* ～*s*〘話〙(a: に)罵声を浴びせる *¡Vete a freír* ～*s!*〘話〙とっとと消えうせろ!

mo-na-'cal [モ.ナ.'カル] 形〘宗〙修道士[女]の, 修道院の

mo-na-'ca-to 名 男〘宗〙修道院生活;〔集合〕〘宗〙修道士, 修道女

mo-na-'ci-llo 名 男〘まれ〙⇩ monaguillo

'Mó-na-co 名 固〘地名〙モナコ〘ヨーロッパ南部の公国〙

mo-'na-da 名 女〘話〙かわいいもの, 愛くるしいもの, すてきなもの;〘話〙子供のかわいらしい顔つき[しぐさ]; へつらい, お世辞; ばかげた言動

Mo-'na-gas 名 固〘地名〙モナーガス〘ベネズエラ北東部の州〙

mo-na-'gui-llo [モ.ナ.'ギ.ジョ] 名 男〘宗〙司祭を手伝う少年, 侍者

***mo-'nar-ca** [モ.'ナる.カ] 91% 名 共〘政〙君主〘王, 女王, 皇帝, 女帝など〙, 王者

***mo-nar-'quí+a** [モ.ナる.'キ.ア] 91% 名 女〘政〙君主制, 君主政治

mo-'nár-qui-co, -ca [モ.'ナる.キ.コ, カ] 形〘政〙君主制の, 君主制主義の 名 男 女 君主制主義者[支持者]

mo-nas-te-'rial [モ.ナス.テ.'りアル] 形〘宗〙(大)修道院の, 僧院の

***mo-nas-'te-rio** [モ.ナス.'テ.りオ] 91% 名 男〘宗〙(大)修道院, 僧院

mo-'nás-ti-co, -ca 形〘宗〙修道院の, 修道士[女]の

mo-'na-te 名 男〘カリブ〙わきが, わきの下のにおい

'mon-da 名 女 皮をむくこと, むいた皮; 木を刈り込むこと, 剪定(せんてい); 清掃, 掃除 *ser la* ～〘スペイン〙〘話〙すごい, すばらしい; ひどい

mon-da-'dien-tes 名 男〔単複同〕〘食〙つまようじ

mon-da-'du-ra 名 女 ⇧ monda

mon-'dar [モン.'ダる] 動 他〘食〙〈果物などの〉皮をむく; きれいにする;〈の〉枝を刈り込む, 剪定(せんてい)する;〘体〙〈の〉髪を切る;〈川・井戸を〉さらう;〘話〙〈人から〉巻き上げる ～*se de risa*〘スペイン〙〘話〙腹を抱えて笑う

'mon-do, -da 形 純然たる, 純粋の, 正味の; 無一文の ～[*da*] *y lirondo* [*da*]〘話〙あるがままの, 純粋の;〘話〙すっからかんの

mon-'don-go 名 男〘スペイン〙〘食〙はらわた, 臓物

mo-ne+'ar [モ.ネ.'アる] 動 自〘中米〙〘話〙熱心に働く

****mo-'ne-da** 87% 名 女 貨幣, 通貨, お金; 硬貨, コイン;〘話〙富, 財産 *pagar con la misma* ～ 同じ方法で仕返しをする *ser* ～ *corriente*〘話〙よくあることだ

Mo-'ne-da 名 固〔palacio de la ～〕モネダ宮〘チリの大統領官邸〙

***mo-ne-'de-ro** [モ.ネ.'デ.ろ] 94% 名 男 財布, 小銭入れ **～, -ra** 名 男 女 貨幣鋳造者

mo-ne-'gas-co, -ca 形〘地名〙モナコ(人)の 名 男 女〘地名〙モナコ人 ⬆Mónaco

Mo-'ne-gros [モ.'ネ.グろス] 名 固〔los ～〕モネグロス地方〘スペイン, アラゴン州サラゴーサ県とウエスカ県にまたがる地方〙

mo-ne-'rí+a 名 女 ⇧ monada

mo-ne-'ta-rio, -ria [モ.ネ.'タ.りオ, りア] 形〘経〙通貨[貨幣]の, 金融の, 金銭上の 名 男 コイン収集; コインの収集箱

mo-ne-ti-'zar [モ.ネ.ティ.'さる] 動 他 ㉞ (z|c)〈金属を〉貨幣に鋳造する, 貨幣とする

'mon-ga 名 女〘カリブ〙〘医〙インフルエンザ

mon-'gol, -'go-la [モン.'ゴル, 'ゴ.ラ] 形〘地名〙モンゴル(人)の ⬇Mongolia;〘言〙モンゴル語の 名 男 女 モンゴル人 名 男〘言〙モンゴル語

Mon-'go-lia [モン.'ゴ.リア] 名 固〘地名〙モンゴル〘アジア北東部の共和国〙

mon-'gó-li-co, -ca [モン.'ゴ.リ.コ, カ] 形〘地名〙モンゴル(人)の ⇧ mongol;〘医〙ダウン症候群の 名 男 女 モンゴル人 ⬆Mongolia;〘医〙ダウン症候群患者

mon-go-'lis-mo [モン.ゴ.'リス.モ] 名 男〘医〙ダウン症候群

mon-go-'loi-de [モン.ゴ.'ロイ.デ] 形 モンゴロイドの 名 男 モンゴロイド

mon-'gue-ra [モン.'ゲ.ら] 名 女〘カリブ〙〘話〙しびれ; 怠惰, 無精

'mo+ni 名 男〘話〙お金

mo-'nia-to 名 男 ⇧ boniato

'Mó-ni-ca 名 固〘女性名〙モニカ

mo-ni-'con-go 名 男〘コロンビア〙〘宗〙呪術に使う人形

mo-ni-'fa-to, -ta 形〘ベネズエラ〙〘話〙〔軽蔑〕うぬぼれた(人), 思い上がった(人)

mo-ni-'go-te 名 男〘話〙人の言いなりになる人, あやつり人形;〘話〙でくの坊, ばか;

《話》ぼろ人形;《話》変な絵, わけのわからない絵;《話》おもしろい絵 感《話》〔親愛〕おばかさん《子供に対して》

Mo-ni-'po-dio〔成句〕 ***patio de ～*** 泥棒の巣窟

mo-'ni-to 名 男〔複〕《(コロンビア)》《(ボリビア)》漫画, コミック

mo-ni-'tor, -'to-ra [モ.ニ.'トる, 'ト.ら] 名 男 女〔放〕モニター;〔競〕コーチ;〔情〕モニター; 勧告者

mo-ni-to-re-'ar [モ.ニ.ト.れ.'アる] 動 他《(ラ米)》⇩ monitorizar

mo-ni-to-'re-o [モ.ニ.ト.'れ.オ] 名 男《(ラ米)》⇩ monitorización

mo-ni-'to-rio, -ria [モ.ニ.'ト.りオ, りア] 形 勧告の, 警告の, 訓戒の

mo-ni-to-ri-'za-ción [モ.ニ.ト.り.さ.'しオン] 名 女〔放〕〔情〕モニターすること, 監視

mo-ni-to-ri-'zar [モ.ニ.ト.り.'さる] 動 他 ㉞ (z|c)〔放〕〔情〕モニターする, 監視する

*'**mon-ja** ['モン.は] 91% 名 女〔宗〕修道女, 尼僧

*'**mon-je** ['モン.へ] 91% 名 男〔宗〕修道士; 世捨て人;〔鳥〕ヒガラ

mon-'jil [モン.'ひル] 形〔宗〕修道女の(ような); 極端に慎み深い

mon-'jí+o [モン.'ひ.オ] 名 男〔宗〕修道女の身分

'mo+no 89% 名 男〔動〕サル[猿];《(スペイン)》〔衣〕胸当て付きズボン, つなぎ服, オーバーオール; 他人のまねをする人; おどけ者;〔遊〕〔トランプ〕ジョーカー; 変な絵, おかしな絵; 醜い男;《(メキシコ)》映画;《(ベネズエラ)》〔衣〕ベビー服 **～, -na 形《話》かわいい, かわいらしい, すてきな ***estar de ～s***《話》〔特に〕«恋人同士が»けんかする ***ser el último ～***《話》取るに足らない ***tener el ～***《話》(麻薬の)禁断症状を起こす

mo-no～〔接頭辞〕「単一」という意味を示す

mo-no-ca-'rril [モ.ノ.カ.'り̃ル] 形〔鉄〕モノレールの 名 男〔鉄〕モノレール

mo-no-ci-'to-sis [モ.ノ.すぃ.'ト.スィス] 名 女〔単複同〕〔医〕単球増加症

mo-no-co-'lor [モ.ノ.コ.'ロる] 形 単色の, 一色の

mo-no-'cor-de [モ.ノ.'コる.デ] 形〔楽〕«楽器が»一弦の; 単調な, 一本調子の, 退屈な

mo-no-co-ti-le-'dó-ne+o, +a [モ.ノ.コ.ティ.レ.'ド.ネ.オ, ア] 形〔植〕単子葉の **+a** 名 女〔複〕〔植〕単子葉植物

mo-no-'cro-mo, -ma [モ.ノ.'クろ.モ, マ] 形 単色の

mo-'nó-cu-lo, -la [モ.'ノ.ク.ロ, ラ] 形 名 男 女 単眼の(人) 名 男 モノクル, 単眼鏡, 片めがね;〔医〕眼帯

mo-no-cul-'ti-vo [モ.ノ.クル.'ティ.ボ] 名 男〔農〕単一栽培, モノカルチャー

mo-no-'dí+a 名 女〔楽〕独唱

mo-no-'fá-si-co, -ca 形〔電〕単相の

mo-no-'ga-mia 名 女 一夫一婦婚, 単婚

mo-'nó-ga-mo, -ma 形 一夫一婦婚の, 単婚の 名 男 女 一夫一婦主義者

mo-no-gra-'fí+a [モ.ノ.グら.'フィ.ア] 名 女 研究論文, 専門記事, モノグラフ《単一小分野をテーマとする》

mo-no-'grá-fi-co, -ca [モ.ノ.'グら.フィ.コ, カ] 形 専門記事の, モノグラフの

mo-no-'gra-ma [モ.ノ.'グら.マ] 名 男 モノグラム《氏名の頭文字などを図案化した組み合わせ文字》

mo-no-'lin-güe [モ.ノ.'リン.グエ] 形 名 共〔言〕一言語を話す(人)

mo-no-'lí-ti-co, -ca [モ.ノ.'リ.ティ.コ, カ] 形 一枚岩でできた, モノリスの; 一枚岩的な, 画一的な

mo-no-'li-to [モ.ノ.'リ.ト] 名 男 モノリス《建築や彫刻に用いる一本石》

mo-no-lo-'gar [モ.ノ.ロ.'ガる] 動 自 ㊶ (g|gu) 独白する, ひとり芝居を演じる

mo-'nó-lo-go [モ.'ノ.ロ.ゴ] 名 男〔演〕ひとり芝居, 独白, モノローグ; 独り言

mo-no-ma-'ní+a 名 女〔医〕偏執狂

mo-no-ma-'ní+a-co, -ca ⇦ **-'nia-** 形 偏執狂の 名 男 女 偏執(狂)者

mo-no-ma-'niá-ti-co, -ca 形 ⇧ monomaníaco

mo-'no-mio 名 男〔数〕単項式

mo-no-neu-'ri-tis [モ.ノ.ネゥ.'り.ティス] 名 女〔単複同〕〔医〕単(発性)神経炎

mo-no-neu-ro-pa-'tí+a [モ.ノ.ネゥ.ろ.パ.'ティ.ア] 名 女〔医〕単神経障害

mo-no-nu-cle+'o-sis [モ.ノ.ヌ.クレ.'オ.スィス] 名 女〔単複同〕〔医〕単核球症

mo-no-par-ti-'dis-mo [モ.ノ.パる.ティ.'ディス.モ] 名 男〔政〕一党独裁(制)

mo-no-pa-'tín 名 男〔遊〕スケートボード

mo-no-'pla+no [モ.ノ.'プラ.ノ] 名 男〔空〕単葉(飛行)機

*'**mo-no-'po-lio** [モ.ノ.'ポ.リオ] 92% 名 男〔経〕独占(権), 専売(権);〔経〕独占業, 専売業, 独占企業; ひとり占め

mo-no-po-'lis-ta [モ.ノ.ポ.'リス.タ] 形〔経〕独占の, 専売の 名 共〔経〕独占者, 専売者

mo-no-po-li-za-'ción [モ.ノ.ポ.リ.さ.'すぃオン] 名 女〔経〕独占; ひとり占め

mo-no-po-li-'zar [モ.ノ.ポ.リ.'さる] [動] [他] 34 (z|c) 〔経〕独占する,〈の〉独占[専売]権を得る; ひとり占めする

mo-no-rra+'íl [モ.ノ.ら.'イル] [名] [男] 《ｽﾍﾟｲﾝ》〔鉄〕モノレール

mo-no-'rriel [モ.ノ.'りエル] [名] [男] 〔鉄〕モノレール

mo-no-'rri-mo, -ma [モ.ノ.'り.モ, マ] [形] 〔文〕単一韻の, 各行同韻の

mo-no-'sa-bio [名] [男] 〔牛〕ピカドールの助手

mo-no-si-'lá-bi-co, -ca [モ.ノ.スィ.'ラ.ビ.コ, カ] [形] 〔言〕単音節の

mo-no-'sí-la-bo, -ba [モ.ノ.'スィ.ラ.ボ, バ] [形] 〔言〕単音節の [名] [男] 〔言〕 **1** 音節(語) ***contestar con ~s*** **sí**「はい」か **no**「いいえ」しか言わない

mo-nos-'per-mo, -ma [モ.ノス.'ペる.モ, マ] [形] 〔植〕単種子の

mo-no-te+'ís-mo [名] [男] 〔宗〕一神教, 一神論

mo-no-te+'ís-ta [形] 〔宗〕一神教[論]の [名] [共] 〔宗〕一神教信者, 一神論者

mo-no-'ti-pia [名] [女] 〔印〕《商標》モノタイプ印刷

mo-no-'ti-po [名] [男] 〔印〕《商標》モノタイプ(印刷機)

*__mo-no-to-'ní+a__ 94% [名] [女] 単調さ, 一本調子, 退屈

*__mo-'nó-to+no, -na__ 94% [形] 単調な, 変化のない, 退屈な

mo-'nó-xi-do [モ.'ノク.スィ.ド] [名] [男] 〔化〕一酸化物

'mon-ra ['モン.ら] [名] [女] 《ｱﾝﾃﾞｽ》押し入り強盗《行為》

mon-'re-ro, -ra [モン.'れ.ろ, ら] [名] [男] [女] 《ｱﾝﾃﾞｽ》〔人〕押し入り強盗

Mon-'ro-via [モン.'ろ.ビア] [名] [固] 〔地名〕モンロビア《リベリア Liberia の首都》

Mons. [略] ↓monseñor

mon-se-'ñor [モン.セ.'ニョる] [名] [男] 猊下(げいか), モンセニョル《イタリアの高位聖職者に対する敬称》; 殿下, 閣下《フランスの貴族に対する敬称》

Mon-se-'ñor 'Nouel [モン.セ.'ニョる ノ.'ウエル] [名] [固] 〔地名〕モンセニョール・ノウェール《ドミニカ共和国中部の県》

mon-'ser-ga [モン.'セる.ガ] [名] [女] 《ｽﾍﾟｲﾝ》《話》わけのわからない話, たわごと, 長々しい話 ***dar la ~*** 《ｽﾍﾟｲﾝ》《話》(a: を)うんざりさせる

*__'mons-truo__ ['モ(ン)ス.トるオ] 93% [名] [男] 怪物, 化け物; 巨大なもの[動物, 植物]; 極悪非道な人; 第一人者, 並外れた人[もの] [形] 大変な, とてつもない, 並外れた; 《話》すごい

mons-truo-si-'dad [モ(ン)ス.トるオ.スィ.'ダド] [名] [女] 奇怪, 怪異, 怪物; ひどさ, すごさ, 恐ろしいこと

*__mons-'truo-so, -sa__ [モ(ン)ス.'トるオ.ソ, サ] 93% [形] 怪物のような, 奇怪な, 巨大な; 《話》とんでもない, すごい; 極悪非道の, 恐るべき

'mon-ta [名] [女] 重要さ, 重大さ, 価値; 合計, 総計; 乗ること; 〔畜〕乗馬; 〔畜〕馬をつがわせる時期[場所]

mon-ta-'car-gas [モン.タ.'カる.ガス] [名] [男] 〔単複同〕貨物エレベーター

mon-'ta-do, -da [形] (con: を)備えた, 据え付けられた, 組み立てられた; 〔畜〕馬に乗った, 騎乗の [名] [男] 《ｽﾍﾟｲﾝ》〔食〕モンタード《肉[チーズ, 目玉焼き]をのせたパン》

mon-ta-'dor, -'do-ra [モン.タ.'ドる, 'ド.ら] [名] [男] [女] 組立工; 〔映〕フィルム編集者; 〔演〕演出家 [名] [男] 〔畜〕(乗馬用の)踏み台

mon-'ta-je [モン.'タ.へ] [名] [男] 〔特に〕(機械などの)組み立て(作業), 据え付け, 設置; (宝石の)はめ込み; 〔映〕モンタージュ; 〔演〕(舞台の)設定, 演出, (作品の)舞台化; 〔情〕セットアップ

mon-ta-'ne-ra [モン.タ.'ネ.ら] [名] [女] 〔畜〕豚が草を食べる山

mon-'tan-te [名] [男] 《ｽﾍﾟｲﾝ》総額; (機械などの)脚; 〔建〕(窓の)縦仕切り, 竪子(たてこ); (ドアの)支柱; 〔歴〕大型の刀剣 [名] [女] 〔海〕満潮, 高潮

⁑**mon-'ta-ña** [モン.'タ.ニャ] 84% [名] [女] 〔地〕山, 山岳; 山のように大きなもの; 山積み, (山ほどの)多数, 多量; 《(中米)》《(ペルー)》〔地〕森, ジャングル ***~ rusa*** ジェットコースター

Mon-'ta-ña [モン.'タ.ニャ] [名] [固] 〔la ~〕〔地名〕ラ・モンタニャ《スペイン, カンタブリア地方の歴史的名称》

Mon-'ta-ñas Ro-ca-llo-sas [名] [固] ⇩ Montañas Rocosas

Mon-'ta-ñas Ro-co-sas [モン.'タ.ニャス ろ.'コ.サス] [名] [固] 〔las ~〕〔地名〕ロッキー山脈《北アメリカ大陸西部の北西から南東に続く山脈》

mon-ta-'ñe-ro, -ra [モン.タ.'ニェ.ろ, ら] [名] [男] [女] 登山家

mon-ta-'ñés, -'ñe-sa [モン.タ.'ニェス, 'ニェ.サ] [形] [名] [男] [女] 山地の(人), 高地の(人); ラ・モンターニャ地方の(人) ↑Montaña

mon-ta-'ñis-mo [モン.タ.'ニィス.モ] [名] [男] 〔競〕登山

*__mon-ta-'ño-so, -sa__ [モン.タ.'ニョ.ソ, サ] 94% [形] 〔地〕山の, 山地の, 起伏の多い, 山の多い

⁑**mon-'tar** [モン.'タる] 80% [動] [他] 乗る, 乗り込む; (en: に)乗せる; 備える, 設置する, つける, 組み立てる; 〈仕事・事業を〉始める; 〈宝石を〉はめ込む, のせる, 据え付ける; 〔動〕

m

《動物が》交尾する, 〈に〉かかる, 〈に〉マウントする; 〔演〕舞台にのせる, 上演する, 演出する; 陳列する; 〔映〕〈映画を〉編集する; 《(ベネズエラ)》火にかける, 煮る, 焼く 動 自 (a, en: に)乗る, 乗り込む; 重要である, 価値がある; 《金額が》(a: に)なる; (sobre: に)重なる **~se** 動 再 乗る **~ *a* [*en*] *pelo*** 〔畜〕裸馬に乗る ***silla de* ~** 〔畜〕(馬の)鞍(くら)

mon-ta-'raz [モン.タ.'らす] 形 名 共 野生の; 粗野な(人); 非社交的な(人); 森の番人

'mon-te 88% 名 男 〔地〕山, 山岳; 〔地〕森, 山林; 〔地〕…山; 〔遊〕〔トランプ〕札の山《テーブル上の残りの札》; 《話》質屋; 《(ラ米)》田舎 ***batir el* ~** 猟に出かける ***echarse al* ~** 山に逃げ込む; 過激な手段をとる **~ *de piedad* [~ *pío*]** (公設の)質屋 **~ *de Venus*** 〔体〕恥丘

'Mon-te Al-'bán ['モン.テ アル.'バン] 名 固 〔地名〕モンテアルバン《メキシコ南部, オアハーカ州のサポテカ文化の古代遺跡》

'Mon-te 'Blan-co ['モン.テ 'ブラン.コ] 名 固 〔地名〕モンブラン《フランスとイタリアの国境にあるアルプスの最高峰, 4807m》

Mon-te-'car-lo [モン.テ.'カる.ロ] 名 固 〔地名〕モンテカルロ《モナコ北東部の観光地》

'Mon-te 'Cris-ti ['モン.テ 'クリス.ティ] 名 固 〔地名〕モンテクリスティ《ドミニカ共和国北西部の県》

mon-te-ne-'gri-no, -na [モン.テ.ネ.'グリ.ノ, ナ] 形 〔地名〕モンテネグロ(人)の 名 男 女 〔地名〕モンテネグロ人 ⬇Montenegro

Mon-te-'ne-gro [モン.テ.'ネ.グろ] 名 固 〔地名〕モンテネグロ《ヨーロッパ東部の共和国》

mon-te-'pí+o 名 男 互助基金, 互助会; 《(ラ米)》質屋

Mon-te 'Pla-ta ['モン.テ 'プラ.タ] 名 固 〔地名〕モンテプラータ《ドミニカ共和国中東部の県》

mon-'te-ra [モン.'テ.ら] 名 女 〔牛〕モンテーラ《闘牛士の帽子》; 〔衣〕布製の帽子, 頭巾(ずきん); 〔建〕天空光, ガラス天井, スカイライト ***ponerse el mundo por* ~** 人の言うことを気にしない

mon-te-'rí+a [モン.テ.'り.ア] 名 女 狩り, 狩猟; 狩猟術

Mon-te-'rí+a [モン.テ.'り.ア] 名 固 〔地名〕モンテリア《コロンビア北部の都市》

mon-'te-ro, -ra [モン.'テ.ろ, ら] 名 男 女 (狩りの)勢子(せこ) **-ra** 名 女 〔牛〕〔衣〕モンテーラ《闘牛士の帽子》; 〔衣〕布製の帽子, ずきん; 〔建〕天空光, ガラス天井, スカイライト ***ponerse el mundo por montera*** 人の言うことを気にしない

Mon-'te-ro [モン.'テ.ろ] 名 固 〔姓〕モンテーロ

'Mon-te 'Ro-sa ['モン.テ 'ろ̃.サ] 名 固 〔地名〕モンテローザ山《スイスとイタリアの国境にある高峰, 4634m》

Mon-te-'rrey [モン.テ.'れ̃イ] 名 固 〔地名〕モンテレイ《メキシコ北東部の工業都市》

mon-'tés 形 《動物が》野生の, 野育ちの

mon-te-vi-de+'a+no, -na [モン.テ.ビ.デ.'ア.ノ, ナ] 形 名 男 女 〔地名〕モンテビデオの(人) ⬇Montevideo

***Mon-te-vi-'de+o** [モン.テ.ビ.'デ.オ] 91% 名 固 〔地名〕モンテビデオ《ウルグアイ Uruguay の首都; ウルグアイ南部の県》

mon-'tí+cu-lo [モン.'ティ.ク.ロ] 名 男 〔地〕小山, 丘, 塚

'mon-to 名 男 合計, 総額

****mon-'tón** 81% 名 男 山積み, 積み重ね, 山; たくさん, 大量 ***a* [*en*] ~** 《話》一緒くたにして, 十把(ぱ)ひとからげにして ***a montones*** たくさん, 多く ***del* ~** 《話》大したことのない, 平凡な

mon-to-'ne-ra [モン.ト.'ネ.ら] 名 女 《(ラ米)》〔軍〕馬に乗ったゲリラ

Mon-tre+'al [モン.トれ.'アル] 名 固 〔地名〕モントリオール《カナダ東部の都市》

Mont-se-'rrat [モン.トセ.'ら̃ト] 名 固 〔地名〕モンセラート山《スペイン北東部の山》

mon-'tu+no, -na 形 山の, 山地の; 粗野な

mon-tuo-si-'dad 名 女 山が多いこと

mon-'tuo-so, -sa 形 山の, 起伏の多い, 山の多い

mon-'tu-ra [モン.'トゥ.ら] 名 女 〔畜〕乗馬用の馬[ロバ], 〔畜〕〔一般〕乗用の動物; (宝石などの)台座, フレーム; 〔畜〕〔集合〕馬具一式; (部品の)組み立て

***mo-nu-men-'tal** [モ.ヌ.メン.'タル] 93% 形 記念の, 記念碑[像, 建築]の; 《話》大変な, すごい, 立派な; 大きな, とてつもない

****mo-nu-'men-to** 90% 名 男 (人・出来事などの)記念碑, 記念像, 記念建築; 遺跡, 遺物; 記念すべき業績, 不朽の労作; 《話》スタイルのよい女性

mon-'zón [モン.'そン] 名 男 〔気〕モンスーン, 季節風

mon-'zó-ni-co, -ca [モン.'そ.ニ.コ, カ] 形 〔気〕モンスーンの, 季節風の

'mo+ña ['モ.ニャ] 名 女 〔衣〕リボン飾り; 〔体〕束ねて巻いた髪, アップにした髪, 丸まげ, 束髪; 〔牛〕モニャ《持ち主を識別するために闘牛の背につけるリボン》; 《(スペイン)》《話》酔い

'mo+ño ['モ.ニョ] 名 男 束ねて巻いた髪, アップにした髪, 丸まげ; 髪飾りリボン; 〔鳥〕鳥冠, 冠毛 ***agarrarse del* ~** 《話》《女どうしが》つかみ合いのけんかをする ***estar***

hasta el ~《話》(de: に)うんざりしている *ponerse* ~*s* 思い上がる, うぬぼれる

mo-que+'ar[モ.ケ.'アる] 動 自 はな[鼻水]をたらす

Mo-'que-gua[モ.'ケ.グア] 名 固〔地名〕モケグア《ペルー南部の県》

mo-'que-ro[モ.'ケ.ろ] 名 男《話》(はなふき用の)ハンカチ

mo-'que-ta[モ.'ケ.タ] 名 女《スペイン》モケット《椅子張りなどに用いられる織物》

mo-que-'ta-zo [モ.ケ.'タ.そ] 名 男《メキシコ》《話》鼻を殴りつけること

mo-'que-te[モ.'ケ.テ] 名 男《ラプラタ》《話》平手打ち, びんた

'mor['モる]〔成句〕 *por* ~ *de* ...《格》…のゆえに

'mo+ra['モ.ら] 名 女〔植〕クワ[桑]の実;〔法〕(不法の)遅滞, 不履行 **M**~ 名 固〔姓〕モラ 形《女》↓moro 動《直現3単/命》↓morar

mo-'ra-co, -ca[モ.'ら.コ, カ] 形《話》〔軽蔑〕ムーア人の

mo-'ra-do, -da [モ.'ら.ド, ダ] 形 紫(色)の 名 男 紫色 *pasarlas moradas*《スペイン》《話》困難な状況にあう **-da** 名 女《格》住まい, 住居; 滞在 *ponerse* ~[*da*]《スペイン》《話》(de: で)満腹になる

mo-ra-'dor, -'do-ra[モ.ら.'ドる, 'ド.ら] 名 男 女 住人, 居住者

mo-'ral[モ.'らル] 80% 形 道徳の, 道徳上の, 道徳的な, 倫理的な; 教訓的な, 道徳を教える; 純潔な, 身持ちのよい; 精神的な, 心の 名 女 道徳, 品行, 素行, 風紀, 身持ち, モラル; (軍隊・国民の)士気, (労働者の)勤労意欲; 倫理 名 男〔植〕クワ[桑]の木 ~**mente** 副 道徳的に

mo-ra-'le-ja[モ.ら.'レ.は] 名 女 (寓話などの)寓意, 教訓

Mo-'ra-les[モ.'ら.レス] 名 固〔姓〕モラーレス

mo-ra-li-'dad[モ.ら.リ.'ダド] 名 女 道徳(性), 道義, 倫理性; (個人の)品行

mo-ra-'lis-ta[モ.ら.'リス.タ] 形 教訓的な, 道徳主義の 名 共 道徳家, 道学者; モラリスト, 人間探求家

mo-ra-li-'zan-te[モ.ら.リ.'さン.テ] 形 説法の, 教化する

mo-ra-li-'zar[モ.ら.リ.'さる] 動 他 34 (z|c) 説法する, 教化する

mo-'ra-pio[モ.'ら.ピオ] 名 男《スペイン》《話》〔飲〕赤ワイン

mo-'rar[モ.'らる] 動 自《格》住む, 居住する; 滞在する

mo-ra-'ton[モ.ら.'トン] 名 男 ⇩ moretón

mo-ra-'to-ria [モ.ら.'ト.りア] 名 女〔法〕支払い猶予[延期], モラトリアム

Mo-'ra-via[モ.'ら.ビア] 名 固〔地名〕モラビア, モラバ《チェコ東部の地方》

mo-'ra-vo, -va[モ.'ら.ボ, バ] 形〔地名〕モラビア(人)の 名 男 女 モラビア人 ↑Moravia

mo-'ray[モ.'らイ] 名 男《中米》〔植〕オーク, カシ

Mo-ra-'zán [モ.ら.'さン] 名 固〔地名〕モラサン《エルサルバドル東部の県》

mor-bi-'dez[モる.ビ.'デす] 名 女《格》(特に女性の体の)柔らかさ, 繊細さ

'mór-bi-do, -da ['モる.ビ.ド, ダ] 形《格》〔医〕《精神などが》病的な, 病的に陰気な, 不健康な;《格》《特に女性の体が》柔らかい, しなやかな, 繊細な

mor-bi-li-'dad[モる.ビ.リ.'ダド] 名 女〔医〕罹病(りびょう)率, 罹患率

'mor-bo['モる.ボ] 名 男《格》〔医〕病気;《話》異常[不健全]な魅力

mor-bo-si-'dad[モる.ボ.スィ.'ダド] 名 女《格》〔医〕病的状態[性質], 不健全さ;《格》〔医〕(一地方・国の)罹病(りびょう)率

mor-'bo-so, -sa [モる.'ボ.ソ, サ] 形〔医〕病気の, 病気にかかった, 病的な, 不健全な;〔医〕病原性の, 病気を起こす

mor-'ci-llo, -lla[モる.'すい.ジョ, ジャ] 形〔畜〕《馬が》赤みがかった黒色の 名 男〔食〕(牛・豚の)もも肉 **-lla** 名 女〔食〕モルシージャ, ブラッドソーセージ《豚の血にタマネギ・香辛料などを入れたソーセージ》;《話》〔演〕アドリブ *¡Que te den morcillas!*《俗》死んでしまえ!

mor-'daz[モる.'ダす] 形 手厳しい, 辛辣(しんらつ)な, 痛烈な; ヒリヒリする, ズキズキする

mor-'da-za [モる.'ダ.さ] 名 女 猿ぐつわ;〔技〕やっとこ

mor-de-'du-ra[モる.デ.'ドゥ.ら] 名 女 かみつくこと, かみ傷

mor-de-'lón[モる.デ.'ロン] 名 男《メキシコ》《話》賄賂(わいろ)を受け取る警官

*__mor-'der__[モる.'デる] 93% 動 他 44 (o|ue) かむ, かじる, かみつく, かみ切る; 〈に〉辛辣(しんらつ)なことを言う, 〈の〉悪口を言う, 酷評する;《道具などが》はさむ, 締めつける; 少しずつ減らす, 削る, 浸食する, 腐食する;《ベネズエラ》《話》〈に〉詐欺を働く ~**se** 動 再〈自分の体の一部を〉かむ *estar que muerde*《話》怒っている

mor-'di-da[モる.'ディ.ダ] 名 女《メキシコ》買収, 賄賂(わいろ), そでの下

mor-'dien-te[モる.'ディエン.テ] 名 男 力, 活気, ファイト; 腐食剤 形 かむ, かみつく; 辛辣(しんらつ)な

mor-dis-'car[モる.ディス.'カる] 動 他 69 (c|qu)〔食〕かじる; 少しずつかみ取る

*__mor-'dis-co__ [モる.'ディス.コ] 94% 名 男 かじること, ひとかじり; かじった部分

m

mor-dis-que+'ar [モる.ディス.ケ.'アる] 動 他〔食〕かじる

Mo-'re-lia [モ.'れ.リア] 名 固〘地名〙モレリア《メキシコ中南部の都市》

Mo-'re-los [モ.'れ.ロス] 名 固〘地名〙モレーロス《メキシコ南部の州》

mo-'re+no, -na [モ.'れ.ノ, ナ] 90% 形《肌が》褐色の，浅黒い；《髪が》茶褐色の；〔一般〕褐色の，黒ずんだ；ムラートの 名 男 女〔体〕(髪・皮膚が)黒っぽい人；《カリ》(白人と黒人の)混血，ムラート；《ラプラタ》《話》黒人

Mo-'re+no [モ.'れ.ノ] 名 固〘姓〙モレーノ

mo-'re-ra [モ.'れ.ら] 名 女〘植〙クワ[桑]

mo-re-'rí+a [モ.れ.'り.ア] 名 女 ムーア人の居住区，ムーア人街；ムーア人の領土

mo-re-'ton [モ.れ.'トン] 名 男《話》〘体〙〘医〙青あざ

mor-'fe-ma [モる.'フェ.マ] 名 男〔言〕形態素《意味的な最小の単位》

Mor-'fe+o [モる.'フェ.オ] 名 固〘ギ神〙モルペウス《「夢」の神》 ***en brazos de ～*** 《格》眠って(いる)

mor-'fi-na [モる.'フィ.ナ] 名 女〔医〕モルヒネ

mor-fi-no-ma-'ní+a [モる.フィ.ノ.マ.'ニ.ア] 名 女〔医〕モルヒネ中毒

mor-fi-'nó-ma+no, -na [モる.フィ.'ノ.マ.ノ, ナ] 形〘医〙モルヒネ中毒の 名 男 女 モルヒネ中毒者

mor-fo-lo-'gí+a [モる.フォ.ロ.'ひ.ア] 名 女〔生〕形態学；〔言〕形態論，語形論

mor-fo-'ló-gi-co, -ca [モる.フォ.'ロ.ひ.コ, カ] 形〔生〕形態学の；〔言〕形態論の，語形論の

mor-fo-sin-'tác-ti-co, -ca [モる.フォ.スィン.'タク.ティ.コ, カ] 形〔言〕形態統語論の

mor-fo-sin-'ta-xis [モる.フォ.スィン.'タク.スィス] 名 女〔単複同〕〔言〕形態統語論

mor-ga-'ná-ti-co, -ca [モる.ガ.'ナ.ティ.コ, カ] 形《格》貴賤間の，貴賤結婚の

'mor-gue ['モる.ゲ] 名 女 (身元不明者の)遺体安置所，モルグ

mo-ri-'bun-do, -da [モ.り.'ブン.ド, ダ] 形 名 男 女 瀕死(ひんし)の(人)

mo-ri-ge-'ra-do, -da [モ.り.へ.'ら.ド, ダ] 形《格》節度のある，控えめな

mo-ri-ge-'rar [モ.り.へ.'らる] 動 他《格》節制する，慎しむ

mo-'ri-llo [モ.'り.ジョ] 名 男 (炉の)薪(まき)載せ台

mo-'rir [モ.'りる] 72% 動 自 ㊸ (o|ue|u) 死ぬ，亡くなる；〔植〕《植物が》枯れる；終わる，なくなる；《火・光などが》薄らぐ，消える，《音が》聞こえなくなる，《愛情などが》さめる；《思想などが》忘れ去られる；死ぬ思いである ***～se*** 動 再 死ぬ；(por: …)したくてたまらない，(por: が)好きでたまらない，(de: で)死ぬ思いである；死にそうになる；《植物が》枯れる ***¡Muera!*** やめろ!，引っ込め!，…を倒せ!《反対のやじ》 ***¡Que me muera si ...!*** …だとしたら私は死んでもよい《誓うときの表現》

mo-'ris-co, -ca [モ.'りス.コ, カ] 形 名 男 女〔歴〕モリスコ(の)《キリスト教徒治下のスペインに住んだムーア人》

mo-'ris-ma [モ.'りス.マ] 名 女〔集合〕ムーア人

mor-'la-co [モる.'ラ.コ] 名 男〔牛〕大型の牛

mor-'món, -'mo-na [モる.'モン, 'モ.ナ] 名 男 女〔宗〕モルモン教徒

mor-mo-'nis-mo [モる.モ.'ニス.モ] 名 男〔宗〕モルモン教

'mo+ro, +ra ['モ.ろ, ら] 93% 名 男 女 ムーア人，モーロ人《アフリカ西部に住むベルベル beréber およびアラブの子孫》；〔宗〕イスラム教徒；《スペイン》〔軽蔑〕北アフリカの人，アラブ人；モロ族《フィリピン南部のミンダナオ島などに住むイスラム教徒》 形 ムーア人の；イスラム教徒の；(フィリピンの)モロ族の；〔宗〕洗礼を受けていない；〔畜〕《馬が》黒毛で額に白い星がある；〔飲〕《ワインが》水で薄められていない ***～s y cristianos*** ムーア人とキリスト教徒《両者の戦いを模した踊り・祭り》

mo-'ro-cho, -cha [モ.'ろ.チョ, チャ] 形 名 男 女《話》皮膚の色が浅黒い(人)；《ラ米》《話》たくましい(人)，強い(人)，丈夫な(人)；《中米》《話》〔軽蔑〕兎唇(としん)の(人)；〔複〕《ベネズエラ》《話》双子(の)，双生児(の)

mo-'ro-lo, -la [モ.'ろ.ロ, ラ] 形 名 男 女《中米》《話》ばかな(人)，愚かな(人)

Mo-'ro-na San-'tia-go [モ.'ろ.ナ サン.'ティア.ゴ] 名 固〘地名〙モローナ・サンティアゴ《エクアドル南東部の州》

mo-ron-'dan-ga [モ.ろン.'ダン.ガ] 名 女《話》がらくた，くずの山

mo-'ron-do, -da [モ.'ろン.ド, ダ] 形《草・髪が》短く刈られた

Mo-'ro-ni [モ.'ろ.ニ] 名 固〘地名〙モロニ《コモロ Comoras の首都》

mo-ro-si-'dad [モ.ろ.スィ.'ダド] 名 女《格》遅いこと，緩慢，のろのろしていること；《格》遅れ，遅滞；〔法〕支払い期限を過ぎた負債，滞納

mo-'ro-so, -sa [モ.'ろ.ソ, サ] 形〔法〕滞納の，《勘定などが》(期限を過ぎても)未済の，不履行の；《格》遅れた，遅い，のろのろした

'mo-rra ['モ.ら] 名 女〔遊〕指で示す数を言い当てる遊び；にぎりこぶし

mo-'rra-da [モ.'ら.ダ] 名 女 頭を打つこと，鉢合わせ；平手打ち

mo-'rral [モ.'らル] 名 男 ナップザック，背

m

嚢(はいのう); 〔畜〕馬の首にかける袋; (猟の)獲物袋; 《話》田舎者, がさつな男

mo-'rra-lla [モ.'ら.ジャ] 名 女 〔魚〕小魚, 雑魚(ざこ); 〔集合〕くず, がらくた; 〔集合〕やじ馬

mo-rre+'ar [モ.れ.'アる] 動 自 《俗》長くキスする

mo-'rre-na [モ.'れ.ナ] 名 女 〔地質〕氷堆石, モレーン

mo-'rre+o [モ.'れ.オ] 名 男 《俗》長くキスすること

mo-'rri-ña [モ.'り.ニャ] 名 女 懐かしい気持ち, ノスタルジー, 郷愁; 〔畜〕(家畜の)水腫(すいしゅ)症

mo-'rrión [モ.'りオン] 名 男 〔歴〕〔軍〕モリオン《16–17 世紀にスペインの歩兵がかぶった軽いヘルメット》; 〔歴〕〔軍〕シャコー《前立ての付いた筒形軍帽》

'mo-rro ['モ.ろ] 名 男 〔動〕(動物の)鼻; 《スペイン》《俗》口, 唇; 小山, 円丘, 塚; 〔海〕(航海の目印となる)岬, 大岩; 〔空〕(飛行機の)機首; 銃床 ***beber a ~*** 《スペイン》ラッパ飲みをする ***estar de ~s*** 《スペイン》《話》腹を立てている, 不機嫌である ***tener ~*** 《スペイン》《話》ずうずうしい ***¡Vaya ~!*** 《スペイン》《話》なんてずうずうしいやつだ!

mo-rro-co-'tu-do, -da [モ.ろ.コ.'トゥ.ド, ダ] 形 《話》ひどい, すごい

mo-'rrón [モ.'ろン] 名 男 殴りつけ, 一撃

mo-'rro-ño, -ña [モ.'ろ.ニョ, ニャ] 形 《中米》《話》ざらざらした, ざらついた; 《アンデス》《話》弱々しい, 病弱な

'mor-sa ['モる.サ] 名 女 〔動〕セイウチ

'mor-se ['モる.セ] 名 男 モールス信号

mor-ta-'de-la [モる.タ.'デ.ラ] 名 女 〔食〕モルタデーラ《太いソーセージ》

mor-'ta-ja [モる.'タ.は] 名 女 〔衣〕(埋葬のために)死体を包む布, 屍衣(しい); 〔技〕ほぞ穴

mor-'tal** [モる.'タル] 91% 形 死すべき, 死を免れない; 命取りになる, 致命的な; 非常な, ひどい; 《話》長くて退屈な, 耐えがたい, うんざりする 名 男 (いつかは死ぬ運命の)人間 ***quedarse ~ (de: に)ひどく驚く ***salto ~*** 宙返り

mor-ta-li-'dad [モる.タ.リ.'ダド] 名 女 死亡率; 死亡者数; 死ぬべき運命

mor-tan-'dad [モる.タン.'ダド] 名 女 (戦争·病気による)大量死; 死亡者数

mor-te-'ci+no, -na [モる.テ.'すぃ.ノ, ナ] 形 活気のない, 消えそうな, 弱い, おぼろげな

mor-'te-ro [モる.'テ.ろ] 名 男 乳鉢, 臼(うす); 〔建〕モルタル; 〔軍〕臼砲(きゅうほう), 迫撃砲

mor-'tí-fe-ro, -ra [モる.'ティ.フェ.ろ, ら] 形 致死の, 致命的な

mor-ti-fi-ca-'ción [モる.ティ.フィ.カ.'すぃオン] 名 女 苦しみ, 苦悩; 〔宗〕苦行

mor-ti-fi-'car [モる.ティ.フィ.'カる] 動 他 69 (c|qu) 〈に〉苦痛を与える, 苦しめる; いらだたせる, 困らせる, いらいらさせる; 〈に〉屈辱を味わわせる **~se** 動 再 (con: に)苦しむ, 悩む, 苦行をする

mor-ti-'na-to, -ta [モる.ティ.'ナ.ト, タ] 形 〔医〕死産の

mor-'tual [モる.'トゥアル] 名 女 《メキシコ》《中米》遺産

mor-'tuo-rio, -ria [モる.'トゥオ.りオ, りア] 形 死の, 死者の, 埋葬の 名 男 葬式

mo-'rue-co [モ.'るエ.コ] 名 男 〔畜〕種羊

mo-'ru+no, -na [モ.'る.ノ, ナ] 形 ムーア人の

mo-'sai-co, -ca 形 〔美〕モザイク(式)の, 寄せ集めの 名 男 〔美〕モザイク, モザイク画; 〔聖〕モーゼの ⬆Moisés

'mos-ca** 91% 名 女 〔昆〕ハエ; 《話》うるさい人; 火の粉, 火花; 〔競〕〔ボクシング〕フライ級; 《メキシコ》的の中心; 《ラプラタ》《話》金(かね), 銭 ***cazar ~s 《話》むだなことをしている ***estar con [tener] la ~ detrás de la oreja*** 《話》疑いを持つ ***estar ~*** 《スペイン》《話》機嫌が悪い, うんざりしている ***~ muerta*** 《話》猫かぶり, 油断できない相手 ***picar la ~*** 《スペイン》《話》(a: が)不安になる, 落ち着かなくなる ***por si las ~s*** 《話》万一に備えて ***soltar [aflojar] la ~*** 《話》財布のひもを緩める ***tener la ~ detrás de la oreja*** 《話》落ち着かない気分になる

mos-'car-da [モス.'カる.ダ] 名 女 〔昆〕ニクバエ; 〔昆〕〔集合〕ハエ[ハチ]の卵

mos-ca-'tel [モス.カ.'テル] 名 男 〔植〕マスカットブドウ; 〔飲〕ムスカテル《甘口の白ワイン》形 マスカットの

mos-'cón 名 男 〔昆〕ウマバエ; うるさい人

mos-co-ne+'ar [モス.コ.ネ.'アる] 動 他 〈に〉しつこくせがむ; 〔昆〕《ウマバエが》ブンブンいう

mos-co-'vi-ta [モス.コ.'ビ.タ] 形 名 共 〔地名〕モスクワの(人) ⬇Moscú

***Mos-'cú** 92% 名 固 〔地名〕モスクワ《ロシア Rusia の首都》

mos-que+'ar [モス.ケ.'アる] 動 自 ハエを追い払う 動 他 《話》不信を抱かせる; 《チリ》《話》悩ませる, うんざりさせる; 《ラプラタ》《話》かぎ回る **~se** 動 再 《話》怒る, 腹を立てる; 《話》怪しむ, 疑う

mos-'que+o [モス.'ケ.オ] 名 男 ハエを追い払うこと; 《話》腹を立てること

mos-'que-ro [モス.'ケ.ろ] 名 男 《カリブ》ハエの大群

mos-'que-te [モス.'ケ.テ] 名 男 〔歴〕

m

〔軍〕マスケット銃《大口径の歩兵銃》

mos-que-'te-ro [モス.ケ.'テ.ろ] 名 男 〔歴〕〔軍〕マスケット銃兵, 銃士; 〔歴〕〔演〕立見客, 土間客

mos-qui-'te-ro [モス.キ.'テ.ろ] 名 男 蚊帳(かや); 蚊よけ

*__mos-'qui-to__ [モス.'キ.ト] 93% 名 男 〔昆〕カ[蚊]; バルに通う人, バルの常連 ↑bar

mos-ta-'ce-ro [モス.タ.'せ.ろ] 名 男 〔食〕(食卓用の)からし壺, からし入れ

mos-'ta-cho 名 男 〔体〕口ひげ; 〔海〕第一斜檣(しゃしょう), やり出し

*__mos-'ta-za__ [モス.'タ.さ] 94% 名 女 〔食〕からし, マスタード; 〔植〕カラシナ; カラシの種子

mos-'ti-llo [モス.'ティ.ジョ] 名 男 〔食〕ブドウ果汁入りの菓子

'mos-to 名 男 〔飲〕ブドウのしぼり汁, 果膠(かこう)《発酵前[中]のブドウ液; 飲料》

*__mos-tra-'dor__ [モス.トら.'ドる] 93% 名 男 カウンター, 売り台, 陳列台; (時計などの)文字盤 **~, -dora** 名 男 女 実地説明者, 実物宣伝係 形 実地説明する, 実物宣伝する

⁑**mos-'trar** [モス.'トらる] 77% 動 他 ⑯ (o|ue) (a: に)見せる, 示す; 〈気持ち・感情などを〉表す, 示す, 〈親切などを〉尽くす; 〈道などを〉(a: に)教える, 案内する; 示す, 証明する, 教える, 明らかにする, 説明する; 展示する, 陳列する, 出品する; 〈特徴などを〉示す, 表す; «計器などが»示す, 表示する, 記録する **~(se)** 動 自 (再) 現れる, 出てくる; «人が»現れる, 姿を見せる, 出席する; (形容詞・名詞: …のように) 見える, …である; …になる; …の態度をとる

mos-'tren-co, -ca [モス.'トれン.コ, カ] 形 名 男 女 〔法〕主のない, 地主不在の; 《話》家のない; 《話》(頭の)鈍い, のろい; 《話》太った, 重い; 《話》うすのろ, まぬけ; 《話》太っちょ, でぶ

'mo+ta 名 女 (ほこり・ごみの)微片, ちり; 水玉模様, 斑点; 小さな欠点; 〔否定文で〕少しも…ない; 〔衣〕(衣服についた)毛玉, 節玉

'mo+te 名 男 あだ名, 愛称; (軍旗・紋章の)銘, モットー, 標章; なぞ, 判じ物; 《(アンデス)》《(チリ)》《(ラプラタ)》〔言〕文法の間違い; 《(南米)》〔食〕ゆでたトウモロコシ; 《(南米)》〔食〕ゆでた小麦; 《(南米)》〔食〕小魚

mo-te+'ar [モ.テ.'アる] 動 他 〈に〉斑点をつける, 〈に〉水玉模様をつける

mo-te-'jar [モ.テ.'はる] 動 他 (de: と)呼ぶ, (de: という)レッテルを貼る

mo-'tel ['モ.テル] 名 男 モーテル

mo-'te-ro, -ra [モ.'テ.ろ, ら] 形 〔車〕オートバイの, バイクの 名 男 女 〔車〕オートバイ乗り

mo-'te-te 名 男 〔楽〕モテット《宗教的合唱曲の一種》

mo-ti-'lón, -'lo-na [モ.ティ.'ロン, 'ロ.ナ] 形 名 男 女 《話》頭がはげた(人)

mo-'tín 名 男 〔政〕暴動, 騒動, 一揆; 〔軍〕(兵士などの)反乱, 一斉蜂起

mo-ti-va-'ción [モ.ティ.バ.'すぃオン] 名 女 (行動の)動機づけ, 理由, やる気, モチベーション; 刺激, 誘導

mo-ti-va-'dor, -'do-ra [モ.ティ.バ.'ドる, 'ド.ら] 形 動機づける

*__mo-ti-'var__ [モ.ティ.'バる] 91% 動 他 〈に〉動機を与える, 〈に〉やる気を起こさせる; 引き起こす; 〈の〉理由を説明する

⁑**mo-'ti-vo** [モ.'ティ.ボ] 78% 名 男 (ある行動をとる)動機, 原因; 理由, 根拠, 真意; 〔文〕〔美〕〔楽〕主題, テーマ, モチーフ, 中心となる図柄[デザイン] ***con ~ de*** … …のために, …に際して ***dar ~ para*** … (a: に)…させる

⁑**'mo+to** 90% 名 女 〔車〕オートバイ, バイク ***estar como una ~*** 《話》興奮している, 高揚している

mo-to-ci-'cle-ta [モ.ト.すぃ.'クレ.タ] 名 女 〔車〕オートバイ

mo-to-ci-'clis-mo [モ.ト.すぃ.'クリス.モ] 名 男 〔競〕オートバイレース, オートレース

mo-to-ci-'clis-ta [モ.ト.すぃ.'クリス.タ] 名 共 〔車〕オートバイ乗り; 〔競〕オートレーサー

mo-to-'ci-clo [モ.ト.'すぃ.クロ] 名 男 〔車〕自動二輪車

mo-to-'ci-ne [モ.ト.'すぃ.ネ] 名 男 〔映〕(車で観賞できる)野外映画館

motocross [モ.ト.'クろス] 名 男 〔英語〕〔競〕モトクロス

mo-'tón 名 男 〔海〕(船の)滑車

mo-to-'náu-ti-co, -ca 形 モーターボートの

mo-to-'na-ve [モ.ト.'ナ.ベ] 名 女 モーターボート

mo-to-'ne-ta 名 女 (身体障害者用の)電動車椅子; 《(南米)》〔車〕スクーター

mo-to-neu-'ro-na [モ.ト.ネウ.'ろ.ナ] 名 女 〔医〕運動神経

⁑**mo-'tor, -'to-ra** [モ.'トる, 'ト.ら] 88% 名 男 推進力となる, 発動の; モーターで動く 名 男 〔機〕エンジン, 内燃機関; 〔機〕モーター, 発動機; 原動力, 推進力 **-tora** 名 女 モーターボート

mo-to-'ris-mo [モ.ト.'リス.モ] 名 男 〔競〕オートレース, オートバイレース

mo-to-'ris-ta [モ.ト.'リス.タ] 名 共 〔車〕オートバイ乗り, ライダー; 〔競〕オートレーサー

mo-to-ri-za-'ción [モ.ト.り.さ.'すぃオ

ン] 名 女〔車〕自動車化, モータリゼーション; 動力化, 機械化

mo-to-ri-'za-do, -da [モ.ト.り.'さ.ド, ダ] 形 機械化された;〔車〕オートバイに乗った; モーター[エンジン]を備えた

mo-to-ri-'zar [モ.ト.り.'さる] 動 他 34 (z|c) ‹に›モーター[エンジン]を備える; 動力化する;〔車〕自動車化する

mo-to-si-'dad 名 女 《アンデス》〔言〕スペイン語がたどたどしいこと

mo-to-'sie-rra [モ.ト.'スィエ.ら] 名 女〔技〕チェーンソー, チェーンのこ

mo-'to-so, -sa 形 《アンデス》〔言〕スペイン語がたどたどしい

mo-'triz [モ.'トりす] 形 《女》原動の, 発動の ⇨motora, ↑motor

mo-'tu-do, -da 形 《チリ》《ラプラタ》〔体〕«髪が»縮れた

motu proprio ['モ.トゥ 'プロ.プりオ] 副〔ラテン語〕自発的に, 自分の意志で

mousse ['ムス] 名 男〔フランス語〕〔食〕ムース(クリーム) ⇧ espuma

mo-ve-'di-zo, -za [モ.ベ.'ディ.そ, さ] 形 動く, 可動の; «人が»移り気な, 気まぐれの; «状況が»不確実な, 不安定な, 変わりやすい

****mo-'ver** [モ.'べる] 76% 動 他 44 (o|ue) 動かす, 揺り動かす; 移動させる; 感動させる, ‹に› (a: ある感情を)起こさせる, ‹の心を›動かして(a 不定詞: …)させる, ‹に› (a 不定詞: …する)気を起こさせる; かき混ぜる 動 自 動く, 動き出す; 芽を出す **～se** 動 再 動く, 体[手足など]を動かす; 移動する; 行動する, 立ち回る, 奔走する; (por: に)心が動かされる; 《話》動き出す, 急ぐ

mo-'vi-ble [モ.'ビ.ブレ] 形 動かせる, 可動の; 変わりやすい, 変化のある, 不安定な;〔天〕移動する, 可動の

mo-'vi-do, -da [モ.'ビ.ド, ダ] 形 (de, por: に)感動した, 心を動かされた, 駆り立てられた; 忙しい, ばたばたした; «写真が»ぶれた, ピンぼけの; 元気な, 活発な; 落ち着きのない **-da** 名 女 《メキシコ》《話》恋愛, 情事; 《ベネズエラ》《話》パーティー

****'mó-vil** ['モ.ビル] 87% 形 移動する, 移動できる; 不安定な, 変わりやすい 名 男 動機, 理由, 目的; 携帯(電話);〔情〕スマートフォン, スマホ;〔美〕モビール; 印紙, 証紙 ***timbre ～*** 収入印紙

mo-vi-li-'dad [モ.ビ.リ.'ダド] 名 女 可動性, 移動性; 不安定, 変わりやすさ

mo-vi-li-za-'ción [モ.ビ.リ.さ.'すぃオン] 名 女〔軍〕動員

mo-vi-li-'zar [モ.ビ.リ.'さる] 動 他 34 (z|c)〔軍〕動員する; 運用する **～se** 動 再〔軍〕動員される;〔一般〕かり出される, 動き出す; 運用する

****mo-vi-'mien-to** [モ.ビ.'ミエン.ト] 74% 名 男 運動, 移動, 動き, 活動; (文化的・社会的・政治的な)運動; 交通, 行き来, にぎわい, 活動; 身ぶり, 様子, 動作, 物腰, 態度, 行動; 感情の変化, 衝動; (世間・時代などの)動向, 成り行き; (事件・物語などの)進展, 発展, 展開;〔経〕(物価・相場などの)動き, 変動;〔楽〕楽章, 拍子, テンポ;〔機〕装置, 仕掛け ***en ～*** 出動して, 動員されて ***ponerse en ～*** 動き出す, 奔走する, 立ち回る

mo-'vio-la [モ.'ビオ.ラ] 名 女〔映〕ムービオラ《映画フィルム編集用の映写装置》

'mo+xa ['モク.サ] 名 女〔医〕もぐさ, 灸(きゅう)

mo-xi-te-'ra-pia [モク.スィ.テ.'ら.ピア] 名 女〔医〕灸(きゅう)術

'Mo+ya 名 固〔姓〕モジャ

Mo-'ya+no 名 固〔姓〕モジャーノ

'mo+yo 名 男 《カリブ》(米国の)黒人

***'mo+za** ['モ.さ] 94% 名 女 女の子, 若い女性; ウェイトレス, お手伝い

mo-zal-'be-te [モ.さル.'ベ.テ] 名 男 若者, 少年;〔軽蔑〕若僧, 青二才

Mo-zam-'bi-que [モ.さン.'ビ.ケ] 名 固〔República de ～〕〔地名〕モザンビーク《アフリカ南東部の共和国》;〔canal de ～〕〔地名〕モザンビーク海峡《インド洋南西部, アフリカ大陸とマダガスカル島との間の海峡》

mo-'zá-ra-be [モ.'さ.ら.べ] 名 共〔歴〕《スペイン》モサラベ《イスラム教徒征服後のスペインでキリスト教信仰を保ったキリスト教徒》 形〔歴〕《スペイン》モサラベの;〔美〕モサラベ様式の 名 男〔歴〕〔言〕モサラベ方言《モサラベの話していたスペイン語》

****'mo+zo** ['モ.そ] 90% 名 男 若者, 青年; ウェイター; 召使い; (ホテルの)ボーイ; (駅の)ポーター, 赤帽; 《スペイン》〔軍〕徴集兵; つっかい棒, 支え; (足付きの)コート掛け **～, -za** 形 若い; 未婚の, 独身の

mo-'zón, -'zo-na [モ.'そン, 'そ.ナ] 名 男 女 《アンデス》《話》冗談好きな人

mo-'zue-lo, -la [モ.'すエ.ロ, ラ] 名 男 女 若者; 子供

mr. 略 ↑mártir

ms. 略 ↑manuscrito

mss. 略 ↑manuscritos《複数》

Mtr. 略 ↑magíster; máster

Mtro., Mtra. 略 ↑maestro, -tra; ↑ministro, -tra

'mu 感 《擬音》モー《牛の鳴き声》

mu+a-'ré [ム.ア.'れ] 名 男〔衣〕モアレ《波紋模様をつけた織物》

mu-'ca-mo, -ma 名 男 女 《ラ米》召使い; お手伝いさん

'mú-ca-ro ['ム.カ.ろ] 名 男 《カリブ》〔鳥〕フクロウ

m

mu-'ce-po [ム.'せ.ポ] 名 男 (中米) 悲しみ
mu-'ce-ta [ム.'せ.タ] 名 女 〔宗〕〔衣〕 モゼタ 《教皇などが用いるフード付きケープ》; 〔衣〕 (大学式服の)背のたれ布
*__mu-'cha-cha__ 94% 名 女 女の子, 娘; 《スペイン》 (女性の)お手伝いさん
mu-cha-'cha-da 名 女 子供の戯れ, 悪ふざけ, 腕白; 〔集合〕 子供たち
mu-cha-'chi-ta 〔縮小語〕 ↑muchacha
mu-cha-'chi-to, -ta 〔縮小語〕 ↓muchacho
**__mu-'cha-cho__ 78% 名 男 男の子, 少年; 若者, 青年; 召使い; 《南米北》 〔食〕 牛のもも肉
*__mu-che-'dum-bre__ [ム.チェ.'ドゥン.ブれ] 93% 名 女 群衆, 大勢の人; 群れ, 集まり, 多数
**__mu-'chí-si-mo, -ma__ 80% 形 〔最上級〕 ↓mucho
mu-chi-'tan-ga 名 女 《カリブ》 《アンデス》 《話》 群衆; 下層民
**__'mu-cho, -cha__ 55% 形 多くの, 多数の, たくさんの; «程度が»大変な, 大きな; 長い; 《話》 大した, 立派な, 大きな; 〔単数で〕 《話》 多くの 代 多くの人[物], たくさんの人[物], 多量; 長い間; あまりのこと; 大したもの[こと], 大切なもの[こと] 副 大変に, 非常に, 大いに, とても; 一生懸命に, がんばって; 〔比較級の前で〕 はるかに, ずっと, 断然; しばしば, 頻繁に *como* ～ 多くても, せいぜい *con* ～ 著しく, はるかに, 断然 *Muchas gracias.* どうもありがとう *Muchísimas gracias.* 大変ありがとう *M～ gusto.* はじめまして *¡M～, ～!* 《話》 そうだ, そうだ!, ごもっとも! *M～ será que* …(接続法) どうせ, たぶん…なのだろう *ni ～ menos* とんでもない, 決して…でない *por ～ que* …〔直説法〕 たくさん…であるが; 〔接続法〕 どんなに…しても
mu-ci-la-gi-'no-so, -sa [ム.すぃ.ラ.ひ.'ノ.ソ, サ] 形 粘液質の, 粘液を分泌する
mu-'cí-la-go⇔**-ci-** [ム.'すぃ.ラ.ゴ⇔ム.すぃ.'ラ.ゴ] 名 男 (植物性の)粘液の, 粘質物
mu-co-si-'dad 名 女 粘液性
mu-'co-so, -sa 形 粘液を分泌する, 粘液の **-sa** 名 女 〔体〕 粘膜
'mu+da 名 女 〔衣〕 (下着の)着替え; 〔昆〕 (虫の)脱皮, 抜け殻, (羽などの)生え変わり; (子供の)声変わり
mu-'da-ble [ム.'ダ.ブレ] 形 変わりやすい, 不安定な; 変えられる
**__mu-'dan-za__ [ム.'ダン.さ] 90% 名 女 転居, 移転, 引っ越し; 変化, 変更; 心変わり, 移り気; (ダンスの)フィギュア 《一連の旋回運動》; 〔楽〕 シフト
*__mu-'dar__ [ム.'ダる] 93% 動 他 〈の〉場所を変える, 〈の〉配置を変える, 移動する; 着替えさせる; 変える 動 自 (de: を)変わる, 変える, 取り替える; 〔動〕〔昆〕 «動物・昆虫が» (de: 羽・表皮などを)変える, 脱皮する **～se** 動 再 (de: を)着替える; (a: へ)引っ越す; (en: に)変わる, 変化する; 声変わりする; 転向する, 転身する *～ la voz* «子供が»声変わりする
mu-'dé-jar [ム.'デ.はる] 名 共 〔歴〕 《スペイン》 ムデハル 《キリスト教徒に再征服された中世スペインで残留したイスラム教徒》 形 〔歴〕 《スペイン》 ムデハルの; 〔歴〕〔建〕 ムデハル様式の
mu-'dez [ム.'デす] 名 女 〔医〕 口のきけないこと, 唖(あ); 沈黙, 無言
*__'mu+do, +da__ 92% 形 〔医〕 口のきけない, 唖者(あしゃ)の; «人が»口をきこうとしない, 黙っている; (驚きなどで)口もきけない; 無声の; 白紙の; 〔言〕 «文字が»無音の, 発音しない 名 男 女 〔医〕 口のきけない人, 唖者(あしゃ)
mue-'bla-je [ムエ.'ブラ.へ] 名 男 〔集合〕 家具(類)
**__'mue-ble__ ['ムエ.ブレ] 83% 名 男 家具, 家財道具, 調度 形 動産の; 動かせる, 移動できる *～ bar* 〔飲〕 酒類キャビネット, サイドボード *～ cama* ユニット式折り畳みベッド
mue-ble-'rí+a [ムエ.ブレ.'り.ア] 名 女 〔商〕 家具店, 家具工場
mue-'blis-ta [ムエ.'ブリス.タ] 名 共 〔技〕 家具製造者, 指物師; 〔商〕 家具販売者
'mue-co, -ca 形 名 男 女 《コロンビア》 《話》 〔体〕 歯が抜けた(人), 歯のない(人) **-ca** 名 女 おどけ顔, しかめ面
'mue-l～ 動 《直現/接現/命》 ↑moler
**__'mue-la__ ['ムエ.ラ] 90% 名 女 〔体〕 奥歯, (大)臼歯(きゅうし); 〔技〕 石臼(いしうす), 上石臼; 〔技〕 回転研磨盤, 丸砥石(といし); (臼形の)丘, 小山; 〔植〕 ソラマメ属の各種 《ヤハズエンドウなど》; 《中米》 《話》 恥ずかしさ, 当惑 *No hay ni para una ～.* 《話》 食べ物が少しもない
*__'mue-lle__ ['ムエ.ジェ] 93% 名 男 〔海〕 波止場, 埠頭(ふとう); 〔鉄〕 貨物列車用ホーム; 〔機〕 ばね, ぜんまい 形 《格》 柔らかい, ふかふかの; 享楽的な, 遊蕩的な, 安楽な, 気楽な
'muen-da 名 女 《コロンビア》 むち打ち
'mue-r～ 動 《直現/接現/命》 ↑morir
'muer-d～ 動 《直現/接現/命》 ↑morder
'muér-da-go ['ムエる.ダ.ゴ] 名 男 〔植〕 ヤドリギ
'muer-do 名 男 《話》 ひと口, ひとかみ
'muer-mo ['ムエる.モ] 名 男 〔動〕 鼻疽(びそ) 《ウマ[馬]・ロバの伝染病》; 《話》 退屈(なこと)
**__'muer-te__ ['ムエる.テ] 74% 名 女 死, 死

亡; 破滅, 終わり; 〔la M~〕死神; 殺害, 殺人 *a* ~ 死ぬまで(の), 命を賭けた; 死ぬほどに, ひどい, ひどく *dar* ~ (a: を)殺す *de mala* ~ 《話》ひどい, どうしようもない *de* ~ 《話》死ぬほどに, 激しく; 《話》ひどい, 激しい *estar a (las puertas de) la* ~ 瀕死の状態にある ~ *civil* 〘法〙私権剝奪(はくだつ)

ﾞ'muer-to, -ta ['ムエる.ト, タ] 79% 形 死んだ, 死んでいる; 〘植〙«植物が»枯れた; 生命のない, 死物の, 不毛の; 活動を停止した, «火が»消えた; 死んだような, 動かない, 静かな; すたれた, 今は行われない, 用のない; 《話》殺された⇨matado, ↑matar 名 男 女 死人, 死者; 死体; 《話》〔比喩〕面倒な仕事; 《話》〔比喩〕とても退屈な人 **mar M~** 名 固 〘地名〙死海《ヨルダンとイスラエルの国境の塩湖》 動 《過分》 ↑morir *horas muertas* むだな時間 *no tener dónde caerse* ~[*ta*] 《話》とても貧しい *punto* ~ (交渉の)行き詰まり; 〘車〙(ギアの)ニュートラル

'mues-ca 名 女 〘技〙(木工の)ほぞ穴; 〘畜〙耳標《家畜の所有者を示すために耳につけるマーク》

'mues-li ['ムエス.リ] 名 男 〘食〙ミューズリ《ドライフルーツなどを混ぜたシリアル》

'mues-tr~ 動 《直現/接現/命》 ↑mostrar

ﾞ'mues-tra ['ムエス.トら] 83% 名 女 見本, サンプル, 標本; 〘商〙商品見本, 試供品; 証明, 立証, 証拠, 印; 様子, 徴候; (時計の)文字盤; (店の)看板

mues-'tra-rio [ムエス.'トら.りオ] 名 男 〔集合〕見本(帳), サンプル集

mues-'tre+o [ムエス.'トれ.オ] 名 男 (統計の)サンプリング(法); 〘情〙サンプリング

'mue-v~ 動 《直現/接現/命》 ↑mover

mu-'gi-do [ム.'ひ.ド] 名 男 〘畜〙牛の鳴き声

mu-'gir [ム.'ひる] 動 自 32 (g|j) 〘畜〙«牛が»鳴く; 〘動〙«動物が»うなる; 〘気〙«風が»うなる; «人が»うめく, うなる

'mu-gre ['ム.グれ] 名 女 汚れ; 〔特に〕油汚れ, 垢(あか) 名 共 《コロンビア》《話》悪人

mu-'grien-to, -ta [ム.'グりエン.ト, タ] 形 汚れた, 垢(あか)だらけの

mu-'gro-so, -sa [ム.'グろ.ソ, サ] 形 名 男 女 《コロンビア》《チリ》《ラプラタ》《話》みすぼらしい(人)

ﾞmu-'jer [ム.'へる] 65% 名 女 女, 婦人, 成人した女性; 《スペイン》妻; 愛人 感 《話》ねえ, 君, お前《親しい女性に対する呼びかけ》; おやまあ!《女性に対して言う》 *tomar* ~ «男性が»結婚する

mu-je-'rie-go, -ga [ム.へ.'りエ.ゴ, ガ] 形 女好きな, 女たらしの; 女らしい, 女性特有の 名 男 女たらし *montar a la mujeriega* 〘畜〙«女性が»馬に横乗りする

mu-je-'ril [ム.へ.'りル] 形 女らしい, 女性特有の; «男が»女のような

mu-je-'rí+o [ム.へ.'り.オ] 名 男 女性たち

mu-je-'ro-na [ム.へ.'ろ.ナ] 名 女 大柄な女性, 大女

mu-jer-'zue-la [ム.へる.'すエ.ラ] 名 女 小柄な女性; 売春婦; 〔縮小語〕↑mujer

'mú-jol ['ム.ほル] 名 男 〘魚〙ボラ

'mu+la ['ム.ラ] 名 女 〘動〙(雌の)ラバ; 頑固者, 頑迷な人, ばか者, まぬけ; 《メキシコ》ろくでなし, ごろつき; 《ラプラタ》《話》うそ *estar hecha una* ~ «女性が»頑健である↓mulo *en la* ~ *de San Francisco* 《話》〔皮肉〕歩いて, 徒歩で *hacer la* ~ 《話》怠ける *meter una* ~ 《ラプラタ》(a: を)だます

mu-la-'dar [ム.ラ.'ダる] 名 男 はきだめ, ごみ捨て場; 不健全な場所, 汚い場所

mu-la-'dí [ム.ラ.'ディ] 形 名 共 〔複 -díes⇦-dís〕〘歴〙〘宗〙《スペイン》ムラディー(の)《イスラム教に改宗したキリスト教徒》

mu-'la-to, -ta [ム.'ラ.ト, タ] 名 男 女 〘歴〙ムラート《白人と黒人の混血児》形 〘歴〙ムラートの; «皮膚などが»浅黒い 名 男 《ラ米》銀鉱石

mu-'le-ro, -ra [ム.'レ.ろ, ら] 形 名 男 女 〘動〙ラバの; ラバ引き; 《ラプラタ》うそつき(の)

mu-'le-ta [ム.'レ.タ] 名 女 松葉杖; 〘牛〙ムレータ《闘牛士の棒につけた赤布》; 支え, 援助

mu-le-'ta-zo [ム.レ.'タ.そ] 名 男 〘牛〙ムレータを使う技

mu-le-'ti-lla [ム.レ.'ティ.ジャ] 名 女 (T字形の柄のある)ステッキ; (ステッキなどの)T字形の柄; 口ぐせ; 〘言〙不必要な挿入語句, はさみ言葉《¿no?, pues, ¿verdad? など》; 〘牛〙ムレータ↑muleta

Mul+ha-'cén [ム.ラ.'セン] 名 固 〔pico de ~〕〘地名〙ムラセン山《スペイン南部の高峰, 3481m》

mu-'lli-do, -da [ム.'ジ.ド, ダ] 形 ふわりとした, ふわふわの 名 男 毛くず, 詰め物, パンヤ

mu-'llir [ム.'ジる] 動 他 10 (i) ふわりとふくらませる; 〈土地を〉掘り起こす, ほぐす

ﾟ'mu+lo ['ム.ロ] 94% 名 男 〘動〙ラバ; 頑固者, 頑迷な人, ばか者, まぬけ *estar hecho un* ~ «男性が»頑健である↑mula

ﾟ'mul-ta ['ムル.タ] 92% 名 女 罰金; 違反切符

mul-'tar [ムル.'タる] 動 他 〈に〉罰金を科する

mul-ti~ 〔接頭辞〕「複数・多数」を示す

mul-'tiét-ni-co, -ca [ムル.'ティエト.

ニ.コ, カ] 形 多民族の, 民族間の

mul-ti-ca-'nal [ムル.ティ.カ.'ナル] 形 名 男 〔情〕マルチチャンネル(の)

mul-ti-'ci-ne [ムル.ティ.'すぃ.ネ] 名 男 〔映〕シネマコンプレックス, シネコン《入場券売り場, 売店などを共通にする複数の映画館が集まった建物》

mul-ti-co-'lor [ムル.ティ.コ.'ロる] 形 多色の

mul-ti-'co-pia [ムル.ティ.'コ.ピア] 名 女 複写, コピー

mul-ti-co-'pis-ta [ムル.ティ.コ.'ピス.タ] 名 女 《スペイン》複写機, コピー機

mul-ti-cul-tu-'ral [ムル.ティ.クル.トゥ.'らル] 形 多文化(間)の

mul-ti-dis-ci-pli-'nar 形 ⇩ multidisciplinario

mul-ti-dis-ci-pli-'na-rio, -ria [ムル.ティ.ディ(ス).し.プリ.'ナ.りオ, りア] 形 《研究などが》多くの学問分野に関わる

mul-ti-fa-'cé-ti-co, -ca [ムル.ティ.ファ.'せ.ティ.コ, カ] 形 多面的な, 多くの側面をもつ

m

mul-ti-fa-mi-'liar [ムル.ティ.ファ.ミ.'リアる] 形 複数家族の

mul-ti-'for-me [ムル.ティ.'フォる.メ] 形 いろいろな形をした, 多様な

mul-ti-fun-cio-'nal [ムル.ティ.フン.すぃオ.'ナル] 形 多機能の

mul-ti-la-te-'ral [ムル.ティ.ラ.テ.'らル] 形 多面的な, 多角的な; 多国間の; 多辺の

mul-ti-'me-dia [ムル.ティ.'メ.ディア] 名 男 [女] 〔情〕マルチメディア

mul-ti-mi-llo-'na-rio, -ria [ムル.ティ.ミ.ジョ.'ナ.りオ, りア] 形 名 男 女 億万長者(の)

mul-ti-na-cio-'nal [ムル.ティ.ナ.すぃオ.'ナル] 形 《企業が》多国籍の 名 女 多国籍企業

****'múl-ti-ple** ['ムル.ティ.プレ] 90% 形 多様な, さまざまな; 複合的な, 複雑な; 多重の

mul-ti-pli-ca-'ción [ムル.ティ.プリ.カ.'すぃオン] 名 女 〔数〕かけ算, 乗法; 増加, 増大, 増殖, 繁殖

mul-ti-pli-ca-'dor, -'do-ra [ムル.ティ.プリ.カ.'ドる, 'ド.ら] 形 増やす, 増加させる; かけ算の, 乗法の 名 男 〔数〕乗数

mul-ti-pli-'can-do [ムル.ティ.プリ.'カン.ド] 名 男 〔数〕被乗数

***mul-ti-pli-'car** [ムル.ティ.プリ.'カる] 91% 動 他 ⑥⑨ (c|qu) 〈数・量を〉増やす; 繁殖させる; 〔数〕(por: を)かける, かけ算する; 多重にする ～(se) 動 自 (再) 増える; 繁殖する; 馬力をかける, 大いに働く

mul-ti-pli-ca-'ti-vo, -va [ムル.ティ.プリ.カ.'ティ.ボ, バ] 形 増やす, 繁殖させる, 増加の; 〔数〕かけ算の, 乗法の

mul-ti-pli-ci-'dad [ムル.ティ.プリ.すぃ.'ダド] 名 女 多数; 多様性, 多彩, 複合性, 複雑さ

mul-ti-pli-'qué, -que(～) 動 《直点1単, 接現》 ↑multiplicar

'múl-ti-plo ['ムル.ティ.プロ] 名 男 〔数〕倍数 ～, **-pla** 形 〔数〕倍数の

mul-ti-po-'lar [ムル.ティ.ポ.'ラる] 形 多極の, 多極的な

mul-ti-pro-ce-sa-'dor [ムル.ティ.プろ.せ.サ.'ドる] 名 男 〔情〕マルチプロセッサー

mul-ti-rra-'cial [ムル.ティ.ら.'すぃアル] 形 多民族の

mul-ti-ta-'re+a [ムル.ティ.タ.'れ.ア] 形 名 女 〔情〕マルチタスク(の)

****mul-ti-'tud** [ムル.ティ.'トゥド] 88% 名 女 (人・物の)多数; 大衆, 庶民, 群衆

mul-ti-tu-di-'na-rio, -ria [ムル.ティ.トゥ.ディ.'ナ.りオ, りア] 形 大衆の, 群衆の

mul-'ti-u-so [ムル.'ティウ.ソ] 形 多目的の, 多機能の, 万能の

mul-ti-u-'sua-rio, -ria [ムル.ティウ.'スア.りオ, りア] 名 男 女 〔情〕マルチユーザー

'Mum-bai 名 固 〔地名〕ムンバイ《インド西部の都市, 旧称ボンベイ》

mun-da-'nal [ムン.ダ.'ナル] 形 《格》世俗の, 俗界の

mun-'da+no, -na 形 世間の, 世の中の, 世俗の; 社交の, 上流社会の; 社交好きの

****mun-'dial** [ムン.'ディアル] 82% 形 世界的な, 世界中の, 世界中に及ぶ 名 女 〔競〕〔サッカーなど〕ワールドカップ, W杯 ～**-mente** 副 世界的に, 世界中で

mun-dia-li-za-'ción [ムン.ディア.リ.さ.'すぃオン] 名 女 世界化, 国際化

mun-dia-li-'zar [ムン.ディア.リ.'さる] 動 他 ③④ (z|c) 世界化する, 国際化する

mun-'di-llo [ムン.'ディ.ジョ] 名 男 《話》〔やや軽蔑〕グループ, 連中, 仲間; 干し物掛け, 物干し; レース編み用クッション; 〔植〕テマリカンボク; ヨウシュカンボク

****'mun-do** 63% 名 男 世界, 地球; 〔集合〕世界中の人たち, 人類, 人間; …界, (de: の)世界, …の社会; 世の中, 世間, この世, 浮世; 世間の人々; 〔宗〕俗界; 大きな違い; 経験; 大型トランク; 〔植〕テマリカンボク; ヨウシュカンボク ***correr*** [***ver, rodar***] ～ 世界を渡り歩く, 広く旅する ***desde que el ～ es ～*** 《話》この世の始まりからずっと ***el gran ～*** 上流社会 ***el otro ～*** あの世, 来世 ***hacerse un ～*** (de: を)重視しすぎる, …を過大視する ***medio ～*** 多くの

国々[人々] *no ser nada del otro ～* 特に変わったものでもない, 大したことはない *ponerse el ～ por montera* 世間の言うことを気にしないで生きる *por nada del ～*《否定》どんなことがあっても *todo el ～* 皆, 全員, すべての人; 世界中 *venir al ～* 生まれる

mun-do-lo-'gí+a [ムン.ド.ロ.'ひ.ア] 名 女《話》人生経験; 世知, 処世術

'Mú-nich ['ム.ニク] 名 固〖地名〗ミュンヘン《ドイツ南部の都市》

***mu-ni-'ción** [ム.ニ.'すぃオン] 94% 名 女〖軍〗軍需品, 弾薬

mu-ni-cio-'nar [ム.ニ.すぃオ.'ナる] 動 他〖軍〗〈に〉軍需品[弾薬]を供給する

****mu-ni-ci-'pal** [ム.ニ.すぃ.'パル] 83% 形〖政〗地方自治体の, 都市の, 市[町, 村]の 名 男《スペイン》市警察官, 巡査

mu-ni-ci-pa-li-'dad [ム.ニ.すぃ.パ.リ.'ダド] 名 女〖政〗自治体, 自治市[区], 市町村;〖政〗市役所, 町[村]役場, 市当局

****mu-ni-'ci-pio** [ム.ニ.'すぃ.ピオ] 89% 名 男〖政〗市, 自治体;〖政〗〔集合〕市[町, 村]民;〖政〗市[町, 村]当局, 市庁舎, 市役所, 町[村]役場

mu-ni-fi-'cen-cia [ム.ニ.フィ.'セン.すぃア] 名 女《格》気前よさ, おうようさ

mu-ni-fi-'cen-te [ム.ニ.フィ.'セン.テ] 形《格》少しも物惜しみしない, 気前のよい

mu-'ní-fi-co, -ca 形 ⇧ munificente

mu-ni-qués, -que-sa [ム.ニ.'ケス, 'ケ.サ] 形 名 男 女〖地名〗ミュンヘンの(人) ⬆Múnich

***mu-'ñe-ca** [ム.'ニェ.カ] 93% 名 女 人形, 女の人形;《話》かわいい女の子; おてんば娘; 手首; 器用さ;《アンデス》《ラプラタ》コネ, 縁故

mu-'ñe-co [ム.'ニェ.コ] 名 男 (男の)人形; めかし屋, やさ男;〔人〕あやつり人形, 他人の言いなりになる人

mu-ñe-que+'ar [ム.ニェ.ケ.'アる] 動 自《アンデス》《ラプラタ》《話》政治力を発揮する

mu-ñe-'que-ra [ム.ニェ.'ケ.ら] 名 女〖競〗(手首の)サポーター

mu-ñe-'qui-lla [ム.ニェ.'キ.ジャ] 名 女 ニスを塗るための布

mu-ñe-qui-'llar [ム.ニェ.キ.'ジャる] 動 他 (布を使って)〈に〉ニスを塗る

mu-ñe-'qui-ta 〔縮小語〕⬆muñeca

mu-ñe-'qui-to [ム.ニェ.'キ.ト] 名 男〔複〕《カリブ》漫画, コミック

mu-'ñón [ム.'ニョン] 名 男 (切断された手足の)付け根;〖体〗三角筋;〖軍〗砲耳《砲身を支える》

Mu-'ñoz [ム.'ニョす] 名 固〖姓〗ムニョス

mu-'ráis 動《接現 2 複》⬆morir

mu-'ral [ム.'らル] 形 壁の, 壁上の;〖絵〗壁画の 名 男〖絵〗壁画

mu-ra-'lis-ta [ム.ら.'リス.タ] 名 共〖絵〗壁画家

***mu-'ra-lla** [ム.'ら.ジャ] 92% 名 女〖建〗城壁, (大きな)塀, 壁

mu-'ra-mos 動《接現 1 複》⬆morir

mu-'rar [ム.'らる] 動 他〖建〗壁[塀]で囲う, 〈に〉城壁をめぐらす

'Mur-cia ['ムる.すぃア] 名 固〖地名〗ムルシア《スペイン南東部の県, 県都》 *Región de ～* ムルシア州《自治州》

mur-'cia+no, -na [ムる.'すぃア.ノ, ナ] 形 名 男 女〖地名〗ムルシアの(人) ⬆Murcia

***mur-'cié-la-go** [ムる.'すぃエ.ラ.ゴ] 94% 名 男〖動〗コウモリ

mu-'re-te [ム.'れ.テ] 名 男〖建〗小さな塀

'mur-ga ['ムる.ガ] 名 女〖楽〗(流しの)音楽隊 *dar la ～*《スペイン》《話》(a: を)いらいらさせる, じゃまする

mu-'riá-ti-co, -ca [ム.'りア.ティ.コ, カ] 形〖化〗塩酸の

mu-'ria-to [ム.'りア.ト] 名 男〖化〗塩化物

'mú-ri-ce ['ム.り.せ] 名 男〖貝〗アクキガイ, ホネガイ(骨貝);《詩》紫がかった赤

mu-'rie~ 動《活用》⬆morir

***mur-'mu-llo** [ムる.'ム.ジョ] 93% 名 男 かすかな音, (波・葉などの)さらさらいう音, せせらぎ, (低い)ざわめき; つぶやき, ささやき

mur-mu-ra-'ción [ムる.ム.ら.'すぃオン] 名 女 うわさ話, 陰口をたたくこと, 中傷

mur-mu-ra-'dor, -'do-ra [ムる.ム.ら.'ドる, 'ド.ら] 形 名 男 女 うわさ話をする(人), 陰口をたたく(人)

***mur-mu-'rar** [ムる.ム.'らる] 93% 動 自 ぶつぶつ不平を言う, こぼす, (de: の)悪口を言う, 陰口をたたく;《格》低い[かすかな]音を立てる, さらさらいう, ささやく, ざわめく

mur-mu-'re+o [ムる.ム.'れ.オ] 名 男 ぶつぶつ言い続けること

****'mu+ro** ['ム.ろ] 88% 名 男〖建〗(石・れんが・板などの)塀;〖建〗壁, 壁に似た物, 障壁

'mu-rrio, -rria ['ム.りオ, りア] 形《話》憂鬱(ゆううつ)な, 悲しい, さびしい **-rria** 名 女《話》憂鬱(ゆううつ), 悲しみ, さびしさ

mu-'rru-co, -ca [ム.'る.コ, カ] 形《中米》《話》髪が縮れた

'mus 名 男〖遊〗〔トランプ〕ムス《ゲーム》

'mu+sa 名 女〖文〗詩想, 詩才, 詩的霊感;〔複〕創作活動, 詩作

'Mu+sa 名 固〖ギ神〗ムーサ, ミューズ《詩と音楽の女神》

mu-sa-'ra-ña [ム.サ.'ら.ニャ] 名 女〖動〗トガリネズミ; 小動物, 虫;《話》(目の前にかかる)かすみ *pensar en las ～s* ぼうっとする, よそのことを考える

m

mus-cu-'lar [ムス.ク.'ラる] [形] 〖体〗筋の, 筋肉の

mus-cu-la-'tu-ra [ムス.ク.ラ.'トゥ.ら] [名] [女]〔集合〕筋肉; 筋肉のたくましさ; 〖体〗筋肉組織

'mús+cu-lo ['ムス.ク.ロ] 90% [名] [男] 〖体〗筋肉, 筋; 〔主に複〕腕力, 体力, 元気

mus-cu-'lo-so, -sa [ムス.ク.'ロ.ソ, サ] [形] 筋肉でできた, 筋肉質の, 筋骨たくましい

mu-se-'li-na [ム.セ.'リ.ナ] [名] [女]〖衣〗モスリン《服地》

mu-'se+o 86% [名] [男] 美術館; 博物館, 展示館

mu-se+o-lo-'gí+a [ム.セ.オ.ロ.'ひ.ア] [名] [女] 博物館学

mu-se+o-'ló-gi-co, -ca [ム.セ.オ.'ロ.ひ.コ, カ] [形] 博物館学の

mu-se+'ó-lo-go, -ga [ム.セ.'オ.ロ.ゴ, ガ] [名] [男] [女] 博物館学者

mu-se-'ro-la [ム.セ.'ろ.ラ] [名] [女] (馬の)鼻革, 鼻勒(びろく)

'mus-go 94% [名] [男]〖植〗コケ, 蘚類(せんるい)

mus-'go-so, -sa [形] こけむした, コケで覆われた, コケのような

mu-si-'cal [ム.スィ.'カル] 83% [形]〖楽〗音楽の, 音楽を伴う, 音楽向きの; 音楽的な [名] [男]〖楽〗〖映〗〖演〗ミュージカル

mu-si-ca-li-'dad [ム.スィ.カ.リ.'ダド] [名] [女]〖楽〗音楽性, 音楽的なこと

mu-si-ca-li-za-'ción [ム.スィ.カ.リ.さ.'すぃオン] [名] [女]〖楽〗〖演〗音楽をつけること, ミュージカル化

mu-si-ca-li-'zar [ム.スィ.カ.リ.'さる] [動] [他] (34) (z|c)〖楽〗〖演〗〈劇に〉音楽をつける, ミュージカル化する

'mú-si-co, -ca 81% [形]〖楽〗音楽の, 音楽を伴う, 音楽向きの [名] [男] [女]〖楽〗音楽家《作曲家, 指揮者, 演奏家, 歌手など》; 音楽の上手な人 **-ca** [名] [女]〖楽〗音楽, 曲; 美しい調べ, 気持ちのよい音; 〖楽〗楽団, バンド; 《話》〔皮肉〕騒音, うるさいこと; ぐち, たわごと ***irse con la ~ a otra parte*** 《話》さっさと立ち去る, 逃げ出す

mu-si-co-lo-'gí+a [ム.スィ.コ.ロ.'ひ.ア] [名] [女]〖楽〗音楽学, 音楽理論

mu-si-'có-lo-go, -ga [ム.スィ.'コ.ロ.ゴ, ガ] [名] [男] [女]〖楽〗音楽研究者

mu-si-co-ma-'ní+a [名] [女]〖楽〗音楽狂

mu-si-'có-ma+no, -na [名] [男] [女]〖楽〗〔人〕音楽狂

mu-si-'que-ro [ム.スィ.'ケ.ろ] [名] [男]〖楽〗楽譜棚

mu-si-ta-'ción [ム.スィ.タ.'すぃオン] [名] [女] つぶやき, ささやき

mu-si-'tar [ム.スィ.'タる] [動] [自] つぶやく, ささやく

mu-si-'va-rio, -ria [ム.スィ.'バ.りオ, りア] [形]〖美〗モザイク芸術の [名] [男] [女] モザイク芸術家

mu-'si-vo, -va [ム.'スィ.ボ, バ] [形]〖美〗モザイクの

mus-'la-men [ムス.'ラ.メン] [名] [男] 《話》〔笑〕(とくに女性の)大きな太もも

'mus-lo ['ムス.ロ] 93% [名] [男]〖体〗大腿(だいたい), 太もも

'mus-tio, -tia [形] しぼんだ, しおれた, しなびた; ふさぎ込んだ, 憂鬱(ゆううつ)な, 沈鬱な

mu-sul-'mán, -'ma-na [ム.スル.'マン, 'マ.ナ] 91% [名] [男] [女]〖宗〗イスラム教徒 [形]〖宗〗イスラム教の, イスラム教徒の

mu-ta-bi-li-'dad [ム.タ.ビ.リ.'ダド] [名] [女] 変わりやすいこと, 不安定; 気まぐれ, 移り気な

mu-'ta-ble [ム.'タ.ブレ] [形] 変わりやすい, 不安定な; 気まぐれな

mu-ta-'ción [ム.タ.'すぃオン] [名] [女] 変化, 変更, 転換; 〖生〗突然変異(体); 〖演〗場面の転換; 〖気〗気候の変化

mutatis mutandis [ム.'タ.ティス ム.'タン.ディス] [副]〔ラテン語〕《格》必要な変更を加えて

mu-ti-la-'ción [ム.ティ.ラ.'すぃオン] [名] [女]〖医〗(手足などの)切断; 〖医〗身体障害; (検閲による)削除, カット; 破損

mu-ti-'la-do, -da [ム.ティ.'ラ.ド, ダ] [形] [名] [男] [女]〖医〗手足を失った(人)

mu-ti-'lar [ム.ティ.'ラる] [動] [他]〖医〗〈手足を〉切断する; 削除する, カットする; 破損する

'mu-tis [名] [男]〖演〗(役者の)退場 ***hacer ~*** 黙る, 黙り込む; 〖演〗退場する

mu-'tis-mo [名] [男] 無言の状態, 沈黙; 〖医〗無言症

mu-'tual [形] ⇩ mutuo

mu-tua-li-'dad [ム.トゥア.リ.'ダド] [名] [女] 相互関係, 相互依存; 共済組合

mu-tua-'lis-mo [ム.トゥア.'リス.モ] [名] [男] 相互関係, 相互依存, 相互扶助; 〖生〗(2つの種間の)相利共生, 相利作用

'mu-tuo, -tua 92% [形] お互いの, 相互の **-tuamente** [副] お互いに, 相互に

'muy 54% [副]〔形容詞・副詞を修飾して〕非常に, 大変, とても; 〔muy 名詞〕大変な ***~ de*** … とても…らしい ***por ~*** …(形容詞) ***que*** …(接続法) どんなに…であろうとも

Myan-'mar [ミア(ン).'マる] [名] [固]〖地名〗ミャンマー《東南アジアの共和国, 旧ビルマ》⇧ Birmania

mz. [略] =manzana 街区

N n *n n*

N, n ['エ.ネ] 名 女 〔言〕エネ《スペイン語の文字》; 〔数〕不定数, 不定; 某…, なにがし

n. 略 ↓nacido, -da; nacimiento; nota

n- 略 =nano-《接頭辞》10 の -9 乗

N 略 ↓norte

N. 略 ↓neutonio; nota

'na 代〔成句〕 *¡Ni ~!*《話》…どころではない

'na+ba 名 女〔植〕スウェーデンカブ, ルタバガ

*** 'na+bo** 94% 名 男〔植〕ダイコン, カブ;《俗》ペニス;《ラプラタ》ばか, お人よし

'ná-car ['ナ.カる] 名 男 (貝の)真珠層, らでん

na-ca-'ra-do, -da [ナ.カ.'ら.ド, ダ] 形 らでんをちりばめた

na-ca-'ri+no, -na [ナ.カ.'り.ノ, ナ] 形 真珠層の, 真珠層のような

na-'ce-la [ナ.'せ.ラ] 名 女〔建〕大えぐり, 喉(のど)《深くえぐった繰形(くりかた)》

⁑na-'cer [ナ.'せる] 76% 動 自 ㊺ (c|zc) 生まれる, 誕生する; 現れる, 姿を見せる; (de: から)始まる, 発する; 〔天〕《太陽・月が》昇る *hacer ~* 生む, 生じさせる *~ para* … の素質がある

'Na-cho 名 固〔男性名〕ナチョ《Ignacio の愛称》

na-'ci-do, -da [ナ.'すぃ.ド, ダ] 形 生まれながらの, 天性の; 旧姓… *bien ~[da]* しつけのよい, 育ちのよい *mal ~[da]* しつけの悪い, 育ちの悪い, 生まれの卑しい *re-cién ~[da]* 生まれたばかりの; 新生児; 人間

na-'cien-te [ナ.'すぃエン.テ] 形 発生しようとしている, 生まれかけた; 昇る, 上がる 名 男 東

⁑na-ci-'mien-to [ナ.すぃ.'ミエン.ト] 88% 名 男 出生, 誕生; 生まれ, 血統, 家柄; (事物の)出現, 起源, 源; 〔宗〕ベレン《キリスト降誕の場面を表した人形飾り》 *de ~* 生まれたときからの

⁑na-'ción [ナ.'すぃオン] 79% 名 女〔政〕国, 国家; 〔政〕〔集合〕国民; 民族, 部族 *de ~* 生まれは, 生まれながらの

⁑na-cio-'nal [ナ.すぃオ.'ナル] 68% 形〔政〕国の, 国家の; 〔政〕国民の, 国民的な, 民族の; 〔政〕国立の, 国有の; 国内の; 全国的な 名 男〔軍〕国民軍の兵

*** na-cio-na-li-'dad** [ナ.すぃオ.ナ.リ.'ダド] 92% 名 女〔政〕国籍; 国民であること, 国民性, 国民感情; 民族意識; 《スペイン》〔政〕自治州

na-cio-na-'lis-mo [ナ.すぃオ.ナ.'リス.モ] 名 男〔政〕国家主義, 民族主義, ナショナリズム

na-cio-na-'lis-ta [ナ.すぃオ.ナ.'リス.タ] 形〔政〕国家主義の, 民族主義の 名 共〔政〕国家主義者, 民族主義者

na-cio-na-li-za-'ción [ナ.すぃオ.ナ.リ.さ.'すぃオン] 名 女〔政〕国有化, 国営化; 帰化

na-cio-na-li-'zar [ナ.すぃオ.ナ.リ.'さる] 動 他 ㉞ (z|c)〔政〕国有[国営]化する; 〔政〕帰化させる, 〈外国人に〉市民権を与える **~se** 動 再〔政〕国有化される; 〔政〕(形容詞: …に)帰化する

na-cio-nal-sin-di-ca-'lis-mo [ナ.すぃオ.ナル.スィン.ディ.カ.'リス.モ] 名 男《スペイン》〔歴〕〔政〕国家サンジカリズム《スペイン・ファランヘ党の標榜した労働組合主義》

na-cio-nal-sin-di-ca-'lis-ta [ナ.すぃオ.ナル.スィン.ディ.カ.'リス.タ] 形 名 共《スペイン》〔歴〕〔政〕国家サンジカリズムの, 国家サンジカリスト ↑nacionalsindicalismo

na-cio-nal-so-cia-'lis-mo [ナ.すぃオ.ナル.ソ.すぃア.'リス.モ] 名 男〔歴〕〔政〕国家社会主義《主としてナチスドイツで展開された思想》

na-cio-nal-so-cia-'lis-ta [ナ.すぃオ.ナル.ソ.すぃア.'リス.タ] 形〔歴〕〔政〕国家社会主義の 名 共〔歴〕〔政〕国家社会主義者 ↑nacionalsocialismo

⁑'na+da 58% 代《不定》《否定》〔無変化〕**1** 何も(…ない)《物を否定する; algo の否定形》: No sé **nada**. 私は何も知らない。 **2** なんの…もない, …は何もない: **Nada** de eso es cierto. そんなことはまったく本当ではない。 **3** なんでもないこと: No es **nada**. なんでもない(ことだ)。 副《否定》少しも…ない, 何も…ない: Eso no me sorprende **nada**. 私はそんなことにはちっとも驚かない。 名 女 無, ゼロ, 虚無 感 **1** そうですねえ, ええと, いや《大したことでもないことを答えるときに用いる》: ¿Qué ha sido ese ruido? — **Nada**, que se ha cerrado la puerta con el aire. あの音は何だったんでしょう?—いや, 戸が風で閉まっただけだよ。 **2** いいや, だめだ: Yo te invitaré. — **Nada, nada**, esta vez pago yo. 僕がおごるよ。—いやいや, 今度は僕だ。

n

¡Ahí es ~! ((ｽﾍﾟｲﾝ)) ((話)) 大したものだ! *como si ~* 何事もなかったかのように; 平然と, 楽々と, 簡単に *De ~.* どういたしまして ((礼を言われたときの返事)) *dentro de ~* 今すぐ *estar en ~ de...*(不定詞/*que* 接続法) もう少しで…するところだ *~ de ...* ((否定)) まったく…ない, 少しも…ない; …してはいけない, だめだ, とんでもない *~ más* ただ…だけ; 〔不定詞の前〕 …するとすぐに *~ más que ...* ただ…だけ *~ menos que ...*〔強調〕…もの *no es por ~* しかしながら, それにもかかわらず *para ~* むだに; 少しも…ない *por ~* ((否定)) 理由なく, なんでもないことで *por ~ del mundo* ((否定)) 決して(…ない), 何があっても(…しない)

na-da-'de-ra [ナ.ダ.'デ.ら] 名 女 〘競〙 (水泳練習用の)浮袋

na-da-'dor, -'do-ra [ナ.ダ.'ドる, 'ド.ら] 名 男 女 〘競〙 水泳の選手; 泳ぐ人 形 泳ぐ, 水泳の

*__na-'dar__ [ナ.'ダる] 91% 動 自 泳ぐ, 水泳をする; (en: で)いっぱいになる, (en: が)いっぱいある *~ entre dos aguas* ((話)) 二股(ふたまた)をかける *~ y guardar la ropa* (自分の身を危険にさらさずに)抜け目なく立ち回る

na-de-'rí+a [ナ.デ.'リ.ア] 名 女 つまらない[くだらない]もの, ささいなこと

__na-die__ 70% 代 ((不定)) ((否定)) 〔無変化〕 **1 誰も(…ない): ¿Hay alguien en la oficina? — No, no hay **nadie**. 事務所に誰かいますか?—いいえ, 誰もいません。 **2** 〔動詞の前に置くと動詞を否定する no はつけない〕: **Nadie** es perfecto. 完璧(かんぺき)な人などいない。 名 男 つまらない者, 取るに足らない人, 存在感の薄い人, 無能な人: Su marido es un **nadie** y en casa es ella quien manda. 彼女の夫は無能で家では彼女が采配(さいはい)を振っている。

na-'dir [ナ.'ディる] 名 男 〘天〙 天底, 最下点

'na+do 名 男 ((ﾒｷｼｺ)) ((ﾍﾞﾈｽﾞｴﾗ)) 〘競〙 水泳 *a ~* 泳いで

'naf-ta 名 女 〘化〙 ナフサ, 石油ナフサ; ((ﾗﾌﾟﾗﾀ)) ガソリン

naf-ta-'li-na [ナフ.タ.'リ.ナ] 名 女 〘化〙 ナフタリン

'na-gua ['ナ.グア] 名 女 〔複〕 ((ﾒｷｼｺ)) 〘衣〙 スカート; 〔複〕 ((ｺﾛﾝﾋﾞｱ)) 〘衣〙 アンダースカート, スリップ

na-'gual [ナ.'グアル] 名 男 ((中米)) (先住民女性の)スカート

'na+hua ['ナ.ウア] 形 名 共 ナワ族の(人) ((ナワトル語 náhuatl を話すメキシコの民族)) 形 名 男 ↓nahuátl

'ná+huatl ['ナ.ウア.トル] 形 〘言〙 ナワトル語の ((メキシコ中央部の民族の言語; アステカ文化を担った言語)) 名 男 〘言〙 ナワトル語

'nai-de 代 〔方言形〕 ⇧ nadie

na+íf⇔'na+if [ナ.'イフ⇔'ナイフ] 形 〔naífs⇔naifs〕 〘芸〙 素朴派の; ((話)) ナイーブな 名 男 女 素朴派芸術家 名 男 素朴派芸術

'nai-lon ['ナイ.ロン] 名 男 〘衣〙 ナイロン

'nai-pe 名 男 〔複〕 〘遊〙 トランプ, カード

'Nai-pyi-dó [ナイ.ピ.'ド] 名 固 〘地名〙 ネピドー ((ビルマ Birmania, ミャンマー Myanmar の首都))

Nai-'ro-bi [ナイ.'ろ.ビ] 名 固 〘地名〙 ナイロビ ((ケニア Kenia の首都))

na-'jar-se [ナ.'はる.セ] 動 自 ((俗)) ずらかる, 逃げる

nal. 略 ↑nacional

'nal-ga ['ナル.ガ] 名 女 〔複〕 臀部(でんぶ), お尻

nal-'ga-da [ナル.'ガ.ダ] 名 女 お尻をたたくこと; 尻もち; 〘食〙 豚のもも肉, ハム

Na-'mi-bia 名 固 〘地名〙 ナミビア ((アフリカ南西部の国))

'na+na 名 女 子守歌; ((児)) おばあちゃん; ((中米)) 子守女, 乳母; ((ﾁﾘ)) ((ﾗﾌﾟﾗﾀ)) 軽い病気, 具合が悪いこと *el año de la ~* ((話)) 遠い昔 *ser más viejo[ja] que la ~* ((話)) とても年をとっている

nan-ce+'ar [ナン.セ.'アる] 動 他 ((中米)) ((話)) 〈に〉手が届く, つかむ

Nan-'kín 名 固 〘地名〙 南京(ナンキン) ((中国, 華東地区北部の都市))

na-no~ 〔接頭辞〕 〘数〙 「10の−9乗」を示す

'Na+no 名 固 〘男性名〙 ナノ ((Francisco, Fernando の愛称))

na-'nó-me-tro [ナ.'ノ.メ.トろ] 名 男 ナノメートル ((10億分の1メートル))

na-no-se-'gun-do [ナ.ノ.セ.'グン.ド] 名 男 ナノ秒 ((10億分の1秒))

na-no-tec-no-lo-'gí+a [ナ.ノ.テク.ノ.ロ.'ひ.ア] 名 女 〘技〙 ナノテクノロジー

na-no-tec-no-'ló-gi-co, -ca [ナ.ノ.テク.ノ.'ロ.ひ.コ, カ] 形 〘技〙 ナノテクノロジーの

na-no-'tu-bo 名 男 〘技〙 ナノチューブ ((直径が数ナノメートルの炭素原子のチューブ))

nan-'quín [ナン.'キン] 名 固 〘衣〙 ナンキン木綿

'na+o 名 女 ((格)) 船

napalm [ナ.'パム] 名 男 〔英語〕 〘化〙 ナパーム ((ガソリンをゼリー状にする濃化剤))

'na-pia 名 女 〔複〕 ((ｽﾍﾟｲﾝ)) ((話)) 〘体〙 (大きな)鼻

'Na+po 名 固 〘地名〙 ナポ ((エクアドル北東部の州)); 〔el ~〕 〘地名〙 ナポ川 ((エクアドルとペルーを流れるアマゾン川の支流))

na-po-le+'ó-ni-co, -ca [ナ.ポ.'レオ.ニ.コ, カ] 形 ナポレオンの, ナポレオン時代の

n

《Napoleón I, 1769–1821, フランスの皇帝, 在位, 1804–14》

'Ná-po-les ['ナ.ポ.レス] [名] [固] 〔地名〕ナポリ《イタリア南部の都市》

na-po-li-'ta+no, -na [ナ.ポ.リ.'タ.ノ, ナ] [形] [名] [男] [女] 〔地名〕ナポリの(人)⬆ Nápoles

na-'ran-ja [ナ.'ラン.は] 88% [名] [女] 〔植〕オレンジ [名] [男] オレンジ色, だいだい色 [形] オレンジ色の ***media ~*** 《話》家内, 女房, 妻; 伴侶; 夫 ***¡Naranjas!*** 《俗》こりゃおどろいた!, とんでもない!

na-ran-'ja-do, -da [ナ.ラン.'は.ド, ダ] [形] オレンジ色の **-da** [名] [女] 〔飲〕オレンジエード

na-ran-'jal [ナ.ラン.'はル] [名] [男] 〔農〕オレンジ畑

na-ran-'je-ra [ナ.ラン.'へ.ラ] [名] [女] 〔歴〕〔軍〕ラッパ銃

na-ran-'je-ro, -ra [ナ.ラン.'へ.ロ, ラ] [形] オレンジの [名] [男] [女] 〔商〕オレンジ売り; 〔農〕オレンジ栽培者

na-'ran-jo [ナ.'ラン.ほ] [名] [男] 〔植〕オレンジの木

nar-ci-'sis-mo [ナる.すぃ.'スィス.モ] [名] [男] ナルシズム, 自己愛, 自己陶酔

nar-ci-'sis-ta [ナる.すぃ.'スィス.タ] [形] ナルシズムの, 自己陶酔の [名] [共] ナルシスト

nar-'ci-so [ナる.'すぃ.ソ] [名] [男] 〔植〕スイセン; ナルシスト **N~** [名] [固] 〔ギ神〕ナルキッソス《水に映る自分の姿にあこがれ水に溺(おぼ)れて水仙の花となった美少年》

nar-'co-sis [ナる.'コ.スィス] [名] [女] 〔単複同〕〔医〕(麻酔による)昏睡(こんすい)状態

nar-'có-ti-co, -ca [ナる.'コ.ティ.コ, カ] [形] 〔医〕麻酔性の, 催眠性の [名] [男] 麻酔薬; 麻薬

nar-co-ti-za-'ción [ナる.コ.ティ.さ.'すぃオン] [名] [女] 〔医〕麻酔

nar-co-ti-'zar [ナる.コ.ティ.'さる] [動] [他] 34 (z|c) 〔医〕〈に〉麻酔をかける

nar-co-tra-fi-'can-te [ナる.コ.トら.フィ.'カン.テ] [名] [共] 麻薬商人, 麻薬取引人

nar-co-'trá-fi-co [ナる.コ.'トら.フィ.コ] [名] [男] 麻薬取引, 麻薬の売買

'nar-do ['ナる.ド] [名] [男] 〔植〕カンショウ, ナルド

nar-'gui-le ⇔ **-'lé** [ナる.'ギ.レ⇔.'レ] [名] [男] 水ギセル

na-ri-'gón, -'go-na [形] ⇩ narigudo

na-ri-'gu-do, -da [ナ.リ.'グ.ド, ダ] [形] [名] [男] [女] 《話》〔体〕鼻の大きい(人)

Na-'ri-ño [ナ.'リ.ニョ] [名] [固] 〔地名〕ナリーニョ《コロンビア西部の県》

na-'riz [ナ.'リす] 87% [名] [女] 〔体〕鼻; 目の前, 鼻先; 嗅覚, かぎつける能力; 《話》好奇心; 〔技〕突き出た部分, 先端; 〔空〕(飛行機の)機首; 〔建〕(橋脚の)水よけ; 〔機〕噴射口, ノズル; 〔飲〕(ワインの)香り, ブーケ; 《ｽﾍﾟｲﾝ》《話》おせっかい ***caerse de narices*** 《話》〔空〕《飛行機が》急降下する; 《人が》うつぶせに倒れる, つんのめる ***dar en la ~*** 《話》(a: に)予感がする, …が疑いを持つ ***dar con la puerta en las narices*** 門前払いする ***dejar con un palmo de narices*** 約束を破る, だます, 欺く ***en sus propias narices*** 《話》目前で ***estar hasta las narices*** 《話》(de: に)あきあきしている, うんざりしている ***ganar por ~*** (競馬で)鼻ひとつの差で勝つ, 僅差(きんさ)で勝つ ***hablar con la ~*** 鼻声で言う[話す] ***hinchársele las narices*** 《話》(a: が)怒る, かっとなる ***meter las narices*** 《話》(en: に)干渉する, …のおせっかいする, …を詮索する ***¡Narices!*** 《ｽﾍﾟｲﾝ》《俗》ええい!, いまいましい!, くそ!, ばかばかしい!, くだらない!, まさか!《怒り・拒絶の表現》 ***ni narices*** 《否定》《話》…でもない ***no haber más narices*** 《話》仕方がない ***no ver más allá de sus narices*** 《話》目先のことばかり見ている ***por narices*** 《話》どうしても, やむをえず; 《話》強引に ***¡Qué narices!*** 《話》まさか!, ばかな!, 冗談じゃない!《抗議・怒りの表現》 ***sonarse la ~*** 鼻をかむ ***tener agarrado[da] por las narices*** 《話》完全に手なづける ***tener montado[da] en las narices*** 《話》我慢がならない, わずらわしく思う ***tener ... delante de las narices*** 《話》…が目の前にある

na-ri-'zo-ta [ナ.リ.'そ.タ] [名] [女] 〔しばしば複〕《話》大きな鼻 **~s** [名] [共] 《単複同》《話》大きな鼻の人

***na-rra-'ción** [ナ.ら.'すぃオン] 93% [名] [女] 叙述, 語り, 語ること; 〔文〕物語, 説話

na-rra-'dor, -'do-ra [ナ.ら.'ドる, 'ド.ら] [名] [男] [女] 語り手, ナレーター, 話者; 〔文〕物語作者, 小説家 [形] 物語の, 叙述の

***na-'rrar** [ナ.'らる] 93% [動] [他] 物語る, 述べる, 話す

na-rra-'ti-vo, -va [ナ.ら.'ティ.ボ, バ] [形] 〔文〕物語(風)の, 語りの, 話術の, 叙述の **-va** [名] [女] 〔文〕〔集合〕物語, 小説, 説話体

'na-rria ['ナ.りア] [名] [女] そり, 荷ぞり; 重いものを運ぶ道具

nar-'val [ナる.'バル] [名] [男] 〔動〕イッカク《クジラの一種》

'na+sa [名] [女] 〔魚〕魚を捕るかご; びく, 魚を入れるかご

N.ª S.ª [略] =Nuestra Señora 〔宗〕聖母

NASA ['ナ.サ] [略] =〔英語〕*National Aeronautic and Space Administration* アメリカ航空宇宙局

n

na-'sal [ナ.'サル] 形〘体〙鼻の;〘音〙鼻音の 名 女〘音〙鼻音

na-sa-li-'dad [ナ.サ.リ.'ダド] 名 女〘音〙鼻音性

na-sa-li-za-'ción [ナ.サ.リ.さ.'すぃオン] 名 女〘音〙鼻音化

na-sa-li-'zar [ナ.サ.リ.'さる] 動 他 ㉞ (z|c) 鼻にかけて発音する;〘音〙鼻音化する

Na-'sáu [ナ.'サウ] 名 固〘地名〙ナッソー《バハマ Bahamas の首都》

'na+ta 名 女《スペイン》〘食〙乳脂, 生クリーム; 浮きかすの薄い膜; 精華, 粋, 最良の部分 形《女》↓nato

*__na-ta-'ción__ [ナ.タ.'すぃオン] 94% 名 女 泳ぎ;〘競〙水泳　~ *artística* [*sincronizada*]〘競〙アーティスティック[シンクロナイズド]スイミング

*__na-'tal__ [ナ.'タル] 92% 形 出生の; 出生地の

Na-'ta-lia [ナ.'タ.リア] 名 固〘女性名〙ナタリア

na-ta-'li-cio, -cia [ナ.タ.'リ.すぃオ, すぃア] 形 出生の; 誕生日の 名 男 出生, 誕生; 誕生日

na-ta-li-'dad [ナ.タ.リ.'ダド] 名 女 出生率

na-'ti-lla [ナ.'ティ.ジャ] 名 女〔複〕〘食〙カスタード

na-ti-vi-'dad [ナ.ティ.ビ.'ダド] 名 女 誕生;〘宗〙キリストの降誕の図;〔N~〕〘宗〙クリスマス, キリスト降誕祭 名 固〘女性名〙ナティビダード

*__na-'ti-vo, -va__ [ナ.'ティ.ボ, バ] 93% 形 生まれ故郷の, 出生地の; 土着の, その土地本来の, 原産の, 現地人の; 生まれつきの, 生来の;《鉱物などが》自然のままの, 天然の 名 男 女 先住民; 現地の人, (de: …)生まれの人

'na+to, +ta 形 生まれながらの, 天性の; 自動的に決まった

na-'tu-ra [ナ.'トゥ.ら] 名 女《格》本質, 自然

⁑__na-tu-'ral__ [ナ.トゥ.'らル] 75% 形 自然の, 自然界の, 天然の, 自然のままの; 当然の, 当たり前の, 自然な; 生まれつきの, 本来の;《様子などが》気取っていない, ごく自然な, 普通の; (de: …)生まれの; 庶生の;《絵などが》実物そっくりの, 真に迫った, ありのままの;〘楽〙ナチュラルの, 本位の 名 共 (de: …)生まれの人 名 男 性格, 性質; 土地の人, 土着の人　*al* ~ 自然のままの[で]　*copiar* [*pintar*] *del* ~〘絵〙写生する　*de tamaño* ~ 等身大の, フルサイズの

⁑__na-tu-ra-'le-za__ [ナ.トゥ.ら.'レ.さ] 77% 名 女 自然, 自然現象; 自然の力; 自然界; 性質, 性分, 天性, (人・物の)本質, 体格; 生まれ, 出身;〘政〙(外国人に与える)国籍, 市民権, 帰化;〘体〙生殖器　~ *muerta*〘絵〙静物画　*por* ~ 生まれつき, 生来, 性質上, 本来　*romper la* ~ 初潮を迎える

*__na-tu-ra-li-'dad__ [ナ.トゥ.ら.リ.'ダド] 93% 名 女 自然さ, 天然さ, 気楽さ, 率直さ, 平然, 冷静　*con la mayor* ~ きわめて自然に, 平然と, 落ち着いて

na-tu-ra-'lis-mo [ナ.トゥ.ら.'リス.モ] 名 男〘文〙〘美〙自然主義

na-tu-ra-'lis-ta [ナ.トゥ.ら.'リス.タ] 形〘文〙〘美〙自然主義の 名 共〘文〙〘美〙自然主義者; 博物学者

na-tu-ra-li-za-'ción [ナ.トゥ.ら.リ.さ.'すぃオン] 名 女〘政〙(外国人への)市民権の付与, 帰化;〘動〙〘植〙移植, 馴化(じゅんか)

na-tu-ra-li-'zar [ナ.トゥ.ら.リ.'さる] 動 他 ㉞ (z|c)〘政〙帰化させる, 市民権を与える;〘植〙〘動〙移植する, 馴化(じゅんか)させる　~se 動 再〘政〙(形容詞: …に)帰化する

⁑__na-tu-'ral-'men-te__ [ナ.トゥ.'らル.'メン.テ] 87% 副《文修飾》もちろん, 当然; 生来, 生まれつき; 自然に, さりげなく, 気取らずに; 自然の法則で

na-tu-'ris-mo [ナ.トゥ.'リス.モ] 名 男 自然生活運動;〘医〙自然療法

na-tu-'ris-ta [ナ.トゥ.'リス.タ] 形 自然生活運動の;〘医〙自然療法の 名 共 自然生活の運動家;〘医〙自然療法の医師

nau-fra-'gar [ナウ.フら.'ガる] 動 自 ㊶ (g|gu)〘海〙《船が》難破する, 難船する, 沈没する; 失敗する, 挫折する

nau-'fra-gio [ナウ.'フら.ひオ] 名 男〘海〙難船, 難破, 遭難; 失敗, 挫折

*__'náu-fra-go, -ga__ ['ナウ.フら.ゴ, ガ] 94% 名 男 女〘海〙難破した人, 遭難者, 漂流者 形〘海〙難破した, 難船した

'Nau-ru ['ナウ.る] 名 固〘地名〙ナウル《太平洋, 赤道直下の島国》

nau-'rua-no, -na [ナウ.'るア.ノ, ナ] 形〘地名〙ナウル(人)の 名 男 女〘地名〙ナウル人 ↑Nauru

'náu-se+a 名 女〔主に複〕吐き気, 悪心(おしん); 船酔い; いや気, 嫌悪, 不快

nau-se+a-'bun-do, -da 形 吐き気を催す, ひどくいやな感じを起こさせる

'nau-ta 名 男《格》〘海〙海員, 船員, 水夫

'náu-ti-co, -ca 形〘海〙航海の, 海上の, 水上の　**-ca** 名 女〘海〙船舶操縦術, 操船術

'na+va ['ナ.バ] 名 女〘地〙山間の平地, くぼ地

*__na-'va-ja__ [ナ.'バ.は] 94% 名 女 かみそり, ひげそり用かみそり, 小刀; (折り畳み式)ナイフ;《話》毒舌, (言葉の)とげ;〘貝〙マテガイ

na-va-'ja-zo [ナ.バ.'は.ぞ] 名 男 ナイフ

n

での切りつけ, ナイフによる切り傷

na-va-'je-ro, -ra [ナ.バ.'へ.ろ, ら] [名] [男] [女] 《(ベネズエラ)》とても器用な人, 有能な人

na-'va-jo, -ja [ナ.'バ.ほ, は] [名] [男] [女] ナバホ族の(人)《北米の先住民》

*__na-'val__ [ナ.'バル] 92% [形]〔海〕船の, 航海の;〔軍〕海軍の

Na-'va-rra [ナ.'バ.ら] [名] [固]〔地名〕ナバーラ《スペイン北部の地方, 県》 ***Comunidad Foral de ~*** ナバーラ自治州

na-'va-rro, -rra [ナ.'バ.ろ, ら] [形] [名] [男] [女]〔地名〕ナバーラの(人)⬆Navarra

Na-'va-rro [ナ.'バ.ろ] [名] [固]〔姓〕ナバーロ

'Na-vas de To-'lo-sa ['ナ.バス デ ト.'ロ.サ] [名] [固]〔地名〕ナバス・デ・トローサ《スペイン南部ハエン県の町, 1212年キリスト教徒軍がイスラム軍を破った地》

'na+ve ['ナ.ベ] 89% [名] [女]《格》〔海〕(大きな)船;〔空〕飛行船;〔空〕宇宙船;〔空〕飛行機;〔宗〕〔建〕(聖堂の)ネーブ, 身廊;〔建〕建物, 棟(むね);《(ベネズエラ)》《話》〔車〕大型高級車 ***quemar las ~s*** 背水の陣を敷く

na-ve-'ga-ble [ナ.ベ.'ガ.ブレ] [形] 航行できる, «川・海が»船が通れる

*__na-ve-ga-'ción__ [ナ.ベ.ガ.'すぃオン] 93% [名] [女]〔海〕〔空〕航海, 航空, 航行;〔海〕航海学[術], 航法;〔空〕航空術 ***~ por la Red***〔情〕ネットサーフィン

na-ve-ga-'dor [ナ.ベ.ガ.'ドる] [名] [男]〔情〕ブラウザー《ウェブページを読むためのソフトウェア》;〔車〕ナビゲーター

*__na-ve-'gan-te__ [ナ.ベ.'ガン.テ] 94% [名] [男]〔海〕航海者, 航行者;〔空〕航空士 [形]〔海〕航海する;〔空〕操縦する

*__na-ve-'gar__ [ナ.ベ.'ガる] 93% [動] [自] 41 (g|gu)〔海〕航海する, 航行する;〔空〕飛行する;〔情〕ウェブページを読む, ネットサーフィンをする [動] [他]〔海〕〔空〕‹船・航空機を›操縦する, 運転する;〔海〕‹海・川を›航行する;〔空〕‹空を›飛行する

Na-vi-'dad [ナ.ビ.'ダド] 82% [名] [女]〔宗〕クリスマス, キリスト降誕祭;〔しばしば複〕クリスマスの季節《12月24日ごろから1月6日まで》;〔宗〕キリストの降誕 ***¡Feliz ~!*** メリークリスマス! ***tarjeta de ~***〔宗〕クリスマスカード

na-vi-'dal [ナ.ビ.'ダル] [名] [男]〔宗〕クリスマスカード

na-vi-'de-ño, -ña [ナ.ビ.'デ.ニョ, ニャ] [形]〔宗〕クリスマスの, 降誕祭の

na-'vie-ro, -ra [ナ.'ビエ.ろ, ら] [形]〔海〕船舶に関する, 海運の [名] [男]〔海〕船主, 船舶所有者 **-ra** [名] [女]〔海〕船舶会社

na-'ví+o [ナ.'ビ.オ] [名] [男]〔海〕大型船;〔海〕〔軍〕軍艦

'ná-ya-de [名] [女]〔ギ神〕ナーイアス《川・泉・湖に住む水の精》

Na-ya-'rit [ナ.ジャ.'りト] [名] [固]〔地名〕ナジャリート《メキシコ中西部の州》

na-za-'re+no, -na [ナ.さ.'れ.ノ, ナ] [形] [名] [男] [女]〔地名〕ナザレの(人)⬇Nazaret;〔歴〕ナザレ教徒(の)《1-4世紀の初期キリスト教徒》;《(スペイン)》〔宗〕聖週間の行列でフードつきマントを着た人 **N~** [名] [固] ナザレの人《イエス・キリスト》

Na-za-'ret [ナ.さ.'れト] [名] [固]〔地名〕ナザレ, ナゼラト《イスラエル北部, イエスが少年時代を過ごした》

'Naz-ca ['ナす.カ] [名] [固]〔地名〕ナスカ《ペルー南西部の都市; ナスカ文化の巨大な地上絵で有名》

'naz-co, -ca(~) [動]《直現1単, 接現》⬆nacer

'na+zi ['ナ.すぃ] [形]〔歴〕〔政〕ナチ党の, ナチスの [名] [共]〔歴〕〔政〕ナチ党員《国家社会主義ドイツ労働者党の党員》

na-'zis-mo [ナ.'すぃス.モ] [名] [男]〔歴〕〔政〕ナチズム, (ドイツ)国家社会主義

na-'zis-ta [ナ.'すぃス.タ] [形]〔歴〕〔政〕ナチズムの [名] [共] (ドイツ)国家社会主義者

N. B. [略] =〔ラテン語〕*Nota Bene* よく注意せよ

N. del A.; N. de la A. [略] =nota del autor[de la autora] 著者(の)注

N. del T.; N. de la T. [略] =nota del traductor[de la traductora] 訳者(の)注, 訳注

NE [略] ⬇noreste

'né-be-da [名] [女]〔植〕イヌハッカ

ne-'blí [ネ.'ブリ] [名] [男]〔複 -blíes⇦-blís〕〔鳥〕ハヤブサの一種

*__ne-'bli-na__ [ネ.'ブリ.ナ] 94% [名] [女]〔気〕霧, もや; 理解を妨げるもの

ne-bu-li-'zar [ネ.ブ.リ.'さる] [動] [他] 34 (z|c)《格》‹液体を›霧状化する

ne-bu-lo-si-'dad [ネ.ブ.ロ.スィ.'ダド] [名] [女]〔気〕曇天, 曇り, 霧がたちこめていること; 不透明, 漠然, あいまい; うす暗がり, うす闇

ne-bu-'lo-so, -sa [ネ.ブ.'ロ.ソ, サ] [形]〔気〕曇った, もやのたちこめた, 霧がかかった; ぼんやりかすんだ, 不透明な, あいまいな, 不鮮明な; 暗い **-sa** [名] [女]〔天〕星雲, 星霧

ne-ce-'dad [ネ.せ.'ダド] [名] [女] ばか, 愚かさ, 愚鈍;〔しばしば複〕たわごと, ばかなまね

ne-ce-'sa-ria-'men-te [ネ.せ.'サ.りア.'メン.テ] 90% [副] 必然的に, 必ず, どうしても;〔否定文で〕必ずしも(…ない)

ne-ce-'sa-rio, -ria [ネ.せ.'サ.りオ, りア] 74% [形] 必要な, なくてはならない; (不定詞/que 接続法: …することが)必要である; 必然的な, 避けることのできない, やむをえない, 当然の

ne-ce-'ser [ネ.せ.'せる] 名 男 (化粧品・裁縫道具などの)ケース, 道具箱

****ne-ce-si-'dad** [ネ.せ.スィ.'ダド] 75% 名 女 必要, 必要性; 必要な物[こと], 必需品; 困っていること, 貧困; 必然(性), 当然のこと; 〔複〕用足し, 用便, 生理的要求; 飢え, 空腹 ***pasar ~es*** 苦労をする, 苦しい生活をする ***por ~*** 必然的に, やむをえず

ne-ce-si-'ta-do, -da [ネ.せ.スィ.'タ.ド, ダ] 形 (de: を)必要とする; ひどく貧乏な, 困窮した 名 男 女 貧困者

****ne-ce-si-'tar** [ネ.せ.スィ.'タる] 72% 動 他 〈が〉必要である, 要する; 〈不定詞/que 接続法: …する〉必要がある 動 自 (de: を)必要とする **~se** 動 再 必要とされている, 必要である; 募集する

***'ne-cio, -cia** ['ネ.すぃオ, すぃア] 94% 形 愚かな; 見えっぱりの, 高慢な; 強情な, 頑固な 名 男 女 愚か者, ばか者, 頑固者

'né-co-ra ['ネ.コ.ら] 名 女 《ズペ》〔動〕カニの一種《食用》

ne-cro-la-'trí+a [ネ.クろ.ラ.'トり.ア] 名 女 〔宗〕死者崇拝

ne-cro-lo-'gí+a [ネ.クろ.ロ.'ひ.ア] 名 女 死亡記事, 死亡欄

ne-cro-'ló-gi-co, -ca [ネ.クろ.'ロ.ひ.コ, カ] 形 死亡記事の

ne-'cró-po-lis [ネ.'クろ.ポ.リス] 名 女 〔単複同〕《格》〔歴〕(特に古代都市の)墓地, 墳墓

ne-'cro-sis [ネ.'クろ.スィス] 名 女 〔単複同〕〔医〕壊死(えし)

ne-'cró-ti-co, -ca [ネ.'クろ.ティ.コ, カ] 形 〔医〕壊死(えし)の

'néc-tar ['ネク.タる] 名 男 〔ギ神〕ネクタル《神々の酒》; 〔飲〕おいしい飲み物, 美酒; 〔植〕花蜜

ne+er-lan-'dés, -'de-sa [ネ.エる.ラン.'デス, 'デ.サ] 形 〔地名〕オランダ(人)の ↑Holanda; 〔言〕オランダ語の 名 男 女 オランダ人 名 男 〔言〕オランダ語

ne-'fan-do, -da 形 《格》忌まわしい

ne-'fa-rio, -ria [ネ.'ファ.りオ, りア] 形 《格》極悪な, ふらちな, よこしまな

ne-'fas-to, -ta 形 不吉な, 受難の

ne-'frí-ti-co, -ca [ネ.'フり.ティ.コ, カ] 形 〔医〕腎(じん)炎の; 〔体〕腎臓の

ne-'fri-tis [ネ.'フり.ティス] 名 女 〔単複同〕〔医〕腎(じん)炎

ne-fro-cal-ci-'no-sis [ネ.フろ.カル.すぃ.'ノ.スィス] 名 女 〔単複同〕〔医〕腎(じん)石灰(沈着)症

ne-fro-li-'tia-sis [ネ.フろ.リ.'ティア.スィス] 名 女 〔単複同〕〔医〕腎(じん)結石症

ne-'fro-ma [ネ.'フろ.マ] 名 女 〔医〕腎腫瘍(じんしゅよう)

ne-fro-me-'ga-lia [ネ.フろ.メ.'ガ.リア] 名 女 〔医〕腎(じん)肥大症

ne-'fro-na [ネ.'フろ.ナ] 名 女 〔医〕ネフロン, 腎(じん)単位

ne-fro-pa-'tí+a [ネ.フろ.パ.'ティ.ア] 名 女 〔医〕腎(じん)症

ne-'fro-sis [ネ.'フろ.スィス] 名 女 〔単複同〕〔医〕ネフローゼ

ne-ga-'ción [ネ.ガ.'すぃオン] 名 女 否定, 打ち消し; 拒否, 拒絶; 〔言〕否定

ne-'ga-do, -da 形 (para: が)できない, 無能な; 否定された 名 男 女 《話》役立たず, 無能者; 〔歴〕〔宗〕背教者

****ne-'gar** [ネ.'ガる] 81% 動 他 ㊻ (e|ie; g|gu) 否定する, 打ち消す, 否認する, 知らないと言う; (不定詞/que 直説法・接続法: …でないと)言う; 〈要求を〉拒む, 〈与えるべきものを〉与えない, 〈他人が与えようとするものを〉断る; 〈と〉手を切る, 〈と〉縁を切る; 禁じる **~se** 動 再 (a 不定詞/a que 接続法: …するのを)断る, 拒絶する; (a: に)背を向ける; (a: 楽しみなどを)断つ

****ne-ga-'ti-vo, -va** [ネ.ガ.'ティ.ボ, バ] 85% 形 消極的な, 控えめな, 引っ込みがちな; 建設的でない; 否定の, 打ち消しの, 拒否の, 反対の; 〔言〕否定の, 否定文の; 〔数〕負の, マイナスの; 〔医〕《検査結果が》陰性の; 〔写〕陰画の; 〔電〕負の, 陰の 名 男 〔写〕陰画, ネガ **-va** 名 女 否定, 否認; 拒否, 拒絶 **-vamente** 副 否定的に, 打ち消して, 拒否して, 反対に, 不利に; 消極的に

neglígé [ネ.グリ.'ジェ] 名 男 〔フランス語〕〔衣〕ネグリジェ

ne-gli-'gen-cia [ネ.グリ.'ヘン.すぃア] 名 女 怠慢, 無頓着(むとんちゃく), だらしなさ

ne-gli-'gen-te [ネ.グリ.'ヘン.テ] 形 名 共 (en, para: に)怠慢な(人), 不注意な(人), だらしない(人)

ne-go-'cia-ble [ネ.ゴ.'すぃア.ブレ] 形 交渉の余地がある, 取引可能な

****ne-go-cia-'ción** [ネ.ゴ.すぃア.'すぃオン] 85% 名 女 交渉, 折衝, 協議; 〔商〕商談; 業務, 取引

ne-go-'cia-do [ネ.ゴ.'すぃア.ド] 名 男 《南米》闇取引; 《ズペ》部門, 部, 局

ne-go-cia-'dor, -'do-ra [ネ.ゴ.すぃア.'ドる, 'ド.ら] 形 名 男 女 交渉の, 取引の; 交渉者, 協議者

ne-go-'cian-te [ネ.ゴ.'すぃアン.テ] 名 共 〔商〕商人, 貿易業者; 〔軽蔑〕駆け引きをする人, 計算高い人 形 交渉する, 商議する

****ne-go-'ciar** [ネ.ゴ.'すぃアる] 90% 動 他 (話し合って)取り決める, 協定する, 交渉する; うまく処理する; 〔商〕〈手形などを〉金に換える 動 自 〔商〕(en: を)取引する, 商(あきな)う; (con: と)交渉する, 協議する; (en: の)仕事をする

***ne-'go-cio** [ネ.'ゴ.すぃオ] 82% 名 男 業務, 事務, 仕事, ビジネス, 職務, 職業;〖商〗(生業としての)商売; 取引; 企業, 実業(界);〖商〗交渉, 商談; 用事, 用件, 日程, 議事; もうけ, 利益;《チリ》《ラプラタ》店, 店舗, 支店, 事務所 *¡Mal ~!*《話》それはひどい!, 割に合わない! *hacer ~* 大もうけをする *~ redondo*〖商〗もうけ話, うま味のある商売, うまい話

ne-gre+'an-te [ネ.グれ.'アン.テ] 形 黒ずんだ

ne-gre+'ar [ネ.グれ.'アる] 動 自 黒くなる, 黒ずむ 動 他《コロンビア》《話》屈辱を与える; 差別する, 孤立させる

ne-'gre-ro, -ra [ネ.'グれ.ろ, ら] 形〖歴〗黒人奴隷売買の 名 男〖歴〗黒人奴隷商人; 部下をこき使う上役, 鬼のような主人

ne-'gri-lla [ネ.'グり.ジャ] 名 女〖印〗肉太活字, ボールドフェース

ne-'grí-si-mo, -ma〔最上級〕↓negro

ne-'gri-ta 名 女〖印〗肉太活字, ボールドフェース;〔複〕《ベネズエラ》〖植〗黒インゲン豆

ne-'gri-to, -ta〔縮小語〕↓negro

***'ne-gro, -gra** ['ネ.グろ, グら] 74% 形 黒い, 黒色の, 暗い; (皮膚の色の)黒い, 黒人の; 不吉な, 不幸な;《話》腹を立てた, 怒った; 汚れた, きたならしい; 腹黒い, 邪悪な; 不正な; 陰鬱な, 暗澹(あんたん)とした 名 男 女 黒人 名 男 黒, 黒色; 黒衣, 喪服; 黒いペンキ, インキ, 黒色染料;《ベネズエラ》ブラックコーヒー -gra 名 女 不幸, 不運;〖楽〗4 分音符 *en blanco y ~*〖写〗〖映〗白黒の *mercado ~*〖経〗闇市, 闇相場 *~ de la uña* 爪あか *pasarlas negras*《話》ひどい目にあう *poner ~[ra]*《話》(a: を)怒らせる *ponerse ~[ra]*《話》怒る *tener la negra*《話》運が悪い *trabajar como un ~*《話》せっせと働く *trabajar con la negra*《チリ》資本なしで事業を始める *verse ~[gra] / vérselas negras para ...*《話》(para 不定詞: …するのが)難しい

'Ne-gro ['ネ.グろ] 名 固〔mar ~〕〖地名〗黒海《ウクライナ・ルーマニア・ブルガリア・トルコ・ジョージアに囲まれた内陸海》;〔el ~〕〖地名〗ネグロ川《アマゾン川北岸の支流》

ne-'groi-de [ネ.'グろイ.デ] 形 ネグロイドの, 黒人種の 名 男 ネグロイド

ne-'gru-cio, -cia [ネ.'グる.すぃオ, すぃア] 形〔軽蔑〕黒ずんだ

ne-'gru-ra [ネ.'グる.ら] 名 女 黒さ

ne-'gruz-co, -ca [ネ.'グるす.コ, カ] 形 黒みがかった, 黒っぽい

ne-'gué, -ne-gue(~) 動《直点 1 単, 接現》↑negar

'Nei-va ['ネイ.バ] 名 固〖地名〗ネイバ《コロンビア南西部の都市》

ne-ma-'to-do 名 男〖動〗線虫, 回虫

'né-me-nis 名 女〔単複同〕天罰, 応酬, 因果 **N~** 名 固〖ギ神〗ネメシス《復讐の女神》

ne-mo-'ro-so, -sa [ネ.モ.'ろ.ソ, サ] 形《詩》《格》森林の

ne-mo-'tec-nia 名 女 ⇧mnemotecnia

ne-mo-'téc-ni-co, -ca 形 ⇧mnemotécnico

***'ne+ne, +na** 88% 名 男 女《話》赤ちゃん, 幼児, 子供;《コロンビア》《ラプラタ》《話》少年, 少女 感《話》ねえ, お前, 君《呼びかけ》

ne-'ne-que [ネ.'ネ.ケ] 形 名 共《中米》《話》体が弱い(人)

ne-'ni-to, -ta 名 男 女《中米》《ラプラタ》《話》赤ちゃん, 赤ん坊

ne-'nú-far [ネ.'ヌ.ファる] 名 男〖植〗スイレン

ne+o~〔接頭辞〕「新しい」という意味を示す

ne+o-ca-le-'do-nio, -nia [ネ.オ.カ.レ.'ド.ニオ, ニア] 形 名 男 女〖地名〗ニューカレドニアの(人)↓Nueva Caledonia

ne+o-ca-pi-ta-'lis-mo [ネ.オ.カ.ピ.タ.'リス.モ] 名 男〖経〗新資本主義

ne+o-ca-to-li-'cis-mo [ネ.オ.カ.ト.リ.'すぃス.モ] 名 男〖宗〗新カトリック主義

ne+o-cla-si-'cis-mo [ネ.オ.クラ.スィ.'すぃス.モ] 名 男〖文〗新古典主義《19 世紀末から 20 世紀初期にかけてヨーロッパにおこった文芸思潮》

ne+o-'clá-si-co, -ca [ネ.オ.'クラ.スィ.コ, カ] 形〖文〗新古典主義の 名 男 女〖文〗新古典主義者↑neoclasicismo

ne+o-co-lo-nia-'lis-mo [ネ.オ.コ.ロ.ニア.'リス.モ] 名 男〖政〗新植民地主義《経済的支配による》

ne+o-co-lo-nia-'lis-ta [ネ.オ.コ.ロ.ニア.'リス.タ] 形〖政〗新植民地主義の 名 共〖政〗新植民地主義者

ne+o-'cór-tex [ネ.オ.'コる.テ(ク)ス] 名 男〔単複同〕〖医〗新皮質

ne+o-'di-mio 名 男〖化〗ネオジム《希土類元素》

ne+'ó-fi-to, -ta 名 男 女 初心者, 新参者;〖宗〗新改宗者

ne+o-'fo-bia 名 女《格》新しいこと[もの]嫌い

ne+'ó-fo-bo, -ba 名 男 女《格》新しいこと[もの]が嫌いな人

ne+o-la-'ti+no, -na [ネ.オ.ラ.'ティ.ノ, ナ] 形〖言〗ロマンス語の, ラテン語系の

ne+o-'lí-ti-co, -ca [ネ.オ.'リ.ティ.コ, カ] 形〖歴〗新石器時代の 名 男〖歴〗新石器時代

ne+o-lo-'gí+a [ネ.オ.ロ.'ひ.ア] 名 女〖言〗新語形成

ne·o·lo·'gis·mo [ネ.オ.ロ.'ひス.モ] [名] [男] 〔言〕新造語, 新語句, 新語義

ne·'ón [名] [男] 〔化〕ネオン《元素》

ne·o·na·'tal [ネ.オ.ナ.'タル] [形] 〔医〕新生児の

ne·o·'na·zi [ネ.オ.'ナ.すぃ] [形] [名] [共] 〔政〕ネオナチ(の)⬇neonazismo

ne·o·na·'zis·mo [ネ.オ.ナ.'すぃス.モ] [名] [男] 〔政〕ネオナチ(ズム)

ne·o·'plas·ma [ネ.オ.'プラス.マ] [名] [男] 〔医〕新生物, 腫瘍(しゅよう)

ne·o·yor·'qui·no, -na [ネ.オ.ジョる.'キ.ノ, ナ] [形] [名] [男] [女] 〔地名〕ニューヨークの(人)⬇Nueva York

ne·o·ze·lan·'dés, -'de·sa [ネ.オ.せ.ラン.'デス, 'デ.サ] [形] 〔地名〕ニュージーランド(人)の [名] [男] [女] ニュージーランド人 ⬇Nueva Zelanda

ne·o·'zoi·co, -ca [ネ.オ.'そイ.コ, カ] [形] 〔地質〕新生代の [名] [男] 〔地質〕新生代

Ne·'pal [ネ.'パル] [名] [固] 〔República Federal Democrática de ～〕〔地名〕ネパール《南アジア, ヒマラヤ山脈中の連邦民主共和国》

ne·pa·'lés, -'le·sa [ネ.パ.'レス, 'レ.サ] [形] 〔地名〕ネパール(人)の⬆Nepal; 〔言〕ネパール語の [名] [男] [女] ネパール人 [名] [男] 〔言〕ネパール語

ne·po·'tis·mo [名] [男] 縁者びいき, 閥族主義

nep·'tu·nio [名] [男] 〔化〕ネプツニウム《超ウラン元素》

Nep·'tu·no [名] [固] 〔ロ神〕ネプトゥヌス, ネプチューン《海の神》; 〔天〕海王星

ne·'rei·da [ネ.'れイ.ダ] [名] [女] 〔ギ神〕ネレイス《海の精[女神]》

'Ner·ja ['ネる.は] [名] [固] 〔地名〕ネルハ《スペイン南部の都市》

ne·'rón [ネ.'ろン] [名] [男] 暴君, 残酷な人

ner·va·'du·ra [ネる.バ.'ドゥ.ら] [名] [女] 〔建〕リブ《迫持(せりもち)の力骨となる部材》; 〔生〕脈状, 脈理, 脈系; 〔植〕葉脈; 〔昆〕(昆虫の)翅脈(しみゃく)

****'ner·vio** ['ネる.ビオ] 86% [名] [男] 〔体〕神経, 神経繊維; 神経過敏, 興奮しやすい状態, いらいらした状態, 臆病(おくびょう); 気力, 力, バイタリティー; 資力, 支え, 原動力; 〔植〕葉脈; 〔昆〕翅脈(しみゃく); 〔食〕(食用肉の)筋(すじ), 腱(けん); 〔建〕リブ; (本の)とじ糸 ***acabar [estar] con los ～s de punta*** 怒る, いらいらする ***atacar los ～s*** (a: の)神経をいらいらさせる ***perder los ～s*** 興奮する ***poner los ～s de punta*** 《話》(a: の)神経を高ぶらせる, (a: を)怒らせる, いらいらさせる

ner·vio·si·'dad [名] [女] ⇩nerviosismo

ner·vio·'sis·mo [ネる.ビオ.'スィス.モ] [名] [男] 神経質な状態, 不安, いらだち

****ner·'vio·so, -sa** [ネる.'ビオ.ソ, サ] 85% [形] 神経質な, 臆病(おくびょう)な; 興奮しやすい, いらいらしている; 〔体〕神経の, 神経組織からなる; たくましい, がっしりした **-samente** [副] いらいらして, 神経質そうに

ner·'vu·do, -da [ネる.'ブ.ド, ダ] [形] 《話》筋(すじ)ばった, 血管が浮き出た; 強健な

nes·ca·'fé [名] [男] 《商標》ネスカフェ, インスタントコーヒー《普通名詞のように使われる》

'nes·ga [名] [女] 〔衣〕まち, ゴア《衣服の幅を出すための細長い三角布》

nes·'gar [ネス.'ガる] [動] [他] 41 (g|gu) 〔衣〕〈服に〉まち[ゴア]を入れる; 〔衣〕〈布地を〉(布目に対して)斜めに切る, バイアスに切る

'Nés·tor ['ネス.トる] [名] [固] 〔ギ神〕ネストール《トロイ戦争のときのギリシャ軍の知将》

ne·ti·'que·ta [ネ.ティ.'ケ.タ] [名] [女] 〔情〕ネチケット《インターネットを利用する人が守るべき倫理的な基準》

ne·'ti·zen [ネ.'ティ.せン] [名] [共] 〔情〕ネットワーク市民, ネチズン《ネットワーク内のコミュニティーに主体的に関わる人》

*'**ne·to, ·ta** 93% [形] 正味の; はっきりした, 明瞭な; 純の, 純粋な; ありのままの [名] [男] 〔建〕台胴, ダド《台座の胴体部》 ***en ～*** 正味の[で] **-tamente** [副] 純粋に, はっきりと; 正味で

neu·'má·ti·co [名] [男] 〔車〕タイヤ ～, -ca [形] 気体の, 空気の入った

neu·mo·co·'nio·sis [名] [女] 〔単複同〕〔医〕塵肺(じんぱい)症

neu·mo·lo·'gí·a [ネウ.モ.ロ.'ひ.ア] [名] [女] 〔医〕呼吸器科学

neu·mo·'ló·gi·co, -ca [ネウ.モ.'ロ.ひ.コ, カ] [形] 〔医〕呼吸器科学の

neu·'mó·lo·go, -ga [ネウ.'モ.ロ.ゴ, ガ] [名] [男] [女] 〔医〕呼吸器科学者, 呼吸器科専門医

neu·mo·'ní·a [ネウ.モ.ロ.'ひ.ア] [名] [女] 〔医〕肺炎

neu·'mó·ni·co, -ca [ネウ.モ.ロ.'ひ.ア] [形] 〔医〕肺炎の; 肺の [名] [男] [女] 〔医〕肺炎患者

neu·mo·'tó·rax [ネウ.モ.'ト.ら(ク)ス] [名] [男] 〔単複同〕〔医〕気胸症

Neu·'quén [ネウ.'ケン] [名] [固] 〔地名〕ネウケン《アルゼンチン西部の州, 州都》

neu·'ral·gia [ネウ.'らル.ひア] [名] [女] 〔医〕神経痛

neu·'rál·gi·co, -ca [ネウ.'らル.ひ.コ, カ] [形] 〔医〕神経痛の

neu·ras·'te·nia [ネウ.らス.'テ.ニア] [名] [女] 〔医〕神経衰弱(症)

neu·ras·'té·ni·co, -ca [ネウ.らス.'テ.ニ.コ, カ] [形] 〔医〕神経衰弱症の [名] [男]

[女]〘医〙神経衰弱症患者

neu-'ri-tis [ネウ.'り.ティス] [名] [女]〔単複同〕〘医〙神経炎

neu-ro-ci-ru-'gí+a [ネウ.ろ.すぃ.る.'ひ.ア] [名] [女]〘医〙神経外科学

neu-ro-ci-ru-'ja+no, -na [ネウ.ろ.すぃ.る.'は.ノ, ナ] [名] [男] [女]〘医〙神経外科医

neu-ro-lo-'gí+a [ネウ.ろ.ロ.'ひ.ア] [名] [女]〘医〙神経(病)学

neu-ro-'ló-gi-co, -ca [ネウ.ろ.'ロ.ひ.コ, カ] [形]〘医〙神経(病)学の

neu-'ró-lo-go, -ga [ネウ.'ろ.ロ.ゴ, ガ] [名] [男] [女]〘医〙神経(病)学者, 神経科医

neu-'ro-na [ネウ.'ろ.ナ] [名] [女]〘体〙ニューロン《神経単位》

neu-ro-'nal [ネウ.ろ.'ナル] [形]〘体〙ニューロンの

neu-ro-no-pa-'tí+a [ネウ.ろ.ノ.パ.'ティ.ア] [名] [女]〘医〙神経細胞障害

neu-'ró-pa-ta [ネウ.'ろ.パ.タ] [名] [共]〘医〙神経障害者

neu-ro-pa-'tí+a [ネウ.ろ.パ.'ティ.ア] [名] [女]〘医〙神経障害

neu-'róp-te-ro, -ra [ネウ.'ろプ.テ.ろ, ら] [形]〘昆〙脈翅(みゃくし)目の [名] [男]〔複〕〘昆〙脈翅目《トンボ, カゲロウなど》

neu-ro-'sí-fi-lis [ネウ.ろ.'スィ.フィ.リス] [名] [女]〔単複同〕〘医〙神経梅毒

neu-'ro-sis [ネウ.'ろ.スィス] [名] [女]〔単複同〕〘医〙神経症, ノイローゼ

neu-'ró-ti-co, -ca [ネウ.'ろ.ティ.コ, カ] [形]〘医〙神経症の [名] [男] [女]〘医〙神経症患者

neu-'to-nio [名] [男]〘物〙ニュートン《力の単位》

***neu-'tral** [ネウ.'トらル] 94% [形]〘政〙中立の, 中立国の; 公平な, 不偏不党の;〘機〙《ギアなどが》ニュートラルの [名] [男]〘政〙中立国, 中立国人, 中立の人;〘機〙(ギアなどの)ニュートラル, 中立位置

neu-tra-li-'dad [ネウ.トら.リ.'ダド] [名] [女] 中立(状態);〘政〙中立性

neu-tra-'lis-mo [ネウ.トら.'リス.モ] [名] [男]〘政〙中立主義; 中立, 中立の態度[意志, 表示]

neu-tra-'lis-ta [ネウ.トら.'リス.タ] [形]〘政〙中立主義の [名] [共]〘政〙中立主義者

neu-tra-li-za-'ción [ネウ.トら.リ.さ.'すぃオン] [名] [女]〘政〙中立化; 相殺, 帳消し;〘化〙〘言〙中和

neu-tra-li-'zar [ネウ.トら.リ.'さる] [動] [他] ㉞ (z|c) (con: で)弱める, 相殺させる; 〈の〉効力を消す; 中立にする;〘化〙中和させる　~se [動] [再] 中立になる, 相殺される, 無効になる;〘化〙〘言〙中和する

neu-'tri+no [ネウ.'トり.ノ] [名] [男]〘物〙ニュートリノ, 中性微子

***'neu-tro, -tra** ['ネウ.トろ, トら] 93% [形] 中性の, 中間的な; はっきりしない, あいまいな, 《色が》淡い;〘言〙中性の;〘政〙中立の, 中立国の;〘化〙〘電〙中性の;〘生〙成熟しても生殖能力のない, 中性の [名] [男]〘言〙中性

neu-'trón [ネウ.'トろン] [名] [男]〘物〙中性子, ニュートロン

Ne-'va-da [ネ.'バ.ダ] [名] [固]〔Sierra ~〕〘地名〙シエラネバダ山脈《スペイン南部の山脈; 米国西部の山脈》;〘地名〙ネバダ《米国西部の州》

ne-'va-do, -da [ネ.'バ.ド, ダ] [形] 雪の積もった, 雪に覆われた;《詩》《格》雪のように白い, 雪白の, 純白の　**-da** [名] [女]〘気〙降雪

***ne-'var** [ネ.'バる] 94% [動] [自] ㊿ (e|ie)〘気〙雪が降る [動] [他] 白くする

ne-'vas-ca [ネ.'バス.カ] [名] [女]〘気〙暴風雪, 吹雪(ふぶき);〘気〙降雪

ne-'va-zo [ネ.'バ.そ] [名] [男]〘気〙大雪, 吹雪(ふぶき)

***ne-'ve-ra** [ネ.'べ.ら] 93% [名] [女]〘機〙冷蔵庫, 氷室; とても寒い場所

ne-ve-'rí+a [ネ.べ.'り.ア] [名] [女]《メキシコ》〘商〙アイスクリーム店

ne-'vis-ca [ネ.'ビス.カ] [名] [女]〘気〙小雪

ne-vis-'car [ネ.ビス.'カる] [動] [自] ㊾ (c|qu)〘気〙小雪が降る

'ne+vo ['ネ.ボ] [名] [男]〘医〙母斑(ぼはん)

ne-'vo-so, -sa [ネ.'ボ.ソ, サ] [形]〘気〙雪の多い, 雪が降りそうな

'ne+xo ['ネク.ソ] [名] [男] 結びつき, 関係, 関連, つながり

⁑**'ni** [ニ] 61% [接]〔弱勢〕…も…ない《否定された 2 つの語や文を結ぶ》: Yolanda no compró el periódico, **ni** tampoco la revista. ヨランダは新聞も雑誌も買わなかった。[副] …さえも…ない《強調》[名] [女]〘言〙ニュー《ギリシャ語の文字; *N*, ν》 ***Ni idea.*** 《話》さあ, まったくわからない　***ni*** … ***ni*** … 《否定》…も…もない　***ni que*** … …なんてとんでもない　***ni siquiera*** … 《否定》…さえも…ない　***sin*** … ***ni*** … …も…もなく

'Niá-ga-ra ['ニア.ガ.ら] [名] [固]〔cataratas de ~〕〘地名〙ナイアガラの滝《米国とカナダの国境の滝》

Nia-'mey [ニア.'メイ] [名] [固]〘地名〙ニアメ《ニジェールの首都》

⁑**Ni-ca-'ra-gua** [ニ.カ.'ら.グア] 89% [名] [固]〔República de ~〕〘地名〙ニカラグア共和国《中米中央部の共和国》;〔lago de ~〕〘地名〙ニカラグア湖《ニカラグア南西部の湖》

⁑**ni-ca-ra-'güen-se** [ニ.カ.ら.'グエン.セ] 90% [形]〘地名〙ニカラグア(人)の [名] [共] ニカラグア人 ↑Nicaragua

Ni-'ca-sio [名] [固]〘男性名〙ニカシオ

'ni-cho [名] [男]〘建〙壁龕(へきがん), ニッチ《像・

花瓶(かびん)などを置く壁のくぼみ);(棺を入れる)壁穴;《(ベネズエラ)》《話》〔軽蔑〕アフリカ系の人 ***tener en un*** ～《(メキシコ)》神棚に載せる, 大事にする

Ni-co-'lás [ニ.コ.'ラス] 名 固〘男性名〙ニコラス

Ni-'co-sia 名 固〘地名〙ニコシア《キプロス Chipre の首都》

ni-co-'ti-na 名 女〘化〙ニコチン

Ni-'co-ya 名 固〔golfo de ～〕〘地名〙ニコージャ湾《コスタリカ北西部の湾》

nic-to-'fo-bia [ニク.ト.'フォ.ビア] 名 女〘医〙暗所恐怖

ni-'da-da 名 女 巣の中のもの《卵・ひななど》

ni-'dal [ニ.'ダル] 名 男 巣; 抱き卵; ねぐら, 家, たまり場, 行きつけの場所

ni-di-fi-'car [ニ.ディ.フィ.'カる] 動 自 69 (c|qu)〘生〙巣を作る

*'**ni+do** 93% 名 男 巣; 巣の中のもの《卵・ひななどの全体》; 巣のような場所, 心地よい場所; (悪事の)巣窟(そうくつ), 温床, 拠点; 隠し場所;《(アンデス)》幼稚園 ***caerse del*** ～《話》汚れを知らない, 純真無垢である, 世間知らずである ***cama*** ～ 引き出し式ベッド

*'**nie-bla** ['ニエ.ブラ] 92% 名 女〘気〙霧, もや; 不鮮明, ぼんやりとした状態, あいまいさ;〘医〙片雲, 雲状浮遊物《角膜や尿のかすかな濁り》

'**nie-g~** 動《直現/接現/命》⬆negar

⁑'**nie-to, -ta** 89% 名 男 女 孫;〔一般〕子孫

'**Nie-to** 名 固〘姓〙ニエト

'**nie-v~** 動《直現/接現/命》⬆nevar

⁑'**nie-ve** ['ニエ.ベ] 86% 名 女〘気〙雪; 積もった雪, 積雪, 積雪地帯, 雪原;《格》白い部分, 白さ;《(メキシコ)》〘食〙アイスクリーム;《(南米)》〘食〙かき氷, シャーベット ***a punto de*** ～〘食〙《卵が》固く泡立てた ***agua*** ～〘気〙みぞれ

nie-'ve-ro, -ra [ニエ.'べ.ろ, ら] 名 男 女《(メキシコ)》〘商〙アイスクリーム売り

'**Nie-ves** ['ニエ.ベス] 名 固〘女性名〙ニエベス

NIF ['ニ.フ] 略 =número de identificación fiscal〘法〙納税者番号

'**Ní-ger** ['ニ.へる] 名 固〔República del ～〕〘地名〙ニジェール《アフリカ西部の共和国》;〔el ～〕〘地名〙ニジェール川《アフリカ西部の川》

Ni-'ge-ria [ニ.'へ.りア] 名 固〔República Federal de ～〕〘地名〙ナイジェリア《アフリカ西部の国, 正式名はナイジェリア連邦共和国》

ni-ge-'ria+no, -na [ニ.へ.'りア.ノ, ナ] 形〘地名〙ナイジェリア(人)の 名 男 女 ナイジェリア人⬆Nigeria

ni-ge-'ri+no, -na [ニ.へ.'り.ノ, ナ] 形〘地名〙ニジェール(人)の 名 男 女 ニジェール人⬆Níger

ni-'gé-rri-mo, -ma [ニ.'へ.り.モ, マ] 形〔最上級〕《格》《まれ》⬆negro

ni-gro-'man-cia ⇔-'cí+a [ニ.グろ.'マン.すぃア⇔.'すぃ.ア] 名 女〘宗〙降霊術, 交霊占い《死者との交霊によって未来を占う方法》

ni-gro-'man-te [ニ.グろ.'マン.テ] 名 共〘宗〙降霊術師

ni-gro-'mán-ti-co, -ca [ニ.グろ.'マン.ティ.コ, カ] 形〘宗〙降霊術の

ni+hi-'lis-mo [ニイ.'リス.モ] 名 男〘哲〙ニヒリズム, 虚無主義

ni+hi-'lis-ta [ニイ.'リス.タ] 形〘哲〙ニヒリズムの, 虚無主義の 名 共〘哲〙ニヒリスト, 虚無主義者

Ni+'ké 名 固〘ギ神〙ニケ《勝利の女神》

'**Ni-lo** ['ニ.ロ] 名 固〔el ～〕〘地名〙ナイル川《アフリカ北東部を流れる大河》

ni-'lón 名 男 ⇧nailon

nim-'bar [ニン.'バる] 動 他〈に〉後光[光背, 光輪]をつける,〈に〉暈(かさ)をかぶせる

'**nim-bo** 名 男 後光, 光輪;〘気〙乱雲, 雨雲;〘天〙(太陽・月にかかる)暈(かさ);〘歴〙(ローマ時代の貨幣にある)皇帝の円光

nim-bo-es-'tra-to [ニン.ボ.エス.'トら.ト] 名 男〘気〙乱層雲

ni-mie-'dad 名 女 つまらないこと, ささいなこと; 冗長, くどさ, 過剰

'**ni-mio, -mia** 形 取るに足りない, つまらない; 行き過ぎた, 度を超えた, 冗長な; 精密な, 細心の

'**nin-fa** 名 女《詩》美少女, 乙女;〘昆〙若虫;〔複〕〘体〙小陰唇

'**Nin-fa** 名 固〘ギ神〙〘ロ神〙ニンフ《山・川・森などに住む妖精》

nin-'fe+a 名 女〘植〙スイレン

nin-'fó-ma-na 名 女〘医〙(女性の)異常性欲亢進症患者

nin-fo-ma-'ní+a 名 女〘医〙(女性の)異常性欲亢進(こうしん)症

nin-'gún 形 ⬇ninguno

nin-'gu-na 形《女》⬇ninguno

nin-gu-ne+'ar [ニン.グ.ネ.'アる] 動 他 ないがしろにする, 無視する

⁑**nin-'gu+no, -na** [ニン.'グ.ノ, ナ] 72% 形《不定》《否定》**1** なんの(…も…ない)《人や物を否定する; alguno の否定形》: No he visto **ninguna** bahía tan hermosa como la de Acapulco. アカプルコほど美しい湾を見たことがない。 **2**《動詞の前に置くと動詞を否定する no をつけない》: **Ningún** coche me gustó. 私はどの車も気に入らなかった。 代《不定》《否定》**1** 誰も(…ない), 何も(…ない): No ha venido **ninguna** de mis amigas. 私の友人(女性)の誰も来なかった。 **2** 誰も…ない, 何も…ない《動詞の前に置くと動詞を否定する no をつけない》: **Ninguno** de sus colegas trabaja tanto como él. 彼の同僚の誰も彼ほど働かない。 ***de ninguna manera*** 《否定》決して…ない

ninja ['ニン.ジャ] 名 男 〔日本語〕忍者 形 忍者の

****ni+ña** ['ニ.ニャ] 87% 名 女 女の子, 少女; 〔体〕瞳(ひとみ), 瞳孔(どうこう); 〔la N～〕〔気〕ラ・ニーニャ現象《東太平洋赤道海域で海水の温度が低下する現象》 感《話》ねえ, 君《親しい女性に対する呼びかけ》 ***la ～ de mis ojos*** 目に入れても痛くないほどかわいい人

ni-'ña-da [ニ.'ニャ.ダ] 名 女 子供っぽさ, 大人げないこと

ni-'ña-to, -ta [ニ.'ニャ.ト, タ] 名 男 女《話》〔軽蔑〕青二才; 生意気な若者

ni-'ñe-ra [ニ.'ニェ.ら] 名 女 子守(女), ベビーシッター

ni-ñe-'rí+a [ニ.ニェ.'り.ア] 名 女 子供のしぐさ, 子供っぽい行為; ささいなこと

***ni-'ñez** [ニ.'ニェす] 93% 名 女 幼年時代, 子供のころ; 子供っぽい行為

ni-'ñi-ta 〔縮小語〕↑niña

ni-'ñi-to 〔縮小語〕↓niño

****ni+ño** ['ニ.ニョ] 63% 名 男 男の子, 少年; 若者; 赤ちゃん, 幼児; 子供, 息子; 若造, 青二才; 〔el N～〕〔気〕エル・ニーニョ現象《エクアドルからペルー沖で起こる海流の変化を伴う水温の上昇現象; 世界的な異常気象や気候変動を起こす》; 〔N～ Jesús〕〔宗〕幼子イエス; **～, -ña** 形 子供の, 小さい; 子供のような 感《話》ねえ, きみ[あなた]《親しい人への呼びかけ》 ***de ～*** 子供のころ ***¡... ni qué ～ muerto!*** 《俗》…なんてとんでもない

'Ní+o-be 名 固 〔ギ神〕ニオベ《14 人の愛児を殺されて泣き続け石に化した母》

'nio-bio 名 男 〔化〕ニオブ《元素》

ni-'pón, -'po-na 形《格》日本の 名 男 女 日本人

'ní-quel ['ニ.ケル] 名 男 〔化〕ニッケル《金属元素; 元素記号 Ni》; ニッケル硬貨, 小銭

ni-que-'la-do, -da [ニ.ケ.'ラ.ド, ダ] 形 〔技〕ニッケルめっきされた 名 男 〔技〕ニッケルめっき

ni-que-'lar [ニ.ケ.'ラる] 動 他 〔技〕ニッケルでメッキする

'ni-qui 名 男《ｽﾍﾟｲﾝ》〔衣〕Tシャツ, ポロシャツ

nir-'va-na [ニる.'バ.ナ] 名 男 〔宗〕ニルバーナ, 涅槃(ねはん)

'nís-ca-lo ['ニス.カ.ロ] 名 男《ｽﾍﾟｲﾝ》〔菌〕チチタケ《食用のキノコ》

'nís-pe-ro ['ニス.ぺ.ろ] 名 男《ｽﾍﾟｲﾝ》〔植〕セイヨウカリン(の実), ビワ(の実)

'nís-po-la ['ニス.ポ.ラ] 名 女 〔植〕セイヨウカリンの実, ビワの実

nis-'tag-mo [ニス.'タグ.モ] 名 男 〔医〕眼振

ni-ti-'dez [ニ.ティ.'デす] 名 女 輝き, 明るさ, 透明性; 〔写〕鮮明さ; 潔白, 清廉, 公明正大

'ní-ti-do, -da 形 鮮明な; 明るい, 澄みきった; 潔白な, 公明正大な; 《ｶﾘﾌﾞ》《話》よい, すてきな, すばらしい

ni-'tra-to [ニ.'トら.ト] 名 男 〔化〕硝酸塩[エステル]

'ní-tri-co, -ca ['ニ.トり.コ, カ] 形 〔化〕(5 価の)窒素の[を含む]

'ni-tro ['ニ.トろ] 名 男 〔化〕硝酸カリウム, 硝石

ni-'tró-ge+no [ニ.'トろ.へ.ノ] 名 男 〔化〕窒素《元素》

ni-tro-gli-ce-'ri-na [ニ.トろ.グリ.せ.'り.ナ] 名 女 〔化〕ニトログリセリン《ダイナマイト, 血管拡張剤などに用いる》

****ni-'vel** [ニ.'ベル] 73% 名 男 水平, 水平面; 〔地〕平地, 平原; (文化・学問・技術などの)水準, (他と比べた)高さ, レベル; レベル, 級; 〔技〕水準器 ***a ～*** 平らな[で], 水平な[で], 同じ高さに ***al ～ de ...*** …と同じ水準[高さ]で ***curvas de ～*** 〔地〕等高線 ***～ del mar*** 〔地〕海抜

ni-ve-la-'ción [ニ.ベ.ラ.'すぃオン] 名 女 平均化, 均一化; 水平にすること, 地ならし

***ni-ve-'lar** [ニ.ベ.'ラる] 94% 動 他 平らにする, ならす, 一様にする; バランスよくする, 同程度にする, 平衡を保たせる **～se** 動 再 平らになる, 平均化する, 一様になる; (con: と)同程度になる, バランスがとれる

'ní-ve+o, +a ['ニ.ベ.オ, ア] 形《詩》《格》雪の, 雪のような

'Ni+za ['ニ.さ] 名 固 〔地名〕ニース《フランス南東部の都市》

ni-'zar-do, -da [ニ.'さる.ド, ダ] 形 名 男 女 〔地名〕ニースの(人)↑Niza

n. n. 略 =〔ラテン語〕*nescio nomen* 人名不詳

NNE 略 ↓nornordeste

NNO 略 ↓nornoroeste

NN. UU. 略 =Naciones Unidas 〔政〕国際連合

****'no** 35% 副 **1** いいえ, いや《否定の返事》: ¿Me oyes bien? — **No.** 私の言うことがよく聞こえますか。—いいえ。 **2** …でない, …しない《否定する語の前に置く》: **No** comprendo. ¿Puede repetir? わかりません。もう一度おっしゃっていただけますか。 **3** …しないで, …するな《禁止, 否定の命令; 接続法を用いる》: **No** te vayas. 行かないで。 **4**

不…, 非…《名詞·形容詞の否定》: **no** aprobado 不可 pacto de **no** agresión〔政〕不可侵条約 **5** …ではないですか, …でしょう? 《付加疑問文をつくる》: Tienes que trabajar, ¿**no**? 君は仕事をしなければいけないでしょう? **6**〔否定文や比較文で〕《虚辞として用いる》: Prefiero salir a su encuentro que **no** quedarme esperándole. 私は残って彼を待っているよりも迎えに行ったほうがいいです。名 男〔複 noes〕否定の返事, 反対 感 まさか!, ええ!, そんな!《驚き》 ***¡A que ~!***《話》そんなことがあるものか! ***¿A que ~ …?***《話》きっと…でないでしょう? ***¡Cómo ~!***《話》もちろんそうです, いいとも ***~ es que*** …(接続法) …というわけではない ***No hay de qué.*** どういたしまして ***~ más***《ラ米》《話》ただ…だけ, ちょうど… ***~ más que*** …《ラ米》…するとすぐに ***~ … sino —*** …ではなくて— ***¡Y que ~ …!***《話》…だなんて!

no. 略 ⬇número

NO 略 ⬇noroeste

n.º; nro. 略 ⬇número

No-'bel [ノ.'ベル] 名 固〔Premio ~〕ノーベル賞;〔premio ~〕名 共 ノーベル賞受賞者

no-'be-lio [ノ.'ベ.リオ] 名 男〔化〕ノーベリウム《元素》

no-bi-'lia-rio, -ria [ノ.ビ.'リア.りオ, りア] 形 貴族の 名 男 貴族名鑑

no-bi-'lí-si-mo, -ma〔最上級〕⬇noble

'no-ble ['ノ.ブレ] 88% 形 名 共 気高い, 高潔な, 崇高な; 堂々とした, 立派な, 見事な, いさぎよい; 貴族の, 身分の高い, 高貴な; 腐食しない, 希…(ガス), 貴…(金属), 高級な, 上質の; 貴族 **~mente** 副 堂々と, りっぱに, 気高く

*__no-'ble-za__ [ノ.'ブレ.さ] 92% 名 女〔集合〕貴族(階級); 高貴の生まれ[身分]; 気高さ, 気品, 威厳

no-'caut 名 男〔競〕〔ボクシング〕ノックアウト(パンチ)

'no-che 66% 名 女 夜, 晩; 暗闇 ***a*** [***en***] ***la noche***《ラ米》夜に ***al caer la ~*** 夕暮れに ***de la ~ a la mañana*** 一夜のうちに, あっという間に ***de ~*** 夜に ***hacer ~*** 一夜を過ごす ***hacerse de ~*** 夜になる ***media ~*** ⇧medianoche ***N~ Buena*** ⇩Nochebuena ***~ de los tiempos*** 大昔 ***~ en claro*** 徹夜 ***~ toledana*** トレドの夜《不安や不快で眠れない夜》 ***N~ Triste***〔歴〕「悲しみの夜」《1520年6月30日コルテス軍がアステカ軍の蜂起により多くの兵士を失って首都テノチティトランを脱出した夜》 ***N~ Vieja*** ⇩Nochevieja ***pasar buena*** [***mala***] ***~*** 夜ぐっすり眠る[眠れない] ***por la ~***《スペイン》夜に

*__No-che-'bue-na__ 94% 名 女 クリスマスイブ, クリスマスの前夜《12月24日の夜》

no-che-'ci-ta [ノ.チェ.'すぃ.タ] 名 女《話》夜,〔しばしば皮肉〕ひどい夜

*__No-che-'vie-ja__ [ノ.チェ.'ビエ.は] 94% 名 女 大みそかの夜

*__no-'ción__ [ノ.'すぃオン] 91% 名 女 概念, 観念; (初歩的な)知識, 心得

no-cio-'nal [ノ.すぃオ.'ナル] 形 概念的な

no-ci-vi-'dad [ノ.すぃ.ビ.'ダド] 名 女 有毒性, 有害性

no-'ci-vo, -va [ノ.'すぃ.ボ, バ] 形 有害な, 不健全な; 有毒な

noc-tam-bu-'lis-mo [ノク.タン.ブ.'リス.モ] 名 男 夜に出歩くこと, 夜遊び

noc-'tám-bu-lo, -la [ノク.'タン.ブ.ロ, ラ] 形 名 男 女 夜に出歩く(人)

noc-'tí-va-go, -ga [ノク.'ティ.バ.ゴ, ガ] 形〔動〕《動物が》夜行性の

noc-'tu-ria [ノク.'トゥ.りア] 名 女〔医〕夜尿症

noc-tur-ni-'dad [ノク.トゥる.ニ.'ダド] 名 女〔法〕夜間の犯罪に対する加重情状

*__noc-'tur-no, -na__ [ノク.'トゥる.ノ, ナ] 92% 形 夜の, 夜間の;〔動〕《動物が》夜行性の;〔植〕《花が》夜開く 名 男〔楽〕夜想曲, ノクターン

'no-do 名 男〔天〕交点;〔物〕波節;〔医〕結節;〔情〕ノード《ネットワーク上のステーション, 端末》;《スペイン》〔歴〕〔映〕ニュース映画

no-'dri-za [ノ.'ドり.さ] 名 女 乳母; タンク, 給油タンク ***buque ~***〔海〕母船

no-du-'lar [ノ.ドゥ.'ラる] 形〔医〕小結節性[状]の

'nó-du-lo ['ノ.ドゥ.ロ] 名 男 小さな節, 小結節

No-'é 名 固〔聖〕ノア《旧約聖書の洪水物語の主人公》

No-'el [ノ.'エル] 名 固〔Papá ~〕サンタクロース

no-'gal [ノ.'ガル] 名 男〔植〕クルミの木

no-ga-'li-na [ノ.ガ.'リ.ナ] 名 女 クルミの殻から作る染料

'nó-ma-da 形 遊牧民の, 遊動民の; 放浪(生活)の 名 共 遊牧民, 遊動民; 放浪者

no-ma-de-'ar [ノ.マ.デ.'アる] 動 自 放浪する, 流浪する

no-ma-'de-o 名 男 放浪, 流浪

no-ma-'dis-mo 名 男 遊牧[遊動]生活; 放浪生活

no-'más 副《メキシコ》《中米》《アンデス》《チリ》《ラプラタ》ただ…だけ; ちょうど…

nom-bra-'dí-a [ノン.ブら.'ディ.ア] 名 女 名声, ほまれ

nom-'bra-do, -da [ノン.'ブら.ド, ダ] 形 有名な, 名高い; 述べられた, 前述の

*__nom-bra-'mien-to__ [ノン.ブら.'ミエン.ト] 91% 名 男 指名, 任命; 辞令

**__nom-'brar__ [ノン.'ブらる] 87% 動 他 (para: 役職などに)任命する, 指名する; 〈の〉名を挙げる, 〈の〉名を呼ぶ; 名づける, 命名する

**'__nom-bre__ ['ノン.ブれ] 70% 名 男 名, 名称, 名前; (実(じつ)に対する)名, 名目, 名義; 評判, 名声; 〔言〕名詞 *a ~ de* ... …という名で, …の名義で *conocer de ~* (直接に面識はないが)名前は知っている *de ~* 名だけの, 名目上の; 名前は… *en ~ de* ... …の代理で, 名目で, …を代表して; …の名において, …の権威にかけて, (神などの)名にかけて *hacerse un ~* 名を上げる *llamar las cosas por su ~* はっきりと言う, 率直に言う *no tener ~* 話にならない, ひどい

no-men-'clá-tor ⇔ **-cla-'dor** [ノ.メン.'クラ.トる⇔.クラ.'ドる] 名 男 一覧表

no-men-cla-'tu-ra [ノ.メン.クラ.'トゥ.ら] 名 女 命名(法), 学名, 術語; 目録, 名簿; 術語集

no-me-ol-'vi-des [ノ.メ.オル.'ビ.デス] 名 女 〔単複同〕〔植〕ワスレナグサ

'nó-mi-na 名 女 表, 一覧表, 目録, 名簿; 賃金台帳; (従業員の)給与

no-mi-na-'ción [ノ.ミ.ナ.'すぃオン] 名 女 指命, 任命, ノミネート; 命名, 名づけ

no-mi-'nal [ノ.ミ.'ナル] 形 名目(上)の, 名目だけの, 名ばかりの; 〔商〕《株式が》記名の; 額面の; 〔言〕名詞の; 《投票が》記名の

no-mi-na-'lis-mo [ノ.ミ.ナ.'リス.モ] 名 男 〔哲〕唯名論

no-mi-na-'lis-ta [ノ.ミ.ナ.'リス.タ] 形 〔哲〕唯名論の 名 共 〔哲〕唯名論者

no-mi-na-li-za-'ción [ノ.ミ.ナ.リ.さ.'すぃオン] 名 女 〔言〕名詞化

no-mi-na-li-'zar [ノ.ミ.ナ.リ.'さる] 動 他 ㉞ (z|c) 〔言〕名詞化する

*__no-mi-'nar__ [ノ.ミ.'ナる] 94% 動 他 《格》〈の〉名前を挙げる, 指命する, ノミネートする; …と命名する, 名づける

no-mi-na-'ti-vo, -va [ノ.ミ.ナ.'ティ.ボ, バ] 形 〔言〕主格の; 〔商〕《株券などが》名前入りの, 記名の 名 男 〔言〕主格, 主格の語[形]

'Nom 'Pen ['ノン 'ペン] 名 固 〔地名〕プノンペン《カンボジア Camboya の首都》

'non 形 〔数〕奇数の 名 男 〔数〕奇数; 〔複〕《話》拒否 *a pares o ~es* 半か丁かで *quedar [haber] de ~* あぶれる, 相手がいない

no-'na-da 名 女 つまらないこと

no-na-ge-'na-rio, -ria [ノ.ナ.へ.'ナ.りオ, りア] 形 名 男 女 90 歳代の(人)

no-na-'gé-si-mo, -ma [ノ.ナ.'へ.スィ.モ, マ] 形 名 男 女 《序数》第 90 番目の(人・物); 90 分の 1(の)

no-na-ge-si-mo-'cuar-to, -ta 形 名 男 女 《序数》⇨nonagésimo[ma] cuarto[ta]

no-na-ge-si-mo-no-'ve-no, -na 形 名 男 女 《序数》⇨nonagésimo[ma] noveno[na]

no-na-ge-si-mo-oc-'ta-vo, -va 形 名 男 女 《序数》⇨nonagésimo[ma] octavo[va]

no-na-ge-si-mo-pri-'me-ro, -ra 形 名 男 女 《序数》⇨nonagésimo[ma] primero[ra]

no-na-ge-si-mo-'quin-to, -ta 形 名 男 女 《序数》⇨nonagésimo[ma] quinto[ta]

no-na-ge-si-mo-se-'gun-do, -da 形 名 男 女 《序数》⇨nonagésimo[ma] segundo[da]

no-na-ge-si-mo-'sép-ti-mo, -ma 形 名 男 女 《序数》⇨nonagésimo[ma] séptimo[ma]

no-na-ge-si-mo-'sex-to, -ta 形 名 男 女 《序数》⇨nonagésimo[ma] sexto[ta]

no-na-ge-si-mo-ter-'ce-ro, -ra 形 名 男 女 《序数》⇨nonagésimo[ma] tercero[ra]

no-'na-to, -ta 形 存在しない, 実在しない; 〔医〕《新生児が》帝王切開で生まれた

no-'ne-co, -ca 形 《中米》臆病(おくびょう)な; ばかな

no-nin-gen-'té-si-mo, -ma [ノ.ニン.ヘン.'テ.スィ.モ, マ] 形 名 男 女 《序数》第 900 番目の(人・物); 900 分の 1(の)

'no+no, +na 形 9 番目の *a la hora nona* 《ラ米》ひどく遅く **-na** 名 女 〔宗〕九時課の祈り

no-'pal [ノ.'パル] 名 男 《ラ米》〔植〕ノパルサボテン《メキシコ産, 食用》

no-que+'ar [ノ.ケ.'アる] 動 他 〔競〕〔ボクシング〕ノックアウトする

no-'que+o [ノ.'ケ.オ] 名 男 〔競〕〔ボクシング〕ノックアウト

nor-co-re+'a+no, -na [ノる.コ.れ.'ア.ノ, ナ] 形 北朝鮮の, 朝鮮民主主義人民共和国の 名 男 女 北朝鮮人

*__nor-'des-te__ 94% 名 男 北東; 〔気〕北東の風 形 北東の

*'__nór-di-co, -ca__ ['ノる.ディ.コ, カ] 94% 形 名 男 女 スカンジナビアの(人), 北欧の(人) 形 北の; 〔競〕ノルディックの《距離とジャンプからなる》; 〔言〕北欧語の 名 男 〔言〕北欧語

no-'res-te [名] [男] ⇧ nordeste

'no-ria ['ノ.りア] [名] [女] 水車, 井戸; 〔遊〕観覧車

no-r|ir-lan-'dés, -'de-sa [ノ.りる.ラン.'デス, 'デ.サ] [形] 〔地名〕北アイルランド(人)の ⬆ Irlanda del Norte, Irlanda [名] [男] [女] 北アイルランド人

‡**'nor-ma** ['ノる.マ] 82% [名] [女] 規範, 規則, 規律; 標準, 規準, 規格

'Nor-ma ['ノる.マ] [名] [固] 〔女性名〕ノルマ

‡**nor-'mal** [ノる.'マル] 75% [形] 標準の, 正常な, 正規の; 通常の, 普通の; (es ～ que 接続法: …が)普通である ***escuela*** ～ 師範学校, 教員養成大学

***nor-ma-li-'dad** [ノる.マ.リ.'ダド] 93% [名] [女] 正常, 常態, 正常性, 正規性

nor-ma-li-za-'ción [ノる.マ.リ.さ.'すぃオン] [名] [女] 標準化, 正規化; 正常化

nor-ma-li-'zar [ノる.マ.リ.'さる] [動] [他] ㉞ (z|c) 正常化する; 標準化する, 規格化する, 正規化する ～**se** [動] [再] 正常に戻る; 標準化される

‡**nor-'mal-'men-te** [ノる.'マル.'メン.テ] 80% [副] 《文修飾》普通は, 通常は; 正常に, 順調に

Nor-man-'dí+a [ノる.マン.'ディ.ア] [名] [固] 〔地名〕ノルマンディー《フランス北西部の地方》

nor-'man-do, -da [ノる.'マン.ド, ダ] [形] [名] [男] [女] ノルマン(民族)の; 〔地名〕ノルマンディー(人)の ⬆ Normandía; ノルマン人, ノルマンディーの人; 〔言〕(フランス語の)ノルマンディー方言の [名] [男] 〔言〕(フランス語の)ノルマンディー方言

nor-ma-'ti-vo, -va [ノる.マ.'ティ.ボ, バ] [形] 規範的な, 標準の **-va** [名] [女] 基準; 規則

nor-nor-'des-te [ノる.ノる.'デス.テ] [名] [男] 北北東; 〔気〕北北東の風 [形] 北北東の; 〔気〕《風が》北北東からの

nor-no-r|o+'es-te [ノる.ノ.ろ.'エス.テ] [名] [男] 北北西; 〔気〕北北西の風 [形] 北北西の; 〔気〕《風が》北北西からの

no-r|oc-ci-den-'tal [ノ.ろク.すぃ.デン.'タル] [形] 北西の

‡**no-r|o+'es-te** [ノ.ろ.'エス.テ] 89% [名] [男] 北西; 〔気〕北西の風 [形] 北西の

no-r|o-rien-'tal [ノ.ろ.りエン.'タル] [形] 北東の

‡**'nor-te** ['ノる.テ] 78% [名] [男] 北, 北部, 北方; 目標, 目的, 指針; 手引き, 道しるべ; 〔気〕北風 [形] 北の, 北部の, 北方の; 〔気〕《風が》北からの

'Nor-te ['ノる.テ] [名] [固] 〔mar del ～〕〔地名〕北海《大西洋北東部の海域》; 〔地名〕北極; 〔天〕北極星

nor-te-a-fri-'ca+no, -na [ノる.テ.ア.フり.'カ.ノ, ナ] [形] [名] [男] [女] 〔地名〕北アフリカの(人)

***Nor-te-a-'mé-ri-ca** [ノる.テ.ア.'メ.り.カ] 94% [名] [固] 〔地名〕北アメリカ, 北米; 〔地名〕アメリカ合衆国, 米国 ⇧ Estados Unidos

‡**nor-te-a-me-ri-'ca+no, -na** [ノる.テ.ア.メ.り.'カ.ノ, ナ] 81% [形] 〔地名〕北アメリカの, 北米の 〔地名〕米国(人)の ⇧ estadounidense; [名] [男] [女] 〔地名〕北米の(人) ⬆ Norteamérica; 米国人 ⇧ estadounidense

'Nor-te de San-tan-'der ['ノる.テ デ サン.タン.'デる] [名] [固] 〔地名〕ノルテ・デ・サンタンデル《コロンビア北東部の県》

nor-'te-ño, -ña [ノる.'テ.ニョ, ニャ] [形] [名] [男] [女] 北の, 北部地方の(人)

***No-'rue-ga** [ノ.'るエ.ガ] 94% [名] [固] 〔地名〕ノルウェー《ヨーロッパ北西部の王国》

***no-'rue-go, -ga** [ノ.'るエ.ゴ, ガ] 94% [形] 〔地名〕ノルウェー(人)の ⬆ Noruega; 〔言〕ノルウェー語の [名] [男] [女] ノルウェー人 [名] [男] 〔言〕ノルウェー語

‡**nos** [ノス] 55% [代] 《人称》〔弱勢〕**1** 私たちを《直接目的語》: El señor Pérez **nos** visitó el domingo. ペレスさんは日曜日に私たちのところを訪問しました。 **2** 私たちに《間接目的語》: Mi tío Ángel **nos** mandó un regalo. アンヘルおじさんが私たちに贈り物を送ってくれた。 **3** 《再帰》: Juana y yo **nos** vemos a diario. ファナと私は毎日会っている。 **4** 《肯定命令では nos の前で動詞の語尾の s がとれる》: Vámo**nos**. 行きましょう。 **5** 《古》 我(ﾜﾚ)(は) ***entre*** ～ 《話》ここだけの話だが

no-so-co-'mial [ノ.ソ.コ.'ミアル] [形] 〔医〕病院の, 院内の

no-so-'co-mio [名] [男] 〔医〕病院

no-so-lo-'gí+a [ノ.ソ.ロ.'ひ.ア] [名] [女] 〔医〕疾病分類学

no-so-'ló-gi-co, -ca [ノ.ソ.'ロ.ひ.コ, カ] [形] 〔医〕疾病分類学の

‡**no-'so-tros, -tras** [ノ.'ソ.トろス, トらス] 67% [代] 《人称》〔主語・1 複〕**1** 〔主語〕私たちは[が]: **Nosotros** estudiamos español. 私たちはスペイン語を勉強しています。 **2** 〔主語の補語〕…は私たちです: Los culpables no somos **nosotros**. 悪いのは私たちではありません。 **3** 〔前置詞の後〕私たち: La hora del partido depende de **nosotros**. 出発の時間は我々次第だ。 **4** 筆者: En este periódico **nosotros** ya habíamos advertido este peligro que hoy todo el mundo conoce. この新聞ですでに筆者は周知の危険について注意してある。 ***entre*** ～ ここだけの話だが, これは秘密にしておいてほしいのだが

nos-'tal-gia [ノス.'タル.ひア] 名 女 郷愁, ノスタルジア, ホームシック, 懐旧の念[情]

nos-'tál-gi-co, -ca [ノス.'タル.ひ.コ, カ] 形 昔なつかしい, 郷愁の, 懐旧の念の

'no+ta 80% 名 女 覚書, 手記, メモ; 短い手紙, 短信; 注, 注釈, 注解, 解説; 気配, 様子; 特徴, 側面; 語気, 語調; 《スペイン》勘定書, 伝票; 評点, 点数, 成績; 注目, 注意; 〔楽〕(楽器の)音, 音色, (声の)調子; 音符, 楽譜; (外交上の)通牒(つうちょう), 文書, 覚書; 名声, 有名 *dar la* ~ 目立つ *de mala* ~ 下品な, くだらない, 評判の悪い *de* ~ 有名な, すぐれた *N*~ *bene* 〔ラテン語〕よく注意せよ *pasarse la* ~ 《ベネズエラ》《話》大げさに言う *tomar* ~ (de: を)書き留める, (de: の)メモをとる; (de: に)留意する, 気をつける

no-ta-bi-li-'dad [ノ.タ.ビ.リ.'ダド] 名 女 著名, 卓越; 名士, 有力者, 名望家

no-ta-bi-'lí-si-mo, -ma 〔最上級〕 ↓notable

no-'ta-ble [ノ.'タ.ブレ] 88% 形 注目に値する, 著しい, 目立つ; 有名な, 著名な 名 共 有名人, 名士, 有力者 名 男 (成績評価の)良(りょう) ~**mente** 副 著しく, 特に目立って

no-ta-'ción [ノ.タ.'すぃオン] 名 女 〔言〕(特殊文字・符号などによる)表記[表示]法; 〔数〕記数法; 〔楽〕記譜法; 注釈をつけること, 付注

no-'tar [ノ.'タる] 80% 動 他 気づく, 認める; 感じる; (形容詞: だ)と思う[感じる]; 書き留める, 記す, 印をつける, メモをとる; (de: と言って)批判する, 指摘する, 評する ~**-se** 動 再 (自分が…だと)感じる; 見られる, 現れる, 感じられる, 気づかれる, わかる, 認められる *hacer* ~ 指摘する *hacerse* ~ 目立つ, 自分を目立たせる

no-ta-'rí+a [ノ.タ.'リ.ア] 名 女 〔法〕公証人事務所, 公証役場; 〔法〕公証人の仕事

no-ta-'rial [ノ.タ.'りアル] 形 〔法〕公証人の, 公証人が作成した

no-ta-'riar [ノ.タ.'りアる] 動 他 〔法〕《公証人が》〈文書を〉認証する

no-'ta-rio, -ria [ノ.'タ.りオ, りア] 93% 名 男 女 公証人

no-'ti-cia [ノ.'ティ.すぃア] 76% 名 女 ニュース; 知らせ, 通知, 連絡; 消息, 行方, 事情, 事態; 知識, 学識

no-ti-'cia-ble [ノ.ティ.'すぃア.ブレ] 形 ニュースバリューのある, ニュース性のある

no-ti-'ciar [ノ.ティ.'すぃアる] 動 他 通知する, 通告する

no-ti-'cia-rio [ノ.ティ.'すぃア.りオ] 名 男 〔放〕ニュース(番組); ニュース速報; 〔映〕(短編の)ニュース映画

no-ti-'cie-ro, -ra [ノ.ティ.'すぃエ.ろ, ら] 形 ニュースの, 通信の 名 男 女 取材記者, 報道記者, 通信員

no-ti-'ción [ノ.ティ.'すぃオン] 名 男 《話》ビッグニュース, 重大ニュース

no-ti-'cio-so, -sa [ノ.ティ.'すぃオ.ソ, サ] 形 ニュースの, 通信の

no-ti-fi-ca-'ción [ノ.ティ.フィ.カ.'すぃオン] 名 女 通知(書), 告示(書)

no-ti-fi-'car [ノ.ティ.フィ.'カる] 動 他 ⑥⑨ (c|qu) 通知する, 通告する, 知らせる

no-to-rie-'dad [ノ.ト.りエ.'ダド] 名 女 名声, 有名, 評判

no-'to-rio, -ria [ノ.'ト.りオ, りア] 93% 形 有名な, よく知られた; 明白な, 明らかな

'no+va ['ノ.バ] 名 女 〔天〕新星

no-va-'ta-da [ノ.バ.'タ.ダ] 名 女 新入生いじめ, 新兵いじめ; 初心者のへま

no-'va-to, -ta [ノ.'バ.ト, タ] 形 名 男 女 新入生(の); 初心者(の), 初学者(の)

no-ve-'cien-tos, -tas [ノ.ベ.'すぃエン.トス, タス] 89% 数 〔⇨単独の 900〕 **900**(の); 第 **900** 番目(の)

no-ve-'dad [ノ.ベ.'ダド] 88% 名 女 新しいこと, 新しさ, 珍しいこと; ニュース; 変化, 変わったできごと; 事故, 不慮のできごと; 〔複〕〔商〕最新流行の品, 新製品 *sin* ~ 無事に; 〔軍〕異常なし《戦況の報告》

no-ve-'do-so, -sa [ノ.ベ.'ド.ソ, サ] 形 新しい, 新奇な

no-'vel [ノ.'ベル] 形 新しく始める, 未熟な, 不慣れな, 新米の, 新進の 名 共 新人, 初心者

no-'ve-la [ノ.'ベ.ラ] 81% 名 女 〔文〕小説, 長編小説; 《話》作り話, うそ

no-ve-'lar [ノ.ベ.'ラる] 動 他 〔文〕小説化する 動 自 〔文〕小説を書く

no-ve-le-'rí+a [ノ.ベ.レ.'リ.ア] 名 女 詮索(せんさく)好きなこと, 好奇心の強いこと; 〔文〕小説が好きなこと; 夢想, 現実離れした考え

no-ve-'le-ro, -ra [ノ.ベ.'レ.ろ, ら] 形 名 男 女 新しいもの好きの(人); 〔文〕小説好きの(人); 夢想家(の); 詮索(せんさく)好きな(人)

no-ve-'les-co, -ca [ノ.ベ.'レス.コ, カ] 形 フィクションの, 現実離れした; 〔文〕小説の

no-ve-'lis-ta [ノ.ベ.'リス.タ] 92% 名 共 〔文〕小説家

no-ve-'lís-ti-co, -ca [ノ.ベ.'リス.ティ.コ, カ] 形 〔文〕小説の, 小説的な **-ca** 名 女 〔文〕小説研究; 〔集合〕〔文〕小説

no-ve-li-'zar [ノ.ベ.リ.'さる] 動 他 ③④ (z|c) 〔文〕小説化する, ノベライズする

no-ve-'lón [ノ.ベ.'ロン] 名 男 〔文〕長くてつまらない小説, 通俗小説; 大長編小説

n

no-ve-'na-ria [ノ.ベ.'ナ,りア] 名 女〘宗〙九日間の祈り; 九日間の喪(も)

*__no-'ve+no, -na__ [ノ.'ベ.ノ, ナ] 92% 形 名 男 女《序数》**9** 番目の(人・物); **9** 分の **1**(の) **-na** 名 女〘宗〙九日間の祈り; 九日間の喪(も)

no-'ven-ta [ノ.'ベン.タ] 81% 数〔⇨単独の 90〕**90**(の); 第 **90**(番目)(の)

no-ven-tai-'cin-co 数 ⇨noventa y cinco

no-ven-tai-'cua-tro 数 ⇨noventa y cuatro

no-ven-tai-'dós 数 ⇨noventa y dos

no-ven-tai-'nue-ve 数 ⇨noventa y nueve

no-ven-tai-'o-cho 数 ⇨noventa y ocho

no-ven-tai-'séis 数 ⇨noventa y seis

no-ven-tai-'sie-te 数 ⇨noventa y siete

no-ven-tai-'trés 数 ⇨noventa y tres

no-ven-tai-'u-no, -na 数 ⇨noventa y uno

no-ven-ta-'ñe-ro, -ra [ノ.ベン.タ.'ニェ.ろ, ら] 形 名 男 女 **90** 歳代の(人)

no-ven-'ta-vo, -va [ノ.ベン.'タ.ボ, バ] 形 **90** 番目の; **90** 分の **1** の 名 男 **90** 分の **1**

no-ven-ta-y-o-'chis-ta [ノ.ベン.タイ.オ.'チス.タ] 形 名 共《スペイン》〘文〙「**98** 年の世代」の(作家)《1898 年, 米西戦争の敗戦を機に新文学運動に参加した作家たち; Azorín, Miguel de Unamuno, Ramón Valle-Inclán, Pío Baroja, Ramiro de Maeztu, Antonio Machado など》

no-ven-'tón, -'to-na [ノ.ベン.'トン, 'ト.ナ] 形 名 男 女《話》**90** 歳代の(人)

no-'viaz-go [ノ.'ビアス.ゴ] 名 男 恋愛時代, 婚約時代; 恋人[婚約者]の関係, 交際

no-vi-'cia-do [ノ.ビ.'すぃア.ド] 名 男〔集合〕〘宗〙修練者, 修練期間; 修練者の部屋; 見習いの身分[修業, 年期]

no-'vi-cio, -cia [ノ.'ビ.すぃオ, すぃア] 名 男 女〘宗〙修練者, 修練士[女]; 初心者, 未熟者, 新米 形 (en: に)未熟な, 不慣れな, 未経験な

no-'viem-bre [ノ.'ビエン.ブれ] 83% 名 男 **11** 月

no-'vie-ro, -ra [ノ.'ビエ.ろ, ら] 形 名 男 女《話》たくさん恋人を持つ(人)

no-'vie-te, -ta [ノ.'ビエ.テ, タ] 名 男 女《話》異性の遊び相手

no-vi-'lla-da [ノ.ビ.'ジャ.ダ] 名 女〘畜〙若牛(の群れ);〘牛〙ノビジャーダ《若牛の闘牛》

no-vi-'lle-ro, -ra [ノ.ビ.'ジェ.ろ, ら] 名 男 女〘畜〙(若牛を見る)牧夫;〘牛〙ノビジェーロ《若牛を扱う見習い闘牛士》, 若牛の囲い場;《話》ずる休みをする人

no-'vi-llo, -lla [ノ.'ビ.ジョ, ジャ] 名 男 女〘畜〙若牛《2–3 歳の牛》名 男 不貞な妻をもった夫;〔複〕〘牛〙ノビジャーダ《若牛の闘牛》 ***hacer ~s*** 《スペイン》《話》さぼる, ずる休みをする

no-vi-'lu-nio [ノ.ビ.'ル.ニオ] 名 男〘天〙新月, 朔(さく)

'no-vio, -via ['ノ.ビオ, ビア] 78% 名 男 女 恋人; 婚約者, フィアンセ; 花婿, 新郎; 花嫁, 新婦 ***echarse ~ [novia]*** 《話》恋人ができる

no-'ví-si-mo, -ma [ノ.'ビ.スィ.モ, マ] 形 とても新しい; 最新の;〔最上級〕⬇nuevo 名 男〔複〕〘宗〙四終《死後の状態; 死 muerte, 審判 juicio, 地獄 infierno, 天国 paraíso》

N. S. 略 =Nuestro Señor〘宗〙わが主

N. S.J.; N. S. J. C. 略 =Nuestro Señor Jesucristo〘宗〙われらの主イエス・キリスト

N. T. 略 =Nuevo Testamento〘聖〙新約聖書

Ntra. Sra.; Ntr^a Sr.^a 略 =Nuestra Señora〘宗〙聖母

ntro., ntra. 略 ⬇nuestro

Nuak-'chot [ヌアク.'チョト] 名 固〘地名〙ヌアクショット《モーリタニアの首都》

nu-'ba-da 名 女〘気〙にわか雨, 突然の豪雨

nu-ba-'rrón [ヌ.バ.'ろン] 名 男〘気〙(嵐を呼ぶ)黒雲; 不吉な影, 悪いことが起こりそうな状況

'nu+be 87% 名 女〘気〙雲; 塊, 大群; 雲のようなもの; 暗い影, 物事の不安な見通し; (大理石などの)曇り, しみ, 傷;〘医〙目のかすみ ***andar [estar, ponerse] por [en] las ~s*** ぼんやりしている, 空想にふけっている; とても高価である ***como caído[da] de las ~s*** 突然, 思いがけなく ***~ de verano*** 夏の雲《うつろいやすいもののたとえ》; 一時的な怒り[不快] ***poner por las ~s*** (a: を)ほめちぎる

'nú-bil ['ヌ.ビル] 形《格》«特に女性が»年ごろの, 適齢期の

*__nu-'bla-do, -da__ [ヌ.'ブラ.ド, ダ] 93% 形〘気〙曇った, 曇天(どんてん)の; «表情・目つきが»曇った, 陰った ***descargar el ~***〘気〙大雨になる; 怒る, 怒りをぶちまける 名 男〘気〙雲;〔比喩〕暗い影, 物事の不安な兆し, 危険 ***descargar el nublado***〘気〙大雨になる; 怒る

*nu-'blar [ヌ.'ブラる] 94% 動 他〘気〙曇らせる, 雲で覆う; 暗くする, 〈に〉影を投じる; 〈記憶などを〉あいまいにする ～se 動 再〘気〙空が曇る; 《視野・心などが》曇る

'nu-blo ['ヌ.ブロ] 名 男〘気〙雨雲

nu-'blo-so, -sa [ヌ.'ブロ.ソ, サ] 形〘気〙《空が》曇った; 不運な; 陰気な

nu-bo-si-'dad 名 女〘気〙雲量; 〔一般〕曇った空, 曇天(どんてん)

nu-'bo-so, -sa 形〘気〙雲の多い, 曇った

*'nu+ca 93% 名 女〘体〙首筋, うなじ

⁑nu-cle+'ar [ヌ.クレ.'アる] 90% 形〘物〙原子核の, 核の, 原子力の;〘生〙細胞核の; 核の, 核となる

⁑'nú-cle+o ['ヌ.クレ.オ] 87% 名 男 核, 心(しん); 中軸, 核心, 土台, 基点;〘生〙細胞核;〘物〙原子核;〘植〙(果実の)種, 核

nu-'di-llo [ヌ.'ディ.ジョ] 名 男〘体〙指関節; 木のくさび; 小さなこぶ[節]; 〔縮小語〕↓nudo ***morderse los ～s*** (いらいらして)指の関節をかむ

nu-'dis-mo 名 男 ヌーディスム, 裸体主義

nu-'dis-ta 形 ヌーディスムの, 裸体主義の 名 共 ヌーディスト, 裸体主義者

*'nu+do 93% 名 男 結び目, 結び, つながり, きずな; (幹・板の)節(ふし); 合流点, 接合点, 交差点; 難点, 問題点; 最も重要な点, 要点, 核心;〘海〙ノット《1時間あたり1海里(1852m)の速度》; 飾り結び, リボン; 力こぶ; 中央, 中心 ***hacerse un ～ en la garganta*** のどが詰まる

nu-'do-so, -sa 形 結節の(ある), 節(ふし)の多い, こぶだらけの, 節くれだった

'nué-ga-do 名 男〘食〙ヌガー

*'nue-ra ['ヌエ.ら] 94% 名 女 嫁《息子の妻》

'nue-ro 名 男《(ボリビア)》《(チリ)》《(ウルグアイ)》《話》⇩ yerno

⁑nues-tro, -tra [ヌエス.トろ, トら] 60% 形《所有》**1**〔弱勢〕〔名詞の前で〕私たちの, 我々の: Este señor es **nuestro** profesor. この方は私たちの先生です。 **2**〔強勢〕〔名詞の後で〕私たちの, 我々の: la patria **nuestra** 我々の祖国 **3**〔強勢〕〔主語の補語〕私たち[我々]のもの: ¡La victoria es **nuestra**! 勝利は我々のものだ! **4**〔強勢〕〔定冠詞をつけて所有代名詞となる〕 私たち[我々]のもの: ¡Ojalá que vuestro profesor sea tan amable como el **nuestro**! 君たちの先生も私たちの先生くらいやさしければよいのになあ。 ***la(s) nuestra(s)*** 好都合 ***Nuestra Señora***〘宗〙聖母マリア

'Nue-va Ca-le-'do-nia ['ヌエ.バ カ.レ.'ド.ニア] 名 固〘地名〙ニューカレドニア《オーストラリア東方の島; フランス領》

'Nue-va Cas-'ti-lla ['ヌエ.バ カス.'ティ.ジャ] 名 固〘歴〙《(ラ米)》ヌエバカスティーリャ《スペイン統治時代のペルー》

*'Nue-va 'De-lhi ['ヌエ.バ 'デ.リ] 94% 名 固〘地名〙ニューデリー《インド India の首都》

'Nue-va Es-'pa-ña ['ヌエ.バ エス.'パ.ニャ] 名 固〘歴〙《(ラ米)》ヌエバエスパーニャ《スペイン統治時代のメキシコ》

'Nue-va Es-'par-ta ['ヌエ.バ エス.'パる.タ] 名 固〘地名〙ヌエバエスパルタ《ベネズエラ北部の州》

'Nue-va Gra-'na-da ['ヌエ.バ グら.'ナ.ダ] 名 固〘歴〙《(ラ米)》ヌエバグラナーダ《スペイン統治時代の南米北部, 現在のコロンビアを中心にした副王領》

'Nue-va Gui-'ne+a ['ヌエ.バ ギ.'ネ.ア] 名 固〘地名〙ニューギニア《オーストラリアの北方の島》

'Nue-va Or-le+'ans ['ヌエ.バ オる.レ.'アン(ス)] 名 固〘地名〙ニューオーリンズ《米国南部の都市》

'Nue-va Se-'go-via ['ヌエ.バ セ.'ゴ.ビア] 名 固〘地名〙ヌエバ・セゴビア《ニカラグア北西部の県》

⁑'Nue-va 'York ['ヌエ.バ 'ジョる(ク)] 84% 名 固〘地名〙ニューヨーク《米国北東部の州・都市》

*'Nue-va Ze-'lan-da ['ヌエ.バ せ.'ラン.ダ] 94% 名 固〘地名〙ニュージーランド《南太平洋にある島国》

'Nue-va Ze-'lan-dia ['ヌエ.バ せ.'ラン.ディア] 名 固《(ラ米)》〘地名〙⇧ Nueva Zelanda

⁑'nue-ve ['ヌエ.べ] 74% 数〔⇦単独の9〕9(の)

⁑'nue-vo, -va ['ヌエ.ボ, バ] 62% 形 新しい, 新品の, 新型の, 新式の; 今度の, 新任の, 新規の, 今度来た; (en: に)まだ慣れていない, 経験のない; 改まった, 新たに始まる; 変わった, 違った **nueva** 名 女《古》知らせ; 報道 **-vamente** 副 また, ふたたび, 新たに; 新しく, 最近 ***de ～*** もう一度, 新たに, 再び ***buena ～va***〘宗〙福音書 ***hacerse de ～vas*** 知らなかったふりをする, 驚いたふりをする

'Nue-vo Le+'ón ['ヌエ.ボ レ.'オン] 名 固〘地名〙ヌエボレオン《メキシコ北東部の州》

'Nue-vo 'Mé-xi-co ['ヌエ.ボ 'メ.ひ.コ] 名 固〘地名〙ニューメキシコ《米国南西部の州》

*'nuez ['ヌエす] 93% 名 女〘植〙クルミ; 〔一般〕木の実, ナッツ;〘体〙のどぼとけ

Nu-kua-'lo-fa [ヌ.クア.'ロ.ファ] 名 固〘地名〙ヌクアロファ《トンガ Tonga の首都》

nu-li-'dad [ヌ.リ.'ダド] 名 女〘法〙無効;

無能力, 不適格; 無能な人

*'**nu+lo, +la** ['ヌ.ロ, ラ] 92% 形 価値のない, むだな, 無能の; 存在しない, 零の; 無効な, 拘束力のない *combate* ~ 〔競〕引き分け

núm. 略 ⬇número

Nu-'man-cia [ヌ.'マン.すぃア] 名 固〔歴〕〔地名〕《スペ》ヌマンシア《スペイン中北部, 現在のソリア Soria 県にあった古代の町; 前133年ローマ軍に征服されるまでケルトイベリア族が徹底抗戦した地》

nu-man-'ti+no, -na 形〔歴〕〔地名〕ヌマンシアの; 勇敢な 名 男 女〔歴〕〔地名〕ヌマンシア人 ⬆Numancia

'nu-men 名 男〔文〕〔芸〕(詩人・芸術家の)霊感, 詩神, インスピレーション

nu-me-'ra-ble [ヌ.メ.'ら.ブレ] 形 数えられる

nu-me-ra-'ción [ヌ.メ.ら.'すぃオン] 名 女 列挙, 数え上げること; 番号, 番地;〔数〕計算法, 記数法

nu-me-ra-'dor [ヌ.メ.ら.'ドる] 名 男 番号印字機, ナンバリング;〔数〕(分数の)分子

nu-me-'ral [ヌ.メ.'らル] 形 数の, 数を表す 名 男〔言〕数詞

nu-me-'rar [ヌ.メ.'らる] 動 他 数える; ‹に›番号を打つ

nu-me-'ra-rio, -ria [ヌ.メ.'ら.りオ, りア] 形 専任の; 正社員の, 正規採用の; 正会員の; 数の 名 男 硬貨, 現金; 専任職員

nu-'mé-ri-co, -ca [ヌ.'メ.り.コ, カ] 形 数の, 数に関する, 数字で表した

'nú-me-ro ['ヌ.メ.ろ] 68% 名 男 数, 数値; 総数, 数量; 数字; (部屋・電話などの)番号, (家の)番号, …番; サイズ; (雑誌の)号数, …号;〔言〕数(すう);〔演〕出し物, 演目, 曲目; 種類, 等級 *de* ~ 正規の *en* ~ *de* … …という数で *en ~s redondos* 端数を切り捨てて[切り上げて], およそ *gran* ~ *de* … 多数の《単数扱い》 *hacer ~s* 金の計算をする *hacer un* [*el*] ~ [*numerito*]《話》目立つことをする *sin* ~ 無数の, 数多くの *un buen* ~ かなりの数[量]

nu-me-ro-lo-'gí+a [ヌ.メ.ろ.ロ.'ひ.ア] 名 女 数秘学, 数霊術

nu-me-ro-si-'dad [ヌ.メ.ろ.スィ.'ダド] 名 女《格》多数, 多いこと

nu-me-'ro-so, -sa [ヌ.メ.'ろ.ソ, サ] 82% 形 多数の, たくさんの; 多数からなる

numerus clausus ['ヌ.メ.るス 'クラウ.スス] 名 男〔ラテン語〕限定会員数, 割当数

nu-mi-'no-so, -sa 形 神霊の, 神秘的な

nu-mis-'má-ti-co, -ca 形 硬貨の, 貨幣の, 古銭学の 名 男 女 古銭学者, 古銭収集家 **-ca** 名 女 貨幣研究[蒐集(しゅうしゅう)], 古銭学

'nun-ca 68% 副《否定》**1** 決して…ない: Dionisio no fuma **nunca**. ディオニシオは決してタバコを吸わない。 **2** 一度も…ない, かつて…したことがない: **Nunca** he estado en Bolivia. 私はボリビアに行ったことがない。 **3** かつて, 今までに《疑問文に用いて反語・強調を示す》 *casi* ~《否定》ほとんど…ない *¡Hasta ~!* もう二度と会わない, 永遠にさようなら *más que* ~ かつてないほど ~ *más* [*jamás*]《否定》二度と…ない

nun-cia-'tu-ra [ヌン.すぃア.'トゥ.ら] 名 女〔宗〕(ローマ教皇)使節の職[権限, 任期, 地位]

'nun-cio ['ヌン.すぃオ] 名 男〔宗〕ローマ教皇使節; 使者, 使節; 兆し, 前兆

'Nú-ñez ['ヌ.ニェす] 名 固〔姓〕ヌニェス

'nup-cia ['ヌプ.すぃア] 名 女〔複〕《格》結婚(式), 婚礼

nup-'cial [ヌプ.'すぃアル] 形 結婚(式)の, 婚礼の

nup-cia-li-'dad [ヌプ.すぃア.リ.'ダド] 名 女《格》結婚率, 婚姻率

Nu-rem-'berg [ヌ.れン.'べる(グ)] 名 固〔地名〕ニュルンベルク《ドイツ南部の都市》

'Nu-ria ['ヌ.りア] 名 固〔女性名〕ヌリア

'nu-tra 名 女 ⇩nutria

'nu-tria⇔-tra ['ヌ.トりア⇔.トら] 名 女〔動〕カワウソ ~ *marina*〔動〕ラッコ

nu-'tri-cio, -cia [ヌ.'トり.すぃオ, すぃア] 形《格》滋養分のある, 栄養になる, 栄養価の高い; 扶養する

*__nu-tri-'ción__ [ヌ.トり.'すぃオン] 93% 名 女 栄養摂取; 栄養

nu-tri-cio-'nal [ヌ.トり.すぃオ.'ナル] 形 栄養摂取の; 栄養(学)の

nu-tri-cio-'nis-ta [ヌ.トり.すぃオ.'ニス.タ] 名 共 栄養学者

nu-'tri-do, -da [ヌ.'トり.ド, ダ] 形 (de: が)豊富な, あり余るほどの; 栄養を与えられた; (de: で)いっぱいの

nu-'trien-te [ヌ.'トりエン.テ] 形〔食〕滋養分のある 名 男〔食〕栄養(素)

nu-tri-'men-to⇔-'mien- [ヌ.トり.'メン.ト⇔.'ミエン.] 名 男《格》滋養物, 栄養分, 食物

nu-'trir [ヌ.'トりる] 動 他 育てる, 生む, 起こす; 養う, 育てる, はぐくむ, 培(つちか)う, ‹に›栄養物を与える **~se** 動 再 (con, de: を)食べて生きる, (con, de: から)栄養をとる

*__nu-tri-'ti-vo, -va__ [ヌ.トり.'ティ.ボ, バ] 93% 形 滋養分のある, 栄養になる, 栄養価の高い

NY 略 ⬆Nueva York

Ñ ñ *Ñ ñ*

Ñ, ñ ['エ.ニェ] 名 女〔言〕エニェ《スペイン語の文字》

'ña-chi ['ニャ.チ] 名 男《チリ》〔食〕ニャチ《動物の血・塩・唐辛子・スパイスを使った料理》

'ña-jo, -ja ['ニャ.ほ, は] 形《話》とても小さい

'ña+me ['ニャ.メ] 名 男〔植〕ヤマイモ

ñan-'dú [ニャン.'ドゥ] 名 男〔複 -dúes⇧-dús〕〔鳥〕レア, アメリカダチョウ

ñan-du-'tí [ニャン.ドゥ.'ティ] 名 男〔複 -tíes⇧-tís〕《ラプラタ》〔衣〕レースの編み物

ñan-go-'tar-se [ニャン.ゴ.'タる.セ] 動 再《カリブ》しゃがむ

ña-'ña-ra [ニャ.'ニャ.ら] 名 女《カリブ》〔医〕吹き出物

'ña-ño, -ña ['ニャ.ニョ, ニャ] 名 男 女《コロンビア》《話》甘やかされた子供;《アンデス》《ラプラタ》《話》兄弟, 姉妹, 友人, 少年, 少女

'ña+pa ['ニャ.パ] 名 女《コロンビア》《アンデス》《チリ》景品, おまけ

'ña-que ['ニャ.ケ] 名 男〔集合〕がらくた, くず

'ña-to, -ta ['ニャ.ト, タ] 形《ラ米》《話》鼻の低い

'ñe-cla ['ニェ.クラ] 名 女《チリ》〔遊〕小さな凧(たこ)

'ñe+co ['ニェ.コ] 名 男《アンデス》《話》げんこつ, 殴打

Ñe+em-bu-'cú [ニェ.エン.ブ.'ク] 名 固〔地名〕ニェエンブク《パラグアイ南部の県》

'ñe-que ['ニェ.ケ] 名 男《ラ米》力強さ, 活動, 元気 形《ラ米》強い

ñi-qui-'ña-que [ニィ.キ.'ニャ.ケ] 名 男《話》つまらないもの; 役立たず《人》

'ño, 'ña ['ニョ, 'ニャ] 名 男 女《ラ米》《古》《話》だんな; 奥さん

'ño+co ['ニョ.コ] 名 男《コロンビア》切り株; 切断された手足の残りの部分

ño-ñe-'rí+a [ニョ.ニェ.'り.ア] 名 女 味気ないこと, そっけないこと, おもしろ味のないこと; もうろく

ño-'ñez 名 女 ⇧ ñoñería

'ño-ño, -ña ['ニョ.ニョ, ニャ] 形 おもしろ味のない, つまらない; 上品ぶった, おつにすました; こうるさい, 気難しい

'ñu ['ニュ] 名 男〔動〕ヌー《南アフリカ産の羚羊(れいよう)》

'ñu+do 名 男 ⇧ nudo

'ñu-to, -ta ['ニュ.ト, タ] 名 男《アンデス》〔食〕穀物などを挽(ひ)いた粉

O o *O o*

O, o ['オ] 名 女〔言〕オ《スペイン語の文字》; O 字形

o [オ] 51% 接〔弱勢〕《o や ho で始まる語の前では u となる》: siete **u** ocho 7 か 8;《以前は数字をつなぐときは ó と書かれたが, 2010 年のスペイン王立アカデミーの正書法の改訂によって o と書くことになった》 **1** …か…, または: ¿Qué prefieres, café **o** té? コーヒーとお茶, どちらがよろしいですか。 **2** …すなわち…, つまり: lingüística **o** ciencia del lenguaje 言語学, すなわち言語の科学 **3** …か…《2 つのどちらでもよい場合》: Había allí diez **o** doce personas. そこには 10 人か 12 人ぐらいの人がいた。 **4** …であろうと…であろうと《譲歩を示す; 接続法を使う》: Quieras **o** no, tienes que ayudar a tu madre. おまえは望んでも望まなくてもお母さんの手伝いをしなくてはいけないよ。 **5**〔命令文の後〕…さもないと…, そうしないと: Apresúrate **o** perderás el avión. 急ぎなさい, さもないと飛行機に乗り遅れますよ。 **6** …と/または… Puedes participar hoy **o** mañana. 君は今日か明日参加できます。 ***o ... o ...*** …か…か《2 つのうち, どちらか一方だけであることを強調する》 ***o sea ...*** すなわち…, つまり

'ó 名 女 ⇧ o

O 略 ⬇oeste

Ω 略 ⬇ohmio(s)

o+'a-sis 名 男〔単複同〕〔地〕オアシス《砂漠の中の緑地》; 憩いの場所

O+a-'xa-ca [オ.ア.'は.カ] 名 固〔地名〕オアハーカ《メキシコ南部の州, 州都》

o+a-xa-'que-ño, -ña [オ.ア.は.'ケ.ニョ, ニャ] 形 名 男 女 オアハーカの(人)

Ob. 略 ↓obispo

o(b)~ 〔接頭辞〕「対面・抵抗・方向」を示す

ob-ce-ca-'ción [オブ.せ.カ.'すぃオン] 名 女 かたくななこと, 頑迷さ; 目がくらむこと, 眩惑(げんわく)

ob-ce-'car [オブ.せ.'カる] 動 他 ⑥⑨ (c|qu) 〈の〉目をくらませる, 〈の〉理性を失わせる **~se** 動 再 目がくらむ, 理性を失う; かたくなになる, (en: に)固執する

ob. cit. 略 =obra citada 前掲書《引用箇所》

*__o+be-de-'cer__ [オ.ベ.デ.'せる] 91% 動 他 ④⑤ (c|zc) 〈の〉言うことに従う; 〈法律・命令などに〉従う, 遵守(じゅんしゅ)する 動 自 (a: が)原因である, (a: に)基づく, 従う; 言うことを聞く

o+be-'dez-co, -ca(~) 動 《直現1単, 接現》 ↑obedecer

*__o+be-'dien-cia__ [オ.ベ.'ディエン.すぃア] 94% 名 女 服従, 従順, 遵守(じゅんしゅ)

*__o+be-'dien-te__ 94% 形 (a: に)従順な, 素直な, よく言うことを聞く

o+be-'lis-co [オ.ベ.'リス.コ] 名 男 オベリスク, 方尖(ほうせん)塔; 〔印〕短剣符, ダガー《†の印》

O

o+ber-'tu-ra [オ.べる.'トゥ.ら] 名 女 〔楽〕序曲

o+be-si-'dad 名 女 肥満, 肥満体

o+'be-so, -sa 形 肥満した, 肥満体の, 太りすぎの 名 男 女 肥満した人

'O-bi 名 固 [el ~] 〔地名〕オビ川《ロシア連邦中部の川》

'ó+bi-ce ['オ.ビ.せ] 名 男 《格》障害(物), じゃま(物)

o+bis-'pa-do 名 男 〔宗〕司教管区; 〔宗〕司教の地位[職], 司教館

o+bis-'pal [オ.ビス.'パル] 形 〔宗〕主教[司教]の(管理する)

⁑__o+'bis-po__ 86% 名 男 〔宗〕(ローマカトリック教会の)司教; 〔宗〕(イングランド国教会などの)主教

'ó+bi-to 名 男 《格》〔法〕〔宗〕逝去, 死亡

o+bi-'tua-rio [オ.ビ.'トゥア.りオ] 名 男 (新聞の)死亡記事; 〔宗〕(教会の)過去帳

*__ob-je-'ción__ [オブ.ヘ.'すぃオン] 93% 名 女 異議, 異論, 反対, 不服

ob-je-'ta-ble [オブ.ヘ.'タ.ブレ] 形 反論可能な

*__ob-je-'tar__ [オブ.ヘ.'タる] 93% 動 他 〈に〉反対する, 〈に〉反論する **~se** 動 再 (a: に)反対する

ob-je-ti-va-'ción [オブ.ヘ.ティ.バ.'すぃオン] 名 女 客観化

ob-je-ti-'var [オブ.ヘ.ティ.'バる] 動 他 客観化する

ob-je-ti-vi-'dad [オブ.ヘ.ティ.ビ.'ダド] 名 女 客観性

ob-je-ti-'vis-mo [オブ.ヘ.ティ.'ビス.モ] 名 男 客観論, 客観主義

ob-je-ti-vi-'zar [オブ.ヘ.ティ.ビ.'さる] 動 他 ③④ (z|c) 客観化する

⁑__ob-je-'ti-vo, -va__ [オブ.ヘ.'ティ.ボ, バ] 76% 形 客観的な, 公平な; 〔言〕目的語の, 目的格の **-vamente** 副 客観的に; 客観的に見て 名 男 目的, 目標; 〔写〕〔機〕対物レンズ, 対物鏡

⁑__ob-'je-to__ [オブ.'ヘ.ト] 75% 名 男 物, 物体; 目的, 目当て; 〔言〕目的語; (動作・感情の)対象, 対象物; 〔情〕オブジェクト, ターゲット ***con el [al] ~ de*** …(不定詞/*que* 接続法) …する目的で ***con [mediante] ~s*** 〔情〕オブジェクト指向の ***no tener ~*** 意味がない, むだである

ob-je-'tor, -'to-ra [オブ.ヘ.'トる, 'ト.ら] 名 男 女 反対者, 拒否者

o+bla-'ción [オ.ブラ.'すぃオン] 名 女 〔宗〕(聖体の)奉献, 奉納

o+'bla-to, -ta [オ.'ブラ.ト, タ] 形 〔宗〕献身修道会の 名 男 女 献身修道会士 **-ta** 名 女 〔宗〕(ミサのための)献金, 奉納; 〔宗〕(ミサのための)パンとぶどう酒

o+'ble+a [オ.'ブレ.ア] 名 女 オブラート, 薄紙; 封緘(ふうかん)紙, 封じ糊(のり); 〔宗〕ホスチア《ミサで信者に与える薄焼きのパン》; 《チリ》郵便切手; 《ラプラタ》糊

o+bli-cui-'dad [オ.ブリ.クイ.'ダド] 名 女 傾斜, 傾斜度

o+'bli-cuo, -cua [オ.'ブリ.クオ, クア] 形 斜めの, はすの; 〔数〕斜線の; 〔体〕《筋肉が》斜めの, 斜…; 〔言〕斜格の

⁑__o+bli-ga-'ción__ [オ.ブリ.ガ.'すぃオン] 85% 名 女 (法律・道徳上の)義務, 責任; 恩義, 恩, おかげ, 義理; 〔商〕債務, 債務[債権]関係, 債務証書, 債券

o+bli-ga-cio-'nis-ta [オ.ブリ.ガ.すぃオ.'ニス.タ] 名 共 〔商〕債権者, 公債証書[社券]所有者

⁑__o+bli-'ga-do, -da__ [オ.ブリ.'ガ.ド, ダ] 87% 形 義務の, 義務的な; (a 不定詞: …することを)余儀なくされた; 感謝した, 恩を感じた

⁑__o+bli-'gar__ [オ.ブリ.'ガる] 81% 動 他 ④① (g|gu) 強制する, 強要する, 無理に(a 不定詞/a que 接続法: …)させる; 力を入れる, 無理に押し込む **~se** 動 再 (a 不定詞: …する)義務を負う, …しなければならない

o+bli-ga-to-rie-'dad [オ.ブリ.ガ.ト.りエ.'ダド] 名 女 義務, 強制

*__o+bli-ga-'to-rio, -ria__ [オ.ブリ.ガ.'ト.りオ, りア] 91% 形 義務的な, 強制的な, 必

須の, 必修の

o+bli-'gué, -gue(~) 動《直点1単, 接現》⬆obligar

o+bli-te-ra-'ción [オ.ブリ.テ.ら.'すぃオン] 名 女〔医〕(血管などの)閉塞(へいそく)

o+bli-te-'rar [オ.ブリ.テ.'らる] 動 他〔医〕〈血管などを〉閉塞(へいそく)させる **～se** 動 再〈血管などが〉閉塞する

o+'blon-go, -ga [オ.'ブロン.ゴ, ガ] 形 細長い, 横長の;《円が》長円の, 楕円の

o+'bo+e 名 男〔楽〕オーボエ 名 共〔楽〕オーボエ奏者

o+bo+'ís-ta 名 共〔楽〕オーボエ奏者

'ó+bo-lo ['オ.ボ.ロ] 名 男《格》贈り物, 寄付

⁂'o+bra ['オ.ブら] 67% 名 女 仕事, 作業, 労働, 事業, 行動; 作品, 細工, 制作, (手仕事などで)作り出したもの, 細工物;〔芸〕芸術作品《絵画・楽曲など》, 著作, 著述;〔建〕(土木)工事, 改装, 改修, 修理; 土木建造物, 現場《橋・道路・ダムなど》; (仕事の)やり方, 手際, やったこと, しわざ, 出来ばえ;〔宗〕(神の)業(わざ), 功徳 ***de ～*** 行動によって ***en ～s*** 工事中で[の] ***estar en [de] ～s*** 工事中である, 改修中である ***¡Manos a la ～!*** 仕事開始! ***～ muerta*** 〔海〕乾舷(かんげん) ***por ～ y gracia de ...*** 〔しばしば皮肉〕…のおかげで, …のせいで

o+bra-'dor, -'do-ra [オ.ブら.'ドる, 'ド.ら] 形 労働の, 働く 名 男 女 作業員, 作業者《特に手作業》 名 男 作業場, 仕事場, 工場

***o+'brar** [オ.'ブらる] 91% 動 自 行動する, ふるまう;〔医〕《薬などが》効く, 作用する;《格》(en: に)ある, 存在する;《話》排便する 動 他 する, 行う, 成し遂げる; 細工する, 作る, 工事する; 建築する, 建造する; もたらす, 生み出す

o+bre-'ris-mo [オ.ブれ.'りス.モ] 名 男〔政〕労働運動

o+bre-'ris-ta [オ.ブれ.'りス.タ] 形〔政〕労働運動の 名 共〔政〕労働運動家

⁂o+'bre-ro, -ra [オ.'ブれ.ろ, ら] 81% 形 労働の, 労働者の 名 男 女 労働者, 工員, 働き手, 勤労者

obs-ce-ni-'dad [オブ(ス).せ.ニ.'ダド] 名 女 わいせつ(性), わいせつな行為[こと, 言葉]

o+bs-'ce+no, -na [オブ(ス).'せ.ノ, ナ] 形 わいせつな, 卑猥(ひわい)な

obs-cu-ran-'tis-mo 名 男 ⇩os-～

obs-cu-ran-'tis-ta 形 ⇩os-～

obs-cu-re-'cer 動 他 ⇩os-～

obs-cu-re-ci-'mien-to 名 男 ⇩os-～

obs-cu-ri-'dad 名 女 ⇩os-～

obs-'cu-ro, -ra 形 ⇩os-～

***ob-se-'quiar** [オブ.セ.'キアる] 94% 動 他 (con: を)贈呈する, 与える;〈女性に〉言い寄る, 口説く; 楽しませる, 喜ばす, もてなす, 歓待する 動 自 贈り物をする

ob-'se-quio** [オブ.'セ.キオ] 94% 名 男 贈り物, プレゼント; 贈り物をすること; もてなし, 歓待 ***en ～ de ... …のために, …に敬意を表して

ob-se-'quio-so, -sa [オブ.セ.'キオ.ソ, サ] 形 贈り物好きの; 親切な, 気を配る, 行き届いた; こびている, 卑屈な

⁂ob-ser-va-'ción [オブ.セる.バ.'すぃオン] 86% 名 女 観察, 観測, 監視, 注意; 意見, 考え, 所見, 発言; 観察[観測]の結果, 観察[観測]報告; 遵守, (規則などに)従うこと

ob-ser-va-'dor, -'do-ra [オブ.セる.バ.'ドる, 'ド.ら] 名 男 女 オブザーバー, 立会人; 観察者; 監視者 形 観察の, 観察者の

ob-ser-'van-cia [オブ.セる.'バン.すぃア] 名 女 遵守, 遵奉;〔宗〕(修道会の)戒律, 規則, 会則; 目上の人の意見[忠告, 希望]に従うこと, 敬意

⁂ob-ser-'var [オブ.セる.'バる] 78% 動 他 観察する, 観測する, (注意して)見る; (観察などによって)見てとる, 見つける, 気がつく; (意見・考えとして)述べる, 言う;〈命令・法律・規則・慣習などを〉守る, 遵守する **～-se** 動 再 観察される; 自分を観察する ***hacer ～*** 〈誤りなどを〉注意する

***ob-ser-va-'to-rio** [オブ.セる.バ.'ト.りオ] 94% 名 男 観測所; 天文台; 気象台, 測候所

***ob-se-'sión** 93% 名 女 強迫現象, 強迫観念, (観念などが)取りつくこと, 妄想

ob-se-sio-'nan-te 形 強迫的な

ob-se-sio-'nar [オブ.セ.スィオ.'ナる] 動 他《考えが》〈に〉取りつく, 悩ます 動 自 妄想に取りつかれる, (con, por: に)悩む, 気に病む, くよくよする **～se** 動 再 悩む, 取りつかれる

ob-se-'si-vo, -va [オブ.セ.'スィ.ボ, バ] 形 強迫観念の **-vamente** 副 強迫的に

ob-'se-so, -sa 形 名 男 女 強迫観念に取りつかれた(人)

ob-si-'dia-na 名 女〔鉱〕黒曜石

ob-so-'le-to, -ta [オブ.ソ.'レ.ト, タ] 形 すたれた, 時代遅れの,《言葉が》廃語の

obs-ta-cu-li-'zar [オ(ブ)ス.タ.ク.リ.'さる] 動 他 ㉞ (z|c) 妨げる, 妨害する

⁂obs-'tá+cu-lo [オ(ブ)ス.'タ.ク.ロ] 90% 名 男 障害, じゃま; じゃま物, 障害物

obs-'tan-te 〔成句〕 ***no ～*** それにもかかわらず, やはり 前 …にもかかわらず ***no ～ que ...*** …にもかかわらず

O

obs-'tar [オ(ブ)ス.'タる] [動] [自] 妨げる, 妨げになる《否定文で使われる》
obs-'te-tra [オ(ブ)ス.'テ.トら] [名] [共] 〖医〗 産科医
obs-te-'tri-cia [オ(ブ)ス.テ.'トり.すぃア] [名] [女] 〖医〗 産科(学)
obs-'té-tri-co, -ca [オ(ブ)ス.'テ.トり.コ, カ] [形] 産科の, 産科学の
obs-ti-na-'ción [オ(ブ)ス.ティ.ナ.'すぃオン] [名] [女] 頑固, 強情
obs-ti-'na-do, -da [形] かたくなな, 頑固な **-damente** [副] かたくなに, 頑固に
obs-ti-'nar-se [オ(ブ)ス.ティ.'ナる.セ] [動] [再] 頑固になる, 強情を張る; あくまで(en 不定詞: …すると)言い張る, 固執する
obs-truc-'ción [オ(ブ)ス.トるク.'すぃオン] [名] [女] 妨害, 障害, 支障; 〖医〗 閉塞(へいそく)(症); 〖競〗〔サッカーなど〕オブストラクション
obs-truc-'tor, -'to-ra [オ(ブ)ス.トるク.'トる, 'ト.ら] [形] 閉塞(へいそく)を起こす; 妨害する, じゃまする [名] [男] [女] 妨害者
obs-'truir [オ(ブ)ス.'トるイる] [動] [他] 37 (-y-) 〈道などを〉通れなくする, 〈進行·活動·視野などを〉じゃまする, 妨げる; 〈議事の進行などを〉妨害する **~se** [動] [再] ふさがる, 詰まる, 通れなくなる
ob-'tén [動] 《命》 ⬇obtener
ob-ten-'ción [オブ.テン.'すぃオン] [名] [女] 獲得, 取得, 入手
ob-ten-dr~ [動] 《直未/過未》 ⬇obtener
ob-te-'ner [オブ.テ.'ネる] 76% [動] [他] 68 (tener) 得る, 手に入れる; 〈目的などを〉達成する; 抽出する, 取り出す **~se** [動] [再] 得られる; 抽出される; 生じる
ob-'ten-go, -ga(~) [動] 《直現1単, 接現》 ⬆obtener
ob-'tie-n~ [動] 《直現/接現/命》 ⬆obtener
ob-tu-ra-'ción [オブ.トゥ.ら.'すぃオン] [名] [女] 閉塞(へいそく)
ob-tu-ra-'dor [オブ.トゥ.ら.'ドる] [名] [男] 栓, 詰め物; 閉塞具, 密閉装置; 〖写〗 シャッター; 〖体〗 閉塞膜[結節] **~, -dora** [形] ふさぐ, 密閉する
ob-tu-'rar [オブ.トゥ.'らる] [動] [他] 《格》 〈口·穴を〉ふさぐ, 閉じる
ob-tu-'sán-gu-lo, -la [オブ.トゥ.'サン.グ.ロ, ラ] [形] 〖数〗 鈍角の
ob-'tu-so, -sa [形] 《刃·角が》鈍(にぶ)い, とがっていない; 〖数〗 鈍角の; 鈍感な, 愚鈍な
ob-'tu-v~ [動] 《直点/接過》 ⬆obtener
o+'bús [名] [男] 〖軍〗 曲射砲; 〖軍〗 砲弾
ob-'viar [オブ.'ビアる] [動] [他] 〈危険·困難などを〉除去する, 未然に防ぐ; 省略する
'ob-vio, -via ['オブ.ビオ, ビア] [形] 明らかな, 明白な, 明瞭(めいりょう)な, (目で見て)すぐわかる **-viamente** [副] 明らかに

'o+ca [名] [女] 〖鳥〗 ガン, ガチョウ ***juego de la ~*** オカゲーム《さいころを振ってするすごろくに似た遊び》; 《アンデス》〖植〗 オカイモ
o+ca-'ri-na [オ.カ.'り.ナ] [名] [女] 〖楽〗 オカリナ《笛》
‡o+ca-'sión 76% [名] [女] 機会, 場合, 時, 折, 好機, チャンス; 買い得品, バーゲン, 掘出し物, 特売品; 理由, きっかけ, 原因 ***con ~ de*** … …の機会に; …の機会を利用して ***dar ~*** (a: の)口実を与える ***de ~*** 〖商〗 中古の; バーゲンの ***en ocasiones*** 時折, 折にふれて, 必要に応じて
o+ca-sio-'nal [オ.カ.スィオ.'ナル] [形] 偶然の; 時折の, たまたまの; 臨時の, 特別な場合の **~mente** [副] 偶然, たまたま; 時折
***o+ca-sio-'nar** [オ.カ.スィオ.'なる] 92% [動] [他] 引き起こす, 原因となる
***o+'ca-so** 94% [名] [男] 衰退, 衰え, 没落, 衰亡; 日没, 入り日; 西
‡oc-ci-den-'tal [オク.すぃ.デン.'タル] 87% [形] 西の, 西方の; 西洋の, 西欧の, 西側の [名] [共] 西洋人
oc-ci-den-ta-li-za-'ción [オク.すぃ.デン.タ.リ.さ.'すぃオン] [名] [女] 西洋化
oc-ci-den-ta-li-'zar [オク.すぃ.デン.タ.リ.'さる] [動] [他] 34 (z|c) 西洋化する
***oc-ci-'den-te** [オク.すぃ.'デン.テ] 91% [名] [男] 西部, 西方; 〔O~〕 西洋, 西欧諸国
oc-'ci-duo, -dua [オク.'すぃ.ドゥオ, ドゥア] [形] 《格》 落日の
oc-ci-pi-'tal [オク.すぃ.ピ.'タル] [形] 〖体〗 後頭(部)の [名] [男] 〖体〗 後頭部, 後頭骨
oc-ci-'pu-cio [オク.すぃ.'プ.すぃオ] [名] [男] 〖体〗 後頭部
oc-'ci-so, -sa [オク.'すぃ.ソ, サ] [形] [名] [男] [女] 《格》 殺害された(人), 惨死した(人)
oc-ci-'ta+no, -na [オク.すぃ.'タ.ノ, ナ] [形] [名] [男] [女] 〖言〗 オック語の(話者)《フランス南部の言語, リムーザン語, オーヴェルニュ語, プロヴァンス語, ガスコーニュ語など》 [名] [男] 〖言〗 オック語
O+ce+a-'ní+a [オ.せ.ア.'ニ.ア] [名] [固] 〖地名〗 オセアニア, 大洋州
***o+ce+'á-ni-co, -ca** [オ.'せア.ニ.コ, カ] 94% [形] 大洋の, 海洋性の; 〖地名〗 オセアニア(人)の ⬆Oceanía
***o+'cé+a+no** [オ.'せア.ノ] 92% [名] [男] 大洋, 海洋, 大海, …洋; 広がり, 広い隔たり **O~** [名] [固] 〖ギ神〗 オケアノス《大洋の神》
o+ce+a-no-gra-'fí+a [オ.せ.ア.ノ.グら.'フィ.ア] [名] [女] 〖海〗 海洋学
o+ce+a-no-'grá-fi-co, -ca [オ.せ.ア.ノ.'グら.フィ.コ, カ] [形] 〖海〗 海洋学の
o+ce+a-'nó-gra-fo, -fa [オ.せ.ア.'ノ.グら.フォ, ファ] [名] [男] [女] 〖海〗 海洋学者
o+'ce-lo [オ.'せ.ロ] [名] [男] 〖昆〗 単眼
o+ce-'lo-te [オ.せ.'ロ.テ] [名] [男] 〖動〗 オセ

ロット《米国南部から中南米の森林に生息するヤマネコ》

o+'cha-vo [オ.'チャ.ボ] 名 男 〔歴〕〔経〕《ｽﾍﾟｲﾝ》(昔の)銅貨 ***no tener (ni) un ～*** 一銭もない

‡**o+'chen-ta** 81% 数 〔⇦単独の 80〕 **80**(の); 第 **80**(番目)(の)

o+chen-tai-'cin-co 数 ⇨ochenta y cinco

o+chen-tai-'cua-tro 数 ⇨ochenta y cuatro

o+chen-tai-'dós 数 ⇨ochenta y dos

o+chen-tai-'nue-ve 数 ⇨ochenta y nueve

o+chen-tai-'o-cho 数 ⇨ochenta y ocho

o+chen-tai-'séis 数 ⇨ochenta y seis

o+chen-tai-'sie-te 数 ⇨ochenta y siete

o+chen-tai-'trés 数 ⇨ochenta y tres

o+chen-tai-'u-no, -na 数 ⇨ ochenta y uno

o+chen-ta-'ñe-ro, -ra [オ.チェン.タ.'ニェ.ろ, ら] 形 名 男 女 **80** 歳代の(人)

o+chen-'ta-vo, -va [オ.チェン.'タ.ボ, バ] 形 **80** 分の **1** の 名 男 **80** 分の **1**

o+chen-'tón, -'to-na 形 名 男 女 《話》 **80** 歳代の; 《話》 **80** 歳代の人

‡**'o+cho** 73% 数 〔⇦単独の 8〕 **8**(の); **8** の形, 8 の字

***o+cho-'cien-tos, -tas** [オ.チョ.'すぃエン.トス, タス] 92% 数 〔⇦単独の 800〕 **800**(の); 第 **800** 番目(の)

***'o+cio** ['オ.すぃオ] 92% 名 男 暇, 暇な時間, 余暇; レジャー, 娯楽, 気晴らし; 無為, 怠惰

o+cio-si-'dad [オ.すぃオ.スィ.'ダド] 名 女 怠惰, 無為

***o+'cio-so, -sa** [オ.'すぃオ.ソ, サ] 94% 形 仕事をしていない, 用のない, 遊んでいる, 休んでいる, 暇な; むだな, くだらない, 意味のない, 根拠のない

o+'cluir [オ.'クルイる] 動 他 ㊲ (-y-) 《格》 〈器官を〉ふさぐ, 閉塞(へいそく)させる **～-se** 動 再 《格》 《器官が》閉塞する

o+clu-'sión [オ.クル.'スィオン] 名 女 (器官の)閉塞(へいそく), 閉鎖; 〔音〕 閉鎖(音)

o+clu-'si-vo, -va [オ.クル.'スィ.ボ, バ] 形 〔医〕 閉塞させる, 閉塞作用の; 〔音〕 閉鎖(音)の **-va** 名 女 〔音〕 閉鎖音

o+'co-te 名 男 《ﾗ米》 〔植〕 オコーテマツ[松]

O+co-te-'pe-que [オ.コ.テ.'ペ.ケ] 名 固 〔地名〕 オコテペーケ《ホンジュラス西部の県》

o+'crá-ce+o, +a [オ.'クら.せ.オ, ア] 形 黄土色の

'o+cre ['オ.クれ] 名 男 黄土, 赭土(しゃど), オークル; 黄土色 形 黄土の, 赭土の; 黄土色の

oct. 略 ↓octubre

oc-ta+'e-dro [オク.タ.'エ.ドろ] 名 男 〔数〕 八面体

oc-ta-go-'nal 形 ⇩ octogonal

oc-'tá-go+no, -na 形 ⇩ octógono

oc-'ta+no [オク.'タ.ノ] 名 男 オクタン

oc-ta-'vi-lla [オク.タ.'ビ.ジャ] 名 女 八折り判の本[紙]; 〔文〕 **8** 行連句, 8 行詩; (政治的な)パンフレット, ビラ

Oc-'ta-vio [オク.'タ.ビオ] 名 固 〔男性名〕 オクタビオ

‡**oc-'ta-vo, -va** [オク.'タ.ボ, バ] 89% 形 名 男 女 《序数》 **8** 番目の(人・物); **8** 分の **1**(の); 〔印〕 八折り判 **-va** 名 女 〔楽〕 オクターブ, 第 8 度音, 8 度音程; 〔宗〕 八日祭; 〔文〕 **8** 行詩, 8 行連句 ***octava real*** 〔文〕 オクターバ・レアル《1–3–5, 2–4–6, 7–8 に韻のある 8 行詩》

oc-'te-to [オク.'テ.ト] 名 男 〔楽〕 八重唱[奏]曲; 〔楽〕 八重唱[奏]団; 〔情〕 オクテット, バイト《情報量の単位, 8 ビット》

oc-tin-gen-'té-si-mo, -ma [オク.ティン.ヘン.'テ.スィ.モ, マ] 形 名 男 女 《序数》 第 **800** 番目の(人・物); **800** 分の **1**(の)

oc-to-ge-'na-rio, -ria [オク.ト.ヘ.'ナ.りオ, りア] 形 名 男 女 **80** 歳代の(人)

oc-to-'gé-si-mo, -ma [オク.ト.'ヘ.スィ.モ, マ] 形 名 男 女 《序数》 第 **80** 番目の(人・物); **80** 分の **1**(の)

oc-to-ge-si-mo-'cuar-to, -ta 形 名 男 女 《序数》 ⇨octogésimo[ma] cuarto[ta]

oc-to-ge-si-mo-no-'ve-no, -na 形 名 男 女 《序数》 ⇨octogésimo[ma] noveno[na]

oc-to-ge-si-mo-oc-'ta-vo, -va 形 名 男 女 《序数》 ⇨octogésimo[ma] octavo[va]

oc-to-ge-si-mo-pri-'me-ro, -ra 形 名 男 女 《序数》 ⇨octogésimo[ma] primero[ra]

oc-to-ge-si-mo-'quin-to, -ta 形 名 男 女 《序数》 ⇨octogésimo[ma] quinto[ta]

oc-to-ge-si-mo-se-'gun-do, -da 形 名 男 女 《序数》 ⇨octogésimo[ma] segundo[da]

oc-to-ge-si-mo-'sép-ti-mo, -ma 形 名 男 女 《序数》 ⇨octogésimo[ma] séptimo[ma]

oc-to-ge-si-mo-'sex-to, -ta 形

O

名 男 女《序数》⇨octogésimo[ma] sexto[ta]

oc-to-ge-si-mo-ter-'ce-ro, -ra 形 名 男 女《序数》⇨octogésimo[ma] tercero[ra]

oc-to-go-'nal [オク.ト.ゴ.'ナル] 形〘数〙八角形の

oc-'tó-go-no, -na [オク.'ト.ゴ.ノ, ナ] 形 名 男〘数〙八角形(の)

oc-'tó-po-do, -da [オク.'ト.ポ.ド, ダ] 形 名 男〘動〙八腕類の(動物)

oc-to-'sí-la-bo, -ba [オク.ト.'スィ.ラ.ボ, バ] 形〘言〙〘文〙8 音節の, 8 音節の詩句からなる 名 男〘言〙〘文〙8 音節の単語[詩行]

oc-'tu-bre [オク.'トゥ.ブれ] 83% 名 男 10 月

'OCU ['オ.ク] 略 =Organización de Consumidores y Usuarios 消費者利用者連盟

o-cu-'lar [オ.ク.'ラる] 形 視覚上の, 目による, 目の, 目に関する 名 男 接眼鏡;〘写〙接眼レンズ

o-cu-'lis-ta [オ.ク.'リス.タ] 形〘医〙眼科の 名 共〘医〙眼科医

o-cul-ta-'ción [オ.クル.タ.'すぃオン] 名 女 知らないふり, しらばくれること; 隠蔽(いんぺい), 隠匿(いんとく); 隠れること

o-cul-'tar [オ.クル.'タる] 88% 動 他 隠す, 覆(おお)う; 秘密にする, 隠蔽(いんぺい)する, 見せないでおく, かばう, かくまう, 言わないでおく ～se 動 再 隠れる, 身を隠す, 潜伏する

o-'cul-tis [オ.'クル.ティス] 副〔成句〕*de* ～《話》隠れて, こっそりと, 内緒で

o-cul-'tis-mo [オ.クル.'ティス.モ] 名 男 神秘学, 神秘論, 神秘主義, 心霊研究, オカルティズム

o-cul-'tis-ta [オ.クル.'ティス.タ] 形 神秘学の, 心霊研究の, オカルトの 名 共 神秘学者, 心霊研究家

o-'cul-to, -ta [オ.'クル.ト, タ] 89% 形 隠された, 隠れた; 秘密の; 神秘の, オカルトの **-tamente** 副 隠れて, こっそりと; 神秘的に

o-cu-pa-'ción [オ.ク.パ.'すぃオン] 91% 名 女 職業, 職, 定職; (場所・地位・時間などの)占有, 占拠; 仕事;〘軍〙(軍隊による土地の)占領, 占有権, 占有時間; 時間の使い方, 暇つぶし

o-cu-pa-cio-'nal [オ.ク.パ.すぃオ.'ナル] 94% 形 職業の; 作業の

o-cu-'pa-do, -da 94% 形 忙しい;《場所が》ふさがった, 占められた, 使用中の 名 男 通話中

o-cu-'pan-te 形 占める, 占拠する 名 共 占拠者; 居住者; (de: の)乗客

o-cu-'par [オ.ク.'パる] 75% 動 他〈場所・建物・地位などを〉占める;《仕事などが》〈時間を〉費やす,〈時間を〉(en: して)過ごす;〈に〉居住する; 占有する;〘軍〙占領する, 占拠する;〈に〉仕事を与える, 雇用する; 専念させる ～se 動 再 (de, en: の)仕事をする, (de, en: に)従事する, 専念する; (de: の)世話をする; (de: について)扱う

o-cu-'rren-cia [オ.ク.'れン.すぃア] 93% 名 女 思いつき, 考え, アイデア; 出来事, 事件; こっけい, ユーモア

o-cu-'rren-te [オ.ク.'れン.テ] 形 こっけいな, 機知に富んだ, おもしろい

o-cu-'rrir [オ.ク.'りる] 72% 動 自 起こる, 生じる, 発生する ～se 動 再 考えが浮かぶ; ふと思いつく, (不定詞: …する)気になる *Lo que ocurre es que* ... 実は…なのだ

'o-da 名 女〘文〙頌詩(しょうし), 頌歌(しょうか), オード《特定の人・物などに寄せる叙情詩》

o-da-'lis-ca [オ.ダ.'リス.カ] 名 女〘歴〙オダリスク《イスラム教国宮中の女奴隷; トルコ君主の側妻(そばめ)》

o-de-'ón 名 男〘歴〙〘建〙(古代ギリシャ・ローマの)音楽堂;〘建〙〔一般〕音楽堂

'Ó-der ['オ.デる] 名 固〔el ～〕〘地名〙オーデル川《チェコ東部からドイツとポーランドの国境を流れてバルト海に注ぐ川》

O-'de-sa 名 固〘地名〙オデッサ《ウクライナ南西部の都市》

o-'diar [オ.'ディアる] 91% 動 他 憎む, 嫌悪する, (ひどく)嫌う

'o-dio 91% 名 男 憎しみ, 憎悪

o-dio-si-'dad 名 女 憎悪, 嫌悪, いまいましさ

o-'dio-so, -sa 94% 形 憎むべき, いやな, いまいましい

O-di-'se-a 名 固〘文〙オデュッセイア《ホメロス Homero の大叙事詩》;〔o～〕《格》長い冒険旅行

o-don-to-lo-'gí-a [オ.ドン.ト.ロ.'ひ.ア] 名 女〘医〙歯科学, 歯科医学

o-don-to-'ló-gi-co, -ca [オ.ドン.ト.'ロ.ひ.コ, カ] 形〘医〙歯科学の

o-don-'tó-lo-go, -ga [オ.ドン.'ト.ロ.ゴ, ガ] 名 男 女〘医〙歯科医, 歯医者

'o-dre ['オ.ドれ] 名 男〘飲〙革袋《ぶどう酒を入れる》;《話》大酒飲み *estar como un* ～ すっかり酔っぱらっている

o-ers-'ted [オ.エ(る)ス.'テド] 名 男〘物〙エルステッド《磁界強度の単位》

o-es-no-r|o-'es-te [オ.エス.ノ.ろ.'エス.テ] 名 男 西北西;〘気〙西北西の風; 形 西北西の

o-'es-te 88% 名 男 西, 西部, 西方;〘気〙西風;〔O～〕〘地名〙(米国の)西部; 形 西の

o-e-su-d|o-'es-te 名 男 西南西;〘気〙西南西の風; 形 西南西の

O+'fe-lia [オ.'フェ.リア] 名 固〔女性名〕オフェリア

*__o+fen-'der__ [オ.フェン.'デる] 92% 動 他 〈の〉気を悪くする, 怒らせる, 傷つける; «見るもの・聞くものなどが»不快な感じを与える; 〈に〉危害を加える　~se 動 再 (con, de, por: に)怒る, 不快になる, 気を悪くする, 腹を立てる

o+fen-'di-do, -da 形 名 男 女 立腹している(人); 侮辱された(人)

*__o+'fen-sa__ 94% 名 女 (他人の)感情を傷つけること, 侮辱, 無礼; 感情を傷つけるもの;〖法〗罪, 違反, 反則, 過失

o+fen-'si-va [オ.フェン.'スィ.バ] 名 女 攻勢, 攻撃

*__o+fen-'si-vo, -va__ [オ.フェン.'スィ.ボ, バ] 94% 形 しゃくにさわる, 無礼な, 侮辱的な; いやな, 不快な; 攻撃的な, 攻撃用の, 攻勢の

o+fen-'sor, -'so-ra [オ.フェン.'ソる, 'ソ.ら] 名 男 女 侮辱する者, 無礼者; 加害者 形 侮辱的な, 不快な, 傷つける; 危害を加える, 加害者の

⁑__o+'fer-ta__ [オ.'フェる.タ] 84% 名 女 提供, 提案, 申し出;〖商〗申し込み値段, 付け値; 特売品, 特別価格; 供給

o+fer-'tar [オ.フェる.'タる] 動 他 差し出す, 提供する;〖商〗入札する

o+fer-'to-rio [オ.フェる.'ト.りオ] 名 男〖宗〗(ミサ中の)パンとぶどう酒の奉献

off ['オフ] 名 男〔英語〕〖演〗舞台裏, 声だけのせりふ

office ['オ.フィす] 名 男〔英語〕(調理室に接する)食器室

offset ['オフ.セト] 名 男〔複 -sets〕〔英語〕〖印〗オフセット印刷(法)

offside ['オフ.サイ(ド)] 名 男〔英語〕〖競〗〔サッカー〕オフサイド

⁑__o+fi-'cial__ [オ.フィ.'すぃアル] 77% 形 公務上の, 公の, 職務上の; 公認の, 公式の; 官庁の, 役所の 名 共〖軍〗士官, 将校; 熟練工; 事務員; 公務員, 役人

o+fi-'cia-la [オ.フィ.'すぃア.ラ] 名 女 女性事務員; (女性の)職人, 職工; (女性の)公務員, 役人

o+fi-cia-'lí+a [オ.フィ.すぃア.'リ.ア] 名 女 事務員の職[身分]; 職人の資格

o+fi-cia-li-'zar [オ.フィ.すぃア.リ.'さる] 動 他 ㉞ (z|c) 公式にする, 公認する

*__o+fi-'cial-'men-te__ [オ.フィ.'すぃアル.'メン.テ] 92% 副《文修飾》公には, 公務上は; 公式に, 正式に

o+fi-'cian-te [オ.フィ.'すぃアン.テ] 形〖宗〗ミサを司式する 名 男〖宗〗ミサの司式者

o+fi-'ciar [オ.フィ.'すぃアる] 動 自 (de: の)役をつとめる;〖宗〗«聖職者が»司式する 動 他 公的に通達する;〖宗〗〈ミサを〉司式する

⁑__o+fi-'ci-na__ [オ.フィ.'すぃ.ナ] 82% 名 女 事務所, 営業所, 会社, 役所, 勤め先, 職場, オフィス; (官庁の)…局, …部, …所

o+fi-ci-'nal [オ.フィ.すぃ.'ナル] 形〖医〗«植物が»薬用の;〖医〗調剤済みの

*__o+fi-ci-'nis-ta__ [オ.フィ.すぃ.'ニス.タ] 94% 名 共 会社(事務)員, 事務従事者

⁑__o+'fi-cio__ [オ.'フィ.すぃオ] 85% 名 男 職業, 職, 仕事; 機能, 働き, 役目, 職務, 任務;〖宗〗聖務; 公文書　***buenos ~s*** 世話, 仲介　***de ~*** 正式に; 国費で　***no tener ~ ni beneficio***《話》無職である, 失業中である　***Santo O~***〖歴〗宗教裁判(所), 異端審問(所)　***ser del ~***《話》売春婦である

o+fi-cio-si-'dad [オ.フィ.すぃオ.スィ.'ダド] 名 女 勤勉, 精励; おせっかい, でしゃばり; 非公式

o+fi-'cio-so, -sa [オ.フィ.'すぃオ.ソ, サ] 形 半公式の, 半官的な, 非公式の; 勤勉な, 仕事[勉強]熱心な; おせっかいな, よけいな世話を焼く

o+'fi-dio, -dia 形〖動〗ヘビ類の 名 男〖動〗ヘビ[蛇]

o+fi-'má-ti-co, -ca 形〖情〗オフィスオートメーション[OA]の　**-ca** 名 女〖情〗オフィスオートメーション[OA]

O. F. M. 略 =Orden de Frailes Menores〖宗〗フランシスコ修道会

⁑__o+fre-'cer__ [オ.フれ.'せる] 73% 動 他 ㊺ (c|zc) 提供する, 差し出す, 申し出る; (a: 神に)捧(ささ)げる; 約束する; 示す, 見せる; 提示する, 示す, 試みる; 催す, 主宰する; 〈に〉値をつける　~se 動 再 (en: に)身を捧げる; (a, para, de 不定詞: …しようと)申し出る, 自ら買って出る; 現れる, 生じる, 起こる; «考えが» (a: に)浮かぶ, (a: が)思いつく

*__o+fre-ci-'mien-to__ [オ.フれ.すぃ.'ミエン.ト] 94% 名 男 申し出, 提供

o+'fren-da [オ.'フれン.ダ] 名 女 (神への)奉納, 献納, 供物, 捧げ物, 寄進

o+fren-'dar [オ.フれン.'ダる] 動 他〖宗〗〈供物を〉捧(ささ)げる;〔一般〕捧げる, 与える　~se 動 再〖宗〗献身する

o+'frez-co, -ca(~) 動《直現 1 単, 接現》↑ofrecer

of-'tal-mia⇔**-'mí+a** [オフ.'タル.ミア⇔.'ミ.ア] 名 女〖医〗眼炎

of-'tál-mi-co, -ca [オフ.'タル.ミ.コ, カ] 形〖医〗目の, 眼病の

of-tal-mo-lo-'gí+a [オフ.タル.モ.ロ.'ひ.ア] 名 女〖医〗眼科学

of-tal-mo-'ló-gi-co, -ca [オフ.タル.モ.'ロ.ひ.コ, カ] 形〖医〗眼科の

of-tal-'mó-lo-go, -ga [オフ.タル.

'モ.ロ.ゴ, ガ] 名 男 女 〔医〕眼科医

of-tal-mo-pa-'tí+a [オフ.タル.モ.パ.'ティ.ア] 名 女 〔医〕眼症

of-tal-mos-'co-pio [オフ.タル.モス.'コ.ピオ] 名 男 〔医〕検眼鏡《眼球内観察用》

o+fus-ca-'ción 名 女 ⇩ ofuscamiento

o+fus-ca-'mien-to 名 男 目がくらむこと; 理性を失うこと

o+fus-'car [オ.フス.'カる] 動 他 ⑳ (c|qu) 〈の〉目をくらませる, まぶしがらせる; 惑わす, 眩惑(げんわく)する **~se** 動 再 目がくらむ; (con, por: に)理性を失う

'o+gro ['オ.グろ] 名 男 〔架空〕(民話・童話の)人食い鬼[巨人, 怪物]; 醜くて残酷な人

'oh ['オ] 85% 感 おお!, おや!, ああ! 《感嘆・驚き・喜び・恐れ・願望・悲しみなど表す》

'O+'Hig-gins [オ.'ひ.ギン(ス)] 名 固 〔Libertador General Bernardo ~〕〔地名〕オヒギンス《チリ中部の州》

'ohm 名 男 ⇩ ohmio

'oh-mio ['オ.ミオ] 名 男 〔物〕オーム《電気抵抗の単位》

o+'í+da 名 女 聞くこと, 聴取 ***de*** [***por***] ***~s*** うわさで

o+'í-dio 名 男 〔菌〕オイディウム《オイディウム属のウドンコカビの総称》

o+'í-do 88% 名 男 〔体〕耳; 聴覚, 聴力; 〔楽〕音感 ***aguzar*** [***alargar***] ***el ~*** 耳を澄ます ***cerrar los ~s*** (a: を)聞こうとしない ***dar ~s*** (a: に)耳を貸す; (a: を)信用する ***de ~*** 聞き覚えで ***entrar por un ~ y salir por el otro*** 右の耳から入って左の耳から抜けていく, なんの感銘も残らない ***llegar a ~s*** (de: の)耳に入る ***regalar el ~*** 《話》(a: に)うれしがらせを言う ***ser todo ~s*** 耳をそばだてる, 注意して聞く ***zumbar los ~s*** (都合の悪いことを言われて)(a: の)耳が痛い

oi-'dor [オイ.'ドる] 名 男 〔歴〕聴訴(ちょうそ)官

'o+i-go, -ga(~) 動 《直現1単, 接現》 ⬇oír

o+'ír [オ.'イる] 71% 動 他 ㊼ (-y-)〔直現1単 -go〕〈が〉(自然に)聞こえる, 〈が〉聞こえてくる, 〈が〉耳に入る; 〔一般〕聞く, (不定詞: …するのを)聞く; (うわさなどで)伝え聞く, 聞いて知る; 〈言い分などを〉聞く, «裁判官が» 〈事件を〉審理する, 〈願いを〉聞き入れる; 〔宗〕〈ミサに〉出席する **~se** 動 再 聞こえる ***¿Me oyes? / ¿Me oye usted?*** わかった? /おわかりになりました? ***¡Oye!*** 《話》もしもし!, ねえ! 《注意を呼びかける》; 《話》おい!, ちょっと! 《相手を非難する》 ***¡Oiga!*** 《スペイン》《キューバ》もしもし《語尾を上げる, 電話をかける人が言う》; あの, すみません《呼びかけ》

OIT [オイ.'テ] 略 =Organización Internacional del Trabajo〔政〕国際労働機関 (**ILO**)

o+'jal [オ.'はル] 名 男 〔衣〕ボタンホール; (ひもなどを通すための)小さな穴, 鳩目

o+ja-'lá [オ.は.'ラ] 89% 感 **1** そうでありますように!: ¿Vendrá Lucía a la fiesta? — ¡**Ojalá**! ルシーアはパーティーに来るだろうか? —来るといいのだけれど! **2** どうか(接続法: …に)なりますように!: **Ojalá** haga buen tiempo mañana. 明日よい天気でありますように。 **3** 《接続法過去で実現の可能性のないことを表現》: **Ojalá** tuviera dinero para ir a España este verano. 今年の夏スペインに行く金があればなあ。 **4** 《que がつくことがある》: He oído decir que su padre está enfermo. **Ojalá** que no sea nada grave. あなたのお父さんが病気だと聞きました。重くなければよいと思います。

o+je+'a-da [オ.へ.'ア.ダ] 名 女 ちらりと見ること, ひと目

o+je+a-'dor [オ.へ.ア.'ドる] 名 男 (狩りの)勢子(せこ)

o+je+'ar [オ.へ.'アる] 動 他 じろじろ[じっと]見る; (狩りで太鼓などを打って)〈獲物を〉狩り出す, 追い立てる, 集める

O+'je-da [オ.'へ.ダ] 名 固 〔姓〕オヘーダ

o+'je+o [オ.'へ.オ] 名 男 (狩りで太鼓などを打って)獲物を狩り出すこと, 追い立て

o+'je-ra [オ.'へ.ら] 名 女 〔体〕(目の下の)隈(くま)

o+je-'ri-za [オ.へ.'り.さ] 名 女 悪意, 悪感情, 敵意, 恨み

o+je-'ro-so, -sa [オ.へ.'ろ.ソ, サ] 形 〔体〕«人が»目の下に隈(くま)がある

o+'je-te [オ.'へ.テ] 名 男 (革・布の)ひも通し穴, 小穴, 鳩目; 《俗》尻(しり), 尻の穴

o+ji-'gar-zo, -sa [オ.ひ.'ガる.そ, サ] 形 青い目の

o+ji-mo-'re+no, -na [オ.ひ.モ.'れ.ノ, ナ] 形 茶色の目の

o+ji-'ne-gro, -gra [オ.ひ.'ネ.グろ, グら] 形 黒い目の

o+'ji-to 〔縮小語〕⬇ojo

o+'ji-va [オ.'ひ.バ] 名 女 〔建〕オジーブ《丸天井の対角線リブ》; 〔機〕(ロケットなどの)円錐頭, ノーズコーン, 弾頭

o+ji-'val [オ.ひ.'バル] 形 〔建〕オジーブの

'o+jo ['オ.ほ] 71% 名 男 〔体〕目, 眼; 注目, 注視, 注意, 警戒; ものを見分ける力, 鑑識眼, 眼力; 目の形をしたもの, 穴《針の目, ホックの留め穴, ロープなどの先の輪など》; 視力, 視覚, 視線; 〔気〕(台風の)目; 〔建〕橋桁の間, スパン 感 注意してください!, (con: に)気をつけて! ***a*** (***los***) ***~s de*** … …の見地から ***a ~*** (***de buen cubero***) 目分量で, 大体のところ ***a ~s cerrados*** 目をつ

ぶって; 盲目的に, 確かめもしないで, 信用して *a ~s vistas* 目に見えて, 明らかに *andar con ~* 注意深く行う *cerrar los ~s* 黙認する, 目をつぶる; 眠る; 死ぬ *comerse con los ~s* 食い入るように見る, ほれぼれと見つめる, にらみつける *con los ~s fuera de las órbitas* 目をむいて *costar un ~ de la cara* 大変高くつく *dar un ~ de la cara* (por: を)是が非でも欲しがる *¡Dichosos los ~s!* 《話》やあ, 久しぶりだなあ!, お会いできてうれしい(です)! *echar el ~* (a: を)見つめる *echar un ~* (a: に)注意する, (a: を)見張る, 見る *en los ~s de* ... …の目の前で *en un abrir y cerrar de ~s* またたく間に *estar con cien ~s* 用心する *estar hasta los ~s* (de: に)どっぷり浸かっている; …にあきあきしている; 借金を抱えている *hablar con los ~s* 目くばせで伝える, 目でものを言う *hacer ~* せっけんの泡をたてる *mirar con buenos ~s* (a: を)好意的に見る *no quitar el ~* (a: から)目を離さない *~ a la funerala* 青あざのできた目 *~ de gallo* 〔医〕うおのめ《皮膚病》 *~ de gato* 〔鉱〕猫目石 *~ derecho* (de: の)お気に入り *poner los ~s en blanco* 卒倒する, 白目をむく *querer como a los ~s de la cara* 溺愛(できあい)する *saltar a los ~s* 目につく, 目立つ, 明白である *tener entre ~s* 憎んでいる, 嫌っている *tener los ~s puestos* (en: に)目をつける; …に目をかける, 好意を持つ *volver los ~s* (a: を)頼る, 頼りにする; (a: に)目を転じる; (a: に)関心を抱く

O+jos del Sa-'la-do ['オ.ほス デル サ.'ラ.ド] 名 固 〔地名〕オホス・デル・サラード山《チリとアルゼンチン国境の高峰, 6893m》

O+'jotsk [オ.'ほツ(ク)] 名 固 〔mar de ~〕〔地名〕オホーツク海《カムチャツカ半島と千島列島によって太平洋と区切られる海域》

o+'ku-pa 名 共 (空き家・空き部屋の)不法占拠者

o+ku-'par [オ.ク.'パる] 動 他 〈空き家・空き部屋などを〉不法に占拠する

****'o+la** ['オ.ラ] 90% 名 女 波, 波浪; 波動, 起伏, うねり; (人から人へと伝わる感情・行動などの)波, 高まり, 殺到; 〔物〕(熱・光・音・電気などの)波; 〔気〕(気温・気圧などの)波, 変動; (競技場などの観客による)ウェーブ

O+'lan-cho [オ.'ラン.チョ] 名 固 〔地名〕オランチョ《ホンジュラス東部の県》

o+'lé ⇔ 'o-le [オ.'レ⇔'オ.レ] 感 いいぞ!, うまいぞ!, がんばれ!, その調子! 名 男 〔楽〕オーレ《アンダルシアの舞踊》

o+le+'a-da [オ.レ.'ア.ダ] 名 女 大波; 高まり, うねり

o+le+a-gi-'no-so, -sa [オ.レ.ア.ひ.'ノ.ソ, サ] 形 油[脂肪]を含む, 油性の

o+le+'a-je [オ.レ.'ア.へ] 名 男 (打ち寄せる)波, 大波

o+le+'í-co-la [オ.レ.'イ.コ.ラ] 形 〔農〕オリーブ栽培の

o+lei-cul-'tor, -'to-ra [オ.レイ.クル.'トる, 'ト.ら] 形 〔農〕オリーブ栽培者

o+lei-cul-'tu-ra [オ.レイ.クル.'トゥ.ら] 名 女 〔農〕オリーブ栽培

'ó-le+o ['オ.レ.オ] 名 男 〔絵〕油絵の具; 〔宗〕聖油; 油, オリーブ油

o+le+o-'duc-to [オ.レ.オ.'ドゥク.ト] 名 男 パイプライン, 送油管

o+le+o-si-'dad [オ.レ.オ.スィ.'ダド] 名 女 油性, 油状

o+le+'o-so, -sa [オ.レ.'オ.ソ, サ] 形 油質の, 油性の, 油状の

****o+'ler** [オ.'レる] 89% 動 他 ㊽ (o|hue) 〈の〉においをかぐ; かぎ回る, 詮索(せんさく)する; 〈に〉感づく, かぎつける 動 自 におう, (a: の)においがする; におい[悪臭]がする; においをかぐ, かぐ力がある; (a: の)気味がある, …くさい, …らしい **~se** 動 再 〈que: と〉感じられる, 思う; 気づく, 気味がある *no ~ bien* 怪しい

ol-fac-'ción [オル.ファク.'すぃオン] 名 女 《格》嗅覚(きゅうかく)(作用)

ol-fa-te+'ar [オル.ファ.テ.'アる] 動 他 〈の〉においをかぐ; 〈危険などに〉感づく; かぎつける; 詮索(せんさく)する

ol-fa-'te+o [オル.ファ.'テ.オ] 名 男 においをかぐこと; 《話》かぎつけること; 詮索(せんさく)

ol-fa-'ti-vo, -va [オル.ファ.'ティ.ボ, バ] 形 嗅覚(きゅうかく)の, 嗅覚器の

ol-'fa-to [オル.'ファ.ト] 名 男 嗅覚; 直覚, 直観

'Ol+ga ['オル.ガ] 名 固 〔女性名〕オルガ

o+li-'gar-ca [オ.リ.'ガる.カ] 名 共 〔政〕寡頭(かとう)制支配者, 寡頭政治の執政者

o+li-gar-'quí+a [オ.リ.ガる.'キ.ア] 名 女 〔政〕寡頭(かとう)制, 寡頭政治; 〔集合〕支配者(集団)

o+li-'gár-qui-co, -ca [オ.リ.'ガる.キ.コ, カ] 形 〔政〕寡頭(かとう)政治の

o+li-go-'fre-nia [オ.リ.ゴ.'フれ.ニア] 名 女 〔医〕知的障害

o+li-go-'fré-ni-co, -ca [オ.リ.ゴ.'フれ.ニ.コ, カ] 形 〔医〕知的障害の 名 男 女 〔医〕知的障害者; 《話》〔軽蔑〕頭のおかしい人

o+li-go+'he-mia [オ.リ.ゴ.'エ.ミア] 名 女 〔医〕乏血(ぼうけつ)

o+li-'gu-ria [オ.リ.'グ.りア] 名 女 〔医〕乏尿(ぼうにょう)

O+'lim-pia [オ.'リン.ピア] 名 固 〔歴〕オリュンピア《ギリシャ南部の古代都市遺跡》

o+lim-'pia-da ⇔ -'pí+a- [オ.リン.'ピ

ア.ダ⇦.'ピ.ア.] 名 女 〔しばしば複〕〖競〗(国際)オリンピック大会; 〖歴〗〖競〗オリュンピア競技祭; 〖歴〗オリュンピア紀《古代ギリシャでオリュンピア競技祭からの次の競技祭までの4年間》

o+'lím-pi-co, -ca [オ.'リン.ピ.コ, カ] 90% 形 〖競〗(国際)オリンピック競技の; 〖歴〗〖競〗オリュンピア競技祭の; 〖地名〗オリュンポス山の, オリュンピアの; 尊大な, いばった

O+'lim-po [オ.'リン.ポ] 名 固 〖ギ神〗オリュンポス山《ギリシャの山; ギリシャ神話の諸神が山頂に住んだという》

o+lis-'car 動 他 ⑥⑨ (c|qu) ⇩ olisquear

o+lis-que+'ar [オ.リス.ケ.'アる] 動 他 《話》〈の〉においをかぐ; 《話》詮索(せんさく)する, かぎ回る

o+lis-'que+o [オ.リス.'ケ.オ] 名 男 においをかぐこと

o+'li-va [オ.'リ.バ] 名 女 〖植〗オリーブの実; オリーブ色

o+li-'var [オ.リ.'バる] 名 男 〖農〗オリーブ畑

o+li-va-'re-ro, -ra [オ.リ.バ.'れ.ろ, ら] 形 名 男 女 〖農〗オリーブ栽培の[栽培者]

o+li-'vas-tro [オ.リ.'バス.トろ] 名 男 〖農〗野生のオリーブ

O+li-'ve-ra [オ.リ.'ベ.ら] 名 固 〖姓〗オリベーラ

*__o+'li-vo__ [オ.'リ.ボ] 93% 名 男 〖植〗オリーブの木

*__'o-lla__ ['オ.ジャ] 93% 名 女 〖食〗鍋(なべ), 深鍋; 〖食〗オージャ《スペインの煮込み料理, シチュー》 ***estar en la ～*** 問題がある ***～ de grillos*** 混乱, 騒がしいこと

o+'lle-ro, -ra [オ.'ジェ.ろ, ら] 名 男 女 〖商〗煮込み料理屋

ol-'me-ca [オル.'メ.カ] 形 〖歴〗オルメカ族の 名 共 〖歴〗オルメカ人《メキシコ湾岸地域を中心に先古典期に栄えた》

'ol+mo ['オル.モ] 名 男 〖植〗ニレ

o+'ló-gra-fo, -fa [オ.'ロ.グら.フォ, ファ] 形 自筆の 名 男 自筆の文; 自筆文書

o+'lor [オ.'ロる] 89% 名 男 (a: の)におい, 香り; 悪臭, におい; 《話》嗅覚(きゅうかく); 気配, 様子 ***al ～ de ...*** …につられて, …に引き寄せられて ***dar el ～*** (a: に)疑わせる, …が疑う ***en olor de multitud*** 熱烈に, 熱狂して ***morir en ～ de santidad*** 高徳の誉れを残して死ぬ

*__o+lo-'ro-so, -sa__ [オ.ロ.'ろ.ソ, サ] 94% 形 芳香のある, かぐわしい

o+'lo-te [オ.'ロ.テ] 名 男 《メキシコ》《中米》トウモロコシの殻(から), 穂軸

OLP [オ.エ.レ.'ペ] 略 =Organización para la Liberación de Palestina 〖政〗パレスチナ解放機構 (PLO)

ol-vi-da-'di-zo, -za [オル.ビ.ダ.'ディ.そ, さ] 形 忘れっぽい, 忘れやすい; 不注意な, ぼんやりした; 恩知らずの

__ol-vi-'dar__ [オル.ビ.'ダる] 75% 動 他 忘れる, 〈過去のことが〉思い出せない; 〈不定詞: …するのを〉忘れる, 怠る; 置き忘れる; 気にしない, 不問に付す **～se 動 再 忘れる; (de: を)忘れる; 忘れられる

*__ol-'vi-do__ [オル.'ビ.ド] 91% 名 男 忘れること, 忘却(ぼうきゃく); 手抜かり, 油断, 見過ごし ***echar al [en] ～*** 忘れる, 忘れ去る

O. M. 略 =Orden Ministerial 〖法〗大臣法令

O+'mán 名 固 〔Sultanato de ～〕〖地名〗オマーン国《西アジア南部の国》

o+ma-'ní 形 〔複 -níes⇦-nís〕〖地名〗オマーン(人)の 名 共 オマーン人 ⬆Omán

o+mar-'tri-tis [オ.マる.'トり.ティス] 名 女 〔単複同〕〖医〗肩関節炎

om-'bli-go [オン.'ブリ.ゴ] 名 男 〖体〗へそ; 中心(点) ***encogerse [arrugarse] el ～*** 《話》(a: が)おじけづく

om+'bú 名 男 〔複 -búes⇦-bús〕《南米》〖植〗メキシコヤマゴボウ, オンブー《南米原産の高木》

o+'me-ga 名 女 〖言〗オメガ《ギリシャ語の文字 Ω, ω》; 最後, 終り

O+'me-ya 名 固 〔複〕〖歴〗ウマイヤ朝《ダマスカスを首都としたイスラム王朝; 661–750》; 後ウマイヤ朝《アミール, 756–929; カリフ, 929–1031》; 〔o～〕形 名 共 〖歴〗ウマイヤ朝の(人)

'ó+mi-cron ['オ.ミ.クろン] 名 女 〖言〗オミクロン《ギリシャ語の文字 O, o》

o+mi-'no-so, -sa 形 《格》不吉な, 縁起の悪い, 不気味な; 嫌悪すべき, 忌むべき

*__o+mi-'sión__ 94% 名 女 怠慢, なおざり, 手抜かり; 省略

o+'mi-so, -sa 形 省いた, 省略した; 怠慢な, 不注意な ***hacer caso ～*** (de: を)なおざりにする, ほっておく, 無視する

*__o+mi-'tir__ [オ.ミ.'ティる] 94% 動 他 省略する, 省く; 〈不定詞: …し〉忘れる; (うっかりして)抜かす, 落とす

om-ni~ 〔接頭辞〕「全部」を示す

'óm-ni-bus 名 男 〔単複同〕〖車〗バス; 《アンデス》《ラプラタ》〖車〗(乗り合い)バス

om-'ní-mo-do, -da 形 網羅した, 包括[総括]的な

om-ni-po-'ten-cia [オム.ニ.ポ.'テン.すぃア] 名 女 《格》全能, 無限力

om-ni-po-'ten-te 形 《格》全能の

om-ni-pre-'sen-cia [オム.ニ.プれ.'セン.すぃア] 名 女 《格》遍在

om-ni-pre-'sen-te [オム.ニ.プれ.'セン.テ] 形 《格》遍在する, どこにでもいる

om-nis-'cien-cia [オム.ニ(ス).'すぃエン.すぃア] 名 女 《格》全知, 博識

O

om-nis-'cien-te [オム.ニ(ス).'すぃエン.テ] 形《格》全知の, 博識の

om-'ní-vo-ro, -ra [オム.'ニ.ボ.ろ, ら] 形〔動〕何でも食べる, 雑食性の 名 男 女〔動〕雑食(性)動物

o+'mó-pla-to ⇔-mo- [オ.'モ.プラ.ト⇔オ.モ.'プラ.ト] 名 男〔体〕肩甲骨

OMS 略 =Organización Mundial de la Salud 世界保健機関, WHO

o+'na-gro [オ.'ナ.グろ] 名 男〔動〕オナジャー《西南アジア産の野生のロバ》;〔歴〕〔軍〕(古代・中世の)大きな投石器, 石弓

o+na-'nis-mo 名 男 自慰, オナニー

o+na-'nis-ta 名 共 自慰をする人

'on+ce ['オン.せ] 81% 数〔⇔単独の11〕11(の); 第11(番目)(の);〔競〕〔サッカーなど〕イレブン ***tomar* [*hacer*] *las* ～《(南米)》午後のおやつを食べる

'ONCE ['オン.せ] 略 =Organización Nacional de Ciegos Españoles スペイン盲人協会《宝くじを発行している》

on-ce+'a-vo, -va 形 11分の1の, 11等分の 名 男 11分の1

on-'ce+no, -na [オン.'せ.ノ, ナ] 形 11番目の; 11分の1の 名 男 11分の1

on-co-'gé-ne-sis [オン.コ.'へ.ネ.スィス] 名 女〔単複同〕〔医〕発癌, 腫瘍形成

on-co-lo-'gí+a [オン.コ.ロ.'ひ.ア] 名 女〔医〕腫瘍(しゅよう)学

on-co-'ló-gi-co, -ca [オン.コ.'ロ.ひ.コ, カ] 形〔医〕腫瘍(しゅよう)学の

on-'có-lo-go, -ga [オン.'コ.ロ.ゴ, ガ] 名 男 女〔医〕腫瘍(しゅよう)学者

*'**on+da** 91% 名 女 波, 波浪;〔物〕(熱・光・音・電気などの)波; 流行, 風潮; (髪の)ウェーブ, パーマ ***agarrar la*** ～《(メキシコ)》《(チリ)》《話》わかる, 時流に乗る ***¿Qué ～?***《(メキシコ)》《話》どうだい?

on-de+'ar [オン.デ.'アる] 動 自 波打つ, 波立つ, うねる; 翻る, なびく, 揺らぐ

on-du-la-'ción [オン.ドゥ.ラ.'すぃオン] 名 女 波動, うねり;〔体〕(髪の)ウェーブ

on-du-'la-do [オン.ドゥ.'ラ.ド] 名 男 パーマ(ネント) ～**, -da** 形 波状の

on-du-'lan-te [オン.ドゥ.'ラン.テ] 形 波立つ, 波状の, うねる, 起伏のある

on-du-'lar [オン.ドゥ.'ラる] 動 自 波立つ, うねる, 起伏する, 蛇行する 動 他〔体〕〈髪に〉パーマ[ウェーブ]をかける; 波打たせる ～**se** 動 再〔体〕〈自分の髪に〉パーマ[ウェーブ]をかける

on-du-la-'to-rio, -ria [オン.ドゥ.ラ.'ト.りオ, りア] 形 波状の, 起伏のある; はためく

o+ne-'ro-so, -sa [オ.ネ.'ろ.ソ, サ] 形 煩わしい, やっかいな, 面倒な; 金のかかる;〔法〕有償の, 負担付きの

'ONG ['オン(グ)] 略 =Organización No Gubernamental〔政〕非政府組織, NGO

'ó+ni-ce ['オ.ニ.せ] 名 男 [女]〔鉱〕縞瑪瑙(しまめのう), オニキス

o+'ní-ri-co, -ca [オ.'ニ.り.コ, カ] 形《格》夢の

o+ni-ro-'man-cia ⇔-'cí+a [オ.ニ.ろ.'マン.すぃア⇔.'すぃ.ア] 名 女 夢占い

'ó+nix 名 男 ⇧ ónice

on line [オン.'ライン] 形 名 男〔英語〕〔情〕オンライン(の)

ONO 略 ⬆oesnoroeste

o+no-'cró-ta-lo [オ.ノ.'クろ.タ.ロ] 名 男〔鳥〕カツオドリ

o+no-'man-cia ⇔-'cí+a [オ.ノ.'マン.すぃア⇔.'すぃ.ア] 名 女 姓名判断

o+no-ma-sio-lo-'gí+a [オ.ノ.マ.スィオ.ロ.'ひ.ア] 名 女〔言〕固有名詞研究, 名義論

o+no-ma-sio-'ló-gi-co, -ca [オ.ノ.マ.スィオ.'ロ.ひ.コ, カ] 形〔言〕固有名詞研究の, 名義論の

o+no-ma-'sió-lo-go, -ga [オ.ノ.マ.'スィオ.ロ.ゴ, ガ] 名 男 女〔言〕固有名詞研究者, 名義論者

o+no-'más-ti-co, -ca 形 人名の, 固有名詞の 名 男《(ラ米)》〔宗〕守護聖人の名の祝日 **-ca** 名 女〔宗〕守護聖人の名の祝日;〔言〕固有名詞研究

o+no-ma-to-'pe-ya 名 女〔言〕擬音, 擬声;〔言〕擬音[擬声]語;〔修〕声喩(せいゆ)法

o+no-ma-to-'pé-yi-co, -ca 形〔言〕擬音の, 擬声の

On-'ta-rio [オン.'タ.りオ] 名 固〔lago ～〕〔地名〕オンタリオ湖《米国とカナダの国境にある湖; 五大湖の一つ》

on-to-'ge-nia [オン.ト.'へ.ニア] 名 女〔生〕個体発生(論)

on-to-lo-'gí+a [オン.ト.ロ.'ひ.ア] 名 女〔哲〕存在論[学]

'ONU ['オ.ヌ] 略 =Organización de las Naciones Unidas〔政〕国際連合 (**UNO**)

o+nu-'ben-se 形 名 共 ウエルバの(人) ⬆Huelva

'on+za ['オン.さ] 名 女 オンス《重量の単位, 1常用オンス28.35グラム》 ～ ***de oro***〔歴〕〔経〕ドブロン《昔のスペイン領アメリカの金貨》

on-'za-vo, -va 形《分数詞》⇧ onceavo

op. 略 ⬇opus 作品

O. P. 略 =Orden de Predicadores〔宗〕ドミニコ修道会

o+pa-ci-'dad [オ.パ.すぃ.'ダド] 名 女 不透明(なもの), 不明瞭

O

*o+'pa-co, -ca 94% 形 不透明な; 鈍い, 輝きのない, くすんだ; 暗い, 陰気な, 憂鬱な
o+pa-les-'cen-cia [オ.パ.レ(ス).'セン.すぃア] 名 女 乳白光
o+pa-les-'cen-te [オ.パ.レ(ス).'セン.テ] 形 オパール色の, 乳白色の, オパールのような光彩を放っている
o+pa-'li+no, -na [オ.パ.'リ.ノ, ナ] 形 オパール(色)の　-na 名 女 乳白ガラス
'ó+pa-lo ['オ.パ.ロ] 名 男 〔鉱〕オパール, 蛋白(たんぱく)石
op-'ción [オプ.'すぃオン] 名 女 選択, 選択肢, 選択権, 選択の自由, 随意; (地位・特典などを得る)権利, 資格
op-cio-'nal [オプ.すぃオ.'ナル] 形 任意の, 自由に選べる, 随意の, オプションの
op. cit. 略 =〔ラテン語〕*opere citato* 前掲[引用]書(中に)
'OPEP [オ.'ペプ] 略 =Organización de los Países Exportadores de Petróleo 〔政〕〔経〕石油輸出国機構 (OPEC)
*'ó+pe-ra ['オ.ペ.ら] 91% 名 女 〔楽〕〔演〕歌劇, オペラ; 〔建〕オペラハウス, オペラ劇場　～ ***prima*** 〔文〕処女作, 最初の作品
‡o+pe-ra-'ción [オ.ペ.ら.'すぃオン] 80% 名 女 作用, 働き, 効力; (機械などの)運転, 操作; 作業, 仕事, 活動; 〔医〕手術; 〔商〕経営, 運営, 営業, 売買, 取引; 〔軍〕作戦, 軍事行動; 〔法〕(法令などの)施行, 実施; 〔数〕演算
o+pe-ra-cio-'nal [オ.ペ.ら.すぃオ.'ナル] 形 作用の; 運転の, 操作の, 操作的な; 〔医〕手術の; 〔商〕経営の, 営業の, 取引の; 〔軍〕作戦の, 軍事行動の; 〔法〕(法令などの)施行の; 〔数〕演算の
o+pe-ra-'dor, -'do-ra [オ.ペ.ら.'ドる, 'ド.ら] 名 男 女 (機械の)運転者, 技師, オペレーター; 〔医〕手術医, 執刀医 名 男 〔数〕演算子　***operador turístico*** 旅行業者
o+pe-'ran-cia [オ.ペ.'らン.すぃア] 名 女 《ｸﾞﾘ》 能率, 効率
‡o+pe-'rar [オ.ペ.'らる] 88% 動 他 〔医〕《医師が》<患者に> (de: の)手術をする; 生む, 生み出す, 引き起こす, もたらす; 操作する, 運営する 動 自 〔商〕《会社・企業などが》営業活動をする, 操業する; 〔医〕《薬が》効く, 効き目を表す; 〔軍〕作戦をする; 行動する, 動く, 処理する, 工作する　～se 動 再 〔医〕(de: の)手術を受ける; 動く, 作動する; 生じる, 起こる
o+pe-'ra-rio, -ria [オ.ペ.'ら.りオ, りア] 名 男 女 運転者, 操作員, 技師, 技手
o+pe-ra-ti-vi-'dad [オ.ペ.ら.ティ.ビ.'ダド] 名 女 有効性; 操作性
o+pe-ra-'ti-vo, -va [オ.ペ.ら.'ティ.ボ, バ] 形 作用している, 効力のある
o+pe-ra-'to-rio, -ria [オ.ペ.ら.'ト.りオ, りア] 形 〔医〕手術の
o+'pér+cu-lo [オ.'ペる.ク.ロ] 名 男 〔魚〕(魚の)えらぶた; 〔貝〕(巻き貝の)ふた; 〔昆〕(蜂の巣の)ふた
o+pe-'re-ta [オ.ペ.'れ.タ] 名 女 〔楽〕〔演〕オペレッタ
o+pe-'ris-ta [オ.ペ.'りス.タ] 名 共 〔楽〕〔演〕オペラ歌手
o+pi-la-'ción [オ.ピ.ラ.'すぃオン] 名 女 〔医〕閉塞(へいそく); 〔医〕無月経
o+pi-'lar-se [オ.ピ.'ラる.セ] 動 再 〔医〕月経が止まる
o+'pi-mo, -ma 形 《詩》《格》豊富な, 多産の, 豊かな
o+pi-'na-ble [オ.ピ.'ナ.ブレ] 形 論争[疑問]の余地のある, 異論のある, 意見の分かれる
‡o+pi-'nar [オ.ピ.'ナる] 88% 動 他 <que: という>意見を述べる, <que: と>考える 動 自 (de, en, sobre: について)意見を述べる, 考える
‡o+pi-'nión 78% 名 女 (個人の)意見, 考え, (ものの)見方; 評価, (善悪などの)判断, 評判　***abundar en la ～*** (de: の意見に)賛成する　***en ～ de ...*** …の意見[考え]では
'o+pio 名 男 アヘン; うっとりさせるもの
o+'pí-pa-ro, -ra [オ.'ピ.パ.ろ, ら] 形 《食事が》ぜいたくな, 豪華な
o+'pón 動 《命》↓oponer
o+pon-dr～ 動 《直未/過未》↓oponer
o+po-'nen-te 形 反対する, 対抗する, 阻むような; 〔競〕〔サッカーなど〕相手選手の 名 共 反対者, 対抗者; 〔競〕〔サッカーなど〕相手選手
‡o+po-'ner [オ.ポ.'ネる] 86% 動 他 53 〔poner; 命 -pón〕<に>反対する, <に>対抗する, 阻む; 向かい合わせる, 対立[対抗]させる　～se 動 再 (a, contra: に)反対する, 反対の行動をとる; (互いに)敵対する, (con: と)対立する; 対立する, 相矛盾する
o+'pon-go, -ga(～) 動 《直現1単, 接現》↑oponer
o+'por-to [オ.'ポる.ト] 名 男 〔飲〕ポートワイン　O～ 名 固 〔地名〕オポルト《ポルトガル北西部の港湾都市, ポートワインの産地》
‡o+por-tu-ni-'dad [オ.ポる.トゥ.ニ.'ダド] 82% 名 女 機会, 好機, チャンス; 適切さ, 時宜にかなったこと[もの]
o+por-tu-'nis-mo [オ.ポる.トゥ.'ニス.モ] 名 男 日和見(ひより)主義, ご都合主義, 便宜主義
o+por-tu-'nis-ta [オ.ポる.トゥ.'ニス.タ] 形 日和見(ひより)主義の, ご都合主義の 名 共 日和見主義者, ご都合主義者

O

****o·por-'tu·no, -na** [オ.ポる.'トゥ.ノ, ナ] 89% [形] 時宜を得た, 折よい, 好都合な, 適切な; 機知のある **-namente** [副] 都合よく, 折よく; 適切に, 十分に

****o·po-si-'ción** [オ.ポ.スィ.'すぃオン] 83% [名] [女] 反対, 対抗, 抵抗, 妨害; 〖政〗野党, 反対党; 〔しばしば複〕《ｽﾍﾟｲﾝ》採用試験, 選抜試験

o·po-si-'tar [オ.ポ.スィ.'タる] [動] [自] (a: の)採用[選抜]試験を受ける

o·po-si-'tor, -'to-ra [オ.ポ.スィ.'トる, 'ト.ら] [名] [男] [女] 反対者, 競争相手; 《ｽﾍﾟｲﾝ》(採用試験の)受験者, 志願者

***o·pre-'sión** [オ.プれ.'スィオン] 94% [名] [女] 圧迫感, 重苦しい感じ, 憂鬱(ゆううつ), 意気消沈; 圧迫, 圧制, 抑圧, 迫害

o·pre-'si-vo, -va [オ.プれ.'スィ.ボ, バ] [形] 〖政〗圧制的な; 抑圧的な; 重苦しい, うっとうしい

o·pre-'sor, -'so-ra [オ.プれ.'ソる, 'ソ.ら] [形] 〖政〗圧制的な; 抑圧的な, 過酷な [名] [男] [女] 〖政〗圧政者, 迫害者

o·pri-'mi-do, -da [オ.プり.'ミ.ド, ダ] [形] 抑圧された [名] [男] [女] 被抑圧者

***o·pri-'mir** [オ.プり.'ミる] 94% [動] [他] 押す, おさえる; きつすぎる, 締めつける; 圧迫する, 抑圧する, 虐げる, 苦しめる, 悩ます

o·'pro-bio [オ.'プろ.ビオ] [名] [男] 恥, 不面目, 汚名, 恥辱, 不名誉

o·pro-'bio-so, -sa [オ.プろ.'ビオ.ソ, サ] [形] 不面目な, 恥ずべき, 侮辱的な, 口汚い

op-'tar [オプ.'タる] [動] [自] (por: を)選ぶ, 選択する; (a: に)志願する

op-ta-'ti-vo, -va [オプ.タ.'ティ.ボ, バ] [形] 任意の, 選択の自由な; 〖言〗願望の **-vamente** [副] 随意に, 任意に,

****'óp-ti-co, -ca** 90% [形] 眼の, 視覚の, 視力の; 光学の [名] [男] [女] 〖商〗眼鏡商, 光学器械商, 眼鏡士 **-ca** [名] [女] 〖商〗眼鏡店, めがね屋; 視点; 〖物〗光学

op-ti-ma-'ción [名] [女] ⇩ optimización

op-ti-'mar [動] [他] 《まれ》⇩ optimizar

***op-ti-'mis-mo** 93% [名] [男] 楽天主義, 楽観主義

***op-ti-'mis-ta** 93% [形] 楽天主義の, 楽観主義の [名] [共] 楽天主義者, 楽観主義者

op-ti-mi-za-'ción [オプ.ティ.ミ.さ.'すぃオン] [名] [女] 《格》最適化

op-ti-mi-'zar [オプ.ティ.ミ.'さる] [動] [他] 34 (z|c) 《格》最適化する **~se** [動] [再] 《格》最適になる

'óp-ti-mo, -ma [形] 最上の, 最良の, 最適の [名] [男] 最適度[条件, 量], 最大限

****o·'pues-to, -ta** 88% [形] (a: に)反対の, 反対している; 正反対の, 逆の; 対立する, 敵対している; 反対側の, 向かい側の [動] 《過分》⬆oponer

o·pug-na-'ción [オ.プグ.ナ.'すぃオン] [名] [女] 《格》攻撃, 反論

o·pug-'nar [オ.プグ.'ナる] [動] [他] 《格》〈と〉戦う, 攻撃する, 〈に〉異論を唱える

o·pu-'len-cia [オ.プ.'レン.すぃア] [名] [女] 富裕, 豊富

o·pu-'len-to, -ta [オ.プ.'レン.ト, タ] [形] 富裕な, 豊富な

'o·pus [名] [男] 〔単複同〕〖楽〗作品(番号)

o·'pu-s~ [動] 《直点/接過》⬆oponer

o·'pús·cu-lo [オ.'プス.ク.ロ] [名] [男] 《格》〖楽〗小品, 小曲; 小作品, 小論文

Opus Dei ['オ.プス 'デイ] [名] [男] 〔ラテン語〕〖宗〗オプスデイ会《1928 年に創立されたカトリックの世俗的な宗教団体》

o·pus-de·'ís-ta [名] [共] オプスデイの会員⬆Opus Dei

o·que-'dad [オ.ケ.'ダド] [名] [女] へこみ, くぼみ, えぐり, 穴, 空洞, うろ; 空虚, 内容のないこと

'o·ra ['オ.ら]〔成句〕 ~ ..., ~ ... 《格》…ときには…, …またときには…

****o·ra-'ción** [オ.ら.'すぃオン] 82% [名] [女] 祈り, 祈りの言葉; 〖言〗文; 演説, 式辞

o·ra-cio-'nal [オ.ら.すぃオ.'ナル] [形] 〖言〗文の

o·'rá·cu-lo [オ.'ら.ク.ロ] [名] [男] 神の言葉, 神託, 託宣, 神のお告げ; 予言; 神託所

o·ra-'dor, -'do-ra [オ.ら.'ドる, 'ド.ら] [名] [男] [女] 演説者, 弁士, 講演者

***o·'ral** [オ.'らル] 92% [形] 口頭の, 口述の; 〖医〗口の, 口部の; 〖医〗《薬などが》内服の, 経口の

O·'rán [オ.'らン] [名] [固] 〖地名〗オラン《アルジェリア北西部の都市》

o·ran-gu-'tán [オ.らン.グ.'タン] [名] [男] 〖動〗オランウータン

o·'ran-te [オ.'らン.テ] [形] 祈る

o·'rar [オ.'らる] [動] [自] (por: のために)祈る, 懇願する, 請う

o·ra-'to-rio, -ria [オ.ら.'ト.りオ, りア] [形] 演説の, 雄弁の [名] [男] 〖宗〗(大教会または私邸の)祈禱(きとう)堂, 小礼拝堂; 〖楽〗聖譚(せいたん)曲, オラトリオ **-ria** [名] [女] 雄弁(術), 誇張的文体 **O~** [名] [固] 〖宗〗オラトリオ会《1564 年ローマに設立されたカトリックの修道会》

'or·be ['オる.ベ] [名] [男] 球(体), 円; 天体, 天球; (天体の)軌道; 《格》世界, 地球

or-bi-cu-'lar [オる.ビ.ク.'らる] [形] 球状の, 環状の

'ór-bi-ta ['オる.ビ.タ] [名] [女] (惑星・人工衛星などの)軌道; 〖体〗眼窩(がんか); 活動範囲

or-bi-'tal [オる.ビ.'タル] [形] 軌道の; 〖体〗眼窩(がんか)の

or-bi-'tar [オる.ビ.'タる] 動 自 軌道を回る

'or+ca ['オる.カ] 名 女 〖動〗シャチ

Or-'ca-das [オる.'カ.ダス] 名 固 〔islas ~〕〖地名〗オークニー諸島《イギリス, スコットランド北東沖の諸島》

'ór-da-go ['オる.ダ.ゴ] 名 男 持ち金を全部賭けること *de* ~《ｽﾍﾟｲﾝ》《話》すごい, すばらしい

or-da-'lí+a [オる.ダ.'リ.ア] 名 女 〔複〕〖歴〗(中世の)神盟裁判, 試罪法

****'or-den** ['オる.デン] 72% 名 男 (前後の)順, 順序, 順番; 整頓(せいとん), 整理, きちんとした状態; (社会などの)秩序, 規則, きまり, 規律, 治安; 等級, 階級, 序列; 種類, 性質; 〖軍〗隊形; (人体・機械の)よい調子; 〖建〗様式, 柱式, オーダー《古代ギリシャなどの柱の様式》; 〖生〗目(もく) 名 女 命令, 指令, 指図; 〖宗〗修道会; 〖法〗令状, 命令; 〖商〗注文, 注文書; 勲位, 勲章; 〖歴〗騎士団; 〖宗〗叙階; 〖情〗コマンド *¡A la ~!* 〖軍〗了解! わかりました! *a las órdenes de* ... …の指揮のもとに *A sus órdenes.* どうぞよろしく《初対面の挨拶(あいさつ)》 *del ~ de* ... およそ… *en ~ a* ... …に関しては; …のために *estar a la ~ del día* 頻繁に起こる, 流行している *llamar al ~* (a: に)静粛を求める, 規律を守らせる *el ~ del día* 〔集合〕議題 *órdenes menores* 〖宗〗下級叙階 *poner en ~* 整理する *por ~ de* ... …の順に *sin ~ ni concierto* ばらばらに, でたらめに

or-de-na-'ción [オる.デ.ナ.'すぃオン] 名 女 順序, 配列, 整備; 〖宗〗叙階式

or-de-'na-do, -da [オる.デ.'ナ.ド, ダ] 形 きちんとした, こぎれいな, さっぱりとした, 整然とした **-da** 名 女 〖数〗縦座標, Y座標

****or-de-na-'dor** [オる.デ.ナ.'ドる] 77% 名 男 《ｽﾍﾟｲﾝ》〖情〗コンピューター

or-de-na-'mien-to [オる.デ.ナ.'ミエン.ト] 名 男 〖法〗法令, 布告, 条令; 配列, 配置; 整理, 整備; 〔集合〕規定, 規則

or-de-nan-'cis-ta [オる.デ.ナン.'すぃス.タ] 形 名 共 規律に厳しい(人), 厳格な(人)

or-de-'nan-za [オる.デ.'ナン.さ] 名 女 〖法〗法令, 布告, 条令; 構成, 配置; 命令, 指令 名 男 事務員, 使い走り; 〖軍〗当番兵

****or-de-'nar** [オる.デ.'ナる] 85% 動 他 整頓する, 整理する, 配列する; 命令する, 指図する, 指示する; (a, hacia: に)向ける, 導く; 〖宗〗聖職を叙任する, 叙階する; 〖情〗ソートする, 並べ替える **~se** 動 再 〖宗〗聖職を受任する, (de: に)叙階される; 整理される

or-de-ña-'do-ra [オる.デ.ニャ.'ド.ら] 名 女 〖畜〗搾乳(さくにゅう)器

or-de-'ñar [オる.デ.'ニャる] 動 他 〖畜〗〈の〉乳をしぼる, 搾乳(さくにゅう)する; 〖農〗〈オリーブの木から〉葉と実を取る

or-'de-ño [オる.'デ.ニョ] 名 男 〖畜〗搾乳(さくにゅう)

or-di-'nal [オる.ディ.'ナル] 形 順序を示す; 〖言〗序数の; 〖生〗目(もく)の 名 男 〖言〗序数詞

or-di-na-'riez [オる.ディ.ナ.'りエす] 名 女 粗野, 野卑, 下品, 無骨; 無作法な言葉[行為]

****or-di-'na-rio, -ria** [オる.ディ.'ナ.りオ, りア] 89% 形 普通の, 通常の; 平凡な, 並みの, 大したことのない; 粗野な, 野卑な, 下品な 名 男 女 粗野な人, 野卑な人; 使い走り, 運搬人, 配達人 名 男 日常の経費, 生活費; 〖宗〗(管区の)司教 **-riamente** 副 普通は, 通常, 大抵 *de ~* 普通は, 通常は

o+re+'ar [オ.れ.'アる] 動 他 空気にさらす, 〈に〉外気を入れる, 〈衣服などを〉風にあてる **~se** 動 再 外気にさらされる, 風に当てさせる, 換気させる; 外の新鮮な空気を吸う

o+'ré-ga+no [オ.'れ.ガ.ノ] 名 男 〖植〗オレガノ, ハナハッカ

****o+'re-ja** [オ.'れ.は] 88% 名 女 〖体〗耳, 耳たぶ; (肘(ひじ)掛け椅子の)ヘッドレスト《背の上部両側に突き出た頭を支える部分》; 〖衣〗(靴の)前革; 〖食〗(鍋の)取っ手; 《ﾗﾌﾟﾗﾀ》《話》うわさ好きな人 *aguzar las ~s* 耳をそばだてる *calentar las ~s* 《話》(a: を)お仕置きする; 《話》(a: が)うんざりするほど話しかける *~ marina* 〖動〗アワビ *planchar la ~* 《話》〔笑〕寝る *tirar de las ~s* (お仕置きで)両耳を引っぱる *ver las ~s al lobo* 差し迫る危険に気づく

o+re-'je-ra [オ.れ.'へ.ら] 名 女 〖衣〗(帽子などの)耳覆い, 耳当て; 〖農〗犂(すき)の潑土(はつど)板

o+re-'jón [オ.れ.'ほン] 名 男 〖食〗乾燥モモ[桃], 乾燥アンズ; 〔複〕〖歴〗インカ帝国の貴族 **~, -jona** 名 男 女 《話》〖体〗耳の大きな人

o+re-'ju-do, -da [オ.れ.'ふ.ド, ダ] 形 耳が大きい; 〖動〗《動物が》耳が長い, 垂れ耳の 名 男 〖動〗ウサギコウモリ

O+re-'lla-na [オ.れ.'ジャ.ナ] 名 固 〖地名〗オレジャーナ《エクアドル東部の州》

o+ren-'sa+no, -na [オ.れン.'サ.ノ, ナ] 形 名 男 女 〖地名〗オレンセの(人)↓Orense

O+'ren-se [オ.'れン.セ] 名 固 〖地名〗オレンセ《スペイン北西部の都市》

o+'re+o [オ.'れ.オ] 名 男 空気にさらすこと, 通風, 換気; 〖気〗そよ風, 微風

O+re-'ta-nia [オ.れ.'タ.ニア] 名 固 〖歴〗〖地名〗オレタニア《現在のシウダレアル Ciudad Real, トレド Toledo, ハエン Jaén を含む地域》

o+re-'ta+no, -na [オ.れ.'タ.ノ, ナ] [形] 〘歴〙〘地名〙オレタニア(人)の, オレタニア人 ⬆Oretania

or-fa-'na-to [オる.ファ.'ナ.ト] [名] [男] 養護施設, 孤児院

or-fa-na-'to-rio [オる.ファ.ナ.'ト.りオ] [名] [男] 《メキシコ》 ⇧ orfanato

or-fan-'dad [オる.ファン.'ダド] [名] [女] 孤児であること, 孤児の境遇; 孤児年金; よるべのなさ, 孤独

or-'fe-bre [オる.'フェ.ブれ] [名] [男] 〘技〙〘商〙金銀細工師[商]

or-fe-bre-'rí+a [オる.フェ.ブれ.'り.ア] [名] [女] 〘技〙金銀細工

or-fe-li-'na-to [オる.フェ.リ.'ナ.ト] [名] [男] ⇧ orfanato

Or-'fe+o [オる.'フェ.オ] [名] [固] 〘ギ神〙オルペウス, オルフェ《詩人・音楽家; 鳥獣草木をも感動させたという竪琴の名手》

or-fe+'ón [オる.'フェオン] [名] [男] 〘楽〙合唱団

or-ga-ni-'cé, -ce(~) [動] 《直点 1 単, 接現》⬇organizar

⁑**or-'gá-ni-co, -ca** [オる.'ガ.ニ.コ, カ] 89% [形] 〘化〙有機の, 有機体[物]の; 〘農〙有機(栽培)の; 〔一般〕組織的な, 系統的な, 有機的な

or-ga-ni-'gra-ma [オる.ガ.ニ.'グら.マ] [名] [男] 組織図; 〘情〙フローチャート

or-ga-ni-'lle-ro, -ra [オる.ガ.ニ.'ジェ.ろ, ら] [名] [男] [女] 〘楽〙(街頭の)手回しオルガン弾き

or-ga-'ni-llo [オる.ガ.'ニ.ジョ] [名] [男] 〘楽〙手回しオルガン, バレルオルガン

⁑**or-ga-'nis-mo** [オる.ガ.'ニス.モ] 81% [名] [男] 組織, 団体, 機関, 組合, 協会; 〔集合〕器官, 臓器; 〘生〙有機体, 生物体, (微)生物

or-ga-'nis-ta [オる.ガ.'ニス.タ] [名] [共] 〘楽〙オルガン奏者

⁑**or-ga-ni-za-'ción** [オる.ガ.ニ.さ.'すぃオン] 76% [名] [女] (ある目的を持った)組織, 団体, 協会, 機構; 組織化, 構成; 企画, 計画, 準備

or-ga-ni-'za-do, -da [オる.ガ.ニ.'さ.ド, ダ] [形] 組織された, 系統立った, 整理された; てきぱきとした, きちんとした

or-ga-ni-za-'dor, -'do-ra [オる.ガ.ニ.さ.'ドる, 'ド.ら] [名] [男] [女] 組織者, まとめ役, オーガナイザー, 幹事, 主催者 [形] 組織する

⁑**or-ga-ni-'zar** [オる.ガ.ニ.'さる] 81% [動] [他] ㉞ (z|c) 組織する, 編成する, 設立する; 〈会などを〉取りまとめる, 〈催し物などを〉準備する, 企画する; 系統立てる, 体系づける, まとめる　**~se** [動] [再] 組織される, 編成される, 準備される, 出来上がる; 起こる, 引き起こされる

or-ga-ni-za-'ti-vo, -va [オる.ガ.ニ.さ.'ティ.ボ, バ] [形] 組織の, 編成の, 設立の; 準備の, 企画の; 系統的な, 体系的な

⁑**'ór-ga+no** ['オる.ガ.ノ] 86% [名] [男] 〘体〙(体の)器官, 臓器; 機関, 組織, 機構; 〘楽〙オルガン, パイプオルガン; 〘政〙(政府・政党の)機関紙; 〘機〙装置

'Ór-ga-nos ['オる.ガ.ノス] [名] [固] 〔sierra de los ~〕〘地名〙オルガノス山脈《キューバ西部の山脈》

or-'gás-mi-co, -ca [オる.'ガス.ミ.コ, カ] [形] オーガズムの

or-'gas-mo [オる.'ガス.モ] [名] [男] オーガズム《性快感の極点》

or-'gí+a⇔-gia [オる.'ひ.'ア⇔オる.ひア] [名] [女] 底抜け騒ぎ, はめを外したパーティー, 無礼講, 乱飲乱舞の宴会; 熱中, 耽溺(たんでき)

or-'giás-ti-co, -ca [オる.'ひアス.ティ.コ, カ] [形] 乱飲乱舞の, らんちき騒ぎの

⁑**or-'gu-llo** [オる.'グ.ジョ] 90% [名] [男] 誇り, 自慢; うぬぼれ, 高慢, 自尊心

*__or-gu-'llo-so, -sa__ [オる.グ.'ジョ.ソ, サ] 91% [形] (de: を)誇りに思う, (de: で)得意になって; 自尊心のある, プライドの高い, 誇り高い; うぬぼれた, 思い上がった, 高慢な, 尊大な　**-samente** [副] 誇らしげに, 自慢して, 高慢そうに, うぬぼれて

⁑**o+rien-ta-'ción** [オ.りエン.タ.'すぃオン] 89% [名] [女] 方向づけ, 指導, オリエンテーション; 性向, 性癖, 傾向; 方位, 向き, 方角; 位置づけ; 〘海〙帆を整えること

o+rien-ta-'dor, -'do-ra [オ.りエン.タ.'ドる, 'ド.ら] [形] 向きを合わせる, 位置を定める; 指導的な, 案内する [名] [男] [女] 指導者

⁑**o+rien-'tal** [オ.りエン.'タル] 88% [形] 東の, 東方の; 東洋の; 〘地名〙ウルグアイ(人)の [名] [共] 東洋人; ウルグアイ人

o+rien-ta-'lis-mo [オ.りエン.タ.'リス.モ] [名] [男] 東洋趣味, 東洋風, オリエンタリズム; 東洋学

o+rien-ta-'lis-ta [オ.りエン.タ.'リス.タ] [名] [共] 東洋学者, 東洋通

⁑**o+rien-'tar** [オ.りエン.'タる] 87% [動] [他] 〈の〉向きを(a, hacia: 方位に)合わせる, 〈の〉位置を定める; 導く, 案内する; 〘海〙〈帆・帆桁(ほげた)を〉整える　**~se** [動] [再] 方角を知る; (a, hacia, por: の方向へ)向かう, 向く, 進む; 自己の立場[位置]を見定める, (a, hacia: の)道を進む, どうすべきかわかる

o+rien-ta-'ti-vo, -va [オ.りエン.タ.'ティ.ボ, バ] [形] 位置を定める, 基準となる; 導く, 案内する

⁑**o+'rien-te** [オ.'りエン.テ] 90% [名] [男] 東, 東方; 〔O~〕〘地名〙東洋, 東洋諸国;

O

〔O~ Medio〕〘地名〙中東, 中東諸国《西アジアとアフリカ北東部の諸国》

o+'rí-fi-ce [オ.'リ.フィ.せ] 名 男《格》金細工師

o+ri-'fi-cio [オ.リ.'フィ.すぃオ] 名 男 穴, 口, 開口部;〘楽〙(ギターの)サウンドホール

o+ri-'fla-ma [オ.リ.'フラ.マ] 名 女 旗, 幟(のぼり);〘歴〙(中世フランスの)赤色王旗

o+'ri-gen [オ.'リ.ヘン] 78% 名 男 起源, 起こり, 始まり, もと; 生まれ, 素性, 身元; 原産地; 原因, 理由;〘数〙原点, 起点 ***dar ~*** (a: を)引き起こす

o+ri-gi-'nal [オ.リ.ひ.'ナル] 86% 形 最初の, 本来の, もとの, 原始の, 原文の; 独創的な, 創意に富んだ; 奇抜な, 新奇な, 目新しい; 出身の, 出生の 名 男 原文, 原書, 原典; (美術品などの)原物, 原型; 原本, オリジナル, 原稿, 手稿 名 共《話》変人, 風変わりな人 **~mente** 副 元来は, 本来は, 初めは, もともとは; 独創的に, 奇抜に

o+ri-gi-na-li-'dad [オ.リ.ひ.ナ.リ.'ダド] 93% 名 女 独創力[性], 創造力, 創意, オリジナリティー; 目新しさ, 奇抜さ

o+ri-gi-'nar [オ.リ.ひ.'ナる] 89% 動 他 引き起こす, もたらす **~se** 動 再 起こる, 始まる, 生じる, (en: に)源を発する

o+ri-gi-'na-rio, -ria [オ.リ.ひ.'ナ.りオ, りア] 形 (de: …)出身の, 原産の, 発祥の; もとの, 始まりの, 最初の; 原因となる

o+'ri-lla [オ.'リ.ジャ] 91% 名 女〘地〙岸, 岸辺, 海岸;〘地〙川岸, 湖岸, 川沿いの地; 端, 縁, へり;(織物の)耳, 織り端; 歩道; 道端;《カリブ》(道路脇の)排水溝, どぶ ***a la ~ de*** … …のすぐ近くに

o+ri-'llar [オ.リ.'ジャる] 動 他 〈に〉へりをつける, 〈に〉縁飾りをつける, 縁取る; 囲む, めぐる;〈困難を〉乗り越える, 回避する **~se** 動 再 岸に近づく[着く]; わきにどく, 体をずらす

o+'rín [オ.'リン] 名 男 さび;〔複〕尿, 小便

o+'ri-na [オ.'リ.ナ] 名 女 尿, 小便

o+ri-'nal [オ.リ.'ナル] 名 男〘医〙溲瓶(しびん), 尿器;(幼児用の)携帯便器, おまる

o+ri-'nar [オ.リ.'ナる] 動 自 排尿する, 小便をする **~se** 動 再 小便でぬれる, 漏らす

O+ri-'no-co [オ.リ.'ノ.コ] 名 固〔el ~〕〘地名〙オリノコ川《ベネズエラを流れる川》

O+'rión [オ.'りオン] 名 固〘ギ神〙オリオン《巨人の漁師》;〘天〙オリオン座

o+'ri-ta [オ.'リ.タ] 副《メキシコ》《話》(ちょうど)今; 今すぐ

o+riun-'dez [オ.りウン.'デす] 名 女 生まれ, 出身; 原産

o+'riun-do, -da [オ.'りウン.ド, ダ] 形 (de: …)生まれの, 出身の, 原産の 名 男 女 その土地に生まれた人

O+ri-'za-ba [オ.リ.'さ.バ] 名 固〔Pico de ~〕〘地名〙オリサーバ火山《メキシコ中部の山; 同国の最高峰, 5610m》;〘地名〙オリサーバ《メキシコ中部の都市》

'or+la ['オる.ラ] 名 女 縁飾り; 記念写真

Or-'lan-do [オる.'ラン.ド] 名 固〘男性名〙オルランド

or-'lar [オる.'ラる] 動 他 〈に〉へりをつける, 〈に〉縁飾りをする, 〈の〉縁取りをする

Or-'le+ans [オる.'レ.アン(ス)] 名 固〘地名〙オルレアン《フランス中北部の都市》

or-na-men-ta-'ción [オる.ナ.メン.タ.'すぃオン] 名 女 装飾, 飾り立てた状態, 飾りつけ

or-na-men-'tal [オる.ナ.メン.'タル] 形 装飾(用)の, 飾りの;〘軽蔑〙飾りだけの, 飾り立てた

or-na-men-'tar [オる.ナ.メン.'タる] 動 他 装飾する, 飾る

or-na-'men-to [オる.ナ.'メン.ト] 名 男 装飾, 飾ること; 装飾品, 飾り物; 美徳, 美点;〘宗〙祭壇用具

or-'nar [オる.'ナる] 動 他 飾る, 装飾する **~se** 動 再 (自らを)飾る

or-'na-to [オる.'ナ.ト] 名 男《格》装飾, 装飾品

or-ni-to-lo-'gí+a [オる.ニ.ト.ロ.'ひ.ア] 名 女〘鳥〙鳥類学

or-ni-to-'ló-gi-co, -ca [オる.ニ.ト.'ロ.ひ.コ, カ] 形〘鳥〙鳥類学(上)の

or-ni-'tó-lo-go, -ga [オる.ニ.'ト.ロ.ゴ, ガ] 名 男 女〘鳥〙鳥類学者

or-ni-'to-sis [オる.ニ.'ト.スィス] 名 女〔単複同〕〘医〙鳥類病

'o+ro ['オ.ろ] 81% 名 男 金(きん), 黄金; 富, 財貨, 財宝, 金貨;(多額の)金(かね);(金のように)貴重なもの;〘化〙金《元素》;〘遊〙〔スペイントランプ〕金貨 ***cuidar [guardar] como ~ en paño*** とても大事に扱う ***el ~ y el moro***《話》宝の山, 大変値打ちのあるもの, とてつもないこと[もの] ***hacerla de ~*** 大成功する, とてもうまくやり遂げる ***hacerse de ~*** 金持ちになる ***pan de ~*** 金箔(きんぱく) ***Siglo de Oro***〘歴〙(スペイン)黄金世紀《15 世紀末–17 世紀中葉》

'O+ro ['オ.ろ] 名 固〘地名〙エル・オロ《エクアドル南部の州》

o+ro-'gé-ne-sis [オ.ろ.'へ.ネ.スィス] 名 女〔単複同〕〘地質〙造山運動

o+ro-'ge-nia [オ.ろ.'へ.ニア] 名 女〘地質〙造山運動;〘地〙山岳学

o+ro-'gé-ni-co, -ca [オ.ろ.'へ.ニ.コ, カ] 形〘地質〙造山運動の;〘地〙山岳学の

o+ro-gra-'fí+a [オ.ろ.グら.'フィ.ア] 名 女〘地〙山岳学, 山岳誌

o+ro-'grá-fi-co, -ca [オ.ろ.'グら.フィ.

コ, カ] [形]〔地〕山岳学[誌]の

o+'ron-do, -da [オ.'ろン.ド, ダ] [形] 自慢した, 満足げな, ひとりよがりの; 《壺が》丸い, ふくらんだ; 〔体〕太鼓[ほてい]腹の

o+ro-'pel [オ.ろ.'ペル] [名] [男] ピカピカ光る金属[紙, プラスチック]の薄葉; 安ピカ物; 見え, 虚飾 *de* ～ けばけばしい, 安ピカの, 見かけ倒しの

o+ro-'pén-do-la [オ.ろ.'ペン.ド.ラ] [名] [女] 《ｽﾍﾟｲﾝ》〔鳥〕ヨシキリ, コウライウグイス

*__or-'ques-ta__ [オる.'ケス.タ] 91% [名] [女] 〔楽〕オーケストラ, 管弦楽団; 〔楽〕(舞台前の)オーケストラ楽団席, オーケストラボックス; 〔演〕〔全体〕(劇場の) 1 階席最前部の一等席

or-ques-ta-'ción [オる.ケス.タ.'すぃオン] [名] [女] 〔楽〕管弦楽作曲[編曲], 管弦楽法

or-ques-'tal [オる.ケス.'タル] [形] 〔楽〕オーケストラの, 管弦楽の

or-ques-'tar [オる.ケス.'タる] [動] [他] 〔楽〕管弦楽用に作曲[編曲]する; 大々的に組織する, 派手に宣伝する, 統一的に展開する

or-'quí-de+a [オる.'キ.デ.ア] [名] [女] 〔植〕ラン

or-'qui-tis [オる.'キ.ティス] [名] [女] 〔単複同〕〔医〕睾丸炎

'ór-say ['オる.サイ] [名] [男] 〔競〕〔サッカー〕オフサイド⇨fuera de juego, ⬆fuera

Or-'te-ga [オる.'テ.ガ] [名] [固] 〔姓〕オルテーガ

or-'ti-ga [オる.'ティ.ガ] [名] [女] 〔植〕イラクサ

Or-'tiz [オる.'ティす] [名] [固] 〔姓〕オルティス

'or+to ['オる.ト] [名] [男] 《格》〔天〕日[月, 星]の出

or-to-'cen-tro [オる.ト.'セン.トろ] [名] [男] 〔数〕(三角形の)垂心

or-to-'do-xia [オる.ト.'ドク.スィア] [名] [女] 正統, 正統性; 〔宗〕正統信仰; 〔宗〕東方正教会

or-to-'do-xo, -xa [オる.ト.'ドク.ソ, クサ] [形] 〔宗〕(宗教上の)正説の[を奉じる], 正統派の; 正しいと認められた, 正統の; 伝統的な, 保守的な; 〔宗〕東方正教会の [名] [男] [女] 正統派の人; 〔宗〕東方正教会の信徒

or-to+e-'pí+a [オる.ト.エ.'ピ.ア] [名] [女] 〔言〕(正しい)発音法

*__or-to-gra-'fí+a__ [オる.ト.グら.'フィ.ア] 94% [名] [女] 〔言〕正字法, 正しいつづり字法; 〔言〕文字論, つづり字論

or-to-'grá-fi-co, -ca [オる.ト.'グら.フィ.コ, カ] [形] 〔言〕正字法の, つづり字の正しい; 〔言〕スペルの, つづり字上の

or-to-'pe-da [オる.ト.'ペ.ダ] [名] [共] 〔医〕整形外科医

or-to-'pe-dia [オる.ト.'ペ.ディア] [名] [女] 〔医〕整形外科(学)

or-to-'pé-di-co, -ca [オる.ト.'ペ.ディ.コ, カ] [形] 〔医〕整形外科の [名] [男] [女] 〔医〕整形外科医

or-'tóp-te-ro, -ra [オる.'トプ.テ.ろ, ら] [形] 〔昆〕直翅(ちょくし)目の [名] [男] 〔複〕〔昆〕直翅目の昆虫

or-'to-sa [オる.'ト.サ] [名] [女] 〔鉱〕正長石

or-to-ti-pogra-'fí+a [オる.ト.ティ.ポグら.'フィ.ア] [名] [女] 〔印〕印刷体の正字法

o+'ru-ga [オ.'る.ガ] [名] [女] 〔昆〕イモムシ, 毛虫, 青虫; 〔技〕キャタピラ, 無限軌道(車)

o+'ru-jo [オ.'る.ほ] [名] [男] 〔農〕(ブドウ・オリーブなどの)しぼりかす

O+'ru-ro [オ.'る.ろ] [名] [固] 〔地名〕オルロ 《ボリビア西部の県, 県都》

'or+za ['オる.さ] [名] [女] かめ, 壺(つぼ); 〔海〕詰め開き《船首を風上に向けること》; 〔海〕(船底に取り付けた)自在竜骨, センターボード

or-'zar [オる.'さる] [動] [自] ㉞ (z|c) 〔海〕船首を風上に向ける, ラフする

or-'zue-lo [オる.'すエ.ロ] [名] [男] 〔医〕ものもらい, 麦粒腫(しゅ); (動物を捕獲する)わな

__os__ [オス] 75% [代] 《人称》〔弱勢〕《ｽﾍﾟｲﾝ》 **1〔直接目的語〕君たちを, お前たちを, あなたたちを: **Os** invito el domingo a comer. 私は君たちを日曜日に食事に招待します。 **2**〔間接目的語〕君たちに, お前たちに, あなたたちに: **Os** escribiré una carta cuando llegue. 私が着いたら君たちに手紙を書こう。 **3**〔再帰〕: ¿A qué hora **os** vais? あなたたちは何時に出かけるの? **4** 《肯定命令では os の前で命令形の語尾の d がなくなる》: Senta**os** aquí. あなたたち, ここに座りなさい。《ただし ir は例外》 Id**os**. お前たち, 行きなさい。 **5** 《古》汝(なんじ)を[に], 汝らを

'o+sa [名] [女] 〔動〕雌のクマ[熊] ***O～ Mayor*** 〔天〕おおぐま座 ***O～ Menor*** 〔天〕こぐま座

O. S. A. [略] =Orden de San Agustín 〔宗〕アグスティン修道会

o+sa-'dí+a [名] [女] 厚顔, あつかましさ; 大胆, 勇敢, 無謀

o+'sa-do, -da [形] 大胆な, 向こう見ずな; 恥知らずな, あつかましい

o+sa-'men-ta [名] [女] 〔集合〕骨格, 骸骨

o+'sar [オ.'サる] [動] [自] 《格》あえて[大胆にも](不定詞: …)する, 思い切って(不定詞: …)する

o+'sa-rio [オ.'サ.りオ] [名] [男] 〔宗〕納骨堂, 骨壺(こつつぼ), 塚, 骨洞

'Ós-car ['オス.カる] [名] [固] 〔男性名〕オスカル

os-'cen-se [オ(ス).'せン.セ] [形] [名] [共] ウエスカの(人) ⬆Huesca

O

os-ci-la-'ción [オ(ス).すぃ.ラ.'すぃオン] 名 女 揺れ, 振動; 振幅; 変動; 動揺, ためらい

os-ci-la-'dor [オ(ス).すぃ.ラ.'ドる] 名 男 〘電〙 発振器

os-ci-'lan-te [オ(ス).すぃ.'ラン.テ] 形 振動性の, 揺れ動く; 変動する; 動揺する, ためらう

os-ci-'lar [オ(ス).すぃ.'ラる] 動 自 振動する, 揺れる, 往復する; 変動する, 変化する; 躊躇(ちゅうちょ)する, ためらう

os-ci-la-'to-rio, -ria [オ(ス).すぃ.ラ.'ト.りオ, りア] 形 振動の, 揺れ動く

os-ci-'ló-gra-fo [オ(ス).すぃ.'ロ.グら.フォ] 名 男 〘電〙 オシログラフ, 振動記録計

'os+co, +ca 形 名 男 女 〘歴〙 オスクの; オスク人 《古代中部イタリアの民族》; 〘歴〙〘言〙 オスク語の 《イタリック語派》 名 男 〘歴〙〘言〙 オスク語

'ós+cu-lo ['オス.ク.ロ] 名 男 《格》 接吻(せっぷん), 口づけ

os-cu-ran-'tis-mo [オス.ク.らン.'ティス.モ] 名 男 〘政〙 蒙昧(もうまい)[反啓蒙]主義

os-cu-ran-'tis-ta [オス.ク.らン.'ティス.タ] 形 〘政〙 蒙昧(もうまい)[反啓蒙]主義の 名 共 〘政〙 蒙昧(もうまい)[反啓蒙]主義者

***os-cu-re-'cer** [オス.ク.れ.'せる] 94% 動 他 45 (c|zc) 暗くする, くもらせる; 変色させる, 〈の〉輝きを失わせる; 覆(おお)い隠す; 混乱させる, 鈍らせる; 〈の〉影を薄くさせる; 〈物事を〉わかりにくくする, 〈意味を〉不明確にする; 〘絵〙 〈絵に〉陰[明暗]をつける 動 自 暗くなる; 〘気〙 曇る ～**se** 動 再 〘気〙 《空が》暗くなる; 日が暮れる; 消える, 見えなくなる, ぼやける, あいまいになる

os-cu-re-ci-'mien-to [オス.ク.れ.すぃ.'ミエン.ト] 名 男 暗くなる[する]こと, 陰らせる[陰る]こと; あいまい, 不明瞭

⁑**os-cu-ri-'dad** [オス.ク.り.'ダド] 89% 名 女 暗さ, 暗闇, 暗がり, 暗黒; 不分明, 不明瞭; 無名, 世に知られていないこと

⁑**os-'cu-ro, -ra** [オス.'ク.ろ, ら] 84% 形 《色が》暗い, 暗色の, 薄暗い; はっきりしない, あいまいな, わかりにくい, 不明瞭な, ぼんやりとした; 〘気〙 曇った, どんよりした; 暗い, 見込みがない; 疑わしい, うさんくさい, 得体の知れない; 人目につかない, 世に知られない, 無名の, 身分の低い 名 男 〘絵〙 陰影, 暗色 ***a oscuras*** 暗闇で, 手探りで; 何も知らされずに, 知られずに

'ó+se+o, +a 形 骨質の, 骨性の, 骨のような

o+'sez+no [オ.'せす.ノ] 名 男 〘動〙 子グマ

o+'sí+cu-lo [オ.'スィ.ク.ロ] 名 男 〘体〙 小骨

o+si-fi-ca-'ción [オ.スィ.フィ.カ.'すぃオン] 名 女 骨化, 化骨

o+si-fi-'car-se [オ.スィ.フィ.'カる.セ] 動 再 69 (c|qu) 骨化[化骨]する

o+'si-to 〔縮小語〕 ↓oso

***'Os+lo** ['オス.ロ] 94% 名 固 〘地名〙 オスロ 《ノルウェー Noruega の首都》

os-man-'lí [オス.マン.'リ] 形 〔複 -líes⇔-lís〕 〘歴〙 オスマン帝国の

'os-mio 名 男 〘化〙 オスミウム 《元素》

'ós-mo-sis ⇔**os-** 名 女 〔単複同〕 〘物〙 浸透; 〔一般〕 染み込むこと, じわじわ普及すること; 相互影響 ***por*** ～ 《話》 自然と

os-'mó-ti-co, -ca 形 〘物〙 浸透の

'o+so** 94% 名 男 〘動〙 クマ[熊], 雄のクマ; 毛深い男; 《(南米)》 〘動〙 オオアリクイ ***hacer el ～ 《話》 女性の気を引く; 人を笑わせる, 笑い者になる ～ ***hormiguero*** 〘動〙 アリクイ ～ ***marino*** 〘動〙 オットセイ 動 《直現1単》 ↑osar

OSO 略 ↑oesudoeste

O+'sor+no [オ.'ソる.ノ] 名 固 〘地名〙 オソルノ 《チリ南部の都市》; 〔volcán ～〕 〘地名〙 オソルノ山 《チリ南部の火山》

'os+te 〔成句〕 ⇩oxte

os-te+'al-gia [オス.テ.'アル.ひア] 名 女 〘医〙 骨痛

os-te+'ál-gi-co, -ca [オス.テ.'アル.ひ.コ, カ] 形 〘医〙 骨痛の

os-te+'í-tis 名 女 〔単複同〕 〘医〙 骨炎

os-ten-'si-ble [オス.テン.'スィ.ブレ] 形 明らかな, 明白な, 紛れもない, 顕著な; 表向きの, うわべの, 見せかけの

os-ten-'si-vo, -va [オス.テン.'スィ.ボ, バ] 形 (de: を)あらわに示す; 明らかな, あらわな

os-ten-'so-rio [オス.テン.'ソ.りオ] 名 男 〘宗〙 (聖体)顕示台

os-ten-ta-'ción [オス.テン.タ.'すぃオン] 名 女 見せびらかし, 誇示, 虚飾, 虚栄

***os-ten-'tar** [オス.テン.'タる] 92% 動 他 見せびらかす, 誇示する, ひけらかす; 持つ, 所有する; 見せる, 示す ～**se** 動 再 見える, 現れる

os-ten-'to-so, -sa 形 仰々しい, けばけばしい, 人目につく; 壮大な, 堂々とした, 荘厳な **-samente** 副 誇示して, これみよがしに

os-te+o-dis-'tro-fia [オス.テ.オ.ディス.'トろ.フィア] 名 女 〘医〙 骨形成異常

os-te+o-lo-'gí+a [オス.テ.オ.ロ.'ひ.ア] 名 女 〘医〙 骨学

os-te+o-'ló-gi-co, -ca [オス.テ.オ.'ロ.ひ.コ, カ] 形 〘医〙 骨学(上)の

os-te+'ó-lo-go, -ga [オス.'テオ.ロ.ゴ, ガ] 名 男 女 〘医〙 骨学者

os-te+'o-ma 名 男 〘医〙 骨腫(こつしゅ)

os-te+o-mie-'li-tis [オス.テ.オ.ミエ.'リ.ティス] 名 女 〔単複同〕 〘医〙 骨髄炎

O

os-te+o-ne-'cro-sis [オス.テ.オ.ネ.'クろ.スィス] [名] [女] 〔単複同〕〖医〗骨壊死(えし)

os-te+'ó-pa-ta [名] [共] 〖医〗整骨医

os-te+o-pa-'tí+a [名] [女] 〖医〗骨障害; 〖医〗整骨医学

os-te+o-'plas-tia [オス.テ.オ.'プラス.ティア] [名] [女] 〖医〗骨形成術

os-te+o-po-'ro-sis [オス.テ.オ.ポ.'ろ.スィス] [名] [女] 〔単複同〕〖医〗骨粗鬆(そしょう)症

os-'tión [名] [男] 《(スペイン)》〖貝〗大型のカキ; 《(ラ米)》〖貝〗カキ

'os-tra ['オス.トら] [名] [女] 〖貝〗カキ [感] 《(スペイン)》《話》へえ!, あれ!, ああ驚いた! ***aburrirse como una ~*** 《話》とても退屈する

os-tra-'cis-mo [オス.トら.'すぃス.モ] [名] [男] (公職)追放, 排斥, 冷遇; 〖歴〗(古代ギリシャの)陶片追放, オストラシズム

os-'trí-co-la [オス.'トり.コ.ラ] [形] 〖貝〗カキ養殖の

os-tri-cul-'tu-ra [オス.トり.クル.'トゥ.ら] [名] [女] 〖貝〗カキ養殖

os-tro-'go-do, -da [オス.トろ.'ゴ.ド, ダ] [形] [名] [男] [女] 〖歴〗東ゴート族(の) 《4世紀ごろから西ゴート族と別れ, イタリアに王国(493–555)を建てた》

o+'su+no, -na [形] 〖動〗クマ[熊]の, クマのような

Os-'wal-do [オス.'ウアル.ド] [名] [固] 〔男性名〕オスワルド

'OTAN ['オ.タン] [略] =Organización del Tratado del Atlántico Norte 〖政〗北大西洋条約機構, NATO

o+'ta-te [名] [男] 《(ラ米)》〖植〗メキシコ竹

o+te+'ar [オ.テ.'アる] [動] [他] 凝視する, 見つめる, 見張る; 見渡す, 見おろす

o+'te-ro [オ.'テ.ろ] [名] [男] 〖地〗小山, 円丘

o+'ti-tis [名] [女] 〔単複同〕〖医〗耳炎

o+to-lo-'gí+a [オ.ト.ロ.'ひ.ア] [名] [女] 〖医〗耳科学

o+to-'ló-gi-co, -ca [オ.ト.'ロ.ひ.コ, カ] [形] 〖医〗耳科学の

o+'tó-lo-go, -ga [オ.'ト.ロ.ゴ, ガ] [名] [男] [女] 〖医〗耳科医

o+to-'mán [名] [男] 〖衣〗オットマン《織物》

o+to-'ma+no, -na [形] 〖歴〗オスマン朝の, オスマン帝国の [名] [男] [女] 〖歴〗オスマントルコ人 **-na** [名] [女] オットマン《厚く詰め物をした長椅子》

o+to-'ña-da [オ.ト.'ニャ.ダ] [名] [女] 秋の候

o+to-'ñal [オ.ト.'ニャル] [形] 秋の, 秋のような, 秋を思わせる; 初老期の, 老年の

o+to-'ñar [オ.ト.'ニャる] [動] [自] 秋を(en: で)過ごす; 秋に育つ[成長する]

o+'to-ño [オ.'ト.ニョ] 89% [名] [男] 秋; 《格》初老期

o+tor-ga-'mien-to [オ.トる.ガ.'ミエン.ト] [名] [男] 譲渡, 授与; 許し, 許可, 同意; 契約書, 証書, 約定

o+tor-'gar [オ.トる.'ガる] 89% [動] [他] [41] (g|gu) 授与する, 与える; 〖法〗〈証書・契約書などを〉作成する, 約定する; 〈要求などを〉許諾する

o+to-'rre+a [オ.ト.'れ̃.ア] [名] [女] 〖医〗耳漏

o+to-'rri+no [オ.ト.'り̃.ノ] [名] [共] 〔短縮語〕⇩ otorrinolaringólogo

o+to-rri-no-la-rin-go-lo-'gí+a [オ.ト.り̃.ノ.ラ.りン.ゴ.ロ.'ひ.ア] [名] [女] 〖医〗耳鼻咽喉(いんこう)科学

o+to-rri-no-la-rin-'gó-lo-go, -ga [オ.ト.り̃.ノ.ラ.りン.'ゴ.ロ.ゴ, ガ] [名] [男] [女] 〖医〗耳鼻咽喉科医

O+'tran-to [オ.'トらン.ト] [名] [固] 〔canal de ~〕〖地名〗オトラント海峡《地中海のアドリア海とイオニア海を結ぶ海峡》

o+tre-'dad [オ.トれ.'ダド] [名] [女] 他者であること; 〖哲〗他者性

'o+tro, +tra ['オ.トろ, トら] 53% [形] 《不定》 **1** ほかの, 別の: ¿Desea usted **otra** cosa, señora? 奥様, 他に入り用なものはございますか。 **2** (que: …)以外の: Este niño no hace **otra** cosa que charlar en clase. この子は授業中おしゃべりばかりしている。 **3** もう一人の, もう一方の: Llegaron al **otro** lado del Atlántico. 彼らは大西洋の向こう側に到着した。 **4** 反対の: Nosotros tenemos **otras** ideas. 私たちは別の考えです。 **5** (que: と)違う: Yo tengo **otra** opinión que ella. 私は彼女とは違う意見です。 **6** さらに, その上: Déjame **otro** libro. もう一冊本を貸して。 **7** 〔冠詞がついて〕以前の…: El **otro** día vi a Mari Carmen en la calle. 先日私は通りでマリ・カルメンに会った。 **8** 〔冠詞がないとき〕いつか将来の: **Otro** día seguiremos hablando. また別の日に話の続きをしましょう。 **9** 第二の: Este niño va a ser **otro** Picasso. この子は第二のピカソになるだろう。 **10** すっかり変わった, 違った, 別人のような: Después de su viaje, Laura parece **otra**. 旅行後ラウラは人が変わったみたいだ。 [代] 《不定》 **1** 他の物, 他の人(たち), 他人, 別のもの: ¿Qué le parece este traje? —No está mal, pero ¿no tiene **otro** de color más claro? この服はいかがでしょうか。—悪くはありませんが, 他にもっと明るい色のはありませんか? 《店内で》 **2** 〔uno と対応して〕もう一方の人[物]: Unos decían que sí y **otros** que no. 賛成した人も反対した人もいた。 ***¡Hasta otra!*** ではまた後で《別れの挨拶(あいさつ)》 ***no ser ~[tra] que …*** まさに…である ***¡Otra!*** アンコール!, もう一度!

[O]

～ *tanto* 同数の(もの), 同量の(もの); 同じこと ～[*tra*] *que tal* 似たようなもの *¡Otro*[*tra*] *que tal!* またかい!, しつこいよ! *una cosa ..., y otra* (*cosa*) ... …と…とは別のことである, 違う

o+'tro-ra [オ.'トろ.ら] 副《格》先に, 以前は, 昔, 往時

o+tro+'sí [オ.トろ.'スィ] 副《格》《古》なお, その上, それから, さらに, 加えて 名 男〔法〕付加的嘆願事項

*__Ot-'ta-wa__ [オ.'タ.ワ] 94% 名 固〔地名〕オタワ《カナダ Canadá の首都》

Ourense [オウ.'レン.セ] 名 固〔ガリシア語〕⇧ Orense

output ['アウ(ト).プト] 名 男〔英語〕〔情〕アウトプット, 出力

'o+va ['オ.バ] 名 女〔生〕アオサ, アオノリ

o+va-'ción [オ.バ.'すぃオン] 名 女 (聴衆などの)満場の拍手, 大喝采(かっさい)

o+va-cio-'nar [オ.バ.すぃオ.'ナる] 動 他〈に〉拍手喝采(かっさい)する; 大歓迎する

o+'val 形 ⇩ ovalado

o+va-'la-do, -da [オ.バ.'ラ.ド, ダ] 形 卵形の, 長円形の, 楕円形の

o+va-'lar [オ.バ.'ラる] 動 他 卵形[長円形]にする

'ó+va-lo ['オ.バ.ロ] 名 男 卵形[長方形, 楕円形]のもの

O

o+va-lo-ci-'to-sis [オ.バ.ロ.すぃ.'ト.スィス] 名 女〔単複同〕〔医〕楕円赤血球症

o+'vá-ri-co, -ca [オ.'バ.り.コ, カ] 形〔体〕卵巣の;〔植〕子房の

o+'va-rio [オ.'バ.りオ] 名 男〔体〕卵巣;〔植〕子房;〔建〕卵形の繰形(くりかた)

*__o+'ve-ja__ [オ.'べ.は] 94% 名 女〔畜〕ヒツジ[羊], 綿羊; 雌ヒツジ ～ *descarriada* 迷える子羊《罪人》 ～ *negra* のけ者, 一家のやっかい者

o+'ve-jo [オ.'べ.ほ] 名 男〔畜〕雄ヒツジ[羊]

o+ve-'ju+no, -na [オ.べ.'ふ.ノ, ナ] 形〔畜〕ヒツジ[羊]の, ヒツジのような

o+'ve-ra [オ.'べ.ら] 名 女〔鳥〕(鳥の)卵巣

overbooking [オ.べる.'ブ.キン] 名 男〔英語〕⇩ sobreventa

o+'ve-ro, -ra [オ.'べ.ろ, ら] 形 黄褐色の

o+ve-'rol [オ.べ.'ろル] 名 男《ラ米》〔衣〕オーバーオール《胸当てつきの作業ズボン》

o+ve-'ten-se [オ.べ.'テン.セ] 形 名 共〔地名〕オビエドの(人)⬇Oviedo

o+vi-'duc-to [オ.ビ.'ドゥク.ト] 名 男〔体〕卵管

O+'vie-do [オ.'ビエ.ド] 名 固〔地名〕オビエド《スペイン北部の都市》

o+vi-'for-me [オ.ビ.'フォる.メ] 形 卵型の

o+vi-'llar [オ.ビ.'ジャる] 動 他〈糸などを〉丸く玉にする, 巻く ～*se* 動 再 丸く玉になる, 巻かれる

o+'vi-llo [オ.'ビ.ジョ] 名 男 (糸・毛糸などの)玉; もつれ, こんがらがり; 山積み, 積み重ね *hacerse un* ～ 体を丸くする, 身を縮める; どぎまぎする, 頭が混乱する

o+'ví-pa-ro, -ra [オ.'ビ.パ.ろ, ら] 形〔動〕《動物が》卵生の

o+vi-po-si-'tor [オ.ビ.ポ.スィ.'トる] 名 男〔動〕産卵管

'ov+ni ['オブ.ニ] 略 =objeto volador [volante] no identificado〔天〕未確認飛行物体 (UFO)

o+vu-la-'ción [オ.ブ.ラ.'すぃオン] 名 女〔生〕排卵

o+vu-'lar [オ.ブ.'ラる] 形〔生〕卵子の;〔植〕胚珠の 動 自〔生〕排卵する

'ó+vu-lo ['オ.ブ.ロ] 名 男〔生〕卵細胞;〔植〕胚珠(はいしゅ)

o+xe+'ar [オク.セ.'アる] 動 他〔動〕〈動物を〉追い払う

'Ox-ford ['オ(ク)ス.フォる(ド)] 名 固〔地名〕オックスフォード《イギリス, イングランド中部の都市》

o+xi-'da-ble [オク.スィ.'ダ.ブレ] 形〔化〕酸化する, さびる

o+xi-da-'ción [オク.スィ.ダ.'すぃオン] 名 女〔化〕酸化(作用); さびること

o+xi-'dan-te [オク.スィ.'ダン.テ] 形〔化〕酸化する 名 男〔化〕酸化体, オキシダント

o+xi-'dar [オク.スィ.'ダる] 動 他〔化〕酸化させる; さびつかせる ～*se* 動 再 さびる;〔化〕酸化する

'ó+xi-do ['オク.スィ.ド] 名 男〔化〕酸化物; さび

o+xi-ge-na-'ción [オク.スィ.へ.ナ.'すぃオン] 名 女〔化〕酸素添加(反応)

o+xi-ge-'na-do, -da [オク.スィ.へ.'ナ.ド, ダ] 形〔化〕酸素を含む; (髪が)脱色した

o+xi-ge-'nar [オク.スィ.へ.'ナる] 動 他〔化〕酸素で処理する,〈に〉酸素を添加する;〈髪を〉脱色する ～*se* 動 再《話》新鮮な空気を吸う;〔化〕酸素が添加される;《髪が》脱色する

*__o+'xí-ge+no__ [オク.'スィ.へ.ノ] 92% 名 男〔化〕酸素《元素》

o+'xí-mo-ron [オク.'スィ.モ.ろン] 名 男〔単複同〕〔修〕逆喩, 矛盾形容法

o+'xí-to+no, -na [オク.'スィ.ト.ノ, ナ] 形〔言〕《語が》最後の音節にアクセントのある

'ox+te ['オ(ク)ス.テ]〔成句〕 *sin decir* ～ *ni moxte* うんともすんとも言わないで, ひと言も話さないで

'oy 感 まあ!, あれ!《驚き》

'o+y~ 動《活用》⬆oír

*__o+'yen-te__ 92% 形 聞き手の, 聴取者の, 聴講生の 名 共 聞き手, 聴取者; 聴講生

oz [略] ⬆onza(s)
o+ˈzo+no [オ.ˈそ.ノ] [名] [男] 〔化〕オゾン
o+zo-nos-ˈfe-ra⇦**-ˈnós-** [オ.そ.ノス.ˈフェ.ら⇦.ˈノス.] [名] [女] 〔気〕(大気圏の)オゾン層

P p

P, p [ˈペ] [名] [女] 〔言〕ペ《スペイン語の文字》
p. [略] ⬇página; parking
p- [略] =pico-《接頭辞》**10 の -12 乗**
P. [略] =padre〔宗〕神父; =papa〔宗〕教皇, 法王; ⬇pregunta
P- [略] =peta-《接頭辞》**10 の 15 乗**
pa [パ] [前]〔弱勢〕《方言形》⇩para
Pa [略] ⬇pascal
*__pa-be-ˈllón__ [パ.ベ.ˈジョン] 93% [名] [男] 大型テント, 大天幕; 会場, 仮設展示場, (博覧会の)パビリオン; 別館, 別病棟;〔建〕パビリオン, 張り出し;〔楽〕朝顔《管楽器のじょうご形の開口部》;〔体〕外耳(がいじ), 耳介(じかい), 耳殻(じかく); 旗; 国籍, 船籍; (寝室・王座などの)天蓋(てんがい);〔建〕離れ, あずまや;《メキシコ》かき氷
pa-ˈbi-lo⇦**ˈpá-** [パ.ˈビ.ロ⇦ˈパ.] [名] [男] 灯心, (ろうそくなどの)芯; ろうそく[ランプ]の芯の燃えて黒くなった部分
ˈPa-blo [ˈパ.ブロ] [名] [固]〔男性名〕パブロ
ˈpá-bu-lo [ˈパ.ブ.ロ] [名] [男] 食料; 支えるもの, 助長するもの, 誘引
ˈpa+ca [名] [女]〔動〕パカ《中南米産, テンジクネズミに類するウサギ大の動物》; (羊毛などの)梱(こり)
ˈPa+ca [名] [固]〔女性名〕パカ《Francisca の愛称》
pa-ˈca-to, -ta [形] 温和な, おとなしい, 控えめな, おどおどした; とりすました
pa-ˈcen-se [パ.ˈせン.セ] [形] [名] [共]《スペイン》バダホスの(人)⬆Badajoz
pa-ˈce-ño, -ña [パ.ˈせ.ニョ, ニャ] [形] [名] [男] [女] ラパスの(人)⬆La Paz
pa-ˈcer [パ.ˈせる] [動] [自] [45] (c|zc)〔畜〕《家畜が》牧草を食う, 草をはむ [動] [他]〔畜〕〈家畜に〉牧草をやる
ˈpa-ces [名] [女]《複》⬇paz
ˈpa-cha [名] [女]《中米》哺乳瓶(びん);《中米》水筒
pa-ˈchan-go, -ga [形]《中米》太った, 小太りの　**-ga** [名] [女]《ラ米》《話》お祭り騒ぎ
pa-chan-gue+ˈar [パ.チャン.ゲ.ˈアる] [動] [自]《ベネズエラ》《話》パーティーを開く
pa-chan-ˈgue-ro, -ra [パ.チャン.ˈゲ.ろ, ら] [形] [名] [男] [女]《ラ米》《話》お祭り騒ぎをする(人)
pa-ˈche-co [名] [男]《ベネズエラ》《アンデス》《話》寒さ
pa-ˈcho-cha [名] [女]《メキシコ》《話》お金, 銭
pa-ˈchón [名] [男]〔動〕〔犬〕バセット犬
pa-ˈcho-rra [パ.ˈチョ.ら] [名] [女]《スペイン》《話》のろいこと, ぐず(なこと)
Pa-ˈchu-ca [名] [固]〔地名〕パチューカ《メキシコ中部の都市》
pa-ˈchu-cho, -cha [形]《話》《人が》元気のない, ふさぎこんだ;〔食〕《果物が》熟れすぎた
pa-ˈchu-co, -ca [名] [男] [女]《メキシコ》《話》メキシコ系米国人
*__pa-ˈcien-cia__ [パ.ˈすぃエン.すぃア] 91% [名] [女] 忍耐, 根気, 我慢[辛抱]強さ; がんばり [感] 我慢して!, 我慢するしかありませんね!
*__pa-ˈcien-te__ [パ.ˈすぃエン.テ] 80% [形] 我慢強い, 根気のある, (con: に対して)辛抱強い; がんばる, 辛抱して働く;〔言〕被動作の [名] [共]〔医〕患者;〔言〕被動作主　**~-mente** [副] 我慢強く, 辛抱強く
pa-ci-fi-ca-ˈción [パ.すぃ.フィ.カ.ˈすぃオン] [名] [女] 鎮圧, 平定; 講和, 和約, 平和交渉
pa-ci-fi-ca-ˈdor, -ˈdo-ra [パ.すぃ.フィ.カ.ˈドる, ˈド.ら] [形] 仲裁する, 調停する, 和解させる [名] [男] [女] 調停者, 仲裁者
pa-ci-fi-ˈcar [パ.すぃ.フィ.ˈカる] [動] [他] [69] (c|qu)〈の〉平和を回復する, 平定する, 鎮圧する; 和解させる　**~se** [動] [再] 静まる, 和らぐ; 平和を回復する
*__pa-ˈcí-fi-co, -ca__ [パ.ˈすぃ.フィ.コ, カ] 91% [形] 平和な, 平時の; 静かな, 穏やかな; [el (océano) P~] [名] [固]〔地名〕太平洋
pa-ci-ˈfis-mo [パ.すぃ.ˈフィス.モ] [名] [男]〔政〕平和主義
pa-ci-ˈfis-ta [パ.すぃ.ˈフィス.タ] [形]〔政〕平和主義の [名] [共]〔政〕平和主義者
ˈPa+co [名] [固]〔男性名〕パコ《Francisco の愛称》
pa-co-ˈti-lla [パ.コ.ˈティ.ジャ] [名] [女] 安物, 取るに足りない品物;〔海〕(船員の)船代無料の荷物　***de*** **~**《話》見かけ倒しの, 安っぽい, 三流の　***hacer su*** **~**《話》たっぷりもうける
pac-ˈtar [パク.ˈタる] [動] [他] 契約する, 請け負う, 〈協定を〉結ぶ, 締結する; (con: と)(協議して)取り決める, 〈に〉同意する, 〈に〉合

意する 動 自 (con: と)契約[協定]を結ぶ

'pac-to** ['パク.ト] 86% 名 男 条約, 協定; 約束, 契約

pa-'cue-ca 名 女《コロンビア》足の悪臭

****pa-de-'cer** [パ.デ.'せる] 88% 動 他 ㊺ (c|zc)〘医〙〈病気を〉患う, 病む; 〈損害・敗北などを〉被る, 〈苦しみなどを〉経験する; 耐える, 忍ぶ, 我慢する 動 自 (de, con: を)苦しむ, 悩む; 〘医〙(de: 病気に)かかる, (de: を)患う; (de: 痛手・損害・罰を)受ける, 傷つく

pa-de-ci-'mien-to [パ.デ.すぃ.'ミエン.ト] 名 男〘医〙病気, 罹病(りびょう); 苦しみ, 痛み, 悩み

'**pá-del** ['パ.デル] 名 男〘競〙パドルボール

pa-'dez-co, -ca(~) 動《直現1単, 接現》⬆padecer

pa-'di-lla [パ.'ディ.ジャ] 名 女〘食〙小型フライパン

pa-'dras-tro [パ.'ドらス.トろ] 名 男 継父; (指の)ささくれ, さかむけ; 障害(物), 妨害

pa-'dra-zo [パ.'ドら.そ] 名 男《話》子供を甘やかす父親

'pa-dre** ['パ.ドれ] 65% 名 男 父, 父親; 〔複数〕両親; 創始者, 開祖, 生みの親, (de: の)父; 〘宗〙神父, …師《カトリックの神父に対する敬称》; (初期教会の)教父; 〔複〕〔集合〕先祖, 祖先; 〔複〕(地域・団体などの)長老たち, 年長の人たち; 〔P~〕〘宗〙天の父, キリスト教の神 形《話》大変な, ひどい, すごい; 《メキシコ》《話》すばらしい, すてきな ***de ~ y (muy) señor mío***《話》大変な, ひどい ***ni su ~***《否定》《俗》誰も…ない ***¡Que lo haga su ~!***《俗》いやだ, とんでもない

pa-dre-'ci-to〔縮小語〕⬆padre

pa-dre-'nues-tro [パ.ドれ.'ヌエス.トろ] 名 男〘宗〙主の祈り, 主禱(しゅとう)文 ***saberse como el ~*** よく知っている

pa-dri-'naz-go [パ.ドり.'ナす.ゴ] 名 男 教父[代父]になること; 後援, 支援, 保護

*'**pa-'dri+no** [パ.'ドり.ノ] 92% 名 男 教父, 代父《生児の洗礼式に立ち会って名を授け, 魂の父の役を果たす男性》; 保護者, パトロン; マフィアのボス; 決闘の立会人; 〔複〕教父母, 代父母

pa-'drón [パ.'ドろン] 名 男 住民名簿; 不名誉, 悪名, 汚名; 《話》甘い父親; 《チリ》車の登録番号

***pa+'e-lla** [パ.'エ.ジャ] 93% 名 女〘食〙パエージャ, パエリア《米・魚介類・肉・野菜などにサフランの香りと色をつけたスペイン風炊き込みごはん》

pa+e-'lle-ra [パ.エ.'ジェ.ら] 名 女〘食〙パエジェーラ《パエージャ用の平鍋》⬆paella

'**Pá+ez** ['パ.エす] 名 固〘姓〙パエス

'**paf** 感《擬音》バン, ガン, ドカン, ドーン《人や物がぶつかる音》

pág. 略 ⬇página

*'**pa+ga** 91% 名 女 賃金, 労賃, 給料; 支払い, 納入, 払い込み

pa-'ga-ble [パ.'ガ.ブレ] 形 支払い可能な

pa-ga-'de-ro, -ra [パ.ガ.'デ.ろ, ら] 形〘商〙支払うべき, 支払われる

pa-'ga-do, -da 形 得意になった, 思い上がった; 支払い済みの; 報われた, 償(つぐな)われた; 雇われた

pa-ga-'dor, -'do-ra [パ.ガ.'ドる, 'ド.ら] 形 支払う人; 経理係

pa-ga-du-'rí+a [パ.ガ.ドゥ.'り.ア] 名 女 会計課, 経理課

pa-ga-'ni-ni 名 共《コロンビア》《チリ》《ラプラタ》《話》他人の勘定を支払う人

pa-ga-'nis-mo 名 男〘宗〙異教信奉, 偶像崇拝

pa-ga-ni-'zar [パ.ガ.ニ.'さる] 動 自 ㉞ (z|c)〘宗〙異教徒になる 動 他〘宗〙異教徒にする, 異教化する

pa-'ga+no, -na 形〘宗〙異教(徒)の 名 男 女〘宗〙異教徒; 《スペイン》《話》他人のために払わされる人, 他人の尻ぬぐいをする人

****pa-'gar** [パ.'ガる] 71% 動 他 ㊶ (g|gu)〈俸給・賃金・代金などを〉(a: に)支払う; 報いる, こたえる, 返報する; 償(つぐな)う, 〈の〉報いを受ける 動 自 支払いをする, 代金を払う, 借金などを返す; 罰を受ける, 償いをする; 《ラ米》《行為・仕事などが》引き合う, もうかる, 採算がとれる **~se** 動 再 (de: を)自負する, うぬぼれる; (con, de: に)満足する; 報われる ***~la(s)*** 罰を受ける, 償いをする

pa-ga-'ré [パ.ガ.'れ] 名 男〘商〙約束手形

'pá-gi-na** ['パ.ひ.ナ] 77% 名 女 ページ; 出来事; 時期 ***~ hogar [inicial]***〘情〙ホームページ ***~ web***〘情〙ウェブページ

pa-gi-na-'ción [パ.ひ.ナ.'すぃオン] 名 女〘印〙ページ打ち, 丁付け; (印字された)ページ数《ページを示す数字》

pa-gi-'nar [パ.ひ.'ナる] 動 他〘印〙〈に〉ページ数をつける, 丁付けする

'pa+go** 86% 名 男 支払い, (支払い金を)納めること, 払い込み; 支払い金[額]; 報い, 償い, 罰, 仕返し; 〘農〙(オリーブ・ブドウなどの)畑, 農園, 地所; 村, 集落 ***en ~ de [por]*** … …のお返しに

pa-'go-da 名 女 仏塔, パゴダ

págs. 略 páginas

pa-'gué, -gue(~) 動《直点1単, 接現》⬆pagar

'**pai** 名 男《チリ》《ラプラタ》〘食〙ケーキ, パイ

'**pai-la** ['パイ.ラ] 名 女〘食〙平鍋(ひらなべ); 《中米》〘農〙(サトウキビ伐採用の)大刀

pai-le-'bo-te ⇔ **-'bot** [パイ.レ.'ボ.テ ⇔.'ボト] 名 男〘海〙小型スクーナー, 軽走船

pai-'lón, -'lo-na [パイ.'ロン, 'ロ.ナ] 名 男 女《チリ》《話》子供のような大人

pai-'pay⇦-'**pái** [パイ.'パイ] 名 男 〘衣〙シュロの葉で作った帽子

pai-'rar [パイ.'らる] 動 自 〘海〙(帆を上げたままで)停船する, 停泊する

'pai-ro ['パイ.ろ]〔成句〕*al* ~ 〘海〙《船が》(帆を上げたままで)停船して

'pa+ís 65% 名 男 国, 国家, 国土; 祖国, 故国; 国民; 〘絵〙風景画

pai-'sa-je [パイ.'サ.へ] 86% 名 男 景色, 風景, 見晴らし, 眺望; 〘絵〙風景画

pai-sa-'jis-ta [パイ.サ.'ひス.タ] 形 〘絵〙風景画の 名 共 〘絵〙風景画家

pai-sa-'jís-ti-co, -ca [パイ.サ.'ひス.ティ.コ, カ] 形 風景の

pai-sa-'na-je [パイ.サ.'ナ.へ] 名 男 〘軍〙〔集合〕(軍人に対して)一般市民, 民間人

pai-'sa+no, -na 94% 名 男 女 同国人, 同郷人; 〘軍〙(軍人・警官に対して)一般市民, 民間人; 田舎者; 《ラ米》先住民 形 同郷の; 《ラ米》先住民の

Pa+'í-ses 'Ba-jos 名 固 〔(los) ~〕ネーデルラント, オランダ ⬇Holanda

'País 'Vas-co [パ.'イス バス.コ] 名 固 〘地名〙パイス・バスコ州《スペイン北部の自治州: Álava, Guipúzcoa, Vizcaya》

'pa+ja ['パ.は] 93% 名 女 〔集合〕わら, 麦わら; (一本の)わら; ストロー; 不要な物, くず; 《俗》自慰, オナニー; 《中米》《ベネズエラ》《話》うそ ***por un quítame allá esas ~s*** 些細(ささい)なことで, つまらないことで ***tener rabo de ~*** 後悔する, 良心の呵責(かしゃく)に悩む

pa-'jar [パ.'はる] 名 男 わら[干し草]置き場

'pá-ja-ra ['パ.は.ら] 名 女 〘遊〙凧(たこ); 紙で作った鳥; 《話》ずるい女; 尻軽女

pa-ja-re+'ar [パ.は.れ.'アる] 動 自 ぼんやりしている, うっかりする

pa-ja-re-'rí+a [パ.は.れ.'り.ア] 名 女 〘鳥〙〔集合〕鳥の群れ; 〘商〙小鳥屋, 鳥類販売店

pa-ja-'re-ro, -ra [パ.は.'れ.ろ, ら] 形 〘鳥〙鳥の, 鳥に関する; 陽気な, ひょうきんな, 楽しそうな; 《服・色が》けばけばしい, 派手な 名 男 女 鳥を捕まえる人, 鳥撃(う)ち; 〘商〙鳥商人 **-ra** 名 女 〘建〙〘畜〙鳥小屋

pa-ja-'ri-lla [パ.は.'り.ジャ] 名 女 〘植〙オダマキ

pa-ja-'ri-llo 〔縮小語〕⬇pájaro

pa-ja-'ri-ta [パ.は.'り.タ] 名 女 《スペイン》〘衣〙蝶(ちょう)ネクタイ; 紙で作った鳥 ***~ de las nieves*** 〘鳥〙セキレイ

pa-ja-'ri-to [パ.は.'り.ト] 名 男 〘鳥〙小鳥; 〔縮小語〕⬇pájaro ***Me lo ha dicho el ~ verde.*** 《話》ある人から聞いた《うわさの出所を言わない》

'pá-ja-ro ['パ.は.ろ] 85% 名 男 〘鳥〙鳥, 小鳥; ずるい人, 油断のならない人 ***matar dos ~s de un tiro*** 〔ことわざ〕一石二鳥となる ***~ de cuenta*** 要注意人物, 用心すべき人

pa-ja-'rra-co [パ.は.'ら.コ] 名 男 《話》〘鳥〙醜い鳥, 怪鳥; 《話》ごろつき, ならず者

'pa+je ['パ.へ] 名 男 〘歴〙小姓(こしょう), 近習(きんじゅ), 召使い; 〘海〙キャビンボーイ; 〘宗〙(教皇・司祭の)雇人, 用人

pa-je+'ar [パ.へ.'アる] 動 他 《ベネズエラ》《話》密告する

pa-'jel [パ.'へル] 名 男 〘魚〙ニシキダイ

pa-'je-ro, -ra [パ.'へ.ろ, ら] 名 男 女 〘農〙わらを扱う人; 《俗》自慰をする人

pa-'ji-lla [パ.'ひ.ジャ] 名 女 ストロー

pa-'ji-ta [パ.'ひ.タ] 名 女 ストロー

pa-'ji-zo, -za [パ.'ひ.そ, さ] 形 麦わら色の; わらの, わら葺(ぶ)きの

pa-jo-'le-ro, -ra [パ.ほ.'レ.ろ, ら] 形 《スペイン》《話》いまいましい, ひどい

pa-'jo-so, -sa [パ.'ほ.ソ, サ] 形 わらでいっぱいの; わらの(ような), わら製の

pa-'ju-do, -da [パ.'ふ.ド, ダ] 形 《ベネズエラ》《話》うわさ好きの(人)

pa-'jue-la [パ.'ふエ.ラ] 名 女 マッチ棒; つまようじ

Pa-kis-'tán 94% 名 固 〔(el) ~〕〔República Islámica de ~〕〘地名〙パキスタン《南アジア西部のイスラム共和国》

pa-kis-ta-'ní 形 〔複 -quíes⇦-quís〕〘地名〙パキスタン(人)の 名 共 パキスタン人 ⬆Pakistán

'pa+la ['パ.ラ] 94% 名 女 シャベル; 〘競〙〔野球〕バット; 〔テニス・ピンポン〕ラケット; 〔カヌー用など〕(短い幅広の)かい; (オールの)水かき; (プロペラの)羽根; 〘農〙鋤(すき), 鋤の刃; 〘食〙しゃもじ, へら, フライ返し, ケーキサーバー; 《話》悪賢さ; 〘衣〙(靴の)爪革(つまがわ); 《カリブ》《話》縁故, コネ

pa-'la-bra [パ.'ラ.ブら] 69% 名 女 語, 単語; 言葉, 文句, 話, 談話; 言論; 発言; 約束, 誓言; 発言の権利; 〔否定文で〕一言も(…ない); 指図, 命令; 〔P~〕〘宗〙聖言, 福音 感 約束します!, 確かにそうです!, 間違いなく! ***buenas ~s*** うまいこと, 口車; 美辞麗句(びじれいく) ***coger la ~*** (a: に)約束を守らせる ***dar (su) ~*** 約束をする ***de ~*** 口頭で[の], 口で ***empeñar la ~*** 誓う, 約束する ***en dos [cuatro] ~s*** 簡潔に(言うと), 手短に(言えば) ***en otras ~s*** 換言すれば, 言い換えれば ***faltar a la [su] ~*** 約束を破る ***juego de ~s*** しゃれ, 言葉の遊び ***medir las ~s*** 慎重に話す ***no perder ~*** 一言も逃さない ***~ clave*** キーワード ***~ por ~*** 一語一語, 逐語的に ***~s mayores*** 暴言, ののしり, 侮辱の言葉 ***sentarse en la ~*** 《コロンビア》

| 会話を独り占めする, しゃべりまくる ***tener unas ~s*** (con: と)口論する

pa-la-'bre-ja [パ.ラ.'ブれ.は] [名] [女] 〔軽蔑〕難しい言葉, 聞き慣れない言葉

pa-la-bre-'rí+a [パ.ラ.ブれ.'り.ア] [名] [女] 《話》むだ話, おしゃべり

pa-la-'bre-ro, -ra [パ.ラ.'ブれ.ろ, ら] [形] [名] [男] [女] 話好きな(人), おしゃべり(な); 当てにならない(人), 信頼できない(人)

pa-la-'bri-ta [パ.ラ.'ブり.タ] [名] [女] 含みのある言葉

pa-la-'bro-ta [パ.ラ.'ブろ.タ] [名] [女] 《話》きたない言葉, 下品な言葉; 悪口, ののしり, 雑言

pa-la-'cie-go, -ga [パ.ラ.'すぃエ.ゴ, ガ] [形] 王宮の, 宮廷の; 宮殿のような, 豪華な, 堂々とした [名] [男] [女] 廷臣, 宮廷人

**pa-'la-cio [パ.'ラ.すぃオ] 84% [名] [男] 宮殿; 官邸, 庁舎, 役所; 豪華な建物, 大邸宅

pa-'la-da [パ.'ラ.ダ] [名] [女] シャベル **1** 杯; オールの一かき, 一こぎ

pa-la-'dar [パ.ラ.'ダる] [名] [男] 〔体〕口蓋(こうがい); 味覚

pa-la-de+'ar [パ.ラ.デ.'アる] [動] [他] ゆっくり味わう, 賞味する, 鑑賞する; «子供が» しゃぶる, 長い間口に入れている

pa-la-'de+o [パ.ラ.'デ.オ] [名] [男] ゆっくり味わうこと, 賞味

pa-la-'dín [パ.ラ.'ディン] [名] [男] (de: 主張の)主唱者, 守護者, 擁護者; 〔歴〕武者修行者, 勇士

pa-la-'di+no, -na [パ.ラ.'ディ.ノ, ナ] [形] 公然の, 明らかな

pa-'la-dio [パ.'ラ.ディオ] [名] [男] 〔化〕パラジウム《元素》

pa-la-'dión [パ.ラ.'ディオン] [名] [男] 〔ギ神〕パラス **Palas** の像; 〔宗〕守護神, 守り神

pa-la-'fi-to [パ.ラ.'フィ.ト] [名] [男] 〔建〕水上家屋, 杭上住宅

pa-la-'frén [パ.ラ.'フれン] [名] [男] 〔畜〕乗用馬《特に婦人用の小型の馬》, 従者の馬

pa-la-fre-'ne-ro [パ.ラ.フれ.'ネ.ろ] [名] [男] 馬丁, 厩(うまや)番, 馬の飼育係

*pa-'lan-ca [パ.'ラン.カ] 94% [名] [女] 〔機〕てこ, レバー, ハンドル; 〔競〕〔水泳〕飛び板; 《ラ米》《話》(有利な)縁故, つて, コネ ***~ de juego*** 〔情〕ジョイスティック

pa-lan-'ga-na [パ.ラン.'ガ.ナ] [名] [女] 洗面器

pa-lan-ga-'ne-ro [パ.ラン.ガ.'ネ.ろ] [名] [男] 洗面器台

pa-'lan-gre [パ.'ラン.グれ] [名] [男] 〔海〕はえ縄《多くの釣り針をつけた釣り糸》

pa-lan-que+'ar [パ.ラン.ケ.'アる] [動] [他] 〔技〕てこで動かす; 《チリ》《話》からかう [動] [自] 《コロンビア》《ラプラタ》《話》縁故[コネ]を利用する

pa-lan-'que-ta [パ.ラン.'ケ.タ] [名] [女] 〔技〕かなてこ, バール

pa-lan-'quín [パ.ラン.'キン] [名] [男] 〔歴〕(中国・インドの)かご, 輿(こし), おみこし

Pa-'la+os [パ.'ラ.オス] [名] [固] 〔República de ~〕〔地名〕パラオ《太平洋のパラオ諸島からなる共和国》; 〔islas ~〕〔地名〕パラオ諸島

'Pa-las ['パ.ラス] [名] [男] 〔天〕パラス《小惑星 2 番》; 〔ギ神〕パラス《アテナ女神の呼称の一つ; ⬆Atenea》

pa-'las-tro [パ.'ラス.トろ] [名] [男] 鉄板; 鋼鉄板

pa-la-'tal [パ.ラ.'タル] [形] 〔体〕口蓋(こうがい)の; 〔音〕硬口蓋(音)の [名] [女] 〔音〕硬口蓋音

pa-la-ta-li-za-'ción [パ.ラ.タ.リ.さ.'すぃオン] [名] [女] 〔音〕口蓋(こうがい)音化

pa-la-ta-li-'zar [パ.ラ.タ.リ.'さる] [動] [他] ㉞ (z|c) 〔音〕口蓋(こうがい)音化する

pa-la-'ti+no, -na [パ.ラ.'ティ.ノ, ナ] [形] 宮内官の, 王宮の [名] [男] 〔歴〕(中世ドイツ・フランスの)大法官, 宮中伯; 〔体〕口蓋(こうがい)の [名] [男] 〔体〕口蓋骨

'pal-co ['パル.コ] [名] [男] 〔演〕ます席, ボックス席, 特等席

Pa-'len-cia [パ.'レン.すぃア] [名] [固] 〔地名〕パレンシア《スペイン北西部の都市》

pa-'len-que [パ.'レン.ケ] [名] [男] 柵, 矢来(やらい); (柵で囲った)催事場, 競技場; 《南米》〔農〕(家畜をつなぐ)柱, 杭; 《メキシコ》〔畜〕闘鶏場; 《チリ》騒がしい場所 **P~** [名] [固] 〔地名〕パレンケ《メキシコ南東部の都市遺跡》

pa-len-'ti+no, -na [パ.レン.'ティ.ノ, ナ] [形] [名] [男] [女] 〔地名〕パレンシアの(人) ⬆Palencia

pa-le+o-gra-'fí+a [パ.レ.オ.グら.'フィ.ア] [名] [女] 古文書学; 〔集合〕古文書

pa-le+o-'grá-fi-co, -ca [パ.レ.オ.'グら.フィ.コ, カ] [形] 古文書(学)の

pa-le+'ó-gra-fo, -fa [パ.'レオ.グら.フォ, ファ] [名] [男] [女] 古文書学者

pa-le+o-'lí-ti-co, -ca [パ.レ.オ.'リ.ティ.コ, カ] [形] 旧石器時代の [名] [男] 旧石器時代

pa-le+o-lo-'gí+a [パ.レ.オ.ロ.'ひ.ア] [名] [女] 〔言〕古代語研究

pa-le+o-'ló-gi-co, -ca [パ.レ.オ.'ロ.ひ.コ, カ] [形] 〔言〕古代語研究の

pa-le+'ó-lo-go, -ga [パ.'レオ.ロ.ゴ, ガ] [名] [男] [女] 〔言〕古代語研究者

pa-le+on-to-lo-'gí+a [パ.レ.オン.ト.ロ.'ひ.ア] [名] [女] 〔生〕古生物学

pa-le+on-to-'ló-gi-co, -ca [パ.レ.オン.ト.'ロ.ひ.コ, カ] [形] 〔生〕古生物学の

pa-le+on-'tó-lo-go, -ga [パ.レ.オ

ン.'ト.ロ.ゴ, ガ] [名] [男] [女] 〘生〙古生物学者

Pa-'ler-mo [パ.'レる.モ] [名] [固] 〘地名〙パレルモ《イタリア南部, シチリア島の都市》

*__Pa-les-'ti-na__ [パ.レス.'ティ.ナ] 94% [名] [固] 〘地名〙パレスチナ《西アジアの地中海沿岸地方》

**__pa-les-'ti-no, -na__ [パ.レス.'ティ.ノ, ナ] 89% [形] 〘地名〙パレスチナ(人)の [名] [男] [女] パレスチナ人 ⬆Palestina

pa-'les-tra [パ.'レス.トら] [名] [女] 〘歴〙〘建〙(古代の)闘技場, 競技場; 〘話〙論争[戦い]の場

pa-'le-ta [パ.'レ.タ] [名] [女] 〘絵〙(絵の具用の)パレット; 色調, 〔集合〕色; (小さな)シャベル; (左官などの)こて; (水車の)水かき, (スクリューなどの)羽根; (かい・オールの)水かき; 〘体〙肩甲骨; 〘競〙〔卓球〕ラケット; 〘食〙フライ返し; 《ｶﾘﾌﾞ》ペロペロキャンディー

pa-le-'ta-da [パ.レ.'タ.ダ] [名] [女] (左官の)ひとこて, こて1杯の分量 *a ~s* 《話》山ほど, たくさん

pa-le-'ti-lla [パ.レ.'ティ.ジャ] [名] [女] 〘体〙肩甲骨; 〘食〙(牛などの)肩肉

pa-'le-to, -ta [パ.'レ.ト, タ] [形] [名] [男] [女] 《話》〔軽蔑〕田舎者(の)

pa-le-'tó [パ.レ.'ト] [名] [男] 〔複 -tós〕〘衣〙外套

pa-lia-'ca-te [パ.リア.'カ.テ] [名] [男] 《ﾒｷｼｺ》〘衣〙スカーフ

pa-'liar [パ.'リアる] [動] [他] 〈病気・痛みなどを〉和らげる, 軽くする; 弁解する, 言い逃れる

pa-lia-'ti-vo, -va [パ.リア.'ティ.ボ, バ] [形] 軽減[緩和]する, 一時抑えの; 言い逃れの, 弁解になる [名] [男] 緩和剤; 言い逃れ, その場逃れ

pa-li-de-'cer [パ.リ.デ.'せる] [動] [自] [45] (c|zc) 弱まる, 衰える, 終わりに近づく; 青ざめる, 血の気がなくなる

pa-li-'dez [パ.リ.'デす] [名] [女] «顔が»青ざめていること, 蒼白(そうはく); (光・色の)薄さ, 淡さ

*__'pá-li-do, -da__ ['パ.リ.ド, ダ] 91% [形] 顔色が悪い, 血の気がない, 青ざめた, 蒼白(そうはく)な; «光・色が»薄い, 淡い, 暗い, 弱い; 精彩を欠く, さえない

pa-li-'du-cho, -cha [パ.リ.'ドゥ.チョ, チャ] [形] 《話》少し青ざめた

Pa-li-'kir [パ.リ.'キる] [名] [固] 〘地名〙パリキール《ミクロネシア連邦 Micronesia の首都》

*__pa-'li-llo__ [パ.'リ.ジョ] 94% [名] [男] 《ｽﾍﾟｲﾝ》〘食〙つまようじ; 〔複〕〘食〙(食事に用いる)はし; 〘衣〙(レースの)編み棒; 〘楽〙(太鼓の)ばち

pa-limp-'ses-to [パ.リン(プ).'セス.ト] [名] [男] 〘言〙パリンプセスト《もとの字句を消した上に字句を記した羊皮紙》

pa-lin~ 〔接頭辞〕「繰り返し」を示す

pa-'lín-dro-mo [パ.'リン.ドろ.モ] [名] [男] 〘言〙回文《前から読んでも後から読んでも同じになる文・語句》 **~, -ma** [形] 〘言〙回文の

pa-lin-ge-'ne-sia [パ.リン.へ.'ネ.スィア] [名] [女] 《格》再生, (霊魂の)輪廻(りんね); 〘生〙原形発生

pa-lin-ge-'né-si-co, -ca [パ.リン.へ.'ネ.スィ.コ, カ] [形] 《格》再生の, 輪廻(りんね)の; 〘生〙原形発生の

pa-li-'no-dia [パ.リ.'ノ.ディア] [名] [女] 前言を取り消すこと; 〘文〙取り消しの詩, 改詠詩, パリノード

'pa-lio ['パ.リオ] [名] [男] 天蓋(てんがい)

pa-'li-que [パ.'リ.ケ] [名] [男] 《ｽﾍﾟｲﾝ》《話》おしゃべり, むだ話

pa-li-que+'ar [パ.リ.ケ.'アる] [動] [自] 《ｽﾍﾟｲﾝ》《話》おしゃべり[むだ話]をする

pa-'li-to 〔縮小語〕⬇palo

pa-li-'tro-que [パ.リ.'トろ.ケ] [名] [男] 〔軽蔑〕棒きれ; 〘牛〙バンデリージャ ⬆banderilla; 《ｱﾝﾃﾞｽ》〘遊〙棒倒し遊び

pa-'li-za [パ.'リ.さ] [名] [女] 打つこと, ぶつこと; 《ｽﾍﾟｲﾝ》《話》疲れ果てること; 痛めつけること; 敗北 **~s** [形] [名] [男] 《単複同》《ｽﾍﾟｲﾝ》《話》めんどうな(人), うるさい(人)

pa-li-'za-da [パ.リ.'さ.ダ] [名] [女] 〘建〙柵, 矢来(やらい); 囲い場

__'pal-ma__ ['パル.マ] 89% [名] [女] 〘体〙手のひら; 〔複〕拍手, 手拍子; 〘植〙ヤシ, シュロ, ヤシの葉 ***conocer como la ~ de la mano* よく知っている, 熟知している ***hacer ~s*** 拍手する ***liso[sa] como la ~ de la mano*** まっ平らな; とても簡単な ***llevar en ~s*** 大事に扱う, 甘やかす ***lle-varse la ~*** 抜きんでる, 秀でる

'Pal-ma ['パル.マ] [名] [固] 〔~ de Mallorca〕〘地名〙パルマ(・デ・マジョルカ)《スペイン本土の東方, マジョルカ島南西岸の都市》

pal-'ma-da [パル.'マ.ダ] [名] [女] 手をたたくこと; 手のひらでたたくこと, 軽くたたくこと

pal-ma-'di-ta 〔縮小語〕⬆palmada

pal-'mar [パル.'マる] [名] [男] 〘植〙ヤシの林[木立], シュロの林 [動] [他] ***~la*** 《ｽﾍﾟｲﾝ》《話》死ぬ

pal-ma-'rés [パル.マ.'れス] [名] [男] 経歴, 履歴; 獲得したタイトル

pal-'ma-rio, -ria [パル.'マ.りオ, りア] [形] 《格》明らかな, 明白な

'Pal-mas ['パル.マス] [名] [固] 〔Las ~〕〘地名〙ラス・パルマス《スペイン, カナリア諸島の県, 県都》

pal-ma-'to-ria [パル.マ.'ト.りア] [名] [女] 木のへら《学校で罰として手を打つときに使うもの》; (柄つき)ろうそく立て

pal-me+'ar [パル.メ.'アる] [動] [自] 手をたたく, 拍手する

pal-me-'ral [パル.メ.'らル] [名] [男] 〘植〙ヤ

p

シの林, ヤシ農園

pal-'me-ro, -ra [パル.'メ.ろ, ら] 名 男 女〔宗〕(パレスチナの)聖地巡礼者; ヤシの木を育てる人 **-ra** 名 女〔植〕ヤシの木

pal-me-'sa+no, -na [パル.メ.'サ.ノ, ナ] 形 名 男 女〔地名〕パルマ・デ・マジョルカの(人) ↑Palma

pal-'me-ta [パル.'メ.タ] 名 女〔歴〕木のへら《学校で罰として手を打つときに使った》;〔歴〕木のへらによる打擲(ちょうちゃく)

pal-me-'ta-zo [パル.メ.'タ.そ] 名 男 木のへらで打つこと《学校で罰として》

pal-'mi-che [パル.'ミ.チェ] 名 男〔植〕ダイオウヤシの実

pal-'mí-pe-do, -da [パル.'ミ.ペ.ド, ダ] 形〔鳥〕水かきのある 名 男〔鳥〕水かき足の鳥, 水鳥

pal-'mi-ta [パル.'ミ.タ]〔成句〕 ***llevar en ~s***《話》(a: を)大事に扱う, 丁重に扱う

pal-'mi-to [パル.'ミ.ト] 名 男〔食〕パルメットヤシ(の芯);《話》女性の(美しい)顔 ***lucir el ~***《話》驚嘆させる

'pal-mo ['パル.モ] 名 男 パルモ, 掌尺(しょうしゃく)《約 21cm》; わずかな広さ ***~ a ~*** 完璧(かんぺき)に, くまなく; 少しずつ

pal-mo-te+'ar [パル.モ.テ.'アる] 動 自 手をたたく, 拍手する

pal-mo-'te+o [パル.モ.'テ.オ] 名 男 手をたたくこと, 拍手

****'pa+lo** ['パ.ロ] 88% 名 男 棒, 棍棒(こんぼう), 棒きれ, 木ぎれ; 棒で打つこと; 木材;〔遊〕〔トランプ〕同じ種類のカード, 組札;〔海〕帆柱, マスト; 柄, 取っ手;〔競〕〔野球〕バット;〔ゴルフ〕クラブ;〔ホッケー〕スティック;〔サッカーなど〕ゴールポスト ***a ~ seco***《話》それだけで, そのままで ***andar a ~s***(いつも)けんかしている, 仲が悪い ***andar a ~s con el águila*** 仕事がうまくいかない ***dar ~s de ciego***《話》やみくもにする ***dar un ~ al agua***《話》働く ***echar a ~s*** 放り出す ***~ brasil***〔植〕ブラジルスオウ ***~ de ciego*** 不当な罰 ***~ de rosa***〔植〕シタン ***~ grueso*** 有力な人 ***~ santo***〔植〕ユソウボク ***ni a ~s***《否定》《チリ》《話》けっして(…ない) ***echar un ~***《スペイン》《メキシコ》《カリブ》《俗》セックスをする

pa-lo-'duz [パ.ロ.'ドゥす] 名 男〔植〕カンゾウ《根の部分を食べたり吸ったりする》

pa-'lo-ma** [パ.'ロ.マ] 91% 名 女〔鳥〕ハト; おとなしい人, 穏健な人, ハト派;《メキシコ》〔昆〕チョウ(蝶) **P~** 名 固〔女性名〕パローマ ***pedir una ~《コロンビア》《話》ヒッチハイクをする

pa-lo-'mar [パ.ロ.'マる] 名 男〔建〕ハト小屋, 鳩舎(きゅうしゃ) 形《糸が》細撚(よ)りの

pa-lo-'me-ta [パ.ロ.'メ.タ] 名 女《スペイン》〔魚〕スジイケガツオ

pa-lo-'mi-lla [パ.ロ.'ミ.ジャ] 名 女〔昆〕ガ(蛾);〔昆〕幼虫, サナギ; 棚(たな)受け;〔複〕白波;〔技〕蝶(ちょう)ナット;《カリブ》〔食〕牛の脚肉

pa-lo-'mi+no [パ.ロ.'ミ.ノ] 名 男〔鳥〕子バト;《話》下着についたうんこの汚れ ***~ atontado***《話》とんでもないばか

pa-lo-'mi-ta [パ.ロ.'ミ.タ] 名 女〔食〕ポップコーン;〔飲〕アニス酒の水割り;〔競〕〔サッカー〕ダイビングヘッド;〔縮小語〕↑paloma

pa-'lo-mo [パ.'ロ.モ] 名 男〔鳥〕雄バト;《話》恋をしている男; ナイーブな男

pa-lo-'ta-da [パ.ロ.'タ.ダ] 名 女 細い棒[ばち]での一打 ***no dar ~***《話》うまくいかない

pa-'lo-te [パ.'ロ.テ] 名 男 短い(細い)棒;〔楽〕(太鼓の)ばち, スティック; (字を習う子供が書く)縦の線;《チリ》〔昆〕カマキリ 名 共《チリ》《話》大金持ち

pal-'pa-ble [パル.'パ.ブレ] 形 触知できる, 手でさわれる; 明白な, 明らかな

pal-pa-'ción [パル.パ.'すぃオン] 名 女 手探り;〔医〕触診

pal-'par [パル.'パる] 動 他 手探りする, さわって調べる;〔医〕触診する; 認識する, 思い知る, (実際に)感じる

pal-pi-ta-'ción [パル.ピ.タ.'すぃオン] 名 女 鼓動, どきどきすること;〔医〕動悸(どうき), 心悸亢進(こうしん)

pal-pi-'tan-te [パル.ピ.'タン.テ] 形《心臓が》どきどきする, わくわくする;〔医〕動悸(どうき)がする; 重大な, 火急の, 強烈な, 生々しい

pal-pi-'tar [パル.ピ.'タる] 動 自《心臓が》鼓動する;〔医〕動悸(どうき)がする; 躍動する, 震える; (de: で)どきどきする **~se** 動 再《ラ米》予感がする, 胸騒ぎがする

'pál-pi-to ['パル.ピ.ト] 名 男《アンデス》《チリ》《ラプラタ》(不吉な)予感, 虫の知らせ

'pal-po ['パル.ポ] 名 男〔生〕(昆虫・魚類などの)ひげ

'pal-ta ['パル.タ] 名 女《南米》〔食〕アボカドの実;《チリ》正装

pal-te+'ar-se [パル.テ.'アる.セ] 動 再《アンデス》《話》失敗する, へまをする

pa-'lú-di-co, -ca [パ.'ル.ディ.コ, カ] 形〔医〕マラリア(性)の;〔地〕沼地の, 沼のような 名 男 女〔医〕マラリア患者

pa-lu-'dis-mo [パ.ル.'ディス.モ] 名 男〔医〕マラリア

pa-'lur-do, -da [パ.'ルる.ド, ダ] 形 名 男 女《話》田舎者(の), 粗野な(人), 無骨な(やつ)

pa-'lus-tre [パ.'ルス.トれ] 形〔地〕沼の, 沼地の 名 男〔技〕(左官などの)こて

pa-'me-la [パ.'メ.ラ] 名 女〔衣〕つばが広

い(麦わら)帽子《女性用》 **P～** 名 固〘女性名〙パメーラ

pa-'me-ma 名 女《(スペイン)》《話》つまらないこと, ばかげたこと;《話》お世辞, 甘言

Pa-'mir [パ.'ミる] 名 固〔meseta de ～〕〘地名〙パミール高原《中央アジア南東部, 大半がタジキスタン領に入る山岳地域》

*'**pam-pa** 94% 名 女〘地〙パンパ, 大草原 **La P～** 名 固〘地名〙ラ・パンパ《アルゼンチン中部の州》 形〘地〙パンパの ***a la ～*** 《(ラ米)》戸外で, 野外で ***estar en sus ～s*** 《(ラ米)》くつろいでいる ***quedar en ～*** 《(ラ米)》がっかりする

'**pám-pa+no** 名 男〘植〙ブドウづるの巻きひげ; ブドウの葉;〘魚〙ヘダイ《食用のタイ》

pam-'pe-ro, -ra [パン.'ペ.ろ, ら] 形 名 男 女《(ラ米)》パンパの 名 男《(ラ米)》〘気〙パンペーロ《アンデス山脈からパンパ地方に吹き下ろす強い西風》

pam-pi-ro-'la-da [パン.ピ.ろ.'ラ.ダ] 名 女 たわごと, ばかげたこと, ナンセンス

pam-'pli-na [パン.'プリ.ナ] 名 女《話》つまらないこと, くだらないこと, ナンセンス;《話》おべっか, 追従;〘植〙ナデシコ科の草本;〘植〙ルリハコベ

pam-pli-'ne-ro, -ra [パン.プリ.'ネ.ろ, ら] 形《話》ばかげたことをする[言う];《話》ちやほやされるのが好きな

Pam-'plo-na [パン.'プロ.ナ] 名 固〘地名〙パンプローナ《スペイン北部の都市》

pam-plo-'nés, -'ne-sa [パン.プロ.'ネス, 'ネ.サ] 形 名 男 女〘地名〙パンプローナの(人)⬆Pamplona

pam-plo-'ni-ca 形《話》⇧ pamplonés

*'**pan** 83% 名 男〘食〙パン;〔一般〕食料, 生活の糧(かて); ひと塊(かたまり), 固形のもの; (金・銀の)箔(はく) **P～** 名 固〘ギ神〙パン, 牧神 ***estar a ～ y agua*** パンと水しか食べていない ***llamar al ～, ～ y al vino, vino*** 《話》ありのままに言う, 回りくどく言わない ***más bueno[na] que el ～*** とてもよい人, とても親切な人 ***～ comido*** 《話》たやすいこと ***～ (nuestro) de cada día*** 日常茶飯事

pan～〔接頭辞〕「汎…, 全…」という意味を示す

'**pa+na** 名 女〘衣〙コールテン, コーデュロイ《服地》;《(チリ)》《話》度胸, 勇気

pa-na-'ce+a [パ.ナ.'せ.ア] 名 女 万能薬

pa-na-de-'rí+a [パ.ナ.デ.'り.ア] 名 女〘商〙パン屋; パン製造業

pa-na-'de-ro, -ra [パ.ナ.'デ.ろ, ら] 名 男 女〘商〙〘人〙パン屋, パン職人

pa-na-'di-zo [パ.ナ.'ディ.そ] 名 男〘医〙瘭疽(ひょうそ)《指先に起こる化膿性の炎症》;《話》青白くて病弱な人

pa-n|a-fri-ca-'nis-mo [パ.ナ.フリ.カ.'ニス.モ] 名 男〘政〙汎アフリカ主義

pa-n|a-fri-ca-'nis-ta [パ.ナ.フリ.カ.'ニス.タ] 形〘政〙汎(はん)アフリカ主義の 名 共〘政〙汎(はん)アフリカ主義者

pa-n|a-fri-'ca+no, -na [パ.ナ.フリ.'カ.ノ, ナ] 形〘政〙汎(はん)アフリカ主義の

pa-'nal [パ.'ナル] 名 男〘昆〙(ミツバチなどの)巣

pa-na-'má 名 男〔複 -más〕〘衣〙パナマ帽

*'**Pa-na-'má** 89% 名 固〔República de ～〕〘地名〙パナマ《中米南部の共和国》;〔ciudad de ～〕〘地名〙パナマ(シティー)《パナマ Panamá の首都》;〔canal de ～〕〘地名〙パナマ運河;〘地名〙パナマ《パナマ中東部の県》

*'**pa-na-'me-ño, -ña** [パ.ナ.'メ.ニョ, ニャ] 92% 形〘地名〙パナマ(人)の 名 男 女 パナマ人⬆Panamá

Pa-n|a-me-ri-'ca-na [パ.ナ.メ.り.'カ.ナ] 名 固〔carretera ～〕〘地名〙パンアメリカンハイウェイ《南北アメリカを結ぶ道路網; 総延長約 26,000km》

pa-n|a-me-ri-ca-'nis-mo [パ.ナ.メ.り.カ.'ニス.モ] 名 男〘政〙汎(はん)アメリカ主義

pa-n|a-me-ri-ca-'nis-ta [パ.ナ.メ.り.カ.'ニス.タ] 形〘政〙汎(はん)アメリカ主義の 名 共〘政〙汎(はん)アメリカ主義者

pa-n|a-me-ri-'ca+no, -na [パ.ナ.メ.り.'カ.ノ, ナ] 形〘政〙汎(はん)アメリカ主義の

pa-n|a-'siá-ti-co, -ca 形〘政〙汎(はん)アジア主義の

pan-'car-ta [パン.'カる.タ] 名 女 貼り紙, 掲示, ポスター, プラカード;〘歴〙(羊皮紙の)古文書

pan-'ce-ta [パン.'せ.タ] 名 女《(スペイン)》〘食〙(ブタの)腹肉

'**pan-cha** 名 女《話》〘体〙腹, 腹部

'**pan-cho, -cha** 形《話》静かな, 平静な, 平気な

'**Pan-cho** 名 固〘男性名〙パンチョ《Francisco の愛称》

pan-'cis-mo [パン.'すいス.モ] 名 男《話》ご都合主義

pan-'cis-ta [パン.'すいス.タ] 形《話》ご都合主義の 名 共《話》ご都合主義者

'**pán-cre+as** ['パン.クれ.アス] 名 男〔単複同〕〘体〙膵臓(すいぞう)

pan-cre+'á-ti-co, -ca [パン.クれ.'ア.ティ.コ, カ] 形〘体〙膵臓(すいぞう)の

pan-cre+a-'ti-tis [パン.クれ.ア.'ティ.ティス] 名 女〔単複同〕〘医〙膵炎(すいえん)

pan-cro-'má-ti-co, -ca [パン.クろ.'マ.ティ.コ, カ] 形〘物〙〘写〙全色性の, パンクロの

'pan-da 名 男〘動〙パンダ 名 女〘建〙〘宗〙(修道院の)歩廊;《話》遊び仲間 形《女》↓pando

pan-de+'ar [パン.デ.'アる] 動 自 «木材が»反(そ)る, 曲がる; «壁・天井が»たるむ, たわむ

pan-'de-mia 名 女〘医〙汎(はん)流行病, 全国的[世界的]流行病

pan-'dé-mi-co, -ca 形〘医〙汎(はん)流行(病[性])の, 全国的[世界的]な流行の

pan-de-'mó-nium 名 男 喧噪(けんそう), 混乱; 地獄

pan-'de+o 名 男 反(そ)ること, 曲がること; たるむこと, たわむこと

pan-de-'re-ta [パン.デ.'れ.タ] 名 女〘楽〙(小型の)タンバリン *la España de* ~ 観光向けのスペイン《闘牛やフラメンコなど》

pan-'de-ro [パン.'デ.ろ] 名 男〘楽〙大タンバリン;〘遊〙凧(たこ)

pan-'di-lla [パン.'ディ.ジャ] 名 女〔集合〕(遊び)仲間;〔集合〕徒党, 派閥, 一味

pan-di-'llis-ta [パン.ディ.'ジス.タ] 名 共 団員;〔人〕ギャング, 仲間

'pan-do, -da 形 曲がった, 反(そ)った, ひずんだ; たわんだ;《コロンビア》《話》平らな, 平べったい P~ 名 固〘地名〙パンド《ボリビア北部の県》

Pan-'do-ra [パン.'ド.ら] 名 固〘ギ神〙パンドラ《ゼウス Zeus がプロメテウス Prometeo を罰するために下界へ送った人類最初の女》

pan-'dor-ga [パン.'ドる.ガ] 名 女《ラプラタ》〘遊〙凧(たこ)

pa-ne-'ci-llo [パ.ネ.'すぃ.ジョ] 名 男《スペイン》〘食〙小型のパン, ロールパン

pa-ne-'ci-to [パ.ネ.'すぃ.ト] 名 男〔複〕《カリブ》〘食〙ロールパン

pa-ne-'gí-ri-co, -ca [パ.ネ.'ひ.り.コ, カ] 形《格》称賛の, 賛辞の 名 男《格》称賛, 賛辞

pa-ne-gi-'ris-ta [パ.ネ.ひ.'りス.タ] 名 共 称賛の文章を書く人, 称賛者

pa-'nel [パ.'ネル] 名 男〘建〙鏡板, はめ板, 壁板, パネル; パネルディスカッション;〔一般〕…板, …パネル ~ *de control*〘情〙コントロールパネル

pa-'ne-la [パ.'ネ.ラ] 名 男《ラ米》〘食〙黒砂糖

pa-ne-'lis-ta [パ.ネ.'リス.タ] 名 共 パネリスト, パネルディスカッションの参加者

pa-n|en-ce-fa-'li-tis [パ.ネン.せ.ファ.'リ.ティス] 名 女〔単複同〕〘医〙全脳炎

pa-'ne-ro, -ra [パ.'ネ.ろ, ら] 形 パン好きの 名 男〘食〙パンかご, (食卓の)パン入れ -ra 名 女〘食〙パンかご

'pa-nes 名 男《複》↑pan

pa-n|es-la-'vis-mo [パ.ネス.ラ.'ビス.モ] 名 男〘政〙汎(はん)スラブ主義, スラブ民族統一主義

pa-n|es-la-'vis-ta [パ.ネス.ラ.'ビス.タ] 形〘政〙汎(はん)スラブ主義の; 汎スラブ主義者

pa-n|eu-ro-'pe+o, +a [パ.ネウ.ろ.'ペ.オ, ア] 形 汎ヨーロッパの;〘政〙汎(はん)ヨーロッパ主義の 名 男 女〘政〙汎(はん)ヨーロッパ主義者

'pán-fi-lo, -la ['パン.フィ.ロ, ラ] 形 名 男 女《話》のろまな(人), ばか(な), お人好し(の);《コロンビア》《話》青白い, 青ざめた(人)

pan-fle-'ta-rio, -ria [パン.フレ.'タ.りオ, りア] 形 非難文書の, 中傷的な, 攻撃的な

pan-fle-'tis-ta [パン.フレ.'ティス.タ] 名 共 (個人への)非難文書の作者[発行者]

pan-'fle-to [パン.'フレ.ト] 名 男 (個人に対する激烈な)非難文書, 怪文書

pan-ger-ma-'nis-mo [パン.へる.マ.'ニス.モ] 名 男〘政〙汎(はん)ドイツ主義

pan-ger-ma-'nis-ta [パン.へる.マ.'ニス.タ] 形〘政〙汎(はん)ドイツ主義の 名 共〘政〙汎(はん)ドイツ主義者

pa-n|his-'pá-ni-co, -ca [パ.ニス.'パ.ニ.コ, カ] 形〘政〙汎(はん)スペイン語圏の, スペイン語圏全体に関する

pa-n|his-pa-'nis-mo [パ.ニス.パ.'ニス.モ] 名 男〘政〙汎(はん)スペイン語圏主義

pa-n|his-pa-'nis-ta [パ.ニス.パ.'ニス.タ] 形〘政〙汎(はん)スペイン語圏主義の 名 共〘政〙汎スペイン語圏主義者

pa-nia-'gua-do, -da [パ.ニア.'グア.ド, ダ] 名 男 女〔軽蔑〕お気に入り, ひいきされる人

'pá-ni-co 名 男 恐怖, パニック;〘経〙恐慌, パニック《突発的大事件などのため経済界が大きく不安と混乱に陥ること》 ~, -ca 形 恐慌の, パニックの *de* ~《話》すばらしい, すばらしく

pa-'nie-go, -ga 形 «人が»パン好きの;〘農〙«土地が»小麦を産する

pa-ni-fi-ca-'ción [パ.ニ.フィ.カ.'すぃオン] 名 女〘食〙パン製造

pa-ni-fi-ca-'do-ra [パ.ニ.フィ.カ.'ド.ら] 名 女〘食〙パン製造設備

pa-ni-fi-'car [パ.ニ.フィ.'カる] 動 他 69 (c|qu)〘食〙‹小麦粉で›パンを製造する

pa-n|is-la-'mis-mo [パ.ニス.ラ.'ミス.モ] 名 男〘政〙汎(はん)イスラム主義

pa-n|is-la-'mis-ta [パ.ニス.ラ.'ミス.タ] 形〘政〙汎(はん)イスラム主義の 名 共〘政〙汎イスラム主義者

pa-'ni-zo [パ.'ニ.そ] 名 男《スペイン》〘植〙アワ, キビ;《チリ》《話》利用できる物[人], 頼みの綱

pan-lo-'gis-mo [パン.ロ.'ひス.モ] 名

男 汎論理主義

'**pan-nus** 名 男〔単複同〕〘医〙パンヌス《角膜への血管侵入》

pa-'no-cha 名 女 ⇩ panoja

pa-'no-ja [パ.'ノ.は] 名 女〘植〙(トウモロコシなどの)穂軸;〘植〙(果物・花の)房;《俗》金(かね), 銭

pa-'no-li [パ.'ノ.リ] 名 男《話》ばか, まぬけ

pa-'no-plia [パ.'ノ.プリア] 名 女 (ひとそろいの)武具, よろいかぶと; 武具の収集; 武具研究

*__pa-no-'ra-ma__ [パ.ノ.'ら.マ] 92% 名 男 パノラマ, 全景; 概観, (問題などの)広範囲な調査

pa-no-'rá-mi-co, -ca [パ.ノ.'ら.ミ.コ, カ] 形 パノラマのような, 全景の

pan-'que-que [パン.'ケ.ケ] 名 男《ラ米》〘食〙パンケーキ, ホットケーキ

pan-ta-'le-ta [パン.タ.'レ.タ] 名 女〔複〕《メキシコ》《中米》《ベネズエラ》〘衣〙パンティー

**__pan-'ta-lla__ [パン.'タ.ジャ] 88% 名 女 ついたて, びょうぶ, 幕, (部屋などの)仕切り;〘映〙スクリーン;〘機〙〘情〙(テレビ・コンピューターの)画面, ディスプレー装置; (ランプ・電灯・スタンドなどの)かさ, シェード; 日除け;〔複〕《カリブ》イヤリング *hacer ~ con la mano* 顔に手をかざす *~ gráfica*〘情〙グラフィックディスプレー

pan-ta-lle-'ar [パン.タ.ジェ.'アる] 動 自《南米北》《話》気取る

pan-ta-'lle-ro, -ra [パン.タ.'ジェ.ろ, ら] 名 男 女《南米北》《話》気取り屋

**__pan-ta-'lón__ [パン.タ.'ロン] 84% 名 男〔主に複〕〘衣〙ズボン, スラックス *bajarse los pantalones*《話》屈辱的に譲歩する, いやなことにびくびくしながら応じる *llevar los pantalones*《話》«女性が»支配する, 実権を握る

pan-ta-lon-'ci-to〔縮小語〕⬆pantalón

pan-ta-lo-'ne-ta [パン.タ.ロ.'ネ.タ] 名 女《スペイン》〘衣〙ショーツ, ショートパンツ;《コロンビア》〘衣〙水着

*__pan-'ta-no__ 94% 名 男〘地〙沼地, 湿地; 窮地, 困難な場面, 泥沼;《スペイン》ダム, 貯水池

pan-ta-'no-so, -sa 形〘地〙沼地の, 沼の多い, 沼のような; 問題の多い, 処理しにくい, 困難な

pan-te-'ís-mo 名 男〘宗〙汎神(はんしん)論

pan-te-'ís-ta 形〘宗〙汎神(はんしん)論の 名 共〘宗〙汎神(はんしん)論者

pan-te-'ón 名 男〘宗〙パンテオン《あらゆる神々を祭る殿堂》;〘宗〙墓地, みたまや, 霊廟(れいびょう)《国の英雄や偉人を祭った殿堂》

pan-te-o-'ne-ro, -ra [パン.テ.オ.'ネ.ろ, ら] 名 男 女《中米》《アンデス》墓堀り人

pan-'te-ra [パン.'テ.ら] 名 女〘動〙ヒョウ

'**pan-ti** 名 男〔複〕パンティーストッキング, パンスト;《中米》《カリブ》《南米北》〘衣〙パンティー

pan-ti-'me-dia [パン.ティ.'メ.ディア] 名 女〔複〕《メキシコ》〘衣〙パンティーストッキング

pan-to-'crá-tor [パン.ト.'クら.トる] 名 男〘ギ神〙パントクラトール《ゼウスの別称, 全能の神》; 救世主の座像

pan-'tó-gra-fo [パン.'ト.グら.フォ] 名 男 写図器, 縮図器, パントグラフ;〘鉄〙(電車の)パンタグラフ

pan-to-'mi-mo, -ma 名 男 女〘演〙パントマイムの俳優, 物まね師, 道化師 **-ma** 名 女〘演〙無言劇, パントマイム; 見せかけ, うわべだけのこと

pan-to-'rri-lla [パン.ト.'り.ジャ] 名 女 ふくらはぎ

pan-'tu-fla 名 女 ⇩ pantuflo

pan-'tu-flo 名 男〔複〕〘衣〙スリッパ, 室内ばき

pa-'nu-do, -da 形 名 男 女《チリ》《話》勇敢な(人), 勇ましい(人)

pa-'nue-la [パ.'ヌエ.ラ] 名 女《中米》〘食〙粗糖

'**pan-za** ['パン.さ] 名 女《話》太鼓腹, 腹; (壺(つぼ)などの)ふくらんだ部分;〘動〙(反芻(はんすう)動物の)第一胃, こぶ胃

pan-'za-da [パン.'さ.ダ] 名 女《話》腹いっぱい, 満腹; 腹への一撃

pan-'zu-do, -da [パン.'す.ド, ダ] 形 腹の出た; 丸い, ふくらんだ

pa-'ñal [パ.'ニャル] 名 男 おむつ, おしめ;〔複〕幼年時代[期], 揺籃(ようらん)期;〔複〕〘衣〙産着(うぶぎ), むつき;〘衣〙(シャツの)裾(すそ)

pa-ñe-'rí-a [パ.ニェ.'り.ア] 名 女〘商〙服地店;〘衣〙〔集合〕織物, 服地

pa-'ñe-ro, -ra [パ.'ニェ.ろ, ら] 形〘衣〙服地の, 繊維の 名 男 女〘商〙服地商, 織物商

pa-'ñe-te [パ.'ニェ.テ] 名 男《コロンビア》〘建〙漆喰(しっくい)

*'__pa-ño__ ['パ.ニョ] 94% 名 男〘衣〙服地, 布地; 羊毛, 毛織物, ウール; ふきん, ぞうきん;〔複〕〘衣〙衣類;〘衣〙ひだ, ドレープ; (銃などの)汚れ, (ガラスの)曇り;〘体〙(顔の)あざ;〔複〕〘海〙帆; 壁掛け, タピストリー *conocer el ~* よく心得ている *~s calientes*《話》その場しのぎのこと[もの], その場を取りつくろうもの *~ de lágrimas* 悲しみを打ち明ける相手

pa-'ñol [パ.'ニョル] 名 男〘海〙(船の)貯蔵室, 船倉

pa-ño-'le-ta [パ.ニョ.'レ.タ] 名 女〘衣〙(女性用の三角形の)肩掛け, ショール;〘牛〙(闘牛士の)ネクタイ

pa-ño-le-'ta-da [パ.ニョ.レ.'タ.ダ] 名

㊛ ハンカチを振って示す抗議

*pa-'ñue-lo [パ.'ニュエ.ロ] 92% 名 男 ハンカチ; 〔衣〕スカーフ, ショール

**'pa+pa 88% 名 ㊛ 《ラ米》〔植〕ジャガイモ; 《話》〔食〕かゆ, どろどろした食べ物; 《カリ》《話》ややこしいこと, 困難なこと; 《メキシコ》《話》流言, デマ, うそ, 作り話; 《チリ》《ラプラタ》《話》簡単なこと; 《ラプラタ》靴下の穴 名 男 〔宗〕ローマ教皇[法王]; 《話》パパ, お父さん *mala* ~ 《チリ》座をしらけさせる人 *no saber* [*entender*] *ni* ~ 《話》何もわからない, 何も知らない

**pa+'pá 82% 名 男 〔複 -pás〕《話》パパ, お父さん; 〔複数〕《話》パパとママ, 両親; 《ラ米》父, 父親 *P*~ *Noel* サンタクロース

pa-'pa-ble [パ.'パ.ブレ] 形 〔宗〕《枢機卿が》教皇に選ばれ得る

pa-pa-'ci-to 〔縮小語〕《ラ米》↑papá

pa-'pa-da 名 ㊛ 二重あご; 〔動〕(牛などの)胸垂, のどぶくろ

pa-'pa-do 名 男 〔宗〕ローマ教皇[法王]の職[位, 任期], 教皇権

pa-pa-'ga-yo 名 男 〔鳥〕オウム; 《話》おしゃべり

pa-pa-'í-to 〔縮小語〕《スペイン》↑papá

pa-'pal [パ.'パル] 形 〔宗〕ローマ教皇[法王]の 名 男 《ラ米》〔農〕ジャガイモ畑

pa-pa-'li-na [パ.パ.'リ.ナ] 名 ㊛ 〔衣〕(耳当て付きの)縁なし帽子; 〔衣〕かぶりもの, ずきん 名 ㊛ 《話》酔い, 酩酊

pa-pa-'lo-te [パ.パ.'ロ.テ] 名 男 《ラ米》〔遊〕凧(たこ)

pa-pa-'mos-cas 名 男 〔単複同〕〔鳥〕ヒタキ, タイランチョウ; 《話》まぬけ, ばか者

pa-pa-'mó-vil [パ.パ.'モ.ビル] 名 男 〔宗〕〔車〕教皇専用の車

pa-pa-'na-tas 名 男 〔単複同〕《話》お人よし, ばか者

pa-'pan-go 名 男 《アンデス》〔遊〕ビー玉(遊び)

pa-'par [パ.'パる] 動 他 飲み込む ~ *moscas* (口をあけて)ぼんやり[うっとり]している

pa-pa-'rru-cha [パ.パ.'る.チャ] 名 ㊛ 《話》ばかげたこと, くだらないこと

pa-'pá-ver [パ.'パ.べる] 名 男 〔植〕ケシ

pa-pa-ve-'rá-ce+o, +a [パ.パ.ベ.'ら.せ.オ, ア] 形 〔植〕ケシ科の

pa-'pa-ya 名 ㊛ 〔植〕パパイヤ

pa-'pa-yo 名 男 〔植〕パパイヤの木

**pa-'pel [パ.'ペル] 73% 名 男 紙, 用紙; 〔主に複〕書類, 文書, 証明書; 役割, 役目, 任務, 仕事; 〔演〕役, キャスト; 〔商〕紙幣; 証券, 債権, 手形 *blanco*[*ca*] *como el* ~ 《顔が》蒼白(そうはく)の *jugar un* ~ (de: の)役割を果たす *perder los* ~*es* 動揺する, 取り乱す ~ *mojado* 効力を失った書類, 役に立たない書類, 反故(ほご)

pa-pe-le+'ar [パ.ペ.レ.'アる] 動 自 書類などをかき回して捜す; 《話》見せびらかす, ひけらかす

pa-pe-'le+o [パ.ペ.'レ.オ] 名 男 書類手続き, お役所仕事

*pa-pe-le-'rí+a [パ.ペ.レ.'リ.ア] 94% 名 ㊛ 〔商〕文房具店; 〔集合〕紙, 紙[書類]の山

pa-pe-'le-ro, -ra [パ.ペ.'レ.ろ, ら] 形 紙の, 製紙の; 派手な, これ見よがしの 名 男 ㊛ 〔商〕製紙業者; 〔商〕〔人〕文房具屋, 文具業者 -ra 名 ㊛ 紙くずかご; 製紙工場; 〔情〕ごみ箱《削除したファイルをためておく場所》; 〔歴〕書類入れつきの机; 《コロンビア》書類かばん

pa-'pe-les 名 男 《複》↑papel

pa-pe-'le-ta [パ.ペ.'レ.タ] 名 ㊛ カード, 切符, 札, 証書, 通知書, 用紙; めんどうな仕事, やっかいな問題[状況]

pa-pe-'lis-ta [パ.ペ.'リス.タ] 名 共 〔商〕製紙業者; 〔技〕壁紙貼り業者

pa-pe-'li-to 〔縮小語〕↑papel

pa-pe-'lón, -'lo-na [パ.ペ.'ロン, 'ロ.ナ] 形 《話》派手な, これ見よがしの 名 男 むだ紙, 反故(ほご); ブリストル《上質の板紙・画用紙》; 《ラ米》困った立場, 損な役; 物笑いの種

pa-pe-'lo-te [パ.ペ.'ロ.テ] 名 男 〔軽蔑〕紙くず, 紙の山

pa-'pe-ro, -ra [パ.'ペ.ろ, ら] 形 名 男 ㊛ 《チリ》《話》うそつき(の) -ra 名 ㊛ 〔医〕甲状腺腫(せんしゅ); 〔複〕〔医〕流行性耳下腺炎, おたふくかぜ

'pa+pi 名 男 《話》パパ, お父ちゃん《家族の中での父親への呼びかけ》

pa-'pi-la [パ.'ピ.ラ] 名 ㊛ 〔生〕〔体〕乳頭(状突起)

pa-'pi-lla [パ.'ピ.ジャ] 名 ㊛ 〔食〕パンがゆ《離乳食》 *hacer* ~ 《話》粉みじんにする, ぺちゃんこにする; 《話》(a: 人を)ぐったりさせる, ひどい目にあわせる

pa-'pi-ro [パ.'ピ.ろ] 名 男 〔植〕パピルス; 〔歴〕(古代ギリシャ・ローマの)パピルス紙; (パピルスに書いた)写本, 古文書

pa-pi-ro-'fle-xia [パ.ピ.ろ.'フレク.スィア] 名 ㊛ 折り紙(細工)

pa-pi-ro-'ta-zo [パ.ピ.ろ.'タ.そ] 名 男 指で頭をはじくこと

pa-'pi-sa 名 ㊛ 〔歴〕〔宗〕(女性)《ローマ教皇》

pa-'pis-mo 名 男 〔宗〕ローマカトリック(の儀式・教義)

pa-'pis-ta 形 名 共 〔宗〕ローマカトリック(の) *ser más* ~ *que el Papa* 当事者以上に熱心である; よけいな口出しをする《ローマ教皇以上にローマカトリック的である,

p

ということから》
pa-'pi-to〔縮小語〕《ラ米》⬆papá
'pa+po 名 男〔動〕(牛などの)胸垂, のどぶくろ;〔衣〕二重あご;〔鳥〕餌袋(えぶくろ);《話》〔医〕甲状腺腫 ***tener buen*** ～《話》食欲がある, よく食べる
'pá-pri-ka⇔pa- ['パ.プリ.カ⇔パ.'プリ.カ] 名 女〔食〕パプリカ
pa+'pú 形 名 共〔複 -púes⇔-pús〕パプア(島)の; パプア(島)人 名 男〔言〕パプア諸語
Pa-'pú+a 'Nue-va Gui-'ne+a [パ.'プ.ア 'ヌエ.バ ギ.'ネ.ア] 名 固〔地名〕パプアニューギニア《ニューギニア島の東部と付近の島々からなる国》
pa-que-'bo-te [パ.ケ.'ボ.テ] 名 男〔海〕郵便船, 定期船
pa-'que-te** [パ.'ケ.テ] 89% 名 男 包み, 小包, 小荷物; 小さな包み, 小さな束, 小袋, (タバコなどの)一箱;〔情〕パッケージ《複数のソフトウェアをまとめたもの》; (川・沿岸の)定期船;《話》おしゃれな男, めかしこんだ男, ダンディー;《話》冗談, 悪ふざけ, うそ, いかさま;《話》めんどうな仕事, やっかいなこと;《俗》男性の股間;《カリブ》《ラプラタ》《話》うそ;《メキシコ》1 等賞 形《コロンビア》《話》不まじめな ***darse ～《メキシコ》《話》もったいぶる, 偉そうにふるまう ***meter un*** ～《話》(a: に)お仕置きをする, (a: を)どなりつける, 罰する
pa-que-te+'ar [パ.ケ.テ.'アる] 動 自《ラプラタ》《話》服や装飾品を見せびらかす
pa-que-te-'rí+a [パ.ケ.テ.'リ.ア] 名 女〔商〕一箱単位の取引;《チリ》〔商〕裁縫道具店
pa-que-'te-ro, -ra [パ.ケ.'テ.ろ, ら] 形《カリブ》《ラプラタ》《話》うそつき(の)
pa-qui-'der-mo [パ.キ.'デる.モ] 名 男〔動〕厚皮動物《カバ・ゾウ・サイなど》～, **-ma** 形〔動〕厚皮動物の
pa-'quín [パ.'キン] 名 男《メキシコ》《中米》《カリブ》漫画, コミック
Pa-quis-'tán 名 固 ⇧ Pakistán
pa-quis-ta-'ní 形〔複 -níes⇔-nís〕⇧ pakistaní
Pa-'qui-ta [パ.'キ.タ] 名 固〔女性名〕パキータ《Francisca の愛称》
Pa-'qui-to [パ.'キ.ト] 名 固〔男性名〕パキート《Francisco の愛称》
'par** ['パる] 81% 名 男 (2 つからなる)一組, 一対; (人間の)2 人一組, 2 人組, (動物の)つがい, (馬の)二頭立て;〔おもに否定文で〕対等のもの, 比べられるもの;〔数〕偶数 形〔数〕偶数の; 同じ, 等しい, 対の 名 女〔複〕〔経〕平価, 為替基準;〔体〕胎盤 ***a la ～ 同時に ***a la*** ～ ***que*** ……であると同時に ***a*** ～***es*** 2 つずつ ***jugar a*** ～***es y nones*** 偶数か奇数かを当てて遊ぶ ***sin*** ～ 比類のない, 比べられるもののない ***un*** ～ ***de*** …《不定数》2 つばかりの…
pa+ra** [パ.ら] 45% 前〔弱勢〕**1** …のために[の], …用の, …にとって《目的・用途・適性・利益を示す》: **Para** mí este libro es muy importante. 私にとってこの本はとても大事です。 **2** …へ, …に向けて《目的地・方向》: Esta carta es **para** usted. この手紙はあなた宛です。 **3** …に, …のころに《時》: **Para** el año que viene ya habré terminado este trabajo. 来年までに私はこの仕事を終えているでしょう。 **4** …するまで, …の前に(は)《期限》: Falta solo una semana **para** las vacaciones de verano. 夏休みまであと 1 週間だけです。 **5** …の間《期間》: Me dejaron el libro **para** un mes. 私は 1 か月の間本を借りていた。 **6** …にしては, …の割には《基準》: **Para** ser extranjero, Taro habla español muy bien. 太郎は外国人にしてはスペイン語を上手に話す。 **7** …して(その結果)…《結果》: El accionista, nervioso, encendió un cigarrillo **para** apagarlo enseguida. 投資家はいらいらしてタバコに火をつけ, それからまたすぐに消した。 動《直現 3 単/命》⬇parar ***no es ～ ***tanto*** そんなにするまでもない, それほどではない ～ ***con*** ……にとって, …に対して ～ ***mí que*** …《話》私は…だと思う ～ ***que*** …(接続法) …するために ～ ***qué***《疑問》何のために…なのですか? ～ ***sí*** 心の中で, 声を出さずに ***que*** ～ ***qué***《話》大きな, ひどい, まったくの
pa-ra~〔接頭辞〕「不規則・準…」という意味を示す
pa-ra-'bién [パ.ら.'ビエン] 名 男《格》祝い, 祝賀, 祝辞
pa-'rá-bo-la [パ.'ら.ボ.ラ] 名 女 たとえ話, 寓話;〔数〕放物線
pa-ra-'bó-li-co, -ca [パ.ら.'ボ.リ.コ, カ] 形 パラボラの;〔数〕放物線状の; たとえ話の(ような), 比喩的な
pa-ra-'bri-sas [パ.ら.'ブリ.サス] 名 男〔単複同〕〔車〕風防ガラス, フロントガラス
pa-'ra-ca [パ.'ら.カ] 名 女《アンデス》〔気〕太平洋から吹く強風
pa-ra-ca+'í-das [パ.ら.カ.'イ.ダス] 名 男〔単複同〕パラシュート, 落下傘
pa-ra-cai-'dis-mo [パ.ら.カイ.'ディス.モ] 名 男〔競〕スカイダイビング
pa-ra-cai-'dis-ta [パ.ら.カイ.'ディス.タ] 名 共〔競〕スカイダイバー;〔軍〕落下傘兵[降下者];《メキシコ》(大都市周辺の)不法居住者;《コロンビア》《チリ》《ラプラタ》《話》招待されていないのにパーティーに押しかける人 形〔軍〕落下傘部隊の, 落下傘降下の
pa-ra-'cho-ques [パ.ら.'チョ.ケス] 名 男〔単複同〕〔車〕バンパー;〔鉄〕(鉄道車両の)緩衝器

*pa-'ra-da [パ.'ら.ダ] 92% [名] [女] 停留所; 止まること, 休止, 停車; (タクシーなどの)駐車場, 乗り場; 〖軍〗 軍事パレード, 観閲式; 〖競〗〔サッカーなど〕(キーパーの)セーブ; (ボールの)トラップ; 《米国》《カリブ》《エクアドル》《チリ》(音楽隊がつく)パレード *hacer* ~ 停車する

pa-ra-'de-ro [パ.ら.'デ.ろ] [名] [男] 所在, 行方, 消息; 終わり, 終結, 最後, 結果

pa-ra-'dig-ma [パ.ら.'ディグ.マ] [名] [男] 模範, 典型, パラダイム; 〖言〗 変化系列, 語形変化表

pa-ra-dig-'má-ti-co, -ca [パ.ら.ディグ.'マ.ティ.コ, カ] [形] 典型の, パラダイムの; 〖言〗 変化系列の, 語形変化表の; 範例的な

pa-ra-di-'sí+a-co, -ca ⇔ -'sia- [パ.ら.ディ.'スィ.ア.コ, カ⇔.'スィア.] [形] 天国の, 楽園の

*pa-'ra-do, -da [パ.'ら.ド, ダ] 92% [形] 止まった, 動かない; 《スペイン》 失業中の; 休業中の, 操業停止の; のろい, 怠惰な; 《ラ米》 立っている [名] [男] [女] 《スペイン》 失業者 *salir bien* [*mal*] ~[*da*] 成功する[失敗する]

*pa-ra-'do-ja [パ.ら.'ド.は] 93% [名] [女] 逆説, パラドックス

pa-ra-'dó-ji-co, -ca [パ.ら.'ド.ひ.コ, カ] [形] 逆説の, 逆説的な -camente [副] 逆説的に

pa-ra-'dor [パ.ら.'ドる] [名] [男] 《スペイン》 パラドール, 国営観光ホテル 《歴史的遺跡などを利用した最高級の国営ホテル》

pa-ra-fer-'nal [パ.ら.フェる.'ナル] [形] 〖法〗 妻に所有権のある

pa-ra-'fi-na [パ.ら.'フィ.ナ] [名] [女] 〖化〗 パラフィン, パラフィン族炭化水素; パラフィンろう

pa-ra-fra-se+'ar [パ.ら.フら.セ.'アる] [動] [他] 〖言〗 言い換える

pa-'rá-fra-sis [パ.'ら.フら.スィス] [名] [女] 〔単複同〕〖言〗 言い換え, パラフレーズ

pa-ra-'frás-ti-co, -ca [パ.ら.'フらス.ティ.コ, カ] [形] 〖言〗 言い換えの

pa-ra-'go-ge [パ.ら.'ゴ.へ] [名] [女] 〖言〗 語尾音添加

pa-ra-'gó-gi-co, -ca [パ.ら.'ゴ.ひ.コ, カ] [形] 〖言〗 語尾音添加の

Pa-ra-gua-'rí [パ.ら.グア.'り] [名] [固] 〖地名〗 パラグアリ 《パラグアイ南部の県, 県都》

*pa-'ra-guas [パ.'ら.グアス] 94% [名] [男] 〔単複同〕 傘, 雨傘, こうもり傘

**Pa-ra-'guay [パ.ら.'グアイ] 88% [名] [固] 〔(el) ~〕〔República del ~〕〖地名〗 パラグアイ 《南アメリカ中部の共和国》; 〔el ~〕〖地名〗 パラグアイ川 《南アメリカ中央部を流れる川》

*pa-ra-'gua-yo, -ya [パ.ら.'グア.ジョ, ジャ] 93% [形] 〖地名〗 パラグアイ(人)の [名] [男] [女] パラグアイ人 ↑Paraguay -ya [名] [女] 〖植〗 パラグアージャ 《モモ[桃]の一種, 小さくて平たい形をしている》

pa-ra-güe-'rí+a [パ.ら.グエ.'り.ア] [名] [女] 〖商〗 傘店

pa-ra-'güe-ro, -ra [パ.ら.'グエ.ろ, ら] [名] [男] [女] 〖商〗 傘売り; 〖技〗 傘職人 [名] [男] 傘立て

pa-ra-'güi-ta [パ.ら.'グイ.タ] [名] [女] 《中米》〖菌〗 キノコ

pa-ra|in-'fluen-za [パ.らイン.'フルエン.さ] [名] [女] 〖医〗 パラインフルエンザ

*pa-ra+'í-so [パ.ら.'イ.ソ] 91% [名] [男] 天国, 極楽; 楽園, 楽土, 天国[極楽]のような所, 理想郷; 〖演〗 天井桟敷 El P~ [名] [固] 〖地名〗 エル・パライソ 《ホンジュラス東部の県》

pa-'ra-je [パ.'ら.へ] [名] [男] 地所, 場所, 所

pa-ra-'la-je [パ.ら.'ラ.へ] [名] [女] 〖天〗 視差

pa-ra-le-le-'pí+pe-do [パ.ら.レ.レ.'ピ.ペ.ド] [名] [男] 〖数〗 平行六面体

pa-ra-le-'lis-mo [パ.ら.レ.'リス.モ] [名] [男] 平行, 平行関係; 対応

**pa-ra-'le-lo, -la [パ.ら.'レ.ロ, ラ] 90% [形] (a: と)平行の, 同じ方向の; 相等しい, 匹敵する, 類似の; 対比する, 対比的な; 〖電〗 並列の [名] [男] 匹敵するもの, 対等するもの; 比較, 対比; 〖地〗 緯線; 〖電〗 並列 -la [名] [女] 平行線; 〔複〕〖競〗 平行棒 -lamente [副] 平行して, 平行的に

pa-ra-le-lo-'gra-mo [パ.ら.レ.ロ.'グら.モ] [名] [男] 〖数〗 平行四辺形

pa-ra-lim-'pia- ⇔ -'pí+a- [パ.ら.リン.'ピア.ダ⇔.'ピ.ア.] [名] [女] 〔しばしば複〕〖競〗 パラリンピック大会

pa-ra-'lím-pi-co, -ca [パ.ら.'リン.ピ.コ, カ] [形] 〖競〗 パラリンピック大会の

*pa-'rá-li-sis [パ.'ら.リ.スィス] 94% [名] [女] 〔単複同〕〖医〗 麻痺(まひ), 不随; 麻痺状態, 無力, 無気力, 無能, 停滞

pa-ra-'lí-ti-co, -ca [パ.ら.'リ.ティ.コ, カ] [形] 〖医〗 麻痺(まひ)性の; 麻痺状態の, 無力な [名] [男] [女] 〖医〗 麻痺患者

pa-ra-li-za-'ción [パ.ら.リ.さ.'すぃオン] [名] [女] 〖医〗 麻痺(まひ)させること

pa-ra-li-'zan-te [パ.ら.リ.'さン.テ] [形] 〖医〗 麻痺(まひ)させる

*pa-ra-li-'zar [パ.ら.リ.'さる] 92% [動] [他] ㉞ (z|c) 〖医〗 麻痺(まひ)させる, 不随にする, 無力にする, 停滞させる ~se [動] [再] 〖医〗 麻痺(まひ)する, 無力になる, 停滞する

Pa-ra-ma-'ri-bo [パ.ら.マ.'り.ボ] [名] [固] 〖地名〗 パラマリーボ 《スリナム Surinam の首都》

pa-ra-me+'ar [パ.ら.メ.'アる] [動] [自]

《コロンビア》《アンデス》〔気〕小雨が降る;《ベネズエラ》〔気〕吹雪になる

pa-ra-'men-to [パ.ら.'メン.ト] 名 男〔複〕飾り布, 掛け布;〔建〕壁の面, 仕上げ面;〔畜〕馬の飾り衣装, 馬衣(うまぎぬ)

pa-ra-'me-ra [パ.ら.'メ.ら] 名 女〔地〕荒れ地, 荒野

pa-ra-'mé-tri-co, -ca [パ.ら.'メ.トり.コ, カ] 形〔数〕〔情〕変数の, パラメーターの

pa-'rá-me-tro [パ.'ら.メ.トろ] 名 男〔数〕〔情〕変数, パラメーター

pa-ra-mi-li-'tar [パ.ら.ミ.リ.'タる] 形〔軍〕準軍事的な

pa-ra|m-'ne-sia [パ.らム.'ネ.スィア] 名 女〔医〕記憶錯誤

'pá-ra-mo ['パ.ら.モ] 名 男〔地〕(広大な)不毛の土地, 荒野;《コロンビア》《アンデス》〔気〕小雨

Pa-ra-'ná [パ.ら.'ナ] 名 固〔地名〕パラナ《アルゼンチン中東部の都市》;〔el ~〕〔地名〕パラナー川《南アメリカ南東部を流れる川》

pa-ran-'gón [パ.らン.'ゴン] 名 男《格》比較, 対照, 対比

pa-ran-go-'nar [パ.らン.ゴ.'ナる] 動 他《格》(con: と)比較する;〔印〕(行末をそろえるために)〈活字の〉字間を整える

pa-ra-'nin-fo [パ.ら.'ニン.フォ] 名 男〔建〕(大学の)講堂

pa-ra-'noi+a [パ.ら.'ノ.イア] 名 女〔医〕偏執症, 妄想症, パラノイア

pa-ra-'noi-co, -ca [パ.ら.'ノイ.コ, カ] 形〔医〕偏執症の, 妄想症の, パラノイアの 名 男 女〔医〕偏執症者, パラノイア患者

pa-ra-'noi-de [パ.ら.'ノイ.デ] 形〔医〕偏執症の, 妄想症の

pa-ra-'pen-te [パ.ら.'ペン.テ] 名 男〔競〕パラグライダー

pa-ra-pen-'tis-ta [パ.ら.ペン.'ティス.タ] 名 共〔競〕パラグライダーのフライヤー

pa-ra-pe-'tar-se [パ.ら.ペ.'タる.セ] 動 再 (en, tras: を盾にして)身を守る, 隠れる, 逃避する

pa-ra-'pe-to [パ.ら.'ペ.ト] 名 男〔建〕欄干(らんかん), 手すり;〔軍〕胸墻(きょうしょう)

pa-ra-'ple-jia⇔-'jí+a [パ.ら.'プレ.ひア⇔.'ひ.ア] 名 女〔医〕対麻痺(ついまひ), 下半身不随

pa-ra-'plé-ji-co, -ca [パ.ら.'プレ.ひ.コ, カ] 形〔医〕対麻痺(ついまひ)の, 下半身不随の 名 男 女〔医〕対麻痺患者, 下半身不随患者

pa-ra-psi-co-lo-'gí+a [パ.ら.スィ.コ.ロ.'ひ.ア] 名 女〔心〕超心理学

pa-ra-psi-co-'ló-gi-co, -ca [パ.ら.スィ.コ.'ロ.ひ.コ, カ] 形〔心〕超心理学の

pa-ra-psi-'có-lo-go, -ga [パ.ら.スィ.'コ.ロ.ゴ, ガ] 名 男 女〔心〕超心理学者

pa-'rar** [パ.'らる] 80% 動 他 止める, 中止する, やめる, 中断する, 停止する; やめさせる, 止める, さえぎる, 妨害する, 阻止する, 抑える;〔競〕〔サッカー〕〈ボールを〉セーブする, トラップする, 受け止める;〈注意などを〉(en: に)向ける; 準備する; 賭(か)ける;《ラ米》立てる, 縦にする 動 自 止まる, 停止する, 終わる; 中断する, 《活動などが》やむ, (de: を)やめる; (en: に)滞在する, とどまる, 泊まる, 停泊する; 結果が(en: と)なる, 決定する, 決まる　**~se** 動 再 止まる, 立ち止まる;《ラ米》立つ; 起きる, 起床する　***¡Dónde va a ~!《話》もちろんです, 文句なしにこっちだ《比較するときに用いる》　***no ~*** 四六時中忙しくしている; 落ち着かない　***Y pare usted de contar.*** それで終わりです

pa-ra-'rra-yos [パ.ら.'ら.ジョス] 名 男〔単複同〕避雷針

pa-ra-si-co-lo-'gí+a 名 女 ⇧ parapsicología

pa-ra-si-co-'ló-gi-co, -ca 形 ⇧ parapsicológico

pa-ra-si-'có-lo-go, -ga 名 男 女 ⇧ parapsicólogo

pa-ra-'sín-te-sis [パ.ら.'スィン.テ.スィス] 名 女〔単複同〕〔言〕合成語からの派生, 併置総合

pa-ra-sin-'té-ti-co, -ca [パ.ら.スィン.'テ.ティ.コ, カ] 形〔言〕合成語から派生した, 併置総合の

pa-ra-si-'ta-rio, -ria [パ.ら.スィ.'タ.りオ, りア] 形〔生〕寄生的な, 寄生虫(性)の

pa-ra-si-'te-mia [パ.ら.スィ.'テ.ミア] 名 女〔医〕寄生虫血症

pa-ra-si-'tis-mo [パ.ら.スィ.'ティス.モ] 名 男〔生〕寄生; 居候(いそうろう), 寄生生活

pa-'rá-si-to, -ta [パ.'ら.スィ.ト, タ] 形〔生〕寄生する;〔一般〕寄生する;〔生〕寄生生物, 寄生動物[植物] 名 男 女《話》寄食家, 居候(いそうろう)

pa-ra-si-to-lo-'gí+a [パ.ら.スィ.ト.ロ.'ひ.ア] 名 女〔医〕寄生虫[体]学

pa-ra-si-'to-sis [パ.ら.スィ.'ト.スィス] 名 女〔単複同〕〔医〕寄生虫病

pa-ra-'sol [パ.ら.'ソル] 名 男 パラソル, 日傘

pa-ra-'som-nia [パ.ら.'ソム.ニア] 名 女〔医〕睡眠時異常行動

pa-ra-'tác-ti-co, -ca [パ.ら.'タク.ティ.コ, カ] 形〔言〕並列の

pa-ra-'ta-xis [パ.ら.'タク.スィス] 名 女〔単複同〕〔言〕(接続詞を使わない)並列

pa-ra-ti-foi-'de+a [パ.ら.ティ.フォイ.'デ.ア] 名 女〔医〕パラチフス

'par-ca ['パる.カ] 名 女《詩》《格》死 **Parcas** 名 固《複》〔ロ神〕運命の三女神

p

*par-'ce-la [パる.'せ.ラ] 93% [名] [女] 一区画(の土地); 小片, わずかの部分, 少量

par-ce-la-'ción [パる.せ.ラ.'すぃオン] [名] [女] (土地の)区分け, 細分化

par-ce-'lar [パる.せ.'ラる] [動] [他] 〈土地を〉区分けする

par-ce-'la-rio, -ria [パる.せ.'ラ.りオ, りア] [形] 区分けされた, 区画の

*'par-che ['パる.チェ] 94% [名] [男] (つぎはぎ用の)布切れ, つぎ; つけ足し; へたな修正, へたな手直し, 応急処置; 〖医〗膏薬(こうやく), パップ; 〖牛〗牛の頭につけるリボン結び; 〖楽〗太鼓の皮; 《話》その場に合わない人[物]; 《メキシコ》《話》ずうずうしい人; 〖情〗パッチ《プログラムミスの応急処置》

par-che+'ar [パる.チェ.'アる] [動] [他] 〈に〉つぎを当てる; 〈に〉へたな修正をする, 〈の〉応急処置をとる

par-'che+o [パる.'チェ.オ] [名] [男] 継ぎを当てること; へたな修正, 応急処置

par-'chís [パる.'チス] [名] [男] 〖遊〗パルチース《すごろくの一種》

*par-'cial [パる.'すぃアル] 91% [形] [名] [共] 一部分の, 部分的な, 不完全な; 不公平な, 偏った, えこひいきのある; 党派の, 党派心の強い; 徒党, 党派, 一味 ~mente [副] 部分的に, 不完全に; 不公平に

par-cia-li-'dad [パる.すぃア.リ.'ダド] [名] [女] 部分的なこと, 局部性; 不公平, えこひいき; 徒党, 党派, 派閥

'par-co, -ca ['パる.コ, カ] [形] (en: において)節度のある, 控えめの; (en: の)乏しい, 僅少の, 貧弱な; つましい, 倹約する

par-'dal [パる.'ダル] [名] [男] 〖鳥〗スズメ; 〖鳥〗ムネアカヒワ; 〖動〗ヒョウ; 《話》いたずら者; 〖植〗トリカブト

par-'diez [パる.'ディエす] [感] 《話》えっ!, おやまあ!, しまった! 《驚き, 失望》

par-'di-llo, -lla [パる.'ディ.ジョ, ジャ] [形] 《スペイン》田舎(いなか)の, 田舎者の [名] [男] [女] 田舎者 [名] [男] 〖鳥〗ムネアカヒワ

*'par-do, -da ['パる.ド, ダ] 92% [形] 〖気〗《空・天気が》曇った, どんよりした; 《声が》単調な, 鈍い, 響きのない; 褐色の, 茶色の [名] [男] 〖動〗ヒョウ

'Par-do ['パる.ド] [名] [固] パルド宮《スペイン, マドリードの郊外にある館》

par-'dus-co, -ca [パる.'ドゥス.コ, カ] [形] 茶色がかった

pa-re+'a-do, -da [パ.れ.'ア.ド, ダ] [形] 〖文〗二行連句の, 対句の [名] [男] 〖文〗二行連句, 対句

pa-re+'ar [パ.れ.'アる] [動] [他] 対にする, 対にして並べる; 〖牛〗〈牛に〉2本のバンデリージャを突き刺す ↑banderilla

pa-re-'cer [パ.れ.'せる] 62% [動] [自] [45] (c|zc) 1 (名詞・形容詞・副詞: …のように)見える, …であるらしい: Ana está pálida y **parece enferma. アナは顔色が悪く病気みたいだ。 2 (不定詞: …する)ようだ: Este niño aún no **parece** tener sueño. この子はまだ眠くないようだ。 3 (que: の)ようだ, (que: と)思われる《意味上の主語は間接目的語となる》Me **parece** que es mentira. 私はそれがうそだと思う。 4 賛成である, よろしい: Si te **parece**, partiremos mañana. 君がよければ明日出発しよう。 5 《古》現れる, 見つかる ~se [動] [再] (a: に)似ている: Son hermanos, pero no **se parecen** nada. 彼らは兄弟だが少しも似ていない。 [名] [男] 1 意見, 考え: A última hora cambiaron de **parecer**. 彼らは最後になって意見を変えた。 2 外見, 容貌(ようぼう): Don Fabián es un hombre ya mayor, pero de buen **parecer**. ファビアンさんはもう年配だがまだ若々しい。 *al* ~ 《文修飾》見たところ *a mi* ~ 私の思うところでは *por el buen* ~ 体裁の上で, 世間体をつくろって *por lo que parece* 《文修飾》見たところ *según parece* 《文修飾》見たところ, たぶん

**pa-re-'ci-do, -da [パ.れ.'すぃ.ド, ダ] 84% [形] (a: に)似た, 同様な [名] [男] 似たところ *bien* [*mal*] ~ 《顔だちが》よい[悪い]

**pa-'red [パ.'れド] 81% [名] [女] 〖建〗〖体〗(部屋などの)壁; 〖建〗(石・れんが・板などの)塀; 〖地〗絶壁; 障壁, 障害; 〖競〗〔サッカー〕壁パス *blanco*[*ca*] *como la* ~ 真っ白な, 蒼白の *como si hablara con la* ~ 壁と話をしているかのように, 馬耳東風で ~ *por* [*en*] *medio con* ... …と壁ひとつ隔てて

pa-re-'dón [パ.れ.'ドン] [名] [男] 〖軍〗銃殺刑場; 〖建〗大壁

**pa-'re-ja [パ.'れ.は] 83% [名] [女] 組, 対, ペア, 二人, カップル; (ダンスの)相手, パートナー, 恋人; (対・組になる)一方, 片方; 〖動〗(動物の)つがい; 《スペイン》2人組の治安警察官 *correr* ~ (con: と)同時に起こる; (con: と)よく似ている, 調和している, 似合う *hacer* ~ (con: と)似ている *por* ~*s* 2つずつ, 2人ずつ

pa-re-'je-ro [パ.れ.'へ.ろ] [名] [男] 《チリ》《話》ラブホテル

pa-'re-jo, -ja [パ.'れ.ほ, は] [形] 等しい, 同等の; むらのない, 均一な; 平らな, 平坦な, 滑らかな [副] むらなく, 均一に; 平らに; 《ラ米》一緒に, 同時に

pa-'re-mia [パ.'れ.ミア] [名] [女] 《格》〖言〗ことわざ, 格言

pa-re-mio-lo-'gí+a [パ.れ.ミオ.ロ.'ひ.ア] [名] [女] 《格》〖言〗ことわざ研究

pa-re-mio-'ló-gi-co, -ca [パ.れ.ミオ.'ロ.ひ.コ, カ] [形] 《格》〖言〗ことわざ研究の

p

pa-re-'mió-lo-go, -ga [パ.れ.'ミオ.ロ.ゴ, ガ] 名 男 女 《格》〔言〕ことわざ研究家

pa-'rén-qui-ma [パ.'れン.キ.マ] 名 男〔体〕実質組織;〔植〕柔組織

pa-ren-'te-la [パ.れン.'テ.ラ] 名 女〔集合〕親族, 親類

pa-ren-'tes-co [パ.れン.'テス.コ] 名 男 親戚関係;〔一般〕関係, つながり

pa-'rén-te-sis [パ.'れン.テ.スィス] 90% 名 男〔単複同〕かっこ, 丸かっこ《( )の記号》; 合い間, 中断 ***sea dicho entre*** ~ 《文修飾》ついでに言えば, ちなみに

pa-ren-'té-ti-co, -ca [パ.れン.'テ.ティ.コ, カ] 形 かっこの, 挿入(そうにゅう)語句の

'pa-res 名 男 《複》↑par 動《接現2単》↑parar

pa-'re-sia [パ.'れ.スィア] 名 女〔医〕不全麻痺(まひ)

pa-res-'te-sia [パ.れス.'テ.スィア] 名 女〔医〕知覚異常

pa-'rez-co, -ca(~) 動《直現1単, 接現》↑parecer

'par-go ['パる.ゴ] 名 男〔魚〕パルゴ《タイの一種》

par+hi-'le-ra [パ.り.'レ.ら] 名 女〔建〕棟木(むなぎ)

'pa-ria ['パ.りア] 名 共 パリア《インドの最下層民》; 社会ののけ者;〔複〕〔歴〕〔法〕租税

pa-'ri-da [パ.'り.ダ] 形 《女》《女性が》子供を産んだばかりの 名 女 《(スペイン)》《話》ばかげたこと; 《(スペイン)》《話》期待を裏切る作品

pa-ri-'dad [パ.り.'ダド] 名 女 等価, 等量, 同等;〔経〕(他国通貨との)比価

pa-'rien-ta [パ.'りエン.タ] 名 女 《(ラ米)》(女性の)親類, 親戚;《話》妻

pa-'rien-te [パ.'りエン.テ] 91% 名 共 親類, 親戚;《話》夫, 妻

pa-rie-'tal [パ.りエ.'タル] 形〔体〕頭頂骨の

pa-rie-'ta-ria [パ.りエ.'タ.りア] 名 女〔植〕ヒカゲミズ《イラクサ科》

pa-ri-'gua-yo, -ya [パ.り.'グア.ジョ, ジャ] 形 《(カリブ)》《話》へたな; つまらない

pa-ri+'hue-la [パ.り.'ウエ.ラ] 名 女〔複〕担架; (担架式の)箱形運搬具

pa-ri-'pé [パ.り.'ペ]〔成句〕 ***hacer el*** ~ 《話》取りつくろう, ふりをする

pa-'rir [パ.'りる] 86% 動 他 《動物が》産む 動 自 《動物が》子を産む ***poner a*** ~ 《話》厳しく叱る, けなす, こきおろす

'Pa-ris ['パ.りス] 名 固〔ギ神〕パリス《トロイ王プリアモス Príamo の子; スパルタ王の妃ヘレネー Helena を奪い, トロイ戦争の原因を作った》

Pa-'rís [パ.'りス] 84% 名 固〔地名〕パリ《フランス Francia の首都》

pa-ri-'sien-se 形 パリの(人); パリジャン, パリジェンヌ

pa-ri-'sí-la-bo, -ba [パ.り.'スィ.ラ.ボ, バ] 形〔言〕〔文〕同じ音節数の

pa-ri-'si+no, -na 形 名 男 女 ⇧parisiense

pa-ri-'ta-rio, -ria [パ.り.'タ.りオ, りア] 形 合同の, 同数の代表者を出す

'par-ka ['パる.カ] 名 女〔衣〕パーカ, アノラック《フード付きのジャケット・オーバー》

parking ['パる.キン] 名 男〔複 -kings〕〔英語〕⇧aparcamiento

'pár-kin-son 名 男 ⇩parkinsonismo

par-kin-so-'nis-mo [パる.キン.ソ.'ニス.モ] 名 男〔医〕パーキンソン病

par-la-men-'tar [パる.ラ.メン.'タる] 動 自 交渉する, 会談する, 折衝する;《話》おしゃべりをする, 会話をする

par-la-men-'ta-rio, -ria [パる.ラ.メン.'タ.りオ, りア] 形〔政〕議会の, 国会の 名 男 女〔政〕国会議員;〔軍〕休戦交渉使節, 軍使

par-la-men-ta-'ris-mo [パる.ラ.メン.タ.'りス.モ] 名 男〔政〕議会主義, 議院制度

par-la-'men-to [パる.ラ.'メン.ト] 88% 名 男〔政〕(英国などの)議会, 国会; 交渉; 演説;〔演〕長広舌, 長いせりふ

par-lan-'chín, -'chi-na [パる.ラン.'チン, 'チ.ナ] 形 名 男 女 《話》〔軽蔑〕おしゃべり(の), 話し好き(の)

par-'lan-te [パる.'ラン.テ] 名 男 《(ラ米)》〔機〕スピーカー

par-'lar [パる.'ラる] 動 自 《話》話す, ペチャクチャしゃべる

par-'le-ro, -ra [パる.'レ.ろ, ら] 形 名 男 女 《話》うわさ好きな(人), おしゃべりな(人)

par-lo-te+'ar [パる.ロ.テ.'アる] 動 自 《話》〔軽蔑〕ペチャクチャしゃべる, くだらないことをしゃべる, おしゃべりする

par-lo-'te+o [パる.ロ.'テ.オ] 名 男 《話》おしゃべり, むだ話

'Par-ma ['パる.マ] 名 固〔地名〕パルマ《イタリア中北部の都市》

par-me-'sa+no, -na [パる.メ.'サ.ノ, ナ] 形 名 男 女〔地名〕パルマの(人)↑Parma 名 男〔食〕パルメザンチーズ

par-na-'sia+no, -na [パる.ナ.'スィア.ノ, ナ] 形 名 男 女〔文〕高踏派の(詩人)《1860年代フランスに台頭, 形式の完全性を重んじた》

par-'na-so [パる.'ナ.ソ] 名 男 《格》詩壇, 詩歌の世界; 詩人たち;《格》詩集

Par-'na-so [パる.'ナ.ソ] 名 固〔地名〕パ

P

ルナソス山 《ギリシャ中部の山; 南麓にデルフォイ Delfos がある》

par-'né [パる.'ネ] 名 男 《スペイン》《俗》 金(かね), ゼニ

'pa+ro ['パ.ろ] 88% 名 男 《スペイン》 失業, 失業状態; 操業停止, 休業, 工場封鎖, ストライキ; 停止; 〔鳥〕 シジュウカラ

pa+'ró 動 《直点 3 単》 ↑parar

pa-'ro-dia [パ.'ろ.ディア] 名 女 〔文〕 パロディー, 風刺[嘲弄(ちょうろう)]的もじり詩文[歌曲], かえ歌

pa-ro-'diar [パ.ろ.'ディアる] 動 他 〔文〕 パロディー化する, 茶化してまねる, もじる

pa-'ró-di-co, -ca [パ.'ろ.ディ.コ, カ] 形 〔文〕 パロディーの

pa-ro-'dis-ta [パ.ろ.'ディス.タ] 名 共 〔文〕 パロディー作者

pa-'rón [パ.'ろン] 名 男 急停止; 立ち往生

pa-ro-'ni-mia [パ.ろ.'ニ.ミア] 名 女 〔言〕 語形類似, 語音類似

pa-'ró-ni-mo, -ma [パ.'ろ.ニ.モ, マ] 形 〔言〕 類音の 名 男 〔言〕 類音語

pa-ro-no-'ma-sia [パ.ろ.ノ.'マ.スィア] 名 女 〔修〕 語呂合わせ

pa-'ró-ti-da [パ.'ろ.ティ.ダ] 名 女 〔体〕 耳下腺(じかせん)

pa-ro-ti-'di-tis [パ.ろ.ティ.'ディ.ティス] 名 女 〔単複同〕〔医〕 耳下腺(じかせん)炎, おたふく風邪

pa-ro-'xis-mo [パ.ろク.'スィス.モ] 名 男 発作的行動, 感情の激発; 〔医〕 発作, けいれん

pa-ro-'xí-to+no, -na [パ.ろク.'スィ.ト.ノ, ナ] 形 〔音〕 《語が》語末から 2 番目の音節にアクセントを持つ

par-pa-de+'an-te [パる.パ.デ.'アン.テ] 形 まばたきする; 〔情〕 点滅する

par-pa-de+'ar [パる.パ.デ.'アる] 動 自 まばたきをする; 《灯火などが》ちらちらする, 明滅する; 《星が》きらきら光る, きらめく

par-pa-'de+o [パる.パ.'デ.オ] 名 男 まばたき; ちらちらすること, ちらつくこと, 明滅; きらきら光ること

'pár-pa-do ['パる.パ.ド] 93% 名 男 〔体〕 まぶた

'par-que ['パる.ケ] 85% 名 男 公園, 遊園地; (土地開発の)地区; 〔車〕 (車などの)置き場, 車庫; 〔車〕〔集合〕 車両(保有台数); ベビーサークル ～ *de bomberos* 《スペイン》 消防署

par-'qué [パる.'ケ] 名 男 〔建〕 寄せ木作りの床; 証券取引所

par-que+a-'de-ro [パる.ケ.ア.'デ.ろ] 名 男 《南米北》〔車〕 駐車場

par-que+'ar [パる.ケ.'アる] 動 他 《ラ米》〔車〕 〈車を〉駐車する

par-que-'dad [パる.ケ.'ダド] 名 女 つましさ, 乏しさ, 欠乏; 倹約; 節制, 節度

par-'que+o [パる.'ケ.オ] 名 男 《*国》《中米》《南米北》《プエルトリコ》《アンデス》〔車〕 駐車場 ⇧ aparcamiento

par-'quí-me-tro [パる.'キ.メ.トろ] 名 男 《ラ米》〔車〕 パーキングメーター

párr. 略 ↓párrafo

'pa-rra ['パ.ら] 名 女 〔農〕 ブドウづる *subirse a la* ～ 《話》 かっとなる, かんかんになって怒る; 《話》 高い要求を掲げる **P～** 名 固 〔姓〕 パラ

pa-rra-'fa-da [パ.ら.'ファ.ダ] 名 女 熱中してしゃべりまくること

'pá-rra-fo ['パ.ら.フォ] 88% 名 男 段落, パラグラフ; 〔印〕 パラグラフ記号 《¶の記号》 ～ *aparte* 話は変わるが…, ところで…

pa-'rral [パ.'らル] 名 男 〔農〕〔集合〕 ブドウ棚; 〔農〕 ブドウ園; 〔農〕 伸びきったブドウのつる; 陶器の壺(つぼ)

pa-'rran-da [パ.'らン.ダ] 名 女 《話》 ばか騒ぎ, どんちゃん騒ぎ; 〔楽〕 (夜の街頭の)音楽隊

pa-rran-de+'ar [パ.らン.デ.'アる] 動 自 《話》 ばか騒ぎをする, 飲み騒ぐ

pa-rran-'de+o [パ.らン.'デ.オ] 名 男 《話》 ばか騒ぎ

pa-rran-'de-ro, -ra [パ.らン.'デ.ろ, ら] 形 ばか騒ぎが好きな, どんちゃん騒ぎをする

pa-rri-'ci-da [パ.り.'すぃ.ダ] 形 〔法〕 親[近親者]殺しの, 尊属殺人の 名 共 〔法〕〔人〕 親[近親者]殺し, 尊属殺人犯

pa-rri-'ci-dio [パ.り.'すぃ.ディオ] 名 男 〔法〕 親[近親者]殺し, 尊属殺人

pa-'rri-lla [パ.'り.ジャ] 名 女 〔食〕 焼き網; 〔食〕 (炉の)火格子, 火床; 〔食〕 (レストランの)グリルルーム, 網焼きをするコーナー; 《アンデス》《チリ》《ラプラタ》〔食〕 バーベキュー

pa-rri-'lla-da [パ.り.'ジャ.ダ] 名 女 《アンデス》《チリ》《ラプラタ》〔食〕 バーベキュー

pa-'rro-cha [パ.'ろ.チャ] 名 女 〔魚〕 小イワシ

'pá-rro-co ['パ.ろ.コ] 名 男 〔宗〕 教区司祭, 教区の主任司祭

pa-'rro-quia [パ.'ろ.キア] 90% 名 女 〔集合〕 教区教会; 〔宗〕 教会区, 小教区; 〔集合〕 教区民; 〔商〕〔集合〕 顧客, 得意客, 常連

pa-rro-'quial [パ.ろ.'キアル] 形 〔宗〕 教区の

pa-rro-'quia+no, -na [パ.ろ.'キア.ノ, ナ] 名 男 女 〔宗〕 教区民; 〔商〕 顧客, 常連

par-si-'mo-nia [パる.スィ.'モ.ニア] 名 女 倹約, 質素; 慎重, 控えめ, 穏和, 落ち着き; のんびり[ゆっくり]していること

par-si-mo-'nio-so, -sa [パる.スィ.モ.'ニオ.ソ, サ] [形] 質素な; 慎重な, 穏和な, 落ち着いた; のんびりした, ゆっくりとした

'par-te ['パる.テ] 62% [名] [女] (de: の)部分; 場所, 方面, 側; (書物の)部, 編, 分冊, 巻; 役目, 本分, 務め, (仕事などでの)関係, 関与; 〔基数詞, 序数詞とともに〕(全体をいくつかに)等分した部分, …分の…; 分け前, 分担, 配当; (論争・競技・契約などの一方の)側, 方; 〔楽〕音部, 声部, パート; 〔演〕役; 〔複〕〔婉曲的〕陰部 [名] [男] 報告, 報告書, 知らせ, ニュース; 公用電報 *dar* ~ 知らせる *de mi* [*tu, nuestra*] ~ 私[君, 私たち]の方から *de* ~ *a* ~ 端から端へ, 貫いて; すっかり, 徹底的に *de* ~ *de* ... …に代わって; …の側の, …の味方の *¿De* ~ *de quién?* どちら様でしょうか《電話で》 *echar a buena* [*mala*] ~ 好意的に[悪意に]とる *en* ~ 一部は, 部分的に, 少しは *formar* ~ (de: の)一部である *la* ~ *del león* ライオンの分け前《不当に大きな取り分》 *no llevar a ninguna* ~ 何の役にも立たない, どうしようもない *~s de la oración*〔言〕品詞 *por mi* ~ 私としては, 私ならば *por* ~*s* 少しずつ, 分けて, 順序に従って *por otra* (~) もう一方で, 他方; それに, その上 *tomar* ~ (en: に)参加する

par-te+'ar [パる.テ.'アる] [動] [他] 〔医〕〈に〉お産の助けをする

par-te-'luz [パる.テ.'ルす] [名] [男] 〔建〕(窓・ドアの)縦仕切り

par-te-no-'gé-ne-sis [パる.テ.ノ.'へ.ネ.スィス] [名] [女] 〔単複同〕〔生〕単為生殖

Par-te-'nón [パる.テ.'ノン] [名] [固] 〔歴〕〔宗〕(アテネの)パルテノン神殿

par-'te-ro, -ra [パる.'テ.ろ, ら] [名] [男] [女] 〔医〕助産師, 産婆

par-'te-rre [パる.'テ.れ] [名] [男] 《スペイン》花壇, 庭園; 〔演〕1 階前方の席

par-ti-'ción [パる.ティ.'すぃオン] [名] [女] 分割, 分配, 配分; 〔情〕パーティション

par-ti-ci-pa-'ción [パる.ティ.すぃ.パ.'すぃオン] 85% [名] [女] 参加, 関係, 参与; 〔商〕割り当て, 分担所有, 分配; 通知, 案内状; (くじの)分券; 〔競〕エントリー

par-ti-ci-'pan-te [パる.ティ.すぃ.'パン.テ] [形] (en: に)参加する [名] [共] 参加者, 出場者

par-ti-ci-'par [パる.ティ.すぃ.'パる] 81% [動] [自] (en: に)参加する, 加入する; (de: を)共有する, 分かち合う; (de, en: の)分配を受ける; (de: と)似ているところがある [動] [他] (a: に)知らせる, 報告する

par-ti-ci-pa-'ti-vo, -va [パる.ティ.すぃ.パ.'ティ.ボ, バ] [形] (積極的に)参加する

par-'tí-ci-pe [パる.'ティ.すぃ.ペ] [形] 参加する, 関係している [名] [共] 参加者, 関係者 *hacer* ~ (de: を)通知する; 分かち合う, 共有する

par-ti-ci-'pial [パる.ティ.すぃ.'ピアル] [形] 〔言〕分詞の

par-ti-'ci-pio [パる.ティ.'すぃ.ピオ] [名] [男] 〔言〕分詞

par-'tí-cu-la [パる.'ティ.ク.ラ] [名] [女] 微粒子, ごく少量, かけら, 小片; 〔言〕不変化詞; 〔物〕粒子

par-ti-cu-'lar [パる.ティ.ク.'ラる] 79% [形] 格別の, ことさらの, 特別の, 著しい; (a, de: に)特有の, 独特の, 珍しい; 個人の, 私的な; 特定の, 個々の [名] [男] 件, 事柄, 問題; 個人, 私人 *en* ~ 特に, とりわけ

par-ti-cu-la-ri-'dad [パる.ティ.ク.ラ.り.'ダド] [名] [女] 特殊性, 独自性; 特徴, 特性, 個性; 詳細, 細部; 私事

par-ti-cu-la-ri-'zar [パる.ティ.ク.ラ.り.'さる] [動] [他] (34) (z|c) 特別扱いする; 特殊化する, 特徴づける; 詳細に述べる; 特別な関心を寄せる **~se** [動] [再] 目立つ, 区別がつく; 有名になる; (con: を)特別扱いする

par-ti-cu-'lar-'men-te [パる.ティ.ク.'ラる.'メン.テ] 90% [副] 特に, ことに, とりわけ; 個々に, 個別に

par-'ti-da [パる.'ティ.ダ] 85% [名] [女] 出発; 〔遊〕〔トランプなど〕ゲーム, ひと勝負; 一組の人, 一隊, 一団, 一行; 証明書; 〔商〕項目, 事項, 記帳, 簿記; 〔商〕1 回の委託貨物, 積送品; 《話》やり口, 手口 *jugar una mala* ~ 汚い手を使う

par-ti-'da-rio, -ria [パる.ティ.'ダ.りオ, りア] 92% [名] [男] [女] 味方, 一味, (de: の)賛成者, 支持者 [形] (de: に)味方した, 賛成している

par-ti-'di-llo [パる.ティ.'ディ.ジョ] [名] [男] 〔競〕〔サッカーなど〕練習試合, ミニゲーム

par-ti-'dis-mo [パる.ティ.'ディス.モ] [名] [男] えこひいき, 特別扱い; 〔政〕セクト主義, 党派心

par-ti-'dis-ta [パる.ティ.'ディス.タ] [形] えこひいきする; 〔政〕セクト主義の [名] [男] [女] えこひいきする人; 〔政〕セクト主義主義者

par-'ti-do [パる.'ティ.ド] 68% [名] [男] 〔政〕政党, 党; 党派, 味方, 支持; 〔競〕試合; 縁組, 結婚相手; 地区, 地域; 髪の分け目; 利益, 益, 得; 方策, 手段 *darse a* ~ 屈する, 折れて従う, 降参する *sacar el mayor* [*máximo*] ~ (de: を)最大限に利用する *tener* ~ 支持を得る; 成功する *tomar* ~ 決定する *tomar* ~ *por* [*de*] … …の味方をする, …の支持をする

par-ti-'qui-no, -na [パる.ティ.'キ.ノ, ナ] [名] [男] [女] 〔演〕オペラの端役

par-'tir [パる.'ティる] 74% [動] [他] (en: に)

P

分割する, 分ける; (entre: で)分配する, 分ける; 割る, 裂く, こわす; 〈心などを〉引き裂く; 《話》〈決意を〉くじく; 〈頭などを〉殴る; 〈意見などを〉分裂させる, 〈の間に〉不一致を起こす; 〔数〕(por: で)割る, 割り算をする; 《コロンビア》《アンデス》《話》落第させる 動 自 (a, para: に)出発する, 発つ, 去る; (de: をもとにして)考える, 考えを発展させる **~se** 動 再 壊れる, 砕ける, 割れる; 出発する, 発つ, 去る; 分かれる ***a ~ de*** … …から, …以後; …に基づいて ***~ por el eje*** 《話》だいなしにする, さんざんな目にあわせる ***~se de risa*** 腹をかかえて笑う, 抱腹絶倒する ***~se el pecho [alma]*** 心を砕く, 苦労する

par-ti-'ti-vo, -va [パる.ティ.'ティ.ボ, バ] 形 〔言〕部分を示す; 〔数〕分数の; 分けられる, 分割できる

par-ti-'tu-ra [パる.ティ.'トゥ.ら] 名 女 〔楽〕楽譜, スコア, 総譜

'par-to ['パる.ト] 名 男 〔医〕分娩(ぶんべん), 出産, お産; 産出物, 生産品, 製作品, 創作物

par-tu-'rien-ta [パる.トゥ.'りエン.タ] 形 《女》子を産む, 出産の, 分娩(ぶんべん)の, 産婦の 名 女 臨産婦《分娩中または出産が終わったばかりの産婦》

par-ve-'dad [パる.ベ.'ダド] 名 女 《格》少量, わずか

'par-vo, -va ['パる.ボ, バ] 形 《格》少ない, わずかな; 《格》小さな **-va** 名 女 〔農〕刈り取った穀物[麦], 脱穀前の穀物; 山積み, 大量

par-vu-'la-rio [パる.ブ.'ラ.りオ] 名 男 幼稚園

'pár-vu-lo, -la ['パる.ブ.ロ, ラ] 形 《格》小さい, 幼い; 無垢(むく)の, 罪のない, あどけない 名 男 女 幼児, 子供

'pa+sa 名 女 〔食〕干しブドウ; 〔体〕(黒人の)縮れ毛 動 《直現 3 単/命》 ↓pasar

pa-'sa-ba(~) 動 《直線》 ↓pasar

pa-'sa-ble [パ.'サ.ブレ] 形 まあまあの, 我慢できる

pa-sa-'bo-cas 名 男 〔単複同〕《コロンビア》〔食〕スナック, 軽食

pa-sa-'bor-do [パ.サ.'ボる.ド] 名 男 《コロンビア》搭乗券

pa-sa-'ca-lle [パ.サ.'カ.ジェ] 名 男 〔楽〕パッサカリア《古い舞曲》

pa-sa-'cin-tas [パ.サ.'すぃン.タス] 名 男 〔単複同〕〔複〕《コロンビア》テープレコーダー

pa-sa-'de-ra [パ.サ.'デ.ら] 名 女 〔複〕《アンデス》〔衣〕靴ひも

pa-sa-'de-ro, -ra 形 まあまあの, 我慢できる 名 男 (川や池の)飛び石, 踏み石

pa-sa-'di-zo [パ.サ.'ディ.そ] 名 男 〔建〕抜け道, 裏道; 〔建〕廊下, 通廊

pa-'sa-do, -da 71% 形 過ぎ去った, 過去の, 以前の; 過ぎたばかりの, 過去…, この…; 古くなった, 色あせた, 古びた, 擦り切れた, 腐った; 〔食〕《肉が》火の通った; 流行遅れの; 〔言〕過去(時制)の, 過去形の 名 男 過去, 過ぎ去ったこと, 過去のこと; 〔言〕過去(時制), 過去形; 《メキシコ》〔食〕ドライフルーツ **-da** 名 女 手さばき, 動作, 所作, 仕事; 通行, 通過; 横断, 横切ること 動 《過分》 ↓pasar ***de pasada*** ついでに; ざっと, ちょっと ***jugar una mala pasada*** 《スペイン》《話》汚い手を使う

pa-sa-'dor, -'do-ra [パ.サ.'ドる, 'ド.ら] 形 密輸入する 名 男 女 密輸入業者 名 男 (ドアなどの)差し錠, かんぬき; 〔衣〕ネクタイピン, 留めピン; 〔食〕濾(こ)し器, 濾過(ろか)器; 《メキシコ》ヘアピン

*pa-'sa-je [パ.'サ.ヘ] 92% 名 男 通行, 通過; 通行の権利[許可]; 航海, 船の旅, 空の旅; 旅費, 運賃; (乗り物の)切符, 乗車券; 〔集合〕乗客; 文の一節, 引用部分; 〔建〕通路, アーケード; 〔楽〕パッセージ, 楽節, 経過句

**pa-sa-'je-ro, -ra [パ.サ.'へ.ろ, ら] 90% 名 男 女 乗客, 旅客, 船客 形 通過する, 一時的な, 一過性の; はかない; 通りがかりの; 《通り・場所が》たくさん人が通る, 通行人の多い; 〔鳥〕渡りをする

pa-sa-ma-ne-'rí+a [パ.サ.マ.ネ.'り.ア] 名 女 〔集合〕〔衣〕(衣装やモールの)飾りひも, 打ちひも; 〔商〕飾りひも店[工場]

pa-sa-ma-'ne-ro, -ra [パ.サ.マ.'ネ.ろ, ら] 名 男 女 〔技〕〔商〕飾りひも製造者[販売者]

pa-sa-'ma-nos 名 男 〔単複同〕〔建〕手すり, 欄干(らんかん)

pa-sa-mon-'ta-ñas [パ.サ.モン.'タ.ニャス] 名 男 〔単複同〕〔衣〕防寒帽

pa-'san-te 名 共 実習生, 見習い, 助手

pa-san-'tí+a 名 女 実習[見習い]期間

*pa-sa-'por-te [パ.サ.'ポる.テ] 92% 名 男 パスポート, 旅券, 通行証; (a: ある目的のための)手段 ***dar ~*** 《話》(a: を)解雇する, 追い出す

pa-sa-pu-'rés [パ.サ.プ.'れス] 名 男 〔単複同〕〔食〕裏ごし器

**pa-'sar [パ.'サる] 57% 動 自 (por: を)通る, 通り過ぎる, 通過する, 移動する; 《線・道路などが》延びている, (por: を)通っている; 《時が》たつ, 経過する; (por: に)立ち寄る; (a, en: 部屋などに)入る; 消え去る, 《痛み・困難などが》なくなる, 終わる; 《事が》起こる, 生じる; (de: から)(a: に)変わる, 変化する, 移る; (de: を)越える, 過ぎる; (a 不定詞: …し)始める, 次に(a 不定詞: …)する; (世間に)(por: として)通る, 通用する, 認められる; (por: を)我慢する; (a: 人・乗り物を)追い越す; 暮らす; 《話》(de: を)無視する, 相手にし

ない; (por: を)やり抜く, 克服する; **進展する, 運ぶ**; (de: から)(a: へ)**手渡される**; (順次に)**回る**, «うわさなどが»**広まる**; **通用する**, どうにか持ちこたえる 動 他 〈のそば・前などを〉**通る**, 通り過ぎる; 〈場所を〉**通り抜ける**, 通過する, 横断する, 渡る; 〈時を〉**過ごす**, 送る; 〈試験などに〉**受かる**, 合格する; **移す**, (食卓などで)回す, (手)渡す; 〈人を〉**通す**, 案内する; **忍ぶ**, 耐える; (por: の中に)**通す**; (por: に)〈手を〉**滑らせる**, なでる; **超える**, 過ぎる; **抜かす**, 飛ばす; **見落とす**; (a: に)**伝える**, つなぐ; 〖食〗**火を通す**; 〖医〗〈病気を〉**移す**, 伝染させる; 〖競〗〈ボールを〉**渡す**, パスする; 〈偽金などを〉**通用させる**, (a: に)つかませる; 〈書物などに〉**目を通す**, 〈ページを〉めくる; **飲み込む**; ふるいにかける, 漉(こ)す; **大目に見る**, 許す; (a: 日・風に)さらす **～se** 動 再 «時が»**過ぎる**, 終わる; **終わる**, なくなる, 薄れる; 〈時を〉**過ごす**; (a: 他のチーム・政党・敵などへ)**移る**, 転向する; «容器が»**漏れる**; しおれる, 衰える; 〈くしを〉**かける**, 〈くしで〉とかす; (por: に)**立ち寄る**; 《話》(con, en: を)**やり過ぎる**, 度を超す, あまりに(de 形容詞: …)である; **我慢する**, (sin: …なしで)**済ます**; (con: で)**やりくりする**; **忘れる**; 《話》**すばらしいことをする** 名 男 **暮らし向き**, 家計 ***hacerse ～*** (por: の)…**の顔をする**, ふりをする ***lo que pasa es que …*** **実は…なのです**, ただ…だけです ***pase lo que pase*** **何が起ころうと**, いずれにしても ***¿Qué pasa?*** **どうしたのですか?**; **何だと言うんだ?** 《挑戦的な言い方》 ***¿Qué pasó?*** **どうしたのですか?**; **やあ, どうだい?**

pa-sa-'re-la [パ.サ.'れ.ラ] 名 女 **架け橋**, 歩道橋; **渡り板**; **渡り廊下**; 〖海〗**道板**, 歩み板, タラップ; 〖情〗**ゲートウェイ** ***～ de correo*** 〖情〗**メールゲートウェイ**

***pa-sa-'tiem-po** 94% 名 男 **娯楽**, 遊戯, 気晴らし, レクリエーション

pas-'cal [パス.'カル] 名 男 〖物〗**パスカル** 《圧力の単位》; 〖情〗**パスカル** 《プログラム言語》

'Pas-co 名 固 〖地名〗**パスコ** 《ペルー中部の県》

pas-'cón 名 男 《中米》〖食〗**濾し器**, フィルター, ふるい

'pas-cua** 92% 名 女 〔しばしば P～〕〖宗〗**復活祭**, イースター 《キリストの復活を祝う祭日, 春分の後の最初の満月の後の日曜日》; 〖宗〗**降誕祭**, クリスマス; 〔複〕**クリスマスの季節**; 〖宗〗**公現祭**, 主の御公現の祝日 《1月6日》; 〖宗〗**聖霊降臨祭** 《復活後の7日目の日曜日》; 〖宗〗**過越しの祝い** 《イスラエル人のエジプト脱出を記念した祭り》 ***estar como unas ～s 《話》**上機嫌である** ***hacer la ～*** 《話》(a: を)**うんざりさせる** ***más feliz que unas ～s*** 《話》**とてもうれしそうな** ***Y santas ～s.*** 《話》**それでおしまい**

'Pas-cua 名 固 〔isla de ～〕〖地名〗**イースター島** 《チリ領の島; ポリネシア南東端に位置; 人面巨石(モアイ)像の群立がある》

pas-'cual [パス.'クアル] 形 〖宗〗**復活祭の** ***cordero ～*** 〖宗〗**神の小羊**, キリスト **P～** 名 固 〖男性名〗〖姓〗**パスクアル**

***'pa-se** 94% 名 男 **通行[入場]許可証**; **認可状**; **通行**, 通過; **許可**, 免許, 許容; **定期券**; 〖競〗**送球**, パス; 〖牛〗**パセ** 《ムレータを闘牛にくぐらせる技》; 〖遊〗〔トランプ〕**パス**; (手品師の)**手の動き**; 《ラ米》**パスポート**; 《コロンビア》**運転免許証**

pa-se-'a-na 名 女 《ラプラタ》(旅行の)**経由地**, 通過地点

pa-se-'an-te 形 **ぶらつく**, 散歩する 名 共 **散歩する人**, ぶらぶら歩く人; **暇な人** 名 男 (男性の)**求婚者**

****pa-se-'ar** [パ.セ.'アる] 89% 動 他 **散歩に連れて行く**; **見せて歩く** **～(se)** 動 自 (再) **散歩する**, 歩く; 〖車〗**一回りする**, ドライブをする; **動き回る**, さまよう

pa-se-'í-llo [パ.セ.'イ.ジョ] 名 男 〖牛〗**入場行進**

****pa-'se-o** 86% 名 男 **散歩**, 一回り, 遠足; **散歩道**, 遊歩道, …通り; **ひと歩きの距離**, 短い距離; 〖牛〗**入場行進**, パレード; 《カリブ》《話》**とても簡単なこと** ***mandar [enviar] a ～*** 《話》**追い払う**, 追い出す, 拒む, ほうっておく

****pa-'si-llo** [パ.'スィ.ジョ] 89% 名 男 〖建〗**廊下**, 通路

****pa-'sión** 87% 名 女 **熱情**, 激情, 情熱; **熱中**, 熱中するもの; **熱愛の対象**, 熱愛する人; **恋情**; 〖宗〗**キリストの受難**, キリスト受難の物語[音楽, 劇など] ***baja ～*** **不名誉な熱意** 《貪欲, 嫉妬など》

pa-sio-'nal [パ.スィオ.'ナル] 形 **情熱の**, 恋愛の, 情欲の

pa-sio-'na-ria [パ.スィオ.'ナ.りア] 名 女 〖植〗**トケイソウ**

pa-'si-to 副 **そっと**, 静かに

pa-si-vi-'dad [パ.スィ.ビ.'ダド] 名 女 **受動性**, 受け身, 消極性, 無抵抗

****pa-'si-vo, -va** [パ.'スィ.ボ, バ] 90% 形 **受動的な**, 受け身の, 活発でない, 消極的な; 〖言〗**受動態の**, 受け身の; «年金などが»**受給の**; **逆らわない**, 無抵抗の 名 男 〖商〗**債務**, 負債 **-va** 名 女 〖言〗**受動態**, 受け身

'pas-ma 名 女 《俗》**警察**, サツ 名 共 《俗》**警官**

pas-'ma-do, -da 形 《話》**びっくり仰天した**, 驚いた; **凍えている**; 〖植〗**霜枯れしている**

pas-'mar [パス.'マる] 動 他 《話》**びっくり仰天させる**, 〈の〉肝をつぶす **～se** 動 再 《話》(de, con, por: で)**びっくり仰天する**, 非

P

常に驚く; 凍る, 凍結する; 〔植〕霜枯れする; 〔医〕破傷風を患う

pas-ma-'ro-te [パス.マ.'ろ.テ] [名] [男] 《話》うすのろ, でくのぼう

'pas-mo [名] [男] 《話》驚き, びっくりすること; 不思議な事物

pas-'mo-so, -sa [形] 《話》大変な, びっくりするほどの

**'pa+so 73% [名] [男] 歩み, 歩(ほ); (一歩の)歩幅, ひと足, 短い距離; 歩きぶり, 足取り, 歩調; ステップ; (成功などへの)一歩, 進歩, はかどり; 足音; 通ること, 通行, 通過; 横断; 小道, 細道, 歩道, 通路, 軌道; (時の)流れ, 移行, 変化; 事件, 出来事; 〔主に複〕手続き, 手順, 処置; 進歩, 発展; 通行権, 通行料; (人生の)進路, 行路, (…への)道; 〔地〕海峡; 〔地〕峠; 〔演〕小劇, 寸劇; 〔衣〕針目, ステッチ; 《スペイン》〔宗〕(聖週間の行列に出される)山車(だし) [形] 〔食〕乾燥させた, 干し… [副] 静かに, 穏やかに; ゆっくりと, 急がずに [感] 落ち着いて!, まあまあ! *a cada* ~ いつも, いたるところで *a ~ de carga* ただちに, 大急ぎで *abrir* ~ 道を開ける *abrirse* ~ (自分の)通り道を作る *al ~ que* … …すると同時に, …するときに, …につれて; …するなら *andar en malos ~s* 道を踏み外す *caer al* ~ 通りかかる *dar un* ~ 事を起こす, 措置を講じる *de* ~ ついでに, 通りがかりに; 一時的に *estar en un mal* ~ 苦境にいる *llevar el* ~ (a: に)遅れずについて行く; 歩調を合わせる *marcar el* ~ (歩調をそろえて)行進する; 足踏みする *~ a nivel* 〔鉄〕踏切 *~ al más allá* 無謀な行動 *¡P~ libre!* 道をあけてください *~ a ~* 一歩ずつ, 少しずつ *salir al* ~ (de: に)先んじる, 立ちはだかる, (de: の)機先を制する, (de: を)出し抜く, 阻む *salir del* ~ 義務を果たす[必要を満たす]ためだけにやる; 難局を切り抜ける *seguir los ~s* (de: の)跡をたどる; 例にならう *volver sobre sus ~s* 引き返す

'pa+so, +sa [形] 乾燥させた

pa-so-'do-ble [パ.ソ.'ド.ブレ] [名] [男] 〔楽〕パソドブレ《闘牛士の入場時などに奏される2拍子の活発な行進曲》

pa-'so-ta [名] [共] 《スペイン》《話》無気力な人, 無関心な人

pas-'quín [パス.'キン] [名] [男] (人・政府を非難する)ビラ, 貼り紙, 落書

pass. [略] =〔ラテン語〕*passim* 各所で《引用箇所》

*'**pas-ta** 92% [名] [女] 〔食〕生地(きじ), 種《小麦粉・バターなどを練り合わせたもの》; 〔食〕パイ, クッキー; 〔複〕〔食〕パスタ, めん類《マカロニ・スパゲティ・ヌードルなど》; (水と混ぜた)練り物, ペースト; 〔印〕革表紙; 《スペイン》《話》お金; 素質, 性質; パルプ *de buena* ~ 《話》よい性格の *soltar la* ~ 《話》金を出す

pas-'tar [パス.'タる] [動] [他] 〔畜〕〈に〉牧草を食わせる, 放牧する [動] [自] 〔畜〕《家畜が》草を食(は)む

Pas-'ta-za [パス.'タ.さ] [名] [固] 〔地名〕パスターサ《エクアドル東部の州》

***pas-'tel** [パス.'テル] 94% [名] [男] 〔食〕ケーキ, パイ; 〔絵〕パステル(画法); 《話》わな, ペテン, 策略 *sacar la mejor tajada del* ~ いちばんよいところを取る

pas-te-le+'ar [パス.テ.レ.'アる] [動] [自] 《コロンビア》《話》カンニングをする

pas-te-le-'rí+a [パス.テ.レ.'り.ア] [名] [女] 〔商〕ケーキ屋; 〔集合〕ケーキ

pas-te-'le-ro, -ra [パス.テ.'レ.ろ, ら] [名] [男] [女] 〔商〕ケーキ職人, 〔人〕ケーキ屋; 《コロンビア》《話》カンニングをする人

pas-te-'li-llo 〔縮小語〕↑pastel

pas-te-'lis-ta [パス.テ.'リス.タ] [名] [共] 〔絵〕パステル画家

pas-te-'lón, -lo-na [パス.テ.'ロン, 'ロ.ナ] [形] 《スペイン》《話》すごくロマンチックな, 感傷的な

pas-te-ri-za-'ción [名] [女] ⇩pasteurización

pas-te-ri-'zar [動] [他] ㉞ (z|c) ⇩pasteurizar

pas-teu-ri-za-'ción [パス.テウ.り.さ.'すぃオン] [名] [女] 〔食〕低温殺菌

pas-teu-ri-'zar [パス.テウ.り.'さる] [動] [他] ㉞ (z|c) 〔食〕低温殺菌する

pas-'ti-che [名] [男] 〔美〕模作, パスティーシュ

***pas-'ti-lla** [パス.'ティ.ジャ] 92% [名] [女] 〔医〕錠剤; トローチ, ドロップ; (せっけんの)ひと塊(かたまり); 〔食〕(チョコレートの)ひとかけら, 断片

pas-ti-'zal [パス.ティ.'さル] [名] [男] 〔畜〕牧草地, 牧場

'pas-to [名] [男] 〔畜〕牧草地, 放牧地; 《ラ米》芝生(しば); 〔畜〕牧草, (家畜の)飼料, かいば; 滋養物, 栄養, 食物; えじき **P~** [名] [固] 〔地名〕パスト《コロンビア南西部の都市》 *a (todo)* ~ 《話》ふんだんに, たらふく *ser ~ de las llamas* 火に油を注ぐようなものである

pas-'tor, -'to-ra [パス.'トる, 'ト.ら] 90% [名] [男] [女] 〔畜〕羊飼い, 牧羊者; 〔畜〕家畜の番をする人 [名] [男] 〔宗〕司教, 司祭; 〔宗〕牧師 *Buen P~* 〔宗〕よき羊飼い, キリスト *~ alemán* 〔動〕〔犬〕シェパード

Pas-'tor [パス.'トる] [名] [固] 〔姓〕パストール

pas-to-'ral [パス.ト.'らル] [形] 田園生活の, 牧歌的な; 〔畜〕牧人の, 羊飼いの; 〔宗〕司教の, 聖職者の [名] [女] 〔文〕牧歌, 田園詩; 〔楽〕牧歌曲, 田園曲, パストラル

pas-to-re+'ar [パス.ト.れ.'アる] [動] [他] 〘畜〙〈家畜を〉放牧する, 〈に〉草を食べさせる; 〘宗〙《聖職者が》〈信徒を〉導く

pas-to-'re+o [パス.ト.'れ.オ] [名] [男] 〘畜〙(家畜の)放牧, 飼育

pas-to-'ril [パス.ト.'りル] [形] 牧歌的な; 〘畜〙牧人の, 羊飼いの

pas-to-si-'dad [名] [女] 柔らかさ; (口の中の)ねばつき

pas-'to-so, -sa [形] 糊(のり)のような, 生パンのような, 柔らかい; 《声が》柔らかい, なめらかな; ねばねばする

pas-'tu-ra [パス.'トゥ.ら] [名] [女] 〘畜〙牧草, 飼料

Pat. [略] ↓patente

⁑**'pa+ta** 88% [名] [女] (動物·家具の)足, 脚; 《話》〘体〙〔笑〕(人の)足, 脚; 〘衣〙(ポケットの)ふた; 〘鳥〙雌のアヒル ***a cuatro ~s*** 四つんばいになって ***a la ~ la llana*** 《話》気取らずに, ざっくばらんに ***andar a la ~ coja*** けんけんして行く, 片足跳びする ***de ~ de banco*** 《話》ばかげた, とんでもない ***de ~ negra*** 《話》最高の, 上出来の ***hacer la ~*** 《(アンデス)》《(チリ)》《話》おべっかを使う, へつらう ***mala ~*** 《話》不運 ***meter la ~*** 《話》へまをする, 失言する, いらぬ口出しをする ***~ de gallina*** 《(中米)》(背のない)腰掛け, スツール ***~ de Judas*** 《(ラプラタ)》《話》いたずらっ子, 言うことを聞かない子 ***~ de perro*** 《(ラプラタ)》《話》家にいつかない人, いつも出歩いている人 ***~ sola*** 《(コロンビア)》〘遊〙石蹴り遊び ***~s arriba*** ちらかして; あお向けになって, ひっくり返って ***poner de ~s [patitas] en la calle*** (a: を)追い出す, 首にする ***ver la ~ a la sota*** 《(ラプラタ)》《話》真意を見抜く

pa-'ta-ca [名] [女] 〘植〙キクイモ

pa-'ta-da [名] [女] 蹴(け)ること; 〘競〙〔サッカー〕キック ***a ~s*** 《話》たくさん ***dar cien ~s*** 《話》(a: を)不愉快にする, うんざりさせる ***dar una ~*** (a: を)蹴とばす; (a: を)追い出す, 首にする ***echar a ~s*** 追い出す, つまみ出す ***en dos ~s*** 《話》すぐに, 大急ぎで ***tratar a ~s*** 《話》乱暴に扱う

pa-ta-'dón [名] [男] 《話》蹴り

pa-ta-'gón, -'go-na ⇦**-'gó-ni-co, -ca** [形][名] [男] [女] 〘地名〙パタゴニアの(人) ↓Patagonia

Pa-ta-'go-nia [名] [固] 〔la ~〕〘地名〙パタゴニア《アルゼンチン南部とチリ南部からなる地域》

pa-ta-le+'ar [パタ.レ.'アる] [動] [自] 足をばたばたさせる, 足を踏み鳴らす, 足ずりをする

pa-ta-'le+o [パタ.'レ.オ] [名] [男] 足をばたばたさせること, 足を踏み鳴らすこと

pa-ta-'le-ta [パタ.'レ.タ] [名] [女] 《話》むかっ腹, かんしゃく

pa-'tán [名] [男] 《話》〔軽蔑〕田舎者; 粗野な人, 無骨な人, 野人

pa-ta-'plún [パ.タ.'プルン] [感] 《擬音》ドスン!, バタン!, ガツン! 《落下·衝突の音》

pa-ta-'sa-grias [パ.タ.'サ.グりアス] [形] 〔単複同〕《(南米北)》《話》足が不自由な

pa-'tas-ca [名] [女] 《(アンデス)》〘食〙パタスカ《コーンの入った豚肉のスープ》; 《(アンデス)》《話》けんか, 口論

⁑**pa-'ta-ta** 87% [名] [女] 《(スペイン)》〘植〙ジャガイモ, ポテト ***~ dulce*** 《(スペイン)》サツマイモ

pa-ta-'tal [パ.タ.'タル] [名] [男] 《(スペイン)》〘農〙ジャガイモ畑

pa-ta-'tín 〔成句〕***que si ~ que si patatán*** 《話》のらりくらりと, だらだらと

pa-ta-'tús [名] [男] 〔単複同〕《話》気絶, 失神, 卒倒

pa+'té [名] [男] 〘食〙パテ《レバーなどのペースト》

pa-te+'ar [パ.テ.'アる] [動] [他] 《話》蹴(け)りつける, 踏みつける, 踏み荒す; 〘競〙〔サッカー〕〈ボールを〉キックする; 《話》《観衆が》やじる [動] [自] 《話》足を踏み鳴らす, じだんだを踏む; やじる; (何かを得ようと)駆けずり回る

pa-'te-na [名] [女] 〘宗〙聖体皿, パテナ《聖パン hostia を置く皿》 ***limpio[a] como una ~*** とてもきれいな

pa-ten-'tar [パ.テン.'タる] [動] [他] 〈の〉特許(権)を取る; 〈に〉特許(権)を与える

*****pa-'ten-te** 91% [形] 明らかな, 明白な; 特許の [名] [女] 特許権; 特許証, 許可証, 証明証; 《(ラ米)》〘車〙ナンバープレート ***dar ~*** (de: の)あかしを与える ***hacer ~*** 《格》明らかにする

pa-ten-ti-za-'ción [パ.テン.ティ.さ.'すぃオン] [名] [女] 《格》明らかにすること

pa-ten-ti-'zar [パ.テン.ティ.'さる] [動] [他] [34] (z|c) 《格》明らかにする, 明示する

pa-'te+o [名] [男] 足を踏み鳴らすこと, じだんだを踏むこと

pa-'te-ra [パ.'テ.ら] [名] [女] 〘海〙小舟, ボート

pa-ter-'nal [パ.テる.'ナル] [形] 父の, 父親としての, 父らしい

pa-ter-na-'lis-mo [パ.テる.ナ.'リス.モ] [名] [男] 家父長主義

pa-ter-na-'lis-ta [パ.テる.ナ.'リス.タ] [形] 家父長主義の [名] [共] 家父長主義者

pa-ter-ni-'dad [パ.テる.ニ.'ダド] [名] [女] 父たること, 父権, 父性; 原作者であること; 〔su ~〕《古》司祭様

*****pa-'ter+no, -na** [パ.'テる.ノ, ナ] 93% [形] 父の, 父方の

pa-ter-'nós-ter [パ.テる.'ノス.テる] [名] [男] 〔単複同〕〘宗〙主の祈り

pa-te-rro-'lis-mo [パ.テ.ろ.'リス.モ] [名] [男] 《(ベネズエラ)》無関心; 無気力, 怠惰

*****pa-'té-ti-co, -ca** 93% [形] 哀れを誘う,

| 悲しい, 痛々しい, 悲壮な

pa-te-'tis-mo 名 男 哀れを誘う力[もの, 調子], 悲哀(感)

pa-ti-a-'bier-to, -ta [パ.ティア.'ビエる.ト, タ] 形《話》O 脚の

pa-ti-bu-'la-rio, -ria [パ.ティ.ブ.'ラ.りオ, りア] 形 恐ろしい, 身の毛もよだつ, 凶悪な, 悲惨な; 絞首台の

pa-'tí-bu-lo [パ.'ティ.ブ.ロ] 名 男 絞首[断頭]台

pa-ti-'cor-to, -ta [パ.ティ.'コる.ト, タ] 形《話》足が短い, 短足の

pa-ti-di-'fu-so, -sa 形《話》びっくり仰天した

pa-'ti-lla [パ.'ティ.ジャ] 名 女 〔複〕もみあげ; 〔複〕(眼鏡の)つる

pa-ti-'llu-do, -da [パ.ティ.'ジュ.ド, ダ] 形 長いもみあげがある

pa-'tín 名 男 〔複〕〔競〕スケート靴; 〔空〕そり《着陸用の滑走部》; 〔鳥〕ウミツバメ; 《ﾁﾘ》街娼

'pá-ti-na 名 女 古つや, 古色, くすんだ色調; (長い間にそなわった)外観, 風貌, 趣き; 青さび, 緑青(ろくしょう)

pa-ti-na-'dor, -'do-ra [パ.ティ.ナ.'ドる, 'ド.ら] 名 男 女 〔競〕スケート選手; スケートをする人, スケーター

pa-ti-'na-je [パ.ティ.'ナ.へ] 名 男 〔競〕スケート; 〔車〕横すべり, スリップ ~ *en línea* 〔競〕インラインスケート

pa-ti-'nar [パ.ティ.'ナる] 動 自 〔競〕スケートをする; 〔車〕《車輪などが》スリップする, 横滑りする; 《ｽﾍﾟｲﾝ》《話》失敗する, うっかり口を滑らす

pa-ti-'na-zo [パ.ティ.'ナ.そ] 名 男 スリップ, 横滑り; 《話》失敗, へま

pa-ti-'ne-jo [パ.ティ.'ネ.ほ] 名 男 〔建〕小さな中庭

pa-ti-'ne-te 名 男 〔遊〕(子供の遊具の)スクーター

'pa-tio** 86% 名 男 〔建〕中庭, (スペイン風の家屋の)パティオ; 《ｽﾍﾟｲﾝ》〔演〕平土間席
| *pasarse al* ~ 《ﾗﾌﾟﾗﾀ》なれなれしくする ~ *de luces* 〔建〕明かり取りの吹き抜け ~ *de Monipodio* 《格》盗賊の巣窟(そうくつ)

pa-'ti-ta 名 女 〔縮小語〕↑pata *poner de ~s en la calle* 《話》追い出す, 首にする

pa-ti-'tie-so, -sa 形《話》びっくり仰天した, 驚いた; 足がすくんだ; 《話》気取った; しゃちほこばった

pa-'ti-to 〔縮小語〕↓pato

pa-ti-'tuer-to, -ta [パ.ティ.'トゥエる.ト, タ] 形〔体〕足の曲がった; 《話》〔一般〕曲がった, ねじれた

pa-ti-'zam-bo, -ba [パ.ティ.'さン.ボ, バ] 形〔体〕X 脚の

*'**pa+to** 94% 名 男 〔鳥〕アヒル, カモ; 《ｽﾍﾟｲﾝ》《話》うすのろ, まぬけ; 《ｺﾛﾝﾋﾞｱ》《話》無賃乗車者; 《ﾗﾌﾟﾗﾀ》《話》泥棒 *estar más mojado [da] que un* ~ ずぶぬれになる *pagar el* ~ 《話》ぬれぎぬを着せられる, 人の責めを負う ~ *malo* 《ﾁﾘ》《話》犯罪者

pa-to-'cha-da 名 女 《話》ばかな間違い, 大失敗, へま

pa-'tó-ge+no, -na [パ.'ト.へ.ノ, ナ] 形 〔医〕病原の, 発病の

pa-to-lo-'gí+a [パ.ト.ロ.'ひ.ア] 名 女 〔医〕病理学; 〔医〕〔集合〕症状; 〔医〕病気

pa-to-'ló-gi-co, -ca [パ.ト.'ロ.ひ.コ, カ] 形 〔医〕病理学(上)の

pa-'tó-lo-go, -ga [パ.'ト.ロ.ゴ, ガ] 名 男 女 〔医〕病理学者

pa-'to-so, -sa 形 名 男 女 《ｽﾍﾟｲﾝ》《話》へまな(人), へたな(人)

pa-'tra-ña [パ.'トら.ニャ] 名 女 うそ, 作り話, ごまかし, 詐欺

pa-tra-'ñe-ro, -ra [パ.トら.'ニエ.ろ, ら] 形 名 男 女 大うそつき(の)

'pa-tria** ['パ.トりア] 86% 名 女 祖国, 母国; 生まれ故郷 ~ *chica* 生まれ故郷

pa-'triar-ca [パ.'トりアる.カ] 名 男 家長, 族長; 古老, 長老; (教団・学派などの)創始者, 開祖; 〔宗〕総大司教

pa-triar-'ca-do [パ.トりアる.'カ.ド] 名 男 家父長制(社会); 〔宗〕総大司教職[区]

pa-triar-'cal [パ.トりアる.'カル] 形 家父長制の, 家父長的な; 〔宗〕総大司教の 名 女 〔宗〕総大司教の教会[教区]

Pa-'tri-cia [パ.'トり.すぃア] 名 固 〔女性名〕パトリシア

pa-'tri-cio, -cia [パ.'トり.すぃオ, すぃア] 形 名 男 女 〔歴〕(古代ローマの)貴族(の); 〔一般〕高貴な, 貴族(の)

Pa-'tri-cio [パ.'トり.すぃオ] 名 固 〔男性名〕パトリシオ

pa-tri-mo-'nial [パ.トり.モ.'ニアル] 形 先祖伝来の, 世襲の

*'**pa-tri-'mo-nio** [パ.トり.'モ.ニオ] 91% 名 男 (世襲)財産, 家督; 歴史的遺産, 伝承, 伝統; 〔一般〕財産

'**pa-trio, -tria** ['パ.トりオ, トりア] 形 《格》祖国の, 出生地の; 父の, 父親としての

*'**pa-'trio-ta** [パ.'トりオ.タ] 94% 形 愛国の, 愛国的な 名 共 愛国者

pa-trio-te-'rí+a [パ.トりオ.テ.'り.ア] 名 女 (感情的な)愛国主義

pa-trio-'te-ro, -ra [パ.トりオ.'テ.ろ, ら] 形 (感情的な)愛国主義の 名 男 女 (感情的な)愛国主義者

pa-'trió-ti-co, -ca [パ.'トりオ.ティ.コ, カ] 形 愛国の, 愛国的な

pa-trio-'tis-mo [パ.トりオ.'ティス.モ] 名 男 愛国心, 愛国主義

pa·tro·ci·na·'dor, -'do·ra [パ.ト̣ろ.すぃ.ナ.'ドる, 'ド.ら] 形 後援の 名 男 女 後援者, スポンサー

pa·tro·ci·'nar [パ.ト̣ろ.すぃ.'ナる] 動 他 後援する, 後援者[スポンサー]になる

pa·tro·'ci·nio [パ.ト̣ろ.'すぃ.ニオ] 名 男 後援, 支援, 保護

pa·'trón, -'tro·na [パ.'ト̣ろン, 'ト̣ろ.ナ] 90% 名 男 女 〔patrón共 も使われる〕(宿の)主人, おかみさん; 親方; 所有者, 経営者; 〘宗〙守護聖人[聖女]; (経済面での)後援者, 保護者, 賛助員 名 男 規準, モデル, 模範; 型, 原型, 模型, 型紙, 見本, パターン; 模様, 柄(がら); 〘言〙型, 文型; (度量衡の)原器; 〘経〙(貨幣の)本位制 ***cortado[da] por [con] el mismo ~*** そっくりである, うりふたつである

pa·tro·'nal [パ.ト̣ろ.'ナル] 名 女 〘経〙〔集合〕経営者側 形 〘経〙雇用者の, 経営者の; 〘宗〙守護聖人の

pa·tro·'na·to [パ.ト̣ろ.'ナ.ト] 名 男 後援, 賛助, 保護; 協会, 団体, 財団; 〔集合〕雇用者, 経営者

pa·tro·'naz·go [パ.ト̣ろ.'ナす.ゴ] 名 男 後援

pa·tro·ne+'ar [パ.ト̣ろ.ネ.'アる] 動 他 〈船の〉舵(かじ)をとる; 〔一般〕指揮する

pa·tro·'ní·mi·co, -ca [パ.ト̣ろ.'ニ.ミ.コ, カ] 形 名 男 〘言〙父親の名から採った(名), 父称(の)

pa·'tro+no, -na [パ.'ト̣ろ.ノ, ナ] 名 男 女 〘宗〙守護聖人; 主人, 親方, 上司, 上役; 保護者, 後援者, スポンサー; 雇用者, 経営者

***pa·'tru·lla** [パ.'ト̣る.ジャ] 93% 名 女 巡回, 巡視, パトロール; パトロールカー; 巡視隊, パトロール隊; 一隊, グループ

pa·tru·'llar [パ.ト̣る.'ジャる] 動 自 巡視する, パトロールする

pa·tru·'lle·ro, -ra [パ.ト̣る.'ジェ.ろ, ら] 形 巡視の, パトロールの 名 男 〘海〙巡視艇, 哨戒(しょうかい)艇; 〘空〙〘軍〙哨戒機, 偵察機

pa·'tu·ca 名 女 《(ベネズエラ)》《話》汚れ; 汚い場所; 《(ベネズエラ)》《話》〔集合〕悪事, いかがわしいこと

pa·tu·'le+a [パ.トゥ.'レ.ア] 名 女 《話》〔集合〕腕白な子供たち; 《話》〔集合〕やじ馬, 群衆

pa·tu·'le·co, -ca [パ.トゥ.'レ.コ, カ] 形 《(ラ米)》〘体〙足の悪い, 足の曲がった

'Pau·la ['パウ.ラ] 名 固 〔女性名〕パウラ

pau·la·'ti+no, -na [パウ.ラ.'ティ.ノ, ナ] 形 《格》徐々の, 漸進(ぜんしん)的な, ゆっくりとした **-namente** 副 《格》徐々に, 少しずつ, ゆっくりと

Pau·'li·na [パウ.'リ.ナ] 名 固 〔女性名〕パウリーナ

Pau·'li+no [パウ.'リ.ノ] 名 固 〔男性名〕パウリーノ

'Pau·lo ['パウ.ロ] 名 固 〔男性名〕パウロ

pau·pe·'ris·mo [パウ.ペ.'リス.モ] 名 男 《格》貧困状態

pau·'pé·rri·mo, -ma [パウ.'ペ.ῦ.モ, マ] 形 〔最上級〕《格》極貧の, 赤貧の

'pau·sa** 91% 名 女 休止, 中止, 途切れ; 遅いこと, ゆっくりと進むこと; 〘楽〙休止(符) ***a ~s 間隔をおいて, とぎれとぎれに ***con ~*** ゆっくりと

pau·'sa·do, -da 形 ゆっくりとした, のんびりした 副 ゆっくりと

'pau·ta 名 女 模範, 手本, 基準; 《(スペイン)》(習字の)罫線(けいせん); 定規, 物差し; 〘楽〙五線譜

pau·'ta·do, -da 形 罫(けい)のついた, 線の引いてある; きちんとした, 規則正しい; 〘楽〙五線譜

'pa+va ['パ.バ] 名 女 〘鳥〙雌のシチメンチョウ; 《話》まぬけな女, 退屈な女; 《話》タバコの吸いさし; 《(ラプラタ)》〘飲〙マテ茶用湯わかし ***pelar la ~*** 《話》(con: と)愛を語り合う

pa·'va·da [パ.'バ.ダ] 名 女 《話》ばかなこと

pa·'va·na [パ.'バ.ナ] 名 女 〘楽〙パバーヌ《16–17 世紀の宮廷風の優美な舞踊・舞曲》

pa·ve+'ar [パ.ベ.'アる] 動 自 《(カリブ)》《(チリ)》《話》ぶらつく, ほっつき歩く

pa·'vés [パ.'ベス] 名 男 大きな盾 ***alzar [levantar] sobre el ~*** 祭り上げる, 高い地位につける

pa·'ve·sa [パ.'ベ.サ] 名 女 おき, 燃えさし, 火の粉

pa·'ví+a [パ.'ビ.ア] 名 女 〘植〙モモ[桃]の一種

'pá·vi·do, -da ['パ.ビ.ド, ダ] 形 おびえた, おどおどした

pa·vi·men·ta·'ción [パ.ビ.メン.タ.'すぃオン] 名 女 〘建〙舗装; 〘建〙床張り

pa·vi·men·'tar [パ.ビ.メン.'タる] 動 他 〘建〙〈道路などを〉舗装する; 〘建〙〈に〉床を張る; 〘建〙〈道路に〉砂利[瓦など]を敷く

pa·vi·'men·to [パ.ビ.'メン.ト] 名 男 〘建〙舗装, 舗装材料; 〘建〙床張り

pa·vi·'po·llo [パ.ビ.'ポ.ジョ] 名 男 〘鳥〙シチメンチョウのひな

pa·vi·'so·so, -sa [パ.ビ.'ソ.ソ, サ] 形 《話》おもしろみのない, つまらない

pa·'vi·to, -ta [パ.'ビ.ト, タ] 名 男 女 《(ベネズエラ)》《話》若者, 青年

pa·vi·'ton·to, -ta [パ.ビ.'トン.ト, タ] 形 とても愚かな

'pa+vo** ['パ.ボ] 93% 名 男 〘鳥〙(雄の)シチメンチョウ; 《話》ばか, まぬけ ***comer ~ 《話》《女の子が》ダンスに誘われない; 《(カリブ)》《話》だまされる ***edad del ~*** 《話》思春期

p

| ~ ***real*** 〚鳥〛クジャク ***subírsele el ~*** 《話》(が: a)顔を赤くする

pa-'vón [パ.'ボン] [名] [男] 〚鳥〛クジャク; 〚昆〛クジャクチョウ; 〚技〛青焼き法《鋼鉄の腐食を防ぐ》

pa-vo-'nar [パ.ボ.'ナる] [動] [他] 〚技〛〈鋼鉄を〉青焼きにする《腐食を防ぐ》

pa-vo-ne+'ar(-se) [パ.ボ.ネ.'アる(.セ)] [動] [自] ([再]) 見せびらかす, ひけらかす

pa-vo-'ne+o [パ.ボ.'ネ.オ] [名] [男] 見せびらかし, ひけらかし

***pa-'vor** [パ.'ボる] 94% [名] [男] 恐怖, 恐ろしさ

***pa-vo-'ro-so, -sa** [パ.ボ.'ろ.ソ, サ] 94% [形] 恐ろしい, ぞっとするような

pa-vo-rre+'al [パ.ボ.れ.'アル] [名] [男] 《ᵒ米》〚鳥〛クジャク

pa-'vun-cio, -cia [パ.'ブン.すぃオ, すぃア] [形] 《ﾁﾘ》《話》ばかな, 愚かな(人)

pa-ya-'dor, -'do-ra [パ.ジャ.'ドる, 'ド.ら] [名] [男] [女] 《ﾗﾌﾟﾗﾀ》巡業の歌い手

pa-'ya-ma [名] [女] 〔複〕《ｶﾘﾌﾞ》〚衣〛パジャマ

pa-'yar [パ.'ジャる] [動] [自] 《ﾗﾌﾟﾗﾀ》〚楽〛即興で歌う

pa-ya-'sa-da [名] [女] 道化, おどけ; 悪ふざけ

pa-'ya-so, -sa [名] [男] [女] 〚演〛道化役者, ピエロ; 〔軽蔑〕おどけ者

pa-'yés, -'ye-sa [名] [男] [女] 《ｽﾍﾟｲﾝ》〚農〛(カタルーニャ地方の)農民

'**pa+yo, +ya** [形] [名] [男] [女] 田舎(者)の; 田舎者; 《ｽﾍﾟｲﾝ》(ロマ[ジプシー]から見て)ロマでない(人)

Pay-san-'dú [名] [固] 〚地名〛パイサンドゥ《ウルグアイ西部の県, 県都》

'paz** ['パす] 77% [名] [女] 平和, 和平; 平穏, 無事, 安らぎ, 静寂; 講和, 講和条約; 治安, 秩序 ***dejar en ~*** そっとしておく, かまわない ***estar en ~*** 平和である; 貸し借りなしである ***hacer las paces*** (con: と)仲直りする ***poner ~*** 和解させる ***… que en ~ descanse*** 亡くなった… ***¡Vaya en ~!*** お元気で!

'**Paz** ['パす] [名] [固] 〚姓〛パス; 〚地名〛⬆La Paz

paz-'gua-to, -ta [パす.'グア.ト, タ] [形] [名] [男] [女] ばかな, 愚鈍の, お人よしの; ばか者, まぬけ, お人よし

'**pa+zo** ['パ.そ] [名] [男] 《ｽﾍﾟｲﾝ》〚建〛(ガリシア地方の)館(やかた), 屋敷

P. B. [略] =piso bajo, planta baja (建物の)1階

Pbro. [略] ⬇presbítero

PC [略] =〔英語〕*personal computer* 〚情〛パソコン

'**pche** [感] ⇩pst

'**p+chs** [感] ⇩pst

p. d. [略] =porte(s) debido(s) 〚商〛送料着払い

P. D. [略] ⬇posdata

pdo., pda. [略] ⬆pasado

Pdte., Pdta. [略] ⬇presidente, -ta

*'**pe** 94% [名] [女] 〚言〛ペ《文字 P, p の名称》 ***de ~ a pa*** 《話》始めから終わりまで, すっかり

pe+'a-je [ペ.'ア.へ] [名] [男] 使用料, 通行料, 料金; 料金所

pe+'a-na [名] [女] 台, 基台, 台座; 〚宗〛(祭壇前にある)台座, 高座

***pe+a-'tón, -'to-na** 94% [名] [男] [女] 歩行者

***pe+a-to-'nal** [ペ.ア.ト.'ナル] 94% [形] 歩行者の

pe+a-to-na-li-'zar [ペ.ア.ト.ナ.リ.'さる] [動] [他] 34 (z|c) 〈道路を〉歩行者用にする

pe-'be-te, -ta [名] [男] [女] 《ﾗﾌﾟﾗﾀ》子供; 《ﾁﾘ》赤ちゃん [名] [男] 線香; 導火線; 《話》臭いもの

pe-be-'te-ro [ペ.ベ.'テ.ろ] [名] [男] 香炉

pe-'bu-co [名] [男] 〔複〕〚衣〛短い靴下

'**pe+ca** [名] [女] 〚体〛そばかす, しみ

pe-'ca-ble [ペ.'カ.ブレ] [形] 罪を犯しやすい, 過ちやすい

pe-ca-'di-llo 〔縮小語〕⬇pecado

pe-'ca-do** 91% [名] [男] 〚宗〛(道徳・宗教上の)罪, 罪悪; 《話》罰(ばち)があたるようなこと, 欠点 ***este hijo de mis ~s 《話》このどうしようもない息子, どら息子 ***más feo [a] que un ~*** 《話》ひどく醜い ***~ nefando*** 男色

pe-ca-'dor, -'do-ra [ペ.カ.'ドる, 'ド.ら] [形] 〚宗〛罪のある, 罪深い [名] [男] [女] 〚宗〛罪人, 罪深い人

pe-ca-'do-ra [ペ.カ.'ド.ら] [名] [女] 売春婦

pe-ca-mi-'no-so, -sa [形] 罪のある, 罪深い

***pe-'car** [ペ.'カる] 94% [動] [自] 69 (c|qu) 〚宗〛(宗教上・道徳上の)罪を犯す; (de: の)度を超す; 過ちを犯す

pe-ca-'rí [ペ.カ.'り] [名] [男] 〔複 -ríes⇔-rís〕《ｱﾝﾃﾞｽ》《ﾗﾌﾟﾗﾀ》〚動〛ペカリー《イノシシ科の動物》

pe+'cé [ペ.'せ] [名] [男] 〚情〛パソコン

pe-'ce-ra [ペ.'せ.ら] [名] [女] 金魚鉢, 水槽

'**pe-ces** [名] [女] 《複》⬇pez

pe-'char [ペ.'チャる] [動] [自] (con: を)引き受ける [動] [他] 《古》〚法〛納税する

pe-'cha-zo [ペ.'チャ.そ] [名] [男] 《ﾗﾌﾟﾗﾀ》《話》借金

pe-'che-ro, -ra [ペ.'チェ.ろ, ら] [形] 《古》〚法〛課税できる; 〚法〛納税者; 平民の [名] [男] [女] 平民, 庶民 [名] [男] 〚衣〛よだれ掛け **-ra** [名] [女] 〚衣〛上着から見えるワイシャ

[p]

ツの部分, (衣服の)胸部; 《話》〘体〙(女性の)胸

pe-'chi-na 名 女 〘建〙隅(すみ)折りあげ, ペンデンティブ; 〘貝〙ホタテガイの貝殻

'pe-cho 87% 名 男 〘体〙胸, 胸部; (感情が宿る)胸, 心; 勇気; (女性の)胸, 乳房; 坂道, 傾斜; 〘歴〙〘法〙(昔の)税, 税金 *a ~ descubierto* 武器を持たずに, 丸腰で; 腹を割って, 率直に *abrir su ~* 胸の内を打ち明ける *dar el ~* 母乳を与える; 立ち向かう, 対決する *¡P~ (a) tierra!* 伏せろ! *sacar el ~* 胸を張る; いばる *tomar(-se) a ~* 《話》とても気にする, 真剣に受けとめる

pe-'chu-ga 名 女 〘鳥〙(鳥の)胸部; 〘食〙(鳥の)胸の肉; 《話》〘体〙(人の)胸, (女性の)乳房

pe-chu-'go-na 名 女 《話》〘体〙胸が大きな女性

pe-'ci-na [ペ.'すぃ.ナ] 名 女 〘地質〙軟泥, 泥砂; 養魚池

pe-'cí+o-lo ⇦ -'cio- [ペ.'すぃ.オ.ロ ⇦ .'すぃオ.] 名 男 〘植〙葉柄(ようへい)

'pé-co-ra ['ペ.コ.ら] 名 女 ヒツジ[羊] *mala ~* 売春婦, 悪女

pe-'co-so, -sa 形 〘体〙そばかすのある[多い]; 斑点のある

pec-'ti-na [ペク.'ティ.ナ] 名 女 〘化〙ペクチン

pec-to-'ral [ペク.ト.'らル] 形 胸の; 〘医〙咳(せき)止めの 名 男 〘宗〙(司教・大修道院長などがつける)佩(は)い用十字架; 〘宗〙(ユダヤ教祭司長の)胸飾り; 〘医〙咳止めの薬

pe-'cua-rio, -ria [ペ.'クア.りオ, りア] 形 〘畜〙家畜の, 畜産の

***pe-cu-'liar** [ペ.ク.'リアる] 92% 形 妙な, 変な, 一風変わった; 独得な, 固有の; 特別な, 特殊な

***pe-cu-lia-ri-'dad** [ペ.ク.リア.り.'ダド] 94% 名 女 特色, 特性, 特有(物); 特殊性, 独自性

pe-'cu-lio [ペ.'ク.リオ] 名 男 《格》貯金, 財産; 《格》〔しばしばこっけいに〕自分の金, ポケットマネー

pe-'cu-nia 名 女 《格》金銭, 財産

pe-cu-'nia-rio, -ria [ペ.ク.'ニア.りオ, りア] 形 《格》金銭上の, 財産の

pe-da-'ci-to 〔縮小語〕⬇pedazo

***pe-da-go-'gí+a** [ペ.ダ.ゴ.'ひ.ア] 93% 名 女 教育学, 教授法

pe-da-'gó-gi-co, -ca [ペ.ダ.'ゴ.ひ.コ, カ] 形 教育学的な, 教育上の

pe-da-'go-go, -ga 名 男 女 教師, 先生, 教育者; 家庭教師

pe-'dal [ペ.'ダル] 名 男 (ミシン・自転車・オルガンなどの)ペダル, 踏み板 *dar al ~* ペダルを踏む; 加速する

pe-da-le+'ar [ペ.ダ.レ.'アる] 動 自 ペダルを踏む

pe-'dan-te 形 学者ぶった, 物知り顔の 名 共 学者ぶる人, 衒学(げんがく)者

pe-dan-te-'rí+a [ペ.ダン.テ.'り.ア] 名 女 学者ぶること, 衒学(げんがく), 知ったかぶり

pe-dan-'tes-co, -ca 形 学者ぶった, 物知り顔の, 知ったかぶりの

***pe-'da-zo** [ペ.'ダ.そ] 91% 名 男 かけら, 一つ, 一個, 一切れ, 小片 *a ~s* バラバラになって, 粉々になって *estar hecho[cha] ~s* 粉々になっている; くたくたになっている *hacerse ~s* 粉々[ばらばら]になる *~ de bruto [alcornoque]* 《話》ろくでなし *saltar en ~s* 粉々になる *ser un ~ de pan* とてもよい人だ

pe-de-'ras-ta [ペ.デ.'らス.タ] 名 男 (少年を相手とする)男色家

pe-de-'ras-tia [ペ.デ.'らス.ティア] 名 女 少年愛, 男色

pe-der-'nal [ペ.デる.'ナル] 名 男 〘鉱〙火打ち石, 燧石(すいせき), フリント; 硬いこと, 硬さ

Pe-der-'na-les [ペ.デる.'ナ.レス] 名 固 〘地名〙ペデルナーレス《ドミニカ共和国南西部の県》

pe-des-'tal [ペ.デス.'タル] 名 男 (胸像などの)台, 基台, 台座; 足がかり, 踏み台, 手段 *tener en un ~* 尊敬する

pe-'des-tre [ペ.'デス.トれ] 形 徒歩の, 歩行の; 陳腐な, 月並みな, 平凡な *carrera ~* 〘競〙競歩

pe-'dia-tra [ペ.'ディア.トら] 名 共 〘医〙小児科医

pe-dia-'trí+a [ペ.ディア.'トり.ア] 名 女 〘医〙小児科(学)

pe-di-cu-'lo-sis [ペ.ディ.ク.'ロ.スィス] 名 女 〔単複同〕〘医〙シラミ寄生症

pe-di-'cu-ro, -ra [ペ.ディ.'ク.ろ, ら] 名 男 女 〘医〙足治療医

***pe-'di-do** 90% 名 男 〘商〙注文, 注文品, 注文書; 要求, 要請 *a ~ de ...* …の要求によって

pe-di-'grí [ペ.ディ.'グリ] 名 男 〔複 -gríes ⇦ -grís〕血統(書)

pe-di-'güe-ño, -ña [ペ.ディ.'グエ.ニョ, ニャ] 形 名 男 女 しつこくせびる(人), 執拗(しつよう)にねだる(人)

pe-di-'lu-vio [ペ.ディ.'ル.ビオ] 名 男 〔主に複〕〘医〙足湯, 足浴

***pe-'dir** [ペ.'ディる] 68% 動 他 ㊾ (e|i) 〈物・助けなどを〉求める, 頼む; (a: 人に)〈que 接続法: …することを〉頼む, 請う; 注文する; 必要とする; 〘商〙〈に〉売り値をつける *a ~ de boca* ちょうど望んだように, 思いどおりに, おあつらえ向きに

'pe+do 名 男 《俗》おなら, 屁(へ); 《俗》酔

p

い;《コロンビア》《話》困難, 面倒なこと ***estar*** [***llevar un***] ~《俗》酔っている ***ponerse*** ~《メキシコ》《話》酒に酔う

pe-do+'rre-ro, -ra [形] [名] [男] [女] ⇩ pedorro

pe-do+'rre-ta [ペ.ド.'れ̃.タ] [名] [女]《話》唇でおならのまねをすること

pe-'do-rro, -ra [形]《俗》よくおならをする(人) **-ra** [名] [女]《俗》おならの連発

pe-'dra-da [ペ.'ドら.ダ] [名] [女] 石による一撃, 投石; あてこすり, 中傷, 皮肉 ***venir como ~ en ojo de boticario*** 《話》ちょうどいい, 渡りに船である

pe-'dre+a [ペ.'ドれ.ア] [名] [女] 石を投げること;〘気〙ひょう, あられ《積乱雲から降ってくる氷塊》;《スペイン》《話》(宝くじの)最下賞

pe-dre-'gal [ペ.ドれ.'ガル] [名] [男]〘地〙石の多い土地, 石ころだらけの土地

pe-dre-'go-so, -sa [ペ.ドれ.'ゴ.ソ, サ] [形]〘地〙石で覆(おお)われた, 石ころの多い

pe-dre-'rí+a [ペ.ドれ.'リ.ア] [名] [女]《格》〔集合〕宝石(類)

pe-'dre-ro, -ra [ペ.'ドれ.ろ, ら] [形]《コロンビア》《話》乱暴な, しつけの悪い(人)

pe-'dris-co [ペ.'ドリス.コ] [名] [男]〘気〙(大粒の)ひょう

'Pe-dro ['ペ.ドろ] [名] [固]〔男性名〕ペドロ ***como ~ por su casa*** 《話》わがもの顔で, 大きな顔をして ***~ Botero*** 《話》悪魔

pe-'dro-che [名] [男]《まれ》⇧ pedregal

pe-'drus-co [ペ.'ドるス.コ] [名] [男]《話》〔軽蔑〕石の塊(かたまり)

pe-'dún+cu-lo [ペ.'ドゥン.ク.ロ] [名] [男]〘植〙花柄(かへい), 花梗(かこう)《花序を構成する枝》;〘動〙(腕足類・蔓脚(まんきゃく)類の)肉茎

pe+'er [ペ.'エる] [動] [自]《俗》おならをする

'pe+ga [名] [女]《スペイン》《話》困難, 難問; 接着すること, くっつけること;〘建〙(タール・ピッチの)上塗り, 塗り, 塗装; いたずら, 悪ふざけ;《話》打つこと, ぶつこと;〘鳥〙カササギ;《カリブ》《アンデス》《チリ》《話》仕事, 職 ***de ~*** 《話》うその, にせの

pe-'ga-da [名] [女]〘競〙〔サッカー〕キック;《ラ米》パンチ

pe-ga-'di-to, -ta 〔縮小語〕⬇ pegado

pe-ga-'di-zo, -za [ペ.ガ.'ディ.そ, さ] [形] 伝染性の, 移る; ねばねばする, 粘着性の;《話》たかりの, 居候(いそうろう)の; 間違った, 不正確な

*__pe-'ga-do, -da__ 92% [形] (a: に)くっついた, 貼(は)りついた; 密着した; 寄り添った;《話》(en: に)見込みのない, からきしだめな

pe-ga-'jo-so, -sa [ペ.ガ.'ほ.ソ, サ] [形] ねばねばする, 粘着する; つきまとう, うるさい;〘医〙«病気が»伝染性の, うつる

pe-ga-'men-to [名] [男] 接着剤, 糊(のり)

__pe-'gar__ [ペ.'ガる] 82% [動] [他] ㊶ (g|gu) (糊などで)くっつける, 貼(は)る; (a: に)つける, くっつける, 密着させる, (ピンなどで)留める, 縫い付ける, 固定する; 〈火を〉つける, 点火する; ぶつ, 殴る, ぶつける; 〈動作を〉する; 〈大声などを〉出す; 〈病気・習慣を〉うつす, 感染させる;〘競〙〔サッカー〕〈ボールを〉キックする [動] [自] くっつく; (a, con: に)くっついている, 接する; (con: と)似合う, 調和する;〘気〙«太陽が»照りつける; (con, en, contra: と)ぶつかる;《話》(a: に)思われる;《話》うまくいく, 都合がよい; ふさわしい;〘植〙根がつく; «火が»つく;〘競〙〔サッカー〕シュートする;〘情〙〈コピーを〉ペーストする **~se [動] [再] (a: に)くっつく, くっついている; 焦げつく; «病気・習慣が»うつる; 〈生活を〉する; (en: 体の一部を)(con, contra: と)ぶつける; (con: と)争う, けんかする ***dale que te pego*** 《話》どうしても, しつこく, ものともせず ***no ~ ojo*** 一睡もしない ***~se un tiro*** ピストル自殺する ***pegársela a ...*** 《スペイン》からかう, だます;《スペイン》不貞をはたらく

Pe-'ga-so [名] [固]〘ギ神〙ペガソス《殺されたメドゥサ Medusa の血から生まれ出た翼のある天馬》

pe-ga-'ti-na [名] [女] シール, ステッカー

'pe+go [名] [男]《話》ペテン, ごまかし

pe-'go-te [名] [男]《話》つぎはぎ;《話》〔軽蔑〕〘食〙どろどろした食べ物, 煮すぎた料理;《話》〔軽蔑〕食事時に押しかける人

pe-go-te+'ar [ペ.ゴ.テ.'アる] [動] [自]《話》〔軽蔑〕食事時に押しかける

pe-'gué, -gue(~) [動]《直点 1 単, 接現》⬆ pegar

pe-gu-'jal [ペ.グ.'はル] [名] [男]〘法〙(個人の)財産;《話》わずかな財産

pe-gun-'tar [ペ.グン.'タる] [動] [他]〘畜〙〈家畜に〉樹脂で印をつける

pei-'na-da [名] [女]《話》髪をとかすこと

*__pei-'na-do, -da__ 94% [形] 髪をとかした, くしですいた; 飾りたてた, めかしこんだ [名] [男] ヘアスタイル, 髪型

pei-na-'dor, -'do-ra [ペイ.ナ.'ドる, 'ド.ら] [名] [男] [女] 理容師, 美容師 [名] [男]〘衣〙化粧ケープ, プニョワール

*__pei-'nar__ [ペイ.'ナる] 92% [動] [他] 〈の〉髪をとかす, 〈髪を〉くしですく; かきわけて捜す **~-se** [動] [再] (自分の)髪をとかす ***~ el balón*** 〘競〙〔サッカー〕ボールを回転させる

*__'pei-ne__ 93% [名] [男] くし

pei-'ne-ta [名] [女] 飾りぐし, 高ぐし

p. ej. [略] =por ejemplo たとえば

'pe+je ['ペ.へ] [名] [男] 魚;〔軽蔑〕人, やつ, ずるがしこいやつ

pe-je-'rrey [ペ.へ.'れ̃イ] [名] [男]〘魚〙ペヘレイ, トウゴロウイワシ《南米原産》

pe-je-'sa-po [ペ.へ.'サ.ポ] [名] [男]〘魚〙アンコウ

p

pe-ji-'gue-ra [ペ.ひ.'ゲ.ら] 名 女 《スペイン》《話》 面倒, 迷惑なこと, やっかいなこと

***Pe-'kín** 92% 名 固 〔地名〕 北京(ペキン) 《中国 China の首都》

pe-ki-'nés, -'ne-sa 形 名 男 女 〔地名〕 北京(ペキン)の(人)↑Pekín 名 男 〔言〕 北京語, 北京官話; 〔動〕〔犬〕 ペキニーズ

'pe+la ['ペ.ラ] 名 女 《話》 皮をむくこと; 《スペイン》《話》〔歴〕〔経〕 ペセータ 《旧通貨 peseta》

pe-la-'dez [ペ.ラ.'デす] 名 女 《メキシコ》 俗語, 隠語, 汚い言葉

pe-la-'di-lla [ペ.ラ.'ディ.ジャ] 名 女 〔食〕 砂糖でくるんだアーモンド; 小石

pe-'la-do, -da [ペ.'ラ.ド, ダ] 形 はげた, 毛のない; 草木の生えていない, むき出しの; 《話》 ちょうどの, きっかりの, それだけの; 《話》 一文無しの, 貧しい, 下層の; 〔食〕 «骨が»肉のない; «石が»丸くなった, すべすべした; 《ラ米》 ずうずうしい, 恥知らずの, 無礼な; 《メキシコ》 言葉遣いが悪い; 《チリ》《ラプラタ》 頭がはげた 名 男 伐採地; 《スペイン》 散髪 名 男 女 《コロンビア》《ボリビア》《話》 子供; 若者

pe-la-fus-'tán, -'ta-na [ペ.ラ.フス.'タン, 'タ.ナ] 名 男 女 《話》 なまけ者, ろくでなし

pe-la-'ga-llos 名 男 《複》 ↓pelagatos

pe-la-'ga-tos [ペ.ラ.'ガ.トス] 名 男 〔単複同〕 《話》〔軽蔑〕 うだつのあがらない人, 貧乏人

pe-'lá-gi-co, -ca [ペ.'ラ.ひ.コ, カ] 形 〔地質〕 深海の; 〔動〕 遠洋にすむ

pe-'la-gra [ペ.'ラ.グら] 名 女 〔医〕 ペラグラ 《ニコチン酸欠乏症候群》

pe-'la-je [ペ.'ラ.へ] 名 男 〔動〕 (動物の)体毛, 毛並み; 《話》〔悪い意味で〕 外見, 見かけ

pe-'lam-bre [ペ.'ラン.ブれ] 名 男 [女] 〔体〕 もじゃもじゃの髪; 〔動〕〔集合〕 (動物の)毛皮; 《チリ》《話》 うわさ話, ゴシップ

pe-lam-'bre-ra [ペ.ラン.'ブれ.ら] 名 女 〔体〕 もじゃもじゃした毛, 長髪

pe-'la-nas [ペ.'ラ.ナス] 名 共 〔単複同〕 《話》〔人〕 役立たず, ごくつぶし

pe-lan-'dus-ca [ペ.ラン.'ドゥス.カ] 名 女 《話》〔軽蔑〕 売春婦

***pe-'lar** [ペ.'ラる] 91% 動 他 〔食〕 ‹野菜・果物の›皮をむく; 〔食〕 ‹動物の›皮をはぐ; 〔食〕 ‹鳥の›羽をむしる; 《話》 (a: から)‹金品を›奪う, 盗む, 巻き上げる; ‹の›髪を切る, ‹の›毛を刈る; こきおろす, 非難する 動 自 《ベネズエラ》《話》 うっかりする; 《チリ》《話》 人の悪口を言う ~**se** 動 再 (自分の)皮がむける; 《話》 逃げる; 《話》 (自分の)髪を切る, 髪を切ってもらう *duro[ra] de* ~ 《話》 頑固な, 頑として譲らない, 困難な *hacer un frío que pela* 《話》 骨の髄(ずい)までしみる寒さである *que se las pela* とても上手に

pel-'da-ño [ペル.'ダ.ニョ] 名 男 〔建〕 (階段・はしごの)ステップ, 段, 踏段

***pe-'le+a** [ペ.'レ.ア] 92% 名 女 けんか, 殴り合い, 口論; 〔軍〕 戦闘, 戦い ~ *de gallos* 〔畜〕 闘鶏

****pe-le+'ar** [ペ.レ.'アる] 90% 動 自 (con, contra: と)けんかする, 争う; (para, por: のために)奮闘する, 努力する; 〔軍〕 戦う ~**-se** 動 再 けんかする

pe-le-'char [ペ.レ.'チャる] 動 自 〔動〕〔鳥〕 動物の毛[羽]が生える, 生え[抜け]替わる; 《話》〔医〕 «病人が»回復し始める

pe-'le-le [ペ.'レ.レ] 名 男 ぼろ[わら]人形; 〔衣〕 (子供用)ニットパジャマ; 《話》 人の言いなりになる人, お人よし, 操り人形

pe-le+'ón, -'o-na [ペ.レ.'オン, 'オ.ナ] 形 名 男 女 《話》 けんか好きな(人), けんか早い(人) 名 男 〔飲〕 安ワイン

pe-'le-ro [ペ.'レ.ろ] 名 男 〔複〕 《中米》 ぼろ, ぞうきん

pe-le-te-'rí+a [ペ.レ.テ.'り.ア] 名 女 〔商〕 毛皮商[業], 毛皮店; 〔集合〕 毛皮(類)

pe-le-'te-ro, -ra [ペ.レ.'テ.ろ, ら] 形 毛皮業に関する, 毛皮の 名 男 女 〔商〕 毛皮商人

pe-lia-'gu-do, -da [ペ.リア.'グ.ド, ダ] 形 《話》 難しい, 困難な, 微妙な, こみ入った

pe-'lí-ca+no ⇦-li- [ペ.'リ.カ.ノ⇦ペ.リ.'カ.ノ] 名 男 〔鳥〕 ペリカン

****pe-'lí-cu-la** [ペ.'リ.ク.ラ] 75% 名 女 映画; 〔写〕〔映〕 フィルム; 薄膜, 薄皮 *de* ~ 《話》 すばらしく, すばらしい, すごい

pe-li-cu-'le-ro, -ra [ペ.リ.ク.'レ.ろ, ら] 形 〔映〕 映画の 名 男 女 映画人, 映画関係者; 《話》 映画好き(の); 映画ファン; 夢想的な; 夢想家

pe-li-'grar [ペ.リ.'グらる] 動 自 危険である

****pe-'li-gro** [ペ.'リ.グろ] 82% 名 男 危険, 危機, 危険物 *correr* [*estar en*] ~ (de 不定詞/de que 接続法: …の)危険がある

pe-li-gro-si-'dad [ペ.リ.グろ.スィ.'ダド] 名 女 危険, 危険性

****pe-li-'gro-so, -sa** [ペ.リ.'グろ.ソ, サ] 86% 形 危険な, 危ない

pe-'li-llo [ペ.'リ.ジョ] 名 男 〔体〕 短い毛; 〔主に複〕 《話》 つまらない[くだらない]こと *echar* ~*s a la* [*al*] *mar* 《話》 すべてを水に流す, 仲直りする

pe-'lín [ペ.'リン] 名 男 《話》 ほんの少し, ちょっと

pe-li-'rro-jo, -ja [ペ.リ.'ろ.ほ, は] 形 名 男 女 赤毛の(人)

'pe-lla ['ペ.ジャ] 名 女 球状の塊; 〔植〕 (カ

p

リフラワーなどの)結球; 金属の塊 *hacer ~s* 《ｽﾍﾟｲﾝ》《話》学校をサボる

pe-'lle-ja [ペ.'ジェ.は] 名 女 〔動〕(獣の)皮; 《話》とてもやせた人; 《俗》売春婦; 《話》命, 生命

pe-'lle-jo [ペ.'ジェ.ほ] 名 男 〔動〕(獣の)皮; 〔植〕(果物の)皮, 果皮; 〔飲〕革袋《ワインを入れる》; 《話》命, 生命; 《話》〔人〕酔っぱらい *estar en el ~* 《話》(de: と)同じ目にあう, 同じ立場になる

pe-'lli-za [ペ.'ジ.さ] 名 女 〔衣〕(毛皮の)コート, 外套

pe-lliz-'car [ペ.ジす.'カる] 動 他 69 (c|qu) つねる; 少しつまむ, ひとつまみとる; 《話》少しずつつまむ, つまんで食べる

pe-'lliz-co [ペ.'ジす.コ] 名 男 つまむこと, つねること; つねった跡; ひとつまみ(の量); 鋭い痛み

'pel-ma ['ペル.マ] 名 共 《ｽﾍﾟｲﾝ》《話》退屈な人, うんざりさせる人

pel-'ma-zo, -za 名 男 ⇧ pelma

'pe+lo ['ペ.ロ] 78% 名 男 〔体〕〔全体〕髪の毛, 頭髪; 〔体〕(体の)毛, 体毛; 〔体〕(1本の)毛; 〔動〕(動物の)毛, 毛皮, 毛並み; 《話》わずか, 少し; 《話》〔植〕(果実・植物の)毛; (ガラスなどの)ひび, きず; 〔医〕乳腺(にゅうせん)炎 *a ~* 〔衣〕帽子をかぶらずに; 〔畜〕裸馬で, 鞍をつけずに *al ~* 《話》とても好都合に, ちょうど, 折よく *colgado[da] de un ~* 《話》不安定な, 不確実な, 危険な *con ~s y señales* 《話》詳しく *cortar un ~ en el aire* 頭が切れる, 鋭い; «刃物が»鋭利である *de medio ~* 《話》〔軽蔑〕普通の, ありきたりの, 大したことのない *estar hasta los ~s* 《話》(de: に)うんざりしている *faltar un ~* 《話》もう少しで(para: …する)ところである *lucir buen ~* 《話》顔色がよい, 元気である *no tener ~s en la lengua* 《話》(自分勝手に)言いたい放題を言う, 歯に衣を着せない *no tener un ~ de tonto[ta]* 《話》ばかどころではない, ばかでは全然ない, 頭がよい *no ver el ~* 《話》(a: を)まったく見かけない *poner los ~s de punta* 《話》ぞっとさせる, ひどくこわがらせる *por los ~s* 《話》わずかの差で, きわどいところで, 間一髪で *soltarse el ~* 《話》勝手にふるまう *tomar el ~* 《話》(a: を)ばかにする, からかう *traído[da] por los ~s* 《話》無理にこじつけた

pe-'lón, -'lo-na [ペ.'ロン, 'ロ.ナ] 形 名 男 女 髪のない(人); 坊主頭の(人), 髪を短く刈った(人); 《話》貧しい(人)

Pe-lo-po-'ne-so [ペ.ロ.ポ.'ネ.ソ] 名 固 〔península de ~〕〔地名〕ペロポネソス半島《ギリシャ南部の半島》

pe-'lo-so, -sa [ペ.'ロ.ソ, サ] 形 毛深い, 毛だらけの, 毛むくじゃらの

pe-'lo-ta [ペ.'ロ.タ] 86% 名 女 玉, 球; 〔競〕〔球技〕ボール; 〔競〕ハイアライ《スペイン, バスク地方のスカッシュに似た球技》; 〔複〕《俗》〔体〕睾丸 *~s* 名 男 《単複同》《話》おべっか使い *dejar en ~* 《俗》(a: の)金を巻き上げる *en ~s* 《俗》はだかの[で] *estar hasta las ~s* 《俗》うんざりしている *estar la ~ en el tejado* 未解決である, 宙に浮いたままである *hacer la ~* 《話》(a: に)おべっかを使う

pe-lo-'ta-ri [ペ.ロ.'タ.り] 名 共 《ｽﾍﾟｲﾝ》〔競〕ハイアライの選手

pe-lo-'ta-zo [ペ.ロ.'タ.そ] 名 男 ボールをぶつけること; 〔競〕〔サッカー〕ロングキック; 《ｽﾍﾟｲﾝ》《話》ぼろもうけ

pe-'lo-te [ペ.'ロ.テ] 名 男 山羊(やぎ)の毛《タペストリー用》

pe-lo-te+'ar [ペ.ロ.テ.'アる] 動 自 〔競〕ボールを打つ; 投げる, 放る; 口論する, けんかする 動 他 〈会計を〉検査する, 照合する

pe-lo-'te+o [ペ.ロ.'テ.オ] 名 男 〔競〕ラリー(の練習), ドリブル, パス

pe-lo-'te-ra [ペ.ロ.'テ.ら] 名 女 《話》口げんか

pe-lo-'ti-lla [ペ.ロ.'ティ.ジャ] 名 女 《話》おべっか; 〔競〕小さいボール

pe-lo-ti-'lle-ro, -ra [ペ.ロ.ティ.'ジェ.ろ, ら] 形 名 男 女 《話》おべっかを使う(人), ごますり(の)

pe-lo-'tón [ペ.ロ.'トン] 名 男 大きいボール[球]; (糸・毛などの)もつれ, かたまり; 群衆; 〔軍〕分隊

'pel-tre ['ペル.トれ] 名 男 〔技〕白目(しろめ), ピューター《スズを主体とする鉛などの合金》

pe-'lu-ca [ペ.'ル.カ] 名 女 〔衣〕かつら; 《話》きつく叱(しか)りつけること

pe-'lu-che [ペ.'ル.チェ] 名 男 〔衣〕フラシ天

pe-'lu-do, -da [ペ.'ル.ド, ダ] 形 〔体〕毛深い, 毛の多い; 髪の長い 名 男 マット, 敷物; 《ﾗﾌﾟﾗﾀ》〔動〕アルマジロ

pe-lu-que+'a-do [ペ.ル.ケ.'ア.ド] 名 男 《南米北》《ﾗﾌﾟﾗﾀ》散髪, ヘアカット

pe-lu-que+'ar [ペ.ル.ケ.'アる] 動 他 《南米北》《ﾗﾌﾟﾗﾀ》〈の〉髪を切る

pe-lu-que-'rí+a [ペ.ル.ケ.'り.ア] 93% 名 女 〔商〕理髪店, 床屋; 〔商〕美容院

pe-lu-'que-ro, -ra [ペ.ル.'ケ.ろ, ら] 94% 名 男 女 〔商〕理髪師, 〔人〕床屋; 美容師

pe-lu-'quín [ペ.ル.'キン] 名 男 〔衣〕ヘアピース, 部分かつら *¡Ni hablar del ~!* 《話》とんでもないことだ!

pe-'lu-sa [ペ.'ル.サ] 名 女 〔植〕綿毛, 冠毛; (ラシャなどの)けば, 綿毛; ほこり, ちり; 《ｽﾍﾟｲﾝ》《話》(子供の)嫉妬(しっと), ねたみ, うらやましがること

pel-'via+no, -na [ペル.'ビア.ノ, ナ] 形 〔体〕骨盤の

'pel-vis ['ペル.ビス] 名 女〔単複同〕〔体〕骨盤

'pe+na 80% 名 女 悲しみ, 悲嘆, 苦痛, 不幸; 残念, 後悔, 遺憾; 困難, 苦しさ, 苦労; 〔法〕刑, 刑罰; 《ラ米》恥ずかしさ, 当惑; 内気, 臆病(おくびょう) ***a duras ~s*** やっと, かろうじて ***bajo ~ de*** … 〔法〕…の罰で ***dar ~*** 残念だ; もったいない; つらい ***dar ~*** (a: を)悲しませる; 《ラ米》(a: を)恥ずかしがらせる ***estar de ~*** 嘆かわしい ***merecer [valer] la ~ (de)*** …(不定詞) …するかいがある ***sin ~ ni gloria*** 大した事件もなく, 平凡に, 無難に

pe-'na-cho 名 男〔鳥〕(鳥の)冠毛, とさか; 〔衣〕(頭につける)羽根飾り; (羽毛などの)ふさ; 《話》横柄, 傲慢(ごうまん)

pe-'na-do, -da 名 男 女〔法〕囚人, 服役囚 形 悲しむ, 悲嘆にくれる

pe-'nal [ペ.'ナル] 形〔法〕刑罰の, 刑の 名 男〔法〕刑務所; 〔競〕〔サッカー〕⇩ penalti

pe-na-li-'cé, -ce(~) 動《直点 1 単, 接現》↓penalizar

pe-na-li-'dad [ペ.ナ.リ.'ダド] 名 女 苦しみ, 苦労; 〔法〕刑罰, 罰金, 科料

pe-na-'lis-ta [ペ.ナ.'リス.タ] 名 共〔法〕刑事法律家[弁護士]

pe-na-li-za-'ción [ペ.ナ.リ.さ.'すぃオン] 名 女〔法〕処罰; 〔競〕ペナルティー

pe-na-li-'zar [ペ.ナ.リ.'さる] 動 他 ㉞ (z|c) 〔法〕罰する; 〔競〕〈に〉ペナルティーを科す

pe-'nal-ti [ペ.'ナル.ティ] 名 男〔競〕ペナルティー

pe-'nar [ペ.'ナる] 動 他 罰する, 懲らしめる 動 自 (de, por: に)苦しむ, 悩む

pe-'na-tes 名 男《複》〔ロ神〕ペナーテス《家庭の守り神》

'pen-ca 名 女〔植〕(サボテンなどの)厚い葉; むち

pen-'dan-go, -ga 形 名 男 女《カリブ》《話》動きが鈍い(人); 病弱な(人)

pen-de-'ja-da [ペン.デ.'は.ダ] 名 女《カリブ》臆病(おくびょう)

pen-'de-jo [ペン.'デ.ほ] 名 男《ラ米》《俗》〔体〕陰毛 **~, -ja** 名 男 女《ラ米》《俗》卑怯(ひきょう)者, 卑劣な者; 臆病(おくびょう)者; ばか者

pen-'den-cia [ペン.'デン.すぃア] 名 女 口論, けんか, 争い

pen-den-'cie-ro, -ra [ペン.デン.'すぃエ.ろ, ら] 形 名 男 女 けんか好き(の)

pen-'der [ペン.'デる] 動 自 (de: から)ぶら下がる, たれる; (de: を)あてにする, (de: に)依存する; 未決定である, 係争中である; (sobre: に)のしかかる, 降りかかる, (sobre: を)脅かす

pen-'dien-te 87% 形 懸案の, 未決定の; (de: に)注意を払っている; たれ下がって, ぶら下がって; 〔地〕坂道の, 傾斜した 名 男〔複〕〔衣〕イヤリング; 〔衣〕ペンダント 名 女〔地〕坂道, 坂 ***al ~ de*** … …に依存して, …を待って ***estar ~*** (de: を)待っている

'pén-do-la ['ペン.ド.ラ] 名 女 (時計などの)振子, ねじり振子; 振子時計; 〔建〕対束(ついつか), クインポスト

pen-'dón 名 男《格》旗, 旗印; 〔植〕(幹から出た)新芽; だらしない女, ふしだら女; 《スペイン》《話》売春婦

pen-'do-na 名 女 だらしない女; 《話》売春婦

pen-do-ne+'ar [ペン.ド.ネ.'アる] 動 自《スペイン》ほっつき歩く, 遊び歩く

pen-du-'lar [ペン.ドゥ.'ラる] 形 振子の

'pén-du-lo ['ペン.ドゥ.ロ] 名 男 振子 **~, -la** 形 ぶら下がっている

'pe+ne 名 男〔体〕陰茎, ペニス

Pe-'né-lo-pe [ペ.'ネ.ロ.ペ] 名 固〔ギ神〕ペネロペ《オデュッセウス Odiseo の妻》

pe-'ne-ne 名 共《話》非常勤教師[講師]

pe-'ne-que [ペ.'ネ.ケ] 形《話》酔った 名 男《メキシコ》〔食〕ペネーケ《チーズ・卵・トウモロコシパウダーで作る揚げ料理》

pe-ne-'tra-ble [ペ.ネ.'トら.ブレ] 形 入り込める, 貫通できる, 透過性のある; 理解できる, 分かる

pe-ne-tra-'ción [ペ.ネ.トら.'すぃオン] 94% 名 女 浸透, 貫通, 透過; 透徹, 透視力, 洞察力

pe-ne-'tran-te [ペ.ネ.'トらン.テ] 形 貫き通す; 鋭い, 洞察力のある

pe-ne-'trar [ペ.ネ.'トらる] 90% 動 他 突き通す, 貫く, 貫通する; 〈人の心・意味・意図などを〉見抜く, 見通す, 理解する, わかる; 入り込む, 染み込む, 浸透する; «痛み・寒さなどが»染みる, 刺す 動 自 (en: に)染み通る, 広がる, 浸透する; (en: を)貫通する; (por: から)入り込む **~se** 動 再 (de: を)理解する; (en, por: に)分け入る, 進む

pe-neu-'vis-ta [ペ.ネウ.'ビス.タ] 形〔政〕バスク民族主義党の 名 共〔政〕バスク民族党員

'pén-fi-go 名 男〔医〕天疱瘡(てんぽうそう)

Pe-ni-'bé-ti-ca 名 固〔cordillera ~〕ペニベティカ山系《スペイン南部の山系》

pe-ni-ci-'li-na [ペ.ニ.すぃ.'リ.ナ] 名 女〔医〕ペニシリン

pe-'nín-su-la [ペ.'ニン.ス.ラ] 86% 名 女 半島

pe-nin-su-'lar [ペ.ニン.ス.'ラる] 93% 形 名 共 半島の(人); 〔特に〕イベリア半島の(人); 〔歴〕《ラ米》スペイン本国の(人)

pe-'ni-que [ペ.'ニ.ケ] 名 男〔経〕ペニー《英国の通貨, 1 ポンドの 1/100》

P

pe-ni-'ten-cia [ペ.ニ.'テン.すぃア] 名 女〔宗〕悔悟, 悔悛(かいしゅん);〔宗〕罪の償い, 苦行;《話》ひどいこと, いやなこと ***hacer ~***〔宗〕罪の償いをする, 苦行する;《話》粗末な食事をする

pe-ni-ten-cia-'rí+a [ペ.ニ.テン.すぃア.'リ.ア] 名 女〔宗〕悔罪所, 苦行所;〔宗〕(教皇庁の)内赦院

pe-ni-ten-'cia-rio, -ria [ペ.ニ.テン.'すぃア.りオ, りア] 形〔宗〕悔悟の, 告解の;〔法〕刑務所の

pe-ni-'ten-te 形《penitenta 女 が使われることがある》〔宗〕後悔した, 悔悟した 名 共〔宗〕悔悟者, 悔悛(かいしゅん)者, 告解者

pe-'nol [ペ.'ノル] 名 男〔海〕桁端(こうたん), ヤーダム

*__pe-'no-so, -sa__ 94% 形 悲しい, 悲痛な, 痛ましい, 重苦しい, 苦悩を与える(ような); つらい, 骨の折れる, 困難な;《ラ米》当惑させるような, 厄介な **-samente** 副 つらく; 苦労して

pen-sa-'dor, -'do-ra [ペン.サ.'ドる, 'ド.ら] 形 考える, 思索する; 思慮深い 名 男 女 考える人, 思想家

**__pen-sa-'mien-to__ 80% 名 男 思考, 考えること, 物思い, 思案, 思考力; 考え, 思いつき, 意見; 思想, 思潮; 格言, 箴言(しんげん);〔複〕〔植〕パンジー, サンシキスミレ

pen-'san-te 形 名 男 女 考える(人)

__pen-'sar__ [ペン.'サる] 63% 動 他 50 (e|ie)〈que: …と〉思う, 考える, 思う, 判断する; よく考える, 思案する, 思い描く;〈不定詞: …しようと〉思う,〈不定詞: …する〉つもりである 動 自 (en, sobre: のことを)考える, 思う ***bien pensado* [***pensándolo bien***]《文修飾》よく考えてみて ***cuando menos se piensa*** 突然, 思いがけない時に ***dar en ~*** 考えにのめり込む ***dar que ~*** 考えさせる, 考える材料[機会]を与える; 心配させる, 気にかけさせる ***de pensado*** 故意に, たくらんで ***el día menos pensado*** 突然, 思いがけない時に ***mal pensado***[***da***] 意地が悪い ***¡Ni ~lo!***《話》とんでもない ***sin ~*** 思わず, 思いがけなく, よく考えずに, うかつに ***¡Y ~ que ...!***《話》…だなんて!

*__pen-sa-'ti-vo, -va__ [ペン.サ.'ティ.ボ, バ] 94% 形 思いに沈んだ, 物思わしげな, 憂いに沈む **-vamente** 副 考え込んで, 物思いにふけって

Pen-sil-'va-nia [ペン.スィル.'バ.ニア] 名 女 ペンシルベニア《米国北東部の州》

**__pen-'sión__ 89% 名 女 年金, 恩給; 旅館, ペンション, 下宿屋; 下宿代, 宿泊代; 奨学金, 助成金

pen-sio-'na-do, -da 形 年金[奨学金・助成金]を受けている 名 男 女 年金受給者; 奨学生 名 男《スペイン》寄宿学校

pen-sio-'nar [ペン.スィオ.'ナる] 動 他〈に〉年金[奨学金]を与える

pen-sio-'nis-ta 名 共 年金受給者; 奨学生; 寄宿生

pen-ta~〔接頭辞〕「5」を示す

pen-ta+'e-dro [ペン.タ.'エ.ドろ] 名 男〔数〕五面体

pen-'tá-go+no, -na 形〔数〕五角形の 名 男〔数〕五角形;〔el P~〕ペンタゴン《米国国防総省》

pen-ta-'gra-ma [ペン.タ.'グら.マ] 名 男〔楽〕譜表, 五線譜

pen-'tá-me-tro [ペン.'タ.メ.トろ] 名 男〔文〕五歩格(の詩)

pen-ta-'sí-la-bo, -ba [ペン.タ.'スィ.ラ.ボ, バ] 形〔音〕〔文〕5 音節(語)(の) 名 男 5 音節語, 5 音節詩行

Pen-ta-'teu-co 名 男〔聖〕(モーセの)五書《創世記, 出エジプト記, レビ記, 民数記, 申命記》

pen-tat-'lón; -ta-'tlón [ペン.タト.'ロン; .タ.'トロン] 名 男〔競〕五種競技《近代五種は馬術・フェンシング・水泳・射撃・クロスカントリー》

Pen-te-cos-'tés 名 男〔宗〕聖霊降臨祭《復活祭後 50 日目》

penthouse [ペント.はウス] 名 男〔英語〕〔建〕ペントハウス《ビルの最上階の高級マンション》

pe-'núl-ti-mo, -ma [ペ.'ヌル.ティ.モ, マ] 形 終わりから 2 番目の

pe-'num-bra [ペ.'ヌン.ブら] 名 女 薄暗やみ, 薄暗がり;〔天〕半影

pe-'nu-ria [ペ.'ヌ.りア] 名 女《格》貧窮, 赤貧;《格》不足, 欠乏

*'__pe+ña__ ['ペ.ニャ] 91% 名 女 岩, 大岩; 岩山; サークル, 同好会;《ラ米》ペニャ《フォルクローレ音楽が演奏される店》;〔競〕〔サッカーなど〕後援会

'Pe+ña ['ペ.ニャ] 名 固〔姓〕ペニャ

pe-ñas-'cal [ペ.ニャス.'カル] 名 男〔地〕岩の多い土地

pe-ñas-'ca-zo [ペ.ニャス.'カ.そ] 名 男《チリ》投石

pe-'ñas-co [ペ.'ニャス.コ] 名 男〔地〕大岩, 岩山;〔体〕錐体(すいたい)骨《側頭部の骨》;〔貝〕アクキガイ, ホネガイ

pe-ñas-'co-so, -sa [ペ.ニャス.'コ.ソ, サ] 形〔地〕岩の多い, ごつごつした

pe-ñas-que+'ar [ペ.ニャス.ケ.'アる] 動 自《チリ》石を投げる

'pé-ño-la ['ペ.ニョ.ラ] 名 女 羽根ペン

pe-'ñón [ペ.'ニョン] 名 男〔地〕大岩, 岩山

*__pe+'ón__ 94% 名 男 日雇い労働者, 労務

者, 人夫, 工夫;〔農〕農夫, 農民, 小作人;〔軍〕歩兵;《話》部下, 手下, 持ち駒;〔遊〕〔チェス〕ポーン, 歩(ふ);〔技〕(紡錘の)軸, 心棒;〔牛〕助手闘牛士

pe+o-'na-da 名 女 日雇い労働者の1日の仕事量, 1日分の仕事

pe+o-'ní+a 名 女〔植〕ボタン, シャクヤク

pe+'on-za [ペ.'オン.さ] 名 女〔遊〕独楽(こま)《むちで回転させる》;《話》小柄で騒がしい人

**pe+'or [ペ.'オる] 79% 形 (que, de: より) いっそう悪い, もっと悪い;〔定冠詞·所有形容詞をつけて〕(de: の中で)もっとも悪い 副 (que, de: より)もっと悪く, もっとまずく; もっとひどく, いっそう激しく *cada vez* ~ だんだんひどく(なる)

'pe+pa 名 女《コロンビア》〔医〕丸薬, 錠剤;《コロンビア》《話》頭

'Pe+pa 名 固〔女性名〕ペパ《Josefa, María José の愛称》 *¡Viva la ~!*《話》万歳!

'Pe+pe 名 固〔男性名〕ペペ《José の愛称》

pe-pe+'a-do, -da 形《ベネズエラ》《話》よい, すてきな, すばらしい

pe-pi-'ni-llo [ペ.ピ.'ニ.ジョ] 名 男〔植〕小さなキュウリ《ピクルス用》

pe-'pi+no 名 男〔植〕キュウリ;《ララ》《話》〔競〕〔サッカー〕ゴール (*no*) *importar un ~*《話》全然かまわない *no valer un ~*《話》まったく値打ちがない, なんの役にも立たない

pe-'pi-ta 名 女〔植〕(リンゴ·ナシ[梨]·メロンなどの)種子, 種;〔鉱〕天然貴金属の塊;〔畜〕(家禽(かきん)の)舌病

Pe-'pi-ta 名 固〔女性名〕ペピータ《Josefa, María José の愛称》

pe-'pi-to 名 男〔食〕ペピート《小さなフランスパンのサンドイッチ》

Pe-'pi-to 名 固〔男性名〕ペピート《José の愛称》

pe-pi-'to-ria [ペ.ピ.'ト.りア] 名 女〔食〕フリカッセ《肉をきざんで肉汁で煮込んだ料理》

pe-'po-na 名 女 大きな紙人形

pep-'si-na 名 女〔生〕ペプシン《胃液中に存する蛋白質分解酵素》

pe-que-'ña-jo, -ja [ペ.ケ.'ニャ.ほ, は] 名 男 女《話》小さな人, ちび

pe-que-'ñez [ペ.ケ.'ニェす] 名 女 微小, 微少, 短小; 幼少, 幼年期;〔複〕ささいなこと, つまらないこと, 取るに足りないこと; 卑しさ, 卑劣

pe-que-'ñín, -'ñi-na 形 ⇩ pequeñito

pe-que-'ñí-si-mo, -ma〔最上級〕⬇pequeño

pe-que-'ñi-to, -ta [ペ.ケ.'ニィ.ト, タ] 形《話》〔親愛〕小さな, かわいい 名 男 女 おちびちゃん;〔縮小語〕⬇pequeño

pe-'que-ño, -ña [ペ.'ケ.ニョ, ニャ] 68% 形 小さい; わずかな, 少ない, 大したことのない; 年少の, 幼い 名 男 女 子供 *de ~[ña]* 子供のころ *... en ~* …を小さくしたもの, 小型の, 縮小した

pe-que-ño-bur-'gués, -'gue-sa [ペ.ケ.ニョ.ブる.'ゲス, 'ゲ.サ] 名 男 女 プチブル

Pe-'quín 名 固 ⇧ Pekín

pe-qui-'nés, -'ne-sa 形 名 男 女 ⇧ pekinés

per~〔接頭辞〕「全体·完全·強調」を示す

*__pe+ra__ ['ペ.ら] 94% 名 女〔植〕セイヨウナシ; (下あごの)ひげ, やぎひげ;《話》割のいい仕事, 実入りのいい仕事; 電球 形《話》若い, 若造の *pedir ~s al olmo*《話》ないものねだりをする, 不可能なことを望む《ニレの木に梨の実を求める》 *~ en dulce*《話》とても簡単なこと;《話》すばらしい人 *poner las ~s a cuarto*《話》(a: を)締め上げる, きつく叱(しか)る

pe-'ral [ペ.'らル] 名 男〔植〕セイヨウナシの木 *firme como un ~*《チリ》《話》強い, 頑健な(人)

Pe-'ral-ta [ペ.'らル.タ] 名 固〔姓〕ペラルタ

pe-'ral-te [ペ.'らル.テ] 名 男〔建〕(アーチ·ドームの)支柱, 脚柱, 迫高(せりだか);〔鉄〕片勾配(かたこうばい), カント《カーブで外側のレールの高さを上げること》

Pe-'ra-via [ペ.'ら.ビア] 名 固〔地名〕ペラビア《ドミニカ共和国中南部の県》

per-'cal [ぺる.'カル] 名 男〔衣〕パーケール《目の詰んだ上質綿布》

per-'can-ce [ぺる.'カン.せ] 名 男 災難, 思わぬ出来事;《まれ》臨時収入

per-ca-'tar-se [ぺる.カ.'タる.セ] 動 再 (de: に)気づく, (de: を)認める, 自覚する, 読みとる

per-'ce-be [ぺる.'せ.べ] 名 男〔貝〕エボシガイ;《話》ぐうたら, まぬけ

per-cep-'ción [ぺる.せプ.'すぃオン] 名 女 知覚(作用), 知覚力, 認識; 心象; 考え, 思考; (年金·給料などの)受け取り, 受領; 集金, 徴集

per-cep-'ti-ble [ぺる.せプ.'ティ.ブレ] 形 知覚[認知]できる; 受け取ることができる;〔商〕支払われるべき

per-cep-'ti-vo, -va [ぺる.せプ.'ティ.ボ, バ] 形 知覚の

per-cep-'tor, -'to-ra [ぺる.せプ.'トる, 'ト.ら] 名 男 女 集金人; 受取人 形《格》知覚の;《格》〔法〕(税などを)徴集する, 受け取る

*__'per-cha__ ['ぺる.チャ] 94% 名 女〔衣〕ハン

p

ガー, 洋服掛け; 起毛, 布にけばをかけること; 〔鳥〕(鳥の)とまり木 *tener buena* ~ 《話》スタイルがよい

per-'che-ro [ぺる.'チェ.ろ] 名 男 〔衣〕〔集合〕洋服掛け, ハンガーラック

per-che-'rón [ぺる.チェ.'ろン] 名 男 〔畜〕ペルシュロン《フランス北部原産の強大な輓馬(ばんば)》 ~, **-rona** 形 ペルシュロンの

per-'chu-do, -da [ぺる.'チュ.ド, ダ] 形 《コロンビア》《話》優雅な, すてきな

per-ci-'bir [ぺる.すぃ.'ビる] 88% 動 他 知覚する, 認める, 〈が〉わかる; 《格》〈給料などを〉受け取る; 〈que: が〉わかる, 了解する ~-se** 動 再 知覚される, 見える, 聞こえる

per-'co-cho [ぺる.'コ.チョ] 名 男 《中米》《話》〔衣〕汚れた服[布地]

per-cu-'dir [ぺる.ク.'ディる] 動 他 曇らせる, さびさせる; 汚(よご)す, 汚くする

per-cu-'sión [ぺる.ク.'スィオン] 名 女 衝撃, 衝突; 〔医〕打診(法); 〔楽〕打楽器, パーカッション

per-cu-sio-'nis-ta [ぺる.ク.スィオ.'ニス.タ] 名 共 〔楽〕打楽器奏者

per-cu-'sor [ぺる.ク.'ソる] 名 男 (銃の)撃鉄; 〔医〕打診槌(つち)

per-cu-'tir [ぺる.ク.'ティる] 動 他 (何度も)たたく, 打つ; 〔医〕打診する

per-de-'dor, -'do-ra [ぺる.デ.'ドる, 'ド.ら] 名 男 女 敗者; すぐ失う[負ける]人 形 すぐに失う; すぐに負ける

per-'der [ぺる.'デる] 69% 動 他 51 (e|ie) 失う, なくす, 見失う; 〈戦い・勝負などに〉負ける; 取り逃す, 〈機会を〉逸する, 見そこなう, 聞き落とす; むだにする, 浪費する; 〈に〉乗り遅れる; 滅ぼす, 破壊する, だめにする 動 自 負ける; 失敗する; 価値が落ちる, 悪くなる; 《色が》あせる; 損をする; 減少する, 縮小する ~se** 動 再 道に迷う; なくなる, 消える; 堕落する, 身を持ちくずす; 見逃す, 聞き逃す; むだになる; 自制心を失う, (por: に)夢中になる *echarse a* ~ 腐る, だめになる *llevar las de* ~ 負けるに決まっている *no tener nada que* ~ 失うものがない, 怖いものなしだ

*__per-di-'ción__ [ぺる.ディ.'すぃオン] 94% 名 女 破滅; 破滅の原因; 損失, 喪失; (抑えられない)情熱; 不法行為, 非道

**'pér-di-da ['ぺる.ディ.ダ] 84% 名 女 損失, なくすこと, 紛失; 〔しばしば複〕損害, なくした物, 損をした額, 損失; 死; むだ遣い, 浪費; 漏れ, 漏出; 減損, 減り; 〔軍〕死傷者(数) *no tener* ~ 間違えることはない, 簡単に見つかる

per-di-'di-zo, -za [ぺる.ディ.'ディ.そ, さ] 形 《話》なくしたふりをする *hacerse* ~ [*za*] わざと負ける

per-'di-do, -da [ぺる.'ディ.ド, ダ] 形 名 男 女 道に迷った(人); 身を持ちくずした(人); 見込みのない(人); (por: に)夢中になった(人); 《話》きたない(人); 失った, 損失した 名 男 女 放蕩(ほうとう)者, やくざ者 **-da-mente** 副 すっかり, 心から

per-di-'gón [ぺる.ディ.'ゴン] 名 男 〔鳥〕ヤマウズラの幼鳥; 〔鳥〕(おとりの)ウズラ; (猟用)散弾; 《話》賭け事で大損をする人; 《話》浪費家, やくざ者 *soltar* [*echar*] *perdigones* つばを飛ばして話す, まくしたてる

per-di-'gue-ro [ぺる.ディ.'ゲ.ろ] 名 男 〔動〕〔犬〕ポインター

'per-dis ['ぺる.ディス] 名 男 〔単複同〕《話》放蕩(ほうとう)者

per-'diz [ぺる.'ディす] 名 女 〔鳥〕ヤマウズラ, ウズラ, シャコ, イワシャコ *marear la* ~ 《話》回りくどいことを言う, うだうだと説明する

**per-'dón [ぺる.'ドン] 85% 名 男 許し, 容赦; (落ちた)熱いろう, 熱いろうの滴, 燭涙(しょくるい) 感 すみません《語尾を下げる》; もう一度言ってください《語尾を上げる》 *con* ~ 失礼ですが

per-do-'na-ble [ぺる.ド.'ナ.ブレ] 形 許せる

**per-do-'nar [ぺる.ド.'ナる] 82% 動 他 〈人・行為を〉許す, 勘弁する; 〈que 接続法: …を〉許す; 〈義務・借金・出席などを〉免除する; 〈que 接続法: …を〉しなくてもよい; 〈機会などを〉逃す; 〔普通否定文で〕〈労力・費用などを〉惜しむ, けちけちして使わない

per-do-na-'vi-das [ぺる.ド.ナ.'ビ.ダス] 名 共 〔単複同〕《話》大自慢家, 空いばり屋

per-du-'la-rio, -ria [ぺる.ドゥ.'ラ.りオ, りア] 形 名 男 女 不注意な(人), ずぼらな(人), 無頓着な(人); 忘れっぽい(人); だらしのない(人); ろくでなし(の)

per-du-'ra-ble [ぺる.ドゥ.'ら.ブレ] 形 永続する, 耐久力のある, 永久の, 不変の

per-du-ra-'ción [ぺる.ドゥ.ら.'すぃオン] 名 女 耐久力; 永続, 持続

*__per-du-'rar__ [ぺる.ドゥ.'らる] 94% 動 自 耐久力がある; 永続する, 持続する

pe-re-ce-'de-ro, -ra [ぺ.れ.せ.'デ.ろ, ら] 形 〔食〕《食べ物が》腐敗しやすい; 一時的な, 束(つか)の間の, はかない

*__pe-re-'cer__ [ぺ.れ.'せる] 94% 動 自 45 (c|zc) 死ぬ, 滅びる ~**se** 動 再 とても (por 不定詞: …)したがる

*__pe-re-gri-na-'ción__ [ぺ.れ.グり.ナ.'すぃオン] 93% 名 女 〔宗〕巡礼の旅, 聖地詣(もう)で; 旅行, 遍歴, 長途の旅, 行脚(あんぎゃ); 人生行路, 精神的遍歴

pe-re-gri-'na-je 名 男 ⇧peregrinación

*__pe-re-gri-'nar__ [ぺ.れ.グり.'ナる] 94%

p

動 自〔宗〕巡礼する, 行脚(あんぎゃ)する, 遍歴する; 人生を歩む

pe-re-'gri+no, -na [ぺ.れ.'グリ.ノ, ナ] 90% 名 男 女〔宗〕巡礼者, 霊場参拝者 形〔宗〕巡礼する; 旅行[巡業, 移動, 行脚(あんぎゃ)]する;〔鳥〕渡りの, 移動する;《格》妙な, 不思議な, 一風変わった **-na** 名 女《コロンビア》〔遊〕石蹴り遊び

Pe-'rei-ra [ペ.'れイ.ら] 名 固〔地名〕ペレイラ《コロンビア中西部の都市》

pe-re-'jil [ぺ.れ.'ひル] 名 男〔植〕パセリ, オランダゼリ;〔複〕《話》称号, 肩書き

pe-ren-'den-gue [ぺ.れン.'デン.ゲ] 名 男《話》安物の装身具

pe-ren-'ga+no, -na [ぺ.れン.'ガ.ノ, ナ] 名 男 女 誰それ, なにがし

pe-'ren-ne [ぺ.'れ(ン).ネ] 形 永久の, 多年続く, 持続する;〔植〕多年性の, 宿根性の

pe-ren-'to-rio, -ria [ぺ.れン.'ト.りオ, りア] 形 有無を言わせぬ, 断固たる; 差し迫った, 切迫した;〔法〕決定的な, 絶対の

'Pé-rez ['ペ.れす] 名 固〔姓〕ペレス

*__pe-'re-za__ [ぺ.'れ.さ] 94% 名 女 怠惰, ものぐさ, 不精; 緩慢, のろさ

pe-'rez-co, -ca(~) 動《直現1単, 接現》↑perecer

*__pe-re-'zo-so, -sa__ [ぺ.れ.'そ.ソ, サ] 94% 形 名 男 女 怠惰な(人), 不精な(人), なまけ者(の); 動きがゆったりとした(人) 名 男〔動〕ナマケモノ

*__per-fec-'ción__ [ぺる.フェク.'すぃオン] 92% 名 女 完全, 申し分のないこと, 完璧(かんぺき), 極致, 熟達; 完全に仕上げること, 完成;〔宗〕完徳 ***a la ~*** 完全に, 完璧に

per-fec-cio-na-'mien-to [ぺる.フェク.すぃオ.ナ.'ミエン.ト] 名 男 完成, 改善, 向上

*__per-fec-cio-'nar__ [ぺる.フェク.すぃオ.'ナる] 93% 動 他 完成する, 仕上げる; 向上させる, 改良する,〈に〉磨きをかける **~se** 動 再 (en: を)完全なものにする

per-fec-cio-'nis-mo [ぺる.フェク.すぃオ.'ニス.モ] 名 男 完全主義

per-fec-cio-'nis-ta [ぺる.フェク.すぃオ.'ニス.タ] 形 名 共 完全主義の[主義者]

**__per-'fec-ta-'men-te__ [ぺる.'フェク.タ.'メン.テ] 83% 副 完全に, 完璧(かんぺき)に, 申し分なく; まったく, すっかり 感 その通り, もちろん; よろしい

per-fec-'ti-vo, -va [ぺる.フェク.'ティ.ボ, バ] 形〔言〕完了相の

**__per-'fec-to, -ta__ [ぺる.'フェク.ト, タ] 84% 形 完全な, 完璧(かんぺき)な, 熟練した, 正確な; (para: に)最適の, うってつけの; まったくの, 徹底的な, 申し分のない;〔言〕完了(相)の, 完了形の 名 男〔言〕完了(形)

per-'fi-dia [ぺる.'フィ.ディア] 名 女 背信, 不実, 裏切り(行為)

'pér-fi-do, -da ['ぺる.フィ.ド, ダ] 形 背信の, 不実な, 不貞な

__per-'fil__ [ぺる.'フィル] 89% 名 男 横顔, プロフィール, 半面像; 外形, 輪郭; (細い)筆法, 筆使い;〔しばしば複〕(人物・作品の)特徴; 断面図;〔複〕礼儀正しさ, 配慮 ***de ~* 横から(の)

per-fi-'la-do, -da [ぺる.フィ.'ラ.ド, ダ] 形 流線形の; 形が整った; よくできた; 特徴のはっきりした, 独特の

per-fi-'lar [ぺる.フィ.'ラる] 動 他 形作る,〈に〉形を与える; 性格づける;〈の〉輪郭を描く;〈に〉最後の仕上げをする; 流線形にする **~se** 動 再 輪郭が浮かび上がる;《計画などが》具体的に決まる, 固まる; 横を向く; めかしこむ, よく見せる

per-fo-ra-'ción [ぺる.フォ.ら.'すぃオン] 名 女 穴をあけること, 穿孔(せんこう)

per-fo-ra-'dor [ぺる.フォ.ら.'ドる] 名 男 穿孔(せんこう)器, パンチ **~, -dora** 形 穿孔(せんこう)の

per-fo-ra-'do-ra [ぺる.フォ.ら.'ド.ら] 名 女 穿孔(せんこう)器, パンチ

*__per-fo-'rar__ [ぺる.フォ.'らる] 94% 動 他〈に〉穴をあける, 貫通する

performance [ぺる.'フォる.マンス] 名 男〔英語〕パフォーマンス, 目的達成機能;〔演〕〔楽〕(演技・演奏の)出来, パフォーマンス

per-fu-ma-'dor [ぺる.フ.マ.'ドる] 名 男 香炉; 香水スプレー

*__per-fu-'mar__ [ぺる.フ.'マる] 94% 動 他〈に〉香りをつける, 芳香で満たす 動 自 芳香を放つ, 香る **~se** 動 再 (自分の体に)香水をつける

*__per-'fu-me__ [ぺる.'フ.メ] 91% 名 男 香水, 香料; (よい)香り, におい, 芳香

per-fu-me-'rí+a [ぺる.フ.メ.'り.ア] 名 女〔商〕化粧品店, 香水店; 香料製造(所);〔集合〕香水, 香水類

per-fu-'mis-ta [ぺる.フ.'ミス.タ] 名 共〔商〕香料商, 香料製造者, 調香師

per-ga-'mi+no [ぺる.ガ.'ミ.ノ] 名 男〔歴〕羊皮紙, 羊皮紙の文書[証書, 写本];〔複〕爵位, 貴族の称号

per-'ge-ña [ぺる.'ヘ.ニャ] 名 女 外観, 外見, 様子

per-ge-'ñar [ぺる.ヘ.'ニャる] 動 他 (大まかに)作成する,〈の〉下書きを書く

'pér-go-la ['ぺる.ゴ.ラ] 名 女〔建〕パーゴラ, つる棚《つるなどをはわせた棚を屋根にしたあずまや》;〔建〕屋上庭園

pe-ri~〔接頭辞〕「周囲・接近・強調」を示す

pe-ri-'car-dio [ぺ.り.'カる.ディオ] 名 男〔体〕心膜

p

pe-ri-car-'di-tis [ペ.り.カる.'ディ.ティス] 名 女〔単複同〕〔医〕心膜炎
pe-ri-'car-pio [ペ.り.'カる.ピオ] 名 男〔植〕果皮
pe-'ri-cia [ペ.'り.すぃア] 名 女 専門技術[知識], 熟練の技
pe-ri-cli-'tar [ペ.り.クリ.'タる] 動 自《格》衰える, 衰退する
pe-'ri-co [ペ.'り.コ] 名 男〔鳥〕(小型の)インコ;〔歴〕(昔の)かつら; (大きな)扇;〔遊〕〔スペイントランプ〕こん棒の馬;〔植〕(大きな)アスパラガス;《話》(寝室用の)便器;《(ｶﾘ)》《話》どこの誰それ ***huevos ~s***《(ｺﾛﾝﾋﾞｱ)》〔食〕いり卵, スクランブルエッグ
Pe-'ri-co [ペ.'り.コ] 名 固〔男性名〕ペリーコ《Pedro の愛称》 ~ ***el de los palotes***《話》どこの誰それ
*__pe-ri-'fe-ria__ [ペ.り.'フェ.りア] 94% 名 女 近郊, 郊外; 周囲, 外辺, 周辺, 周縁部
pe-ri-'fé-ri-co, -ca [ペ.り.'フェ.り.コ, カ] 形 郊外の; 周囲の, 周辺の 名 男〔複〕〔情〕周辺機器
pe-ri-'fo-llo [ペ.り.'フォ.ジョ] 名 男〔植〕セルフィーユ, チャービル《葉はスープ・サラダ用》;〔複〕《話》〔軽蔑〕安っぽくてけばけばしい装飾
pe-ri-fra-se+'ar [ペ.り.フら.セ.'アる] 動 自 冗長に言う, 回りくどく言う
pe-'rí-fra-sis [ペ.'り.フら.スィス] 名 女〔単複同〕〔言〕迂言(うげん)法, 迂言句, 迂言的表現《複数の語で一つの概念》; 冗長な表現
pe-ri-'frás-ti-co, -ca [ペ.り.'フらス.ティ.コ, カ] 形〔言〕迂言(うげん)法の; 回りくどい, 遠回しな
pe-ri-gas-'tri-tis [ペ.り.ガス.'トり.ティス] 名 女〔単複同〕〔医〕胃周囲炎
pe-ri-'ge+o [ペ.り.'へ.オ] 名 男〔天〕近地点《月や人工衛星が軌道上で地球に最も近づく点》
pe-ri+'he-lio [ペ.り.'エ.リオ] 名 男〔天〕近日点《惑星や彗星などが軌道上で太陽に最も近づく点》
pe-'ri-lla [ペ.'り.ジャ] 名 女〔体〕(人の下あごの)やぎひげ; 西洋ナシ形の装飾;〔畜〕鞍の前橋; 葉巻の吸い口;〔体〕耳たぶ ***¡De ~!***《話》ちょうどよかった!, これはいい! ***venir de ~***《話》ちょうどいい, うってつけである
pe-ri-'mé-tri-co, -ca [ペ.り.'メ.トり.コ, カ] 形 周囲の
pe-'rí-me-tro [ペ.'り.メ.トろ] 名 男 周囲(の長さ)
pe-ri-'mun-do [ペ.り.'ムン.ド] 名 男 周囲, 環境
pe-ri-na-'tal [ペ.り.ナ.'タル] 形〔医〕周産期の
pe-ri-'né 名 男 ⇩ perineo
pe-ri-ne+'al [ペ.り.ネ.'アル] 形〔体〕会陰(えいん)の
pe-ri-'ne+o [ペ.り.'ネ.オ] 名 男〔体〕会陰(えいん)部
pe-ri-'no-la [ペ.り.'ノ.ラ] 名 女〔遊〕(指で回す)小さなこま《賭け事などに用いる》; 西洋ナシ形の装飾;《話》小柄で活発な女性;《(ﾁﾘ)》《話》子供, 少年, 少女
pe-rio-di-ci-'dad [ペ.りオ.ディ.すぃ.'ダド] 名 女 周期性
‡**pe-'rió-di-co** [ペ.'りオ.ディ.コ] 79% 名 男 新聞; 新聞社 **~, -ca** 形 周期的な, 定期的な **-camente** 副 定期的に, 周期的に
pe-rio-di-'que-ro, -ra [ペ.りオ.ディ.'ケ.ろ, ら] 名 男 女《話》新聞売り;《話》〔笑〕新聞記者
*__pe-rio-'dis-mo__ [ペ.りオ.'ディス.モ] 92% 名 男 ジャーナリズム;〔集合〕新聞・雑誌
‡**pe-rio-'dis-ta** [ペ.りオ.'ディス.タ] 83% 名 共 ジャーナリスト, 新聞[雑誌]記者
pe-rio-'dís-ti-co, -ca [ペ.りオ.'ディス.ティ.コ, カ] 形 ジャーナリズムの, 新聞[雑誌]の
‡**pe-'rí+o-do**⇔**-'rio-** [ペ.'り.オ.ド⇔.'りオ.] 83% 名 男 時, 時期, 時代, 期間; 周期;〔医〕月経(期間)《periodo が使われる》;〔地質〕紀;〔楽〕楽節;〔言〕文《複数の節の集まり》
pe-rio-don-'ti-tis [ペ.りオ.ドン.'ティ.ティス] 名 女〔単複同〕〔医〕歯周炎, 歯根膜炎
pe-riof-tal-'mi-tis [ペ.りオフ.タル.'ミ.ティス] 名 女〔単複同〕〔医〕眼周囲炎
pe-ri-pa-'té-ti-co, -ca [ペ.り.パ.'テ.ティ.コ, カ] 形〔哲〕逍遥(しょうよう)学派の《アリストテレス Aristóteles 学派》
pe-ri-pa-te-'tis-mo [ペ.り.パ.テ.'ティス.モ] 名 男〔哲〕逍遥(しょうよう)学派
pe-ri-'pe-cia [ペ.り.'ペ.すぃア] 名 女〔文〕〔演〕(筋の)急転, どんでん返し;〔一般〕思いもかけない出来事, 波乱
pe-'ri-plo [ペ.'り.プロ] 名 男〔海〕世界周航
pe-ri-'pues-to, -ta [ペ.り.'プエス.ト, タ] 形《話》〔笑〕着飾った, めかしこんだ
pe-ri-'que-te [ペ.り.'ケ.テ]〔成句〕 ***en un ~***《話》すぐに
pe-ri-'qui-to [ペ.り.'キ.ト] 名 男〔鳥〕小型インコ
pe-ris-'co-pio [ペ.りス.'コ.ピオ] 名 男 潜望鏡; 展望鏡
pe-ri-so-lo-'gí+a [ペ.り.ソ.ロ.'ひ.ア] 名 女〔修〕冗語, 冗語法
pe-ris-'tál-ti-co, -ca [ペ.りス.'タル.

ティ.コ, カ] 形 〔体〕蠕動(ぜんどう)の

pe-ris-'ti-lo [ペ.りス.'ティ.ロ] 名 男 〔建〕周柱式, 列柱郭《列柱のある場所・中庭など》

pe-ri-'ta-je [ペ.り.'タ.へ] 名 男 (専門家による)鑑定; 鑑定書

pe-'ri-to, -ta [ペ.'り.ト, タ] 形 専門の, (en: に)精通した 名 男 女 熟練者, 達人, 技師, 専門家

pe-ri-to-'ne+o [ペ.り.ト.'ネ.オ] 名 男 〔体〕腹膜

pe-ri-to-'ni-tis [ペ.り.ト.'ニ.ティス] 名 女 〔単複同〕〔医〕腹膜炎

*__per-ju-di-'car__ [ぺる.ふ.ディ.'カる] 92% 動 他 69 (c|qu) 害する, 傷つける, そこなう

per-ju-di-'cial [ぺる.ふ.ディ.'すぃアル] 形 (a, para: に)有害な, 害を与える

per-'jui-cio [ぺる.'ふイ.すぃオ] 名 男 害, 損失, 不利益, (利益の)侵害 ***con*** [***en***] ***~ de*** … …を犠牲にして, …に害を与えて ***sin ~ de*** … (不定詞/de que 接続法: …は)別として, …とはいえ

per-ju-'rar(-se) [ぺる.ふ.'らる(.セ)] 動 自 (再) 強く誓う; 偽りの誓いをする; 〔法〕偽誓[偽証]する

per-'ju-rio [ぺる.'ふ.りオ] 名 男 偽りの誓い; 〔法〕偽誓(罪), 偽証(罪)

per-'ju-ro, -ra [ぺる.'ふ.ろ, ら] 形 偽りの誓いをした, 誓いを破った 名 男 女 〔法〕偽誓[偽証]者 名 男 〔法〕偽誓, 偽証

*__'per-la__ ['ぺる.ラ] 93% 名 女 真珠; 真珠色; 大切な人[物] ***de ~s*** 《話》ちょうどうまい具合に, 見事に, すばらしく ***venir de ~s*** ちょうどよい, おあつらえむきだ

per-'la-do, -da [ぺる.'ラ.ド, ダ] 形 真珠色の; 真珠のような; «小麦が»精白した

per-'lé [ぺる.'レ] 名 男 〔衣〕綿の細い糸《レース編み用》

per-'le-che [ぺる.'レ.チェ] 名 男 〔医〕口角炎

per-le-'sí+a [ぺる.レ.'スィ.ア] 名 女 〔医〕(完全)麻痺(まひ); 〔医〕(手足の)しびれ, 中風

**__per-ma-ne-'cer__ [ぺる.マ.ネ.'せる] 81% 動 自 45 (c|zc) (形容詞・副詞: …の)ままでいる; (en: に)滞在する; (en: に)ある

*__per-ma-'nen-cia__ [ぺる.マ.'ネン.すぃア] 93% 名 女 逗留(とうりゅう), 滞在; 永久, 恒久不変, 耐久性

__per-ma-'nen-te__ [ぺる.マ.'ネン.テ] 88% 形 永久的な, いつまでも続く, 耐久性のある; 常時の, 変わることのない, 常任の 名 女 パーマ(ネント) *~mente*** 副 永久に, いつまでも

per-ma-'nez-co, -ca(~) 動 《直現1単, 接現》↑permanecer

per-man-ga-'na-to [ぺる.マン.ガ.'ナ.ト] 名 男 〔化〕過マンガン酸塩[エステル]

per-me+a-bi-li-'dad [ぺる.メ.ア.ビ.リ.'ダド] 名 女 透水性, 浸透性, 透過性

per-me+'a-ble [ぺる.メ.'ア.ブレ] 形 浸透する, 透水[透過]性の

per-mi-'si-ble [ぺる.ミ.'スィ.ブレ] 形 許される, 許された, 差しつかえない

per-mi-'sión [ぺる.ミ.'スィオン] 名 女 許可, 免許, 許容, 許諾, 認可

per-mi-'si-vo, -va [ぺる.ミ.'スィ.ボ, バ] 形 容認する, 寛大な

__per-'mi-so__ [ぺる.'ミ.ソ] 88% 名 男 許可, 許し, 認可; 許可書, 免状; 一時休暇 *¡Con ~!*** 失礼します《場を離れるときや人の前を通るときなどに用いる》

__per-mi-'tir__ [ぺる.ミ.'ティる] 71% 動 他 許す, 許可する; (a: に)〈不定詞/que 接続法: …するのを〉許す; (a: に)〈不定詞: …を〉可能にする, 差しつかえなくする *~se*** 動 再 許される; 自分に許す; 勝手に〈不定詞: …〉する, 失礼を省みず〈不定詞: …〉する

per-'mu-ta [ぺる.'ム.タ] 名 女 交換, やりとり; 交代

per-mu-ta-'ción [ぺる.ム.タ.'すぃオン] 名 女 《格》交換; 〔数〕順列

per-mu-'tar [ぺる.ム.'タる] 動 他 《格》(con: と)交換する, 取り換える, 交代する

per-'na-da [ぺる.'ナ.ダ] 名 女 蹴(け)ること, 蹴とばすこと, 足蹴り ***derecho de ~*** 〔歴〕領主の初夜権

per-ne+'ar [ぺる.ネ.'アる] 動 自 足をばたつかせる

per-'ne-ra [ぺる.'ネ.ら] 名 女 〔衣〕(ズボンの)脚の部分

per-ni-'cio-so, -sa [ぺる.ニ.'すぃオ.ソ, サ] 形 名 男 女 有害な, 破壊的な, 致命的な; 《(コロンビア)》《話》怠け者(の), 怠惰な(人); 酒に酔った(人)

per-'nil [ぺる.'ニル] 名 男 〔動〕(動物の)腿(もも); 〔食〕もも肉, 足肉; 〔衣〕(ズボンの)脚の部分

'per-nio ['ぺる.ニオ] 名 男 〔建〕蝶番(ちょうつがい), ヒンジ

'per+no ['ぺる.ノ] 名 男 〔建〕ボルト

per-noc-ta-'ción [ぺる.ノク.タ.'すぃオン] 名 女 宿泊, 外泊

per-noc-'tar [ぺる.ノク.'タる] 動 自 宿泊する, (旅先で)夜を過ごす

__pe+ro__ [ペ.ろ] 47% 接 〔弱勢〕 **1 しかし…, でも…, …(である)が…《逆接》: Quiero ir, **pero** no puedo. 私は行きたいが行けない。 **2** 《話》…だというのに; 大変…, それにしても, 一体《強調》: ¡**Pero** si yo no tengo la culpa! でも僕は悪くないのに! **3** さて《話題を変える》: Pero vamos a cambiar de tema. さて, 話題を変えよう。 名 男 反対, 異議, 異存, 「しかし」という言葉; 難点, 欠点 ***poner ~s*** (a: に)難癖をつける ***sin***

p

| *un* ~ 完璧(かんぺき)な, 完全な 名 男 〔植〕ナシリンゴ

pe-ro-gru-'lla-da [ぺ.ろ.グる.'ジャ.ダ] 名 女 《話》わかりきったこと

pe-ro-gru-'lles-co, -ca [ぺ.ろ.グる.'ジェス.コ, カ] 形 《話》わかりきった, 当たり前の

pe-ro-'gru-llo [ぺ.ろ.'グる.ジョ] 〔成句〕 *de* ~ 《話》わかりきった, 当たり前の

pe-'rol [ぺ.'ろル] 名 男 〔食〕(丸底の)深鍋; 《(ベネズエラ)》ブリキの容器; 《(ベネズエラ)》《話》(漠然とした)もの, こと

pe-'ro-la [ぺ.'ろ.ラ] 名 女 《(ベネズエラ)》ブリキの容器

pe-ro-'me-lia [ぺ.ろ.'メ.リア] 名 女 〔医〕奇肢症

pe-ro-'né [ぺ.ろ.'ネ] 名 男 〔体〕腓骨(ひこつ)《下腿の細長い骨》

pe-ro-'nis-mo [ぺ.ろ.'ニス.モ] 名 男 〔政〕ペロン主義, ペロニスモ《ペロンが始めた民衆を基盤とする政治運動; Juan Domingo Perón, 1895–1974, アルゼンチンの政治家・大統領; 在任 1946–55, 73–74》

pe-ro-'nis-ta [ぺ.ろ.'ニス.タ] 形 〔政〕ペロン主義の 名 共 〔政〕ペロン主義者 ⬆peronismo

pe-ro-'rar [ぺ.ろ.'らる] 動 自 演説する, 詳述する, 熱弁をふるう

pe-ro-'ra-ta [ぺ.ろ.'ら.タ] 名 女 長くてつまらない演説, 長広舌

pe-'ró-xi-do [ぺ.'ろク.スィ.ド] 名 男 〔化〕過酸化物

per-pen-di-cu-'lar [ぺる.ペン.ディ.ク.'ラる] 形 垂直の, 直立した, (a: に)直角の, 直交する 名 女 垂線, 垂直

per-pe-tra-'ción [ぺる.ペ.トら.'すぃオン] 名 女 《格》犯罪, 犯行

per-pe-'trar [ぺる.ペ.'トらる] 動 他 《格》〈悪事・犯罪を〉犯す

per-pe-tua-'ción [ぺる.ペ.トゥア.'すぃオン] 名 女 永続, 永久化, 不朽化, 保存

per-pe-'tuar [ぺる.ペ.'トゥアる] 動 他 永存[永続]させる ~**se** 動 再 永続する, 永久保存される

per-pe-tui-'dad [ぺる.ペ.トゥイ.'ダド] 名 女 永続, 永存, 不滅, 永劫(えいごう) *a* ~ 永遠に

*__per-'pe-tuo, -tua__ [ぺる.'ペ.トゥオ, トゥア] 93% 形 永久的な, 不朽の, 永続的な, いつまでも続く; 終身の

per-ple-ji-'dad [ぺる.プレ.ひ.'ダド] 名 女 当惑, 途方に暮れること

*__per-'ple-jo, -ja__ [ぺる.'プレ.ほ, は] 94% 形 困った, 途方に暮れた, まごついた

'pe-rra ['ぺ.ら] 名 女 〔動〕雌イヌ[犬]; 《(スペイン)》《話》(わずかな)金; 《(スペイン)》《話》ほしくてたまらないこと; (子供の)泣きわめき, かんしゃく, だだをこねること *¡Para ti la ~ gorda!* 《話》もう勝手にしろ!

pe-'rre-ra [ぺ.'れ.ら] 名 女 〔畜〕犬小屋; 《話》骨が折れる仕事, 割の合わない仕事; 《話》(子供の)泣きわめき, かんしゃく; 不機嫌; 《俗》給料の支払いをけちるやつ

pe-rre-'rí+a [ぺ.れ.'り.ア] 名 女 汚い手, ずるさ; ひどい言葉

pe-'rri-llo 〔縮小語〕⬇perro

pe-'rri-to 〔縮小語〕⬇perro

'pe-rro ['ぺ.ろ] 74% 名 男 〔動〕イヌ[犬], 雄イヌ; 《話》くだらないやつ, 下劣な男, やつ; 忠実な人, 下僕; 洗濯ばさみ ~, **-rra** 形 《俗》ひどい, 大変な *como el ~ del hortelano* 《話》大変けちで *como el ~ y el gato* 犬と猫のように《仲が悪いこと》 *de ~s* 《話》ひどい, ひどく悪い, みじめな *inflar* [*hincar*] *el ~* 《話》誇張する, 大げさにする *llevarse como el ~ y el gato* 《話》とても仲が悪い, 犬猿の仲である *morir como un ~* のたれ死にする ~ *caliente* 〔食〕ホットドッグ ~ *viejo* 《話》老獪(ろうかい)な人, 世知にたけた人

pe-'rru+no, -na [ぺ.'る.ノ, ナ] 形 〔畜〕イヌ[犬]の, 犬に関する **-na** 名 女 〔畜〕犬用のパン, ドッグフード

*__'per-sa__ ['ぺる.サ] 94% 形 〔地名〕ペルシャ(人)の ⬇Persia; 〔言〕ペルシャ語の 名 共 ペルシャ人 名 男 〔言〕ペルシャ語

*__per-se-cu-'ción__ [ぺる.セ.ク.'すぃオン] 92% 名 女 迫害; 追跡, 追撃; (目的の)追求

per-se-cu-'to-rio, -ria [ぺる.セ.ク.'ト.りオ, りア] 形 迫害の

per-se-gui-'dor, -'do-ra [ぺる.セ.ギ.'ドる, 'ド.ら] 形 迫害者; 追跡者; 〔法〕原告

per-se-'guir [ぺる.セ.'ギる] 90% 動 他 ⑭ (e|i; gu|g) 追跡する; 〈目的を〉追い求める, 追求する; (しつこく)つきまとう, 悩ます; 〔宗〕〔政〕迫害する

Per-'se+o [ぺる.'セ.オ] 名 固 〔ギ神〕ペルセウス《メドゥーサ Medusa を退治した英雄》; 〔天〕ペルセウス座

Per-'sé-po-lis [ぺる.'セ.ポ.リス] 名 固 〔地名〕ペルセポリス《イラン中南部の町; アケメネス朝ペルシャの遺跡がある》

per-se-ve-'ran-cia [ぺる.セ.ベ.'らン.すぃア] 名 女 忍耐, 根気, 粘り強さ

per-se-ve-'ran-te [ぺる.セ.ベ.'らン.テ] 形 辛抱強い, 根気のよい

per-se-ve-'rar [ぺる.セ.ベ.'らる] 動 自 (en 不定詞: …)し続ける, (en: に)固執する, (en: を)最後までやり通す; 忍耐[辛抱]する

'Per-sia ['ぺる.スィア] 名 固 〔歴〕〔地名〕ペルシャ《イラン Irán の旧称》; 〔歴〕〔地名〕ペルシャ帝国

per-'sia-na [ぺる.'スィア.ナ] 名 女 〘建〙(板すだれ式の)日よけ, (巻き上げ式の)ブラインド; よろい戸; 〘衣〙 絹のプリント生地 *enrollarse más que una* ~ 《話》 ひどくおしゃべりである, ごたごたと話す

per-'sia-no, -na 形 ⇧ persa

'pér-si-co, -ca ['ぺる.スィ.コ, カ] 形 ⇧ persa 名 男 〘植〙 モモ[桃] 《木と実》

'Pér-si-co ['ぺる.スィ.コ] 名 固 〔golfo ~〕〘地〙 ペルシャ湾

per-'si-g~ 動 《活用》 ⬆perseguir

per-sig-'nar [ぺる.スィグ.'ナる] 動 他 ‹に›十字を切る, ‹に›十字の印を書く ~**se** 動 再 十字を切る《驚いた時など》; 驚く, 驚いた様子を見せる

per-sis-'ten-cia [ぺる.スィス.'テン.すぃア] 名 女 頑固さ, 固執

per-sis-'ten-te [ぺる.スィス.'テン.テ] 形 頑固な, 固執する

***per-sis-'tir** [ぺる.スィス.'ティる] 93% 動 自 (en: 自分の考えなどを)あくまでも通す, 強く主張する, (en: に)固執する; 続く, 存続する

⁑**per-'so-na** [ぺる.'ソ.ナ] 63% 名 女 人, 個人; 人物, 人格, 人柄; 〘言〙 人称 *de* ~ *a* ~ (人と)一対一で *en* ~ 自分で, (代理人でなく)本人が *... en* ~ …そのもの(の人) ~ *jurídica* 〘法〙 法人 ~ *mayor* 大人(おとな) *por* ~ 一人につき

⁑**per-so-'na-je** [ぺる.ソ.'ナ.へ] 80% 名 男 名士, 偉い人, 大物, 重要人物; 〘文〙〘演〙 登場人物

⁑**per-so-'nal** [ぺる.ソ.'ナル] 77% 形 個人的な, 個人に関する, 一身上の, 私的な; 本人の, 自身の, (本人が)直接の; 〘言〙 人称の 名 男 〔全体〕 職員, 社員, 隊員; 人事; 《話》〔集合〕 人々, 人の集まり

per-so-na-li-'cé, -ce(~) 動 《直点 1 単, 接現》 ⬇personalizar

⁑**per-so-na-li-'dad** [ぺる.ソ.ナ.リ.'ダド] 85% 名 女 個性, 性格, 人柄, 人格, 人間性, パーソナリティー; 有名人, 名士; 〔複〕 人物評, 人身攻撃

per-so-na-li-'zar [ぺる.ソ.ナ.リ.'さる] 動 他 ㉞ (z|c) 人格化する; ‹個人に›言及する, ‹人の›名を挙げる; 個人用にする; 〘言〙 ‹非人称動詞を›人称化する; 〘情〙 カスタマイズする

⁑**per-so-'nal-'men-te** [ぺる.ソ.'ナル.'メン.テ] 90% 副 自ら, 自分で, 本人が, 個人で, 個人として; 《文修飾》 自分としては

per-so-'nar-se [ぺる.ソ.'ナる.セ] 動 再 (en: に)現れる, 姿を見せる, 出頭する; 会合する, 集まる

per-so-ni-fi-ca-'ción [ぺる.ソ.ニ.フィ.カ.'すぃオン] 名 女 擬人化, 人格化; 権化, 化身

per-so-ni-fi-'car [ぺる.ソ.ニ.フィ.'カる] 動 他 ㊾ (c|qu) 擬人化する, 人格化する, ‹に›人格[人性]を与える; ‹の›権化である ~**se** 動 再 人格化される, 具現される

pers-pec-'ti-vo, -va [ペ(る)ス.ペク.'ティ.ボ, バ] 形 〘絵〙 透視画法の, 遠近法の -**va** 名 女 視野, 観点, 見地; 見込み, 予想; 遠景, 眺望; 〘絵〙 遠近画法, 透視画法, 透視図画

pers-pi-'ca-cia [ペ(る)ス.ピ.'カ.すぃア] 名 女 洞察力(のあること), 先見の明

pers-pi-'caz [ペ(る)ス.ピ.'カす] 形 先見の明がある, 洞察力のある; «視覚が»鋭敏な, 視力がよい

pers-pi-cui-'dad [ペ(る)ス.ピ.クイ.'ダド] 名 女 《格》 明快なこと, わかりやすさ

'pers-pi-cuo, -ca ['ペ(る)ス.ピ.クオ, カ] 形 《格》 明快な, 明瞭な

***per-sua-'dir** [ぺる.スア.'ディる] 94% 動 他 ‹に› (de: を)信じさせる, 納得させる; 説き伏せる, 説得して(a 不定詞/para que 接続法: …)させる ~**se** 動 再 (de: を)納得する, 確信する

per-sua-'sión [ぺる.スア.'スィオン] 名 女 説得, 説得力; (はっきりした証拠などによる)確信, 信念

per-sua-'si-vo, -va [ぺる.スア.'スィ.ボ, バ] 形 説得力のある, 口のうまい

⁑**per-te-ne-'cer** [ぺる.テ.ネ.'せる] 82% 動 自 ㊺ (c|zc) (a: の)ものである, (a: に)所属する, (a: の)部類に入る; (a: の)役目である, 権限である

***per-te-ne-'cien-te** [ぺる.テ.ネ.'すぃエン.テ] 91% 形 (a: に)属する, (a: の)所有の

per-te-'nen-cia [ぺる.テ.'ネン.すぃア] 名 女 所属, 所有; 所持品, 財産, 資産, 所有物; 所有権

per-te-'nez-co, -ca(~) 動 《直現 1 単, 接現》 ⬆pertenecer

'pér-ti-ga ['ぺる.ティ.ガ] 名 女 棒, さお; 〘競〙 (棒高跳びの)ポール *salto con* ~ 〘競〙 棒高跳び

'pér-ti-go ['ぺる.ティ.ゴ] 名 男 (荷車などの)梶棒(かじぼう)

per-ti-'na-cia [ぺる.ティ.'ナ.すぃア] 名 女 《格》 しつこさ, 執拗(しつよう)さ, 頑固; 永続, 持続

per-ti-'naz [ぺる.ティ.'ナす] 形 固執する, 頑固な, しつこい; 長期にわたる; 不屈の, 堅忍不抜の

per-ti-'nen-cia [ぺる.ティ.'ネン.すぃア] 名 女 《格》 適切, 適当; 《格》 関連性

per-ti-'nen-te [ぺる.ティ.'ネン.テ] 形 《格》 適切な, 当を得た; 関連の, (a: に)関係のある *en lo* ~ *a* ... …に関して

per-tre-'char [ぺる.トれ.'チャる] 動 他 〘軍〙 ‹軍隊に› (con, de: を)供給[補給]する

～se 動 再〘軍〙(con, de: が)供給[補給]される

per-'tre-cho [ぺる.'トれ.チョ] 名 男〔複〕〘軍〙糧食, 兵糧;〔複〕道具, 用具, 工具

per-tur-ba-'ción [ぺる.トゥる.バ.'すぃオン] 名 女 騒動, 動乱; 心の動揺, 狼狽(ろうばい), 不安, 心配

per-tur-'ba-do, -da [ぺる.トゥる.'バ.ド, ダ] 形 動揺した, 錯乱した 名 男 女〘医〙精神錯乱者

per-tur-ba-'dor, -'do-ra [ぺる.トゥる.バ.'ドる, 'ド.ら] 形 乱す, 騒がす 名 男 女 騒がす人, 騒乱者

per-tur-'bar [ぺる.トゥる.'バる] 動 他 (かき)乱す, 騒がせる; 動揺させる, 狼狽(ろうばい)させる ～se 動 再 気が動転する

**Pe-'rú [ペ.'る] 83% 名 固 〔(el) ～〕〔República del ～〕〘地名〙ペルー《南アメリカ西部の共和国》 *valer un ～* 途方もない価値がある

pe-rua-'nis-mo [ペ.るア.'ニス.モ] 名 男〘言〙ペルーのスペイン語用法

pe-'rua-no, -na [ペ.'るア.ノ, ナ] 87% 形〘地名〙ペルー(人)の 名 男 女 ペルー人 ⬆Perú

per-ver-si-'dad [ぺる.べる.スィ.'ダド] 名 女 邪悪, 凶悪

per-ver-'sión [ぺる.べる.'スィオン] 名 女 堕落, 腐敗,; 倒錯

per-'ver-so, -sa [ぺる.'べる.ソ, サ] 形 《人が》邪悪な, 凶悪な, よこしまな;〔笑〕《子供が》いたずら好きの 名 男 女 邪道に陥った人, 倒錯者

per-ver-'tir [ぺる.べる.'ティる] 動 他 ⑥⑤ (e|ie|i) 堕落させる, 〈風紀を〉乱す ～-se 動 再 邪道に陥る, 道を誤る

per-vi-'ven-cia [ぺる.ビ.'ベン.すぃア] 名 女 存続, 残存

per-vi-'vir [ぺる.ビ.'ビる] 動 自 存続する, 残存する

'pe-sa 名 女 分銅, おもり;〔複〕〘競〙亜鈴(あれい), バーベル, バー

pe-sa-'car-tas [ペ.サ.'カる.タス] 名 男〔単複同〕手紙秤(ばかり)

pe-sa-'dez [ペ.サ.'デす] 名 女〘医〙(胃の)もたれ, (頭の)重さ, (体の)だるさ;《話》退屈さ, うるさがらせること; 面倒なこと, いやなこと; 重いこと, 重さ

*__pe-sa-'di-lla__ [ペ.サ.'ディ.ジャ] 92% 名 女 悪夢; 恐ろしいこと[経験], 恐怖感; 不安の種, 気がかりなこと

pe-'sa-do, -da 85% 形 重い; 《人が》やっかいな, 面倒な, しつこい; 退屈な, うんざりする;〘食〙《食べ物が》胃にもたれる, しつこい;〘気〙《天候が》陰気な, どんよりした; 《気分が》重苦しい, うっとうしい, 心が晴れない, 《頭が》重い; 威圧的な; 鈍い, 軽快でない, のろのろした, 不器用な; つらい, 大変な, 難しい 名 男 女 うるさい人, わずらわしい人 名 男〘競〙《ボクシング》ヘビー級 **-da** 名 女 (1回の)計量, 計ること; 重さ, 目方 **-da-mente** 副 重そうに; うるさく, しつこく; ゆっくりと, のろく

pe-sa-'dum-bre [ペ.サ.'ドゥン.ブれ] 名 女 深い悲しみ, 悲嘆, 悲痛; 悩み, 心配, 困難, 不快

'pé-sa-me 名 男 悔やみ, 弔詞(ちょうし)

pe-san-'tez [ペ.サン.'テす] 名 女〘物〙重力, 引力

pe-'sar [ペ.'サる] 74% 動 自 重い; 重さが…である; (en: に)強い影響を与える; (en, sobre: に)かかる, 重荷となる, 圧迫する; 悲しませる, 悩ませる, 悔やむ 動 他 重さを計る, (手などにのせて)重さをみる; (比べて)検討する, 吟味する 名 男 悲しみ, 悲嘆; 悲しいこと, 悲しみの種, 不幸; 難儀, 苦難; 残念, 後悔, 遺憾 *a mi ～* 私の意に反して, いやいやながら *a ～ de* … …にもかかわらず, …をものともせずに *mal que te[le] pese* いやでも *pese a* … ⬆a pesar de

pe-'sa-rio [ペ.'サ.りオ] 名 男〘医〙ペッサリー《位置矯正用・避妊用の膣内器具》

pe-sa-'ro-so, -sa [ペ.サ.'ろ.ソ, サ] 形 後悔している, 悔悟の; 悲しむ, 悲嘆に暮れる

'pes-ca 89% 名 女〘魚〙釣り, 漁;〘海〙漁業;〘海〙漁獲(高);〘魚〙〔集合〕(漁獲された)魚

pes-'ca-da 名 女〘魚〙メルルーサ《タラ科の食用魚》⇧merluza

pes-ca-de-'rí-a [ペス.カ.デ.'り.ア] 名 女〘商〙魚屋, 鮮魚店

pes-ca-'de-ro, -ra [ペス.カ.'デ.ろ, ら] 名 男 女〘商〙〔人〕魚屋, 鮮魚商

pes-ca-'di-lla [ペス.カ.'ディ.ジャ] 名 女〘魚〙メルルーサの幼魚 ⬆merluza

pes-ca-'di-to 〔縮小語〕⬇pescado

pes-'ca-do 89% 名 男〘食〙魚, 魚肉;〘食〙塩タラ

*__pes-ca-'dor, -'do-ra__ [ペス.カ.'ドる, 'ド.ら] 93% 名 男 女〘海〙釣り人, 漁師 形〘海〙釣りの, 漁業の 名 男〘魚〙アンコウ

pes-'can-te 名 男 (馬車の)御者台;〘海〙(ボート・錨(いかり)の)吊(つ)り柱, ダビッド;〘演〙(舞台の)迫(せ)り《役者や大道具を上げ下げする仕掛け》

*__pes-'car__ [ペス.'カる] 93% 動 他 ⑥⑨ (c|qu)〘魚〙〈魚を〉釣る, 〈の〉漁をする;《話》うまく捕らえる, つかまえる;《話》〘医〙〈病気に〉かかる;《話》〈が〉わかる, 理解する 動 自〘魚〙漁をする, 釣りをする

pes-co-'zón [ペス.コ.'そン] 名 男 首をぶつこと, 首筋を殴ること

pes-'cue-zo [ペス.'クエ.そ] 名 男〘動〙

(動物の)首;《俗》〔体〕(人の)首
'**pe+se** 動《接現 3 単》⬆pesar
pe-'se-bre [ペ.'セ.ブれ] 名 男〔畜〕かいば桶(おけ), まぐさ桶
pe-'se-ta 名 女〔経〕ペセータ《スペインの旧通貨》;《話》財産 ***cambiar la ～***《話》吐く, もどす
pe-se-'te-ro, -ra [ペ.セ.'テ.ろ, ら] 形《スペイン》けちな 名 男 女 けちんぼ, しみったれ《人》
*__pe-si-'mis-mo__ 94% 名 男 悲観主義, 悲観論, 厭世主義, 厭世観
*__pe-si-'mis-ta__ 93% 形 悲観的な, 厭世的な 名 共 悲観[厭世]主義者, ペシミスト
*'**pé-si-mo, -ma** 94% 形 とても悪い, 最悪の, 最低の
'__pe+so__ 80% 名 男 重さ, 重量, 体重; 重み, 重要性, 勢力, 有力; 重荷, 重圧, 責任, 負担;〔経〕ペソ《キューバ・メキシコ・コロンビア・チリ・ウルグアイ・アルゼンチンの通貨》; 重苦しさ, だるさ;〔競〕〔砲丸投げ〕砲丸;〔競〕〔ボクシング〕ウエイト; 分銅, おもり; はかり, ヘルスメーター ***a [al] ～*** 重さで ***a ～ de oro*** 高価に, 高い値で ***caer por su propio ～ [caerse de su ～]*** 自明の理である ***de ～*** 決定的な, 重みのある, 影響力のある ***hacer ～*** 重くする, 重みをつける ***levantamiento de ～***〔競〕重量挙げ ***～ corrido***(量の)おまけ ***lanzamiento de ～***〔競〕砲丸投げ
pes-pun-'tar 動 他 ⇩ pespuntear
pes-'pun-te 名 男〔衣〕返し縫い
pes-pun-te+'ar [ペス.プン.テ.'アる] 動 他〔衣〕〈に〉返し縫いをする
pes-'qué, -que(～) 動《直点 1 単, 接現》⬆pescar
pes-que-'rí+a [ペス.ケ.'り.ア] 名 女 漁業; 漁場
pes-'que-ro, -ra [ペス.'ケ.ろ, ら] 形 漁の, 漁業の, 魚釣りの 名 男 釣り舟, 漁船
'**pes-quis** ['ペス.キス] 名 男《話》鋭さ, 眼識, 明敏
pes-'qui-sa [ペス.'キ.サ] 名 女 調査, 取り調べ, 研究
pes-qui-'sar [ペス.キ.'サる] 動 他 調査する, 捜査する
*__pes-'ta-ña__ [ペス.'タ.ニャ] 94% 名 女 まつげ;〔衣〕(裾などの)ふさべり, 縁飾りのフリンジ; 縁, へり, 端;〔技〕フランジ, 突縁;〔複〕〔植〕(葉の)細毛;〔情〕タブ ***echar una ～***《チリ》《話》短い昼寝をする ***quemarse las ～s*** 夜遅くまで仕事[勉強]する
pes-ta-ñe+'ar [ペス.タ.ニェ.'アる] 動 自 まばたきする, 目をぱちくりする;《話》生きている
pes-ta-'ñe+o [ペス.タ.'ニェ.オ] 名 男 まばたき
pes-ta-'ñi-na [ペス.タ.'ニィ.ナ] 名 女《コロンビア》アイシャドー
'**pes-te** 名 女〔医〕疫病, 伝染病;〔特に〕〔医〕ペスト, 黒死病;《話》害毒;《話》悪臭 ***decir [echar] ～s***《話》(de: の)ひどい悪口を言う
pes-ti-'ci-da [ペス.ティ.'すぃ.ダ] 名 男〔農〕殺虫剤, 農薬
pes-'tí-fe-ro, -ra 形 ⇩ pestilente
pes-ti-'len-cia [ペス.ティ.'レン.すぃア] 名 女 悪疫, 疫病; 悪臭
pes-ti-len-'cial [ペス.ティ.レン.'すぃアル] 形 悪臭のある
pes-ti-'len-te 形〔医〕伝染病の, 感染しやすい; 有毒な, やっかいな; 悪臭のある, ひどいにおいの 名 男 女〔医〕ペスト患者
pes-'ti-llo [ペス.'ティ.ジョ] 名 男〔建〕(ドアなどの)差し[スライド]錠, 掛け金, (ドアロックの)舌, 締まり;《カリブ》《話》恋人
pes-'ti-ño [ペス.'ティ.ニョ] 名 男〔食〕ペスティーニョ《蜂蜜をかけた揚げ菓子》
pes-'to-so, -sa 形 悪臭のある 名 男 女 やっかい者, 面倒な人
pe-'su-ña [ペ.'ス.ニャ] 名 女《中米》景品, おまけ;《アンデス》《話》(人の)足の悪臭
pe-ta～〔接頭辞〕〔数〕「10 の 15 乗」を示す
pe-'ta-ca 名 女 シガレットケース; 刻みタバコ入れ; 革製のトランク;《ラ米》スーツケース ***hacer la ～***《話》シーツを二つ折りにしてベッドに入れないようにする《いたずら》
pe-ta-'cón, -'co-na 形《中米》背にこぶがある;《メキシコ》尻(しり)の大きい;《アンデス》ずんぐりした
'**pé-ta-lo** ['ペ.タ.ロ] 名 男〔植〕花弁, 花びら
pe-'tan-ca 名 女〔競〕ペタンク《標的に金属球をころがして近さを競うゲーム》
pe-'tar [ペ.'タる] 動 他《話》«不定詞: …が»したい, «が»ほしい 動 自《話》故障する, 動かなくなる
pe-tar-'da-zo [ペ.タる.'ダ.そ] 名 男《話》退屈なこと;《話》大失敗;《話》爆発
pe-tar-de+'ar [ペ.タる.デ.'アる] 動 他〔軍〕(爆薬で)〈城門を〉破壊する;〈爆薬を〉投げる;〈金を〉だまし取る 動 自〔車〕バックファイヤを起こす
pe-tar-'dis-ta [ペ.タる.'ディス.タ] 名 共《話》詐欺(さぎ)師, ペテン師
pe-'tar-do [ペ.'タる.ド] 名 男 爆竹; 爆破装置, 爆薬;《話》ペテン, 詐欺(さぎ);《話》退屈なもの;《俗》醜い人
pe-'ta-te 名 男《ラ米》寝ござ, ござ, むしろ; 旅行の荷物, 身の回り品;《話》ペテン師, かたり;《話》悪党, やくざ者 ***liar el ～*** 荷物をまとめる;《話》死ぬ
Pe-'tén 名 固〔地名〕ペテン《グアテマラ北部の県》

pe-te-'ne-ra [ペ.テ.'ネ.ら] 名 女 《スペイン》〔楽〕 ペテネーラ 《アンダルシア地方の民謡》 *salir por ~s* わき道にそれる, とんちんかんなことを言う[する]

pe-'te-quia [ペ.'テ.キア] 名 女 〔医〕 点状出血

pe-ti-'ción [ペ.ティ.'すぃオン] 89% 名 女 依頼, 要求, 請願, 陳情, 嘆願; 請願書, 陳情書, 嘆願書 *a ~ de* … …の要求[申請, 請求]により *~ de mano* プロポーズ

pe-ti-'co-te 名 男 《中米》〔衣〕 アンダースカート, ペチコート

pe-ti-'me-tre, -tra [ペ.ティ.'メ.トれ, トら] 名 男 女 しゃれ者, めかし屋, ダンディー

pe-ti-'po+a 名 男 〔複〕 《中米》〔植〕 グリンピース

pe-ti-'pú+a 名 男 〔複〕 《カリブ》《ベネズエラ》〔植〕 グリンピース

pe-ti-'rro-jo [ペ.ティ.'ろ.ほ] 名 男 〔鳥〕 ヨーロッパコマドリ, ロビン

pe-'ti-so 形 名 男 女 《アンデス》《チリ》《ラプラタ》 小さな(人), 背が低い(人)

pe-ti-'to-rio, -ria [ペ.ティ.'ト.りオ, りア] 形 嘆願の, 請願の; 募金の 名 男 要求, 要請; (薬局の)医薬品リスト

pe-'ti-zo 形 名 男 女 《アンデス》《チリ》《ラプラタ》 ⇧ petiso

'pe+to 名 男 〔歴〕 (よろいの)胸当て; 〔衣〕 よだれかけ; 胸当て, 胸飾り; 〔動〕 (カメ[亀]類の)腹甲

'Pe-tra ['ペ.トら] 名 固 〔女性名〕 ペトラ

pe-'tral [ペ.'トらル] 名 男 〔畜〕 胸懸(むながい) 《馬具》

'pé-tre+o, +a ['ペ.トれ.オ, ア] 形 石の, 石に関する; 石のような; 〔地〕 石で覆われた, 石ころの多い

pe-tri-fi-ca-'ción [ペ.トり.フィ.カ.'すぃオン] 名 女 石化(作用), 石化物; 茫然(ぼうぜん)自失, 脱力

pe-tri-fi-'ca-do, -da [ペ.トり.フィ.'カ.ド, ダ] 形 石化した; 呆然(ぼうぜん)とした, 愕然(がくぜん)とした

pe-tri-fi-'car [ペ.トり.フィ.'カる] 動 他 ⑲ (c|qu) 石化する, 石のようにする; びっくり仰天させる, すくませる, 呆然(ぼうぜん)とさせる *~se* 動 再 石化する, 石のようになる; 足がすくむ, 仰天する, 呆然とする

pe-tro-'dó-lar [ペ.トろ.'ド.ラる] 名 男 〔経〕 オイルダラー

pe-tro-le+'ar [ペ.トろ.レ.'アる] 動 他 石油で汚す

pe-'tró-le+o [ペ.'トろ.レ.オ] 90% 名 男 〔鉱〕 石油

pe-tro-'le-ro, -ra [ペ.トろ.'レ.ろ, ら] 形 〔鉱〕 石油の, 石油に関する 名 男 〔海〕〔車〕 石油輸送船[車], 石油タンカー 名 男 女 〔商〕 石油業者; 《俗》 放火犯人

pe-tro-'lí-fe-ro, -ra [ペ.トろ.'リ.フェ.ろ, ら] 形 〔鉱〕 石油を産する, 含油の

pe-tro-'quí-mi-co, -ca [ペ.トろ.'キ.ミ.コ, カ] 形 〔化〕 石油化学の *-ca* 名 女 〔化〕 石油化学

pe-tu-'lan-cia [ペ.トゥ.'ラン.すぃア] 名 女 横柄(おうへい), 傲慢, 尊大; ずうずうしさ, 生意気

pe-tu-'lan-te [ペ.トゥ.'ラン.テ] 形 尊大な, 横柄な; ずうずうしい, 生意気な

pe-'tu-nia 名 女 〔植〕 ペチュニア

pe-yo-ra-'ti-vo, -va [ペ.ジョ.ら.'ティ.ボ, バ] 形 軽蔑的な, 蔑視的な

pe-'yo-te 名 男 《メキシコ》〔植〕 ペヨーテ, ウバタマ 《北米のサボテン, 幻覚性物質を含む》

'pez ['ペす] 86% 名 男 〔魚〕 魚; 獲物, 手に入れたもの; 《俗》 (形容詞: の)やつ 名 女 ピッチ, タール 《コールタールや松やにから作られるあめのような黒い物質》; 胎便 《生まれたばかりの赤ちゃんの出す便》; 〔P~〕〔天〕 うお座 *como ~ en el agua* 《話》 水を得た魚のように, 自由に, 快適に *estar ~* 《話》 (en: が)まったくできない *buen ~* 《話》 ずるがしこいやつ *~ gordo* 《話》 大物, 重要人物

pe-'zón [ペ.'そン] 名 男 〔体〕 乳頭, 乳首; 乳首状のもの; 〔植〕 (花・葉・実の)柄, 茎

pe-zo-'ne-ra [ペ.そ.'ネ.ら] 名 女 〔機〕 (車軸の)止めピン; 〔車〕 ハブキャップ

pe-'zu-ña [ペ.'す.ニャ] 名 女 〔動〕 ひづめ, 蹄(てい)

'pf 感 《話》 やれやれ, あーあ 《嫌悪》; 《擬音》 スー, シュー 《ガスなどの漏れる音》

pg. 略 ↑página

pH 略 =potencial de hidrógeno 〔化〕 ペーハー, ピーエイチ 《水素イオン指数》

'phi ['ピ] 名 女 〔言〕 ファイ, フィー 《ギリシャ語の文字 Φ, φ》

'pi 名 女 〔言〕 パイ, ピー 《ギリシャ語の文字 Π, π》; 〔数〕 円周率, パイ 《π》

pia-'do-so, -sa 形 哀れみ深い, 情け深い, 同情的な; 敬虔(けいけん)な, 信心深い

pia-'far [ピア.'ファる] 動 自 〔畜〕 «馬が» 前足でかく[打つ]

pia-'má-ter [ピア.'マ.テる] 名 女 〔体〕 (脳・脊髄の)軟膜

pia-'nis-ta 93% 名 共 〔楽〕 ピアニスト, ピアノ演奏者

pia-'nís-ti-co, -ca 形 〔楽〕 ピアノの, ピアノ音楽の

'pia+no 90% 名 男 〔楽〕 ピアノ 副 〔楽〕 ピアノで 《弱く, 弱音[弱声]で》

pia-'no-la [ピア.'ノ.ラ] 名 女 〔楽〕 ピアノラ 《自動ピアノ》

'piar ['ピアる] 動 自 ㉙ (i|í) 〔現2複

piais; 点 1 単 pie; 点 3 単 pio; 接 2 複 pieis] 〘鳥〙《ひな鳥が》ピヨピヨ[チーチー]と鳴く; 《話》ブツブツ言う, こぼす

'pia-ra ['ピア.ら] 名 女 〘畜〙 (豚の)群れ

'PIB ['ピブ] 略 =producto interno bruto 〘経〙 国内総生産

'pi+be, +ba 名 男 女 《ラプラタ》《話》子供, 若者 感 《ラプラタ》《話》やあ! 《親しみをこめた呼びかけ》

'pi+ca 名 女 槍(やり); 〘牛〙 (ピカドールの)槍; (石工の)鉄槌(てっつい), ハンマー; 《ラ米》不平, 不機嫌; 《ラ米》狭い道; 《カリブ》〘遊〙 ルーレット ***poner una ~ en Flandes*** 困難を排して目的を達成する

pi-'ca-cho 名 男 〘地〙 (とがった)山頂, 尖峰(せんぽう)

pi-'ca-da 名 女 ⇩ picadura

pi-ca-'de-ro [ピ.カ.'デ.ろ] 名 男 乗馬学校; (練習用の)馬場

pi-ca-'di-llo [ピ.カ.'ディ.ジョ] 名 男 〘食〙 みじん切り, 細かく刻んだもの; 〘食〙 挽(ひ)き肉料理

pi-ca-'di-to 名 男 《南米北》《話》〘食〙 酒のつまみ

*__pi-'ca-do, -da__ 91% 形 刺した, 突いた; つついた, 穴のあいた; 〘食〙 挽(ひ)いた, 細かく切った, 切り刻んだ; 虫に食われた; 〘体〙《歯が》虫歯の; 腹を立てた, むっとした; すっぱくなった; 〘海〙《海が》荒れた; 《カリブ》《話》酒に酔った 名 男 〘食〙 細かく刻むこと; 〘食〙 挽(ひ)き肉料理; 〘空〙 (飛行機などの)急降下; 〘楽〙 スタッカート; 石を削ること

pi-ca-'dor [ピ.カ.'ドる] 名 男 〘畜〙 調馬師; 〘牛〙 ピカドール 《騎馬で出場し槍で牛の首を突いて弱らせる役》; 〘食〙 肉切り台, まな板

pi-ca-'du-ra [ピ.カ.'ドゥ.ら] 名 女 (虫などが)刺すこと, かむこと; 虫食いの穴, かみ傷, 刺し傷, かみ跡; 刻みタバコ; 虫歯

pi-ca-'jo-so, -sa [ピ.カ.'ほ.ソ, サ] 形 《話》怒りっぽい, 激しやすい

*__pi-'can-te__ 94% 形 〘食〙 ピリッとする, 辛い; 《風刺などが》痛快な, 辛辣(しんらつ)な, きつい 名 男 〘食〙 (コショウなどが)ピリッとすること; 辛辣さ, あてつけ; 〘食〙 コショウ

pi-ca-pe-'dre-ro [ピ.カ.ペ.'ドれ.ろ] 名 男 石工

pi-ca-'plei-tos [ピ.カ.'プレイ.トス] 名 男 〔単複同〕《話》訴訟好きの人; 《話》〔軽蔑〕弁護士, 三百代言

pi-ca-'por-te [ピ.カ.'ポる.テ] 名 男 掛け金(がね), (ばね式の)錠前; 掛け金の鍵; ドアノッカー

__pi-'car__ [ピ.'カる] 89% 動 他 69 (c|qu) 《カ[蚊]・ノミなどが》食う, かむ, 刺す, かみつく; 《ハチ[蜂]・ブヨなどが》針で刺す; 〘鳥〙 (くちばしで)つつく, つついて食べる; 〈食べ物を〉つまむ, つつく, 軽く食べる; (ひどく)刺激する, ひりひりする; 〘気〙《寒さが》しみる, 《霜が》傷める; 〘食〙〈肉を〉挽(ひ)く, 〈野菜を〉切り刻む; 刺激する, そそる; 憤慨させる, 怒らせる; (とがった物で)ちくりと刺す, 〈に〉刺し傷をつける, 刺して穴をあける; 〘化〙《酸などが》腐食させる; 《悪口などが》こたえる, 苦しめる; 〘牛〙〈牛を〉槍(やり)で突く; 〘畜〙〈馬に〉拍車をかける; 〘楽〙 スタッカートで演奏する; 〈石を〉こつこつ削る; 《チリ》《話》悩ませる; 《ベネズエラ》〘競〙〈ボールを〉バウンドさせる 動 自 〘医〙 ちくちく痛む, (刺されて)痛む, ずきずきする, ちくちくする, かゆい; ちょっとかむ, つまむ, 〈に〉食いつく; 〘食〙《コショウなどが》効く, 辛い; (en, de: 知識・学問などを)かじる; (en: の)心得がある; 〘魚〙《魚が》えさに食いつく; くちばしでつつく; (en: に)とても近い, 接している, 紙一重である; 刺す, 突く; 《言葉などが》痛みを与える; だまされる; 〘空〙《飛行機などが》急降下する; ドアをたたく; 《ベネズエラ》《話》その場を去る, 行ってしまう　**~se 動 再 〘衣〙《衣服が》虫食いだらけになる; 〘化〙《金属が》さびる, 腐食する; 〘食〙《食べ物が》腐る, すっぱくなる; 〘医〙《歯が》虫歯になる; 《話》怒る, むっとする; 《話》(de: …)ぶる, 虚勢を張る; (自分の体を)刺す; (con: …がしたくて)たまらない; 〘海〙《海が》荒れる　~ ***muy alto*** 大きな野心を持つ ***¿Qué mosca te ha picado?*** 《話》一体どうしたんだ?

pi-car-'dí+a [ピ.カる.'ディ.ア] 名 女 いたずら(好き), ちゃめっ気; 卑猥(ひわい)なこと, いかがわしいこと; 卑しむべき[見下げた]行為; ずるさ, 悪賢さ; 〔集合〕悪党の一味[仲間]

pi-ca-'res-co, -ca [ピ.カ.'れス.コ, カ] 形 〘文〙 ピカレスク(文学)の, 悪漢を題材にした; 悪漢の　**-ca** 名 女 〘文〙 ピカレスク小説 《下層の主人公が自分の生涯の経験を語る小説; 1544 年の『ラサリージョ・デ・トルメスの生涯』Vida de Lazarillo de Tormes が最初で 17 世紀に流行した》; ならず者の生活, ずる賢さ; 〔集合〕ならず者, 悪漢

'pí-ca-ro, -ra ['ピ.カ.ろ, ら] 形 狡猾(こうかつ)な, ずるい; 悪党の(ような); だます, 人をかたる 名 男 女 ごろつき, ならず者, 悪党; 詐欺師, ペテン師; 《話》いたずら者

pi-ca-'rón, -'ro-na [ピ.カ.'ろン, 'ろ.ナ] 形 《話》いたずらの, ならず者の 名 男 女 いたずら者, ならず者

pi-ca-'tos-te 名 男 《スペイン》〘食〙 揚げパン

pi-ca-'zón [ピ.カ.'そン] 名 女 かゆいこと, かゆみ; 不快感, いらだち, 後悔

'pi-cha 名 女 《俗》ペニス

pi-'char ⇦ -che-'ar [ピ.'チャる ⇦ チェ.'アる] 動 自 《メキシコ》《中米》《カリブ》《ベネズエラ》〘競〙〔野球〕《ピッチャーが》投球する

pi-'char-se [ピ.'チャる.せ] 動 再 《ラプラタ》《話》恥ずかしがる

p

'pí-cher ['ピ.チェる] 名 共 《メキシコ》《中米》《カリブ》《ベネズエラ》〘競〙〔野球〕ピッチャー, 投手
Pi-'chin-cha 名 固〘地名〙ピチンチャ《エクアドル中北部の州》
pi-chi-'pi-chi 名 男 《スペイン》〘競〙〔サッカー〕得点王(のカップ)
pi-chi-rre+'ar [ピ.チ.れ.'アる] 動 自 《ベネズエラ》《話》けちけちする
pi-'chón 名 男 〘鳥〙 子バト ~, **-chona** 名 男 女 《話》私の好きな人, かわいい子 感《話》ねえ, お前, 君, あなた《呼びかけ》
pi-chu-le+'ar [ピ.チュ.レ.'アる] 動 他 《チリ》《話》だます, (de: を)からかう
pi-chu-'lín [ピ.チュ.'リン] 名 男 《チリ》《ラプラタ》《話》子供のおちんちん
'Pi-cio ['ピ.すぃオ]〔成句〕 ***más feo[a] que ~*** 《話》すごく醜い
'pi-cle ['ピ.クレ] 名 男〔複〕〘食〙漬け物, ピクルス
'píc-nic ['ピク.ニク] 名 男〔複 -nics〕ピクニック
'pi+co 86% 名 男 角(すみ); 少し, 少々; つるはし; 〘鳥〙くちばし; とがったもの, 先, 角(かど); 《話》口; おしゃべり; 〔un ~〕かなりの量, かなりの額; 〘地〙(先のとがった)山, 頂, 峰; 最高地点, 最高度, 絶頂; 〘鳥〙キツツキ; 《コロンビア》《話》キス, 接吻(せっぷん); 《ベネズエラ》〘鳥〙オオハシ; 《アンデス》《話》大量, 多数, たくさん; 《チリ》《俗》ペニス ***abrir el ~*** 《話》しゃべる ***andar de ~s pardos*** 《話》浮かれ騒ぐ ***cortado[da] a ~*** 垂直な, 切り立った ***de ~*** 《話》言葉だけで, 口先だけで ***~ de oro*** 《話》話が上手な人, 雄弁家
pi-co~〔接頭辞〕〘数〙「10 の-12 乗」を示す
pi-'cón 名 男 木炭《火鉢用》
pi-'cop [ピ.'コプ] 名 男〔複 -cops〕《メキシコ》《中米》〘車〙ピックアップ《無蓋(むがい)小型トラック》; (レコードプレーヤーの)ピックアップ; レコードプレーヤー
pi-'cor [ピ.'コる] 名 男 かゆみ, かゆいこと
pi-'co-ta 名 女〘歴〙(罪人の)さらし台; 〘建〙尖塔(せんとう), 塔の尖頂 ***poner en la ~*** (a: を)さらし者にする
pi-co-'ta-zo [ピ.コ.'タ.そ] 名 男 くちばしでつつくこと; つつかれた傷跡; 〘医〙虫刺され, 刺すこと, 刺し傷
pi-co-te+'ar [ピ.コ.テ.'アる] 動 他〘鳥〙くちばしでつつく 動 自〘鳥〙くちばしでつつく; 〘畜〙«馬が»頭を上下に揺らす; 《話》ペチャクチャしゃべる; 〘食〙食べ物をつまむ **~se** 動 再《話》«女性どうしが»口げんかする, 口論する
pi-co-'te+o 名 男《話》〘食〙つまみ; 軽食
pi-co-te-'rí+a [ピ.コ.テ.'り.ア] 名 女《話》おしゃべり
pi-co-'te-ro, -ra [ピ.コ.'テ.ろ, ら] 形 名 男 女《話》おしゃべり(の), 口数の多い(人), 多弁な(人)
'pí-cri-co, -ca ['ピ.クり.コ, カ] 形〘化〙ピクリン酸の
pic-to-gra-'fí+a [ピク.ト.グら.'フィ.ア] 名 女〘言〙〔集合〕絵文字
pic-to-'grá-fi-co, -ca [ピク.ト.'グら.フィ.コ, カ] 形〘言〙絵文字の
pic-to-'gra-ma [ピク.ト.'グら.マ] 名 男〘言〙〔個別〕絵文字
pic-'tó-ri-co, -ca [ピク.'ト.り.コ, カ] 形〘絵〙絵画の, 絵画的な; 絵になる
pi-'cu-do, -da 形 とがった, 鋭い; 〘動〙鼻面(はなづら)が突き出た; 《話》おしゃべりの, 多弁の 名 男〘食〙串, 焼き串
'pi+d~ 動《活用》↑pedir
pi-de-'ví+as [ピ.デ.'ビ.アス] 名 男〔単複同〕《中米》〘車〙ウィンカー
'pie 75% 名 男〘体〙足《足首から下の部分》; (物の)下の部分, 台, 脚, 基部, 根元, 〘地〙(山の)ふもと; フィート《長さの単位; 12 インチ, 約 30 センチ》; **1** 本, **1** 株; 歩み, 足取り; 〘文〙詩脚《詩の 1 行をなす単位》; (手紙の)結尾; 〘農〙(ブドウ・オリーブの)しぼりかす ***a cuatro ~s*** 四つんばいになって ***a ~*** 歩いて ***a ~ enjuto*** 足をぬらさないで; 努力しないで, わけなく ***a ~ llano*** 階段を使わずに; たやすく, 楽々と ***a ~s juntillas*** 足をそろえて; 疑わずに ***al ~ de ...*** …の根元[下, ふもと]に ***al ~ de la letra*** 文字通りに, 一字一句たがえず ***buscarle tres ~s al gato*** 《話》わざわざ危ないことをする, めんどうなことをする ***cojear del mismo ~*** 《話》同じ欠点を持つ ***con el ~ cambiado*** 不安定な姿勢で ***con los ~s*** とても悪く, ひどく, へたくそに ***con ~s de plomo*** 《話》慎重に ***dar ~*** (a: に)口実を与える ***de ~*** 立って(いる) ***de a ~*** 徒歩で[の] ***de ~s a cabeza*** 《話》まったく(の), 生粋の, 完全に ***echar ~ a tierra*** (馬・乗り物から)降りる ***echar ~ atrás*** 《話》しりごみする, 遠慮する ***en ~*** 立っている; 未解決のまま; そのままの状態で; 有効で ***estar en ~ de guerra*** 〘軍〙戦時態勢である ***hacer ~*** (水中で)足がつく, 沈まない ***nacer de ~*** 幸運の星の下に生まれる ***no dar ~ con bola*** 《話》失敗する, うまくいかない ***no tener ~s ni cabeza*** 《話》支離滅裂である, でたらめである ***parar los ~s*** (a: を)引き留める ***ponerse en [de] ~*** 立つ ***perder ~*** (水中で)足がつかない ***sacar los ~s de las alforjas*** 《話》急に大胆な行動をとる ***sin ~s ni cabeza*** 《話》支離滅裂の, でたらめの
pie-'ce-ro [ピエ.'せ.ろ] 名 男 ベッドの足を載せる部分

*pie-'dad 92% 名 女 哀れみ, 同情, 慈悲(心);〔宗〕信心;〔宗〕ピエタ《イエスの遺体を抱く聖母の像[絵]》

Pie-'dad 名 固〔女性名〕ピエダード

**'pie-dra ['ピエ.ドら] 81% 名 女 石, 小石;〔建〕石材, 敷石;〔気〕ひょう, あられ;〔医〕結石 *a tiro de* ～ 目と鼻の先に *ablandar las* ～*s* 非情な人に哀れみを起こさせる *cerrar a* ～ *y lodo* しっかりと閉める *no dejar* ～ *por mover* 全力をつくす, 八方手をつくす *no dejar* ～ *sobre* ～ 徹底的に破壊する ～ *angular*〔建〕基石, 隅石; 基礎 ～ *de toque* 試金石《物の真価を試すもの》 *poner la primera* ～〔建〕礎石を置く *quedarse de* ～ びっくり仰天する

**'piel ['ピエル] 83% 名 女〔体〕皮膚, 肌; なめし革, 皮, 皮革製品; 毛皮, 毛皮製品;(果物などの)皮, 外皮 *jugarse* [*dejarse*] *la* ～ (a que/de 不定詞: …ということに)命をかける ～ *de gallina* 鳥肌 *ser la* ～ *del diablo*《子供が》腕白である, 手に負えない

'pié-la-go ['ピエ.ラ.ゴ] 名 男《詩》〔地〕海; 多量, 山積み

'pien-s~ 動《直現/接現/命》⬆pensar

'pien-so 名 男〔畜〕家畜の飼料, かいば, まぐさ 動《直現1単》⬆pensar

'pier-d~ 動《直現/接現/命》⬆perder

**'pier-na ['ピエる.ナ] 82% 名 女〔体〕脚(あし);〔食〕脚の肉;〔衣〕脚部, すそ *a* ～ *suelta*《話》ゆったりと, のんびりと *con las* ～*s cruzadas* 足を組んで *dormir a* ～ *suelta*《話》大の字になって眠る; 安心して眠る *estirar las* ～*s* 気分転換をする, 緊張をほぐす; 散歩をする, 足を伸ばす《長い間座っていた後など》 *hacer* ～*s* 歩く

'pies 名 男《複》⬆pie

**'pie-za ['ピエ.さ] 82% 名 女 一つ, 1個, 一切れ; 一部分, 一片, (一組の中の)一部; 部品;〔芸〕(一つの)芸術作品, 小品, 曲《文章・詩・脚本・絵画・楽曲など》; 当て布; (布の)一反; (紙の)一巻き;〔遊〕〔チェスなど〕駒; 室, 部屋; 硬貨, コイン; (猟や釣りの)獲物;《話》〔軽蔑〕やつ, 女 *buena* ～《カリブ》《話》言うばかりで実行しない人 *de una* ～《話》唖然(あぜん)として, 驚いて, 立ちすくんで

pie-zo-e-lec-tri-ci-'dad [ピエ.そ.エ.レク.トり.すぃ.'ダド] 名 女〔物〕圧電気

pie-zo-e-'léc-tri-co, -ca [ピエ.そ.エ.'レク.トり.コ, カ] 形〔物〕圧電気の

'pí-fa+no 名 男〔楽〕(鼓笛隊の)横笛, ファイフ 名 共〔楽〕ファイフ[横笛]奏者

'pi-fia 名 女〔遊〕〔ビリヤード〕突き損ない;《話》誤り, 大失敗, 不覚, 不手際

pi-'fiar [ピ.'フィアる] 動 自〔遊〕〔ビリヤード〕 球を突き損なう;《話》 大失敗をする ～*la*《話》へまをする

Pig-ma-'lión [ピグ.マ.'リオン] 名 固〔ギ神〕ピグマリオン《自作の女人像に恋をしたキプロスの王》

pig-men-ta-'ción [ピグ.メン.タ.'すぃオン] 名 女〔生〕色素形成

pig-men-'tar [ピグ.メン.'タる] 動 他 着色[彩色]する 動 自〔生〕色素が沈着する

pig-men-'ta-rio, -ria [ピグ.メン.'タ.りオ, りア] 形〔生〕色素の

pig-'men-to [ピグ.'メン.ト] 名 男 顔料;〔生〕色素

pig-'me+o, +a [ピグ.'メ.オ, ア] 形 名 男 女 ピグミー(の); こびと(の)

'pi+ja ['ピ.は] 名 女《俗》〔体〕ペニス

pi-'ja-da [ピ.'は.ダ] 名 女《スペイン》《俗》ばかげたこと, つまらないこと

*pi-'ja-ma [ピ.'は.マ] 94% 名 男〔↔《ラ米》 女〕《スペイン》〔衣〕パジャマ, 寝巻き

'pi+jo, +ja ['ピ.ほ, は] 形 名 男 女《スペイン》《話》〔軽蔑〕気取った(人), 偉ぶった(やつ)

pi-jo-te-'rí+a [ピ.ほ.テ.'り.ア] 名 女《スペイン》《話》わずらわしいこと, めんどう, やっかい;《スペイン》《話》ささいなこと, つまらないこと

pi-jo-'te-ro, -ra [ピ.ほ.'テ.ろ, ら] 形 名 男 女《スペイン》《話》間の抜けた(人); めんどうな(人), わずらわしい(やつ)

*'pi+la ['ピ.ラ] 93% 名 女 蓄電池, 乾電池; 積み重ね, (積み重なった)山, 塊; (台所の)流し, シンク, 洗面台; (噴水の)水盤;〔宗〕(聖堂入口の)聖水盤;《ラ米》 噴水 *nombre de* ～ 洗礼名 *sacar de* ～ (a: の)代父[母]になる *ponerse las* ～*s*《コロンビア》《話》注意する, 警戒する

pi-'lar [ピ.'ラる] 名 男〔建〕柱, 標柱, 台脚; 土台, 支え; 標石; (噴水の)水盤

Pi-'lar [ピ.'ラる] 名 固〔女性名〕ピラール;〔地名〕ピラール《パラグアイ中南部の都市》

pi-'las-tra [ピ.'ラス.トら] 名 女〔建〕柱形(はしらがた)《壁面から突き出た断面方形の柱》

Pil-co-'ma-yo [ピル.コ.'マ.ジョ] 名 固〔el ～〕〔地名〕ピルコマージョ川《パラグアイ川の支流》

*'píl-do-ra ['ピル.ド.ら] 94% 名 女〔医〕丸薬, 錠剤;《話》〔医〕ピル, 経口避妊薬;《話》不快な話 *tragarse la* ～ うそを信じ込む

pi-'le-ta [ピ.'レ.タ] 名 女〔宗〕聖水盤; シンク, 流し;《ラ米》プール;《ラ米》〔畜〕(家畜用の)水飲み場

'Pi+li ['ピ.リ] 名 固〔女性名〕ピリ《Pilar の愛称》

pi-'lí-fe-ro, -ra [ピ.'リ.フェ.ろ, ら] 形〔生〕毛がある, 毛のはえた

pi-'lla-je [ピ.'ジャ.へ] 名 男〔軍〕(戦争中の)略奪(行為), 強奪

pi-'llar** [ピ.'ジャる] 82% 動 他 〔軍〕(戦利品を)略奪する, ぶんどる; 《話》捕らえる, 捕獲する; 《話》獲得する, 手に入れる; 〈に〉出会う; 《スペイン》《話》《車が》はねる; はさむ; 《話》〔医〕〈病気などに〉なる 動 自 《スペイン》位置する **~-se** 動 再 〈指や衣服などを〉はさむ ***corre que te pillo 〔遊〕鬼ごっこ

pi-'llas-tre [ピ.'ジャス.トれ] 名 男 《話》悪漢, ごろつき; 〔親愛〕いたずらっ子, 腕白小僧

pi-lle-'rí+a [ピ.ジェ.'リ.ア] 名 女 ペテン, 詐欺(さぎ), ごまかし; いたずら, 悪さ

pi-'llín, -'lli-na [ピ.'ジン, 'ジ.ナ] 名 男 女 《話》〔親愛〕いたずらっ子, 腕白

'pi-llo, -lla ['ピ.ジョ, ジャ] 形 《話》悪賢い, 悪党の(ような) 名 男 女 ごろつき, ならず者; 《話》〔親愛〕いたずらな; いたずら者, いたずらっ子

pi-'lón [ピ.'ロン] 名 男 〔畜〕(家畜用の細長い)水桶; (噴水の)水盤; 粉砕機, 乳鉢 ***beber del ~*** 《話》うわさ話を真に受ける; 〔建〕塔門, 塔; 石柱; 〔食〕砂糖のかたまり; 《ラ米》お菓子などのおまけ

'pí-lo-ro ['ピ.ロ.ろ] 名 男 〔体〕(胃の)幽門

pi-'lo-so, -sa [ピ.'ロ.ソ, サ] 形 毛の多い

pi-lo-'ta-je [ピ.ロ.'タ.へ] 名 男 〔海〕水先案内(術); 水先案内料; 〔空〕航空操縦(術); 〔集合〕〔建〕杭, パイル

pi-lo-'tar [ピ.ロ.'タる] 動 他 〔海〕〈船の〉水先案内をする; 〈船・車などを〉操縦する, 運転する; 〔空〕〈飛行機を〉操縦する

pi-'lo-te [ピ.'ロ.テ] 名 男 杭, パイル

***pi-'lo-to** [ピ.'ロ.ト] 89% 名 共 〔空〕(航空機の)パイロット, 操縦士; 〔車〕ドライバー, レーサー; 〔海〕(船の)水先(案内)人 名 男 〔車〕テールランプ; パイロットランプ《ガス器具の口火》; 《ラプラタ》〔衣〕レインコート 形 《単複同》実験的な, モデルの

pil-pi-le+'ar [ピル.ピ.レ.'アる] 動 他 〔食〕弱火で煮込む

pil-'tra-fa [ピル.'トら.ファ] 名 女 《話》〔食〕くず肉, 臓物; 〔体〕筋肉; 《話》役立たず, くず, 残り物; ひ弱な人; 道徳心に欠ける人

pi-men-'te-ro [ピ.メン.'テ.ろ] 名 男 〔植〕コショウの木; 〔食〕コショウ入れ

pi-men-'tón 名 男 〔食〕パプリカ

***pi-'mien-ta** 91% 名 女 〔食〕コショウ

pi-'mien-to** 93% 名 男 〔植〕ピーマン; 〔植〕スペイントウガラシ, ピミエント; 〔食〕パプリカ ***importar un ~ 《話》少しもかまわない

pim-'plar [ピン.'プラる] 動 他 《話》がぶ飲みする **~se** 動 再 《話》(de: を)がぶ飲みする

pim-'po-llo [ピン.'ポ.ジョ] 名 男 〔植〕新芽, 若葉, 若枝, 若い茎; バラのつぼみ; 《話》美少女, 美少年; 若くて美しい人

pim-'pón [ピン.'ポン] 名 男 〔競〕卓球, ピンポン

PIN 略 =〔英語〕*Personal Identification Number* 〔情〕個人識別番号

'pi+na 名 女 (円錐形の)境界標; 《スペイン》(車輪の)大輪, 外縁(そとぶち)

pi-na-co-'te-ca 名 女 〔美〕美術館, 絵画館

pi-'ná+cu-lo [ピ.'ナ.ク.ロ] 名 男 〔建〕(教会などの)小尖塔(せんとう), ピナクル; (活動の)頂点, 絶頂, 最高点

pi-'na-do, -da 形 ⇩ pinnado

pi-'nar [ピ.'ナる] 名 男 〔植〕松林

Pi-'nar del 'Río [ピ.'ナる デル 'り.オ] 名 固 〔地名〕ピナル・デル・リオ《キューバ西部の県, 県都》

pi-'na-za [ピ.'ナ.さ] 名 女 〔歴〕〔海〕小型帆船

***pin-'cel** [ピン.'せル] 94% 名 男 〔絵〕絵筆, 絵の具ばけ; 〔絵〕画法, 画風

pin-ce-'la-da [ピン.せ.'ラ.ダ] 名 女 〔絵〕(絵画の)ひと筆, ひと塗り, 筆づかい, タッチ; 〔文〕(文学作品の)表現のしかた, タッチ

pin-ce-'lar [ピン.せ.'ラる] 動 他 〔絵〕(絵の具で)描く; 〔絵〕〈の〉肖像画を画く

pin-cha-'dis-cos 名 共 〔単複同〕《スペイン》ディスクジョッキー

pin-'char** [ピン.'チャる] 94% 動 他 (とがった物で)ちくりと刺す, 〈に〉刺し傷をつける, 刺して穴をあける; 怒らせる, いらいらさせる; つつく, つついて取る; 〔車〕〈タイヤを〉パンクさせる; そそのかす; 《話》〈に〉注射する 動 自 〔車〕(タイヤが)パンクする; 〔医〕《体の一部が》痛む; 《話》失敗する **~se** 動 再 (自分の体に)刺さる; 〔車〕《タイヤが》パンクする; 《俗》(自分で)麻薬を注射する ***ni ~ ni cortar 《話》何の役にも立たない, うだつが上がらない

pin-'cha-zo [ピン.'チャ.そ] 名 男 刺すこと, 突くこと, 刺し傷, 突き傷; 〔車〕(タイヤの)パンク

'pin-che 名 男 (台所の)下働き, 皿洗い男, 見習いコック; 《メキシコ》《話》ろくでなし 形 《メキシコ》《話》げすな, ろくでもない

pin-'chi-to 名 男 〔食〕焼き串; 串焼き

'pin-cho 名 男 〔植〕とげ; 〔動〕針; 〔一般〕とがったもの; 〔食〕串; 〔複〕〔食〕串に刺したつまみ; 《ラプラタ》〔衣〕(婦人帽の)留めピン

pin-'cho-so, -sa 形 とげだらけの, とげの多い

pin-'don-ga 名 女 《話》遊び歩く女

pin-don-gue+'ar [ピン.ドン.ゲ.'アる] 動 自 《話》遊び歩く

pin-'ga-jo [ピン.'ガ.ほ] 名 男 《スペイン》《話》(布などの)ぼろ, ぼろ切れ, 切れ端

pin-ga-'ni-lla [ピン.ガ.'ニ.ジャ] 名 女

P

《ﾁﾘ》《話》不まじめな人, ろくでなし

'pin-go 名 男《ｽﾍﾟｲﾝ》《話》ぼろ, ぼろ切れ; 〔複〕《話》安物の服; ぼろ服; 《俗》売春婦, あばずれ; 《ﾗ米》《話》悪魔; いたずらっ子; 《南米》駿馬 *ir de* ～《話》ぶらぶら歩き回る *poner como un* ～《話》(a: を)ののしる, 非難する

pin-go-ne+'ar [ピン.ゴ.ネ.'アる] 動 自《話》(仕事を放棄して)ぶらつく, ほっつき歩く

'pin-güe ['ピン.グエ] 形《格》大きな, 多くの, ふんだんな

pin-'güi+no [ピン.'グイ.ノ] 名 男〔鳥〕ペンギン

pi-'ni-nos 名 男《複》↓pinitos

pi-'ni-tos 名 男《複》(幼児の)よちよち歩き; (物事の)第一歩, 始まり *hacer* ～《話》«幼児が»よちよち歩く; 第一歩を踏み出す

pin-'na-do, -da [ピ(ン).'ナ.ド, ダ] 形〔植〕羽根の形をした

*'**pi+no** 91% 名 男〔植〕マツ[松];〔建〕松材 *hacer el* ～《ｽﾍﾟｲﾝ》《話》逆立ちをする *hacer* ～*s*《話》«赤ちゃんが»よちよち歩きする *quinto* ～《話》へんぴな所 ～, *-na* 形 急な, 険しい

pi-'nol [ピ.'ノル] 名 男《中米》〔飲〕飲み物用に挽いた焼きトウモロコシ

pi-'no-le [ピ.'ノ.レ] 名 男《ﾒｷｼｺ》《中米》〔飲〕ピノーレ《トウモロコシ粉・蜂蜜入りの飲み物》

'pin-ta 名 女 まだら, ぶち, 斑点; 水玉; 様子, 外見; 〔遊〕(トランプの四隅にある)札のマーク; 《南米》(家畜の)毛色, 毛並み; 家系, 系統; 《中米》ずる休み 名 共《ｽﾍﾟｲﾝ》《話》ごろつき, やくざ者

pin-'ta-da 名 女〔鳥〕ホロホロチョウ《サハラ砂漠以南のアフリカに分布》; (壁などに書く)政治的な落書き

pin-'ta-do, -da 形 色を塗った, 彩色した; 化粧をした; 斑点のある; 《ﾗ米》《話》そっくりの *el [la] más* ～*[da]* 女《話》上手な人 *no poder ver ni* ～*[da]*《話》(a: の)顔も見たくない, ひどく嫌う *venir que ni* ～*[da]*《話》ぴったりだ, おあつらえ向きだ

pin-ta-'la-bios [ピン.タ.'ラ.ビオス] 名 男〔単複同〕リップスティック, 口紅

pin-ta-'mo-nas 名 共〔単複同〕《話》〔絵〕〔軽蔑〕へぼ絵かき

pin-'tar [ピン.'タる] 82% 動 他〈に〉ペンキを塗る; 〔絵〕〈の〉絵をかく, 描く; 〈の〉様子を話す, 描写する; 誇張する; 《話》〈用事を〉する 動 自 絵をかく; 〔植〕«果実が»色づく, 熟す; 現れる ～**se** 動 再《話》化粧をする; 現れる; 〔植〕«果実が»色づく, 熟す *no* ～ *nada*《話》何の役にも立たない, 少しも重要でない ～*la*《話》目立つ格好をする *pintárselas solo[la]*《話》(para 不定詞: …が)とても上手だ

pin-ta-rra-je+'ar [ピン.タ.ら.へ.'アる] 動 他《話》〈に〉塗料をごてごてと塗る, 塗りたくる; 《話》〔絵〕〈へたな絵を〉描く ～**se** 動 再《話》厚化粧をする

pin-ta-'rra-jo [ピン.タ.'ら.ほ] 名 男《話》〔絵〕へたな絵

pin-ti-pa-'ra-do, -da [ピン.ティ.パ.'ら.ド, ダ] 形《話》(a: に)そっくりの, うりふたつの; 《話》(para: に)適した, ふさわしい, ぴったりの

pin-ti-pa-'rar [ピン.ティ.パ.'らる] 動 他《話》(con: と)比較する, 比べる

'pin-to, -ta 形〔動〕«馬が»ぶちの

'Pin-to 〔成句〕 *entre* ～ *y Valdemoro*《話》優柔不断の, 迷っている; ボーダーライン上に

pin-'tón 名 男《ﾗﾌﾟﾗﾀ》《話》スマートな男

pin-to-ne+'ar [ピン.ト.ネ.'アる] 動 自《ﾍﾞﾈｽﾞｴﾗ》《話》若く見える

pin-'tor, -'to-ra [ピン.'トる, 'ト.ら] 89% 名 男 女〔絵〕画家, 絵をかく人; 〔技〕〔人〕ペンキ屋, 塗装工 ～ *de brocha gorda*《話》〔絵〕へぼ絵かき

*__pin-to-'res-co, -ca__ [ピン.ト.'れス.コ, カ] 93% 形 絵のような, 美しい, 画趣に富む; 個性に富む, 独創的な, 奇抜な; «言葉などが»生き生きとした

pin-to-rre+'ar [ピン.ト.れ.'アる] 動 他《話》〈に〉塗料をごてごてと塗る, 〈に〉(de: を)塗りたくる

pin-'to-so, -sa 形 名 男 女《ｺﾛﾝﾋﾞｱ》《話》エレガントな(人), 着飾った(人)

pin-'tu-ra [ピン.'トゥ.ら] 84% 名 女〔絵〕絵, 絵画; 〔絵〕画法; 絵をかくこと; ペンキ, 塗料, 絵の具; 塗装; 叙述, 描写 *no poder ver ni en* ～《話》顔も見たくない, ひどく嫌う

pin-tu-'re-ro, -ra [ピン.トゥ.'れ.ろ, ら] 形 名 男 女《話》気取り屋(の), めかしや(の)

'pin-yin 名 男〔中国語〕〔言〕ピンイン《ラテン文字による中国語の発音表記》

'pin-za ['ピン.さ] 名 女〔複〕ピンセット, 鉗子(かんし); 洗濯ばさみ; 〔しばしば複〕ペンチ, やっとこ; 毛抜き, 釘(くぎ)抜き; 〔食〕(角砂糖用の)トング; (紙をはさむための)クリップ; 〔動〕(エビ・カニなどの)はさみ; 〔衣〕ダーツ *coger con* ～*s*《話》腫れ物にさわるように扱う

*'**pi+ña** ['ピ.ニャ] 94% 名 女〔植〕パイナップル; 〔植〕松かさ, 松ぼっくり; 《話》(目的を持つ)徒党, 集団; 《ﾗ米》《話》一撃, 一打 *ser una* ～《話》とても仲がよい

pi-'ña-ta [ピ.'ニャ.タ] 名 女《ﾒｷｼｺ》ピニャータ《菓子を入れたくす玉で, 天井からつるしたものを目隠しして棒でたたく; 誕生日やクリスマスに子供の行事で使う》

pi-'ña-zo [ピ.'ニャ.そ] 名 男《ｶﾘﾌﾞ》《ｺﾛﾝﾋﾞｱ》《ﾗﾌﾟﾗﾀ》《話》強い殴打, 殴りつけ

pi-ñis-'car [ピ.ニイス.'カる] 動 他 69 (c|qu) (ﾁﾘ) つねる

pi-'ñis-co [ピ.'ニイス.コ] 名 男 (ﾁﾘ) (話) つねること; (ﾁﾘ) (話) ほんの少し, 少量

'pi+ño ['ピ.ニョ] 名 男 (話) 〔体〕 歯

pi-'ñol [ピ.'ニョル] 名 男 (中米) 〔飲〕 ピニョール (挽(ひ)いた焼きトウモロコシで作る飲料)

pi-'ñón [ピ.'ニョン] 名 男 〔植〕 マツ[松]の実; 〔機〕 小歯車 ***estar a partir un ~*** (ｽﾍﾟｲﾝ) (con: と)とても仲がよい, 何でも一緒である

pi-ño-'ne-ro, -ra [ピ.ニョ.'ネ.ろ, ら] 形 〔植〕 松の実のなる

'pí+o 感 (擬音) ピーピー, ピヨピヨ (鳥の鳴き声) ***no decir ni ~*** (話) 黙り込む, うんともすんとも言わない

'pí-o, +a 形 〔宗〕 敬虔(けいけん)な, 神を敬う, 信心深い; 慈悲深い, 情け深い; 慈善の; 〔畜〕 (馬が)白と多色の駁毛(ぶち)の

'pio-cha 名 女 (ラ米) つるはし

pio-'jen-to, -ta [ピオ.'ヘン.ト, タ] 形 シラミがたかった, シラミだらけの

'pio-jo ['ピオ.ほ] 名 男 〔昆〕 シラミ; ハジラミ類 ***como ~s en costura*** (話) すし詰め[ぎゅうぎゅう詰め]で

pio-'jo-so, -sa [ピオ.'ほ.ソ, サ] 形 シラミのたかった, シラミだらけの; 不潔な; さもしい, しみったれた

'pio-la ['ピオ.ラ] 名 共 (ﾗﾌﾟﾗﾀ) (話) 頭の回転が早い人

pio-'let [ピオ.'レト] 名 男 〔複 -lets〕 〔競〕 〔登山〕 ピッケル

pio-'lín [ピオ.'リン] 名 男 (ラ米) 細ひも

*__pio-'ne-ro, -ra__ [ピオ.'ネ.ろ, ら] 93% 名 男 女 開拓者, 草分け, 先駆者, 先鋒, パイオニア

Pion-'yang ['ピオンジャン(グ)] 名 固 〔地名〕 平壌(ピョンヤン)(へいじょう) (北朝鮮 Corea del Norte, 朝鮮民主主義人民共和国 República Popular Democrática de Corea の首都)

pio-'rre+a [ピオ.'れ.ア] 名 女 〔医〕 歯槽膿漏(のうろう)

pio-'tó-rax [ピオ.'ト.ら(ク)ス] 名 男 〔単複同〕 〔医〕 膿胸(のうきょう)

*'__pi+pa__ 93% 名 女 (刻みタバコの)パイプ; 〔飲〕 (ワインの)樽(たる); 〔植〕 ヒマワリの種 (食用); 〔植〕 〔一般〕 (スイカ・メロンなどの)種 ***pasárselo ~*** (話) とても楽しく過ごす

pi-'pe-ta 名 女 〔化〕 ピペット (少量の液体計量用のガラス管); (話) (乳幼児がおしゃぶりする)親指

pi+'pí 名 男 〔複 -píes⇔-pís〕 (話) おしっこ

pi-'pián 名 男 (ｶﾘﾌﾞ) 〔食〕 臓物料理

pi-pi-'la-cha [ピ.ピ.'ラ.チャ] 名 女 (中米) 〔空〕 小型飛行機; (中米) 〔昆〕 トンボ

pi-'pio-lo, -la [ピ.'ピオ.ロ, ラ] 名 男 女 (話) 初心者, 新米; (話) 子供, 若者

'pi+po 名 男 (ｺﾛﾝﾋﾞｱ) (話) 非難, 批判, 悪口; (ｺﾛﾝﾋﾞｱ) (話) 不満

pi-'po(n)-cho, -cha 形 名 男 女 (ｺﾛﾝﾋﾞｱ) (話) 満腹の(人)

pi-'po-te 名 男 (ﾍﾞﾈｽﾞｴﾗ) ごみ箱; 大きな容器

'pi-que ['ピ.ケ] 名 男 敵意, 恨み, 悪意; 敵対心, 競争心; 〔昆〕 スナノミ; 〔競〕 〔サッカーなど〕 ダッシュ ***a ~ de ...*** …間際で, 今にも…するところで ***irse a ~*** 〔海〕 «船が»沈没する; 挫折する, 失敗する; 破産する

pi-'qué [ピ.'ケ] 名 男 〔衣〕 ピケ (布面に縦の畝模様を表した織物) **~, -que(~)** 動 (直点 1 単, 接現) ↑picar

pi-'que-ra [ピ.'ケ.ら] 名 女 〔昆〕 (ミツバチの巣の)出入り口; 樽(たる)の口

pi-'que-ro [ピ.'ケ.ろ] 名 男 〔歴〕 〔軍〕 やり兵, ほこ兵

pi-'que-ta [ピ.'ケ.タ] 名 女 つるはし; ピッケル; (テント用の短い)杭

pi-'que-te [ピ.'ケ.テ] 名 男 刺すこと, 突くこと, 刺し傷, 突き傷; 棒, 杭, 支柱; 小さな穴; 〔軍〕 小隊, 分隊; 〔一般〕 ピケ隊

pi-que-te+a-'de-ro [ピ.ケ.テ.ア.'デ.ろ] 名 男 (ｺﾛﾝﾋﾞｱ) 街道沿いの食堂, ドライブイン

'pi+ra ['ピ.ら] 名 女 (格) 火葬用の(積み)薪(まき); (火葬の)かがり火; (格) かがり火, たき火 ***irse de ~*** (話) 授業をサボる; (話) ばか騒ぎをする

pi-'ra-do, -da [ピ.'ら.ド, ダ] 形 (話) 頭がおかしい, いかれた

pi-'ra-gua [ピ.'ら.グア] 名 女 (ﾒｷｼｺ) (ｶﾘﾌﾞ) (ｺﾛﾝﾋﾞｱ) 丸木舟, カヌー; (ｶﾘﾌﾞ) 〔食〕 かき氷

pi-ra-'güis-mo [ピ.ら.'グイス.モ] 名 男 〔競〕 カヌー競技

pi-ra-'güis-ta [ピ.ら.'グイス.タ] 名 共 〔競〕 カヌー選手[競技者]

pi-ra-mi-'dal [ピ.ら.ミ.'ダル] 形 ピラミッド状の, ピラミッド型の; 巨大な, 途方もない; 〔体〕 錐体の; 〔数〕 角錐(かくすい)の

*__pi-'rá-mi-de__ [ピ.'ら.ミ.デ] 93% 名 女 〔歴〕 〔建〕 ピラミッド; ピラミッド状のもの, 角錐型のもの; 〔数〕 角錐(かくすい)

pi-'ra-ña [ピ.'ら.ニャ] 名 女 〔魚〕 ピラニア (南米アマゾン川, オリノコ川に生息)

pi-'rar-se [ピ.'らる.セ] 動 再 (de: から) 逃げ出す; (ｽﾍﾟｲﾝ) (話) 〈授業を〉サボる

*__pi-'ra-ta__ [ピ.'ら.タ] 93% 名 共 〔海〕 海賊; 〔法〕 著作権侵害者, 剽窃(ひょうせつ)者 形 〔法〕 著作権侵害の, 海賊版の; 〔海〕 海賊の ***~ informático[ca]*** 〔情〕 ハッカー

pi-ra-te+'ar [ピ.ら.テ.'アる] 動 自 〔海〕 海賊行為を働く; 〔法〕 著作権を侵害する, 海賊出版[放送]する

pi-ra-te-'rí+a [ピ.ら.テ.'り.ア] 名 女 〔法〕海賊行為;〔法〕(飛行機などの)乗っ取り, ハイジャック;〔法〕著作権侵略行為

'pir-co ['ピ る.コ] 名 男《(チリ)》《(ラプラタ)》〔食〕ピルコ《トウモロコシ・カボチャ・インゲンマメの煮込み料理》

pi-re-'nai-co, -ca [ピ.れ.'ナイ.コ, カ] 形〔地名〕ピレネー山脈の ⬇Pirineos

pi-'ré-ti-co, -ca [ピ.'れ.ティ.コ, カ] 形〔医〕発熱した

pi-ri-'for-me [ピ.り.'フォ る.メ] 形 セイヨウナシ形の

pi-ri-'nai-co, -ca 形 ⇧ pirenaico

pi-ri-'ne+o, +a [ピ.り.'ネ.オ, ア] 形〔地名〕ピレネー山脈の ⬇Pirineos

Pi-ri-'ne+os [ピ.り.'ネ.オ ス] 名 固〔los ~〕〔地名〕ピレネー山脈《フランスとスペインの国境の山脈》

pi-ri-'no-la [ピ.り.'ノ.ラ] 名 女《(ベネズエラ)》《(チリ)》〔遊〕小さなこま

pi-'ri-ta [ピ.'り.タ] 名 女〔鉱〕(各種金属の)硫化鉱

pi-'ró-ge+no, -na [ピ.'ろ.へ.ノ, ナ] 形 熱を生じる, 発熱性の

pi-ro-gra-'ba-do [ピ.ろ.グら.'バ.ド] 名 男〔美〕焼き絵

pi-ro-'man-cia ⇔-'cí+a [ピ.ろ.'マン.すぃア⇔.'すぃ.ア] 名 女 火占い

pi-ro-ma-'ní+a [ピ.ろ.マ.'ニ.ア] 名 女〔法〕放火癖

pi-'ró-ma+no, -na [ピ.'ろ.マ.ノ, ナ] 名 男 女〔法〕放火魔, 放火犯人 形〔法〕放火する

pi-ro-pe+'ar [ピ.ろ.ペ.'ア る] 動 他《男性が》〈女性に〉お世辞を言う, ひやかす

pi-'ro-po [ピ.'ろ.ポ] 名 男 (男性が女性に言う)お世辞, ひやかし

pi-'ro-sis [ピ.'ろ.スィ ス] 名 女〔単複同〕〔医〕胸焼け

pi-ro-'tec-nia [ピ.ろ.'テク.ニア] 名 女〔技〕花火製造技術

pi-ro-'téc-ni-co, -ca [ピ.ろ.'テク.ニ.コ, カ] 形〔技〕花火製造技術の 名 男 女〔技〕花火製造者, 花火師

pi-'rrar-se [ピ.'ら る.セ] 動 再《話》(por: に)うつつを抜かす

'pí-rri-co, -ca ['ピ.り.コ, カ] 形《勝利が》多くの犠牲を伴う; 重要でない; 僅差の

pi-'rrin-ga [ピ.'りン.ガ] 名 女《(コロンビア)》《話》小さな人

'pir-sin ['ピ る.スィン] 名 男 ピアシング《耳たぶなどに小さな穴をあけること》

pi-'rue-ta [ピ.'るエ.タ] 名 女 (バレエ・スケートなどの)ピルエット《つま先を軸にした旋回》;〔競〕〔馬術〕ピルーエット《後脚を軸にして旋回すること》

pi-ru-'lí [ピ.る.'り] 名 男〔複 -lís〕〔食〕(円錐形の)ペロペロキャンディー

pi-'ru-lo, -la [ピ.'る.ロ, ラ] 形《(チリ)》《話》すてきな, 楽しい

'pis 名 男《話》おしっこ ***en un ~ pas*** ⇨ en un pispás ⬇pispás

'pi+sa 名 女〔農〕(特にブドウなどを)踏みつけること;〔農〕圧搾機にかける1回分のブドウ[オリーブ]の量;《話》殴打

'Pi+sa 名 固〔地名〕ピサ《イタリア中西部の都市》

pi-'sa-da 名 女 足音; 歩み; 足跡, 足型; 踏むこと;〔競〕〔サッカー〕足の裏でボールを扱うこと ***seguir las ~s*** (de: を)見習う, (de: の)まねをする

pi-sa-pa-'pe-les [ピ.サ.パ.'ペ.レ ス] 名 男〔単複同〕文鎮(ぶんちん), ペーパーウェイト, 紙押さえ

*pi-'sar [ピ.'サ る] 91% 動 他 踏む, 踏みつける, 踏みつぶす;〈の〉上を歩く, 行く; 奪う, とる;〔鳥〕《鳥が》つがう; 虐げる, 抑えつける;〔競〕〔サッカー〕足の裏で〈ボールを〉扱う 動 自 歩く, 行く ***andar pisando huevos*** 慎重に歩く

pi-sa-'ver-de [ピ.サ.'べ る.デ] 名 男《話》しゃれ男, めかし屋, 気取り屋

pis-'cí-co-la [ピ(ス).'すぃ.コ.ラ] 形〔魚〕養魚の, 養殖の

pis-ci-cul-'tor, -'to-ra [ピ(ス).すぃ.クル.'ト る, 'ト.ら] 名 男 女〔魚〕養魚業者

pis-ci-cul-'tu-ra [ピ(ス).すぃ.クル.'トゥ.ら] 名 女〔魚〕養魚(法), 水産養殖

pis-ci-fac-to-'rí+a [ピ(ス).すぃ.ファク.ト.'り.ア] 名 女〔魚〕養魚場, 養殖場

pis-ci-'for-me [ピ(ス).すぃ.'フォ る.メ] 形 魚の形をした

*pis-'ci-na [ピ(ス).'すぃ.ナ] 91% 名 女 プール; (公園などの)池

'pis-cis ['ピ(ス).すぃ ス] 名 共〔単複同〕うお座生まれの人《2月19日–3月20日生まれの人》 P~ 名 男〔天〕うお座

pis-'cí-vo-ro, -ra [ピ(ス).'すぃ.ボ.ろ, ら] 形〔動〕魚食性の 名 男 女〔動〕魚食動物

'pis-co 名 男《(南米)》〔飲〕ピスコ《ペルー産のブランデー》

pis-co-'la-bis [ピ ス.コ.'ラ.ビ ス] 名 男〔単複同〕《(スペイン)》《話》〔食〕軽食, スナック, 間食

pis-'cu-cha 名 女《(中米)》〔遊〕凧(たこ)

**'pi+so 76% 名 男〔建〕(建物の)階;《(スペイン)》〔建〕マンション, アパート, 集合住宅; マンションの一世帯居住区画;〔建〕舗道, 舗装面;〔建〕床(ゆか);〔衣〕(靴の)底; 層

pi-'són 名 男〔建〕(土地をならすための)大槌(おおづち)

pi-so-te+'ar [ピ.ソ.テ.'ア る] 動 他〈感

p

情・法・人権などを〉踏みにじる, 無視する; 踏みつける, 踏みつぶす

pi-so-'te+o 名 男 踏みつけ(ること); 踏みつぶすこと, 踏みにじること

pi-so-'tón 名 男 《話》(足を)踏んづけること

pis-'pás 名 男〔成句〕 ***en un ~*** 《話》あっという間に

pis-pi-'re-ta [ピㇲ.ピ.'れ.タ] 名 女 《中米》《話》コケティッシュな女性; 《中米》《チリ》《話》おしゃべりな人

'pis-ta 88% 名 女 足跡, 痕跡(こんせき); 〚動〛(動物の)臭跡; 手がかり, 形跡; 〚競〛〔陸上競技〕トラック, 走路, コース; 《テニス》コート; 《サッカー》ピッチ; 《ゴルフ》コース; 《ボウリング》レーン; 《スキー》ゲレンデ; 《スケート》リンク; 〚空〛(飛行機の)滑走路, エプロン; 〚映〛サウンドトラック, 録音帯; 〚車〛高速道路; (サーカスの)リング ***~ de baile*** ダンスフロア

pis-'ta-cho 名 男 〚植〛ピスタチオ

pis-'te-ro [ピㇲ.'テ.ろ] 名 男 《コロンビア》(殴打による)目のまわりの青あざ

pis-'ti-lo [ピㇲ.'ティ.ロ] 名 男 〚植〛雌(め)しべ, 雌(し)ずい

'pis-to 名 男 《スペイン》〚食〛ピスト《ピーマン・トマト・タマネギなど野菜の煮込み》; 《話》(雑多な)寄せ集め; 《ラ米》〚飲〛酒; 《メキシコ》《話》お金, 銭 ***darse ~*** 《スペイン》《話》ひけらかす, 自慢する

p *pis-'to-la** [ピㇲ.'ト.ラ] 92% 名 女 ピストル, 拳銃; スプレー

pis-to-'le-ro, -ra [ピㇲ.ト.'レ.ろ, ら] 名 男 女 ピストル強盗; 殺し屋, テロリスト **-ra** 名 女 ホルスター《腰に下げるピストルの革ケース》

pis-to-le-'ta-zo [ピㇲ.ト.レ.'タ.そ] 名 男 ピストルの発射

pis-'tón 名 男 〚機〛ピストン; 〚楽〛(金管楽器の)ピストン, 音栓; 雷管

pis-to-'nu-do, -da 形 《話》すばらしい, すてきな

'pi+ta 名 女 (不満・非難の)口笛, やじ; ガラス玉; 〚植〛リュウゼツラン; リュウゼツランの繊維; 《メキシコ》《カリブ》《コロンビア》《チリ》ひも, 縄

pi-'ta-da 名 女 呼び子の音; (非難ややじの)口笛; 的外れな言動; 《ラ米》タバコの一服

Pi-'tá-go-ras [ピ.'タ.ゴ.らㇲ] 名 固 〚人名〛ピタゴラス《前 590?–510?, ギリシャの数学者・哲学者》 ***tabla de ~*** 九九の表

pi-ta-'gó-ri-co, -ca [ピ.タ.'ゴ.り.コ, カ] 形 ピタゴラス(学派)の ⬆Pitágoras

pi-'tan-za [ピ.'タン.さ] 名 女 (貧窮者に施される)食事の配給; (貧民救済の)施し物; 《話》毎日の食事

pi-'tar [ピ.'タる] 動 自 笛[口笛]を吹く; (非難・やじの)口笛を吹く; 〚車〛クラクション[警笛]を鳴らす; 《話》うまくいく, はかどる; 《話》牛耳(ぎゅうじ)る, 操(あやつ)る; 《ラ米》タバコを吸う 動 他 〈に〉やじを浴びせる; 〈に〉笛で合図する; 《ラ米》〈タバコを〉吸う; 《メキシコ》《カリブ》《話》盗む; 《コロンビア》《話》プレゼントする; 売る; 《チリ》《話》だます, からかう ***salir pitando*** 《スペイン》《話》急いで出て行く

'pi+te 名 男 《コロンビア》《話》ほんの少し, 少量

pi-'ti-do 名 男 笛[汽笛, 呼び子, クラクション]の音; 〚競〛ホイッスル

pi-ti-'lle-ra [ピ.ティ.'ジェ.ら] 名 女 タバコ入れ, シガレットケース

pi-'ti-llo [ピ.'ティ.ジョ] 名 男 《スペイン》《話》(紙巻き)タバコ

pi-ti-mi-'ní 名 男〔複 -níes⇦-nís〕〚植〛小型のバラ, イバラ ***de pitiminí*** 取るに足りない, ささいな

pi-'ti-pua 名 女〔複〕《中米》〚食〛グリンピース

*'**pi+to** 94% 名 男 呼び子, 笛, ホイッスル; 呼び子[笛]の音; 〚海〛汽笛; 〚車〛クラクション; 指を鳴らすこと[音]; 〚鳥〛キツツキ; 《スペイン》《話》タバコ; (お手玉遊びに用いる羊などの)趾骨(しこつ); 《俗》〚体〛陰茎, ペニス ***no importar un ~*** 《話》(a: に)とってどうでもよい ***no valer un ~*** 《話》なんの価値もない

pi-'to-che〔成句〕 ***no valer un ~*** なんの価値もない

pi-'tón 名 男 〚牛〛(牛の)角(つの)の先; 〚競〛〔登山〕ピトン, ハーケン; (水差しの)注ぎ口; 〚植〛若枝, 若芽; 〚動〛ニシキヘビ; 《ラ米》ホースの先, ノズル

pi-to-'ni-sa 名 女 〚宗〛巫女(みこ), 女神官

pi-to-rre+'ar-se [ピ.ト.ñ.'アる.セ] 動 再 《スペイン》《話》(de: を)あざける, ばかにする, ひやかす

pi-to-'rre+o [ピ.ト.'ñ.オ] 名 男 《スペイン》《話》からかい, 冗談

pi-'to-rro [ピ.'ト.ろ̃] 名 男 (土瓶・容器などの)注ぎ口, 飲み口

pi-'to-te〔成句〕 ***importar un ~*** 《話》少しもかまわない

pi-'tu-fo, -fa 形 《話》とても小さい

pi-tui-'ta-rio, -ria [ピ.トゥイ.'タ.りオ, りア] 形 〚体〛下垂体(性)の; 〚体〛(鼻)粘液の

pi-tui-ta-'ris-mo [ピ.トゥイ.タ.'りㇲ.モ] 名 男 〚医〛下垂体機能障害

pi-'tu-so, -sa 形 名 男 女 《話》«子供が»かわいらしい(子供)

pi-'tu-to 名 男 《チリ》《話》臨時の仕事

'Piu-ra ['ピウ.ら] 名 固 〚地名〛ピウラ《ペルー北西部の県, 県都》

'pí-vot ['ピ.ボト] 名 男〔複 -vots〕〚競〛〔バスケットボール〕中心となる選手

pi-'vo-te [ピ.'ボ.テ] 名 男 〚機〛軸頭, 旋回軸, ピボット; 〚競〛〔バスケットボール〕

中心となる選手, ピボット; 〘競〙〔サッカー〕守備的ミッドフィルダー, ディフェンシブハーフ(DH)

'pí-xel⇔pi- ['ピク.セル⇔ピク.'セル] [名] [男]〘情〙画素, ピクセル

pi-'ya-ma [名] [女] ⇔ [男]《ラ米》〘衣〙パジャマ ⇧ pijama

*__pi-'za-rra__ [ピ.'さ.ら] 94% [名] [女] 黒板; 〘鉱〙粘板岩; 〘建〙(屋根ふき用の)スレート

pi-za-'rral [ピ.さ.'らル] [名] [男] (スレートの)採石場

pi-za-'rrín [ピ.さ.'りン] [名] [男] 石筆

pi-za-'rro-so, -sa [ピ.さ.'ろ.ソ, サ] [形]〘建〙スレートの, スレート状の

'piz-ca ['ピす.カ] [名] [女]《話》少量, 小片, ひとつまみ ***ni ~*** 《否定》《話》全然[まったく]…でない

pi-'zo-te [ピ.'そ.テ] [名] [男]《メキシコ》《中米》〘動〙ハナグマ

piz-pi-'re-ta [ピす.ピ.'れ.タ] [形] [女]《話》《若い女性が》活発な, 元気な, はつらつとした, ピチピチした

pizza ['ピ.さ/ツァ] [名] [女]〔イタリア語〕〘食〙ピザ, ピッツァ

piz-ze-'ría [ピ.せ/ツェ.'り.ア] [名] [女]〘商〙ピザ店

p. k. [略] = punto kilométrico 〘地〙キロ(メートル)地点

pl. [略] ↓plaza; ↓plural

*__'pla-ca__ ['プラ.カ] 91% [名] [女] 金属板, 板金, めっき板, ガラス板; (金属·焼物などの)飾り板; (金属製の)表札; 札, 標; 〘車〙ナンバープレート; (警官などの)バッジ; 〘地質〙プレート ***~ base*** 〘情〙マザーボード ***tectónica de ~s*** プレートテクトニクス

pla-'ca-je [プラ.'カ.へ] [名] [男]〘競〙(ラグビーの)タックル

pla-'ce-bo [プラ.'せ.ボ] [名] [男]〘医〙プラセボ, プラシーボ, 偽薬

'plá-ce-me ['プラ.せ.メ] [名] [男] 祝辞

pla-'cen-ta [プラ.'せン.タ] [名] [女]〘体〙胎盤; 〘植〙胎座

pla-cen-'ta-rio, -ria [プラ.せン.'タ.りオ, りア] [形]〘体〙胎盤の; 〘植〙胎座の

pla-cen-'te-ro, -ra [プラ.せン.'テ.ろ, ら] [形] 楽しい, 心地よい, 愉快な

__pla-'cer__ [プラ.'せる] 86% [名] [男] 楽しみ, 愉快, 喜び, 満足; 快楽; 〘海〙(海の)浅瀬, 砂州; 〘鉱〙砂鉱, 砂鉱床 [動] [他] 喜ばせる, 好きだ, (que 接続法: が)楽しい, うれしい ***a ~* 自由に, 好き勝手に, 遠慮なく; ちょうどよく, 適当に

pla-ci-'dez [プラ.すぃ.'デす] [名] [女] 平静, 温和

'plá-ci-do, -da ['プラ.すぃ.ド, ダ] [形] 穏やかな, 静かな, 落ち着いた; 愉快な, 楽しい **P~** [名] [固]〔男性名〕プラシド

'plaf ['プラフ] [感]《擬音》ポン!, パン!, パシッ!《たたく音》

pla-'fón [プラ.'フォン] [名] [男]〘建〙(軒蛇腹などの)下端(したば); 天井灯; 天井灯の装飾

*__'pla-ga__ ['プラ.ガ] 93% [名] [女] 災難, 大災害; 虫害, (害虫などの)異常発生; はびこったもの, うんざりする量, 殺到するもの

pla-'gar [プラ.'ガる] [動] [他] [41] (g|gu) (de: で)いっぱいにする, はびこらせる ***~se*** [動] [再] (de: で)いっぱいになる, 群がる, はびこる

pla-'giar [プラ.'ひアる] [動] [他]〘法〙〈他人の文章·考えなどを〉盗用する, 剽窃(ひょうせつ)する; 《ラ米》〘法〙〈人を〉誘拐する, 連れ去る

pla-'gia-rio, -ria [プラ.'ひア.りオ, りア] [形]〘法〙盗用の, 剽窃(ひょうせつ)の [名] [男] [女]〘法〙盗作者

'pla-gio ['プラ.ひオ] [名] [男]〘法〙盗作, 盗用, 剽窃(ひょうせつ)

pla-gue+'ar [プラ.ゲ.'アる] [動] [自]《ラプラタ》《話》たらたらと不満を言う

pla-gui-'ci-da [プラ.ギ.'すぃ.ダ] [名] [男]〘農〙農薬, 殺虫剤

__'plan__ ['プラン] 75% [名] [男] 計画, 案, プラン, 予定; 〔悪い意味で〕態度; 構想, 筋書き; 《話》楽しみ, 楽しみ方; 《スペイン》《話》デート; 〘医〙食餌(しょくじ)療法, ダイエット; 図面, 設計図; 水準, レベル ***a todo ~* 《話》ぜいたくに, 豪勢に ***en ~ de*** … …として, …のつもりで, …の態度で ***hacer ~*** 《話》都合がよい

'pla-na ['プラ.ナ] [名] [女] (本·新聞などの)ページ, 紙面; 〘地〙平野, 平原; 習字; 〘印〙ページ組み; 〘技〙(左官の)こて ***corregir la ~*** (a: の)誤りを正す ***~ mayor*** 〘軍〙幕僚

*__'plan-cha__ ['プラン.チャ] 92% [名] [女] アイロン, アイロンがけ; 〘衣〙〔集合〕アイロンをかける衣類; (金属などの)板, 板金; 〘食〙鉄板; 《話》大失敗, へま; 〘印〙版; 〘競〙〔サッカーなど〕トリッピング《相手選手をつまずかせる反則》 ***a la ~*** 〘食〙鉄板焼きの ***hacer la ~*** あおむけになって浮く

plan-'cha-do [プラン.'チャ.ド] [名] [男] アイロンがけ

plan-cha-'dor, -'do-ra [プラン.チャ.'ドる, 'ド.ら] [名] [男] [女] アイロンをかける人

*__plan-'char__ [プラン.'チャる] 92% [動] [他]〘衣〙〈に〉アイロンをかける

plan-'cha-zo [プラン.'チャ.そ] [名] [男]《話》失敗, へま, 失言; アイロンがけ; (水に飛び込む際の)腹への衝撃

'planc-ton ['プラン(ク).トン] [名] [男]〘生〙プランクトン, 浮遊生物

pla-ne+a-'dor [プラ.ネ.ア.'ドる] [名] [男]〘空〙グライダー, 滑空機

pla-ne+'ar [プラ.ネ.'アる] [動] [他] 計画す

p

る, 立案する 動 自 〔空〕 滑空(かっくう)する, グライダーで飛ぶ

pla-'ne+o [ブラ.'ネ.オ] 名 男 〔空〕 滑空(かっくう), グライダーで飛ぶこと

**pla-'ne-ta [ブラ.'ネ.タ] 88% 名 男 〔天〕 | 惑星

pla-ne-'ta-rio, -ria [ブラ.ネ.'タ.りオ, りア] 形 〔天〕 惑星の, 惑星のような 名 男 プラネタリウム

pla-'ni-cie [ブラ.'ニ.すぃエ] 名 女 〔地〕 平野, 平原

pla-ni-fi-ca-'ción [ブラ.ニ.フィ.カ.'すぃオン] 名 女 計画, プラン, 立案

pla-ni-fi-'car [ブラ.ニ.フィ.'カる] 動 他 69 (c|qu) 〈の〉計画を立てる, 立案する

pla-ni-me-'trí+a [ブラ.ニ.メ.'トり.ア] 名 女 面積測定

pla-'ní-me-tro [ブラ.'ニ.メ.トろ] 名 男 面積計, プラニメーター

**'pla+no, -na ['ブラ.ノ, ナ] 82% 形 平らな, 滑らかな; 平面の; 定額の 名 男 市街地図 《通りの名前などがある町の地図》; 平面図, 設計図, 青写真; 平面, 水平面; 〔空〕 (飛行機の)翼 *de ~* 正面から; 全部, 完全に *medio ~* 〔絵〕 中景 *primer ~* 〔写〕〔映〕 クローズアップ, 大写し; 〔絵〕 前景

pla-no-se-'cuen-cia [ブラ.ノ.セ.'クエン.すぃア] 名 男 〔映〕 ノンカットのシークエンス

p **'plan-ta ['ブラン.タ] 78% 名 女 〔植〕 植物, 苗, 作物; 〔建〕 階, フロア; プラント, 工場施設; 〔体〕 足の裏; 《話》 外見, スタイル, 体格; 人員の配置, 〔集合〕 職員; 〔農〕 畑, 植え込み; 図面, 平面図; 計画, 案, 企画; 足の位置[構え], スタンス *de nueva ~* 新築で; 最初から *echar ~s* 《話》 いばりちらす

plan-ta-'ción [ブラン.タ.'すぃオン] 名 女 〔農〕 植え付け, 植林, 植栽; 〔集合〕 (一か所の)作物; 〔農〕 大農園, 栽培場, プランテーション

plan-'ta-do, -da [ブラン.'タ.ド, ダ] 形 植えられた, 植林された; 立ったままの *dejar ~[da]* 《話》 〈約束を〉すっぽかす; 見捨てる *bien ~[da]* かっこいい, スタイル抜群の *quedarse ~[da]* 《話》 《話》 (何もしないで)立っている; 《話》 待ちぼうけを食う

plan-ta-'dor [ブラン.タ.'ドる] 名 男 〔農〕 (種や苗の植え付け用の)穴掘り具

*plan-'tar [ブラン.'タる] 92% 動 他 〔植〕 〈植物を〉植える, 〈種を〉まく; しっかりと据える, 配置する; 《話》 〈一撃を〉加える, 食らわす, ぶつ; 追い出す, (en: に)ほうり込む; 〈好ましくないこと[もの]を〉押しつける; 待ちぼうけを食らわせる; 〈思想などを〉植え付ける, 〈考えなどを〉吹き込む **~se** 動 再 しっかりと立つ, 立ちはだかる; (短時間で)(en: に)着いている; | 《話》 着る; 〔遊〕 〔トランプ〕 パスする

'plan-te ['ブラン.テ] 名 男 (集団)抗議, 抗議行動; 《コロンビア》 (事業を開始するための)資本金

plan-te+a-'mien-to [ブラン.テ.ア.'ミエン.ト] 名 男 問題提起, 提案, 立案; 創立, 設置, 制定

plan-te+'ar [ブラン.テ.'アる] 79% 動 他 〈問題などを〉提出する, 提起する; 企てる, 計画する; 設置する, 設定する, 制定する **~se 動 再 《問題が》起こる, 生じる

plan-'tel [ブラン.'テル] 名 男 〔農〕 苗床, 苗木畑; 人を育成する環境, 教育施設, 養成所; 《南米》 〔競〕 〔サッカーなど〕 チーム

plan-'te+o 名 男 ⇧ planteamiento

plan-ti-fi-'car [ブラン.ティ.フィ.'カる] 動 他 69 (c|qu) 《話》 (あるべきでない所に)置く, 載せる; 《話》 〈一撃を〉与える, 〈げんこつを〉食らわせる; 《話》 〈に〉待ちぼうけを食わせる; 《話》 追い出す; 設置する, 設立する **~se** 動 再 《話》 (短時間で)(en: に)着いている

plan-'tí-gra-do, -da [ブラン.'ティ.グら.ド, ダ] 形 〔動〕 蹠行(しょこう)の 名 男 〔動〕 蹠行動物 《ヒトやクマのように足の裏を地につけて歩行する動物》

plan-'ti-lla [ブラン.'ティ.ジャ] 名 女 〔衣〕 (靴の)中敷き, 靴底; 《スペイン》 〔集合〕 職員, 従業員, スタッフ; 職務名簿; メンバー; 縮小図, 区分図; 〔情〕 テンプレート

plan-'tí+o, +a [ブラン.'ティ.オ, ア] 形 〔農〕 《土地が》植え付けられる; 作物が植えてある 名 男 〔農〕 (作物を植え付けた)畑; 〔農〕 植え付けられた作物

plan-'tón [ブラン.'トン] 名 男 〔農〕 苗, 苗木, 挿し木 *dar un ~* 《話》 (a: に)待ちぼうけを食わせる

pla-ñi-'de-ro, -ra [ブラ.ニィ.'デ.ろ, ら] 形 悲しみに暮れた, 悲しげな **-ra** 名 女 (葬儀に雇われる)泣き屋, 泣き女

pla-'ñi-do [ブラ.'ニィ.ド] 名 男 悲しみ, 嘆き, 悲嘆; 泣き声

pla-'ñir [ブラ.'ニィる] 動 自 10 (i) 嘆き, 悲しみ, 泣き叫ぶこと

pla-'qué [ブラ.'ケ] 名 男 金[銀]めっき

pla-'que-ta [ブラ.'ケ.タ] 名 女 〔体〕 血小板; 〔建〕 化粧タイル

'plas-ma ['ブラス.マ] 名 男 〔体〕 血漿(けっしょう), プラズマ; 〔生〕 原形質; 〔物〕 プラズマ

plas-ma-'ción [ブラス.マ.'すぃオン] 名 女 造形, 具象化

plas-'mar [ブラス.'マる] 動 他 形作る, 作る, 造形する **~se** 動 再 (en: になって)具体化する, あらわれる

plas-'má-ti-co, -ca [ブラス.'マ.ティ.コ, カ] 形 〔物〕 血漿(けっしょう)の

'plas-ta ['ブラス.タ] 名 女 どろどろ状の塊; 《スペイン》 《話》 失敗作, 不出来なもの; 《ラ米》

《話》〔畜〕(家畜の)糞(ふん) 形 名 共 わずらわしい(人), やっかいな(人)
plas-te-'cer [プラス.テ.'せる] 動 他 45 (c|zc) 〈に〉しっくいを詰める
plas-ti-ci-'dad [プラス.ティ.すぃ.'ダド] 名 女 可塑(かそ)性, 塑性; 適応性, 柔軟性
'plás-ti-co, -ca ['プラス.ティ.コ, カ] 86% 形 プラスチック製の, 合成樹脂の; 〔美〕美術造形の; 表現力のある, 生き生きとした; 〔医〕形成の; «材料が»思い通りの形にしやすい, 可塑(かそ)性の 名 男 プラスチック, 合成樹脂; プラスチック製品 **-ca** 名 女 〔美〕造形美術, 彫刻, 彫塑(ちょうそ)
plas-ti-fi-ca-'ción [プラス.ティ.フィ.カ.'すぃオン] 名 女 プラスチック加工, ラミネート加工
plas-ti-fi-'car [プラス.ティ.フィ.'カる] 動 他 69 (c|qu) プラスチック加工する, ラミネート加工する; 〈に〉可塑(かそ)性を与える
'pla-ta ['プラ.タ] 85% 名 女 銀; 《ラ米》金(かね), 金銭, 財産; 銀製品; 〔化〕銀《元素》 ***hablar en ~*** 《話》単刀直入に話す
'Pla-ta ['プラ.タ] 名 固 〔La ~〕〔地名〕ラプラタ《アルゼンチン東部の都市, ブエノスアイレス州の州都》; 〔Río de la ~〕〔地名〕リオ・デ・ラプラタ《南米大陸南部のパラナ川 Paraná, ウルグアイ川 Uruguay 川などが合流してできた大きな河口部》
pla-ta-'for-ma [プラ.タ.'フォる.マ] 名 女 壇, 演壇, 教壇; 舞台; (電車やバスの)乗降口, デッキ; 〔地〕高台, 台地; 足場, 手がかり; 〔鉄〕(無蓋(むがい))貨車; 《ラ米》〔鉄〕プラットフォーム; 〔政〕政綱, (政治)要綱 ***~ continental*** 〔海〕大陸棚 ***~ móvil*** 動く歩道
pla-ta-'nar ⇔ **-'nal** [プラ.タ.'ナる ⇔ .'ナル] 名 男 〔農〕バナナ園
pla-ta-'ne-ro, -ra [プラ.タ.'ネ.ろ, ら] 名 男 女 〔商〕バナナ業者
'plá-ta+no ['プラ.タ.ノ] 92% 名 男 〔植〕バナナ, バナナの木; 〔植〕プラタナス, スズカケ
pla-ta-'nu-tre [プラ.タ.'ヌ.トれ] 名 男 《カリブ》〔食〕揚げバナナチップ
pla-'te+a [プラ.'テ.ア] 名 女 〔演〕(劇場の)1 階ボックス席; 〔競〕〔サッカーなど〕指定席
pla-te+'a-do, -da [プラ.テ.'ア.ド, ダ] 形 〔技〕銀メッキの; 銀色の; 白髪の
pla-te+'ar [プラ.テ.'アる] 動 他 〔技〕銀メッキする, 〈に〉銀をかぶせる
pla-tel-'min-to [プラ.テル.'ミン.ト] 名 男 〔動〕扁形(へんけい)動物
pla-'ten-se [プラ.'テン.セ] 形 名 共 リオ・デ・ラプラタ沿岸の(住民)⬆Plata
pla-te-'res-co, -ca [プラ.テ.'れス.コ, カ] 形 〔建〕プラテレスコ風の《16 世紀スペイン銀器類の装飾のような精巧な建築様式》
pla-te-'rí+a [プラ.テ.'り.ア] 名 女 〔技〕銀細工; 〔商〕銀細工販売店; 宝石店
pla-'te-ro, -ra [プラ.'テ.ろ, ら] 形 〔畜〕«ロバが»銀色がかった灰色の 名 男 女 〔技〕銀細工師; 〔商〕宝石商
'plá-ti-ca ['プラ.ティ.カ] 94% 名 女 おしゃべり, 歓談, 会話; 〔宗〕(短くて簡単な)説教
pla-ti-'car [プラ.ティ.'カる] 94% 動 自 69 (c|qu) 《ラ米》おしゃべりする 動 他 協議する, 討議する
pla-'ti-llo [プラ.'ティ.ジョ] 名 男 (茶碗の)受け皿; 小皿; (天秤の)皿; 〔普通複〕〔楽〕シンバル; 話題, 話の種 ***~ volante [volador]*** 〔天〕空飛ぶ円盤
pla-'ti-na [プラ.'ティ.ナ] 名 女 (顕微鏡の)載物台; 作業台, 工作台; 〔印〕(印刷機の)圧盤; (プレーヤーの)ターンテーブル; 〔電〕カセットデッキ
pla-ti-'nar [プラ.ティ.'ナる] 動 他 〈に〉〔技〕白金をかぶせる
pla-'ti+no [プラ.'ティ.ノ] 名 男 〔鉱〕〔化〕白金, プラチナ《元素》
'pla-to ['プラ.ト] 84% 名 男 〔食〕皿, 皿 1 杯, 1 皿分; 〔食〕料理, 一品, 食事; 〔競〕〔射撃〕クレーピジョン, 標的の皿; (天秤の)皿; 〔映〕映画のセット ***comer en un mismo ~*** とても仲がよい ***no romper un ~*** 罪がない ***pagar los ~s rotos*** 《話》責任をとる, 他人の尻(しり)ぬぐいをする ***¡Qué ~!*** 《ボリビア》《ラプラタ》《話》わあ!, すごい! 《驚き》
pla-'tó [プラ.'ト] 名 男 〔複 -tós〕〔映〕〔放〕スタジオのセット
pla-'tó-ni-co, -ca [プラ.'ト.ニ.コ, カ] 形 〔哲〕プラトン哲学の, プラトン学派の《Platón, ギリシャの哲学者, 前 428-347》; 純精神的な, プラトニックな 名 男 女 〔哲〕プラトン哲学者, プラトン学派の人; 精神的恋愛主義者
pla-to-'nis-mo [プラ.ト.'ニス.モ] 名 男 〔哲〕プラトン哲学[学派], プラトン主義; 精神的恋愛, プラトニックラブ
plau-'si-ble [プラウ.'スィ.ブレ] 形 称賛されうる, ほめられる; まことしやかな; 容認できる
'pla-ya ['プラ.ジャ] 82% 名 女 〔地〕浜, 海辺, 海岸, 磯, 海水浴場; 《南米》用地, 敷地; 《カリブ》《アンデス》《ラプラタ》〔車〕駐車場
'Pla-ya Gi-'rón ['プラ.ジャ ひ.'ろン] 名 女 〔地名〕ヒロン海岸《キューバ西部南側の海岸》
playboy ['プレイ.ボイ] 名 男 〔英語〕プレイボーイ
pla-'ye-ro, -ra [プラ.'ジェ.ろ, ら] 形 〔地〕海岸の, 砂浜の **-ra** 名 女 〔衣〕T シャツ; 〔複〕スニーカー; 〔楽〕プラジェーラ《アンダルシアの民謡・舞踊》

p

pla-'ye-ta [プラ.'ジェ.タ] 名 女 〖地〗小さな海岸

'pla-za ['プラ.さ] 77% 名 女 (市内の)広場; 〖商〗市場(いちば), 市の開かれる広場; 席, 座席; 場所, スペース; 職, 地位, 籍; 〖軍〗砦, 要塞; 町, 都市 感 《古》道をあけろ!, 下がれ! *hacer* ～ 場所をあける ～ *de toros* 〖牛〗闘牛場

'pla-zo ['プラ.そ] 80% 名 男 期間, 時間; 期日; 〖商〗(月賦などの)一回分, 分割払い; 締切りの時間 *a corto* ～ 短期間の[で] *a largo* ～ 長期間の[で]

pla-zo-'le-ta [プラ.そ.'レ.タ] 名 女 (庭園内の)小広場

ple+a-'mar [プレ.ア.'マる] 名 女 〖海〗満潮(時)

'ple-be ['プレ.ベ] 名 女 (一般)大衆, 民衆, 庶民; 〖歴〗(古代ローマの)平民; 《話》〔軽蔑〕下層民

ple-'be-yo, -ya [プレ.'ベ.ジョ, ジャ] 形 庶民の, 一般大衆の; 卑俗な, 低俗な 名 男 女 庶民, 平民, 大衆

ple-bis-ci-'ta-rio, -ria [プレ.ビ(ス).すぃ.'タ.りオ, りア] 形 〖政〗国民[住民]投票の

ple-bis-'ci-to [プレ.ビ(ス).'すぃ.ト] 名 男 〖政〗国民[住民]投票

'plec-tro ['プレク.トろ] 名 男 〖楽〗ピック, つめ, ばち, 義甲 《撥弦(はつげん)楽器用のつめ》; 〖文〗(詩の)着想, 詩想

ple-'ga-ble [プレ.'ガ.ブレ] 形 折り畳める, 折り畳み式の

ple-'gar [プレ.'ガる] 92% 動 他 ㊻ (e|ie; g|gu) 折り畳む, 折り重ねる, 折り曲げる; 〈に〉ひだをつける ～*se* 動 再 折れる, 折り曲がる; (a: に)服従する, 屈服する

ple-'ga-ria [プレ.'ガ.りア] 名 女 〖宗〗祈り, 祈願, 祈禱(きとう)

'plei-ta ['プレイ.タ] 名 女 (アフリカハネガヤなどの)編み縄

plei-te+'ar [プレイ.テ.'アる] 動 自 〖法〗(con, contra: に)訴訟を起こす

plei-te-'sí+a [プレイ.テ.'スィ.ア] 名 女 《格》敬意, 尊敬

plei-'tis-ta [プレイ.'ティス.タ] 形 名 共 〖法〗訴訟好きな(人)

'plei-to ['プレイ.ト] 93% 名 男 〖法〗訴訟; けんか, 口論, 反目, 不和

ple-na-'mar 名 女 ⇧ pleamar

ple-'na-rio, -ria [プレ.'ナ.りオ, りア] 形 完全な, 絶対的な, 無条件の; 全体の, 全員出席した

ple-ni-'lu-nio [プレ.ニ.'ル.ニオ] 名 男 〖天〗満月(時)

ple-ni-po-'ten-cia [プレ.ニ.ポ.'テン.すぃア] 名 女 〖政〗全権

ple-ni-po-ten-'cia-rio, -ria [プレ.ニ.ポ.テン.'すぃア.りオ, りア] 形 〖政〗全権のある 名 男 女 〖政〗全権大使, 全権使節

ple-ni-'tud [プレ.ニ.'トゥド] 93% 名 女 絶頂, 最高潮, 全盛; 完全, 十分, 充実; 豊富, 豊満

'ple+no, -na ['プレ.ノ, ナ] 82% 形 〔名詞の前で〕まさに…の, …のただ中《強調》; 《格》十分な, 完全の, 最大限の; 《アンデス》《話》よい, すてきな, すばらしい 名 男 総会, 本会議; (トトカルチョなどで)全部を当てること -*namente* 副 十分に, 完全に

ple+o-'nas-mo [プレ.オ.'ナス.モ] 名 男 〖修〗冗言法, 冗長; 〖言〗重複語

ple+o-'nás-ti-co, -ca [プレ.オ.'ナス.ティ.コ, カ] 形 〖修〗冗言法の, 冗長な; 〖言〗重複(語)の

'plé-to-ra ['プレ.ト.ら] 名 女 〖医〗多血(症); 過多, 過量, 過度, 過剰

ple-'tó-ri-co, -ca [プレ.'ト.り.コ, カ] 形 (de: が)過多の, 過剰の; «人が»喜びに満ちた, 満足げな; 〖医〗多血(症)の

'pleu-ra ['プレウ.ら] 名 女 〖体〗胸膜

pleu-'ral [プレウ.'らル] 形 〖体〗胸膜の

pleu-re-'sí+a [プレウ.れ.'スィ.ア] 名 女 〖医〗胸膜炎

ple-xi-'glás [プレク.スィ.'グラス] 名 男 《商標》プレキシグラス《航空機風防ガラス用の透明アクリル樹脂》

'ple-xo ['プレク.ソ] 名 男 〖体〗(神経・血管などの)網状組織, 叢(そう)

'Plé-ya-de ['プレ.ジャ.デ] 名 女 〖ギ神〗プレイアデス《アトラス Atlas の7人の娘》; 〖文〗プレイヤード[七星](詩)派《16世紀ルネサンス期のロンサールを中心としたフランスの7人の詩人》; 〖天〗スバル《おうし座にある星団》

'pli-ca ['プリ.カ] 名 女 封緘(ふうかん)文書

'plie-g~ 動 《直現/接現》 ⬆plegar

'plie-go ['プリエ.ゴ] 92% 名 男 (折った)紙, 用紙; 手紙, 書類, 封書

'plie-gue ['プリエ.ゲ] 名 男 〖衣〗ひだ, 折り目; プリーツ; (ひじの)内側

'plin-to ['プリン.ト] 名 男 〖建〗(円柱などの)(方形)台座, 柱礎

pli-'sar [プリ.'サる] 動 他 〖衣〗〈に〉折り目[ひだ]をつける

plo-'ma-da [プロ.'マ.ダ] 名 女 下げ振り糸; 〖魚〗(釣り糸の)おもり; 〖海〗測鉛線, 垂直線

plo-'ma-zo [プロ.'マ.そ] 名 男 《メキシコ》《中米》《カリブ》《コロンビア》銃撃

plom-ba-'gi-na [プロン.バ.'ひ.ナ] 名 女 〖鉱〗黒鉛, 石墨, グラファイト

plo-me-'rí+a [プロ.メ.'り.ア] 名 女 〖建〗鉛板による屋根ふき; 〖建〗配管[水道]工事, (給排水)衛生工事; 鉛工場

plo-'me-ro, -ra [プロ.'メ.ろ, ら] 名 男 女 〖技〗配管工; 〖技〗鉛(細工)職人 -ra

名 女《ｶﾘﾌﾞ》《ｺﾛﾝﾋﾞｱ》撃ち合い, 銃撃戦

plo-'mí-fe-ro, -ra [プロ.'ミ.フェ.ろ, ら] 形 鉛を含む, 鉛を生じる;《話》うっとうしい, うんざりする 名 男 女《話》うっとうしい人

plo-'mi-zo, -za [プロ.'ミ.そ, さ] 形 鉛色の, 鉛の;《話》うんざりする, かったるい

*'**plo-mo** ['プロ.モ] 93% 名 男〔鉱〕鉛(なまり);《ｽﾍﾟｲﾝ》〔しばしば複〕〔電〕ヒューズ;《話》退屈な人[もの], うんざりする人[もの], しつこい人; (鉛の)おもり; 測鉛; 弾丸;《ﾒｷｼｺ》《ﾁﾘ》灰色 *a* ~ 垂直に, 真上から *con pies de* ~《話》慎重に, ゆっくりと

plta. 略 ↑planta

'**plum** ['プルム] 感《擬音》ドスン, バタン《打撃・衝撃の音》

'plu-ma** ['プル.マ] 87% 名 女 ペン, 万年筆; 羽毛, 羽, 羽根飾り;〔文〕文体, スタイル; 文筆活動, 文筆業;〔競〕〔ボクシング〕フェザー級;《ｶﾘﾌﾞ》シャワー;《ﾒｷｼｺ》《俗》おなら, 屁(へ) *escribir al correr de la* ~ 思いつくままにすらすらと書く, 筆にまかせて書く

plu-'ma-je [プル.'マ.へ] 名 男〔集合〕羽衣, 羽毛; 羽根飾り

plu-'ma-zo [プル.'マ.そ] 名 男 ペンの)一筆書き; 羽毛布団; 羽毛枕 *de un* ~ 速やかに, あっという間に

'**plúm-be+o, +a** ['プルン.ベ.オ, ア] 形 鉛製の, 鉛の; 鉛のように重い;《話》退屈な, 重苦しい, 鈍い

plu-me+'ar [プル.メ.'アる] 動 他〔絵〕〈に〉細かい線をつける,〈に〉影をつける; 羽根ペンで書く

plu-'me-ro [プル.'メ.ろ] 名 男 羽毛のちり払い[はたき, ほうき]; 羽根飾り; ペン入れ *verse el* ~《話》(a: の)考えが見通せる

plu-'mí-fe-ro, -ra [プル.'ミ.フェ.ろ, ら] 形《詩》羽のある, 羽が生えた 名 男 女《話》〔笑〕新聞記者, 物書き, 文筆家

plu-'mí-gra-fo [プル.'ミ.グら.フォ] 名 男《ｺﾛﾝﾋﾞｱ》フェルトペン, マーカー

plu-'mi-lla [プル.'ミ.ジャ] 名 女 小さな羽根; ペン先;〔植〕幼芽

plu-'mín [プル.'ミン] 名 男 ペン先

plu-'món [プル.'モン] 名 男〔鳥〕(鳥の)綿毛, ダウン; 羽毛布団;《ﾗ米》フェルトペン

plu-'mo-so, -sa [プル.'モ.ソ, サ] 形 羽根で覆(おお)われた; 羽根が多い

*plu-'ral** [プル.'らル] 93% 形 複数の, 2つ[2人]以上の;〔言〕複数(形)の 名 男 複数;〔言〕複数形

plu-ra-li-'dad [プル.ら.リ.'ダド] 名 女 複数(であること); 大多数, 過半数;〔言〕複数性

plu-ra-'lis-mo [プル.ら.'リス.モ] 名 男 多元論, 多元性

plu-ra-'lis-ta [プル.ら.'リス.タ] 形 名 共 多元論の; 多元論者

plu-ra-li-'zar [プル.ら.リ.'さる] 動 他 ㉞ (z|c)〔言〕複数(形)にする; 一般化する, 概括する

plu-ri-ce-lu-'lar [プル.り.せ.ル.'ラる] 形〔生〕多細胞の

plu-ri-em-'ple+o [プル.りエン.'プレ.オ] 名 男 兼任, 兼業

plu-ri-'lin-güe [プル.り.'リン.グエ] 形〔言〕多言語の, 数か国語の

plu-ri-par-ti-'dis-mo [プル.り.パる.ティ.'ディス.モ] 名 男〔政〕多党政治

plu-ri-par-ti-'dis-ta [プル.り.パる.ティ.'ディス.タ] 形〔政〕多党政治主義の 名 共〔政〕多党政治主義者

plu-ri-va-'len-te [プル.り.バ.'レン.テ] 形 複数の意味をもつ; 多目的の, 多用途の

'**plus** ['プルス] 名 男 ボーナス, 特別賞与

plus-cuam-per-'fec-to, -ta [プルス.クアン.ペる.'フェク.ト, タ] 形 名 男〔言〕過去完了(の)《haber の線過去・過去分詞》

plus-'mar-ca [プルス.'マる.カ] 名 女〔競〕新記録

plus-mar-'quis-ta [プルス.マる.'キス.タ] 名 共〔競〕記録保持者

plus-va-'lí+a [プルス.バ.'リ.ア] 名 女〔経〕(不動産の)高騰, 値上がり;〔商〕剰余価値

plu-to-'cra-cia [プル.ト.'クら.すぃア] 名 女〔政〕金権政治, 金権政体; 富豪階級, 財閥

plu-'tó-cra-ta [プル.'ト.クら.タ] 名 共〔政〕金権(政治)家; 富豪, 財閥

plu-to-'crá-ti-co, -ca [プル.ト.'クら.ティ.コ, カ] 形〔政〕金権政治の, 金権政体の; 富豪の, 財閥の

Plu-'tón [プル.'トン] 名 固〔ギ神〕プルトン《冥界の神》;〔天〕冥王星

plu-'to-nio [プル.'ト.ニオ] 名 男〔化〕プルトニウム《元素》

plu-'vial [プル.'ビアル] 形〔気〕雨の, 雨の多い, 雨降りの

plu-'vió-me-tro [プル.'ビオ.メ.トろ] 名 男〔気〕雨量計

plu-vio-si-'dad [プル.ビオ.スィ.'ダド] 名 女〔気〕雨量

plu-'vio-so, -sa [プル.'ビオ.ソ, サ] 形《格》雨の, 雨の多い

plza. 略 ↑plaza

p. m. 略 =〔ラテン語〕*post meridiem* 午後

P. M. 略 =policía militar〔軍〕憲兵

p/n 略 =peso neto《ﾗ米》正味重量

PNB 略 =producto nacional bruto〔経〕国民総生産

PNN 略 =profesor[sora] no numerario[ria] (大学などの)非常勤講師

Pnt. 略 ↓pontífice

PNV [ペ.エ.ネ.'ウ.ベ] 略 ＝Partido Nacionalista Vasco〘政〙バスク民族主義党

p.º 略 ⬆paseo

'Po 名 固 〔el ～〕〘地名〙ポー川《イタリア北部の川》

po-'bla-cho [ポ.'ブラ.チョ] 名 男《話》〔軽蔑〕寒村, さびれた村

****po-bla-'ción** [ポ.ブラ.'すぃオン] 77% 名 女 人口;〔全体〕住民, 人々;〘政〙市町村;〘生〙(ある地域の)個体数, 個体群;〘数〙〔統計〕母集団

po-bla-cio-'nal [ポ.ブラ.すぃオ.'ナル] 形 人口の; 住民の

po-'bla-do, -da [ポ.'ブラ.ド, ダ] 形 住んでいる, 居住している;〘地〙《土地が》草木が生えている; (de: が)多い, いる;《ひげなどが》濃い 名 男 村落, 町, 都市

po-bla-'dor, -'do-ra [ポ.ブラ.'ドる, 'ド.ら] 名 男 女 住民; 植民者

po-'bla+no, -na [ポ.'ブラ.ノ, ナ] 形 名 男 女〘地名〙プエブラの(人)⬇Puebla

***po-'blar** [ポ.'ブラる] 91% 動 他 ⑯(o|ue) 〈に〉人を住まわせる, 植民する;〈土地に〉(de: 動物を)生息させる,〘魚〙〈川に〉(de: 魚を)放流する; (de: 木を)植える;《人が》〈に〉住む 動 自 (en: に)植民地を作る, 町を作る **～se** 動 再 (人口などが)増える;〘植〙《葉が》茂る

'po+bo 名 男〘植〙ハコヤナギ《ポプラの一種》

****'po-bre** ['ポ.ブれ] 75% 形 貧しい, 貧乏な; 乏しい, (de, en: が)不十分な, 貧弱な;〔名詞の前で〕哀れな, かわいそうな, 不幸な, 気の毒な;〘農〙《土地が》やせた; へたな, まずい; 質の悪い, 粗末な;〔名詞の前で〕見下げ果てた, 卑しい, あさましい; 少ない, たいしたことない, 役に立たない 名 共 貧しい人, 貧乏人; 哀れな人, 不幸な人; 乞食(こじき) **～-mente** 副 貧しく; 不幸に; へたに, まずく ***¡～ de …!*** 《話》かわいそうな…!

po-bre-'ci-llo, -lla 〔縮小語〕⬆pobre

po-bre-'ci-to, -ta 〔縮小語〕⬆pobre

po-bre-te-'rí+a [ポ.ブれ.テ.'り.ア] 名 女〔集合〕貧乏人, 貧民; 物乞い; 貧乏, 貧困; けち, しみったれ, 吝嗇(りんしょく)

po-bre-'tón, -'to-na [ポ.ブれ.'トン, 'ト.ナ] 形〔軽蔑〕貧しい(人) 名 男 女 哀れな(人)

****po-'bre-za** [ポ.'ブれ.さ] 89% 名 女 貧乏, 貧困, 貧しさ; 欠如, 不足, 欠乏; 貧弱, 狭量, 卑しさ

po-brí-si-mo, -ma 〔最上級〕⬆pobre

po-'ce-ro, -ra [ポ.'せ.ろ, ら] 名 男 女 井戸掘り人; 井戸[下水]清掃人

po-'ce-ta [ポ.'せ.タ] 名 女《ベネズエラ》便器

'po-cho, -cha 形〘農〙《果物が》熟れすぎた, 腐りかけた;《色が》あせた, 変色した;〘医〙《人が》顔色が悪い, 青ざめた;《チリ》〘体〙ずんぐりとした 名 男 女《ラ米》メキシコ系アメリカ人

po-'cho-lo, -la [ポ.'チョ.ロ, ラ] 形 名 男 女《話》すてきな(人), 魅力的な(人)

po-'cil-ga [ポ.'すぃル.ガ] 名 女〘畜〙豚小屋, 豚舎; 不潔な場所

po-'ci-llo [ポ.'すぃ.ジョ] 名 男 (土に埋め込んだ)壺(つぼ), かめ;〘飲〙小型コーヒーカップ

'pó-ci-ma ['ポ.し.マ]〘医〙煎じ薬,《話》まずい飲み物

po-'ción [ポ.'すぃオン] 名 女〘医〙水薬

****'po+co, +ca** 59% 形 **1**〔un をつけずに〕少しの…しか, ほんのわずかの, …はほとんどない《量が少ないこと, 程度が低いこと》: Mi marido es un hombre de **pocas** palabras. 私の夫は寡黙な人だ。 **2**〔unos ～s〕いくつかの, 少数の: Fui a la librería y compré unos **pocos** libros. 私は本屋に行き何冊かの本を買った。 副 **1** 少ししか…しない, ほとんど…しない: En general en España llueve **poco**. 一般的にスペインではあまり雨が降らない。 **2**〔un ～〕少しは…, 多少とも…: Espere usted **un poco**. 少し待ってください。 **3**〔un poco〕少しではあるが…, 多少…: Este libro me parece **un poco** caro. この本は私には少し高いように思える。 代《不定》**1**〔un をつけずに〕少ししかないもの, ほんのわずかしかないもの, ほとんどないもの: Hace **poco** que conozco a Adolfo. 私はアドルフォと知り合って間もない。 **2**〔un ～〕少し, 多少: Si pones **un poco** de sal a la ensalada, te sabrá mejor. サラダに少し塩を振るとおいしくなりますよ。 ***a ～ de*** …(不定詞) …するとすぐに ***a ～ que*** …(接続法) 少し…すれば ***no ～[ca]*** 少なからぬ ***～ a ～*** 少しずつ ***～ más o menos*** 大体… ***～ menos que*** … ほとんど… ***por ～*** …. もう少しで…(しそうだった) ***por ～ que*** …(接続法) 少しでも…すれば ***por si fuera ～*** さらに悪いことに ***tener en ～*** 軽く見る

po-co-'nón 名 男《中米》《コロンビア》《話》たくさん

po-co-'tón 名 男《中米》《南米北》《アンデス》《話》たくさん

'po+da 名 女 刈り込み, 剪定(せんてい), 枝打ち; 剪定時期

po-da-'de-ra [ポ.ダ.'デ.ら] 名 女〔主に複〕剪定(せんてい)ばさみ

***po-'dar** [ポ.'ダる] 92% 動 他〈の〉枝を刈る, 剪定(せんてい)する

po-'den-co, -ca 形〘畜〙猟犬の 名 男〘畜〙猟犬, ハウンド

****po-'der** [ポ.'デる] 50% 動《助動詞》52 (o|

ue) **1** (不定詞: …する)ことができる《能力》: Con estos zapatos no **puedo** correr. この靴では走れません。 **2** (不定詞: …)してもよい, してかまわない《許可》: Señorita, ¿**puedo** invitarla a tomar algo? お嬢さん, お茶にでもお誘いしてよろしいでしょうか。 **3**〔否定文で〕(不定詞: …)してはいけない《禁止》: Aquí no **podemos** comer. ここでは食事はできません。 **4**〔疑問文で〕…していただけますか, …してくれますか《依頼》: ¿**Puede** usted decirme qué hora es? 時間を教えていただけますか。 **5** (不定詞: …で)ありうる, (不定詞: …)することがある《可能性》: Está muy nublado. **Puede** llover. 空がすごく曇っているから雨が降るかもしれない。 動 自 **1** (que 接続法: …の)可能性がある, …かも知れない: **Puede** que yo llegue diez minutos tarde. 私は10分遅れて着くかもしれない。 **2** できる, 可能である: Devuélveme el dinero cuando **puedas**. お金を返せるときでいいから返して。 **3** (con: を)我慢する, 耐えられる: No puedo más. 私はこれ以上耐えられない。 **4**《話》(a: に)勝つ, (a: より)力がある: Mi equipo **puede** al tuyo. 僕のチームが君のチームに勝つよ。 名 男 力, 能力, 知力, 体力, 才能; 権力, 勢力;〖政〗政権;〖法〗(法律で定められた)権限; 所有, 所持, 手元, 手中;〖軍〗軍事力; 強国, 大国; 委任状 ***a ~ de*** … 《ｽﾍﾟｲﾝ》…によって, …の力で ***a más no ~*** 大変, この上なく ***de ~*** … (不定詞) もし…できるなら ***de ~ a ~*** 対等に, 互角に ***de ~ ser*** できるなら ***en ~ de*** … …の下に, …の手元に ***no ~ menos de [que]*** …(不定詞) …しないわけにはいかない ***no ~ ser*** ありえない, そんなはずはない ***por ~(es)*** 代理人を立てて ***Puede ser.*** ありうる, そうかもしれない ***¿Se puede?*** 入ってよろしいですか

po-de-ˈrí+o [ポ.デ.ˈリ.オ] 名 男 力, 勢力, 権力, 権限; 権威; 富, 財宝

⁑**po-de-ˈro-so, -sa** [ポ.デ.ˈろ.ソ, サ] 88% 形 強力な, 強い, たくましい, 勢力のある; 効き目のある, 効果的な; 富裕な, 財力のある 名 男 女 権力者, 有力者 **-samente** 副 強力に, 力強く

Pod-go-ˈri-ca [ポド.ゴ.ˈリ.カ] 名 固〖地名〗ポドゴリツァ《モンテネグロ Montenegro の首都》

ˈ**po-dio** 名 男〖建〗土台石;〖競〗表彰台;〖楽〗指揮台

po-do-lo-ˈgí+a [ポ.ド.ロ.ˈひ.ア] 名 女〖医〗足病学

po-do-ˈló-gi-co, -ca [ポ.ド.ˈロ.ひ.コ, カ] 形〖医〗足病学の

po-ˈdó-lo-go, -ga [ポ.ˈド.ロ.ゴ, ガ] 名 男 女〖医〗足病学者

po-ˈdó-me-tro [ポ.ˈド.メ.トろ] 名 男 歩数計, 測歩器

po-dr~ 動《直未/過未》↑poder

ˈ**po-dre** [ˈポ.ドれ] 名 女〖医〗膿(うみ), 膿汁(のうじゅう)

po-dre-ˈdum-bre [ポ.ドれ.ˈドゥン.ブれ] 名 女 腐っていること; 堕落, 腐敗; 膿(うみ); 悲しみ

po-ˈdri-do, -da [ポ.ˈドり.ド, ダ] 形 腐った, 腐敗した

pu-ˈdrir [ポ.ˈドりる] 動 他 ⇩ pudrir

⁑**po+ˈe-ma** 88% 名 男〖文〗詩, 韻文, 詩作品;《話》こっけいなこと, 現実離れしておかしいこと

po+e-ˈma-rio [ポ.エ.ˈマ.りオ] 名 男〖文〗詩集

po+e-ˈmá-ti-co, -ca 形〖文〗詩的な, 詩の

⁑**po+e-ˈsí+a** 87% 名 女〖文〗詩, 詩歌, 詩文;〖文〗〔集合〕(ジャンルとしての)詩, (ある時代・国・詩人の)詩;〖文〗詩集;〖文〗詩情, 詩趣

⁑**po+ˈe-ta** 79% 名 共《poetisa 女 が使われることがある》〖文〗(男性の)詩人;〖文〗詩的才能のある人, 詩人肌の人

po+e-ˈtas-tro, -tra [ポ.エ.ˈタス.トろ, トら] 名 男 女《話》〖文〗〔軽蔑〕へぼ詩人, 亜流詩人

***po+ˈé-ti-co, -ca** 91% 形〖文〗詩の, 詩人の; 詩的な, 詩のような **-ca** 名 女〖文〗詩論, 詩学; 詩法

po+e-ˈti-sa 名 女〖文〗女性詩人

po+e-ti-ˈzar [ポ.エ.ティ.ˈさる] 動 他 ㉞ (z|c)〖文〗詩にする, 詩的に表現する

po-ˈgro-mo [ポ.ˈグろ.モ] 名 男 (組織的)大虐殺;〔特に〕〖歴〗(帝政ロシアの)ユダヤ人虐殺

ˈ**pó-ker** 名 男 ⇩ póquer

ˈ**po+la** [ˈポ.ラ] 名 女《ｺﾛﾝﾋﾞｱ》《話》〖飲〗ビール

***po-ˈla-co, -ca** [ポ.ˈラ.コ, カ] 93% 形〖地名〗ポーランド(人)の ⬇ Polonia;〖言〗ポーランド語の 名 男 女 ポーランド人;《話》〔軽蔑〕カタルーニャの; カタルーニャ人 名 男〖言〗ポーランド語

po-ˈlai-na [ポ.ˈライ.ナ] 名 女〖衣〗ゲートル

po-ˈlar [ポ.ˈラる] 形〖地〗極の, 極地の, 極地に近い ***estrella polar***〖天〗北極星

po-la-ri-ˈdad [ポ.ラ.り.ˈダド] 名 女〖物〗極性; 両極性

po-la-ri-za-ˈción [ポ.ラ.り.さ.ˈすぃオン] 名 女 極性を生じること, 分極;〖物〗極性化

po-la-ri-ˈzar [ポ.ラ.り.ˈさる] 動 他 ㉞ (z|c) (en: に)集中させる, 結集させる;〖物〗〈に〉極性を与える, 分極する;〖光〗偏光させる **~se** 動 再 (光が)偏光する, 極性をも

p

つ; 分極化する; 集中する

'**pol-ca** ['ポル.カ] 名 女 〔楽〕ポルカ《ボヘミア起源の2人組2拍子の舞踊・舞曲》

po-'le+a [ポ.'レ.ア] 名 女 〔機〕滑車, 滑車装置

po-'lé-mi-co, -ca [ポ.'レ.ミ.コ, カ] 89% 形 議論の, 議論好きな; 問題の, 争点の -**ca** 名 女 論戦, 論争

po-le-'mis-ta [ポ.レ.'ミス.タ] 名 共 論客, 論争好き

po-le-mi-'zar [ポ.レ.ミ.'さる] 動 自 ㉞ (z|c) 議論する, 論争する

'**po-len** ['ポ.レン] 名 男 〔植〕花粉

po-'len-ta [ポ.'レン.タ] 名 女 《チリ》《ラプラタ》〔食〕ポレンタ《トウモロコシ粉の一種; トウモロコシ粉で作る料理》; 《ラプラタ》《話》すばらしいもの; 力, 活力

po-'le+o [ポ.'レ.オ] 名 男 〔植〕ハッカ

po-'le-ra [ポ.'レ.ら] 名 女 《チリ》《ラプラタ》〔衣〕Tシャツ

'**po+li** ['ポ.リ] 名 共 《スペイン》《話》警官, おまわり 名 女 《スペイン》《話》警察

po-li~ 〔接頭辞〕「多・多数」という意味を示す

po-li-'an-dria [ポ.'リアン.ドリア] 名 女 一妻多夫

po-li-ar-te-'ri-tis [ポ.リアる.テ.'リ.ティス] 名 女 〔単複同〕〔医〕多発性動脈炎

po-li-ar-'tri-tis [ポ.リアる.'トリ.ティス] 名 女 〔単複同〕〔医〕多発性関節炎

po-li-chi-'ne-la [ポ.リ.チ.'ネ.ラ] 名 男 〔演〕(イタリア喜劇の)道化役, プルチネッラ

po-li-'cí+a [ポ.リ.'すい.ア] 75% 名 女 警察 名 共 警官

po-li-'cí+a-co, -ca ⇔ -'**cia**- [ポ.リ.'すい.ア.コ, カ ⇔ .'すぃア.] 形 探偵の; ⇩ policial

po-li-'cial [ポ.リ.'すぃアル] 形 警察の, 警官の

po-li-'clí-ni-ca [ポ.リ.'クリ.ニ.カ] 名 女 〔医〕総合診療所, 総合病院

po-li-cro-'ma-do, -da [ポ.リ.クろ.'マ.ド, ダ] 形 多色の

po-li-cro-'mar [ポ.リ.クろ.'マる] 動 他 多色にする, 多色に彩飾する

po-li-cro-'mí+a [ポ.リ.クろ.'ミ.ア] 名 女 多色

po-li-'cro-mo, -ma ⇔ -'**lí**- [ポ.リ.'クろ.モ, マ ⇔ .'リ.] 形 多色の

po-li-cul-'ti-vo [ポ.リ.クル.'ティ.ボ] 名 男 〔農〕(多種類の野菜の)同時栽培

po-li-de-por-'ti-vo [ポ.リ.デ.ポる.'ティ.ボ] 名 男 〔競〕総合運動場, スポーツセンター

po-'lié-dri-co, -ca [ポ.'リエ.ドリ.コ, カ] 形 〔数〕多面体の

po-'lie-dro, -dra [ポ.'リエ.ドろ, ドら] 形 〔数〕多面体の 名 男 〔数〕多面体

po-'li-és-ter [ポ.'リエス.テる] 名 男 〔化〕ポリエステル

po-li-e-ti-'le+no [ポ.リエ.ティ.'レ.ノ] 名 男 〔化〕ポリエチレン

po-li-fa-'cé-ti-co, -ca [ポ.リ.ファ.'せ.ティ.コ, カ] 形 多面の, 多相の; 多芸な, 多才な

po-li-'fa-gia [ポ.リ.'ファ.ひア] 名 女 〔医〕多食症

po-li-fo-'ní+a [ポ.リ.フォ.'ニ.ア] 名 女 〔楽〕多声音楽, ポリフォニー, 対位法

po-li-'fó-ni-co, -ca [ポ.リ.'フォ.ニ.コ, カ] 形 〔楽〕多音の; 多声音楽の, ポリフォニーの

po-'lí-fo+no, -na 形 ⇧ polifónico

po-li-'ga-mia [ポ.リ.'ガ.ミア] 名 女 複婚制, 一夫多妻(制); 〔植〕雑居性, 雌雄混株(性)

po-'lí-ga-mo, -ma [ポ.'リ.ガ.モ, マ] 形 一夫多妻の; 〔植〕雑居性の, 雌雄混株性の 名 男 女 一夫多妻婚者

po-'lí-glo-ta ⇔ -**li**- [ポ.'リ.グロ.タ ⇔ ポ.リ.'グロ.タ] 形 名 共 〔言〕多言語に通じた(人), 数か国語を話す(人), 多言語で書かれた

po-'lí-glo-to, -ta ⇔ -**li**- 形 名 男 女 ⇧ políglota

po-li-go-'nal [ポ.リ.ゴ.'ナル] 形 〔数〕多角形の

po-'lí-go+no, -na [ポ.'リ.ゴ.ノ, ナ] 形 〔数〕多角形の, 多辺形の 名 男 〔数〕多角形, 多辺形; 《スペイン》(都市計画の用途別)地区, 地域

po-'lí-gra-fo, -fa [ポ.'リ.グら.フォ, ファ] 名 男 女 多方面作家

po-'li-lla [ポ.'リ.ジャ] 名 女 〔昆〕ガ(蛾), イガ(衣蛾); ガの幼虫; (徐々に)むしばむもの

po-li-me-ri-za-'ción [ポ.リ.メ.リ.さ.'すぃオン] 名 女 〔化〕重合

po-li-me-ri-'zar [ポ.リ.メ.リ.'さる] 動 他 ㉞ (z|c) 〔化〕重合する

po-'lí-me-ro, -ra [ポ.'リ.メ.ろ, ら] 形 〔化〕重合の, 重合による 名 男 〔化〕重合体, ポリマー

po-li-'mial-gia [ポ.リ.'ミアル.ひア] 名 女 〔医〕多発性筋痛

po-li-mor-'fis-mo [ポ.リ.モる.'フィス.モ] 名 男 〔動〕〔植〕多形(性), 多型(性); 同質異像現象, (結晶)多形

po-li-'mor-fo, -fa [ポ.リ.'モる.フォ, ファ] 形 多形の, 多形態の

po-'lín [ポ.'リン] 名 男 《コロンビア》〔鉄〕枕木

pol. ind. 略 =polígono industrial 《スペイン》工業地帯

Po-li-'ne-sia [ポ.リ.'ネ.スィア] 名 固 〔地名〕ポリネシア《ハワイ諸島・ニュージーラン

ド・イースター島を結ぶ三角形の地域》

po-li-'ne-sio, -sia [ポ.リ.'ネ.スィオ, スィア] 形 名 男 女 〔地名〕ポリネシア(人)の, ポリネシア人⬆Polinesia

po-li-ni-za-'ción [ポ.リ.ニ.さ.'すぃオン] 名 女 〔植〕授粉(作用), 送粉

po-li-ni-'zar [ポ.リ.ニ.'さる] 動 他 ㉞ (z|c) 〔農〕〔植〕授粉する, 授精する

po-li-'no-mio [ポ.リ.'ノ.ミオ] 名 男 〔数〕多項式

po-li-'no-sis [ポ.リ.'ノ.スィス] 名 女 〔単複同〕〔医〕花粉症

'po-lio 〔短縮形〕⬇poliomielitis

po-lio-mie-'lí-ti-co, -ca [ポ.リオ.ミエ.'リ.ティ.コ, カ] 形 〔医〕急性灰白髄炎の, 小児麻痺の 名 男 女 〔医〕急性灰白髄炎患者, 小児麻痺患者

po-lio-mie-'li-tis [ポ.リオ.ミエ.'リ.ティス] 名 女 〔単複同〕〔医〕ポリオ, 小児麻痺

'pó-li-po ['ポ.リ.ポ] 名 男 〔医〕ポリープ; 〔動〕ポリプ《ヒトデ, イソギンチャクなど刺胞動物の固着生活をする種》

po-li-'po-sis [ポ.リ.'ポ.スィス] 名 女 〔単複同〕〔医〕ポリープ症

po-li-'se-mia [ポ.リ.'セ.ミア] 名 女 〔言〕多義性

po-li-'sé-mi-co, -ca [ポ.リ.'セ.ミ.コ, カ] 形 〔言〕多義の

po-li-'sí-la-bo, -ba [ポ.リ.'スィ.ラ.ボ, バ] 形 〔言〕多音節の 名 男 〔言〕多音節語

po-li-'sín-de-ton [ポ.リ.'スィン.デ.トン] 名 男 〔修〕連辞畳用(れんじじょうよう)《接続詞を多用した強調》

po-li-sin-'té-ti-co, -ca [ポ.リ.スィン.'テ.ティ.コ, カ] 形 〔言〕多総合的な

po-li-sin-te-'tis-mo [ポ.リ.スィン.テ.'ティス.モ] 名 男 〔言〕多総合性

po-li-'són [ポ.リ.'ソン] 名 男 〔衣〕バッスル《スカートの後ろをふくらませるためのパッド》

po-'lis-ta [ポ.'リス.タ] 名 共 〔競〕ポロ競技者

po-li-'téc-ni-co, -ca [ポ.リ.'テク.ニ.コ, カ] 形 諸工芸の, 科学技術の 名 男 工芸学校, 科学技術専門学校; 工科大学

po-li-te+'ís-mo [ポ.リ.テ.'イス.モ] 名 男 〔宗〕多神論, 多神教, 多神崇拝

po-li-te+'ís-ta [ポ.リ.テ.'イス.タ] 形 〔宗〕多神教の 名 共 〔宗〕多神論者, 多神教信者

po-li-ti-'cas-tro, -tra [ポ.リ.ティ.'カス.トろ, トら] 名 男 女 《話》〔軽蔑〕政治屋

'po-'lí-ti-co, -ca [ポ.'リ.ティ.コ, カ] 66% 形 〔政〕政治の, 政治上の, 政治に関する; 政治活動をする, 政治好きな; 義理の, 義…; 社交的な, 外交的な, 打算的な, 駆け引きのうまい 名 男 女 政治家, 政客 -ca 名 女 〔政〕政治, 政策; 政見; 〔政〕政治学; 策略, 術策, やり方, 駆け引き; 手腕, 才量 -camente 副 政治的に

po-li-ti-que+'ar [ポ.リ.ティ.ケ.'アる] 動 自 《話》〔軽蔑〕政治に首を突っ込む

po-li-ti-'que+o [ポ.リ.ティ.'ケ.オ] 名 男 《話》〔政〕〔軽蔑〕政治に首を突っ込むこと, 政治談義

po-li-ti-za-'ción [ポ.リ.ティ.さ.'すぃオン] 名 女 〔政〕政治化, 政治問題化

po-li-ti-'zar [ポ.リ.ティ.'さる] 動 他 ㉞ (z|c) 〔政〕政治化する, 政治問題とする

po-li-to-lo-'gí+a [ポ.リ.ト.ロ.'ひ.ア] 名 女 〔政〕政治学

po-li-to-'ló-gi-co, -ca [ポ.リ.ト.'ロ.ひ.コ, カ] 形 〔政〕政治学の, 政治学的な

po-li-'tó-lo-go, -ga [ポ.リ.'ト.ロ.ゴ, ガ] 名 男 女 〔政〕政治学者

po-li-u-re-'ta+no [ポ.リウ.れ.'タ.ノ] 名 男 〔化〕ポリウレタン

po-'liu-ria [ポ.'リウ.りア] 名 女 〔医〕多尿

po-li-va-'len-cia [ポ.リ.バ.'レン.すぃア] 名 女 〔化〕多価性; 〔医〕多効性

po-li-va-'len-te [ポ.リ.バ.'レン.テ] 形 〔化〕多価の; 〔医〕多効性の

'pó-li-za ['ポ.リ.さ] 名 女 証書, 契約書; 《スペイン》収入印紙, 証紙

po-li-'zón [ポ.リ.'そン] 名 男 〔海〕密航者

po-li-'zon-te [ポ.リ.'そン.テ] 名 男 《話》〔軽蔑〕おまわり, サツ

'po-lla ['ポ.ジャ] 名 女 〔畜〕(雌の)ひな鶏, 若い雌鶏(めんどり); 《話》若い娘; 《俗》ペニス; 《ラ米》(競馬の)賭け金

po-'lla-da [ポ.'ジャ.ダ] 名 女 〔畜〕一かえりのひな鶏

po-lle+'ar [ポ.ジェ.'アる] 動 自 《話》色気づく, 異性に興味を持ち始める

po-'lle-ra [ポ.'ジェ.ら] 名 女 〔畜〕養鶏場; 〔畜〕鶏小屋; 〔畜〕鶏かご; (幼児用)歩行器; 《南米》〔衣〕スカート; 《ベネズエラ》〔商〕ローストチキン店 *¡Y una ~!* 《俗》とんでもない

po-lle-'rí+a [ポ.ジェ.'リ.ア] 名 女 〔商〕鶏肉店

po-'lle-ro, -ra [ポ.'ジェ.ろ, ら] 名 男 女 〔商〕〔人〕鶏肉屋

po-'lli+no, -na [ポ.'ジ.ノ, ナ] 名 男 女 〔動〕若いロバ; うすのろ, まぬけ

po-'lli-to, -ta [ポ.'ジ.ト, タ] 名 男 女 〔鳥〕ひな, ひな鳥; 《話》若者

'po-llo ['ポ.ジョ] 88% 名 男 〔食〕鶏肉; 〔畜〕ひな鶏, 若鶏; 〔鳥〕若鳥; 《話》子供, 若者, 青二才; 《話》騒ぎ, 混乱; 《俗》つば, たん ~ *pera* 《話》気取り屋, しゃれ男

*'**po+lo** ['ポ.ロ] 92% 名 男 〔地〕(地球の)極,

p

極地; (注目の)的, 焦点; 正反対, 対極; 〔電〕電極, 磁極; 地域, 地区; 〔食〕ペロペロキャンディー; 〔食〕棒アイス; 〔競〕ポロ《4人一組で行う馬上競技》; 〔衣〕ポロシャツ

po-lo-le+'ar [ポ.ロ.レ.'アる] 動 自 《チリ》《話》(恋人として)交際する

po-'lo-lo, -la [ポ.'ロ.ロ, ラ] 名 男 女 《チリ》《話》恋人, ボーイ[ガール]フレンド

po-lo-nés, -'ne-sa [ポ.ロ.'ネス, 'ネ.サ] 形 ⇧ polaco **-sa** 名 女 〔楽〕ポロネーズ《ポーランド起源の3拍子の舞踊, 舞曲》

*__Po-'lo-nia__ [ポ.'ロ.ニア] 93% 名 固 〔República de ~〕〔地名〕ポーランド《東ヨーロッパ北部の共和国》

po-'lo-nio [ポ.'ロ.ニオ] 名 男 〔化〕ポロニウム《元素》

pol-'trón, -'tro-na [ポル.'トろン, 'ト ろ.ナ] 形 名 男 女 《話》なまけ者(の)

pol-'tro-na [ポル.'トろ.ナ] 名 女 安楽椅子

po-lu-'ción [ポ.ル.'すぃオン] 名 女 汚染, (汚染)公害; (道徳的)腐敗; 〔医〕遺精; 性交

'Pó-lux ['ポ.ル(ク)ス] 名 固 〔ギ神〕ポルックス《ゼウス Zeus とレダ Leda の間に生まれた双子の一人》; 〔天〕ポルックス《ふたご座のβ星》

pol-va-'re-da [ポル.バ.'れ.ダ] 名 女 (舞い上がる)ほこり, 砂ぼこり, 土煙; 大騒ぎ, 風説

pol-'ve-ra [ポル.'べ.ら] 名 女 コンパクト, 粉おしろい用ケース

pol-'ve-te [ポル.'べ.テ] 名 男 《俗》セックス, 性交

pol-'vi-llo 〔縮小語〕⬇polvo

'pol-vo ['ポル.ボ] 85% 名 男 ほこり, ちり; 〔複〕パウダー, おしろい; 粉末, 粉末状のもの《花粉・金粉など》; 粉薬, 散薬; ひとつかみ, 少し; 《俗》セックス, 性交　***echar un ~*** 《俗》(a: と)セックスをする　***en ~*** 粉末状の　***estar hecho[cha] ~*** 《話》くたびれている, くたくたになっている　***hacer ~*** 《話》(a: を)疲れさせる, 悪くする; (a: を)粉々にする, こわす, だいなしにする　***~s de la madre Celestina*** 恋の秘薬, 媚薬(びやく)

*__'pól-vo-ra__ ['ポル.ボ.ら] 93% 名 女 火薬; 花火; 不機嫌, 短気; 熱烈, 活気　***descubrir [inventar] la ~*** 〔皮肉〕陳腐な話をする, よく知られていることをわざわざ話す

pol-vo-re+'ar [ポル.ボ.れ.'アる] 動 他 (con: 粉を)振りかける, まぶす

*__pol-vo-'rien-to, -ta__ [ポル.ボ.'りエン.ト, タ] 94% 形 ほこりっぽい, ちりまみれの

pol-vo-'ri-lla [ポル.ボ.'り.ジャ] 名 女 《話》すぐにかっとなる人

pol-vo-'rín [ポル.ボ.'りン] 名 男 (粉)火薬, 黒色火薬; 火薬入れ; 火薬庫; 紛争危険地域

pol-vo-'rón [ポル.ボ.'ろン] 名 男 〔食〕ポルボロン《小麦粉, バター, 砂糖で作るくずれやすいクッキー; 特にクリスマスに食べる》

pol-vo-'ro-so, -sa [ポル.ボ.'ろ.ソ, サ] 形 《ラ米》ほこりだらけの, ほこりっぽい　***poner pies en polvorosa*** 《話》逃げる

'po+ma 名 女 香水入れ

po-'ma-da 名 女 (化粧用)クリーム; 〔医〕軟膏

po-'mar [ポ.'マる] 名 男 〔農〕リンゴ畑

po-ma-'rro-sa [ポ.マ.'ろ̃.サ] 名 女 〔植〕フトモモの実

po-'me-lo [ポ.'メ.ロ] 名 男 〔植〕グレープフルーツ(の木)

'pó-mez ['ポ.メす] 名 女 〔鉱〕軽石

'po+mo 名 男 (ドアの)ノブ, 取っ手; (引き出しの)取っ手, つまみ; (剣の)柄(つか)頭; (香水を入れる)小瓶(びん), フラスコ; 〔植〕ナシ[梨]状果《ナシ, リンゴなど》　***~ de leche*** 《カリブ》〔飲〕哺乳瓶(びん)

'pom-pa 名 女 泡, あぶく, 気泡; 壮観, 華麗, 華やかさ; 見せびらかし, 誇示, ひけらかし; (厳粛な)行列; 〔海〕(船の)ポンプ　***~s fúnebres*** 〔商〕葬儀屋; 葬式

Pom-'pe-ya 名 固 〔地名〕ポンペイ《イタリア南部の古代都市遺跡》

pom-pe-'ya+no, -na 形 名 男 女 〔地名〕ポンペイの(人)⬆Pompeya

'pom-pi 名 男 〔複〕《話》お尻

pom-po-si-'dad 名 女 華やかさ, もったいぶり, 尊大

pom-'po-so, -sa 形 華麗な, 壮麗な; もったいぶった, 尊大な; (言葉などが)仰々しい

'pó-mu-lo ['ポ.ム.ロ] 名 男 〔体〕頬骨(きょうこつ); ほお

'Pon-ce ['ポン.せ] 名 固 〔地名〕ポンセ《プエルトリコ南部の都市》; 〔姓〕ポンセ

pon-'char [ポン.'チャる] 動 自 《カリブ》《ベネズエラ》《話》失敗する; 試験に落ちる 動 他 《ベネズエラ》切りすぎる; 〈大事な物を〉失う; 《ベネズエラ》《話》〈テレビ・ラジオを〉つける; 《ベネズエラ》〔競〕〔野球〕三振させる

'pon-che 名 男 〔飲〕パンチ, ポンチ, ポンス《ワインに果汁, 砂糖を加えた飲み物》

pon-'che-ra [ポン.'チェ.ら] 名 女 〔食〕パンチボール

*__'pon-cho__ 94% 名 男 〔衣〕《ラ米》ポンチョ《南米の毛布状の外套(がいとう)》; 〔軍〕(軍人用の)外套　***arrastrar el ~*** 《南米》《話》けんかを売る

pon-de-ra-'ción [ポン.デ.ら.'すぃオン] 名 女 熟慮, 考慮, 考察; 慎重さ; バランス, 均衡, 釣り合い; 激賞, べたほめ, 称賛

pon-de-'ra-do, -da [ポン.デ.'ら.ド, ダ] 形 慎重な, 分別のある; 公平な

pon-de-'rar [ポン.デ.'らる] 動 他 よく考える, 熟考する; 称賛する, ほめたたえる; 重さを量る, 目方を量る

pon-de-ra-'ti-vo, -va [ポン.デ.ら.'ティ.ボ, バ] 形 ほめたたえる, 称賛する; 誇張した, 大げさな

pon-dr~ 動 《直未/過未》 ⬇poner

po-ne-'de-ro, -ra [ポ.ネ.'デ.ろ, ら] 形 置くことのできる; 〔畜〕《鶏が》卵を産む 名 男 〔畜〕産卵場

po-ne-'dor, -'do-ra [ポ.ネ.'ドる, 'ド.ら] 形 〔畜〕《鶏が》卵を産む

po-'nen-cia [ポ.'ネン.すぃア] 名 女 発表, 報告

po-'nen-te 名 共 発表者, 報告者

****po-'ner** [ポ.'ネる] 58% 動 他 53 置く, 据える, 載せる, 入れる, つける; 〈問題などを〉出す, 提出する, 提言する; (a, en: に)つぎ込む, 注入する, 入れる; 〈精力などを〉(a, en: に)振り向ける, 用いる; (a: に)着せる, つける, 履かせる, かぶらせる, 取り付ける; 〈装置・機械を〉動かす, つける, かける, セットする; (形容詞: ある状態に)する; 〈の〉表情をする; (de: 仕事・行動などに)つかせる, (a 不定詞: を)やらせる; 出す, 寄与する, 貢献する; 〈侮辱・解釈などを〉加える, 〈値を〉つける; 〔法〕〈罰金・税などを〉課す; 準備する, 用意する; 書きつける, 記入する, 記す; 言い表す, 言う, 述べる; 〈手紙を〉出す, 〈電報を〉打つ; 〈que: と〉仮定する, 考える; (de, por, como: と)見なす, (de, por, como: として)提示する; 〔映〕上映する; 〔放〕放映する; 〔演〕上演する; 〔楽〕〈音楽を〉かける; 〈責任・不都合などを〉(a: の)せいにする; 設置する, 設立する, 開店する, 〈事業を〉始める; 〈卵を〉産む 動 自 卵を産む **~se** 動 再 (形容詞・副詞: に)なる, 変わる; 着る, 身につける; (a, en: に)座る, (a, en: に)位置する; 着く; (副詞: の)姿勢をとる; (a 不定詞: …し)始める, (a 不定詞: …の)仕事につく; 〔天〕《太陽・月が》落ちる; 《スペイン》電話に出る; (a que: …に)賭(か)ける; (con: と)対立する, 面と向かう; (de: として)働く ***~ muy bien*** とてもよく評価する ***~ por encima ... a —*** —よりも…を好む, 優先する ***~se a bien*** (con: と)仲よくする, 親しくする

'pó-ney 名 男 ⇩ poni

Pon-fe-'rra-da [ポン.フェ.'ら.ダ] 名 固 〔地名〕ポンフェラーダ《スペイン北西部の都市》

'pon-go, -ga(~) 動 《直現1単, 接現》 ⬆poner

'po+ni 名 男 〔畜〕ポニー《乗馬用の小型の馬》

po-'nien-te 名 男 西方, 西; 〔気〕西風

pon-'qué [ポン.'ケ] 名 男 《南米北》《エクアドル》〔食〕フルーツケーキ

pon-'ta-je 名 男 ⇩ pontazgo

pon-'taz-go 名 男 〔法〕(橋の)通行料, 通行税

Pon-te-'ve-dra [ポン.テ.'ベ.ドら] 名 固 〔地名〕ポンテベドラ《スペイン北西部の都市》

pon-te-ve-'drés, -'dre-sa [ポン.テ.ベ.'ドれス, 'ドれ.サ] 形 名 男 女 〔地名〕ポンテベドラの(人) ⬆Pontevedra

pon-ti-fi-'ca-do 名 男 〔宗〕教皇[司教]の職[位, 任期]

pon-ti-fi-'cal [ポン.ティ.フィ.'カル] 形 司教の; 教皇の 名 男 〔複〕〔宗〕〔衣〕司教の祭服; 記章; 〔宗〕司教定式[典礼]書

pon-ti-fi-'car [ポン.ティ.フィ.'カる] 動 自 69 (c|qu) 〔宗〕司教の儀式を執行する; 教皇[司教]がミサを行う; 横柄にふるまう

pon-'tí-fi-ce [ポン.'ティ.フィ.せ] 名 男 〔宗〕ローマ教皇[法王]; 〔宗〕司教, 大司教; 〔歴〕〔宗〕(古代ローマの)大神官

pon-ti-'fi-cio, -cia [ポン.ティ.'フィ.すぃオ, すぃア] 形 〔宗〕司教の, 大司教の

'pon-to 名 男 《詩》《格》〔地〕海

pon-'tón 名 男 〔海〕平底ボート, 箱舟《浮橋用》; 〔海〕浮橋, 船橋; (倉庫・病院・刑務所に使われる)廃船

pon-'zo-ña [ポン.'そ.ニャ] 名 女 毒, 毒物; 害[悪影響]を与えるもの, 害毒

pon-zo-'ño-so, -sa [ポン.そ.'ニョ.ソ, サ] 形 有毒な, 有害な

'pop 形 〔複 pops〕〔楽〕〔芸〕ポップの 名 男 〔楽〕〔芸〕ポップ音楽, ポップアート

'po+pa 名 女 〔海〕船尾, とも ***viento en ~*** 好調に, 調子よく

Po-pa-'yán 名 固 〔地名〕ポパジャン《コロンビア南西部の都市》

'po+pe 名 男 〔宗〕(東方正教会の)司祭

po-pe-'lín [ポ.ペ.'リン] 名 男 〔衣〕ポプリン《布地》

Po-po-ca-'té-petl [ポ.ポ.カ.'テ.ペト(ル)] 名 固 〔地名〕ポポカテペトル山《メキシコ中部の火山, 5500m》

po-'po-cho, -cha 形 《コロンビア》《話》満腹の(人)

po-po-'ro-po [ポ.ポ.'ろ.ポ] 名 男 〔複〕《中米》ポップコーン

po-'po-te 名 男 《メキシコ》ストロー, わら; 《メキシコ》〔植〕ポポーテ《メキシコ産のイネ科の植物; ほうき用》

po-pu-la-che-'rí+a [ポ.プ.ラ.チェ.'り.ア] 名 女 〔軽蔑〕俗受け, 大衆受け

po-pu-la-'che-ro, -ra [ポ.プ.ラ.'チェ.ろ, ら] 形 〔軽蔑〕大衆受けする, 低俗な, 通俗的な

po-pu-'la-cho [ポ.プ.'ラ.チョ] 名 男 〔軽蔑〕大衆, やじ馬, 庶民

****po-pu-'lar** [ポ.プ.'ラる] 78% 形 人気のあ

p

る，評判のよい，流行した；**大衆向きの**，ポピュラーな，通俗的な；**民衆の**，庶民の，人民の　**～mente** 副 大衆的に

po-pu-la-ri-'dad [ポ.プ.ラ.り.'ダド] 名 女 **人気**，人望，評判

po-pu-la-ri-za-'ción [ポ.プ.ラ.り.さ.'すぃオン] 名 女 **大衆化**，通俗化

po-pu-la-ri-'zar [ポ.プ.ラ.り.'さる] 動 他 ㉞ (z|c) 〈の〉**人気を高める**；**大衆化する**，通俗化する，普及させる　**～se** 動 再 **人気が出る**；**大衆化する**，普及する

po-pu-'lis-mo [ポ.プ.'リス.モ] 名 男 〔政〕**人民主義**，ポピュリズム《大衆を支持基盤とする政治運動》

po-pu-'lis-ta [ポ.プ.'リス.タ] 形 〔政〕**人民主義の**，ポピュリズムの 名 共 〔政〕**人民主義者**，ポピュリスト ↑populismo

po-pu-'lo-so, -sa [ポ.プ.'ロ.ソ，サ] 形 **人口の多い**，人口密度の高い

po-pu-'rrí [ポ.プ.'り] 名 男 〔複 -rrís〕〔楽〕**ポプリ曲**《メドレー形式の混成曲》；**寄せ集め**

po-que-'dad [ポ.ケ.'ダド] 名 女 **少数**，少量；**不足**，欠乏；**つまらないこと**，ささいなこと；**臆病**(おくびょう)，腰抜け

'pó-quer 名 男 〔遊〕〔トランプ〕**ポーカー**

po-'qui-llo 副 ⇩ poquito

po-'quí-si-mo, -ma 〔最上級〕↑ poco

po-qui-'ti-co, -ca 形，副 ⇩ poquito

po-qui-'tín [ポ.キ.'ティン] 副 〔un ～〕《話》**ほんのちょっと** 名 男 〔un ～〕《話》**ほんのちょっとのもの**，少量

***po-'qui-to** [ポ.'キ.ト] 79% 副 〔un ～〕《話》**ほんの少し** 名 男 〔un ～〕《話》**ほんの少しだけのもの**　**～, -ta** 形《話》**ほんの少しの**；〔縮小語〕↑poco

****por** [ポる] 41% 前 〔弱勢〕 **1** 《場所》(1) **…(あたり)で**，**…を**，**…のところを**《空間的な広がり・距離》: Pasamos un año viajando **por** Sudamérica. 私たちは1年間南アメリカを旅行しました。(2) **…を通って**，**…から**《通過点》: Fui a España **por** París. 私はパリ経由でスペインへ行った。 **2** 《時》**…に**，**…のころに**，…の間《時間的な広がり・期間》: **Por** la mañana estudio y **por** la tarde trabajo. 私は午前中勉強して午後に働きます。 **3** 《理由・基準・方法など》(1) **…によって**，**…で**，**…のために**，**…から**《動機・原因・理由・根拠・利益》: Cancelaron la excursión **por** la lluvia. 彼らは雨のために遠足を中止した。(2) **…によって**，…で《手段・方法》: Me enviaron el paquete **por** correo urgente. 彼らは速達で小包を私に送ってきた。(3) **…によって**《行為者を示す；過去分詞や受動文とともに用いられる》: El cuadro «Guernica» fue pintado **por** Picasso. 『ゲルニカ』の絵はピカソによって描かれた。(4) **…によって**，**…に従って**《基準》: Entraron en el ascensor **por** orden de llegada. 彼らは到着順にエレベーターに乗り込んだ。(5) **…によれば**，…したところ《判断》: **Por** lo visto, no quiere hacerlo. 見たところ彼はそれをしたくなさそうだ。 **4** 《対象・目標・選択》(1) **…に対して**《感情の対象》: Gracias **por** su visita. 来ていただいてありがとうございます。(2) **…を求めて**，…を探して《目標》: Mi padre salió **por** pan. 父はパンを買いに出かけました。(3) **…を選んで**，…に賛成して《選択・賛成・味方》: Me inclino **por** el avión. 私は飛行機で行くことに賛成だ。 **5** 《代理・資格・関連》(1) **…の代わりに**，…の代理として: Fernando jugó **por** su hermano que estaba enfermo. フェルナンドは病気の兄の代わりに出場した。(2) **…として**《資格》: Admitieron este documento **por** válido. 彼らはこの書類を有効と認めた。(3) **…に関しては**《関連・制限》: **Por** mí, puede usted hacer lo que quiera. 私のことでしたら(かまわないで)あなたは好きなことをして結構です。 **6** 《代価・割合》(1) **…と引き換えに**；**…の値で**《代替・代価》: Cambiamos el ordenador viejo **por** uno nuevo. 私たちは古いコンピューターを新しいのと交換します。(2) **…につき**《割合》: Federico cobra diez euros **por** hora. フェデリコは時給を10ユーロ受け取っている。(3) **…ずつ**，…ごとに《配分・単位》: Su español progresa día **por** día. あなたのスペイン語は日に日によくなっています。(4) **…かける…**《かけ算》: Seis **por** tres, dieciocho. 6かける3は18。 ***estar ～*** **まだ…していない**，…すべき；**まさに…しようとして**，…するところで　***... ～ ciento*** **…パーセント**《%》 ***～ entre*** **…の間を通って**，…を通して ***～ mucho [más] que ...*** 〔直説法〕**たくさん…するが**；〔接続法〕**どんなに…しても** ***～ si (acaso) ...*** もしや…と思って ***¿P～ qué ...?*** なぜ…なのですか?，どうして…なの?《理由・原因をたずねる》；〔否定文で〕…したらどうですか《提案をする》；**何によって**，どのようにして，何の…によって ***si no fuera [hubiera sido] ～ ...*** **…がなかったら**

por-ce-'la-na [ポる.せ.'ラ.ナ] 名 女 **磁器**；**磁器製品**；**青磁色**《青みがかった白》

***por-cen-'ta-je** [ポる.せン.'タ.へ] 87% 名 男 〔数〕**百分率[比]**，パーセント

por-cen-'tual [ポる.せン.'トゥアル] 形 〔数〕**百分率の**，百分率で計算した

'por-che ['ポる.チェ] 名 男 〔建〕(張り出し屋根のある)**玄関**，ポーチ；〔建〕**拱廊**(きょうろう)《アーチ状の側面の続いている廊下》

por-'ci-no, -na [ポる.'すぃ.ノ，ナ] 形 〔畜〕**ブタ[豚]の** 名 男 〔畜〕**子豚**

***por-ˈción** [ポる.ˈすぃオン] 91% [名] [女] 一部, 部分; 分け前, 取り分, 割り当て

por-ˈcu+no, -na [ポる.ˈク.ノ, ナ] [形] 〔畜〕 豚の

por-dio-se+ˈar [ポる.ディオ.セ.ˈアる] [動] [自] 施しを乞(こ)う, 乞食(こじき)をする

por-dio-ˈse-ro, -ra [ポる.ディオ.ˈセ.ろ, ら] [形] 物乞(ご)いの [名] [男] [女] 乞食(こじき)

por-ˈfí+a [ポる.ˈフィ.ア] [名] [女] 頑固さ, 頑迷さ, 強情; 口論, 議論, 論争 ***a* ~** 競争して, 競い合って

por-ˈfia-do, -da [ポる.ˈフィア.ド, ダ] [形] [名] [男] [女] 頑固な(人); 強情な(人); ねばり強い(人), しつこい(人)

por-ˈfiar [ポる.ˈフィアる] [動] [自] ㉙ (i|í) (en: に)固執する, やり通す; (en 不定詞: …しようと)懸命になる, 主張する; (por: を)張り合う, 競い合う; (sobre: について)(しつこく)議論する, 口論する; (うるさく)せがむ, ねだる

ˈpór-fi-do [ˈポる.フィ.ド] [名] [男] 〔鉱〕 斑岩(はんがん)

por-ˈfio-so, -sa [形] ⇧ porfiado

por-ˈfi-ria [ポる.ˈフィ.りア] [名] [女] 〔医〕 ポルフィリン症

***por-me-ˈnor** [ポる.メ.ˈノる] 94% [名] [男] 〔主に複〕 詳細, 細部; ささいなこと

por-me-no-ri-ˈzar [ポる.メ.ノ.り.ˈさる] [動] [他] ㉞ (z|c) 詳述する

ˈpor+no [ˈポる.ノ] [形] 《話》〔文〕〔絵〕 ポルノの [名] [男] 《話》〔文〕〔絵〕 ポルノ

por-no-gra-ˈfí+a [ポる.ノ.グら.ˈフィ.ア] [名] [女] 〔文〕〔絵〕 ポルノ(グラフィー), 好色文学, 春画, エロ本; わいせつ文書

por-no-ˈgrá-fi-co, -ca [ポる.ノ.ˈグら.フィ.コ, カ] [形] 〔文〕〔絵〕 ポルノの, わいせつ文書の, 春画の

por-ˈnó-gra-fo, -fa [ポる.ˈノ.グら.フォ, ファ] [名] [男] [女] 〔文〕〔絵〕 ポルノ作家, 春画家

ˈpo+ro [ˈポ.ろ] [名] [男] 〔生〕 孔, 毛孔, 気孔, 気門, 細孔

po-ro-ˈró [ポ.ろ.ˈろ] [名] [男] 〔複 -rós〕 《チリ》《ラプラタ》 ポップコーン

po-ro-si-ˈdad [ポ.ろ.スィ.ˈダド] [名] [女] 多孔性, 多孔度

po-ˈro-so, -sa [ポ.ˈろ.ソ, サ] [形] 穴の多い, 多孔性の; 〔生〕 気孔のある

po-ˈro-to [ポ.ˈろ.ト] [名] [男] 《南米》〔植〕 インゲン豆の一種; 〔食〕 インゲン豆料理 ***anotarse un* ~** 《チリ》《ラプラタ》《話》 正解を言う, 〔競〕 得点をあげる

****por-que** [ポる.ケ] 53% [接] 〔弱勢〕 **1** なぜならば(直説法: …)である, というわけは(直説法: …)である: No aprobó **porque** no estudió. 彼は勉強しなかったので合格しなかった。 **2** 〔否定語とともに〕 (接続法: …)だからといって(…なのではない): No lo hago **porque** tú me lo digas, sino porque yo quiero. 私は君に言われたからそれをするのではなくて, 自分がしたいからするのだ。 **3** (接続法: …)するので, するから, するために: Llámame a casa **porque** te diga el resultado. 結果を知らせるから私の家に電話をして。

***por-ˈqué** [ポる.ˈケ] 94% [名] [男] 理由, わけ, 原因, なぜ(de: …)なのか

por-que-ˈrí+a [ポる.ケ.ˈり.ア] [名] [女] 《話》 汚物, きたない物, ごみ; 《話》 安物, わずかなもの, がらくた; 《話》 下品な行い, くだらない話; 《話》 卑劣な手口, 汚いやり方; 《話》 ひどい食べ物, ジャンクフード

por-que-ˈri-zo, -za [ポる.ケ.ˈり.そ, さ] [名] [男] [女] [名] [女] 〔畜〕 豚小屋; ⇩ porquero

por-ˈque-ro, -ra [ポる.ˈケ.ろ, ら] [名] [男] [女] 〔畜〕 養豚業者, 豚飼い

ˈpo-rra [ˈポ.ら̃] [名] [女] (先が太い)棍棒(こんぼう); (大型の)ハンマー, げんのう; 〔食〕 ポラ《太く短い揚げドーナツ》; 《話》 数当て賭博(とばく) **~s** [感] 《俗》 いいかげんにしろ!, もうたくさんだ! 《怒り・不快感》 ***guardia de la* ~** 《話》 交通巡査 ***mandar a la* ~** 《話》 追い払う, 追い出す ***¡Vete a la ~!*** 《俗》 くそくらえ!, ばか言うな!

po-ˈrra-da [ポ.ˈら̃.ダ] [名] [女] 《スペイン》《話》 山積み, 多量; 棍棒(こんぼう)で殴ること

po-ˈrra-zo [ポ.ˈら̃.そ] [名] [男] 棍棒(こんぼう)による殴打; 衝撃, 打撃 ***de golpe y* ~** 突然に, あっという間に

po-ˈrre-ta [ポ.ˈれ̃.タ] 〔成句〕 ***en* ~ (*s*)** 《話》 裸で

po-ˈrri-llo [ポ.ˈり̃.ジョ] 〔成句〕 ***a* ~** 《話》 多く, 豊富に

ˈpo-rro, -rra [ˈポ.ろ̃, ら̃] [形] [名] [男] [女] 頭の鈍い(人) [名] [男] 〔植〕 ポロネギ, リーキ, ニラネギ; 大麻タバコ 《マリファナやハシッシュ入り》

po-ˈrrón [ポ.ˈろ̃ン] [名] [男] 陶器製水入れ; (飲み口の細いガラス製の)ワイン容器

por-si-a-ˈca-so [ポる.スィア.ˈカ.ソ] [名] [男] 《ラ米》 (旅行用の)食料袋

ˈpor-ta [ˈポる.タ] [名] [女] 〔海〕 舷窓(げんそう); 〔体〕 門脈 [動] 《直現 3 単/命》 ⬇portar

por-ta-a-ˈvio-nes [ポる.タ.ア.ˈビオ.ネス] [名] [男] 〔単複同〕〔軍〕〔海〕 航空母艦

***por-ˈta-da** [ポる.ˈタ.ダ] 93% [名] [女] 表紙, カバー; (本の)扉(とびら), タイトルページ; 〔建〕 正面, 玄関

por-ta-ˈde-ra [ポる.タ.ˈデ.ら] [名] [女] 〔畜〕 荷鞍(にぐら)台 《馬・ロバなどの背につける》

por-ta-do-cu-ˈmen-tos [ポる.タ.ド.ク.ˈメン.トス] [名] [男] 〔単複同〕 書類かばん, ブリーフケース

por-ta-ˈdor, -ˈdo-ra [ポる.タ.ˈドる,

'ド.ら] 形 運ぶ, 運搬する 名 男 女 運搬人, 運び手;〖医〗(病原体の)保有者, 保菌者 名 男〖商〗(小切手の)持参者;〖食〗盆(ぼん)

por-ta-e-qui-'pa-jes [ポる.タ.エ.キ.'パ.へス] 名 男〔単複同〕〖鉄〗荷物台, 網棚;〖車〗トランク

por-ta-es-tan-'dar-te [ポる.タ.エス.タン.'ダる.テ] 名 男〖軍〗(騎兵の)旗手

por-ta-'fir-mas [ポる.タ.'フィる.マス] 名 男〔単複同〕署名文書フォルダー《署名[調印]する文書を収めるフォルダー》

por-ta-'fo-lio ⇔-lios [ポる.タ.'フォ.リオ⇔リオス] 名 男 書類かばん, ブリーフケース

por-ta-fu-'sil [ポる.タ.フ.'スィル] 名 男〖軍〗(銃の)吊(つ)り革

por-ta-he-li-'cóp-te-ros [ポる.タ.エ.リ.'コプ.テ.ろス] 名 男〔単複同〕〖軍〗〖海〗ヘリ空母

por-'tal [ポる.'タル] 名 男〖建〗玄関, 入り口, ポーチ;〖建〗町[都市]の入り口, 城門;〖情〗ポータルサイト ~ *de Belén*〖宗〗(馬小屋の中の)幼子イエスを表したクリスマスの飾り物

por-ta-'la-da [ポる.タ.'ラ.ダ] 名 女〖建〗(大きな)表門, ゲート

por-ta-'lám-pa-ras [ポる.タ.'ラン.パ.らス] 名 男〔単複同〕〖電〗ソケット

por-ta-'li-bros [ポる.タ.'リ.ブろス] 名 男〔単複同〕ブックバンド

por-ta-'lón [ポる.タ.'ロン] 名 男〖建〗表門, 大門

por-ta-'mi-nas [ポる.タ.'ミ.ナス] 名 男〔単複同〕シャープペンシル

por-ta-mo-'ne-das [ポる.タ.モ.'ネ.ダス] 名 男〔単複同〕財布, がま口

por-'tan-te [ポる.'タン.テ] 名 男〖畜〗側対歩《馬が同じ側の二本の脚を同時に上げて進む歩き方》 *coger el* ~《話》逃げる, 退散する

por-ta-'ñue-la [ポる.タ.'ニュエ.ラ] 名 女〖衣〗ボタン隠し, フライ《ズボンのチャックを隠す部分》

por-ta-ob-'je-tos [ポる.タ.オブ.'へ.トス] 名 男〔単複同〕(顕微鏡の)載物ガラス, スライドグラス

por-ta-pa-'pe-les [ポる.タ.パ.'ペ.レス] 名 男〔単複同〕書類用スタンド

por-ta-'pla-tos [ポる.タ.'プラ.トス] 名 男〔単複同〕〖食〗(水切り用の)皿立て

por-ta-'plu-mas [ポる.タ.'プル.マス] 名 男〔単複同〕ペン軸

***por-'tar** [ポる.'タる] 89% 動 他 運ぶ, 運搬する ~**se** 動 再 ふるまう, 行儀が…である;《話》すばらしい活躍をする

***por-'tá-til** [ポる.'タ.ティル] 93% 形 持ち運びのできる, 携帯用[型]の, ポータブルの

por-ta-'vio-nes 名 男〔単複同〕⇧ portaaviones

por-ta-'vo-ces 名 共《複》⬇porta-voz

por-ta-'voz [ポる.タ.'ボす] 名 共 スポークスマン, 代弁者 名 男 メガホン

por-'taz-go [ポる.'タす.ゴ] 名 男 使用料, 通行料

por-'ta-zo [ポる.'タ.そ] 名 男 ドアを乱暴に閉めること *dar un* ~ (a: を)ドアを閉めて追い出す; ドアを乱暴に閉めて出て行く

'por-te ['ポる.テ] 名 男 運搬, 輸送; 輸送料, 運賃; (人の)身なり, 風采(ふうさい), (物の)外観; ふるまい, 行儀, 品行

por-te+a-'dor, -'do-ra [ポる.テ.ア.'ドる, 'ド.ら] 名 男 女 運搬人, ポーター

por-te+'ar [ポる.テ.'アる] 動 他 運ぶ, 運搬する ~**se** 動 再《鳥が》移動する, 渡る

por-'ten-to [ポる.'テン.ト] 名 男 驚異, 驚嘆, 驚き

por-ten-'to-so, -sa [ポる.テン.'ト.ソ, サ] 形 驚くべき, 大変な

por-'te-ño, -ña [ポる.'テ.ニョ, ニャ] 形 名 男 女 ブエノスアイレスの(人)⬆Buenos Aires

por-te-'rí+a [ポる.テ.'リ.ア] 名 女 守衛詰め所; 守衛の仕事;〖競〗〔サッカーなど〕ゴール

por-'te-ro, -ra [ポる.'テ.ろ, ら] 名 男 女 守衛, 門番, 玄関番, 管理人;〖競〗〔サッカーなど〕ゴールキーパー ***portero automático*** ドアホン

por-te-'zue-la [ポる.テ.'すエ.ラ] 名 女 (乗り物の)ドア

'pór-ti-co ['ポる.ティ.コ] 名 男〖建〗ポルティコ《屋根付き, 吹き放ちの玄関先の柱廊》;〖建〗回廊, 歩廊

por-'ti-lla [ポる.'ティ.ジャ] 名 女 出入り口, 門;〖海〗舷窓(げんそう)

por-'ti-llo [ポる.'ティ.ジョ] 名 男 裂け目, 割れ目;〖建〗(大きな門のわきの)小門, 小扉, くぐり戸;〖地〗山あいの細道;〖建〗(壁や柵につけられた)通路; (皿などの)欠けた部分; 弱点

'Port-'Louis ['ポる(ト) ルイス] 名 固〖地名〗ポートルイス《アフリカ大陸の南東, インド洋上の共和国モーリシャス Mauricio の首都》

'Port Mo-'res-by ['ポる(ト) モ.'れス.ビ] 名 固〖地名〗ポートモレスビー《パプアニューギニア Papúa Nueva Guinea の首都》

por-'tón [ポる.'トン] 名 男〖建〗(建物の)大きなドア[入り口];〖車〗後部ドア

'Por-to 'No-vo ['ポる.ト 'ノ.ボ] 名 固〖地名〗ポルトノボ《ベナン Benín の首都》

por-to-rri-'que-ño, -ña 形 ⇩ puertorriqueño
Por-to-'vie-jo [ポる.ト.'ビエ.ほ] 名 固〔地名〕ポルトビエホ《エクアドル中西部の都市》
'Port 'Said ['ポる(ト) 'サイ(ド)] 名 固〔地名〕ポートサイド《エジプト北東部の都市》
por-'tua-rio, -ria [ポる.'トゥア.りオ, りア] 形〔海〕港の
*__Por-tu-'gal__ [ポる.トゥ.'ガル] 91% 名 固〔República Portuguesa〕〔地名〕ポルトガル《ヨーロッパ西部の共和国》
por-tu-'gués, -'gue-sa [ポる.トゥ.'ゲス, 'ゲ.サ] 88% 形〔地名〕ポルトガル(人)の ↑Portugal;〔言〕ポルトガル語の 名 男 女 ポルトガル人 名 男〔言〕ポルトガル語
Por-tu-'gue-sa [ポる.トゥ.'ゲ.サ] 名 固〔地名〕ポルトゥゲサ《ベネズエラ中西部の州》
*__por-ve-'nir__ [ポる.ベ.'ニる] 91% 名 男 前途, 将来性; 未来, 将来
'Port 'Vi-la ['ポる(ト) 'ビ.ラ] 名 固〔地名〕ポートビラ《バヌアツ Vanuatu の首都》
'pos〔成句〕 ***en ~ de*** …の後ろに; …を探して, …を求めて
pos~〔接頭辞〕「後, 次」という意味を示す
po-'sa-da 名 女〔商〕宿屋, 旅館; 宿泊; 自宅, うち, 家;〔商〕(賄い付きの)下宿屋;《ﾒｷｼｺ》《中米》ポサーダ《クリスマスの前 9 日間の時期, 子供たちがピニャータ piñata を割って楽しむ》;《ﾒｷｼｺ》〔演〕ポサーダの劇《クリスマスの時期に催される歌と劇》
Po-'sa-das 名 固〔地名〕ポサーダス《アルゼンチン北東部の都市》
po-sa-'de-ro, -ra [ポ.サ.'デ.ろ, ら] 名 男 女〔商〕宿屋の主人 **-ra** 名 女〔複〕《話》〔体〕尻(しり)
po-'sar [ポ.'サる] 動 自 ポーズをとる, 姿勢をとる;〔鳥〕《鳥などが》(en, sobre: に)止まる; 宿る, 泊まる, 投宿する; 休む, 休息する; 気取る 動 他 置く **~se** 動 再〔鳥〕《鳥などが》止まる;〔空〕《飛行機が》着陸する;《液体が》澄む, 沈澱する,《ほこりが》おりる
po-sa-'va-sos [ポ.サ.'バ.ソス] 名 男〔単複同〕(コップを載せる)コースター
pos-con-ci-'liar [ポス.コン.すぃ.'リアる] 形〔宗〕公会議後の
pos-'da-ta 名 女 (手紙の)追伸
pos-dor-'sal [ポス.ドる.'サル] 形〔音〕後舌(こうぜつ)の 名 女〔音〕後舌音
'po+se 名 女 姿勢, ポーズ, 体位; もったいぶること, 気取り;〔写〕露出
po-se+e-'dor, -'do-ra [ポ.セ.エ.'ドる, 'ド.ら] 形 持っている, 所有している 名 男 女 所有者, 持ち主
*__po-se+'er__ [ポ.セ.'エる] 82% 動 他 40 (-y-)〈物などを〉所有する, 持つ;〈性質・能力などが〉ある,〈に〉精通している, マスターしている;《悪霊(あくりょう)などが》〈に〉乗り移る,〈に〉取りつく;《考えなどが》〈に〉取りつく,〈の〉心を奪う;〈女性と〉同棲する,〈と〉愛人関係にある;〔競〕〔サッカーなど〕〈ボールを〉キープする **~-se** 動 再 自制する
po-se+'í-do, -da 形 (de: 感情で)いっぱいになった; (de: に)うぬぼれている; (霊に)取りつかれた
Po-sei-'dón 名 固〔ギ神〕ポセイドン《海の神》
*__po-se-'sión__ 90% 名 女 所有, 占有; 所有物, 財産;〔主に複〕領土, 属国; 職務, 任務; (ある考えなどに)取りつかれること, 夢中になること; 魔がつくこと, 憑きもの, 憑依(ひょうい);〔競〕〔サッカーなど〕(ボールの)キープ, ポゼッション ***toma de ~*** 就任
po-se-sio-'nar [ポ.セ.スィオ.'ナる] 動 他〈に〉(de: の)所有権を与える,〈に〉(de: を)譲渡する **~se** 動 再 (de: の)所有権を獲得する, 手に入れる; (de: を)不当に入手する
po-se-'si-vo, -va [ポ.セ.'スィ.ボ, バ] 形 所有の, 所有を表す; 独占欲の強い 名 男〔言〕所有格, 所有代名詞
po-'se-so, -sa 形 名 男 女 魔に取りつかれた(人)
po-se-y~ 動《活用》↑poseer
pos-'gra-do [ポス.'グら.ド] 名 男 大学院(課程)
pos-'gue-rra [ポス.'ゲ.ら] 名 女 戦後(の時期)
*__po-si-bi-li-'dad__ [ポ.スィ.ビ.リ.'ダド] 75% 名 女 可能性, 実現性, 見込み
po-si-bi-li-'tar [ポ.スィ.ビ.リ.'タる] 動 他 可能にする
*__po-'si-ble__ [ポ.'スィ.ブレ] 71% 形 可能な, 実行できる; (que 接続法: …が)起こり[あり]うる, なりそうな, …かもしれない; できる限りの, できるだけ…で 名 男〔複〕《話》財産, 経済力, 力, 能力 ***de ser ~*** できるならば ***dentro de lo ~*** できる範囲で, できる限り ***hacer todo lo ~*** 全力を尽くす ***lo antes ~*** できるだけ早く ***lo más*** …(形容詞・副詞) ~ できるだけ…
*__po-'si-ble-'men-te__ [ポ.'スィ.ブレ.'メン.テ] 89% 副《文修飾》もしかすると, おそらく; 可能性としては, …であるかもしれない
*__po-si-'ción__ [ポ.スィ.'すぃオン] 78% 名 女 位置, 所在地; 姿勢, 構え, 様子; 立場, 境遇; 状態; 地位, 身分; 職; 考え方, 見解, 意見, (心の)態度;〔競〕ポジション, 守備位置; 順位
po-si-cio-'nal [ポ.スィ.すぃオ.'ナル] 形 位置の, 位置的な
po-si-cio-na-'mien-to [ポ.スィ.すぃオ.ナ.'ミエン.ト] 名 男 位置づけ; 態勢

P

'**pó-sit** [名] [男] 《商標》 ポストイット《糊のついた付箋(ふせん)》

po-si-ti-'vis-mo [ポ.スィ.ティ.'ビス.モ] [名] [男] 〔哲〕 実証主義, 実証哲学

po-si-ti-'vis-ta [ポ.スィ.ティ.'ビス.タ] [形] 〔哲〕 実証主義の [名] [共] 〔哲〕 実証主義者

po-si-'ti-vo, -va [ポ.スィ.'ティ.ボ, バ] 83% [形] 肯定的な; 積極的な, 建設的な, 好ましい, 明確な, 明白な, 確実な, きっぱりとした; (理論的でなく)実際的な, 実証的な, 現実の, 実用的な; 〔数〕〔電〕 正の, プラスの, 陽の; 〔医〕 《検査結果が》陽性の; 〔写〕 陽画の; 〔言〕 原級の [名] [男] 〔写〕 陽画, ポジ; 〔数〕〔電〕 正, プラス; 〔医〕 (検査結果の)陽性; 〔写〕 陽画; 〔言〕 原級 **-vamente** [副] 肯定的に, 前向きに, はっきりと, 確かに, 絶対に

'**pó-si-to** [名] [男] 〔農〕 種子倉庫, 共同穀倉; 協同組合

po-si-'trón [ポ.スィ.'トろン] [名] [男] 〔物〕 陽電子

pos-me-ri-'dia+no, -na [ポス.メ.り.'ディア.ノ, ナ] [形] 午後の, 午後に起こる

pos-mo-der-'nis-mo [ポス.モ.デる.'ニス.モ] [名] [男] 〔建〕〔芸〕〔哲〕 ポストモダン主義, 脱近代主義

pos-mo-'der+no, -na [ポス.モ.'デる.ノ, ナ] [形] 〔建〕〔芸〕〔哲〕 ポストモダニズムの, ポストモダンの, 脱近代主義の [名] [男] [女] 〔建〕〔芸〕〔哲〕 ポストモダン主義者

'**po+so** [名] [男] おりもの, かす, 沈澱物; あと, 痕跡, (心の)しこり

po-so-lo-'gí+a [ポ.ソ.ロ.'ひ.ア] [名] [女] 〔医〕 薬量学; 薬用量

po-s|o-pe-ra-'to-rio, -ria [ポ.ソ.ペ.ら.'ト.りオ, りア] [形] 〔医〕 手術後の

pos-'par-to [ポス.'パる.ト] [名] [男] 〔医〕 産後

pos-'pón [動] 《命》 ⬇posponer

pos-pon-dr~ [動] 《直点/接過》 ⬇posponer

pos-po-'ner [ポス.ポ.'ネる] [動] [他] (53) 〔poner; 命 -pón〕 延期する, 遅らせる; (a: の)次に置く, 後回しにする, (a: より)下位に置く, 軽く見る; 〔言〕 後置する

pos-'pon-go, -ga(~) [動] 《直現1単, 接現》 ⬇proponer

pos-po-si-'ción [ポス.ポ.スィ.'すぃオン] [名] [女] 延期; 下位に置くこと, 後回し; 〔言〕 後置, 後置詞《日本語の助詞など》

pos-'pues-t~ [動] 《過分》 ⬆posponer

pos-pu-s~ [動] 《直点/接過》 ⬆posponer

post~ 〔接頭辞〕「後, 次」という意味を示す

'**pos-ta** [名] [女] 〔歴〕 駅馬, 早馬; 〔歴〕 (駅馬の)駅舎, 宿駅, 宿場; 〔歴〕 駅馬車; 《チリ》《ラプラタ》《話》 真実, 本当のこと *a* ~ わざと, 故意に

***pos-'tal** [ポス.'タル] 92% [形] 郵便の, 郵便による [名] [女] (絵)葉書

post-con-ci-'liar [形] ⇧pos-~

post-'da-ta [名] [女] ⇧pos-~

post-dor-'sal [形] ⇧pos-~

***'pos-te** 94% [名] [男] 柱, 支柱, 電柱; 〔競〕 〔サッカーなど〕 ゴールポスト

pos-te+'ar [ポス.テ.'アる] [動] [他] 〔情〕 ニュースグループに送る

pos-'te-ma [名] [女] 〔医〕 膿瘍(のうよう)

'**pós-ter** ['ポス.テる] [名] [男] ポスター

pos-ter-ga-'ción [ポス.テる.ガ.'すぃオン] [名] [女] 延期, 後回し; 軽視, 無視

pos-ter-'gar [ポス.テる.'ガる] [動] [他] (41) (g|gu) 軽視する, 無視する; 後回しにする

pos-te-ri-'dad [ポス.テ.り.'ダド] [名] [女] 子孫, 後代, 後世

***pos-te-'rior** [ポス.テ.'りオる] 87% [形] 《時間・順序などが》 (a: より)後の, 後のほうの; 《場所・位置などが》後の, 後部の **~-mente** [副] 後に, 後になって

posteriori [ポス.テ.'りオ.り] 〔成句〕 *a* ~ 〔ラテン語〕 帰納的に, 後天的に

pos-te-rio-ri-'dad [ポス.テ.りオ.り.'ダド] [名] [女] 後[次]であること *con ~ a* ... …より後に[で]

post-'gra-do [名] [男] ⇧pos-~

'**post-gue-rra** [名] [女] ⇧pos-~

pos-'ti-go [名] [男] 〔建〕 よろい戸, 雨戸, シャッター; 〔建〕 裏門, 裏口; 〔建〕 小門, くぐり門

pos-'ti-lla [ポス.'ティ.ジャ] [名] [女] 注記, 注釈; 〔医〕 かさぶた, 痂皮(かひ)

pos-ti-'llón [ポス.ティ.'ジョン] [名] [男] 〔畜〕 先導の馬子《馬に乗った御者》

pos-'tín [名] [男] 《スペイン》《話》 気取った[もったいぶった]態度

pos-'ti-zo, -za [ポス.'ティ.そ, さ] [形] 模造の, 作りものの, 偽物の [名] [男] かもじ, 入れ毛[髪], ヘアピース

post-me-ri-'dia+no, -na [形] ⇧pos-~

post meridiem [形] 〔ラテン語〕 午後の[に]

post-mo-der-'nis-mo [名] [男] ⇧pos-~

post-mo-'der+no, -na [形] ⇧pos-~

post mortem [ポス(ト) 'モる.テム] [形] [副] 〔単複同〕 〔ラテン語〕 死後の[に]

pos-'tó-ni-co, -ca [形] 〔音〕 強勢のある音節の後の

pos-t|o-pe-ra-'to-rio, -ria [形] ⇧pos-~

pos-'tor, -'to-ra [ポス.'トる, 'ト.ら] [名] [男] [女] 〔商〕 せり手, 競売人, 入札者

post-'par-to [名] [男] ⇧pos-~

post-pon-dr~ 動《直点/接過》⬇postponer

post-po-'ner 動 他 53〔poner; 命 -pón〕⇧ pos-~

pos-tra-'ción [ポス.トら.'すぃオン] 名 女 ひざまずくこと, 跪拝(きはい); へばること, 衰弱

pos-'trar [ポス.'トらる] 動 他 衰弱させる; 屈服させる, 倒す　**~se** 動 再 ひれ伏す; 衰弱する

*'**pos-tre** ['ポス.トれ] 91% 名 男〔食〕デザート　*a la* ~ 結局, 最終的に

pos-'tre-mo, -ma [ポス.'トれ.モ, マ] 形 最後の

pos-'trer 形 ⬇postrero

pos-'tre-ro, -ra [ポス.'トれ.ろ, ら] 形〔男性単数名詞の前で postrer となる〕《格》最後の

pos-tri-me-'rí+a [ポス.トり.メ.'り.ア] 名 女〔主に複〕衰退期, 最期(さいご), 末期(まつ);〔宗〕四終《人間の死後の4つの段階; 死 muerte, 審判 juicio, 地獄 infierno, 天国 cielo》

pos-tri-'me-ro, -ra 形 ⇧ postrero

post scriptum [ポス(ト) 'スクリプ.トゥム] 形 副〔単複同〕〔ラテン語〕⇧ posdata

pos-tu-la-'ción [ポス.トゥ.ラ.'すぃオン] 名 女《(スペイン)》(街頭)募金

pos-tu-'la-do [ポス.トゥ.'ラ.ド] 名 男 仮定, 前提条件;〔数〕公準

pos-tu-'lan-te [ポス.トゥ.'ラン.テ] 名 共〔postulanta 女 が使われることがある〕募金者;〔宗〕修道志願者

pos-tu-'lar [ポス.トゥ.'ラる] 動 他 要求する, 要請する; 志願する 動 自 (街頭で)寄付を募る, 募金する

'**pós-tu-mo, -ma** 形《本が》死後出版された;《人が》父の死後生まれた

pos-'tu-ra [ポス.'トゥ.ら] 87% 名 女 姿勢; 立場, 態度;〔商〕付け値, 入札; 賭け金; 卵, 卵を産むこと;〔農〕苗, 苗木

pos-tu-re-'ar [ポス.トゥ.れ.'アる] 動 自 ポーズをとる, 気取って見せかける

pos-tu-'re-o [ポス.トゥ.'れ.オ] 名 男 ポーズ, 気取った見せかけ

post-'ven-ta 名 女 ⇩ posventa

pos-'ven-ta [ポス.'ベン.タ] 名 女〔商〕アフターサービス

po-ta-bi-li-'zar [ポ.タ.ビ.リ.'さる] 動 他 34 (z|c)〔飲〕〈液体を〉飲用に適したものにする, 飲めるようにする

po-'ta-ble [ポ.'タ.ブレ] 形〔飲〕《液体を》飲用に適した;《話》まあまあの

po-'ta-je [ポ.'タ.へ] 名 男〔食〕乾燥豆(の煮込み料理);〔食〕野菜と豆のシチュー, ポタージュ; ごたまぜ

po-'tar [ポ.'タる] 動 自《俗》吐く, もどす

po-'ta-sa 名 女〔化〕カリ

po-'tá-si-co, -ca 形〔化〕カリウムの[を含む]

po-'ta-sio 名 男〔化〕カリウム《元素》

'**po+te** 名 男 鉢, 壺(つぼ);〔植〕植木鉢;〔食〕ポテ《ガリシア地方の煮込み料理》;《(カリブ)》〔食〕缶詰　*darse* ~《(スペイン)》《話》気取る

po-'ten-cia [ポ.'テン.すぃア] 85% 名 女 力, 能力, 出力; 強国, 大国; 権力, 勢力, 政権, 軍事力; (男性の)性的能力;〔物〕力, 動力, 電力, 仕事率;〔数〕累乗, べき　*en* ~ 潜在力を持った, 可能性のある; 潜在力[可能性]としては

po-ten-cia-'ción [ポ.テン.すぃア.'すぃオン] 名 女 強化;〔数〕累乗

po-ten-'cial [ポ.テン.'すぃアル] 90% 形 可能性のある, 潜在する; 動力の, 仕事率の;〔言〕可能を表す, 可能法の 名 男 可能(性), 潜在力, 素質;〔言〕可能法;〔物〕ポテンシャル, 電位差

po-ten-cia-li-'dad [ポ.テン.すぃア.リ.'ダド] 名 女 潜在能力; 可能性

po-ten-cia-li-'zar [ポ.テン.すぃア.リ.'さる] 動 他 ⇩ potenciar

po-ten-'ciar [ポ.テン.'すぃアる] 動 他 〈に〉可能性[力]を与える, 可能にする

po-ten-'ta-do, -da 名 男 女 有力者, 主権者, 君主

*'**po-'ten-te** 92% 形 強力な, 勢力のある, 有力な;《男性が》性的能力のある;《話》巨大な, 大きい

po-'ter-na [ポ.'テる.ナ] 名 女〔歴〕〔建〕(城の)小脇門, 裏門

po-tes-'tad 名 女 権力, 支配力, 権限;〔複〕〔宗〕能天使

po-tes-ta-'ti-vo, -va [ポ.テス.タ.'ティ.ボ, バ] 形〔法〕任意の

po-'tin-gue [ポ.'ティン.ゲ] 名 男《話》〔医〕〔軽蔑〕飲み薬;〔複〕《話》〔軽蔑〕化粧品

'**po+to** 名 男《(南米)》《話》お尻(しり);《(南米)》《話》(容器の)底

po-to+'sí 名 男〔複 -síes⇦-sís〕(並外れた)富, 財産　**P~** 名 固〔地名〕ポトシ《ボリビア南西部の県, 県都(標高 4050m); 16–17 世紀, 大量の銀を産出》

po-to-'si+no, -na 形 名 男 女〔地名〕ポトシの(人)⬆Potosí

po-'tran-co, -ca [ポ.'トらン.コ, カ] 名 男 女〔畜〕3 歳未満の子馬

po-'tre-ro, -ra [ポ.'トれ.ろ, ら] 形〔畜〕子馬の 名 男〔畜〕(馬の)放牧場;《(アンデス)》《(チリ)》《(ラプラタ)》荒れ地

'**po-tro** ['ポ.トろ] 名 男〔畜〕子馬《4 歳半以下の馬》;〔競〕跳馬; 痛めつけるもの, 苦しめるもの;〔歴〕拷問台;《(ラプラタ)》《話》きれいな物; 美人

p

'po+yo 名 男 腰掛け, (石の)ベンチ, 台
'po+za ['ポ.さ] 名 女 水たまり
po-'zal ['ポ.'さル] 名 男 手桶(ておけ), バケツ, つるべ; 排水だめ
'Poz-nan ['ポす.ナン] 名 固 〔地名〕 ポズナニ《ポーランド中西部の都市》
*'po+zo ['ポ.そ] 92% 名 男 井戸; 宝庫, 泉; 〔地〕 泉; 〔鉱〕 縦杭; (地面の)穴; (川の)深み; 〔遊〕〔トランプ〕 賭(か)け金 ～ ***negro*** 汚水だめ
po-'zol [ポ.'そル] 名 男 《中米》〔飲〕 ポソール《紫トウモロコシで作る飲料》
po-'zo-le [ポ.'そ.レ] 名 男 《メキシコ》《中米》〔食〕 ポソーレ《野菜・肉・トウモロコシ粉・トウガラシなどを入れたスープ, 千切りのレタス・ラディッシュなどをのせる》
pp. 略 =páginas ページ(複数)
p. p. 略 =porte(s) pagado(s) 〔商〕 送料前払いで
ppal. 略 ↓principal
'prá-cri-to, -ta ['プら.クリ.ト, タ] 形 〔言〕 プラークリット語の 名 男 〔歴〕〔言〕 プラークリット語《サンスクリット雅語 sánscrito に対する古代・中世インドの民衆語》
prac-ti-'ca-ble [プらク.ティ.'カ.ブレ] 形 実行できる; «道が»通行可能な; «窓・ドアが»開閉できる
**'prác-ti-ca-'men-te ['プらク.ティ.カ.'メン.テ] 80% 副 《文修飾》 実際上は, 実質的には, ほとんど…も同然である
prac-ti-'can-te [プらク.ティ.'カン.テ] 名 共 訓練を受けている人, 実習生; 実行している人, 実践者, 掟(おきて)を守る人; 〔医〕 (医師を補佐する)准(じゅん)医師, 看護師; 〔宗〕 教義を実践する信者 形 実行している, 掟を守る; 〔宗〕 教義を実践する
**prac-ti-'car [プらク.ティ.'カる] 87% 動 他 69 (c|qu) 練習する, 〈の〉けいこをする; 実行する, 実施する; (習慣として)行う, 心がける; 実際に使う; 〈穴・通路を〉作る 動 自 練習する, けいこする
'prác-ti-co, -ca ['プらク.ティ.コ, カ] 76% 形 «物事が»実際的な, 実施の; «人・考えが»現実的な, 実際的な; 実用的な, (実際の)役に立つ, 便利な; 経験を積んだ, (en: に)精通した, 老練な; (名目はともかく)実質上の, 事実上の; 実行[実現]可能な 名 男 女 〔海〕 水先案内 -ca 名 女 練習, けいこ; 実行, 実施, 実際, 実践; 経験; 実習, 実地の授業; 習慣, 慣例 ***en la práctica* 《文修飾》 実際には, 事実上は ***poner en práctica*** 実行に移す ***puesta en práctica*** 実行
prac-ti-'qué, -que(～) 動 《直点1単, 接現》 ↑practicar
*pra-'de-ra [プら.'デ.ら] 94% 名 女 〔畜〕 牧草地, 大牧場; 〔地〕 大草原
pra-de-'rí+a [プら.デ.'リ.ア] 名 女 〔畜〕〔集合〕 牧草地
*'pra-do ['プら.ド] 91% 名 男 〔畜〕 牧草地, 牧場; 遊歩道, 散歩道; 《コロンビア》《チリ》 芝生
'Pra-do ['プら.ド] 名 固 〔Museo del ～〕〔美〕 プラード美術館《スペイン, マドリードにある世界有数の絵画美術館》
*'Pra-ga ['プら.ガ] 94% 名 固 〔地名〕 プラハ《チェコ República Checa の首都》
prag-'má-ti-co, -ca [プらグ.'マ.ティ.コ, カ] 形 名 男 女 実用主義の, 実践的な, 実用的な, プラグマティズムの; 〔言〕 語用論の 名 男 女 実用主義者 -ca 名 女 〔言〕 語用論《言語を使用者・場面との関係で研究する》
prag-ma-'tis-mo [プらグ.マ.'ティス.モ] 名 男 〔哲〕 プラグマティズム, 実用主義
prag-ma-'tis-ta [プらグ.マ.'ティス.タ] 形 〔哲〕 プラグマティズムの, 実用主義の 名 共 プラグマティスト, 実用主義者
'Pra-ia ['プら.イア] 名 固 〔地名〕 プライア《カボベルデ CaboVerde の首都》
pral. 略 ↓principal
pra-se+o-'di-mio [プら.セ.オ.'ディ.ミオ] 名 男 〔化〕 プラセオジム《元素》
'pra-xis ['プらク.スィス] 名 女 〔単複同〕 実践, 実施
pre～ 〔接頭辞〕「前, 前部, 以前」という意味を示す
pre-a-'cuer-do [プれ.ア.'クエる.ド] 名 男 内諾; 事前合意
pre+'ám-bu-lo [プれ.'アン.ブ.ロ] 名 男 長い前置き; 前口上, 序言, 序文
pre-'ben-da [プれ.'ベン.ダ] 名 女 〔宗〕 (司教座聖堂参事会員の)聖職給; (新婦の)結婚持参金; 《話》 (収入の多い)冗職, 実入りのよい仕事
pre-'bos-te [プれ.'ボス.テ] 名 男 〔宗〕 主席司祭
pre-ca-len-ta-'mien-to [プれ.カ.レン.タ.'ミエン.ト] 名 男 〔競〕 ウォーミングアップ; 予熱
pre-ca-len-'tar [プれ.カ.レン.'タる] 動 他 50 (e|ie) あらかじめ暖める, 予熱する; 〔競〕 〈体の〉ウォーミングアップをする ～se 動 再 〔競〕 ウォーミングアップをする
pre-'ca-rio, -ria [プれ.'カ.りオ, りア] 形 あてにならない, 不安定な
*pre-cau-'ción [プれ.カウ.'すぃオン] 93% 名 女 用心, 警戒; 予防措置, 予防策
pre-ca-'ver [プれ.カ.'べる] 動 他 用心する, 防ぐ, 予防する ～se 動 再 用心する, 予防策を講じる
pre-ca-'vi-do, -da [プれ.カ.'ビ.ド, ダ] 形 用心深い, 慎重な -damente 副 用心深く, 慎重に
pre-ce-'den-cia [プれ.せ.'デン.すぃア]

[名] [女] (時間・順序などで)先立つこと; 上位, 優先(権)

***pre-ce-ˈden-te** [プれ.せ.ˈデン.テ] 89% [名] [男] 先例, 従来の慣例 [形] (a: に)先立つ, 以前の, 前記の, 上記の

***pre-ce-ˈder** [プれ.せ.ˈデる] 92% [動] [自] (時・順序などで)(a: よりも)先に来る, 先に行く; (地位・重要性などで)(a: よりも)優先する, (a: の)上席につく

pre-cep-ˈtis-ta [プれ.せプ.ˈティス.タ] [形] 規範主義の [名] [共] 規範主義者

pre-cep-ˈti-vo, -va [プれ.せプ.ˈティ.ボ, バ] [形] 命令的な **-va** [名] [女] 〔集合〕規則, 規範

pre-ˈcep-to [プれ.ˈせプ.ト] [名] [男] 規則, きまり, 掟(おきて); 〔宗〕戒律; 命令, 指令

pre-cep-ˈtor, -ˈto-ra [プれ.せプ.ˈトる, ˈト.ら] [名] [男] [女] 家庭教師

pre-cep-ˈtual [プれ.せプ.ˈトゥアル] [形] 規則の, 規定の

ˈpre-ces [名] [女] 《複》 ⬇prez

pre-ˈcia-do, -da [プれ.ˈすぃア.ド, ダ] [形] 貴重な

pre-ˈciar [プれ.ˈすぃアる] [動] [他] 高く評価する, 称賛する **～se** [動] [再] 自分を(形容詞: …だと)思う, うぬぼれる; (de: を)自慢する, 得意そうに話す

pre-ˈcin-ta [プれ.ˈすぃン.タ] [名] [女] 〔法〕(税務局の)検印, 証印

pre-cin-ˈtar [プれ.すぃン.ˈタる] [動] [他] 封印する, 〈に〉検印を押す

pre-ˈcin-to [プれ.ˈすぃン.ト] [名] [男] 封印, シールつきのひも; ひもでくくること

ˈpre-cio** [ˈプれ.すぃオ] 73% [名] [男] 〔商〕値段, 価格; 〔複〕〔経〕物価; 代償, 犠牲; 懸賞金, 報奨金; 価値 ***a cualquier ～ どのような犠牲を払っても, なんとしても ***a ～ de ...*** …を犠牲にして, …という代償を払って

pre-cio-si-ˈdad [プれ.すぃオ.スィ.ˈダド] [名] [女] 貴重なこと, 高価なこと, 大切さ, 尊さ; すばらしいもの; 《話》かわいい人[もの], かわいらしさ

pre-cio-ˈsis-mo [プれ.すぃオ.ˈスィス.モ] [名] [男] 〔文〕プレシオジテ《表現の洗練さを求める17世紀フランスの文学傾向》

pre-cio-ˈsis-ta [プれ.すぃオ.ˈスィス.タ] [形] [名] [共] 〔文〕プレシオジテの(作家)⬆preciosismo

***pre-ˈcio-so, -sa** [プれ.ˈすぃオ.ソ, サ] 84% [形] 貴重な, 高価な, 大切な, 尊い; すばらしい, すてきな; 《話》かわいい

pre-ci-ˈpi-cio [プれ.すぃ.ˈピ.すぃオ] [名] [男] 〔地〕絶壁, 断崖(だんがい), 崖(がけ); 危機, 窮地, 破滅, 没落

pre-ci-pi-ta-ˈción [プれ.すぃ.ピ.タ.ˈすぃオン] [名] [女] 《格》〔気〕降水(量)《雪やあられを含む》; 急激, 大急ぎ, 大あわて; 〔化〕沈澱

pre-ci-pi-ˈta-do, -da [プれ.すぃ.ピ.ˈタ.ド, ダ] [形] 急な, あわただしい, 急いでいる; 性急な, 軽率な [名] [男] 〔化〕沈殿(物) **-damente** [副] 大あわてで, 大急ぎで

***pre-ci-pi-ˈtar** [プれ.すぃ.ピ.ˈタる] 93% [動] [他] 急がせる, 早める; (a: ある状態へ)陥れる, 追いやる; 投げる, 投げ落とす; 〔化〕沈澱させる, 凝結させる **～se** [動] [再] (a, sobre: に)飛び込む, 突進する, 殺到する, 飛びかかる, 襲いかかる; 急ぐ, 急いで(a 不定詞: …)する; 拙速(せっそく)になる

***pre-ˈci-sa-ˈmen-te** [プれ.ˈすぃ.サ.ˈメン.テ] 78% [副] ちょうど, まさに; 正確に, 精密に, きちょうめんに, きちんと; 特に, わざわざ [感] まさにそのとおり《返事などに用いる》

pre-ci-ˈsar** [プれ.すぃ.ˈサる] 86% [動] [他] 詳しく記す, 明確にする; 必要とする; (a que 接続法: …することを)強いる, 押しつける **～(se)** [動] [自] ([再]) 必要である; (que 接続法: …することが)必要である; (de: を)必要とする ***verse precisado[da] (a 不定詞: …) せざるをえない

***pre-ci-ˈsión** [プれ.すぃ.ˈスィオン] 91% [名] [女] 正確, 精密; 必要, 必要性; 〔複〕詳細

***pre-ˈci-so, -sa** [プれ.ˈすぃ.ソ, サ] 81% [形] 必要な; (きわめて)正確な, 精密な; まさにその[この]; はっきりした, 明確な

pre-ci-ˈta-do, -da [プれ.すぃ.ˈタ.ド, ダ] [形] 前述の, 前記の

pre-ˈcla-ro, -ra [プれ.ˈクラ.ろ, ら] [形] 《格》«人が»傑出した, 高名な, 著名な

pre-ˈclá-si-co, -ca [プれ.ˈクラ.スィ.コ, カ] [形] 古典期以前の

pre-co-ci-ˈdad [プれ.コ.すぃ.ˈダド] [名] [女] 早熟; 〔植〕早咲き, 早なり

pre-co-ci-ˈna-do, -da [プれ.コ.すぃ.ˈナ.ド, ダ] [形] 〔食〕調理された, 調理済みの食品の

pre-cog-ni-ˈti-vo, -va [プれ.コグ.ニ.ˈティ.ボ, バ] [形] 予知の

pre-co-lom-ˈbi-no, -na [プれ.コ.ロン.ˈビ.ノ, ナ] [形] 〔歴〕コロンブス(のアメリカ大陸到着)以前の, 先コロンブス期の

pre-con-ce-ˈbi-do, -da [プれ.コン.せ.ˈビ.ド, ダ] [形] 予想した, 前もって考えた

pre-con-ce-ˈbir [プれ.コン.せ.ˈビる] [動] [他] [49] (e|i) 予想する, 前もって考える; 〈に〉先入観を持つ

pre-con-cep-ˈción [名] [女] ⇩preconcepto

pre-con-ˈcep-to [名] [女] 予見, 先入見

pre-co-ni-ˈzar [プれ.コ.ニ.ˈさる] [動] [他] [34] (z|c) 提唱する, 提案する, 勧める; 〔宗〕

p

《教皇が》‹新任司教の名·任地を›裁可する

pre-cor-di-'lle-ra [プれ.コる.ディ.'ジェ.ら] 名 女 〘地〙山麓(さんろく)

pre-'coz [プれ.'コす] 形 早熟の, ませた; 〘農〙〘植〙早咲きの, 早なりの, 早生(わせ)の; いつもより早い

pre-cur-'sor, -'so-ra [プれ.クる.'ソる, 'ソ.ら] 形 先駆けの, 前触れの, 前兆の 名 男 女 先駆者, 先覚者

pre-da-'dor, -'do-ra [プれ.ダ.'ドる, 'ド.ら] 形 〘動〙捕食性の, 他種の動物を捕って食う 名 男 女 〘動〙捕食動物; 略奪者

pre-de-ce-'sor, -'so-ra [プれ.デ.せ.'ソる, 'ソ.ら] 名 男 女 前任者

pre-de-'cir [プれ.デ.'すぃる] 動 他 ⑳ (decir)〔未1単 predeciré; 命 predice〕予言する; 予報する

pre-des-ti-na-'ción [プれ.デス.ティ.ナ.'すぃオン] 名 女 運命, 宿命, 前世の約束

pre-des-ti-'na-do, -da [プれ.デス.ティ.'ナ.ド, ダ] 形 (a: に)運命づけられた, 予定された

pre-des-ti-'nar [プれ.デス.ティ.'ナる] 動 他 〘宗〙《神が》‹人の›運命を定める, (a: ある目的に)予定する

pre-de-ter-mi-na-'ción [プれ.デ.テる.ミ.ナ.'すぃオン] 名 女 あらかじめ決めること, 予定

pre-de-ter-mi-'nar [プれ.デ.テる.ミ.'ナる] 動 他 あらかじめ決める, 予定する

'pré-di-ca ['プれ.ディ.カ] 名 女 〘宗〙説教; 《話》大演説, 熱弁; お説教

pre-di-ca-'ción [プれ.ディ.カ.'すぃオン] 名 女 〘宗〙説教, 布教, 伝道

pre-di-ca-'de-ra [プれ.ディ.カ.'デ.ら] 名 女 〔複〕《話》雄弁

pre-di-'ca-do [プれ.ディ.'カ.ド] 名 男 〘言〙述部, 述語

pre-di-ca-'dor, -'do-ra [プれ.ディ.カ.'ドる, 'ド.ら] 名 男 女 〘宗〙説教師, 伝道者, 牧師 名 男 〘昆〙カマキリ

pre-di-ca-'men-to [プれ.ディ.カ.'メン.ト] 名 男 権威, 威厳, 影響力

***pre-di-'car** [プれ.ディ.'カる] 93% 動 他 (69) (c|qu) 〘宗〙‹信仰や道徳を›説教する, ‹説教などを›述べる, ‹の›教えを説く; (a: に)説き聞かせる, 忠告する, 勧告する, さとす; 〘言〙‹主語を›叙述する 動 自 〘宗〙説教する, 教えを説く, 伝道する

pre-di-ca-'ti-vo, -va [プれ.ディ.カ.'ティ.ボ, バ] 形 〘言〙述部の, 述語の, 叙述的な

pre-dic-'ción [プれ.ディク.'すぃオン] 名 女 予報, 予言, 予測

pre-'di-cho, -cha [プれ.'ディ.チョ, チャ] 形 前述の

pre-'di-go, -ga(~) 動 《直現1単, 接現》↑predecir

pre-'di-j~ 動 《直点/接過》↑predecir

pre-di-lec-'ción [プれ.ディ.レク.'すぃオン] 名 女 偏愛, ひいき, 愛好

***pre-di-'lec-to, -ta** [プれ.ディ.'レク.ト, タ] 94% 形 (de: に)お気に入りの, ひいきの, 好きな

'pre-dio ['プれ.ディオ] 名 男 不動産, 地所; 《南米》〘競〙〔サッカーなど〕(グラウンドのある)施設

pre-di-'qué, -que(~) 動 《直点1単, 接現》↑predicar

pre-dis-po-'ner [プれ.ディス.ポ.'ネる] 動 他 (53)〔poner; 命 -pón〕(a: に)傾かせる, 仕向ける; (contra: に)反感を持たせる, 敵対させる

pre-dis-po-si-'ción [プれ.ディス.ポ.スィ.'すぃオン] 名 女 傾向, 質(たち), 素質; 〘医〙体質

pre-dis-'pues-to, -ta [プれ.ディス.'プエス.ト, タ] 形 (contra: に)先入観のある; (a: 病気に)かかりやすい

pre-dis-'pu-s~ 動 《直点/接過》↑predisponer

pre-do-mi-'nan-te [プれ.ド.ミ.'ナン.テ] 形 優勢な, 支配的な

***pre-do-mi-'nar** [プれ.ド.ミ.'ナる] 93% 動 自 (sobre: より)優勢である, 支配力を持つ; 目立つ; 支配する; (sobre: より)すぐれる; はるかに高い

***pre-do-'mi-nio** [プれ.ド.'ミ.ニオ] 93% 名 男 優越, 優位, 卓越, 支配

pre-dor-'sal [プれ.ドる.'サル] 形 〘音〙前舌(ぜんぜつ)面の 名 女 〘音〙前舌音

pre-e-lec-to-'ral [プれ.エ.レク.ト.'らル] 形 〘政〙選挙前の

pre-e-mi-'nen-cia [プれ.エ.ミ.'ネン.すぃア] 名 女 上位, 優位, 卓越, 傑出

pre-e-mi-'nen-te [プれ.エ.ミ.'ネン.テ] 形 上位の, 優位の, 抜群の, 卓越した, 傑出した

pre-es-co-'lar [プれ.エス.コ.'ラる] 形 就学前の

pre-es-ta-ble-'cer [プれ.エス.タ.ブレ.'せる] 動 他 ㊺ (c|zc) あらかじめ設定する

pre-es-ta-ble-'ci-do, -da [プれ.エス.タ.ブレ.'すぃ.ド, ダ] 形 あらかじめ設定された

pre-e-xis-'ten-cia [プれ.エク.スィス.'テン.すぃア] 名 女 先在, 以前に存在したこと

pre-e-xis-'ten-te [プれ.エク.スィス.'テン.テ] 形 先在の, 以前の

pre-e-xis-'tir [プれ.エク.スィス.'ティる] 動 自 先在する

pre-fa-bri-ca-'ción [プれ.ファ.ブり.

カ.'すぃオン] 名 女〘建〙プレハブ工法(で作ること)

pre-fa-bri-'car [プれ.ファ.プり.'カる] 動 他 69 (c|qu)〈部品などを〉前もって作る; 〘建〙〈家屋を〉組み立て式工法[プレハブ方式]で作る

pre-'fa-cio [プれ.'ファ.すぃオ] 名 男 序文, 序言, 緒言, 前書き, はしがき

pre-'fec-to, -ta [プれ.'フェク.ト, タ] 名 男 女〘政〙(フランスなどの)知事;〘宗〙聖省の長官;〘歴〙〘政〙(古代ローマの)長官

pre-fec-'tu-ra [プれ.フェク.'トゥ.ら] 名 女〘政〙知事[長官など]の職[地位, 管轄権]; 県, 州;〘政〙県庁, 州庁

***pre-fe-'ren-cia** [プれ.フェ.'れン.すぃア] 91% 名 女 好むこと, 好み, (好みによる)選択; 好きなもの; ひいき; 優先, 優先権;〘商〙(貿易上の)特恵; 指定席 *con ~ a* …: …に優先して

pre-fe-ren-'cial [プれ.フェ.れン.'すぃアル] 形 優遇された; 優先的な

***pre-fe-'ren-te** [プれ.フェ.'れン.テ] 94% 形 優遇された, いちばんよい; 上座の; 好ましい, 優先の, 優先権のある **~mente** 副 特に; 優先的に

***pre-fe-'ri-ble** [プれ.フェ.'り.ブレ] 93% 形 (不定詞/que 接続法: …することが)望ましい; (a: よりも)好ましい, (…のほうを)選ぶべき **~mente** 副 好んで, むしろ;《文修飾》(もし)できれば, どちらかと言えば

pre-fe-'ri-do, -da [プれ.フェ.'り.ド, ダ] 形 お気に入りの, 好きな

****pre-fe-'rir** [プれ.フェ.'りる] 80% 動 他 65 (e|ie|i) (a: よりも)〈のほうを〉好む, 選ぶ; (どちらかと言えば)〈不定詞: …〉したい

pre-'fie-r~ 動《直現/接現/命》↑preferir

pre-fi-'jar [プれ.フィ.'はる] 動 他 あらかじめ決める;〘言〙〈に〉接頭辞をつける

pre-'fi-jo [プれ.'フィ.ほ] 名 男 (電話の)市外局番;〘言〙接頭辞 形 あらかじめ決められた

pre-'fi-r~ 動《活用》↑preferir

pre-'gón [プれ.'ゴン] 名 男〘商〙行商人の呼び声, 呼び売り;〘政〙公示, 布告, お触れ《町役人が触れ回る》; 開会宣言, 開会の辞

pre-go-'nar [プれ.ゴ.'ナる] 動 他〈秘密などを〉(大声で)言い触らす; 宣言する, 公布する;《町役人が》触れ回る;〘商〙呼び売りする; 称賛する

pre-go-'ne-ro, -ra [プれ.ゴ.'ネ.ろ, ら] 名 男 女 触れ役《布告を町に触れ回る町役人》;〘商〙呼び売り; あばく人, 口の軽い人 形 公にする, 宣言する, 触れ回る

pre-'gue-rra [プれ.'ゲ.ら] 名 女 戦前(の時期)

****pre-'gun-ta** [プれ.'グン.タ] 77% 名 女 質問, 問い *andar a la cuarta ~*《話》金が一銭もない

pre-gun-ta-'de-ra [プれ.グン.タ.'デ.ら] 名 女《ベネズエラ》質問攻め

****pre-gun-'tar** [プれ.グン.'タる] 69% 動 他 (a: 人に)〈物事を〉尋ねる, 問う 動 自 (por: 人を)尋ねる; (por: 人の)健康状態を聞く **~se** 動 再 …であろうかと思う, 自問する

pre-gun-'tón, -'to-na [プれ.グン.'トン, 'ト.ナ] 形《話》質問ばかりする 名 男 女《話》聞きたがり屋, 質問ばかりする人

pre-his-'pá-ni-co, -ca [プれイス.'パ.ニ.コ, カ] 形〘歴〙先スペイン期の《スペイン人がアメリカ大陸に到着する以前の》

pre-his-'to-ria [プれイス.'ト.りア] 名 女〘歴〙先史学; 先史時代, 有史以前

pre-his-'tó-ri-co, -ca [プれイス.'ト.り.コ, カ] 形〘歴〙先史時代の, 有史以前の

pre-ju-bi-la-'ción [プれ.ふ.ビ.ラ.'すぃオン] 名 女 早期退職

pre-ju-bi-'lar [プれ.ふ.ビ.'ラる] 動 他 早期退職させる **~se** 動 再 早期退職する

***pre-'jui-cio** [プれ.'ふイ.すぃオ] 93% 名 男 偏見, 先入観; 早まった判断

pre-juz-'gar [プれ.ふす.'ガる] 動 他 41 (g|gu)〈について〉早まった判断をする, 予断する

pre-la-'cí+a [プれ.ラ.'すぃ.ア] 名 女〘宗〙高位聖職者の身分[職]

pre-la-'ción [プれ.ラ.'すぃオン] 名 女《格》(sobre: に対する)優位, 優先;《コロンビア》〘車〙優先権

pre-'la-do [プれ.'ラ.ド] 名 男〘宗〙高位聖職者《大司教・司教・修道院長など》

pre-li-mi-'nar [プれ.リ.ミ.'ナる] 形 予備的な; 序文の 名 男 (法律文・論文などの)前文, 序文; 予備的行為, 準備

pre-lu-'diar [プれ.ル.'ディアる] 動 他〘楽〙〈声・楽器を〉(本番前に)調整する; 準備する, 始める; 予告する, 前兆となる 動 自〘楽〙(本番前に)楽器[声]の調整をする

pre-'lu-dio [プれ.'ル.ディオ] 名 男〘楽〙前奏曲, 序曲, プレリュード;〘楽〙楽器の試し弾き[調整]; 前兆, 予告

pre-ma-ri-'tal 形 ⇩prematrimonial

pre-ma-tri-mo-'nial [プれ.マ.トり.モ.'ニアル] 形 結婚前の

pre-ma-'tu-ro, -ra [プれ.マ.'トゥ.ろ, ら] 形 時期尚早の, 早まった 名 男 女〘医〙早産児, 未熟児 **-ramente** 副 早まって, 早く; 若くして

pre-me-di-ta-'ción [プれ.メ.ディ.タ.'すぃオン] 名 女 あらかじめ考えること, 事前

に計画すること;〘法〙(犯罪の)予謀

pre-me-di-'ta-do, -da [プれ.メ.ディ.'タ.ド, ダ] 形 あらかじめ考えられた;〘法〙《犯罪が》計画的な, 予謀された **-da-mente** 副 計画的に;〘法〙予謀して, 計画して

pre-me-di-'tar [プれ.メ.ディ.'タる] 動 他 前もって熟慮する;〘法〙〈犯罪を〉予謀する, 計画する

*__pre-'miar__ [プれ.'ミアる] 93% 動 他 〈に〉賞を与える; ほめたたえる, 称賛する;〘商〙〈に〉割増金をつける

**'__pre-mio__ ['プれ.ミオ] 84% 名 男 賞, 賞品, 賞金, ほうび; 受賞者; (競争・努力などで手に入れられる)価値ある物, 貴重なもの; (善行・功績などに対する)報い, 報酬, ほうび;〘商〙割増金, プレミアム

pre-'mio-so, -sa [プれ.'ミオ.ソ, サ] 形 きつい, 窮屈な; わずらわしい, 厄介な; 差し迫った, 切迫した; 厳しい, 厳格な; のろい, ぶざまな

pre-'mi-sa [プれ.'ミ.サ] 名 女〔論〕前提;〔一般〕前提条件, 必要条件; 徴候, しるし

pre-mo-'lar [プれ.モ.'ラる] 形〔体〕小臼歯(きゅうし)の 名 男〔体〕小臼歯

pre-mo-ni-'ción [プれ.モ.ニ.'すぃオン] 名 女 予感, 虫の知らせ;〘医〙(病気の)徴候

pre-mo-ni-'tor, -'to-ra 形 ⇩ premonitorio

pre-mo-ni-'to-rio, -ria [プれ.モ.ニ.'ト.りオ, りア] 形 予感の;〘医〙徴候の

pre-'mu-ra [プれ.'ム.ら] 名 女 切迫, 急迫, 危急; 不足, 欠如

pre-na-'tal [プれ.ナ.'タル] 形〘医〙出産前の, 出生前の

*'__pren-da__ ['プれン.ダ] 92% 名 女〔衣〕衣類, 衣服, 布製品; (愛情などの)印, 保証, 証拠; 愛する人;〘商〙担保(物), 質草, 抵当;〔複〕長所, よい性質 感 おまえ, かわいい子《愛する人, 特に子供への呼びかけ》 *en ~ de* ...…のあかしとして *no soltar ~* 《話》口を割らない, 沈黙を守る

pren-'dar [プれン.'ダる] 動 他〘商〙担保[抵当]としてとる; 魅惑する, 魅了する **~-se** 動 再 (de: に)夢中になる, 心を奪われる

pren-de-'dor [プれン.デ.'ドる] 名 男〔衣〕留めピン, 留め金; (万年筆などのキャップの)クリップ;〔衣〕ヘアリボン, ヘアバンド

*__pren-'der__ [プれン.'デる] 92% 動 他〔過分 prendido⇦《ラ米》preso〕〘法〙逮捕する; (en: に)つける, 留める, 刺す; つかむ, とる; 押さえる, 絞める; (a: に)〈火を〉つける;《ラ米》〈明かりを〉つける, 〈の〉スイッチを入れる 動 自〘植〙根づく; 《火が》つく; (en: に)広がる; (en: に)引っかかる;〘医〙《種痘が》つく **~-se** 動 再 引っかかる; 火がつく; 着飾る;《ラ米》《話》怒る, 憤慨する

pren-'di-do, -da [プれン.'ディ.ド, ダ] 形 うっとりとした, 心を奪われた; 引っかかった, からんだ 名 男〔衣〕(ピンで留める)飾り, 髪飾り 動《過分》⬆prender

pren-di-'mien-to [プれン.ディ.'ミエン.ト] 名 男 逮捕;〘植〙根づくこと; 点火, 着火;〔P~〕〘宗〙キリスト捕縛(の絵・像)

**'__pren-sa__ ['プれン.サ] 81% 名 女〔全体〕新聞, 雑誌, 出版物; 新聞界, 出版界;〔全体〕報道陣, 記者団;〘印〙印刷機; 印刷所, 発行所, 出版部;〘機〙圧搾(あっさく)機 *tener buena ~* 好評を博す *tener mala ~* 悪評を受ける

pren-'sar [プれン.'サる] 動 他 圧する, 押す, プレスする

pren-'sil [プれン.'スィル] 形〔動〕《足・尾などが》物をつかむのに適した

pren-'sis-ta [プれン.'スィス.タ] 名 共〘印〙印刷工

pre-nup-'cial [プれ.ヌプ.'すぃアル] 形 婚前の

pre-'ña-do, -da [プれ.'ニャ.ド, ダ] 形 妊娠した, はらんだ; (de: に)満ちた;〘建〙《壁などが》出っ張った, たわんだ 名 男〘医〙妊娠; 胎児

pre-'ñar [プれ.'ニャる] 動 他〘医〙妊娠させる; (de: で)いっぱいにする, 満たす

pre-'ñez [プれ.'ニェす] 名 女〘医〙妊娠

**__pre-o-cu-pa-'ción__ [プれ.オ.ク.パ.'すぃオン] 85% 名 女 心配, (精神的な)苦労, 取り越し苦労, 心配事, 苦労の種; 関心事; 先入観

*__pre-o-cu-'pa-do, -da__ [プれ.オ.ク.'パ.ド, ダ] 93% 形 (con, de, por: を)心配した

pre-o-cu-'pan-te 形 心配な, 気がかりな

__pre-o-cu-'par__ [プれ.オ.ク.'パる] 80% 動 他 心配させる, 気がかりにする **~se 動 再 (con, de, por: を)心配する, 悩む, 気にする

pre-o-'lím-pi-co, -ca [プれ.オ.'リン.ピ.コ, カ] 形〘競〙オリンピック予選の

pre-o-pe-ra-'to-rio, -ria [プれ.オ.ペ.ら.'ト.りオ, りア] 形〘医〙手術前の

prep. 略 ⬇preposición

pre-'pa-go [プれ.'パ.ゴ] 名 男〘商〙前払い 形〘商〙前払いの

pre-pa-la-'tal [プれ.パ.ラ.'タル] 形〔音〕前部硬口蓋(こうがい)の 名 女〔音〕前部硬口蓋音

**__pre-pa-ra-'ción__ [プれ.パ.ら.'すぃオン] 88% 名 女 準備; 学識, 知識, 経験; 調製(法), 調剤, 調合; 予習

pre-pa-'ra-do [プれ.パ.'ら.ド] 名 男〘医〙調合薬 **~, -da** 形 準備のできた

pre-pa-ra-'dor, -'do-ra [プれ.パ.ら.'ドる, 'ド.ら] 名 男 女 準備する人; (実験の)助手; 〔競〕指導員, トレーナー, コーチ

⁑pre-pa-'rar [プれ.パ.'らる] 75% 動 他 準備する, 用意する; 〔食〕〈食事の〉支度をする, 調理する; 〈人を〉訓練する, 教育する; 予習する, 〈試験の〉準備をする; 作成する, 作る; 〔医〕〈薬などを〉調合する; (para: 心の)用意をさせる, 〈に〉(…に対する)覚悟をさせる 動 自 準備する, 用意する, 支度する; 覚悟する ~se 動 再 (para: の)準備[用意]をする; «悪いことが»起こりそうである

pre-pa-ra-'ti-vo, -va [プれ.パ.ら.'ティ.ボ, バ] 形 準備の, 予備の 名 男 〔複〕準備, 用意, 準備品

pre-pa-ra-'to-rio, -ria [プれ.パ.ら.'ト.りオ, りア] 形 準備の, 予備の, 予科の, 予備教育の -ria 名 女 《スペイン》師範学校; 《メキシコ》大学進学コース

pre-pon-de-'ran-cia [プれ.ポン.デ.'らン.すぃア] 名 女 《格》優勢, 優位

pre-pon-de-'ran-te [プれ.ポン.デ.'らン.テ] 形 《格》優勢な, (力・数で)まさる, 圧倒的な

pre-pon-de-'rar [プれ.ポン.デ.'らる] 動 自 (重さ・数量・力などで)まさる; «意見が»優勢である

pre-po-si-'ción [プれ.ポ.スィ.'すぃオン] 名 女 〔言〕前置詞

pre-po-si-cio-'nal [プれ.ポ.スィ.すぃオ.'ナル] 形 〔言〕前置詞の

pre-po-si-'ti-vo, -va 形 ⇧ preposicional

pre-po-'ten-cia [プれ.ポ.'テン.すぃア] 名 女 優勢, 優位

pre-po-'ten-te [プれ.ポ.'テン.テ] 形 優勢な, 有力な

pre-'pu-cio [プれ.'プ.すぃオ] 名 男 〔体〕(陰茎の)包皮

pre-rro-ga-'ti-va [プれ.ろ.ガ.'ティ.バ] 名 女 特典, 特権

pre-rro-'má-ni-co, -ca [プれ.ろ.'マ.ニ.コ, カ] 形 〔歴〕前ロマネスク時代の

pre-rro-'ma+no, -na [プれ.ろ.'マ.ノ, ナ] 形 〔歴〕前ローマ時代の

pre-rro-man-ti-'cis-mo [プれ.ろ.マン.ティ.'すぃス.モ] 名 男 〔歴〕〔芸〕前期ロマン主義

pre-rro-'mán-ti-co, -ca [プれ.ろ.'マン.ティ.コ, カ] 形 〔歴〕〔芸〕前期ロマン主義の

'pre-sa ['プれ.サ] 名 女 〔建〕ダム, 貯水池; えじき, 獲物; (猛禽などの)足, 爪; (動物の)牙; 捕獲, 捕まえること; 用水路; 水車を回す水 *hacer ~* «火が»(en, de: に)…につく

pre-sa-'giar [プれ.サ.'ひアる] 動 他 〈の〉前兆となる, 予言する

pre-'sa-gio [プれ.'サ.ひオ] 名 男 前兆, 虫の知らせ, 予感, 予覚

pre-sa-'gio-so, -sa [プれ.サ.'ひオ.ソ, サ] 形 前兆の

Presb. 略 ⬇presbítero

pres-'bi-cia [プれス.'ビ.すぃア] 名 女 〔医〕老視, 老眼

'prés-bi-ta ['プれス.ビ.タ] 形 名 共 〔医〕老眼の(人)

pres-bi-te-'ra-do [プれス.ビ.テ.'ら.ド] 名 男 〔宗〕司祭職, 聖職

pres-bi-te-'ria+no, -na [プれス.ビ.テ.'りア.ノ, ナ] 形 名 男 女 〔宗〕長老派の(信徒), 長老教会の(信徒)

pres-bi-'te-rio [プれス.ビ.'テ.りオ] 名 男 〔宗〕〔建〕(聖堂の)内陣; 〔集合〕〔宗〕司教団

pres-'bí-te-ro [プれス.'ビ.テ.ろ] 名 男 〔宗〕司祭, 長老

pres-'cien-cia [プれ(ス).'すぃエン.すぃア] 名 女 予知, 予見, 先見

pres-'cien-te [プれ(ス).'すぃエン.テ] 形 予知する, 予見する, 先見の明がある

pres-cin-'di-ble [プれ(ス).すぃン.'ディ.ブレ] 形 なしですませられる, 排除できる

***pres-cin-'dir** [プれ(ス).すぃン.'ディる] 91% 動 自 (de: …なしで)すます; (de: を)やめる, なくす; (de: を)忘れる, 勘定に入れない, 無視する

pres-cri-'bir [プれス.クリ.'ビる] 動 他 〔過分 prescrito〕«医師が»〈療法などを〉指示する, 〈薬などを〉処方する; 指定する, 指示する, 指図する; 〔法〕時効にする 動 自 〔法〕時効になる

pres-crip-'ción [プれス.クリプ.'すぃオン] 名 女 指定, 指示, 規定; 〔医〕処方, 処方箋(しょほうせん); 処方薬; 〔法〕時効

pres-crip-'ti-vo, -va [プれス.クリプ.'ティ.ボ, バ] 形 規範的な, 規定された

pres-'cri-to, -ta [プれス.'クリ.ト, タ] 形 規定された, 指定された; 〔法〕時効となった

pre-'se+a [プれ.'セ.ア] 名 女 《格》宝石, 宝玉

⁑pre-'sen-cia [プれ.'セン.すぃア] 79% 名 女 (ある場所に)居合わせること, 出席, 立ち会い, 存在; (人の)様子, 外見, 風采, 貫禄; 人前, 目前 *hacer acto de ~* 参列する, 出席する *~ de ánimo* 沈着, 冷静

pre-sen-'cial [プれ.セン.'すぃアル] 形 立ち会う, 居合わせる

***pre-sen-'ciar** [プれ.セン.'すぃアる] 93% 動 他 目撃する, 〈に〉立ち会う; 出席する, 参列する

pre-sen-'ta-ble [プれ.セン.'タ.ブレ] 形 人前に出せる, 見苦しくない

p

****pre-sen-ta-'ción** [プれ.セン.タ.'すぃオン] 86% 名 女 紹介, 披露; 提出, 提示; 外見, 外観; 展示, 陳列, 発表, 公開, プレゼンテーション; 舞台装置, 設定; 〖医〗胎位; 〔P～〕〖宗〗(聖母マリアの)奉献祭《11月21日》 ～ ***con diapositivas*** 〖情〗スライドショー

pre-sen-ta-'dor, -'do-ra [プれ.セン.タ.'ドる, 'ド.ら] 名 男 女 司会者, 紹介者

****pre-sen-'tar** [プれ.セン.'タる] 70% 動 他 紹介する; 差し出す, 提出する, 申し出る, 提示する; 見せる, 〈表情などを〉表す, 示す; 表明する; 〈問題・困難などを〉起こす; 贈呈する, 贈与する ～**se** 動 再 (en: 会などに)出席する, 出頭する, 現れる; 生じる, 現れる; «問題・機会などが»起こる, 生じる; 自己紹介する; (形容詞・副詞: …に)見える, (形容詞・副詞: …の)様子である; (como: に)見せかける, (como: の)ふりをする; 志願する; 立候補する; 〖演〗〖放〗〖映〗上演される, 放映される, 放送される

****pre-'sen-te** [プれ.'セン.テ] 76% 名 共 出席者 名 男 現在; 〖言〗現在(時制), 現在形; 《格》贈り物 形 (en: ある場所に)居合わせている, 出席している, 存在している; 現在の, 今の; 〖言〗現在(時制)の, 現在形の 名 女 〔la ～〕本状, この手紙 感 はい! 《出席の返事》 ***al presente*** 今は ***hacer presente*** 知らせる ***por el presente*** 今のところは ***tener presente*** 忘れないでいる

***pre-sen-ti-'mien-to** [プれ.セン.ティ.'ミエン.ト] 94% 名 男 予感, 虫の知らせ

***pre-sen-'tir** [プれ.セン.'ティる] 94% 動 他 65 (e|ie|i) 予感する

pre-ser-va-'ción [プれ.セる.バ.'すぃオン] 名 女 保存; 保護, 予防

pre-ser-'var [プれ.セる.'バる] 動 他 (de, contra: から)保護する, 予防する

pre-ser-va-'ti-vo, -va [プれ.セる.バ.'ティ.ボ, バ] 形 予防用の, 保護の 名 男 避妊具, コンドーム

'pre-si ['プれ.スィ] 名 共 《話》 =presidente

pre-si-'den-cia [プれ.スィ.'デン.すぃア] 名 女 大統領[議長, 学長, 社長]の職[地位, 任期, 執務室, 官邸]

pre-si-den-'cial [プれ.スィ.デン.'すぃアル] 形 大統領の, 議長の, 学長の, 社長の

****pre-si-'den-te, -ta** [プれ.スィ.'デン.テ, タ] 70% 名 男 女 〔presidente 共 も使われることがある〕〖政〗大統領, 首相; 社長, 総裁, 会長, 学長, 総長; 議長

Pre-si-'den-te 'Ha-yes [プれ.スィ.'デン.テ 'ア.ジェス] 名 固 〖地名〗プレシデンテ・アジェス《パラグアイ中部の県》

pre-si-'dia-rio, -ria [プれ.スィ.'ディア.りオ, りア] 名 男 女 罪人, 囚人

pre-'si-dio [プれ.'スィ.ディオ] 名 男 刑務所, 監獄; 懲役; 〔集合〕囚人

****pre-si-'dir** [プれ.スィ.'ディる] 88% 動 他 〈の〉長となる; 主宰する, 〈の〉議長となる; 支配する, «で»いっぱいになる

pre-'sien-t~ 動 《直現/接現/命》 ⬆presentir

pre-'si-lla [プれ.'スィ.ジャ] 名 女 〖衣〗ベルト通し, (ボタンをかける)ループ[輪]; 《中米》《カリブ》ヘアピン

pre-'sin-t~ 動 《活用》 ⬆presentir

****pre-'sión** [プれ.'スィオン] 83% 名 女 圧力, 圧迫, 押すこと; 強制, 強要, (精神的)重圧; 〖医〗血圧; 〖気〗気圧 ***a ～*** 圧力をかけて

pre-sio-'nar [プれ.スィオ.'ナる] 動 他 〈に〉圧力をかける, 強制する

****'pre-so, -sa** ['プれ.ソ, サ] 89% 形 〖法〗収監された, 拘束された, 刑務所に入れられた; (感情・考えに)捕らわれた, 襲われた 名 男 女 〖法〗囚人; 〖軍〗捕虜

pressing ['プれ.スィン] 名 男 〔複 -sings〕〔英語〕〖競〗プレッシャー, プレッシング

pres-ta-'ción [プれス.タ.'すぃオン] 名 女 給付金, 手当; 奉仕, 尽力, 助け; 共同作業; 〖歴〗〖法〗年貢, 夫役(ぶやく)

pres-ta-'mis-ta [プれス.タ.'ミス.タ] 名 共 〖商〗金貸し(業者), 高利貸し, 質屋

***'prés-ta-mo** ['プれス.タ.モ] 92% 名 男 貸付, 貸与; 貸付金, 賃借物; ローン, 借金, 借用; 〖言〗外来語, 借用語; 〖競〗〔サッカーなど〕レンタル移籍

pres-'tan-cia [プれス.'タン.すぃア] 名 女 《格》卓越, 優秀

****pres-'tar** [プれス.'タる] 83% 動 他 〈物・金などを〉(a: に)貸す, 貸し出す; 〈力を〉貸す, (a: 人・事業などに)〈援助を〉与える, する; 〈美しさなどを〉(a: に)添える, 加える 動 自 «ひも・靴などが»伸びる; (金を)貸す; (para: に)役に立つ ～**se** 動 再 (親切に)(a 不定詞: …することを)申し出る; (a: の)危険がある, (a: を)引き起こす; (a, para: に)適している; (a 不定詞: …することに)同意する ***pedir prestado[da]*** 貸してくれるように頼む, 借りる ***tomar prestado[da]*** 借りる

pres-ta-'ta-rio, -ria [プれス.タ.'タ.りオ, りア] 形 〖商〗借りる, 借り手の 名 男 女 〖商〗借り手, 借用者

pres-'te-za [プれス.'テ.さ] 名 女 敏速, 機敏, すばやさ

pres-ti-di-gi-ta-'ción [プれス.ティ.ディ.ひ.タ.'すぃオン] 名 女 〖演〗手品, 奇術

pres-ti-di-gi-ta-'dor, -'do-ra [プれス.ティ.ディ.ひ.タ.'ドる, 'ド.ら] 名 男 女 〖演〗手品師, 奇術師

p

***pres-'ti-gio** [プれス.'ティ.ひオ] 90% 名 男 名声, 信望, 威信, 威光

***pres-ti-'gio-so, -sa** [プれス.ティ.'ひオ.ソ, サ] 93% 形 名声[信望, 権威]のある

'pres-to, -ta ['プれス.ト, タ] 形 迅速な, 機敏な; (para: の)用意[準備]のできた 副 直ちに; 〘楽〙プレストで, きわめて速く

pre-su-'mi-ble [プれ.ス.'ミ.ブレ] 形 推定できる, 考えられうる

pre-su-'mi-do, -da [プれ.ス.'ミ.ド, ダ] 形 名 男 女 うぬぼれの強い(人), 思い上がった(人); 生意気な(人), でしゃばりな(人)

***pre-su-'mir** [プれ.ス.'ミる] 92% 動 他 推定する, 想像する, (que 直説法: …と)考える, 仮定する, 推測する 動 自 (自分を)(de: …であると)思う, 得意顔である, うぬぼれる, 鼻にかける; 着飾る, めかしこむ

pre-sun-'ción [プれ.スン.'すぃオン] 名 女 うぬぼれ, 虚栄心; 仮定, 推定, 憶測; 〘法〙(他の事実からの)推定, 容疑

pre-'sun-to, -ta [プれ.'スン.ト, タ] 形 推定上の; 〘法〙容疑のある; 自称…, …のつもりの人 **-tamente** 副 おそらくは; 推定では

pre-sun-'tuo-so, -sa [プれ.スン.'トゥオ.ソ, サ] 形 名 男 女 うぬぼれた(人), 生意気な(人)

pre-su-'pón 動 《命》 ↓presuponer

pre-su-'pon-dr~ 動 《直点/接過》 ↓presuponer

pre-su-po-'ner [プれ.ス.ポ.'ネる] 動 他 53 〔poner; 命 -pón〕前もって想定[予想]する

pre-su-po-si-'ción [プれ.ス.ポ.スィ.'すぃオン] 名 女 想定, 仮定

pre-su-pues-'tar [プれ.ス.プエス.'タる] 動 他 〈の〉予算を立てる, 見積もりをする

pre-su-pues-'ta-rio, -ria [プれ.ス.プエス.'タ.りオ, りア] 形 予算の, 見積もりの

pre-su-'pues-to** [プれ.ス.'プエス.ト] 84% 名 男 予算, 予算案, 見積もり; 動機, 理由; 想定, 仮定, 予想 動 《過分》 ↑presuponer ～ ***que … …と予想して, …と仮定すると

pre-su-'pu-s~ 動 《直点/接過》 ↑presuponer

pre-su-ri-za-'ción [プれ.ス.り.さ.'すぃオン] 名 女 〘空〙(飛行機内などの)与圧

pre-su-ri-'zar [プれ.ス.り.'さる] 動 他 34 (z|c) 〘空〙〈飛行機内などを〉与圧する, 〈の〉圧力を一定に保つ

pre-su-'ro-so, -sa [プれ.ス.'ろ.ソ, サ] 形 速い, 敏速な; あわただしい, 急いでいる

pre-'tal [プれ.'タル] 名 男 〘畜〙(馬の)胸懸(むながい)

pre-ten-'cio-so, -sa [プれ.テン.'すぃオ.ソ, サ] 形 派手な, けばけばしい; 気取った, うぬぼれた

***pre-ten-'der** [プれ.テン.'デる] 80% 動 他 〈不定詞: …〉しようとする, 試みる; ねらう, 得ようとする; 〈不定詞/que 直説法: …であると〉主張する; 〈不定詞: …する〉ふりをする; 《男性が》〈女性に〉求愛する, 求婚する

pre-ten-'di-do, -da [プれ.テン.'ディ.ド, ダ] 形 自称…

pre-ten-'dien-te, -ta [プれ.テン.'ディエン.テ, タ] 名 男 女 求愛する者; 志願する ～, **-ta** 名 男 女 求婚者; 志願者, 候補者; 〔特に〕〘政〙王位をねらう者

pre-ten-'sión [プれ.テン.'スィオン] 名 女 抱負, 望み, 願い, 大志; 要求, 主張; うぬぼれ, 虚栄; ずうずうしさ, 無礼

pre-ten-'sio-so, -sa [プれ.テン.'スィオ.ソ, サ] 形 ⇧ pretencioso

pre-te-'rir [プれ.テ.'りる] 動 他 65 (e|ie|i) 下位に置く, 無視する; 〘法〙(遺言から)〈相続人を〉除く

pre-'té-ri-to [プれ.'テ.り.ト] 名 男 〘言〙過去(時制), 過去形 ～, **-ta** 形 〘言〙過去(時制)の

pre-tex-'tar [プれ.テ(ク)ス.'タる] 動 他 口実にする

pre-'tex-to** [プれ.'テ(ク)ス.ト] 93% 名 男 口実, 弁解 ***a [***bajo, con***] ～ ***de*** … …を口実にして

pre-'til [プれ.'ティル] 名 男 〘建〙欄干, 手すり壁, 手すり付き通路

pre-'ti-na [プれ.'ティ.ナ] 名 女 〘衣〙ウエストバンド, 帯, ベルト

pre-'tor [プれ.'トる] 名 男 〘歴〙〘法〙(古代ローマの)法務官, プラエトル

Pre-'to-ria [プれ.'ト.りア] 名 固 〘地名〙プレトリア 《南アフリカ共和国 República Sudafricana の首都》

pre-'to-rio, -ria [プれ.'ト.りオ, りア] 形 〘歴〙〘法〙(古代ローマの)法務官の 名 男 〘歴〙〘法〙(古代ローマの)裁判所

pre-u-ni-ver-si-'ta-rio, -ria [プれウ.ニ.べる.スィ.'タ.りオ, りア] 形 名 男 女 大学進学課程の(学生)

pre-val-dr~ 動 《直未/過未》 ↓prevaler

***pre-va-le-'cer** [プれ.バ.レ.'せる] 93% 動 自 45 (c|zc) 支配的である, 優位を占める; (sobre: 敵などに)打ち勝つ, 克服する; 根づく

pre-va-le-'cien-te [プれ.バ.レ.'すぃエン.テ] 形 支配的な, 優位の

pre-va-'len-cia 名 女 支配, 優位; 克服; 〘医〙(流行病・疫病の)罹病率

pre-va-'ler [プれ.バ.'レる] 動 自 71 (valer) 支配的である ～***se*** 動 再 (de: 好機・事実を)利用する

p

pre-va-ri-ca-'ción [プれ.バ.り.カ.'すぃオン] 名 女 背信; 〔法〕汚職

pre-va-ri-ca-'dor, -'do-ra [プれ.バ.り.カ.'ドる, 'ド.ら] 形 信用を裏切る, 背信行為をする; 〔法〕汚職の 名 男 女 〔法〕汚職者, 背信者

pre-va-ri-'car [プれ.バ.り.'カる] 動 自 ⑥⑨ (c|qu) 信用を裏切る, 背信行為をする; 〔法〕汚職をする

pre-'vén 動 《命》 ↓prevenir

***pre-ven-'ción** [プれ.ベン.'すぃオン] 92% 名 女 防ぐこと, 防止, 予防; 先入観, 偏見; 用意, 支度; 警告, 注意; 警察分署

pre-ven-dr~ 動 《直未/過未》 ↓prevenir

pre-ve-'ni-do, -da [プれ.ベ.'ニ.ド, ダ] 形 用意周到な, 用心深い, 準備の整った

***pre-ve-'nir** [プれ.ベ.'ニる] 92% 動 他 ⑦③ (venir) 用意する; 防ぐ, 防止する, 予防する; 警告する, 知らせる; 予知する, 予見する ～**se** 動 再 (de: を)用意する; (contra: を)予防する, (contra: に)備える

pre-ven-'ti-vo, -va [プれ.ベン.'ティ.ボ, バ] 形 予防的な, 防止的な

pre-'ver [プれ.'べる] 動 他 ⑦④ (ver) 〔直現のアクセント記号に注意 –vés, –vé, –véis, –vén〕 予想する, 予測する, 見越す ～**se** 動 再 予想される, 予定される

pre-'vie-n~; pre-'vi-n~ 動 《活用》 ↑prevenir

p

****'pre-vio, -via** ['プれ.ビオ, ビア] 85% 形 《時間・順序が》先の, 前の, 事前の; 〔名詞の前で〕…をした後に **-viamente** 副 以前に, 前に, 前もって

pre-vi-'si-ble [プれ.ビ.'スィ.ブレ] 形 予知できる, 予見できる

pre-vi-'sión [プれ.ビ.'スィオン] 名 女 用意, 準備(品); 予防, 用心, 警戒; 予測, 予報; 先見の明, 洞察力, 前途の見通し; 〔情〕プレビュー ***en ～ de*** … …に備えて ***～ social*** 社会保障

pre-vi-'sor, -'so-ra [プれ.ビ.'ソる, 'ソ.ら] 形 先見の明のある, 洞察力のある, 前途の見通しのある

pre-'vis-to, -ta [プれ.'ビス.ト, タ] 形 予想された, 予見された; 当然の

pre-vi-sua-li-za-'ción [プれ.'ビスア.り.さ.'すぃオン] 名 女 〔情〕プレビュー

pre-vi-sua-li-'zar [プれ.'ビスア.り.'さる] 動 他 ③④ (z|c) 〔情〕プレビューする

'prez ['プれす] 名 男 [女] 《格》名誉, 栄光; 名 女 〔複〕〔宗〕祈り, 願い

'prie-to, -ta ['プりエ.ト, タ] 形 きつい, きつく締めた; 《ﾒｷｼｺ》浅黒い, 日焼けした; 《中米》《ｶﾘﾌﾞ》《話》〔軽蔑〕黒人の, 肌が黒い **-ta** 名 女 《ﾁﾘ》〔食〕ブラッドソーセージ **P～** 名 固 〔姓〕プリエト

****'pri-ma** ['プり.マ] 89% 名 女 (女性の)従姉妹(いとこ); 賞金, ボーナス, プレミアム; 〔宗〕朝課 《朝の勤め》; 〔商〕保険料, 掛け金, 割増金, 助成金 形 《女》 ↓primo

pri-ma-'cí+a [プり.マ.'すぃ.ア] 名 女 首位, 第一位, 卓越; 〔宗〕教皇の職, 首位権

pri-'ma-da [プり.'マ.ダ] 名 女 《話》愚かなこと, ばかなこと

pri-'ma-do [プり.'マ.ド] 名 男 〔宗〕首座大司教; 〔宗〕教皇の職[地位]

pri-'mar [プり.'マる] 動 自 (sobre: より)優れている, 優位にある

****pri-'ma-rio, -ria** [プり.'マ.りオ, りア] 89% 形 初歩の, 初等の; 根本の, 基本の, 本来の, 原始的な; 主要な, 主な; 第一(番)の, 第一位[次]の, 首位の **-ria** 名 女 小学校

pri-'ma-te [プり.'マ.テ] 名 男 偉人, 著名人, 重要人物; 〔複〕〔動〕霊長類

****pri-ma-'ve-ra** [プり.マ.'ベ.ら] 86% 名 女 春; 青春期, 人生の春; 《話》〔笑〕(普通若い女性の)年, 年齢; 〔植〕サクラソウ, プリムラ 名 共 のろま, まぬけ

pri-ma-ve-'ral [プり.マ.ベ.'らル] 形 春の, 春のような

pri-'mer 形 ↓primero

pri-me-'rí-si-mo, -ma 〔最上級〕 ↓primero

pri-me-'ri-za [プり.メ.'り.さ] 形 《女》 〔医〕初産の 名 女 〔医〕初産婦

pri-me-'ri-zo, -za [プり.メ.'り.そ, さ] 形 初めての, 初心者の, 駆け出しの; 〔医〕初産の 名 男 女 初心者, 駆け出し, 未熟者

****pri-'me-ro, -ra** [プり.'メ.ろ, ら] 61% 形 《序数》〔男性単数名詞の前で primer となる〕第1の, 1番目の, 1位の; 最初の, 初めの, 先頭の; 最も重要な, 最高の, 一流の; 以前の, かつての 名 男 第1日, ついたち 名 男 女 1番目の人[もの]; (競技の)第1位, 優勝者 名 女 (列車などの)1等; 〔車〕ローギア 副 最初に, まず初めに, 初めて; 第1に, 1番目に, 1位で; (que: よりも)むしろ; (que: よりも)前に **-ramente** 副 《文修飾》まず第一に, 最初に ***a la ～ra*** 一度で, 1回目で ***a ～ra hora*** 朝一番に ***a ～ra vista*** ひと目で ***a ～s de*** … …の初めに ***de ～ra*** 《話》一流の, 優秀な, 最上の ***de ～*** 初めは, 最初は ***en primer lugar*** まず第一に ***～ de todo [que nada]*** 《話》まず初めに ***venir de ～ra*** 《話》ちょうどよい, 役に立つ

pri-'mi-cia [プり.'ミ.すぃア] 名 女 初めての成果; 最新情報, スクープ, 第一報; 〔主に複〕〔農〕初収穫, 初物(はつもの); 〔宗〕(神に備える)初穂

pri-mi-'ge-nio, -nia [プり.ミ.'へ.ニオ, ニア] 形 原始の, 根源の

pri-mi-ti-'vis-mo [プリ.ミ.ティ.'ビス.モ] 名 男 原始性, 根源性; 野卑, 粗野; 〘芸〙プリミティブ主義

pri-mi-ti-'vis-ta [プリ.ミ.ティ.'ビス.タ] 形 名 男 女 原始的な(人), 根源的な(人); 野卑な(人), 粗野な(人); 〘芸〙プリミティブ主義の(芸術家)

pri-mi-'ti-vo, -va [プリ.ミ.'ティ.ボ, バ] 89% 形 原始の, 太古の; 原始的な; 最初の, 元の, 本源の; 〘言〙基語の《派生語, 合成語でない語》 名 男 女 原始人 **-va** 名 女 宝くじ

'pri-mo ['プリ.モ] 78% 名 男 従兄弟(いとこ); 〔複〕従兄弟・従姉妹(いとこ); 《話》ばか, お人よし ***hacer el* ～** 《話》むだなことをする; だまされる **～, -ma** 形 原料の; 〘数〙素数の; 第1の

pri-mo-'gé-ni-to, -ta [プリ.モ.'ヘ.ニ.ト, タ] 形 長子の 名 男 女 長子, 長男, 長女

pri-mo-ge-ni-'tu-ra [プリ.モ.ヘ.ニ.'トゥ.ら] 名 女 長子の身分, 長子権

pri-'mor [プリ.'モる] 名 男 繊細さ, 精巧さ, 巧みさ, 見事さ; 美しいもの, すばらしいもの

pri-mor-'dial [プリ.モる.'ディアル] 形 最初の, 根本的な, 見事な

pri-mo-'ro-so, -sa [プリ.モ.'ろ.ソ, サ] 形 すばらしい; 巧みな, 熟練した

'prí-mu-la ['プリ.ム.ラ] 名 女 〘植〙サクラソウ, プリムラ

'prín-ceps ['プリン.せ(プ)ス] 形 〔単複同〕〘印〙初版の

prin-'ce-sa [プリン.'せ.サ] 90% 名 女 王女; 妃殿下, 皇太子妃

prin-ci-'pa-do [プリン.すぃ.'パ.ド] 名 男 公国; 公国君主の地位; 首位, 卓越

prin-ci-'pal [プリン.すぃ.'パル] 75% 形 最も重要な, 主な, 主要な 名 男 〘商〙元手, 元金; 社長, 店主, 主任

prin-ci-'pal-'men-te [プリン.すぃ.'パル.'メン.テ] 86% 副 主として, 主に

'prín-ci-pe ['プリン.すぃ.ペ] 85% 名 男 王子, 皇太子; (小国の)王, 君主; 第一人者, すぐれた人 形 初版の ***como un* ～** 王様のように, ぜいたくに **～ *azul*** 夢の王子, 理想の男性

prin-ci-'pes-co, -ca [プリン.すぃ.'ペス.コ, カ] 形 王子の, 王子としての, 王侯の; 豪華な, 威厳のある

prin-ci-'pian-te [プリン.すぃ.'ピアン.テ] 94% 名 共 初心者, 入門者 形 初心者の

prin-ci-'piar [プリン.すぃ.'ピアる] 動 他 《格》始める, 〈に〉着手する 動 自 《格》始まる

prin-'ci-pio [プリン.'すぃ.ピオ] 74% 名 男 初め, 始まり, 初期; 〔主に複〕(生活・行動などの)主義, 信条, 方針; 〔複〕初歩, 基礎; (根本の)原理, 原則, 本源, 本質; (機械などが動く)原理, 仕組み; 〘食〙アントレ, メインディッシュ; 〔複〕節操, 道義; 原因, 起源 ***a* ～*s de* ...** …の初めに ***al* ～** 初めに, 最初は ***dar* ～** (a: を)始める ***en* ～** 《文修飾》原則的に(は), 大体において(は)

prin-ci-'pis-ta [プリン.すぃ.'ピス.タ] 形 原則主義の 名 共 原則主義者

prin-ci-'pi-to [プリン.すぃ.'ピ.ト] 名 男 王子様

prin-'ga-do, -da [プリン.'ガ.ド, ダ] 名 男 女 《話》責任をとらされる人, 貧乏くじを引く人, こきつかわれる人; 《話》働き過ぎの人 **-da** 名 女 〘食〙油に浸したパン

prin-'gar [プリン.'ガる] 動 他 ㊶ (g|gu) 油で汚す; 〈パンを〉肉汁に浸す; 《話》仲間に入れる, 巻き込む; 傷つける **～se** 動 再 脂で汚れる; 《話》危ない仕事に関わる, 手を汚す, (en: に)巻き込まれる

prin-'go-so, -sa [プリン.'ゴ.ソ, サ] 形 脂じみた, 脂で汚れた, (汚れて)べたべたの; 《話》うんざりする, いやな

'prin-gue ['プリン.ゲ] 名 男 [女] 脂汁; 脂の染み, 脂汚れ; 《話》汚れるいやな仕事

'prior, 'prio-ra ['プリオる, 'プリオ.ら] 名 男 女 〘宗〙修道院長; 〘宗〙教区司祭

priori ['プリオ.り] 〔成句〕 ***a* ～** 〔ラテン語〕先に, 演繹(えんえき)的に, 先験的に

prio-ri-'dad [プリオ.り.'ダド] 名 女 優先(事項), 優先権, 上位, 上席

prio-ri-'ta-rio, -ria [プリオ.り.'タ.りオ, りア] 形 優先する, さらに重要な

'pri-sa ['プリ.サ] 88% 名 女 急ぐこと, 急速, 迅速; 大あわて, 大急ぎ; 急ぐ必要 ***a toda* ～** 大急ぎで ***correr* ～** 急ぐ, 緊急である ***darse* ～** 急ぐ ***de* ～ *y corriendo*** 急いで ***meter* ～** (a: を)急がせる, せかす

pri-'sión [プリ.'スィオン] 86% 名 女 刑務所, 監獄; 〘法〙投獄, 禁固, 監禁

pri-sio-'ne-ro, -ra [プリ.スィオ.'ネ.ろ, ら] 91% 名 男 女 〘軍〙(戦争などの)捕虜; 人質(ひとじち); 〘法〙囚人; 自由を奪われた人[動物], とりこ

'pris-ma ['プリス.マ] 名 男 〘物〙プリズム; 〘数〙角柱, 柱体; 視点

pris-'má-ti-co, -ca [プリス.'マ.ティ.コ, カ] 形 〘物〙プリズムの; 〘数〙角柱の, 柱体の 名 男 〔複〕双眼鏡

'prís-ti-no, -na ['プリス.ティ.ノ, ナ] 形 《格》生まれながらの, 本来の; 《格》素朴な, 純粋な

pri-va-ci-'dad [プリ.バ.すぃ.'ダド] 名 女 《格》プライバシー, 私生活

pri-va-'ción [プリ.バ.'すぃオン] 名 女 不自由, 不足; 奪取, 剝奪; 喪失

p

⁑pri-'va-do, -da [プリ.'バ.ド, ダ] 81% 形 私的な, 個人の, 個人に属する, 私用の; 私立の, 私営の, 私有の, 民営の; 内密の, 秘密の, 非公開の, 内緒の; (de: の)ない, 欠けた; 公職についていない, 在野の; (por: に)夢中の *en ~* 私的に, 内密に 名 男 〔歴〕 寵臣(ちょうしん), 側近(者)

pri-'van-za [プリ.'バン.さ] 名 女 好意, 恩顧, 引き立て, 寵愛(ちょうあい)

pri-'var [プリ.'バる] 動 他 〈から〉奪う, 〈から〉奪い去る; 妨げる; 《スペイン》《話》 とても好きにさせる, «が»大好きである; 〈に〉(de: を)禁じる 動 自 《スペイン》 流行する, はやる ~se 動 再 (de: なしで)すます, (de 不定詞: …を)やめる *no ~se de nada* 欠けるものがない

pri-va-'ti-vo, -va [プリ.バ.'ティ.ボ, バ] 形 (de: に)特有の, 排他的な, 独占的な; 〔言〕 «接頭辞などが»欠如を示す

pri-va-ti-za-'ción [プリ.バ.ティ.さ.'すぃオン] 名 女 〔政〕 民営化

pri-va-ti-'zar [プリ.バ.ティ.'さる] 動 他 ㉞ (z|c) 〔政〕 民営化する

pri-vi-le-'gia-do, -da [プリ.ビ.レ.'ひア.ド, ダ] 形 名 男 女 特権を与えられた(人)

pri-vi-le-'giar [プリ.ビ.レ.'ひアる] 動 他 〈に〉特権を与える, 優遇する

*pri-vi-'le-gio [プリ.ビ.'レ.ひオ] 92% 名 男 (官職などに伴う)特典, 特権, 特別扱い; 特権の許可書; (個人的な)恩典, 特別な名誉, 光栄

'pro ['プろ] 名 男 収益, 利益, もうけ; 賛成 前 …に賛成して, …に味方して *en ~ de* … …のために[の] *hombre de ~* 立派な人

pro~ 〔接頭辞〕「前, 前進」「賛成」という意味を示す

'pro+a ['プろ.ア] 名 女 〔海〕 船首, へさき; 〔空〕 (飛行機の)機首 *poner la ~* (a: を)ねらう; …を攻撃する

*pro-ba-bi-li-'dad [プろ.バ.ビ.リ.'ダド] 93% 名 女 見込み, 可能性, 公算; 起こりそうなこと; 〔数〕 確率

⁑pro-'ba-ble [プろ.'バ.ブレ] 89% 形 〔ser ~〕 たぶん(que 接続法: …に)なりそうである, …かもしれない; ありそうな, 見込みのある

⁑pro-'ba-ble-'men-te [プろ.'バ.ブレ.'メン.テ] 84% 副 《文修飾》 たぶん, おそらくは《動詞はしばしば接続法》; おそらく

pro-ba-'dor, -'do-ra [プろ.バ.'ドる, 'ド.ら] 名 男 女 試す人 名 男 試験器; 〔衣〕 試着室

⁑pro-'bar [プろ.'バる] 84% 動 他 ⑯ (o|ue) 試す, 試してみる, 試みる, やってみる; 試用する, 食べてみる, 飲んでみる, 着てみる; 食べる; 証明する, 立証する 動 自 (a 不定詞: …を)やってみる; 体によい, (a: に)向いている, 合っている ~se 動 再 試用する, 着てみる; テスト[試験]を受ける

pro-ba-'to-rio, -ria [プろ.バ.'ト.りオ, りア] 形 証明する, 立証する -ria 名 女 〔法〕 証拠提出の猶予期間

pro-'be-ta [プろ.'ベ.タ] 名 女 〔化〕 試験管; 〔機〕 圧力計, 液柱計; 〔写〕 現像皿[タンク]; 〔機〕 火薬試験器

pro-bi-'dad [プろ.ビ.'ダド] 名 女 《格》 高潔, 廉潔, 誠実

⁑pro-'ble-ma [プろ.'ブレ.マ] 65% 名 男 (解答・解決を必要とする)問題, 課題; 故障, 障害 *El ~ es que* … 実は…なのです

*pro-ble-'má-ti-co, -ca [プろ.ブレ.'マ.ティ.コ, カ] 92% 形 問題のある, 疑問の, 疑わしい, おぼつかない -ca 名 女 〔集合〕 諸問題

pro-ble-ma-ti-'zar [プろ.ブレ.マ.ティ.'さる] 動 他 ㉞ (z|c) 問題にする

'pro-bo, -ba ['プろ.ボ, バ] 形 《格》 高潔な, 誠実な

pro-'bós-ci-de [プろ.'ボ(ス).すぃ.デ] 名 女 〔動〕 (ゾウ[象]などの)鼻; 〔昆〕 (昆虫などの)吻(ふん), 口先

pro-bos-'ci-dio, -dia [プろ.ボ(ス).'すぃ.ディオ, ディア] 形 〔動〕 長鼻類の 名 男 〔動〕 長鼻類の動物 《ゾウ[象]など》

pro-ca-ci-'dad [プろ.カ.すぃ.'ダド] 名 女 あつかましさ; 生意気, 無礼

pro-'caz [プろ.'カす] 形 あつかましい, 恥知らずの; 生意気な

*pro-ce-'den-cia [プろ.せ.'デン.すぃア] 93% 名 女 発端, 起源, 出所, 出身; 出発地, 出航地; 〔法〕 正当性, 根拠

⁑pro-ce-'den-te [プろ.せ.'デン.テ] 89% 形 (de: に)由来する, 生じた, (de: から)来た, (de: の)出身の; 〔法〕 正当な, 根拠のある, 妥当な

⁑pro-ce-'der [プろ.せ.'デる] 83% 動 自 (de: から)生じる, 発生する, (de: に)由来する; (a: に)取りかかる; 適切である, 必要とする; (en: を)続ける, 進行する; 〔法〕 (法律上の)手続きをとる, 裁判する; ふるまう, 行動する 名 男 ふるまい, 行動

pro-ce-di-'mien-to [プろ.せ.ディ.'ミエン.ト] 名 男 〔法〕〔政〕 手続き, 措置; (物事の)進行, 手順; 〔法〕 訴訟

pro-ce-'lo-so, -sa [プろ.せ.'ロ.ソ, サ] 形 《格》〔気〕 嵐(あらし)の

'pró-cer ['プろ.せる] 形 《格》 身分の高い, 卓越した, 優れた; 《格》 高い, そびえる 名 共 《格》 有名人, 著名人, 大物

pro-ce-sa-'dor [プろ.せ.サ.'ドる] 名 男 〔情〕 処理[演算]装置, プロセッサー ~, -dora 名 男 女 〔商〕 加工業者

pro-ce-'sal [プろ.せ.'サル] 形 〔法〕 訴訟の

pro-ce-sa-'mien-to [プろ.せ.サ.'ミエン.ト] 名 男 〔情〕処理;〔一般〕加工, 処理;〔法〕起訴, 告発

pro-ce-'sar [プろ.せ.'サる] 動 他〔法〕起訴する, 告発する, 求刑する;〔情〕処理する;〔一般〕加工[処理]する

pro-ce-'sión [プろ.せ.'スィオン] 名 女〔宗〕行列, 行進; 進行, 前進, 移り変わり *La ~ va por dentro.* 内心穏やかでない

pro-ce-sio-'nal [プろ.せ.スィオ.'ナル] 形〔宗〕行列(用)の

pro-ce-sio-'na-ria [プろ.せ.スィオ.'ナ.りア] 名 女〔昆〕ギョウレツケムシガ

⁑**pro-'ce-so** [プろ.'せ.ソ] 74% 名 男 過程, 進行, 経過, 作用, プロセス;〔法〕訴訟(手続き); 期間, 時間; 製法, 工程, 加工, 処理;〔体〕〔植〕突起, 隆起 ~ *de fondo*〔情〕バックグラウンドプロセス

Pro-'ción [プろ.'すぃオン] 名 男〔天〕プロキオン《こいぬ[小犬]座のα星》

pro-'cla-ma [プろ.'クラ.マ] 名 女 宣告, 布告, 発布;〔複〕〔宗〕(教会で行う)結婚告示

pro-cla-ma-'ción [プろ.クラ.マ.'すぃオン] 名 女 宣言, 布告, 発布, 声明, 発表; 喝采(かっさい), 歓呼, 歓声; 即位式, 就任式

*__pro-cla-'mar__ [プろ.クラ.'マる] 92% 動 他 宣言する, 布告する, 声明する, 公表する, 発表する; 歓呼の声を上げて迎える, 歓呼する, 歓呼して(…と)認める; 即位させる, 就任させる ~**se** 動 再 (自分が)…であると宣言する

pro-'clí-ti-co [プろ.'クリ.ティ.コ] 名 男〔言〕後接語《後ろに別の語をつなげる語》 ~, **-ca** 形〔言〕«単語などが»後接の

pro-'cli-ve [プろ.'クリ.ベ] 形《格》性癖がある, (a: 悪いことの)傾向がある

pro-cli-vi-'dad [プろ.クリ.ビ.'ダド] 名 女《格》性癖, (悪いことの)傾向, 気質

pro-'cón-sul [プろ.'コン.スル] 名 男〔歴〕(古代ローマで)属州総督, プロコンスル

pro-cre+a-'ción [プろ.クれ.ア.'すぃオン] 名 女〔動〕(動物の)出産, 繁殖

pro-cre+'ar [プろ.クれ.'アる] 動 他〔動〕〈子を〉産む, 繁殖させる

proc-'ti-tis [プろク.'ティ.ティス] 名 女〔単複同〕〔医〕直腸炎

proc-to-lo-'gí+a [プろク.ト.ロ.'ひ.ア] 名 女〔医〕肛門病学

proc-to-'ló-gi-co, -ca [プろク.ト.'ロ.ひ.コ, カ] 形〔医〕肛門病学の

proc-'tó-lo-go, -ga [プろク.'ト.ロ.ゴ, ガ] 名 男 女〔医〕肛門病学者, 肛門科医

pro-cu-ra-'ción [プろ.ク.ら.'すぃオン] 名 女 代理権; 弁護士事務所

pro-cu-ra-'dor, -'do-ra [プろ.ク.ら.'ドる, 'ド.ら] 名 男 女〔法〕代理人; 訴訟代理人, 弁護士;〔歴〕(古代ローマの)行政長官 ~ *a* [*en*] *Cortes*〔歴〕〔政〕代議士, 国会議員

pro-cu-ra-du-'rí+a [プろ.ク.ら.ドゥ.'り.ア] 名 女〔法〕弁護士事務所

⁑**pro-cu-'rar** [プろ.ク.'らる] 87% 動 他 試みる,〈不定詞: …しようと〉努力する,〈que 接続法: …になるよう〉努める; 与える, もたらす; 世話する ~**se** 動 再 (自分のために)得る, 手に入れる, 工面する

pro-di-ga-li-'dad [プろ.ディ.ガ.リ.'ダド] 名 女 浪費, むだ遣い; 気前のよいこと

pro-di-'gar [プろ.ディ.'ガる] 動 他 ㊶ (g|gu)《格》惜しまず[気前よく]与える;《格》浪費する, むだ遣いする ~**se** 動 再 (人を満足させるため)(en: に)尽力する; 目立ちたがる, でしゃばる

*__pro-'di-gio__ [プろ.'ディ.ひオ] 94% 名 男 非凡, 天才; 驚異, 不思議, 奇跡

pro-di-'gio-so, -sa [プろ.ディ.'ひオ.ソ, サ] 形 不思議な, 驚異的な;《話》すばらしい, 優れた, すてきな

'pró-di-go, -ga ['プろ.ディ.ゴ, ガ] 形 浪費する; 気前のよい, 惜しみなく与える 名 男 女 浪費家

pro-'dró-mi-co, -ca [プろ.'ドろ.ミ.コ, カ] 形〔医〕前兆の, 前駆症状の

'pró-dro-mo ['プろ.ドろ.モ] 名 男〔医〕前兆, 前駆症状

⁑**pro-duc-'ción** [プろ.ドゥク.'すぃオン] 78% 名 女 生産, 製造, 産出; 生産高, 生産量; 生産物, 製品;〔演〕〔映〕〔放〕制作; 作品, ラジオ[テレビ]番組

⁑**pro-du-'cir** [プろ.ドゥ.'すぃる] 71% 動 他 ⑮ (c|zc; j)〈物を〉生産する, 作り出す, 製造する; 産み出す, もたらす;〔演〕〔映〕〈劇・映画を〉制作する, 上演[上映]する;〈感情・病気などを〉起こさせる, 感じさせる, 原因となる;〈本などを〉書く, 創作する ~**se** 動 再 現れる, 起こる, 生じる; 生産される; 説明する, 所信を述べる

pro-duc-ti-vi-'dad [プろ.ドゥク.ティ.ビ.'ダド] 名 女 生産性, 生産力

⁑**pro-duc-'ti-vo, -va** [プろ.ドゥク.'ティ.ボ, バ] 90% 形 生産的な, 生産力のある, 実りの多い, 利益を生む, 多産の; «土地が»肥えた, 肥沃(ひよく)な

⁑**pro-'duc-to** [プろ.'ドゥク.ト] 73% 名 男 産物, 製品, 創作品; (努力などの)結果, 成果;〔商〕利益, 収益; 売上高, 生産高;〔数〕積

pro-duc-'tor, -'to-ra [プろ.ドゥク.'トる, 'ト.ら] 形 生産の 名 男 女 生産者;〔演〕〔映〕〔放〕制作者, プロデューサー

pro-'du-j~ 動《直点/接過》↑producir

pro+'e-mio [プろ.'エ.ミオ] 名 男 緒言, 序文

pro+'e-za [プろ.'エ.さ] 名 女〔しばしば大げさに/皮肉で〕手柄, 功績, 功業

Prof., Prof.ª 略 ⬇profesor, -sora

pro-fa-na-'ción [プろ.ファ.ナ.'すぃオン] 名 女〔宗〕冒瀆(ぼうとく), 不敬;〔一般〕冒瀆

pro-fa-'nar [プろ.ファ.'ナる] 動 他〔宗〕〈の〉神性を汚す, 冒瀆(ぼうとく)する;〔一般〕冒瀆する;〈の〉品性を落とす,〈故人の思い出などを〉汚す

pro-'fa+no, -na [プろ.'ファ.ノ, ナ] 名 男 女 (en: の)十分な経験[知識]のない人, 新米, 素人, 門外漢; 俗物, 俗人;〔複〕俗衆 形〔宗〕神性を汚す, 不敬の, 冒瀆する;〔宗〕世俗の, 俗界の; 不作法な, 見苦しい; 十分な経験[知識]のない, 素人の, 門外漢の

pro-fe-'cí+a [プろ.フェ.'すぃ.ア] 名 女 予言;〔宗〕神託

pro-fe-'rir [プろ.フェ.'りる] 動 他 (65) (e|ie|i) 話す, しゃべる,〈悪口などを〉放つ,〈大声を〉発する

***pro-fe-'sar** [プろ.フェ.'サる] 94% 動 他〈感情を〉持つ, 抱く;〔宗〕信奉[信仰]する;《格》教授する, 教える 動 自〔宗〕修道誓願を立てる

⁑**pro-fe-'sión** [プろ.フェ.'スィオン] 88% 名 女 職業, 専門職;〔宗〕(信仰の)告白, 誓願(式)

⁑**pro-fe-sio-'nal** [プろ.フェ.スィオ.'ナル] 78% 形 職業上の, 職業の; 本職の, 職業的な, プロの 名 共 本職の人, 専門家;〔競〕プロ(選手) **~mente** 副 専門的に; プロとして

pro-'fe-so, -sa [プろ.'フェ.ソ, サ] 形〔宗〕誓願を立てた, 修道会に入った 名 男 女〔宗〕修道士[女] ***ex ~***〔ラテン語〕特に, わざわざ

⁑**pro-fe-'sor, -'so-ra** [プろ.フェ.'ソる, 'ソ.ら] 75% 名 男 女 教師, 先生, …先生; (大学の)教授

pro-fe-so-'ra-do [プろ.フェ.ソ.'ら.ド] 名 男〔集合〕教師, 教授; 教師[教授]の職, 教職

***pro-'fe-ta, -'ti-sa** [プろ.'フェ.タ, 'ティ.サ] 94% 名 共 予言者, 預言者《神のお告げを述べる人》

pro-'fé-ti-co, -ca [プろ.'フェ.ティ.コ, カ] 形 予言の, 予言的な

pro-fe-'ti-sa [プろ.フェ.'ティ.サ] 名 女 (女性の)予言者, 巫女(みこ)

pro-fe-ti-'zar [プろ.フェ.ティ.'さる] 動 他 ㉞ (z|c) 予言する

pro-'fie-r~ 動《直現/接現/命》⬆profe-rir

pro-fi-'lác-ti-co, -ca [プろ.フィ.'ラク.ティ.コ, カ] 形〔医〕(病気を)予防する, 予防の, 予防的な **-ca** 名 女〔医〕(病気などの)予防(法), 予防医学

pro-fi-'la-xis 名 女〔単複同〕〔医〕(病気の)予防

pro-'fi-r~ 動《活用》⬆proferir

'pró-fu-go, -ga ['プろ.フ.ゴ, ガ] 形 逃げる, 逃げた; 逃亡者, 亡命者 名 男 女〔軍〕徴兵忌避者

⁑**pro-'fun-da-'men-te** [プろ.'フン.ダ.'メン.テ] 90% 副 深く; 心の底から

⁑**pro-fun-di-'dad** [プろ.フン.ディ.'ダド] 90% 名 女 深さ, 深度;〔複〕深い所, 深み; (de: 人格・知識・感情などの)深さ, 深遠

***pro-fun-di-'zar** [プろ.フン.ディ.'さる] 91% 動 他 ㉞ (z|c) 深くする, 掘る;〈知識などを〉深める,〈研究などを〉掘り下げる 動 自 (en: を)探求する

⁑**pro-'fun-do, -da** [プろ.'フン.ド, ダ] 81% 形 深い, 奥深い, 奥行きがある; 心の底からの;《声・音が》低い, 太い, 重々しい; 深遠な, 難解な; 大きい, 大変な, はなはだしい 名 男 深み, 奥, 底;《詩》海

pro-fu-'sión [プろ.フ.'スィオン] 名 女《格》豊富, 多量, おびただしいこと

pro-'fu-so, -sa [プろ.'フ.ソ, サ] 形《格》豊富な, ふんだんな, おびただしい

pro-'ge-nie [プろ.'へ.ニエ] 名 女〔集合〕子孫, 後代

pro-ge-ni-'tor, -'to-ra [プろ.へ.ニ.'トる, 'ト.ら] 名 男 女 直系の先祖;〔複〕《話》両親

pro-ge-ni-'tu-ra 名 女 ⇧progenie

pro-'ge-ria [プろ.'へ.りア] 名 女〔医〕早老症

⁑**pro-'gra-ma** [プろ.'グら.マ] 72% 名 男〔映〕〔演〕プログラム;〔放〕番組; 計画, 予定;〔政〕(政党の)綱領; 授業計画, カリキュラム;〔情〕プログラム, ソフトウェア ***~ gratuito***〔情〕フリーウェア ***~ instalador***〔情〕ドライバー ***~s de grupos***〔情〕グループウェア

pro-gra-ma-'ción [プろ.グら.マ.'すぃオン] 名 女〔放〕番組編成;〔情〕プログラミング

pro-gra-ma-'dor, -'do-ra [プろ.グら.マ.'ドる, 'ド.ら] 名 男 女 番組の編成者;〔情〕プログラマー

pro-gra-'mar [プろ.グら.'マる] 動 他〈の〉計画を立てる;〔放〕〈の〉番組を編成する;〔情〕〈の〉プログラムを作る

pro-gra-'mi-ta [プろ.グら.'ミ.タ] 名 男〔情〕アプレット

***pro-gre-'sar** [プろ.グれ.'サる] 94% 動 自 進歩する, (en: に)上達する; 前進する, 進行する

pro-gre-'sión [プろ.グれ.'スィオン] 名 女 進行, 前進;〔数〕数列, 級数;〔楽〕進行

p

pro-gre-'sis-mo [プろ.グれ.'スィス.モ] 名 男 進歩主義

pro-gre-'sis-ta [プろ.グれ.'スィス.タ] 形 進歩主義の 名 共 進歩主義者

*__pro-gre-'si-vo, -va__ [プろ.グれ.'スィ.ボ, バ] 92% 形 前進する, 進行している;〔政〕進歩的な, 革新的な;〔法〕《税などが》累進的な;〔言〕進行(形)の;〔医〕進行性の -**vamente** 副 段階的に; 次第に

**__pro-'gre-so__ [プろ.'グれ.ソ] 88% 名 男 進歩, 向上, 発達, 発展; 前進, 進行

*__pro+hi-bi-'ción__ [プろイ.ビ.'すぃオン] 93% 名 女 禁止; 禁止命令

pro+hi-bi-cio-'nis-mo [プろイ.ビ.すぃオ.'ニス.モ] 名 男〔歴〕禁酒法《1920–33 年, 米国で施行》

pro+hi-'bi-do, -da [プろイ.'ビ.ド, ダ] 形 禁じられている

__pro+hi-'bir__ [プろイ.'ビる] 88% 動 他 54 (i|í) 禁止する; (a: 人に)〈不定詞/que 接続法: …するのを〉禁じる **～se 動 再 禁止される

pro+hi-bi-'ti-vo, -va [プろイ.ビ.'ティ.ボ, バ] 形 禁止する, 禁制の;《値段が》(高すぎて)手が出ない

pro+hi-'jar [プろイ.'はる] 動 他 4 (i|í) 養子縁組する, 養子[養女]にする;〈他人の考えを〉自分のものにする, 取り込む

pro+'hom-bre [プろ.'オン.ブれ] 名 男 傑出した人物, 大物, 大家, 巨人; かしら, 親方

'pró-ji-ma ['プろ.ひ.マ] 名 女《俗》あばずれ, 売春婦;〔la ～〕《話》家内, 女房

*__'pró-ji-mo__ ['プろ.ひ.モ] 94% 名 男 同胞, 人間同士, 隣人;《俗》〔軽蔑〕やつ, あの男

pról. 略 ↓prólogo

pro-'lap-so [プろ.'ラプ.ソ] 名 男〔医〕(子宮・直腸の)脱出(症)

'pro-le ['プろ.レ] 名 女〔集合〕子孫, 後代;〔集合〕(親から見て)子供たち

pro-le-'gó-me+no [プろ.レ.'ゴ.メ.ノ] 名 男〔主に複〕序説, 序言

pro-le-ta-'ria-do [プろ.レ.タ.'りア.ド] 名 男 プロレタリアート, 無産階級

pro-le-'ta-rio, -ria [プろ.レ.'タ.りオ, りア] 形 名 男 女 プロレタリア(の), 無産階級の(人)

pro-li-fe-ra-'ción [プろ.リ.フェ.ら.'すぃオン] 名 女 増殖, 繁殖

pro-li-fe-'ran-te [プろ.リ.フェ.'らン.テ] 形 増殖する, 繁殖する

pro-li-fe-'rar [プろ.リ.フェ.'らる] 動 自 増殖する, 繁殖する

pro-'lí-fi-co, -ca [プろ.'リ.フィ.コ, カ] 形〔動〕多産の;〔植〕《植物が》多くの実を結ぶ; 多作の

pro-li-ji-'dad [プろ.リ.ひ.'ダド] 名 女 冗長, 冗漫, くどさ

pro-'li-jo, -ja [プろ.'リ.ほ, は] 形 細心の, 細部まで正確な; 冗長な, 冗漫な, くどい; 消耗させる, 枯渇させる

pro-lo-'gar [プろ.ロ.'ガる] 動 他 41 (g|gu)〈の〉序文を書く

*__'pró-lo-go__ ['プろ.ロ.ゴ] 92% 名 男 プロローグ, 序言, (詩などの)序詞;〔演〕序幕, 前口上; 前触れ, 序幕的事件, 発端(ほったん)

pro-lon-'ga-ble [プろ.ロン.'ガ.ブレ] 形 延長可能な

*__pro-lon-ga-'ción__ [プろ.ロン.ガ.'すぃオン] 93% 名 女 延長, 延期; 延長線

__pro-lon-'gar__ [プろ.ロン.'ガる] 90% 動 他 41 (g|gu) 延長する, 長引かせる **～se 動 再 長引く, 延びる

pro-me-'diar [プろ.メ.'ディアる] 動 他〔数〕平均する,〈の〉平均をとる; 半分に分ける 動 自《時が》半ばに達する; 介在する, 仲介する

**__pro-'me-dio__ [プろ.'メ.ディオ] 90% 名 男〔数〕平均, 平均値, 平均点; 中央, 中間, 真ん中(の部分) 形〔男女同形〕平均の

*__pro-'me-sa__ [プろ.'メ.サ] 91% 名 女 約束, 契約; (前途・将来の)見込み, 有望性, 将来性; 望みを与えるもの, 希望の綱

pro-me-'se-ro, -ra [プろ.メ.'セ.ろ, ら] 名 男 女《ﾁﾘ》《ｱﾌﾞﾗﾀ》〔宗〕神に誓った約束を守る人, 誓願を実行する人

pro-me-te-'dor, -'do-ra [プろ.メ.テ.'ドる, 'ド.ら] 形 名 男 女 前途有望な(人)

pro-me-'te+o [プろ.メ.'テ.オ] 名 男〔化〕プロメチウム《元素》 **P～** 名 固〔ギ神〕プロメテウス《火の神; 天の火を盗み人類に与えた罰として岩につながれ, ハゲワシに肝臓を食われたという》

__pro-me-'ter__ [プろ.メ.'テる] 87% 動 他 (a: に)約束する, 契約する;〈よいことが〉できる見込みがある,〈不定詞: …し〉そうだ 動 自 有望である, 見込みがある **～se 動 再 (con: と)婚約する; 信じる, 確信する ***prometérselas felices***《話》はかない夢を持つ, 高望みをする

pro-me-'ti-do, -da [プろ.メ.'ティ.ド, ダ] 形 約束した; (con: と)婚約した; 婚約者, フィアンセ

pro-mi-'nen-cia [プろ.ミ.'ネン.すぃア] 名 女 目立つこと, 傑出, 卓越; 隆起, 突起;〔地〕高台, 丘

pro-mi-'nen-te [プろ.ミ.'ネン.テ] 形 突き出ている; 傑出した, 卓越した, 著名な, 重要な

pro-mis-cui-'dad [プろ.ミス.クイ.'ダド] 名 女〔しばしば軽蔑〕ごたまぜ, 乱雑

pro-'mis-cuo, -cua [プろ.'ミス.クオ,

クア] [形]〔しばしば軽蔑〕乱雑な, 混雑した, ごたまぜの

pro-mi-'sión [プろ.ミ.'スィオン] [名] [女] 約束

pro-mi-'so-rio, -ria [プろ.ミ.'ソ.りオ, りア] [形]〔法〕約束の

pro-mo-'ción [プろ.モ.'すぃオン] [名] [女] 促進, 助長, 奨励, 向上, 増進; 昇進, 昇格, 進級; 同期(生);〔競〕昇格戦

pro-mo-cio-'nal [プろ.モ.すぃオ.'ナル] [形]〔商〕販売促進の

pro-mo-cio-'nar [プろ.モ.すぃオ.'ナる] [動] [他] (a: に)昇進させる;〔商〕〈の〉販売を促進する

pro-mon-'to-rio [プろ.モン.'ト.りオ] [名] [男]〔地〕岬;〔地〕丘, 高台

pro-mo-'tor, -'to-ra [プろ.モ.'トる, 'ト.ら] [名] [男] [女] 首謀者, 扇動者; 促進者 [物] [形] 進める, 促進する

pro-mo-'ver [プろ.モ.'べる] 89% [動] [他] ㊹ (o|ue) 促進する, 助長する, 奨励する, 増進する; 〈職員などを〉(a: に)昇進させる, 昇格させる, 〈学生を〉進級させる; 引き起こす, 〈の〉原因[発端]となる

pro-'mue-v~ [動]《直現/接現/命》↑ promover

pro-mul-ga-'ción [プろ.ムル.ガ.'すぃオン] [名] [女]〔法〕(法令の)発布, 公布

pro-mul-'gar [プろ.ムル.'ガる] [動] [他] ㊶ (g|gu)〔法〕〈法令を〉発布する, 公布する; (公に)宣言する, 公布する, 公表する

pro-'nom-bre [プろ.'ノン.ブれ] 86% [名] [男]〔言〕代名詞

pro-no-mi-'nal [プろ.ノ.ミ.'ナル] [形]〔言〕代名詞の, 代名…

pro-nos-ti-'car [プろ.ノス.ティ.'カる] [動] [他] 69 (c|qu) 予測する, 予知する, 予報する, 予言する

pro-'nós-ti-co [プろ.'ノス.ティ.コ] 91% [名] [男] 予測, 予知, 予言;〔気〕天気予報;〔医〕予後《病気の経過の見通し》 ***de ~*** 《話》注意すべき

pron-ti-'tud [プろン.ティ.'トゥド] [名] [女] 敏速, 機敏; 頭のよさ, 賢さ, 明敏さ

'pron-to, -ta ['プろン.ト, タ] 73% [形] 早い, 素早い, 速やかな; (para: の)用意ができている [副] 早く, すばやく; 早い時間に; 近々, すぐに;《ラ米》突然 [名] [男] 突然の思いつき, 衝動 [感] 急げ! ***al ~*** 最初は, すぐに ***de ~*** 突然;《ニカラグア》《コロンビア》《エクアドル》《ウルグアイ》おそらく, 多分 ***¡Hasta ~!*** それではまた!《別れの挨拶(あいさつ)》 ***lo más ~ posible*** できるだけ早く ***más ~ o más tarde*** 遅かれ早かれ ***por lo [de] ~*** 今のところは, さしあたり ***tan ~ como*** … …するとすぐに

pron-'tua-rio [プろン.'トゥア.りオ] [名] [男] 手引き, 案内, ハンドブック, マニュアル; ノート, 帳面; 要約, 概要

pro-nun-cia-'ción [プろ.ヌン.すぃア.'すぃオン] 94% [名] [女]〔言〕発音, 発音法

pro-nun-'cia-do, -da [プろ.ヌン.'すぃア.ド, ダ] [形] 特徴のある, 目立つ, 際立つ

pro-nun-cia-'mien-to [プろ.ヌン.すぃア.'ミエン.ト] [名] [男] 武力蜂起(ほうき), 反乱;〔法〕判決, 宣告

pro-nun-'ciar [プろ.ヌン.'すぃアる] 86% [動] [他]〔言〕〈単語・文を〉発音する; 宣言する, 公言する, 断言する, 断定する; 〈演説を〉する;〔法〕宣告する, 〈判決を〉下す; 目立たせる, 際立たせる **~se** [動] [再] 言明する, 自分の態度を明らかにする, (por: に)賛成する; 目立つ, 際立つ;〔言〕発音される; 蜂起(ほうき)する, 反乱を起こす

pro-pa-ga-'ción [プろ.パ.ガ.'すぃオン] [名] [女] 普及, 伝播(でんぱ);〔医〕増殖; (病気の)流行, 蔓延(まんえん);〔動〕〔植〕繁殖

pro-pa-ga-'dor, -'do-ra [プろ.パ.ガ.'ドる, 'ド.ら] [形] 普及の, 伝播(でんぱ)の [名] [男] [女] 普及者

pro-pa-'gan-da [プろ.パ.'ガン.ダ] 90% [名] [女] 宣伝, 広告, コマーシャル; 宣伝ビラ, ちらし;〔政〕宣伝, 宣伝活動

pro-pa-gan-'dis-ta [プろ.パ.ガン.'ディス.タ] [形] 宣伝の [名] [共] 宣伝者;〔宗〕伝道の; 伝道者, 宣教者

pro-pa-gan-'dís-ti-co, -ca [プろ.パ.ガン.'ディス.ティ.コ, カ] [形] 宣伝の

pro-pa-'gar [プろ.パ.'ガる] 93% [動] [他] ㊶ (g|gu) 普及させる, 宣伝する;〔宗〕布教する, 広める; 繁殖させる, 増やす **~se** [動] [再] (一般に)広がる, 普及する

pro-pa-'lar [プろ.パ.'ラる] [動] [他] 〈秘密・秘事を〉漏らす, 明かす, 暴露する

pro-'pa+no [プろ.'パ.ノ] [名] [男]〔化〕プロパン(ガス)

pro-pa-ro-'xí-to+no, -na [プろ.パ.ろク.'スィ.ト.ノ, ナ] [形]〔言〕終わりから3音節目にアクセントのある

pro-pa-'sar-se [プろ.パ.'サる.セ] [動] [再] (con, en: の)度を超す; 《男性が》(con: 女性に)失礼なことをする

pro-pen-'der [プろ.ペン.'デる] [動] [自] (a: の)傾向がある

pro-pen-'sión [プろ.ペン.'スィオン] [名] [女] (a: の)傾向, 性質, 性癖

pro-'pen-so, -sa [プろ.'ペン.ソ, サ] [形] (a: の)傾向がある, (a: …)しがちな

'pro-pia-'men-te ['プろ.ピア.'メン.テ] 92% [副] 厳密に(言うと); (まさに)そのとおり, まったく

pro-pi-'ciar [プろ.ピ.'すぃアる] [動] [他] 引き起こす; 好都合である; 支援する; なだめる, 和らげる **~se** [動] [再] 〈好意などを〉得る

p

pro·pi·cia·'to·rio, -ria [プろ.ピ.すぃア.'ト.りオ, りア] [形] なだめる, 和らげる, 機嫌取りの; 〔宗〕 贖罪(しょくざい)の

pro·'pi·cio, -cia [プろ.'ピ.すぃオ, すぃア] [形] 幸先のよい, 好都合の, 幸運な; 親切な, 好意的な

⁑**pro·pie·'dad** [プろ.ピエ.'ダド] 81% [名] [女] 財産, 資産; 所有地, 地所; 所有, 所有物, 所有権; 適切さ, 正確さ, 的確さ; 特性, 特質; 本物らしさ, 本物との酷似, そっくり

⁑**pro·pie·'ta·rio, -ria** [プろ.ピエ.'タ.りオ, りア] 88% [名] [男] [女] 所有者, 持ち主; 経営者, 事業主; 地主; 〔情〕 オーナー [形] 所有者の, 持ち主の; 事業主の

***pro·'pi·na** [プろ.'ピ.ナ] 94% [名] [女] チップ, 祝儀(しゅうぎ), 心づけ

pro·pi·'nar [プろ.ピ.'ナる] [動] [他] 〈に〉チップを渡す; 《話》 (a: に)〈一撃・不快なことを〉くらわす

pro·pin·cui·'dad [プろ.ピン.クイ.'ダド] [名] [女] 《格》 近いこと, 近接, 近所, 近似

pro·'pin·cuo, -cua [プろ.'ピン.クオ, クア] [形] 《格》 近い, 近接の

⁑**'pro·pio, -pia** ['プろ.ピオ, ピア] 67% [形] 自分自身の 《所有の意味を強める》; 〔名詞の前で〕 …自身, …自体, まさにその; (de: に) 特有の, 固有の; 独特の, 独自の; 厳密な意味での, 本来の; 同じ; (para: に)適切な, 適当な, ぴったり合う, ふさわしい; 固有の [名] [男] 《スペイン》 使いの者 ***de*** ～ わざと, わざわざ

pro·'pó·le+os [プろ.'ポ.レ.オス] [名] [男] 〔単複同〕 〔昆〕 蜂蠟(はちろう) 《ミツバチが巣のすき間を詰める油性物質》

pro·'pón [動] 《命》 ⬇proponer

pro·pon·dr～ [動] 《直未/過未》 ⬇proponer

⁑**pro·po·'ner** [プろ.ポ.'ネる] 79% [動] [他] 53 〔poner; 命 -pón〕 (a: 人に)〈名詞/不定詞: を〉提案する, 提唱する, 申し出る; 計画する, 企てる; 〈人を〉(para: に)推薦する, 指名する ～**(se)** [動] [自] ([再]) 〈不定詞: …することを〉決める, 決心する; 〈que 接続法: …になるよう〉もくろむ, 計画する

pro·'pon·go, -ga(～) [動] 《直現 1 単, 接現》 ⬆proponer

⁑**pro·por·'ción** [プろ.ポる.'すぃオン] 89% [名] [女] (大きさ・数量などの)割合, (部分と全体との)比率; 釣り合い, 調和; 〔複〕 大きさ, 広さ, 容積; 部分, 割り当て; 機会, チャンス; 〔複〕 重要性, 規模; 〔数〕 比例 ***a ～ de*** … …によって, …に従って ***a ～ que*** … …するに従って ***en ～ a*** [***con***] … …に比例して

pro·por·cio·'na·do, -da [プろ.ポる.すぃオ.'ナ.ド, ダ] [形] 比例した, 釣り合った, 均整のとれた; (a: に)ふさわしい, 相応の

pro·por·cio·'nal [プろ.ポる.すぃオ.'ナル] [形] 比例した, 釣り合った; 〔数〕 比例の

pro·por·cio·na·li·'dad [プろ.ポる.すぃオ.ナ.リ.'ダド] [名] [女] 釣り合い, 均整; 比例, 割合

⁑**pro·por·cio·'nar** [プろ.ポる.すぃオ.'ナる] 85% [動] [他] (a: に)釣り合わせる, 比例させる; (a: 人に)供給する, 与える ～**se** [動] [再] 獲得する, 得る; (con: と)釣り合う

⁑**pro·po·si·'ción** [プろ.ポ.スィ.'すぃオン] 83% [名] [女] 提案, 発議; 〔論〕〔数〕 命題 《証明・討論を必要とする提出された問題》; 〔言〕 節, 文; 〔数〕 定理

⁑**pro·'pó·si·to** [プろ.'ポ.スィ.ト] 84% [名] [男] 目的, 意志, 意図, 計画 ***a ～*** わざわざ, わざと; (para: に)ちょうどよい, 適した, 目的にかなった ***A ～*** そういえば, ところで ***a ～ de*** …〔文頭で〕 …と言えば; …について ***de ～*** わざと; 意図した目的にかなって ***fuera de ～*** 折悪く, 場違いの

pro·'pues·t～ [動] 《過分》 ⬆proponer

⁑**pro·'pues·ta** [プろ.'プエス.タ] 82% [名] [女] 提案, 申し出; 計画, 案; 推薦, 指名, 任命 ***a ～ de*** … …の提案によって

pro·pug·'nar [プろ.プグ.'ナる] [動] [他] 支持する, 擁護(ようご)する, 守る

pro·pul·'sar [プろ.プル.'サる] [動] [他] 推進する, 促進する, 育成する

pro·pul·'sión [プろ.プル.'スィオン] [名] [女] 推進(力)

pro·pul·'sor, -'so·ra [プろ.プル.'ソる, 'ソ.ら] [形] 推進の [名] [男] [女] 推進者 [名] [男] 〔海〕〔空〕 (船・航空機の)推進装置, プロペラ

pro·'pu·s～ [動] 《直点/接過》 ⬆proponer

pro·'rra·ta [プろ.'ら.タ] [名] [女] 分け前, 割り当て, 取り分 ***a ～*** 案分して, 比例配分して

pro·rra·te+'ar [プろ.ら.テ.'アる] [動] [他] 比例配分する, 割り当てる

pro·rra·'te+o [プろ.ら.'テ.オ] [名] [男] 比例配分, 割り当て

'pró·rro·ga ['プろ.ろ.ガ] [名] [女] 〔競〕 延長時間, 延長戦; 延期, 延長

pro·rro·'ga·ble [プろ.ろ.'ガ.ブレ] [形] 延期[延長]できる

pro·rro·'gar [プろ.ろ.'ガる] [動] [他] 41 (g|gu) 延期する, 延長する

pro·rrum·'pir [プろ.るン.'ピる] [動] [自] (en: を)突然始める, (en: し)出す; わき出る, (どっと)現れる

***'pro·sa** ['プろ.サ] 92% [名] [女] 〔文〕 散文, 散文体; 《話》〔軽蔑〕 むだ話, たわごと, つまらないおしゃべり; ありふれたこと, 月並みなこと

pro·'sai·co, -ca [プろ.'サイ.コ, カ] [形] 〔文〕 散文体の; 殺風景な, 活気がない, 単調な, 味気ない; ありふれた, 月並みな

pro·sa+'ís·mo [プろ.サ.'イス.モ] [名] [男]

〖文〗散文体, 散文的表現; 味気なさ; 月並み, 平凡

pro-'sa-pia [プろ.'サ.ピア] 名 女 (〔特に〕高貴な)家系

pros-'ce-nio [プろ(ス).'せ.ニオ] 名 男 〖演〗プロセニアム, 前舞台

pros-cri-'bir [プろス.クり.'ビる] 動 他 〔過分 proscrito〕〖法〗(法律によって)禁止する; 追放する, 国外に退去させる

pros-crip-'ción [プろス.クりプ.'すぃオン] 名 女 〖法〗禁止; 〖法〗追放, 国外退去

pro-se-cu-'ción [プろ.セ.ク.'すぃオン] 名 女 継続, 連続; 追求

*__pro-se-'guir__ [プろ.セ.'ギる] 91% 動 他 ⑥④ (e|i; gu|g) 〈仕事などを〉続ける, 続行する 動 自 (con, en: を)続ける, 続行する

pro-se-li-'tis-mo [プろ.セ.リ.'ティス.モ] 名 男 〖宗〗改宗の勧誘

pro-se-li-'tis-ta [プろ.セ.リ.'ティス.タ] 形 〖宗〗改宗勧誘の 名 共 〖宗〗改宗勧誘者

pro-'sé-li-to [プろ.'セ.リ.ト] 名 男 〖宗〗改宗者; 変節者, 転向者; 新加入者

pro-si-fi-'car [プろ.スィ.フィ.'カる] 動 他 ⑥⑨ (c|qu) 散文にする

pro-'si-g~ 動 《活用》 ⬆proseguir

pro-'sis-ta [プろ.'スィス.タ] 名 共 〖文〗散文家, 散文作家

pro-'so-dia [プろ.'ソ.ディア] 名 女 〖文〗作詩法, 詩形論, 韻律学; 〖言〗韻律, 韻律論

pro-'só-di-co, -ca [プろ.'ソ.ディ.コ, カ] 形 〖文〗作詩法の[にかなった]; 〖言〗韻律(論)の

pro-so-po-'pe-ya [プろ.ソ.ポ.'ペ.ジャ] 名 女 〖修〗擬人法; もったいぶった話し方

pros-pec-'ción [プろス.ペク.'すぃオン] 名 女 (将来性の)調査; 〖鉱〗探鉱, 試掘

pros-pec-'ti-vo, -va [プろス.ペク.'ティ.ボ, バ] 形 未来の; 将来有望な **-va** 名 女 未来, 将来, 予想; 未来学

pros-'pec-to [プろス.'ペク.ト] 名 男 〖医〗〖機〗(薬・機械などの)説明書, パンフレット; (宣伝用の)ちらし, ビラ **~, -ta** 形 《コロンビア》有望な

*__pros-pe-'rar__ [プろス.ペ.'らる] 93% 動 自 繁栄する, 繁盛する; 成功する 動 他 繁栄させる, 成功させる

*__pros-pe-ri-'dad__ [プろス.ペ.り.'ダド] 93% 名 女 繁栄, 繁盛; 成功, 幸運

pros-'per-mia [プろス.'ぺる.ミア] 名 女 〖医〗早漏(そうろう)症

*__'prós-pe-ro, -ra__ ['プろス.ペ.ろ, ら] 94% 形 繁栄している, 繁盛している, 成功した; 順調な, 運のよい

'prós-ta-ta ['プろス.タ.タ] 名 女 〖体〗前立腺

pros-'tá-ti-co, -ca [プろス.'タ.ティ.コ, カ] 形 〖医〗前立腺(炎)の 名 男 女 〖医〗前立腺炎患者

pros-ta-'ti-tis [プろス.タ.'ティ.ティス] 名 女 〔単複同〕〖医〗前立腺炎

pros-ter-'nar-se [プろス.テる.'ナる.セ] 動 再 (ante, a: に)ひれ伏す, ひざまずく

pros-'tí-bu-lo [プろス.'ティ.ブ.ロ] 名 男 売春宿

pros-ti-tu-'ción [プろス.ティ.トゥ.'すぃオン] 名 女 売春

pros-ti-'tuir [プろス.ティ.'トゥイる] 動 他 ③⑦ (-y-) 〈に〉売春させる; 〈才能を〉濫用する **~se** 動 再 売春する

pros-ti-'tu-to, -ta [プろス.ティ.'トゥ.ト, タ] 名 男 女 男娼; 売春婦, 娼婦

pro-tac-'ti-nio [プろ.タク.'ティ.ニオ] 名 男 〖化〗プロトアクチニウム《元素》

pro-ta-go-'nis-mo [プろ.タ.ゴ.'ニス.モ] 名 男 〖演〗〖映〗主役を演じること

‡__pro-ta-go-'nis-ta__ [プろ.タ.ゴ.'ニス.タ] 89% 名 共 〖演〗〖映〗主役; 〖映〗〖文〗主人公; 〔一般〕主役, 中心人物

pro-ta-go-ni-'zar [プろ.タ.ゴ.ニ.'さる] 動 他 ③④ (z|c) 〖演〗〖映〗〈の〉主役になる

'pró-ta-sis ['プろ.タ.スィス] 名 女 〔単複同〕〖言〗(条件文の)条件節, 前提節; 〖歴〗〖演〗(古代演劇の)導入部

‡__pro-tec-'ción__ [プろ.テク.'すぃオン] 84% 名 女 保護; 保護する物[人], 保護装置[手段] ***bajo la ~ de ...*** …に守られて

pro-tec-cio-'nis-mo [プろ.テク.すぃオ.'ニス.モ] 名 男 〖政〗〖経〗保護貿易主義[政策]

pro-tec-cio-'nis-ta [プろ.テク.すぃオ.'ニス.タ] 形 〖政〗〖経〗保護貿易主義の 名 共 保護貿易主義者

pro-tec-'tor, -'to-ra [プろ.テク.'トる, 'ト.ら] 形 保護する 名 男 女 保護者, 擁護者, パトロン 名 男 保護装置, プロテクター

pro-tec-to-'ra-do [プろ.テク.ト.'ら.ド] 名 男 保護国, 保護領

‡__pro-te-'ger__ [プろ.テ.'へる] 86% 動 他 ⑭ (g|j) (de, contra: 危険・敵などから)守る, 防ぐ, 保護する; 〖政〗〖経〗〖法〗(関税で)〈国内産業を〉保護する **~se** 動 再 (de: から)身を守る

pro-te-'gi-do, -da [プろ.テ.'ひ.ド, ダ] 形 保護された, 守られた 名 男 女 被保護者, 子分, お気に入り, 秘蔵っ子

pro-'tei-co, -ca [プろ.'テイ.コ, カ] 形 《格》変幻自在な, 多様性のある, 変わりやすい, 多彩な; 〖化〗蛋白(たんぱく)質の

‡__pro-te-'í-na__ [プろ.テ.'イ.ナ] 90% 名 女 〖化〗蛋白(たんぱく)質

pro-tei-'no-sis [プろ.テイ.'ノ.スィス]

名 女〔単複同〕〘医〙蛋白(たんぱく)症
pro-'te-jo, -ja(~) 動《直現1単, 接現》⬆proteger
Pro-'te+o [ブろ.'テ.オ] 名 固〘ギ神〙プロテウス《変幻自在な姿と予言力をもった海神》
pro-'ter-vo, -va [ブろ.'テる.ボ, バ] 形《格》«人が»つむじまがりの, 片意地な, ひねくれた;《格》邪悪な, 誤っている 名 男 女《格》〔人〕つむじまがり, 片意地な人
pro-'té-si-co, -ca [ブろ.'テ.スィ.コ, カ] 形〘言〙添頭音[語]の
'pró-te-sis ['ブろ.テ.スィス] 名 女〔単複同〕〘言〙語頭音[文字]添加;〘医〙プロテーゼ(法), 補綴(ほてつ)術
pro-'tes-ta [ブろ.'テス.タ] 89% 名 女 抗議, 異議申し立て; 抗議文, 抗議集会 ***en ~ de*** ... …に抗議して
pro-tes-ta-'ción [ブろ.テス.タ.'すぃオン] 名 女 抗議, 異議; 宣言, 公言
***pro-tes-'tan-te** [ブろ.テス.'タン.テ] 93% 名 共〘宗〙プロテスタント, 新教徒; 異議を申し立てる人 形〘宗〙プロテスタントの, 新教徒の; 異議申し立てをする, 主張する
pro-tes-tan-'tis-mo [ブろ.テス.タン.'ティス.モ] 名 男〘宗〙プロテスタンティズム, 新教;〘宗〙〔集合〕新教徒
pro-tes-'tar [ブろ.テス.'タる] 90% 動 自 (contra, de, por: に)抗議する, 異議を申し立てる, 反対する; 文句を言う, 不平を言う; (de: を)主張する 動 他 公言する, 明言する;〈手形の支払いを〉拒絶する
pro-'tes-to [ブろ.'テス.ト] 名 男〘商〙(約束手形などの)拒絶(証書)
pro-tes-'tón, -'to-na [ブろ.テス.'トン, 'ト.ナ] 形 名 男 女《話》不平屋(の), 文句ばかり言う(人)
pro-'té-ti-co, -ca [ブろ.'テ.ティ.コ, カ] 形〘言〙«文字・音が»語頭に添加された;〘医〙補綴(ほてつ)の
pro-to~ 〔接頭辞〕「最初・主要・原…」という意味を示す
pro-to-co-'la-rio, -ria [ブろ.ト.コ.'ラ.りオ, りア] 形 儀礼的な
pro-to-'co-lo [ブろ.ト.'コ.ロ] 名 男 (文書の)原本, 条約案, 議定書, プロトコル;〘政〙外交儀礼; 礼儀, しきたり; 典礼, 儀典;〘情〙プロトコル ***~ de transferencia de archivos***〘情〙ファイル転送プロトコル (**FTP**) ***~ de transmisión de hipertexto***〘情〙ハイパーテキスト転送プロトコル (**HTTP**)
pro-to-his-'to-ria [ブろ.トイス.'ト.りア] 名 女〘歴〙原史《文献的歴史時代の直前の歴史》
pro-to-his-'tó-ri-co, -ca [ブろ.トイス.'ト.り.コ, カ] 形〘歴〙原史の
pro-'tón [ブろ.'トン] 名 男〘物〙陽子, プロトン
pro-to-'plas-ma [ブろ.ト.'プラス.マ] 名 男〘生〙原形質
pro-to-por-'fi-ria [ブろ.ト.ポる.'フィ.りア] 名 女〘医〙プロトポルフィリン症
pro-to-'tí-pi-co, -ca [ブろ.ト.'ティ.ピ.コ, カ] 形 原型の, 基本型の, プロトタイプの; 試作品の; 模範的な, 典型的な
pro-to-'ti-po [ブろ.ト.'ティ.ポ] 名 男 原型, 基本型, プロトタイプ; 試作品; 模範, 典型
pro-to-'zo+o [ブろ.ト.'そ.オ] 名 男〘動〙原生動物
pro-tu-be-'ran-cia [ブろ.トゥ.ベ.'らン.すぃア] 名 女 隆起, 突起, 突出したもの
pro-tu-be-'ran-te [ブろ.トゥ.ベ.'らン.テ] 形 突起した, 突出した
prov. 略 ⬇provincia
pro-'ve-cho** [ブろ.'ベ.チョ] 93% 名 男 (金銭的な)利益, 収益, もうけ; ためになること, 益, 利益; 進歩, 前進 ***¡Buen ~!《話》どうぞお召し上がりください, どうぞごゆっくり《食事中の人に対する挨拶(あいさつ)》 ***de ~*** 役に立つ ***en ~ de*** ... …のために
***pro-ve-'cho-so, -sa** [ブろ.ベ.'チョ.ソ, サ] 94% 形 有利な, 有益な;〘商〙収益[もうけ]の多い
pro-'vec-to, -ta [ブろ.'ベク.ト, タ] 形《格》老年の
pro-ve+e-'dor, -'do-ra [ブろ.ベ.エ.'ドる, 'ド.ら] 名 男 女 供給者, 調達者;〘商〙納入業者;〘商〙行きつけの店の主人 形 供給の, 調達の
***pro-ve+'er** [ブろ.ベ.'エる] 93% 動 他〔過分 provisto, proveído〕〈人に〉(de: を)供給する, 支給する, 提供する, 与える; 用意する, 準備する, 設備する;〘法〙«法廷が»申し渡す; 解決する, 処理する, 扱う 動 自 (a: の)世話をする, 面倒を見る **~se** 動 再 (de: を)用意する
pro-ven-dr~ 動《直未/過未》⬇provenir
pro-'ven-go, -ga(~) 動《直現1単, 接現》⬇provenir
pro-ve-'nien-te [ブろ.ベ.'ニエン.テ] 形 (de: に)発する, 生じる, 由来する
pro-ve-'nir [ブろ.ベ.'ニる] 動 自 ㊆ (venir) (de: から)発する, 生じる, (de: に)由来する
Pro-'ven-za [ブろ.'ベン.さ] 名 固〘地名〙プロバンス《フランス南東部の地方》
pro-ven-'zal [ブろ.ベン.'さル] 形〘地名〙プロバンス(人)の⬆Provenza;〘言〙プロバンス語の 名 共 プロバンス人 名 男〘言〙プロバンス語
pro-ver-'bial [ブろ.べる.'ビアル] 形 よく

知られた, かの有名な; ことわざの, ことわざにある

*pro-'ver-bio [ブろ.'べる.ビオ] 94% 名 男 ことわざ, 格言

pro-'ve-y~ 動《活用》↑proveer

pro-vi-'den-cia [ブろ.ビ.'デン.すぃア] 名 女〔主に複〕処置, 方策, 予防策;〘法〙裁定, 判決;〔P~〕〘宗〙摂理, 神意

pro-vi-den-'cial [ブろ.ビ.デン.'すぃアル] 形〘宗〙摂理の, 神の, 神意による; 幸運な, 折のよい

pro-vi-'den-te [ブろ.ビ.'デン.テ] 形 先見の明のある; 細心な, 注意深い, 慎重な, 用意周到な

'pró-vi-do, -da ['ブろ.ビ.ド, ダ] 形《格》先見の明のある, 用意周到な;《格》幸先(さいさき)のよい, 幸運な

pro-'vie-n~; pro-'vi-n~ 動《活用》↑provenir

**pro-'vin-cia [ブろ.'ビン.すぃア] 79% 名 女〘政〙(スペイン・チリなどの)県, (エクアドル・アルゼンチンなどの)州; 地方, 田舎《首都や主要都市から離れた地域》

pro-vin-'cial [ブろ.ビン.'すぃアル] 形〘政〙県[州]の 名 男〘宗〙(教会)管区長

pro-vin-cia-'lis-mo [ブろ.ビン.すぃア.'リス.モ] 名 男〘言〙方言, お国なまり

pro-vin-'cia+no, -na [ブろ.ビン.'すぃア.ノ, ナ] 形〔軽蔑〕田舎の 名 男 女 田舎者

pro-vi-'sión [ブろ.ビ.'スィオン] 名 女 貯蔵, 蓄え;〔主に複〕食糧, 貯蔵品; 供給, 支給;〘商〙準備金

pro-vi-sio-'nal [ブろ.ビ.スィオ.'ナル] 形 仮の, 暫定的な, 臨時の, 一時的な

pro-vi-'so-rio, -ria [ブろ.ビ.'ソ.りオ, りア] 形《ラ米》仮の, 暫定的な, 臨時の, 一時的な

pro-'vis-to, -ta [ブろ.'ビス.ト, タ] 形 (de: を)持った, 備えた

pro-vo-ca-'ción [ブろ.ボ.カ.'すぃオン] 名 女 挑発, 刺激, 怒らせること

pro-vo-ca-'dor, -'do-ra [ブろ.ボ.カ.'ドる, 'ド.ら] 形 怒らせる, じらす, 挑発的な, 刺激的な 名 男 女 挑発者, 扇動者

**pro-vo-'car [ブろ.ボ.'カる] 82% 動 他 69 (c|qu) 怒らせる, じらす; 〈怒り・笑いなどを〉起こさせる, 〈事件を〉引き起こす;《女性が》〈男性の〉気を引こうとする, 挑発する; 感情を刺激して(a que 接続法: …)させる;《ラ米》《話》(a que 接続法: …)したい気にさせる; 吐き気をもよおさせる

pro-vo-ca-'ti-vo, -va [ブろ.ボ.カ.'ティ.ボ, バ] 形 なまめかしい, 色っぽい; (人を)怒らせる, 刺激的な, 挑発的な

pro-xe-'ne-ta [ブろク.セ.'ネ.タ] 名 共 売春の仲立ち人, ポン引き

pro-xi-mi-'dad [ブろク.スィ.ミ.'ダド] 名 女 近接, 近いこと;〔複〕付近

**'pró-xi-mo, -ma ['ブろク.スィ.モ, マ] 73% 形 次の, 今度の; (a: に)近い, 近くの -mamente 副 やがて, すぐ; ほぼ, 約 ~ *pasado* 直前の, 先…

*pro-yec-'ción [ブろ.ジェク.'すぃオン] 91% 名 女〘映〙映写, 上映; 発射, 投射, 放出; 普及, 伝播(でんぱ); 投影, 平面図; 予測;〘競〙〔サッカーなど〕オーバーラップ《ディフェンスが攻撃に参加すること》

**pro-yec-'tar [ブろ.ジェク.'タる] 88% 動 他〘映〙〈映画・スライドなどを〉映写する, 上映する, 投映する; 〈影・音・光・熱などを〉投げかける, 投射する, 放射する; 計画する, 考案する, 〈不定詞: …する〉計画である; 投げ出す, 放出する, 発射する; 〈考え・想像などを〉向ける; 〈図面を〉引く, 設計する ~se 動 再〘競〙〔サッカーなど〕《ディフェンスが》オーバーラップする, 攻撃に参加する

pro-yec-'til [ブろ.ジェク.'ティル] 名 男〘軍〙投射物, 発射体《弾丸・ミサイルなど》

pro-yec-'tis-ta [ブろ.ジェク.'ティス.タ] 名 共 立案者, 企画者, 設計者

**pro-'yec-to [ブろ.'ジェク.ト] 74% 名 男 計画, 企画, 案;〘技〙設計(図)

pro-yec-'tor [ブろ.ジェク.'トる] 名 男〘映〙映写機, プロジェクター;〘演〙スポットライト; サーチライト, 探照灯

*pru-'den-cia [ブる.'デン.すぃア] 93% 名 女 思慮, 分別, 慎重, 用心, 倹約

pru-den-'cial [ブる.デン.'すぃアル] 形 思慮深い, 慎重な; 適度の, ほどほどの

*pru-'den-te [ブる.'デン.テ] 93% 形 慎重な, 思慮深い, 用心深い, 分別のある; 適切な, 適度の, ほどほどの, 適当な ~mente 副 慎重に, 用心して

'prue-b~ 動《直現/接現/命》↑probar

**'prue-ba ['ブるエ.バ] 78% 名 女 証明, 立証; 証拠となるもの, 証拠品; 試み; 吟味, 試食, 試飲, 試着, 試用; テスト, 試験; 印, 徴候, 様子;〘数〙検算;〘印〙校正刷り;〘競〙試合, 競技, 種目 *a* ~ 試験的に, 試しに *a* ~ *de* … …に耐えられる *a toda* ~ 何にも屈しない *en* ~ *de* … …の証拠として, …のあかしに *poner a* ~ 試す, 試験する

pru-'ri-go [ブる.'り.ゴ] 名 男〘医〙痒疹(ようしん)

pru-'ri-to [ブる.'り.ト] 名 男 切望, 強い衝動;〘医〙かゆみ(症), 搔痒(そうよう)(症)

'Pru-sia ['ブる.スィア] 名 固〘歴〙〘地名〙プロイセン, プロシア《ドイツ北部にあった王国, 1701–1918》

pru-'sia+no, -na [ブる.'スィア.ノ, ナ] 形〘歴〙〘地名〙プロイセン(人)の ↑Prusia 名 男 女 プロイセン人

pru-'sia-to [プる.'スィア.ト] 名 男 〘化〙シアン化物

'prú-si-co, -ca ['プる.スィ.コ, カ] 形 〘化〙青酸の, シアン化水素の

P. S. 略 =〔ラテン語〕*post scriptum* 追伸, 追記

'psch [プス] 感《話》ふん《軽蔑, 無関心》;《ラ米》《話》もしもし, おーい《人を呼ぶときに使う》

pseu-d(o)~ 〔接頭辞〕⬇seud(o)-

pseu-'dó-ni-mo 名 男 ⇩ seudónimo

'psi 名 女〘言〙プシー, プサイ《ギリシャ語の文字 Ψ, ψ》

psi-co-a-'ná-li-sis [スィ.コ.ア.'ナ.リ.スィス] 名 男〔単複同〕〘心〙精神分析(学)

psi-co-a-na-'lis-ta [スィ.コ.ア.ナ.'リス.タ] 名 共〘心〙精神分析学者, 精神分析医

psi-co-a-na-'lí-ti-co, -ca [スィ.コ.ア.ナ.'リ.ティ.コ, カ] 形〘心〙精神分析の

psi-co-'dé-li-co, -ca [スィ.コ.'デ.リ.コ, カ] 形〘芸〙サイケデリックな, サイケ調の

psi-co-'fí-si-ca 名 女〘心〙精神物理学

psi-co-lin-'güís-ti-ca [スィ.コ.リン.'グイス.ティ.カ] 名 女〘言〙心理言語学

***psi-co-lo-'gí+a** [スィ.コ.ロ.'ひ.ア] 92% 名 女〘心〙心理学;〘心〙(個人・集団の)心理

***psi-co-'ló-gi-co, -ca** [スィ.コ.'ロ.ひ.コ, カ] 91% 形〘心〙心理学上の, 心理学的な;〘心〙心理的な, 精神的な

***psi-'có-lo-go, -ga** [スィ.'コ.ロ.ゴ, ガ] 93% 名 男 女〘心〙心理学者,〘医〙精神分析医

psi-co-neu-'ro-sis [スィ.コ.ネウ.'ろ.スィス] 名 女〔単複同〕〘医〙精神神経症

psi-'có-pa-ta 名 共〘医〙精神病質者

psi-co-pa-'tí+a 名 女〘医〙精神病質

psi-co-pa-to-lo-'gí+a [スィ.コ.パ.ト.ロ.'ひ.ア] 名 女〘医〙精神病理学

psi-co-pa-to-'ló-gi-co, -ca [スィ.コ.パ.ト.'ロ.ひ.コ, カ] 形〘医〙精神病理学の

psi-co-pa-'tó-lo-go, -ga [スィ.コ.パ.'ト.ロ.ゴ, ガ] 名 男 女〘医〙精神病理学者

psi-'co-sis 名 女〔単複同〕〘医〙精神病;(個人・集団の)強迫観念, 精神不安

psi-co-so-'má-ti-co, -ca 形〘心〙〘医〙精神身体の, 心身の

psi-co-te-'ra-pia [スィ.コ.テ.'ら.ピア] 名 女〘心〙〘医〙心理[精神]療法

'psi-que ['(プ)スィ.ケ] 名 女《格》精神, 魂, 心 **P~** 名 固〘ギ神〙プシュケー《エロス Eros が愛した美少女》

psi-'quia-tra [スィ.'キア.トら] 名 共〘医〙精神科医

psi-quia-'trí+a [スィ.キア.'トり.ア] 名 女〘医〙精神医学

psi-'quiá-tri-co, -ca [スィ.'キア.トり.コ, カ] 形〘医〙精神医学の, 精神科の

'psí-qui-co, -ca ['スィ.キ.コ, カ] 形〘心〙精神の, 心的な

psi-'quis-mo [スィ.'キス.モ] 名 男〘心〙心理, 精神作用

psi-ta-'co-sis 名 女〔単複同〕〘医〙オウム病

'pst [プス] 感《話》もしもし, おーい《人を呼ぶときに使う》;《話》さあ《無関心》

ptas 略 ⬆pesetas

pto. 略 ⬇puerto

pto-le-'mai-co, -ca [(プ)ト.レ.'マイ.コ, カ] 形〘歴〙プトレマイオス朝の《古代エジプト最後の王朝, 前 304 ころ–前 30》

'pú+a 名 女 とげ, 針;(矢尻(やじり)・釣針などの)あご, かかり, かえし;〘動〙(ウニ・ヤマアラシなどの)針, とげ;〘植〙とげ, 針;(くしなどの)歯;(フォークの)先;〘農〙接ぎ穂, 接ぎ枝;〘楽〙(弦楽器用の)爪(つめ), ピック;(こまなどの金属の)先端, 軸

'puah ['プア] 感《話》うえっ!《嫌悪・不快》

'pú-ber, -'be-ra ['プ.べる, 'べ.ら] 形《格》思春期の, 青年期の 名 男 女 青年, 若者

pu-ber-'tad [プ.べる.'タド] 名 女 思春期, 青年期

pu-bes-'cen-cia [プ.べ(ス).'セン.すぃア] 名 女 思春期[青年期]に達していること

pu-bes-'cen-te [プ.べ(ス).'セン.テ] 形 思春期の, 青年期の

'pú-bi-co, -ca 形〘体〙恥骨の;〘体〙陰部の, 下腹部の

'pu-bis 名 男〔単複同〕〘体〙恥骨;〘体〙陰部, 下腹部

pu-bli-'ca-ble [プ.ブリ.'カ.ブレ] 形 公表できる, 出版できる

****pu-bli-ca-'ción** [プ.ブリ.カ.'すぃオン] 88% 名 女 (書籍・雑誌・新聞などの)出版, 発行, 刊行; 出版物, 刊行物, 著作物《書籍・雑誌など》; 発表, 公表, (法律などの)公布

****pu-bli-'car** [プ.ブリ.'カる] 80% 動 他 ⑲ (c|qu) 〈書籍・雑誌・新聞などを〉出版する, 発行する, 刊行する; 発表する, 公表する

****pu-bli-ci-'dad** [プ.ブリ.すぃ.'ダド] 89% 名 女〘商〙宣伝, 広告; 知れ渡っていること, 公開; 広報, 周知

pu-bli-'cis-ta [プ.ブリ.'すぃス.タ] 名 共 公法研究家; ジャーナリスト;《ラ米》〘商〙広告代理業者, 広告取り扱い人

pu-bli-ci-'ta-rio, -ria [プ.ブリ.すぃ.'タ.りオ, りア] 形 広告の, 広告に関する

p

⁑'pú-bli-co, -ca ['プ.ブリ.コ, カ] 69% 形 社会一般の, 一般大衆の, 公衆の; 公の, 公共の, 公立の; 公然の, 周知の, 公開の; 公務の, 公職の, 官公庁の 名 男 公衆, 人民, 国民, 一般人; 〔一般〕社会, 世間; 〔集合〕観衆, 聴衆; 視聴者; 読者 **-camente** 副 公に; 公然と ***dar*** [***sacar***] ***al*** ～ 〈小説などを〉発表する; 〈芝居を〉公演する ***en*** ～ 公然と, 人前で ***hacer*** ～[***ca***] 公にする, 公表する ***mujer pública*** 売春婦

pu-bli-'qué, -que(~) 動《直点1単, 接現》⬆publicar

pu-che-'ra-zo [プ.チェ.'ら.そ] 名 男 鍋(なべ)で殴ること; 〔政〕選挙での不正《合計を変える》

pu-che-'re-te [プ.チェ.'れ.テ] 名 男 〔食〕小鍋(なべ)

pu-'che-ro [プ.'チェ.ろ] 名 男 〔食〕鍋(なべ), 土鍋; 〔食〕シチュー, 煮込み料理; 《話》ふだんの食事; 〔複〕《話》口をとがらすこと, 泣きべそ顔

'pu-cho 名 男 《ラプラタ》《話》タバコ; 吸い殻; 《コロンビア》《話》少し, 少量, ちょっと

'pu-d~ 動《直点》⬆poder

pu-'den-do, -da 形 陰部の

pu-di-'bun-do, -da 形 はにかみ屋の, 恥ずかしがり屋の; とりすました, 猫をかぶった

'pú-di-co, -ca 形 恥を知る, 慎みのある

pu-'dien-te 形 富んだ, 金持ちの; 有力な 名 共 金持ち; 有力者, 実力者

'pu-din⇔pu-'dín 名 男 〔食〕(パンを含めた)プディング, パンプディング

***pu-'dor** [プ.'ドる] 94% 名 男 節度, 品位, 慎み; 恥, 恥じらい, 羞恥(しゅう)心; 純潔

pu-do-'ro-so, -sa [プ.ド.'ろ.ソ, サ] 形 とりすます, 気取る

pu-dri-'ción [プ.ドり.'すぃオン] 名 女 腐敗

pu-dri-'de-ro [プ.ドり.'デ.ろ] 名 男 ごみ捨て場; (仮の)遺体安置所

pu-'drir [プ.'ドりる] 動 他 〔過分 podrido〕腐らせる, 朽ちさせる; 不愉快にさせる, いらいらさせる **～se** 動 再 〔食〕《果物・野菜・肉が》腐る, 腐敗する; いらいらする, 不愉快になる ***¡Que se pudra!*** 《俗》くたばってしまえ!, ざまあ見ろ!

'pue-bl~ 動《直現/接現/命》⬆poblar

'Pue-bla ['プエ.ブラ] 名 固 〔～ de Zaragoza〕〔地名〕プエブラ(・デ・サラゴーサ)《メキシコ中南部の州, 州都》

pue-ble-'ci-to 〔縮小語〕⬇pueblo

pue-ble-'ri-no, -na [プエ.ブレ.'り.ノ, ナ] 形 〔地名〕田舎の, 村の 名 男 女 田舎の人, 村人

⁑'pue-blo ['プエ.ブロ] 66% 名 男 (小さな)町, 村; 国民, 人民; 民衆, 大衆, 庶民; 〔一般〕人, 人たち; 民族

'pue-d(~) 動《直現/接現》⬆poder

⁑'puen-te 82% 名 男 橋; 〔海〕船[艦]橋, ブリッジ; 甲板, デッキ; 飛び石連休の間の日も休みにすること; 〔体〕鼻柱; 〔体〕(足の)土踏まず; (義歯・眼鏡などの)ブリッジ; 〔電〕〔情〕ブリッジ; 〔楽〕(弦楽器の)柱(じ), 駒; 〔情〕ジャンパー ～ ***aéreo*** 〔空〕シャトル便, (緊急時の)ピストン空輸

'puen-tes 名 男《複》⬆puente

puenting 名 男 〔複 -tings〕〔英語風〕〔競〕バンジージャンプ

'puer-co** ['プエる.コ] 94% 名 男 〔動〕ブタ[豚]; 〔食〕豚肉; 《話》薄汚い人, 意地汚い人, 卑劣漢 **～, -ca** 形《話》汚い, 汚れた; 《話》卑劣な, 卑しい ～ ***espín 〔動〕ヤマアラシ

pue-'ri-cia [プエ.'り.すぃア] 名 女《格》少年[少女]時代《7歳から14歳ぐらい》

pue-ri-cul-'tor, -'to-ra [プエ.り.クル.'トる, 'ト.ら] 名 男 女 育児専門家

pue-ri-cul-'tu-ra [プエ.り.クル.'トゥ.ら] 名 女 育児学, 育児

***pue-'ril** [プエ.'りル] 94% 形 子供っぽい, 子供らしい, たわいのない

'puér-pe-ra ['プエる.ペ.ら] 名 女 〔医〕出産直後の女性, 産褥(さんじょく)婦

puer-pe-'ral [プエる.ペ.'らル] 形 〔医〕産後の, 産褥(さんじょく)の

puer-'pe-rio [プエる.'ペ.りオ] 名 男 〔医〕産後, 産褥(さんじょく)期

'pue-rro ['プエ.ろ̃] 名 男 〔植〕西洋ネギ, ポロネギ, リーク

⁑'puer-ta ['プエる.タ] 71% 名 女 〔建〕ドア, 戸, 扉(とびら); 〔建〕門, 入口, 戸口, 出入口; 門戸, …へ至る道; 〔競〕〔サッカーなど〕ゴール; 〔空〕搭乗口, ゲート; 〔情〕ゲート ***a las ～s de ...*** …の瀬戸際に, …の寸前に ***a ～ cerrada*** 秘密に, 非公開の ***coger*** [***tomar***] ***la ～*** 立ち去る ***en ～s*** 間近に, もうすぐ ***enseñar*** [***poner en***] ***la ～ de la calle*** 解雇する, 追い出す ***ir de ～ en ～*** 物乞(ご)いをして家々を回る; 人々に頼んで回る ***poner ～s al campo*** 無理なことをする

'Puer-ta del 'Sol ['プエる.タ デル 'ソル] 名 固 〔地名〕プエルタ・デル・ソル《スペイン, マドリードの都心の広場》

puer-ta-ven-'ta-na [プエる.タ.ベン.'タ.ナ] 名 女 〔建〕窓用雨戸, 窓の内側の扉

puer-te-'ci-ta 〔縮小語〕⬆puerta

⁑'puer-to ['プエる.ト] 82% 名 男 港, 海港, 港湾都市, 港町, 〔特に〕税関のある港町; 〔地〕峠; 隠れ場, 避難所; 〔情〕ポート ***tomar*** ～ 〔海〕入港する; 安全な場所に逃げ込む

'Puer-to Ai-'sén ['プエる.ト アイ.'セン] 名 固 〔地名〕プエルト・アイセン《チリ南部

p

の都市》

'**Puer-to A-ya-'cu-cho** ['プエる.ト ア.ジャ.'ク.チョ] 名 固〔地名〕プエルト・アヤクーチョ《ベネズエラ中南部の都市》

'**Puer-to Ca-'rre-ño** ['プエる.ト カ.'ㇾ.ニョ] 名 固〔地名〕プエルト・カレーニョ《コロンビア中東部の都市》

'**Puer-to Es-'pa-ña** ['プエる.ト エス.'パ.ニャ] 名 固〔地名〕ポートオブスペイン《トリニダード・トバゴ Trinidad y Tobago の首都》

'**Puer-to 'Montt** ['プエる.ト 'モン(ト)] 名 固〔地名〕プエルト・モント《チリ中南部の都市》

'**Puer-to 'Pla-ta** ['プエる.ト 'プラ.タ] 名 固〔地名〕プエルト・プラータ《ドミニカ共和国北西部の県, 県都》

'**Puer-to 'Prín-ci-pe** ['プエる.ト 'プリン.すぃ.ペ] 名 固〔地名〕ポルトープランス《ハイチ Haitíの首都》

'Puer-to 'Ri-co** ['プエる.ト 'ㇼ.コ] 89% 名 固〔地名〕プエルトリコ《西インド諸島の島, 米国の自治領》

puer-to-rri-que-'ñis-mo ['プエる.ト.ㇼ.ケ.'ニィス.モ] 名 男〔言〕プエルトリコ独特の表現[語彙]

*__puer-to-rri-'que-ño, -ña__ ['プエる.ト.ㇼ.'ケ.ニョ, ニャ] 92% 形〔地名〕プエルトリコ(人)の 名 男 女 プエルトリコ人 ↑Puerto Rico

__pues__ [プエス] 52% 接〔弱勢〕1** なぜならば…, …だから《原因・理由》: Cierra la ventana, **pues** hace frío. 窓を閉めて, 寒いから。 **2** そうならば, それでは《結果》: **Pues**, si quieres venir, tendrás que ir a pie. それじゃあ, 君が来たいなら歩いて来なくてはだめだよ。感《強勢》そうですね, ええ, まあ, さあ《相手の言葉を受けて》: ¿Qué hay de nuevo, Andrés? — **Pues**, nada, lo de siempre. アンドレス, 変わったことはある?—べつに何もないよ, いつものとおりさ。

'**pues-t~** 動《過分》↑poner

'**pues-ta** 名 女 動かすこと;〔鳥〕産卵; 置くこと, 据え付け, 設置; 賭け金;〔天〕«太陽・月が»沈むこと ~ ***del sol***〔天〕日没 ~ ***en escena***〔演〕上演;〔映〕演出, 監督

'__pues-to, -ta__ 76% 形 置かれた, 設けられた, 用意された; 着た, 着ている 名 男 売店, 屋台; 地位, ポスト; 仕事, 職; 順位; 持ち場, 職場; 席; 場所, 室 ~ **que 接 …であるから《原因・理由》; …であるなら《条件》 動《過分》↑poner

'**puf** 名 男〔複 pufs〕(クッション付きの)円形長椅子 感 ふん!, へん!《軽蔑・憎悪・反感》

'**pú-gil** ['プ.ひル] 名 男〔歴〕〔競〕(古代ローマの)拳闘(けんとう)士;《格》〔競〕ボクサー

pu-gi-'la-to [プ.ひ.'ラ.ト] 名 男〔歴〕〔競〕(古代ローマの)拳闘(けんとう);《格》〔競〕ボクシング, 格闘技

'**pug-na** ['プグ.ナ] 名 女 戦い, 戦闘, 合戦

pug-'nar [プグ.'ナる] 動 自 (por 不定詞: しようと)努める, もがく, 必死になる; 戦う, 争う; 主張する, 言い張る

'**pu-ja** ['プ.は] 名 女 努力, 苦闘, 戦闘, 闘争;〔商〕(競売の)せり合い; 入札, 付け値

pu-'ja-gua [プ.'は.グア] 名 女《(中米)》〔植〕紫トウモロコシ

pu-'jan-te [プ.'はン.テ] 形 精力的な, たくましい, 強健な, 強壮な, 勢いのある

pu-'jan-za [プ.'はン.さ] 名 女 精力, たくましさ, 勢い, 活力

pu-'jar [プ.'はる] 動 自 (por 不定詞: しようと)必死になる, 懸命に努める, 非常に骨を折る;《話》言葉に詰まる, 言葉を探す;《話》ためらう, 躊躇(ちゅうちょ)する;《話》泣きそうな顔をする;《(スペイン)》〔商〕(競売で)値をつける, せり上げする 動 他 押す, 押し上げる;〔商〕〈の値を〉せり上げる

pu-'ji-do [プ.'ひ.ド] 名 男《格》泣きごと, ぐち

'**pu-jo** ['プ.ほ] 名 男 (押さえがたい)欲求, 衝動;〔主に複〕抱負, 志望, 志(こころざ)し;〔医〕裏急後重(りきゅうこうじゅう), しぶり《実際には出ないのに尿意・便意を強く感じること》

pul-chi-'ne-la [プル.チ.'ネ.ラ] 名 女〔歴〕〔演〕プルチネッラ《17 世紀イタリア喜劇の道化役》

pul-cri-'tud [プル.クリ.'トゥド] 名 女《格》こぎれいさ, 整然, 入念, 丹念さ

'**pul-cro, -cra** ['プル.クろ, クら] 形《格》こざっぱりした, きちんとした, きれい好きな; きちょうめんな, 念入りな

pu-'len-to, -ta [プ.'レン.ト, タ] 形《(チリ)》《話》とてもよい, すばらしい, 最高の

'**pul-ga** ['プル.ガ] 名 女〔昆〕ノミ;〔遊〕小さなこま ***buscar las ~s***《話》(a: を)わざと怒らせる ***malas ~s***《話》怒りっぽいこと, 気難しいこと

pul-'ga-da [プル.'ガ.ダ] 名 女 インチ《長さの単位; 2.54cm》

pul-'gar [プル.'ガる] 名 男 親指 形 親指の

pul-ga-'ra-da [プル.ガ.'ら.ダ] 名 女 指ではじくこと; ひとつまみ; インチ

pul-'gón [プル.'ゴン] 名 男〔昆〕アブラムシ, アリマキ

pul-'gui-llas [プル.'ギ.ジャス] 名 共〔単複同〕《話》怒りっぽい人

pu-li-'dez [プ.リ.'デす] 名 女 光沢, 磨き, つや, こぎれいさ; 清潔, 優雅, 洗練; 上品さ

pu-'li-do, -da [プ.'リ.ド, ダ] 形 上品な,

p

洗練された; 磨き上げた, 光沢のある 名 男 研磨, 磨くこと

pu-li-'dor, -'do-ra [プ.リ.'ドる, 'ド.ら] 形 磨く, つや出し用の 名 男 つや出し剤; つや出し器, 研磨器

pu-li-men-'tar [プ.リ.メン.'タる] 動 他 磨く, 研(と)ぐ, 〈の〉つやを出す

pu-li-'men-to [プ.リ.'メン.ト] 名 男 研磨, つや出し; 研磨剤, 磨き粉

pu-'lir [プ.'リる] 動 他 磨く, 研ぐ, 〈の〉つやを出す; 〈言動・文章・演技・演奏などに〉磨きをかける, ブラッシュアップする; 上品にする, 洗練させる　**~se** 動 再 つやが出る, 磨きがかかる; あか抜ける, 上品になる; 《話》浪費する

'pu-lla ['プ.ジャ] 名 女 あざけり, (痛烈な)皮肉; 《まれ》わいせつな言葉

***pul-'món** [プル.'モン] 92% 名 男 〔体〕肺, 肺臓

pul-mo-'nar [プル.モ.'ナる] 形 〔体〕肺の, 肺に関する

pul-mo-'ní+a [プル.モ.'ニ.ア] 名 女 〔医〕肺炎

pu-'ló-ver [プ.'ロ.べる] 名 男 《ラプラタ》〔衣〕セーター

'pul-pa ['プル.パ] 名 女 〔食〕(果物の)果肉; 〔植〕(茎の)髄; (製紙用)パルプ; 〔医〕髄, 歯髄

pul-'pe-jo [プル.'ペ.ほ] 名 男 〔体〕柔らかな肉質の部分 《耳たぶ, 指の腹など》

pul-pe-'rí+a [プル.ペ.'リ.ア] 名 女 《ラ米》〔商〕食料雑貨店

pul-'pe-ro, -ra [プル.'ペ.ろ, ら] 名 男 女 《ラ米》〔商〕〔人〕食料雑貨商

***'púl-pi-to** ['プル.ピ.ト] 名 男 〔宗〕〔建〕(教会の)説教壇; 説教師の職

'pul-po ['プル.ポ] 名 男 〔動〕タコ

'pul-que ['プル.ケ] 名 男 《メキシコ》〔飲〕プルケ 《リュウゼツランの樹液を発酵させて作る酒》

pul-que-'rí+a [プル.ケ.'リ.ア] 名 女 《メキシコ》〔商〕プルケの店 ⬆pulque

pul-'que-ro, -ra [プル.'ケ.ろ, ら] 名 男 女 《メキシコ》〔商〕プルケ店の主人 ⬆pulque

pul-'qué-rri-mo, -ma [プル.'ケ.り.モ, マ] 形 〔最上級〕《格》大変に清潔な, 大変にきちんとした

pul-sa-'ción [プル.サ.'すぃオン] 名 女 〔医〕脈拍, 動悸, 心臓の鼓動; (タイプライターの)ストローク(数)

pul-sa-'dor, -'do-ra [プル.サ.'ドる, 'ド.ら] 形 脈打つ, 脈動する 名 男 〔電〕ブザー, スイッチ, 押しボタン; 〔機〕鼓動装置

pul-'sar [プル.'サる] 動 他 〈ボタン・ブザーなどを〉押す; 〔楽〕〈弦楽器を〉かき鳴らす, つまびく; 〈タイプライターなどのキーを〉打つ 動 自 〔医〕鼓動する, 脈打つ

'púl-sar⇔pul- ['プル.サる⇔プル.'サる] 名 男 〔天〕パルサー 《電波・X線を放射する天体》

pul-'sá-til [プル.'サ.ティル] 形 脈打つ; ずきずきする

pul-se+'ar [プル.セ.'アる] 動 自 腕相撲をする

***pul-'se-ra** [プル.'セ.ら] 94% 名 女 〔衣〕腕輪, ブレスレット; 時計用バンド

'pul-so ['プル.ソ] 名 男 〔医〕脈, 脈拍, 鼓動; 手先が確かなこと, 手先の器用さ; 慎重, 用心; 手首, 手首の力; 腕相撲　***ganarse a ~*** 自分の手で勝ち取る

pu-lu-la-'ción [プ.ル.ラ.'すぃオン] 名 女 繁殖, 群がること

pu-lu-'lar [プ.ル.'ラる] 動 自 繁殖する, 群がる, たかる, はびこる

pul-ve-ri-za-'ción [プル.べ.り.さ.'すぃオン] 名 女 粉末化, 粉砕; 噴霧

pul-ve-ri-za-'dor [プル.べ.り.さ.'ドる] 名 男 噴霧器; (香水などの)スプレー, アトマイザー

pul-ve-ri-'zar [プル.べ.り.'さる] 動 他 ㉞ (z|c) 粉末にする, 砕く, 粉々にする; 〈液体を〉霧状にする, 噴霧する; 破る, 粉砕する, 撃破する　**~se** 動 再 粉末になる, 砕ける

'pum 感 (擬音) バン, ガン 《銃声・衝撃の音》

'pu+ma 名 男 〔動〕ピューマ, アメリカライオン

'pu+na 名 女 《アンデス》《チリ》《ラプラタ》〔地〕アンデス高地, プナ 《寒冷な高原》; 〔医〕(アンデス高地の)高山病

pun-'ción [プン.'すぃオン] 名 女 〔医〕穿刺(せんし); 《格》刺すような痛み

pun-do-'nor [プン.ド.'ノる] 名 男 名誉, ほまれ, 栄誉; 体面, 面目, 自尊心

pun-do-no-'ro-so, -sa [プン.ド.ノ.'ろ.ソ, サ] 形 名誉[体面]を重んじる

pun-'gen-cia [プン.'ヘン.すぃア] 名 女 《格》刺すような痛み

pun-'gen-te [プン.'ヘン.テ] 形 《格》«痛みが»刺すような

pun-'gir [プン.'ひる] 動 他 ㉜ (g|j) 《格》刺す, 突く; 《格》苦しませる, 傷つける

pu-'ni-ble [プ.'ニ.ブレ] 形 〔法〕処罰すべき

pu-ni-'ción [プ.ニ.'すぃオン] 名 女 《格》〔法〕処刑, 刑罰

'pú-ni-co, -ca 形 〔歴〕カルタゴの ⬆Cartago

pu-'nir [プ.'ニる] 動 他 〔法〕罰する, 処罰する

pu-ni-'ti-vo, -va [プ.ニ.'ティ.ボ, バ] 形 〔法〕罰の, 刑罰の, 懲罰の

'punk ['プン(ク)] 名 男 〔複 punks〕〔楽〕〔衣〕パンク(ロック・ファッション) 形 〔楽〕〔衣〕パンクの 名 共 パンクファン

'pun-ki ['プン.キ] 名 男 《スペイン》⇧punk

'Pu·no [名] [固] 〘地名〙 プノ《ペルー南東部の県, 県都》

⁑'pun-ta 86% [名] [女] (鉛筆・剣などの)先, 先端; 釘(くぎ); 少しのもの[こと]; 〘地〙 岬, 砂嘴(さし); 〘動〙 (牛の)角; 〘飲〙 (ワインの)酸味; ペン先 ***de ~*** 最先端の ***de ~ en blanco*** 《話》 着飾って, めかし込んで ***estar [ponerse] de ~*** 《話》 (con: と)けんかする, 敵対する ***horas ~*** 混雑の時間, ラッシュアワー ***sacar ~*** (a: の)あら探しをする; (a: を)曲解する; (a: を)とがらす, 削る

Pun-ta A-'re-nas [プン.タ ア.'れ.ナス] [名] [固] 〘地名〙 プンタ・アレーナス《チリ南部の都市》

pun-'ta-da [名] [女] ひと針, ひと縫い; 鋭い痛み; 機知, うまい冗談; 《スペイン》 あてこすり, ほのめかし ***no dar ~*** 《話》 何もしない

'Pun-ta del 'Es·te ['プン.タ デル 'エス.テ] [名] [固] 〘地名〙 プンタ・デル・エステ《ウルグアイ南部の観光都市》

pun-'ta-je [プン.'タ.へ] [名] [男] 《ラ米》 点数, 得点

pun-'tal [プン.'タル] [名] [男] 支柱, つっかい棒; 支え, よりどころ; 《ラ米》 軽食, おやつ

pun-ta-'pié [名] [男] 蹴(け)ること, けとばすこと

Pun-ta-'re-nas [プン.タ.'れ.ナス] [名] [固] 〘地名〙 プンタレーナス《コスタリカ南東部の県, 県都》

pun-te·'a-do [名] [男] 〘楽〙 (弦楽器を)つまびくこと; 〘印〙 点線

pun-te·'ar [プン.テ.'アる] [動] [他] 〘楽〙 〈弦楽器を〉つまびく, かき鳴らす; 〈の上に〉点を打つ; 縫う; 印をつける, チェックする

pun-te-'rí·a [プン.テ.'り.ア] [名] [女] ねらい, 照準; 射撃の腕前; 巧みさ, 上手

pun-'te-ro, -ra [プン.'テ.ろ, ら] [形] 首位の, リードする, 1位の, 最先端の [名] [男] 指し棒《教師・講演者が図などを指すための棒》; 〘技〙 刻印器; 〘技〙 (石工の)のみ, たがね **-ra** [名] [女] 〘衣〙 (靴の)先革, つま革; 《話》 蹴(け)ること, けとばすこと

pun-tia-'gu-do, -da [プン.ティア.'グ.ド, ダ] [形] (先の)とがった, 鋭い, 鋭利な

pun-'ti-lla [プン.'ティ.ジャ] [名] [女] 〘衣〙 レースの縁飾り; 〘牛〙 プンティージャ《とどめを刺す短剣》 ***dar la ~*** (a: に)とどめを刺す ***de ~s*** つま先立ちで

pun-ti-'lle-ro [プン.ティ.'ジェ.ろ] [名] [男] 〘牛〙 プンティジェーロ《マタドール matador が倒した牛にとどめを刺す闘牛士》

pun-'ti-llo [プン.'ティ.ジョ] [名] [男] 面目, 体面, 自尊心; 細かい点, 細目; 〘楽〙 付点

pun-ti-'llo-so, -sa [プン.ティ.'ジョ.ソ, サ] [形] 細かいことにこだわる, 神経質な

pun-ti-ta 〔縮小語〕 ↑punta

pun-'ti-to 〔縮小語〕 ↓punto

⁑'pun-to 67% [名] [男] 点, 地点, 場所; 時点, 瞬間, 時機; 段階, 程度, 局面; 論点, 観点, 事柄, 問題, 項目; 〘衣〙 縫い目, ステッチ, 編み目; (目盛りの)度; (成績・競技などの)点数, 得点; 終止符, ピリオド《. の記号》; 方位; 水玉; タクシー乗り場; 〘印〙 (活字の)ポイント; 〘情〙 ドット ***a ~*** 用意ができている; (時間に)間に合って, 都合よく ***a ~ de*** ...(不定詞) 今にも…しそうで ***al ~*** すぐに, 直ちに; 〘食〙 《肉の焼き具合が》ミディアムの[に] ***dar en el ~*** 適切なことを言う[行う] ***dar un ~*** 一針縫う ***de todo ~*** まったく, 全然 ***desde el ~ de vista*** ...(形容詞男性形) …の観点から見て ***dos ~s*** コロン《: の記号》 ***en ~*** ちょうど, きっかり ***en ~ a*** ... …については ***estar en su ~*** ちょうど出来上がっている ***hacer ~*** 《スペイン》 編み物をする ***hasta cierto ~*** ある程度まで ***no perder ~*** 一つも見逃さない, 慎重に行う ***poner ~ en boca*** 口を閉ざす, 黙る ***poner ~ final*** (a: を)終わらせる, (a: に)終止符を打つ ***~ culminante*** 最高点, 頂点, クライマックス ***~ de partida*** 出発点 ***~ de vista*** 見方, 観点 ***¡P~ en boca!*** 《話》 何も言うな!, しっ! 《発言を封じる》 ***~ por ~*** ひとつひとつ, 逐一 ***~ redondo*** 鶴のひと声, 話にけりをつけること ***~ y aparte*** 行替え, 改行《段落を別にする》; 《話》 別のもの, 例外; すばらしいもの ***~ y coma*** セミコロン《; の記号》 ***subir de ~*** 強まる, 高まる, 増大する ***... y ~*** 《話》 (議論などが)これで終わりだ

pun-tua-'ción [プン.トゥア.'すぃオン] [名] [女] 〘言〙 句読(くとう)法, 句読点をつけること; 〔集合〕 句読点; (成績・競技などの)点数, 得点

***pun-'tual** [プン.'トゥアル] 92% [形] 時間を守る, 時間厳守の, きちょうめんな; 正確な, 適切な; 点の; 具体的な; 個別の; 一瞬の [副] 時間通りに, 正確に **~mente** [副] 時間通りに, 正確に; 詳細にわたって

pun-tua-li-'dad [プン.トゥア.リ.'ダド] [名] [女] 時間を守ること; 正確さ

pun-tua-li-'zar [プン.トゥア.リ.'さる] [動] [他] (34) (z|c) 決める, 決定する; 詳述する, 明確にする; 仕上げる, 遂行する

pun-'tuar [プン.'トゥアる] [動] [自] (17) (u|ú) 成績[点数]をつける; 〘競〙 得点となる [動] [他] 〘言〙 句読点をつける, 句読を切る; 点数をつける

pun-'tu-do, -da [形] 《アンデス》 《チリ》 《ラプラタ》 《話》 機敏な(人); 《チリ》 《話》 なれなれしい(人)

pun-'tu-ra [プン.'トゥ.ら] [名] [女] 〘言〙 刺し傷

Pun-'yab [名] [固] 〘地名〙 パンジャブ地方《インド北西部・パキスタン中北部にまたがる》

pun-'za-da [プン.'さ.ダ] [名] [女] 刺すこと; 〔医〕刺し傷, 突き傷; 鋭い痛み; (心の)苦しみ, 苦悶(くもん)

pun-'zan-te [プン.'さン.テ] [形] 〔医〕《痛みなどが》鋭い, 激しい, 刺すような; 辛辣(しんらつ)な, 痛烈な; 刺す

pun-'zar [プン.'さる] [動] [他] [34] (z|c) 刺す ~**se** [動] [再] ずきずきする

pun-'zón [プン.'そン] [名] [男] 〔技〕穴あけ器, きり, 千枚通し; 〔技〕彫刻刀, たがね; 〔技〕(コインの)打印器

pu-'ña-da [プ.'ニャ.ダ] [名] [女] 《話》げんこつで殴ること, パンチ

pu-'ña-do [プ.'ニャ.ド] [名] [男] ひと握り, ひとつかみ; 少量, 少数 ***a ~s*** たくさん, 多量に

pu-'ñal [プ.'ニャル] [名] [男] 短剣, 短刀

pu-ña-'la-da [プ.ニャ.'ラ.ダ] [名] [女] 突き刺し, 刺し傷; 衝撃, ショック ***~ trapera*** だまし討ち, 裏切り ***¡No es ~ de pícaro!*** 《話》急ぐことはない

pu-'ñe-ta [プ.'ニェ.タ] [名] [女] 《話》面倒なこと, ひどいこと; 《俗》自慰 ~**s** [感] 《スペイン》《俗》くそ!, なんだって! 《驚き》 ***hacer la ~*** 《俗》だいなしにする ***¡Vete a hacer ~s!*** 《俗》くたばれ!

pu-ñe-'ta-zo [プ.ニェ.'タ.そ] [名] [男] げんこつ(をくらわせること), パンチ; 〔競〕〔サッカー〕パンチング《ゴールキーパーがこぶしでボールを弾き飛ばすこと》

pu-ñe-'te-ro, -ra [プ.ニェ.'テ.ろ, ら] [形] 《スペイン》《俗》ひどい, いまいましい

*'**pu+ño** ['プ.ニョ] 93% [名] [男] 握りこぶし, げんこつ; ひと握り, ひとつかみ; 小さなもの; ハンドル, 取っ手, 柄(え), 握り; (刀の)つか, (武器の)柄; 〔衣〕袖口(そでぐち); 〔複〕《話》力, 活力 ***apretar los ~s*** 大いに努力する ***comerse los ~s*** 《話》ひもじい思いをする ***como un ~*** 《物が》大きい; 《空間が》狭い, 小さい ***de ~ y letra*** 自筆の ***por sus ~s*** 自分の力で ***tener en un ~*** 押さえつける

'**pu+pa** [名] [女] 《スペイン》《児》けが, 痛くすること《病気やけがを指す》; 〔医〕口のまわりの吹き出物; 〔医〕かさぶた, 痂皮(かひ)

pu-'pi-la [プ.'ピ.ラ] [名] [女] 〔体〕瞳孔(どうこう), 瞳(ひとみ); 《話》頭の切れ, 利発さ; 《ラ米》売春婦 ***echar ~*** 《コロンビア》《話》(a: を)注視する

pu-pi-'la-je [プ.ピ.'ラ.へ] [名] [男] 〔法〕被保護者の身分

pu-'pi-lo, -la [プ.'ピ.ロ, ラ] [名] [男] [女] 〔法〕被保護者; 下宿人

pu-'pi-tre [プ.'ピ.トれ] [名] [男] 学校の机, 斜面机

pu+'pú [名] [男] 〔複 -púes⇦-pús〕《中米》《ベネズエラ》《話》うんち

pu-pu-'rrí [プ.プ.'り] [名] [男] 〔複 -rríes⇦-rrís〕《カリブ》《南米》《話》ごたまぜ, 寄せ集め

pu-'pu-sa [名] [女] 《中米》〔食〕ププーサ《三角形の甘いパン; 肉・チーズ入りのトルティージャ》 ⬇tortilla

'**pu+ra** [形] (女) ⬇puro

'**Pu+ra** ['プ.ら] [名] [固] 〔女性名〕プラ《Purificación の愛称》

*'**pu-ra-'men-te** ['プ.ら.'メン.テ] 91% [副] まったく; 単に, ただ; 純粋に, 清く

pu+'ré [プ.'れ] [名] [男] 〔食〕ピューレ《野菜・肉を煮て裏ごししたもの》 ***hacer ~*** 《話》くたくたにする ***hecho[cha] ~*** 《話》くたくたになった

***pu-'re-za** [プ.'れ.さ] 92% [名] [女] 純粋さ; 汚れのないこと, 純潔, 清浄; (言葉などの)純正さ

'**pur-ga** ['プる.ガ] [名] [女] 〔医〕便通薬, 下剤; 〔政〕追放, パージ; (生産過程上の)廃棄物, かす

pur-ga-'ción [プる.ガ.'すぃオン] [名] [女] 〔医〕下剤で通じをつけること, 便通; 〔複〕《話》淋(りん)病

pur-'gan-te [プる.'ガン.テ] [名] [男] 〔医〕下剤, 緩下(かんげ)薬 [形] 〔医〕下剤の

pur-'gar [プる.'ガる] [動] [他] [41] (g|gu) 〈から〉(de: 悪いものを)一掃する, 除去する; 粛清する; 〈罪を〉あがなう, 償う; 〔医〕〈に〉下剤をかける ~**se** [動] [再] 〔医〕下剤を飲む

pur-ga-'to-rio [プる.ガ.'ト.りオ] [名] [男] 〔宗〕煉獄(れんごく) ***pasar un ~*** 試練を積む, 苦しい目にあう

'**Pu+ri** ['プ.り] [名] [固] 〔女性名〕プリ《Purificación の愛称》

pu-ri-'dad [プ.り.'ダド] [名] [女] 清浄, 純粋

pu-ri-fi-ca-'ción [プ.り.フィ.カ.'すぃオン] [名] [女] 清めること, 浄化; 〔P~〕〔宗〕聖母マリアの清めの祝日《2月2日》 [名] [固] 〔女性名〕プリフィカシオン

pu-ri-fi-ca-'dor, -'do-ra [プ.り.フィ.カ.'ドる, 'ド.ら] [形] 浄化する [名] [男] 浄化装置, 清浄器

***pu-ri-fi-'car** [プ.り.フィ.'カる] 94% [動] [他] [69] (c|qu) 浄化する, 清める, 〈から〉不純物を除去する; 清潔にする ~**se** [動] [再] 浄化する, 清潔になる

Pu-'rí-si-ma [プ.'り.スィ.マ] [名] [固] 〔宗〕(聖母マリアの)無原罪の御宿り 《祝日は12月8日》

pu-'ris-mo [プ.'りス.モ] [名] [男] (言語・習慣などの)純粋主義

pu-'ris-ta [プ.'りス.タ] [形] 純粋主義の [名] [共] 純粋主義者

pu-ri-ta-'nis-mo [プ.り.タ.'ニス.モ] [名] [男] 〔宗〕清教(主義), 清教徒気質, ピューリタニズム

pu-ri-'ta+no, -na [プ.り.'タ.ノ, ナ] [形]

〔宗〕清教徒の(ような) 名 男 女〔歴〕〔宗〕清教徒, ピューリタン

'pu+ro, +ra ['プ.ろ, ら] 82% 形 純粋な, 混じり気のない, 澄んだ; 清潔な, けがれのない, 純潔な, 高尚な; 純然たる, 生粋(きっすい)の, 純血の; 〔名詞の前で〕まったくの, 明らかな, 単なる; «学問などが»純粋の, 理論的な 名 男 葉巻 *de ~* …(形容詞) 《話》 あまりに…なので

'púr-pu-ra ['プ̣る.プ.ら] 名 女 赤紫色; 〔衣〕 (帝王・高官などの)赤紫色の衣服, 紫衣; 〔政〕 帝位, 王権, 高位; 〔医〕 紫斑(しはん); 紫斑病

pur-pu-'rar [プ̣る.プ.'ら̣る] 動 他 赤紫色に染める; 〔衣〕 〈に〉赤紫色の服を着せる

pur-'pú-re+o, +a [プ̣る.'プ.れ.オ, ア] 形 赤紫(色)の; 〔政〕 帝位の, 王権の

pur-pu-'ri-na [プ̣る.プ.'リ.ナ] 名 女 〔化〕 プルプリン 《赤色染料》

'pu-rria ['プ.ŕ̃ア] 名 女 くず, かす; くだらない人物

pu-ru-'len-to, -ta [プ.る.'レン.ト, タ] 形 〔医〕 化膿(かのう)した

'pus 名 男 〔医〕 膿(うみ)

'pu-s~ 動 《直点》 ⬆poner

'Pu-san 名 固 ⇧ Busan

pus-ca-'fé 名 男 《コロンビア》 強い食後酒

pu-si-'lá-ni-me [プ.スィ.'ラ.ニ.メ] 形 小心な, いくじなしの, 臆病(おくびょう)な, 小胆な 名 共 いくじのない人

pu-si-la-ni-mi-'dad [プ.スィ.ラ.ニ.ミ.'ダ̣ド] 名 女 小心, いくじなし, 臆病(おくびょう), 腰抜け

'pús-tu-la ['プ̣ス.トゥ.ラ] 名 女 〔医〕 膿疱(のうほう), プステル

pus-tu-'lo-so, -sa [プ̣ス.トゥ.'ロ.ソ, サ] 形 〔医〕 膿疱(のうほう)の, プステルの

'pu+ta 名 女 《俗》 売春婦 ***hijo de ~*** 《俗》 くそ野郎 ***no tener (ni) ~ idea*** 《俗》 (de: が)何もわかっていない

pu-'ta-da 名 女 《俗》 汚い手口 ***¡Qué ~!*** 《俗》 なんてこった!, ひどいなあ!

pu-ta+ñe+'ar [プ.タ.ニェ.'ア̣る] 動 自 《俗》 売春婦をあさる

pu-ta+'ñe-ro [プ.タ.'ニェ.ろ] 形 《男》 ⇩ putero

pu-ta+'ti-vo, -va [プ.タ.'ティ.ボ, バ] 形 推定の, 推定されうる, うわさに伝わる

pu-te+'ar [プ.テ.'ア̣る] 動 他 《俗》 ひどい目にあわせる; 《話》 ブーイングする 動 自 《スペイン》 《俗》 売春婦をあさる

pu-'te-ro 形 《俗》 売春婦をあさる 名 男 《俗》 売春婦をあさる男

'pu+to, +ta 形 《俗》 いやな, いまいましい; やっかいな; すごい 名 男 《俗》 男娼(だんしょう); 《俗》 ホモセクシャル, ゲイ

pu-tre-fac-'ción [プ.ト̣れ.ファク̣.'すぃオン̣] 名 女 腐敗, 腐敗物

pu-tre-'fac-to, -ta [プ.ト̣れ.'ファク̣.ト, タ] 形 腐った, 腐敗した

'pú-tri-do, -da ['プ.ト̣リ.ド, ダ] 形 腐敗した

putter ['プ.テ̣る] 名 男 〔英語〕〔競〕〔ゴルフ〕 パター

Pu-tu-'ma-yo 名 固 〔地名〕 プトゥマージョ 《コロンビア南西部の県》; 〔el ~〕 〔地名〕 プトゥマージョ川 《南米大陸の北西部を流れる川, アマゾン川の支流》

'pu+ya 名 女 突き棒[刺し棒]の先端; 皮肉, いやみ

pu-'yar [プ.'ジャ̣る] 動 他 《ラ米》 (棒で)突く, 刺す; 《カリブ》 〔車〕 〈の〉アクセルを踏む; 《コロンビア》 《チリ》 《話》 せき立てる, 促す

pu-'ya-zo [プ.'ジャ.そ] 名 男 棒で突くこと, 突き傷

'pu+yo 名 男 《ラプラタ》 〔衣〕 プジョ 《毛織物の短いポンチョ》

'Pu+yo 名 固 〔地名〕 プジョ 《エクアドル東部の都市》

'puz-le ['プ̣ス.レ] 名 男 パズル ⇩ rompecabezas

p. v. 略 =pequeña velocidad 低速

P. V. P. 略 =precio de venta al público 〔商〕 小売価格

'PYME ['ピ.メ] 略 =pequeña y mediana empresa 〔商〕 中小企業

pza. 略 ⬆plaza

Q q 𝒬 𝓆

Q, q ['ク] 名 女 〔言〕 ク 《スペイン語の文字》

q., Q. 略 ⬇quetzal

Qa-'tar 名 固 《誤用》 ⇧ Catar

qa-ta-'rí 形 名 男 女 〔複 -ríes⇦-rís〕 《誤用》 ⇧ catarí

q. b. s. m. 略 =que besa su mano 《古》 御手に接吻する 《手紙文で》

q. b. s. p. 略 =que besa sus pies 《古》 御足に接吻する 《手紙文で》

q. D. g.; Q. D. G. 略 =que Dios

guarde《古》神のお守りがありますように《弔いの言葉》

q. e. g. e. 略 =que en gloria esté《古》栄光の中にありますように《弔いの言葉》

q. e. p. d. 略 =que en paz descanse《古》安らかに眠られたまえ《弔いの言葉》

q. s. g. h. 略 =que santa gloria haya《古》聖なる栄光がありますように《弔いの言葉》

quark [ˈクアるク] 名 男〔複 quarks〕〔英語〕⇧ cuark

*‡***que**[1] [ケ] 23% 接〔弱勢〕**1** …のこと, …であるということ《直説法を用いる》: Creo **que** Ana viene mañana. 私はアナが明日来ると思う。 **2** …すること《否定・疑惑・可能性・願望・要求の内容; 接続法を用いる》: Temo **que** pueda llover. 雨が降るかもしれない。 **3** …より《比較の対象》: Me gusta viajar en tren más **que** en coche. 私は車より鉄道旅行の方が好きです。 **4** …と(同じ)《同等のもの》: Tengo la misma opinión **que** tú. 私は君と同じ意見だ。 **5**《話》…だから, …なので《理由》: Ponte el abrigo, **que** hace frío. 寒いからオーバーを着なさい。 **6** …なので―だ《結果・結論》: Domingo bebió tanto **que** se emborrachó. ドミンゴはたくさん飲んだので酔っぱらった。 **7** …であろうと―であろうと: Quiera **que** no, él debe venir. 彼は好むと好まざるとにかかわらず来なくてはいけない。 **8**《話》…ということですよ《一度言ったことを繰り返す》: ¿Cómo dijiste? — **Que** no. 何と言ったの?―いやだって言ったんだ。 **9**《話》…ですよ, …だよ《強調をこめて答える》: ¿Vienes o no? — ¡**Que** sí, hombre, **que** ya voy! 来るの, それとも来ないの?―行くよ!, いま行くから! **10**《話》…だって?《驚きをこめた質問》: ¿**Que** está nevando? ¿De verdad? Voy a mirar por la ventana. えっ雪? 本当? 窓から見てみよっと。 **11**〔動詞を繰り返して〕…してばかりいる, ずっと…している《強調》: Yo diciéndole que no bebiera tanto, y mi marido bebe **que** bebe. 私は夫にそんなに飲んではいけないと言っているのに, 相変わらず飲み続けている。 **12** もし…ならば: **Que** nos ayuda él, bien; **que** no, pediremos ayuda a otro. 彼が援助してくれるならばいいだろう。そうでなければ他の人に頼むことにしよう。

*‡***que**[2] [ケ] 32% 代《関係》〔弱勢〕《先行詞は人でも物でもよい》**1** …である―, …する―《制限的用法; 直説法が用いられる》: Los libros **que** mandé por barco por fin han llegado. 船便で送った本がついに到着した。 **2** …である(ような)～, …する(ような)―《制限的用法; 接続法が用いられる》: Puede usted escoger la habitación **que** más le guste. あなたはいちばん気に入った部屋を選べます。 **3** そしてそれは…, しかしそれは…, ところでそれは…なのだが, それは…なので《説明的用法; 直説法が用いられる》: Mi tío, **que** es una persona bien informada, sabrá contarte la historia de esta ciudad. 私の叔父はよくものを知っている人なので, 君にこの町の歴史を話してくれるでしょう。 **4**〔文頭で〕…ということ《独立用法》: **Que** mañana hará frío nadie lo duda. 明日冷え込むことは誰も疑わない。 **5**〔前置詞の後で〕…ということ《制限的用法》《前置詞は a, con, de, en に限られる》《先行詞は物だけに限られる》: Estos son los estudios a **que** dedico mi tiempo libre. これらが私が自由な時間をあてて行っている研究です。 **6**〔que 不定詞〕…すべき―, …できる―: Tengo muchas cosas **que** hacer hoy. 私は今日しなければならないことがたくさんある。 ***el que*** …《関係》…ということ: Me extraña **el que** hayan partido sin decirme nada. 彼らが私に何も告げずに出発したのは変だ。 ***el*** [***la, los, las***] ***que*** 代《関係》(1) …である～, …である人, …する人: Ésta es Cecilia, **la que** ha venido a ayudarme. この人が私を手伝いに来てくれたセシリアです。 ***es que*** … …ということだ, 実は…なのです ***lo que*** 代《関係》(1) …ということ: **Lo que** me gusta más del verano es que vamos a la playa con mi familia. 夏でいちばん好きなのは家族と海に行くことです。(2) …ということならば: **Lo que** es divertirme, me divertí mucho. 楽しんだということなら私は大いに楽しんだ。(3)〔接続法を繰り返して〕何が…であろうとも: Pase **lo que** pase, estoy siempre contigo. 何が起ころうとも僕は君と一緒だ。 ***lo*** …(形容詞・副詞) ***que***～《関係》どれほど…であるか(ということ): Sé **lo** ocupada **que** estás y **lo** mucho **que** trabajas estos días. 私は君がどれほど忙しく多くの仕事をしているか知っています。

*‡*ˈ**qué** [ˈケ] 43% 代《疑問》〔無変化〕**1**〔疑問文の文頭で〕何, どんなもの, どんなこと: ¿**Qué** es eso? それは何ですか。 **2**〔間接疑問文で〕何, どんなもの, どんなこと: Me pregunto **qué** habrá pensado el profesor. 先生はどんなふうに思っただろう。 **3**〔不定詞を従えて〕何をすべきか, 何ができるか, …すべきこと: No supe **qué** decir. 私は何と言ったらよいのかわからなかった。 形《疑問》**1**〔疑問文の文頭で〕何の, 何という, どんな: ¿**Qué** hora es? 何時ですか。 **2**〔間接疑問文で〕何の, 何という, どんな: Voy a decirte **qué** programa ponen esta noche. 今晩はどんな番組をやるか教えてあげよう。 **3** どのような, どのような種類の:

Quisiera saber de **qué** material está hecha esta mesa. このテーブルは何の材料でできているのかを知りたいのですが。 **4** 〔感嘆文で〕なんという…, なんと…: **¡Qué** paisaje tan hermoso! なんと美しい景色なのだろう! **感** **1**《話》 何?《聞き返すとき》: **¿Qué?** Hable más alto, por favor. 何ですか? もっと大きな声で話してください。 **2**《話》 何!, ええ!, まあ!《驚き》 ***no sé qué*** 〔挿入句として〕《話》何か知らないが ***qué de*** ...《話》なんと多くの… ***qué tal***《疑問》どう, どのように《動詞が省略されることがある》 ***¿Y a mí qué?***《話》それがどうしたと言うんだ? ***¿Y qué?***《話》それがどうしたのか?

Que-'bec [ケ.'ベク] **名** **固**〔地名〕ケベック《カナダ東部の州, 州都》

que-be-'qués, -'que-sa [ケ.ベ.'ケス, 'ケ.サ] **形** **名** **男** **女**〔地名〕ケベックの(人)⬆Quebec

que-bra-'de-ro [ケ.ブら.'デ.ろ] **名** **男**《話》悩み[心配]の種

que-bra-'di-zo, -za [ケ.ブら.'ディ.そ, さ] **形** 壊れやすい, もろい; 虚弱な, かよわい; «声が»弱々しい

que-'bra-do, -da [ケ.'ブら.ド, ダ] **形** 壊れた, 砕けた, 破れた, 裂けた; «地表が»でこぼこの; 弱い, 虚弱な; «声が»かすれた, «色が»くすんだ; 〔数〕分数の; 〔商〕破産した; 〔医〕ヘルニアの; 《メキシコ》《話》貧乏な **名** **男** **女**〔商〕破産者; 〔医〕ヘルニア患者 **名** **男**〔医〕ヘルニア; 〔数〕分数 **-da** **名** **女**〔地〕峡谷, 山峡, 狭間(はざま), 山あいの道 ***dar quebrada***《メキシコ》《話》休ませる

que-bra-'du-ra [ケ.ブら.'ドゥ.ら] **名** **女** 裂け目, 割れ目, ひび; 〔地〕渓谷, 谷間; 〔医〕ヘルニア

que-'bra-ja [ケ.'ブら.は] **名** **女** 割れ目, 裂け目, ひび

que-bran-ta-'hue-sos [ケ.ブらン.タ.'ウエ.ソス] **名** **男**〔単複同〕〔鳥〕ヒゲワシ

que-bran-ta-'mien-to [ケ.ブらン.タ.'ミエン.ト] **名** **男** 壊すこと, 砕くこと, 割ること; 〔法〕(法律・約束の)違反, 違背, 不履行; 過労, 疲労

*__que-bran-'tar__ [ケ.ブらン.'タる] 94% **動** **他** 〈固い物を〉壊す, 割る, 砕く, 破損する; 弱らせる; 〔医〕〈健康を〉害する; 〔法〕〈法律・約束などを〉破る, 犯す; 無理に開ける, こじ開ける; ひどく苦しませる, 悲しませる **~-se** **動** **再** 壊れる, 折れる, (ぷっつりと)切れる; 〔医〕弱る, 衰える, ぐったりする

que-'bran-to [ケ.'ブらン.ト] **名** **男** 衰弱; 苦悩, 悲嘆; 崩壊, 荒廃; 損害

*__que-'brar__ [ケ.'ブらる] 94% **動** **自** **50** (e|ie)〔商〕倒産する, 破産する; 壊れる, 折れる, (ぷっつりと)切れる; 仲たがいをする; 弱る, 和らぐ; 失敗する **動** **他** 〈固い物を〉壊す, 割る, 砕く; 〈困難を〉克服する, 打ち勝つ; 〈体を〉曲げる; 弱める, 和らげる **~se** **動** **再** 壊れる, 折れる; «声が»途切れる, かすれる; 〔医〕ヘルニアにかかる

'que-che ['ケ.チェ] **名** **男**〔海〕ケッチ《小型の帆船》

'que-chua ['ケ.チュア] **形** **名** **共** ケチュア族の(人)《アンデス地方の先住民》; 〔言〕ケチュア語の **名** **男**〔言〕ケチュア語

'que-da ['ケ.ダ] **名** **女**〔法〕夜間外出禁止令, 夜間外出禁止の合図; 〔軍〕消灯ラッパ; 消灯の鐘

__que-'dar__ [ケ.'ダる] 61% **動 **自** «人が»居残る, とどまる; 生き残る; «物が»残る, とり残される, 余る, ある; (形容詞・副詞: …の)状態である, ままでいる, 依然として(形容詞・副詞: …で)ある; (これから先のこととして)残っている; (en: に)ある, 位置する; これから(por 不定詞: …)しなければならない; (en 不定詞/en que: …することに)決める, 意見が一致する; (con: と)会う約束をする; 止まる, やむ; (por: と)判断される **動** **他** 置く, 置いたままにする **~se** **動** **再** 残る, (en: ある場所に)泊まる, 落ち着く; (形容詞: …の)状態になる; (形容詞: …の)ままになる; (con: を)もらっておく, 取っておく, 自分の物とする《con を用いない用法もある》; ある, 持っている; (sin: が)なくなる, 失う; (現在分詞: …し)続ける; «波・風などが»静まる, おさまる; 《スペイン》《話》(con: を)からかう, だます ***Por mí que no quede [quedará].*** 私は異存はない ***~(se) atrás*** 遅れをとる; 過ぎ去る ***~ bien*** よく似合う; うまくいく, よく思われる

'que-do, -da ['ケ.ド, ダ] **形** 静かな, 穏やかな, 平穏な; «声が»低い, 静かな **副** 静かに **感** 落ちついて!, 静かに!

que-'dón, -'do-na [ケ.'ドン, 'ド.ナ] **形** **名** **男** **女** 冗談好きの(人)

que-ha-'cer [ケ.ア.'せる] **名** **男**〔主に複〕仕事, 用事, 務め, 職務

*__'que-ja__ ['ケ.は] 92% **名** **女** 不平, 苦情; 泣き言, ぐち; 不平[不満, 苦情]の種; (苦痛・悲しみの)うめき, 悲痛な声; 〔商〕クレーム, 苦情

__que-'jar-se__ [ケ.'はる.セ] 87% **動 **再** (de: の)不平を言う, (de: 不平・不満・悲しみ・苦しみなどを)訴える; (苦痛・悲しみで)うめく, うなる

que-'ji-ca [ケ.'ひ.カ] **形** **名** **共**《スペイン》《話》⇩quejicoso

que-ji-'co-so, -sa **形** ブツブツこぼす(人), ぐちっぽい(人)

que-'ji-do [ケ.'ひ.ド] **名** **男** うめき, うめき声, 嘆き

que-'jo-so, -sa [ケ.'ほ.ソ, サ] **形** 不平の, (de: に)不満の; (de: に)怒っている

que-'jum-bre [ケ.'ふン.ブれ] 名 女 うめき声, うめき
que-jum-'bro-so, -sa [ケ.ふン.'ブろ.ソ, サ] 形 嘆くような, 訴えるような
que-'li-te [ケ.'リ.テ] 名 男 《メキシコ》《中米》〔食〕野菜, 青物
que-'loi-de [ケ.'ロイ.デ] 名 男 〔医〕ケロイド
que-'lo-nio, -nia [ケ.'ロ.ニオ, ニア] 形 〔動〕カメ類の 名 男〔複〕〔動〕カメ類
'que-ma ['ケ.マ] 名 女 燃焼; 焼き討ち; 〔歴〕火あぶり, 火刑 *huir de la* ~ 危険から逃れる
que-ma-'de-ro [ケ.マ.'デ.ろ] 名 男 焼却炉[場]
*__que-'ma-do, -da__ [ケ.'マ.ド, ダ] 94% 形 燃やした, 焼けた, 焦げた; 《話》くたくたになった, やる気をなくした, 使いものにならない; 《話》憤慨した, 頭にきた; 《メキシコ》《カリブ》《話》うんざりした; 《メキシコ》《カリブ》《話》破産した, 無一文の; 《チリ》《話》運が悪い, 不幸な 名 男 焼け跡, 焼けたもの, 焦げたもの
que-ma-'dor [ケ.マ.'ドる] 名 男 バーナー
*__que-ma-'du-ra__ [ケ.マ.'ドゥ.ら] 94% 名 女 〔医〕やけど, 熱傷; 〔農〕先枯れ
__que-'mar__ [ケ.'マる] 87% 動 他 燃やす, 焼く; 〔食〕焼き焦がす; 〔医〕やけどさせる; 〔気〕《日が》照りつける; 日焼けさせる; ひりひりさせる; 〔歴〕火あぶりにする; 《話》いらいらさせる, 怒らせる; 使い尽くす, 消耗させる; 《酸などが》傷める, 腐食する; 〔商〕大安売する; 〔情〕〈CD に〉データをコピーする 動 自 燃える, 焼ける; 〔食〕焦げる; 《話》とても暑い, 熱い; 《コロンビア》《話》破産する ~se** 動 再 燃える, 焼ける; 〔食〕焦げる; 〔医〕やけどする; 〔体〕〈自分の体を〉焼く, 日焼けする; 《話》もう少しである, 近い, おしい《なぞなぞなどで》; 《カリブ》《話》落第する
que-ma-'rro-pa [ケ.マ.'ろ̃.パ]〔成句〕*a* ~ 銃口を突きつけて, 至近距離で; 単刀直入に, あけすけと
que-ma-'zón [ケ.マ.'そン] 名 女 灼熱, 炎暑; 痛み, ひりひりすること; 〔医〕やけど, 熱傷; 不快, 恨み, 傷つくこと; 《話》人を傷つける言葉, 辛辣(しんらつ)な言葉
que-'món [ケ.'モン] 名 男 《メキシコ》大やけど; 《メキシコ》《話》侮辱; 恥
'que-na ['ケ.ナ] 名 女 〔楽〕ケーナ《南米の音楽で用いる竹笛》
que-'nis-ta [ケ.'ニス.タ] 名 共 〔楽〕ケーナ奏者
'que-pis ['ケ.ピス] 名 男 〔単複同〕ケピ《フランスの筒型の軍帽》
'que-po, 'que-pa(~) 動《直現 1 単, 接現》↑caber
'que-que ['ケ.ケ] 名 男 《ラ米》〔食〕ケーキ

que-ra-'ti-tis [ケ.ら.'ティ.ティス] 名 女 〔単複同〕〔医〕角膜炎
que-'re-lla [ケ.'れ.ジャ] 名 女 口論, けんか; 〔法〕告訴, 提訴; 《古》嘆き, 悲しみ
que-re-'llan-te [ケ.れ.'ジャン.テ] 形 〔法〕告訴する 名 共 〔法〕告訴者, 原告
que-re-'llar-se [ケ.れ.'ジャる.セ] 動 再 〔法〕(contra: を)告訴する; 嘆き悲しむ
que-re-'llo-so, -sa [ケ.れ.'ジョ.ソ, サ] 形 名 男 女 不平を言う(人), 不平がましい(人)
que-'ren-cia [ケ.'れン.すぃア] 名 女 〔動〕〔鳥〕帰巣本能; 古巣, 好きな場所, 縄張り; 《話》わが家; 《ラプラタ》故郷
que-ren-'cio-so, -sa [ケ.れン.'すぃオ.ソ, サ] 形 〔動〕〔鳥〕帰巣本能の
que-ren-'dón, -'do-na [ケ.れン.'ドン, 'ド.ナ] 形 名 男 女 《カリブ》《話》甘えん坊(の), 泣きべそをかく(子供)
__que-'rer__ [ケ.'れる] 56% 動 他 55 (e|ie) **1 欲する, 望む, 欲しがる, 〈が〉欲しい: Yo **quiero** un café. 私はコーヒーが飲みたい。 **2** 〈que 接続法: …することを〉望む, 〈que 接続法: …して〉もらいたい: **Quiero** que termines este trabajo cuanto antes. 私は君にこの仕事をなるべく早く終えてもらいたい。 **3** 愛する, 恋する: Te **quiero** y deseo casarme contigo. 君が好きだ。君と結婚したい。 **4**〔疑問文で〕〈…して〉くれますか, くださいませんか: ¿**Quiere** usted apagar el cigarrillo por favor? タバコを消していただけますか。 **5** 《物・事が》必要とする: Estos campos **quieren** lluvia. これらの田畑は雨を必要としている。 **6** (大いに)好む, 愛好する 動《助動詞》**1** (不定詞: …)したい, …したがる: ¿**Quieres** venir con nosotros? あなたは私たちと来たい? **2** 今にも(不定詞: …)しそうだ ~**se** 動 再 愛し合う: Si **se quieren** de veras, es imposible estar separados. 本当に愛し合っているなら離れていることはできない。 名 男 愛, 愛情; 意志, 望み *como quiera que* …〔直説法〕…であるから, …である以上; 〔接続法〕いかに…しようとも *dejarse* ~ (自分が有利になるような)相手のミスをほっておく *donde quiera* どこでも *¡Por lo que más quiera(s)!* 《話》どうかお願いですから *¡Qué más quisiera yo!* 《話》それは無理だ! ~ *bien* [*mal*] 好意[悪意]を持つ ~ *decir* …の意味である *queriendo* 《話》わざと *quiérase que no* どうしても, とにかく, 仕方なく *sin* ~ 不注意で, 何気なく
Que-'ré-ta-ro [ケ.'れ.タ.ろ] 名 固 〔地名〕ケレタロ《メキシコ中部の州, 州都》
**__que-'ri-do, -da__ [ケ.'リ.ド, ダ] 85% 形 親愛なる, いとしい 名 男 女 愛人, 情人,

q

| 恋人; かわいい人 感 ねえ, きみ, あなた

que-rin-'don-go, -ga [ケ.リン.'ドン.ゴ, ガ] 形《話》〔軽蔑〕愛人

'quer-mes ['ケる.メス] 名 男〔単複同〕〔昆〕エンジムシ《鮮紅色の染料がとれるカイガラムシ》

quer-'més 名 男 ⇧kermés

que-ro-'se+no [ケ.ろ.'セ.ノ] 名 男 灯油

que-rr~ 動《直未/過未》⬆querer

que-ru-'bín [ケ.る.'ビン] 名 男〔宗〕ケルビム, 智天使《神に仕えて玉座を支えたり, 守護霊となったりする》

que-sa-'di-lla [ケ.サ.'ディ.ジャ] 名 女《ﾒｷｼｺ》《中米》〔食〕ケサディージャ《トルティージャ tortilla にチーズなどをはさんだもの》

que-se-'rí+a [ケ.セ.'り.ア] 名 女〔商〕チーズ店

que-'se-ro, -ra [ケ.'セ.ろ, ら] 形〔食〕チーズの 名 男 女〔商〕チーズ業者, チーズ製造者[販売者];《話》チーズ好き, チーズをたくさん食べる人 **-ra** 名 女〔食〕チーズケース; チーズ工場

*'**que-so** ['ケ.ソ] 91% 名 男〔食〕チーズ | ***darla con ~***《話》(a: を)だます

que-'tzal [ケ.'さ/ツァル] 名 女《ﾒｷｼｺ》《中米》〔鳥〕ケツァル《グアテマラの国鳥》;〔経〕ケツァル《グアテマラの通貨》

Que-tzal-'có+atl [ケ.さ/ツァル.'コ.アト(ル)] 名 固《ﾒｷｼｺ》ケツァルコアトル《農業と文化の神》

Que-tzal-te-'nan-go [ケト.さ/ツァル.テ.'ナン.ゴ] 名 固〔地名〕ケサルテナンゴ《グアテマラ南西部の県, 県都》

que-ve-'des-co, -ca [ケ.ベ.'デス.コ, カ] 形〔文〕ケベードの《Francisco de Quevedo, 1580–1645, スペインの小説家・詩人》

que-'ve-dos [ケ.'ベ.ドス] 名 男《複》鼻めがね

'quiá ['キア] 感《話》うそ!, ばかな!《否定するときや信じられないことを言われたときに使う》

Quib-'dó [キブ.'ド] 名 固〔地名〕キブド《コロンビア北西部の都市》

Qui-'ché [キ.'チェ] 名 固〔El ~〕〔地名〕エル・キチェ《グアテマラ中部の県》

'qui-cio ['キ.すぃオ] 名 男〔建〕戸口, ドアの支柱のすき間, ドアの支柱の入る穴 ***fuera de ~*** はめを外して, 常軌を逸して; 調子が狂った, 調子が悪い ***sacar de ~*** (a: を)激怒させる

'quid ['キド] 名 男 要点, 骨子, 本質

'quie-br~ 動《直現/接現/命》⬆quebrar

*'**quie-bra** ['キエ.ブら] 93% 名 女 破壊, 破損, 割れること; 裂け目, 割れ目; 害, 損害;〔商〕破産, 倒産

'quie-bro ['キエ.ブろ] 名 男 身をかわすこと;〔楽〕顫音(せんおん), トリル;〔競〕〔サッカーなど〕ドリブル

quien [キエン] 67% 代《関係》〔弱勢〕《先行詞は人》**1** …である―, …する―《制限的用法: 直説法と接続法》: El chico con **quien** vi ayer a Marta era su novio. 私が昨日マルタと一緒にいたのを見た男の子は彼女の恋人だった。 **2** そしてそれは…, しかしそれは…, ところでそれは…なのだが, それは…なので《説明的用法: 直説法》: El gerente, **quien** está muy ocupado, quiere que usted lo espere. マネージャーはとても忙しいので, 少しお待ちくださるよう申しております。 **3** …である人, …する人《独立用法: 直説法》: **Quien** no ha visto Granada, no ha visto nada.〔ことわざ〕グラナダを見たことのない者は何も見たことにならない。 **4** …である(ような)人, …する(ような)人《独立用法: 接続法》: No hay **quien** le aguante con ese carácter que tiene. あんな性格なので彼に我慢できる人はいない。 **5**〔~ 不定詞〕…すべき―, …できる―: Tengo un amigo a **quien** llamar esta noche. 私は今晩電話しなくてはいけない友人がある。 **6**〔強調構文で〕…である[する]のは―である: Yo he sido **quien** ha invitado y me corresponde pagar. 私が招待したので私が払うのが当然です。 **7** 誰が…しようとも, 誰が…であろうとも《接続法を繰り返す》: Venga **quien** venga, no abras la puerta. 誰が来てもドアを開けてはいけないよ。 ***como ~ ...*** …のように ***~ más ~ menos*** 誰も彼も

*'**quién** ['キエン] 69% 代《疑問》〔複数 quiénes〕**1** 誰, どなた《疑問文の文頭で用いられる》: ¿**Quién** vino? 誰が来ましたか。 **2** 誰, どなた《間接疑問文の文頭で用いられる》: Contesta al teléfono a ver **quién** es. 誰がかけているのか, 電話に出てみて。 **3**〔~ 不定詞〕誰に…すべきか, 誰に…できるか, …すべき[できる]人: Yo no sabía a **quién** pedir ayuda. 私は誰に援助を求めたらよいのかわからなかった。 ***¿De parte de ~?*** どちらさまですか《電話で》 ***Q~ sabe.***《話》さあ, わからない

quien-'quie-ra [キエン.'キエ.ら] 代 …する[…である]人は誰でも: El que ha dicho eso, **quienquiera** que sea, está equivocado. それを言った者はたとえ誰であろうと間違っている。

'quie-r(~) 動《直現/接現/命》⬆querer

quie-'tis-mo [キエ.'ティス.モ] 名 男〔宗〕静寂主義, 静観主義《自己を無にして静かに神を念じることによって完徳が得られると教える 17 世紀末の神秘主義的宗教思想》

q

quie-'tis-ta [キエ.'ティス.タ] 形 〖宗〗 静寂主義の 名 共 〖宗〗 静寂主義者 ⬆quietismo

*'**quie-to, -ta** ['キエ.ト, タ] 92% 形 おとなしい, 無口な, 物静かな; 動かない, 停止した; 音のしない, 静かな, しんとした, 黙った; 落ち着いた, 平和な, 平穏な, 心配や気苦労のない 感 動くな!

*'**quie-'tud** [キエ.'トゥド] 94% 名 女 静けさ; 穏やかなこと, 平穏; 不動, 停止

qui-'ja-da [キ.'は.ダ] 名 女 〖動〗 (動物の)顎(あご); 〖体〗 顎骨(がっこつ)

qui-jo-'ta-da [キ.ほ.'タ.ダ] 名 女 〔しばしば軽蔑〕 ドン・キホーテ的性格, ドン・キホーテ的な行動[考え], 猪突猛進

qui-'jo-te [キ.'ほ.テ] 名 男 〔しばしば軽蔑〕 ドン・キホーテのような男, 極端な理想主義者, 現実離れして正義感の強い人; (よろいの)もも当て; (四つ足獣の)尻(しり), 臀部(でんぶ)

Qui-'jo-te [キ.'ほ.テ] 名 固 〔Don ～〕 〖架空〗 ドン・キホーテ《セルバンテス作の小説『才知あふるる郷士ドン・キホーテ・デ・ラ・マンチャ』の主人公; 第 1 部 1605, 第 2 部 1615》; 〖文〗 〔作品を指して〕 『ドン・キホーテ』

qui-jo-'tes-co, -ca [キ.ほ.'テス.コ, カ] 形 ドン・キホーテのような

qui-jo-'tis-mo [キ.ほ.'ティス.モ] 名 男 ドン・キホーテのような性格; ドン・キホーテのような行動[考え]

qui-'la-te [キ.'ラ.テ] 名 男 カラット《宝石の重さの単位, 約 200mg》; …金《金の純度》; 完全さ, 完成度

q

'**qui-lla** ['キ.ジャ] 名 女 〖海〗〖空〗 (船・飛行機などの)キール, 竜骨; 〖鳥〗 胸峰, 竜骨

'**qui-lo** ['キ.ロ] 名 男 〖医〗 乳糜(にゅうび) ***sudar el*** ～ 《話》 汗水たらして働く, 血の汗を流す; 《南米》 〖植〗 キロ《灌木; 実をチチャ酒 chicha にする》; ⇧kilo

qui-lo-'gra-mo 名 男 ⇧kilogramo

qui-'ló-me-tro 名 男 ⇧kilómetro

qui-'me-ra [キ.'メ.ら] 名 女 夢想, 空想, とほうもない考え

Qui-'me-ra [キ.'メ.ら] 名 固 〖ギ神〗 キマイラ《ライオンの頭, ヤギの胴, ヘビ[蛇]の尾をもち火を吐く怪獣》

qui-'mé-ri-co, -ca [キ.'メ.り.コ, カ] 形 空想的な, 妄想的な, 荒唐無稽(むけい)な

qui-me-'ris-ta [キ.メ.'りス.タ] 形 夢見る(人), 空想家 名 共 けんか好きな(人)

'quí-mi-co, -ca** ['キ.ミ.コ, カ] 87% 形 名 男 女 化学の, 化学的な; 化学者 **-ca** 名 女 化学; 化学的性質, 化学作用, 化学現象

qui-mio-te-'ra-pia [キ.ミオ.テ.'ら.ピア] 名 女 〖医〗 化学療法

'**qui-mo** ['キ.モ] 名 男 〖医〗 (胃消化による)糜粥(びじゅく), 糜汁(びじゅう), キームス

qui-'mo+no 名 男 ⇧kimono

'**qui-na** ['キ.ナ] 名 女 〖植〗 キナ皮, シンコナ; 〔複〕 ポルトガル国旗の紋章 ***más malo[la] que la*** ～ 《話》 ひどい, いやな ***tragar*** ～ 《話》 ぐっと我慢する

quin-'ca-lla [キン.'カ.ジャ] 名 女 (安物の)金物; 《ベネズエラ》 〖商〗 雑貨店

quin-ca-lle-'rí+a [キン.カ.ジェ.'り.ア] 名 女 〔集合〕 金物類; 〖商〗 金物屋

quin-ca-'lle-ro, -ra [キン.カ.'ジェ.ろ, ら] 名 男 女 〔しばしば軽蔑〕 金物職人, 〖商〗 〔人〕 金物屋

'quin-ce** ['キン.せ] 79% 数 〔⇦単独の 15〕 15(の); 第 15(番目)(の) ***dar*** ～ ***y raya*** 《話》 (a: より)はるかに優れる ～ ***días*** 2 週間

quin-ce-a-'ñe-ro, -ra [キン.せ.ア.'ニェ.ろ, ら] 形 名 男 女 15 歳の(若者), ティーンエイジャー(の)

quin-ce-'nal [キン.せ.'ナル] 形 2 週間に 1 回の

quin-'ce+no, -na [キン.'せ.ノ, ナ] 形 15 番目の; 15 分の 1 の **-na** 名 女 2 週間, 半月, 15 日; 〖楽〗 15 度(音程) 《2 オクターブ》; 半月分の給料

quin-cua-ge-'na-rio, -ria [キン.クア.へ.'ナ.りオ, りア] 形 名 男 女 50 歳代の(人)

quin-cua-'gé-si-mo, -ma [キン.クア.'へ.スィ.モ, マ] 形 名 男 女 《序数》 第 50 番目の(人・物); 50 分の 1(の)

quin-cua-ge-si-mo-'cuar-to, -ta 形 名 男 女 《序数》 ⇨quincuagésimo[ma] cuarto[ta]

quin-cua-ge-si-mo-no-'ve-no, -na 形 名 男 女 《序数》 ⇨quincuagésimo[ma] noveno[na]

quin-cua-ge-si-mo-oc-'ta-vo, -va 形 名 男 女 《序数》 ⇨quincuagésimo[ma] octavo[va]

quin-cua-ge-si-mo-pri-'me-ro, -ra 形 名 男 女 《序数》 ⇨quincuagésimo[ma] primero[ra]

quin-cua-ge-si-mo-'quin-to, -ta 形 名 男 女 《序数》 ⇨quincuagésimo[ma] quinto[ta]

quin-cua-ge-si-mo-se-'gun-do, -da 形 名 男 女 《序数》 ⇨quincuagésimo[ma] segundo[da]

quin-cua-ge-si-mo-'sép-ti-mo, -ma 形 名 男 女 《序数》 ⇨quincuagésimo[ma] séptimo[ma]

quin-cua-ge-si-mo-'sex-to, -ta 形 名 男 女 《序数》 ⇨quincuagésimo[ma] sexto[ta]

quin-cua-ge-si-mo-ter-'ce-ro, -ra 形 名 男 女 《序数》 ⇨quincuagésimo[ma] tercero[ra]

'quin-de ['キン.デ] 名 男 《アンデス》〔鳥〕ハチドリ

quin-'dé-ci-mo, -ma [キン.'デ.すぃ.モ, マ] 形 名 男 女 15 番目の; 15 等分の; 15 分の 1

'Quin-dio ['キン.ディオ] 名 固〔地名〕キンディオ《コロンビア西部の県》

qui-'ne-sia 名 女 ⇧ kinesia

qui-'né-si-co, -ca 形 ⇧ kinésico

qui-ne-sio-lo-'gí-a 名 女 ⇧ kinesiología

qui-ne-sio-'ló-gi-co, -ca 形 ⇧ kinesiológico

qui-ne-'sió-lo-go, -ga 名 男 女 ⇧ kinesiólogo

qui-ne-sio-te-' ra-pia ⇦**-si-** 名 女 ⇧ kinesioterapia

quin-gen-'té-si-mo, -ma [キン.ヘン.'テ.スィ.モ, マ] 形 名 男 女《序数》第 500 番目の(人・物); 500 分の 1(の)

*__qui-'nie-la__ [キ.'ニエ.ラ] 93% 名 女《スペイン》サッカーくじ, サッカー賭博(とばく)《公営のギャンブル》

qui-nie-'lis-ta [キ.ニエ.'リス.タ] 名 共 サッカー賭博(とばく)をする人

**__qui-'nien-tos, -tas__ [キ.'ニエン.トス, タス] 90% 数〔⇦単独の 500〕500(の); 第 500(番目)(の)

qui-'ni-na [キ.'ニ.ナ] 名 女〔医〕キニーネ, キニン《解熱薬・抗マラリア薬》

'qui+no ['キ.ノ] 名 男〔植〕キナノキ《南米原産アカネ科の高木; キニーネを採る》

'quí-no-la ['キ.ノ.ラ] 名 女〔遊〕〔トランプ〕同じ種類の札の組み合わせ;《話》変わった物, 変なもの ***estar de ~s*** 《話》まぜこぜである

quin-'qué [キン.'ケ] 名 男 石油ランプ; カンテラ

quin-que-'nal [キン.ケ.'ナル] 形 5 年ごとの, 5 年の

quin-'que-nio [キン.'ケ.ニオ] 名 男 5 年間

'quin-qui ['キン.キ] 名 男〔商〕金物屋; ロマ, ジプシー;《スペイン》ごろつき, ちんぴら, こそ泥

'quin-ta ['キン.タ] 名 女 別荘, 別邸;《スペイン》〔軍〕召集(令), 徴兵;〔楽〕5 度(音程)

quin-ta-e-'sen-cia [キン.タ.エ.'セン.すぃア] 名 女 精, 精髄, 真髄

quin-'tal [キン.'タル] 名 男 キンタール《重量単位, 46kg》

quin-'ta-na [キン.'タ.ナ] 名 女 別荘;〔農〕農場

Quin-'ta-na 'Ro+o [キン.'タ.ナ 'ろ.オ] 名 固〔地名〕キンタナ・ロオ《メキシコ南東部の州》

quin-ta-'ñón, -'ño-na [キン.タ.'ニョン, 'ニョ.ナ] 形 名 男 女《話》100 歳の(人)

quin-'tar [キン.'タる] 動 他 (くじで)5 個の中から〈1 つを〉選ぶ;〔軍〕くじで選んで徴兵する 動 自《月が》満ちて 5 日になる

quin-'te-ro, -ra [キン.'テ.ろ, ら] 名 男 女〔農〕(別荘の)小作人, 農夫

quin-'te-to [キン.'テ.ト] 名 男〔楽〕5 重唱[奏]曲, 5 重唱[奏]団, クインテット

quin-'ti-lla [キン.'ティ.ジャ] 名 女〔文〕5 行詩

quin-ti-'lli-zo, -za [キン.ティ.'ジ.そ, さ] 形 名 男 女 五つ子(の)

Quin-'tín ⬇San Quintín

__'quin-to, -ta__ ['キン.ト, タ] 87% 形 名 男 女《序数》5 番目の(人・物); 5 分の 1(の); 女 5 番目の人[物];《スペイン》〔軍〕召集兵 *~s infiernos*** 《ラプラタ》《話》とても遠いところ

quin-tu-pli-'car [キン.トゥ.プリ.'カる] 動 他 ⑲ (c|qu) 5 倍にする **~se** 動 再 5 倍になる

'quín-tu-plo, -pla ['キン.トゥ.プロ, プラ] 形 5 倍の, 5 重の 名 男 5 倍, 5 重

quin-'za-vo, -va [キン.'さ.ボ, バ] 形《分数詞》15 等分の 名 男 15 分の 1

qui-'ñar [キ.'ニャる] 動 他《コロンビア》《話》殴る; 殺す

qui-'ñón [キ.'ニョン] 名 男〔農〕(農地の)区画

*__'quios-co__ ['キオス.コ] 94% 名 男〔商〕売店, キオスク《駅前・広場などにある》;〔建〕(公園などの)あずまや;〔情〕(コンピューターの)端末 ***~ de música*** 〔楽〕野外音楽堂

'quio-te ['キオ.テ] 名 男《ラ米》〔植〕リュウゼツランの若芽

'qui-pu ['キ.プ] 名 男 キープ, 結縄(けつじょう)《インカ帝国で用いられたひもの結び目による記録》

qui-qui-ri-'güi-qui [キ.キ.り.'グイ.キ] 名 男《ベネズエラ》《話》〔笑〕隠しごと; 秘密の恋愛, 秘めごと

qui-qui-ri-'quí [キ.キ.り.'キ] 感 名 男《擬音》〔複 -quíes⇦-quís〕〔畜〕コケコッコー《ニワトリ[鶏]の鳴き声》

'qui-rie ['キ.りエ] 名 男 ⇧ kirie

qui-'ró-fa+no [キ.'ろ.ファ.ノ] 名 男〔医〕手術室

Qui-'ro-ga [キ.'ろ.ガ] 名 固〔姓〕キローガ

qui-ro-lo-'gí+a [キ.ろ.ロ.'ひ.ア] 名 女 手相学

qui-ro-'man-cia ⇦**-'cí+a** [キ.ろ.'マン.すぃア⇦.'すい.ア] 名 女 手相占い

qui-ro-'mán-ti-co, -ca [キ.ろ.'マン.ティ.コ, カ] 形 手相占いの 名 男 女〔人〕手相見, 手相占い師

qui-ro-ma-'sa-je [キ.ろ.マ.'サ.へ] 名

㊚ (手による)マッサージ

qui-'róp-te-ro, -ra [キ.'ろプ.テ.ろ, ら] 形〘動〙翼手類の 名 ㊚〘動〙翼手類の動物《コウモリなど》

quir-'quin-cho [キる.'キン.チョ] 名 ㊚《アンデス》《チリ》〘動〙アルマジロ ⬆armadillo

qui-'rúr-gi-co, -ca [キ.'るる.ひ.コ, カ] 形〘医〙外科(術)の, 外科的な, 外科用の

'qui+s~ 動《直点/接過》⬆querer

qui-si-'co-sa [キ.スィ.'コ.サ] 名 ㊛《話》なぞなぞ

'quis-que ['キス.ケ]〔成句〕 ***cada*** [***todo***] ~《話》めいめい, それぞれ

quis-'qui-lla [キス.'キ.ジャ] 名 ㊛ つまらないこと, くだらないもの;〘動〙エビジャコ, 小エビ

quis-qui-'llo-so, -sa [キス.キ.'ジョ.ソ, サ] 形 名 ㊚ ㊛ 口やかましい(人), 気難しい(人); 怒りっぽい(人); こうるさい(人)

'quis-te ['キス.テ] 名 ㊚〘医〙嚢胞(のうほう), 嚢腫(のうしゅ), シスト;〘生〙(原生動物などの)被覆体, シスト, 包子;〘動〙〘植〙包嚢(ほうのう)

qui-tai-'pón 形 ⇩quitapón

qui-ta-'man-chas [キ.タ.'マン.チャス] 名 ㊚〔単複同〕しみ抜き用の液体

qui-ta-'nie-ves [キ.タ.'ニエ.ベス] 名 ㊚〔単複同〕雪かき, 除雪機[車]

qui-ta-'pe-nas [キ.タ.'ペ.ナス] 名 ㊚〔単複同〕〘飲〙キタペーナス《マラガのワイン》

qui-ta-pe-'sa-res [キ.タ.ペ.'サ.れス] 名 ㊚〔単複同〕《話》気晴らし(になるもの)

qui-ta-'pie-dras [キ.タ.'ピエ.ドらス] 名 ㊚〔単複同〕〘鉄〙(機関車の)排障器

qui-ta-'pón [キ.タ.'ポン] 形 取り外しのできる 名 ㊚〘畜〙(馬などにつける)頭飾り ***de*** ~ 取り外しのできる

qui-'tar [キ.'タる] 73% 動 ㊀ (a, de: から)取り去る, 取り除く, 撤廃する; 脱がせる; 取り去る, 取り上げる, 奪う, 持ち去る, 運び去る, 連れ去る;〈苦痛などを〉取り除く,〈喜びなどを〉奪う; 減じる, 引く, 除く; 妨げる, じゃまする, 禁じる; 移す, 移転させる, 立ち退かせる 動 ㊂〔命令文〕黙る; やめる; どく, 離れる **~se** 動 ㊇ …を脱ぐ, 外す, 取り去る; なくなる, 取り除かれる; (de: を)やめる; (de: から)立ち退く, 場所を移動する ***de quita y pon*** 取り外しができる ***no ~ que*** ...(接続法) …でないというわけではない, …であることを妨げない

qui-ta-'sol [キ.タ.'ソル] 名 ㊚ 日傘, パラソル;《古》日よけ

'qui-te ['キ.テ] 名 ㊚ 取り外し, 除去; 奪うこと; じゃま, 妨害;〘牛〙キテ《闘牛の気をそらすこと》; 身をかわすこと ***entrar al ~*** けんかの味方をする ***estar al ~*** 人を守る用意がある

qui-'te-ño, -ña [キ.'テ.ニョ, ニャ] 形 名 ㊚ ㊛〘地名〙キトの(人) ⬇Quito

'qui-to, -ta ['キ.ト, タ] 形 (de: の)ない, (de: を)免れた

*'**Qui-to** ['キ.ト] 91% 名 固〘地名〙キト《エクアドル Ecuador の首都》

'qui-vi 名 ㊚ ⇧kiwi

qui-'zá [キ.'さ] 78% 副 たぶん, ことによると, もしかしたら, ひょっとすると, あるいは《接続法と直説法で用いられる; 直説法で用いられるときは, 文が示す内容の実現の可能性が高いことを示す》 **Quizá** volveré pronto esta noche. たぶん今夜は早く帰ってくるよ。/ **Quizá** llueva esta tarde. たぶん午後は雨になるだろう。

qui-'zás 副 ⇧quizá

quorum ['クオ.るム] 名 ㊚〔複 -rums〕〔ラテン語〕(議事進行・議決に要する)定足数

q. v. 略 =〔ラテン語〕*quod vide* 参照せよ

R r *R r*

R, r ['エ.れ] 名 ㊛〘言〙エレ《スペイン語の文字 R, r; erre》

r. 略 =recto (紙の)表, 右ページ

R. 略 ⬇respuesta; reverendo, -da

ra-ba-'dán [ら.バ.'ダン] 名 ㊚ 羊飼い頭(がしら)

ra-ba-'di-lla [ら.バ.'ディ.ジャ] 名 ㊛〘体〙尾骨

ra-ba-'ne-ra [ら.バ.'ネ.ら] 名 ㊛《話》〔軽蔑〕下品な女

ra-ba-'ni-llo [ら.バ.'ニ.ジョ] 名 ㊚〘植〙野生のラディッシュ《毒性がある》

'rá-ba+no ['ら.バ.ノ] 名 ㊚〘植〙ハツカダイコン, ラディッシュ, 赤大根 ***importar un ~***《話》(a: にとって)どうでもよい ***tomar el ~ por las hojas***《話》取り違える, 誤解する ***¡Y un ~!***《話》とんでもない!

*__Ra-'bat__ [ら.'バト] 94% 名 固〘地名〙ラバト《モロッコ Marruecos の首都》

ra-be+'ar [ら.ベ.'アる] 動 ㊂〘畜〙《犬が》尾を振る

ra-'bel [ら.'ベル] 名 ㊚〘歴〙〘楽〙レベック

《中世・ルネッサンス時代に使われた 3 弦の擦弦楽器》

ra+'bí [ら.'ビ] [名] [男] 〔複 -bíes⇦-bís〕⇩ rabino

*'**ra-bia** ['ら.ビア] 91% [名] [女] 激怒, 憤慨; 〔医〕狂犬病, 恐水病

ra-'biar [ら.'ビアる] [動] [自] (de: に)ひどく苦しむ; 激怒する; (por: を)切望する, 欲しくてたまらない, (por 不定詞: …)したくてたまらない; 〔医〕狂犬病にかかる ***a ~*** 《話》非常に, 熱烈に[な] ***del tiempo del rey que rabió*** 《話》大昔の ***estar a ~*** 《話》(con: と)敵対している

ra-'bie-ta [ら.'ビエ.タ] [名] [女] 不機嫌, かんしゃく

ra-'bi-llo [ら.'ビ.ジョ] [名] [男] 短い尾; 短い尾状のもの; 〔植〕茎, 軸, 柄(え); 〔衣〕調節ベルト; 〔植〕ドクムギ; 〔農〕(黒穂病の)黒い斑点 ***mirar con el ~ del ojo*** 《話》横目で見る; 警戒する ***~ del ojo*** 〔体〕目じり

ra-'bí-ni-co, -ca [ら.'ビ.ニ.コ, カ] [形] 〔宗〕ラビの ⬆rabí

ra-'bi+no [名] [男] 〔宗〕ラビ《ユダヤの律法博士, ユダヤ人社会の精神的指導者》

ra-'bión [ら.'ビオン] [名] [男] 〔地〕早瀬, 急流

ra-'bio-so, -sa [ら.'ビオ.ソ, サ] [形] かんかんに怒った, 激怒した, 憤慨した; ひどい, 激しい, 過激な; 〔医〕狂犬病[恐水病]にかかった **-samente** [副] かんかんに怒って, 立腹して

*'**ra+bo** ['ら.ボ] 94% [名] [男] 〔動〕(動物の)尾, しっぽ; 尾部, 後部, 終わり; 尾状のもの; 〔衣〕すそ ***con el ~ entre las piernas*** しっぽを巻いて, すっかり降参して ***faltar el ~ por desollar*** まだ大変な仕事が残っている ***~ del ojo*** 〔体〕目じり

ra-'bón, -'bo-na [ら.'ボン, 'ボ.ナ] [形] 〔畜〕切り尾の, 断尾した; 〔動〕尾の短い, 尾のない

ra-bo-'ta-da [ら.ボ.'タ.ダ] [名] [女] 《話》粗野な言動, 無作法

ra-'bu-do, -da [ら.'ブ.ド, ダ] [形] 〔動〕尾が長い

ra-ca-ne+'ar [ら.カ.ネ.'アる] [動] [自] 《話》けちる; 《話》仕事をしない, 怠ける, サボる

'**rá-ca+no, -na** ['ら.カ.ノ, ナ] [形] [名] [男] [女] 《話》けちな(人); 《話》なまけ者(の), 仕事をしない(人)

'**ra-cha** ['ら.チャ] [名] [女] 《話》次々に起こること, ひと続き; 〔気〕はやて, 陣風, 突風 ***a [por] ~s*** 断続的に, ときどき思い出したように ***estar en [de] ~*** 《話》幸運続きである ***~ de frío*** 〔気〕寒波

ra-che+'ar [ら.チェ.'アる] [動] [自] 〔気〕(断続的に)風が吹く

*__ra-'cial__ [ら.'すぃアル] 94% [形] 人種(上)の, 民族(間)の

*__ra-'ci-mo__ [ら.'すぃ.モ] 94% [名] [男] 房, 束; 〔植〕総状花序, 花房

ra-cio-ci-'nar [ら.すぃオ.すぃ.'ナる] [動] [自] 《格》論理をたどって思考する, 推理[推論]する

ra-cio-'ci-nio [ら.すぃオ.'すぃ.ニオ] [名] [男] 理性, 思考力, 判断力; 推論, 推理

*__ra-'ción__ [ら.'すぃオン] 93% [名] [女] 〔食〕一盛り, 一杯, 一人前, 一皿分; 配給量, 配給食糧, 配られた分; 〔軍〕1 日分の食糧 ***~ de hambre*** 〔皮肉〕食べていけない給料

*__ra-cio-'nal__ [ら.すぃオ.'ナル] 92% [形] 理性のある, 理性的な, 分別のある; 合理的な, もっともな; 〔数〕有理の **~mente** [副] 理性的に

ra-cio-na-li-'dad [ら.すぃオ.ナ.リ.'ダド] [名] [女] 合理性

ra-cio-na-'lis-mo [ら.すぃオ.ナ.'リス.モ] [名] [男] 理性主義, 合理主義; 〔哲〕合理論

ra-cio-na-'lis-ta [ら.すぃオ.ナ.'リス.タ] [形] 理性主義の; 〔哲〕合理主義の [名] [共] 理性主義者; 〔哲〕合理主義者

ra-cio-na-li-za-'ción [ら.すぃオ.ナ.リ.さ.'すぃオン] [名] [女] 合理化

ra-cio-na-li-'zar [ら.すぃオ.ナ.リ.'さる] [動] [他] (34) (z|c) 合理化する **~se** [動] [再] 合理化される

ra-cio-na-'mien-to [ら.すぃオ.ナ.'ミエン.ト] [名] [男] 配給(制度)

ra-cio-'nar [ら.すぃオ.'ナる] [動] [他] 支給[配給]する **~se** [動] [再] 配給になる

ra-'cis-mo [ら.'すぃス.モ] [名] [男] 人種差別, 人種的偏見, 人種主義

ra-'cis-ta [ら.'すぃス.タ] [形] 人種差別の, 人種差別主義の [名] [共] 人種差別主義者

'**ra+da** ['ら.ダ] [名] [女] 〔海〕停泊地; 〔地〕湾, 入り江

*__ra-'dar__ [ら.'ダる] 94% [名] [男] 〔機〕レーダー, 電波探知(機)

ra-dia-'ción [ら.ディア.'すぃオン] [名] [女] 〔放〕ラジオ放送; 〔物〕放射, 放射物; 〔物〕発光, 放熱

ra-diac-ti-vi-'dad [ら.ディアク.ティ.ビ.'ダド] [名] [女] 〔物〕放射能

ra-diac-'ti-vo, -va [ら.ディアク.'ティ.ボ, バ] [形] 〔物〕放射性の, 放射能のある

ra-'dia-do, -da [ら.'ディア.ド, ダ] [形] 〔放〕ラジオ放送の; 放射状の

ra-dia-'dor [ら.ディア.'ドる] [名] [男] 〔車〕ラジエーター; 〔機〕放熱器, 暖房機; 〔機〕冷却装置

ra-'dial [ら.'ディアル] [形] 放射状の

ra-'dián [ら.'ディアン] [名] [男] 〔数〕ラジアン《角度の単位》

[r]

*ra-'dian-te [ら.'ディアン.テ] 93% [形] 光を放つ[反射する], 放射する; 放射の, 放射される; 輝いている

ra-'diar [ら.'ディアる] [動] [他] 〘放〙(ラジオで)放送する; 〈熱・光などを〉放射する, 発する; (四方八方に)発散する, まき散らす, 広める; 〈影響などを〉及ぼす [動] [自] 光[熱]を放つ, 光り輝く, 放熱する

ra-di-ca-'ción [ら.ディ.カ.'すぃオン] [名] [女] 定着, 根づくこと; 定住; 〘数〙(根の)開法

**ra-di-'cal [ら.ディ.'カル] 85% [形] 〘政〙急進的な, 過激派の, ラジカルな; 根本的な, 基本的な, 徹底的な; 〘数〙根の; 〘化〙基の; 〘植〙根の; 〘言〙語根の [名] [共] 〘政〙急進論者, 急進党員, 過激派 [名] [男] 〘数〙根, ルート; 〘化〙基; 〘言〙語根 ~mente [副] 根本的に, 徹底的に; 急進的に

ra-di-ca-'lis-mo [ら.ディ.カ.'リス.モ] [名] [男] 急進主義, 過激主義

ra-di-ca-li-za-'ción [ら.ディ.カ.リ.さ.'すぃオン] [名] [女] 〘政〙急進化, 過激化

ra-di-ca-li-'zar [ら.ディ.カ.リ.'さる] [動] [他] ㉞ (z|c) 〘政〙急進的にする, 過激にする ~se [動] [再] 〘政〙急進的になる, 過激になる

ra-di-'car [ら.ディ.'カる] [動] [自] ㊾ (c|qu) (en: に)位置する, 基礎を置く ~se [動] [再] (en: に)住みつく, 定住する

**'ra-dio ['ら.ディオ] 80% [名] [女] 〘放〙ラジオ(放送); 〘電〙ラジオ(受信機); 無線(電信), 無電による通信 [名] [男] 〘数〙半径; 《ラ米》〘電〙ラジオ(受信機); (行動・能力などの)範囲, 領域; 〘車〙(車輪の)スポーク; 〘化〙ラジウム《元素》

ra-dio-ac-ti-vi-'dad [名] [女] ⇧ radiactividad

ra-dio-ac-'ti-vo, -va [形] ⇧ radiactivo

ra-dio-a-fi-cio-'na-do, -da [ら.ディオ.ア.フィ.すぃオ.'ナ.ド, ダ] [名] [男] [女] アマチュア無線家, ハム

ra-dio-car-'bo+no [ら.ディオ.カる.'ボ.ノ] [名] [男] 〘化〙放射性炭素

ra-dio-ca-'se-te [ら.ディオ.カ.'セ.テ] [名] [男] 〘機〙ラジオカセット, ラジカセ

ra-dio-di-fu-'sión [ら.ディオ.ディ.フ.'スィオン] [名] [女] 〘放〙ラジオ放送

ra-dio-di-fu-'so-ra [ら.ディオ.ディ.フ.'ソ.ら] [名] [女] 〘放〙ラジオ放送局

ra-dio-es-'cu-cha [ら.ディオ.エス.'ク.チャ] [名] [共] 〘放〙(ラジオ)聴取者

ra-dio-fo-'ní+a [ら.ディオ.フォ.'ニ.ア] [名] [女] 〘放〙ラジオ放送; 無線電話

ra-dio-'fó-ni-co, -ca [ら.ディオ.'フォ.ニ.コ, カ] [形] 〘放〙ラジオ放送の; 無線電話の

ra-dio-gra-'fí+a [ら.ディオ.グら.'フィ.ア] [名] [女] 〘医〙X線撮影(法), ラジオグラフィー

ra-dio-gra-'fiar [ら.ディオ.グら.'フィアる] [動] [他] ㉙ (i|í) 〘医〙X線撮影する

ra-dio-'grá-fi-co, -ca [ら.ディオ.'グら.フィ.コ, カ] [形] 〘医〙X線撮影(法)の

ra-dio-'gra-ma [ら.ディオ.'グら.マ] [名] [男] 無線電報

ra-dio-lo-'gí+a [ら.ディオ.ロ.'ひ.ア] [名] [女] 〘医〙放射線医学, レントゲン科

ra-dio-'ló-gi-co, -ca [ら.ディオ.'ロ.ひ.コ, カ] [形] 〘医〙放射線医学の, レントゲンの

ra-'dió-lo-go, -ga [ら.'ディオ.ロ.ゴ, ガ] [名] [男] [女] 〘医〙放射線医学者, 放射線科医, レントゲン技師

ra-dio-rre-cep-'tor [ら.ディオ.れ.セプ.'トる] [名] [男] 〘機〙ラジオ受信機

ra-dios-'co-pia [ら.ディオス.'コ.ピア] [名] [女] 〘医〙X線透視(法), X線検査

ra-dios-'có-pi-co, -ca [ら.ディオス.'コ.ピ.コ, カ] [形] 〘医〙X線透視法による, X線検査の

ra-dio-te-le-fo-'ní+a [ら.ディオ.テ.レ.フォ.'ニ.ア] [名] [女] 無線電話

ra-dio-te-le-'fó-ni-co, -ca [ら.ディオ.テ.レ.'フォ.ニ.コ, カ] [形] 無線電話の

ra-dio-te-le-gra-'fí+a [ら.ディオ.テ.レ.グら.'フィ.ア] [名] [女] 無線電信(術)

ra-dio-te-le-'grá-fi-co, -ca [ら.ディオ.テ.レ.'グら.フィ.コ, カ] [形] 無線電信の

ra-dio-te-le-gra-'fis-ta [ら.ディオ.テ.レ.グら.'フィス.タ] [名] [共] 無線技師

ra-dio-te-'ra-pia [ら.ディオ.テ.'ら.ピア] [名] [女] 〘医〙放射線治療

ra-dio-trans-mi-'sor [ら.ディオ.トら(ン)ス.ミ.'ソる] [名] [男] 〘電〙無線送信機

ra-dio-'yen-te [ら.ディオ.'ジェン.テ] [名] [共] 〘放〙ラジオ聴取者, ラジオリスナー

ra-'dón [ら.'ドン] [名] [男] 〘化〙ラドン《元素》

'RAE ['ら.エ] [略] =Real Academia Española スペイン王立アカデミー《スペイン語の規範を提示する》

ra+e-'du-ra [ら.エ.'ドゥ.ら] [名] [女] 削ること, こすり落とすこと, かき取ること; 〔主に複〕削り落としたもの, 削りかす

ra+'er [ら.'エる] [動] [他] ⑫ 〔直現1単 raigo; -y-〕削る, こすり落とす, かく; 平らにする, ならす; 〈服を〉すり減らす

'Ra+fa ['ら.ファ] [名] [固] 〘男性名〙ラファ《Rafael の愛称》

Ra-fa+'el [ら.ファ.'エル] [名] [固] 〘男性名〙ラファエル

'rá-fa-ga ['ら.ファ.ガ] [名] [女] 〘気〙一陣の風, 突風, はやて; ひらめき, 閃光, パッと出る光; 〘軍〙機銃掃射

'**ra-fia** ['ら̃.フィア] [名] [女]〘植〙ラフィアヤシ
raft ['ら̃フ(ト)] [名] [男]〔複 -rafts〕〔英語〕〘競〙ラフト《ラフティング用のゴムボート》
rafting ['ら̃フ.ティン] [名] [男]〔複 -tings〕〔英語〕〘競〙ラフティング《ゴムボートによる川下り》
ra+'hez [ら̃.'エす] [形]《格》さもしい, 軽蔑すべき
'**raid** ['ら̃イド] [名] [男]〘軍〙襲撃, 急襲; 警察の手入れ, 踏み込み;〘競〙ラリーレイド《起伏のある地形を自動車で走破する競技》
ra+'í-do, -da [ら̃.'イ.ド, ダ] [形]《布が》ぼろぼろになった, すり切れた; 恥知らずの
rai-'gam-bre [ら̃イ.'ガン.ブれ] [名] [女] 根づいていること;〔集合〕(はびこった)根; 伝統
'**rai-go, -ga(~)** [動]《直現 1 単, 接現》⬆raer
rai-'gón [ら̃イ.'ゴン] [名] [男] 大きい[太い]根;〘体〙歯根, 歯の根元
ra+'íl⇦'**rail** [ら̃.'イル⇦'ら̃イル] [名] [男]《スペイン》〘鉄〙レール, 線路
Rai-'mun-do [ら̃イ.'ムン.ド] [名] [固]〘男性名〙ライムンド
ra+'íz [ら̃.'イす] 83% [名] [女] (植物の)根, 根元; 根源, 根本;〘数〙根;〘言〙語根《語源的に分析される最小の単位》 ***a ~ de*** … …によって, …の後で, …の近くで ***de ~*** 根元から, 完全に ***echar raíces*** (en: に) 根をおろす, 住み着く
*'**ra+ja** ['ら̃.は] 94% [名] [女] (果物などの)一切れ; 裂け目, 割れ目, 亀裂;《俗》《チリ》尻(しり);《俗》女性器 ***sacar ~***《話》分け前をもらう
ra+'já [ら̃.'は] [名] [男]〔複 -jás〕ラージャ《インドの王・王子》 ***vivir como un ~***《話》王侯貴族のような暮らしをする
ra-'ja-do, -da [ら̃.'は.ド, ダ] [形]《カリブ》《話》酒に酔った
*'**ra-'jar** [ら̃.'はる] 93% [動] [他] 裂く, 切り裂く, 割る, ひび入らせる; くし形に切る, 切り取る [動] [自]《話》密告する, 裏切る;《話》自慢する, 得意そうに話す;《話》(早口にわけのわからないことを)しゃべる, しゃべりまくる;《カリブ》《話》後悔する, 気持ちが変わる **~se** [動] [再] 割れる, 裂ける, ひびが入る;《話》おじけづく, しりごみする;《カリブ》《話》降参する ***~se en el examen***《コロンビア》《話》落第する
ra-ja-'ta-bla [ら̃.は.'タ.ブラ]〔成句〕 ***a ~***《話》厳しく, 厳格に
ra-'jón, -'jo-na [ら̃.'ほン, 'ほ.ナ] [形]《メキシコ》《中米》臆病(おくびょう)な [名] [男] [女] 臆病者;《メキシコ》《中米》からいばりする人, 自慢屋;《メキシコ》《中米》密告者 [名] [男]《メキシコ》《中米》割れ目, 裂け目
ra-'le+a [ら̃.'レ.ア] [名] [女]〔軽蔑〕種類, 部類
ra-le+'ar [ら̃.レ.'アる] [動] [自] まばらになる, 希薄になる; ブドウが実らない; 本性を現す
ra-len-'tí [ら̃.レン.'ティ] [名] [男]〔複 -tíes⇦-tís〕〘映〙スローモーション;〘車〙(エンジンの)アイドリング, 空転
ra-len-ti-'zar [ら̃.レン.ティ.'さる] [動] [他] ㉞ (z|c)〘映〙スローモーションにする;〈の〉速度を落とす
ra-'le-za [ら̃.'レ.さ] [名] [女] 希薄さ, まばらなこと
ra-lla-'dor [ら̃.ジャ.'ドる] [名] [男]〘食〙おろし金(がね)
ra-lla-'du-ra [ら̃.ジャ.'ドゥ.ら] [名] [女]〘食〙おろし金(がね)でおろすこと;〘食〙おろし金でおろしたもの
ra-'llar [ら̃.'ジャる] [動] [他]〘食〙〈食物を〉(おろし金(がね)で)おろす;《話》不快感を与える, うんざりさせる
'**ra-llo** ['ら̃.ジョ] [名] [男]〘食〙おろし金(がね)
rally ['ら̃.リ] [名] [男]〔英語〕〘競〙〔自動車〕ラリー
'**ra+lo, +la** ['ら̃.ロ, ラ] [形] まばらな, 薄い, 粗い;《空気が》希薄な
RAM ['ら̃ム] [略] =〔英語〕*random access memory*〘情〙ランダムアクセスメモリー
*'**ra+ma** ['ら̃.マ] 86% [名] [女]〘植〙(木の)枝; 部門, 分科; 分家;〘地〙(山脈の)支脈, (川の)支流;〘鉄〙支線 ***andarse [irse] por las ~s***《話》回りくどく言う, 枝葉末節にこだわる
ra-ma-'dán [ら̃.マ.'ダン] [名] [男]〘宗〙ラマダーン《イスラム暦の第 9 月; イスラム教徒は日の出から日の入りまで断食をする》
ra-'ma-je [ら̃.'マ.ヘ] [名] [男]〘植〙〔全体〕枝, 枝葉
ra-'mal [ら̃.'マル] [名] [男]〘鉄〙支線; 支道, 枝道;〘建〙(踊り場を含めたひと続きの)階段; (ロープの)子縄, 糸より;〘畜〙(牛馬用の)端綱(はづな);〘地〙(山脈の)支脈
ra-ma-'la-zo [ら̃.マ.'ラ.そ] [名] [男]《話》性質; むち打つこと; あざ, はれ; 鋭い痛み, 発作; 突然の悲しみ;《ラ米》不意打ち, 警告
'**ram-bla** ['ら̃ン.ブラ] [名] [女] 並木路, 大街路;〘技〙張り枠, 幅出し機, テンター; 水路, 溝; 溝を流れる水
'**Ram-blas** ['ら̃ン.ブラス] [名] [固]〔las ~〕〘地名〙ランブラス通り《スペイン, バルセロナ Barcelona の中央通り》
ra-'me-ra [ら̃.'メ.ら] [名] [女]《話》〔軽蔑〕売春婦
ra-mi-fi-ca-'ción [ら̃.ミ.フィ.カ.'すぃオン] [名] [女] 枝分かれ, 分派, 分岐
ra-mi-fi-'car [ら̃.ミ.フィ.'カる] [動] [自] ㊾ (c|qu) 分岐する, 枝分かれする [動] [他] 枝分かれさせる; 細分化する **~se** [動] [再] 分岐する, 枝分かれする; 細分化する
*'**ra-mi-'lle-te** [ら̃.ミ.'ジェ.テ] 94% [名]

r

男 (小さな)花束, ブーケ; 〖食〗飾り菓子《きれいに盛られた菓子》; 食卓中央に置く飾り; 選集, …集

Ra-'mí-rez [ら.'ミ.れす] 名 固 〖姓〗ラミレス

Ra-'mi-ro [ら.'ミ.ろ] 名 固 〖男性名〗ラミーロ

'ra+mo ['ら.モ] 89% 名 男 花束; 小枝; 分野; 部門, 部, 支部

ra-'món [ら.'モン] 名 男 〖農〗(剪定(せんてい)した)枝葉《飼料となる》

Ra-'món [ら.'モン] 名 固 〖男性名〗ラモン

ra-mo-ne+'ar [ら.モ.ネ.'アる] 動 自 こずえを切る, 剪定(せんてい)する; 〖畜〗《家畜が》若葉を食う 動 他 剪定する

'Ra-mos ['ら.モス] 名 固 〖姓〗ラモス

ra-'mo-so, -sa [ら.'モ.ソ, サ] 形 枝を出した, 枝の多い

'ram-pa ['らン.パ] 名 女 〖医〗(筋肉の)けいれん, こむら返り; 傾斜路, 斜面, 坂; 〖車〗(高速道路の)ランプ

ram-'plón, -'plo-na [らン.'プロン, 'プロ.ナ] 形〔軽蔑〕通俗な, 低俗な, 下品な; 〖衣〗《靴が》底が厚くて重い 名 男 〖畜〗蹄鉄のとがり金

ram-plo-ne-'rí+a [らン.プロ.ネ.'り.ア] 名 女〔軽蔑〕通俗, 低俗, 下品

ram-'po-llo [らン.'ポ.ジョ] 名 男 〖植〗挿し木, 切り枝, 挿し穂

'ra+na ['ら.ナ] 94% 名 女 〖動〗カエル *cuando las ~s críen pelo* 《話》カエルに毛がはえるころ 《決して起こらないということ》 *hombre ~* 潜水夫, フロッグマン *salir ~* 《話》うまくいかない, 失敗する

ra-'na-da [ら.'ナ.ダ] 名 女 《ラプラタ》《話》ずるいこと

Ran-'ca-gua [らン.'カ.グア] 名 固 〖地名〗ランカグア《チリ Chile 中部の都市》

ran-che-'rí+a [らン.チェ.'り.ア] 名 女 集落, 定住地, 居留地; 《ラプラタ》貧困地区, スラム地域

ran-'che-ro, -ra [らン.'チェ.ろ, ら] 名 男 女 《メキシコ》〖農〗〖畜〗農場[牧場]労働者; 〖農〗〖畜〗農場[牧場]主; 〖農〗(農場の)炊事係; 集落の長 -ra 名 女 〖車〗ステーションワゴン

'ran-cho ['らン.チョ] 94% 名 男 《メキシコ》〖農〗農場; 〖食〗(大勢の人の)食事; 〖食〗まずい食事; (粗末な)集落; 小屋; 野営地, キャンプ; 《ベネズエラ》貧困地区, スラム地域 *hacer ~ aparte* 《話》独自に行動する

ran-cie-'dad [らン.すぃエ.'ダド] 名 女 (腐敗の)悪臭, 腐臭; 古さ, 古びていること

'ran-cio, -cia ['らン.すぃオ, すぃア] 94% 形 腐った, 悪臭のする, 古くなった; 《家系が》古い; 古風な, 考え方が古い, 時代遅れの, 古くさい; 〖飲〗《ワインが》年代物の, 熟成した 名 男 〖飲〗腐ったにおい, 古さ

'ran-da ['らン.ダ] 名 共 《話》スリ, こそ泥; 《話》ごろつき, ならず者 名 女 〖衣〗レース飾り

'ran-go ['らン.ゴ] 93% 名 男 地位, 身分, 位; 階級, 等級, 順位, ランク

Ran-'gún [らン.'グン] 名 固 〖歴〗〖地名〗ラングーン《ミャンマー Myanmar の首都ヤンゴン Yangón の旧称》

ranking ['らンキン] 名 男〔英語〕ランキング, 順位, 序列

ra-'nún+cu-lo [ら.'ヌン.ク.ロ] 名 男 〖植〗キンポウゲ

ra-'nu-ra [ら.'ヌ.ら] 名 女 (電話・自動販売機などの)硬貨投入口; (カードを入れる)スロット; 〖建〗(木材・金属につけた)溝; 〖情〗スロット *~ de expansión* 〖情〗拡張スロット

'ra+ña ['ら.ニャ] 名 女 〖魚〗タコ釣り用具

'ra+ño ['ら.ニョ] 名 男 〖魚〗カサゴ; 〖魚〗(カキなどをとる)熊手

'rap ['らプ] 名 男〔複 raps〕〖楽〗ラップ

ra-pa-ci-'dad [ら.パ.すぃ.'ダド] 名 女 強欲, 貪欲; 盗癖

ra-pa-'pol-vo [ら.パ.'ポル.ボ] 名 男 《話》きつく叱(しか)ること, 叱責

ra-'par [ら.'パる] 動 自 《話》ひげをそる; 《話》髪を刈り込む, 短く刈る; 《話》ひったくる, 盗む *~se* 動 再 《話》ひげをそる

ra-'paz [ら.'パす] 94% 形 強欲な, 貪欲(どんよく)な; 盗癖のある; 〖鳥〗〖動〗捕食(性)の, 他種の動物を捕って食う 名 男 〖動〗捕食動物; 〖鳥〗猛禽 *~, -paza* 名 男 女 強欲な人; 子供

'ra+pe ['ら.ペ] 名 男 ざっとひげをそること; 〖魚〗アンコウ *al ~* 短く刈った

ra+'pé [ら.'ペ] 名 男 ラピー《嗅(か)ぎタバコ》

ra-'pe-ro, -ra [ら.'ペ.ろ, ら] 形 〖楽〗ラップの 名 男 女 〖楽〗ラップの歌手[演奏家, 愛好者], ラッパー ⬆rap

'rá-pi-da-'men-te ['ら.ピ.ダ.'メン.テ] 88% 副 速く, 速やかに, すばやく, 敏速に

ra-pi-'dez [ら.ピ.'デす] 91% 名 女 急速, 敏捷, 速さ

ra-pi-'dí-si-mo, -ma〔最上級〕⬇rápido

ra-pi-'di-to, -ta〔縮小語〕⬇rápido

'rá-pi-do, -da ['ら.ピ.ド, ダ] 80% 形 《運動・動作などが》速い, すばやい, 敏速な 副 速く, すばやく, 急いで 名 男 〖鉄〗急行列車; 〔複〕〖地〗(川の)急流

ra-'pi-ña [ら.'ピ.ニャ] 名 女 強奪, 略奪, 盗み *ave de ~* 〖鳥〗猛禽(もうきん)

ra-'po-sa [ら.'ポ.サ] 名 女 〖動〗キツネ, 雌ギツネ; 《話》狡猾(こうかつ)な女, ずるい女

ra-po-se+'ar [ら.ポ.セ.'アる] 動 自 《話》ずるいことをする, 計略を用いる

ra-'po-so [ら.'ポ.ソ] 名 男 〔動〕キツネ, 雄ギツネ; 《話》狡猾(こうかつ)な人

rap-'so-da [らプ.'ソ.ダ] 名 共 〔歴〕〔文〕(古代ギリシャの)吟遊詩人; 〔文〕詩人, 詩の朗読者

rap-'so-dia [らプ.'ソ.ディア] 名 女 〔楽〕狂詩曲, ラプソディー; 〔歴〕〔文〕(古代ギリシャの)叙事詩

rap-'tar [らプ.'タる] 動 他 誘拐する

'rap-to ['らプ.ト] 名 男 (感情の)激発, ほとばしり; 誘拐; 〔医〕卒倒, 気絶; 恍惚(こうこつ)(状態), 歓喜

rap-'tor, -'to-ra [らプ.'トる, 'ト.ら] 名 男 女 誘拐者

'ra-que ['ら.ケ] 名 男 波止場ルンペンをすること, 漂流物あさり

Ra-'quel [ら.'ケル] 名 固 〔女性名〕ラケル

ra-'que-ta [ら.'ケ.タ] 名 女 〔競〕〔テニス・ピンポンなど〕ラケット; 〔車〕(ハイウェイの方向転換用の)わき道, 迂回路

'ra-quis ['ら.キス] 名 男 〔単複同〕〔体〕脊柱(せきちゅう); 〔植〕葉軸, 中肋(ちゅうろく)

ra-'quí-ti-co, -ca [ら.'キ.ティ.コ, カ] 形 〔医〕くる病の; 弱い, 虚弱な, ひ弱な 名 男 女 〔医〕くる病患者

ra-qui-'tis-mo [ら.キ.'ティス.モ] 名 男 〔医〕くる病

ra-re-fac-'ción [ら.れ.ファク.'すぃオン] 名 女 希薄化

*__ra-'re-za__ [ら.'れ.さ] 94% 名 女 風変わり, 奇異なこと, 変なこと, 奇行; まれなこと, 珍しいこと, 珍奇

ra-ri-fi-ca-'ción [ら.り.フィ.カ.'すぃオン] 名 女 希薄化

ra-ri-fi-'car [ら.り.フィ.'カる] 動 他 69 (c|qu) 希薄にする ~se 動 再 希薄になる

'ra+ro, +ra ['ら.ろ, ら] 80% 形 まれな, めったにない, 珍しい; 奇妙な, 変な, 不思議な, 風変わりな **-ramente** 副 まれに, めったに…しない; 奇妙に, 変に

'ras ['らス] 名 男 平らなこと, 同じ高さであること ***a [al] ~ de [con]*** ..., …と同じ高さで ***a ~ de tierra*** 地表すれすれの[に]; 低俗な[に] ***~ con ~*** 同じ高さで, 同水準で

'Ras al-'Jai-ma ['らス アル.'はイ.マ] 名 固 〔地名〕ラアス・アル・ハイマ首長国 《アラビア半島, ペルシア湾沿岸に位置するアラブ首長国連邦に属する首長国; その首都》

ra-'san-te [ら.'サン.テ] 形 〔空〕地表すれすれの, 低空の 名 男 傾斜, 坂

ra-'sar [ら.'サる] 動 他 かすめる; 平らにする, すり切りにする

'ras-ca ['らス.カ] 名 女 《話》〔気〕厳しい寒さ, ごく冷え; 《話》空腹; 《チリ》《話》安物; いいかげんな仕事

*__ras-ca-'cie-los__ [らス.カ.'すぃエ.ロス] 94% 名 男 〔単複同〕〔建〕超高層ビル, 摩天楼

ras-'ca-do, -da [らス.'カ.ド, ダ] 形 名 男 女 《南米北》《話》酒に酔った(人)

*__ras-'car__ [らス.'カる] 94% 動 他 69 (c|qu) ひっかく; こすり落とす, こそげる ~se 動 再 〈自分の体を〉かく

ras-ca-'tri-pas [らス.カ.'トり.パス] 名 共 〔単複同〕《話》〔楽〕へたなバイオリン弾き

ras-'cón, -'co-na [らス.'コン, 'コ.ナ] 形 〔食〕«味が»強い, ピリッとする, 舌を刺す 名 男 〔鳥〕クイナ

'ras-co-'ras-co ['らス.コ.'らス.コ] 名 男 《カリブ》〔食〕かき氷

ra-'se-ro [ら.'セ.ろ] 名 男 斗(と)かき, 升(ます)かき 《器に盛った穀類を縁の高さに平らにならす棒》 ***medir por [con] el mismo ~*** 《話》公平に扱う

ras-'ga-do, -da [らス.'ガ.ド, ダ] 形 裂かれた, 引き裂かれた; «目が»切れ長の, 細い 名 男 引き裂き, 裂け目

ras-ga-'du-ra [らス.ガ.'ドゥ.ら] 名 女 裂くこと, 引き裂くこと; 裂け目

*__ras-'gar__ [らス.'ガる] 94% 動 他 41 (g|gu) 裂く, 引き裂く; 〔楽〕〈ギターなどを〉かき鳴らす ~se 動 再 裂ける

'ras-go ['らス.ゴ] 87% 名 男 特徴, 特色; 〔体〕顔のつくり(のひとつ)《目・鼻・口・耳など》; 〔複〕顔だち, 目鼻だち, 容貌(ようぼう); 立派な行い; 線, 一筆; 筆跡 ***a grandes ~s*** おおざっぱに[な], 概略的に[な]

ras-'gón [らス.'ゴン] 名 男 引き裂き, 裂け目, ほころび

ras-gue+'ar [らス.ゲ.'アる] 動 他 〔楽〕〈ギターなどを〉つまびく, かき鳴らす 動 自 飾り書きする, やたらに線を引く

ras-'gue+o [らス.'ゲ.オ] 名 男 〔楽〕ギターなどをつまびくこと, かき鳴らし

ras-gu-'ñar [らス.グ.'ニャる] 動 他 ひっかく, 〈に〉かき傷をつける; 〈の〉略図を作る, スケッチする ~se 動 再 〈自分の体を〉ひっかく, 〈自分の体に〉かき傷をつける

ras-'gu-ño [らス.'グ.ニョ] 名 男 ひっかくこと, かき傷; 〔絵〕下書き, スケッチ, 素描

ra-'si-lla [ら.'スィ.ジャ] 名 女 薄いれんが

*__'ra+so, +sa__ ['ら.ソ, サ] 94% 形 平らな, 平たい; 滑らかな, すべすべした; 〔気〕快晴の, 雲ひとつない; 〔空〕地表すれすれの; «椅子が»背部のない; 〔軍〕平(ひら)の ***al ~*** 野外で 名 男 〔衣〕サテン, しゅす

'ras-pa ['らス.パ] 名 女 〔魚〕〔食〕(魚の)骨; 〔植〕のぎ《イネ科の植物の花の針のような突起》; 〔植〕茎, 軸 名 共 《話》〔軽蔑〕恥知

らずな人, 感じの悪い人 *de* ～《ベネズエラ》《話》大急ぎで

ras-pa-'di-lla [ら̃ス.パ.'ディ.ジャ] 名 女《アンデス》〔食〕かき氷

ras-'pa-do [ら̃ス.'パ.ド] 名 男《メキシコ》《カリブ》《コロンビア》〔食〕かき氷

ras-pa-'du-ra [ら̃ス.パ.'ドゥ.ら] 名 女 削り落としたかす

ras-'par [ら̃ス.'パる] 動 他 こすりとる, かく, 削る; こする, ひっかく; かすめる;《俗》盗む 動 自 ざらざらする, ちくちくする;〔飲〕《ワインが》ピリッとする

ras-'pón [ら̃ス.'ポン] 名 男 すりむけ, すり傷;《ラ米》叱りつけ, 叱責(しっせき)

ras-'que-ra [ら̃ス.'ケ.ら] 名 女《メキシコ》かゆみ, かゆさ

ras-'que-ta [ら̃ス.'ケ.タ] 名 女 削り器, スクレーパー;《南米》〔畜〕馬櫛(まぐし)

'ras-tra ['ら̃ス.トら] 名 女 跡, 足跡, 形跡; (タマネギ・ニンニクなどの)ひとつなぎ;〔農〕馬鍬(まぐわ); 台車; (よくない)結果;〔海〕引き網, トロール網 *a la* ～ [*a* ～*s*] 引きずって;〔医〕長い間患って[苦しんで]; いやいやながら; (やりかけで)まだ残って *pesca a la* ～〔魚〕トロール漁法

ras-tre+a-'dor, -'do-ra [ら̃ス.トれ.ア.'ドる, 'ド.ら] 形 跡をつける, 追跡する; 引きずる

ras-tre+'ar [ら̃ス.トれ.'アる] 動 他 〈の〉跡を追う; 引く, 引きずる; 〈川を〉浚渫(しゅんせつ)する, さらう; 調査する, 探る;〔商〕〈肉を〉卸し売りする;〔魚〕引き網でとる, 〈の〉漁をする;〔情〕トレースする 動 自 調査する, 捜査する

ras-'tre+o [ら̃ス.'トれ.オ] 名 男 (川底の)浚渫(しゅんせつ), 川ざらえ;〔魚〕トロール漁; 追跡, 捜索;〔情〕トレース

ras-'tre-ro, -ra [ら̃ス.'トれ.ろ, ら] 形 引きずる, 引く; はう, はいずる; 卑屈な, あさましい, さもしい;〔植〕《つるが》はった

ras-tri-'llar [ら̃ス.トり.'ジャる] 動 他 熊手[レーキ]でかく, かき集める;〔技〕〈亜麻などを〉ほぐす;《ラ米》〈に〉発砲する

ras-'tri-llo [ら̃ス.'トり.ジョ] 名 男 熊手, レーキ; (亜麻などの)すきぐし; (城門の)落とし格子; 鉄柵

*'**ras-tro** ['ら̃ス.トろ] 93% 名 男 跡, 足跡, 痕跡; 熊手, レーキ《わら・葉などをかき集める長い柄のついた道具》; 畜殺場;〔商〕(肉の)市場;〔R～〕《スペイン》〔商〕のみの市, 古物市

ras-tro-'jar [ら̃ス.トろ.'はる] 動 他〔農〕〈畑の〉切り株を抜く

ras-'tro-jo [ら̃ス.'トろ.ほ] 名 男〔農〕切り株, 刈り株;《ベネズエラ》荒れ地

ra-su-'rar [ら̃.ス.'らる] 動 他 〈の〉ひげ[体毛]をそる ～**se** 動 再 (自分の)ひげ[体毛]をそる

*'**ra+ta** ['ら̃.タ] 93% 名 女〔動〕ネズミ, 大ネズミ; 雌ネズミ《ratón のメス》 名 共《話》スリ, こそ泥;《話》けちな人

ra-ta-'plán [ら̃.タ.'プラン] 名 男 (太鼓などの)ドンドン(いう音)

ra-te+'ar-se [ら̃.テ.'アる.セ] 動 再《ラプラタ》《話》ずる休みをする

ra-te-'rí+a [ら̃.テ.'り.ア] 名 女 スリ, 盗み; 不正行為

ra-'te-ro, -ra [ら̃.'テ.ろ, ら] 名 男 女 スリ 形 はっていく, はうような; 泥棒の, すりの

ra-ti-'ci-da [ら̃.ティ.'すぃ.ダ] 名 男 殺鼠(さっそ)剤

ra-'ti-co〔縮小語〕↓rato

ra-ti-fi-ca-'ción [ら̃.ティ.フィ.カ.'すぃオン] 名 女 批准, 裁可

ra-ti-fi-'car [ら̃.ティ.フィ.'カる] 動 他 ㊾ (c|qu) 批准する, 承認する, 裁可する ～**se** 動 再 (en: を)承認する, 確認する; 批准される, 承認される, 裁可される

'ra-tio ['ら̃.ティオ] 名 女〔数〕割合, 率, 比

ra-'ti-to [ら̃.'ティ.ト] 名 男《話》ほんの少しの間;〔縮小語〕↓rato

'ra+to** ['ら̃.ト] 78% 名 男 しばらくの間; (ある)時間 *a cada* ～ 絶えず *a* ～*s* 時々 *a* [*en*] ～*s perdidos* 自由な時間に, 手があいた時に *¡Hasta otro* ～*!*《話》また会いましょう, ではさようなら《挨拶(あいさつ)》 *ir para* ～ まだ時間がかかる *pasar el* ～ 楽しい時を過ごす; 時間をつぶす, 何もしないでいる *un* ～《話》とても, すごく

*ra-'tón** [ら̃.'トン] 92% 名 男〔動〕(イエ)ネズミ, ハツカネズミ;〔情〕マウス;《中米》《話》力こぶ, 二頭筋;《ベネズエラ》《話》迷惑 *sacarse el* ～《ベネズエラ》《話》迎え酒をする

ra-to-'nar [ら̃.ト.'ナる] 動 他《ネズミが》かじる

ra-to-'ne-ro, -ra [ら̃.ト.'ネ.ろ, ら] 形 ネズミの;《話》けちな, がめつい *música ratonera*《話》〔楽〕〔皮肉〕やかましい音楽 **-ra** 名 女 ネズミ捕り, わな; ネズミの穴;《カリブ》《ベネズエラ》《話》〔商〕小さな店 *caer en la ratonera*《話》わなにかかる

rau-'dal [ら̃ウ.'ダル] 名 男 奔流, 急流; 豊富, 多数, 多量, 洪水 *a* ～*es* 豊富に

'rau-do, -da ['ら̃ウ.ド, ダ] 形《詩》速い, 迅速な

Ra+'úl [ら̃.'ウル] 名 固〔男性名〕ラウル

Ra-'ve-na [ら̃.'ベ.ナ] 名 固〔地名〕ラベンナ《イタリア中北部の都市》

ra-'vio-les [ら̃.'ビオ.レス] 名 男《複》〔食〕ラビオリ《パスタの中に肉やチーズを詰めたもの》

'Raw-son ['ら̃ウ.ソン] 名 固〔地名〕ラウソン《アルゼンチン南部の都市》

*'**ra+ya** ['ら̃.ジャ] 91% 名 女 線;〔体〕髪の分け目;〔衣〕(ズボンの)折り目;〔印〕ダッ

シュ, 横線《一の記号》; 縞(しま), 縞模様, ストライプ; 境, 境界; 限界, ぎりぎりの線; 〔魚〕エイ; 《俗》コカイン; 《コロンビア》《話》探偵, 秘密警察 ***a ~s*** 縞(しま)の, ストライプの ***dar quince*** [***ciento***] ***y ~*** 《話》(a: に)はるかにまさる ***día de ~*** 《メキシコ》給料日 ***en la ~*** 〔軍〕前線に立って, 戦って ***pasar de la ~*** 《話》やり過ぎる, 言い過ぎる, 度を超す ***tener a ~*** (a: を)抑える ***tienda de ~*** 《メキシコ》〔商〕(労働者に掛け売りをする)雑貨店

ra-'ya-do, -da [ら.'ジャ.ド, ダ] 形 縞(しま)の, ストライプの; 線[罫線]が入った; 《メキシコ》《話》大金持ちの 名 男 縞, 縞柄; 線, ストライプ, 罫線

ra-ya-'du-ra [ら.ジャ.'ドゥ.ら] 名 女 ひっかき傷, ひっかいた跡; ひっかくこと

ra-'ya+no, -na [ら.'ジャ.ノ, ナ] 形 (en: に)近い, 似たような; (con: と)境を接する

ra-'yar** [ら.'ジャる] 94% 動 他 ひっかく; 線を引く; 〈に〉下線を引く; 棒引きにする, 線で消す; 〈に〉ストライプの模様をつける 動 自 (en: に)境を接する, 近い; 夜が明ける ***al ~ el alba 夜明けに ***~ a gran altura*** 卓越する, 抜きんでる

‡**'ra+yo** ['ら.ジョ] 88% 名 男 光線, 放射線; 〔気〕雷, 雷光, 稲妻; 動作の敏捷な人; 〔機〕(車輪の)スポーク, 輻(や); 突然の不幸, 予期せぬ出来事 ***echar ~s*** 怒り狂う, すごく怒る ***¡Mal ~ te parta!*** 《話》ええい, こんちくしょう!, くたばれ! 《悪態》

ra-'yón [ら.'ジョン] 名 男 〔衣〕レーヨン

ra-'yue-la [ら.'ジュエ.ら] 名 女 〔遊〕石蹴(け)り遊び; 〔遊〕コイン投げ《コインを線に向けて一番近くに投げた者が勝つ遊び》

‡**'ra+za** ['ら.さ] 87% 名 女 人種, 種族, 民族; (生物の)種類, 種, 血統 ***de ~*** «動物が»純血の

‡**ra-'zón** [ら.'そン] 72% 名 女 理由, 根拠, わけ, 動機; 分別, 思慮, 正気, 道理, 理性, 判断力; 言いつけ, 伝言; 〔数〕比例, 比, 割合; 詳細, 情報; 問い合わせ ***a ~ de ...*** …の割合で ***asistir la ~*** (a: が)正しい, (a: の)言ってることがもっともである ***con ~*** 正当に; どうりで!, 本当だ! ***dar la ~*** (a: の)言ってることが正しいと認める ***dar ~*** (de: …のことを)伝える ***en ~ de ...*** …を考慮に入れて, …が原因で ***entrar en ~*** 納得する ***meter en ~*** 論(さと)す ***perder la ~*** 頭がおかしくなる, ばかなことをする ***~ de ser*** 存在理由 ***~ social*** 〔商〕社名, 商号, 社号 ***tener ~*** 言っていることが正しい ***venirse a razones*** 和解する

ra-zo-'na-ble** [ら.そ.'ナ.ブレ] 91% 形 理性のある, 道理をわきまえた, 分別のある; «値段が»手ごろな, 高くない, 相応の; 道理に合った, 筋の通った; ほどよい, 妥当な ***~-mente 副 合理的に

***ra-zo-na-'mien-to** [ら.そ.ナ.'ミエン.ト] 93% 名 男 思考, 推理, 推論; 論拠

***ra-zo-'nar** [ら.そ.'ナる] 94% 動 自 (con: を)説きつける, 説き伏せる, 論じる; (理性を働かせて)考える, (理性的に)推理する, 判断する 動 他 論証する

rbla. 略 ↑rambla

R. D. 略 =Real Decreto 〔法〕勅令; República Dominicana 〔地名〕ドミニカ共和国

Rdo., Rda. 略 ↓reverendo

're ['れ] 名 男 〔楽〕レ《長音階の第2音》

re~ 〔接頭辞〕「再び, 元へ, 後へ」という意味を示す; 「強意」を示す

'Re+a ['れ.ア] 名 固 〔ギ神〕レア《大地の女神, ゼウスなどの母》

re-a-'brir [れ.ア.'ブりる] 動 他 〔過分 reabierto〕再開する; 再び開ける

‡**re-ac-'ción** [れ.アク.'すぃオン] 85% 名 女 反応, 反響, 反発; 〔政〕(社会的な)反動, 反動的な勢力; 〔化〕反応; 〔医〕(薬の)副作用; 〔物〕反作用; 〔商〕(相場の)反落, 反騰, 反発 ***avión de*** [***a***] ***~*** 〔空〕ジェット機

‡**re-ac-cio-'nar** [れ.アク.すぃオ.'ナる] 89% 動 自 (a: に)反応する

re-ac-cio-'na-rio, -ria [れ.アク.すぃオ.'ナ.りオ, りア] 形 〔政〕反動的な 名 男 女 〔政〕反動主義者

re-ac-cio-na-'ris-mo [れ.アク.すぃオ.ナ.'りス.モ] 名 男 〔政〕反動主義(派)

re+'a-cio, -cia [れ.'ア.すぃオ, すぃア] 形 (a: を)したがらない, いやがる; 頑固な

re-ac-ti-va-'ción [れ.アク.ティ.バ.'すぃオン] 名 女 再活性化

re-ac-ti-'var [れ.アク.ティ.'バる] 動 他 再活性化する

re-ac-ti-vi-'dad [れ.アク.ティ.ビ.'ダド] 名 女 反動, 反動性; 反動力, 反応, 反発

re-ac-'ti-vo, -va [れ.アク.'ティ.ボ, バ] 形 反動の, 反作用の; 〔化〕試薬の, 反応の 名 男 〔化〕試薬

***re-ac-'tor** [れ.アク.'トる] 94% 名 男 原子炉; 〔空〕ジェットエンジン; 〔空〕ジェット機

re-a-dap-ta-'ción [れ.ア.ダプ.タ.'すぃオン] 名 女 再適応; 〔経〕景気回復; 再教育; 〔医〕(病人の)機能回復, リハビリテーション

re-a-dap-'tar [れ.ア.ダプ.'タる] 動 他 (a: に)再適応させる; 再教育する; 〔医〕〈病人を〉機能回復させる, 〈に〉リハビリテーションをする ***~se*** 動 再 再適応する; 再教育される; 〔医〕«病人が»機能回復する

re-ad-mi-'sión [れ.アド.ミ.'スィオン] 名 女 復帰, 再雇用, 復学

re-ad-mi-'tir [れ.アド.ミ.'ティる] 動 他 再び入れる, 再び許す, 復帰させる, 復学させ

る, 再雇用する

re-a-fir-'mar [r̃e.ア.フィ る.'マ る] 動 他 再び断言する, 再確認する

re-a-jus-'tar [r̃e.ア.ふス.'タ る] 動 他 再調整する, 整理し直す; 値上げする

re-a-'jus-te [r̃e.ア.'ふス.テ] 名 男 再調整, 再整理; 値上げ

‡re+'al [r̃e.'アル] 75% 形 実在の, 現実の, 実際の; 本当の, 真の, 本物の; 王の, 王室の; 王立の, 勅許の《国王の許可, 保護の下に設立された》; 王者らしい, 堂々とした, 立派な, 大型の; 〔名詞の前で〕《話》すばらしい, 美しい, ハンサムな 名 男 レアル《ブラジルの通貨》; 〘歴〙〘経〙 レアル《昔のスペイン・ラテンアメリカで使われた硬貨, 25 センチモ》; 〘商〙 市場; 〘軍〙 駐屯地, 陣地, 本陣 *alzar* [*levantar*] *el* ~ 〘軍〙 陣地を引き払う *no tener un* ~ 《話》〔比喩〕一銭もない

re+'al-ce [r̃e.'アル.せ] 名 男 浮き彫り; 光り, 輝き, 華; 際立つこと; 〘絵〙 最も明るい部分, ハイライト

re+a-'len-go, -ga [r̃e.ア.'レン.ゴ, ガ] 形 王室の, 王直属の 名 男 《ベネズエラ》 所有者のいない物

re+a-'le-ro [r̃e.ア.'レ.ろ] 名 男 《ベネズエラ》《話》 大金

re+a-'le-za [r̃e.ア.'レ.さ] 名 女 王位, 王権; 王の尊厳, 王威

re+a-li-'cé, -ce(~) 動 《直点 1 単, 接現》 ↓realizar

‡re+a-li-'dad [r̃e.ア.リ.'ダド] 73% 名 女 現実性, 現実に存在すること, 実在; 現実, 現実に存在するもの, 実際に見た[経験した]もの, 事実, 実際, 実態; 現実味, 実物そっくり, 写実性 *en* ~ 実際は, 実は, 本当は *tomar* [*hacerse*] ~ 現実化する

***re+a-'lis-mo** [r̃e.ア.'リス.モ] 93% 名 男 〘美〙〘文〙 写実主義, リアリズム; 現実主義; 〘哲〙 実在論; 〘政〙 王制; 王制主義

***re+a-'lis-ta** [r̃e.ア.'リス.タ] 93% 形 現実主義の, 現実的な; 〘美〙〘文〙 写実派の, リアリズムの, 写実主義の; 〘哲〙 実在論的な; 〘政〙 勤王[王制]主義の, 王党派の 名 共 現実主義者; 〘哲〙 実在論者; 〘美〙〘文〙 写実主義者; 〘政〙 勤王[王制]主義者, 王党派 **~mente** 副 現実的に, 現実主義で

re+a-li-'za-ble [r̃e.ア.リ.'さ.ブレ] 形 実現できる, 達成できる

‡re+a-li-za-'ción [r̃e.ア.リ.さ.'すぃオン] 88% 名 女 (希望・計画などの)実現, 達成, 現実化; 作品, 成果; 〘商〙 (財産などの)現金化; 《コロンビア》《チリ》〘商〙 大売り出し, セール

re+a-li-za-'dor, -'do-ra [r̃e.ア.リ.さ.'ド る, 'ド.ら] 形 実行する 名 男 女 実行する人; 〘映〙 映画監督

‡re+a-li-'zar [r̃e.ア.リ.'さ る] 69% 動 他 ㉞ (z|c) 〈希望・計画などを〉実現する, 現実化する; 〘商〙 現金に換える, 売る **~se** 動 再 実現される; 自己を実現する, 自分の可能性を生かす, 自分の目標を達成する

‡re+al-'men-te [r̃e.'アル.'メン.テ] 77% 副 本当に, 実際に; まったく, 本当に, 実に

re-al-qui-'lar [r̃e.アル.キ.'ラ る] 動 他 また貸しする

re-al-'zar [r̃e.アル.'さ る] 動 他 ㉞ (z|c) 目立たせる; 魅力を高める[増す]; 称揚する; 〘衣〙 浮き彫り刺繍(ししゅう)を施す

re-a-ni-'mar [r̃e.ア.ニ.'マ る] 動 他 生き返らせる, 励ます, 〈の〉元気を回復させる; 〈に〉活気を与える **~se** 動 再 生き返る, 元気を回復する, 活発になる, 活気づく

re-a-nu-da-'ción [r̃e.ア.ヌ.ダ.'すぃオン] 名 女 再開, 更新

re-a-nu-'dar [r̃e.ア.ヌ.'ダ る] 動 他 再び始める, 再開する **~se** 動 再 再開される, 再び始まる

re-a-pa-re-'cer [r̃e.ア.パ.れ.'せ る] 動 自 ㊺ (c|zc) 再び現れる, 再登場する, カムバックする, 返り咲く

re-a-pa-ri-'ción [r̃e.ア.パ.り.'すぃオン] 名 女 再登場, 再出現, カムバック, 返り咲き, リバイバル

re-a-per-'tu-ra [r̃e.ア.ぺ る.'トゥ.ら] 名 女 再開

re-ar-'mar [r̃e.ア る.'マ る] 動 他 〘軍〙 再武装させる, 再軍備させる **~se** 動 再 〘軍〙 再武装する, 再軍備する

re+'ar-me [r̃e.'ア る.メ] 名 男 〘軍〙 再武装, 再軍備

re+'a-ta [r̃e.'ア.タ] 名 女 〘畜〙 (家畜をつなぐ)綱, (輪縄につながれた)馬の列, 荷を引く先頭のロバ *de* ~ 列になって, 続いて

re+a-'ta-zo [r̃e.ア.'タ.そ] 名 男 《メキシコ》《話》 げんこつ, 殴りつけ; むち打ち

re+a-vi-'var [r̃e.ア.ビ.'バ る] 動 他 かき立てる, あおる; 元気づける, 活気づける

***re-'ba-ja** [r̃e.'バ.は] 91% 名 女 〘商〙 割引, 安売り, 値引き, 値下げ, ディスカウント; 〘商〙 割引額

re-ba-'ja-do, -da [r̃e.バ.'は.ド, ダ] 形 〘商〙 値下げした, セールになった; 低下した, 下落した

‡re-ba-'jar [r̃e.バ.'は る] 89% 動 他 〘商〙 〈価格・程度・品位などを〉下げる, 引き下げる, 低下させる; 〈重さ・量・価値などを〉少なくする, 小さくする, 縮小する; 低くする, 下げる; 〈力などを〉弱める **~se** 動 再 へりくだる, 卑下して(a 不定詞: …)する; 〘軍〙 兵役免除になる

re-'ba-je [r̃e.'バ.へ] 名 男 《メキシコ》〘商〙 安売り

re-ba-'na-da [r̃e.バ.'ナ.ダ] 名 女 〘食〙 (パンの)薄切り, 一枚, スライス

r

re-ba-'nar [r̃e.バ.'ナる] 動 他〘食〙薄切りにする; 切断する, 切り落とす

re-ba-'ñar [r̃e.バ.'ニャる] 動 他《話》まとめる;《話》たいらげる,〈の〉皿を空にする

*__re-'ba-ño__ [r̃e.'バ.ニョ] 94% 名 男〘動〙〘集合〙家畜(の群れ),〘特に〙羊の群れ;〘集合〙〘宗〙カトリック教徒[信者]

re-ba-'sar [r̃e.バ.'サる] 動 他 超える, しのぐ, 上回る, 追い越す;〈の〉限度を超える;〘海〙〈船・障害物を〉迂回する 動 自 追い越す ~**se** 動 再 あふれる, こぼれる

re-ba-'ti-ña [r̃e.バ.'ティ.ニャ] 名 女 取り合い, 争奪

re-ba-'tir [r̃e.バ.'ティる] 動 他 論駁(ろんばく)する, 反駁(はんばく)する, やりこめる; 追い払う, 撃退する; 抵抗する; 差し引く, 控除する

re-'ba-to [r̃e.'バ.ト] 名 男 警報, 危険を知らせる声[合図];〘軍〙奇襲攻撃 *de* ~《話》突然に *tocar a* ~ 警報を鳴らす

re-'be-ca [r̃e.'ベ.カ] 名 女〘衣〙カーディガン **R**~ 名 固〘女性名〙レベーカ

re-'be-co [r̃e.'ベ.コ] 名 男〘動〙カモシカ, レイヨウ, シャモア

re-be-'lar-se [r̃e.ベ.'ラる.セ] 動 再 (ante, contra: に)反乱を起こす, 反抗する, 逆らう

‡**re-'bel-de** [r̃e.'ベル.デ] 88% 形 名 共 (a: に)反逆した(人), 反抗的な(人), 反乱の; 手に負えない, 御しにくい;〘医〙《病気が》治りにくい;〘法〙欠席裁判の, 出廷拒否の; 反逆者, 反抗者, 謀反者;〘法〙(裁判の)欠席者, 出廷拒否者

*__re-bel-'dí+a__ [r̃e.ベル.'ディ.ア] 92% 名 女 反逆, 反抗;〘法〙出廷拒否

*__re-be-'lión__ [r̃e.ベ.'リオン] 92% 名 女 反乱, 謀反, 暴動

re-'ben-que [r̃e.'ベン.ケ] 名 男〘歴〙(徒刑船で使われた)むち;〘一般〙むち

re-'bién [r̃e.'ビエン] 副《話》とてもよく, 最高に

re-blan-de-'cer [r̃e.ブラン.デ.'せる] 動 他 ㊺ (c|zc) 軟らかくする, 軟化させる ~**se** 動 再 軟らかくなる, 軟化する

re-blan-de-ci-'mien-to [r̃e.ブラン.デ.すぃ.'ミエン.ト] 名 男 軟らかくする[なる]こと, 軟化

re-'blu-jo [r̃e.'ブル.ほ] 名 男《コロンビア》《話》がらくた, 寄せ集め

re-bo-bi-'na-do [r̃e.ボ.ビ.'ナ.ド] 名 男 (フィルムなどの)巻き戻し;〘写〙巻き取り装置

re-bo-bi-'nar [r̃e.ボ.ビ.'ナる] 動 他〈フィルムなどを〉巻き戻す;〈ボビンの糸を〉他の糸と換える, 巻き移す

re-'bo-llo [r̃e.'ボ.ジョ] 名 男〘植〙トルコガシ

re-'bor-de [r̃e.'ボる.デ] 名 男〘技〙フランジ, 突縁(とつえん), (車輪の)輪縁(わぶち)

re-bo-'ru-jo [r̃e.ボ.'る.ほ] 名 男《メキシコ》《話》騒ぎ, 混乱

re-bo-'san-te [r̃e.ボ.'サン.テ] 形 いっぱいの, あふれるばかりの

re-bo-'sar [r̃e.ボ.'サる] 動 自 (de: から)あふれる, こぼれる;《川などが》氾濫(はんらん)する; (de: で)いっぱいである, あり余る(ほどである), みなぎる, 満ちる 動 他〈水などを〉あふれさせる, こぼす; あふれる, 入りきれない

re-bo-'ta-do, -da [r̃e.ボ.'タ.ド, ダ] 形《コロンビア》《話》気性が激しい, 乱暴な;《コロンビア》〘医〙《話》消化不良を起こした

re-bo-'tar [r̃e.ボ.'タる] 動 自 はね上がる, はずむ; (en, contra: に)当たる, ぶつかる ~**se** 動 再《話》怒る, いらだつ

re-'bo-te [r̃e.'ボ.テ] 名 男 はずみ, はね返り, 反発力 *de* ~ はね返って; 間接的に, 結果的に

re-bo-'zar [r̃e.ボ.'さる] 動 他 ㉞ (z|c) 包む, 覆(おお)う;〘食〙〈食品に〉衣をつける ~**se** 動 再 (自分の体を)覆う, 包む

re-'bo-zo [r̃e.'ボ.そ] 名 男《ラ米》〘衣〙ベール, 肩掛け, ショール; ごまかし, 偽り, まやかし *de* ~ 秘密に, 隠して, こっそりと

re-bro-'tar [r̃e.ブろ.'タる] 動 自 再び芽生える

re-'bue+no, -na [r̃e.'ブエ.ノ, ナ] 形 名 男 女《話》とてもいい(人)

re-bu-'jar [r̃e.ブ.'はる] 動 他 くしゃくしゃに丸める, 無造作に押し込む

re-'bu-jo [r̃e.'ブ.ほ] 名 男 くしゃくしゃに丸めること, 無造作に押し込むこと;《コロンビア》《話》がらくた, 寄せ集め

re-bu-'llir(-se) [r̃e.ブ.'ジる(.セ)] 動 自 (再) ⑩ (i) 動く, 動き出す 動 他《コロンビア》かき混ぜる

re-'bus-ca [r̃e.'ブス.カ] 名 女〘農〙摘み[刈り]残しを拾い集めること, 落ち穂拾い

re-bus-'ca-do, -da [r̃e.ブス.'カ.ド, ダ] 形 名 男 女 わざとらしい, 不自然な, 凝った

re-bus-ca-'dor, -'do-ra [r̃e.ブス.カ.'ドる, 'ド.ら] 形 名 男 女《コロンビア》《話》やりくりが上手な(人)

re-bus-'car [r̃e.ブス.'カる] 動 他 ㊴ (c|qu) あさる, 念入りに探す; 徹底的に研究[調査]する, 吟味する;〘農〙〈摘み[刈り]残しを〉拾い集める,〈落ち穂を〉拾う

re-'bus-que [r̃e.'ブス.ケ] 名 男《コロンビア》その日暮らし, やりくり;《ベネズエラ》《ラプラタ》《話》不正な仕事;《ベネズエラ》《話》浮気, 不倫;《ベネズエラ》《話》副業, 片手間仕事

re-buz-'nar [r̃e.ブす.'ナる] 動 自〘畜〙《ロバが》鳴く

re-'buz+no [r̃e.'ブす.ノ] 名 男〘畜〙(ロバの)鳴き声

r

re-ca-'bar [r̃れ.カ.'バる] 動 他 (嘆願によって)得る; 懇請する, 要求する

re-ca-'de-ro, -ra [r̃れ.カ.'デ.ろ, ら] 名 男 女 走り使い, 使者

__re-'ca-do__ [r̃れ.'カ.ド] 94% 名 男 伝言; 〔複〕買い物, 用足し; よろしくとの挨拶(あいさつ); 〔人〕使い, 使い走り; 道具一式, 用具; 贈り物; (ラ)〔畜〕馬具

re-ca+er [r̃れ.カ.'エる] 動 自 ⑫〔直現1単 recaigo; -y-〕(en: に)逆戻りする, 再び堕落する; 〔医〕同じ病気になる, (en: の)病気が再発する; (sobre: に)及ぶ, 落ち着く; 再び落ちる; (en: の)手に入る, ものとなる; «窓が» (a: に)面する

re-ca+'í-da [r̃れ.カ.'イ.ダ] 名 女 〔医〕(病状の)ぶり返し, 再発; 逆戻り, 堕落

re-'cai-go, -ga(~) 動 (直現1単, 接現) ↑recaer

re-ca-'lar [r̃れ.カ.'ラる] 動 他 ずぶぬれにする 動 自 〔海〕(船から)陸地を認める

re-cal-'car [r̃れ.カル.'カる] 動 他 (69) (c|qu) 強調する, 力説する; 詰め込む, 押し込む 動 自 〔海〕«船が»傾く, かしぐ　~se 動 再 かみしめるように言う, 繰り返す

re-cal-ci-'tran-te [r̃れ.カル.すぃ.'トらン.テ] 形 頑強に抵抗する, 強情な, 反抗的な

re-cal-cu-'lar [r̃れ.カル.ク.'ラる] 動 他 再計算する, 検算する

re-ca-len-ta-'mien-to [r̃れ.カ.レン.タ.'ミエン.ト] 名 男 過熱, オーバーヒート; 温め直し, 再過熱

re-ca-len-'tar [r̃れ.カ.レン.'タる] 動 他 ㊿ (e|ie) 過熱する, オーバーヒートさせる; 再び熱する, 再加熱する; (俗) 性的に興奮させる　~se 動 再 過熱する, オーバーヒートする; 再加熱される; (俗) 性的に興奮する

re-ca-li-fi-ca-'ción [r̃れ.カ.リ.フィ.カ.'すぃオン] 名 女 再評価

re-ca-li-fi-'car [r̃れ.カ.リ.フィ.'カる] 動 他 (69) (c|qu) 再評価する

re-cal-'zar [r̃れ.カル.'さる] 動 他 ㉞ (z|c) 〔農〕<に>盛り土をする; 〔建〕補強する; 〔絵〕<に>色を塗る

re-ca-'ma-do [r̃れ.カ.'マ.ド] 名 男 〔衣〕(金糸・銀糸・真珠などを使う)浮き出し刺繍(ししゅう)

re-ca-'mar [r̃れ.カ.'マる] 動 他 〔衣〕<に>浮き出し刺繍(ししゅう)をする

re-'cá-ma-ra [r̃れ.'カ.マ.ら] 名 女 化粧室; 衣装部屋; 〔鉱〕発破薬を詰めた穴; (銃の)薬室; (話) 用心, 慎重さ; (ラ*) 寝室

re-cam-'bia-ble [r̃れ.カン.'ビア.ブレ] 形 «部品などが»交換可能な

re-cam-'biar [r̃れ.カン.'ビアる] 動 他 <部品などを>換える, 取り替える, 交換する; 再び換える; 〔商〕<手形を>再び発行する, <戻り手形を>発行する

re-'cam-bio [r̃れ.'カン.ビオ] 名 男 予備部品, スペア; 取り替え; 再び替えること; 〔商〕戻り手形

re-ca-pa-ci-'tar [r̃れ.カ.パ.すぃ.'タる] 動 自 (格) (sobre: を)熟考する, 思案する 動 他 (格) 熟考する, 思案する

re-ca-pi-tu-la-'ción [r̃れ.カ.ピ.トゥ.ラ.'すぃオン] 名 女 概括, 要約, まとめ, 締めくくり

re-ca-pi-tu-'lar [r̃れ.カ.ピ.トゥ.'ラる] 動 他 まとめる, 要約する

re-car-'ga-ble [r̃れ.カる.'ガ.ブレ] 形 «電池などが»充電可能な

re-car-'ga-do, -da [r̃れ.カる.'ガ.ド, ダ] 形 凝った, ごてごて飾った; 荷を詰みすぎた; (メキシコ) (話) いばった; 気取った

*__re-car-'gar__ [r̃れ.カる.'ガる] 94% 動 他 ㊶ (g|gu) <に>(de: 荷を)積みすぎる, <に>重荷をかけすぎる; <に>再び荷を積む, 入れ直す; <に>追加料金[追徴金]を課する; 飾りすぎる, (de: で)ごてごてと飾る; <電池を>充電する; 増す, 増やす; (de: を)入れすぎる; 〔法〕<の>刑期を延ばす, <の>刑を重くする; (de: 仕事・責任などを) <に>負わせる; 〔情〕リロードする　~se 動 再 (de: で)自分を飾りたてる; 〔医〕熱が上がる

re-'car-go [r̃れ.'カる.ゴ] 名 男 追加料金; 〔法〕追加税, 追徴金; 〔法〕刑の加重, 刑期の延長; 積みすぎ, 余分の荷物; 〔医〕発熱, 体温の上昇

re-ca-'ta-do, -da [r̃れ.カ.'タ.ド, ダ] 形 控えめな, 内気な, 無口な; 謙虚な, 慎み深い; 用心深い, 細心な, 慎重な

re-ca-'tar [r̃れ.カ.'タる] 動 他 隠す, 秘密にする; 見直す, 調べ直す　~se 動 再 (de: を)ためらう, 遠慮する; (遠慮して)隠れる, 目立たないようにする; 慎重に行動する

re-'ca-to [r̃れ.'カ.ト] 名 男 用心, 慎重; 謙遜(けんそん), 遠慮, 慎み　*sin* ~ 自由に, 遠慮なく

re-cau-chu-'ta-do [r̃れ.カウ.チュ.'タ.ド] 名 男 〔車〕古タイヤに踏み面をつけ直すこと

re-cau-chu-'tar [r̃れ.カウ.チュ.'タる] 動 他 〔車〕<古タイヤに>踏み面をつけ直す

re-cau-da-'ción [r̃れ.カウ.ダ.'すぃオン] 名 女 取り立て, 集金, 募金; 〔法〕徴税; 受領高, 徴収高; 徴税事務所, 税務署, 収税局

re-cau-da-'dor, -'do-ra [r̃れ.カウ.ダ.'ドる, 'ド.ら] 形 〔法〕徴税の, 集金の 名 男 女 〔法〕徴税者, 収税吏, 集金人

re-cau-'dar [r̃れ.カウ.'ダる] 動 他 〔法〕<税金などを>徴収する, 集金する, 募金する

re-cau-da-'to-rio, -ria [r̃れ.カウ.ダ.'ト.りオ, りア] 形 〔法〕徴税の, 集金の

re-'cau-do [r̃れ.'カウ.ド] 名 男 用心, 警

戒;〔法〕徴税;〔法〕保釈金, 担保, 保証金

re-'ca-zo [れ.'カ.そ] 名 男 (刀剣の)つば;(刀の)峰(みね)《刃のない側》

re-'cé, -ce(~) 動《直点1単, 接現》⬇rezar

re-'ce-cho [れ.'せ.チョ] 名 男 待ち伏せによる狩猟

re-ce-'lar [れ.せ.'ラる] 動 他 〈que 直説法/接続法: …ではないかと〉疑う, 怪しむ;〈que 接続法: …になることを〉おそれる;〔畜〕(雄馬を前において)〈雌馬を〉興奮させる 動 自 (de: を)疑う, (de: に)不信感を抱く

re-'ce-lo [れ.'せ.ロ] 名 男 不信, 疑惑;容疑; 不安, 心配

***re-ce-'lo-so, -sa** [れ.せ.'ロ.ソ, サ] 94% 形 疑い深い, 容易に信じない, 懐疑的な; 心配そうな, 不安な

re-cen-'sión [れ.せン.'スィオン] 名 女 書評, 論評; 校訂

re-cen-'tal [れ.せン.'タル] 形〔畜〕《ヤギ・ヒツジ[羊]・ウシ[牛]が》乳離れしていない 名 男〔畜〕乳獣《ヤギ・ヒツジ[羊]・ウシ[牛]》

***re-cep-'ción** [れ.せプ.'すぃオン] 93% 名 女 歓迎会, レセプション; (ホテル・会社などの)受付, フロント; (客などを)迎え入れること, 歓迎, 接待, 待遇; 受け取ること, 受領, 受理; 入会, 加入;〔放〕受信, 聴取;〔競〕〔サッカー〕トラップ

re-cep-cio-'nar [れ.せプ.すぃオ.'ナる] 動 他 ⇩recibir

re-cep-cio-'nis-ta [れ.せプ.すぃオ.'ニス.タ] 名 共 (ホテルの)フロント係; (会社の)受付係, 案内係

re-cep-'tá+cu-lo [れ.せプ.'タ.ク.ロ] 名 男 容器;〔植〕花床, 花托(かたく)

re-cep-ti-vi-'dad [れ.せプ.ティ.ビ.'ダド] 名 女 受容性, 感受性

re-cep-'ti-vo, -va [れ.せプ.'ティ.ボ, バ] 形 受け入れやすい, 受容しやすい;《人が》感化されやすい

re-cep-'tor, -'to-ra [れ.せプ.'トる, 'ト.ら] 形 受け取る, 受け手の 名 男 女 受け取り人, 受け手 名 男〔電〕受話器;〔機〕受信機, レシーバー, 受像機;〔生〕受容器, 感覚器官;〔競〕〔野球〕キャッチャー

re-ce-'sión [れ.せ.'スィオン] 名 女〔経〕景気後退, 不景気

re-ce-'si-vo, -va [れ.せ.'スィ.ボ, バ] 形〔経〕《景気が》後退する, 不景気の;〔生〕劣性の

re-'ce-so [れ.'せ.ソ] 名 男 休業, 休会, 休憩; 逸脱, それること;《ラ米》休暇

***re-'ce-ta** [れ.'せ.タ] 93% 名 女〔医〕処方, 処方箋(しょほうせん);〔食〕調理法, レシピ, 作り方; 方法, 手順; こつ, 秘訣(ひけつ)

***re-ce-'tar** [れ.せ.'タる] 94% 動 他〔医〕〈薬・療法などを〉処方[指示]する;《話》頼む

re-cha-'cé, -ce(~) 動《直点1単, 接現》⬇rechazar

⁑**re-cha-'zar** [れ.チャ.'さる] 86% 動 他 ㉞ (z|c) 断る, 拒絶する, 拒否する, はねつける; 追い払う, 撃退する; はじく, はねかえす;〔競〕〔サッカーなど〕〈ボールを〉クリアーする

⁑**re-'cha-zo** [れ.'チャ.そ] 90% 名 男 拒絶, 拒否; 否定, 否認; はね返り, 反動 *de ~* はね返って, 間接的に

re-'chi-fla [れ.'チ.フラ] 名 女 やじること, ブーブーいうこと; あざけり, あざわらい

re-chi-'flar [れ.チ.'フラる] 動 他 やじる, 〈に〉口笛を吹く ~se 動 再 (de: を)あざける, やじる

re-chi-'nar [れ.チ.'ナる] 動 自 きしる, きしむ, キーキー[ギシギシ]という; 歯ぎしりする

re-chis-'tar [れ.チス.'タる] 動 自〔軽蔑〕しゃべる, 口をきく, 文句を言う

re-'chon-cho, -cha [れ.'チョン.チョ, チャ] 形《話》まるまる太った, ずんぐりした

re-chu-'pe-te [れ.チュ.'ペ.テ]〔成句〕*de ~*《話》〔食〕おいしく, おいしい;《話》すばらしく, すばらしい

re-ci-'bí [れ.すぃ.'ビ] 名 男〔複 -bíes⇦-bís〕受領書; 受け取りのサイン

re-ci-bi-'dor [れ.すぃ.ビ.'ドる] 名 男〔建〕応接間, 待合室

***re-ci-bi-'mien-to** [れ.すぃ.ビ.'ミエン.ト] 94% 名 男 応接, 歓迎, もてなし; 控えの間, 応接間, 待合室; 受け取ること, 受領, 受理

⁑**re-ci-'bir** [れ.すぃ.'ビる] 69% 動 他 〈手紙・贈り物などを〉受け取る, 受ける, もらう;〈忠告・申し出・非難・攻撃などを〉受け入れる, 受託する, 受ける; 迎える, 歓迎する, もてなす; 迎えに行く; 診察する, 〈に〉応対する, 〈に〉面会する; 容れる, 摂取する, 受容する;〈重さなどを〉支える, 耐える;〈待遇・処置などを〉受ける; 〈給与を〉受け取る; 待ち受ける, 待ち構える 動 自 面会する, 応対する, 診察する ~se 動 再 (de: の)資格を取る; 大学を卒業する

⁑**re-'ci-bo** [れ.'すぃ.ボ] 90% 名 男 受領書, 受け取り; 受け取ること, 受領; 受け入れ, 歓迎 *estar de ~* 準備ができている; 条件を満たしている

re-ci-'cla-je [れ.すぃ.'クラ.へ] 名 男 リサイクル, 再生加工; 再教育, 再訓練

re-ci-'clar [れ.すぃ.'クラる] 動 他 リサイクルする, 再生加工する; 再教育する, 再訓練する

re-ci-'di-va [れ.すぃ.'ディ.バ] 名 女〔医〕(病気の)再発

⁑**re-'cién** [れ.'すぃエン] 86% 副〔~過去分詞〕…したばかりの, 最近…した 副《ラ米》近ごろ, このごろ, 近来, ついさっき, たった今 接

r

|《ラ米》…するとすぐに

re-cien-'ci-to [れ.すぃエン.'すぃ.ト] 副 《チリ》《ラプラタ》《話》たった今, ついさっき, ちょっと前に

re-'cien-te [れ.'すぃエン.テ] 86% 形 近ごろの, 最近の; 新鮮な

re-'cien-te-'men-te [れ.'すぃエン.テ.'メン.テ] 89% 副 最近, 近ごろ

***re-'cin-to** [れ.'すぃン.ト] 92% 名 男 〔宗〕(寺院の)境内; 構内; 囲い地

***'re-cio, -cia** ['れ.すぃオ, すぃア] 93% 形 強い, たくましい, 丈夫な, 太い, 頑丈な; «雨・攻撃などが»猛烈な, 激しい; «声が»大きい 副 強く, ひどく, 激しく; 声高く, 大声で *de* ～ 強く, 激しく

re-ci-'pien-te [れ.すぃ.'ピエン.テ] 名 男 水差し, 容器, 器 形 受け取る, 受容する 名 共 受納者, 受け取り人

re-ci-pro-'car [れ.すぃ.プろ.'カる] 動 他 ⑹⑼ (c|qu) ‹相手に›同様のお返しをする

re-ci-pro-ci-'dad [れ.すぃ.プろ.すぃ.'ダド] 名 女 相互関係, 相互依存状態; 〔経〕互恵主義 *en* ～ お返しに

re-'cí-pro-co, -ca** [れ.'すぃ.プろ.コ, カ] 94% 形 相互の, 互いの; 互恵的な; 〔言〕相互の; 〔数〕相反の, 逆の ***a la recíproca 反対に, 逆に **-camente** 副 相互に, 互いに; 互恵的に

re-ci-ta-'ción [れ.すぃ.タ.'すぃオン] 名 女 朗唱, 吟唱, 朗読; 暗唱

re-ci-'ta-do [れ.すぃ.'タ.ド] 名 男 〔楽〕叙唱, 吟唱; 〔文〕朗唱, 朗読

re-ci-ta-'dor, -'do-ra [れ.すぃ.タ.'ドる, 'ド.ら] 名 男 女 〔文〕(詩の)朗読者

re-ci-'tal [れ.すぃ.'タル] 名 男 〔楽〕リサイタル, 独唱会, 独奏会; 〔文〕朗読会

***re-ci-'tar** [れ.すぃ.'タる] 93% 動 他 〔楽〕(聴衆の前で)朗唱する; 〔文〕朗読する; 暗唱する

re-ci-ta-'ti-vo, -va [れ.すぃ.タ.'ティ.ボ, バ] 形 〔楽〕叙唱の, レチタティーボの

***re-cla-ma-'ción** [れ.クラ.マ.'すぃオン] 92% 名 女 (権利としての)要求, 請求, (所有権などの)主張; 苦情, クレーム, 抗議

****re-cla-'mar** [れ.クラ.'マる] 87% 動 他 要求する, 請求する; 必要とする, いる; ‹鳥を›おびき寄せる; 〔法〕‹犯罪者などを›召喚する 動 自 (contra: に)抗議する, 異議を申し立てる

re-'cla-mo [れ.'クラ.モ] 名 男 おとりになる鳥, デコイ; おとり笛, 鳥笛; 誘い, 呼びかけ; 広告, 宣伝; 参照符; 〔商〕クレーム, 苦情; 抗議, 異議; 〔印〕つなぎ言葉

re-cli-'na-ble [れ.クリ.'ナ.ブレ] 形 «椅子が»倒れる, リクライニングの

re-cli-'nar [れ.クリ.'ナる] 動 他 もたせかける; 傾ける ～**se** 動 再 寄りかかる

re-cli-na-'to-rio [れ.クリ.ナ.'ト.りオ] 名 男 〔宗〕祈禱(きとう)台

re-'cluir [れ.'クルイる] 動 他 ㊲ (-y-) (en: に)閉じこめる, 監禁する ～**se** 動 再 (en: に)引きこもる, 閉じこもる

re-clu-'sión [れ.クル.'スィオン] 名 女 閉じこもり, 閉居; 監禁, 幽閉; 〔法〕投獄, 懲役; 監禁場所, 刑務所

re-'clu-so, -sa [れ.'クル.ソ, サ] 形 収監された, 刑務所に入れられた 名 男 女 囚人

re-'clu-ta [れ.'クル.タ] 名 男 〔軍〕新兵, 補充兵 名 女 〔軍〕徴兵, 徴募; 〔一般〕募集, リクルート

re-clu-ta-'mien-to [れ.クル.タ.'ミエン.ト] 名 男 〔軍〕徴兵, 徴募; 〔一般〕募集, リクルート

re-clu-'tar [れ.クル.'タる] 動 他 〔特に〕〔軍〕徴兵する, 徴募する; 〔一般〕‹人を›募集する

***re-co-'brar** [れ.コ.'ブらる] 93% 動 他 ‹失ったものなどを›取り戻す; 〔医〕‹健康などを›回復する; 生き返らせる, 蘇生(そせい)させる; ‹損失を›償う, ‹損害賠償を›取る ～**se** 動 再 意識を回復する, 正気に戻る; 取り戻す

re-'co-bro [れ.'コ.ブろ] 名 男 取り戻すこと, 回復, 復旧

re-co-'cer [れ.コ.'せる] 動 他 ⑬ (o|ue; c|z) 〔食〕調理し直す, 温める; 〔食〕焼き[煮]直す; 〔食〕煮すぎる, 焼きすぎる; 〔技〕‹鋼・ガラスなどを›焼きなます ～**se** 動 再 (de, por: 怒り・嫉妬(しっと)などで)苦しむ, さいなまれる

re-co-chi-ne-'ar-se [れ.コ.チ.ネ.'アる.セ] 動 再 《話》(de: を)あざける, ばかにする

re-co-chi-'ne-o [れ.コ.チ.'ネ.オ] 名 男 《話》あざけり

re-'co-do [れ.'コ.ド] 名 男 〔地〕(川などの)湾曲部; 〔一般〕湾曲部, 曲がり目

re-co-ge-'dor [れ.コ.へ.'ドる] 名 男 ちり取り

****re-co-'ger** [れ.コ.'へる] 77% 動 他 ⑭ (g|j) 拾う, 取り上げる, 取る; 集める, 収集する, 回収する, 採集する; 〔農〕‹果物を›摘む, ‹作物を›収穫する, 採取する; 迎えに行く; 手に入れる, 獲得する, 収める; しまう, 片づける; かくまう, 保護する, 引き取る; 〔衣〕‹服の›すそを上げる[つめる]; ‹刊行物を›押収する, 発行停止にする ～**se** 動 再 家へ帰る; 〔衣〕‹自分の身についているものを›たくし上げる; 〔体〕‹髪を›束ねる; 引きこもる

re-co-'gi-do, -da [れ.コ.'ひ.ド, ダ] 形 孤立した, 引きこもった, 隠遁(いんとん)した; «動物が»小さい, ずんぐりした **-da** 名 女 回収, 収集, 集めること; 〔農〕刈り入れ, 収穫

re-co-gi-'mien-to [れ.コ.ひ.'ミエン.

ト] 名 男 引きこもること, 隠遁(いんとん); 没頭

re-'co-jo, -ja(~) 動《直現1単, 接現》↑recoger

re-co-lec-'ción [r̃e.コ.レク.'すぃオン] 名 女〔農〕(穀物などの)収穫, 取り入れ; 収穫期; 収穫高, 取り入れ量; 収集; 回収; 採集; 集金;〔宗〕黙想(もくそう)

re-co-lec-'tar [r̃e.コ.レク.'タる] 動 他〔農〕収穫する, 刈り入れる, 取り入れる; 集める, 収集する

re-co-lec-'tor, -'to-ra [r̃e.コ.レク.'トる, 'ト.ら] 名 男 女〔農〕刈り入れ人; 収集者 形〔農〕刈り入れの; 収集の

re-co-'le-to, -ta [r̃e.コ.'レ.ト, タ] 形 隠遁(いんとん)した, 隠居した; 静かな, 閑散とした 名 男 女〔宗〕(黙想(もくそう)中の)修道士[女]

re-co-lo-ca-'ción [r̃e.コ.ロ.カ.'すぃオン] 名 女 再雇用; 再配置

re-co-lo-'car [r̃e.コ.ロ.'カる] 動 他 69 (c|qu) 再雇用する; 再配置する

***re-co-men-'da-ble** [r̃e.コ.メン.'ダ.ブレ] 93% 形 推薦できる

***re-co-men-da-'ción** [r̃e.コ.メン.ダ.'すぃオン] 91% 名 女 推薦, 推奨; 推薦状; 忠告, 勧告

re-co-men-'da-do, -da [r̃e.コ.メン.'ダ.ド, ダ] 形《コロンビア》書留の

re-co-men-'dar [r̃e.コ.メン.'ダる] 87% 動 他 50 (e|ie) 推薦する, 勧める;〈不定詞/que 接続法: …するように〉勧める, 助言する, 忠告する; (a: に)ゆだねる, 託す

re-co-'mer [r̃e.コ.'メる] 動 他 ⇩reconcomer

re-co-'mien-d~ 動《直現/接現/命》↑recomendar

***re-com-'pen-sa** [r̃e.コン.'ペン.サ] 93% 名 女 報酬, ほうび; 償い, 報い

re-com-pen-'sar [r̃e.コン.ペン.'サる] 動 他〈に〉報いる,〈に〉報酬を与える

re-com-pon-dr~ 動《直未/過未》↓recomponer

re-com-po-'ner [r̃e.コン.ポ.'ネる] 動 他 53 〔poner; 命 -pón〕作り直す, 改組する; 着飾る, 盛装させる; 修理する　~se 動 再 着飾る, 盛装する

re-com-'pon-go, -ga(~) 動《直現1単, 接現》↑recomponer

re-'com-pra [r̃e.'コン.プら] 名 女〔商〕買い戻し

re-com-'pu-s~ 動《直点/接過》↑recomponer

re-con-cen-'trar [r̃e.コン.セン.'トらる] 動 他 一点に注ぐ, (en: に)集中させる;〈感情などを〉隠す, 押さえる　~se 動 再 (en: に)専念する

re-con-ci-lia-'ción [r̃e.コン.すぃ.リア.'すぃオン] 名 女 和解, 調停, 仲直り

re-con-ci-'liar [r̃e.コン.すぃ.'リアる] 動 他 (con: と)和解させる, 調停する, 仲直りさせる　~se 動 再 (con: と)和解する

re-con-co-'mer [r̃e.コン.コ.'メる] 動 他 苦しませる, じりじりさせる, もだえさせる　~se 動 再 (de: で)苦しむ, じりじりする, もだえる

re-con-'co-mio [r̃e.コン.'コ.ミオ] 名 男 隠れた強い欲求, 切望; ねたみ; 疑念

re-con-di-'tez [r̃e.コン.ディ.'テす] 名 女 奥深さ, 深遠さ; 隠された物, 奥深い物, 秘密の物

re-'cón-di-to, -ta [r̃e.'コン.ディ.ト, タ] 形 秘密の, 隠された, 内緒の; 奥まった, 人目につかない

re-con-du-'cir [r̃e.コン.ドゥ.'すぃる] 動 他 15 (c|zc; j)〔法〕〈契約を〉更新する

re-con-fir-ma-'ción [r̃e.コン.フィる.マ.'すぃオン] 名 女 再確認

re-con-fir-'mar [r̃e.コン.フィる.'マる] 動 他 再確認する

re-con-for-'tan-te [r̃e.コン.フォる.'タン.テ] 形 強壮の, 元気づける

re-con-for-'tar [r̃e.コン.フォる.'タる] 動 他 励ます, 元気づける　~se 動 再 (con: で)元気になる, 励まされる

re-co-no-'cer [r̃e.コ.ノ.'せる] 75% 動 他 45 (c|zc) (事実として)認める, 認識する;〔法〕(法律的に)認める, 承認する, 認可する, 認知する; 調べる, 点検する;〔医〕診察する, 診断する;〈功績などを〉認める, 表彰する, 感謝する;〈に〉(顔見知りで)挨拶(あいさつ)する;〔軍〕偵察する　~se 動 再 (…である)とわかる, 認められる; (自分が…であると)認める

re-co-no-'ci-ble [r̃e.コ.ノ.'すぃ.ブレ] 形 識別できる, 見てそれとわかる

re-co-no-'ci-do, -da [r̃e.コ.ノ.'すぃ.ド, ダ] 形 ありがたく思う, 感謝に満ちた; 一般に承認[容認]された; 明らかな

re-co-no-ci-'mien-to [r̃e.コ.ノ.すぃ.'ミエン.ト] 88% 名 男 認識; (人や物が誰[何]であるか)わかること, 認めること, 見分けがつくこと, 見[聞き]覚え;〔法〕承認, 認可, 認知;〔医〕診察, 診断, 検査, 調査; 感謝, 謝意;〔軍〕偵察

re-co-'noz-co, -ca(~) 動《直現1単, 接現》↑reconocer

re-con-'quis-ta [r̃e.コン.'キス.タ] 名 女 再征服, 奪回;〔la R~〕《スペイン》〔歴〕国土回復運動, レコンキスタ《中世にイスラム教徒によって占領されていたイベリア半島の地をキリスト教徒が回復した戦い》

re-con-quis-'tar [r̃e.コン.キス.'タる] 動 他 再征服する, 取り戻す, 回復する

re-con-si-de-ra-'ción [r̃e.コン.スィ.デ.ら.'すぃオン] 名 女 再考, 再検討, 再審議

re-con-si-de-'rar [れ̃.コン.スィ.デ.'ら] 動 他 考え直す, 再考する, 再検討する, 再審議する

re-cons-ti-tu-'ción [れ̃.コ(ン)ス.ティ.トゥ.'すぃオン] 名 女 再建, 再構成, 再編成; 再現, 復元

re-cons-ti-'tuir [れ̃.コ(ン)ス.ティ.'トゥイる] 動 他 ㊲ (-y-) 再建する, 再構成する, 再編成する; 再現する, 復元する　～**-se** 動 再 再建される; 再構成される; 回復する

re-cons-ti-tu-'yen-te [れ̃.コ(ン)ス.ティ.トゥ.'ジェン.テ] 形〘医〙強壮の, 回復させる 名 男〘医〙強壮剤

*__re-cons-truc-'ción__ [れ̃.コ(ン)ス.トるク.'すぃオン] 93% 名 女 再建, 復興, 改造, 復元

*__re-cons-'truir__ [れ̃.コ(ン)ス.'トるイる] 93% 動 他 ㊲ (-y-) 再建する, 復興する, 改造する, 復元する

re-con-'tar [れ̃.コン.'タる] 動 他 ⑯ (o|ue) 再び数える, 数え直す; 再び語る

re-con-ven-'ción [れ̃.コン.ベン.'すぃオン] 名 女《格》叱(しか)ること, 論(さと)すこと, 小言, 説教;〘法〙反対訴訟, 反訴

re-con-ve-'nir [れ̃.コン.ベ.'ニる] 動 他 ㊸ (venir)《格》説教する, 叱(しか)る;〘法〙反訴する

re-con-ver-'sión [れ̃.コン.べる.'スィオン] 名 女 再転換, 再編成; 再教育

re-con-ver-'tir [れ̃.コン.べる.'ティる] 動 他 ㊿ (e|ie|i) 再転換する, 再編成する; 再教育する

re-co-pi-la-'ción [れ̃.コ.ピ.ラ.'すぃオン] 名 女 大要, 要約, 概論, 一覧, 摘要(書);〘法〙法律要覧, 法令集, 法典; 選集; 編集, 編纂(へんさん); 収集

re-co-pi-'lar [れ̃.コ.ピ.'ラる] 動 他 集める; 編集する; 縮約する, 簡約化する

**'__ré-cord__ ['れ̃.コる(ド)] 90% 名 男〔複 récords〕記録;〘競〙競技記録, 新記録

re-cor-da-'ción [れ̃.コる.ダ.'すぃオン] 名 女 思い出, 回想, 追憶

__re-cor-'dar__ [れ̃.コる.'ダる] 70% 動 他 ⑯ (o|ue) 覚えている, 記憶している; 〈過去のことを〉思い出す; 《物事が》(a: 人に)思い出させる; 記念する, (行事などで)祝う　～(-se**) 動 自 (再) 覚えている, 思い出す　***que yo recuerde*** 私の記憶する限り　***si mal no recuerdo*** 私の記憶に間違いがなければ

re-cor-da-'to-rio [れ̃.コる.ダ.'ト.りオ] 名 男〔一般〕記念カード; リマインダー《思い出させる知らせ・メモ・助言》; 教訓

re-cor-'de-ris [れ̃.コる.'デ.りス]〔成句〕***dar*** ～〔複〕《コロンビア》《話》(a: に)思い出させる

re-cor-'dis-ta [れ̃.コる.'ディス.タ] 名 共《米国》《メキシコ》《カリブ》《ベネズエラ》《ボリビア》《チリ》〘競〙最高記録保持者

**__re-co-'rrer__ [れ̃.コ.'れる] 86% 動 他 旅行する, 歩く, 巡る, 歩き回る; ざっと読む, 見渡す; 調べる, 調査する, 調べつくす; 詰める, 寄せる; 修理する

**__re-co-'rri-do__ [れ̃.コ.'り.ド] 89% 名 男 (旅行の)距離, 道のり, 道程; 通り道, 経路, 路線; 旅, 旅行, 巡り歩き, 踏破; 長い説教;〘機〙(ピストンなどの)ストローク, 1行程;〘技〙分解検査, 修理;〘競〙〔ゴルフ〕ラウンド, コース;〘数〙〔統計〕範囲, レンジ

re-cor-'ta-do, -da [れ̃.コる.'タ.ド, ダ] 形 のこぎり状の, ぎざぎざの; 切り取った, 切り抜いた

re-cor-'tar [れ̃.コる.'タる] 動 他 切る, 切り離す; 省く; 削減する;〘絵〙〈の〉輪郭を描く　～**se** 動 再 輪郭を見せる

*__re-'cor-te__ [れ̃.'コる.テ] 92% 名 男 切断, 裁断, 切削; 削減; 切り取ったもの, (新聞の)切り抜き, スクラップ;〘牛〙レコルテ《身をかわすこと》

re-co-'ser [れ̃.コ.'セる] 動 他〘衣〙縫い直す, 二度縫いする

re-cos-'tar [れ̃.コス.'タる] 動 他 ⑯ (o|ue) (en, sobre: に)もたせかける　～**se** 動 再 (en, sobre: に)もたれる, 横になる

re-'co-va [れ̃.'コ.バ] 名 女〘畜〙養鶏業;〘商〙鶏[卵]の市場;《南米》〘商〙市場

re-co-'ve-co [れ̃.コ.'ベ.コ] 名 男 屈曲, 曲がりくねり; 隅, 奥まった所; 遠回しな言い方[やり方]

re-cre+a-'ción [れ̃.クれ.ア.'すぃオン] 名 女 休養, 気晴らし, 娯楽, レクリエーション; 再生

*__re-cre+'ar__ [れ̃.クれ.'アる] 94% 動 他 〈に〉気晴らしをさせる, 楽しませる; 再生する, 再び作る　～**se** 動 再 (con, en 現在分詞: …で)気晴らしをする, 楽しむ

re-cre+a-'ti-vo, -va [れ̃.クれ.ア.'ティ.ボ, バ] 形 保養[気晴らし]になる

*__re-'cre+o__ [れ̃.'クれ.オ] 93% 名 男 休養, 気晴らし, 娯楽; (学校の)休み時間

re-'crí+a [れ̃.'クリ.ア] 名 女〘動〙(動物の)飼育

re-'criar [れ̃.'クりアる] 動 他 ㉙ (i|í)〘動〙〈動物を〉飼育する

re-cri-mi-na-'ción [れ̃.クり.ミ.ナ.'すぃオン] 名 女 非難, 抗弁;〘法〙反訴

re-cri-mi-'nar [れ̃.クり.ミ.'ナる] 動 他 (por: を)非難する, とがめる; 非難し返す, 反訴する　～**se** 動 再〔複〕非難し合う, 罪を着せ合う

re-cri-mi-na-'to-rio, -ria [れ̃.クり.ミ.ナ.'ト.りオ, りア] 形 非難の, 非難する

re-cru-de-'cer(-se) [れ̃.クる.デ.'せ

る(.セ)] 動 自 (再) 45 (c|zc) 悪化する, 悪くなる;〘医〙«病気が»再発する, ぶり返す

re-cru-de-ci-'mien-to [れ.クる.デ.すぃ.'ミエン.ト] 名 男 悪化, 激化;〘医〙再発

'rec-ta ['れク.タ] 名 女 直線路, 直線コース;〘数〙直線

rec-'tal [れク.'タル] 形〘体〙直腸の

***rec-tan-gu-'lar** [れク.タン.グ.'ラる] 94% 形 長方形の, 矩形(くけい)の;〘数〙直角の

***rec-'tán-gu-lo, -la** [れク.'タン.グ.ロ, ラ] 94% 形 長方形の, 矩形(くけい)の 名 男〘数〙直角の方形, 矩形(くけい)

rec-ti-fi-ca-'ción [れク.ティ.フィ.カ.'すぃオン] 名 女 修正

rec-ti-fi-ca-'dor, -'do-ra [れク.ティ.フィ.カ.'ドる, 'ド.ら] 形 修正する 名 男〘電〙整流器

rec-ti-fi-'car [れク.ティ.フィ.'カる] 動 他 69 (c|qu) 修正する, 矯正する, 直す, 改める; まっすぐにする; 調整する;〘電〙整流する ~se 動 再 行いを改める, 心を入れ替える

rec-ti-'lí-ne+o, +a [れク.ティ.'リ.ネ.オ, ア] 形 直線の, まっすぐな; 正直な

rec-ti-'tud [れク.ティ.'トゥド] 名 女 まっすぐなこと, 一直線; 正しさ, 正直, 廉直(れんちょく)

⁑**'rec-to, -ta** ['れク.ト, タ] 90% 形 まっすぐな, 一直線の, ゆがんでいない, 直立した, 垂直の; «人柄・行いが»まっすぐな, 正直な, まじめな, 率直な, ひたむきの, 真剣な, 正しい; «意味が»本来の, 文字通りの 副 まっすぐに 名 男 (本の)右ページ, (紙の)表;〘体〙直腸

rec-'tor, -'to-ra [れク.'トる, 'ト.ら] 形 主な, 主要な; 推進する, 推進力の, 指導者の 名 男 女 学長, (病院の)院長, 校長; 指導者, リーダー 名 男 主潮, 路線

rec-to-'ra-do [れク.ト.'ら.ド] 名 男 学長[院長, 校長]の職[任期, 執務室]

rec-to-'ral [れク.ト.'らル] 形 学長[院長, 校長]の;〘宗〙司教の 名 女〘宗〙司教館

rec-to-'rí+a [れク.ト.'リ.ア] 名 女 学長[院長, 校長]の職[任期, 執務室];〘宗〙司教館

rec-tos-'co-pia [れク.トス.'コ.ピア] 名 女〘医〙直腸鏡検査

're-cua ['れ.クア] 名 女〘畜〙(馬などの)群れ;〘話〙一味, 連中

re-'cua-dro [れ.'クア.ドろ] 名 男 囲み記事; 枠, 囲み

re-cu-'brir [れ.ク.'ブりる] 動 他〔過分 recubierto〕完全に覆う[カバーする];〘技〙(con, de: の)膜で覆う, コーティングする

re-'cue-c~, -z~ 動《直現/接現/命》↑recocer

re-'cuen-t~ 動《直現/接現/命》↑recontar

re-'cuen-to [れ.'クエン.ト] 名 男 計算, 勘定, 数え上げること; 再び数えること, 数え直し

re-'cuer-d~ 動《直現/接現/命》↑recordar

⁑**re-'cuer-do** [れ.'クエる.ド] 77% 名 男 思い出, 追憶, 記憶; おみやげ;〔複〕「よろしく」との伝言, 挨拶(あいさつ)

re-'cues-t~ 動《直現/接現/命》↑recostar

re-cu-'lar [れ.ク.'ラる] 動 自 バックする, 後戻りする, 後退する;〘話〙(主張・議論に)負ける, 引き下がる, ひるむ

re-cu-'lo-nes [れ.ク.'ロ.ネス]〔成句〕*a* ~《話》後方に, 後ろ向きに

re-cu-pe-'ra-ble [れ.ク.ペ.'ら.ブレ] 形 回復可能な

re-cu-pe-ra-'ción [れ.ク.ペ.ら.'すぃオン] 名 女 回復, 立ち直り; 回収

⁑**re-cu-pe-'rar** [れ.ク.ペ.'らる] 85% 動 他 回復する, 取り戻す; (再利用するため)回収する ~se 動 再 健康を取り戻す, 元気になる; (de: から)回復する, 立ち直る

re-cu-'rren-te [れ.ク.'れン.テ] 形 繰り返される;〘医〙回帰の

re-cu-'rri-ble [れ.ク.'り.ブレ] 形〘法〙上訴できる

⁑**re-cu-'rrir** [れ.ク.'りる] 88% 動 自 (a: に)頼る, 訴える;〘法〙上訴する; 戻る, 返る

re-cur-'si-vo, -va [れ.クる.'スィ.ボ, バ] 形《コロンビア》金持ちの, 資力のある

⁑**re-'cur-so** [れ.'クる.ソ] 79% 名 男〔複〕資産, 資力, 資源; 方法, 手段; 嘆願書, 陳情書;〘法〙上訴, 上告

re-cu-sa-'ción [れ.ク.サ.'すぃオン] 名 女 拒絶, 拒否

re-cu-'sar [れ.ク.'サる] 動 他 拒絶する, 拒否する;〘法〙‹裁判官・陪審員などを›忌避する

⁑**'red** ['れド] 84% 名 女 網, ネット; 網状の組織, 放送網, 通信網, …網, ネットワーク;〘商〙(店舗などの)チェーン;〘競〙(バレーボールなどの)ネット;〘情〙ネットワーク; わな, 計略 ~ *de área local*〘情〙ローカルエリアネットワーク[LAN] ~ *neural*〘情〙ニューラルネットワーク

⁑**re-dac-'ción** [れ.ダク.'すぃオン] 89% 名 女 執筆, 書くこと, 文章作成; 作文; 編集; 編集部, 編集室

***re-dac-'tar** [れ.ダク.'タる] 92% 動 他 書く, 文章にする; 編集する

re-dac-'tor, -'to-ra [れ.ダク.'トる, 'ト.ら] 名 男 女 記者, 著者, 執筆者; 編集者

re-'da-da [れ.'ダ.ダ] 名 女 (犯人などの)

r

一斉検挙, 一斉手入れ, …狩り; 〔集合〕一斉検挙による逮捕者; 〖魚〗網を投げること, 投げ網; 〖魚〗〔集合〕ひと網(の漁獲)

re-'da-ño [r̃e.'ダ.ニョ] 名 男 〔複〕《話》気力, 勇気, 根性, ガッツ; 〖体〗腸間膜

re-de-'ci-lla [r̃e.デ.'すぃ.ジャ] 名 女 小さい網; ヘアネット; 〖動〗蜂巣(はちのす)胃《反芻(はんすう)動物の第二胃》

re-de-'cir [r̃e.デ.'すぃる] 動 他 ⑳ (decir) 繰り返し言う

re-de-'dor 〔en ~〕《格》⇧ alrededor

re-de-fi-'nir [r̃e.デ.フィ.'ニる] 動 他 再定義する

re-den-'ción [r̃e.デン.'すぃオン] 名 女 (身代金の支払いによる)解放, 救出; 〖宗〗(罪の)あがない, 救い, 贖罪(しょくざい)

re-den-'tor, -'to-ra [r̃e.デン.'トる, 'ト.ら] 形 受け戻す, 買い戻す, 質受けする 名 男 女 買い戻し人, 質受け人; 〔el R~〕〖宗〗あがない主《イエス・キリストのこと》

re-'di-cho, -cha [r̃e.'ディ.チョ, チャ] 形 繰り返しの, 陳腐な; 《話》気取った, もったいぶった, 知ったかぶりの

re-'diez [r̃e.'ディエす] 感《話》おや!, へえ!, わあ!, なんと!《驚き》

re-'dil [r̃e.'ディル] 名 男 〖畜〗(家畜の)囲い場

re-di-'mir [r̃e.ディ.'ミる] 動 他 (de: から)救い出す, 解放する, 自由にする; 〖宗〗〈の〉罪をあがなう; (身代金を払って)解放[救出]する; 買い戻す　**~se** 動 再 自由の身になる, 請け戻される

re-di-rec-'ción [r̃e.ディ.れク.'すぃオン] 名 女 〖情〗リダイレクト《別のサイトに導くこと》

re-di-rec-cio-'nar [r̃e.ディ.れク.すぃオ.'ナる] 動 他 〖情〗リダイレクトする, 別のサイトに導く

re-di-ri-'gir [r̃e.ディ.り.'ひる] 動 他 ㉜ (g|j) 〖情〗転送する, リダイレクトする

'ré-di-to ['r̃e.ディ.ト] 名 男 利子; 収益, 定期収入

re-di-'tua-ble [r̃e.ディ.'トゥア.ブレ] 形《格》利子のある, 収益をあげる

re-di-'tuar [r̃e.ディ.'トゥアる] 動 他 ⑰ (u|ú)《格》〈利子を〉生む, 〈収益を〉あげる

re-do-'blan-te [r̃e.ド.'ブラン.テ] 名 男 〖楽〗小太鼓 名 共 〖楽〗小太鼓奏者

re-do-'blar [r̃e.ド.'ブラる] 動 他 強める, 増やす; 〈釘などの〉先を打ち曲げる, 〈布などの〉端を折り曲げる 動 自 〖楽〗太鼓を連打する

re-'do-ble [r̃e.'ド.ブレ] 名 男 〖楽〗(太鼓の)連打, 打ち鳴らし; 強化, 倍増

re-'do-ma [r̃e.'ド.マ] 名 女 〖化〗フラスコ

re-do-'ma-do, -da [r̃e.ド.'マ.ド, ダ] 形 ずるい, 悪賢い; 札付きの, まったくの

re-don-de-'ar [r̃e.ドン.デ.'アる] 動 他 概数にする, 〈の〉端数を切り捨てる[切り上げる]; 丸くする, 球状にする; 完成する, 完全なものにする　**~se** 動 再 丸くなる; 金回りがよくなる

re-don-'del [r̃e.ドン.'デル] 名 男 〖牛〗(闘牛場の)砂場, アリーナ; 《話》円

re-don-'dez [r̃e.ドン.'デす] 名 女 丸み, 丸いこと, 球状　*en toda la ~ de la Tierra* 全世界に

re-don-'di-lla [r̃e.ドン.'ディ.ジャ] 名 女 〖文〗レドンディージャ《8 音節四行連; 1, 4 行と 2, 3 行がそれぞれ韻を踏む》; 〖印〗円形書体

re-don-'di-to, -ta 〔縮小語〕⬇redondo

***re-'don-do, -da** [r̃e.'ドン.ド, ダ] 89% 形 丸い, 円[球, 輪]形の, 円筒形の; 丸々とした, 丸みを帯びた; ぐるっと回る, 一周の; 完全な, まったくの, 完璧(かんぺき)な; 端数のない; 大体の, およその; 断固とした, きっぱりとした; 〖印〗ローマン字体の; 《(メキシコ)》正直な; 《(アンデス)》《話》ばかな, 愚かな 名 男 円; 丸いもの, 丸　*en ~* きっぱりと, 率直に; 丸く, 一周して, 周囲に; 周囲が…　**-da** 名 女 〖畜〗牧草地; 〖楽〗全音符; 〖印〗ローマン体(活字)　*a la redonda* 周囲に

***re-duc-'ción** [r̃e.ドゥク.'すぃオン] 89% 名 女 縮小, 削減; 平定, 制圧, 鎮圧; 〖数〗約分; 〖化〗還元; 〔R~〕〖歴〗《(スペイン)》《(ラ米)》レドゥクシオン, 集住化政策《植民地時代に聖職者が先住民の教化を目的に建設した村, その政策》

re-duc-cio-'nis-mo [r̃e.ドゥク.すぃオ.'ニス.モ] 名 男 還元主義

re-du-'ci-do, -da [r̃e.ドゥ.'すぃ.ド, ダ] 形 縮小された, 削減された, 割り引きされた; わずかの, 少量の, 小さい, 限られた

***re-du-'cir** [r̃e.ドゥ.'すぃる] 81% 動 他 ⑮ (c|zc; j) 少なくする, 小さくする, 縮小する, 引き下げる, 弱める; (a: ある状態に)する, 変える, (a: 元の状態に)戻す; 制圧する, 鎮圧する; (a que 接続法: …するように)説得する, 従わせる; 換算する; 〖数〗約分する; 〖化〗還元する; 〖医〗〈脱臼(だっきゅう)などを〉治す, 整復する　**~se** 動 再 減少する, 縮小する, 弱る; (a: に)なる, (a: と)化す; (a 不定詞: …だけを)する, (a 不定詞: …に)とどめる; 生活費を切り詰める

re-'duc-to [r̃e.'ドゥク.ト] 名 男 〖軍〗要塞, とりで, (城の)方形堡(ほうけいほう)

re-duc-'tor, -'to-ra [r̃e.ドゥク.'トる, 'ト.ら] 形 〖化〗還元する; 減少させる 名 男 〖化〗還元剤; 〖機〗減速装置

re-'du-j~ 動《直点/接過》⬆reducir

re-dun-'dan-cia [r̃e.ドゥン.'ダン.すぃ

ア] 名 女 余分, 過剰, おびただしさ, 冗長, 重複 *valga la* ～ 言葉が繰り返しになりますが…

re-dun-'dan-te [r̃れ.ドゥン.'ダン.テ] 形 余分の, 冗長な, 重複する

re-dun-'dar [r̃れ.ドゥン.'ダる] 動 自 (en: に)帰する, 結果として(en: に)なる; (en: が)あふれる, こぼれる

re-du-pli-ca-'ción [r̃れ.ドゥ.プリ.カ.'すぃオン] 名 女 増加, 強化; 倍増, 重複

re-du-pli-'car [r̃れ.ドゥ.プリ.'カる] 動 他 69 (c|qu) 2倍にする; 増やす, 強める ～se 動 再 2倍になる; 増える, 強くなる

re-'duz-co, -ca(~) 動《直現1単, 接現》⬆reducir

re-e-du-ca-'ción [r̃れ.エ.ドゥ.カ.'すぃオン] 名 女 再教育

re-e-du-'car [r̃れ.エ.ドゥ.'カる] 動 他 69 (c|qu) 再教育する

re-e-lec-'ción [r̃れ.エ.レク.'すぃオン] 名 女 再選挙

re-e-'lec-to, -ta [r̃れ.エ.'レク.ト, タ] 形 再選された 名 男 女 再選者

re-e-le-'gi-ble [r̃れ.エ.レ.'ひ.ブレ] 形 再選可能の

re-e-le-'gir [r̃れ.エ.レ.'ひる] 動 他 18 (e|i; g|j) [《ラ米》過分 reelecto] 再選する

re-e-'li-jo, -ja~ 動《直現1単, 接現》⬆reelegir

re-em-bol-'sa-ble [r̃れ.エン.ボル.'サ.ブレ] 形 返済されうる, 償還すべき

re-em-bol-'sar [r̃れ.エン.ボル.'サる] 動 他〘商〙返済する, 償還する ～se 動 再 回収する, 払い戻しを受ける

re-em-'bol-so [r̃れ.エン.'ボル.ソ] 名 男〘商〙返済, 払い戻し, 償還, 回収 *contra* ～〘商〙着払いで

re-em-pla-'zan-te [r̃れ.エン.プラ.'さン.テ] 名 共 交代要員;〘競〙控えの選手

re-em-pla-'zar [r̃れ.エン.プラ.'さる] 動 他 34 (z|c) (con, por: と)取り替える, 交代させる; 後任となる

re-em-'pla-zo [r̃れ.エン.'プラ.そ] 名 男 置き換え, 交代;〘軍〙補充兵, 交代要員

re-em-pren-'der [r̃れ.エン.プれン.'デる] 動 他 再開する

re-en-car-na-'ción [r̃れ.エン.カる.ナ.'すぃオン] 名 女 再生, 生まれ変わり;〘宗〙霊魂再来(説)

re-en-car-'nar-se [r̃れ.エン.カる.'ナる.セ] 動 自 (再) 生まれ変わる, 再生する

re-en-con-'trar [r̃れ.エン.コン.'トらる] 動 他 16 (o|ue) 再発見する ～se 動 再 (con: と)再会する

re-en-'cuen-tro [r̃れ.エン.'クエン.トろ] 名 男 再会; 再発見

re-en-gan-'char [r̃れ.エン.ガン.'チャる] 動 他〘軍〙再入隊させる;《話》おかわりをする ～se 動 再〘軍〙再入隊する

re-en-'gan-che [r̃れ.エン.'ガン.チェ] 名 男〘軍〙再入隊

re-en-'tra-da [r̃れ.エン.'トら.ダ] 名 女 (a, en: に)再び入ること; 再突入; 再入国

re-en-'trar [r̃れ.エン.'トらる] 動 自 再び (a, en: に)入る; 再突入する; 再入国する

re-en-'viar [r̃れ.エン.'ビアる] 動 他 29 (i|í) 転送する, 返送する;〘情〙〈メールを〉転送する

re-en-'ví-o [r̃れ.エン.'ビ.オ] 名 男 転送, 返送;〘情〙(メールの)転送

re-es-tre-'nar [r̃れ.エス.トれ.'ナる] 動 他〘演〙再上演する;〘映〙再上映する

re-es-'tre-no [r̃れ.エス.'トれ.ノ] 名 男〘演〙再上演;〘映〙再上映, リバイバル

re-es-truc-tu-ra-'ción [r̃れ.エス.トるク.トゥ.ら.'すぃオン] 名 女 再構成, 再編成

re-es-truc-tu-'rar [r̃れ.エス.トるク.トゥ.'らる] 動 他 再構成する, 再編成する ～se 動 再 再構成される, 再編成される

re-fac-'ción [r̃れ.ファク.'すぃオン] 名 女《格》軽い食事;《格》修繕, 修理;《話》〘商〙おまけ, 景品;《ﾒｷｼｺ》《中米》部品, スペア

re-'fa-jo [r̃れ.'ファ.ほ] 名 男〘衣〙アンダースカート, ペチコート

re-fec-'to-rio [r̃れ.フェク.'ト.りオ] 名 男 (修道院・学校などの)食堂

‡**re-fe-'ren-cia** [r̃れ.フェ.'れン.すぃア] 83% 名 女 参照, 参考, 引用; 参照[参考]箇所, 引用箇所, 引用文, 参照符号; 参考書目[文献]; 言及, 話で触れること, 話題にすること; (人物・身元などの)照会, 問い合わせ, 身元照会先, 身元保証人; 人物証明書, 推薦状 *con* ～ *a* … …に関して *de* [*por*] ～*s* 人から聞いて ～ *cruzada* クロスレファレンス《書物の中で相互に関連する項目を, どちらからも検索できるようにしてあること》⇨remisión interna⬇remisión

re-fe-ren-'ciar [r̃れ.フェ.れン.'すぃアる] 動 他〈に〉言及する; 参照する

re-fe-'ren-do [r̃れ.フェ.'れン.ド] 名 男 ⇩referéndum

re-fe-'rén-dum [r̃れ.フェ.'れン.ドゥム] 名 男〔複 -dums〕〘政〙国民投票, レファレンダム

***re-fe-'ren-te** [r̃れ.フェ.'れン.テ] 91% 形 (a: に)関する 副 (a: に)関しては *en lo* ～ *a* … …に関しては

re-fe-'ri-do, -da [r̃れ.フェ.'り.ド, ダ] 形 前述の

‡**re-fe-'rir** [r̃れ.フェ.'りる] 73% 動 他 65 (e|ie|i) 話す, 語る, 言及する; 参照する, 問い合わせる, 参考にする; (a: に)関係づける, 結びつける, 帰する ～se 動 再 (a: につい

て)言及する, 触れる; (a: に)関係する *por lo que se refiere a* ... …に関しては

re-'fie-r~ 動 ⟪直現/接現/命⟫ ⬆referir

re-fi-'lón [れ.フィ.'ロン]〔成句〕 *de* ~ 斜めに(傾いて), はすかいに; 軽く, かすめて, ちらりと

re-fi-na-'ción [れ.フィ.ナ.'すぃオン] 名 女 精製, 精錬

re-fi-'na-do, -da [れ.フィ.'ナ.ド, ダ] 形 上品な, 洗練された, 手の込んだ; 精製された 名 男 精製, 精錬

re-fi-na-'mien-to [れ.フィ.ナ.'ミエン.ト] 名 男 上品, 洗練, 丹精, 細かい配慮

re-fi-'nar [れ.フィ.'ナる] 動 他 〘技〙 精製する, 純化する; 上品にする, 優美にする, 洗練させる

re-fi-ne-'rí+a [れ.フィ.ネ.'り.ア] 名 女 精製[精錬]所, 精油所

re-'fi+no, -na [れ.'フィ.ノ, ナ] 形 極上の, 洗練された 名 男 精製, 精錬

re-fi-r~ 動 ⟪活用⟫ ⬆referir

re-fi-to-le+'ar [れ.フィ.ト.レ.'アる] 動 他 詮索する, かぎまわる

re-fi-to-'le-ro, -ra [れ.フィ.ト.'レ.ろ, ら] 形 おせっかいな; 詮索(せんさく)好きな; 気取った 名 男 女 〘宗〙 (修道院の)食堂係

re-flec-'tor, -'to-ra [れ.フレク.'トる, 'ト.ら] 形 反射[反照, 反映]する 名 男 サーチライト; 反射物[器], 反射板[鏡]; 反射望遠鏡

⁑**re-fle-'jar** [れ.フレ.'はる] 87% 動 他 ‹光・熱を›反射する, ‹音を›反響する; «鏡などが»映す; ‹考えなどを›反映する, 表す, 示す ~(**se**) 動 自 (再) «光などが»反射する, 映す; (en: に) 表れる, 反映する

⁑**re-'fle-jo, -ja** [れ.'フレ.ほ, は] 88% 形 反射した[された], 反映した; 反射作用の; 〘言〙 再帰の 名 男 反射反映, 反射光; 反射運動

⁑**re-fle-'xión** [れ.フレク.'スィオン] 88% 名 女 よく考えること, 熟考, 反省; 意見, 感想; 反射, 反映, 反射光[熱]; 映ったもの, 映像, (水などに映った)影; 生き写し

re-fle-xio-'nar [れ.フレク.スィオ.'ナる] 動 自 (en, sobre: を)よく考える, 反省する 動 他 熟考する, 思案する, 考察する

re-fle-'xi-vo, -va [れ.フレク.'スィ.ボ, バ] 形 反省する, 熟考する, 思慮深い, 慎重な; 〘言〙 再帰の; 反射する

re-flo-re-'cer [れ.フロ.れ.'せる] 動 自 ㊺ (c|zc) 再び咲く

re-'fluir [れ.'フルイる] 動 自 ㊲ (-y-) «液体が»反対に流れる, 逆流する; (en: に) 帰する, 終わる

re-'flu-jo [れ.'フル.ほ] 名 男 〘海〙 引き潮

re-fo-ci-'lar [れ.フォ.すぃ.'ラる] 動 他 〔悪い意味で〕喜ばせる ~**se** 動 再 〔悪い意味で〕(con, en: を)喜ぶ, ほくそえむ

re-fo-res-ta-'ción [れ.フォ.れス.タ.'すぃオン] 名 女 植林

re-fo-res-'tar [れ.フォ.れス.'タる] 動 他 植林する

⁑**re-'for-ma** [れ.'フォる.マ] 83% 名 女 改革, 改善; 改装, 改築, リフォーム; 〔la R~〕〘歴〙 宗教改革

re-for-ma-'dor, -'do-ra [れ.フォる.マ.'ドる, 'ド.ら] 名 男 女 改革者, 改良者 形 改革する, 改良する

***re-for-'mar** [れ.フォる.'マる] 94% 動 他 改革する; 作り直す, 改める, 改正する, 矯正する; 改装する, リフォームする ~**se** 動 再 行いを改める, 改心する

re-for-ma-'to-rio [れ.フォる.マ.'ト.りオ] 名 男 感化院, 少年院 ~, **-ria** 形 改革のための, 矯正の

re-for-'mis-mo [れ.フォる.'ミス.モ] 名 男 改革主義; 〘政〙 革新主義

re-for-'mis-ta [れ.フォる.'ミス.タ] 形 改革主義の; 〘政〙 革新主義の 名 共 改革主義者; 〘政〙 革新主義者

re-for-'zar [れ.フォる.'さる] 動 他 ㉝ (o|ue; z|c) 補強する, 増強する, 強化する; 元気づける, 強壮にする; 〘写〙 ‹ネガを›補力する; 〘軍〙 増兵する, 増強する

re-frac-'ción [れ.フらク.'すぃオン] 名 女 〘物〙 屈折(作用), 屈射

re-frac-'tar [れ.フらク.'タる] 動 他 〘物〙 ‹光線を›屈折させる

re-frac-'ta-rio, -ria [れ.フらク.'タ.りオ, りア] 形 耐熱性の, 耐火性の; (a: に) 逆らう, 反対の, (a: を)受けつけない; (a: が) 不得意の; 手に負えない, 御しがたい 名 男 女 (a: の)反対者 名 男 耐熱材, 耐火材

***re-'frán** [れ.'フらン] 94% 名 男 ことわざ

re-fra-'ne-ro [れ.フら.'ネ.ろ] 名 男 ことわざ集

re-fre-'gar [れ.フれ.'ガる] 動 他 ㊻ (e|ie; g|gu) こする, 摩擦する; ごしごし磨く; 〘話〙 ‹に›くどくど言う, ‹に›しつこく言って聞かせる

re-fre+'ír [れ.フれ.'イる] 動 他 ㊽ (e|i; ‹i›) 〘食〙 再び揚げる, 揚げ直す, 揚げすぎる

re-fre-'nar [れ.フれ.'ナる] 動 他 抑制する, 制御する; 〘畜〙 ‹馬の›手綱を締める ~-**se** 動 再 自分を抑える, 自制する

re-fren-'dar [れ.フれン.'ダる] 動 他 承認する; 副署する, 裏書きする; 査証する

re-'fren-do [れ.'フれン.ド] 名 男 承認; 副署; 査証, ビザ

re-fres-'can-te [れ.フれス.'カン.テ] 形 さわやかな, 爽快(そうかい)な

re-fres-'car [れ.フれス.'カる] 動 他 ㊾ (c|qu) ‹記憶などを›新たにする, よみがえらせる; ‹の›気分をさわやかにする, 元気づける;

〈の〉勉強をやり直す; 〈火などを〉再び盛んにする; 冷やす, 涼しくする 動 自 〔気〕 涼しくなる **～(se)** 動 自 (再) 気分がすっきりする, リフレッシュする; 〔飲〕 冷たい飲み物を取る

*__re-'fres-co__ [r̃e.'フれス.コ] 93% 名 男 〔飲〕 清涼飲料水, ソフトドリンク; 〔食〕 (仕事中の)軽い食べ物 *de* ～ 新しい; 増援の, 加勢の

re-fres-'qué, -que(~) 動 《直点1単, 接現》 ↑refrescar

re-'frie-ga [r̃e.'フりエ.ガ] 名 女 〔軍〕 小戦闘; けんか, 口論

re-fri-ge-ra-'ción [r̃e.フり.へ.ら.'すぃオン] 名 女 冷却, 冷蔵

*__re-fri-ge-ra-'dor, -'do-ra__ [r̃e.フり.へ.ら.'ドる, 'ド.ら] 94% 形 冷蔵の, 冷却の 名 男 冷蔵庫; 〔機〕 冷却装置 **-dora** 名 女 《(中米)》 冷蔵庫

re-fri-ge-'ran-te [r̃e.フり.へ.'らン.テ] 形 冷却する 名 男 〔機〕 冷却装置; 冷却水, 冷却剤

re-fri-ge-'rar [r̃e.フり.へ.'らる] 動 他 冷却する, 冷蔵する; 爽快(そうかい)にする **～-se** 動 再 冷える; 元気を回復する

re-fri-'ge-rio [r̃e.フり.'へ.りオ] 名 男 〔食〕 軽い食べ物; 安らぎ, 慰め

re-frin-'gen-te [r̃e.フりン.'へン.テ] 形 〔物〕 屈折する

re-frin-'gir [r̃e.フりン.'ひる] 動 他 ㉜ (g|j) 〔物〕 〈光線を〉屈折させる

re-'fri-to, -ta [r̃e.'フり.ト, タ] 形 〔食〕 揚げ直した; 揚げすぎの 名 男 〔食〕 揚げ物; 《話》 焼き直し, 改作, 繰り返し 動 《過分》 ↑refreír

re-'fuer-c~, -z~ 動 《直現/接現/命》 ↑reforzar

re-'fuer-zo [r̃e.'フエる.そ] 名 男 補強, 強化; 〔複〕 〔軍〕 増援隊, 援軍; 〔衣〕 (衣服の)縁かがり, 当て布

re-fu-'gia-do, -da [r̃e.フ.'ひア.ド, ダ] 形 避難した, 難民の, 亡命した 名 男 女 避難者, 難民, 亡命者

*__re-fu-'giar__ [r̃e.フ.'ひアる] 93% 動 他 かくまう, 保護する **～se** 動 再 (de: から) (en: に)避難する, 逃れる

*__re-'fu-gio__ [r̃e.'フ.ひオ] 93% 名 男 避難所, 逃げ場; 避難, 保護; 頼みとなる物[人], 頼み, 心の支え; 隠れ家, アジト

re-ful-'gen-cia [r̃e.フル.'へン.すぃア] 名 女 光輝, 輝き, 光彩

re-ful-'gen-te [r̃e.フル.'へン.テ] 形 光り輝く, 光輝ある

re-ful-'gir [r̃e.フル.'ひる] 動 自 ㉜ (g|j) 輝く, きらめく

re-fun-di-'ción [r̃e.フン.ディ.'すぃオン] 名 女 改作, 翻案, 脚色; 鋳直すこと

re-fun-'dir [r̃e.フン.'ディる] 動 他 改作[翻案, 脚色, 編曲]する; 〔技〕 鋳直す; 合体させる, 併合する

re-fun-fu-'ñar [r̃e.フン.フ.'ニャる] 動 自 《話》 不平を言う, ぶつぶつ言う, ぼやく

re-fun-'fu-ño [r̃e.フン.'フ.ニョ] 名 男 《話》 不平, ぼやき, ぐち

re-fu-ta-'ción [r̃e.フ.タ.'すぃオン] 名 女 反論, 論駁(ろんばく)

re-fu-'tar [r̃e.フ.'タる] 動 他 〈に〉反論する, 論駁(ろんばく)する

reg. 略 ↓registro

re-ga-'de-ra [r̃e.ガ.'デ.ら] 名 女 じょうろ, 散水器; 用水路; 《(メキシコ)》 《(中米)》 シャワー *estar como una* ～ 《話》 頭がおかしい

re-ga-'dí+o [r̃e.ガ.'ディ.オ] 名 男 〔農〕 灌漑(かんがい); 〔農〕 灌漑した土地, 水田 **～, +a** 形 〔農〕 灌漑できる

re-ga-'la-do, -da [r̃e.ガ.'ラ.ド, ダ] 形 楽しい, 快い, 快適な

__re-ga-'lar__ [r̃e.ガ.'ラる] 85% 動 他 〈贈り物を〉 (a: に)贈る, プレゼントする, 贈呈する; (con: で)楽しませる, 喜ばせる **～se 動 再 (con: を)楽しむ, 喜ぶ

re-ga-'lí+a [r̃e.ガ.'リ.ア] 名 女 〔歴〕 国王大権; 〔一般〕 特権, 特典; 〔複〕 臨時手当; 〔商〕 特許権使用料, ロイヤルティー

re-ga-'li-to 〔縮小語〕 ↓regalo

re-ga-'liz [r̃e.ガ.'リす] 名 女 〔植〕 カンゾウ

**__re-'ga-lo__ [r̃e.'ガ.ロ] 87% 名 男 贈り物, プレゼント; 楽しみ, 心地よいこと[もの], 安楽; ごちそう, 珍味

re-ga-'lón, -'lo-na [r̃e.ガ.'ロン, 'ロ.ナ] 形 《話》 甘やかされた, わがままな; 《話》 «生活が»楽な, 安易な; 《話》 贈り物をすることが好きな

re-ga-ña-'dien-tes [r̃e.ガ.ニャ.'ディエン.テス] 〔成句〕 *a* ～ いやいやながら, しぶしぶ

*__re-ga-'ñar__ [r̃e.ガ.'ニャる] 93% 動 自 けんか[口論]する, 争う; 不平を言う, ぶつぶつ言う; 〔農〕 «果物が»割れる 動 他 叱(しか)る, 小言を言う

re-ga-'ñi-na [r̃e.ガ.'ニィ.ナ] 名 女 叱責(しっせき), 叱(しか)ること, 小言; けんか

re-'ga-ño [r̃e.'ガ.ニョ] 名 男 叱責(しっせき), 小言

re-ga-'ñón, -'ño-na [r̃e.ガ.'ニョン, 'ニョ.ナ] 形 名 男 女 《話》 不平を言う(人), ぶつぶつ言う(人), 口やかましい(人), 小うるさい(人)

*__re-'gar__ [r̃e.'ガる] 91% 動 他 ㊻ (e|ie; g|gu) 〔植〕 〈に〉水をかける, 〈に〉水をまく; 〔農〕 〈土地を〉灌漑(かんがい)する; (con, de: を)まき散らす, ばらまく; (con, de: で)ぬらす, 洗浄する **～se** 動 再 《(コロンビア)》 《話》 激昂(げっこう)して話す

re-'ga-ta [r̃e.'ガ.タ] 名 女 〔競〕 ボート

[ヨット]レース[競技会], レガッタ; 〖農〗(灌漑(かんがい)用の)用水路

re-'ga-te [r̃れ.'ガ.テ] 名 男 身をかわすこと; 言い抜け, ごまかし, 逃げ; 〖競〗〔サッカーなど〕フェイント

re-ga-te+'ar [r̃れ.ガ.テ.'アる] 動 他 〖商〗値切る; 〈努力などを〉惜しむ; 避ける, かわす, 〈から〉逃げる 動 自 〖商〗値段の駆け引きをする; 身をかわす; 〖競〗〔サッカーなど〕フェイントをかける 動 自 〖競〗ボートレースをする

re-ga-'te+o [r̃れ.ガ.'テ.オ] 名 男 〖商〗値切ること, 駆け引きをすること; 身をかわすこと; 言い逃れ, ごまかし; 〖競〗ドリブル

re-ga-'tón, -'to-na [r̃れ.ガ.'トン, 'ト.ナ] 形 名 男 女 よく値切る(人) 名 男 (傘・銃などの)石突き

re-'ga-zo [r̃れ.'ガ.そ] 名 男 〖体〗膝(ひざ); いこいの場, 逃げ場

re-'gen-cia [r̃れ.'ヘン.すぃア] 名 女 〖政〗摂政政治; 摂政の任; 摂政団

re-ge-ne-ra-'ción [r̃れ.へ.ネ.ら.'すぃオン] 名 女 再生, 再建, 復興, 復活

re-ge-ne-ra-'dor, -'do-ra [r̃れ.へ.ネ.ら.'ドる, 'ド.ら] 形 再生の 名 男 〖機〗熱交換器

re-ge-ne-'rar [r̃れ.へ.ネ.'らる] 動 他 更正させる, 改心させる; 再生させる; 〖情〗〈画面を〉リフレッシュする ～**se** 動 再 再生する, 改心する; 〖情〗《画面が》リフレッシュする

re-'gen-ta [r̃れ.'ヘン.タ] 名 女 〖政〗摂政[支配人, 監督者, 行政長官, 判事]の妻

re-gen-'tar [r̃れ.ヘン.'タる] 動 他 管理する, 処理する, 経営する; 牛耳る, 支配する; 〈地位・職などを〉占める, つかさどる

re-'gen-te [r̃れ.'ヘン.テ] 形 〖政〗支配する, 統治する; 〖政〗摂政の 名 共 〖政〗摂政; 支配人, 管理人, 監督者; 〖歴〗判事, 裁判所長, 行政長官

re-gi-'ci-da [r̃れ.ひ.'すぃ.ダ] 形 〖政〗国王殺しの 名 共 〖政〗〔人〕国王殺し, 弑逆(しぎゃく)者

re-gi-'ci-dio [r̃れ.ひ.'すぃ.ディオ] 名 男 〖政〗国王殺し, 弑逆(しぎゃく), 大逆罪

re-gi-'dor, -'do-ra [r̃れ.ひ.'ドる, 'ド.ら] 形 支配する, 統治する 名 男 女 〖歴〗〖政〗市会[町会, 村会]議員, 評議員; 経営者, 支配人

'ré-gi-men ['r̃れ.ひ.メン] 82% 名 男 〔複 regímenes〕〖政〗制度, 統治[管理]様式, 政体, 体制, 支配; 方法, 方式, 様式; 〖医〗(食事・運動などの規制による)摂生, 食事療法, ダイエット, 養生法; 〖言〗(前置詞などの)支配; 〖技〗(エンジンの)回転速度; 〖技〗定格, 正常作動

re-gi-men-'tar [r̃れ.ひ.メン.'タる] 動 他 ㊿ (e|ie) 〖軍〗(連隊に)編成[編入]する

re-gi-'mien-to [r̃れ.ひ.'ミエン.ト] 名 男 〖軍〗連隊; 運営, 管理, 支配

're-gio, -gia ['r̃れ.ひオ, ひア] 形 帝王の; 豪華な, 壮麗な; 《南米》《話》すごい, すばらしい

re-'gión [r̃れ.'ひオン] 77% 名 女 地方, 地域, 地帯, 行政区域, 管区; 〖体〗(体の)部位, 領域; (中央・首都に対して)地方, 田舎; 領域; 〖歴〗〖政〗(スペインの)(旧)地方; 〖政〗(チリの)州

re-gio-'nal [r̃れ.ひオ.'ナル] 87% 形 地方的な, 地方の, 郷土の; 地域の, 地帯の

re-gio-na-'lis-mo [r̃れ.ひオ.ナ.'リス.モ] 名 男 〖政〗地方(優先)主義, 地域主義; (慣習・制度・言葉などの)地域的特質, 地方色

re-gio-na-'lis-ta [r̃れ.ひオ.ナ.'リス.タ] 形 〖政〗地方(優先)主義の, 地域主義の 名 共 〖政〗地方(優先)主義者, 地域主義者

re-'gir [r̃れ.'ひる] 91% 動 他 ⑱ (e|i; g|j) 〖政〗〈国・国民を〉治める, 統治する, 支配する; 〔一般〕支配する; 〖言〗《動詞・前置詞が》支配する, 要求する; 〈公共機関などを〉管理する, 運営する; 〈行動などを〉左右する; 〈感情などを〉抑える 動 自 《法が》適用される, 有効である, 実施される; 〖技〗動く, 作動する ～**se** 動 再 (por: に)従う, 導かれる *no* ～ 《話》頭がおかしい

re-'gis-tra-ción [r̃れ.ひス.トら.'しオン] 名 女 〖競〗《カリブ》登録, 登記, 記録; 登録簿, 名簿, 記録簿, 台帳

re-gis-tra-'dor, -'do-ra [r̃れ.ひス.トら.'ドる, 'ド.ら] 名 男 女 検査係, 点検者 形 記録する, 登録する; 検査する, 点検する

re-gis-'trar [r̃れ.ひス.'トらる] 84% 動 他 検査する, 捜査する, 調べる; 登録する, 登記する, 記載する, 記録する; 示す; 録音する ～**se** 動 再 登録する, 記名する, 署名する, 記帳する; チェックインする; 報告される, 記録される

re-'gis-tro [r̃れ.'ひス.トろ] 88% 名 男 登録簿, 名簿, 記録簿, 台帳; 登録, 登記, 記録; 検査, 調査; 捜査; 〖楽〗声域, 音域; (時計の)調節つまみ; 〖情〗ログ; 《コロンビア》宗教的なさし絵[版画] ～ *de actividades* 〖情〗ログファイル *tocar todos los* ～*s* 《話》あらゆる手を尽くす, できる限りの人に頼む

're-gla ['r̃れ.グラ] 83% 名 女 規則, 規定, ルール; 〖法〗法規; 習慣, 習わし, 決まり; (ごく)普通のこと, いつものこと, 常識; 物差し, 定規; 標準, 手本, 規範; 指示, 教え; 取り扱い説明書; 〖数〗式, 公式; 〖医〗生理, 月経 *cuatro* ～*s* 〖数〗四則 *en* ～ 整って, 準備ができて, 型どおりに, しかるべき形で *por* ～ *general* 一般に, 普通 *salirse de la* ～ 常軌を逸する

re-gla-men-ta-'ción [r̃れ.グラ.メン.

タ.'すぃオン] [名] [女]〔政〕規制, 統制;〔集合〕規則

re-gla-men-'tar [r̃れ.グラ.メン.'タる] [動] [他] 規定する;〔政〕規則で取り締まる

re-gla-men-'ta-rio, -ria [r̃れ.グラ.メン.'タ.りオ, りア] [形] 規制の;〔政〕規則で定められた, 正規の

⁑**re-gla-'men-to** [r̃れ.グラ.'メン.ト] 88% [名] [男] 規則, 社則, 内規;〔政〕取り締まり, 規制;〔政〕条令;〔競〕ルール, 規則

re-'glar [r̃れ.'グラる] [動] [他] 〈に〉定規で線を引く;〔政〕規定する, 規則で取り締まる **~se** [動] [再] (a, por: に)順応する, 合わせる

re-'gle-ta [r̃れ.'グレ.タ] [名] [女]〔印〕(行間に挿入する)インテル

re-go-ci-'jar [r̃れ.ゴ.すぃ.'はる] [動] [他] 大喜びさせる, 楽しませる **~se** [動] [再] (con, de, por: で)大喜びする

re-go-'ci-jo [r̃れ.ゴ.'すぃ.ほ] [名] [男] 大喜び, 歓喜

re-go-de+'ar-se [r̃れ.ゴ.デ.'アる.セ] [動] [再] 《話》(con: を)とても喜ぶ, 楽しむ; 《話》(con: を)ひやかす, からかう, ふざける

re-go-'de+o [r̃れ.ゴ.'デ.オ] [名] [男] 《話》楽しみ; ふざけ, からかい

re-gol-'dar [r̃れ.ゴル.'ダる] [動] [自] ② (o|üe) げっぷをする

re-gol-'far(-se) [r̃れ.ゴル.'ファる(.セ)] [動] [自] ([再]) «風・流れなどが»渦巻く, よどむ

re-gor-'de-te, -ta [r̃れ.ゴる.'デ.テ, タ] [形] [名] [男] [女] 《話》丸々太った(人), ふっくらした(人)

⁑**re-gre-'sar** [r̃れ.グれ.'サる] 83% [動] [自] (a: 元の場所へ)帰る, 戻る [動] [他] 《ラ米》(a: に)返す, 戻す, 返還する **~se** [動] [再] (元の場所へ)帰る, 戻る

re-gre-'sión [r̃れ.グれ.'スィオン] [名] [女] 減少, 衰退; 後戻り, 復帰;〔数〕〔統計〕回帰;〔生〕退化, 退行

re-gre-'si-vo, -va [r̃れ.グれ.'スィ.ボ, バ] [形] 後戻りする, 後退の, 復帰する;〔数〕〔統計〕回帰の;〔生〕退化の, 退行する

⁑**re-'gre-so** [r̃れ.'グれ.ソ] 89% [名] [男] 帰り, 帰途, 帰宅, 帰りの旅, 帰路 ***estar de ~*** 帰っている, 帰宅する

re-'gué, -gue(~) [動] 《直点1単, 接現》⬆regar

re-'güel-do [r̃れ.'グエル.ド] [名] [男] 《話》げっぷ, おくび

re-'gue-ra [r̃れ.'ゲ.ら] [名] [女]〔農〕(小さな)灌漑(かんがい)用水路

re-gue-'re-te [r̃れ.ゲ.'れ.テ] [名] [男] 《カリブ》《話》寄せ集め

re-gue-re-te+'ar [r̃れ.ゲ.れ.テ.'アる] [動] [他] 《カリブ》《話》乱す, かき回す

re-'gue-ro [r̃れ.'ゲ.ろ] [名] [男] 小さな流れ; 通った跡, ひと筋;〔農〕灌漑(かんがい)用水路

como (un) ~ de pólvora あっという間に

re-'gu-la [動] 《直現3単/命》⬇regular

re-gu-la-'ción [r̃れ.グ.ラ.'すぃオン] [名] [女] 規制, 統制, 制限, 調整

re-gu-la-'dor, -'do-ra [r̃れ.グ.ラ.'ドる, 'ド.ら] [形] 規制する, 統制する, 調節の, 整調の [名] [男]〔機〕調節器, 加減器; (テレビ・ラジオの)調整つまみ

⁑**re-gu-'lar** [r̃れ.グ.'ラる] 84% [形] 規則的な, 規則正しい, 整然とした, 均整のとれた; 《話》普通の; 《話》あまりよくない, 大したことない; 定期的な, 一定の, 決まった, 変化しない; 正式の, 本式の, 正規の, 本職の;〔競〕«選手が»レギュラーの;〔言〕規則的な;〔宗〕修道会の [動] [他] 規則に合わせる, 正常にする, 規制する, 統制する;〔技〕調節する [副] あまりよくなく ***por lo ~*** 一般に, 普通は **~mente** [副] 規則正しく; 普通は, 一般に; まあまあ, 普通に

re-gu-la-ri-'cé, -ce(~) [動] 《直点1単, 接現》⬇regularizar

***re-gu-la-ri-'dad** [r̃れ.グ.ラ.り.'ダド] 94% [名] [女] 規則正しさ, 定期的なこと; 一定なこと, 均整, 調和; 正規, 正式

re-gu-la-ri-za-'ción [r̃れ.グ.ラ.り.さ.'すぃオン] [名] [女] 規則正しくすること, 正常化; 調整

re-gu-la-ri-'zar [r̃れ.グ.ラ.り.'さる] [動] [他] ㉞ (z|c) 規則正しくする, 正規のものにする, 秩序立てる, 正常化する; 調整する **~se** [動] [再] 正常化する; 調整される

'ré-gu-lo ['r̃れ.グ.ロ] [名] [男]〔政〕小国の王;〔鉱〕レギュラス《鉱石を精製するとき炉の底にたまる金属》;〔天〕レグルス《しし座のα星》 **R~** [名] [固]〔架空〕バシリスク《神話上の怪物》

re-gur-gi-'tar [r̃れ.グる.ひ.'タる] [動] [自] 吐き戻す; 噴き返す, 反流[逆流]する

re-'gus-to [r̃れ.'グス.ト] [名] [男]〔食〕後味

***re-ha-bi-li-ta-'ción** [r̃れ.ア.ビ.リ.タ.'すぃオン] 93% [名] [女] 再建, 復興, 整備; 回復, 復職, 復位, 復権;〔医〕リハビリテーション; 社会復帰

***re-ha-bi-li-'tar** [r̃れ.ア.ビ.リ.'タる] 94% [動] [他] 復職[復位, 復権]させる, 回復させる;〔医〕リハビリ[社会復帰]させる **~se** [動] [再] 復職[復位, 復権]する, 回復する;〔医〕リハビリ[社会復帰]する

re-ha-'cer [r̃れ.ア.'せる] [動] [他] ㊱ (hacer) やり直す, 作り直す, 再びやる; 元気づける, 活気づける; 直す, 修理する **~se** [動] [再] 回復する, 元どおりになる;〔軍〕再び結集する, 再編成する

re+'ha-la [r̃れ.'ア.ラ] [名] [女]〔集合〕猟犬;〔畜〕(羊などの)群れ

re+ha-'le-ro [r̃れ.ア.'レ.ろ] [名] [男]〔畜〕(羊の)番人, 牧童頭

r

re-'he-cho, -cha [れ.'エ.チョ, チャ] [形] ずんぐりした, がっしりした
re+'hén [れ.'エン] [名] [共] 人質
re-'hi-c~ [動]《活用》⬆rehacer
re+hi-la-'mien-to [れイ.ラ.'ミエン.ト] [名] [男] ブーンという音, うなり声;〔音〕レイラミエント《[y]の音などに起こる強い摩擦音化》
re+hi-'lan-te [れイ.'ラン.テ] [形] ブーンという, うなり声をあげる;〔音〕レイラミエントがある⬆rehilamiento
re+hi-'lar [れイ.'ラる] [動] [他] ④ (i|í)〈糸を〉よる, よりすぎる [動] [自] 揺れる, 震える;《矢が》ブーンという, うなる;〔音〕レイラミエントを起こす⬆rehilamiento
re+hi-'le-te [れイ.'レ.テ] [名] [男] 投げ矢, ダーツ;〔牛〕バンデリージャ《牛の首・肩に刺す飾りつきの槍(やり)》⇧banderilla; あてこすり
re-'hi-zo [動]《直点3単》⬆rehacer
re+ho-'gar [れ.オ.'ガる] [動] [他] ㊶ (g|gu)〔食〕バター[油]でこんがり焼く, 炒める
re+'ho-ya [れ.'オ.ジャ] [名] [女] 深い穴
re-'huir [れ.'ウイる] [動] [他] ㊻ (u|ú; -y-) 避ける, よける
re+hu-'sar [れウ.'サる] [動] [他] ㊼ (u|ú) 断る, 拒絶する **~se** [動] [再]《ラ米》(a: を) 断る, 拒絶する⇨rehusar
re-'hu-y~ [動]《活用》⬆rehuir
Rei-kia-'vik [れイ.キア.'ビク] [名] [固]〔地名〕レイキャビク《アイスランド Islandia の首都》
re-im-pre-'sión [れイン.プれ.'スィオン] [名] [女]〔印〕再版, 重版, 増刷, リプリント
re-im-pri-'mir [れイン.プり.'ミる] [動] [他]〔印〕再版する, 重版する, 増刷する
'rei-na ['れイ.ナ] 88% [名] [女]〔政〕女王, 女帝;〔政〕王妃; 女王のような人[物], 花形, 最高のもの;〔昆〕女王蜂;〔遊〕〔トランプ・チェス〕クイーン(の札) [感]《話》おまえ, ねえ《親しい女性に対する呼びかけ》
rei-'na-do [れイ.'ナ.ド] [名] [男] 治世, 御代; (de: の)時代; 統治, 支配
rei-'nan-te [れイ.'ナン.テ] [形]〔政〕治める, 君臨する; 優勢な
*__rei-'nar__ [れイ.'ナる] 91% [動] [自]〔政〕(en: に)君臨する; 優勢である, はびこる, 勢力をふるう
re-in-ci-'den-cia [れイン.すぃ.'デン.すぃア] [名] [女]〔法〕再犯
re-in-ci-'den-te [れイン.すぃ.'デン.テ] [名] [共]〔法〕再犯者, 常習犯 [形]〔法〕再犯の, 常習の
re-in-ci-'dir [れイン.すぃ.'ディる] [動] [自]〔法〕(en: を)再犯する, 再び罪を犯す
re-in-cor-po-ra-'ción [れイン.コる.ポ.ら.'すぃオン] [名] [女] 再編入, 復帰
re-in-cor-po-'rar [れイン.コる.ポ.'らる] [動] [他] (a: に)再び合体させる, 再編入する, 復帰させる **~se** [動] [再] (a: に)再び合体する, 再編入する, 復帰する
re-in-gre-'sar [れイン.グれ.'サる] [動] [自] (en: に)復帰する, 再加入する
re-in-'gre-so [れイン.'グれ.ソ] [名] [男] 復帰, 再加入
re-i-ni-'ciar [れイ.ニ.'すぃアる] [動] [他]〔情〕再起動する, リセットする
****'rei+no** ['れイ.ノ] 87% [名] [男]〔政〕王国《王または女王が治める国》; …界《自然を3つに分けたもの: 動物界・植物界・鉱物界》; 分野, 世界, 領域;〔宗〕(キリスト教の)神の国
*__'Rei+no U+'ni-do__ ['れイ.ノ ウ.'ニ.ド] 91% [名] [固]〔地名〕連合王国, 英国《正式名はグレートブリテンおよび北アイルランド連合王国 Reino Unido de Gran Bretaña e Irlanda del Norte》
re-ins-ta-'lar [れイ(ン)ス.タ.'ラる] [動] [他]〔情〕再インストールする
re-in-te-gra-'ción [れイン.テ.グら.'すぃオン] [名] [女] 復帰, 復職;〔商〕払い戻し, 返済
re-in-te-'grar [れイン.テ.'グらる] [動] [他] (a: に)復帰させる; (de: を)返済する, 払い戻す **~se** [動] [再] (a: に)復帰する; (de: を)取り戻す
re-in-'te-gro [れイン.'テ.グろ] [名] [男] 復帰, 復職; (宝くじの)残念賞, 最下賞, 払い戻し; 返済, 返済金
re+'ír [れ.'イる] [動] [他] ㊽ (e|i; ‹i›)〔点3単 rio; 接2複 riais〕笑う [動] [自] 笑う, 笑っている **~se** [動] [再] 笑う; あざ笑う, ばかにする
rei-te-ra-'ción [れイ.テ.ら.'すぃオン] [名] [女] 繰り返し, 反復
rei-te-'ra-do, -da [れイ.テ.'ら.ド, ダ] [形] 繰り返す, 反復する **-damente** [副] 繰り返して, 反復して, 何度も
*__rei-te-'rar__ [れイ.テ.'らる] 92% [動] [他] 繰り返す, 反復する **~se** [動] [再] 繰り返される, 反復される; 繰り返して述べる
rei-te-ra-'ti-vo, -va [れイ.テ.ら.'ティ.ボ, バ] [形] 繰り返しの;〔言〕反復相の
rei-vin-di-ca-'ción [れイ.ビン.ディ.カ.'すぃオン] [名] [女] 要求, 請求, 主張; 回復, 取り戻し
rei-vin-di-'car [れイ.ビン.ディ.'カる] [動] [他] ㊾ (c|qu) 要求する, 請求する; 取り戻す, 回復する
rei-vin-di-ca-'ti-vo, -va [れイ.ビン.ディ.カ.'ティ.ボ, バ] [形] 要求の, 請求の; 回復する
*__'re+ja__ ['れ.は] 93% [名] [女] 格子, 鉄格子;〔農〕すき先, すき刃;〔情〕グリッド ***entre ~s***《話》牢に入って

re-jal-'gar [れ.はル.'ガる] [名] [男] 〔鉱〕 鶏冠石《花火の製造に用いる》

re-je-'rí+a [れ.へ.'り.ア] [名] [女] 〔建〕 鉄格子作り; 〔建〕 (豪華な)鉄格子; 〔建〕〔集合〕 鉄格子, 鉄柵

re-'ji-lla [れ.'ひ.ジャ] [名] [女] 〔建〕 組格子; 〔建〕 連子(れんじ)窓, 格子窓; 枝編み細工; 火鉢; 〔鉄〕 (列車の)携行品置き棚, 網棚

're+jo ['れ.ほ] [名] [男] とがった鉄棒

re-'jón [れ.'ほン] [名] [男] 〔牛〕 (レホネアドールの)槍(やり) ↓rejoneador; 投げ槍; 突き棒, とがった鉄棒

re-jo-ne+a-'dor [れ.ほ.ネ.ア.'ドる] [名] [男] 〔牛〕 レホネアドール《馬に乗った闘牛士》

re-jo-ne+'ar [れ.ほ.ネ.'アる] [動] [他] 〔牛〕 《レホネアドールが》〈牛を〉槍(やり)で突く ↑rejoneador

re-ju-ve-ne-'cer [れ.ふ.ベ.ネ.'せる] [動] [他] 45 (c|zc) 若返らせる; 新しくする, 近代化する ～(se) [動] [自] ([再]) 若返る; 新しくなる, 近代化する

re-ju-ve-ne-ci-'mien-to [れ.ふ.べ.ネ.すぃ.'ミエン.ト] [名] [男] 若返り

re-la-'ción [れ.ラ.'すぃオン] 70% [名] [女] 関係, 関連; つながり, 交際, つきあい, 交流, コネ; 愛人関係, 恋愛関係; 知人; (話を)物語ること, 物語, 話; 表, 一覧表, 目録, リスト; 報告, 報告書; 比率 ***con ～ a*** ... ⇨ ***en ～ con*** ... …に関して; …と比べて; …と関係して ***hacer ～*** (a: …のことを)言う, (a: に)言及する ***ponerse en ～*** (con: と)連絡をとる ***relaciones públicas*** 社交, 人づきあい; 〔商〕 広報活動, PR

re-la-cio-'nal [れ.ラ.すぃオ.'ナル] [形] 関係する, 関係の, 関連の

re-la-cio-'nar [れ.ラ.すぃオ.'ナる] 81% [動] [他] (con: と)関係させる, (con: に)関連づける; 話す, 物語る; 報告する ～se [動] [再] (con: と)関係がある, 関連がある; (con: と)かかわる, うまくつきあう ***por [en] lo que se relaciona a [con]*** ... …に関しては

re-la-cio-'nis-ta [れ.ラ.すぃオ.'ニス.タ] [名] [女] 〔商〕 広告業者, 広告担当者

re-la-ja-'ción [れ.ラ.は.'すぃオン] [名] [女] 緩めること, 弛緩, 緩和, 軽減; だらしなさ, 乱れ; 骨休め, くつろぎ, リラックス, 気晴らし; 〔医〕 ヘルニア

re-la-ja-'mien-to [れ.ラ.は.'ミエン.ト] [名] [男] 緩み, 緩和, 軽減

re-la-'jan-te [れ.ラ.'はン.テ] [形] 緊張を解く

re-la-'jar [れ.ラ.'はる] 93% [動] [他] くつろがせる, 休める, リラックスさせる; 〈力・緊張などを〉緩める, 〈の〉力を抜く, 〈努力・注意などを〉怠る; 〈規則などを〉緩める, 寛大にする [動] [自] 心を安める, リラックスする ～se [動] [再] くつろぐ, リラックスする; 緩む, たるむ; 衰える; 〔医〕 捻挫(ねんざ)する

re-'la-jo [れ.'ラ.ほ] [名] [男] 《話》 大騒ぎ, どんちゃん騒ぎ; 《ラ米》 だらしなさ, 乱れ

re-la-'mer [れ.ラ.'メる] [動] [他] なめる, なめ回す ～se [動] [再] 唇をなめる, 舌なめずりをする; 〔動〕 〈体を〉なめる; さも満足そうである, ほくそえむ; 厚化粧をする, めかし込む

re-la-'mi-do, -da [れ.ラ.'ミ.ド, ダ] [形] めかし込んだ, とりすました, 気取った

***re-'lám-pa-go** [れ.'ラン.パ.ゴ] 94% [名] [男] 〔気〕 稲光, 稲妻, 雷; フラッシュ, せん光, きらめき [形] 稲妻のような, 非常に早い, 電撃の

re-lam-pa-gue+'ar [れ.ラン.パ.ゲ.'アる] [動] [自] 〔気〕 稲妻が光る; ギラギラする, 光る

re-lam-pa-'gue+o [れ.ラン.パ.'ゲ.オ] [名] [男] 〔気〕 雷光, 稲妻, 稲光

re-la-'tar [れ.ラ.'タる] [動] [他] 話す, 物語る; 報告する

re-la-ti-vi-'dad [れ.ラ.ティ.ビ.'ダド] [名] [女] 関連性, 相対性

re-la-ti-'vis-mo [れ.ラ.ティ.'ビス.モ] [名] [男] 相対主義

re-la-ti-'vis-ta [れ.ラ.ティ.'ビス.タ] [形] 相対主義の [名] [共] 相対主義者

re-la-ti-vi-'zar [れ.ラ.ティ.ビ.'さる] [動] [他] 34 (z|c) 相対化する ～se [動] [再] 相対化される

re-la-'ti-vo, -va [れ.ラ.'ティ.ボ, バ] 85% [形] 相対的な, 比較的, お互いを比較した上での; (a: に)関係のある, 関連している; ある程度の, まずまずの, 大したことのない; 〔言〕 関係を示す, 関係… [名] [男] 〔言〕 関係詞 **-vamente** [副] 相対的に, 比較的に ***en lo ～ a*** ... …に関しては

re-'la-to [れ.'ラ.ト] 90% [名] [男] 物語, 話; 報告(書)

re-la-'tor, -'to-ra [れ.ラ.'トる, 'ト.ら] [名] [男] [女] 語り手, ナレーター; 報告者

re+'lé [れ.'レ] [名] [男] 〔電〕 継電器, 中継器, リレー

re-le+'er [れ.レ.'エる] [動] [他] 40 (-y-) 読み直す, 再読する

re-le-ga-'ción [れ.レ.ガ.'すぃオン] [名] [女] 追放, 左遷

re-le-'gar [れ.レ.'ガる] [動] [他] 41 (g|gu) 追放する, 左遷する, 追いやる

re-'len-te [れ.'レン.テ] [名] [男] 夜の湿気, 夜露, 夜気(やき)

re-le-'van-cia [れ.レ.'バン.すぃア] [名] [女] 目立つこと, 顕著さ, 傑出; 関連性

re-le-'van-te [れ.レ.'バン.テ] [形] 目立つ, 顕著な, 傑出した; (当面の問題に)関連した

r

*re-le-'var [れ̃.レ.'バる] 94% [動] [他] 交替する; (de: を)免除する, 解放する; 浮き上がらせる, 目立たせる; 浮き彫りにする　~se [動] [再] 交替する

*re-'le-vo [れ̃.'レ.ボ] 93% [名] [男] 交替, 任務の交替; 〔複〕〘競〙 リレー(競走)

re-li-'ca-rio [れ̃.リ.'カ.りオ] [名] [男] 〘宗〙 聖骨[遺物]箱; ロケット《形見などを入れてペンダントにする》

*re-'lie-ve [れ̃.'リエ.ベ] 91% [名] [男] 〘美〙 浮き彫り, レリーフ, 盛り上げ, 浮き彫り細工; 目立つこと, 傑出, 卓越, 重要性　*poner de* [*en*] ~ 強調する

**re-li-'gión [れ̃.リ.'ひオン] 84% [名] [女] 〘宗〙 宗教, 宗派, …教; 〘宗〙 信仰, 信仰生活, 修道院生活; 大切なもの, 信条, 信念　*entrar en* ~ 〘宗〙 修道院に入る

re-li-gio-si-'dad [れ̃.リ.ひオ.スィ.'ダド] [名] [女] 〘宗〙 宗教心, 信仰心, 敬虔さ; 《話》 きちょうめんさ

**re-li-'gio-so, -sa [れ̃.リ.'ひオ.ソ, サ] 81% [形] 〘宗〙 宗教の, 宗教上の, 信仰の; 〘宗〙 信心深い, 信仰のあつい, 敬虔(けいけん)な; 良心的な, 厳正な; きちょうめんな [名] [男] [女] 〘宗〙 宗教家, 宗教に従事する者, 聖職者; 〘宗〙 修道会員, 修道士[女]　-samente [副] 〘宗〙 信心深く, 敬虔(けいけん)に; 《話》 規則正しく, きちょうめんに, きちんと

re-'lim-pio, -pia [れ̃.'リン.ピオ, ピア] [形] 《話》 とてもきれいな

re-lin-'char [れ̃.リン.'チャる] [動] [自] 〘畜〙 «馬が»いななく

re-lin-'chi-do [名] [男] ⇩ relincho

re-'lin-cho [れ̃.'リン.チョ] [名] [男] 〘畜〙 (馬の)いななき; 《話》 歓声

re-'lin-ga [れ̃.'リン.ガ] [名] [女] 〘海〙 ボルトロープ《帆の周辺の補強ロープ》

re-'li-quia [れ̃.'リ.キア] [名] [女] 〔主に複〕 〘宗〙 (聖人などの)聖骨, 聖遺物, 聖宝; 面影, なごり, 遺品, 形見; 〘医〙 後遺症

re-'lla+no [れ̃.'ジャ.ノ] [名] [男] 〘建〙 (階段の)踊り場; 〘地〙 台地, 高台, 段丘

*re-lle-'nar [れ̃.ジェ.'ナる] 91% [動] [他] (de: で)満たす, いっぱいにする, ぎっしり詰める; 〈に〉記入する, 〈に〉書き込む; 〘食〙 詰める, 〈に〉詰め物をする; 〈クッションなどに〉詰め物をする; 再び満たす, 詰め直す, 詰め替える, 補充する　~se [動] [再] 《話》 〘食〙 たらふく食べる

re-'lle+no, -na [れ̃.'ジェ.ノ, ナ] [形] 詰め込んだ, いっぱいになった, 詰め物をした [名] [男] 詰めること; 詰め物; 詰め綿; (著作・演説などで)不必要な挿入, 余談, 埋め草

**re-'loj [れ̃.'ロほ] 83% [名] [男] 時計; 〘植〙 ゼラニウム

*re-lo-je-'rí+a [れ̃.ロ.へ.'リ.ア] 94% [名] [女] 〘商〙 時計店; 〘技〙 時計工場; 〘技〙 時計製造(業), 時計修理(業)

re-lo-'je-ro, -ra [れ̃.ロ.'へ.ろ, ら] [名] [男] [女] 〘商〙〔人〕 時計屋; 〘技〙 時計職人

re-lu-'cien-te [れ̃.ル.'すぃエン.テ] [形] 光り輝く, きらめく

re-lu-'cir [れ̃.ル.'すぃる] [動] [自] (42) (c|zc) 光る, 輝く; 光を放つ, 異彩を放つ, 目立つ, はえる　*sacar a* ~ 《話》 思わぬ話題を引き合いに出す

re-luc-'tan-cia [れ̃.ルク.'タン.すぃア] [名] [女] 《格》 抵抗, 反対, 反抗; 〘電〙〘物〙 磁気抵抗

re-luc-'tan-te [れ̃.ルク.'タン.テ] [形] 《格》 (a: …)したがらない, いやがる, 気が進まない

re-lum-'brar [れ̃.ルン.'ブらる] [動] [自] 輝く, きらめく, ひらめく

re-lum-'brón [れ̃.ルン.'ブろン] [名] [男] 見せかけ, 見かけ倒し, けばけばしさ; ギラギラとまぶしい光[輝き]

re-ma-cha-'do-ra [れ̃.マ.チャ.'ド.ら] [名] [女] 〘機〙 リベット打ち機

re-ma-'char [れ̃.マ.'チャる] [動] [他] 〈に〉リベットを打つ; 〈釘の先を〉打ち曲げる; 強調する, 力説する

re-'ma-che [れ̃.'マ.チェ] [名] [男] 〘技〙 リベット締め, 鋲(びょう)留め; 〘技〙 鋲, 目釘, リベット

remake [り.'メイク] [名] [男] 〔英語〕 〘映〙 (映画の)リメイク(版), リメイク版の制作

re-ma-'nen-te [れ̃.マ.'ネン.テ] [名] [男] 〘商〙 残高; 残りのもの, 残余 [形] 残された, 残留する, 残存している

re-man-'gar [れ̃.マン.'ガる] [動] [他] (41) (g|gu) 〘衣〙 〈袖・裾を〉まくる, まくり上げる　~se [動] [再] 〘衣〙 〈自分の袖・裾を〉まくる, まくり上げる; 張り切って取りかかる, 意欲的に取り組む

re-man-'sar-se [れ̃.マン.'サる.セ] [動] [再] 〘地〙 «川の流れが»よどむ

re-'man-so [れ̃.'マン.ソ] [名] [男] 〘地〙 (流れの)淵(ふち), とろ, よどみ; 水たまり; 安らぎの場所, オアシス

re-'mar [れ̃.'マる] [動] [自] 船を漕(こ)ぐ; 《ラプラタ》 《話》 懸命に働く, がんばる

re-mas-'car [れ̃.マス.'カる] [動] [他] (69) (c|qu) 《コロンビア》 反芻(はんすう)する; よく考える

re-ma-'ta-do, -da [れ̃.マ.'タ.ド, ダ] [形] まったくの, 完全な, 徹底した; 〘法〙 有罪と宣告された　-damente [副] ひどく, まったく

re-ma-'tan-te [れ̃.マ.'タン.テ] [名] [共] 〘商〙 落札者, 最高入札者

*re-ma-'tar [れ̃.マ.'タる] 94% [動] [他] 仕上げる, 完了する; 使い切る; 〘商〙 (競売で)落札する; 殺す, 〈に〉とどめを刺す [動] [自] 端[終わり]が(con, en: に)なる; 〘競〙 〔サッカー〕

| シュート[ゴール]を決める

re-'ma-te [れ̃.'マ.テ] [名] [男] 終わり, 終了, 仕上げ; とどめを刺すこと; 端, 先端; 〘競〙〔サッカー〕シュート, ゴール; 〘建〙(尖塔などの)上部飾り; 〘商〙競売, せり売り, 落札, 最高の付け値　***de*** ~ まったく(の), 完全な　***para*** [***como***] ~ さらにひどいことに, おまけに　***por*** ~ 最後に

rem-bol-'sa-ble [れ̃ン.ボル.'サ.ブレ] [形] ⇧ reembolsable

rem-bol-'sar [れ̃ン.ボル.'サる] [動] [他] ⇧ reembolsar

rem-'bol-so [れ̃ン.'ボル.ソ] [名] [男] ⇧ reembolso

re-me-'dar [れ̃.メ.'ダる] [動] [他] 模倣する, まねる

re-me-'dia-ble [れ̃.メ.'ディア.ブレ] [形] 治せる; 解決できる; 救える, 救済できる

*__re-me-'diar__ [れ̃.メ.'ディアる] 94% [動] [他] 手伝う, 援助する; 保護する, 救済する; 解決する, 〈に〉手を打つ; 我慢する; 〘医〙治療する, 治す　~***se*** [動] [再] 解決される

__re-'me-dio__ [れ̃.'メ.ディオ] 88% [名] [男] 手段, 解決策; 〘医〙治療, 治療法, 治療薬; (悪・欠点などの)矯正法, 改善法, 救済法, 救済策; 助け, 援助; 〘法〙控訴, 上訴　***No hay más ~ que* …(不定詞)《話》…するしか仕方がない　***no tener ~*** 《話》どうしようもない

Re-'me-dios [れ̃.'メ.ディオス] [名] [固] 〘女性名〙レメディオス

re-'me-do [れ̃.'メ.ド] [名] [男] 模倣; こっけいな言い換え, もじり, パロディー

re-mem-'bran-za [れ̃.メン.'ブらン.さ] [名] [女] 《格》回想, 思い出; 記憶

re-me-mo-'rar [れ̃.メ.モ.'らる] [動] [他] 《格》思い出す

re-men-'da-do, -da [れ̃.メン.'ダ.ド, ダ] [形] 継ぎを当てた, 継ぎはぎの; 〘動〙«動物が»まだらの, ぶちの

re-men-'dar [れ̃.メン.'ダる] [動] [他] ㊿ (e|ie) 〈に〉継ぎを当てる, 繕う; 修繕する, 直す

re-men-'dón, -'do-na [れ̃.メン.'ドン, 'ド.ナ] [形] 〔衣〕修繕する, 仕立て直しの [名] [男] [女] 〔商〕修繕屋, 仕立て直し屋; 〘商〙〔人〕靴の修理屋, 靴屋

re-'me-ro, -ra [れ̃.'メ.ろ, ら] [名] [男] [女] 〘海〙舟を漕(こ)ぐ人, 漕ぎ手　**-ra** [名] [女] 〘鳥〙風切り羽

re-'me-sa [れ̃.'メ.サ] [名] [女] 送金; 〘商〙船積み, (貨物などの)発送(品)

re-me-'sar [れ̃.メ.'サる] [動] [他] 送金する; 〘商〙発送する, 出荷する, 船積みする

re-me-'ter [れ̃.メ.'テる] [動] [他] 元へ戻す[返す]; (en: に)押し込む

re-'mez-cla [れ̃.'メス.クラ] [名] [女] リミックス《複数の曲を編集して新たな曲を作る手法》; リミックス曲

re-'mien-d~ [動] 《直現/接現/命》 ↑remendar

re-'mien-do [れ̃.'ミエン.ド] [名] [男] 当て布, 継ぎ; 修理すること; 修正, 改善; (動物の)ぶち, 斑(まだら)　***a ~s*** 断続的に

re-mil-'ga-do, -da [れ̃.ミル.'ガ.ド, ダ] [形] 好みの難しい; 気取った, 上品ぶった

re-mil-'gar-se [れ̃.ミル.'ガる.セ] [動] [再] ㊶ (g|gu) 気取る, 上品ぶる; 好みをあれこれやかましく言う

re-'mil-go [れ̃.'ミル.ゴ] [名] [男] 気取り, 上品ぶること; 〔複〕好みの難しいこと, やかましいこと

re-mi-nis-'cen-cia [れ̃.ミ.ニ(ス).'セン.すぃア] [名] [女] 《格》回想, 追想, 思い出されるもの[事]; 連想させるもの

re-mi-nis-'cen-te [れ̃.ミ.ニ(ス).'セン.テ] [形] 《格》昔をしのぶ, 追憶の

re-mi-'ra-do, -da [れ̃.ミ.'ら.ド, ダ] [形] 非常に注意深い, 細心の

re-mi-'rar [れ̃.ミ.'らる] [動] [他] もう一度見る, 見直す, よく調べる　~***se*** [動] [再] (en: に)見とれる

re-mi-'sión [れ̃.ミ.'スィオン] [名] [女] 容赦, 赦免; 送ること, 発送, 送付; (書物などの)参照, 参考, 注; 〘医〙(痛みなどが)和らぐこと, 落ち着くこと, 鎮静, 緩和; 〘宗〙(罪の)許し　~ ***interna*** クロスレファレンス　***sin*** ~ 必ず

re-'mi-so, -sa [れ̃.'ミ.ソ, サ] [形] (en/a 不定詞: …が)気の進まない, いやそうな; 怠慢な, 不注意な

re-'mi-te [れ̃.'ミ.テ] [名] [男] 差し出し人, 送り主(の住所・氏名)

re-mi-'ten-te [れ̃.ミ.'テン.テ] [形] 発送の, 発信の; [名] [共] 差し出し人, 発送者, 発信人

re-mi-'ti-do [れ̃.ミ.'ティ.ド] [名] [男] 広告, 広告記事

*__re-mi-'tir__ [れ̃.ミ.'ティる] 91% [動] [他] 送る, 発送する, 送達する; (a: を)参照させる, (a: の)判断にゆだねる; 緩める, 緩和する, 鎮める; 〘法〙〈事件を〉移送する [動] [自] 緩む, 緩和する, 鎮まる; (a: を)参照する, 引用する; 〘情〙送信する　~***se*** [動] [再] (a: の)判断に従う; 参照する; 緩む, 緩和する, 鎮まる

're+mo ['れ̃.モ] [名] [男] オール, 櫂(かい), 櫓(ろ); 翼, 形が腕[脚]状のもの; 〘競〙漕艇(そうてい), ボートレース; 〘歴〙(ガレー船の)漕刑

'Re+mo ['れ̃.モ] [名] [固] 〘ロ神〙レムス《ロムルス Rómulo の双子の弟, ローマの建設者》

re-mo-'ción [れ̃.モ.'すぃオン] [名] [女] 移転, 移動

re-mo-de-la-'ción [れ̃.モ.デ.ラ.'すぃオン] [名] [女] 改造; 〘建〙改築

re-mo-de-'lar [r̃e.モ.デ.'ラる] 動 他 〈の〉形を作り変える, 改造する;〘建〙改築する

re-mo-'jar [r̃e.モ.'はる] 動 他 浸す, つける, ぬらす;《話》祝う,〈に〉祝杯をあげる **~·se** 動 再 (水などに)つけられる, つかる

re-'mo-jo [r̃e.'モ.ほ] 名 男 浸すこと, つけること;《話》ひと浴び, ひと泳ぎ

re-mo-'jón [r̃e.モ.'ほン] 名 男《話》ぬれること

re-mo-'la-cha [r̃e.モ.'ラ.チャ] 名 女〘植〙サトウダイコン, ビート

re-mol-ca-'dor, -'do-ra [r̃e.モル.カ.'ドる, 'ド.ら] 形〘車〙〘海〙牽引(けんいん)する 名 男〘海〙引き船, タグボート

*__re-mol-'car__ [r̃e.モル.'カる] 94% 動 他 ⑥⑨ (c|qu)〘車〙〘海〙〈船・自動車を〉牽引(けんいん)する, 綱[鎖]で引く; 誘い込む, そそのかす, 引きずり込む

re-mo-li-'nar(-se) [r̃e.モ.リ.'ナる(.セ)] 動 自 (再) 渦巻く, もうもうと立ちのぼる; ひしめく, 群がる

re-mo-'li+no [r̃e.モ.'リ.ノ] 名 男〘気〙つむじ風, 渦巻き; 回転, 旋回; 巻き毛, 立ち毛; 群衆, 人だかり, 人波, 混乱

re-mo-'lón, -'lo-na [r̃e.モ.'ロン, 'ロ.ナ] 名 男 女 なまけ者, 横着者 形 怠惰な, なまける 名 男〘動〙(ゾウ[象]・イノシシなどの)上あごの牙

re-'mol-que [r̃e.'モル.ケ] 名 男〘車〙〘海〙牽引(けんいん), 曳航(えいこう);〘車〙〘海〙引き綱, 曳船索;〘車〙トレーラー, 付随車 ***a ~*** 曳航して, 牽引して

re-'mon-ta [r̃e.'モン.タ] 名 女〘衣〙(靴底などの)修繕; あて革;〘軍〙予備馬, 補充馬

re-mon-'tar [r̃e.モン.'タる] 動 他 登る, さかのぼる;〈困難を〉克服する;〈獲物を〉追い立てる, 狩り立てる;〘軍〙〈に〉新馬を補充する;〘衣〙〈靴底を〉修繕する **~·se** 動 再 (a: に)さかのぼる; 高く昇る, 舞い上がる, 高まる ***~ el vuelo*** 舞い上がる

re-mo-'que-te [r̃e.モ.'ケ.テ] 名 男《話》あだ名, 愛称;《話》皮肉, あてつけ;《話》げんこつによる一撃, 殴打;《話》(女性への)言い寄り, ご機嫌取り

'ré-mo-ra ['r̃e.モ.ら] 名 女 妨害, 障害;〘動〙コバンザメ

re-mor-'der [r̃e.モる.'デる] 動 他 ④④ (o|ue) 苦しめる, さいなむ, 後悔させる; 再びかむ **~·se** 動 再 後悔する, 悩む, 苦しむ

*__re-mor-di-'mien-to__ [r̃e.モる.ディ.'ミエン.ト] 94% 名 男 良心の呵責(かしゃく), 自責の念, 後悔

*__re-'mo-to, -ta__ [r̃e.'モ.ト, タ] 91% 形 遠く離れた, 遠隔の; 遠い昔の, 遠い未来の; 関係の薄い, かすかな, 可能性の少ない;《態度などが》よそよそしい, 冷淡な

*__re-mo-'ver__ [r̃e.モ.'べる] 93% 動 他 ④④ (o|ue) 取り去る, 片づける; かき回す, かき混ぜる;〈土を〉起こす, 掘り返す; ひっくり返す; ひっかき回す, 暴く;〈記憶を〉呼び起こす; 解雇する; 動揺させる; 移動する, 移す **~·se** 動 再 体を動かす; 動揺する

re-mo-'zar [r̃e.モ.'さる] 動 他 ③④ (z|c) 若返らせる; 一新する **~·se** 動 再 若返る; 一新する

rem-pla-'zan-te [r̃eン.プラ.'さン.テ] 名 共 ⇧ reemplazante

rem-pla-'zar 動 他 ③④ (z|c) ⇧ reemplazar

rem-'pla-zo 名 男 ⇧ reemplazo

re-mu-'dar [r̃e.ム.'ダる] 動 他 取り替える

re-'mue-v~ 動《直現/接現/命》⬆ remover

*__re-mu-ne-ra-'ción__ [r̃e.ム.ネ.ら.'すぃオン] 94% 名 女 報酬, 代償

*__re-mu-ne-'rar__ [r̃e.ム.ネ.'らる] 94% 動 他 〈に〉報酬を与える, 報いる

re-mu-ne-ra-'ti-vo, -va [r̃e.ム.ネ.ら.'ティ.ボ, バ] 形 報酬のある, 利益のある, もうかる

re-na-cen-'tis-ta [r̃e.ナ.せン.'ティス.タ] 形 名 共〘歴〙ルネッサンスの(研究者), 文芸復興の

*__re-na-'cer__ [r̃e.ナ.'せる] 94% 動 自 ④⑤ (c|zc) 生まれ変わる, 再生する; (再び)生える, 芽を出す

*__re-na-ci-'mien-to__ [r̃e.ナ.すぃ.'ミエン.ト] 93% 名 男 再生, 復活; [el R~]〘歴〙ルネッサンス, 文芸復興

re-na-'cua-jo [r̃e.ナ.'クア.ほ] 名 男〘動〙オタマジャクシ;《話》〘軽蔑〙ちび

re-'nal [r̃e.'ナル] 形〘体〙腎(じん)臓の, 腎臓部の

re-'na+no, -na [r̃e.'ナ.ノ, ナ] 形〘地名〙ライン川の ⬇ Rin

re-'naz-co, -ca(~) 動《直現1単, 接現》⬆ renacer

ren-'ci-lla [r̃eン.'すぃ.ジャ] 名 女 口げんか, 争い, いさかい, 反目

'ren-co, -ca ['r̃eン.コ, カ] 形〘体〙足の不自由な, 片足の

ren-con-'trar 動 他 ①⑥ (o|ue) ⇧ reencontrar

*__ren-'cor__ [r̃eン.'コる] 93% 名 男 恨み, 悪意

*__ren-co-'ro-so, -sa__ [r̃eン.コ.'ろ.ソ, サ] 94% 形 (hacia, contra: に)恨みをもった, 恨みがましい; 怒りっぽい

ren-'cuen-tro 名 男 ⇧ reencuentro

ren-di-'ción [r̃eン.ディ.'すぃオン] 名 女 屈服, 降伏, 開城, 引き渡し, 明け渡し,

r

譲渡; 産出(力), 産出高, 生産, 利益

ren-'di-do, -da [r̃ン.'ディ.ド, ダ] [形] (de: に)疲れきった, くたくたの; 従順な, 忠実な

ren-'di-ja [r̃ン.'ディ.は] [名] [女] すき間, 裂け目, 割れ目, ひび

*__ren-di-'mien-to__ [r̃ン.ディ.'ミエン.ト] 91% [名] [男] 産出, 生産高; 性能, 能力, 効率; 成績; 疲労, 疲れ; 敬意; 服従, 従属; 〘情〙パフォーマンス

‡**ren-'dir** [r̃ン.'ディる] 88% [動] [他] ㊾ (e|i) 負かす, 打ち破る, 降伏させる, 屈服させる; 〈の〉心をつかむ; 産する, 生じる, 〈利益などを〉もたらす; 疲れさせる, くたくたにする; 〈敬意などを〉表す, 表明する, ささげる; 〘軍〙〈に〉敬礼する; 報告する, 提出する; 〈旗を〉半旗にする; 明け渡す, 引き渡す, 譲る, 返す; もどす, 吐く [動] [自] 《行為・仕事などが》引き合う, もうかる, 採算がとれる; 効率がよい, うまく働く ～se [動] [再] (a: に)降伏する, 屈する, 負けを認める; (de: で)疲れ果てる

re-ne-'ga-do, -da [r̃.ネ.'ガ.ド, ダ] [形] 〘宗〙改宗した, 背教の; 裏切りの; 《話》荒々しい, ぶっきらぼうな, 短気な [名] [男] [女] 〘宗〙改宗者; 背教者, 背信者

re-ne-'gar [r̃.ネ.'ガる] [動] [他] ㊻ (e|ie; g|gu) 否定する, 繰り返し否定する; ひどく嫌う, 〈が〉いやでたまらない [動] [自] (de: 信仰を)捨てる, 改宗する; 不敬なことを言う; 悪態をつく; (de: と)縁を切る; (de: の)文句を言う

'RENFE ['r̃ン.フェ] [略] ＝Red Nacional de Ferrocarriles Españoles 〘鉄〙スペイン国営鉄道網

*__ren-'glón__ [r̃ン.'グロン] 94% [名] [男] (文の)行, ひとくだり; 箇条, 項目, 条項; 〔特に〕支出項目; 品目; 〔複〕文章 ***a ～ seguido*** 舌の乾かないうちに, すぐさま ***leer entre renglones*** 行間を読む

re-'nie-g~ [動] 《直現/接現/命》 ⬆renegar

re-'nie-go [r̃.'ニエ.ゴ] [名] [男] 呪(のろ)い, 冒瀆(ぼうとく); 不平, 文句

're-nio ['r̃.ニオ] [名] [男] 〘化〙レニウム《元素》

're+no ['r̃.ノ] [名] [男] 〘動〙トナカイ

re-nom-'bra-do, -da [r̃.ノン.'ブら.ド, ダ] [形] 有名な, 名高い

*__re-'nom-bre__ [r̃.'ノン.ブれ] 94% [名] [男] 名声, 評判, 誉れ, 令名

re-no-'va-ble [r̃.ノ.'バ.ブレ] [形] 更新可能な; 入れ替え可能な; 改造可能な

‡**re-no-va-'ción** [r̃.ノ.バ.'すぃオン] 89% [名] [女] 更新, 再開; 革新, 刷新, 一新; 入れ替え; 改装, 新装, 改造

re-no-va-'dor, -'do-ra [r̃.ノ.バ.'ドる, 'ド.ら] [形] 更新する; 革新的な [名] [男] [女] 更新者

‡**re-no-'var** [r̃.ノ.'バる] 90% [動] [他] ⑯ (o|ue) 新しくする, 新たにする, 一新する, やり直す; 再び始める, 〈契約などを〉更新する; 取り替える, 新しく足す, 補充する; 〘建〙〈建物などを〉改装する, 修繕する; 〘情〙〈画面を〉リフレッシュする ～se [動] [再] 再開される; 新しくなる, 更新される; 〘建〙改装される

ren-que+'ar [r̃ン.ケ.'アる] [動] [自] 片足をひきずる; 《話》(病気などで)苦しむ, かろうじてやっていく

*__'ren-ta__ ['r̃ン.タ] 91% [名] [女] 収入, 所得; 借り賃, 貸し賃, 賃貸料, 地代, 家賃, 部屋代; 利子, 金利; 年金; 国債

ren-ta-bi-li-'dad [r̃ン.タ.ビ.リ.'ダド] [名] [女] 有利さ; 〘商〙収益性

ren-ta-bi-li-'zar [r̃ン.タ.ビ.リ.'さる] [動] [他] ㉞ (z|c) 〘商〙〈の〉収益を上げる ～se [動] [再] 〘商〙収益が上げる

ren-'ta-ble [r̃ン.'タ.ブレ] [形] 有利な; 〘商〙利益のある

ren-'tar [r̃ン.'タる] [動] [他] 〘商〙〈収益を〉上げる, 生む, もたらす; 《メキシコ》賃貸しする

ren-'tis-ta [r̃ン.'ティス.タ] [名] [共] 公債証書所有者; 金利生活者; 年金受給者

re-'nuen-cia [r̃.'ヌエン.すぃア] [名] [女] 気が進まないこと, 不承不承, 頑固さ, 不本意

re-'nuen-te [r̃.'ヌエン.テ] [形] 気が進まない, 不本意の, 反対する

re-'nue-v~ [動] 《直現/接現/命》 ⬆renovar

re-'nue-vo [r̃.'ヌエ.ボ] [名] [男] 〘植〙芽, 新芽, 萌芽; 一新, 更新, 刷新

*__re-'nun-cia__ [r̃.'ヌン.すぃア] 92% [名] [女] 放棄, 断念, あきらめ; 辞職, 辞任; 辞表

re-nun-cia-'ción [r̃.ヌン.すぃア.'すぃオン] [名] [女] 放棄, 断念, あきらめ; 自己犠牲

‡**re-nun-'ciar** [r̃.ヌン.'すぃアる] 89% [動] [自] (a: を)放棄する, 廃棄する, 棄権する, 譲る; (a: を)断念する, あきらめる; (a: を)辞職する; (a: を)やめる ～se [動] [再] 自己を捨てる, 禁欲する, 自分を犠牲にする

re-'nun-cio [r̃.'ヌン.すぃオ] [名] [男] 《話》うそ, ごまかし

re-ñi-'de-ro [r̃.ニィ.'デ.ろ] [名] [男] 〘畜〙闘鶏場

re-'ñi-do, -da [r̃.'ニィ.ド, ダ] [形] 〘軍〙《戦いが》激烈な, 接戦の; (con: と)不和の, 仲たがいしている

*__re-'ñir__ [r̃.'ニィる] 93% [動] [自] ㊾ (e|i; ‹i›) (con: と)口論する, 争う, けんかする [動] [他] 叱(しか)る, 〈に〉小言[文句]を言う; 〈戦い・けんかを〉する

're+o ['r̃.オ] [名] [共] 《rea[女]も使われる》〘法〙被告人, 容疑者; 〘法〙罪人, 犯人 [名] [男] 〘魚〙レオ《マスの一種》

r

re+'o-ca [れ̃.'オ.カ] [名] [女] 《話》 ひどいもの; ひどいやつ

re-'o-jo [れ̃.'オ.ほ] 〔成句〕 ***de*** ～ 横目で ***mirar de*** ～ 横目で見る; にらむ; 憎む

re-or-de-na-'ción [れ̃.オる̣.デ.ナ.'すぃオン̣] [名] [女] 再整理; 再配列

re-or-de-'nar [れ̃.オる̣.デ.'ナる̣] [動] [他] 再整理する; 再配列する

re-or-ga-ni-za-'ción [れ̃.オる̣.ガ.ニ.さ.'すぃオン̣] [名] [女] 再編成

re-or-ga-ni-'zar [れ̃.オる̣.ガ.ニ.'さる̣] [動] [他] ㉞ (z|c) 再編成する

Rep. [略] ↓república

re-pan-chi-'gar-se [れ̃.パン̣.チ.'ガる̣.セ] [動] [再] ㊶ (g|gu) 《話》 ⇩ repantigarse

re-pa-'no-cha [名] [女] ⇧ reoca

re-pan-ti-'gar-se [れ̃.パン̣.ティ.'ガる̣.セ] [動] [再] ㊶ (g|gu) 足を投げ出して(en: 椅子(いす)に)どっかり座る

re-pa-'ra-ble [れ̃.パ.'ら.ブレ] [形] 修理が可能な

*__re-pa-ra-'ción__ [れ̃.パ.ら.'すぃオン̣] 91% [名] [女] 修理, 修繕, 手入れ; 賠償, 償い

re-pa-ra-'dor, -'do-ra [れ̃.パ.ら.'ドる̣, 'ド.ら] [形] 修理の; 元気づける; 償いの

*__re-pa-'rar__ [れ̃.パ.'らる̣] 91% [動] [他] 修理する, 修繕する; 回復する, 元に戻す; 埋め合わせする, 賠償する; 〈誤りなどを〉訂正する; 〈に〉気づく; 《(ベネズエラ)》〈の〉再試験を受ける [動] [自] (en: に)気づく, 注目する; (en: 費用などを)惜しむ; (en: に)気を配る, 配慮する; (en: を)考慮する **～se** [動] [再] 自制する, 控える

re-'pa-ro [れ̃.'パ.ろ] [名] [男] 反対, 異論, 異存, 難点; ためらい, 遠慮; 防御, 防衛 ***sin*** ～ ためらわずに

re-par-ti-'ción [れ̃.パる̣.ティ.'すぃオン̣] [名] [女] 分配, 割り当て

re-par-ti-'dor, -'do-ra [れ̃.パる̣.ティ.'ドる̣, 'ド.ら] [名] [男] [女] 配達人

re-par-ti-'mien-to [れ̃.パる̣.ティ.'ミエン̣.ト] [名] [男] 分配, 割り当て; 〔法〕課税, 賦課; 〔歴〕レパルティミエント《アメリカ大陸の先住民を強制労働に徴発した制度》

**__re-par-'tir__ [れ̃.パる̣.'ティる̣] 87% [動] [他] (entre: に)分配する, 配布する, 配分する, 配る, 配達する; (entre: に)割り当てる; 分ける, 区分する; 〔遊〕〔トランプ〕〈札を〉配る; 殴る

*__re-'par-to__ [れ̃.'パる̣.ト] 91% [名] [男] 配達; 〔演〕配役, キャスト; 分配, 割り当て

re-pa-sa-'dor [れ̃.パ.サ.'ドる̣] [名] [男] 《(ラプラタ)》 ふきん

*__re-pa-'sar__ [れ̃.パ.'サる̣] 93% [動] [他] 復習する, さらう; 見直す, 調べ直す, 細かく調べる; 再び通す, 再度行う, やり直す; 〈服を〉修理する, 繕う [動] [自] 再び通る, 引き返す

*__re-'pa-so__ [れ̃.'パ.ソ] 94% [名] [男] 復習, おさらい, チェック; 《話》 叱(しか)りつけること

re-pa-tria-'ción [れ̃.パ.トりア.'すぃオン̣] [名] [女] (本国への)送還, 帰国

re-pa-'triar [れ̃.パ.'トりアる̣] [動] [他] ㉙ (i|í) 本国へ送還する **～se** [動] [再] 本国へ送還させられる; 帰国する, 引き揚げる

re-'pe-cho [れ̃.'ペ.チョ] [名] [男] 急な坂, 急傾斜 ***a*** ～ 坂を上って

re-pe-'lar [れ̃.ペ.'ラる̣] [動] [他] 丸坊主にする, 刈り込む; 減らす, 削る; 《(メキシコ)》〈に〉文句をつける, 〈に〉不平を言う

re-pe-'len-te [れ̃.ペ.'レン̣.テ] [形] 《話》 不快な, いやな; 《話》 知ったかぶりの, 生意気な [名] [共] 《話》 知ったかぶりをする人 [名] [男] 防虫剤, 虫よけ

re-pe-'ler [れ̃.ペ.'レる̣] [動] [他] 追い払う, 撃退する, はねつける; 不快にする, ひどく嫌う, 嫌悪する; 拒絶する, 却下する

re-'pe-lo [れ̃.'ペ.ロ] [名] [男] (布地・髪などの)逆さの方向を向いている部分, 逆毛; (木の)ささくれ, とげ; さかむけ; いや気, 嫌悪感

re-pe-'lón [れ̃.ペ.'ロン̣] [名] [男] 髪を引っ張ること; (服の)鉤(かぎ)裂き, (ストッキングなどの)伝線; 〔畜〕 (馬の)疾走, 疾駆 **～, -lona** [形] 《(メキシコ)》 不平屋の, 文句の多い ***de*** ～ 軽く, ざっと

re-pe-'lús [れ̃.ペ.'ルス̣] [名] [男] 《話》 寒気, ぞっとすること

re-pe-'luz+no [名] [男] ⇧ repelús

*__re-'pen-te__ [れ̃.'ペン̣.テ] 91% [名] [男] 《話》 急な動き; 衝動, 発作; 《話》 予感, ひらめき, 思いつき ***de*** ～ 急に, 突然

*__re-pen-'ti+no, -na__ [れ̃.ペン̣.'ティ.ノ, ナ] 94% [形] 突然の, 急の, にわかの **-namente** [副] 突然, 急に

re-pen-'tis-ta [れ̃.ペン̣.'ティス̣.タ] [名] [共] 〔文〕即興詩人; 〔楽〕即興演奏者

re-pen-ti-za-'ción [れ̃.ペン̣.ティ.さ.'すぃオン̣] [名] [女] 〔文〕〔楽〕即興

re-pen-ti-'zar [れ̃.ペン̣.ティ.'さる̣] [動] [自] ㉞ (z|c) 〔楽〕初見で演奏する[歌う], 即興演奏する

re-per-cu-'sión [れ̃.ぺる̣.ク.'スィオン̣] [名] [女] (間接的)影響, (事件などの)反響

re-per-cu-'tir [れ̃.ぺる̣.ク.'ティる̣] [動] [自] (en: に)影響する, 反響する; はね返る; 反響する, 響きわたる

*__re-per-'to-rio__ [れ̃.ぺる̣.'ト.りオ] 93% [名] [男] レパートリー, 上演目録; 〔一般〕目録, インデックス, 索引

re-'pes-ca [れ̃.'ペス̣.カ] [名] [女] 《話》 再試験

re-pes-'car [れ̃.ペス̣.'カる̣] [動] [他] (69) (c|qu) 《話》 再試験する, 〈に〉再度機会を与える

r

re-'pe-so [r̃e.'pe.so] 名 男 再計測

*__re-pe-ti-'ción__ [r̃e.pe.ti.'θjon] 93% 名 女 繰り返し, 反復; 〘美〙 複製, 模写

re-pe-'ti-do, -da [r̃e.pe.'ti.do, da] 形 繰り返しの, 反復の **-damente** 副 たびたび, 繰り返して ***repetidas veces*** 何度も, 繰り返して

re-pe-ti-'dor, -'do-ra [r̃e.pe.ti.'dor, 'do.ra] 形 留年の 名 男 女 留年生

re-pe-'tir [r̃e.pe.'tir] 77% 動 他 ㊾ (e|i) 繰り返す, 反復する; 繰り返して言う; 〈の〉おかわりをする; 暗唱する 動 自 繰り返す, 繰り返して言う; 繰り返し現れる; 〘食〙(食物の)後味が残る; 〘食〙(de: 食事を)おかわりする **～se 動 再 繰り返して言う; 同じことを繰り返す; 再び起こる, 再発する

re-pe-ti-'ti-vo, -va [r̃e.pe.ti.'ti.bo, ba] 形 繰り返しの, 反復の

re-pi-'car [r̃e.pi.'kar] 動 他 ㊴ (c|qu) 〈鐘などを〉鳴らす, 打つ; 〘食〙 細かく切る, 刻む 動 自 «鐘などが»激しく鳴る, 響き渡る **～se** 動 再 (de: を)自慢する

re-'pi-pi [r̃e.'pi.pi] 形《話》«子供が»大人びた, ませた, 知ったかぶりの 名 共《話》大人びた[ませた, 知ったかぶりの]子供

re-'pi-que [r̃e.'pi.ke] 名 男 鐘を打ち鳴らすこと; 《話》けんか, 口論

re-pi-que-te-'ar [r̃e.pi.ke.te.'ar] 動 他 〈鐘・楽器を〉打ち鳴らす, 繰り返し打つ

re-pi-que-'te-o [r̃e.pi.ke.'te.o] 名 男 (鐘・楽器を)打ち鳴らすこと

re-'pi-sa [r̃e.'pi.sa] 名 女 〘建〙(壁から突き出た)棚; 〘建〙 持ち送り, 腕木, ブラケット

re-'pi-t~ 動《活用》↑repetir

re-pi-'ten-se [r̃e.pi.'ten.se] 名 共《中米》《キューバ》《南米》落第生

re-pi-'tien-te [r̃e.pi.'tjen.te] 名 共《ラ米》《まれ》落第生

re-plan-'tar [r̃e.plan.'tar] 動 他 〘農〙 植え直す, 植え替える, 移植する

re-plan-te-'ar [r̃e.plan.te.'ar] 動 他 見直す, 練り直す; 〈の〉平面図を描く

re-ple-'gar [r̃e.ple.'gar] 動 他 ㊻ (e|ie; g|gu) たたむ **～se** 動 再 〘軍〙 退却する, 撤退する

*__re-'ple-to, -ta__ [r̃e.'ple.to, ta] 92% 形 (de: で)充満した, ぎっしり詰まった; 飽満[飽食]した

*__'ré-pli-ca__ ['r̃e.pli.ka] 94% 名 女 回答, 答え, 返事; 反論, 抗弁; 〘美〙 レプリカ, 写し; 〘法〙(被告の答弁に対する)原告の第二の訴答; 〘情〙(データの)バックアップ; 余震

re-pli-ca-'ción [r̃e.pli.ka.'θjon] 名 女 〘生〙 自己複製

*__re-pli-'car__ [r̃e.pli.'kar] 93% 動 自 ㊴ (c|qu) 口答えする, 言い返す; 抗弁する, 反論する; 〘情〙〈データを〉バックアップする 動 他 〈que: …と〉答える, 言い返す

re-'plie-g~ 動《直現/接現/命》↑replegar

re-'plie-gue [r̃e.'plje.ge] 名 男 ひだ, 折り目, たたみ目, しわ; 〘軍〙 撤兵, 撤退

re-po-bla-'ción [r̃e.po.bla.'θjon] 名 女 (伐採した土地に)植林すること; 再入植

re-po-'blar [r̃e.po.'blar] 動 他 ⑯ (o|ue) 〈伐採した土地に〉(de, con: を)植林する; 再入植する

re-'po-llo [r̃e.'po.ʝo] 名 男 〘植〙 キャベツ; 〘植〙(キャベツなどの)葉球

re-po-'llu-do, -da [r̃e.po.'ʝu.do, da] 形 〘植〙 葉球形の; 《話》 ずんぐりした, 太った

re-'pón 動《命》↓reponer

re-pon-dr~ 動《直未/過未》↓reponer

*__re-po-'ner__ [r̃e.po.'ner] 92% 動 他 ㊸ 〔poner; 命 -pón〕(con: と)取り替える; (en: もとの所に)置く, 戻す, (en: に)復職させる; 〔点過去で〕〈に〉答える, 〈に〉言い返す, 〈に〉反論する; 〘映〙〘演〙 再上映する, 再上演する; 〘医〙〈健康などを〉回復させる **～se** 動 再 (de: から)回復する, 元気になる

re-'pon-go, -ga(~) 動《直現1単, 接現》↑reponer

re-por-'ta-je [r̃e.por.'ta.xe] 名 男 報告(書), 報道, 記事, ルポルタージュ

re-por-'tar [r̃e.por.'tar] 動 他 産する, 生む; 抑制する, 抑える, 落ち着かせる; もたらす **～se** 動 再 抑制する, 落ち着く

re-'por-te [r̃e.'por.te] 名 男《ラ米》レポート; 報道, ニュース, 記事

re-por-te-'ril [r̃e.por.te.'ril] 形 報告者の, 記者の

re-por-te-'ris-mo [r̃e.por.te.'ris.mo] 名 男 新聞雑誌編集業, 報道の仕事

re-por-'te-ro, -ra [r̃e.por.'te.ro, ra] 名 男 女 報告者, 記者, 通信員, レポーター

re-po-'sa-do, -da [r̃e.po.'sa.do, da] 形 落ち着いた

re-po-'sar [r̃e.po.'sar] 動 自 休む, 休憩する, 横になる; 埋葬されている **～se** 動 再 休む, 休憩する, 横になる; «液体が»澄む ～ ***la comida*** 〘食〙 食後に休む

re-po-si-'ción [r̃e.po.si.'θjon] 名 女 (新品との)取り替え, 交換; 補充; 〘映〙〘演〙 再上映, 再上演, リバイバル; 〘医〙 健康の回復; 復位, 復職; 返答, 抗弁; 返却, 返還

re-po-si-'to-rio [r̃e.po.si.'to.rjo] 名 男 貯蔵所, 倉庫

*__re-'po-so__ [r̃e.'po.so] 92% 名 男 休み, 休息, 休養, 睡眠, 休憩, 安静, 安息; 休憩時間; 永遠の休息[眠り], 永眠; 落ち着き, 平

| 静, 平穏; 停止, 静止

re-pos-'tar [r̃e.ポス.'タる] 動 他 〈燃料などを〉補給する　**~se** 動 再 備蓄される

re-pos-te-'rí+a [r̃e.ポス.テ.'リ.ア] 名 女 〔商〕菓子屋, ケーキ屋; 菓子製造(業); 食料貯蔵室

re-pos-'te-ro, -ra [r̃e.ポス.'テ.ろ, ら] 名 男 女 〔技〕製菓職人, 菓子を作る人

re-pren-'der [r̃e.プれン.'デる] 動 他 叱(しか)る, とがめる, 責める

re-pren-'sión [r̃e.プれン.'スィオン] 名 女 叱責(しっせき), 非難

re-'pre-sa [r̃e.'プれ.サ] 名 女 〔建〕ダム, 堰(せき)

re-pre-'sa-lia [r̃e.プれ.'サ.リア] 名 女 〔主に複〕仕返し, 復讐, 報復

re-pre-'sar [r̃e.プれ.'サる] 動 他 〔建〕〈水を〉せき止める, 〈に〉ダムを作る; 〈感情・動きなどを〉抑制する, 押し殺す; 〔海〕〈拿捕(だほ)された船を〉取り返す, 奪回する

re-pre-sen-ta-'ción [r̃e.プれ.セン.タ.'すぃオン] 84% 名 女 表現, 描写, 演出, 扮装(ふんそう); 代表, 代理; 〔集合〕代表団; 〔演〕上演, 公演; 表現[描写]されたもの, 肖像, 彫像; 表象, 象徴; 陳情, 嘆願; (人の)権威, 影響力　*gastos de* ~ 交際費

re-pre-sen-'tan-te [r̃e.プれ.セン.'タン.テ] 83% 名 共 代表者, 代理人; 〔政〕代議員, 代議士; 〔商〕販売代理店[人]; 〔演〕俳優

re-pre-sen-'tar [r̃e.プれ.セン.'タる] 77% 動 他 表す, 表現する, 意味する, 象徴する; 描写する, 描く; 代表する, 〈の〉代理となる; 〔政〕代表して国会議員となる; 〈に〉見える; 〔演〕〈劇などを〉上演する, 扮(ふん)する, 演じる; 相当する, 〈の〉例である 動 自 価値がある　**~se** 動 再 想像する; 表される; 描かれる; 代表される; 〔演〕上演される

re-pre-sen-ta-ti-vi-'dad [r̃e.プれ.セン.タ.ティ.ビ.'ダド] 名 女 代表性

re-pre-sen-ta-'ti-vo, -va [r̃e.プれ.セン.タ.'ティ.ボ, バ] 形 代表的な, 典型的な; (よく)描写する, 表現する, 表す; 〔政〕代議制の

re-pre-'sión [r̃e.プれ.'スィオン] 名 女 抑圧, 鎮圧, 抑制, 制止

re-pre-'si-vo, -va [r̃e.プれ.'スィ.ボ, バ] 形 抑圧的な, 制止する

re-pri-'men-da [r̃e.プり.'メン.ダ] 名 女 叱責(しっせき), 非難

re-pri-'mir [r̃e.プり.'ミる] 動 他 抑制する, 押し殺す, こらえる; 鎮圧する, 抑圧する, 制圧する　**~se** 動 再 (de 不定詞: …するのを)我慢する

re-pro-'ba-ble [r̃e.プろ.'バ.ブレ] 形 非難すべき

re-pro-ba-'ción [r̃e.プろ.バ.'すぃオン] 名 女 非難, 叱責(しっせき)

re-pro-'bar [r̃e.プろ.'バる] 動 他 ⑯ (o|ue) 否定する, 認めない; 叱(しか)る, 叱責(しっせき)する, 非難する; 落第にする

'ré-pro-bo, -ba ['r̃e.プろ.ボ, バ] 形 〔宗〕邪悪な, 堕落した, 神から見放された 名 男 女 〔宗〕堕落者, 神から見放された者

re-pro-ce-sa-'mien-to [r̃e.プろ.せ.サ.'ミエン.ト] 名 男 再処理

re-pro-ce-'sar [r̃e.プろ.せ.'サる] 動 他 再処理する

re-pro-'cha-ble [r̃e.プろ.'チャ.ブレ] 形 非難されるべき

***re-pro-'char** [r̃e.プろ.'チャる] 94% 動 他 〈人を〉(por: のことで)非難する, (a: 人に)非難する; 叱(しか)る, とがめる

***re-'pro-che** [r̃e.'プろ.チェ] 93% 名 男 | 叱責(しっせき), 非難

re-pro-duc-'ción [r̃e.プろ.ドゥク.'すぃオン] 名 女 再生, 再現; 再生[再現]されたもの, 複製品; (文章・絵・写真などの)転載, 複写, 複製, 復刻, コピー; 〔生〕繁殖, 生殖

re-pro-du-'cir [r̃e.プろ.ドゥ.'すぃる] 90% 動 他 ⑮ (c|zc; j) 〈音・画像などを〉再生する, 再現する; 〈文章・絵・写真などを〉転載する, 複写する, 複製する; 〔動〕《動物が》〈子孫を〉増やす, 繁殖させる; 〔植〕《植物が》〈失った部分を〉再生する; 〔演〕〈劇を〉再演する　**~se** 動 再 再現する, 再生する, 再発する; 繁殖する

re-pro-duc-'ti-vo, -va [r̃e.プろ.ドゥク.'ティ.ボ, バ] 形 再生の, 再現の; 繁殖の, 生殖の

re-pro-duc-'tor, -'to-ra [r̃e.プろ.ドゥク.'トる, 'ト.ら] 形 再生する, 再現する, 複製する; 繁殖の, 生殖の 名 男 女 再生[再現]者; 〔畜〕種畜(しゅちく)《家畜人工授精に使われる雄》

re-pro-'du-j~ 動《直点/接過》↑reproducir

re-pro-'duz-co, -ca(~) 動《直現1単, 接現》↑reproducir

re-'prue-b~ 動《直現/接現/命》↑reprobar

rep-'tar [r̃eプ.'タる] 動 自 ずるずるはう, はって行く

***rep-'til** [r̃eプ.'ティル] 94% 形 〔動〕爬虫(はちゅう)類の 名 男 〔動〕爬虫類の動物

***re-'pú-bli-ca** [r̃e.'プ.ブリ.カ] 82% 名 女 〔政〕共和国; 〔政〕共和政治, 共和政体; 〔政〕〔一般〕国, 国家; 《格》…社会, …界; 《話》〔皮肉〕混乱した場所

Re-'pú-bli-ca Cen-tro-a-fri-'ca-na [r̃e.'プ.ブリ.カ セン.トろ.ア.フり.'カ.ナ] 名 固 〔地名〕中央アフリカ共和国《アフリカ中央部の共和国》

r

*Re-'pú-bli-ca 'Che-ca [r̃e.'プ.ブリ.カ 'チェ.カ] 94% 名 固 〔地名〕チェコ共和国《中央ヨーロッパの共和国》

Re-'pú-bli-ca De-mo-'crá-ti-ca del 'Con-go [r̃e.'プ.ブリ.カ デ.モ.'クら.ティ.カ デル 'コン.ゴ] 名 固 〔地名〕コンゴ民主共和国《アフリカ中央部の共和国, 旧ザイール》

*Re-'pú-bli-ca Do-mi-ni-'ca-na [r̃e.'プ.ブリ.カ ド.ミ.ニ.'カ.ナ] 91% 名 固 〔地名〕ドミニカ共和国《西インド諸島にあるイスパニオラ島 La Española の東部を占める国》

re-pu-bli-'ca+no, -na [r̃e.プ.ブリ.'カ.ノ, ナ] 形〔政〕共和制[政治]の, 共和党の; 共和国の 名 男 女〔政〕共和制論者, 共和制主義者, 共和党員

Re-'pú-bli-ca Su-d|a-fri-'ca-na [r̃e.'プ.ブリ.カ ス.ダ.フリ.'カ.ナ] 名 固 〔地名〕南アフリカ共和国《アフリカ南部の共和国》

re-pu-'diar [r̃e.プ.'ディアる] 動 他 (道徳的見地から)退ける, 〈に〉反対する, 否認する, 拒絶する;〔法〕〈妻を〉離縁する

re-'pu-dio [r̃e.'プ.ディオ] 名 男 拒絶, 拒否, 反対; 離縁

re-'pues-to, -ta [r̃e.'プエス.ト, タ] 形 (de: 病気から)回復した; 置き換えられた, 交換された 名 男〔機〕交換部品, スペアパーツ; 貯蔵, 蓄え, ストック; 食器棚, サイドボード 動《過分》↑reponer

re-pug-'nan-cia [r̃e.プグ.'ナン.すぃア] 名 女 嫌悪, 大嫌い, 反感, いや気; 相容れないこと, 不一致, 矛盾

re-pug-'nan-te [r̃e.プグ.'ナン.テ] 形 とても不快な, いやでたまらない, 大嫌いな

*re-pug-'nar [r̃e.プグ.'ナる] 94% 動 自 不快感を抱かせる 動 他 嫌う, 嫌悪する ～se 動 再 相反する, 矛盾する

re-pu-'jar [r̃e.プ.'はる] 動 他〔美〕打ち出し[エンボス]加工する, 〈に〉浮き彫り細工を施す

re-'pul-go [r̃e.'プル.ゴ] 名 男〔衣〕へり, 縁(ふち);〔食〕(ケーキなどの)縁どり

re-pu-'lir [r̃e.プ.'りる] 動 他 磨きあげる, 推敲(すいこう)する, 完全なものにする; 飾りたてる ～se 動 再 めかしこむ, 飾りたてる

re-'pu-llo [r̃e.'プ.ジョ] 名 男 驚かせること, はっとさせること

re-'pul-sa [r̃e.'プル.サ] 名 女 (a, por: への)拒絶, 拒否, 糾弾, 非難

re-pul-'sar [r̃e.プル.'サる] 動 他 はねつける, 拒絶する, 糾弾する, 非難する

*re-pul-'sión [r̃e.プル.'スィオン] 94% 名 女 撃退, 反駁(はんばく), 拒絶; 嫌悪, 反感

re-pul-'si-vo, -va [r̃e.プル.'スィ.ボ, バ] 形 嫌悪感を抱(いだ)かせる, むかつくような; よそよそしい, 冷淡な

re-'pun-te [r̃e.'プン.テ] 名 男 兆し; 上昇

re-'pu-s~ 動《直点/接過》↑reponer

*re-pu-ta-'ción [r̃e.プ.タ.'すぃオン] 94% 名 女 評判, 名声, 好評, 信望

re-pu-'tar [r̃e.プ.'タる] 動 他 (de, por: と)評する, 見なす, 考える

re-que-'brar [r̃e.ケ.'ブらる] 動 他 ㊿ (e|ie) 〈女性に〉言い寄る, 〈の〉機嫌を取る; 〈に〉こびへつらう, 〈に〉お世辞を言う, 〈の〉歓心を買う

re-que-'mar [r̃e.ケ.'マる] 動 他〔食〕焼きすぎる, 焦がす; 〈口の中を〉ヒリヒリさせる; 〈植物を〉(暑さなどで)枯らす; 〈肌を〉日焼けさせる ～se 動 再 焦げる; (口の中が)ヒリヒリする;〔植〕(熱などで)しおれる, 枯れる; 日焼けする

re-que-ri-'mien-to [r̃e.ケ.り.'ミエン.ト] 名 男 依頼, 要請 *a ～ de* ... …の求めに応じて

⁑re-que-'rir [r̃e.ケ.'りる] 86% 動 他 ㊅ (e|ie|i) 必要とする; 要求する, 命じる, 命令する; 検査する, 調べる; 要請する, 乞う 動 自 (de: を)必要とする ～se 動 再 必要となる

re-que-'són [r̃e.ケ.'ソン] 名 男〔食〕カッテージチーズ;〔食〕凝乳, カード

re-que-'té [r̃e.ケ.'テ] 名 男〔歴〕〔軍〕《スペイン》カルロス党の義勇兵↑carlista

re-que-te~〔接頭辞〕《話》「とても, すごく」という意味を示す

re-que-te-'bién [r̃e.ケ.テ.'ビエン] 副《話》とてもよく, すばらしく

re-que-te-'bue+no, -na [r̃e.ケ.テ.'ブエ.ノ, ナ] 形《話》とてもよい, すごくいい

re-'quie-bro [r̃e.'キエ.ブろ] 名 男 お世辞, へつらい; 口説き

'ré-quiem ['r̃e.キエム] 名 男〔複 -quiems〕〔宗〕死者のためのミサ;〔楽〕鎮魂曲, レクイエム

re-'quie-r~ 動《直現/接現/命》↑requerir

re-qui-'lo-rio [r̃e.キ.'ロ.りオ] 名 男〔しばしば複〕《話》面倒な手続き; くどさ;〔しばしば複〕《話》よけいな飾り

re-qui-r~ 動《活用》↑requerir

re-'qui-sa [r̃e.'キ.サ] 名 女 没収, 押収;〔軍〕徴発, 徴用(令); 点検, 検査

re-qui-'sar [r̃e.キ.'サる] 動 他 没収する, 押収する;〔軍〕徴発する, 徴用する; 点検する, 検査する

re-qui-si-'ción [r̃e.キ.スィ.'すぃオン] 名 女〔軍〕徴発, 徴用(令)

⁑re-qui-'si-to [r̃e.キ.'スィ.ト] 90% 名 男 必要条件, 要件, 資格

re-qui-si-'to-ria [r̃e.キ.スィ.'ト.りア]

r

名 女〔法〕請求

*'**res** [ˈれス] 94% 名 女〔動〕(四つ足の)動物;〔畜〕(家畜の)頭数, …頭;《ﾗ米》〔畜〕ウシ[牛],〔食〕牛肉

re-sa-'biar [れ.サ.ˈビアる] 動 他〈に〉悪い習慣を教え込む　~**se** 動 再 悪い習慣を覚える

re-sa-'bi-do, -da [れ.サ.ˈビ.ド, ダ] 形《話》有名な, よく知られた;《話》知ったかぶりの, わけ知り顔の

re-'sa-bio [れ.ˈサ.ビオ] 名 男 悪習, 悪癖; (不快な)後味

re-'sa-ca [れ.ˈサ.カ] 名 女《話》二日酔い;〔海〕(岸から返す)引き波, あとびき;〔商〕戻り(為替)手形

re-sa-'la-do, -da [れ.サ.ˈラ.ド, ダ] 形《話》粋な, 魅力的な, すてきな

*'**re-sal-'tar** [れ.サル.ˈタる] 92% 動 自 目立つ, 卓越する; はね上がる, はずむ; 突出する, 張り出す;〔情〕ハイライトする

re-'sal-te [れ.ˈサル.テ] 名 男〔建〕突出部, 張り出し

re-'sal-to [れ.ˈサル.ト] 名 男 はね返り;〔建〕突出部

re-sar-'cir [れ.サる.ˈすぃる] 動 他 ⑦⑦ (c|z)〈に〉(de: を)賠償する, 補償する, 弁償する　~**se** 動 再 (de: の)賠償を受ける

res-ba-la-'de-ra [れス.バ.ラ.ˈデ.ら] 名 女《ﾒｷｼｺ》《ｺﾛﾝﾋﾞｱ》〔遊〕滑り台

res-ba-la-'de-ro [れス.バ.ラ.ˈデ.ろ] 名 男《ﾒｷｼｺ》〔遊〕滑り台

res-ba-la-'di-lla [れス.バ.ラ.ˈディ.ジャ] 名 女《ﾒｷｼｺ》〔遊〕滑り台

res-ba-la-'di-zo, -za [れス.バ.ラ.ˈディ.そ, さ] 形 滑りやすい, つるつるした;《問題が》微妙な, 扱いにくい

*'**res-ba-'lar(-se)** [れス.バ.ˈラる(.セ)] 94% 動 自 (再) 滑る, スリップする;《話》過ちを犯す, 失敗する

res-ba-'lón [れス.バ.ˈロン] 名 男 滑ること; 過ち, 失敗

'res-ca-'tar** [れス.カ.ˈタる] 88% 動 他 (de: から)救う, 救出する; 身代金を払って救う, 身請けする; 回復する, 取り戻す

*'**res-'ca-te** [れス.ˈカ.テ] 93% 名 男 身代金, 賠償金; 救出, 救援; 買い戻し, 取り返し, 奪回

res-cin-'dir [れ(ス).すぃン.ˈディる] 動 他 無効にする, 取り消す

res-ci-'sión [れ(ス).すぃ.ˈスィオン] 名 女 取り消し, 解約

res-'col-do [れス.ˈコル.ド] 名 男 残り火; 疑い, 気がかり, 心配

re-se-'car [れ.セ.ˈカる] 動 他 ⑥⑨ (c|qu) よく乾かす;〔医〕〈の〉一部を切除する, 摘出する

re-sec-'ción [れ.セク.ˈすぃオン] 名 女〔医〕切除(術), 摘出

re-'se-co, -ca [れ.ˈセ.コ, カ] 形 からからに乾いた, 干からびた; やせこけた 名 男〔植〕枯れ枝, 枯れ葉;〔昆〕(蜂の巣の)蜜(ミツ)がない部分

re-sen-'ti-do, -da [れ.セン.ˈティ.ド, ダ] 形 名 男 女 恨みを持った(人), 憤慨した(人)

re-sen-ti-'mien-to [れ.セン.ティ.ˈミエン.ト] 名 男 恨み, 憤り, 憤慨

re-sen-'tir-se [れ.セン.ˈティる.セ] 動 再 ⑥⑤ (e|ie|i) (con, de, por: を)恨む, (con, de, por: に)憤りを覚える, 憤慨する; 弱る, 衰弱する

*'**re-'se-ña** [れ.ˈセ.ニャ] 94% 名 女 書評, 寸評; 記述, 叙述; 概略, 梗概(こうがい), あらまし

re-se-ña-'dor, -'do-ra [れ.セ.ニャ.ˈドる, ˈド.ら] 名 男 女 書評家

re-se-'ñar [れ.セ.ˈニャる] 動 他 書評する, 寸評する;〈の〉特徴を記述する, 概略する

're-'ser-va** [れ.ˈセる.バ] 88% 名 女 蓄え, 備蓄, 保有, 準備; 予備品, 保有物; (部屋・座席・切符などの)予約, 指定; 留保, 制限;〔法〕留保, 留保権;〔商〕準備金, 積立金; 遠慮, 慎み; 内密, 慎重な扱い;〔軍〕予備軍, 予備艦隊; 特別保留地, 居留地 名 共〔競〕補欠選手　*a ~ de que* ...(接続法) …でなければ, …でない限り

re-ser-va-'ción [れ.セる.バ.ˈすぃオン] 名 女《ﾗ米》予約, 指定; 保留《あるものを特定の使用・目的のために取っておくこと》

*'**re-ser-'va-do, -da** [れ.セる.ˈバ.ド, ダ] 94% 形 保留した, 取っておいた, 予備の; 予約された; 無口な, 内気な; 秘密の 名 男 貸し切り部屋; 予約席;〔鉄〕(列車の)貸し切り客室; 専用席, 優先席;〔宗〕聖体の保存　*de pronóstico ~*《話》要注意の, 予測できない

're-ser-'var** [れ.セる.ˈバる] 88% 動 他〈部屋・座席・切符などを〉予約する, 指定する; (使わずに)取っておく, 残しておく; 差し控える, 見合わせる, 遠慮する, 留保する, 延ばす;〈権利などを〉保有する　~**se** 動 再 (自分のために)取っておく, のけておく; 差し控える, 見合わせる, 遠慮する, 延ばす; (用心して)言わないでおく

re-ser-'vis-ta [れ.セる.ˈビス.タ] 名 共〔軍〕予備[後備]兵

'**re-ses** 名 女《複》↑res

re-se-te+'ar [れ.セ.テ.ˈアる] 動 他〔情〕〈コンピューターを〉リセットする, 再起動する

res-fa-'lar [れス.ファ.ˈラる] 動 自《ﾍﾞﾈｽﾞｴﾗ》《ﾁﾘ》《ﾗﾌﾟﾗﾀ》滑る

res-'fria-do, -da [れス.ˈフりア.ド, ダ] 形〔医〕風邪を引いている 名 男〔医〕風邪

*'**res-'friar** [れス.ˈフりアる] 94% 動 他

r

㉙ (i|í) 冷やす, 涼しくする, 冷たくする; 〖医〗〈に〉風邪を引かせる 動 自 冷たくなる, 冷える ～se 動 再 〖医〗 風邪を引く; «情熱・関係などが» 冷める

res-'frí+o [れス.'フリ.オ] 名 男 (ラ米) 〖医〗 風邪

*__res-guar-'dar__ [れス.グアる.'ダる] 94% 動 他 (de: から)保護する, 防ぐ ～se 動 再 (de: から)防衛する, 身を守る

res-'guar-do [れス.'グアる.ド] 名 男 〖商〗 預かり証, 受領証; 保護, 擁護, 庇護(ひご), 防御; 〖商〗 保証, 担保

‡__re-si-'den-cia__ [れ.スィ.'デン.すぃア] 88% 名 女 住居, 住まい; 居住, 駐在; 長期滞在ホテル; 寮, 学生寮, 宿舎; 〖政〗 官邸; 養護施設, ホーム

re-si-den-'cial [れ.スィ.デン.'すぃアル] 形 住宅の, 住宅向きの, 居住に関する

re-si-den-'ciar [れ.スィ.デン.'すぃアる] 動 他 〖法〗〈公職にある者を〉(法的に)弾劾する; 〈の〉責任を問う, 〈に〉釈明を求める

re-si-'den-te [れ.スィ.'デン.テ] 形 (en: に)居住する, 在住の; 駐在する, 住み込みの 名 共 居住者, 在住者; (病院住み込みの)医学実習生

‡__re-si-'dir__ [れ.スィ.'ディる] 90% 動 自 (en: に)住む; «問題などが» (en: に)存在する, ある

re-si-'dual [れ.スィ.'ドゥアル] 形 残余の, 残りかすの, 残留する

*__re-'si-duo__ [れ.'スィ.ドゥオ] 91% 名 男 残り, 残余; 残りかす, 残留物; 〖数〗 (引き算の)残り, 差; 〖数〗 (割り算の)剰余, 余り

re-'sien-t~ 動 《直現/接現/命》 ↑resentir

*__re-sig-na-'ción__ [れ.スィグ.ナ.'すぃオン] 93% 名 女 服従, 忍従; あきらめ, 甘受; 辞職, 辞任; 放棄, 委譲

re-sig-'na-do, -da [れ.スィグ.'ナ.ド, ダ] 形 あきらめた -**damente** 副 あきらめて

*__re-sig-'nar__ [れ.スィグ.'ナる] 93% 動 他 (en: に)譲り渡す, 任せる, 委ねる; 〈仕事・職などを〉やめる, 辞職する, 辞任する; 〈権利・希望などを〉捨てる, 放棄する, 断念する ～-se 動 再 (a, con: に)身を任せる, あきらめて(a 不定詞: …)する

re-'si-na [れ.'スィ.ナ] 名 女 〖植〗 樹脂, 〔特に〕 松やに

re-si-'ne-ro, -ra [れ.スィ.'ネ.ろ, ら] 形 〖植〗 樹脂の, 〔特に〕 松やにの

re-si-'no-so, -sa [れ.スィ.'ノ.ソ, サ] 形 〖植〗 樹脂(質)の, 樹脂を含む, やにの多い

‡__re-sis-'ten-cia__ [れ.スィス.'テン.すぃア] 85% 名 女 抵抗, 反対, 妨害; 反感, 反抗心; 抵抗力, 耐久性, 持久力, 体力; 〖電〗 抵抗; 抵抗器; (物・機械の)強さ, 頑丈さ; 〔la R～〕 〖歴〗 〖軍〗 レジスタンス, 抵抗運動 《特に第二次大戦中ドイツに占領されたフランス地域における抵抗運動》 R～ 名 固 〖地名〗 レシステンシア 《アルゼンチン北東部の都市》

*__re-sis-'ten-te__ [れ.スィス.'テン.テ] 94% 形 (a: に)抵抗する, 抵抗力のある, 頑丈な

‡__re-sis-'tir__ [れ.スィス.'ティる] 88% 動 自 (a: に)耐える, 持ちこたえる; 長持ちする, まだ動く, まだ使える; (a: に)抵抗する, 侵されない 動 他 耐える, 我慢する, こらえる; 抵抗する ～se 動 再 抵抗する, 耐える, 反抗する; (a 不定詞: …するのを)拒絶する

'res-ma ['れス.マ] 名 女 (紙の)1 連 《500 枚》

res-'mi-lla [れス.'ミ.ジャ] 名 女 (紙の) 1 帖(じょう) 《100 枚》

re-so-'bri+no, -na [れ.ソ.'ブリ.ノ, ナ] 名 男 女 兄弟姉妹の孫, 従兄弟[従姉妹](いとこ)の子

re-'sol [れ.'ソル] 名 男 〖気〗 ギラギラとまぶしい日光, 照りつけ

re-so-'la-na [れ.ソ.'ラ.ナ] 名 女 日光浴をする場所

re-so-'llar [れ.ソ.'ジャる] 動 自 ⑯ (o|ue) 〖医〗 激しく呼吸する, 荒い息づかいをする, ハアハアと息をする; 沈黙を破る, 消息を伝える, 姿を見せる

‡__re-so-lu-'ción__ [れ.ソ.ル.'すぃオン] 88% 名 女 (問題などの)解決, 解消, 解明, 解答; 決意, 決心, 決断; 断固たる気性, 決断力; 決議, 決議文[案]; 分解, 溶解, 分析 *alta* ～ 〖情〗 高解像度 *en* ～ 要するに

re-so-lu-'ti-vo, -va [れ.ソ.ル.'ティ.ボ, バ] 形 解決する, 解明に役立つ; 分解する, 溶解する

re-so-'lu-to, -ta [れ.ソ.'ル.ト, タ] 形 断固とした, 決然たる

‡__re-sol-'ver__ [れ.ソル.'べる] 79% 動 他 ⑯ (o|ue) 〔過分 resuelto〕 〈不定詞: …しようと〉決心する, 〈不定詞: …することを〉決める, 決定する, 決議する; 〈問題を〉解決する, 解く; 〈疑いなどを〉晴らす; 分解する, 分析する, 溶解する; 要約する 動 自 決定する; (問題を)解決する ～se 動 再 «問題が» 解決する; (a 不定詞: …することを)決心する, 決める; (en: に)なる, 帰着する

*__re-so-'nan-cia__ [れ.ソ.'ナン.すぃア] 93% 名 女 反響, 評判, 影響; 共鳴, 共震, 響き, 反響

re-so-'nan-te [れ.ソ.'ナン.テ] 形 共鳴する, 反響を呼ぶ

*__re-so-'nar__ [れ.ソ.'ナる] 93% 動 自 ⑯ (o|ue) 鳴り響く, 反響する; 反響を呼ぶ, 知れ渡る

re-so-'plar [れ.ソ.'プラる] 動 自 あえぐ, 荒い息づかいをする, 鼻を鳴らす

re-so-'pli-do [れ̃.ソ.'プリ.ド] 名 男 あえぎ, ハアハアと息をすること, 荒い息; 《話》つっけんどんな返事, 口答え

*__re-'sor-te__ [れ̃.'ソる.テ] 93% 名 男 ばね, ぜんまい, スプリング; 弾力性; 〔複〕方法, 手段, やり方; 《コロンビア》輪ゴム *tocar todos los ~s* あらゆる手段を講じる

res-pal-'dar [れ̃ス.パル.'ダる] 動 他 後援する, 支える; 保証する, 裏付ける; 〖商〗裏書きする ~**se** 動 再 (en, contra: に)もたれかかる; (en, contra: に)依存する

res-'pal-do [れ̃ス.'パル.ド] 名 男 援助, 力添え, バックアップ, 助け; (椅子などの)背, 背もたれ; 保証, 裏付け; 〖商〗裏書き

res-pec-'tar [れ̃ス.ペク.'タる] 動 自 (a: に)関係する, 関連する *por lo que respecta a* … …に関しては

‡**res-pec-'ti-vo, -va** [れ̃ス.ペク.'ティ.ボ, バ] 88% 形 それぞれの, 各自の *en lo ~ a* … …に関しては -**vamente** 副 それぞれ, 各々

‡**res-'pec-to** [れ̃ス.'ペク.ト] 75% 名 男 関係, 関連 *al ~* それに関する, それに関して *con ~ a* [⇦*de*]… …に関して *~ a* [⇦*de*] … …に関して

res-pe-ta-bi-li-'dad [れ̃ス.ペ.タ.ビ.リ.'ダド] 名 女 尊敬に値すること, 立派さ

res-pe-'ta-ble [れ̃ス.ペ.'タ.ブレ] 形 尊敬すべき, 立派な, まともな; きちんとした, 体裁のよい; «質・量・大きさなどが»かなりの, 相当の; 御…, 貴… 《敬語として相手のものを指す》 名 男 《話》〔集合〕観客

‡**res-pe-'tar** [れ̃ス.ペ.'タる] 87% 動 他 尊重する, 重んじる, 考慮に入れる, 大切に思う; 〈法などを〉守る; 敬う, 尊敬する

‡**res-'pe-to** [れ̃ス.'ペ.ト] 85% 名 男 尊敬, 敬意; 恐怖, 恐れ; 尊重, 遵守(じゅんしゅ), 重視, 注目, 関心 *faltar al ~* (a: に)失礼なことをする *presentar sus ~s* 《格》(a: に)よろしくと伝える

*__res-pe-'tuo-so, -sa__ [れ̃ス.ペ.'トゥオ.ソ, サ] 92% 形 敬意を表す, 丁寧な, いんぎんな -**samente** 副 慎んで, 敬意を持って; 敬具 《手紙で》

'rés-pi-ce ['れ̃ス.ピ.せ] 名 男 《話》ぶっきらぼうな返事; 《話》叱(しか)りつけ

res-pi-'gar [れ̃ス.ピ.'ガる] 動 他 ㊶ (g|gu) 〖農〗〈落ち穂を〉拾う

res-pin-'gar [れ̃ス.ピン.'ガる] 動 自 ㊶ (g|gu) 〖畜〗«動物が» (荷物をいやがって)急にぐいと引く, はね上げる; «裾(すそ)などが»つり上がる; いやいやながらやる; 不平を言う

res-'pin-go [れ̃ス.'ピン.ゴ] 名 男 (動物が)急にぐいと引く[はねる]こと; つり上がること; 無愛想な表情

res-pin-'gón, -'go-na [れ̃ス.ピン.'ゴン, 'ゴ.ナ] 形 まくれ上がった, 上を向いた -**gona** 名 女 〖体〗上を向いた鼻

*__res-pi-ra-'ción__ [れ̃ス.ピ.ら.'すぃオン] 91% 名 女 呼吸, 息; 風通し, 空気(の流れ) *sin ~* 息をのんで; 息を切らした, 息をつかないで

res-pi-ra-'de-ro [れ̃ス.ピ.ら.'デ.ろ] 名 男 〖建〗通風孔[管, 筒]

‡**res-pi-'rar** [れ̃ス.ピ.'らる] 87% 動 自 息をする, 呼吸する; ひと息入れる, 休む, 安堵(あんど)する; 〔おもに否定文で〕話す, 発言する 動 他 呼吸する, 吸い込む; にじみ出す *no dejar ni ~* 《話》(a: に)休む間も与えない

res-pi-ra-'to-rio, -ria [れ̃ス.ピ.ら.'ト.りオ, りア] 形 〖医〗呼吸の

res-'pi-ro [れ̃ス.'ピ.ろ] 名 男 息抜き, 休憩; 安らぎ, 安堵(あんど); 〖商〗支払いの延期, 債務の猶予 *no dar ~* 《話》(a: に)休む間も与えない

res-plan-de-'cer [れ̃ス.プラン.デ.'せる] 動 自 ㊺ (c|zc) 光る, 輝く; 目立つ, 異彩を放つ

res-plan-de-'cien-te [れ̃ス.プラン.デ.'すぃエン.テ] 形 光る, 輝く; 輝かんばかりの; 目立つ, 傑出した

*__res-plan-'dor__ [れ̃ス.プラン.'ドる] 94% 名 男 輝き, 光輝, 光明

‡**res-pon-'der** [れ̃ス.ポン.'デる] 78% 動 他 答える 動 自 (a: に)答える, 返事をする, (a: 電話・ノックなどに)応答する; (a: に)応じる; (a: に)符合する, 合う, 一致する; (a: に)基づく, よる; (de: の)責任がある, (de: を)請け負う, 保証する; 反応する, 作動する, 機能する; (a, por: という)名である; (por: の)保証人になる

res-pon-'dón, -'do-na [れ̃ス.ポン.'ドン, 'ド.ナ] 形 名 男 女 《話》口答えする(人), 生意気な(やつ)

‡**res-pon-sa-bi-li-'dad** [れ̃ス.ポン.サ.ビ.リ.'ダド] 83% 名 女 責任, 責務; (責任のある)職務, 仕事, 負担, 重荷

res-pon-sa-bi-li-'zar [れ̃ス.ポン.サ.ビ.リ.'さる] 動 他 ㉞ (z|c) 〈に〉(de: の)責任を取らせる, 〈に〉責任を課す ~**se** 動 再 (de: の)責任を取る

‡**res-pon-'sa-ble** [れ̃ス.ポン.'サ.ブレ] 84% 形 (de: に対して)責任がある; «物事が» (de: の)原因である; 信用できる, 責任感のある, 責任を果たしうる; «地位・仕事などが»責任の重い 名 共 責任者, 責任のある人

res-'pon-so [れ̃ス.'ポン.ソ] 名 男 〖宗〗死者のための祈り; 叱責(しっせき)

res-pon-so-'rial [れ̃ス.ポン.ソ.'りアル] 形 〖宗〗応唱の

res-pon-'so-rio [れ̃ス.ポン.'ソ.りオ] 名 男 〖宗〗応唱

‡**res-'pues-ta** [れ̃ス.'プエス.タ] 80% 名 女 答え, 回答, 返事

res-que-bra-ja-'du-ra [れ̃ス.ケ.ブら.は.'ドゥ.ら] [名] [女] 割れ目, 裂け目, ひび

res-que-bra-'jar [れ̃ス.ケ.ブら.'はる] [動] [他] ‹に›ひびを入れる　**~se** [動] [再] 割れる, ひびが入る

res-que-'mar [れ̃ス.ケ.'マる] [動] [他] ‹口・舌を›ヒリヒリさせる; 焦がす [動] [自] «口・舌が»ヒリヒリする

res-que-'mor [れ̃ス.ケ.'モる] [名] [男] 舌がヒリヒリすること; 心のもやもや, 憤り, 憤慨, 恨み

res-'qui-cio [れ̃ス.'キ.すぃオ] [名] [男] 裂け目, 割れ目, すき間; わずかな望み

'res-ta ['れ̃ス.タ] [名] [女] 〔数〕 引き算, 減法; 〔数〕 (引き算の)結果, 残り

*__res-ta-ble-'cer__ [れ̃ス.タ.ブレ.'せる] 94% [動] [他] ㊺ (c|zc) 復旧する, 復興する, 再開する, 回復する　**~se** [動] [再] 〔医〕 健康を取り戻す, (de: から)立ち直る

res-ta-ble-'ci-do, -da [れ̃ス.タ.ブレ.'すぃ.ド, ダ] [形] 〔医〕 (健康を)回復している

res-ta-ble-ci-'mien-to [れ̃ス.タ.ブレ.すぃ.'ミエン.ト] [名] [男] 〔医〕 (健康の)回復; 復旧, 復興, 再建

res-ta-'blez-co, -ca(~) [動] «直現1単, 接現» ⬆restablecer

res-ta-'llar [れ̃ス.タ.'ジャる] [動] [自] «むちが»ピシッと音をたてる; パチパチ音をたてる

*__res-'tan-te__ [れ̃ス.'タン.テ] 92% [形] 残りの, 残存する [名] [男] 残りのもの, 余り

res-ta-'ñar [れ̃ス.タ.'ニャる] [動] [他] 〔技〕 ‹に›再び錫(すず)を被(かぶ)せる, ‹に›錫めっきをし直す; 〔医〕 ‹の›血を止める [動] [自] 〔医〕 «血が»止まる　~ *viejas heridas* 古い心の傷を癒(い)やす

*__res-'tar__ [れ̃ス.'タる] 92% [動] [他] 減じる, 低下させる, 控除する; 〔数〕 (de: から)引く [動] [自] 残っている, まだされていない, まだ(不定詞: …)されないでいる; 〔数〕 引き算をする

*__res-tau-ra-'ción__ [れ̃ス.タウ.ら.'すぃオン] 93% [名] [女] 復旧, 復活, 回復, 復興, 復元; 復活したもの, 復元[復旧]した建築物, 復元模型; 復職, 復位; 〔歴〕 王政復古

res-tau-ra-'dor, -'do-ra [れ̃ス.タウ.ら.'ドる, 'ド.ら] [形] 回復する, 復活する, 復旧する [名] [男] [女] 復興者, 再興者; 〔商〕 レストランのオーナー[経営者]

**__res-tau-'ran-te__ [れ̃ス.タウ.'らン.テ] 87% [名] [男] 〔商〕 レストラン, 飲食店, 料理店

*__res-tau-'rar__ [れ̃ス.タウ.'らる] 94% [動] [他] 復旧する, 復興する, 復元する, 元の形に戻す; 元の職[位]に戻す, 復職させる, 復位させる; 〔医〕 ‹体力・元気などを›回復する; 〔情〕 ‹画面の›大きさを元に戻す　**~se** [動] [再] 復旧する, 復興する, 復元する, 元の形に戻る; 元の職[位]に戻る, 復職する, 復位する; 〔医〕 (体力・元気などを)回復する

res-'tin-ga [れ̃ス.'ティン.ガ] [名] [女] 〔地〕 浅瀬, 洲(す)

res-ti-tu-'ción [れ̃ス.ティ.トゥ.'すぃオン] [名] [女] 返却, 返還, 償還; 復旧, 回復, 復帰

res-ti-'tuir [れ̃ス.ティ.'トゥイる] [動] [他] ㊲ (-y-) 元の地位[状態]に復させる, 戻す, 復旧する, 回復させる, 復帰させる; 元に戻す, 返還する　**~se** [動] [再] (a: に)復帰する

**'__res-to__ ['れ̃ス.ト] 76% [名] [男] 残り, 残余; 残りの人たち, 他の人たち, 残り(物), 余り(物), 残部; 〔複〕 廃墟, 遺跡; 〔複〕 遺物, 遺体; 〔複〕 〔食〕 (食事の)残り物, 残飯; 〔数〕 (引き算・割り算の)余り　*echar el* ~ «話» できる限りのことをする

res-to-'rán [れ̃ス.ト.'らン] [名] [男] ⇧restaurante

res-tre-'gar [れ̃ス.トれ.'ガる] [動] [他] ㊻ (e|ie; g|gu) (ごしごし)こする, こすり洗いする　**~se** [動] [再] 体をこする

res-tre-'gón [れ̃ス.トれ.'ゴン] [名] [男] (ごしごし)こすること, こすり洗い

*__res-tric-'ción__ [れ̃ス.トリク.'すぃオン] 92% [名] [女] 制限, 限定, 拘束, 規制

res-tric-'ti-vo, -va [れ̃ス.トリク.'ティ.ボ, バ] [形] 制限する, 限定する, 拘束する, 規制する

res-trin-'gen-te [れ̃ス.トリン.'ヘン.テ] [形] 制限する, 規制する, 限定する; 収斂(しゅうれん)性の [名] [男] 収斂剤, アストリンゼン«化粧水»

res-trin-'gir [れ̃ス.トリン.'ひる] [動] [他] ㉜ (g|j) 制限する, 限る, 規制する, 限定する, 禁止する　**~se** [動] [再] 制限される, 限定される

res-tri-ñi-'mien-to [れ̃ス.トリ.ニィ.'ミエン.ト] [名] [男] 収斂(しゅうれん)性

res-tri-'ñir [れ̃ス.トリ.'ニィる] [動] [他] ⑩ (‹i›) 収縮させる, 収斂(しゅうれん)させる; 〔医〕 便秘させる

re-su-ci-ta-'ción [れ̃.ス.すぃ.タ.'すぃオン] [名] [女] 蘇生, 生き返り, 復活

re-su-ci-'ta-do, -da [れ̃.ス.すぃ.'タ.ド, ダ] [形] 蘇生した, 生き返った [名] [男]; 〔el R~〕 〔宗〕 (復活した)イエス・キリスト

*__re-su-ci-'tar__ [れ̃.ス.すぃ.'タる] 93% [動] [自] 蘇生する, 生き返る, 意識を回復する; 〔宗〕 復活する [動] [他] 蘇生させる, 生き返らせる, よみがえらせる, 復活させる

re-su-da-'ción [れ̃.ス.ダ.'すぃオン] [名] [女] 軽く汗ばむこと

re-su-'dar [れ̃.ス.'ダる] [動] [自] 少し汗をかく, 汗ばむ; しみ出る, にじみ出る; «木が»樹液を滲出(しんしゅつ)する

re-'sue-ll~ [動] «直現/接現/命» ⬆resollar

re-'sue-llo [れ̃.'スエ.ジョ] [名] [男] 〔動〕 激

r

しい呼吸, 荒い息, 鼻息 *meterle el ～ en el cuerpo* (a: を)脅迫する, 威嚇(いかく)する

*****re-'suel-to, -ta** [r̃れ.'スエル.ト, タ] 94% 形 決然たる, きっぱりとした; (a: を)決心した, 覚悟した; 解けた, 解決した **-ta-mente** 副 断固として, 決然として

re-'suel-v~ 動《直現/接現/命》⬆resolver

re-'sue-n~ 動《直現/接現/命》⬆resonar

re-'sul-ta [r̃れ.'スル.タ] 名 女 結果, 結末; 結論; 欠席, 空席 *de* [*a, por*] *～s de* ...…の結果

‡re-sul-'ta-do [r̃れ.スル.'タ.ド] 73% 名 男 (試合・試験の)成績; 結果, 成果; 〖数〗(計算の結果得た)答 *dar ～* よい結果となる, うまく働く *sin ～* 不首尾に, 無益に

re-sul-'tan-te [r̃れ.スル.'タン.テ] 形 (de: の)結果として生じる; 〖物〗 合力の; 〖数〗合成の 名 女 〖物〗合力

‡re-sul-'tar [r̃れ.スル.'タる] 72% 動 自 結果として生じる, (de: によって)起こる; (形容詞・副詞: …に)終わる, (形容詞・副詞: …の)結果になる; (形容詞・副詞: で)ある; 結果としてなる; よい結果となる, 都合がよい; 合う, 似合う; 要約する

‡re-'su-men [r̃れ.'ス.メン] 90% 名 男 まとめ, 要約, 概要 *en ～*《文修飾》要するに, つまり, 簡単に言えば

re-su-'mi-do, -da [r̃れ.ス.'ミ.ド, ダ] 形 要約した *en resumidas cuentas*《文修飾》結局は, とどのつまり **-damen-te** 副 要約して;《文修飾》要するに, つまり, 簡単に言えば

*****re-su-'mir** [r̃れ.ス.'ミる] 91% 動 他 要約する, 約言する, 縮める **～se** 動 再 (en: に)要約される

re-sur-gi-'mien-to [r̃れ.スる.ひ.'ミエン.ト] 名 男 再現, 再生, 復活, 再起, 再発

*****re-sur-'gir** [r̃れ.スる.'ひる] 94% 動 自 ㉜ (g|j) 再現[再発]する, (de: から)よみがえる, 復活する, 回復する

*****re-su-rrec-'ción** [r̃れ.ス.r̃れク.'すぃオン] 94% 名 女 復活, よみがえり, 再生; 〔la R～〕〖宗〗キリストの復活, 復活祭 **R～** 名 固 〖女性名〗レスレクシオン

re-'ta-blo [r̃れ.'タ.ブロ] 名 男 〖宗〗祭壇画, 祭壇屏(びょう)《祭壇背後の装飾付きついたて》; 〖宗〗宗教劇 *～ de dolores* 不幸を背負った人, 苦労にうちひしがれた人

re-'ta-co [r̃れ.'タ.コ] 名 男 〖競〗〔ビリヤード〕ショートキュー; (銃身の短い)猟銃;《話》背の低い人, ちび

re-ta-'guar-dia [r̃れ.タ.'グアる.ディア] 名 女 〖軍〗後衛 *a la ～* 後ろに, 後方に; 遅れて

re-ta+'hí-la [r̃れ.タ.'イ.ラ] 名 女 一連, ひと続き; 連発

re-'tal [r̃れ.'タル] 名 男 残り, 残余; 残り布, 端切れ; (画家用の)革の切れはし

Re-tal+hu-'leu [r̃れ.タ.ル.'レウ] 名 固 〖地名〗レタルレウ《グアテマラ南西部の県》

re-ta-'llón [r̃れ.タ.'ジョン] 名 男 《ベネズエラ》〖食〗食べ残し, 残り物, 残飯

re-'ta-ma [r̃れ.'タ.マ] 名 女 〖植〗エニシダ, レダマ

re-'tar [r̃れ.'タる] 動 他 〈に〉挑戦する, (a: を)挑む; 叱(しか)る, とがめる

re-tar-'da-do, -da [r̃れ.タる.'ダ.ド, ダ] 形 遅らせた, ゆっくりとした

re-tar-'dar [r̃れ.タる.'ダる] 動 他 遅らせる, 遅延させる

re-tar-da-'triz [r̃れ.タる.ダ.'トりす] 形 減速の

re-'tar-do [r̃れ.'タる.ド] 名 男 遅れ; 減速

re-'ta-zo [r̃れ.'タ.そ] 名 男 残り, 残余, 残り布; 断章, 断編, 言葉のつぎはぎ

re-te~ 〔接頭辞〕《話》「とても, すごく」という意味を示す

re-te-'bién [r̃れ.テ.'ビエン] 副《話》すごくよく

re-te-con-'ten-to, -ta [r̃れ.テ.コン.'テン.ト, タ] 形《話》すごく喜んでいる

re-te-'gua-po, -pa [r̃れ.テ.'グア.ポ, パ] 形《話》すごくハンサムな, とてもきれいな

re-te-'har-to, -ta [r̃れ.テ.'アる.ト, タ] 形《話》(de: に)すごくうんざりした, とても退屈な

re-'tel [r̃れ.'テル] 名 男 〖魚〗袋網

re-tem-'blar [r̃れ.テン.'ブラる] 動 自 ㊿ (e|ie) (繰り返し)揺れる, 震動する

re-tem-'blor [r̃れ.テン.'ブロる] 名 男 揺れ, 震動

re-'tén [r̃れ.'テン] 名 男 たくわえ, 貯蔵; 〖軍〗援軍, 予備軍[隊]; 隊, 班 動《命令》⬇retener

re-ten-'ción [r̃れ.テン.'すぃオン] 名 女 保留, 保有, 保持; 留置, 拘置, 監禁; (賃金などの)天引き, 差し引き; 〖医〗鬱滞(うったい), 停留, 閉塞

re-ten-dr~ 動《直未/過未》⬇retener

*****re-te-'ner** [r̃れ.テ.'ネる] 92% 動 他 68 (tener) 引き止めておく, とどめる, とどめておく, 〈物・場所を〉取っておく; 〈感情を〉抑える; 忘れないで覚えている, 記憶にとどめる; 〈金額を〉差し引く, 天引きにする; 取っておく, しまい込む; 保つ, 保有する, 維持する; 留置する, 拘留する **～se** 動 再 我慢する

re-'ten-go, -ga(~) 動《直現1単, 接現》⬆retener

re-ten-'ti-vo, -va [r̃れ.テン.'ティ.ボ, バ] 形 保持[保有]する, 保持力のある **-va**

r

名 女 記憶力, 物覚え

re-te-'ñir [r̃e.テ.'ニィる] 動 他 59 (e|i; ‹i›) 染め直す

'Re-tia ['r̃e.ティア] 名 固 〔歴〕〔地名〕ラエティア《古代ローマの属州; 現在のスイス東部およびチロル地方》

re-ti-'cen-cia [r̃e.ティ.'せン.すぃア] 名 女 あてこすり, ほのめかし, 皮肉; ためらい, 不承不承であること

re-ti-'cen-te [r̃e.ティ.'せン.テ] 形 暗示的な, それとなく言う, あてこすりの, 皮肉の

'ré-ti-co, -ca ['r̃e.ティ.コ, カ] 形 名 男 女 〔歴〕〔地名〕ラエティア(人)の, ラエティア人 ⬆Retia 名 男 〔言〕レト・ロマン語

re-ti-cu-'lar [r̃e.ティ.ク.'ラる] 形 網状の

re-'tí+cu-lo [r̃e.'ティ.ク.ロ] 名 男 (望遠鏡などの)網線, 十字線; 網状物, 網状組織; 〔動〕網胃《反芻(はんすう)動物の第二胃》

re-ti-cu-'lo-sis [r̃e.ティ.ク.'ロ.スィス] 名 女 〔単複同〕〔医〕細網症

re-'tie-n~ 動《直現/接現/命》⬆retener

re-'ti-na [r̃e.'ティ.ナ] 名 女 〔体〕(眼の)網膜

re-ti-'ni-tis [r̃e.ティ.'ニ.ティス] 名 女 〔単複同〕〔医〕網膜炎

re-ti-no-pa-'tí+a [r̃e.ティ.ノ.パ.'ティ.ア] 名 女 〔医〕網膜症

re-'tin-te [r̃e.'ティン.テ] 名 男 染め直すこと; (鐘の音などの)耳に残る響き, 残響

re-tin-'tín [r̃e.ティン.'ティン] 名 男《話》皮肉な調子, ほのめかし, 思わせぶり; (鐘の音などの)耳に残る響き, 残響

re-'tin-to, -ta [r̃e.'ティン.ト, タ] 形 濃い栗色の, こげ茶色の; 〔畜〕‹馬が›黒鹿毛(くろかげ)の

re-ti-'ñir [r̃e.ティ.'ニィる] 動 自 10 ‹i› 耳に余韻が残る

re-ti-'ra-da [r̃e.ティ.'ら.ダ] 名 女 〔軍〕撤退, 撤兵, 退却, 後退; 引退, 退職; 避難所, 隠れ家; 回収, 撤回, 取り下げ; 取り消し; (預金の)引き出し *cubrir(se) la ~* 〔軍〕退軍のしんがりをつとめる; 逃げ道を作っておく

re-ti-'ra-do, -da [r̃e.ティ.'ら.ド, ダ] 形 人里離れた, 遠隔の; 退職した, 引退した 名 男 女 退職者; 〔軍〕退役軍人

*****re-ti-'rar** [r̃e.ティ.'らる] 85% 動 他 取り去る, 取り除く, 片づける, 処分する; 引っ込める, 下げる; 退かせる, 引かせる, 撤退させる, 取り戻す, 回収する; 取り上げる, 没収する; ‹預金などを›引き出す, 下ろす; ‹申し出・陳述などを›撤回する; 〔法〕‹訴訟を›取り下げる; 引退させる **~se** 動 再 引き下がる, 退出する, 引っ込む, 退席する; 帰る, 帰宅する; (de: から)離れる, (a: に)身を引く, 脱退する; 電話を切る; 引退する, 退職する; «軍隊が»撤退する

*__re-'ti-ro__ [r̃e.'ティ.ろ] 93% 名 男 引退, 退職, 退官; 隠遁所, 人里離れた場所; (預金の)引き出し; 〔宗〕修養会, 静想; 退職年金, 恩給; 〔parque del R~〕レティーロ公園《マドリードの大公園》

're+to ['r̃e.ト] 名 男 挑戦; おどし, 脅威, 威嚇

re-to-'ca-do [r̃e.ト.'カ.ド] 名 男 修正, 手入れ, 手直し, 加筆

re-to-'car [r̃e.ト.'カる] 動 他 69 (c|qu) ‹絵などに›仕上げをする, ‹写真などを›修正する; 何度もさわる

re-to-'mar [r̃e.ト.'マる] 動 他 再開する; 再び取る

re-to-'ñar [r̃e.ト.'ニャる] 動 自 〔植〕芽を出す, 発芽する; 再現する, また現れる, よみがえる

re-'to-ño [r̃e.'ト.ニョ] 名 男 〔植〕発芽, 新芽, 若枝; 《話》小さい子供

re-'to-que [r̃e.'ト.ケ] 名 男 仕上げること; 修正, 手入れ, 手直し, 加筆; 〔医〕(病気の)徴候

re-to-'qué, -que(~) 動《直点 1 単, 接現》⬆retocar

*__re-tor-'cer__ [r̃e.トる.'せる] 94% 動 他 13 (o|ue; c|z) よじる, ひねる, 絞る; ‹の意味を›曲げる, 曲解する **~se** 動 再 体をよじる, ねじる

re-tor-'ci-do, -da [r̃e.トる.'すぃ.ド, ダ] 形 よこしまな, 邪悪な, 不正な, 腹黒い

re-tor-ci-'jón [r̃e.トる.すぃ.'ほン] 名 男 体を大きくねじること

re-'tó-ri-co, -ca [r̃e.'ト.り.コ, カ] 形 〔修〕修辞学の, 雄弁術の, 修辞上の 名 男 女 〔修〕修辞学者, 雄弁家 **-ca** 名 女 〔修〕修辞学, レトリック; 〔複〕回りくどい話し方, 美辞麗句; 《話》こじつけ, 屁(へ)理屈, 詭弁(きべん)

re-tor-'na-ble [r̃e.トる.'ナ.ブレ] 形 «容器などが»返却できる, 回収される; «保険金などが»返却[返戻(へんれい)]金がある

re-tor-'nar [r̃e.トる.'ナる] 動 他 (a: に)返す, 戻す, 返還する; (a: 前の状態に)戻す, 復帰させる 動 自 (a: 元の場所へ)帰る, 戻る

re-tor-'ne-lo [r̃e.トる.'ネ.ロ] 名 男 〔楽〕リトルネッロ《オペラのアリアなどで器楽により反復される楽節; バロックの協奏曲でソロをはさんで反復される楽節》

*__re-'tor+no__ [r̃e.'トる.ノ] 91% 名 男 帰り, 帰宅, 帰国; 返すこと, 返却; 返礼, お返し; 〔競〕〔テニス〕返球; 再び戻って[巡って]くること, 復帰

re-to-rro-'ma+no, -na [r̃e.ト.ろ.'マ.ノ, ナ] 形 名 男 女 〔歴〕ラエティアの; ラエティア人 ⬆Retia; 〔言〕レト・ロマン語の 名

r

[男]〔言〕レト·ロマン語

re-'tor-ta [r̃e.'トる.タ] [名] [女]〔化〕レトルト, 蒸留器 (乾留·蒸留·滅菌用)

re-tor-'te-ro [r̃e.トる.'テ.ろ] [名] [男] ねじり, 回転 *andar* [*ir*] *al* ~ 《話》とても忙しい

re-tor-ti-'jón [r̃e.トる.ティ.'ほン] [名] [男] よじれ, ねじれ;〔医〕捻転(ねんてん), 腹痛, 差し込み

re-'tor-za(~) [動] 《接現》↑retorcer

re-to-'zar [r̃e.ト.'さる] [動] [自] (34) (z|c) 遊び戯れる, じゃれる; 《男女が》いちゃつく, ふざける

re-'to-zo [r̃e.'ト.そ] [名] [男] ふざけること, 戯れること, はしゃぐこと

re-to-'zón, -'zo-na [r̃e.ト.'そン, 'そ.ナ] [形] ふざける, 陽気な, はしゃいだ

re-trac-'ción [r̃e.トらク.'すぃオン] [名] [女] 引っ込めること, 収縮

re-trac-ta-'ción [r̃e.トらク.タ.'すぃオン] [名] [女] 取り消し, 撤回

re-trac-'tar [r̃e.トらク.'タる] [動] [他] 取り消す, 撤回する **~se** [動] [再] 取り消す, 撤回する

re-'trác-til [r̃e.'トらク.ティル] [形] 収縮性の;〔動〕《爪·首などが》引っ込められる

***re-tra+'er** [r̃e.トら.'エる] 94% [動] [他] (70) (traer) 戻す, 引っ込める; 思いとどませる, 思い切らせる **~se** [動] [再] (de: から)引退する; (de: を)思いとどまる; 引っ込み思案になる; (a: に)避難する; (a: 過去に)さかのぼる

re-tra+'í-do, -da [r̃e.トら.'イ.ド, ダ] [形] 内気な, 非社交的な; 隠遁(いんとん)した, 引退した

re-'trai-go, -ga(~) [動] 《直現1単, 接現》↑retraer

re-trai-'mien-to [r̃e.トらイ.'ミエン.ト] [名] [男] 内気, 引っ込み思案; 隠退, 引退

re-'tran-ca [r̃e.'トらン.カ] [名] [女]〔畜〕(馬の)尻帯(しりおび);〔車〕《ラ米》ブレーキ

re-trans-mi-'sión [r̃e.トら(ン)ス.ミ.'スィオン] [名] [女]〔放〕再放送;〔放〕中継放送

re-trans-mi-'sor [r̃e.トら(ン)ス.ミ.'ソる] [名] [男]〔放〕〔機〕中継機

re-trans-mi-'tir [r̃e.トら(ン)ス.ミ.'ティる] [動] [他]〔放〕再放送する;〔放〕中継放送する

***re-tra-'sa-do, -da** [r̃e.トら.'サ.ド, ダ] 93% [形] 遅れている, 滞っている;〔医〕知的障害がある [名] [男] [女]〔医〕知的障害者

***re-tra-'sar** [r̃e.トら.'サる] 92% [動] [他] 《悪天候·事故などが》遅らせる, 遅延させる; 延期する, 延ばす [動] [自] 遅れる, 遅れている **~se** [動] [再] 遅れる

****re-'tra-so** [r̃e.'トら.ソ] 90% [名] [男] 遅れ, 延期, 猶予; 未開発, 未発達, 後進性; (発育·学習などの)遅れ

re-tra-'tar [r̃e.トら.'タる] [動] [他]〔絵〕肖像画を描く;〔写〕撮影する, 〈の〉写真を撮る;〔文〕〈人物·風物を〉描写する **~se** [動] [再]〔写〕自分の写真を撮ってもらう;〔絵〕自分の肖像を描かせる

re-tra-'tis-ta [r̃e.トら.'ティス.タ] [名] [共]〔絵〕肖像画家;〔写〕(ポートレートの)写真家

****re-'tra-to** [r̃e.'トら.ト] 89% [名] [男]〔絵〕肖像画;〔写〕肖像写真, ポートレート; (人物·風物の)描写; そっくり, 生き写し

re-tre-che-'rí+a [r̃e.トれ.チェ.'り.ア] [名] [女] 《話》ずるさ, 抜け目なさ; 《話》魅力, 愛敬

re-tre-'che-ro, -ra [r̃e.トれ.'チェ.ろ, ら] [形] ずるい, 狡猾(こうかつ)な; 《話》魅力のある, 愛敬のある

re-tre-'par-se [r̃e.トれ.'パる.セ] [動] [再] (en: に)そっくり返る, ふんぞり返る

re-'tre-ta [r̃e.'トれ.タ] [名] [女]〔軍〕退却[帰営]のラッパ; 《ラ米》〔楽〕野外コンサート

re-'tre-te [r̃e.'トれ.テ] [名] [男] 便所, トイレ

re-tri-bu-'ción [r̃e.トり.ブ.'すぃオン] [名] [女] 報酬, 報い

re-tri-'buir [r̃e.トり.'ブイる] [動] [他] (37) (-y-) 〈に〉報いる, 〈に〉報酬を与える; 《ラ米》〈に〉お返しをする

re-tro~ 〔接頭辞〕「後·逆戻り」という意味を示す

re-tro-ac-'ción [r̃e.トろ.アク.'すぃオン] [名] [女]〔法〕遡及(そきゅう);〔物〕〔生〕退行

re-tro-ac-ti-vi-'dad [r̃e.トろ.アク.ティ.ビ.'ダド] [名] [女]〔法〕遡及(そきゅう)性, 効力が過去にさかのぼること;〔物〕〔生〕退行性

re-tro-ac-'ti-vo, -va [r̃e.トろ.アク.'ティ.ボ, バ] [形]〔法〕遡及(そきゅう)する, 効力がさかのぼる;〔物〕〔生〕退行する

re-tro-a-li-men-ta-'ción [r̃e.トろ.ア.リ.メン.タ.'すぃオン] [名] [女]〔情〕フィードバック

re-tro-a-li-men-'tar [r̃e.トろ.ア.リ.メン.'タる] [動] [他]〔情〕〈に〉フィードバックする

***re-tro-ce-'der** [r̃e.トろ.せ.'デる] 93% [動] [自] 帰る, 後退する, 戻る; (a: に)さかのぼる; 引き下がる, しりごみする

re-tro-ce-'sión [r̃e.トろ.せ.'スィオン] [名] [女] 後退, 後戻り; (領土などの)返還

re-tro-'ce-so [r̃e.トろ.'せ.ソ] [名] [男] 後退, 後戻り; 退却;〔医〕(病気の)悪化;〔遊〕〔ビリヤード〕球のひねり;〔機〕(ピストンなどの)退衝(たいしょう)

re-tro-ex-ca-va-'do-ra [r̃e.トろ.エ(ク)ス.カ.バ.'ド.ら] [名] [女]〔機〕ブルドーザー

re-tro-gra-'dis-mo [r̃e.トろ.グら.'ディス.モ] [名] [男] 時代遅れ, 時代錯誤

r

re-'tró-gra-do, -da [ȓれ.'トろ.グら.ド, ダ] 形〔政〕反動の, 反動的な; 後退する, 後戻りの; 時代遅れの, 古くさい 名 男 女〔政〕反動主義者

re-tro-gre-'sión [ȓれ.トろ.グれ.'スィオン] 名 女《格》後退, 逆行

re-tro-pro-pul-'sión [ȓれ.トろ.プろ.プル.'スィオン] 名 女〔空〕逆噴射

re-tros-pec-'ción [ȓれ.トろス.ペク.'すぃオン] 名 女 回顧, 回想, 懐旧

re-tros-pec-'ti-vo, -va [ȓれ.トろス.ペク.'ティ.ボ, バ] 形 回顧の, 過去を振り返る, 懐旧の

re-tro-tra+'er [ȓれ.トろ.トら.'エる] 動 他 ⑦⓪ (traer) ‹の›日付を実際より前にする; 過去に連れ戻す ～**se** 動 再 (a: に)さかのぼる

re-tro-'vi-rus [ȓれ.トろ.'ビ.るス] 名 男〔単複同〕〔医〕レトロウイルス

re-tro-vi-'sor [ȓれ.トろ.ビ.'ソる] 名 男〔車〕バックミラー, サイドミラー

re-tru-'car [ȓれ.トる.'カる] 動 自 ⑥⑨ (c|qu)〔遊〕〔ビリヤード〕«球が»接触する, はじき返る

re-'trué-ca+no [ȓれ.'トるエ.カ.ノ] 名 男 語順の倒置によるごろ合わせ;〔修〕対照法

re-'tru-que [ȓれ.'トる.ケ] 名 男〔遊〕〔ビリヤード〕接触, はじき返ること

re-tru-'qué, -que(~) 動《直点 1 単, 接現》⬆retrucar

re-'tuer-c~, -z~ 動《直現/接現/命》⬆retorcer

re-tui-te-'ar [ȓれ.トゥイ.テ.'アる] 動 他〔情〕リツイートする《ツイートをフォロワーに公開する》

re-tum-'ban-te [ȓれ.トゥン.'バン.テ] 形 鳴り響く, 反響する, とどろく

re-tum-'bar [ȓれ.トゥン.'バる] 動 自 鳴り響く, 反響する, とどろく

re-'tum-bo [ȓれ.'トゥン.ボ] 名 男 共鳴, 共振, 反響, とどろき

re-'tu-v~ 動《直点/接過》⬆retener

'reu-ma◇re+'ú- ['ȓれウ.マ◇ȓれ.'ウ.] 名 男 [女]〔医〕リウマチ

reu-'má-ti-co, -ca [ȓれウ.'マ.ティ.コ, カ] 形〔医〕リウマチ性の, リウマチにかかった 名 男 女〔医〕リウマチ患者

reu-ma-'tis-mo [ȓれウ.マ.'ティス.モ] 名 男〔医〕リウマチ

reu-ma-to-lo-'gí+a [ȓれウ.マ.ト.ロ.'ひ.ア] 名 女〔医〕リウマチ学

re-u-'ni-do, -da [ȓれウ.'ニ.ド, ダ] 形 会議中である

re-u-ni-fi-'car [ȓれウ.ニ.フィ.'カる] 動 他 ⑥⑨ (c|qu) 再統一させる ～**se** 動 再 再統一する

⁑**re-u-'nión** [ȓれウ.'ニオン] 79% 名 女 集会, 会議; 集まる[集める]こと, 収集, 集合;〔集合〕参加者, 集まった人[もの]

⁑**re-u-'nir** [ȓれウ.'ニる] 80% 動 他 ⑥⓪ (u|ú) 集める, 招集する; ‹条件などを›満たす; 結合する, 組み立てる, 一緒にする, 一つにする ～(**se**) 動 自 (再) 集まる; «会議が»開かれる; (con: と)一緒になる, (con: に) 会う

re-u-ti-li-'zar [ȓれウ.ティ.リ.'さる] 動 他 ③④ (z|c) 再利用する

Rev. 略 ⬇reverendo, -da

re-va-cu-na-'ción [ȓれ.バ.ク.ナ.'すぃオン] 名 女〔医〕再種痘(しゅとう)

re-va-cu-'nar [ȓれ.バ.ク.'ナる] 動 他〔医〕再種痘(しゅとう)する

re-'vá-li-da [ȓれ.'バ.リ.ダ] 名 女 再確認; 認定; (学位取得のための)最終試験, 卒業試験

re-va-li-da-'ción [ȓれ.バ.リ.ダ.'すぃオン] 名 女〔法〕認定, 法的に有効と認めること; 再確認

re-va-li-'dar [ȓれ.バ.リ.'ダる] 動 他〔法〕認定する, 法的に有効と認める; 再確認する ～**se** 動 再 (学位取得のための)最終試験を受ける

re-va-lo-ri-za-'ción [ȓれ.バ.ロ.リ.さ.'すぃオン] 名 女 再評価, 見直し

re-va-lo-ri-'zar [ȓれ.バ.ロ.リ.'さる] 動 他 ③④ (z|c) 再評価する

re-va-lua-'ción [ȓれ.バ.ルア.'すぃオン] 名 女 再評価, 見直し;〔経〕(通貨の)切り上げ

re-va-'luar [ȓれ.バ.'ルアる] 動 他 ①⑦ (u|ú) 再評価する, 見直す;〔経〕‹通貨を›切り上げる

re-'van-cha [ȓれ.'バン.チャ] 名 女 復讐(ふくしゅう), 返報, 報復, リベンジ

re-vei-'llón [ȓれ.ベイ.'ジョン] 名 男 (ホテルやレストランで行う)大晦日(おおみそか)のパーティー

re-ve-la-'ción [ȓれ.ベ.ラ.'すぃオン] 名 女 明示, 発表;〔宗〕天啓, 啓示, 黙示; 摘発, 暴露, すっぱ抜き;〔写〕現像

re-ve-'la-do [ȓれ.ベ.'ラ.ド] 名 男〔写〕現像

re-ve-la-'dor, -'do-ra [ȓれ.ベ.ラ.'ドる, 'ド.ら] 形 現す, 示す, 明らかにする, 漏らす, 暴く 名 男 女 明らかにする人, 暴露する人 名 男〔写〕現像液[薬]

⁑**re-ve-'lar** [ȓれ.ベ.'ラる] 87% 動 他 ‹隠されていた物事を›明らかにする, 暴く, 知らせる, ‹秘密を›漏らす; (はっきりと)示す, 見せる, 表す, 明らかにする;〔写〕‹写真を›現像する;〔宗〕«神が»啓示する, 黙示する ～**se** 動 再 本性[正体]を現す; 明らかにされる

re-ven-de-'dor, -'do-ra [ȓれ.ベン.デ.'ドる, 'ド.ら] 形〔商〕転売する 名 男 女

r

〔商〕転売者, ダフ屋
re-ven-'der [r̃e.ベン.'デる] 動 他〖商〗転売する
re-'ven-dr~ 動《直未/過未》⬇revenirse
re-'ven-go, -ga(~) 動《直現1単, 接現》⬇revenirse
re-ve-'nir-se [r̃e.ベ.'ニる.セ] 動 再 73 (venir)《壁などが》湿気[水分]を出す, 結露する;〖食〗《食べ物が》しける, 軟らかくなる; 縮む, つまる, 減る; すっぱくなる
re-'ven-ta [r̃e.'ベン.タ] 名 女〖商〗転売;〖商〗小売り
***re-ven-'tar** [r̃e.ベン.'タる] 93% 動 他 50 (e|ie) 破裂させる, 爆発させる; たたきこわす; 打ちのめす;《話》悩ませる, うるさがらせる;〖畜〗〈馬などを〉乗りつぶす, こき使う; 失敗させる 動 自 破裂する, 爆発する;《波が》砕け散る;《話》(por 不定詞: …)したがる;《話》(de: で)いっぱいになる;《俗》死ぬ, くたばる ~se 動 再 破裂する, 爆発する;《俗》くたくたになる
re-ven-'tón [r̃e.ベン.'トン] 名 男 がんばり, ひとふんばり; 破裂; 困難, 窮地;《ラ米》〖鉱〗(鉱体の)露頭, 露出;《メキシコ》パーティー ~, -tona 形 破裂する, はじける
re-'ver [r̃e.'べる] 動 他 74 (ver)〔直現のアクセント記号に注意 –vés, –vé, –véis, –vén〕再検査する;〖法〗再審理する
re-ver-be-ra-'ción [r̃e.べる.べ.ら.'すぃオン] 名 女《格》反響, 反射, 照り返し;〖技〗反射炉処理
re-ver-be-'rar [r̃e.べる.べ.'らる] 動 自《格》反射する, きらきらする, 反響する
re-ver-'be-ro [r̃e.べる.'べ.ろ] 名 男《格》反響, 反射; 反射鏡, 反射炉;《ラ米》〖食〗オーブン, こんろ
re-ver-de-'cer [r̃e.べる.デ.'せる] 動 自 45 (c|zc)〖植〗《植物が》再び緑になる, 再び青々となる; 生き返る, 再び生き生きする 動 他 よみがえらせる
re-ve-'ren-cia [r̃e.ベ.'れン.すぃア] 名 女 崇拝, (深い)尊敬, 畏敬(いけい), 敬意; おじぎ, 礼;〔su ~, vuestra ~〕〖宗〗神父様, 尊師《聖職者への敬称》
re-ve-ren-'cial [r̃e.ベ.れン.'すぃアル] 形 崇拝する, あがめる, 敬意を込めた
re-ve-ren-'ciar [r̃e.ベ.れン.'すぃアる] 動 他 崇拝する, あがめる, 尊ぶ
re-ve-ren-'dí-si-mo, -ma [r̃e.ベ.れン.'ディ.スィ.モ, マ] 形〔人名の前で〕〖宗〗…師, …猊下(げいか)《高位聖職者への尊称》
re-ve-'ren-do, -da [r̃e.ベ.'れン.ド, ダ] 形〔人名の前で〕〖宗〗…師《聖職者に対する尊称》; あがめるべき; 重々しい, 威厳のある; もったいぶった;《話》〔皮肉〕ものすごい, たいそうな, ひどい
re-ve-'ren-te [r̃e.ベ.'れン.テ] 形 うやうやしい, 敬虔(けいけん)な
re-ver-'si-ble [r̃e.べる.'スィ.ブレ] 形 逆[反対]にできる;〖衣〗《布地が》両面織りの, リバーシブルの
re-ver-'sión [r̃e.べる.'スィオン] 名 女 (元の習慣・状態への)復帰, 逆戻り;〖法〗(財産の)復帰, 復帰権
re-'ver-so [r̃e.'べる.ソ] 名 男 裏, 背面, 裏面; (本の)左ページ; 逆, 反対 *el ~ de la medalla* まったく正反対のもの
re-ver-'ter [r̃e.べる.'テる] 動 自 51 (e|ie) あふれる
re-ver-'tir [r̃e.べる.'ティる] 動 自 65 (e|ie|i)〖法〗《財産が》(a: 元の所有者へ)復帰する, 戻る; (en: の)結果となる *cobro revertido* コレクトコール《電話》
***re-'vés** [r̃e.'ベス] 93% 名 男 裏面, 裏(うら); 手の甲でひっぱたくこと; 不幸, 逆境;〖競〗〔テニス〕バックハンド *al ~* 逆に, 裏表が逆に, 前後さかさまに, 反対に, 裏目に *al ~ de ...* …に反対して, …と逆に *del ~* 前後さかさまに, 裏表が逆に *volver del ~* 裏返しにする
re-ves-ti-'mien-to [r̃e.ベス.ティ.'ミエン.ト] 名 男 覆(おお)うこと, かぶせること
re-ves-'tir [r̃e.ベス.'ティる] 動 他 49 (e|i) 覆(おお)う; かぶせる, コーティングする;《格》〈の〉様子を呈する, 帯びる;〖衣〗装う, まとう, 着る, 正装する; (de: らしく)見せる ~se 動 再〖衣〗服を着る; (de: を)持つ, 身につける
re-'vie-jo, -ja [r̃e.'ビエ.ほ, は] 形 とても古い, 年老いた 名 男〖植〗枯れ枝
re-'vie-n~ 動《直現/接現/命》⬆revenirse
re-'vien-t~ 動《直現/接現/命》⬆reventar
re-vien-ta-'pi-sos [r̃e.ビエン.タ.'ピ.ソス] 名 共〔単複同〕《話》押し込み強盗, 押し入り
re-'vi-n~ 動《直点/接過》⬆revenir
re-vi-sa-'ción [r̃e.ビ.サ.'すぃオン] 89% 名 女《ラプラタ》⇩revisión
‡re-vi-'sar [r̃e.ビ.'サる] 90% 動 他 訂正する, 校正する, 校閲する; 修正する, 変更する; 復習する, (試験前などに)〈学科・ノートなどを〉見直す; 調べる, 点検する, チェックする; 見直す, 再検討する
‡re-vi-'sión [r̃e.ビ.'スィオン] 89% 名 女 校正, 校閲, 校訂, 訂正; 点検, チェック, 見直し
re-vi-sio-'nis-mo [r̃e.ビ.スィオ.'ニス.モ] 名 男〖政〗修正論, 修正主義
re-vi-sio-'nis-ta [r̃e.ビ.スィオ.'ニス.タ] 形〖政〗修正論の, 修正主義の 名 共〖政〗修正論者, 修正主義者

r

re-vi-ˈsor, -ˈso-ra [r̃e.ビ.ˈソる, ˈソ.ら] 形 校訂[改訂, 改正]の(ための), 検査する 名 男 女 校訂者, 訂正者, 校閲者; 検査官; (バス・電車などの)検札係, 車掌

re-ˈvis-t~ 動《活用》⬆revestir

re-ˈvis-ta [r̃e.ˈビス.タ] 83% 名 女 雑誌; 再調査, 再検討, 点検, 検査;〔軍〕閲兵, 観兵式; 論説, 評論, 書評;〔演〕レビュー *pasar* ~〔軍〕(a: を)閲兵する

re-vis-ˈtar [r̃e.ビス.ˈタる] 動 他〔軍〕閲兵する

re-vis-ˈte-ro, -ra [r̃e.ビス.ˈテ.ろ, ら] 名 男 女 (新聞・雑誌の)批評欄担当者, 評論家 名 男 マガジンラック

re-vi-vi-fi-ˈcar [r̃e.ビ.ビ.フィ.ˈカる] 動 他 ⑲ (c|qu) 生き返らせる, よみがえらせる

re-vi-ˈvir [r̃e.ビ.ˈビる] 94% 動 他 生き返らせる; 思い出す 動 自 生き返る, 回復する; 復活する, 復興する, よみがえる

re-vo-ca-ˈción [r̃e.ボ.カ.ˈすぃオン] 名 女 廃止, 取り消し

re-vo-ˈcar [r̃e.ボ.ˈカる] 動 他 ⑲ (c|qu) 取り消す, 廃止する; (de: を)思いとどまらせる, 思い切らせる; 吹き出す, 逆流させる;〔建〕〈に〉のろを塗る, 上塗りをする, 塗り替える

re-vo-ˈlar [r̃e.ボ.ˈラる] 動 自 ⑯ (o|ue) 再び飛ぶ; 飛び回る, 飛び交う

re-vol-ˈcar [r̃e.ボル.ˈカる] 動 他 ㊆ (o|ue; c|qu) 打ち倒す, 打ち負かす, ひっくり返す, 投げ出す; やりこめる, 徹底的に負かす;《話》落第させる ~se 動 再 ころげ回る

re-vol-ˈcón [r̃e.ボル.ˈコン] 名 男《話》ころげ回ること; ひっくり返る[返す]こと, 転倒; 打ち負かし, やり込めること; 屈辱的な敗北;《俗》セックス, 性交

re-vo-ˈli-ca [r̃e.ボ.ˈリ.カ] 名 女《中米》《話》乱雑, 混乱, 紛糾

re-vo-lo-te-ˈar [r̃e.ボ.ロ.テ.ˈアる] 動 自 飛び回る, 舞い上がる

re-vo-lo-ˈte-o [r̃e.ボ.ロ.ˈテ.オ] 名 男 飛び回ること, 舞い上がること

re-vol-ˈqué, -que(~) 動《直点 1 単, 接現》⬆revolcar

re-vol-ˈti-jo [r̃e.ボル.ˈティ.ほ] 名 男 ごちゃまぜ, 入り乱れ, めちゃくちゃ, 寄せ集め; 混乱, 紛糾

re-vol-ˈto-so, -sa [r̃e.ボル.ˈト.ソ, サ] 形 不穏な, 騒乱を起こす; いたずらな, やんちゃな, わんぱくな子ども 名 男 女 騒乱を起こす者, 反乱者, 暴徒; いたずら者, わんぱく者

re-vol-ˈtu-ra [r̃e.ボル.ˈトゥ.ら] 名 女《ラ米》乱雑, 混乱, 紛糾

re-vo-ˈlú [r̃e.ボ.ˈル] 名 男〔複 -lúes⇦-lús〕《カリ》《話》乱雑, 混乱, 紛糾

re-vo-lu-ˈción [r̃e.ボ.ル.ˈすぃオン] 83% 名 女〔政〕革命; 革命的な出来事, 大改革, 改新, 変革;〔技〕回転(数);〔天〕公転

re-vo-lu-cio-ˈnar [r̃e.ボ.ル.すぃオ.ˈナる] 動 他〔政〕〈に〉革命を引き起こす,〈に〉変革をもたらす; 動揺させる, 大騒ぎさせる

re-vo-lu-cio-ˈna-rio, -ria [r̃e.ボ.ル.すぃオ.ˈナ.りオ, りア] 85% 形〔政〕革命の, 革命的な;〔技〕回転の;〔天〕公転の 名 男 女〔政〕革命家, 革命論者

re-vol-ˈver [r̃e.ボル.ˈべる] 92% 動 他 ㊻ (o|ue)〔過分 revuelto〕かき混ぜる; ひっくり返す, ひっかき回す, くまなく探す; 怒らせる, いらいらさせる, 興奮させる; 回す, 回転させる; 混乱させる, 不穏にする ~se 動 再 回転する;〔気〕悪天候になる;〔海〕《海が》荒れる; (contra: に)向き直る, 立ち向かう; のたうつ, 身もだえする

re-ˈvól-ver [r̃e.ˈボル.べる] 名 男 (弾倉回転式の)拳銃, 連発ピストル, リボルバー

re-ˈvo-que [r̃e.ˈボ.ケ] 名 男〔建〕しっくいを塗ること;〔建〕しっくい, 壁土

re-vo-ˈqué, -que(~) 動《直点 1 単, 接現》⬆revocar

re-ˈvuel-co [r̃e.ˈブエル.コ] 名 男 ころげ回ること; 打ち倒すこと, ひっくり返ること, 転倒; 打ち負かすこと, やりこめること

re-ˈvue-lo [r̃e.ˈブエ.ロ] 名 男〔鳥〕再び飛び立つこと, 舞い上がること; 旋回, 飛行, 飛び回り; 動揺; 旋回, 回転;《ラ米》〔畜〕(闘鶏が)けづめで押すこと

re-ˈvuel-que(~) 動《接現》⬆revolcar

re-ˈvuel-to, -ta [r̃e.ˈブエル.ト, タ] 形〔軽蔑〕ごたまぜになった, 雑然とした; 動揺した, 興奮した, いきり立った,《社会が》不穏な;〔食〕《卵が》いり卵の, スクランブルの;〔気〕《天候が》不安定である, 変わりやすい;〔海〕《海が》荒れ狂う; もつれた **-ta** 名 女 反乱, 騒乱, 反抗; けんか; (道の)角(かど); 急カーブ *dar vueltas y revueltas* 何度も回る, 何度も変更する, 行きつ戻りつする

re-ˈvuel-v~ 動《直現/接現/命》⬆revolver

re-vul-ˈsi-vo [r̃e.ブル.ˈスィ.ボ] 名 男〔医〕誘導剤, 刺激剤 **~, -va** 形〔医〕誘導の

re-vu-ˈlú [r̃e.ブ.ˈル] 名 男〔複 -lúes⇦-lús〕《中米》《話》騒ぎ

ˈrey [ˈr̃eイ] 74% 名 男 王, 国王; 大立者, …王, 最高の者, 王;〔遊〕〔トランプ〕キング(の札);〔遊〕〔チェス〕キング, 王;〔Reyes〕東方の三博士⬆mago 感《話》ねえ, あなた《呼びかけ》 *en tiempos del ~ que rabió* 大昔に *Ni quito ni pongo ~* 私はどちらでもかまわない *ni ~ ni roque*《否定》《話》誰も…ない

r

re-'yer-ta [れ.'ジェる.タ] 名 女 口論, けんか

'Re-yes ['れ.ジェス] 名 固 〔姓〕レジェス

re-ye-'zue-lo [れ.ジェ.'すエ.ロ] 名 男 小王, 小国の王, 族長

re-za-'gar [れ.さ.'ガる] 動 他 41 (g|gu) 置き忘れる, 忘れてくる; 延期する **~se** 動 再 遅れる, 遅れをとる

re-'zar [れ.'さる] 90% 動 他 34 (z|c) 祈る, 祈願する; 言う, 述べる, 明記してある 動 自 (por: のために)祈る; (con: と)関わりがある; 適用される

'rez+no ['れす.ノ] 名 男 〔昆〕ウマバエの幼虫; 〔植〕トウゴマ, ヒマ

're+zo ['れ.そ] 名 男 祈り, 祈りの言葉

re-zon-'gar [れ.そン.'ガる] 動 自 41 (g|gu) 《話》不平を言う, ぼやく

re-zon-'gón, -'go-na [れ.そン.'ゴン, 'ゴ.ナ] 形 名 男 女 《話》不平を言う(人), ぼやく(人)

re-zu-'mar [れ.す.'マる] 動 他 にじませる **~(se)** 動 自 (再) にじみ出す; «秘密などが»漏れる

ri~; 'rí~ 動 《活用》 ↑reír

'rí+a ['り.ア] 名 女 〔地〕深い入り江, 溺(おぼ)れ谷 動 《接現 1/3 単》 ↑reír

ria-'chue-lo [りア.'チュエ.ロ] 名 男 〔地〕小川

'Riad ['りアド] 名 固 〔地名〕リヤド《サウジアラビア Arabia Saudí の首都》

'ria-da ['りア.ダ] 名 女 〔気〕洪水, 大水; 《話》殺到

ri-'ba-zo [り.'バ.そ] 名 男 〔地〕土手

ri-'be-ra [り.'べ.ら] 名 女 〔地〕土手, 堤防, 河岸, 川べり; 〔地〕岸辺, 海岸 名 男 〔飲〕リベーラ《スペイン, リベーラ・デル・ドゥエロ Ribera del Duero 産のワイン》

ri-be-'re-ño, -ña [り.べ.'れ.ニョ, ニャ] 形 〔地〕河岸の; 岸辺の, 海岸の; 土手の, 堤防の 名 男 女 河岸の住民; 沿岸の住民

ri-'be-te [り.'べ.テ] 名 男 〔複〕傾向, 気味, (de: …)らしいところ; 〔衣〕縁飾り, へり, かがり; (話をおもしろくする)味付け, 彩(いろど)り

ri-be-te+'ar [り.べ.テ.'アる] 動 他 〔衣〕縁どる, 〈に〉縁かがりをする

ri-bo-nu-'clei-co, -ca [り.ボ.ヌ.'クレイ.コ, カ] 形 〔化〕リボ核酸の

ri-'ca-cho, -cha [り.'カ.チョ, チャ] 形 名 男 女 《話》金持ち(の), 成金(の)

ri-ca-'chón, -cho-na 形 ⇧ ricacho

ri-ca-'hem-bra [り.カ.'エン.ブら] 名 女 〔歴〕(中世の)女性貴族

Ri-'car-do [り.'カる.ド] 名 固 〔男性名〕リカルド

ri-'cé, -ce(~) 動 《直点 1 単, 接現》 ↓rizar

ri-'ci+no [り.'すぃ.ノ] 名 男 〔植〕トウゴマ, ヒマ

'ri+co, +ca ['り.コ, カ] 78% 形 金持ちの, 富んだ; 豊富な, 豊かな; (en: に)恵まれた, 富んだ; 高価な, 貴重な, ぜいたくな; おいしい; 《話》かわいい, すばらしい 名 男 女 金持ち; 〔親愛〕ねえ, 君, あなた, お前《呼びかけ》 **-camente** 副 すばらしく, 大変よく, 申し分なく; 富裕に, ぜいたくに

ri-co-'hom-bre [り.コ.'オン.ブれ] 名 男 〔歴〕(中世の)男性貴族

'ric-tus ['りク.トゥス] 名 男 〔単複同〕口をゆがめること

ri-'cu-ra [り.'ク.ら] 名 女 《話》おいしさ, かわいらしさ; すてきなもの, かわいい人

ri-di-cu-'lez [り.ディ.ク.'レす] 名 女 おかしさ, こっけい; 珍妙なこと; くだらないこと, ばかげたこと; ささいなこと, 取るに足らないこと

ri-di-cu-li-'zar [り.ディ.ク.リ.'さる] 動 他 34 (z|c) あざ笑う, ひやかす

ri-'dí-cu-lo, -la [り.'ディ.ク.ロ, ラ] 91% 形 ばかげた, おかしい 名 男 ひやかし, 嘲笑, 笑い物 ***estar* [*quedar*] *en* ~** ばつが悪い, 困った立場になる ***hacer* [*caer en*] *el* ~** ばかにされる, 笑われる

'rí+e 動 《直現 3 単/命》 ↑reír

'rie-g~ 動 《直現/接現/命》 ↑regar

'rie-go ['りエ.ゴ] 91% 名 男 〔農〕灌漑(かんがい), 水まき, 散水 **~ *sanguíneo*** 血液の循環

'riel ['りエル] 名 男 〔複〕〔鉄〕レール, 線路; 〔一般〕〔機〕レール; インゴット, (金属の)延べ棒

'rí+en 動 《直現 3 複》 ↑reír

'rien-da ['りエン.ダ] 94% 名 女 〔畜〕(馬の)手綱(たづな); 〔複〕制御, 統御, 支配, 拘束; (幼児の)歩行練習用引き綱 ***aflojar las* ~*s*** 〔畜〕手綱を緩める, 自由にさせる ***dar* ~ *suelta*** (a: 馬に)好きな場所へ行かせる; (a: に)好きなようにさせる

'rien-do 動 《現分》 ↑reír

'rien-te ['りエン.テ] 形 笑っている; 陽気な

'rie-ra(~) 動 《接過》 ↑reír

'rí+es 動 《直現 2 単》 ↑reír

'rie-se(~) 動 《接過》 ↑reír

'ries-go ['りエス.ゴ] 83% 名 男 危険, 冒険; 保険の対象, 災害 ***a* [*con*] ~ *de* …** …の危険を冒して ***correr el* ~** (de: の)危険がある, 恐れがある

ries-'go-so, -sa [りエス.'ゴ.ソ, サ] 形 危険な, 冒険的な

'Rif ['りフ] 名 固 〔cordillera del ~〕〔地名〕リフ山脈《モロッコ北部の山脈》

'ri+fa ['り.ファ] 名 女 くじ, 宝くじ; 口論, けんか

ri-'far [り.'ファる] 動 他 〈の〉くじをする, く

じで与える 動 自 口げんかする　～se 動 再《話》競う, 奪い合う

ri-'fe-ño, -ña [ˈり.ˈフェ.ニョ, ニャ] 形〘地名〙リフ(人)の 名 男 女 リフ人 ↑Rif《モロッコ北部リフ山脈のベルベル人》

'ri-fle ['り.フレ] 名 男 ライフル(銃)

'Rift ['りフ(ト)] 名 固〔valle de ～〕〘地名〙リフト・バレー《アフリカ大陸を南北に縦断する巨大な谷》

'ri+g~ 動《活用》↑regir

'Ri+ga ['り.ガ] 名 固〘地名〙リガ《ラトビア Letonia の首都》

'ri+ge 動《直現 3 単/命》↑regir

ri-gi-'dez [り.ひ.'デす] 名 女 厳格, 厳粛; 頑固; 硬いこと, 強直

*'rí-gi-do, -da ['り.ひ.ド, ダ] 93% 形 硬い, 硬直した, 動かない,《表情などが》こわばった; 厳格な, 厳しい, 堅苦しい, 頑固な

*ri-'gor [り.'ゴる] 92% 名 男 厳しさ, 厳格さ;〘気〙(気候の)厳しさ, 過酷さ; 精密, 正確 ***de ～***《話》しかるべき, 当然の, 厳密に ***en ～***《文修飾》厳密に言えば

ri-go-'ris-mo [り.ゴ.'りス.モ] 名 男 厳格主義, リゴリズム

ri-go-'ris-ta [り.ゴ.'りス.タ] 形 厳格主義の 名 共 厳格主義者

rigor mortis [り.'ゴる 'モる.ティス] 名 男〔英語〕〘医〙死後硬直

ri-gu-ro-si-'dad [り.グ.ろ.スィ.'ダド] 名 女 厳格さ, 厳しさ; 厳密さ

*ri-gu-'ro-so, -sa [り.グ.'ろ.ソ, サ] 93% 形 (en: に)厳しい, 厳格な;〘気〙《気候が》厳しい, 過酷な; 厳密な, 正確な; きめ細かい, 厳密な　-samente 副 厳しく, 厳格に, 容赦なく; 厳密に, 正確に

'ri+j~ 動《活用》↑regir

'ri+ja ['り.は] 名 女〘医〙涙管(るいかん)フィステル

'ri+jo ['り.ほ] 名 男 淫乱, 淫欲

ri-'jo-so, -sa [り.'ほ.ソ, サ] 形 けんか早い; 淫乱な

ri-'lar [り.'ラる] 動 他 震わせる　～se 動 再 体を震わせる

*'ri+ma ['り.マ] 94% 名 女〘文〙韻, 押韻, 脚韻《詩の各行の終わりに同じ音を繰り返すこと》;〘文〙韻を踏む語, 同韻語;〘文〙韻を踏んだ詩, 韻文, 詩歌

ri-'mar [り.'マる] 動 自 (con: と)韻を踏む, 韻を踏んだ詩を作る 動 他 (con: と)韻を踏ませる

rim-bom-'ban-te [りン.ボン.'バン.テ] 形 誇大な, 仰々しい, けばけばしい, 大げさな; 鳴り響く, 反響する

'rí-mel ['り.メル] 名 男《商標》マスカラ

'Rin ['りン] 名 固〔el ～〕〘地名〙ライン川《ヨーロッパ西部の大河》

rin-'cón [りン.'コン] 90% 名 男 隅, ふち; 隅っこ, 片隅, 人目につかない所, へんぴな場所　***sacar rincones* 隅々まで掃除する

rin-co-'na-da [りン.コ.'ナ.ダ] 名 女 片隅; 街角

rin-co-'ne-ra [りン.コ.'ネ.ら] 名 女 部屋の隅に置く家具[テーブル]

'rin-d~ 動《活用》↑rendir

ring ['りン] 名 男〔複 rings〕〔英語〕〘競〙〔ボクシングなど〕リング

'rin-gla ['りン.グラ] 名 女《話》列, 並び

'rin-gle 名 女 ⇧ringla

rin-'gle-te [りン.'グレ.テ] 名 男《コロンビア》〘遊〙風車(かざぐるま)

rin-go-'rran-go [りン.ゴ.'らン.ゴ] 名 男 ごてごてした飾り

ri-'ni-tis [り.'ニ.ティス] 名 女〔単複同〕〘医〙鼻炎

ri-no-ce-'ron-te [り.ノ.せ.'ろン.テ] 名 男〘動〙サイ

ri-no-lo-'gí+a [り.ノ.ロ.'ひ.ア] 名 女〘医〙鼻科学

ri-no-'ló-gi-co, -ca [り.ノ.'ロ.ひ.コ, カ] 形〘医〙鼻科学の

ri-'nó-lo-go, -ga [り.'ノ.ロ.ゴ, ガ] 名 男 女〘医〙鼻科学者, 鼻科医

ri-no-'rre+a [り.ノ.'れ.ア] 名 女〘医〙鼻漏

'ri-ñ~ 動《活用》↑reñir

'ri+ña ['り.ニャ] 名 女 口論, けんか, 争い;《カリブ》憎しみ, 嫌悪

ri-'ñón [り.'ニョン] 88% 名 男〘体〙腎臓(じんぞう), 腎; 核心, 中心;〔複〕〘体〙腰部, 背部;〘鉱〙腎臓鉄鉱《腎臓型赤鉄鉱》 ***costar un ～*《話》とても高い, 高価である ***pegarse al ～***《話》栄養がある ***tener el ～ bien cubierto***《話》裕福である, 金持ちである

ri-ño-'na-da [り.ニョ.'ナ.ダ] 名 女〘食〙腎臓(じんぞう)のシチュー;〘食〙腰肉 ***costar una ～***《話》とても高い, 高価である

ri-ño-'ne-ra [り.ニョ.'ネ.ら] 名 女〘衣〙ウエストポーチ

'rio 動《直点 3 単》↑reír

'rí+o ['り.オ] 76% 名 男〘地〙川, 河; 多量(の流れ), たくさん　***pescar a ～ revuelto* 混乱に乗じる 動《直現 1 単》↑reír

Rio+'a-cha [りオ.'ア.チャ] 名 固〘地名〙リオアチャ《コロンビア北部の港湾都市》

Rio-'bam-ba [りオ.'バン.バ] 名 固〘地名〙リオバンバ《エクアドル中部の都市》

'Rí+o de Ja-'nei-ro ['り.オ デ は.'ネイ.ろ] 名 固〘地名〙リオデジャネイロ《ブラジル南東部の都市》

'Rí+o Ga-'lle-gos ['り.オ ガ.'ジェ.ゴス] 名 固〘地名〙リオ・ガジェーゴス《アルゼンチン南部の港湾都市》

r

'rio-ja ['r̃イオ.は] 名 男 〖飲〗リオハ《スペイン, リオハ地方産のワイン》

'Rio-ja ['r̃イオ.は] 名 固 〔La ~〕〖地名〗ラ・リオハ《スペイン北部の地方, 自治州, 県; アルゼンチン北西部の州, 州都》

rio-'ja+no, -na [r̃イオ.'は.ノ, ナ] 形 名 男 女 ラ・リオハの(人)⬆Rioja

'Rí+o 'Ne-gro ['r̃イ.オ 'ネ.グろ] 名 固 〖地名〗リオ・ネグロ《ウルグアイ中西部の県; アルゼンチン中部の州》

rio-pla-'ten-se [r̃イオ.プラ.'テン.セ] 形 名 共 ラプラタ地方の(人)⬆Plata

'Rí+os ['r̃イ.オス] 名 固 〔Los ~〕〖地名〗ロス・リオス《エクアドル中西部の州》

'Rí+o San 'Juan ['r̃イ.オ サン 'ふアン] 名 固 〖地名〗リオ・サン・フアン《ニカラグア南部の県》

'rios-tra ['r̃イオス.トら] 名 女 〖建〗方杖(ほうづえ), ブレース

R. I. P.; r. i. p. 略 =〔ラテン語〕*requiescat in pace* 安らかに眠りたまえ《弔いの言葉, 墓碑銘》

'ri-pio ['r̃イ.ピオ] 名 男 くず, 残骸, かす; 冗語 ***no perder*** ~ (人の言うことを)ひとつも聞き漏らさない, (人のすることを)ひとつも見逃さない

ri-'pio-so, -sa [r̃イ.'ピオ.ソ, サ] 形 冗語の, 冗長な, くどい

‡ri-'que-za [r̃イ.'ケ.さ] 88% 名 女 富, (大きな)財産; 裕福; 豊富, 多数, 多量, 豊かさ; 資源

ri-'quí-si-mo, -ma 〔最上級〕⬆rico

‡'ri+sa ['r̃イ.サ] 83% 名 女 笑い, 笑い声, 笑いの表情; 笑うべきこと, おかしいこと, お笑い草 ~ ***de conejo*** 作り笑い ***tomar a*** ~ 一笑に付す

Ri-sa-'ral-da [r̃イ.サ.'らル.ダ] 名 固 〖地名〗リサラルダ《コロンビア西部の県》

'ris-co ['r̃イス.コ] 名 男 〖地〗ごつごつの岩, 険しい岩山

ri-'si-ble [r̃イ.'スィ.ブレ] 形 おかしい, 変な, こっけいな

ri-'si-lla [r̃イ.'スィ.ジャ] 名 女 くすくす笑い

ri-'si-ta [r̃イ.'スィ.タ] 名 女 にやりと笑うこと; 〔縮小語〕⬆risa

ri-so-'ta-da [r̃イ.ソ.'タ.ダ] 名 女 (突然の)高笑い, 大笑い

'ris-tra ['r̃イス.トら] 名 女 数珠つなぎのもの, 一連のもの, ひとつながり; 《話》連続, 連発

'ris-tre ['r̃イス.トれ] 名 男 槍(やり)受け

ri-'sue-ño, -ña [r̃イ.'スエ.ニョ, ニャ] 形 ほほえむ, にっこりする, にこにこした, 楽しそうな; 有望な, 期待できる; 楽しい, 和やかな, 気持ちのよい

'Ri+ta ['r̃イ.タ] 名 固 〖女性名〗リタ

¡Que lo haga ~! 《話》僕はいやだ!, 勝手にしてくれ!

'rít-mi-co, -ca ['r̃イト.ミ.コ, カ] 形 律動的な, リズミカルな

‡'rit-mo ['r̃イト.モ] 86% 名 男 〖楽〗リズム; 律動, 周期的な動き, 調子; 速度, ペース, テンポ

***'ri+to** ['r̃イ.ト] 93% 名 男 儀式, 儀礼; 祭式, 典礼; 慣習, 習慣, 習わし

ri-tor-'ne-lo 名 男 ⇧retornelo

ri-'tual** [r̃イ.'トゥアル] 92% 形 儀式の, 祭式の; 習慣的な, しきたりの 名 男 祭礼, 典礼; 儀式の規則, 典礼書 ***ser de ~ しきたりである, 習慣である

ri-tua-'lis-mo [r̃イ.トゥア.'リス.モ] 名 男 儀式主義, 形式偏重

ri-tua-'lis-ta [r̃イ.トゥア.'リス.タ] 形 名 共 儀式主義の[主義者]

ri-tua-li-'zar [r̃イ.トゥア.リ.'さる] 動 他 ㉞ (z|c) 儀式化する

***ri-'val** [r̃イ.'バル] 91% 名 共 競争相手, ライバル, 好敵手, 対等の人[物]

ri-va-li-'dad [r̃イ.バ.リ.'ダド] 名 女 競争, 張り合うこと; ライバル意識, 敵意

ri-va-li-'zar [r̃イ.バ.リ.'さる] 動 自 ㉞ (z|c) (con: と)競争する, 張り合う

'Ri-vas ['r̃イ.バス] 名 固 〖地名〗リバス《ニカラグア南西部の県》

Ri-'ve-ra [r̃イ.'ベ.ら] 名 固 〖地名〗リベーラ《ウルグアイ北東部の県, 県都》

Ri-'ve-ro [r̃イ.'ベ.ろ] 名 固 〖姓〗リベーロ

Ri-'vie-ra [r̃イ.'ビエ.ら] 名 固 〖地名〗リビエラ《イタリア北西部, 地中海の海岸地方》

ri-'za-do, -da [r̃イ.'さ.ド, ダ] 形 カールした, 巻き毛の

ri-'zar [r̃イ.'さる] 動 他 ㉞ (z|c) 〈髪を〉カールさせる; 〈に〉さざ波を立てる; 〈紙・布地などを〉折る, しわにする **~se** 動 再 《髪が》カールする, 縮れる; さざ波が立つ ~ ***el rizo*** 《話》ますます複雑[面倒]にする

'ri+zo, +za ['r̃イ.そ, さ] 形 巻き毛の, 縮れ毛の 名 男 (髪の)カール, 巻き毛; 〖衣〗テリーベルベット; 〖空〗宙返り(飛行); 〖海〗縮帆索

ri-'zo-ma [r̃イ.'そ.マ] 名 男 〖植〗根茎, 地下茎

ri-'zo-so, -sa [r̃イ.'そ.ソ, サ] 形 巻き毛の, 縮れ毛の

Rmo., Rma. 略 ⬆reverendísimo, -ma

'ro ['ろ] 名 女 〖言〗ロー《ギリシャ語の文字 ρ, P》 感 《話》静かに眠れ, ねんねんよ, よしよし

r.º 略 =recto (紙の)表

R. O. 略 =Real Orden 〖法〗勅令

'ró-ba-lo⇔ro- ['r̃ろ.バ.ロ⇔r̃ろ.'バ.ロ] 名 男 〖魚〗スズキ

‡ro-'bar [r̃ろ.'バる] 89% 動 他 (a: から)奪う, 強奪する, 盗む; 高い値をふっかける; 〈心

を›とらえる, 引きつける; 〘遊〙〔トランプ〕‹札を› 取る

Ro-'ber-to [ろ̃.'べる.ト] [名] [固] 〘男性名〙 ロベルト

ro-'bín [ろ̃.'ビン] [名] [男] (金属の)さび

ro-'blar [ろ̃.'ブラる] [動] [他] ‹釘の›先を打ち曲げてしっかり止める

*'**ro-ble** ['ろ̃.ブレ] 91% [名] [男] 〘植〙 オークの木 《ブナ科コナラ属の樹木; コナラ, カシワ, カシなどの落葉樹》; 〘建〙 オーク材

ro-ble-'dal [ろ̃.ブレ.'ダル] [名] [男] 〘植〙 オークの森

ro-'ble-do [ろ̃.'ブレ.ド] [名] [男] 〘植〙 オーク林

ro-'blón [ろ̃.'ブロン] [名] [男] 鋲(びょう), 目釘(めくぎ), リベット; 〘建〙 棟瓦(むながわら)

'ro+bo** ['ろ̃.ボ] 90% [名] [男] 盗み, 強奪, 強盗事件, 盗難事件; 盗品; 高い値をふっかけること, 暴利をむさぼること

ro-'bón, -'bo-na [ろ̃.'ボン, 'ボ.ナ] [名] [男] [女] 《メキシコ》《話》 泥棒

ro-'bot [ろ̃.'ボト] [名] [男] 〔複 -bots〕 ロボット; 操り人形, 人の指図で動く[働く]人

ro-'bó-ti-ca [ろ̃.'ボ.ティ.カ] [名] [女] 〘技〙 ロボット工学, サイバネティックス

ro-bo-ti-za-'ción [ろ̃.ボ.ティ.さ.'すぃオン] [名] [女] 〘技〙 ロボット化, 自動化

ro-bo-ti-'zar [ろ̃.ボ.ティ.'さる] [動] [他] 34 (z|c) 〘技〙 ロボット化する, 自動化する

ro-bus-te-'cer [ろ̃.ブス.テ.'せる] [動] [他] 45 (c|zc) 強くする, 頑丈にする, たくましくする　**~se** [動] [再] 強くなる, 頑丈になる, たくましくなる

ro-bus-te-ci-'mien-to [ろ̃.ブス.テ.すぃ.'ミエン.ト] [名] [男] 強化, 補強

ro-bus-'tez [ろ̃.ブス.'テす] [名] [女] 強壮, たくましさ, 丈夫さ, 強さ

*'**ro-'bus-to, -ta** [ろ̃.'ブス.ト, タ] 93% [形] 強壮な, たくましい, がっしりした, 強固な, 頑丈な

'ro+ca** ['ろ̃.カ] 87% [名] [女] 岩, 岩石; 〘地〙 岩山, 岩壁; 〘海〙 岩礁, 暗礁; 石, 小石　*cristal de* ~ 〘鉱〙 水晶

ro-'ca-lla [ろ̃.'カ.ジャ] [名] [女] 石ころ, 砂利

Ro-ca-'llo-sas [ろ̃.カ.'ジョ.サス] [名] [固] 〔Montañas ~〕 〘地名〙 ロッキー山脈 《北アメリカ西部の大山脈》

ro-cam-bo-'les-co, -ca [ろ̃.カン.ボ.'レス.コ, カ] [形] 奇想天外な

ro-can-'rol [ろ̃.カン.'ろ̃ル] [名] [男] 〘楽〙 ロックンロール 《1950年代半ばに現れたアメリカの音楽スタイル》

*'**ro+ce** ['ろ̃.せ] 93% [名] [男] こすること, 摩擦; 不和, あつれき, もめごと; こすった跡; 《ラ米》 〘農〙 焼畑(耕作); 軽くさわること, 触れること; 頻繁な交際, つきあい

ro-'cé, -ce(~) [動] 《直点1単, 接現》 ↓rozar

'Ro-cha ['ろ̃.チャ] [名] [固] 〘地名〙 ロチャ 《ウルグアイ南東部の県》

ro-'char [ろ̃.'チャる] [動] [他] 《チリ》《話》 目撃する, 見つける

ro-'che-la [ろ̃.'チェ.ラ] [名] [女] 《コロンビア》《話》 騒音

ro-che-'lar [ろ̃.チェ.'ラる] [動] [自] 《コロンビア》《話》 騒音をたてる

ro-'cia-do, -da [ろ̃.'すぃア.ド, ダ] [形] 露を帯びた, 露の多い; 水をまいた　**-da** [名] [女] 水をまくこと; 露, 水滴; (悪口などの)雨

ro-'ciar [ろ̃.'すぃアる] [動] [他] 29 (i|í) ‹に› 水をまく, 振りかける; まき散らす, ばらまく [動] [自] 〘気〙 露が降りる

ro-'cín [ろ̃.'すぃン] [名] [男] 〘動〙 老いぼれ馬, やせ馬, 駄馬; 《話》 うすのろ, まぬけ

ro-ci-'nan-te [ろ̃.すぃ.'ナン.テ] [名] [男] 老いぼれ馬, やせ馬　**R~** [名] [固] 〘架空〙 ロシナンテ 《ドン・キホーテ Don Quijote の愛馬》

'ro-'cí+o** [ろ̃.'すぃ.オ] 89% [名] [男] 露(つゆ), 滴(しずく); 〘気〙 霧雨; しぶき, 水煙　**R~** [名] [固] 〘女性名〙 ロシオ

rock ['ろ̃ク] [名] [男] 〔英語〕 〘楽〙 ロック [形] 〘楽〙 ロックの

rock and roll [ろ̃.カン.'ろ̃ル] [名] [男] 〔英語〕 ⇧ rocanrol

ro-co-'có [ろ̃.コ.'コ] [名] [男] 〔複 -cós〕 〘美〙 ロココ様式 《18世紀フランスの建築・美術・音楽の様式》 [形] 〘美〙 ロココ様式の

ro-co-'ro-co [ろ̃.コ.'ろ̃.コ] [名] [男] 《アンデス》 〘昆〙 小さなハエ

ro-'co-so, -sa [ろ̃.'コ.ソ, サ] [形] 〘地〙 岩の多い; 岩石からなる

ro-'co-to [ろ̃.'コ.ト] [名] [男] 《南米》 〘植〙 トウガラシ

'ro+da ['ろ̃.ダ] [名] [女] 〘海〙 船首材

ro-da-'ba-llo [ろ̃.ダ.'バ.ジョ] [名] [男] 〘魚〙 カレイ

ro-'da-do, -da [ろ̃.'ダ.ド, ダ] [形] 〘畜〙 «馬が»まだらの, ぶちのある; 丸くなった, すべすべした; «流れなどが»滑らかな, スムーズな; 車両の [名] [男] 散乱した鉱石; 《中南米》 自動車, 乗り物　*venir ~[da]* 《話》 タイミングよく起こる, スムーズに行われる　**-da** [名] [女] 〘畜〙 (馬の)転倒; 〘車〙 わだち, 車の跡

ro-'da-ja [ろ̃.'ダ.は] [名] [女] 小さな輪, 小型の車輪; 〘畜〙 (拍車の)歯輪, 距輪; 〘食〙 輪切り

ro-'da-je [ろ̃.'ダ.へ] [名] [男] 〘映〙 撮影; 〘車〙 〔集合〕 車輪; 〘車〙 慣らし運転

ro-'dal [ろ̃.'ダル] [名] [男] 丸く変色した部分, 丸いしみ

ro-da-'mien-to [ろ̃.ダ.'ミエン.ト] [名] [男] 〘機〙 軸受け, ベアリング

'Ró-da+no ['ろ.ダ.ノ] 名 固 〔el ~〕〘地名〙ローヌ川《アルプス山脈に発し, レマン湖を経てフランス, リヨン湾に注ぐ》

ro-da-'pié [ろ.ダ.'ピエ] 名 男〘建〙(壁の最下部の)幅木, 腰板; ベッドの脚を隠す細長い板

ro-'dar [ろ.'ダる] 90% 動 他 ⑯ (o|ue) 〘映〙撮影する; 転がす, 転がしていく; 転々とする, 放浪する; 〘車〙〈車を〉運転する 動 自 転がる, 転がっていく; 回る, 回転する; 転がり落ちる; 旅行する; 〘車〙《車などが》(滑らかに)進む, 走る; 動き回る, 歩き回る; 出回る, 生じる; 〘映〙撮影する ~se 動 再〘映〙撮影される *echar a* ~ 失敗させる

'Ro-das ['ろ.ダス] 名 固 〘地名〙ロードス島《エーゲ海南東部のギリシャ領の島》

ro-de+'ar [ろ.デ.'アる] 85% 動 他 (塀・壁で)囲む, 〈に〉囲いをする; (con: で)包む, 巻く, 回す; 取り囲む; 遠回りする, 迂回(うかい)する 動 自 遠回りする, 回り道をする; 遠回しに言う ~se 動 再 (de: に)囲まれる

ro-'de-la [ろ.'デ.ラ] 名 女〘歴〙〘軍〙円形盾

ro-'de+no, -na [ろ.'デ.ノ, ナ] 形 赤みを帯びた

ro-'de+o [ろ.'デ.オ] 94% 名 男 迂回(うかい), 遠回り, 回り道; 〔複〕まわりくどい話し方; ロデオ(競技会); 〘畜〙牧牛を集める囲い, 牧牛の駆り集め; 取り囲むこと

ro-'de-ra [ろ.'デ.ら] 名 女〘車〙わだち, 車の跡

Ro-'de-sia [ろ.'デ.スィア] 名 固〘歴〙〘地名〙ローデシア《アフリカ南部のジンバブエ Zimbabwe とザンビア Zambia を合わせた地域》

ro-de-'sia+no, -na [ろ.デ.'スィア.ノ, ナ] 形〘歴〙〘地名〙ローデシア(人)の 名 男 女〘歴〙〘地名〙ローデシア人⬆Rodesia

ro-'de-te [ろ.'デ.テ] 名 男 頭ぶとん, 頭当て《頭に物を乗せて運ぶために用いる》

ro-'dez+no [ろ.'デす.ノ] 名 男 水車; 〘機〙はめば歯車

ro-'di-lla [ろ.'ディ.ジャ] 91% 名 女〘体〙膝, 膝がしら《関節の前面》; 頭ぶとん, 頭当て《頭に物を乗せて運ぶために用いる》; (床用の)ぞうきん *de* ~*s* ひざまずいて *doblar* [*hincar*] *la* ~ 片膝をつく; 服従する

ro-di-'lla-zo [ろ.ディ.'ジャ.そ] 名 男 膝蹴(げ)り; 〘牛〙ひざまずいてするパセ⬆pase

ro-di-'lle-ra [ろ.ディ.'ジェ.ら] 名 女 (保護用の)膝当て; 〘衣〙(ズボンに付ける)膝当て

ro-'di-llo [ろ.'ディ.ジョ] 名 男 ローラー, 転子(ころ); 〘食〙麺棒(めんぼう), 延べ棒; 〘印〙インキローラー; (タイプライターの)プラテン, ゴムローラー; 〘機〙地ならし機

'ro-dio ['ろ.ディオ] 名 男〘化〙ロジウム《白金属元素》

ro-do-'den-dro [ろ.ド.'デン.ドろ] 名 男〘植〙シャクナゲ

Ro-'dol-fo [ろ.'ドル.フォ] 名 固〘男性名〙ロドルフォ

Ro-'dri-go [ろ.'ドり.ゴ] 名 固〘男性名〙ロドリゴ

ro-dri-'gón [ろ.ドり.'ゴン] 名 男 (植物用)支柱; 《話》(年配の婦人に付き添う)召使い

Ro-'drí-guez [ろ.'ドり.ゲす] 名 固〘姓〙ロドリゲス

ro+e-'dor, -'do-ra [ろ.エ.'ドる, 'ド.ら] 形 かじる, かむ; 〘動〙齧歯(げっし)類の 名 男〘動〙齧歯動物《ネズミ・リスなど》

ro+'er [ろ.'エる] 94% 動 他〔直現1単 roo ⇦ roigo, royo; 接現 roa(~) ⇦ roiga(~), roya(~)〕かじる, かむ; 次第に崩す, 削る, むしばむ; 苦しめる, 悩ます ~se 動 再 爪などをかむ, かじる

ro-'gar [ろ.'ガる] 90% 動 他 ㉑ (o|ue; g|gu) 〈不定詞/que 接続法: …することを〉頼む, 願う; 祈る, 祈願する *hacerse de* ~ 何度も頭を下げさせる, もったいぶる ⇦《ラ米》hacerse del ~

ro-ga-'ti-va [ろ.ガ.'ティ.バ] 名 女〔主に複〕〘宗〙祈禱(きとう)

Ro-'ge-lio [ろ.'へ.リオ] 名 固〘男性名〙ロへリオ

ro+'í-do, -da [ろ.'イ.ド, ダ] 形 かじられた, 傷だらけの, むしばまれた; みじめな, 乏しい; 《人が》けちな

'Ro-jas ['ろ.はス] 名 固〘姓〙ロハス

ro-je+'ar [ろ.へ.'アる] 動 自 赤くなる, 赤みを帯びる

ro-'jez [ろ.'へす] 名 女 赤いこと, 赤味

ro-ji-'blan-co, -ca [ろ.ひ.'ブラン.コ, カ] 形 赤と白の 名 男 赤と白(の色)

ro-'ji-llo, -lla 〔縮小語〕⬇rojo

ro-ji-'ver-de [ろ.ひ.'べる.デ] 形 赤と緑の 名 男 赤と緑(の色)

ro-'ji-zo, -za [ろ.'ひ.そ, さ] 形 赤らんだ

'ro+jo, +ja ['ろ.ほ, は] 78% 形 赤い, 赤色の; 〔軽蔑〕〘政〙赤化した, 共産主義の, 革命側の, 左翼の 名 男 赤, 赤色; 〔軽蔑〕〘政〙赤, 左派 名 男 女〔軽蔑〕〘政〙共産主義者 *estar al* ~ *vivo* 白熱している ~ *cereza* 鮮紅色(の) ~ *de labios* 口紅

'Ro+jo ['ろ.ほ] 名 固〔mar ~〕〘地名〙紅海《アフリカ大陸北東岸とアラビア半島南西岸の間の海》; 〘姓〙ロホ

'rol ['ろル] 名 男〘演〙(俳優の)役; 〔一般〕役割, 役目; 名簿

Rol-'dán [ろル.'ダン] 名 固〘姓〙ロルダン

rol-'da-na [ろル.'ダ.ナ] 名 女〘機〙ベルト車, 滑車

r

ro-'lli-zo, -za [ろ.'ジ.そ, さ] [形] 丸々太った, ぽっちゃりした; 丸い

'ro-llo ['ろ.ジョ] 86% [名] [男] 巻いた物, ロール; 《話》うんざりさせる人[物]; 〔写〕〔映〕フィルム; 〔食〕ロールパン; 《話》ぜい肉; 石柱《かつて土地の境界を示した; 罪人のさらし台にも使われた》

'ro+lo ['ろ.ロ] [名] [男] 《ベネズエラ》棒; 警棒; 部分, 一部

'Ro+ma ['ろ.マ] 89% [名] [固] 〔地名〕ローマ《イタリア Italia の首都》; 〔歴〕〔地名〕古代ローマ, ローマ帝国

ro-ma-'di-zo [ろ.マ.'ディ.そ] [名] [男] 〔医〕鼻風邪

ro-'mai-co, -ca [ろ.'マイ.コ, カ] [形] 〔言〕現代ギリシャ語の [名] [男] 〔言〕現代ギリシャ語

Ro-'mán [ろ.'マン] [名] [固] 〔男性名〕ロマン

ro-'ma-na [ろ.'マ.ナ] [名] [女] さお秤(ばかり); 釣り合い

Ro-'ma-na [ろ.'マ.ナ] [名] [固] 〔La ～〕〔地名〕(ラ・)ロマーナ《ドミニカ共和国南東部の港湾都市, 県, 県都》

*__ro-'man-ce__ [ろ.'マン.せ] 94% [形] 〔言〕ロマンス語の, ロマンス系の [名] [男] 〔文〕ロマンセ《スペインの中世以来の小叙事詩》; 恋愛, ロマンス; 〔歴〕〔言〕ロマンス語; 古スペイン語

ro-man-ce+'ar [ろ.マン.せ.'アる] [動] [他] 〔歴〕〔言〕ロマンス語[スペイン語]に訳す

ro-man-'ce-ro [ろ.マン.'せ.ろ] [名] [男] 〔文〕ロマンセ詩集

ro-'man-che [ろ.'マン.チェ] [名] [男] 〔言〕ロマンシュ語, レト・ロマン語《スイスの国語の一つ》

ro-man-'cis-ta [ろ.マン.'すぃス.タ] [名] [共] ロマンセ作者; ロマンス語の使用者

ro-ma-'ní [ろ.マ.'ニ] [形] [名] [男] [女] 〔複 -níes⇔-nís〕ロマ[ジプシー]の [名] [男] 〔言〕ロマ語

ro-'má-ni-co, -ca [ろ.'マ.ニ.コ, カ] [形] 〔美〕ロマネスク様式の; 〔言〕ロマンス語の《ラテン語から分かれた諸言語》[名] [男] 〔美〕ロマネスク様式; 〔言〕ロマンス語

ro-ma-'nis-ta [ろ.マ.'ニス.タ] [名] [共] 〔言〕ロマンス語学者; 〔法〕ローマ法学者

ro-ma-ni-za-'ción [ろ.マ.ニ.さ.'すぃオン] [名] [女] 〔歴〕ローマ化; 〔言〕ローマ字化

ro-ma-ni-'zar [ろ.マ.ニ.'さる] [動] [他] [34] (z|c) 〔歴〕ローマ化する; 〔言〕ローマ字にする　～**se** [動] [再] 〔歴〕ローマ化する; 〔言〕ローマ字で書かれる

ro-'ma+no, -na [ろ.'マ.ノ, ナ] 87% [形] 〔歴〕〔地名〕(古代)ローマの; ローマ帝国の; 〔地名〕(現代の)ローマ(市)の⬆Roma; 〔言〕ローマ字の, ローマ字体の, ローマン体の; ローマ数字の; 〔宗〕ローマカトリック教会の [名] [男] [女] 〔歴〕(古代)ローマ人; (現代の)ローマ市民

*__ro-man-ti-'cis-mo__ [ろ.マン.ティ.'すぃス.モ] 92% [名] [男] 〔美〕〔文〕ロマンチシズム, ロマン主義[派]; 空想的なこと, ロマンチックな性格

ro-'mán-ti-co, -ca [ろ.'マン.ティ.コ, カ] 89% [形] 空想的な, 夢のような, 恋愛・冒険小説的な, ロマンチックな [名] [男] [女] 夢想家; 〔美〕〔文〕ロマン主義の[主義者], ロマン派の(人)

ro-'man-za [ろ.'マン.さ] [名] [女] 〔楽〕ロマンス《形式にとらわれない叙情的な小曲》

rom-'bal [ろン.'バル] [形] 菱形(ひしがた)の, 斜方形の

'róm-bi-co, -ca ['ろン.ビ.コ, カ] [形] 菱形(ひしがた)の, 斜方形の

'rom-bo ['ろン.ボ] [名] [男] 菱形(ひしがた), 斜方形; 〔魚〕(欧州産の)大型ヒラメ

rom-boi-'dal [ろン.ボイ.'ダル] [形] 〔数〕偏菱(へんりょう)形の, 長斜方形の

rom-'boi-de [ろン.'ボイ.デ] [名] [男] 〔数〕偏菱(へんりょう)形, 長斜方形

Ro-'me+o [ろ.'メ.オ] [名] [固] 〔男性名〕ロメオ

ro-me-'rí+a [ろ.メ.'り.ア] [名] [女] 〔宗〕巡礼の旅[行列]; 村祭り; 大勢の人, 人出

ro-'me-ro, -ra [ろ.'メ.ろ, ら] [名] [男] [女] 〔宗〕巡礼者 [形] 〔宗〕巡礼に行く, 巡礼者の [名] [男] 〔植〕ローズマリー, マンネンロウ; 〔魚〕ブリモドキ

Ro-'me-ro [ろ.'メ.ろ] [名] [固] 〔姓〕ロメーロ

'ro+mo, +ma ['ろ.モ, マ] [形] 先が丸い; 〔体〕《鼻が》低い; 《頭が》鈍い

rom-pe-ca-'be-zas [ろン.ペ.カ.'べ.さス] [名] [男] 〔単複同〕ジグソーパズル; なぞ, 難問, 難題

rom-pe-co-ra-'zo-nes [ろン.ペ.コ.ら.'そ.ネス] [名] [共] 〔単複同〕《話》罪つくりな人《自分を好きな人に見向きもしない人》

rom-pe-'hie-los [ろン.ペ.'イエ.ロス] [名] [男] 〔単複同〕〔海〕砕氷船

rom-pe-'huel-gas [ろン.ペ.'ウエル.ガス] [名] [共] 〔単複同〕《話》スト破り

rom-pe-'nue-ces [ろン.ペ.'ヌエ.せス] [名] [男] 〔単複同〕くるみ割り(器)

rom-pe+'o-las [ろン.ペ.'オ.ラス] [名] [男] 〔単複同〕〔海〕防波堤

rom-pe-'pe-cho [ろン.ペ.'ペ.チョ] [名] [男] 《コロンビア》《話》安物のタバコ

rom-'per [ろン.'ぺる] 82% [動] [他] 〔過分 roto〕〈固い物を〉壊す, 割る, 砕く, 破損する; 裂く, 破る; 〈活動などを〉中断する, 遮断する, 終わらせる, 〈関係を〉断つ; 〈静けさ・沈黙などを〉破る, 乱す; 開始する; 〈靴を〉はきつぶす, 〈服を〉着古す; 〈法律・約束などを〉破る, 犯

r

す; 〈顔などを〉殴る; 〈枝などを〉折る, 〈ひもなどを〉ぷっつり切る; 〈皮膚などを〉すりむく; 〈記録を〉破る, 〈限度などを〉超える; 〘医〙〈の〉骨を折る; 無理に引き離す, もぎ取る, かきむしる; 《ラプラタ》《話》 悩ます, うんざりさせる 動 自 急に (a 不定詞: …)する; (con: と)絶交する, (con: を)断ち切る; 〘植〙《花が》開く; 《波が》砕ける; 〘天〙《太陽が》顔を出す **～se** 動 再 壊れる, 割れる, 折れる, (ぷっつりと)切れる; 〘機〙《機械が》故障する, 壊れる; 〈自分の骨を〉折る; 《波が》砕ける, 《おできなどが》つぶれる, 《泡が》割れる; 〘軍〙《隊列・陣形などが》乱れる; 裂ける, 破れる; 〘衣〙《靴が》はきつぶされる, 《服が》着古される ***al ～ el día*** 夜明けに ***de rompe y rasga*** 《話》 勇ましい; 毅然(きぜん)として

rom-'pi-ble [ろ̃ン.'ピ.ブレ] 形 壊すことができる

rom-'pien-te [ろ̃ン.'ピエン.テ] 名 男 〘海〙 岩礁(がんしょう), 暗礁, リーフ

rom-pi-'mien-to [ろ̃ン.ピ.'ミエン.ト] 名 男 破壊, 破れ; ひび割れ, 裂け目; 破綻(はたん), 決裂, 断絶

rom-'po-pe [ろ̃ン.'ポ.ペ] 名 男 《ラ米》 〘飲〙 ロンポーペ 《ラム酒の入ったエッグノッグ》

'Ró-mu-lo ['ろ̃.ム.ロ] 名 固 〘ロ神〙 ロムルス 《レムス Remo の双子の兄; ローマの伝説上の建設者》

'ron ['ろ̃ン] 名 男 〘飲〙 ラム酒

'ron-ca ['ろ̃ン.カ] 名 女 〘動〙 雄鹿の発情期の鳴き声; 強がり, 空いばり; 〘歴〙 矛槍(ほこやり)

*__ron-'car__ [ろ̃ン.'カる] 93% 動 自 69 (c|qu) いびきをかく; 〘動〙《雄鹿が》発情期に鳴く; 〘海〙《海風が》轟音(ごうおん)をたてる, うなる; 強がる, 空いばりする

ron-ce+'ar [ろ̃ン.せ.'アる] 動 自 ぐずぐず[だらだら]する; おべっかを使う, 甘言でだます; 〘海〙《船が》ゆっくり進む

Ron-ces-'va-lles [ろ̃ン.せス.'バ.ジェス] 名 固 〘地名〙 ロンセスバジェス 《スペイン, ピレネー山脈中の谷; 『ローランの歌』で, 勇士ローラン戦死の地》

'ron-cha ['ろ̃ン.チャ] 名 女 〘医〙 発疹(はっしん), 吹出物, はれもの, はれ, こぶ; 〘食〙 薄い輪切り, スライス; 詐欺, ペテン

'ron-co, -ca ['ろ̃ン.コ, カ] 形 《声が》かれた, しゃがれ声の; うなるような

*__'ron-da__ ['ろ̃ン.ダ] 92% 名 女 夜警, 警備員; パトロール, 夜回り, 巡察; 〘楽〙 ロンダ 《夜にセレナーデを奏でること, そのグループ》; (酒・タバコなどの)全員にひとわたりする量, 一同にふるまうこと; 〘経〙 交渉, ラウンド; 〘車〙 (都市周辺の)環状道路; 〘遊〙〔トランプ〕 1回, 一勝負; 一回り, 一巡; 〘競〙 ラウンド **R～** 名 固 〘地名〙 ロンダ 《スペイン南部の町》

ron-'da-lla [ろ̃ン.'ダ.ジャ] 名 女 〘楽〙 ロンダの一団

ron-'dar [ろ̃ン.'ダる] 動 他 夜回りする, 巡察する; たびたび訪れる, 〈に〉足しげく通う, うろつく; 《考え・病気・眠気などが》襲う, とらえる, つきまとう, まとわりつく; 〈…歳ぐらいに〉なる; 〈女性に〉言い寄る 動 自 巡察する; 夜に歩く, 町を歩き回る; 〘楽〙 セレナードを奏(かな)でながらねり歩く

ron-'dín [ろ̃ン.'ディン] 名 男 《アンデス》 〘楽〙 ハーモニカ

ron-'dó [ろ̃ン.'ド] 名 男 〔複 -dós〕 〘楽〙 ロンド

ron-'dón [ろ̃ン.'ドン] 〔成句〕 ***de ～*** 《話》 不意に, 突然に, 断りもなしに

rondpoint ['ろ̃ン(ド).ポイン(ト)] 名 男 〔複 -points〕 〔フランス語〕 《コロンビア》 交差点, ロータリー

ron-'qué, -que(～) 動 《直点 1 単, 接現》 ↑roncar

ron-que+'ar [ろ̃ン.ケ.'アる] 動 自 しゃがれ声で話す

ron-'que-ra [ろ̃ン.'ケ.ら] 名 女 声がしゃがれていること

ron-'qui-do [ろ̃ン.'キ.ド] 名 男 いびき; うなる音

ron-'rón [ろ̃ン.'ろ̃ン] 名 男 《中米》 〘昆〙 フンコロガシの一種

ron-ro-ne+'ar [ろ̃ン.ろ̃.ネ.'アる] 動 自 〘畜〙《猫が》ゴロゴロのどを鳴らす

ron-ro-'ne+o [ろ̃ン.ろ̃.'ネ.オ] 名 男 〘畜〙《猫が》ゴロゴロのどを鳴らすこと

ron-'zal [ろ̃ン.'さル] 名 男 〘畜〙 (牛馬用の)端綱(はづな)

ron-'zar [ろ̃ン.'さる] 動 他 34 (z|c) バリバリ[ガリガリ]かじる[食べる]; 〘海〙 てこで動かす

'ro+ña ['ろ̃.ニャ] 名 女 さび; 汚れ, あか; 〘医〙 疥癬(かいせん) 名 共 《話》 けちな人, しみったれ ***hacer la ～*** 《コロンビア》 《話》 いやいや働く

ro-ñe-'rí+a [ろ̃.ニェ.'り.ア] 名 女 《話》 けち, しみったれ

ro-'ño-so, -sa [ろ̃.'ニョ.ソ, サ] 形 さびついた; 疥癬(かいせん)の; 《話》 けちな, しみったれた

__'ro+pa__ ['ろ̃.パ] 83% 名 女 〘衣〙 衣服, 服, 洋服; 〘衣〙 服地, 布地; シーツ, タオル類; 〔集合〕 洗濯物 ***nadar y guardar la ～* 《話》 抜け目なくふるまう ***no tocar la ～*** 《話》 (a: に)手出ししない, 危害を加えない ***～ de baño*** 《アンデス》 水着 ***～ de cama*** 寝具 ***～ de mesa*** 食卓用リネン 《テーブルクロス・ナプキンなど》 ***tentarse la ～*** 《話》 (行動する前に)よく考える

ro-'pa-je [ろ̃.'パ.へ] 名 男 〘衣〙 〔集合〕 衣類; 〘衣〙 礼服, 晴れ着; 《話》 〘衣〙 厚着, 着すぎ, 着ぶくれ

ro-pa-ve-je-'rí+a [ろ̃.パ.べ.へ.'り.ア]

名 女 〔商〕古着屋

ro-pa-ve-'je-ro, -ra [ろ.パ.ベ.'へ.ろ, ら] 名 男 女 〔商〕古着商

ro-pe-'rí+a [ろ.ペ.'リ.ア] 名 女 〔商〕洋服店; 〔衣〕衣装部屋

ro-'pe-ro, -ra [ろ.'ペ.ろ, ら] 名 男 女 〔商〕〔人〕洋服屋; クローク係 名 男 〔衣〕衣装部屋; 〔衣〕衣装戸棚, クローゼット; 衣類を支給する慈善団体 ～ *a cuestas* 《チリ》《話》二日酔い

ro-'pón [ろ.'ポン] 名 男 〔衣〕ガウン; おねしょ用シーツ

'ro-que ['ろ.ケ] 名 男 〔遊〕〔チェス〕ルーク, 塔《飛車の動きをする駒》 *estar* [*quedarse*] ～《話》眠り込む

'Ro-que ['ろ.ケ] 名 固 〔男性名〕ロケ

ro-'que-do [ろ.'ケ.ド] 名 男 〔地〕岩, 岩山

ro-'que-ño, -ña [ろ.'ケ.ニョ, ニャ] 形 岩の多い; 岩のように硬い

ro-'que-ro, -ra [ろ.'ケ.ろ, ら] 形 名 男 女 〔楽〕ロックの; 〔楽〕ロック歌手 形 〔地〕岩の多い, 岩の上に築かれた

ro-'que-te [ろ.'ケ.テ] 名 男 〔衣〕〔宗〕(司祭などが着る)半袖の短い白衣

ror-'cual [ろる.'クアル] 名 男 〔動〕ナガスクジラ

'ro-rro ['ろ.ろ] 名 男 《話》赤ちゃん, 幼児

'ros ['ろス] 名 男 〔軍〕シャコー《前立ての付いた筒形軍帽》

****'ro+sa** ['ろ.サ] 80% 名 女 〔植〕バラ, バラの花; ばら色, ピンク色 形 《単複同》ばら色の, ピンク色の 名 男 ばら色, ピンク色 *como las propias* ～*s* 《話》満足して *de* ～ ばら色の *novela* ～ 〔文〕恋愛小説 ～ *de los vientos* 方位盤 *ver todo de color* (*de*) ～ すべてを楽観視する

'Ro+sa ['ろ.サ] 名 固 〔女性名〕ロサ

ro-'sá-ce+o, +a [ろ.'サ.セ.オ, ア] 形 〔植〕バラ科の; ばら色の

ro-'sa-do, -da [ろ.'サ.ド, ダ] 形 ピンク色の, ばら色の; バラのにおいがする; 《ラ米》〔畜〕«馬が»糟毛(かすげ)の 名 男 〔飲〕ロゼワイン

ro-'sal [ろ.'サル] 名 男 〔植〕バラの木; バラの茂み; 《ラ米》バラ園

ro-sa-'le-da [ろ.サ.'レ.ダ] 名 女 バラ園

Ro-sa-'lí+a [ろ.サ.'リ.ア] 名 固 〔女性名〕ロサリア

Ro-sa-'lin-da [ろ.サ.'リン.ダ] 名 固 〔女性名〕ロサリンダ

ro-'sa-rio [ろ.'サ.りオ] 名 男 〔宗〕(カトリックで)ロザリオ《ロザリオの祈りに用いる数珠》; ロザリオの祈り; 一連のもの, 数珠つなぎ; 鎖ポンプ; 《話》背骨

Ro-'sa-rio [ろ.'サ.りオ] 名 固 〔女性名〕ロサリオ; 〔地名〕ロサリオ《アルゼンチン中東部の都市》

ros-'bif [ろス.'ビフ] 名 男 〔食〕焼き肉, ローストビーフ

'ros-ca ['ろス.カ] 名 女 渦巻き線, らせん, 輪; 〔食〕渦巻きパン; 〔技〕ねじすじ, ねじやま; 〔競〕〔サッカー〕スピン; 《コロンビア》《話》〔集合〕有力者グループ; 《チリ》《ラプラタ》《話》けんか *hacer la* ～《話》(a: に)ごまをする, おべっかを使う *no comerse una* ～《話》思いを達せられない *pasarse de* ～《話》やりすぎる

ros-'car [ろス.'カる] 動 他 69 (c|qu) 〔技〕‹に›ねじ山をつける

'ros-co ['ろス.コ] 名 男 〔食〕ドーナツケーキ; 《話》(成績の)零点; 《コロンビア》《話》〔集合〕有力者グループ

ros-'cón [ろス.'コン] 名 男 〔食〕大ドーナツケーキ; 《コロンビア》《話》ハンサムな男, 美男

Ro-'seau [ろ.'ソ] 名 固 〔地名〕ロゾー《ドミニカ Dominica の首都》

'ró-se+o, +a ['ろ.セ.オ, ア] 形 ばら色の

ro-'sé+o-la [ろ.'セ.オ.ラ] 名 女 〔医〕バラ疹(しん)

ro-'se-ta [ろ.'セ.タ] 名 女 〔植〕小さいバラ; 頬(ほお)などの紅潮; バラ花飾り; 〔複〕〔食〕ポップコーン

ro-se-'tón [ろ.セ.'トン] 名 男 〔建〕バラ窓, 円花窓, 車輪窓

ro-si-'cler [ろ.スィ.'クレる] 名 男 《格》〔気〕朝焼けのばら色, あかね色

ro-'si-llo, -lla [ろ.'スィ.ジョ, ジャ] 形 ばら色の; 〔畜〕«馬が»葦毛(あしげ)の

ro-'si-ta [ろ.'スィ.タ] 名 女 〔縮小語〕↑rosa; 〔複〕《カリブ》〔食〕ポップコーン

ro-'so-li [ろ.'ソ.リ] 名 男 〔飲〕ロゾリオ《酒・砂糖・シナモンなどを入れた強壮酒》

ros-'qui-lla [ろス.'キ.ジャ] 名 女 〔食〕ドーナツ; 〔昆〕地虫, うじ

ros-ti-ce-'rí+a [ろス.ティ.セ.'リ.ア] 名 女 《メキシコ》〔商〕ローストチキンの店

****'ros-tro** ['ろス.トろ] 83% 名 男 《格》顔, 顔面; 〔鳥〕くちばし *hacer* ～ (a: に)立ち向かう *tener mucho* ～《話》ずうずうしい, 面の皮が厚い

'ro+ta ['ろ.タ] 名 女 〔植〕トウ[籐] 形 《女》↓roto

'Ro+ta ['ろ.タ] 名 固 〔宗〕教皇庁控訴院

ro-ta-'ción [ろ.タ.'すぃオン] 名 女 回転, 旋回, 旋転(せんてん); 交替, 輪番

ro-ta-'cis-mo [ろ.タ.'すぃス.モ] 名 男 〔音〕r 音化

ro-'tar [ろ.'タる] 動 他 〔農〕輪作する

ro-'ta-rio, -ria [ろ.'タ.りオ, りア] 形 名 男 女 ロータリークラブの(会員)

ro-ta-'ti-vo, -va [ろ.タ.'ティ.ボ, バ] 形 回転する, 旋転する; 交替の, 輪番制の; 〔印〕«印刷機が»輪転式の 名 男 新聞 -**va** 名 女 〔印〕輪転印刷機, 輪転機

ro-ta-'to-rio, -ria [ろ.タ.'ト.りオ, り

ア] [形] 回転する, 旋転する

'Ró-ter-dam ['ろ.テる.ダム] [名] [固] 〖地名〗 ロッテルダム《オランダ, ライン川河口の港湾都市》

ro-ti-se-'rí+a [ろ.ティ.セ.'り.ア] [名] [女] 《チリ》《ラプラタ》〖商〗 ローストチキンの店

*'**ro+to, +ta** ['ろ.ト, タ] 94% [形] 壊れた, 割れた, 砕けた, 破れた, 折れた, 切れた; (病気・悲嘆などで)くじけた, 衰弱した, 打ちひしがれた; 崩壊した, 破滅した, 破綻(はたん)した; «約束・法律などが»破られた; 破産した [名] [男] 〖衣〗 (布地などの)穴; 《ラ米》 下層民; 《ラ米》《話》 チリ人 [動] 《過分》 ⬆romper

ro-'ton-da [ろ.'トン.ダ] [名] [女] 〖建〗 円形建物[広間, 部屋]

ro-'tor [ろ.'トる] [名] [男] 〖機〗 (蒸気タービンの)羽根車; 〖電〗 回転子; 回転翼

'**ró-tu-la** ['ろ.トゥ.ラ] [名] [女] 〖体〗 膝蓋(しつがい)骨, 膝がしら; 〖機〗 ボールソケット形軸継手

ro-tu-la-'dor [ろ.トゥ.ラ.'ドる] [名] [男] フェルトペン, マーカー

ro-tu-'lar [ろ.トゥ.'ラる] [動] [他] ‹に›レッテル[ラベル]を貼る [形] 〖体〗 膝蓋(しつがい)骨の

*'**ró-tu-lo** ['ろ.トゥ.ロ] 94% [名] [男] 表札; 表題, 題, (記事の)見出し; 貼り紙; ラベル, レッテル; 《メキシコ》《カリブ》 ポスター, 掲示

***ro-'tun-do, -da** [ろ.'トゥン.ド, ダ] 93% [形] 無条件の, 絶対的な, きっぱりとした, 断固とした; «文体などが»表現力豊かで的確な **-damente** [副] 断固として, きっぱりと; 絶対的に

ro-'tu-ra [ろ.'トゥ.ら] [名] [女] 破損, 割れること, 砕け; 裂け目, 割れ目, ほころび; 〖医〗 骨折; 裂傷; 切断; 決裂, 断絶

ro-tu-'rar [ろ.トゥ.'らる] [動] [他] 〖農〗 ‹土地を›掘り起こす, 開墾する

roulotte [る.'ロト] [名] [男] 〔フランス語〕 〖車〗 (トレーラー式の)キャンピングカー, キャラバン

round ['ろウン(ド)] [名] [男] 〔英語〕 〖競〗 〔ボクシング〕 ラウンド

router ['る.テる] [名] [男] 〔英語〕 ⇩ rúter

'**ro+y~** [動] 《活用》 ⬆roer

'**ro+ya** ['ろ.ジャ] [名] [女] 〖菌〗 ウドンコ病菌, 白渋(しるしぶ)病菌

ro-za-'du-ra [ろ.さ.'ドゥ.ら] [名] [女] こすった跡, 摩擦の跡; 〖医〗 すり傷

ro-za-'gan-te [ろ.さ.'ガン.テ] [形] 派手な, けばけばしい; 満足した, 得意げな

ro-za-'mien-to [ろ.さ.'ミエン.ト] [名] [男] こすること; あつれき, 不和, 仲たがい

***ro-'zar** [ろ.'さる] 92% [動] [他] 34 (z|c) こする, かすめる; ひっかく, ‹に›かすり傷を負わせる, ‹に›触れる; ‹に›近い; ‹と›少し関係がある; 掘る, 掘り起こす, ‹の›草を刈り取る; 〖動〗 «動物が»‹草を›かむ, かみ切る; 〖建〗 ‹壁に›配管用の穴をあける [動] [自] (con: に)少し関係する; すれる, 触れる **～se** [動] [再] (con: と)関係がある, 親しくする, つきあう; すれる, 触れる, こする, かする; すり切れる; 口ごもる

roz-'nar [ろす.'ナる] [動] [他] 〖食〗 ‹固いものを›バリバリかじる **～se** [動] [再] 〖動〗 «ロバが»いななく

r. p. m. [略] =revoluciones por minuto 〖機〗 毎分回転数, 毎分…回転

RR. HH. [略] =recursos humanos 人的資源

Rte. [略] ⬆remite; remitente

'**rú+a** ['る.ア] [名] [女] …通り《特定の通り》

'**rua-na** ['るア.ナ] [名] [女] 《南米》〖衣〗 ポンチョ

'**Ruan-da** ['るアン.ダ] [名] [固] 〔República de ～〕〖地名〗 ルワンダ《アフリカ中東部の共和国》

ruan-'dés, -'de-sa [るアン.'デス, 'デ.サ] [形] 〖地名〗 ルワンダ(人)の [名] [男] [女] ルワンダ人 ⬆Ruanda

'**rua+no, -na** ['るア.ノ, ナ] [形] 〖動〗 «馬が»葦毛(あしげ)の

ru-be-fac-'ción [る.ベ.ファク.'すぃオン] [名] [女] 〖医〗 (皮膚の)発赤(はっせき)

Ru-'bén [る.'ベン] [名] [固] 〖男性名〗 ルベン

'**rú-be+o, +a** ['る.ベ.オ, ア] [形] 《格》 赤らんだ, 赤みのある

ru-be+'o-la ⇔ **-'bé+** [る.ベ.'オ.ラ ⇔ .'ベ.] [名] [女] 〖医〗 風疹, 三日ばしか

ru+'bí [る.'ビ] [名] [男] 〔複 -bíes⇔-bís〕 〖鉱〗 ルビー, 紅玉

'**ru-bia** ['る.ビア] [名] [女] ブロンドの女性; 〖植〗 アカネ; 《スペイン》《まれ》〖車〗 ステーションワゴン; 《話》〖経〗 ユーロ貨

ru-'biá-ce+o, +a [る.'ビア.せ.オ, ア] [形] 〖植〗 アカネ科の

ru-'bia-les [る.'ビア.レス] [名] [共] 〔単複同〕 《話》 金髪の人, ブロンドの人

Ru-bi-'cón [る.ビ.'コン] [名] [固] 〔el ～〕 〖地名〗 ルビコン川《イタリア中北部の川, 古代ローマ本国と植民地との国境; 紀元前 49 年にカエサル César がこの川を渡ってローマに進軍し, ポンペイウス Pompeyo を破った》 ***atravesar*** [***pasar***] ***el*** ～ ルビコン川を渡る, 重大な決断をする

ru-bi-cun-'dez [る.ビ.クン.'デす] [名] [女] 《格》 赤ら顔; 〖医〗 (皮膚の)発赤(状態)

ru-bi-'cun-do, -da [る.ビ.'クン.ド, ダ] [形] 《格》 赤い, 赤ら顔の

ru-'bi-dio [る.'ビ.ディオ] [名] [男] 〖化〗 ルビジウム《元素》

'ru-bio, -bia** ['る.ビオ, ビア] 89% [形] [名] [男] [女] 金髪の(人), ブロンドの(人) [名] [男] バージニアタバコ; 〖魚〗 ホウボウ

'**Ru-bio** ['る.ビオ] [名] [固] 〖姓〗 ルビオ

'**ru-blo** ['る.ブロ] [名] [男] 〖経〗 ルーブル《ロシア連邦の通貨》

*ru-'bor [る.'ボる] 94% 名 男 赤面, 頬(ほお)の赤らみ; 恥, 恥ずかしさ, 赤面; あざやかな赤, 真紅

ru-bo-ri-'zar [る.ボ.り.'さる] 動 他 34 (z|c) 赤面させる ～se 動 再 顔を赤らめる, 赤面する

ru-bo-'ro-so, -sa [る.ボ.'ろ.ソ, サ] 形 はにかみ屋の, 恥ずかしがり屋の, 内気な

'rú-bri-ca ['る.ブり.カ] 名 女 題名, 題, 見出し; (署名などの)飾り書き, 花押(かおう), 略署名 *de* ～ 習慣による, 型どおりの

ru-bri-'car [る.ブり.'カる] 動 他 69 (c|qu) 署名する, 〈署名に〉飾り書きする, 〈に〉花押(かおう)を印し略署名する; 証明する; 確認する; (con: で)完結する, 仕上げる

'ru-bro ['る.ブろ] 名 男 項目, 部門; 《ラ米》題名, 件名, 見出し, タイトル ～, -bra 形 《格》真っ赤な, 火のような

'ru-cio, -cia ['る.すぃオ, すぃア] 形 〔動〕《動物が》灰白色の; 〔体〕《人が》白髪(しらが)まじりの 名 男 〔動〕ロバ

'ru+da ['る.ダ] 名 女 〔植〕ヘンルーダ

ru-'de-za [る.'デ.さ] 名 女 荒々しさ, 粗さ, 粗野, 粗暴

ru-di-men-'ta-rio, -ria [る.ディ.メン.'タ.りオ, りア] 形 基本の, 初歩の; 発達不十分の, 原始的な

ru-di-'men-to [る.ディ.'メン.ト] 名 男 〔しばしば複〕基本, 基礎, 初歩, いろは

*'ru+do, +da ['る.ド, ダ] 94% 形 《生地・粒などが》きめの粗い, ざらざらした; 粗末な, 粗雑な, 未加工の; 《言葉・態度などが》粗野な, 下品な; 《仕事が》つらい, 大変な -damente 副 不作法に, 無礼に

'rue-ca ['るエ.カ] 名 女 糸巻き棒

'rue-d~ 動 《活用》 ⬆rodar

**'rue-da ['るエ.ダ] 85% 名 女 車輪; (人の)輪, サークル, 集まり; 輪切り, 薄切り *hacer la* ～ (a: 女性を)つけまわす, (a: 女性に)言い寄る *ir* [*marchar*] *sobre* ～*s* 《話》うまくいく ～ *de la fortuna* 運命の車輪《人生の有為転変をつかさどるとされる》 ～ *de prensa* 記者会見

'rue-do ['るエ.ド] 名 男 回転, 旋回; 〔牛〕(闘牛場の)闘技場; 丸いマット, 丸ござ; (人の)輪, サークル, 集まり; (丸いものの)縁, へり

'rue-ga(～) 動 《直現》 ⬆rogar

*'rue-go ['るエ.ゴ] 94% 名 男 依頼, 要請, 頼み *a* ～ *de* ... …から頼まれて, …の願いにより

ru-'fián [る.'フィアン] 名 男 悪漢, ごろつき, ならず者; 女を取り持つ男, ポン引き

'ru+fo, +fa ['る.フォ, ファ] 形 赤毛の; うぬぼれの強い, 傲慢な; 気取った, きざな

rugby ['るグ.ビ] 名 男 〔英語〕〔競〕ラグビー

ru-'gi-do [る.'ひ.ド] 名 男 〔動〕(ライオン・トラなどの)うなり声, ほえ声; 〔気〕(海・風の)うなる音; とどろき; 〔体〕お腹がゴロゴロと鳴ること

*ru-'gir [る.'ひる] 94% 動 自 32 (g|j) 〔動〕《ライオン・トラなどが》うなる, ほえる; うめく, 叫ぶ, どなる; 〔気〕《風などが》うなる, ヒューヒューという

ru-'go-so, -sa [る.'ゴ.ソ, サ] 形 しわの多い, ごつごつした

rui-'bar-bo [るイ.'バる.ボ] 名 男 〔植〕ダイオウ, ルバーブ

**'rui-do ['るイ.ド] 85% 名 男 (やかましい)音, 騒音, 物音; (ラジオなどの)雑音, ノイズ; 騒ぎ, 騒動, 混乱; 反響, 大評判 *hacer* [*meter*] ～ 音を立てる; 物議をかもす

*rui-'do-so, -sa [るイ.'ド.ソ, サ] 94% 形 やかましい, 騒々しい, がやがやした, ざわついている; 評判の, 世間を騒がす -samente 副 騒がしく, にぎやかに, がやがやと

*'ruin ['るイン] 94% 形 下劣な, 下品な, 卑しい, 恥ずべき, 不道徳な; 《話》けちな, さもしい; 体が小さい, 虚弱な

*'rui-na ['るイ.ナ] 91% 名 女 〔複〕廃墟(はいきょ), 遺跡; 破滅, 荒廃; 破産; 没落; 滅亡; 廃人, やつれた人, 落ちぶれた人

ruin-'dad [るイン.'ダド] 名 女 卑しさ, 卑劣さ; 卑劣な行為

rui-'no-so, -sa [るイ.'ノ.ソ, サ] 形 破滅をきたす, 破滅的な; 荒廃した

rui-se-'ñor [るイ.セ.'ニョる] 名 男 〔鳥〕ナイチンゲール, サヨナキドリ[小夜啼鳥]

'Ruiz ['るイす] 名 固 〔姓〕ルイス

'ru-jo, -ja(～) 動 《直現1単, 接現》 ⬆rugir

ru-'le-ta [る.'レ.タ] 名 女 〔遊〕ルーレット

'ru+lo ['る.ロ] 名 男 ヘアカーラー; ローラー

Ru-'ma-nia [る.'マ.ニア] 名 固 《ラ米》 ⇩Rumanía

*Ru-ma-'ní+a [る.マ.'ニ.ア] 94% 名 固 〔地名〕ルーマニア《ヨーロッパ南東部の共和国》

*ru-'ma+no, -na [る.'マ.ノ, ナ] 94% 形 名 男 女 〔地名〕ルーマニア(人)の, ルーマニア人; 〔言〕ルーマニア語の 名 男 〔言〕ルーマニア語

'rum-ba ['るン.バ] 名 女 〔楽〕ルンバ《キューバの踊り・舞曲》

rum-'be-ro, -ra [るン.'ベ.ろ, ら] 形 名 男 女 《コロンビア》《話》踊りが好きな(人)

**'rum-bo ['るン.ボ] 89% 名 男 方向, 方角; 進路, 航路, コース; 方針, 進路, 道; ぜいたく, 豪勢なこと, 豊富, 物惜しみしないこと (*con*) ～ *a* ... …へ向けて *hacer* ～ (a: に)向けて進路をとる

rum-'bo-so, -sa [るン.'ボ.ソ, サ] 形 《話》気前のよい; 《話》豪華な, ぜいたくな

'ru-mia ['ろ.ミア] 名 女 〘動〙 反芻(はんすう); 沈思, 黙考

ru-'mian-te [ろ.'ミアン.テ] 形 〘動〙 反芻(はんすう)する, 反芻動物の; 熟考する, 思いめぐらす 名 男 〘動〙 反芻動物

ru-'miar [ろ.'ミアる] 動 他 〘動〙 反芻(はんすう)する; 《話》 熟考する, 思いめぐらす, 沈思する; 《話》 ブツブツ言う

*__ru-'mor__ [ろ.'モる] 91% 名 男 うわさ, 流言, (世間の)評判; つぶやき, ささやき, 低い話し声; (連続的な)かすかな音, (波・葉などの)さらさらいう音, (低い)ざわめき, せせらぎ

ru-mo-re+'ar [ろ.モ.れ.'アる] 動 自 ざわざわする, ざわつく　**~se** 動 再 うわさになる, うわさが伝わる

ru-mo-'ro-so, -sa [ろ.モ.'ろ.ソ, サ] 形 《格》 さざめく, ざわめく

'ru+na ['ろ.ナ] 名 女 〘歴〙〘言〙 ルーン文字 《古代ゲルマン人の文字》

'rú-ni-co, -ca ['ろ.ニ.コ, カ] 形 〘歴〙〘言〙 ルーン文字の

run-'rún [ろン.'ろン] 名 男 《話》 ざわめき; 《話》 うわさ, 流言

run-ru-ne+'ar(-se) [ろン.ろ.ネ.'アる(.セ)] 動 自 (再) 《話》 ささやく; 《話》 うわさされる

ru-'pes-tre [ろ.'ペス.トれ] 形 岩の, 岩窟(がんくつ)の

'ru-pia ['ろ.ピア] 名 女 ルピー 《インド・スリランカ・パキスタン・ネパールなどの通貨》; 〘医〙 (梅毒性の)カキ殻疹(しん)

rup-'tu-ra [ろプ.'トゥ.ら] 名 女 破裂, 破損, 破壊; 決裂, 絶交, 断交, 断絶; 〘医〙 裂傷; 〘医〙 骨折

'Rur ['ろる] 名 固 〘地名〙 ルール 《ドイツ北西部の工業地帯》

‡**ru-'ral** [ろ.'らル] 89% 形 地方の, 田舎の, 田園の, 田舎風の

‡**'Ru-sia** ['ろ.スィア] 88% 名 固 〘地名〙 ロシア 《正式名はロシア連邦 Federación de Rusia》; 〘歴〙〘地名〙 ロシア帝国

‡**'ru+so, +sa** ['ろ.ソ, サ] 89% 形 ロシア(人)の; 形 〘言〙 ロシア語の 名 男 女 ロシア人 ↑Rusia 名 男 〘言〙 ロシア語

rus-ti-ci-'dad [ろス.ティ.すぃ.'ダド] 名 女 田舎風; 田舎生活; 野卑, 粗野

*__'rús-ti-co, -ca__ ['ろス.ティ.コ, カ] 93% 形 田舎(風)の, 田園生活の, 田舎にある; 田舎者の, 野卑な, 不作法な 名 男 女 田舎者　***en rústica*** ペーパーバックの

rus-'tir [ろス.'ティる] 動 自 《ベネズエラ》《話》 がんばって働く; 耐える

‡**'ru+ta** ['ろ.タ] 90% 名 女 道, ルート, 道筋, 経路; 〘海〙 航路; 〘空〙 航空路; 道, 手段; 〘情〙 (ディレクトリーの)経路, パス, ルート

Ru-'te-nia [ろ.'テ.ニア] 名 固 〘歴〙〘地名〙 ルテニア 《ウクライナ西部, カルパティア山脈の南の歴史的地域》

ru-'te-nio [ろ.'テ.ニオ] 名 男 〘化〙 ルテニウム 《元素》

ru-'te+no, -na [ろ.'テ.ノ, ナ] 形 〘地名〙 ルテニア(人)の 名 男 女 ルテニア人 ↑Rutenia

'rú+ter ['ろ.テる] 名 男 〘情〙 ルーター

ru-'te-ro, -ra [ろ.'テ.ろ, ら] 形 道の, ルートの 名 男 女 《メキシコ》 新聞配達人

ru-ti-'lan-te [ろ.ティ.'ラン.テ] 形 《格》 光輝く, 燦然(さんぜん)と輝く, 輝かしい

ru-ti-'lar [ろ.ティ.'ラる] 動 自 《格》 輝く, きらめく, 燦然(さんぜん)と輝く

*__ru-'ti-na__ [ろ.'ティ.ナ] 93% 名 女 (日常習慣的にやっている)決まった仕事, 日常の仕事, 慣例, 決まった手順, ルーチン; 〘情〙 ルーチン

*__ru-ti-'na-rio, -ria__ [ろ.ティ.'ナ.りオ, りア] 94% 形 決まりきった, 日常の仕事の, 慣例の

ru-ti-'ne-ro, -ra [ろ.ティ.'ネ.ろ, ら] 形 名 男 女 型にはまった(人)

Rvd.; Rvdo., Rvda. 略 ↑reverendo, -da

Rvdmo., Rvdma. 略 ↑reverendísimo, -ma

S s *S s*

S, s ['エ.セ] 名 女 〘言〙 エセ 《スペイン語の文字》

s 略 =segundo 秒

s. 略 ↓segundo(s); siglo; siguiente

s/ 略 ↓según; sin; sobre

S 略 ↓sur

S. 略 ↓san; santo

$ 略 ↑dólar(es); ↑peso(s)

S.ª 略 ↓señoría; ↓señora

S. A. 略 =sociedad anónima 〘商〙 株式会社; su alteza 《尊称》 殿下

sáb. 略 ↓sábado

‡**'sá-ba-do** 77% 名 男 土曜日　***hacer ~*** (土曜日に)家の大掃除をする

sa-'ba-na 名 女〔地〕(熱帯・亜熱帯地方の)大草原, サバンナ

*'**sá-ba-na** 93% 名 女 シーツ, 敷布 ***pegársele las ~s*** 《話》(a: が)寝坊する, 寝過ごす

sa-ban-'di-ja [サ.バン.'ディ.は] 名 女〔軽蔑〕虫, 虫けら; 《ﾒﾞｷｼｺ》《話》〔軽蔑〕見下げたやつ, うるさいやつ

sa-ba-'ñón [サ.バ.'ニョン] 名 男〔医〕凍瘡(とうそう), しもやけ ***comer como un ~*** 《話》むさぼり食う

sa-'bá-ti-co, -ca 形 土曜日の;〔歴〕«年が»休耕の《ユダヤ教徒間の習慣》 ***año ~*** 休暇年度, サバティカル

sa-be-lo-'to-do [サ.ベ.ロ.'ト.ド] 名 共〔単複同〕《話》〔軽蔑〕知ったかぶりの人, 利口ぶる人

'sa-'ber** [サ.'べる] 56% 動 他 62 知る, 知っている, 〈の〉知識がある; わかる, わかっている; 〈不定詞: が〉できる, 〈の〉仕方を知っている; 話せる; 覚えている, 暗記している 動 自 (de: について)知っている, 精通している, 承知している, わかっている, 消息がある;〔食〕〔飲〕(a: の)味がする; 抜け目がない **~se** 動 再 知られている, 知られる; 《話》知っている, 覚えている 名 男 知識, 学問 ***a ~*** すなわち…, つまり… ***Cualquiera sabe.*** 《話》誰にわかるものか, 誰もわからない ***hacer ~*** 知らせる ***no ~ cuántas son cinco*** まったく無知である ***no ~ dónde meterse*** 恥ずかしくて穴があったら入りたい ***no ~ ni jota*** 《話》(de: を)少しも知らない ***no sé qué*** 《話》よくわからない(もの), よく知らない(こと) ***que vete a ~*** 《話》わからない, 誰も知らない ***que yo sepa*** 《文修飾》私の知る限りでは ***¡Quién sabe!*** 《話》さあ, どうだか《疑い・不安》 ***~ a gloria*** とてもおいしい ***~ mal*** 気に入らない, 気が進まない; 味が悪い, まずい ***¿Se puede ~?*** 教えていただけますか?, 教えてくれる? ***ni se sabe*** まったくもってわからない, 見当がつかない ***Vete [Vaya usted] a ~.*** 《話》絶対にわかりっこありませんよ ***¡Y yo qué sé!*** さあどうだか!, 私が知るわけがない!

sa-bi-'di-llo, -lla [サ.ビ.'ディ.ジョ, ジャ] 形 名 男 女 《話》知ったかぶりをする(人)

sa-'bi-do, -da 形 知られた, 周知の; 博識の; 《ｺﾛﾝﾋﾞｱ》熟練した, 機敏な ***como es ~*** 周知のとおり

sa-bi-du-'rí+a [サ.ビ.ドゥ.'り.ア] 名 女 学問, 知識; 賢明さ, 知恵

sa-'bien-das 〔成句〕 ***a ~*** わざと, 承知の上で, 抜け目なく

sa-bi+hon-'dez 名 女 ⇩ sabiondez

sa-bi+'hon-do, -da 形 名 男 女 ⇩ sabiondo

'**sá-bi-la** ['サ.ビ.ラ] 名 女 《ﾒｷｼｺ》《中米》《ｶﾘﾌﾞ》〔植〕アロエ

Sa-'bi+nia 名 固〔歴〕〔地名〕サビナ《古代イタリア中部の地域》

sa-'bi+no, -na 形〔歴〕(古代イタリア中部の)サビニ(人)の;〔歴〕〔言〕サビニ語の 名 男 女 サビニ人 ⬇Sabinia 名 男〔歴〕〔言〕サビニ語 **-na** 名 女〔植〕サビナ, サビン《欧州・アジア産のビャクシンの一種》

*'**sa-bio, -bia** 89% 形 賢い, 賢明な, 思慮のある, 分別のある; 学問のある, 博学な; «動物が»仕込まれた, 調教された 名 男 女 賢人, 哲人; 大学者, 学問のある人, 博学な人

sa-bion-'dez [サ.ビオン.'デす] 名 女 《話》知ったかぶり

sa-'bion-do, -da 形 名 男 女 《話》知ったかぶりをする(人), 利口ぶる(人)

sa-'bla-zo [サ.'ブラ.そ] 名 男 剣[サーベル]による一撃; 剣[サーベル]による傷; 《話》たかること, ただでせしめること

'**sa-ble** ['サ.ブレ] 名 男 剣, 軍刀, サーベル; 《話》金をたかること, ただでせしめること

sa-ble+'ar [サ.ブレ.'ア る] 動 自 《話》たかる, せびる

sa-'blis-ta [サ.'ブリス.タ] 形 《話》たかる, せびる 名 共 たかり屋, 居候(いそうろう)

'sa-'bor** [サ.'ボる] 88% 名 男 (a: の)味, 風味, 味覚; 味わい, 趣(おもむき), 気味, 特色 ***dejar mal ~*** (a: に)悪い後味を残す

sa-'bo-ra [サ.'ボ.ら] 名 女 《ﾍﾞﾈｽﾞｴﾗ》〔気〕薄霧

sa-bor-'ci-llo [サ.ボる.'すぃ.ジョ] 名 男〔食〕〔飲〕かすかな味, わずかな風味

*'**sa-bo-re+'ar** [サ.ボ.れ.'ア る] 94% 動 他〔食〕〔飲〕〈の〉味をみる, 試食[試飲]する, 味わう; 満喫する, 堪能する, 〈の〉味を楽しむ;〔食〕〈に〉風味を添える, 〈に〉味をつける; 誘惑する, そそる **~se** 動 再 (con: を)楽しむ

sa-bo-'ta-je [サ.ボ.'タ.へ] 名 男〔政〕(争議中の労働者による)生産妨害, (計画などの)妨害, サボタージュ;〔一般〕破壊[妨害]行為

sa-bo-te+a-'dor, -'do-ra [サ.ボ.テ.ア.'ドる, 'ド.ら] 名 男 女〔政〕破壊[妨害]活動家

sa-bo-te+'ar [サ.ボ.テ.'ア る] 動 他〔政〕(故意に)破壊[妨害]する

sa-br~ 動 《直未/過未》⬆saber

*'**sa-'bro-so, -sa** [サ.'ブろ.ソ, サ] 93% 形 おいしい, うまい; 愉快な, 楽しい; «金額が»たっぷりの; 痛烈な, 意地の悪い

sa-bro-'són, -'so-na [サ.ブろ.'ソン, 'ソ.ナ] 形 名 男 女 《ｶﾘﾌﾞ》《話》とても感じがいい(人)

sa-'bue-so 名 男〔動〕〔犬〕ブラッドハウンド犬;〔軽蔑〕刑事, 探偵, 「犬」

S

sa-'bu-rra [サ.'ブ.ら] 名 女 〔医〕舌苔(ぜったい)

sa-bu-'rro-so, -sa [サ.ブ.'ろ.ソ, サ] 形 〔医〕舌苔(ぜったい)のついた

'sa+ca 名 女 除去, 取り出し; 〔商〕輸出; 公認された写し, 謄本; 大袋

sa-ca-bo-'ca-do(s) 名 男 〔単複同〕穴あけ器, 押し抜き具, パンチ; 有効な手段, 秘訣(ひけつ)

sa-ca-'bu-che 名 男 〔歴〕〔楽〕サックバット《中世のトロンボーン》; 〔海〕手押しポンプ; 《話》〔軽蔑〕ちび

sa-ca-'cor-chos [サ.カ.'コる.チョス] 名 男 〔単複同〕コルク抜き, コークスクリュー ***sacar ... con ~*** 《話》むりやり聞き出す

sa-ca-di-'ne-ros [サ.カ.ディ.'ネ.ろス] 名 男 〔単複同〕安っぽい見せ物 名 共 《単複同》いかさま師, ペテン師

sa-ca-man-'te-cas 名 共 〔単複同〕(人を襲う)切り裂き魔, バラバラ殺人犯

sa-ca-'mue-las [サ.カ.'ムエ.ラス] 名 共 〔単複同〕《話》〔軽蔑〕歯医者; 《話》おしゃべりな人

sa-ca-'pun-tas 名 男 〔単複同〕鉛筆削り

‡**sa-'car** [サ.'カる] 70% 動 他 69 (c|qu) (de: から)(外に)取り出す, 持ち出す; 受ける, 受け取る, もらう, 得る, 手に入れる; 連れ出す, 誘い出す; 〈金を〉引き出す, 下ろす; 引く, 引っ張る, 引っ張って動かす, 抜く; 〈考えなどを〉持つようになる, 〈結論・教訓などを〉引き出す, 導き出す, 思う; (de: から)生み出す, 生産する, 作る, 製造する; 取り去る, 取り除く; 買う, (金を払って)手に入れる; 〔写〕〈写真を〉撮る; 《話》追い越す, 優れている; 〈体の一部を〉突き出す, 伸ばす, 見せる; 取ってくる, 連れてくる; 救い出す, 助け出す; 引用する, 〈話題を〉持ち出す; 〔競〕〔テニス〕サーブする; 〔競〕〔サッカー〕スローインする **~se** 動 再 (自分のために)取る, 入手する; 得られる ***~ de sí*** (a: を)激怒させる ***~ en claro [limpio]*** 明らかにする

sa-ca-ri-fi-'car [サ.カ.り.フィ.'カる] 動 他 69 (c|qu) 〔化〕〈澱粉(でんぷん)などを〉糖化する

sa-ca-'ri+no, -na [サ.カ.'り.ノ, ナ] 形 糖の, 糖質の, 糖分のある **-na** 名 女 サッカリン

sa-ca-'ro-sa [サ.カ.'ろ.サ] 名 女 〔化〕サッカロース, 蔗糖(しょとう)

sa-'ca-te 名 男 ⇩ zacate

sa-ca-te+'ar [サ.カ.テ.'アる] 動 他 《メキシコ》避ける

Sa-ca-te-'pé-quez [サ.カ.テ.'ペ.ケす] 名 固 〔地名〕サカテペケス《グアテマラ南部の県》

sa-cer-'do-cio [サ.せる.'ド.すぃオ] 名 男 聖職, 天職; 〔宗〕司祭職, 聖職者の職務[身分]

sa-cer-do-'tal [サ.せる.ド.'タル] 形 〔宗〕司祭の, 聖職者の; 聖職の

‡**sa-cer-'do-te, -'ti-sa** [サ.せる.'ド.テ, 'ティ.サ] 88% 名 男 女 《sacerdote 共 が使われることがある》〔宗〕司祭, 僧, 聖職者; 〔宗〕(キリスト教以外の)尼, 女司祭, 巫(み)

sa-'char [サ.'チャる] 動 他 〔植〕〈の〉雑草を除く, 〈の〉草を取る

sa-'cia-ble [サ.'すぃア.ブレ] 形 満足させられる; あきあきする

sa-'ciar [サ.'すぃアる] 動 他 満足させる, 満たす; あかせる, あきあきさせる **~se** 動 再 (con, de: に)あきる, 満たされる

sa-cie-'dad [サ.すぃエ.'ダド] 名 女 あきあきすること, 堪能, 飽満 ***repetir hasta la ~*** 何回も繰り返して言う

*'**sa+co** 92% 名 男 (大きな)麻袋, 大袋; 1袋分(の分量), 1俵分; 《ラ米》〔衣〕上着, ジャケット; 略奪; 〔体〕嚢(のう) ***caer en ~ roto*** むだである ***~ de viaje*** 《コロンビア》スーツケース, 旅行かばん

'sa-co 動 《直現 1 単》 ↑sacar

sa-co-'le-va [サ.コ.'レ.バ] 名 女 《コロンビア》〔衣〕タキシード

'sa-cra ['サ.クら] 名 女 〔宗〕(聖壇の上の)祈禱(きとう)台

sa-cra-li-'zar [サ.クら.リ.'さる] 動 他 34 (z|c) 〔宗〕神聖化する

sa-cra-men-'tal [サ.クら.メン.'タル] 形 〔宗〕秘跡の, 聖餐(せいさん)(式)の 名 男 〔宗〕準秘跡

sa-cra-men-'tar [サ.クら.メン.'タる] 動 他 〔宗〕〈病人に〉秘跡を授ける; 〔宗〕〈聖餐(せいさん)のパンとぶどう酒を〉聖体に変える; 隠す, 秘密にする

sa-cra-'men-to [サ.クら.'メン.ト] 名 男 〔宗〕聖餐(せいさん), 秘跡

sa-cri-fi-'ca-do, -da [サ.クリ.フィ.'カ.ド, ダ] 形 犠牲になる, 献身的な

*'**sa-cri-fi-'car** [サ.クリ.フィ.'カる] 92% 動 他 69 (c|qu) (por: のために)犠牲にする, 捧(さき)げる; 〔宗〕いけにえとして供える[捧げる]; 〈家畜を〉(食用として)処理する **~se** 動 再 (por: のために)自らを犠牲にする

‡**sa-cri-'fi-cio** [サ.クリ.'フィ.すぃオ] 90% 名 男 犠牲, 犠牲的行為; 〔宗〕(神にささげる)いけにえ, ささげ物; 〔宗〕贖罪(しょくざい)のための祈り, ミサ

sa-cri-fi-'qué, -que(~) 動 《直点 1 単, 接現》 ↑sacrificar

sa-cri-'le-gio [サ.クリ.'レ.ひオ] 名 男 神聖冒瀆(ぼうとく)(罪); 《話》冒瀆, ひどい行い

sa-'crí-le-go, -ga [サ.'クリ.レ.ゴ, ガ] 形 神聖を汚す, 冒瀆(ぼうとく)的な 名 男 女 神

S

聖を汚す人, ばち当たり, 冒瀆者

sa-cris-'tán [サ.クリス.'タン] 名 男 〔宗〕聖具保管係

sa-cris-'ta-na [サ.クリス.'タ.ナ] 名 女 〔宗〕聖具室係の修道女; 聖具保管係の妻

sa-cris-ta-'ní+a [サ.クリス.タ.'ニ.ア] 名 女 〔宗〕聖具保管係の仕事

sa-cris-'tí+a [サ.クリス.'ティ.ア] 名 女 〔宗〕(教会の)聖具室; 〔宗〕聖具保管係の仕事

'sa-cro, -cra ['サ.クろ, クら] 形 〔宗〕神聖な; 〔体〕仙骨(せんこつ)(部)の 名 男 〔体〕仙骨, 仙骨神経

Sa-cro-'mon-te [サ.クろ.'モン.テ] 名 固 〔地名〕サクロモンテ《スペイン, グラナダ市 Granada 郊外の丘; ロマ[ジプシー]の住む洞窟がある》

sa-cro-'san-to, -ta [サ.クろ.'サン.ト, タ] 形 «人・場所などが»きわめて神聖な

Sac-sa+hua-'mán [サク.サ.ウア.'マン] 名 固 〔地名〕サクサウアマン《ペルー, クスコ市 Cuzco 郊外のインカ時代の遺跡》

sa-cu-'di-da 名 女 揺れ, 動揺, ショック; 振ること, はたくこと, たたくこと

sa-cu-di-'dor [サ.ク.ディ.'ドる] 名 男 (じゅうたん用の)はたき

sa-cu-di-'mien-to 名 男 揺さぶり; 振り回し; 動揺; 殴打

***sa-cu-'dir** [サ.ク.'ディる] 91% 動 他 揺さぶる, 振り回す, 振り動かす; 動揺させる; たたく, 殴る; 打つ, はたく; 払いのける, 振り払う; 〈打撃を〉与える **~se** 動 再 払いのける, はたき落とす; (de: から)逃れる

'sá-di-co, -ca 形 〔医〕サディスト的な, サディズムの 名 男 女 サディスト

sa-'dis-mo 名 男 〔医〕サディズム, 加虐(性)愛

sa-do-ma-so-'quis-mo [サ.ド.マ.ソ.'キス.モ] 名 男 〔医〕サドマゾヒズム《サディズムとマゾヒズムが同一人に現れること》

sa-do-ma-so-'quis-ta [サ.ド.マ.ソ.'キス.タ] 名 共 〔医〕サドマゾヒスト

sa-du-'ce+o, +a [サ.ドゥ.'せ.オ, ア] 形 名 男 女 〔宗〕サドカイ派(の)《死後の復活, 天使および霊魂の存在などを信じないユダヤ教の一派》

sa+'e-ta 名 女 矢; (時計の)針; 磁針; 〔宗〕〔楽〕サエタ《アンダルシア地方で聖週間に歌われる宗教歌》

sa+e-'te-ro, -ra [サ.エ.'テ.ろ, ら] 名 男 女 〔軍〕弓兵 **-ra** 名 女 〔建〕(城壁の)銃眼

sa+e-'tín 名 男 水車用流水路; 〔技〕無頭釘

'Sá+ez ['サ.エす] 名 固 〔姓〕サエス

sa-fa-'cón 名 男 《(カリ)》ごみ箱

sa-'fa-ri [サ.'ファ.り] 名 男 (狩猟・探検などの)遠征旅行, 猛獣狩り, サファリ; サファリパーク

'sá-fi-co, -ca 形 〔文〕サッフォー風の《Safo, 前 7 世紀, ギリシャの女性詩人》

sa-'fis-ta 形 名 女 《格》レズビアン(の)

sa-for-'na-do, -da [サ.フォる.'ナ.ド, ダ] 形 《(中米)》〔医〕発疹がある

'sa+ga 名 女 サガ《北欧中世の英雄伝説》; 一門の系統記; 〔架空〕魔女

sa-ga-ci-'dad [サ.ガ.すぃ.'ダド] 名 女 賢明さ, 機敏さ, 鋭敏さ

sa-'gaz [サ.'ガす] 形 賢明な, 利口な, 機敏な; «猟犬などが»嗅覚(きゅうかく)が鋭い

sa-gi-'ta-rio [サ.ひ.'タ.りオ] 名 男 〔歴〕〔軍〕弓の射手, 弓兵; 〔S~〕〔天〕いて[射手]座 名 共 いて座生まれの人《11 月 22 日–12 月 21 日生まれの人》

****sa-'gra-do, -da** [サ.'グら.ド, ダ] 88% 形 〔宗〕神聖な, 聖なる; 神にささげられた, 宗教上の; 敬うべき, 尊い, 侵すべからざる 名 男 聖域 ***acogerse a ~*** «犯罪者が»聖域に身を隠す; (人の権威を借りて)責任・困難を逃れる

sa-'gra-rio [サ.'グら.りオ] 名 男 〔宗〕聖所; 〔宗〕聖櫃(せいひつ)《聖体を入れる》

sa+'gú [サ.'グ] 名 男 〔複 -gúes⇦-gús〕〔植〕サゴヤシ

'Sa-gua la 'Gran-de ['サ.グア ラ 'グらン.デ] 名 固 〔地名〕サグア・ラ・グランデ《キューバ中部の都市》

Sa-'gun-to [サ.'グン.ト] 名 固 〔地名〕サグント《スペイン東部の都市; ローマ時代の遺跡がある》

'Sá+ha-ra⇦Sa+ ['サ.ア.ら⇦サ.'ア.ら] 名 固 〔desierto del ~〕〔地名〕サハラ砂漠《アフリカ北部, 世界最大の砂漠》; 〔~ Occidental〕〔地名〕西サハラ《アフリカ北西部, サハラ砂漠西端の地域, 旧スペイン領》

sa+'ha-ra-ui [サ.'ア.ら.ウイ] 形 名 共 〔地名〕西サハラの(人)⬆Sáhara

sa+ha-'ria+no, -na [サ.ア.'りア.ノ, ナ] 形 〔地名〕サハラ砂漠の⬆Sáhara

sa+'há-ri-co, -ca [サ.'ア.り.コ, カ] 形 ⇧ sahariano

sa+hu-'mar [サウ.'マる] 動 他 ⑥⓪ (u|ú) 〈に〉香をたき込める, 香で満たす **~se** 動 再 香でにおう

sa+hu-'me-rio [サウ.'メ.りオ] 名 男 香でにおわせること; 香, 香の煙; 香料, 香木, 香具

Sai-'gón 名 固 〔歴〕〔地名〕サイゴン《旧南ベトナムの首都, 現在のホーチミン市 Ciudad Ho Chi Minh》

'sa+ín 名 男 (動物の)脂肪; (魚の)油《ランプに使用》

sai-'ne-te 名 男 〔演〕サイネーテ《一幕の笑劇》; 〔食〕(おいしい)ひと口, ひと切れ; 〔食〕

調味料, 薬味 ***armar un ~*** お芝居をする, 大げさなことをする

sai-ne-'te-ro, -ra [サイ.ネ.'テ.ろ, ら] [名] [男] [女] 〔演〕サイネーテの作者

sai-ne-'tis-ta [名] [共] ⇧ sainetero

Saint 'George [名] [固] 〔地名〕セントジョージズ《グレナダ Granada の首都》

Saint 'John's [名] [固] 〔地名〕セントジョンズ《アンティグア・バーブーダ Antigua y Barbuda の首都》

Sa-ja-'lín [サ.は.'リン] [名] [固] 〔地名〕サハリン, 樺太(からふと)《ロシア連邦東端の島, 州》

sa-'jar [サ.'はる] [動] [他] 〔医〕切開する

sa-'jón, -'jo-na [サ.'ほン, 'ほ.ナ] [形] [名] [男] [女] 〔歴〕〔地名〕サクソン(人)の, サクソン人; 〔地名〕(ドイツの)ザクセンの ⬇Sajonia; ザクセン人

Sa-'jo-nia [サ.'ほ.ニア] [名] [固] 〔地名〕ザクセン《ドイツ東部の地方, 州》

'sa+ke [名] [男] 〔飲〕日本酒, 清酒

‡'sal ['サル] 86% [名] [女] 塩(しお), 食塩; 魅力, 屈託のなさ; 機知, とんち; おもしろ味, 味わい; 〔複〕気付け薬; 〔化〕塩, 塩類; 《コロンビア》《話》運が悪い人, 不幸な人 ***~ y pimienta*** おもしろさ, 人気 [動]《命》⬇salir

‡'sa+la ['サ.ラ] 81% [名] [女] 〔建〕部屋, 室; 〔建〕広間, 居間; 〔法〕法廷 ***~ de charla*** 〔情〕チャットルーム

sa-la-'bar-do [サ.ラ.'バる.ド] [名] [男] 〔魚〕たも網

sa-la-'cot [サ.ラ.'コト] [名] [男] 〔複 -cots〕〔衣〕日よけ帽子《フィリピンなど熱帯地方で使う》

sa-la-'di-llo, -lla [サ.ラ.'ディ.ジョ, ジャ] [形] 〔食〕薄塩の, 塩味のある

***sa-'la-do, -da** [サ.'ラ.ド, ダ] 93% [形] 塩分を含んだ; 〔食〕塩漬けの, 塩分の多い, 塩辛い; 機知のある, 気の利いた; 《メキシコ》《中米》《カリブ》《アンデス》《話》運が悪い, 不幸な; 《チリ》《ラプラタ》《話》困難な; 高価な [名] [男] 《中米》《カリブ》《コロンビア》《話》悪運, 不幸

Sa-'la-do [サ.'ラ.ド] [名] [固] 〔el ~〕〔地名〕サラード川《アルゼンチン北部の川; パラナ川の支流》

sa-la-'du-ra [サ.ラ.'ドゥ.ら] [名] [女] 〔食〕塩漬け

Sa-la-'man-ca [サ.ラ.'マン.カ] [名] [固] 〔地名〕サラマンカ《スペイン西部の都市》

sa-la-'man-dra [サ.ラ.'マン.ドら] [名] [女] 〔魚〕サンショウウオ; 石炭ストーブ

sa-la-man-'qués, -'que-sa [サ.ラ.マン.'ケス, 'ケ.サ] [形] [名] [男] [女] ⇩ salmantino **-quesa** [名] [女] 〔動〕ヤモリ

sa-'la-me [サ.'ラ.メ] [形] 《ラプラタ》《話》ばかな, 愚かな(人)

sa-'la-mi [サ.'ラ.ミ] [名] [男] 〔食〕サラミ

sa-'lar [サ.'ラる] [動] [他] 〔食〕塩で味つけする, 塩漬けにする [名] [男] 〔地〕塩湖, 塩田

sa-la-'rial [サ.ラ.'りアル] [形] 給料の, サラリーの

‡sa-'la-rio [サ.'ラ.りオ] 87% [名] [男] 給料, サラリー

sa-'laz [サ.'ラす] [形] 好色な, みだらな

sa-la-'zón [サ.ラ.'そン] [名] [女] 〔食〕塩漬け; 〔複〕〔食〕塩漬け肉; 塩漬け肉加工業

sal-'ce-da [サル.'せ.ダ] [名] [女] 〔植〕ヤナギ[柳]の生育地

Sal-'ce-do [サル.'せ.ド] [名] [固] 〔地名〕サルセード《ドミニカ共和国中北部の県》

sal-'chi-cha [サル.'チ.チャ] [名] [女] 〔食〕サルチーチャ《細長いソーセージ》

sal-chi-che-'rí+a [サル.チ.チェ.'り.ア] [名] [女] 〔商〕ソーセージ販売店[工場]

sal-chi-'che-ro, -ra [サル.チ.'チェ.ろ, ら] [名] [男] [女] 〔商〕ソーセージ製造[販売]業者

sal-chi-'chón [サル.チ.'チョン] [名] [男] 〔食〕サルチチョン《スパイス入りの大型ソーセージ》

sal-co-'char [サル.コ.'チャる] [動] [他] 〔食〕塩ゆでする

sal-'dar [サル.'ダる] [動] [他] 〈負債などを〉清算する, 完済する; 〔商〕見切り売りする, 決算大処分する ***~ diferencias*** 食い違いを解消する ***~ la [una] cuenta*** 〔商〕借り入れを清算する; 《話》決着をつける

***'sal-do** ['サル.ド] 92% [名] [男] 〔商〕(貸借の)差引勘定, 差額, 残高; 〔商〕(見切り品の)大売り出し, バーゲンセール; 〔商〕支払い, 納入, (借金の)返済, 清算; 残り, 残余, 残品

sal-dr~ [動]《直未/過未》⬇salir

sa-le-'di-zo, -za [サ.レ.'ディ.そ, さ] [形] 突き出た [名] [男] 〔建〕突起, 張り出し

sa-le-'gar [サ.レ.'ガる] [動] [自] [41] (g|gu) 〔畜〕«家畜が»塩をなめる

sa-'le-ro [サ.'レ.ろ] [名] [男] 〔食〕(食卓用の)塩入れ; 《話》魅力; 機知; 塩貯蔵所; 〔畜〕家畜が塩をなめる所, 塩やり場

sa-le-'ro-so, -sa [サ.レ.'ろ.ソ, サ] [形] 魅力的な, 愛くるしい

sa-'le-sa [サ.'レ.サ] [形] 《女》〔宗〕マリア訪問会の [名] [女] 〔宗〕マリア訪問会の修道女

sa-le-'sia+no, -na [サ.レ.'スィア.ノ, ナ] [形] [名] [男] [女] 〔宗〕サレジオ会の(会員)

'sal-go, -ga(~) [動]《直現1単, 接現》⬇salir

sa-li-ci-'la-to [サ.リ.すぃ.'ラ.ト] [名] [男] 〔化〕サリチル酸塩[エステル]

sa-li-'cí-li-co, -ca [サ.リ.'すぃ.リ.コ, カ] [形] 〔化〕サリチル酸の

sa-li-ci-'lis-mo [サ.リ.すぃ.'リス.モ] [名] [男] 〔医〕サリチル酸中毒

S

'sá-li-co, -ca ['サ.リ.コ, カ] 形〔歴〕(フランク族中の)サリ支族の

****sa-'li-da** [サ.'リ.ダ] 82% 名 女 出発, 発車; 出口;〔演〕登場, 入場; 解決, 打開策; 出現;〔商〕販売, 売れ行き; 就職口;《話》機知, ウイット; 発刊, 発行; 結果; 散歩, ひと回り; 逃げ道, 口実; 支出, 出費; 突出部, 出っ張り;〔情〕アウトプット, 出力 *dar ~* (a: 感情を)吐き出す;〔商〕販売する *de ~* 初めに

sa-li-'di-zo 形 ⇧ saledizo

sa-'li-do, -da [サ.'リ.ド, ダ] 形 突き出ている, 出っ張っている;《俗》〔動〕«雌が»発情している

sa-'lien-te [サ.'リエン.テ] 形 出っ張った, 張り出した; 辞める, 出て行く, 前…; 抜きんでた, 傑出した;〔建〕突出した 名 男〔建〕突起部, 張り出し;〔軍〕突出部

sa-'lí-fe-ro, -ra [サ.'リ.フェ.ろ, ら] 形 塩分を含んだ

sa-li-fi-'car [サ.リ.フィ.'カる] 動 他 69 (c|qu)〔化〕塩化する

sa-'li-na [サ.'リ.ナ] 名 女〔鉱〕岩塩坑, 岩塩産地;〔地〕塩性沼沢(地), 塩湿地

sa-li-'ne-ro, -ra [サ.リ.'ネ.ろ, ら] 形 塩の, 製塩の

sa-li-ni-'dad [サ.リ.ニ.'ダド] 名 女 塩分, 塩分濃度, 塩度

sa-'li+no, -na [サ.'リ.ノ, ナ] 形 塩分を含んだ, 塩気のある

sa-li-'nó-me-tro [サ.リ.'ノ.メ.トろ] 名 男 塩分測定器

****sa-'lir** [サ.'リる] 62% 動 自 63 (de: 場所を)去る, (de: から)離れる; 出て行く, 外出する, 外出している, (外国などへ)出かけて行く; 出発する; 現れる, 出現する; (en: 新聞などに)出る, 掲載される; «値段が» (a: に)なる; (結局)(形容詞・副詞・名詞: … と)なる; 突き出る, 飛び出る; (con: 異性と)つきあう; (a: に)似る; (de: に)選出される, 選ばれる;〔遊〕〔トランプ〕最初にカードを出す,〔チェス〕最初の駒を進める; 出し抜けに言う, (con: 思いがけないことを)言う; (por: の)味方につく, 弁護をする, 保証人になる; (de: 学校を)卒業する, 退学する; (de: 地位などを)去る; (de: 仕事などを)やめる; 出演する, 出場する; 公になる, 出版される; «植物が»芽を出す; (くじなどで)当たる; 解決する, 解ける **~se** 動 再 漏れる; (de: を)やめる, 脱会する; (de: から)外れる;《話》うまくやる, 成功する; «川などが»氾濫(はんらん)する, あふれる; (de: から)逃げる *a lo que salga* 出まかせに, いいかげんに *~ bien* うまくいく, 成功する; *~ mal* うまくいかない, 失敗する

sa-'li-ta 〔縮小語〕⬆sala

sa-li-'tral [サ.リ.'トらル] 形〔鉱〕硝石の 名 男〔鉱〕硝石層

sa-'li-tre [サ.'リ.トれ] 名 男〔鉱〕硝石

sa-li-'tro-so, -sa [サ.リ.'トろ.ソ, サ] 形〔鉱〕硝石の

sa-'li-va [サ.'リ.バ] 名 女 唾液(だえき), つば *gastar ~ en balde* 《話》むだな言葉を費やす *tragar ~* 《話》怒りを抑える, 気持ちをこらえる

sa-li-va-'ción [サ.リ.バ.'すぃオン] 名 女 唾液(だえき)の分泌

sa-li-'va-jo [サ.リ.'バ.ほ] 名 男《俗》(吐き出された)つば

sa-li-'val [サ.リ.'バル] 形 唾液(だえき)の

sa-li-'var [サ.リ.'バる] 動 自 唾液(だえき)を分泌する

sa-li-'va-zo [サ.リ.'バ.そ] 名 男 唾液(だえき),〔特に〕(吐き出された)つば

sal-man-'ti+no, -na [サル.マン.'ティ.ノ, ナ] 形 名 男 女〔地名〕サラマンカの(人) ⬆Salamanca

sal-'mis-ta [サル.'ミス.タ] 名 共〔宗〕賛美歌作者, 詩編作者

'sal-mo ['サル.モ] 名 男〔宗〕賛美歌, 聖詩;〔複〕〔聖〕(ダビデの)詩編

sal-'mo-dia [サル.'モ.ディア] 名 女〔宗〕聖詩詠唱, 賛美歌を歌うこと;《話》単調な歌

sal-mo-'diar [サル.モ.'ディアる] 動 自 賛美歌を歌う 動 他 単調に歌う

sal-'món [サル.'モン] 名 男〔魚〕サケ;〔食〕サケの肉, サーモン

sal-mo-'ne-lla [サル.モ.'ネ.ジャ] 名 女〔菌〕サルモネラ菌

sal-mo-ne-'lo-sis [サル.モ.ネ.'ロ.スィス] 名 女〔単複同〕〔医〕サルモネラ症

sal-mo-'ne-te [サル.モ.'ネ.テ] 名 男〔魚〕ヒメジ

sal-'mue-ra [サル.'ムエ.ら] 名 女 塩水

sa-'lo-bre [サ.'ロ.ブれ] 形 塩気のある

sa-'lo-ma [サ.'ロ.マ] 名 女 労働の歌, (共同作業の)かけ声

sa-lo-'mar [サ.ロ.'マる] 動 自 労働の歌を歌う

Sa-lo-'món [サ.ロ.'モン] 名 固〔男性名〕サロモン;〔聖〕ソロモン《古代イスラエルの賢王, ダビデの子》;〔Islas ~〕〔地名〕⇧ Islas Salomón

sa-lo-'mó-ni-co, -ca [サ.ロ.'モ.ニ.コ, カ] 形〔聖〕ソロモンの⬆Salomón *columna salomónica*〔建〕ねじり円柱

****sa-'lón** [サ.'ロン] 85% 名 男 ホール, 集会場; 談話室, 社交室, 休憩室; 客間; 居間; …室;〔複〕社交界, サロン; 展示物, 展示会, ショー; (空港の)待合室; (大学の)独立校舎, 付属会館, 講堂, 学生寮;《カリブ》《コロンビア》教室 *~ de belleza* 美容院 *~ de fiestas* ダンスホール

sa-lon-'ci-llo [サ.ロン.'すぃ.ジョ] 名 男

S

小広間, 特別室, 待合室

sal-pi-ca-'de-ra [サル.ピ.カ.'デ.ら] 名 女《中米》〔車〕泥よけ, フェンダー

sal-pi-ca-'de-ro [サル.ピ.カ.'デ.ろ] 名 男〔車〕ダッシュボード, 計器盤

sal-pi-ca-'du-ra [サル.ピ.カ.'ドゥ.ら] 名 女 はね返し, はねかけ, はね

*__sal-pi-'car__ [サル.ピ.'カる] 94% 動 他 ㊾ (c|qu) 〈に〉(de, con: 水などを)はねかける, まき散らす; (de, con: を)散在させる, ばらまく; 交える, はさむ; 〈水を〉まく

sal-pi-'cón [サル.ピ.'コン] 名 男《スペイン》〔食〕サルピコン《刻み肉・アンチョビー・卵・タマネギ・塩・コショウ・油・酢などを混ぜた料理》; (水などの)はね, はね返り, しぶき

sal-pi-men-'tar [サル.ピ.メン.'タる] 動 他 ㊿ (e|ie)〔食〕〈に〉塩とコショウを加える; 趣きを添える

sal-pi-'mien-ta [サル.ピ.'ミエン.タ] 名 女〔食〕(混ぜた)塩とコショウ, 塩コショウ

sal-pre-'sar [サル.プれ.'サる] 動 他〔食〕塩漬けにする

sal-pu-'lli-do [サル.プ.'ジ.ド] 名 男 ⇩ sarpullido

sal-pu-'llir [サル.プ.'ジる] 動 他 ⑩ (〈i〉) ⇩ sarpullir

*'__sal-sa__ ['サル.サ] 91% 名 女〔食〕ソース, ドレッシング; 刺激, おもしろみ; 〔楽〕サルサ《キューバ・プエルトリコ起源のダンス曲》 ***en su propia ~*** 自分の適所にいて, 自分の本領を発揮して, 生き生きとした

sal-sa-men-ta-'rí+a [サル.サ.メン.タ.'り.ア] 名 女《コロンビア》〔商〕肉屋, 惣菜屋

sal-'se-ro, -ra [サル.'セ.ろ, ら] 名 男 女〔楽〕サルサの愛好家 **-ra** 名 女〔食〕ソース入れ

'Sal-ta ['サル.タ] 名 固〔地名〕サルタ《アルゼンチン北西部の州, 州都》

sal-ta-'ban-co [サル.タ.'バン.コ] 名 男〔商〕大道薬売り; 〔演〕曲芸師

sal-ta-'de-ro [サル.タ.'デ.ろ] 名 男〔地〕小さな滝

sal-ta-'dor, -'do-ra [サル.タ.'ドる, 'ド.ら] 形 跳ぶ, はねる 名 男 女 跳躍する人; 曲芸師; 〔競〕跳躍競技の選手 名 男 (縄跳びの)縄

sal-ta-'ga-tos [サル.タ.'ガ.トス] 名 男〔単複同〕《コロンビア》〔昆〕バッタ

sal-ta-'mon-tes [サル.タ.'モン.テス] 名 男〔単複同〕〔昆〕バッタ, イナゴ, キリギリス

__sal-'tar__ [サル.'タる] 84% 動 自 跳ぶ, 飛び上がる, 飛び出る; はねる, 跳びはねる; 破裂する, 吹き飛ぶ, 飛び散る; 突然動き出す; (con: を)突然言い出す; (sobre: に)飛びかかる, 襲いかかる; 突然怒り出す, かっとなる; «水などが»湧(わ)き出る; 〔地〕«川が»源を発する; (de: 職を)やめる; 割れる, はがれる, 外れる 動 他 飛び越える; 抜かす, 飛ばす; 爆破する, 吹き飛ばす **~se 動 再 抜かす, 飛び越す; «ボタンなどが»とれる, 外れる ***estar [andar] a la que salta***《話》機会をうかがっている ***hacer ~ la banca***(賭け事で)場銭をさらう ***~ la tapa de los sesos***《話》(a: の)脳天をぶち抜く

sal-ta-'rín, -'ri-na [サル.タ.'りン, 'り.ナ] 形 跳躍する; 活発な, 元気のよい 名 男 女 ダンサー, 踊り手

sal-ta-'tum-bas [サル.タ.'トゥン.バス] 名 男〔単複同〕〔軽蔑〕(葬式で稼ぐ)司祭

sal-te+'a-do, -da [サル.テ.'ア.ド, ダ] 形 交互に置いた; 〔食〕ソテーにした, 炒(いた)めた

sal-te+a-'dor, -'do-ra [サル.テ.ア.'ドる, 'ド.ら] 名 男 女 追いはぎ

sal-te+'ar [サル.テ.'アる] 動 他 強奪する, 襲う; 急に襲う, 〈に〉不意打ちをかける; 〔軍〕奇襲する; 〈の〉順を抜かす, 〈の〉間隔をあける, とばす; 〔食〕ソテーにする, 炒める **~se** 動 再 順を抜かす, 間隔をあける

sal-'te-rio [サル.'テ.りオ] 名 男〔宗〕〔聖〕(礼拝式用)詩編書, 詩編集; 〔楽〕プサルテリウム《弦楽器》

Sal-'ti-llo [サル.'ティ.ジョ] 名 固〔地名〕サルティージョ《メキシコ中北部の都市》

sal-tim-'ban-qui [サル.ティン.'バン.キ] 名 共〔演〕(旅回りの)軽業師, 曲芸師

*'__sal-to__ ['サル.ト] 91% 名 男 跳躍, ひと跳び; 跳びはねること; 〔競〕〔陸上〕跳躍; 《スキー》ジャンプ; 《水泳》飛び込み; 飛躍; 踏み台; 動悸, どきどきすること; 〔地〕滝; 絶壁, 崖; 省略, 脱落, 手抜かり, 見逃し, 読み落とし; 急な変化, 急に増えること, 急に高くなること ***a ~ de mata***《話》行き当たりばったりで; 大急ぎで, あわてて, 一目散に ***a ~s*** 飛び跳ねながら; 抜かしながら ***de [en] un ~*** ひとっ飛びに ***en dos ~s*** すぐに, ただちに ***~ de altura***〔競〕高跳び ***~ de cama***〔衣〕ネグリジェ ***~ de longitud***〔競〕走り幅跳び ***~ de pértiga***〔競〕棒高跳び ***~ de trampolín***〔競〕トランポリン

'Sal-to ['サル.ト] 名 固〔地名〕サルト《ウルグアイ北西部の県》

sal-'tón, -'to-na [サル.'トン, 'ト.ナ] 形 飛ぶ, 跳ねる; «目などが»突き出た, 出目の; 《話》いらいらした 名 男〔昆〕バッタ, イナゴ, キリギリス

sa-lu-'bé-rri-mo, -'ma [サ.ル.'ベ.り.モ, マ] 形〔最上級〕《格》⬇salubre

sa-'lu-bre [サ.'ル.ブれ] 形《格》〔医〕健康的な

sa-lu-bri-'dad [サ.ル.ブり.'ダド] 名 女《格》〔医〕健康によいこと; 公共衛生状態

S

⁑sa-'lud [サ.'ルド] 78% 名 女〘医〙健康, «体が»丈夫なこと, 健全; 健康状態, 体の具合; 福祉, 繁栄, 幸福, (健全な)状態;〘宗〙救い 感 乾杯!; お大事に!《くしゃみをした人に言う》 ***beber a la ～*** (de: の)健康を祝して乾杯する ***curarse en ～*** 用心する, 対策を用意しておく

***sa-lu-'da-ble** [サ.ル.'ダ.ブレ] 93% 形〘医〙健康な, 健全な; «場所·気候などが»健康的な, 健康によい; (道徳的に)健全な; 有益な, ためになる

⁑sa-lu-'dar [サ.ル.'ダる] 85% 動 他〈に〉挨拶(あいさつ)する; 歓迎する;〘話〙〈に〉目を通す;〔否定文で〕〈に〉目もくれない **～se** 動 再 (互いに)挨拶する, 挨拶を交わす

⁑sa-'lu-do [サ.'ル.ド] 85% 名 男 挨拶(あいさつ); 挨拶の言葉, よろしくという挨拶; 会釈, おじぎ;〘軍〙敬礼

sa-lu-ta-'ción [サ.ル.タ.'すぃオン] 名 女 挨拶(あいさつ)

'sal-va ['サル.バ] 名 女 (拍手の)嵐;〘軍〙(式典などで行う)一斉祝砲, 礼砲;〘軍〙敬礼; 試食, 毒味 ***hacer la ～*** 発言の許可を求める

sal-'va-ble [サル.'バ.ブレ] 形 救える, 救済できる

***sal-va-'ción** [サル.バ.'すぃオン] 92% 名 女 救済, 救助, 救出; 援助;〘宗〙救い, 救世

sal-'va-do [サル.'バ.ド] 名 男〘食〙(穀類の)ふすま, ぬか

sal-va-'dor, -'do-ra [サル.バ.'ドる, 'ド.ら] 形 名 男 女 救助する, 救いの; 救助者 **S～** 名 固 救世主イエス·キリスト;〔男性名〕サルバドール;〘地名〙⬆El Salvador

***sal-va-do-'re-ño, -ña** [サル.バ.ド.'れ.ニョ, ニャ] 94% 形〘地名〙エルサルバドル(人)の 名 男 女 エルサルバドル人⬆El Salvador

sal-va-guar-'dar [サル.バ.グアる.'ダる] 動 他 保護する, 守る

sal-va-'guar-dia [サル.バ.'グアる.ディア] 名 女 保護, 擁護; 安全通行券

sal-va-'ja-da [サル.バ.'は.ダ] 名 女 野蛮な行為; 残忍さ

⁑sal-'va-je [サル.'バ.へ] 90% 形 野蛮な, 獰猛(どうもう)な, 残酷な, 乱暴な; 野生の, 自然の; 未開の, 原始的な; 未開拓の; «景色などが»荒れた, 荒涼とした 名 共〔しばしば軽蔑〕未開人;〔しばしば軽蔑〕野蛮な人, 乱暴者, 残忍な人 **～mente** 副 野蛮に, 残忍に

sal-va-'jis-mo [サル.バ.'ひス.モ] 名 男 野蛮性, 野蛮, 残忍性; 未開の状態

sal-va-man-'te-les [サル.バ.マン.'テ.レス] 名 男〔単複同〕テーブルマット, なべ敷き

sal-va-'men-to [サル.バ.'メン.ト] 名 男 救助, 救出

sal-va-'mien-to 名 男 ⇧salvamento

sal-va-pan-'ta-llas [サル.バ.パン.'タ.ジャス] 名 男〔単複同〕〘情〙スクリーンセーバー

⁑sal-'var [サル.'バる] 82% 動 他 (de: 危険から)救う, 救済する, 助ける; 保護する, 守る;〈障害を〉乗り越える, 切り抜ける;〈距離を〉(短時間で)進む, 走る, 走破する; 除く, 例外とする; 飛び越える;〘情〙〈データを〉セーブする, 保存する **～se** 動 再 助かる, 生き残る; 退避する, 逃れる;〘医〙(病気から)回復する;〘宗〙魂が救われる

sal-va-'vi-das [サル.バ.'ビ.ダス] 名 男〔単複同〕救命具, 浮き輪

'sal-ve ['サル.ベ] 感 ごきげんよう! 名 女〘宗〙聖母マリアをたたえる祈り

sal-ve-'dad [サル.ベ.'ダド] 名 女 制限, ただし書き, 条件 ***con la ～ de ...*** …を除いて, …以外は

'sal-via ['サル.ビア] 名 女〘植〙サルビア

⁑'sal-vo, -va ['サル.ボ, バ] 90% 形 安全な, 危険のない, 安心した, 無事な 前《弱勢》…を除いて(は), …の他は: Llegaron todos, **salvo** Lucas. ルカスを除き皆が到着した。 ***a ～*** 無事に ***poner a ～*** 安全な場所に移す ***ponerse a ～*** 安全な場所に身を置く ***salva sea la parte***〘話〙尻(しり) ***～ que ...***(接続法) …ということを除けば, …は別にして

sal-vo-con-'duc-to [サル.ボ.コン.'ドゥク.ト] 名 男 安全通行券, 通行許可書

Salz-'bur-go [サ(ル)す.'ブる.ゴ] 名 固〘地名〙ザルツブルク《オーストリア中北部の都市》

Sa-ma-'ná 名 固〘地名〙サマナ《ドミニカ共和国北東部の県》

Sa-mar-'can-da [サ.マる.'カン.ダ] 名 固〘地名〙サマルカンド《ウズベキスタン東部の都市》

Sa-'ma-ria [サ.'マ.りア] 名 固〘歴〙〘地名〙サマリア《古代パレスティナの北部地方; 同地にあったイスラエル北王国の首都》

sa-'ma-rio [サ.'マ.りオ] 名 男〘化〙サマリウム《元素》

sa-ma-ri-'ta-no, -na [サ.マ.り.'タ.ノ, ナ] 形〘歴〙〘地名〙サマリア(人)の 名 男 女 サマリア人⬆Samaria ***el buen ～*** よきサマリア人(びと), 苦しむ人の味方

'sam-ba 名 女〘楽〙サンバ《ブラジルの音楽·踊り》

sam-be-'ni-to 名 男 不名誉, 悪名, 悪評;〘歴〙囚衣, 悔罪(かいざい)服《宗教裁判にかけられた異端者に着せたマント》;〘歴〙サンベニート《教会の扉に掲げられた悔悟者の氏名

S

と刑罰を書いた掲示板》 ***colgar el ~*** (de: の)悪名をたてる, 悪評をたてる

sam-'bis-ta 名 共〔楽〕サンバの踊り手

Sa-'mo+a 名 固〔Estado Independiente de ~〕〔地名〕サモア《サモア諸島西部の島々からなる立憲君主国, 正式名称はサモア独立国》;〔archipiélago de ~〕〔地名〕サモア諸島《南太平洋, ポリネシア西部の諸島》

sa-mo+'a+no, -na 形 名 男 女〔地名〕サモア(人)の; サモア人 ↑Samoa;〔言〕サモア語の 名 男〔言〕サモア語

sa-mo-'var [サ.モ.'バる] 名 男〔飲〕サモワール《ロシアの湯沸かし器》

sam-'pán 名 男〔海〕サンパン, 通い船《中国などの小型木造平底船》

Sa-'muel [サ.'ムエル] 名 固〔男性名〕サムエル

sa-'mu-go, -ga 形 名 男 女 頑固な(人), 融通のきかない(人) **-ga** 名 女 ⇧jamuga

sa-mu-'rái ⇔ **-ray** [サ.ム.'らイ] 名 男 侍(さむらい), 武士

****'san** 76% 形 聖…《男性の聖人の前につける》

Sa+'ná 名 固〔地名〕サヌア《イエメン Yemen の首都》

sa-na-lo-'to-do [サ.ナ.ロ.'ト.ド] 名 男〔医〕万能薬

'sa-na-'men-te 副 ↓sano

San An-'drés [サン アン.'ドれス] 名 固〔地名〕サン・アンドレス《コロンビア北部の都市》;〔falla de ~〕サンアンドレス断層《米国太平洋岸のカリフォルニア州南西部にある巨大な断層》

S

San An-'drés y Pro-vi-'den-cia [サン アン.'ドれス イ プろ.ビ.'デン.すぃア] 名 固〔地名〕サン・アンドレス・イ・プロビデンシア《ニカラグアの東方, カリブ海の島群, コロンビアの県》

sa-'nar [サ.'ナる] 動 他〔医〕〈の〉病気を治す, 治療する **~(se)** 動 自 (再)〔医〕《病気が》治る;〔医〕《病人が》回復する

sa-na-'to-rio [サ.ナ.'ト.りオ] 名 男〔医〕療養所, サナトリウム

San Ber-'nar-do [サン べる.'ナる.ド] 名 男〔動〕〔犬〕セントバーナード

San 'Blas [サン 'ブラス] 名 固〔golfo de ~〕〔地名〕サン・ブラス湾《パナマ北岸の湾》

San 'Car-los [サン 'カる.ロス] 名 固〔地名〕サン・カルロス《ベネズエラ中部の都市; チリ中南部の都市》

'Sán-chez ['サン.チェす] 名 固〔地名〕サンチェス《ドミニカ共和国北東部の港町》;〔姓〕サンチェス

'Sán-chez Ra-'mí-rez ['サン.チェす.ら.'ミ.れす] 名 固〔地名〕サンチェス・ラミーレス《ドミニカ共和国中部の県》

'San-cho 名 固〔男性名〕サンチョ;〔~ Panza〕〔架空〕サンチョ・パンサ《セルバンテスの小説『ドン・キホーテ』の登場人物, ドン・キホーテの従士》

san-cho-pan-'ces-co, -ca [サン.チョ.パン.'せス.コ, カ] 形 サンチョ・パンサのような ↑Sancho; 現実的な, 実際的な

san-'ción [サン.'すぃオン] 名 女〔法〕制裁, 処罰; 認可, 承認, 是認, 批准; (道徳的な)拘束力, 束縛

san-cio-'nar [サン.すぃオ.'ナる] 動 他〔政〕〈に〉制裁を加える, 処罰する; 裁可する, 認可する, 承認する, 批准する;〔政〕〈法令などに〉制裁規定を設ける;〔競〕〔サッカーなど〕《審判が》反則をとる

san-co-'char [サン.コ.'チャる] 動 他〔食〕半ゆでにする, 固めにゆがく, 生煮えにする

san-'co-cho 名 男《ラ米》〔食〕サンコーチョ《肉・バナナ・野菜などで作った煮込み》;〔食〕生煮えの料理, まずい料理

San Cris-'tó-bal [サン クリス.'ト.バル] 名 固〔地名〕サン・クリストバル《ドミニカ共和国中東部の県; ベネズエラ西部の都市》

San Cris-'tó-bal de las 'Ca-sas [サン クリス.'ト.バル デ.ラス 'カ.サス] 名 固〔地名〕サン・クリストバル・デ・ラス・カサス《メキシコ南部の都市》

San Cris-'tó-bal y 'Nie-ves [サン クリス.'ト.バル イ 'ニエ.ベス] 名 固〔地名〕セント・クリストファー・ネビス《カリブ海の島国》

sanc-ta-sanc-'tó-rum [サン(ク).タ.サン(ク).'ト.るム] 名 男〔複 -rums〕〔宗〕(ユダヤ教の)至聖所, 内陣;〔宗〕最も神聖な場所

'Sanc-ti 'Spí-ri-tus ['サン(ク).ティ 'スピ.り.トゥス] 名 固〔地名〕サンクティ・スピリトゥス《キューバ中西部の都市》

san-'da-lia [サン.'ダ.リア] 名 女〔複〕サンダル

'sán-da-lo ['サン.ダ.ロ] 名 男〔植〕ビャクダン(の木)

san-'dá-ra-ca [サン.'ダ.ら.カ] 名 女 サンダラック樹脂《樹脂をワニス香料に用いる》;〔鉱〕鶏冠石

san-'dez [サン.'デす] 名 女 ばかげた言動

***san-'dí+a** 94% 名 女〔植〕スイカ

San 'Die-go 名 固〔地名〕サンディエゴ《米国西部の都市》

san-di-'nis-mo 名 男〔政〕サンディーノの革命思想《Augusto Nicolás Calderón Sandino, ニカラグアの革命家, 1895–1934》

san-di-'nis-ta 形 名 共〔政〕サンディニスタ(の) ***Frente S~ de Liberación***

Nacional〘政〙サンディニスタ民族解放戦線《FSLN と略される; 革命家サンディーノ Sandino の思想を受け継ぐニカラグアの革命組織》⬆sandinismo

'san-dio, -dia 形 ばかな, 愚鈍な 名 男 女 ばか者

'San-dra ['サン.ドら] 名 固〘女性名〙サンドラ

'sán-du-che; san- ['サン.ドゥ.チェ; サン.'ドゥ.チェ] 名 男《南米北》《エクアドル》⇩ sándwich

san-'dun-ga 名 女《スペイン》《話》機知, 機転; 魅力, 愛嬌(あいきょう);《ラ米》お祭り騒ぎ

san-dun-'gue-ro, -ra [サン.ドゥン.'ゲ.ろ, ら] 形 名 男 女《話》機知のある(人), 機転の利く(人); 魅力的な(人)

'sánd-wich ['サン.ドゥイチ; 'サン.グイチ] 名 男〔複 -wiches〕〘食〙サンドイッチ

sand-wi-'che-ra [サン(ド).ウイ.'チェ.ら] 名 女〘食〙サンドイッチトースター

sa-ne+'a-do, -da 形《経済・地位・収入などが》安定した; 排水した

sa-ne+a-'mien-to 名 男《スペイン》排水, 水はけ; (通貨・経済などの)安定化, 立て直し;〘法〙保証; 補償, 弁償

sa-ne+'ar [サ.ネ.'アる] 動 他〈経済などを〉安定させる, 立て直す;〈水などを〉排出する;〈から〉湿気を取り除く; 直す, 修理する; 認可する;〘法〙保証する; 補償する, 弁償する

sa-ne-'drín [サ.ネ.'ドリン] 名 男〘歴〙〘政〙(ユダヤ史で)議会, 大サンヘドリン

sa-'ne-ras [サ.'ネ.らス] 名 共〔単複同〕《話》誠実で率直な人

San Fe-'li-pe [サン フェ.'リ.ペ] 名 固〘地名〙サン・フェリーペ《ベネズエラ北西部の都市; チリ中部の都市》

san-fer-'mi-nes [サン.フェる.'ミ.ネス] 名 男《複》サン・フェルミン祭り《スペイン, パンプロナ Pamplona の祭り, 牛追いで有名; 7月7日–14日》

San Fer-'nan-do [サン フェる.'ナン.ド] 名 固〘地名〙サン・フェルナンド《チリ中部の都市》

San Fer-'nan-do de A-'pu-re [サン フェる.'ナン.ド デ ア.'プ.れ] 名 固〘地名〙サン・フェルナンド・デ・アプレ《ベネズエラ中西部の都市》

San Fran-'cis-co [サン フらン.'すぃス.コ] 名 固〘地名〙サンフランシスコ《米国西部の都市》

'sán-ga+no, -na 形 名 男 女《カリブ》《話》ばかな(人), 愚かな(人) 名 男《カリブ》侮辱

san-gra-'de-ra [サン.グら.'デ.ら] 名 女〘医〙ランセット; 血受け皿; 放水路; 水門

san-gra-'du-ra [サン.グら.'ドゥ.ら] 名 女〘体〙肘の内側;〘医〙血管の切開, 血抜き, 瀉血(しゃけつ); 排水(口)

san-'gran-te [サン.'グらン.テ] 形〘医〙出血している

***san-'grar** [サン.'グらる] 94% 動 他〘医〙〈病人から〉血を抜き取る, 瀉血(しゃけつ)する《治療法の一つ》;《話》かすめとる, くすねる, 盗む; 排出させる, 排水する;〘印〙字下げする 動 自 出血する, 血を流す;《心が》ひどく痛む, 嘆き悲しむ

****'san-gre** ['サン.グれ] 80% 名 女〘体〙血, 血液; 血統, 血筋, 家柄, 生まれ, 血縁, 身内; 気質, 性質; 血気, 激情;《ベネズエラ》〘食〙ブラッドソーセージ *a ~ caliente* かんかんに怒って *a ~ fría* 冷酷に, 平気で *a ~ y fuego* 容赦なく; 譲歩せずに *de ~ caliente* かっとなりやすい *hacerse ~* 傷つく, 血を出す *lavar con ~* 〈屈辱などを〉血でそそぐ *mala ~*《話》意地の悪い人; 不機嫌 *pura ~* 純血種 *revolverse la ~* 血が煮えくり返る, 逆上する *~ azul* 貴族 *~ de atole*《メキシコ》冷静な性格 *~ de horchata* 冷静な性格 *~ gorda* 鈍感, 無表情 *~ ligera* すぐ打ち解ける人, 社交的な人 *subírsele a la cabeza la ~* 逆上する, かっとなる *sudar ~* 辛酸をなめる, 大変な努力をする

***san-'grí+a** [サン.'グリ.ア] 94% 名 女〘飲〙サングリア《赤ワイン・ジュース・果物・炭酸水で作るパンチ》;〘医〙血抜き, 放血, 瀉血(しゃけつ);〘体〙ひじの内側; 流出, 乱費, 浪費; 放水口; (樹液を採るための)刻み目, 切り口;〘印〙字下げ, インデント

***san-'grien-to, -ta** [サン.'グリエン.ト, タ] 93% 形 出血している, 血に汚れた, 血まみれの; 血なまぐさい, 残虐な, むごたらしい

san-gui-'jue-la [サン.ギ.'ふエ.ラ] 名 女〘動〙ヒル; 高利貸し, たかり屋

san-gui-'na-rio, -ria [サン.ギ.'ナ.りオ, りア] 形 血に飢えた, 残忍な **-ria** 名 女〘鉱〙血石, 血玉髄

san-'guí-ne+o, +a [サン.'ギ.ネ.オ, ア] 形 血の, 血液の; 短気な, 多血質の; 血の色の, 血紅色の

san-gui-no-'len-to, -ta [サン.ギ.ノ.'レン.ト, タ] 形 血の, 血走った, 充血した

***sa-ni-'dad** 91% 名 女 (公衆)衛生; 健康, 健全

sa-ni-'ta-rio, -ria [サ.ニ.'タ.りオ, りア] 形 衛生の, 衛生上の;〘医〙医療の 名 男 女〘軍〙衛生兵 名 男 便器; 衛生設備; 衛生器具

***San Jo+'sé** [サン ほ.'セ] 92% 名 固〘地名〙サンホセ《コスタリカ Costa Rica の首都; ウルグアイ南部の県》;〘地名〙サンノゼ《米国南西部の都市》

***San 'Juan** [サン 'ふアン] 92% 名 固〘地

S

名〗サンフアン《プエルトリコ Puerto Rico の首都; ドミニカ共和国西部の県; アルゼンチン西部の州, 州都; ベネズエラ中北部の都市》; 〔el ~〕〘地名〙サンフアン川《ニカラグア湖から流出してカリブ海に注ぐ川》

san-jua-'na-da [サン.ふア.'ナ.ダ] 名 女《ズペ》サン・フアン祭《6月24日》

San 'Juan Bau-'tis-ta [サン 'ふアン バウ.'ティス.タ] 名 固〘地名〙サン・フアン・バウティスタ《パラグアイ南部の都市》

san-jua-'ne-ro, -ra [サン.ふア.'ネ.ろ, ら] 形 名 男 女〘地名〙(プエルトリコの)サンフアンの(人)↑San Juan

San Lo-'ren-zo [サン ロ.'れン.そ] 名 固〔el ~〕〘地名〙セントローレンス川《米国とカナダの国境付近を北東に流れる川》

San 'Luis [サン 'ルイス] 名 固〘地名〙サンルイス《アルゼンチン中西部の州, 州都》; 〘地名〙セントルイス《米国中北部の都市》

San 'Luis Po-to+'sí [サン 'ルイス ポ.ト.'スィ] 名 固〘地名〙サン・ルイス・ポトシ《メキシコ中北部の州, 州都》

San 'Mar-cos [サン 'マる.コス] 名 固〘地名〙サンマルコス《グアテマラ西部の県》

san-ma-ri-'nen-se [サ(ン).マ.リ.'ネン.セ] 形 名 共〘地名〙サンマリノ(人)の, サンマリノ人↓San Marino

San Ma-'ri+no [サン マ.'リ.ノ] 名 固〔Serenísima República de ~〕〘地名〙サンマリノ《イタリア半島北東部の小共和国; その首都》

San Mar-'tín [サン マる.'ティン] 名 固〘地名〙サンマルティン《ペルー北部の県; アルゼンチン東部の都市》

San Mi-'guel [サン ミ.'ゲル] 名 固〘地名〙サンミゲル《エルサルバドル東部の県, 県都》

****'sa+no, +na** 88% 形〘医〙健康な, 健康そうな, 健康的な, 健康によい; (道徳的に)健全な; 欠陥のない, 完全な, 傷んでいない; 堅固な, しっかりした, 堅実な, 安全な; 正しい, 穏健な, «判断などが»妥当な ***cortar por lo ~*** 思い切った手段をとる ***~[na] y salvo[va]*** 無事に, つつがなく **-namente** 副 健康で, 健康的に, 健康によく; 善意で, 誠実に

San 'Pa-blo [サン 'パ.ブろ] 名 固《ラテ》⇩São Paulo

San 'Pe-dro [サン 'ペ.ドろ] 名 固〘地名〙サンペドロ《パラグアイ中部の県》

San 'Pe-dro de Ma-co-'rís [サン 'ペ.ドろ デ マ.コ.'りス] 名 固〘地名〙サン・ペドロ・デ・マコリス《ドミニカ共和国東部の県, 県都》

San 'Pe-dro 'Su-la [サン 'ペ.ドろ 'ス.ラ] 名 固〘地名〙サン・ペドロ・スラ《ホンジュラス北西部の都市》

San Pe-ters-'bur-go [サン ペ.テ(る).ス.'ブる.ゴ] 名 固〘地名〙サンクトペテルブルグ《ロシア連邦西部の都市, 旧名レニングラード》

San Quin-'tín [サン キン.'ティン] 名 固〘地名〙サンカンタン《フランス, パリ近郊の都市; 1557年, スペイン軍がフランス軍を破った地》

***San Sal-va-'dor** [サン サル.バ.'ドる] 94% 名 固〘地名〙サンサルバドール《エルサルバドル El Salvador の首都; エルサルバドル中南部の県》; 〘地名〙サン・サルバドル島《西インド諸島の島, バハマ諸島の島; 1492年コロンブスが新大陸への第一歩を記した地といわれる》

'sáns-cri-to, -ta ['サ(ン)ス.クリ.ト, タ] 形〘歴〙〘言〙サンスクリット(語)の, 梵(ぼん)語の 名 男〘歴〙〘言〙サンスクリット語, 梵(ぼん)語

san-se+a-ca-'bó 〔成句〕 ***Y ~.*** 《話》(それで)おしまい

San Se-bas-'tián 名 固〘地名〙サンセバスティアン《スペイン北部の港湾都市》

San-ta 'A-na 名 固〘地名〙サンタアナ《エルサルバドル北西部の県, 県都; ボリビア北部の都市》; 〘地名〙サンタナ《米国西部の都市》

san-ta-'bár-ba-ra [サン.タ.'バる.バ.ら] 名 女〘軍〙(軍艦の)火薬庫, 弾薬庫

San-ta 'Bárba-ra [サン.タ 'バるバ.ら] 名 固〘地名〙サンタバルバラ《エルサルバドル北西部の県, 県都; ボリビア北部の都市》; 〘地名〙サンタバーバラ《米国西部の都市》

San-ta 'Cla-ra [サン.タ 'クラ.ら] 名 固〘地名〙サンタクララ《キューバ中西部の都市; ウルグアイ北東部の町》

san-ta-cru-'ce-ño, -ña [サン.タ.クる.'せ.ニョ, ニャ] 形 名 男 女〘地名〙サンタ・クルス・デ・テネリフェの(人)↓Santa Cruz de Tenerife

San-ta 'Cruz [サン.タ 'クるす] 名 固〘地名〙サンタクルス《ボリビア東部の県; アルゼンチン南部の州》

San-ta 'Cruz de Te-ne-'ri-fe [サン.タ 'クるす デ テ.ネ.'り.フェ] 名 固〘地名〙サンタ・クルス・デ・テネリフェ《スペイン領カナリア諸島, テネリフェ島の都市》

San-ta E-'le-na [サン.タ エ.'レ.ナ] 名 固〘地名〙セントヘレナ島《イギリス領, 南大西洋上の島, 1815年ナポレオンが流された》

San-ta 'Fe 名 固〘地名〙サンタフェ《アルゼンチン中北部の州, 州都》; 〘地名〙サンタフェ《米国南西部の都市》

San-ta Lu-'cí+a [サン.タ ル.'すぃ.ア] 名 固〘地名〙セントルシア《カリブ海の島国》

San-ta 'Mar-ta [サン.タ 'マる.タ] 名 固〘地名〙サンタマルタ《コロンビア北部の港湾都市》

S

'san-ta-'men-te 副 ↓santo
San-'ta-na 名 固〔姓〕サンタナ
San-tan-'der [サン.タン.'デる] 名 固〔地名〕サンタンデール《スペイン北部の都市; コロンビア中北部の県》
san-tan-de-'ri+no, -na [サン.タン.デ.'り.ノ, ナ] 形 名 男 女 サンタンデールの(人) ↑Santander
San-ta 'Ro+sa [サン.タ 'ろ.サ] 名 固〔地名〕サンタロサ《グアテマラ南部の県; アルゼンチン中南部の都市》
San-ta 'Se+de 名 固 ⇩ Vaticano
san-'tel-mo [サン.'テル.モ] 名 男 恩人, 救い人
san-te-'rí+a [サン.テ.'り.ア] 名 女〔宗〕サンテリーア《カトリックとアフリカ起源の信仰が混交したキューバの黒人の宗教》
San-'tia-go 名 固〔~ el Mayor〕〔聖〕聖大ヤコブ, サンティアゴ ***¡~ y cierra España!*** 〔歴〕サンティアゴ! スペインを守れ!《スペインの国土回復運動 Reconquista の際の関(とき)の声》
****San-'tia-go de 'Chi-le** [サン.'ティア.ゴ デ 'チ.レ] 85% 名 固〔地名〕サンティアゴ(・デ・チレ)《チリ Chile の首都》
San-'tia-go de Com-pos-'te-la [サン.'ティア.ゴ デ コン.ポス.'テ.ラ] 名 固〔地名〕サンティアゴ・デ・コンポステーラ《スペイン北西部の都市, 中世以来の聖地》
San-'tia-go de 'Cu-ba 名 固〔地名〕サンティアゴ・デ・クバ《キューバ東部の県, 県都》
San-'tia-go del Es-'te-ro [サン.'ティア.ゴ デル エス.'テ.ろ] 名 固〔地名〕サンティアゴ・デル・エステーロ《アルゼンチン北部の州, 州都》
San-'tia-go Ro-'drí-guez [サン.'ティア.ゴ ろ.'ドり.ゲす] 名 固〔地名〕サンティアゴ・ロドリゲス《ドミニカ共和国北西部の県》
san-tia-'gue-ño, -ña [サン.ティア.'ゲ.ニョ, ニャ] 形 名 男 女〔地名〕サンティアゴ・デル・エステーロの(人) ↑Santiago del Estero
san-tia-'gue-ro, -ra [サン.ティア.'ゲ.ろ, ら] 形 名 男 女〔地名〕サンティアゴ・デ・クバの(人) ↑Santiago de Cuba
san-tia-'gués, -'gue-sa [サン.ティア.'ゲス, 'ゲ.サ] 形 名 男 女〔地名〕サンティアゴ・デ・コンポステーラの(人) ↑Santiago de Compostela
san-tia-'gui+no, -na [サン.ティア.'ギ.ノ, ナ] 形 名 男 女〔地名〕サンティアゴ・デ・チレの(人) ↑Santiago de Chile
san-tia-'mén〔成句〕***en un ~***《話》すぐに, あっという間に
san-ti-'dad 名 女 神聖さ, 聖性, 尊厳 ***olor de ~*** 高徳の誉れ ***su ~*** 聖下《ローマ教皇の尊称》
san-ti-fi-ca-'ción [サン.ティ.フィ.カ.'すぃオン] 名 女〔宗〕聖化, 聖別; 聖人の列に加えること, 列聖
san-ti-fi-'car [サン.ティ.フィ.'カる] 動 他 ⑥⑨ (c|qu)〔宗〕神聖にする, 聖別する, 聖なるものとしてあがめる, 神に捧げる; 〈日曜・祝日を〉祝う
san-ti-'guar [サン.ティ.'グアる] 動 他 ⑨ (u|ü)〔宗〕〈に〉十字を切る, (十字を切って)祝福する;《俗》殴る, ぶつ **~se** 動 再 十字を切って祝福する;《話》びっくり仰天する, (驚いて)十字を切る
San-ti-'lla-na del 'Mar [サン.ティ.'ジャ.ナ デル 'マる] 名 固〔地名〕サンティジャナ・デル・マル《スペイン北部の町》
san-'tí-si-mo, -ma 形〔宗〕神聖な;《話》〔皮肉〕«日が»長い 名 男;〔el S~〕〔宗〕聖体
****'san-to, -ta** 73% 形〔宗〕神聖な, 聖なる, 神事に供する;〔宗〕〔聖人の名前の前につける〕聖…《弱勢》《男性の聖者の名の前で san となる, ただし Domingo, Tomás, Tomé, Toribio の前では santo》;〔宗〕神に身をささげた;〔宗〕信心深い, 神々しい, 敬虔(けいけん)な;《話》〔皮肉〕ひどい; ありがたい, ためになる 名 男 女〔宗〕聖人, 聖者《ローマカトリック教会で精進・敬虔などの点で特に優れた人をその人の死後尊崇して呼ぶ名称》;〔宗〕聖人の日《聖人の祝日にその名前を持つ人を祝福する習慣がある》 **-tamente** 副 清らかに, 正しく, 聖人のように ***¿A qué ~? / ¿A ~ de qué?***《疑問》《話》一体なぜ ***el día de Todos los Santos*** 諸聖人の祝日《11月1日》 ***irse el ~ al cielo***《話》言いたいことを忘れてしまう ***¡Por todos los ~s!*** 後生ですから, お願いですから ***no ser (el) ~ de su devoción***《話》虫が好かない, 好きになれない ***~ y seña*** 合言葉 ***tener el ~ de cara*** 運がいい ***tener el ~ de espaldas*** 運に見放される ***¡Y santas pascuas!***《話》それで終わり[おしまい]
***San-to Do-'min-go** 92% 名 固〔地名〕サントドミンゴ《ドミニカ共和国 República Dominicana の首都》
san-'tón 名 男〔宗〕(イスラム教の)隠者;《話》偽善者;《話》ボス, 大物
san-'tó-ni-co 名 男〔植〕セメンシナ
san-to-'ral [サン.ト.'らル] 名 男 聖人伝; 聖人の祝日カレンダー
'San-tos 名 固〔Los ~〕〔地名〕ロスサントス《パナマ中部の県》;〔姓〕サントス
San-to To+'mé [サン.ト ト.'メ] 名 固〔地名〕サントメ《サントメ・プリンシペ Santo Tomé y Príncipe の首都》

San-to To-'mé y 'Prín-ci-pe [サン.ト ト.'メ イ 'プリン.すぃ.ペ] 名 固 〘地名〙サントメ・プリンシペ《西アフリカ, ギニア湾に浮かぶサントメ島・プリンシペ島および周辺の島々からなる国》

***san-'tua-rio** [サン.'トゥア.りオ] 92% 名 男〘宗〙神聖な場所, 神社, (寺院などの)聖所, 聖地, 聖堂, 神殿

san-tu-'rrón, -'rro-na [サン.トゥ.'ろン, 'ろ.ナ] 形 名 男 女〘宗〙〔軽蔑〕信心に凝り固まった(人); こちこちの信心家, 狂信家

san-tu-rro-ne-'rí+a [サン.トゥ.ろ.ネ.'り.ア] 名 女〘宗〙〔軽蔑〕信心に凝り固まること

San Vi-'cen-te [サン ビ.'セン.テ] 名 固〘地名〙サン・ビセンテ《エルサルバドル中部の県, 県都》

San Vi-'cen-te y las Gra-na-'di-nas [サン ビ.'セン.テ イ ラス グら.ナ.'ディ.ナス] 名 固〘地名〙セントビンセント・グレナディーン《カリブ海の立憲君主国》

'Sanz ['サン(す)] 名 固〘姓〙サンス

'sa+ña ['サ.ニャ] 名 女 怒り, 激怒; 残酷さ, 残忍さ, 執拗さ

sa-'ñu-do, -da [サ.'ニュ.ド, ダ] 形 怒った, 激怒した; 残酷な, 執拗な

Sã+o 'Pau-lo [サ.オ 'パウ.ロ] 名 固〘地名〙サンパウロ《ブラジル南部の都市》

sa-'pien-cia [サ.'ピエン.すぃア] 名 女《格》知恵, 賢さ

sa-pien-'cial [サ.ピエン.'すぃアル] 形《格》知恵の, 賢い

sa-'pien-te 形《格》知恵のある, 聡明な, 賢い

sa-'pi+no 名 男〘植〙モミ

'sa+po 名 男〘動〙ヒキガエル;《俗》(名前がわからない)動物 ***echar [soltar] (por la boca) ~s y culebras***《話》悪態をつく, 無茶なことを言う ***estar de ~***《話》(泥棒仲間のために)見張りをする

sa-po-'ná-ce+o, +a [サ.ポ.'ナ.せ.オ, ア] 形 石鹸(せっけん)の(ような)

sa-po-ni-fi-'car [サ.ポ.ニ.フィ.'カる] 動 他 69 (c|qu)〘化〙鹸化(けんか)する, 石鹸(せっけん)にする

sa-'po-te 名 男 ⇩ zapote

sa-pro-'fi-to ⇔ **-'pró-** [サ.プろ.'フィ.ト⇔.'プろ.] 名 男〘植〙〘菌〙腐生植物[菌類] 形〘植〙〘菌〙腐生の, 腐敗物に生育する

'sa-que** ['サ.ケ] 名 男〘競〙〔テニスなど〕サーブ; サービスライン;〘競〙〔サッカー〕キック, スローイン ***tener buen ~《話》よく食べる

sa-'qué, -que(~) 動《直点1単, 接現》⬆sacar

sa-que+'ar [サ.ケ.'アる] 動 他 略奪する, 強奪する, ぶんどる

sa-'que+o [サ.'ケ.オ] 名 男 略奪, 強奪

sa-'qui-to [サ.'キ.ト] 名 男《コロンビア》〘衣〙子供用ジャケット

'Sa+ra ['サ.ら] 名 固〘女性名〙サラ

Sa-ra-'je-vo [サ.ら.'へ.ボ] 名 固〘地名〙サラエボ《ボスニア・ヘルツェゴビナ Bosnia-Herzegovina の首都》

sa-ram-'pión [サ.らン.'ピオン] 名 男〘医〙はしか, 麻疹(ましん)

sa-'ra+o [サ.'ら.オ] 名 男 (音楽・談話の)夜会, …の夕べ

sa-'ra-pa [サ.'ら.パ] 名 女《コロンビア》〘食〙食べ残し, 残り物, 残飯

sa-'ra-pe [サ.'ら.ペ] 名 男《メキシコ》〘衣〙サラーペ《外套の代わりや肩掛けにする毛布地》;《中米》〘衣〙ポンチョ

sar-'cas-mo [サる.'カス.モ] 名 男 皮肉, あてこすり, いやみ

sar-'cás-ti-co, -ca [サる.'カス.ティ.コ, カ] 形 皮肉な, 風刺的な, いやみな **-ca-mente** 副 皮肉に, 風刺的に, 嫌みに

sar-'có-fa-go [サる.'コ.ファ.ゴ] 名 男 石棺

sar-coi-'do-sis [サる.コイ.'ド.スィス] 名 女〔単複同〕〘医〙サルコイドーシス, 肉芽腫性疾患

sar-'co-ma [サる.'コ.マ] 名 男〘医〙肉腫(にくしゅ)

sar-'da-na [サる.'ダ.ナ] 名 女〘楽〙サルダーナ《カタルーニャ地方の輪になって踊る民族舞踊, 舞曲》

sar-'di-na** [サる.'ディ.ナ] 94% 名 女〘魚〙イワシ, サーディン《欧州産のイワシの類》 ***como ~s en lata すし詰めで

sar-di-'nel [サる.ディ.'ネル] 名 男〘建〙小端(こば)立て(れんが積み);《コロンビア》(車道の横の)歩道;《ベネズエラ》排水溝

sar-di-'ne-ro, -ra [サる.ディ.'ネ.ろ, ら] 形〘魚〙サーディンの, イワシの 名 男 女〘商〙イワシ売り

sar-'di+no, -na [サる.'ディ.ノ, ナ] 形 名 男 女《メキシコ》《話》社会的地位が低い(人);《コロンビア》《話》若い(人); 若者, 青年

'sar-do, -da ['サる.ド, ダ] 形 名 男 女 サルデーニャの; サルデーニャ人 ⬆Cerdeña;〘言〙サルデーニャ語の 名 男〘言〙サルデーニャ語

sar-'dó-ni-ce [サる.'ド.ニ.せ] 名 女〘鉱〙紅縞瑪瑙(べにしまめのう)

sar-'dó-ni-co, -ca [サる.'ド.ニ.コ, カ] 形 冷笑的な **-ca** 名 女 ⇧ sardónice

'sar-ga ['サる.ガ] 名 女〘衣〙サージ《綾織りの毛織物》

sar-'ga-zo [サる.'ガ.そ] 名 男〘植〙ホンダワラ **mar de los Sargazos** 名 固〘地名〙サルガッソー海《北大西洋》

sar-'gen-ta [サる.'ヘン.タ] 名 女《話》荒々しい女, 男勝りの女
sar-'gen-to [サる.'ヘン.ト] 名 共〔軍〕(陸軍)軍曹;《話》暴君, 高慢でいばる人, 鬼のような人
sa-'rín [サ.'リン] 名 男〔化〕サリン《致死性の毒ガス》
'Sar-ja ['サる.は] 名 固〔地名〕シャールジャ首長国《アラビア半島, ペルシア湾沿岸に位置するアラブ首長国連邦に属する首長国; その首都》
sar-men-'to-so, -sa [サる.メン.'ト.ソ, サ] 形〔植〕つる茎のある; ブドウのつるのような, «指などが»やせて細長い
sar-'mien-to [サる.'ミエン.ト] 名 男〔植〕ブドウの木の若枝; ブドウなどのつる
'sar-na ['サる.ナ] 名 女〔医〕疥癬(かいせん)
sar-'no-so, -sa [サる.'ノ.ソ, サ] 形〔医〕疥癬(かいせん)にかかった 名 男 女〔医〕疥癬患者
sar-pu-'lli-do 名 男〔医〕発疹(はっしん), 皮疹; ノミの食い跡
sar-pu-'llir [サる.プ.'ジる] 動 他 ⑩ (i)〔医〕〈に〉発疹(はっしん)をつくる　~se 動 再〔医〕発疹ができる
sa-rra-'ce+no, -na [サ.ら.'せ.ノ, ナ] 形〔歴〕サラセンの 名 男 女 サラセン人
sa-rra-'ci-na [サ.ら.'すぃ.ナ] 名 女 乱闘, 闘争;《話》大破壊, めちゃくちゃ
'Sa-rre ['サ.れ] 名 固〔地名〕ザール《ドイツ西部の州》
'sa-rro ['サ.ろ] 名 男 沈澱物, 水あか, こびりついた汚れ;〔医〕舌苔(ぜったい), 舌ごけ;〔医〕歯石;〔菌〕カビ, サビ菌
sa-'rro-so, -sa [サ.'ろ.ソ, サ] 形 沈澱物がある, 水あかのついた;〔医〕歯石がついた;〔医〕舌苔(ぜったい)を生じた
'sar-ta ['サる.タ] 名 女 一連, 連続; ひもに通したもの, 数珠つなぎになったもの
*__sar-'tén__ [サる.'テン] 93% 名 女 ⇦ 男〔食〕フライパン *tener la ~ por el mango*《話》支配する, 牛耳る
sar-te-'na-da [サる.テ.'ナ.ダ] 名 女〔食〕フライパンで料理する一回の量
sar-te-'na-zo [サる.テ.'ナ.そ] 名 男 フライパンによる一撃; 強い一撃
sar-to-'rial [サる.ト.'りアル] 形《格》縫製の; 洋服仕立業の
s. a.; s/a 略 =sin año《文書の》年代不詳
Sa-'sá-ni-da 名 固〔歴〕ササン朝ペルシャ《226–651 年》
*__'sas-tre, -tra__ ['サス.トれ, トら] 94% 名 男 女〔商〕〔人〕仕立て屋, テーラー《主に紳士服を注文で作る》
sas-tre-'rí+a [サス.トれ.'り.ア] 名 女〔技〕洋服仕立て職;〔商〕洋服屋

Sa-'tán 名 固 ⇩ Satanás
Sa-ta-'nás 名 固〔架空〕サタン, 魔王　s~ 名 男 悪人
sa-'tá-ni-co, -ca 形〔架空〕魔王の, サタンの; 悪魔のような
sa-ta-'nis-mo 名 男 悪魔的行為
sa-ta-ni-'zar [サ.タ.ニ.'さる] 動 他 ㉞ (z|c) 悪魔化する, 極悪化する
*__sa-'té-li-te__ [サ.'テ.リ.テ] 93% 名 男〔天〕衛星; 人工衛星;〔空〕(空港の)サテライト《乗客が乗り降りするときに通る》;《話》手先, 取り巻き 形 «国・都市が»衛星の
sa-'tén 名 男〔衣〕サテン, 繻子(しゅす)
sa-ti-'na-do, -da 形〔衣〕光沢のある
sa-ti-'nar [サ.ティ.'ナる] 動 他〔衣〕〈に〉しゅす光沢をつける
'sá-ti-ra ['サ.ティ.ら] 名 女 風刺;〔文〕風刺文[詩, 文学]
sa-'tí-ri-co, -ca [サ.'ティ.り.コ, カ] 形 風刺の
sa-ti-ri-'zar [サ.ティ.り.'さる] 動 他 ㉞ (z|c) 風刺する
'Sá-ti-ro ['サ.ティ.ろ] 名 固〔ギ神〕サテュロス《ヤギの耳と尾を持つ半人半獣の怪物; 森の神》;〔s~〕名 男 好色家
**__sa-tis-fac-'ción__ [サ.ティス.ファク.'すぃオン] 88% 名 女 満足, 満足感; 満足を与えるもの, 満足すべきもの[こと], うれしいこと; (願望などの)達成, 本望; 弁償, 賠償, (借金などの)返済, 謝罪;〔宗〕贖罪(しょくざい) *a ~ de* ... …の満足のいくように
**__sa-tis-fa-'cer__ [サ.ティス.ファ.'せる] 88% 動 他〔過分 satisfecho〕〈人・欲望・必要を〉満足させる,〈意を〉満たす,〈要求に〉応じる;〈条件を〉満足させる; 心配・疑いを晴らす, 納得させる, 安心させる;〈義務を〉果たす,〈負債を〉支払う, 返済する; 償う　~se 動 再 (con: で)満足する; (de: の)腹いせをする, 恨みを晴らす
*__sa-tis-fac-'to-rio, -ria__ [サ.ティス.ファク.'ト.りオ, りア] 92% 形 満足な, 申し分のない, 立派な, 見事な　-riamente 副 満足できるほどに, 十分に, 思うとおりに
sa-tis-'fa-go, -ga(~) 動《直現 1 単, 接現》↑satisfacer
sa-tis-'faz 動《命》↑satisfacer
*__sa-tis-'fe-cho, -cha__ 91% 形 (con, de: に)満足した, 満ち足りた, 納得した; 腹いっぱいの
sa-tis-'fi-c~, -z~ 動《点過/過》↑satisfacer
'sá-tra-pa ['サ.トら.パ] 名 男〔歴〕〔政〕(古代ペルシャの)太守, (地方の)総督;《話》ずるがしこい男
sa-tu-ra-'ción [サ.トゥ.ら.'すぃオン] 名 女〔化〕飽和(状態)
sa-tu-'ra-do, -da [サ.トゥ.'ら.ド, ダ]

S

形 (de: で)飽和状態の

sa-tu-'rar [サ.トゥ.'らる] 動 他 (de: で)いっぱいにする; 〖化〗飽和させる ～**se** 動 再 飽和する

sa-tur-'nal [サ.トゥる.'ナル] 形 〖天〗土星の; 〖ロ神〗サトゥルヌス神の ↓Saturno 名 女 お祭り騒ぎ, 底抜け騒ぎ; 〔Saturnales〕〖歴〗サトゥルヌス祭り《古代ローマの農神祭》

sa-tur-'ni+no, -na [サ.トゥる.'ニ.ノ, ナ] 形 《格》《人・気質・顔などが》むっつりした, 陰気な; 〖化〗鉛の; 〖医〗鉛中毒の

Sa-tur-'ni+no [サ.トゥる.'ニ.ノ] 名 固 〖男性名〗サトゥルニーノ

Sa-'tur+no [サ.'トゥる.ノ] 名 固 〖ロ神〗サトゥルヌス《農耕の神》; 〖天〗土星

'sau-ce ['サウ.せ] 名 男 〖植〗ヤナギ[柳] ～ ***llorón*** 〖植〗シダレヤナギ

sa+'ú-co, -'sau-co 名 男 〖植〗ニワトコ

sau-'da-de 名 女 ノスタルジア, 郷愁

sau-'dí 〔複 -díes⇦-dís〕〖地名〗サウジアラビア(人)の, サウジアラビア人 ↑Arabia Saudí

sau-'di-ta 形 名 共 ⇧ saudí

'sau-na 名 女 [男] サウナ風呂

'sau-rio, -ria ['サウ.りオ, りア] 形 〖動〗トカゲ類の 名 男 〖動〗トカゲ類の動物

'sa-via ['サ.ビア] 名 女 元気, 生気, 活力; 液汁, 樹液

sa-xo-'fón⇦sa-'xó-fo+no [サク.ソ.'フォン⇦サク.'ソ.フォ.ノ] 名 男 〖楽〗サクソフォン 名 共 〖楽〗サクソフォン奏者

sa-'xó-fo-no 名 男 ⇧ saxofón

'sa+ya 名 女 〖衣〗アンダースカート, スリップ; 《(カリ)(ブ)》〖衣〗スカート

sa-'yal [サ.'ジャル] 名 男 〖衣〗粗いウールの布地

'sa+yo 名 男 〖衣〗上っ張り, 仕事着, スモック; 〖歴〗〖衣〗チュニカ《古代ギリシャ・ローマの長衣》

sa-'yón 名 男 〖歴〗〖法〗法の執行吏; 〔特に〕死刑執行人; 《話》こわもて, 恐ろしい顔の人; 〖宗〗聖週間に長い法衣を着て歩く信徒

*__sa-'zón__ [サ.'そン] 93% 名 女 成熟, 円熟; 味, 風味, 香味; 〖食〗調味, 味つけ; 好機, 適期 ***a la*** ～ その時, 当時 ***en*** ～ 〖食〗《果物などが》旬の, 食べごろの; 折よく ***fuera de*** ～ 折あしく, あいにく

*__sa-zo-'nar__ [サ.そ.'ナる] 94% 動 他 楽しくする, 〈に〉趣きを添える; 〖食〗調味する, 〈に〉味をつける; 熟させる, 円熟させる; 〖農〗〈の〉地味を肥やす ～**se** 動 再 熟する, 熟成する

sc. 略 =〔ラテン語〕*scilicet* すなわち

s/c 略 =su cuenta 〖商〗貴勘定

S. C. 略 =sociedad comanditaria 〖商〗合名会社

s. d. 略 =〔ラテン語〕*sine data* 日付不詳

Sdad. 略 =sociedad 〖商〗会社

Sdad. Ltda. 略 =sociedad limitada 〖商〗有限会社

S. D. M. 略 =su divina majestad《敬称》陛下

SDRA 略 =síndrome de dificultad respiratoria aguda 〖医〗急性呼吸窮迫症候群, ARDS

se [セ] 36% 代 《再帰》〔弱勢〕 **1 自分を[に]: Papá **se** está afeitando. おとうさんはひげをそっています。 **2** …される《再帰代名詞・3単/複》: En España **se** hablan cuatro lenguas oficiales. スペインでは4つの公用語が話されている。 **3** 人は(一般に)…である《再帰代名詞・3単》: **Se** ve que por aquí no ha llovido nada. ここでは雨がまったく降らなかったようだ。 **4** (互いに)…である: Julián y Elvira **se** quieren. フリアーンとエルビーラは相思相愛である。 **5** 《再帰代名詞・3単/複数; 再帰形で特定の意味を持つ動詞がある》: ¿Cómo **se** llama usted? あなたのお名前は何ですか? ***Éra～ que ～ era*** … / ***Éra～ una vez*** … 昔々あるところに…がいました《物語の始まりに用いる》

se 代 《人称》〔間接目的語〕↑le

'sé 動 《直現1単》↑saber; 《命》↓ser

se～ 〔接頭辞〕「分離」を示す

s. e.; s/e 略 =sin (indicación de) editorial《書籍の》出版社不詳

SE 略 ↓sudeste

S. E. 略 =su excelencia《尊称》閣下

'se+a(～) 動 《接現》↓ser

se-'bá-ce+o, +a [セ.'バ.せ.オ, ア] 形 〖体〗皮脂様[性]の; 脂肪を分泌する

Se-bas-'tián 名 固 〖男性名〗セバスティアン

se-'bi-che 名 男 《(ラ)(米)》⇧ cebiche

'se+bo 名 男 獣脂, 脂肪; 〖体〗皮下脂肪; 脂汚れ, あか; 《話》酔い ***poner*** ～ 《(コロン)(ビア)》《話》(a: を)わずらわせる, (a: に)迷惑をかける

se-'bo-ro [セ.'ボ.ろ] 名 男 《(アン)(デス)》〖動〗(淡水にすむ)カニ

se-bo-'rre+a [セ.ボ.'ȓ.ア] 名 女 〖医〗脂漏(しろう)(症)

se-'bo-so, -sa 形 獣脂の, 脂質の, 脂肪の; 脂で汚れた, 不潔な

'se+ca 名 女 〖気〗干ばつ, 渇水, 乾燥期; 〖医〗腺(せん)の梗塞(こうそく); 〖地〗砂丘, 砂堆(さたい), 砂州

se-ca-'dal [セ.カ.'ダル] 名 男 〖地〗乾燥地, 乾いた砂丘

se-ca-'de-ro, -ra [セ.カ.'デ.ろ, ら] 形 〖農〗《果物などが》乾燥保存に向いた 名 男 乾燥室, 物干し場

se-'ca-do 名 男 乾燥させること

S

*se-ca-'dor [セ.カ.'ドる] 94% 名 男 〔機〕乾燥機;〔電〕ヘアードライヤー;《メキシコ》ナプキン

se-ca-'do-ra [セ.カ.'ド.ら] 名 女 〔機〕乾燥機

'se-ca-'men-te 副 ↓seco

se-'ca+no 名 男 乾燥地; 乾燥したもの;〔地〕砂丘 *tierra de* ～〔農〕乾地農業用地

se-'can-te 形 乾燥させる, 乾かす, 速乾性の;《ラプラタ》《話》うんざりする, 退屈な;〔数〕分かつ 名 女 〔数〕割線;〔数〕セカント 名 男 吸い取り紙

**se-'car [セ.'カる] 90% 動 他 ⑲ (c|qu) 乾かす, 干す; ふいて水気を取る, ぬぐう;〈沼地などを〉干す, 干上がらせる;〔植〕〈植物を〉枯らす ～(se) 動 自 (再)《植物が》枯れる;〈自分の体・汗などを〉ふく, ぬぐう; 乾く;《水が》涸(か)れる, ひからびる

se-ca-'rral [セ.カ.'らル] 名 男 〔地〕乾燥地

**sec-'ción [セク.'すぃオン] 83% 名 女 部門, セクション; (書物・文章などの)節, 項, 段落; (官庁・会社などの)部, 課; 切開, 切断; (団体の中の)グループ, 派, 党; (社会の)階層;〔地〕(町などの)区画, 地区, 区分; (新聞の)欄; (機械の)部分品;〔植〕(ミカンなどの)袋, 房; (切り取った)部分, 切断部; 横断面, 断面(図)

sec-cio-'nal [セク.すぃオ.'ナル] 形 部門の, セクションの, 部の, 課の; グループの, 派の, 党の; (社会の)階層の; 区分の, 区画の, 地区の 名 女 《コロンビア》支店, 出張所;《ラプラタ》警察署

sec-cio-'nar [セク.すぃオ.'ナる] 動 他 区分する, 切断する, 分割する

se-ce-'sión [セ.せ.'スィオン] 名 女 〔政〕脱退, 分離, 独立

se-ce-sio-'nis-mo [セ.せ.スィオ.'ニス.モ] 名 男 〔政〕分離主義

se-ce-sio-'nis-ta [セ.せ.スィオ.'ニス.タ] 形 〔政〕分離主義の 名 共 〔政〕分離主義者

**'se+co, +ca 83% 形 乾いた, 乾燥した;〔気〕日照り続きの, 雨の降らない; 枯れた, しおれた; 水が出ない, 涸(か)れた; そっけない, 冷ややかな, クールな, 冷淡な;《音が》乾いた;〔飲〕《酒が》辛口の; やせこけた;〔畜〕《牛などが》乳が出ない; 涙を出さない, のどが渇いた; 無味乾燥な, おもしろくない; それだけの, ありのままの;《チリ》《話》まじめな; けちな, しみったれた;《チリ》《話》金のない, 貧乏な 名 男 《コロンビア》〔料〕(食事の)メインコース *a secas* ただ…, 単に *dejar* ～[*ca*]《話》即死させる; 呆然(ぼうぜん)とさせる *en* ～ 突然, 急に; ドライクリーニングで;〔海〕《船が》陸に上がって -camente 副 そっけなく, 冷淡に; 乾燥して

se-'co-ya 名 女 ⇩ secuoya

se-cre-'ción [セ.クれ.'すぃオン] 名 女 〔生〕分泌, 分泌物

se-'cre-ta-'men-te 副 ↓secreto

se-cre-ta-'rí+a [セ.クれ.タ.'り.ア] 名 女 事務局, 秘書課; 書記官[秘書官]の職; 書記官[秘書官]の事務所;〔政〕(政府の)省, 局

se-cre-ta-'ria-do [セ.クれ.タ.'りア.ド] 名 男 秘書課, 事務局;〔集合〕秘書; 書記官[秘書官]の職

**se-cre-'ta-rio, -ria [セ.クれ.'タ.りオ, りア] 79% 名 男 女 秘書; 書記官, 秘書官, 事務官, (協会などの)幹事;〔政〕閣僚

se-cre-te+'ar [セ.クれ.テ.'アる] 動 自 《話》ささやく, こっそり話す

se-cre-'te+o [セ.クれ.'テ.オ] 名 男 《話》内緒話, こっそり話すこと

se-cre-'ter [セ.クれ.'テる] 名 男 書き物机

se-cre-'tis-mo [セ.クれ.'ティス.モ] 名 男 秘密主義

**se-'cre-to, -ta [セ.'クれ.ト, タ] 83% 形 秘密の, 内密の, 人に知られない;《場所などが》隠れた, 人目につかない, 奥まった;《話》秘密を守る, 口の堅い; 神秘的な, 不思議な 名 男 秘密, 機密, 内緒事; 秘訣(ひけつ), 極意, こつ -tamente 副 秘密に, 内密に, こっそりと, 秘かに *en* ～ 秘かに, 秘密で ～ *a voces* 公然の秘密

se-cre-'tor, -'to-ra [セ.クれ.'トる, 'ト.ら] 形 〔生〕分泌の

*'sec-ta ['セク.タ] 93% 名 女 分派, 宗派, 学派;〔政〕党, 党派, 派閥, セクト;〔軽蔑〕〔宗〕異端

sec-'ta-rio, -ria [セク.'タ.りオ, りア] 形 名 男 女 党派心の強い(人), セクト主義的な(人); 分派の;〔宗〕宗派の; 党派のメンバー;〔宗〕信徒

sec-ta-'ris-mo [セク.タ.'りス.モ] 名 男 〔政〕党派心, 派閥主義, セクト主義

**sec-'tor [セク.'トる] 77% 名 男 分野, 方面, 領域; 地域, 区域;〔政〕党派, 分派, 派;〔数〕扇形;〔軍〕扇形戦区

sec-to-'rial [セク.ト.'りアル] 形 分野の, 方面の, 領域の; 地域の, 区域の;〔政〕党派の, 分派の, 派の

se-'cuaz [セ.'クアす] 名 共 〔しばしば軽蔑〕徒党; 子分, 手下 形 〔しばしば軽蔑〕党派心の強い

se-'cue-la [セ.'クエ.ラ] 名 女 〔しばしば複〕結果, 影響;〔医〕後遺症

se-'cuen-cia [セ.'クエン.すぃア] 名 女 続いて起こること, 連続, 連鎖, (続いて起こる)順序;〔数〕数列;〔映〕一連の画面[場面], シークエンス;〔宗〕追唱, 続唱

se-cuen-cia-'dor [セ.クエン.すぃア.

'ドる] [名] [男] 〔情〕シーケンサー

se-cuen-'cial [セ.クエン.'すぃアル] [形] 続いて起こる, 連続する, 連鎖状の

se-cues-tra-'dor, -'do-ra [セ.クエス.トら.'ドる, 'ド.ら] [名] [男] [女] 誘拐犯人; 乗っ取り犯; 〔法〕差し押さえ人 [形] 誘拐の; 乗っ取りの; 〔法〕差し押さえの

***se-cues-'trar** [セ.クエス.'トらる] 92% [動] [他] さらう, 誘拐する; ハイジャックする, 乗っ取る; 〔法〕押収する, 〈財産を〉差し押さえる

***se-'cues-tro** [セ.'クエス.トろ] 92% [名] [男] 誘拐; ハイジャック, 乗っ取り; 〔法〕差し押さえ, 押収

se-cu-'lar [セ.ク.'ラる] [形] 〔宗〕在俗の, 世俗の, 修道会に属さない; 百年ごとの, 数百年の, 昔からの, 積年の [名] [男] 〔宗〕在俗司祭, 修道会に属さない聖職者

se-cu-la-ri-za-'ción [セ.ク.ラ.り.さ.'すぃオン] [名] [女] 世俗化

se-cu-la-ri-'zar [セ.ク.ラ.り.'さる] [動] [他] ㉞ (z|c) 世俗化する, 俗用に供する; 〔宗〕〈修道院司祭を〉修道院外[教区在位]司祭にする; 〔宗〕教権から解放する, 教会[宗教]から分離する

se-cun-'dar [セ.クン.'ダる] [動] [他] 後援する, 援助する, 支持する

⁑**se-cun-'da-rio, -ria** [セ.クン.'ダ.りオ, りア] 87% [形] 二次的な, 副の, 従の, 第2(番)の, 次の, 次席の; «教育が»中級の, 中等の

se-cun-'di-na [名] [女] 〔複〕〔医〕後産

se-'cuo-ya [名] [女] 〔植〕セコイア《北米産のスギ科の巨木》

*'**sed** 92% [名] [女] のどの渇(かわ)き; 渇望, 激しい欲望

*'**se+da** 91% [名] [女] 絹, 生糸 ***como una ~*** おとなしく; 滑らかなに, スムーズに; たやすく

se-'dal [セ.'ダル] [名] [男] 釣り糸

se-'dán [名] [男] 〔車〕セダン

se-'dan-te [形] 〔医〕鎮静させる [名] [男] 〔医〕鎮静剤, 鎮痛剤

⁑'**se+de** 86% [名] [女] 本部, 本局; 〔宗〕司教管区, 司教座 ***Santa S~*** 〔宗〕教皇庁, バチカン

se-den-'ta-rio, -ria [セ.デン.'タ.りオ, りア] [形] 座業の, 座りがちの; 定住性の

se-den-ta-'ris-mo [セ.デン.タ.'りス.モ] [名] [男] 座業; 定住性

se-'den-te [形] 座った

se-'de-ño, -ña [セ.'デ.ニョ, ニャ] [形] 絹の(ような)

se-de-'rí+a [セ.デ.'り.ア] [名] [女] 〔商〕絹物販売店; 絹物業; 絹物工場; 〔衣〕〔集合〕絹物, 絹製品

se-'de-ro, -ra [セ.'デ.ろ, ら] [形] 絹の [名] [男] [女] 〔商〕絹物業者, 絹物商

se-di-'ción [セ.ディ.'すぃオン] [名] [女] 反乱, 暴動

se-di-'cio-so, -sa [セ.ディ.'すぃオ.ソ, サ] [形] 扇動の, 扇動的な [名] [男] [女] 扇動者

***se-'dien-to, -ta** 94% [形] のどが渇いた; (de: を)渇望している, 強く求めている; «土地が»乾燥した, からからに乾いた, 干上がった

se-di-men-ta-'ción [セ.ディ.メン.タ.'すぃオン] [名] [女] 沈澱, 堆積; 沈静化

se-di-men-'tar [セ.ディ.メン.'タる] [動] [他] 沈澱させる, 堆積させる; 鎮める, 沈静させる **~se** [動] [再] 沈澱する, 堆積する; 沈静する, (心が)落ち着く

se-di-men-'ta-rio, -ria [セ.ディ.メン.'タ.りオ, りア] [形] 沈澱(物)の; 〔地質〕堆積の

se-di-'men-to [名] [男] 沈澱物, 堆積物, おり; 心の傷, しこり

se-'do-so, -sa [形] 絹の(ような), つややかな, すべすべした

***se-duc-'ción** [セ.ドゥク.'すぃオン] 94% [名] [女] 誘惑, そそのかし; 魅力, 魅惑

***se-du-'cir** [セ.ドゥ.'すぃる] 93% [動] [他] ⑮ (c|zc; j) そそのかす, 誘惑する, たぶらかす; 〈の〉心を奪う, 魅了する

se-duc-'ti-vo, -va [セ.ドゥク.'ティ.ボ, バ] [形] 誘惑[魅惑]的な, 魅力のある

se-duc-'tor, -'to-ra [セ.ドゥク.'トる, 'ト.ら] [形] 誘惑的な, 魅惑的な [名] [男] [女] 誘惑者

se-'du-j~ [動] 《直点/接過》 ↑seducir

se-far-'dí [セ.ファる.'ディ] [形] [名] [共] 〔複 -díes⇦-dís〕〔歴〕セファルディー(の)《1492年の追放令によってスペインを追われたユダヤ人》

se-far-'di-ta [形] ⇧ sefardí

se-ga-'dor, -'do-ra [セ.ガ.'ドる, 'ド.ら] [名] [男] [女] 〔農〕収穫者, 刈り取り人夫 [名] [男] 〔動〕ザトウムシ, メクラグモ

se-'gar [セ.'ガる] [動] [他] ㊻ (e|ie; g|gu) 〔農〕刈る, 刈り取る; 切り取る, 切り落とす; 絶つ, 断ち切る

se-'glar [セ.'グラる] [形] 〔宗〕修道院外の, 在俗の [名] [共] 〔宗〕平信徒, 在俗の人

seg-men-ta-'ción [セグ.メン.タ.'すぃオン] [名] [女] 分割, 区分

seg-men-'tar [セグ.メン.'タる] [動] [他] 分割する, 区分する

***seg-'men-to** [セグ.'メン.ト] 92% [名] [男] 部分, 切片, 区分; 〔数〕(直線の)線分, (円の)弓形; 〔動〕体節

Se-'go-via [セ.'ゴ.ビア] [名] [固] 〔地名〕セゴビア《スペイン中部の都市》

se-go-'via+no, -na [セ.ゴ.'ビア.ノ, ナ] [形] [名] [男] [女] 〔地名〕セゴビアの(人) ↑Segovia

se-gre-ga-'ción [セ.グれ.ガ.'すぃオン] [名] [女] 分離, 隔離;〔生〕分泌

se-gre-'gar [セ.グれ.'ガる] [動] [他] 41 (g|gu) 分離する, 引き離す, 隔離する;〔生〕分泌する

se-'gue-ta [セ.'ゲ.タ] [名] [女] (はめ込み細工用)糸のこ

se-gui-'di-lla [セ.ギ.'ディ.ジャ] [名] [女] 〔文〕セギディージャ《スペインの詩形; 独特のリズムをもった 4 から 7 行の連》;〔複〕《スペイン》〔楽〕セギディージャ《3 拍子のスペインの舞踊・舞曲》

se-gui-'dis-mo [セ.ギ.'ディス.モ] [名] [男] 〔軽蔑〕追従, (人に)追随すること

*__se-'gui-do, -da__ [セ.'ギ.ド, ダ] 93% [形] とぎれのない, 連続した, 連続体の; 引き続いての, 相次ぐ; まっすぐの, 直線の [副] まっすぐに; ただちに, すぐに, 続いて **-damente** [副] 次に; 連続して, 連続的に, 続けて ***de seguida*** 続けて, 続いて ***en seguida*** すぐに, 直ちに ⇧ enseguida

se-gui-'dor, -'do-ra [セ.ギ.'ドる, 'ド.ら] [名] [男] [女] 信奉者; 後継者; ファン, 愛好者

se-gui-'mien-to [セ.ギ.'ミエン.ト] [名] [男] 追跡; 継続, 連続

⁑**se-'guir** [セ.'ギる] 62% [動] [他] 64 (e|i; gu|g) ついて行く, 〈に〉従う, 伴う; 追う, 追って行く, 追跡する, 尾行する; 〈風習・忠告・命令などに〉従う, 服する, 守る, 模範とする, 〈例などに〉ならう; 〈科目・コースなどを〉とる, 受講する; 続ける; 〈道を〉たどる, 〈に〉沿って行く; 〈計画・方針に〉ついて行く; 〈話などを〉理解する;〔情〕フォローアップする [動] [自] 後から行く[来る], ついて行く, 続く; (a: に)続いて起こる; 続ける, (現在分詞: …し)続ける; (形容詞・副詞: …の)ままである, 状態である; (por: を)続けて行く, 歩く **~se** [動] [再] (de: から)推論される

⁑**se-'gún** [セ.'グン] 67% [前] 〔強勢〕《人称代名詞は主格形を用いる》 **1** …によれば《依拠》: **Según** tú, todo el mundo es bueno. 君の話だと世の中がよい人ばかりだということになる。 **2** …に従って《基準》: Le pagarán **según** su experiencia. 給与は経験に応じて支払われます。 **3** …によって《条件》: **Según** la cantidad de trabajo que recibamos hoy, lo terminaremos mañana o pasado mañana. 今日受け取る仕事の量によって, それを明日終えるか明後日終えるかが決まる。 [接] **1** …するところによれば《依拠》: **Según** parece, vendrá mucha gente. どうやら多くの人が来そうだ。 **2** …に従って, …と同時に《同時進行》: **Según** los invitados vayan llegando, les acomodaremos en la sala. 招待客が到着次第順に部屋にお通ししましょう。 **3** …のように《様態》: Todo salió **según** esperábamos. すべて私たちが期待していたようになった。 **4** 〔接続法〕…によって《条件》: **Según** sea el tiempo mañana, iremos o no. 私たちが行くか行かないかは明日の天気次第だ。 [副] 《話》場合による ***~ como [que]*** … …のありのままに, …とまったく同じように; …によって《条件》 ***~ y como [conforme]*** … …次第で, …のとおりに;〔単独で〕場合による

se-gun-'de-ro, -ra [セ.グン.'デ.ろ, ら] [形] 〔農〕二回目の収穫の, 二番なりの [名] [男] (時計の)秒針

⁑**se-'gun-do, -da** [セ.'グン.ド, ダ] 68% [形] 《序数》**2** 番目の; 補佐の, 副… [名] [男] [女] **2** 番目の人[物] [名] [男] (時間の)秒; (角度の)…度;〔競〕〔ボクシング〕セコンド [副] **2** 番目に **S~** [名] [固] 〔男性名〕セグンド **-da** [名] [女] 二重の意味, 下心, 底意;〔車〕セカンドギア;〔鉄〕二等車 ***de segunda mano*** 中古の[で] ***en un ~*** ただちに, すぐに ***en ~ lugar*** 第二に, その上に, その次に

se-gun-'dón, -'do-na [セ.グン.'ドン, 'ド.ナ] [名] [男] [女] 次男, 次女, 第 2 子以下の子

se-'gur [セ.'グる] [名] [女] 斧(おの), まさかり;〔農〕鎌(かま), 小鎌, 手鎌

⁑**se-'gu-ra-'men-te** [セ.'グ.ら.'メン.テ] 84% [副] 《話》たぶん, おそらく, きっと; 確実に, 確かに

⁑**se-gu-ri-'dad** [セ.グ.り.'ダド] 77% [名] [女] 安全, 確実性; 無事; 安心, 安堵(あんど); 確信, 信頼; 防護, 保護, 保障; 防衛手段;〔商〕保証, 担保 ***con ~*** 確かに, 間違いなく, はっきりと, 確信を持って ***copia de ~*** 〔情〕バックアップ(コピー) ***para mayor ~*** 念のため, 安全のために

⁑**se-'gu-ro, -ra** [セ.'グ.ろ, ら] 74% [形] (de: に)自信がある, 確信した; 安全な, 危険のない; 確かな, 確実な, 信頼できる, 当てになる [副] 確かに, きっと [名] [男] 保険, 保険金, 保険料, 保証; 安全装置, ロック, 安全器; 安全, 確実, 安心, 信頼 ***a buen ~*** 《格》確かに ***a la segura*** 安全に, 慎重に ***de ~*** 《話》確かに ***sobre ~*** 安全に, 冒険をしないで

'Sei-bo [名] [固] 〔El ~〕〔地名〕エルセイボ《ドミニカ共和国東部の県》

⁑**'seis** 70% [数] 〔⇧単独の 6〕**6**(の)

sei-'sa-vo, -va [セイ.'サ.ボ, バ] [形] **6** 等分の, 6 分の 1 の [名] [男] **6** 分の **1**

*__seis-'cien-tos, -tas__ [セイ(ス).'すぃエン.トス, タス] 92% [数] 〔⇧単独の 600〕**600**(の); 第 **600**(番目)の

se+'ís-mo [名] [男] 《スペイン》地震

se-'la-cio, -cia [セ.'ラ.すぃオ, すぃア]

S

形〔魚〕軟骨魚類の 名 男〔魚〕軟骨魚《サメ・エイ類, ギンザメ類》

***se-lec-'ción** [セ.レク.'すぃオン] 84% 名 女 選ぶこと, 選択, 選抜; 選んだもの, 抜粋, 選集; えり抜きのもの, 極上品;〔競〕選抜チーム, 代表;〔生〕選択, 淘汰(とうた)

se-lec-cio-'na-ble [セ.レク.すぃオ.'ナ.ブレ] 形 選択可能な

se-lec-cio-na-'dor, -'do-ra [セ.レク.すぃオ.ナ.'ドる, 'ド.ら] 形 選ぶ, 選考する; 選抜する人 名 男 女〔特に〕〔競〕選手選考委員

***se-lec-cio-'nar** [セ.レク.すぃオ.'ナる] 90% 動 他 選ぶ, 選択する, 選抜する, 淘汰(とうた)する;〔情〕〈ボタンを〉選択する

se-lec-ti-vi-'dad [セ.レク.ティ.ビ.'ダド] 名 女 選抜, 選択性; 選択度

se-lec-'ti-vo, -va [セ.レク.'ティ.ボ, バ] 形 選考の, 選択のための; 選択度の高い

***se-'lec-to, -ta** [セ.'レク.ト, タ] 93% 形 選ばれた, 上等の, より抜きの

se-lec-'tor [セ.レク.'トる] 名 男〔情〕セレクター

Se-'le-ne [セ.'レ.ネ] 名 固〔ギ神〕セレネ《月の女神》

se-'le-nio [セ.'レ.ニオ] 名 男〔化〕セレン《元素》

se-le-no-lo-'gí+a [セ.レ.ノ.ロ.'ひ.ア] 名 女〔天〕月理学, 月質学, 月学

se-'lla-do [セ.'ジャ.ド] 名 男 押印, 捺印(なついん); 密閉, 防水処理

***se-'llar** [セ.'ジャる] 94% 動 他〈に〉捺印(なついん)する, 調印する;〈に〉切手を貼(は)る; 確固としたものにする; 覆う, かぶせる, 閉じる; 封印する

***'se-llo** ['セ.ジョ] 92% 名 男 郵便切手, 印紙, 証紙; 特徴, 特質, しるし; 印章, 印鑑: (押された)印(いん), 検印, 消印, スタンプ; 封印, 封印紙, シール;〔医〕(薬剤の)カプセル

***'sel-va** ['セル.バ] 91% 名 女〔地〕(特に南米の)熱帯多雨林, セルバ, ジャングル, 密林; 森, 森林; [S~ Negra]〔地名〕シュワルツワルト《ドイツ南西部の森・山地》

sel-'vá-ti-co, -ca [セル.'バ.ティ.コ, カ] 形〔地〕森の, 密林の; 野生の, 荒々しい, 粗野な

sel-vi-cul-'tu-ra [セル.ビ.クル.'トゥ.ら] 名 女 林学; 植林

sel-'vo-so, -sa [セル.'ボ.ソ, サ] 形〔地〕ジャングルの, 密林の;〔地〕森林の

***se-'má-fo-ro** [セ.'マ.フォ.ろ] 93% 名 男〔車〕信号, 交通信号, 信号機

se-'ma-na** 70% 名 女 週, 一週間 ***entre ~ 平日, 週日, ウイークデー ***fin de ~*** 週末, ウイークエンド ***S~ Santa***〔宗〕聖週間《復活祭前の1週間》

***se-ma-'nal** [セ.マ.'ナル] 93% 形 毎週の, 週1回の, 週…回の; 週刊の **~mente** 副 毎週, 週1回

se-ma-'na-rio [セ.マ.'ナ.りオ] 名 男 週刊誌, 週報; 7個ずつのセット **~, -ria** 形 毎週の, 一週一度の

se-'mán-ti-co, -ca 形 意味に関する;〔言〕意味論(上)の **-ca** 名 女〔言〕意味論

se-ma-sio-lo-'gí+a [セ.マ.スィオ.ロ.'ひ.ア] 名 女〔言〕意味論

se-ma-sio-'ló-gi-co, -ca [セ.マ.スィオ.'ロ.ひ.コ, カ] 形〔言〕意味論の

sem-'blan-te [セン.'ブラン.テ] 名 男 顔つき, 表情; 容貌(ようぼう), 様子, 外観

sem-'blan-za [セン.'ブラン.さ] 名 女 人物評, 伝記

sem-'bra-do [セン.'ブら.ド] 名 男〔農〕種をまいた土地, 畑

sem-bra-'dor, -'do-ra [セン.ブら.'ドる, 'ド.ら] 名 男 女〔農〕種をまく人

sem-bra-'du-ra [セン.ブら.'ドゥ.ら] 名 女〔農〕種まき, 播種(はしゅ)

sem-'brar** [セン.'ブらる] 90% 動 他 50 (e|ie)〔農〕(en: 畑などに)種をまく,〈に〉植え付けをする;〈争い・不満の原因を〉まき散らす, 広める, ばらまく;〈に〉(de: を)まき散らす, 広める, ばらまく **~se** 動 再〔農〕種がまかれる ~ ***en arena むだなことをする

***se-me-'jan-te** [セ.メ.'はン.テ] 87% 形 (a: に)似た, 類似した, 同様の, 同類の;〔名詞の前で〕〔誇張〕〔しばしば軽蔑〕そのような 名 共 同胞, 隣人; 似たような人[もの]

se-me-'jan-za** [セ.メ.'はン.さ] 93% 名 女 (con: との)類似, 類似点 ***a ~ de … …に似て

se-me-'jar [セ.メ.'はる] 動 自 (a: に)似ている **~se** 動 再 (a: に)似ている

'se-men 名 男〔生〕精液;〔植〕種(たね), 実, 種子

se-men-'tal [セ.メン.'タル] 形〔農〕種まきの;〔畜〕種畜の 名 男〔畜〕種馬, 種畜

se-men-'te-ra [セ.メン.'テ.ら] 名 女〔農〕種まき(の時期);〔農〕苗床, 種をまいた土地

se-mes-'tral [セ.メス.'トらル] 形 6か月ごとの, 年2回の

***se-'mes-tre** [セ.'メス.トれ] 93% 名 男 (年間2学期制の)学期; 半年間, 6か月間

se-mi~〔接頭辞〕「半…」という意味を示す

se-mi-cir-cu-'lar [セ.ミ.すぃる.ク.'ラる] 形 半円(形)の

se-mi-'cír+cu-lo [セ.ミ.'すぃる.ク.ロ] 名 男 半円, 半円形

se-mi-cir-cun-fe-'ren-cia [セ.ミ.すぃる.クン.フェ.'れン.すぃア] 名 女〔数〕半円周

S

se-mi-con-duc-'tor [セ.ミ.コン.ドゥク.'トる] 名 男〘電〙半導体
se-mi-'cons-cien-te [セ.ミ.'コン(ス).すぃエン.テ] 形 意識がはっきりしない
se-mi-con-so-'nan-te 形〘音〙半子音の 名 女〘音〙半子音《二重母音の前半の要素》
se-mi-cor-'che+a [セ.ミ.コる.'チェ.ア] 名 女〘楽〙16 分音符
se-mi-'diós, -'dio-sa 名 男 女〘宗〙半神半人, 人間と神の間に生まれた子
se-mi-fi-'nal [セ.ミ.フィ.'ナル] 名 女〘競〙準決勝(戦)
se-mi-fi-na-'lis-ta [セ.ミ.フィ.ナ.'リス.タ] 形〘競〙準決勝の 名 共 準決勝出場選手[チーム]
se-mi-'fu-sa 名 女〘楽〙64 分音符
se-'mi-lla [セ.'ミ.ジャ] 90% 名 女 種(たね), 実, 種子; もと, 根源
se-mi-'llar [セ.ミ.'ジャる] 動 他〘農〙〈の〉種をまく
se-mi-'lle-ro [セ.ミ.'ジェ.ろ] 名 男〘農〙苗床; 起源, もと, 育てる場所, 発生地
se-mi-lu-'nar [セ.ミ.ル.'ナる] 形〘体〙半月状の, 三日月形の
se-mi-'nal [セ.ミ.'ナル] 形〘植〙種子の;〘生〙精液の
se-mi-'na-rio [セ.ミ.'ナ.りオ] 90% 名 男 (大学の)セミナー; 神学校
se-mi-na-'ris-ta [セ.ミ.ナ.'りス.タ] 名 男〘宗〙神学生
se-mi-'ní-fe-ro, -ra [セ.ミ.'ニ.フェ.ろ, ら] 形〘体〙輸精の, 精液を生じる
se-'mí-ni-ma 名 女〘楽〙4 分音符
se-mi-o-fi-'cial [セ.ミオ.フィ.'すぃアル] 形 半ば公式の
se-mio-lo-'gí+a [セ.ミオ.ロ.'ひ.ア] 名 女 記号学;〘医〙症候学
se-mio-'ló-gi-co, -ca [セ.ミオ.'ロ.ひ.コ, カ] 形 記号学の;〘医〙症候学の
se-'mió-lo-go, -ga [セ.'ミオ.ロ.ゴ, ガ] 名 男 女 記号学者;〘医〙症候学者
se-mi-os-cu-ri-'dad [セ.ミオス.ク.り.'ダド] 名 女 薄闇, 薄暗がり
se-'mió-ti-co, -ca 形 記号論の;〘医〙症候学の -ca 名 女 記号論;〘医〙症候学
se-mi-pe-'sa-do 名 男〘競〙〔ボクシング〕ライトヘビー級
se-mi-'pú-bli-co, -ca [セ.ミ.'プ.ブリ.コ, カ] 形 半官半民の, 半公共的な
se-'mi-ta 形 名 共 セム族(の), セム系の(人); ユダヤ人(の)
se-'mí-ti-co, -ca 形 セム族[語]の, セム系の 名 男〘言〙セム語
se-mi-'to+no 名 男〘楽〙半音
se-mi-vo-'cal [セ.ミ.ボ.'カル] 形〘音〙半母音の 名 女〘音〙半母音
'sé-mo-la ['セ.モ.ラ] 名 女〘食〙セモリナ《硬質小麦の胚乳部から作る上質の小麦粉》
sem-pi-'ter+no, -na [セン.ピ.'テる.ノ, ナ] 形《格》永遠の
'Se+na 名 固 〔el ~〕〘地名〙セーヌ川《フランス北部の川, パリ París を流れる》
se-'na-do 名 男〘政〙上院;〘歴〙(古代ローマの)元老院; 評議員会
se-na-'dor, -'do-ra [セ.ナ.'ドる, 'ド.ら] 名 男 女〘政〙上院議員;〘歴〙〘政〙(古代ローマの)元老院議員
se-na-du-'rí+a [セ.ナ.ドゥ.'り.ア] 名 女〘政〙上院議員の職[任期]
se-na-to-'rial [セ.ナ.ト.'りアル] 形〘政〙上院(議員)の;〘歴〙〘政〙元老院(議員)の
*__sen-'ci-lla-'men-te__ [セン.'すぃ.ジャ.'メン.テ] 91% 副 単に…だけ, ただ; 簡単に, 平易に, シンプルに; 質素に, 飾り気なく; 無邪気に, 素朴に, お人よしに
*__sen-ci-'llez__ [セン.すぃ.'ジェす] 93% 名 女 質素, 飾らないこと; 簡単なこと, 単純さ; 平易なこと, 易しさ; 純真さ, 無邪気さ, 気取りのないこと;〔軽蔑〕お人よしなこと, 愚かさ, 無知 ***con*** ~ 簡単に, 平易に, シンプルに, 質素に
⁑**sen-'ci-llo, -lla** [セン.'すぃ.ジョ, ジャ] 84% 形 簡単な, 平易な, 易しい; 質素な, 飾りのない, シンプルな; 純真な, 無邪気な, 素朴な, 誠意のある, 気取らない;《切符が》片道の; まったくの, 純然たる, 純粋の, 単なる, ただの; ただ一つの, たった一個[一人]の; 単式の, 一人用の, 片方だけの 名 男《ﾗ米》小銭
*__'sen-da__ 92% 名 女〘地〙小道, 歩道; 手段, 方法
sen-de-'ris-mo [セン.デ.'りス.モ] 名 男〘遊〙ハイキング, 山歩き
sen-de-'ris-ta [セン.デ.'りス.タ] 形〘遊〙ハイキングの 名 共〘遊〙ハイカー
*__sen-'de-ro__ [セン.'デ.ろ] 92% 名 男〘地〙小道
'sen-dos, -das 形〔複数〕それぞれの, めいめいの, おのおのの, 各…
se-nec-'tud [セ.ネク.'トゥド] 名 女《格》老齢, 老年
Se-ne-'gal [セ.ネ.'ガル] 名 固〔(el) ~〕〔República de ~〕〘地名〙セネガル《アフリカ西部の共和国》
se-ne-ga-'lés, -'le-sa [セ.ネ.ガ.'レス, 'レ.サ] 形〘地名〙セネガル(人)の 名 男 女 セネガル人 ↑Senegal
se-ne-'quis-mo [セ.ネ.'キス.モ] 名 男〘哲〙セネカの哲学; セネカの説いた処世術《Lucio Anneo Séneca, 前 4?–後 65, スペイン生まれのローマの哲学者》
se-nes-'cen-cia [セ.ネ(ス).'セン.すぃ

ア] [名] [女]《格》老化, 加齢
se-'nil [セ.'ニル] [形]《格》老衰の, 老年の, 高齢の
'sé-nior ['セ.ニオる] [名] [男] 年長者, 古老 [形]〔競〕シニアクラスの; 父の《同名の父子を区別して用いる》
⁑**'se+no** 89% [名] [男]《格》〔体〕胸, 乳房; 胸中, 懐(ふところ); 内部, 中央, 奥深いところ;〔衣〕胸部;〔体〕子宮, 胎内; 空洞, うつろ;〔体〕洞(どう), 腔(こう);〔地〕小さな湾, 入り江;〔数〕サイン;〔建〕三角小間(さんかくこま)《アーチの背面とその額縁をなす水平・垂直部材で形成する三角形の部分》
⁑**sen-sa-'ción** [セン.サ.'すぃオン] 83% [名] [女] 感動, 興奮, センセーション; 感覚, 知覚, 感情, 感じ
*__sen-sa-cio-'nal__ [セン.サ.すぃオ.'ナル] 94% [形] 扇情的な, 人騒がせな, センセーショナルな;《話》すごい, 大変な; すばらしい
sen-sa-cio-na-'lis-mo [セン.サ.すぃオ.ナ.'リス.モ] [名] [男] 扇情主義《人の興味や好奇心をあおるやり方》
sen-sa-cio-na-'lis-ta [セン.サ.すぃオ.ナ.'リス.タ] [形] 扇情主義の [名] [共] 扇情主義者 ⬆sensacionalismo
sen-sa-'tez [セン.サ.'テす] [名] [女] 分別, 良識, 思慮, 良識
sen-'sa-to, -ta [形] 分別[思慮]のある
*__sen-si-bi-li-'dad__ [セン.スィ.ビ.リ.'ダド] 91% [名] [女] 感受性, 感性; 感覚; 敏感度, 感度;(機械の)精度;〔写〕(フィルムの)感度
sen-si-bi-li-za-'ción [セン.スィ.ビ.リ.さ.'すぃオン] [名] [女] 感じやすくさせること, 敏感にすること;〔写〕(フィルムに)感光性を与えること
sen-si-bi-li-'zar [セン.スィ.ビ.リ.'さる] [動] [他] ㉞ (z|c)〈感覚を〉敏感にする
*__sen-'si-ble__ [セン.'スィ.ブレ] 91% [形] 感じやすい, 敏感な, 感受性の強い, 過敏な, 傷つきやすい; それと気づくほどの, 目立つ, 著しい; (a: の作用を)受ける, (a: を)感じる;〔写〕感度の高い; 思慮のある, 分別のある, 物のわかった; 感覚の, 感じられる, 知覚できる **~-mente** [副] 目立って, 著しく, めざましく
sen-si-ble-'rí+a [セン.スィ.ブレ.'リ.ア] [名] [女]〔しばしば軽蔑〕涙もろさ, 感傷的なこと, (極端な)センチメンタリズム
sen-si-'ble-ro, -ra [セン.スィ.'ブレ.ろ, ら] [形]〔しばしば軽蔑〕めそめそした, 感傷的な, 涙もろい, センチメンタルな
sen-si-'ti-vo, -va [セン.スィ.'ティ.ボ, バ] [形] 感覚の(ある)
sen-'sor [セン.'ソる] [名] [男]〔機〕センサー
sen-so-'rial [セン.ソ.'りアル] [形] 感覚[知覚]上の
sen-'so-rio, -ria [形] ⇧sensorial

*__sen-'sual__ [セン.'スアル] 94% [形] 官能的な, 肉感的な; 感覚の; 気持ちのよい
sen-sua-li-'dad [セン.スア.リ.'ダド] [名] [女] 官能性, 好色
Sen-sun-te-'pe-que [セン.スン.テ.'ペ.ケ] [名] [固]〔地名〕センスンテペーケ《エルサルバドル中北部の都市》
sensu stricto ['セン.ス ス.'トリク.ト] [副]〔ラテン語〕厳密な意味で[の]
sen-'ta-do, -da [形] 座って, 腰かけて; 分別のある, 思慮深い **-da** [名] [女] 座ること; 座り込み(ストライキ) ***dar por*** ~ (que: を)当然と思う ***dejar*** (***bien***) ~[***da***] 明らかにしておく ***de una sentada*** 一気に, 休まずに
⁑**sen-'tar** [セン.'タる] 73% [動] [他] ㊿ (e|ie) 席に着かせる, 着席させる; 置く, 据え付ける; 落ち着かせる; 設立する, 創立する, 設置する; 記入する, 記帳する [動] [自]《寸法が》(a: に)合う;《気候・食べ物などが》(a: の)体[健康]によい, 消化される; (a: に)似合う; (a: の)性に合う, 気に入る **~se** [動] [再] 座る, 着席する; 沈澱する, 沈む;〔気〕《天候が》よくなる, 安定する,《風雨が》おさまる
⁑**sen-'ten-cia** [セン.'テン.すぃア] 88% [名] [女]〔法〕裁定, 判決; 格言, 金言
sen-ten-'ciar [セン.テン.'すぃアる] [動] [他]〔法〕(a: の)判決を下す;〔法〕裁判する, 審理する; 処分する
sen-ten-'cio-so, -sa [セン.テン.'すぃオ.ソ, サ] [形] 格言的な;《文体が》気取った;《人が》もったいぶった, 押しつけがましい, 大げさな
⁑**sen-'ti-do** 70% [名] [男] (言葉の)意味; 意義, 重要性, 意味; 感覚, 五感の一つ; 感じ, …感, (de: を)解する心, 意識, 観念; 意識, 正気; 思慮, 分別, 判断力, 常識; 方向, 向き **~, -da** [形] 心からの, 真心をこめた, 偽りのない; 感じやすい, 怒っている;《思い出などが》楽しい, 感動的な; 残念な, 遺憾な, 悲しい **-damente** [副] 悲しそうに ***con los cinco ~s*** 熱心に, じっと ***costar un*** ~《話》とても高価である ***en cierto*** ~ ある意味では ***poner los cinco ~s*** (en: に)没頭する, 夢中になる, 全神経を傾ける ***~ común*** 常識, 良識 ***sin*** ~ 意味のない, 意味もなく; 気を失った
*__sen-ti-men-'tal__ [セン.ティ.メン.'タル] 92% [形] 感情的な; 感傷的な, 情に[涙]もろい, 感じやすい
sen-ti-men-ta-'lis-mo [セン.ティ.メン.タ.'リス.モ] [名] [男] 感傷趣味, 感傷的な言動
sen-ti-men-ta-'loi-de [セン.ティ.メン.タ.'ロイ.デ] [形]〔軽蔑〕感傷的な, おセンチな
⁑**sen-ti-'mien-to** 83% [名] [男] 気持ち,

S

心持ち, 感情, 気分; 悲しみ, 悲嘆; 愛情, 好意; 意識, 自覚; 遺憾

sen-'ti-na 名 女〔海〕ビルジ《船底の湾曲部分》; 下水(道), 汚水だめ; 悪の巣窟(そうくつ)

sen-'tir [セン.'ティる] 69% 動 他 65 (e|ie|i) 感じる, 感じでわかる; (心に)〈喜び, 怒りなどを〉覚える; 感じることができる, わかる; 感じる, (感じて)(形容詞: …だと)思う, 〈という〉気がする; 感づく, 気づく; 〈名詞/不定詞/que 接続法: …を〉残念に思う, 気の毒に思う, 遺憾に思う; 聞く, 〈が〉聞こえる; 痛切に感じる, (身に)こたえる, 思い知る, 〈被害を〉こうむる, 苦しむ; (手・指などで)さわる, さわってみる[調べる] 動 自 感覚がある, 感じる力がある; 同情する, 哀れむ, 共鳴する　**~se** 動 再 (自分が)(形容詞・副詞: …であると)感じる; (de: が)痛む; …が感じられる; うらむ, むっとする 名 男 意見, 考え; 感情　***sin ~*** 時がたつのを忘れて, またたく間に; 気づかないで; 楽々と, こともなげに

'se+ña ['セ.ニャ] 92% 名 女 しるし, 目印, 記号; 〔複〕住所; 〔複〕人相, 身体的特徴; 合図, 身ぶり; 〔競〕〔野球〕サイン; 合い言葉　***hablar por ~s*** 手まね[身振り]言語で話す　***hacer ~s*** 手まねをする, 合図を送る　***por [para] más ~s*** さらに特徴を言えば

se-'ñal [セ.'ニャル] 86% 名 女 印, 記号, 符号, マーク, 目印; 標識; 跡, 痕跡(こんせき); (気持ち・感情などの)現れ, しるし; 前触れ, 兆し, 知らせ, 予感; 合図, 信号; 〔商〕手付金; 信号機, シグナル, 交通信号機; 目標, ねらい, 的　***en ~ de …*** …のしるしとして　***no haber [quedar] ni ~*** 跡形もない

se-ña-'la-do, -da [セ.ニャ.'ラ.ド, ダ] 形 顕著な, 目立った, 卓越した, 名高い; 格別な, 特別な　***dejar ~[da]*** (a: に)跡[傷]を残す

se-ña-'lar [セ.ニャ.'ラる] 76% 動 他 (はっきりと)示す, 指す, 教える, 指摘する, 述べる; 〈の〉印[記号]をつける; 決める, 指定する; 〈に〉跡を残す; 〈の〉前兆である; 特色づける, 目立たせる　**~se** 動 再 (por: の点で)目立つ, 抜きんでる

se-ña-li-za-'ción [セ.ニャ.リ.さ.'すぃオン] 名 女〔集合〕交通標識; 標識の設置

se-ña-li-'zar [セ.ニャ.リ.'さる] 動 他 34 (z|c)〔車〕〈に〉交通標識を設置する

se-'ñe-ro, -ra [セ.'ニェ.ろ, ら] 形 抜きんでた, 無比の; ひとりぼっちの, 孤独な

se-'ñor [セ.'ニョる] 63% 名 男 男性, 紳士, だんなさま《呼びかけにも用いる》; 〔文の終わりで〕はいそうです, かしこまりました《Sí や No の強調》; 〔複数〕夫妻; 支配者, 君主, 領主; (男の)主人, 支配者, 雇い主; 〔敬称として〕…さん, …様, …氏, …殿, …先生《弱勢; 男性の姓または名＋姓の前につける》; 〔el S~〕〔宗〕神, 主, キリスト　**~, -ñora** 形〔名詞の前で〕大きな, 大変な; 貴族的な, 高尚な　***dárselas de ~*** 紳士を気取っている　***descansar en el ~*** 主のもとに休む, 亡くなる, 埋葬される　***Estimado ~*** 拝啓《手紙の書き出しに使う》　***Muy ~ mío*** 拝啓《手紙の書き出しに使う》

se-'ño-ra [セ.'ニョ.ら] 73% 名 女 奥様, 夫人, 奥さん, 妻, 家内《呼びかけにも使われる》; 婦人, 女性《呼びかけにも使われる》; 淑女; 〔敬称として〕…夫人, …さん, …様《弱勢; 既婚の女性の姓または名＋姓の前につける》; 〔Nuestra S~〕〔宗〕聖母マリア; 女主人　***Muy ~ mía*** 拝啓《女性への手紙の書き出し》

se-ño-re+'ar [セ.ニョ.れ.'アる] 動 他 支配する, 統治する, 〈の〉優位を占める; 〈感情を〉抑制する; 抜きんでる, そびえている; 接収する, 乗っ取る　**~se** 動 再 (de: を)わが物にする, 牛耳る; 《話》いばり散らす, わが物顔にふるまう

se-ño-'rí+a [セ.ニョ.'り.ア] 名 女 君主[貴族]たること, 貴婦人の身分; 支配, 統治; 〔歴〕中世・ルネッサンス期イタリアの共和制都市国家; 〔su [vuestra] ~〕閣下, 奥様《高い階級の人や聖職者に対する敬称》

se-ño-'rial ⇔ **-'ril** [セ.ニョ.'りアル ⇔ .'りル] 形 君主の, 領主の; 威厳のある, 堂々とした; 優雅な, 高級な, エレガントな

se-ño-'rí+o [セ.ニョ.'り.オ] 名 男 支配権; 領主の権力; 領地; 威厳; (感情の)抑制; 〔集合〕貴族

se-ño-'ri-ta [セ.ニョ.'り.タ] 91% 名 女 お嬢さん; 〔一般〕未婚の女性《呼びかけにも用いられる》; 〔敬称として〕…さん, …嬢, …様, …先生《弱勢; 未婚の女性の姓または名＋姓の前につける》

se-ño-ri-'tin-go, -ga [セ.ニョ.り.'ティン.ゴ, ガ] 名 男 女《話》〔軽蔑〕お坊ちゃん, お嬢ちゃん

se-ño-'ri-to [セ.ニョ.'り.ト] 名 男 坊っちゃま, 若だんな《呼びかけにも用いられる》; 若い紳士; 遊び人, 道楽者, プレイボーイ

se-ño-'rón, -'ro-na [セ.ニョ.'ろン, 'ろ.ナ] 形《話》だんなぶった, 奥様然とした 名 男 女《話》大物, 重要人物, 富豪

se-'ñue-lo [セ.'ニュエ.ロ] 名 男 おとり; おびき寄せるもの, 誘惑

'se+pa(~) 動《接現》↑saber

'sé-pa-lo ['セ.パ.ロ] 名 男〔植〕萼片(がくへん)

se-pa-'ra-ble [セ.パ.'ら.ブレ] 形 分離できる, 引き離せる

se-pa-ra-'ción [セ.パ.ら.'すぃオン] 91% 名 女 分離, 分けること; 間隔, 隔たり; 別離, 別居; 〔法〕(夫婦の)別居

se-pa-'ra-do, -da [セ.パ.'ら.ド, ダ] 93% 形 (de: から)分かれた; (de: と)別居し

た 名 男 女 別居した人 *por* ～ 別にして, 別々に -**damente** 副 別々に, 別個に, それぞれに

se-pa-ra-'dor [セ.パ.ら.'ドる] 名 男 分離装置; (蓄電池の)隔離版; 〔情〕セパレーター

‡se-pa-'rar [セ.パ.'らる] 82% 動 他 (de: から)分ける, 区切る, 隔てる; 切り離す, 引き離す, 分離する, より分ける, 離す, 間をあける; 〈親しい者を〉別れさせる, 〈夫婦などを〉別居させる ～**se** 動 再 (de: と)別れる, 離れる, 別居する; «綱などが»切れる

se-pa-'ra-ta [セ.パ.'ら.タ] 名 女 (雑誌・論文などの)抜き刷り

se-pa-ra-'tis-mo [セ.パ.ら.'ティス.モ] 名 男 〔政〕分離主義, 独立運動

se-pa-ra-'tis-ta [セ.パ.ら.'ティス.タ] 形 〔政〕分離主義の 名 共 〔政〕分離主義者

'se+pe 名 男 《アンデス》〔昆〕シロアリ

se-'pe-lio [セ.'ペ.リオ] 名 男 《格》埋葬

'se-pia 名 女 《スペイン》〔動〕コウイカ; イカの墨; セピア色

sept. 略 ↓septiembre

sep-tem-'bri-no, -na [セブ.テン.'ブり.ノ, ナ] 形 9 月の

sep-ten-'trión [セブ.テン.'トりオン] 名 男 《格》北; 〔S～〕〔天〕おおぐま座, 北斗七星

sep-ten-trio-'nal [セブ.テン.トりオ.'ナル] 形 名 共 北の, 北方の(人)

sep-'te-to 名 男 〔楽〕七重唱[奏], 七重唱[奏]曲, 七重唱[奏]団

sep-ti-'ce-mia [セブ.ティ.'せ.ミア] 名 女 〔医〕敗血症

sep-ti-'cé-mi-co, -ca [セブ.ティ.'せ.ミ.コ, カ] 形 〔医〕敗血症の

'sép-ti-co, -ca 形 〔医〕腐敗(性)の, 敗血症(性)の

‡sep-'tiem-bre [セブ.'ティエン.ブれ] 81% 名 男 9 月

‡'sép-ti-mo, -ma 90% 形 名 男 女 《序数》7 番目の(人・物); 7 分の 1(の) -**ma** 名 女 〔楽〕7 度音程

sep-tin-gen-'té-si-mo, -ma [セブ.ティン.ヘン.'テ.スィ.モ, マ] 形 名 男 女 《序数》第 700 番目の(人・物); 700 分の 1(の)

sep-tua-ge-'na-rio, -ria [セブ.トゥア.ヘ.'ナ.りオ, りア] 形 名 男 女 70 歳代の(人)

sep-tua-'gé-si-mo, -ma [セブ.トゥア.'ヘ.スィ.モ, マ] 形 名 男 女 《序数》第 70 番目の(人・物); 70 分の 1(の)

sep-tua-ge-si-mo-'cuar-to, -ta 形 名 男 女 《序数》⇨septuagésimo[ma] cuarto[ta]

sep-tua-ge-si-mo-no-'ve-no, -na 形 名 男 女 《序数》⇨septuagésimo[ma] noveno[na]

sep-tua-ge-si-mo-oc-'ta-vo, -va 形 名 男 女 《序数》⇨septuagésimo[ma] octavo[va]

sep-tua-ge-si-mo-pri-'me-ro, -ra 形 名 男 女 《序数》⇨septuagésimo[ma] primero[ra]

sep-tua-ge-si-mo-'quin-to, -ta 形 名 男 女 《序数》⇨septuagésimo[ma] quinto[ta]

sep-tua-ge-si-mo-se-'gun-do, -da 形 名 男 女 《序数》⇨septuagésimo[ma] segundo[da]

sep-tua-ge-si-mo-'sép-ti-mo, -ma 形 名 男 女 《序数》⇨septuagésimo[ma] séptimo[ma]

sep-tua-ge-si-mo-'sex-to, -ta 形 名 男 女 《序数》⇨septuagésimo[ma] sexto[ta]

sep-tua-ge-si-mo-ter-'ce-ro, -ra 形 名 男 女 《序数》⇨septuagésimo[ma] tercero[ra]

sep-tu-pli-'car [セブ.トゥ.プリ.'カる] 動 他 69 (c|qu) 7 倍する

'sép-tu-plo, -pla ['セブ.トゥ.プロ, プラ] 形 7 倍の 名 男 7 倍

se-pul-'cral [セ.プル.'クらル] 形 墓の, 埋葬に関する; 不気味な, ぞっとする, 気味の悪い

***se-'pul-cro** [セ.'プル.クろ] 93% 名 男 墓, 霊廟; 〔宗〕聖物安置所 *con un pie en el* ～ 余命いくばくもなく ～ *blanqueado* 偽善者 *ser un* ～ 《話》秘密を守る

se-pul-'tar [セ.プル.'タる] 動 他 葬る, 埋葬する; 埋める; 忘れる, 葬り去る ～**se** 動 再 埋葬される, 埋められる; 閉じこもる

se-pul-'tu-ra [セ.プル.'トゥ.ら] 名 女 墓穴; 墓; 埋葬, 葬式 *dar* (*santa*) ～ (a: を)埋葬する

se-pul-tu-'re-ro, -ra [セ.プル.トゥ.'れ.ろ, ら] 名 男 女 〔人〕墓掘り

se-'qué, -que(～) 動 《直点 1 単, 接現》↑secar

se-que-'dad [セ.ケ.'ダド] 名 女 乾燥(状態); ぶっきらぼうなこと, そっけなさ

se-que-'dal [セ.ケ.'ダル] 名 男 〔地〕乾燥地域

se-que-'ral 名 男 ⇧sequedal

***se-'quí+a** [セ.'キ.ア] 93% 名 女 〔気〕干ばつ, 日照り, 渇水

'sé-qui-to ['セ.キ.ト] 名 男 〔集合〕従者, 随行員; 結果, 余波

‡'ser ['せる] 30% 動 自 66 1 …である《定義・性質・属性を表す》: Mañana **es** domingo. 明日は日曜日だ。 **2** …で行われる, 起こる: La boda **es** este sábado. 結婚式は今週の土曜日です。 **3** …になる: ¿Qué **será** de mí si te vas? あなたが行ってしまったら私はどうなるのでしょう? **4** (de 不定詞: …)すべきである: **Es** de esperar que Alberto apruebe después de todo lo que ha estudiado. アルベルトはあれだけ勉強したのだから当然合格するものと思われる。 **5** ある, 存在する: Pienso, luego **soy**. 我思う, ゆえに我あり。《デカルトの言》 **6** (con: に)賛成である: En todo lo que ha dicho **soy** con usted. あなたのおっしゃったことすべてにおいて私は同感です。 **7** 《話》(para: が)できる: No me siento bien y creo que no **seré** para hacer el viaje. 私は気分が悪いので旅行は無理だと思います。 動 《助動詞》(過去分詞: …)される《受動態を作る》: La casa **fue** construida hace quince años. 家は15年前に建てられました。 名 男 存在, 存在物; 生物, 生命 ***a [de] no ~ por*** … …がないならば ***a no ~ que*** …(接続法) …でなければ ***¿Cómo es que …?*** 《疑問》どうして, どういうわけで ***como sea*** どうにかして; いずれにしても ***dar el ~*** 子を産む ***en lo más íntimo de su ~*** 心から ***Érase una vez*** … 昔々…がいました。《物語の始まり》 ***es que*** … (実は)…なのです ***Eso es.*** そうだ ***no sea que*** …(接続法) …にならないように ***¡Sea!*** 《話》 よろしい!, わかった! ***sea como sea*** いずれにしても, ともかく ***sea … sea*** … …であれ…であれ

'se+ra ['セ.ら] 名 女 荷かご

se-'rá-fi-co, -ca [セ.'ら.フィ.コ, カ] 形 〔宗〕熾(し)天使の; 〔宗〕フランシスコ会の; 天使のような, あどけない

se-ra-'fín [セ.ら.'フィン] 名 男 熾(し)天使; 天使のような人

'Ser-bia ['セる.ビア] 名 固 〔República de ~〕〔地名〕セルビア《ヨーロッパ東部の共和国》

'ser-bio, -bia ['セる.ビオ, ビア] 形 〔地名〕セルビア(人)の ↑Serbia; 〔言〕セルビア語の 名 男 女 セルビア人 名 男 〔言〕セルビア語

ser-bo-cro+'a-ta [セる.ボ.クろ.'ア.タ] 形 名 男 女 〔地名〕セルビア・クロアチア(人)の ↑Serbia ↑Croacia; セルビア・クロアチア人; 〔言〕セルビア・クロアチア語の 名 男 〔言〕セルビア・クロアチア語

Se-'re-na [セ.'れ.ナ] 名 固 〔La ~〕〔地名〕ラ・セレナ《チリ中部の都市》

se-re-'nar [セ.れ.'ナる] 動 他 静める, 落ち着かせる; 〈液体を〉澄ませる **~se** 動 再 静まる, 落ち着く; «液体が»澄む; «空が»晴れる

se-re-'na-ta [セ.れ.'ナ.タ] 名 女 〔楽〕セレナード, 小夜(さ)曲, 夜の調べ; 〔楽〕セレナータ《夜, 恋人の窓の下で男が歌う[奏でる]曲; 器楽の一形式》

se-re-ni-'dad [セ.れ.ニ.'ダド] 名 女 静穏, 平静, 落ち着き; 〔su ~〕〔敬称として〕殿下

se-re-'ní-si-mo, -ma [セ.れ.'ニ.スィ.モ, マ] 形 〔成句〕 ***su serenísima majestad*** 〔敬称として〕国王陛下; 殿下

se-'re+no, -na** [セ.'れ.ノ, ナ] 91% 形 落ち着いた, 静かな, 冷静な; 雲のない, 晴れ渡った 名 男 夜露, 夜気; 《スペイン》夜警, セレーノ《夜間アパートの入口が閉まった後の帰宅者に入口を開ける人》 名 女 《古》〔楽〕(吟遊詩人が歌った)夜曲, セレナード **-namente** 副 静かに, 落ち着いて ***a la serena 夜露にぬれて, 夜間野外で

'Ser-gio ['セる.ひオ] 名 固 〔男性名〕セルヒオ

se-'rial [セ.'りアル] 名 男 続き物, 連続物, シリーズ物

se-ri-ci-cul-'tor, -'to-ra 名 男 女 養蚕家

se-ri-ci-cul-'tu-ra 名 女 養蚕(業)

se-ri-cul-'tor, -'to-ra [セ.り.クル.'トる, 'ト.ら] 名 男 女 ⇧ sericicultor

se-ri-cul-'tu-ra [セ.り.クル.'トゥ.ら] 名 女 ⇧ sericicultura

****'se-rie** ['セ.りエ] 76% 名 女 ひと続き, 連続; ひと組, シリーズ; (小説・映画などの)続き物, …双書; 〔電〕直列; 〔数〕級数 ***en ~*** 列になった, 列になって; 〔電〕直列の[に] ***fuera de ~*** 並外れた; 残り物の

***se-rie-'dad** [セ.りエ.'ダド] 93% 名 女 まじめなこと, 誠実さ, 真剣さ; 重大さ, 危険さ; 信頼性, 確実性; 厳格さ, 厳正さ

se-ri-gra-'fí+a [セ.り.グら.'フィ.ア] 名 女 〔印〕シルクスクリーン印刷

****'se-rio, -ria** ['セ.りオ, りア] 82% 形 まじめな, 真剣な, 本気の, 厳粛な; 重大な, 油断のならない, 容易ならない **seriamente** 副 まじめに, 真剣に; 重大に ***en ~*** まじめに, 本気で

Ser.^{mo}, Ser.^{ma} 略 ↑serenísimo, -ma

ser-'món [セる.'モン] 名 男 〔宗〕説教, 教訓; 《話》お説教, お小言

ser-mo-ne+'ar [セる.モ.ネ.'アる] 動 自 《話》説教をする

se-ro-lo-'gí+a [セ.ろ.ロ.'ひ.ア] 名 女 〔医〕血清学

se-ro-'ló-gi-co, -ca [セ.ろ.'ロ.ひ.コ, カ] 形 〔医〕血清学の

se-'ró-lo-go, -ga [セ.'ろ.ロ.ゴ, ガ] 名 男 女 〔医〕血清学者

se-'rón [セ.'ろン] 名 男 (細長い)荷かご

se-ro-ne-'ga-vo, -va [セ.ろ.ネ.'ガ.ボ, バ] 形 名 男 女 〔医〕血清反応陰性の(人),〔特に〕エイズウイルス抗体検査で陰性の(人)

se-ro-po-si-'ti-vo, -va [セ.ろ.ポ.スィ.'ティ.ボ, バ] 形 名 男 女 〔医〕血清反応陽性の(人),〔特に〕エイズウイルス抗体検査で陽性の(人)

se-ro-si-'dad [セ.ろ.スィ.'ダド] 名 女 〔体〕漿液(しょうえき)

se-'ro-so, -sa [セ.'ろ.ソ, サ] 形 〔体〕漿液(しょうえき)(性)の

ser-pe+'ar [セ̣る.ペ.'アる̣] 動 自 《格》 ⇩ serpentear

ser-pen-te+'an-te [セ̣る.ペン̣.テ.'アン̣.テ] 形 蛇行する

ser-pen-te+'ar [セ̣る.ペン̣.テ.'アる̣] 動 自 〔地〕《道や川が》曲がりくねる, うねる, 蛇行する

ser-pen-'te+o [セ̣る.ペン̣.'テ.オ] 名 男 蛇行, はうこと

ser-pen-'tín [セ̣る.ペン̣.'ティン̣] 名 男 (蒸留器などの)らせん管;〔鉱〕蛇紋(じゃもん)石

ser-pen-'ti+no, -na [セ̣る.ペン̣.'ティ.ノ, ナ] 形 ヘビ[蛇]の(ような), ヘビ状の, 蛇行する **-na** 名 女 (紙の)投げテープ;〔鉱〕蛇紋(じゃもん)石

ser-pen-'tón [セ̣る.ペン̣.'トン̣] 名 男 〔歴〕〔楽〕セルパン《昔の木管楽器》

***ser-'pien-te** [セ̣る.'ピエン̣.テ] 91% 名 女 〔動〕ヘビ[蛇]; 蛇のような人, 陰険な人; 悪への誘惑者, 悪魔;〔S~〕〔天〕へび座

ser-'pi-go [セ̣る.'ピ.ゴ] 名 男 〔医〕匐行(ほこう)疹

ser-'po-llo [セ̣る.'ポ.ジョ] 名 男 〔植〕若芽, 若枝

se-rra-'du-ra [セ.ら̃.'ドゥ.ら] 名 女 〔複〕のこくず, おがくず

se-'rra-llo [セ.'ら̃.ジョ] 名 男 (イスラム教国の)妻妾(さいしょう)部屋, 後宮, ハーレム; 売春宿, 淫売宿

se-rra-'ní+a [セ.ら̃.'ニ.ア] 名 女 〔地〕山地, 山岳地

se-rra-'ni-lla [セ.ら̃.'ニ.ジャ] 名 女 〔歴〕〔文〕セラニーリャ《騎士と羊飼いの娘の恋を歌った詩》

se-'rra+no, -na [セ.'ら̃.ノ, ナ] 形 名 男 女 〔地〕山の, 山に住む(人), 山岳地方の(人); 山家育ち(の), 山出し(の) **-na** 名 女 〔文〕山の歌 ***jamón ~*** 〔食〕セラーノハム, 生ハム ***partida serrana*** 《話》汚い手口

Se-'rra+no [セ.'ら̃.ノ] 名 固 〔姓〕セラーノ

se-'rrar [セ.'ら̃る̣] 動 他 ⑤⓪ (e|ie) のこぎりで切る

se-'rrín [セ.'り̃ン̣] 名 男 のこくず, おがくず

se-'rru-cho [セ.'る̃.チョ] 名 男 〔技〕手びきのこ, 片手のこ

ser-ven-'te-sio [セ̣る.ベン̣.'テ.スィオ] 名 男 〔歴〕〔文〕シルバント《吟遊詩人がフランス中世の社会悪を風刺した詩歌》

'Ser-via 名 固 《古》 ⇧ Serbia

ser-'vi-ble [セ̣る.'ビ.ブレ] 形 役に立つ, まだ使える

ser-vi-'cial [セ̣る.ビ.'すぃアル̣] 形 世話をよくする, サービスがよい

****ser-'vi-cio** [セ̣る.'ビ.すぃオ] 70% 名 男 〔商〕(客への)サービス, 客扱い, 世話, 給仕, サービス料; (郵便・電信・電話などの)公共事業[業務, 施設]; (ガス・水道・電気などの)供給, 施設, (経済活動としての)用役, サービス; (公共的乗り物の)便, 運行; 勤め, 勤務; 役立つこと, 有効, 有用; 《ｽﾍﾟｲﾝ》トイレ, 便所;〔競〕〔テニス〕サーブ, サービス;〔食〕(食器などの)セット, 一式;〔集合〕お手伝いさん, 召使い;〔建〕使用人部屋; 尽力, 骨折り, 奉仕, 世話, 功労, 功績, 貢献;〔軍〕兵役, 軍務;〔宗〕儀式, お勤め, 礼拝(式)

ser-vi-'dor, -'do-ra [セ̣る.ビ.'ドる̣, 'ド.ら] 名 男 女 使用人, 召使い; 雇い人, 従業員; ウェイター, ウェイトレス 感 (それは)私です; はい!《出席をとるときの返事》 名 男 〔情〕サーバー ***~ de correo*** 〔情〕メールサーバー ***~ de listas*** 〔情〕リストサーバー ***Su seguro[ra] ~[dora]*** 女 敬具《手紙の末尾に書かれる》

ser-vi-'dum-bre [セ̣る.ビ.'ドゥン̣.ブれ] 名 女 〔集合〕使用人, 召使い; 隷属, 奉公; 農奴の身分; 束縛, 拘束;〔法〕地役権

ser-'vil [セ̣る.'ビル̣] 形 卑屈な, 奴隷根性の, 卑しい; 奴隷の, 召使いの;〔歴〕〔軽蔑〕《ｽﾍﾟｲﾝ》尊王派の《スペイン 19 世紀初めの王党派》 名 共 〔歴〕〔軽蔑〕《ｽﾍﾟｲﾝ》尊王派

ser-vi-'lis-mo [セ̣る.ビ.'リス̣.モ] 名 男 奴隷状態; 卑屈さ, 追従, 奴隷根性;〔軽蔑〕〔歴〕尊王派

ser-vi-'lle-ta** [セ̣る.ビ.'ジェ.タ] 94% 名 女 〔食〕(食卓用)ナプキン ***doblar la ~ 《話》死ぬ

ser-vi-lle-'te-ro [セ̣る.ビ.ジェ.'テ.ろ] 名 男 〔食〕ナプキンリング

'ser-vio, -via 形 《古》 ⇧ serbio

****ser-'vir** [セ̣る.'ビる̣] 71% 動 自 ④⑨ (e|i) (a: に)仕える, 奉仕する, (a: のために)働く, (a: 客に)応対する, (a: 客の)注文を聞く; (de, para: の)役に立つ, 助けになる, (a: に)貢献する; (de, para: として)役立つ, 間に合う, (a: 目的・要求などに)かなう; 《人が》(de: の)役をする; 勤める, 勤務する, 仕える, 奉仕する; 給仕する, 食事を出す;〔競〕〔テニスなど〕サーブをする;〔軍〕兵役を勤める, 軍事訓練を受ける; 服役する 動 他 〈飲食物を〉出す, 食卓に出す[供する], 配膳(はいぜん)する;

S

〖競〗〔テニスなど〕〈球を〉サーブする　～**se** 動 再〈食事を〉自分で取って食べる[飲む]; 《格》(不定詞: …して)いただく《敬語; 命令文で使われる》; (de: を)使う, 利用する *Para ~le.* そうでございます, なんなりとお申しつけください, どうぞよろしく

ser-vo-'fre+no [セる.ボ.'フれ.ノ] 名 男〖機〗〖車〗サーボブレーキ《操作力の強いブレーキ》

ser-vo-me-ca-'nis-mo [セる.ボ.メ.カ.'ニス.モ] 名 男〖機〗サーボ機構

ser-vo-mo-'tor [セる.ボ.モ.'トる] 名 男〖機〗サーボモーター

'sé-sa-mo 名 男〖植〗ゴマ, ゴマの実

se-se+'ar [セ.セ.'アる] 動 自〖音〗セセオで発音する《c, z (歯間音)を s (歯音)で発音する》

****se-'sen-ta** 83% 数〔⇨単独の 60〕**60** (の); 第 **60**(番目)(の)

se-sen-tai-'cin-co 数 ⇨sesenta y cinco

se-sen-tai-'cua-tro 数 ⇨sesenta y cuatro

se-sen-tai-'dós 数 ⇨sesenta y dos

se-sen-tai-'nue-ve 数 ⇨sesenta y nueve

se-sen-tai-'o-cho 数 ⇨sesenta y ocho

se-sen-tai-'séis 数 ⇨sesenta y seis

se-sen-tai-'sie-te 数 ⇨sesenta y siete

se-sen-tai-'trés 数 ⇨sesenta y tres

se-sen-tai-'u-no, -na 数 ⇨sesenta y uno

se-sen-ta-'ñe-ro, -ra [セ.セン.タ.'ニェ.ろ, ら] 形 名 男 女 **60** 歳代の(人)

se-sen-'ta-vo, -va [セ.セン.'タ.ボ, バ] 形 **60** 番目の, 60 分の 1 の

se-sen-'tón, -'to-na 形 名 男 女《話》〔しばしば軽蔑〕**60** 歳代の(人)

se-'se+o 名 男〖言〗セセオ《c, z (歯間音)を s (歯音)で発音すること》

se-'se-ra [セ.'セ.ら] 名 女〖体〗頭蓋(ずがい); 《話》頭脳, 知力

ses-'ga-do, -da 形 斜めに切った, 斜めにした; «情報・意見が»傾いた, 一定の傾向を帯びた

ses-ga-'du-ra [セス.ガ.'ドゥ.ら] 名 女〖衣〗(布地の)斜線, バイアス; 布地を斜めに切ること, バイアス裁断

ses-'gar [セス.'ガる] 動 他 ㊶ (g|gu)〈布地を〉斜めに切る, バイアスに切る; 斜めにする, 傾斜させる

'ses-go 名 男 傾斜, 坂; 偏(かたよ)り, 歪み; 方向　～, **-ga** 形 斜めの; 偏(かたよ)りのある, 歪んだ　*al* [*en*] ～ 斜めに

****se-'sión** 86% 名 女 会合, 会議, 集まり; 会期, 会議時間, 開廷期間; (議会・会議などの)開会していること; (裁判所の)開廷; 〖映〗〖演〗上映, ショー, 上演, …の部《昼の部, 夜の部など》; (連続した)仕事(時間); 〖情〗セッション《コンピューターの動作時間》; 《まれ》着席

***'se+so** 94% 名 男〔複〕《話》頭脳, 知力, 聡明さ;〔複〕〖体〗脳, 脳髄;〔複〕〖食〗脳　*beberse* [*perder*] *el* ～ [*los* ～*s*] (a: の)頭がおかしくなる　*calentarse* [*devanarse*] *los* ～*s* 知恵をしぼる, 一生懸命考える　*sorber el* ～ 頭がおかしくなる　*tener menos* ～ *que un mosquito* 《話》〔軽蔑〕蚊よりも脳がない, ひどく頭が悪い　*tener sorbido el* ～ (a: を)夢中にさせる; …に強い影響を与える

ses-te+'ar [セス.テ.'アる] 動 自 昼寝する; 〖畜〗«家畜が»木陰で休む

se-su-'dez [セ.ス.'デす] 名 女 分別, 知恵, 賢明

se-'su-do, -da 形《話》〔普通皮肉で〕賢い, 思慮分別のある

'set 名 男〔複 sets〕セット, 一揃い; 〖競〗〔テニスなど〕セット

***'se+ta** 94% 名 女〖菌〗キノコ

***se-te-'cien-tos, -tas** [セ.テ.'すぃエン.トス, タス] 94% 数〔⇨単独の 700〕**700** (の); 第 **700**(番目)の

se-tem-'bri-no, -na 形 ⇧septembrino

se-'te-na 名 女 **7** 個組

****se-'ten-ta** 84% 数〔⇨単独の 70〕**70**(の); 第 **70**(番目)(の)

se-ten-tai-'cin-co 数 ⇨setenta y cinco

se-ten-tai-'cua-tro 数 ⇨setenta y cuatro

se-ten-tai-'dós 数 ⇨setenta y dos

se-ten-tai-'nue-ve 数 ⇨setenta y nueve

se-ten-tai-'o-cho 数 ⇨setenta y ocho

se-ten-tai-'séis 数 ⇨setenta y seis

se-ten-tai-'sie-te 数 ⇨setenta y siete

se-ten-tai-'trés 数 ⇨setenta y tres

se-ten-tai-'u-no, -na 数 ⇨setenta y uno

se-ten-ta-'ñe-ro, -ra [セ.テン.タ.'ニェ.ろ, ら] 形 名 男 女 **70** 歳代の(人)

se-ten-'ta-vo, -va [セ.テン.'タ.ボ, バ] 形 **70** 番目の; **70** 分の **1** の 名 男 **70** 分の **1**

se-ten-'tón, -'to-na 形 名 男 女 **70** 歳代の(人)

se-'tiem-bre 名 男 ⇧ septiembre

'sé-ti-mo, -ma 形 ⇧ séptimo

'se+to 名 男 生け垣, 垣根

setter ['セ.テる] 名 男〔英語〕〘動〙〔犬〕セッター《猟犬》

seu-d(o)~〔接頭辞〕「にせの, 偽…」という意味を示す

seu-do-'fa-quia [セウ.ド.'ファ.キア] 名 女〔医〕偽水晶体

seu-'dó-ni-mo 名 男 筆名, ペンネーム, 雅号 **~, -ma** 形 ペンネーム[雅号]の

seu-'dó-po-do 名 男〘生〙偽足

*__Se+'úl__ [セ.'ウル] 94% 名 固〘地名〙ソウル《大韓民国, 韓国 República de Corea, Corea del Sur の首都》

se-ve-ri-'dad [セ.ベ.り.'ダド] 名 女 激烈, 酷烈, 苛烈, 厳しさ, 厳格さ; 簡潔, 飾り気のないこと

se-'ve-ro, -ra [セ.'べ.ろ, ら] 90% 形 《人・規制などが》(con, para: に)厳しい, 厳格な, 厳重な, 苛酷な; 簡素な, 地味な; 《天候などが》厳しい, 《痛みなどが》激しい, ひどい; 《批評などが》手厳しい, 辛辣(しんらつ)な; 《競争などが》激烈な **-ramente** 副 厳しく, 激しく

se-'vi-che 名 男《メキシコ》《中米》《キューバ》《アンデス》⇧ cebiche

se-'vi-cia [セ.'ビ.すぃア] 名 女《格》残酷, 残虐

Se-'vi-lla [セ.'ビ.ジャ] 名 固〘地名〙セビリア《スペイン南西部の都市》

se-vi-'lla+no, -na [セ.ビ.'ジャ.ノ, ナ] 89% 形 名 男 女〔地名〕セビリアの(人) ⬆Sevilla **-na** 名 女〔楽〕セビジャーナ《セビリアの民謡・舞踊》

se-xa-ge-'na-rio, -ria [セク.サ.ヘ.'ナ.りオ, りア] 形 名 男 女 60 歳代の(人)

se-xa-'gé-si-mo, -ma [セク.サ.'ヘ.スィ.モ, マ] 形 名 男 女《序数》第 60 番目の(人・物); 60 分の 1(の)

se-xa-ge-si-mo-'cuar-to, -ta 形 名 男 女《序数》⇨ sexagésimo[ma] cuarto[ta]

se-xa-ge-si-mo-no-'ve-no, -na 形 名 男 女《序数》⇨ sexagésimo[ma] noveno[na]

se-xa-ge-si-mo-oc-'ta-vo, -va 形 名 男 女《序数》⇨ sexagésimo[ma] octavo[va]

se-xa-ge-si-mo-pri-'me-ro, -ra 形 名 男 女《序数》⇨ sexagésimo[ma] primero[ra]

se-xa-ge-si-mo-'quin-to, -ta 形 名 男 女《序数》⇨ sexagésimo[ma] quinto[ta]

se-xa-ge-si-mo-se-'gun-do, -da 形 名 男 女《序数》⇨ sexagésimo[ma] segundo[da]

se-xa-ge-si-mo-'sép-ti-mo, -ma 形 名 男 女《序数》⇨ sexagésimo[ma] séptimo[ma]

se-xa-ge-si-mo-'sex-to, -ta 形 名 男 女《序数》⇨ sexagésimo[ma] sexto[ta]

se-xa-ge-si-mo-ter-'ce-ro, -ra 形 名 男 女《序数》⇨ sexagésimo[ma] tercero[ra]

sex-cen-'té-si-mo, -ma [セ(ク)(ス).セン.'テ.スィ.モ, マ] 形 名 男 女《序数》第 600 番目の(人・物); 600 分の 1(の)

se-'xe-nio [セク.'セ.ニオ] 名 男 6 か年, 6 年間

'se+xi ['セク.スィ] 形 セクシーな, 性的魅力のある

se-'xis-mo [セク.'スィス.モ] 名 男 性差別(主義)

se-'xis-ta [セク.'スィス.タ] 形 性差別的な 名 共 性差別をする人

*__'se+xo__ ['セク.ソ] 88% 名 男 性, 性別; 〘体〙性器; 性行為

se-xo-lo-'gí+a [セク.ソ.ロ.'ひ.ア] 名 女 性科学

se-xo-'ló-gi-co, -ca [セク.ソ.'ロ.ひ.コ, カ] 形 性科学の

se-'xó-lo-go, -ga [セク.'ソ.ロ.ゴ, ガ] 名 男 女 性科学者

sex-'tan-te [セ(ク)ス.'タン.テ] 名 男 六分儀; 〘歴〙〘経〙セクスタンス《ローマ共和国時代の青銅貨》

sex-'te-to [セ(ク)ス.'テ.ト] 名 男〘楽〙六重奏[唱], 六重奏[唱]曲, 六重奏[唱]団 名 女〘宗〙六時課; 〘楽〙6 度音程

sex-'ti-lla [セ(ク)ス.'ティ.ジャ] 名 女〘文〙セクスティージャ《子音韻のある 8 音節以下 6 行の詩》

sex-'ti-na [セ(ク)ス.'ティ.ナ] 名 女〘文〙セクスティーナ《11 音節 6 行の詩連 6 つと 3 行からなる詩》

*__'sex-to, -ta__ ['セ(ク)ス.ト, タ] 90% 形 名 男 女《序数》6 番目の(人・物); 6 分の 1(の) **-ta** 名 女〘宗〙六時課〘楽〙6 度音程

sex-tu-pli-'car [セ(ク)ス.トゥ.プリ.'カる] 動 他 69 (c|qu) 6 倍する

'séx-tu-plo, -pla ['セ(ク)ス.トゥ.プロ, プラ] 形 6 重の, 6 倍の 名 男 6 倍(のもの)

*__se-'xual__ [セク.'スアル] 88% 形 性の, 性的な **~mente** 副 性的に

se-xua-li-'dad [セク.スア.リ.'ダド] 名 女 性的能力; 性, 性別; 性欲

sexy 形〔英語〕⇧ sexi

Sey-'che-lles [セイ.'チェ.ジェス] 名 固〔República de ~〕セイシェル共和国《インド洋西部の島国》

s. f.; s/f 略 =sin fecha (文書の)日付不詳《文献目録などで》

Sgto. 略 ⬆sargento

Shan-'ghái [サン.'ガイ] 名 固 〘地名〙上海(シャンハイ)《中国, 華東地区北部の都市》

shi-ge-'llo-sis [スィ.ヘ.'ジョ.スィス] 名 女 〔単複同〕〘医〙細菌性赤痢

shock 名 男 〔英語〕ショック ⇧ choque

shogun 名 男 〔日本語〕⇩ sogún

show 名 男 〔英語〕〘演〙ショー ⇧ espectáculo

si 52% 接〔弱勢〕**1** …であれば, …ならば, …の場合には, …のときには《条件》: **Si** tienes hambre, entramos en el restaurante. あなたがおなかがすいているならレストランに入ろう。 **2** もし…ならば《現在の事実と反対のことを仮想する; 条件節に接続法過去形を, 帰結節に過去未来形を用いる》: **Si** hoy hiciera sol, iría a la playa. 今日太陽が出ていれば海岸に行くのだが。 **3** もし…であったならば《過去の事実と反対のことを仮想する; 条件節に接続法過去完了形を, 帰結節に過去未来完了形を用いる》: **Si** lo hubiera sabido, te lo habría dicho. もしそれを知っていたなら君に言ったのだが。 **4** …かどうか《間接疑問文を作る》: Quiero saber **si** Francisco nos acompaña. フランシスコが私たちと一緒に来てくれるか知りたい。 **5** 《話》〔文頭で〕…なのに《強調の意味がある》: ¿Que quieres trabajar hoy? ¡Pero **si** hoy es domingo! 今日働こうというのかい? 今日は日曜なのに! **6**〔疑問文の文頭で〕…だろうか?《強調の意味がある》: ¿**Si** me habrá mentido Pablo? パブロは私にうそをついたのだろうか? **7** …なのに, であっても《対立》: No me importa nada **si** no quieren venir. 彼らが来たくなくても僕はいっこうにかまわない。 名 男 〘楽〙シ《長音階の第7音》 *~ bien* … たとえ…であっても *~ los* [*las*] *hay* 無類の, まれに見る *~ no* … …でなければ ~ … ~ … …か…か

'sí[1] 51% 副 **1** はい, ええ《肯定・同意》: ¿Es usted japonés? **Sí**. あなたは日本人ですか? —はい。 **2** そう, そうである: ¿Te gusta la música? — Claro que **sí**. 君は音楽が好きかい?—もちろんさ。 **3** 本当に, 確かに: No sé tú, pero yo **sí** iré. 君はどうするか知らないが私は行くつもりだ。 名 男 「はい」という返事, イエス, オーケー: Cuando tenga el **sí** del jefe, empezaré el proyecto. 上司のオーケーが出たらプロジェクトを始めるつもりだ。 *dar el ~* イエスの返事をする, 同意する; 〔特に〕プロポーズを承諾する *por ~ o por no* 万一のために, 念のため *pues ~ que* … …だとは! *~ que* 本当に, 確かに

'sí[2] 72% 代《人称》自分, 自分自身, それ, それ自体: Le encanta hablar de **sí**. 彼は自分のことを話すのがやたらと好きだ。 *dar de ~* 《服・靴などが》伸びる *de por ~* それ自体で; 別々に *de ~* 元来, もともと; それ自体で, それだけで *en ~* それ自体で; 正気である, 意識がはっきりしている *entre ~* 心の中で, 内心で, 誰にも聞こえないように; 互いに *fuera de ~* 我を忘れて, 興奮して; 怒り狂って *para ~* (*mismo*[*ma*]) 心の中で *por ~ solo*[*la*] 自然に, ひとりでに; 自分だけで, 独力で *sobre ~* 注意している *volver en ~* 意識を取り戻す

S. I. 略 =〔ラテン語〕*Societatis Iesu*〘宗〙イエズス会の

'Siam 名 固 〘歴〙〘地名〙シャム《タイの旧称》

sia-'més, -'me-sa 形 名 男 女 〘歴〙〘地名〙シャム(人)の, シャム人 ⬆Siam; 《古》〘言〙シャム語の《タイ語》 名 男 《古》〘言〙シャム語

Si-'ba-ris [スィ.'バ.リス] 名 固 〘歴〙〘地名〙シュバリス《イタリア南部にあった古代ギリシャの植民都市; ぜいたく好み・遊び好きで有名だったが, 前510年に滅亡》

si-ba-'ri-ta [スィ.バ.'リ.タ] 形 名 共 〘歴〙〘地名〙シュバリスの(人) ⬆Sibaris; ぜいたくな(人)

si-ba-ri-'tis-mo [スィ.バ.リ.'ティス.モ] 名 男 快楽主義, 奢侈(しゃし), 色好み

Si-'be-ria [スィ.'ベ.リア] 名 固 〘地名〙シベリア《ロシア連邦中部と東部の地域》

si-be-'ria+no, -na [スィ.ベ.'リア.ノ, ナ] 形 〘地名〙シベリア(人)の 名 男 女 シベリア人 ⬆Siberia

si-'bi-la [スィ.'ビ.ラ] 名 女 〘歴〙(古代に予言能力があるとされた)巫女(みこ), 女予言者

si-bi-'lan-te [スィ.ビ.'ラン.テ] 形 〘音〙歯擦(しさつ)音の; シューシュー言う 名 女 〘音〙歯擦音

si-bi-'li+no, -na [スィ.ビ.'リ.ノ, ナ] 形 巫女(みこ)のような; 謎めいた, 神託的な, 予言的な

'sic ['スィク] 副 ママ, 原文のまま《疑わしい[誤った]原文をそのまま引用したとき引用語句の後に付記する》

si-'ca-rio, -ria [スィ.'カ.リオ, リア] 名 男 女 《格》〔軽蔑〕(雇われの)暗殺者, 刺客

si-'ci-gia [スィ.'すぃ.ひア] 名 女 〘天〙朔望(さくぼう)《新月と満月の並称》

Si-'ci-lia [スィ.'すぃ.リア] 名 固 〔isla de ~〕〘地名〙シチリア島《イタリア南部の島》

si-ci-'lia+no, -na [スィ.すぃ.'リア.ノ, ナ] 形 〘地名〙シチリア(人)の 名 男 女 シチリア人 ⬆Sicilia

si-co-a-'ná-li-sis 名 男 〔単複同〕⇧ psicoanálisis

si-co-a-na-'lis-ta 名 共 ⇧ psicoanalista

si-co-'dé-li-co, -ca 形 ⇧ psicodélico
si-co-lo-'gí+a 名 女 ⇧ psicología
si-co-'ló-gi-co, -ca 名 男 女 ⇧ psicólogo
si-'có-lo-go, -ga 名 男 女 ⇧ psicólogo
si-'có-mo-ro [スィ.'コ.モ.ろ] 名 男 〖植〗(エジプト・小アジア産の)イチジクの一種
si-'có-pa-ta 名 共 ⇧ psicópata
si-'co-sis 名 女 ⇧ psicosis
si-'co-te 名 男 《ｶﾘﾌﾞ》 足のにおい
si-co-'tu-do, -da 形 《ｶﾘﾌﾞ》《話》 足がくさい
'sí-cu-lo, -la 形 ⇧ siciliano
SIDA ['スィ.ダ] 略 ＝síndrome de inmunodeficiencia adquirida 〖医〗 後天性免疫不全症候群, エイズ [AIDS]
si-de-'ral [スィ.デ.'らル] 形 〖天〗 星の, 星座の
si-'dé-re+o, +a 形 ⇧ sideral
si-de-'rur-gia [スィ.デ.'るる.ひア] 名 女 製鉄業
si-de-'rúr-gi-co, -ca [スィ.デ.'るる.ひ.コ, カ] 形 製鉄業の **-ca** 名 女 製鉄所
'Síd-ney 名 固 〖地名〗 シドニー 《オーストラリア南東部の都市》
'si+do 動 《過分男単》 ⬆ser
si-'do-so, -sa 形 〖医〗 エイズに感染した 名 男 女 エイズ患者
'si-dra ['スィ.ドら] 名 女 〖飲〗 リンゴ酒, シードル
si-'dral [スィ.'ドらル] 名 男 〖飲〗 リンゴジュース, リンゴサイダー
'sie-g~ 動 《直現/接現/命》 ⬆segar
'sie-ga 名 女 〖農〗 収穫, 刈り入れ; 〖農〗 収穫物, 刈り入れた穂; 〖農〗 収穫期, 刈り入れ時
'siem-br~ 動 《直現/接現/命》 ⬆sembrar
'siem-bra ['スィエン.ブら] 名 女 〖農〗 種をまくこと, 種まき; 種まきの時期
‡**'siem-pre** ['スィエン.プれ] 62% 副 **1** いつも, 常に, 始終, いつも…してばかりいる: Lázaro **siempre** llega tarde a clase. ラサロはいつも授業に遅刻する。 **2** 〔否定文で〕 いつも…である[する]わけではない 《部分否定》: Nuestro jefe no **siempre** está de mal humor. A veces se pone simpático. 私たちのボスはいつも不機嫌なわけではない。ときどきはやさしくなる。 **3** いつまでも, 永遠に: Te recordaré **siempre**. 私はいつまでも君のことを覚えているよ。 **4** 《ﾒｷｼｺ》 本当に, 確かに, やはり: ¿**Siempre** harás el viaje a pesar del mal tiempo? 天候が悪いのにやっぱり旅に出るの? **5** ともかく, いずれにしても ***de*** ~ いつもの; ずっと昔から ***desde*** ~ ずっと昔から ***para*** ~ これからずっと, 永遠に ~ ***que*** 〔直説法〕 …する時はいつも 《時》; 〔接続法〕 …すれば, …する時はいつも, …である時だけ 《未来の条件》 ~ ***y cuando*** …〔接続法〕 …すれば, …である時だけ 《条件》
'sien 名 女 〖体〗 こめかみ 《額と耳の間》
'sien-do 動 《現分》 ⬆ser
'sien-t- 動 《直現/接現/命》 ⬆sentar, ⬆sentir
'sier-pe ['スィエる.ペ] 名 女 〖動〗 ヘビ [蛇]; 醜い人; のたくりまわるもの; 〖植〗 若芽, 若枝
‡**'sie-rra** ['スィエ.ら] 87% 名 女 〖技〗 のこぎり; 〖地〗 山脈, 連山, 山
Sie-rra Le+'o-na [スィエ.ら レ.'オ.ナ] 名 固 〔República de ~〕 〖地名〗 シエラレオネ 《アフリカ西部の共和国》
sie-rra-le+o-'nés, -'ne-sa [スィエ.ら.レ.オ.'ネス, 'ネ.サ] 形 〖地名〗 シエラレオネ(人)の 名 男 女 シエラレオネ人 ⬆Sierra Leona
'Sie-rra 'Ma-dre ['スィエ.ら 'マ.ドれ] 名 固 〖地名〗 シエラマドレ山脈 《メキシコを北西から南東に連なる山脈》
'Sie-rra Ma+'es-tra ['スィエ.ら マ.'エス.トら] 名 固 〖地名〗 シエラマエストラ山脈 《キューバ東部の山地》
'Sie-rra Mo-'re-na [スィエ.ら モ.'れ.ナ] 名 固 〖地名〗 シエラモレナ山脈 《スペイン南部の山脈》
'sier-vo, -va ['スィエる.ボ, バ] 名 男 女 奴隷; 〖歴〗 (中世の)農奴; (de: に)仕える者, しもべ, 私め 《相手を敬い自分を卑下するときに使う》
'sí+es 名 男 《複》 ⬆sí 《「はい」という返事の複数》
'sie-so, -sa 形 «人が»感じの悪い, 嫌な 名 男 〖体〗 肛門
*****'sies-ta*** 93% 名 女 昼寝; 真昼, 昼下がり
‡**'sie-te** 73% 数 〔⇨単独の7〕 7(の); 《話》 かぎ裂き ***más que*** ~ 《話》 たくさん, どっさり
sie-te-me-'si+no, -na 形 «赤ちゃんが»7か月目で生まれた 名 男 女 7か月目で生まれた赤ちゃん, 早産児, 未熟児; ひ弱な子, 発育不全の子; 大人びた子供, 生意気な子
'sí-fi-lis ['スィ.フィ.リス] 名 女 〔単複同〕 〖医〗 梅毒
si-fi-'lí-ti-co, -ca [スィ.フィ.'リ.ティ.コ, カ] 形 〖医〗 梅毒の 名 男 女 〖医〗 梅毒患者
si-'fón 名 男 サイフォン, 吸い上げ管; 〖技〗 (排水管の)防臭弁, U 字管; 〖飲〗 (炭酸水を入れる) サイフォン瓶(びん); 〖飲〗 炭酸水;

S

《コロンビア》〔飲〕生ビール
si-fo-'nar [スィ.フォ.'ナる] 動 他〔飲〕サイフォンでドリップする
sig. 略 ↓siguiente
'si-ga(~) 動《接現》↑seguir
'si-gan 動《接現3複》↑seguir
si-gi-'lar [スィ.ひ.'ラる] 動 他 隠す, 秘密にする
si-'gi-lo [スィ.'ひ.ロ] 名 男 秘密, 内密; 用心, 慎重さ
si-gi-'lo-so, -sa [スィ.ひ.'ロ.ソ, サ] 形 秘密の; 慎重な
'si-gla ['スィ.グラ] 名 女〔言〕頭文字語, 頭文字による省略, 略字, 略語
⁑**'si-glo** ['スィ.グロ] 71% 名 男 **1** 世紀, 100年間; 時代, 世紀;《話》長い年月, 長い時間;《格》この世, 世の中, 世間, 現世;〔宗〕俗界 ***por los ~s de los ~s*** 未来永劫(えいごう)に
'sig-ma ['スィグ.マ] 名 女〔言〕シグマ《ギリシャ語の文字 Σ, σ》
sig-moi-'di-tis [スィグ.モイ.'ディ.ティス] 名 女〔単複同〕〔医〕S字結腸炎
sig-'nar [スィグ.'ナる] 動 他〈に〉印を押す 動 自 手話を使う **~se** 動 再 十字を切る
sig-na-'ta-rio, -ria [スィグ.ナ.'タ.りオ, りア] 形 署名した, 調印した 名 男 女 署名者, 調印者
sig-na-'tu-ra [スィグ.ナ.'トゥ.ら] 名 女〔印〕背丁(せちょう)《印刷紙の折り順の番号など》;〔楽〕調子記号; (本を分類するための)カタログ[分類]番号
sig-ni-fi-ca-'ción [スィグ.ニ.フィ.カ.'すぃオン] 名 女 意味, 意義; 重要性, 重大さ
⁑**sig-ni-fi-'ca-do** [スィグ.ニ.フィ.'カ.ド] 88% 名 男 意味; 重要性, 重大さ;〔言〕意味されるもの, 所記(しょき), シニフィエ **~, -da** 形 重要な; 有名な
sig-ni-fi-'can-te [スィグ.ニ.フィ.'カン.テ] 形 意味のある; 有意義な, 重要な 名 男〔言〕意味するもの, 能記(のうき), シニフィアン
⁑**sig-ni-fi-'car** [スィグ.ニ.フィ.'カる] 77% 動 他 ⑥⑨ (c|qu) 意味する,〈の〉意味を表す 動 自 (para: にとって)重大な意味を持つ, 重要である **~se** 動 再 際立つ, 抜きんでる, 有名になる; 宣言する, 表明する
⁑**sig-ni-fi-ca-'ti-vo, -va** [スィグ.ニ.フィ.カ.'ティ.ボ, バ] 89% 形 意味深い, 意味深長な, 意味ありげな; 重要な **-vamente** 副《文修飾》意味深いことには; 意味ありげに, 意味深長に, 暗示的に
sig-ni-fi-'qué, -que(~) 動《直点1単, 接現》↑significar
⁑**'sig-no** ['スィグ.ノ] 83% 名 男 印, 標識, …符; (de: 性質・状態・存在などの)しるし, 表れ, 前兆, 徴候, 兆し, あかし; 傾向; 宮(きゅう), …座《黄道の12区分の一つ》; 運命, 宿命; 身ぶり
'si-go 動《直現1単》↑seguir
'si-gue(~) 動《直現/命》↑seguir
Si-'güen-za [スィ.'グエン.さ] 名 固〔地名〕シグエンサ《スペイン中央部グアダラハラ県 Guadarajara の町》
si-gui~ 動《活用》↑seguir
⁑**si-'guien-te** [スィ.'ギエン.テ] 70% 形 次の, 以下の, 次に続く 名 男 次のこと[もの], 次の人, 以下
*'**sí-la-ba** ['スィ.ラ.バ] 93% 名 女〔音〕音節, シラブル
si-la-'ba-rio [スィ.ラ.'バ.りオ] 名 男 音節文字(表); つづり字教本, 読み方の本《言葉が音節ごとに分けて書いてある初級読本》
si-la-be-'ar [スィ.ラ.ベ.'アる] 動 他 音節ごとに発音する 動 自 音節ごとに発音する
si-la-'be-o [スィ.ラ.'ベ.オ] 名 男 音節に分けること, 分節法, 音節ごとに発音すること
si-'lá-bi-co, -ca [スィ.'ラ.ビ.コ, カ] 形 音節の, つづりの
'sil-ba ['スィル.バ] 名 女 口笛(を吹くこと), シーシーと言ってやじること
sil-'bar [スィル.'バる] 動 自 口笛を吹く; «矢・弾丸・風などが»うなる, ピューと鳴る; 汽笛を鳴らす;〔競〕〔サッカーなど〕ブーイングする 動 他 口笛で吹く; やじる, けなす, ブーイングをする, 口笛を吹く
sil-'ba-to [スィル.'バ.ト] 名 男 呼び子, ホイッスル; 汽笛; 小さな裂け目, 小さな割れ目
sil-'bi-do [スィル.'ビ.ド] 名 男 口笛(を吹くこと); (矢・弾丸・風などの)うなる音, ヒューとなる音 ***más flaco[ca] que un ~***《話》がりがりにやせた
'sil-bo 名 男 ⇧silbido
si-len-cia-'dor, -'do-ra [スィ.レン.すぃア.'ドる, 'ド.ら] 形 名 男 女 沈黙を守る(人), 発言を控える(人) 名 男〔技〕消音装置, サイレンサー;〔車〕マフラー
si-len-'ciar [スィ.レン.'すぃアる] 動 他〈について〉沈黙を守る, 公にしない, 黙殺する; 黙らせる
⁑**si-'len-cio** [スィ.'レン.すぃオ] 81% 名 男 沈黙, 無言, しゃべらないこと, 声を出さないこと; 静けさ, 物音のしないこと; 音信不通, 無沙汰; 言及をしないこと, 意見を言わないこと, 黙殺; 秘密を守ること;〔楽〕休止符;〔情〕ミュート 感 静かに!, 静粛に! ***en ~*** 黙って, 静かに
⁑**si-len-'cio-so, -sa** [スィ.レン.'すぃオ.ソ, サ] 90% 形 物音のしない, しんとした, 静かな; 無言の, 沈黙した, しゃべらない, 声を出さない **-samente** 副 物音を立てずに, しんとして, 静かに; 黙って, 無言で, 沈黙して

si-'lep-sis [スィ.'レプ.スィス] [名] [女]〔単複同〕〔言〕シレプシス《性・数の一致が文法的にではなく意味的に行われること》;〔修〕兼用法, シレプシス《本来の意味と比喩的な意味を兼ねさせること》

Si-'le-sia [スィ.'レ.スィア] [名] [固]〔地名〕シュレジエン, シレジア, シロンスク《ポーランド南西部に広がる地方》

si-'le-sio, -sia [スィ.'レ.スィオ, スィア] [形] [名] [男] [女] シュレジエン[シレジア, シロンスク]の(人)⬆Silesia

'sí-lex ['スィ.レ(ク)ス] [名] [男]〔単複同〕〔鉱〕火打ち石, 燧石(すいせき)《シリカや粉末トリポリなどの珪酸(けいさん)含有物》

'síl-fi-de ['シル.フィ.デ] [名] [女]《詩》《格》〔架空〕空気[風]の精

'sil-fo [名] [男] ⇧ sílfide

sil-'ga-do, -da [スィル.'ガ.ド, ダ] [形] [名] [男] [女]《アンデス》《話》やせた(人), やせ細った(人)

si-li-'ca-to [スィ.リ.'カ.ト] [名] [男]〔化〕珪酸(けいさん)塩[エステル]

'sí-li-ce ['スィ.リ.せ] [名] [女]〔化〕シリカ, (無水)珪酸(けいさん)

si-'lí-ce+o, +a [スィ.'リ.せ.オ, ア] [形]〔化〕シリカの, シリカを含む, 珪(けい)質の

si-'lí-ci-co, -ca [スィ.'リ.すぃ.コ, カ] [形]〔化〕珪素(けいそ)を含む, 珪質の

si-'li-cio [スィ.'リ.すぃオ] [名] [男]〔化〕珪素(けいそ)《元素》

si-li-'co-na [スィ.リ.'コ.ナ] [名] [女]〔化〕シリコン

si-li-'co-sis [スィ.リ.'コ.スィス] [名] [女]〔単複同〕〔医〕珪肺(けいはい)症, 珪粉(けいふん)症

**'si-lla ['スィ.ジャ] 77% [名] [女] 椅子;〔畜〕(乗馬用の)鞍(くら); (自転車などの)サドル *de ~ a ~* 差向かいで *pegársele la ~* 《話》(a: が)座ったままでいる; 長居する *~ de tijera* 折りたたみ椅子

si-'llar [スィ.'ジャる] [名] [男]〔畜〕馬の背, 鞍部;〔建〕切り石

si-lle-'rí+a [スィ.ジェ.'リ.ア] [名] [女]〔集合〕椅子, (一組の)椅子; 椅子製造工場;〔宗〕(教会の)聖歌隊席;〔建〕〔集合〕切り石;〔建〕石造建築

si-'lle-ro, -ra [スィ.'ジェ.ろ, ら] [名] [男] [女]〔商〕椅子製造業者;〔商〕〔人〕馬具屋;〔技〕鞍(くら)職人

si-'lle-ta [スィ.'ジェ.タ] [名] [女] 小さな椅子;〔医〕(病人用の)便器, おまる

si-'llín [スィ.'イン] [名] [男] (自転車の)サドル; 軽装の鞍

**si-'llón [スィ.'ジョン] 89% [名] [男] 肘(ひじ)掛け椅子;〔畜〕片鞍《婦人用で両脚とも片側にたらす》

'si+lo ['スィ.ロ] [名] [男]〔農〕サイロ《穀物・まぐさなどの貯蔵用の塔状建築物[地下室]》

si-lo-'gis-mo [スィ.ロ.'ひス.モ] [名] [男]〔哲〕〔論〕三段論法, 三段推論式

si-lo-'gís-ti-co, -ca [スィ.ロ.'ひス.ティ.コ, カ] [形]〔哲〕〔論〕三段論法の

*si-'lue-ta [スィ.'ルエ.タ] 93% [名] [女] 影, シルエット; 影絵; 輪郭, 外形;〔体〕体の線

si-'lu-ro [スィ.'ル.ろ] [名] [男]〔魚〕ナマズ

'sil-va ['スィル.バ] [名] [女] 文集, 雑録;〔文〕シルバ《7 音節と 11 音節を組み合わせた詩》

'Sil-va ['スィル.バ] [名] [固]〔姓〕シルバ

*sil-'ves-tre [スィル.'ベス.トれ] 93% [形]〔植〕野生の, 自生の; 野育ちの, 粗野な

'Sil-via ['スィル.ビア] [名] [固]〔女性名〕シルビア

sil-vi-cul-'tor, -'to-ra [スィル.ビ.クル.'トる, 'ト.ら] [形] 植林の [名] [男] [女] 植林者

sil-vi-cul-'tu-ra [スィル.ビ.クル.'トゥ.ら] [名] [女] 植林, 植林法; 林学

sim~〔接頭辞〕⬇sin-

'si+ma [名] [女]〔地〕(地面・岩などの)深い割れ目[穴]

sim-'bio-sis [名] [女]〔単複同〕〔生〕共生, 共同生活

*sim-'bó-li-co, -ca [スィン.'ボ.リ.コ, カ] 92% [形] 象徴の, 象徴的な, 表象的な; 記号の -camente [副] 象徴的に

sim-bo-'lis-mo [スィン.ボ.'リス.モ] [名] [男] 象徴性, シンボリズム; 象徴的意味;〔文〕〔芸〕象徴主義, サンボリズム; 符号[記号]使用; 記号体系

sim-bo-'lis-ta [スィン.ボ.'リス.タ] [形]〔文〕〔芸〕象徴主義の [名] [共]〔文〕〔芸〕象徴主義者

sim-bo-li-za-'ción [スィン.ボ.リ.さ.'すぃオン] [名] [女] 象徴化, 記号化

sim-bo-li-'zar [スィン.ボ.リ.'さる] [動] [他] ㉞ (z|c) 表す, 象徴する, 〈の〉象徴である; 記号化する

**'sím-bo-lo ['スィン.ボ.ロ] 89% [名] [男] 象徴, シンボル; 記号, 符号

si-me-'trí+a [スィ.メ.'トリ.ア] [名] [女] (左右の)対称, 釣り合い, 均整(美), 調和(美)

si-'mé-tri-co, -ca [スィ.'メ.トリ.コ, カ] [形] (左右が)対称の, 対称的な; 釣り合った, 均整のとれた -camente [副] 対称的に, 均整がとれて, 釣り合って

si-me-tri-'zar [スィ.メ.トリ.'さる] [動] [他] ㉞ (z|c) 対称にする

si-'mien-te [名] [女]〔植〕種, 実, 種子;〔動〕精液

'sí-mil ['スィ.ミル] [名] [男] 比較;〔修〕直喩(ちょくゆ), 明喩; 類似(性), 相似 [形] 似ている, 類似した

**si-mi-'lar [スィ.ミ.'ラる] 85% [形] (a: と) 似通った, 類似した, 同様の, 同類の

si-mi-li-'tud [スィ.ミ.リ.'トゥド] [名] [女] 類似, 相似, 同様

S

si-mi-'lor [スィ.ミ.'ロる] [名] [男] 〔技〕模造金《銅と亜鉛の合金》
'si-mio, -mia [名] [男] [女] 〔動〕サル[猿]
si-'món [名] [男] 〔車〕辻馬車, 貸し馬車
Si-'món [名] [固] 〔男性名〕シモン
si-mo-'ní+a [名] [女] 〔宗〕聖物売買
si-mo-'ní+a-co, -ca [名] [男] [女] 〔宗〕聖物売買をする者
⁑**sim-pa-'tí+a** 89% [名] [女] 好感, 愛情; 友人; 魅力; 同感, 共鳴, 共感, 感じ方[考え方]の一致; 〔医〕交感
sim-pa-ti-'cé, -ce(~) [動] 《直点1単, 接現》 ⬇simpatizar
⁑**sim-'pá-ti-co, -ca** 88% [形] 感じのよい, すてきな, 気持ちのいい; (con: に)やさしい, 親切な; 〔体〕交感神経の ***caer ~[ca]*** (a: に)気に入る ***tinta simpática*** あぶり出しインク
sim-pa-ti-'cón, -'co-na [形] [名] [男] [女] 《話》感じがいい(人), とっつきやすい(人); 《話》〔軽蔑〕うわべだけ感じがいい(人)
sim-pa-ti-'zan-te [スィン.パ.ティ.'さン.テ] [形] 共鳴する, 同調する [名] [共] 共鳴者, 同調者, シンパ
sim-pa-ti-'zar [スィン.パ.ティ.'さる] [動] [自] 34 (z|c) (con: と)うまくやっていく, 気が合う, 気心が通じている; (con: に)共鳴する, 賛成する
⁑**'sim-ple** ['スィン.プレ] 80% [形] 〔名詞の前で〕単なる, 単純な, ちょっとした; 簡単な, 平易な, やさしい; お人よしの, 愚かな, 無知な; 質素な, 飾りのない, シンプルな; 純真な, 無邪気な, 誠意のある, 気取らない; まったくの, 純然たる, 純粋の; 単一の, 単体の, 一つの; 〔言〕単純の [名] [共] お人よし, ばか, だまされやすい人 [名] [男] 〔競〕シングルス
⁑**'sim-ple-'men-te** ['スィン.プレ.'メン.テ] 80% [副] 単に…だけ, ただ; 簡単に, 平易に; 無邪気に, 愚かしく
sim-'ple-za [スィン.'プレ.さ] [名] [女] 愚かさ, 無知; つまらないこと; 純真さ, 実直さ
sim-pli-ci-'dad [スィン.プリ.すぃ.'ダド] [名] [女] 簡単なこと, 単純さ, 平易さ, 明快さ; 純真さ, 天真爛漫なこと
sim-pli-fi-ca-'ción [スィン.プリ.フィ.カ.'すぃオン] [名] [女] 単純化, 簡素化
***sim-pli-fi-'car** [スィン.プリ.フィ.'カる] 94% [動] [他] 69 (c|qu) 簡単にする, 平易にする
sim-'plis-ta [スィン.'プリス.タ] [形] [名] [共] あまりに単純な見方をする(人)
sim-'plón, -'plo-na [スィン.'プロン, 'プロ.ナ] [形] [名] [男] [女] 〔親愛〕〔しばしば軽蔑〕お人よし(な), ばか(な), おばかさん
sim-'po-sio [名] [男] シンポジウム, 討論会
si-mu-la-'ción [スィ.ム.ラ.'すぃオン] [名] [女] 見せかけ, ふり, 偽装, 仮病; シミュレーション, 模擬実験
si-mu-'la-cro [スィ.ム.'ラ.クろ] [名] [男] 見せかけ, ふり, まね; 像, 姿; 模型; 〔軍〕実地訓練; 偽装
si-mu-'la-do, -da [スィ.ム.'ラ.ド, ダ] [形] 仮装の, 見せかけの; 偽装の
si-mu-la-'dor [スィ.ム.ラ.'ドる] [名] [男] シュミレーター, 模擬操縦[実験]装置; 〔情〕ダミー
***si-mu-'lar** [スィ.ム.'ラる] 94% [動] [他] 装う, 見せかける, 〈の〉ふりをする
si-mul-ta-ne+'ar [スィ.ムル.タ.ネ.'アる] [動] [他] (con: と)同時にする
si-mul-ta-nei-'dad [スィ.ムル.タ.ネイ.'ダド] [名] [女] 同時であること, 同時性
si-mul-'tá-ne+o, +a [スィ.ムル.'タ.ネ.オ, ア] [形] 同時の, (a: と)同時に起こる, 同時に存在する **-neamente** [副] 同時に
si-'mún [名] [男] 〔気〕シムーン《アラビア砂漠などの砂を含んだ強い熱風》
⁑**sin** [スィン] 58% [前] 〔弱勢〕 **1** …のない, …していない: Estoy **sin** un céntimo. 私は一文無しだ。 **2** …のほかに, …を勘定に入れないで: Cuesta 550 euros **sin** impuesto. 税を入れないで 550 ユーロかかる。 **3** …がないと, …しないと《条件》: **Sin** diccionario todavía no puedo leer el español. 私は辞書がないとまだスペイン語が読めません。 **4** (不定詞: …)なしで, …しなくても, …せずに: No comas la fruta **sin** lavarla bien. 果物をよく洗わないで食べてはいけません。 **5** (不定詞: …)…されていない: Tengo muchos correos **sin** contestar. 私は返事を書いていないメールがたくさんある。 **6** (不定詞: …)しないで《命令》: ¡Oye, **sin** ofender! いいですか, 私を怒らせないでくださいよ。 **7** (que 接続法: …)…しないで: Entraron **sin que** nadie les observara. 彼らは誰にも見られずに入った。 ***no ~*** …(不定詞)…をしないわけではなく, 必ず…して ***seguir ~*** …(不定詞)(まだ)…しないままである
sin~, sim~ 〔接頭辞〕「共に, 同時に」という意味を示す
si-na-'go-ga [名] [女] 〔宗〕シナゴーグ, ユダヤ教会堂; 〔宗〕〔集合〕(シナゴーグの)会衆
Si-na+'í [名] [固] 〔península del ~〕〔地名〕シナイ半島《エジプト北東部, アフリカ大陸とアラビア半島をつなぐ半島》
si-na-'le-fa [スィ.ナ.'レ.ファ] [名] [女] 〔音〕(次の語頭母音の前での)語尾母音消失
Si-na-'lo+a [スィ.ナ.'ロ.ア] [名] [固] 〔地名〕シナロア《メキシコ中西部の州》
si-'nán-tro-po [スィ.'ナン.トろ.ポ] [名] [男] 〔歴〕北京原人, シナントロプス
si-na-'pis-mo [名] [男] 〔医〕からし泥(でい)軟膏(なんこう); 《話》うんざりさせるもの(人)
si-'nap-sis [名] [女] 〔単複同〕〔医〕シナプ

S

ス《神経細胞の接合部》

Sin-ce-'le-jo [スィン.せ.'レ.ほ] [名] [固] 〔地名〕シンセレーホ《コロンビア北部の都市》

***sin-'ce-ra-'men-te** [スィン.'せ.ら.'メン.テ] 91% [副] 本心から, 見せかけではなく, 本気に

sin-ce-'rar-se [スィン.せ.'らる.セ] [動] [再] (con, ante: に)すべてを告白する, 正直に話す, 心を開く; 弁明する, (de: 無罪を)証明する

***sin-ce-ri-'dad** [スィン.せ.り.'ダド] 93% [名] [女] 本当の気持ち, 本気; 誠実さ, 正直

***sin-'ce-ro, -ra** [スィン.'せ.ろ, ら] 91% [形] «人が»誠実な, 実直な, 正直な; «感情・行動などが»本心からの, 見せかけではない, 偽りのない, 本気の

'sín-co-pa [名] [女] 〔音〕語中音消失; 〔楽〕切分(音), シンコペーション

sin-co-'par [スィン.コ.'パる] [動] [他] 〔楽〕切分する, シンコペートする; 縮小する, 短縮する; 〔音〕‹語中音を›消失させる

'sín-co-pe [名] [男] 〔医〕失神; 〔言〕中略(語); 〔音〕語中音消失

sin-'cré-ti-co, -ca [スィン.'クれ.ティ.コ, カ] [形] 混合(主義)の

sin-cre-'tis-mo [スィン.クれ.'ティス.モ] [名] [男] 混合(主義), 習合, 重層信仰, シンクレティズム

sin-cro-'ní+a [スィン.クろ.'ニ.ア] [名] [女] 〔言〕共時態

sin-'cró-ni-co, -ca [スィン.'クろ.ニ.コ, カ] [形] 同時(性)の, 同時に発生する; 〔言〕共時的な

sin-cro-'nis-mo [スィン.クろ.'ニス.モ] [名] [男] 同時発生, 同時性

S

sin-cro-ni-za-'ción [スィン.クろ.ニ.さ.'すぃオン] [名] [女] 同時化, 同調

sin-cro-ni-'zar [スィン.クろ.ニ.'さる] [動] [他] 34 (z|c) ‹ラジオ・テレビのダイヤルを› (con: に)合わせる, 同調させる; ‹時計の時間を›合わせる; ‹に›同時性を持たせる; 同時にする ***natación sincronizada*** 〔競〕シンクロナイズド・スイミング

sin-dac-'ti-lia [スィン.ダク.'ティ.リア] [名] [女] 〔医〕合指症

sin-di-'ca-do, -da [名] [男] [女] 〔政〕労働組合員; 《ラ米》〔法〕被告

sin-di-'cal [スィン.ディ.'カル] [形] 〔政〕労働組合の; 組織代表の

sin-di-ca-'lis-mo [スィン.ディ.カ.'リス.モ] [名] [男] 〔政〕労働組合主義[運動]; 〔政〕サンディカリスム

sin-di-ca-'lis-ta [スィン.ディ.カ.'リス.タ] [形] 〔政〕労働組合主義の, サンディカリスムの [名] [共] 〔政〕労働組合主義者, サンディカリスト

sin-di-'car [スィン.ディ.'カる] [動] [他] 69 (c|qu) 〔政〕労働組合化する; 《南米》告発する ~**se** [動] [再] 労働組合を結成する; 労働組合に加入する

‡sin-di-'ca-to 82% [名] [男] 〔政〕労働組合; 〔経〕企業(家)連合, シンジケート

sin-di-ca-'tu-ra [スィン.ディ.カ.'トゥ.ら] [名] [女] 〔法〕被信託人[保管人, 管財人]の身分; 組織代表[評議員]の地位

'sín-di-co [名] [男] 〔法〕被信託人, 保管人, 管財人; 組織代表, 評議員

'sín-dro-me ['スィン.ドろ.メ] [名] [男] 〔医〕症候群, シンドローム

si-'néc-do-que [スィ.'ネク.ド.ケ] [名] [女] 〔修〕提喩(ていゆ)法, 代喩《一部で全体を表す比喩法》

si-ne-'cu-ra [スィ.ネ.'ク.ら] [名] [女] (待遇のよい)閑職, 楽な仕事, 割のいい仕事

sine die [副] 〔ラテン語〕無期限に

sine qua non ['スィ.ネ 'クア 'ノン] [形] 〔ラテン語〕必要不可欠の, 必須の

si-'né-re-sis [スィ.'ネ.れ.スィス] [名] [女] 〔単複同〕〔音〕合音《2母音または2音節を一つに縮めること, 特に二重母音化》

si-'ner-gia [スィ.'ネる.ひア] [名] [女] 共同, 相乗効果[作用], シナジー

si-'nér-gi-co, -ca [スィ.'ネる.ひ.コ, カ] [形] 共同の, 相乗効果[作用]の

si-nes-'te-sia [名] [女] 〔医〕共感; 〔心〕共感覚

sin-'fín [名] [男] 無限, 無数

***sin-fo-'ní+a** 93% [名] [女] 〔楽〕交響曲, シンフォニー; 調和, ハーモニー

***sin-'fó-ni-co, -ca** 94% [形] 〔楽〕交響曲の -**ca** [名] [女] 〔楽〕交響楽団

sin-ga-'lés, -'le-sa [形] [名] [男] [女] ⇧ cingalés

Sin-ga-'pur [スィン.ガ.'プる] [名] [固] 〔地名〕シンガポール《東南アジアの国; その首都》

sin-ga-pu-'ren-se [スィン.ガ.プ.'れン.セ] [形] 〔地名〕シンガポール(人)の [名] [共] シンガポール人 ⬆Singapur

sin-ga-pu-'re-ño, -ña [形] ⇧ singapurense

sin-gla-'du-ra [スィン.グラ.'ドゥ.ら] [名] [女] 〔海〕1日の航程

sin-'glar [スィン.'グラる] [動] [自] 〔海〕航行する

‡sin-gu-'lar [スィン.グ.'ラる] 89% [形] 並外れた, まれに見る, 異常な, 奇妙な, 風変わりな, 珍しい; 一つの, 一人の; 〔言〕単数の [名] [男] 〔言〕単数 ***en*** ~ 特に, 取り立てて; 〔言〕単数で ~**mente** [副] 大変に, 異常に; 特に; 奇妙に, 風変わりに

sin-gu-la-ri-'cé, -ce(~) [動] 《直点1単, 接現》 ⬇singularizar

sin-gu-la-ri-'dad [スィン.グ.ラ.り.'ダド] [名] [女] 特異(性); 単独, 単一性

sin-gu-la-ri-'zar [スィン.グ.ラ.り.'さる] 動 他 ㉞ (z|c) 特定化する, 選び出す, 特に〈に〉言及する; 目立たせる **～se** 動 再 特定化される, 選び出される; 目立つ

si-nies-'tra-do, -da [スィ.ニエス.'トら.ド, ダ] 形 損害を受けた, 災難にあった 名 男 女 被害者, 被災者

si-nies-'tral [スィ.ニエス.'トらル] 形 災害の, 事故の

si-nies-tra-li-'dad [スィ.ニエス.トら.リ.'ダド] 名 女 災害率, 事故率

***si-'nies-tro, -tra** [スィ.'ニエス.トろ, トら] 92% 形 不吉な, 凶の; 不運な, 不幸な; 《格》左の 名 男 災害, 天災 **-tra** 名 女 《格》左手; 《格》左

sin-'nú-me-ro [スィ(ン).'ヌ.メ.ろ] 名 男 無数, 無限

****si+no** [スィ.ノ] 65% 接〔弱勢〕**1**〔否定語の後で〕…ではなくて…《訂正》: No quiero tomar café **sino** té. 私はコーヒーではなくてお茶が飲みたい。 **2**〔否定語の後で〕…だけ(しか)《排除》: No deseo **sino** ayudarte. 私はただ君を助けたいだけだ。 名 男 運命

si-no~〔接頭辞〕「中国」を意味する

si-no-'dal [スィ.ノ.'ダル] 形〘宗〙教会[宗教]会議の

'sí-no-do 名 男〘宗〙教会[宗教]会議, 宗教会議

si-no-lo-'gí+a [スィ.ノ.ロ.'ひ.ア] 名 女 中国研究

si-no-'ló-gi-co, -ca [スィ.ノ.'ロ.ひ.コ, カ] 形 中国研究の

si-'nó-lo-go, -ga [スィ.'ノ.ロ.ゴ, ガ] 名 男 女 中国研究者

si-no-'ni-mia 名 女〘言〙類義(性), 同義(性)

si-'nó-ni-mo 名 男〘言〙類義語, 同意語 **～, -ma** 形〘言〙類義語の, 同意語の

si-'nop-sis 名 女〔単複同〕梗概(こうがい), 大意, 概要

si-'nóp-ti-co, -ca 形 梗概(こうがい)の, 大意の

si-'no-via [スィ.'ノ.ビア] 名 女〘体〙滑液

si-no-'vial [スィ.ノ.'ビアル] 形〘体〙滑液の

si-no-'vi-tis [スィ.ノ.'ビ.ティス] 名 女〔単複同〕〘医〙滑膜炎

sin-ra-'zón [スィン.ら.'そン] 名 女 不合理, ばかげたこと; 不正

sin-sa-'bor [スィン.サ.'ボる] 名 男 悲しみ, 苦しみ, 悩み; 味気のないこと, 無味乾燥

'sin-ta~ 動《接現》⬆sentir

sin-'tác-ti-co, -ca [スィン.'タク.ティ.コ, カ] 形〘言〙統語(論)の

sin-'tag-ma [スィン.'タグ.マ] 名 男〘言〙連辞《統語的にまとまりのある単位》

sin-tag-'má-ti-co, -ca [スィン.タグ.'マ.ティ.コ, カ] 形〘言〙連辞的な, 連辞の ⬆sintagma

***sin-'ta-xis** [スィン.'タク.スィス] 94% 名 女〔単複同〕〘言〙統語論, 構文法

****'sín-te-sis** 90% 名 女〔単複同〕総合, 統合, 組み立て; 総括, 概括 *en* ～《格》要約して

sin-'té-ti-co, -ca 形 総合の, 統合的な; 総括的な, 概括的な; 人造の, 合成の, 人工の

sin-te-ti-za-'dor [スィン.テ.ティ.さ.'ドる] 名 男〘楽〙シンセサイザー

sin-te-ti-'zar [スィン.テ.ティ.'さる] 動 他 ㉞ (z|c) 総合する, 統合する; 概括する, まとめる; 合成する

sin-'tie~ 動《活用》⬆sentir

sin-'tió 動《直点 3 単》⬆sentir

sin-to+'ís-mo 名 男 (日本の)神道

sin-to+'ís-ta 名 共 (日本の)神道家, 神道信者 形 神道の

****'sín-to-ma** 89% 名 男 徴候, 前兆, 前触れ, 兆し;〘医〙症状, 症候

sin-to-'má-ti-co, -ca 形 徴候の, 前兆の, 前触れの;〘医〙症状を示す

sin-to-'ní+a 名 女〘電〙同調;〔一般〕同調;〘放〙(ラジオ・テレビの)テーマ音楽

sin-to-ni-'cé, -ce(~) 動《直点 1 単, 接現》⬇sintonizar

sin-to-ni-za-'ción [スィン.ト.ニ.さ.'すぃオン] 名 女〘電〙同調

sin-to-ni-za-'dor [スィン.ト.ニ.さ.'ドる] 名 男〘電〙チューナー

sin-to-ni-'zar [スィン.ト.ニ.'さる] 動 他 ㉞ (z|c)〘電〙同調させる,〈の〉チューナーを合わせる 動 自 (con: と)調和する, (con: に)順応する

si-nuo-si-'dad 名 女 曲がりくねり, 湾曲; 曲折; へこみ, くぼみ

si-'nuo-so, -sa 形 曲がりくねった, 波状の; 回りくどい

si-nu-'soi-de 名 女〘数〙正弦曲線

sin-ver-'güen-za [スィン.べる.'グエン.さ] 形 名 共 恥知らず(の), 破廉恥な(人), 厚かましい(人), ずうずうしい(人); 悪党, ならず者

sin-vi-'vir [スィン.ビ.'ビる] 名 男《スペイン》苦しみ, 苦痛

sio-'nis-mo 名 男〘政〙シオニズム《国家的統一のためにユダヤ人のパレスティナ Palestina 復帰を目指すユダヤ民族運動》

sio-'nis-ta 形〘政〙シオニズムの 名 共 シオニスト⬆sionismo

'si+po, +pa 形 名 男 女《アンデス》《話》あばた面(づら)の(人)

si-'quia-tra 名 共 ⇧ psiquiatra

si-quia-'trí+a 名 女 ⇧ psiquiatría

S

'sí-qui-co, -ca 形 ⇧ psíquico

‡**si-'quie-ra** [スィ.'キエ.ら] 82% 副 **1** 少なくとも: Dime **siquiera** cuántas personas había. 何人の人がいたかぐらいは私に話して。 **2** 〔否定語とともに〕…さえも…ない: No conozco ni **siquiera** a la mitad de los que trabajan con mi marido. 私は夫と一緒に働いている人たちの半分も知りません。 接 …であっても《譲歩》《接続法が使われる》: Vamos a comer **siquiera** sea solo un bocadillo. ボカディージョだけでもいいから食べましょう。

*__si-'re-na__ [スィ.'れ.ナ] 94% 名 女 サイレン, 号笛; 人魚

Si-'re-na [スィ.'れ.ナ] 名 固〘ギ神〙セイレン《美しい歌声で舟人を誘い寄せて舟を難破させた半人半魚の海の精》

'sir-ga ['スィる.ガ] 名 女〘海〙牽引用の綱[索, 鎖]

sir-'gar [スィる.'ガる] 動 他 ㊶ (g|gu)〘海〙〈船を〉綱で引く, 牽引(けんいん)する

*__'Si-ria__ ['スィ.りア] 93% 名 固〔República Árabe ～〕〘地名〙シリア《西アジアのアラブ共和国》

si-'ria-co, -ca⇔**-rí-a-** 形 ⇩ sirio

si-ri-'mi-ri [スィ.り.'ミ.り] 名 男〘気〙霧雨

'si-rio, -ria ['スィ.りオ, りア] 形〘地名〙シリア(人)の 名 男 女 シリア人 ⬆Siria

'Si-rio ['スィ.りオ] 名 男〘天〙シリウス《おおいぬ座のα星; 全天で最も明るい》

si-ri-'pi-ta [スィ.り.'ピ.タ] 名 女《(アンデス)》《話》おせっかいな子供; 《(アンデス)》〘昆〙コオロギ

si-'ro-co [スィ.'ろ.コ] 名 男〘気〙シロッコ《サハラ砂漠から地中海沿岸に吹く熱風》

S

'sir-te ['スィる.テ] 名 女〘海〙〘地〙(海面下の)砂洲

'sir-v~ 動《活用》⬆servir

*__sir-'vien-ta__ [スィる.'ビエン.タ] 94% 名 女 (女性の)召使い, お手伝いさん, メイド

*__sir-'vien-te__ [スィる.'ビエン.テ] 94% 形 仕える 名 男 ⇦共 使用人, 召使い

'si+sa 名 女《(スペイン)》《話》こそ泥, ちょろまかし; 〘衣〙(洋服の)ダーツ; 貯金

si-'sal [スィ.'サル] 名 男〘植〙サイザルアサ

si-'sar [スィ.'サる] 動 他《(スペイン)》ちょろまかす, ごまかす; 〘衣〙〈洋服に〉ダーツをつける; 貯金する

si-se+'ar [スィ.セ.'アる] 動 自 シッとやじる, シーと言う《注意・非難・不快》 動 他 やじる

si-'se+o 名 男 シッとやじること, シーと言うこと《注意, 非難, 不快》

'sís-mi-co, -ca 形 地震の

'sis-mo 名 男《(ラ米)》地震 ⇧ seísmo

sis-'mó-gra-fo [スィス.'モ.グら.フォ] 名 男 地震[震動]計

sis-mo-lo-'gí+a [スィス.モ.ロ.'ひ.ア] 名 女 地震学

sis-mo-'ló-gi-co, -ca [スィス.モ.'ロ.ひ.コ, カ] 形 地震学の

sis-'mó-lo-go, -ga [スィス.'モ.ロ.ゴ, ガ] 名 男 女 地震学者

sis-'mó-me-tro [スィス.'モ.メ.トろ] 名 男〘機〙地震計

si-'són, -'so-na 形 名 男 女《話》こそ泥を働く; 〔人〕こそ泥 名 男〘鳥〙ノガン

‡**sis-'te-ma** 71% 名 男 制度, システム; 組織, 体制; 体系, 系統, …系, …網; 方式, 方法; 秩序立ったやり方, 順序, 規則, 原則, 習慣; 〘機〙(組み合わせ式の)装置, システム; 〘地〙山系 ～ ***de acceso múltiple***〘情〙マルチアクセスシステム ～ ***de pizarra electrónica***〘情〙掲示板システム (**BBS**) ～ ***multiusuario***〘情〙マルチユーザーシステム ～ ***operativo***〘情〙オペレーティングシステム ～ ***operativo en disco***〘情〙ディスクオペレーティングシステム [**DOS**]

*__sis-te-'má-ti-co, -ca__ 92% 形 組織立った, 組織的な, 体系的な, 系統的な, 秩序立った **-camente** 副 組織的に, 系統的に, 秩序立って

sis-te-ma-ti-za-'ción [スィス.テ.マ.ティ.さ.'すぃオン] 名 女 組織化, 体系化

*__sis-te-ma-ti-'zar__ [スィス.テ.マ.ティ.'さる] 94% 動 他 ㉞ (z|c) 組織化する, 系統立てる

sis-'té-mi-co, -ca 形 体系の, システム全体の; 〘医〙全身の

'sís-to-le ['スィス.ト.レ] 名 女〘医〙収縮期, 心収縮

'sis-tro ['スィス.トろ] 名 男〘楽〙シストラム《振って鳴らす金属製の楽器》

si-'tial [スィ.'ティアル] 名 男 貴賓席

si-'tiar [スィ.'ティアる] 動 他〘軍〙包囲する, 包囲して攻める; 取り囲む; 攻めたてる, 迫る

‡**'si-tio** 72% 名 男 場所, 所; 土地, 地域; 空間, 余地, 場所; (決まった)位置, 座席; (特定の)箇所; 〘医〙患部; 地位, 身分, 重要な位置; 〘軍〙包囲(戦); 別荘; 〘情〙サイト; 《(メキシコ)》タクシー(乗り場) ***dejar en el*** ～ 即死させる ***quedarse en el*** ～ 即死する ～ ***web***〘情〙ウェブサイト

'si+to, +ta 形《格》(en: に)位置[所在]している, ある

situ〔成句〕 ***in*** ～〔ラテン語〕その場で, 現地で

‡**si-tua-'ción** [スィ.トゥア.'すぃオン] 70% 名 女 情勢, 状況, 形勢, 事態; 位置, 場所, 敷地, 用地; 地位, 身分, 職; (人の)立場, 境遇

si-'tua-do, -da 形 位置する; 境遇が(…で)ある

***si-'tuar** [スィ.'トゥアる] 79% 動 他 ⑰ (u|ú) 置く, 据える, 配置[配列]する; 〈人を〉配置する, 任命する, 仕事につかせる, 置く; 〈資金を〉投下する, 割り当てる; 預金する **~-se** 動 再 (en: に)位置する; (よい)地位を得る, 就職する

'Si+va ['スィ.バ] 名 男 〔宗〕 シバ神 《ヒンドゥー教の神》

Six-'ti-na [スィ(ク)ス.'ティ.ナ] 名 固 〔Capilla ~〕〔美〕 システィーナ礼拝堂 《バチカン宮殿 Vaticano にあるローマ教皇の礼拝堂》

S. J. 略 =〔ラテン語〕 *Societate Jesu* 〔宗〕 イエズス会

'Sko-pie 名 固 〔地名〕 スコピエ 《北マケドニア Macedonia del Norte の首都》

s. l.; s/l 略 =sin lugar 《文書の》 発行地不詳 《文献目録などで》

S. L. 略 =sociedad limitada 〔商〕 有限会社

slip ['スリプ] 略 〔英語〕〔衣〕 スリップ 《女性用下着》

S. M. 略 =sacerdote marianista 〔宗〕 マリア修道会司祭; servicio militar 〔軍〕 兵役; su majestad 《尊称》 陛下

Smo., Sma. 略 ⬆santísimo

s. n.; s/n 略 =sin número 《郵便》 番地なし 《住所の表示》

s. n. m. 略 =sobre el nivel del mar 〔地〕 海抜

'snob 形 名 共 〔複 -bs〕 ⇧ esnob

snowboard [スノ.'ボる] 名 男 〔英語〕〔競〕 スノーボード

so [ソ] 前 〔弱勢〕 …のもとで 感 どうどう! 《馬などを止めるかけ声》; 《俗》 お前は…だ **~ *capa de*** … …を装って **~ *color de*** … …を口実にして **~ *pena de*** … 〔法〕 …の罪で; …でなければ **~ *pretexto de*** … …の口実のもとに

so~ 〔接頭辞〕 ⬇su(b)-

SO 略 ⬇sudoeste

so+a-'sar [ソ.ア.'サる] 動 他 〔食〕 ほんのりと焼く

'so+ba 名 女 こねること, もむこと, もみくちゃにすること; 《話》 ぶつこと, 打つこと

so-'ba-co 名 男 〔体〕 わきの下; 〔建〕 三角小間

so-'ba-do, -da 形 使い古された, すり切れた; 《話》 ありふれた, 言いつくされた; 《コロンビア》 《話》 困難な, 面倒な; 危険な, 要注意の

so-ban-'de-ro, -ra [ソ.バン.'デ.ろ, ら] 名 男 女 《コロンビア》 〔医〕 骨接ぎ師

so-ba-'que-ra [ソ.バ.'ケ.ら] 名 女 〔衣〕 袖(そで)ぐり, 袖付け; 〔衣〕 (わきの下に当てる)汗よけ

so-ba-'qui-llo [ソ.バ.'キ.ジョ] 名 男 〔体〕 わきの下 ***de* ~** (物を投げるとき)左わきの下をくぐらせて; 〔牛〕 牛をやり過ごしてから, もりを斜め後方から刺して

so-ba-'qui-na [ソ.バ.'キ.ナ] 名 女 わきが

so-'bar [ソ.'バる] 動 他 《話》 愛撫(あいぶ)する; 〔衣〕 〈服を〉くしゃくしゃにする, しわくちゃにする; 手荒く扱う; 打つ, 殴る; 悩ませる, 苦しめる; 〔食〕 〈パン粉などを〉こねる, もむ, 練る **~se** 動 再 《話》 なで回す

so-be-ra-'ní+a [ソ.べ.ら.'ニ.ア] 名 女 〔政〕 主権, 統治権; 独立, 自治; 至高, 至上, 卓越; 支配, 統治

***so-be-'ra+no, -na** [ソ.べ.'ら.ノ, ナ] 92% 形 〔政〕 主権を有する, 至上権を持つ; 至上の, 最高の; 《話》 すごい, とてつもない, ひどい 名 男 女 〔政〕 主権者, 国王, 君主 名 男 〔歴〕〔経〕 ソブリン 《昔のイギリスの 1 ポンド金貨》 **-namente** 副 《話》 非常に, とても

so-'ber-bia [ソ.'べる.ビア] 名 女 傲慢(ごうまん)さ, 横柄さ, 尊大; 豪華, 壮麗, 豪壮; 怒り, 激昂

***so-'ber-bio, -bia** [ソ.'べる.ビオ, ビア] 93% 形 傲慢(ごうまん)な, 横柄な, 高慢な; すばらしい, 立派な; 巨大な, とてつもない; たけだけしい, 勇猛な

so-'bón, -'bo-na 形 名 男 女 《話》 やたらにさわりたがる(人); 《話》 いちゃつく(人)

so-bor-'nar [ソ.ボる.'ナる] 動 他 〔法〕 〈に〉賄賂(わいろ)を贈る, 買収する

so-'bor+no [ソ.'ボる.ノ] 名 男 〔法〕 買収, 賄賂(わいろ)

***'so-bra** ['ソ.ブら] 92% 名 女 余り, 余剰; 〔複〕 残りもの, 食べ残し ***de* ~** 余分に, 十分に ***estar de* ~** 余計である, じゃまである

so-bra-'di-llo [ソ.ブら.'ディ.ジョ] 名 男 〔建〕 差し掛け屋根, ひさし, 軒(のき)

so-'bra-do, -da [ソ.'ブら.ド, ダ] 形 (de: が)豊富な, あり余るほどの, たくさんの; 《話》 いばっている, 鼻高々である 名 男 〔建〕 屋根裏部屋

so-'bran-te [ソ.'ブらン.テ] 形 余りの, 余分な 名 男 残り, 余り

***so-'brar** [ソ.'ブらる] 80% 動 自 余る, 残る, あり余る, 十分にある; 余計である, じゃまである; 必要でない

so-bra-'sa-da [ソ.ブら.'サ.ダ] 名 女 〔食〕 ソブラサーダ 《スペイン, マジョルカ地方 Mallorca のソーセージ》

***so-bre** [ソ.ブれ] 59% 前 〔弱勢〕 **1** 《場所・方向》 (1) …の上で[で, へ]: **Sobre** la mesa hay un florero. テーブルの上に花瓶がある。 (2) (離れて)…の上を[に], …の上方を 《離れた上方》: El avión volaba **sobre** la ciudad. 飛行機が町の上空を飛んでいた。 (3) …へ, …をめがけて 《方向》: Al produ-

S

cirse el incendio, todos se abalanzaban **sobre** la salida. 火災が発生すると皆出口に殺到した。(4) …のまわりを, …を中心にして《回転の中心》: La Tierra gira **sobre** su eje. 地球は地軸を中心に回転している。(5) …に面して, …の近くに《近接》: Esa tienda está **sobre** la calle Princesa. その店はプリンセサ通りにあります。 **2**《主題・対象》(1) …について, …に関して(の)《主題》: El conferenciante habló **sobre** los animales en extinción. 講演者は絶滅の危機に瀕(ひん)する動物たちについて話した。(2) …に対して《対象》: Simón tiene mucha influencia **sobre** sus compañeros. シモンは仲間の間で大きな影響力を持っている。(3) …の上に《序列》: **Sobre** él hay dos jefes. 彼の上に 2 人の上司がいる。(4) …を見張って《監視》: ¡Qué niños estos ...! Hay que estar siempre **sobre** ellos para que estudien. なんて子たちでしょう! いつも見張っていないと勉強しないんだから。(5) …に加えて《付加》: Pagué al dueño doscientos euros **sobre** lo que había pagado ya antes. 私は以前に支払った分に加えて 200 ユーロを家主に支払いました。(6) …に対して, …のうちで, …につき《割合》: cinco **sobre** cien 100 に対して 5 (7) …と引き換えに, …を担保にして《交換》: Le hicieron un préstamo **sobre** la casa que tiene en la ciudad. 彼は町にある家を担保にして金を貸してもらった。(8)〔名詞(句)を繰り返して〕…の後で; …につぐ…, …ばかり《繰り返し》: Pedro dijo disparate **sobre** disparate. ペドロは次々にばかなことを言った。(9) …の上《程度・度数》: El termómetro señala seis grados **sobre** cero. 温度計は 6 度を指している。 **3**《副詞的に》おおよそ…, 約…; …頃に《概数》: Te veré **sobre** las ocho, ¿de acuerdo? 8 時頃に君に会おうと思うけど, いいかい? [名] [男] 封筒; 小袋 [動]《接現 1/3 単》⬆sobrar ～ ***manera***《まれ》⇩ sobremanera

so-bre~〔接頭辞〕「過度, 上, 超…, 代わり」の意味を示す

so-bre-a-bun-'dan-cia [ソ.ブれ.ア.ブン.'ダン.すぃア] [名] [女] 過多, 過分, あり余る豊かさ

so-bre-a-bun-'dan-te [ソ.ブれ.ア.ブン.'ダン.テ] [形] (en: が)多すぎる, 余るほど豊かな

so-bre-a-bun-'dar [ソ.ブれ.ア.ブン.'ダる] [動] [自] (en: が)多すぎる, あり余るほど多い

so-bre-a-li-men-ta-'ción [ソ.ブれ.ア.リ.メン.タ.'すぃオン] [名] [女]〘医〙栄養過多

so-bre-a-li-men-'tar [ソ.ブれ.ア.リ.メン.'タる] [動] [他]〘医〙過度に食べさせる, 〈に〉栄養を与え過ぎる **～se** [動] [再]〘医〙食べ過ぎる

so-bre-a-'sa-da [名] [女] ⇧ sobrasada

so-bre-'ca-ma [ソ.ブれ.'カ.マ] [名] [女] ベッドカバー

so-bre-'car-ga [ソ.ブれ.'カる.ガ] [名] [女] 積みすぎ; 荷作り用ひも; (郵便切手の)価格訂正印; 重責, (精神的な)重荷, 負担;〘情〙オーバーロード

so-bre-car-'gar [ソ.ブれ.カる.'ガる] [動] [他] (41) (g|gu) 〈に〉荷を積みすぎる;〘衣〙〈縫い目のへりを〉伏せ縫いする; 〈切手に〉価格訂正印を押す; 〈に〉負担をかけすぎる, 過度の負担をかける

so-bre-'car-go [ソ.ブれ.'カる.ゴ] [名] [男] 追加料金;〘海〙貨物上乗(うわのり)人《商船乗り組みの船荷監督》[名] [共]〘空〙(旅客機の)パーサー

so-bre-'ce-ja [ソ.ブれ.'せ.は] [名] [女]〘体〙(まゆの上の)額(ひたい)

so-bre-'ce-jo [ソ.ブれ.'せ.ほ] [名] [男] まゆをひそめること, しかめ面

so-bre-'cin-cha [ソ.ブれ.'すぃン.チャ] [名] [女]〘畜〙(馬の)腹帯

so-bre-co-ge-'dor, -'do-ra [ソ.ブれ.コ.へ.'ドる, 'ド.ら] [形] 驚かす, びっくりさせる

so-bre-co-'ger [ソ.ブれ.コ.'へる] [動] [他] (14) (g|j) 驚かす, 仰天させる **～se** [動] [再] (de: に)驚く, びっくりする

so-bre-cu-'bier-ta [ソ.ブれ.ク.'ビエる.タ] [名] [女] ブックカバー, ジャケット

so-bre-'di-cho, -cha [ソ.ブれ.'ディ.チョ, チャ] [形] 上記の, 前述の

so-bre-do-'rar [ソ.ブれ.ド.'らる] [動] [他] 〈に〉金めっきをする; 〈まずい点の〉うわべを飾る, 言いつくろう, 粉飾する

so-bre-'do-sis [ソ.ブれ.'ド.スィス] [名] [女]〔単複同〕〘医〙(薬の)過量(投与)

so-bre-en-ten-'der [ソ.ブれ.エン.テン.'デる] [動] [他] (51) (e|ie) ⇩ sobrentender

so-bre-es-'fuer-zo [ソ.ブれ.エス.'フエる.そ] [名] [男] 大変な努力

so-bre-es-ti-'mar [ソ.ブれ.エス.ティ.'マる] [動] [他] ⇩ sobrestimar

so-bre-ex-ce-'der [ソ.ブれ.エ(ク)(ス).せ.'デる] [動] [自] (a: を)上回る, 勝る, 〈より〉優れている

so-bre-ex-ci-ta-'ción [ソ.ブれ.エ(ク)(ス).し.タ.'しオン] [名] [女] 熱狂, 大きな興奮

so-bre-ex-ci-'tar [ソ.ブれ.エ(ク)ス.すぃ.'タる] [動] [他] 過度に興奮させる **～se** [動] [再] 過度に興奮する

so-bre-fa-'ti-ga [ソ.ブれ.ファ.'ティ.ガ] [名] [女] 極度の疲労

S

so-bre-'haz [ソ.ブれ.'アす] 名 女 表面, 外面

so-bre-hi-'la-do [ソ.ブれイ.'ラ.ド] 名 男〔衣〕へりかがり, 裁ち目かがり

so-bre-hi-'lar [ソ.ブれイ.'ラる] 動 他 ④ (i|í)〔衣〕〈の〉へりをかがる, 〈の〉裁ち目をかがる

so-bre-hu-'ma+no, -na [ソ.ブれウ.'マ.ノ, ナ] 形 超人的な, 人間わざでない

so-bre-im-pre-'sión [ソ.ブれイン.ブれ.'スィオン] 名 女〔写〕重ね焼き付け

so-bre-lle-'var [ソ.ブれ.ジェ.'バる] 動 他 耐える, 我慢する; 〈人の荷物・負担を〉持ってやる, 軽くする; 〈人の過失を〉大目に見る

so-bre-ma-'ne-ra [ソ.ブれ.マ.'ネ.ら] 副 きわめて, 非常に

so-bre-'me-sa [ソ.ブれ.'メ.サ] 名 女〔食〕食後のひととき, 食後のおしゃべり;〔食〕デザート; テーブルクロス *de* ~ 卓上の; 食後のテーブルで

so-bre-'mo-do ⇔ **so-bre 'mo-do** [ソ.ブれ.'モ.ド] 副《古》⇧ sobremanera

so-bre-na-'dar [ソ.ブれ.ナ.'ダる] 動 自 浮く, 浮かぶ

so-bre-na-tu-'ral [ソ.ブれ.ナ.トゥ.'らル] 形 超自然の; 死後の

so-bre-'nom-bre [ソ.ブれ.'ノン.ブれ] 名 男 異名, 添え名; あだ名

so-bren-ten-'der 動 他 ⑸ (e|ie) 暗黙に了解する ~**se** 動 再 暗黙に了解される

so-bre-'pa-ga [ソ.ブれ.'パ.ガ] 名 女 特別手当, 割増し賃金

so-bre-'par-to [ソ.ブれ.'パる.ト] 名 男〔医〕産後, 産褥(さんじょく)期

so-bre-pa-'sar [ソ.ブれ.パ.'サる] 動 他〈に〉まさる, しのぐ, 〈限界を〉超える

so-bre-pe-'lliz [ソ.ブれ.ペ.'ジす] 名 女 [男]〔宗〕〔衣〕サープリス《司祭や聖歌隊員が着る短い白衣》

so-bre-'pe-so [ソ.ブれ.'ペ.ソ] 名 男 重量超過

so-bre-po-'ner [ソ.ブれ.ポ.'ネる] 動 他 ⑸ 〔poner; 命 -pón〕(a: より)優先させる; (en: に)載せる, 重ね合わせる ~**se** 動 再 (a: に)打ち勝つ; 自制する

so-bre-'pre-cio [ソ.ブれ.'プれ.すぃオ] 名 男〔商〕追加料金, 割増金

so-bre-pro-duc-'ción [ソ.ブれ.プろ.ドゥク.'すぃオン] 名 女〔経〕生産過剰, 過剰生産

so-bre-'pues-to, -ta [ソ.ブれ.'プエス.ト, タ] 形 積み重ねた, 重ね合わせた

so-bre-pu-'jar [ソ.ブれ.プ.'はる] 動 他 (en: の点で)まさる, しのぐ

so-bre-'pu-s~ 動《直点/接過》⬆ sobreponer

so-bre-'sal-go, -ga(~) 動《直現1単, 接現》⬇ sobresalir

***so-bre-sa-'lien-te** [ソ.ブれ.サ.'リエン.テ] 94% 形 優秀な, 傑出した; 目立つ, 顕著な; 突き出た, 出っ張った 名 男 (成績で)優 名 共〔牛〕補欠の闘牛士, 代役; 代理人, 補欠者, 代役

so-bre-sa-'lir [ソ.ブれ.サ.'リる] 動 自 ⑹ (salir) 突き出る; 卓越する, 傑出する; 目立つ, 人目につく

so-bre-sal-'tar [ソ.ブれ.サル.'タる] 動 他 ぎょっとさせる 動 自 目につく, 目立つ ~**se** 動 再 (con, por: に)びっくりする, ぎょっとする

so-bre-'sal-to [ソ.ブれ.'サル.ト] 名 男 はっとすること, ぎくっとすること, 恐怖, 強い驚き *de* ~ 思いがけなく, 不意に

so-bre-sa-tu-ra-'ción [ソ.ブれ.サ.トゥ.ら.'すぃオン] 名 女〔化〕過飽和

so-bre-sa-tu-'rar [ソ.ブれ.サ.トゥ.'らる] 動 他〔化〕〈溶液を〉過飽和にする

so-bres-cri-bir [ソ.ブれス.クリ.'ビる] 動 他〔過分 -scrito〕上書きする

so-bres-'cri-to [ソ.ブれス.'クリ.ト] 名 男 (手紙・小包の)上書き, 宛名

so-bre-se+'er [ソ.ブれ.セ.'エる] 動 他 ⑽ (-y-)〔法〕〈訴訟手続きを〉やめる, 中止する; 思いとどまる, 断念する

so-bre-sei-'mien-to [ソ.ブれ.セイ.'ミエン.ト] 名 男〔法〕(訴訟手続きの)中止; 断念, とりやめ

so-bres-'fuer-zo 名 男 ⇧ sobreesfuerzo

so-bres-'tan-te [ソ.ブれス.'タン.テ] 名 男 労働者の頭, 親方, 現場監督

so-bres-ti-ma-'ción [ソ.ブれス.ティ.マ.'すぃオン] 名 女 過大評価

so-bres-ti-'mar 動 他 過大評価する ~**se** 動 再 (自分を)過大評価する, うぬぼれる

so-bre-'suel-do [ソ.ブれ.'スエル.ド] 名 男 特別賞与, 特別手当

so-bre-'ta-sa [ソ.ブれ.'タ.サ] 名 女 追加料金, 課徴金

so-bre-'to-do [ソ.ブれ.'ト.ド] 名 男〔衣〕オーバー, 外套

so-bre-va-lo-ra-'ción [ソ.ブれ.バ.ロ.ら.'すぃオン] 名 女 過大評価

so-bre-va-lo-'rar [ソ.ブれ.バ.ロ.'らる] 動 他 過大評価する

so-bre-va-'lua-do, -da [ソ.ブれ.バ.'ルア.ド, ダ] 形 過大評価された

so-bre-ve-'nir [ソ.ブれ.ベ.'ニる] 動 自 ⑺ (venir) (突然)起こる, 発生する

so-bre-'ven-ta [ソ.ブれ.'ベン.タ] 名

S

[女]〔商〕オーバーブッキング

so-bre-vi-'drie-ra [ソ.ブれ.ビ.'ドりエ.ら] [名] [女]〔建〕(窓用の)金網, 防風窓

so-bre-'vi-n~ [動]《直点/接過》⬆sobrevenir

so-bre-vi-'ven-cia [名] [女] 生き残り, 生存, 助かること, 存続

so-bre-vi-'vien-te [名] [共] 生き残っている, 生存する [名] [共] 生き残った人, 生存者; 遺族

so-bre-vi-'vir [ソ.ブれ.ビ.'ビる] [動] [自] 生き残る, 生きながらえる; (a: より)長生きする

so-bre-vo-'lar [ソ.ブれ.ボ.'ラる] [動] [他]〔空〕〈の〉上空を飛ぶ

so-brex-ce-'der [動] [自] ⇧sobreexceder

so-brex-ci-ta-'ción [名] [女] ⇧sobreexcitación

so-brex-ci-'tar [動] [他] ⇧sobreexcitar

so-brie-'dad [ソ.ブりエ.'ダド] [名] [女] 控えめ, 節制; 地味

so-'bri-na [ソ.'ブり.ナ] [名] [女] 姪(めい)

⁑**so-'bri+no** [ソ.'ブり.ノ] 85% [名] [男] 甥(おい); 〔複数〕甥たち, 甥(たち)と姪(めい)(たち)

*'**so-brio, -bria** ['ソ.ブりオ, ブりア] 94% [形] 地味な, (de, en: が)控えめな, 簡素な

Soc. [略] =sociedad〔商〕会社

so-'cai-re [ソ.'カイ.れ] [名] [男] 風下, 物陰 *al ~ de* ... …の保護のもとで

so-ca-'li-ña [ソ.カ.'リ.ニャ] [名] [女] 策略, たくらみ, 計略

so-'ca-pa [名] [女] 口実, 言いわけ *a ~* そっと, それとなく

so-ca-'rrar [ソ.カ.'ら̃る] [動] [他] 少し焦がす, あぶる ~**se** [動] [再] 少し焦げる

so-ca-'rrón, -'rro-na [ソ.カ.'ろ̃ン, 'ろ̃.ナ] [形][名] [男] [女] ずるい, 狡猾(こうかつ)な, 腹黒い; ずるい人, 狡猾な人, 腹黒い人 **-na-mente** [副] ずるく, 狡猾(こうかつ)に, 腹黒く

so-ca-rro-ne-'rí+a [ソ.カ.ろ̃.ネ.'り.ア] [名] [女] ずるさ, 狡猾(こうかつ)さ, 腹黒さ

so-'ca-te [名] [男]《ベネズエラ》ソケット

so-ca-'var [ソ.カ.'バる] [動] [他]〈の〉下を掘る; むしばむ, 弱らせる

so-ca-'vón [ソ.カ.'ボン] [名] [男] 沈下, 陥没; 地下の通路, 坑道; 洞穴, 穴

so-'chan-tre [ソ.'チャン.トれ] [名] [男]〔宗〕〔楽〕聖歌隊長

'**so-che** [名] [男]《コロンビア》なめし革

so-cia-bi-li-'dad [ソ.すィア.ビ.リ.'ダド] [名] [女] 社交性, 人づきあいのよさ

so-cia-bi-li-zar [ソ.すィア.ビ.リ.'さる] [動] [他] 社会に順応させる; 社交的にする

so-'cia-ble [ソ.'すィア.ブレ] [形] 社交的な, 交際好きな

⁑**so-'cial** [ソ.'すィアル] 68% [形] 社会の, 社会的な, 社会に関する; 社交界の;〔動〕群居する;〔植〕群生する, 叢生(そうせい)の;〔政〕社会主義(者)の, 社会党の;〔商〕会社の, 法人の ~**mente** [副] 社会的に

so-cial-de-mo-'cra-cia [ソ.すィアル.デ.モ.'クら.すィア] [名] [女]〔政〕社会民主主義

so-cial-de-'mó-cra-ta [ソ.すィアル.デ.'モ.クら.タ] [形]〔政〕社会民主主義の, 社会民主党の [名] [共]〔政〕社会民主主義者, 社会民主党員

so-cia-li-'cé, -ce(~) [動]《直点1単, 接現》⬇socializar

***so-cia-'lis-mo** [ソ.すィア.'リス.モ] 91% [名] [男]〔政〕社会主義

⁑**so-cia-'lis-ta** [ソ.すィア.'リス.タ] 80% [形]〔政〕社会主義の, 社会党の [名] [共]〔政〕社会主義者, 社会党員

so-cia-li-za-'ción [ソ.すィア.リ.さ.'すィオン] [名] [女]〔政〕国有化, 国営化;〔政〕社会主義化

so-cia-li-'zar [ソ.すィア.リ.'さる] [動] [他] ㉞ (z|c)〔政〕国有[国営]化する;〔政〕社会主義化する

so-'cial-'men-te [副] ⬆social

⁑**so-cie-'dad** [ソ.すィエ.'ダド] 72% [名] [女] 社会, 世間; 協会, 会, 学会, 団体, 連盟, 組合; 交際, 社交, つきあい, 交友; 社交界, 上流社会, 特定の社会[階層], …界; 会社; 集団, 団体, 群

⁑'**so-cio, -cia** ['ソ.すィオ, すィア] 89% [名] [男] [女] (団体・組織の)一員, 会員, 成員, メンバー; 共同経営者, 共同出資者;《話》仲間, 友人

so-cio-cul-tu-'ral [ソ.すィオ.クル.トゥ.'らル] [形] 社会文化的な

so-cio-e-co-'nó-mi-co, -ca [ソ.すィオ.エ.コ.'ノ.ミ.コ, カ] [形] 社会経済的な

so-cio-lin-'güis-ta [ソ.すィオ.リン.'グイス.タ] [名] [共]〔言〕社会言語学者

so-cio-lin-'güís-ti-co, -ca [ソ.すィオ.リン.'グイス.ティ.コ, カ] [形]〔言〕社会言語学的な **-ca** [名] [女]〔言〕社会言語学

so-cio-lo-'gí+a [ソ.すィオ.ロ.'ひ.ア] [名] [女] 社会学

so-cio-'ló-gi-co, -ca [ソ.すィオ.'ロ.ひ.コ, カ] [形] 社会問題の; 社会学(上)の

so-'ció-lo-go, -ga [ソ.'すィオ.ロ.ゴ, ガ] [名] [男] [女] 社会学者

***so-co-'rrer** [ソ.コ.'れ̃る] 94% [動] [他] 助ける, 救出する; 援助する

so-co-'rri-do, -da [ソ.コ.'り̃.ド, ダ] [形] 助けになる, 役に立つ, 便利な; 手近な, すぐに使える; «店などが»必要なものがよくそろっている; ありふれた, どこにでもある

so-co-'rris-mo [ソ.コ.'り̃ス.モ] [名] [男]〔医〕応急手当; 人命救助

so-co-'rris-ta [ソ.コ.'りス.タ] 名 共 救助隊員, 監視員

*__so-'co-rro__ [ソ.'コ.ろ] 92% 名 男 救出, 助け, 援助; 〔軍〕 援軍 感 助けて!

so-co-'yo-te 名 男 《ラ米》 末っ子

so-'crá-ti-co, -ca [ソ.'クら.ティ.コ, カ] 形 〔哲〕 ソクラテス(哲学)の 《Sócrates, 前 470?–399, ギリシャの哲学者》

'so+da 名 女 〔飲〕 ソーダ水; 〔化〕 ソーダ, 炭酸ソーダ

'só-di-co, -ca 形 〔化〕 ナトリウムの

'so-dio 名 男 〔化〕 ナトリウム 《元素》

So-'do-ma 名 固 〔歴〕〔地名〕 ソドム 《死海南岸にあったパレスティナ Palestina の古都; 罪悪のために神に滅ぼされたという》

so-do-'mí+a 名 女 ソドミー 《同性間の性行為, 獣姦, 異性間の異常性行為》

so-do-'mi-ta 名 共 ソドム人 ↑Sodoma; 男色者, 獣姦者

so+'ez [ソ.'エす] 形 みだらな, 下品な

*__so+'fá__ 92% 名 男 〔複 -fás〕 ソファー, (背とひじのついた)長椅子 ～ ***cama*** ソファーベッド

so-fal-'dar [ソ.ファル.'ダる] 動 他 〔衣〕 〈スカートの〉裾(すそ)をたくし上げる; 覆(おお)いをとる

*__So-'fí+a__ 92% 名 固 〔地名〕 ソフィア 《ブルガリア Bulgaria の首都》; 〔女性名〕 ソフィア

so-'fión 名 男 はねつけること, 拒絶; 乱暴に非難すること, 荒々しくとがめ立てすること; らっぱ銃

so-'fis-ma 名 男 詭弁(きべん), こじつけ

so-'fis-ta 形 詭弁(きべん)の, こじつけの 名 男 〔歴〕 ソフィスト 《古代ギリシャの弁論術・修辞学の教師》

so-fis-te-'rí+a [ソ.フィス.テ.'り.ア] 名 女 〔歴〕 (古代ギリシャの)詭弁(きべん)(法)

so-fis-ti-ca-'ción [ソ.フィス.ティ.カ.'すぃオン] 名 女 詭弁を弄(ろう)すること; わざとらしいふるまい, 気取り

so-fis-ti-'ca-do, -da 形 洗練された, 優雅な; 精緻(せいち)な, 複雑な; 凝った, わざとらしい

so-fis-ti-'car [ソ.フィス.ティ.'カる] 動 他 69 (c|qu) (知的に)洗練する, 優雅にする; 精巧にする, 複雑化する; 不自然にする, わざとらしくする, 手を加えすぎる

so-'fla-ma [ソ.'フラ.マ] 名 女 小さく燃える火, ちらちら燃える火; 赤面; へつらい, おべっか, 甘言; 〔軽蔑〕 大演説, 熱弁

so-fla-'ma-do, -da [ソ.フラ.'マ.ド, ダ] 形 《中米》 〔医〕 発疹(はっしん)がある

so-fla-'mar [ソ.フラ.'マる] 動 他 〔食〕 (火で)あぶる; 赤面させる; へつらう

so-fo-ca-'ción [ソ.フォ.カ.'すぃオン] 名 女 息苦しさ, 窒息; 火を消すこと, 鎮火; 抑圧, 鎮圧; 赤面

so-fo-'can-te 形 息が詰まる, 息苦しい, 蒸す

*__so-fo-'car__ [ソ.フォ.'カる] 94% 動 他 69 (c|qu) 息を止める, 窒息させる; 押し殺す; 〈火を〉消す; 〈反乱などを〉抑圧する; 悩ませる, 困らせる; 赤面させる ～**se** 動 再 息が詰まる, 窒息する; 怒る, 興奮する; 赤面する

so-'fo-co 名 男 窒息, 息苦しさ; 《話》 赤面, 恥ずかしさ, きまり悪さ; 激しい怒り, かっとなること

so-fo-'cón 名 男 《話》 いらだつこと, かっとなること

so-fo-'qui-na [ソ.フォ.'キ.ナ] 名 女 〔気〕 蒸し暑さ; 《話》 いらだつこと, かっとなること

so-fre+'ír [ソ.フれ.'イる] 動 他 58 (e|i; ı|í) 〔食〕 軽く揚げる, さっと炒(いた)める

so-fre-'na-da [ソ.フれ.'ナ.ダ] 名 女 叱責(しっせき), 叱(しか)ること; 〔畜〕 馬の手綱を急に引くこと

so-fre-'nar [ソ.フれ.'ナる] 動 他 〔畜〕 〈馬の手綱を〉急に引く; きつく叱る; 〈感情を〉抑制する

so-'fri-to [ソ.'フり.ト] 名 男 〔食〕 ソフリート 《タマネギ・トマトなどの炒め物》 ～, -ta 動 《過分》 ↑sofreír

software ['ソフ(ト).ウエる] 名 男 〔英語〕 〔情〕 ソフトウェア

'so+ga 名 女 綱, ひも, 縄; 〔建〕 (壁などのむき出しの)れんが; 《ラプラタ》 革ひも ***a ～*** 〔建〕 (れんがなどを)長手積みにして ***con la ～ al cuello*** 《話》 危険な目にあって, 窮地に陥って ***dar ～*** 《話》 (a: を)からかう ***saltar la ～*** 《ラ米》 〔遊〕 縄跳びをする

so-gue+'ar [ソ.ゲ.'アる] 動 他 《コロンビア》 《話》 からかう, ばかにする

so-'gue-ro [ソ.'ゲ.ろ] 名 男 縄職人; 荷運び人

so-'gún 名 男 〔歴〕 (日本の)将軍

'sois 動 《直現 2 複》 ↑ser

'so+ja ['ソ.は] 名 女 〔植〕 ダイズ[大豆]

so-juz-'gar [ソ.ふす.'ガる] 動 他 41 (g|gu) 征服する, 鎮圧する

__'sol__ ['ソル] 73% 名 男 〔天〕 太陽; 日光, ひなた, 日; 日, 一日; 日中; 晴れ; かわいい人, 最愛の人; 〔牛〕 ひなた席; 〔経〕 ソル 《ペルーの通貨》; 〔楽〕 ソ 《長音階の第 5 音》; 〔化〕 ゾル, コロイド溶液 感 〔mi ～〕 あなた, 君 《愛情をこめた呼びかけ》 **S～ 名 固 〔女性名〕 ソル 《Soledad の愛称》; 〔地名〕 ソル 《Puerta del Sol マドリードの都心の広場》 ***como el ～ que nos alumbra*** 火を見るより明らかに ***de ～ a ～*** 朝から晩まで ***no dejar ni a ～ ni a sombra*** (a: に)始終つきまとう

'so+la 形 《女》 ↓solo

**__'so-la-'men-te__ ['ソ.ラ.'メン.テ] 76%

[副] ただ…だけ, 単に…, わずかに…しか(ない)　*no ～ …, sino (también) —* …だけでなくーも(また)　～ *que* …〔直説法〕しかし…, ただ…;〔接続法〕…であれば, …しさえすれば

so-'la-na [ソ.'ラ.ナ] [名] [女] 日だまり, 日が当たる場所, ひなた; 日光, 日差し;〘建〙サンルーム, (日の当たる)ベランダ, テラス

so-la-'ná-ce+o, +a [ソ.ラ.'ナ.せ.オ, ア] [形]〘植〙ナス科の

so-la-'ne-ra [ソ.ラ.'ネ.ら] [名] [女] 焼けつくような日差し;《ｽﾍﾟｲﾝ》〘医〙日射病

so-'la+no [ソ.'ラ.ノ] [名] [男]〘気〙東風;〘植〙ナス属の植物《イヌホオズキなど》

so-'la-pa [ソ.'ラ.パ] [名] [女]〘衣〙襟(えり); 口実, 言いわけ

so-la-'pa-do, -da [ソ.ラ.'パ.ド, ダ] [形] こそこそする, 卑劣な　**-damente** [副] こそこそして, 卑劣に

so-la-'par [ソ.ラ.'パる] [動] [他] (con: で) 隠す;〘衣〙〈服の打ち合わせを〉重ねる, 合わせる; 一部が重なるように置く

so-'lar [ソ.'ラる] [形]〘天〙太陽の, 太陽に関する; 太陽光線[太陽熱]を利用した; 日照の; 名門の, 旧家の [名] [男]《格》地所, 土地, 敷地; 家系; 名門, 名家, 旧家

so-la-'rie-go, -ga [ソ.ラ.'りエ.ゴ, ガ] [形] 高貴な, 名門の

'so-las [形]《女複》⬇solo

so-'laz [ソ.'ラす] [名] [男] 休養, 気晴らし; 慰め, 慰安

so-la-'zar-se [ソ.ラ.'さる.セ] [動] [再] ㉞ (z|c) (con: を)楽しむ

so-'la-zo [ソ.'ラ.そ] [名] [男]《話》〘気〙焼けるような日光, 日差し

sol-'ci-to [ソル.'すぃ.ト] [名] [男]〔縮小語〕《ﾗ米》⬆sol

sol-'da-da [ソル.'ダ.ダ] [名] [女]〘軍〙(兵士の)給料

sol-da-'des-co, -ca [ソル.ダ.'デス.コ, カ] [形]〘軍〙兵士の, 軍人の, 軍隊風の　**-ca** [名] [女]〘軍〙軍人生活;〘軍〙〘軽蔑〙(規律のない)軍隊

sol-da-'di-to〔縮小語〕⬇soldado

⁑**sol-'da-do** [ソル.'ダ.ド] 84% [名] [共]〘軍〙(陸軍の)軍人, 兵士, 戦士, 水兵; 主義のために戦う人, 戦士

sol-da-'dor, -'do-ra [ソル.ダ.'ドる, 'ド.ら] [名] [男] [女]〘技〙はんだ工, 溶接工 [名] [男]〘技〙はんだごて

sol-da-'du-ra [ソル.ダ.'ドゥ.ら] [名] [女]〘技〙はんだ付け, 溶接;〘技〙溶接[接合]部

sol-'dar [ソル.'ダる] [動] [他] ⑯ (o|ue)〘技〙はんだ付けする, 溶接する;〈欠点・過ちなどを〉改める, 取りつくろう,〈関係を〉回復する

so-le+'á [名] [女]〔複 -ás〕⇩soleares

so-le+'ar [ソ.レ.'アる] [動] [他] 日にさらす, 日干しにする　**～se** [動] [再] 日光浴をする

so-le+'a-res [ソ.レ.'ア.れス] [名] [女]《複》《ｽﾍﾟｲﾝ》〘楽〙ソレアレス《アンダルシアの民謡・舞踊》

so-le-'cis-mo [ソ.レ.'すぃス.モ] [名] [男]〘言〙文法[語法]違反, 破格

so-le-'ci-to [ソ.レ.'すぃ.ト] [名] [男]〔縮小語〕⬆sol

⁑**so-le-'dad** [ソ.レ.'ダド] 89% [名] [女] 孤独, ひとりでいること; 孤独感, さびしさ, 寂寥感;〔複〕さびしい場所, 荒野　**S～** [名] [固]〘女性名〙ソレダード

⁑**so-'lem-ne** [ソ.'レム.ネ] 90% [形] 厳かな, 厳粛な, 荘重な, 荘厳な; まじめくさった, もったいぶった;〔軽蔑〕まったくの, ひどい, 大変な　**～mente** [副] 厳かに, 厳粛に

***so-lem-ni-'dad** [ソ.レム.ニ.'ダド] 93% [名] [女] 厳粛さ, 荘厳さ, 荘重さ; 儀式, 式典; 形式的な手続き, 正式な手続き　*pobre de ～* 極貧の

so-lem-ni-'zar [ソ.レム.ニ.'さる] [動] [他] ㉞ (z|c) (式を挙げて)祝う, 厳粛に行う

'so-len ['ソ.レン] [名] [男]〘貝〙マテガイ

so-le-'noi-de [ソ.レ.'ノイ.デ] [名] [男]〘物〙〘電〙筒状コイル, ソレノイド

⁑**so-'ler** [ソ.'レる] 75% [動]《助動詞》㊹ (o|ue)　**1** 普通は[よく](不定詞: …)する[である]: **Suelo** leer un rato antes de dormir.　私は普通寝る前にしばらく読書をします。 **2**〔過去形で〕よく(不定詞: …)したものだ: De niños mi hermano y yo **solíamos** jugar en esta plaza. 子供のころ兄と私はよくこの広場で遊んだものだ。

So-'ler [ソ.'レる] [名] [固]〔姓〕ソレール

so-'le-ra [ソ.'レ.ら] [名] [女] 伝統, 由緒;〘飲〙(ワインなどの)おり, 沈澱物;〘建〙桁(けた), 梁(はり);〘建〙柱礎, 台座;〘技〙炉床, 火床; 下石臼(いしうす);《ﾁﾘ》縁石, へり石

so-'le-ta [ソ.'レ.タ] [名] [女]〘衣〙継ぎ, 当て布　*dar ～*《話》(a: を)追い出す　*tomar ～*《話》逃げ出す

so-le-van-'tar [ソ.レ.バン.'タる] [動] [他] 持ち上げる, 押し上げる; 扇動する, かきたてる, 奮起させる　**～se** [動] [再] 持ち上がる; 反乱を起こす

'sol-fa ['ソル.ファ] [名] [女]〘楽〙音階練習, ソルフェージュ;〘楽〙記譜法;〘楽〙旋律, 音楽;《話》ぶつこと, 打つこと　*poner en ～*《話》あざ笑う, ひやかす

sol-fe+'ar [ソル.フェ.'アる] [動] [他]〘楽〙ドレミファで歌う,〈の〉ソルフェージュをする;《話》打つ, ぶつ, たたく;《話》しかりつける, 責める;《ﾗﾌﾟﾗﾀ》《話》盗む

sol-'fe+o [ソル.'フェ.オ] [名] [男]〘楽〙音階練習, ソルフェージュ《旋律や音階をドレミファの階名で歌うこと》;《話》打つこと, たたくこと

so-li-ci-ta-'ción [ソ.リ.すぃ.タ.'すぃオン] [名] [女] 願い, 頼み, 要求, 要請, 依頼, 申し込み; 求愛, 気を引くこと

so-li-ci-'tan-te [ソ.リ.すぃ.'タン.テ] [形] 志願する, 申請する [名] [共] 志願者, 申請者

so-li-ci-'tar [ソ.リ.すぃ.'タる] 83% [動] [他] 要請する, 願う, 頼む, 懇願する; 応募する, 志願する; 〈に〉求愛する, 〈に〉言い寄る, 〈に〉交際を求める; 〈注意を〉呼ぶ, 引きつける ~se [動] [再] 募集する

so-'lí-ci-to, -ta [ソ.'リ.すぃ.ト, タ] [形] (con: を)案じる, 気づかう, 思いやりのある, よく気がつく

so-li-ci-'tud [ソ.リ.すぃ.'トゥド] 88% [名] [女] 申し込み, 出願, 申請; 思いやり, 気づかい; 要求, 要請 *a* ~ 請求があれば

so-li-da-ri-'dad [ソ.リ.ダ.リ.'ダド] 89% [名] [女] 団結, 連帯; (利害・感情・目的などの)共有, 連帯

so-li-'da-rio, -ria [ソ.リ.'ダ.りオ, りア] [形] 連帯(責任)の, (de, con: と)団結した, 共同(利害)の, 合同の

so-li-da-ri-'zar [ソ.リ.ダ.リ.'さる] [動] [他] 34 (z|c) 連帯させる, 団結させる, 〈に〉共同責任を負わせる ~(se) [動] [自] ([再]) (con: と) 連帯する, 団結する, 共同責任を負う

so-li-'de+o [ソ.リ.'デ.オ] [名] [男] 〔宗〕〔衣〕(つばのない)帽子《聖職者が用いる》

so-li-'dez [ソ.リ.'デす] [名] [女] 固いこと, 堅固さ, 確固としていること; 論拠の確かさ; 〔数〕体積, 容積

so-li-di-fi-ca-'ción [ソ.リ.ディ.フィ.カ.'すぃオン] [名] [女] 凝固, 凝結

so-li-di-fi-'car [ソ.リ.ディ.フィ.'カる] [動] [他] 69 (c|qu) 凝固させる, 凝結させる

'só-li-do, -da ['ソ.リ.ド, ダ] 90% [形] 固体の, 固形の; がっしりした, 頑丈な, 不動の, 堅い, 堅固な; 実質のある; 堅実な, しっかりした, 頼りになる, 確かな, 着実な; 色あせしない; 《中米》《話》金のある, 裕福な [名] [男] 固体, 固形; 〔数〕立体, 体積; 〔医〕〔食〕(流動食に対し)固形食

so-li-'lo-quio [ソ.リ.'ロ.キオ] [名] [男] 独り言, 独語; 〔演〕独白, モノローグ

so-li-'mán [ソ.リ.'マン] [名] [男] 〔化〕塩化第二水銀

'so-lio ['ソ.リオ] [名] [男] 〔宗〕(天蓋(てんがい)付きの)聖座, 王座

so-'lí-pe-do, -da [ソ.'リ.ペ.ド, ダ] [形] 〔動〕単蹄(たんてい)の [名] [男] 〔動〕単蹄動物《ウマ[馬]など》

so-'lis-ta [ソ.'リス.タ] [名] [共] 〔楽〕独唱者, 独奏者, ソリスト

so-li-'ta-rio, -ria [ソ.リ.'タ.りオ, りア] 90% [形] ひとりだけの, ひとりぼっちの, 孤独の, 孤独を愛する; さびしい, 人里離れた, 孤立した; 唯一の, 単一の; 〔生〕雑居[群生]しない, 単生の [名] [男] [女] 〔宗〕隠者, 世捨て人, 行者 [名] [男] 〔遊〕〔トランプ〕ひとり遊び *en* ~ 《スペイン》単独で -ria [名] [女] 〔動〕サナダムシ, 条虫

so-'li-to, -ta [ソ.'リ.ト, タ] [形] 《話》まったく一人の[で]; 〔縮小語〕↓solo

'só-li-to, -ta ['ソ.リ.ト, タ] [形] 慣れた, いつもの, 例の

so-li-vian-'tar [ソ.リ.ビアン.'タる] [動] [他] かきたてる, 挑発する, 扇動する; いらいらさせる, 逆上させる ~se [動] [再] 反乱を起こす

so-li-'viar [ソ.リ.'ビアる] [動] [他] 持ち上げる, 押し上げる ~se [動] [再] 上半身起き上がる

so-'lla-do [ソ.'ジャ.ド] [名] [男] 〔海〕最下甲板

so-llo-'zar [ソ.ジョ.'さる] [動] [自] 34 (z|c) 涙にむせぶ, すすり泣く

so-'llo-zo [ソ.'ジョ.そ] [名] [男] すすり泣き, 嗚咽(おえつ)

'so+lo, +la ['ソ.ロ, ラ] 69% [形] 唯一の, ただひとつの, ただひとりの, 単独の; 一人(だけ)で, …だけで; 〔競〕〔サッカーなど〕フリーな, マークされていない; 〔楽〕ソロの, 独唱の, 独奏の [名] [男] 〔遊〕〔トランプ〕ひとり遊び; 〔楽〕独奏(曲), 独唱(曲), 単独舞踊, 独演, ソロ; 《スペイン》〔飲〕ブラックコーヒー *a solas* 単独で, …だけで *quedarse* ~[*la*] 《話》並ぶ者がいない, ずばぬけている [副] ただ…だけ, 単に…, わずかに…しか(ない)《2010年のスペイン王立アカデミーの正書法改訂の前はアクセント記号をつけて sólo と書かれた》 ~ *con que* …(接続法) ただ…でありさえすれば, ただ…であっても *no* ~ …, *sino* (*también*) ~ …ばかりか~も ~ *que* … ただ…なのです *tan* ~ ただ…だけ

'só+lo [副] 《誤用; 2010年の正書法改訂後, 使用されなくなった》⇧solo

So-lo-'lá [ソ.ロ.'ラ] [名] [固] 〔地名〕ソロラ《グアテマラ南西部の県》

so-lo-'mi-llo [ソ.ロ.'ミ.ジョ] [名] [男] 〔食〕サーロイン《牛の腰肉の上部》

sols-'ti-cio [ソ(ル)ス.'ティ.すぃオ] [名] [男] 〔天〕太陽の至(し)《太陽が赤道から北または南に最も離れた時》 ~ *de invierno* 冬至 ~ *de verano* 夏至

sol-'tar [ソル.'タる] 89% [動] [他] 16 (o|ue) 放つ, 離す, ほどく, 外す, 緩める; 解放する, 自由にする, 釈放する; 〈声・音などを〉出す, 漏らす; 《話》くらわす; 《話》言う, しゃべる; ぶちまける, 出し抜けに言う; 手放す, あきらめる; 《話》〈金を〉出す; 〈爆弾などを〉投下する, 〈矢を〉放つ; (a: から)〈義務を〉免除する ~-se [動] [再] ほどける; (en: が)自由に使えるようになる; (con: 驚くようなことを)口に出す;

S

(con: 驚くようなものを)出す; (a 不定詞: し)出す, …し始める; «子供が»いたずらをし出す, のびのびとする

sol-te-'rí+a [ソル.テ.'リ.ア] 名 女 独身, 独身生活

*__sol-'te-ro, -ra__ [ソル.'テ.ろ, ら] 91% 形 独身の, 未婚の 名 男 女 独身者

sol-te-'rón, -'ro-na [ソル.テ.'ろン, 'ろ.ナ] 名 男 女《話》〔しばしば軽蔑〕独身を通している人, 婚期を過ぎた人

sol-'tu-ra [ソル.'トゥ.ら] 名 女 (言葉の)よどみなさ, 流暢(りゅうちょう)さ; 機敏さ, 敏捷なこと; 身軽なこと, 自由さ, 気まま

so-lu-bi-li-'dad [ソ.ル.ビ.リ.'ダド] 名 女 溶けること, 溶解性

so-'lu-ble [ソ.'ル.ブレ] 形 溶ける, 溶解する; 解ける, 解答できる

‡**so-lu-'ción** [ソ.ル.'すぃオン] 79% 名 女 (問題などの)解決, 解明, 解答, 解決法[策]; (水などに)溶けること, 溶解;《化》溶液 ~ *de continuidad* 中断, 不連続

so-lu-cio-'na-ble [ソ.ル.すぃオ.'ナ.ブレ] 形 «問題などが»解くことができる, 解明できる; «困難などが»解決されうる

so-lu-cio-'nar [ソ.ル.すぃオ.'ナる] 動 他 〈問題などを〉解く, 解明する; 〈困難などを〉解決する

sol-'ven-cia [ソル.'ベン.すぃア] 名 女《商》支払い能力, 資力; 支払い, 決済; 信頼性, 確実性

sol-ven-'tar [ソル.ベン.'タる] 動 他《商》〈勘定·負債を〉支払う, 清算する, 返済する; 解決する, 処理する

sol-'ven-te [ソル.'ベン.テ] 形《商》支払い能力のある; 有能な, 能力のある 名 男《化》溶剤, 溶媒

S

'so+ma 名 男〔生〕体(たい), 体細胞

so-ma-'lí [ソ.マ.'リ] 形〔複 -líes⇦-lís〕《地名》ソマリア(人)の ⬇Somalia;《言》ソマリ語の 名 共 ソマリア人 名 男《言》ソマリ語

So-'ma-lia [ソ.'マ.リア] 名 固〔República Federal de ~〕《地名》ソマリア《アフリカ東部の連邦共和国》

so-'man-ta 名 女《スペイン》《話》打つこと, たたくこと

so-ma-'tén 名 男《スペイン》〔カタルーニャ地方〕警報; 非常警備隊

so-'má-ti-co, -ca 形《医》身体の, 肉体の

so-ma-to-lo-'gí+a [ソ.マ.ト.ロ.'ひ.ア] 名 女《医》生体学

‡**'som-bra** ['ソン.ブら] 83% 名 女 陰, 物陰, 暗がり;〔複〕(日没後の)暗がり, 闇(やみ); 影, 投影, 物影, 人影; 影のようにつきまとう人; 悪影響, 暗い影; 秘密, 後ろ暗いこと;《話》運, 宿命; 幻想, 幻影, 前兆, 前触れ; (絵·写真の)暗い部分, 陰, 陰影; 保護, 庇護(ひご); (de: …)らしさ, 気味; きず, 欠点;《牛》日陰席; 才能, 資質;〔複〕無知, うといこと *a la ~ de* ……の庇護のもとに, …の影響のもとに; …のすぐそばで *hacer ~* 影をつくる; (a: の)精彩をなくす *ni por ~* 《否定》《話》決して…ない *no fiarse ni de su ~* とても疑い深い *~s chinescas* 影絵 *tener mala ~* 不吉である, 運が悪い

som-'bra-je [ソン.'ブら.へ] 名 男 日よけ, 日覆い;〔複〕陰

som-'bra-jo [ソン.'ブら.ほ] 名 男 日よけ

som-bre+'a-do [ソン.ブれ.'ア.ド] 名 男《情》シェーディング

som-bre+a-'dor [ソン.ブれ.ア.'ドる] 名 男 アイシャドー

som-bre+'ar [ソン.ブれ.'アる] 動 他《絵》〈に〉陰[明暗, 濃淡]をつける; 陰にする, 暗くする

som-bre-'ra-zo [ソン.ブれ.'ら.そ] 名 男 帽子を取ってする挨拶(あいさつ)

som-bre-re-'rí+a [ソン.ブれ.れ.'リ.ア] 名 女《商》帽子(製造)店

som-bre-'re-ro, -ra [ソン.ブれ.'れ.ろ, ら] 名 男 女《商》帽子職人,〔人〕帽子屋

som-bre-'re-te [ソン.ブれ.'れ.テ] 名 男《衣》小さい帽子; (煙突の頂上につける)煙突帽

som-bre-'ri-llo [ソン.ブれ.'リ.ジョ] 名 男《菌》菌傘(きんさん), キノコの傘

som-bre-'ri-to〔縮小語〕⬇sombrero

‡**som-'bre-ro** [ソン.'ブれ.ろ] 89% 名 男《衣》(縁のある)帽子;《菌》菌傘(きんさん), キノコの傘 *quitarse el ~* (ante: の前で)帽子を取る; (ante: に)脱帽する, 頭が下がる

som-'bri-lla [ソン.'ブリ.ジャ] 名 女 パラソル, 日傘(ひがさ);《メキシコ》《カリブ》《コロンビア》《アンデス》雨傘

*__som-'brí+o, +a__ [ソン.'ブリ.オ, ア] 93% 形 «場所などが»うす暗い, 陰気な; «性格などが»陰気な, ふさぎこんだ, 憂鬱な **+a** 名 女 日陰, 陰になった場所

som-'bro-so, -sa [ソン.'ブろ.ソ, サ] 形 暗い, 陰の

so-'me-ro, -ra [ソ.'メ.ろ, ら] 形 短時間の, 手短な, ちょっとした, 軽い, 大したことのない; 表面的な, 大ざっぱな; 浅い, 表面の

‡**so-me-'ter** [ソ.メ.'テる] 87% 動 他 征服する, 鎮圧する; 服従させる, 従属させる; (a: テスト·検査·審査などに)かける; (a: 人の意見に)従わせる **~se** 動 再 服従する, 降参する; (a: に)従う; (a: を)受ける

so-me-ti-'mien-to 名 男 従属, 服従, 降参; (a: 検査·審査などに)かけること

so-'mier [ソ.'ミエる] [名] [男] マットレス台

som-nam-bu-'lis-mo [名] [男] ⇩ sonambulismo

som-'nám-bu-lo, -la [名] [男] [女] ⇩ sonámbulo

som-'ní-fe-ro, -ra [ソム.'ニ.フェ.ろ, ら] [形] 〖医〗催眠性の, 眠くする [名] [男] 〖医〗睡眠薬

som-no-'len-cia [ソム.ノ.'レン.すぃア] [名] [女] 夢うつつ, 半眠状態, 眠気; 傾眠, 嗜眠(しみん)

som-no-'lien-to, -ta [ソム.ノ.'リエン.ト, タ] [形] 眠い, けだるい

'so-mos [動] 《直現 1 複》 ⬆ser

'son [名] [男] 快い音, 響き; 音沙汰, うわさ; 方法, やり方; 〖楽〗 ソン 《キューバの民族音楽・舞踊》 [動] 《直現 3 複》 ⬆ser ***al ~ de*** ……の音に合わせて ***¿A ~ de qué ...? / ¿A qué ~ ...?*** 《疑問》《話》一体なぜ…? 《不満・非難》 ***bailar al ~ que le tocan*** 環境に順応する; 他人の意見にならう, 付和雷同する ***en ~ de ...*** …の態度で, …のように ***sin [ton ni] ~*** 《話》わけなく, 理由なく; とんちんかんな

so-'na-do, -da [形] 有名な, 名高い; 話題の, うわさされている; 《話》 気が狂っている ***hacer una sonada*** スキャンダルをまき起こす

so-'na-ja [ソ.'ナ.は] [名] [女] 〔複〕〖楽〗 タンバリンの鈴; 〖楽〗 ソナーハ 《がらがらに似た楽器》

so-na-je+'ar [ソ.ナ.へ.'アる] [動] [他] 《メキシコ》 《話》 ひっぱたく

so-na-'je-ro [ソ.ナ.'へ.ろ] [名] [男] 〖遊〗 がらがら 《子供のおもちゃ》

so-nam-bu-'lis-mo [ソ.ナン.ブ.'リス.モ] [名] [男] 〖医〗 夢遊病

so-'nám-bu-lo, -la [ソ.'ナン.ブ.ロ, ラ] [形] 〖医〗 夢遊病の [名] [男] [女] 〖医〗 夢遊病者

so-'nan-te [形] よく鳴る, よく音の出る; 〖音〗 自鳴音の [名] [男] 〖音〗 自鳴音

‡so-'nar [ソ.'ナる] 84% [動] [自] ⑯ (o|ue) 鳴る, 響く, 音を出す; (a: のように)聞こえる, 思われる, (a: の)ようだ; 《話》 聞いた覚えがある; 見覚えがある; 話に出る, うわさされる; «語・文字が»発音される; 〖体〗 …の鼻をかませる [動] [他] 鳴らす; 〖楽〗 〈ラッパなどを〉吹く; 〈ラッパなどを〉鳴らして知らせる, 合図[命令]する; 〈壁・レールなどを〉たたいて調べる, 打診する ~**se** [動] [再] 〖体〗 鼻をかむ; うわさが伝わる [ある] ***¡Así como suena!*** 《話》 お聞きのとおり, それだけのこと

'só-nar ['ソ.ナる] [名] [男] 〖海〗〖機〗 ソナー 《音波の反射によって水中や海底の状況を探知する装置》

so-'na-ta [名] [女] 〖楽〗 ソナタ, 奏鳴曲

so-na-'ti-na [名] [女] 〖楽〗 ソナチネ, 小奏鳴曲

'son-da [名] [女] 〖気〗〖機〗 気象用観測機, 探査機; 〖海〗 水深[深浅]測量, 測深; 〖海〗 測鉛(そくえん); 〖鉱〗 (採炭・削岩用の)オーガー, 採土杖; 〖医〗 (外科用)消息子, ゾンデ

son-'dar [ソン.'ダる] [動] [他] 〖海〗 〈の〉深さを測る; 〖海〗 〈の〉水底を探る; 〈人の考えを〉探る, 打診する; 〖医〗 ゾンデを入れて〈を〉調べる

son-de-'ar [動] [他] ⇧ sondar

son-'de+o [名] [男] 調査; 探りを入れること; 〖鉱〗 測深, 試掘, 地質検査; 〖海〗 水底検査

so-'ne-to [名] [男] 〖文〗 ソネット, 十四行詩

'só-ni-co, -ca [形] (可聴)音の, 音波の, 音速の

‡so-'ni-do 87% [名] [男] 音, 物音, 音響; | 〖言〗 言語音, 音(おん)

So-'no-ra [ソ.'ノ.ら] [名] [固] 〖地名〗 ソノーラ 《メキシコ北西部の州》

so-no-ri-'dad [ソ.ノ.り.'ダド] [名] [女] (音の)響き, 反響; (音の)聞こえ; 〖音〗 有声性

so-no-ri-za-'ción [ソ.ノ.り.さ.'すぃオン] [名] [女] 音響装置をつけること; 〖映〗 音入れ; 〖音〗 有声音化

so-no-ri-'zar [ソ.ノ.り.'さる] [動] [他] ㉞ (z|c) 〈に〉音響装置をつける; 〖映〗 〈に〉音を入れる; 〖音〗 有声音にする

so-'no-ro, -ra [ソ.'ノ.ろ, ら] [形] (より響く)音を発する, 鳴り響く, 反響する; 〖音〗 有声(音)の ***banda sonora*** サウンドトラック ***onda sonora*** 音波

‡son-re+'ír [ソン.れ.'イる] 87% [動] [自] ㊿58 (e|i; 〈i〉) 〔直点 3 単 sonrió; 接現 2 複 sonriáis〕 微笑する, ほほえむ, にっこりする; (a: に)ほほえみかける; «運などが»ほほえみかける, 向いてくる; «風景などが»晴やかである ~**se** [動] [再] ほほえむ

son-ri~ [動] 《活用》 ⬆sonreír

***son-'rien-te** [ソン.'りエン.テ] 93% [形] | にこにこした, 微笑を浮かべた

‡son-'ri-sa [ソン.'り.サ] 89% [名] [女] 微笑, ほほえみ, (声を出さない)笑い, 笑い顔

son-ro-'jar [ソン.ろ.'はる] [動] [他] 〈人を〉赤面させる ~**se** [動] [再] 顔を赤らめる

son-'ro-jo [ソン.'ろ.ほ] [名] [男] 赤面; 赤面させる言動, 恥ずかしいこと

son-ro-'sa-do, -da [ソン.ろ.'サ.ド, ダ] [形] ほんのりと赤い, ばら色の

son-sa-'car [ソン.サ.'カる] [動] [他] ㊾69 (c|qu) 〈秘密などを〉(巧みに)引き出す; 甘言で誘う, だます

'son-so, -sa [形] [名] [男] [女] ⇩ zonzo

Son-so-'na-te [名] [固] 〖地名〗 ソンソナーテ 《エルサルバドル南西部の県, 県都》

S

son-so-'ne-te 名 男 単調なリズム, 連続音; 耳につく繰り返しの打音; しつこい要求; 繰り言, 決まり文句, 口ぐせ

so-ña-'ción [ソ.ニャ.'すぃオン] 名 女 〔成句〕 *¡Ni por ~!* 《否定》《話》とんでもない!

so-ña-'dor, -'do-ra [ソ.ニャ.'ドる, 'ド.ら] 形 名 男 女 夢見がちの(人), 夢想家(の)

so-'ñar [ソ.'ニャる] 88% 動 自 ⑯ (o|ue) (眠って)(con: の)夢を見る; 夢想にふける, 夢見る, 空想する, 考えてみる 動 他 〈の〉夢を見る, 夢で見る; 夢見る, 空想する, 想像する, 考えてみる ~se 動 再 《ラ米》 ⇧ soñar *¡Ni ~lo! / ¡Ni lo sueñes!* 《話》とんでもない! *~ con pajaritos de oro* 《コロンビア》《話》夢想する *~ despierto[ta]* 白昼夢を見る

so-ña-'rre-ra [ソ.ニャ.'れ.ら] 名 女 強い眠気, 睡魔; 深い眠り

so-'ñe-ra 名 女 ⇧ soñarrera

so-ño-'len-cia [ソ.ニョ.'レン.すぃア] 名 女 半睡状態, 夢うつつ, 眠気

so-ño-'lien-to, -ta [ソ.ニョ.'リエン.ト, タ] 形 眠気を催している, 眠い, 眠そうな

'so-pa 92% 名 女 〔食〕スープ, 汁 *a [comer] la ~ boba* 《話》他人のやっかいになって *como una ~* ずぶぬれになって *hasta en la ~* 《話》うんざりして *hecho[cha] una ~* ずぶぬれになった

so-pa-pe-'ar [ソ.パ.ペ.'アる] 動 他 《話》ピシャリと打つ, 平手打ちにする; 虐待する, 酷使する

so-'pa-po 名 男 《話》ピシャリと打つこと; あごの下を軽くたたくこと

so-'par [ソ.'パる] 動 他 〈パンなどを〉(en: スープ・ソース・牛乳などに)浸す, 漬ける

so-'pe-ro, -ra [ソ.'ぺ.ろ, ら] 形 〔食〕スープ用の **-ra** 名 女 〔食〕スープ鍋

so-pe-'sar [ソ.ペ.'サる] 動 他 秤(はかり)にかける, (持ち上げて)〈の〉重さを測る; 計算する, 熟慮する

so-pe-'tón 名 男 《話》手のひらで打つこと, 平手打ち; 〔食〕オリーブ油をつけたトースト *de ~* 《話》思いがけなく, 不意に

so-pi-'cal-do [ソ.ピ.'カル.ド] 名 男 〔食〕実の少ないスープ

so-pi-'lo-te 名 男 ⇩ zopilote

'so-pla ['ソ.プラ] 感 《話》まあ, おや《驚き》

so-'pla-do, -da [ソ.'プラ.ド, ダ] 形 《中米》《コロンビア》《話》非常に速い; 《コロンビア》《話》怒った, 不機嫌な

so-pla-'dor, -'do-ra [ソ.プラ.'ドる, 'ド.ら] 名 男 女 吹く人; 騒ぎを起こす人; ガラス吹き職人

so-pla-'mo-cos [ソ.プラ.'モ.コス] 名 男 〔単複同〕《話》平手打ち

so-'plar [ソ.'プラる] 91% 動 他 吹く, 吹き払う, 吹きつける; 吹き消す; 吹いてふくらます; ささやく, そっと話す, こっそりしゃべる, 内緒で言う; (試験で)そっと教える; 《話》告げ口する, 密告する; 《話》盗む, かっぱらう, 奪う, ふっかける, ぼる; 霊感を与える, 思いつかせる; 《ベネズエラ》《話》(競争で)倒す; 殺す 動 自 〔気〕《風が》吹く; 息を吹く, はあはあいう, あえぐ; ささやく, そっと話す; こっそりしゃべる, 内緒話をする; 密告する ~se 動 再 〈自分の体の一部に〉息を吹きかける; 《話》全部食べてしまう, 飲み尽くす

so-'ple-te [ソ.'プレ.テ] 名 男 〔技〕(鉛管工用の)ブローランプ, 吹管; (ガスの)火口(ほくち)

so-'pli-do [ソ.'プリ.ド] 名 男 ひと吹き

'so-plo ['ソ.プロ] 94% 名 男 吹くこと, ひと吹き; 〔気〕一陣(の風); またたく間, 一瞬; 密告, 告げ口 *en un ~* すぐに *tener un ~* 〔医〕(聴診で)雑音がある

so-'plón, -'plo-na [ソ.'プロン, 'プロ.ナ] 形 《話》告げ口の 名 男 女 密告者, 告げ口屋

so-plo-ne-'ar [ソ.プロ.ネ.'アる] 動 他 《話》〈秘密を〉ばらす, 密告する, 告げ口する

so-plo-ne-'rí-a [ソ.プロ.ネ.'リ.ア] 名 女 《話》密告, 告げ口

so-'pon-cio [ソ.'ポン.すぃオ] 名 男 《スペイン》《話》卒倒, 気絶

so-'por [ソ.'ポる] 名 男 眠気; 〔医〕嗜眠(しみん)状態

so-po-'rí-fe-ro, -ra [ソ.ポ.'リ.フェ.ろ, ら] 形 〔医〕催眠性の, 眠気を誘う; 《話》とても退屈な 名 男 〔医〕催眠剤, 麻酔剤

so-por-'ta-ble [ソ.ポる.'タ.ブレ] 形 耐えられる, 我慢できる

so-por-'tal [ソ.ポる.'タル] 名 男 〔複〕〔建〕アーケード, 柱廊, 拱廊(きょうろう), 列拱; 〔建〕ポーチ《屋根付きの玄関口・車寄せ》

so-por-'tar [ソ.ポる.'タる] 87% 動 他 支える; 耐える, 忍ぶ, 我慢する

so-'por-te [ソ.'ポる.テ] 92% 名 男 〔建〕支柱, 土台; 支え, 支持, 後援; 〔機〕軸受け; 〔楽〕(バイオリンの)あご当て *~ físico* 〔情〕ハードウェア

so-'pra-no [ソ.'プら.ノ] 名 女 〔楽〕ソプラノ歌手 名 男 〔楽〕ソプラノ, 最高音部

'sor ['ソる] 名 女 シスター…《修道女の名前の前につける敬称》

sor-'ber [ソる.'べる] 動 他 すする, 吸う; 〈水分を〉吸い込む, 飲み込む; 熱心に聞く, 耳を傾ける

sor-'be-te [ソる.'べ.テ] 名 男 〔食〕シャーベット; 《メキシコ》《中米》アイスクリームコーン; 《カリブ》《アンデス》《ラプラタ》ストロー

'sor-bo ['ソる.ボ] 名 男 ひとすすり, (飲み物の)ひと口; (液体の)少量 *a ~s* ひと口ずつ *de un ~* ひと口で

sor-'de-ra [ソる.'デ.ら] 名 女 耳の聞こえないこと, 難聴
sor-di-'dez [ソる.ディ.'デす] 名 女 むさくるしさ, みすぼらしさ, きたなさ, 不潔; あさましさ, けち
'sór-di-do, -da ['ソる.ディ.ド, ダ] 形 むさくるしい, 汚い, 不潔な; けちな, あさましい
sor-'di-na [ソる.'ディ.ナ] 名 女 〔楽〕(管楽器・弦楽器の)弱音器, ミュート; (ピアノの)ダンパー, 止音器; 消音装置, 消音器 *con* ~ そっと, 隠して
*'**sor-do, -da** ['ソる.ド, ダ] 92% 形 耳が聞こえない, 耳が不自由な, 耳が遠い; (a, ante: の)言葉を聞こうとしない, (a, ante: に)耳を傾けない; 鈍い, はっきりしない; 表面に表れない, 内にこもった, ひそかな; 静かな, 音のしない; 〔音〕無声の 名 男 女 〔体〕耳の不自由な人 *a la sorda* [*a lo* ~, *a sordas*] 静かに, 音を立てずに, ひそかに, こっそり *hacerse el* [*la*] ~[*da*] 聞こえないふりをする, 耳を貸そうとしない
sor-do-mu-'dez [ソる.ド.ム.'デす] 名 女 聾唖(ろうあ)
sor-do-'mu-do, -da [ソる.ド.'ム.ド, ダ] 形 〔医〕聾唖(ろうあ)の 名 男 女 〔医〕聾唖者
sor-'du-ra [ソる.'ドゥ.ら] 名 女 〔医〕聴覚障害
'sor-go ['ソる.ゴ] 名 男 〔植〕モロコシ
'So-ria ['ソ.りア] 名 固 〔地名〕ソリア《スペイン中北部の県, 県都》
so-'ria+no, -na [ソ.'りア.ノ, ナ] 形 名 男 女 〔地名〕ソリアの(人)↑Soria
So-'ria+no [ソ.'りア.ノ] 名 固 〔地名〕ソリアノ《ウルグアイ南西部の県》; 〔姓〕ソリアノ
'sor-na ['ソる.ナ] 名 女 皮肉, あてこすり
so-ro-'char-se [ソ.ろ.'チャる.セ] 動 再 《南米》〔医〕高山病にかかる
so-'ro-che [ソ.'ろ.チェ] 名 男 《南米》〔医〕高山病
so-ro-ri-'dad [ソ.ろ.り.'ダド] 名 女 女性同士の友愛; 〔政〕(女性の)性差別反対運動; 《米国》(特に大学の)女子学生社交クラブ
‡**sor-pren-'den-te** [ソる.プれン.'デン.テ] 90% 形 驚くべき, 意外な, 不思議な ~**mente** 副 《文修飾》驚いたことに, 意外なことに
‡**sor-pren-'der** [ソる.プれン.'デる] 83% 動 他 驚かす, びっくりさせる; 見つける, 〈が〉(現在分詞: …しているのを)見つける, 現場で取り押さえる; 〔軍〕〈の〉不意を打つ, 奇襲する ~**se** 動 再 (con, de: に)驚く, びっくりする
sor-pren-'di-do, -da [ソる.プれン.'ディ.ド, ダ] 形 (de, ante: に)驚いている
‡**sor-'pre-sa** [ソる.'プれ.サ] 87% 名 女 驚き, 驚くべきこと, 意外なこと, 思いがけない物; 〔軍〕奇襲攻撃, 不意打ち *de* [*por*] ~ 突然, 不意に
sor-pre-'si-vo, -va [ソる.プれ.'スィ.ボ, バ] 形 《ラ米》不意の, 思いがけない
sor-te+'ar [ソる.テ.'アる] 動 他 くじで決める; かわす, 逃げる; 〔牛〕〈牛の〉攻撃をかわす
*__sor-'te+o__ [ソる.'テ.オ] 93% 名 男 くじ, くじ引き, くじで決めること; 身をかわすこと
*__sor-'ti-ja__ [ソる.'ティ.は] 94% 名 女 〔衣〕指輪《普通宝石などを載せたもの》
sor-ti-'le-gio [ソる.ティ.'レ.ひオ] 名 男 占い; 魔法, 魔術; 魅力, 魔力
so-'ru-llo, -lla [ソ.'る.ジョ, ジャ] 名 男 女 《ラプラタ》《話》いやしい人, ごろつき
SOS 名 男 遭難[救難]信号
'so+sa 名 女 〔化〕ソーダ, 炭酸ソーダ; 〔植〕オカヒジキ **S**~ 名 固 〔姓〕ソサ
so-se-'ga-do, -da 形 落ち着いた, 温和な, 穏やかな, おとなしい
so-se-'gar [ソ.セ.'ガる] 動 他 ㊻ (e|ie; g|gu) 静める, 落ち着かせる ~(**se**) 動 自 (再) 静まる, 落ち着く; 休む, 休息する
so-'se-ra [ソ.'セ.ら] 名 女 無味乾燥なこと, つまらないこと, おもしろみのないこと; 風味のないもの, まずいもの 名 共 《話》つまらない人
so-se-'rí+a [ソ.セ.'り.ア] 名 女 つまらないこと, おもしろみのないこと
'so-sia 名 共 ⇩ sosias
'so-sias 名 共 〔単複同〕そっくりな人, とても似ている人
so-'sie-go 名 男 落ち着き, 平静; 静けさ, 閑静
sos-la-'yar [ソス.ラ.'ジャる] 動 他 かわす, 逃げる, 避ける; 傾ける, 斜めにする
sos-'la-yo, -ya [ソス.'ラ.ジョ, ジャ] 形 傾いた, 斜めの *al* [*de*] ~ 傾いて, 斜めに *mirar de* ~ 横目で見る
*'**so+so, +sa** 93% 形 〔食〕味のない, 塩味が足りない; つまらない, おもしろみのない, 退屈な
*__sos-'pe-cha__ 91% 名 女 疑い, 疑惑, 嫌疑, 不審(の念) *fuera* [*por encima*] *de toda* ~ なんの疑いもなく
*__sos-pe-'char__ [ソス.ペ.'チャる] 91% 動 他 疑う, 〈が〉あるのではないかと思う; どうも〈que 直説法: …らしいと〉思う, 多分…ではないかと思う 動 自 (de: を)疑わしく思う
sos-pe-'cho-so, -sa 形 名 男 女 怪しい, 疑わしい; 容疑者, 疑わしい人 -**samente** 副 怪しげに
*__sos-'tén__ 94% 名 男 支え, 支持; 支えるもの[人], 頼みの綱; 〔衣〕ブラジャー; 〔食〕食べ物, 食糧 動 《命令》↓sostener
sos-ten-dr~ 動 《直未/過未》↓sostener
‡**sos-te-'ner** [ソス.テ.'ネる] 83% 動 他

⑥⑧ (tener) 支える;〈人・主義などを〉支持する, 後援する; 主張する,〈に〉固執する; 維持する, 続ける;〈施設などを〉財政的に援助する,〈行事などを〉もり立てる;〈家族などを〉扶養する;〈苦痛・不幸などに〉耐える, 我慢する, 辛抱する　~se 動 再 体を支える, 立っている; (形容詞・副詞: …の)状態を保つ, とどまる; (de, con: で)暮らす, 自活する

sos-'ten-go, -ga(~) 動《直現1単, 接現》⬆sostener

sos-te-'ni-ble [ソス.テ.'ニ.ブレ] 形 支えられる; 持続可能な

sos-te-'ni-do, -da 形 支えられた; 持続する;〘楽〙半音上がった, 嬰音(えいおん)の 名 男〘楽〙嬰記号, シャープ《♯の記号》

sos-te-ni-'mien-to 名 男 支え, 支持, 支えること; 維持, 保持

sos-'tie-n~ 動《直現/接現/命》⬆sostener

sos-'tu-v~ 動《直点/接過》⬆sostener

'so+ta 名 女〘遊〙〔スペイントランプ〕ジャック《10番目の札》; 恥知らずの女

so-ta-'ban-co 名 男〘建〙屋根裏部屋;〘建〙(アーチの)起拱(ききょう)石, 迫元(せりもと)

so-'ta-na 名 女〔宗〕スータン《聖職者の日常の長衣》

*'**só-ta+no** 94% 名 男〘建〙(建物の)地階, 地下室, 地下貯蔵室

so-ta-'ven-to [ソ.タ.'ベン.ト] 名 男〘海〙(船の)風下(側)

so-te-'cha-do 名 男〘建〙納屋, 小屋

so-te-'rra-do, -da [ソ.テ.'ら.ド, ダ] 形 埋められた; 隠された, 秘められた

so-te-'rra-ño, -ña [ソ.テ.'ら.ニョ, ニャ] 形 地下の 名 男 地下

so-te-'rrar [ソ.テ.'らる] 動 他 ⑤⓪ (e|ie) 土に埋める, 葬る, 埋葬する; 隠す

'so+to 名 男 小さい森, (岸辺の)木立ち, 雑木林

'So+to 名 固〘姓〙ソト

so-to-'bos-que [ソ.ト.'ボス.ケ] 名 男〘植〙(森の)下生え, 下草

sottovoce ⇦ ***sotto voce*** [ソ.ト.'ボ.チェ] 副〔イタリア語〕小声で, 秘密に

souvenir [ス.ベ.'ニる] 名 男〔フランス語〕土産(みやげ)

so-'viet 名 男〔複 -viets〕《メキシコ》《ベネズエラ》⇩ sóviet

'só-viet ['ソ.ビエト] 名 男〔複 -viets〕〘歴〙〘政〙ソビエト, (旧ソ連邦の政治的基礎をなした)評議会, 会議

so-'vié-ti-co, -ca [ソ.'ビエ.ティ.コ, カ] 形〘歴〙〘地名〙ソ連(人)の 名 男 女〘歴〙〘地名〙ソ連人

so-vie-ti-za-'ción [ソ.ビエ.ティ.さ.'すぃオン] 名 女〘歴〙〘政〙ソビエト化

so-vie-ti-'zar [ソ.ビエ.ティ.'さる] 動 他 ③④ (z|c)〘歴〙〘政〙ソビエト化する

'soy 動《直現1単》⬆ser

'so+ya 名 女《メキシコ》《中米》⇧ soja

s. p. 略 =servicio público 公共企業体

spa 名 男〔英語〕温泉施設

spam 名 男〔英語〕〘情〙ジャンクメール

sponsor [(エ)ス.'ポン.ソる] 名 男〔英語〕〘商〙スポンサー ⇧ patrocinador

sport ['スポる(ト)] 名 男〔複 sports〕〔英語〕〘衣〙スポーツシャツ;〘競〙スポーツ

spot 名 男〔英語〕〘放〙コマーシャル, スポット, 宣伝

sprint ['スプリン(ト)] 名 男〔英語〕⇧ esprint

squash ['スクアス] 名 男〔英語〕〘競〙スカッシュ

Sr. 略 ⬆señor

Sr.ª; S.ª 略 ⬆señora

Sr.ªs; S.ªs 略 ⬆señora(s)

S. R. C. 略 =se ruega contestación 返信を乞う

Sres. 略 ⬆señor(es)

Sría. 略 ⬆secretaría

'Sri 'Lan-ka ['スリ 'ラン.カ] 名 固〔República Democrática Socialista de ~〕〘地名〙スリランカ《南アジア南部の民主社会主義共和国》

sri-lan-'kés, -'ke-sa [スリ.ラン.'ケス, 'ケ.サ] 形〘地名〙スリランカ(人)の 名 男 女 スリランカ人⬆Sri Lanka

Srio. 略 ⬆secretario

S. R. L. 略 =sociedad de responsabilidad limitada〘商〙有限会社

S. R. M. 略 =su real majestad《敬称》国王陛下

Srta. 略 ⬆señorita

ss. 略 =siglos; siguientes

S. S. 略 =su santidad《尊称》(教皇)聖下; su señoría《尊称》閣下

SSE 略 ⬇sudsudeste

SS. MM. 略 =sus majestades《敬称》陛下ご夫妻

SSO 略 ⬇sudsudoeste

s. s. s. 略 =su seguro servidor《謙譲語》あなたの忠実な僕(しもべ)

Sta. 略 → santa, ⬆santo

stand 名 男〔英語〕⇧ estand

statu quo ['スタ.トゥ 'クオ] 名 男〔ラテン語〕《格》現状, そのときの状態　*in* ~ 現状のままで

Sto., Sta. 略 ⬆santo, -ta

stock 名 男〔英語〕〘商〙在庫, ストック ⇧ existencias

stop 名 男〔複 stops〕〔英語〕(交通標識の)停止, 止まれ 感 止まれ

strike ['ストらイ(ク)] 名 男〔英語〕〘競〙〔野球〕ストライク

striptease ['ストリプ.ティス] 名 男〔英語〕⇧ estriptis

⁑**su** [ス] 39% 形《所有》〔弱勢〕〔複 sus〕**1** 彼の, 彼らの, 彼女の, 彼女らの, 自分の《3 単複》: José vino trayendo **su** raqueta y la de su amiga. ホセは自分のラケットとガールフレンドのラケットを持ってやって来た。 **2** あなたの, あなたがたの《3 単複: 目上の人や親しくない人に用いられる》: ¿Me permite **su** pasaporte? パスポートを拝見できますか。 **3** それの, それらの《3 単複: 物を指す》: He leído una novela japonesa, pero no me acuerdo de su título. 私は日本の小説を読みましたが, その題名は覚えていません。 **4** 《ラ米》君たちの, おまえたちの: Niños, traigan **sus** libros. 子供たち, おまえたちの本を持ってきなさい。

su~〔接頭辞〕⬇su(b)

sua-'ji-li [スア.'ひ.リ] 形 名 男〔言〕スワヒリ語の;〔言〕スワヒリ語《アフリカ東部から中部にかけて広く用いられる》

'Suá-rez ['スア.れす] 名 固〔姓〕スアレス

⁑**'sua-ve** ['スア.ベ] 87% 形 «物体が»柔らかい; «光・色などが»穏やかな, 柔らかい; 手ざわりのよい, 表面が滑らかな; «物音・声などが»静かな, 快い, 低い; «天候などが»温和な, 温暖な; «風などが»快い; «性質・言動などが»やさしい, 穏やかな, 柔和な; «動作が»力の入らない, 軽い; 《ラ米》〔話〕すばらしい, すごい;〔話〕«仕事などが»楽な 副 柔らかく, 滑らかに, やさしく, 穏やかに, 軽く

*'**sua-ve-'men-te** ['スア.ベ.'メン.テ] 92% 副 柔らかく, 滑らかに, やさしく, 穏やかに, 軽く

sua-vi-'dad** [スア.ビ.'ダド] 93% 名 女 柔らかさ, 柔軟さ, 滑らかさ, 快さ; やさしさ, 穏やかさ ***con ~ 柔らかく, 滑らかに, やさしく, 穏やかに, 軽く

sua-vi-'zan-te [スア.ビ.'さン.テ] 名 男 (洗濯用)柔軟剤

***sua-vi-'zar** [スア.ビ.'さる] 94% 動 他 ㉞ (z|c) 柔らかにする, 滑らかにする; 軽減する, 和らげる, 穏やかにする

'sua-zi 形〔地名〕スワジランド(人)の 名 男 女〔歴〕スワジランド人 ⬇Suazilandia

Sua-zi-'lan-dia [スア.すい.'ラン.ディア] 名 固〔歴〕〔地名〕スワジランド《アフリカ南部の王国エスワティニ Esuatini の旧称》

su(b)~〔接頭辞〕「下・副・亜・半」という意味を示す

su-b|a-li-men-ta-'ción [ス.バ.リ.メン.タ.'すぃオン] 名 女〔医〕栄養失調[不良]

su-b|a-li-men-'tar [ス.バ.リ.メン.'タる] 動 他〔医〕栄養失調[不良]にする

su-b|al-'ter+no, -na [ス.バル.'テる.ノ, ナ] 形 名 男 女 下位の, 次位の, 下級の, 従属する; 部下, 下役

su-b|a-rac-noi-'de+o, +a [ス.バ.らク.ノイ.'デ.オ, ア] 形〔体〕クモ膜下の

su-b|a-rren-'dar [ス.バ.れン.'ダる] 動 他 ㊿ (e|ie) また貸し[借り]する

su-b|a-rren-da-'ta-rio, -ria [ス.バ.れン.ダ.'タ.りオ, りア] 名 男 女 (家屋・土地の)転借人

su-b|a-'rrien-do [ス.バ.'りエン.ド] 名 男 転貸, また貸し; 転借, また借り

su-'bas-ta 名 女〔商〕競売, せり, オークション; 入札

su-bas-ta-'dor, -'do-ra [ス.バス.タ.'ドる, 'ド.ら] 名 男 女〔商〕競売人

su-bas-'tar [ス.バス.'タる] 動 他〔商〕競売にかける, 〈の〉入札を行う

sub-cam-pe+'ón, -'o-na 名 男 女〔競〕準優勝者

sub-cons-'cien-cia [スブ.コン(ス).'すぃエン.すぃア] 名 女 潜在意識

sub-cons-'cien-te [スブ.コン(ス).'すぃエン.テ] 形 潜在意識の 名 男 潜在意識

sub-con-tra-'tar [スブ.コン.トら.'タる] 動 他 下請けに雇う

sub-con-tra-'tis-ta [スブ.コン.トら.'ティス.タ] 名 共 下請け業者

sub-con-'tra-to [スブ.コン.'トら.ト] 名 男 下請け, 下請け契約

sub-cul-'tu-ra [スブ.クル.'トゥ.ら] 名 女 サブカルチャー

sub-cu-'tá-ne+o, +a 形〔医〕〔体〕皮下の

sub-de-sa-rro-'lla-do, -da [スブ.デ.サ.ろ.'ジャ.ド, ダ] 形 低開発の, 開発途上の

sub-de-sa-'rro-llo [スブ.デ.サ.'ろ.ジョ] 名 男 低開発, 開発途上

sub-'diá-co+no 名 男〔宗〕副助祭, 副執事

sub-di-rec-'tor, -'to-ra [スブ.ディ.れク.'トる, 'ト.ら] 名 男 女 副支配人, 次長, 副指揮者, 副校長, 助監督

'súb-di-to, -ta 形 名 男 女 服従する, 支配下にある; 公民, 人民, 国民; 家来, 臣下

sub-di-vi-'dir [スブ.ディ.ビ.'ディる] 動 他 さらに分ける, 細分する **~se** 動 再 さらに細かく分かれる

sub-di-vi-'sión [スブ.ディ.ビ.'スィオン] 名 女 小分け, 細分, 下位区分

su-b|em-'ple+o [ス.ベン.'プレ.オ] 名 男 不完全雇用

su-b|es-ti-ma-'ción [ス.ベス.ティ.マ.'すぃオン] 名 女 過小評価

su-b|es-ti-'mar [ス.ベス.ティ.'マる] 動 他 過小評価する, 侮る

S

su-b|es-truc-'tu-ra [ス.ベス.トるク.'トゥ.ら] [名] [女] 基礎構造, 土台, 基礎

sub-gla-'cial [スブ.グラ.'すぃアル] [形] 〔気〕亜寒帯の

sub-'gru-po [スブ.'グる.ポ] [名] [男] 下位集団

su-bi-'ba-ja [ス.ビ.'バ.は] [名] [男] 〔遊〕シーソー

su-'bi-do, -da [形] «色が»濃い, 派手な; 強い, 強烈な; «値段が»高い; 上等な, 最高級の; «人が»うぬぼれた, 思い上がった *tener el guapo* ～ 格好が決まっている, 男前である **-da** [名] [女] 登ること; 上り坂; 上昇; 〔商〕値上がり, 騰貴(とうき); 昇進, 昇格

su-'b|ín-di-ce [ス.'ビン.ディ.せ] [名] [男] 〔印〕下付き文字

⁑**su-'bir** [ス.'ビる] 72% [動] [自] (a: に)登る, 上がる; «程度が»上がる, 上昇する; (a, en: に)乗る; «数量が» (a: に)達する, 上がる; 乗る, 乗り込む; 昇進する, 出世する [動] [他] (高い所へ)上げる, 引き上げる, ‹倒れた物を›起こす, 立てる; 上げる, 強める, 高める; 登る, よじ登る; 登山する; ‹人を›昇進[昇格]させる, 出世させる; 築く, 建てる; 〔情〕アップロードする, 上にスクロールする **～se** [動] [再] (努力して)登る; 上がる, 高くなる, 乗る; ‹衣服を›上げる, ‹襟を›立てる *sube y baja* (《メキシコ》《カリブ》《アンデス》《ラプラタ》) 〔遊〕シーソー

*'**sú-bi-to, -ta** 92% [形] 突然の, 急な, 不意の, にわかの *de* ～ 突然, 不意に **-tamente** [副] 突然, 不意に

sub-'je-fe [スブ.'へ.フェ] [名] [男] 副長官, 副司令官, 副主任, 助役

sub-je-ti-vi-'dad [スブ.へ.ティ.ビ.'ダド] [名] [女] 〔哲〕主観的なこと, 主観性

sub-je-ti-'vis-mo [スブ.へ.ティ.'ビス.モ] [名] [男] 〔哲〕主観論, 主観主義

sub-je-ti-'vis-ta [スブ.へ.ティ.'ビス.タ] [形] 〔哲〕主観論の, 主観主義の [名] [共] 〔哲〕主観論者, 主観主義者

*__sub-je-'ti-vo, -va__ [スブ.へ.'ティ.ボ, バ] 93% [形] 主観的な, 主観の; 〔言〕主語の, 行為者の

*__sub-jun-'ti-vo, -va__ [スブ.ふン.'ティ.ボ, バ] 93% [形] 〔言〕接続法の [名] [男] 〔言〕接続法

su-ble-va-'ción [ス.ブレ.バ.'すぃオン] [名] [女] 反乱, 蜂起, 暴動

*__su-ble-'var__ [ス.ブレ.'バる] 94% [動] [他] 反乱に駆り立てる, 蜂起(ほうき)させる; 憤慨させる, 怒らせる **～se** [動] [再] (contra: に)反乱を起こす, 蜂起する

su-bli-ma-'ción [ス.ブリ.マ.'すぃオン] [名] [女] 昇華, 浄化, (精神的に)高まること; 称揚, 称賛; 〔化〕昇華

su-bli-'mar [ス.ブリ.'マる] [動] [他] 高める, 浄化する; ほめたたえる; 〔化〕昇華させる

su-'bli-me [ス.'ブリ.メ] [形] 荘厳な, 崇高な, 気高い, 偉大な; 《話》とてもよい, すばらしい; 《格》とても高い

su-bli-mi-'dad [ス.ブリ.ミ.'ダド] [名] [女] 荘厳, 崇高, 高尚, 気高さ

su-bli-mi-'nal [ス.ブリ.ミ.'ナル] [形] 〔心〕閾下(いきか)の

sub-ma-ri-'nis-mo [スブ.マ.り.'ニス.モ] [名] [男] 〔海〕潜水; 〔海〕海底開発

sub-ma-ri-'nis-ta [スブ.マ.り.'ニス.タ] [名] [共] 〔海〕ダイバー, 潜水夫; 〔海〕〔軍〕潜水艦の乗組員 [形] 〔海〕潜水の

sub-ma-'ri-no, -na [スブ.マ.'り.ノ, ナ] [形] 〔海〕海底の, 海中の, 海底[海中]用の [名] [男] 〔海〕〔軍〕潜水艦

sub-'mun-do [名] [男] 闇(やみ)社会

sub-nor-'mal [スブ.ノる.'マル] [形] 〔医〕精神遅滞の [名] [共] 精神遅滞者

su-b|o-fi-'cial [ス.ボ.フィ.'すぃアル] [名] [男] 〔軍〕下士官, 軍曹

su-'b|or-den [ス.'ボる.デン] [名] [男] 〔生〕亜目

su-bor-di-na-'ción [ス.ボる.ディ.ナ.'すぃオン] [名] [女] 下位に置くこと, 従属; 〔言〕従属関係

su-bor-di-'na-do, -da [ス.ボる.ディ.'ナ.ド, ダ] [形] 下位の, 次位の, 従属した; 〔言〕従属の [名] [男] [女] 部下, 下役

su-bor-di-'nan-te [ス.ボる.ディ.'ナン.テ] [形] 〔言〕従属の, 従属する

su-bor-di-'nar [ス.ボる.ディ.'ナる] [動] [他] (a: に)従属させる, 服従させる, 従える

sub-pro-'duc-to [スブ.プろ.'ドゥク.ト] [名] [男] 副産物, 第二次製品

sub-ra-'ya-do, -da [スブ.ら.'ジャ.ド, ダ] [形] 下線を引いた [名] [男] 下線(部)

⁑**sub-ra-'yar** [スブ.ら.'ジャる] 90% [動] [他] ‹語などの›下に線を引く, ‹に›下線を施す; 強調する

sub-'red [スブ.'れド] [名] [女] 〔情〕サブネット

sub-rep-'ti-cio, -cia [スブ.れプ.'ティ.すぃオ, すぃア] [形] 秘密の, 内密の

sub-ro-ga-'ción [スブ.ろ.ガ.'すぃオン] [名] [女] 〔法〕代位, 代位弁済, 肩代わり

sub-ro-'gar [スブ.ろ.'ガる] [動] [他] [41] (g|gu) 〔法〕代位する, 代位弁済する, 肩代わりする **～se** [動] [再] 〔法〕代位される, 代位弁済される, 肩代わりされる

sub-ru-'ti-na [スブ.る.'ティ.ナ] [名] [女] 〔情〕サブルーチン

sub-sa-'na-ble [スブ.サ.'ナ.ブレ] [形] 償える, 埋め合わせできる; 許せる, 容赦できる; 解決できる, 克服できる

sub-sa-'nar [スブ.サ.'ナる] [動] [他] 償う, 埋め合わせをする; ‹誤ちを›許す, 容赦する; ‹困難を›解決する, 克服する

S

subs-cep-ti-bi-li-'dad 名 女 ⇩ sus-～

subs-cep-'ti-ble 形 ⇩ sus-～

subs-cri-'bir 動 他 ⇩ sus-～

subs-crip-'ción 名 女 ⇩ sus-～

subs-'crip-to, -ta 形 ⇩ sus-～

subs-crip-'tor, -'to-ra 名 男 女 ⇩ sus-～

subs-'cri-to, -ta 形 ⇩ sus-～

sub-se-cre-ta-'rí+a [スブ.セ.クれ.タ.'り.ア] 名 女 〔政〕次官の職務[事務所]

sub-se-cre-'ta-rio, -ria [スブ.セ.クれ.'タ.りオ, りア] 名 男 女 〔政〕次官

sub-se-'guir(-se) [スブ.セ.'ギる(.セ)] 動 自 (再) 64 (e|i; gu|g) すぐ後に続く

sub-si-'dia-rio, -ria [スブ.スィ.'ディア.りオ, りア] 形 補助の, 従属的な; 助成金の[による] **-riamente** 副 補助的に

sub-'si-dio 名 男 (政府の)助成金, 補助金, 交付金, 手当; 補助, 援助

sub-si-'guien-te [スブ.スィ.'ギエン.テ] 形 後の, その後の, 次の **～mente** 副《格》その後に, 引き続いて

sub-sis-'ten-cia [スブ.スィス.'テン.すぃア] 名 女 生活, 暮らし, 生計, 生存; 〔複〕生活必需品, 食糧; 生存, 存続

sub-sis-'ten-te 形 存続する, 生存する

sub-sis-'tir [スブ.スィス.'ティる] 動 自 生存する, 生活する, (やっと)生計を立てる; 存続する, 残っている

subs-'tan-cia 名 女 ⇩ sus-～

subs-tan-'cial 形 ⇩ sus-～

subs-tan-'cio-so, -sa 形 ⇩ sus-～

subs-tan-ti-vi-'dad 名 女 ⇩ sus-～

subs-tan-'ti-vo, -va 形 ⇩ sus-～

subs-ti-tu-'ción 名 女 ⇩ sus-～

subs-ti-'tuir 動 他 ⇩ sus-～

subs-ti-tu-'ti-vo, -va 形 ⇩ sus-～

subs-ti-'tu-to, -ta 名 男 女 ⇩ sus-～

subs-trac-'ción 名 女 ⇩ sus-～

subs-tra+'en-do 名 男 ⇩ sus-～

subs-tra+'er 動 他 ⇩ sus-～

subs-'tra-to 名 男 ⇩ sus-～

sub-'sue-lo [スブ.'スエ.ロ] 名 男 地下; 〔地質〕下層土, 心土

'sub-te 名 男《ラプラタ》〔鉄〕地下鉄

sub-te-'nien-te 名 男 〔軍〕准尉, 兵曹長

sub-ter-'fu-gio [スブ.テる.'フ.ひオ] 名 男 逃げ口上, 口実, ごまかし

***sub-te-'rrá-ne+o, +a** [スブ.テ.'ら.ネ.オ, ア] 92% 形 地下の, 地下にある; 秘密の, 隠れた 名 男 地下, 地下室, 地下貯蔵室; 《ラプラタ》地下鉄

sub-ti-tu-'lar [スブ.ティ.トゥ.'ラる] 動 他 〔映〕〈に〉字幕(スーパー)を入れる; 〈に〉小見出し[副題, サブタイトル]をつける

sub-'tí-tu-lo [スブ.'ティ.トゥ.ロ] 名 男 〔映〕字幕(スーパー); 小見出し, 副題, サブタイトル

sub-to-'tal [スブ.ト.'タル] 名 男 小計

sub-tro-pi-'cal [スブ.トろ.ピ.'カル] 形 〔気〕亜熱帯の

su-b|ur-'ba+no, -na [ス.ブる.'バ.ノ, ナ] 形 名 男 女 郊外の, 郊外に住む(人); 場末の; スラム街の(人) 名 男 郊外電車

***su-'bur-bio** [ス.'ブる.ビオ] 94% 名 男 場末, 町外れ, スラム; 郊外; (都市の)近郊地区, 郊外の地区

sub-va-lo-ra-'ción [スブ.バ.ロ.ら.'すぃオン] 名 女 過小評価

sub-va-lo-'ra-do, -da [スブ.バ.ロ.'ら.ド, ダ] 形 過小評価された

sub-va-lo-'rar [スブ.バ.ロ.'らる] 動 他 過小評価する

***sub-ven-'ción** [スブ.ベン.'すぃオン] 92% 名 女 (政府の)助成金, 補助金; (財政的)援助

sub-ven-cio-'nar [スブ.ベン.すぃオ.'ナる] 動 他 〈に〉助成金を支給する, 財政援助する

sub-'ven-dr~ 動《直未/過未》⬇ subvenir

sub-ve-'nir [スブ.ベ.'ニる] 動 自 73 (venir) (a: を)(財政的に)援助する; (a: の)費用を支払う

sub-ver-'sión [スブ.べる.'スィオン] 名 女 転覆, 壊滅, 破壊; 〔政〕革命

sub-ver-'si-vo, -va [スブ.べる.'スィ.ボ, バ] 形 〔政〕反体制の; 破壊する, 打倒する, 転覆させる

sub-ver-'tir [スブ.べる.'ティる] 動 他 65 (e|ie|i)《格》覆す, 打倒する, 転覆させる; 《格》(かき)乱す, 騒がせる

sub-'vier-t~ 動《直現/接現/命》⬆ subvertir

sub-'vi-n~ 動《直点/接過》⬆ subvenir

sub-'vir-t~ 動《活用》⬆ subvertir

sub-ya-'cen-te [スブ.ジャ.'セン.テ] 形《格》下にある, 隠れた

sub-ya-'cer [スブ.ジャ.'せる] 動 自 45 (c|zc)《格》下にある, 隠れる

sub-yu-ga-'ción [スブ.ジュ.ガ.'すぃオン] 名 女 征服, 鎮圧; 屈服

sub-yu-'gar [スブ.ジュ.'ガる] 動 他 41 (g|gu) 征服する, 服従させる

suc. 略 ⬇ sucre; sucursal

suc-'ción [スク.'すぃオン] 名 女 吸うこ

と, 吸い上げ, 吸い込み

su-ce-'dá-ne+o [ス.せ.'ダ.ネ.オ] 名 男 代用物 **~, +a** 形 代わりになる, 代用の

**su-ce-'der [ス.せ.'デる] 79% 動 自 (a: の)後を継ぐ; «出来事が»起こる, 生じる, (que 直説法: …ということに)なる; (a: に)相次ぐ, 続いて起こる *Lo que sucede es que* …《話》(実は)…なのです *por lo que pueda ~* 用心のために *suceda lo que suceda* 何があろうと

su-ce-'di-do [ス.せ.'ディ.ド] 名 男《話》出来事, 偶発事件 形 起きた

su-ce-'sión [ス.せ.'スィオン] 名 女 連続; (王位・財産などの)継承(権), 相続権; 〔法〕相続財産, 遺産; 相続者, 後継者, 子孫

su-ce-'si-vo, -va [ス.せ.'スィ.ボ, バ] 90% 形 続いての, 引き続いての, 相次ぐ **-vamente** 副 連続して, 連続的に, 引き続いて *en lo ~* 以後は, これからは *y así sucesivamente* 以下は同様に

su-'ce-so [ス.'せ.ソ] 89% 名 男 出来事, 事件

*__su-ce-'sor, -'so-ra__ [ス.せ.'ソる, 'ソ.ら] 93% 名 男 女 後継者, 後任者, 相続者, 継承者; 後に続く人[物]; 〔複〕子孫

su-ce-'so-rio, -ria [ス.せ.'ソ.りオ, りア] 形 相続の, 継承の

'su-che 名 共《中米》《ホンジ》《話》部下

Su-chi-te-'pé-quez [ス.チ.テ.'ペ.ケす] 名 固〔地名〕スチテペケス《グアテマラ南部の県》

*__su-cie-'dad__ [ス.すぃエ.'ダド] 94% 名 女 不潔, 汚れた場所; 卑劣, 下劣

su-'cin-to, -ta [ス.'すぃン.ト, タ] 形 簡潔な, 簡明な

'su-cio, -cia ['ス.すぃオ, すぃア] 90% 形 汚(きたな)い, 汚(よご)れた, 不潔な; (精神的に)汚い, 卑劣な, 下劣な; 不正な, いかさまの; みだらな, けがらわしい; 汚れやすい; «色が»くすんだ 副 不正に, 汚い手を使って *echar a lo ~* 洗濯のかごに入れる *en ~* 下書きの状態で *jugar ~* 汚い手を使う *tener la lengua sucia* 口が悪い

'su-cre ['ス.クれ] 名 男〔経〕スクレ《エクアドルの通貨; 現在の正式通貨は米ドル dólar》

'Su-cre ['ス.クれ] 名 固〔地名〕スクレ《ボリビア中南部の都市; コロンビア北西部の県; ベネズエラ北東部の州》

su-'cu-cho 名 男《ホンジ》小さなぼろ家

su-cu-'len-cia [ス.ク.'レン.すぃア] 名 女《格》栄養豊富; 美味

su-cu-'len-to, -ta [ス.ク.'レン.ト, タ] 形 栄養豊富な; 美味の; 〔植〕多肉果汁の

su-cum-'bir [ス.クン.'ビる] 動 自 (a, ante: に)服従する, 負ける, 屈する; (災害などで)死ぬ, 非業の死を遂げる; (a: に)負ける; 〔法〕訴訟に負ける, 敗訴する

*__su-cur-'sal__ [ス.クる.'サル] 93% 名 女 支店, 支部, 支局, 出張所 形 支店の, 支部の, 支社の

su-'da-ca 形 名 共《スペイン》《話》〔軽蔑〕中南米の(人)

su-da-'de-ra [ス.ダ.'デ.ら] 名 女〔衣〕スウェットシャツ, ジャージ; 大汗をかくこと; 汗ふきタオル; サウナ室

Su-'d|á-fri-ca 名 固 ⇧ República Sudafricana

su-d|a-fri-'ca+no, -na [ス.ダ.フり.'カ.ノ, ナ] 形〔地名〕南アフリカ共和国(人)の 名 男 女 南アフリカ共和国人 ⬆Sudáfrica

*__Su-d|a-'mé-ri-ca__ [ス.ダ.'メ.り.カ] 93% 名 固〔地名〕南アメリカ, 南米

*__su-d|a-me-ri-'ca+no, -na__ [ス.ダ.メ.り.'カ.ノ, ナ] 93% 形〔地名〕南アメリカ(人)の, 南米(人)の 名 男 女 南アメリカ人, 南米人

Su-'dán 名 固〔(el) ~〕〔República del ~〕〔地名〕スーダン《アフリカ北東部の共和国》; 〔República de S~ del Sur〕〔地名〕南スーダン《アフリカ北東部の共和国; 2011年スーダンの南部が分離, 独立》

su-da-'nés, -'ne-sa 形〔地名〕スーダン(人)の 名 男 女 スーダン人 ⬆Sudán

*__su-'dar__ [ス.'ダる] 94% 動 自 汗をかく, 汗ばむ; 汗を流して働く, 精を出して働く, 苦労する; (表面に)水滴がつく 動 他 汗をかかせる, 発汗させる; 《話》苦労して手に入れる; 汗まみれにする; にじみ出させる *~ sangre* 辛酸(しんさん)をなめる

su-'da-rio [ス.'ダ.りオ] 名 男 (埋葬のために)死体を包む布, 屍衣(しい)

su-'d|es-te 名 男 南東, 南東部; 〔気〕南東の風 形 南東の

su-'dis-ta 形 名 共〔歴〕〔軍〕(米国で起こった南北戦争の)南軍の(兵士)

su-d|oc-ci-den-'tal [ス.ドク.すぃ.デン.'タル] 形 南西の

su-d|o+'es-te 名 男 南西; 〔気〕南西の風 形 南西の

*__su-'dor__ [ス.'ドる] 92% 名 男 汗, 発汗; 〔複〕骨折り, 苦労; (物の表面にできる)汗, 水滴, 露

su-d|o-rien-'tal [ス.ド.りエン.'タル] 形 南東の

su-do-'rí-fi-co, -ca [ス.ド.'り.フィ.コ, カ] 形〔医〕発汗させる 名 男〔医〕発汗剤

*__su-do-'ro-so, -sa__ [ス.ド.'ろ.ソ, サ] 94% 形 汗びっしょりの, 汗にまみれた

su-'do-so, -sa 形 ⇧ sudoroso

sud-su-'d|es-te 名 男 南南東; 〔気〕南南東の風 形 南南東の

sud-su-d|o+'es-te [名] [男] 南南西; 〘気〙南南西の風 [形] 南南西の

*'**Sue-cia** ['スエ.すぃア] 93% [名] [固] 〘地名〙スウェーデン《ヨーロッパ北部の王国》

*'**sue-co, -ca** 92% [形] 〘地名〙スウェーデン(人)の ⬆Suecia; 〘言〙スウェーデン語の [名] [男] [女] スウェーデン人 [名] [男] 〘言〙スウェーデン語; 〔複〕《カリ》《話》〘衣〙古靴 *hacerse el [la] ~[ca]* 《話》わからない[聞こえない]ふりをする

*'**sue-gra** ['スエ.グら] 94% [名] [女] 姑(しゅうとめ), 義理の母, 義母

*'**sue-gro** ['スエ.グろ] 93% [名] [男] 舅(しゅうと), 義理の父, 義父; 〔複〕しゅうと夫婦, しゅうととしゅうとめ

'**sue-l~** [動]《直現/接現/命》⬆soler

'**sue-la** ['スエ.ラ] [名] [女] 〘衣〙(靴の)底; なめした革; 〘魚〙シタガレイ, シタビラメ; 〘建〙(柱・壁の)土台, 礎石; 〔複〕〘宗〙〘衣〙(修道士[女]の)サンダル *de siete ~s* 《話》ひどい, とんでもない *no llegar ni a la ~ del zapato* 《話》(a: の)足元にも及ばない

'suel-do** ['スエル.ド] 89% [名] [男] 給料, サラリー

'sue-lo** ['スエ.ロ] 76% [名] [男] 地面; 土地; 床(ゆか); (器物の)底 *arrastrar [poner, tirar] por el ~* (a: を)屈服させる; 恥をかかせる *besar el ~* うつむけに倒れる *por los ~s* 地に落ちて, 最低に *venir(-se) [echar, irse] al ~* 失敗する, だいなしになる

'**suel-t~** [動]《直現/接現/命》⬆soltar

'suel-to, -ta** ['スエル.ト, タ] 90% [形] 緩(ゆる)い, 緩んだ, だぶだぶの, ゆったりした, がたがたした; 結んでない, 離れた, ばらばらの; «紙などが»束ねてない, 包装してない, ばらの; 上手な, 達者な; 小銭の; 〘医〙下痢をした; 気ままな, 自由な, のびのびとした; ふしだらな [名] [男] 小銭; (新聞の短い)ニュース記事 *dar suelta* (a: を)放す, 自由にする

'**sue-n~** [動]《直現/接現/命》⬆sonar

'**sue-ñ~** [動]《直現/接現/命》⬆soñar

'sue-ño** ['スエ.ニョ] 81% [名] [男] 眠気; 眠り, 睡眠, ひと眠り(の時間); (睡眠中に見る)夢; (実現したいと思っている)夢, 理想, あこがれ, 空想 *caerse de ~* とても眠い *coger [conciliar] el ~* 寝つく *en ~s* 眠りながら *ni en [por] ~s* 《否定》《話》とても…ない *quitar el ~* (a: の)眠気を覚ます

'**sue-ro** ['スエ.ろ] [名] [男] 〘医〙漿液(しょうえき), 血清 *~ de la leche* 〘食〙乳漿(にょうしょう), 乳清

sue-ro-te-'ra-pia [スエ.ろ.テ.'ら.ピア] [名] [女] 〘医〙血清療法

'suer-te** ['スエる.テ] 79% [名] [女] 運命, 宿命; 偶然, 成り行き; 運, 巡り合わせ; 幸運; 境遇, 身の上, 状態; 種類; くじ; 方法, やり方, 手; 品級, 等級; 〘牛〙技(わざ)の段階 [感] 幸運を祈る! *¡Buena [Mucha] ~!* 幸運を祈ります! *de (tal) ~ que* ...〔直説法〕よって…; 〔接続法〕…になるように *por ~* 幸運にも, 運よく *por ~ o por desgracia* 幸か不幸か

suer-'tu-do, -da [スエる.'トゥ.ド, ダ] [形] [名] [男] [女] 《話》運のいい(人)

*'**sué-ter** ['スエ.テる] 94% [名] [男] 〘衣〙セーター

'**sue-vo, -va** ['スエ.ボ, バ] [形] [名] [男] [女] 〘歴〙スエービー族(の)《5世紀にスペインに侵入したゲルマン民族》

'**Suez** ['スエす] [名] [固] 〔canal de ~〕〘地名〙スエズ運河《エジプト北東部の運河》

su+'fí [形] [名] [共] 〔複 -fíes⇦-fís〕スーフィー(の)《イスラムの神秘主義者》

su-fi-'cien-cia [ス.フィ.'すぃエン.すぃア] [名] [女] 十分(な状態), 充足; 適性, 適合力, 能力; うぬぼれ, 尊大

su-fi-'cien-te [ス.フィ.'すぃエン.テ] 80% [形] (para: に)十分な, 足りる; うぬぼれた, 尊大な *~mente* [副] 十分に, 足りるだけ

su-'fi-jo [ス.'フィ.ほ] [名] [男] 〘言〙接尾辞 *~, -ja* [形] 〘言〙接尾辞の

su-'fis-mo [名] [男] 〘宗〙スーフィズム《イスラムの神秘主義》

su-fra-'gar [ス.フら.'ガる] [動] [他] ㊶ (g|gu) 〈の〉費用を出す, 出費する; 出資する [動] [自] 《ラ米》〘政〙(por: に)投票する

su-'fra-gio [ス.'フら.ひオ] [名] [男] 〘政〙選挙, 選挙制, 投票; 〘宗〙(死者の冥福を祈る)祈り; 〘格〙援助, 助け

su-fra-'gis-mo [ス.フら.'ひス.モ] [名] [男] 〘歴〙〘政〙婦人参政権論, 婦人参政権運動

su-fra-'gis-ta [ス.フら.'ひス.タ] [形] 〘歴〙〘政〙婦人参政権論の [名] [共] 〘歴〙〘政〙婦人参政権論者[運動家]

su-'fri-do, -da [ス.'フり.ド, ダ] [形] 辛抱強い; 汚れが目立たない

*su-fri-'mien-to** [ス.フり.'ミエン.ト] 92% [名] [男] (体・心の)苦しみ, 苦痛; 苦労, 不幸; 忍耐, 辛抱

su-'frir [ス.'フりる] 79% [動] [他] 〈苦痛・罰などを〉受ける; 〈損害・敗北などを〉こうむる, 〈苦しみなどを〉経験する; 耐える, 忍ぶ, 我慢する; 〔一般〕受ける, 受けている [動] [自] 苦しむ, 悩む; 〘医〙(de: を)患う, (de: で)苦しむ

*su-ge-'ren-cia** [ス.へ.'れン.すぃア] 93% [名] [女] 助言, 提案; 暗示, ほのめかし

su-ge-'ren-te [ス.へ.'れン.テ] [形] 暗示的な, 想起させる

su-ge-'rir [ス.へ.'りる] 89% [動] [他] ㊶5 (e|ie|i) 〈que 接続法: …してはどうかと〉提案す

S

る; 〈計画などを〉言い出す, 勧める; 連想させる, 思いつかせる; それとなく言う, 示唆する, ほのめかす, 暗示する

*su-ges-'tión [ス.ヘス.'ティオン] 94% 名 女 暗示, 示唆, ほのめかし

su-ges-tio-'na-ble [ス.ヘス.ティオ.'ナ.ブレ] 形 暗示にかかりやすい, 影響を受けやすい, 感化されやすい

su-ges-tio-'nar [ス.ヘス.ティオ.'ナる] 動 他 〈に〉影響を及ぼす, 左右する, 感化する; 暗示にかける

su-ges-'ti-vo, -va [ス.ヘス.'ティ.ボ, バ] 形 示唆に富む, 暗示的な; 魅力的な

su-'gie-r~ 動《直現/接現/命》↑sugerir

su-gi-r~ 動《活用》↑sugerir

'Sui 名 固〔dinastía ~〕〔歴〕隋(王朝)《中国の王朝; 581–618 年》

sui-'ci-da [スイ.'すい.ダ] 形 自殺の, 自殺的な 名 共 自殺者

*sui-ci-'dar-se [スイ.すい.'ダる.セ] 93% 動 再 自殺する

*sui-'ci-dio [スイ.'すい.ディオ] 92% 名 男 自殺; 自殺的行為, 自滅

sui 'gé-ne-ris ⇔ sui-gé [スイ 'へ.ネ.りス] 形〔単複同〕独特な, 特有の

suite ['スイト] 名 女〔フランス語〕(ホテルの)スイートルーム, 特別室

*'Sui-za ['スイ.さ] 92% 名 固〔地名〕スイス《ヨーロッパ中部の連邦》

**'sui-zo, -za ['スイ.そ, さ] 90% 形〔地名〕スイス(人)の 名 男 女 スイス人↑Suiza 名 男《スペイン》〔食〕砂糖をつけた丸パン

su-je-'ción [ス.へ.'すぃオン] 名 女 服従; 義務, 束縛, 拘束; 留めるもの, 押さえるもの

su-je-ta-'dor [ス.へ.タ.'ドる] 名 男《スペイン》〔衣〕ブラジャー; 〔衣〕髪留め, クリップ; (紙の)クリップ

su-je-ta-'li-bros [ス.へ.タ.'リ.ブろス] 名 男〔単複同〕ブックエンド

su-je-ta-pa-'pe-les [ス.へ.タ.パ.'ペ.レス] 名 男〔単複同〕紙ばさみ, クリップ; 〔情〕クリップボード

*su-je-'tar [ス.へ.'タる] 93% 動 他 (しっかりと)留める, 固定する; 捕まえる; 押さえる, 束縛する; (a: に)服従させる, 従属させる, (a: の)支配下に置く ~se 動 再 (a: 規則などを)守る, 従う; 体を支える; 落とさないようにする, 押さえる; (a: に)服従する

**su-'je-to, -ta [ス.'へ.ト, タ] 81% 形 (a: に)服従する, 従属する, 拘束されている, (a: の)支配下にある; (a: 承認などを)受けなければならない, 必要とする; 固定された; (a: を)受ける, 受けやすい, こうむりやすい, (a: に)なりやすい 名 男〔言〕主語; 〔哲〕主体, 主観; 《話》人物, 人, 男, やつ

sul-fa-'tar [スル.ファ.'タる] 動 他〔化〕硫酸(塩)で処理する, 硫化する

sul-'fa-to [スル.'ファ.ト] 名 男〔化〕硫酸塩[エステル]

sul-'fi-to [スル.'フィ.ト] 名 男〔化〕亜硫酸塩[エステル]

sul-fu-'rar [スル.フ.'らる] 動 他《話》怒らせる; 〔化〕硫黄と化合させる, 硫化する ~se 動 再《話》怒る

sul-'fú-ri-co, -ca [スル.'フ.り.コ, カ] 形〔化〕硫黄の, 硫黄を多量に含む

sul-'fu-ro [スル.'フ.ろ] 名 男〔化〕硫化物

sul-fu-'ro-so, -sa [スル.フ.'ろ.ソ, サ] 形〔化〕硫黄質の, 硫黄を少量含む

sul-'tán [スル.'タン] 名 男〔政〕スルタン《イスラム教国の君主》

sul-'ta-na [スル.'タ.ナ] 名 女〔政〕スルタンの妃[王女, 姉妹, 母]

'su+ma 85% 名 女 合計, 総計, 総和; 〔数〕和, 足し算, 加法; (金の)額; 概要, 大意; 全書, 大全 形《女》↓sumo ***en ~* 要約すると, 要するに ***~ y sigue***《話》繰り返し, 連続; 〔商〕次ページへ繰り越し

*'su-ma-'men-te 93% 副 極端に, きわめて, とても

su-'man-do 名 男〔数〕加数

**su-'mar [ス.'マる] 87% 動 他 加える, 付け足す, 合計する, 足し算する; 総計が〈に〉なる, 達する 動 自 合計する; 計算が合う ~se 動 再 (a: に)加わる, 合流する

su-'ma-rio, -ria [ス.'マ.りオ, りア] 形 要約した, かいつまんだ, 簡潔な; 〔法〕略式の, 即決の 名 男 摘要, 概略; 起訴, 告発

su-ma-'rí-si-mo, -ma [ス.マ.'り.スィ.モ, マ] 形〔法〕略式の, 即決の

Su-'ma-tra [ス.'マ.トら] 名 固〔isla de ~〕〔地名〕スマトラ島《インドネシア西部の島》

su-mer-'gi-ble [ス.メる.'ひ.ブレ] 形 水中に沈めうる, 潜水できる 名 男〔軍〕潜水艦

*su-mer-'gir [ス.メる.'ひる] 93% 動 他 ㉜ (g|j) 水中に入れる, 沈める, 潜水させる ~se 動 再 沈む, 沈降する, 潜水する; (en: に)没頭する

Su-'me-ria [ス.'メ.りア] 名 固〔歴〕〔地名〕シュメール《古代メソポタミアの王国》

su-'me-rio, -ria [ス.'メ.りオ, りア] 形〔歴〕〔地名〕シュメール(人)の 名 男 女 シュメール人↑Sumeria

su-mer-'sión [ス.メる.'スィオン] 名 女 沈降, 潜没, 潜水; 没頭, 専念

su-mi-'dad 名 女《格》頂上, 頂端, 最上部, 先端

su-mi-'de-ro [ス.ミ.'デ.ろ] 名 男 排水路, 下水溝, 放水路; 汚水だめ

su-mi-'ller [ス.ミ.'ジェる] 名 共〔飲〕ソ

ムリエ《レストランなどでワインのアドバイス・サービスをする職》

***su-mi-nis-'trar** [ス.ミ.ニス.'トらる] 92% 動 他 供給する, 支給する, 提供する; 〘情〙フィードする

su-mi-'nis-tro [ス.ミ.'ニス.トろ] 名 男 供給, 支給, 補給, 提供; 供給品, 支給物; 貯蔵品, 蓄え

su-'mir [ス.'ミる] 動 他 (en: ある状態に)至らせる, 陥れる, 追いやる; 沈める, 沈没させる; 〘宗〙(ミサで)《司祭が》〈聖体を〉受ける, 拝領する　**~se** 動 再 (en: に)没頭する; 沈む, 沈没する; 《頰(ほお)などが》くぼむ; 陥る

su-mi-'sión 名 女 服従, 降伏; 従順さ, 恭順

su-'mi-so, -sa 形 服従する, 従順な

summum 名 男 〔ラテン語〕最高位, 頂点, トップ; 最優秀の人

*'**su+mo, +ma** 92% 形 至高の, 無上の, 最高の; 《格》大いなる, このうえない, 大変な　***a lo ~*** せいぜい, 多くて　***con ~ cuidado*** 細心の注意を払って　***en ~ grado*** 極度に, 最高に, とても

'**su-mun** 名 男 ⇧ summum

sun-'cán, -'ca-na 形 名 男 女 《ᵖ*ₓ》《話》ばか(な), 愚かな(人)

'**sun-cho** 名 男 ⇩ zuncho

'**Sung** ['スン(グ)] 名 固 〔dinastía ~〕〘歴〙宋(王朝)《中国の王朝; 960–1279 年》

su+'ní 形 名 共 〔複 -níes⇦-nís〕〘宗〙(イスラム教の)スンナ[スンニー]派の(信徒)

su-'ni-ta, sun-'ní, sun-'ni-ta 形 名 共 ⇧ suní

sun-'tua-rio, -ria [スン.'トゥア.りオ, りア] 形 ぜいたくな, 奢侈(しゃし)の

sun-tuo-si-'dad 名 女 豪華さ, ぜいたく

sun-'tuo-so, -sa 形 高価な, 豪華な, ぜいたくな

'**su+pe** 動 《直点 1 単》⬆saber

su-pe-di-ta-'ción [ス.ペ.ディ.タ.'すぃオン] 名 女 服従, 従属; 圧迫, 抑圧

su-pe-di-'tar [ス.ペ.ディ.'タる] 動 他 (a: に)合わせる, 従える; (a: に)服従させる, 従属させる; 圧迫する, 抑圧する　**~se** 動 再 (a: に)服従する, 従う, 合わせる

su-per~, su-pra~ 〔接頭辞〕「上・超越・スーパー…」という意味を示す

'**sú-per** ['ス.ペる] 形 《話》最高の, すごい 名 男 《話》スーパーマーケット 名 女 〘車〙ハイオクタン価ガソリン, スーパー　***pasarlo ~*** 《話》楽しく過ごす

su-pe-'ra-ble [ス.ペ.'ら.ブレ] 形 打破できる, 克服できる

su-pe-r|a-bun-'dan-cia [ス.ペ.ら.ブン.'ダン.すぃア] 名 女 過多, 過分

su-pe-r|a-bun-'dan-te [ス.ペ.ら.ブン.'ダン.テ] 形 過多の, 過分の, あり余る

su-pe-r|a-bun-'dar [ス.ペ.ら.ブン.'ダる] 動 自 多すぎる, あり余るほど多い

su-pe-ra-'ción [ス.ペ.ら.'すぃオン] 名 女 克服; 向上, 克己, 自己変革[改善]

‡**su-pe-'rar** [ス.ペ.'らる] 81% 動 他 克服する; 負かす, 圧倒する, しのぐ, まさる; 超える, 超過する 動 自 (a: に)まさる, (a: を)しのぐ　**~se** 動 再 向上する, 進歩する

su-pe-'rá-vit [ス.ペ.'ら.ビト] 名 男 〔複 -vits〕〘商〙黒字, 剰余金

su-per-che-'rí+a [ス.ペる.チェ.'り.ア] 名 女 欺瞞(ぎまん), ごまかし

su-per-com-pu-ta-'dor [ス.ペる.コン.プ.タ.'ドる] 名 男 〘情〙スーパーコンピューター

su-per-con-duc-ti-vi-'dad [ス.ペる.コン.ドゥク.ティ.ビ.'ダド] 名 女 〘物〙超伝導

su-per-con-duc-'ti-vo, -va [ス.ペる.コン.ドゥク.'ティ.ボ, バ] 形 〘物〙超伝導の

su-per-do-'ta-do, -da [ス.ペる.ド.'タ.ド, ダ] 形 名 男 女 天才児(の)

su-pe-r|es-'tra-to [ス.ペ.れス.'トら.ト] 名 男 上層

su-pe-r|es-truc-'tu-ra [ス.ペ.れス.トるク.'トゥ.ら] 名 女 上部構造; 〘経〙上部構造

***su-per-fi-'cial** [ス.ペる.フィ.'すぃアル] 92% 形 表面上の, 外面の, 表層の; 表面的な, 皮相的な, 浅薄な, 深みのない　**~-mente** 副 浅薄に, うわべだけ, 表面的に; 《文修飾》表面上は, 表面的に

‡**su-per-'fi-cie** [ス.ペる.'フィ.すぃエ] 85% 名 女 表面, 外面, 面; 面積; うわべ, 外観; 広がり, 区域　***de ~*** 陸路と海路の　***salir a la ~*** 表面化する, 明らかになる

su-per-'fi+no, -na [ス.ペる.'フィ.ノ, ナ] 形 極上の; きわめて上品な; 非常に細い

su-per-flui-'dad [ス.ペる.フルイ.'ダド] 名 女 余分, 過分; 余分な物

***su-'per-fluo, -flua** [ス.'ペる.フルオ, フルア] 94% 形 余分の, 余計な

su-per-'hom-bre [ス.ペ.'ろン.ブれ] 名 男 超人, スーパーマン

su-pe-r|im-po-si-'ción [ス.ペ.りン.ポ.スィ.'すぃオン] 名 女 〘映〙字幕スーパー, スーパーインポーズ; 〘写〙スーパーインポーズ, 多重焼き付け

su-pe-'r|ín-di-ce [ス.ペ.'りン.ディ.せ] 名 男 〘印〙上付き文字

su-pe-r|in-ten-'den-te [ス.ペ.りン.テン.'デン.テ] 名 共 監督者, 指揮者, 管理者

‡**su-pe-'rior** [ス.ペ.'りオる] 78% 形 (a: より)優れた, 上等の, 優秀な, 優勢な, 多数の;

S

上級の, 上位の; (a: より)多い, 大きい, 上の; (a: の)力の限界を超えた, (a: を)超えた, 上回る ～, -riora 名 男 女 目上の人, 上司, 先輩; より優れた人[物], 上手(うわて); 〘宗〙修道院[会]長

Su-pe-'rior [ス.ペ.'りオる] 名 固〔lago ～〕〘地名〙スペリオル湖《米国・カナダの間にある湖; 五大湖の一つ》

***su-pe-rio-ri-'dad** [ス.ペ.りオ.り.'ダド] 93% 名 女 優れていること, 優越, 優位, 優勢, 上位; 傲慢(ごうまん); 政府当局, 上層部

su-per-la-'ti-vo, -va [ス.ぺる.ラ.'ティ.ボ, バ] 形 最高の, 最上の; 〘言〙最上級の 名 男〘言〙最上級

***su-per-mer-'ca-do** [ス.ぺる.メる.'カ.ド] 92% 名 男 〘商〙スーパーマーケット, スーパー

su-per-mo-'de-lo [ス.ぺる.モ.'デ.ロ] 名 共 トップモデル

su-per-'no-va [ス.ぺる.'ノ.バ] 名 女 〘天〙超新星

su-per-nu-me-'ra-rio, -ria [ス.ぺる.ヌ.メ.'ら.りオ, りア] 形 定員外の, 余分の; 余剰人員, 過剰物 名 男 女 臨時雇い

su-pe-r|or-de-na-'dor [ス.ペ.ろる.デ.ナ.'ドる] 名 男《スペイン》〘情〙スーパーコンピューター

su-per-po-bla-'ción [ス.ぺる.ポ.ブラ.'すぃオン] 名 女 人口過剰

su-per-po-'bla-do, -da [ス.ぺる.ポ.'ブラ.ド, ダ] 形 人口が過密の

su-per-po-'blar [ス.ぺる.ポ.'ブラる] 動 自 ⑯ (o|ue) 人口を過密にする

su-per-pon-dr~ 動《直未/過未》↓superponer

su-per-po-'ner [ス.ぺる.ポ.'ネる] 動 他 53 [poner; 命 -pón] (a: に)優先させる; 上に置く, 重ねる

su-per-po-si-'ción [ス.ぺる.ポ.スィ.'すぃオン] 名 女 上に置くこと, 重ね合わせ; 優先, 重視

su-per-pro-duc-'ción [ス.ぺる.プろ.ドゥク.'すぃオン] 名 女 生産過剰; 〘映〙大スペクタクル映画, 超大作

su-per-'pues-to, -ta [ス.ぺる.'プエス.ト, タ] 形 重ね合わせた, 複合の; わざとらしい, 作為的な

su-per-'pu-s~ 動《直点/接過》↑superponer

su-per-re+a-'lis-mo [ス.ペ.れ.ア.'リス.モ] 名 男 ⇩ surrealismo

su-per-re+a-'lis-ta [ス.ペ.れ.ア.'リス.タ] 形 ⇩ surrealista

su-per-'só-ni-co, -ca [ス.ぺる.'ソ.ニ.コ, カ] 形 超音速の

***su-pers-ti-'ción** [ス.ペ(る)ス.ティ.'すぃオン] 94% 名 女 迷信

su-pers-ti-'cio-so, -sa [ス.ペ(る)ス.ティ.'すぃオ.ソ, サ] 形 迷信的な, 迷信深い 名 男 女 迷信家

su-per-'ven-tas [ス.ぺる.'ベン.タス] 形〔単複同〕ベストセラーの, 名 男 ベストセラー

su-per-vi-'sar [ス.ぺる.ビ.'サる] 動 他 監督する, 指揮する, 指導する; 〘情〙モニターする

su-per-vi-'sión [ス.ぺる.ビ.'スィオン] 名 女 監督, 指導, 管理, 指揮

su-per-vi-'sor, -'so-ra [ス.ぺる.ビ.'ソる, 'ソ.ら] 形 監督の, 指導の 名 男 女 監督, 指導者

su-per-vi-'ven-cia [ス.ぺる.ビ.'ベン.すぃア] 名 女 ⇧ sobrevivencia

su-per-vi-'vien-te [ス.ぺる.ビ.'ビエン.テ] 形 ⇧ sobreviviente

su-per-vi-'vir [ス.ぺる.ビ.'ビる] 動 自 ⇧ sobrevivir

su-'pie-ra(~) 動《接過》↑saber

su-'pie-ron 動《直点 3 複》↑saber

su-'pi-mos 動《直点 1 複》↑saber

su-'pi+no, -na 形 あお向けになった; 極度の, ひどい 名 男〘言〙スピーヌム《ラテン語の動作状名詞》

su-'pis-te 動《直点 2 単》↑saber

su-'pis-teis 動《直点 2 複》↑saber

supl. 略 ↓suplemento

su-plan-ta-'ción [ス.プラン.タ.'すぃオン] 名 女 地位を奪うこと, 不当に取って代わること

su-plan-ta-'dor, -'do-ra [ス.プラン.タ.'ドる, 'ド.ら] 名 男 女 地位を奪った者

su-plan-'tar [ス.プラン.'タる] 動 他 (不当に)取って代わる; 〈文書を〉でっちあげる, 捏造(ねつぞう)する

'su-ple ['ス.プレ] 名 男《チリ》補足, 追加

su-ple-men-'ta-rio, -ria [ス.プレ.メン.'タ.りオ, りア] 形 補足の, 追加の, 超過の

***su-ple-'men-to** [ス.プレ.'メン.ト] 93% 名 男 付録, 増刊, 補遺(ほい), 追加, 別冊; 追加料金, 割増料金; 補充, 補足, 追加, 付属品; 〘数〙補角

su-'plen-cia [ス.'プレン.すぃア] 名 女 代理, 代員, 代行

su-'plen-te [ス.'プレン.テ] 名 共 代理人; 〘競〙交代選手, 補欠 形 代理になる, 補欠の

su-ple-'tis-mio [ス.プレ.'ティス.モ] 名 男 〘言〙補充法《語源の異なる形式が同一の変化系列を構成すること》

su-ple-'to-rio, -ria [ス.プレ.'ト.りオ, りア] 形 補足の, 追加の

'sú-pli-ca ['ス.プリ.カ] 名 女 嘆願, 懇願

a ~ *de* … …の願い出[依頼, 要請]によって

su-pli-'can-te [ス.プリ.'カン.テ] 形 嘆願の, 哀願する, 訴えるような 名 共 嘆願者

*__su-pli-'car__ [ス.プリ.'カる] 93% 動 他 69 (c|qu) 懇願する, 嘆願する; 〘法〙 上訴する *carta suplicada* 人を介して渡す手紙

su-pli-ca-'to-rio, -ria [ス.プリ.カ.'ト.りオ, りア] 形 嘆願の, 哀願する, 訴えるような

su-'pli-cio [ス.'プリ.すぃオ] 名 男 拷問, 責め苦; 苦痛, 苦悩, 悩み

su-pli-'qué, -que(~) 動《直点 1 単, 接現》↑suplicar

*__su-'plir__ [ス.'プリる] 94% 動 他 (con, por: で)〈の〉埋め合わせをする, 〈の〉代用をする, 補う; 〈の〉代行をする; 〈空欄を〉埋める, 書き込む; 大目に見る, 見逃す

'su+po 動《直点 3 単》↑saber

su-'pón 動《命》↓suponer

su-pon-dr~ 動《直未/過未》↓suponer

‡**su-po-'ner** [ス.ポ.'ネる] 71% 動 他 53 〔poner; 命 supón〕〈que: …でないかと〉思う, 想像する, 推定する; 仮定する; «事柄・説などが»前提としている, 想定している, 意味する 動 自 重要である, 価値がある 名 男 《話》想像, 推測 *Es de* ~ *que* … …のことが考えられる, …の可能性がある

su-'pon-go, -ga(~) 動《直現 1 単, 接現》↑suponer

*__su-po-si-'ción__ [ス.ポ.スィ.'すぃオン] 94% 名 女 想像, 推測; 仮定, 仮説; (人の)重要性, 権威

su-po-si-'to-rio [ス.ポ.スィ.'ト.りオ] 名 男 〘医〙 座薬, 座剤

su-pra~ 〔接頭辞〕↑super-

su-pra-rre+a-'lis-mo [ス.プら.れ̃.ア.'リス.モ] 名 男 ⇩surrealismo

su-pra-rre+a-'lis-ta [ス.プら.れ̃.ア.'リス.タ] 形 ⇩surrealista

su-pra-rre-'nal [ス.プら.れ̃.'ナル] 形 〘体〙 腎臓(じんぞう)の上の, 副腎の

su-pra-sen-'si-ble [ス.プら.セン.'スィ.ブレ] 形 敏感すぎる, 過敏な, 高感度の

su-pre-ma-'cí+a [ス.プれ.マ.'すぃ.ア] 名 女 至上, 至高, 最高位; 覇権, 優越

‡**su-'pre-mo, -ma** [ス.'プれ.モ, マ] 85% 形 至高の, 無上の, 最高の; 最終的な, 決定的な *Ser S*~ 〘宗〙 至高存在, 神

su-pre-'sión [ス.プれ.'スィオン] 名 女 廃止, 削除

‡**su-pri-'mir** [ス.プリ.'ミる] 90% 動 他 削除する, カットする; 廃止する, やめさせる; 省略する, 抜かす ~**se** 動 再 削除される; 廃止される

su-'pues-t~ 動《過分》↑suponer

‡**su-'pues-to, -ta** 81% 形 仮定の, 想像上の, (…と)思われている, うわさの; 偽の, 偽称の -**tamente** 副 仮定の上では, 想像上では 名 男 推測, 想像; 仮定, 仮説, 前提 *dar por* ~ 当然と思う *en el* ~ *de que* … …であると仮定して, …のときは *¡Por* ~*!* もちろんです! *Por* ~ *que* … もちろん…である ~ *que* … …であると仮定して, …のときは

su-pu-ra-'ción [ス.プ.ら.'すぃオン] 名 女 〘医〙 化膿(かのう)

su-pu-'rar [ス.プ.'らる] 動 自 〘医〙 化膿(かのう)する

su-'pu-s~ 動《直点/接過》↑suponer

‡**'sur** ['スる] 81% 名 男 南, 南部, 南方; 〘気〙 南風 形 南の

'su+ra ['ス.ら] 名 女 〘宗〙 スーラ《コーランの章》

Su-ra-'ba-ya [ス.ら.'バ.ジャ] 名 固 〘地名〙 スラバヤ《インドネシア, ジャワ島北東岸の港湾都市》

Su-'r|á-fri-ca 名 固 ⇧República Sudafricana

su-r|a-fri-'ca+no, -na 形 ⇧sudafricano

Su-r|a-'mé-ri-ca [ス.ら.'メ.り.カ] 名 固 ⇧Sudamérica

su-r|a-me-ri-'ca+no, -na 形 ⇧sudamericano

sur-'car [スる.'カる] 動 他 69 (c|qu) 〘農〙 耕す, すく, あぜを作る; 〘海〙 «船が»〈水を〉切って進む; 筋をつける

'sur-co ['スる.コ] 名 男 〘農〙 畝(うね), うねあい; 筋, 溝, 〘車〙 わだち; 〘海〙 航跡; 〘体〙 しわ

sur-co-re+'a+no, -na [スる.コ.れ.'ア.ノ, ナ] 形 韓国の, 南朝鮮の 名 男 女 韓国人

su-'re-ño, -ña [ス.'れ.ニョ, ニャ] 形 南の, 南部の, 南部出身の

su-'r|es-te 名 男 ⇧sudeste

'surf ['スる(フ)] 名 男 〘競〙 サーフィン; サーフボード

sur-fe+'ar [スる.フェ.'アる] 動 自 サーフィンをする

sur-'fis-ta [スる.'フィス.タ] 形 〘競〙 サーフィンの 名 共 〘競〙 サーファー

sur-gi-'mien-to [スる.ひ.'ミエン.ト] 名 男 現れること, 発生, 登場

‡**sur-'gir** [スる.'ひる] 80% 動 自 32 (g|j) 現れる, 発生する, 起こる; 登場する; わき出る; そびえる; 〘海〙 投錨する, 停泊する

Su-ri-'nam [ス.り.'ナム] 名 固 〔República de ~〕〘地名〙 スリナム《南アメリカ北東部の共和国》

su-ri-na-'més, -'me-sa [ス.り.ナ.'メス, 'メ.サ] 形 〘地名〙 スリナム(人)の 名 男 女 スリナム人↑Surinam

'sur-jo, -ja(~) 動《直現 1 単, 接現》↑surgir

sur|oc·ci·den·'tal [スろク.すぃ.デン.'タル] 形 南西の
su·r|o+'es·te 名 男 ⇧ sudoeste
su·r|o·rien·'tal [スろ.りエン.'タル] 形 南東の
su·rre+a·'lis·mo [ス.れ.ア.'リス.モ] 名 男〔美〕〔文〕超現実主義, シュールレアリズム
su·rre+a·'lis·ta [ス.れ.ア.'リス.タ] 形〔美〕〔文〕超現実主義の, シュールレアリズムの 名 共〔美〕〔文〕超現実主義者, シュールレアリスト
su·rrun·gue+'ar [ス.るン.ゲ.'アる] 動 他 《ｺﾛﾝﾋﾞｱ》〔楽〕〈弦楽器を〉弾く, かき鳴らす
sur·su·d|o+'es·te [スる.ス.ド.'エス.テ] 名 男 南南西;〔気〕南南西の風 形 南南西の
*__sur·'ti·do, -da__ [スる.'ティ.ド, ダ] 94% 形 いろいろな種類からなる; 供給された, 仕入れた 名 男 取り合わせ, 詰め合わせ;〔商〕在庫, 品揃え
sur·ti·'dor [スる.ティ.'ドる] 名 男 噴水; (水の)噴射, 噴出; 給油機 **~, -dora** 形 供給する, 仕入れの 名 男 女 供給者, 仕入れ先
*__sur·'tir__ [スる.'ティる] 94% 動 他 〈に〉(de: を)供給する, 支給する, 卸(おろ)す, 与える 動 自 噴き出す ~ *efecto* 効果をもたらす
'sur·to, -ta ['スる.ト, タ] 形〔海〕《船が》投錨(とうびょう)した, 停泊した
'sus 感《話》がんばれ!, しっかり!《励ましの意味で使う》; しっ!《犬などを追い払うときに使う》 形《複》⬆su
Su·'sa·na 名 固〔女性名〕スサーナ
sus·cep·ti·bi·li·'dad [ス(ス).セプ.ティ.ビ.リ.'ダド] 名 女 感じやすさ, 感受性; 怒りっぽいこと
sus·cep·'ti·ble [ス(ス).セプ.'ティ.ブレ] 形 影響されやすい, 受けやすい; (a: に)過敏な; 怒りっぽい; 自尊心が傷つきやすい, 感受性が強い; (de: が)できる, 可能な
*__sus·ci·'tar__ [ス(ス).すぃ.'タる] 93% 動 他 引き起こす, 誘発する; 挑発する, 扇動する, あおる
*__sus·cri·'bir__ [スス.クリ.'ビる] 92% 動 他〔過分 suscrito〕(a: の)購読契約をする,〈の〉参加を申し込む; 支持する, 賛同する;〔商〕〈株式を〉買う; 署名する; 下に記名する **~-se** 動 再 購読契約をする
*__sus·crip·'ción__ [スス.クリプ.'すぃオン] 94% 名 女 (予約)申し込み, 応募, 定期購読の予約; 署名
sus·crip·'tor, -'to·ra 名 男 女 寄付者; 購読者; 応募者; 署名者
sus·'cri·to, -ta [スス.'クリ.ト, タ] 形 署名した; 予約した 名 男 女 署名者; 予約者
sus·cri·'tor, -'to·ra 名 男 女 ⇧ suscriptor
sushi 名 男〔日本語〕〔食〕寿司
su·so·'di·cho, -cha 形 上述の, 前記の
⁑**sus·pen·'der** [スス.ペン.'デる] 89% 動 他 つるす, 宙ぶらりんにする;〈事業・活動を〉一時停止する, 一時延期する, 保留する, 見合わせる;《ｽﾍﾟｲﾝ》落第させる, 不合格にする, 落とす; 停職させる; (水中・空中に)漂わせる, 浮遊させる 動 自《ｽﾍﾟｲﾝ》落第する, 不合格になる **~se** 動 再 中止になる, 中断する
sus·'pen·se 名 男〔映〕〔演〕サスペンス
sus·pen·'sión 名 女 中止, 停止;〔車〕サスペンション, 懸架装置; つるすこと;〔楽〕掛留(けいりゅう)(音);〔化〕懸濁(液) ~ *de hostilidades*〔軍〕停戦
sus·pen·'si·vo, -va [スス.ペン.'スィ.ボ, バ] 形 中止の, 停止の; 不安な, 不確かな
*__sus·'pen·so, -sa__ 94% 形 つり下がった; 驚いた, びっくりした, まごついた 名 男 未決, あやふや;《ｽﾍﾟｲﾝ》不合格, 落第;〔映〕〔演〕サスペンス
sus·pen·'sor [スス.ペン.'ソる] 名 男〔複〕〔衣〕サスペンダー, ズボンつり
sus·pen·'so·rio, -ria [スス.ペン.'ソ.りオ, りア] 形 つる, つり下げの 名 男〔医〕つり包帯
sus·pi·'ca·cia [スス.ピ.'カ.すぃア] 名 女 疑い深さ, 不信, 疑い, 怪しみ
sus·pi·'caz [スス.ピ.'カす] 形 疑い深い, 邪推する
*__sus·pi·'rar__ [スス.ピ.'らる] 93% 動 自 ため息をつく, (ため息をついて)嘆く《悲しみ・安心・疲れなどで》; (por: に)あこがれる, (por: を)慕う, 熱望する, 懐かしむ
*__sus·'pi·ro__ [スス.'ピ.ろ] 93% 名 男 ため息, 嘆息;〔楽〕4 分休符 *el último ~* 臨終
⁑**sus·'tan·cia** [スス.'タン.すぃア] 88% 名 女 物質, 物; 本質, 実体, 真髄; (細部の表現などに対して)要旨, 真意, 大意; 中身, 実質, 内容; 養分, エキス, 抽出物 *en ~*《文修飾》実質的には, 内容は, 趣旨としては, 要するに
sus·tan·'cial [スス.タン.'すぃアル] 形 内容のある, しっかりした, 実質の, 実在する; 本質的な, 根本的な, 重要な **~mente** 副 本質的に; 実質的に
sus·tan·'cio·so, -sa [スス.タン.'すぃオ.ソ, サ] 形《食事などが》滋養に富む; 内容のある, 重要な, 価値のある
sus·tan·ti·vi·'dad [スス.タン.ティ.ビ.'ダド] 名 女 実質性, 実体性
sus·tan·'ti·vo, -va [スス.タン.'ティ.ボ, バ] 形 実質的な, 本質的な;〔言〕名詞の, 実名詞の 名 男〔言〕名詞(句), 実名詞

sus-ten-'ta-ble [スス.テン.'タ.ブレ] 形 支持できる

sus-ten-ta-'ción [スス.テン.タ.'すぃオン] 名 女 支持, 擁護; 支え, 維持

sus-ten-ta-'dor, -'do-ra [スス.テン.タ.'ドる, 'ド.ら] 形 支える, 維持する

*__sus-ten-'tar__ [スス.テン.'タる] 93% 動 他 〈物体を〉支える, 〈重さなどに〉耐える; 持続させる, 〈生命・気持ちなどを〉維持する; 養う; 支持する, 賛成する **～se** 動 再 (de, con: を)食べて生きている; (de, con: を)支えとする, (de, con: に)支えられる

*__sus-'ten-to__ 94% 名 男 生計(手段), 暮らし, 糧(かて); 支え, 援助

sus-ti-tu-'ción [スス.ティ.トゥ.'すぃオン] 名 女 代理, 代用, 置き換え, 取り替え; 〔競〕 選手交替; 〔情〕 置換(ちかん)

**__sus-ti-'tuir__ [スス.ティ.'トゥイる] 87% 動 他 ㊲ (-y-) (por: と)代える, 取り替える; 〔競〕 〈選手を〉交代する 動 自 (a: の)代わりになる, (a: と)交代する, (a: に)取って代わる

sus-ti-tu-'ti-vo, -va [スス.ティ.トゥ.'ティ.ボ, バ] 形 代用となる 名 男 女 (de: の)代理人, 後任者, 補欠者 名 男 代用物

*__sus-ti-'tu-to, -ta__ 94% 名 男 女 代理人, 後任者, 補欠(者); 〔競〕 補欠, サブメンバー, 交代選手

sus-ti-tu-'to-rio, -ria 形 ⇧ sustitutivo

sus-ti-'tu-y~ 動 《活用》 ⬆ sustituir

*'__sus-to__ 91% 名 男 (突然の)恐怖, 激しい驚き, ぎょっとすること; 《話》 恐ろしいもの, ぞっとさせるような人[物] ***dar un ～ al miedo*** 《話》 とても醜い

sus-trac-'ción [スス.トらク.'すぃオン] 名 女 引くこと, 控除; 〔数〕 引き算, 減法; 〔法〕 盗み, 横領

sus-tra+'en-do [スス.トら.'エン.ド] 名 男 〔数〕 減数

sus-tra+'er [スス.トら.'エる] 動 他 ⑦⓪ (traer) 《格》 減じる, 〈から〉(de: を)取り去る, 除去する; 《格》 〔法〕 濫用[不正流用]する; 〔数〕 引く, 引き算する; 盗む **～se** 動 再 (a: から)逃げる, 身を引く, 身をかわす

sus-'trai-go, -ga(~) 動 《直現1単, 接現》 ⬆ sustraer

sus-'tra-j(~) 動 《直点/接過》 ⬆ sustraer

sus-'tra-to [スス.'トら.ト] 名 男 〔地質〕 下層土, 心土; 〔言〕 基層; 〔哲〕 実体, 実質; 土台, 根本

su-su-'rran-te [ス.ス.'らン.テ] 形 ささやく, つぶやく, サラサラいう

su-su-'rrar [ス.ス.'らる] 動 自 ささやく, つぶやく; 《木・川が》サラサラいう; サラサラ音をたてる **～se** 動 再 《うわさが》広がる

su-'su-rro [ス.'ス.ろ] 名 男 ささやくこと, つぶやくこと; サラサラいう音, せせらぎ

*__su-'til__ [ス.'ティル] 92% 形 繊細な, 微妙な; 薄い, 細い; 鋭い, 鋭敏な, 洞察力のある

su-ti-'le-za [ス.ティ.'レ.さ] 名 女 微妙, 繊細さ; 薄さ, 細さ; 鋭さ, 鋭敏さ; 〔軽蔑〕 回りくどさ, 凝った言い回し

su-ti-li-'dad 名 女 ⇧ sutileza

su-ti-li-'zar [ス.ティ.リ.'さる] 動 他 ㉞ (z|c) 《格》 細くする, 次第に減らす; 薄くする, 希薄にする; 《格》 洗練する; 巧妙に論じる

'su-tra ['ス.トら] 名 男 〔宗〕 (仏教の)経, スートラ

su-'tu-ra [ス.'トゥ.ら] 名 女 縫い目, 継ぎ目; 〔医〕 縫合(ほうごう); 〔体〕 (頭蓋(ずがい)などの)縫合(線)

su-tu-'rar [ス.トゥ.'らる] 動 他 〔医〕 縫合(ほうごう)する

'Su+va ['ス.バ] 名 固 〔地名〕 スバ 《フィージー Fiyi の首都》

'__su+yo, +ya__ 72% 形 《所有》 〔名詞の後で〕 **1 彼の, 彼女の, 彼らの, 彼女らの, 自分の: Ayer vino un amigo **suyo**. 昨日彼の友人が来ました。 **2** 〔名詞の後で〕 あなたの, あなたがたの 《目上の人や親しくない人に用いられる》: Usted me habló de una experiencia **suya**. あなたはご自身の経験について私に話してくださいました。 **3** 〔主語の補語として, または定冠詞をつけて〕 彼のもの, 彼女のもの, 彼らのもの, 彼女らのもの, 自分のもの: Cada uno recibió lo **suyo**. 各人自分のものを受け取った。 **4** 〔主語の補語として, または定冠詞をつけて〕 あなたのもの, あなたがたのもの: Esta maleta es mía. ¿Cuál es la **suya**? このスーツケースは私のものですがあなたのはどれですか。 **5** 《ラ米》 君たちの(もの): Niños, aquí están los **suyos**. 子供たち, おまえたちのものはここにあるよ。 ***de ～*** それ自体で, もともと, 本来 ***hacer ～[ya]*** 自分のものにする ***hacer una de las suyas*** 《話》 いたずらをする, 悪ふざけをする; 自由に活躍する ***ir a lo ～*** 自分の利益だけを考える ***los ～s*** 家族, 仲間, 味方, 部下 ***muy ～[ya]*** …らしい; 自己中心の, エゴイストの ***salirse con la suya*** 自分の思い通りにする ***～[ya] afectísimo [ma].*** 敬具 《手紙の末尾で》

s. v.; s/v 略 =〔ラテン語〕 *sub voce* 語を参照 《見出し語から辞書を引用》

swahili [スウア.'ひ.リ] 名 男 〔英語〕 ⇧ suajili

S

T t 𝒯𝓉

T, t ['テ] 名 女〔言〕テ《スペイン語の文字》; **T** 字形

t 略 =talón〔商〕小切手; ↓tonelada(s)

t. 略 ↓tomo

T- 略 =tera-《接頭辞》**10 の 12 乗**

'ta 感《ラプラタ》《話》よし!, オーケー!

'ta+ba 名 女〔体〕距骨(きょこつ)《足首をつくる足根骨の一つ》;〔遊〕骨投げ遊び《羊の距骨を投げて遊ぶ》

ta-ba-'cal [タ.バ.'カル] 名 男〔農〕タバコ畑

ta-ba-ca-'le-ro, -ra [タ.バ.カ.'レ.ろ, ら] 形 タバコの 名 男 女〔農〕タバコ栽培者;〔商〕タバコ業者,〔人〕タバコ屋

****ta-'ba-co** 89% 名 男《スペイン》〔植〕タバコ(の葉), 葉タバコ; 葉巻タバコ, シガー; 嗅(か)ぎタバコ;〔植〕黒菌病, 腐敗病;《コロンビア》《話》げんこつ, 殴打

ta-ba-le+'ar [タ.バ.レ.'アる] 動 他 揺らす, 振る　**～se** 動 再 テーブルなどを指でたたく

ta-ba-'le+o [タ.バ.'レ.オ] 名 男 指でたたくこと

ta-'ban-co 名 男〔商〕露店台, 屋台;《スペイン》〔商〕バル;《中米》〔建〕屋根裏部屋;〔建〕2 階

'tá-ba+no 名 男〔昆〕アブ;《話》うるさい人, やっかいな人

ta-ba-que-'rí+a [タ.バ.ケ.'り.ア] 名 女〔商〕タバコ屋 名 女 タバコケース; 嗅(か)ぎタバコ入れ

ta-ba-'que-ro, -ra [タ.バ.'ケ.ろ, ら] 形〔商〕タバコ(業)の 名 男 女〔商〕タバコ業者　**-ra** 名 女 タバコケース, 嗅(か)ぎタバコ入れ

ta-ba-'quis-mo [タ.バ.'キス.モ] 名 男〔医〕タバコ中毒

ta-bar-'di-llo [タ.バる.'ディ.ジョ] 名 男《スペイン》《話》日射病;《スペイン》《話》騒々しい人

ta-'bar-do [タ.'バる.ド] 名 男〔衣〕袖なし外套, 上着

ta-'ba-rra [タ.'バ.ら] 名 女《話》悩ますこと, うるさがらせること

ta-'bas-co 名 男〔食〕《商標》タバスコ(ソース)　**T～** 名 固〔地名〕タバスコ《メキシコ南東部の州》

***ta-'ber-na** [タ.'べる.ナ] 93% 名 女〔商〕居酒屋, 食堂, 酒場

ta-ber-'ná+cu-lo [タ.べる.'ナ.ク.ロ] 名 男〔歴〕幕屋(まくや),(古代ユダヤの)幕舎;〔宗〕聖櫃(せいひつ)《聖体を保存する》

ta-ber-'na-rio, -ria [タ.べる.'ナ.りオ, りア] 形 居酒屋(の常連)の; 下品な, 野卑な

ta-ber-'ne-ro, -ra [タ.べる.'ネ.ろ, ら] 名 男 女〔商〕居酒屋の主人

'ta-bes 名 女〔単複同〕〔医〕癆(ろう)(症), 消耗性疾患

ta-'bi-ca 名 女〔建〕(階段の)蹴(け)こみ板, 蹴(け)上げ板

ta-bi-'car [タ.ビ.'カる] 動 他 69 (c|qu)〔建〕壁で仕切る; 通じなくする, ふさぐ　**～-se** 動 再 詰まる, ふさがる

ta-'bi-que [タ.'ビ.ケ] 名 男〔建〕仕切り壁, 間仕切り;〔建〕〔一般〕壁

****'ta-bla** ['タ.ブラ] 86% 名 女 板, 木板, 石板, 金属板; 表, 図表, リスト, 一覧表;〔複〕〔遊〕〔チェスなど〕引き分け; 伝言板;(本の)索引, 目次;〔農〕区切られた耕作地, 畑, 野菜畑, 花壇;〔商〕(肉屋の)カウンター;〔絵〕パネル画;〔演〕舞台, ステージ;〔衣〕ひだ, プリーツ;〔牛〕(闘牛場の)防壁;〔Tablas〕〔宗〕モーセの十戒　***hacer ～ rasa***《話》(de: を)無視する　***～ de salvación*** 頼みの綱　***～ rasa*** 白紙の状態, タブラ・ラサ　***tener ～s***《話》経験が豊富である

ta-'bla-do [タ.'ブラ.ド] 名 男〔建〕床;〔演〕舞台, ステージ; ベッドの台; 絞首台

ta-'bla+o [タ.'ブラ.オ] 名 男〔演〕タブラオ《フラメンコの舞台, フラメンコショー》

ta-ble+'ar [タ.ブレ.'アる] 動 他〔技〕〈木を〉板材にする;〈金属を〉鉄板にする;〔農〕〈耕作地を〉区分けする;〈畑を〉地ならしする;〔衣〕〈服地に〉ひだ[プリーツ]をつける

ta-'ble-ro [タ.'ブレ.ろ] 名 男〔遊〕〔チェスなど〕盤;〔機〕制御盤, 計器盤, キーボード;〔一般〕板, ボード; 黒板; カウンター;〔遊〕ばくち場;〔衣〕裁ち台, 裁断台;〔農〕(帯状の)畑地, 区画;〔競〕〔バスケットボール〕バックボード;《コロンビア》掲示板　**～, -ra** 形 板材用の

ta-'ble-ta [タ.'ブレ.タ] 名 女〔医〕錠剤;〔建〕小さな板, 板材;〔食〕板状の菓子, 板チョコ;〔複〕〔楽〕ならし板, 拍子木, 鳴子(なるこ)

ta-ble-te+'ar [タ.ブレ.テ.'アる] 動 自 板[拍子木]を鳴らす, ガタガタと鳴る;〔軍〕《機関銃が》バリバリ音を立てる

ta-'bli-lla [タ.'ブリ.ジャ] 名 女 小さな

板; 告示板, 掲示板; 〘遊〙〔ビリヤード〕(球台の)クッション; 《カリブ》〘車〙ナンバープレート; 《カリブ》掲示板

ta-'bli-ta 〔縮小語〕↑tabla

ta-'bloi-de [タ.'ブロイ.デ] 形 〘印〙タブロイド判の 名 男 タブロイド判新聞, タブロイド紙, 大衆紙

ta-'blón [タ.'ブロン] 名 男 大きな板; 告示板, 掲示板

ta-blon-'ci-llo [タ.ブロン.'すぃ.ジョ] 名 男 小型の厚板; 〘牛〙(闘牛場の)最上階席

ta+'bú 名 男 〔複 -búes⇦-bús〕タブー, 禁忌(きんき); タブー視されているもの[こと] 形 《単複同》タブーの

ta-'bu-co 名 男 〘建〙小屋, あばら屋, 小部屋

ta-bu-la-'dor [タ.ブ.ラ.'ドる] 名 男 〘情〙タブ, タブキー

ta-bu-'lar [タ.ブ.'ラる] 形 表の, 表による 動 他 表にする

ta-bu-'re-te [タ.ブ.'れ.テ] 名 男 (背のない)腰掛け, 丸椅子, スツール

'tac ['タク] 名 男 〔複 tacs〕《擬音》カチカチ, コツコツ, ドキドキ《時計・心臓のなどの音》

'TAC ['タク] 略 ＝tomografía axial computarizada 〘医〙〘情〙コンピューター体軸断層撮影法, C(A)T スキャン

ta-'ca-da 名 女 〘遊〙〔ビリヤード〕ひと突き, ストローク; 〘遊〙〔ビリヤード〕連続の得点, 連続のキャノン

ta-ca-ñe+'ar [タ.カ.ニェ.'アる] 動 自 《話》けちる, けちけちする

ta-ca-ñe-'rí+a [タ.カ.ニェ.'り.ア] 名 女 けち, しみったれ, 吝嗇(りんしょく)

ta-'ca-ño, -ña [タ.'カ.ニョ, ニャ] 形 けちの, しみったれの

ta-ca-'tá⇦ **ta-ca-'ta-ca** 名 男 〔複 -tás〕(赤ちゃんの)歩行器

'ta-cha 名 女 きず, 汚点, 失敗; 鋲(びょう), 釘(くぎ), 飾り鋲; 〘法〙(裁判での)不信動議《証人の供述に対する無効の申し立て》 ***poner ~s*** (a: に)けちをつける

ta-cha-'du-ra [タ.チャ.'ドゥ.ら] 名 女 消すこと, 消去

***ta-'char** [タ.'チャる] 94% 動 他 〈書いたものを〉(線を引いて)消す; (de 形容詞: …であると)非難する; 〈証言を〉打ち消す, 否定する

ta-'che-ro, -ra [タ.'チェ.ろ, ら] 名 男 女 《ラプラタ》《話》タクシー運転手

'Tá-chi-ra ['タ.チ.ら] 名 固 〘地名〙タチラ《ベネズエラ西部の州》

'ta-cho 名 男 《ラプラタ》ごみ箱; 《ラプラタ》《話》タクシー

ta-'chón 名 男 (書いたものの)消し線; 〘衣〙モール, ひも飾り; 〘技〙化粧釘, 飾り鋲(びょう)

ta-cho-'nar [タ.チョ.'ナる] 動 他 〘衣〙リボン[モール]で飾る, 〈に〉飾りひもをつける; 〘技〙〈に〉飾り鋲(びょう)を打つ; 飾る

ta-'chue-la [タ.'チュエ.ラ] 名 女 留め鋲(びょう); 《ラ米》〘食〙鍋(なべ)

'tá-ci-to, -ta ['タ.すぃ.ト, タ] 形 口に出さない, 暗黙の, 無言の **-tamente** 副 暗黙のうちに, それとなく, 黙って

ta-ci-'tur+no, -na [タ.すぃ.'トゥる.ノ, ナ] 形 無口の, 寡黙の; さびしげな, もの悲しそうな; 不機嫌な, 無愛想な

'Tac-na ['タク.ナ] 名 固 〘地名〙タクナ《ペルー南部の県, 県都》

***'ta+co** 94% 名 男 栓, 詰め物, くさび; 木片; (紙の)つづり, 束, ブロック; 〘衣〙(靴の)スパイク; 《話》間食, おやつ, つまみ; 〘軍〙(銃の)槊杖(さくじょう)《銃砲の押し込み棒》; 〘遊〙〔ビリヤード〕突き棒, キュー; 〘遊〙豆[紙]鉄砲; 《スペイン》《話》汚い言葉; 《スペイン》《話》混乱, 当惑; 《ラ米》かかと; 《メキシコ》〘食〙タコス《トルティージャ tortilla に肉・野菜などをくるんで食べるメキシコ料理》; 《ベネズエラ》《話》熟練者; 《チリ》交通渋滞

ta-'có-gra-fo [タ.'コ.グら.フォ] 名 男 〘車〙タコメーターの記録(紙)

ta-'có-me-tro [タ.'コ.メ.トろ] 名 男 〘車〙タコメーター, 回転速度計

***ta-'cón** 94% 名 男 〘衣〙(靴の)かかと, ヒール

ta-co-'na-zo [タ.コ.'ナ.そ] 名 男 かかとでけること, かかとを合わせること

ta-co-ne+'ar [タ.コ.ネ.'アる] 動 自 かかとで床をたたく; 足音を立てて歩く, 急いで歩く; 駆けずり回る

ta-co-'ne+o 名 男 かかとで床をたたくこと, 靴音

'tác-ti-co, -ca ['タク.ティ.コ, カ] 形 〘軍〙〘競〙戦術の, 策略の 名 男 女 戦術家 **-ca** 名 女 〘軍〙〘競〙(個々の)戦術, 戦略; 策略, 駆け引き

'tác-til ['タク.ティル] 形 触覚の

'tac-to** ['タク.ト] 94% 名 男 触覚; 触れること, 触感; 器用さ, 上手, 機転, 如才なさ; 〘医〙触診 ***pantalla de ~ plana 〘情〙フラットパネルタッチスクリーン

ta-'cua-che 形 名 共 《メキシコ》《話》酒に酔った(人)

Ta-cua-rem-'bó [タ.クア.れン.'ボ] 名 固 〘地名〙タクアレンボ《ウルグアイ中北部の県, 県都》

'TAD ['タド] 略 ＝televisión de alta definición 〘放〙ハイビジョンテレビ.

ta+e-'kwon-do 名 男 〘競〙テコンドー

ta-fe-'tán 名 男 〘衣〙タフタ, こはく織り《絹織物の一種》; 〔複〕旗, 国旗; 〔複〕(女性の)着飾り, 盛装

'ta-fia 名 女 《ベネズエラ》ラム酒

t

ta-fi-'le-te [タ.フィ.'レ.テ] 名 男 モロッコ革, 柔らかいヤギのなめし革

ta-'ga-lo, -la [タ.'ガ.ロ, ラ] 形 名 男 女 タガログ族の(人)《フィリピンの民族》; 〔言〕タガログ語の 名 男〔言〕タガログ語

ta-'gua-ra [タ.'グア.ら] 名 女《ベネズエラ》〔商〕小さな酒・食品店

ta+ha-'lí [タ.ア.'リ] 名 男〔複 -líes⇔-lís〕綬帯(じゅたい), 肩帯《肩から斜めに腰へかけて剣を吊る》

***Ta+hi-'tí** [タイ.'ティ] 名 固〔地名〕タヒチ《南太平洋のフランス領ソシエテ諸島の主島》

ta+'ho-na [タ.'オ.ナ] 名 女 (馬を利用した)粉挽(ひ)き場; パン工場;〔商〕パン屋

ta+ho-'ne-ro, -ra [タ.オ.'ネ.ろ, ら] 名 男 女〔商〕粉挽き屋[パン屋]の主人

ta+'húr, +'hu-ra [タ.'ウる, 'ウ.ら] 名 男 女 ばくち打ち, ペテン師, いかさま師

'tai-fa 名 女〔歴〕《スペイン》タイファ《1031 年コルドバ・カリフ国が分裂してできた小王国》;《話》〔悪い意味で〕一団, 一味

'tai-ga 名 女〔地〕タイガ《シベリアなどの針葉樹林帯》

tai-lan-'dés, -'de-sa [タイ.ラン.'デス, 'デ.サ] 形〔地名〕タイ(人)の⬇Tailandia;〔言〕タイ語の 名 男 女 タイ人 名 男〔言〕タイ語

***Tai-'lan-dia** [タイ.'ラン.ディア] 94% 名 固〔地名〕タイ《東南アジア中部の立憲君主国》

tai-'ma-do, -da 形 名 男 女 ずる賢い(人), 抜け目のない(人)

ta+'í+no, -na 形 名 男 女〔歴〕タイノ族(の)《西インド諸島の絶滅した民族》;〔歴〕〔言〕タイノ語の 名 男〔歴〕〔言〕タイノ語

'Tai-péi 名 固〔地名〕台北(たいほく)(タイペイ)《台湾 Taiwán の首都》

'tai-ta 名 男《中米》《南米》《話》父, 父親;〔複〕《ベネズエラ》《アンデス》《話》両親

Tai-'ta+o 名 固〔península de ~〕〔地名〕タイタオ半島《チリ南西部の半島》

Tai-'wán [タイ.'ウアン;.'グアン] 名 固〔地名〕台湾

tai-wa-'nés, -'ne-sa [タイ.ウア.'ネス, ネ.サ;.グア.] 形 名 男 女〔地名〕台湾(人)の, 台湾人⬆Taiwán

ta-'ja-da [タ.'は.ダ] 名 女〔食〕一切れ, 薄切り; 切り傷;《話》しゃがれ声;《スペイン》《話》酔い, 酩酊(めいてい) *sacar una ~* もうける, 利益を得る

ta-ja-'de-ra [タ.は.'デ.ら] 名 女〔食〕庖丁, ナイフ;〔食〕(肉切り用の)まな板;〔技〕たがね

ta-ja-'de-ro [タ.は.'デ.ろ] 名 男〔食〕(肉切り用の)まな板;〔食〕肉切り用皿

ta-ja-'dor, -'do-ra [タ.は.'ドる, 'ド.ら] 形 切る, 切断する 名 男〔食〕(肉切り用の)まな板, 肉切り台

ta-ja-'mar [タ.は.'マる] 名 男〔海〕(船首の)水切り;〔建〕(橋脚の)水よけ;〔海〕堤防, 防波堤;《ラ米》ダム;《ラプラタ》池, 小さな湖;《ラプラタ》〔畜〕家畜の水飲み場

ta-'jan-te [タ.'はン.テ] 形 きっぱりとした, はっきりした, 妥協のない; 切る, 切れる ~-**mente** 副 断定的に

ta-'jar [タ.'はる] 動 他 切る, 切り分ける, 切断する;〈鉛筆・羽根ペンの〉ペン先を切る

Ta-'jín [タ.'ひン] 名 固〔地名〕タヒン《メキシコ南部, ベラクルス州 Veracruz の遺跡》

'ta+jo ['タ.ほ] 名 男 切ること, 切断; 切り目, 切り傷, 切り口; 刃, 刃先;《スペイン》《話》仕事, 作業, ノルマ;〔地〕絶壁, 断崖(だんがい), 渓谷;〔食〕(肉切り用の)まな板

'Ta+jo ['タ.ほ] 名 固〔el ~〕〔地名〕タホ川, テージョ川《スペインからポルトガルを経て大西洋に注ぐ, イベリア半島最長の川》

Ta-ju-'mul-co [タ.ふ.'ムル.コ] 名 固〔地名〕タフムルコ(山)《グアテマラ南西部の高峰, 4220m》

****'tal** ['タル] 64% 形《指示》**1** そのような, そんな, こんな, あんな《文脈や場面によって示されている人[もの]を指す》: ¿Es cierto que tú has dicho que Natalia se casa? — No, yo no he dicho **tal** cosa. ナタリアが結婚すると君が言ったというのは本当?—いいや, そんなこと言っていない。 **2** それほどの, こんなに《意味を強める》: Jamás había oído **tales** mentiras. そんなでたらめは聞いたことがなかった。 **3**〔固有名詞の前について〕…とかいう人: Te llamó una **tal** Ana. 君にアナとかいう人から電話があったよ。 **4** これこれの, しかじかの《不定のもの》代《指示》**1** そのようなもの[人, こと]: Nunca haré yo **tal**. 私は決してそのようなことをしないだろう。 **2**《不定》誰か, 何か 副 そのように;〔sí, no の後について〕断じて, 確かに《意味を強める》 *como si ~ cosa*《話》平然と, わけなく *con ~ de* …(不定詞/*que* 接続法) …という条件で, …の場合に, …なら, …さえすれば *¡No hay ~!*《話》そのようなことはない *que si ~ que si cual*《話》いろいろなこと, あれやこれや *¿Qué ~?* どうだい?, 元気?《気軽な挨拶》; どのように *~ como* … …のように *~ cual*《話》そのように, そのままに; …のように 形 わずかばかりの; まあまあの *~ para cual* 同じような人, 同類 *~ por cual*〔軽蔑〕だいたいその程度の *~ … que —* —ほどの… *~ vez* おそらく《直説法と接続法が使われる》 *~ y como* … …のとおりに; …から判断して *~ y cual*《話》いろいろ, あれやこれや *~ y ~* これこれ *una ~*《話》〔軽蔑〕売春婦, 娼婦 *… y ~*《スペイン》《話》…など

'ta+la ['タ.ラ] 名 女 伐採; 破壊; 刈り込

み, 剪定(せんてい); 〖遊〗棒打ち遊び《棒をたたいて飛ばし, 遠くに飛んだほうが勝ち》, (棒打ち遊びの)棒

ta-la-'bar-te [タ.ラ.'バる.テ] 名 男 (刀剣用の)革帯

ta-la-bar-te-'rí+a [タ.ラ.バる.テ.'り.ア] 名 女 〖商〗革帯店[工場], 革具店[工場]; 〖商〗馬具店[工場]

ta-la-bar-'te-ro, -ra [タ.ラ.バる.'テ.ろ, ら] 名 男 女 〖技〗〖商〗革帯職人, 革具商; 馬具商

ta-la-bri-'cen-se 形 ⇩ talaverano

ta-la-'dor, -'do-ra [タ.ラ.'ドる, 'ド.ら] 名 男 女 伐採者, きこり

ta-la-dra-'dor [タ.ラ.ドら.'ドる] 名 男 〖機〗ドリル, 穿孔(せんこう)機

ta-la-'dran-te [タ.ラ.'ドらン.テ] 形 〖医〗«痛みが»突き刺すような

ta-la-'drar [タ.ラ.'ドらる] 動 他 ‹に›(ドリルなどで)穴をあける; «音が»‹耳を›つんざく

ta-'la-dro [タ.'ラ.ドろ] 名 男 〖機〗ドリル, 穿孔(せんこう)機; ドリルであけた穴

'tá-la-mo ['タ.ラ.モ] 名 男 《格》初夜の寝床; 〖歴〗(古代の)婚礼の場; 〖植〗花床, 花托(かたく); 〖体〗視床

ta-lan-'que-ra [タ.ラン.'ケ.ら] 名 女 《南米北》アシで作った柵

ta-'lan-te [タ.'ラン.テ] 名 男 機嫌, 気分, 様子, 状態; 意志; 気質, 気性

ta-'lar [タ.'ラる] 動 他 伐採する, 切り倒す; 刈り込む, 剪定(せんてい)する; 破壊する 形 〖衣〗«服などが»かかとまで届く

ta-la-'se-mia [タ.ラ.'セ.ミア] 名 女 〖医〗地中海貧血症

ta-la-so-'cra-cia [タ.ラ.ソ.'クら.すぃア] 名 女 〖政〗制海権, 海上権

ta-la-so-te-'ra-pia [タ.ラ.ソ.テ.'ら.ピア] 名 女 〖医〗海水療法

ta-la-'ve-ra [タ.ラ.'べ.ら] 名 男 (タラベーラ・デ・ラ・レイナの)陶器

Ta-la-'ve-ra de la 'Rei-na [タ.ラ.'べ.ら デ ラ 'れ̃イ.ナ] 名 固 〖地名〗タラベーラ・デ・ラ・レイナ《スペイン中部の都市; 陶器の産地》

ta-la-ve-'ra+no, -na [タ.ラ.べ.'ら.ノ, ナ] 形 名 男 女 〖地名〗タラベーラ・デ・ラ・レイナの(人) ⬆ Talavera de la Reina

'Tal-ca ['タル.カ] 名 固 〖地名〗タルカ《チリ中部の都市, マウレ州 Maule の州都》

'tal-co ['タル.コ] 名 男 〖鉱〗滑石, タルク; タルカムパウダー

tal-'co-so, -sa [タル.'コ.ソ, サ] 形 〖鉱〗滑石[タルク]の(多い)

ta-'le-ga [タ.'レ.ガ] 名 女 袋; おむつ; 《話》金(かね), 財産

ta-'le-go [タ.'レ.ゴ] 名 男 袋

ta-le-'gui-lla [タ.レ.'ギ.ジャ] 名 女 〖牛〗(闘牛士の)ズボン

⁑ta-'len-to [タ.'レン.ト] 90% 名 男 才能, 天分; すぐれた才能, 知性; 〖歴〗〖経〗タラント《古代ギリシャ・ローマの貨幣単位》

ta-len-'to-so, -sa [タ.レン.'ト.ソ, サ] 形 才能のある, 有能な

'ta-les 形 《複》 ⬆ tal

'tal-go ['タル.ゴ] 名 男 《スペイン》〖鉄〗タルゴ《スペインの特急列車; Tren Articulado Ligero Goicoechea Oriol の略》

ta-li-'bán [タ.リ.'バン] 形 名 共 《talibana 女 が使われることがある》〖宗〗タリバン(の)《アフガニスタンのイスラム原理主義勢力》

'ta-lio ['タ.リオ] 名 男 〖化〗タリウム《元素》

ta-'lión [タ.'リオン] 名 男 〖法〗(被害と同じ手段による)復讐法, 同害刑法

ta-lis-'mán [タ.リス.'マン] 名 男 お守り, 魔よけ《金属などにそれぞれの徳を示す天体の印をつけたもの》

'ta-lla** ['タ.ジャ] 93% 名 女 〖衣〗(服・靴などの)サイズ, 大きさ; 背の高さ, 身長; 彫刻, 木彫り; (宝石の)カット; 才能, 能力; 《チリ》冗談, ジョーク, からかい ***de ~ 優れた

ta-'lla-do, -da [タ.'ジャ.ド, ダ] 形 彫った, 磨かれた, カットされた 名 男 〖美〗彫刻; 宝石のカット

ta-'llar [タ.'ジャる] 動 他 (en: に)刻む, 彫刻する, 彫る; ‹宝石を›カットする; 評価する, 見積もる; ‹の›身長を測る; 〖法〗‹に›税を課す; 《メキシコ》洗う; 洗濯する

ta-lla-'rín [タ.ジャ.'リン] 名 男 〖食〗タリエリーニ《平打ちパスタ》; 〔一般〕〖食〗麺(めん)

'ta-lle ['タ.ジェ] 名 男 体格, 体型, スタイル; 腰, ウエスト; 腰回り

⁑ta-'ller [タ.'ジェる] 88% 名 男 〔特に〕(手工業の)工場, 作業場, 仕事場; スタジオ, アトリエ; 〖車〗(自動車・オートバイの)修理工場; 研修会, 研究会, ワークショップ

'Ta-llin ['タ.ジン] 名 固 〖地名〗タリン《エストニア Estonia の首都》

ta-'llis-ta [タ.'ジス.タ] 名 共 (木の)彫刻家

***'ta-llo** ['タ.ジョ] 94% 名 男 〖植〗茎; 〖植〗新芽; 〖食〗(果物の)シロップ漬け 動 《直現 1 単》 ⬆ tallar

ta-'llu-do, -da [タ.'ジュ.ド, ダ] 形 芽が大きく成長した; 《話》〔皮肉〕«子供が»大きく成長した

'tal-'men-te 副 《スペイン》《俗》ちょうど (como: の)ように

'tal-'mud ['タル.'ムド] 名 男 〖宗〗タルムード《ユダヤの律法とその解説の集大成》

ta-'lón [タ.'ロン] 名 男 クーポン, 引換券; かかと; 〖衣〗(靴の)かかと; 〖畜〗(馬の)ひずめ; 《スペイン》〖商〗小切手; 〖経〗貨幣本位 ***pisar los talones*** (a, de: の)すぐ後をつける ~ ***de Aquiles*** アキレス腱(けん), 弱点

t

ta-lo-'na-rio [タ.ロ.'ナ.リオ] 名 男 小切手帳, クーポン帳 ～, **-ria** 形 (切り離しのできる)冊子状の, クーポン式の

ta-'lud [タ.'ルド] 名 男 傾斜, 勾配, 斜面

tal-'vez [タル.'べす] 副 《中米》《ドミニカ共和国》《コロンビア》《アンデス》《チリ》《ラプラタ》 ⇨tal vez↑tal

ta-'mal [タ.'マル] 名 男 《メキシコ》《中米》〘食〙タマール 《トウモロコシを挽いて肉などの具を入れ, トウモロコシやバナナの皮で包んで蒸すメキシコ料理》; 《話》たくらみ, 計略

‡ta-'ma-ño [タ.'マ.ニョ] 85% 名 男 大きさ, サイズ ～, **-ña** 形 それほどの(大きさの); (como: と)同じくらいの大きさの; 非常に大きい[小さい]

ta-ma-'rin-do [タ.マ.'リン.ド] 名 男 〘植〙タマリンド《熱帯アフリカ原産マメ科の常緑高木》

Ta-mau-'li-pas [タ.マウ.'リ.パス] 名 固 〘地名〙タマウリーパス《メキシコ東部の州》

tam-ba-le+'an-te [タン.バ.レ.'アン.テ] 形 よろめく, ふらふらする, 不安定な

tam-ba-le+'ar(-se) [タン.バ.レ.'アる(.セ)] 動 自 (再) 揺れる, よろめく, ふらつく, ぐらぐらする, 不安定である

tam-ba-'le+o [タン.バ.'レ.オ] 名 男 揺れ, よろめき, ぐらつき

‡tam-'bién 56% 副 **1** …もまた, 同様に: Mañana **también** vengo. 私は明日も来ます。 **2** さらに, そのうえ: Ana habla portugués y **también** español. アナはポルトガル語と, それにスペイン語も話します。

'tam-bo 名 男 〘歴〙《南米》〘商〙宿屋; 〘歴〙《アンデス》(インカ王道の)宿駅; 《ラプラタ》〘畜〙牧場

tam-'bor** [タン.'ボる] 92% 名 男 〘楽〙太鼓, ドラム, 小トムトム; 〘楽〙鼓手; 〘食〙(製菓用の)ふるい; (コーヒー・ココアの)ロースター; 〘衣〙(円形の)刺繍(ししゅう)枠; (回転式拳銃の)弾倉; 〘体〙鼓膜; 〘建〙(大きな部屋の中に仕切られた)小部屋; 〘建〙ドラム, 鼓状部《ドームの下部に築かれる円筒形の壁体》; 円筒形石材, 太鼓石 《円柱の一部をなす》; 〘海〙(汽船の)外車箱[覆い]; 〘海〙車地(しゃち)《錨を巻き上げる装置》; 〘機〙ブレーキドラム; 《メキシコ》《カリブ》ドラム缶; 《メキシコ》マットレス ***a ～ batiente 意気揚々と

tam-bo-re+'ar [タン.ボ.れ.'アる] 動 自 ⇩ tamborilear

tam-bo-'ril [タン.ボ.'りル] 名 男 〘楽〙小太鼓

tam-bo-ri-le+'ar [タン.ボ.り.レ.'アる] 動 自 〘楽〙小太鼓をたたく; 指でたたく

tam-bo-ri-'le-ro, -ra [タン.ボ.り.'レ.ろ, ら] 名 男 女 〘楽〙鼓手, 太鼓の奏者

'Tá-me-sis 名 固 〔el ～〕〘地名〙テムズ川《イギリス南部の川, ロンドンを流れる》

ta-'mil [タ.'ミル] 形 タミールの 名 共 タミール人《インド南部とスリランカの民族》

ta-'miz [タ.'ミす] 名 男 (目の細かい)ふるい

ta-mi-'zar [タ.ミ.'さる] 動 他 ㉞ (z|c) ふるいにかける; 〈光を〉フィルターにかける; 選り分ける

'ta+mo 名 男 (麻・綿などの)毛くず; ほこり

'tám-pax ['タン.パ(ク)ス] 名 男 《商標》タンパックス《生理用タンポン》

Tam-'pi-co 名 固 〘地名〙タンピコ《メキシコ東部の港湾都市》

‡tam-'po-co 68% 副 《否定》 **1** 〔否定の後で〕…もまた…ない: Si tú no vas, yo **tampoco**. 君が行かないのなら僕も行かない。 **2** 〔否定の後で〕さらに…しない, そのうえ…しない: Ni se sentó ni comió y **tampoco** dijo nada. 彼は座りもしなければ食べもしなかったし, 口もきかなかった。 **3** そして, さらに…ない; また, …ということでもない: Rosa llegó tarde y **tampoco** se disculpó. ロサは遅刻して謝りもしなかった。

tam-'pón 名 男 スタンプ台; 〘医〙止血栓, タンポン

ta-'mu-jo [タ.'ム.ほ] 名 男 〘植〙クロウメモドキ

‡tan 64% 副 そんなに…, こんなに…: No sabía que el español era **tan** interesante. スペイン語がこんなにおもしろいとは知らなかった。 感 《擬音》ドンドン《太鼓などの音, tan tan tan のように繰り返して用いられる》 ***de ～ …*** あまりに…なので ***¡Qué … ～ —!*** なんと—な…だろう! ***～ … como — —***と同じほど… ***～ …(形容詞・副詞) que —*** あまりに…なので— ***～ siquiera …*** 少なくとも…ぐらい, せめて…でも

Ta-na-na-'ri-ve 名 固 ⇧ Antananarivo

ta-na-'to-rio [タ.ナ.'ト.りオ] 名 男 遺体安置所, 霊安室

***'tan-da** 94% 名 女 《スペイン》順番, 交替(制); 仕事, 分担; 組, 群れ, まとまり; ひと続き, 連続; 打撃を浴びせること; ひと勝負, 1ゲーム

tan-de+'ar [タン.デ.'アる] 動 自 《チリ》《話》ふざける

'tán-dem 名 男 〔複 -dems〕タンデム自転車 《2人が縦に乗ってそれぞれがペダルを踏む自転車》

'Tang ['タン(グ)] 名 固 〔dinastía ～〕〘歴〙唐(王朝)《中国の王朝; 618–907年》

'tan-ga 名 男 〔⇦ 《エクアドル》《ボリビア》《チリ》《アルゼンチン》 女 〕〘衣〙タンガ, 超ビキニ

'tán-ga-na ⇦ **tan-** 名 女 大騒ぎ; 〘遊〙距骨(きょこつ)倒し; 《カリブ》《ベネズエラ》《話》けんか, 口論

Tan-ga-'ni-ca ⇦ **-ka** 名 固 〔lago ～〕〘地名〙タンガニーカ湖《アフリカ南東部の湖, タンザニアとコンゴ民主共和国の国境をなす》

tan-'gen-cia [タン.'ヘン.すぃア] 名 女 〘数〙接触

tan-gen-'cial [タン.ヘン.'すぃアル] 形 部分的に関係する; 〔数〕接線の; タンジェントの

tan-'gen-te [タン.'ヘン.テ] 形 〔数〕接する 名 女 〔数〕接線, タンジェント *salirse por la ~* 《話》答えをはぐらかす

'Tán-ger ['タン.へる] 名 固 〔地名〕タンジール《モロッコ北部の港町》

tan-ge-'ri+no, -na [タン.へ.'り.ノ, ナ] 形 名 男 女 〔地名〕タンジールの(人)⬆Tánger

tan-'gi-ble [タン.'ひ.ブレ] 形 確かな, 手ごたえのある, 確実な, 具体的な; 触知できる, さわれる

*'**tan-go** 93% 名 男 〔楽〕タンゴ《アルゼンチンの音楽・舞踊》

tan-gue+'ar [タン.ゲ.'アる] 動 自 〔楽〕タンゴを踊る[歌う]

tan-'gue-ro, -ra [タン.'ゲ.ろ, ら] 名 男 女 〔楽〕タンゴの愛好者

ta-'ni+no 名 男 〔化〕タンニン《革なめしに用いる》

'tan-que ['タン.ケ] 名 男 貯水漕, タンク; 〔軍〕戦車; 〔海〕(飲料水・石油などの)輸送船, タンカー

tan-'quis-ta [タン.'キス.タ] 名 共 〔軍〕戦車兵

tan-'ta-lio [タン.'タ.リオ] 名 男 〔化〕タンタル《元素》

'Tán-ta-lo ['タン.タ.ロ] 名 固 〔ギ神〕タンタロス《富裕な王; 神々の秘密を漏らして地獄に墜ち, 水を飲もうとすると水は退き, 頭上の果実を取ろうとするとそれも退いた》

tan-'tán 名 男 《擬音》カーンカーン《鐘の音》; ドンドン《太鼓の音》

tan-te+a-'dor [タン.テ.ア.'ドる] 名 男 〔競〕得点板, スコアボード ~, **-dora** 名 男 女 〔競〕スコアラー, 記録係

*__tan-te+'ar__ [タン.テ.'アる] 93% 動 他 試す, 〈サイズなどを〉合わせてみる; 見積もる, ざっと計算する, 目分量で測る; 〈人に〉探りを入れる, 打診する; 調べる, 探る, 確かめる; 〔競〕〈の〉得点を記録する; 〔絵〕素描する, 〈の〉輪郭をとる; 《中米》《話》見張る, 待ち伏せする 動 自 〔競〕得点をつける *~ el terreno* 土地を調べる; 情勢を探る

tan-'te+o 名 男 概算, 見積もり; 〔競〕得点; 探り, 打診; 試み, 検査; 〔絵〕素描, スケッチ

tan-'tí-si-mo, -ma 〔最上級〕⬇tanto

⁑'**tan-to, -ta** 60% 形 **1** それほど(多く)の: No esperaba **tanta** amabilidad. そんなに親切にしてもらえるとは期待していなかった。 **2** ある程度の, いくらかの: Pagué treinta y **tantos** mil pesos. 私は3万ペソといくらか支払った。 副 **1** そんなに: Diviértete, hombre, y no trabajes **tanto**. さあ, 気晴らしでもして。そんなに仕事ばかりしていないで。 **2** 〔un ~〕少し, 少々: Marta es un **tanto** rara. マルタは少し変わっている。 代 **1** それほど, その程度: Hombre, Bernardo, no es **tanto** como para enojarse. まあ, ベルナルド, 怒るほどのことでもないだろう。 **2** 〔un ~〕いくらかの数[量, 金額]: Cada uno contribuyó un **tanto**. 各人いくらかずつ寄付しあった。 名 男 **1** 多量, 長い時間: ¡Hace **tanto** que no tengo noticias suyas! 彼の便りが来なくなってずいぶんたちます。 **2** 〔競〕〔遊〕得点: Con ese éxito te has apuntado un buen **tanto**. この成功であなたはずいぶん点数を稼いだ。 *a las tantas* とても遅くに *al ~ de ...* …のことをよく知って, …に注意を払って *apuntarse un ~* 得点を得る; 点を稼ぐ *con ~ que ...* (接続法) …という条件で *de ~ ...* (不定詞) あまり…したので *en su ~* 釣り合いをとって *en ~ cuanto ...* …の間, …の限り *en ~ que ...* 〔直説法〕…している間に; 一方で…; 〔接続法〕…する限りは *entre [en] ~* その間に ⇧entretanto *hasta ~ (que) ...* (接続法) …するまで *ni ~ así de ...* 《否定》《話》これっぽっちも *ni ~ ni tan poco* ほどほどに *por el ~* 同じ額で *por (lo) ~* よって, それ故に, そのため *por ~s y cuantos* あれやこれやで *¡T~ bueno (por aquí)!* ようこそ!《歓迎の挨拶(あいさつ)》 *~ como ...* …としては, …のほどのことは *~[ta]... como —* —と同じほど… *~ ... cuanto —* —ほどそれだけ… *~ de ello* 多く *~ es así que ...* (直説法) それゆえ… *~ más que ...* …という理由があってなおさら *~ mejor [peor]* なおさらよい[悪い] *... ~ menos que —* だからなおのこと…でない *~ por cuanto* 同じ額で, とんとんで *~ que ... …*するとすぐ *¡T~ tiempo!* 《話》久しぶりですねえ! *~ ... que* あまりに…なので— *~ ... ~ —* …するとそれだけ— *~s a ~s* 同じ数で *~s otros* その他多く *uno[na] de ~s[tas]* 大勢のうちの一人 《重要でない》 *¡Y ~!* 《話》もちろんだ, そのとおりだ *y ~s más* その他いろいろ

Tan-'za-nia [タン.'さ.ニア] 名 固 〔República Unida de ~〕〔地名〕タンザニア《アフリカ南東部の連合共和国》

tan-'za+no, -na [タン.'さ.ノ, ナ] 形 〔地名〕タンザニア(人)の 名 男 女 タンザニア人 ⬆Tanzania

ta-'ñer [タ.'ニエる] 動 他 67 (〈i〉) 〔楽〕〈楽器を〉ひく, 奏(かな)でる 動 自 指で軽くたたく; 《鐘が》鳴る

ta-'ñi-do [タ.'ニィ.ド] 名 男 (楽器・鐘の)音(ね) ~, **-da** 動 《過分》⬆tañer

t

ta+o+'ís-mo [名] [男] 〘哲〙 道教, 老荘哲学[思想]
ta+o+'ís-ta [形] 〘哲〙 道教の, 老荘哲学[思想]の [名] [共] 〘哲〙 道士, 道家
'ta+pa 90% [名] [女] ふた, キャップ, 栓; 《スペイン》〔しばしば複〕〘食〙 酒のつまみ; (本の)表紙; 靴底の革; 水門; 〘食〙 牛の外もも肉 *ponerle la ~ al pomo* 《カリブ》《話》 最高に仕上げる
ta-pa-'bo-ca [名] [男] 〘衣〙 襟巻き, マフラー; マスク; 黙らせること, 口封じ
ta-pa-'cu-bos [名] [男] 〔単複同〕 〘車〙 ホイールキャップ
ta-pa-'de-ra [タ.パ.'デ.ら] [名] [女] ふた, 覆(おお)い; 隠す人[もの], 隠匿者, 隠れみの
ta-pa-'di-llo [タ.パ.'ディ.ジョ] [名] [男] (女性がベールなどで)顔を隠すこと *de ~* 《話》 隠れて, 秘密に
ta-'pa-do, -da [形] 隠された, 覆われた [名] [男] 《ボリビア》《ラプラタ》 〘衣〙 コート
ta-pa-'fun-da [名] [女] (ピストルケースの)垂れぶた
'tá-pa-lo ['タ.パ.ロ] [名] [男] 《メキシコ》 〘衣〙 肩掛け, ショール [動] 《命令》 ⬇tapar + lo
ta-'pan-co [名] [男] 《メキシコ》 (天井裏の)棚; 壇
ta-'par [タ.'パる] 89% [動] [他] (con: で)覆う, 〈に〉カバーをする; (con: を)着せる, 〈身体を〉包む, くるむ; 〈穴などを〉ふさぐ, 〈に〉ふたをする, 〈に〉栓をする; 隠す, かくまう, 隠匿する ~se [動] [再] 顔を隠す; 身をくるむ; 〈目・耳を〉ふさぐ; 《コロンビア》《話》 金持ちになる
ta-pa-'rra-bo [タ.パ.'ら.ボ] [名] [男] 〘衣〙 腰布, ふんどし; 〘衣〙 (水浴用の)パンツ, 半ズボン; 〔~s〕 《単複同》 《アンデス》 おしめ, おむつ
ta-pa-'tí+o, +a [形] [名] [男] [女] 《メキシコ》《話》 グアダラハーラ[ハリスコ州]の(人); 《メキシコ》《話》 メキシコ独特の
'ta+pe [名] [共] 《ラプラタ》《話》 〔軽蔑〕 先住民, インディオ(のような人)
'tá-per ['タ.ぺる] [名] [男] 《商標》 タッパーウェア
ta-'pe-te [名] [男] 小さな敷物, 小型の絨毯(じゅうたん); テーブルセンター *estar sobre el ~* 議論している, 検討中である
'ta-pia 93% [名] [女] 〘建〙 壁, 土壁, 塀 *más sordo[da] que una ~* 《話》 ひどく耳が遠い
ta-'pial [タ.'ピアル] [名] [男] 〘建〙 (塀の土やコンクリートを流し込む)2枚の板枠
ta-'piar [タ.'ピアる] [動] [他] 〘建〙 壁で囲む, ふさぐ
ta-pi-ce-'rí+a [タ.ピ.せ.'り.ア] [名] [女] 〔集合〕 タペストリー, 壁掛け, つづれ織り; 〘技〙 タペストリーの制作(技術)
ta-pi-'ce-ro, -ra [タ.ピ.'せ.ろ, ら] [名] [男] [女] 〘技〙 タペストリー職人
ta-'pi-lla [タ.'ピ.ジャ] [名] [女] 《中米》《アンデス》《チリ》 〘競〙 (運動靴の)スパイク
ta-'pio-ca [名] [女] 〘食〙 タピオカ《キャッサバの根からとった澱粉》
ta-'pir [タ.'ピる] [名] [男] 〘動〙 バク
ta-'pi-ta 〔縮小語〕 ⬆tapa
ta-'piz [タ.'ピす] [名] [男] タペストリー, 壁掛け, つづれ織り
ta-pi-'zar [タ.ピ.'さる] [動] [他] ㉞ (z|c) 〈に〉タペストリーを掛ける
ta-'pón [名] [男] 栓, ふた; じゃま(者), 障害; 交通渋滞; 〘医〙 綿球, 止血栓, タンポン; 《話》 ずんぐりした人, ちびでぶ; 〘競〙 〔バスケットボールなど〕 インターセプト; 《コロンビア》 ニス *Al primer ~, zurrapa.* 〔ことわざ〕 《話》 初めからついていない
ta-po-'nar [タ.ポ.'ナる] [動] [他] 〈に〉栓をする, ふさぐ; 〘医〙 〈に〉止血栓をする, 〈に〉タンポンを入れる
ta-po-'na-zo [タ.ポ.'ナ.そ] [名] [男] 瓶(びん)の栓を抜くこと[音]
ta-po-ne-'rí+a [タ.ポ.ネ.'り.ア] [名] [女] 〔集合〕 栓, ふた; 栓[ふた]製造工場; 〘商〙 栓[ふた]販売店; 栓[ふた]製造業
ta-po-'ne-ro, -ra [タ.ポ.'ネ.ろ, ら] [形] 栓[ふた]の [名] [男] [女] 〘商〙 栓[ふた]製造[販売]業者
ta-'pu-do, -da [形] [名] [男] [女] 《中米》《話》 うわさ好きの(人)
ta-pu-'jar-se [タ.プ.'はる.セ] [動] [再] 《話》 (ベールで)顔を隠す
ta-'pu-jo [タ.'プ.ほ] [名] [男] 隠すこと, 隠匿; 〘衣〙 ベール, マフラー *andar con ~s* 《話》 隠しだてをする
ta-que+'a-da [タ.ケ.'ア.ダ] [名] [女] 《コロンビア》《話》 叱(しか)りつけ, 叱責(しっせき), 非難
ta-que+'ar [タ.ケ.'アる] [動] [他] 《コロンビア》《話》 叱(しか)る
ta-'que-ra [タ.'ケ.ら] [名] [女] 〘遊〙 〔ビリヤード〕 キュー立て
ta-qui-a-'rrit-mia [タ.キア.'り̃ト.ミア] [名] [女] 〘医〙 頻脈性不整脈
ta-qui-'car-dia [タ.キ.'カる.ディア] [名] [女] 〘医〙 頻脈, 頻拍(ひんぱく)
ta-qui-gra-'fí+a [タ.キ.グら.'フィ.ア] [名] [女] 速記(術)
ta-qui-gra-'fiar [タ.キ.グら.'フィアる] [動] [他] ㉙ (i|í) 速記する
ta-qui-'grá-fi-co, -ca [タ.キ.'グら.フィ.コ, カ] [形] 速記(術)の
ta-'quí-gra-fo, -fa [タ.'キ.グら.フォ, ファ] [名] [男] [女] 速記者
***ta-'qui-lla** [タ.'キ.ジャ] 94% [名] [女] 切符売り場[窓口]; 書類棚, キャビネット; 分類[整理]棚; (芝居などの)興行の収入[利益]; ロッカー *hacer ~* 切符の売れ行きがよい
ta-qui-'lle-ro, -ra [タ.キ.'ジェ.ろ, ら]

t

形 切符の売れ行きのよい, 興行成績のよい 名 男 女 切符売り

ta-qui-me-ca-no-gra-'fí+a [タ.キ.メ.カ.ノ.グら.'フィ.ア] 名 女 速記タイプ

ta-qui-me-ca-'nó-gra-fo, -fa [タ.キ.メ.カ.'ノ.グら.フォ, ファ] 名 男 女 速記タイピスト

ta-'quí-me-tro [タ.'キ.メ.トろ] 名 男 〔機〕(測量用の)タキメーター, 視距儀

ta-'qui-to 〔縮小語〕 ⬆taco

'ta+ra ['タ.ら] 名 女 風袋(ふうたい), (積み荷, 乗客などを除いた)車体重量, 自重; 傷, 欠点, 障害

ta-ra-'bi-lla [タ.ら.'ビ.ジャ] 名 女 〔建〕(戸・窓の)戸締まり用の桟; 〔建〕 木ペグ, (のこぎりの)締め具; 《話》 早口のおしゃべり 名 共 《話》 早口でおしゃべりな人

ta-ra-'bi-ta [タ.ら.'ビ.タ] 名 女 〔衣〕(ベルトの)バックル, 細工; 《南米》(渡しかごの)ロープ

ta-ra-'ce+a [タ.ら.'せ.ア] 名 女 寄せ木細工; 象眼

ta-ra-ce+'ar [タ.ら.せ.'アる] 動 他 〈に〉 寄せ木細工をする

ta-'ra-do, -da [タ.'ら.ド, ダ] 形 欠陥のある; «人が»障害のある; 《話》〔軽蔑〕 軽率な, 落ち着きのない

ta-ra+hu-'ma-ra [タ.らウ.'マ.ら] 形 名 共 タラウマーラ族の(人) 《メキシコ, チワワ州の先住民》

ta-ram-'ba-na [タ.らン.'バ.ナ] 名 共 《スペイン》《話》 頭のおかしい人; ろくでなし

Ta-ran-'cón [タ.らン.'コン] 名 固 〔地名〕 タランコン 《スペイン中部の町》

ta-ran-'te-la [タ.らン.'テ.ラ] 名 女 〔楽〕 タランテッラ 《南イタリアの民族舞踊, 舞曲》

ta-'rán-tu-la [タ.'らン.トゥ.ラ] 名 女 〔動〕 タランチュラ, 毒グモ

Ta-ra-pa-'cá [タ.ら.パ.'カ] 名 固 〔地名〕 タラパカ 《チリ北端の州》

ta-ra-re+'ar [タ.ら.れ.'アる] 動 他 口ずさむ, 鼻歌で歌う, ハミングで歌う

ta-ra-'re+o [タ.ら.'れ.オ] 名 男 鼻歌, ハミング

ta-'ras-ca [タ.'らス.カ] 名 女 大蛇の張り子 《山車に使う》; 《話》 醜い女

ta-ras-'ca-da [タ.らス.'カ.ダ] 名 女 かみつくこと, かみ傷; そっけない返事

Ta-'ra-wa [タ.'ら.ウア] 名 固 〔地名〕 タラワ 《キリバス共和国 Kiribati の首都》

***tar-'dan-za** [タる.'ダン.さ] 94% 名 女 遅れ, のろさ, 遅滞

⁑**tar-'dar** [タる.'ダる] 81% 動 自 (en: に) 時間がかかる; 遅くなる, ぐずぐずする, 手間取る, 遅れる　〜**se** 動 再 時間がかかる ***a más 〜*** 遅くとも

⁑**'tar-de** ['タる.デ] 66% 名 女 午後; 夕方 副 遅く; 遅すぎて ***a la caída de la 〜*** / ***al caer la 〜*** 夕暮れに ***de 〜 en 〜*** たまに, 長い間隔をおいて ***(más) 〜 o (más) temprano*** 遅かれ早かれ ***por [en] la 〜*** 午後に; 夕方に

tar-de-'cer [タる.デ.'せる] 動 自 ㊺ (c|zc) 夕方になる, 日が傾く

tar-de-'ci-ta 〔縮小語〕 ⬆tarde

***tar-'dí+o, +a** [タる.'ディ.オ, ア] 94% 形 遅い, 遅ればせの, 時期を逸した; 〔植〕 遅咲きの, 遅く結実した, 晩生の; ゆっくりした, のろい 名 男 〔複〕〔植〕 晩生作物

tar-'dí-si-mo, -ma 〔最上級〕 ⬆tarde

'tar-do, -da ['タる.ド, ダ] 形 ゆっくりとした, のろい; 遅い, 遅れた 名 男 女 《話》 のろま, ぐず ***ni 〜[da] ni perezoso[sa]*** 素早い, よく気がつく, まめな

tar-'dón, -'do-na [タる.'ドン, 'ド.ナ] 形 《話》 のろい, (頭の)鈍い, 愚鈍な 名 男 女 《話》 のろい人, (頭の)鈍い人

⁑**ta-'re+a** [タ.'れ.ア] 84% 名 女 仕事, 作業; 担当, 業務, 任務, ノルマ; 宿題, 課題; 〔情〕 タスク

Ta-'ren-to [タ.'れン.ト] 名 固 〔地名〕 ターラント 《イタリア南東部の県, 県都》

⁑**ta-'ri-fa** [タ.'り.ファ] 82% 名 女 料金; 料金表, 値段表; 〔法〕 税, 税率, 関税

Ta-'ri-fa [タ.'り.ファ] 名 固 〔地名〕 タリーファ 《スペイン南部の港湾都市》

ta-ri-'far [タ.り.'ファる] 動 自 《話》 けんかする, 敵対する

ta-ri-'fe-ño, -ña [タ.り.'フェ.ニョ, ニャ] 形 名 男 女 〔地名〕 タリーファの(人) ⬆Tarifa

Ta-'ri-ja [タ.'り.は] 名 固 〔地名〕 タリーハ 《ボリビア南部の県, 県都》

ta-'ri-ma [タ.'り.マ] 名 女 〔建〕(板の)台, 壇

'tar-ja ['タる.は] 名 女 割り符, 合い札

tar-'jar [タる.'はる] 動 他 〈に〉印をつける

⁑**tar-'je-ta** [タる.'へ.タ] 87% 名 女 カード, 名札; 証明書; 葉書; 名刺; 招待状

tar-je-'te-ro [タる.へ.'テ.ろ] 名 男 名刺入れ

ta-rra-co-'nen-se [タ.ら.コ.'ネン.セ] 形 名 共 〔地名〕 タラゴーナの(人) ⬇Tarragona

Ta-rra-'go-na [タ.ら.'ゴ.ナ] 名 固 〔地名〕 タラゴーナ 《スペイン北東部の県, 県都》

'ta-rro ['タ.ろ] 名 男 (広口の)瓶(びん), 壺(つぼ); 《アンデス》《チリ》 ごみ箱

'tar-so ['タる.ソ] 名 男 〔体〕 足根(骨); (節足動物の)跗節(ふせつ); (馬などの)後脚の関節; (鳥の)跗蹠(ふしょ)骨

***'tar-ta** ['タる.タ] 92% 名 女 〔食〕 ケーキ, パイ

t

'tár-ta-go ['タる.タ.ゴ] 名 男〘植〙トウダイグサ《下剤用》;《話》不幸, 災難

tar-'ta-ja 形 ⬇tartajoso

tar-ta-je+'ar [タる.タ.へ.'アる] 動 自 どもる, 口ごもる

tar-ta-'je+o [タる.タ.'へ.オ] 名 男 どもること, 口ごもること

tar-ta-'jo-so, -sa [タる.タ.'ほ.ソ, サ] 形 どもる, 口ごもる 名 男 女 どもる人, 口ごもる人

tar-ta-le+'ar [タる.タ.レ.'アる] 動 自 よろめく, ぎくしゃくする;《話》どもる, 口ごもる

tar-ta-mu-de+'ar [タる.タ.ム.デ.'アる] 動 自 どもる, 口ごもる

tar-ta-mu-'de+o [タる.タ.ム.'デ.オ] 名 男 どもること, 口ごもること

tar-ta-mu-'dez [タる.タ.ム.'デす] 名 女 どもり, 吃音(きつおん)

tar-ta-'mu-do, -da [タる.タ.'ム.ド, ダ] 形 名 男 女 どもる(人), 口ごもる(人)

tar-'tán [タる.'タン] 名 男〘衣〙格子縞(じま)の毛織物, タータン

tar-'ta-na [タる.'タ.ナ] 名 女〘海〙一本マストの漁船; 幌付き二輪馬車;《カリブ》《話》おんぼろの車

tar-'tan-cho, -cha [タる.'タン.チョ, チャ] 形 名 男 女《アンデス》《話》どもる(人), 言葉がつかえる(人)

Tar-'ta-ria [タる.'タ.りア] 名 固〘地名〙⬇Tartaristán; [estrecho de ~] タタール[間宮]海峡《シベリア東岸とサハリンの間の海峡; 日本海とオホーツク海を結ぶ》

Tar-ta-ris-'tán [タる.タ.りス.'タン] 名 固〘地名〙タタールスタン《ロシア連邦西部の共和国》

'tár-ta-ro, -ra ['タる.タ.ろ, ら] 形〘地名〙タタール(人)の;〘言〙タタール語の 名 男 女 タタール人⬆Tartaria 名 男〘言〙タタール語;〘飲〙(ワイン醸造中にできる)酒石;〘医〙歯石

tar-'te-ra [タる.'テ.ら] 名 女〘食〙(パン・ケーキ用の)型; 弁当箱《野外の食事用》

tar-'te-sio, -sia [タる.'テ.スィオ, スィア] 形〘歴〙〘地名〙タルテーソスの⬇Tartesos

Tar-'te-sos [タる.'テ.ソス] 名 固〘歴〙〘地名〙タルテーソス《ローマ時代のアンダルシア西部にあった都市》

tar-'tra-to [タる.'トら.ト] 名 男〘化〙酒石酸塩[エステル]

'tár-tri-co, -ca ['タる.トり.コ, カ] 形〘化〙酒石の

ta-'ru-go [タ.'る.ゴ] 名 男 木片, ブロック; 木のくさび, 木釘(くぎ); パンのかけら;《話》あほう, まぬけ;《コロンビア》《話》不安, 心配

ta-'rum-ba [タ.'るン.バ] 形《話》当惑した, 目がまわる, 混乱した, 頭がおかしくなった

'tas 名 男〘技〙(小型の)鉄床(かなとこ), 鉄敷(かなしき)

'ta+sa 85% 名 女 見積もり, 評価額; 割合, 利率, レート; 限度, 制限;〘法〙税率, 税金

ta-sa-'ción [タ.サ.'すぃオン] 名 女 見積もり, 評価; 計算

ta-'sa-jo [タ.'サ.ほ] 名 男〘食〙干し肉;〘食〙(肉の)切り身

ta-'sar [タ.'サる] 動 他 (en:と)見積もる, 評価する; 制限する;〘経〙公定価格をつける

'tas-ca 名 女 ばくち場;《スペイン》〘商〙酒場, 居酒屋;〘商〙屋台, 売店

tas-'car [タス.'カる] 動 他 ㊴ (c|qu)〘技〙〈麻を〉たたいて繊維にする;〘動〙〈草を〉食べる

'ta-sin 名 男《アンデス》(動物の)巣

Tas-'kent 名 固〘地名〙タシケント《ウズベキスタン Uzbekistán の首都》

Tas-'ma-nia 名 固〘地名〙タスマニア島《オーストラリア南東部の島》

tas-'ma-nio, -nia 形 名 男 女〘地名〙タスマニア島の(人)⬆Tasmania

'ta+ta 名 女《スペイン》《児》乳母, ねえや 名 男《児》おじいちゃん;《ラ米》《児》おとうちゃん;《ラ米》ご主人様 *andar a ~s*《話》よちよち歩きする

ta-'ta-mi 名 男〘競〙畳(たたみ)《とくに柔道・空手の道場の畳》

ta-ta-ra-'bue-la [タ.タ.ら.'ブエ.ラ] 名 女 高祖母《曾祖父母の母》

ta-ta-ra-'bue-lo [タ.タ.ら.'ブエ.ロ] 名 男 高祖父《曾祖父母の父》;〔複〕高祖父母

ta-ta-ra-'nie-to, -ta [タ.タ.ら.'ニエ.ト, タ] 名 男 女 玄孫《曾孫の子》

'ta+te 感《話》気をつけろ!; 少しずつ!, ゆっくりと!; わかった!, よし!; しまった!, あーあ!

'ta+to, +ta 名 男 女《児》お兄ちゃん, お姉ちゃん

ta-'tua-je [タ.'トゥア.へ] 名 男 入れ墨

ta-'tuar [タ.'トゥアる] 動 他 ⑰ (u|ú) 〈に〉入れ墨をする　~se 動 再 自分の体に入れ墨をする

'tau 名 女〘言〙タウ《ギリシャ語の文字 T, τ》名 男 T 字形

tau-ma-'tur-gia [タウ.マ.'トゥる.ひア] 名 女 奇跡を行う神通力; (まじないによって)奇跡を行うこと

tau-ma-'túr-gi-co, -ca [タウ.マ.'トゥる.ひ.コ, カ] 形 魔法の, 奇跡の

tau-ma-'túr-go, -ga [タウ.マ.'トゥる.ゴ, ガ] 名 男 女 奇跡を行う人

tau-'ri+no, -na [タウ.'り.ノ, ナ] 形 闘牛の; 雄牛の

'tau-ro ['タウ.ろ] 名 共 おうし座生まれの人《4月20日–5月20日生まれの人》 **T~** 名 男〘天〙おうし座

tau-'ró-fi-lo, -la [タウ.'ろ.フィ.ロ, ラ] 形〔牛〕闘牛好きの 名 男 女〔牛〕闘牛ファン

tau-'ró-ma-co, -ca [タウ.'ろ.マ.コ, カ] 形〔牛〕闘牛の, 闘牛に詳しい 名 男 女〔牛〕闘牛の通[専門家]

tau-ro-'ma-quia [タウ.ろ.'マ.キア] 名 女〔牛〕闘牛(術)

tau-to-lo-'gí+a [タウ.ト.ロ.'ひ.ア] 名 女〔修〕類語反復, トートロジー《たとえば subir para arriba「上に昇る」》

tau-to-'ló-gi-co, -ca [タウ.ト.'ロ.ひ.コ, カ] 形〔修〕類語反復の, トートロジーの

'TAV ['タブ] 略 =Tren de Alta Velocidad〔鉄〕タブ《スペインの特急列車》

ta-xa-'ti-vo, -va [タク.サ.'ティ.ボ, バ] 形 制限の, 限定的な; 議論の余地のない

'Tax-co ['タス.コ] 名 固〔地名〕タスコ《メキシコ中西部の都市》

'ta+xi ['タク.スィ] 90% 名 男〔車〕タクシー

ta-xi-'der-mia [タク.スィ.'デる.ミア] 名 女 剝製(はくせい)(術)

ta-xi-der-'mis-ta [タク.スィ.デる.'ミス.タ] 名 共 剝製(はくせい)師

ta-'xí-me-tro [タク.'スィ.メ.トろ] 名 男〔車〕(タクシーの)料金メーター

ta-'xis-ta [タク.'スィス.タ] 94% 名 共〔車〕タクシー運転手

ta-xo-no-'mí+a [タク.ソ.ノ.'ミ.ア] 名 女 分類学, 分類;〔生〕分類法

ta-xo-'nó-mi-co, -ca [タク.ソ.'ノ.ミ.コ, カ] 形 分類法の, 分類学の

Ta-yi-kis-'tán 名 固〔República de ～〕〔地名〕タジキスタン《中央アジア南部の共和国》

ta-'yi-ko, -ka 形〔地名〕タジキスタン(人)の 名 男 女 タジキスタン人 ⬆Tayikistán

'ta+za ['タ.さ] 90% 名 女 茶碗, カップ; (噴水の)水盤; 便器

ta-'zón [タ.'そン] 名 男〔食〕大カップ, ボール; (噴水の)水盤

te [テ] 55% 代《人称》〔弱勢〕**1** 君[あなた, おまえ]を《直接目的語》: **Te** quiero. 私は君が好きだ。 **2** 君[あなた, おまえ]に《間接目的語》: **Te** lo diré cuando lo sepa. それがわかったら君に言おう。 **3**《再帰》: ¿**Te** has bañado ya? おまえはもう風呂に入ったの? 名 女〔言〕テ《文字 T, t の名称》

'té 92% 名 男 茶; お茶の集まり, ティーパーティー;〔植〕チャ[茶]の木 ***dar el ～***《話》わずらわせる, うんざりさせる

'te+a 名 女 たいまつ, トーチ

te+a-'tral [テ.ア.'トらル] 92% 形 演劇の, 芝居の; 劇的な; 大げさな, 芝居がかった

te+a-tra-li-'dad [テ.ア.トら.リ.'ダド] 名 女 演劇性; 芝居がかった様子

te+a-tra-li-'zar [テ.ア.トら.リ.'さる] 動 他 34 (z|c) 演劇化する

te+'a-tro [テ.'ア.トろ] 78% 名 男〔演〕演劇, 芝居;〔演〕劇場;〔文〕〔演〕演劇作品, 脚本; 舞台, ステージ; (事件などの)舞台, 場所, 現場 ***hacer ～*** 芝居がかる, 大げさなことをする ***～ de operaciones***〔軍〕戦域

te-'bai-co, -ca 形 ⇩ tebano

te-'ba+no, -na 形 名 男 女〔歴〕〔地名〕テーベ[テーバイ]の(人) ⬇Tebas

'Te-bas 名 固〔歴〕〔地名〕テーベ《エジプト中部の古代都市遺跡》;〔歴〕〔地名〕テーバイ, テーベ《ギリシャ中東部の古代都市》

te-'be+o 名 男《スペイン》(子供向けの)漫画本

'te+ca 名 女〔植〕チーク(の木);〔宗〕遺物箱

te-'ca-li [テ.'カ.リ] 名 男《メキシコ》〔鉱〕縞(しま)大理石

te-'ca-to, -ta 形《カリブ》《話》麻薬中毒の 名 男 女《カリブ》《話》麻薬常用者

te-'cha-do 名 男〔建〕屋根

te-'char [テ.'チャる] 動 他〔建〕‹に›屋根をかぶせる, ‹に›天井をつける

'te-cho 87% 名 男〔建〕天井;〔建〕屋根; 家, すまい; 頂点, 極限, 限界

te-'chum-bre [テ.'チュン.ブれ] 名 女〔集合〕〔建〕屋根部; 屋根, 天井

'te-cla ['テ.クラ] 名 女〔楽〕〔情〕(ピアノ・タイプライター・コンピューターの)キー, 鍵(けん);《話》面倒; 重要なポイント, 急所, 鍵(かぎ) ***dar en la ～***《話》うまくやり遂げる, 急所をつかむ, うまく当たる ***tocar una ～*** 手を打つ, 処置をとる

te-'cla-do [テ.'クラ.ド] 名 男〔楽〕鍵盤(けんばん), キーの配列;〔情〕キーボード

te-cle+'a-do [テ.クレ.'ア.ド] 名 男 キーを打つこと, 運指法

te-cle+'ar [テ.クレ.'アる] 動 自 キーを打つ;〔楽〕ピアノを弾く; 指で軽くたたく 動 他《話》いろいろと試す;〔情〕キー入力する, タイプする

te-'cle+o [テ.'クレ.オ] 名 男 キーを打つこと[音]; 指でたたくこと;〔情〕キーストローク, タイプ

tec-'ne-cio [テク.'ネ.すぃオ] 名 男〔化〕テクネチウム《元素》

tec-ni-'cis-mo [テク.ニ.'すぃス.モ] 名 男〔言〕専門用語

'téc-ni-co, -ca ['テク.ニ.コ, カ] 75% 形 技術の; 専門の, 専門的な, 実用上の 名 男 女 技術者, 専門家;〔競〕監督, コーチ 名 女 手法, 技巧, テクニック; 技術; 方法, 手段 **-camente** 副 技術的に

tec-ni-co-'lor [テク.ニ.コ.'ロる] 名 男〔映〕テクニカラー《カラー映画制作の方式》

tec-no-'cra-cia [テク.ノ.'クら.すぃア]

名 ㊛〘政〙技術者支配, テクノクラシー, 技術万能主義《専門技術者に一国の産業的資源の支配統制をゆだねること》

tec-'nó-cra-ta [テク.'ノ.クら.タ] 名 ㊡ (経営・管理の職にある)専門技術者, テクノクラート

tec-no-'crá-ti-co, -ca [テク.ノ.'クら.ティ.コ, カ] 形 専門技術者の, テクノクラートの

****tec-no-lo-'gí+a** [テク.ノ.ロ.'ひ.ア] 80% 名 ㊛〘技〙科学技術, 生産技術, テクノロジー; 〘言〙術語, 専門用語 ***alta ~*** 〘技〙ハイテク

tec-no-'ló-gi-co, -ca [テク.ノ.'ロ.ひ.コ, カ] 形〘技〙科学技術の, テクノロジーの; 〘言〙術語の, 専門用語の

tec-'nó-lo-go, -ga [テク.'ノ.ロ.ゴ, ガ] 名 ㊚ ㊛〘技〙科学技術者

'te+co, +ca 名 ㊚ ㊛《ラ米》《話》グアテマラ人

te-co-'lo-te [テ.コ.'ロ.テ] 名 ㊚《メキシコ》《中米》〘鳥〙ミミズク

te-co-'ma-te 名 ㊚《メキシコ》《中米》ヒョウタンの椀

tec-'tó-ni-co, -ca [テク.'ト.ニ.コ, カ] 形〘地質〙地質構造上の **-ca** 名 ㊛〘地質〙地質構造; 構造地質学, テクトニクス ***placa tectónica*** 〘地質〙(地殻)構造プレート ***tectónica de placa*** 〘地質〙プレートテクトニクス

te-'deum 名 ㊚ 〔複 -deums〕〔しばしば T~〕〘宗〙賛美の歌, テデウム

'te-dio 名 ㊚ うんざりすること, あきあきすること, 退屈; 大嫌い, 嫌悪

te-'dio-so, -sa 形 退屈な, あきあきする, うんざりする, 嫌な

'te-gua ['テ.グア] 名 ㊚《コロンビア》呪術(じゅじゅつ)医

***Te-gu-ci-'gal-pa** [テ.グ.すぃ.'ガル.パ] 94% 名 ㊍〘地名〙テグシガルパ《ホンジュラス Honduras の首都》

te-gu-ci-gal-'pen-se [テ.グ.すぃ.ガル.'ペン.セ] 形 名 ㊡ テグシガルパの(人)

te-gu-'men-to [テ.グ.'メン.ト] 名 ㊚〘植〙〘動〙外被, 包被; 外皮, 皮

***Te+he-'rán** [テ.エ.'らン] 94% 名 ㊍〘地名〙テヘラン《イラン Irán の首都》

Te+huan-te-'pec [テ.ウアン.テ.'ペク] 名 ㊍〔istmo de ~〕〘地名〙テワンテペック地峡《メキシコ南部の地峡》

'Tei-de 名 ㊍〘地名〙テイデ山《カナリア諸島, テネリーフェ島の火山; スペインの最高峰, 3718m》

te+'í-na 名 ㊛〘化〙テイン, 茶素《茶に含まれる》

te+'ís-mo 名 ㊚〘宗〙有神論, 一神論《唯一の創造神を認める》

te+'ís-ta 形〘宗〙有神論の, 一神論の 名 ㊡〘宗〙有神論者, 一神論者

'te+ja** ['テ.は] 94% 名 ㊛〘建〙(屋根の)瓦(かわら); 〘宗〙〘衣〙(僧・牧師の)帽子; 〘植〙シナノキ, 菩提樹 ***a toca ~ 《話》現金で, 即金で ***de ~s abajo*** 《話》この世の[で], 現世の[で] ***de ~s arriba*** 《話》あの世の[で], 天国の[で]

te-'ja-do** [テ.'は.ド] 92% 名 ㊚〘建〙屋根; 〘鉱〙露出鉱(脈) ***empezar la casa por el ~ 順序をあべこべにする ***tener ~ de vidrio*** 他人を非難できる立場ではない

te-'ja+no, -na 形 ⇩ texano

te-'jar [テ.'はる] 名 ㊚ 瓦[れんが, タイル]工場 動 他 屋根をつける, 屋根を瓦で葺(ふ)く

'Te-jas 名 ㊍ ⇩ Texas

te-ja-'va-na [テ.は.'バ.ナ] 名 ㊛〘建〙仮小屋, 掛け小屋

te-je-'dor, -'do-ra [テ.へ.'ドる, 'ド.ら] 形 織る, 織物の 名 ㊚ ㊛ 織工

te-je-ma-'ne-je [テ.へ.マ.'ネ.へ] 名 ㊚《話》大忙し, てんてこまい; 《話》たくらみ

te-'jer** [テ.'へる] 93% 動 他 織る; 編む; 用意する, 計画する; 仕組む, たくらむ; 《クモなどが》〈巣を〉張る; きれいに入り混ぜる ***~ y des~ あれこれと考える, いろいろとやってみる

te-je-'rí+a [テ.へ.'り.ア] 名 ㊛ 瓦[れんが, タイル]工場

te-'je-ro, -ra [テ.'へ.ろ, ら] 名 ㊚ ㊛ 瓦[れんが, タイル]職人 **-ra** 名 ㊛ ⬆tejar

****te-'ji-do** [テ.'ひ.ド] 88% 名 ㊚ 織物, 編んだ物, 布, 生地; 織り目, 編み方; 〘植〙〘体〙組織; 連続, 一連のもの

'te+jo ['テ.ほ] 名 ㊚〘遊〙金属の輪《輪投げ用》; 〘遊〙石けり(の石), おはじき; 金塊; 〘機〙座金; 〘植〙イチイの木

te-jo-'le-ta [テ.ほ.'レ.タ] 名 ㊛〘建〙瓦[れんが, 陶器]のかけら; 〘楽〙カスタネットの一種

te-'jón [テ.'ほン] 名 ㊚〘動〙アナグマ; 金塊

te-'jue-lo [テ.'ふエ.ロ] 名 ㊚ (本の背にはる)書名の台紙, ラベル; 〘機〙座金

tel. 略 ⬇teléfono

****'te+la** ['テ.ラ] 90% 名 ㊛ 布, 布地, 織物; 表面の薄膜; (果物などの)薄膜; (仕事の)難しさ; 話題, 話の種; 〘動〙クモの巣; 〘体〙膜, 膜組織; 〘医〙目のくもり, かすみ; 《話》金, 財産; 〘絵〙カンバス, 画布 ***haber ~ que cortar*** 《話》問題がたくさんある ***poner en ~ de juicio*** 問題にする, 検討する ***~ de araña*** 〘動〙クモの巣 ***~ metálica*** 目の細かな金網

te-'lar [テ.'らる] 名 ㊚〘機〙織機; 〘演〙(舞台天井の)大道具操作場所; (製本の手

綴(と)じの際の)かがり台; 〘建〙(戸・窓の)枠

te-la-'ra-ña [テ.ラ.'ら.ニャ] 名 女 クモの巣; 〘情〙ウェブ ～ ***mundial*** 〘情〙ワールドワイドウェブ (**WWW**) ***tener ～s en los ojos*** 真実が見えない, 判断力が鈍っている

'Tel A+'viv ['テル ア.'ビブ] 名 固 〘地名〙テルアビブ《イスラエル西部の都市》

'te+le ['テ.レ] 名 女《話》テレビ

te-le-co-mu-ni-ca-'ción [テ.レ.コ.ム.ニ.カ.'すぃオン] 名 女 〘技〙(ラジオ・テレビ・電話・電信などの)通信; 〘電〙電気通信(学)

te-le-'dia-rio [テ.レ.'ディア.りオ] 名 男《ネズ》〘放〙テレビニュース

te-le-di-rec-'ción [テ.レ.ディ.れク.'すぃオン] 名 女 遠隔操作, リモートコントロール

te-le-di-ri-'gi-do, -da [テ.レ.ディ.り.'ひ.ド, ダ] 形 遠隔操作の, リモートコントロールの

te-le-di-ri-'gir [テ.レ.ディ.り.'ひる] 動 他 ㉜ (g|j) 〘技〙遠隔操作する

teléf. 略 ↓teléfono

te-le-'fax 名 男 ⇧ fax

te-le-'fé-ri-co [テ.レ.'フェ.り.コ] 名 男 (空中)ケーブルカー, ロープウェー

telefilm [テ.レ.'フィル(ム)] 名 男 〔複 -films〕〔英語〕〘放〙テレビ映画

te-le-fo-'na-zo [テ.レ.フォ.'ナ.そ] 名 男《話》電話をかけること

***te-le-fo-ne+'ar** [テ.レ.フォ.ネ.'アる] 93% 動 自 電話をかける, 電話で知らせる 動 他 電話で知らせる

te-le-fo-'ne-ma [テ.レ.フォ.'ネ.マ] 名 男 電信, 電話電報

te-le-fo-'ní+a [テ.レ.フォ.'ニ.ア] 名 女 電話(方式), 通信

***te-le-'fó-ni-co, -ca** [テ.レ.'フォ.ニ.コ, カ] 91% 形 電話の **-camente** 副 電話で

te-le-fo-'ni-llo [テ.レ.フォ.'ニ.ジョ] 名 男 インターフォン

te-le-fo-'nis-ta [テ.レ.フォ.'ニス.タ] 名 共 電話交換手, オペレーター

****te-'lé-fo+no** [テ.'レ.フォ.ノ] 76% 名 男 電話, 電話機 ～ ***inteligente*** スマートフォン, スマホ

te-le-'fo-to [テ.レ.'フォ.ト] 名 女 望遠写真; 電送写真

te-le-fo-to-gra-'fí+a [テ.レ.フォ.ト.グら.'フィ.ア] 名 女 望遠写真(術); 電送写真(術)

te-le-gra-'fí+a [テ.レ.グら.'フィ.ア] 名 女 電信

te-le-'grá-fi-co, -ca [テ.レ.'グら.フィ.コ, カ] 形 電信の, 電報の

te-le-gra-'fis-ta [テ.レ.グら.'フィス.タ] 名 共 電信士, 無線士

te-'lé-gra-fo [テ.'レ.グら.フォ] 名 男 電信(機), 信号機

te-le-'gra-ma [テ.レ.'グら.マ] 名 男 電報, 電文

te-le-im-pre-'sor [テ.レイン.プれ.'ソる] 名 男 テレタイプ

te-le-in-for-'má-ti-ca [テ.レイン.フォる.'マ.ティ.カ] 名 女 〘情〙ネットワークコンピューティング

te-'le-le [テ.'レ.レ] 名 男《話》失神, 気絶

Te-'lé-ma-co [テ.'レ.マ.コ] 名 固 〘ギ神〙テレマコス《ユリシーズ Ulises とペネロペ Penélope の子》

te-le-'man-do [テ.レ.'マン.ド] 名 男 リモコン, 遠隔操縦器

te-le-me-'trí+a [テ.レ.メ.'トり.ア] 名 女 遠隔測定法

te-le-'mé-tri-co, -ca [テ.レ.'メ.トり.コ, カ] 形 遠隔測定の

te-'lé-me-tro [テ.'レ.メ.トろ] 名 男 距離計, 遠隔測定器, テレメーター

te-le-no-'ve-la [テ.レ.ノ.'ベ.ラ] 名 女 〘放〙連続テレビ小説, メロドラマ

te-le-ob-je-'ti-vo [テ.レ.オブ.へ.'ティ.ボ] 名 男 〘写〙望遠レンズ

te-le-o-lo-'gí+a [テ.レ.オ.ロ.'ひ.ア] 名 女 〘哲〙目的論

te-le-o-'ló-gi-co, -ca [テ.レ.オ.'ロ.ひ.コ, カ] 形 〘哲〙目的論の, 目的論的な

te-le-pa-'tí+a [テ.レ.パ.'ティ.ア] 名 女 テレパシー, 精神感応

te-le-'pá-ti-co, -ca [テ.レ.'パ.ティ.コ, カ] 形 テレパシーの

te-le-qui-'ne-sia ⇦**-ki-** [テ.レ.キ.'ネ.スィア] 名 女 物体移動現象, テレキネシス《念力で物を移動させること》

te-le-qui-'ne-sis ⇦**-ki-** 名 女 ⇧ telequinesia

te-'le-ra [テ.'レ.ら] 名 女 〘農〙犂(すき)棒; 軸棒, 横木

te-les-'có-pi-co, -ca [テ.レス.'コ.ピ.コ, カ] 形 望遠鏡の[による]

***te-les-'co-pio** [テ.レス.'コ.ピオ] 93% 名 男 望遠鏡

te-le-'si-lla [テ.レ.'スィ.ジャ] 名 男 〘競〙〔スキー〕リフト, チェアリフト

te-les-pec-ta-'dor, -'do-ra [テ.レス.ペク.タ.'ドる, 'ド.ら] 名 男 女 〘放〙テレビ視聴者

te-les-'quí [テ.レス.'キ] 名 男 〔複 -quíes ⇦ -quís〕〘競〙〔スキー〕Tバーリフト, ロープ塔

te-le-'tex-to [テ.レ.'テ(ク)ス.ト] 名 男 〘放〙(テレビの)文字放送

te-le-'tien-da [テ.レ.'ティエン.ダ] 名 女〖放〗〖商〗テレビショッピング

te-le-'ti-po [テ.レ.'ティ.ポ] 名 男《商標》テレタイプ

*__te-le-vi-'den-te__ [テ.レ.ビ.'デン.テ] 94% 名 共〖放〗テレビ視聴者

*__te-le-vi-'sar__ [テ.レ.ビ.'サる] 94% 動 他〖放〗テレビで放送する, 放映する

‡**te-le-vi-'sión** [テ.レ.ビ.'スィオン] 77% 名 女〖放〗テレビ(受像機);〖放〗テレビ放送, テレビジョン;〖放〗テレビ放送局

te-le-vi-'si-vo, -va [テ.レ.ビ.'スィ.ボ, バ] 形〖放〗テレビの, テレビ向きの

*__te-le-vi-'sor__ [テ.レ.ビ.'ソる] 93% 名 男〖放〗テレビ(受像機)

'té-lex ['テ.レ(ク)ス] 名 男〔単複同〕〖機〗テレックス

*__te-'lón__ [テ.'ロン] 93% 名 男〖演〗(舞台の)幕, カーテン　*caer el* ~ 幕が下りる; 解決する

te-lo-'ne-ro, -ra [テ.ロ.'ネ.ろ, ら] 形 名 男 女〖演〗前座の(芸人)

te-'lú-ri-co, -ca [テ.'ル.り.コ, カ] 形〖地質〗地球の

te-'lu-rio [テ.'ル.りオ] 名 男〖化〗テルル《元素》

‡**'te+ma** 69% 名 男 主題, 題目, テーマ; (試験の)問題, 課題;〖楽〗主題, テーマ, 主旋律;〖言〗語幹 名 女 執念, 執着, 反感

te-'ma-rio [テ.'マ.りオ] 名 男〔集合〕会議事項, 議題, 講演の題目, プログラム

te-'má-ti-co, -ca 形 主題の, テーマの, テーマによる;〖言〗語幹の　**-ca** 名 女〔集合〕(全体的な)テーマ; 理論; 哲学

tem-bla-'de-ro, -ra [テン.ブラ.'デ.ろ, ら] 形 震える, 揺れる　**-ra** 名 女〖体〗体の震え

‡**tem-'blar** [テン.'ブラる] 90% 動 自 ㊿ (e|ie) 震える; 揺れる; 恐れる, 恐れおののく　*dejar temblando*《話》ほとんどからっぽにして[消費して]しまう　*hacer* ~ 恐れさせる

tem-'ble-que [テン.'ブレ.ケ] 名 男 激しく震えること

tem-ble-que+'ar [テン.ブレ.ケ.'アる] 動 自《話》がたがた震える, ぶるぶるする

tem-'blón, -'blo-na [テン.'ブロン, 'ブロ.ナ] 形 名 男 女 がたがた震えている(人)

*__tem-'blor__ [テン.'ブロる] 93% 名 男 地震; 震動; 体の震え, 身震い; 恐れ, おののき

tem-blo-'ro-so, -sa [テン.ブロ.'ろ.ソ, サ] 形 よく震える, ぶるぶる震える

‡**te-'mer** [テ.'メる] 79% 動 他 恐れる, 怖がる; 〈que 直説法: …であることを〉心配する; 〈que 接続法/不定詞: …でないかと〉思う, 心配する 動 自 (por: を)怖がる, 心配する　**~se** 動 再 (que 直説法: …であることが)心配である; (que 接続法: …でないかと)思う, 心配する

te-me-'ra-rio, -ria [テ.メ.'ら.りオ, りア] 形 無謀な, 無鉄砲な, 短慮の, 軽率な

te-me-ri-'dad [テ.メ.り.'ダド] 名 女 無謀, 無鉄砲, 短慮

te-me-'rón, -'ro-na [テ.メ.'ろン, 'ろ.ナ] 形《話》虚勢を張った, いばりちらす, 見かけ倒しの

te-me-'ro-so, -sa [テ.メ.'ろ.ソ, サ] 形 臆病(おくびょう)な, 怖がり屋の; (de: に)びくびくした, おびえた, (de: を)恐れる; 恐ろしい

te-'mi-ble [テ.'ミ.ブレ] 形 恐るべき

‡**te-'mor** [テ.'モる] 88% 名 男 恐れ, 恐怖; (a, de: の)疑い, 心配, 不安　*por* ~ *a* [*de*] ... …を恐れて

'tém-pa+no 名 男〖楽〗ティンパニ, 半球鼓, 小太鼓, 太鼓の革; 氷の薄片　*ser un* ~《話》とても冷たい

tem-pe-ra-men-'tal [テン.ペ.ら.メン.'タル] 形 気性が激しい, 感情の波が大きい; 気質の, 気性の

*__tem-pe-ra-'men-to__ [テン.ペ.ら.'メン.ト] 92% 名 男 気質, 気性; 気性の激しさ, 血気, 活力;〖美〗〖文〗表現力;《ラ米》〖気〗気候, 天候;〖楽〗平均律

tem-pe-'ran-cia 名 女 ⇩ templanza

tem-pe-'rar [テン.ペ.'らる] 動 他〖医〗鎮静させる; 和らげる, 緩和する　**~se** 動 再〖気〗天候が穏やかになる

‡**tem-pe-ra-'tu-ra** [テン.ペ.ら.'トゥ.ら] 82% 名 女〖気〗気温, 温度;〔一般〕温度, 体温;〖医〗高熱

tem-'pe-ro [テン.'ペ.ろ] 名 男〖農〗(種まき, 植え付けのための)耕地の条件がよいこと, 地味が肥えていること

*__tem-pes-'tad__ 93% 名 女〖気〗嵐, しけ, 悪天候; 激論, 騒ぎ, 興奮, 激情

tem-pes-'tuo-so, -sa 形〖気〗悪天候の, 嵐の, しけ模様の; 激しい, 大荒れの, 興奮した

tem-'pla-do, -da [テン.'プラ.ド, ダ] 形 (en: に)節制した, 控えめな; 穏やかな, 穏和な; 温和な, 温暖な; 沈着な, 肝のすわった, 度胸のある;〖気〗温帯の; «水が»なまぬるい;〖楽〗調律した;《アンデス》《話》恋した, 惚(ほ)れた

tem-'plan-za [テン.'プラン.さ] 名 女 自制, 控えめ, 節制; 温和, 温暖;〖絵〗(色の)調和

tem-'plar [テン.'プラる] 動 他 和らげる, 緩める, 静める, なだめる; 暖める, 適温にする; 〈金属・ガラスを〉焼き入れする; 調節する, 加減する;〖楽〗〈楽器を〉調律する, チューニングする;〖絵〗〈色を〉調和させる　**~se** 動 再 穏やかになる, 節制する, 自制する;《ラ米》好きになる, 愛する

tem-ˈpla-rio [テン.ˈプラ.りオ] 名 男〔歴〕聖堂騎士団員 ⬇Temple

ˈtem-ple [ˈテン.プレ] 名 男 (鋼鉄などの)焼き戻し; 気分, 機嫌; 気質, 気性; 大胆, 勇気;〘絵〙テンペラ画;〘気〙気候, 天候; 気温; 中庸;〘楽〙(楽器の)調律, 調整 **T**～ 名 固〘歴〙聖堂[テンプル]騎士団

tem-ˈple-te [テン.ˈプレ.テ] 名 男〘宗〙〘建〙御堂, ほこら, 社(やしろ), 小礼拝堂

⁑**ˈtem-plo** [ˈテン.プロ] 89% 名 男〘宗〙〘建〙寺, 寺院, 神殿;〘宗〙〘建〙礼拝堂, 教会堂;〔一般〕殿堂 ***verdad como un*** ～ 《話》明らかな真実

ˈtem-po 名 男〘楽〙テンポ

⁑**tem-po-ˈra-da** [テン.ポ.ˈら.ダ] 84% 名 女 時, 時期, シーズン; 期間

⁑**tem-po-ˈral** [テン.ポ.ˈらル] 89% 形 一時的な; 世俗の, 現世の;〘言〙時制の;〘体〙こめかみの 名 男〘気〙悪天候, 嵐, 暴風雨 ～**mente** 副 一時的に, さしあたって

tem-po-ra-li-ˈdad [テン.ポ.ら.リ.ˈダド] 名 女 一時性; 世俗性

tem-po-ra-li-ˈzar [テン.ポ.ら.リ.ˈさる] 動 他 ㉞ (z|c) 《格》一時的なものにする

tem-po-ˈre-ro, -ra [テン.ポ.ˈれ.ろ, ら] 形 臨時雇いの 名 男 女 臨時雇い, 季節労働者

tem-po-ri-za-ˈdor [テン.ポ.り.さ.ˈドる] 名 男〘機〙タイマー

tem-po-ri-ˈzar [テン.ポ.り.ˈさる] 動 自 ㉞ (z|c) 迎合する; 時間をつぶす

tem-pra-ˈnal [テン.プら.ˈナル] 形〘農〙《耕地が》早生(わせ)種用の

tem-pra-ˈne-ro, -ra [テン.プら.ˈネ.ろ, ら] 形〘農〙《作物が》早生(わせ)の; 《人が》早起きの 名 男 女 早起きの人

tem-pra-ˈni-to, -ta〔縮小語〕⬇temprano

⁑**tem-ˈpra-no** [テン.ˈプら.ノ] 88% 副 早く, 早い時間に ～**, -na** 形 《時期が》早い;〘農〙早生(わせ)の 名 男〘農〙早生(わせ)の作物

Te-ˈmu-co 名 固〔地名〕テムーコ《チリ中南部の都市》

ˈten 動《命》⬇tener

ˈTe-na 名 固〔地名〕テナ《エクアドル北東部の都市》

***te-na-ci-ˈdad** [テ.ナ.すぃ.ˈダド] 94% 名 女 粘り強さ, がんばり; 頑強なこと, 手ごわいこと, 頑固

te-na-ˈci-lla [テ.ナ.ˈすぃ.ジャ] 名 女〔複〕〘食〙(角砂糖・菓子などをとる)トング;〔複〕〘電〙(髪をカールする)ヘアアイロン

***te-ˈnaz** [テ.ˈナす] 94% 形 固執する, 執拗(しつよう)な, 粘り強い, 強情な; 頑強な, 手ごわい; しつこい, くっついて離れない, なかなか取れない, いつまでも続く ～**mente** 副 執拗に, 粘り強く, 頑強に

te-ˈna-za [テ.ˈナ.さ] 名 女〔複〕やっとこ, 鉗子(かんし), はさみ, ペンチ, プライヤー;〔複〕火ばし, 火ばさみ;〔複〕〘動〙(エビ・カニなどの)はさみ

te-na-ˈzón [テ.ナ.ˈそン]〔成句〕***a*** [***de***] ～ ねらいもつけずに; 出し抜けに, 突然

ˈten-ca 名 女〘魚〙テンチ《コイ科の食用魚》;《南米》〘鳥〙マネシツグミ

ˈten-che 名 男《カリブ》《話》頑健な男

ten-ˈda-jo [テン.ˈダ.ほ] 名 男《メキシコ》《話》〘商〙小さな店

ten-ˈdal [テン.ˈダル] 名 男 天幕, テント, 日よけ, 雨よけ;〘農〙(オリーブなどの収穫のときに木の下に広げる)張り幕; 物干し場[幕], 乾燥場

ten-da-ˈle-ra [テン.ダ.ˈレ.ら] 名 女《話》〘商〙乱雑に並べられた商品

ten-da-ˈle-ro 名 男 ⇩tendedero

ten-de-ˈde-ro [テン.デ.ˈデ.ろ] 名 男 物干し場; 物干しざお[ひも]

⁑**ten-ˈden-cia** [テン.ˈデン.すぃア] 85% 名 女 傾向, 趨勢(すうせい); 性向, 性癖

ten-den-ˈcio-so, -sa [テン.デン.ˈすぃオ.ソ, サ] 形 傾向[癖]のある, 偏向した; 底意のある

ten-ˈden-te 形《スペイン》(a: の)傾向のある, (a: を)目指した

⁑**ten-ˈder** [テン.ˈデる] 84% 動 他 ㉛ (e|ie) 広げる, 伸ばす; 〈洗濯物を〉干す, つるす; 〈ひも・綱・橋などを〉かける; 差し出す; 寝かせる, 横たえる 動 自 (a 不定詞: …)しがちである; (a: の)傾向がある;〘植〙《植物が》(a: の方へ)傾く, 向く ～**se** 動 再 体を伸ばす, 横になる;〘遊〙〔トランプなど〕手札を見せる

ˈtén-der [ˈテン.デる] 名 男〘鉄〙(機関車の)炭水車, テンダー

ten-de-ˈre-te [テン.デ.ˈれ.テ] 名 男〘商〙露店, 屋台;《話》ばらばらのもの, 取り散らかし, 乱雑;〘遊〙〔トランプ〕ゲームの一種

***ten-ˈde-ro, -ra** [テン.ˈデ.ろ, ら] 94% 名 男 女〘商〙店の主人, 店員, 小売り商; テント職人

ten-ˈdi-do, -da 形 横になった; 広がった, 伸びた, 張られた; 《洗濯物が》干された, つるされた 名 男〘建〙(綱などを)張ること, 架橋, 敷設;〘牛〙(闘牛場の)前列席;〔集合〕干し物;〘食〙パンのこね玉, ひと焼き分 ***dejar*** ～[***da***]《話》(a: を)…打ちのめす

ten-ˈdien-te 形 ⇧tendente

ten-di-ˈni-tis 名 女〔単複同〕〘医〙腱(けん)炎

ten-ˈdón 名 男〘体〙腱(けん) ～ ***de Aquiles***〘体〙アキレス腱; 弱点

ten-dr~ 動《直未/過未》⬇tener

ten-ˈdu-cha 名 女《話》〔軽蔑〕〘商〙粗末な店, みすぼらしい店

te-ne-'bris-mo [テ.ネ.'ブリス.モ] 名 男〖絵〗テネブリスム《明暗のコントラストを強調する手法》

te-ne-'bris-ta [テ.ネ.'ブリス.タ] 形 名 共〖絵〗テネブリスムの(画家)

te-ne-'bro-so, -sa [テ.ネ.'ブろ.ソ, サ] 形 暗い, 陰の, 闇に包まれた; 陰気な, 暗い, 希望のない

*__te-ne-'dor__ [テ.ネ.'ドる] 93% 名 男 フォーク;《ｽﾍﾟｲﾝ》レストランの格付け《1本から5本までのフォークで表示する》 ～, **-dora** 名 男 女 (de: を)持つ人;〖商〗(de: 証券・手形などの)所有者, 持参者;〖競〗〔球技〕球拾い ***~[dora] de libros*** 女 簿記係

te-ne-du-'rí+a [テ.ネ.ドゥ.'リ.ア] 名 女 簿記, 帳簿

te-'nen-cia [テ.'ネン.すぃア] 名 女 所持, 所有;〖軍〗中尉の位[任期];《ﾁﾘ》警察署

__te-'ner__ [テ.'ネる] 43% 動 他 68 **1《人が》持つ, 所有する: Pepe **tiene** una casa en Barcelona. ペペはバルセロナに家を持っている。 **2** ある, 含む: La casa **tiene** una piscina. 家にはプールがある。 **3**〈意見・感情を〉抱く, 感じる, 経験する,〈苦痛を〉受ける: **Tengo** frío 私は寒いです。 **4**〈時を〉過ごす: **Tuvimos** un tiempo muy bueno durante las vacaciones. 私たちは休暇中とても楽しく過ごしました。 **5**〈会議を〉行う, 開く: Hoy a las cuatro y media **tenemos** una reunión de profesores. 今日の4時半に教授会がある。 **6**〈客を〉迎える, 受け入れる: Nos alegramos mucho de **tener**te aquí. 君が来てくれて私たちはとてもうれしい。 **7** (por: と)思う, みなす, 判断する: **Tengo** a Matías por un hombre honrado. 私はマティアスを誠実な人だと思います。 **8**〈子を〉産む: Teresa **ha tenido** un niño precioso. テレサはかわいい子を産んだ。 **9** 耐える, がんばる **10**〈の〉側につく,〈に〉味方する **11** つかむ, 支える, 保持する, 維持する 動《助動詞》**1** (que 不定詞: …)しなければならない: **Tenemos** que darnos prisa si queremos llegar a tiempo. 間に合おうとするなら私たちは急がなければなりません。 **2**〔過去分詞とともに〕…してある《過去分詞は直接補語の性・数と一致》: **Tengo** reservada una habitación en este hotel. 私はこのホテルに一部屋予約してあります。 動 自 **1** 金持ちである: Tanto vales cuanto **tienes**.〔ことわざ〕人は財産があればあるほど高く評価される。 **2** (de: と)似たところがある: Este niño **tiene** mucho de su madre. この子はとても母親似だ。 **3** (de 形容詞: …の)ところがある: Lo que este coche **tiene** de bonito lo tiene de caro. この車はきれいな分だけ値段が高い。 **～se** 動 再 **1** (形容詞・副詞: ある状態に)とまる, とどまる: **Tente** quieto un momento. ちょっと動かないでちょうだい。 **2** 倒れないようにする, 持ちこたえる: Tengo tanto sueño que no **me tengo**. 私はとても眠たくて立っていられない。 **3** (por: を)気取る: Marta **se tiene** por guapa. マルタは自分が美人だと思っている。 **4** (a: に)執着する ***Con [Así] que, ¿ésas tenemos?***《話》やれやれ!, まあ!《驚き》 ***no ~las to-das con-sigo de que*** ...(接続法) 疑っている, 信用していない ***no ~ más que*** ...(不定詞) …しさえすればよい ***Ten. / Tenga.***《話》はい, どうぞ《手渡すとき》 ***~ en mucho [poco]*** 尊重する[軽んじる] ***~ para sí que***... …と思う, …と疑う

te-ne-'rí+a [テ.ネ.'リ.ア] 名 女 皮なめし工場

Te-ne-'ri-fe [テ.ネ.'リ.フェ] 名 固〖地名〗テネリーフェ《スペイン領, カナリア諸島の主島》

'ten-go, -ga(~) 動《直現1単, 接現》⬆tener

'te-nia 名 女〖動〗条虫, サナダムシ;〖建〗タイニア, 平縁(ひらぶち)

te-'nia-sis 名 女〔単複同〕〖医〗条虫症

te-'ni-da 名 女《ﾁﾘ》盛装, おしゃれ

te-'nien-te 名 共〔tenienta 女 も使われる〕〖軍〗中尉; 代理人; 助役 形《果実が》熟していない;《話》耳が遠い, 聞こえない

te-'ní-fu-go, -ga 形 条虫駆除剤の 名 男 条虫駆除剤

'__te-nis__ 89% 名 男〖競〗テニス;〖競〗テニスコート *~ de mesa***〖競〗卓球, ピンポン

*__te-'nis-ta__ 94% 名 共〖競〗テニスプレーヤー, テニス選手

te-'nís-ti-co, -ca 形〖競〗テニスの

Te-noch-tit-'lán; -ti-'tlán [テ.ノチ.ティト.'ラン; .ティ.'トラン] 名 固〖歴〗〖地名〗テノチティトラン《アステカ王国の首都; 現在のメキシコシティーの地》

te-'nor [テ.'ノる] 名 男〖楽〗テノール; テノール歌手; (文書の)内容 ***a este ~*** この調子で ***a ~ de*** ...…に従って

te-'no-rio [テ.'ノ.りオ] 名 男 色男, 女たらし, プレイボーイ

ten-'sar [テン.'サる] 動 他〈ひも・綱などを〉張る

**__ten-'sión__ 85% 名 女 緊張(状態), 緊迫, 切迫; 精神的緊張, ストレス, 重圧; 伸張, 張り;〖医〗血圧;〖物〗圧力, 電圧; (気体の)膨張力

*'__ten-so, -sa__ 93% 形《綱などが》ピンと張った, 緊張した; 緊張した, 緊迫した

ten-'sor, -'so-ra [テン.'ソる, 'ソ.ら] 形 張る, 緊張した 名 男〖物〗テンソル;〖衣〗

(襟, ベルトなどの)芯

*ten-ta-'ción [テン.タ.'すぃオン] 92% 名 女 誘惑, 誘惑するもの, (de 不定詞: …)したい気持ち

ten-ta-cu-'lar [テン.タ.ク.'ラる] 形 〔動〕触手の; 〔植〕触糸の, 触毛の

ten-'tá+cu-lo [テン.'タ.ク.ロ] 名 男 〔動〕(下等動物の)触手; 〔植〕触糸, 触毛 *extender los ~s* (a: に)触手を伸ばす

ten-ta-'de-ro [テン.タ.'デ.ろ] 名 男 〔牛〕子牛の勇猛さを検査する場所

ten-ta-'dor, -'do-ra [テン.タ.'ドる, 'ド.ら] 形 誘惑的な, 魅力のある

*ten-'tar [テン.'タる] 93% 動 他 50 (e|ie) そそのかす, 誘惑する; 試みる, 試す, 〈…しようと〉する; さわって確かめる; 探る, 調べる

ten-ta-'ti-vo, -va [テン.タ.'ティ.ボ, バ] 形 手探りの, 試しの, 試験的な -va 名 女 試み, 企図; 予備試験; 〔法〕未遂

ten-tem-'pié 名 男 〔食〕おやつ, 軽い食事; 〔遊〕起き上がり小法師(こぼし)

ten-te-'tie-so 名 男 〔遊〕起き上がり小法師(こぼし) 《底におもりを入れ, 倒しても自分で起き上がるようにした人形》

'te-nue 形 微妙な, 薄い, 弱い, わずかな; 細い; 《文体が》簡潔な, 自然な

te-nui-'dad 名 女 《格》微妙さ, 繊細さ; 希薄, 薄さ; 《格》大したことのないこと

te-'ñi-do, -da [テ.'ニィ.ド, ダ] 形 染めた, 染色した; (de: の)傾向のある, 気味の 名 男 染色; 染料

*te-'ñir [テ.'ニィる] 94% 動 他 59 (e|i; 〈i〉) 染める, 染色する; 〈文章に〉(de: 思想・意見の)傾向を持たせる; 〔絵〕 色調を暗くする ~se 動 再 (de: に)染まる, (de: を)帯びる; 〈自分の髪を〉染める

te+o-'ca-li [テ.オ.'カ.リ] 名 男 《メキシコ》〔宗〕〔建〕(アステカ族の)神殿

te+o-'cra-cia [テ.オ.'クら.すぃア] 名 女 〔宗〕〔政〕神権政治, 神権 《神託による政治》

te+o-'crá-ti-co, -ca [テ.オ.'クら.ティ.コ, カ] 形 〔宗〕〔政〕神権(政治)の

te+o-do-'li-to [テ.オ.ド.'リ.ト] 名 男 〔地〕経緯儀, セオドライト

Te+o-'do-ra [テ.オ.'ド.ら] 名 固 〔女性名〕テオドーラ

Te+o-'do-ro [テ.オ.'ド.ろ] 名 固 〔男性名〕テオドーロ

te+o-lo-'gal [テ.オ.ロ.'ガル] 形 神学(上)の

*te+o-lo-'gí+a [テ.オ.ロ.'ひ.ア] 94% 名 女 神学 *no meterse en ~s* 面倒な問題を避ける

te+o-'ló-gi-co, -ca [テ.オ.'ロ.ひ.コ, カ] 形 神学(上)の

te+'ó-lo-go, -ga [テ.'オ.ロ.ゴ, ガ] 名 男 女 神学者; 神学生

te+o-'re-ma [テ.オ.'れ.マ] 名 男 〔数〕定理, 一般原理[法則]

**te+o-'rí+a [テ.オ.'り.ア] 81% 名 女 理論, 説, 学説, …論; 理屈; 推測, 意見, 私見 *en ~* 《文修飾》理論的には… 《実際はそうでないという意味がこめられる》

te+'ó-ri-co, -ca [テ.'オ.り.コ, カ] 形 理論(上)の, 思弁的な, 理論の上だけで存在する 名 男 女 理論家 -camente 副 《文修飾》理論上(は), 理論的に言えば 《実際はそうでないという意味がこめられる》; 理論的に

te+o-ri-'zar [テ.オ.り.'さる] 動 他 34 (z|c) 理論化する 動 自 理論を立てる

te+o-so-'fí+a 名 女 神智学 《黙想・直観により神智を得ようとする神秘思想》

te+o-'só-fi-co, -ca 形 神智学(上)の

Te+o-ti+hua-'cán [テ.オ.ティ.ゥア.'カン] 名 固 〔歴〕〔地名〕テオティワカン 《メキシコ中部の古代遺跡都市》

te-'pa-che 名 男 《ラ米》〔飲〕テパーチェ 《サトウキビやパイナップルのしぼり汁から作るメキシコ産の混合酒》

te-pal-'ca-te [テ.パル.'カ.テ] 名 男 〔複〕《メキシコ》《話》安物, がらくた

'te+pe 名 男 (移植用に四角に切った)芝, 芝生, 草床

Te-'pic [テ.'ピク] 名 固 〔地名〕テピーク 《メキシコ西部の都市》

te-'qui-la [テ.'キ.ラ] 名 男 〔飲〕テキーラ 《リュウゼツランの茎の汁を発酵させ蒸留した酒》

'TER ['テる] 略 =Tren Español Rápido 〔鉄〕スペイン高速鉄道

te-ra~ 〔接頭辞〕〔数〕「10の12乗」を示す

te-ra-'peu-ta [テ.ら.'ペゥ.タ] 名 共 〔医〕治療士, セラピスト; 〔医〕臨床医

te-ra-'péu-ti-co, -ca [テ.ら.'ペゥ.ティ.コ, カ] 形 〔医〕治療(上)の, 治療学の; 健康維持に役立つ -ca 名 女 〔医〕治療学, 治療法

te-'ra-pia [テ.'ら.ピア] 名 女 〔医〕治療(法)

'ter-bio ['テる.ビオ] 名 男 〔化〕テルビウム 《元素》

ter-'cer [テる.'せる] 形 《tercero の語尾脱落形; 男性単数名詞の前で用いる形 ↓tercero》

ter-ce-'rí+a [テる.せ.'り.ア] 名 女 調停, 仲介; 〔法〕第三者の権利

ter-ce-ri-'zar [テる.せ.り.'さる] 動 他 34 (z|c) 〔経〕下請けに雇う ⇧ subcontratar

ter-cer-mun-'dis-ta [テる.せる.ムン.'ディス.タ] 形 第三世界の; 〔軽蔑〕劣悪な

**ter-'ce-ro, -ra [テる.'せ.ろ, ら] 76% 形 〔男性単数名詞の前で tercer となる〕 第3の; 3番目の; 3分の1の; 仲介の, 取り持ち

t

の名 男 女 第三者; 仲介者; 調停者; 男女の仲を取り持つ人 名 男〔宗〕第三会員;〔法〕徴税人; 3 分の 1 *tercera edad* 老年

ter-'ce-to [テる.'せ.ト] 名 男〔文〕3 行連, 3 行詩;〔楽〕三重唱[奏]

ter-cia-'dor, -'do-ra [テる.すぃア.'ドる, 'ド.ら] 形 仲介の, 取り次ぎの, 調停する 名 男 女 仲介者, 調停者;《ｺﾛﾝﾋﾞｱ》〔商〕ポーター, 荷物運び屋

ter-'cia-na [テる.'すぃア.ナ] 名 女〔医〕三日熱

ter-'ciar [テる.'すぃアる] 動 自 (en: に) 参加する;《ｽﾍﾟｲﾝ》(entre: の間を)仲裁[調停]する; (ゲームなどで)人数を満たすために加わる;〔天〕《月が》三日月になる 動 他 斜めに置く[掛ける]; 3 つに分ける;〔畜〕(荷獣の背の両側に)〈荷を〉2 つに振り分ける;〔農〕〈田畑の〉第三耕をする ~**se** 動 再《ｽﾍﾟｲﾝ》起こる, 機会が来る

ter-'cia-rio, -ria [テる.'すぃア.りオ, りア] 形 第 3 の, 3 次の;〔地質〕第三紀の 名 男 女〔宗〕第三会員 名 男〔地質〕第三紀

*'**ter-cio, -cia** ['テる.すぃオ, すぃア] 89% 形 3 分の 1 の 名 男 3 分の 1;〔歴〕〔軍〕テルシオ《16, 17 世紀のスペインの歩兵連隊》;〔牛〕3 つの場面; (荷獣の)2 つに分けた荷の一つ, 片荷;〔複〕(男の力強い)手足 *hacer buen* ~《話》(a: の)役に立つ, …に便利である *hacer mal* ~ (a: を)妨げる, (a: の)役に立たない *hacer* ~ 参加する, 数に入る

ter-cio-'pe-lo [テる.すぃオ.'ペ.ロ] 名 男〔衣〕ビロード, ベルベット

*'**ter-co, -ca** ['テる.コ, カ] 94% 形 頑固な, かたくなな;《材料が》硬い, 加工しにくい

'**Te-re** ['テ.れ] 名 固〔女性名〕テレ《テレサ Teresa の愛称》

te-re-'bin-to [テ.れ.'ビン.ト] 名 男〔植〕テレビンノキ

te-re-'ré [テ.れ.'れ] 名 男《ﾗﾌﾟﾗﾀ》〔飲〕テレレ《ミントなどの香料を加え, 冷たい水で飲むマテ茶》

Te-'re-sa [テ.'れ.サ] 名 固〔女性名〕テレーサ

te-re-'sia-no, -na [テ.れ.'スィア.ノ, ナ] 形 聖テレーサの;〔宗〕カルメル会の **-na** 名 女〔宗〕カルメル会修道女

Te-re-'si-ta [テ.れ.'シ.タ] 名 固〔縮小語〕↑Teresa

ter-'gal [テる.'ガル] 名 男《商標》テルガル《ポリエステル系の布地》

ter-gi-ver-sa-'ción [テる.ひ.べる.サ.'すぃオン] 名 女 曲解, (事実・人の意見などを)ゆがめること; ごまかし, 言い紛らすこと

ter-gi-ver-'sar [テる.ひ.べる.'サる] 動 他 曲解する, 〈事実・人の意見などを〉曲げる, ゆがめる; ごまかす, 言い紛らす; 変える, 乱す, 混ぜ返す

ter-'liz [テる.'りす] 名 男〔衣〕丈夫な亜麻布[木綿地]

ter-'mal [テる.'マル] 形 温泉の

'**ter-mas** ['テる.マス] 名 女《複》温泉, 浴場

'**ter-mes** ['テる.メス] 名 男〔単複同〕〔昆〕シロアリ

'**tér-mi-co, -ca** ['テる.ミ.コ, カ] 形 熱の, 熱による, 温度の

ter-mi-'na-cho [テる.ミ.'ナ.チョ] 名 男《話》下品な言葉

***ter-mi-na-'ción** [テる.ミ.ナ.'すぃオン] 93% 名 女 終了, 終止, 完了, 満了; 完成; 結末, 結果, 終点; 端, 外れ, 末端;〔言〕語尾

***ter-mi-'nal** [テる.ミ.'ナル] 91% 形 終わりの, 境界の, 終点の;〔医〕末期の;〔植〕頂生の, 末端の 名 男〔電〕電極, 端子;〔情〕端末(装置) 名 女〔鉄〕(鉄道・バスなどの)終点, ターミナル

ter-mi-'nan-te [テる.ミ.'ナン.テ] 形 決定的な, はっきりとした, 断固とした, 最終的な; 厳しい ~**mente** 副 厳しく; 決定的に, 断固として; 最終的に

ter-mi-'nar [テる.ミ.'ナる] 70% 動 自 終わる; 最後[先]が(en 名詞/形容詞: …に)なる; (con: を)終える; 結局(por 不定詞: …に)なる; (de 不定詞: を)終える;〔否定文で〕どうしても(de 不定詞: …)できない 動 他 終える, 仕上げる, 完成する ~**se** 動 再 終わる; なくなる, 尽きる *a medio* ~ 中途の[で], 未完の[で] *dar por terminado*[*da*] 終わったものとする ~ *mal* けんか別れをする

ter-mi-'nis-ta [テる.ミ.'ニス.タ] 名 共 気取った言い方をする人

'**tér-mi-no** ['テる.ミ.ノ] 77% 名 男 終わり, 終結点; 端, 末端; 目標, 到達点, 目的地; 期限; 言葉, 用語;〔複〕表現, 言葉遣い;〔複〕条件; 状態, 状況;〔演〕〔絵〕景; 境界, 県境, 州境; 限界;〔建〕(古代ローマなどの)境界柱《境界神 Terminus の像を刻んだ》;〔言〕(文法関係を構成する)語, 名辞;〔数〕分数の項《分子と分母》, 項, 数;〔楽〕(楽符の)点, 符 *dar* ~ (a: を)終わらせる *en primer* ~ まず最初に *en ~s de* ... …の立場から, …の点から *en ~s generales*《文修飾》一般的に言って *en último* ~ 他に仕方なければ *estar en buenos* [*malos*] *~s* 仲がよい[悪い] *llevar a* ~ 実行する, やり遂げる *poner* ~ (a: を)終える, 止めさせる ~ *medio* 平均 *~s hábiles* 可能な手段

ter-mi-no-lo-'gí-a [テる.ミ.ノ.ロ.'ひ.

ア] 名 女〔集合〕用語, 術語; 用語集; 術語学

ter-mi-no-'ló-gi-co, -ca [テる.ミ.ノ.'ロ.ひ.コ, カ] 形 用語の, 術語(学)の

ter-'mi-ta [テる.'ミ.タ] 名 女〔化〕テルミット《燃やすと高温を出す金属の混合物》

'ter-mo ['テる.モ] 名 男〔飲〕魔法瓶(びん)

ter-mo-di-'ná-mi-co, -ca [テる.モ.ディ.'ナ.ミ.コ, カ] 形〔物〕熱力学の -ca 名 女〔物〕熱力学

ter-mo-e-lec-tri-ci-'dad [テる.モ.エ.レク.トり.すぃ.'ダド] 名 女〔物〕熱電気

ter-mo-e-'léc-tri-co, -ca [テる.モ.エ.'レク.トり.コ, カ] 形〔物〕熱電気の

*__ter-'mó-me-tro__ [テる.'モ.メ.トろ] | 94% 名 男 温度計, 体温計

ter-mo-nu-cle+'ar [テる.モ.ヌ.クレ.'アる] 形 熱核反応の;〔軍〕熱核[水素]爆弾の

ter-mo-'plás-ti-co, -ca [テる.モ.'プラス.ティ.コ, カ] 形 熱可塑(かそ)性の 名 男 熱可塑性物質

ter-mo-rre-sis-'ten-te [テる.モ.れ.スィス.'テン.テ] 形 耐熱性の

ter-mo-si-'fón [テる.モ.スィ.'フォン] 名 男 家庭用ボイラー, 湯沸かし(器);〔物〕熱サイホン

ter-mos-'tá-ti-co, -ca [テる.モス.'タ.ティ.コ, カ] 形〔電〕サーモスタットの

ter-mos-'ta-to ⇔-'mós- [テる.モス.'タ.ト⇔.'モス.] 名 男〔電〕サーモスタット, 自動温度調節器

ter-mo-te-'ra-pia [テる.モ.テ.'ら.ピア] 名 女〔医〕温熱療法

'ter-na ['テる.ナ] 名 女 3 名の候補者リスト

ter-'na-rio, -ria [テる.'ナ.りオ, りア] 形 3 つの, 3 つからなる 名 男 3 日間の祈り

ter-'ne-ra [テる.'ネ.ら] 名 女〔食〕子牛の肉;〔動〕雌の子牛;《ラプラタ》ふくらはぎ

*__ter-'ne-ro__ [テる.'ネ.ろ] 94% 名 男〔動〕| (雄の)子牛

ter-'ne-za [テる.'ネ.さ] 名 女 やさしい性格;〔複〕おべっか, 甘い言葉; 愛の言葉

ter-'ni-lla [テる.'ニ.ジャ] 名 女〔体〕(動物の)軟骨

'ter+no ['テる.ノ] 名 男 3 つ組, 3 人組;〔衣〕三つぞろい《上着 chaqueta, ベスト chaleco, ズボン pantalones》; のろいの言葉

*__ter-'nu-ra__ [テる.'ヌ.ら] 92% 名 女 やさしさ, 愛情; やさしい態度, 愛情を示す行為; 甘い言葉, 愛の言葉

ter-que-'dad [テる.ケ.'ダド] 名 女 強情, 頑固な性格

te-rra-'co-ta [テ.ら.'コ.タ] 名 女 テラコッタ, 素焼きの土器; 赤褐色

te-'rra-do [テ.'ら.ド] 名 男〔建〕平屋根, テラス

te-'rra-ja [テ.'ら.は] 名 女〔機〕(ねじ切り用の)ダイス回し

te-'rral [テ.'らル] 形〔気〕《風が》陸から吹く, 陸の 名 男〔気〕陸風《陸から海に向かって吹く》

te-rra-mi-'ci-na [テ.ら.ミ.'すぃ.ナ] 名 女《商標》〔医〕テラマイシン《抗生物質》

Te-rra-'no-va [テ.ら.'ノ.バ] 名 固〔地名〕ニューファンドランド島《カナダ東端の島》;〔t~〕〔動〕〔犬〕ニューファンドランド ⇨ perro de Terranova

te-rra-'plén [テ.ら.'プレン] 名 男 盛り土, 土手;〔建〕(城の)塁道《塁上の大砲を置く平地》

te-rra-ple-'nar [テ.ら.プレ.'ナる] 動 他 平らにする, 地ならしする; 〈の〉土手を作る

te-'rrá-que+o, +a [テ.'ら.ケ.オ, ア] 形 水陸からなる, 水陸の

te-rra-te-'nien-te [テ.ら.テ.'ニエン.テ] 名 共 大土地所有者, 大地主

*__te-'rra-za__ [テ.'ら.さ] 92% 名 女〔建〕ベランダ, テラス, 露台;〔農〕段々畑, 区画;〔地〕段丘;《コロンビア》《話》(人間の)頭

‡__te-rre-'mo-to__ [テ.れ.'モ.ト] 89% 名 | 男 (大)地震

te-rre-'nal [テ.れ.'ナル] 形 この世の, 現世の

‡__te-'rre+no__ [テ.'れ.ノ] 81% 名 男 土地, 区画; 地表; 分野, 領域; 場面, 場, (活動する)範囲;〔競〕グラウンド, コート;〔地質〕層(群), 地形 **~, -na** 形 現世の, この世の, 世俗の ***ganar ~*** 進む, 前進する, 優勢になる ***perder ~*** 不利な立場に立つ, 劣勢になる ***preparar el ~*** 下準備をする, 地ならしする ***saber qué ~ se pisa*** 事情に詳しい, 問題の性質を見極める ***sobre el ~*** 実地の[で], その場で ***~ abonado*** 温床

'té-rre+o, +a ['テ.れ.オ, ア] 形 土地の, 土の, 土のような

‡__te-'rres-tre__ [テ.'れス.トれ] 90% 形 陸 | 上の, 地上の; 地球の

‡__te-'rri-ble__ [テ.'り.ブレ] 88% 形 恐ろしい, 怖い;《話》ひどい, すごい **~mente** 副 ひどく, すごく, えらく, 非常に; 恐ろしく

te-'rrí-co-la [テ.'り.コ.ラ] 形〔動〕〔植〕陸生の 名 男〔動〕陸生動物 名 共〔天〕地球人《地球に住む人間》

te-'rrier [テ.'りエる] 名 男〔動〕〔犬〕テリア

te-'rrí-fi-co, -ca [テ.'り.フィ.コ, カ] 形 恐ろしい, ひどい

*__te-rri-to-'rial__ [テ.り.ト.'りアル] 91% | 形 領土の; 土地の, 区域の, 管区の

te-rri-to-ria-li-'dad [テ.り.ト.りア.

リ.'ダド] 名 女〘法〙領土権

****te-rri-'to-rio** [テ.ɼ̃ .'ト.りオ] 84% 名 男〘政〙領土, 領地, 国土; 受け持ち区域, 管区;〘歴〙〘政〙(《ラ米》) 直轄領地;〘動〙縄張り, テリトリー

te-'rrón [テ.'ろ̃ン] 名 男 土塊(どかい), 土くれ;〘食〙(砂糖・塩などの)塊(かたまり);〘農〙(サトウキビ・オリーブなどの)しぼりかす ~ ***de azúcar***〘食〙角砂糖

****te-'rror** [テ.'ろ̃る] 90% 名 男 恐怖, 恐ろしさ;〘政〙恐怖政治, 恐怖時代

te-rro-'rí-fi-co, -ca [テ.ろ̃.'り.フィ.コ, カ] 形 怖い, 恐ろしい

****te-rro-'ris-mo** [テ.ろ̃.'リス.モ] 89% 名 男 テロ行為, テロリズム;〘政〙恐怖政治

****te-rro-'ris-ta** [テ.ろ̃.'リス.タ] 89% 形 名 共 テロの; テロリスト;〘政〙恐怖政治の; 恐怖政治家

te-'rro-so, -sa [テ.'ろ̃.ソ, サ] 形 土の, 土でできた, 土を含んだ; 土色の, 茶色の

te-'rru-ño [テ.'る̃.ニョ] 名 男 生地, 郷土, 故郷; 土塊(どかい), 土くれ; 一区画の地面, 土地

ter-'sar [テる.'サる] 動 他 磨く, 滑らかにする, 〈の〉つやを出す

'ter-so, -sa ['テる.ソ, サ] 形 つややかな, 磨かれた, 滑らかな; «文体・言葉が»美しい, 磨かれた, 流麗な

ter-'su-ra [テる.'ス.ら] 名 女 滑らかさ, つや

***ter-'tu-lia** [テる.'トゥ.リア] 92% 名 女 集い, 茶話会;〘演〙(昔の)高桟敷, 立見席;〘建〙(カフェの)奥部屋《ビリヤードやトランプをする》

ter-tu-'lia+no, -na [テる.トゥ.'リア.ノ, ナ] 形 名 男 女 集いの(常連)

ter-tu-'lian-te 形 ⇧ tertuliano

Te-'ruel [テ.'るエル] 名 固〘地名〙テルエル《スペイン北東部の県, 県都》

te-ru-'te-ru [テ.る.'テ.る] 名 男 (《南米》)〘鳥〙ナンベイタゲリ

te-'sar [テ.'サる] 動 他〘海〙〈索・帆などを〉ピンと張る 動 自 «牛が»後ずさりする

te-'se-la [テ.'セ.ラ] 名 女 (モザイクの)小片

te-'si-na 名 女 (《スペイン》)(学部の)卒業論文, 小論文

****'te-sis** 86% 名 女〔単複同〕論文, 学位論文; 意見, 見解, 論旨, 論点, 主張, 説;〘哲〙〘論〙命題, テーゼ

te-si-'tu-ra [テ.スィ.'トゥ.ら] 名 女〘楽〙(声・楽器の)音域; 気持ち, 精神状態; 状況

te-'són 名 男 がんばり, 執拗さ; 堅さ, 堅固

te-so-'ne-ro, -ra [テ.ソ.'ネ.ろ, ら] 形 がんばり屋の, 強い, 不屈の

te-so-re-'rí+a [テ.ソ.れ.'り.ア] 名 女 (企業などの)金庫, 国庫, 公庫; 会計課, 経理部, 財務課; 財務局

te-so-'re-ro, -ra [テ.ソ.'れ.ろ, ら] 名 男 女 出納係, 会計係, 経理係; 財務官;〘宗〙(教会の)宝物管理係

te-'so-ro** [テ.'ソ.ろ] 91% 名 男 宝, 宝物, 財宝, 富, 財産; 大切なもの[人], 貴重なもの[人]; 宝庫; 宝典, 辞典; 国庫 ***mi ~ あなた, おまえ《愛情をこめた呼びかけ》

'test 名 男〔単複同〕(《単複同》) テスト, 試験;〘心〙検査, テスト

'tes-ta 名 女 (《話》)〘体〙(人・動物の)頭; 頭(かしら), リーダー, 主, 王; (《話》) 理解(力), 頭のよさ, ものわかりのよさ

tes-'tá-ce+o, +a [テス.'タ.セ.オ, ア] 形〘動〙殻のある, 有殻の 名 男〘動〙有殻動物

tes-ta-'dor, -'do-ra [テス.タ.'ドる, 'ド.ら] 名 男 女〘法〙遺言者

tes-ta-men-'ta-rio, -ria [テス.タ.メン.'タ.りオ, りア] 形〘法〙遺言の, 遺言による 名 男 女〘法〙遺言執行人

***tes-ta-'men-to** 93% 名 男〘法〙遺言, 遺言書; [T~]〘宗〙聖書

tes-'tar [テス.'タる] 動 自〘法〙遺言書を作る, 遺言する 動 他 消す, 抹消する

tes-ta-'ra-zo [テス.タ.'ら.そ] 名 男 頭をぶつけること, 鉢合わせ

tes-ta-ru-'dez [テス.タ.る.'デす] 名 女 頑固なこと, 強情

tes-ta-'ru-do, -da [テス.タ.'る.ド, ダ] 形 名 男 女 頑固な(人), かたくなな(人), 強情な(人)

tes-te-'ar [テス.テ.'アる] 動 自 (《ボリビア》)(《チリ》)(《ラプラタ》) ⇧ testar

tes-ti-cu-'lar [テス.ティ.ク.'ラる] 形〘体〙睾丸(こうがん)の, 精巣の

tes-'tí+cu-lo [テス.'ティ.ク.ロ] 名 男〘体〙睾丸(こうがん), 精巣

tes-ti-fi-'car [テス.ティ.フィ.'カる] 動 他 69 (c|qu)〘法〙証言する, 〈の〉証人となる; 証明する, 表明する

****tes-'ti-go** 88% 名 共〘法〙証人; 目撃者; 立会人 名 男 証拠;〘競〙〔リレー競技〕バトン;〔複〕境界石 ***~s de Jehová***〘宗〙エホバの証人《キリスト教の一派》

tes-ti-mo-'nial [テス.ティ.モ.'ニアル] 形〘法〙証明の, 証拠になる, 証拠の 名 女〔複〕〘法〙証拠書類; (人物・資格などの)証明書, 推薦状

tes-ti-mo-'niar [テス.ティ.モ.'ニアる] 動 他 証明する, 証言する; (《格》) 述べる

****tes-ti-'mo-nio** 88% 名 男 証拠; 証言; 証明(書);〔一般〕あかし, 印 ***en ~ de ...*** …の印として

test.º 略 ⬆testigo

tes-'tuz [テス.'トゥす] 名 男 [女] (《女性

名詞としても使われる》(動物の)額; 後頭部

ˈte+ta 名 女 〔体〕乳房, 乳首; 《話》乳(ちち); 授乳期; 《話》とても良いもの; 丸い小山

te-ˈtá-ni-co, -ca 形 〔医〕破傷風の; 〔医〕強直[テタニー]の

ˈté-ta+no 名 男 〔医〕破傷風; (激しい)筋肉の強直痙攣(けいれん), 強縮

te-ˈte-ra [テ.ˈテ.ら] 名 女 〔飲〕ティーポット, 急須(きゅうす); 《(メキシコ)》《(カリブ)》おしゃぶり, 哺乳瓶(ほにゅうびん)の口 ***agarrar la ~*** 《(メキシコ)》《話》酒に酔う

te-ˈti-lla [テ.ˈティ.ジャ] 名 女 〔体〕(男性の)乳首; 〔飲〕哺乳瓶(ほにゅうびん)の口

te-tra~ 〔接頭辞〕「4」を示す

te-tra-ˈbrik [テ.トら.ˈブリク] 名 男 〔複 -briks〕《商標》テトラブリック《牛乳・果汁などの紙容器》

te-tra+ˈe-dro [テ.トら.ˈエ.ドろ] 名 男 〔数〕四面体

te-ˈtrá-go+no, -na [テ.ˈトら.ゴ.ノ, ナ] 形 四角形の 名 男 四角形

te-tra-lo-ˈgí+a [テ.トら.ロ.ˈひ.ア] 名 女 〔歴〕〔演〕(古代ギリシャで)四部劇《三悲劇と一風刺劇からなる》; 〔文〕(戯曲・小説などの)四部作

te-tra-mo-ˈtor [テ.トら.モ.ˈトる] 形 〔空〕4 エンジンの 名 男 〔空〕4 エンジン飛行機

te-tra-ˈple-jia ⇔ **-ˈjí+a** [テ.トら.ˈプレ.ひア ⇔ .ˈひ.ア] 名 女 〔医〕四肢麻痺

te-tra-ˈsí-la-bo, -ba [テ.トら.ˈスィ.ラ.ボ, バ] 形 〔音〕4 音節の 名 男 〔音〕4 音節語; 〔文〕4 音節の詩行

ˈté-tri-co, -ca [ˈテ.トリ.コ, カ] 形 《格》もの悲しい, 陰気な, ふさぎ込んだ

Te-ˈtuán 名 固 〔地名〕テトゥアン《モロッコ北部の都市》

te-ˈtu-do, -da 形 《俗》胸が大きい

te+ˈúr-gia [テ.ˈウる.ひア] 名 女 妖術, 魔術

te+ˈúr-gi-co, -ca [テ.ˈウる.ひ.コ, カ] 形 妖術の, 魔術の

teu-ˈtón, -ˈto-na 形 名 男 女 〔歴〕チュートン族(の)《ゲルマン民族の一派》; 《話》ドイツ人(の)

teu-ˈtó-ni-co, -ca 形 〔歴〕チュートン族の; 〔歴〕〔言〕チュートン語の 名 男 〔歴〕〔言〕チュートン語, ゲルマン語

te-ˈxa+no, -na [テ.ˈは.ノ, ナ] 形 名 男 女 〔地名〕テキサスの(人); 〔衣〕ジーンズの

ˈTe-xas [ˈテ.はス] 名 固 〔地名〕テキサス《アメリカ南部の州》

tex-te-ˈar [テ(ク)ス.テ.ˈアる] 動 自 《(米国)》《(メキシコ)》《(中米)》《(ボリビア)》《(ウルグアイ)》〔情〕メッセージを送信する 動 他 〈メッセージを〉送信する

*__tex-ˈtil__ [テ(ク)ス.ˈティル] 93% 形 織物の, 繊維の 名 男 織物, 繊維

**tex-to [ˈテ(ク)ス.ト] 79% 名 男 本文; 原文; 本, 作品; 教科書, テキスト; 引用(文)

tex-ˈtual [テ(ク)ス.ˈトゥアル] 形 原文(上)の, 原文どおりの; 本文の **~mente** 副 原文どおりに, 文字どおりに, そのままに

tex-ˈtu-ra [テ(ク)ス.ˈトゥ.ら] 名 女 織物, 織り地; 織ること; 作品[文章]の構成; 〔生〕組織

ˈtez [ˈテす] 名 女 〔体〕顔面, 顔の皮膚, 顔色

tfno. 略 ↑teléfono

ˈthe-ta [ˈテ.タ] 名 女 〔言〕テータ, シータ《ギリシャ語の文字 Θ, θ》

thriller [ˈすり.レる] 名 男 〔英語〕〔映〕スリラー映画

ˈti 81% 代 《人称》君, おまえ, あなた《2 人称単数; 前置詞の後で用いられる; 親しい人に対して用いられる》: Mario, aquí hay una carta para **ti. マリオ, ここに君あての手紙があるよ。 ***de ~ para mí*** 《話》《文修飾》ここだけの話だが

ˈtí+a 名 女 おば, 叔母, 伯母); 大叔母, 大伯母; 《話》〔婦人に対して〕〔敬愛〕おばさん; 《(スペイン)》《俗》女; 《話》尻軽女, 淫売; 《(チリ)》《話》〔商〕質屋 ***¡Cuéntaselo a tu ~!*** 《話》誰が信じるものか!

Tia+hua-ˈna-co [ティア.ウア.ˈナ.コ] 名 固 〔地名〕ティアワナーコ《ティティカカ湖東岸のボリビア領にある遺跡》

ˈTian-jin [ˈティアン.ひン] 名 固 〔地名〕天津(てんしん)(テンチン)《中国, 華北地区北部の都市》

ˈTian ˈShan [ˈティアン ˈサン] 名 固 〔montes (Celestes) ~〕〔地名〕天山(てんざん)(テンシャン)山脈 《パミール高原から中国領まで東西に走る山脈》

ˈtia-ra [ˈティア.ら] 名 女 〔衣〕ティアラ《宝石・花を配した婦人の頭飾り・冠》; 〔宗〕(ローマ教皇の)教皇冠, 三重宝冠; 教皇の職権

ˈTí-ber [ˈティ.べる] 名 固 〔el ~〕〔地名〕テベレ川《イタリア中部の川; ローマ市内を流れる》

ti-ˈbe-rio [ティ.ˈべ.りオ] 名 男 《話》大騒ぎ, 騒動

ˈTí-bet 名 固 〔meseta del ~〕〔地名〕チベット高原《中国南西部の大高原》

ti-be-ˈta+no, -na 形 〔地名〕チベット(人)の ↑Tíbet; 〔言〕チベット語の 名 男 女 チベット人 名 男 〔言〕チベット語

ˈti-bia 名 女 〔体〕〔動〕脛骨(けいこつ)《向こうずねの骨》; 〔楽〕笛, フルート 形 《女》↓tibio

ti-ˈbie-za [ティ.ˈビエ.さ] 名 女 生暖かさ, ぬるさ; 気乗りのしないこと, 熱意のないこと

*__ˈti-bio, -bia__ 92% 形 生暖かい, ぬるい; 気乗りのしない, 熱意のない **-biamente** 副 生暖かく, ぬるく; 気乗りしない様子で, 熱意のない様子で ***poner ~[bia]*** 《話》(a:

t

を)ののしる, けなす

ti-bu-'rón [ティ.ブ.'ろン] 名 男〘魚〙サメ, フカ

'tic ['ティク] 名 男〔複 tics〕〘医〙チック《顔面筋などの不随意痙攣(けいれん)》

TIC ['ティク] 略 ＝tecnologías de la información y de la comunicación〘情〙情報通信技術

'ti+co, +ca 形《(ラ米)》《話》コスタリカの 名 男 女 コスタリカ人

tic-'tac [ティク.'タク] 名 男〔複 -tacs〕《擬音》チックタック《時計の音》

'tiem-bl~ 動《直現/接現/命》↑temblar

*‡***'tiem-po** 61% 名 男 時, 時間; ひま, 余暇; 期間, 間;〔しばしば複〕時代, (de: の)ころ; 季節; 時機, 機会; 天気, 天候;《話》年齢;〘言〙時制;〘競〙ハーフタイム;〘技〙(エンジンの)サイクル;〘海〙(長い)嵐, 荒天;〘楽〙テンポ ***a ~*** 時間通りに, 間に合って ***a ~ completo*** フルタイムで, 常勤の ***a ~s*** 時々, しばしば ***a un***[***al***] ***~*** 同時に ***al mismo ~*** 同時に ***al poco ~*** その後すぐに ***al ~*** 時が来れば ***con el ~*** 時がたつにつれて ***con ~*** 前もって, あらかじめ, ゆっくりと, 間に合って ***dar ~*** 時間がある ***dar ~ al ~*** 機会を待つ ***de ~ en ~*** 時々 ***dejar al ~*** 時が解決するのを待つ ***El ~ dirá.*** 時が来ればわかる ***estar a ~*** まだ(de 不定詞: …する)時間がある ***ganar ~*** 時間を稼ぐ ***gastar el ~*** 時間をむだにする ***hacer ~*** 時間がたつ; 暇つぶしをする ***llevar ~*** 時間がかかる ***matar el ~*** 時間をつぶす ***pasar el ~*** 時を過ごす ***perder (el) ~*** 時間をむだにする ***¡Tanto ~!*** 久しぶりですねえ! ***~ real***〘情〙リアルタイム ***tomarse (su) ~*** 時間の余裕を見る ***un ~*** 昔は, かつては

'tie-n~ 動《直現/接現》↑tener

'tien-d~ 動《直現/接現/命》↑tender

*‡***'tien-da** 82% 名 女〘商〙店, 店舗, 小売店;〘商〙食料品店; テント, 天幕;〘海〙(甲板上の)日よけ, 雨よけ;〘車〙(車の)カバー, シート

'tien-t~ 動《直現/接現/命》↑tentar

'tien-ta 名 女〘牛〙子牛の選定; 洞察力, 鋭敏さ;〘医〙探り針 ***a ~s*** 手探りで, 当て推量で

'tien-to 名 男 手探り; 手触り; 手なみの確かさ, 精確さ, 賢明さ; 用心, 慎重;《話》殴打, 一撃, 殴ること;〘楽〙試し弾き, 音合わせ; (盲人の)杖(つえ);〘演〙(曲芸師の)バランス棒 ***con ~*** 注意深く ***dar un ~*** (a: を)試す, (a: に)探りを入れる

*‡***'tier+no, -na** ['ティエる.ノ, ナ] 92% 形 柔らかい; やさしい; 新鮮な; 若い, 幼い; 涙もろい, 感じやすい;《(南米)》〘植〙《果実が》熟していない, 青い **-namente** 副 やさしく, 親切に

*‡***'tie-rra** ['ティエ.ら] 71% 名 女〘地〙大地, 陸地, 地面, 土地, 地所;〘農〙耕地, 田畑; 土; 生地, 故郷; 地方, 地域;〔la T~〕〘天〙地球;〘電〙アース, 接地線; この世, 現世, 世の中 ***besar la ~***《話》うつ伏せに倒れる ***caer por ~*** 倒れる, 失敗する ***dar en ~*** (con: を)倒す, 捨てる ***dar ~***《話》(a: を)埋める ***echar por ~*** 〈計画などを〉失敗させる, だめにする ***echar ~*** (a: を)隠蔽(いんぺい)する, もみ消す ***por ~*** 陸路で, 陸送で《郵便》 ***quedarse en ~*** (乗り物に)乗れない, 乗り遅れる ***~ adentro*** 奥地で ***~ rara***〘化〙希土酸化物 ***T~ Santa***〘宗〙聖地 ***tomar ~***〘海〙入港する, 上陸する;〘空〙着陸する; 慣れる, 様子がわかる ***¡Trágame, ~!***《話》穴があったら入りたい ***tragársele la ~***《話》(a: が)姿を消す ***venirse a ~*** 倒れる, 挫折する, 失敗する ***ver ~s*** 世界を旅行する

'Tie-rra del 'Fue-go ['ティエ.ら デル 'フエ.ゴ] 名 固〘地名〙ティエラ・デル・フエゴ《アルゼンチン南部の州; 南アメリカ大陸南端の地域》;〘地名〙フエゴ島《南アメリカ大陸南端の島》

'tie-so, -sa 形 硬い, こわばった; 張った, 緊張した, 伸ばした; 頑丈な, 丈夫な, 元気な; 張り切った, 元気な; うぬぼれた, 横柄な; 頑固な;《話》死んだ 副 強く, きつく; ひどく ***tenerlas tiesas***《話》頑として受け付けない

'ties-to 名 男 植木鉢; 陶片 ***mear fuera del ~***《俗》目立ちたがる

tie-'su-ra [ティエ.'ス.ら] 名 女 硬さ, 硬直; 頑固さ; うぬぼれ, 横柄さ

'tí-fi-co, -ca 形〘医〙チフス(性)の 名 男 女〘医〙チフス患者

'Ti-flis ['ティ.フリス] 名 固〘地名〙チフリス, トビリシ《ジョージア[グルジア]の首都》

'ti+fo 名 男 ⇩ tifus

ti-foi-'de+o, +a 形〘医〙チフスの, 腸チフスの **+a** 名 女〘医〙腸チフス

ti-'fón 名 男〘気〙台風

'ti-fus 名 男〔単複同〕〘医〙チフス;《話》〘演〙(芝居などの)さくら

'ti-gra ['ティ.グら] 名 女《古》⇩ tigresa;《(中米)》《(カリブ)》《(南米北)》《(アンデス)》《(ラプラタ)》〘動〙雌のアメリカヒョウ, 雌のジャガー

*****'ti-gre** ['ティ.グれ] 93% 名 男〘動〙(雄の)トラ[虎]; 残酷な人;《(ラ米)》〘動〙アメリカヒョウ, ジャガー

'Ti-gre ['ティ.グれ] 名 固〘地名〙ティグレ《アルゼンチン東部の都市》

ti-'gre-sa [ティ.'グれ.サ] 名 女〘動〙雌のトラ[虎]《tigra 女 が使われることがある》;《話》猛々しい女, 男たらしの女

t

'Ti-gris ['ティ.グリス] 名 固 〔el ～〕〘地名〙チグリス川《西アジアの大河; ユーフラテス川 Éufrates と合流してペルシャ湾に注ぐ》

*__ti-'je-ra__ [ティ.'へ.ら] 94% 名 女 〔複〕はさみ; はさみ状のもの; 〘畜〙(羊用の)剪毛(せんもう)機; 木挽(こび)き台; 〘建〙溝, 水はけ, 排水溝; 〘競〙〔サッカーなど〕ボレーシュート ***meter ～*** 《話》口を挟(はさ)む ***trabajo de ～*** 寄せ集めの作品

ti-je-'re-ta [ティ.へ.'れ.タ] 名 女 小さいはさみ; 〘植〙(ブドウの)巻きひげ; 〘昆〙ハサミムシ ***salto de ～*** 〘競〙挟(はさ)み跳び

ti-je-re-'ta-da 名 女 ⇩ tijeretazo

ti-je-re-'ta-zo [ティ.へ.れ.'タ.そ] 名 男 はさみで切ること, 裁断

ti-je-re-te+'ar [ティ.へ.れ.テ.'アる] 動 他 はさみで切る, 切り刻む; 《話》〈に〉干渉する, 〈に〉ちょっかいを出す

ti-je-re-'te+o [ティ.へ.れ.'テ.オ] 名 男 はさみで切ること, 切り刻むこと

'ti+la ['ティ.ラ] 名 女 〘植〙シナノキ, ボダイジュ, リンデン; 〘飲〙シナノキの花の茶

ti-'lan-go, -ga [ティ.'ラン.ゴ, ガ] 形 名 男 女 《ラプラタ》《話》ばかな(人), 愚かな(人)

'tíl-bu-ri ['ティル.ブ.り] 名 男 〘歴〙ティルバリー《屋根のない軽二輪馬車》

til-'dar [ティル.'ダる] 動 他 (de: という)汚名を着せる, 〈に〉烙印(らくいん)を押す; 〘言〙〈に〉エニェの符号(˜)をつける, 〈に〉アクセント符号(´)をつける; 棒引きにする, 抹消する

'til-de ['ティル.デ] 名 女 〘言〙エニェの符号《˜の符号》; 〘言〙アクセント符号《´の符号》; 中傷, 汚名; 小さなもの

ti-'lín [ティ.'リン] 名 男 《擬音》鈴の音, リンリン, チリンチリン ***hacer ～*** 《話》(a: に)気に入る

ti-'llar [ティ.'ジャる] 動 他 〘建〙〈に〉板を張る

'til-ma ['ティル.マ] 名 女 《ラ米》〘衣〙綿毛布のポンチョ

'ti+lo ['ティ.ロ] 名 男 〘植〙シナノキ, ボダイジュ, リンデン

ti-ma-'dor, -'do-ra [ティ.マ.'ドる, 'ド.ら] 名 男 女 詐欺師; だます人

'tí-ma-lo ['ティ.マ.ロ] 名 男 〘魚〙ヒメマス

ti-'mar [ティ.'マる] 動 他 (a: から)奪う, だまし取る; だます **～se** 動 再 《話》目くばせする

'tim-ba 名 女 《話》賭博(とばく)場

tim-'bal [ティン.'バル] 名 男 〘楽〙ケトルドラム, 小太鼓; 〘食〙タンバール《肉などを詰めたパイ》

tim-ba-'le-ro, -ra [ティン.バ.'レ.ろ, ら] 名 男 女 〘楽〙ケトルドラムの奏者

tim-'brar [ティン.'ブらる] 動 他 〈切手に〉消し印を押す, 〈に〉印紙[切手]を貼(は)る

*__'tim-bre__ ['ティン.ブれ] 92% 名 男 《ラ米》切手; 収入印紙, 証紙; シール; ベル(の音); 〘楽〙(楽器の)音色, 音質; 偉業, 功績

'Tim-bu 名 固 〘地名〙ティンブー《ブータン Bután の首都》

*__ti-mi-'dez__ [ティ.ミ.'デす] 94% 名 女 臆病(おくびょう), 小心, 内気

*__'tí-mi-do, -da__ 93% 形 臆病(おくびょう)な, 小心な, 内気な, おずおずした, 恥ずかしがりの **-damente** 副 おずおずと, 遠慮がちに, 恥ずかしそうに

'ti+mo 名 男 《話》ペテン, 詐欺; 〘体〙胸腺(きょうせん)

ti-'món 名 男 〘海〙舵(かじ), 舵機; 〘空〙(飛行機の)方向舵(だ); 舵取り, 指揮, 指導権; 〘車〙長柄, 梶棒; 〘農〙(すきの)柄(え)

ti-mo-ne+'ar [ティ.モ.ネ.'アる] 動 自 〘海〙舵(かじ)を操作する

ti-mo-'nel [ティ.モ.'ネル] 名 共 〘海〙操舵手(そうだしゅ)

ti-mo-'ra-to, -ta [ティ.モ.'ら.ト, タ] 形 《格》臆病(おくびょう)な, 小心な; 《格》神をおそれる, 畏怖する

ti-mo-'ren-se [ティ.モ.'れン.セ] 形 〘地名〙東ティモール(人)の 名 共 〘地名〙東ティモール人

Ti-'mor O-rien-'tal [ティ.'モる オ.りエン.'タル] 名 固 〔República Democrática de Timor-Leste〕〘地名〙東ティモール《東南アジアの民主共和国》

Ti-mo-'te+o 名 固 〘男性名〙ティモテオ

tim-pa-'ni-tis 名 女 〔単複同〕〘医〙中耳炎

'tím-pa+no 名 男 〘楽〙ケトルドラム, 小太鼓; 〘楽〙ティンパニ; 〘体〙鼓膜; 〘建〙ティンパヌム《建物正面上の三角面》; 〘印〙チンパン

'ti+na 名 女 風呂桶(おけ), 浴槽, バスタブ; 〘飲〙(ワインを入れるための)土がめ; かめ, 桶(おけ); 《メキシコ》たらい, バケツ

ti-'na-ja [ティ.'ナ.は] 名 女 土がめ, かめ, 桶

tin-'ca-da 名 女 《チリ》《話》直感, 予感

tin-'car [ティン.'カる] 動 自 69 (c|qu) 《アンデス》《チリ》《話》予感がする

tin-'cu-te 名 男 《中米》〘鳥〙ハゲタカ

ti-ner-'fe-ño, -ña [ティ.ネる.'フェ.ニョ, ニャ] 形 名 男 女 〘地名〙テネリーフェの(人)⬆Tenerife

tin-'gla-do [ティン.'グラ.ド] 名 男 《スペイン》騒ぎ, 混乱; 〘建〙小屋, 物置; 簡単な板張りの壇; 陰謀, 悪巧み

tin-'glar [ティン.'グラる] 動 他 《チリ》〈板を〉ずらして重ねる

ti-'nie-bla [ティ.'ニエ.ブラ] 名 女 〔複〕闇, 暗闇; 〔複〕無知, 蒙昧(もうまい), 暗愚; 〔複〕〘宗〙テネブレ《聖週間の最後の3日間に行うキリスト受難記念の朝課》

t

'ti+no 名 男 判断の正しさ, 図星, 的を得ること; 巧みさ; 熟慮; 理性, 分別; 控えめ, 抑制; 〘機〙オリーブの圧搾機 *a* ～ 手探りで

'tin-ta 名 女 インク; 色, 色調, 色合い; 染色, 染料; 〘絵〙色の混ぜ具合 *de buena* ～ 確かな筋から, 確かな筋の *medias ～s* あいまい, 漠然 *recargar las ～s* 誇張する *sudar* ～《話》精を出す, せっせと働く, 苦労する

tin-'tar [ティン.'タる] 動 他 染める

'tin-te 名 男 色合い, 色調; 染色, 染めること; 染料; 見かけ, うわべ; 《スペイン》《話》〘商〙ドライクリーニング店

tin-te-'ri-llo [ティン.テ.'り.ジョ] 名 男 《ラ米》二流弁護士

tin-'te-ro [ティン.'テ.ろ] 名 男 インク瓶(びん), インクスタンド; 〘畜〙馬の門歯の黒い部分《年齢を表す》 *dejar(se) en el* ～ 言わずにおく, 書かずにおく

tin-'tín 名 男 《擬音》チリンチリン, カチン《鈴やコップのあたる音》

tin-ti-ne+'ar [ティン.ティ.ネ.'アる] 動 自 チリンチリンという音を出す

tin-ti-'ne+o 名 男 チリンチリンという音《鈴やグラスのあたる音》

'tin-to, -ta 形 〘飲〙《ワインが》赤の; (de: に)染まった 名 男 〘飲〙赤ワイン; 《中米》《南米北》〘飲〙ブラックコーヒー

tin-'tó-re+o, +a [ティン.'ト.れ.オ, ア] 形 〘植〙着色用の, 染色用の

tin-to-re-'rí+a [ティン.ト.れ.'り.ア] 名 女 〘商〙ドライクリーニング店, クリーニング屋; 〘商〙染め物店

tin-to-'re-ro, -ra [ティン.ト.'れ.ろ, ら] 名 男 女 〘商〙ドライクリーニング店の店主; 〘商〙染め物店の店主 名 女 〘魚〙サメ《スペイン南岸, モロッコ沖にいる》

tin-'to-rro [ティン.'ト.ろ] 名 男 《話》〘飲〙(安物の)赤ワイン

tin-'tu-ra [ティン.'トゥ.ら] 名 女 染め物, 染色; 染料, 着色料; 〘医〙チンキ

'ti-ñ～ 動 《活用》↑teñir

'ti+ña ['ティ.ニャ] 名 女 〘昆〙ハチノスツヅリガ; 〘医〙白癬(はくせん), 輪癬, たむし; 《話》貧しさ, みすぼらしいこと; けち, しみったれ

ti-'ño-so, -sa [ティ.'ニョ.ソ, サ] 形 タムシにかかった; 《話》貧しい, みすぼらしい; けちな, しみったれた

****'tí+o** 63% 名 男 おじ, 伯父, 叔父; 大おじ《祖父母の兄弟》; 〔複〕おじ夫婦; 大おじ夫婦; 《スペイン》《話》あの人, やつ, あいつ; すごいやつ; 《話》〔親愛〕おじさん; 《話》誰それ《名前がわからない, またはそれを伏せる場合》 ～ *con toda la barba* 《話》男らしい男 ～ *del saco* 《話》おばけ

tio-'vi-vo [ティオ.'ビ.ボ] 名 男 〘遊〙回転木馬, メリーゴーラウンド

ti-pa-'rra-co, -ca 名 男 女 ⇩ tipejo

ti-pe-'ar [ティ.ペ.'アる] 動 他 《中米》《ベネズエラ》《アンデス》《チリ》《ラプラタ》 ⇧ teclear

ti-'pe-jo, -ja [ティ.'ペ.ほ, は] 名 男 女 《話》〔軽蔑〕くだらないやつ

'tí-pex ['ティ.ペ(ク)ス] 名 男 〔単複同〕修正液

ti-pia-'do-ra [ティ.ピア.'ド.ら] 名 女 タイプライター; 女性タイピスト

****'tí-pi-co, -ca** 85% 形 典型的な, 独特な, 特有の **-camente** 副 典型的に, 代表的に, 独特に; 《文修飾》一般的に, 概して

ti-pi-fi-'car [ティ.ピ.フィ.'カる] 動 他 69 (c|qu) 特徴づける, ‹の›特徴を示す; 規格に合わせる

ti-'pis-mo 名 男 地方色, 郷土色, 伝統

'ti-ple ['ティ.プレ] 名 共 〘楽〙最高音部, ソプラノ; 〘楽〙高音ギター(の奏者)

****'ti+po** 67% 名 男 型, 定型, 様式, 類型, タイプ; 《スペイン》姿, かたち; 性質, 人格; 〘商〙率, レート; 《話》〔しばしば軽蔑〕人, やつ, 男; 好きなタイプ; 〘印〙活字, 字体; 〘植〙〘動〙型, 類型 *aguantar* [*mantener*] *el* ～ 《話》敢然と立ち向かう, たじろがない *jugarse el* ～ 《話》(a: に)命を賭ける

ti-po-gra-'fí+a [ティ.ポ.グら.'フィ.ア] 名 女 〘印〙活版印刷, 組み版; 〘情〙書体

ti-po-'grá-fi-co, -ca [ティ.ポ.'グら.フィ.コ, カ] 形 〘印〙活版印刷の, 印刷の

ti-'pó-gra-fo, -fa [ティ.'ポ.グら.フォ, ファ] 名 男 女 〘印〙植字[印刷]工, 印刷業者

ti-po-lo-'gí+a [ティ.ポ.ロ.'ひ.ア] 名 女 類型論, タイポロジー; 類型

ti-po-'ló-gi-co, -ca [ティ.ポ.'ロ.ひ.コ, カ] 形 類型論の, タイポロジーの

'tí-pu-la ['ティ.プ.ラ] 名 女 〘昆〙ガガンボ

'ti-que ['ティ.ケ] 名 男 切符, チケット

ti-'que-te [ティ.'ケ.テ] 名 男 《中米》《コロンビア》 ⇧ tique

ti-quis-'mi-quis [ティ.キス.'ミ.キス] 名 男 《複》《話》取り越し苦労, よけいな心配; 《話》気取り *andarse con* ～ 《話》つまらないことにこだわる

'ti+ra ['ティ.ら] 名 女 切れ端, 一片; ひも, 革ひも; 〔la ～〕《スペイン》《話》たくさん; 〔複〕《チリ》ぞうきん *hacer* ～ 《チリ》(a: を)切り裂く, 粉々にする *quitar la piel a ～s* 《話》こきおろす, 厳しく批判する *～s cómicas* 《中米》漫画, コミック

ti-ra-'bo-tas [ティ.ら.'ボ.タス] 名 男 〔単複同〕〘衣〙ブーツフック《長靴を履くときに用いる長柄のフック》

ti-ra-bu-'zón [ティ.ら.ブ.'そン] 名 男 巻き毛, カール; (コルクの)栓抜き *sacar con* ～ 《話》無理に聞き出す

t

ti-'ra-do, -da [ティ.'ら.ド, ダ] [形] 散らばった, 投げ捨てられた; 《話》とても安い; 《話》とても簡単な **-da** [名] [女] かなりの距離; (時間の)長い間隔; 一連, ひと続き; 〘印〙印刷, (発行)部数; 投げること; 〘文〙自由な韻律の詩連 ***de una tirada*** 一度に, 一気に

ti-ra-'dor, -'do-ra [ティ.ら.'ドる, 'ド.ら] [名] [男] [女] 射手, 射撃の名人; 投げる人 [名] [男] 〘建〙(ドア・引き出しの)取っ手, 握り, ノブ; (ベル・鐘の)ひも, 鎖; 線引き, 金尺(かなじゃく); (石を飛ばす)パチンコ; 《ラ米》(ガウチョの)帯, ベルト; 〔複〕〘衣〙サスペンダー, ズボンつり; 〘印〙印刷工

ti-ra-'lí-ne+as [ティ.ら.'リ.ネ.アス] [名] [男] 〔単複同〕〘技〙(製図用)からす口

Ti-'ra-na [ティ.'ら.ナ] [名] [固] 〘地名〙ティラナ《アルバニア Albania の首都》

ti-ra-'ní+a [ティ.ら.'ニ.ア] [名] [女] 〘政〙専制政治, 暴政, 圧制; 専制国家; 〘歴〙〘政〙(古代ギリシャの)僭主(せんしゅ)政治; 圧力, 弾圧, 横暴

ti-ra-ni-'ci-da [ティ.ら.ニ.'すぃ.ダ] [形] 暴君殺害者の [名] [共] 暴君殺害者

ti-ra-ni-'ci-dio [ティ.ら.ニ.'すぃ.ディオ] [名] [男] 暴君殺害

ti-'rá-ni-co, -ca [ティ.'ら.ニ.コ, カ] [形] 〘政〙専制君主的な, 圧制的な; 非道な, 暴君のような

ti-ra-ni-'zar [ティ.ら.ニ.'さる] [動] [他] ㉞ (z|c) 〘政〙〈に〉圧制[暴政]を行う, 専制君主として支配する, しいたげる

***ti-'ra+no, -na** [ティ.'ら.ノ, ナ] 94% [名] [男] [女] 〘政〙専制君主, 暴君, 僭主(せんしゅ) [形] 〘政〙専制的な, 圧制的な, 暴虐な, 非道な

ti-ra-no-'sau-rio [ティ.ら.ノ.'サウ.りオ] [名] [男] 〘歴〙〘動〙ティラノサウルス《恐竜》

ti-'ran-te [ティ.'らン.テ] [形] 緊張した, ピンと張った; «人が»緊張している; «関係が»緊張した, 緊迫した, 険悪な [名] [男] 〔複〕〘衣〙ズボンつり, サスペンダー, 肩ひも; (馬車・荷車の)引き革, 引き綱; 〘建〙つなぎ梁(ばり); つっぱり, 支え, 支柱

ti-ran-'tez [ティ.らン.'テす] [名] [女] 緊張(関係), 緊迫; 距離, 直線距離

****ti-'rar** [ティ.'らる] 77% [動] [他] 投げる, 放つ, こぼす; 捨てる, 手放す, 投げ捨てる; 倒す; (手前に)引く; 発射する, 撃つ; 〈突然ある動作を〉する; 引きつける, 〈の〉興味をそそる; 《話》〈写真を〉撮る; 伸ばす, 引っ張る; 〘技〙針金状にする, (手前に)引く; 〈線を〉引く; 殴る, 打つ, ける; 浪費する; 〈苦痛を〉与える; 《話》悪口を言う; 〘競〙キックする, シュートする; 〘印〙印刷する, 発行する; 《俗》〈と〉セックスをする [動] [自] (de: を)引く, 引っ張る; 引き抜く, 取り出す; 《スペイン》《話》(a: へ)曲がる, 進む; 長持ちする, 持つ; (a: に)似る, (a: の)傾向がある; (a, para: に)なろうとする, (a, para: を)目指している; «煙突などが»空気を吸う; 発射する, 撃つ; 〘遊〙番になる, (ゲームの)駒(こま)を出す, 札を引く; 馬力がある; (a 不定詞: しようと)する, たくらむ; (de: が)窮屈だ, 小さい; なんとか暮らしていく **~se** [動] [再] (a, sobre: に)飛び込む, 身を投げ出す; 飛びかかる; 横たわる, のびる, 倒れる; 〈時を〉過ごす; 耐える, 辛抱する; 《俗》〈動作を〉する; 《スペイン》《俗》セックスをする ***a todo ~*** 長くて, 多くて, せいぜい ***dejar tirado*** (a: を)見捨てる ***ir tirando*** 《話》まあまあである, なんとかやっていく ***tira y afloja*** 《話》駆け引き, 取り引き ***tirando por (lo) bajo*** 少なくとも, 少なく見積もって ***~ a matar*** 激しく攻撃する

ti-'ri-lla [ティ.'リ.ジャ] [名] [女] 切れ端; 〘衣〙(シャツの)襟, 台襟《カラーをつける部分》

ti-'ri-ta [ティ.'リ.タ] [名] [女] 《スペイン》救急絆創膏(ばんそうこう)

ti-ri-'tar [ティ.り.'タる] [動] [自] (de: 寒さで)震える

ti-ri-'to-na [ティ.り.'ト.ナ] [名] [女] 《話》震え, 悪寒

****'ti+ro** ['ティ.ろ] 89% [名] [男] 射撃, 発射, 一発, 銃声; 〘競〙シュート, キック, ドライブ; (一組の)引き馬; (馬車などの)引き綱; 投げること; 砲身, 銃砲; 射程, 飛距離; 〘競〙射撃, 射撃場; 〘技〙(巻き上げ機の)綱, ひも, ロープ; 〘建〙(煙突などの)送風, 吸い込み; 通風口; 〘衣〙(布地の)長さ; 〘建〙階段の一区切り; 泥棒, 万引き; あてつけ, からかい; 〔複〕(剣の)つり革; 〔複〕《アンデス》〘遊〙ビー玉(遊び) ***a ~*** 射程内で, 手の届く範囲内で ***a ~ hecho*** ねらいを外さず, 確実に; 意図して ***al ~*** 《ラ米》《話》すぐに ***de ~s largos*** 《話》めかし込んで, 着飾って ***errar el ~*** 失敗する ***ni a ~s*** 《否定》《話》決して…ない, 絶対…ない ***salir el ~ por la culata*** 《話》予想外のことが起こる, 期待外れになる ***sentar como un ~*** 《話》ショックを与える ***~ al arco*** 〘競〙アーチェリー

ti-'roi-des [ティ.'ろイ.デス] [名] [男] 〔単複同〕〔《ラ米》[女]〕〘体〙甲状腺(せん)

ti-roi-'di-tis [ティ.ろイ.'ディ.ティス] [名] [女] 〔単複同〕〘医〙甲状腺(せん)炎

Ti-'rol [ティ.'ろル] [名] [固] 〘地名〙チロル《オーストリア西部の地方》

ti-ro-'lés, -'le-sa [ティ.ろ.'レス, 'レ.サ] [形] [名] [男] [女] 〘地名〙チロルの(人) ↑Tirol

ti-'rón [ティ.'ろン] [名] [男] 激しく引っ張ること, 一気に引き伸ばすこと; 《話》長い距離; 《話》ひったくり; 痙攣(けいれん); 見習い, 弟子 ***de un ~*** 一度に, 一気に; ひったくりで ***tener ~*** 《話》人気がある

ti-ro-te+'ar [ティ.ろ.テ.'アる] [動] [他] 撃つ, 狙撃する **~se** [動] [再] (銃で)撃ち合

t

う; 口論する, 言い争う

ti-ro-'te+o [ティ.ろ.'テ.オ] 名 男 狙撃(そげき), 発砲, 銃の撃ち合い, 銃声

Ti-'rre+no [ティ.'れ.ノ] 名 固 〔mar ～〕〘地名〙ティレニア海《地中海中部, イタリア半島・コルシカ島・サルデーニャ島・シチリア島に囲まれる海域》

'ti-rria ['ティ.りア] 名 女《話》嫌悪, 反感

ti-ru-ba-'qué [ティ.る.バ.'ケ] 名 男《ベネズエラ》〘遊〙こま

ti-'sa-na 名 女〘医〙薬湯, 煎じ薬

'tí-si-co, -ca 形〘医〙肺結核の 名 男 女〘医〙肺結核患者

'ti-sis 名 女〔単複同〕〘医〙肺結核

'tis-te 名 男《メキシコ》《中米》ティステ《トウモロコシ粉・カカオ・砂糖で作る飲み物》

ti+'sú 名 男〔複 -súes⇦-sús〕〘衣〙ラメ《金[銀]糸を織り込んだ織物》

tít. 略 ↓título

'ti+ta 名 女《児》おばさん, おばちゃん

ti-'tán 名 男 巨人, 大力無双の男; 大型クレーン　**T～** 名 固〘ギ神〙ティーターン, タイタン

ti-'tá-ni-co, -ca 形 巨大な, 並外れた; ティーターンの, タイタンの ↑Titán

ti-'ta-nio 名 男〘化〙チタン《元素》

'tí-te-re ['ティ.テ.れ] 名 男 あやつり人形; 〘政〙傀儡(かいらい); 〔複〕人形劇; 曲芸; 《カリブ》《話》浮浪児 名 共 他人の言いなりに動く人, あやつり人形 ***no dejar ～ con cabeza*** だいなしにする, めちゃくちゃにする

ti-te-'ris-ta 名 共 ⇩titiritero

ti+'tí 名 男〔複 -tíes⇦-tís〕〘動〙ティーティーモンキー《南米産》

Ti-ti+'ca-ca 名 固〔lago ～〕〘地名〙ティティカカ湖, チチカカ湖《ボリビア西部とペルー南東部にまたがる湖》

ti-ti-'lar [ティ.ティ.'ラる] 動 自 震える, 痙攣(けいれん)する; «灯火などが»明滅する, またたく

ti-tin-'gó 名 男〔複 -gós〕《カリブ》《話》騒ぎ, 混乱

ti-'ti+no, -na 形《コロンビア》《話》優雅な, すてきな

ti-ti-ri-'tar [ティ.ティ.り.'タる] 動 自 (de: 寒さで)震える

ti-ti-ri-'te-ro, -ra [ティ.ティ.り.'テ.ろ, ら] 名 男 女〘演〙人形使い; 曲芸師

'ti+to 名 男《児》おじさん, おじちゃん

ti-tu-be+'an-te 形 躊躇(ちゅうちょ)する; 揺れる, よろめく; 口ごもる

ti-tu-be+'ar [ティ.トゥ.ベ.'アる] 動 自 躊躇(ちゅうちょ)する, (entre ... o ...: …か…か)迷う; 揺れる, よろめく; 口ごもる

ti-tu-'be+o 名 男 躊躇(ちゅうちょ), ためらい, 迷い; 揺れること; 口ごもり

ti-tu-la-'ción [ティ.トゥ.ラ.'すぃオン] 名 女 表題(をつけること); 学位

ti-tu-'la-do, -da [ティ.トゥ.'ラ.ド, ダ] 形 名 男 女 肩書き[資格]のある; 〘競〙レギュラーの; …というタイトル[題]の; 有資格者, 学士号[修士号, 博士号]をもった人; 〘競〙レギュラー選手

ti-tu-'lar [ティ.トゥ.'ラる] 85% 名 共 資格所有者, 名義人, 筆頭者; 〘競〙レギュラー選手 形 肩書き[爵位, 称号, 学位]のある; 資格のある; 〘競〙レギュラーの 名 男〔複〕(新聞の)見出し 動 他 題目をつける, 名称を与える 動 自 爵位を得る; 〘化〙滴定する　**～-se** 動 再 (en: の)学位を得る; «本などが»…というタイトル[題]である

ti-tu-la-ri-'dad [ティ.トゥ.ラ.り.'ダド] 名 女 資格; 権利

ti-tu-'li-llo [ティ.トゥ.'リ.ジョ] 名 男〘印〙欄外見出し《本のページ上部にある》

'tí-tu-lo ['ティ.トゥ.ロ] 77% 名 男 表題, 題名, 題目, タイトル, 名称; 学位, 資格; 権利, 資格; 理由, 根拠; 称号, 肩書, 爵位; (新聞などの)ヘッドライン; (不動産の)権利証書; 免許状; (法令・法律文書などの)編, 章; 〘商〙債券, 証券; 〘競〙タイトル　***a ～ de*** ... …の資格[立場]で; …として　***¿A ～ de qué?***《疑問》何の理由で

'ti+za ['ティ.さ] 94% 名 女 チョーク, 白墨; 〘遊〙〔ビリヤード〕(キューにつける)チョーク　***ponerle mucha ～*** 努力する, がんばる

ti-'za-te [ティ.'さ.テ] 名 男《中米》石膏(せっこう), しっくい

tiz-'nar [ティす.'ナる] 動 他 (すすなどで)汚す; 〔一般〕汚す; ‹の›名誉[名声]を汚す[傷つける]　**～se** 動 再 ‹自分の体に›すすを塗る; 黒く汚れる, すすける

'tiz-ne ['ティす.ネ] 名 男 すす; 〔一般〕汚れ

tiz-'nón [ティす.'ノン] 名 男 (煙・すすなどの)汚れ; 〔一般〕汚れ, しみ

'ti+zo ['ティ.そ] 名 男 燃えさし

ti-'zón [ティ.'そン] 名 男 燃えさし; (名誉を)傷つけること; 汚点, 傷; 〘植〙黒穂病(菌)

ti-'zo-na [ティ.'そ.ナ] 名 女《話》刀, 剣《エル・シッド El Cid の帯刀の名から》

tla-pa-le-'rí+a [トラ.パ.レ.'り.ア] 名 女《メキシコ》〘商〙金物雑貨店

tla-pa-'le-ro, -ra [トラ.パ.'レ.ろ, ら] 名 男 女《メキシコ》〘商〙金物雑貨店の店主

Tlax-'ca-la [トラス.'カ.ラ] 名 固〘地名〙トラスカラ《メキシコ中部の州, 州都》

to+'a-lla [ト.'ア.ジャ] 93% 名 女 タオル　***arrojar [tirar] la ～*** 〘競〙〔ボクシング〕タオルを投げる; 投げ出す, 放棄する

to+a-'lle-ro [ト.ア.'ジェ.ろ] 名 男 タオル掛け

to+a-'lli-ta 〔縮小語〕↑toalla

to-'be-ra [ト.'ベ.ら] 名 女 (こんろ・炉の)

通風管, 排気管

to-bi-'lle-ra [ト.ビ.'ジェ.ら] 名 女 女の子, 小娘; くるぶしのサポーター

to-'bi-llo [ト.'ビ.ジョ] 90% 名 男 くるぶし

to-bo-'gán 名 男 〔遊〕 トボガン 《雪や氷の坂用のそり》; 〔遊〕 (トボガン・滑降に適した) 下り斜面; 〔遊〕 滑り台

'to+ca 名 女 〔衣〕 髪飾り, かぶりもの, 帽子, ずきん

to-ca-'dis-cos 名 男 〔単複同〕 〔機〕 レコードプレーヤー

to-'ca-do, -da 形 《果物が》腐りかけた, 傷みだした; (con, de: を)かぶった; (de: に)心を動かされた, 影響された; 《話》 頭のおかしい 名 男 髪型; 〔衣〕 髪飾り; (女性の)化粧, 身だしなみ

***to-ca-'dor, -'do-ra** [ト.カ.'ドる, 'ド.ら] 94% 名 男 女 〔楽〕 演奏者, 奏者 名 男 化粧室, 更衣室; 化粧品[道具]入れ; 化粧台, 鏡台

to-ca-'mien-to 名 男 体をさわること, ペッティング

to-'can-te 形 (a: に)関する; 触れる, さわる *en lo ~ a* … …に関しては

to-'car [ト.'カる] 74% 動 他 69 (c|qu) 〈に〉触れる, さわる; つつく, 軽くたたく; 〔楽〕 〈楽器を〉弾く, 〈ラッパなどを〉吹く, 〈太鼓を〉たたく, 〈曲を〉演奏する; 〔一般〕 鳴らす; 〈鐘を〉(鳴らして)知らせる; 〈戸を〉たたく; 《時計が》〈時を〉告げる; (簡単に)話す, 言及する, 触れる; 〔海〕〔空〕〈に〉寄る, 〈に〉寄港する; 〈に〉(軽く)ぶつかる, 〈に〉接する, 〈に〉達する; (品質を確かめるために)たたいてみる; 〈に〉手を加える, 改良する, 加筆する, 〈に〉(小さな)修正を加える, 〈の〉仕上げをする; 感じさせる, 刺激する; 〈結果を〉こうむる, 受ける; 〈髪を〉整える 動 自 (不定詞: …)しなければならない, …する義務がある, …することが重要[必要]である; (a: に)関わる; 《スペイン》 関係がある, 親戚である; 戸をたたく, ノックする; (a: の)鐘を鳴らす; 《くじなどが》当たる; (a: の)番である, 順番である; (a, en: に)近い, 近づく; (a, en: と)同じである; 〔海〕〔空〕 (en: に)寄る, 寄港する; 調髪する, 髪をかざる, (帽子などを)かぶる **~se** 動 再 〈自分の体を〉さわる; (con: を)かぶる; 互いに接する, 触れ合う *por lo que toca a* … …に関しては *tocárselas* 《話》 まんまと逃げる

to-'ca-ta 名 女 〔楽〕 トッカータ 《鍵盤(けんばん)楽器のための即興風の曲》; 《話》 むち打ち, たたくこと, 棒で打つこと

to-ca-'te-ja [ト.カ.'テ.は] 〔成句〕 *a ~* 《スペイン》 即金で, 現金で

to-'ca-yo, -ya 名 男 女 同名の人

to-'ci+no [ト.'すぃ.ノ] 名 男 〔食〕 ベーコン; 〔食〕 豚の脂肪, ラード

to-co-lo-'gí+a [ト.コ.ロ.'ひ.ア] 名 女 〔医〕 産科学, 産科

to-co-'ló-gi-co, -ca [ト.コ.'ロ.ひ.コ, カ] 形 〔医〕 産科学の

to-'có-lo-go, -ga [ト.'コ.ロ.ゴ, ガ] 名 男 女 〔医〕 産科医

to-'cón 名 男 切り株; (切断された手足の)付け根

to-co-'tal [ト.コ.'タル] 名 男 《中米》 〔地〕 泥沼

***to-da-'ví+a** [ト.ダ.'ビ.ア] 69% 副 まだ, 依然として, なお; それでもやはり, なお; 〔比較級の前で〕 いっそう, もっと, なおさら

to-'de-ro, -ra [ト.'デ.ろ, ら] 名 男 女 《コロンビア》 《話》 何でも屋

to-'di-to, -ta 形 《話》 まったくの, すべての 代 《話》 全部

***'to+do, +da** 49% 形 **1** 〔単数形で定冠詞・指示形容詞・所有形容詞・固有名詞の前で〕 …の全体, 全…, …中: En **todo** el día no he salido de casa. 私は一日中家から出なかった。 **2** 〔複〕 〔定冠詞・指示形容詞・所有形容詞の前で〕 すべての, 全部の: Casi **todos** los alumnos van a participar en el desfile. ほとんどの生徒がパレードに参加します。 **3** 〔強調〕 まったくの: Hasta hace un año, Lucía era todavía una niña, pero hoy ya es **toda** una mujer. 1年前はルシアはまだ少女だったが今はもう一人前の女性だ。 **4** 〔単数形で無冠詞〕 どれでも, なんでも, あらゆる: **Todo** ciudadano debe respetar la ley. あらゆる市民は法を守らなければならない。 代 〔複〕 **1** すべてのもの, みんな: ¿Ha faltado alguien a clase? — No, han venido **todos**. 授業に欠席している人はいますか?—いいえ, みんな来ています。 **2** 〔単数形で〕 一切のもの, すべて: ¿Desea otra cosa, señora? — No, eso es **todo**. 他にご入用なものはありますか?—いいえ, それで全部です。 副 完全に, まったく, 全部: El pantalón está **todo** mojado. ズボンがずぶぬれだ。 名 男 全部, 全体: El **todo** es la suma de las partes. 全体は部分の集合である。 *a ~ esto* / *a todas éstas* その間に *ante ~* まず初めに, 第一に *con ~* (*y eso*) それにもかかわらず *de ~ en ~* 完全に *del ~* すっかり, 完全に *sobre ~* なかでも, 特に, とりわけ *~ o nada* (妥協を排して)すべてか無か, オール・オア・ナッシング *~ puede ser que* …(接続法) ひょっとして…かもしれない *~ lo … que poder* (活用形) できるだけ … *y ~* 《話》 (名詞: …)までも; 《話》 (形容詞・副詞: …)ではあるが

to-do-po-de-'ro-so [ト.ド.ポ.デ.'ろ.ソ] 形 全能の 名 男 〔T~〕 全能者, 神

to-do-te-'rre+no [ト.ド.テ.'れ.ノ] 名 男 〔車〕 ジープ

'to+ga 名 女〔歴〕〔衣〕トーガ《古代ローマ市民が着用した緩やかに巻きつけた服》;〔衣〕(教授・裁判官などの)緩やかな礼服[職服]

'To+go 名 固〔(el) ~〕〔República Togolesa〕〔地名〕トーゴ《アフリカ西部の共和国》

to-go-'lés, -'le-sa [ト.ゴ.'レス, 'レ.サ] 形〔地名〕トーゴ(人)の 名 男 女 トーゴ人⬆Togo

toilette [トゥア.'レト] 名 男〔フランス語〕トイレ 名 女 身づくろい, 化粧

toi-'són 名 男 羊毛皮 ***Orden del T~ de Oro***〔歴〕金羊毛騎士団《1429年にブルゴーニュ公国で創設され, 後にスペイン国王が代々騎士団長となった》

*'**To-kio** 93% 名 固〔地名〕東京《日本 Japón の首都》

to-'kio-ta 形 名 共〔地名〕東京の(人)⬆Tokio

tol-'di-lla [トル.'ディ.ジャ] 名 女〔海〕船尾楼甲板

'tol-do ['トル.ド] 名 男 テント, 天幕; 雨覆い, 日よけ

'to+le ['ト.レ] 名 男 叫び, 大騒ぎ; 非難の声, ひどい悪口 ***coger*** [***agarrar, tomar***] ***el*** ~《話》行ってしまう, さっさと立ち去る

to-le-'da+no, -na [ト.レ.'ダ.ノ, ナ] 形 名 男 女〔地名〕トレドの(人)⬇Toledo ***pasar una noche toledana***(騒ぎなどで)眠れない夜を過ごす

To-'le-do [ト.'レ.ド] 名 固〔地名〕トレド《スペイン中部の県, 県都》

to-le-'mai-co, -ca 形 ⇧ptolemaico

to-le-'ra-ble [ト.レ.'ら.ブレ] 形 我慢できる, 耐えることができる

*__to-le-'ran-cia__ [ト.レ.'らン.すぃア] 92% 名 女 寛容, 度量, 辛抱(強さ), 忍耐(力); 許容(度);〔技〕(許容される量目・純分の)公差, 許容誤差

to-le-'ran-te [ト.レ.'らン.テ] 形 寛容な, 度量のある, 辛抱強い; 耐えられる, 持ちこたえる

to-le-ran-'tis-mo [ト.レ.らン.'ティス.モ] 名 男 (宗教上の)寛容主義

*__to-le-'rar__ [ト.レ.'らる] 93% 動 他 寛大に取り扱う, 許容する; 我慢する;〈に〉耐性がある, 耐える, 持ちこたえる

to-le-'ta-zo [ト.レ.'タ.そ] 名 男《ベネズエラ》棒で殴ること, 殴打

to-'le-te [ト.'レ.テ] 名 男〔海〕櫂栓(かいせん), オール受け《船ばたのオールを支える支柱》;《ラ米》棍棒(こんぼう)

to-le-'to-le [ト.レ.'ト.レ] 名 男《チリ》《ラプラタ》《話》騒ぎ; 醜聞, スキャンダル

To-'li-ma [ト.'リ.マ] 名 固〔地名〕トリーマ《コロンビア中西部の県》

to-'lon-dro, -dra [ト.'ロン.ドろ, ドら] 形 名 男 女 散漫な, あわて者(の), 落ち着きのない(人) 名 男 こぶ, はれもの

To-'lo-sa [ト.'ロ.サ] 名 固〔地名〕トゥールーズ《フランス南部の都市》;〔地名〕トローサ《スペイン北部の町》

to-lo-'sa+no, -na [ト.ロ.'サ.ノ, ナ] 形 名 男 女〔地名〕トゥールーズの(人)⬆Tolosa;〔地名〕トロサの(人)

tol-'te-ca [トル.'テ.カ] 形 名 共〔歴〕トルテーカ族(の)《メキシコ高原地帯をアステカ族以前に支配した》;〔歴〕〔言〕トルテーカ語の 名 男〔歴〕〔言〕トルテーカ語

To-'lu-ca [ト.'ル.カ] 名 固〔地名〕トルーカ《メキシコ中部の都市》

to-'lue+no [ト.'ルエ.ノ] 名 男〔化〕トルエン

'tol-va ['トル.バ] 名 女 じょうご状の器[箱], ホッパー

tol-va-'ne-ra [トル.バ.'ネ.ら] 名 女 砂ぼこり, 砂あらし

⁑'**to+ma** 85% 名 女 手に取ること; ひと握り, ひとつかみ;〔医〕(薬の)一服; 引き受けること, 就任, 掌握; 採取; 占領, 征服; 出水口, 栓, 蛇口; (電気の)コンセント ~ ***de conciencia*** 自覚, 認識 ~ ***y daca***《話》ギブ・アンド・テイク, 持ちつ持たれつ

to-'ma-do, -da 形《声が》かすれた;《ラ米》酒に酔った ***tenerla tomada***《話》(con: を)恨む, 悪く思う, …につらく当たる

to-ma-'du-ra [ト.マ.'ドゥ.ら] 名 女 取ること; (薬の)服用 ~ ***de pelo***《話》からかい, 冗談

⁑**to-'mar** [ト.'まる] 66% 動 他 手に取る, 持つ, つかむ, 受ける, 受け取る;〔一般〕取る, 得る, 手に入れる;〔飲〕飲む;〔食〕食べる;〈乗り物に〉乗る;〈道を〉行く, 進む, 通る; 採る, 採用する, 選ぶ, 選択する; 借りる; 理解する, 判断する, 考える; (por: と)見なす, 思う; する, 実行する;〈授業を〉受ける, 取る;〈写真を〉撮る;〈感情を〉持つ;《発作的なことが》起こる;〈場所を〉取る, 占有する; 盗む; 買う; 引き受ける;〔動〕《雄が》〈雌に〉かかる,〈に〉交尾する 動 自〔飲〕酒を飲む, 酔う; (a: の方へ)曲がる **~se** 動 再〔飲〕飲む, 飲み干す;〈行動・動作を〉する, とる;《植物が》根付く;〔軍〕占領する, 奪取する ***toma***《話》はい!, ほら!《物を渡すときに用いる》;《話》ああ, わかった!《理解》;《話》くだらない!, なんだ!《軽蔑》; ええっ?《驚き》 ***¡Tómate esa!***《話》これでも食らえ!《人を殴るときに言う》

To-'más 名 固〔男性名〕トマス

to-ma-'tal [ト.マ.'タル] 名 男〔農〕トマト畑

to-ma-'ta-zo [ト.マ.'タ.そ] 名 男 トマト

を投げつけること

*to-'ma-te 92% 名 男〖植〗トマト;《話》〖衣〗(靴下の)穴;《話》もめごと, 混乱

to-ma-'te-ra [ト.マ.'テ.ら] 名 女〖植〗トマト《植物全体》

to-ma-ti-'cán 名 男《チリ》トマティカーン《タマネギ・トマト・トウモロコシの料理》

to-ma-'ti-na 名 女〖農〗トマト祭り《スペイン, バレンシア州のブニョル村 Buñol で夏に行われる; 参加者はトマトをぶつけ合う》

to-ma-'vis-tas [ト.マ.'ビス.タス] 名 男〔単複同〕〖機〗8ミリカメラ, ビデオカメラ

'tóm-bo-la ['トン.ボ.ラ] 名 女 宝くじ(売り場)

to-mi-'llar [ト.ミ.'ジャる] 名 男〖植〗〖農〗タイムの茂み[畑]

to-'mi-llo [ト.'ミ.ジョ] 名 男〖植〗タイム, タチジャコウソウ

to-'mis-mo 名 男〖哲〗トマス・アクイナスの学説《Tomás de Aquino, 1225?–74, イタリアのスコラ哲学者・神学者》

to-'mis-ta 形 名 共〖哲〗トマス・アクイナス派の(神学者) ↑tomismo

'to+mo 名 男 (本・定期刊行物の)冊, 巻; 価値, 重要性; 大きな物[人] ***de ~ y lomo*** 《話》大変な, 途方もない 動《直現1単》↑tomar

to+'mó 動《直点3単》↑tomar

to-mo-gra-'fí+a [ト.モ.グら.'フィ.ア] 名 女 断層撮影法

'ton〔成句〕 ***sin ~ ni son*** 《話》わけもなく, とりとめもなく

to-'na-da 名 女〖楽〗歌, 音楽, 調子;《ラ米》なまり

to-na-'di-lla [ト.ナ.'ディ.ジャ] 名 女〖楽〗トナディージャ《短い歌曲, 劇音楽》

to-na-di-'lle-ro, -ra [ト.ナ.ディ.'ジェ.ろ, ら] 名 男 女〖楽〗トナディージャの歌手[作曲家]

to-'nal [ト.'ナル] 形〖楽〗音調の, 調性の;〖絵〗色調の

to-na-li-'dad [ト.ナ.リ.'ダド] 名 女〖楽〗調性, 調子;〖絵〗色調

to-'nel [ト.'ネル] 名 男 大樽(おおだる), 桶(おけ)

*to-ne-'la-da [ト.ネ.'ラ.ダ] 90% 名 女 トン, 総トン《重量単位, 船舶の大きさ, 積載能力の単位》;〔集合〕樽(たる)

to-ne-'la-je [ト.ネ.'ラ.へ] 名 男〖海〗(船舶の)容積トン数, 積量

to-ne-le-'rí+a [ト.ネ.レ.'リ.ア] 名 女 桶(おけ)職, 樽(たる)職; 樽工場;〔全体〕樽(の数)

to-ne-'le-ro, -ra [ト.ネ.'レ.ろ, ら] 形 樽(製造)の 名 男 女 樽職人

to-ne-'le-te [ト.ネ.'レ.テ] 名 男 小さな樽(たる);〖歴〗〖衣〗武者ばかま;〖衣〗チュチュ《バレリーナのひざまでのスカート》;〖衣〗子供用スカート

'tó-ner ['ト.ネる] 名 男〖機〗(プリンター・複写機の)トナー

To-'ne-te 名 固〖男性名〗トネーテ《Antonio の愛称》

'ton-ga 名 女 ⇩ tongada

'Ton-ga 名 固〖地名〗トンガ《南太平洋の王国》

ton-'ga-da 名 女 層, 積み重ね

ton-'ga+no, -na 形〖地名〗トンガ(人)の ↑Tonga;〖言〗トンガ語の 名 男 女 トンガ人 名 男〖言〗トンガ語

'ton-go 名 男 八百長; ごまかし, 不正;《アンデス》〖衣〗山高帽子

'to+ni 名 男《ラ米》〖演〗道化師, ピエロ

'To+ni 名 固〖男性名〗〖女性名〗トニ《Antonio, Antonia の愛称》

'tó-ni-co, -ca 形 強壮にする, 元気づける;〖楽〗主調の;〖音〗強勢の, アクセントのある 名 男〖医〗強壮剤; トニックローション -ca 名 女〖飲〗トニック《清涼飲料水》; (全体の)傾向, 動向;〖楽〗主音

to-ni-fi-'can-te 名 男 強壮にする, 元気づける

to-ni-fi-'car [ト.ニ.フィ.'カる] 動 他 ⑲ (c|qu) 強壮にする, 元気づける

to-'ni-llo [ト.'ニ.ジョ] 名 男〖言〗(言葉の)なまり; 一本調子

'to+no 86% 名 男 調子, 音調, 語調, 口調, 語気, 強さ; 色調, トーン;〖楽〗(長短の)調; 音調, 音色, 声調, 音程 ***a este ~* この調子で, 同じように ***a ~ con*** … …に合った, …にふさわしく ***darse ~*** 威厳を見せる, もったいぶる ***en ~ de*** … …の調子[様子]で ***fuera de ~*** 場違いの, ふさわしくない ***salida de ~*** 不用意な言動, 場違い

Ton-'quín [トン.'キン] 名 固〔golfo de ~〕〖地名〗トンキン湾《南シナ海北西部の湾》

ton-'si-la [トン.'スィ.ラ] 名 女〖体〗扁桃(へんとう)(腺(せん))

ton-si-'li-tis [トン.スィ.'リ.ティス] 名 女〔単複同〕〖医〗扁桃(腺)(へんとうせん)炎

ton-'su-ra [トン.'ス.ら] 名 女〖宗〗剃髪(ていはつ), 剃髪式

ton-su-'rar [トン.ス.'らる] 動 他〖宗〗剃髪(ていはつ)する, 剃髪式を行う

ton-'tai-na 形 名 共《話》ばかな, まぬけな;〔人〕ばか, まぬけ

ton-te+'ar [トン.テ.'アる] 動 自《話》(con: 異性を)誘惑する, (con: 異性に)言い寄る; ばかげたことをする[言う]

ton-'te-ra 名 女《話》⇩ tontería

**ton-te-'rí+a [トン.テ.'リ.ア] 88% 名 女 愚かさ, ばかなこと; つまらないこと[もの]

**'ton-to, -ta 84% 形 ばかな; 涙もろい; やさしすぎる, べたべたする 名 男 女 ばか者; 涙

もろい人；やさしすぎる人，べたべたする人 名 男 道化役 *a lo* ～《話》それとは知らずに，いつの間にか *a tontas y a locas*《話》めちゃくちゃに *hacerse el* [*la*] ～[*ta*]《話》知らないふりをする *ponerse* ～[*ta*]《話》気どる，思い上がる；面倒を起こす **-ta-mente** 副 ばかのように，ばかみたいに；ばかなことに

ˈTo+ña [ˈト.ニャ] 名 固〔女性名〕トニャ《Antonia の愛称》

ˈTo+ño [ˈト.ニョ] 名 固〔男性名〕トニョ《Antonio の愛称》

ˈtop 名 男〔複 tops〕〔衣〕タンクトップ

to-ˈpa-cio [ト.ˈパ.すぃオ] 名 男〔鉱〕トパーズ，黄玉

***to-ˈpar** [ト.ˈパる] 94% 動 他 〈に〉ぶつかる，〈に〉衝突する；見つける，〈に〉出会う，〈に〉出くわす 動 自 (con, contra：に)突き当たる，ぶつかる，出会う；(en：に)ある；うまくいく，成功する **～se** 動 再 (con：と)偶然出会う

ˈto+pe 名 男 限度，限界；先端，端；棒材[板材]の先端；〔海〕帆柱の先端；〔海〕檣楼(しょうろう)員；緩衝(かんしょう)器；バンパー；衝突；障害，困難点；けんか，口論；《メキシコ》ハンプ《住宅地などで車を減速させる道路上の隆起》 形 最大の，最高の；期限の，ぎりぎりの *a* [*al*] ～《話》ぎゅうぎゅう詰めの，満員の；精いっぱい *de* ～ *a* ～《話》端から端まで *hasta el* ～ ぎりぎりまで *hasta los* ～*s*《話》(荷を)積みすぎて；ぎゅうぎゅう詰めで，満員で

ˈtó-per 名 男 ⇧ táper

to-ˈpe-ra [ト.ˈペ.ら] 名 女〔動〕モグラの穴，モグラ塚

to-pe-ˈrol [ト.ペ.ˈろル] 名 男《チリ》〔競〕〔衣〕(運動靴の)スパイク

to-pe-ˈta-da 名 女 ⇩ topetazo

to-pe-ˈtar [ト.ペ.ˈタる] 動 自〔動〕《牛などが》頭をぶつける 動 他 〈に〉ぶつかる

to-pe-ˈta-zo [ト.ペ.ˈタ.そ] 名 男《話》頭を打つこと，鉢合わせ；〔動〕(牛などの)頭突き

to-pe-te-ˈar [ト.ペ.テ.ˈアる] 動 他《中米》〈盗品を〉買う

***ˈtó-pi-co** 93% 名 男 話題，主題，テーマ；話の種，トピックス；決まり文句；〔医〕外用薬 **～, -ca** 形 ありふれた，平凡な；局所の，局部の

to-pi-ˈne-ra [ト.ピ.ˈネ.ら] 名 女〔動〕モグラの穴

top model*⇨*top-model [ˈトプ ˈモ.デル] 名 共〔英語〕トップモデル ⇧ supermodelo

ˈto+po 名 男〔動〕モグラ；《話》まぬけ，へまな人；《ラ米》大針，留めピン；〔複〕《コロンビア》小さなイヤリング *ver menos que un* ～《話》〔軽蔑〕ほとんど目が見えない；物事に暗い

to-po-gra-ˈfí+a [ト.ポ.グら.ˈフィ.ア] 名 女〔地〕地形図作成術，地形学，地誌学；〔地〕(一地方の)地形，地誌

to-po-ˈgrá-fi-co, -ca [ト.ポ.ˈグら.フィ.コ，カ] 形〔地〕地誌(学)の，地形(学)の

to-ˈpó-gra-fo, -fa [ト.ˈポ.グら.フォ，ファ] 名 男 女〔地〕地形学者，地誌学者；〔地〕地形図作成者，地形測量士

to-po-lo-ˈgí+a [ト.ポ.ロ.ˈひ.ア] 名 女〔数〕位相；〔数〕位相数学，トポロジー

to-po-ˈló-gi-co, -ca [ト.ポ.ˈロ.ひ.コ，カ] 形〔数〕位相の，位相的な，トポロジーの

to-po-ˈni-mia 名 女〔言〕〔集合〕(ある地域・国の)地名；〔言〕地名学

to-po-ˈní-mi-co, -ca 形〔言〕地名の，地名学の

to-ˈpó-ni-mo 名 男〔言〕地名

***ˈto-que** [ˈト.ケ] 92% 名 男 さわること，接触；趣(おもむき)，気味，感じ；〔絵〕タッチ，一筆；(鐘の)音，鳴らすこと；〔軍〕(合図の)ラッパ；〔鉱〕(鉱物の)強度試験[検査]；試金石；要点，重要点，かなめ；試験，考査；喚起，注意 *dar un* ～ (a：に)警告する；…に打診する，探りを入れる ～ *de alarma* 警鐘 ～ *de queda* 夜間外出禁止令

to-ˈqué, -que~ 動《活用》⬆ tocar

to-que-te+ˈar [ト.ケ.テ.ˈアる] 動 他《話》いじくる，もてあそぶ；《話》〈楽器を〉かき鳴らす

to-que-ˈte+o [ト.ケ.ˈテ.オ] 名 男《話》いじくること，もてあそぶこと；《話》楽器をかき鳴らすこと

to-ˈqui-lla [ト.ˈキ.ジャ] 名 女〔衣〕スカーフ，襟巻き；〔衣〕毛糸の襟巻き，肩掛け，ショール；〔衣〕(男物の)帽子飾り

ˈto+ra [ˈト.ら] 名 女〔宗〕トーラー《ユダヤ教の律法・聖書》

to-ˈrá-ci-co, -ca [ト.ˈら.すぃ.コ，カ] 形〔体〕胸の，胸部の

to-ˈra-da [ト.ˈら.ダ] 名 女〔畜〕牛の群れ

ˈtó-rax [ˈト.ら(ク)ス] 名 男〔単複同〕〔体〕胸部，胸郭(きょうかく)

***tor-be-ˈlli+no** [トる.ベ.ˈジ.ノ] 94% 名 男〔気〕竜巻，旋風，つむじ風；めまぐるしさ，(できごとの)連続，混乱；《話》せかせかした人，あわただしい人

tor-ˈcaz [トる.ˈカす] 名 女〔鳥〕モリバト

tor-ce-ˈdu-ra [トる.せ.ˈドゥ.ら] 名 女 よじること，ねじること；〔飲〕安酒，安物のワイン；〔医〕捻挫(ねんざ)

***tor-ˈcer** [トる.ˈせる] 93% 動 他 ⑬ (o|ue; c|z) ねじる，撚(よ)る；〈の〉方向を変える；〈事実・真理などを〉ゆがめる，曲解する；曲げる；〈顔を〉ゆがめる；ひねる，くじく 動 自 (a：に)曲がる；それる **～se** 動 再 身をよじる；〈手足などを〉くじく，捻挫(ねんざ)する；悪くなる，堕落する，不良になる；ゆがむ，それる

tor-ˈci-do, -da [トる.ˈすぃ.ド，ダ] 形 曲

がった, ねじれた; 心の曲がった, よこしまな 名 男〘食〙トルシード《ジャムの入ったドーナツ形のパン》;〘飲〙安酒, 安ワイン;〘衣〙太い絹糸

tor-ci-'jón [トる.すぃ.'ほン] 名 男 よじれ, ねじれ;〘医〙腹痛, さし込み

tor-ci-'mien-to [トる.すぃ.'ミエン.ト] 名 男 よじること, ねじること;〘医〙捻挫(ねんざ)

'tór+cu-lo ['トる.ク.ロ] 名 男〘機〙ねじプレス

Tor-de-'si-llas [トる.デ.'スィ.ジャス] 名 固〘地名〙トルデシージャス《スペイン中北部の町》

'tor-do ['トる.ド] 名 男〘鳥〙ツグミ;《ラ米》〘鳥〙ムクドリ 形〘畜〙«馬が»葦毛(あしげ)の

to-re+'ar [ト.れ.'アる] 動 自〘牛〙闘牛をする;《南米》;〘畜〙«犬が»吠(ほ)えたてる 動 他《スペイン》空約束をする, あしらう, からかう; 避ける, かわす;〘畜〙‹牛を›交尾させる;《ラ米》〘畜〙‹動物を›けしかける

to-'re+o [ト.'れ.オ] 名 男〘牛〙闘牛(術);《話》あしらい, からかうこと, ひやかし *¡Se acabó el ~!*《話》もうたくさんだ

****to-'re-ro, -ra** [ト.'れ.ろ, ら] 90% 名 男 女〘牛〙闘牛士 形〘牛〙闘牛の **-ra** 名 女〘衣〙(腰まで とどかない)胴着, ボレロ *saltarse a la torera*《話》無視する

to-'re-te [ト.'れ.テ] 名 男〘牛〙若牛; 元気のいい子供

to-'ril [ト.'りル] 名 男〘牛〙(牛の)囲い場《闘牛に出される牛を入れておく囲い》

To-'ri+no 名 固 ⇩ Turín

'to-rio ['ト.りオ] 名 男〘化〙トリウム《放射性金属元素》

***tor-'men-ta** [トる.'メン.タ] 92% 名 女〘気〙嵐, 暴風雨, 大しけ; 逆境, 不幸; 怒り, 激情

***tor-'men-to** [トる.'メン.ト] 94% 名 男 拷問, 責め苦; 苦痛, 激痛, 苦悩; 苦痛[苦悩]の種

tor-men-'to-so, -sa [トる.メン.'ト.ソ, サ] 形〘気〙嵐の, 暴風雨の; 激しい, 激烈な

'Tor-mes ['トる.メス] 名 固〔el ~〕〘地名〙トルメス川《スペイン, サラマンカを流れるドゥエロ川の支流》

'tor-mo ['トる.モ] 名 男〘地〙岩山; 塊(かたまり)

'tor-na ['トる.ナ] 名 女 帰ること, 返すこと; (溝・川の)堰(せき) *volver las ~s* (a: に)逆襲する

tor-na-'bo-da [トる.ナ.'ボ.ダ] 名 女 婚礼の翌日(の祝宴)

tor-'na-da [トる.'ナ.ダ] 名 女 帰ること, 帰り

tor-na-'di-zo, -za [トる.ナ.'ディ.そ, さ] 形 名 男 女 変わりやすい, (意見などを)すぐに変える, 意志の固くない, 気まぐれな; 裏切り者, 転向者, 変節漢

tor-'na-do [トる.'ナ.ド] 名 男〘気〙暴風, 突風, トルネード, ハリケーン

***tor-'nar** [トる.'ナる] 93% 動 自 戻る, 帰る; また(a 不定詞: …)する 動 他 返す, 戻す; (en: に)変える; (形容詞: …に)する **~-se** 動 再 (形容詞: …に)変わる, (形容詞: …に)なる *~ en sí* 我に返る, (気絶などの後で)気づく

tor-na-'sol [トる.ナ.'ソル] 名 男〘植〙ヒマワリ; 虹色[玉虫色]のきらめき[光沢];〘化〙リトマス(試験紙)

tor-ne+'a-do, -da [トる.ネ.'ア.ド, ダ] 形〘技〙ろくろ[旋盤]で加工した; 曲線の 名 男〘技〙ろくろ[旋盤]による加工

tor-ne+'ar [トる.ネ.'アる] 動 他〘技〙ろくろ[旋盤]で削る, 旋削する 動 自 回る, 回転する;〘歴〙馬上槍(やり)試合に出る; あれこれ考える

tor-'ne+o [トる.'ネ.オ] 名 男〘歴〙馬上槍(やり)試合;〘競〙勝ち抜き戦, トーナメント

tor-ne-'rí+a [トる.ネ.'り.ア] 名 女〘技〙旋盤[ろくろ]細工(の工場);〘技〙旋盤加工

tor-'ne-ro, -ra [トる.'ネ.ろ, ら] 名 男 女〘技〙旋盤工, ろくろ細工師

***tor-'ni-llo** [トる.'ニ.ジョ] 93% 名 男 ねじ, らせん, ねじ釘(くぎ), ねじボルト, ビス; 万力, バイス;《ラプラタ》厳しい寒さ *apretar los ~s* (a: に)無理強いをする *faltar un ~*《話》(a: の)頭のねじがゆるんでいる, 頭がおかしい

tor-ni-'que-te [トる.ニ.'ケ.テ] 名 男 回転木戸, 回り木戸《十字形の腕木が回って一人ずつ通すもの》;〘医〙止血帯

'tor+no ['トる.ノ] 名 男〘機〙巻き上げ機, ウインチ;〘機〙旋盤, ろくろ;〘建〙回転式窓, 回転台; 回転;〘地〙(川の)曲がり角 *en ~ a ...* …のまわりで; …について *~ de alfarero*〘技〙回転ろくろ *~ de hilar*〘技〙紡(つむ)ぎ車

****'to+ro** ['ト.ろ] 83% 名 男〘畜〙雄ウシ[牛];〔複〕〘牛〙闘牛; 強壮な男;〔T~〕〘天〙おうし座;〘建〙大玉縁(たまぶち), トーラス *coger al ~ por los cuernos / ir al ~* 困難に立ち向かう《雄牛の角をつかむ》 *¡Otro ~!*《話》話題を変えよう *~ de fuego* 花火 *ver los ~s desde la barrera* 高見の見物をする

to-'ron-ja [ト.'ろン.は] 名 女《メキシコ》《カリブ》〘植〙グレープフルーツ

to-ron-'jil [ト.ろン.'ひル] 名 男〘植〙メリッサ, セイヨウヤマハッカ

to-'ron-jo [ト.'ろン.ほ] 名 男《メキシコ》《カリブ》〘植〙グレープフルーツの木

To-'ron-to [ト.'ろン.ト] 名 固〘地名〙トロント《カナダ東南部の都市》

***'tor-pe** ['トる.ペ] 93% 形 不器用な, へたな, 動きの鈍い, よく動かない; 頭の鈍い, ばか

t

な; みだらな, わいせつな, 下劣な, 恥ずかしい ~**mente** 副 ぎこちなく, 不器用に

tor-pe-'dad 名 女 ⇩ torpeza

tor-pe-de+'ar [トる.ペ.デ.'アる] 動 他 〔軍〕魚雷で破壊[攻撃]する; 〈計画などを〉粉砕する, 攻撃する

tor-pe-'de+o [トる.ペ.'デ.オ] 名 男 〔軍〕魚雷攻撃

tor-pe-'de-ro [トる.ペ.'デ.ろ] 名 男 〔軍〕魚雷艇

tor+'pe-do [トる.'ペ.ド] 名 男 〔軍〕魚雷; 〔魚〕シビレエイ; 《チリ》《話》カンニングペーパー

tor-'pe-za [トる.'ペ.さ] 名 女 不器用, のろさ, 頭の悪さ; 不器用な[へたな]動作, へま, どじ; 卑猥(ひわい)なこと

to-'rrar [ト.'らる] 動 他 〔食〕炒(い)る, 焼く, きつね色に焦がす

*'**to-rre** ['ト.れ] 86% 名 女 〔建〕塔, やぐら, タワー, 高層ビル; 〔建〕鐘楼(しょうろう); 〔遊〕〔チェス〕ルーク, 城; 《スペイン》〔建〕別荘 ~ ***de marfil*** 象牙の塔 ~ ***de viento*** 空中の楼閣

to-rre-'ci-lla [ト.れ.'すぃ.ジャ] 名 女 〔建〕小塔, やぐら; 〔海〕〔軍〕(潜水艦などの)司令塔

to-rre-fac-'ción [ト.れ.ファク.'すぃオン] 名 女 〔食〕炒(い)ること

to-rre-'fac-to, -ta [ト.れ.'ファク.ト, タ] 形 〔食〕炒(い)った

To-rre-mo-'li-nos [ト.れ.モ.'リ.ノス] 名 固 〔地名〕トレモリーノス《スペイン España 南部の観光都市》

to-rren-'cial [ト.れン.'すぃアル] 形 急流の(ような), 激しい, 豪雨の

*'**to-'rren-te** [ト.'れン.テ] 94% 名 男 奔流, 急流; 〔体〕血の循環, 血流; 人がつめかけること, 殺到, 混雑

to-rren-'te-ra [ト.れン.'テ.ら] 名 女 〔地〕小渓谷

to-'rre+ón [ト.'れ.オン] 名 男 大きな塔

to-'rre-ro [ト.'れ.ろ] 名 男 灯台守

'**To-rres** ['ト.れス] 名 固 〔姓〕トレス

to-'rre-ta [ト.'れ.タ] 名 女 〔建〕小塔

to-'rrez+no [ト.'れす.ノ] 名 男 〔食〕ベーコンフライ

'**tó-rri-do, -da** ['ト.り.ド, ダ] 形 炎熱の, 灼熱(しゃくねつ)の; 〔気〕熱帯の

to-'rri-ja [ト.'り.は] 名 女 〔食〕トリーハ《牛乳に浸し, かき卵をつけてオリーブ油で揚げたパン》; 《スペイン》《話》酔っぱらい

tor-'sión [トる.'スィオン] 名 女 ねじり, ねじれ; 〔医〕捻転(ねんてん)

'**tor-so** ['トる.ソ] 名 男 〔体〕(人体の)胴, 上半身; 〔美〕トルソ《胴体だけの像》

*'**tor-ta** ['トる.タ] 94% 名 女 《スペイン》〔食〕ケーキ, パイ, タルト; 《メキシコ》〔食〕フランスパンのサンドイッチ; 《話》平手打ち; 《話》酔い; 〔印〕〔集合〕フォント《同じサイズの活字のひとそろい》 ***hacer*** ~ 《ラプラタ》《話》こなごなに壊す ***ni*** ~ 《否定》《話》まったく(…ない)

tor-'ta-da [トる.'タ.ダ] 名 女 〔食〕パイ, ミートパイ; 〔建〕しっくい

tor-'ta-zo [トる.'タ.そ] 名 男 《話》平手打ち

tor-te+'a-do, -da [トる.テ.'ア.ド, ダ] 形 《チリ》《話》金のある, 裕福な(人)

tor-'tí-co-lis [トる.'ティ.コ.リス] 名 女 [男] 〔単複同〕〔医〕斜頸(しゃけい)

*'**tor-'ti-lla** [トる.'ティ.ジャ] 93% 名 女 《スペイン》〔食〕卵焼き, オムレツ, ジャガイモ入りの卵焼き; 《ラ米》〔食〕トルティージャ《メキシコの伝統的な主食, トウモロコシ粉の円い薄焼き》 ***darse la vuelta*** [***volverse***] ***la*** ~ 《話》立場[状況]が逆になる ***hacer*** (***una***) ~ 《話》(a: を)つぶす

tor-ti-'lle-ra [トる.ティ.'ジェ.ら] 名 女 《俗》レスビアン

'**tór-to-la** ['トる.ト.ラ] 名 女 〔鳥〕キジバト

'**tór-to-lo** ['トる.ト.ロ] 名 男 〔鳥〕キジバトの雄; 《話》恋愛中の男, 色男; 〔複〕《話》恋人 ~, **-la** 形 名 男 女 《コロンビア》《話》ばかな(人), 愚かな(人)

Tor-'to-sa [トる.'ト.サ] 名 固 〔地名〕トルトーサ《スペイン東部の都市》

*'**tor-'tu-ga** [トる.'トゥ.ガ] 93% 名 女 〔動〕カメ[亀]; 〔歴〕〔軍〕(古代ローマで)亀甲(きっこう)形掩蓋(えんがい)《特に攻城の際に兵士たちの頭上を守った大盾》 ***a paso de*** ~ のろのろと, ゆっくりとした歩みで

tor-'tuo-so, -sa [トる.'トゥオ.ソ, サ] 形 曲がりくねった, ねじれた; «心が»曲がった, 不正な

tor-'tu-ra [トる.'トゥ.ら] 名 女 拷問, 責め苦; 激しい苦痛, 苦悩; 曲がり, ねじれ, ひずみ

tor-tu-'rar [トる.トゥ.'らる] 動 他 拷問にかける; ひどく苦しめる ~**se** 動 再 ひどく苦しむ

tor-'vis-co [トる.'ビス.コ] 名 男 〔植〕ジンチョウゲ

'**tor-vo, -va** ['トる.ボ, バ] 形 残忍な, 冷酷な, 恐ろしい **-va** 名 女 〔気〕嵐, 吹雪(ふぶき)

tor-z~ 動 《活用》⬆torcer

tor-'zal [トる.'さル] 名 男 絹のより糸

*'**tos** 94% 名 女 〔医〕咳(せき), 咳払い

'**tos-ca** 名 女 〔地質〕凝灰岩

Tos-'ca-na 名 固 〔地名〕トスカーナ《イタリア中西部の州》

tos-'ca+no, -na 形 名 男 女 〔地名〕トスカーナの(人)⬆Toscana; 〔言〕(イタリア語の)トスカーナ方言の 名 男 〔言〕(イタリア

語の)トスカーナ方言

'tos-co, -ca 形 粗削りの, 雑な, 粗末な; 野卑な, 粗野な, 不作法な 名 男 女 粗野な人, 無骨者

*__to-'ser__ [ト.'セる] 94% 動 自〘医〙咳(せき)をする; (a: に)かなう, 張り合う; 意見を言う

'tó-si-go 名 男 苦悩, 苦しみ; 毒

tos-que-'dad [トス.ケ.'ダド] 名 女 粗雑, 粗野, 劣等

tos-ta-'de-ro [トス.タ.'デ.ろ] 名 男 焙煎(ばいせん)器

tos-'ta-do, -da 形 きつね色に焼いた; 小麦色の, 日焼けした 名 男〘食〙炒(い)ること; (きつね色に)焼くこと **-da** 名 女〘食〙トースト(パン) *olerse la tostada*《話》うさんくさく思う, 危険に気づく

tos-ta-'dor [トス.タ.'ドる] 名 男〘食〙トースター

*__tos-'tar__ [トス.'タる] 94% 動 他 ⑯ (o|ue)〘食〙トーストする, きつね色に焼く, 軽く焦がす, 焙(ほう)じる, 炒(い)る; 熱する; «太陽が»‹肌を›焼く, ‹の›肌を焼く;《ラ米》打つ, たたく, 殴る ～**se** 動 再 日焼けする; 焼ける, 焦げる, 炒り上がる

tos-'tón 名 男〘食〙炒(い)り豆;《スペイン》〘食〙クルトン; 焼け焦げたもの;〘食〙子豚の丸焼き;《話》やっかいなもの, 迷惑, 退屈

⁑**to-'tal** [ト.'タル] 77% 形 全体の, 総計の, 総…; 完全な, 全面的な 名 男 合計, 計; 全体, 全部 副 結局, 要するに *en* ～ 全部で; 結局, つまりは ～*, que* … つまり…

to-ta-li-'dad [ト.タ.リ.'ダド] 名 女 全部, 全員; 全体, 全体性, 総計

to-ta-li-'ta-rio, -ria [ト.タ.リ.'タ.りオ, りア] 形〘政〙全体主義の; 全体の, すべての

to-ta-li-ta-'ris-mo [ト.タ.リ.タ.'りス.モ] 名 男〘政〙全体主義

to-ta-li-ta-'ris-ta [ト.タ.リ.タ.'りス.タ] 形〘政〙全体主義の 名 共〘政〙全体主義者

to-ta-li-za-'dor, -'do-ra [ト.タ.リ.さ.'ドる, 'ド.ら] 形 合計した[する]

to-ta-li-'zar [ト.タ.リ.'さる] 動 他 ㉞ (z|c) 合計が‹に›なる; 合計する

⁑**to-'tal-'men-te** [ト.'タル.'メン.テ] 82% 副 まったく, すっかり

'tó-tem 名 男〔複 -tems〕〘宗〙トーテム, 族霊《未開人社会で部族の成員と特別の血縁関係にあるとされる自然物》;〘宗〙トーテム像, トーテムポール

to-'té-mi-co, -ca 形〘宗〙トーテムの

to-te-'mis-mo 名 男〘宗〙トーテミズム, トーテム崇拝

To-to-ni-ca-'pán 名 固〘地名〙トトニカパン《グアテマラ中西部の県, 県都》

to-'to-ra [ト.'ト.ら] 名 女《南米》〘植〙トトーラ《イグサに似た植物》

to-to-'ral [ト.ト.'らル] 名 男《南米》〘植〙トトーラの原[茂み]

to-to-'ví+a [ト.ト.'ビ.ア] 名 女〘鳥〙モリヒバリ;〘鳥〙カンムリヒバリ

tour ['トゥる] 名 男〔英語〕(観光)旅行;〘演〙連続公演;〔T～〕〘競〙ツール・ド・フランス《毎年7月にフランスを中心に行われる自転車レース》 ～ *de force* 力業, 離れ業

to-'xe-mia [トク.'セ.ミア] 名 女〘医〙毒血症;〘医〙妊娠中毒症

to-xi-ci-'dad [トク.スィ.すぃ.'ダド] 名 女 (有)毒性

*__'tó-xi-co, -ca__ ['トク.スィ.コ, カ] 91% 形 有毒な, 毒性の

to-xi-co-lo-'gí+a [トク.スィ.コ.ロ.'ひ.ア] 名 女 毒物学, 毒理学

to-xi-co-'ló-gi-co, -ca [トク.スィ.コ.'ロ.ひ.コ, カ] 形 毒物(学)の

to-xi-'có-lo-go, -ga [トク.スィ.'コ.ロ.ゴ, ガ] 名 男 女 毒物学者

to-xi-co-ma-'ní+a [トク.スィ.コ.マ.'ニ.ア] 名 女〘医〙麻薬中毒

to-xi-'có-ma+no, -na [トク.スィ.'コ.マ.ノ, ナ] 形〘医〙麻薬中毒の 名 男 女〘医〙麻薬中毒患者

to-xi-'co-sis [トク.スィ.'コ.スィス] 名 女〔単複同〕〘医〙中毒症

to-'xi-na [トク.'スィ.ナ] 名 女〘医〙毒素, トキシン

to-xo-plas-'mo-sis [トク.ソ.プラス.'モ.スィス] 名 女〔単複同〕〘医〙トキソプラズマ症

to-zu-'dez [ト.す.'デす] 名 女 頑固, 強情

to-'zu-do, -da [ト.'す.ド, ダ] 形 名 男 女 頑固な(人), 強情な(人)

tr. 略 ↓transitivo

tra~〔接頭辞〕↓tra(n)s-

'tra-ba ['トら.バ] 名 女 結びつけるもの, 固定具, 結びつける道具;〘畜〙(馬などの)足かせ; 障害, 妨げ;〘法〙差し押さえ, 押収 *poner* ～*s* (a: を)妨害する

tra-ba-'cuen-ta [トら.バ.'クエン.タ] 名 女 (計算)間違い; 議論, 口論, 言い争い

tra-'ba-do, -da [トら.'バ.ド, ダ] 形〘畜〙«馬などが»足かせをはめられた, つながれた; 力のある, 強靭な, たくましい; «話が»まとまりのある;〘音〙«音節が»閉じた, 閉音節の;《コロンビア》《話》麻薬で錯乱した

tra-ba-'ja-do, -da [トら.バ.'は.ド, ダ] 形 疲れきった; 老いた; 入念に細工された, 磨きのかかった, 練り上げられた

⁑**tra-ba-ja-'dor, -'do-ra** [トら.バ.は.'ドる, 'ド.ら] 79% 形 勤勉な, よく働く, 働き者の 名 男 女 労働者, 働き手

⁑**tra-ba-'jar** [トら.バ.'はる] 66% 動 自 働

く, 仕事をする; 勉強する; (en 不定詞: …しようと)働きかける; 努力する; 〘植〙《植物が》実をつける; 〘農〙《土地が》生産する; 〘演〙役を演じる; 《材木などが》そる, ゆがむ, 損ねる 動 他 処理する, 実行する; 〘畜〙〈馬を〉ならす; 細工をする, 加工する; 迷惑をかける, 苦しめる, 苦労させる; 〘農〙〈土地を〉耕す; 〈粉を〉こねる; 〘商〙扱う, 商う ～se 動 再 取り組む, 従事する

tra-ba-'ji-llo [トら.バ.'ひ.ジョ] 名 男 小さな仕事

‡**tra-'ba-jo** [トら.'バ.ほ] 65% 名 男 仕事, 労働, 作業, 勉強; 職, 働き口; 宿題; 研究, 研究論文; 成果, 作品, 著作; 苦労, 困難, 苦心; 細工, 加工, 制作; 〘物〙仕事, 仕事量; 〘競〙練習, トレーニング ***costar (mucho) ～*** 苦労する, 大変である ***～ a costo alzado*** 請負仕事

tra-ba-'jo-so, -sa [トら.バ.'ほ.ソ, サ] 形 大変な, 困難な, やっかいな **-samente** 副 骨折って, 勤勉に, せっせと

tra-ba-'len-guas [トら.バ.'レン.グアス] 名 男 〔単複同〕早口言葉

tra-ba-'mien-to [トら.バ.'ミエン.ト] 名 男 結合, 接合

*__tra-'bar__ [トら.'バる] 93% 動 他 妨げる, つっかえさせる, じゃまする; 動かなくさせる, 固定する, 〈に〉足かせをはめる; 〈戦い・口論・会議などを〉始める; 結ぶ, つなぐ; 〈関係を〉結ぶ; つかむ; 〘技〙〈のこぎりに〉目立てをする; 〈液体を〉濃くする; 〘法〙差し押さえる 動 自 つかまる, 引っかかる ～se 動 再 《舌が》まわらない, 口がきけない; からむ; 《機械が》動かなくなる; 《液体が》濃くなる

tra-ba-'zón [トら.バ.'そン] 名 女 結合(部), つなぎ; 結びつき, 関係, まとまり, 一貫性; (液体の)濃度, 粘り, とろみ

t

tra-'bi-lla [トら.'ビ.ジャ] 名 女 〘衣〙ストラップ, ズボンの足のひも《足裏にかけてズボンを留める》; 〘衣〙(上着の)背ベルト

tra-'bo-co [トら.'ボ.コ] 名 男 《コロンビア》〘医〙嘔吐(おうと)

tra-bu-'car [トら.ブ.'カる] 動 他 69 (c|qu) 混同する; 混乱させる, ひっくり返す ～se 動 再 《ラプラタ》〘話〙困る, うんざりする

tra-'bu-co [トら.'ブ.コ] 名 男 〘歴〙〘軍〙らっぱ銃; 豆鉄砲; 〘歴〙〘軍〙弩(いしゆみ), 弩砲(どほう)《大石を投げつけるための昔の武器》

'tra-ca ['トら.カ] 名 女 〘遊〙爆竹

trac-'ción [トらク.'すぃオン] 名 女 引くこと, 牽引(けんいん)(力)

tra-'cé, -ce(~) 動 《直点 1 単, 接現》 ⬇trazar

tra-ce-'rí+a [トら.せ.'り.ア] 名 女 〘建〙狭間(はざま)飾り

'Tra-cia ['トら.すぃア] 名 固 〘地名〙トラキア《バルカン半島のエーゲ海北東岸の地方; 現在はギリシャ領とトルコ領》

'tra-cio, -cia ['トら.すぃオ, すぃア] 形 名 男 女 〘歴〙〘地名〙トラキア(人)の, トラキア人 ⬆Tracia; 〘歴〙〘言〙トラキア語の 名 男 〘歴〙〘言〙トラキア語

trackpad ['トらク.パド] 名 男 〔英語〕〘情〙トラックパッド

tra-'co-ma [トら.'コ.マ] 名 男 〘医〙トラコーマ, トラホーム

tra-co-'ma-tis [トら.コ.'マ.ティス] 名 女 〔単複同〕〘医〙トラコーマ症

'trac-to ['トらク.ト] 名 男 〘体〙管, 道

trac-to-'mu-la [トらク.ト.'ム.ラ] 名 女 《コロンビア》〘車〙トレーラー

trac-'tor [トらク.'トる] 名 男 〘農〙トラクター; 牽引車[機]

trad. 略 ⬇traducción; traductor, -tora

‡**tra-di-'ción** [トら.ディ.'すぃオン] 84% 名 女 伝統, 慣例, 因襲, しきたり; 伝説, 口碑, 伝承; 〔複〕習慣; 〘法〙引き渡し

‡**tra-di-cio-'nal** [トら.ディ.すぃオ.'ナル] 85% 形 伝統の, 伝統的な, 因襲的な **～-mente** 副 伝統的に

tra-di-cio-na-'lis-mo [トら.ディ.すぃオ.ナ.'リス.モ] 名 男 伝統主義

tra-di-cio-na-'lis-ta [トら.ディ.すぃオ.ナ.'リス.タ] 形 名 共 伝統主義の[主義者]

‡**tra-duc-'ción** [トら.ドゥク.'すぃオン] 86% 名 女 翻訳; 翻訳書, 翻訳文; 通訳; 解釈

‡**tra-du-'cir** [トら.ドゥ.'すぃる] 85% 動 他 15 (c|zc; j) 訳す, 翻訳する; 通訳する; 表現する; (en: に)変える, 移す ～se 動 再 (en: に)なる; 翻訳される

*__tra-duc-'tor, -'to-ra__ [トら.ドゥク.'トる, 'ト.ら] 91% 名 男 女 翻訳者, 訳者; 通訳 形 翻訳する, 翻訳の

tra-'du-j~ 動 《直点/接過》 ⬆traducir

tra-'duz-co, -ca(~) 動 《直現 1 単, 接現》 ⬆traducir

‡**tra+'er** [トら.'エる] 71% 動 他 70 持ってくる, 連れてくる, 運んでくる; 運ぶ; 来させる, 引きつける; 引き起こす, もたらす; 着ている, 身につける; 載せる, 記載する; (形容詞・副詞: …の)状態にする ～se 動 再 〔～ bien, mal〕着こなしがうまい[へた]である; たくらむ; 持って来る ***～ a mal*** 〘話〙困らせる, 虐待する, むち打つ ***～(se) entre manos*** 〈よくないことを〉たくらむ ***traérselas*** 〘話〙ひどい, やっかいだ, 厳しい ***～ y llevar*** (a: の)いろいろなうわさをする; 困らせる, いらだたせる, 虐待する, 痛めつける

tra-fa-'gar [トら.ファ.'ガる] 動 自 41 (g|gu) せわしく動き回る; 〘商〙商いをする

'trá-fa-go ['トら.ファ.ゴ] 名 男 さかんな往来; 大忙し, てんてこまい, せわしなさ

Tra-fal-'gar [トら.ファル.'ガる] 名 固 〔cabo ～〕〖地名〗トラファルガル(岬)《スペイン南西部の岬》

tra-fi-'can-te [トら.フィ.'カン.テ] 名 共 〔しばしば軽蔑〕〖商〗商人, 売買業者; 密売人

tra-fi-'car [トら.フィ.'カる] 動 自 ⑹⑼ (c|qu) 〖商〗(en, con: を)密売する, (en, con: の)不正な取引をする; 旅して回る, 渡り歩く

'trá-fi-co ['トら.フィ.コ] 86% 名 男 交通, (人・車の)往来, 人通り; 〖商〗取り引き, 交易, 売買

tra-fi-'qué, -que(～) 動《直点 1 単, 接現》⬆traficar

'tra-ga ['トら.ガ] 名 女 《コロンビア》《話》(人の)魅力

tra-ga-'can-to [トら.ガ.'カン.ト] 名 男 〖植〗トラガカントゴムノキ

tra-ga-'de-ra [トら.ガ.'デ.ら] 名 女 〔複〕《話》のど ***tener buenas ～s*** 《話》信じやすい, お人よしだ; 《話》寛大である, 我慢強い

tra-'ga-do, -da [トら.'ガ.ド, ダ] 形 《コロンビア》《話》夢中になった

tra-ga-'hom-bres [トら.ガ.'オン.ブれス] 名 共 〔単複同〕《話》強がり屋, いばりん坊

'trá-ga-la ['トら.ガ.ラ] 名 男 〖歴〗〖楽〗《スペイン》トラガラ《19 世紀初めスペインの自由主義者が王党派を嘲笑した歌》

tra-gal-'da-bas [トら.ガル.'ダ.バス] 名 共 〔単複同〕《スペイン》《話》大食家, 食いしん坊

tra-ga-'le-guas [トら.ガ.'レ.グアス] 名 共 〔単複同〕《話》よく歩く人, 健脚

tra-ga-'luz [トら.ガ.'ルす] 名 男 〖建〗天窓, 明かり採り

tra-gan-'ta-da [トら.ガン.'タ.ダ] 名 女 〖飲〗(ぐいっと飲む)ひと口, ごくんと飲み込むこと

tra-gan-'tón, -'to-na [トら.ガン.'トン, 'ト.ナ] 形 大食の, 大食らいの 名 男 女 大食家

tra-ga-'pe-rras [トら.ガ.'ペ.ラス] 名 女 〔単複同〕《スペイン》〖遊〗スロットマシン, ゲーム機

tra-'gar [トら.'ガる] 90% 動 他 (再) ⑷⑴ (g|gu) 〖飲〗飲む, 飲み込む; 《話》我慢する, 耐える, 受け入れる; 《話》信じる, うのみにする, 軽信する; 《話》尽くす, 使う, 消費する **～se** 動 再 〖飲〗(ぐいと)飲み込む, 丸飲みする; 〖食〗(がつがつと) 食べる

tra-ga-'san-tos [トら.ガ.'サン.トス] 名 共 〔単複同〕《話》〖宗〗〔軽蔑〕信心深い人, 宗教熱心

tra-ga-ve-'na-do [トら.ガ.ベ.'ナ.ド] 名 女 《ラ米》ボアコンストリクター《獲物を締め殺す大型ヘビ[蛇]》

tra-'ge-dia [トら.'へ.ディア] 90% 名 女 〖演〗〖文〗悲劇, 悲劇詩; 悲劇的事件, 惨事; 〖歴〗〖文〗バッカス神賛歌

'trá-gi-co, -ca ['トら.ひ.コ, カ] 91% 形 〖文〗悲劇の, 悲劇的な; 痛ましい, 悲惨な 名 男 女 〖文〗悲劇作家[俳優] **-camente** 副 悲劇的に, 悲惨に; 《文修飾》悲惨なことに

tra-gi-co-'me-dia [トら.ひ.コ.'メ.ディア] 名 女 〖文〗悲喜劇; 悲喜劇的な事件, 泣き笑い

tra-gi-'có-mi-co, -ca [トら.ひ.'コ.ミ.コ, カ] 形 〖文〗悲喜劇の, 悲喜劇的な

'tra-go ['トら.ゴ] 94% 名 男 〖飲〗ひと口, ひと飲み, (酒の)一杯; 〖飲〗飲酒; 《話》不幸, 不運, 失敗; 《話》〖飲〗酒

tra-'gón, -'go-na [トら.'ゴン, 'ゴ.ナ] 形 名 男 女 《話》〖食〗大食漢(の), がつがつ食う(人); 〖飲〗大酒飲み(の)

tra-'gué, -gue(～) 動《直点 1 単, 接現》⬆tragar

trai-'ción [トらイ.'すぃオン] 93% 名 女 裏切り, 背信行為, 不実; 〖法〗反逆罪 ***a ～*** 卑劣に, だまし討ちで

trai-cio-'nar [トらイ.すぃオ.'ナる] 93% 動 他 裏切る, 〈に〉背く, 〈味方などを〉敵に売る, 〈に〉不実をする; (思わず)表す, 暴露する; 失敗させる, 〈の〉敗因となる

trai-cio-'ne-ro, -ra [トらイ.すぃオ.'ネ.ろ, ら] 形 裏切りの, 不実の 名 男 女 裏切り者

tra+'í-do, -da [トら.'イ.ド, ダ] 形 使い古した, 着古した **-da** 名 女 持ち込み, 導入 ***～[da] y llevado[da]*** 言い古された, 陳腐な

trai-'dor, -'do-ra [トらイ.'ドる, 'ド.ら] 93% 名 男 女 裏切り者, 背信者 形 裏切りの; 不実な, 当てにならない; 手に負えない, 御しがたい; 隠しきれない, うっかり表れる

'trai-go, -ga(～) 動《直現 1 単, 接現》⬆traer

'trái-ler ['トらイ.レる] 名 男 〖車〗トレーラー

tra+'í-lla [トら.'イ.ジャ] 名 女 (犬などをつなぐ)ひも, 引き綱; (引き綱でつながれた)犬の群れ; むちひも, むち; 〖技〗地ならし機

tra+'í-na [トら.'イ.ナ] 名 女 〖海〗底引き網

'tra-j～ 動《直点/接過》⬆traer

'tra-je ['トら.へ] 83% 名 男 〖衣〗服, 洋服, 衣服; スーツ, 背広; ドレス ***cortar ～s*** 《話》(a: の)うわさをする ***～ de natación*** 〖競〗水着 動《直点 1 単》⬆traer

tra-je+'a-do, -da [トら.へ.'ア.ド, ダ] 形 〖衣〗身なりのよい, 盛装した

tra-je+'ar [トら.へ.'アる] 動 他 〖衣〗〈に〉服を着せる **～se** 動 再 〖衣〗着る, 着こな

す, 盛装する

tra-'jín [トら.'ひン] 名 男 **配達**, 配送; 《話》 さかんな行き来, せわしなさ, 奔走(ほんそう); 《話》 仕事, 雑用

tra-ji-'nan-te [トら.ひ.'ナン.テ] 形 運ぶ, 配達の 名 共 **運搬人**, 配達人

tra-ji-'nar [トら.ひ.'ナる] 動 他 〘商〙〈商品などを〉**運搬する** 動 自 **動き回る**, あくせく働く, 奔走する

'tra-jo 動 《直点 3 単》 ↑traer

'tra-lla ['トら.ジャ] 名 女 綱, ロープ; むち

tra-'lla-zo [トら.'ジャ.そ] 名 男 むち打ち

*'**tra-ma** ['トら.マ] 92% 名 女 〘演〙〘文〙(劇・小説などの)**筋**, 構想, プロット; 〘衣〙(織物の)**横糸**; 〘衣〙 絹糸; **共謀**, 陰謀, 語らい, たくらみ

tra-'mar [トら.'マる] 動 他 たくらむ; 織る, 編む; たくみにやってのける 動 自 〘植〙《オリーブなどが》**花開く**

tra-mi-ta-'ción [トら.ミ.タ.'すぃオン] 名 女 手続き

tra-mi-'tar [トら.ミ.'タる] 動 他 〈の〉**手続きをする**, 処理する, 扱う; **伝える**, 伝達する

*'**trá-mi-te** ['トら.ミ.テ] 92% 名 男 **手続き**, 処理; **移動**, 移行

'**tra-mo** ['トら.モ] 名 男 **区間**, 一区切り, 部分; (土地の)**区画**; 〘建〙 ひと続きの階段 《階段の踊り場までの区間》

tra-mon-'ta+no, -na [トら.モン.'タ.ノ, ナ] 形 **山向こうの**, 山向こうから来る **-na** 名 女 **北**, 北部; 〘気〙 **北風**; からいばり, 虚栄心

tra-'mo-ya [トら.'モ.ジャ] 名 女 〘演〙(舞台の)からくり, 仕掛け; たくらみ

tra-mo-'yis-ta [トら.モ.'ジス.タ] 名 共 〘演〙 **舞台の道具方**, 舞台係; 《話》 **陰謀家**, 策士

*'**tram-pa** ['トらン.パ] 92% 名 女 **わな**, 落とし穴; (賭博(とばく)の)**いんちき**, いかさま, ずる; ペテン, 策略, 計略; 〔複〕(返済が滞った)**借金**; 〘建〙 **はね上げ戸**, 落とし戸; (カウンターの)**上げ板**; 〘衣〙 (ズボンの)**ボタン[ファスナー]隠し**

tram-pan-'to-jo [トらン.パン.'ト.ほ] 名 男 ごまかし, たくらみ

tram-pe+'ar [トらン.ペ.'アる] 動 自 《話》 やりくりする, 苦しい生活を切り抜ける; 《話》 **詐欺をはたらく**, ペテンをする, だます

tram-'pi-lla [トらン.'ピ.ジャ] 名 女 〘建〙 **はね上げ戸**, 落とし戸; 〘衣〙 (ズボンの)**ボタン[ファスナー]隠し**; 〔縮小語〕 ↑trampa

tram-po-'lín [トらン.ポ.'リン] 名 男 〘遊〙 **跳躍台**, 飛び板; (para: への)**出発点**, 踏み台, ステップ; 〘競〙 (スキーの)**ジャンプ台**; 〘競〙 **トランポリン**

tram-'po-so, -sa [トらン.'ポ.ソ, サ] 形 ずるい, いかさまの

'**tran-ca** ['トらン.カ] 名 女 **太棒**, 根棒; 〘建〙(戸・窓の)かんぬき; 《話》 **酔っぱらうこと**; 《(ベネズエラ)》 **交通渋滞** ***a ~s y barrancas*** 《話》 やっとのことで, 苦労して

tran-'ca-do, -da [トらン.'カ.ド, ダ] 形 《(コロンビア)》《話》 **厳しい**, 厳格な(人); 《(チリ)》《話》 **便秘をしている** **-da** 名 女 《(コロンビア)》《話》 **叱りつけ**, 叱責(しっせき), 非難

tran-'car [トらン.'カる] 動 他 ⑥⑨ (c|qu) 〈に〉かんぬきをかける; 《(コロンビア)》《話》 **きつく叱る**, とがめる; 〘情〙 **ロックする**

tran-'ca-zo [トらン.'カ.そ] 名 男 **根棒で殴ること**; 《話》 **酒酔い**; 《話》 **ひどい風邪**

*'**tran-ce** ['トらン.せ] 92% 名 男 **瞬間**, 決定的瞬間, (重要な)時; **時期**; 〘宗〙(霊媒の)**一時的な神がかり状態**; **苦境**, 窮地, 危機; **最後の時**, 死に際; **忘我**, 恍惚; 〘宗〙(神秘思想の)**見神**; 〘法〙 **差し押さえ処分** ***a todo ~*** なにがなんでも, どうしても ***en ~ de*** ...(不定詞) まさに…しようとして, …している最中の

'**tran-co** ['トらン.コ] 名 男 **大またぎ**, 大また; **跳躍**; 〘建〙 **敷居** ***a ~s*** **大急ぎで**, あたふたと

tran-'cón [トらン.'コン] 名 男 《(コロンビア)》 **交通渋滞**

*'**tran-qui-la-'men-te** [トらン.'キ.ラ.'メン.テ] 93% 副 **穏やかに**, 平穏に, 平和に; **静かに**

*'**tran-qui-li-'dad** [トらン.キ.リ.'ダド] 91% 名 女 **静けさ**, 静寂; **穏やかなこと**, 平穏, 落ち着き, 安心 ***para mayor ~*** **念のために**

tran-qui-li-za-'dor, -'do-ra [トらン.キ.リ.さ.'ドる, 'ド.ら] 形 **心を落ち着かせる**, 安心させる

tran-qui-li-'zan-te [トらン.キ.リ.'さン.テ] 形 **心を落ち着かせる**, 安心させる 名 男 〘医〙 **精神安定剤**, トランキライザー

*'**tran-qui-li-'zar** [トらン.キ.リ.'さる] 93% 動 他 ③④ (z|c) 〈の〉**心[感情]を静める**, 落ち着かせる, 安心させる **~se** 動 再 **心が静まる**, 落ち着く; おさまる, 静まる, やわらぐ

tran-'qui-llo [トらン.'キ.ジョ] 名 男 《話》 **要領**, やり方 感 **落ち着いて!**, 安心して!

‡'**tran-'qui-lo, -la** [トらン.'キ.ロ, ラ] 83% 形 **静かな**, 平静な, 平穏な; 《人が》**落ち着いた**, 穏やかな, おっとりした, のんきな; **心配のない**, 安らかな

tra(n)s~, tra~ 〔接頭辞〕「超越・横断・後方」という意味を示す

tran-s|ac-'ción [トらン.サク.'すぃオン] 名 女 **譲歩**, 妥協; 〘商〙 **取引業務**, 売買; **協定**, 契約

tran-s|al-'pi+no, -na [トらン.サル.

'ピ.ノ, ナ] 形 (イタリアからみて)アルプスの向こう側の; アルプス横断の

tran-s|a-me-ri-'ca+no, -na [トらン.サ.メ.り.'カ.ノ, ナ] 形 アメリカ大陸横断の

tran-s|an-'di+no, -na [トらン.サン.'ディ.ノ, ナ] 形 アンデス山脈を越えた(の向こう側の), アンデス山脈横断の

tran-s|at-'lán-ti-co, -ca; -s|a-'tlán- [トらン.サト.'ラン.ティ.コ, カ; .サ.'トラン.] 形 大西洋横断の, 大西洋の向こう側の 名 男 大西洋横断船, 大西洋横断定期船

trans-bor-da-'dor [トら(ン)ス.ボる.ダ.'ドる] 名 男 連絡船, フェリー

trans-bor-'dar [トら(ン)ス.ボる.'ダる] 動 他 積み換える, 〈人を〉乗り換えさせる 動 自 乗り換える

trans-'bor-do [トら(ン)ス.'ボる.ド] 名 男 乗り換え, 積み換え

trans-cen-'den-cia 名 女 ⇩ tras-～

trans-cen-'der 名 女 ⇩ tras-～

trans-con-ti-nen-'tal [トら(ン)ス.コン.ティ.ネン.'タル] 形 大陸横断の

***trans-cri-'bir** [トら(ン)ス.クり.'ビる] 93% 動 他 〔過分 transcrito〕〔言〕表記する; 文字化する, 書き写す; (en: に)書き換える, 転写する; 〔楽〕編曲する

***trans-crip-'ción** [トら(ン)ス.クりプ.'すぃオン] 93% 名 女 〔言〕表記; 筆写, 転写, 筆記; 〔楽〕編曲

trans-crip-'tor, -'to-ra [トら(ン)ス.クりプ.'トる, 'ト.ら] 名 男 女 〔言〕転写者

trans-'cri-to, -ta [トら(ン)ス.'クり.ト, タ] 形 〔言〕表記された; 文字化された, 書き写された; (en: に)書き換えられた, 転写された; 〔楽〕編曲された 動 《過分》 ⬆transcribir

trans-cu-'rrir [トら(ン)ス.ク.'りる] 動 自 《時が》過ぎる, 流れる

'**trans-cur-so** ['トら(ン)ス.クる.ソ] 名 男 (時の)経過, 時間 ***en el ～ de ...*** …の期間に

tran-'sep-to [トらン.'セプ.ト] 名 男 〔宗〕〔建〕(教会の)交差廊

***tran-se+'ún-te** [トらン.セ.'ウン.テ] 94% 形 通過する, 通りすがりの, つかの間の, 一過性の; 短期滞在の 名 共 通行人; 通過客, 短期滞在者

tran-se-'xual [トらン.セク.'スアル] 形 〔医〕性転換(願望)の 名 共 〔医〕性転換(願望)者

trans-fe-'ren-cia [トら(ン)ス.フェ.'れン.すぃア] 名 女 移転, 移動, 転移, 移送; 譲渡; 〔商〕振替, 為替; 〔競〕〔サッカーなど〕移籍 ***～ de archivos*** 〔情〕ファイル転送

trans-fe-'ri-ble [トら(ン)ス.フェ.'り.ブレ] 形 移動できる, 譲渡できる

trans-fe-'rir [トら(ン)ス.フェ.'りる] 動 他 65 (e|ie|i) 移す, 移動する; 移籍させる; 〔商〕振り込む, 送金する; 延期する; 〔法〕〈財産・権利を〉譲渡する

tras-'fie-r~ 動 《直現/接現/命》 ⬆transferir

trans-fi-gu-ra-'ción [トら(ン)ス.フィ.グ.ら.'すぃオン] 名 女 変形, 変身, 変貌(へんぼう); 〔la T～〕〔聖〕キリストの山上における変容 《祝日は8月6日》

trans-fi-gu-'rar [トら(ン)ス.フィ.グ.'らる] 動 他 変形させる, 変身させる, 変貌(へんぼう)させる **～se** 動 再 変形する, 変身する, 変貌する

trans-fi-r~ 動 《活用》 ⬆transferir

trans-fi-'xión [トら(ン)ス.フィク.'スィオン] 名 女 (槍(やり)などの)貫通

⁑**trans-for-ma-'ción** [トら(ン)ス.フォる.マ.'すぃオン] 89% 名 女 変化, 変形, 変質; 加工; 〔生〕(遺伝)形質転換; 〔物〕変換, 変化; 〔電〕変圧; 〔数〕変換; 〔言〕変形

trans-for-ma-cio-'nal [トら(ン)ス.フォる.マ.すぃオ.'ナル] 形 〔言〕変形の

trans-for-ma-'dor [トら(ン)ス.フォる.マ.'ドる] 名 男 〔電〕変圧器, トランス **～, -dora** 形 変形する, 変換する; 加工する; 〔電〕変圧する

⁑**trans-for-'mar** [トら(ン)ス.フォる.'マる] 86% 動 他 (en: に)変える, 変形[変容, 変換, 変圧]する, 加工する **～se** 動 再 (en: に)変わる, 変形する

trans-for-ma-'ti-vo, -va [トら(ン)ス.フォる.マ.'ティ.ボ, バ] 形 変化の, 変形の; 〔言〕変形の

trans-for-'mis-mo [トら(ン)ス.フォる.'ミス.モ] 名 男 〔生〕生物変移説

trans-for-'mis-ta [トら(ン)ス.フォる.'ミス.タ] 形 名 共 〔演〕早変わり, 百面相, 早変わり芸人; 〔生〕生物変移説の; 生物変移説論者; 《(ベネズエラ)》 女装する(人)

'**tráns-fu-ga** ['トら(ン)ス.フ.ガ] 名 共 逃亡者; 〔軍〕脱走兵; 変わり身の早い人, 転向者, 変節者

trans-fun-'dir [トら(ン)ス.フン.'ディる] 動 他 〈液体を〉注ぎ移す, 注入する; 〔医〕輸血する; 〈うわさ・話などを〉広める **～se** 動 再 広まる, 流布する

trans-fu-'sión [トら(ン)ス.フ.'スィオン] 名 女 〔医〕輸血; 注入, 移し替え

trans-fu-'sor, -'so-ra [トら(ン)ス.フ.'ソる, 'ソ.ら] 形 〔医〕輸血の

trans-gre-'dir [トら(ン)ス.グれ.'ディる] 動 他 〔法〕〈法律などを〉犯す, 破る

trans-gre-'sión [トら(ン)ス.グれ.'スィオン] 名 女 〔法〕違反, 違犯

trans-gre-'si-vo, -va [トら(ン)ス.グれ.'スィ.ボ, バ] 形〖法〗違反の

trans-gre-'sor, -'so-ra [トら(ン)ス.グれ.'ソる, 'ソ.ら] 形〖法〗違反(者)の 名 男 女〖法〗違反者

trans+hu-'man-cia [トら.ス.'マン.すぃア] 名 女 ⇩ tras-～

trans+hu-'man-te [トら.ス.'マン.テ] 形 ⇩ tras-～

trans+hu-'mar [トら.ス.'マる] 動 自 ⇩ tras-～

tran-si-be-'ria+no, -na [トらン.スィ.べ.'りア.ノ, ナ] 形 シベリア横断の 名 男〖鉄〗シベリア横断鉄道

*__tran-si-'ción__ [トらン.スィ.'すぃオン] 91% 名 女 過渡期, 変遷期, 移行部; 移行, 移動, 変化;〖楽〗転調

tran-'si-do, -da [トらン.'スィ.ド, ダ] 形 (de: で)苦しむ, ぐったりしている

tran-si-'gen-cia [トらン.スィ.'ヘン.すぃア] 名 女 妥協, 和解, 歩みより; 寛容さ

tran-si-'gen-te [トらン.スィ.'ヘン.テ] 形 妥協する, 寛容な

tran-si-'gir [トらン.スィ.'ひる] 動 自 ㉜ (g|j) (con: に)妥協する, 譲歩する, (con: を)許す

Tran-sil-'va-nia [トらン.スィル.'バ.ニア] 名 固 〔los Alpes de ～〕〖地名〗トランシルバニア・アルプス《ルーマニア中央部の山脈》

tran-sil-'va+no, -na [トらン.スィル.'バ.ノ, ナ] 形 名 男 女 トランシルバニア地方の(人)⬆Transilvania

tran-sis-'tor [トらン.スィス.'トる] 名 男 トランジスターラジオ;〖電〗トランジスター

tran-si-'ta-ble [トらン.スィ.'タ.ブレ] 形 通行[通過]可能な

tran-si-'tar [トらン.スィ.'タる] 動 自 通過する, 通る; 旅行する

tran-si-'ti-vo, -va [トらン.スィ.'ティ.ボ, バ] 形〖言〗他動(詞)の 名 男〖言〗他動詞

*'__trán-si-to__ ['トらン.スィ.ト] 91% 名 男 通過, 通行, 交通; 滞在, 立ち寄り; 変化, 過渡期;〖宗〗聖母の昇天, 聖母被昇天の祝日 *de* ～ 通過の, 立ち寄りの, トランジットの[で]; 仮の[に], 一時的な[に]

tran-si-to-rie-'dad [トらン.スィ.ト.りエ.'ダド] 名 女 はかなさ, 移ろいやすいこと

tran-si-'to-rio, -ria [トらン.スィ.'ト.りオ, りア] 形 一時的な, はかない, 移ろいやすい; 暫定(ざんてい)的な; 移行期の

trans-li-te-ra-'ción [トら(ン)ス.リ.テ.ら.'すぃオン] 名 女〖言〗翻字《異なる文字に書き換えること》

trans-lu-ci-'dez 名 女 ⇩ tras-～

trans-'lú-ci-do, -da 形 ⇩ tras-～

trans-lu-'cir 動 他 ㊷ (c|zc) ⇩ tras-～

trans-mi-gra-'ción [トら(ン)ス.ミ.グら.'すぃオン] 名 女〖宗〗(霊魂の)乗り移り, 転生, 輪廻(りんね); 移住, 移民

trans-mi-'grar [トら(ン)ス.ミ.'グらる] 動 自 移住する, «民族が»移動する; «霊魂が»転生する

trans-mi-gra-'to-rio, -ria [トら(ン)ス.ミ.グら.'ト.りオ, りア] 形 移住の, 移動の; 輪廻(りんね)の, 転生の

trans-mi-'si-ble [トら(ン)ス.ミ.'スィ.ブレ] 形 伝達できる; 譲渡できる;〖放〗放送できる, 中継できる, 送信可能の

trans-mi-'sión [トら(ン)ス.ミ.'スィオン] 名 女 伝達; 譲渡, 委譲;〖放〗放送, 中継, 送信;〖機〗伝動(装置);〖車〗変速機, トランスミッション

trans-mi-'sor, -'so-ra [トら(ン)ス.ミ.'ソる, 'ソ.ら] 形 伝達する, 伝動する, ラジオ放送の, 送信の 名 男 送信機, 送話機, 発信機

trans-mi-'tir [トら(ン)ス.ミ.'ティる] 動 他 送る, 伝える, 伝達する; 移す;〖放〗〈番組を〉放送する, 中継する;〖物〗〈熱・電気などを〉伝導する; 〈信号を〉発信する;〖法〗〈権利・財産を〉委譲する ～**se** 動 再〖医〗伝染する; 伝わる, 移る; 遺伝する, 受け継がれる

trans-mu-ta-'ción [トら(ン)ス.ム.タ.'すぃオン] 名 女 変形, 変質, 変わる[変える]こと

trans-mu-'tar [トら(ン)ス.ム.'タる] 動 他 〈の〉性質[外観, 形状]を変える, (en: に)変形させる ～**se** 動 再 (en: に)変わる, 変形する

trans-na-cio-'nal [トら(ン)ス.ナ.すぃオ.'ナル] 形 国境[民族]を越えた; 多国籍の

tran-s|o-ce+'á-ni-co, -ca [トらン.ソ.'せア.ニ.コ, カ] 形 大洋横断の

trans-pa-'cí-fi-co, -ca [トら(ン)ス.パ.'すぃ.フィ.コ, カ] 形 太平洋横断の, 太平洋の向こう側の 名 男〖海〗太平洋航路船

*__trans-pa-'ren-cia__ [トら(ン)ス.パ.'れン.すぃア] 93% 名 女 透明(性);〖写〗スライド

trans-pa-ren-'tar [トら(ン)ス.パ.れン.'タる] 動 他 写す, 見せる, 透かす, 〈の〉様子を見せる ～**se** 動 再 透けて見える, 透き通る; 現れる, 表情に出る, 見破られる

*__trans-pa-'ren-te__ [トら(ン)ス.パ.'れン.テ] 92% 形 透明な, 透けて見える, 透き通った; «うそなどが»見え透いた, 明白な 名 男〖建〗〖宗〗(教会の祭壇後方の)ステンドグラス; シェードカーテン

trans-pi-ra-'ción [トら(ン)ス.ピ.ら.'すぃオン] 名 女 発汗; 蒸散, 発散

trans-pi-'rar [トら(ン)ス.ピ.'らる] 動 自 «植物の水分などが»蒸散する; «水が»発散する; 発汗する

trans-pi-re-'nai-co, -ca [トら(ン)ス.ピ.れ.'ナイ.コ, カ] 形 ピレネー山脈横断の; (スペインから見て)ピレネー山脈の向こうの

trans-pon-dr~ 動 《直未/過未》 ⬇ transponer

trans-po-'ner 動 他 ⇩ tras-~

trans-por-ta-'ción; tras- 名 女 ⇩ transporte

trans-por-ta-'dor, -'do-ra [トら(ン)ス.ポる.タ.'ドる, 'ド.ら] 形 運搬の, 輸送の 名 男 女 運搬者, 輸送者 名 男 〘機〙 運搬機; 〘技〙 分度器

*__trans-por-'tar__ [トら(ン)ス.ポる.'タる] 92% 動 他 運ぶ, 輸送する; 〘楽〙〈の〉調子を変える, 移調する　~se 動 再 (de: に)我を忘れる, 夢中になる

**__trans-'por-te__ [トら(ン)ス.'ポる.テ] 83% 名 男 輸送, 運送; 運送費; 交通機関; 忘我, 夢中, 感情の高ぶり; 〘楽〙 移調

trans-por-'tis-ta [トら(ン)ス.ポる.'ティス.タ] 名 共 運搬人, 輸送業者

trans-po-si-'ción [トら(ン)ス.ポ.スィ.'すぃオン] 名 女 移動, 移転, 転位; 〘修〙 転置(法); 〘数〙 移項

trans-'pu-s~ 動 《直点/接過》 ⬆ transponer

tran-s|u-'rá-ni-co, -ca [トらン.ス.'ら.ニ.コ, カ] 形 〘化〙 超ウラン元素の 名 男 〘化〙 超ウラン元素

trans-va-'sar 動 他 ⇩ tras-~

trans-'va-se 名 男 ⇩ tras-~

trans-ver-'sal [トら(ン)ス.べる.'サル] 形 横断する, 横切る; (家系のうちの)傍系の 名 女 〘数〙 横断線, 横断

trans-'ver-so, -sa [トら(ン)ス.'べる.ソ, サ] 形 横向きの, 横断する, 横切る

*__tran-'ví+a__ [トらン.'ビ.ア] 93% 名 男 〘鉄〙 路面電車, 市街電車

tran-'via-rio, -ria [トらン.'ビア.りオ, りア] 形 名 男 女 〘鉄〙 路面電車の(運転手・乗務員)

'Tra-pa ['トら.パ] 名 固 〔la ~〕〘宗〙 トラピスト修道会

tra-pa-ce+'ar [トら.パ.せ.'アる] 動 自 だます, ごまかす, いかさまをする

tra-pa-ce-'rí+a [トら.パ.せ.'り.ア] 名 女 ごまかし, 詐欺

tra-pa-'ce-ro, -ra [トら.パ.'せ.ろ, ら] 形 ごまかしの, いかさまな 名 男 女 いかさま師, ペテン師, 詐欺(さぎ)師

tra-pa-'jo-so, -sa [トら.パ.'ほ.ソ, サ] 形 ぼろをまとった; 言葉がはっきりしない

'trá-pa-la ['トら.パ.ラ] 名 女 《話》 大騒ぎ, 騒音; 〘畜〙 馬の蹄(ひづめ)の音; 《話》 ごまかし, わな, 詐欺(さぎ) 名 共 《話》 おしゃべり[多弁](な人); 《話》 ペテン師, うそつき

tra-pa-'ties-ta [トら.パ.'ティエス.タ] 名 女 《話》 けんか, 混乱, 騒ぎ

tra-'pe-cio [トら.'ぺ.すぃオ] 名 男 〘演〙 (体操用・空中サーカス用の)ぶらんこ; 〘数〙 台形; 〘体〙 僧帽筋

tra-pe-'cis-ta [トら.ぺ.'すぃス.タ] 名 共 〘演〙 (サーカスなどの)空中ぶらんこ乗り

tra-'pen-se [トら.'ペン.セ] 形 〘宗〙 トラピスト会の 名 共 〘宗〙 トラピスト会修道士[女]

tra-pe-'rí+a [トら.ぺ.'り.ア] 名 女 〔集合〕 ぼろ, 布くず; 〘商〙 古着商

tra-'pe-ro, -ra [トら.'ぺ.ろ, ら] 名 男 女 〘商〙 布くず商人, くず屋, くず拾い; 《(チリ)》 モップ, ぞうきん

tra-pe-'zoi-de [トら.ぺ.'そイ.デ] 名 男 〘数〙 不等辺四辺形; 〘体〙 (手首の)小多角骨の

tra-'pi-che [トら.'ピ.チェ] 名 男 〘農〙 (オリーブ・サトウキビなどの)搾液機; 《(ラ米)》 〘鉱〙 (鉱石の)粉砕機

tra-pi-che+'ar [トら.ピ.チェ.'アる] 動 自 《話》 〘商〙 小売りする; 《話》 こそこそ陰で動く

tra-pi-'che+o [トら.ピ.'チェ.オ] 名 男 《話》 〘商〙 小売り; 《話》 (陰の)駆け引き

tra-'pi-llo [トら.'ピ.ジョ] 名 男 小さなぼろ切れ; わずかな蓄え　*estar de* ~ 普段着を着ている

tra-'pí+o [トら.'ピ.オ] 名 男 《話》 (〔特に〕女性の)魅力; 《話》 〘牛〙 (牛の)力強さ, 鼻息

tra-pi-'son-da [トら.ピ.'ソン.ダ] 名 女 《話》 大騒ぎ, けんか, 騒動, もめごと

tra-pi-son-de+'ar [トら.ピ.ソン.デ.'アる] 動 自 《話》 騒ぎを起こす

tra-pi-son-'dis-ta [トら.ピ.ソン.'ディス.タ] 名 共 《話》 もめごとを起こす人, あばれ者

*'__tra-po__ ['トら.ポ] 93% 名 男 ふきん, ぞうきん; 〔複〕《話》 〘衣〙 (特に女性の)衣服, 洋服; 布切れ, ぼろきれ; 〘海〙 (船の)帆, 帆布; 《話》 〘牛〙 (闘牛用の)ムレータ 《棒につけた赤布》 ⬆ muleta; 〘演〙 (劇場の)幕　*a todo* ~ 最大限にして; 大急ぎで; 〘海〙 帆をいっぱいに張って　*poner como un* ~ さんざんに叱る, ののしる　*sacar los ~s (sucios) a relucir* 面罵(めんば)する, 悪口をぶちまける, 思っていることを吐き出す　*soltar el* ~ 《話》 泣き出す; 《話》 笑い出す

'tra-que ['トら.ケ] 名 男 (花火などの)炸裂(さくれつ)する音; 導火線; 《話》 (音の出る)おなら

'trá-que+a ['トら.ケ.ア] 名 女 〘体〙〘動〙 気管; 〘植〙 導管

tra-que+'al [トら.ケ.'アル] 形 〘体〙 気管

[導管]の;〘動〙気管呼吸の

tra-que+'ar 動 自 《まれ》⇩ traquetear

tra-que+'í-tis [トら.ケ.'イ.ティス] 名 女〔単複同〕〘医〙気管炎

tra-'que+o 名 男 ⇩ traqueteo

'trá-que+o, +a ['トら.ケ.オ, ア] 形〘体〙気管[導管]の

tra-que-te+'ar [トら.ケ.テ.'アる] 動 自 大きな音を出す, ガタガタ[ゴトゴト]音を出す 動 他 激しく振る;《話》いじくりまわす

tra-que-'te+o [トら.ケ.'テ.オ] 名 男 (花火などの)爆発音; ガタガタ[ゴトゴト]という音

tra-'qui-do [トら.'キ.ド] 名 男 銃声; 木の折れる音

tras [トらス] 74% 前〔弱勢〕**1** …の後ろで[に, を]: Juanito se escondió **tras** la puerta. フアンちゃんはドアの後ろに隠れた。 **2** …の向こうに, …を越えて《越えた場所》 **Tras** la montaña, hay un lago. 山を越えたところに湖がある。 **3** …の後で 《後の時間》 **Tras** la boda de su hija, don Andrés se quedó solo en casa. 娘さんの結婚式の後アンドレスさんは家で一人きりになった。 **4** …のうえに, さらに《追加》: **Tras** tonto, es borracho. 彼はまぬけなうえに酒飲みだ。 **5**〔同じ名詞(句)をつなげて〕次々に, 次第に: Día **tras** día el enfermo se recuperaba. 病人は日に日に回復していった。 **6** …を追って, …を求めて: La policía iba **tras** el sospechoso. 警察は容疑者を追っていた。 **7**〔+不定詞〕…の後で: **Tras** analizar los datos, llegamos a la conclusión. データを分析した後で, 私たちは結論に達した。 感《強勢》《擬音》トントン《ドアをノックする音》 名 男《話》〘体〙尻(しり), 腰 *estar* [*andar*] ～ … …を探している

tras~〔接頭辞〕⬆ tran(s)-

tra-s|al-'pi+no, -na 形 ⇧ trans-～

tra-s|a-me-ri-'ca+no, -na 形 ⇧ trans-～

tra-s|an-'di+no, -na 形 ⇧ trans-～

tra-s|at-'lán-ti-co, -ca; -sa-'tlán- 形 ⇧ trans-～

tras-bor-da-'dor 名 男 ⇧ trans-～

tras-bor-'dar 動 他 ⇧ trans-～

tras-'bor-do 名 男 ⇧ trans-～

***tras-cen-'den-cia** [トら(ス).セン.'デン.すぃア] 92% 名 女 重要性; 卓越, 超越

***tras-cen-den-'tal** [トら(ス).セン.デン.'タル] 93% 形 非常に重要な, 卓越した, 抜群の;〘哲〙超越的な, 先験的な

tras-cen-'den-te 形 ⇧ trascendental

tras-cen-'der [トら(ス).セン.'デる] 動 自 ㊿ (e|ie)《格》(a: の)匂(にお)いを放つ, 香りがする; 人に知れ始める, 《秘密などが》漏れる; 広がる, 他に及ぶ; 超越する, (de: 経験・理性などの限界を)超える 動 他 超える, 〈に〉まさる, しのぐ

tras-co-ne-'jar [トらス.コ.ネ.'はる] 動 自《話》道に迷う, 迷子になる

tras-con-ti-nen-'tal 形 ⇧ trans-～

tras-'co-ro [トらス.'コ.ろ] 名 男〘建〙〘宗〙(大聖堂などの)聖歌隊席の後ろの部分

tras-cri-'bir 動 他 ⇧ trans-～

tras-crip-'ción 名 女 ⇧ trans-～

tras-crip-'tor, -'to-ra 名 男 女 ⇧ trans-～

tras-'cri-to, -ta 形 ⇧ trans-～

tras-cu-'rrir 動 自 ⇧ trans-～

tras-'cur-so 名 男 ⇧ trans-～

tras-'dós [トらス.'ドス] 名 男〘建〙(アーチなどの)外輪

tra-se-'gar [トら.セ.'ガる] 動 他 ㊻ (e|ie; g|gu) 移す,〔特に〕〈液体を〉移し替える; かき混ぜる, ひっくり返す 動 自《話》酒を飲む

***tra-'se-ro, -ra** [トら.'セ.ろ, ら] 93% 形 後ろの, 後部の 名 男《話》尻, 腰;〔複〕《話》父祖, 先祖

tras-fe-'ren-cia 名 女 ⇧ trans-～

tras-fe-'ri-ble 形 ⇧ trans-～

tras-fe-'rir 動 他 ⇧ trans-～

tras-fi-gu-ra-'ción 名 女 ⇧ trans-～

tras-fi-gu-'rar 動 他 ⇧ trans-～

tras-fi-'xión 名 女 ⇧ trans-～

tras-'fon-do [トらス.'フォン.ド] 名 男 背景, バックグラウンド; 底意, 秘められた感情[意図]

tras-for-ma-'ción 名 女 ⇧ trans-～

tras-for-ma-'dor, -'do-ra 名 男 ⇧ trans-～

tras-for-'mar 動 他 ⇧ trans-～

tras-for-'mis-mo 名 男 ⇧ trans-～

tras-for-'mis-ta 名 共 ⇧ trans-～

'trás-fu-ga 名 共 ⇧ trans-～

tras-fun-'dir 動 他 ⇧ trans-～

tras-fu-'sión 名 女 ⇧ trans-～

tras-fu-'sor, -'so-ra 形 ⇧ trans-～

'tras-go ['トらス.ゴ] 名 男 悪鬼, 小鬼, 妖精, 悪魔; 腕白小僧

tras-gre-'dir 動 他 ⇧ trans-～

tras-gre-'sión 名 女 ⇧ trans-～

tras-gre-'si-vo, -va 形 ⇧ trans-～

tras-gre-'sor, -'so-ra 形 ⇧ trans-～

tras+ho-'jar [トら.ソ.'はる] 動 他 〈本

の〉ページをめくる, 〈本に〉(ざっと)目を通す
tras+hu-'man-cia [ト̥ら.ス.'マン.すぃア] 名 女 〔畜〕 移牧《家畜の季節による移動》
tras+hu-'man-te [ト̥ら.ス.'マン.テ] 形 〔畜〕 移牧の 名 共 〔畜〕 移牧労働者
tras+hu-'mar [ト̥ら.ス.'マる̥] 動 自 〔畜〕 移牧する《季節ごとに家畜を移動する》
tra-'sie-go [ト̥ら.'スィエ.ゴ] 名 男 忙しい仕事, ばたばたとしていること, 混乱; (液体を)移し替えること, 詰め替え, 入れ替え
tras-la-'ción [ト̥らス̥.ラ.'すぃオン] 名 女 移動, 移転, 転任; 翻訳; 複写, 転写
⁑**tras-la-'dar** [ト̥らス̥.ラ.'ダる̥] 85% 動 他 移動する, 動かす, 運ぶ; 〈の〉配置[仕事, 担当]を変える; 〈の〉期日を(a: に)変更する, 繰り上げる, 延期する; (a: ... に)翻訳する; 複写する, 写す, 転写する **~se** 動 再 (a: へ)移動する, 引っ越しする
*__tras-'la-do__ [ト̥らス̥.'ラ.ド] 91% 名 男 配置転換, 人事移動; 〔法〕 通知, 届け; 移動, 引っ越し, 転居; 写し, 複写; (予定の)変更
tras-la-'ti-cio, -cia [ト̥らス̥.ラ.'ティ.すぃオ, すぃア] 形 〔修〕 比喩的な, 転義の
tras-la-'ti-vo, -va [ト̥らス̥.ラ.'ティ.ボ, バ] 形 移譲の, 譲渡の
tras-lu-ci-'dez [ト̥らス̥.ル.すぃ.'デす̥] 名 女 透けて見えること, 半透明性
tras-'lú-ci-do, -da [ト̥らス̥.'ル.すぃ.ド, ダ] 形 透けて見える, 半透明の
tras-lu-'cir [ト̥らス̥.ル.'すぃる̥] 動 他 ㊷ (c|zc) 示す, 表す **~se** 動 再 透き通る, 光を通す; 推測できる, うかがえる, 見える
tras-lum-'brar [ト̥らス̥.ルン.'ブらる̥] 動 他 (強い光で)〈の〉目をくらませる, まぶしがらせる, 眩惑する **~se** 動 再 目がくらむ; あっという間に通り過ぎる, 一瞬にして消えてしまう
tras-'luz [ト̥らス̥.'ルす̥] 名 男 散光, 投射光, 反射光 ***al ~*** 光に透かして
tras-'ma+no [ト̥らス̥.'マ.ノ] 名 男 〔遊〕 〔トランプなど〕 後手, 二番手 ***caer [coger, agarrar, pillar, venir] a ~*** 不便なところにある, 遠くにある, 手の届かないところにある
tras-mi-gra-'ción 名 女 ⇧ trans-~
tras-mi-'grar 動 自 ⇧ trans-~
tras-mi-gra-'to-rio, -ria 形 ⇧ trans-~
tras-mi-'si-ble 形 ⇧ trans-~
tras-mi-'sión 名 女 ⇧ trans-~
tras-mi-'sor, -'so-ra 形 ⇧ trans-~
tras-mi-'tir 動 他 ⇧ trans-~
tras-mu-ta-'ción 名 女 ⇧ trans-~
tras-mu-'tar 動 他 ⇧ trans-~
tras-na-cio-'nal 形 ⇧ trans-~
tras-no-'cha-do, -da [ト̥らス̥.ノ.'チャ.ド, ダ] 形 古くなった, ひからびた, 気の抜けた; 新味のない, 言い古された; やつれた, 衰えた
tras-no-'char [ト̥らス̥.ノ.'チャる̥] 動 自 徹夜をする, 夜を明かす, 夜眠らずにいる; 宿泊する, 夜を過ごす; 夜ふかしをする 動 他 一晩そのままにしておく
tra-s|o-ce+'á-ni-co, -ca 形 ⇧ trans-~
tras-pa-'cí-fi-co, -ca 形 ⇧ trans-~
tras-pa-pe-'lar-se [ト̥らス̥.パ.ペ.'ラる̥.セ] 動 再 《紙が》(他の書類の中に)紛れ込む, なくなる; 〔一般〕 なくなる, 紛れ込む
tras-pa-'ren-cia 名 女 ⇧ trans-~
tras-pa-ren-'tar 動 他 ⇧ trans-~
tras-pa-'ren-te 形 ⇧ trans-~
*__tras-pa-'sar__ [ト̥らス̥.パ.'サる̥] 93% 動 他 突き通す, 刺し貫く; (a: に)移す, 移動する; 横断する, 横切る; 〈権利・財産を〉譲渡する; 〈に〉強い痛みを感じさせる, 苦しませる; 《水・雨などが》しみ込む, しみ通る; 〈限界を〉超える, 上回る; 転任させる, 移籍させる; 再び通る **~se** 動 再 《権利・財産が》譲渡される; 度を過ごす, (con, en: を)やり過ぎる
tras-'pa-so [ト̥らス̥.'パ.ソ] 名 男 移動, 移転, 転移, 転任, 移籍; (権利・財産の)譲渡; 譲渡されたもの; 横断; 違反; 苦しみ, 苦しみのもと
tras-'pié [ト̥らス̥.'ピエ] 名 男 足を滑らすこと, つまづき; 足をすくうこと, 足取り, 足かけ; 失敗, 過失
tras-pin-'tar [ト̥らス̥.ピン.'タる̥] 動 他 〔遊〕 〔トランプ〕 〈に〉いんちきをする **~se** 動 再 《話》 思いがけないことになる, 裏目に出る
tras-pi-ra-'ción 名 女 ⇧ trans-~
tras-pi-'rar 動 自 ⇧ trans-~
tras-pi-re-'nai-co, -ca 形 ⇧ trans-~
tras-plan-'tar [ト̥らス̥.プラン.'タる̥] 動 他 〔植〕 〔医〕 〈植物・器官・組織などを〉(a: に)移植する; (a: に)導入する, 移入する, 移転する **~se** 動 再 移住する
*__tras-'plan-te__ [ト̥らス̥.'プラン.テ] 93% 名 男 〔植〕 〔医〕 移植, 移入, 導入
tras-po-'ner [ト̥らス̥.ポ.'ネる̥] 動 他 ㊿ 〔poner; 命 -pón〕 移動する, 移転する, 移植する; 越える, 〈の〉後ろに隠れる **~se** 動 再 隠れる, 曲がって見えなくなる, 姿を消す; 移る, 移転する; 〔天〕 《太陽などが》沈む, 見えなくなる; うとうとする, 居眠りする ***quedarse transpuesto[ta]*** 《話》 うたた寝する
tras-pon-'tín [ト̥らス̥.ポン.'ティン] 名

男 (車内の)補助椅子; 《話》お尻(しり)

tras-por-ta-'dor, -'do-ra 形 名 男 女 ⇧ trans-~

tras-por-'tar 動 他 ⇧ trans-~

tras-'por-te 名 男 ⇧ trans-~

tras-por-'tín [トらス.ポる.ティン] 名 男 補助椅子; (自転車・オートバイの)荷台

tras-por-'tis-ta 名 共 ⇧ trans-~

tras-po-si-'ción 名 女 ⇧ trans-~

tras-'pues-ta [トらス.'プエス.タ] 名 女 置き換え, 入れ替え, 転位; (視界をさえぎる)山, 丘; 逃げ隠れ, 逃走; 〘建〙(母屋に対して)裏小屋, 裏の建物

tras-'pun-te [トらス.'プン.テ] 名 共 〘演〙(俳優の出番の)呼び出し係; 〘演〙プロンプター《せりふの付け役》

tras-qui-'lar [トらス.キ.'ラる] 動 他 〈の〉毛を刈り込む; 〘畜〙〈羊などを〉剪毛(せんもう)する; 〈の〉頭を虎刈りにする; 《話》削り取る, 減らす *salir trasquilado[da]* (賭け事などに負けて)丸裸にされる

tras-qui-'lón [トらス.キ.'ロン] 名 男 《話》虎刈り

tras-'ta-da [トらス.'タ.ダ] 名 女 《話》いたずら, 悪ふざけ; 《話》汚い手, いかさま

tras-'ta-jo [トらス.'タ.ほ] 名 男 《話》がらくた, くず

Tras-'tá-ma-ra [トらス.'タ.マ.ら] 名 固 〘歴〙トラスタマラ家《スペイン, カスティーリャ・レオン連合王国の王家, 1369–1504; カスティーリャ・アラゴン連合王国の王家, 1412–1516》

tras-'ta-zo [トらス.'タ.そ] 名 男 《話》(倒れたり, ぶつかったりして)強く打ちつけること, 強打

'tras-te ['トらス.テ] 名 男 〘楽〙フレット《ギターなどの指板を区切る突起》; 《(ラ*米*)》家具, 道具, がらくた, 不用品; 《(南*米*)》〘体〙腰, お尻(しり) *dar al* ~ (con: を)こわす, だいなしにする *irse al* ~ 《(ネン)》失敗に終わる, だいなしになる

tras-te+'ar [トらス.テ.'アる] 動 他 〘楽〙〈ギターなどに〉フレットをつける; 〈ギターなどの〉弦を押さえる; 〘牛〙〈牛を〉ケープでさばく; 《話》巧みに扱う, 意のままに操る 動 自 かき回す, いたずらする

tras-te-'rí+a [トらス.テ.'リ.ア] 名 女 〔集合〕がらくたの類, くず, 不用品; 〘遊〙〔トランプなど〕汚い手, いかさま; いたずら

tras-'te-ro [トらス.'テ.ろ] 名 男 物置

tras-'tien-da [トらス.'ティエン.ダ] 名 女 〘建〙〘商〙(店の)奥の部屋; 《話》用心, 慎重; ずるさ, 悪賢さ

*'**tras-to** ['トらス.ト] 93% 名 男 家具; 道具; 《話》がらくた, 不用品; 《(ネン)》《話》いたずらっ子; 役立たず, じゃま者, ろくでなし; 〘演〙(舞台の)大道具, 装置; 〔複〕刀剣, 武器 *llevarse los ~s* 《話》荷物をまとめて出て行く *tirarse los ~s a la cabeza* 《話》ののしり合う

***tras-tor-'nar** [トらス.トる.'ナる] 94% 動 他 ひっくり返す, ごちゃごちゃにする, 乱す, 混乱させる; 〈の〉気を転倒させる, 動揺させる, 錯乱させる; 《話》熱中させる

****tras-'tor+no** [トらス.'トる.ノ] 90% 名 男 混乱, 転覆, 動揺, 逆上; 迷惑, 不都合; 〘医〙障害, 病気, 不調

tras-tro-'car [トらス.トろ.'カる] 動 他 ⑦⑤ (o|ue; c|qu) 取り違える; 変える, 入れ変える; 逆にする ~**se** 動 再 逆になる; 取り違えられる

tras-'true-que [トらス.'トるエ.ケ] 名 男 変更, 入れ替え; 取り違え

tra-su-'dar [トら.ス.'ダる] 動 他 汗ばませる 動 自 汗ばむ

tra-'sun-to [トら.'スン.ト] 名 男 写し, 複写; 模造(品), 複製

tras-va-'sar [トらス.バ.'サる] 動 他 〈酒などを〉(a: に)移し替える

tras-'va-se [トらス.'バ.セ] 名 男 〘農〙灌漑(かんがい)路, 用水路; (酒などの)移し替え

tras-'ver [トらス.'べる] 動 他 かいま見る, 透かして見る; かろうじて見る

tras-ver-'sal 形 ⇧ trans-~

tras-'ver-so, -sa 形 ⇧ trans-~

tras-ver-'ter [トらス.べる.'テる] 動 自 ⑤① (e|ie) «液体が»あふれ出る

'tra-ta ['トら.タ] 名 女 奴隷貿易, 人身売買

tra-'ta-ble [トら.'タ.ブレ] 形 扱いやすい, 人づきあいのよい, 愛想のよい

tra-ta-'dis-ta [トら.タ.'ディス.タ] 名 共 (学術)論文の筆者, 専門書の著者

****tra-'ta-do** [トら.'タ.ド] 83% 名 男 〘政〙条約, 協定; 約定, 取り決め; (学術)論文, 専門書

****tra-ta-'mien-to** [トら.タ.'ミエン.ト] 82% 名 男 扱い, 待遇; 敬称, 称号; 〘言〙呼びかけ語, 呼称; 〘医〙治療(法); 〘技〙処理, 処置, 加工

tra-'tan-te [トら.'タン.テ] 名 共 〘商〙仲買人; 〔特に〕〘畜〙(家畜の)売買業者

****tra-'tar** [トら.'タる] 68% 動 他 扱う; 待遇する, 〈の〉世話をする; 治療する; 〈問題などを〉論じる, 扱う; (de: を使って)話しかける; 〘商〙〈商売・業務に〉携わる; 〈の〉取引[商売]をする; (de: と)みなす; 〘化〙(薬品などで)処理する 動 自 (de 不定詞: …)しようとする, 務める; (de: を)論じる, 扱う, (de: の)話である; (con, en: を)商う, 取引する; (con: と)つきあいがある ~**se** 動 再 問題はある, これは(de: の)ことである; (con: と)交際する, つきあう

'tra-to** ['トら.ト] 89% 名 男 扱い, 待遇;

協定, 契約, 取り決め; 交際, つきあい; 礼儀, 作法 *trabajo a* ~ 《ﾁﾘ》請負の仕事 ~ *de gentes* 人づきあい, 人慣れ *¡T~ hecho!* 《話》これで決まり! 《取り決めが成立したとき》

'trau-ma ['トらウ.マ] 名 男 〔心〕精神的外傷; 〔一般〕精神的衝撃, ショック; 〔医〕外傷

trau-'má-ti-co, -ca [トらウ.'マ.ティ.コ, カ] 形 〔医〕外傷の, 外傷治療(用)の; 深く傷ついた, 忘れられない

trau-ma-'tis-mo [トらウ.マ.'ティス.モ] 名 男 〔医〕外傷

trau-ma-ti-'zar [トらウ.マ.ティ.'さる] 動 他 ㉞ (z|c) 〔医〕〈に〉外傷を与える; 〈の〉心を傷つける

trau-ma-to-lo-'gí+a [トらウ.マ.ト.ロ.'ひ.ア] 名 女 〔医〕外傷学

trau-ma-to-'ló-gi-co, -ca [トらウ.マ.ト.'ロ.ひ.コ, カ] 形 〔医〕外傷学の

trau-ma-'tó-lo-go, -ga [トらウ.マ.'ト.ロ.ゴ, ガ] 名 男 女 〔医〕外傷専門医

tra-'vés [トら.'ベス] 名 男 傾斜, 傾き; 不幸, 災害; 〔建〕桁(けた), クロス梁(ばり); 〔歴〕〔建〕(城の)横檣(おうしょう); 〔海〕(船の)梁(りょう), 船幅 *a* ~ 横切って *a ~ de* … …を通して, 横切って; …を介して, …によって *dar al* ~ (con: を)壊す, だめにする *de* ~ 斜めに *mirar de* ~ 横目で見る

tra-ve-'sa-ño [トら.ベ.'サ.ニョ] 名 男 横木, 横材; (ベッドの)長枕; 〔鉄〕枕木; 〔競〕〔サッカーなど〕(ゴールの)クロスバー

tra-ve-se+'ar [トら.ベ.セ.'アる] 動 自 ふざける, いたずらをする, 飛び回る; 放蕩(ほうとう)な生活をする

tra-ve-'se-ro, -ra [トら.ベ.'セ.ろ, ら] 形 斜めの, 横向きの, 横切る 名 男 (ベッドの)長枕

***tra-ve-'sí+a** [トら.ベ.'スィ.ア] 93% 名 女 〔海〕〔空〕航海, 海の旅, (船や飛行機による)横断; 《ｽﾍﾟｲﾝ》横道, 横丁; 交差道路, (大通りをつなぐ)間道; (町中を走る)大通り, 街道; 距離; 《ﾗﾌﾟﾗﾀ》〔地〕荒涼とした土地, 荒野

tra-ve-'sí+o, +a [トら.ベ.'スィ.オ, ア] 形 〔気〕横風の

tra-'ves-ti ⇦-'tí [トら.'ベス.ティ ⇦.'ティ] 名 共 異性の服装をする人, 女装[男装]趣味の人

tra-ves-'tir [トら.ベス.'ティる] 動 他 ㊾ (e|i) 〈に〉異性の服を着せる ~*se* 動 再 異性の服を着る

***tra-ve-'su-ra** [トら.ベ.'ス.ら] 94% 名 女 いたずら, 茶目っ気; 機知, 機転, 才気

***tra-'vie-so, -sa** [トら.'ビエ.ソ, サ] 94% 形 いたずらの, やんちゃな; 機敏な, 才気のある, 機転のきく **-sa** 名 女 〔鉄〕枕木 *carrera a campo traviesa* 〔競〕クロスカントリー・レース

***tra-'yec-to** [トら.'ジェク.ト] 93% 名 男 道, 行程, コース, 道筋; 路線; 歩くこと, 歩行, 遠足; 道のり, 距離, 区間

tra-yec-'to-ria [トら.ジェク.'ト.りア] 名 女 軌道, 弾道, 軌跡; (台風・ハリケーンなどの)コース, 進路; 経歴, キャリア

'tra-za ['トら.さ] 名 女 構図, デザイン; 構想, 計画, 設計; 様子, 外見, 見かけ; 才能, 能力, 腕前; 〔数〕〔情〕トレース *darse ~ para* …(不定詞) どうにかして…しようとする *llevar ~s* (de: の)様子である *por las ~s* 見たところ, 一見したところ

tra-'za-do, -da [トら.'さ.ド, ダ] 名 男 設計, 構想, 構図, 設計図; 道, コース, 軌跡 形 *bien* [*mal*] ~[*da*] 見かけ[外見, 様子]がよい[悪い]

tra-za-'dor, -'do-ra [トら.さ.'ドる, 'ド.ら] 形 設計の, 構図の 名 男 女 設計者 名 男 〔物〕トレーサー, 追跡子

⁑**tra-'zar** [トら.'さる] 90% 動 他 ㉞ (z|c) 〈に〉線を引く; 計画する, 構想する; 〈の〉製図を作成する, 設計する; 描写する, スケッチする; たどる, 〈の〉道を行く; 〔情〕トレースする

'tra-zo ['トら.そ] 名 男 線, 描線; 一筆, 一画; 容貌, 顔つき; 〔絵〕衣服のひだ

'tré-be-de ['トれ.ベ.デ] 名 女 〔建〕床下暖房(の部屋) 《わらを燃やして暖める》; 〔複〕三脚台, 三脚の五徳

tre-be-'jar [トれ.ベ.'はる] 動 自 いたずらをする, 飛び回る, はしゃぐ

tre-'be-jo [トれ.'ベ.ほ] 名 男 道具, 用具; 〔遊〕〔チェス〕駒(こま)

*'**tré-bol** ['トれ.ボル] 94% 名 男 〔植〕クローバー; 〔遊〕〔トランプ〕クラブ(の札); 〔建〕三つ葉模様[飾り]; 〔車〕(四つ葉のクローバー形の)立体交差十字路

⁑'**tre-ce** ['トれ.せ] 87% 数 〔⇦単独の 13〕 **13**(の); 第 **13**(番目)(の)

*'**tre-cho** ['トれ.チョ] 94% 名 男 距離, 間隔, 開き, 長さ; 時間, 期間 *a ~s* 間隔をおいて, ときどき *de ~ a* [*en*] ~ ときどき, ところどころで, 各所に, 間隔をおいて

tre-fi-'lar [トれ.フィ.'ラる] 動 他 〔技〕〈金属を〉引き伸ばして針金にする

*'**tre-gua** ['トれ.グア] 93% 名 女 〔軍〕休戦(協定), 停戦(協定); (苦痛・困難の)休止, 中断 *dar* ~ 《痛みなどが》一時おさまる *sin* ~ 休みなく

⁑'**trein-ta** ['トれイン.タ] 75% 数 〔⇦単独の 30〕 **30**(の); 第 **30** 番目(の)

trein-tai-'cin-co 数 ⇨treinta y cinco

trein-tai-'cua-tro 数 ⇨treinta y cuatro

trein-tai-'dós 数 ⇨treinta y dos

trein-tai-'nue-ve 数 ⇨treinta y

nueve
trein-tai-'o-cho 数 ⇨treinta y ocho
trein-tai-'séis 数 ⇨treinta y seis
trein-tai-'sie-te 数 ⇨treinta y siete
trein-tai-'trés 数 ⇨treinta y tres
trein-tai-'u-no, -na 数 ⇨treinta y uno
trein-ta-'ñe-ro, -ra [トれイン.タ.'ニェ.ろ, ら] 形 名 男 女 **30 歳代の(人)**
trein-'ta-vo, -va [トれイン.'タ.ボ, バ] 形 **30 等分の, 30 分の 1 の** 名 男 **30 分の 1**
'Trein-ta y 'Tres ['トれイン.タ イ 'トれス] 名 固 〔地名〕 **トレインタ・イ・トレス** 《ウルグアイ南東部の県, 県都》
trein-'te-na [トれイン.'テ.ナ] 名 女 **30 のまとまり, 30 個(の組); 30 分の 1**
tre-me-'bun-do, -da [トれ.メ.'ブン.ド, ダ] 形 《格》 **恐ろしい, 不気味な**
tre-me-'dal [トれ.メ.'ダル] 名 男 〔地〕 **沼地, 湿地**
tre-men-'dis-mo [トれ.メン.'ディス.モ] 名 男 《スペイン》〔文〕 **凄絶(せいぜつ)主義** 《残虐なものや醜悪なものを特に描く 20 世紀スペインの文学傾向》
tre-men-'dis-ta [トれ.メン.'ディス.タ] 形 名 共 《スペイン》〔文〕 **凄絶(せいぜつ)主義の(作家)**
*__tre-'men-do, -da__ [トれ.'メン.ド, ダ] 91% 形 **恐ろしい, すさまじい; 大変な, なかなかの, ひどい;** 《話》 **すばらしい, すごい** ***tomar por la tremenda*** 《話》 **大げさに考える** **-damente** 副 **ひどく, 大変に, 途方もなく**
tre-men-'ti-na [トれ.メン.'ティ.ナ] 名 女 〔化〕 **テルペンチン** 《植物の含油樹脂》
tre-mo-'lar [トれ.モ.'ラる] 動 自 《旗などが》**翻(ひるがえ)る, はためく** 動 他 〈旗などを〉**振る**
tre-mo-'li-na [トれ.モ.'リ.ナ] 名 女 《話》 **騒ぎ, どよめき**
'tré-mo-lo ['トれ.モ.ロ] 名 男 〔楽〕 **トレモロ, 顫音(せんおん)**
'tré-mu-lo, -la ['トれ.ム.ロ, ラ] 形 《格》 **震える;** 《炎が》**揺らめく,** 《光が》**明滅する**
'__tren__ ['トれン] 82% 名 男 〔鉄〕 **列車, 汽車, 電車; 設備, 用具類, 装置; ぜいたくさ, 豪華さ; 足の速度, ペース, 歩く速度; 列, 隊列, 一隊 ***a todo ~*** 《話》 **豪華に, 最高に, ぜいたくに** ***como un ~*** 《スペイン》《話》 (容姿が)**すばらしい, 魅力的な** ***perder el ~*** **列車に乗り遅れる; 機会を逃す**
'tren-ca ['トれン.カ] 名 女 〔衣〕 **ダッフルコート**
'tre+no ['トれ.ノ] 名 男 〔文〕 **悲歌, 挽歌(ばんか); 哀悼(あいとう)の辞**
'Tren-to ['トれン.ト] 名 固 〔地名〕 **トレント, トリエント** 《イタリア北東部の県, 県都》
*'**tren-za** ['トれン.さ] 94% 名 女 (髪の)**三つ編み; 組ひも;** 《ベネズエラ》〔衣〕 **靴ひも**
tren-'za-do, -da [トれン.'さ.ド, ダ] 形 **組んだ, 編まれた** 名 男 **組みひも;** (髪の)**三つ編み;** (バレエの)**アントルシャ** 《空中で足を交差させる動作》
tren-'zar [トれン.'さる] 動 他 ㉞ (z|c) 〈髪・ひもを〉**編む, 三つ編みに編む** 動 自 〔演〕 (バレエで)**アントルシャをする**
'tre-pa ['トれ.パ] 名 女 **よじ登ること;** 《話》 **でんぐり返し, 前転;** 〔衣〕 (洋服の)**縁取り;** (木材の)**表面, きめ;** 《話》 **罰, お仕置き**
tre-pa-'dor, -'do-ra [トれ.パ.'ドる, 'ド.ら] 形 **よじ登る;** 〔植〕 **つるの, つるになる** 名 男 **登り道** **-dora** 名 女 〔鳥〕 **攀禽(はんきん)類** 《木によじ登る鳥, キツツキなど》
tre-pa-na-'ción [トれ.パ.ナ.'すぃオン] 名 女 〔医〕 **頭蓋穿孔(ずがいせんこう)**
tre-pa-'nar [トれ.パ.'ナる] 動 他 〔医〕 **穿頭(せんとう)器で開口する**
'tré-pa+no ['トれ.パ.ノ] 名 男 〔医〕 **穿頭器, トレフィン**
*__tre-'par__ [トれ.'パる] 94% 動 自 (a, por: を)**登る, よじ登る;** 〔植〕 《つるが》**伸びる** 動 他 〈に〉**穴をあける, 穿孔する; 縁飾りをする**
tre-pi-da-'ción [トれ.ピ.ダ.'すぃオン] 名 女 (地面・機械の)**震動**
tre-pi-'dan-te [トれ.ピ.'ダン.テ] 形 **震動する, 震える**
tre-pi-'dar [トれ.ピ.'ダる] 動 自 《地面・機械が》**震動する**
'__tres__ ['トれス] 61% 数 〔⇨単独の 3〕 **3(の) ***como ~ y dos son cinco*** 《話》 **当たり前であるが** ***ni a la de ~*** 《否定》 **絶対に…ない** ***no ver ~ en un burro*** 《話》 **ほとんど何も見えない, 近眼だ**
tres-bo-'li-llo [トれス.ボ.'リ.ジョ] 〔成句〕 ***a ~*** (配列がさいころの)**五の目形に**
__tres-'cien-tos, -tas__ [トれ(ス).'すぃエン.トス, タス] 87% 数 〔⇨単独の 300〕 **300(の); 第 300 番目(の)
tre-'si-llo [トれ.'スィ.ジョ] 名 男 **ソファー三点セット** 《安楽椅子 2 台とソファー》; 〔楽〕 **三連音符;** 〔遊〕〔トランプ〕 **トレシージョ** 《ゲームの一つ》
'tre-ta ['トれ.タ] 名 女 **策略, 術策, ずる;** 〔競〕〔フェンシング〕 **フェイント, 見せかけの動作**
tre-'za-vo, -va [トれ.'さ.ボ, バ] 形 《分数詞》 **13 等分の** 名 男 **13 分の 1**
'trí+a ['トり.ア] 名 女 **分類, えり分け**
tri-an-gu-la-'ción [トりアン.グ.ラ.'すぃオン] 名 女 〔技〕 **三角測量**
tri-an-gu-'la-do, -da [トりアン.グ.'ラ.ド, ダ] 形 **三角形の**
*__tri-an-gu-'lar__ [トりアン.グ.'ラる] 94% 形 **三角(形)の** 動 他 〔数〕 **三角にする, 三角**

形に分かつ;〘技〙三角測量する ～**mente** 副 三角形にして

*'**tri-án-gu-lo** ['トりアン.グ.ロ] 91% 名 男 三角形;〘楽〙トライアングル ～, **-la** 形 三角形の ～ ***austral***〘天〙さんかく座

'**triar** ['トりアる] 動 他 ㉙ (i|í)〔直現 2 複 triais; 直点 1 単 trie; 直点 3 単 trio; 接現 2 複 trieis〕えり分ける, 区分けする

tri-at-'le-ta; -a-'tle- [トりアト.'レ.タ; .ア.'トレ.タ] 名 共〘競〙トライアスロンの選手

tri-at-'lón; -a-'tlón [トりアト.'ロン; .ア.'トロン] 名 男〘競〙トライアスロン《水泳 1.5 キロ, 自転車 40 キロ, マラソン 10 キロを続けて行う》

tri-'bal [トり.'バル] 形 部族の

*'**tri-bu** ['トり.ブ] 92% 名 女 部族, 一族, …民, …族;〘動〙〘植〙族, 類

tri-'bual 形 ⇧ tribal

tri-bu-la-'ción [トり.ブ.ラ.'すぃオン] 名 女 苦しい試練, 苦難, 圧迫; 悩み

*tri-'bu-na** [トり.'ブ.ナ] 92% 名 女 演壇; (特別の)観覧席, 指定席;〔集合〕雄弁家, 政治家; 政治

tri-bu-'nal [トり.ブ.'ナル] 83% 名 男〘法〙裁判所, 法廷, 裁決機関;〔集合〕法務官, 裁判官; 面接[審査]委員(会);〔複〕〘法〙裁判

tri-'bu+no [トり.'ブ.ノ] 名 男〘歴〙〘政〙〘軍〙(ローマ史で)護民官; 弁舌家

tri-bu-ta-'ción [トり.ブ.タ.'すぃオン] 名 女 貢納;〘法〙納税

tri-bu-'tan-te [トり.ブ.'タン.テ] 形〘法〙納税の 名 共〘法〙納税者

tri-bu-'tar [トり.ブ.'タる] 動 他 〈愛情・敬意などを〉捧げる; 貢納する, 納める;〘法〙納税する

tri-bu-'ta-rio, -ria [トり.ブ.'タ.りオ, りア] 形〘法〙租税の;〘地〙《川が》支流の 名 男 女〘法〙納税者 名 男〘地〙支流

*tri-'bu-to** [トり.'ブ.ト] 93% 名 男 代償, 報い; 感謝[敬意]のしるし;〘法〙租税, 税金, 税; 捧げ物, 貢納物

tri-cen-te-'na-rio [トり.セン.テ.'ナ.りオ] 名 男 300 年, 300 年祭

tri-cen-'té-si-mo, -ma [トり.セン.'テ.スィ.モ, マ] 形 名 男 女《序数》第 300 番目の(人・物); 300 分の 1(の)

'**trí-ceps** ['トり.セ(プ)ス] 名 男〔単複同〕〘体〙三頭筋 形〘体〙三頭筋の

tri-'ci-clo [トり.'すぃ.クロ] 名 男 (子供用の)三輪車

tri-co-'lor [トり.コ.'ロる] 形 三色の, 三色旗の

tri-'cor-nio, -nia [トり.'コる.ニオ, ニア] 形 3 つの角のある 名 男〘衣〙三角帽子;《スペイン》治安警察隊員

tri-co-'tar [トり.コ.'タる] 動 他 編む

tri-cro-'mí+a [トり.クろ.'ミ.ア] 名 女〘印〙3 色印刷(法)

tri-'cro-mo, -ma [トり.'クろ.モ, マ] 形 3 色の;〘印〙3 色印刷の

tri-'den-te [トり.'デン.テ] 形 三つ叉(また)の, 3 つの歯のある 名 男 三つ叉の道具;〘ギ神〙三つ叉のほこ《海神ポセイドンの標章》

tri-di-men-sio-'nal [トり.ディ.メン.スィオ.'ナル] 形〘数〙3 次元の, 立体の

tri-'e-dro, -dra ['トりエ.ドろ, ドら] 形 三面(体)の 名 男 三面(体)

trie-'nal [トりエ.'ナル] 形 3 年の, 3 年ごとの

'**trie-nio** ['トりエ.ニオ] 名 男 3 年間

'**Tries-te** ['トりエス.テ] 名 固〘地名〙トリエステ《イタリア北東部の都市》

tri-'fá-si-co, -ca [トり.'ファ.スィ.コ, カ] 形〘電〙《電流が》三相の

tri-'ful-ca [トり.'フル.カ] 名 女 ふいご装置;《話》けんか, 騒ぎ

tri-'gal [トり.'ガル] 名 男〘農〙小麦畑

tri-'gé-si-mo, -ma [トり.'へ.スィ.モ, マ] 形 名 男 女《序数》第 30 番目の(人・物); 30 分の 1(の)

tri-ge-si-mo-'cuar-to, -ta 形 名 男 女《序数》⇨trigésimo[ma] cuarto[ta]

tri-ge-si-mo-no-'ve-no, -na 形 名 男 女《序数》⇨trigésimo[ma] noveno[na]

tri-ge-si-mo-oc-'ta-vo, -va 形 名 男 女《序数》⇨trigésimo[ma] octavo[va]

tri-ge-si-mo-pri-'me-ro, -ra 形 名 男 女《序数》⇨trigésimo[ma] primero[ra]

tri-ge-si-mo-'quin-to, -ta 形 名 男 女《序数》⇨trigésimo[ma] quinto[ta]

tri-ge-si-mo-se-'gun-do, -da 形 名 男 女《序数》⇨trigésimo[ma] segundo[da]

tri-ge-si-mo-'sép-ti-mo, -ma 形 名 男 女《序数》⇨trigésimo[ma] séptimo[ma]

tri-ge-si-mo-'sex-to, -ta 形 名 男 女《序数》⇨trigésimo[ma] sexto[ta]

tri-ge-si-mo-ter-'ce-ro, -ra 形 名 男 女《序数》⇨trigésimo[ma] tercero[ra]

tri-'gli-fo ⇦ '**trí-** [トり.'グリ.フォ ⇦ 'トり.] 名 男〘歴〙〘建〙トリグリフ《ドーリア式建築の 3 条の飾り》

'tri-go** ['トり.ゴ] 89% 名 男〘植〙コムギ[小麦]; 金, 金銭, 財産 ***no ser ～ limpio***《話》不正だ, 汚い

t

tri-go-no-me-'trí+a [トリ.ゴ.ノ.メ.'トリ.ア] 名 女〔数〕三角法

tri-go-no-'mé-tri-co, -ca [トリ.ゴ.ノ.'メ.トリ.コ, カ] 形〔数〕三角法[関数]の

tri-'gue-ño, -ña [トリ.'ゲ.ニョ, ニャ] 形〔体〕《肌が》小麦色の;〔体〕《髪が》濃いブロンドの

tri-'gue-ro, -ra [トリ.'ゲ.ろ, ら] 形〔農〕小麦(栽培)の 名 男 女 小麦業者

tri-la-te-'ral [トリ.ラ.テ.'らル] 形 3 者間の

tri-'lin-güe [トリ.'リン.グエ] 形〔言〕3 か国語の;〔言〕《人が》3 か国語を話す

'tri-lla ['トリ.ジャ] 名 女〔農〕脱穀, 脱穀期;〔農〕〔機〕脱穀機;〔魚〕ホウボウ;《コロンビア》むち打ち

tri-'lla-do, -da [トリ.'ジャ.ド, ダ] 形 ありふれた, 陳腐な, よく知られた

tri-lla-'dor, -'do-ra [トリ.ジャ.'ドる, 'ド.ら] 形〔農〕脱穀する **-dora** 名 女〔農〕〔機〕脱穀機

tri-'llar [トリ.'ジャる] 動 他〔農〕脱穀する; 繰り返す, 着古す, 使い古す; 打つ, こわす

tri-'lli-zo, -za [トリ.'ジ.そ, さ] 形 名 男 女 三つ子(の)

'tri-llo ['トリ.ジョ] 名 男〔農〕脱穀機

tri-'llón [トリ.'ジョン] 名 男 100 京(けい)《10 の 18 乗; 米国の trillón は「兆」, 10 の 12 乗》

tri-lo-'gí+a [トリ.ロ.'ひ.ア] 名 女〔文〕〔演〕(劇・小説などの)三部作;〔楽〕三部曲

tri-men-'sual [トリ.メン.'スアル] 形 月に 3 回の; 旬刊の

tri-mes-'tral [トリ.メス.'トらル] 形 3 か月ごとの; 季刊の

tri-'mes-tre [トリ.'メス.トれ] 形 3 か月ごとの; 季刊の 名 男 3 か月間; 3 か月分《給金・家賃・雑誌など》; (3 学期制の場合の)1 学期

tri-mo-'tor [トリ.モ.'トる] 形〔空〕三発の 名 男〔空〕三発機

tri-'nar [トリ.'ナる] 動 自〔楽〕声を震わせる, トリルをつける;〔鳥〕《鳥が》さえずる;《話》ぷんぷん怒る

'trin-ca ['トリン.カ] 名 女 3 つ組, 3 人組;〔海〕ひも, 縄, 繋索(けいさく)

trin-'car [トリン.'カる] 動 他 ⑥⑨ (c|qu)《スペイン》(きつく)縛る, 押さえる; 砕く, 割る;《話》〈酒を〉飲む

trin-'chan-te [トリン.'チャン.テ] 名 男〔食〕肉の切り盛り用ナイフ;《ラプラタ》〔食〕食器棚, サイドテーブル;〔技〕石切り用ハンマー 名 共〔食〕(食卓で肉などを)切り分ける人;〔歴〕(昔の)給仕 形〔食〕肉などを切り分ける, 切り盛りの

trin-'char [トリン.'チャる] 動 他〔食〕(食卓で)〈料理を〉切り分ける

trin-'che-ra [トリン.'チェ.ら] 名 女〔軍〕壕(ごう), 塹壕(ざんごう);〔地〕(鉄道・道路などの)切り通し, (山を)くずした部分;〔衣〕トレンチコート

trin-'che-ro [トリン.'チェ.ろ] 名 男〔食〕(肉などの)切り盛り用皿; (料理の切り分けに使う)サイドテーブル

tri-'ne+o [トリ.'ネ.オ] 名 男 そり

'Tri-ni ['トリ.ニ] 名 固〔女性名〕トリーニ《Trinidad の愛称》

tri-ni-'dad [トリ.ニ.'ダド] 名 女〔宗〕三位(さんみ)一体《父なる神と子なる神(キリスト)と聖霊を一体と見る》;〔軽蔑〕三人組

Tri-ni-'dad [トリ.ニ.'ダド] 名 固〔女性名〕〔男性名〕トリニダード;〔地名〕トリニダード《キューバ中部の都市; ボリビア北部の都市; ウルグアイ南西部の都市》

Tri-ni-'dad y To-'ba-go [トリ.ニ.'ダド イ ト.'バ.ゴ] 名 固〔República de ~〕〔地名〕トリニダード・トバゴ《カリブ海南東部の共和国》

tri-ni-'ta-ria [トリ.ニ.'タ.りア] 名 女〔植〕(野生の)パンジー, サンシキスミレ

tri-ni-'ten-se [トリ.ニ.'テン.セ] 形〔地名〕トリニダード・トバゴ(人)の 名 共 トリニダード・トバゴ人 ⬆Trinidad y Tobago

'tri+no, -na ['トリ.ノ, ナ] 形〔宗〕三位一体説の;〔宗〕聖三位一体修道会の; 3 つが一体の, 3 つの組み合わせの, 3 つの部分からなる 名 男 女〔宗〕三位一体論者;〔宗〕聖三位一体修道士[尼] 名 男〔鳥〕(鳥の)さえずり;〔楽〕顫音(せんおん), ふるえる音, トレモロ

tri-'no-mio [トリ.'ノ.ミオ] 名 男〔数〕三項式

trin-'que-te [トリン.'ケ.テ] 名 男〔海〕前檣(ぜんしょう), フォアマスト; 前檣帆, フォースル;〔競〕フロントンのコート; 歯止め(装置)

'trin-quis ['トリン.キス] 名 男〔単複同〕《スペイン》《話》酒(の一杯)

'trí+o ['トリ.オ] 名 男〔楽〕三重唱[奏], 三重唱[奏]曲, 三重唱[奏]団, トリオ; 三人組, 三つ組

'trio-do ['トりオ.ド] 名 男〔電〕三極管

*__'tri-pa__ ['トリ.パ] 94% 名 女〔体〕腸, 内臓, はらわた;《スペイン》《話》〔体〕おなか, 下腹, 太鼓腹; (つぼなどの)ふくらみ, 腹の部分; 葉巻の中身;〔植〕果実, 実; 中身, 内部 ***echar* [*tener*] ~**《話》おなかが出ている ***echar las* ~*s***《話》吐く, もどす;《話》大変に苦労する ***revolverse las* ~*s***《話》(a: の)胸がむかつく

tri-'pa-da [トリ.'パ.ダ] 名 女《話》満腹;《話》(水などに)腹から落ちること

tri-par-'ti-to, -ta [トリ.パる.'ティ.ト, タ] 形 3 つに分かれた, 3 部からなる; 三者間の, 三か国間の

*__'tri-ple__ ['トリ.プレ] 93% 形 3 倍[重]の, 3

部からなる 名 男 3 倍[重], 3 部; 3 倍の数, 3 つ組

tri-pli-ca-'ción [トリ.プリ.カ.'すィオン] 名 女 3 倍[重]にすること

tri-pli-'car [トリ.プリ.'カる] 動 他 ⑲ (c|qu) 3 倍[重]にする; 3 部作成する 動 自 (a: の)3 倍ある ～**se** 動 再 3 倍[重]になる

'trí-pli-ce 形 ⇧ triple

'trí-po-de ['トリ.ポ.デ] 名 男 三脚台, 三脚の椅子, カメラの三脚, 鼎(かなえ)

'Trí-po-li ['トリ.ポ.リ] 名 固 〔地名〕 トリポリ《リビア Libia の首都》

tri-'pón, -'po-na [トリ.'ポン, 'ポ.ナ] 形 《話》 ⇩ tripudo

'tríp-ti-co ['トリプ.ティ.コ] 名 男 〔宗〕 トリプティック《祭壇背後の 3 枚折り画像》; 3 部作; 三つ折りの印刷物

trip-'ton-go [トリプ.'トン.ゴ] 名 男 〔音〕 三重母音《例えば estudiáis の iái の音》

tri-'pu-do, -da 形 名 男 女 太鼓腹の(人), おなかの出た(人)

*__tri-pu-la-'ción__ [トリ.プ.ラ.'すィオン] 92% 名 女 〔集合〕 乗務員, 乗組員, 船員

*__tri-pu-'lan-te__ [トリ.プ.'ラン.テ] 94% 名 共 乗務員, 乗組員, 船員

tri-pu-'lar [トリ.プ.'ラる] 動 他 〈に〉乗組員を配置する, 乗り組ませる; «人が»〈に〉乗り込む, 〈の〉勤務[配置]につく

tri-'qui-na [トリ.'キ.ナ] 名 女 〔動〕 旋毛(せんもう)虫《豚・ヒトなどに寄生》

tri-qui-'no-sis [トリ.キ.'ノ.スィス] 名 女 〔単複同〕〔医〕 旋毛(せんもう)虫症

tri-qui-'ñue-la [トリ.キ.'ニュエ.ラ] 名 女 《話》 巧みな策, ごまかし, 策略; 《話》 口実, 言い逃れ

tri-qui-'tra-que [トリ.キ.'トら.ケ] 名 男 騒音, 騒々しさ《ガタガタ・ガチャガチャ・ガラガラ》; 花火, 爆竹

tri-'rre-me [トリ.'れ.メ] 名 男 〔歴〕〔海〕 (古代の)三橈漕(どうそう)船《櫓(ろ)を両舷それぞれに 3 段配したガレー船》

'tris ['トリス] 名 男 《話》 わずかな時間[場所]; 《擬音》 ピシッ, パリッ《物が壊れる[割れる]音》 ***en un*** ～ 《話》 一瞬のうちに, またたく間に ***estar en un*** ～ ***de*** ...(不定詞) 《話》 今にも…しそうである ***por un*** ～ 《話》 すんでのところで, もう少しで

tris-ca-'dor, -'do-ra [トリス.カ.'ドる, 'ド.ら] 形 騒々しい 名 男 〔技〕 (のこぎりの)目立て器

tris-'car [トリス.'カる] 動 自 ⑲ (c|qu) 足音を立てる, 足を踏み鳴らす; じゃれる, 戯れる 動 他 混ぜる, からませる; 〈のこぎりの〉目立てをする; 《ᶜᵒˡᵒᵐ ᵖⁱᵃ》 《話》 からかう, ばかにする

tri-se-'car [トリ.セ.'カる] 動 他 ⑲ (c|qu) 〔数〕 三(等)分する

tri-sec-'ción [トリ.セク.'すィオン] 名 女 〔数〕 三(等)分

tri-'sí-la-bo, -ba [トリ.'スィ.ラ.ボ, バ] 形 〔音〕 3 音節の 名 男 〔言〕 3 音節語

'tris-te ['トリス.テ] 83% 形 悲しい, 悲しそうな; 陰気な, 暗い, 不吉な, 重苦しい気分にさせる, 希望のない; 残念な, くやしい; «色が» くすんだ, 地味な; 《話》 つまらない, 意味のない, わずかばかりの; 貧弱な, みすぼらしい; ふさぎこむ, ふさぎがちな; 苦しい 名 男 《南米》 トリステ《アンデス地方の哀歌》

*__'tris-te-'men-te__ ['トリス.テ.'メン.テ] 94% 副 悲しんで, 悲しげに

tris-'te-za [トリス.'テ.さ] 89% 名 女 悲しみ, 悲しさ; さびしさ, わびしさ; 〔複〕 悲しい出来事

tris-'tí-si-mo, -ma 〔最上級〕 ⬆ triste

tris-'tón, -'to-na [トリス.'トン, 'ト.ナ] 形 名 男 女 《話》 悲しそうな(人), さびしげな(人)

tris-'tu-ra 名 女 ⇧ tristeza

tri-'tón [トリ.'トン] 名 男 〔動〕 イモリ **T**～ 名 固 〔ギ神〕 トリトン《上半身は人, 下半身は魚》

tri-tu-ra-'ción [トリ.トゥ.ら.'すィオン] 名 女 粉砕, 摩砕, すりつぶし

tri-tu-ra-'dor [トリ.トゥ.ら.'ドる] 名 男 〔機〕 粉砕機; 〔機〕 ディスポーザー《台所のくずなどを処理する装置》 ～, **-dora** 形 粉砕の[する]

tri-tu-'rar [トリ.トゥ.'らる] 動 他 かみ砕く, 咀嚼(そしゃく)する; 粉にする, 粉砕する; 悩ます, 苦しめる, ひどい目にあわせる; 非難する, 責める

triun-fa-'dor, -'do-ra [トりウン.ファ.'ドる, 'ド.ら] 形 勝利した 名 男 女 勝利者, 凱旋者

*__triun-'fal__ [トりウン.'ファル] 93% 形 勝利を祝う, 凱旋式の, 勝ち誇った ～**-mente** 副 勝ち誇って, 意気揚々と

triun-fa-'lis-mo [トりウン.ファ.'リス.モ] 名 男 自信過剰, おごり

triun-fa-'lis-ta [トりウン.ファ.'リス.タ] 形 名 共 自信にあふれた(人)

triun-'fan-te [トりウン.'ファン.テ] 形 勝利の, 勝ち誇った

*__triun-'far__ [トりウン.'ファる] 92% 動 自 勝利を収める, 成功する, 優勝する; (sobre: に)打ち勝つ, (sobre: を)克服する; 凱旋式を挙げる; 〔遊〕〔トランプ〕 切札を出す; 派手にやる, 金を惜しみなく使う

'triun-fo ['トりウン.フォ] 86% 名 男 勝利, 大成功, 功業, 優勝; 〔歴〕 (古代ローマで)凱旋(がいせん)式; 〔遊〕〔トランプ〕 切り札, ゲームの一種; 優勝トロフィー; 戦利品; 《ラ米》 民

t

族舞踊の一種 *en* ～ 勝ち誇って, 勝利を祝って

triun-vi-'ra-to [トりウン.ビ.'ら.ト] [名] [男]〔歴〕〔政〕(古代ローマの)三頭政治

triun-'vi-ro [トりウン.'ビ.ろ] [名] [男]〔歴〕〔政〕(古代ローマで三頭政治を行った)三執政の一人; 〔一般〕三人委員会の一人

*__tri-'vial__ [トり.'ビアル] 94% [形] ささいな, 取るに足らない, つまらない; ありふれた, 平凡な

tri-via-li-'dad [トり.ビア.リ.'ダド] [名] [女] 平凡, 陳腐; つまらない物[作品]; ありふれたこと[物]

tri-via-li-za-'ción [トり.ビア.リ.さ.'すぃオン] [名] [女] 軽視

tri-via-li-'zar [トり.ビア.リ.'さる] [動] [他] ㉞ (z|c) 軽視する

'tri-vio ['トり.ビオ] [名] [男] 三叉(さんさ)路; 〔歴〕(中世の大学の)三学科《文法 gramática, 修辞学 retórica, 弁証学 dialéctica》

'tri-za ['トり.さ] [名] [女] 小片, 小部分, 少し, わずか; 切れ端, 断片 ***hacer ～s*** (a: を)粉々にする, …を粉にする; …をくたくたにする; …をこきおろす

'tro-ca ['トろ.カ] [名] [女]《米国》《メキシコ》《中米》〔車〕(無蓋)トラック

tro-'cai-co, -ca [トろ.'カイ.コ, カ] [形]〔文〕長短格の, 強弱格の

tro-'car [トろ.'カる] [動] [他] (75) (o|ue; c|qu) (con, por: と)交換する; (en: に)変える, 交換する; 吐く; 間違える, 混同する [名] [男]〔医〕套管(とうかん)針, トロカール《腹腔(ふくこう)などの採液に用いる》 ～***se*** [動] [再] (en: に)変わる; (互いに)取り替える

tro-ce-'ar [トろ.せ.'アる] [動] [他] 切り分ける

tro-'ce-o [トろ.'せ.オ] [名] [男] 切り分けること

'tro-cha ['トろ.チャ] [名] [女] 近道; 細道, (草むらの中の)道; 《ラ米》〔鉄〕(レールの)軌間, ゲージ

tro-che-'mo-che [トろ.チェ.'モ.チェ]〔成句〕***a*** ～《話》めちゃくちゃに, ごっちゃに, でたらめに

tro-'ci-to〔縮小語〕⬇trozo

*__tro-'fe-o__ [トろ.'フェ.オ] 93% [名] [男] 優勝記念品, トロフィー; 〔軍〕戦利品; 勝利, 優勝

tro-glo-'di-ta [トろ.グロ.'ディ.タ] [形]〔歴〕(先史時代の)穴居(けっきょ)生活の; 野卑な, 粗野な; 大食の, 食欲な [名] [共]〔歴〕(先史時代の)穴居人; 野卑な人; 大食漢, 食いしんぼう

'troi-ka ⇔-ca ['トろイ.カ] [名] [女] (ロシアの)三頭立て馬車; 〔歴〕〔政〕トロイカ体制《旧ソビエト連邦における共産党第一書記, 国家元首, 首相による集団指導体制》; 〔政〕〔一般に〕三人指導体制

'troj [名] [女] ⇩ troje

'tro-je ['トろ.へ] [名] [女]〔農〕穀倉, 納屋

'tro-la ['トろ.ラ] [名] [女]《話》うそ, 作り話

'tro-le ['トろ.レ] [名] [男]〔鉄〕触輪《電車のポールの先にあって架空線に接する車輪》

tro-le-'bús [トろ.レ.'ブス] [名] [男]〔車〕トロリーバス

tro-'le-ro, -ra [トろ.'レ.ろ, ら] [形] [名] [男] [女] うそつき(の)

'trom-ba ['トろン.バ] [名] [女]〔気〕(水上の)竜巻 ***en [como una]*** ～ どっと, 押し寄せるように ～ ***de agua***〔気〕土砂降り

trom-'bón [トろン.'ボン] [名] [男]〔楽〕トロンボーン [名] [共]〔楽〕トロンボーン奏者

trom-'bo-sis [トろン.'ボ.スィス] [名] [女]〔単複同〕〔医〕血栓症

*__'trom-pa__ ['トろン.パ] 94% [名] [女]〔楽〕ホルン; 〔遊〕独楽(こま), 大ごま; うなりごま; 〔動〕(ゾウ[象]・バクなどの)鼻; 〔昆〕(昆虫の)吻(ふん); 〔体〕管(かん); 《スペイン》《話》酔い, 泥酔 [名] [共]〔楽〕ホルン奏者; 《ラプラタ》《話》主人, ボス

trom-'pa-da [トろン.'パ.ダ] [名] [女] (人と)ぶつかること, 衝突; 《アンデス》《ラプラタ》《話》げんこつ, こぶしの殴打

trom-'pa-zo [トろン.'パ.そ] [名] [男] (物に)ぶつかること; 殴ること

*__trom-'pe-ta__ [トろン.'ペ.タ] 94% [名] [女]〔楽〕トランペット; 〔軍〕軍隊ラッパ [名] [共]〔楽〕トランペット奏者; 〔軍〕ラッパ吹き[手]; 《話》ろくでなし; 《アンデス》《話》酔い

trom-pe-'ti-lla [トろン.ペ.'ティ.ジャ] [名] [女]〔歴〕〔医〕(昔の)ラッパ形補聴器

trom-pe-'tis-ta [トろン.ペ.'ティス.タ] [名] [共]〔楽〕トランペット奏者

trom-pi-'car [トろン.ピ.'カる] [動] [自] (69) (c|qu) よろよろする, ふらふら歩く [動] [他] つまずかせる, 転ばせる

trom-pi-'cón [トろン.ピ.'コン] [名] [男] つまずき ***a trompicones*** つまずきながら, つっかえながら

'trom-po ['トろン.ポ] [名] [男]〔遊〕こま; まぬけ, ばか, 愚か者; 〔貝〕サザエ ***ponerse como un*** ～《話》たらふく食べる[飲む]

trom-'pón [トろン.'ポン] [名] [男]《アンデス》《話》げんこつ, こぶしの殴打

tro-'na-do, -da [トろ.'ナ.ド, ダ] [形] すりきれた, 使い古した; 《話》頭が変な

tro-'nar [トろ.'ナる] [動] [自] ⑯ (o|ue)〔気〕雷が鳴る; 声を上げる, 激しく攻撃[非難]する; 大きな音をたてる, とどろく; 《メキシコ》(con: と)別れる, つきあいをやめる; 《メキシコ》(試験で)落とす; 《メキシコ》殺す [動] [他]《メキシコ》《中米》銃殺する ***estar que truena***《話》かんかんになっている

'tron-cha ['トろン.チャ] [名] [女]《南米》一切れ, 一片; 《コロンビア》《話》脱臼(だっきゅう)

tron-'char [トろン.'チャる] [動] [他] 倒す,

t

崩す, こわす, 折る　**~se** [動] [再] 倒れる, 折れる　***~se de risa***《ｽﾍﾟｲﾝ》《話》笑いこける

'tron-cho ['トロン.チョ] [名] [男]〔植〕(野菜の)芯, 茎

*'**tron-co** ['トロン.コ] 92% [名] [男]〔植〕(木の)幹, 丸太;〔体〕〔動〕(人・動物の)胴(部);〔体〕幹(かん);〔畜〕(二頭立て馬車の)引き馬;(共通の)祖先, 先祖;《ｽﾍﾟｲﾝ》《話》友人, 仲間　***dormir como un ~***《話》ぐっすりと眠る

tro-'ne-ra [トろ.'ネ.ら] [名] [女]〔建〕銃眼, 狭間(はざま);〔海〕舷窓;〔建〕小窓, 明かり採り;(ビリヤードの)ポケット [名] [共] 自由気ままな人, 道楽者

tro-'ni-do [トろ.'ニ.ド] [名] [男]〔気〕(雲天の)雷鳴; とどろき, 大音響, 爆発音; 派手なふるまい[言動], 見え

*'**tro+no** ['トろ.ノ] 93% [名] [男]〔政〕王座;〔宗〕聖座, 司教座, 神の御座;〔政〕君主の位, 王位;〔宗〕〔カトリック〕(聖体を入れる)聖櫃(せいひつ);〔宗〕聖堂

tron-'zar [トろン.'さる] [動] [他] ㉞ (z|c) 切る, 切り分ける;〔衣〕〈スカートに〉ひだ[プリーツ]をつける; 疲れさせる　**~se** [動] [再] 疲れる, ぐったりする,

'tro-pa** ['トろ.パ] 85% [名] [女]〔軍〕部隊, 軍隊, …軍[隊, 団];〔集合〕兵, 兵士, 兵隊, 下士官兵;《話》群集, 一団;《ﾗﾌﾟﾗﾀ》〔畜〕家畜の群れ　***en ~***《話》どやどやと, 群れをなして　***ser de ~***《話》〔軍〕軍人である

tro-'pel [トろ.'ペル] [名] [男] 群衆, 雑踏; 寄せ集め, ごちゃまぜ; 大急ぎ, 殺到　***en ~***《話》大急ぎで, あわてふためいて, がやがやと, どっと

tro-pe-'lí+a [トろ.ペ.'リ.ア] [名] [女] 乱暴, 暴行; 大急ぎ, 殺到

*__tro-pe-'zar__ [トろ.ペ.'さる] 91% [動] [自] ㉗ (e|ie; z|c) (en, con, contra: に)つまずく, よろめく; (en, con, contra: 障害に)ぶつかる; 過ちを犯す; (con: と)意見が対立する, 衝突する　**~se** [動] [再]《話》(con: と)(たまたま)出会う, 出くわす, ぶつかる

tro-pe-'zón [トろ.ペ.'そン] [名] [男] つまずき; 衝突, ぶつかること; 過ち, しくじり, 失策;《話》〔食〕(スープなどの)具　**~, -zona** [形] よくつまずく　***a tropezones***《話》つまずきながら, ぎくしゃくと

*__tro-pi-'cal__ [トろ.ピ.'カル] 92% [形] 熱帯の; ひどく暑い; 派手な, はなやかな

tro-pi-'ca+no, -na [トろ.ピ.'カ.ノ, ナ] [形] [名] [男] [女]〔地〕熱帯地方の(人)

'tró-pi-co, -ca ['トろ.ピ.コ, カ] [形]〔修〕比喩の, 文彩の [名] [男]〔修〕比喩, 文彩;〔地〕回帰線;〔天〕天の回帰線

tro-'pie-c~, -z~ [動]《直現/接現/命》⬆tropezar

tro-'pie-zo [トろ.'ピエ.そ] [名] [男] つまずくこと; 過ち, 失策; 災難, 不幸な出来事; 障害, 妨げ; 口論, けんか

tro-'pis-mo [トろ.'ピス.モ] [名] [男]〔生〕(動物の)向性, (植物の)屈性

'tro-po ['トろ.ポ] [名] [男]〔修〕比喩(に使う語句), 文彩;〔宗〕(カトリックで)進句, トロープス《ミサの部分に装飾的に付加された語句》

tro-pos-'fe-ra [トろ.ポス.'フェ.ら] [名] [女]〔天〕対流圏《成層圏の下にある地表から10–20km の大気圏》

tro-'qué, -que(~) [動]《直点 1 単, 接現》⬆trocar

tro-'quel [トろ.'ケル] [名] [男]〔技〕打ち板, 型板, 型, ダイ

tro-que-'lar [トろ.ケ.'ラる] [動] [他]〔技〕刻印する, 〈に〉型を押す;〔技〕鋳造する

tro-'que+o [トろ.'ケ.オ] [名] [男]〔文〕長短格, 強弱格

tro-ta-'ca-lles [トろ.タ.'カ.ジェス] [名] [共]〔単複同〕町をうろつく人, 遊び人;《話》売春婦, 淫売

tro-ta-con-'ven-tos [トろ.タ.コン.'ベン.トス] [名] [女]〔単複同〕《話》取り持ち(婆), (恋の)仲立ち

tro-ta-'mun-dos [トろ.タ.'ムン.ドス] [名] [共]〔単複同〕頻繁に世界各国を旅行する人, 諸国漫遊家

*__tro-'tar__ [トろ.'タる] 94% [動] [自]《話》速足で行く, 急ぐ, 駆けずり回る; 猛烈に働く;〔畜〕«馬が»速足で駆ける, トロットで走る;〔畜〕«人が»(馬に乗って)速足で進む

'tro-te ['トろ.テ] [名] [男]〔畜〕(馬の)速足, トロット;《話》忙しく駆けずり回ること, あわただしい活動;《話》面倒なこと, やっかいなこと;〔競〕ジョギング　***a(l) ~*** 速足で, 急いで, 忙しく　***de mucho ~***《話》丈夫な

tro-'tón, -'to-na [トろ.'トン, 'ト.ナ] [形]〔畜〕«馬が»速足の [名] [男]〔畜〕速足向きの馬, トロッター種

'tro-va ['トろ.バ] [名] [女]〔文〕詩, 韻文, 歌;〔特に〕(吟遊詩人の)歌

tro-va-'dor [トろ.バ.'ドる] [名] [男]〔歴〕〔文〕トルバドゥール, 吟遊詩人《11–13 世紀に恋と騎士道をプロバンス語で歌った南仏の叙情詩人》　**~, -dora** [形]〔文〕詩の, 韻文の, 歌の;〔歴〕吟遊詩人の [名] [男] [女]《格》〔文〕詩人

tro-va-do-'res-co, -ca [トろ.バ.ド.'れス.コ, カ] [形]〔歴〕〔文〕トルバドゥール(風)の ⬆trovador

tro-'var [トろ.'バる] [動] [自]《格》〔文〕詩作する, 歌う

tro-'ve-ro [トろ.'ベ.ろ] [名] [男]〔歴〕〔文〕トルベール《14 世紀にオイル語で歌った北フランスの吟遊詩人》[名] [男]《格》詩人, 歌人

'Tro-ya ['トろ.ジャ] [名] [固]〔歴〕〔地名〕トロイ, トロイア《小アジア北西部の古都》　***Aquello (Allí) fue ~.*** そこで大変なことが

起きた *Arda* ~. 後はどうにでもなれ

tro-'ya+no, -na [ト̣ろ.'ジャ.ノ, ナ] 形 〘歴〙〘地名〙トロイ(人)の 名 男 女 トロイ人 ⬆Troya

'tro-zo ['ト̣ろ.そ] 88% 名 男 部分, 小片, 断片; (引用などの)一節, 一句, 断片; 〘軍〙部隊 ***a ~s*** 少しずつ, 徐々に

'tru-cha ['ト̣る.チャ] 94% 名 女 〘魚〙マス(鱒)

'tru-co ['ト̣る.コ] 93% 名 男 いんちき, いかさま, ずるい手; 〘競〙〘ビリヤード〙相手の球をポケットに入れること; 〘映〙トリック(撮影)

tru-cu-'len-cia [ト̣る.ク.'レン.すぃア] 名 女 残忍, 残酷, 残虐(な行為)

tru-cu-'len-to, -ta [ト̣る.ク.'レン.ト, タ] 形 残忍な, 残酷な, 恐ろしい, ぞっとする

'true-n~ 動 《直現/接現/命》 ⬆tronar

'true+no ['ト̣るエ.ノ] 94% 名 男 〘気〙雷, 雷鳴; 轟音(ごうおん), 爆(発)音; 《話》あばれん坊, 軽率な若者, 血気にはやる者

'true-que ['ト̣るエ.ケ] 名 男 交換; 《(メキシコ)》おつり, つり銭 ***a [en] ~ de ...*** …と交換して

'tru-fa ['ト̣る.ファ] 名 女 〘植〙トリュフ, フランスショウロ(松露); うそ, 偽り

tru-'far [ト̣る.'ファる] 動 他 〘食〙<鳥肉などに>トリュフを詰める 動 自 作り話をする, うそをつく

tru+'han, +'ha-na [ト̣る.'アン, 'ア.ナ] 形 ならず者の, 詐欺(さぎ)師の; 冗談好きな, ひょうきんな 名 男 女 ならず者, 悪党, 詐欺師; 冗談好き, ちゃめ, 道化者

tru+ha-ne-'rí+a [ト̣る.ア.ネ.'リ.ア] 名 女 詐欺(さぎ), ごまかし, ペテン; 道化, おどけ

tru+ha-'nes-co, -ca [ト̣る.ア.'ネス.コ, カ] 形 道化の, おどけた; 詐欺(さぎ)の, ペテンの

'truis-mo ['ト̣るイス.モ] 名 男 自明の理, わかりきったこと

tru-'jal [ト̣る.'はル] 名 男 〘農〙ブドウ[オリーブ]搾り器, 圧搾器

tru-ja-'mán, -'ma-na [ト̣る.は.'マン, 'マ.ナ] 名 男 女 相談役

tru-ji-'lla+no, -na [ト̣る.ひ.'ジャ.ノ, ナ] 形 名 男 女 〘地名〙トルヒージョの(人) ⬇Trujillo

Tru-'ji-llo [ト̣る.'ひ.ジョ] 名 固 〘地名〙トルヒージョ《スペイン西部の都市; ホンジュラス北部の都市; ベネズエラ西部の州, 州都; ペルー北西部の都市》

trun-'car [ト̣るン.'カる] 動 他 ⑥⑨ (c|qu) <の>一部を切り取る; 削除する; 中断する, 途中でやめる; <手足などを>切断する

tru-'pial [ト̣る.'ピアル] 名 男 〘鳥〙オレンジムクドリモドキ《中南米産; ベネズエラの国鳥》

'tru-sa ['ト̣る.サ] 名 女 〔複〕《(カリブ)》〘衣〙水泳[海水]パンツ

'trust ['ト̣るス(ト)] 名 男 〔単複同〕《単複同》〘英語〙〘経〙企業合同, トラスト

'tru-tro ['ト̣る.ト̣ろ] 名 男 《(チリ)》〘食〙鳥のもも肉

'tse-tsé [ツェ.'ツェ] 名 女 〘昆〙ツェツェバエ

'Tsin 名 固 〘歴〙晋(しん)《中国の王朝, 265–419》

'Tsing-ta+o ['ツィン(グ).タ.オ] 名 固 〘地名〙青島(チンタオ)《中国, 山東省東部の都市》

tsu-'na-mi [ツ.'ナ.ミ] 名 男 津波

tte. 略 ⬆transporte

Tte. 略 ⬆teniente

tu [トゥ] 64% 形 《所有》〔弱勢〕〔複 tus〕君の, あなたの, おまえの: ¿Es esta **tu** bicicleta? これは君の自転車?

'tú 80% 代 《人称》〔主語・2 単〕《親しい人に対して用いられる》 **1** 〔主語〕君[あなた, おまえ]は: **Tú** la conoces, ¿no? 君は彼女を知っているでしょ? **2** 〔主語の補語として〕…は君[あなた, おまえ]です《動詞は主語の補語に一致する》: Este de la foto eres **tú**. 写真のここにいるのはおまえだよ。 **3** 〔entre, según などの一部の前置詞とともに〕君: Según **tú**, el tren sale a las ocho. 君の話だと列車は 8 時に出る。 ***tratar de ~*** **tú** を使って話す ***~ y yo*** 二人用紅茶セット; 二人掛け用のソファー

'tua-nis 形 〔単複同〕《(中米)》《話》とてもよい, すばらしい, 最高の

tua-'reg [トゥア.'れグ] 形 名 共 トゥアレグ族(の)《北アフリカの遊牧民》

'tu+ba 名 女 〘楽〙チューバ

tu-ber-cu-'li-na [トゥ.べる.ク.'リ.ナ] 名 女 〘医〙ツベルクリン

tu-ber-cu-'lí-ni-co, -ca [トゥ.べる.ク.'リ.ニ.コ, カ] 形 〘医〙ツベルクリンの

tu-ber-cu-li-za-'ción [トゥ.べる.ク.リ.さ.'すぃオン] 名 女 〘医〙ツベルクリン検査; 〘医〙結核感染

tu-ber-cu-li-'zar [トゥ.べる.ク.リ.'さる] 動 他 ③④ (z|c) 〘医〙<に>ツベルクリン検査をする ***~se*** 動 再 〘医〙ツベルクリン検査を受ける; 〘医〙結核に感染する

tu-'bér+cu-lo [トゥ.'べる.ク.ロ] 名 男 〘植〙塊根(かいこん), 塊茎(かいけい); 〘医〙結節; 〘体〙〘動〙(生体の組織の一部の)隆起

tu-ber-cu-'lo-sis [トゥ.べる.ク.'ロ.スィス] 名 女 〔単複同〕〘医〙結核(症)

tu-ber-cu-'lo-so, -sa [トゥ.べる.ク.'ロ.ソ, サ] 形 〘医〙結核性の, 結核にかかった; 〘植〙結節状の, 塊茎(状)の, 塊根の 名 男 女 〘医〙結核患者

tu-be-'rí+a [トゥ.べ.'リ.ア] 名 女 〔集合〕管, パイプ, チューブ; 〘商〙管[チューブ]の工

場, 管[チューブ]店

tu-be-'ro-sa [トゥ.ベ.'ろ.サ] 名 女 〔植〕 ゲッカコウ, チューベローズ《メキシコ原産》

Tu-'bin-ga 名 固 〔地名〕 チュービンゲン《ドイツ南西部の都市》

*'**tu+bo** 91% 名 男 管, パイプ, 筒; チューブ; 〔体〕 管(かん) ～ *de ensayo* 〔技〕 試験管

tu-bu-'lar [トゥ.ブ.'ラる] 形 管(状)の, 管のついた 名 男 〔競〕 競技用自転車タイヤ

'**tú-bu-lo** ['トゥ.ブ.ロ] 名 男 〔体〕 細管

tu-'cán 名 男 〔鳥〕 オオハシ《巨大なくちばしをもった羽の美しい鳥; 南米熱帯産》; 〔T～〕 〔天〕 きょしちょう[巨嘴鳥]座

Tu-cu-'mán 名 固 〔San Miguel de ～〕 〔地名〕 (サン・ミゲール・デ・)トゥクマン《アルゼンチン北西部の Tucumán 州の州都》

tu-cu-'ma+no, -na 形 名 男 女 〔地名〕 トゥクマンの(人) ↑Tucumán

Tu-cu-'pi-ta 名 固 〔地名〕 トゥクピータ《ベネズエラ北東部の都市》

tu-'des-co, -ca 形 ドイツの 名 男 女 ドイツ人 名 男 ドイツ風外套

Tu-'dor [トゥ.'ドる] 名 固 〔歴〕 チューダー朝《イギリスの王朝, 1485–1603》

'**tuer-c～** 動 《活用》 ↑torcer

'**tuer-ca** ['トゥエる.カ] 名 女 〔技〕 ナット, 留めねじ *apretar las ～s* (a: への)締めつけを厳しくする

*'**tuer-to, -ta** ['トゥエる.ト, タ] 94% 形 片目の; ねじれた, よじれた; 《中米》《話》 盲目の, 目が見えない 名 男 女 片目の人 名 男 不正, 非道, 不当; 〔複〕 〔医〕 後(あと)陣痛《産褥(さんじょく)初期の子宮退縮による痛み》 *a tuertas o a derechas* 是非はともかく, よかれ悪しかれ *a tuertas* 反対に, 逆に

'**tuer-z～** 動 《直現/接現/命》 ↑torcer

'**tues-t～** 動 《直現/接現/命》 ↑tostar

'**tues-te** 名 男 きつね色に焼くこと

'**tué-ta+no** 名 男 〔体〕 髄, 骨髄; 〔植〕 髄, 芯(しん); 心底; 真髄, 核心 *hasta el ～* 骨の髄まで

tu-fa-'ra-da [トゥ.ファ.'ら.ダ] 名 女 強い悪臭

tu-'fi-llas [トゥ.'フィ.ジャス] 名 共 〔単複同〕 《話》 怒りっぽい人

tu-'fi-llo 〔縮小語〕 ↓tufo

'**tu+fo** 名 男 におい, 悪臭; 室内にこもった空気, 人いきれ, むっとした空気; 〔複〕 気取り, もったいぶり; 巻き毛, カール; 《チリ》《ラプラタ》《話》 口臭

tu-'fo-so, -sa 形 《中米》《話》 自慢する, 得意げな

tu-'gu-rio [トゥ.'グ.りオ] 名 男 むさくるしい家, ぼろ家; 〔建〕 〔畜〕 羊飼いの小屋

'**tuit** ['トゥイト] 名 男 〔情〕 ツイート

tui-te-'ar [トゥイ.テ.'アる] 動 他 〔情〕 ツイートする

'**tul** ['トゥル] 名 男 〔衣〕 チュール《網目になった薄い布地》

'**tu+la** ['トゥ.ラ] 名 女 《コロンビア》 筒型のバッグ

'**Tu+la** ['トゥ.ラ] 名 固 〔地名〕 トゥラ《メキシコ中部イダルゴ州 Hidalgo にあるトルテカ tolteca 文化の遺跡》

'**tu+le** ['トゥ.レ] 名 男 《メキシコ》 〔植〕 ヨシ, ガマ

'**tu-lio** ['トゥ.リオ] 名 男 〔化〕 ツリウム《希土類元素》

***tu-li-'pán** [トゥ.リ.'パン] 94% 名 男 〔植〕 チューリップ

tu-'lli-do, -da [トゥ.'ジ.ド, ダ] 形 名 男 女 手足のきかない(人), 身体障害者

tu-'llir [トゥ.'ジる] 動 他 ⑩ (〈i〉) 〈の〉手足をきかなくする, 不随(ふずい)にする ～**se** 動 再 手足がきかなくなる

Tu-'ma-co 名 固 〔地名〕 トゥマーコ《コロンビア南西部の港湾都市》

*'**tum-ba** 92% 名 女 墓, 墓石; (乗り物の)アーチ形屋根, 幌(ほろ); 揺れ, 動揺; 宙返り, とんぼ返り; 《メキシコ》《カリブ》 伐採 *a ～ abierta* 全速力で *ser una ～* 《話》 無口である, 何も話さない

tum-'ba-do, -da 形 倒れた, 横になった 名 男 《アンデス》 〔建〕 天井

***tum-'bar** [トゥン.'バる] 93% 動 他 倒す, 打ちのめす; 《スペイン》《話》 (試験で)落とす, 落第させる; 《話》 あぜんとさせる 動 自 倒れる, 崩れる; 〔海〕 《船が》転覆する; 《スペイン》《話》 試験に落ちる, 落第する ～**se** 動 再 横になる, 寝る; (en: 椅子などに)倒れ込む; 《話》 仕事を怠ける, 力を抜く *que tumba* 《話》 すごい, ひどい

'**Tum-bes** 名 固 〔地名〕 トゥンベス《ペルー北西部の県, 県都》

'**tum-bo** 名 男 揺れ, 動揺 *andar de ～ en ～* 《話》 次々と悪いことが起こる *dando ～s* 《話》 苦労して

tum-'bón, -'bo-na 形 名 男 女 なまけ者(の); ずるい(人), ずる賢い(人) **-bona** 名 女 デッキチェア; ソファー

tu-me-fac-'ción [トゥ.メ.ファク.'すぃオン] 名 女 〔医〕 腫(は)れ, 腫脹(しゅちょう), むくみ

tu-me-'fac-to, -ta [トゥ.メ.'ファク.ト, タ] 形 〔医〕 腫れ上がった, むくんだ

tu-'mor [トゥ.'モる] 名 男 〔医〕 腫瘍(しゅよう), 腫(は)れもの; 〔一般〕 できもの

tu-mo-'ral [トゥ.モ.'らル] 形 〔医〕 腫瘍の

'**tú-mu-lo** ['トゥ.ム.ロ] 名 男 墳丘(ふんきゅう), 塚, 古墳; 棺台

tu-'mul-to [トゥ.'ムル.ト] 名 男 騒ぎ, 騒動, 喧噪(けんそう); 暴動, 反乱, 騒乱

tu-mul-'tua-rio, -ria 形 ⇩ tumultuoso

tu-mul-'tuo-so, -sa [トゥ.ムル.'トゥオ.ソ, サ] 形 騒然とした, 混乱した, 暴動の

'**tu+na** 名 女 〔楽〕 トゥナ《学生の音楽隊》;

放蕩(ほうとう)生活; 〔植〕オプンチア(の実), ウチワサボテン　*como* ~ 《チリ》《話》とてもいい[よく]

tu-nan-'ta-da 名 女 汚い手口, 卑劣な行為, 悪事

tu-'nan-te, -ta 形 名 男 女 悪者(の), ごろつき(の)

tu-nan-te+'ar [トゥ.ナン.テ.'アる] 動 自 ごろつき[無頼漢]の生活をする

tu-nan-te-'rí+a [トゥ.ナン.テ.'り.ア] 名 女 ごろつきの生活, 卑劣な行為, 悪党ぶり

'Tu-nas 名 固 〔Las ~〕〔地名〕ラス・トゥナス《キューバ中南部の県》

'tun-da 名 女 (織物を)刈ること, 剪毛(せんもう); 《話》めった打ち

tun-di-'dor, -'do-ra [トゥン.ディ.'ドる, 'ド.ら] 形 〔衣〕(織物の)剪毛(せんもう)の 名 男 女 剪毛職人

tun-'dir [トゥン.'ディる] 動 他 〔衣〕〈織物の〉毛を刈る, 剪毛(せんもう)する; 《話》めった打ちする; (お仕置きのため)したたかひっぱたく

'tun-dra ['トゥン.ドら] 名 女 〔地〕(シベリア・アラスカの)凍土帯, 凍原, ツンドラ

tu-ne+'ar [トゥ.ネ.'アる] 動 自 ごろつき[無頼漢]の生活をする, 怠けて暮らす

tu-ne-'cí 形 〔複 -cíes⇦-cís〕⇩ tunecino

tu-ne-'ci+no, -na [トゥ.ネ.'すぃ.ノ, ナ] 形 名 男 女 〔地名〕チュニジア(人)の, チュニジア人 ⬇Túnez

*'**tú-nel** ['トゥ.ネル] 92% 名 男 トンネル; 地下道, 隧道(ずいどう), (鉱山の)坑道; 〔空〕風洞; 〔競〕〔サッカー〕また抜き

'Tú-nez ['トゥ.ネす] 名 固 〔República Tunecina〕〔地名〕〔国〕チュニジア《アフリカ北部の共和国; その首都》

tungs-'te+no [トゥン(グ)ス.'テ.ノ] 名 男 〔化〕タングステン《元素》

Tun-gu-'ra+hua [トゥン.グ.'ら.ウア] 名 固 〔地名〕トゥングラーワ《エクアドル中部の州》

'tú-ni-ca 名 女 〔歴〕〔衣〕チュニカ《古代ギリシャ・ローマで用いた 2 枚布の着衣》; 〔衣〕ゆったりとした長い上着; 〔植〕包膜, 種皮; 〔体〕〔動〕被膜

Tu-'ni-cia 名 固 ⇧ Túnez

'Tun-ja ['トゥン.は] 名 固 〔地名〕トゥンハ《コロンビア中部の都市》

'tun-jo ['トゥン.ほ] 名 男 〔宗〕《コロンビア》先コロンブス時代の神; その像

'tu+no, +na 形 いたずら好きの, 悪い 名 男 〔植〕オプンチアの実 名 男 女 〔親愛〕悪者; トゥナ tuna の一員

'tun-ta 名 女 《アンデス》〔食〕ジャガイモの澱粉(でんぷん)

tun-'tún 〔成句〕 *al* (*buen*) ~ 《話》いいかげんに, 適当に

tu+'pé 名 男 部分かつら, ウィッグ; 《話》厚顔, ずうずうしさ, 恥知らず

'tú-per 名 男 ⇧ táper

tu+'pí 形 名 共 〔複 -píes⇦-pís〕トゥピ族の(人)《ブラジル, 特にアマゾン Amazonas 流域に住む》; 〔言〕トゥピ語の 名 男 〔言〕トゥピ語

tu-'pi-do, -da 形 詰まった, 密集した, 茂った, うっそうとした; 頭の鈍い

tu+'pí gua-ra-'ní [トゥ.'ピ グア.ら.'ニ] 形 名 共 〔複 -níes⇦-nís〕トゥピ・グアラニ族(の)《南米中部に広く分布する種族》; 〔言〕トゥピ・グアラニ語の 名 男 〔言〕トゥピ・グアラニ語

tu-'pir [トゥ.'ピる] 動 他 詰め込む, 押し込む; 密にする, 密生させる　**~se** 動 再 目が詰む, 密になる, 密生する; 《話》うんざりするほど食べる[飲む]; 《ラ米》《話》どうしたらよいかわからなくなる, 狼狽(ろうばい)する

'tur-ba ['トゥる.バ] 名 女 泥炭, ピート; 群衆

tur-ba-'ción [トゥる.バ.'すぃオン] 名 女 混乱, 無秩序; 動揺, 当惑

tur-'ba-do, -da [トゥる.'バ.ド, ダ] 形 動揺した, 混乱した, 当惑した

tur-ba-'mul-ta [トゥる.バ.'ムル.タ] 名 女 〔軽蔑〕群衆, やじ馬

tur-'ban-te [トゥる.'バン.テ] 名 男 〔衣〕ターバン《イスラム教徒などが頭に巻く》

*__tur-'bar__ [トゥる.'バる] 94% 動 他 混乱させる, かき回す; 困らせる, 困惑させる, 動揺させる; 驚かせる, 騒がせる　**~se** 動 再 落ち着きを失う, 動転する, 動揺する; 乱れる, 混乱する; 濁る; かき回される

tur-'bi-na [トゥる.'ビ.ナ] 名 女 〔機〕タービン

tur-'bin-to [トゥる.'ビン.ト] 名 男 〔植〕コショウボク《南米産ウルシ科の植物; 果実は飲用》

*'**tur-bio, -bia** ['トゥる.ビオ, ビア] 94% 形 濁った, どんよりした, 曇った; 混乱した; かすんだ, 不鮮明な, はっきりしない; 落ち着かない, そわそわした; あやしげな, うさんくさい 名 男 (液体の底にたまる)かす, おり

tur-'bión [トゥる.'ビオン] 名 男 〔気〕スコール《短時間の局部的突風と雨》; (de: 悪口・銃弾などの)雨

'tur-bo ['トゥる.ボ] 形 《男女同形》〔機〕ターボの 名 男 〔機〕ターボエンジン; 〔車〕ターボ車

tur-bo-com-pre-'sor [トゥる.ボ.コン.プれ.'ソる] 名 男 〔機〕ターボコンプレッサー

tur-bo-ge-ne-ra-'dor [トゥる.ボ.へ.ネ.ら.'ドる] 名 男 〔機〕タービン発電機

tur-bo-'hé-li-ce [トゥる.ボ.'エ.リ.せ] 名 男 〔機〕〔空〕ターボプロップ[プロペラ]エンジン

tur-bo-'na-da 名 女 ⇧ turbión

tur-bo-rre-ac-'tor [トゥる.ボ.れ.アク.'トる] 名 男〔空〕ターボジェット機[エンジン]

tur-bu-'len-cia [トゥる.ブ.'レン.すぃア] 名 女〔気〕乱気流; 騒乱, 混乱, (社会的)不穏; あいまいさ, 不鮮明;〔物〕(流体の)乱れ

tur-bu-'len-to, -ta [トゥる.ブ.'レン.ト, タ] 形〔気〕«波・風などが»荒れ狂う, 荒れた; 混乱した, 騒然とした, 不穏な, 騒動を起こす

'tur-co, -ca ['トゥる.コ, カ] 形〔地名〕トルコ(人)の ⬇Turquía;〔言〕トルコ語の 名 男 女 トルコ人 名 男〔言〕トルコ語 **-ca** 名 女《話》酒酔い

tur-co-'ma+no, -na [トゥる.コ.'マ.ノ, ナ] 形〔地名〕トルクメニスタン(人)の 名 男 女 トルクメニスタン人 ⬇Turkmenistán

tur-'gen-cia [トゥる.'ヘン.すぃア] 名 女 張り, ふくらみ;〔医〕腫(は)れ

tur-'gen-te [トゥる.'ヘン.テ] 形 ふくらんだ, 膨張した, 張った;〔医〕腫(は)れさせる,

tu-ri-bu-'lar [トゥ.り.ブ.'ラる] 動 他 〈に〉香煙を振りまく 動 自 香炉を振る

tu-'rí-bu-lo [トゥ.'り.ブ.ロ] 名 男 吊(つ)り香炉

Tu-'rín [トゥ.'りン] 名 固〔地名〕トリノ《イタリア北西部の都市》

⁑**tu-'ris-mo** [トゥ.'りス.モ] 89% 名 男 観光(旅行);〔商〕旅行業者[代理店];〔車〕自家用車

***tu-'ris-ta** [トゥ.'りス.タ] 91% 名 共 観光旅行者, 観光客

⁑**tu-'rís-ti-co, -ca** [トゥ.'りス.ティ.コ, カ] 89% 形 観光の, 旅行者のための

Turk-me-nis-'tán [トゥる(ク).メ.ニス.'タン] 名 固〔República de ~〕〔地名〕トルクメニスタン《中央アジア南西部の共和国》

turk-'me-no, -na [トゥる(ク).メ.ノ, ナ] 形 名 男 女 ⇧turcomano

tur-ma-'li-na [トゥる.マ.'リ.ナ] 名 女〔鉱〕トルマリン, 電気石(せき)《宝石用》

tur-'nar(-se) [トゥる.'ナる(.セ)] 動 自 (再) 交替でする

⁑**'tur+no** ['トゥる.ノ] 89% 名 男 番, 順番; 交替(制);《中米》〔商〕市, 市場 *al [por]* ~ 順番で, 交替して

'tu+ro ['トゥ.ろ] 名 男《アンデス》〔動〕カタツムリ

tu-ro-'len-se [トゥ.ろ.'レン.セ] 形 名 共〔地名〕テルエルの(人) ⬆Teruel

tu-'rón [トゥ.'ろン] 名 男〔動〕ケナガイタチ

tu-ro-pe-ra-'dor [トゥ.ろ.ペ.ら.'ドる] 名 男 旅行業者, ツアーオペレーター

tur-que+'a-da [トゥる.ケ.'ア.ダ] 名 女《中米》《話》なぐること, 殴打

tur-'que-sa [トゥる.'ケ.サ] 名 女 型, 鋳型; トルコ石; ターコイズブルー《明るい青緑色》 形 ターコイズブルーの

tur-'ques-co, -ca 形 ⇧turco

Tur-ques-'tán ⇦**-kes-** [トゥる.ケス.'タン] 名 固〔地名〕トルキスタン《中央アジアのオアシス地帯》

tur-'quí [トゥる.'キ] 名 男〔複 -quíes ⇦ -quís〕インディゴブルー《藍色》 形 インディゴブルーの 形 ⬆turco

***Tur-'quí+a** [トゥる.'キ.ア] 93% 名 固〔República de ~〕〔地名〕トルコ《小アジアとバルカン半島南東部にまたがる共和国》

'tu-rro, -rra ['トゥ.ろ̃, ら̃] 形《アンデス》《話》安物の, 粗悪な;《チリ》《アルゼンチン》«人が»悪意のある, ろくでなしの

tu-'rrón [トゥ.'ろ̃ン] 名 男〔食〕ヌガー《アーモンド・クルミ・糖蜜などで作る菓子; 特にクリスマスに食べる》

tu-ru-'la-to, -ta [トゥ.る.'ラ.ト, タ] 形《話》あぜんとした, 驚いた, ぼうっとした

tu-'ru-pe [トゥ.'る.ペ] 名 男《コロンビア》《話》こぶ 形《コロンビア》《話》へたな, 不器用な

tu-ru-'rú [トゥ.る.'る] 感《話》へん!, ふん!, とんでもない!《否定・断り》

'tus 感 おいで!《犬に呼びかける言葉》 *sin decir ~ ni mus* うんともすんとも言わずに 形《複》⬆tu

'tu+sa 名 女《カリブ》《南米北》トウモロコシの芯;《カリブ》《コロンビア》《話》不良, ろくでなし;《中米》《話》陽気な女性;《コロンビア》(顔の)あばた;《チリ》《ラプラタ》〔畜〕(馬の)たてがみ

tu-'sa-da 名 女《コロンビア》虎刈り, ひどい散髪

tu-'sar [トゥ.'サる] 動 他《中米》《話》非難する, 叱(しか)りつける;《コロンビア》坊主頭にする

'tu+so, +sa 形 名 男 女《コロンビア》《話》はげ頭の(人)

'tus-ta 名 女《コロンビア》《話》〔体〕(人間の)頭

'tu+te 名 男〔遊〕トゥテ《スペイントランプの代表的なゲーム》 *darse un ~*《話》一生懸命働く, がんばる

tu-te+'ar [トゥ.テ.'アる] 動 他 〈と〉 **tú** を使って話す, 〈に〉親しげに話す **~se** 動 再 (con: と) **tú** を使って話す

tu-'te-la [トゥ.'テ.ラ] 名 女 後見(職, 権), 保護; (大学の)指導教官の仕事

tu-te-'lar [トゥ.テ.'ラる] 形 後見する, 保護する, 守護の

tu-'te+o 名 男 **tú** を使って話すこと, 親しい話し方

tu-'tí-a 名 女 *No hay ~.*《話》無理だ, どうしてもできない

tu-ti-'plén [トゥ.ティ.'プレン]〔成句〕 *a ~*《スペイン》《話》たくさん, どっさり

'tu+to 名 男《チリ》〔食〕鳥のもも肉;《チリ》《話》眠り

***tu-'tor, -'to-ra** [トゥ.'トる, 'ト.ら] 93%

名 男 女〔法〕後見人, 保護者;〔一般〕保護者, 指導者; (大学の)個別指導教官, チューター 名 男 支柱, つっかい棒

tu-to-'rí+a[トゥ.ト.'リ.ア] 名 女 (大学の指導教官による)個別指導時間;〔政〕後見人の仕事

'tu-tro['トゥ.トろ] 名 男《ｱﾘ》〔食〕鳥のもも肉

tu+'tú 名 男〔複 -túes⇔-tús〕〔衣〕〔演〕チュチュ《バレリーナのスカート》

tu-'tu-ma 名 女《ｱﾝﾃﾞｽ》水筒

'tu+v~ 動《直点/接過》⬆tener

Tu-'va-lu[トゥ.'バ.ル] 名 固〔地名〕ツバル《太平洋南部の島国》

tu-va-'lua+no, -na[トゥ.バ.'ルア.ノ, ナ] 形〔地名〕ツバル(人)の 名 男 女 ツバル人⬆Tuvalu

'Tux-tla Gu-'tié-rrez[トゥス.トラ グ.'ティエ.れす] 名 固〔地名〕トゥストラ・グティエレス《メキシコ南東部の都市, チアパス州 Chiapas の州都》

'tu+yo, +ya88% 形《所有》**1**〔名詞の後で〕君の, あなたの, おまえの: Te ha llamado un amigo **tuyo**. おまえにお友だちから電話がありましたよ。 **2**〔主語の補語〕君[あなた, おまえ]のもの: ¿Es **tuya** esta toalla? このタオルは君のかい? **3**〔定冠詞をつけて所有代名詞となる〕君[おまえ]のもの[こと]: Haz **lo tuyo** y déjame en paz. 君は自分のことをして私のことはほっといて。 **4**〔los ~s〕君[あなた, おまえ]の家族: ¿Escribiste una carta a los **tuyos**? あなたの家族に手紙を書いた? **5**〔lo ~〕君[あなた, おまえ]の得意なもの: No te metas a pintar, José; **lo tuyo** es la música. ホセ, 画家にはならないほうがいい。おまえの得意なものは音楽だ。 ***Esta es la tuya.***《話》さあ, 君の番だ ***Siempre ~ [tuya].***《やや古》敬具《恋人・伴侶への手紙の末尾で》 ***una de las tuyas***《話》君のいつもの手, いつものおまえのやり方

T. V. 略 ⬆televisión

U u *U u*

U, u['ウ] 名 女〔言〕ウ《スペイン語の文字》

u 接 ⇧o

U. 略 ⬇usted

Ua-du-'gú[ウア.ドゥ.'グ] 名 固〔地名〕ワガドゥグ《ブルキナファソ Burkina Faso の首都》

'Ú+be-da 名 固〔地名〕ウベダ《スペイン南部の町》

u+'bé-rri-mo, -ma[ウ.'ベ.りˇ.モ, マ] 形〔最上級〕《格》非常に豊かな, とても肥沃(ひよく)な

u+bi-ca-'ción[ウ.ビ.カ.'すぃオン] 名 女 位置(を定めること), 配置, 定住;〔競〕〔サッカーなど〕ポジショニング;〔情〕ロケーション

u+bi-'car(-se)[ウ.ビ.'カる(.セ)] 動 自 (再) 69 (c|qu) 位置を定める, 場所にある 動 他《ﾗ米》置く, 配置する;《ﾗ米》駐車する 動 他《ｱﾝﾃﾞｽ》〈候補者を〉指名する

u+bi-cui-'dad 名 女《格》偏在(性), 同時にあちこちに現れること ***don de la ~*** 同時に違う場所にいられること

u+'bi-cuo, -cua 形《格》(同時に)いたるところに存在する, 偏在する; どこにでも顔を出す, 神出鬼没の

'u+bre['ウ.ブれ] 名 女〔畜〕(牛・ヤギ・羊などの)乳房(の一つ)

UCI['ウ.すぃ] 略 =Unidad de Cuidados Intensivos〔医〕(病院の)集中治療室

U+'cra-nia[ウ.'クら.ニア] 名 固〔地名〕ウクライナ《東ヨーロッパの国》

u+cra-'nia+no, -na 形〔地名〕ウクライナ(人)の, ウクライナ人⬆Ucrania;〔言〕ウクライナ語の 名 男〔言〕ウクライナ語

u+'cra-nio, -nia 形 名 男 女 ⇧ucraniano

u+cro-'ní+a[ウ.クろ.'ニ.ア] 名 女 歴史上の想像《歴史で起こらなかったことを仮想すること》

Ud., Uds. 略 ⬇usted, ustedes

U. E. 略 =Unión Europea〔政〕欧州連合

'uf 感《話》あーあ!《疲れ・嫌気・悩みなどを表す》

u+fa-'nar-se[ウ.ファ.'ナる.セ] 動 再 (de, con: を)自慢する, 得意になる

u+fa-'ní+a 名 女 自慢, 得意

u+'fa+no, -na 形 誇る, 自慢にする, 得意な; «植物が»繁茂した

U+'gan-da 名 固〔República de ~〕〔地名〕ウガンダ《アフリカ中東部の共和国》

u+gan-'dés, -'de-sa 形〔地名〕ウガンダ(人)の 名 男 女 ウガンダ人⬆Uganda

u+'jier[ウ.'ひエる] 名 共〔法〕廷吏《法廷の秩序を維持する》; 王宮の式部官; 警備員, 門番, 門衛

u+ke-'le-le[ウ.ケ.'レ.レ] 名 男〔楽〕ウク

レレ《ハワイ音楽で使う弦楽器》

U+'lán Ba-'tor [ウ.'ラン バ.'トる] 名 固〔地名〕ウランバートル《モンゴル Mongolia の首都》

u+'la+no [ウ.'ラ.ノ] 名 男〔歴〕〔軍〕槍騎(そうき)兵

'úl-ce-ra ['ウル.せ.ら] 名 女〔医〕潰瘍(かいよう)

ul-ce-ra-'ción [ウル.せ.ら.'すぃオン] 名 女〔医〕潰瘍(かいよう)(化)

ul-ce-'rar [ウル.せ.'らる] 動 他〔医〕〈に〉潰瘍(かいよう)を生じさせる **~se** 動 再〔医〕潰瘍化する, 潰瘍になる

ul-ce-'ro-so, -sa [ウル.せ.'ろ.ソ, サ] 形〔医〕潰瘍(かいよう)性の

u+'le-ma [ウ.'レ.マ] 名 男〔法〕ウラマー《イスラム教の法学者》

U+'li-ses [ウ.'リ.セス] 名 固〔ロ神〕ウリッセース, ユリシーズ《オデュッセウスのラテン名, ホメロスの『オデュッセイア』La Odisea の主人公》;〔男性名〕ウリーセス

ul-'má-ce+o, +a [ウル.'マ.せ.オ, ア] 形〔植〕ニレ科の

ul-te-'rior [ウル.テ.'りオる] 形 (時間的に)後の, 先々の; 向こうの, あちらの;〔歴〕(ローマからみて)遠くの

ul-ti-ma-'ción [ウル.ティ.マ.'すぃオン] 名 女 完成, 完, 完結, 終了

'úl-ti-ma-'men-te ['ウル.ティ.マ.'メン.テ] 89% 副 最近, 近ごろ; 最後に, 終わりに

ul-ti-'mar [ウル.ティ.'マる] 動 他 完成させる, 完了する, 完結する, 終了する;《ラ米》殺す

ul-ti-'ma-to 名 男《まれ》⇩ ultimátum

ul-ti-'má-tum [ウル.ティ.'マ.トゥム] 名 男〔複 -tums〕最後の言葉[提案, 条件, 決定];〔特に〕〔政〕〔軍〕最後通牒(つうちょう)

'úl-ti-mo, -ma ['ウル.ティ.モ, マ] 65% 形 最後の, 終わりの; 最新の, この前の; いちばん奥の, 遠く離れた, はるかかなたの; 決定的な, 最終的な, 究極の; ぎりぎりの; いちばん上の, 最高の 名 男 女 最後の者 ***a la última*** 最新の[で] ***a lo ~ de ...*** …を終わりかけて ***en ~ caso*** 最悪の場合には, いざとなったら ***estar en las últimas*** 死にかけている, 金が一銭もない ***lo ~*** 最高のもの, ひどいこと, 最低のこと ***por ~*** 最後に

'ul-tra ['ウル.トら] 形 名 共 極端な, 過激な;《スペイン》〔政〕極右(派)の;〔競〕熱狂的な, フーリガンの; 過激論者, 過激派;《スペイン》〔政〕極右(派);〔競〕〔サッカー〕フーリガン

ul-tra~ 〔接頭辞〕「極端・過剰・…を超えて」という意味を示す

ul-tra-co-rrec-'ción [ウル.トら.コ.れク.'すぃオン] 名 女〔言〕過剰訂正《間違いを意識しすぎて正しいものまで変えてしまうこと》

ul-tra-de-'re-cha [ウル.トら.デ.'れ.チャ] 名 女〔政〕極右(組織・政党)

ul-tra-de-re-'chis-ta [ウル.トら.デ.れ.'チス.タ] 形 名 共〔政〕極右の; 極右思想家[政党員]

ul-tra-iz-'quier-da [ウル.トらイす.'キエる.ダ] 名 女〔政〕極左(組織・政党)

ul-tra-iz-quier-'dis-ta [ウル.トらイす.キエる.'ディス.タ] 形〔政〕極左の 名 共〔政〕極左思想家[政党員]

ul-tra-'jan-te [ウル.トら.'はン.テ] 形 無礼な, 侮辱的な

ul-tra-'jar [ウル.トら.'はる] 動 他〈に〉乱暴する,〈に〉暴行する, 乱暴に扱う;〈人を〉憤激させる, 侮辱する

ul-'tra-je [ウル.'トら.へ] 名 男 乱暴, 暴行, 非道, 不法行為; 侮辱

ul-tra-li-'ge-ro [ウル.トら.リ.'へ.ろ] 名 男〔空〕超軽量飛行機

ul-tra-'mar [ウル.トら.'マる] 名 男 海外(の国); 群青(ぐんじょう)色

ul-tra-ma-'ri+no, -na [ウル.トら.マ.'リ.ノ, ナ] 形 海外の, 外国の, 外国製の; 輸入食料品の; 群青(ぐんじょう)色の, ウルトラマリンの 名 男〔~s〕《単複同》〔商〕食料品店;〔複〕食料品; 外国製品, 輸入品

ul-tra-mo-'der+no, -na [ウル.トら.モ.'デる.ノ, ナ] 形 超現代的な, 超モダンな

ul-tra-mon-'ta+no, -na [ウル.トら.モン.'タ.ノ, ナ] 形 山の向こうの;〔政〕〔宗〕教皇権至上主義(者)の 名 男 女〔政〕〔宗〕教皇権至上論者

ul-'tran-za [ウル.'トらン.さ]〔成句〕***a ~*** まったくの, 徹底的な, 完全な; **必死に**, いかなる犠牲を払っても

ul-tra-'rro-jo, -ja [ウル.トら.'ろ.ほ, は] 形 赤外線の

ul-tra-'só-ni-co, -ca [ウル.トら.'ソ.ニ.コ, カ] 形 超音波の, 超音速の

ul-tra-so-'ni-do [ウル.トら.ソ.'ニ.ド] 名 男〔物〕超音波, 超可聴音

ul-tra-'tum-ba [ウル.トら.'トゥン.バ] 名 女 あの世 副 あの世で

ul-tra-vio-'le-ta [ウル.トら.ビオ.'レ.タ] 形〔物〕紫外線の

ul-tra-'vi-rus [ウル.トら.'ビ.るス] 名 男〔単複同〕〔医〕超濾過(ろか)性ウイルス

u+lu-la-'ción [ウ.ル.ラ.'すぃオン] 名 女〔気〕(風が)うなる音;〔動〕うなり声, ほえる声

u+lu-'lar [ウ.ル.'ラる] 動 自〔気〕«風が»うなる;〔動〕«動物が»うなる, ほえる

um-'be-la [ウン.'べ.ラ] 名 女〔植〕散形花序《うちわのような花軸の配列》; (バルコニー・窓の上の)ひさし, 突き出た屋根

um-be-'lí-fe-ro, -ra [ウン.べ.'リ.

U

フェ.ろ, ら] 形 〔植〕散形花をつける, セリ科の

um-be-li-'for-me [ウン.ベ.リ.'フォる.メ] 形 〔植〕散形花序の

um-bi-li-'cal [ウン.ビ.リ.'カル] 形 〔体〕へその, 臍帯(せいたい)(さいたい)の 名 男 〔体〕へその緒 *cortar el cordón* ～ 独立する

*__um-'bral__ [ウン.'ブらル] 91% 名 男 〔しばしば複〕〔建〕敷居;〔しばしば複〕入り口, 第一歩; 限界, 境界; (知覚の)閾(いき), 識閾(しきいき)

um-'brí+o, +a [ウン.'ブリ.オ, ア] 形 日陰の, 陽の当たらない, 日当たりの悪い **+a** 名 女 日陰, 陽の当たらない場所

um-'bro-so, -sa [ウン.'ブろ.ソ, サ] 形 陰の多い

'Umm al-Cai-'wain ['ウム アル.カイ.'ワイン] 名 固 〔地名〕ウンム・アル・カイワイン首長国《アラビア半島, ペルシア湾沿岸に位置するアラブ首長国連邦に属する首長国; その首都》

'un, 'u+na 33% 冠《不定》《アクセントのある a, ha で始まる女性単数名詞の前では una は un となることが多い》: **un** haya [águila]⇦**una** haya [águila] 1本のブナの木[1羽のワシ] **1** ある…, なにかの, どこかの…《漠然とした意味で用いる》: Juan vino a comer con **un** amigo suyo. ファンは友人を連れて食事に来た。 **2** どの…も, …ならばどれでも, …というものは《種類一般》: **Un** estudiante universitario debe saber al menos dos idiomas extranjeros. 大学生なら少なくとも2つの外国語を知っていなければならない。 **3** 同じ…《同一性》: Sus opiniones, sus ideas, creencias, en el fondo, todo es **un** ideal. 彼らの意見, 思想, 信仰はすべて根本では同一の理想なのだ。 **4**〔固有名詞の前について〕…という人: **Una** señora Álvarez le ha llamado esta mañana. 今朝アルバレスさんという方からあなたに電話がありました。 **5**〔固有名詞の前について〕…のような人, …のようなもの: En **una** Barcelona no pueden faltar buenos cines. バルセロナならばよい映画館がないはずはない。 **6**〔固有名詞の前について〕…の一つの作品: Su tío posee **un** Dalí. 彼のおじさんはダリの作品を一つ持っている。 **7** 本当の, まさに…《名詞(句)を強調する》: Mariana es toda **una** dama. マリアナはまったくの淑女だ。 **8** 大変な…, ひどい…: ¡Vaya **una** canción la de esos señores! その人たちの歌といったら大変な代物だ。 **9** ひとつ[一人]の…もない《否定文の強調》: No vino a clase ni siquiera **un** estudiante. 授業には一人も学生が来なかった。 **10** …というもの: **Un** suspenso en Historia ... Umm, eso no está bien. 歴史で不合格というのか…うーん, それはよくない。 **11**〔「時」の名詞(句)とともに〕ある…に《「時」の副詞句をつくる》: **Un** día de estos iré a verte. この数日のうちに君に会いに行こう。 **12** (ある種の)…のようなもの: Todo se ha vuelto **una** Babilonia. すべてがバビロンのようなものになってしまった。 形《数》1の, 1人の, 1個の: En **una** semana terminaré el trabajo. 私は1週間で仕事を終えるだろう。

'u+na 代《女単》↓uno; 冠 ↑un

*__u+'ná-ni-me__ 93% 形 意見が一致している, 満場一致である; «意見・考えなどが»一致した **～mente** 副 満場一致で, 異議[異論]なく

u+na-ni-mi-'dad 名 女 合意, 満場一致

'u+nas 形《女複》↓uno

un-'ción [ウン.'すぃオン] 名 女 軟膏(なんこう)を塗ること, 塗り薬をつけること; 帰依, 信心; 熱心さ;〔宗〕塗油式; 終油の秘跡;〔海〕荒天(用)の帆

un-'cir [ウン.'すぃる] 動 他 ⑦⑦ (c|z) ‹に›くびきをかける, くびきで(a: に)つなぐ

un-'dé-ci-mo, -ma [ウン.'デ.すぃ.モ, マ] 形 名 男 女《序数》第11番目の(人・物); 11分の1(の)

un-du-la-'ción 名 女 ⇧ondulación

un-du-'lar 動 自 ⇧ondular

'u+ne 動《直現3単/命》↓unir

UNED [ウ.'ネド] 略 =Universidad Nacional de Educación a Distancia《(スペイン)》国立通信教育大学

'u+nen 動《直現3複》↓unir

UNESCO [ウ.'ネス.コ] 略 =〔英語〕*United Nations Educational, Scientific and Cultural Organization*〔政〕ユネスコ, 国連教育科学文化機関(Organización de las Naciones Unidas para la Educación, la Ciencia y la Cultura)

un-'gi-do, -da [ウン.'ひ.ド, ダ] 形〔宗〕聖油を受けた 名 男〔宗〕(聖式で)聖油により聖別された司祭[王]

un-gi-'mien-to [ウン.ひ.'ミエン.ト] 名 男〔宗〕塗油

un-'gir [ウン.'ひる] 動 他 ㉜ (g|j)〔医〕‹に›油を塗る, ‹に›軟膏(なんこう)をつける;〔宗〕‹に›聖油を塗る, 塗油する

un-'güen-to [ウン.'グエン.ト] 名 男〔医〕軟膏(なんこう), 膏薬, 塗り薬

un-gu-'la-do, -da [ウン.グ.'ラ.ド, ダ] 形〔動〕ひづめのある, 有蹄(ゆうてい)の 名 男〔動〕有蹄動物;〔複〕有蹄類

un-gu-'lar [ウン.グ.'ラる] 形 爪の

'ú+ni-ca-'men-te 87% 副 ただ…だけ, 単に

UNICEF [ウ.ニ.'せフ] 略 =〔英語〕*United Nations International Children's Emergency Fund* ユニセフ, 国連児

童基金(Fondo de las Naciones Unidas para la Infancia)

u·ni-ce-lu-'lar [ウ.ニ.セ.ル.'ラる] 形 〔生〕単細胞の

u·ni-ci-'dad [ウ.ニ.すぃ.'ダド] 名 女 独特さ, 風変わり, 比類のないこと

‡'ú-ni-co, -ca 70% 形 唯一の, …だけの, たった一つの; 独得の, 独自の, ユニークな, 珍しい, 類のない 名 男 女 唯一の物[人, こと]

u·ni-co-'lor [ウ.ニ.コ.'ロる] 形 一色の, 単色の

u·ni-'cor-nio [ウ.ニ.'コる.ニオ] 名 男 一角獣, ユニコーン《額に一本のねじれ角, カモシカの尻, ライオンの尾をもつ, 馬に似た伝説上の動物》; 〔動〕(一角の)サイ(犀); マストドンの化石化した牙 ~ ***marino*** 〔動〕イッカク

U·ni-'cor-nio [ウ.ニ.'コる.ニオ] 名 固 〔天〕いっかくじゅう[一角獣]座

‡u·ni-'dad 79% 名 女 一つ, 一個, 一人, 一団; 単位; 一致, 団結; まとまり, 調和, 一貫性; 統一; 〔演〕(筋・時・場所の)三一致《アリストテレスを基礎として古典派戯曲に守られた戯曲構成上の原則》; (工場・病院などの)部門, 室; 〔機〕ユニット, 装置, 設備; 〔軍〕部隊; 〔情〕ドライブ ~ ***central de proceso*** 〔情〕中央処理装置, CPU

u·ni-di-fu-'sión [ウ.ニ.ディ.フ.'スィオン] 名 女 〔情〕ユニキャスト

u·ni-di-rec-cio-'nal [ウ.ニ.ディ.れク.すぃオ.'ナル] 形 一方向の, 片側の

‡u·'ni-do, -da 75% 形 団結した, 結束した, 仲のよい; つながった, 連結した; 連合した, 合併した, 結合した

u·ni-fi-ca-'ción [ウ.ニ.フィ.カ.'すぃオン] 名 女 統一, 統合; 均一化

u·ni-fi-ca-'dor, -'do-ra [ウ.ニ.フィ.カ.'ドる, 'ド.ら] 形 統一する, 統合する 名 男 女 統一者, 統合者

***u·ni-fi-'car** [ウ.ニ.フィ.'カる] 93% 動 他 ⑥⑨ (c|qu) 統一する, まとめる, 一つにする, 均一化する

u·ni-fi-'qué, -que(~) 動《直点1単, 接現》↑unificar

u·ni-for-ma-'ción [ウ.ニ.フォる.マ.'すぃオン] 名 女 均一化, 標準化

u·ni-for-'mar [ウ.ニ.フォる.'マる] 動 他 標準に合わせる, 規格に一致させる, 規格化する, 画一化する; ‹に›制服を支給する ~**se** 動 再 標準化される, 規格化される

‡u·ni-'for-me [ウ.ニ.'フォる.メ] 90% 形 同形の, そろいの, 一様な 名 男 〔衣〕制服, ユニフォーム

u·ni-for-mi-'dad [ウ.ニ.フォる.ミ.'ダド] 名 女 一様, 統一, 均一

u·ni-for-mi-'zar [ウ.ニ.フォる.ミ.'さる] 動 他 ③④ (z|c) 一様にする; 標準化する

u·ni-'gé-ni-to, -ta [ウ.ニ.'ヘ.ニ.ト, タ] 形 ただ一つの; 一人っ子の 名 男 〔el U~〕神の子イエス・キリスト

u·ni-la-te-'ral [ウ.ニ.ラ.テ.'らル] 形 一方だけの, 片側のみの; 〔植〕片側に偏した; 〔法〕片務的な ~**mente** 副 一方的に, 片側のみで

‡u·'nión 82% 名 女 結合, 合一, 統一, 合体, 合併, 融合; 団結; 組合, 労働組合, 同盟, 協会; 連邦, 連合; 結婚; 〔技〕〔機〕連結, ジョイント; 〔医〕縫合(ほうごう), 傷口を閉じること ***en ~ de*** [***con***] … …と結びついて, …と団結して

U·'nión 名 固 〔La ~〕〔地名〕ラ・ウニオン《エルサルバドル東部の県, 県都》

U·'nión So-'vié-ti-ca [ウ.'ニオン ソ.'ビエ.ティ.カ] 名 固 〔歴〕〔地名〕(旧)ソビエト連邦

u·ni-per-so-'nal [ウ.ニ.ペる.ソ.'ナル] 形 一人だけの, 一人だけで構成されている; 〔言〕単人称の《3人称単数のみで用いられる動詞》

‡u·'nir [ウ.'ニる] 72% 動 他 一つ[一体]にする, 結びつける, つなげる; ‹人を›結びつける, ‹考えなどを›一致させる; (a: と)合わせ持つ; 混ぜる; 結婚させる, «牧師が»‹の›結婚を認める; 〔医〕‹傷口を›閉じる ~**se** 動 再 団結する, 一体となる, 結ぶ, 合併する; (a: に)従う, 賛同する

u·ni-'sex [ウ.'ニセ(ク)ス] 形 〔単複同〕〔衣〕男女共用の, ユニセックスの

u·ni-se-'xual [ウ.ニ.セク.'スアル] 形 〔植〕〔生〕単性の

u·ni-'són 形 同音の, 同調の, 調和した

u·ni-so-'nan-cia [ウ.ニ.ソ.'ナン.すぃア] 名 女 調和, 和合; 同音, 同度; 単音, 単調さ, 一本調子

u·'ní-so·no, -na 形 同音の, 同調の, 調和した 名 男 〔楽〕斉唱, 斉奏 ***al ~*** 同時に, いっせいに, 一致して, 調和して

***u·ni-'ta-rio, -ria** [ウ.ニ.'タ.りオ, りア] 93% 形 〔政〕中央集権制(支持)の, 統一された; 統一の, 単一の 名 男 女 〔宗〕唯一教徒の, ユニテリアン派の; 〔政〕中央集権制支持者; 〔宗〕ユニテリアン派の人

u·ni-ta-'ris-mo [ウ.ニ.タ.'りス.モ] 名 男 中央集権主義; 〔宗〕ユニテリアン派の教義

Univ. 略 ↓universidad

‡u·ni-ver-'sal [ウ.ニ.べる.'サル] 86% 形 普遍的な, 一般的な, 全体の; 宇宙の, 全自然界の, 万物の, 万有の; 世界の 名 男 〔複〕〔哲〕普遍性, 通有性; 一般概念 ~**-mente** 副 全世界に, 一般に; 例外なく, いたる所に, 普遍的に

u·ni-ver-sa-li-'dad [ウ.ニ.べる.サ.リ.'ダド] 名 女 普遍性, 一般性, 広範性

U

u+ni-ver-sa-'lis-mo [ウ.ニ.べる.サ.'リス.モ] [名] [男] 〔宗〕普遍救済説

u+ni-ver-sa-'lis-ta [ウ.ニ.べる.サ.'リス.タ] [形] [名] [共] 〔宗〕普遍救済説の(信者)

u+ni-ver-sa-li-'zar [ウ.ニ.べる.サ.リ.'さる] [動] [他] ㉞ (z|c) 一般化する, 普遍化する

u+ni-ver-si-'dad [ウ.ニ.べる.スィ.'ダド] 76% [名] [女] 大学, 総合大学

u+ni-ver-si-'ta-rio, -ria [ウ.ニ.べる.スィ.'タ.りオ, りア] 87% [形] 大学の [名] [男] [女] 大学生; 大学教員

*__u+ni-'ver-so__ [ウ.ニ.'べる.ソ] 91% [名] [男] 宇宙; 世界; 分野, 領域; 〔数〕〔統計〕母集団　**～, -sa** [形] 世界の, 宇宙の

u+'ní-vo-co, -ca [ウ.'ニ.ボ.コ, カ] [形] 一義の [名] [男] 一義性

'u+no, -na 45% [代] 《不定》 **1** ある人, あるもの《不定の人や物》: He conocido hoy a **una** que se parece muchísimo a ti. 今日私は君にそっくりな女性と知り合いになった。 **2** 一人, 一つ: Tomás es **uno** de mis mejores amigos. トマスは私の親友の一人だ。 **3** 人, 人というもの, 人は誰でも《一般的に言う》: Cuando **uno** está alegre, busca compañía. 人は陽気なときは仲間を探すものだ。 **4** 私, 自分《自分》: ¡No le dejan a **uno** ni respirar en esta empresa! この会社では休む暇もない! **5** もの《名詞の代わりに用いられる》: Este coche ya no sirve. Ya puedes ir pensando en comprarte **uno** nuevo. この車はもう役に立たない。新しいのを買うことを考えてもいいよ。 **6** 同じもの: La luz, aunque se presente con muchas formas, es **una**. 光はいろいろな形になって現れるが一つのものである。 **7** 〔otro と対応して〕 ある人[もの, こと], 一方(のもの): **Una** hacía la comida y otra lavaba la ropa. 一人は食事を作り, もう一人は洗濯をしていた。 **8** 〔la una〕 **1** 時: Llegaré a eso de la **una**. 私は1時ごろ着くでしょう。 [数] **1**(の): ¿Cuántas personas hay en la sala? — Solo una. 部屋には何人の人がいますか?——人だけです。; 〔el U～〕〔宗〕神　***a* [*de*] *una*** 一度に, 同時に　***cada* ～[*na*]** それぞれの人, それぞれの物　***de* ～[*na*] *en* ～[*na*]** 一つずつ, 順々に　***hacer una*** 《話》 いやがらせをする, ひどい目にあわせる　***ni una cosa ni otra* / *ni* ～[*una*] *ni otro* [*otra*]** 《否定》 どちらも…でない　***una de dos*** いずれか一方, どちらか　**～[*na*] *mismo*[*ma*]** 自分自身　**～[*na*] *por* ～[*na*]** 一つずつ, 順々に　**～[*na*] *que otro*[*tra*]** 一人か二人の, 一つか二つの, 何人かの, いくつかの　**～[*na*] *de tantos* [*tas*]** 並みの人[物], 大したものでないもの

'u+nos, +nas 66% [形] 《不定》《複》 **1** いくつかの, 何人かの: Papá, hay **unos** señores que te esperan en la sala. お父さん, 広間で何人かの人がお父さんを待っていますよ。 **2** 〔数詞の前で〕 およそ…, 約…: Había **unas** veinte personas. およそ20人の人がいた。 [代] 《不定》《複》 ある人々, あるもの, いくつかのもの: ¿Qué pasó con los libros que estaban sobre la mesa? — Yo tomé **unos** y Andrés tomó los otros. 机の上の本はどうしました?—私が数冊取り, アンドレスが他のを持って行きました。

un-ta-'du-ra [名] [女] ⇩ untura

*__un-'tar__ [ウン.'タる] 94% [動] [他] 〈に〉(de, con: バター・油・軟膏などを)塗る; 《話》〈に〉鼻薬をかがせる, 〈に〉賄賂(わいろ)を贈る, 買収する; (en: 油状のものに)漬ける, 浸す; (油などで)汚す　**～se** [動] [再] (自分に油などを)塗る; (油などで)〈体を〉汚す; 自分のものとする, 着服する　**～ *la mano*** 《話》 鼻薬をかがせる, 賄賂(わいろ)を使う

'un+to [名] [男] 〔医〕軟膏(なんこう); 油, 脂, グリース; 〔食〕脂身, 脂肉; 賄賂(わいろ)

un-'to-so, -sa [形] ⇩ untuoso

un-'tuo-so, -sa [形] 油性の, 油の多い, 油っこい, べたべたした, ぬるぬるした

un-'tu-ra [ウン.'トゥ.ら] [名] [女] 油を塗ること; 〔医〕軟膏(なんこう); 軟膏を塗ること

*__'u+ña__ ['ウ.ニャ] 92% [名] [女] 〔体〕爪(つめ); 〔畜〕(馬などの)ひづめ; (サソリの)はさみ, 毒牙; 〔植〕(植物の)とげ; (枝の)切り株; (道具の)鉤(かぎ), ひっかけ部; 刻み目, 切り目; 〔海〕錨爪(いかりづめ)　***a* ～ *de caballo*** 一目散に, 全速力で　***afilar*(*se*) *las* ～*s*** 知恵をしぼる　***de* ～*s*** 《話》 (かんかんに)怒って; 敵意があって, ひどく仲が悪く　***dejarse las* ～*s*** (en: に)苦心する; 腕によりをかける　***enseñar* [*mostrar*] *las* ～*s*** 《話》 正体を見せる; 脅かす　***hacerse* [*pintarse*] *las* ～*s*** マニキュアを塗る　***largo*[*ga*] *de* ～*s*** スリの, 盗癖のある, 手癖の悪い　***ser* ～ *y carne*** 《話》 親しい間柄である, 引き離せない　***tener las* ～*s afiladas*** 手癖が悪い; 怒りっぽい

u+'ña-da [ウ.'ニャ.ダ] [名] [女] (爪(つめ)による)かき跡, かき傷; 爪で弾くこと

u+'ñe-ro [ウ.'ニェ.ろ] [名] [男] 爪(つめ)かけ《本のページの端の半月形に切り取った部分》; 〔医〕ひょうそ

u+'ñe-ta [ウ.'ニェ.タ] [名] [女] 小さい爪(つめ); (石工の)のみ, たがね; 〔楽〕(弦楽器の)爪

u+'ñi-ta [ウ.'ニィ.タ] [名] [女] 《ベネズエラ》〔遊〕ビー玉(遊び)

'u+pa [感] 《話》 よいしょ《重いものを持ち上げるときに言う》; 《児》 だっこ《幼児がだっこをねだるときに言う》; 《話》 がんばれ! 《特に子供が重いものを持ち上げるとき》

u+'par [ウ.'パる] [動] [他] ⇧ aupar

u+pe-ri-za-'ción [ウ.ぺ.り.さ.'すぃオン] 名 女 《スペイン》〖飲〗(牛乳の)超高温殺菌
u+pe-ri-'zar [ウ.ぺ.り.'さる] 動 他 ㉞ (z|c) 《スペイン》〖飲〗〈牛乳を〉超高温殺菌する
u+ra-lo-al-'tai-co, -ca ⇔ -l|al- [ウ.ら.ロ.アル.'タイ.コ, カ⇔.ラル] 形〖言〗ウラル・アルタイ語族の 名 男〖言〗ウラル・アルタイ語族
U+'ra-les [ウ.'ら.レス] 名 固〔montes ～〕〖地名〗ウラル山脈《ロシア連邦中部の山脈; 欧州とアジアの境界をなす》
u+ra-'li-ta [ウ.ら.'リ.タ] 名 女〖建〗繊維セメント
u+'rá-ni-co, -ca [ウ.'ら.ニ.コ, カ] 形〖化〗ウランの
u+'ra-nio, -nia [ウ.'ら.ニオ, ニア] 形《格》〖天〗天の, 天体の 名 男〖化〗ウラン
U+'ra+no [ウ.'ら.ノ] 名 固〖ギ神〗ウラノス《全世界を支配する神》;〖天〗天王星
urb. 略 ↓urbanización
ur-ba-ni-'dad [ウる.バ.ニ.'ダド] 名 女 礼儀, 丁寧さ, 上品; 都会風, あか抜け, 洗練
ur-ba-'nis-mo [ウる.バ.'ニス.モ] 名 男 都市計画
ur-ba-'nis-ta [ウる.バ.'ニス.タ] 形 名 共 都市計画の[に関する]; 都市計画専門家
ur-ba-'nís-ti-co, -ca [ウる.バ.'ニス.ティ.コ, カ] 形 都市の; 都市計画の
ur-ba-ni-za-'ción [ウる.バ.ニ.さ.'すぃオン] 名 女 都市開発(計画); 造成地, 分譲地, 新興住宅地; 団地; 都市化; 教育, しつけ, 養育
ur-ba-ni-'zar [ウる.バ.ニ.'さる] 動 他 ㉞ (z|c) 都市化する, 〈土地を〉開発する, 〈宅地を〉造成する; 〈に〉礼儀を教える, しつける ～se 動 再 上品になる
***ur-'ba+no, -na** [ウる.'バ.ノ, ナ] 83% 形 都市の, 都会の; 《格》上品な, 都会風の 名 男 交通巡査
Ur-'ba+no [ウる.'バ.ノ] 名 固〖男性名〗ウルバーノ
'ur+be ['ウる.べ] 名 女《格》大都市
urbi et orbi ['ウる.ビ エト 'オる.ビ] 副〔ラテン語〕ローマ市と全世界に; 四方に
ur-'chi-lla [ウる.'チ.ジャ] 名 女〖植〗リトマスゴケ;〖化〗オルキル《リトマスゴケから得る青・赤・紫色の染料》
ur-di-'dor, -'do-ra [ウる.ディ.'ドる, 'ド.ら] 形〖技〗縦糸を機(はた)にかける; 計画する, たくらむ 名 男 女 縦糸を仕掛ける人; 計画者, 陰謀家 名 男〖機〗縦糸巻き機械
ur-'dim-bre [ウる.'ディン.ブれ] 名 女〖技〗織物の縦糸; 織物の糸
ur-'dir [ウる.'ディる] 動 他 図る, たくらむ, 計画する;〖技〗〈縦糸を〉機(はた)に掛ける
'ur+du ['ウる.ドゥ] 形〖言〗ウルドゥー語の 名 男〖言〗ウルドゥー語《パキスタンやインドを中心にイスラム教徒たちの間で用いられている言語》
u+'re+a [ウ.'れ.ア] 名 女〖化〗尿素
u+'re-mia [ウ.'れ.ミア] 名 女〖医〗尿毒症
u+'ré-mi-co, -ca [ウ.'れ.ミ.コ, カ] 形〖医〗尿毒症の
u+'ren-te [ウ.'れン.テ] 形《格》熱い, 焼ける, 焦げる
u+'ré-ter [ウ.'れ.テる] 名 男〖体〗(輸)尿管
u+'re-tra [ウ.'れ.トら] 名 女〖体〗尿道
u+re-'tri-tis [ウ.れ.'トり.ティス] 名 女〔単複同〕〖医〗尿道炎
***ur-'gen-cia** [ウる.'ヘン.すぃア] 91% 名 女 切迫, 緊急, 差し迫ったこと, 応急
***ur-'gen-te** [ウる.'ヘン.テ] 92% 形 差し迫った, 切迫した, 緊急の; 速達の
***ur-'gen-te-'men-te** [ウる.'ヘン.テ.'メン.テ] 94% 副 差し迫って, 急いで, 緊急に
***ur-'gir** [ウる.'ひる] 94% 動 自 ㉜ (g|j) (a: に)差し迫っている, (a: が)至急必要としている; (que 接続法: …が)至急必要である 動 他 (a: に)しきりに促す, 迫る, せき立てる, 強く主張する, 要求する; (法的に)義務づける
'ú+ri-co, -ca ['ウ.り.コ, カ] 形〖医〗尿の;〖化〗尿酸の
u+ri-'na-rio, -ria [ウ.り.'ナ.りオ, りア] 形〖医〗尿の 名 男 小便所, 公衆トイレ
'ur-j~ 動《直現 1 単, 接現》↑urgir
'ur+na ['ウる.ナ] 名 女 投票箱; 骨つぼ; つぼ, かめ; ガラスケース
u+ro-li-'tia-sis [ウ.ろ.り.'ティア.スィス] 名 女〔単複同〕〖医〗尿路結石症
u+ro-lo-'gí+a [ウ.ろ.ロ.'ひ.ア] 名 女〖医〗泌尿器(科)学
u+ro-'ló-gi-co, -ca [ウ.ろ.'ロ.ひ.コ, カ] 形〖医〗泌尿器(科)学の[に関する]
u+'ró-lo-go, -ga [ウ.'ろ.ロ.ゴ, ガ] 名 男 女〖医〗泌尿器科学者[専門医]
u+ros-'co-pia [ウ.ろス.'コ.ピア] 名 女〖医〗尿検査[分析]
u+'rra-ca [ウ.'ら̃.カ] 名 女〖鳥〗カササギ; がらくたを集める人
URSS ['ウる(ス)] 略 =Unión de Repúblicas Socialistas Soviéticas〖歴〗(旧)ソビエト社会主義共和国連邦 ↑Unión Soviética
'Úr-su-la ['ウる.ス.ラ] 名 固〖女性名〗ウルスラ
ur-su-'li-na [ウる.ス.'リ.ナ] 名 女〖宗〗ウルスラ会修道女; 極端に控えめな女性
ur-ti-'can-te [ウる.ティ.'カン.テ] 形 チクチク痛む
ur-ti-'ca-ria [ウる.ティ.'カ.りア] 名 女〖医〗蕁麻疹(じんましん)

U

U·ru-'bam-ba [ウ.る.'バン.バ] 名 固〔el ～〕〘地名〙ウルバンバ川《ペルー中南部を流れる川》

u·ru-'bú [ウ.る.'ブ] 名 男〔複 -búes⇔-bús〕《ラプラタ》〘鳥〙クロコンドル

‡U·ru-'guay [ウ.る.'グアイ] 86% 名 固〔(el) ～〕〔República Oriental del ～〕〘地名〙ウルグアイ《南アメリカ南東部の共和国; 正式名はウルグアイ東方共和国》; 〔el ～〕〘地名〙ウルグアイ川《アルゼンチンとブラジル・ウルグアイの国境を流れる川》

‡u·ru-'gua-yo, -ya [ウ.る.'グア.ジョ, ジャ] 86% 形〘地名〙ウルグアイ(人)の 名 男 女 ウルグアイ人 ⬆Uruguay

***u·'sa-do, -da** 94% 形 使われている; 中古の; 使い古した, すり切れた

u·'sa-gre [ウ.'サ.グれ] 名 男〘医〙(子供の)湿疹(しっしん); 〘動〙(犬・牛などの)疥癬(かいせん)

u·'san-za [ウ.'サン.さ] 名 女 様式, 型, スタイル; 習慣, 慣習, 風習; しきたり *a la ～ de* ... …のように

‡u·'sar [ウ.'サる] 77% 動 他 用いる, 使う, 使用する; (習慣として)用いる; 〈服などを〉着る, 身につける 動 自 (de: を)手段として用いる, 利用する, (de: に)頼る; (de: 権利などを)行使する **～se** 動 再 使われる *es-tar sin ～* 未使用である, 使っていない

Us·'hua·ia ['ウス.'ウア.イア] 名 固〘地名〙ウスアイア《アルゼンチン Argentina 南部; 世界最南の町》

u·'sí·a 代《人称》《古》閣下, 貴殿《敬語》

u·'si-na 名 女《南米》発電所

‡'u·so 78% 名 男 使用, 利用, 使用法; 用途, 使用目的; 慣習, 習慣, 慣行; (人の)習慣, 慣れ *al ～ de* ... …流に, …にならって *hacer ～* (de: を)使う *ser de ～* 使われている *～ de razón* 物心(ものごころ)

‡us-'ted 67% 代《人称》〔主語・3 単〕《目上の人やあまり親しくない人に用いる》 **1**〔主語〕あなたは: ¿Cómo está **usted**, don Elías? — Bien, gracias. ¿Y **usted**? — Voy tirando. エリアスさんお元気ですか。—ええ, ありがとう。あなたは?—まあまあです。 **2**〔主語の補語〕…はあなたです: ¿Es **usted** quien pintó este cuadro? この絵を描かれたのはあなたですか。 **3**〔前置詞の後〕あなた: Quiero devolverle a **usted** el libro que me prestó. — ¡Ah, sí! Gracias por traérmelo personalmente. — ¡A **usted**, don Elías! あなたが私に貸してくださった本をお返ししたいと思います。—ああ, そうですか。わざわざ持って来ていただいてありがとうございます。—こちらこそどうもありがとうございました, エリアスさん。 **4**〔呼びかけて〕¡Oiga, **usted**! ¿Dónde se vende la entrada? あのう, すみませんが入場券はどこで売っているんですか。 *tratar de ～* **usted** を使って話す, 他人行儀になる

‡us-'te-des 80% 代《人称》〔主語・3 複〕《目上の人やあまり親しくない人に用いる》 **1**〔主語〕あなたがたは: ¿Qué plan tienen **ustedes** para mañana? あなたがたは明日どんなご予定ですか。 **2**〔主語の補語〕…はあなたがたです《主語の補語となる》: Son **ustedes** los que tienen que decidir. 決めていただかなくてはいけないのはあなたがたです。 **3**〔前置詞の後〕あなたがた: Estas cartas son para **ustedes**. この手紙はあなたがたに来たものです。 **4**《ラ米》君たち, おまえたち, あなたがた: **Ustedes** los niños se quedarán en casa de la abuela. おまえたち子供はおばあさんの家にいなさい。《目上の人にも親しい人にも用いられる》

***u·'sual** [ウ.'スアル] 94% 形 常の, 普通の, いつもの **～mente** 副 普通は, いつもは

‡u·'sua-rio, -ria [ウ.'スア.りオ, りア] 86% 名 男 女 利用者; 〘法〙用益権者 形 利用の, 利用する

u·su-'fruc-to [ウ.ス.'フるク.ト] 名 男〘法〙用益権, 使用権; 収益, 利益

u·su-fruc-'tuar [ウ.ス.フるク.'トゥアる] 動 他 ⑰ (u|ú) 〈の〉用益権を行使する **～se** 動 再 利益を生む

u·su-fruc-'tua-rio, -ria [ウ.ス.フるク.'トゥア.りオ, りア] 形〘法〙用益権の 名 男 女 用益権所有者; 所有する; 〔一般〕所有者

U·su-lu-'tán [ウ.ス.ル.'タン] 名 固〘地名〙ウスルタン《エルサルバドル南東部の県》

U·su-ma-'cin-ta [ウ.ス.マ.'すぃン.タ] 名 固〔el ～〕〘地名〙ウスマシンタ川《グアテマラからメキシコ南部を経てメキシコ湾に注ぐ》

u·'su-ra [ウ.'ス.ら] 名 女〘商〙利子, 利息; 〘商〙金を貸すこと, 貸し金業, 高利貸し; 〘商〙高利, 暴利; もうけ, かせぎ高, 収益

u·su-'ra-rio, -ria [ウ.ス.'ら.りオ, りア] 形〘商〙高利の

u·su-'re-ro, -ra [ウ.ス.'れ.ろ, ら] 名 男 女〘商〙高利貸し; 法外な収益を得る人

u·sur-pa-'ción [ウ.スる.パ.'すぃオン] 名 女〘法〙横領, 不法使用; 横領されたもの《特に土地》; 〘法〙権利侵害

u·sur-'par [ウ.スる.'パる] 動 他 〈王座・権力・権利などを〉奪う; 〘法〙横領[強奪]する; 〘法〙〈権利を〉侵害する

u·ten-'si-lio [ウ.テン.'スィ.りオ] 名 男 用具, 道具, 家庭用品

u·te-'ri·no, -na [ウ.テ.'り.ノ, ナ] 形〘体〙子宮の

'ú·te-ro ['ウ.テ.ろ] 名 男〘体〙子宮

‡'ú·til ['ウ.ティル] 88% 形 役に立つ, 有益な, 有用な, 便利な; 平日の, «日が»仕事をする 名 男〔複〕(de: の)道具

u+ti-le-'rí+a [ウ.ティ.レ.'リ.ア] 名 女〔集合〕用具, 道具

u+ti-'le-ro, -ra [ウ.ティ.'レ.ろ, ら] 名 男 女 用具係

u+ti-li-'cé, -ce(~) 動《直点1単, 接現》↓utilizar

*'**u+ti-li-'dad** [ウ.ティ.リ.'ダド] 91% 名 女 | 役に立つこと, 有用, 有益;〔商〕利益, もうけ

u+ti-li-'ta-rio, -ria [ウ.ティ.リ.'タ.りオ, りア] 形 功利的な, 実利(主義)の, 実用本位の 名 男〔車〕小型普通車

u+ti-li-ta-'ris-mo [ウ.ティ.リ.タ.'リス.モ] 名 男〔哲〕〔政〕〔経〕功利主義

u+ti-li-ta-'ris-ta [ウ.ティ.リ.タ.'リス.タ] 形〔哲〕〔政〕〔経〕功利主義の 名 共〔哲〕〔政〕〔経〕功利主義者

u+ti-li-'za-ble [ウ.ティ.リ.'さ.ブレ] 形 利用[活用]しうる, 有効な

u+ti-li-za-'ción [ウ.ティ.リ.さ.'すぃオン] 名 女 利用, 活用

u+ti-li-'zar [ウ.ティ.リ.'さる] 73% 動 他 ㉞ (z|c) 使う, 利用する **~se** 動 再 (con, de, en: を)利用する

u+ti-'lla-je [ウ.ティ.'ジャ.へ] 名 男〔集合〕(仕事用の)道具, 工具

u+to-'pí+a 名 女 理想郷, ユートピア;〔政〕空想的な改良計画, 空想的政治[社会]体制

u+'tó-pi-co, -ca 形 ユートピアの, 理想郷の, 実現不可能な, 非現実的な

u+to-'pis-mo 名 男 理想郷を思い描くこと;〔政〕空想的な改良計画, 空想的政治[社会]体制

u+to-'pis-ta 形 理想郷の, ユートピア的な, 夢想的な 名 共 理想家, 夢想家;〔政〕空想的社会改良家

U+'trecht [ウ.'トれひ(ト)] 名 固〔地名〕ユトレヒト《オランダ中部の都市》

*'**u+va** ['ウ.バ] 91% 名 女〔植〕ブドウ, ブドウの実 ***de ~s a peras***《話》たまにしか…しない ***estar de mala ~***《話》機嫌が悪い ***tener mala ~***《話》悪意を持っている; 怒りっぽい

u+'va-da [ウ.'バ.ダ] 名 女〔農〕ブドウの豊作

u+'val [ウ.'バル] 形〔植〕ブドウの, ブドウのような

u+'va-te [ウ.'バ.テ] 名 男〔食〕ブドウジャム

*'**u+ve** ['ウ.ベ] 89% 名 女〔言〕ウベ《文字 V, v の名称》; V 字形 **~ *doble***〔言〕ウベドブレ《文字 W, w の名称》

u+ve+'í-tis [ウ.ベ.'イ.ティス] 名 女〔単複同〕〔医〕ブドウ膜炎

u+'ve-ro, -ra [ウ.'べ.ろ, ら] 形 ブドウの 名 男 女〔商〕ブドウを売る人

UVI ['ウ.ビ] 略 =Unidad de Vigilancia Intensiva〔医〕集中治療室, ICU

'**ú+vu-la** ['ウ.ブ.ラ] 名 女〔体〕口蓋垂(こうがいすい)(のどひこ)

u+vu-'lar [ウ.ブ.'ラる] 形〔体〕口蓋垂(こうがいすい)の 名 女〔音〕口蓋垂音

Ux-'mal [ウシュ/ス.'マル] 名 固〔地名〕ウシュマル, ウスマル《メキシコ南東部の古代都市遺跡》

u+xo-ri-'ci-da [ウク.ソ.り.'すぃ.ダ] 形《格》〔法〕妻殺しの 名 男《格》〔法〕〔人〕妻殺し

u+xo-ri-'ci-dio [ウク.ソ.り.'すぃ.ディオ] 名 男《格》〔法〕妻殺し

'**uy** 感《話》ああ, まあ《驚き・痛み・嫌悪などを示す; 女性がよく使う》

Uz-be-kis-'tán [ウず.ベ.キス.'タン] 名 固〔República de ~〕〔地名〕ウズベキスタン《中央アジア南部の共和国》

uz-'be-ko, -ka [ウず.'ベ.コ, カ] 形〔地名〕ウズベキスタン(人)の 名 男 女 ウズベキスタン人 ↑Uzbekistán

V v

V, v ['ウ.ベ] 名 女〔言〕ウベ《スペイン語の文字》

v. 略 =véase, véanse …を参照せよ; ↓ver; verso; vide; voltio; vuelto

v/ 略 ↓visto

V. 略 ↑usted; ↓venerable

'**va** 動《直現3単》↑ir

V. A. 略 =vuestra alteza《尊称》殿下

*'**va+ca** ['バ.カ] 85% 名 女〔動〕雌ウシ |[牛];〔食〕牛肉; 賭け金; 牛皮, 牛革;《ベネズエラ》《チリ》寄付金;《アンデス》〔植〕ココナッツの実 ***como una ~***《話》〔軽蔑〕牛のように太って ***montado[da] en la ~***《コロンビア》《話》困難に直面した **~*s flacas***《話》不景気 **~*s gordas***《話》好景気

'**Va+ca** ['バ.カ] 名 固〔姓〕バカ

*'**va-ca-'ción** [バ.カ.'すぃオン] 80% 名 女 |〔複〕(長い)休暇

va-ca-cio-'nal [バ.カ.すぃオ.'ナル] 形 (長い)休暇の

va-'ca-da [バ.'カ.ダ] 名 女 〔動〕牛の群れ

va-'can-cia [バ.'カン.すぃア] 名 女 欠員, 空位, 空席

va-'ca+no, -na [バ.'カ.ノ, ナ] 形 名 男 女 《カリブ》《話》個性的な(人), すばらしい(人)

***va-'can-te** [バ.'カン.テ] 92% 形 空(から)の, 空いている; 空席の, 欠員の 名 女 欠員, 空き

va-'car [バ.'カる] 動 自 69 (c|qu) 休職する, 休学する; 《職・地位が》欠員ができる; 《部屋・場所が》空く; (a, en: に)従事する, 専念する

va-'cia-do, -da [バ.'すぃア.ド, ダ] 形 《メキシコ》《話》おもしろい, すばらしい 名 男 〔技〕鋳造, 鋳造物; 〔技〕型に流すこと; 〔建〕穴掘り, 掘ること; 〔建〕柱脚に施す装飾用の穴

va-cia-'dor, -'do-ra [バ.すぃア.'ドる, 'ド.ら] 名 男 女 鋳物職人

***va-'ciar** [バ.'すぃアる] 93% 動 他 29 (i|í) 〈容器などを〉空にする; (en: に)注ぐ, 移す; 鋳造する; くり抜く, 〈の〉中身を出す; 〈刀を〉研ぐ; 〈場所を〉立ち退く, 明け渡す; 明細に説く, 解説する; 写す, 転写する 動 自 〔地〕《川が》注ぐ, 注ぎ込む **~se** 動 再 《話》(思っていることを)すべて言う, 打ち明ける, ぶちまける

va-cie-'dad [バ.すぃエ.'ダド] 名 女 無意味な言葉, ばかげたこと

va-ci-la-'ción [バ.すぃ.ラ.'すぃオン] 名 女 ためらい, 不決断, 迷い, 躊躇(ちゅうちょ); 不安定, 動揺, 揺れ

va-ci-'la-da [バ.すぃ.'ラ.ダ] 名 女 《コロンビア》《話》悪い冗談

va-ci-'lan-te [バ.すぃ.'ラン.テ] 形 迷う, ためらう, 躊躇(ちゅうちょ)した; 震える, 不安定な; 口ごもる; またたく

***va-ci-'lar** [バ.すぃ.'ラる] 93% 動 自 揺らぐ, 揺れる, よろめく, ぐらぐらする, 不安定である; (en: を)ためらう, 躊躇(ちゅうちょ)する, (entre: の間で)迷う, 二の足を踏む; 《スペイン》(de: を)自慢する 動 他 《ベネズエラ》《話》からかう, ばかにする

va-ci-'lón, -'lo-na [バ.すぃ.'ロン, 'ロ.ナ] 形 (まじめな顔をして)ふざけた 名 男 《カリブ》《コロンビア》《話》悪ふざけ, 悪い冗談; 《カリブ》《話》酔い

****va-'cí+o, +a** [バ.'すぃ.オ, ア] 86% 形 空(から)の, 空っぽの; 人気(ひとけ)のない, 《場所が》空いている, すいている; 人の住んでいない; 中身[内容]のない, くだらない, 無知の, 空虚な; 仕事がない, ぶらぶらしている; 穴のあいた; むだの, 成果のない; 《家畜が》子を産まない 名 男 空き間, すき間, 空(くう), 虚空; 喪失感, 人がいなくなってさびしく思う気持ち; 空虚, はかなさ, 無知; (職場の)欠員, 空席; 〔物〕真空状態, 空(から); 〔体〕横腹, わき腹 ***cabeza vacía*** 《話》〔軽蔑〕からっぽの頭 ***caer en el ~*** 反応[手応え]がない ***de ~*** 《スペイン》空手で(帰る, 行く), 荷を積まないで; 成果なく, 無益に ***hacer el ~*** 仲間外れにする, 相手にしない, 冷たくする ***volver con las manos vacías*** 空手で帰る

va-cui-'dad [バ.クイ.'ダド] 名 女 空疎, 内容のなさ, むなしさ; 空虚, 真空

va-cu-na-'ción [バ.ク.ナ.'すぃオン] 名 女 〔医〕ワクチン注射, 予防接種; 〔特に〕種痘

va-cu-'nar [バ.ク.'ナる] 動 他 〔医〕〈に〉ワクチン注射[予防接種]をする

va-'cu+no, -na [バ.'ク.ノ, ナ] 形 〔動〕ウシ(科)の, 牛のような; 牛革の 名 男 〔動〕牛, ウシ科の動物 **-na** 名 女 〔医〕ワクチン, 牛痘

'va-cuo, -cua ['バ.クオ, クア] 形 《人が》中身のない, 頭が空っぽの, 軽薄な; 空の, 空虚な; 空席の, 欠員の 名 男 真空, 空虚

va-de+'ar [バ.デ.'アる] 動 他 〈の〉浅瀬を渡る, 〈川を〉歩いて渡る; 〈困難に〉打ち勝つ; 考えを探る, 意向を打診する

va-de-'mé-cum [バ.デ.'メ.クム] 名 男 〔複 -cums〕必携, 便覧, ハンドブック

'va+do ['バ.ド] 名 男 〔地〕浅瀬, 川の浅い所; 〔車〕車両出入り口

Va-'duz [バ.'ドゥす] 名 固 〔地名〕ファドゥーツ《リヒテンシュタイン Liechtenstein の首都》

'va+ga ['バ.ガ] 名 女 ほどけた糸

va-ga-bun-de+'ar [バ.ガ.ブン.デ.'アる] 動 自 歩き回る, ぶらつく, 放浪する, さまよう

va-ga-bun-'de+o [バ.ガ.ブン.'デ.オ] 名 男 歩き回ること, 放浪

***va-ga-'bun-do, -da** [バ.ガ.'ブン.ド, ダ] 94% 名 男 女 放浪者, 流浪者, さすらい人 形 放浪[流浪]する, 転々とする, さまよう; 放浪者のような

'va-ga-'men-te 副 ↓vago

va-'gan-cia [バ.'ガン.すぃア] 名 女 放浪, 流浪; 〔皮肉〕怠惰, 無精

va-'gan-te [バ.'ガン.テ] 形 さまよう, 放浪する; ぐらぐらする, 緩い

***va-'gar** [バ.'ガる] 94% 動 自 41 (g|gu) さまよう, 放浪する, うろつき回る, あちこち歩き回る; のらくらしている, 怠けている; ぐらぐらする, 緩む 名 男 暇, 空いた時間, 余暇; 緩慢, 遅鈍, 悠長

va-'gi-do [バ.'ひ.ド] 名 男 (新生児の)産声(うぶごえ)

va-'gi-na [バ.'ひ.ナ] 名 女 〔体〕膣(ちつ)

va-gi-'nal [バ.ひ.'ナル] 形 〔体〕膣(ちつ)の

va-gi-'ni-tis [バ.ひ.'ニ.ティス] 名 女 〔単複同〕〔医〕膣(ちつ)炎

va-gi-'no-sis [バ.ひ.'ノ.スィス] 名 女 〔単複同〕〔医〕膣疾患

V

*'**va+go, +ga** ['バ.ゴ, ガ] 92% 形 ぼんやりとした, 漠然とした, 不明瞭な; **不明確な**, はっきりしない; **放浪する**, 転々とする, さまよう; **怠惰な**, なまけ者の 名 男 女 **浮浪者**; なまけ者 ***en*** ~ 無益に, むなしく ***hacer el [la]*** ~***[ga]*** 怠ける **-gamente** 副 ぼんやりと, 漠然と, あいまいに

*va-'**gón** [バ.'ゴン] 93% 名 男 〘鉄〙 **車両**, 客車; 〘鉄〙 **貨車**

va-go-'ne-ta [バ.ゴ.'ネ.タ] 名 女 〘鉄〙 小型の無蓋(むがい)貨車, トロッコ

va-'gua-da [バ.'グア.ダ] 名 女 〘地〙 谷線, 凹線

va-'gué, -gue(~) 動 《直点 1 単, 接現》 ⬆vagar

va-gue+'ar [バ.ゲ.'アる] 動 自 のらくらする, 怠ける

va-gue-'dad [バ.ゲ.'ダド] 名 女 不明瞭, はっきりしないこと, あいまいさ ***andarse con*** ~***es*** あいまいな態度をとる

va-gue-'rí+a [バ.ゲ.'り.ア] 名 女 《話》 怠慢, 怠惰, 横暴, 無精

va+ha-'ra-da [バ.ア.'ら.ダ] 名 女 **呼気**, 呼吸, 一吹き; **蒸気[におい]が漂うこと**

va+'hí-do [バ.'イ.ド] 名 男 めまい(の発作)

'**va+ho** ['バ.オ] 名 男 **蒸気**, **湯気**, **水蒸気**; 息, 呼気

'**vai-na** ['バイ.ナ] 名 女 (剣・小刀の)さや; 〘植〙 から, さや, 皮; 《ラ米》 **不(愉)快**, わずらわしさ, めんどう; 《カリ》 《南米》 《話》 **あれ** 《名前がわからない物》 名 共 《話》 **くだらない人間**, 取るに足りない人

vai-'na-zas [バイ.'ナ.さス] 名 男 〔単複同〕 《話》 **薄汚い人**; ものぐさ, なまけ者

vai-'ni-ca [バイ.'ニ.カ] 名 女 〘衣〙 ヘムステッチ, 縁かがり飾り

vai-'ni-lla [バイ.'ニ.ジャ] 名 女 〘植〙 バニラ; 〘食〙 バニラエッセンス 《香味料》; 〘衣〙 ヘムステッチ

'**vais** 動 《直現 2 複》 ⬆ir

*vai-'**vén** [バイ.'ベン] 94% 名 男 **往き来**, 前後の運動[揺れ]; **変動**, **盛衰**, 浮沈

va-'ji-lla [バ.'ひ.ジャ] 名 女 〔集合〕 **食器類**

val-de-'pe-ñas [バル.デ.'ペ.ニャス] 名 男 〔単複同〕 〘飲〙 バルデペーニャス産のワイン **V**~ 名 固 〘地名〙 バルデペーニャス 《スペイン南部の町》

Val-'dez [バル.'デす] 名 固 〘姓〙 バルデース

Val-'di-via [バル.'ディ.ビア] 名 固 〘地名〙 バルディビア 《チリ中南部の都市》

val-di-'via+no [バル.ディ.'ビア.ノ] 名 男 《チリ》 〘食〙 バルディビアノ 《ニンニク・干し肉・タマネギ・ジャガイモで作るスープ》

val-dr~ 動 《直未/過未》 ⬇valer

'**va+le** ['バ.レ] 名 男 **証書**, 引換券, クーポン券; **受領書**; **無料入場券**, 招待券

va-le-'de-ro, -ra [バ.レ.'デ.ろ, ら] 形 有効な, 効力のある

va-le-'dor, -'do-ra [バ.レ.'ドる, 'ド.ら] 名 男 女 **保護者**, **後援者**, 擁護者

va-'len-cia [バ.'レン.すぃア] 名 女 〘化〙 原子価 **V**~ 名 固 〘地名〙 バレンシア 《スペイン東部の県, 県都; ベネズエラ北部の都市》

*va-len-'**cia+no, -na** [バ.レン.'すぃア.ノ, ナ] 92% 形 名 男 女 〘地名〙 **バレンシアの(人)** ⬆Valencia 〘言〙 **バレンシア方言の** 《カタルーニャ語 catalán の方言》 名 男 〘言〙 **バレンシア方言** **-na** 名 女 〘衣〙 (ズボンの)折り返し ***Comunidad Valenciana*** バレンシア州 《スペインの自治州: Alicante, Castellón, Valencia》

va-len-'tí+a [バ.レン.'ティ.ア] 名 女 **勇気**, 度胸, 勇敢; **勇気ある行動**; ほら, 自慢, 強がり; **大胆さ**, **勢い**, 力強さ, 気力

Va-len-'tín [バ.レン.'ティン] 名 固 〘男性名〙 バレンティン

Va-len-'ti-na [バ.レン.'ティ.ナ] 名 固 〘女性名〙 バレンティーナ

va-len-'tón, -'to-na [バ.レン.'トン, 'ト.ナ] 形 **自慢する**, ほらを吹く, 強がりの 名 男 女 ほら吹き, 自慢屋, 強がり

va-len-to-'na-da [バ.レン.ト.'ナ.ダ] 名 女 **自慢話**, からいばり

va-'ler [バ.'レる] 70% 動 自 ⑺ (valer) **1** 価値がある, 評価できる: Pedro **vale** mucho más que su hermano. ペドロは兄よりもずっと評価できる。 **2 有効である**, 通用する: El billete no **vale** sin la fecha de hoy. 切符は今日の日付がないと有効ではありません。 **3** 〔más ~〕 (不定詞/que 接続法: …)したほうがよい: Tengo que llevar tanto equipaje que **valdrá** más tomar un taxi. 私はこんなに荷物があるのでタクシーに乗ったほうがよいでしょう。 **4** (para: に)適している: Estas botas no **valen** para subir a la montaña. このブーツは山登りには適していません。 **5 助けになる**, (de: の)役に立つ: ¿De qué te **vale** tener tanto dinero si no lo disfrutas? 金を楽しみに使わないのならそんなに持っていても何の役に立つの? **6** (por: に)**値する**, 価値がある: Su sonrisa **valió** por mil palabras. 彼女のほほえみは千の言葉に値した。 **7** 〔否定文で〕 …**してはいけない**: En el fútbol no **vale** tocar el balón con la mano. サッカーでは手でボールに触れてはいけない。 動 他 **1** 〈という〉**額[数]になる**: ¿Cuánto es este pendiente? — **Vale** solo ocho dólares. No es caro. このネックレスはおいくらですか?—たった 8 ドルです。高くはありませんよ。 **2 価値がある**: Pagué por este plato antiguo de cerámica 120 euros, pero **vale** mucho más. 私はこの古い陶器の皿に120ユーロを払ったけれどもっと価値があると思う。 **3** 守る, 助ける: Dios nos **valga** en esta embarcación tan frágil. どうかこんなもろい船に乗っている私たちを神様がお守りくださいますように。 **4** (結果として)もたらす, きたす, 引き起こす: Su indiscreción le **valió** la pérdida del empleo. 彼は軽率な行動で職を失った。 **5** 〔数〕 等しい **~-se** 動 再 **1** (de: を)使う, 利用する: **Me valdré** de este palo para apoyarme al caminar. 私はこの棒を歩くときの杖に使おう。 **2** 自分のことは自分でできる: Mi abuelo **se vale** bien. 私の祖父は自分のことは自分でよくできます。 ***hacer ~*** 使う, 行使する ***más valiera*** …(不定詞/*que* 接続法) …する方がましだ, …する方がよいだろう ***poder ~se*** 自分の力でやる ***Vale.*** 《スペイン》《話》よし, わかった, オーケー; 《古》さらば《別れの挨拶(あいさつ)》 ***¡Válgame Dios!*** ああ, なんということか! ***~se por sí mismo[ma]*** 自分でどうにかやっていく

va-le-'ria-na [バ.レ.'りア.ナ] 名 女 〔植〕カノコソウ

va-le-'ro-so, -sa [バ.レ.'ろ.ソ, サ] 形 勇敢な, 勇気のある; 価値のある, 貴重な, 高価な, 評価できる **-samente** 副 勇敢に(も), 勇ましく

va-'let [バ.'レト] 名 男 〔複 -lets〕 使用人, 従者, 召使い

Va-'le-ta [バ.'レ.タ] 名 固 〔La ~〕〔地名〕バレッタ《マルタ共和国 Malta の首都》

'val-go, -ga(~) 動 《直現1単, 接現》 ↑valer

va-'lí+a [バ.'リ.ア] 名 女 価値, 値打ち, 真価; 才能, 能力; 引き立て, 愛顧, ひいき, 寵愛(ちょうあい)

va-li-da-'ción [バ.リ.ダ.'すぃオン] 名 女 有効化, 確認, 批准(ひじゅん)

va-li-'dar [バ.リ.'ダる] 動 他 〔法〕有効にする, 批准(ひじゅん)する; 確認する

*__va-li-'dez__ [バ.リ.'デす] 93% 名 女 効力, 有効性, 合法性, 正当性

va-'li-do, -da [バ.'リ.ド, ダ] 形 〔歴〕寵愛(ちょうあい)を受けた, お気に入りの 名 男 〔歴〕(王や身分の高い人の)お気に入り, 寵臣(ちょうしん)

'vá-li-do, -da ['バ.リ.ド, ダ] 90% 形 有効な, 正当な; 強壮な, たくましい, 強い

*__va-'lien-te__ [バ.'リエン.テ] 92% 形 勇敢な, 勇気ある, 勇壮な; 《話》〔皮肉〕大変な, すごい, ひどい; すばらしい, なかなかの; 自慢する, ほら吹きの, 強がりの 名 共 勇者, 勇敢な人; 《話》ほら吹き, 強がり **~mente** 副 雄々しく, 勇敢に

va-'li-ja [バ.'リ.は] 名 女 旅行かばん, スーツケース; 郵便袋

va-li-'mien-to [バ.リ.'ミエン.ト] 名 男 (王・高官による)寵愛(ちょうあい), 引き立て, 支援, 保護

*__va-'lio-so, -sa__ [バ.'リオ.ソ, サ] 92% 形 貴重な, 高価な, 価値のある; 有益な

'va-lla ['バ.ジャ] 名 女 囲い, 柵(さく), 垣根, 塀(へい); 〔軍〕防塞(ぼうさい), バリケード; (道路わきの)広告板; 〔競〕ハードル, 障害物競走; 障害, 困難; 《メキシコ》《カリブ》〔畜〕闘鶏場 ***romper [saltarse] la ~*** 社会習慣を無視する

va-lla-'dar [バ.ジャ.'ダる] 名 男 囲い, 柵(さく); 妨害, 障害

va-'lla-do [バ.'ジャ.ド] 名 男 囲い, 柵(さく)

Va-lla-do-'lid [バ.ジャ.ド.'リド] 名 固 〔地名〕バジャドリード《スペイン北西部の県, 県都》

va-'llar [バ.'ジャる] 動 他 〈に〉囲いをする, 〈に〉柵(さく)を巡らす

'va-lle ['バ.ジェ] 86% 名 男 〔地〕谷, 谷間, 渓谷; 〔地〕(大河の)流域

'Va-lle ['バ.ジェ] 名 固 〔地名〕バジェ《ホンジュラス南部の県; コロンビア西部の県》

Va-lle-du-'par [バ.ジェ.ドゥ.'パる] 名 固 〔地名〕バジェドゥパル《コロンビア北部の都市》

va-lle-'na-to [バ.ジェ.'ナ.ト] 名 男 〔楽〕バジェナート《コロンビアの民族舞踊・音楽》

va-lli-so-le-'ta+no, -na [バ.ジ.ソ.レ.'タ.ノ, ナ] 形 名 男 女 〔地名〕バジャドリードの(人) ↑Valladolid

va-'lón, -'lo-na [バ.'ロン, 'ロ.ナ] 形 名 男 女 ワロンの; ワロン人《ベルギー南東部に居住する》↓Valonia; 〔言〕ワロン語の《フランス語の一方言》 名 男 〔言〕ワロン語; 〔複〕〔衣〕ニッカーボッカー《膝下ですそをくくった緩い半ズボン》

Va-'lo-nia [バ.'ロ.ニア] 名 固 〔地名〕ワロニア《ベルギー南東部の地方》

va-'lor [バ.'ロる] 73% 名 男 価値, 値打ち, 真価; 勇気, 度胸; 有効性, 力, 効力; 〔商〕価格, 値段, 代価; …価, 数値; 〔商〕証券, 株式; 資産; 信用; 《話》ずうずうしさ, 無恥; (言葉の)意味, 意義; 〔楽〕(音符の)長さ ***objetos de ~*** 貴重品 ***por ~ de ...*** …の価値で, 価格で

va-lo-ra-'ción [バ.ロ.ら.'すぃオン] 名 女 評価, 値踏み, 見積もり; 高く評価すること

va-lo-'rar [バ.ロ.'らる] 89% 動 他 評価する, 〈の〉真価を認める; (en: 金銭的に)評価する, (en: と)値踏みする, 〈の〉値段を見積もる; 〈の〉価格を上げる **~se** 動 再 〔商〕評価される

va-lo-ri-za-'ción [バ.ロ.り.さ.'すぃオ

ン] 名 女 評価, 見積もり; 〔商〕 値上げ
va-lo-ri-'zar [バ.ロ.り.'さる] 動 他 ㉞ (z|c) 〈の〉価格を上げる; 評価する, 値踏みする; 〔商〕 値上げする
Val-pa-ra+'í-so [バル.パ.ら.'イ.ソ] 名 固 〔地名〕 バルパライソ《チリ中部の州, 州都》
'vals ['バル(ス)] 名 男 〔楽〕 ワルツ, 演舞曲
val-'sar [バル.'サる] 動 自 〔楽〕 ワルツを踊る
va-lua-'ción [バ.ルア.'すぃオン] 名 女 評価, 値踏み, 見積もり, 査定価格
va-'luar [バ.'ルアる] 動 他 ⑰ (u|ú) ⇧ valorar
'val-va ['バル.バ] 名 女 〔植〕 さやなどの弁; 〔貝〕 二枚貝の貝殻
Val-'ver-de [バル.'べる.デ] 名 固 〔地名〕 バルベルデ《ドミニカ共和国北西部の県》
'vál-vu-la ['バル.ブ.ラ] 名 女 〔機〕 (装置の)弁, バルブ; 〔電〕 真空管; 〔体〕 弁, 弁膜 ～ *de escape* 〔機〕 排気弁; 気晴らし
'vá-mo-nos 動 《直現 1 複》 ↑ir, nos
'va-mos 動 《直現 1 複》 ↑ir
vam-pi-'re-sa [バン.ピ.'れ.サ] 名 女 妖婦(ようふ), 男たらし
vam-'pí-ri-co, -ca [バン.'ピ.り.コ, カ] 形 〔架空〕 吸血鬼のような
vam-pi-'ris-mo [バン.ピ.'りス.モ] 名 男 〔架空〕 吸血鬼伝説
vam-'pi-ro, -ra [バン.'ピ.ろ, ら] 名 男 女 〔架空〕 吸血鬼; (鬼のような)搾取者, 他人を食いものにする人 動 男 〔動〕 チスイコウモリ
'van 動 《直現 3 複》 ↑ir
va-'na-dio [バ.'ナ.ディオ] 名 男 〔化〕 バナジウム《元素》
va-na-'glo-ria [バ.ナ.'グロ.りア] 名 女 慢心, うぬぼれ, 虚栄心
va-na-glo-'riar-se [バ.ナ.グロ.'りアる.セ] 動 再 〔規則変化; ㉙ (i|íのような活用もある〕 (de, por: を)自慢する, 誇る
va-na-glo-'rio-so, -sa [バ.ナ.グロ.'りオ.ソ, サ] 形 うぬぼれの強い, 虚栄心の強い 名 男 女 自慢屋, ほら吹き
'va-na-'men-te 副 ↓vano
van-'dá-li-co, -ca [バン.'ダ.リ.コ, カ] 形 〔歴〕 《スペイン》 バンダル族の; 野蛮な
van-da-'lis-mo [バン.ダ.'リス.モ] 名 男 野蛮な行為, 破壊的行為; 〔歴〕 《スペイン》 バンダル族風
'ván-da-lo, -la ['バン.ダ.ロ, ラ] 形 名 男 女 〔歴〕 バンダル族(の) 《5 世紀に西ヨーロッパに侵入, ローマを略奪したゲルマンの一種族; イベリア半島では西ゴート族に追われてアフリカに渡った》
*van-'guar-dia [バン.'グアる.ディア] | 91% 名 女 〔軍〕 前衛; 〔政〕〔集合〕 (社会・政治運動などの)先導者, 前駆, 前衛; 〔美〕〔文〕 アバンギャルド, 前衛派
van-guar-'dis-mo [バン.グアる.'ディス.モ] 名 男 〔美〕〔文〕 前衛主義, アバンギャルド運動
van-guar-'dis-ta [バン.グアる.'ディス.タ] 形 名 共 〔美〕〔文〕 前衛派の(芸術家)
***va-ni-'dad** [バ.ニ.'ダド] 93% 名 女 虚栄心, うぬぼれ, 見えっ張り; 空虚, はかなさ, むなしさ, むなしい物事[行為, 言葉], 虚栄 *halagar la* ～ (de: の)虚栄心をくすぐる
***va-ni-'do-so, -sa** [バ.ニ.'ド.ソ, サ] 94% 形 名 男 女 うぬぼれ[虚栄心]の強い(人), 思い上がった(人), 見えっ張り(の)
va-ni-'lo-quio [バ.ニ.'ロ.キオ] 名 男 くだらない話
⁑**'va+no, +na** ['バ.ノ, ナ] 90% 形 空虚な, つまらない, 中身のない; 無益な, むだな, 無効な; うぬぼれの強い, ひとりよがりの, 虚勢を張る 名 男 〔建〕 梁間(はりま), スパン *en* ～ むだに, むなしく **-namente** 副 むだに, 無益に, むなしく; うぬぼれて, 得意になって
Va-'nua-tu [バ.'ヌア.トゥ] 名 固 [República de ～] 〔地名〕 バヌアツ《オセアニアの共和国》
⁑**va-'por** [バ.'ポる] 90% 名 男 蒸気, 水蒸気, 湯気; 〔海〕 蒸汽船; 〔複〕《話》 ヒステリーの発作 *a todo* ～ 全速力で
va-po-'rar [バ.ポ.'らる] 動 他 ⇧ evaporar
va-po-ri-za-'ción [バ.ポ.り.さ.'すぃオン] 名 女 気化, 蒸発
va-po-ri-za-'dor [バ.ポ.り.さ.'ドる] 名 男 蒸気発生装置, 気化器; 噴霧器, 霧吹き, スプレー
va-po-ri-'zar [バ.ポ.り.'さる] 動 他 ㉞ (z|c) 蒸発させる ～**se** 動 再 蒸発する, 消える
va-po-'ro-so, -sa [バ.ポ.'ろ.ソ, サ] 形 蒸気の立ちこめた; 空気のような, ごく軽い, 薄手の
va-pu-le+'ar [バ.プ.レ.'アる] 動 他 非難する; (棒・むちで)打つ ～**se** 動 再 自分をたたく
va-pu-'le+o [バ.プ.'レ.オ] 名 男 (棒・むちで)打つこと, たたくこと
va-que-'rí+a [バ.ケ.'り.ア] 名 女 〔畜〕 乳牛の群れ; 酪農場
va-que-'ri-zo, -za [バ.ケ.'り.そ, さ] 形 〔畜〕 牛の 名 男 女 牧童, 牧夫, 牛飼い **-za** 名 女 〔畜〕 冬用の牛舎
***va-'que-ro, -ra** [バ.'ケ.ろ, ら] 94% 名 男 女 カウボーイ, 牛飼い; 〔衣〕 ジーンズ 形 カウボーイの; 〔衣〕 ジーンズの
va-'que-ta [バ.'ケ.タ] 名 女 (子牛の)皮革 *tratar a la* ～ 《ラ米》 無礼な扱いをする
va-'qui-lla [バ.'キ.ジャ] 名 女 〔畜〕 (1 歳

V

半から2歳の)子牛
V. A. R. 略 =vuestra alteza real《尊称》殿下
'va+ra ['バ.ら] 名 女 棒, さお;〔歴〕バラ《長さの単位; 約84cm》;(布などの)1バラ分; バラの物差し;(馬車の)ながえ, 梶(かじ)棒;〔牛〕(ピカドールの)槍, 突き棒;(職能・権威などを象徴する)職杖(しょくじょう), 権標; 権力, 権威;〔植〕花茎 *tener ~ alta* 権力を持つ
va-ra-'de-ro [バ.ら.'デ.ろ] 名 男〔海〕船の修理保管所
va-'ra-do, -da [バ.'ら.ド, ダ] 形〔海〕浜に上げられた;〔海〕座礁した; 職を失った 名 男《コロンビア》〔車〕故障車 **-da** 名 女〔海〕座礁, 船が浜に乗り上げること
va-'ral [バ.'らル] 名 男 長い棒;(荷馬車の)車わく; 轅(ながえ);《話》背が高くひょろ長い人, のっぽ
va-ra-'pa-lo [バ.ら.'パ.ロ] 名 男 さお, 長い棒; 棒でたたくこと, 棒たたき;《話》痛手, 打撃, 逆境; 叱りつけ
va-'rar [バ.'らる] 動 他〈船を〉浜に引き上げる 動 自 «船が»乗り上げる, 座礁する; «仕事が»行き詰まる **~se** 動 再《コロンビア》«車が»故障する
va-re+'ar [バ.れ.'アる] 動 他《スペイン》〈木の実を〉(さおで)たたき落とす; 棒などでたたく, 打つ;〔牛〕〈牛を〉槍(やり)で突く
va-re-'jón [バ.れ.'ホン] 名 男 長くて太い棒, 丸太棒
va-'re+o [バ.'れ.オ] 名 男《スペイン》(さおなどで)木の実をたたき落とすこと
'var-ga ['バる.ガ] 名 女〔地〕坂の一番急なところ, 胸突き
'Var-gas ['バる.ガス] 名 固〔地名〕バルガス《ベネズエラ北部の州》;〔姓〕バルガス
va-ria-bi-li-'dad [バ.りア.ビ.リ.'ダド] 名 女 変わりやすいこと
****va-'ria-ble** [バ.'りア.ブレ] 88% 形 変わりやすい, 変化しやすい; 移り気な; 変えられる, 変動できる, 可変的な 名 女〔数〕〔物〕変数
****va-ria-'ción** [バ.りア.'すぃオン] 88% 名 女 変化, 変動, 変異, バリエーション;〔楽〕変奏曲;〔生〕変異;〔物〕偏差
va-'ria-do, -da [バ.'りア.ド, ダ] 形 さまざまの, 雑多な, 変化に富む, 色とりどりの
***va-'rian-te** [バ.'りアン.テ] 93% 名 女 変体, バリアント, 変形, 異形; 異文, 異本; 差, 違い;〔車〕(幹線道路の)迂回(うかい)路, バイパス 形 変わりやすい, 変わる
va-'rian-za [バ.'りアン.さ] 名 女〔数〕〔統計〕分散
****va-'riar** [バ.'りアる] 88% 動 自 29 (i|í) 変わる, 変化する, 変異する; (de: と)異なる, 違う; (de: を)変える 動 他 変化をつける, 多種多様にする, 変える *para ~* 変化をつけるために *por no ~* いつもの通り
'vá-ri-ce⇔va- ['バ.り.せ⇔バ.'り.せ] 名 女 ⇩ variz
va-ri-'ce-la [バ.り.'せ.ラ] 名 女〔医〕水痘(すいとう), 水疱瘡(みずぼうそう)
va-ri-'co-so, -sa [バ.り.'コ.ソ, サ] 形 名 男 女〔医〕静脈瘤(りゅう)の(患者)
****va-rie-'dad** [バ.りエ.'ダド] 88% 名 女 多様性, 変化のあること, 多種多様; 種類, 品種; 取り合わせ;〔複〕〔演〕〔放〕バラエティーショー;〔生〕変種
va-'ri-lla [バ.'り.ジャ] 名 女 (扇子・傘などの)骨; 棒, さお, つえ; カーテンレール;〔鳥〕(鳥かごの)止まり木;《話》〔体〕あごの骨;〔機〕連結棒
va-ri-'lla-je [バ.り.'ジャ.へ] 名 男〔全体〕(扇子・傘などの)骨
****'va-rio, -ria** ['バ.りオ, りア] 形〔複〕いくつかの《不定数》; さまざまの; 変わりやすい, 不安定な 名 男〔複〕(分類項目の)雑, その他
va-'rio-la [バ.'りオ.ラ] 名 女〔医〕痘瘡(とうそう), 天然痘
va-rio-'loi-de [バ.りオ.'ロイ.デ] 名 女〔医〕仮痘(かとう)
va-rio-'lo-so, -sa [バ.りオ.'ロ.ソ, サ] 形 名 男 女〔医〕痘瘡(とうそう)の(患者)
va-rio-'pin-to, -ta [バ.りオ.'ピン.ト, タ] 形 さまざまの, 多彩な, 種々の
va-'ri-ta [バ.'り.タ] 名 女 短い棒
va-'riz 名 女〔医〕静脈瘤(りゅう)
***va-'rón** [バ.'ろン] 91% 名 男 男, 男性
va-ro-'nil [バ.ろ.'ニル] 形 男性の, 男らしい, 男性的な, 雄々しい; 男性用の; «女性が»男のような, 男まさりの
***Var-'so-via** [バる.'ソ.ビア] 94% 名 固〔地名〕ワルシャワ《ポーランド Polonia の首都》
var-so-'via+no, -na [バる.ソ.'ビア.ノ, ナ] 形 名 男 女〔地名〕ワルシャワの(人) ⬆Varsovia
'vas 動《直現2単》⬆ir
va-sa-'lla-je [バ.サ.'ジャ.へ] 名 男〔歴〕(封建時代の)領臣[家臣]であること; 従属, 依存;〔歴〕〔法〕家臣が領主に払う税, 貢ぎ物
va-'sa-llo, -lla [バ.'サ.ジョ, ジャ] 名 男 女〔歴〕家来, 臣民, 臣下, 家臣; 従属者 *país ~* 従属国
va-'sar [バ.'サる] 名 男〔食〕食器棚
'vas-co, -ca ['バス.コ, カ] 形 名 男 女 バスク(地方)の(人)《フランス領バスク地方を含む》;〔言〕バスク語の 名 男〔言〕バスク語
vas-'cón, -'co-na [バス.'コン, 'コ.ナ] 形 名 男 女〔歴〕〔地名〕バスコニアの(人) ⬇Vasconia
Vas-con-'ga-das [バス.コン.'ガ.ダス] 名 固〔地名〕バスコンガーダス, バスク地方
vas-con-'ga-do, -da [バス.コン.'ガ.

V

ド, ダ] 形 バスクの 名 男 女 バスク人

Vas-'co-nia [バス.'コ.ニア] 名 固 〖歴〗〖地名〗バスコニア《現在のバスク地方の旧称》

vas-'cuen-ce [バス.'クエン.せ] 形 〖言〗バスク語の 名 男 〖言〗バスク語

vas-cu-'lar [バス.ク.'ラる] 形 〖植〗〖動〗導管の, 脈管の, 血管の

va-sec-to-'mí+a [バ.セク.ト.'ミ.ア] 名 女 〖医〗精管切除(術)

va-se-'li-na [バ.セ.'リ.ナ] 名 女 〖化〗《商標》ワセリン ***dar*** ～《話》(a: を)おだてる

*__va-'si-ja__ [バ.'スィ.は] 94% 名 女 壺(つぼ), 鉢, かめ, ポット

va-'si-to 〔縮小語〕↓vaso

'va+so ['バ.ソ] 83% 名 男 コップ, (脚のない)グラス; 〖体〗〖植〗導管, 脈管, 管 ～***s comunicantes***〖物〗連通管

va-so-cons-tric-'ción [バ.ソ.コ(ン)ス.トリク.'すぃオン] 名 女 〖医〗血管収縮

va-so-cons-tric-'tor, -'to-ra [バ.ソ.コ(ン)ス.トリク.'トる, 'ト.ら] 形 〖医〗血管収縮の 名 男 〖医〗血管収縮剤

va-so-di-la-ta-'ción [バ.ソ.ディ.ラ.タ.'すぃオン] 名 女 〖医〗血管拡張

va-so-di-la-ta-'dor, -'do-ra [バ.ソ.ディ.ラ.タ.'ドる, 'ド.ら] 形 〖医〗血管拡張の 名 男 〖医〗血管拡張剤

va-so-mo-'tor, -'to-ra [バ.ソ.モ.'トる, 'ト.ら] 形 〖医〗血管運動の

'vás-ta-go ['バス.タ.ゴ] 名 男 〖植〗接ぎ穂, 若枝, 若芽, 芽生え; 〖機〗心棒, 軸, ロッド; 《ラ米》〖植〗バナナの茎 名 共 子, 子孫

vas-te-'dad [バス.テ.'ダド] 名 女 広大さ, 莫大さ

*__'vas-to, -ta__ ['バス.ト, タ] 92% 形 広大な, 巨大な, 果てしなく広い; 非常に大きい, 莫大な, 非常な, 多大な

'va+te ['バ.テ] 名 男 《格》予見者; 《格》〖文〗詩人

'vá-ter ['バ.テる] 名 男 《スペイン》トイレ

va-ti-'ca+no, -na [バ.ティ.'カ.ノ, ナ] 形 〖地名〗バチカン市国の↓Vaticano; バチカン宮殿の, ローマ教皇庁の

*__Va-ti-'ca+no__ [バ.ティ.'カ.ノ] 93% 名 固 〔el ～〕〔Ciudad del ～〕〖地名〗バチカン市国《イタリア, ローマ市の一地区を占めるローマ教皇が統治する独立国》; バチカン宮殿, ローマ教皇庁

va-ti-ci-'nar [バ.ティ.すぃ.'ナる] 動 他 予言する

va-ti-'ci-nio [バ.ティ.'すぃ.ニオ] 名 男 予言, 占い

'va-tio ['バ.ティオ] 名 男 〖電〗ワット《仕事率・電力の単位》

Vau-'pés [バウ.'ペス] 名 固 〖地名〗バウペス《コロンビア南東部の県》

'va-ya(~) 動 《接現》↑ir

'Váz-quez ['バす.ケす] 名 固 〖姓〗バスケス

V. B. 略 =visto bueno 承認; vuestra beatitud《尊称》〖宗〗福者…

Vd., Vds. 略 ↓usted(es)

Vdo., Vda. 略 ↓viudo, -da

've[1] ['ベ] 名 女 〖言〗ベ《文字 V, v の名称》; ⇧uve ***doble*** ～《ニカラグア》《キューバ》《ベネズエラ》《アンデス》《チリ》《ラプラタ》〖言〗文字 **W, w** の名称 ～ ***chica***《メキシコ》《中米》《アンデス》〖言〗文字 **V, v** の名称 ～ ***corta***《中米》《南米北》《ボリビア》《チリ》《ラプラタ》〖言〗文字 **V, v** の名称 ～ ***pequeña***《ベネズエラ》〖言〗文字 **V, v** の名称

've[2] 動 《直現 3 単/命》↑ir

V. E. 略 =vuestra excelencia《尊称》閣下

've+a(~) 動 《接現》↓ver

've-ces 名 女 《複》↓vez

ve-ci-'nal [ベ.すぃ.'ナル] 形 近所の, 近隣地区の; 市の, 町の, 村の

*__ve-cin-'dad__ [ベ.すぃン.'ダド] 93% 名 女 近所, 付近; 〔集合〕近所の人たち; 〔一般〕住民; 接近, 類似性 ***casa de*** ～ 集合住宅 ***política de buena*** ～〖政〗善隣政策

*__ve-cin-'da-rio__ [ベ.すぃン.'ダ.りオ] 93% 名 男 〔集合〕近所の人; 人口, 全住民

ve-'ci+no, -na [ベ.'すぃ.ノ, ナ] 78% 形 名 男 女 近所の, 隣の, 隣接した, 近くの; 似た, 似通った; 近所の人, 隣人; 〔一般〕住民

vec-'tor [ベク.'トる] 名 男 〖数〗ベクトル; 〖医〗(病原菌の)媒介動物, ベクター《カ[蚊]・ハエなど》

vec-to-'rial [ベク.ト.'りアル] 形 〖数〗ベクトルの

'ved ['ベド] 動 《命 2 複》↓ver

've+da ['ベ.ダ] 名 女 禁止, 禁令; 禁猟期, 禁漁期

'Ve+da ['ベ.ダ] 名 固 〖宗〗ベーダ《バラモン教の聖典》

ve-'da-do [ベ.'ダ.ド] 名 男 〖法〗(条例によって定められた)囲い地, 禁猟区

ve-'dar [ベ.'ダる] 動 他 〖法〗(規則・法律などで)禁止する; 妨げる ***terreno vedado***〖法〗禁猟区

ve-'di-ja [ベ.'ディ.は] 名 女 羊毛のふさ; もつれた[からんだ]毛

ve+e-'dor [ベ.エ.'ドる] 名 男 〖歴〗監察官, 検査官

*__'ve+ga__ ['ベ.ガ] 92% 名 女 〖地〗沃野(よくや), 肥沃な土地; 〖地〗湿潤な土地; 《カリブ》〖農〗タバコ農園 **V**～ 名 固 〖姓〗ベガ

'Ve+ga ['ベ.ガ] 名 固 〔La ～〕〖地名〗ラ・ベガ《ドミニカ共和国中央部の県》

'Ve-gas 名 固 ⇧Las Vegas

*ve-ge-ta-'ción [べ.へ.タ.'すぃオン] 92% 名 女 〘植〙(ある地域の)植物, 草木, 植生; 〘植〙植物の発育[生長]

‡ve-ge-'tal [べ.へ.'タル] 89% 形 〘植〙植物の, 植物性の 名 男 〘植〙植物, 草木; 〔複〕《ラ米》〘食〙野菜

ve-ge-'tar [べ.へ.'タる] 動 自 無為な生活を送る, 閑居する; «植物が»成長する, 生育する

ve-ge-ta-ria-'nis-mo [べ.へ.タ.りア.'ニス.モ] 名 男 〘食〙菜食主義

ve-ge-ta-'ria+no, -na [べ.へ.タ.'りア.ノ, ナ] 形 〘食〙菜食(主義)の, «食事が»野菜だけの 名 男 女 〘食〙菜食主義者, ベジタリアン

ve-ge-ta-'ti-vo, -va [べ.へ.タ.'ティ.ボ, バ] 形 成長の; 栄養の; (植物のように)ただ生きている, 無為徒食の

ve+he-'men-cia [べ.エ.'メン.すぃア] 名 女 激烈さ, 猛烈さ, 激しさ

ve+he-'men-te [べ.エ.'メン.テ] 形 熱心な, 熱のある, 熱情的な; 激烈な, 猛烈な

‡ve+'hí+cu-lo [べ.'イ.ク.ロ] 85% 名 男 乗り物, 車, 輸送手段; 媒介物, 伝達の手段[方法]

ve+'í-a(~) 動 《直線》 ⬇ver

vein-'ta-vo, -va [ベイン.'タ.ボ, バ] 形 《分数詞》 ⇩ veinteavo

‡'vein-te ['ベイン.テ] 74% 数 〔⇦単独の 20〕 20(の); 第 20(番目)(の) *caer el ~* 《メキシコ》《話》冗談の意味がわかる

vein-te-a-'ñe-ro, -ra [ベイン.テ.ア.'ニェ.ろ, ら] 形 名 男 女 20 歳代の(人)

vein-te-'a-vo, -va 形 20 分の 1 の 名 男 20 分の 1

vein-'te+no, -na [ベイン.'テ.ノ, ナ] 形 20 番目の; 20 分の 1 の -na 名 女 およそ 20 人[個], 20(の組)

‡vein-ti-'cin-co [ベイン.ティ.'すぃン.コ] 85% 数 〔⇦単独の 25〕 25(の); 第 25(番目)(の)

‡vein-ti-'cua-tro [ベイン.ティ.'クア.トろ] 86% 数 〔⇦単独の 24〕 24(の); 第 24(番目)(の)

‡vein-ti-'dós [ベイン.ティ.'ドス] 90% 数 〔⇦単独の 22〕 22(の); 第 22(番目)(の)

*vein-ti-'nue-ve [ベイン.ティ.'ヌエ.ベ] 93% 数 〔⇦単独の 29〕 29(の); 第 29(番目)(の)

*vein-'ti-o-cho [ベイン.'ティオ.チョ] 91% 数 〔⇦単独の 28〕 28(の); 第 28(番目)(の)

*vein-ti-'séis [ベイン.ティ.'セイス] 91% 数 〔⇦単独の 26〕 26(の); 第 26(番目)(の)

*vein-ti-'sie-te [ベイン.ティ.'スィエ.テ] 91% 数 〔⇦単独の 27〕 27(の); 第 27(番目)(の)

vein-ti-'tan-tos, -tas [ベイン.ティ.'タン.トス, タス] 形 名 男 女 20 といくつか(の)

*vein-ti-'trés [ベイン.ティ.'トれス] 91% 数 〔⇦単独の 23〕 23(の); 第 23(番目)(の)

vein-'ti-ún 数 ⬇veintiuno

vein-ti-u-'na-vo, -va [ベイン.ティウ.'ナ.ボ, バ] 形 《分数詞》 21 等分の 名 男 21 分の 1

*vein-'ti-u+no, -na [ベイン.'ティウ.ノ, ナ] 92% 数 〔⇦単独の 21〕《男性名詞の前では veintiún となる》 21(の); 第 21(番目)(の)

've+is 動 《直現 2 複》 ⬇ver

ve-ja-'ción [べ.は.'すぃオン] 名 女 虐待, 冷遇, 迫害, いじめ; 侮辱, 無礼

ve-'ja-men 名 女 ⇧ vejación

ve-'jar [べ.'はる] 動 他 虐待する, ひどい目にあわせる; 侮辱する, あざ笑う, 冷やかす

ve-ja-'to-rio, -ria [べ.は.'ト.りオ, りア] 形 侮辱的な, 屈辱的な

ve-jes-'to-rio [べ.へス.'ト.りオ] 名 男 《話》〔ときに軽蔑〕年寄り, 老いぼれ; 《話》おんぼろ

ve-'je-te [べ.'へ.テ] 形 名 共 〔軽蔑〕年寄り(の), 老いぼれ(の)

*ve-'jez [べ.'へす] 92% 名 女 老年, 老齢, 老い; 老人らしさ, 年寄りくささ, 老人の繰り言, もうろく; 陳腐なこと[話]

ve-'ji-ga [べ.'ひ.ガ] 名 女 《体》膀胱(ぼうこう); 〘体〙嚢(のう), 袋; 〘医〙(皮膚の)水疱(すいほう), 水ぶくれ; 《メキシコ》《中米》風船; 《ラプラタ》《話》ばか, まぬけ

ve-ji-ga-'to-rio, -ria [べ.ひ.ガ.'ト.りオ, りア] 形 〘医〙水疱(すいほう)を生じる, 発疱させる 名 男 〘医〙発疱剤

ve-ji-'go-so, -sa [べ.ひ.'ゴ.ソ, サ] 形 〘医〙水疱(すいほう)のある

ve-'ju-co, -ca [べ.'ふ.コ, カ] 形 名 男 女 《ベネズエラ》《話》〔軽蔑〕年寄り(の)

ve-ju-'cón, -'co-na [べ.ふ.'コン, 'コ.ナ] 形 名 男 女 《ベネズエラ》《話》〔軽蔑〕年寄り(の)

*'ve+la ['べ.ラ] 91% 名 女 ろうそく; 寝ずの番, 徹夜, 夜どおしの看病; 通夜; 夜業, 夜勤; 〘宗〙夜の勤行(ごんぎょう); 〘軍〙歩哨(ほしょう), 哨兵; 〔複〕《話》子供の鼻水; 〘海〙帆; 帆船; 〘競〙ヨット競技, セーリング, 帆走 *a toda ~* 〘海〙総帆を揚げて; 全力を傾けて *como una ~* 《話》まっすぐに, しゃんとして *estar [quedarse] a dos ~s* 《話》破産する, 一文無しになる *estar derecho[cha] como una ~ / andar como una ~* 《話》まっすぐに立っている, しゃんとしている *no dar ~ en un entierro* 《話》(a: に)口をはさませない *no tener ~ en el entierro* 《話》口出しできない, 関係ない *recoger ~s* 帆をたたむ; 前言を撤回する; 譲歩する

ve-la-'ción [べ.ラ.'すぃオン] 名 女 ひと晩寝ないこと, 寝ずの番をすること;〔宗〕結婚式のミサで新婦にベールをかける儀式

ve-'la-do, -da [べ.'ラ.ド, ダ] 形 ぼやけている, 不鮮明な, はっきりしない; «声が»くぐもった **-da** 名 女 (夜の)パーティー, 夜会; 徹夜; 広場や通りで行う夜の集会; 夜間興行, 夜の公演

ve-la-'dor, -'do-ra [べ.ラ.'ドる, 'ド.ら] 形 名 男 女 寝ずの番をする(人), 不寝番; 監視をする(人) 名 男 (木製の)ろうそく立て; 丸い一脚テーブル;《ラ米》ナイトテーブル

ve-'la-men [べ.'ラ.メン] 名 男〔海〕〔集合〕(船の)帆

***ve-'lar** [べ.'ラる] 92% 動 自 徹夜する, 寝ずの番をする, 寝ずに看病する; 徹夜で仕事をする; 見張る, 用心する;〔宗〕夜の勤行(ごんぎょう)をする; (por, sobre: に)気を配る;《カリブ》他人の家で食事をする;《コロンビア》《話》物欲しそうな顔をする 動 他 通夜をする; 徹夜で看病する; 監視する, 見守る 動 他 ベールで包む;〔宗〕(婚礼で)ベールの儀式を行う; 覆(おお)う, 隠す;〔写〕曇らせる;〔絵〕〈絵などに〉上塗りをかける 形〔体〕軟口蓋(なんこうがい)の;〔音〕軟口蓋音の 名 女〔音〕軟口蓋音 **~se** 動 再〈顔を〉ベールで隠す

ve-la-ri-'zar [べ.ラ.り.'さる] 動 他 ㉞ (z|c)〔音〕軟口蓋(なんこうがい)音化する

Ve-'las-co [べ.'ラス.コ] 名 固〔姓〕ベラスコ

ve-la-'to-rio [べ.ラ.'ト.りオ] 名 男 通夜; 通夜の参列者

ve-laz-'que-ño, -ña [べ.ラす.'ケ.ニョ, ニャ] 形 ベラスケスの《Diego Velázquez, 1599–1660, スペインの画家》

Ve-'láz-quez [べ.'ラす.ケす] 名 固〔姓〕ベラスケス

'vel-cro ['べル.クろ] 名 男《商標》マジックテープ

ve-lei-'dad [べ.レイ.'ダド] 名 女 気まぐれ, むら気, 変わりやすさ, 移り気

ve-lei-'do-so, -sa [べ.レイ.'ド.ソ, サ] 形 気まぐれの, 心変わりしやすい

ve-le-'rí+a [べ.レ.'り.ア] 名 女〔商〕(ろうそくなどを扱う)雑貨店

ve-'le-ro, -ra [べ.'レ.ろ, ら] 名 男 女〔技〕ろうそく職人;〔宗〕徹夜の礼拝に参加する人 形〔海〕帆走する 名 男〔海〕帆船

ve-'le-ta [べ.'レ.タ] 名 女 風向計, 風見鶏; (魚釣りの)浮き 名 共 移り気な人

ve-'liz [べ.'りす] 名 男《メキシコ》旅行かばん, スーツケース

've-llo ['べ.ジョ] 名 男 うぶ毛, うすいひげ; (果物の)綿毛

ve-llo-'ci+no [べ.ジョ.'すぃ.ノ] 名 男〔畜〕(一頭分の)羊毛 ***V~ de oro***〔ギ神〕金の羊毛皮《イアソン Jasón がアルゴ船の船員 argonautas と共に探した》

ve-'llón [べ.'ジョン] 名 男〔畜〕(一頭分の)羊毛;〔畜〕(毛のついた)羊皮, 羊毛のふさ;《カリブ》〔経〕硬貨, コイン;〔歴〕〔経〕ベジョン銅貨

ve-llo-'rí [べ.ジョ.'り] 名 男〔複 -ríes⇦-rís〕〔衣〕毛織物

ve-llo-si-'dad [べ.ジョ.スィ.'ダド] 名 女 毛深さ

ve-'llo-so, -sa [べ.'ジョ.ソ, サ] 形 毛深い, 綿毛状の, けば立った

ve-'llu-do, -da [べ.'ジュ.ド, ダ] 形 毛深い, 毛むくじゃらの 名 男〔衣〕フラシ天, ベルベット, ビロード

've+lo** ['べ.ロ] 92% 名 男〔衣〕ベール, かぶり物, 覆(おお)い; 見せかけ, 口実, 仮面, なぞ **~ *del paladar〔体〕軟口蓋(なんこうがい)

****ve-lo-ci-'dad** [べ.ロ.すぃ.'ダド] 84% 名 女 速度, 速力, 速さ, スピード;〔車〕変速装置, ギア ***a toda ~*** 全速力で, フルスピードで ***confundir el tocino con la ~***《話》大変な間違いをする

ve-lo-'cí-me-tro [べ.ロ.'すぃ.メ.トろ] 名 男〔車〕速度計, スピードメーター

ve-lo-'cí+pe-do [べ.ロ.'すぃ.ペ.ド] 名 男〔歴〕(初期の)自転車

ve-lo-'cí-si-mo, -ma〔最上級〕↓veloz

ve-lo-'cis-ta [べ.ロ.'すぃス.タ] 名 共〔競〕短距離走選手, スプリンター

ve-'ló-dro-mo [べ.'ロ.ドろ.モ] 名 男 競輪場

ve-'lón [べ.'ロン] 名 男 台ランプ, 枝つきランプ

ve-'lo-rio [べ.'ロ.りオ] 名 男 通夜; (夜の)集会, パーティー

***ve-'loz** [べ.'ロす] 93% 名 男 速い, 急速な; すばやい, 敏捷(びんしょう)な 副 速く, 急いで, すばやく **~mente** 副 速く, 急いで, すばやく

've-mos 動《直現 1 複》↓ver

'ven 動《命》↓venir 動《直現 3 複》↓ver

***'ve+na** ['べ.ナ] 91% 名 女〔体〕静脈, 血管; 気分, 気持ち; 気質, 性質, 素質;〔文〕詩才;〔植〕葉脈; 木目; 石目;〔鉱〕鉱脈層;〔昆〕(昆虫の)翅脈(しみゃく);〔地〕水脈

ve-'na-blo [べ.'ナ.ブロ] 名 男 投げ槍(やり)

ve-'na-do [べ.'ナ.ド] 形〔動〕シカ[鹿], 雄鹿;〔食〕鹿肉; 大型の獲物《熊・イノシシなど》

ve-'nal [べ.'ナル] 形《格》売り物の, 買うことのできる; 買収できる, 賄賂(わいろ)のきく;〔体〕静脈(中)の

ve-na-li-'dad [べ.ナ.り.'ダド] 名 女 買収できること, 金次第で動くこと

Ve-'nan-cio [べ.'ナン.すぃオ] 名 男〔男性名〕ベナンシオ

V

ve-'ná-ti-co, -ca [ベ.'ナ.ティ.コ, カ] [形]《話》変わりやすい, 気まぐれな, 移り気の; 《話》偏屈な, 変人の

ve-na-'to-rio, -ria [ベ.ナ.'ト.りオ, りア] [形] 狩猟(用)の《特に大型の獲物の狩猟》

***ven-ce-'dor, -'do-ra** [ベン.せ.'ドる, 'ド.ら] 92% [形] 勝った, 打ち負かした [名][男][女] 勝者, 勝利者

ven-'ce-jo [ベン.'せ.ほ] [名][男] ひも, バンド; 〔鳥〕アマツバメ

****ven-'cer** [ベン.'せる] 88% [動][他] (72) (c|z) (戦い・試合で)負かす, 打ち破る; 〈困難などに〉打ち勝つ, 克服する; 〈感情などを〉抑える, 抑制する; (en: で)勝る, しのぐ; 〈山を〉征服する; (重みで)つぶす; «疲れ・眠気などが»負かす [動][自] «契約が»期日になる, 締め切り日になる, 期限が切れる, 満期になる; 勝利する, 成功する　~se [動][再] 感情などを抑える, 抑制する; (重みで)壊れる; 曲がる, ゆがむ

ven-'ci-do, -da [ベン.'すぃ.ド, ダ] [形] 負けた, 敗れた; 期限が切れた, 満期になった　*A la tercera va la vencida.* 3 度目の正直です　*darse por* ~[*da*] 降参する　*ir de vencida* 峠を越す

ven-ci-'mien-to [ベン.すぃ.'ミエン.ト] [名][男] 勝利, 征服; 壊れること, 崩壊; 湾曲, たわみ; 〔商〕支払期日, 満期; (図書の)返却期限, 締め切り, 期限切れ

'ven-da ['ベン.ダ] [名][女]〔医〕包帯; 目を曇らせるもの, 迷い, 気づかない状態; 〔動〕リボン, 髪ひも, 鉢巻

ven-'da-je [ベン.'ダ.へ] [名][男]〔集合〕〔医〕包帯

***ven-'dar** [ベン.'ダる] 91% [動][他]〔医〕〈に〉包帯を巻く; 〈に〉目隠しをする; 〈の〉目をくらませる, 〈の〉分別を失わせる

ven-da-'val [ベン.ダ.'バル] [名][男]〔気〕強い南風, 強風, 大風; 〔気〕嵐

***ven-de-'dor, -'do-ra** [ベン.デ.'ドる, 'ド.ら] 92% [形]〔商〕販売の [名][男][女]〔商〕販売員, 店員, 売り子, セールスマン

****ven-'der** [ベン.'デる] 78% [動][他]〔商〕(a: に)売る, 売り渡す, 売っている, 商う; 〈国・友などを〉(a: 敵に)売る, 裏切る; 〈名誉などを〉金に換える [動][自] 売る　~se [動][再] 売られる; 賄賂(わいろ)を受け取る, 買収される　~ *caro*[*ra*] 手こずらせる

ven-'dí [ベン.'ディ] [名][男]〔複 -díes⇦-dís〕〔商〕販売証明書

ven-'di-ble [ベン.'ディ.ブレ] [形] 売れる, 売買できる

ven-'di-mia [ベン.'ディ.ミア] [名][女]〔農〕ブドウの収穫(期); 〔飲〕(ワインの)ビンテージ, …年もの; ぼろもうけ

ven-di-mia-'dor, -'do-ra [ベン.ディ.ミア.'ドる, 'ド.ら] [名][男][女]〔農〕ブドウを収穫する人

ven-di-'miar [ベン.ディ.'ミアる] [動][他]〔農〕〈ブドウを〉収穫する; 〈の〉利益を不当に獲得する, ぼろもうけする; 《話》殺す　~se [動][再]〔農〕«ブドウが»収穫される

ven-'di-ta [ベン.'ディ.タ] [名][女]《メキシコ》《コロンビア》〔医〕救急絆創膏(ばんそうこう)

ven-dr~ [動]《直未/過未》⬇venir

Ve-'ne-cia [ベ.'ネ.すぃア] [名][固]〔地名〕ベネチア, ベニス《イタリア北東部の都市》

ve-ne-'cia+no, -na [ベ.ネ.'すぃア.ノ, ナ] [形]〔地名〕ベネチアの [名][男][女]〔地名〕ベネチアの人⬆Venecia

***ve-'ne+no** [ベ.'ネ.ノ] 93% [名][男] 毒, 毒薬, 毒液; 悪意, 憎悪, 毒気; 毒, 体によくないもの, 有毒物; (社会などに対する)害毒, 弊害

ve-ne-no-si-'dad [ベ.ネ.ノ.スィ.'ダド] [名][女] 毒性, 有毒性

***ve-ne-'no-so, -sa** [ベ.ネ.'ノ.ソ, サ] 94% [形] 有毒な, 有害な; 悪意に満ちた, 毒舌の

ve-'ne-ra [ベ.'ネ.ら] [名][女]〔貝〕ホタテガイ

ve-ne-'ra-ble [ベ.ネ.'ら.ブレ] [形] 敬うべき, 尊ぶべき; 〔宗〕尊者…《高位聖職者の尊称》[名][男]〔宗〕(カトリックで)尊者

ve-ne-ra-'ción [ベ.ネ.ら.'すぃオン] [名][女] 尊敬, 崇拝; 〔宗〕礼拝, 参拝

ve-ne-'rar [ベ.ネ.'らる] [動][他] 敬う, 尊ぶ, 崇拝する, あがめる, 敬慕する; 〔宗〕礼拝する, 参拝する

ve-'né-re+o, +a [ベ.'ネ.れ.オ, ア] [形]〔医〕性病の

ve-'ne-ro [ベ.'ネ.ろ] [名][男]〔地〕(自然の)小さな泉; 源泉, 源, 泉, 宝庫; 〔鉱〕脈, 鉱脈

'vé-ne-to, -ta [形] ⇧veneciano

****ve-ne-zo-'la+no, -na** [ベ.ネ.そ.'ラ.ノ, ナ] 87% [形]〔地名〕ベネズエラ(人)の [名][男][女] ベネズエラ人⬇Venezuela

****Ve-ne-'zue-la** [ベ.ネ.'すエ.ラ] 80% [名][固]〔República Bolivariana de ~〕〔地名〕ベネズエラ《南アメリカ北部の共和国, 正式名はベネズエラ・ボリバル共和国》

'ven-ga(-) [動]《接現》⬇venir

ven-ga-'dor, -'do-ra [ベン.ガ.'ドる, 'ド.ら] [形] 復讐(ふくしゅう)の [名][男][女] 復讐する人

'ven-gan [動]《接現 3 複》⬇venir

***ven-'gan-za** [ベン.'ガン.さ] 93% [名][女] 復讐(ふくしゅう), 報復

****ven-'gar** [ベン.'ガる] 88% [動][他] (41) (g|gu) 〈に〉復讐(ふくしゅう)する, 〈に〉仕返しする　~se [動][再] (de: の)復讐をする, 仕返しをする

ven-ga-'ti-vo, -va [ベン.ガ.'ティ.ボ, バ] [形] 復讐(ふくしゅう)の, 報復的な; 執念深い

'ven-go [動]《直現 1 単》⬇venir

V

ven-'gué, -gue(~) 動《直点1単, 接現》⬆vengar

've-nia ['べ.ニア] 名 女 容赦, 許し; 許可, 免許; 会釈

ve-'nial [べ.'ニアル] 形 許しうる, 容赦できる *pecado* ~〔宗〕小罪

ve-nia-li-'dad [べ.ニア.リ.'ダド] 名 女 (罪が)許しうること, 軽いこと

ve-'ni-da [べ.'ニ.ダ] 名 女 来ること, 到着, 到来;〔競〕〔フェンシング〕攻撃

ve-ni-'de-ro, -ra [べ.ニ.'デ.ろ, ら] 形 来るべき, 将来の 名 男〔複〕後継者, 継承者, 次代の人々

****ve-'nir** [べ.'ニる] 58% 動 自 ⑦③ (a: 話し手の方へ)来る; (de: の)出身である, (de: …)産である; «時・季節などが»巡ってくる, 到来する; (de: が)原因である; (順序として)来る; 起こる, 生じる, 現れる, «考えなどが»心に浮かぶ; (con: 不都合なこと・つまらないことを)言い出す; (a 不定詞: …する)ようになる; (現在分詞: …し)続ける; …という状態だ, …である; (a: に)似合う, 合う, サイズが合う; (en 不定詞: に)決める; (sobre: に)襲いかかる; (en: に)ある, 出ている, 載っている ~**se** 動 再 やって来る, 来る; «ワイン・パンの酵母などが»発酵する *¿A qué viene …?* 《話》…は一体何になる? *en lo por* ~ 将来は, 今後 *no* ~ *ni ir* 《話》(a: にとって)どうでもよい *¡Venga!* (ｽﾍﾟｲﾝ)《話》さあさあ!, さあ元気を出して!, さあ行こう!, がんばれ!, さあ来い!《励まし》; よし!, いいよ!, オーケー!《同意》; それでは, また《別れ》 *venga lo que viniere* 何があっても ~ *bien* 都合がよい ~ *mal* 都合が悪い ~*se encima* 襲いかかる

ve-'no-so, -sa [べ.'ノ.ソ, サ] 形〔医〕静脈の多い;〔体〕静脈の

****'ven-ta** ['ベン.タ] 83% 名 女〔商〕販売, 売却;〔商〕売上高, 売れ行き; (ｽﾍﾟｲﾝ)〔商〕旅館, 宿屋, はたご屋, 食堂

ven-'ta-da [ベン.'タ.ダ] 名 女〔気〕突風, 一陣の風

****ven-'ta-ja** [ベン.'タ.は] 86% 名 女 有利, 好都合, 便宜, 利益, 利点, 強み; 優勢, 優位, 先行, リード;〔競〕ハンディキャップ, ハンディ, アドバンテージ

ven-ta-'jis-ta [ベン.タ.'ひス.タ] 形 名 共〔軽蔑〕計算高い(人), ずる賢い(人)

***ven-ta-'jo-so, -sa** [ベン.タ.'ほ.ソ, サ] 94% 形 有利な, 都合のよい; もうけの多い

****ven-'ta-na** [ベン.'タ.ナ] 79% 名 女〔建〕窓;〔体〕鼻孔, 鼻の穴 ~ *de diálogo*〔情〕ダイアログボックス ~ *emergente*〔情〕ポップアップウィンドウ

ven-ta-'nal [ベン.タ.'ナル] 名 男〔建〕大窓

***ven-ta-'ni-lla** [ベン.タ.'ニ.ジャ] 93% 名 女 (駅・銀行などの)窓口, 切符売り場;〔鉄〕〔車〕〔空〕(列車・自動車・飛行機の)窓, 車窓;〔建〕小窓;〔体〕鼻孔

ven-ta-'ni-llo [ベン.タ.'ニ.ジョ] 名 男〔建〕のぞき穴, 小窓

ven-'ta+no [ベン.'タ.ノ] 名 男〔建〕小窓

ven-ta-'rrón [ベン.タ.'ろン] 名 男〔気〕強風, 大風

'ven-te 動《命》, 代 ⬇venir ⬆te

ven-te+'ar [ベン.テ.'アる] 動 他 詮索(せんさく)する, かぎ回る, かぎつける; «動物が»かぎ分ける 動 自〔気〕風が吹く ~**se** 動 再 (乾いて)裂ける, 割れる, 分裂する;《話》おならをする

ven-te-'ril [ベン.テ.'りル] 形〔商〕宿屋の, はたご屋の

ven-'te-ro, -ra [ベン.'テ.ろ, ら] 名 男 女〔商〕宿屋の主人[女主人]

***ven-ti-la-'ción** [ベン.ティ.ラ.'すぃオン] 94% 名 女 換気, 風通し, 空気の流通, 通風;〔建〕通風口, 換気孔

***ven-ti-la-'dor** [ベン.ティ.ラ.'ドる] 94% 名 男〔機〕扇風機;〔機〕通風[換気]装置, 換気扇;〔建〕通風口, 換気孔

ven-ti-'lar [ベン.ティ.'ラる] 動 他 〈に〉空気[風]を通す; 〈の〉空気を入れ換える; 〈に〉風に当てる; 〈問題点などを〉議論する, 審議する, 解決する; 〈私事を〉公表する ~**se** 動 再 換気される, 空気が入れ換わる; «問題点などが»論議される, 審議される;《話》片づける, やっつける;《話》〈食べ物などを〉平らげる

ven-'tis-ca [ベン.'ティス.カ] 名 女〔気〕吹雪(ふぶき)

ven-tis-'car [ベン.ティス.'カる] 動 自 ⑥⑨ (c|qu)〔気〕ふぶく, (強風で)雪が舞い上がる

ven-'tis-co 名 男 ⇧ventisca

ven-tis-que+'ar [ベン.ティス.ケ.'アる] 動 自 ⇧ventiscar

ven-tis-'que-ro [ベン.ティス.'ケ.ろ] 名 男〔気〕吹雪(ふぶき);〔地〕ふぶきやすい山の斜面; 雪の吹きだまり

ven-to-'le-ra [ベン.ト.'レ.ら] 名 女〔気〕一陣の風; 風変わりな思いつき, とっぴな発想;《話》うぬぼれ, 虚栄心;〔遊〕風車(かざぐるま)

ven-to-'li-na [ベン.ト.'リ.ナ] 名 女〔気〕微風

ven-'tor, -'to-ra [ベン.'トる, 'ト.ら] 形 «犬などが»鼻のよく利く, かぎ分ける 名 男〔動〕〔犬〕ポインター

ven-to-'rri-llo [ベン.ト.'り.ジョ] 名 男 郊外レストラン

ven-'to-rro [ベン.'ト.ろ] 名 男〔しばしば軽蔑〕安宿, 小旅館

ven-to-se+'ar [ベン.ト.セ.'アる] 動 自

おならをする

ven-to-si-ˈdad [ベン.ト.スィ.ˈダド] 名 女 〚医〛(腹にたまった)ガス; 〚医〛腹の張り, 鼓腸; 放屁(ほうひ), おなら

ven-ˈto-so, -sa [ベン.ˈト.ソ, サ] 形 〚気〛風の吹く, 風の強い; 腹の張る **-sa** 名 女 〚動〛吸盤; 〚技〛通気孔, 排気口; 〚医〛吸角(きゅうかく), 吸い玉《中空のガラス瓶(びん)にゴム球を取り付けた器具; 患部の血を吸い取る》

ven-ˈtral [ベン.ˈトらル] 形 〚体〛腹の, 腹部の

ven-ˈtre-cha 名 女 ⇩ ventresca

ven-tre-ˈga-da [ベン.トれ.ˈガ.ダ] 名 女 〚畜〛(動物の)ひと腹の子; (物の)氾濫

ven-ˈtre-ra [ベン.ˈトれ.ら] 名 女 〚衣〛腹巻き; 〚畜〛(馬具の)腹帯; (よろいの)腹当て, 小札(こざね)

ven-ˈtres-ca [ベン.ˈトれス.カ] 名 女 〚魚〛(魚の)腹, はらわた

ven-tri-cu-ˈlar [ベン.トり.ク.ˈラる] 形 〚体〛(心臓の)心室の; 〚体〛胃の

ven-ˈtrí+cu-lo [ベン.ˈトり.ク.ロ] 名 男 〚体〛(心臓の)心室; 〚体〛胃

ven-ˈtrí-lo-cuo, -cua [ベン.ˈトり.ロ.クオ, クア] 名 男 女 〚演〛腹話術師 形 〚演〛腹話術の

ven-tri-ˈlo-quia ⇦ **-ˈquí+a** [ベン.トり.ˈロ.キア⇦.ˈキ.ア] 名 女 〚演〛腹話術

ven-ˈtru-do, -da [ベン.ˈトる.ド, ダ] 形 〚体〛太鼓腹の

*__ven-ˈtu-ra__ [ベン.ˈトゥ.ら] 93% 名 女 幸運, 幸福, 幸せ; 運, 運命, 宿命, 巡り合わせ; 危機, 危険 ***a la ~*** あてもなく, 成り行きにまかせて ***echar la buena ~*** (a: の)運勢を見る[占う] ***por ~***《文修飾》幸いにも; おそらく, 多分, ひょっとして

ven-tu-ˈre-ro, -ra [ベン.トゥ.ˈれ.ろ, ら] 形 冒険好きな, 冒険的な; 運のよい, 幸運な 名 男 女 冒険家

ven-tu-ˈro-so, -sa [ベン.トゥ.ˈろ.ソ, サ] 形 運のよい, 幸運な, 幸せな

ˈvé-nu-la [ˈベ.ヌ.ラ] 名 女 〚体〛細静脈

ˈVe-nus [ˈベ.ヌス] 名 固 〚ロ神〛ウェヌス, ビーナス《愛と美の女神》; 〚天〛金星

ˈven-zo, -za(~) 動《直現1単, 接現》⬆vencer

ˈve+o 動《直現1単》⬇ver

ver [ˈべる] 54% 動 他 ㊹ ‹が›見える, ‹が›(自然に)目に入る; 見る; ‹に›気づく; ‹に›会う, ‹に›面会する, 訪ねる; 調べる, 確かめる; わかる, 理解する; 想像する, 心に思い浮かべる, 考える; ‹が›(形容詞・副詞: …のように)見える, …のようだ; 〚医〛診察する; 目撃する, まのあたりに見る 動 自 目が見える; (de 不定詞: …を)試みる, …しようとする **~-se** 動 再 (en: に)ある, いる; 起こる, 見受けられる; (形容詞・副詞: …という)状態である, …である; (形容詞・副詞: …のように)見える, …のようだ; 会う; 見られる; 想像[空想]する; 自分を見る; 思い出す, 回想する 名 男 意見, 考え方; 顔つき, 外観, 様子; 視力, 視覚, 視野 ***a mi modo de ~*** 私の見るところでは, 私の意見では ***¡A ~!*** どれどれ!, さて!; もちろんです! ***A ~ si [qué]*** …《話》; …かな, どうかな, …かもしれない《予想・恐れ》; あれ, …だ《驚き・疑い》; …したらどうだ《命令》; …だといいが《願望・期待》 ***darse [dejarse] a ~*** 出席する, 参加する, 顔を出す ***dejarse ~*** 姿を現す, 顔を出す ***echar de ~*** 気づく ***echarse de ~*** 目立つ ***estar por ~*** わかっていない ***¡Habrase visto ...!***《話》…ということがあるか!《驚き・怒り・不快・抗議》 ***hacer ~*** 見せる, 知らせる, 教える ***¡Hay que ~!***《話》まったくひどい!, なんということだ!《不快感》; すごい!《驚き》 ***no poder ~***《話》(a: が)我慢できない ***no tener nada que ~*** (con: と)関係がない ***por lo que veo*** 見たところ, 見かけは ***que no veo***《話》大変な, ひどい ***¡Quién te ha visto y quién te ve!*** やあ, 見違えるようだね! ***tener algo que ~*** (con: と)関係がある ***Te veo venir.***《話》君の考えていることがわかった ***¡Vamos a ~! | ¡Veremos!***《話》さあ, どうだろう! ***~las venir*** 相手の意図を見抜く, 目はしが利く, 物事を見抜く ***vérselas (y deseárselas)*** 骨を折る, とても苦労する ***Ya ve [ves].***《話》わかったでしょう, いいですか, ほらね ***Ya veo.***《話》わかった, わかりました

ˈve+ra [ˈべ.ら] 名 女 〚地〛岸辺; そば, 側 名 女 ⬇veras

ˈVe+ra [ˈべ.ら] 名 固 〚姓〛ベラ

ve-ra-ci-ˈdad [べ.ら.すぃ.ˈダド] 名 女 真実; 真実性, 正確さ; 正直, 誠実

Ve-ra-ˈcruz [べ.ら.ˈクるす] 名 固 〚地名〛ベラクルス《メキシコ南東部の州》

ve-ˈra-gua [ˈべ.ら.グア] 名 女 《中米》《コロンビア》《ペルー》(衣類に付いた)カビ

Ve-ˈra-guas [べ.ˈら.グアス] 名 固 〚地名〛ベラグアス《パナマ中部の県》

ve-ra-ˈna-da [べ.ら.ˈナ.ダ] 名 女 〚畜〛夏の放牧

ve-ˈran-da [べ.ˈらン.ダ] 名 女 〚建〛ベランダ

ve-ra-ne+ˈan-te [べ.ら.ネ.ˈアン.テ] 名 共 避暑客, 夏の観光客

*__ve-ra-ne+ˈar__ [べ.ら.ネ.ˈアる] 94% 動 自 避暑に行く, 夏の休暇を過ごす

ve-ra-ˈne+o [べ.ら.ˈネ.オ] 名 男 避暑, 夏の旅行, 夏の休暇

ve-ra-ˈne-ro [べ.ら.ˈネ.ろ] 名 男 〚畜〛夏の放牧地

*__ve-ra-ˈnie-go, -ga__ [べ.ら.ˈニエ.ゴ, ガ]

94% [形] 夏の, 夏向きの [名] [男] 〔衣〕 ショートパンツ

ve-ra-'ni-llo [べ.ら.'ニ.ジョ] [名] [男] 秋の一時的に暑くなる日, 小春日和(びより)

‡**ve-'ra+no** [べ.'ら.ノ] 76% [名] [男] 夏; 〔気〕(熱帯の)乾期 ***faltarle un ~*** 《話》 (a: の)頭が少しおかしい ***ir [vestirse] de ~*** 夏服を着る

'**ve-ras** ['べ.らス] [名] [女] 《複》 真実, 本当, 真剣, 本気 ***de ~*** 実際に, 本当に; 本気で, まじめに; 大変, 非常に ***ir de ~*** 現実である, 本当である

ve-'raz [べ.'らす] [形] 真実の, 本当の, うそを言わない, 信用できる

'**ver-ba** ['べる.バ] [名] [女] おしゃべり, 多弁

‡**ver-'bal** [べる.'バル] 89% [形] 言葉の, 言葉による, 口頭の; 〔言〕 動詞の, 動詞から派生した **~mente** [副] 口頭で, 口で

ver-'be-na [べる.'べ.ナ] [名] [女] (聖人の祭りの)前夜祭; 〔植〕 クマツヅラ

ver-be-ne+'ar [べる.べ.ネ.'アる] [動] [自] 〔生〕 «虫などが»群がる; 〔植〕 繁茂する

ver-be-'ne-ro, -ra [べる.べ.'ネ.ろ, ら] [形] 前夜祭の

ver-bi-'gra-cia [べる.ビ.'グら.すぃア] [副] たとえば

‡'**ver-bo** ['べる.ボ] 86% [名] [男] 〔言〕 動詞; 言葉; 言葉遣い; 呪(のろ)いの言葉, 悪たれ口, ののしり; 〔V~〕 〔宗〕 神の御(み)言葉; キリスト

ver-bo-'rre+a [べる.ボ.'れ.ア] [名] [女] 《話》 口数の多いこと, 多弁, おしゃべり

ver-bo-si-'dad [べる.ボ.スィ.'ダド] [名] [女] 饒舌(じょうぜつ), 多言

ver-'bo-so, -sa [べる.'ボ.ソ, サ] [形] おしゃべりな, 口数の多い, 多弁な, くどい

‡**ver-'dad** [べる.'ダド] 66% [名] [女] 真実, 真理; 真実性, 正しさ; 本当のこと, 真実, 真相 [感] 〔付加〕 …でしょう? ***a la ~*** 実は, 実際には ***de ~*** 本当に, まじめに, 真剣に, 確かに; 本物の, 立派な ***decir cuatro ~es*** (a: に)はっきりと言う, 直言する ***en ~*** 本当に ***La ~ es que*** … 実を言うと… ***si bien es ~ que***… 確かに…かもしれないが ***¿V~ que…?*** 《話》 本当に…ですか? ***~es del barquero*** 耳が痛いことをはっきりと言うこと

‡**ver-da-'de-ra-'men-te** [べる.ダ.'デ.ら.'メン.テ] 89% [副] 本当に, まったく, 実に; 本当のことを言って, うそではなく

‡**ver-da-'de-ro, -ra** [べる.ダ.'デ.ろ, ら] 75% [形] 本当の, 真実の; 本物の, 正真正銘の; 誠実な, 忠実な

ver-'dal [べる.'ダル] [形] 〔植〕 «果実が»熟しても緑色の; 〔植〕 «木が»緑の果実を産する

ver-'das-ca [べる.'ダス.カ] [名] [女] 〔農〕 (枯れていない)細枝, 小枝

‡'**ver-de** ['べる.デ] 79% [形] 緑の, グリーンの, «草木が»青々とした; 〔農〕 «果物が»熟れていない, まだ青い; «草木が»枯れて[乾燥して]いない; «経験・技術などが»未熟な, 世間知らずの, 新米の; 環境保護の; わいせつな, みだらな [名] [男] 緑, 緑色; 〔植〕 植物, 葉, 草; 〔複〕 若草, 青草; 《ラプラタ》 〔飲〕 マテ茶; 《スペイン》 《話》 〔歴〕 (旧)1000 ペセタ札 [名] [共] 〔政〕 環境保護主義者, 環境保護政党員 ***estar ~ de envidia*** 《話》 ひどくうらやましがる ***poner ~*** 《スペイン》 《話》 悪口を言う, ののしる, しかる

'**Ver-de** ['べる.デ] [名] [固] 〔cabo ~〕 〔地名〕 ベルデ岬 《セネガル西部の大西洋に突出した岬; アフリカ大陸の最西端》; 〔Cabo ~〕 ⬆Cabo Verde

ver-de+'ar [べる.デ.'アる] [動] [自] 〔植〕 青々とする, «葉が»茂る, «草が»生える [動] [他] 〈ブドウ・オリーブを〉摘む

ver-de-'cer [べる.デ.'せる] [動] [自] 45 (c|zc) 〔植〕 青々とする, 新緑に覆われる

ver-de-'ci-llo [名] [男] ⇩ verderón

ver-'de-jo, -ja [形] ⇧ verdal

ver-de-'rol [名] [男] ⇩ verderón

ver-de-'rón [べる.デ.'ろン] [名] [男] 《スペイン》 〔鳥〕 アオカワラヒワ

ver-'de-te [べる.'デ.テ] [名] [男] 〔化〕 緑青(ろくしょう); 若草色

ver-'dín [べる.'ディン] [名] [男] 〔植〕 コケ, アオミドロ; 新緑, 若葉; 〔化〕 緑青(ろくしょう); 若草色

ver-do-'la-ga [べる.ド.'ラ.ガ] [名] [女] 〔植〕 スベリヒユ

*__ver-'dor__ [べる.'ドる] 94% [名] [男] 新緑, 緑色; 活力, 生気; 〔複〕 青春時代, 青春期

ver-'do-so, -sa [べる.'ド.ソ, サ] [形] 緑がかった, 緑色を帯びた

ver-'du-go [べる.'ドゥ.ゴ] [名] [男] 〔歴〕 死刑執行人, 絞首刑執行人; ひどい人, 暴君, 冷血漢; (革などの柔らかい材の)むち; むち跡, みみず腫(ば)れ; 〔植〕 若木, 若枝; 細身の剣

ver-du-'gón [べる.ドゥ.'ゴン] [名] [男] みみず腫(ば)れ 《むちで打たれた跡》

ver-du-'gui-llo [べる.ドゥ.'ギ.ジョ] [名] [男] 細いかみそり; 〔牛〕 細身の剣; 〔衣〕 (リング状の)イヤリング

ver-du-le-'rí+a [べる.ドゥ.レ.'り.ア] [名] [女] 〔商〕 青果物店, 八百屋; 《話》 みだら[わいせつ]なこと

ver-du-'le-ro, -ra [べる.ドゥ.'レ.ろ, ら] [名] [男] [女] 〔商〕 青果物商人, 〔人〕 八百屋 ***hablar como una verdulera*** 《話》 ひどい言葉を使う

Ver-'dún [べる.'ドゥン] [名] [固] 〔地名〕 ベルダン 《フランス北東部の都市》

*__ver-'du-ra__ [べる.'ドゥ.ら] 91% [名] [女] 〔し

V

| ばしば複〕野菜; 緑, 緑色; 新緑, 新緑の若枝; 草木, 葉, 緑; わいせつさ, いやらしさ

ver-'duz-co, -ca ⇦ -'dus- [べる.'ドゥす.コ, カ⇦.'ドゥス.] 形 暗緑色の

ve-re-'cun-dia [べ.れ.'クン.ディア] 名 女《格》遠慮, 内気

ve-re-'cun-do, -da [べ.れ.'クン.ド, ダ] 形《格》はにかみ屋の, 内気の

***ve-'re-da** [べ.'れ.ダ] 93% 名 女〔地〕小道, 細道;《(カリブ)》《(南米)》〔地〕歩道, 舗道 *meter en* ～ 規律を守らせる, 正しい道に戻す

ve-re-'dic-to [べ.れ.'ディク.ト] 名 男〔法〕(陪審員の)評決, 答申; (審査員などによる)裁定, 決定, 意見

'ver-ga ['べる.ガ] 名 女〔海〕帆桁(ほげた);〔動〕(動物の)陰茎;《俗》〔体〕(人の)陰茎, ペニス;《(ベネズエラ)》〔畜〕(牛の陰茎で作る)むち

ver-'ga-jo [べる.'ガ.ほ] 名 男 (牛の陰茎で作る)むち

ver-'gel [べる.'ヘル] 名 男《詩》果樹園, 畑, 花壇

ver-gon-'zan-te [べる.ゴン.'さン.テ] 形 恥入った

***ver-gon-'zo-so, -sa** [べる.ゴン.'そ.ソ, サ] 94% 形 恥ずべき, 不面目な, けしからぬ, 破廉恥な; 恥ずかしがり屋の, 内気な, 引っ込み思案の;〔体〕陰部の 名 男〔動〕アルマジロ;〔植〕オジギソウ

****ver-'güen-za** [べる.'グエン.さ] 89% 名 女 恥ずかしい思い, 恥ずかしさ, はじらい, 羞恥(しゅうち)心; 恥, 恥辱, 不名誉, 恥[不名誉]となること[人]; 信義, 信用, 道義心;〔複〕陰部 *perder la* ～ 恥を忘れる *sacar a la* ～ (*pública*) (a: に)公衆の面前で恥をかかせる, (a: の)面目をつぶす

ve-ri-'cue-to [べ.り.'クエ.ト] 名 男〔しばしば複〕難路, 難所 *meterse en un* ～ 困難な目にあう

ve-'rí-di-co, -ca [べ.'り.ディ.コ, カ] 形 誠実な, 正直な; 真実の, まことの, 本当の

V

ve-ri-fi-ca-'ción [べ.り.フィ.カ.'すぃオン] 名 女 検証, 検査; 確認, 照合; 履行, 遂行

ve-ri-fi-ca-'dor, -'do-ra [べ.り.フィ.カ.'ドる, 'ド.ら] 形 確認する, 点検する, 検証する 名 男 女 点検係, 検査係

***ve-ri-fi-'car** [べ.り.フィ.'カる] 91% 動 他 69 (c|qu) 検査する, 確かめる, 点検する, 照合する; 実証する, 立証する; 実行する, 遂行する, 履行する ～**se** 動 再 本当になる; 実行される, 遂行される, 履行される

ve-ri-fi-ca-'ti-vo, -va [べ.り.フィ.カ.'ティ.ボ, バ] 形 検査のための, 照合の; 実証する, 立証する

ve-'ris-mo [べ.'りス.モ] 名 男〔芸〕真実主義《19 世紀末のイタリアの芸術運動》

'ver-ja ['べる.は] 名 女〔建〕(鉄格子の)扉, 門, 窓

'ver-la(s), 'ver-le(s), 'ver-lo(s), 'ver-me 動《不定詞》+ 代 ↑ver ↑la(s), le(s), lo(s), me

'ver-me ['べる.メ] 名 男〔動〕(ミミズ・回虫などの)虫;〔特に〕回虫

ver-mi-'ci-da [べる.ミ.'すぃ.ダ] 形〔医〕駆虫剤の, 虫下しの 名 男〔医〕虫下し, 駆虫剤

ver-mi-cu-'lar [べる.ミ.ク.'ラる] 形 虫のような形の, 虫のはい回ったような; 虫の, 虫による

ver-mi-'for-me [べる.ミ.'フォる.メ] 形 虫の形をした

ver-'mí-fu-go, -ga [べる.'ミ.フ.ゴ, ガ] 形〔医〕虫下しの 名 男〔医〕虫下し, 駆虫剤

ver-'mú [べる.'ム] 名 男〔複 -múes⇦-mús〕〔飲〕ベルモット《薬草で味をつけた白ワイン》;〔映〕〔演〕昼興行, マチネー

ver-'mut 名 男〔複 -muts〕⇧ vermú

ver-'ná-cu-lo, -la [べる.'ナ.ク.ロ, ラ] 形 «言葉などが»その土地に特有の, 土着の

ver-'nal [べる.'ナル] 形 春の, 春のような

ver-'nier [べる.'ニエる] 名 男〔技〕バーニヤ, 副尺

'ver-nos 動《不定詞》+ 代 ↑ver ↑nos

Ve-'ro-na [べ.'ろ.ナ] 名 固〔地名〕ベローナ《イタリア北部の都市》

ve-ro-'nés, -'ne-sa [べ.ろ.'ネス, 'ネ.サ] 形 名 男 女〔地名〕ベローナの(人) ↑Verona

ve-'ró-ni-ca [べ.'ろ.ニ.カ] 名 女〔牛〕ベロニカ《マントを広げて闘牛に立ち向かう型》;〔植〕クワガタソウ

Ve-'ró-ni-ca [べ.'ろ.ニ.カ] 名 固〔女性名〕ベロニカ;〔宗〕ベロニカ, 聖骸(せいがい)布《ベロニカがイエスの汗をぬぐった布, イエスの顔が写った》

've-ros 動《不定詞》+ 代 ↑ver ↑os

ve-ro-'sí-mil [べ.ろ.'スィ.ミル] 形 信用できる, 確かな, 本当らしい, 事実らしい; ありそうな, もっともらしい

ve-ro-si-mi-li-'tud [べ.ろ.スィ.ミ.り.'トゥド] 名 女 真実らしさ, 本当らしさ

ve-'rra-co [べ.'ら.コ] 名 男〔畜〕種豚

ve-rra-que+'ar [べ.ら.ケ.'アる] 動 自 «子供が»泣きわめく; ぶつぶつ言う, 不平を言う

ve-rra-'que-ra [べ.ら.'ケ.ら] 名 女《話》(子供の)泣き叫び

ve-rrion-'dez [べ.りオン.'デす] 名 女〔畜〕(豚・羊の)さかり;〔植〕(植物の)しなびた状態;〔食〕(野菜料理などの)硬くてまずい状態, 生煮え

ve-'rrion-do, -da [ベ.'リオン.ド, ダ] 形〔畜〕《豚・羊が》さかりがついた;〔植〕《植物が》しなびた;〔食〕《野菜料理などが》硬くてまずい, 生煮えの

ve-'rru-ga [ベ.'る.ガ] 名 女〔医〕いぼ, 疣贅(ゆうぜい);〔植〕(木の)こぶ;《話》不快な[やっかいな]もの; 不快な[やっかいな]人

ve-rru-'gón [ベ.る.'ゴン] 名 男〔医〕大きないぼ[こぶ]

ve-rru-'go-so, -sa [ベ.る.'ゴ.ソ, サ] 形〔医〕いぼだらけの

ver-'sa-do, -da [べる.'サ.ド, ダ] 形 (en: に)精通した, 通じた, 詳しい, 熟達した, 堪能な

ver-'sal [べる.'サル] 形〔印〕大文字の, 頭文字の 名 女〔印〕大文字, 頭文字

ver-sa-'li-lla 形 ⇩ versalita

ver-sa-'li-ta [べる.サ.'リ.タ] 形〔印〕小型頭文字の, スモールキャピタルの 名 女〔印〕小型頭文字, スモールキャピタル

Ver-'sa-lles [べる.'サ.ジェス] 名 固〔地名〕ベルサイユ《フランス, パリの南西にある観光都市》

ver-sa-'lles-co, -ca [べる.サ.'ジェス.コ, カ] 形 ベルサイユ風の ⬆Versalles; 優雅な

ver-'sar [べる.'サる] 動 自 (sobre, acerca de: を)扱う, 述べる; ぐるぐるまわりを回る ～se 動 再 (de, en: に)精通する, 熟達する

ver-'sá-til [べる.'サ.ティル] 形 融通のきく, 多才の; 変わりやすい, 不安定な, 気まぐれな

ver-sa-ti-li-'dad [べる.サ.ティ.リ.'ダド] 名 女 意見が変わりやすいこと, 定見のなさ, 気まぐれなこと

'ver-se 動《不定詞》+ 代 ⬆ver ⬆se

ver-'sí-cu-lo [べる.'スィ.ク.ロ] 名 男〔宗〕(聖書・コーランなどの)節;〔文〕短詩

ver-si-fi-ca-'ción [べる.スィ.フィ.カ.'すぃオン] 名 女〔文〕作詩, 詩作, 韻文化

ver-si-fi-ca-'dor, -'do-ra [べる.スィ.フィ.カ.'ドる, 'ド.ら] 形〔文〕詩作する 名 男 女〔文〕詩作家, 作詞家

ver-si-fi-'car [べる.スィ.フィ.'カる] 動 他 ⑥⑨ (c|qu)〔文〕詩にする, 詩で語る 動 自〔文〕詩を作る

⁑**ver-'sión** [べる.'スィオン] 87% 名 女 翻訳, 翻訳書, 訳書, 訳文, …訳[版]; (個人的な, または特定の立場に立つ)説明, 見解, 解釈, 所見, 見方;〔文〕(小説などの)脚色, 翻案, …版 ～ *mejorada*〔情〕アップグレード

ver-'sis-ta [べる.'スィス.タ] 名 共〔文〕詩作家

⁑**'ver-so** ['べる.ソ] 88% 名 男〔文〕韻文, 詩, 詩歌;〔文〕詩の一行, 詩句;〔印〕(紙の)裏面, (本の)左ページ ～, -sa 形〔印〕(紙の)裏面の

'ver-sus ['べる.スス] 前 …対…《スポーツの試合など》

'ver-te 動《不定詞》+ 代 ⬆ver ⬆te

*'**vér-te-bra** ['べる.テ.ブら] 94% 名 女〔体〕脊椎(せきつい)

ver-te-'bra-do, -da [べる.テ.'ブら.ド, ダ] 形〔動〕脊椎(せきつい)のある 名 男〔動〕脊椎動物

ver-te-'bral [べる.テ.'ブらル] 形〔体〕脊椎(せきつい)の

ver-te-'brar [べる.テ.'ブらる] 動 他 〈に〉一貫性を与える

ver-te-'de-ra [べる.テ.'デ.ら] 名 女〔農〕犂(すき)のへら

ver-te-'de-ro [べる.テ.'デ.ろ] 名 男 ごみ捨て場; 排水口, 排出口

ver-te-'dor, -'do-ra [べる.テ.'ドる, 'ド.ら] 形 流す, 注ぐ 名 男 女 注ぐ人 名 男 水はけ口; 排水渠(きょ);〔海〕船あかのくみだし器; ひしゃく

*__ver-'ter__ [べる.'テる] 91% 動 他 ⑤① (e|ie) (a, en: に)注ぐ, つぐ, 流出させる; こぼす; 翻訳する, 訳す; 投棄する, 投げ捨てる; 〈涙を〉流す 動 自〔地〕《川が》注ぐ, 流れ込む, 合流する ～se 動 再 流れる, こぼれる

ver-'ti-ble [べる.'ティ.ブレ] 形 変わりやすい, 可変性の, 変えられる

*__ver-ti-'cal__ [べる.ティ.'カル] 91% 形 垂直の, 縦の 名 女〔数〕垂直線 ～mente 副 垂直に

ver-ti-ca-li-'dad [べる.ティ.カ.リ.'ダド] 名 女 垂直性

'vér-ti-ce ['べる.ティ.せ] 名 男〔数〕(三角形・円錐などの)頂点; (頭の)てっぺん

ver-ti-'ci-lo [べる.ティ.'すぃ.ロ] 名 男〔植〕輪生(体)

*__ver-'tien-te__ [べる.'ティエン.テ] 93% 名 女〔地〕斜面, スロープ; 見方, 見地 形 注ぐ, 流れる

ver-ti-gi-no-si-'dad [べる.ティ.ひ.ノ.スィ.'ダド] 名 女 目がくらむほどのすごさ[速さ]

ver-ti-gi-'no-so, -sa [べる.ティ.ひ.'ノ.ソ, サ] 形 めまいがする, 目がくらむ; めまいを起こさせる(ような) -samente 副 目もくらむほど, めまいがするほど

*'**vér-ti-go** ['べる.ティ.ゴ] 94% 名 男〔医〕めまい, 眩暈(げんうん); 精神の混乱, 逆上; 目まぐるしさ, あわただしさ *de* ～《話》すごい

'ves 動《直現 2 単》⬆ver

ve-'sa-nia [ベ.'サ.ニア] 名 女〔医〕精神障害;《格》激怒, 憤怒

ve-'sá-ni-co, -ca [ベ.'サ.ニ.コ, カ] 形《格》激怒した;〔医〕精神障害の 名 男 女〔医〕精神障害者

ve-si-'cal [ベ.スィ.'カル] 形〔体〕〔動〕膀胱(ぼうこう)の, 嚢(のう)の

ve-'sí-cu-la [ベ.'スィ.ク.ラ] 名 女〔体〕小嚢(しょうのう), 小胞;〔植〕気胞, 液胞

ve-si-cu-'lar [ベ.スィ.ク.'ラる] 形〔体〕小嚢(しょうのう)の, 小胞の

ves-pe-'ral [ベス.ペ.'らル] 名 男〔宗〕晩禱(ばんとう)書

ves-per-'ti+no, -na [ベス.ぺる.'ティ.ノ, ナ] 形 晩の, 夕べの;〔天〕日没時に没する 名 男 夕刊;〔宗〕晩の説教

ves-'pi+no [ベス.'ピ.ノ] 名 男《商標》〔車〕スクーター

'Ves-ta ['ベス.タ] 名 固〔ロ神〕ウェスタ《火・かまどの女神》

ves-'tal [ベス.'タル] 形〔ロ神〕ウェスタの; ウェスタに仕える処女の ↑Vesta 名 女〔歴〕ウェスタに仕える処女

*__ves-'tí-bu-lo__ [ベス.'ティ.ブ.ロ] 93% 名 男〔建〕玄関, 入り口の間;〔建〕ホール, ロビー;〔体〕(内耳の)迷路前庭

‡__ves-'ti-do, -da__ [ベス.'ティ.ド, ダ] 80% 形〔衣〕(de: 服を)着ている 名 男〔衣〕服, 衣服; 服装;〔衣〕婦人服, ワンピース, ドレス *cortar ~s* (a: の)うわさをする *~ de baño*《(中米)》《(コロンビア)》〔衣〕水着

ves-ti-'dor [ベス.ティ.'ドる] 名 男〔衣〕更衣室

ves-ti-'du-ra [ベス.ティ.'ドゥ.ら] 名 女〔衣〕衣類, 衣服;〔複〕〔宗〕〔衣〕(聖職者用の)礼服, 祭服 *rasgarse las ~s* 大げさに騒ぐ

ves-'ti-gio [ベス.'ティ.ひオ] 名 男 跡, 痕跡, 足跡;〔複〕遺物;〔複〕遺跡, 旧跡

ves-'ti-glo [ベス.'ティ.グロ] 名 男〔架空〕(想像上の)怪物

ves-ti-'men-ta [ベス.ティ.'メン.タ] 名 女〔集合〕〔衣〕衣服, 衣類, 衣装;〔複〕〔宗〕〔衣〕聖職者の祭服[礼服]

‡__ves-'tir__ [ベス.'ティる] 76% 動 他 ㊾ (e|i)〔衣〕<に>服を着せる;〔衣〕<に>服を買い与える, <に>服を仕立てる;〔衣〕<服を>着る; 覆(おお)う, カバーする; <の>表情をする 動 自〔衣〕服を着る, 身支度をする, 正装する, ドレスアップする;《話》しゃれている, いかしている;〔衣〕«服が»派手である, いきである *~se* 動 再 服を着る, 身支度をする; (de: の服を)着る; (de: で)いっぱいになる, 覆われる;〔医〕«病人が»床を離れる, 病気が回復する *de ~* 正装用の, フォーマルな *~se de largo* «女性が»社交界にデビューする

ves-'tón [ベス.'トン] 名 男《(チリ)》〔衣〕上着, ジャケット

ves-'tua-rio [ベス.'トゥア.りオ] 名 男 更衣室, ロッカールーム;〔集合〕衣類, 衣装, 服装;〔演〕舞台衣装;〔建〕(劇場の)化粧室, 楽屋

Ve-'su-bio [ベ.'ス.ビオ] 名 固〔地名〕ベスビオ山《イタリア南部の火山; 西暦 79 年に大爆発し, ポンペイを埋没させた》

've+ta ['ベ.タ] 名 女 (石・木などの)縞(しま)模様, 石目, 木目; すじ, 縞, 線;〔鉱〕鉱脈

ve-'tar [ベ.'タる] 動 他 拒む, 拒否する

've+te 動《命》+ 代 ↑ir ↑te

ve-te+'a-do, -da [ベ.テ.'ア.ド, ダ] 形 縞(しま)模様のある, 縞目の入った

ve-te+'ar [ベ.テ.'アる] 動 他 <に>木目[縞(しま)目]をつける

ve-te-ra-'ní+a [ベ.テ.ら.'ニ.ア] 名 女 熟練, 老練さ, 年功

*__ve-te-'ra+no, -na__ [ベ.テ.'ら.ノ, ナ] 93% 形 老練な, ベテランの;〔軍〕(長年の)実戦経験のある, 歴戦の, 古つわものの 名 男 女 熟練者, ベテラン;〔軍〕老兵, 古つわものの;《(中米)》《(チリ)》《(ラプラタ)》老人

ve-te-ri-'na-rio, -ria [ベ.テ.り.'ナ.りオ, りア] 形〔畜〕家畜病治療の, 獣医の 名 男 女 獣医 **-ria** 名 女 獣医学

've+to ['ベ.ト] 名 男〔政〕拒否権; 禁止, 禁制

veto. 略 ↑vencimiento

ve-tus-'tez [ベ.トゥス.'テす] 名 女《格》古いこと, 古さ;《格》老齢

ve-'tus-to, -ta [ベ.'トゥス.ト, タ] 形《格》古い, 昔の;《格》年老いた

‡__'vez__ ['べす] 58% 名 女 …回, …度;〔序数詞とともに〕…回目, …度目; …倍;《(スペイン)》順番, 番 *a la ~* 同時に, いちどきに *a la ~ que* … …と同時に *a su [mi, tu] ~* 彼[私, 君]の順番になって; 彼[私, 君]は, 彼[私, 君]なりに *a veces* ときどき *alguna ~* かつて一度《過去》; いつか一度《将来》 *algunas veces* ときどき *cien veces* 何度も, たびたび *de una ~ (para siempre)* 一度に, 一気に, きっぱりと *de ~ en cuando* ときどき, しばしば *en ~ de* … …の代わりに, …せずに *Érase una ~* … 昔々あるところに…がいました《物語の初めの文句》 *hacer las veces* (de: の)代わりをする *más de una ~* 一度ならず, 再三再四 *muchas veces* 何度も, しばしば *otra ~* また再び, この次は, もう一度 *toda ~ que* … …なので *una ~* 一度, かつて; (過去分詞: …)…したら, …になると *una ~* …(過去分詞/*que*) …すると《未来のことを言うときは接続法を使う》 *una y mil veces*《話》何度も *varias veces* 何度も

v. g.; v. gr. 略 =〔ラテン語〕*verbi gracia* たとえば

'vi 動《直点 1 単》↑ver

V. I. 略 =usía ilustrísima《尊称》貴下

‡__'ví+a__ ['ビ.ア] 82% 名 女〔鉄〕鉄道, 線路, レール;〔鉄〕車線, レーン, …番線; 航路, …

路; 道, 手段, 方法, やり方, ルート, 手続き; 道, 道路, 車道, 街道; 〔体〕…道, …系; 〔法〕手続き, 処分 前 …を通って, …を経由して ***en ~(s) de …*** …の途上に ***por ~ de …*** …によって, …の手段で, …として ***Vía Láctea*** 〔天〕銀河 ***¡Vía libre!*** 道を開けてください!; これでじゃまがなくなった!

via-bi-li-'dad [ビア.ビ.リ.'ダド] 名 女 実行できること, 可能性, 実現性; (胎児・新生児の)生存能力, 成育力; 通行が可能なこと

'via-ble ['ビア.ブレ] 形 実行できる, 可能な, 実現性のある; 〔医〕《胎児・新生児が》生存[成育]する能力のある; 通行可能な

'vía'cru-cis ⇦ **via-'cru-cis** [ビア.'クる.すィス] 名 男 〔単複同〕〔宗〕キリストの受難の道; 長い苦難

via-'duc-to [ビア.'ドゥク.ト] 名 男 〔建〕陸橋, 高架橋

via-'jan-te [ビア.'はン.テ] 形 旅行する 名 共 〔商〕巡回販売員, 外交員, セールスマン

via-'jar [ビア.'はる] 83% 動 自 (por: を) 旅行する, 旅をする; (en: 乗り物で)移動する; 《交通機関が》運行する; 〔商〕セールスをする 動 他 〔商〕〈土地を〉セールスに回る

'via-je ['ビア.へ] 74% 名 男 旅行, 旅; 行き来, 行くこと, 移動, 往復; 荷物, 運搬物 ***¡Buen [Feliz] ~!*** よいご旅行を!, 行ってらっしゃい! 《旅行に出る人への挨拶(あいさつ)》

via-'je-ro, -ra [ビア.'へ.ろ, ら] 88% 名 男 女 旅行者, 旅人; 乗客, 旅客 形 旅をする, 移動する

'vial ['ビアル] 名 男 並木道, 遊歩道 形 道路の, 交通の

via-li-'dad [ビア.リ.'ダド] 名 女 〔集合〕道路網

'vian-da ['ビアン.ダ] 名 女 《格》〔食〕食品, 食べ物, 料理; 《カリブ》〔食〕根菜類, 肉料理につけた野菜

vian-'dan-te [ビアン.'ダン.テ] 名 共 旅行者, 徒歩の旅人; 浮浪人, 放浪者

'via-rio, -ria ['ビア.りオ, りア] 形 道路の

via-ti-'car [ビア.ティ.'カる] 動 他 69 (c|qu) 〔宗〕〈危篤の人に〉臨終の聖体を与える

'viá-ti-co ['ビア.ティ.コ] 名 男 旅費, 出張手当; 〔宗〕臨終の聖体拝領

'ví-bo-ra ['ビ.ボ.ら] 94% 名 女 〔動〕マムシ, 毒ヘビ[蛇]; 腹黒い人 ***lengua de ~*** 毒舌, 悪口; 毒舌家

vi-bra-'ción [ビ.ブら.'すぃオン] 93% 名 女 振動, 震え ***tener buenas vibraciones*** 《話》感じがいい

vi-bra-'dor, -'do-ra [ビ.ブら.'ドる, 'ド.ら] 形 振動する, 振動性の 名 男 〔機〕振動器

vi-'bran-te [ビ.'ブらン.テ] 形 震える, 振動性の; よく響く; 感動的な

vi-'brar [ビ.'ブらる] 94% 動 自 振動する, 揺れる, 震える 動 他 振動させる, 揺り動かす, 震わせる

vi-'brá-til [ビ.'ブら.ティル] 形 《格》振動する, 振動性の

vi-bra-'to-rio, -ria [ビ.ブら.'ト.りオ, りア] 形 震える, 振動性の

vi-'bur+no [ビ.'ブる.ノ] 名 男 《スペイン》〔植〕ガマズミ

'Vic 名 固 ⇩ Vich

vi-ca-'rí+a [ビ.カ.'り.ア] 名 女 〔宗〕助任司祭の職[地位, 任期]; 司祭館 ***pasar por la ~*** 結婚する

vi-ca-'ria-to 名 男 ⇧ vicaría

vi-'ca-rio, -ria [ビ.'カ.りオ, りア] 名 男 女 代理者, 代理役 形 代理の 名 男 〔宗〕助祭, 助任司祭; 〔宗〕教皇[司教]の代理 **-ria** 名 女 〔宗〕尼僧院長代理

vi-ce~ 〔接頭辞〕「副, 次, 補佐」という意味を示す

vi-ce-al-mi-'ran-te [ビ.せ.アル.ミ.'らン.テ] 名 男 〔軍〕海軍中将, 副司令官, 副提督

vi-ce-'cón-sul [ビ.せ.'コン.スル] 名 男 〔政〕副領事

vi-ce-go-ber-na-'dor, -'do-ra [ビ.せ.ゴ.べる.ナ.'ドる, 'ド.ら] 名 男 女 〔政〕副知事

vi-ce-'nal [ビ.せ.'ナル] 形 20 年ごとの; 20 年続く, 20年間の

Vi-'cen-te [ビ.'せン.テ] 名 固 〔男性名〕ビセンテ

vi-ce-pre-si-'den-cia [ビ.せ.プれ.スィ.'デン.すぃア] 名 女 〔政〕副大統領[副総裁]の職[地位]; 〔商〕副社長の職[地位]

vi-ce-pre-si-'den-te, -ta [ビ.せ.プれ.スィ.'デン.テ, タ] 名 男 女 〔政〕副大統領, 副総裁; 〔商〕副社長

vi-ce-rrec-'tor, -'to-ra [ビ.せ.れク.'トる, 'ト.ら] 名 男 女 副学長, 副校長

vi-ce-se-cre-'ta-rio, -ria [ビ.せ.セ.クれ.'タ.りオ, りア] 名 男 女 書記[秘書]官補佐

vi-ce-'ti-ple [ビ.せ.'ティ.プレ] 名 女 〔楽〕コーラスガール

vi-ce-'ver-sa [ビ.せ.'べる.サ] 副 逆に, 反対に 名 男 逆[反対]のこと ***y ~*** 逆もまた正しい, 逆もまた…である

'Vich ['ビク] 名 固 〔地名〕ビク《スペイン北東部の町; 11 世紀のロマネスク式の大聖堂がある》

Vi-'cha-da [ビ.'チャ.ダ] 名 固 〔地名〕ビチャダ《コロンビア東部の県》

vi-'chí [ビ.'チ] 名 男 〔複 -chíes⇦-chís〕〔衣〕ギンガム《縞(しま)や格子柄の木綿地》

V

vichy ['ビ.チ] 名 男〔フランス語〕⇧ vichí

vi-'cia-do, -da [ビ.'すぃア.ド, ダ] 形《空気が》汚れた, 濁った; 不正の, 無効の

vi-'ciar [ビ.'すぃアる] 動 他 損じる, 損なう, だめにする; 無効にする; 悪化させる, 堕落させる; 品質を低下させる[落とす];〈原文を〉改悪する; 曲解する, 歪曲(わいきょく)する **~se** 動 再 堕落する, 腐敗する, 悪い癖をつける; だめになる, 損なわれる

*'**vi-cio** ['ビ.すぃオ] 91% 名 男 悪, 悪徳, 悪習, 悪癖, 不道徳, 非行; 弱点, 欠点; (材木などの)反り, ゆがみ, ねじれ; (子供の)甘やかし; (植物の)成長しすぎ, 茂りすぎ;〖言〗(言葉の)誤用 ***de*** ~《話》わけもなく, いたずらに, 癖で ***jugar*** ~《コロンビア》《話》金を賭けないで遊ぶ

vi-'cio-so, -sa** [ビ.'すぃオ.ソ, サ] 94% 形 悪癖のある, 悪徳の; 堕落した; 欠点のある, 不備な, 誤りのある;〖植〗《植物が》繁茂した, 伸びすぎた;《話》甘やかされた, わがままに育った 名 男 女 堕落した人, 悪習[悪癖]のある人 ***círculo ~ 悪循環 **-samente** 副 悪く, 邪悪に, 不正に, 道徳に反して, よこしまに

vi-ci-si-'tud [ビ.すぃ.スィ.'トゥド] 名 女 移り変わり, 変遷, 栄枯盛衰, 浮沈

⁑'**víc-ti-ma** ['ビク.ティ.マ] 85% 名 女 (災害などの)犠牲者《亡くなった人》; (境遇・迫害・詐欺などの)被害者;〖宗〗いけにえ, 犠牲

vic-ti-'mar [ビク.ティ.'マる] 動 他 犠牲にする;《ラ米》殺す

vic-ti-'ma-rio, -ria [ビク.ティ.'マ.りオ, りア] 名 男 女《ラ米》殺人者

'**víc-tor** ['ビク.トる] 感 ブラボー!, ばんざい!

'**Víc-tor** ['ビク.トる] 名 固〖男性名〗ビクトル

⁑**vic-'to-ria** [ビク.'ト.りア] 85% 名 女 勝利, 戦勝; 征服, 克服 ***cantar*** ~ 勝利を喜ぶ, 勝利に酔いしれる ~ ***regia***〖植〗オオオニバス《南米原産》

V

Vic-'to-ria [ビク.'ト.りア] 名 固〖女性名〗ビクトリア;〖地名〗ビクトリア《セイシェル Seychelles の首都》;〔lago ~〕〖地名〗ビクトリア湖《アフリカ中央部の湖》

vic-to-'ria+no, -na [ビク.ト.'りア.ノ, ナ] 形〖歴〗ビクトリア女王(時代)の; ビクトリア朝の《Victoria, イギリスの女王; 在位 1837-1901》

***vic-to-'rio-so, -sa** [ビク.ト.'りオ.ソ, サ] 94% 形 勝利を得た, 勝った, 凱旋(がいせん)の; 勝利の, 勝ち誇った 名 男 女 勝利者, 勝者 **-samente** 副 勝ち誇って, 意気揚々と, 勝利を得て

vi-'cu-ña [ビ.'ク.ニャ] 名 女〖動〗ビクーニャ, ビクーナ《リャマの一種, 南米産》;〖衣〗ビクーニャの毛織物

*'**vid** ['ビド] 94% 名 女〖植〗ブドウの木

vid. 略 =〔ラテン語〕*vide* 参照せよ

⁑'**vi+da** ['ビ.ダ] 62% 名 女 (人の)一生, 生涯, 人生; 生活, 暮らし; 生命, 命, 生存; この世, 世間; 伝記, 身の上話; 元気, 活気, 生き生きとした様子, にぎわい; 生活に必要なもの, 糧(かて), 食事; 楽しみ, 娯楽, 生きがい; (物の)寿命 ***a ~ o muerte*** 生きるか死ぬかの[で], 生死にかかわる ***costar la*** ~ (a: の)命がかかる ***dar mala*** ~ (a: を)苦しめる, 虐待する ***darse una buena*** ~ 安楽に暮らす ***de por*** ~ 一生の間ずっと, 終身の ***en la [mi, tu, su]*** ~ ... かつて一度も…ない《否定の表現》 ***enterrarse en*** ~ 隠遁(いんとん)生活をする ***hacer por la*** ~《話》〖食〗食べる ***ir la*** ~ (en: が)とても大切である ***la otra*** ~ 来世, あの世 ***mi*** ~ / ~ ***mía***《話》ねえ, 君, おまえ《愛情を込めた呼び方》 ***mujer de la ~ alegre*** 売春婦 ***pasar a mejor*** ~ あの世へ行く, 死ぬ, 亡くなる ***pasar la ~ a tragos***《話》つらい人生を送る ***quitarse la*** ~ 自殺する ***tener siete ~s como los gatos***〔ことわざ〕猫のように七生を持つ, なかなか死なない, しぶとい ~ ***eterna***〖宗〗永遠の生命, 死後の生命, 来世

Vi-'dal [ビ.'ダル] 名 固〖姓〗ビダール

vide ['ビ.デ]〔ラテン語〕…を参照せよ

vi-'den-te [ビ.'デン.テ] 形 予言能力のある 名 共 先見者, 予言者

vi-'de+o 名 男《ラ米》⇩ vídeo

⁑'**ví-de+o** ['ビ.デ.オ] 89% 名 男《スペイン》ビデオ ~ ***a la carta***〖情〗ビデオオンデマンド

vi-de+o-'cá-ma-ra [ビ.デ.オ.'カ.マ.ら] 名 女〖機〗ビデオカメラ

vi-de+o-ca-'se-te [ビ.デ.オ.カ.'セ.テ] 名 男〖機〗ビデオカセット

vi-de+o-'cin-ta [ビ.デ.オ.'すぃン.タ] 名 女 ビデオテープ

vi-de+o-'clip [ビ.デ.オ.'クリプ] 名 男〔複 -clips〕〖映〗ビデオクリップ, プロモーションビデオ

vi-de+o-'club [ビ.デ.オ.'クルブ] 名 男〔複 -clubs; -clubes〕〖商〗レンタルビデオ店

vi-de+o-con-fe-'ren-cia [ビ.デ.オ.コン.フェ.'れン.すぃア] 名 女〖情〗テレビ会議, ビデオ会議

vi-de+o-con-'so-la [ビ.デ.オ.コン.'ソ.ラ] 名 女〖機〗〖遊〗テレビゲーム機

vi-de+o-'dis-co [ビ.デ.オ.'ディス.コ] 名 男 ビデオディスク

vi-de+o-'jue-go [ビ.デ.オ.'ふエ.ゴ] 名 男〖機〗〖遊〗ビデオゲーム

vi-de+o-'man-do 名 男〖情〗ジョイスティック

vi-de+o-te-'lé-fo+no [ビ.デ.オ.テ.'レ.フォ.ノ] 名 男〖情〗テレビ電話

vi-de+o-'tex-to [ビ.デ.オ.'テ(ク)ス.ト]

名 男〔情〕ビデオテキスト, ビデオテックス《電話網によって文字や画像を提供する》

vi-'do-rra [ビ.'ド.ら] 名 女《話》気楽な生活, 快適な暮らし

vi-'dria-do, -da [ビ.'ドりア.ド, ダ] 形〔技〕《陶器が》うわぐすりをかけた 名 男〔技〕うわぐすりをかけること;〔技〕うわぐすりをかけた陶器

vi-'driar [ビ.'ドりアる] 動 他〔技〕〈焼物に〉うわぐすりをかける **~se** 動 再 ガラス状[質]になる

vi-'drie-ra [ビ.'ドりエ.ら] 名 女〔建〕ステンドグラス;〔建〕ガラス戸[窓];《ラ米》〔商〕ショーウインドー

vi-drie-'rí+a [ビ.ドりエ.'り.ア] 名 女〔技〕ガラス工場;〔商〕ガラス販売店

‡**'vi-drio** ['ビ.ドりオ] 90% 名 男 ガラス; ガラス製品; 壊れやすい物; 感じやすい人, 怒りっぽい人 ***pagar los ~s rotos***《話》責任をかぶる, 尻(しり)ぬぐいをする

vi-'drio-so, -sa [ビ.'ドりオ.ソ, サ] 形 ガラスの(ような), ガラス質[状]の;《床などが》つるつる滑る; 壊れやすい, もろい; 微妙な; 怒りっぽい, 過敏な, 感じやすい; 無表情な, 生気のない

vi-'dual [ビ.'ドゥアル] 形 やもめ暮らしの

'Vied-ma ['ビエド.マ] 名 固〔地名〕ビエドマ《アルゼンチン中南部の都市》

'viei-ra ['ビエイ.ら] 名 女〔貝〕ホタテガイ

vie-je-'ci-to, -ta〔縮小語〕↓viejo

vie-'jí-si-mo, -ma〔最上級〕↓viejo

vie-'ji-to, -ta〔縮小語〕↓viejo

‡**'vie-jo, -ja** ['ビエ.ほ, は] 73% 形 年老いた, 老人の, 老齢の; 年上の, 年長の; 古い, 古びた, 古くさい, 旧式の; 昔の, 古代の, 古くからの, 旧…;《友が》昔なじみの, 古くからの, 懐かしい; 老練な 名 男 女 老人, 老婆;《話》〔親愛〕おやじ, おふくろ;〔夫に向かって〕あなた;《話》同僚, 仲間, 友人 ***de ~*** 中古の, 修理の

*__'Vie-na__ ['ビエ.ナ] 93% 名 固〔地名〕ウィーン《オーストリア Austria の首都》

'vie-ne, vie-nen ['ビエ.ネ, 'ビエ.ネン] 動《直現 1 単, 直現 3 複》↑venir

vie-'nés, -'ne-sa [ビエ.'ネス, 'ネ.サ] 形 名 男 女 ウィーンの(人)

Vien-'tián [ビエン.'ティアン] 名 固〔地名〕ビエンチャン《ラオス Laos の首都》

‡**'vien-to** ['ビエン.ト] 81% 名 男〔気〕風; むなしさ, 虚栄;〔楽〕管楽器;(テント・アンテナなどの)張り綱;〔動〕(動物の)嗅覚(きゅうかく);《話》おなら; 風向き, 形勢 ***a los cuatro ~s*** 四方八方に ***beber los ~s***《話》(por: を)したくてたまらない, 熱望する ***contra ~ y marea*** 万難を排して, あらゆる障害を乗り越えて ***correr malos ~s*** 形勢が不利になる, 時勢が傾く, 落ち目になる ***dar el ~*** (de: の)予感をさせる, 虫が知らせる ***irse con ~ fresco***《話》〔命令文で〕ちくしょう!, くたばれ! ***sorberse los ~s*** (por: に)のぼせる

*__'vien-tre__ ['ビエン.トれ] 92% 名 男〔体〕腹, 腹部, 内臓, 臓物;〔体〕子宮;〔医〕胎児; (腹のように)ふくらんだ部分; 大きな空洞, 空いた部分;〔物〕波腹《2 つの波節の中間部》 ***hacer de [descargar el, evacuar el] ~*** 排便する

'Vie-ques ['ビエ.ケス] 名 固〔地名〕ビエケス《プエルトリコ東部の県》

'vie-ra(~) 動《接過》↑ver

‡**'vier-nes** ['ビエる.ネス] 79% 名 男〔単複同〕金曜日 ***aprender en ~***《話》〔軽蔑〕くどくど言う, 繰り返す ***comer de ~***〔食〕肉を抜いた食事をする

'vie-ron 動《直点 3 複》↑ver

'vier-t~ 動《直現/接現/命》↑verter

vier-te-'a-guas [ビエる.テ.'ア.グアス] 名 男〔単複同〕〔建〕水切り

*__Viet-'nam__ [ビエト.'ナム] 93% 名 固〔地名〕ベトナム《アジア南東部の国》

viet-na-'mi-ta [ビエト.ナ.'ミ.タ] 形〔地名〕ベトナム(人)の↑Vietnam;〔言〕ベトナム語の 名 共 ベトナム人 名 男〔言〕ベトナム語

*__'vi+ga__ ['ビ.ガ] 94% 名 女〔建〕梁(はり), 桁(けた);〔機〕(オリーブなどの)圧搾機, しぼり機

*__vi-'gen-cia__ [ビ.'ヘン.すぃア] 92% 名 女 有効性, 効力

‡**vi-'gen-te** [ビ.'ヘン.テ] 89% 形《法律が》有効な, 現行法の, 現行の; 効力のある

vi-ge-si-'mal [ビ.ヘ.スィ.'マル] 形〔数〕20 からなる, 20 進法の

vi-'gé-si-mo, -ma [ビ.'ヘ.スィ.モ, マ] 形 名 男 女《序数》第 20(番目)の(人・物); 20 分の 1(の)

vi-ge-si-mo-'cuar-to, -ta 形 名 男 女《序数》⇨vigésimo[ma] cuarto[ta]

vi-ge-si-mo-no-'ve-no, -na 形 名 男 女《序数》⇨vigésimo[ma] noveno[na]

vi-ge-si-mo-oc-'ta-vo, -va 形 名 男 女《序数》⇨vigésimo[ma] octavo[va]

vi-ge-si-mo-pri-'me-ro, -ra 形 名 男 女《序数》⇨vigésimo[ma] primero[ra]

vi-ge-si-mo-'quin-to, -ta 形 名 男 女《序数》⇨vigésimo[ma] quinto[ta]

vi-ge-si-mo-se-'gun-do, -da 形 名 男 女《序数》⇨vigésimo[ma] segundo[da]

vi-ge-si-mo-'sép-ti-mo, -ma

[形][名][男][女]《序数》⇨vigésimo[ma] séptimo[ma]

vi-ge-si-mo-'sex-to, -ta [形][名][男][女]《序数》⇨vigésimo[ma] sexto[ta]

vi-ge-si-mo-ter-'ce-ro, -ra [形][名][男][女]《序数》⇨vigésimo[ma] tercero[ra]

vi-'gí+a [ビ.'ひ.ア] [名][共] 見張り番 [名][女]〔建〕望楼; 見張り, 監視, 用心, 警戒;〔海〕岩礁(がんしょう), 砂洲

vi-gi-'lan-cia [ビ.ひ.'ラン.すぃア] 90% [名][女] 見張り, 用心, 警戒, 監視; 自警団

vi-gi-'lan-te [ビ.ひ.'ラン.テ] 94% [名][共] 見張り番, 監視員, 警備員, 夜警; 警察官 [形] 寝ずに番をしている

vi-gi-'lar [ビ.ひ.'ラる] 91% [動][他] 見張る, 監視する; 注意する, 〈から〉目を離さないようにする;〔情〕モニターする [動][自] (por, sobre: に)注意している; (por, sobre: を)見張る

vi-'gi-lia [ビ.'ひ.リア] [名][女]〔医〕徹夜の看病; 徹夜(仕事);〔食〕肉抜きの料理, 精進料理;〔宗〕(宗教的祭日の)前夜, 前日, 宵祭り; 前夜祭の祈り; 通夜の祈り;〔一般〕(催しの)前夜, 前日;〔軍〕見張り, 寝ずの番

'Vi+go ['ビ.ゴ] [名][固]〔地名〕ビゴ《スペイン北西部の都市》

vi-'gor [ビ.'ゴる] 91% [名][男] 力, 活気, 勢い;〔法〕(法律の)効力, 強制力, 有効性; (言葉・態度などの)強さ, 迫力

vi-go-ri-'zan-te [ビ.ゴ.り.'さン.テ] [形] 元気づける, 活力を与える

vi-go-ri-'zar [ビ.ゴ.り.'さる] [動][他][34] (z|c) 〈の〉元気を出させる, 活気づける; 勇気づける, 励ます ~**se** [動][再] 元気づく; 勇気を奮い起こす

vi-go-'ro-so, -sa [ビ.ゴ.'ろ.ソ, サ] 94% [形] 精力旺盛な, 活気に満ちた, 活力にあふれる; 活発な, 力強い, 勢いのある

vi-gue-'rí+a [ビ.ゲ.'り.ア] [名][女]〔集合〕〔建〕梁(はり), 桁(けた)

vi-'gués, -'gue-sa [ビ.'ゲス, 'ゲ.サ] [形][名][男][女] ビゴの(人)

vi-'gue-ta [ビ.'ゲ.タ] [名][女]〔建〕小さな梁(はり), 小さな桁(けた)

VIH [略] =virus de inmunodeficiencia humana〔医〕ヒト免疫不全ウイルス《エイズウイルス, HIV》

vi+'hue-la [ビ.'ウエ.ラ] [名][女]〔楽〕ビウエラ《ギターに似た6弦の古楽器》

vi+hue-'lis-ta [ビ.ウエ.'リス.タ] [名][共]〔楽〕ビウエラ奏者

vi-'kin-go, -ga [ビ.'キン.ゴ, ガ] [形]〔歴〕バイキングの [名][男]〔歴〕バイキング

'vil ['ビル] 94% [形] 下劣な, 下品な, 卑しい, 恥ずべき, 不道徳な, 見下げ果てた; 《物が》値打ちのない, 取るに足らない ~**mente** [副] 卑劣に, 下品に, 卑しく ~ ***metal*** 金(かね), 金銭

vi-'le-za [ビ.'レ.さ] [名][女] 卑劣さ, 卑しさ; 卑劣な行為

vi-li-pen-'diar [ビ.リ.ペン.'ディアる] [動][他]《格》〈に〉悪口を言う, ののしる; さげすむ, けなす

vi-li-'pen-dio [ビ.リ.'ペン.ディオ] [名][男]《格》悪口, 中傷; 屈辱

vi-li-pen-'dio-so, -sa [ビ.リ.ペン.'ディオ.ソ, サ] [形]《格》恥ずべき, 卑しむべき, 見下げ果てた

'vi-lla ['ビ.ジャ] 88% [名][女] 別荘; 町;〔特定の地名について〕市

'Vi-lla 'Cla-ra ['ビ.ジャ 'クラ.ら] [名][固]〔地名〕ビジャクラーラ《キューバ中西部の県》

Vi-lla-'die-go [ビ.ジャ.'ディエ.ゴ]〔成句〕***tomar las de*** ~ 雲隠れする

Vi-lla-her-'mo-sa [ビ.ジャ.エる.'モ.サ] [名][固]〔地名〕ビジャエルモーサ《メキシコ南東部の都市》

vi-'lla-je [ビ.'ジャ.へ] [名][男] 村落, 小さな村

Vi-'llal-ba [ビ.'ジャル.バ] [名][固]〔姓〕ビジャルバ

vi-lla-'na-je [ビ.ジャ.'ナ.へ] [名][男]〔集合〕村人, 村民; 卑しさ, 下賤(げせん)

vi-llan-'ci-co [ビ.ジャン.'すぃ.コ] 94% [名][男]〔楽〕〔宗〕聖誕祭の歌, クリスマスキャロル;〔文〕ビジャンシーコ《リフレインを使った短い叙情詩》

vi-lla-'nes-co, -ca [ビ.ジャ.'ネス.コ, カ] [形] 田舎びた, ひなびた

vi-lla-'ní+a [ビ.ジャ.'ニ.ア] [名][女] 極悪; 悪事, 卑劣な行為; 卑しい生まれ; 卑猥(ひわい)な言葉, 下品な言葉

vi-'lla+no, -na [ビ.'ジャ.ノ, ナ] [名][男][女]〔歴〕(昔の)平民, 村人; 悪人, 悪党 [形] 平民の, 村人の; 不作法な, 粗野な, 下品な, 卑しい, 下劣な [名][男]《スペイン》〔楽〕ビジャーノ《16–17世紀のスペインの民謡・舞踊》

vi-'llar [名][男] ⇧villaje

Vi-lla-vi-'cen-cio [ビ.ジャ.ビ.'セン.すぃオ] [名][固]〔地名〕ビジャビセンシオ《コロンビア中部の都市》

vi-'llo-rrio [ビ.'ジョ.りオ] [名][男]〔軽蔑〕小さな村, 寒村, 田舎町

'Vil-na ['ビル.ナ] [名][固]〔地名〕ビリニュス《リトアニア Lituania の首都》

'vi+lo ['ビ.ロ]〔成句〕***con el alma en*** ~ 気をもんで, やきもきして ***en*** ~ 空中に, 空中に浮かんだ; 不安定な, 不安な; 気をもんで, やきもきして

'vi-mos [動]《直点1複》⬆ver

vi-'na-gre [ビ.'ナ.グれ] 92% [名][男]〔食〕酢(す), ワインビネガー;《話》気難しい人

vi-na-'gre-ro, -ra [ビ.ナ.'グれ.ろ, ら]

名 男 女〔商〕酢商人,〔技〕酢造り職人 -ra 名 女〔食〕酢の瓶(びん)

vi-na-'gre-ta [ビ.ナ.'グれ.タ] 名 女〔食〕ビネグレットソース《酢・油・薬味で作る》

vi-na-'gri-llo [ビ.ナ.'グり.ジョ] 名 男〔食〕酸味の弱い酢; ビナグリージョ《酢・アルコール・芳香エキスを混ぜた化粧水》

vi-na-'gro-so, -sa [ビ.ナ.'グろ.ソ, サ] 形〔食〕酢のような, すっぱい

vi-na-'je-ra [ビ.ナ.'へ.ら] 名 女〔宗〕祭壇用小瓶(びん)《聖餐(せいさん)のぶどう酒・水を入れる小容器》;〔複〕〔宗〕祭壇用小瓶と盆のセット[一式]

vi-na-'rie-go [ビ.ナ.'りエ.ゴ] 名 男 ブドウ栽培者

vi-na-te-'rí+a [ビ.ナ.テ.'り.ア] 名 女 ワイン業;〔商〕ワイン販売店

vi-na-'te-ro, -ra [ビ.ナ.'テ.ろ, ら] 形 ワインの[に関する] 名 男 女〔商〕ワイン商人

vi-'na-za [ビ.'ナ.さ] 名 女〔飲〕(ブドウのかすから作った)質の悪いワイン

'vin-cha ['ビン.チャ] 名 女《ラ米》〔衣〕ヘアバンド, カチューシャ

vin-cu-la-'ción [ビン.ク.ラ.'すぃオン] 名 女 つながり, 関連;〔法〕(不動産の)限嗣(げんし)相続

vin-cu-'lar [ビン.ク.'ラる] 動 他 つなぐ, 結ぶ, 結びつける; (a: に)束縛する, 縛りつける;〈望みを〉(en: に)おく, 託す;〔法〕〈不動産の〉限嗣(げんし)相続権を設定する **~se** 動 再 つながる, 結びつく

*'**vín+cu-lo** ['ビン.ク.ロ] 92% 名 男 きずな, 団結, 結合, 結びつき;〔法〕限嗣(げんし)相続

vin-di-'car [ビン.ディ.'カる] 動 他 69 (c|qu) 擁護する, 弁護する; 復讐(ふくしゅう)する;〔法〕〈失われた権利を〉要求する, 主張する **~se** 動 再 報復する

vin-di-ca-'ti-vo, -va [ビン.ディ.カ.'ティ.ボ, バ] 形 擁護する, 弁護の; 復讐(ふくしゅう)の

vin-'dic-ta [ビン.'ディク.タ] 名 女《格》復讐(ふくしゅう), 制裁

'vi+ne 動《直点 1 単》↑venir

'ví-ni-co, -ca ['ビ.ニ.コ, カ] 形〔飲〕ワインの, ワインを原料とした

vi-'ní-co-la [ビ.'ニ.コ.ラ] 形〔農〕ブドウ栽培の, ワイン生産の 名 共〔農〕ブドウ栽培者

vi-ni-cul-'tor, -'to-ra [ビ.ニ.クル.'トる, 'ト.ら] 名 男 女〔農〕ブドウ栽培者; ワイン醸造家

vi-ni-cul-'tu-ra [ビ.ニ.クル.'トゥ.ら] 名 女〔農〕ブドウ栽培; ワイン醸造

vi-'nie-ra(~) 動《接過》↑venir

vi-'nie-ron 動《直点 3 複》↑venir

vi-ni-fi-ca-'ción [ビ.ニ.フィ.カ.'すぃオン] 名 女〔飲〕ワインの醸造

vi-ni-fi-'car [ビ.ニ.フィ.'カる] 動 他 69 (c|qu)〔飲〕〈ブドウを〉ワインにする

vi-'ni-llo [ビ.'ニ.ジョ] 名 男〔飲〕アルコール分の少ないワイン

vi-'ni-mos; vi-'nis-te; vi-'nis-teis 動《直点》↑venir

'vi+no** ['ビ.ノ] 83% 名 男〔飲〕ワイン, ブドウ酒;〔飲〕果実酒《ブドウ以外の果物で作った酒》動《直点 3 単》↑venir ***dormir el ~*** 《話》酒を飲んで寝てしまう, 酔いつぶれる ***tener el ~ alegre*** 《話》酒を飲むと楽しくなる, 笑い上戸である ***tener el ~ triste*** 《話》酒を飲むと悲しくなる, 泣き上戸である ***tener mal ~*** 《話》酒癖が悪い

vi-no-'len-cia [ビ.ノ.'レン.すぃア] 名 女《格》ワインにおぼれること, 酒びたり

vi-no-'len-to, -ta [ビ.ノ.'レン.ト, タ] 形《格》ワインを飲みふける, 酒びたりの

vi-no-si-'dad [ビ.ノ.スィ.'ダド] 名 女〔飲〕ワインの特質[色, 味, 香り]

vi-'no-so, -sa [ビ.'ノ.ソ, サ] 形 ワインのような; ワイン色の

'vi+ña ['ビ.ニャ] 名 女〔農〕ブドウ畑, ブドウ園

vi-ña-'dor, -'do-ra [ビ.ニャ.'ドる, 'ド.ら] 名 男 女〔農〕ブドウ栽培家;〔農〕ブドウ園の見張り番

vi-ña-'te-ro, -ra 名 男 女 ⇧viñador

vi-'ñe-do [ビ.'ニェ.ド] 名 男〔農〕ブドウ畑, ブドウ園

vi-'ñe-ta [ビ.'ニェ.タ] 名 女〔絵〕(新聞・雑誌などの)風刺画, 風刺漫画, さし絵, カット, (漫画の)一こま;〔印〕(書物の章頭・章尾につけるブドウの葉・巻きひげ・枝などの)小さな飾り模様

'vio 動《直点 3 単》↑ver

'vio-la ['ビオ.ラ] 名 女〔楽〕ビオラ《バイオリンよりやや大きい擦弦(さつげん)楽器》;〔植〕スミレ 名 共 ビオラ奏者

vio-'lá-ce+o, +a [ビオ.'ラ.せ.オ, ア] 形 すみれ色(の), 青紫色の;〔植〕スミレ科の

*vio-la-'ción** [ビオ.ラ.'すぃオン] 92% 名 女〔法〕違反, 違背;〔法〕強姦; 侵入, 侵害; 冒瀆(ぼうとく), 不敬

vio-'la-do, -da [ビオ.'ラ.ド, ダ] 形 すみれ色の 名 男 すみれ色

vio-la-'dor, -'do-ra [ビオ.ラ.'ドる, 'ド.ら] 形〔法〕違反する, 侵害する 名 男 女〔法〕違反者;〔宗〕冒瀆(ぼうとく)者

*vio-'lar** [ビオ.'ラる] 92% 動 他〔法〕侵害する,〈に〉侵入する;〔法〕〈誓い・条約・法律などを〉破る, 犯す, 無視する;〔法〕〈女性に〉暴行する, 犯す;〔宗〕〈神聖を〉汚す, 冒瀆(ぼうとく)する

vio-'len-cia [ビオ.'レン.すぃア] 85% 名

㊛ 暴力, 乱暴; 力ずく; (精神的な)苦痛, 気まずさ; 暴行; 激しさ, 猛烈, すさまじさ

vio-len-'tar [ビオ.レン.'タる] 動 他 〈に〉暴力を加える, 〈に〉乱暴する; 〈家・部屋に〉押し入る, 〈に〉入り込む, こじあける; 〈書かれた内容を〉ゆがめる, 歪曲(わいきょく)する, 〈の〉無理な解釈をする **~se** 動 再 我慢する

vio-'len-to, -ta [ビオ.'レン.ト, タ] 89% 形 激しい, 猛烈な, 激烈な; «感情・言葉などが»激しい, 激した, 激情的な; 乱暴な, 暴力的な; 不自然な, ゆがんだ, ぎこちない; きまりの悪い, どぎまぎした, 気の進まない; やっかいな, 気まずい思いをさせる **-tamente** 副 激しく, 猛烈に, 乱暴に, ひどく; «感情などが»激しく, 激情的に

***vio-'le-ta** [ビオ.'レ.タ] 92% 名 ㊛ 〔植〕 スミレ, スミレ花; すみれ色, 紫色 形 すみれ色の, 紫色の

vio-le-'te-ra [ビオ.レ.'テ.ら] 名 ㊛ 〔商〕 スミレ売り

vio-le-'te-ro [ビオ.レ.'テ.ろ] 名 ㊚ (スミレ用の)小さな花瓶(かびん)

***vio-'lín** [ビオ.'リン] 93% 名 ㊚ 〔楽〕 バイオリン 名 ㊚㊛ 〔楽〕 バイオリン奏者

***vio-li-'nis-ta** [ビオ.リ.'ニス.タ] 94% 名 ㊚㊛ 〔楽〕 バイオリニスト, バイオリン奏者

vio-'lón [ビオ.'ロン] 名 ㊚ 〔楽〕 コントラバス 名 ㊚㊛ 〔楽〕 コントラバス奏者

vio-lon-ce-'lis-ta 名 ㊚㊛ ⇩ violonchelista

vio-lon-'ce-lo 名 ㊚ ⇩ violonchelo

vio-lon-che-'lis-ta 名 ㊚㊛ 〔楽〕 チェリスト, チェロ奏者

vio-lon-'che-lo 名 ㊚ 〔楽〕 チェロ

vi-pe-'ri+no, -na [ビ.ペ.'リ.ノ, ナ] 形 〔動〕 マムシの, 毒ヘビ[蛇]の; マムシのような, 悪意のある, 腹黒い ***lengua viperina*** 毒舌(家)

'vi+ra ['ビ.ら] 名 ㊛ (細く鋭い)矢; 〔衣〕 (靴底と甲の)継ぎ目革

Vi-ra-'co-cha [ビ.ら.'コ.チャ] 名 固 〔歴〕〔宗〕 ビラコーチャ 《古代インカの創造神》

vi-'ra-da [ビ.'ら.ダ] 名 ㊛ 〔海〕 (船の)方向転換

vi-ra-'dor [ビ.ら.'ドる] 名 ㊚ 〔写〕 調色用の液; 〔海〕 補助索

vi-'ra-go [ビ.'ら.ゴ] 名 ㊛ 男まさりの女

vi-'ra-je [ビ.'ら.ヘ] 名 ㊚ 方向転換, 方向を変えること; (考え・態度などを)変えること; 〔写〕 調色; 〔競〕 (水泳)ターン

vi-'rar [ビ.'らる] 動 自 進路を変える, 方向転換する 動 他 〈の〉進路を変える, 方向を転換する; 〔海〕 〈船の〉進路を変える; 〈錨などを〉巻き揚げる; 〔写〕 調色する **~ *en redondo*** 180 度方向を変える

vi-'re-mia [ビ.'れ.ミア] 名 ㊛ 〔医〕 ウイルス血症

'vir-gen ['ビる.ヘン] 85% 名 ㊛ 処女, 乙女; 〔V~〕 聖母マリア; 〔V~〕 〔天〕 おとめ座; 処女宮 形 新しい, 未使用の, 初めての, 未踏破の, 未墾の, 未加工の, 自然のままの; 処女の, 乙女らしい, 純潔な, 清らかな ***¡V~ María!*** 《話》 まあ!, なんということ! 《驚き・困惑》 ***viva la ~*** 《話》〔軽蔑〕 のんきな人, 楽天家, 無責任な人

vir-gi-'lia+no, -na [ビる.ひ.'リア.ノ, ナ] 形 ウェルギリウスの 《プブリウス・ウェルギリウス・マロー Publio Virgilio Marón, 前70–前19, ローマの詩人》

Vir-'gi-lio [ビる.'ひ.リオ] 名 固 〔男性名〕 ビルヒリオ

vir-gi-'nal [ビる.ひ.'ナル] 形 処女の; 純潔な, 無垢(むく)の

vir-'gí-ne+o, +a 形 ⇧ virginal

Vir-'gi-nia [ビる.'ひ.ニア] 名 固 〔女性名〕 ビルヒニア; 〔地名〕 バージニア州 《米国南東部の州》

vir-gi-'nia+no, -na [ビる.ひ.'ニア.ノ, ナ] 形 名 ㊚ ㊛ 〔地名〕 バージニア州の(人) ↑Virginia

vir-gi-ni-'dad [ビる.ひ.ニ.'ダド] 名 ㊛ 処女性, 童貞

'vir-go ['ビる.ゴ] 名 ㊛ 処女性; 〔体〕 処女膜 名 ㊚㊛ おとめ座生まれの人 《8月23日–9月22日生まれの人》 **V~** 名 ㊚ 〔天〕 おとめ座

vir-gue-'rí+a [ビる.ゲ.'リ.ア] 名 ㊛ 《話》〔軽蔑〕 ごてごてした飾り

'vír-gu-la ['ビる.グ.ラ] 名 ㊛ 小さい棒, さお; 〔医〕 コレラ菌

vir-gu-'li-lla [ビる.グ.'リ.ジャ] 名 ㊛ 〔印〕 文字の付加記号 《アクセント (´), エニェの記号 (~) など》

***vi-'ril** [ビ.'リル] 94% 形 成年男子の, 男盛りの, 男らしい; 力強い, たくましい

vi-ri-li-'dad [ビ.リ.リ.'ダド] 名 ㊛ 男であること, 男らしさ, 男盛り; 力強さ, たくましさ

vi-ro-'len-to, -ta [ビ.ろ.'レン.ト, タ] 形 〔医〕 天然痘の; 〔体〕 あばたの(ある) 名 ㊚ ㊛ 〔医〕 天然痘患者; 〔体〕 あばたのある人

vi-ro-lo-'gí+a [ビ.ろ.ロ.'ひ.ア] 名 ㊛ 〔生〕〔医〕 ウイルス学

vi-ro-'ló-gi-co, -ca [ビ.ろ.'ロ.ひ.コ, カ] 形 〔生〕〔医〕 ウイルス学の

vi-'ró-lo-go, -ga [ビ.'ろ.ロ.ゴ, ガ] 名 ㊚ ㊛ 〔生〕〔医〕 ウイルス学者

vi-'ro-te [ビ.'ろ.テ] 名 ㊚ 投げ矢; 《話》 くそまじめな男, 堅物

vi-'rrei-na [ビ.'れイ.ナ] 名 ㊛ 〔歴〕 副王の夫人

vi-rrei-'nal [ビ.れイ.'ナル] 形 〔歴〕 副王の, 副王領の

vi-rrei-'na-to [ビ.れイ.'ナ.ト] 名 ㊚

〘歴〙副王領, 副王の位[職, 権力, 任期]

vi-'rrei+no 名 男 ⇧ virreinato

vi-'rrey [ビ.'れイ] 名 男 〘歴〙副王, 総督, 太守

*__vir-'tual__ [ビる.'トゥアル] 93% 形 仮想の, バーチャルな; (名目は違うが)事実上の, 実際上の; 潜在的な, 可能性のある, 含蓄的な; 〘物〙虚像の ~**mente** 副 仮想的に; (名目は違うが)事実上は, 実際上は ***memoria*** ~ 〘情〙仮想メモリー

vir-tua-li-'dad [ビる.トゥア.リ.'ダド] 名 女 潜在性, 可能性; 《格》実質, 実際, (名目は違うが)事実上[実質上]そうであること

‡**vir-'tud** [ビる.'トゥド] 86% 名 女 徳, 善, 美徳, 長所, 美点, 力量; 徳行, 善行, 道徳的行為; 効力, 効果, 効能 ***en ~ de*** … …によって, …の力によって, …のおかげで

vir-tuo-'sis-mo [ビる.トゥオ.'スィス.モ] 名 男 〘芸〙名人芸, 妙技

*__vir-'tuo-so, -sa__ [ビる.'トゥオ.ソ, サ] 94% 形 名 男 女 徳の高い(人), 高潔な(人); 技術の優れた(人), 名手の; 〘芸〙名人芸の; 〘芸〙(芸術の)大家, 巨匠, 名演奏家, 名手

vi-'rue-la [ビ.'るエ.ラ] 名 女 〔複〕〘医〙天然痘, 疱瘡(ほうそう); 〘体〙(顔の)あばた; 粒, ぶつぶつ

vi-ru-'lé [ビ.る.'レ] 〔成句〕 ***a la ~*** 《スペイン》《話》ひどい状態で ***poner el ojo a la ~*** 《スペイン》《話》目のまわりにあざを作る

vi-ru-'len-cia [ビ.る.'レン.すぃア] 名 女 〘医〙ウイルス性; 悪性; 悪意, 意地悪

vi-ru-'len-to, -ta [ビ.る.'レン.ト, タ] 形 〘医〙ウイルス性の; 悪性の; 意地の悪い, 辛辣(しんらつ)な, 悪意に満ちた

'vi-rus ['ビ.るス] 名 男 〘医〙ウイルス, 病原体; 〘情〙(コンピューター)ウイルス

vi-'ru-ta [ビ.'る.タ] 名 女 かんなくず, 削りくず

'vis ['ビス] 〔成句〕 ***~ a ~*** 向かい合って, 直接会って ***~ cómica*** 〘演〙笑わせる技量

'vi+sa ['ビ.サ] 名 女 《*米国》《ラ米》⇩ visado

*__vi-'sa-do__ [ビ.'サ.ド] 94% 名 男 《スペイン》ビザ, 査証, 旅券の裏書きの手続き

vi-'sa-je [ビ.'サ.へ] 名 男 しかめ面

vi-'sar [ビ.'サる] 動 他 〘法〙査証する, 〈に〉ビザを与える; 〈書状などに〉裏書きする

'vís-ce-ra ['ビ(ス).せ.ら] 名 女 〔複〕〘体〙〘動〙内臓, はらわた

vis-ce-'ral [ビ(ス).せ.'らル] 形 〘体〙〘動〙内臓の; 奥深い, 根深い

'vis-co ['ビス.コ] 名 男 鳥もち

vis-co-si-'dad [ビス.コ.スィ.'ダド] 名 女 ねばり, 粘着性, 粘性; ねばねばしたもの

*__vis-'co-so, -sa__ [ビス.'コ.ソ, サ] 94% 形 ねばねばする, 粘りのある, 粘着性の

vi-'se-ra [ビ.'セ.ら] 名 女 〘衣〙(帽子などの)ひさし, つば; サンバイザー; (かぶとの)面頬(めんぼお); 〘車〙遮光板, 日除け

vi-si-bi-li-'dad [ビ.スィ.ビ.リ.'ダド] 名 女 視界, 視程, 目に見えること[状態]

‡**vi-'si-ble** [ビ.'スィ.ブレ] 89% 形 目に見える, 肉眼で見える, 可視の; 見苦しくない, 身なりのちゃんとした; 明らかな, 明白な; 目立つ, 特徴のある ~**mente** 副 明白に, 目に見えて, 明らかに

vi-si-'go-do, -da [ビ.スィ.'ゴ.ド, ダ] 形 名 男 女 〘歴〙西ゴート族の(人) 《4 世紀にローマ帝国に侵入して 414 年イベリア半島にトレド Toledo を首都とする西ゴート王国を建設》

vi-si-'gó-ti-co, -ca [ビ.スィ.'ゴ.ティ.コ, カ] 形 〘歴〙西ゴート族の

vi-'si-llo [ビ.'スィ.ジョ] 名 男 (窓につける)薄地のカーテン

‡**vi-'sión** [ビ.'スィオン] 85% 名 女 光景, 景色, 情景; 視力, 視覚; 幻影, 幻; 〔軽蔑〕醜いもの[人], おかしな様子, 滑稽なもの; 見ること; 見通し, 洞察, ビジョン, 直感力; 〘宗〙神を見ること

vi-sio-'nar [ビ.スィオ.'ナる] 動 他 〈ビデオなどを〉見る, 試聴する

vi-sio-'na-rio, -ria [ビ.スィオ.'ナ.りオ, りア] 形 幻を見る, 妄想を抱く 名 男 女 幻視家 《予見的な幻を見る人》

vi-'sir [ビ.'スィる] 名 男 〘政〙(イスラム教国, 特に旧トルコ帝国の)高官, 大臣

‡**vi-'si-ta** [ビ.'スィ.タ] 81% 名 女 訪問; 訪問客, 来客, 客; 見物, 見学; 見舞い, 面会; 〘医〙診察, 往診; 視察, 点検, 検査 ***devolver la ~*** (a: に)お返しの訪問をする ***~ de médico*** 短い訪問

Vi-si-ta-'ción [ビ.スィ.タ.'すぃオン] 名 女 〘宗〙(聖母マリアの)訪問

vi-si-ta-'dor, -'do-ra [ビ.スィ.タ.'ドる, 'ド.ら] 形 名 男 女 よく訪れる, しばしば訪問する; よく訪れる人; 〘政〙視察官

*__vi-si-'tan-te__ [ビ.スィ.'タン.テ] 91% 形 訪問の, 客員の 名 共 訪問者, 来客; 見学者; 見舞い客

‡**vi-si-'tar** [ビ.スィ.'タる] 82% 動 他 〈に〉会いに行く, 訪問する; 〈場所を〉訪れる, 見物に行く, 参拝する, 参観する; 〘医〙《医師が》往診する; 〘政〙視察に行く, 巡視する; 調査に行く

vi-si-'te+o [ビ.スィ.'テ.オ] 名 男 《話》たびたび訪問すること; 大勢から訪問を受けること

vis-lum-'brar [ビス.ルン.'ブらる] 動 他 〈が〉見え始める, 〈の〉糸口が見つかる; 推量する, 推察する ~**se** 動 再 かすかに見える

vis-'lum-bre [ビス.'ルン.ブれ] 名 女 〔男〕兆し, かすかな表れ; かすかな光

V

'vi+so ['ビ.ソ] 名 男 〔複〕光沢, つや; 〔複〕外見, 見かけ, 様子; 〖衣〗アンダードレス, スリップ　*bajo ~s de* …… …をよそおって, …を理由にして　*de ~* 有名な, 偉い

vi-'són [ビ.'ソン] 名 男 〖動〗ミンク《イタチ科の哺乳類》; 〖衣〗ミンクの毛皮(のコート)

vi-'sor [ビ.'ソる] 名 男 〖写〗(カメラの)ファインダー; 〖情〗ディスプレー

*'**vís-pe-ra** ['ビス.ペ.ら] 93% 名 女 (祭日などの)前日; (何かが起こる)直前; 〔複〕〖宗〗晩課　*en ~s de* …… …の直前に, …を目前にひかえて

'vis-t~ 動《活用》↑vestir

'vis-ta ['ビス.タ] 74% 名 女 視覚, 視力; 光景, 風景, 眺め, 景観; 視界, 視野; 外観, 外見, 見かけ; 風景画[写真]; 見ること, 見えること; 視線; ひと目, 一見; 見方, 考え, 意見; 考察, 観測, 見通し; 目的, 意図, 計画, 見込み　*a la ~* 見たところ, 外見では; 明らかで; 見てすぐ, 初見で; 目に見えて, 目の届くところに; 近い将来に 動《接現 1/3 単》↑vestir; 《過分女》↑ver　*a la ~ de* …… …を見て, …を見ると, …を前にして; …の面前で; …を考慮して, …のために　*a simple ~* 一見して　*aguzar la ~* 目をこらす　*alzar la ~* 目を上げる; (a: に)助けを求める　*comerse con la ~* 《話》食い入るように見る　*con ~s a* …… …を意図して, …を目的として; …に備えて　*conocer de ~* 見かけたことがある, 顔を知っている　*corto[ta] de ~* 近視の; 近視眼的な　*dar una ~* (a: を)ちょっと見る　*echar la ~* 《話》(a: に)目[目星]をつける　*echar una ~* 見守る, 見張っている; ざっと[ちらりと]見る　*en ~ de* …… …を見て, …を考慮して　*hacer la ~ gorda* 《話》見て見ぬふりをする　*¡Hasta la ~!* 《話》また会いましょう　*írsele la ~* (a: が)めまいがする　*pasar la ~* (a: に)目を通す, …をざっと読む　*perder de ~* 見失う　*saltar a la ~* とても目につく, 目立つ　*tener a la ~* 目の前にしている; 心得ておく, 予定しておく　*tener mucha ~* 先見の明がある, 抜け目がない; 外見がよい, 見栄えがよい　*torcer la ~* 横目で見る　*volver la ~ atrás* 過去を振り返る

'vis-tas 動《過分女複》↑ver

*__vis-'ta-zo__ [ビス.'タ.そ] 93% 名 男 一見, 一瞥(いちべつ), ちらりと見ること

'vis-te 動《直点 2 単》↑ver; 《直現 3 単/命》↑vestir

vis-'tie~ 動《活用》↑vestir

vis-'ti-lla [ビス.'ティ.ジャ] 名 女 〔複〕展望台, 見晴らし台; 〔複〕見張り台

'vis-to, -ta ['ビス.ト, タ] 形 見られた; 予見された, わかっていた; 〖法〗審理された　*bien ~[ta]* 世間体がよい, 適切である, よく思われる, 礼儀にかなっている　*estar muy ~[ta]* 《話》古い, 月並みである　*estar ~ que* …… 《話》…は明らかだ, 目に見えている　*mal ~[ta]* 世間体が悪い, 適切でない, よくない　*por lo ~* 《文修飾》見たところ, 明らかに　*~ bueno* 承認　*~ que* …… …なので　*~[ta] y oído[da]* ありふれた, 月並みの

vis-to-si-'dad [ビス.ト.スィ.'ダド] 名 女 目立つこと, 派手さ, 鮮やかさ

*__vis-'to-so, -sa__ [ビス.'ト.ソ, サ] 94% 形 目立つ, 派手な, 鮮やかな

Vis-'tu-la [ビス.'トゥ.ラ] 名 固 〔el ~〕〖地名〗ビスワ川《ポーランド最大の川》

vi-'sual [ビ.'スアル] 90% 形 視覚の, 視覚による 名 女 視線　*tirar [trazar] ~es* 〖技〗測量する　**~mente** 副 視覚によって, 目に訴えて

vi-sua-li-za-'ción [ビ.スア.リ.さ.'すぃオン] 名 女 視覚化

vi-sua-li-za-'dor [ビ.スア.リ.さ.'ドる] 名 男 〖情〗ディスプレー

vi-sua-li-'zar [ビ.スア.リ.'さる] 動 他 ㉞ (z|c) 視覚化する, 映像化する

vi-'tal [ビ.'タル] 88% 形 生命の, 生命に関する; きわめて重大な, 不可欠の; 生死にかかわる, 致命的な; 活力がある

vi-ta-'li-cio, -cia [ビ.タ.'リ.すぃオ, すぃア] 形 終生の, 終身の 名 男 生命保険; 終身年金

*__vi-ta-li-'dad__ [ビ.タ.リ.'ダド] 93% 名 女 活気, 生気, 元気, バイタリティー, 生き生きとしていること; 生命力, 活力, 生活力; 重要性

vi-ta-'lis-mo [ビ.タ.'リス.モ] 名 男 〖哲〗生気論《生命に非生物にはない特別な力を認める》

vi-ta-'lis-ta [ビ.タ.'リス.タ] 形 名 共 〖哲〗生気論の[論者]↑vitalismo; 熱情的な人

vi-ta-'mi-na [ビ.タ.'ミ.ナ] 89% 名 女 〖医〗ビタミン

vi-ta-'mí-ni-co, -ca [ビ.タ.'ミ.ニ.コ, カ] 形 〖医〗ビタミンの, ビタミンが豊富な

vi-'tan-do, -da [ビ.'タン.ド, ダ] 形 《格》避けなければならない, 回避すべき; 《格》忌まわしい, 呪うべき

vi-'te-la [ビ.'テ.ラ] 名 女 〖歴〗子牛皮紙, 上質皮紙

vi-'te-lo [ビ.'テ.ロ] 名 男 〖生〗卵黄

vi-'tí-co-la [ビ.'ティ.コ.ラ] 形 〖農〗ブドウ栽培の 名 共 〖農〗ブドウ栽培家

vi-ti-cul-'tor, -'to-ra [ビ.ティ.クル.'トる, 'ト.ら] 名 男 女 〖農〗ブドウ栽培家

vi-ti-cul-'tu-ra [ビ.ティ.クル.'トゥ.ら] 名 女 〖農〗ブドウ栽培

'vi+to ['ビ.ト] 名 男 《スペイン》〖楽〗ビト《アンダル

V

シア地方の民謡・舞踊》

'Vi+to ['ビ.ト]〔成句〕 ***baile*** [***mal***] ***de san*** **～**〘医〙舞踏病

vi-'to-la [ビ.'ト.ラ] 名 女 銃口を測る測定器; 葉巻のバンド; (人の)姿, 風采(ふうさい); (物の)様子, 外見

'ví-tor ['ビ.トる] 名 男〔しばしば複〕喝采(かっさい), 歓呼

vi-to-re+'ar [ビ.ト.れ.'アる] 動 他 〈に〉喝采(かっさい)する, 〈に〉歓声をおくる

Vi-'to-ria [ビ.'ト.りア] 名 固〘地名〙ビトリア《スペイン北部の都市, アラバ Álava 県の県都》

vi-to-'ria+no, -na [ビ.ト.'りア.ノ, ナ] 形 名 男 女〘地名〙ビトリアの(人)⬆Vitoria

vi-'tral [ビ.'トらル] 名 男〘建〙ステンドグラス(の窓)

'ví-tre+o, +a ['ビ.トれ.オ, ア] 形 ガラスの, ガラス質状の; ガラスのような

vi-tri-fi-ca-'ción [ビ.トり.フィ.カ.'すぃオン] 名 女 ガラス化

vi-tri-fi-'car [ビ.トり.フィ.'カる] 動 他 69 (c|qu) ガラス(質)に変える **～se** 動 再 ガラス(質)に変わる

***vi-'tri-na** [ビ.'トり.ナ] 94% 名 女〘商〙ショーケース; 飾り棚, ガラスケース;〘商〙ショーウインドー, 陳列窓

vi-'trió-li-co, -ca [ビ.'トりオ.リ.コ, カ] 形〘化〙硫酸塩の

vi-'trio-lo [ビ.'トりオ.ロ] 名 男〘化〙硫酸塩

vitro ['ビ.トろ]〔成句〕 ***in*** **～**〔ラテン語〕〘生〙〘医〙試験管内の[で]

vi-'tro-la [ビ.'トろ.ラ] 名 女《ラ米》〘歴〙〘機〙(昔の)蓄音機, レコードプレーヤー

vi-'tua-lla [ビ.'トゥア.ジャ] 名 女〔複〕(軍隊などの)糧食

vi-tu-pe-'ra-ble [ビ.トゥ.ペ.'ら.ブレ] 形 非難されるべき

vi-tu-pe-ra-'ción [ビ.トゥ.ペ.ら.'すぃオン] 名 女 悪罵(あくば), 毒舌, 叱責(しっせき)

vi-tu-pe-'rar [ビ.トゥ.ペ.'らる] 動 他 ののしる, 非難する, 〈の〉悪口を言う

vi-tu-'pe-rio [ビ.トゥ.'ペ.りオ] 名 男 ののしり, 悪口, 非難; 恥, 醜態

***'viu-da** ['ビウ.ダ] 93% 名 女 未亡人, やもめ, 寡婦

viu-'dal [ビウ.'ダル] 形 未亡人の, 男やもめの

viu-de-'dad [ビウ.デ.'ダド] 名 女 寡婦であること, やもめであること; 寡婦年金

viu-'dez [ビウ.'デす] 名 女 未亡人[男やもめ]の暮らし

⁑'viu-do, -da ['ビウ.ド, ダ] 90% 形 未亡人[男やもめ]となった 名 男 男やもめ

'vi+va ['ビ.バ] 名 女 万歳の声, 歓呼, 声援 形《女》⬇vivo

vi-'vac [ビ.'バク] 名 男〔複 -vacs〕〘軍〙衛兵所, 番所; 露営地, 野営地; (登山の)ビバーク

vi-va-ci-'dad [ビ.バ.すぃ.'ダド] 名 女 元気, 活気; (頭の)鋭さ, 才気

vi-'va-les [ビ.'バ.レス] 名 共〔単複同〕《スペイン》《話》ずるい人

'vi-va-'men-te 副 ⬇vivo

vi-van-'de-ro, -ra [ビ.バン.'デ.ろ, ら] 名 男 女《中米》〘商〙食品市場の店員

vi-'va-que [ビ.'バ.ケ] 名 男 ⇧vivac

vi-va-que+'ar [ビ.バ.ケ.'アる] 動 自〘軍〙野営する; (登山で)ビバークする

vi-'var [ビ.'バる] 名 男〘畜〙ウサギの飼育場;〘魚〙(魚卵などの)孵化(ふか)場, 養殖場

vi-va-'ra-cho, -cha [ビ.バ.'ら.チョ, チャ] 形 明るい, 陽気な, 生き生きとした

vi-'vaz [ビ.'バす] 形 精力的な, 活気のある; 鋭い, 敏感な, 才気あふれた;〘植〙多年性の; 長命の, 長生きする

vi-'ven-cia [ビ.'ベン.すぃア] 名 女 経験, 生活体験

vi-ven-'cial [ビ.ベン.'すぃアル] 形 経験の, 生活体験の

'ví-ve-res ['ビ.べ.れス] 名 男《複》〘食〙食糧, 糧食

vi-'ve-ro [ビ.'べ.ろ] 名 男 養殖場, 孵化(ふか)場;〘農〙温床, 苗床, 苗木畑; (de: 人の)養成所, 巣立つ所, 源, 温床

vi-'ve-za [ビ.'べ.さ] 名 女 活発, 元気, 陽気, はつらつさ, 生き生きしていること; 鋭さ, 鋭敏さ, 才気; 激しさ, 強さ, 強烈さ; (色の)明るさ, 鮮明さ

'ví-vi-do, -da ['ビ.ビ.ド, ダ] 形 活発な, 元気な, 陽気な, 生き生きとした, きびきびした; 鋭い, 鋭敏な; 強烈な, 鮮明な

vi-vi-'dor, -'do-ra [ビ.ビ.'ドる, 'ド.ら] 形 名 男 女 生きている(人); ご都合主義の[主義者], 要領のいい(人);《コロンビア》《話》居候(いそうろう)(の), たかり屋(の)

⁑vi-'vien-da [ビ.'ビエン.ダ] 86% 名 女 住宅, 住居

vi-'vien-te [ビ.'ビエン.テ] 形 生きている

vi-vi-fi-ca-'ción [ビ.ビ.フィ.カ.'すぃオン] 名 女 生命を与えること; 元気づけること

vi-vi-fi-'can-te [ビ.ビ.フィ.'カン.テ] 形 活気づける, 生気を与える

vi-vi-fi-'car [ビ.ビ.フィ.'カる] 動 他 69 (c|qu) 〈に〉生命を与える, よみがえらせる; 元気づける, 〈に〉活気を与える

vi-'ví-pa-ro, -ra [ビ.'ビ.パ.ろ, ら] 形〘動〙胎生の 名 男〘動〙胎生動物

⁑vi-'vir [ビ.'ビる] 65% 動 自 生きる, 生きている, 生存する; 暮らす, 生活する; 住む, 居住する; 人生を知る, 人生を味わう, 人生を送る; 存続する, (人の記憶に)残る; (con:

V

と)同棲する [動] [他] 経験する, 生きる, 過ごす [名] [男] 生活, 生活様式 *de mal* ~ 《話》よからぬ生活の, ごろつきの *no dejar* ~ 《話》(a: を)悩ませる *¿Quién vive?* 〔軍〕誰だ?《歩哨の誰何(すいか)》 *saber* ~ 人生の楽しみ方を知っている *¡Viva / Vivan!* 万歳! ~ *al día* | ~ *a la que salga* その日暮らしの生活をする ~ *en grande* / ~ *a lo grande* 豪勢に暮らす

vi-vi-sec-'ción [ビ.ビ.セク.'すぃオン] [名] [女] 〔医〕生体解剖

vi-'vi-to, -ta [ビ.'ビ.ト, タ]〔成句〕 ~[*ta*] *y coleando* 《話》«人が»元気である, ぴんぴんしている; 《話》«事が»終わっていない, 解決がついていない

'vi+vo, +va ['ビ.ボ, バ] 81% [形] 生きている; (人の記憶に)残っている, 生き生きとしている; 現在行われている, 現存の, 現行の, 今の, まだ新しい; 生き生きとした, 活気のある; 強い, 激しい; 鮮明な, 鮮やかな; 鋭敏な, 敏感な, 利口な, 頭の切れる; むき出しの [名] [男] 縁, 縁飾り, 装飾 **-vamente** [副] 心から, 深く; きっぱりと, 決然と; 生き生きと, はつらつと; 生々しく, 鮮やかに, 目の覚めるように *a lo* ~ 生き生きと; 激しく *dar* [*llegar*] *en lo* ~ 傷つける, 痛いところをつく *en* ~ 《ラ米》〔放〕実況の[で]; 生きた状態で *lo* ~ 問題の核心; 微妙な点

viz~〔接頭辞〕「副, 次, 補佐」という意味を示す

viz-'ca-cha [ビす.'カ.チャ] [名] [女] 〔動〕ビスカーチャ《南米産の齧歯(げっし)類》

viz-ca+'í+no, -na [ビす.カ.'イ.ノ, ナ] [形] [名] [男] [女] 〔地名〕ビスカージャの(人) ↓Vizcaya

Viz-'ca-ya [ビす.'カ.ジャ] [名] [固] 〔地名〕ビスカージャ《スペイン北部バスク地方の県》

viz-con-'da-do [ビす.コン.'ダ.ド] [名] [男] 子爵の位; 子爵領

viz-'con-de [ビす.'コン.デ] [名] [男] 子爵

viz-con-'de-sa [ビす.コン.'デ.サ] [名] [女] 子爵夫人; 女子爵

Vla-di-vos-'tok [ブラ.ディ.ボス.'トク] [名] [固] 〔地名〕ウラジオストク《ロシア連邦東部, 日本海に臨む港湾都市》

V. M. [略] =vuestra majestad《尊称》陛下

v.º [略] =vuelto (紙面の)裏

V. O. [略] =versión original《映画》オリジナル版

V.º B.º [略] =visto bueno 承認

*__vo-'ca-blo__ [ボ.'カ.ブロ] 94% [名] [男] 言葉, 単語

*__vo-ca-bu-'la-rio__ [ボ.カ.ブ.'ラ.りオ] 92% [名] [男]〔集合〕語, 用語, 語彙(ごい), 用語数; 語彙集, 用語集

*__vo-ca-'ción__ [ボ.カ.'すぃオン] 91% [名] [女] 天職, 使命, 職業, 仕事; 適性, 才能, 素質; 〔宗〕(宗教・信仰生活への)神のお召し, 召命

vo-ca-cio-'nal [ボ.カ.すぃオ.'ナル] [形] 天職の, 使命の, 職業の

*__vo-'cal__ [ボ.'カル] 91% [名] [女] 〔音〕母音, 母音字 [名] [共] 会員, 団員, 理事 [形] 声の, 音声の, 発声の; 口で言う, 口頭の; 〔楽〕声楽の; «会員が»発言権のある *cuerdas* ~*es* 〔体〕声帯

vo-'cá-li-co, -ca [ボ.'カ.リ.コ, カ] [形] 〔音〕母音の

vo-ca-'lis-mo [ボ.カ.'リス.モ] [名] [男] 〔音〕母音組織

vo-ca-'lis-ta [ボ.カ.'リス.タ] [名] [共] 〔楽〕歌手, ボーカリスト

vo-ca-li-za-'ción [ボ.カ.リ.さ.'すぃオン] [名] [女] 〔楽〕発声, 母音による発声練習; 〔音〕(子音の)母音化

vo-ca-li-'zar [ボ.カ.リ.'さる] [動] [自] 34 (z|c) はっきり発音する; 〔楽〕(母音で)発声練習する [動] [他] 〔音〕‹子音を›母音化する; 〔言〕‹アラビア語などに›母音(符)をつける

vo-ca-'ti-vo, -va [ボ.カ.'ティ.ボ, バ] [形] 〔言〕呼格の [名] [男] 〔言〕呼格

vo-ce+a-'dor, -'do-ra [ボ.せ.ア.'ドる, 'ド.ら] [形] [名] [男] [女] 大声でどなる[叫ぶ](人)

vo-ce+'ar [ボ.せ.'アる] [動] [他] 公表する; 大声で呼ぶ, 大声で売り歩く; 歓呼して迎える, 拍手喝采(かっさい)する; 表す, 告げる, わからせる; 自慢する [動] [自] 叫ぶ, どなる, 大声を出す

vo-ce-'ci-ta〔縮小語〕↓voz

vo-ce-'rí+o [ボ.せ.'り.オ] [名] [男] 騒動, 騒音, 叫び

vo-'ce-ro, -ra [ボ.'せ.ろ, ら] [名] [男] [女] 《ラ米》〔政〕スポークスマン, 代弁者

'vo-ces [名] [女] 《複》↓voz

vo-ci-fe-ra-'ción [ボ.すぃ.フェ.ら.'すぃオン] [名] [女] わめき声, 喧噪(けんそう)

vo-ci-fe-'rar [ボ.すぃ.フェ.'らる] [動] [自] 大声で叫ぶ, どなる

vo-cin-gle-'rí+a [ボ.すぃン.グレ.'り.ア] [名] [女] 大声で話すこと, 叫び声; がやがやしていること, 騒音, 騒々しさ

vo-cin-'gle-ro, -ra [ボ.すぃン.'グレ.ろ, ら] [形] [名] [男] [女] 大声で話す(人), わめく(人); (べらべらと)むだ口をたたく(人)

'vod-ca [名] [男] ⇨ [女] ⇩ vodka

vo-de-'vil [ボ.デ.'ビル] [名] [男] 〔演〕ボードビル, 演芸

'vod-ka ['ボド.カ] [名] [男] [[女]] 〔飲〕ウオッカ

Vol., vol. [略] ↓volumen

vo-la-'de-ro, -ra [ボ.ラ.'デ.ろ, ら] [形] 飛ぶことができる; 束の間の, はかない [名] [男] 〔地〕絶壁, 断崖

V

vo-la-'di-zo, -za [ボ.ラ.'ディ.そ, さ] 形〔建〕突出した, 突起した, 出っ張った 名 男〔建〕軒;〔建〕突出[突起]部, 出っ張り

vo-'la-do, -da [ボ.'ラ.ド, ダ] 形《話》急いだ; 困った, 当惑した; 落ち着かない, そわそわした;〔印〕《文字が》肩つきの, スーパースクリプトの; 《話》(麻薬で)幻覚状態にある;《コロンビア》《話》頭がおかしい 名 男〔印〕肩つき文字, スーパースクリプト;《コロンビア》〔建〕バルコニー **-da** 名 女〔空〕(短い)飛行 *ir de volada*《ラ米》急いで行く

vo-la-'dor, -'do-ra [ボ.ラ.'ドる, 'ド.ら] 形 飛ぶ; ぶら下がった; 速い, 迅速な 名 男 ロケット花火;〔魚〕トビウオ;《メキシコ》〔演〕ボラドール《1本のポールに結ばれた4本の綱に腰や足を結びつけて回転しながら降りる先スペイン期からの芸能》

vo-la-'du-ra [ボ.ラ.'ドゥ.ら] 名 女 爆破;《ラ米》いいかげんさ, ふざけ

vo-'lan-das [ボ.'ラン.ダス]〔成句〕 *en* ~ すばやく, すぐ; 空中に, 宙づりで

vo-lan-'de-ro, -ra [ボ.ラン.'デ.ろ, ら] 形〔鳥〕巣立ちする; つり下がっている, ぶら下がっている; 一時的な; じっとしていない, 変化しやすい

vo-lan-'ta-zo [ボ.ラン.'タ.そ] 名 男〔車〕急ハンドル

***vo-'lan-te** [ボ.'ラン.テ] 93% 形 飛ぶ(ことのできる); 移動する, 定まらない 名 男〔車〕ハンドル; ちらし, 広告, パンフレット;〔衣〕フリル;〔競〕〔サッカー〕ボランチ《攻守両面に参加するミッドフィルダー》;〔競〕シャトル《バドミントンや羽根つき遊びの羽子》;〔機〕はずみ車;《メキシコ》《中米》《ベネズエラ》《チリ》《ラプラタ》ハンドアウト

vo-lan-'tín, -'ti-na [ボ.ラン.'ティン, 'ティ.ナ] 形 移動する, 定まらない 名 男 (複数の針をつけた)釣り糸;《ラ米》〔遊〕凧(たこ);《メキシコ》〔遊〕回転木馬, メリーゴーラウンド;《メキシコ》《中米》《南北米》《アンデス》宙返り

vo-lan-'tón, -'to-na [ボ.ラン.'トン, 'ト.ナ] 形〔鳥〕巣立ちの 名 男〔鳥〕巣立ちしたばかりのひな鳥

vo-la-'pié [ボ.ラ.'ピエ] 名 男〔牛〕ボラピエ《マタドール matador が走りながら牛の肩に剣を刺す技》

****vo-'lar** [ボ.'ラる] 86% 動 自 ⑯ (o|ue)〔鳥〕〔空〕飛ぶ, (飛行機で)飛ぶ, 飛行する; 風で飛ぶ, 風になびく; 大急ぎでする; 過ぎ去る, 消える, なくなる;《ニュースなどが》すぐに広がる 動 他 爆破する, 吹き飛ばす; 怒らせる, いらいらさせる **~se** 動 再 風で飛ぶ, 吹き飛ぶ, 舞い上がる;《ラ米》かっとなる, 怒る *echar(se) a* ~ 巣立つ; 自立する *El pájaro voló.* チャンスは消えた *volando*《話》急いで

vo-'la-te [ボ.'ラ.テ] 名 男《コロンビア》やっかいなこと, 騒ぎ

vo-la-te-'rí+a [ボ.ラ.テ.'り.ア] 名 女 鷹狩り;〔鳥〕〔集合〕鳥(の群れ); 行き当たりばったりの考え, (とりとめのない)空想; まぐれ当たり;《ラ米》〔集合〕花火, のろし

vo-'lá-til [ボ.'ラ.ティル] 形 翼で空中を飛ぶ, 飛べる; 浮遊する; 気まぐれな, 変わりやすい, 移り気の; 気化しやすい, 揮発性の

vo-la-ti-li-'zar [ボ.ラ.ティ.リ.'さる] 動 他 ㉞ (z|c) 揮発させる **~se** 動 再 揮発する

vo-la-'tín [ボ.ラ.'ティン] 名 男〔演〕綱渡り芸人, 軽わざ師;〔演〕綱渡り

vo-la-ti-'ne-ro, -ra [ボ.ラ.ティ.'ネ.ろ, ら] 名 男 女〔演〕綱渡り芸人, 軽わざ師

***vol-'cán** [ボル.'カン] 93% 名 男〔地〕火山; 激情, 激しい感情 *estar sobre un* ~ 危険な状態にいる, 一触即発の状態である

***vol-'cá-ni-co, -ca** [ボル.'カ.ニ.コ, カ] 94% 形〔地〕火山性の, 火山作用による, 火成の;《気性が》激しい, 猛烈な

***vol-'car** [ボル.'カる] 93% 動 他 ㊺ (o|ue; c|qu) ひっくり返す, 傾ける, 傾けて中身を空ける, 転覆させる;〈敵を〉倒す;〈の〉目をくらませる;〈の〉気持ちを変えさせる; 悩ませる, いらつかせる 動 自 ひっくり返る, 倒れる, 転覆する **~se** 動 再 ひっくり返る, 倒れる, 転覆する; (en, con, por: に)全力を尽くす

vo-'le+a [ボ.'レ.ア] 名 女〔競〕ボレー《ボールが地面に着かないうちに打ち[蹴り]返すこと》

vo-le+'ar [ボ.レ.'アる] 動 他〈ボールを〉打ち返す, 蹴り返す;〔農〕〈種子などを〉ばらまく, 散布する

***vo-lei-'bol** ⇦ **'vó-** [ボ.レイ.'ボル ⇦ ボ.] 94% 名 男〔競〕バレーボール ~ *de playa*〔競〕ビーチ[サンド]バレー

vo-'le+o [ボ.'レ.オ] 名 男〔競〕〔テニス・サッカー〕ボレー;《ダンス》ハイキック《片足を高く前に上げるステップ》; 強い平手打ち;《コロンビア》《話》混乱, 騒ぎ;《コロンビア》《話》仕事 *a* [*al*] ~ 四方に, ばらばらに; いいかげんに

vol-'fra-mio 名 男 ⇩ wolframio

'Vol-ga ['ボル.ガ] 名 固 〔el ~〕〔地名〕ボルガ川《ロシア連邦西部を流れる川》

Vol-go-'gra-do [ボル.ゴ.'グら.ド] 名 固〔地名〕ボルゴグラード《ロシア連邦西部のボルガ川 Volga に臨む都市》

vo-li-'ción [ボ.リ.'すぃオン] 名 女 意志作用, 意志(の力)

vo-li-'ti-vo, -va [ボ.リ.'ティ.ボ, バ] 形 意志の, 意志から発する

vol-que+'ar-se [ボル.ケ.'アる.セ] 動 再 転がる, 転がり回る

vol-'que-te [ボル.'ケ.テ] 名 男〔車〕ダンプカー

vols. 略 volúmenes ⬇volumen

'volt 名 男 ⇩ voltio

V

vol-'tai-co, -ca [ボル.'タイ.コ, カ] 形 名 男 女 〔歴〕〔地名〕(旧)オートボルタの; 〔歴〕(旧)オートボルタ人《旧 Alto Volta; 現在はブルキナファソ ⬆Burkina Faso》; 〔言〕ボルタ語群の; 〔電〕動電気の, ボルタ電池の 名 男 〔言〕ボルタ語群

vol-'ta-je [ボル.'タ.へ] 名 男 〔電〕電圧, 電圧量, ボルト数

vol-'tá-me-tro [ボル.'タ.メ.トろ] 名 男 〔電〕ボルタメーター, 電解電量計

*vol-te+'ar** [ボル.テ.'アる] 94% 動 他 ひっくり返す; 〔農〕〈土地などを〉すき返す, 掘り返す; 回転させる, 一回転させる; 《話》落第させる; 〔牛〕《牛が》〈闘牛士を〉角で宙にほうり上げる; 〔政〕〈政府を〉倒す; 〔情〕反転する 動 自 転がる, 回転する; 鳴り響く; 《コロンビア》変節する, 離脱する; 《コロンビア》《話》駆け回る; 《コロンビア》(車の)方向を変える **~se** 動 再 振り返る; 回転する; (心を)変える, 寝返る

vol-te-'re-ta [ボル.テ.'れ.タ] 名 女 とんぼ返り, 宙返り

vol-'tí-me-tro [ボル.'ティ.メ.トろ] 名 男 〔電〕電圧計

'vol-tio ['ボル.ティオ] 名 男 〔電〕ボルト《電圧の単位》

vo-lu-bi-li-'dad [ボ.ル.ビ.リ.'ダド] 名 女 〔植〕つる性, 巻きつく性質; 変わりやすいこと, 移り気, 軽薄

vo-'lu-ble [ボ.'ル.ブレ] 形 変わりやすい, 移り気な; 〔植〕つる性の, 巻きつく

****vo-'lu-men** [ボ.'ル.メン] 87% 名 男 (著作・刊行物などの)冊, 巻; 体積, 容積, かさ, 量; 音量, ボリューム; 〔商〕取引高; 重要性

vo-lu-'mé-tri-co, -ca [ボ.ル.'メ.トり.コ, カ] 形 容積[体積]測定の

***vo-lu-mi-'no-so, -sa** [ボ.ル.ミ.'ノ.ソ, サ] 94% 形 量が多い, 分厚い, かさのある

****vo-lun-'tad** [ボ.ルン.'タド] 82% 名 女 意志, 意向, 意図; 意志の力; 望み, 願い; 愛情, 愛着, 好意; 《スペイン》心付け, 寄付 ***a ~*** 任意に, 好きなように; 好きなだけ, ふんだんに ***a ~ de ...*** …の意のままに, 気の向くままに ***ganar(se) la ~*** (de: を)(味方に)引き入れる, 説得して…の考えにする, 気持ちをつかむ, 好意を得る

vo-lun-ta-'ria-do [ボ.ルン.タ.'りア.ド] 名 男 〔軍〕志願入隊; 志願兵; 〔集合〕ボランティア, 有志

vo-lun-ta-rie-'dad [ボ.ルン.タ.りエ.'ダド] 名 女 任意, 自発性; わがまま, 強情, 気まぐれ

***vo-lun-'ta-rio, -ria** [ボ.ルン.'タ.りオ, りア] 91% 形 自由意志による, 自発的な, 任意の; 気ままな, わがままな; 〔軍〕志願の 名 男 女 ボランティア, 有志; 〔軍〕志願兵, 義勇兵 **-riamente** 副 自由意志で, 自発的に, 自分から進んで

vo-lun-ta-'rio-so, -sa [ボ.ルン.タ.'りオ.ソ, サ] 形 意欲的な, 熱意のある; 気ままな, わがままな, 強情な

vo-lup-tuo-si-'dad [ボ.ルプ.トゥオ.スィ.'ダド] 名 女 快楽, 逸楽; 官能, 肉欲にふけること

vo-lup-'tuo-so, -sa [ボ.ルプ.'トゥオ.ソ, サ] 形 官能的な, 肉感的な, なまめかしい, 肉欲にふける **-samente** 副 官能的に, なまめかしく

vo-'lu-ta [ボ.'ル.タ] 名 女 〔建〕渦(うず)巻き(形)装飾; 螺状(らじょう)線; 螺旋(らせん)形の物; 〔貝〕ヒタチオビガイ; 〔楽〕(弦楽器の)糸巻の渦

****vol-'ver** [ボル.'べる] 65% 動 他 ⑯ (o|ue)〔過分 -vuelto〕ひっくり返す, 逆さにする, 裏返す; 〈角などを〉曲がる, 回る; (a, hacia: の方向に)向ける, 〈の〉方向を変える; (形容詞: …に)変える; (a: 前の状態に)戻す, 復帰させる; 返す, 戻す, 返還する; 〈ページを〉めくる; 〔農〕〈畑を〉すき返す 動 自 (a: 元の場所へ)帰る, 戻る; (a: 前の話題・以前の状態などに)戻る, 復帰する, 逆戻りする; 再び(a 不定詞: …)する; (por: を)守る, 味方する; 曲がる **~se** 動 再 顔を向ける, 振り向く; (形容詞: …に)なる; 帰る; 戻る, 曲がる, 回る ***no tener a dónde ~se*** 頼る人がいない ***~ de vacío*** 手ぶらで帰る; 失敗する ***~ en sí*** われに帰る, 意識を取り戻す ***~se atrás*** (de: 約束を)破る; 引き返す, やめる ***~se por donde ha venido*** とっとと帰る; 何も得るものがないまま帰る

'vól-vu-lo ['ボル.ブ.ロ] 名 男 〔医〕捻転(ねんてん)

'vó-mer ['ボ.メる] 名 男 〔体〕(鼻の)鋤骨(じょこつ)

'vó-mi-co, -ca ['ボ.ミ.コ, カ] 形 嘔吐(おうと)の ***nuez vómica*** 〔植〕マチン

***vo-mi-'tar** [ボ.ミ.'タる] 94% 動 他 吐く, 戻す; 〈煙・火などを〉吐き出す, 吐く, 噴出する, 放出する; 〈言葉を〉吐く 動 自 (食べたものを)吐く

vo-mi-'ti-vo, -va [ボ.ミ.'ティ.ボ, バ] 形 〔医〕嘔吐(おうと)の, 嘔吐を催させる 名 男 〔医〕吐剤

***'vó-mi-to** ['ボ.ミ.ト] 93% 名 男 〔医〕嘔吐(おうと), 吐くこと; 吐いたもの, へど

vo-mi-'to-rio [ボ.ミ.'ト.りオ] 名 男 〔建〕(競技場などの)出入口

vo-ra-ci-'dad [ボ.ら.すぃ.'ダド] 名 女 〔食〕暴食, 大食; (火などの)激しさ, 猛威; 貪欲(どんよく)さ

vo-'rá-gi-ne [ボ.'ら.ひ.ネ] 名 女 渦(うず), 渦巻き; 混乱, 渦

vo-ra-gi-'no-so, -sa [ボ.ら.ひ.'ノ.ソ, サ] 形 渦(うず)の, 渦を巻いた; 混乱した

vo-'raz [ボ.'らす] 形 食欲の盛んな, 貪欲(どんよく)な, 飽くことを知らない; «火が»激しい, 燃えさかる

'vór-ti-ce ['ボる.ティ.せ] 名 男 渦(うず), 渦巻き;〔気〕低気圧の中心, 台風の目

*'**vos** ['ボス] 92% 代《人称》〔主語・2 複〕《(中米)》《(チリ)》《(ラプラタ)》 **1**〔主語〕君は, あなたは, おまえは: ¿**Vos** entendés? 君はわかるかい? **2**〔前置詞の後〕君, あなた, おまえ: ¿Es de **vos** ese coche? それ君の車? **3** 主《神に対して》A **vos**, Señor, os doy gracias. 主よ, あなたに感謝を捧げます。 **3**《古》汝(なんじ)

V. O. S. 略 =versión original subtitulada〔映〕字幕付きオリジナル版

vo-se+'ar [ボ.セ.'アる] 動 他〔言〕‹に› **vos** で話しかける 動 自〔言〕**vos** を使って話す ⬆vos

vo-'se+o [ボ.'セ.オ] 名 男〔言〕**vos** を使って話すこと

‡**vo-'so-tros, -tras** [ボ.'ソ.トろス, トらス] 85% 代《人称》〔主語・2 複〕《スペインで親しい人に対して用いられる》 **1**〔主語〕君[あなた, おまえ]たちは: ¿Trabajáis aquí **vosotros**? 君たちはここで働いているのですか。 **2**〔主語の補語〕…は君[あなた, おまえ]たちだ: Sois **vosotros** los que conocéis el camino. 道を知っているのは君たちだ。《動詞は主語の補語に一致する》 **3**〔前置詞の後〕君[あなた, おまえ]たち: Este regalo es para todos **vosotros**. この贈り物はおまえたち皆のものだ。

***vo-ta-'ción** [ボ.タ.'すぃオン] 91% 名 女〔政〕投票, 票決

vo-'tan-te [ボ.'タン.テ] 名 共〔政〕投票者, 有権者, 選挙人

‡**vo-'tar** [ボ.'タる] 88% 動 他〔政〕投票して決する, 票決する;〔宗〕(a: 神に)誓う 動 自〔政〕(por, en favor de: に)投票する; 呪(のろ)いの言葉をかける, 呪う ***¡Voto a tal!*** 《俗》いまいましい!, ちくしょう!, くそ!

vo-'ti-vo, -va [ボ.'ティ.ボ, バ] 形 (誓願を込めて)奉納[奉献]した

‡'**vo+to** ['ボ.ト] 84% 名 男〔政〕投票, (挙手・発言・投票用紙などによる)採決; 票, 投票用紙;〔政〕投票権, 選挙権;〔宗〕誓い, 誓約, 誓願;〔複〕願い, 願望, 願いごと; 呪(のろ)い, 呪いの言葉;〔宗〕(神への)奉納品, 供え物

vox populi ['ボクス 'ポ.プ.リ]〔ラテン語〕民の声, 世論, 周知のこと

'**voy** 動《直現 1 単》⬆ir

vo-ye-'ris-mo [ボ.ジェ.'りス.モ] 名 男 のぞき趣味

vo-ye-'ris-ta [ボ.ジェ.'りス.タ] 名 共 のぞき魔

voyeur [ボ.'ジェる] 形 名 共〔フランス語〕⇧ voyerista

‡'**voz** ['ボす] 74% 名 女 (人の)声, 音声; (動物・自然界の)声, 音; (主義・主張などを)訴える声, (理性などの)声, (神の)お告げ; 発言権; うわさ, 風聞; 語, 単語, 言葉;〔楽〕(声楽の)声, 歌, 声部, (音楽の)歌の部分; 大声, 叫び声;〔言〕態;〔音〕声, 有声音 ***a media*** ~ 小声で ***a una*** ~ 一致して ***a voces*** 叫んで, 大声を上げながら ***a ~ en cuello*** [***grito***] 大声を上げて ***alzar*** [***levantar***] ***la*** ~ 大声を上げる, 声を荒げる ***anudársele la*** ~ (a: が)言葉に詰まる, 話せない ***dar una*** ~ (a: を)呼ぶ ***dar voces*** 大きな声を出す ***de viva*** ~ 口頭によって, 口で伝えて ***estar pidiendo a voces*** とても必要としている, ぜひとも必要だ ***llevar la ~ cantante*** 取り仕切る, 牛耳る, 先頭に立つ; 歌の音頭をとる ***ser ~ pública*** 周知の事実である ***tener la ~ tomada*** 声が枯れている ~ ***argentada*** 美声 ~ ***pública*** 世論

vo-za-'rrón [ボ.さ.'ろン] 名 男 どら声, がなり声

V. R. 略 =vuestra reverencia〔宗〕神父様, 尊師《聖職者への敬称》

vs. 略 =versus …対…

V. S. 略 =vuestra señoría《尊称》閣下

vto., vta. 略 ⬇vuelto, -ta

vu+'dú [ブ.'ドゥ] 名 男〔宗〕ブードゥー教《アフリカの原始宗教とカトリックとが混交したハイチの民俗信仰》 形〔宗〕ブードゥー教の

vue-ce-'len-cia 代《古》閣下, 貴下

vue-'cen-cia [ブエ.'せン.すぃア] 代《人称》⇧ vuecelencia

'**vue-l(~)** 動《直現/接現/命》⬆volar

vue-la-'plu-ma [ブエ.ラ.'プル.マ]〔成句〕***a*** ~ 走り書きで

'**vuel-c~** 動《活用》⬆volcar

*'**vuel-co** ['ブエル.コ] 94% 名 男 転覆, 転倒; 挫折, 破滅 ***dar un ~ el corazón*** 《話》(a: を)どきどきさせる, 驚かせる

‡'**vue-lo** ['ブエ.ロ] 88% 名 男 飛ぶこと, 飛行, 飛翔(ひしょう);〔空〕フライト, 空の旅, 便, 飛行距離;〔衣〕(スカートの)フレア;〔鳥〕翼 ***al*** ~ 飛んでいる;《話》すばやく ***alzar el*** ~ 飛び立つ, 巣立つ; さっさと立ち去る ***coger***(***las***) ***al*** ~ 飲み込みが早い ***cortar el*** ~ (a: の)鼻をへし折る ***de*** [***en***] ***un*** ~ 急いで, すみやかに, 一気に ***tomar*** ~ 増加する, 盛んになる, 重大になる

'**vuel-que(~)** 動《接現》⬆volcar

'**vuel-t~** 動《過分》⬆volver

‡'**vuel-ta** ['ブエル.タ] 78% 名 女 回転, 循環, 一巡, 一回り; 散歩, 一回り;〔車〕ドライブ; 帰り, 帰宅, 帰国; ひっくり返すこと, 反転, 方向転換, 振り返り; 再び戻って来ること, 再来; 変化, 変転, できごと, 浮沈; 一回, 一巡, ひとめぐり;《(スペイン)》つり銭;〔競〕一周

レース; 曲がり角, カーブ; 曲がること; 裏, 裏面; 復習, おさらい; 〘競〙ラップ; 〘楽〙繰り返し, リフレイン; 〘衣〙(服地の)裏, 折り返し; 輪, 輪状のもの, 巻きつけること, ひと巻き ***a la ~*** すぐ近くに; 帰りに, 戻ってきてから; 後ろに, 向こう側に ***a la ~ de*** ... …を曲がったところに; …の時が過ぎて; …の帰りに ***a (la) ~ de correo*** 折り返し(返事を書く) ***a ~ de*** ... …の末やっと; …の近くに ***a ~s con*** ... …にこだわって, …に取り組んで ***andar a ~s*** けんかする ***buscar las ~s*** (a: の)失敗を見つけようとする, 落ち度を探す ***coger las ~s*** (a: の)性格を知る, 人物を見極める ***dar la ~*** (a: を)ひっくり返す; (a: を)一周する; (a: を)裏返しにする; (a: を)回す ***dar muchas [cien, mil] ~s*** (a, por: を)探し回る; (a: を)何度も考える, 熟考する; (a, por: に)まさる ***dar ~s la cabeza*** 《話》(a: の)頭がくらくらする ***dar ~s en la cabeza*** 何度も考える ***estar de ~*** 戻っている; 経験がある, よく知っている ***Hasta la ~.*** 帰ったらまた会いましょう ***No hay que darle ~s.*** 考えることはない, 明らかだ, これで決定だ ***no tener ~ de hoja*** 議論の余地がない, 明らかだ ***poner de ~ y media*** 《話》(a: を)きつくしかる ***segunda ~*** 繰り返し; 追試 ***~ de campana*** 一回転, 転覆 ***¡Y ~!*** 《話》もうやめてくれ!

'vuel-to, -ta ['ブエル.ト, タ] 74% 形 (ある方向に)向けた, 向いた, 回した, 曲げた, 横を向いた; ひっくり返した, 逆さにした; «紙面が»裏の, 裏面の 名 男 (紙面の)裏, 裏面; 《ラ米》小銭 動 《過分》↑volver

'vuel-v~ 動 《直現/接現/命》↑volver

vues-tro, -tra [ブエス.トろ, トら] 78% 形 《所有》 **1** 〔弱勢〕〔名詞の前で〕君[あなた, おまえ]たちの: ¿Es ésta **vuestra** casa? これは君たちの家ですか。 **2** 〔強勢〕〔名詞の後で〕君[あなた, おまえ]たちの: Traed aquellos discos **vuestros**. あの君たちのレコードを持ってきて。 **3** 〔強勢〕〔主語の補語〕君[おまえ]たちのもの: Estas bicicletas son **vuestras**, ¿verdad? この自転車は君たちのものでしょう? **4** 〔強勢〕〔定冠詞をつけて所有代名詞となる〕君[あなた, おまえ]たちのもの《強勢》: Nuestra casa no es tan grande como la **vuestra**. 私たちの家は君たちの家ほど大きくはない。 **5** 〔弱勢〕〔敬称につけて用いられる〕陛下の, 閣下の: **vuestra** majestad 陛下

vul-ca-'nis-mo [ブル.カ.'ニス.モ] 名 男 〘地質〙火山活動

vul-ca-ni-za-'ción [ブル.カ.ニ.さ.'すぃオン] 名 女 〘化〙(ゴムの)加硫

vul-ca-ni-'zar [ブル.カ.ニ.'さる] 動 他 ㉞ (z|c) 〘化〙‹ゴムを›加硫する

Vul-'ca+no [ブル.'カ.ノ] 名 固 〘ロ神〙ウルカヌス《火の神》

vul-ca-no-lo-'gí+a [ブル.カ.ノ.ロ.'ひ.ア] 名 女 〘地質〙火山学

vul-ca-no-'ló-gi-co, -ca [ブル.カ.ノ.'ロ.ひ.コ, カ] 形 〘地質〙火山学の

vul-ca-'nó-lo-go, -ga [ブル.カ.'ノ.ロ.ゴ, ガ] 名 男 女 〘地質〙火山学者

*__vul-'gar__ [ブル.'ガる] 91% 形 下品な, 品のない, 卑しい, 俗悪な, 低級な; 普通の, 並の, ありふれた, 平凡な, 一般の; 通俗の, 一般大衆の, 世間一般の, 俗… **~mente** 副 一般に, (通)俗に; 卑しく, 俗悪に

vul-ga-ri-'dad [ブル.ガ.り.'ダド] 名 女 俗悪, 野卑, 下品; 通俗的なこと, 平凡, 陳腐

vul-ga-'ris-mo [ブル.ガ.'りス.モ] 名 男 〘言〙卑俗な言語, 俗語; 〘言〙破格な語法

vul-ga-ri-za-'ción [ブル.ガ.り.さ.'すぃオン] 名 女 大衆化, 通俗化

vul-ga-ri-'zar [ブル.ガ.り.'さる] 動 他 ㉞ (z|c) 大衆化する, 通俗化する; 普及させる; 俗悪にする, 俗悪化する **~se** 動 再 大衆化する, 普及する

Vul-'ga-ta [ブル.'ガ.タ] 名 女 〘宗〙〔La ~〕ウルガタ聖書《5 世紀初め聖ヒエロニムス san Jerónimo が完成させたラテン語訳聖書》

'vul-go ['ブル.ゴ] 名 男 (一般)大衆, 庶民; (専門家に対して)しろうと, 門外漢

vul-ne-ra-bi-li-'dad [ブル.ネ.ら.ビ.り.'ダド] 名 女 傷つけられやすいこと, 弱さ

vul-ne-'ra-ble [ブル.ネ.'ら.ブレ] 形 傷つけられやすい, 攻撃されやすい, (a: に)弱い; 弱い

vul-ne-ra-'ción [ブル.ネ.ら.'すぃオン] 名 女 《格》傷つけること; 《格》〘法〙違反

vul-ne-'rar [ブル.ネ.'らる] 動 他 《格》傷つける, 害する; 《格》〘法〙違反する

vul-ne-'ra-rio, -ria [ブル.ネ.'ら.りオ, りア] 形 《格》〘医〙傷に効く 名 男 〘医〙傷薬

vul-'pe-ja [ブル.'ペ.は] 名 女 〘動〙雌ギツネ

vul-'pi+no, -na [ブル.'ピ.ノ, ナ] 形 〘動〙キツネの(ような)

vul-'tuo-so, -sa [ブル.'トゥオ.ソ, サ] 形 〘医〙(充血して)はれた, ふくれた

'vul-va ['ブル.バ] 名 女 〘体〙陰門, 外陰

vv. aa.; VV. AA. 略 =varios autores 複数の著者《文献を示すときに使う》

W w *W w*

W, w ['ウ.ベ 'ド.ブレ] 名 女 〔言〕 ウベドブレ, ドブレウ《スペイン語の文字》

w. 略 ⬇wat

wag-ne-'ria+no, -na [ウアグ.ネ.'リア.ノ, ナ; グアグ.] 形 〔楽〕 ワーグナー(風)の 名 男 〔楽〕 ワーグナー音楽の崇拝者, ワーグナー風の作曲家

wa-'sap [ウア.'サプ] 名 女 〔情〕 ワッツアップ(メッセンジャー)《商標: WhatsApp》

wa-sa-pe-'ar [ウア.サ.ペ.'アる] 動 他 《商標》〔情〕 ワッツアップで通信する⬆wasap

'Wa-shing-ton ['ウア.スィン(グ).トン; 'グア.] 88% 名 固 〔～ D. C.〕〔地名〕 ワシントン《アメリカ合衆国 Estados Unidos de América の首都》; 〔地名〕 ワシントン州《米国北西端の州》

Wa-ter-'lo+o [ウア.テる.'ロ.オ; 'グア.] 名 固 〔地名〕 ワーテルロー《ベルギー中部の町; 古戦場》

wa-ter-'po-lo [ウア.テる.'ポ.ロ; 'グア.] 名 男 〔競〕 水球

watt ['ウアト] 名 男 〔英語〕 ⇧ vatio

'web 89% 名 男 〔情〕 ウェブ, インターネット

Wei-'mar [ウエイ.'マる; 'グエ.] 名 固 〔地名〕 ワイマール《ドイツ中部の都市》

'We-lling-ton ['ウエ.リン.トン; 'グエ.] 名 固 〔地名〕 ウェリントン《ニュージーランド Nueva Zelanda の首都》

wel-'ter [ウエル.'テる; グエ.] 名 男 〔競〕 〔ボクシング〕 ウェルター級

Wen-ces-'la+o [ウエン.セス.'ラ.オ; グエン.] 名 固 〔男性名〕 ベンセスラオ

'wes-tern ['ウエス.テる(ン); 'グエ.] 名 男 〔映〕 ウェスタン, 西部劇

'West-fa-lia ['ウエス(ト).ファ.リア; 'グエス(ト).] 名 固 〔地名〕 ウェストファリア, ウエストファーレン《ドイツ西部の地方》

****whisky*** ['ウイス.キ; 'グイ.] 94% 名 男 〔英語〕 ⇧ güisqui

Wind+ho+'ek [ウイン.ド.'エク; グイン.] 名 固 〔地名〕 ウイントフーク《ナミビア Namibia の首都》

windsurf ['ウイン(ド)スる(フ); 'グイ.] 名 男 〔英語〕〔競〕 ウインドサーフィン, ボードセーリング

wing ['ウイン(グ); 'グイ.] 名 共 〔複 wings〕 〔英語〕〔競〕 〔サッカーなど〕 ウイング

wol-'fra-mio ['ウオル.'フら.ミオ; 'グオル.] 名 男 〔化〕 タングステン《元素》

'won ['ウオン; 'グオン] 名 男 〔経〕 ウォン《韓国の通貨; 朝鮮民主主義人民共和国の通貨》

WWW 略 =〔英語〕 *World Wide Web* 〔情〕 インターネット

X x *X x*

X, x ['エ.キス] 名 女 〔言〕 エキス《スペイン語の文字》; 未知のもの, 某…

X 略 ⬆por「…につき」

xan-ti-'nu-ria [サン.ティ.'ヌ.りア] 名 女 〔医〕 キサンチン尿症

xe-no-'fi-lia [セ.ノ.'フィ.リア] 名 女 外国(人)好き

xe-'nó-fi-lo, -la [セ.'ノ.フィ.ロ, ラ] 形 名 男 女 外国(人)好きな(人)

xe-no-'fo-bia [セ.ノ.'フォ.ビア] 名 女 外国(人)嫌い, 外国人排斥

xe-'nó-fo-bo, -ba [セ.'ノ.フォ.ボ, バ] 形 名 男 女 外国(人)嫌いな(人)

xe-'nón [セ.'ノン] 名 男 〔化〕 キセノン《希ガス元素》

xe-ro-'co-pia [セ.ろ.'コ.ピア] 名 女 《商標》 ゼロックス《コピー》

xe-ro-co-'piar [セ.ろ.コ.'ピアる] 動 他 《商標》 ゼロックスコピーする

xe-ro-'der-ma [セ.ろ.'デる.マ] 名 女 〔医〕 乾皮症

xe-rof-tal-'mí+a [セ.ろフ.タル.'ミ.ア] 名 女 〔医〕 眼球乾燥症

xe-ros-to-'mí+a [セ.ろス.ト.'ミ.ア] 名 女 〔医〕 口腔(こうくう)乾燥症

'xi ['(ク)スィ] 名 女 〔言〕 クシー《ギリシャ語の文字 Ξ, ξ》

xi-'ló-fo+no ⇔ **-'fón** [スィ.'ロ.フォ.ノ

ф.'フォン] 名 男 〘楽〙 シロホン, 木琴

xi-lo-gra-'fí+a [スィ.ロ.グら.'フィ.ア] 名 女 〘絵〙 木版術, 木彫術; 〘印〙 木目印画法

xi-lo-'grá-fi-co, -ca [スィ.ロ.'グら.フィ.コ, カ] 形 〘絵〙 木版の

xi-'ló-gra-fo, -fa [スィ.'ロ.グら.フォ, ファ] 名 男 女 〘絵〙 木版家

Xin-'jiang [スィン.'ひアン(グ)] 名 固 〘地名〙 新疆(しんきょう)(シンチャン)《中国北西部の地方》

Xto. 略 =Cristo 〘宗〙 キリスト

Y y

Y, y ['ジェ] 名 女 〘言〙 ジェ《スペイン語の文字; 旧名 i griega イグリエガ》

y [イ] 20% 接 〔弱勢〕 **1 …と, および, そして, …したり…したり, また…, …も: Yo leo revistas **y** periódicos en español. 私はスペイン語の雑誌と新聞を読みます。 **2** そして, それから, その後で; それで, …だから: Se sentó **y** se puso a leer. 彼は座って読み始めた。 **3** …だけれども, だが: Está lloviendo **y** quiere ir a nadar a la playa ... Hay que estar loco, ¿eh? 雨が降っているのに海岸に泳ぎに行きたいだなんて頭がおかしいに違いないね。 **4** 〔命令文そうすれば: Súbete en la silla **y** alcanzarás. 椅子(いす)に乗りなさい。そうすれば届きますよ。 **5** 〔同じ語を結んで〕 次々に: Llegaron cartas **y** cartas. 手紙が次々に届いた。 **6** 〔文頭で〕 それで…《話題を変える》: ¿**Y** su esposo? ¿Está bien? それでだんなさんはお元気ですか。 **7** 〔文頭で〕 《話》 …は?, …はいるの?: ¿**Y**, Pedro? ペドロは? ***y eso que*** … 《話》 …なのに, …にもかかわらず ***y/o*** および/または《両方, またはいずれか一方》 ⇧o《o には「および/または」の意味がある》 ***¿Y qué?*** 《話》 それがどうしたの?

y- 略 =yocto-《接頭辞》 10 の −24 乗

Y- 略 =yotta-《接頭辞》 10 の 24 乗

¥ 略 =yen 〘経〙 円《日本の通貨》

'ya 51% 副 すでに, もう; もう, 今は, もはや; いずれ, やがて, 後で; すぐに; 今やっと, ようやく 感 《話》 はい, そうだ, わかった《同意》; 《話》 そう!, まあ!《信じられない気持ち》 ***Ya está*** …(現在分詞). 《話》 今すぐ…しなさい ***~ no*** [***no*** ~] …だけでなく, …ばかりか ***~ que*** … …なのだから, …となった以上 ***~ ve*** そうですね ***~ ... ~ ...*** …であろうと, …であろうと; あるときは…, またあるときは…

ya-ca-'ré [ジャ.カ.'れ] 名 男 《ラ米》 〘動〙 カイマン《中米・南米産のワニ》

ya-'cen-te [ジャ.'セン.テ] 形 横になっている

ya-'cer [ジャ.'せる] 動 自 45 (c|zc 〔ф直現 1 単 yazgo, 接現 yazga(~)〕 葬られている, 眠っている; 横になる, 横たわる, (con: 異性と)寝る; «物などが»ある, 存在する; (con: 異性と)寝る, 肉体関係を持つ; 〘農〙 «家畜が»夜に草を食う

ya-'ci-ja [ジャ.'すぃ.は] 名 女 (粗末な)寝床, ベッド, 寝椅子(いす); 墓

***ya-ci-'mien-to** [ジャ.すぃ.'ミエン.ト] 93% 名 男 〘鉱〙 鉱床, 鉱脈

Yah-'vé [ジャ.'ベ] 名 固 〘聖〙 ヤハウェ《ヘブライ語で「神」という意味の YHWH の音訳, 神の呼称》

***Ya-'kar-ta** [ジャ.'カる.タ] 94% 名 固 〘地名〙 ジャカルタ《インドネシア Indonesia の首都》

'Yal-ta ['ジャル.タ] 名 固 〘地名〙 ヤルタ《ウクライナのクリミア半島南岸にある都市》

'yám-bi-co, -ca 形 〘文〙 短長格の, 弱強格の

Ya-'me-na 名 固 〘地名〙 ヌジャメナ《チャド Chad の首都》

Ya-mu-'su-kro [ジャ.ム.'ス.クろ] 名 固 〘地名〙 ヤムスクロ《コートジボアール Costa de Marfil の公式首都》

ya-na-'cón ⇩ yanacona

ya-na-'co-na 名 共 〘歴〙 《アンデス》 ヤナコーナ, ヤナコン《先住民の召使い》

***Yan-'gón** 94% 名 固 〘地名〙 ヤンゴン《ミャンマー Myanmar の首都》

Yang Tse 'Kiang [ジャン(グ) ツェ/セ 'キアン(グ)] 名 固 〘地名〙 長江, 揚子江《中国第一の大河》

'yan-qui ['ジャン.キ] 形 名 共 《話》 〔しばしば軽蔑〕 ヤンキー(の), アメリカ(人)の

yan-'tar [ジャン.'タる] 動 他 《古》 食べる, 〈昼食を〉とる 名 男 《古》 食べ物

Yaun-'dé 名 固 〘地名〙 ヤウンデ《カメルーン Camerún の首都》

'ya+pa 名 女 《アンデス》《チリ》《ラプラタ》 景品, おまけ

Ya-ra-'cuy [ジャ.ら.'クイ.] 名 固 〘地名〙 ジャラクイ《ベネズエラ北西部の州》

'yar-da ['ジャる.ダ] 名 女 ヤード《長さの単位, 約 91.4 センチ》

'Ya-ren ['ジャ.れン] 名 固 〘地名〙 ヤレン《ナウル Nauru の首都》

***'ya+te** 94% 名 男 〘海〙 ヨット, 快走船

Yaun-'dé [ジャウン.'デ] 名 固 〘地名〙 ヤウンデ《カメルーン Camerún の首都》

'yaz-co, -ca(~) ⇦ **'yaz-go, -ga(~)** 動《直現1単, 接現》⬆yacer

y cols. 略 =y colaboradores …他協力者《著者の後に続けて》

'ye 名 女 〔言〕ジェ《文字 Y, y の名称》

'ye-dra ['ジェ.ドら] 名 女 〘植〙 キヅタ, ツタ

*'**ye-gua** ['ジェ.グア] 94% 名 女 〘動〙 雌ウマ[馬]; 《(中米)》《(アンデス)》(タバコの)吸い差し

'ye-guo, -gua ['ジェ.グオ, グア] 名 男 女 《(ラプラタ)》 美男, 美女; きれいな物

ye+'ís-mo 名 男 〔言〕ジェイスモ《ll を y のように発音すること, スペインやラテンアメリカの大部分の発音》

ye+'ís-ta 形 〔言〕ジェイスモの 名 共 ジェイスタ《ll を y のように発音する人》⬆yeísmo

'yel-mo ['ジェル.モ] 名 男 〘歴〙(昔の)かぶと

*'**ye+ma** 92% 名 女 〘植〙 芽, つぼみ; 〘食〙(卵の)黄身(きみ), 卵黄; 〘食〙 ジェマ《卵黄から作る菓子》; 〘体〙 指先, (指の)腹; 最良の部分; 真ん中, 中央

'Ye-men 名 固 〔(el) ~〕〔República de ~〕〘地名〙 イエメン共和国《アラビア半島南部の共和国》

ye-me-'ní 形 〘地名〙 イエメン(人)の 名 共 イエメン人 ⬆Yemen

*'**yen** 94% 名 男 〘経〙 円《日本の通貨》

'yen-do 動《現分》⬆ir

Ye-'ni-sei 名 固 〔el ~〕〘地名〙 エニセイ川《ロシア連邦中部を流れる川》

*'**yer-ba** ['ジェる.バ] 94% 名 女 〘植〙 草 ⇧hierba; 〘畜〙 牧草; 〘地〙 草地; 《(ラプラタ)》〘飲〙 マテ茶; 《俗》 マリファナ

yer-ba-'bue-na 名 女 ⇧hierbabuena

'yer-mo, -ma ['ジェる.モ, マ] 形 〘地〙 人の住まない, さびれた, 見捨てられた, 無人の; 〘地〙 不毛の, 作物ができない 名 男 〘地〙 砂漠, 荒野, 不毛の土地

*'**yer+no** ['ジェる.ノ] 94% 名 男 娘婿(むこ), 娘の夫

'ye+ro ['ジェ.ろ] 名 男 〘植〙 カラスノエンドウ《飼料用》

'ye-rr(~) 動《直現/接現/命》⬆errar

'ye-rro ['ジェ.ろ̃] 名 男 誤り, 間違い, 過ち, 過失

'yer-to, -ta ['ジェる.ト, タ] 形 硬直した, こわばった

'yes-ca 名 女 (点火用)火口(ほくち), 朽ち木, つけ木; 〔複〕 火口箱; (感情を)燃え立たせるもの, あおるもの, 物騒なもの; 〘食〙(特にワインが飲みたくなるような)喉(のど)が乾く食べ物

ye-se-'rí+a [ジェ.セ.'り.ア] 名 女 石膏(せっこう)工場; 〔集合〕 石膏細工

ye-'se-ro, -ra [ジェ.'セ.ろ, ら] 形 石膏(せっこう)の, 漆喰(しっくい)の 名 男 女 〘商〙 石膏製造者[販売者]; 〘技〙 漆喰塗り職人, 左官

ye-'sis-ta 名 共 漆喰(しっくい)塗り職人, 左官

*'**ye+so** 93% 名 男 石膏(せっこう), 漆喰(しっくい); 〘美〙 石膏像; 〘医〙 ギプス; チョーク, 白墨

ye-'so-so, -sa 形 石膏(せっこう)(質)の, 石膏を含む

yes-'que-ro [ジェス.'ケ.ろ] 名 男 《(南米)》 ライター

ye-ta-'to-re [ジェ.タ.'ト.れ] 形 名 共 《(ラプラタ)》《話》 悪運をもたらす(人)

ye-'yu+no 名 男 〘体〙〘動〙 空腸《十二指腸から続く小腸の一部》

Yi-'bu-ti 名 固 〔República de ~〕〘地名〙 ジブチ《アフリカ東部の共和国; その首都》

'yi-dis ['ジ.ディス] 名 男 〔言〕 イディッシュ語《ドイツ語にスラブ語・ヘブライ語が混交した言語》

yi+'had [ジ.'はド] 名 男 〘宗〙〘軍〙(イスラム教の)聖戦, ジハード

'yin ['ジン] 名 男 〔複 yins〕《(中米)》《(カリブ)》《(南米北)》 〘衣〙 ジーンズ

'yo** 54% 代《人称》**1** 〔主語〕 私は, 私が: ¿Quién lo ha hecho? — Lo he hecho **yo**. 誰がそれをしたのですか?—私がしました。 **2** 〔主語の補語〕 …は私です: ¿Quién llama? — Soy **yo**, Luis. どちら様ですか?—僕だ, ルイスだ。 名 男 〘哲〙 自我, 我 ~ ***que tú*** [***usted***] 《話》 私が君[あなた]ならば[の立場ならば]

y/o 接 〔弱勢〕 ⇧o《「および/または」の意味がある》

yoc-to~ 〔接頭辞〕〘数〙「10 の −24 乗」を示す

'yod 名 女 〘音〙 ヨッド《硬口蓋音的要素》

'yó-di-co, -ca 形 〘化〙 ヨウ素の

'yo+do 名 男 〘化〙 ヨウ素《元素》; ヨード

yo-do-'for-mo [ジョ.ド.'フォる.モ] 名 男 〘化〙 ヨードホルム《局所殺菌剤》

'yo+ga 名 男 ヨガ

'yo-gui ['ジョ.ギ] 名 共 ヨガ行者

*'**yo-'gur** [ジョ.'グる] 92% 名 男 〘食〙 ヨーグルト

yo-gur-'te-ra [ジョ.グる.'テ.ら] 名 女 〘食〙 ヨーグルトメーカー

Yo-'lan-da [ジョ.'ラン.ダ] 名 固 〘女性名〙 ジョランダ

'yó-quey ['ジョ.ケイ] 名 共 〔複 yoqueis〕〘競〙〘遊〙(競馬の)騎手, ジョッキー

'york ['ジョる(ク)] 名 男 〔複 yorks〕〘食〙 ヨークハム

'York ⬆Nueva York

'Yo+ro ['ジョ.ろ] 名 固 〘地名〙 ジョロ《ホンジュラス北西部の県》

y

yot-ta~ 〔接頭辞〕〘数〙「10の24乗」を示す

yo+'yó 名 男 〔遊〕〔商標〕ヨーヨー

'yuan 名 男 〔経〕元《中国の通貨》

'yu+ca 名 女 〔植〕ユッカ《熱帯アメリカ原産》

Yu-ca-'tán 名 固 〔地名〕ユカタン《メキシコ南東部の州》;〔península de ~〕〔地名〕ユカタン半島《メキシコ南東部の半島》

yu-ca-'te-co, -ca 形 名 男 女 〔地名〕ユカタン半島の(人);〔península ~ca〕〔地名〕ユカタン半島《メキシコ南東部の半島》⬆Yucatán;〔言〕ユカテコ語の 名 男 〔言〕ユカテコ語

'yu+do 名 男 〔競〕柔道

'yu-do-ca 名 共 〔競〕柔道家

yu-'ga-da 名 女 〔農〕ジュガーダ《面積, 約32ヘクタール》;〔畜〕二頭立ての牛馬

*'**yu+go** 94% 名 男 〔畜〕くびき《2頭の牛を首の所でつなぐ器具》;〔歴〕(古代ローマで)くびき門 《服従のしるしに捕虜をくぐらせたくびき》;〔衣〕(婚礼の)ベール; 束縛, 重圧 ***sacudir(se) el ~*** 束縛から逃れる ***sujetarse al ~*** (de: に)征服される, 屈服する ***~ del matrimonio*** 夫婦のきずな

Yu-gos-'la-via [ジュ.ゴス.'ラ.ビア] 名 固 〔歴〕〔地名〕(旧)ユーゴスラビア

yu-gos-'la-vo, -va [ジュ.ゴス.'ラ.ボ, バ] 形 名 男 女 〔歴〕〔地名〕(旧)ユーゴスラビアの;(旧)ユーゴスラビア人 ⬆Yugoslavia

yu-gu-'lar [ジュ.グ.'ラる] 動 他 阻む, 〈の〉発展を阻止する 形 〔体〕頸(けい)部の

'yun-ga 名 女 〔複〕〔地〕ユンガス《アンデス山系の渓谷; 温暖で降水量が多い》

'yun-que ['ジュン.ケ] 名 男 金床(かなとこ), 鉄敷(かなしき);〔体〕(耳の)きぬた骨; 忍耐強い人 ***estar al ~*** 勤勉に働く

'yun-ta 名 女 〔農〕(くびきでつながれた)2頭の牛

'yu+pa 感 ばんざい!

yu-'se-ra [ジュ.'セ.ら] 名 女 オリーブ圧搾器の底にある丸い石

'Yus-te 名 固 〔地名〕ユステ《スペイン西部の町》

'yu+te 名 男 ジュート, 黄麻(こうま)

yux-ta-li-ne+'al [ジュ(ク)ス.タ.リ.ネ.'アル] 形 対訳の

yux-ta-po-'ner [ジュ(ク)ス.タ.ポ.'ネる] 動 他 ⑤③〔poner; 命 -pón〕並べる, 並列[並置]する

yux-ta-po-si-'ción [ジュ(ク)ス.タ.ポ.スィ.'すぃオン] 名 女 並列, 並置

yux-ta-'pues-to, -ta [ジュ(ク)ス.タ.'プエス.ト, タ] 形 並列の, 並置された

yu-'ye-ro, -ra [ジュ.'ジェ.ろ, ら] 名 男 女 《チリ》《ラプラタ》薬草採取者

'yu+yo 名 男 《アンデス》青菜;《チリ》《ラプラタ》薬草

'yu+yu 名 男 《話》恐れ, 恐怖

Z z

Z, z ['セ.タ] 名 女 〔言〕セタ《スペイン語の文字》

z- 略 =zepto-《接頭辞》10の−21乗

Z- 略 =zetta-《接頭辞》10の21乗

za-'be-ca [さ.'ベ.カ] 名 女 《ラプラタ》《話》〔体〕頭

za-'bi-la⇔'zá- 名 女 《*米国》《メキシコ》《中米》《カリブ》《南米北》《アンデス》⇧sábila

Za-'ca-pa [さ.'カ.パ] 名 固 〔地名〕サカーパ《グアテマラ東部の県》

za-ca-'tal [さ.カ.'タル] 名 男 《メキシコ》《中米》〔畜〕牧草地

za-'ca-te [さ.'カ.テ] 名 男 《メキシコ》《中米》芝生;〔畜〕牧草

Za-ca-'te-cas [さ.カ.'テ.カス] 名 固 〔地名〕サカテーカス《メキシコ中部の州, 州都》

Za-ca-te-co-'lu-ca [さ.カ.テ.コ.'ル.カ] 名 固 〔地名〕サカテコルーカ《エルサルバドル南部の都市》

za-fa-'cón [さ.ファ.'コン] 名 男 《カリブ》ごみ箱

za-'fa-do, -da [さ.'ファ.ド, ダ] 形 頭のおかしい; あつかましい, ずうずうしい

za-'far [さ.'ファる] 動 他 解く, ほどく; 飾る, 装う ~**se** 動 再 (de: から)逃げる; 取れる, 外れる;《ラ米》脱臼(だっきゅう)する

za-fa-'rran-cho [さ.ファ.'らン.チョ] 名 男 〔海〕甲板掃除; 破壊, 混乱;《話》口論, 口げんか ***~ de combate*** 〔軍〕戦闘準備

za-fie-'dad [さ.フィエ.'ダド] 名 女 粗雑さ, ぞんざいさ

'za-fio, -fia ['さ.フィオ, フィア] 形 粗野な, 粗雑な

za-'fi-ro [さ.'フィ.ろ] 名 男 〔鉱〕サファイア, 青玉

'za+fo, +fa ['さ.フォ, ファ] 形 損なわれていない, 害を受けていない, 傷のない; 妨げのない, 障害のない

'za-fra ['さ.フら] 名 女〖農〗サトウキビの収穫(の時期);〖鉱〗鉱滓(こう), スラグ; 油貯蔵用缶

'za+ga ['さ.ガ] 名 女 後, 後部, しんがり; 車の後部に載せた荷物;〖競〗後衛, ディフェンス 名 男 しんがりの者, 最後の人 *a la* ~ 後ろに, しんがりに *no ir* [*quedarse*] *en* (*la*) ~ 負けない, ひけをとらない

za-'gal, -'ga-la [さ.'ガル, 'ガ.ラ] 名 男 女 青年, 若者;〖畜〗牧夫, 羊飼いの若者

*__Za-'greb__ [さ.'グれブ] 94% 名 固〖地名〗ザグレブ《クロアチア Croacia の首都》

*__za-'guán__ [さ.'グアン] 94% 名 男〖建〗(家の)玄関

za-'gue-ro, -ra [さ.'ゲ.ろ, ら] 形 後方の, しんがりの; 後ろに荷物を積み過ぎた 名 男〖競〗〔サッカーなど〕ディフェンダー, フルバック, 後衛

za+ha-'re-ño, -ña [さ.ア.'れ.ニョ, ニャ] 形〖鳥〗《鳥が》人に馴(な)れない

za+he-ri-'mien-to [さ.エ.り.'ミエン.ト] 名 男 非難, 叱責(しっせき); 嘲笑(ちょうしょう), 中傷

za+he-'rir [さ.エ.'りる] 動 他 65 (e|ie|i) 非難する, 言葉で傷つける; 嘲笑(ちょうしょう)する, 中傷する

za+'hón⇔-'jón [さ.'オン⇔.'ほン] 名 男〔複〕〖衣〗オーバーズボン《カウボーイや農夫がズボンの上からはく》

za+hon-'dar [さ.オン.'ダる] 動 他 掘る, 掘り下げる 動 自《足が》のめり込む,《土が》ぬかるんでいる

za+ho-'rí [さ.オ.'り] 名 男〔複 -ríes⇔-rís〕先見者, 予言者; 先見の明のある人, 洞察力のある人; 水脈占い師《地下水脈を発見する》

za+'húr-da [さ.'ウる.ダ] 名 女〖建〗豚小屋; みすぼらしくて汚い家

'zai+no, -na⇔za+'í+ ['さイ.ノ, ナ⇔.'イ.] 形 裏切る, そむく, 不忠の;〖畜〗《馬が》御しにくい, 癖の悪い;〖畜〗《馬が》栗色の;〖畜〗《牛が》黒い, 黒一色の *mirar a lo* ~ 横目で見る

'Zai-re ['さイ.れ] 名 固〔República de ~〕〖歴〗〖地名〗(旧)ザイール《コンゴ民主共和国 República Democrática del Congo の旧称》

zai-'re-ño, -ña [さイ.'れ.ニョ, ニャ] 形 名 男 女〖歴〗〖地名〗(旧)ザイールの; (旧)ザイール人 ⬆Zaire

za-la-'gar-da [さ.ラ.'ガる.ダ] 名 女 待ち伏せ; わな;《話》騒ぎ, 騒動

za-la-me-'rí+a [さ.ラ.メ.'り.ア] 名 女 へつらい, お世辞, 甘言

za-la-'me-ro, -ra [さ.ラ.'メ.ろ, ら] 形 へつらう, おもねる 名 男 女 へつらう人, おべっか使い

za-'le+a [さ.'レ.ア] 名 女 羊の毛皮

za-le+'ar [さ.レ.'アる] 動 他 引きずって振り回す;〈犬などを〉(シッと言って)追い払う

za-'le-ma [さ.'レ.マ] 名 女《話》へりくだった挨拶(あいさつ), うやうやしいおじぎ;《話》おせじ, 甘言

za-ma-'cu-co, -ca [さ.マ.'ク.コ, カ] 名 男 女〔人〕まぬけ; 狡猾(こうかつ)な人, ずるい人 名 男 酔っぱらうこと

za-'ma-rra [さ.'マ.ら̃] 名 女〖衣〗革のジャケット, 毛皮のチョッキ; (はさみで整えられていない)羊皮

za-ma-rre+'ar [さ.マ.れ̃.'アる] 動 他 揺さぶる;《犬などが》くわえて振り回す;《話》乱暴につかむ;《話》追いつめる

za-ma-'rri-co [さ.マ.'り̃.コ] 名 男 (毛皮製の)袋

za-'ma-rro, -rra [さ.'マ.'ろ̃, ら̃] 形 名 男 女《中米》《ベネズエラ》《話》ずるい(人) 名 男〖衣〗(毛皮の)チョッキ, 革のジャケット; 羊毛皮;《話》粗野な男

'zam-ba ['さン.バ] 名 女〖楽〗サンバ《アルゼンチンの民族音楽・舞踊》

'Zam-bia ['さン.ビア] 名 固〔República de ~〕〖地名〗ザンビア《アフリカ中南部の共和国》

zam-'bia+no, -na [さン.'ビア.ノ, ナ] 形〖地名〗ザンビア(人)の 名 男 女 ザンビア人 ⬆Zambia

'zam-bo, -ba ['さン.ボ, バ] 形 名 男 女〖体〗X脚の, 外反膝(しつ)の; サンボ(の)《先住民と黒人の混血》名 男〖動〗クモザル《熱帯アメリカ産》

Zam-bo+'an-ga [さン.ボ.'アン.ガ] 名 固〖地名〗サンボアンガ《フィリピン, ミンダナオ島西部の都市; スペイン語クレオール語が話される》

zam-bo+an-'gue-ño, -ña [さン.ボ.アン.'ゲ.ニョ, ニャ] 形 名 固〖地名〗サンボアンガの(人) ⬆Zamboanga;〖言〗サンボアンガ語の 名 男〖言〗サンボアンガ語《スペイン語とフィリピンの言語が混交したクレオール語》

zam-'bom-ba [さン.'ボン.バ] 名 女〖楽〗サンボンバ《太鼓の一種; 革を突き刺した棒をこすって音を出す》感《話》おや!, ええ!, うわあ!《驚き》

zam-bom-'ba-zo [さン.ボン.'バ.そ] 名 男《話》殴打, パンチ;《話》バン[ドカン]という音

zam-'bom-bo [さン.'ボン.ボ] 名 男《話》粗野な男

zam-bo-ron-'dón, -'do-na [さン.ボ.ろン.'ドン, 'ド.ナ] 形《話》不器用な; 乱暴な

'zam-bra ['さン.ブら] 名 女 ムーア人の祭り;《話》騒動, 騒ぎ, けんか

zam-bu-'car [さン.ブ.'カる] 動 他 69

(c|qu) さっと[すばやく]隠す

zam-bu-'lli-da [さン.ブ.'ジ.ダ] 名 女 〖競〗〔水泳〕飛び込み; 〖競〗〔フェンシング〕突き

zam-bu-'llir [さン.ブ.'ジる] 動 他 ⑩ (‹i›) (水中へ)投げ込む, 潜らせる **～se** 動 再 飛び込む, 潜る; 隠れる, 潜伏する; (en: に)没頭する

zam-bu-'ri-ña [さン.ブ.'り.ニャ] 名 女 〖貝〗フランスニシキガイ

Za-'mo-ra [さ.'モ.ら] 名 固 〖地名〗サモーラ《スペイン北西部の県, 県都; メキシコ南西部の都市; エクアドル南部の都市》 名 男 〖競〗〔サッカー〕(スペインリーグの)最優秀ゴールキーパー賞《ゴールの数が最小のキーパーに与えられる》

Za-'mo-ra Chin-'chi-pe [さ.モ.ら チン.'チ.ペ] 名 固 〖地名〗サモーラ・チンチーペ《エクアドル南東部の州》

za-mo-'ra+no, -na [さ.モ.'ら.ノ, ナ] 形 名 男 女 〖地名〗サモーラの(人)⬆Zamora

'zam-pa ['さン.パ] 名 女 〖建〗杭(くい), パイル

zam-pa-'bo-llos [さン.パ.'ボ.ジョス] 名 共 〔単複同〕《(スペイン)》《話》大食家

zam-'par [さン.'パる] 動 他 投げつける; 浸す, つける; (すばやく)隠す; ‹食べ物を›詰め込む, がつがつ食べる **～se** 動 再 がつがつ食べる; (en: に)乱入する, 紛れ込む, 潜り込む; うっかり入り込む, はまり込む

zam-pa-'tor-tas [さン.パ.'トる.タス] 名 共 〔単複同〕《話》大食家; 粗野な人, がさつ者

zam-pe+'a-do [さン.ペ.'ア.ド] 名 男 〖建〗木材の枠組み《軟弱な地盤の上に建築するときの土台》

zam-pe+'ar [さン.ペ.'アる] 動 他 〖建〗木材の枠組みで地固めする

zam-'pón, -'po-na [さン.'ポン, 'ポ.ナ] 形 名 男 女 〖食〗大食家(の)

zam-'po-ña [さン.'ポ.ニャ] 名 女 〖楽〗サンポーニャ《連管笛》; くだらないこと, つまらないこと

***za-na+'ho-ria** [さ.ナ.'オ.りア] 93% 名 女 〖植〗ニンジン; 《(ベネズエラ)》《(アンデス)》《話》健全な生活をする人

'zan-ca ['さン.カ] 名 女 〖体〗〖動〗(人・動物の)長い脚; 〖建〗階段の化粧側板

zan-'ca-da [さン.'カ.ダ] 名 女 大股(おおまた)の一歩 *en dos ～s* 《話》すぐに

zan-ca-'di-lla [さン.カ.'ディ.ジャ] 名 女 足をすくうこと, 足がけ; 《話》わな, 落とし穴; 〖競〗〔サッカー〕トリッピング *poner [echar] la ～* (a: の)足をすくう; (a: に)わなをかける

zan-ca-di-lle+'ar [さン.カ.ディ.ジェ.'アる] 動 他 ‹の›足をすくう; ‹に›わなをかける

zan-'ca-jo [さン.'カ.ほ] 名 男 〖体〗かかとの骨, かかと; 〖衣〗(靴・靴下の)かかと

zan-ca-'jo-so, -sa [さン.カ.'ほ.ソ, サ] 形 〖医〗O脚, 内反膝(しつ)の; 〖衣〗穴のあいた靴下をはいている

zan-ca-'rrón [さン.カ.'ろン] 名 男 足の骨; 《話》やせてみすぼらしい老人; 《話》無知な教師

'zan-co ['さン.コ] 名 男 〔複〕〖遊〗竹馬 *en ～s* よい位置で

zan-'cón, -'co-na [さン.'コン, 'コ.ナ] 形 《話》足[脚]が長い

zan-'cu-do, -da [さン.'ク.ド, ダ] 形 〖体〗脚が長い; 〖鳥〗渉禽(しょうきん)類の 名 男 《(ラ米)》〖昆〗カ[蚊]

zan-fo-'ní+a [さン.フォ.'ニ.ア] 名 女 〖楽〗ハーディガーディ《クランクで回転させるホイールが弦を擦るリュートに似た楽器》

zan-ga-'na-da [さン.ガ.'ナ.ダ] 名 女 《話》不適切[無礼]な言動, へま

zan-ga-ne+'ar [さン.ガ.ネ.'アる] 動 自 《話》遊んで過ごす, 怠けて暮らす

'zán-ga+no ['さン.ガ.ノ] 名 男 〖昆〗ミツバチの雄; 《話》のらくら者, なまけ者

zan-ga-ri-'lle-ja [さン.ガ.り.'ジェ.は] 名 女 《話》だらしのない女, 身持ちの悪い女

zan-ga-rre+'ar [さン.ガ.れ.'アる] 動 自 《話》〖楽〗〔軽蔑〕(ギターを)(へたに)かき鳴らす

zan-ga-'rria-na [さン.ガ.'りア.ナ] 名 女 〖医〗持病, 何度も繰り返す軽い病気; 憂鬱(ゆううつ), 陰気

zan-go-lo-te+'ar [さン.ゴ.ロ.テ.'アる] 動 他 《話》(激しく)振る, 揺らす 動 自 《話》ガタガタ揺れる; 《話》あちこち動き回る, うろうろする, そわそわする **～se** 動 再 《話》揺れる

zan-go-lo-'te+o [さン.ゴ.ロ.'テ.オ] 名 男 揺れること, がたつくこと, うろうろすること, そわそわすること

zan-go-lo-'ti+no, -na [さン.ゴ.ロ.'ティ.ノ, ナ] 形 《話》いつまでも子供みたいな

zan-'guan-go, -ga [さン.'グアン.ゴ, ガ] 形 名 男 女 《話》怠惰な(人), 無気力な(人) **-ga** 名 女 《話》仮病

'zan-ja ['さン.は] 名 女 溝, どぶ, 排水溝; 《(ラ米)》(雨水の侵食による)雨裂 *abrir ～s* 〖建〗建築を始める; 着手する

zan-'jar [さン.'はる] 動 他 切り抜ける, 解決する; ‹に›溝を掘る

zan-que+'ar [さン.ケ.'アる] 動 自 ぎこちなく歩く; (せかせか)大股(おおまた)で歩く

zan-qui-'lar-go, -ga [さン.キ.'ラる.ゴ, ガ] 形 名 男 女 〖体〗〖動〗脚が長い(人・動物)

'za+pa ['さ.パ] 名 女 〖農〗鋤(すき), 踏みぐわ;

Z

溝を掘ること; さめ皮, シャグリーン革, 粒起なめし革 *labor de* ～ 地下工作, 陰謀

za-pa-'dor [さ.パ.'ドる] 名 男 〔軍〕(対壕(たいごう)を掘る)工兵

za-'pa-llo [さ.'パ.ジョ] 名 男 《ラ米》〔植〕カボチャ, ヒョウタン

za-pa-'pi-co [さ.パ.'ピ.コ] 名 男 〔建〕(地面を掘る)つるはし

za-'par [さ.'パる] 動 自 〔軍〕(地面に)対壕(たいごう)を掘る, 対壕によって(敵陣に)迫る

za-'pa-ta [さ.'パ.タ] 名 女 〔機〕ブレーキの輪止め; 〔複〕〔衣〕短いブーツ, 短靴, 半長靴; (家具の脚の下に入れる)支物(かいもの), パッド; 〔建〕まぐさ《窓・戸などの上部の横木》; 〔機〕(ボルトの)座金(ざがね)

Za-'pa-ta [さ.'パ.タ] 名 固 〔península de ～〕〔地名〕サパータ半島《キューバ中部の半島》

za-pa-'ta-zo [さ.パ.'タ.そ] 名 男 靴による一撃; 〔海〕«帆が» バタバタと動くこと *tratar a ～s* 手荒く扱う

za-pa-te+'a-do [さ.パ.テ.'ア.ド] 名 男 《スペイン》〔楽〕サパテアド《フラメンコで足を踏み鳴らす踊り》

za-pa-te+'ar [さ.パ.テ.'アる] 動 自 〔楽〕サパテアドで踊る; 足をコツコツ鳴らす; «帆などが» パタパタ動く, はためく 動 他 靴で踏み鳴らす; 虐待する, ひどい目にあわせる **～se** 動 再 《話》頑として譲らない

za-pa-'te+o [さ.パ.'テ.オ] 名 男 足で踏み鳴らすこと; 〔楽〕サパテアド ⬆zapateado; タップダンス

za-pa-te-'rí+a [さ.パ.テ.'り.ア] 名 女 〔商〕靴屋; 〔技〕靴製造業

*__za-pa-'te-ro, -ra__ [さ.パ.'テ.ろ, ら] 92% 名 男 女 〔商〕〔人〕靴屋, 靴職人 形 〔食〕«肉・野菜などが» 硬い, 生煮えの *dejar* ～ 〔遊〕〔トランプ〕でき役をなくす *quedarse* ～ 〔遊〕(トランプで)でき役がなくなる

za-pa-'te-ta [さ.パ.'テ.タ] 名 女 サパテータ《飛び上がって手で足を打つこと, または両足を打ち合わせること》; 〔演〕〔バレー〕カブリオール

*__za-pa-'ti-lla__ [さ.パ.'ティ.ジャ] 93% 名 女 〔複〕〔衣〕スリッパ, 上靴, 部屋履(ば)き; 〔複〕〔衣〕靴, バレエシューズ, 闘牛士の靴; 先革《ビリヤードのキューやフェンシングの剣の先につける》; 〔動〕ひづめ; 〔技〕(ボルトの)座金, ワッシャー; 〔複〕《アンデス》《チリ》《ラプラタ》〔衣〕スニーカー

za-pa-'tis-ta [さ.パ.'ティス.タ] 形 〔政〕サパータ主義の 名 共 サパータ主義者《Emiliano Zapata, 1879?–1919, メキシコの革命家》

⁑__za-'pa-to__ [さ.'パ.ト] 82% 名 男 〔複〕靴, 短靴 *saber dónde le aprieta el ～* 自分のいる状況[困難など]をわきまえている

za-pa-'tu-do, -da [さ.パ.'トゥ.ド, ダ] 形 厚くて丈夫な靴を履いた; «動物が» 大きくて厚いひづめを持つ

'za+pe ['さ.ペ] 感 《話》シーッ!, シッ! 《動物を追い払うときに言う》; 《話》まあ!, あれ! 《驚きなど》

za-pe+'ar [さ.ペ.'アる] 動 他 〈猫などを〉シッ! と言って追い払う; 〈人を〉追い払う 動 自 《スペイン》ザッピングする, テレビのリモコンでチャンネルをすばやく変える

za-'pe+o [さ.'ペ.オ] 名 男 ザッピング《テレビのリモコンでチャンネルをすばやく変えること》

za-'pe-ta [さ.'ペ.タ] 名 女 《メキシコ》おむつ, おしめ

za-po-'tal [さ.ポ.'タル] 名 男 〔植〕サポジラの群生地 ⬇zapote

za-'po-te [さ.'ポ.テ] 名 男 《ラ米》〔植〕サポジラ《熱帯アメリカ産; 樹液からチューインガムの原料 chicle をとる》

za-po-'te-co, -ca [さ.ポ.'テ.コ, カ] 形 名 男 女 サポテーコ族(の)《メキシコ南部オアハーカ州 Oaxaca に住む民族》; 〔言〕サポテーコ語の 名 男 〔言〕サポテーコ語

'za-que ['さ.ケ] 名 男 〔飲〕(ワインを入れる)小さい革袋; 酔っぱらい

za-que+'ar [さ.ケ.'アる] 動 他 〔飲〕〈ワインを〉酒袋から他の酒袋に移す; 〔飲〕〈ワインを〉酒袋に入れて運ぶ

za-qui-za-'mí [さ.キ.さ.'ミ] 名 男 〔複 -míes⇔-mís〕〔建〕屋根裏部屋; 〔建〕小さな小屋, あばら屋

'zar ['さる] 名 男 〔歴〕ロシア皇帝, ツァーリ

za-ra-'ban-da [さ.ら.'バン.ダ] 名 女 〔楽〕サラバンド《3 拍子の舞踊・舞曲》; 《話》大騒ぎ, から騒ぎ

za-ra-'ga-ta [さ.ら.'ガ.タ] 名 女 《話》口論, けんか

za-ra-ga-'to-na [さ.ら.ガ.'ト.ナ] 名 女 〔植〕エダウチオオバコ

Za-ra-'go-za [さ.ら.'ゴ.さ] 名 固 〔地名〕サラゴサ《スペイン北東部の県, 県都》

za-ra-go-'za+no, -na [さ.ら.ゴ.'さ.ノ, ナ] 形 名 男 女 〔地名〕サラゴサの(人) ⬆Zaragoza

za-ra-'güe-lles [さ.ら.'グエ.ジェス] 名 男 《複》《スペイン》〔衣〕(バレンシア・ムルシア地方の)ゆったりしたズボン; 《スペイン》〔衣〕(アラゴン地方の)半ズボンの下に出すズボン下; 〔植〕アシ, ヨシ

za-'ran-da [さ.'らン.ダ] 名 女 篩(ふるい); 濾(こ)し器

za-ran-'da-ja [さ.らン.'ダ.は] 名 女 〔複〕《スペイン》くだらないこと, つまらないもの

za-ran-de+'ar [さ.らン.デ.'アる] 動 他 振る, 振り回す; 揺さぶる, もみくちゃにする; ふるう, ふるいにかける; 濾(こ)す; 忙しくさせる **～se** 動 再 尻を振って歩く

za-ran-'de+o [さ.らン.'デ.オ] 名 男 振ること, 振り回すこと; 揺すること; ふるいにかけること; 濾(こ)すこと; 忙しくすること
za-'ra-za [さ.'ら.さ] 名 女 〔複〕殺鼠(さっそ)剤
zar-ce+'ar [さる.せ.'アる] 動 他 (イバラを使って)〈管などを〉掃除する 動 自 (犬が獲物を探しに)イバラの茂みに入る; さっと横切る
zar-'ce-ño, -ña [さる.'せ.ニョ, ニャ] 形 イバラのような[の多い]
zar-'ci-llo [さる.'すぃ.ジョ] 名 男 〘植〙巻きひげ; 〔複〕(リング状の)耳飾り, イヤリング; 〘農〙(除草用の)くわ
'zar-co, -ca ['さる.コ, カ] 形 空色の, ライトブルーの
za-'ri-na [さ.'り.ナ] 名 女 〘歴〙帝政ロシアの女帝[皇后]
za-'ris-mo [さ.'りス.モ] 名 男 〘歴〙(ロシアの)帝政; 〘政〙専制[独裁]政治
za-'ris-ta [さ.'りス.タ] 形 名 共 〘歴〙ロシア皇帝派の(人)
'zar-pa ['さる.パ] 名 女 〘動〙(動物の)足, 手, 爪(つめ); 〘建〙(壁・柱などの)基礎, フーチング; 〘海〙錨(いかり)を揚げること; 泥のはね
zar-'pa-da [さる.'パ.ダ] 名 女 〘動〙動物の足による一撃, 爪をかけること
zar-'par [さる.'パる] 動 自 〘海〙(錨(いかり)を揚げて)(de: を)出港する
zar-'pa-zo 名 男 ⇧ zarpada
za-rra-pas-'tro-so, -sa [さ.ら.パス.'トろ.ソ, サ] 形 名 男 女 ぼろをまとった(人), みすぼらしい(人)
'zar-za ['さる.さ] 名 女 〘植〙イバラ, キイチゴの木
zar-za-'gán [さる.さ.'ガン] 名 男 〘気〙冷たい北風, 寒風
zar-'zal [さる.'さル] 名 女 〘植〙イバラ[キイチゴ]の茂み
zar-za-'mo-ra [さる.さ.'モ.ら] 名 女 〘植〙イバラ[キイチゴ]の木, キイチゴの実
zar-za-pa-'rri-lla [さる.さ.パ.'り.ジャ] 名 女 〘植〙サルトリイバラ, サルトリイバラの根
'zar-zo ['さる.そ] 名 男 編み垣; すのこ
zar-'zo-so, -sa [さる.'そ.ソ, サ] 形 〘植〙イバラで覆われた
zar-'zue-la [さる.'すエ.ラ] 名 女 《スペイン》〘楽〙サルスエラ《スペインのオペレッタ》; 《スペイン》〘食〙サルスエラ《トマトソースで味つけした魚料理》
'zas ['さス] 感 《擬音》ズドン!, バタン!, バン!, ピシャッ!《落下・衝突の音》; プツン!, フッ!, パッ!《突然の様子》
'zas-ca [さス.カ] 名 女 《スペイン》《話》戒め, 罰, 仕置き 感 ドタン, バタン《急な動作》
zas-can-'dil [さス.カン.'ディル] 名 共 《スペイン》《話》おっちょこちょい, 軽薄な人
zas-can-di-le+'ar [さス.カン.ディ.レ.'アる] 動 他 《スペイン》《話》かぎ回る, 詮索(せんさく)する
zas-can-di-'le+o [さス.カン.ディ.'レ.オ] 名 男 《話》かぎ回ること, 詮索(せんさく)
ze-'di-lla 名 女 ⇧ cedilla
'zé-jel ['せ.ヘル] 名 男 〘歴〙〘文〙セヘル《中世スペインのアラブ人起源の詩》
Ze-'lan-da [せ.'ラン.ダ] 名 固 〘地名〙(オランダの)ゼーラント州
'zen ['せン] 名 男 〘宗〙(日本の)禅(ぜん); 座禅
ze-'nit; zé- 名 男 ⇧ cenit
Ze-'no-bia [せ.'ノ.ビア] 名 女 〘女性名〙セノビア
ze-pe-'lín [せ.ペ.'リン] 名 男 〘空〙ツェッペリン型飛行船
zep-to~ 〔接頭辞〕〘数〙「10 の –21 乗」を示す
*'**ze+ta** ['せ.タ] 93% 名 女 〘言〙セタ《文字 Z, z の名称》; 〘言〙ゼータ《ギリシャ語の文字 Z, ζ》; **Z** 字形
zet-ta~ 〔接頭辞〕〘数〙「10 の 21 乗」を示す
'Zeus ['せウス] 名 固 〘ギ神〙ゼウス《オリュンポス山の主神で天の支配者》
zi-'go-to 名 男 ⇧ cigoto
zi-gu-'rat [すぃ.グ.'らト] 名 男 〔複 -rats〕〘建〙(バビロニア・アッシリアの寺院の)階段状ピラミッド型の塔
zig-'zag [すぃグ.'さグ] 名 男 〔複 -zags〕ジグザグ, Z字形, 稲妻形
zig-za-gue+'ar [すぃグ.さ.ゲ.'アる] 動 他 ジグザグに進む
zig-za-'gue+o [すぃグ.さ.'ゲ.オ] 名 男 ジグザグに進むこと
Zim-'ba-bue [すぃン.'バ.ブエ] 名 固 〔República de ~〕〘地名〙ジンバブエ《アフリカ南部の共和国》
zim-ba-'buen-se [すぃン.バ.'ブエン.セ] 形 〘地名〙ジンバブエ(人)の 名 共 ジンバブエ人 ⬆Zimbabue
'zinc 名 男 ⇧ cinc
'zín-ga-ro, -ra 形 ⇧ cíngaro
'zí-per ['すぃ.ぺる] 名 男 《メキシコ》《中米》《カリブ》〘衣〙ジッパー
zi-pi-'za-pe [すぃ.ピ.'さ.ペ] 名 男 《スペイン》《話》けんか, 口論; 騒ぎ
zir-'cón 名 男 ⇧ circón
zir-'co-nio 名 男 ⇧ circonio
'zis 'zas ['すぃス 'さス] 感 《擬音》ガンガン!, バンバン!, サッサッ!《物を連打したり, 振り回すときの音》
*'**zó-ca-lo** ['そ.カ.ロ] 93% 名 男 《ラ米》広場, 〔特に〕(メキシコの)中央広場; 〘建〙(柱・彫像の)台座, 礎石; (壁の下端の)幅木; 〘地〙大陸棚, 島棚

zo-'ca-to, -ta [そ.'カ.ト, タ] 形 名 男 女 左利きの(人)

'zo-clo ['そ.クロ] 名 男〔複〕〘衣〙木靴

'zo+co ['そ.コ] 名 男 (アラブ諸国の)市場;〔複〕木靴;〘建〙(柱の)台石, 台座

'zó-diac ['そ.ディアク] 名 男 エンジン付きゴムボート《商標: Zodiac》

zo-dia-'cal [そ.ディア.'カル] 形〘天〙黄道帯の, 獣帯の

zo-'dia-co, -ca ⇦-'**dí+a-** [そ.'ディ.ア.コ, カ⇦'ディ.ア] 名 男 十二宮(一覧図)《黄道帯に12の星座を配した図》;〘天〙黄道帯

'zoi-lo ['そイ.ロ] 名 男《格》酷評家

zo-'lli-po [そ.'ジ.ポ] 名 男《話》しゃくり泣き, すすり泣き

'zom-bi ['そン.ビ] 名 共〘宗〙(ブードゥー教の)ゾンビ《死体に入って生き返らせる霊力》⬆vudú

zom-'pan-tle [そン.'パン.トレ] 名 男《ﾒｷｼｺ》〘植〙ソンパントレ《マメ科の木》

'zo+na ['そ.ナ] 72% 名 女 地帯, 地域, 区域, 水域, 圏;〘地〙帯(たい)《地表を緯度によって大きく5つに分けた地帯》; 範囲, 領域;〘医〙帯状疱疹 ⬆herpes ~ ***azul* 有料駐車区域

zo-'nal [そ.'ナル] 形 地帯の, 地域の, 区域の, 水域の

'zon-zo, -za ['そン.そ, さ] 形 名 男 女《ﾗ米》ばか(な), まぬけ(な)

*'**zo+o** ['そ.オ] 94% 名 男 動物園

zo+'ó-fa-go, -ga [そ.'オ.ファ.ゴ, ガ] 形 肉食の

zo+'ó-fi-to [そ.'オ.フィ.ト] 名 男〘動〙植虫類《植物の様態を示す動物, イソギンチャク・ヒトデ・サンゴ・海綿など》

zo+o-lo-'gí+a [そ.オ.ロ.'ひ.ア] 名 女〘動〙動物学

zo+o-'ló-gi-co, -ca [そ.オ.'ロ.ひ.コ, カ] 形〘動〙動物学(上)の, 動物の

zo+'ó-lo-go, -ga [そ.'オ.ロ.ゴ, ガ] 名 男 女〘動〙動物学者

zo+os-'per-mo [そ.オス.'ぺる.モ] 名 男〘生〙精虫, 精子

zo+o-'tec-nia [そ.オ.'テク.ニア] 名 女〘畜〙畜産学, 家畜飼育法

zo+o-'téc-ni-co, -ca [そ.オ.'テク.ニ.コ, カ] 形〘畜〙畜産の, 家畜飼育の 名 男 女〘畜〙畜産家

'zo-pas ['そ.パス] 名 共〔単複同〕《話》舌足らずの人

'zo+pe 名 男 ⇩ zopilote

zo-'pen-co, -ca [そ.'ペン.コ, カ] 名 男 女《話》のろま, とんま 形《話》うすのろな, 愚鈍な

zo-pi-'lo-te [そ.ピ.'ロ.テ] 名 男《ﾒｷｼｺ》《中米》〘鳥〙ハゲワシ, コンドル

zo-'pi-sa [そ.'ピ.サ] 名 女 タール, ピッチ; 松やに

'zo+po, +pa ['そ.ポ, パ] 形 名 男 女〘医〙手足が奇形の(人)

zo-'que-te [そ.'ケ.テ] 名 男 木材の切れ端, 木片;〘食〙堅いパンの切れ端;〔複〕《ﾁﾘ》〘衣〙短いソックス 名 共 まぬけ, とんま

zo-ro+'ás-tri-co, -ca [そ.ろ.'アス.トリ.コ, カ] 形〘宗〙ゾロアスター教の 名 男 女〘宗〙ゾロアスター教徒 ⬇zoroastrismo

zo-ro+as-'tris-mo [そ.ろ.アス.'トリス.モ] 名 男〘宗〙ゾロアスター教《紀元前6世紀ころイランの予言者ゾロアスターが始めた宗教》

zo-'ron-go [そ.'ろン.ゴ] 名 男《ｽﾍﾟｲﾝ》〘衣〙(アラゴン・ナバーラ地方の)鉢巻き;〘体〙束髪;〘楽〙ソロンゴ《スペイン, アンダルシア地方の民族舞踊・民謡》

'zo-rra ['そ.ら] 名 女〔一般〕〘動〙キツネ;〔特に〕〘動〙雌ギツネ;《話》(キツネのように)ずるい人;《俗》酒に酔うこと;《ｽﾍﾟｲﾝ》《話》売春婦

zo-'rre-ra [そ.'れ.ら] 名 女〘動〙キツネの巣; 眠気, ものうさ; 煙が充満した部屋

zo-rre-'rí+a [そ.れ.'り.ア] 名 女 狡猾(こうかつ)さ, 抜け目なさ, ずるさ

zo-'rri-llo [そ.'り.ジョ] 名 男《ﾗ米》〘動〙スカンク

*'**zo-rro** ['そ.ろ] 93% 名 男〘動〙雄ギツネ; キツネの(毛)皮;《話》ずる賢い人;《話》なまけ者; ちり払い, はたき ***hacerse el*** ~《話》知らないふりをする ***hecho[cha] un*** ~《話》くたくたになって; ぼろぼろになって

zo-'rru+no, -na [そ.'る.ノ, ナ] 形 キツネの(ような) ***oler a*** ~《話》怪しい, 変である

zor-'zal [そる.'さル] 名 男〘鳥〙ツグミ; 狡猾(こうかつ)な人, ずるい人

'zo+te ['そ.テ] 形 ばかな, 愚鈍な 名 共〔人〕まぬけ, ばか

zo-'zo-bra [そ.'そ.ブら] 名 女 心配, 懸念, 不安;〘海〙難船, 難破;〘気〙悪天候, しけ

zo-zo-'brar [そ.そ.'ブらる] 動 自〘海〙«船が»難破する, 遭難する; 危機にあう; (en: 仕事に)失敗する, 挫折する

'zua-vo ['すア.ボ] 名 男〘歴〙〘軍〙ズアーブ兵《フランスのために戦ったアルジェリア人の兵士》

'zu-bia ['す.ビア] 名 女〘建〙水路, 溝, とい

'zue-co ['すエ.コ] 名 男〔複〕木靴;〔複〕《ｶﾘﾌﾞ》《話》古靴

zu-la-'car [す.ラ.'カる] 動 他 ㊾ (c|qu)〘技〙封泥(ふうでい)で覆(おお)う[つなぐ]

'Zu-lia ['す.リア] 名 固〘地名〙スリア《ベネズエラ北西部の州》

zulo ['す.ロ] 名 男〔バスク語〕隠れ場所

zu+'lú [す.'ル] [形][名] [共]〔複 -lúes⇦-lús〕 ズールー族(の)《南アフリカ共和国のバンツー系の民族》;〔言〕ズールー語の [名] [男]〔言〕ズールー語

'zum ['スム] [名] [男]〔複 -zums〕〔映〕〔写〕ズーム

zu-'ma-que [す.'マ.ケ] [名] [男]〔植〕ウルシ

'zum-ba ['すン.バ] [名] [女] 冗談, からかい; 棒などで打つこと

zum-ba-'dor, -'do-ra [すン.バ.'ドる, 'ド.ら] [形] ぶんぶん[がやがや]いう, うなる [名] [男] ブザー

zum-'bar [すン.'バる] [動] [自] ぶんぶんいう, うなりを上げる; 耳鳴りがする;《話》もう間近である [動] [他]〈一撃を〉くらわす, 見舞う;《話》からかう, いじめる **~se** [動] [再]《話》(de: を)からかう, いじめる ***zumbando***《話》全速力で, 急いで

*__zum-'bi-do__ [すン.'ビ.ド] 94% [名] [男] ぶんぶんいうこと; ぶんぶんいう音, うなり;〔医〕耳鳴り

zum-'bón, -'bo-na [すン.'ボン, 'ボ.ナ] [形]《話》からかい好きの, おどけ者の [名] [男] [女] 冗談を言う人, おどけ者

*__'zu+mo__ ['す.モ] 92% [名] [男]《スペイン》〔飲〕ジュース;〔食〕(果物・野菜などの)汁, 液; うまい汁, 得, もうけ, 利益 ***sacar el ~***《話》(a: から)しぼり取る

zu-'mo-so, -sa [す.'モ.ソ, サ] [形] 汁の多い, 水気の多い

zun-'char [すン.'チャる] [動] [他] 金輪できつく締める

'zun-cho ['すン.チョ] [名] [男] たが, 金輪, 帯金

'zu-pia ['す.ピア] [名] [女]〔飲〕(ワインの)おり, かす;〔飲〕おりの多いワイン;〔飲〕まずい飲み物; がらくた, 用のない余り物

zur-'ci-do [する.'すい.ド] [名] [男]〔衣〕繕(つくろ)い, かけはぎ; 取り繕うこと; (うその)つじつまを合わせること

zur-ci-'dor, -'do-ra [する.すい.'ドる, 'ド.ら] [形]〔衣〕かがる, 繕(つくろ)う [名] [男] [女]〔衣〕かがり[繕い]手 **~ *de voluntades***《話》男女の仲を取り持つ人

zur-ci-'du-ra [する.すい.'ドゥ.ら] [名] [女] ⇧ zurcido

zur-'cir [する.'すいる] [動] [他] [77] (c|z)〈破れた部分を〉繕(つくろ)う, かがる; 取り繕う, うまく繕う;〈うその〉つじつまを合わせる ***¡Que te zurzan!***《スペイン》《話》いいかげんにしてくれ!, もうたくさんだ! **~ *voluntades*** (男女の)取り持ちをする

*__'zur-do, -da__ ['する.ド, ダ] 94% [形] 左利きの [名] [男] [女] 左利きの人 **-da** [名] [女] 左手 ***a zurdas*** 左手で ***no ser ~[da]***《スペイン》《話》なかなかのやり手である, 腕利きである

zu-re+'ar [す.れ.'アる] [動] [自]〔鳥〕《ハトが》クークーと鳴く

zu-'re+o [す.'れ.オ] [名] [男]〔鳥〕(ハトの)鳴き声

Zú-'rich ['す.りク] [名] [固]〔地名〕チューリヒ《スイス北部の都市》

zu-'ri-to, -ta [す.'り.ト, タ] [形]〔鳥〕《ハトが》野生の, 野鳥の

'zu+ro, +ra ['す.ろ, ら] [形]〔鳥〕《ハトが》野生の, 野バトの [名] [男]〔植〕トウモロコシの穂軸;《コロンビア》〔鳥〕ハト

'zu-rra ['す.ら] [名] [女] 殴ること; 骨折り, 大変な仕事; なめし革を仕上げること

zu-'rra-pa [す.'ら.パ] [名] [女] おり, かす;《話》がらくた, つまらないもの

zu-rra-'pien-to, -ta [す.ら.'ピエン.ト, タ] [形] おり[かす]の多い, 濁った

zu-'rrar [す.'らる] [動] [他]〈皮を〉なめす, 仕上げる;《話》(特に人前で)打つ, 殴る;《話》ひどく叱(しか)る, 非難する

zu-'rrar(-se) [す.'らる(.セ)] [動] [自] ([再])《話》そそうする, 大便を漏らす

zu-'rria-ga [す.'りア.ガ] [名] [女] むち;〔鳥〕ヒバリ

zu-rria-'gar [す.りア.'ガる] [動] [他] ㊶ (g|gu) むち打つ

zu-rria-'ga-zo [す.りア.'ガ.そ] [名] [男] むち打ち; 打撃, 不幸, 災難

zu-'rria-go [す.'りア.ゴ] [名] [男] むち **~ *escondido***〔遊〕むち探し《むちを隠して先に見つけた者が打つ》

zu-'rriar [す.'りアる] [動] [自] ギシギシいう, サラサラいう, ガチャガチャいう, ジャラジャラいう

zu-'rrón [す.'ろン] [名] [男] (羊飼いの)革袋;〔植〕(穀物の)殻(から), (豆類の)さや, (果物の)皮

zu-'ru-llo [す.'る.ジョ] [名] [男]《話》固まり;《俗》糞(くそ), ふん

'zur-zo, -za(~) [動]《直現 1 単, 接現》⬆zurcir

zu-'ta+no, -na [す.'タ.ノ, ナ] [名] [男] [女] 某氏, 誰それ《名前を覚えていない人, または名前は問題にならない人; fulano, mengano y zutano または mengano y zutano の中で使う》

日本語索引

この索引は本文の重要語を中心にその語義を日本語のあいうえお順に並べたものです.「人」を示す名詞は男女形を示し, 形容詞は男性単数形を示します.「ー」で延ばす音は母音の繰り返しの後に置き, つまる音(っ)は「つ」の後に置きました.「～」は見出し語と同じ部分を示します.

あ

アーチ arco.
アーモンド almendra.
あい(愛) amor, cariño; ～する amar, querer.
あいさつ(挨拶) saludo; ～する saludar.
あいじょう(愛情) amor, cariño; ～のこもった afectuoso, cariñoso; ～深い amoroso.
あいず(合図) seña, señal.
アイスクリーム helado.
アイスランド Islandia; ～語 / ～人 / ～の islandés [desa].
あ(空)いた libre.
あいだ(間); …の間 durante, entre, mientras.
あいぶ(愛撫)する acariciar.
あいまい(曖昧)な ambiguo, vago.
アイルランド Irlanda; ～語 / ～人 / ～の irlandés [desa].
アイロン plancha; ～をかける planchar.
あ(会)う encontrarse, ver, verse; 会いに行く visitar; ～約束をする citar, citarse.
あ(合)う adaptarse, ajustar.
あお(青) / ～い azul.
あか(赤) / ～い rojo.
あか(赤)ちゃん bebé, crío, nene, niño.
あ(明)かり iluminación, luz.
あ(上)がる alzarse, ascender, elevarse, subir.
あか(明)るい alegre, claro; 明るく alegremente; 明るさ claridad.
あき(秋) otoño.
あきあきさせる cansar, fatigar; あきあきする cansarse; あきた cansado.
あき(明)らか; ～な aparente, claro; ～に evidentemente; ～にする aclarar, manifestar, revelar; ～になる aclararse, descubrirse.
あきらめる conformarse, resignarse.
あ(飽)きる cansarse, aburrirse.
あく(悪) mal.
あ(開)く abrir, abrirse; 開いている abierto.
あくい(悪意) malicia.
あくしゅ(握手)する estrechar la mano.
アクセント acento.
あくび bostezo; ～をする bostezar.
あくま(悪魔) demonio, diablo.
あくむ(悪夢) pesadilla.
あ(揚)げた frito; 揚げ物をする freír.
あ(開)ける abrir.
あ(上)げる alzar, elevar, subir.
あご(顎) mandíbula; ～ひげ barba.
あさ(朝) la mañana.
あさ(浅)い poco profundo.
あさって(明後日) pasado mañana.
あし(脚) pierna; 足 pie; 足の不自由な cojo.
あじ(味) gusto, sabor; ～がする saber; ～わい sabor.
アジア Asia; ～人 / ～の asiático[ca].
あした(明日) mañana.
あす(明日) mañana.
あず(預)ける dejar, depositar.
アスファルト asfalto.
あせ(汗) sudor; ～をかく sudar.
あそこ allá, allí.
あそ(遊)び juego; 遊ぶ jugar.
あたい(値)する digno; 値しない indigno.
あた(与)える conceder, dar.
あたた(暖)かい templado; 暖かくする abrigar; 暖める calentar.
あたま(頭) cabeza.
あたら(新)しい nuevo; 新しくする renovar.
(…の)あたりに hacia, en, por.
あつ(厚)い grueso, gordo.
あつ(熱)い caliente; 熱さ calor.
あつ(暑)い caluroso, cálido; 動 hacer calor.
あつか(扱)い tratamiento, trato; 扱う manejar, tratar.
あっか(悪化)する empeorar.
あっち allá, allí.
あつ(集)める agrupar, concentrar, juntar, recoger, reunir; 集まり asamblea; 集まる agruparse, concentrarse, juntarse, reunirse.
あてさき(宛先) destino.
あ(当)てにする contar.
あ(当)てる acertar, adivinar; aplicar, destinar, dedicar; exponer.
あと(後); …の～で tras; ～から行く seguir; ～で adelante, después, luego; ～に残して行く dejar; ～の posterior, ulterior.
あと(跡) huella, pista, señal.
あな(穴) agujero, hueco; ～をあける perforar.
あなた usted, tú; ～がた ustedes, vosotros[tras]; ～の su, suyo, tu, tuyo.
あに(兄) hermano (mayor).
あね(姉) hermana (mayor).
あの aquel.
アパート apartamento,

piso.
あぶ(危)ない peligroso.
あぶら(油) aceite; ～でいためる freír.
アフリカ África; ～人 / ～の africano[na].
あふれる inundarse, derramarse, rebosar.
あま(甘)い dulce.
アマゾン川 Amazonas.
アマチュアの aficionado.
あま(甘)やかす mimar.
あまりに demasiado.
あま(余)る sobrar.
あみ(網) red.
あ(編)む tejer; 編物 labores de punto; 編物をする hacer punto.
あめ(雨) lluvia; ～が降る llover.
アメリカ América; ～合衆国 Estados Unidos; ～合衆国の / ～人 estadounidense.
あやま(誤)った equivocado; 誤り equivocación, error, falta; 誤る errar, equivocarse.
あやま(謝)る disculparse, pedir perdón.
あら(洗)う lavar.
あらし(嵐) tempestad, tormenta.
アラスカ Alaska.
あらそ(争)い conflicto; 争う disgustarse, disputar.
あらた(改)める enmendarse.
アラビア Arabia; ～語 / ～人 / ～の árabe.
あらゆる todo.
あらわ(表)す describir, expresar, figurar, mostrar, representar.
あらわ(現)れる aparecer, asomar, salir, surgir, figurar, mostrar, nacer; ～こと aparición.
アリ(蟻) hormiga.
ありがとう gracias.
ありそうな probable.
ある encontrarse, estar, haber, quedar, quedarse, verse, tener.
ある… cierto, un; ～人 alguien, uno.
あるいは o, o bien.
ある(歩)く andar, caminar.
アルコール alcohol.
アルゼンチン Argentina; ～人 / ～の argentino[na].
アルバニア Albania; ～語 / ～人 / ～の albanés[nesa].
アルバム álbum.
アルファベット alfabeto.
アルミニウム aluminio.
あれ aquél, aquello.
あわ(泡) espuma.
あ(合)わせる adaptar, ajustar, juntar, ligar, unir.
あわ(慌)てる precipitarse.
あわ(哀)れな miserable, pobre; 哀れみ piedad.
あんごう(暗号) clave, código, cifra.
あんしん(安心) tranquilidad.
あんぜん(安全) seguridad; ～な seguro.
アンダルシア Andalucía; ～の(人) andaluz[za].
あんてい(安定); ～性 estabilidad; ～した estable; ～する asentar.
アンデス山脈 Andes; ～の andino.
あんな semejante, tal.
あんない(案内) información; ～人 guía; ～書 guía; ～する guiar.

い

い(胃) estómago.
いい bueno.
いいえ no.
いいまわ(言い回)し expresión.
イーメール correo electrónico.
いいわけ(言い訳) disculpa, excusa, pretexto.
いいん(医院) clínica.
い(言)う decir.
いえ(家) casa.
イエス・キリスト Jesucristo.
イカ(烏賊) calamar.
…いか(以下) bajo, inferior a, menos de.
…いがい(以外) excepto, menos, salvo, aparte de.
いがく(医学) medicina; ～の médico.
いか(怒)り coraje, disgusto, enojo, cólera, rabia, ira, indignacion; ～狂った furioso.
い(行)き ida.
いき(息) respiración, aliento; ～を吹く soplar; ～をする respirar.
いぎ(意義) sentido, significación.
いぎ(異議) objeción.
いきいき(生き生き)とした vivo, activo, vital.
いきお(勢)い ímpetu, fuerza.
いきかえ(生き返)らせる revivir.
い(生)きている vivir.
いき(粋)な elegante.
イギリス Inglaterra; ～人 / ～の inglés[glesa].
い(生)きる vivir.
い(行)く ir, irse, marcharse.
いくつ cuánto.
いくつかの unos, varios.
いくら cuánto.
いくらか algo; ～の alguno.
いけ(池) estanque.
いけない malo, indebido.
いけん(意見) idea, observación, opinión, parecer; ～が一致する avenirse, coincidir, convenir, concertarse; ～の相違 diferencia.
いご(以後) desde ahora, en adelante.
いこう(移行) transición; ～する trasladarse.
いざかや(居酒屋) taberna.
いさ(勇)ましい bravo, valiente.
いさん(遺産) herencia; ～を相続する heredar.
いし(意志) voluntad; ～の弱い indeciso.
いし(医師) ↓ いしゃ(医者)
いし(石) piedra.
いじ(維持) conservación, mantenimiento; ～する mantener, sostener.
いしき(意識) conciencia, conocimiento; ～のある consciente; ～を失う perder el sentido.
いしゃ(医者) doctor[tora], médico[ca].
…いじょう(以上) superior a, más de.
いじょう(異常)な anormal, extraordinario.
いす(椅子) silla.
イスパノアメリカ Hispanoamérica.
いずみ(泉) fuente.

イスラエル Israel; ～人 / ～の israelí.
イスラムきょうと(教徒) musulmán[mana].
いぜん(以前)に antes; ～の anterior, previo.
いそが(忙)しい ocupado.
いそ(急)ぐ acelerarse, apresurarse, apurarse, correr, precipitarse; 急ぐこと prisa; 急いで aprisa, deprisa; 急いでいる apurado; 急いでする apresurarse; 急がせる precipitar.
いぞん(依存) dependencia; ～する depender.
いた(板) tabla, plancha, lámina.
いた(痛)い doloroso; 痛み dolor; 痛む doler.
いたずら travesura, broma; ～の travieso.
いた(痛)み dolor; 痛める lastimarse.
イタリア Italia; ～語 italiano; ～人 / ～の italiano [na].
いち(1) uno.
いち(位置) posición, situación; ～する asentarse, ponerse, situarse.
いちいん(一員) miembro, socio[cia].
いちがつ(1月) enero.
イチゴ(苺) fresa.
いちじてき(一時的)な temporal.
いちば(市場) plaza, mercado.
いちばん(一番) el primer lugar, el más…
いちぶぶん(一部分) un fragmento, una parte; ～の parcial.
いつ cuándo.
いつか algún día.
いつか(5日) el día cinco.
いっさくじつ(一昨日) anteayer.
いっしょ(一緒); ～に juntos; ～に住む convivir; ～にする mezclar; ～になる juntarse, reunir, unirse; ～の mismo.
いっそう todavía, aún más.
いっち(一致) acuerdo, coincidencia, concordancia, correspondencia, unidad; ～させる concertar; ～する acordar, ajustar, coincidir, concertarse, concordar; ～した correspondiente.
いっちょくせん(一直線)の directo.
いつ(五)つ cinco.
いってい(一定)の fijo, determinado, constante; ～して constantemente.
い(行)ってしまう irse, marcharse.
いっぱい ～の lleno; ～にする llenar, colmar, cargarse; ～になる llenarse.
いっぱん(一般); ～の general; ～教育の liberal; ～的な general; ～に generalmente.
いっぽう(一方) un lado, una parte.
いつも siempre.
いつわ(逸話) anécdota.
いと(意図) idea, intención, propósito.
いと(糸) hilo.
いど(井戸) pozo.
いどう(移動) cambio, traslado; ～させる mover, trasladar; ～する moverse, trasladarse.
いとこ(従兄弟) primo; 従姉妹 prima.
いない ausente.
いなか campo; ～の aldeano, campesino, rústico, rural; ～の人 campesino [na].
いなくなる desaparecer.
イヌ(犬) perro.
イネ(稲) arroz.
いのち(命) vida.
いの(祈)り oración; 祈る rezar, orar, rogar.
いはん(違反) infracción, violación; ～する violar.
いふく(衣服) ropa.
いま(今) ahora.
いまいましい maldito.
いみ(意味) sentido, significado; ～深い significativo; ～する significar, querer decir.
いみん(移民) emigrante.
いもうと(妹) hermana (menor).
いや(嫌)な horrible, desagradable, molesto, antipático.
イヤリング pendiente, arete.
いらい(依頼) petición, ruego; ～する pedir.
いらいらさせる fastidiar, irritar, molestar.
イラク Irak; ～人 / ～の iraquí.
イラン Irán; ～人 / ～の iraní.
いりぐち(入口) entrada.
いる estar, hallarse, haber.
い(要)る necesitar, precisar, requerir.
い(入)れる incluir; introducir, meter.
いろ(色) color; ～合い matiz.
いろいろな diferentes, distintos, diversos, varios.
いわ(岩) roca.
いわ(祝)い felicitación; 祝う celebrar, felicitar, festejar.
いん(韻) rima.
いんき(陰気)な sombrío, fúnebre, lúgubre.
インク tinta.
いんさつ(印刷) imprenta, impresión; ～する imprimir; ～所 imprenta; ～された / ～物 impreso.
いんしょう(印象) impresión, efecto.
インスピレーション inspiración.
インターネット internet.
いんたい(引退) retirada; ～する retirarse.
インタビュー entrevista; ～する entrevistar.
いんちき engaño, trampa, truco.
インディオ indio[dia], indígena.
インド India; ～人 / ～の indio[dia].
インフレ inflación.
いんぶん(韻文) verso.
いんよう(引用) cita; ～する citar, mencionar.

う

ウイスキー güisqui.
うえ(上); …の～で[に] en, sobre, encima de; ～に arriba, encima; ～の superior, mayor; ～の階で arriba.
う(飢)え hambre; ～た hambriento; ～る tener hambre.
ウェイトレス camarera.
うえきばち(植木鉢) maceta.
う(植)える plantar.

うお(魚)　pez.
う(受)かる; 試験に〜 pasar.
う(浮)く　flotar.
うけつ(受付)け　recepción.
う(受)ける　padecer, someterse, sufrir, tomar; 受け入れる aceptar, acoger, admitir, atender, recibir; 受け入れられる aceptable; 受け継ぐ heredar; 受け取る aceptar, cobrar, recibir.
うご(動)く　andar, mover, moverse, funcionar; 動かす mover; 動かない quieto.
ウサギ(兎)　conejo.
うし(牛)　buey, toro, vaca.
うしな(失)う　perder.
うし(後)ろ　espalda, fondo; 〜に atrás, detrás.
うす(薄)い　delgado, fino; 薄める aclarar, aguar.
うそ(嘘)　mentira; 〜つき(の) mentiroso; 〜をつく mentir.
うた(歌)　canción, canto; 〜う cantar.
うたが(疑)い　duda, sospecha; 〜深い receloso; 疑う dudar, sospechar; 疑わしい dudoso, sospechoso.
うち(内)　interior.
うちあ(打ち明)ける　confiar, confesar, revelar.
うちあ(打ち合)わせ　arreglo.
うちゅう(宇宙)　universo; 〜空間 espacio; 〜飛行士 astronauta.
う(撃)つ　disparar, tirar.
う(打)つ　batir, dar, golpear; 打ち込む clavar, hundir; 打ちつける clavar.
うつく(美)しい　bello, bonito, hermoso; 美しさ belleza, hermosura.
うつ(写)し　copia; 写す copiar.
うつ(移)す　pasar, trasladar.
うった(訴)える　acusar, apelar, recurrir.
うで(腕)　brazo.
うなずく　asentir.
うぬぼれ　presunción, vanagloria, jactancia, orgullo; うぬぼれた orgulloso, presumido, vanidoso.
うば(奪)う　apoderarse, robar, quitar.
ウマ(馬)　caballo.
うまい　bueno, rico; (上手な) hábil.
うまく　bien.
うまごや(馬小屋)　cuadra.
う(生)まれ　nacimiento, origen; 〜つきの de nacimiento, natural; 〜る nacer.
うみ(海)　mar; 〜の marítimo.
うむ(産む)　dar a luz, parir.
うめく　gemir; quejarse; うめき gemido; queja.
う(埋)める　enterrar.
うやま(敬)う　respetar.
うら(裏)　dorso, envés, reverso, revés.
うらぎ(裏切)り　traición; 〜者 traidor[dora]; 裏切る fallar, traicionar.
うらな(占)う　adivinar.
うら(恨)み　rencor.
うらやむ　envidiar; うらやましがる 形 envidioso.
うりきれ(売り切れ)る　agotarse.
う(売)る　vender; 売れる venderse.
ウルグアイ　Uruguay; 〜人 / 〜の uruguayo[ya].
うるさい　ruidoso, molesto.
うれ(嬉)しい　alegrarse, estar contento.
うわぎ(上着)　chaqueta, saco.
うわさ(噂)　rumor.
うん(運)　suerte, fortuna.
うんが(運河)　canal.
うんざりする　fastidiarse, aburrirse, cansarse; うんざりした harto.
うんてん(運転); 〜する conducir, manejar; 〜手 conductor.
うんどう(運動)　ejercicio; movimiento; 〜場 campo de deporte; 〜選手 atleta.
うんめい(運命)　destino, fortuna.

え

え(絵)　cuadro, dibujo, pintura; 〜を描く pintar.
えいえん(永遠)の　eterno.
えいが(映画)　película, cine; 〜館 cine.
えいきゅうてき(永久的)な　eterno, permanente, perpetuo.
えいきょう(影響)　influencia, influjo, impacto.
えいご(英語)　inglés.
えいこう(栄光)　gloria; 〜ある glorioso.
えいせい(衛星)　satélite.
えいゆう(英雄)　héroe, heroína; 〜的な heroico.
えいよう(栄養)　alimentación, nutrición.
えか(絵描)き　pintor [tora].
えが(描)く　describir, dibujar, pintar.
えき(駅)　estación (de tren).
えきたい(液体)　líquido.
エクアドル　Ecuador; 〜人 / 〜の ecuatoriano [na].
エジプト　Egipto; 〜人 / 〜の egipcio[cia]; 〜マメ garbanzo.
えだ(枝)　rama; 〜を刈る podar.
エネルギー　energía.
エビ(海老)　camarón, gamba.
エプロン　delantal, mandil.
えら(偉)い　importante, grande.
えら(選)ばれた　selecto.
えら(選)ぶ　elegir, escoger; 〜こと selección.
え(得)る　obtener, ganar, lograr, alcanzar, cobrar, conseguir.
エルサルバドル　El Salvador; 〜人 / 〜の salvadoreño[na].
エレベーター　ascensor.
えん(円)　círculo.
えん(円: 貨幣)　yen.
えんかい(宴会)　banquete.
えんがん(沿岸)　litoral, costa; 〜の litoral, costeño, costero.
えんぎ(演技)　actuación; 〜する actuar, interpretar, representar.
えんき(延期)する　aplazar, retrasar, alargar.
えんげき(演劇)　comedia, teatro; 〜作品 teatro; 〜の teatral.

えんじょ(援助) ayuda, subvención; ～を求める pedir ayuda [apoyo].
えん(演)じる desempeñar, representar.
エンジン motor.
えんぜつ(演説) discurso.
えんちょう(延長) prolongación, extensión; ～する prolongar.
えんとつ(煙突) chimenea.
えんばん(円盤) disco.
えんぴつ(鉛筆) lápiz.
えんりょ(遠慮) reserva, discreción, modestia, vergüenza.

お

お(尾) cola, rabo.
おい(甥) sobrino.
おいこ(追い越)す adelantar, superar.
おいしい bueno, delicioso, rico, sabroso, exquisito.
おう(王) rey; ～立の real; ～位 corona; ～位につかせる coronar; ～宮 alcázar; ～国 reino; ～座 trono.
お(追)う seguir, perseguir; 追い出す arrojar, echar, expulsar; 追いつく alcanzar; 追い払う espantar, rechazar; 追い求める perseguir.
お(負)う cargar.
おうし(牡牛) buey, toro.
おうじ(王子) príncipe.
おうじょ(王女) princesa.
おうだん(横断) cruce; ～する atravesar, cruzar.
おうふく(往復) ida y vuelta.
おうぼ(応募)する solicitar.
おうよう(応用) aplicación; ～する aplicar.
お(終)える acabar, cumplir, terminar.
おお(多)い mucho, abundante.
おお(覆)い cubierta; ～のない abierto; ～を取る descubrir; 覆う cubrir, tapar.
オオカミ(狼) lobo.
おお(大)きな grande; 大きくする agrandar; 大きくなる agrandarse; 大きさ magnitud, tamaño; ～声で alto, en voz alta.
おお(多)くの mucho.
おお(大)げさ exageración; ～に言う exagerar, abultar.
オーケストラ orquesta.
オーストラリア Australia; ～人 / ～の australiano [na].
オーストリア Austria; ～人 / ～の austriaco[ca].
おおどお(大通)り avenida.
オートバイ moto, motocicleta.
オーバー abrigo.
オーブン horno.
おおやけ(公)の público.
おおよそ aproximadamente.
おおよろこ(大喜)び júbilo, regocijo.
おか(丘) cerro, colina.
おかあさん madre, mamá.
(…の)おかげで gracias a.
おかしい chistoso, gracioso; おかしみ gracia.
おか(犯)す cometer, violar.
おがわ(小川) arroyo, riachuelo.
おきあ(起き上)がる incorporarse, levantarse.
お(起)きる levantarse, (目を覚ます) despertarse.
おきわす(置き忘)れる dejar olvidado.
お(置)く poner, colocar, dejar, depositar, situar; 置かれた puesto.
おく(奥) fondo.
おくさま(奥様) señora.
おくじょう(屋上) azotea.
おくば(奥歯) muela.
おくびょう(臆病) cobardía, timidez; ～な cobarde, miedoso, tímido; ～者 cobarde.
おくゆ(奥行)き fondo.
おくりじょう(送り状) factura.
おくりもの(贈り物) regalo, obsequio.
おく(送)る enviar, mandar, remitir; ～こと envío.
おく(贈)る regalar, obsequiar.
おく(遅)れる atrasarse, retrasarse; 遅れ retraso, tardanza; 遅らせる atrasar, retrasar.
お(起)こす levantar, (目を覚まさせる) despertar.
おこ(怒)った enfadado, enojado, molesto; 怒る enfadarse, enojarse, ofenderse; 怒らせる enfadar, enojar, provocar.
おこな(行)う hacer, efectuar; 行われる celebrarse, efectuarse.
お(起)こる acontecer, ocurrir, pasar, suceder.
おごる invitar.
おさ(抑)える sujetar, contener, controlar, vencer.
おさ(治)まる calmar.
おさ(治)める gobernar, regir.
おじ(伯父, 叔父) tío.
おじいさん abuelo, anciano, viejo.
おし(教)える enseñar, explicar, informar, instruir.
おしゃべり charla; ～な人 hablador[dora], charlatán[tana]; ～する charlar, platicar.
おじょう(嬢)さん señorita.
お(押)す apretar, dar, empujar.
おす(雄) macho.
おせん(汚染) contaminación.
おそ(遅)い lento; 遅く tarde; 遅くなる tardar, tardarse.
おそ(襲)う atacar, acometer, asaltar.
おそ(恐)れ miedo, temor; ～ている miedoso; ～る temer; 恐ろしい horrible, terrible, tremendo.
おちつ(落ち着)いた sereno, tranquilo; 落ち着く calmarse, tranquilizarse; 落ち着かない inquieto, intranquilo; 落ち着きを失う turbarse.
お(落)ちる caer; ～こと caída.
おっと(夫) esposo, marido.
おてん(汚点) mancha.
おと(音) sonido, ruido.
おとうさん padre, papá.
おとうと(弟) hermano (menor).
おとぎばなし(お伽話) cuento (de hadas).
おとこ(男) hombre,

varón, caballero; ～たらし coqueta; ～の子 chico, mozo, muchacho, niño; ～やもめ viudo.
お(落)とす hacer caer.
おど(脅)す amenazar.
おとず(訪)れる visitar.
おと(劣)った inferior, peor.
おとな(大人) adulto[ta], mayor.
おとなしい dócil, tranquilo, quieto.
おど(踊)り baile, danza; 踊る bailar, danzar.
おとろ(衰)え decadencia; ～る decaer, debilitarse, declinar.
おどろ(驚)く alarmarse, asombrarse, admirarse, asustarse, sorprenderse; 驚かす admirar, alarmar, asombrar, sorprender; 驚き admiración, alarma, sorpresa, susto; ～べき maravilloso, sorprendente
おなか estómago, vientre, barriga.
おな(同)じ igual, mismo, propio; ～こと igual, lo mismo.
おば(伯母, 叔母) tía.
おはよ(早)う Buenos días.
おび(帯) banda.
おぼ(覚)える aprender; 覚えている acordarse, recordar.
おぼ(溺)れる ahogarse.
おまわりさん policía.
おめでとう ¡Enhorabuena!, ¡Felicidades!
おも(重)い pesado, grave.
おもいだ(思い出)す recordar; 思い出させる evocar, recordar; 思い出 recuerdo, reminiscencia.
おも(思)いつく ocurrirse.
おも(思)いやり benevolencia, consideración, delicadeza.
おも(思)う pensar, considerar, creer, presumir, suponer.
おも(重)さ peso; ～が…である pesar.
おもしろ(面白)い divertido, entretenido, gracioso, interesante; 面白味 interés.
おもちゃ juguete.
おもて(表) superficie, anverso, cara.
おも(主)に principalmente.
おや(親) madre, padre.
おやすみなさい Buenas noches.
おやつ merienda; ～を食べる merendar.
およ(泳)ぐ nadar; 泳ぎ natación.
およそ unos, aproximadamente, más o menos.
および y.
オランダ Holanda, Países Bajos; ～語 / ～人 / ～の holandés[desa].
オリーブ; ～油 aceite de oliva; ～の実 aceituna; ～の木 olivo.
おりたた(折り畳)む doblar, plegar.
おりもの(織物) tejido, tela.
お(降)りる bajar; 降ろす abatir, bajar, descender, descargar, desembarcar.
お(織)る tejer.
お(折)る doblegar, plegar, quebrar, romper; 折れる quebrarse, romperse.
オレンジ naranja.
おろ(愚)かな bobo, tonto; 愚かさ tontería.
お(終)わり conclusión, fin, final, término; ～の terminal; 終わる acabarse, cerrar, concluir, terminar.
おんがく(音楽) música; ～会 concierto; ～家 músico[ca]; ～の musical.
おんせつ(音節) sílaba.
おんせん(温泉) aguas termales.
おんど(温度) temperatura; ～計 termómetro.
おんな(女) mujer; ～主人 dueña; ～主人公 heroína; ～の子 chica, moza, muchacha, niña.

か

か(課) (レッスン) lección; (セクション) sección.
カ(蚊) mosquito.
カーテン cortina.
カード tarjeta.
カーネーション clavel.
かい(会) asamblea, reunión, junta.
かい(階) piso, planta.
…かい(…回) vez.
がい(害) daño, mal.
かいいん(会員) miembro, socio.
かいかく(改革) reforma; ～する reformar.
かいがん(海岸) costa, playa.
かいぎ(会議) conferencia, congreso; consejo; junta.
かいきゅう(階級) clase.
かいきょう(海峡) canal, estrecho.
かいけつ(解決) arreglo, resolución, solución; ～する arreglar, resolver.
かいけん(会見) entrevista; ～する entrevistar.
がいこう(外交) diplomacia.
がいこく(外国) extranjero; ～語 lengua extranjera; ～人 / ～の extranjero [ra].
かいこ(解雇)する despachar, despedir.
かいし(開始) comienzo, principio; ～する abrir, comenzar, empezar.
かいしゃ(会社) compañía, empresa.
かいしゃく(解釈) interpretación; ～する interpretar.
かいしゅう(回収) recuperación; ～する recuperar, retirar.
かいすいよく(海水浴)に行く ir a nadar al mar, ir a la playa, 海水浴をする bañarse en el mar.
かいすう(回数) frecuencia.
かいせつ(解説) comentario, explicación; ～する comentar, explicar.
かいぜん(改善)する mejorar.
かいそう(海藻) alga.
かいぞう(改造) reconstrucción, reforma; ～する reconstruir, reformar.
かいだん(会談) conferencia, conversación; ～する conversar.
かいだん(階段) escalera.
かいてき(快適)さ comodidad; 快適な cómodo, confortable.
かいてん(回転) giro, vuelta; ～する girar.

がいとう(街灯) farol.
かいにゅう(介入) intervención.
がいねん(概念) concepción, concepto, noción.
かいはつ(開発) explotación; ～する desarrollar, explotar.
がいぶ(外部) exterior; ～の externo.
かいふく(回復) recuperación, mejoría; ～する mejorar, recuperar, reparar, reponerse, restaurar.
かいほう(解放) liberación; ～する liberar, libertar.
かいもの(買物) compra.
かいりょう(改良) mejora; ～する mejorar.
かいわ(会話) conversación, plática; ～する conversar, charlar, platicar.
か(買)う comprar, adquirir.
か(飼)う criar.
ガウチョ gaucho.
かえ(返)す devolver.
かえ(帰)り regreso, vuelta; 帰る regresar, volver, retirarse.
か(変)える cambiar, alterar, convertir, mudar, tornar, transformar, volver.
カエル(蛙) rana.
かお(顔) cara, rostro; ～色が悪い pálido.
かお(香)り perfume, aroma.
かがく(化学) química; ～の químico.
かがく(科学) ciencia; ～技術 tecnología; ～の científico.
か(欠)かせない indispensable.
かがみ(鏡) espejo.
かがむ agacharse, encorvarse.
かがや(輝)く brillar, resplandecer.
かかる; 費用が～ costar; 病気に～ caer, coger, padecer; 時間が～ tardar.
か(掛)かる colgar.
かか(関)わる relacionarse, afectar, influir.
かぎ(鍵) llave.
かぎ(限)り límite; ～ない infinito; 限る limitarse.
か(書)く escribir; 書かれた escrito; 書き取らせる dictar; 書き換える transferir, transpasar, renovar, transcribir; 書留にする certificar; 書き留める anotar, apuntar.
かく(角) ángulo.
か(掻)く rascar.
か(嗅)ぐ oler.
かぐ(家具) mueble.
がくい(学位) grado, título; ～を得る titularse.
がくいん(学院) instituto.
がくげい(学芸) arte.
かくげん(格言) sentencia.
がくしき(学識) instrucción, preparación.
かくじつ(確実); ～な cierto, seguro; ～性 certeza; ～にする asegurar.
かくしん(確信) convicción, seguridad; ～している cierto, convencido, seguro; ～する convencerse.
かく(隠)す esconder, ocultar, cobijar, cubrir, disimular, encubrir.
がくせい(学生) estudiante; ～の estudiantil; ～寮 dormitorio, residencia.
かくだい(拡大) ampliación, aumento; ～する ampliar, aumentar.
かくちょう(拡張) expansión; ～する expandir, extender.
かくど(角度) ángulo.
かくとく(獲得) adquisición; ～する adquirir, obtener, conseguir.
かくにん(確認) confirmación, comprobación; ～する confirmar, comprobar.
がくねん(学年) año, curso, grado.
がくぶ(学部) escuela, facultad.
かくめい(革命) revolución; ～の revolucionario.
がくもん(学問) ciencia, disciplina, estudio; ～のある erudito, sabio.
かくやく(確約) afirmación, promesa; ～する afirmar, prometer.
かくりつ(確立) establecimiento; ～する establecer.
かく(隠)れる cubrirse, esconderse, meterse, ocultarse.
かげ(影) sombra.
かげき(過激)な extremo, radical.
かけら pedazo, trozo.
か(架)ける colgar.
か(賭)ける apostar, jugar.
か(掛)ける multiplicar.
かこ(過去) pasado.
かご canasta, cesta.
かこ(囲)む rodear, abarcar, abrazar, encerrar.
かさ(傘) paraguas.
かさい(火災) incendio.
かさ(重)なる apilarse; 重ねる acumular, amontonar.
かさばる abultar.
かざ(飾)り adorno; ～の decorativo.
かざ(飾)る adornar, adornarse, decorar.
かざん(火山) volcán.
かし(菓子) dulce, golosina.
かじ(火事) fuego, incendio.
かしこ(賢)い inteligente, listo.
かしつ(貸し付)け préstamo, crédito.
かしゅ(歌手) cantante.
かしらもじ(頭文字) inicial.
か(課)す imponer.
か(貸)す alquilar, prestar.
かず(数) cifra, número; ～に入る contarse entre…; ～を数える contar.
ガス gas.
カスティーリャ Castilla; ～語 castellano; ～人 / ～の castellano[na].
カステラ bizcocho.
かぜ(風) aire, viento.
かぜ(風邪) frío, gripe, resfriado, catarro; ～をひいている resfriado; ～をひく resfriarse.
かせ(稼)ぐ ganar, cobrar.
かせつ(仮説) hipótesis.
かぞ(数)える contar, enumerar; 数えきれない innumerable, incalculable.
かぞく(家族) familia; ～の familiar.
ガソリン gasolina.
かた(型) modelo, tipo.

かた(肩) hombro.
かた(堅・硬・固)い consistente, firme, duro, sólido; 堅さ consistencia.
かたち(形) figura, forma; ～の formal.
かたちづく(形作)る formar, conformar.
かた(片)づける arreglar, ordenar, recoger.
かたな(刀) espada, sable.
かたむ(傾)く inclinar, inclinarse; 傾き inclinación; 傾ける inclinar.
かた(固)める consolidar, endurecer.
カタルーニャ Cataluña; ～語 catalán; ～人 / ～の(人) catalán[lana].
カタログ catálogo.
かち(価値) valor; ～がある valer; ～のある(形) digno, valioso, precioso.
かちく(家畜) ganadería, ganado.
か(勝)つ ganar.
がっか(学科) departamento.
がっか(学課) lección.
がっかい(学会) institución, sociedad.
がっかりする decepcionarse, desilusionarse.
がっき(楽器) instrumento musical; ～の instrumental.
かっこ(括弧) paréntesis.
かっこう(格好) forma, figura, apariencia, aspecto.
がっこう(学校) colegio, escuela; ～の escolar.
がっしょう(合唱); ～曲 coro; ～団 coro.
がっしりした fuerte, robusto, macizo, sólido.
かっそうろ(滑走路) pista.
かつどう(活動) actividad; ～中の activo; ～的な activo.
がっぺい(合併)する fundir, unir.
かつよう(活用) conjugación, utilización, aprovechamiento.
かつりょく(活力) vitalidad, energía, vigor.
かてい(家庭) casa, hogar, familia; ～の doméstico.
かてい(課程) curso.
かてい(過程) proceso.
かてい(仮定) suposición, supuesto, hipótesis; ～の supuesto.
かど(角) esquina.
かど(過度) exceso; ～の demasiado, excesivo.
…かどうか si.
カトリック; ～教 catolicismo; ～の / ～教徒 católico[ca].
かな(悲)しい triste, lamentable; 悲しみ aflicción, pena, pesar, tristeza; 悲しむ afligirse.
カナダ Canadá; ～人 / ～の canadiense.
かなら(必)ず ciertamente, seguramente, sin falta.
かなら(必)ずしも…でない no necesariamente.
かなり bastante, considerablemente; ～の bastante, considerable.
カナリアしょとう(諸島) Canarias; ～の(人) canario[ria].
カニ(蟹) cangrejo.
かにゅう(加入) entrada, inscripción; ～する abonarse, inscribirse.
カヌー canoa.
かね(鐘) campana.
かね(金) dinero, plata; ～をためる ahorrar.
かねも(金持)ち rico.
かのう(可能); ～な posible, capaz; ～性 posibilidad; ～性がある poder; ～である caber; ～にする permitir.
かのじょ(彼女) ella; ～たち ellas.
かばん(鞄) cartera, portafolios, bolsa.
かはんすう(過半数) mayoría.
カフェ café.
かぶる ponerse, cubrirse.
かべ(壁) muro, pared, barrera.
かへい(貨幣) moneda (corriente).
カボチャ calabaza.
がまん(我慢); ～する aguantar, contentarse, tolerar; ～強い paciente, resistente.
かみ(紙) papel.
かみ(神) dios; ～の divino.
かみ(髪) cabello, pelo; ～をとかす peinarse.
かみそり navaja (de afeitar).
かみなり(雷) rayo, trueno; ～が鳴る tronar.
か(噛)む masticar, morder.
カメラ cámara.
かめん(仮面) máscara.
かよ(通)う ir, frecuentar.
かようび(火曜日) martes.
…から de, desde.
から(辛)い picante.
からかう burlarse, mofarse.
カラカス Caracas.
からし(辛子) mostaza.
か(枯)らす secar.
カラス(烏) cuervo.
ガラス cristal, vidrio.
からだ(体) cuerpo; ～につける aplicarse; ～を曲げる doblarse; ～を支える sostenerse, sujetarse; ～を大事にする cuidarse.
からだ(体)の corporal, físico.
から(空)の vacío, vacante.
ガリシア Galicia; ～語 / ～人 / ～の gallego[ga].
かりちん(借り賃) alquiler, renta.
カリブ; ～海 Caribe; ～の caribe.
か(借)りる alquilar, pedir prestado.
か(狩)る cazar.
かる(軽)い leve, ligero; 軽くする aligerar.
かれ(彼) él; ～の su, suyo; ～ら ellos.
ガレージ garaje.
か(枯)れた seco; 枯れる secarse, marchitarse.
カレンダー calendario.
がろう(画廊) galería.
かわ(皮・革) cuero, piel; 皮をむく pelar.
かわ(川) río.
がわ(側) lado, parte.
かわいがる amar, apreciar, mimar.
かわ(乾)いた seco; 乾かす secar; 乾く secarse.
かわいらしい bonito, lindo, mono.
かわせ(為替) giro (bancario).
かわら(瓦) teja.
か(代)わり; …の～に por,

en vez de.
か(変)わる alterarse, cambiarse, convertirse, mudar, pasar, tornarse, transformarse, variar; 変わりやすい variable.
か(代)わる sustituirse.
かん(巻) tomo, volumen.
かん(缶) bote, lata.
がん(癌) cáncer.
がんかい(眼科医) oculista.
かんが(考)え concepto, idea, pensamiento, parecer, opinión; 考えが浮かぶ ocurrirse.
かんが(考)える pensar, considerar, creer, estimar, meditar, mirar, opinar.
かんかく(感覚) sensación, sentido; ～がある sentir; ～の sensible, sensitivo, sensual.
かんかく(間隔) espacio, intervalo, distancia.
かんきょう(環境) medio, ambiente.
かんけい(関係) relación, conexión; ～がある relacionarse, enlazarse, rozarse, tocar; ～させる interesar, ligar, relacionar; ～のある concerniente, relativo; ～を持つ entenderse, tener relaciones.
かんげい(歓迎) bienvenida; ～会 recepción; ～されている bienvenido; ～する dar la bienvenida.
かんこう(観光) turismo; ～旅行者 turista; ～の turístico.
かんこく(韓国) Corea; ～語 / ～人 / ～の coreano [na].
かんご(看護)する cuidar, atender, asistir; 看護師 enfermero[ra].
がんこ(頑固)な obstinado, persistente, tenaz, terco, testarudo.
かんさつ(観察) observación; ～される observarse; ～する observar.
かん(感)じ impresión, sensación, sentimiento; ～のよい simpático; ～の悪い antipático.
かんじゃ(患者) enfermo [ma], paciente.
かんしゃ(感謝) agradecimiento; ～する agradecer.
かん(感)じやすい delicado, sensible.
かんしゅう(観衆) público.
かんじょう(感情) afecto, emoción; ～的な emocional, sentimental.
かんじょう(勘定) cuenta; ～書 nota.
がんじょう(頑丈)な duro, firme, recio, fuerte, robusto, sólido.
かん(感)じる notar, sentir.
かんしん(関心)がある interesarse.
かんしん(感心)する admirar.
かんせい(完成) perfeccionamiento, terminación; ～する acabar, terminar.
かんぜい(関税) arancel, aduana.
かんせつ(間接)の indirecto.
かんぜん(完全) perfección; ～な acabado, cabal, completo, entero, íntegro, perfecto, redondo, total; ～に completamente, perfectamente.
かんせん(感染)する infectarse, contagiarse.
かんそう(感想) impresión.
かんぞう(肝臓) hígado.
かんだい(寛大) generosidad, indulgencia; ～な generoso, indulgente.
かんたん(感嘆) admiración; ～する admirar, maravillarse.
かんたん(簡単)な fácil, sencillo, simple.
かんづめ(缶詰) lata, conserva.
かんどう(感動) emoción, sensación; ～させる conmover, emocionar, mover; ～する conmoverse, emocionarse, impresionarse.
かんとく(監督) director [tora], supervisor[sora]; ～する dirigir.
かんねんろん(観念論) idealismo.
がんばれ! ¡Ánimo!
かんぱい(乾杯)! ¡Salud!
かんばん(看板) anuncio, cartelera, letrero.
かんぺき(完璧)な completo, perfecto.
かんむり(冠) corona.
かんり(管理) administración, gobierno, manejo; ～する administrar, gobernar; ～の administrativo.
かんりょう(完了)する acabar, terminar, completar.

き

き(木) árbol.
ギア cambio.
キーボード teclado.
きいろ(黄色) / ～の amarillo.
ぎいん(議員) diputado, senador.
き(消)える apagarse, borrarse, desaparecer, extinguirse.
きおく(記憶) memoria.
きおん(気温) temperatura.
きかい(機会) ocasión, oportunidad.
きかい(機械) máquina; ～的な mecánico; ～化する mecanizar.
ぎかい(議会) parlamento.
きが(着替)え; ～させる mudar; ～る cambiarse, mudarse.
き(気)がくる(狂)った loco.
き(気)がつく advertir, notar.
きかん(器官) órgano, organismo.
きかん(期間) época, período, plazo, temporada, tiempo.
きき(危機) crisis; ～の crítico.
ききめ(効き目) efecto, eficacia.
ききゅう(気球) globo.
きぎょう(企業) empresa.
き(聞)く escuchar, oír, preguntar, atender, interesarse.
きげき(喜劇) comedia; ～の cómico.
きけん(危険) peligro, riesgo; ～な peligroso; ～にさらす aventurar, comprometer, jugarse; ～を冒す arriesgarse, exponerse.

きげん(期限) término, plazo.
きげん(紀元) era.
きげん(機嫌) humor.
きげん(起源) origen.
きこう(気候) clima.
きごう(記号) símbolo; ~の simbólico.
き(聞)こえる oír.
きし(岸) orilla, ribera.
きじ(記事) artículo.
ぎしき(儀式) acto, ceremonia.
きしつ(気質) temperamento.
きしゃ(汽車) tren.
きしゅ(騎手) jinete.
きじゅつ(記述) descripción, mención.
ぎじゅつ(技術) técnica; ~の técnico.
きじゅん(規準) criterio, norma, patrón.
キス beso; ~する besar.
きず(傷) herida; ~つく dañarse, herirse, lastimarse; ~つける dañar, herir, lastimar.
ぎせい(犠牲) sacrificio; ~者 víctima; ~にする sacrificar.
きせき(奇跡) milagro; ~的な milagroso.
きせつ(季節) estación, tiempo, temporada.
き(着)せる poner, vestir.
ぎぜんしゃ(偽善者) hipócrita.
きそ(基礎) base, cimiento, fundamento; ~が築かれる basarse; ~の básico, elemental, fundamental; ~を置く basar.
きそ(競)う competir.
きそく(規則) regla, reglamento; ~的な regular; ~正しい arreglado; ~正しさ regularidad.
きぞく(貴族) aristócrata, noble, nobleza; ~の aristocrático.
きた(北) norte.
ギター guitarra; ~奏者 guitarrista.
きたな(汚)い sucio, feo.
きち(基地) base.
きちょう(貴重)な valioso, precioso.
きちょうめんな escrupuloso, minucioso, puntual, exacto.
き(気)づく darse cuenta, notar, reparar, ver; 気づいて consciente.
きって(切手) sello, timbre, estampilla.
きっと ciertamente, sin duda.
キツネ(狐) zorro.
きっぷ(切符) billete, boleto, entrada, pasaje; ~売り場 taquilla.
キト Quito.
き(気)に入る agradar, gustar.
きぬ(絹) seda.
きねん(記念)の conmemorativo, monumental; 記念日 aniversario; 記念碑 monumento.
きのう ayer.
きのう(機能) función; ~する funcionar.
キノコ hongo, seta.
きのどく(気の毒)な lastimoso, pobre.
きば(気晴)らしをする distraerse, divertirse, recrearse.
きはん(規範) norma.
きび(厳)しい austero, duro, estricto, riguroso, severo; 厳しさ dureza, rigor.
きふ(寄付) contribución, donación; ~する contribuir, donar.
きぶん(気分) ánimo, genio, humor, vena.
きぼ(規模) escala.
きぼう(希望) esperanza.
きほん(基本)の elemental, esencial, fundamental.
きまえ(気前)のよい generoso.
き(気)まぐれな caprichoso.
き(決)まった determinado, fijo; 決まる fijarse, decidirse, determinarse.
きみ(君) tú; ~と一緒に contigo; ~の tu, tuyo; ~たち vosotros[tras]; ~たちの vuestro.
きみょう(奇妙)な extraño, raro.
ぎむ(義務) deber, obligación.
き(決)める concluir, decidir, determinar, fijar.
きも(気持)ち sentimiento, sensación; ~がよい agradable, grato, cómodo, confortable.
きもの(着物) ropa, vestido; ~を着せる vestir.
ぎもん(疑問) duda.
きゃく(客) huésped, visita, cliente, pasajero.
ぎゃくせつ(逆説) paradoja.
ぎゃく(逆)の contrario, opuesto, inverso, al revés.
きゃっかんてき(客観的)な objetivo.
キャベツ col, repollo.
キャンディー caramelo.
キャンプ campamento.
きゅう(9) nueve; 90 noventa; 900 novecientos; 9番目の noveno; 9分の1 un noveno.
きゅうか(休暇) descanso, vacaciones.
きゅうきゅうしゃ(救急車) ambulancia.
きゅうこうれっしゃ(急行列車) expreso, rápido.
きゅうし(休止) pausa.
きゅうしゅう(吸収)する absorber.
きゅうでん(宮殿) palacio.
きゅう(急)な repentino, urgente; 急に de repente.
ぎゅうにゅう(牛乳) leche.
キューバ Cuba; ~人 / ~の cubano[na].
きゅうりょう(給料) salario, sueldo; ~を受け取る cobrar.
きょう(今日) hoy.
ぎょう(行) línea.
きょういく(教育) educación, enseñanza, instrucción; ~する educar, enseñar, instruir.
きょうかい(協会) asociación, sociedad.
きょうかい(教会) iglesia.
きょうかしょ(教科書) libro de texto, manual.
きょうぎ(教義) doctrina.
きょうぎ(競技) juego, competición; ~場 campo, estadio.
ぎょうぎ(行儀) conducta, comportamiento, maneras, modales.
きょうきゅう(供給) abastecimiento, suministro; ~する abastecer, proporcionar, proveer, suministrar.
きょうくん(教訓) ense-

ñanza, moraleja, lección.
きょうさんしゅぎ(共産主義) comunismo; ～者 / ～の comunista.
きょうし(教師) maestro [tra], profesor[sora].
きょうしつ(教室) aula, clase.
きょうじゅ(教授) profesor[sora].
ぎょうせい(行政) administración.
きょうせい(強制)する obligar, forzar.
きょうそう(競争) competencia; ～相手 rival; ～する competir.
きょうそう(競走) carrera.
きょうだい(兄弟) hermano(s).
きょうちょう(強調) énfasis; ～する acentuar, enfatizar, poner énfasis, subrayar.
きょうつう(共通)の común.
きょうてい(協定) acuerdo, convención, convenio, trato; ～する acordar, convenir.
きょうどう(共同) colaboración; ～経営者 socio; ～社会 comunidad; ～して働く colaborar; ～の común.
きょうはく(脅迫) amenaza; ～する amenazar.
きょうふ(恐怖) espanto, terror, horror, pavor.
きょうみ(興味) interés; ～のある interesante; ～を起こさせる interesar; ～を持った interesado.
きょうよう(教養) cultura; ～のある culto.
きょうりょく(協力) colaboración, cooperación; ～する colaborar, cooperar, ayudar.
きょうりょく(強力)な fuerte, poderoso, potente.
きょうわこく(共和国) república.
きょか(許可) autorización, permiso, licencia; ～する autorizar, permitir.
ぎょかいるい(魚介類) marisco.
きょくげん(局限) límite.
きょくせん(曲線) curva.
きょくたん(極端) extremo; ～な extremoso, extremo.
きょじゅう(居住) residencia; ～する habitar, ocupar, residir.
きょじん(巨人) gigante; ～のような gigantesco.
きょぜつ(拒絶) rechazo; ～する rechazar, rehusar, resistirse.
きょねん(去年) el año pasado.
きよ(清)らかな limpio, puro.
きょり(距離) intervalo, distancia.
きら(嫌)いな antipático, abominable, odioso; 嫌う no gustar, detestar, aborecer.
きり(霧) neblina, niebla.
ギリシャ Grecia; ～語 griego; ～人 / ～の griego[ga].
キリストきょう(教) cristianismo; ～の cristiano; ～徒 cristiano[na].
きりつ(規律) disciplina.
ぎり(義理)の兄弟[姉妹] cuñado[da].
キリン jirafa.
き(切)る cortar; 切り離す separar, partir.
き(着)る ponerse, vestirse.
きれいな bello, bonito, hermoso, limpio, lindo.
き(切)れる cortar, cortarse.
きろく(記録) anotación, récord, registro.
キロ(グラム) kilo, kilogramo.
キロ(メートル) kilómetro.
ぎろん(議論) debate, discusión; ～する discutir.
き(気)をつける cuidar, mirar, tener cuidado; 気をつけて! ¡Cuidado!, ¡Ojo!
き(気)をもませる inquietar.
きん(金) oro.
ぎん(銀) plata.
きんいつ(均一) conformidad.
きんがく(金額) cantidad, suma.
きんきゅう(緊急) emergencia, urgencia; ～の urgente.
ぎんこう(銀行) banco.
きんし(禁止) prohibición; ～される prohibirse; ～する prohibir.
きんじょ(近所) vecindad; ～の vecino.
きんぞく(金属) metal; ～板 chapa, placa; ～の metálico.
きんだい(近代) edad moderna; ～の moderno.
きんちょう(緊張) tensión.
きんにく(筋肉) músculo.
きんぱつ(金髪)の rubio.
きんべん(勤勉)な diligente, trabajador.
きんようび(金曜日) viernes.

く

く(句) frase.
く(9) nueve.
ぐあ(具合)い estado, condición.
グアテマラ Guatemala; ～人 / ～の guatemalteco [ca].
くいき(区域) zona, región, distrito, área.
クウェート Kuwait; ～人 / ～の kuwaití.
くうかん(空間) espacio, sitio.
くうき(空気) aire, atmósfera.
くうきょ(空虚) vanidad; ～な vacío, vano.
くうこう(空港) aeropuerto.
くうしょ(空所) blanco.
ぐうすう(偶数) par.
ぐうぜん(偶然) azar, casualidad; ～の accidental, casual; ～の一致 coincidencia; ～の出来事 casualidad.
くうそう(空想) fantasía, imaginación; ～的な fantástico, romántico.
くうちゅう(空中) aire; ～の aéreo.
くうふく(空腹) hambre.
くうらん(空欄) espacio.
くがつ(9月) septiembre.
くき(茎) tallo, caña.
くぎ(釘) clavo.
くさ(草) hierba, yerba.
くさ(臭)い oler mal.
くさり(鎖) cadena.

くさ(腐)る corromperse, descomponerse, picarse, pudrirse; 腐らせる descomponer, pudrir.
くし(櫛) peine.
くしゃみをする estornudar.
クジラ(鯨) ballena.
くず(崩)す derribar, destruir; 崩れる deshacerse.
くすり(薬) medicamento, medicina.
くせ(癖) hábito, costumbre, manía.
ぐたいてき(具体的)な concreto; 具体化する concretar, concretarse; 具体的に concretamente.
くだもの(果物) fruta.
くだ(下)る bajar, descender; 下り bajada, descenso, declive; 下って abajo.
くち(口) boca; ～答えする contestar, replicar; ～のきけない mudo; ～ひげ bigote.
くちびる(唇) labio(s).
くつ(靴) zapatos; ～屋 zapatería, (人) zapatero[ra].
くつう(苦痛) dolor, tormento, dolencia, pena, sufrimiento, angustia.
くつした(靴下) calcetines.
クッション cojín.
くっつく pegar, pegarse, adherirse; くっつける pegar.
くに(国) estado, nación, país; ～の nacional.
くば(配)る distribuir, repartir.
くび(首) cuello; ～すじ nuca.
くふう(工夫) invención.
くべつ(区別) distinción; ～する diferenciar, discriminar, distinguir.
クマ(熊) oso.
くみ(組) juego, pareja, clase.
くみわ(組み分)けする agrupar.
くも(雲) nube.
クモ(蜘蛛) araña.
くも(曇)る nublarse; 曇らせる nublar; 曇った nublado, oscuro.
くや(悔)しがる lamentarse.
くら(暗)い oscuro; 暗がり oscuridad, sombra; 暗くする nublar, oscurecer; 暗くなる oscurecerse; 暗さ oscuridad.
くらい(位) categoría, grado, rango.
グラウンド cancha, campo.
く(暮)らす vivir.
クラス clase.
グラナダ Granada.
クラブ club.
くら(比)べる comparar.
グラム gramo.
クリ(栗) castaña.
クリーニング店 lavandería.
クリーム crema, nata.
くりかえ(繰り返)し repetición; 繰り返す repetir, repetirse.
クリスマス Navidad; メリー～ ¡Feliz Navidad!
クリックする hacer clic.
く(来)る llegar, venir.
グループ grupo.
くる(苦)しさ amargura; 苦しみ aflicción, sufrimiento; 苦しい doloroso, penoso; 苦しむ padecer, sufrir; 苦しめる afligir, atormentar.
クルミ nuez.
くれる dar.
く(暮)れる atardecer.
くろ(黒) / ～い negro.
くろう(苦労) pena, esfuerzo, sufrimiento, trabajo.
くわ(加)える agregar, añadir, sumar; 加えて además, encima; 加わる añadirse, entrar, participar, juntarse, sumarse.
くわ(詳)しい detallado, minucioso.
ぐん(軍) fuerza, militar, ejército.
ぐんしゅう(群衆) aglomeración, masas, muchedumbre.
ぐんじん(軍人) militar.
くんれん(訓練) ejercicio, disciplina, práctica; ～する disciplinar, ensayar, entrenar, preparar.

け

け(毛) pelo, cabello.
けい(刑) castigo, pena.
けいえい(経営)する administrar, dirigir, manejar.
けいか(経過) curso; ～する pasar, transcurrir.
けいかい(警戒) precaución, alarma; ～する alarmarse, tener cuidado, vigilar.
けいかく(計画) plan, programa, proyecto; ～する proyectar, planear, trazar.
けいかん(警官) agente, policía.
けいけん(経験) experiencia, práctica; ～のない inexperto.
けいこう(傾向) tendencia; ～がある tender.
けいこく(警告) advertencia, aviso; ～する advertir, avisar, prevenir, amonestar.
けいざい(経済) economía; ～的な económico.
けいさつ(警察) policía.
けいさん(計算) cálculo, cuenta; ～する calcular.
けいしき(形式) forma.
げいじゅつ(芸術) arte; ～家 artista; ～の artístico.
けいしょく(軽食) almuerzo, merienda, colación.
けいぞく(継続)する continuar, renovar, prolongar.
けいたいでんわ(携帯電話) teléfono móvil.
けいにく(鶏肉) pollo.
けいべつ(軽蔑) desdén, desprecio; ～する desdeñar, despreciar.
けいほう(警報) alarma; ～を発する dar una alarma.
けいむしょ(刑務所) cárcel, prisión.
けいやく(契約) contrato; ～する contratar.
けいようし(形容詞) adjetivo.
ケーキ pastel, torta.
ケーブル cable.
ゲーム juego, partida.
けが herida, lesión; ～をした herido; ～をする lastimarse, cortarse, herirse.
げか(外科) cirugía; ～医 cirujano[na].
けがわ(毛皮) piel.

げき(劇) drama, teatro.
げきじょう(劇場) teatro.
げきてき(劇的)な dramático, teatral.
けさ(今朝) esta mañana.
けしき(景色) paisaje.
げしゃ(下車)する bajar del tren [autobús].
けしょう(化粧) maquillaje; ～をする pintarse, maquillarse.
け(消)す apagar, borrar, extinguir, quitar.
けず(削)る raspar.
けちな tacaño, avaro.
けついん(欠員) vacante.
けっか(結果) consecuencia, efecto, resultado.
けっかん(欠陥) defecto.
けっきょく(結局) en fin, finalmente, en todo caso.
けつごう(結合)する combinar, juntar, ligar, unir, reunir.
けっこう(結構)な magnífico.
けっこん(結婚) casamiento, enlace, matrimonio; ～式 boda; ～させる casar; ～した casado; ～する casarse.
けっ(決)して…ない jamás, nunca.
けっしょうせん(決勝戦) la final.
けっしん(決心) determinación, decisión, resolución; ～する acordar, decidir, determinar, resolverse;
～をしている decidido, determinado, resuelto.
けっせき(欠席) ausencia, falta; ～する faltar.
けってい(決定) decisión; ～的な decisivo, definitivo; ～的に definitivamente; ～された determinado, decidido, fijo;
～する decidirse, fijar.
けってん(欠点) defecto, deficiencia, falta.
げつようび(月曜日) lunes.
けつろん(結論) conclusión, consecuencia;
～を下す concluir.
げひん(下品)な de mal gusto, vulgar.
けむり(煙) humo.
げり(下痢) diarrea.
ゲリラ guerrillero[ra];
～戦 guerrilla.
け(蹴)る patear, dar una patada.
けれども … pero;
…だけれども aunque ….
けん(県) prefectura, provincia.
けんい(権威) autoridad, prestigio.
げんいん(原因) causa, fuente, principio;
～となる causar ocasionar, originar.
けんえつ(検閲) censura.
けんお(嫌悪) asco, repugnancia.
けんか disgusto, pelea, riña, querella;
～する pelear, reñir.
げんかん(玄関) entrada, vestíbulo, zaguán.
げんき(元気) ánimo, energía, vida; ～がなくなる decaer; ～な bien, animoso; ～を出す animarse.
けんきゅう(研究) estudio, investigación, trabajo; ～する investigar;
～者 investigador[dora].
げんきゅう(言及) alusión, referencia;
～する aludir, mencionar, referirse.
げんご(言語) habla, idioma, lengua, lenguaje.
けんこう(健康) salud, sanidad;
～な sano, saludable.
げんこう(原稿) manuscrito.
けんさ(検査) análisis, examen, inspección, registro; ～する analizar, examinar, registrar, verificar.
げんざい(現在) actualidad, presente;
～の actual, corriente;
～は actualmente.
げんじつ(現実) realidad;
～主義の realista.
げんし(原始)の primitivo.
げんし(原子)の atómico.
げんしょう(現象) fenómeno.
げんしょう(減少) disminución, reducción;
～する disminuirse, perder, reducirse.
けんせつ(建設) construcción;
～する construir.
けんぜん(健全)な sano.
げんぞう(現像) revelado; ～する revelar.
げんそく(原則) principio.
けんそん(謙遜) humildad, modestia.
げんだい(現代) edad contemporánea;
～的な moderno.
けんちく(建築) arquitectura, construcción;
～家 arquitecto[ta].
げんてい(限定) limitación, restricción.
げんど(限度) límite;
～を超す exceder.
げん(現)に en realidad, realmente.
けんぶつ(見物) visita.
げんぶん(原文) original.
けんぽう(憲法) constitución; ～の constitucional.
げんぽん(原本) original.
げんみつ(厳密)な estricto, exacto, riguroso.
けんり(権利) derecho.
げんり(原理) principio.
げんりょう(原料) materia, material.

こ

こ(子) niño[ña], chico [ca], hijo[ja].
ご(5) cinco; 50 cincuenta; 500 quinientos; 5番目の quinto; 5分の1 un quinto.
ご(語) palabra.
こ(濃)い espeso, denso.
ごい(語彙) vocabulario.
こい(恋)する enamorarse; 恋人 novio[via].
こううん(幸運) fortuna, suerte, ventura;
～な afortunado, dichoso;
～にも afortunadamente.
こうえん(公園) parque, jardín.
こうえん(講演) conferencia.
こうえん(公演) función, representación.
こうか(効果) efecto;
～のある efectivo, eficaz.
こうか(硬貨) moneda.
こうかい(航海) navegación; ～する navegar.
こうかい(後悔) arrepentimiento, remordimiento; ～する arrepentirse.

こうがい(郊外) afueras, contorno, suburbio.
こうがく(工学) ingeniería.
ごうかく(合格) aprobación, éxito; ～させる aprobar; ～した aprobado.
こうか(高価)な caro, costoso.
こうかん(交換) cambio, intercambio; ～する cambiar, intercambiar.
こうかん(好感) simpatía.
こうぎ(抗議) protesta; ～する protestar, reclamar.
こうぎ(講義) curso, lección.
こうきしん(好奇心) curiosidad; ～の強い curioso.
こうぎょう(工業) industria.
こうぎょう(鉱業) minería.
こうくうびん(航空便) correo aéreo.
ごうけい(合計) suma, total.
こうげき(攻撃) ataque; ～する atacar.
こうけん(貢献) aportación, contribución; ～する contribuir.
こうげん(高原) meseta.
こうこう(高校) escuela preparatoria.
こうごう(皇后) emperatriz.
こうこく(広告) anuncio; ～をする anunciar.
こうご(口語)の coloquial.
こうさい(交際) relaciones, trato; ～する relacionarse, tratarse.
こうさ(交差)する cruzarse; 交差点 cruce.
こうざん(鉱山) mina; ～労働者 minero; ～の minero.
こうじ(工事) construcción, obra.
こうじつ(口実) excusa, pretexto.
こうしゃく(公爵) duque.
こうしゃく(侯爵) marqués.
こうしゅう(公衆) público.
こうしょう(交渉) negociación; ～する negociar.
こうじょう(工場) fábrica.
こうじょう(向上)する progresar, mejorar, elevarse.
こうしん(更新) renovación; ～する renovar.
こうしん(行進) desfile, marcha; ～曲 marcha.
こうすい(香水) perfume.
こうせい(構成) composición, constitución, formación; ～される constituirse; ～する componer, constituir, integrar.
こうせい(公正)な equitativo, justo, imparcial.
こうせん(光線) rayo (de luz).
こうぞう(構造) estructura.
こうそくどうろ(高速道路) autopista.
こうたい(交替) cambio, turno.
こうつう(交通) circulación, comunicación, tráfico.
こうてい(皇帝) emperador.
こうてい(肯定) afirmación; ～する afirmar; ～的な positivo.
こうどう(行動) acción, comportamiento; ～する actuar, conducirse, obrar.
こうにん(公認) autorización; ～の autorizado.
こうば(工場) fábrica, taller.
こうはん(広範)な amplio, global.
こうふく(幸福) bienestar, felicidad; ～な dichoso, feliz; ～に felizmente.
こうふく(降伏) rendición; ～する rendirse.
こうふん(興奮) emoción; ～させる emocionar, entusiasmar, excitar, exaltar; ～した excitado; ～しやすい nervioso; ～する emocionarse, excitarse.
こうへい(公平) equidad, imparcialidad; ～な imparcial.
ごうほうてき(合法的)な legal.
こうほしゃ(候補者) candidato[ta].
ごうまん(傲慢)な arrogante, soberbio.
こうむ(被)る padecer, sufrir.
ごうりてき(合理的)な racional.
こうりょ(考慮) consideración; ～する considerar; ～に値する considerable.
こうりょく(効力) eficacia, validez, vigencia, vigor, virtud.
こうろん(口論) altercado, riña; ～する reñir.
こえ(声) voz.
こ(越)える pasar.
コーヒー café.
こお(凍)らせる helar; 凍った helado.
コーラン Corán.
こおり(氷) hielo; ～が張る helar.
こお(凍)る helarse.
ごかい(誤解) malentendido, confusión.
ごがつ(5月) mayo.
こきゅう(呼吸) respiración, aliento; ～する respirar, alentar.
こくご(国語) idioma.
こくさいてき(国際的)な internacional.
こくせき(国籍) nacionalidad.
こくない(国内)の doméstico, interior, nacional.
こくはく(告白) declaración, confesión; ～する confesar, declarar.
こくばん(黒板) pizarra.
こくみん(国民) nación, pueblo; ～の civil, nacional.
こくもつ(穀物) grano.
こくりつ(国立)の nacional.
ここ aquí; ～へ acá.
ごご(午後) tarde.
ココア chocolate, cacao.
ここち(心地)よい ameno, cómodo, confortable.
ここのか(9日) el día nueve.
ここの(九)つ nueve.
こころ(心) corazón, mente.
こころ(試)み intento, prueba; 試みる intentar, procurar, tratar.
こころよ(快)い agradable, dulce, suave.

こし(腰) caderas, cintura; ～掛ける sentarse.
こじ(孤児) huérfano.
こじき(乞食) mendigo, pordiosero.
こしょう(故障) avería; ～した averiado; ～する averiarse.
コショウ(胡椒) pimienta.
こじん(個人) individuo; ～的な personal; ～の individual, particular.
こ(越)す exceder.
コスタリカ Costa Rica; ～人 / ～の costarricense.
こする frotar, rozar.
こせい(個性) personalidad.
こぜに(小銭) cambio, suelto.
ごぜん(午前) mañana.
こたい(固体) sólido.
こだい(古代) antigüedad; ～の arcaico.
こた(答)え contestación, respuesta; ～る atender, contestar, responder.
こだま eco.
こちょう(誇張)する exagerar.
こちら acá, aquí.
こっか(国歌) himno nacional.
こっか(国家) estado, nación.
こっきょう(国境) frontera.
コック cocinero[ra].
こっけい(滑稽)な cómico, chistoso, gracioso, ridículo.
こっち acá, aquí.
コップ vaso.
こてい(固定) fijación; ～する fijar; ～された fijo; ～される fijarse.
こてん(古典) clásico.
こと(事) asunto, cosa, hecho.
…ごと cada.
こどく(孤独) soledad.
ことし(今年) este año.
ことづけ mensaje, recado.
こと(異)なる diferenciarse, diferir, variar.
ことば(言葉) palabra, habla.
こ(子)ども niño[ña], crío[a], criatura; ～っぽい pueril; ～の / ～らしい infantil.
ことわざ(諺) dicho, proverbio, refrán.
ことわ(断)る negarse, rechazar.
こな(粉) harina, polvo.
この este.
このあいだ(間) hace unos días, el otro día.
このごろ ahora, recientemente, últimamente.
この(好)み afición, agrado, inclinación, preferencia, gusto.
このように así, de esta manera.
こば(拒)む negar, rechazar.
ごはん arroz (cocido).
こひつじ(子羊) cordero.
こぶ chichón, bulto.
こぼす derramar, verter; こぼれる derramarse.
こま(細)かい menudo, pequeño, fino; ～点 detalle.
こま(困)った apurado, confuso.
ごみ basura.
こ(混)む estar lleno.
ゴム caucho, goma.
コムギ(小麦) trigo; ～粉 harina.
こめ(米) arroz.
ごらく(娯楽) entretenimiento, recreo.
こりつ(孤立) aislamiento; ～する aislarse.
コルク corcho.
コルドバ Córdoba; ～の(人) cordobés[besa].
これ éste, esto.
これから desde ahora.
ころ(転)がる rodar.
ころ(殺)す matar, asesinar.
(…の)ころに hacia ….
コロンビア Colombia; ～人 / ～の colombiano[na].
こわ(怖)い espantoso, temible, terrible.
こわ(怖)がらせる espantar.
こわ(怖)がる asombrarse, asustarse, espantarse, temer, tener miedo.
こわ(壊)す derrotar, deshacer, destruir, romper; 壊れた roto; 壊れやすい frágil; 壊れる destruirse, quebrarse, partirse, romperse.
こんき(根気) constancia, paciencia.
こんきょ(根拠) base, fundamento, cimiento; ～をおく fundar.
コンクリート cemento.
こんけつ(混血) / ～の mestizo.
こんげつ(今月) este mes.
こんごう(混合) mezcla; ～する mezclar.
こんしゅう(今週) esta semana.
こんだてひょう(献立表) menú.
こんちゅう(昆虫) insecto.
コンテスト concurso, certamen.
こんど(今度) ahora, esta vez, la próxima vez.
こんど(今度)の nuevo.
こんな este, tal.
こんにちは Buenos días. Buenas tardes.
コンパス compás.
こんばん(今晩) esta noche.
こんばんは Buenas noches.
コンピューター computadora, ordenador.
コンプレックス complejo.
こんぽんてき(根本的)な radical.
コンマ coma.
こんや(今夜) esta noche.
こんやく(婚約)する comprometerse; 婚約者 novio[via], prometido.
こんらん(混乱) confusión, desorden, enredo, trastorno; ～させる turbar; ～した confuso.

さ

さ(差) diferencia, distancia.
サーカス circo.
サービス servicio.
さい(歳) año.
さいきん(最近) recientemente, últimamente.
さいご(最後); fin; ～の final, postrero, último; ～が…になる terminar; ～に finalmente.
さいこう(最高)の máximo.
ざいさん(財産) fortuna, propiedad.
さいしゅうてき(最終的);

〜な final; 〜には finalmente.
さいしょ(最初) principio, comienzo; 〜に primero; 〜の primero.
さいしょう(最小); 〜の mínimo.
さいしん(最新)の último.
サイズ número, medida, tamaño.
さいせい(再生) reproducción; 〜する reproducir.
さいだいげん(最大限) máximo.
さいだい(最大)の mayor.
さいだん(祭壇) altar.
さいちゅう(最中); …の最中に en medio de ….
さいのう(才能) alcance, capacidad, genio, talento.
さいばん(裁判) proceso, juicio; 〜官 juez; 〜所 tribunal.
さいふ(財布) cartera, monedero.
さいよう(採用)する adoptar, admitir, emplear.
ざいりょう(材料) materia, material, ingredientes.
さいわ(幸)いにも felizmente.
…さえも hasta.
…さえも〜ない ni siquiera.
さか(坂) cuesta, pendiente.
さ(差) diferencia.
さかい(境) límite, frontera.
さか(栄)える florecer, prosperar.
さか(逆)さにする invertir, voltear.
さがしだ(探し出)す hallar, encontrar.
さが(探)す buscar.
さかな(魚) pescado, pez.
さかみち(坂道) cuesta, pendiente.
(…に)さか(逆)らって resistiendo …, oponiéndose a ….
さが(下)る bajar.
さか(盛)んな activo, próspero.
さき(先) extremo, punta; 〜に来る preceder; 〜の previo.
さぎょう(作業) obra, operación, trabajo.
さ(咲)く florecer.
さくしゃ(作者) autor[tora].
さくねん(昨年) el año pasado.
さくばん(昨晩) anoche.
さくひん(作品) obra, producción.
さくぶん(作文) composición.
サクラ(桜) cerezo.
サクランボ cereza.
さけ(酒) alcohol, vino; 〜飲みの borracho; 〜で酔う emborracharse; 〜を飲む beber, tomar.
さけ(叫)び grito; 叫ぶ gritar.
さ(避)ける evitar; 避けられない inevitable.
さ(下)げる bajar.
ささいな trivial.
ささ(支)え apoyo, sostén; 〜られている apoyarse; 〜る apoyar, mantener, soportar, sostener.
ささ(捧)げる consagrar, dedicar.
さしえ(挿絵) ilustración; 〜を入れる ilustrar.
さしこ(差し込)む insertar, introducir.
さしせま(差し迫)った urgente; 差し迫っている urgir.
さしだ(差し出)す presentar, ofrecer.
さ(刺)す clavar, pinchar, picar, picarse.
ざせき(座席) asiento, lugar; 〜券 localidad.
させる dejar hacer.
さそ(誘)う animar, invitar.
サソリ escorpión.
さつ(冊) tomo, volumen.
さつい(札入)れ cartera.
さつえい(撮影)する filmar, rodar.
さっか(作家) autor[tora], escritor[tora].
サッカー fútbol.
さっかく(錯覚) ilusión.
さっき hace un rato.
ざっし(雑誌) revista.
さつじん(殺人) asesinato, homicidio; 〜者 / 〜の asesino[na].
ざっそう(雑草) hierba.
さっそく(早速) en seguida, inmediatamente.
サツマイモ batata.
さて ahora, bueno, pues.
さとう(砂糖) azúcar.
さばく(砂漠) desierto.
さび(寂)しい solitario, triste.
さべつ(差別) discriminación; 〜する discriminar.
さま(…様) don, doña, señor, señora, señorita.
さまざま(様々)の diversos.
さまた(妨)げる estorbar, impedir, obstaculizar.
さむ(寒)い frío; 寒さ frío.
さよう(作用) acción, operación; 〜する accionar, actuar.
さようなら ¡Adiós!
さら(皿) plato.
サラダ ensalada.
さらに además, también.
さ(去)る abandonar, irse, marcharse.
サル(猿) mono.
さわ(騒)ぎ escándalo.
さわやかな fresco, refrescante.
さわる tocar.
さん(3) tres; 30 treinta; 300 trescientos; 3倍 triple; 3分の1 un tercio.
さん(酸) / 〜の ácido.
…さん señor …, señora …, señorita ….
…さん(山) monte ….
さんか(参加) participación; 〜する agregarse, asistir, intervenir, participar.
さんかくけい(三角形) triángulo.
さんがつ(3月) marzo.
さんぎょう(産業) industria; 〜の industrial.
さんこう(参考)にする consultar.
ざんこく(残酷) crueldad; 〜な cruel.
さんじっぷん(30分) media hora, treinta minutos.
さんしょう(参照) consulta, referencia; 〜させる remitir.
さんせい(賛成) aprobación; 〜している conforme, de acuerdo; 〜する consentir.

さんそ(酸素) oxígeno.
サンティアゴ Santiago.
ざんねん(残念) pena; ～な lamentable; ～なこと lástima; ～に思う lamentar, sentir.
さんぶつ(産物) producto.
さんぽ(散歩) paseo, vuelta; ～する pasear; ～に連れて行く pasear; ～道 paseo.
さんみゃく(山脈) cordillera, sierra.

し

し(四) cuatro.
し(市) ciudad.
し(師) maestro.
し(死) muerte.
し(詩) poema, poesía.
じ(字) letra.
しあい(試合) juego, partido.
しあわ(幸)せ dicha, felicidad; ～な dichoso, feliz.
し(強)いる exigir, forzar.
しお(塩) sal.
シカ(鹿) ciervo, venado.
(少しの)…しか poco, nada más que.
しかい(歯科医) dentista.
しがいちず(市街地図) plano.
しかく(視覚) vista.
しかし pero.
しかしながら sin embargo, no obstante.
しかた(仕方) modo, manera.
しがつ(4月) abril.
しかも además, y.
しか(叱)る corregir, regañar, reñir, reprender.
じかん(時間) tiempo, rato; ～通りに puntualmente; ～がかかる dilatar, tardarse; ～がたつ el tiempo corre [pasa]; ～の horario; ～を守る puntual.
しき(式) ceremonia, rito.
じき(時期) época, estación, momento, período.
じき(直)に en seguida, inmediatamente, pronto.
しきふ(敷布) sábana.
しきょう(司教) obispo.
じぎ(時宜)をえ(得)た oportuno.
しきん(資金) fondos, capital.
し(敷)く extender.
じく(軸) eje.
しげき(刺激) estímulo; ～される excitarse, irritarse; ～する estimular, excitar, picar.
しけん(試験) examen; ～を受ける examinarse.
じけん(事件) acontecimiento, suceso, asunto, caso.
じこ(事故) accidente.
しこう(思考) pensamiento.
じこく(時刻) hora; ～表 horario.
じごく(地獄) infierno.
じこしょうかい(自己紹介)する presentarse.
しごと(仕事) deber, empleo, encargo, faena, jornada, labor, obra, ocupación, tarea, trabajo; ～仲間 colega, compañero; ～をする ocuparse, trabajar.
しさい(司祭) sacerdote, cura.
じさつ(自殺) suicidio; ～する matarse, suicidarse.
しじ(指示) indicación; ～する indicar.
しじ(支持) apoyo; ～する apoyar, favorecer, sostener.
じじつ(事実) hecho.
じしゃく(磁石) imán; ～の magnético.
じしょ(辞書) diccionario.
しじん(詩人) poeta, poetisa.
じしん(自信) confianza; ～がある seguro; ～を持つ confiar en sí mismo[a].
じしん(地震) terremoto, temblor, sismo.
…じしん(自身) mismo[a], propio[a].
しず(静)かな pacífico, silencioso, suave, tranquilo.
しずく(滴) gota.
しず(静)けさ calma, silencio, tranquilidad, quietud.
し(死)すべき mortal.
しず(静)まる callar(se), calmar.
しず(沈)む hundirse; 沈める hundir, sumergir.
しず(静)める calmar, tranquilizar.
しせい(姿勢) actitud, posición, postura.
しせつ(使節) misión.
しせつ(施設) establecimiento, institución.
しぜん(自然) naturaleza; ～さ naturalidad; ～な natural, llano; ～に por sí solo; ～の natural.
しそう(思想) pensamiento.
した(下) parte inferior; ～の bajo, inferior; 下に abajo; …の下に bajo ….
した(舌) lengua.
したい(死体) cadáver.
…したい desear, querer.
じだい(時代) época, era, siglo, tiempo.
したが(従)う ajustarse, obedecer, seguir, someterse.
したがって por consiguiente, por eso, por lo tanto.
(…に)したが(従)って según …, conforme a ….
したぎ(下着) ropa interior.
したく(支度) preparativos; ～する arreglar, preparar.
した(親)しい íntimo, familiar.
…したばかりである acabar de ….
…したばかりの recién …(過去分詞).
…したほうがよい valer, convenir, ser mejor.
しち(7) siete.
じち(自治) / ～体 autonomía; ～権のある autónomo.
しちがつ(7月) julio.
シチメンチョウ(七面鳥) pavo.
しちょう(市長) alcalde.
しちょうそん(市町村) municipalidad, población.
しつ(質) calidad.
しっかりとした firme, sólido.
しつぎょう(失業) desempleo, paro.
じつぎょうか(実業家) industrial.
しっけ(湿気) humedad; ～のある húmedo.

じっけん(実験)　experimento; ～室 laboratorio.
じつげん(実現)　realización; ～する llevar a cabo, realizar.
じっこう(実行)　práctica; ～する cumplir, desempeñar, ejecutar, practicar, llevar a cabo.
じっさい(実際); ～的な práctico; ～は prácticamente.
しっしん(失神)する　desmayarse.
しっそ(質素)　sencillez; ～な austero, sencillo, sobrio.
し(知)っている　conocer, saber.
しっとぶか(嫉妬深)い celoso.
しっぱい(失敗)　fallo, fracaso; ～する fallar, fracasar, frustrarse.
しつぼう(失望)　decepción, desilusión; ～させる decepcionar, desilusionar.
しつもん(質問)　pregunta; ～する preguntar, interrogar.
じつようてき(実用的)な práctico.
しつれい(失礼)な descortés, grosero.
してき(指摘)　advertencia, indicación; ～する advertir, indicar, señalar.
してき(私的)な　privado.
じてんしゃ(自転車) bicicleta.
しどう(指導) dirección, orientación; ～者 dirigente, líder; ～的な dirigente; ～する dirigir.
じどう(自動); ～の automático; ～的に automáticamente; ～化する automatizar; ～化 automatización.
じどうしゃ(自動車) automóvil, auto, carro, coche.
…しないで　sin.
…しなければならない deber, tener que, haber que.
しなもの(品物)　artículo, objeto.
…しにくい　difícil de.
し(死)ぬ　morir, matarse, perecer.
しはい(支配)　dominación, dominio; ～権 hegemonía; ～する dominar, imponerse, regir.
じはく(自白)　confesión; ～する confesar.
しばしば　a menudo.
じはつてき(自発的)な espontáneo.
しばふ(芝生)　césped, pasto.
しはら(支払)い　abono, pago; 支払う pagar.
しぶ(渋)い　áspero.
ジプシー / ～の gitano[na].
じぶん(自分)　sí; ～自身の propio, de sí mismo.
しへい(紙幣)　billete.
しほん(資本)　capital, fondos.
しま(島)　isla.
しまう　guardar, recoger, ordenar.
じまん(自慢)　alarde; ～する jactarse, vanagloriarse, enorgullecerse, alardear.
じみ(地味)な　modesto, sobrio, austero.
しみん(市民)　ciudadano [na]; ～の civil.
じむしょ(事務所) despacho, oficina.
しめい(使命)　misión.
しめい(指名)　designación, nombramiento; ～する designar, nombrar.
しめき(締切)り　plazo, fecha límite.
しめ(示)す　dar, demostrar, denunciar, enseñar, indicar, presentar, exponer, expresar, mostrar, revelar, señalar.
し(占)める　ocupar.
し(閉)める　cerrar; ～こと cierre.
じめん(地面)　suelo, tierra.
しも(霜)　escarcha; ～で枯れる helarse.
ジャーナリスト periodista.
しゃかい(社会)　sociedad; ～主義 socialismo; ～主義の socialista; ～の social.
ジャガイモ　papa, patata.
じゃぐち(蛇口)　grifo, llave.
しゃしん(写真)　foto, fotografía; ～家 fotógrafo[fa].
しゃちょう(社長) presidente.
シャツ　camiseta.
しゃっきん(借金)　deuda, préstamo.
しゃぶる　chupar, chuparse.
しゃべる　charlar, hablar.
じゃま(邪魔)　molestia; ～する estorbar, molestar.
ジャマイカ　Jamaica; ～人 / ～の jamaiquino[na].
しゃりん(車輪)　rueda.
シャワー　ducha; ～を浴びる ducharse.
ジャングル　selva.
シャンプー　champú.
ジャンル　género.
しゅう(州)　estado, provincia.
しゅう(週)　semana.
じゆう(自由)　libertad; ～な libre; ～意志による voluntario; ～主義者 / ～主義の liberal.
じゅう(10)　diez; 11 once; 12 doce; 13 trece; 14 catorce; 15 quince; 16 dieciséis; 17 diecisiete; 18 dieciocho; 19 diecinueve; 10番目の décimo.
じゅう(銃)　escopeta, fusil.
じゅういちがつ(11月) noviembre.
しゅうかい(集会) reunión.
しゅうかく(収穫)　/ ～物 / ～期 cosecha.
じゅうがつ(10月) octubre.
しゅうかん(習慣) costumbre; ～的な acostumbrado; ～づける acostumbrar.
しゅうかん(週間)　semana.
じゅうきょ(住居)　domicilio, residencia.
しゅうきょう(宗教)　religión; ～改革 Reforma; ～裁判 inquisición; ～の religioso.
しゅうきん(集金)する cobrar, recaudar.
しゅうごう(集合) conjunto, asamblea, reunión, agrupación; ～的な colectivo.
しゅうしふ(終止符) punto.
じゅうじゅん(従順)な

obediente, sumiso.
じゅうしょ(住所) dirección, domicilio.
じゅうしょう(重傷)の grave.
しゅうしょく(就職)する colocarse.
ジュース jugo, zumo.
しゅうせい(修正) modificación; ～する corregir, enmendar, modificar.
じゅうだい(重大)な grave, importante, serio.
じゅうたく(住宅) vivienda.
じゅうたん alfombra.
しゅうてん(終点) terminal.
しゅうと(舅) suegro.
じゅうどう(柔道) judo.
しゅうどういん(修道院) convento, monasterio.
しゅうどうし(修道士) fraile, hermano, monje.
しゅうどうじょ(修道女) hermana, monja.
しゅうとく(修得) dominio; ～する dominar.
しゅうとく(習得) aprendizaje.
しゅうとめ(姑) suegra.
じゅうにがつ(12月) diciembre.
しゅうにゅう(収入) entrada, ingreso, renta.
じゅうぶん(十分); ～な bastante, suficiente; ～である bastar, ser suficiente; ～に bastante.
じゅうみん(住民) habitante, vecino.
じゅうよう(重要); ～な importante; ～さ / 性 importancia; ～である importar, interesar; ～でない de poca importarcia, insignificante; ～でないこと insignificancia.
しゅうり(修理) reparación; ～する arreglar, reparar.
しゅうりょう(終了) terminación; ～する terminar.
しゅかんてき(主観的)な subjetivo.
じゅぎょう(授業) clase.
じゅく(熟)した maduro.
しゅくじつ(祝日) día festivo, fiesta.
しゅくしゃく(縮尺) escala.
しゅくじょ(淑女) dama.
じゅく(熟)す madurar.
しゅくだい(宿題) deberes, tareas, trabajo.
しゅくはく(宿泊) alojamiento; ～施設 alojamiento.
じゅくれん(熟練)した experto, diestro, perito.
じゅけん(受験)する examinarse.
しゅご(主語) sujeto.
しゅじゅつ(手術) operación; ～をする operar; ～を受ける operarse.
しゅじん(主人) dueño [ña]; ～役 huésped[da].
しゅだい(主題) tema, tópico, motivo.
しゅだん(手段) medio, método, instrumento, medida.
しゅちょう(主張)する insistir, opinar, reclamar, sostener.
しゅっけつ(出血)する sangrar.
しゅっせき(出席) asistencia; ～者 asistente, presente; ～している asistente; ～する asistir, presentarse.
しゅっぱつ(出発) partida, salida; ～する partir, salir.
しゅっぱん(出版) edición, publicación; ～する publicar, editar.
しゅと(首都) capital.
しゅ(主)として principalmente.
しゅふ(主婦) ama de casa.
しゅみ(趣味) afición, gusto.
しゅやく(主役) protagonista.
じゅよう(需要) demanda.
じゅよ(授与)する entregar, otorgar.
しゅりょう(狩猟) caza.
しゅるい(種類) especie, género, variedad.
じゅん(順) orden.
じゅんい(順位) lugar, puesto, rango.
しゅんかん(瞬間) instante, momento.
じゅんかん(循環) circulación; ～する circular.
じゅんじょ(順序) orden.
じゅんすい(純粋) / ～さ pureza; ～な puro.
じゅんちょう(順調)な favorable, próspero.
じゅんのう(順応) adaptación; ～する adaptarse, acomodarse.
じゅんび(準備) preparación, preparativos; ～ができた preparado; ～をする prepararse.
じゅんれい(巡礼) peregrinación; ～者 peregrino[na]; ～する peregrinar.
しよう(使用) empleo, uso.
しょう(省) ministerio.
しょう(賞) premio; ～を与える premiar.
しょう(章) capítulo.
じょう(錠) cerradura, candado.
しょうかい(紹介) presentación; ～する presentar.
しょうがい(障害) barrera, contrariedad, dificultad, obstáculo.
しょうがくきん(奨学金) beca.
しょうがつ(正月) el Año Nuevo.
しょうがっこう(小学校) escuela primaria.
じょうき(蒸気) vapor.
じょうきゃく(乗客) pasajero[ra], viajero[ra].
じょうきゅう(上級)の superior.
しょうぎょう(商業) comercio; ～の comercial, mercantil; ～的な comercial.
じょうきょう(状況) estado, condición, circunstancia.
しょうぐん(将軍) general.
じょうけん(条件) condición; ～つきの condicional.
しょうこ(証拠) constancia, evidencia, prueba, testimonio.
しょうご(正午) mediodía.
しょうごう(称号) título.
しょうじき(正直) honradez, rectitud; ～な honesto, honrado.
じょうしき(常識) sentido común.
じょうじ(常時)の permanente.

しょうじょ(少女) muchacha, niña.
じょうしょう(上昇) subida.
しょう(生)じる nacer, ocurrir, presentarse, surgir.
しょうしん(昇進) promoción; ～させる ascender, elevar, promover; ～する ascender.
しょうすう(少数) minoría; ～集団 minoría.
じょうず(上手)な bueno, hábil; 上手に bien, hábilmente.
じょうせい(情勢) situación.
しょうせつ(小説) novela; ～家 novelista.
しょうそく(消息) noticia.
しょうたい(招待) / ～状 invitación; ～する convidar, invitar.
じょうたい(状態) condición, estado, posición; ～である encontrarse; ～になる quedar.
じょうだん(冗談) broma, chiste.
しょうちょう(象徴) símbolo; ～の simbólico.
しょうとつ(衝突) colisión, choque, conflicto, encuentro, impacto; ～する chocar.
しようにん(使用人) criado[da], servidumbre.
しょうにん(商人) comerciante.
しょうにん(証人) testigo.
じょうねつてき(情熱的)な apasionado, ardiente, fervoroso.
しょうねん(少年) muchacho, niño.
しょうばい(商売) comercio, negocio.
しょうひ(消費) consumo; ～される consumirse; ～する consumir.
しょうひん(商品) artículo, mercancía.
じょうひん(上品)な elegante, fino, refinado.
しょうぶ(勝負) competición, lucha; ～事 juego; ～をする competir, jugar.
じょうぶ(丈夫)な sano, fuerte.
しょうへき(障壁) barrera.
じょうへき(城壁) muralla.
じょうほう(情報) información.
しょうぼうし(消防士) bombero[ra].
しょうみ(正味)の neto.
しょうめい(証明) demostración, prueba; ～書 certificado; ～する certificar, demostrar, demostrarse, probar.
しょうめん(正面)に enfrente.
じょうやく(条約) tratado.
しょうらい(将来) futuro, porvenir.
しょうり(勝利) triunfo, victoria; ～する triunfar, vencer.
しょうりゃく(省略) omisión; ～する omitir.
ショー espectáculo.
じょおう(女王) reina.
しょく(職) trabajo.
しょくぎょう(職業) ocupación, oficio, profesión.
しょくじ(食事) comida.
しょくどう(食堂) comedor.
しょくにん(職人) artesano[na].
しょくぶつ(植物) planta, vegetación; ～の botánico, vegetal.
しょくみんち(植民地) colonia; ～の colonial.
しょくもつ(食物) alimento.
しょくよく(食欲) apetito, gana.
しょくりょう(食料) alimenticio; ～を与える alimentar.
じょしゅ(助手) asistente, auxiliar, ayudante.
しょじょ(処女) virgen.
しょしんしゃ(初心者) aprendiz, principiante.
じょせい(女性) mujer; ～の femenino.
じょせいきん(助成金) subvención.
じょてい(女帝) emperatriz.
しょばつ(処罰) castigo.
しょほ(初歩) abecé, elementos, fundamentos, principios; ～の elemental, primario.
しょめい(署名) firma; ～する firmar.
しょゆう(所有) / ～物 posesión, propiedad; ～者 dueño[ña]; ～する poseer.
じょゆう(女優) actriz.
しょり(処理)する procesar, despachar.
しょるい(書類) papeles, documentos.
じょろん(序論) introducción.
しらが(白髪) cana.
し(知)らせ aviso, noticia.
しら(調)べる averiguar, estudiar, examinar, investigar, mirar, ver.
し(知)られた conocido; 知られていない desconocido.
しりあ(知り合)う conocerse.
しりぞ(退)く retirarse, retroceder.
しりつ(私立)の privado.
しりょう(資料) datos, documentos.
シリンダー cilindro.
しる(汁) zumo, jugo; [スープ] sopa.
し(知)る conocer, enterarse, informarse, saber; 知らせる anunciar, avisar, comunicar, informar; 知らない desconocer, ignorar.
しるし(印) marca, seña, señal, signo; ～をつける marcar, señalar.
しろ(城) castillo.
しろ(白) / ～い blanco; ～さ blancura.
しわ(皺) arruga, pliegue.
しんあい(親愛)なる querido, afectísimo.
シングルの individual.
しんけい(神経) nervio; ～質な nervioso.
しんこう(信仰) creencia, culto, fe; ～する creer.
しんごう(信号) semáforo, señal.
じんこう(人口) población, habitantes.
しんこく(申告) declaración; ～する declarar.
しんさつ(診察) consulta; ～する examinar, ver.
しんし(紳士) caballero.
しんしつ(寝室) alcoba, dormitorio.
しんじつ(真実) verdad.

しんじゅ(真珠) perla.
じんしゅ(人種) raza; ～の racial.
しん(信)じる creer, fiarse; 信じられない increíble.
じんせい(人生) vida.
しんせき(親戚) pariente.
しんせつ(親切) amabilidad, bondad; ～な amable, bondadoso; ～に amablemente.
しんせん(新鮮); ～な fresco; ～さ frescura.
しんぞう(心臓) corazón.
じんぞう(腎臓) riñón.
し(死)んだ muerto.
しんちょう(身長) altura.
しんちょう(慎重); ～な prudente; ～さ prudencia, sensatez.
しんてん(進展) desarrollo.
しんどう(振動) vibración; ～する vibrar.
しんにゅう(侵入) invasión; ～する invadir.
しんねん(信念) fe.
しんねん(新年) año nuevo.
しんぱい(心配) inquietud, preocupación, ansia, cuidado; ～事 preocupación; ～させる preocupar; ～した preocupado; ～する apurarse, preocuparse, inquietarse.
しんぱんいん(審判員) árbitro[tra].
しんぴ(神秘) misterio; ～的な misterioso.
しんぷ(神父) padre, sacerdote.
じんぶつ(人物) figura, persona.
しんぶん(新聞) diario, periódico, prensa.
しんぽ(進歩) adelanto, avance, desarrollo, progreso; ～する adelantar, progresar.
しんみつ(親密)な íntimo; 親密さ intimidad.
しんよう(信用) crédito, credibilidad.
しんり(心理) psicología; ～的な psicológico; ～学 psicología; ～学者 psicólogo[ga].
しんりゃく(侵略) invasión; ～する invadir.
しんるい(親類) pariente.
じんるい(人類) humanidad, ser humano; ～学 antropología.
しんわ(神話) mito.

す

す(巣) nido.
す(酢) vinagre.
ず(図) esquema, gráfica, gráfico, ilustración.
スイカ(西瓜) sandía.
すいじゅん(水準) nivel.
スイス Suiza; ～人 / ～の suizo[za].
すいせん(推薦) recomendación; ～する recomendar.
すいちょく(垂直)の vertical.
すいてい(推定) cálculo, suposición, conjetura; ～する calcular, presumir.
すいどう(水道) agua; ～屋 fontanero[ra].
ずいひつ(随筆) ensayo.
ずいぶん(随分) bastante, considerablemente, muy.
すいへい(水兵) marinero[ra].
すいへい(水平)な horizontal.
すいみん(睡眠) sueño.
すいようび(水曜日) miércoles.
すいろん(推論) deducción; ～される deducirse, desprenderse, seguirse; ～する deducir.
す(吸)う inhalar, aspirar; タバコを～ fumar.
すう(数) número.
スウェーデン Suecia; ～語 / ～人 / ～の sueco[ca].
すうがく(数学) matemáticas; ～の matemático.
すうじ(数字) cifra, número.
ずうずうしさ desvergüenza, descaro.
スーツケース maleta.
スーパーマーケット supermercado.
スープ caldo, sopa.
スカート falda, pollera.
すがた(姿) figura, forma, imagen.
す(好)き / ～だ amar, gustar, querer; ～な aficionado, querido; ～にさせる aficionar, enamorar; ～になる aficionarse, enamorarse.
スキー esquí; ～をする esquiar.
すきま(隙間) apertura, hueco, espacio, rendija.
す(過)ぎる pasarse.
すく(救)う librar, salvar.
すく(少)ない poco, escaso; 少なく menos; 少なくする reducir; 少なくとも por lo menos, siquiera.
すぐに enseguida, luego, ya.
すぐ(優)れた excelente, superior.
スケートをする patinar.
スケッチ bosquejo, esbozo.
すごい estupendo, sensacional, extraordinario.
すこ(少)し poco; ～ずつ poco a poco; ～の間 un momento.
す(過)ごす llevar, pasar, pasarse, tener.
すず(涼)しい fresco; 涼しさ frescura.
すす(進)む adelantar, avanzar, progresar.
すす(勧)める recomendar.
スタジアム estadio.
スチュワーデス [客室乗務員] azafata.
すっかり completamente, por completo, totalmente.
すっぱい ácido, agrio.
すでに ya.
す(捨)てる abandonar, arrojar.
ストーブ estufa.
ストッキング medias.
ストライキ huelga.
すな(砂) arena.
スナック cafetería.
すなわち es decir, o sea.
スパイ espía.
すばらしい divino, estupendo, fantástico, genial, magnífico, maravilloso, sensacional.
スプーン cuchara.
スペイン España; ～語 español; ～人 / ～の español[ñola].
スペース blanco, espacio.
…すべきだ deber.
すべての / ～もの todo.
すべ(滑)る deslizarse, resbalarse.

スポーツ deporte.
ズボン pantalón.
スポンジ esponja.
す(住)まい casa, domicilio, residencia.
スマホ teléfono inteligente, móvil.
すみ(隅) rincón, esquina.
すみ(炭) carbón.
すみません ¡Perdón!, Por favor.
スミレ(菫) violeta.
す(住)む habitar, residir, vivir.
す(済)む acabar, terminar.
スリッパ zapatillas, pantuflas.
すりへ(減)る desgastarse, gastarse; すり減らす desgastar.
する hacer.
ずるい astuto, injusto, tramposo.
…するき(気)になる animarse a …, sentir ganas de …(不定詞).
すると entonces.
するど(鋭)い afilado, agudo, fino, sutil, sagaz.
…するとき cuando …, al ….
…するところによれば según ….
…するやいなや apenas.
…すればするほど～となる cuanto … tanto ～.
すわ(座)る sentarse.
すんぽう(寸法) dimensión, medida, tamaño.

せ

せ(背) espalda; lomo; estatura.
せい(姓) apellido.
せい(性) sexo; ～の sexual.
せい(聖)… san(to) ….
ぜい(税) impuesto, tarifa.
…せい(製)の hecho en ….
せいあい(性愛)の erótico.
せいかく(性格) carácter, genio, índole, temperamento.
せいかく(正確) precisión, certeza, exactitud; ～な exacto, preciso; ～に exactamente, justamente.
せいかつ(生活) vida; ～する vivir.
ぜいかん(税関) aduana.
せいき(世紀) siglo.
せいぎ(正義) justicia.
せいきゅうしょ(請求書) factura, nota, demanda escrita.
せいぎょ(制御)する controlar.
ぜいきん(税金) impuesto.
せいけつ(清潔)な limpio, puro.
せいげん(制限) límite; ～する limitar, restringir.
せいこう(成功) éxito; ～した afortunado; ～する lograr, prosperar, triunfar.
せいさん(生産) producción; ～する producir.
せいじ(政治) gobierno, política.
せいしき(正式)の formal, regular, oficial, legal.
せいしつ(性質) carácter, índole, naturaleza.
せいじつ(誠実)な sincero, honrado.
せいじ(政治)の político.
せいしょ(聖書) Biblia.
せいじょう(正常) normalidad; ～な normal.
せいしん(精神) espíritu; ～錯乱 delirio; ～の espiritual, mental, psíquico.
せいじん(聖人) bendito, santo.
せいじん(成人) adulto [ta]; ～した mayor; ～の adulto.
せいせき(成績) calificación, resultado, nota.
せいぞう(製造) fabricación; ～する fabricar.
ぜいたく(贅沢) lujo; ～な lujoso.
せいちょう(成長) crecimiento, desarrollo.
(…の)せいである ser la causa [culpa] de …, deberse a ….
せいと(生徒) alumno [na], escolar.
せいど(制度) régimen.
せいとう(政党) partido (político).
せいとうか(正当化)する justificar.
せいとん(整頓) orden; ～された arreglado; ～する ordenar.
せいねん(青年) joven; ～期 adolescencia; ～期の de la juventud; ～時代 juventud.
せいはんたい(正反対) antítesis; ～の opuesto.
せいびこう(整備工) mecánico[ca].
せいひん(製品) producto.
せいふ(政府) gobierno.
せいふく(制服) uniforme.
せいふく(征服) conquista, dominio; ～する conquistar, someter; ～者 conquistador[dora].
せいぶつがく(生物学) biología; ～者 biólogo [ga]; ～の biológico.
せいぶん(成分) componente, ingrediente.
せいみつ(精密) precisión, rigor; ～な minucioso, preciso.
せいめい(生命) vida; ～力 vitalidad; ～の vital; ～のある animado, vital.
せいよう(西洋) occidente; ～人 / ～の occidental.
せいり(整理) arreglo; ～する arreglar, acomodar.
せいりょういんりょうすい(清涼飲料水) refresco, bebida refrescante.
せかい(世界) mundo; ～的な global, mundial; ～の universal.
せき(咳) tos; ～をする toser.
せき(席) asiento, plaza.
せきたん(石炭) carbón.
せきにん(責任) responsabilidad, cargo, culpa; ～者 culpable, responsable; ～がある responsable; ～感のある tener sentido de responsabilidad.
せきゆ(石油) petróleo.
せだい(世代) generación.
せっきゃく(接客)する atender.
せっきょう(説教) sermón, prédica; ～する predicar, sermonear.
せっきん(接近) acceso, acercamiento; ～する acercarse, avecinarse.

せっけい(設計) diseño, proyecto, plano; ~者 diseñador[dora].
せっけん(石鹸) jabón.
せっし(摂氏)の centígrado.
せつぞくし(接続詞) conjunción.
ぜったい(絶対)の absoluto.
せっちゃくざい(接着剤) pegamento.
ぜっちょう(絶頂) auge, cima, cumbre.
せっとく(説得)する convencer.
せっぱく(切迫) urgencia.
せつび(設備) equipo, instalación.
ぜつぼう(絶望) desesperación; ~的な desesperado.
せつめい(説明) explicación, exposición; ~する explicar, exponer, ilustrar, describir.
せつやく(節約) ahorro, reducción, economía; ~する ahorrar, ahorrarse.
せつりつ(設立) fundación; ~する establecer, fundar, instituir.
せなか(背中) espalda.
ぜひ(是非) a toda costa.
セビリア Sevilla; ~の(人) sevillano[na].
せびろ(背広) americana, chaqueta, saco.
せぼね(背骨) espina dorsal, columna vertebral.
せま(狭)い angosto, estrecho.
せ(攻)める atacar.
セメント cemento.
セルフサービス autoservicio.
ゼロ / ~の cero.
せわ(世話) atención, cuidado; ~をする cuidar, atender.
せん(千) mil.
せん(栓) tapón.
せん(線) línea, raya; ~を引く trazar.
ぜん(善) bien.
せんい(繊維) fibra.
せんきょ(選挙) elección; ~する elegir; ~の electoral.
せんげん(宣言) declaración, manifiesto; ~書 manifiesto; ~する declarar, proclamar, manifestar.
せんこう(専攻) especialidad.
せんこく(宣告) declaración; ~する declarar; condenar.
ぜんこく(全国) todo el país; ~的な nacional.
せんさい(繊細)な delicado, sutil.
ぜんじつ(前日) el día anterior, la víspera.
せんしゅ(選手) atleta, jugador[dora]; ~権 campeonato.
ぜんしん(前進) adelanto, avance; ~する avanzar, progresar.
せんせい(先生) maestro [tra], profesor[sora].
ぜんぜん(全然)…ない de ninguna manera, nunca, en absoluto.
せんそう(戦争) guerra.
センターボ centavo.
ぜんたい(全体) conjunto, total; ~の entero, integral, total.
せんたく(選択) elección, selección; ~する elegir, seleccionar.
せんたく(洗濯) lavado, limpieza; ~する lavar, limpiar.
センチ(メートル) centímetro.
せんちょう(船長) capitán[tana].
せんでん(宣伝) publicidad, propaganda.
せんとう(戦闘) batalla, combate.
せんねん(専念)する entregarse, dedicarse.
ぜんぶ(前部) frente, parte delantera.
ぜんぶ(全部) todo, totalidad.
せんもん(専門) especialidad; ~の técnico; ~学校 academia, colegio; ~家 especialista.
せんれい(先例) precedente.
せんれい(洗礼) bautismo; ~を行う bautizar.

そ

そう(層) lecho, cama, estrato.
そう(相) aspecto.
そう(…する) así.
ぞう(像) estatua, figura.
ゾウ(象) elefante.
そうい(相違) diferencia, diversidad.
ぞうか(増加) aumento; ~する acrecentarse, aumentarse.
ぞうげ(象牙) marfil.
そうこ(倉庫) almacén, depósito.
そうごう(総合) síntesis.
そうさ(操作) maniobra.
そうさく(捜索) búsqueda; ~する buscar, indagar.
そうじ(掃除) limpieza; ~する limpiar.
そうしき(葬式) ceremonia fúnebre; ~の funeral.
そうして entonces, y.
そうしょく(装飾) decoración, ornamentación; ~品 decoración, adorno.
そうせつ(創設)する crear.
そうぞう(創造) creación; ~する crear; ~物 creación.
そうぞう(想像) imaginación, suposición; ~力 imaginativo; ~する concebir, figurarse, imaginar, fantasear.
そうぞく(相続) / ~財産 herencia; ~する heredar.
そうたいてき(相対的)な relativo.
そうだん(相談) consulta; ~する consultar, asesorarse.
そうち(装置) aparato, mecanismo.
そうです Así es.
そうですね Bueno. Pues. Sí.; ~? ¿Verdad?
そうとう(相当)する corresponder, equivaler.
そうならば pues, siendo así.
そうび(装備) equipo; ~する equiparse.
そ(添)える añadir, agregar, adjuntar.
ソース salsa.
ぞく(属)する (形) perteneciente; ~(動) pertenecer, estar afiliado.
そくせき(即席)の instantáneo.
そくたつ(速達)

correo urgente, entrega inmediata.
そくてい(測定) medida; ～する medir.
そくど(速度) velocidad.
そくめん(側面) lado, flanco.
そこ ahí, allí; ～に[で] ahí.
そこ(底) fondo, lo hondo [profundo].
そしき(組織) organización, sistema; ～される organizarse; ～する formar, organizar, constituir.
そして y.
そぜい(租税) tributo, impuesto.
そそ(注)ぐ verter.
そそのかす seducir, tentar.
そだ(育)つ crecer; 育てる criar.
そちら ahí.
そつぎょう(卒業) graduación; ～する graduarse.
そっちょく(率直) franqueza; ～な abierto, directo, franco; ～に con franqueza; ～に言うと francamente.
そで manga.
そと(外)に afuera, fuera; 外側の exterior.
そな(備)える armar, montar; …に備えて contra …, para …, en previsión de ….
その ese.
そのあいだ(間)に entretanto, mientras.
そのうえ(上) además, y, encima.
そのとお(通)り Efectivamente. Eso es. Exacto.
そのとき(時) entonces.
そのような igual, tal.
そばに cerca, junto.
そふ(祖父) abuelo.
ソファー sofá.
そぼ(祖母) abuela.
そ(染)める teñir; 染まる teñirse.
そよかぜ(風) brisa.
そら(空) cielo; ～が晴れる despejar(se), aclararse el cielo; ～の旅 vuelo.
そらす apartar, desviar; それる desviarse.
それ ése, eso, ello.
それから desde entonces, luego.
それぞれの cada, correspondiente, respectivo.
それとも o.
それなら entonces.
それほどの tanto.
そろ(揃)う completarse; そろえる completar, reunir, igualar, ordenar.
そん(損) daño, pérdida; ～をする perder, salir perjudicado.
そんがい(損害) daño; ～を受ける averiarse, verse afectado; ～を与える averiar, dañar, perjudicar.
そんけい(尊敬) aprecio, estima, respeto; ～する estimar.
そんざい(存在) existencia; ～する existir.
そんしつ(損失) pérdida.
そんちょう(尊重)する respetar, apreciar, estimar.
そんなに tanto.

た

た(田) arrozal.
ダース docena.
タイ Tailandia; ～語 / ～人 / ～の tailandés [desa].
だい(題) título.
だい(第)…; 第1の primero; 第2の segundo; 第3の tercero; 第4の cuarto; 第5の quinto; 第6の sexto; 第7の séptimo; 第8の octavo; 第9の noveno; 第10の décimo.
たいおう(対応) correspondencia; ～する corresponder, corresponderse.
だいがく(大学) universidad; ～教授 catedrático [ca], profesor[sora]; ～の académico, universitario: ～を卒業する graduarse, recibirse.
だいく(大工) carpintero [ra].
たいくつ(退屈) aburrimiento; ～させる aburrir; ～している estar aburrido; ～する aburrirse; ～な aburrido, cansado, pesado.
たいけい(体系) sistema.
たいこ(太鼓) tambor.
たいざい(滞在) estancia; ～する permanecer.
たいさく(対策) contramedidas.
たいし(大使) embajador [dora].
たいしかん(大使館) embajada.
(…に)たい(対)して contra ….
たい(大)して…ない no …㊐ mucho.
だいじ(大事)にする apreciar, mimar, cuidar.
たいしゅう(大衆) masa, multitud; ～向きの popular.
たいしょう(対照) contraste.
たいしょく(退職)する jubilarse, retirarse.
だいじん(大臣) ministro [tra].
だいすうがく(代数学) álgebra.
だいせいどう(大聖堂) catedral.
たいせいよう(大西洋) océano Atlántico.
たいせき(体積) volumen.
たいせつ(大切)な importante, valioso.
たいそう(体操) gimnasia.
だいたい comúnmente, en general, más o menos.
だいたすう(大多数) mayoría.
だいたん(大胆)な atrevido, audaz, osado.
だいち(大地) tierra.
たいど(態度) actitud, manera, modo.
たいとう(対等)になる igualarse, tener igualdad de.
だいとうりょう(大統領) presidente[ta].
だいどころ(台所) cocina.
だいな(台無)し; ～にする arruinar, destruir; ～になる estropearse.
ダイナマイト dinamita.
だいひょう(代表) / ～団 representación; ～者 representante; ～する representar.
たいふう(台風) tifón.
たいへいよう(太平洋) océano Pacífico.
たいへん(大変) muy; ～に mucho.
たいほう(大砲) cañón.
たいほ(逮捕)する arrestar, detener, prender.

タイヤ　neumático.
ダイヤモンド　diamante.
たいよう(太陽)　sol.
たいよう(大洋)　océano.
たい(平)らな　parejo, llano, plano;
平らでない desigual;
平らにする igualar, nivelar.
だいりぎょうしゃ(代理業者)　agente.
たいりく(大陸)　continente; ～の continental.
だいりせき(大理石)　mármol.
だいりてん(代理店)　agencia, sucursal, casa representante.
たいわ(対話)　diálogo, coloquio.
た(絶)えず　continuamente; ～続く constante.
た(耐)える　aguantar, soportar, sufrir.
たお(倒)す　abatir, derribar, tirar, tumbar;
倒れる caerse.
タオル　toalla.
たか(高)い　alto;
値段が～ caro;
高く caro; 高くする alzar;
高さ altitud, alto, altura.
たが(互)いの　mutuo.
たがや(耕)す　arar, cultivar, labrar;
～こと cultivo.
たから(宝)　tesoro;
～くじ lotería.
だから…　por eso, por lo tanto, así que.
たき(滝)　cascada, catarata.
だ(抱)きあ(合)う　abrazarse.
だ(抱)きし(締)める　abrazar, estrechar.
たくさん　mucho.
タクシー　taxi.
たくわ(蓄)え　reserva;
～る ahorrar.
タケ(竹)　bambú.
…だけ　solamente, sólo.
だげき(打撃)　choque, golpe.
たし(確)かな　cierto, seguro; 確かに ciertamente, efectivamente;
確かめる asegurarse, comprobar, confirmar.
…た(足)す…　… más ….
だ(出)す　echar, expulsar, sacar, extraer;
食事などを～ servir.
たすう(多数)　multitud;
～の numeroso.
たす(助)ける　asistir, auxiliar, ayudar;
助かる salvarse;
助け ayuda;
助け合う ayudarse.
たず(尋)ねる　preguntar.
たたか(戦)い　combate, guerra, lucha; 戦う combatir, luchar.
たた(叩)く　golpear, pegar, batir.
ただし…　no obstante, pero, sin embargo.
ただ(正)しい(形)　correcto, exacto, bueno, sano;
(動) acertar;
正しくない equivocado.
ただ…だけ　sólo, solamente, únicamente, sencillamente, simplemente.
ただ(直)ちに　inmediatamente.
ただひとつの　el [lo] único.
たた(畳)む　doblar, plegar.
たちば(立場)　caso, lugar, posición, postura.
た(建)つ　elevarse, edificarse, construirse.
た(立)つ　levantarse; 立ち上がる alzarse; 立ち止まる detenerse; 立ち退く desalojar, quitarse; 立ち向かう confrontar, enfrentar.
た(経)つ　pasar, transcurrir.
たっきゅう(卓球)　pimpón, tenis de mesa.
たっ(達)する　alcanzar, llegar, subir.
たてもの(建物)　casa, edificio.
た(建)てる　construir, edificar, elevar, levantar.
たとえ…でも　aunque.
たとえば…　por ejemplo, verbigracia.
たとえる　comparar.
たどる　seguir.
たな(棚)　estante.
たに(谷)　valle.
たにん(他人)　extraño, otro; ～の ajeno.
たね(種)　semilla;
～をまく sembrar.
たの(楽)しい　agradable, ameno, distraído, divertido, entretenido; 楽しく alegremente; 楽しませる distraer, divertir, entretener; 楽しみ diversión, placer, gozo, regalo;
楽しむ agradar, disfrutar, distraerse, divertirse, entretenerse, gozar.
たの(頼)む　pedir, rogar.
たば(束)　paquete, haz, ramillete; fajo.
タバコ　cigarrillo, tabaco;
～を吸う fumar.
たび(旅)　viaje; ～人 viajero[ra]; ～をする viajar.
たびたびの　frecuente.
たぶん(多分)　acaso, probablemente, quizá, tal vez, a lo mejor.
た(食)べる　comer, probar; 食べつくす comerse.
たま(玉)　bola, pelota.
たまご(卵)　huevo;
～を産む poner.
だます　engañar.
タマネギ　cebolla.
だま(黙)る　callar(se).
ダム　embalse, presa.
ためいき(息)　suspiro;
～をつく suspirar.
ため(試)す　ensayar, probar, tratar.
だめな　inútil, malo;
だめにする estropear.
(…の)ために　en favor de …, para …, por ….
ためらう　dudar, vacilar.
た(溜)める　acumular.
たも(保)つ　conservar, guardar;
保ち続ける mantener.
たよう(多様); ～な múltiple; ～性 diversidad, variedad.
たよ(頼)る　acogerse, encomendarse; 頼りにする apoyarse en, depender de, contar con.
だらく(堕落)する　corromperse, caer bajo, perderse.
た(足)りる　alcanzar, bastar; 足りない faltar.
だれ(誰)　quién; ～か alguno[na]; ～も…ない nadie, ninguno[na].
たんい(単位)　unidad.
だんかい(段階)　escala, etapa, fase, punto.
たんき(短気)　impaciencia; ～な impaciente.
タンク　depósito, tanque.
だんけつ(団結)　solidaridad, unión; ～した unido; ～する unirse.
たんけん(探検)　expedi-

ción, exploración;
〜する explorar.
だんげん(断言) afirmación; 〜する afirmar, declarar.
タンゴ tango.
ダンサー bailarín[rina].
たんじゅん(単純)な simple, sencillo, cándido, inocente.
たんしょ(短所) falta, defecto.
たんじょう(誕生) nacimiento;
〜日 cumpleaños.
だんせい(男性) caballero, señor;
〜の masculino.
だんたい(団体) grupo, organización.
だんだん gradualmente, poco a poco.
たんちょう(単調)さ monotonía;
単調な monótono.
たん(単)なる simple.
だんぼう(暖房) calefacción.
だんらく(段落) párrafo.
だんろ(暖炉) chimenea.
だんわ(談話) charla;
〜室 salón.

ち

ち(血) sangre.
ちい(地位) cargo, lugar, posición, rango, situación; 〜を得る situarse.
ちいき(地域) área, región, zona; 〜の regional.
ちい(小)さな chico, menudo, pequeño.
チーズ queso.
チーム equipo.
チェコ República Checa.
チェス ajedrez.
ちか(近)い cercano, próximo; 近くに cerca; 近づく acercarse, aproximarse; 近づける acercar, aproximar, arrimar;
近寄る acercarse.
ちかい(地階) sótano.
ちか(誓)う jurar.
ちか(近)ごろの reciente.
ちかぢか(近々) pronto.
ちが(違)った diferente, distinto; 違い diferencia; 違う diferir, diferenciarse.
ちかてつ(地下鉄) metro.
ちか(地下)の subterráneo.
ちかみち(近道) atajo;
〜をする acortar (el camino).
ちから(力) fuerza, poder, potencia, vigor.
ちきゅう(地球) globo, la Tierra.
ちく(地区) barrio.
ちくでんち(蓄電池) acumulador.
ちじ(知事) gobernador [dora].
ちしき(知識) conocimiento, saber, sabiduría; 〜人 intelectual.
ちず(地図) mapa;
〜帳 atlas.
ちち(乳) leche;
〜を吸う mamar.
ちち(父) padre.
ちぢ(縮)む encoger;
縮める abreviar, encoger.
ちちゅうかい(地中海)の mediterráneo.
ちつじょ(秩序) orden.
ちっそく(窒息)させる ahogar;
窒息する ahogarse.
チップ(心付け) propina.
ちてき(知的)な intelectual.
ちのう(知能) inteligencia.
ちほう(地方) distrito, provincia, región;
〜の regional, rural.
ちゃ(茶) té.
ちゃいろ(茶色) / 〜の castaño, marrón.
ちゃくりく(着陸) aterrizaje; 〜する aterrizar.
ちゃわん(茶碗) taza.
ちゃんと debidamente, correctamente, perfectamente, exactamente.
チャンネル canal.
ちゅう(注) nota.
ちゅうい(注意) atención; 〜する vigilar, mirar, atender, tener cuidado; 〜してください ¡Ojo!, ¡Cuidado!; 〜しない descuidarse; 〜深い atento, cuidadoso, prudente.
ちゅうおう(中央) centro, medio.
ちゅうかいしゃ(仲介者) intermediario[ria].
ちゅうかん(中間)の intermedio, medio.
ちゅう(中)くらいの mediano.
ちゅうこく(忠告) advertencia, consejo, recomendación; 〜する advertir, aconsejar.
ちゅうごく(中国) China; 〜語 chino; 〜人 / 〜の chino[na].
ちゅうじつ(忠実)な fiel, leal.
ちゅうしゃ(駐車) / 〜場 aparcamiento; 〜する aparcar, estacionar.
ちゅうしゃ(注射) inyección.
ちゅうしゃく(注釈)をつける anotar.
ちゅうしょうてき(抽象的)な abstracto.
ちゅうしょく(昼食) almuerzo, comida;
〜をとる almorzar, comer.
ちゅうしん(中心) / 〜地 centro; 〜の céntrico, central.
ちゅうせい(忠誠) lealtad; 〜な leal.
ちゅうせい(中世) Edad Media, Medievo; 〜の medieval.
ちゅうねん(中年)の maduro.
チューブ tubo.
ちゅうべい(中米) Centroamérica;
〜の centroamericano.
ちゅうもく(注目) consideración; 〜する fijarse;
〜に値する notable.
ちゅうもん(注文) encargo, pedido; 〜する encargar, mandar, pedir, ordenar.
ちゅうりつ(中立)の neutral.
チューリップ tulipán.
ちょう(長) cabeza, jefe [fa].
チョウ(蝶) mariposa.
ちょうか(超過) exceso.
ちょうかく(聴覚) oído.
ちょうこく(彫刻) escultura; 〜家 escultor[tora].
ちょうさ(調査) encuesta, investigación; 〜する averiguar, investigar.
ちょうし(調子) tono.
ちょうしょ(長所) mérito.
ちょうじょ(長女) hija mayor.
ちょうじょう(頂上) cima, cumbre.
ちょうしょく(朝食) de-

sayuno; ～に食べる desayunar; ～をとる desayunar, tomar el desayuno.
ちょうせい(調整) arreglo; ～する ajustar, corregir.
ちょうせつ(調節)する graduar, regular.
ちょうせん(挑戦) desafío; ～する desafiar.
ちょうせん(朝鮮) Corea; ～語 coreano; ～人 / ～の coreano[na].
ちょうてん(頂点) cumbre, auge.
ちょうど exactamente, justo, precisamente; ～の justo.
ちょうない(町内) barrio.
ちょうなん(長男) hijo mayor.
ちょうみりょう(調味料) condimento.
ちょうわ(調和) acuerdo, armonía; ～させる armonizar; ～した armónico, armonioso; ～する armonizar.
ちょきん(貯金) ahorro; ～する ahorrar.
ちょくせつ(直接)に derecho, directamente; 直接の directo.
ちょくめん(直面)する enfrentarse.
チョコレート chocolate.
ちょしゃ(著者) autor [tora].
ちょちく(貯蓄) ahorro.
ちょっかん(直感) instinto, intuición.
チョッキ chaleco.
ちょっけい(直系)の directo.
ちょっと un momento, un poco, un rato.
チリ Chile; ～人 / ～の chileno[na].
ちり(地理) / ～学 geografía; ～の geográfico.
ちりょう(治療) tratamiento; ～する tratar, curar.
ちんが(賃貸)し alquiler; ～料 alquiler; 賃借り alquiler.
ちんもく(沈黙) silencio.

つ

ついか(追加) adición; ～する añadir, adicionar; ～の adicional.
ついせき(追跡)する perseguir.
ついたち(1日) el primero del mes.
(…に)ついて de ..., sobre ....
ついてい(行)く seguir.
ついでに de paso.
ついほう(追放)する desterrar, expulsar.
つい(費)やす gastar, invertir, ocupar.
つうか(通過) tránsito, paso; ～する pasar.
つうがく(通学)する ir a la escuela.
つうこう(通行) paso, tránsito; ～許可証 pase.
つう(通)じあう comunicarse.
つうしん(通信) comunicación; ～社 agencia.
つうち(通知)する informar, instruir, avisar.
つうやく(通訳) traducción; ～者 intérprete; ～する interpretar, traducir.
つえ(杖) bastón.
つか(使)う disponer, emplear, gastar, manejar, servirse, usar, utilizar; 使い果たす agotar, gastar; 使いやすい cómodo; 使われる emplearse, usarse.
つかむ agarrar, asir, captar, coger; つかまる agarrarse, asirse.
つか(疲)れ fatiga; ～果てる rendirse; ～させる agotar, cansar, consumir, fatigar; ～た cansado; ～る cansarse, fatigarse.
つき(月) [天体の月] luna; [暦の月] mes.
つぎつぎ(次々)に sucesivamente, uno tras otro.
つぎ(次)の próximo, siguiente.
つ(突)く empujar, picar; 突き通す penetrar, traspasar; 突き抜ける atravesar.
つくえ(机) mesa, escritorio.
つく(作)る componer, crear, elaborar, hacer; 作られる elaborarse, hacerse.
つ(付)けくわ(加)える añadir.
つ(付)ける poner; (火を) encender, pegar, prender.
つごう(都合)がよい conveniente.
つた(伝)える comunicar, hablar, informar, mandar.
つち(槌) martillo.
つち(土) tierra.
つつく picar, tocar.
つづ(続)く continuar, durar, persistir; ～こと continuación, secuencia; 続いて起こる seguir; 続いての sucesivo; 続き continuación; 続ける continuar, proseguir, seguir.
つつ(包)み paquete.
つつ(包)む envolver.
つと(勤)め servicio; 勤める trabajar.
つながり enlace, relación, vínculo; つながる enlazarse; つなぐ comunicar, conectar, enlazar.
つね(常)の usual; 常に siempre.
つの(角) cuerno.
つばさ(翼) ala.
ツバメ(燕) golondrina.
つぶ(潰)す aplastar, estrujar, machacar, moler; 潰れる hundirse, venirse abajo.
つま(妻) esposa, mujer.
つまずく tropezar.
つ(詰)まった compacto, lleno.
つまむ picar.
つまようじ(爪楊枝) palillo.
つまらない soso, aburrido, pesado, trivial; ～こと tontería.
つ(詰)まる atascarse, obstruirse.
つみ(罪) crimen, pecado; ～を犯す pecar.
つ(積)む acumular, amontonar.
つめ(爪) uña.
つめ(冷)たい frío; 冷たくなる mostrarse frío.
つ(詰)める meter.
つよ(強)い fuerte, recio; 強く intensamente; 強さ fuerza; 強める intensificar.
つ(釣)り pesca; ～人 pescador[dora].
つ(連)れる llevar, llevarse.

て

て(手) mano; ~にとる tomar; ~を使う manual.
…で a, con, de, en, por.
であ(出会)い encuentro; 出会う encontrar, tropezarse.
…であっても aun, siquiera.
…である ser, estar.
…であれば si.
ていあん(提案) proposición, propuesta; ~する proponer, sugerir.
ていぎ(定義) definición; ~する definir.
ていきけん(定期券) pase.
ていきょう(提供) patrocinio; ~する ofrecer, patrocinar.
ていこう(抵抗) / ~力 resistencia; ~する resistir, resistirse.
ていこく(帝国) imperio; ~の imperial.
ていしゅつ(提出) presentación; ~する presentar.
ていしょく(定食) cubierto, menú del día.
ていせい(訂正) corrección, enmienda; ~する corregir, enmendar, revisar.
ていど(程度) grado, nivel, medida.
ていとう(抵当) hipoteca; ~に入れる empeñar.
ていねい(丁寧)な atento, cortés, escrupuloso.
ていりゅうじょ(停留所) parada (de autobús).
データ datos.
テーブル mesa; ~クロス mantel.
で(出)かける salir.
てがみ(手紙) carta, escrito; ~類 correspondencia; ~を交わす escribirse; ~を書く dirigirse, escribir.
てがら(手柄) hazaña, mérito.
てき(敵) / ~軍 / ~の adversario, enemigo; ~意 hostilidad.
できあ(出来上)がった terminado, finalizado.
てきおう(適応)する adaptarse.
てきごう(適合); ~性 aptitud; ~させる adaptar, ajustar, conformar.
できごと(出来事) acontecer, acontecimiento, incidente, suceso.
てき(適)した apto, conveniente; 適している convenir, sentar (bien).
てきせつ(適切)な adecuado, apropiado, debido; 適切さ oportunidad, propiedad.
てきたいてき(敵対的)な hostil; 敵対する enfrentarse.
てきとう(適当)な adecuado, apropiado, idóneo.
できない incapaz.
てきよう(適用) aplicación; ~される aplicarse; ~する aplicar.
…できる poder, saber, ser capaz; ~ようになる lograr.
テグシガルパ Tegucigalpa.
でぐち(出口) salida.
デザート postre.
デザイナー diseñador[dora].
…でさえ aun, incluso.
でし(弟子) alumno[na], discípulo[la].
…でしょう? …, ¿no?, …, ¿verdad?
てすうりょう(手数料) comisión, derechos.
テスト ensayo, prueba, examen.
てつ(鉄) hierro.
てつがく(哲学) filosofía; ~者 filósofo[fa]; ~の filosófico.
てったい(撤退) retirada.
てつだ(手伝)う ayudar.
てつづ(手続)き procedimiento, trámite.
てつどう(鉄道) ferrocarril, vía.
でてい(出て行)く salir.
…でない no.
テニス tenis.
てにもつ(手荷物) equipaje de mano.
てのひら(掌) palma de la mano.
デパート grandes almacenes.
…ではなくて… sino.
てばな(手放)す desprenderse de, prescindir.
デビュー estreno; ~する estrenarse.
てぶくろ(手袋) guantes.
てほん(手本) ejemplo.
デモ manifestación.
てら(寺) templo (budista).
て(照)らす alumbrar, iluminar; 照らされる iluminarse.
テラス terraza.
で(出)る aparecer, mostrar, asistir, figurar, salir.
テレビ televisión, televisor.
てん(点) punto, marca, coma.
てんいん(店員) dependiente[ta].
てんか(点火) ignición, flama, piloto (de gas); ~器 encendedor.
てんかい(展開) desarrollo; ~する desarrollar, desarrollarse.
てんき(天気) tiempo; ~が良い[悪い] hace buen [mal] tiempo.
でんき(伝記) biografía.
でんき(電気) electricidad; ~の eléctrico.
でんきゅう(電球) bombilla.
てんけいてき(典型的)な típico.
てんごく(天国) cielo, paraíso.
でんごん(伝言) recado.
てんさい(天才) genio [nia]; ~的な genial.
てんし(天使) ángel.
てんじ(展示) exposición, exhibición; ~される exhibirse; ~する exhibir.
でんし(電子)の electrónico.
でんしゃ(電車) tranvía, tren.
てんじょう(天井) techo.
てんしんらんまん(天真爛漫) inocencia, espontaneidad; ~な inocente, espontáneo.
てんすう(点数) punto, nota, marca; ~をつける calificar.
でんせつ(伝説) leyenda.
てんたい(天体) astro.
でんたつ(伝達) comunicación; ~する comunicar.
でんち(電池) batería, pila.

でんとう(伝統) tradición; ～の tradicional.
でんとう(電灯) luz.
でんぽう(電報) cable, telegrama.
デンマーク Dinamarca; ～語 / ～人 / ～の danés [nesa], dinamarqués [quesa].
てんもんがく(天文学) astronomía; ～者 astrónomo; ～の astronómico [ca].
てんらんかい(展覧会) exposición, exhibición.
でんわ(電話) teléfono; ～する llamar; ～に出る ponerse; ～を切る colgar; ～をかけること llamada.

と

と(戸) puerta.
ど(度) grado, punto.
…と… … y ….
…と…とで entre … y ….
ドア puerta.
ドイツ Alemania; ～語 alemán; ～人 / ～の alemán[mana].
トイレ baño, servicio.
とう(塔) torre.
と(問)う preguntar, interrogar; 問い cuestión, pregunta; 問い合わせる informarse.
どう(胴) tronco.
どう(銅) bronce, cobre.
どう cómo.
とういつ(統一) unidad, unificación; ～する unificar.
とういん(党員) camarada, miembro.
どうか…になりますように！ ¡Ojalá …(接続法)!
とうぎ(討議) debate; ～する debatir.
どうき(動機) motivo.
とうぎゅう(闘牛) toro, corrida de toros; ～士 torero[ra]; ～をする torear.
とうきょう(東京) Tokio.
とうきょく(当局) autoridad; ～の autorizado.
どうぐ(道具) herramienta, instrumento, útiles.
とうごう(統合) integración; ～する integrar.
とうこう(投降)する entregarse, rendirse.
とうさん(倒産)する quebrar.
どうし(動詞) verbo.
とうし(投資)する invertir.
どうして cómo, por qué.
どうじ(同時)の simultáneo; 同時に起こる coincidir.
どうじょう(同情) compasión; ～する compadecerse, sentir piedad.
とうぜん(当然)の lógico, natural; 当然 naturalmente.
どうぞ Por favor, Adelante.
とうそう(逃走) huida.
とうだい(灯台) faro.
どうたい(胴体) cuerpo.
どうだい？ ¿Qué tal?
とうちゃく(到着) llegada; ～する llegar.
どうてき(動的)な dinámico.
とうとう al fin, finalmente, por fin.
どうどう(堂々)とした majestuoso; ～としている ser imponente.
どうとう(同等)の equivalente.
どうとく(道徳) / ～の moral.
とうひょう(投票) votación, voto; ～する votar.
どうぶつ(動物) / ～の animal; ～園 zoológico.
とうぼう(逃亡) huida, fuga; ～する fugarse, huir.
どうめい(同盟) alianza; ～する aliarse.
とうめい(透明)な transparente.
どうもありがとう Muchas gracias.
トウモロコシ maíz.
とうよう(東洋) Oriente; ～人 / ～の oriental.
どうよう(動揺) conmoción; ～させる sacudir; ～する emocionarse, perturbarse.
どうよう(同様)に asimismo, igual; 同様の idéntico.
どうりょう(同僚) colega.
どうろ(道路) camino, calle, carretera.
とお(十) diez.
とお(遠)い distante, lejano; ～昔の remoto; 遠くに lejos; 遠ざかる alejarse; 遠ざける alejar.
とおか(十日) el día diez.
とお(通)す pasar.
トースト pan tostado; ～する tostar.
とお(通)り calle.
とお(通)る pasar; ～こと paso.
とかい(都会) ciudad.
と(溶)かす derretir, disolver, fundir.
とき(時) período, tiempo; ～がたつ pasar; …の時に cuando ….
ときどき(時々) a veces, de vez en cuando.
とく(徳) virtud; ～の高い virtuoso.
とく(得) beneficio, ganancia.
と(研)ぐ afilar.
どく(毒) veneno.
どくさい(独裁); ～政治 dictadura; ～者 dictador [dora].
とくしつ(特質) característica, cualidad.
どくしゃ(読者) lector [tora].
どくしょ(読書) lectura.
どくしん(独身)の soltero.
どくそうてき(独創的)な original.
とくちょう(特徴) rasgo, característica.
とくてい(特定)する determinar.
とくてん(得点)する ganar.
どくとく(独特)の especial, peculiar, único.
とく(特)に particularmente, sobre todo.
とくべつ(特別)の especial, extraordinario; ～に especialmente.
とくゆう(特有)の característico, específico, particular, propio.
どくりつ(独立) independencia; ～の independiente.
とけい(時計) reloj.
と(溶)ける derretirse, deshacerse, disolverse, fundirse.
どこで dónde.
どこへ adónde.
とこや(床屋) barbero [ra].
ところ(所) lugar, sitio, espacio.
ところが no obstante,

pero, sin embargo.
ところで ahora bien, a propósito.
とし(都市) ciudad; ～の urbano.
とし(年) año; ～上の mayor; ～下の menor.
とじこ(閉じ込)める encerrar; 閉じこもる encerrarse.
…として como …, de ….
としょかん(図書館) biblioteca; ～員 bibliotecario[ria].
と(閉)じる cerrar, cerrarse.
どだい(土台) base, fundamento.
とだな(戸棚) armario, estante, estantería.
とち(土地) sitio, terreno, tierra.
どちゃく(土着)の autóctono, aborigen, indígena.
どちら cuál, qué.
とっしん(突進)する lanzarse.
とつぜん(突然) de repente.
と(取)っておく apartar, conservar, guardarse.
とても muy.
とど(届)く alcanzar, llegar; 届ける enviar, mandar.
ととの(整)える arreglar, disponer, orientar.
とど(止)める aguantar, cortar, detener, parar.
となり(隣)の vecino.
とにかく de todas maneras, de todos modos.
どの cuál.
どのように cómo.
と(飛)ぶ saltar, volar; ～こと vuelo; 飛びかかる arrojarse, lanzarse; 飛び越える saltar; 飛び込む arrojarse, echarse, lanzarse; 飛び出す dispararse.
とぼ(乏)しい pobre, carente.
トマト tomate.
と(止)まる pararse; 止める parar.
と(泊)まる alojarse; 泊める alojar.
とみ(富) riqueza.
ドミニカきょうわこく(共和国) República Dominicana; ～人 / ～の dominicano[na].
と(留)める sujetar.
とも(友) amigo[ga]; 友だち amigo, amistad.
どようび(土曜日) sábado.
トラ(虎) tigre.
と(捕)らえる coger, atrapar.
トラック camión.
トランク baúl, maleta.
トランプ baraja, naipe, carta.
トランペット trompeta; ～奏者 trompetista.
とり(鳥) ave, pájaro; ～かご jaula.
とりひき(取引) negocio; ～する negociar.
どりょく(努力) empeño, esfuerzo; ～する esforzarse.
と(採)る adoptar, tomar.
と(撮)る sacar, tomar.
と(取)る cobrar, sacar, tomar; 取り入れる cosechar, introducir; 取り替え cambio; 取り決める ajustar, arreglar, negociar; 取り消す anular, cancelar; 取り壊す derribar; 取り去る quitar, retirar, sacar; 取り出す sacar; 取り付ける instalar; 取りに行かせる mandar; 取り逃がす perder; 取り除く quitar.
ドル dólar.
トルコ Turquía; ～語 turco; ～人 / ～の turco [ca].
どれ cuál.
どれい(奴隷) esclavo [va].
トレーナー entrenador [dora].
トレド Toledo; ～の toledano.
どろ(泥) barro.
どろぼう(泥棒) ladrón [drona].
トン tonelada.
どんな… qué ….
トンネル túnel.

な

ない carecer, no haber, no tener; …のない sin ….
ないのをさびしく思う echar de menos.
ナイフ cuchillo.
ないぶ(内部) interior, seno; ～の interior, interno.
ないよう(内容) consistencia, contenido, materia.
なおいっそう aún, todavía.
なお(直)す corregir, enmendar, mejorar, reparar, arreglar; 直る arreglarse, corregirse.
なお(治)る curarse.
なか(中) interior.
なが(長)い largo; 長くする alargar; 長くなる alargarse; 長さ duración, largo, longitud.
ながぐつ(長靴) bota.
なかなか bastante.
なか(中)に adentro, dentro; …の中で entre; …の中へ adentro; …の中に en.
なかにわ(中庭) patio.
ながび(長引)く prolongarse.
なかま(仲間) camarada, compañero[ra], socio [cia].
なかみ(中味) contenido; ～が詰まった denso; ～のない hueco; ～を入れる cargar.
なが(眺)める contemplar.
ながも(長持)ちする durar.
なが(流)れ curso, paso; ～出る brotar; ～ている corriente; ～る correr, transcurrir.
な(泣)く llorar; ～こと llanto.
なぐさ(慰)め consuelo; ～る consolar.
なくす perder.
な(失)くなる acabarse, perderse.
な(亡)くなる fallecer.
なぐ(殴)る golpear.
なげ(嘆)く lamentar, lamentarse.
なげ(投)る arrojar, echar, lanzar, tirar.
…なしで sin.
ナス(茄子) berenjena.
なぜ cómo, por qué.
なぜならば porque, pues, puesto que.
なぞ(謎) enigma, misterio.
なつ(夏) verano.
な(名)づける bautizar, titular, tildar.
なっとく(納得) convencimiento; ～させる convencer;

～する convencerse.
…など(等) etcétera.
なな(7) siete; 70 setenta; 700 setecientos; 7番目の séptimo; 7分の1 un séptimo.
なな(斜)めの oblicuo.
なに(何) cuál, qué.
なに(何)か algo; ～の alguno.
なに(何)も nada.
なのか(7日) el día siete.
…なので como ….
なべ(鍋) cacerola, cazuela, olla.
なまえ(名前) nombre.
なま(怠)ける holgazanear.
なま(生)の crudo.
なま(訛)り acento, dejo.
なみ(波) ola, onda.
なみだ(涙) lágrima.
なめる lamer.
なや(悩)ます afligir, atormentar, molestar; 悩む sufrir, padecer.
なら(習)う aprender.
な(馴)らす domesticar, domar.
な(鳴)らす sonar, tocar; 鳴る sonar.
なら(並)ぶ alinearse, formarse, ponerse en fila; 並べる alinear, ordenar.
(…に)なる hacerse, ponerse, resultar, salir, volverse.
なるべく… lo … posible.
なるほど efectivamente, en efecto.
な(慣)れた acostumbrado; 慣れる acostumbrarse.
なんせい(南西) sudoeste.
なんとう(南東) sudeste.
なんだって! ¡Cómo!
なん(何)でもないこと nada.
なん(何)とかやってい(行)く arreglárselas.
なん(何)の qué ….
なん(何)の…もない nada, ninguno.
ナンバープレート placa, número del coche.

に

…に a …, en …, hacia …, para …, por ….
に(2) dos; 20 veinte; 21 veintiuno; 22 veintidós; 23 veintitrés; 24 veinticuatro; 25 veinticinco; 26 veintiséis; 27 veintisiete; 28 veintiocho; 29 veintinueve; 200 doscientos; 2倍にする doblar, duplicar; 2倍の doble; 2番目の segundo; 2分の1 mitad.
にい(兄)さん hermano (mayor).
にあ(似合)う sentar, favorecer, sentar bien, venir bien.
にお(臭)い olor; におう oler.
にが(苦)い amargo; にがみ amargura.
にがつ(2月) febrero.
ニカラグア Nicaragua; ～人 / ～の nicaragüense.
にきび grano, espinilla.
にぎ(賑)やかな alegre, animado; にぎやかにする animar.
にぎ(握)りしめる apretar.
にぎ(賑)わい animación.
にく(肉) carne; ～屋 carnicería.
にく(憎)む aborrecer, odiar; 憎しみ odio.
に(逃)げる escapar, escaparse, fugarse, huir.
にご(濁)った turbio.
にこにこした sonriente.
にこ(煮込)む guisar.
にし(西) oeste, poniente; ～の occidental.
にじてき(二次的)な secundario.
…にしては para …, siendo ….
にじゅう(二重) / ～の doble; ～にする duplicar; ～になる duplicarse.
にせ(偽)の falso; 偽物 falsificación, imitación.
に(似)せる imitar.
に(似)た parecido, semejante.
にちようび(日曜日) domingo.
にっき(日記) diario.
にづく(荷造)りをする empaquetar.
にっこう(日光) luz, sol, rayo.
に(似)ている parecerse.
にほん(日本) Japón; ～語 japonés; ～人 / ～の japonés[nesa].
にもつ(荷物) equipaje.
ニュアンス matiz.
にゅうかい(入会) ingreso.
にゅうがく(入学) ingreso; ～する ingresar.
にゅうじょう(入場) admisión; ～券 entrada.
ニュース noticia.
に(煮)る cocer.
にわ(庭) jardín.
ニワトリ(鶏) gallo.
に(荷)をお(降)ろす descargar.
にんい(任意)の arbitrario.
にんき(人気) popularidad; ～のある favorito, popular.
にんぎょう(人形) muñeca.
にんげん(人間) hombre; ～性 humanidad; ～的な humano.
にんしょう(人称) persona (gramatical).
にんじょう(人情)のある humanitario.
ニンジン(人参) zanahoria.
にんたい(忍耐) paciencia.
にんてい(認定)する autorizar, comprobar, reconocer.
ニンニク ajo.
にんめい(任命)する nombrar, designar.

ぬ

ぬ(縫)う coser.
ぬ(抜)かす omitir, saltarse.
ぬ(抜)く (引き抜く) arrancar, (追い越す) adelantarse.
ぬ(脱)ぐ quitarse; 脱がせる quitar.
ぬけめ(抜け目)なさ listo, sagaz, astucia; 抜け目のない astuto.
ぬす(盗)む hurtar, robar; 盗み hurto, robo.
ぬ(濡)らす mojar; 濡れる mojarse; 濡れた mojado.
ぬ(塗)る pintar, untar.

ね

ね(根) raíz; ～を下ろす arraigar(se).
ね? ¿Eh?, ¿No?, ¿Verdad?
ねう(値打)ちがある merecer, valer.

ねえ(姉)さん hermana (mayor).
ねが(願)う desear; 願い afán, deseo, gana.
ね(寝)かせる acostar, dormir.
ネクタイ corbata.
ネコ(猫) gato.
ねじ tornillo.
ねじる torcer.
ネズミ(鼠) rata, ratón.
ねずみいろ(色) gris.
ねだん(値段) precio.
ねつ(熱) calor; fiebre.
ねつい(熱意) afán, entusiasmo.
ね(根)づく prender, arraigar(se).
ネックレス collar.
ねっしん(熱心) fervor; ～な asiduo, afanoso, vehemente, apacionado.
ねったい(熱帯)の tropical.
ねつびょう(熱病) fiebre.
ネパール Nepal; ～語 nepalés; ～人 / ～の nepalés[lesa].
ねび(値引)き descuento.
ねむ(眠)る dormitar, dormir; 眠い tener sueño; 眠気 / 眠り sueño; 眠り込む dormirse.
ねらう apuntar, aspirar, pretender.
ね(寝)る acostarse, dormir.
ねんかん(年刊)の anual.
ねんきん(年金) pensión.
ねんど(粘土) arcilla.
ねんりょう(燃料) combustible.
ねんれい(年齢) edad.

の

の(野) campo.
…の de ….
のう(脳) cerebro, seso.
のうぎょう(農業) agricultura; ～の agrícola.
のうじょう(農場) finca, granja, hacienda, rancho, estancia.
のうふ(農夫) campesino[na], agricultor[tora], labrador[dora]; ～の campesino.
のうりつ(能率) eficacia.
のうりょく(能力) talento, eficacia, facultad, capacidad, aptitud; ～がある capaz; ～のある competente.
ノート cuaderno, libreta.
のこぎり(鋸) sierra.
のこ(残)す dejar; 残り resto; 残る faltar, quedar, quedarse.
の(載)せる poner, traer; 乗せる montar, subir, llevar.
のぞ(覗)く atisbar, asomarse.
のぞ(除)く eliminar, excluir, quitar, salvar; …を除いて excepto …, menos …, salvo ….
のぞ(望)む desear, esperar, querer; 望み deseo, esperanza, anhelo.
のど(喉) garganta; ～が渇いた sediento; ～の渇き sed.
ののしる insultar, vituperar.
の(延)ばす diferir, dilatar, extender, prolongar.
の(伸)ばす alargar, desarrollar, estirar, extender; 伸びる prolongarse.
の(述)べる decir, explicar, describir.
のぼ(登)る subir, trepar; ～こと / 登り坂 cuesta.
ノミ(蚤) pulga.
の(飲)む beber, tomar; 飲み込む tragar(se) / 飲み物 bebida.
のり(糊) engrudo.
のりか(乗り換)え cambio, transbordo; 乗り換える transbordar.
のりこ(乗り越)える vencer, superar, salvar.
のりつ(乗り継)ぎ conexión.
のりもの(乗り物) vehículo.
の(乗)る coger, montar, subir, tomar; 乗り遅れる perder; (…に)乗って en.
ノルウェー Noruega; ～語 noruego; ～人 / ～の noruego[ga].

は

は(歯) diente.
は(刃) cuchilla, hoja, filo.
は(葉) hoja.
ば(場) campo, escena, lugar.
バー bar, cantina.
ばあい(場合) caso; ～による según.
はあく(把握)する captar, comprender.
パーティー fiesta.
ハードディスク disco duro.
パーマネント permanente.
ハーモニー armonía.
はい sí.
はい(灰) ceniza; ～皿 cenicero.
はい(肺) pulmón.
…ばい(倍) vez, veces.
パイ tarta.
バイオリン violín.
はいたつ(配達) reparto, entrega; ～する distribuir.
はいち(配置) colocación; ～する acomodar, colocar, distribuir, situar; ～につける poner a disposición; ～を変える trasladar.
ハイチ Haití; ～人 / ～の haitiano[na].
はい(入)っている estar (dentro).
ばいてん(売店) puesto, quiosco.
パイナップル piña.
パイプ pipa.
はいぼく(敗北) derrota.
はいゆう(俳優) actor.
はい(入)る caber, entrar, ingresar, introducirse, meterse; ～こと entrada, ingreso.
はいれつ(配列) disposición; ～する disponer.
パイロット piloto.
ハエ(蝿) mosca.
は(生)える crecer.
はか(墓) tumba, sepulcro.
ばか(馬鹿) idiota, tonto[ta]; ～げた absurdo, ridículo; ～げたこと disparate, barbaridad, absurdo; ～な estúpido, necio, tonto; ～にする burlarse.
はかい(破壊) destrucción; ～される destruirse; ～する destruir, arruinar, destrozar.
はがき(葉書) tarjeta postal.
はがす arrancar, despegar; はがれる despegarse.
はか(測)る medir.
はきけ(吐き気) mareo, náusea.
パキスタン Pakistán; ～人 / ～の pakistaní.

は(掃)く barrer.
は(吐)く arrojar, devolver, vomitar.
はくし(博士) doctor [tora].
はくしゃく(伯爵) conde; 女~ / ~夫人 condesa.
はくしゅ(拍手) aplauso, palmas; ~喝采する aplaudir.
ばくだん(爆弾) bomba.
ハクチョウ(白鳥) cisne.
ばくはつ(爆発) explosión; ~する estallar, explotar.
はくぶつかん(博物館) museo.
はくらんかい(博覧会) feria.
はげ(激)しい agitado, duro, fuerte, intenso, violento; ~驚き asombro; ~怒り furia, rabia; 激しさ violencia.
はげた calvo.
バケツ cubo, balde.
はげ(励)ます animar, estimular.
はけん(派遣) envío; ~する despachar.
はこ(箱) caja.
はこ(運)ぶ llevar, traer, transportar.
はさみ tijeras.
はさん(破産) bancarrota, quiebra; ~する arruinarse; ~させる arruinar.
はし(橋) puente.
はし(端) cabo, fin; ~の extremo.
はじ(恥) rubor, vergüenza; 恥ずべき vergonzoso; ~をかかせる avergonzar, humillar; ~知らず desvergüenza.
はじ(始)まる comenzar, empezar, iniciarse; 始まり comienzo, entrada.
はじ(初)め comienzo, principio; ~に en primer lugar, primero; ~の inicial.
はじめまして Encantado [da], Mucho gusto.
はじ(始)める comenzar, entablar, iniciar.
パジャマ pijama.
ばしょ(場所) local, lugar, parte, sitio.
はしら(柱) columna, pilar.
はし(走)る correr; ~こと carrera.
は(恥)じる avergonzarse.
バス autobús.
は(恥)ずかしい vergonzoso.
バスクの vasco.
バスケットボール baloncesto.
はず(外)す desatarse, descolgar.
パスタ pasta.
パスポート pasaporte.
パソコン ordenador, computadora.
はた(旗) bandera.
バター mantequilla.
はだか(裸); ~の desnudo; ~にする desnudar; ~になる desnudarse.
はたけ(畑) campo, huerta.
は(果)たさない faltar, no cumplir.
はたら(働)く trabajar.
はち(8) ocho; 80 ochenta; 800 ochocientos; 8番目の octavo; 8分の1 un octavo.
はちがつ(8月) agosto.
はちみつ(蜂蜜) miel.
はつおん(発音) pronunciación; ~する pronunciar.
はっきりと claramente.
はっきりとした claro, evidente.
ばっきん(罰金) multa.
はっけん(発見) descubrimiento, encuentro, hallazgo; ~される descubrirse; ~する descubrir, encontrar.
はっこう(発行) emisión, publicación, edición; ~する emitir, publicar, editar.
はっしゃ(発車)する arrancar, salir, partir.
ばっ(罰)する castigar.
はったつ(発達) desarrollo; ~させる desarrollar; ~する desarrollarse.
はってん(発展) avance, desarrollo, progreso; ~させる desarrollar, expandir; ~した desarrollado.
はっぴょう(発表) anuncio, presentación.
はつめい(発明) invento; ~者 inventor[tora]; ~する inventar.
はで(派手)な llamativo, vistoso.
ハト(鳩) paloma.
はな(鼻) nariz.
はな(花) flor; ~が咲く florecer; ~束 ramo.
はな(離)す aislar, apartar, separar; 離れる aislarse, apartarse, separarse.
はな(話)す hablar, conversar; ~こと habla; 話し合う hablarse, conversar; 話しかける dirigirse; ~こと mención.
はな(放)つ desatar, soltar.
バナナ banana, plátano.
パナマ Panamá; ~人 / ~の panameño[ña].
はなむこ(花婿) novio.
はな(離)れて aparte; 離れている(形) ausente; 離れている(動) distar.
は(跳)ねる saltar, salpicar.
パノラマ panorama.
はは(母) madre; ~の materno.
はば(幅) ancho, anchura; ~が狭い estrecho.
パパ papá.
ハバナ La Habana.
はま(浜) playa.
はまき(葉巻)タバコ cigarro, puro, habano.
ハム jamón.
はめつ(破滅) perdición, ruina; ~させる arruinar; ~する arruinarse.
はや(早)い pronto, temprano; 早く temprano.
はや(速)い rápido, veloz.
はやお(早起)きする madrugar.
はや(速)く aprisa, pronto, rápidamente.
はやし(林) arboleda, bosque.
はや(早)める adelantar.
はや(速)める acelerar, apresurar.
はら(腹) vientre; ~いっぱいの harto, lleno.
バラ(薔薇) rosa.
はら(払)う pagar.
パラグアイ Paraguay; ~人 / ~の paraguayo[ya].
ハラスメント acoso.
ばらまく esparcir.
はり(針) aguja.
パリ París.
はる(春) primavera.
は(貼)る fijar, pegar.
バルコニー balcón.

バルセロナ Barcelona.
は(晴)れ buen tiempo; 〜る despejarse.
バレエ ballet.
バレーボール voleibol.
は(晴)れた despejado, descubierto.
パレット paleta.
バロック barroco.
ばん(番) turno; 〜である tocar (el turno).
ばん(晩) noche.
パン pan.
はんい(範囲) área, alcance, dimensión; 〜外で fuera.
はんえい(繁栄) prosperidad; 〜させる hacer prosperar; 〜している próspero; 〜する prosperar.
はんが(版画) estampa.
ハンカチ pañuelo.
ハンガリー Hungría; 〜語 húngaro; 〜人 / 〜の húngaro[ra].
はんかん(反感) antipatía, asco.
はんきょう(反響) eco.
ばんぐみ(番組) programa.
はんけい(半径) radio (distancia).
ばんごう(番号) número.
はんざい(犯罪) delito, crimen; 〜者 criminal, delincuente; 〜の criminal, culpable, delincuente.
ばんざい!(万歳) ¡Arriba!, ¡Bravo!, ¡Viva!
ハンサムな guapo.
パンジー pensamiento.
(…に)はん(反)して contra ….
はんたい(反対) contradicción, oposición; 〜する oponerse; 〜の contrario, opuesto.
はんだん(判断) / 〜力 juicio, sensatez; 〜する juzgar.
はんとう(半島) península; 〜の peninsular.
ハンドバッグ bolso (de señora).
ハンドル volante, manubrio.
はんにん(犯人) autor [tora], culpable, delincuente.
はんのう(反応) reacción; 〜する responder, reaccionar.
はんばい(販売) venta; 〜する vender.
パンフレット folleto.
はんぶん(半分) medio, mitad; 〜の medio.
ハンモック hamaca.
はんらん(反乱) insurrección, rebelión; 〜を起こす rebelarse.

ひ

ひ(日) día.
ひ(火) fuego; 〜がつく encenderse; 〜花 chispa; 〜をつける encender.
ピアニスト pianista.
ピアノ piano.
ピーナツ cacahuete.
ピーマン pimiento.
ビール cerveza.
ひ(冷)える enfriarse.
ひがい(被害) daño, perjuicio.
ひかく(比較) comparación; 〜する comparar.
ひがし(東) este, oriente; 〜の este, oriental.
ひかり(光) brillo, luz; 〜を発する luminoso; 〜をあてる enfocar.
ひか(光)る brillar, lucir.
ひかんしゅぎ(悲観主義) pesimismo.
ひきう(引き受)ける aceptar, asumir, encargarse.
ひきだ(引き出)し cajón.
ひきだ(引き出)す sacar.
ひ(引)きつける atraer.
ひきと(引き留)める detener.
ひきの(引き伸)ばす ampliar, extender.
ひきょう(卑怯)な cobarde.
ひ(引)く arrastrar, atraerse, sacar, tirar.
ひ(挽)く moler, triturar.
ひ(弾)く tocar, tañer.
ひく(低)い bajo.
ひげ(髭) barba, bigote; 〜をそる afeitarse.
ひげき(悲劇) / 〜的事件 tragedia; 〜の trágico.
ひこうき(飛行機) avión.
ひこうじょう(飛行場) aeródromo, aeropuerto.
ひざ(膝) rodilla.
ビザ visa.
ひじ(肘) codo; 〜掛け brazo (de sillón); 〜掛け椅子 butaca.
びじゅつ(美術) arte; 〜館 museo (de arte); 〜造形の plástico.
ひしょ(秘書) secretario [ria].
ひじょう(非常)な mucho, grande, increíble; 非常に muy, muchísimo; 非常に大きい enorme, vasto.
ビスケット galleta.
ピストル pistola.
ひそ(秘)かな secreto.
ひたい(額) frente.
ビタミン vitamina.
ひだり(左) / 〜手 izquierda; 〜利き zurdo[da]; 〜の izquierdo.
びっくり; 〜する asustarse, sorprenderse; 〜させる asombrar, asustar, sorprender.
ひっくりかえ(返)す revolver, volcar, volver; ひっくり返る volcarse.
ひづけ(日付) fecha.
ひっこ(引っ越)しする mudarse.
ひっこ(引っ込)める retirar.
ヒツジ(羊) oveja; 〜飼い pastor.
ひっし(必死)の desesperado; 〜努力 esfuerzo desesperado.
ひつぜん(必然) necesidad; 〜的 necesario, inevitable; 〜的に necesariamente, inevitablemente.
ひっぱ(引っ張)る estirar, tirar, jalar.
ひつよう(必要) menester, necesidad, precisión; 〜条件 requisito; 〜がある necesitar; 〜である necesitar, precisar, hacer falta; 〜な necesario, preciso; 〜な物 lo necesario.
ひてい(否定) negación; 〜する contradecir, desconocer, negar; 〜の negativo.
ビデオ vídeo.
ひでんか(妃殿下) princesa.
ひと(人) gente, hombre, persona, alma, humanidad, uno; 〜たち gente.
ひどい brutal, horrible, malo, terrible; ひどく atrozmente.
ひとがら(人柄) carácter,

personalidad, índole.
ひとくち(一口) trago, bocado.
ひとくみ(一組) par, serie, juego.
ひと(等)しい igualarse, equivaler, ser idéntico; ～こと igualdad; 等しくない desigual.
ひと(一)つ uno; ～にする unir; ～の un, una.
ひとつぶ(一粒) grano.
ひとり(一人)で solo.
ひなん(避難) refugio; ～所 albergue, refugio; ～する refugiarse, abrigarse, acogerse, cobijarse.
ひなん(非難) censura, reproche; ～する acusar, condenar, denunciar, criticar, reprochar, reprobar.
ひにく(皮肉) ironía; ～な irónico; ～な言動 ironía.
び(美)の estético.
ひはん(批判) crítica; ～する criticar.
ひひょう(批評) crítica; ～家 crítico[ca]; ～する criticar; ～の crítico.
ひふ(皮膚) piel.
ひま(暇) ocio, tiempo; ～つぶしをする distraerse.
ひみつ(秘密) secreto; ～にする encubrir, ocultar; ～の secreto.
びみょう(微妙)な delicado, sutil.
ひ(秘)める esconder, ocultar.
ひも cordón, cordel, cuerda.
ひゃく(100, 百) ciento; ～分率 porcentaje; 100 万 un millón.
ひ(冷)やす enfriar.
ひゃっかじてん(百科事典) enciclopedia.
ひよう(費用) gasto, costa, costo, coste.
ひょう(表) lista, tabla.
ひょう(票) voto.
びよう(美容) belleza; ～師 peluquero[ra]; ～の estético.
びょう(秒) segundo.
びょういん(病院) hospital.
ひょうか(評価) aprecio, evaluación, opinión; ～される calificarse, estimarse; ～する apreciar, valorar, evaluar.
びょうき(病気) mal, enfermedad; ～が治る aliviarse, curarse; ～になる enfermar; ～の enfermo, malo.
ひょうげん(表現) expresión; ～力のある expresivo; ～されたもの representación; ～する expresar, representar; ～に富む expresivo.
ひょうし(表紙) cubierta (de libro), portada.
ひょうしき(標識) señal.
ひょうじ(表示)する indicar, marcar.
びょうじゃく(病弱)の débil.
ひょうじゅん(標準) criterio, norma; ～の normal.
ひょうじょう(表情) expresión.
ひょうだい(表題) título.
びょうどう(平等) igualdad; ～な igual; ～にする igualar.
びょうにん(病人) enfermo[ma].
ひょうばん(評判) renombre, fama, reputación; ～を得る adquirir fama.
ひょうめい(表明) manifestación; ～する manifestar, exponer.
ひょうめん(表面) cara, exterior, superficie; ～に出ない invisible.
ひら(開)く abrir; 開かれる abrirse.
ピラミッド pirámide.
ひる(昼) día, mediodía.
ひるね(昼寝) siesta.
ヒレにく(肉) filete.
ひろ(広)い amplio, ancho; 広がり extensión, superficie, amplitud, ancho; 広がる expandirse, ensancharse, extenderse, propagarse; 広くする ensanchar; 広げる expandir, extender; 広々とした abierto, despejado; 広める difundir, divulgar, circular.
ひろ(拾)う recoger.
ひろう(疲労) cansancio; ～する cansarse.
ひろば(広場) plaza, zócalo.
びん(瓶) botella.
ピン alfiler.
びんぼう(貧乏) pobreza, miseria; ～な menesteroso, pobre.

ふ

ぶ(部) sección, parte.
ぶあいそう(無愛想)な amargo, soso, insociable.
ふあん(不安) angustia, ansiedad, inquietud, miedo; ～な inquieto.
ファン aficionado[da].
ふい(不意)に inesperadamente; ～襲う acometer, sorprender; 不意の imprevisto, repentino.
フィリピン Filipinas; ～人 / ～の filipino[na].
フィルター filtro.
フィルム película, rollo.
フィンランド Finlandia; ～語 finlandés; ～人 / ～の finlandés[desa].
ふうしゃ(風車) molino (de viento).
ふうしゅう(風習) costumbre, usanza.
ふうせん(風船) globo.
ふうふ(夫婦) matrimonio.
ブーム auge.
プール piscina, alberca.
ふうん(不運) mala suerte, desgracia; ～な desgraciado.
ブエノスアイレス Buenos Aires.
ふ(増)える aumentar, crecer, multiplicar.
プエルトリコ Puerto Rico; ～人 / ～の puertorriqueño[ña].
フォーク tenedor.
ふか(深)い hondo, profundo; ～こと hondura; 深く profundamente; 深さ fondo, profundidad.
ふかい(不快) desagrado, disgusto; ～な desagradable, feo, molesto; ～な感じを与える incomodar.
ふかのう(不可能) imposibilidad; ～な imposible.
ふかんぜん(不完全)な imperfecto.
ぶき(武器) arma.
ふきか(吹き替)えをする doblar (la voz).
ふきげん(不機嫌)な de mal humor, disgustado; 不機嫌にする disgustar.
ふきそく(不規則)な

irregular.
ふきゅう(普及) difusión; ～させる difundir, propagar, generalizar.
ふ(拭)く secar.
ふ(吹)く correr, soplar.
ふく(服) vestido, traje; ～を着る vestirse.
ふくいん(福音) evangelio.
ふくごう(複合)の múltiple.
ふくざつ(複雑); ～さ complicación, complejidad; ～な complejo, complicado; ～にする complicar; ～になる complicarse.
ふくし(副詞) adverbio.
ふくしゃ(複写)する duplicar, copiar.
ふくしゅう(復習) repaso; ～する repasar.
ふくしゅう(復讐) venganza; ～する vengarse.
ふくすう(複数) plural.
ふくそう(服装) ropa, traje, vestido.
ふく(含)む abarcar, comprender, contener, incluir; 含まれる incluirse; 含まれた incluido.
ふく(膨)れる hincharse; 膨らませる hinchar.
ふくろ(袋) bolsa, saco.
ふ(老)けさせる envejecer.
ふこう(不幸) desdicha; ～な / ～な人 infeliz; ～にも por desgracia.
ふこうへい(不公平)な injusto, parcial.
ふごうり(不合理)な irracional.
ぶじ(無事)に sano y salvo, sin novedad.
ふしぎ(不思議) / ～だ es extraño; ～な enigmático, extraño, misterioso, raro; ～に思う admirarse, extrañarse.
ふじゅうぶん(不十分)な insuficiente.
ふじゅん(不純)な inmoral.
ふしょう(負傷) herida.
ぶじょく(侮辱) insulto, ofensa; ～する insultar, ofender.
ふじん(夫人) señora.
ふじん(婦人) señora, dama.
ふせいかく(不正確)な incorrecto, inexacto.
ふせい(不正)に ilegalmente, injustamente.
ふせ(防)ぐ prevenir.
ぶそう(武装)する armar; armarse.
ふそく(不足) falta, carencia, deficiencia, escasez; ～した escaso; ～している carecer, faltar.
ぶぞく(部族) tribu.
ふぞくひん(付属品) accesorio.
ふぞろ(不揃)いの desigual, irregular.
ふた(蓋) tapa.
ブタ(豚) cerdo, cochino, puerco.
ぶたい(舞台) escenario.
ぶたい(部隊) tropa.
ふたご(双子) gemelo[la].
ふたた(再)び de nuevo.
ふた(二)つ dos.
ふたり(二人) dos personas, los dos; ～一組 par, pareja.
ふたん(負担) carga; ～をかける cargar.
ふだん(普段) de ordinario, normalmente.
ふちゅうい(不注意) descuido, inadvertencia.
ぶつ pegar, golpear.
ふつう(普通)の común, corriente, normal, ordinario.
ふつか(2日) el día dos.
ぶつかる enfrentar, tropezarse, chocar, dar; ～こと choque.
ぶっきょう(仏教) budismo; ～徒 / ～の budista.
ぶつける arrojar, pegar, tirar, dar contra.
ふつごう(不都合)な inconveniente.
ぶっしつ(物質) materia, substancia; ～の material.
ぶつだ(仏陀) Buda.
ぶつりがく(物理学) física; ～者 físico[ca]; ～の físico.
ふてきとう(不適当)な inadecuado, impropio.
ふと(太)い grueso.
ブドウ(葡萄) uva; ～の木 vid; ～畑 viña.
ぶどうしゅ(酒) vino.
ふどうとく(不道徳)な inmoral.
ふとうめい(不透明)な opaco.
ふと(太)った gordo; 太る engordar.
ふと(太)もも muslo.
ふとん colchón.
ふね(船) barco, buque, nave; ～に酔う marearse; ～の naval.
ぶひん(部品) pieza, partes, repuesto.
ぶぶん(部分) parte, porción, segmento, trozo.
ふへい(不平) queja; ～を言う murmurar, quejarse.
ふへんてき(普遍的)な universal.
ふべん(不便)な inconveniente.
ふへん(不変)の constante, invariable.
ふほう(不法) ilegalidad, injusticia; ～な ilegal.
ふほんい(不本意)の involuntario.
ふまん(不満) descontento; ～のある descontento.
ふ(踏)む pisar.
ふもと(麓) falda.
ぶもん(部門) sección.
ふ(増)やす aumentar, multiplicar.
ふゆ(冬) invierno.
ふよう(扶養) mantenimiento; ～する mantener.
ぶよう(舞踊) baile, danza.
フライ frito.
ブラウス blusa.
ブラシ cepillo.
ブラジル Brasil; ～人 / ～の brasileño[ña].
プラスチック / ～の plástico.
プラットホーム andén.
ブラボー! ¡Bravo!
フラメンコ flamenco.
フランス Francia; ～語 francés; ～人 / ～の francés[cesa].
ふりをする fingir.
ふ(振)る agitar, sacudir.
ふ(降)る; 雨が～ llover; 雪が～ nevar.
ふる(古)い antiguo, viejo; 古くなった anticuado; 古さ antigüedad.
ぶるい(部類) clase.
ふる(震)える estremecerse, temblar.
ブルジョアの burgués.
ふるま(振る舞)い comportamiento; ふるまう comportarse, portarse.
ふる(震)わせる

estremecer.
ぶれい(無礼)な descortés, insolente.
プレー juego.
ブレーキ freno.
ふ(触)れる tocar.
ふろ(風呂) baño.
プログラム programa.
プロテスタント / ～の protestante.
プロローグ prólogo.
ブロンズ bronce.
ふん(分) minuto; …分前 menos ….
ぶん(文) oración.
ふんいき(雰囲気) ambiente, atmósfera.
ぶんか(文化) cultura; ～の cultural.
ぶんかい(分解)する descomponer, analizar; 分解される descomponerse.
ぶんがく(文学) letras, literatura; ～の literario.
ぶんかつ(分割)する dividir, partir.
ぶんしょ(文書) acta, documento, escrito.
ぶんしょう(文章) frase, texto.
ふんすい(噴水) fuente.
ぶんせき(分析) análisis; ～する analizar.
ぶんたい(文体) estilo.
ぶんつう(文通) correspondencia; ～する escribirse.
ぶんぱい(分配) distribución; ～する distribuir, partir, repartir.
ぶんぽう(文法) gramática; ～の gramatical.
ぶんぼうぐてん(文房具店) papelería.
ふんまつ(粉末) polvo.
ぶんみゃく(文脈) contexto.
ぶんめい(文明) civilización.
ぶんや(分野) ámbito, campo, ramo, sector.
ぶんるい(分類) clasificación; ～する clasificar.

へ

…へ para …, sobre ….
へい(塀) muro, pared, tapia.
へいきん(平均) promedio, media.
へいこう(平行)の paralelo.
へいさ(閉鎖) cierre, clausura; ～する cerrar, clausurar.
へいし(兵士) soldado.
へいせい(平静) calma.
へいたん(平坦)さ igualdad.
へいち(平地) llanura.
へいてん(閉店)する cerrar.
へいぼん(平凡)な mediocre.
へいわ(平和) paz; ～な pacífico.
ページ página.
ベール velo.
へこんだ hundido.
へだ(隔)たり distancia.
へた(下手)な inexperto, inhábil, pobre, torpe.
ぺちゃくちゃしゃべる charlar mucho, parlotear.
べっそう(別荘) villa, chalé.
ベッド cama.
べつ(別)の diferente, distinto, otro; ～にして aparte; ～にする apartar.
ベトナム Vietnam; ～語 / ～人 / ～の vietnamita.
ベネズエラ Venezuela; ～人 / ～の venezolano [na].
ヘビ(蛇) serpiente.
ヘブライご(語) / ～の hebreo.
へや(部屋) cámara, cuarto, habitación, sala.
ベランダ terraza.
ヘリコプター helicóptero.
へ(減)る / 減らす disminuir.
ベル timbre.
ペルー Perú; ～人 / ～の peruano[na].
ベルギー Bélgica; ～人 / ～の belga.
ベルト cinturón.
ヘルメット casco.
ベルリン Berlín.
ペン pluma.
へんか(変化) cambio; ～をつける variar.
ペンキ pintura; ～屋 pintor[tora]; ～を塗る pintar.
べんきょう(勉強) estudio; ～する estudiar, trabajar.
べんご(弁護)する defender; 弁護士 abogado[da].
べんじょ(便所) baño, servicio.
へんじ(返事)を書く contestar por escrito.
ベンチ banco.
へん(変)な extraño, raro.
べんり(便利)な cómodo, conveniente; 便利さ comodidad.

ほ

ぼいん(母音) vocal.
ほう(法) código, derecho, ley.
(…の)ほう(方)へ a …, hacia ….
ぼう(棒) barra, palo.
ぼうえんきょう(望遠鏡) telescopio.
ほうがく(法学) derecho, leyes.
(…の)ほうがよいと思う escoger.
ほうき(放棄) abandono; ～する abandonar, renunciar.
ぼうぎょ(防御) / ～物 defensa.
ぼうけん(冒険) aventura.
ほうこう(方向) dirección, rumbo; ～づけ orientación; ～を変える torcer, cambiar de rumbo.
ほうこく(報告) informe, relato; ～する informar.
ぼうし(帽子) gorra, gorro, sombrero; ～をかぶった cubierto; ～をとる descubrirse.
ほうしき(方式) fórmula, método, sistema.
ほうせき(宝石) joya.
ほうそう(放送) difusión, emisión; ～局 emisora; ～する emitir.
ほう(放)っておく dejar, desentenderse de.
ほうふ(豊富) abundancia, riqueza; ～な abundante, rico; ～にある abundar.
ほうほう(方法) manera, método, medio, modo, recurso.
ほうぼう(方々)で por varias partes.
ほうめん(方面) lado.
ほうもん(訪問) / ～客 visita; ～者 visitante; ～する visitar.

ほうりつ(法律) derecho, ley; ～の jurídico, legal.
ぼうりょく(暴力) violencia.
ほうろうしゃ(放浪者) vagabundo[da], vago [ga].
(…の)ほうを好む preferir ….
ほ(吠)える ladrar; 吠え声 ladrido.
ほお(頬) mejilla.
ボーイ camarero.
ボート bote.
ポーランド Polonia; ～語 polaco; ～人 / ～の polaco[ca].
ホール salón.
ボール balón, bola, pelota.
ボールペン bolígrafo.
ほか(他)に además, aparte; 他の otro, demás.
ほかん(保管)する guardar.
ぼく(僕) yo.
ボクシング boxeo; ボクサー boxeador[dora].
ほくせい(北西) noroeste.
ぼくちくぎょう(牧畜業) ganadería.
ほくとう(北東) nordeste.
ポケット bolsillo.
ほけん(保険) seguro; ～をかける asegurar.
ほご(保護) amparo, conservación, protección; ～する amparar, cobijar.
ほこうしゃ(歩行者) peatón[tona].
ボゴタ Bogotá.
ほこり polvo.
ほこ(誇)り orgullo; ～となるもの gloria; ～に思う orgulloso.
ほし(星) estrella, planeta.
ほ(欲)しい desear, querer; 欲しがらせる apetecer.
ぼしゅう(募集)する buscar, recultar.
ほしゅてき(保守的)な conservador.
ほしょう(保証) garantía, seguridad; ～する asegurar, garantizar.
ほじょ(補助)の auxiliar.
ほ(干)す secar, tender.
ポスター cartel, letrero.
ほそ(細)い delgado; 細くする adelgazar; 細くなる adelgazar(se).
ほぞん(保存) conserva, conservación; ～する conservar.
ボタン botón.
ぼち(墓地) cementerio.
ほっ(欲)する desear, querer.
ホテル hotel.
ほどう(歩道) acera; 横断～ paso (para [de] peatones).
ほどく deshacer; ほどける desatarse, soltarse.
ほとんど casi.
ほね(骨) espina, hueso.
ほねぐみ(骨組) esqueleto.
ほのお(炎) llama.
ほのめかす aludir, insinuar, sugerir.
ほほえ(微笑)む sonreír.
ほ(褒)める alabar.
ほらあな(穴) cueva.
ボリビア Bolivia; ～人 / ～の boliviano[na].
ほりょ(捕虜) cautivo [va], prisionero[ra].
ほ(掘)る cavar.
ほ(彫)る grabar, tallar.
ポルトガル Portugal; ～語 portugués; ～人 / ～の portugués[guesa].
ほろ(滅)ぼす arruinar, destruir.
ほん(本) libro; ～屋 librería.
ぼん(盆) bandeja.
ほんしつ(本質) esencia; ～の esencial.
ホンジュラス Honduras; ～人 / ～の hondureño [ña].
ほんだな(本棚) estante, estantería, librero.
ぼんち(盆地) cuenca.
ポンチョ poncho.
ほんとう(本当)の real, verdadero; 本当に realmente, verdaderamente.
ほんのう(本能) instinto.
ほんのすこ(少)し un poquito.
ほんぶん(本文) texto.
ボンベ botella.
ほんもの(本物)の auténtico, original, legítimo; 本物でない falso.
ほんやく(翻訳) traducción, versión.
ぼんやりした confuso, turbio, vago.

ま

マーマレード mermelada.
まい(毎)… cada, todos; ～朝 todas las mañanas; ～週 todas las semanas; ～晩 todas las noches.
マイク micrófono.
まいつき(毎月)の mensual.
まいにち(毎日)の cotidiano, diario.
マイル milla.
まえ(前); ～で delante; ～に anteriormente, antes, atrás, delante; ～の anterior, antiguo; ～へ adelante; …の前に antes de …; …を前にして ante ….
まえばら(前払)い adelanto; ～する adelantar (un pago).
ま(負)かす batir, derrotar, rendir, superar, vencer.
まか(任)せる confiar, confiarse, dejar.
まが(曲)りかど(角) esquina.
ま(曲)がる doblar, girar, tomar, torcer, volver.
まきこ(巻き込)む complicar, liar, meter, mezclar; 巻き込まれる enredarse.
まぎ(紛)らす entretener, distraer, disimular.
ま(巻)く liar, enredar, girar.
まく(幕) telón; ～間 intermedio.
まくら(枕) almohada.
ま(負)ける perder.
ま(曲)げる doblar, plegar.
まご(孫) nieto[ta].
まさにその preciso, mero, mismo.
まさ(勝)る exceder, superar.
まじめな serio, sincero.
まじょ(魔女) bruja.
ま(混)じる mezclarse.
ま(増)す aumentar, crecer, ganarse.
ま(先)ず en primer lugar, primero.
まずい no rico, no sabroso.
まず(貧)しい / ～人 humilde, pobre.

ま(混)ぜる mezclar; ～こと mezcla; 混ざる mezclarse; 混ざり合った mixto.
また de nuevo, otra vez; ～…する volver a …(不定詞).
まだ aún, todavía.
または o, o bien.
まち(町) ciudad, pueblo, villa; ～の ciudadano; ～はずれ arrabales, suburbio, afueras.
まちが(間違)い error, equivocación, falta, desliz, fallo; 間違える confundirse, equivocarse.
ま(待)つ aguardar, esperar; ～こと espera.
マツ(松) pino; ～かさ piña.
まつげ(睫) pestaña.
まっすぐな derecho, recto; まっすぐに derecho, recto, seguido.
まったく absolutamente, completamente, totalmente; ～の perfecto, puro, sencillo.
マッチ cerilla, fósforo.
マットレス colchón.
まつ(祭)り feria, festival, fiesta.
…まで a …, hasta ….
マテちゃ(茶) mate.
まと(的) blanco; ～に当たる atinar.
まど(窓) ventana.
まとまり unidad.
まとめ resumen.
まとめる agrupar, juntar, reunir.
マドリード Madrid.
マナグア Managua.
まな(学)ぶ aprender.
まにあ(間に合)う llegar a tiempo.
まね(真似) imitación; ～る imitar.
マネージャー gerente.
まね(招)く convidar, invitar.
まひ(麻痺) parálisis; ～させる paralizar.
まぶた(瞼) párpado.
マフラー bufanda.
まほう(魔法) magia; ～の mágico.
ママ mamá.
まも(守)る respetar, amparar, defender, guardar, proteger.
まゆ(眉) ceja.
まよ(迷)う dudar, titubear, vacilar, perderse.
まよなか(真夜中) medianoche.
マラソン maratón.
まる(丸) círculo; ～い redondo.
まるごとの entero.
まれな raro, inusitado.
まわ(回)す / 回る girar, dar vuelta, voltear.
まわりに alrededor.
まん(万) diez mil.
まんいん(満員)の completo, lleno (de gente).
まんぞく(満足) satisfacción; ～させる contentar, convencer, satisfacer; ～した contento, satisfecho; ～する contentarse, satisfacerse; ～な satisfactorio.
まんなか(真ん中) centro, medio.

み

み(実) fruto.
み(身) cuerpo; ～を守る defenderse, guardarse, protegerse.
み(見)える aparecer, mostrar, parecer, presentarse, ver, verse.
みおく(見送)りにい(行)く ir a despedir.
みが(磨)く pulir, limpiarse.
み(見)かけ apariencia.
みかた(見方) manera de ver, punto de vista.
みかた(味方) partidario [ria]; ～した partidario; ～である apoyar.
ミカン(蜜柑) mandarina.
みぎ(右) derecho / ～手 derecha; ～の derecho.
みこ(見込)み probabilidad.
ミサ misa.
みさき(岬) cabo.
みじか(短)い breve, corto; 短さ brevedad.
みじめな desgraciado, miserable.
みず(水) agua; ～差し jarra, jarro; ～たまり charco.
みずうみ(湖) lago.
みずか(自)ら 副 personalmente, voluntariamente; 形 mismo.
みせ(店) comercio, tienda.
み(見)せかけの aparente, falso.
み(見)せる enseñar, indicar, mostrar, presentar.
…みたいだ parecer.
みだ(見出)し titular, título.
み(満)たす cumplir, llenar, reunir, satisfacer.
み(見)たところは aparentemente.
みち(道) camino, ruta; ～に迷う perderse; ～のり camino.
みちが(見違)える desconocer.
みちび(導)く conducir, guiar, llevar, orientar.
み(満)ちる crecer, llenar.
みっか(3日) el día tres.
み(見)つかる aparecer, descubrirse, encontrarse.
み(見)つける encontrar.
みっしゅう(密集)した denso.
みっ(三)つ tres.
ミツバチ(蜜蜂) abeja.
みつゆ(密輸) contrabando.
みと(認)める admitir, aprobar, reconocer.
みどり(緑) / ～の verde.
みな(皆) todos.
みなと(港) puerto.
みなみ(南) / ～の sur, mediodía.
みなみ(南)アメリカ Sudamérica; ～の sudamericano.
みにく(醜)い feo.
みは(見張)り guardia; 見張る vigilar.
みぶ(身振)り ademán, gesto.
みぶん(身分) clase, posición, rango.
みぼうじん(未亡人) viuda.
みほん(見本) ejemplar, ejemplo, muestra.
みま(見舞)い visita (a un enfermo); 見舞う visitar.
…みまん(未満)で menor que ….
みみ(耳) oído, oreja; ～が聞こえない sordo.
みゃく(脈) pulso.
みやげ(土産) recuerdo, regalo.

みょう(妙)な extraño, peculiar, peregrino.
みらい(未来) futuro, porvenir; ~の futuro.
ミリメートル milímetro.
みりょく(魅力) atracción, encanto, simpatía; ~的な atractivo, encantador, gracioso.
み(見)る fijarse, mirar, ver; ~こと mirada.
みわ(見分)ける distinguir; 見分けられる distinguirse.
みんしゅう(民衆) pueblo; ~の popular.
みんしゅしゅぎ(民主主義) democracia; ~の demócrata, democrático.
みんぞく(民俗) folclore.
みんぞく(民族) raza, pueblo, etnia.

む

む(無) cero, nada.
むいか(6日) el día seis.
むいしき(無意識)の inconsciente, involuntario.
む(向)いている abrirse, dar, mirar, prestarse.
む(向)かいに enfrente.
む(向)かう dirigirse, orientarse; (…に)向かって hacia ….
むか(迎)える recibir; 迎えに行く buscar, recoger.
むかし(昔); ~に antiguamente, antaño; ~なじみの viejo; ~に起こった antiguo; ~の pasado, antiguo, viejo; ~は antes.
むかんしん(無関心) indiferencia; ~な indiferente.
むぎ(麦) trigo.
む(向)く dirigirse, ser apto.
むく(報)いる corresponder, devolver, pagar.
む(向)ける apuntar, dirigir, volver, dedicar(se).
むげん(無限) infinidad; ~の infinito.
むこ(婿) yerno.
む(向)こう otro lado.
むこう(無効)の inválido, nulo.
むざい(無罪) inocencia; ~の inocente.
むし(虫) bicho, gusano, insecto.
むし(無視)する despreciar, ignorar, no tomar en cuenta.
むじゃき(無邪気)な ingenuo, cándido, inocente.
むじゅん(矛盾) contradicción; ~する contradecir.
むしろ antes, más bien.
むずか(難)しい difícil, duro; 難しさ dificultad.
むすこ(息子) hijo.
むす(結)ぶ atar, atarse, concertar, contraer, ligar, unir; 結び目 lazo, nudo.
むすめ(娘) hija.
むせきにん(無責任)な irresponsable.
むだ(無駄)な inútil, vano; ~に en vano; ~に使う desperdiciar, malgastar.
むち(無知) ignorancia; ~な人 / ~の ignorante.
むちゅう(夢中)になった enloquecido, absorto.
むっ(六)つ seis.
むね(胸) pecho, seno.
むのう(無能)の incapaz.
むら(村) aldea, pueblo; ~の / ~人 aldeano[na].
むらさき(紫) morado.
むりょう(無料)で gratis / 無料の gratis, gratuito, libre.

め

め(目) ojo; ~が覚める despertarse; ~が覚めている despierto; ~に見える visible; ~を覚まさせる despertar.
め(芽) germen, botón, brote; ~を出す brotar, germinar, echar.
めい(姪) sobrina.
めいかく(明確)な definido, específico.
めいし(名刺) tarjeta.
めいし(名詞) nombre.
めいじ(明示)された indicado, especificado.
めい(命)じる imponer, mandar, ordenar.
めいしん(迷信) superstición.
めいじん(名人) artista, maestro[tra].
めいせい(名声) fama, honor, prestigio, reputación.
めいそう(瞑想) meditación; ~する meditar.
めいちゅう(命中)する acertar.
めいよ(名誉) honor, honra; ~を与える honrar.
めいれい(命令) mandato, mando, orden; ~する mandar, ordenar.
めいわく(迷惑) molestia, fastidio; ~である molestar, fastidiar.
めうし(雌牛) vaca.
メートル metro.
めかた(目方) peso; ~を量る pesar.
メカニズム mecanismo.
めがね(眼鏡) gafas, lentes.
めがみ(女神) diosa.
メキシコ México; ~シティー Ciudad de México; ~人 / ~の mexicano[na].
めざましどけい(目覚まし時計) despertador.
めざ(目覚)める despertarse.
めした(目下) inferior.
めす(雌) hembra.
めずら(珍)しい excepcional, nuevo, raro.
めだ(目立)つ brillar, destacar, señalarse, subrayarse.
メダル medalla.
め(目)つき mirada.
メニュー carta, menú.
め(目)まい vértigo.
メロディー melodía.
メロン melón.
めんかい(面会)する ver (se), entrevistarse con.
めんきょ(免許) licencia.
めんせき(面積) superficie.
めんどう(面倒) molestia.
めんどり(雌鳥) gallina.

も

も(喪) luto.
…も…も tanto … como ….
…も…も~ない ni … ni ….
もう ya.
もう(設)ける asentar, fundar, establecer.
もうしおく(申し送)る pasar.
もうしこ(申し込)み solicitud.

もうしで(申し出) ofrecimiento, proposición; ~る ofrecerse, proponer.
もうひとり(一人)の otro.
もうふ(毛布) manta, cobija, frazada.
もうもく(盲目)の ciego.
もうれつ(猛烈)な intenso, recio.
も(燃)える arder, arderse, quemarse.
モーター motor.
もくげき(目撃); ~者 testigo; ~する ver, presenciar.
もくざい(木材) madera.
もくてき(目的) fin, objeto, objetivo, propósito; ~地 destino.
もくひょう(目標) meta, término, fin, objetivo.
もくようび(木曜日) jueves.
もし…ならば si.
もじ(文字) carácter, letra.
もしもし ¡Aló!, ¡Bueno!, ¡Oiga!, ¡Diga!
モスクワ Moscú.
もたらす aportar, traer, conllevar.
もち(用)いる emplear, usar.
もちこ(持ち込)む introducir.
もちぬし(持ち主) dueño[ña], propietario[ria].
もちろん naturalmente; ~です! ¡Claro!, ¡Por supuesto!
も(持)つ llevar, tener, tomar; 持って行く llevar, llevarse; 持って来る traer.
もっと más; ~よく mejor; ~悪く peor; ~多く más; ~少なく menos.
もっと(最)も… el [la] más …
もっともな justo, razonable.
もてなす acoger, obsequiar.
モデル modelo.
もど(戻)す devolver, volver; 戻る regresar, tornar, volver.
もと(基)づく basarse, fundarse.
もと(求)める apelar, buscar, demandar, solicitar, pedir.
モニター monitor.
もの(物) cosa, objeto.
ものがたり(物語) cuento, historia, relato, narración; 物語る narrar.
ものさ(物差)し regla.
ものすごい formidable, terrible, horrible, espantoso.
もはん(模範) ejemplo, modelo; ~的な ejemplar.
…もまた~ también.
…もまた~ない tampoco.
もめん(木綿) algodón.
モモ(桃) melocotón.
も(燃)やす quemar.
もよう(模様) dibujo.
もら(貰)う recibir.
もり(森) bosque, selva.
モロッコ Marruecos; ~人 / ~の marroquí.
もん(門) puerta.
もんく(文句)を言う protestar, quejarse.
もんだい(問題) cuestión, problema.
モンテビデオ Montevideo.

や

や(矢) flecha.
やおや(八百屋) verdulería.
やがて dentro de poco.
やかましい ruidoso.
ヤギ(山羊) cabra.
やきゅう(野球) béisbol.
や(焼)く asar, cocer, freír, quemar; 焼ける quemarse.
やく(役) papel; cargo.
やく(約) como, unos.
やく(訳)す traducir.
やくそく(約束) cita, compromiso, pacto, palabra, promesa; ~する prometer, comprometerse.
やくだ(役立)つ(形) útil; 役に立つ(動) servir; ~こと utilidad; 役に立たない inútil.
やくわり(役割) papel.
やけどする quemarse.
やさい(野菜) legumbre, verdura; ~畑 huerto.
やさ(易)しい fácil; 易しさ facilidad.
やさ(優)しい amable, blando, dulce, suave, tierno; 優しさ amabilidad, gentileza, dulzura, suavidad.
ヤシ(椰子) palma.
やす(安)い barato; 安く barato.
やす(休)む descansar (se); 休ませる descansar; 休み descanso, reposo.
やせい(野生)の salvaje, silvestre.
や(痩)せた delgado, flaco; やせる adelgazar.
やっかい(厄介)な molesto, pesado.
やっきょく(薬局) farmacia.
やっ(八)つ ocho.
やっと apenas, al fin.
やっとのことで difícilmente.
やと(雇)う emplear; ~こと empleo; 雇われ人 empleado[da].
やど(宿)す concebir.
やどや(宿屋) hostal, venta, fonda, posada; ~の主人 huésped[peda].
やね(屋根) tejado; ~裏 desván.
やばん(野蛮) barbaridad, barbarie; ~な bárbaro, bruto, salvaje, tosco.
やぶ(破)る desgarrar, destrozar, romper, violar; 破れる romperse.
やま(山) montaña, monte; ~積み montón.
やむ cesar, parar.
やめる abandonar, cesar, dejar, retirarse, renunciar.
やや algo, ligeramente.
やりかた(方) forma, estilo, manera, modo.
やりす(過)ぎる exagerar.
やる dar.
やわ(柔)らかい blando, suave, tierno; 柔らかく suave; 柔らかさ suavidad.
やわ(和)らげる calmar, suavizar, aliviar.

ゆ

ゆ(湯) agua caliente.
ゆいいつ(唯一)の solo, único.
ゆうえき(有益)な valioso, útil.
ゆうえつ(優越) predominio, superioridad.

ゆうが(優雅) elegancia; ～な elegante.
ゆうがた(夕方) atardecer, tarde; ～になる atardecer.
ゆうき(勇気) valor.
ゆうこう(有効); ～な eficaz, válido; ～性 validez; ～である valer, ser efectivo.
ゆうざい(有罪)の culpable.
ゆうしょう(優勝) triunfo, victoria; ～記念品 trofeo; ～者 campeón[ona].
ゆうじょう(友情) amistad.
ゆうしょく(夕食) cena; ～をとる cenar.
ゆうじん(友人) amigo [ga].
ゆうせい(優勢) superioridad, predominancia, ventaja; ～である dominar, ser superior.
ゆうせん(優先) preferencia; ～する preceder.
ゆうどく(有毒)な tóxico.
ゆうびん(郵便) correo; ～切手 sello; ～配達人 cartero[ra]; ～局 correo; ～の postal; ～箱 buzón; ～物 correo.
ゆう(夕)べ atardecer.
ゆうべん(雄弁)な elocuente.
ゆうめい(有名)な célebre, famoso, notable.
ユーモア humor.
ゆうり(有利) ventaja; ～な provechoso, ventajoso.
ゆうりょく(有力)な importante.
ゆうわく(誘惑) tentación.
ユーロ euro.
ゆか(床) suelo.
ゆかい(愉快) alegría; ～な jubiloso, divertido, gracioso; ～に alegremente.
ゆき(雪) nieve; ～が降る nevar.
ゆしゅつ(輸出) exportación; ～する exportar.
ゆず(譲)る ceder, conceder.
ゆそう(輸送) transporte; ～する transportar.
ゆた(豊)かな rico; 豊かにする enriquecer; 豊かになる enriquecerse.
ゆだねる encargar.
ユダヤじん(人) / ～の judío[a].
ゆだん(油断)をした descuidado.
ゆっくりと despacio.
ゆにゅう(輸入) importación; ～する importar.
ゆび(指) dedo; ～輪 anillo.
ゆみ(弓) arco.
ゆめ(夢) ilusión, sueño; ～を見る soñar.
ゆりかご(揺り籠) cuna.
ゆる(緩)い flojo, suelto.
ゆる(許)す admitir, consentir, disculpar, perdonar, permitir; 許される admitirse, permitirse; 許し perdón.
ゆる(緩)む / 緩める aflojar.
ゆ(揺)れる temblar.

よ

よ(夜) noche.
よあ(夜明)け alba, amanecer, aurora.
よ(良)い bueno.
よ(酔)う emborracharse.
ようい(用意) preparación; ～する preparar, prevenir, prevenirse, proveerse; ～周到な prevenido; ～のできた listo, dispuesto, preparado.
ようい(容易)に sin dificultad, fácilmente.
よういん(要因) factor.
ようか(8日) el día ocho.
ようきゅう(要求) demanda, exigencia; ～する exigir, reclamar.
ようご(用語) lenguaje, término, terminología.
ようこそ！ ¡Bienvenido [da]!
ようし(要旨) argumento, resumen.
ようじ(用事) asunto, encargo, negocio, quehaceres.
ようしき(様式) estilo.
ようし(養子)にする adoptar.
ようじん(用心) cuidado, precaución.
ようす(様子) aire, parecer, apariencia, aspecto, estado; ～である aparentar.
よう(要)する exigir, necesitar, requerir.
ようせい(要請)する solicitar, pedir, reclamar.
ようそ(要素) elemento.
…ようだ parecer; …のように como ….
ようちえん(幼稚園) jardín de niños [infancia], kindergarten.
ようふく(洋服) ropa, traje, vestido; ～だんす armario.
ようやく por fin, a duras penas.
ようやく(要約)する abreviar, resumir.
ヨーグルト yogur.
ヨーロッパ Europa; ～人 / ～の europeo[a].
よかん(予感) presentimiento, corazonada; ～がする presentir.
よく(欲) avaricia, deseo, codicia.
よく bien.
よくしつ(浴室) baño.
よ(良)くなる mejorar.
よけい(余計)である sobrar.
よげんしゃ(予言者) profeta.
よこ(横) lado; ～の lateral.
よこぎ(横切)る atravesar, cruzar.
よこく(予告) avance, aviso.
よご(汚)す contaminar, ensuciar, manchar; 汚れ mancha; 汚れる ensuciarse, mancharse.
よこ(横)になる echarse, tumbarse, yacer.
よさん(予算) presupuesto.
よそう(予想) pronóstico; ～される adivinarse, anunciarse, esperarse.
よそで fuera.
よそもの(者) forastero [ra].
よち(余地) espacio, lugar.
よち(予知)する prever, prevenir.
よっか(4日) el día cuatro.
よ(酔)った borracho.
よっ(四)つ cuatro.
よって por lo tanto.
(…に)よって por ….
ヨット yate.
よてい(予定) plan,

programa.
よのなか(世の中) mundo.
よはく(余白) margen.
よびりん(呼び鈴)を鳴らす llamar.
よ(呼)ぶ avisar, decir, llamar.
よぼう(予防) prevención, precaución; ～する prevenir(se).
よみもの(読み物) lectura.
よ(読)む leer.
よめ(嫁) nuera.
よやく(予約) reserva; ～申し込み abono; ～する reservar; ～席 localidad.
…より(比較級) que ….
よりよい mejor.
よ(寄)る acercarse a, pasar por.
よる(夜) noche; ～が明ける aclararse, amanecer; ～になる anochecer; ～の nocturno.
ヨルダン Jordania; ～人 / ～の jordano[na].
(…に)よれば por …, según ….
よろこ(喜)ぶ alegrarse, felicitarse; 喜ばせる alegrar, encantar, agradar; 喜び agrado, alegría, placer, deleite, delicia, gozo; 喜んで encantado [da]; 喜んでいる alegre.
よろしい ¡Bien!
よわ(弱)い débil, flaco, frágil, leve; 弱さ debilidad; 弱まる debilitarse; 弱らせる debilitar.
よ(酔)わせる emborrachar.
よん(4) cuatro; 40 cuarenta; 400 cuatrocientos; 4番目の cuarto; 4分の1 un cuarto.

ら

ライオン león.
らいしゅう(来週) la semana próxima.
らいねん(来年) el año próximo.
ラクダ camello.
らくだい(落第)させる suspender, reprobar.
らくてんしゅぎ(楽天主義) optimismo; ～者 optimista.
らく(楽)な confortable, cómodo, fácil; 楽にする aliviar(se), sentirse mejor.
…らしい parecer.
ラジオ radio.
ラテン語 latín; ～の latino.
ラテンアメリカ Latinoamérica; ～人 / ～の latinoamericano[na].
ラバ mulo.
ラパス La Paz.
ラプラタ La Plata.
ラベル etiqueta.
らん(欄) columna, página, recuadro.
ランプ lámpara.
らんぼう(乱暴) violencia; ～な brutal, violento.

り

りえき(利益) bien, interés, provecho, beneficio, ganancia.
りかい(理解) comprensión, entendimiento; ～し合う entenderse; ～する entender.
りく(陸) tierra.
りくぐん(陸軍) ejército.
りくつ(理屈) lógica.
りこう(利口)な inteligente, listo.
りこしゅぎ(利己主義) egoísmo; ～者 / ～の egoísta.
りこん(離婚) divorcio; ～する divorciarse.
リズム ritmo.
りそう(理想) ideal; ～主義 idealismo; ～主義者 / ～主義的な idealista; ～的な ideal.
りそく(利息) interés.
リットル litro.
りっぱ(立派)な bello, brillante, respetable, estimable.
りはつし(理髪師) peluquero[ra]; 理髪店 peluquería.
リボン cinta, listón, lazo.
リマ Lima.
りゆう(理由) causa, motivo, porqué, razón.
りゅう(竜) dragón.
りゅうこう(流行) moda.
りよう(利用) aprovechamiento, uso, utilización; ～者 usuario[ria]; ～する aprovechar, aprovecharse, emplear, utilizar, usar.
りょう(量) cantidad.
りょう(漁) pesca; ～をする pescar.
りょうがえ(両替) cambio; ～する cambiar.
りょうきん(料金) tarifa.
りょうじ(領事) cónsul.
りょうしん(両親) padres.
りょうしん(良心) conciencia.
りょうど(領土) territorio.
りょうほう(両方)の ambos.
りょうり(料理) plato, cocina, guiso; ～される cocerse; ～する cocinar.
りょかん(旅館) fonda, pensión, venta.
りょこう(旅行) viaje; ～者 viajero[ra]; ～する recorrer, viajar.
りょひ(旅費) gastos de viaje.
りりく(離陸)する despegar.
りろん(理論) teoría; ～的な teórico.
リンゴ(林檎) manzana.

る

るいじ(類似) semejanza.
ルーマニア Rumania; ～語 rumano; ～人 / ～の rumano[na].
るす(留守) ausencia; ～番電話 contestador automático.

れ

れい(例) ejemplo.
れい(零) cero.
れいがい(例外) excepción; ～的な excepcional.
れいぎ(礼儀) cortesía, cumplido; ～作法 etiqueta, buenos modales; ～正しい cortés; ～を尽くす cumplir.
れいじ(零時) la hora cero, las cero horas.
れいぞうこ(冷蔵庫) nevera, refrigerador, frigorífico.
れいはいどう(礼拝堂) capilla.
れきし(歴史) historia; ～家 historiador[dora];

〜の histórico.
レコード disco.
レジャー ocio, pasatiempo.
レストラン restaurante.
レタス lechuga.
れつ(列) cola, fila, línea.
れっきょ(列挙)する enumerar.
れっしゃ(列車) tren.
レベル nivel.
レモン limón.
れんあい(恋愛) amor, romance, amoríos.
れんが(煉瓦) ladrillo.
れんごう(連合)する asociarse.
れんしゅう(練習) ejercicio, ensayo, práctica; 〜問題 ejercicio; 〜する ensayarse, entrenarse, practicar.
レンズ lente.
れんそう(連想)する asociar (una idea).
れんぞく(連続) continuación, continuidad; 〜した continuo.
れんぽう(連邦)の federal.
れんらく(連絡) aviso, enlace; 〜する comunicar.

ろ

ろう(蠟) cera.
ろうか(廊下) corredor, pasillo.
ろうじん(老人) anciano [na].
ろうどう(労働) trabajo; 〜組合 sindicato; 〜者 obrero[ra].
ろうねん(老年) vejez.
ローマ Roma; 〜教皇 Papa; 〜の / 〜人 romano [na].
ろく(6) seis; 60 sesenta; 600 seiscientos; 6番目の sexto; 6分の1 un sexto.
ろくおん(録音)する grabar.
ろくがつ(6月) junio.
ロケット cohete.
ロシア Rusia; 〜語 ruso; 〜人 / 〜の ruso[sa].
ろせん(路線) ruta.
ロバ asno, burro.
ろんぎ(論議)する argüir, discutir, debatir.
ろん(論)じる tratar.
ろんせつ(論説) editorial, artículo, comentario.
ろんそう(論争)する disputar, discutir.
ろんてん(論点) cuestión.
ロンドン Londres.
ろんぴょう(論評) comentario; 〜する comentar.
ろんぶん(論文) artículo, tesis, tesina.
ろんり(論理) / 〜学 lógica; 〜的 lógico.

わ

わ(輪) anillo.
ワイシャツ camisa.
ワイン vino.
わか(若)い joven; 若さ juventud.
わかい(和解)する reconciliarse; 和解させる reconciliar.
わ(沸)かす hervir, 沸く bullir, hervir.
わかもの(若者) joven, mozo[za], muchacho [cha].
わ(分)かる comprender, entender, saber, ver.
わか(別)れ despedida; 〜る separarse; 〜を告げる despedir, despedirse; 〜させる separar.
わか(分)れる dividirse, partirse.
わく(枠) marco.
わくせい(惑星) planeta.
わけ(訳) causa, razón.
わ(分)ける cortar, separar, dividir, partir, repartir; 〜こと división; 分け合う compartir.
わざと adrede, deliberadamente, intencionadamente.
ワシ(鷲) águila.
わずかな pequeño, sin importancia.
わずら(煩)わす fastidiar, molestar.
わす(忘)れる olvidar, olvidarse; 〜こと olvido; 忘れられない inolvidable.
わた(綿) algodón.
わだい(話題) tópico.
わたし(私) yo; 〜と conmigo; 〜の mi, mío; 〜を / に me; 〜たち nosotros[tras]; 〜たちを / に nos; 〜たちの nuestro.
わた(渡)す entregar.
わな(罠) trampa.
わら(藁) paja.
わら(笑)い risa; 〜話 chiste.
わら(笑)う reír, reírse.
わりあい(割合) proporción.
わ(割)る cascar, partir, dividir; 割れる quebrarse, romperse.
…わ(割)る— … entre —.
わる(悪)い malo; 悪く mal.
(…の)わるくち(悪口)をい(言)う criticar, hablar mal de ….
ワルシャワ Varsovia.
われわれ(我々) nosotros [tras]; 〜の nuestro.
わん(湾) bahía, golfo.

文字と発音

1. アルファベット

スペイン語のアルファベットは次の 28 文字である. この中で rr は語中にしか現れないので大文字はない. Ñ, ñ はスペイン語に特有の文字で N, n の後に来る.

A	a	['ア] [á]
B	b	['ベ] [bé]
C	c	['せ] [θé]
D	d	['デ] [dé]
E	e	['エ] [é]
F	f	['エ.フェ] [é.fe]
G	g	['へ] [xé]
H	h	['ア.チェ] [á.ʧe]
I	i	['イ] [í]
J	j	['ホ.タ] [xó.ta]
K	k	['カ] [ká]
L	l	['エ.レ] [é.le]
M	m	['エ.メ] [é.me]
N	n	['エ.ネ] [é.ne]
Ñ	ñ	['エ.ニェ] [é.ɲe]
O	o	['オ] [ó]
P	p	['ペ] [pé]
Q	q	['ク] [kú]
R	r	['エ.れ] [é.re]
	rr	['エ.れ̃] [é.r̄e]
S	s	['エ.セ] [é.se]
T	t	['テ] [té]
U	u	['ウ] [ú]
V	v	['ウ.ベ] [ú.βe]
W	w	['ウ.ベ 'ド.ブレ] [ú.βe ðó.βle]
X	x	['エ.キス] [é.kis]
Y	y	['ジェ] [yé]
Z	z	['せ.タ] [θé.ta]

2. 母音

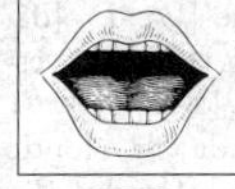
図–1

1. a ['ア] [á]
口を大きく開けて「ア」と発音する. 開母音.

図–2

2. e ['エ] [é]
口を少し横に広げて「エ」と発音する. 開母音.

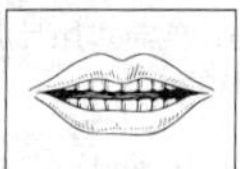
図–3

3. i ['イ] [í]
口を大きく横に広げて「イ」と発音する. 閉母音.

図–4

4. o ['オ] [ó]
口を少し開けて「オ」と発音する. 開母音.

図–5

5. u ['ウ] [ú]
口をすぼめて, はっきりと「ウ」という. 閉母音.

3. 二重母音と三重母音

二重母音とは 1 音節の中で 2 つの母音が続けて発音され, 音節の区切りを示すときには 1 つの母音として扱われるものである. 開母音 (a, e, o) と閉母音 (i, u), または閉母音と閉母音の組合せから次の 3 種類がある.

1. 開母音＋閉母音
ai·re ['アイ.れ] [ái.re] 空気, **hay** ['アイ] [ái] ある, **pei**·ne ['ペイ.ネ] [péi.ne] くし, **ley** ['レイ] [léi] 法, **boi**·na ['ボイ.ナ] [bói.na] ベレー帽, **hoy** ['オイ] [ói] 今日, **au**·to ['アウ.ト] [áu.to] 自動車
2. 閉母音＋開母音
A·**sia** ['ア.シア] [á.sia] アジア, **pia**·no ['ピア.ノ] [piá.no] ピアノ, **dien**·te ['ディエン.テ] [dién.te] 歯, pa·**tio** ['パ.ティオ] [pá.tio] 中庭, **Gua**·te·ma·la [グア.テ.'マ.ラ] [gua.te.má.la] グアテマラ
3. 閉母音＋閉母音
ciu·dad [しウ.'ダ(ド)] [θiu.ðá*d*] 都市, *v***iu**·da ['ビウ.ダ] [biú.ða] 未亡人, **ruin** [るイン] [r̄uín] 卑しい, m**uy** ['ムイ] [múi] とても

三重母音とは 1 音節の中で 3 つの母音が続けて発音され, 音節の区切りを示すときには 1 つの母音として扱われるものである. 閉母音 (i, u)＋開母音 (a, e, o)＋閉母音 (i, u) の順になる.

es·tu·**diáis** [エス.トゥ.'ディアイス] [es.tu.ðiáis] 君たちは勉強する, Pa·ra·**guay** [パ.ら.'グアイ] [pa.ra.ɣuái] パラグアイ, **buey** ['ブエイ] [buéi] 雄牛

4. 母音の分立

次のような母音が続くときは音節の切れ目ができる. これを母音の分立という.

1. 開母音＋開母音

ba·ca·**la·o** [バ.カ.'ラ.オ] [ba.ka.lá.o] タラ, **o·a**·sis [オ.'ア.シス] [o.á.sis] オアシス, eu·ro·**pe·o** [エウ.ろ.'ペ.オ] [eu.ro.pé.o] ヨーロッパの, ta·**re·a** [タ.'れ.ア] [ta.ré.a] 仕事

2. 開母音＋強勢閉母音

pa·ís [パ.'イス] [pa.ís] 国, **ba·úl** [バ.'ウル] [ba.úl] スーツケース, **o·í**·do [オ.'イ.ド] [o.í.ðo] 耳

3. 強勢閉母音＋開母音

dí·a ['ディ.ア] [dí.a] 日, **tí·o** ['ティ.オ] [tí.o] おじ

5. 子音

1. b [バ, ビ, ブ, ベ, ボ; ブ] [b]

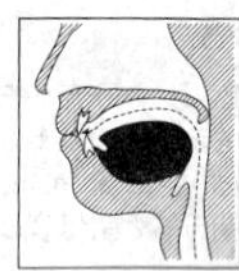
図–6 [b]

「バ」行音の子音. 文頭の b, 語中の m の後の b, 前の単語が n で終わるときの語頭の b は唇を閉じて強く発音する([b] 図–6). それ以外は唇に少しだけすき間を作って弱く発音する([β] 図–7). 音節の終わりにある時は弱く発音され, 聞こえにくい ([(ブ)] [*b*]).

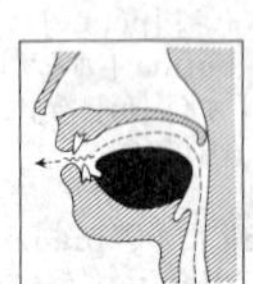
図–7 [β]

Bien ['ビエン] [bién] よろしい, **hambre** ['アン.ブれ] [ám.bre] 空腹, **Cuba** ['ク.バ] [kú.βa] キューバ, **lobo** ['ロ.ボ] [ló.βo] オオカミ, **obtener** [オ(ブ).テ.'ネる] [o*b*.te.nér] 獲得する

この辞書のカナ表記ではブのように文字の下に点をつけて, 単音の子音 [b] を示す.

2. c [すぃ, せ] [θ], [カ, コ, ク; ク] [k]

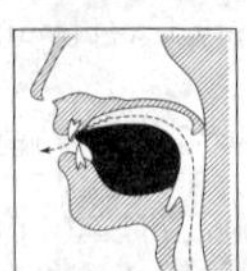
図–8 [θ]

i, e の前では [すぃ, せ] [θ], それ以外は [カ, コ, ク] [k]. [θ] は舌の先を上の前歯にあててそのすき間から「す」と息を出す音(図–8).

スペイン南部や中南米では「サ」行音の [s] となる(図–9).

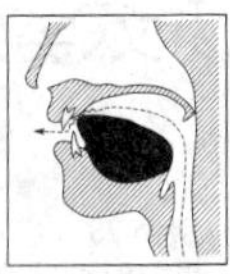
図–9 [s]

[カ, コ, ク] [k] は「カ」行音の子音(図–10).

音節の終わりに来るときは弱く発音され, 聞こえにくい ([ク]) [*k*].

casa ['カ.サ] [ká.sa] 家, **cosa** ['コ.サ] [kó.sa] もの, **cuna** ['ク.ナ] [kú.na] ゆりかご

cena ['せ.ナ] [θé.na] 夕食, **cine** ['し.ネ] [θí.ne] 映画館

octavo [オ(ク).'タ.ボ] [o*k*.tá.βo] 8番目の

この辞書では [θ] のカナ表記に [さ, すぃ, す, せ, そ; す] を使用し, [s] のカナ表記に [サ, スィ, ス, セ, ソ; ス] を使用している.

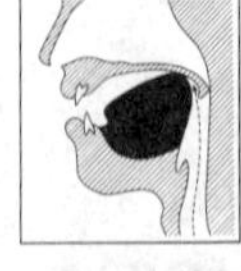
図–10 [k]

ch は「チャ」行の子音. [チュ] [ʧ]

Chile ['チ.レ] [ʧí.le] チリ, **noche** ['ノ.チェ] [nó.ʧe] 夜

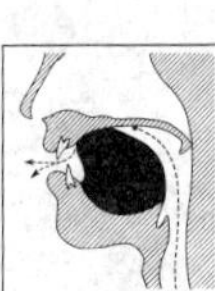
図–11 [ʧ]

3. d [ダ, ディ ドゥ, デ, ド; ド] [d], [ð]

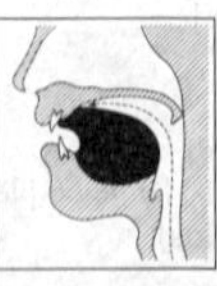
図–12 [d]

「ダ」行音の子音. 文頭と l, n の後では舌の先を上の前歯の裏にあてて強く発音する([d] 図–12). それ以外はそこに少しだけすき間を作って弱く発音する([ð] 図–13). 音節の終わりにあるときは弱く発音され, 聞こえにくい ([(ド)] [*d*]).

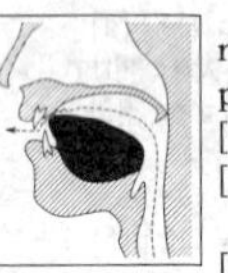
図–13 [ð]

Dame ['ダ.メ] [dá.me] 私にください, es**palda** [エス.'パル.ダ] [es.pál.da] 背, fon**do** [フォン.ド] [fón.do] 底

Adiós [ア.'ディオス] [a.ðiós] さようなら, **verde** ['べる.デ] [bér.ðe] 緑

ciudad [しウ'ダ(ド)] [θiu.ða*d*] 都市

4. f [ファ, フィ, フ, フェ,フォ; フ̣] [f]

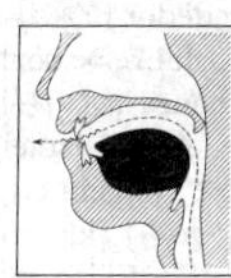
図-14

上の前歯を下の唇にあててそのすき間から「フ」と息を出して発音される.

familia [ファ.'ミ.リア] [fa.mí.lia] 家族, **California** [カ.リ.'フォる̣ニア] [ka.li.fór.nia] カリフォルニア

5. g [ひ, へ; ふ̣] [x], [ガ, ゴ, グ; グ̣] [g]

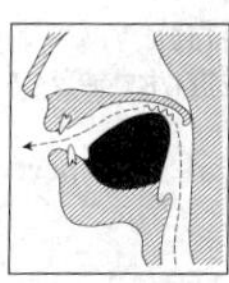
図-15 [x], [ɣ]

i, e の前では [ひ, へ] [x], それ以外は [g] となる.

[x] は舌の後ろを持ち上げて上あごの奥にすき間を作り, そこから息を強く出して「フ」と発音する(図-15). スペイン南部や中南米では日本語の「ハ」行音 [h] と同じ.

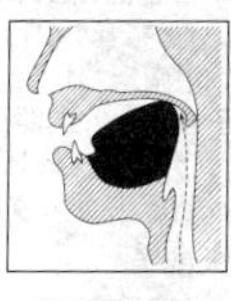
図-16 [g]

[g] は「ガ」行音の子音. 文頭と **n** の後では舌の後ろを上あごの奥につけて強く発音する([g] 図-16). それ以外はそこに少しだけすき間を作って弱く発音する([ɣ] 図-15 を参照).

音節の終わりにある時は弱く発音され, 聞こえにくい([(グ̣)] [*g*]).

Gracias ['グら.しアス̣] [grá.θias] ありがとう, **pongo** ['ポン̣.ゴ] [póŋ.go] 私は置く, **Mucho gusto** ['ム.チョ.'グス̣.ト] [mú.ʧo.ɣús.to] はじめまして, **lago** ['ラ.ゴ] [lá.ɣo] 湖, **cargo** ['カる̣.ゴ] [kár.ɣo] 任務, **gente** ['ヘン̣.テ] [xén.te] 人々, **signo** ['シ(グ̣).ノ] [síg.no] 印

gui, gue は [ギ, ゲ], güi güe は [グイ, グエ] と発音される.

seguir [セ.'ギる̣] [se.ɣír] 続く, **guerra** ['ゲ.ら̃] [gé.r̃a] 戦争, **lingüística** [リン̣.'グイス̣.ティ.カ] [liŋ.guís.ti.ka] 言語学, **bilingüe** [ビ.'リング̣.エ] [bi.líŋ.gue] 二言語を話す

6. h 常に無音で発音されない.

Honduras [オン̣.'ドゥ.らス̣] [on.dú.ras] ホンジュラス, **alcohol** [アル̣.コ.'オル̣] [al.k*o*.ól] アルコール

語頭や語中の hua, hue, hui というつづりは [ウア] [ua], [ウエ] [ue], [ウイ] [ui] と発音する. この音はしばしば [グア] [gua], [グエ] [gue], [グイ] [gui] のように変化する.

Chihuahua [チ.'ウア.ウァ] [ʧi.wá.wa] (メキシコ)チワワ州, **huerta** ['ウエる̣.タ] [wér.ta] 畑, **huir** [ウイる̣] [wír] 逃げる

7. j [は, ひ, ふ, へ, ほ; ふ̣] [x]

舌の後ろを持ち上げて上あごの奥とすき間を作りそこから息を強く出して「ふ」と発音する([x] 図-15 を参照). スペイン南部や中南米では日本語の「ハ」行音 [h] で発音する.

joven ['ほ.ベン̣] [xó.βen] 若い, **Japón** [は.'ポン̣] [xapón] 日本

8. k [カ, キ, ク, ケ, コ; ク̣] [k]

「カ」行音の子音(図-10 を参照). 音節の終わりにあるときは弱く発音され聞こえにくい([(ク̣)] [*k*]).

Tokio ['ト.キオ] [tó.kio] 東京, **kilo** ['キ.ロ] [kí.lo] キロ, **Irak** [イ.'らク̣] [i.rá*k*]

9. l [ラ, リ, ル, レ, ロ; ル̣] [l]

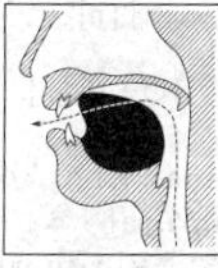
図-17 [l]

舌の先を上の歯茎につけて「ルー」と言いながら舌の両側から息を出して発音する.

luna ['ル.ナ] [lú.na] 月, **papel** [パ.'ペル̣] [pa.pél] 紙

ll には, 主に次の 2 種の発音がある.

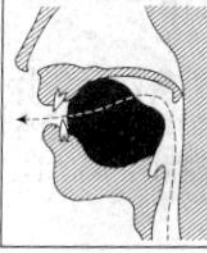
図-18 [ʎ]

スペイン北部やアンデス地域では, 舌の先を下の歯茎の裏につけて, 舌の前部を上あごの前部につけて「リュ」と言いながら舌の両側から息を出して発音する([ʎ] 図-18).

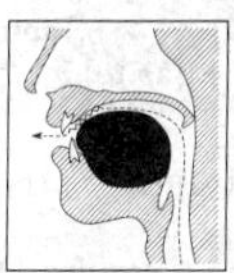
図-19 [ʒ]

スペイン中南部や中南米では, 舌先を下の歯茎の裏につけて「ユ」[j] または「ジュ」[ʒ] のように発音する(図-19).

llave ['ジャ/ヤ/リャ.ベ] [ʒ/j/ʎáβe] 鍵, **calle** ['カ.ジェ[イェ/リェ]] [ká.ʒ/j, ʎe] 通り

この辞典ではこれらをまとめて [ジャ, ジ, ジュ, ジェ, ジョ] と表記する.

10. m [マ, ミ, ム, メ, モ; ム̣] [m]

「マ」行音の子音. 音節の終わりでは「ン」となる. 語末の m は弱められて「ン」となることが多い(この辞典では [ム̣] と表記する)

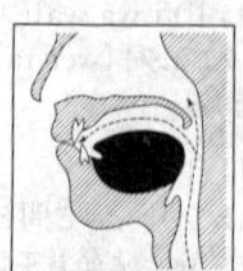
図-20 [m]

mesa ['メ.サ] [mé.sa] テーブル, **cama** ['カ.マ] [ká. ma] ベッド, **campo** ['カン.ポ] [kám.po] 野, **álbum** [アル.ブム] [ál.βu*m*] アルバム

11. n [ナ, ニ, ヌ, ネ, ノ; ン] [n]

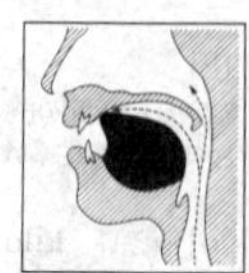
図-21 [n]

「ナ」行音の子音. 音節の終わりでは「ン」となる.

noche ['ノ.チェ] [nó.ʧe] 夜, **luna** ['ル.ナ] [lú.na] 月, **andar** [アン.'ダる] [an.dár] 歩く

12. ñ [ニャ, ニィ, ニュ, ニエ, ニョ] [ɲ]

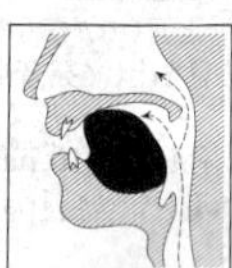
図-22 [ɲ]

「ニャ」行音の子音 [ɲ].

España [エス.'パ.ニャ] [es.pá.ɲa] スペイン, **niño** ['ニ.ニョ] [ní.ɲo] 子供

13. p [パ, ピ, プ, ペ, ポ; プ] [p]

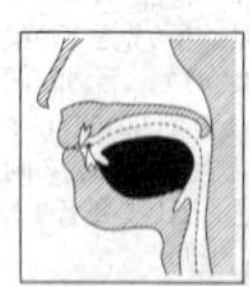
図-23 [p]

「パ」行音の子音 [p]. 音節の終わりにあるときは弱く発音され, 聞こえにくい [(プ)].

padre ['パ.ドれ] [pá.ðre] 父親, **capa** ['カ.パ] [ká. pa] マント, **apto** ['ア(プ).ト] [á*p*.to] 適した

14. q [キ, ケ] [k]

常に後ろに u をつけて用いられる. 「カ」行音の子音(図-10 を参照).

queso ['ケ.ソ] [ké.so] チーズ, **esquina** [エス.'キ.ナ] [es.kí.na] 角(かど)

15. r [ら̃, り̃, る̃, れ̃, ろ̃] [r̄]; [ら, り, る, れ, ろ; る] [r]

単語の初めにあるときや l, n, s の後では [r̄], その他は [r] と発音する. [r̄] は舌先を震わせて発音する(図-24). [r] は「る」と言いながら舌先を上の歯茎に一度はじいて出す音.

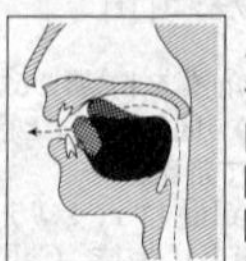
図-24 [r, r̄]

rosa ['ろ̃.サ] [r̄ó.sa] バラ, **alrededor** [アル.れ̃.デ.'ドる] [al.r̄e.ðe.ðór] 回りに, **honra** ['オン.ら̃] [ón.r̄a] 名誉, **Israel** [イス.ら̃.'エル] [is.r̄a.él], **cara** ['カ.ら] [ká. ra] 顔, **toro** ['ト.ろ] [tó.ro] 牛, **comer** [コ.'メる] [ko.mér] 食べる, **puerta** ['プエる.タ] [puér.ta] 門

16. rr [ら̃, り̃, る̃, れ̃, ろ̃] [r̄]

語中で用いられる. 舌先を震わせて発音する. (図-24 を参照).

tierra [ティエ.ら̃] [tié.r̄a] 土地, **perro** ['ペ.ろ̃] [pé.r̄o] 犬

17. s [サ, シ, ス, セ, ソ; ス] [ṣ], [s]

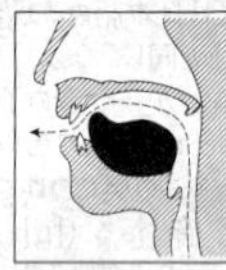
図-25 [ṣ]

スペインでは舌先を歯茎に近づけ, 前舌面を凹状にして「シュ」と発音する([ṣ] 図-25). 中南米では「サ」行音の子音(図-9 参照).

sala ['サ.ラ] [sá.la] 部屋, **costa** ['コス.タ] [kós.ta] 海岸

18. t [タ, ティ, トゥ, テ, ト; ト] [t]

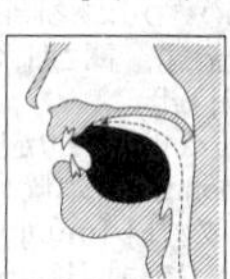
図-26 [t]

「タ」行音の子音 [t]. 音節の終わりにあるときは弱く発音され, 聞こえにくい [(ト)] [*t*].

tomate [ト.'マ.テ] [to.má.te] トマト, **Italia** [イ.'タ.リア] [i.tá.lia] イタリア, **ritmo** [り̃(ト).モ] [r̄í*t*.mo] リズム

19. v [バ, ビ, ブ, ベ, ボ; ブ] [b]

「バ」行音の子音. 発音は b と同じ. 文頭や n の後では唇を閉じて強く発音される(図-6 を参照). それ以外は唇に少しだけすき間を作って弱く発音される(図-7 を参照).

Vamos ['バ.モス] [bá.mos] さあ行こう, **invierno** [イン.'ビエる.ノ] [im.biér.no] 冬, **Bolivia** [ボ.'リ.ビア] [bo.lí.βia] ボリビア, **pavo** ['パ.ボ] [pá.βo] シチメンチョウ

20. w [ウア, ウイ, ウ, ウエ, ウオ] [w]

「ウァ」行音の子音. 「バ」行音に近くなることもある.

Washington ['ウア.シン.トン] [wá.sin.

ton] ワシントン, Kuwait [ク'.ウアイ.ト] [ku.wáit] クウェート

21. x [クス] [ks], [ス] [s], [ふ] [x]
「クス」と発音する. 子音の前では [s] と発音することが多い. メキシコの地名などで「は」行音 [x, h] で発音するものがある.

e**x**amen [エク.'サ.メン] [ek.sá.men] 試験, e**x**tender [エ(ク)ス.テン.'デる] [eks.ten.dér] 広げる, Mé**x**ico ['メ.ひ.コ] [mé.xi.ko] メキシコ, me**x**icano [メ.ひ.'カ.ノ] [me.xi.ká.no] メキシコ人

22. y [ジュ/ユ] [j], [イ] [i]
舌の先を下の歯茎の後ろにつけて「ジャ」行の子音, または「ヤ」行の子音で発音される (図-19 を参照). 単語の終わりにあるときは [i] となって二重母音を作る.

ya ['ジャ] [ʒ/já] もう…だ, ma**y**o ['マ.ジョ] [má.ʒ/jo] 五月, le**y** ['レイ] [léi] 法

23. z [さ, し, す, せ, そ; す] [θ]
舌の先を上の前歯にあててそのすき間から「す」と息を出す音([θ] 図-8 を参照). スペイン南部や中南米では「サ」行音の [s] となる (図-9).

Vene**z**uela [べ.ネ.'すエ.ラ] [be.ne.θué.la] ベネズエラ, vo**z** ['ボす] [bóθ] 声.

6. 二重子音

pl, pr, bl, br, fl, fr, cl, cr, gl, gr, tr, dr は1つの子音のように連続して発音し, 2音節に分けない.

triple ['トリ.プレ] [trí.ple] 3倍の, com·**pra** ['コン.プら] [kóm.pra] 彼は買う, no**ble** ['ノ.ブレ] [nó.βle] 高貴な, li**bro** ['リブ.ろ] [lí.βro] 本, **flor** ['フロる] [flór] 花, su**fr**ir [ス.'フりる] [su.frír] 苦しむ, an**cla** ['アン.クラ] [áŋ.kla] いかり, es**cr**ibir [エス.クリ.'ビル] [es.kri.βír] 書く, si**glo** ['シ.グロ] [sí.ɣlo] 世紀, ne**gro** ['ネ.グろ] [né.ɣro] 黒い, cua**tro** ['クア.トろ] [kuá.tro] 4, pa**tr**ia ['パ.トりア] [pá.tria] 祖国, **dr**ama ['ドら.マ] [drá.ma] 演劇, pa**dre** ['パ.ドれ] [pá.ðre] 父

7. 音節

1. 母音と母音の間にある1つの子音は後ろの母音につける. このとき, 2つの文字で書かれる ch, ll, rr や pl, pr, bl, br... などの二重子音は1つの子音として扱い, やはり後ろの母音につける.

ca-sa ['カ.サ] [ká.sa] 家, ca-lle ['カ.ジェ] [ká.ʒe] 通り, a-'rroz [ア.'ろす] [a.r̄óθ] 米, li-bro ['リ.ブろ] [lí.βro] 本, si-glo ['シ.グロ] [sí.ɣlo] 世紀

2. 母音と母音の間にある2つの子音は前後の音節に分かれる. 2つの文字で書かれる ch, ll, rr や pl, pr, bl, br... などの二重子音が2番目にあるとき, 1つの子音として扱い, 後ろの母音につける.

Es-pa-ña [エス.'パ.ニャ] [es.pá.ɲa] スペイン, Fran-cia ['フラン.しア] [frán.θia], In-gla-te-rra [イン.グラ.'テ.ら] [iŋ.gla.té.r̄a] イギリス

3. 母音と母音の間にある3つの子音は前の2つの子音と後の1つの子音に分かれる. 2つの文字で書かれる ch, ll, rr や pl, pr, bl, br... などの二重子音が3番目にあるとき, 1つの子音として扱い, 後ろの母音につける.

cons-tan-te [コンス.'タン.テ] [kons.tán.te] 一定の, subs-tan-cia ['ス(ブ)ス.'タン.しア] [su*b*s.tán.θia] 物質, ist-mo ['イス(ト).モ] [ís*t*.mo] 地峡, mons-truo ['モンス.トるオ] [móns.truo] 怪物

4. 分立母音は2つの音節に分ける.

pa+ís [パ.'イス] [pa.ís] 国, ba+úl [バ.'ウル] [ba.úl] スーツケース, o+a·sis [オ.'ア.シス] [o.á.sis] オアシス, eu-ro-pe+o [エウ.ろ.'ペ.オ] [eu.ro.pé.o] ヨーロッパの

分綴の記号 (+) については p. iv を参照.

8. アクセント

1. 母音または n, s で終わる語は, 後ろから2番目の音節にアクセントが置かれる. その音節が二重母音の場合は開母音を強く発音する.

ca-sa ['カ.サ] [ká.sa] 家, **ai**-re ['アイれ] [ái.re] 空気, ta-**re**+a [タ.'れ.ア] [ta.ré.a] 仕事, Bo-**li**-via [ボ.'リ.ビア] [bo.lí.βia] ボリビア, **jo**-ven ['ほ.ベン] [xó.βen] 若者, **te**·nis ['テ.ニス] [té.nis] テニス

2. n, s 以外の子音で終わる語は最後の音節にアクセントがある. その音節が二重母音の場合は開母音を強く発音する.

Ma·**drid** [マ.'ドり(ド)] [ma.ðrí*d*] マドリード, Bra-**sil** [ブら.'シル] [bra.síl] ブラジル, e-cua-**dor** [エ.クア.'ドる] [e.kua.ðór] 赤道, a-**rroz** [ア.'ろす] [a.r̄óθ] 米, Pa-ra-**guay** [パ.ら.'グアイ] [pa.ra.ɣuái] パラグアイ

3. つづりにアクセントがついている場合はそこを強く発音する.

Pa-na-**má** [パ.ナ.'マ] [pa.na.má] パナマ, **Mé**-xi-co ['メ.ひ.コ] [mé.xi.ko] メキシコ, Ja-**pón** [は.'ポン] [xa.pón] 日本, a-**diós** [ア.'ディオス] [a.ðiós] さようなら, **ár**-bol ['アる.ボル] [ár.βol] 木, An-da-lu-**cí**+a [アン.ダ.ル.'し.ア] [an.da.lu.θí.a] アンダルシア

この辞書のカナ表記ではアクセントのある音節の始まりを ' で示してある.

不規則動詞の活用

スペイン語の動詞には規則動詞と不規則動詞がある．その大部分は規則動詞である．不規則動詞は種類は少ないが使用頻度が高いものが多い．

巻末の表に示したように，　不定詞の語尾が ar, er, ir で終わる 3 種類がある．この語尾は不規則動詞にも共通して現れる．

不規則動詞には次の変化がある．

1．つづり字の変化

(1) c → z 語根の c が o と a の前で z に変化する．

例：**vencer**（負かす）[巻末] (72)

直説法・現在		接続法・現在	
venz*o*	venc*emos*	**venz*a***	**venz*amos***
venc*es*	venc*éis*	**venz*as***	**venz*áis***
venc*e*	venc*en*	**venz*a***	**venz*an***

例：**zurcir**（繕う）[巻末] (77)

直説法・現在		接続法・現在	
zurz*o*	zurc*imos*	**zurz*a***	**zurz*amos***
zurc*es*	zurc*ís*	**zurz*as***	**zurz*áis***
zurc*e*	zurc*en*	**zurz*a***	**zurz*an***

(2) qu → c 語根の qu が o と a の前で c に変化する．

例：**delinquir**（罪を犯す）[巻末] ㉑

直説法・現在

delinc*o*	delinqu*imos*
delinqu*es*	delinqu*ís*
delinqu*e*	delinqu*en*

接続法・現在

delinc*a*	**delinc*amos***
delinc*as*	**delinc*áis***
delinc*a*	**delinc*an***

(3) g → j 語根の g が o と a の前で j に変化する．

例：**coger**（つかまえる）[巻末] ⑭

直説法・現在		接続法・現在	
coj*o*	cog*emos*	**coj*a***	**coj*amos***
cog*es*	cog*éis*	**coj*as***	**coj*áis***
cog*e*	cog*en*	**coj*a***	**coj*an***

例：**fingir**（ふりをする）[巻末] ㉜

直説法・現在		接続法・現在	
finj*o*	fing*imos*	**finj*a***	**finj*amos***
fing*es*	fing*ís*	**finj*as***	**finj*áis***
fing*e*	fing*en*	**finj*a***	**finj*an***

(4) gu → g 語根の gu が o と a の前で g に変化する．

例：**distinguir**（区別する）[巻末] ㉔

直説法・現在

disting*o*	distingu*imos*
distingu*es*	distingu*ís*
distingu*e*	distingu*en*

接続法・現在

disting*a*	**disting*amos***
disting*as*	**disting*áis***
disting*a*	**disting*an***

(5) z → c 語根の z が e の前で c に変化する．

例：**gozar**（楽しむ）[巻末] ㉞

直説法・点過去		接続法・現在	
goc*é*	goz*amos*	**goc*e***	**goc*emos***
goz*aste*	goz*asteis*	**goc*es***	**goc*éis***
goz*ó*	goz*aron*	**goc*e***	**goc*en***

(6) c → qu 語根の c が e の前で qu に変化する．

例：**tocar**（さわる）[巻末] (89)

直説法・点過去		接続法・現在	
toqu*é*	toc*amos*	**toqu*e***	**toqu*emos***
toc*aste*	toc*asteis*	**toqu*es***	**toqu*éis***
toc*ó*	toc*aron*	**toqu*e***	**toqu*en***

(7) g → gu 語根の g が e の前で gu に変化する．

例：**llegar**（到着する）[巻末] ㊶

直説法・点過去		接続法・現在	
llegu*é*	lleg*amos*	**llegu*e***	**llegu*emos***
lleg*aste*	lleg*asteis*	**llegu*es***	**llegu*éis***
lleg*ó*	lleg*aron*	**llegu*e***	**llegu*en***

(8) gu → gü 語根の gu が e の前で gü に変化する．

例：**averiguar**（調べる）[巻末] ⑨

直説法・点過去

averigü*é*	averigu*amos*
averigu*aste*	averigu*asteis*
averigu*ó*	averigu*aron*

接続法・現在

averigü*e*	**averigü*emos***
averigü*es*	**averigü*éis***
averigü*e*	**averigü*en***

2. アクセントの変化

(1) i → í 語根にアクセントがある活用形で，語根の i にアクセントが置かれる．

例: **enviar**（送る）〔命令形・TÚ **envía**〕 巻末 ㉙

直説法・現在		接続法・現在	
envío	envi*amos*	**enví**e	envi*emos*
envías	envi*áis*	**enví**es	envi*éis*
envía	**enví**an	**enví**e	**enví**en

例: **aislar**（隔てる）〔命令形・TÚ **aísla**〕 巻末 ④

直説法・現在		接続法・現在	
aíslo	aisl*amos*	**aísl**e	aisl*emos*
aíslas	aisl*áis*	**aísl**es	aisl*éis*
aísla	**aísl**an	**aísl**e	**aísl**en

例: **prohibir**（禁止する）〔命令形・TÚ **prohíbe**〕 巻末 ㊹

直説法・現在

prohíbo	prohib*imos*
prohíbes	prohib*ís*
prohíbe	**prohíb**en

接続法・現在

prohíba	prohib*amos*
prohíbas	prohib*áis*
prohíba	**prohíb**an

☆ つづり字の変化を伴う動詞がある．

例: **ahincar**（せきたてる）〔つづり字の変化 c → qu〕〔命令形・TÚ **ahínca**〕 巻末 ③

直説法・現在

ahínco	ahinc*amos*
ahíncas	ahinc*áis*
ahínca	**ahínc**an

接続法・現在

ahínque	**ahinqu**emos
ahínques	**ahinqu**éis
ahínque	**ahínqu**en

直説法・点過去

ahinqué	ahinc*amos*
ahinc*aste*	ahinc*asteis*
ahinc*ó*	ahinc*aron*

例: **enraizar**（根づかせる）〔つづり字の変化 z → c〕〔命令形・TÚ **enraíza**〕 巻末 ㉘

直説法・現在

enraízo	enraiz*amos*
enraízas	enraiz*áis*
enraíza	**enraíz**an

接続法・現在

enraíce	**enraic**emos
enraíces	**enraic**éis
enraíce	**enraíc**en

直説法・点過去

enraicé	enraiz*amos*
enraizaste	enraiz*asteis*
enraizó	**enraiz**aron

(2) u → ú 語根にアクセントがある活用形で，語根の u にアクセントが置かれる．

例: **continuar**（続ける）〔命令形・TÚ **continúa**〕 巻末 ⑰

直説法・現在

continúo	continu*amos*
continúas	continu*áis*
continúa	**continú**an

接続法・現在

continúe	continu*emos*
continúes	continu*éis*
continúe	**continú**en

例: **rehusar**（拒む）〔命令形・TÚ **rehúsa**〕 巻末 ㊼

直説法・現在

rehúso	rehus*amos*
rehúsas	rehus*áis*
rehúsa	**rehús**an

接続法・現在

rehúse	rehus*emos*
rehúses	rehus*éis*
rehúse	**rehús**en

例: **reunir**（集める）〔命令形・TÚ **reúne**〕 巻末 ㊿

直説法・現在		接続法・現在	
reúno	reun*imos*	**reún**a	reun*amos*
reúnes	reun*ís*	**reún**as	reun*áis*
reúne	**reún**en	**reún**a	**reún**an

☆ つづり字の変化を伴う動詞がある．

例: **embaucar**（だます）〔つづり字の変化 c → qu〕〔命令形・TÚ **embaúca**〕 巻末 ㉖

直説法・現在

embaúco	embauc*amos*
embaúcas	embauc*áis*
embaúca	**embaúc**an

接続法・現在

embaúque	**embauqu**emos
embaúques	**embauqu**éis
embaúque	**embaúqu**en

直説法・点過去

embauqué	embauc*amos*
embauc*aste*	embauc*asteis*
embauc*ó*	embauc*aron*

(3) 単音節語にはアクセント記号をつけない．

fie （**fiar** 直説法・点過去 YO）
hui （**huir** 〃 〃 巻末 ㊲）
riais （**reír** 接続法・現在 VOSOTROS 巻末 ㊳）

☆ ただし次の単音節語には他の語と区別するためにアクセント記号をつける.

dé (**dar** 接続法現在 YO, ÉL [巻末] ⑲)
sé (**saber** 直説法現在 YO [巻末] ㊷)

3. 母音 i の消失

語根が ll, ñ で終わる動詞は語尾の io, ie の i が消失してそれぞれ o, e となる.

例: **tañer** (弾く) 〔現在分詞 **tañ***endo*〕 [巻末] ⑹

直説法・点過去		接続法・過去	
tañ*í*	tañ*imos*	tañ***era***	tañ***éramos***
tañ*iste*	tañ*isteis*	tañ***eras***	tañ***erais***
tañ***ó***	tañ***eron***	tañ***era***	tañ***eran***

例: **bullir** (沸騰する) 〔現在分詞 **bull***endo*〕 [巻末] ⑩

直説法・点過去		接続法・過去	
bull*í*	bull*imos*	bull***era***	bull***éramos***
bull*iste*	bull*isteis*	bull***eras***	bull***erais***
bull***ó***	bull***eron***	bull***era***	bull***eran***

4. 語根母音の変化

(1) **e → ie** 語根にアクセントがある活用形で語根の e が ie に変化する.

例: **pensar** (考える) 〔命令形・TÚ **piens***a*〕 [巻末] ㊿

直説法・現在		接続法・現在	
piens*o*	pens*amos*	**piens***e*	pens*emos*
piens*as*	pens*áis*	**piens***es*	pens*éis*
piens*a*	**piens***an*	**piens***e*	**piens***en*

例: **perder** (なくす) 〔命令形・TÚ **pierd***e*〕 [巻末] (51)

直説法・現在		接続法・現在	
pierd*o*	perd*emos*	**pierd***a*	perd*amos*
pierd*es*	perd*éis*	**pierd***as*	perd*áis*
pierd*e*	**pierd***en*	**pierd***a*	**pierd***an*

例: **discernir** (識別する) 〔命令形・TÚ **disciern***e*〕 [巻末] ㉓

直説法・現在

disciern*o*	discern*imos*
disciern*es*	discern*ís*
disciern*e*	**disciern***en*

接続法・現在

disciern*a*	discern*amos*
disciern*as*	discern*áis*
disciern*a*	**disciern***an*

☆ つづり字の変化を伴う動詞がある.

例: **empezar** (始める) 〔つづり字の変化 z → c〕 〔命令形・TÚ **empiez***a*〕 [巻末] ㉗

直説法・現在

empiez*o*	empez*amos*
empiez*as*	empez*áis*
empiez*a*	**empiez***an*

接続法・現在

empiec*e*	**empec***emos*
empiec*es*	**empec***éis*
empiec*e*	**empiec***en*

直説法・点過去

empec*é*	empez*amos*
empez*aste*	empez*asteis*
empez*ó*	empez*aron*

例: **negar** (否定する) 〔つづり字の変化 g → gu〕 〔命令形・TÚ **nieg***a*〕 [巻末] ㊻

直説法・現在		接続法・現在	
nieg*o*	neg*amos*	**niegu***e*	**negu***emos*
nieg*as*	neg*áis*	**niegu***es*	**negu***éis*
nieg*a*	**nieg***an*	**niegu***e*	**niegu***en*

直説法・点過去

negu*é*	neg*amos*
neg*aste*	neg*asteis*
neg*ó*	neg*aron*

(2) **e → ye** 語根にアクセントがある活用形で語根の e が ye に変化する.

例: **errar** (間違える) 〔命令形・TÚ **yerr***a*〕 [巻末] ㉚

直説法・現在		接続法・現在	
yerr*o*	err*amos*	**yerr***e*	err*emos*
yerr*as*	err*áis*	**yerr***es*	err*éis*
yerr*a*	**yerr***an*	**yerr***e*	**yerr***en*

(3) **i → ie** 語根にアクセントがある活用形で語根の i が ie に変化する.

例: **adquirir** (獲得する) 〔命令形・TÚ **adquier***e*〕 [巻末] ①

直説法・現在

adquier*o*	adquir*imos*
adquier*es*	adquir*ís*
adquier*e*	**adquier***en*

接続法・現在

adquier*a*	adquir*amos*
adquier*as*	adquir*áis*
adquier*a*	**adquier***an*

(4) **o → ue** 語根にアクセントがある活用形で語根の o が ue に変化する.

例: **contar** (数える) 〔命令形・TÚ **cuent***a*〕 [巻末] ⑯

直説法・現在		接続法・現在	
cuent*o*	cont*amos*	**cuent***e*	cont*emos*
cuent*as*	cont*áis*	**cuent***es*	cont*éis*
cuent*a*	**cuent***an*	**cuent***e*	**cuent***en*

例: **mover** (動く) 〔命令形・TÚ **muev***e*〕 [巻末] ㊹

直説法・現在		接続法・現在	
muev*o*	mov*emos*	**muev***a*	mov*amos*
muev*es*	mov*éis*	**muev***as*	mov*áis*
muev*e*	**muev***en*	**muev***a*	**muev***an*

☆ つづり字の変化を伴う動詞がある.

例: **forzar** (強制する)〔つづり字の変化 z → c〕〔命令形・TÚ **fuerz***a*〕[巻末] ㉝

直説法・現在		接続法・現在	
fuerz*o*	forz*amos*	**fuerc***e*	**forc***emos*
fuerz*as*	forz*áis*	**fuerc***es*	**forc***éis*
fuerz*a*	**fuerz***an*	**fuerc***e*	**fuerc***en*

直説法・点過去

forc*é*	forz*amos*
forz*aste*	forz*asteis*
forz*ó*	forz*aron*

例: **cocer** (煮る)〔つづり字の変化 z → c〕〔命令形・TÚ **cuec***e*〕[巻末] ⑬

直説法・現在		接続法・現在	
cuez*o*	coc*emos*	**cuez***a*	**coz***amos*
cuec*es*	coc*éis*	**cuez***as*	**coz***áis*
cuec*e*	**cuec***en*	**cuez***a*	**cuez***an*

例: **rogar** (懇願する)〔つづり字の変化 g → gu〕〔命令形・TÚ **rueg***a*〕[巻末] (61)

直説法・現在		接続法・現在	
rueg*o*	rog*amos*	**ruegu***e*	**rogu***emos*
rueg*as*	rog*áis*	**ruegu***es*	**rogu***éis*
rueg*a*	**rueg***an*	**ruegu***e*	**ruegu***en*

直説法・点過去

rogu*é*	rog*amos*
rog*aste*	rog*asteis*
rog*ó*	rog*aron*

例: **volcar** (ひっくり返す)〔つづり字の変化 c → qu〕〔命令形・TÚ **vuelc***a*〕[巻末] (75)

直説法・現在

vuelc*o*	volc*amos*
vuelc*as*	volc*áis*
vuelc*a*	**vuelc***an*

接続法・現在

vuelqu*e*	**volqu***emos*
vuelqu*es*	**volqu***éis*
vuelqu*e*	**vuelqu***en*

直説法・点過去

volqu*é*	volc*amos*
volc*aste*	volc*asteis*
volc*ó*	volc*aron*

☆ **volver** は語根母音の変化 o → ue の他に過去分詞が不規則である.

volver (戻る)〔過去分詞 **vuelto**; 命令形・TÚ **vuelv***e*〕[巻末] (76)

直説法・現在		接続法・現在	
vuelv*o*	volv*emos*	**vuelv***a*	volv*amos*
vuelv*es*	volv*éis*	**vuelv***as*	volv*áis*
vuelv*e*	**vuelv***en*	**vuelv***a*	**vuelv***an*

(5) **o → hue** 語根にアクセントがある活用形で語根の o が hue に変化する.

例: **oler** (におう)〔命令形・TÚ **huel***e*〕[巻末] ㊽

直説法・現在		接続法・現在	
huel*o*	ol*emos*	**huel***a*	ol*amos*
huel*es*	ol*éis*	**huel***as*	ol*áis*
huel*e*	**huel***en*	**huel***a*	**huel***an*

例: **desosar** (骨を抜く)〔命令形・TÚ **deshues***a*〕[巻末] ㉒

直説法・現在

deshues*o*	desos*amos*
deshues*as*	desos*áis*
deshues*a*	**deshues***an*

接続法・現在

deshues*e*	desos*emos*
deshues*es*	desos*éis*
deshues*e*	**deshues***en*

(6) **o → üe** 語根にアクセントがある活用形で語根の o が üe に変化する.

例: **agorar** (予言する)〔命令形・TÚ **agüer***a*〕[巻末] ②

直説法・現在		接続法・現在	
agüer*o*	agor*amos*	**agüer***e*	agor*emos*
agüer*as*	agor*áis*	**agüer***es*	agor*éis*
agüer*a*	**agüer***an*	**agüer***e*	**agüer***en*

☆ つづり字の変化を伴う動詞がある.

例: **avergonzar** (恥じ入らせる)〔つづり字の変化 z → c〕〔命令形・TÚ **avergüenz***a*〕[巻末] ⑧

直説法・現在

avergüenz*o*	avergonz*amos*
avergüenz*as*	avergonz*áis*
avergüenz*a*	**avergüenz***an*

接続法・現在

avergüenc*e*	**avergonc***emos*
avergüenc*es*	**avergonc***éis*
avergüenc*e*	**avergüenc***en*

直説法・点過去

avergonc*é*	avergonz*amos*
avergonz*aste*	avergonz*asteis*
avergonz*ó*	avergonz*aron*

(7) **u → ue** 語根にアクセントがある活用形で語根の u が ue に変化する.

例: **jugar** (遊ぶ)〔つづり字の変化 g → gu〕〔命令形・TÚ **jueg***a*〕[巻末] ㊴

直説法・現在		接続法・現在	
jueg*o*	jug*amos*	**juegu***e*	**jugu***emos*
jueg*as*	jug*áis*	**juegu***es*	**jugu***éis*
jueg*a*	**jueg***an*	**juegu***e*	**juegu***en*

直説法・点過去

jugu*é*	jug*amos*
jug*aste*	jug*asteis*
jug*ó*	jug*aron*

(8) **e → i** 語尾が母音 i 以外 (o, e, a, io, ie) のときに語根の e が i に変化する.

例: **pedir** (頼む)〔現在分詞 **pid***iendo*; 命令形・TÚ **pid***e*〕[巻末] ㊾

直説法・現在		接続法・現在	
pid*o*	ped*imos*	**pid***a*	**pid***amos*
pid*es*	ped*ís*	**pid***as*	**pid***áis*
pid*e*	**pid***en*	**pid***a*	**pid***an*

直説法・点過去		接続法・過去	
ped*í*	ped*imos*	**pid***iera*	**pid***iéramos*
ped*iste*	ped*isteis*	**pid***ieras*	**pid***ierais*
pid*ió*	**pid***ieron*	**pid***iera*	**pid***ieran*

☆ つづり字の変化を伴う動詞がある.

例: **corregir** (修正する)〔つづり字の変化 g → j〕〔現在分詞 **corrig***iendo*; 命令形・TÚ **corrig***e*〕[巻末] ⑱

直説法・現在	
corrij*o*	correg*imos*
corrig*es*	correg*ís*
corrig*e*	**corrig***en*

接続法・現在	
corrij*a*	**corrij***amos*
corrij*as*	**corrij***áis*
corrij*a*	**corrij***an*

直説法・点過去	
correg*í*	correg*imos*
correg*iste*	correg*isteis*
corrig*ió*	**corrig***ieron*

接続法・過去	
corrig*iera*	**corrig***iéramos*
corrig*ieras*	**corrig***ierais*
corrig*iera*	**corrig***ieran*

例: **seguir** (続く)〔つづり字の変化 gu → g〕〔現在分詞 **sigu***iendo*; 命令形・TÚ **sigu***e*〕[巻末] ⑹4

直説法・現在		接続法・現在	
sig*o*	segu*imos*	**sig***a*	**sig***amos*
sigu*es*	segu*ís*	**sig***as*	**sig***áis*
sigu*e*	**sigu***en*	**sig***a*	**sig***an*

直説法・点過去	
segu*í*	segu*imos*
segu*iste*	segu*isteis*
sigu*ió*	**sigu***ieron*

接続法・過去	
sigu*iera*	**sigu***iéramos*
sigu*ieras*	**sigu***ierais*
sigu*iera*	**sigu***ieran*

☆ 語尾の母音 i が消失する動詞がある.

例: **reñir** (しかる)〔現在分詞 **riñ***endo*; 命令形・TÚ **riñ***e*〕[巻末] ㊾

直説法・現在		接続法・現在	
riñ*o*	reñ*imos*	**riñ***a*	**riñ***amos*
riñ*es*	reñ*ís*	**riñ***as*	**riñ***áis*
riñ*e*	**riñ***en*	**riñ***a*	**riñ***an*

直説法・点過去		接続法・過去	
reñ*í*	reñ*imos*	**riñera**	**riñéramos**
reñ*iste*	reñ*isteis*	**riñeras**	**riñerais**
riñó	**riñeron**	**riñera**	**riñeran**

例: **reír** (笑う)〔現在分詞 **riendo**; 過去分詞 **reído**; 命令形・TÚ **ríe**〕[巻末] ㊽

直説法・現在		接続法・現在	
rí*o*	**re***ímos*	**rí***a*	**ri***amos*
rí*es*	re*ís*	**rí***as*	**ri***ais*
rí*e*	**rí***en*	**rí***a*	**rí***an*

直説法・点過去		接続法・過去	
re*í*	**re***ímos*	**riera**	**riéramos**
re*íste*	**re***ísteis*	**rieras**	**rierais**
rio	**rieron**	**riera**	**rieran**

(9) **e → ie, i** 語根にアクセントがある活用形で e が ie に変化する. その他の活用形では, 語尾が母音 i 以外 (a, io, ie) のとき語根の e が i に変化する.

例: **sentir** (感じる)〔現在分詞 **sint***iendo*; 命令形・TÚ **siente**〕[巻末] ㊿5

直説法・現在		接続法・現在	
sient*o*	sent*imos*	**sient***a*	**sint***amos*
sient*es*	sent*ís*	**sient***as*	**sint***áis*
sient*e*	**sient***en*	**sient***a*	**sient***an*

直説法・点過去	
sent*í*	sent*imos*
sent*iste*	sent*isteis*
sint*ió*	**sint***ieron*

接続法・過去	
sint*iera*	**sint***iéramos*
sint*ieras*	**sint***ierais*
sint*iera*	**sint***ieran*

(10) **o → ue, u** 語根にアクセントがある活用形で o が ue に変化する. その他の活用形では, 語尾が母音 i 以外 (a, io, ie) のときに語根の o が u に変化する.

例: **dormir** (眠る)〔現在分詞 **dur***miendo*; 命令形・TÚ **duerme**〕[巻末] ㉕

直説法・現在	
duerm*o*	dorm*imos*
duerm*es*	dorm*ís*
duerm*e*	**duerm***en*

接続法・現在	
duerm*a*	**durm***amos*
duerm*as*	**durm***áis*
duerm*a*	**duerm***an*

直説法・点過去	
dorm*í*	dorm*imos*
dorm*iste*	dorm*isteis*
durm*ió*	**durm***ieron*

接続法・過去

durmiera	**durmiéramos**
durmieras	**durmierais**
durmiera	**durmieran**

☆ **morir** は語根母音の変化 o → ue, u の他に, 過去分詞が不規則である.

morir (死ぬ) 〔現在分詞 **muriendo**; 過去分詞 **muerto**; 命令形・TÚ **muere**〕[巻末] ㊺

直説法・現在		接続法・現在	
muero	morimos	**muera**	**muramos**
mueres	morís	**mueras**	**muráis**
muere	**mueren**	**muera**	**mueran**

直説法・点過去

morí	morimos
moriste	moristeis
murió	**murieron**

接続法・過去

muriera	**muriéramos**
murieras	**murierais**
muriera	**murieran**

5. 語根子音の変化

語根の子音 c が語尾の母音 o, a の前で zc に変化する.

例: **nacer** (生まれる) [巻末] ㊺

直説法・現在		接続法・現在	
nazco	nacemos	**nazca**	**nazcamos**
naces	nacéis	**nazcas**	**nazcáis**
nace	nacen	**nazca**	**nazcan**

例: **lucir** (光る) [巻末] ㊶

直説法・現在		接続法・現在	
luzco	lucimos	**luzca**	**luzcamos**
luces	lucís	**luzcas**	**luzcáis**
luce	lucen	**luzca**	**luzcan**

6. 語尾 uir の変化

語尾の母音 o, e, a の前で y が挿入される. 語尾の io, ie が yo, ye となる.

例: **huir** (逃げる) 〔現在分詞 **huyendo**; 命令形・TÚ **huye**〕[巻末] ㊲

直説法・現在		接続法・現在	
huyo	huimos	**huya**	**huyamos**
huyes	huis	**huyas**	**huyáis**
huye	**huyen**	**huya**	**huyan**

直説法・点過去		接続法・過去	
hui	huimos	**huyera**	**huyéramos**
huiste	huisteis	**huyeras**	**huyerais**
huyó	**huyeron**	**huyera**	**huyeran**

construir など複音節語の直現 2 複は construís のようにアクセント記号が必要.

☆ **rehuir** はアクセントの変化 u → ú がある.

rehuir (避ける) 〔現在分詞 **rehuyendo**; 命令形・TÚ **rehúye**〕[巻末] (56)

直説法・現在		接続法・現在	
rehúyo	rehuimos	**rehúya**	**rehuyamos**
rehúyes	rehuís	**rehúyas**	**rehuyáis**
rehúye	**rehúyen**	**rehúya**	**rehúyan**

直説法・点過去

rehuí	rehuimos
rehuiste	rehuisteis
rehuyó	**rehuyeron**

接続法・過去

rehuyera	**rehuyéramos**
rehuyeras	**rehuyerais**
rehuyera	**rehuyeran**

☆ **güir** で終わる動詞ではつづり字の変化 ü → u がある.

argüir (論じる) 〔現在分詞 **arguyendo**; 命令形・TÚ **arguye**〕[巻末] ⑥

直説法・現在

arguyo	argüimos
arguyes	argüís
arguye	**arguyen**

接続法・現在

arguya	**arguyamos**
arguyas	**arguyáis**
arguya	**arguyan**

直説法・点過去

argüí	argüimos
argüiste	argüisteis
arguyó	**arguyeron**

接続法・過去

arguyera	**arguyéramos**
arguyeras	**arguyerais**
arguyera	**arguyeran**

7. 特別な変化

★ **andar** (歩く) [巻末] ⑤

直説法・点過去

anduve	**anduvimos**
anduviste	**anduvisteis**
anduvo	**anduvieron**

接続法・過去

anduviera	**anduviéramos**
anduvieras	**anduvierais**
anduviera	**anduvieran**

★ **asir** (つかむ) [巻末] ⑦

直説法・現在		接続法・現在	
asgo	asimos	**asga**	**asgamos**
ases	asís	**asgas**	**asgáis**
ase	asen	**asga**	**asgan**

★ **caber** (入る) [巻末] ⑪

直説法・現在		接続法・現在	
quepo	cabemos	**quepa**	**quepamos**
cabes	cabéis	**quepas**	**quepáis**
cabe	caben	**quepa**	**quepan**

直説法・点過去	
cupe	cupimos
cupiste	cupisteis
cupo	cupieron

接続法・過去	
cupiera	cupiéramos
cupieras	cupierais
cupiera	cupieran

直説法・未来	
cabré	cabremos
cabrás	cabréis
cabrá	cabrán

直説法・過去未来	
cabría	cabríamos
cabrías	cabríais
cabría	cabrían

★ **caer** (落ちる)〔現在分詞 **cayendo**; 過去分詞 **caído**〕[巻末] ⑫

直説法・現在		接続法・現在	
caigo	caemos	caiga	caigamos
caes	caéis	caigas	caigáis
cae	caen	caiga	caigan

直説法・点過去		接続法・過去	
caí	caímos	cayera	cayéramos
caíste	caísteis	cayeras	cayerais
cayó	cayeron	cayera	cayeran

★ **conducir** (運転する) [巻末] ⑮

直説法・現在	
conduzco	conducimos
conduces	conducís
conduce	conducen

接続法・現在	
conduzca	conduzcamos
conduzcas	conduzcáis
conduzca	conduzcan

直説法・点過去	
conduje	condujimos
condujiste	condujisteis
condujo	condujeron

接続法・過去	
condujera	condujéramos
condujeras	condujerais
condujera	condujeran

★ **dar** (与える) [巻末] ⑲

直説法・現在		接続法・現在	
doy	damos	dé	demos
das	dais	des	deis
da	dan	dé	den

直説法・点過去		接続法・過去	
di	dimos	diera	diéramos
diste	disteis	dieras	dierais
dio	dieron	diera	dieran

★ **decir** (言う)〔現在分詞 **diciendo**; 過去分詞 **dicho**; 命令形・TÚ **di**〕[巻末] ⑳

直説法・現在		接続法・現在	
digo	decimos	diga	digamos
dices	decís	digas	digáis
dice	dicen	diga	digan

直説法・点過去		接続法・過去	
dije	dijimos	dijera	dijéramos
dijiste	dijisteis	dijeras	dijerais
dijo	dijeron	dijera	dijeran

未来		過去未来	
diré	diremos	diría	diríamos
dirás	diréis	dirías	diríais
dirá	dirán	diría	dirían

★ **estar** (…である)〔命令形・TÚ **está**〕[巻末] ㉛

直説法・現在		接続法・現在	
estoy	estamos	esté	estemos
estás	estáis	estés	estéis
está	están	esté	estén

直説法・点過去	
estuve	estuvimos
estuviste	estuvisteis
estuvo	estuvieron

接続法・過去	
estuviera	estuviéramos
estuvieras	estuvierais
estuviera	estuvieran

★ **haber** (ある) [巻末] ㉟

直説法・現在		接続法・現在	
he	hemos	haya	hayamos
has	habéis	hayas	hayáis
ha (hay)	han	haya	hayan

直説法・点過去	
hube	hubimos
hubiste	hubisteis
hubo	hubieron

接続法・過去	
hubiera	hubiéramos
hubieras	hubierais
hubiera	hubieran

直説法・未来	
habré	habremos
habrás	habréis
habrá	habrán

直説法・過去未来	
habría	habríamos
habrías	habríais
habría	habrían

★ **hacer** (する)〔過去分詞 **hecho**; 命令形・TÚ **haz**〕[巻末] ㊱

直説法・現在		接続法・現在	
hago	hacemos	haga	hagamos
haces	hacéis	hagas	hagáis
hace	hacen	haga	hagan

直説法・点過去		接続法・過去	
hice	hicimos	hiciera	hiciéramos
hiciste	hicisteis	hicieras	hicierais
hizo	hicieron	hiciera	hicieran

直説法・未来		直説法・過去未来	
haré	haremos	haría	haríamos
harás	haréis	harías	haríais
hará	harán	haría	harían

★ **ir** (行く)〔現在分詞 *yendo*; 命令形・TÚ *ve*〕巻末 ㊳

直説法・現在		接続法・現在	
voy	vamos	vaya	vayamos
vas	vais	vayas	vayáis
va	van	vaya	vayan

直説法・点過去		接続法・過去	
fui	fuimos	fuera	fuéramos
fuiste	fuisteis	fueras	fuerais
fue	fueron	fuera	fueran

直説法・線過去	
iba	íbamos
ibas	ibais
iba	iban

★ **leer** (読む)〔現在分詞 **leyendo**; 過去分詞 **leído**〕巻末 ㊵

直説法・点過去		接続法・過去	
leí	leímos	leyera	leyéramos
leíste	leísteis	leyeras	leyerais
leyó	leyeron	leyera	leyeran

★ **oír** (聞く)〔現在分詞 **oyendo**; 過去分詞 **oído**; 命令形・TÚ **oye**〕巻末 ㊼

直説法・現在		接続法・現在	
oigo	oímos	oiga	oigamos
oyes	oís	oigas	oigáis
oye	oyen	oiga	oigan

直説法・点過去		接続法・過去	
oí	oímos	oyera	oyéramos
oíste	oísteis	oyeras	oyerais
oyó	oyeron	oyera	oyeran

★ **poder** (…できる)〔現在分詞 **pudiendo**〕巻末 ㊾

直説法・現在		接続法・現在	
puedo	podemos	pueda	podamos
puedes	podéis	puedas	podáis
puede	pueden	pueda	puedan

直説法・点過去	
pude	pudimos
pudiste	pudisteis
pudo	pudieron

接続法・過去	
pudiera	pudiéramos
pudieras	pudierais
pudiera	pudieran

直説法・未来	
podré	podremos
podrás	podréis
podrá	podrán

直説法・過去未来	
podría	podríamos
podrías	podríais
podría	podrían

★ **poner** (置く)〔過去分詞 **puesto**; 命令形・TÚ **pon**〕巻末 53

直説法・現在		接続法・現在	
pongo	ponemos	ponga	pongamos
pones	ponéis	pongas	pongáis
pone	ponen	ponga	pongan

直説法・点過去		接続法・過去	
puse	pusimos	pusiera	pusiéramos
pusiste	pusisteis	pusieras	pusierais
puso	pusieron	pusiera	pusieran

直説法・未来	
pondré	pondremos
pondrás	pondréis
pondrá	pondrán

過去未来	
pondría	pondríamos
pondrías	pondríais
pondría	pondrían

★ **querer** (望む)〔命令形・TÚ **quiere**〕巻末 55

直説法・現在		接続法・現在	
quiero	queremos	quiera	queramos
quieres	queréis	quieras	queráis
quiere	quieren	quiera	quieran

直説法・点過去	
quise	quisimos
quisiste	quisisteis
quiso	quisieron

接続法・過去	
quisiera	quisiéramos
quisieras	quisierais
quisiera	quisieran

直説法・未来	
querré	querremos
querrás	querréis
querrá	querrán

直説法・過去未来	
querría	querríamos
querrías	querríais
querría	querrían

★ **saber** (知る) 巻末 62

直説法・現在		接続法・現在	
sé	sabemos	sepa	sepamos
sabes	sabéis	sepas	sepáis
sabe	saben	sepa	sepan

直説法・点過去

sup*e*	**sup*imos***
sup*iste*	**sup*isteis***
sup*o*	**sup*ieron***

接続法・過去

sup*iera*	**sup*iéramos***
sup*ieras*	**sup*ierais***
sup*iera*	**sup*ieran***

直説法・未来

sabr*é*	**sabr*emos***
sabr*ás*	**sabr*éis***
sabr*á*	**sabr*án***

直説法・過去未来

sabr*ía*	**sabr*íamos***
sabr*ías*	**sabr*íais***
sabr*ía*	**sabr*ían***

★ **salir** (出る)〔命令形・TÚ **sal**〕[巻末] (63)

直説法・現在		接続法・現在	
salg*o*	sal*imos*	**salg*a***	**salg*amos***
sal*es*	sal*ís*	**salg*as***	**salg*áis***
sal*e*	sal*en*	**salg*a***	**salg*an***

直説法・未来

saldr*é*	**saldr*emos***
saldr*ás*	**saldr*éis***
saldr*á*	**saldr*án***

直説法・過去未来

saldr*ía*	**saldr*íamos***
saldr*ías*	**saldr*íais***
saldr*ía*	**saldr*ían***

★ **ser** (…である)〔命令形・TÚ **sé**〕[巻末] (66)

直説法・現在		接続法・現在	
soy	**somos**	**se*a***	**se*amos***
eres	**sois**	**se*as***	**se*áis***
es	**son**	**se*a***	**se*an***

直説法・点過去		接続法・過去	
fu*i*	**fu*imos***	**fu*era***	**fu*éramos***
fu*iste*	**fu*isteis***	**fu*eras***	**fu*erais***
fu*e*	**fu*eron***	**fu*era***	**fu*eran***

直説法・線過去

era	**éramos**
eras	**erais**
era	**eran**

★ **tener** (持つ)〔命令形・TÚ **ten**〕[巻末] (68)

直説法・現在		接続法・現在	
teng*o*	ten*emos*	**teng*a***	**teng*amos***
tien*es*	ten*éis*	**teng*as***	**teng*áis***
tien*e*	**tien*en***	**teng*a***	**teng*an***

直説法・点過去		接続法・過去	
tuv*e*	**tuv*imos***	**tuv*iera***	**tuv*iéramos***
tuv*iste*	**tuv*isteis***	**tuv*ieras***	**tuv*ierais***
tuv*o*	**tuv*ieron***	**tuv*iera***	**tuv*ieran***

直説法・未来

tendr*é*	**tendr*emos***
tendr*ás*	**tendr*éis***
tendr*á*	**tendr*án***

直説法・過去未来

tendr*ía*	**tendr*íamos***
tendr*ías*	**tendr*íais***
tendr*ía*	**tendr*ían***

★ **traer** (持ってくる)〔現在分詞 **tra*yendo***; 過去分詞 **tra*ído***〕[巻末] (70)

直説法・現在		接続法・現在	
traig*o*	tra*emos*	**traig*a***	**traig*amos***
tra*es*	tra*éis*	**traig*as***	**traig*áis***
tra*e*	tra*en*	**traig*a***	**traig*an***

直説法・点過去		接続法・過去	
traj*e*	**traj*imos***	**traj*era***	**traj*éramos***
traj*iste*	**traj*isteis***	**traj*eras***	**traj*erais***
traj*o*	**traj*eron***	**traj*era***	**traj*eran***

★ **valer** (値する) [巻末] (71)

直説法・現在		接続法・現在	
valg*o*	val*emos*	**valg*a***	**valg*amos***
val*es*	val*éis*	**valg*as***	**valg*áis***
val*e*	val*en*	**valg*a***	**valg*an***

直説法・未来

valdr*é*	**valdr*emos***
valdr*ás*	**valdr*éis***
valdr*á*	**valdr*án***

直説法・過去未来

valdr*ía*	**valdr*íamos***
valdr*ías*	**valdr*íais***
valdr*ía*	**valdr*ían***

★ **venir** (来る)〔現在分詞 **vin*iendo***; 命令形・TÚ **ven**〕[巻末] (73)

直説法・現在		接続法・現在	
veng*o*	ven*imos*	**veng*a***	**veng*amos***
vien*es*	ven*ís*	**veng*as***	**veng*áis***
vien*e*	**vien*en***	**veng*a***	**veng*an***

直説法・点過去		接続法・過去	
vin*e*	**vin*imos***	**vin*iera***	**vin*iéramos***
vin*iste*	**vin*isteis***	**vin*ieras***	**vin*ierais***
vin*o*	**vin*ieron***	**vin*iera***	**vin*ieran***

直説法・未来

vendr*é*	**vendr*emos***
vendr*ás*	**vendr*éis***
vendr*á*	**vendr*án***

直説法・過去未来

vendr*ía*	**vendr*íamos***
vendr*ías*	**vendr*íais***
vendr*ía*	**vendr*ían***

★ **ver** (見る)〔過去分詞 **visto**〕[巻末] (74)

直説法・現在		接続法・現在	
ve*o*	v*emos*	**ve*a***	**ve*amos***
v*es*	**v*eis***	**ve*as***	**ve*áis***
v*e*	v*en*	**ve*a***	**ve*an***

直説法・線過去

ve*ía*	**ve*íamos***
ve*ías*	**ve*íais***
ve*ía*	**ve*ían***

規則動詞 （**ar** 動詞） **amar** （愛する）

	不定詞		amar
現在分詞	am**ando**	不定詞完了形	**haber** amado
過去分詞	am**ado**	現在分詞完了形	**habiendo** amado
命令（TÚ）[VOS]	am**a** [am**á**]		
命令（VOSOTROS）	am**ad**		

直説法現在	(YO)	am**o**	現在完了	(YO)	**he** amado
	(TÚ) [VOS]	am**as** [am**ás**]		(TÚ)	**has** amado
	(ÉL)	am**a**		(ÉL)	**ha** amado
	(NOSOTROS)	am**amos**		(NOSOTROS)	**hemos** amado
	(VOSOTROS)	am**áis**		(VOSOTROS)	**habéis** amado
	(ELLOS)	am**an**		(ELLOS)	**han** amado
点過去	(YO)	am**é**	点過去完了	(YO)	**hube** amado
	(TÚ)	am**aste**		(TÚ)	**hubiste** amado
	(ÉL)	am**ó**		(ÉL)	**hubo** amado
	(NOSOTROS)	am**amos**		(NOSOTROS)	**hubimos** amado
	(VOSOTROS)	am**asteis**		(VOSOTROS)	**hubisteis** amado
	(ELLOS)	am**aron**		(ELLOS)	**hubieron** amado
線過去	(YO)	am**aba**	線過去完了	(YO)	**había** amado
	(TÚ)	am**abas**		(TÚ)	**habías** amado
	(ÉL)	am**aba**		(ÉL)	**había** amado
	(NOSOTROS)	am**ábamos**		(NOSOTROS)	**habíamos** amado
	(VOSOTROS)	am**abais**		(VOSOTROS)	**habíais** amado
	(ELLOS)	am**aban**		(ELLOS)	**habían** amado
未来	(YO)	am**aré**	未来完了	(YO)	**habré** amado
	(TÚ)	am**arás**		(TÚ)	**habrás** amado
	(ÉL)	am**ará**		(ÉL)	**habrá** amado
	(NOSOTROS)	am**aremos**		(NOSOTROS)	**habremos** amado
	(VOSOTROS)	am**aréis**		(VOSOTROS)	**habréis** amado
	(ELLOS)	am**arán**		(ELLOS)	**habrán** amado
過去未来	(YO)	am**aría**	過去未来完了	(YO)	**habría** amado
	(TÚ)	am**arías**		(TÚ)	**habrías** amado
	(ÉL)	am**aría**		(ÉL)	**habría** amado
	(NOSOTROS)	am**aríamos**		(NOSOTROS)	**habríamos** amado
	(VOSOTROS)	am**aríais**		(VOSOTROS)	**habríais** amado
	(ELLOS)	am**arían**		(ELLOS)	**habrían** amado
接続法現在	(YO)	am**e**	接続法現在完了	(YO)	**haya** amado
	(TÚ)	am**es**		(TÚ)	**hayas** amado
	(ÉL)	am**e**		(ÉL)	**haya** amado
	(NOSOTROS)	am**emos**		(NOSOTROS)	**hayamos** amado
	(VOSOTROS)	am**éis**		(VOSOTROS)	**hayáis** amado
	(ELLOS)	am**en**		(ELLOS)	**hayan** amado
接続法過去 **ra**	(YO)	am**ara**	接続法過去完了 **ra**	(YO)	**hubiera** amado
	(TÚ)	am**aras**		(TÚ)	**hubieras** amado
	(ÉL)	am**ara**		(ÉL)	**hubiera** amado
	(NOSOTROS)	am**áramos**		(NOSOTROS)	**hubiéramos** amado
	(VOSOTROS)	am**arais**		(VOSOTROS)	**hubierais** amado
	(ELLOS)	am**aran**		(ELLOS)	**hubieran** amado
接続法過去 **se**	(YO)	am**ase**	接続法過去完了 **se**	(YO)	**hubiese** amado
	(TÚ)	am**ases**		(TÚ)	**hubieses** amado
	(ÉL)	am**ase**		(ÉL)	**hubiese** amado
	(NOSOTROS)	am**ásemos**		(NOSOTROS)	**hubiésemos** amado
	(VOSOTROS)	am**aseis**		(VOSOTROS)	**hubieseis** amado
	(ELLOS)	am**asen**		(ELLOS)	**hubiesen** amado

規則動詞 (er 動詞) **comer** (食べる)

	不定詞				comer
現在分詞		**comiendo**	不定詞完了形		**haber** comido
過去分詞		**comido**	現在分詞完了形		**habiendo** comido
命令	(TÚ) [VOS]	come [comé]			
命令	(VOSOTROS)	comed			
直	(YO)	como	現	(YO)	**he** comido
説	(TÚ) [VOS]	comes [comés]	在	(TÚ)	**has** comido
法	(ÉL)	come	完	(ÉL)	**ha** comido
現	(NOSOTROS)	com**emos**	了	(NOSOTROS)	**hemos** comido
在	(VOSOTROS)	com**éis**		(VOSOTROS)	**habéis** comido
	(ELLOS)	com**en**		(ELLOS)	**han** comido
点	(YO)	com**í**	点	(YO)	**hube** comido
過	(TÚ)	com**iste**	過	(TÚ)	**hubiste** comido
去	(ÉL)	com**ió**	去	(ÉL)	**hubo** comido
	(NOSOTROS)	com**imos**	完	(NOSOTROS)	**hubimos** comido
	(VOSOTROS)	com**isteis**	了	(VOSOTROS)	**hubisteis** comido
	(ELLOS)	com**ieron**		(ELLOS)	**hubieron** comido
線	(YO)	com**ía**	線	(YO)	**había** comido
過	(TÚ)	com**ías**	過	(TÚ)	**habías** comido
去	(ÉL)	com**ía**	去	(ÉL)	**había** comido
	(NOSOTROS)	com**íamos**	完	(NOSOTROS)	**habíamos** comido
	(VOSOTROS)	com**íais**	了	(VOSOTROS)	**habíais** comido
	(ELLOS)	com**ían**		(ELLOS)	**habían** comido
未	(YO)	comer**é**	未	(YO)	**habré** comido
来	(TÚ)	comer**ás**	来	(TÚ)	**habrás** comido
	(ÉL)	comer**á**	完	(ÉL)	**habrá** comido
	(NOSOTROS)	comer**emos**	了	(NOSOTROS)	**habremos** comido
	(VOSOTROS)	comer**éis**		(VOSOTROS)	**habréis** comido
	(ELLOS)	comer**án**		(ELLOS)	**habrán** comido
過	(YO)	comer**ía**	過	(YO)	**habría** comido
去	(TÚ)	comer**ías**	去	(TÚ)	**habrías** comido
未	(ÉL)	comer**ía**	未	(ÉL)	**habría** comido
来	(NOSOTROS)	comer**íamos**	来	(NOSOTROS)	**habríamos** comido
	(VOSOTROS)	comer**íais**	完	(VOSOTROS)	**habríais** comido
	(ELLOS)	comer**ían**	了	(ELLOS)	**habrían** comido
接	(YO)	com**a**	接現	(YO)	**haya** comido
続	(TÚ)	com**as**	続在	(TÚ)	**hayas** comido
法	(ÉL)	com**a**	法完	(ÉL)	**haya** comido
現	(NOSOTROS)	com**amos**	了	(NOSOTROS)	**hayamos** comido
在	(VOSOTROS)	com**áis**		(VOSOTROS)	**hayáis** comido
	(ELLOS)	com**an**		(ELLOS)	**hayan** comido
接	(YO)	com**iera**	接過	(YO)	**hubiera** comido
続	(TÚ)	com**ieras**	続去	(TÚ)	**hubieras** comido
法	(ÉL)	com**iera**	法完	(ÉL)	**hubiera** comido
過	(NOSOTROS)	com**iéramos**	了	(NOSOTROS)	**hubiéramos** comido
去	(VOSOTROS)	com**ierais**	**ra**	(VOSOTROS)	**hubierais** comido
ra	(ELLOS)	com**ieran**		(ELLOS)	**hubieran** comido
接	(YO)	com**iese**	接過	(YO)	**hubiese** comido
続	(TÚ)	com**ieses**	続去	(TÚ)	**hubieses** comido
法	(ÉL)	com**iese**	法完	(ÉL)	**hubiese** comido
過	(NOSOTROS)	com**iésemos**	了	(NOSOTROS)	**hubiésemos** comido
去	(VOSOTROS)	com**ieseis**	**se**	(VOSOTROS)	**hubieseis** comido
se	(ELLOS)	com**iesen**		(ELLOS)	**hubiesen** comido

規則動詞 （ir 動詞） **vivir** （生きる）

	不定詞		amir
現在分詞	vi**viendo**	不定詞完了形	**haber** vivido
過去分詞	vi**vido**	現在分詞完了形	**habiendo** vivido
命令 (TÚ) [VOS]	viv**e** [viv**í**]		
命令 (VOSOTROS)	viv**id**		

直	(YO)	viv**o**	現	(YO)	**he** vivido
説	(TÚ) [VOS]	viv**es** [viv**ís**]	在	(TÚ)	**has** vivido
法	(ÉL)	viv**e**	完	(ÉL)	**ha** vivido
現	(NOSOTROS)	viv**imos**	了	(NOSOTROS)	**hemos** vivido
在	(VOSOTROS)	viv**ís**		(VOSOTROS)	**habéis** vivido
	(ELLOS)	viv**en**		(ELLOS)	**han** vivido
点	(YO)	viv**í**	点	(YO)	**hube** vivido
過	(TÚ)	viv**iste**	過	(TÚ)	**hubiste** vivido
去	(ÉL)	viv**ió**	去	(ÉL)	**hubo** vivido
	(NOSOTROS)	viv**imos**	完	(NOSOTROS)	**hubimos** vivido
	(VOSOTROS)	viv**isteis**	了	(VOSOTROS)	**hubisteis** vivido
	(ELLOS)	viv**ieron**		(ELLOS)	**hubieron** vivido
線	(YO)	viv**ía**	線	(YO)	**había** vivido
過	(TÚ)	viv**ías**	過	(TÚ)	**habías** vivido
去	(ÉL)	viv**ía**	去	(ÉL)	**había** vivido
	(NOSOTROS)	viv**ívivos**	完	(NOSOTROS)	**habívivos** vivido
	(VOSOTROS)	viv**íais**	了	(VOSOTROS)	**habíais** vivido
	(ELLOS)	viv**ían**		(ELLOS)	**habían** vivido
未	(YO)	viv**iré**	未	(YO)	**habré** vivido
来	(TÚ)	viv**irás**	来	(TÚ)	**habrás** vivido
	(ÉL)	viv**irá**	完	(ÉL)	**habrá** vivido
	(NOSOTROS)	viv**iremos**	了	(NOSOTROS)	**habremos** vivido
	(VOSOTROS)	viv**iréis**		(VOSOTROS)	**habréis** vivido
	(ELLOS)	viv**irán**		(ELLOS)	**habrán** vivido
過	(YO)	viv**iría**	過	(YO)	**habría** vivido
去	(TÚ)	viv**irías**	去	(TÚ)	**habrías** vivido
未	(ÉL)	viv**iría**	未	(ÉL)	**habría** vivido
来	(NOSOTROS)	viv**iríamos**	来	(NOSOTROS)	**habríamos** vivido
	(VOSOTROS)	viv**iríais**	完	(VOSOTROS)	**habríais** vivido
	(ELLOS)	viv**irían**	了	(ELLOS)	**habrían** vivido
接	(YO)	viv**a**	接現	(YO)	**haya** vivido
続	(TÚ)	viv**as**	続在	(TÚ)	**hayas** vivido
法	(ÉL)	viv**a**	法完	(ÉL)	**haya** vivido
現	(NOSOTROS)	viv**amos**	了	(NOSOTROS)	**hayamos** vivido
在	(VOSOTROS)	viv**áis**		(VOSOTROS)	**hayáis** vivido
	(ELLOS)	viv**an**		(ELLOS)	**hayan** vivido
接	(YO)	viv**iera**	接過	(YO)	**hubiera** vivido
続	(TÚ)	viv**ieras**	続去	(TÚ)	**hubieras** vivido
法	(ÉL)	viv**iera**	法完	(ÉL)	**hubiera** vivido
過	(NOSOTROS)	viv**iéramos**	了	(NOSOTROS)	**hubiéramos** vivido
去	(VOSOTROS)	viv**ierais**	**ra**	(VOSOTROS)	**hubierais** vivido
ra	(ELLOS)	viv**ieran**		(ELLOS)	**hubieran** vivido
接	(YO)	viv**iese**	接過	(YO)	**hubiese** vivido
続	(TÚ)	viv**ieses**	続去	(TÚ)	**hubieses** vivido
法	(ÉL)	viv**iese**	法完	(ÉL)	**hubiese** vivido
過	(NOSOTROS)	viv**iésemos**	了	(NOSOTROS)	**hubiésemos** vivido
去	(VOSOTROS)	viv**ieseis**	**se**	(VOSOTROS)	**hubieseis** vivido
se	(ELLOS)	viv**iesen**		(ELLOS)	**hubiesen** vivido

不規則動詞活用表

本文中の不規則動詞は同じ番号（①, ②, …)の次の動詞と同じタイプの活用変化をする。

それぞれの動詞には, 大きな太い青字 **abcd** で不定詞を載せ, その下に（　）で示した本文中の不規則変化の略記を載せた。同じ列で現在分詞, 過去分詞, 命令（TU)/[vos], 命令 (VOSOTROS) の形を示した。

次の列から横に向かって以下の動詞の活用形が続く。

直説法・現在, 直説法・点過去, 直説法・線過去, 直説法・未来, 直説法・過去未来, 接続法・現在, 接続法・過去 ra 形, 接続法・過去 se 形

それぞれの列では縦に向かって次の 6 つの活用形を並べた。

1 人称単数 (YO), 2 人称単数 (TÚ)/[vos], 3 人称単数 (ÉL), 1 人称複数 (NOSOTROS), 2 人称複数 (VOSOTROS), 3 人称複数 (ELLOS)

		直説法·現在	直説法·点過去	直説法·線過去
① **adquirir**(獲得する)		**adquier***o*	adquir*í*	adquir*ía*
(i|ie)		**adquier***es* [adquir*ís*]	adquir*iste*	adquir*ías*
現在分詞	adquir*iendo*	**adquier***e*	adquir*ió*	adquir*ía*
過去分詞	adquir*ido*	adquir*imos*	adquir*imos*	adquir*íamos*
命令(TÚ)/[vos]	**adquier***e*[adquir*í*]	adquir*ís*	adquir*isteis*	adquir*íais*
命令(VOSOTROS)	adquir*id*	**adquier***en*	adquir*ieron*	adquir*ían*
② **agorar**(予言する)		**agüer***o*	agor*é*	agor*aba*
(o|üe)		**agüer***as* [agor*ás*]	agor*aste*	agor*abas*
現在分詞	agor*ando*	**agüer***a*	agor*ó*	agor*aba*
過去分詞	agor*ado*	agor*amos*	agor*amos*	agor*ábamos*
命令(TÚ)/[vos]	**agüer***a* [agor*á*]	agor*áis*	agor*asteis*	agor*abais*
命令(VOSOTROS)	agor*ad*	**agüer***an*	agor*aron*	agor*aban*
③ **ahincar**(せきたてる)		**ahínc***o*	**ahinqué**	ahinc*aba*
(i|í; c|qu)		**ahínc***as* [ahinc*ás*]	ahinc*aste*	ahinc*abas*
現在分詞	ahinc*ando*	**ahínc***a*	ahinc*ó*	ahinc*aba*
過去分詞	ahinc*ado*	ahinc*amos*	ahinc*amos*	ahinc*ábamos*
命令(TÚ)/[vos]	**ahínc***a* [ahinc*á*]	ahinc*áis*	ahinc*asteis*	ahinc*abais*
命令(VOSOTROS)	ahinc*ad*	**ahínc***an*	ahinc*aron*	ahinc*aban*
④ **aislar**(隔てる)		**aísl***o*	aisl*é*	aisl*aba*
(i|í)		**aísl***as* [aisl*ás*]	aisl*aste*	aisl*abas*
現在分詞	aisl*ando*	**aísl***a*	aisl*ó*	aisl*aba*
過去分詞	aisl*ado*	aisl*amos*	aisl*amos*	aisl*ábamos*
命令(TÚ)/[vos]	**aísl***a* [aisl*á*]	aisl*áis*	aisl*asteis*	aisl*abais*
命令(VOSOTROS)	aisl*ad*	**aísl***an*	aisl*aron*	aisl*aban*
⑤ **andar**(歩く)		and*o*	**anduve**	and*aba*
		and*as* [and*ás*]	**anduv***iste*	and*abas*
現在分詞	and*ando*	and*a*	**anduvo**	and*aba*
過去分詞	and*ado*	and*amos*	**anduv***imos*	and*ábamos*
命令(TÚ)/[vos]	and*a* [and*á*]	and*áis*	**anduv***isteis*	and*abais*
命令(VOSOTROS)	and*ad*	and*an*	**anduv***ieron*	and*aban*

命令 (TÚ), 2 人称単数 (TÚ) と並べて [vos] を示した。これは主に中米やラプラタ地方で使われる活用形である。

すべての活用形において，太字 (**abcd**, ***abcd***) で不規則な部分を示し，斜字 (*abcd*, ***abcd***) で活用語尾を示した。

直説法·未来	直説法·過去未来	接続法·現在	接続法·過去 ra	接続法·過去 se
adquirir*é*	adquirir*ía*	**adquier***a*	adquir*iera*	adquir*iese*
adquirir*ás*	adquirir*ías*	**adquier***as*	adquir*ieras*	adquir*ieses*
adquirir*á*	adquirir*ía*	**adquier***a*	adquir*iera*	adquir*iese*
adquirir*emos*	adquirir*íamos*	adquir*amos*	adquir*iéramos*	adquir*iésemos*
adquirir*éis*	adquirir*íais*	adquir*áis*	adquir*ierais*	adquir*ieseis*
adquirir*án*	adquirir*ían*	**adquier***an*	adquir*ieran*	adquir*iesen*
agorar*é*	agorar*ía*	**agüer***e*	agor*ara*	agor*ase*
agorar*ás*	agorar*ías*	**agüer***es*	agor*aras*	agor*ases*
agorar*á*	agorar*ía*	**agüer***e*	agor*ara*	agor*ase*
agorar*emos*	agorar*íamos*	agor*emos*	agor*áramos*	agor*ásemos*
agorar*éis*	agorar*íais*	agor*éis*	agor*arais*	agor*aseis*
agorar*án*	agorar*ían*	**agüer***en*	agor*aran*	agor*asen*
ahincar*é*	ahincar*ía*	**ahínqu***e*	ahinc*ara*	ahinc*ase*
ahincar*ás*	ahincar*ías*	**ahínqu***es*	ahinc*aras*	ahinc*ases*
ahincar*á*	ahincar*ía*	**ahínqu***e*	ahinc*ara*	ahinc*ase*
ahincar*emos*	ahincar*íamos*	**ahinqu***emos*	ahinc*áramos*	ahinc*ásemos*
ahincar*éis*	ahincar*íais*	**ahinqu***éis*	ahinc*arais*	ahinc*aseis*
ahincar*án*	ahincar*ían*	**ahínqu***en*	ahinc*aran*	ahinc*asen*
aislar*é*	aislar*ía*	**aísl***e*	aisl*ara*	aisl*ase*
aislar*ás*	aislar*ías*	**aísl***es*	aisl*aras*	aisl*ases*
aislar*á*	aislar*ía*	**aísl***e*	aisl*ara*	aisl*ase*
aislar*emos*	aislar*íamos*	aisl*emos*	aisl*áramos*	aisl*ásemos*
aislar*éis*	aislar*íais*	aisl*éis*	aisl*arais*	aisl*aseis*
aislar*án*	aislar*ían*	**aísl***en*	aisl*aran*	aisl*asen*
andar*é*	andar*ía*	and*e*	**anduv***iera*	**anduv***iese*
andar*ás*	andar*ías*	and*es*	**anduv***ieras*	**anduv***ieses*
andar*á*	andar*ía*	and*e*	**anduv***iera*	**anduv***iese*
andar*emos*	andar*íamos*	and*emos*	**anduv***iéramos*	**anduv***iésemos*
andar*éis*	andar*íais*	and*éis*	**anduv***ierais*	**anduv***ieseis*
andar*án*	andar*ían*	and*en*	**anduv***ieran*	**anduv***iesen*

<table>
<tr><th></th><th></th><th>直説法・現在</th><th>直説法・点過去</th><th>直説法・線過去</th></tr>
<tr><td>⑥ argüir(論じる)</td><td></td><td>arguyo</td><td>argüí</td><td>argüía</td></tr>
<tr><td>(ü|uy)</td><td></td><td>arguyes [argüís]</td><td>argüiste</td><td>argüías</td></tr>
<tr><td>現在分詞</td><td>arguyendo</td><td>arguye</td><td>arguyó</td><td>argüía</td></tr>
<tr><td>過去分詞</td><td>argüido</td><td>argüimos</td><td>argüimos</td><td>argüíamos</td></tr>
<tr><td>命令(TÚ)/[vos]</td><td>arguye [argüí]</td><td>argüís</td><td>argüisteis</td><td>argüíais</td></tr>
<tr><td>命令(VOSOTROS)</td><td>argüid</td><td>arguyen</td><td>arguyeron</td><td>argüían</td></tr>
<tr><td>⑦ asir(つかむ)</td><td></td><td>asgo</td><td>así</td><td>asía</td></tr>
<tr><td></td><td></td><td>ases [asís]</td><td>asiste</td><td>asías</td></tr>
<tr><td>現在分詞</td><td>asiendo</td><td>ase</td><td>asió</td><td>asía</td></tr>
<tr><td>過去分詞</td><td>asido</td><td>asimos</td><td>asimos</td><td>asíamos</td></tr>
<tr><td>命令(TÚ)/[vos]</td><td>ase[así]</td><td>asís</td><td>asisteis</td><td>asíais</td></tr>
<tr><td>命令(VOSOTROS)</td><td>asid</td><td>asen</td><td>asieron</td><td>asían</td></tr>
<tr><td>⑧ avergonzar(恥じ入らせる)</td><td></td><td>avergüenzo</td><td>avergoncé</td><td>avergonzaba</td></tr>
<tr><td>(o|üe)</td><td></td><td>avergüenzas[-gonzás]</td><td>avergonzaste</td><td>avergonzabas</td></tr>
<tr><td>現在分詞</td><td>avergonzando</td><td>avergüenza</td><td>avergonzó</td><td>avergonzaba</td></tr>
<tr><td>過去分詞</td><td>avergonzado</td><td>avergonzamos</td><td>avergonzamos</td><td>avergonzábamos</td></tr>
<tr><td>命令(TÚ)/[vos]</td><td>avergüenza[-gonzá]</td><td>avergonzáis</td><td>avergonzasteis</td><td>avergonzabais</td></tr>
<tr><td>命令(VOSOTROS)</td><td>avergonzad</td><td>avergüenzan</td><td>avergonzaron</td><td>avergonzaban</td></tr>
<tr><td>⑨ averiguar(調べる)</td><td></td><td>averiguo</td><td>averigüé</td><td>averiguaba</td></tr>
<tr><td>(u|ü)</td><td></td><td>averiguas [averiguás]</td><td>averiguaste</td><td>averiguabas</td></tr>
<tr><td>現在分詞</td><td>averiguando</td><td>averigua</td><td>averiguó</td><td>averiguaba</td></tr>
<tr><td>過去分詞</td><td>averiguado</td><td>averiguamos</td><td>averiguamos</td><td>averiguábamos</td></tr>
<tr><td>命令(TÚ)/[vos]</td><td>averigua [averiguá]</td><td>averiguáis</td><td>averiguasteis</td><td>averiguabais</td></tr>
<tr><td>命令(VOSOTROS)</td><td>averiguad</td><td>averiguan</td><td>averiguaron</td><td>averiguaban</td></tr>
<tr><td>⑩ bullir(沸騰する)</td><td></td><td>bullo</td><td>bullí</td><td>bullía</td></tr>
<tr><td>(⟨i⟩)</td><td></td><td>bulles [bullís]</td><td>bulliste</td><td>bullías</td></tr>
<tr><td>現在分詞</td><td>bullendo</td><td>bulle</td><td>bulló</td><td>bullía</td></tr>
<tr><td>過去分詞</td><td>bullido</td><td>bullimos</td><td>bullimos</td><td>bullíamos</td></tr>
<tr><td>命令(TÚ)/[vos]</td><td>bulle [bullí]</td><td>bullís</td><td>bullisteis</td><td>bullíais</td></tr>
<tr><td>命令(VOSOTROS)</td><td>bullid</td><td>bullen</td><td>bulleron</td><td>bullían</td></tr>
<tr><td>⑪ caber(入る)</td><td></td><td>quepo</td><td>cupe</td><td>cabía</td></tr>
<tr><td></td><td></td><td>cabes [cabés]</td><td>cupiste</td><td>cabías</td></tr>
<tr><td>現在分詞</td><td>cabiendo</td><td>cabe</td><td>cupo</td><td>cabía</td></tr>
<tr><td>過去分詞</td><td>cabido</td><td>cabemos</td><td>cupimos</td><td>cabíamos</td></tr>
<tr><td>命令(TÚ)/[vos]</td><td>cabe [cabé]</td><td>cabéis</td><td>cupisteis</td><td>cabíais</td></tr>
<tr><td>命令(VOSOTROS)</td><td>cabed</td><td>caben</td><td>cupieron</td><td>cabían</td></tr>
<tr><td>⑫ caer(落ちる)</td><td></td><td>caigo</td><td>caí</td><td>caía</td></tr>
<tr><td>(g; -y-)</td><td></td><td>caes [caés]</td><td>caíste</td><td>caías</td></tr>
<tr><td>現在分詞</td><td>cayendo</td><td>cae</td><td>cayó</td><td>caía</td></tr>
<tr><td>過去分詞</td><td>caído</td><td>caemos</td><td>caímos</td><td>caíamos</td></tr>
<tr><td>命令(TÚ)/[vos]</td><td>cae [caé]</td><td>caéis</td><td>caísteis</td><td>caíais</td></tr>
<tr><td>命令(VOSOTROS)</td><td>caed</td><td>caen</td><td>cayeron</td><td>caían</td></tr>
<tr><td>⑬ cocer(煮る)</td><td></td><td>cuezo</td><td>cocí</td><td>cocía</td></tr>
<tr><td>(o|ue; c|z)</td><td></td><td>cueces [cocés]</td><td>cociste</td><td>cocías</td></tr>
<tr><td>現在分詞</td><td>cociendo</td><td>cuece</td><td>coció</td><td>cocía</td></tr>
<tr><td>過去分詞</td><td>cocido</td><td>cocemos</td><td>cocimos</td><td>cocíamos</td></tr>
<tr><td>命令(TÚ)/[vos]</td><td>cuece [cocé]</td><td>cocéis</td><td>cocisteis</td><td>cocíais</td></tr>
<tr><td>命令(VOSOTROS)</td><td>coced</td><td>cuecen</td><td>cocieron</td><td>cocían</td></tr>
<tr><td>⑭ coger(つかまえる)</td><td></td><td>cojo</td><td>cogí</td><td>cogía</td></tr>
<tr><td>(g|j)</td><td></td><td>coges [cogés]</td><td>cogiste</td><td>cogías</td></tr>
<tr><td>現在分詞</td><td>cogiendo</td><td>coge</td><td>cogió</td><td>cogía</td></tr>
<tr><td>過去分詞</td><td>cogido</td><td>cogemos</td><td>cogimos</td><td>cogíamos</td></tr>
<tr><td>命令(TÚ)/[vos]</td><td>coge [cogé]</td><td>cogéis</td><td>cogisteis</td><td>cogíais</td></tr>
<tr><td>命令(VOSOTROS)</td><td>coged</td><td>cogen</td><td>cogieron</td><td>cogían</td></tr>
</table>

直説法·未来	直説法·過去未来	接続法·現在	接続法·過去 ra	接続法·過去 se
argüiré	argüiría	arguya	arguyera	arguyese
argüirás	argüirías	arguyas	arguyeras	arguyeses
argüirá	argüiría	arguya	arguyera	arguyese
argüiremos	argüiríamos	arguyamos	arguyéramos	arguyésemos
argüiréis	argüiríais	arguyáis	arguyerais	arguyeseis
argüirán	argüirían	arguyan	arguyeran	arguyesen
asiré	asiría	asga	asiera	asiese
asirás	asirías	asgas	asieras	asieses
asirá	asiría	asga	asiera	asiese
asiremos	asiríamos	asgamos	asiéramos	asiésemos
asiréis	asiríais	asgáis	asierais	asieseis
asirán	asirían	asgan	asieran	asiesen
avergonzaré	avergonzaría	avergüence	avergonzara	avergonzase
avergonzarás	avergonzarías	avergüences	avergonzaras	avergonzases
avergonzará	avergonzaría	avergüence	avergonzara	avergonzase
avergonzaremos	avergonzaríamos	avergoncemos	avergonzáramos	avergonzásemos
avergonzaréis	avergonzaríais	avergoncéis	avergonzarais	avergonzaseis
avergonzarán	avergonzarían	avergüencen	avergonzaran	avergonzasen
averiguaré	averiguaría	averigüe	averiguara	averiguase
averiguarás	averiguarías	averigües	averiguaras	averiguases
averiguará	averiguaría	averigüe	averiguara	averiguase
averiguaremos	averiguaríamos	averigüemos	averiguáramos	averiguásemos
averiguaréis	averiguaríais	averigüéis	averiguarais	averiguaseis
averiguarán	averiguarían	averigüen	averiguaran	averiguasen
bulliré	bulliría	bulla	bullera	bullese
bullirás	bullirías	bullas	bulleras	bulleses
bullirá	bulliría	bulla	bullera	bullese
bulliremos	bulliríamos	bullamos	bulléramos	bullésemos
bulliréis	bulliríais	bulláis	bullerais	bulleseis
bullirán	bullirían	bullan	bulleran	bullesen
cabré	cabría	quepa	cupiera	cupiese
cabrás	cabrías	quepas	cupieras	cupieses
cabrá	cabría	quepa	cupiera	cupiese
cabremos	cabríamos	quepamos	cupiéramos	cupiésemos
cabréis	cabríais	quepáis	cupierais	cupieseis
cabrán	cabrían	quepan	cupieran	cupiesen
caeré	caería	caiga	cayera	cayese
caerás	caerías	caigas	cayeras	cayeses
caerá	caería	caiga	cayera	cayese
caeremos	caeríamos	caigamos	cayéramos	cayésemos
caeréis	caeríais	caigáis	cayerais	cayeseis
caerán	caerían	caigan	cayeran	cayesen
coceré	cocería	cueza	cociera	cociese
cocerás	cocerías	cuezas	cocieras	cocieses
cocerá	cocería	cueza	cociera	cociese
coceremos	coceríamos	cozamos	cociéramos	cociésemos
coceréis	coceríais	cozáis	cocierais	cocieseis
cocerán	cocerían	cuezan	cocieran	cociesen
cogeré	cogería	coja	cogiera	cogiese
cogerás	cogerías	cojas	cogieras	cogieses
cogerá	cogería	coja	cogiera	cogiese
cogeremos	cogeríamos	cojamos	cogiéramos	cogiésemos
cogeréis	cogeríais	cojáis	cogierais	cogieseis
cogerán	cogerían	cojan	cogieran	cogiesen

		直説法・現在	直説法・点過去	直説法・線過去
⑮ **conducir**（運転する）		conduzco	conduje	conducía
(c|zc; j)		conduces [conducís]	condujiste	conducías
現在分詞	conduciendo	conduce	condujo	conducía
過去分詞	conducido	conducimos	condujimos	conducíamos
命令(TÚ)/[vos]	conduce [conducí]	conducís	condujisteis	conducíais
命令(VOSOTROS)	conducid	conducen	condujeron	conducían
⑯ **contar**（数える）		cuento	conté	contaba
(o|ue)		cuentas [contás]	contaste	contabas
現在分詞	contando	cuenta	contó	contaba
過去分詞	contado	contamos	contamos	contábamos
命令(TÚ)/[vos]	cuenta [contá]	contáis	contasteis	contabais
命令(VOSOTROS)	contad	cuentan	contaron	contaban
⑰ **continuar**（続ける）		continúo	continué	continuaba
(u|ú)		continúas [continuás]	continuaste	continuabas
現在分詞	continuando	continúa	continuó	continuaba
過去分詞	continuado	continuamos	continuamos	continuábamos
命令(TÚ)/[vos]	continúa [continuá]	continuáis	continuasteis	continuabais
命令(VOSOTROS)	continuad	continúan	continuaron	continuaban
⑱ **corregir**（修正する）		corrijo	corregí	corregía
(e|i; g|j)		corriges [corregís]	corregiste	corregías
現在分詞	corrigiendo	corrige	corrigió	corregía
過去分詞	corregido	corregimos	corregimos	corregíamos
命令(TÚ)/[vos]	corrige [corregí]	corregís	corregisteis	corregíais
命令(VOSOTROS)	corregid	corrigen	corrigieron	corregían
⑲ **dar**（与える）		doy	di	daba
		das [das]	diste	dabas
現在分詞	dando	da	dio	daba
過去分詞	dado	damos	dimos	dábamos
命令(TÚ)/[vos]	da [da]	dais	disteis	dabais
命令(VOSOTROS)	dad	dan	dieron	daban
⑳ **decir**（言う）		digo	dije	decía
		dices [decís]	dijiste	decías
現在分詞	diciendo	dice	dijo	decía
過去分詞	dicho	decimos	dijimos	decíamos
命令(TÚ)/[vos]	di [decí]	decís	dijisteis	decíais
命令(VOSOTROS)	decid	dicen	dijeron	decían
㉑ **delinquir**（罪を犯す）		delinco	delinquí	delinquía
(qu|c)		delinques [delinquís]	delinquiste	delinquías
現在分詞	delinquiendo	delinque	delinquió	delinquía
過去分詞	delinquido	delinquimos	delinquimos	delinquíamos
命令(TÚ)/[vos]	delinque [delinquí]	delinquís	delinquisteis	delinquíais
命令(VOSOTROS)	delinquid	delinquen	delinquieron	delinquían
㉒ **desosar**（骨をとる）		deshueso	desosé	desosaba
(o|hue)		deshuesas [desosás]	desosaste	desosabas
現在分詞	desosando	deshuesa	desosó	desosaba
過去分詞	desosado	desosamos	desosamos	desosábamos
命令(TÚ)/[vos]	deshuesa [desosá]	desosáis	desosasteis	desosabais
命令(VOSOTROS)	desosad	deshuesan	desosaron	desosaban
㉓ **discernir**（識別する）		discierno	discerní	discernía
(e|ie)		disciernes [discernís]	discerniste	discernías
現在分詞	discerniendo	discierne	discernió	discernía
過去分詞	discernido	discernimos	discernimos	discerníamos
命令(TÚ)/[vos]	discierne [discerní]	discernís	discernisteis	discerníais
命令(VOSOTROS)	discernid	disciernen	discernieron	discernían

直説法·未来	直説法·過去未来	接続法·現在	接続法·過去 ra	接続法·過去 se
conducir*é*	conducir*ía*	**conduzc*a***	**conduj*era***	**conduj*ese***
conducir*ás*	conducir*ías*	**conduzc*as***	**conduj*eras***	**conduj*eses***
conducir*á*	conducir*ía*	**conduzc*a***	**conduj*era***	**conduj*ese***
conducir*emos*	conducir*íamos*	**conduzc*amos***	**conduj*éramos***	**conduj*ésemos***
conducir*éis*	conducir*íais*	**conduzc*áis***	**conduj*erais***	**conduj*eseis***
conducir*án*	conducir*ían*	**conduzc*an***	**conduj*eran***	**conduj*esen***
contar*é*	contar*ía*	**cuent*e***	cont*ara*	cont*ase*
contar*ás*	contar*ías*	**cuent*es***	cont*aras*	cont*ases*
contar*á*	contar*ía*	**cuent*e***	cont*ara*	cont*ase*
contar*emos*	contar*íamos*	cont*emos*	cont*áramos*	cont*ásemos*
contar*éis*	contar*íais*	cont*éis*	cont*arais*	cont*aseis*
contar*án*	contar*ían*	**cuent*en***	cont*aran*	cont*asen*
continuar*é*	continuar*ía*	**contin*úe***	continu*ara*	continu*ase*
continuar*ás*	continuar*ías*	**contin*úes***	continu*aras*	continu*ases*
continuar*á*	continuar*ía*	**contin*úe***	continu*ara*	continu*ase*
continuar*emos*	continuar*íamos*	continu*emos*	continu*áramos*	continu*ásemos*
continuar*éis*	continuar*íais*	continu*éis*	continu*arais*	continu*aseis*
continuar*án*	continuar*ían*	**contin*úen***	continu*aran*	continu*asen*
corregir*é*	corregir*ía*	**corrij*a***	**corrig*iera***	**corrig*iese***
corregir*ás*	corregir*ías*	**corrij*as***	**corrig*ieras***	**corrig*ieses***
corregir*á*	corregir*ía*	**corrij*a***	**corrig*iera***	**corrig*iese***
corregir*emos*	corregir*íamos*	**corrij*amos***	**corrig*iéramos***	**corrig*iésemos***
corregir*éis*	corregir*íais*	**corrij*áis***	**corrig*ierais***	**corrig*ieseis***
corregir*án*	corregir*ían*	**corrij*an***	**corrig*ieran***	**corrig*iesen***
dar*é*	dar*ía*	d*é*	d***iera***	d***iese***
dar*ás*	dar*ías*	d*es*	d***ieras***	d***ieses***
dar*á*	dar*ía*	d*é*	d***iera***	d***iese***
dar*emos*	dar*íamos*	d*emos*	d***iéramos***	d***iésemos***
dar*éis*	dar*íais*	d*eis*	d***ierais***	d***ieseis***
dar*án*	dar*ían*	d*en*	d***ieran***	d***iesen***
dir*é*	**dir*ía***	**dig*a***	**dij*era***	**dij*ese***
dir*ás*	**dir*ías***	**dig*as***	**dij*eras***	**dij*eses***
dir*á*	**dir*ía***	**dig*a***	**dij*era***	**dij*ese***
dir*emos*	**dir*íamos***	**dig*amos***	**dij*éramos***	**dij*ésemos***
dir*éis*	**dir*íais***	**dig*áis***	**dij*erais***	**dij*eseis***
dir*án*	**dir*ían***	**dig*an***	**dij*eran***	**dij*esen***
delinquir*é*	delinquir*ía*	**delinc*a***	delinqu*iera*	delinqu*iese*
delinquir*ás*	delinquir*ías*	**delinc*as***	delinqu*ieras*	delinqu*ieses*
delinquir*á*	delinquir*ía*	**delinc*a***	delinqu*iera*	delinqu*iese*
delinquir*emos*	delinquir*íamos*	**delinc*amos***	delinqu*iéramos*	delinqu*iésemos*
delinquir*éis*	delinquir*íais*	**delinc*áis***	delinqu*ierais*	delinqu*ieseis*
delinquir*án*	delinquir*ían*	**delinc*an***	delinqu*ieran*	delinqu*iesen*
desosar*é*	desosar*ía*	**deshues*e***	desos*ara*	desos*ase*
desosar*ás*	desosar*ías*	**deshues*es***	desos*aras*	desos*ases*
desosar*á*	desosar*ía*	**deshues*e***	desos*ara*	desos*ase*
desosar*emos*	desosar*íamos*	desos*emos*	desos*áramos*	desos*ásemos*
desosar*éis*	desosar*íais*	desos*éis*	desos*arais*	desos*aseis*
desosar*án*	desosar*ían*	**deshues*en***	desos*aran*	desos*asen*
discernir*é*	discernir*ía*	**disciern*a***	discern*iera*	discern*iese*
discernir*ás*	discernir*ías*	**disciern*as***	discern*ieras*	discern*ieses*
discernir*á*	discernir*ía*	**disciern*a***	discern*iera*	discern*iese*
discernir*emos*	discernir*íamos*	discern*amos*	discern*iéramos*	discern*iésemos*
discernir*éis*	discernir*íais*	discern*áis*	discern*ierais*	discern*ieseis*
discernir*án*	discernir*ían*	**disciern*an***	discern*ieran*	discern*iesen*

		直説法・現在	直説法・点過去	直説法・線過去
㉔ **distinguir**（区別する）		**disting**_o_	distingu*í*	distingu*ía*
(gu|g)		distingu*es* [distingu*ís*]	distingu*iste*	distingu*ías*
現在分詞	distingu*iendo*	distingu*e*	distingu*ió*	distingu*ía*
過去分詞	distingu*ido*	distingu*imos*	distingu*imos*	distingu*íamos*
命令(TÚ)/[vos]	distingu*e* [distingu*í*]	distingu*ís*	distingu*isteis*	distingu*íais*
命令(VOSOTROS)	distingu*id*	distingu*en*	distingu*ieron*	distingu*ían*
㉕ **dormir**（眠る）		**duerm**_o_	dorm*í*	dorm*ía*
(o|ue|u)		**duerm**_es_ [dorm*ís*]	dorm*iste*	dorm*ías*
現在分詞	**durm**_iendo_	**duerm**_e_	**durm**_ió_	dorm*ía*
過去分詞	dorm*ido*	dorm*imos*	dorm*imos*	dorm*íamos*
命令(TÚ)/[vos]	**duerm**_e_ [dorm*í*]	dorm*ís*	dorm*isteis*	dorm*íais*
命令(VOSOTROS)	dorm*id*	**duerm**_en_	**durm**_ieron_	dorm*ían*
㉖ **embaucar**（だます）		**embaúc**_o_	**embauqu**_é_	embauc*aba*
(u|ú; c|qu)		**embaúc**_as_ [embauc*ás*]	embauc*aste*	embauc*abas*
現在分詞	embauc*ando*	**embaúc**_a_	embauc*ó*	embauc*aba*
過去分詞	embauc*ado*	embauc*amos*	embauc*amos*	embauc*ábamos*
命令(TÚ)/[vos]	**embaúc**_a_ [emauc*á*]	embauc*áis*	embauc*asteis*	embauc*abais*
命令(VOSOTROS)	embauc*ad*	**embaúc**_an_	embauc*aron*	embauc*aban*
㉗ **empezar**（始める）		**empiez**_o_	**empec**_é_	empez*aba*
(e|ie; z|c)		**empiez**_as_ [empez*ás*]	empez*aste*	empez*abas*
現在分詞	empez*ando*	**empiez**_a_	empez*ó*	empez*aba*
過去分詞	empez*ado*	empez*amos*	empez*amos*	empez*ábamos*
命令(TÚ)/[vos]	**empiez**_a_ [empez*á*]	empez*áis*	empez*asteis*	empez*abais*
命令(VOSOTROS)	empez*ad*	**empiez**_an_	empez*aron*	empez*aban*
㉘ **enraizar**（根づく）		**enraíz**_o_	**enraic**_é_	enraiz*aba*
(i|í; z|c)		**enraíz**_as_ [enraiz*ás*]	enraiz*aste*	enraiz*abas*
現在分詞	enraiz*ando*	**enraíz**_a_	enraiz*ó*	enraiz*aba*
過去分詞	enraiz*ado*	enraiz*amos*	enraiz*amos*	enraiz*ábamos*
命令(TÚ)/[vos]	**enraíz**_a_ [enraiz*á*]	enraiz*áis*	enraiz*asteis*	enraiz*abais*
命令(VOSOTROS)	enraiz*ad*	**enraíz**_an_	enraiz*aron*	enraiz*aban*
㉙ **enviar**（送る）		**enví**_o_	envi*é*	envi*aba*
(i|í)		**enví**_as_ [envi*ás*]	envi*aste*	envi*abas*
現在分詞	envi*ando*	**enví**_a_	envi*ó*	envi*aba*
過去分詞	envi*ado*	envi*amos*	envi*amos*	envi*ábamos*
命令(TÚ)/[vos]	**enví**_a_ [envi*á*]	envi*áis*	envi*asteis*	envi*abais*
命令(VOSOTROS)	envi*ad*	**enví**_an_	envi*aron*	envi*aban*
㉚ **errar**（間違える）		**yerr**_o_	err*é*	err*aba*
(e|ye)		**yerr**_as_ [err*ás*]	err*aste*	err*abas*
現在分詞	err*ando*	**yerr**_a_	err*ó*	err*aba*
過去分詞	err*ado*	err*amos*	err*amos*	err*ábamos*
命令(TÚ)/[vos]	**yerr**_a_ [err*á*]	err*áis*	err*asteis*	err*abais*
命令(VOSOTROS)	err*ad*	**yerr**_an_	err*aron*	err*aban*
㉛ **estar**（…である）		est**_oy_**	**estuv**_e_	est*aba*
		est**_ás_** [est*ás*]	**estuv**_iste_	est*abas*
現在分詞	est*ando*	est**_á_**	**estuv**_o_	est*aba*
過去分詞	est*ado*	est*amos*	**estuv**_imos_	est*ábamos*
命令(TÚ)/[vos]	est**á** [est*á*]	est*áis*	**estuv**_isteis_	est*abais*
命令(VOSOTROS)	est*ad*	est**_án_**	**estuv**_ieron_	est*aban*
㉜ **fingir**（ふりをする）		**finj**_o_	fing*í*	fing*ía*
(g|j)		fing*es* [fing*ís*]	fing*iste*	fing*ías*
現在分詞	fing*iendo*	fing*e*	fing*ió*	fing*ía*
過去分詞	fing*ido*	fing*imos*	fing*imos*	fing*íamos*
命令(TÚ)/[vos]	fing*e* [fing*í*]	fing*ís*	fing*isteis*	fing*íais*
命令(VOSOTROS)	fing*id*	fing*en*	fing*ieron*	fing*ían*

直説法·未来	直説法·過去未来	接続法·現在	接続法·過去 ra	接続法·過去 se
distinguiré	distinguiría	distinga	distinguiera	distinguiese
distinguirás	distinguirías	distingas	distinguieras	distinguieses
distinguirá	distinguiría	distinga	distinguiera	distinguiese
distinguiremos	distinguiríamos	distingamos	distinguiéramos	distinguiésemos
distinguiréis	distinguiríais	distingáis	distinguierais	distinguieseis
distinguirán	distinguirían	distingan	distinguieran	distinguiesen
dormiré	dormiría	duerma	durmiera	durmiese
dormirás	dormirías	duermas	durmieras	durmieses
dormirá	dormiría	duerma	durmiera	durmiese
dormiremos	dormiríamos	durmamos	durmiéramos	durmiésemos
dormiréis	dormiríais	durmáis	durmierais	durmieseis
dormirán	dormirían	duerman	durmieran	durmiesen
embaucaré	embaucaría	embaúque	embaucara	embaucase
embaucarás	embaucarías	embaúques	embaucaras	embaucases
embaucará	embaucaría	embaúque	embaucara	embaucase
embaucaremos	embaucaríamos	embauquemos	embaucáramos	embaucásemos
embaucaréis	embaucaríais	embauquéis	embaucarais	embaucaseis
embaucarán	embaucarían	embaúquen	embaucaran	embaucasen
empezaré	empezaría	empiece	empezara	empezase
empezarás	empezarías	empieces	empezaras	empezases
empezará	empezaría	empiece	empezara	empezase
empezaremos	empezaríamos	empecemos	empezáramos	empezásemos
empezaréis	empezaríais	empecéis	empezarais	empezaseis
empezarán	empezarían	empiecen	empezaran	empezasen
enraizaré	enraizaría	enraíce	enraizara	enraizase
enraizarás	enraizarías	enraíces	enraizaras	enraizases
enraizará	enraizaría	enraíce	enraizara	enraizase
enraizaremos	enraizaríamos	enraicemos	enraizáramos	enraizásemos
enraizaréis	enraizaríais	enraicéis	enraizarais	enraizaseis
enraizarán	enraizarían	enraícen	enraizaran	enraizasen
enviaré	enviaría	envíe	enviara	enviase
enviarás	enviarías	envíes	enviaras	enviases
enviará	enviaría	envíe	enviara	enviase
enviaremos	enviaríamos	enviemos	enviáramos	enviásemos
enviaréis	enviaríais	enviéis	enviarais	enviaseis
enviarán	enviarían	envíen	enviaran	enviasen
erraré	erraría	yerre	errara	errase
errarás	errarías	yerres	erraras	errases
errará	erraría	yerre	errara	errase
erraremos	erraríamos	erremos	erráramos	errásemos
erraréis	erraríais	erréis	errarais	erraseis
errarán	errarían	yerren	erraran	errasen
estaré	estaría	esté	estuviera	estuviese
estarás	estarías	estés	estuvieras	estuvieses
estará	estaría	esté	estuviera	estuviese
estaremos	estaríamos	estemos	estuviéramos	estuviésemos
estaréis	estaríais	estéis	estuvierais	estuvieseis
estarán	estarían	estén	estuvieran	estuviesen
fingiré	fingiría	finja	fingiera	fingiese
fingirás	fingirías	finjas	fingieras	fingieses
fingirá	fingiría	finja	fingiera	fingiese
fingiremos	fingiríamos	finjamos	fingiéramos	fingiésemos
fingiréis	fingiríais	finjáis	fingierais	fingieseis
fingirán	fingirían	finjan	fingieran	fingiesen

		直説法・現在	直説法・点過去	直説法・線過去
㉝ **forzar**(強制する)		**fuerzo**	**forcé**	forzaba
(o|ue; z|c)		**fuerzas** [forzás]	forzaste	forzabas
現在分詞	forzando	**fuerza**	forzó	forzaba
過去分詞	forzado	forzamos	forzamos	forzábamos
命令(TÚ)/[vos]	**fuerza** [forzá]	forzáis	forzasteis	forzabais
命令(VOSOTROS)	forzad	**fuerzan**	forzaron	forzaban
㉞ **gozar**(楽しむ)		gozo	**gocé**	gozaba
(z|c)		gozas [gozás]	gozaste	gozabas
現在分詞	gozando	goza	gozó	gozaba
過去分詞	gozado	gozamos	gozamos	gozábamos
命令(TÚ)/[vos]	goza [gozá]	gozáis	gozasteis	gozabais
命令(VOSOTROS)	gozad	gozan	gozaron	gozaban
㉟ **haber**(ある)		**he**	**hube**	había
		has [**has**]	**hubiste**	habías
現在分詞	habiendo	**ha** (**hay**)	**hubo**	había
過去分詞	habido	**hemos**	**hubimos**	habíamos
命令(TÚ)/[vos]	he, habe	habéis	**hubisteis**	habíais
命令(VOSOTROS)	habed	**han**	**hubieron**	habían
㊱ **hacer**(する)		**hago**	**hice**	hacía
		haces [hacés]	**hiciste**	hacías
現在分詞	haciendo	hace	**hizo**	hacía
過去分詞	**hecho**	hacemos	**hicimos**	hacíamos
命令(TÚ)/[vos]	**haz** [hacé]	hacéis	**hicisteis**	hacíais
命令(VOSOTROS)	haced	hacen	**hicieron**	hacían
㊲ **huir**(逃げる)		**huyo**	hui	huía
(-y-)		**huyes** [huis]	huiste	huías
現在分詞	**huyendo**	**huye**	**huyó**	huía
過去分詞	huido	huimos	huimos	huíamos
命令(TÚ)/[vos]	**huye** [hui]	**huis**	huisteis	huíais
命令(VOSOTROS)	huid	**huyen**	**huyeron**	huían
㊳ **ir**(行く)		**voy**	**fui**	**iba**
		vas [**vas**]	**fuiste**	**ibas**
現在分詞	**yendo**	**va**	**fue**	**iba**
過去分詞	*ido*	**vamos**	**fuimos**	**íbamos**
命令(TÚ)/[vos]	**ve** [andá]	**vais**	**fuisteis**	**ibais**
命令(VOSOTROS)	*id*	**van**	**fueron**	**iban**
㊴ **jugar**(遊ぶ)		**juego**	**jugué**	jugaba
(u|ue; g|gu)		**juegas** [jugás]	jugaste	jugabas
現在分詞	jugando	**juega**	jugó	jugaba
過去分詞	jugado	jugamos	jugamos	jugábamos
命令(TÚ)/[vos]	**juega** [jugá]	jugáis	jugasteis	jugabais
命令(VOSOTROS)	jugad	**juegan**	jugaron	jugaban
㊵ **leer**(読む)		leo	leí	leía
(-y-)		lees [leés]	**leíste**	leías
現在分詞	**leyendo**	lee	**leyó**	leía
過去分詞	**leído**	leemos	**leímos**	leíamos
命令(TÚ)/[vos]	lee [leé]	leéis	**leísteis**	leíais
命令(VOSOTROS)	leed	leen	**leyeron**	leían
㊶ **llegar**(到着する)		llego	**llegué**	llegaba
(g|gu)		llegas [llegás]	llegaste	llegabas
現在分詞	llegando	llega	llegó	llegaba
過去分詞	llegado	llegamos	llegamos	llegábamos
命令(TÚ)/[vos]	llega [llegá]	llegáis	llegasteis	llegabais
命令(VOSOTROS)	llegad	llegan	llegaron	llegaban

直説法・未来	直説法・過去未来	接続法・現在	接続法・過去 ra	接続法・過去 se
forzar_é_	forzar_ía_	**fuerc**_e_	forz_ara_	forz_ase_
forzar_ás_	forzar_ías_	**fuerc**_es_	forz_aras_	forz_ases_
forzar_á_	forzar_ía_	**fuerc**_e_	forz_ara_	forz_ase_
forzar_emos_	forzar_íamos_	**forc**_emos_	forz_áramos_	forz_ásemos_
forzar_éis_	forzar_íais_	**forc**_éis_	forz_arais_	forz_aseis_
forzar_án_	forzar_ían_	**fuerc**_en_	forz_aran_	forz_asen_
gozar_é_	gozar_ía_	**goc**_e_	goz_ara_	goz_ase_
gozar_ás_	gozar_ías_	**goc**_es_	goz_aras_	goz_ases_
gozar_á_	gozar_ía_	**goc**_e_	goz_ara_	goz_ase_
gozar_emos_	gozar_íamos_	**goc**_emos_	goz_áramos_	goz_ásemos_
gozar_éis_	gozar_íais_	**goc**_éis_	goz_arais_	goz_aseis_
gozar_án_	gozar_ían_	**goc**_en_	goz_aran_	goz_asen_
habr_é_	**habr**_ía_	**hay**_a_	**hub**_iera_	**hub**_iese_
habr_ás_	**habr**_ías_	**hay**_as_	**hub**_ieras_	**hub**_ieses_
habr_á_	**habr**_ía_	**hay**_a_	**hub**_iera_	**hub**_iese_
habr_emos_	**habr**_íamos_	**hay**_amos_	**hub**_iéramos_	**hub**_iésemos_
habr_éis_	**habr**_íais_	**hay**_áis_	**hub**_ierais_	**hub**_ieseis_
habr_án_	**habr**_ían_	**hay**_an_	**hub**_ieran_	**hub**_iesen_
har_é_	**har**_ía_	**hag**_a_	**hic**_iera_	**hic**_iese_
har_ás_	**har**_ías_	**hag**_as_	**hic**_ieras_	**hic**_ieses_
har_á_	**har**_ía_	**hag**_a_	**hic**_iera_	**hic**_iese_
har_emos_	**har**_íamos_	**hag**_amos_	**hic**_iéramos_	**hic**_iésemos_
har_éis_	**har**_íais_	**hag**_áis_	**hic**_ierais_	**hic**_ieseis_
har_án_	**har**_ían_	**hag**_an_	**hic**_ieran_	**hic**_iesen_
huir_é_	huir_ía_	**huy**_a_	hu***yera***	hu***yese***
huir_ás_	huir_ías_	**huy**_as_	hu***yeras***	hu***yeses***
huir_á_	huir_ía_	**huy**_a_	hu***yera***	hu***yese***
huir_emos_	huir_íamos_	**huy**_amos_	hu***yéramos***	hu***yésemos***
huir_éis_	huir_íais_	**huy**_áis_	hu***yerais***	hu***yeseis***
huir_án_	huir_ían_	**huy**_an_	hu***yeran***	hu***yesen***
_ré_	ir_ía_	**vay**_a_	***fuera***	***fuese***
rás	ir_ías_	**vay**_as_	***fueras***	***fueses***
_rá_	ir_ía_	**vay**_a_	***fuera***	***fuese***
remos	ir_íamos_	**vay**_amos_	***fuéramos***	***fuésemos***
réis	ir_íais_	**vay**_áis_	***fuerais***	***fueseis***
rán	ir_ían_	**vay**_an_	***fueran***	***fuesen***
ugar_é_	jugar_ía_	**juegu**_e_	jug_ara_	jug_ase_
ugar_ás_	jugar_ías_	**juegu**_es_	jug_aras_	jug_ases_
ugar_á_	jugar_ía_	**juegu**_e_	jug_ara_	jug_ase_
ugar_emos_	jugar_íamos_	**jugu**_emos_	jug_áramos_	jug_ásemos_
ugar_éis_	jugar_íais_	**jugu**_éis_	jug_arais_	jug_aseis_
ugar_án_	jugar_ían_	**juegu**_en_	jug_aran_	jug_asen_
eer_é_	leer_ía_	le_a_	le***yera***	le***yese***
eer_ás_	leer_ías_	le_as_	le***yeras***	le***yeses***
eer_á_	leer_ía_	le_a_	le***yera***	le***yese***
eer_emos_	leer_íamos_	le_amos_	le***yéramos***	le***yésemos***
eer_éis_	leer_íais_	le_áis_	le***yerais***	le***yeseis***
eer_án_	leer_ían_	le_an_	le***yeran***	le***yesen***
legar_é_	llegar_ía_	**llegu**_e_	lleg_ara_	lleg_ase_
legar_ás_	llegar_ías_	**llegu**_es_	lleg_aras_	lleg_ases_
legar_á_	llegar_ía_	**llegu**_e_	lleg_ara_	lleg_ase_
legar_emos_	llegar_íamos_	**llegu**_emos_	lleg_áramos_	lleg_ásemos_
legar_éis_	llegar_íais_	**llegu**_éis_	lleg_arais_	lleg_aseis_
legar_án_	llegar_ían_	**llegu**_en_	lleg_aran_	lleg_asen_

		直説法・現在	直説法・点過去	直説法・線過去
㊷ **lucir**(光る)		luzco	lucí	lucía
(c|zc)		luces [lucís]	luciste	lucías
現在分詞	luciendo	luce	lució	lucía
過去分詞	lucido	lucimos	lucimos	lucíamos
命令(TÚ)/[vos]	luce [lucí]	lucís	lucisteis	lucíais
命令(VOSOTROS)	lucid	lucen	lucieron	lucían
㊸ **morir**(死ぬ)		muero	morí	moría
(o|ue|u)		mueres [morís]	moriste	morías
現在分詞	muriendo	muere	murió	moría
過去分詞	muerto	morimos	morimos	moríamos
命令(TÚ)/[vos]	muere [morí]	morís	moristeis	moríais
命令(VOSOTROS)	morid	mueren	murieron	morían
㊹ **mover**(動く)		muevo	moví	movía
(o|ue)		mueves [movés]	moviste	movías
現在分詞	moviendo	mueve	movió	movía
過去分詞	movido	movemos	movimos	movíamos
命令(TÚ)/[vos]	mueve [mové]	movéis	movisteis	movíais
命令(VOSOTROS)	moved	mueven	movieron	movían
㊺ **nacer**(生まれる)		nazco	nací	nacía
(c|zc)		naces [nacés]	naciste	nacías
現在分詞	naciendo	nace	nació	nacía
過去分詞	nacido	nacemos	nacimos	nacíamos
命令(TÚ)/[vos]	nace [nacé]	nacéis	nacisteis	nacíais
命令(VOSOTROS)	naced	nacen	nacieron	nacían
㊻ **negar**(否定する)		niego	negué	negaba
(e|ie; g|gu)		niegas [negás]	negaste	negabas
現在分詞	negando	niega	negó	negaba
過去分詞	negado	negamos	negamos	negábamos
命令(TÚ)/[vos]	niega [negá]	negáis	negasteis	negabais
命令(VOSOTROS)	negad	niegan	negaron	negaban
㊼ **oír**(聞く)		oigo	oí	oía
(-y-)		oyes [oís]	oíste	oías
現在分詞	oyendo	oye	oyó	oía
過去分詞	oído	oímos	oímos	oíamos
命令(TÚ)/[vos]	oye [oí]	oís	oísteis	oíais
命令(VOSOTROS)	oíd	oyen	oyeron	oían
㊽ **oler**(におう)		huelo	olí	olía
(o|hue)		hueles [olés]	oliste	olías
現在分詞	oliendo	huele	olió	olía
過去分詞	olido	olemos	olimos	olíamos
命令(TÚ)/[vos]	huele [olé]	oléis	olisteis	olíais
命令(VOSOTROS)	oled	huelen	olieron	olían
㊾ **pedir**(頼む)		pido	pedí	pedía
(e|i)		pides [pedís]	pediste	pedías
現在分詞	pidiendo	pide	pidió	pedía
過去分詞	pedido	pedimos	pedimos	pedíamos
命令(TÚ)/[vos]	pide [pedí]	pedís	pedisteis	pedíais
命令(VOSOTROS)	pedid	piden	pidieron	pedían
㊿ **pensar**(考える)		pienso	pensé	pensaba
(e|ie)		piensas [pensás]	pensaste	pensabas
現在分詞	pensando	piensa	pensó	pensaba
過去分詞	pensado	pensamos	pensamos	pensábamos
命令(TÚ)/[vos]	piensa [pensá]	pensáis	pensasteis	pensabais
命令(VOSOTROS)	pensad	piensan	pensaron	pensaban

直説法・未来	直説法・過去未来	接続法・現在	接続法・過去 ra	接続法・過去 se
ciré	luciría	luzca	luciera	luciese
cirás	lucirías	luzcas	lucieras	lucieses
cirá	luciría	luzca	luciera	luciese
ciremos	luciríamos	luzcamos	luciéramos	luciésemos
ciréis	luciríais	luzcáis	lucierais	lucieseis
cirán	lucirían	luzcan	lucieran	luciesen
oriré	moriría	muera	muriera	muriese
orirás	morirías	mueras	murieras	murieses
orirá	moriría	muera	muriera	muriese
oriremos	moriríamos	muramos	muriéramos	muriésemos
oriréis	moriríais	muráis	murierais	murieseis
orirán	morirían	mueran	murieran	muriesen
overé	movería	mueva	moviera	moviese
overás	moverías	muevas	movieras	movieses
overá	movería	mueva	moviera	moviese
overemos	moveríamos	movamos	moviéramos	moviésemos
overéis	moveríais	mováis	movierais	movieseis
overán	moverían	muevan	movieran	moviesen
aceré	nacería	nazca	naciera	naciese
acerás	nacerías	nazcas	nacieras	nacieses
acerá	nacería	nazca	naciera	naciese
aceremos	naceríamos	nazcamos	naciéramos	naciésemos
aceréis	naceríais	nazcáis	nacierais	nacieseis
acerán	nacerían	nazcan	nacieran	naciesen
egaré	negaría	niegue	negara	negase
egarás	negarías	niegues	negaras	negases
egará	negaría	niegue	negara	negase
egaremos	negaríamos	neguemos	negáramos	negásemos
egaréis	negaríais	neguéis	negarais	negaseis
egarán	negarían	nieguen	negaran	negasen
iré	oiría	oiga	oyera	oyese
irás	oirías	oigas	oyeras	oyeses
irá	oiría	oiga	oyera	oyese
iremos	oiríamos	oigamos	oyéramos	oyésemos
iréis	oiríais	oigáis	oyerais	oyeseis
irán	oirían	oigan	oyeran	oyesen
leré	olería	huela	oliera	oliese
lerás	olerías	huelas	olieras	olieses
lerá	olería	huela	oliera	oliese
leremos	oleríamos	olamos	oliéramos	oliésemos
leréis	oleríais	oláis	olierais	olieseis
lerán	olerían	huelan	olieran	oliesen
ediré	pediría	pida	pidiera	pidiese
edirás	pedirías	pidas	pidieras	pidieses
edirá	pediría	pida	pidiera	pidiese
ediremos	pediríamos	pidamos	pidiéramos	pidiésemos
ediréis	pediríais	pidáis	pidierais	pidieseis
edirán	pedirían	pidan	pidieran	pidiesen
ensaré	pensaría	piense	pensara	pensase
ensarás	pensarías	pienses	pensaras	pensases
ensará	pensaría	piense	pensara	pensase
ensaremos	pensaríamos	pensemos	pensáramos	pensásemos
ensaréis	pensaríais	penséis	pensarais	pensaseis
ensarán	pensarían	piensen	pensaran	pensasen

		直説法・現在	直説法・点過去	直説法・線過去
⑤① perder（なくす）		pierdo	perdí	perdía
(e|ie)		pierdes [perdés]	perdiste	perdías
現在分詞	perdiendo	pierde	perdió	perdía
過去分詞	perdido	perdemos	perdimos	perdíamos
命令(TÚ)/[vos]	pierde [perdé]	perdéis	perdisteis	perdíais
命令(VOSOTROS)	perded	pierden	perdieron	perdían
⑤② poder（…できる）		puedo	pude	podía
(o|ue)		puedes [podés]	pudiste	podías
現在分詞	pudiendo	puede	pudo	podía
過去分詞	podido	podemos	pudimos	podíamos
命令(TÚ)/[vos]	puede [podé]	podéis	pudisteis	podíais
命令(VOSOTROS)	poded	pueden	pudieron	podían
⑤③ poner（置く）		pongo	puse	ponía
		pones [ponés]	pusiste	ponías
現在分詞	poniendo	pone	puso	ponía
過去分詞	puesto	ponemos	pusimos	poníamos
命令(TÚ)/[vos]	pon [poné]	ponéis	pusisteis	poníais
命令(VOSOTROS)	poned	ponen	pusieron	ponían
⑤④ prohibir（禁止する）		prohíbo	prohibí	prohibía
(i|í)		prohíbes [prohibís]	prohibiste	prohibías
現在分詞	prohibiendo	prohíbe	prohibió	prohibía
過去分詞	prohibido	prohibimos	prohibimos	prohibíamos
命令(TÚ)/[vos]	prohíbe[prohibí]	prohibís	prohibisteis	prohibíais
命令(VOSOTROS)	prohibid	prohíben	prohibieron	prohibían
⑤⑤ querer（望む）		quiero	quise	quería
(e|ie)		quieres[querés]	quisiste	querías
現在分詞	queriendo	quiere	quiso	quería
過去分詞	querido	queremos	quisimos	queríamos
命令(TÚ)/[vos]	quiere [queré]	queréis	quisisteis	queríais
命令(VOSOTROS)	quered	quieren	quisieron	querían
⑤⑥ rehuir（避ける）		rehúyo	rehuí	rehuía
(u|ú; -y-)		rehúyes [rehuís]	rehuiste	rehuías
現在分詞	rehuyendo	rehúye	rehuyó	rehuía
過去分詞	rehuido	rehuimos	rehuimos	rehuíamos
命令(TÚ)/[vos]	rehúye [rehuí]	rehuís	rehuisteis	rehuíais
命令(VOSOTROS)	rehuid	rehúyen	rehuyeron	rehuían
⑤⑦ rehusar（拒む）		rehúso	rehusé	rehusaba
(u|ú)		rehúsas [rehusás]	rehusaste	rehusabas
現在分詞	rehusando	rehúsa	rehusó	rehusaba
過去分詞	rehusado	rehusamos	rehusamos	rehusábamos
命令(TÚ)/[vos]	rehúsa [rehusá]	rehusáis	rehusasteis	rehusabais
命令(VOSOTROS)	rehusad	rehúsan	rehusaron	rehusaban
⑤⑧ reír（笑う）		río	reí	reía
(e|i; 〈i〉)		ríes [reís]	reíste	reías
現在分詞	riendo	ríe	rio	reía
過去分詞	reído	reímos	reímos	reíamos
命令(TÚ)/[vos]	ríe [reí]	reís	reísteis	reíais
命令(VOSOTROS)	reíd	ríen	rieron	reían
⑤⑨ reñir（叱る）		riño	reñí	reñía
(e|i; 〈i〉)		riñes [reñís]	reñiste	reñías
現在分詞	riñendo	riñe	riñó	reñía
過去分詞	reñido	reñimos	reñimos	reñíamos
命令(TÚ)/[vos]	riñe [reñí]	reñís	reñisteis	reñíais
命令(VOSOTROS)	reñid	riñen	riñeron	reñían

直説法・未来	直説法・過去未来	接続法・現在	接続法・過去 ra	接続法・過去 se
erderé	perdería	pierda	perdiera	perdiese
erderás	perderías	pierdas	perdieras	perdieses
erderá	perdería	pierda	perdiera	perdiese
erderemos	perderíamos	perdamos	perdiéramos	perdiésemos
erderéis	perderíais	perdáis	perdierais	perdieseis
erderán	perderían	pierdan	perdieran	perdiesen
odré	podría	pueda	pudiera	pudiese
odrás	podrías	puedas	pudieras	pudieses
odrá	podría	pueda	pudiera	pudiese
odremos	podríamos	podamos	pudiéramos	pudiésemos
odréis	podríais	podáis	pudierais	pudieseis
odrán	podrían	puedan	pudieran	pudiesen
ondré	pondría	ponga	pusiera	pusiese
ondrás	pondrías	pongas	pusieras	pusieses
ondrá	pondría	ponga	pusiera	pusiese
ondremos	pondríamos	pongamos	pusiéramos	pusiésemos
ondréis	pondríais	pongáis	pusierais	pusieseis
ondrán	pondrían	pongan	pusieran	pusiesen
rohibiré	prohibiría	prohíba	prohibiera	prohibiese
rohibirás	prohibirías	prohíbas	prohibieras	prohibieses
rohibirá	prohibiría	prohíba	prohibiera	prohibiese
rohibiremos	prohibiríamos	prohibamos	prohibiéramos	prohibiésemos
rohibiréis	prohibiríais	prohibáis	prohibierais	prohibieseis
rohibirán	prohibirían	prohíban	prohibieran	prohibiesen
uerré	querría	quiera	quisiera	quisiese
uerrás	querrías	quieras	quisieras	quisieses
uerrá	querría	quiera	quisiera	quisiese
uerremos	querríamos	queramos	quisiéramos	quisiésemos
uerréis	querríais	queráis	quisierais	quisieseis
uerrán	querrían	quieran	quisieran	quisiesen
ehuiré	rehuiría	rehúya	rehuyera	rehuyese
ehuirás	rehuirías	rehúyas	rehuyeras	rehuyeses
ehuirá	rehuiría	rehúya	rehuyera	rehuyese
ehuiremos	rehuiríamos	rehuyamos	rehuyéramos	rehuyésemos
ehuiréis	rehuiríais	rehuyáis	rehuyerais	rehuyeseis
ehuirán	rehuirían	rehúyan	rehuyeran	rehuyesen
ehusaré	rehusaría	rehúse	rehusara	rehusase
ehusarás	rehusarías	rehúses	rehusaras	rehusases
ehusará	rehusaría	rehúse	rehusara	rehusase
ehusaremos	rehusaríamos	rehusemos	rehusáramos	rehusásemos
ehusaréis	rehusaríais	rehuséis	rehusarais	rehusaseis
ehusarán	rehusarían	rehúsen	rehusaran	rehusasen
eiré	reiría	ría	riera	riese
eirás	reirías	rías	rieras	rieses
eirá	reiría	ría	riera	riese
eiremos	reiríamos	riamos	riéramos	riésemos
eiréis	reiríais	riais	rierais	rieseis
eirán	reirían	rían	rieran	riesen
eñiré	reñiría	riña	riñera	riñese
eñirás	reñirías	riñas	riñeras	riñeses
eñirá	reñiría	riña	riñera	riñese
eñiremos	reñiríamos	riñamos	riñéramos	riñésemos
eñiréis	reñiríais	riñáis	riñerais	riñeseis
eñirán	reñirían	riñan	riñeran	riñesen

		直説法·現在	直説法·点過去	直説法·線過去
60 **reunir**(集める)		**reún*o***	reun*í*	reun*ía*
(u|ú)		**reún*es*** [reun*ís*]	reun*iste*	reun*ías*
現在分詞	reun*iendo*	**reún*e***	reun*ió*	reun*ía*
過去分詞	reun*ido*	reun*imos*	reun*imos*	reun*íamos*
命令(TÚ)/[vos]	**reún*e*** [reun*í*]	reun*ís*	reun*isteis*	reun*íais*
命令(VOSOTROS)	reun*id*	**reún*en***	reun*ieron*	reun*ían*
61 **rogar**(懇願する)		**rueg*o***	**rogu*é***	rog*aba*
(o|ue; g|gu)		**rueg*as*** [rog*ás*]	rog*aste*	rog*abas*
現在分詞	rog*ando*	**rueg*a***	rog*ó*	rog*aba*
過去分詞	rog*ado*	rog*amos*	rog*amos*	rog*ábamos*
命令(TÚ)/[vos]	**rueg*a*** [rog*á*]	rog*áis*	rog*asteis*	rog*abais*
命令(VOSOTROS)	rog*ad*	**rueg*an***	rog*aron*	rog*aban*
62 **saber**(知る)		**sé**	**sup*e***	sab*ía*
		sab*es* [sab*és*]	**sup*iste***	sab*ías*
現在分詞	sab*iendo*	sab*e*	**sup*o***	sab*ía*
過去分詞	sab*ido*	sab*emos*	**sup*imos***	sab*íamos*
命令(TÚ)/[vos]	sab*e* [sab*é*]	sab*éis*	**sup*isteis***	sab*íais*
命令(VOSOTROS)	sab*ed*	sab*en*	**sup*ieron***	sab*ían*
63 **salir**(出る)		**salg*o***	sal*í*	sal*ía*
		sal*es* [sal*ís*]	sal*iste*	sal*ías*
現在分詞	sal*iendo*	sal*e*	sal*ió*	sal*ía*
過去分詞	sal*ido*	sal*imos*	sal*imos*	sal*íamos*
命令(TÚ)/[vos]	**sal** [sal*í*]	sal*ís*	sal*isteis*	sal*íais*
命令(VOSOTROS)	sal*id*	sal*en*	sal*ieron*	sal*ían*
64 **seguir**(続く)		**sig*o***	segu*í*	segu*ía*
(e|i; gu|g)		**sigu*es*** [segu*ís*]	segu*iste*	segu*ías*
現在分詞	**sigu*iendo***	**sigu*e***	**sigu*ió***	segu*ía*
過去分詞	segu*ido*	segu*imos*	segu*imos*	segu*íamos*
命令(TÚ)/[vos]	**sigu*e*** [segu*í*]	segu*ís*	segu*isteis*	segu*íais*
命令(VOSOTROS)	segu*id*	**sigu*en***	**sigu*ieron***	segu*ían*
65 **sentir**(感じる)		**sient*o***	sent*í*	sent*ía*
(e|ie|i)		**sient*es*** [sent*ís*]	sent*iste*	sent*ías*
現在分詞	**sint*iendo***	**sient*e***	**sint*ió***	sent*ía*
過去分詞	sent*ido*	sent*imos*	sent*imos*	sent*íamos*
命令(TÚ)/[vos]	**sient*e*** [sent*í*]	sent*ís*	sent*isteis*	sent*íais*
命令(VOSOTROS)	sent*id*	**sient*en***	**sint*ieron***	sent*ían*
66 **ser**(…である)		**soy**	**fui**	**era**
		eres [**sos**]	**fu*iste***	**eras**
現在分詞	*siendo*	**es**	**fue**	**era**
過去分詞	*sido*	**somos**	**fu*imos***	**éramos**
命令(TÚ)/[vos]	**sé** [**sé**]	**sois**	**fu*isteis***	**erais**
命令(VOSOTROS)	*sed*	**son**	**fu*eron***	**eran**
67 **tañer**(弾く)		tañ*o*	tañ*í*	tañ*ía*
(‹i›)		tañ*es* [tañ*és*]	tañ*iste*	tañ*ías*
現在分詞	**tañ*endo***	tañ*e*	**tañ*ó***	tañ*ía*
過去分詞	tañ*ido*	tañ*emos*	tañ*imos*	tañ*íamos*
命令(TÚ)/[vos]	tañ*e* [tañ*é*]	tañ*éis*	tañ*isteis*	tañ*íais*
命令(VOSOTROS)	tañ*ed*	tañ*en*	**tañ*eron***	tañ*ían*
68 **tener**(持つ)		**teng*o***	**tuv*e***	ten*ía*
		tien*es* [ten*és*]	**tuv*iste***	ten*ías*
現在分詞	ten*iendo*	**tien*e***	**tuv*o***	ten*ía*
過去分詞	ten*ido*	ten*emos*	**tuv*imos***	ten*íamos*
命令(TÚ)/[vos]	**ten** [ten*é*]	ten*éis*	**tuv*isteis***	ten*íais*
命令(VOSOTROS)	ten*ed*	**tien*en***	**tuv*ieron***	ten*ían*

直説法·未来	直説法·過去未来	接続法·現在	接続法·過去 ra	接続法·過去 se
euniré	reuniría	reúna	reuniera	reuniese
eunirás	reunirías	reúnas	reunieras	reunieses
eunirá	reuniría	reúna	reuniera	reuniese
euniremos	reuniríamos	reunamos	reuniéramos	reuniésemos
euniréis	reuniríais	reunáis	reunierais	reunieseis
eunirán	reunirían	reúnan	reunieran	reuniesen
ogaré	rogaría	ruegue	rogara	rogase
ogarás	rogarías	ruegues	rogaras	rogases
ogará	rogaría	ruegue	rogara	rogase
ogaremos	rogaríamos	roguemos	rogáramos	rogásemos
ogaréis	rogaríais	roguéis	rogarais	rogaseis
ogarán	rogarían	rueguen	rogaran	rogasen
abré	sabría	sepa	supiera	supiese
abrás	sabrías	sepas	supieras	supieses
abrá	sabría	sepa	supiera	supiese
abremos	sabríamos	sepamos	supiéramos	supiésemos
abréis	sabríais	sepáis	supierais	supieseis
abrán	sabrían	sepan	supieran	supiesen
aldré	saldría	salga	saliera	saliese
aldrás	saldrías	salgas	salieras	salieses
aldrá	saldría	salga	saliera	saliese
aldremos	saldríamos	salgamos	saliéramos	saliésemos
aldréis	saldríais	salgáis	salierais	salieseis
aldrán	saldrían	salgan	salieran	saliesen
eguiré	seguiría	siga	siguiera	siguiese
eguirás	seguirías	sigas	siguieras	siguieses
eguirá	seguiría	siga	siguiera	siguiese
eguiremos	seguiríamos	sigamos	siguiéramos	siguiésemos
eguiréis	seguiríais	sigáis	siguierais	siguieseis
eguirán	seguirían	sigan	siguieran	siguiesen
entiré	sentiría	sienta	sintiera	sintiese
entirás	sentirías	sientas	sintieras	sintieses
entirá	sentiría	sienta	sintiera	sintiese
entiremos	sentiríamos	sintamos	sintiéramos	sintiésemos
entiréis	sentiríais	sintáis	sintierais	sintieseis
entirán	sentirían	sientan	sintieran	sintiesen
eré	sería	sea	fuera	fuese
erás	serías	seas	fueras	fueses
erá	sería	sea	fuera	fuese
eremos	seríamos	seamos	fuéramos	fuésemos
eréis	seríais	seáis	fuerais	fueseis
erán	serían	sean	fueran	fuesen
añeré	tañería	taña	tañera	tañese
añerás	tañerías	tañas	tañeras	tañeses
añerá	tañería	taña	tañera	tañese
añeremos	tañeríamos	tañamos	tañéramos	tañésemos
añeréis	tañeríais	tañáis	tañerais	tañeseis
añerán	tañerían	tañan	tañeran	tañesen
endré	tendría	tenga	tuviera	tuviese
endrás	tendrías	tengas	tuvieras	tuvieses
endrá	tendría	tenga	tuviera	tuviese
endremos	tendríamos	tengamos	tuviéramos	tuviésemos
endréis	tendríais	tengáis	tuvierais	tuvieseis
endrán	tendrían	tengan	tuvieran	tuviesen

		直説法・現在	直説法・点過去	直説法・線過去
(69) **tocar**(さわる)		toc*o*	**toqué**	toc*aba*
(c|qu)		toc*as* [toc*ás*]	toc*aste*	toc*abas*
現在分詞	toc*ando*	toc*a*	toc*ó*	toc*aba*
過去分詞	toc*ado*	toc*amos*	toc*amos*	toc*ábamos*
命令(TÚ)/[vos]	toc*a* [toc*á*]	toc*áis*	toc*asteis*	toc*abais*
命令(VOSOTROS)	toc*ad*	toc*an*	toc*aron*	toc*aban*
(70) **traer**(持ってくる)		**traig***o*	**traj***e*	tra*ía*
		tra*es* [tra*és*]	**traj***iste*	tra*ías*
現在分詞	**tra*yendo***	tra*e*	**traj***o*	tra*ía*
過去分詞	**tra*ído***	tra*emos*	**traj***imos*	tra*íamos*
命令(TÚ)/[vos]	tra*e* [tra*é*]	tra*éis*	**traj***isteis*	tra*íais*
命令(VOSOTROS)	tra*ed*	tra*en*	**traj***eron*	tra*ían*
(71) **valer**(値する)		**valg***o*	val*í*	val*ía*
		val*es* [val*és*]	val*iste*	val*ías*
現在分詞	val*iendo*	val*e*	val*ió*	val*ía*
過去分詞	val*ido*	val*emos*	val*imos*	val*íamos*
命令(TÚ)/[vos]	val*e* [val*é*]	val*éis*	val*isteis*	val*íais*
命令(VOSOTROS)	val*ed*	val*en*	val*ieron*	val*ían*
(72) **vencer**(負かす)		**venz***o*	venc*í*	venc*ía*
(c|z)		venc*es* [venc*és*]	venc*iste*	venc*ías*
現在分詞	venc*iendo*	venc*e*	venc*ió*	venc*ía*
過去分詞	venc*ido*	venc*emos*	venc*imos*	venc*íamos*
命令(TÚ)/[vos]	venc*e* [venc*é*]	venc*éis*	venc*isteis*	venc*íais*
命令(VOSOTROS)	venc*ed*	venc*en*	venc*ieron*	venc*ían*
(73) **venir**(来る)		**veng***o*	**vin***e*	ven*ía*
		vien*es* [ven*ís*]	**vin***iste*	ven*ías*
現在分詞	**vin***iendo*	**vien***e*	**vin***o*	ven*ía*
過去分詞	ven*ido*	ven*imos*	**vin***imos*	ven*íamos*
命令(TÚ)/[vos]	**ven** [ven*í*]	ven*ís*	**vin***isteis*	ven*íais*
命令(VOSOTROS)	ven*id*	**vien***en*	**vin***ieron*	ven*ían*
(74) **ver**(見る)		**ve***o*	*vi*	**ve***ía*
		v*es* [v*es*]	*viste*	**ve***ías*
現在分詞	*viendo*	v*e*	*vio*	**ve***ía*
過去分詞	**visto**	v*emos*	*vimos*	**ve***íamos*
命令(TÚ)/[vos]	v*e* [v*e*]	v*eis*	*visteis*	**ve***íais*
命令(VOSOTROS)	v*ed*	v*en*	*vieron*	**ve***ían*
(75) **volcar**(ひっくり返す)		**vuelc***o*	**volqué**	volc*aba*
(o|ue; c|qu)		**vuelc***as* [volc*ás*]	volc*aste*	volc*abas*
現在分詞	volc*ando*	**vuelc***a*	volc*ó*	volc*aba*
過去分詞	volc*ado*	volc*amos*	volc*amos*	volc*ábamos*
命令(TÚ)/[vos]	**vuelc***a* [volc*á*]	volc*áis*	volc*asteis*	volc*abais*
命令(VOSOTROS)	volc*ad*	**vuelc***an*	volc*aron*	volc*aban*
(76) **volver**(戻る)		**vuelv***o*	volv*í*	volv*ía*
(o|ue)		**vuelv***es* [volv*és*]	volv*iste*	volv*ías*
現在分詞	volv*iendo*	**vuelv***e*	volv*ió*	volv*ía*
過去分詞	**vuelto**	volv*emos*	volv*imos*	volv*íamos*
命令(TÚ)/[vos]	**vuelv***e* [volv*é*]	volv*éis*	volv*isteis*	volv*íais*
命令(VOSOTROS)	volv*ed*	**vuelv***en*	volv*ieron*	volv*ían*
(77) **zurcir**(繕う)		**zurz***o*	zurc*í*	zurc*ía*
(c|z)		zurc*es* [zurc*ís*]	zurc*iste*	zurc*ías*
現在分詞	zurc*iendo*	zurc*e*	zurc*ió*	zurc*ía*
過去分詞	zurc*ido*	zurc*imos*	zurc*imos*	zurc*íamos*
命令(TÚ)/[vos]	zurc*e* [zurc*í*]	zurc*ís*	zurc*isteis*	zurc*íais*
命令(VOSOTROS)	zurc*id*	zurc*en*	zurc*ieron*	zurc*ían*

説法·未来	直説法·過去未来	接続法·現在	接続法·過去 ra	接続法·過去 se
ocaré	tocaría	toque	tocara	tocase
ocarás	tocarías	toques	tocaras	tocases
ocará	tocaría	toque	tocara	tocase
ocaremos	tocaríamos	toquemos	tocáramos	tocásemos
ocaréis	tocaríais	toquéis	tocarais	tocaseis
ocarán	tocarían	toquen	tocaran	tocasen
raeré	traería	traiga	trajera	trajese
raerás	traerías	traigas	trajeras	trajeses
raerá	traería	traiga	trajera	trajese
raeremos	traeríamos	traigamos	trajéramos	trajésemos
raeréis	traeríais	traigáis	trajerais	trajeseis
raerán	traerían	traigan	trajeran	trajesen
aldré	valdría	valga	valiera	valiese
aldrás	valdrías	valgas	valieras	valieses
aldrá	valdría	valga	valiera	valiese
aldremos	valdríamos	valgamos	valiéramos	valiésemos
aldréis	valdríais	valgáis	valierais	valieseis
aldrán	valdrían	valgan	valieran	valiesen
enceré	vencería	venza	venciera	venciese
encerás	vencerías	venzas	vencieras	vencieses
encerá	vencería	venza	venciera	venciese
enceremos	venceríamos	venzamos	venciéramos	venciésemos
enceréis	venceríais	venzáis	vencierais	vencieseis
encerán	vencerían	venzan	vencieran	venciesen
endré	vendría	venga	viniera	viniese
endrás	vendrías	vengas	vinieras	vinieses
endrá	vendría	venga	viniera	viniese
endremos	vendríamos	vengamos	viniéramos	viniésemos
endréis	vendríais	vengáis	vinierais	vinieseis
endrán	vendrían	vengan	vinieran	viniesen
eré	vería	vea	viera	viese
erás	verías	veas	vieras	vieses
erá	vería	vea	viera	viese
eremos	veríamos	veamos	viéramos	viésemos
eréis	veríais	veáis	vierais	vieseis
erán	verían	vean	vieran	viesen
olcaré	volcaría	vuelque	volcara	volcase
olcarás	volcarías	vuelques	volcaras	volcases
olcará	volcaría	vuelque	volcara	volcase
olcaremos	volcaríamos	volquemos	volcáramos	volcásemos
olcaréis	volcaríais	volquéis	volcarais	volcaseis
olcarán	volcarían	vuelquen	volcaran	volcasen
olveré	volvería	vuelva	volviera	volviese
olverás	volverías	vuelvas	volvieras	volvieses
olverá	volvería	vuelva	volviera	volviese
olveremos	volveríamos	volvamos	volviéramos	volviésemos
olveréis	volveríais	volváis	volvierais	volvieseis
olverán	volverían	vuelvan	volvieran	volviesen
urciré	zurciría	zurza	zurciera	zurciese
urcirás	zurcirías	zurzas	zurcieras	zurcieses
urcirá	zurciría	zurza	zurciera	zurciese
urciremos	zurciríamos	zurzamos	zurciéramos	zurciésemos
urciréis	zurciríais	zurzáis	zurcierais	zurcieseis
urcirán	zurcirían	zurzan	zurcieran	zurciesen

LÉXICO

Kenkyusha
Nuevo diccionario estándar
español-japonés

研究社

レクシコ
新標準スペイン語辞典

2020年3月　初版発行

編　　者　上田博人
発 行 者　吉田尚志
発 行 所　株式会社 研究社
〒102-8152 東京都千代田区富士見 2-11-3
電　　話　編集 03(3288)7711
営業 03(3288)7777
振　　替　00150-9-26710
http://www.kenkyusha.co.jp/
組版・印刷　研究社印刷株式会社
製　　本　株式会社 星共社

ISBN978-4-7674-5500-6 C3587
PRINTED IN JAPAN